KODEX

DES ÖSTERREICHISCHEN RECHTS

Herausgeber: em. o. Univ. Prof. Dr. Werner Doralt
Redaktion: Dr. Veronika Doralt

EUROPARECHT

bearbeitet von

Mag. Martin K. Moser, LL.M., M.A.
Gerichtshof der Europäischen Union (EuGH), Luxemburg

LexisNexis®

Benützungsanleitung: Die Novellen sind nach dem Muster der Wiederverlautbarung in Kursivdruck jeweils am Ende eines Paragraphen, eines Absatzes oder einer Ziffer durch Angabe des Bundesgesetzblattes in Klammer ausgewiesen. Soweit nach Meinung des Bearbeiters ein Bedarf nach einem genauen Novellenausweis besteht, ist der geänderte Text zusätzlich durch Anführungszeichen hervorgehoben.

KODEX

DES ÖSTERREICHISCHEN RECHTS

VERFASSUNGSRECHT
PARLAMENTSRECHT
EUROPARECHT (EU-VERFASSUNGSRECHT)
VÖLKERRECHT
SCHIEDSVERFAHREN
EINFÜHRUNGSGESETZE ABGB und B-VG
BÜRGERLICHES RECHT
UNTERNEHMENSRECHT
ZIVILGERICHTLICHES VERFAHREN
INTERNATIONALES PRIVATRECHT
FAMILIENRECHT
STRAFRECHT
IT-STRAFRECHT
GERICHTSORGANISATION
ANWALTS- UND GERICHTSTARIFE
JUSTIZGESETZE
WOHNUNGSGESETZE
FINANZMARKTRECHT I
FINANZMARKTRECHT II
FINANZMARKTRECHT III
FINANZMARKTRECHT IV
VERSICHERUNGSRECHT I + II
COMPLIANCE FÜR UNTERNEHMEN
WIRTSCHAFTSGESETZE I + II
WETTBEWERBS- und KARTELLRECHT
UNLAUTERER WETTBEWERB
TELEKOMMUNIKATION
DATENSCHUTZ
IP-/IT-RECHT
VERGABEGESETZE
ARBEITSRECHT
EU-ARBEITSRECHT
ARBEITNEHMERSCHUTZ
SOZIALVERSICHERUNG I + II
SV DURCHFÜHRUNGSVORSCHRIFTEN
STEUERGESETZE
STEUER-ERLÄSSE I - V
EU-STEUERRECHT
EStG – RICHTLINIENKOMMENTAR
LSt – RICHTLINIENKOMMENTAR
KStG – RICHTLINIENKOMMENTAR
UmGrStG – RICHTLINIENKOMMENTAR
UStG – RICHTLINIENKOMMENTAR
DOPPELBESTEUERUNGSABKOMMEN
ZOLLRECHT UND VERBRAUCHSTEUERN
RECHNUNGSLEGUNG UND PRÜFUNG
INTERNATIONALE RECHNUNGSLEGUNG
VERKEHRSRECHT
WEHRRECHT
ÄRZTERECHT
GESUNDHEITSBERUFE I + II
KRANKENANSTALTENGESETZE
LEBENSMITTELRECHT
VETERINÄRRECHT
UMWELTRECHT
EU-UMWELTRECHT
EU-CHEMIKALIENRECHT
CHEMIKALIENGESETZE
WASSERRECHT
ABFALLRECHT
SCHULGESETZE
UNIVERSITÄTSRECHT
INNERE VERWALTNG
BESONDERES VERWALTUNGSRECHT
ASYL- UND FREMDENRECHT
POLIZEIRECHT
VERWALTUNGSVERFAHRENSGESETZE
LANDESRECHT TIROL I + II
LANDESRECHT VORARLBERG

ISBN: 978-3-7007-7933-9

LexisNexis Verlag ARD Orac GmbH & CoKG, 1030 Wien, Marxergasse 25
Druck: CZECH PRINT CENTER a.s.

Vorwort zur 28. Auflage

Der Kodex Europarecht soll im bewährten Sinne als ebenso praxisorientiertes wie verlässliches Handbuch dienen, das Anwendern und Interessenten des Europarechts, sei es an den Universitäten, in Justiz und Rechtspflege oder in der Verwaltung, eine aktuelle und übersichtliche **Zusammenstellung der wesentlichen und grundlegenden primär- und sekundärrechtlichen Texte des Unionsrechts** zur Verfügung stellt.

Mit jeder Auflage ist der Kodex dazu nicht nur im Hinblick auf allfällige Rechtsänderungen, sondern auch wegen der fortschreitenden Ausdifferenzierung des Europarechts dahingehend zu überprüfen, ob inzwischen weniger relevante, sehr spezifische oder obsolet gewordene Texte auszusondern sind – wie in dieser Ausgabe ua die **Politische Erklärung** zu den künftigen Beziehungen zwischen der EU und dem Vereinigten Königreich oder die Einsetzung der **Gruppe „Vereinigtes Königreich"** – damit dieses Handbuch einerseits auf den iwS „verfassungsrechtlichen" Kernbestand des Unionsrechts fokussiert bleibt und zusätzlich Raum für aktuelle Schwerpunktsetzungen geschaffen wird.

Wie der Bearbeiter dieses Kodex, erleben derzeit wohl die meisten Leserinnen und Leser ein soundsovieltes Déjà-vu im Lockdown bzw im Homeoffice. Auch mehr als ein Jahr nach deren Ausbruch hält die COVID-19-Pandemie jede(n) Einzelne(n) fest im Griff und stellt die Handlungswirksamkeit und Krisenfestigkeit sowohl der EU als auch der Mitgliedstaaten gnadenlos – aber hoffentlich mit einem Lerneffekt – auf die Probe.

Die Pandemie überschattet auch den mit dem Ausbruch des Vereinigten Königreichs aus dem EU-Binnenmarkt und der Zollunion zum 1. Januar 2021 endgültig vollzogenen Brexit als Schlag für die europäische Wirtschaft und das europäische Einigungswerk der EU insgesamt.

Die meisten der in dieser Ausgabe dokumentierten Änderungen im erfassten, sonst eher reformarmen Zeitraum, gehen denn auch auf diese beiden Krisen zurück.

Die Organe der EU haben ihre internen Arbeitsprozesse und Beschlussfassungsverfahren vielfach an die besonderen Bedingungen der Pandemie angepasst, sei es ad hoc im Rahmen bestehender Möglichkeiten, durch temporäre Ausnahmeregelungen oder durch Änderungen an ihren Geschäftsordnungen. Letzteres erfolgte bezüglich der jeweiligen **Geschäftsordnungen der Kommission und des Rechnungshofs der Europäischen Union**.

Im Hinblick auf den neuen mehrjährigen Finanzrahmen und insbes auf die erstmalige Aufnahme von Mitteln von bis zu 750 Mrd. EUR im Namen der Union zur Bewältigung der Folgen der COVID-19-Krise haben Parlament, Rat und Kommission eine neue **interinstitutionelle Vereinbarung über die Haushaltsdisziplin** und ua **neue Eigenmittel** getroffen.

Für die im Rahmen der strafrechtlichen Untersuchung und Verfolgung durch die **Europäische Staatsanwaltschaft** (EUStA) geführten Verfahrensakten sind die Kategorien der zu erfassenden operativen personenbezogener Daten und die Kategorien betroffener Personen, deren **Daten** verarbeitet werden dürfen, festgelegt worden.

Vor allem sind die Untersuchungsmöglichkeiten des **Europäischen Amtes für Betrugsbekämpfung (OLAF)** zum Schutz der finanziellen Interessen der Union **gestärkt** und Regelungen für eine **enge Zusammenarbeit und einen Austausch von Informationen mit der EUStA** getroffen worden.

Die umfangreichste Erweiterung hat in dieser Ausgabe wiederum das Brexit-Kapitel erfahren, in dem nun das wie immer in letzter Sekunde – neben den beiden gesonderten Abkommen in den Bereichen der Sicherheit und der Zusammenarbeit auf dem Gebiet der Kernenergie – abgeschlossene **Handels- und Kooperationsabkommen zwischen der EU und dem Vereinigten Königreich** dokumentiert ist, wenn auch aus Platzgründen nur auszugsweise. Abgedruckt sind dessen TEIL EINS von allgemeinerer Relevanz sowie die in TEIL SECHS enthaltenen Regelungen über die Streitbeilegung. Diesbezüglich scheint sich leider schon in den ersten Wochen nach Inkrafttreten des Vertrages ein Bedarf anzukündigen.

Änderungen und Aktualisierungen betreffen ferner – neben zahlreichen Hinweisen – ua, in Gestalt des geänderten Anhangs zur **Geschäftsordnung des Rates**, die für die **Beschlussfassung mit qualifizierter Mehrheit relevanten Bevölkerungszahlen**, die Formalitäten für die **Unterstützungsbekundung für eine Europäische Bürgerinitiative** sowie den Beitragsschlüssel und die Anteile am Stammkapital der ESM-Mitglieder in den **Anhängen zum ESM-Vertrag**.

Es ist daran zu erinnern, dass der vorliegende Kodex mit der Kodex-App und dem auf der ersten Seite frei zu rubbelnden Code rückenschonend digital genutzt werden kann.

Der Bearbeiter bedankt sich wie immer bei jenen Leserinnen und Lesern, die ihm ihre Erfahrungen und Anregungen im Hinblick auf dieses Handbuch mitgeteilt haben, und hofft weiterhin auf eine Fortsetzung des Dialogs.

Luxemburg, im März 2021

Martin K. Moser

Benützungsanweisung:

1. Die Artikelbezeichnungen des unter 1/1. abgedruckten Vertrags über die Europäische Union und des unter 1/2. abgedruckten Vertrags über die Arbeitsweise der Europäischen Union entsprechen der durch den Vertrag von Lissabon (Artikel 5) vorgenommenen neuen Nummerierung der Verträge. Zur besseren Orientierung sind diesen neuen Artikelbezeichnungen in Klammern die alten nachgestellt.
2. Insoweit in anderen in diesem Band abgedruckten Rechtstexten Verweise auf Bestimmungen oder Abschnitte des EU- und des EG-Vertrages unverändert belassen wurden, sind diese gemäß Artikel 5 des Lissabonner Vertrages als Verweise auf die entsprechenden umnummerierten Bestimmungen oder Abschnitte der neuen Verträge zu verstehen (siehe dazu die unter 1/6. abgedruckten Übereinstimmungstabellen)
3. Die Änderungen/Neuerungen in den Texten sind ab der 24. Auflage (1. 2. 2017) nach dem Muster der nationalen Verlautbarung in Kursivdruck jeweils am Ende eines Paragraphen, eines Absatzes oder einer Ziffer durch Angabe des Amtsblattes in Klammer ausgewiesen.

Inhaltsübersicht

Grundlegende Verträge über die Europäische Union

Vertrag über die Europäische Union

(ABl 2016 C 202, 13, berichtigt durch ABl 2016 C 400, 1)

Inhaltsverzeichnis

PRÄAMBEL

SEINE MAJESTÄT DER KÖNIG DER BELGIER, IHRE MAJESTÄT DIE KÖNIGIN VON DÄNEMARK, DER PRÄSIDENT DER BUNDESREPUBLIK DEUTSCHLAND, DER PRÄSIDENT DER GRIECHISCHEN REPUBLIK, SEINE MAJESTÄT DER KÖNIG VON SPANIEN, DER PRÄSIDENT DER FRANZÖSISCHEN REPUBLIK, DER PRÄSIDENT IRLANDS, DER PRÄSIDENT DER ITALIENISCHEN REPUBLIK, SEINE KÖNIGLICHE HOHEIT DER GROSSHERZOG VON LUXEMBURG, IHRE MAJESTÄT DIE KÖNIGIN DER NIEDERLANDE, DER PRÄSIDENT DER PORTUGIESISCHEN REPUBLIK, IHRE MAJESTÄT DIE KÖNIGIN DES VEREINIGTEN KÖNIGREICHS GROSSBRITANNIEN UND NORDIRLAND[1],

ENTSCHLOSSEN, den mit der Gründung der Europäischen Gemeinschaften eingeleiteten Prozess der europäischen Integration auf eine neue Stufe zu heben,

SCHÖPFEND aus dem kulturellen, religiösen und humanistischen Erbe Europas, aus dem sich die unverletzlichen und unveräußerlichen Rechte des Menschen sowie Freiheit, Demokratie, Gleichheit und Rechtsstaatlichkeit als universelle Werte entwickelt haben,

EINGEDENK der historischen Bedeutung der Überwindung der Teilung des europäischen Kontinents und der Notwendigkeit, feste Grundlagen für die Gestalt des zukünftigen Europas zu schaffen,

IN BESTÄTIGUNG ihres Bekenntnisses zu den Grundsätzen der Freiheit, der Demokratie und der Achtung der Menschenrechte und Grundfreiheiten und der Rechtsstaatlichkeit,

IN BESTÄTIGUNG der Bedeutung, die sie den sozialen Grundrechten beimessen, wie sie in der am 18. Oktober 1961 in Turin unterzeichneten Europäischen Sozialcharta und in der Gemeinschaftscharta der sozialen Grundrechte der Arbeitnehmer von 1989 festgelegt sind,

IN DEM WUNSCH, die Solidarität zwischen ihren Völkern unter Achtung ihrer Geschichte, ihrer Kultur und ihrer Traditionen zu stärken,

IN DEM WUNSCH, Demokratie und Effizienz in der Arbeit der Organe weiter zu stärken, damit diese in die Lage versetzt werden, die ihnen übertragenen Aufgaben in einem einheitlichen institutionellen Rahmen besser wahrzunehmen,

ENTSCHLOSSEN, die Stärkung und die Konvergenz ihrer Volkswirtschaften herbeizuführen und eine Wirtschafts- und Währungsunion zu errichten, die im Einklang mit diesem Vertrag und dem Vertrag über die Arbeitsweise der Europäischen Union eine einheitliche, stabile Währung einschließt,

IN DEM FESTEN WILLEN, im Rahmen der Verwirklichung des Binnenmarkts sowie der Stärkung des Zusammenhalts und des Umweltschutzes den wirtschaftlichen und sozialen Fort-

[1] Seit dem ursprünglichen Vertragsschluss sind Mitgliedstaaten der Europäischen Union geworden: die Republik Bulgarien, die Tschechische Republik, die Republik Estland, die Republik Kroatien, die Republik Zypern, die Republik Lettland, die Republik Litauen, Ungarn, die Republik Malta, die Republik Österreich, die Republik Polen, Rumänien, die Republik Slowenien, die Slowakische Republik, die Republik Finnland und das Königreich Schweden.

schritt ihrer Völker unter Berücksichtigung des Grundsatzes der nachhaltigen Entwicklung zu fördern und Politiken zu verfolgen, die gewährleisten, dass Fortschritte bei der wirtschaftlichen Integration mit parallelen Fortschritten auf anderen Gebieten einhergehen,

ENTSCHLOSSEN, eine gemeinsame Unionsbürgerschaft für die Staatsangehörigen ihrer Länder einzuführen,

ENTSCHLOSSEN, eine Gemeinsame Außen- und Sicherheitspolitik zu verfolgen, wozu nach Maßgabe des Artikels 42 auch die schrittweise Festlegung einer gemeinsamen Verteidigungspolitik gehört, die zu einer gemeinsamen Verteidigung führen könnte, und so die Identität und Unabhängigkeit Europas zu stärken, um Frieden, Sicherheit und Fortschritt in Europa und in der Welt zu fördern,

ENTSCHLOSSEN, die Freizügigkeit unter gleichzeitiger Gewährleistung der Sicherheit ihrer Bürger durch den Aufbau eines Raums der Freiheit, der Sicherheit und des Rechts nach Maßgabe der Bestimmungen dieses Vertrags und des Vertrags über die Arbeitsweise der Europäischen Union zu fördern,

ENTSCHLOSSEN, den Prozess der Schaffung einer immer engeren Union der Völker Europas, in der die Entscheidungen entsprechend dem Subsidiaritätsprinzip möglichst bürgernah getroffen werden, weiterzuführen,

IM HINBLICK auf weitere Schritte, die getan werden müssen, um die europäische Integration voranzutreiben,

HABEN BESCHLOSSEN, eine Europäische Union zu gründen; sie haben zu diesem Zweck zu ihren Bevollmächtigten ernannt:

(Aufzählung der Bevollmächtigten nicht wiedergegeben)

DIESE SIND nach Austausch ihrer als gut und gehörig befundenen Vollmachten wie folgt übereingekommen:

TITEL I
GEMEINSAME BESTIMMUNGEN

Artikel 1[2)]

(ex-Artikel 1 EUV)

Durch diesen Vertrag gründen die HOHEN VERTRAGSPARTEIEN untereinander eine EUROPÄISCHE UNION (im Folgenden „Union"), der die Mitgliedstaaten Zuständigkeiten zur Verwirklichung ihrer gemeinsamen Ziele übertragen.

Dieser Vertrag stellt eine neue Stufe bei der Verwirklichung einer immer engeren Union der Völker Europas dar, in der die Entscheidungen möglichst offen und möglichst bürgernah getroffen werden.

Grundlage der Union sind dieser Vertrag und der Vertrag über die Arbeitsweise der Europäischen Union (im Folgenden „Verträge"). Beide Verträge sind rechtlich gleichrangig. Die Union tritt an die Stelle der Europäischen Gemeinschaft, deren Rechtsnachfolgerin sie ist.

Artikel 2

Die Werte, auf die sich die Union gründet, sind die Achtung der Menschenwürde, Freiheit, Demokratie, Gleichheit, Rechtsstaatlichkeit und die Wahrung der Menschenrechte einschließlich der Rechte der Personen, die Minderheiten angehören. Diese Werte sind allen Mitgliedstaaten in einer Gesellschaft gemeinsam, die sich durch Pluralismus, Nichtdiskriminierung, Toleranz, Gerechtigkeit, Solidarität und die Gleichheit von Frauen und Männern auszeichnet.

Artikel 3

(ex-Artikel 2 EUV)

(1) Ziel der Union ist es, den Frieden, ihre Werte und das Wohlergehen ihrer Völker zu fördern. Art 67 Abs 1 AEUV

(2) Die Union bietet ihren Bürgerinnen und Bürgern einen Raum der Freiheit, der Sicherheit und des Rechts ohne Binnengrenzen, in dem – in Verbindung mit geeigneten Maßnahmen in Bezug auf die Kontrollen an den Außengrenzen, das Asyl, die Einwanderung sowie die Verhütung und Bekämpfung der Kriminalität – der freie Personenverkehr gewährleistet ist. Art 26 AEUV

(3) Die Union errichtet einen Binnenmarkt. Sie wirkt auf die nachhaltige Entwicklung Europas auf der Grundlage eines ausgewogenen Wirtschaftswachstums und von Preisstabilität, eine in hohem Maße wettbewerbsfähige soziale Marktwirtschaft, die auf Vollbeschäftigung und sozialen Fortschritt abzielt, sowie ein hohes Maß an Umweltschutz und Verbesserung der Umweltqualität hin. Sie fördert den wissenschaftlichen und technischen Fortschritt.

Sie bekämpft soziale Ausgrenzung und Diskriminierungen und fördert soziale Gerechtigkeit und sozialen Schutz, die Gleichstellung von Frauen und Männern, die Solidarität zwischen

2) Laut ABl hat dieser Verweis lediglich hinweisenden Charakter. Zur Vertiefung vgl die Übereinstimmungstabellen für die Entsprechung zwischen bisheriger und neuer Nummerierung der Verträge (ABl 2016 C 202, 361).

den Generationen und den Schutz der Rechte des Kindes.

Sie fördert den wirtschaftlichen, sozialen und territorialen Zusammenhalt und die Solidarität zwischen den Mitgliedstaaten.

Sie wahrt den Reichtum ihrer kulturellen und sprachlichen Vielfalt und sorgt für den Schutz und die Entwicklung des kulturellen Erbes Europas.

(4) Die Union errichtet eine Wirtschafts- und Währungsunion, deren Währung der Euro ist.

(5) In ihren Beziehungen zur übrigen Welt schützt und fördert die Union ihre Werte und Interessen und trägt zum Schutz ihrer Bürgerinnen und Bürger bei. Sie leistet einen Beitrag zu Frieden, Sicherheit, globaler nachhaltiger Entwicklung, Solidarität und gegenseitiger Achtung unter den Völkern, zu freiem und gerechtem Handel, zur Beseitigung der Armut und zum Schutz der Menschenrechte, insbesondere der Rechte des Kindes, sowie zur strikten Einhaltung und Weiterentwicklung des Völkerrechts, insbesondere zur Wahrung der Grundsätze der Charta der Vereinten Nationen.

(6) Die Union verfolgt ihre Ziele mit geeigneten Mitteln entsprechend den Zuständigkeiten, die ihr in den Verträgen übertragen sind.

Artikel 4

(1) Alle der Union nicht in den Verträgen übertragenen Zuständigkeiten verbleiben gemäß Artikel 5 bei den Mitgliedstaaten.

(2) Die Union achtet die Gleichheit der Mitgliedstaaten vor den Verträgen und ihre jeweilige nationale Identität, die in ihren grundlegenden politischen und verfassungsmäßigen Strukturen einschließlich der regionalen und lokalen Selbstverwaltung zum Ausdruck kommt. Sie achtet die grundlegenden Funktionen des Staates, insbesondere die Wahrung der territorialen Unversehrtheit, die Aufrechterhaltung der öffentlichen Ordnung und den Schutz der nationalen Sicherheit. Insbesondere die nationale Sicherheit fällt weiterhin in die alleinige Verantwortung der einzelnen Mitgliedstaaten.

(3) Nach dem Grundsatz der loyalen Zusammenarbeit achten und unterstützen sich die Union und die Mitgliedstaaten gegenseitig bei der Erfüllung der Aufgaben, die sich aus den Verträgen ergeben.

Die Mitgliedstaaten ergreifen alle geeigneten Maßnahmen allgemeiner oder besonderer Art zur Erfüllung der Verpflichtungen, die sich aus den Verträgen oder den Handlungen der Organe der Union ergeben.

Die Mitgliedstaaten unterstützen die Union bei der Erfüllung ihrer Aufgabe und unterlassen alle Maßnahmen, die die Verwirklichung der Ziele der Union gefährden könnten.

Artikel 5

(ex-Artikel 5 EGV)

(1) Für die Abgrenzung der Zuständigkeiten der Union gilt der Grundsatz der begrenzten Einzelermächtigung. Für die Ausübung der Zuständigkeiten der Union gelten die Grundsätze der Subsidiarität und der Verhältnismäßigkeit.

(2) Nach dem Grundsatz der begrenzten Einzelermächtigung wird die Union nur innerhalb der Grenzen der Zuständigkeiten tätig, die die Mitgliedstaaten ihr in den Verträgen zur Verwirklichung der darin niedergelegten Ziele übertragen haben. Alle der Union nicht in den Verträgen übertragenen Zuständigkeiten verbleiben bei den Mitgliedstaaten.

(3) Nach dem Subsidiaritätsprinzip wird die Union in den Bereichen, die nicht in ihre ausschließliche Zuständigkeit fallen, nur tätig, sofern und soweit die Ziele der in Betracht gezogenen Maßnahmen von den Mitgliedstaaten weder auf zentraler noch auf regionaler oder lokaler Ebene ausreichend verwirklicht werden können, sondern vielmehr wegen ihres Umfangs oder ihrer Wirkungen auf Unionsebene besser zu verwirklichen sind.

Die Organe der Union wenden das Subsidiaritätsprinzip nach dem Protokoll über die Anwendung der Grundsätze der Subsidiarität und der Verhältnismäßigkeit an. Die nationalen Parlamente achten auf die Einhaltung des Subsidiaritätsprinzips nach dem in jenem Protokoll vorgesehenen Verfahren.

(4) Nach dem Grundsatz der Verhältnismäßigkeit gehen die Maßnahmen der Union inhaltlich wie formal nicht über das zur Erreichung der Ziele der Verträge erforderliche Maß hinaus.

Die Organe der Union wenden den Grundsatz der Verhältnismäßigkeit nach dem Protokoll über die Anwendung der Grundsätze der Subsidiarität und der Verhältnismäßigkeit an.

Artikel 6

(ex-Artikel 6 EUV)

(1) Die Union erkennt die Rechte, Freiheiten und Grundsätze an, die in der Charta der Grundrechte der Europäischen Union vom 7. Dezember 2000 in der am 12. Dezember 2007 in Straßburg angepassten Fassung niedergelegt sind; die Charta der Grundrechte und die Verträge sind rechtlich gleichrangig.

Durch die Bestimmungen der Charta werden die in den Verträgen festgelegten Zuständigkeiten der Union in keiner Weise erweitert.

Die in der Charta niedergelegten Rechte, Freiheiten und Grundsätze werden gemäß den allgemeinen Bestimmungen des Titels VII der Charta, der ihre Auslegung und Anwendung regelt, und unter gebührender Berücksichtigung der in der Charta angeführten Erläuterungen, in denen die Quellen dieser Bestimmungen angegeben sind, ausgelegt.

(2) Die Union tritt der Europäischen Konvention zum Schutz der Menschenrechte und Grundfreiheiten bei. Dieser Beitritt ändert nicht die in den Verträgen festgelegten Zuständigkeiten der Union.

(3) Die Grundrechte, wie sie in der Europäischen Konvention zum Schutz der Menschenrechte und Grundfreiheiten gewährleistet sind und wie sie sich aus den gemeinsamen Verfassungsüberlieferungen der Mitgliedstaaten ergeben, sind als allgemeine Grundsätze Teil des Unionsrechts.

Artikel 7

(ex-Artikel 7 EUV)

(1) Auf begründeten Vorschlag eines Drittels der Mitgliedstaaten, des Europäischen Parlaments oder der Europäischen Kommission kann der Rat mit der Mehrheit von vier Fünfteln seiner Mitglieder nach Zustimmung des Europäischen Parlaments feststellen, dass die eindeutige Gefahr einer schwerwiegenden Verletzung der in Artikel 2 genannten Werte durch einen Mitgliedstaat besteht. Der Rat hört, bevor er eine solche Feststellung trifft, den betroffenen Mitgliedstaat und kann Empfehlungen an ihn richten, die er nach demselben Verfahren beschließt.

Der Rat überprüft regelmäßig, ob die Gründe, die zu dieser Feststellung geführt haben, noch zutreffen.

(2) Auf Vorschlag eines Drittels der Mitgliedstaaten oder der Europäischen Kommission und nach Zustimmung des Europäischen Parlaments kann der Europäische Rat einstimmig feststellen, dass eine schwerwiegende und anhaltende Verletzung der in Artikel 2 genannten Werte durch einen Mitgliedstaat vorliegt, nachdem er den betroffenen Mitgliedstaat zu einer Stellungnahme aufgefordert hat.

(3) Wurde die Feststellung nach Absatz 2 getroffen, so kann der Rat mit qualifizierter Mehrheit beschließen, bestimmte Rechte auszusetzen, die sich aus der Anwendung der Verträge auf den betroffenen Mitgliedstaat herleiten, einschließlich der Stimmrechte des Vertreters der Regierung dieses Mitgliedstaats im Rat. Dabei berücksichtigt er die möglichen Auswirkungen einer solchen Aussetzung auf die Rechte und Pflichten natürlicher und juristischer Personen.

Die sich aus den Verträgen ergebenden Verpflichtungen des betroffenen Mitgliedstaats sind für diesen auf jeden Fall weiterhin verbindlich.

(4) Der Rat kann zu einem späteren Zeitpunkt mit qualifizierter Mehrheit beschließen, nach Absatz 3 getroffene Maßnahmen abzuändern oder aufzuheben, wenn in der Lage, die zur Verhängung dieser Maßnahmen geführt hat, Änderungen eingetreten sind.

(5) Die Abstimmungsmodalitäten, die für die Zwecke dieses Artikels für das Europäische Parlament, den Europäischen Rat und den Rat gelten, sind in Artikel 354 des Vertrags über die Arbeitsweise der Europäischen Union festgelegt.

Artikel 8

(1) Die Union entwickelt besondere Beziehungen zu den Ländern in ihrer Nachbarschaft, um einen Raum des Wohlstands und der guten Nachbarschaft zu schaffen, der auf den Werten der Union aufbaut und sich durch enge, friedliche Beziehungen auf der Grundlage der Zusammenarbeit auszeichnet.

(2) Für die Zwecke des Absatzes 1 kann die Union spezielle Übereinkünfte mit den betreffenden Ländern schließen. Diese Übereinkünfte können gegenseitige Rechte und Pflichten umfassen und die Möglichkeit zu gemeinsamem Vorgehen eröffnen. Zur Durchführung der Übereinkünfte finden regelmäßige Konsultationen statt.

TITEL II

BESTIMMUNGEN ÜBER DIE DEMOKRATISCHEN GRUNDSÄTZE

Artikel 9

Die Union achtet in ihrem gesamten Handeln den Grundsatz der Gleichheit ihrer Bürgerinnen und Bürger, denen ein gleiches Maß an Aufmerksamkeit seitens der Organe, Einrichtungen und sonstigen Stellen der Union zuteil wird. Unionsbürger ist, wer die Staatsangehörigkeit eines Mitgliedstaats besitzt. Die Unionsbürgerschaft tritt zur nationalen Staatsbürgerschaft hinzu, ersetzt sie aber nicht.

Artikel 10

(1) Die Arbeitsweise der Union beruht auf der repräsentativen Demokratie.

(2) Die Bürgerinnen und Bürger sind auf Unionsebene unmittelbar im Europäischen Parlament vertreten.

Die Mitgliedstaaten werden im Europäischen Rat von ihrem jeweiligen Staats- oder Regierungschef und im Rat von ihrer jeweiligen Regierung vertreten, die ihrerseits in demokratischer Weise gegenüber ihrem nationalen Parlament oder gegenüber ihren Bürgerinnen und Bürgern Rechenschaft ablegen müssen.

(3) Alle Bürgerinnen und Bürger haben das Recht, am demokratischen Leben der Union teil-

zunehmen. Die Entscheidungen werden so offen und bürgernah wie möglich getroffen.

(4) Politische Parteien auf europäischer Ebene tragen zur Herausbildung eines europäischen politischen Bewusstseins und zum Ausdruck des Willens der Bürgerinnen und Bürger der Union bei.

Artikel 11

(1) Die Organe geben den Bürgerinnen und Bürgern und den repräsentativen Verbänden in geeigneter Weise die Möglichkeit, ihre Ansichten in allen Bereichen des Handelns der Union öffentlich bekannt zu geben und auszutauschen.

(2) Die Organe pflegen einen offenen, transparenten und regelmäßigen Dialog mit den repräsentativen Verbänden und der Zivilgesellschaft.

(3) Um die Kohärenz und die Transparenz des Handelns der Union zu gewährleisten, führt die Europäische Kommission umfangreiche Anhörungen der Betroffenen durch.

(4) Unionsbürgerinnen und Unionsbürger, deren Anzahl mindestens eine Million betragen und bei denen es sich um Staatsangehörige einer erheblichen Anzahl von Mitgliedstaaten handeln muss, können die Initiative ergreifen und die Europäische Kommission auffordern, im Rahmen ihrer Befugnisse geeignete Vorschläge zu Themen zu unterbreiten, zu denen es nach Ansicht jener Bürgerinnen und Bürger eines Rechtsakts der Union bedarf, um die Verträge umzusetzen.

Die Verfahren und Bedingungen, die für eine solche Bürgerinitiative gelten, werden nach Artikel 24 Absatz 1 des Vertrags über die Arbeitsweise der Europäischen Union festgelegt.

Artikel 12

Die nationalen Parlamente tragen aktiv zur guten Arbeitsweise der Union bei, indem sie

a) von den Organen der Union unterrichtet werden und ihnen die Entwürfe von Gesetzgebungsakten der Union gemäß dem Protokoll über die Rolle der nationalen Parlamente in der Europäischen Union zugeleitet werden;

b) dafür sorgen, dass der Grundsatz der Subsidiarität gemäß den in dem Protokoll über die Anwendung der Grundsätze der Subsidiarität und der Verhältnismäßigkeit vorgesehenen Verfahren beachtet wird;

c) sich im Rahmen des Raums der Freiheit, der Sicherheit und des Rechts an den Mechanismen zur Bewertung der Durchführung der Unionspolitiken in diesem Bereich nach Artikel 70 des Vertrags über die Arbeitsweise der Europäischen Union beteiligen und in die politische Kontrolle von Europol und die Bewertung der Tätigkeit von Eurojust nach den Artikeln 88 und 85 des genannten Vertrags einbezogen werden;

d) sich an den Verfahren zur Änderung der Verträge nach Artikel 48 dieses Vertrags beteiligen;

e) über Anträge auf Beitritt zur Union nach Artikel 49 dieses Vertrags unterrichtet werden;

f) sich an der interparlamentarischen Zusammenarbeit zwischen den nationalen Parlamenten und mit dem Europäischen Parlament gemäß dem Protokoll über die Rolle der nationalen Parlamente in der Europäischen Union beteiligen.

TITEL III

BESTIMMUNGEN ÜBER DIE ORGANE

Artikel 13

(1) Die Union verfügt über einen institutionellen Rahmen, der zum Zweck hat, ihren Werten Geltung zu verschaffen, ihre Ziele zu verfolgen, ihren Interessen, denen ihrer Bürgerinnen und Bürger und denen der Mitgliedstaaten zu dienen sowie die Kohärenz, Effizienz und Kontinuität ihrer Politik und ihrer Maßnahmen sicherzustellen.

Die Organe der Union sind

- das Europäische Parlament,
- der Europäische Rat,
- der Rat,
- die Europäische Kommission (im Folgenden „Kommission"),
- der Gerichtshof der Europäischen Union,
- die Europäische Zentralbank,
- der Rechnungshof.

(2) Jedes Organ handelt nach Maßgabe der ihm in den Verträgen zugewiesenen Befugnisse nach den Verfahren, Bedingungen und Zielen, die in den Verträgen festgelegt sind. Die Organe arbeiten loyal zusammen. Art 295

(3) Die Bestimmungen über die Europäische Zentralbank und den Rechnungshof sowie die detaillierten Bestimmungen über die übrigen Organe sind im Vertrag über die Arbeitsweise der Europäischen Union enthalten.

(4) Das Europäische Parlament, der Rat und die Kommission werden von einem Wirtschafts- und Sozialausschuss sowie einem Ausschuss der Regionen unterstützt, die beratende Aufgaben wahrnehmen.

Artikel 14

(1) Das Europäische Parlament wird gemeinsam mit dem Rat als Gesetzgeber tätig und übt gemeinsam mit ihm die Haushaltsbefugnisse aus. Es erfüllt Aufgaben der politischen Kontrolle und Beratungsfunktionen nach Maßgabe der Verträge. Es wählt den Präsidenten der Kommission.

(2) Das Europäische Parlament setzt sich aus Vertretern der Unionsbürgerinnen und Unionsbürger zusammen. Ihre Anzahl darf 750 nicht überschreiten, zuzüglich des Präsidenten. Die Bürgerinnen und Bürger sind im Europäischen Parlament degressiv proportional, mindestens jedoch mit sechs Mitgliedern je Mitgliedstaat vertreten. Kein Mitgliedstaat erhält mehr als 96 Sitze.

Der Europäische Rat erlässt einstimmig auf Initiative des Europäischen Parlaments und mit dessen Zustimmung einen Beschluss über die Zusammensetzung des Europäischen Parlaments, in dem die in Unterabsatz 1 genannten Grundsätze gewahrt sind.

(3) Die Mitglieder des Europäischen Parlaments werden in allgemeiner, unmittelbarer, freier und geheimer Wahl für eine Amtszeit von fünf Jahren gewählt. Art 223

(4) Das Europäische Parlament wählt aus seiner Mitte seinen Präsidenten und sein Präsidium.

Artikel 15

(1) Der Europäische Rat gibt der Union die für ihre Entwicklung erforderlichen Impulse und legt die allgemeinen politischen Zielvorstellungen und Prioritäten hierfür fest. Er wird nicht gesetzgeberisch tätig.

(2) Der Europäische Rat setzt sich zusammen aus den Staats- und Regierungschefs der Mitgliedstaaten sowie dem Präsidenten des Europäischen Rates und dem Präsidenten der Kommission. Der Hohe Vertreter der Union für Außen- und Sicherheitspolitik nimmt an seinen Arbeiten teil.

(3) Der Europäische Rat tritt zweimal pro Halbjahr zusammen; er wird von seinem Präsidenten einberufen. Wenn es die Tagesordnung erfordert, können die Mitglieder des Europäischen Rates beschließen, sich jeweils von einem Minister oder – im Fall des Präsidenten der Kommission – von einem Mitglied der Kommission unterstützen zu lassen. Wenn es die Lage erfordert, beruft der Präsident eine außerordentliche Tagung des Europäischen Rates ein.

(4) Soweit in den Verträgen nichts anderes festgelegt ist, entscheidet der Europäische Rat im Konsens.

(5) Der Europäische Rat wählt seinen Präsidenten mit qualifizierter Mehrheit für eine Amtszeit von zweieinhalb Jahren; der Präsident kann einmal wiedergewählt werden. Im Falle einer Verhinderung oder einer schweren Verfehlung kann der Europäische Rat ihn im Wege des gleichen Verfahrens von seinem Amt entbinden.

(6) Der Präsident des Europäischen Rates

a) führt den Vorsitz bei den Arbeiten des Europäischen Rates und gibt ihnen Impulse,

b) sorgt in Zusammenarbeit mit dem Präsidenten der Kommission auf der Grundlage der Arbeiten des Rates „Allgemeine Angelegenheiten" für die Vorbereitung und Kontinuität der Arbeiten des Europäischen Rates,

c) wirkt darauf hin, dass Zusammenhalt und Konsens im Europäischen Rat gefördert werden,

d) legt dem Europäischen Parlament im Anschluss an jede Tagung des Europäischen Rates einen Bericht vor.

Der Präsident des Europäischen Rates nimmt auf seiner Ebene und in seiner Eigenschaft, unbeschadet der Befugnisse des Hohen Vertreters der Union für Außen- und Sicherheitspolitik, die Außenvertretung der Union in Angelegenheiten der Gemeinsamen Außen- und Sicherheitspolitik wahr.

Der Präsident des Europäischen Rates darf kein einzelstaatliches Amt ausüben.

Artikel 16 Art 291

(1) Der Rat wird gemeinsam mit dem Europäischen Parlament als Gesetzgeber tätig und übt gemeinsam mit ihm die Haushaltsbefugnisse aus. Zu seinen Aufgaben gehört die Festlegung der Politik und die Koordinierung nach Maßgabe der Verträge.

(2) Der Rat besteht aus je einem Vertreter jedes Mitgliedstaats auf Ministerebene, der befugt ist, für die Regierung des von ihm vertretenen Mitgliedstaats verbindlich zu handeln und das Stimmrecht auszuüben.

(3) Soweit in den Verträgen nichts anderes festgelegt ist, beschließt der Rat mit qualifizierter Mehrheit. Art 238 AEUV

(4) Ab dem 1. November 2014 gilt als qualifizierte Mehrheit eine Mehrheit von mindestens 55 % der Mitglieder des Rates, gebildet aus mindestens 15 Mitgliedern, sofern die von diesen vertretenen Mitgliedstaaten zusammen mindestens 65 % der Bevölkerung der Union ausmachen.

Für eine Sperrminorität sind mindestens vier Mitglieder des Rates erforderlich, andernfalls gilt die qualifizierte Mehrheit als erreicht.

Die übrigen Modalitäten für die Abstimmung mit qualifizierter Mehrheit sind in Artikel 238 Absatz 2 des Vertrags über die Arbeitsweise der Europäischen Union festgelegt.

(5) Die Übergangsbestimmungen für die Definition der qualifizierten Mehrheit, die bis zum 31. Oktober 2014 gelten, sowie die Übergangsbestimmungen, die zwischen dem 1. November 2014 und dem 31. März 2017 gelten, sind im Protokoll über die Übergangsbestimmungen festgelegt.

(6) Der Rat tagt in verschiedenen Zusammensetzungen; die Liste dieser Zusammensetzungen wird nach Artikel 236 des Vertrags über die Arbeitsweise der Europäischen Union angenommen.

Als Rat „Allgemeine Angelegenheiten" sorgt er für die Kohärenz der Arbeiten des Rates in seinen verschiedenen Zusammensetzungen. In Verbindung mit dem Präsidenten des Europäischen Rates und mit der Kommission bereitet er die Tagungen des Europäischen Rates vor und sorgt für das weitere Vorgehen.

Als Rat „Auswärtige Angelegenheiten" gestaltet er das auswärtige Handeln der Union entsprechend den strategischen Vorgaben des Europäischen Rates und sorgt für die Kohärenz des Handelns der Union.

(7) Ein Ausschuss der Ständigen Vertreter der Regierungen der Mitgliedstaaten ist für die Vorbereitung der Arbeiten des Rates verantwortlich.

(8) Der Rat tagt öffentlich, wenn er über Entwürfe zu Gesetzgebungsakten berät und abstimmt. Zu diesem Zweck wird jede Ratstagung in zwei Teile unterteilt, von denen der eine den Beratungen über die Gesetzgebungsakte der Union und der andere den nicht die Gesetzgebung betreffenden Tätigkeiten gewidmet ist.

(9) Der Vorsitz im Rat in allen seinen Zusammensetzungen mit Ausnahme des Rates „Auswärtige Angelegenheiten" wird von den Vertretern der Mitgliedstaaten im Rat unter Bedingungen, die gemäß Artikel 236 des Vertrags über die Arbeitsweise der Europäischen Union festgelegt werden, nach einem System der gleichberechtigten Rotation wahrgenommen.

Artikel 17

(1) Die Kommission fördert die allgemeinen Interessen der Union und ergreift geeignete Initiativen zu diesem Zweck. Sie sorgt für die Anwendung der Verträge sowie der von den Organen kraft der Verträge erlassenen Maßnahmen. Sie überwacht die Anwendung des Unionsrechts unter der Kontrolle des Gerichtshofs der Europäischen Union. Sie führt den Haushaltsplan aus und verwaltet die Programme. Sie übt nach Maßgabe der Verträge Koordinierungs-, Exekutiv- und Verwaltungsfunktionen aus. Außer in der Gemeinsamen Außen- und Sicherheitspolitik und den übrigen in den Verträgen vorgesehenen Fällen nimmt sie die Vertretung der Union nach außen wahr. Sie leitet die jährliche und die mehrjährige Programmplanung der Union mit dem Ziel ein, interinstitutionelle Vereinbarungen zu erreichen.

(2) Soweit in den Verträgen nichts anderes festgelegt ist, darf ein Gesetzgebungsakt der Union nur auf Vorschlag der Kommission erlassen werden. Andere Rechtsakte werden auf der Grundlage eines Kommissionsvorschlags erlassen, wenn dies in den Verträgen vorgesehen ist.

(3) Die Amtszeit der Kommission beträgt fünf Jahre.

Die Mitglieder der Kommission werden aufgrund ihrer allgemeinen Befähigung und ihres Einsatzes für Europa unter Persönlichkeiten ausgewählt, die volle Gewähr für ihre Unabhängigkeit bieten.

Art 245

Die Kommission übt ihre Tätigkeit in voller Unabhängigkeit aus. Die Mitglieder der Kommission dürfen unbeschadet des Artikels 18 Absatz 2 Weisungen von einer Regierung, einem Organ, einer Einrichtung oder jeder anderen Stelle weder einholen noch entgegennehmen. Sie enthalten sich jeder Handlung, die mit ihrem Amt oder der Erfüllung ihrer Aufgaben unvereinbar ist.

(4) Die Kommission, die zwischen dem Zeitpunkt des Inkrafttretens des Vertrags von Lissabon und dem 31. Oktober 2014 ernannt wird, besteht einschließlich ihres Präsidenten und des Hohen Vertreters der Union für Außen- und Sicherheitspolitik, der einer der Vizepräsidenten der Kommission ist, aus je einem Staatsangehörigen jedes Mitgliedstaats.

(5) Ab dem 1. November 2014 besteht die Kommission, einschließlich ihres Präsidenten und des Hohen Vertreters der Union für Außen- und Sicherheitspolitik, aus einer Anzahl von Mitgliedern, die zwei Dritteln der Zahl der Mitgliedstaaten entspricht, sofern der Europäische Rat nicht einstimmig eine Änderung dieser Anzahl beschließt.

Die Mitglieder der Kommission werden unter den Staatsangehörigen der Mitgliedstaaten in einem System der strikt gleichberechtigten Rotation zwischen den Mitgliedstaaten so ausgewählt, dass das demografische und geografische Spektrum der Gesamtheit der Mitgliedstaaten zum Ausdruck kommt. Dieses System wird vom Europäischen Rat nach Artikel 244 des Vertrags über die Arbeitsweise der Europäischen Union einstimmig festgelegt.

(6) Der Präsident der Kommission

a) legt die Leitlinien fest, nach denen die Kommission ihre Aufgaben ausübt,

b) beschließt über die interne Organisation der Kommission, um die Kohärenz, die Effizienz und das Kollegialitätsprinzip im Rahmen ihrer Tätigkeit sicherzustellen,

c) ernennt, mit Ausnahme des Hohen Vertreters der Union für Außen- und Sicherheitspolitik, die Vizepräsidenten aus dem Kreis der Mitglieder der Kommission.

Ein Mitglied der Kommission legt sein Amt nieder, wenn es vom Präsidenten dazu aufgefordert wird. Der Hohe Vertreter der Union für Außen- und Sicherheitspolitik legt sein Amt nach dem Verfahren des Artikels 18 Absatz 1 nieder, wenn er vom Präsidenten dazu aufgefordert wird.

(7) Der Europäische Rat schlägt dem Europäischen Parlament nach entsprechenden Konsultationen mit qualifizierter Mehrheit einen Kandidaten für das Amt des Präsidenten der Kommission vor; dabei berücksichtigt er das Ergebnis der Wahlen zum Europäischen Parlament. Das Europäische Parlament wählt diesen Kandidaten mit

der Mehrheit seiner Mitglieder. Erhält dieser Kandidat nicht die Mehrheit, so schlägt der Europäische Rat dem Europäischen Parlament innerhalb eines Monats mit qualifizierter Mehrheit einen neuen Kandidaten vor, für dessen Wahl das Europäische Parlament dasselbe Verfahren anwendet.

Der Rat nimmt, im Einvernehmen mit dem gewählten Präsidenten, die Liste der anderen Persönlichkeiten an, die er als Mitglieder der Kommission vorschlägt. Diese werden auf der Grundlage der Vorschläge der Mitgliedstaaten entsprechend den Kriterien nach Absatz 3 Unterabsatz 2 und Absatz 5 Unterabsatz 2 ausgewählt.

Der Präsident, der Hohe Vertreter der Union für Außen- und Sicherheitspolitik und die übrigen Mitglieder der Kommission stellen sich als Kollegium einem Zustimmungsvotum des Europäischen Parlaments. Auf der Grundlage dieser Zustimmung wird die Kommission vom Europäischen Rat mit qualifizierter Mehrheit ernannt.

(8) Die Kommission ist als Kollegium dem Europäischen Parlament verantwortlich. Das Europäische Parlament kann nach Artikel 234 des Vertrags über die Arbeitsweise der Europäischen Union einen Misstrauensantrag gegen die Kommission annehmen. Wird ein solcher Antrag angenommen, so müssen die Mitglieder der Kommission geschlossen ihr Amt niederlegen, und der Hohe Vertreter der Union für Außen- und Sicherheitspolitik muss sein im Rahmen der Kommission ausgeübtes Amt niederlegen.

Artikel 18

(1) Der Europäische Rat ernennt mit qualifizierter Mehrheit und mit Zustimmung des Präsidenten der Kommission den Hohen Vertreter der Union für Außen- und Sicherheitspolitik. Der Europäische Rat kann die Amtszeit des Hohen Vertreters nach dem gleichen Verfahren beenden.

(2) Der Hohe Vertreter leitet die Gemeinsame Außen- und Sicherheitspolitik der Union. Er trägt durch seine Vorschläge zur Festlegung dieser Politik bei und führt sie im Auftrag des Rates durch. Er handelt ebenso im Bereich der Gemeinsamen Sicherheits- und Verteidigungspolitik.

(3) Der Hohe Vertreter führt den Vorsitz im Rat „Auswärtige Angelegenheiten".

(4) Der Hohe Vertreter ist einer der Vizepräsidenten der Kommission. Er sorgt für die Kohärenz des auswärtigen Handelns der Union. Er ist innerhalb der Kommission mit deren Zuständigkeiten im Bereich der Außenbeziehungen und mit der Koordinierung der übrigen Aspekte des auswärtigen Handelns der Union betraut. Bei der Wahrnehmung dieser Zuständigkeiten in der Kommission und ausschließlich im Hinblick auf diese Zuständigkeiten unterliegt der Hohe Vertreter den Verfahren, die für die Arbeitsweise der Kommission gelten, soweit dies mit den Absätzen 2 und 3 vereinbar ist.

Artikel 19

(1) Der Gerichtshof der Europäischen Union umfasst den Gerichtshof, das Gericht und Fachgerichte. Er sichert die Wahrung des Rechts bei der Auslegung und Anwendung der Verträge.

Die Mitgliedstaaten schaffen die erforderlichen Rechtsbehelfe, damit ein wirksamer Rechtsschutz in den vom Unionsrecht erfassten Bereichen gewährleistet ist.

(2) Der Gerichtshof besteht aus einem Richter je Mitgliedstaat. Er wird von Generalanwälten unterstützt.

Das Gericht besteht aus mindestens einem Richter je Mitgliedstaat.

Als Richter und Generalanwälte des Gerichtshofs und als Richter des Gerichts sind Persönlichkeiten auszuwählen, die jede Gewähr für Unabhängigkeit bieten und die Voraussetzungen der Artikel 253 und 254 des Vertrags über die Arbeitsweise der Europäischen Union erfüllen. Sie werden von den Regierungen der Mitgliedstaaten im gegenseitigen Einvernehmen für eine Amtszeit von sechs Jahren ernannt. Die Wiederernennung ausscheidender Richter und Generalanwälte ist zulässig.

(3) Der Gerichtshof der Europäischen Union entscheidet nach Maßgabe der Verträge

a) über Klagen eines Mitgliedstaats, eines Organs oder natürlicher oder juristischer Personen;

b) im Wege der Vorabentscheidung auf Antrag der einzelstaatlichen Gerichte über die Auslegung des Unionsrechts oder über die Gültigkeit der Handlungen der Organe;

c) in allen anderen in den Verträgen vorgesehenen Fällen.

TITEL IV

BESTIMMUNGEN ÜBER EINE VERSTÄRKTE ZUSAMMENARBEIT

Artikel 20

(ex-Artikel 27a bis 27e, 40 bis 40b und 43 bis 45 EUV und ex-Artikel 11 und 11a EGV)

(1) Die Mitgliedstaaten, die untereinander eine Verstärkte Zusammenarbeit im Rahmen der nicht ausschließlichen Zuständigkeiten der Union begründen wollen, können, in den Grenzen und nach Maßgabe dieses Artikels und der Artikel 326 bis 334 des Vertrags über die Arbeitsweise der Europäischen Union, die Organe der Union in Anspruch nehmen und diese Zuständigkeiten unter Anwendung der einschlägigen Bestimmungen der Verträge ausüben.

Eine Verstärkte Zusammenarbeit ist darauf ausgerichtet, die Verwirklichung der Ziele der Union zu fördern, ihre Interessen zu schützen und ihren Integrationsprozess zu stärken. Sie steht allen Mitgliedstaaten nach Artikel 328 des Vertrags über die Arbeitsweise der Europäischen Union jederzeit offen.

(2) Der Beschluss über die Ermächtigung zu einer Verstärkten Zusammenarbeit wird vom Rat als letztes Mittel erlassen, wenn dieser feststellt, dass die mit dieser Zusammenarbeit angestrebten Ziele von der Union in ihrer Gesamtheit nicht innerhalb eines vertretbaren Zeitraums verwirklicht werden können, und sofern an der Zusammenarbeit mindestens neun Mitgliedstaaten beteiligt sind. Der Rat beschließt nach dem in Artikel 329 des Vertrags über die Arbeitsweise der Europäischen Union vorgesehenen Verfahren.

(3) Alle Mitglieder des Rates können an dessen Beratungen teilnehmen, aber nur die Mitglieder des Rates, die die an der Verstärkten Zusammenarbeit beteiligten Mitgliedstaaten vertreten, nehmen an der Abstimmung teil. Die Abstimmungsmodalitäten sind in Artikel 330 des Vertrags über die Arbeitsweise der Europäischen Union vorgesehen.

(4) An die im Rahmen einer Verstärkten Zusammenarbeit erlassenen Rechtsakte sind nur die an dieser Zusammenarbeit beteiligten Mitgliedstaaten gebunden. Sie gelten nicht als Besitzstand, der von beitrittswilligen Staaten angenommen werden muss.

TITEL V

ALLGEMEINE BESTIMMUNGEN ÜBER DAS AUSWÄRTIGE HANDELN DER UNION UND BESONDERE BESTIMMUNGEN ÜBER DIE GEMEINSAME AUSSEN- UND SICHERHEITSPOLITIK

Kapitel 1

Allgemeine Bestimmungen über das auswärtige Handeln der Union

Artikel 21

(1) Die Union lässt sich bei ihrem Handeln auf internationaler Ebene von den Grundsätzen leiten, die für ihre eigene Entstehung, Entwicklung und Erweiterung maßgebend waren und denen sie auch weltweit zu stärkerer Geltung verhelfen will: Demokratie, Rechtsstaatlichkeit, die universelle Gültigkeit und Unteilbarkeit der Menschenrechte und Grundfreiheiten, die Achtung der Menschenwürde, der Grundsatz der Gleichheit und der Grundsatz der Solidarität sowie die Achtung der Grundsätze der Charta der Vereinten Nationen und des Völkerrechts.

Die Union strebt an, die Beziehungen zu Drittländern und zu regionalen oder weltweiten internationalen Organisationen, die die in Unterabsatz 1 aufgeführten Grundsätze teilen, auszubauen und Partnerschaften mit ihnen aufzubauen. Sie setzt sich insbesondere im Rahmen der Vereinten Nationen für multilaterale Lösungen bei gemeinsamen Problemen ein.

(2) Die Union legt die gemeinsame Politik sowie Maßnahmen fest, führt diese durch und setzt sich für ein hohes Maß an Zusammenarbeit auf allen Gebieten der internationalen Beziehungen ein, um

a) ihre Werte, ihre grundlegenden Interessen, ihre Sicherheit, ihre Unabhängigkeit und ihre Unversehrtheit zu wahren;

b) Demokratie, Rechtsstaatlichkeit, die Menschenrechte und die Grundsätze des Völkerrechts zu festigen und zu fördern;

c) nach Maßgabe der Ziele und Grundsätze der Charta der Vereinten Nationen sowie der Prinzipien der Schlussakte von Helsinki und der Ziele der Charta von Paris, einschließlich derjenigen, die die Außengrenzen betreffen, den Frieden zu erhalten, Konflikte zu verhüten und die internationale Sicherheit zu stärken;

d) die nachhaltige Entwicklung in Bezug auf Wirtschaft, Gesellschaft und Umwelt in den Entwicklungsländern zu fördern mit dem vorrangigen Ziel, die Armut zu beseitigen;

e) die Integration aller Länder in die Weltwirtschaft zu fördern, unter anderem auch durch den schrittweisen Abbau internationaler Handelshemmnisse;

f) zur Entwicklung von internationalen Maßnahmen zur Erhaltung und Verbesserung der Qualität der Umwelt und der nachhaltigen Bewirtschaftung der weltweiten natürlichen Ressourcen beizutragen, um eine nachhaltige Entwicklung sicherzustellen;

g) den Völkern, Ländern und Regionen, die von Naturkatastrophen oder von vom Menschen verursachten Katastrophen betroffen sind, zu helfen; und

h) eine Weltordnung zu fördern, die auf einer verstärkten multilateralen Zusammenarbeit und einer verantwortungsvollen Weltordnungspolitik beruht.

(3) Die Union wahrt bei der Ausarbeitung und Umsetzung ihres auswärtigen Handelns in den verschiedenen unter diesen Titel und den Fünften Teil des Vertrags über die Arbeitsweise der Europäischen Union fallenden Bereichen sowie der externen Aspekte der übrigen Politikbereiche die in den Absätzen 1 und 2 genannten Grundsätze und Ziele.

Die Union achtet auf die Kohärenz zwischen den einzelnen Bereichen ihres auswärtigen Handelns sowie zwischen diesen und ihren übrigen

Politikbereichen. Der Rat und die Kommission, die vom Hohen Vertreter der Union für Außen- und Sicherheitspolitik unterstützt werden, stellen diese Kohärenz sicher und arbeiten zu diesem Zweck zusammen.

Artikel 22

(1) Auf der Grundlage der in Artikel 21 aufgeführten Grundsätze und Ziele legt der Europäische Rat die strategischen Interessen und Ziele der Union fest.

Die Beschlüsse des Europäischen Rates über die strategischen Interessen und Ziele der Union erstrecken sich auf die Gemeinsame Außen- und Sicherheitspolitik sowie auf andere Bereiche des auswärtigen Handelns der Union. Sie können die Beziehungen der Union zu einem Land oder einer Region betreffen oder aber ein bestimmtes Thema zum Gegenstand haben. Sie enthalten Bestimmungen zu ihrer Geltungsdauer und zu den von der Union und den Mitgliedstaaten bereitzustellenden Mitteln.

Der Europäische Rat beschließt einstimmig auf Empfehlung des Rates, die dieser nach den für den jeweiligen Bereich vorgesehenen Regelungen abgibt. Die Beschlüsse des Europäischen Rates werden nach Maßgabe der in den Verträgen vorgesehenen Verfahren durchgeführt.

(2) Der Hohe Vertreter der Union für Außen- und Sicherheitspolitik und die Kommission können dem Rat gemeinsame Vorschläge vorlegen, wobei der Hohe Vertreter für den Bereich der Gemeinsamen Außen- und Sicherheitspolitik und die Kommission für die anderen Bereiche des auswärtigen Handelns zuständig ist.

Kapitel 2

Besondere Bestimmungen über die Gemeinsame Außen- und Sicherheitspolitik

Abschnitt 1

Gemeinsame Bestimmungen.

Artikel 23

Das Handeln der Union auf internationaler Ebene im Rahmen dieses Kapitels beruht auf den Grundsätzen des Kapitels 1, verfolgt die darin genannten Ziele und steht mit den allgemeinen Bestimmungen jenes Kapitels im Einklang.

Artikel 24

(ex-Artikel 11 EUV)

(1) Die Zuständigkeit der Union in der Gemeinsamen Außen- und Sicherheitspolitik erstreckt sich auf alle Bereiche der Außenpolitik sowie auf sämtliche Fragen im Zusammenhang mit der Sicherheit der Union, einschließlich der schrittweisen Festlegung einer gemeinsamen Verteidigungspolitik, die zu einer gemeinsamen Verteidigung führen kann.

Für die Gemeinsame Außen- und Sicherheitspolitik gelten besondere Bestimmungen und Verfahren. Sie wird vom Europäischen Rat und vom Rat einstimmig festgelegt und durchgeführt, soweit in den Verträgen nichts anderes vorgesehen ist. Der Erlass von Gesetzgebungsakten ist ausgeschlossen. Die Gemeinsame Außen- und Sicherheitspolitik wird vom Hohen Vertreter der Union für Außen- und Sicherheitspolitik und von den Mitgliedstaaten gemäß den Verträgen durchgeführt. Die spezifische Rolle des Europäischen Parlaments und der Kommission in diesem Bereich ist in den Verträgen festgelegt. Der Gerichtshof der Europäischen Union ist in Bezug auf diese Bestimmungen nicht zuständig; hiervon ausgenommen ist die Kontrolle der Einhaltung des Artikels 40 dieses Vertrags und die Überwachung der Rechtmäßigkeit bestimmter Beschlüsse nach Artikel 275 Absatz 2 des Vertrags über die Arbeitsweise der Europäischen Union.

(2) Die Union verfolgt, bestimmt und verwirklicht im Rahmen der Grundsätze und Ziele ihres auswärtigen Handelns eine Gemeinsame Außen- und Sicherheitspolitik, die auf einer Entwicklung der gegenseitigen politischen Solidarität der Mitgliedstaaten, der Ermittlung der Fragen von allgemeiner Bedeutung und der Erreichung einer immer stärkeren Konvergenz des Handelns der Mitgliedstaaten beruht.

(3) Die Mitgliedstaaten unterstützen die Außen- und Sicherheitspolitik der Union aktiv und vorbehaltlos im Geiste der Loyalität und der gegenseitigen Solidarität und achten das Handeln der Union in diesem Bereich.

Die Mitgliedstaaten arbeiten zusammen, um ihre gegenseitige politische Solidarität zu stärken und weiterzuentwickeln. Sie enthalten sich jeder Handlung, die den Interessen der Union zuwiderläuft oder ihrer Wirksamkeit als kohärente Kraft in den internationalen Beziehungen schaden könnte.

Der Rat und der Hohe Vertreter tragen für die Einhaltung dieser Grundsätze Sorge.

Artikel 25

(ex-Artikel 12 EUV)

Die Union verfolgt ihre Gemeinsame Außen- und Sicherheitspolitik, indem sie

a) die allgemeinen Leitlinien bestimmt,

b) Beschlüsse erlässt zur Festlegung

i) der von der Union durchzuführenden Aktionen,

ii) der von der Union einzunehmenden Standpunkte,

iii) der Einzelheiten der Durchführung der unter den Ziffern i und ii genannten Beschlüsse,

und

c) die systematische Zusammenarbeit der Mitgliedstaaten bei der Führung ihrer Politik ausbaut.

Artikel 26

(ex-Artikel 13 EUV)

(1) Der Europäische Rat bestimmt die strategischen Interessen der Union und legt die Ziele und die allgemeinen Leitlinien der Gemeinsamen Außen- und Sicherheitspolitik fest, und zwar auch bei Fragen mit verteidigungspolitischen Bezügen. Er erlässt die erforderlichen Beschlüsse.

Wenn eine internationale Entwicklung es erfordert, beruft der Präsident des Europäischen Rates eine außerordentliche Tagung des Europäischen Rates ein, um die strategischen Vorgaben für die Politik der Union angesichts dieser Entwicklung festzulegen.

(2) Der Rat gestaltet die Gemeinsame Außen- und Sicherheitspolitik und fasst die für die Festlegung und Durchführung dieser Politik erforderlichen Beschlüsse auf der Grundlage der vom Europäischen Rat festgelegten allgemeinen Leitlinien und strategischen Vorgaben.

Der Rat und der Hohe Vertreter der Union für Außen- und Sicherheitspolitik tragen für ein einheitliches, kohärentes und wirksames Vorgehen der Union Sorge.

(3) Die Gemeinsame Außen- und Sicherheitspolitik wird vom Hohen Vertreter und von den Mitgliedstaaten mit einzelstaatlichen Mitteln und den Mitteln der Union durchgeführt.

Artikel 27

(1) Der Hohe Vertreter der Union für Außen- und Sicherheitspolitik, der im Rat „Auswärtige Angelegenheiten“ den Vorsitz führt, trägt durch seine Vorschläge zur Festlegung der Gemeinsamen Außen- und Sicherheitspolitik bei und stellt sicher, dass die vom Europäischen Rat und vom Rat erlassenen Beschlüsse durchgeführt werden.

(2) Der Hohe Vertreter vertritt die Union in den Bereichen der Gemeinsamen Außen- und Sicherheitspolitik. Er führt im Namen der Union den politischen Dialog mit Dritten und vertritt den Standpunkt der Union in internationalen Organisationen und auf internationalen Konferenzen.

(3) Bei der Erfüllung seines Auftrags stützt sich der Hohe Vertreter auf einen Europäischen Auswärtigen Dienst. Dieser Dienst arbeitet mit den diplomatischen Diensten der Mitgliedstaaten zusammen und umfasst Beamte aus den einschlägigen Abteilungen des Generalsekretariats des Rates und der Kommission sowie abgeordnetes Personal der nationalen diplomatischen Dienste. Die Organisation und die Arbeitsweise des Europäischen Auswärtigen Dienstes werden durch einen Beschluss des Rates festgelegt. Der Rat beschließt auf Vorschlag des Hohen Vertreters nach Anhörung des Europäischen Parlaments und nach Zustimmung der Kommission.

Artikel 28

(ex-Artikel 14 EUV)

(1) Verlangt eine internationale Situation ein operatives Vorgehen der Union, so erlässt der Rat die erforderlichen Beschlüsse. In den Beschlüssen sind ihre Ziele, ihr Umfang, die der Union zur Verfügung zu stellenden Mittel sowie die Bedingungen und erforderlichenfalls der Zeitraum für ihre Durchführung festgelegt.

Tritt eine Änderung der Umstände mit erheblichen Auswirkungen auf eine Angelegenheit ein, die Gegenstand eines solchen Beschlusses ist, so überprüft der Rat die Grundsätze und Ziele dieses Beschlusses und erlässt die erforderlichen Beschlüsse.

(2) Die Beschlüsse nach Absatz 1 sind für die Mitgliedstaaten bei ihren Stellungnahmen und ihrem Vorgehen bindend.

(3) Jede einzelstaatliche Stellungnahme oder Maßnahme, die im Rahmen eines Beschlusses nach Absatz 1 geplant ist, wird von dem betreffenden Mitgliedstaat so rechtzeitig mitgeteilt, dass erforderlichenfalls eine vorherige Abstimmung im Rat stattfinden kann. Die Pflicht zur vorherigen Unterrichtung gilt nicht für Maßnahmen, die eine bloße praktische Umsetzung der Beschlüsse des Rates auf einzelstaatlicher Ebene darstellen.

(4) Bei zwingender Notwendigkeit aufgrund der Entwicklung der Lage und falls eine Überprüfung des Beschlusses des Rates nach Absatz 1 nicht stattfindet, können die Mitgliedstaaten unter Berücksichtigung der allgemeinen Ziele des genannten Beschlusses die erforderlichen Sofortmaßnahmen ergreifen. Der betreffende Mitgliedstaat unterrichtet den Rat sofort über derartige Maßnahmen.

(5) Ein Mitgliedstaat befasst den Rat, wenn sich bei der Durchführung eines Beschlusses nach diesem Artikel größere Schwierigkeiten ergeben; der Rat berät darüber und sucht nach angemessenen Lösungen. Diese dürfen nicht im Widerspruch zu den Zielen des Beschlusses nach Absatz 1 stehen oder seiner Wirksamkeit schaden.

Artikel 29

(ex-Artikel 15 EUV)

Der Rat erlässt Beschlüsse, in denen der Standpunkt der Union zu einer bestimmten Frage geografischer oder thematischer Art bestimmt wird. Die Mitgliedstaaten tragen dafür Sorge, dass ihre einzelstaatliche Politik mit den Standpunkten der Union in Einklang steht. Art 215 AEUV

Artikel 30

(ex-Artikel 22 EUV)

(1) Jeder Mitgliedstaat, der Hohe Vertreter der Union für Außen- und Sicherheitspolitik oder der Hohe Vertreter mit Unterstützung der Kommission kann den Rat mit einer Frage der Gemeinsamen Außen- und Sicherheitspolitik befassen und ihm Initiativen beziehungsweise Vorschläge unterbreiten.

(2) In den Fällen, in denen eine rasche Entscheidung notwendig ist, beruft der Hohe Vertreter von sich aus oder auf Antrag eines Mitgliedstaats innerhalb von 48 Stunden, bei absoluter Notwendigkeit in kürzerer Zeit, eine außerordentliche Tagung des Rates ein.

Artikel 31

(ex-Artikel 23 EUV)

(1) Beschlüsse nach diesem Kapitel werden vom Europäischen Rat und vom Rat einstimmig gefasst, soweit in diesem Kapitel nichts anderes festgelegt ist. Der Erlass von Gesetzgebungsakten ist ausgeschlossen.

Bei einer Stimmenthaltung kann jedes Ratsmitglied zu seiner Enthaltung eine förmliche Erklärung im Sinne dieses Unterabsatzes abgeben. In diesem Fall ist es nicht verpflichtet, den Beschluss durchzuführen, akzeptiert jedoch, dass der Beschluss für die Union bindend ist. Im Geiste gegenseitiger Solidarität unterlässt der betreffende Mitgliedstaat alles, was dem auf diesem Beschluss beruhenden Vorgehen der Union zuwiderlaufen oder es behindern könnte, und die anderen Mitgliedstaaten respektieren seinen Standpunkt. Vertreten die Mitglieder des Rates, die bei ihrer Stimmenthaltung eine solche Erklärung abgeben, mindestens ein Drittel der Mitgliedstaaten, die mindestens ein Drittel der Unionsbevölkerung ausmachen, so wird der Beschluss nicht erlassen.

(2) Abweichend von Absatz 1 beschließt der Rat mit qualifizierter Mehrheit, wenn er

- auf der Grundlage eines Beschlusses des Europäischen Rates über die strategischen Interessen und Ziele der Union nach Artikel 22 Absatz 1 einen Beschluss erlässt, mit dem eine Aktion oder ein Standpunkt der Union festgelegt wird;
- auf einen Vorschlag hin, den ihm der Hohe Vertreter der Union für Außen- und Sicherheitspolitik auf spezielles Ersuchen des Europäischen Rates unterbreitet hat, das auf dessen eigene Initiative oder auf eine Initiative des Hohen Vertreters zurückgeht, einen Beschluss erlässt, mit dem eine Aktion oder ein Standpunkt der Union festgelegt wird;
- einen Beschluss zur Durchführung eines Beschlusses, mit dem eine Aktion oder ein Standpunkt der Union festgelegt wird, erlässt,
- nach Artikel 33 einen Sonderbeauftragten ernennt.

Erklärt ein Mitglied des Rates, dass es aus wesentlichen Gründen der nationalen Politik, die es auch nennen muss, die Absicht hat, einen mit qualifizierter Mehrheit zu fassenden Beschluss abzulehnen, so erfolgt keine Abstimmung. Der Hohe Vertreter bemüht sich in engem Benehmen mit dem betroffenen Mitgliedstaat um eine für diesen Mitgliedstaat annehmbare Lösung. Gelingt dies nicht, so kann der Rat mit qualifizierter Mehrheit veranlassen, dass die Frage im Hinblick auf einen einstimmigen Beschluss an den Europäischen Rat verwiesen wird.

(3) Der Europäische Rat kann einstimmig einen Beschluss erlassen, in dem vorgesehen ist, dass der Rat in anderen als den in Absatz 2 genannten Fällen mit qualifizierter Mehrheit beschließt.

(4) Die Absätze 2 und 3 gelten nicht für Beschlüsse mit militärischen oder verteidigungspolitischen Bezügen.

(5) In Verfahrensfragen beschließt der Rat mit der Mehrheit seiner Mitglieder.

Artikel 32

(ex-Artikel 16 EUV)

Die Mitgliedstaaten stimmen sich im Europäischen Rat und im Rat zu jeder außen- und sicherheitspolitischen Frage von allgemeiner Bedeutung ab, um ein gemeinsames Vorgehen festzulegen. Bevor ein Mitgliedstaat in einer Weise, die die Interessen der Union berühren könnte, auf internationaler Ebene tätig wird oder eine Verpflichtung eingeht, konsultiert er die anderen Mitgliedstaaten im Europäischen Rat oder im Rat. Die Mitgliedstaaten gewährleisten durch konvergentes Handeln, dass die Union ihre Interessen und ihre Werte auf internationaler Ebene geltend machen kann. Die Mitgliedstaaten sind untereinander solidarisch.

Hat der Europäische Rat oder der Rat ein gemeinsames Vorgehen der Union im Sinne des Absatzes 1 festgelegt, so koordinieren der Hohe Vertreter der Union für Außen- und Sicherheitspolitik und die Minister für auswärtige Angelegenheiten der Mitgliedstaaten ihre Tätigkeiten im Rat.

Die diplomatischen Vertretungen der Mitgliedstaaten und die Delegationen der Union in Drittländern und bei internationalen Organisationen arbeiten zusammen und tragen zur Festlegung und Durchführung des gemeinsamen Vorgehens bei.

Artikel 33

(ex-Artikel 18 EUV)

Der Rat kann auf Vorschlag des Hohen Vertreters der Union für Außen- und Sicherheitspolitik einen Sonderbeauftragten für besondere politische Fragen ernennen. Der Sonderbeauftragte übt sein Mandat unter der Verantwortung des Hohen Vertreters aus.

Artikel 34

(ex-Artikel 19 EUV)

(1) Die Mitgliedstaaten koordinieren ihr Handeln in internationalen Organisationen und auf internationalen Konferenzen. Sie treten dort für die Standpunkte der Union ein. Der Hohe Vertreter der Union für Außen- und Sicherheitspolitik trägt für die Organisation dieser Koordinierung Sorge.

In den internationalen Organisationen und auf internationalen Konferenzen, bei denen nicht alle Mitgliedstaaten vertreten sind, setzen sich die dort vertretenen Mitgliedstaaten für die Standpunkte der Union ein.

(2) Nach Artikel 24 Absatz 3 unterrichten die Mitgliedstaaten, die in internationalen Organisationen oder auf internationalen Konferenzen vertreten sind, die dort nicht vertretenen Mitgliedstaaten und den Hohen Vertreter laufend über alle Fragen von gemeinsamem Interesse.

Die Mitgliedstaaten, die auch Mitglieder des Sicherheitsrats der Vereinten Nationen sind, stimmen sich ab und unterrichten die übrigen Mitgliedstaaten sowie den Hohen Vertreter in vollem Umfang. Die Mitgliedstaaten, die Mitglieder des Sicherheitsrats sind, setzen sich bei der Wahrnehmung ihrer Aufgaben unbeschadet ihrer Verantwortlichkeiten aufgrund der Charta der Vereinten Nationen für die Standpunkte und Interessen der Union ein.

Wenn die Union einen Standpunkt zu einem Thema festgelegt hat, das auf der Tagesordnung des Sicherheitsrats der Vereinten Nationen steht, beantragen die dort vertretenen Mitgliedstaaten, dass der Hohe Vertreter gebeten wird, den Standpunkt der Union vorzutragen.

Artikel 35

(ex-Artikel 20 EUV)

Die diplomatischen und konsularischen Vertretungen der Mitgliedstaaten und die Delegationen der Union in dritten Ländern und auf internationalen Konferenzen sowie ihre Vertretungen bei internationalen Organisationen stimmen sich ab, um die Einhaltung und Durchführung der nach diesem Kapitel erlassenen Beschlüsse, mit denen Standpunkte und Aktionen der Union festgelegt werden, zu gewährleisten.

Sie intensivieren ihre Zusammenarbeit durch Informationsaustausch und gemeinsame Bewertungen.

Sie tragen zur Verwirklichung des in Artikel 20 Absatz 2 Buchstabe c des Vertrags über die Arbeitsweise der Europäischen Union genannten Rechts der Unionsbürgerinnen und Unionsbürger auf Schutz im Hoheitsgebiet von Drittländern und zur Durchführung der nach Artikel 23 des genannten Vertrags erlassenen Maßnahmen bei.

Artikel 36

(ex-Artikel 21 EUV)

Der Hohe Vertreter der Union für Außen- und Sicherheitspolitik hört das Europäische Parlament regelmäßig zu den wichtigsten Aspekten und den grundlegenden Weichenstellungen der Gemeinsamen Außen- und Sicherheitspolitik und der Gemeinsamen Sicherheits- und Verteidigungspolitik und unterrichtet es über die Entwicklung der Politik in diesen Bereichen. Er achtet darauf, dass die Auffassungen des Europäischen Parlaments gebührend berücksichtigt werden. Die Sonderbeauftragten können zur Unterrichtung des Europäischen Parlaments mit herangezogen werden.

Das Europäische Parlament kann Anfragen oder Empfehlungen an den Rat und den Hohen Vertreter richten. Zweimal jährlich führt es eine Aussprache über die Fortschritte bei der Durchführung der Gemeinsamen Außen- und Sicherheitspolitik, einschließlich der Gemeinsamen Sicherheits- und Verteidigungspolitik.

Artikel 37

(ex-Artikel 24 EUV)

Die Union kann in den unter dieses Kapitel fallenden Bereichen Übereinkünfte mit einem oder mehreren Staaten oder internationalen Organisationen schließen.

Artikel 38

(ex-Artikel 25 EUV)

Unbeschadet des Artikels 240 des Vertrags über die Arbeitsweise der Europäischen Union verfolgt ein Politisches und Sicherheitspolitisches Komitee die internationale Lage in den Bereichen der Gemeinsamen Außen- und Sicherheitspolitik und trägt auf Ersuchen des Rates, des Hohen Vertreters der Union für Außen- und Sicherheitspolitik oder von sich aus durch an den Rat gerichtete Stellungnahmen zur Festlegung der Politiken bei. Ferner überwacht es die Durchführung vereinbarter Politiken; dies gilt unbeschadet der Zuständigkeiten des Hohen Vertreters.

Im Rahmen dieses Kapitels nimmt das Politische und Sicherheitspolitische Komitee unter der Verantwortung des Rates und des Hohen Vertreters die politische Kontrolle und strategische Leitung von Krisenbewältigungsoperationen im Sinne des Artikels 43 wahr.

Der Rat kann das Komitee für den Zweck und die Dauer einer Operation zur Krisenbewältigung, die vom Rat festgelegt werden, ermächtigen, geeignete Beschlüsse hinsichtlich der politischen Kontrolle und strategischen Leitung der Operation zu fassen.

Artikel 39

Gemäß Artikel 16 des Vertrags über die Arbeitsweise der Europäischen Union und abweichend von Absatz 2 des genannten Artikels erlässt der Rat einen Beschluss zur Festlegung von Vorschriften über den Schutz natürlicher Personen bei der Verarbeitung personenbezogener Daten durch die Mitgliedstaaten im Rahmen der Ausübung von Tätigkeiten, die in den Anwendungsbereich dieses Kapitels fallen, und über den freien Datenverkehr. Die Einhaltung dieser Vorschriften wird von unabhängigen Behörden überwacht.

Artikel 40

(ex-Artikel 47 EUV)

Die Durchführung der Gemeinsamen Außen- und Sicherheitspolitik lässt die Anwendung der Verfahren und den jeweiligen Umfang der Befugnisse der Organe, die in den Verträgen für die Ausübung der in den Artikeln 3 bis 6 des Vertrags über die Arbeitsweise der Europäischen Union aufgeführten Zuständigkeiten der Union vorgesehen sind, unberührt.

Ebenso lässt die Durchführung der Politik nach den genannten Artikeln die Anwendung der Verfahren und den jeweiligen Umfang der Befugnisse der Organe, die in den Verträgen für die Ausübung der Zuständigkeiten der Union nach diesem Kapitel vorgesehen sind, unberührt.

Artikel 41

ex-Artikel 28 EUV)

(1) Die Verwaltungsausgaben, die den Organen aus der Durchführung dieses Kapitels entstehen, gehen zulasten des Haushalts der Union.

(2) Die operativen Ausgaben im Zusammenhang mit der Durchführung dieses Kapitels gehen ebenfalls zulasten des Haushalts der Union, mit Ausnahme der Ausgaben aufgrund von Maßnahmen mit militärischen oder verteidigungspolitischen Bezügen und von Fällen, in denen der Rat einstimmig etwas anderes beschließt.

In Fällen, in denen die Ausgaben nicht zulasten des Haushalts der Union gehen, gehen sie nach dem Bruttosozialprodukt-Schlüssel zulasten der Mitgliedstaaten, sofern der Rat nicht einstimmig etwas anderes beschließt. Die Mitgliedstaaten, deren Vertreter im Rat eine förmliche Erklärung nach Artikel 31 Absatz 1 Unterabsatz 2 abgegeben haben, sind nicht verpflichtet, zur Finanzierung von Ausgaben für Maßnahmen mit militärischen oder verteidigungspolitischen Bezügen beizutragen.

(3) Der Rat erlässt einen Beschluss zur Festlegung besonderer Verfahren, um den schnellen Zugriff auf die Haushaltsmittel der Union zu gewährleisten, die für die Sofortfinanzierung von Initiativen im Rahmen der Gemeinsamen Außen- und Sicherheitspolitik, insbesondere von Tätigkeiten zur Vorbereitung einer Mission nach Artikel 42 Absatz 1 und Artikel 43 bestimmt sind. Er beschließt nach Anhörung des Europäischen Parlaments.

Die Tätigkeiten zur Vorbereitung der in Artikel 42 Absatz 1 und in Artikel 43 genannten Missionen, die nicht zulasten des Haushalts der Union gehen, werden aus einem aus Beiträgen der Mitgliedstaaten gebildeten Anschubfonds finanziert.

Der Rat erlässt mit qualifizierter Mehrheit auf Vorschlag des Hohen Vertreters der Union für Außen- und Sicherheitspolitik die Beschlüsse über

a) die Einzelheiten für die Bildung und die Finanzierung des Anschubfonds, insbesondere die Höhe der Mittelzuweisungen für den Fonds;

b) die Einzelheiten für die Verwaltung des Anschubfonds;

c) die Einzelheiten für die Finanzkontrolle.

Kann die geplante Mission nach Artikel 42 Absatz 1 und Artikel 43 nicht aus dem Haushalt der Union finanziert werden, so ermächtigt der Rat den Hohen Vertreter zur Inanspruchnahme dieses Fonds. Der Hohe Vertreter erstattet dem Rat Bericht über die Erfüllung dieses Mandats.

Abschnitt 2
Bestimmungen über die Gemeinsame Sicherheits- und Verteidigungspolitik

Artikel 42

(ex-Artikel 17 EUV)

(1) Die Gemeinsame Sicherheits- und Verteidigungspolitik ist integraler Bestandteil der Gemeinsamen Außen- und Sicherheitspolitik. Sie sichert der Union eine auf zivile und militärische Mittel gestützte Operationsfähigkeit. Auf diese kann die Union bei Missionen außerhalb der Union zur Friedenssicherung, Konfliktverhütung und Stärkung der internationalen Sicherheit in Übereinstimmung mit den Grundsätzen der Charta der Vereinten Nationen zurückgreifen. Sie erfüllt diese Aufgaben mit Hilfe der Fähigkeiten, die von den Mitgliedstaaten bereitgestellt werden.

(2) Die Gemeinsame Sicherheits- und Verteidigungspolitik umfasst die schrittweise Festlegung einer gemeinsamen Verteidigungspolitik der Union. Diese führt zu einer gemeinsamen Verteidigung, sobald der Europäische Rat dies einstimmig beschlossen hat. Er empfiehlt in diesem Fall den Mitgliedstaaten, einen Beschluss in diesem Sinne im Einklang mit ihren verfassungsrechtlichen Vorschriften zu erlassen.

Die Politik der Union nach diesem Abschnitt berührt nicht den besonderen Charakter der Sicherheits- und Verteidigungspolitik bestimmter Mitgliedstaaten; sie achtet die Verpflichtungen einiger Mitgliedstaaten, die ihre gemeinsame Verteidigung in der Nordatlantikvertrags-Organisation (NATO) verwirklicht sehen, aus dem Nordatlantikvertrag und ist vereinbar mit der in jenem Rahmen festgelegten gemeinsamen Sicherheits- und Verteidigungspolitik.

(3) Die Mitgliedstaaten stellen der Union für die Umsetzung der Gemeinsamen Sicherheits- und Verteidigungspolitik zivile und militärische Fähigkeiten als Beitrag zur Verwirklichung der vom Rat festgelegten Ziele zur Verfügung. Die Mitgliedstaaten, die zusammen multinationale Streitkräfte aufstellen, können diese auch für die Gemeinsame Sicherheits- und Verteidigungspolitik zur Verfügung stellen.

Die Mitgliedstaaten verpflichten sich, ihre militärischen Fähigkeiten schrittweise zu verbessern. Die Agentur für die Bereiche Entwicklung der Verteidigungsfähigkeiten, Forschung, Beschaffung und Rüstung (im Folgenden „Europäische Verteidigungsagentur“) ermittelt den operativen Bedarf und fördert Maßnahmen zur Bedarfsdeckung, trägt zur Ermittlung von Maßnahmen zur Stärkung der industriellen und technologischen Basis des Verteidigungssektors bei und führt diese Maßnahmen gegebenenfalls durch, beteiligt sich an der Festlegung einer europäischen Politik im Bereich der Fähigkeiten und der Rüstung und unterstützt den Rat bei der Beurteilung der Verbesserung der militärischen Fähigkeiten.

(4) Beschlüsse zur Gemeinsamen Sicherheits- und Verteidigungspolitik, einschließlich der Beschlüsse über die Einleitung einer Mission nach diesem Artikel, werden vom Rat einstimmig auf Vorschlag des Hohen Vertreters der Union für Außen- und Sicherheitspolitik oder auf Initiative eines Mitgliedstaats erlassen. Der Hohe Vertreter kann gegebenenfalls gemeinsam mit der Kommission den Rückgriff auf einzelstaatliche Mittel sowie auf Instrumente der Union vorschlagen.

(5) Der Rat kann zur Wahrung der Werte der Union und im Dienste ihrer Interessen eine Gruppe von Mitgliedstaaten mit der Durchführung einer Mission im Rahmen der Union beauftragen. Die Durchführung einer solchen Mission fällt unter Artikel 44.

(6) Die Mitgliedstaaten, die anspruchsvollere Kriterien in Bezug auf die militärischen Fähigkeiten erfüllen und die im Hinblick auf Missionen mit höchsten Anforderungen untereinander weiter gehende Verpflichtungen eingegangen sind, begründen eine Ständige Strukturierte Zusammenarbeit im Rahmen der Union. Diese Zusammenarbeit erfolgt nach Maßgabe von Artikel 46. Sie berührt nicht die Bestimmungen des Artikels 43.

(7) Im Falle eines bewaffneten Angriffs auf das Hoheitsgebiet eines Mitgliedstaats schulden die anderen Mitgliedstaaten ihm alle in ihrer Macht stehende Hilfe und Unterstützung, im Einklang mit Artikel 51 der Charta der Vereinten Nationen. Dies lässt den besonderen Charakter der Sicherheits- und Verteidigungspolitik bestimmter Mitgliedstaaten unberührt.

Die Verpflichtungen und die Zusammenarbeit in diesem Bereich bleiben im Einklang mit den im Rahmen der Nordatlantikvertrags-Organisation eingegangenen Verpflichtungen, die für die ihr angehörenden Staaten weiterhin das Fundament ihrer kollektiven Verteidigung und das Instrument für deren Verwirklichung ist.

Artikel 43

(1) Die in Artikel 42 Absatz 1 vorgesehenen Missionen, bei deren Durchführung die Union auf zivile und militärische Mittel zurückgreifen kann, umfassen gemeinsame Abrüstungsmaßnahmen, humanitäre Aufgaben und Rettungseinsätze, Aufgaben der militärischen Beratung und Unterstützung, Aufgaben der Konfliktverhütung und der Erhaltung des Friedens sowie Kampfeinsätze im Rahmen der Krisenbewältigung einschließlich Frieden schaffender Maßnahmen und Operationen zur Stabilisierung der Lage nach Konflikten. Mit allen diesen Missionen kann zur Bekämpfung des Terrorismus beigetragen werden, unter anderem auch durch die Unterstützung für Drittländer bei

der Bekämpfung des Terrorismus in ihrem Hoheitsgebiet.

(2) Der Rat erlässt die Beschlüsse über Missionen nach Absatz 1; in den Beschlüssen sind Ziel und Umfang der Missionen sowie die für sie geltenden allgemeinen Durchführungsbestimmungen festgelegt. Der Hohe Vertreter der Union für Außen- und Sicherheitspolitik sorgt unter Aufsicht des Rates und in engem und ständigem Benehmen mit dem Politischen und Sicherheitspolitischen Komitee für die Koordinierung der zivilen und militärischen Aspekte dieser Missionen.

Artikel 44

(1) Im Rahmen der nach Artikel 43 erlassenen Beschlüsse kann der Rat die Durchführung einer Mission einer Gruppe von Mitgliedstaaten übertragen, die dies wünschen und über die für eine derartige Mission erforderlichen Fähigkeiten verfügen. Die betreffenden Mitgliedstaaten vereinbaren in Absprache mit dem Hohen Vertreter der Union für Außen- und Sicherheitspolitik untereinander die Ausführung der Mission.

(2) Die an der Durchführung der Mission teilnehmenden Mitgliedstaaten unterrichten den Rat von sich aus oder auf Antrag eines anderen Mitgliedstaats regelmäßig über den Stand der Mission. Die teilnehmenden Mitgliedstaaten befassen den Rat sofort, wenn sich aus der Durchführung der Mission schwerwiegende Konsequenzen ergeben oder das Ziel der Mission, ihr Umfang oder die für sie geltenden Regelungen, wie sie in den in Absatz 1 genannten Beschlüssen festgelegt sind, geändert werden müssen. Der Rat erlässt in diesen Fällen die erforderlichen Beschlüsse.

Artikel 45

(1) Aufgabe der in Artikel 42 Absatz 3 genannten, dem Rat unterstellten Europäischen Verteidigungsagentur ist es,

a) bei der Ermittlung der Ziele im Bereich der militärischen Fähigkeiten der Mitgliedstaaten und der Beurteilung, ob die von den Mitgliedstaaten in Bezug auf diese Fähigkeiten eingegangenen Verpflichtungen erfüllt wurden, mitzuwirken;

b) auf eine Harmonisierung des operativen Bedarfs sowie die Festlegung effizienter und kompatibler Beschaffungsverfahren hinzuwirken;

c) multilaterale Projekte zur Erfüllung der Ziele im Bereich der militärischen Fähigkeiten vorzuschlagen und für die Koordinierung der von den Mitgliedstaaten durchgeführten Programme sowie die Verwaltung spezifischer Kooperationsprogramme zu sorgen;

d) die Forschung auf dem Gebiet der Verteidigungstechnologie zu unterstützen, gemeinsame Forschungsaktivitäten sowie Studien zu technischen Lösungen, die dem künftigen operativen Bedarf gerecht werden, zu koordinieren und zu planen;

e) dazu beizutragen, dass zweckdienliche Maßnahmen zur Stärkung der industriellen und technologischen Basis des Verteidigungssektors und für einen wirkungsvolleren Einsatz der Verteidigungsausgaben ermittelt werden, und diese Maßnahmen gegebenenfalls durchzuführen.

(2) Alle Mitgliedstaaten können auf Wunsch an der Arbeit der Europäischen Verteidigungsagentur teilnehmen. Der Rat erlässt mit qualifizierter Mehrheit einen Beschluss, in dem die Rechtsstellung, der Sitz und die Funktionsweise der Agentur festgelegt werden. Dieser Beschluss trägt dem Umfang der effektiven Beteiligung an den Tätigkeiten der Agentur Rechnung. Innerhalb der Agentur werden spezielle Gruppen gebildet, in denen Mitgliedstaaten zusammenkommen, die gemeinsame Projekte durchführen. Die Agentur versieht ihre Aufgaben erforderlichenfalls in Verbindung mit der Kommission.

Artikel 46

(1) Die Mitgliedstaaten, die sich an der Ständigen Strukturierten Zusammenarbeit im Sinne des Artikels 42 Absatz 6 beteiligen möchten und hinsichtlich der militärischen Fähigkeiten die Kriterien erfüllen und die Verpflichtungen eingehen, die in dem Protokoll über die Ständige Strukturierte Zusammenarbeit enthalten sind, teilen dem Rat und dem Hohen Vertreter der Union für Außen- und Sicherheitspolitik ihre Absicht mit.

(2) Der Rat erlässt binnen drei Monaten nach der in Absatz 1 genannten Mitteilung einen Beschluss über die Begründung der Ständigen Strukturierten Zusammenarbeit und über die Liste der daran teilnehmenden Mitgliedstaaten. Der Rat beschließt nach Anhörung des Hohen Vertreters mit qualifizierter Mehrheit.

(3) Jeder Mitgliedstaat, der sich zu einem späteren Zeitpunkt an der Ständigen Strukturierten Zusammenarbeit beteiligen möchte, teilt dem Rat und dem Hohen Vertreter seine Absicht mit.

Der Rat erlässt einen Beschluss, in dem die Teilnahme des betreffenden Mitgliedstaats, der die Kriterien und Verpflichtungen nach den Artikeln 1 und 2 des Protokolls über die Ständige Strukturierte Zusammenarbeit erfüllt beziehungsweise eingeht, bestätigt wird. Der Rat beschließt mit qualifizierter Mehrheit nach Anhörung des Hohen Vertreters. Nur die Mitglieder des Rates, die die teilnehmenden Mitgliedstaaten vertreten, sind stimmberechtigt.

Die qualifizierte Mehrheit bestimmt sich nach Artikel 238 Absatz 3 Buchstabe a des Vertrags über die Arbeitsweise der Europäischen Union.

(4) Erfüllt ein teilnehmender Mitgliedstaat die Kriterien nach den Artikeln 1 und 2 des Protokolls über die Ständige Strukturierte Zusammenarbeit nicht mehr oder kann er den darin genannten Verpflichtungen nicht mehr nachkommen, so kann der Rat einen Beschluss erlassen, durch den die Teilnahme dieses Staates ausgesetzt wird.

Der Rat beschließt mit qualifizierter Mehrheit. Nur die Mitglieder des Rates, die die teilnehmenden Mitgliedstaaten mit Ausnahme des betroffenen Mitgliedstaats vertreten, sind stimmberechtigt.

Die qualifizierte Mehrheit bestimmt sich nach Artikel 238 Absatz 3 Buchstabe a des Vertrags über die Arbeitsweise der Europäischen Union.

(5) Wünscht ein teilnehmender Mitgliedstaat, von der Ständigen Strukturierten Zusammenarbeit Abstand zu nehmen, so teilt er seine Entscheidung dem Rat mit, der zur Kenntnis nimmt, dass die Teilnahme des betreffenden Mitgliedstaats beendet ist.

(6) Mit Ausnahme der Beschlüsse nach den Absätzen 2 bis 5 erlässt der Rat die Beschlüsse und Empfehlungen im Rahmen der Ständigen Strukturierten Zusammenarbeit einstimmig. Für die Zwecke dieses Absatzes bezieht sich die Einstimmigkeit allein auf die Stimmen der Vertreter der an der Zusammenarbeit teilnehmenden Mitgliedstaaten.

TITEL VI

SCHLUSSBESTIMMUNGEN

Artikel 47

Die Union besitzt Rechtspersönlichkeit.

Artikel 48

(ex-Artikel 48 EUV)

(1) Die Verträge können gemäß dem ordentlichen Änderungsverfahren geändert werden. Sie können ebenfalls nach vereinfachten Änderungsverfahren geändert werden.

Ordentliches Änderungsverfahren

(2) Die Regierung jedes Mitgliedstaats, das Europäische Parlament oder die Kommission kann dem Rat Entwürfe zur Änderung der Verträge vorlegen. Diese Entwürfe können unter anderem eine Ausdehnung oder Verringerung der der Union in den Verträgen übertragenen Zuständigkeiten zum Ziel haben. Diese Entwürfe werden vom Rat dem Europäischen Rat übermittelt und den nationalen Parlamenten zur Kenntnis gebracht.

(3) Beschließt der Europäische Rat nach Anhörung des Europäischen Parlaments und der Kommission mit einfacher Mehrheit die Prüfung der vorgeschlagenen Änderungen, so beruft der Präsident des Europäischen Rates einen Konvent von Vertretern der nationalen Parlamente, der Staats- und Regierungschefs der Mitgliedstaaten, des Europäischen Parlaments und der Kommission ein. Bei institutionellen Änderungen im Währungsbereich wird auch die Europäische Zentralbank gehört. Der Konvent prüft die Änderungsentwürfe und nimmt im Konsensverfahren eine Empfehlung an, die an eine Konferenz der Vertreter der Regierungen der Mitgliedstaaten nach Absatz 4 gerichtet ist.

Der Europäische Rat kann mit einfacher Mehrheit nach Zustimmung des Europäischen Parlaments beschließen, keinen Konvent einzuberufen, wenn seine Einberufung aufgrund des Umfangs der geplanten Änderungen nicht gerechtfertigt ist. In diesem Fall legt der Europäische Rat das Mandat für eine Konferenz der Vertreter der Regierungen der Mitgliedstaaten fest.

(4) Eine Konferenz der Vertreter der Regierungen der Mitgliedstaaten wird vom Präsidenten des Rates einberufen, um die an den Verträgen vorzunehmenden Änderungen zu vereinbaren.

Die Änderungen treten in Kraft, nachdem sie von allen Mitgliedstaaten nach Maßgabe ihrer verfassungsrechtlichen Vorschriften ratifiziert worden sind.

(5) Haben nach Ablauf von zwei Jahren nach der Unterzeichnung eines Vertrags zur Änderung der Verträge vier Fünftel der Mitgliedstaaten den genannten Vertrag ratifiziert und sind in einem Mitgliedstaat oder mehreren Mitgliedstaaten Schwierigkeiten bei der Ratifikation aufgetreten, so befasst sich der Europäische Rat mit der Frage.

Vereinfachte Änderungsverfahren

(6) Die Regierung jedes Mitgliedstaats, das Europäische Parlament oder die Kommission kann dem Europäischen Rat Entwürfe zur Änderung aller oder eines Teils der Bestimmungen des Dritten Teils des Vertrags über die Arbeitsweise der Europäischen Union über die internen Politikbereiche der Union vorlegen.

Der Europäische Rat kann einen Beschluss zur Änderung aller oder eines Teils der Bestimmungen des Dritten Teils des Vertrags über die Arbeitsweise der Europäischen Union erlassen. Der Europäische Rat beschließt einstimmig nach Anhörung des Europäischen Parlaments und der Kommission sowie, bei institutionellen Änderungen im Währungsbereich, der Europäischen Zentralbank. Dieser Beschluss tritt erst nach Zustimmung der Mitgliedstaaten im Einklang mit ihren jeweiligen verfassungsrechtlichen Vorschriften in Kraft.

Der Beschluss nach Unterabsatz 2 darf nicht zu einer Ausdehnung der der Union im Rahmen der Verträge übertragenen Zuständigkeiten führen.

(7) In Fällen, in denen der Rat nach Maßgabe des Vertrags über die Arbeitsweise der Europäi-

schen Union oder des Titels V dieses Vertrags in einem Bereich oder in einem bestimmten Fall einstimmig beschließt, kann der Europäische Rat einen Beschluss erlassen, wonach der Rat in diesem Bereich oder in diesem Fall mit qualifizierter Mehrheit beschließen kann. Dieser Unterabsatz gilt nicht für Beschlüsse mit militärischen oder verteidigungspolitischen Bezügen.

In Fällen, in denen nach Maßgabe des Vertrags über die Arbeitsweise der Europäischen Union Gesetzgebungsakte vom Rat gemäß einem besonderen Gesetzgebungsverfahren erlassen werden müssen, kann der Europäische Rat einen Beschluss erlassen, wonach die Gesetzgebungsakte gemäß dem ordentlichen Gesetzgebungsverfahren erlassen werden können.

Jede vom Europäischen Rat auf der Grundlage von Unterabsatz 1 oder Unterabsatz 2 ergriffene Initiative wird den nationalen Parlamenten übermittelt. Wird dieser Vorschlag innerhalb von sechs Monaten nach der Übermittlung von einem nationalen Parlament abgelehnt, so wird der Beschluss nach Unterabsatz 1 oder Unterabsatz 2 nicht erlassen. Wird die Initiative nicht abgelehnt, so kann der Europäische Rat den Beschluss erlassen.

Der Europäische Rat erlässt die Beschlüsse nach den Unterabsätzen 1 oder 2 einstimmig nach Zustimmung des Europäischen Parlaments, das mit der Mehrheit seiner Mitglieder beschließt.

Artikel 49

(ex-Artikel 49 EUV)

Jeder europäische Staat, der die in Artikel 2 genannten Werte achtet und sich für ihre Förderung einsetzt, kann beantragen, Mitglied der Union zu werden. Das Europäische Parlament und die nationalen Parlamente werden über diesen Antrag unterrichtet. Der antragstellende Staat richtet seinen Antrag an den Rat; dieser beschließt einstimmig nach Anhörung der Kommission und nach Zustimmung des Europäischen Parlaments, das mit der Mehrheit seiner Mitglieder beschließt. Die vom Europäischen Rat vereinbarten Kriterien werden berücksichtigt.

Die Aufnahmebedingungen und die durch eine Aufnahme erforderlich werdenden Anpassungen der Verträge, auf denen die Union beruht, werden durch ein Abkommen zwischen den Mitgliedstaaten und dem antragstellenden Staat geregelt. Das Abkommen bedarf der Ratifikation durch alle Vertragsstaaten gemäß ihren verfassungsrechtlichen Vorschriften.

Artikel 50

(1) Jeder Mitgliedstaat kann im Einklang mit seinen verfassungsrechtlichen Vorschriften beschließen, aus der Union auszutreten.

(2) Ein Mitgliedstaat, der auszutreten beschließt, teilt dem Europäischen Rat seine Absicht mit. Auf der Grundlage der Leitlinien des Europäischen Rates handelt die Union mit diesem Staat ein Abkommen über die Einzelheiten des Austritts aus und schließt das Abkommen, wobei der Rahmen für die künftigen Beziehungen dieses Staates zur Union berücksichtigt wird. Das Abkommen wird nach Artikel 218 Absatz 3 des Vertrags über die Arbeitsweise der Europäischen Union ausgehandelt. Es wird vom Rat im Namen der Union geschlossen; der Rat beschließt mit qualifizierter Mehrheit nach Zustimmung des Europäischen Parlaments.

(3) Die Verträge finden auf den betroffenen Staat ab dem Tag des Inkrafttretens des Austrittsabkommens oder andernfalls zwei Jahre nach der in Absatz 2 genannten Mitteilung keine Anwendung mehr, es sei denn, der Europäische Rat beschließt im Einvernehmen mit dem betroffenen Mitgliedstaat einstimmig, diese Frist zu verlängern.

(4) Für die Zwecke der Absätze 2 und 3 nimmt das Mitglied des Europäischen Rates und des Rates, das den austretenden Mitgliedstaat vertritt, weder an den diesen Mitgliedstaat betreffenden Beratungen noch an der entsprechenden Beschlussfassung des Europäischen Rates oder des Rates teil.

Die qualifizierte Mehrheit bestimmt sich nach Artikel 238 Absatz 3 Buchstabe b des Vertrags über die Arbeitsweise der Europäischen Union.

(5) Ein Staat, der aus der Union ausgetreten ist und erneut Mitglied werden möchte, muss dies nach dem Verfahren des Artikels 49 beantragen.

Artikel 51

Die Protokolle und Anhänge der Verträge sind Bestandteil der Verträge.

Artikel 52

(1) Die Verträge gelten für das Königreich Belgien, die Republik Bulgarien, die Tschechische Republik, das Königreich Dänemark, die Bundesrepublik Deutschland, die Republik Estland, Irland, die Hellenische Republik, das Königreich Spanien, die Französische Republik, die Republik Kroatien, die Italienische Republik, die Republik Zypern, die Republik Lettland, die Republik Litauen, das Großherzogtum Luxemburg, die Republik Ungarn, die Republik Malta, das Königreich der Niederlande, die Republik Österreich, die Republik Polen, die Portugiesische Republik, Rumänien, die Republik Slowenien, die Slowakische Republik, die Republik Finnland, das Königreich Schweden und das Vereinigte Königreich Großbritannien und Nordirland.

(2) Der räumliche Geltungsbereich der Verträge wird in Artikel 355 des Vertrags über die Arbeitsweise der Europäischen Union im Einzelnen angegeben.

Artikel 53

(ex-Artikel 51 EUV)

Dieser Vertrag gilt auf unbegrenzte Zeit.

Artikel 54

(ex-Artikel 52 EUV)

(1) Dieser Vertrag bedarf der Ratifikation durch die Hohen Vertragsparteien gemäß ihren verfassungsrechtlichen Vorschriften. Die Ratifikationsurkunden werden bei der Regierung der Italienischen Republik hinterlegt.

(2) Dieser Vertrag tritt am 1. Januar 1993 in Kraft, sofern alle Ratifikationsurkunden hinterlegt worden sind, oder andernfalls am ersten Tag des auf die Hinterlegung der letzten Ratifikationsurkunde folgenden Monats.

Artikel 55

(ex-Artikel 53 EUV)

(1) Dieser Vertrag ist in einer Urschrift in bulgarischer, dänischer, deutscher, englischer, estnischer, finnischer, französischer, griechischer, irischer, italienischer, kroatischer, lettischer, litauischer, maltesischer, niederländischer, polnischer, portugiesischer, rumänischer, schwedischer, slowakischer, slowenischer, spanischer, tschechischer und ungarischer Sprache abgefasst, wobei jeder Wortlaut gleichermaßen verbindlich ist; er wird im Archiv der Regierung der Italienischen Republik hinterlegt; diese übermittelt der Regierung jedes anderen Unterzeichnerstaats eine beglaubigte Abschrift.

(2) Dieser Vertrag kann ferner in jede andere von den Mitgliedstaaten bestimmte Sprache übersetzt werden, sofern diese Sprache nach der Verfassungsordnung des jeweiligen Mitgliedstaats in dessen gesamtem Hoheitsgebiet oder in Teilen davon Amtssprache ist. Die betreffenden Mitgliedstaaten stellen eine beglaubigte Abschrift dieser Übersetzungen zur Verfügung, die in den Archiven des Rates hinterlegt wird.

ZU URKUND DESSEN haben die unterzeichneten Bevollmächtigten ihre Unterschriften unter diesen Vertrag gesetzt.

Geschehen zu Maastricht am siebten Februar neunzehnhundertzweiundneunzig.

(Aufzählung der Unterzeichner nicht wiedergegeben)

Vertrag über die Arbeitsweise der Europäischen Union

(ABl 2016 C 202, 47, berichtigt durch ABl 2016 C 400, 1)

Inhaltsverzeichnis

PRÄAMBEL

SEINE MAJESTÄT DER KÖNIG DER BELGIER, DER PRÄSIDENT DER BUNDESREPUBLIK DEUTSCHLAND, DER PRÄSIDENT DER FRANZÖSISCHEN REPUBLIK, DER PRÄSIDENT DER ITALIENISCHEN REPUBLIK, IHRE KÖNIGLICHE HOHEIT DIE GROSSHERZOGIN VON LUXEMBURG, IHRE MAJESTÄT DIE KÖNIGIN DER NIEDERLANDE, [1])

IN DEM FESTEN WILLEN, die Grundlagen für einen immer engeren Zusammenschluss der europäischen Völker zu schaffen,

ENTSCHLOSSEN, durch gemeinsames Handeln den wirtschaftlichen und sozialen Fortschritt ihrer Staaten zu sichern, indem sie die Europa trennenden Schranken beseitigen,

IN DEM VORSATZ, die stetige Besserung der Lebens- und Beschäftigungsbedingungen ihrer Völker als wesentliches Ziel anzustreben,

IN DER ERKENNTNIS, dass zur Beseitigung der bestehenden Hindernisse ein einverständliches Vorgehen erforderlich ist, um eine beständige Wirtschaftsausweitung, einen ausgewogenen Handelsverkehr und einen redlichen Wettbewerb zu gewährleisten,

IN DEM BESTREBEN, ihre Volkswirtschaften zu einigen und deren harmonische Entwicklung zu fördern, indem sie den Abstand zwischen einzelnen Gebieten und den Rückstand weniger begünstigter Gebiete verringern,

IN DEM WUNSCH, durch eine gemeinsame Handelspolitik zur fortschreitenden Beseitigung der Beschränkungen im zwischenstaatlichen Wirtschaftsverkehr beizutragen,

IN DER ABSICHT, die Verbundenheit Europas mit den überseeischen Ländern zu bekräftigen, und in dem Wunsch, entsprechend den Grundsätzen der Satzung der Vereinten Nationen den Wohlstand der überseeischen Länder zu fördern,

ENTSCHLOSSEN, durch diesen Zusammenschluss ihrer Wirtschaftskräfte Frieden und Freiheit zu wahren und zu festigen, und mit der Aufforderung an die anderen Völker Europas, die sich zu dem gleichen hohen Ziel bekennen, sich diesen Bestrebungen anzuschließen,

ENTSCHLOSSEN, durch umfassenden Zugang zur Bildung und durch ständige Weiterbildung auf einen möglichst hohen Wissensstand ihrer Völker hinzuwirken,

HABEN zu diesem Zweck zu ihren Bevollmächtigten ERNANNT

(Aufzählung der Bevollmächtigten nicht wiedergegeben)

---

[1]) Seit dem ursprünglichen Vertragsschluss sind Mitgliedstaaten der Europäischen Union geworden: die Republik Bulgarien, die Tschechische Republik, das Königreich Dänemark, die Republik Estland, Irland, die Hellenische Republik, das Königreich Spanien, die Republik Kroatien, die Republik Zypern, die Republik Lettland, die Republik Litauen, Ungarn, die Republik Malta, die Republik Österreich, die Republik Polen, die Portugiesische Republik, Rumänien, die Republik Slowenien, die Slowakische Republik, die Republik Finnland, das Königreich Schweden und das Vereinigte Königreich Großbritannien und Nordirland.

DIESE SIND nach Austausch ihrer als gut und gehörig befundenen Vollmachten wie folgt übereingekommen:

ERSTER TEIL
GRUNDSÄTZE

Artikel 1

(1) Dieser Vertrag regelt die Arbeitsweise der Union und legt die Bereiche, die Abgrenzung und die Einzelheiten der Ausübung ihrer Zuständigkeiten fest.

(2) Dieser Vertrag und der Vertrag über die Europäische Union bilden die Verträge, auf die sich die Union gründet. Diese beiden Verträge, die rechtlich gleichrangig sind, werden als „die Verträge" bezeichnet.

TITEL I
ARTEN UND BEREICHE DER ZUSTÄNDIGKEIT DER UNION

Artikel 2

(1) Übertragen die Verträge der Union für einen bestimmten Bereich eine ausschließliche Zuständigkeit, so kann nur die Union gesetzgeberisch tätig werden und verbindliche Rechtsakte erlassen; die Mitgliedstaaten dürfen in einem solchen Fall nur tätig werden, wenn sie von der Union hierzu ermächtigt werden, oder um Rechtsakte der Union durchzuführen.

(2) Übertragen die Verträge der Union für einen bestimmten Bereich eine mit den Mitgliedstaaten geteilte Zuständigkeit, so können die Union und die Mitgliedstaaten in diesem Bereich gesetzgeberisch tätig werden und verbindliche Rechtsakte erlassen. Die Mitgliedstaaten nehmen ihre Zuständigkeit wahr, sofern und soweit die Union ihre Zuständigkeit nicht ausgeübt hat. Die Mitgliedstaaten nehmen ihre Zuständigkeit erneut wahr, sofern und soweit die Union entschieden hat, ihre Zuständigkeit nicht mehr auszuüben.

(3) Die Mitgliedstaaten koordinieren ihre Wirtschafts- und Beschäftigungspolitik im Rahmen von Regelungen nach Maßgabe dieses Vertrags, für deren Festlegung die Union zuständig ist.

(4) Die Union ist nach Maßgabe des Vertrags über die Europäische Union dafür zuständig, eine gemeinsame Außen- und Sicherheitspolitik einschließlich der schrittweisen Festlegung einer gemeinsamen Verteidigungspolitik zu erarbeiten und zu verwirklichen.

(5) In bestimmten Bereichen ist die Union nach Maßgabe der Verträge dafür zuständig, Maßnahmen zur Unterstützung, Koordinierung oder Ergänzung der Maßnahmen der Mitgliedstaaten durchzuführen, ohne dass dadurch die Zuständigkeit der Union für diese Bereiche an die Stelle der Zuständigkeit der Mitgliedstaaten tritt.

Die verbindlichen Rechtsakte der Union, die aufgrund der diese Bereiche betreffenden Bestimmungen der Verträge erlassen werden, dürfen keine Harmonisierung der Rechtsvorschriften der Mitgliedstaaten beinhalten.

(6) Der Umfang der Zuständigkeiten der Union und die Einzelheiten ihrer Ausübung ergeben sich aus den Bestimmungen der Verträge zu den einzelnen Bereichen.

Artikel 3

(1) Die Union hat ausschließliche Zuständigkeit in folgenden Bereichen:

a) Zollunion,

b) Festlegung der für das Funktionieren des Binnenmarkts erforderlichen Wettbewerbsregeln,

c) Währungspolitik für die Mitgliedstaaten, deren Währung der Euro ist,

d) Erhaltung der biologischen Meeresschätze im Rahmen der gemeinsamen Fischereipolitik,

e) gemeinsame Handelspolitik.

(2) Die Union hat ferner die ausschließliche Zuständigkeit für den Abschluss internationaler Übereinkünfte, wenn der Abschluss einer solchen Übereinkunft in einem Gesetzgebungsakt der Union vorgesehen ist, wenn er notwendig ist, damit sie ihre interne Zuständigkeit ausüben kann, oder soweit er gemeinsame Regeln beeinträchtigen oder deren Tragweite verändern könnte.

Artikel 4

(1) Die Union teilt ihre Zuständigkeit mit den Mitgliedstaaten, wenn ihr die Verträge außerhalb der in den Artikeln 3 und 6 genannten Bereiche eine Zuständigkeit übertragen.

(2) Die von der Union mit den Mitgliedstaaten geteilte Zuständigkeit erstreckt sich auf die folgenden Hauptbereiche:

a) Binnenmarkt,

b) Sozialpolitik hinsichtlich der in diesem Vertrag genannten Aspekte,

c) wirtschaftlicher, sozialer und territorialer Zusammenhalt,

d) Landwirtschaft und Fischerei, ausgenommen die Erhaltung der biologischen Meeresschätze,

e) Umwelt,

f) Verbraucherschutz,

g) Verkehr,

h) transeuropäische Netze,

i) Energie,

j) Raum der Freiheit, der Sicherheit und des Rechts,

k) gemeinsame Sicherheitsanliegen im Bereich der öffentlichen Gesundheit hinsichtlich der in diesem Vertrag genannten Aspekte.

(3) In den Bereichen Forschung, technologische Entwicklung und Raumfahrt erstreckt sich die Zuständigkeit der Union darauf, Maßnahmen zu treffen, insbesondere Programme zu erstellen und durchzuführen, ohne dass die Ausübung dieser Zuständigkeit die Mitgliedstaaten hindert, ihre Zuständigkeit auszuüben.

(4) In den Bereichen Entwicklungszusammenarbeit und humanitäre Hilfe erstreckt sich die Zuständigkeit der Union darauf, Maßnahmen zu treffen und eine gemeinsame Politik zu verfolgen, ohne dass die Ausübung dieser Zuständigkeit die Mitgliedstaaten hindert, ihre Zuständigkeit auszuüben.

Artikel 5

(1) Die Mitgliedstaaten koordinieren ihre Wirtschaftspolitik innerhalb der Union. Zu diesem Zweck erlässt der Rat Maßnahmen; insbesondere beschließt er die Grundzüge dieser Politik.

Für die Mitgliedstaaten, deren Währung der Euro ist, gelten besondere Regelungen.

(2) Die Union trifft Maßnahmen zur Koordinierung der Beschäftigungspolitik der Mitgliedstaaten, insbesondere durch die Festlegung von Leitlinien für diese Politik.

(3) Die Union kann Initiativen zur Koordinierung der Sozialpolitik der Mitgliedstaaten ergreifen.

Artikel 6

Die Union ist für die Durchführung von Maßnahmen zur Unterstützung, Koordinierung oder Ergänzung der Maßnahmen der Mitgliedstaaten zuständig. Diese Maßnahmen mit europäischer Zielsetzung können in folgenden Bereichen getroffen werden:

a) Schutz und Verbesserung der menschlichen Gesundheit,

b) Industrie,

c) Kultur,

d) Tourismus,

e) allgemeine und berufliche Bildung, Jugend und Sport,

f) Katastrophenschutz,

g) Verwaltungszusammenarbeit.

TITEL II
ALLGEMEIN GELTENDE BESTIMMUNGEN

Artikel 7

Die Union achtet auf die Kohärenz zwischen ihrer Politik und ihren Maßnahmen in den verschiedenen Bereichen und trägt dabei unter Einhaltung des Grundsatzes der begrenzten Einzelermächtigung ihren Zielen in ihrer Gesamtheit Rechnung.

Artikel 8

(ex-Artikel 3 Absatz 2 EGV)[3)]

Bei allen ihren Tätigkeiten wirkt die Union darauf hin, Ungleichheiten zu beseitigen und die Gleichstellung von Männern und Frauen zu fördern.

Artikel 9

Bei der Festlegung und Durchführung ihrer Politik und ihrer Maßnahmen trägt die Union den Erfordernissen im Zusammenhang mit der Förderung eines hohen Beschäftigungsniveaus, mit der Gewährleistung eines angemessenen sozialen Schutzes, mit der Bekämpfung der sozialen Ausgrenzung sowie mit einem hohen Niveau der allgemeinen und beruflichen Bildung und des Gesundheitsschutzes Rechnung.

Artikel 10

Bei der Festlegung und Durchführung ihrer Politik und ihrer Maßnahmen zielt die Union darauf ab, Diskriminierungen aus Gründen des Geschlechts, der Rasse, der ethnischen Herkunft, der Religion oder der Weltanschauung, einer Behinderung, des Alters oder der sexuellen Ausrichtung zu bekämpfen.

Artikel 11

(ex-Artikel 6 EGV)

Die Erfordernisse des Umweltschutzes müssen bei der Festlegung und Durchführung der Unionspolitiken und -maßnahmen insbesondere zur Förderung einer nachhaltigen Entwicklung einbezogen werden.

[3)] Laut ABl hat dieser Verweis lediglich hinweisenden Charakter. Zur Vertiefung vgl die Übereinstimmungstabellen für die Entsprechung zwischen bisheriger und neuer Nummerierung der Verträge (ABl 2016 C 202, 361).

Artikel 12

(ex-Artikel 153 Absatz 2 EGV)

Den Erfordernissen des Verbraucherschutzes wird bei der Festlegung und Durchführung der anderen Unionspolitiken und -maßnahmen Rechnung getragen.

Artikel 13

Bei der Festlegung und Durchführung der Politik der Union in den Bereichen Landwirtschaft, Fischerei, Verkehr, Binnenmarkt, Forschung, technologische Entwicklung und Raumfahrt tragen die Union und die Mitgliedstaaten den Erfordernissen des Wohlergehens der Tiere als fühlende Wesen in vollem Umfang Rechnung; sie berücksichtigen hierbei die Rechts- und Verwaltungsvorschriften und die Gepflogenheiten der Mitgliedstaaten insbesondere in Bezug auf religiöse Riten, kulturelle Traditionen und das regionale Erbe.

Artikel 14

(ex-Artikel 16 EGV)

Unbeschadet des Artikels 4 des Vertrags über die Europäische Union und der Artikel 93, 106 und 107 dieses Vertrags und in Anbetracht des Stellenwerts, den Dienste von allgemeinem wirtschaftlichem Interesse innerhalb der gemeinsamen Werte der Union einnehmen, sowie ihrer Bedeutung bei der Förderung des sozialen und territorialen Zusammenhalts tragen die Union und die Mitgliedstaaten im Rahmen ihrer jeweiligen Befugnisse im Anwendungsbereich der Verträge dafür Sorge, dass die Grundsätze und Bedingungen, insbesondere jene wirtschaftlicher und finanzieller Art, für das Funktionieren dieser Dienste so gestaltet sind, dass diese ihren Aufgaben nachkommen können. Diese Grundsätze und Bedingungen werden vom Europäischen Parlament und vom Rat durch Verordnungen gemäß dem ordentlichen Gesetzgebungsverfahren festgelegt, unbeschadet der Zuständigkeit der Mitgliedstaaten, diese Dienste im Einklang mit den Verträgen zur Verfügung zu stellen, in Auftrag zu geben und zu finanzieren. Prot. Nr 26

Artikel 15

(ex-Artikel 255 EGV)

(1) Um eine verantwortungsvolle Verwaltung zu fördern und die Beteiligung der Zivilgesellschaft sicherzustellen, handeln die Organe, Einrichtungen und sonstigen Stellen der Union unter weitestgehender Beachtung des Grundsatzes der Offenheit.

(2) Das Europäische Parlament tagt öffentlich; dies gilt auch für den Rat, wenn er über Entwürfe zu Gesetzgebungsakten berät oder abstimmt.

(3) Jeder Unionsbürger sowie jede natürliche oder juristische Person mit Wohnsitz oder satzungsgemäßem Sitz in einem Mitgliedstaat hat das Recht auf Zugang zu Dokumenten der Organe, Einrichtungen und sonstigen Stellen der Union, unabhängig von der Form der für diese Dokumente verwendeten Träger, vorbehaltlich der Grundsätze und Bedingungen, die nach diesem Absatz festzulegen sind.

Die allgemeinen Grundsätze und die aufgrund öffentlicher oder privater Interessen geltenden Einschränkungen für die Ausübung dieses Rechts auf Zugang zu Dokumenten werden vom Europäischen Parlament und vom Rat durch Verordnungen gemäß dem ordentlichen Gesetzgebungsverfahren festgelegt.

Die Organe, Einrichtungen und sonstigen Stellen gewährleisten die Transparenz ihrer Tätigkeit und legen im Einklang mit den in Unterabsatz 2 genannten Verordnungen in ihrer Geschäftsordnung Sonderbestimmungen hinsichtlich des Zugangs zu ihren Dokumenten fest.

Dieser Absatz gilt für den Gerichtshof der Europäischen Union, die Europäische Zentralbank und die Europäische Investitionsbank nur dann, wenn sie Verwaltungsaufgaben wahrnehmen.

Das Europäische Parlament und der Rat sorgen dafür, dass die Dokumente, die die Gesetzgebungsverfahren betreffen, nach Maßgabe der in Unterabsatz 2 genannten Verordnungen öffentlich zugänglich gemacht werden.

(ABl 2016 C 400, 1)

Artikel 16

(ex-Artikel 286 EGV)

(1) Jede Person hat das Recht auf Schutz der sie betreffenden personenbezogenen Daten.

(2) Das Europäische Parlament und der Rat erlassen gemäß dem ordentlichen Gesetzgebungsverfahren Vorschriften über den Schutz natürlicher Personen bei der Verarbeitung personenbezogener Daten durch die Organe, Einrichtungen und sonstigen Stellen der Union sowie durch die Mitgliedstaaten im Rahmen der Ausübung von Tätigkeiten, die in den Anwendungsbereich des Unionsrechts fallen, und über den freien Datenverkehr. Die Einhaltung dieser Vorschriften wird von unabhängigen Behörden überwacht.

Die auf der Grundlage dieses Artikels erlassenen Vorschriften lassen die spezifischen Bestimmungen des Artikels 39 des Vertrags über die Europäische Union unberührt.

Artikel 17

(1) Die Union achtet den Status, den Kirchen und religiöse Vereinigungen oder Gemeinschaften in den Mitgliedstaaten nach deren Rechtsvorschriften genießen, und beeinträchtigt ihn nicht.

(2) Die Union achtet in gleicher Weise den Status, den weltanschauliche Gemeinschaften nach den einzelstaatlichen Rechtsvorschriften genießen.

(3) Die Union pflegt mit diesen Kirchen und Gemeinschaften in Anerkennung ihrer Identität und ihres besonderen Beitrags einen offenen, transparenten und regelmäßigen Dialog.

ZWEITER TEIL

NICHTDISKRIMINIERUNG UND UNIONSBÜRGERSCHAFT

Artikel 18

(ex-Artikel 12 EGV)

Unbeschadet besonderer Bestimmungen der Verträge ist in ihrem Anwendungsbereich jede Diskriminierung aus Gründen der Staatsangehörigkeit verboten.

Das Europäische Parlament und der Rat können gemäß dem ordentlichen Gesetzgebungsverfahren Regelungen für das Verbot solcher Diskriminierungen treffen.

Artikel 19

(ex-Artikel 13 EGV)

(1) Unbeschadet der sonstigen Bestimmungen der Verträge kann der Rat im Rahmen der durch die Verträge auf die Union übertragenen Zuständigkeiten gemäß einem besonderen Gesetzgebungsverfahren und nach Zustimmung des Europäischen Parlaments einstimmig geeignete Vorkehrungen treffen, um Diskriminierungen aus Gründen des Geschlechts, der Rasse, der ethnischen Herkunft, der Religion oder der Weltanschauung, einer Behinderung, des Alters oder der sexuellen Ausrichtung zu bekämpfen.

(2) Abweichend von Absatz 1 können das Europäische Parlament und der Rat gemäß dem ordentlichen Gesetzgebungsverfahren die Grundprinzipien für Fördermaßnahmen der Union unter Ausschluss jeglicher Harmonisierung der Rechts- und Verwaltungsvorschriften der Mitgliedstaaten zur Unterstützung der Maßnahmen festlegen, die die Mitgliedstaaten treffen, um zur Verwirklichung der in Absatz 1 genannten Ziele beizutragen.

Artikel 20

(ex-Artikel 17 EGV)

(1) Es wird eine Unionsbürgerschaft eingeführt. Unionsbürger ist, wer die Staatsangehörigkeit eines Mitgliedstaats besitzt. Die Unionsbürgerschaft tritt zur nationalen Staatsbürgerschaft hinzu, ersetzt diese aber nicht.

(2) Die Unionsbürgerinnen und Unionsbürger haben die in den Verträgen vorgesehenen Rechte und Pflichten. Sie haben unter anderem

a) das Recht, sich im Hoheitsgebiet der Mitgliedstaaten frei zu bewegen und aufzuhalten;

b) in dem Mitgliedstaat, in dem sie ihren Wohnsitz haben, das aktive und passive Wahlrecht bei den Wahlen zum Europäischen Parlament und bei den Kommunalwahlen, wobei für sie dieselben Bedingungen gelten wie für die Angehörigen des betreffenden Mitgliedstaats;

c) im Hoheitsgebiet eines Drittlands, in dem der Mitgliedstaat, dessen Staatsangehörigkeit sie besitzen, nicht vertreten ist, Recht auf Schutz durch die diplomatischen und konsularischen Behörden eines jeden Mitgliedstaats unter denselben Bedingungen wie Staatsangehörige dieses Staates;

d) das Recht, Petitionen an das Europäische Parlament zu richten und sich an den Europäischen Bürgerbeauftragten zu wenden, sowie das Recht, sich in einer der Sprachen der Verträge an die Organe und die beratenden Einrichtungen der Union zu wenden und eine Antwort in derselben Sprache zu erhalten.

Diese Rechte werden unter den Bedingungen und innerhalb der Grenzen ausgeübt, die in den Verträgen und durch die in Anwendung der Verträge erlassenen Maßnahmen festgelegt sind.

Artikel 21

(ex-Artikel 18 EGV)

(1) Jeder Unionsbürger hat das Recht, sich im Hoheitsgebiet der Mitgliedstaaten vorbehaltlich der in den Verträgen und in den Durchführungsvorschriften vorgesehenen Beschränkungen und Bedingungen frei zu bewegen und aufzuhalten.

(2) Erscheint zur Erreichung dieses Ziels ein Tätigwerden der Union erforderlich und sehen die Verträge hierfür keine Befugnisse vor, so können das Europäische Parlament und der Rat gemäß dem ordentlichen Gesetzgebungsverfahren Vorschriften erlassen, mit denen die Ausübung der Rechte nach Absatz 1 erleichtert wird.

(3) Zu den gleichen wie den in Absatz 1 genannten Zwecken kann der Rat, sofern die Verträge hierfür keine Befugnisse vorsehen, gemäß einem besonderen Gesetzgebungsverfahren Maßnahmen

erlassen, die die soziale Sicherheit oder den sozialen Schutz betreffen. Der Rat beschließt einstimmig nach Anhörung des Europäischen Parlaments.

Artikel 22

(ex-Artikel 19 EGV)

(1) Jeder Unionsbürger mit Wohnsitz in einem Mitgliedstaat, dessen Staatsangehörigkeit er nicht besitzt, hat in dem Mitgliedstaat, in dem er seinen Wohnsitz hat, das aktive und passive Wahlrecht bei Kommunalwahlen, wobei für ihn dieselben Bedingungen gelten wie für die Angehörigen des betreffenden Mitgliedstaats. Dieses Recht wird vorbehaltlich der Einzelheiten ausgeübt, die vom Rat einstimmig gemäß einem besonderen Gesetzgebungsverfahren und nach Anhörung des Europäischen Parlaments festgelegt werden; in diesen können Ausnahmeregelungen vorgesehen werden, wenn dies aufgrund besonderer Probleme eines Mitgliedstaats gerechtfertigt ist.

(2) Unbeschadet des Artikels 223 Absatz 1 und der Bestimmungen zu dessen Durchführung besitzt jeder Unionsbürger mit Wohnsitz in einem Mitgliedstaat, dessen Staatsangehörigkeit er nicht besitzt, in dem Mitgliedstaat, in dem er seinen Wohnsitz hat, das aktive und passive Wahlrecht bei den Wahlen zum Europäischen Parlament, wobei für ihn dieselben Bedingungen gelten wie für die Angehörigen des betreffenden Mitgliedstaats. Dieses Recht wird vorbehaltlich der Einzelheiten ausgeübt, die vom Rat einstimmig gemäß einem besonderen Gesetzgebungsverfahren und nach Anhörung des Europäischen Parlaments festgelegt werden; in diesen können Ausnahmeregelungen vorgesehen werden, wenn dies aufgrund besonderer Probleme eines Mitgliedstaats gerechtfertigt ist.

Artikel 23

(ex-Artikel 20 EGV)

Jeder Unionsbürger genießt im Hoheitsgebiet eines dritten Landes, in dem der Mitgliedstaat, dessen Staatsangehörigkeit er besitzt, nicht vertreten ist, den diplomatischen und konsularischen Schutz eines jeden Mitgliedstaats unter denselben Bedingungen wie Staatsangehörige dieses Staates. Die Mitgliedstaaten treffen die notwendigen Vorkehrungen und leiten die für diesen Schutz erforderlichen internationalen Verhandlungen ein.

Der Rat kann gemäß einem besonderen Gesetzgebungsverfahren und nach Anhörung des Europäischen Parlaments Richtlinien zur Festlegung der notwendigen Koordinierungs- und Kooperationsmaßnahmen zur Erleichterung dieses Schutzes erlassen.

Artikel 24

(ex-Artikel 21 EGV)

Die Bestimmungen über die Verfahren und Bedingungen, die für eine Bürgerinitiative im Sinne des Artikels 11 des Vertrags über die Europäische Union gelten, einschließlich der Mindestzahl der Mitgliedstaaten, aus denen die Bürgerinnen und Bürger, die diese Initiative ergreifen, kommen müssen, werden vom Europäischen Parlament und vom Rat gemäß dem ordentlichen Gesetzgebungsverfahren durch Verordnungen festgelegt.

Jeder Unionsbürger besitzt das Petitionsrecht beim Europäischen Parlament nach Artikel 227.

Jeder Unionsbürger kann sich an den nach Artikel 228 eingesetzten Bürgerbeauftragten wenden.

Jeder Unionsbürger kann sich schriftlich in einer der in Artikel 55 Absatz 1 des Vertrags über die Europäische Union genannten Sprachen an jedes Organ oder an jede Einrichtung wenden, die in dem vorliegenden Artikel oder in Artikel 13 des genannten Vertrags genannt sind, und eine Antwort in derselben Sprache erhalten.

Artikel 25

(ex-Artikel 22 EGV)

Die Kommission erstattet dem Europäischen Parlament, dem Rat und dem Wirtschafts- und Sozialausschuss alle drei Jahre über die Anwendung dieses Teils Bericht. In dem Bericht wird der Fortentwicklung der Union Rechnung getragen.

Auf dieser Grundlage kann der Rat unbeschadet der anderen Bestimmungen der Verträge zur Ergänzung der in Artikel 20 Absatz 2 aufgeführten Rechte einstimmig gemäß einem besonderen Gesetzgebungsverfahren nach Zustimmung des Europäischen Parlaments Bestimmungen erlassen. Diese Bestimmungen treten nach Zustimmung der Mitgliedstaaten im Einklang mit ihren jeweiligen verfassungsrechtlichen Vorschriften in Kraft.

DRITTER TEIL

DIE INTERNEN POLITIKEN UND MASSNAHMEN DER UNION

TITEL I

DER BINNENMARKT

Artikel 26

(ex-Artikel 14 EGV)

(1) Die Union erlässt die erforderlichen Maßnahmen, um nach Maßgabe der einschlägigen Bestimmungen der Verträge den Binnenmarkt zu verwirklichen beziehungsweise dessen Funktionieren zu gewährleisten.

(2) Der Binnenmarkt umfasst einen Raum ohne Binnengrenzen, in dem der freie Verkehr von Waren, Personen, Dienstleistungen und Kapital gemäß den Bestimmungen der Verträge gewährleistet ist.

(3) Der Rat legt auf Vorschlag der Kommission die Leitlinien und Bedingungen fest, die erforderlich sind, um in allen betroffenen Sektoren einen ausgewogenen Fortschritt zu gewährleisten.

Artikel 27

(ex-Artikel 15 EGV)

Bei der Formulierung ihrer Vorschläge zur Verwirklichung der Ziele des Artikels 26 berücksichtigt die Kommission den Umfang der Anstrengungen, die einigen Volkswirtschaften mit unterschiedlichem Entwicklungsstand für die Errichtung des Binnenmarkts abverlangt werden, und kann geeignete Bestimmungen vorschlagen.

Erhalten diese Bestimmungen die Form von Ausnahmeregelungen, so müssen sie vorübergehender Art sein und dürfen das Funktionieren des Binnenmarkts so wenig wie möglich stören.

TITEL II
DER FREIE WARENVERKEHR

Artikel 28

(ex-Artikel 23 EGV)

(1) Die Union umfasst eine Zollunion, die sich auf den gesamten Warenaustausch erstreckt; sie umfasst das Verbot, zwischen den Mitgliedstaaten Ein- und Ausfuhrzölle und Abgaben gleicher Wirkung zu erheben, sowie die Einführung eines Gemeinsamen Zolltarifs gegenüber dritten Ländern.

(2) Artikel 30 und Kapitel 3 dieses Titels gelten für die aus den Mitgliedstaaten stammenden Waren sowie für diejenigen Waren aus dritten Ländern, die sich in den Mitgliedstaaten im freien Verkehr befinden.

Artikel 29

(ex-Artikel 24 EGV)

Als im freien Verkehr eines Mitgliedstaats befindlich gelten diejenigen Waren aus dritten Ländern, für die in dem betreffenden Mitgliedstaat die Einfuhrförmlichkeiten erfüllt sowie die vorgeschriebenen Zölle und Abgaben gleicher Wirkung erhoben und nicht ganz oder teilweise rückvergütet worden sind.

KAPITEL 1
DIE ZOLLUNION

Artikel 30

(ex-Artikel 25 EGV)

Ein- und Ausfuhrzölle oder Abgaben gleicher Wirkung sind zwischen den Mitgliedstaaten verboten. Dieses Verbot gilt auch für Finanzzölle.

Artikel 31

(ex-Artikel 26 EGV)

Der Rat legt die Sätze des Gemeinsamen Zolltarifs auf Vorschlag der Kommission fest.

Art 311 Abs 3

Artikel 32

(ex-Artikel 27 EGV)

Bei der Ausübung der ihr aufgrund dieses Kapitels übertragenen Aufgaben geht die Kommission von folgenden Gesichtspunkten aus:

a) der Notwendigkeit, den Handelsverkehr zwischen den Mitgliedstaaten und dritten Ländern zu fördern;

b) der Entwicklung der Wettbewerbsbedingungen innerhalb der Union, soweit diese Entwicklung zu einer Zunahme der Wettbewerbsfähigkeit der Unternehmen führt;

c) dem Versorgungsbedarf der Union an Rohstoffen und Halbfertigwaren; hierbei achtet die Kommission darauf, zwischen den Mitgliedstaaten die Wettbewerbsbedingungen für Fertigwaren nicht zu verfälschen;

d) der Notwendigkeit, ernsthafte Störungen im Wirtschaftsleben der Mitgliedstaaten zu vermeiden und eine rationelle Entwicklung der Erzeugung sowie eine Ausweitung des Verbrauchs innerhalb der Union zu gewährleisten.

KAPITEL 2
DIE ZUSAMMENARBEIT IM ZOLLWESEN

Artikel 33

(ex-Artikel 135 EGV)

Das Europäische Parlament und der Rat treffen im Rahmen des Geltungsbereichs der Verträge gemäß dem ordentlichen Gesetzgebungsverfahren Maßnahmen zum Ausbau der Zusammenarbeit im Zollwesen zwischen den Mitgliedstaaten sowie zwischen den Mitgliedstaaten und der Kommission.

KAPITEL 3
VERBOT VON MENGENMÄSSIGEN BESCHRÄNKUNGEN ZWISCHEN DEN MITGLIEDSTAATEN

Artikel 34

(ex-Artikel 28 EGV)

Mengenmäßige Einfuhrbeschränkungen sowie alle Maßnahmen gleicher Wirkung sind zwischen den Mitgliedstaaten verboten.

Artikel 35

(ex-Artikel 29 EGV)

Mengenmäßige Ausfuhrbeschränkungen sowie alle Maßnahmen gleicher Wirkung sind zwischen den Mitgliedstaaten verboten.

Artikel 36

(ex-Artikel 30 EGV)

Die Bestimmungen der Artikel 34 und 35 stehen Einfuhr-, Ausfuhr- und Durchfuhrverboten oder -beschränkungen nicht entgegen, die aus Gründen der öffentlichen Sittlichkeit, Ordnung und Sicherheit, zum Schutze der Gesundheit und des Lebens von Menschen, Tieren oder Pflanzen, des nationalen Kulturguts von künstlerischem, geschichtlichem oder archäologischem Wert oder des gewerblichen und kommerziellen Eigentums gerechtfertigt sind. Diese Verbote oder Beschränkungen dürfen jedoch weder ein Mittel zur willkürlichen Diskriminierung noch eine verschleierte Beschränkung des Handels zwischen den Mitgliedstaaten darstellen.

Artikel 37

(ex-Artikel 31 EGV)

(1) Die Mitgliedstaaten formen ihre staatlichen Handelsmonopole derart um, dass jede Diskriminierung in den Versorgungs- und Absatzbedingungen zwischen den Angehörigen der Mitgliedstaaten ausgeschlossen ist.

Dieser Artikel gilt für alle Einrichtungen, durch die ein Mitgliedstaat unmittelbar oder mittelbar die Einfuhr oder die Ausfuhr zwischen den Mitgliedstaaten rechtlich oder tatsächlich kontrolliert, lenkt oder merklich beeinflusst. Er gilt auch für die von einem Staat auf andere Rechtsträger übertragenen Monopole.

(2) Die Mitgliedstaaten unterlassen jede neue Maßnahme, die den in Absatz 1 genannten Grundsätzen widerspricht oder die Tragweite der Artikel über das Verbot von Zöllen und mengenmäßigen Beschränkungen zwischen den Mitgliedstaaten einengt.

(3) Ist mit einem staatlichen Handelsmonopol eine Regelung zur Erleichterung des Absatzes oder der Verwertung landwirtschaftlicher Erzeugnisse verbunden, so sollen bei der Anwendung dieses Artikels gleichwertige Sicherheiten für die Beschäftigung und Lebenshaltung der betreffenden Erzeuger gewährleistet werden.

TITEL III
DIE LANDWIRTSCHAFT UND DIE FISCHEREI

Artikel 38

(ex-Artikel 32 EGV)

(1) Die Union legt eine gemeinsame Agrar- und Fischereipolitik fest und führt sie durch.

Der Binnenmarkt umfasst auch die Landwirtschaft, die Fischerei und den Handel mit landwirtschaftlichen Erzeugnissen. Unter landwirtschaftlichen Erzeugnissen sind die Erzeugnisse des Bodens, der Viehzucht und der Fischerei sowie die mit diesen in unmittelbarem Zusammenhang stehenden Erzeugnisse der ersten Verarbeitungsstufe zu verstehen. Die Bezugnahmen auf die gemeinsame Agrarpolitik oder auf die Landwirtschaft und die Verwendung des Wortes „landwirtschaftlich" sind in dem Sinne zu verstehen, dass damit unter Berücksichtigung der besonderen Merkmale des Fischereisektors auch die Fischerei gemeint ist.

(2) Die Vorschriften für die Errichtung oder das Funktionieren des Binnenmarkts finden auf die landwirtschaftlichen Erzeugnisse Anwendung, soweit in den Artikeln 39 bis 44 nicht etwas anderes bestimmt ist.

(3) Die Erzeugnisse, für welche die Artikel 39 bis 44 gelten, sind in Anhang I aufgeführt.

(4) Mit dem Funktionieren und der Entwicklung des Binnenmarkts für landwirtschaftliche Erzeugnisse muss die Gestaltung einer gemeinsamen Agrarpolitik Hand in Hand gehen.

Artikel 39

(ex-Artikel 33 EGV)

(1) Ziel der gemeinsamen Agrarpolitik ist es,

a) die Produktivität der Landwirtschaft durch Förderung des technischen Fortschritts, Rationalisierung der landwirtschaftlichen Erzeugung und den bestmöglichen Einsatz der Produktionsfaktoren, insbesondere der Arbeitskräfte, zu steigern;

b) auf diese Weise der landwirtschaftlichen Bevölkerung, insbesondere durch Erhöhung des Pro-Kopf-Einkommens der in der Landwirtschaft tätigen Personen, eine angemessene Lebenshaltung zu gewährleisten;

c) die Märkte zu stabilisieren;

d) die Versorgung sicherzustellen;

e) für die Belieferung der Verbraucher zu angemessenen Preisen Sorge zu tragen.

(2) Bei der Gestaltung der gemeinsamen Agrarpolitik und der hierfür anzuwendenden besonderen Methoden ist Folgendes zu berücksichtigen:

a) die besondere Eigenart der landwirtschaftlichen Tätigkeit, die sich aus dem sozialen Aufbau der Landwirtschaft und den strukturellen und naturbedingten Unterschieden der verschiedenen landwirtschaftlichen Gebiete ergibt;

b) die Notwendigkeit, die geeigneten Anpassungen stufenweise durchzuführen;

c) die Tatsache, dass die Landwirtschaft in den Mitgliedstaaten einen mit der gesamten Volkswirtschaft eng verflochtenen Wirtschaftsbereich darstellt.

Artikel 40

(ex-Artikel 34 EGV)

(1) Um die Ziele des Artikels 39 zu erreichen, wird eine gemeinsame Organisation der Agrarmärkte geschaffen.

Diese besteht je nach Erzeugnis aus einer der folgenden Organisationsformen:

a) gemeinsame Wettbewerbsregeln,

b) bindende Koordinierung der verschiedenen einzelstaatlichen Marktordnungen,

c) eine europäische Marktordnung.

(2) Die nach Absatz 1 gestaltete gemeinsame Organisation kann alle zur Durchführung des Artikels 39 erforderlichen Maßnahmen einschließen, insbesondere Preisregelungen, Beihilfen für die Erzeugung und die Verteilung der verschiedenen Erzeugnisse, Einlagerungs- und Ausgleichsmaßnahmen, gemeinsame Einrichtungen zur Stabilisierung der Ein- oder Ausfuhr.

Die gemeinsame Organisation hat sich auf die Verfolgung der Ziele des Artikels 39 zu beschränken und jede Diskriminierung zwischen Erzeugern oder Verbrauchern innerhalb der Union auszuschließen.

Eine etwaige gemeinsame Preispolitik muss auf gemeinsamen Grundsätzen und einheitlichen Berechnungsmethoden beruhen.

(3) Um der in Absatz 1 genannten gemeinsamen Organisation die Erreichung ihrer Ziele zu ermöglichen, können ein oder mehrere Ausrichtungs- oder Garantiefonds für die Landwirtschaft geschaffen werden.

Artikel 41

(ex-Artikel 35 EGV)

Um die Ziele des Artikels 39 zu erreichen, können im Rahmen der gemeinsamen Agrarpolitik folgende Maßnahmen vorgesehen werden:

a) eine wirksame Koordinierung der Bestrebungen auf dem Gebiet der Berufsausbildung, der Forschung und der Verbreitung landwirtschaftlicher Fachkenntnisse; hierbei können Vorhaben oder Einrichtungen gemeinsam finanziert werden;

b) gemeinsame Maßnahmen zur Förderung des Verbrauchs bestimmter Erzeugnisse.

Artikel 42

(ex-Artikel 36 EGV)

Das Kapitel über die Wettbewerbsregeln findet auf die Produktion landwirtschaftlicher Erzeugnisse und den Handel mit diesen nur insoweit Anwendung, als das Europäische Parlament und der Rat dies unter Berücksichtigung der Ziele des Artikels 39 im Rahmen des Artikels 43 Absatz 2 und gemäß dem dort vorgesehenen Verfahren bestimmt.

Der Rat kann auf Vorschlag der Kommission genehmigen, dass Beihilfen gewährt werden

a) zum Schutz von Betrieben, die durch strukturelle oder naturgegebene Bedingungen benachteiligt sind, oder

b) im Rahmen wirtschaftlicher Entwicklungsprogramme.

Artikel 43

(ex-Artikel 37 EGV)

(1) Die Kommission legt zur Gestaltung und Durchführung der gemeinsamen Agrarpolitik Vorschläge vor, welche unter anderem die Ablösung der einzelstaatlichen Marktordnungen durch eine der in Artikel 40 Absatz 1 vorgesehenen gemeinsamen Organisationsformen sowie die Durchführung der in diesem Titel bezeichneten Maßnahmen vorsehen.

Diese Vorschläge müssen dem inneren Zusammenhang der in diesem Titel aufgeführten landwirtschaftlichen Fragen Rechnung tragen.

(2) Das Europäische Parlament und der Rat legen gemäß dem ordentlichen Gesetzgebungsverfahren und nach Anhörung des Wirtschafts- und

Sozialausschusses die gemeinsame Organisation der Agrarmärkte nach Artikel 40 Absatz 1 sowie die anderen Bestimmungen fest, die für die Verwirklichung der Ziele der gemeinsamen Agrar- und Fischereipolitik notwendig sind.

(3) Der Rat erlässt auf Vorschlag der Kommission die Maßnahmen zur Festsetzung der Preise, der Abschöpfungen, der Beihilfen und der mengenmäßigen Beschränkungen sowie zur Festsetzung und Aufteilung der Fangmöglichkeiten in der Fischerei.

(4) Die einzelstaatlichen Marktordnungen können nach Maßgabe des Absatzes 1 durch die in Artikel 40 Absatz 2 vorgesehene gemeinsame Organisation ersetzt werden,

a) wenn sie den Mitgliedstaaten, die sich gegen diese Maßnahme ausgesprochen haben und eine eigene Marktordnung für die in Betracht kommende Erzeugung besitzen, gleichwertige Sicherheiten für die Beschäftigung und Lebenshaltung der betreffenden Erzeuger bietet; hierbei sind die im Zeitablauf möglichen Anpassungen und erforderlichen Spezialisierungen zu berücksichtigen, und

b) wenn die gemeinsame Organisation für den Handelsverkehr innerhalb der Union Bedingungen sicherstellt, die denen eines Binnenmarkts entsprechen.

(5) Wird eine gemeinsame Organisation für bestimmte Rohstoffe geschaffen, bevor eine gemeinsame Organisation für die entsprechenden weiterverarbeiteten Erzeugnisse besteht, so können die betreffenden Rohstoffe aus Ländern außerhalb der Union eingeführt werden, wenn sie für weiterverarbeitete Erzeugnisse verwendet werden, die zur Ausfuhr nach dritten Ländern bestimmt sind.

Artikel 44

(ex-Artikel 38 EGV)

Besteht in einem Mitgliedstaat für ein Erzeugnis eine innerstaatliche Marktordnung oder Regelung gleicher Wirkung und wird dadurch eine gleichartige Erzeugung in einem anderen Mitgliedstaat in ihrer Wettbewerbslage beeinträchtigt, so erheben die Mitgliedstaaten bei der Einfuhr des betreffenden Erzeugnisses aus dem Mitgliedstaat, in dem die genannte Marktordnung oder Regelung besteht, eine Ausgleichsabgabe, es sei denn, dass dieser Mitgliedstaat eine Ausgleichsabgabe bei der Ausfuhr erhebt.

Die Kommission setzt diese Abgaben in der zur Wiederherstellung des Gleichgewichts erforderlichen Höhe fest; sie kann auch andere Maßnahmen genehmigen, deren Bedingungen und Einzelheiten sie festlegt.

TITEL IV
DIE FREIZÜGIGKEIT, DER FREIE DIENSTLEISTUNGS- UND KAPITALVERKEHR

KAPITEL 1
DIE ARBEITSKRÄFTE

Artikel 45

(ex-Artikel 39 EGV)

(1) Innerhalb der Union ist die Freizügigkeit der Arbeitnehmer gewährleistet.

(2) Sie umfasst die Abschaffung jeder auf der Staatsangehörigkeit beruhenden unterschiedlichen Behandlung der Arbeitnehmer der Mitgliedstaaten in Bezug auf Beschäftigung, Entlohnung und sonstige Arbeitsbedingungen.

(3) Sie gibt – vorbehaltlich der aus Gründen der öffentlichen Ordnung, Sicherheit und Gesundheit gerechtfertigten Beschränkungen – den Arbeitnehmern das Recht,

a) sich um tatsächlich angebotene Stellen zu bewerben;

b) sich zu diesem Zweck im Hoheitsgebiet der Mitgliedstaaten frei zu bewegen;

c) sich in einem Mitgliedstaat aufzuhalten, um dort nach den für die Arbeitnehmer dieses Staates geltenden Rechts- und Verwaltungsvorschriften eine Beschäftigung auszuüben;

d) nach Beendigung einer Beschäftigung im Hoheitsgebiet eines Mitgliedstaats unter Bedingungen zu verbleiben, welche die Kommission durch Verordnungen festlegt.

(4) Dieser Artikel findet keine Anwendung auf die Beschäftigung in der öffentlichen Verwaltung.

Artikel 46

(ex-Artikel 40 EGV)

Das Europäische Parlament und der Rat treffen gemäß dem ordentlichen Gesetzgebungsverfahren und nach Anhörung des Wirtschafts- und Sozialausschusses durch Richtlinien oder Verordnungen alle erforderlichen Maßnahmen, um die Freizügigkeit der Arbeitnehmer im Sinne des Artikels 45 herzustellen, insbesondere

a) durch Sicherstellung einer engen Zusammenarbeit zwischen den einzelstaatlichen Arbeitsverwaltungen;

b) durch die Beseitigung der Verwaltungsverfahren und -praktiken sowie der für den Zugang zu verfügbaren Arbeitsplätzen vorgeschriebenen Fristen, die sich aus innerstaatlichen Rechtsvorschriften oder vorher zwischen den Mitgliedstaaten geschlossenen Übereinkünften ergeben und deren Beibehaltung die Herstellung der Freizügigkeit der Arbeitnehmer hindert;

c) durch die Beseitigung aller Fristen und sonstigen Beschränkungen, die in innerstaatlichen Rechtsvorschriften oder vorher zwischen den Mitgliedstaaten geschlossenen Übereinkünften vorgesehen sind und die den Arbeitnehmern der anderen Mitgliedstaaten für die freie Wahl des Arbeitsplatzes andere Bedingungen als den inländischen Arbeitnehmern auferlegen;

d) durch die Schaffung geeigneter Verfahren für die Zusammenführung und den Ausgleich von Angebot und Nachfrage auf dem Arbeitsmarkt zu Bedingungen, die eine ernstliche Gefährdung der Lebenshaltung und des Beschäftigungsstands in einzelnen Gebieten und Industrien ausschließen.

Artikel 47

(ex-Artikel 41 EGV)

Die Mitgliedstaaten fördern den Austausch junger Arbeitskräfte im Rahmen eines gemeinsamen Programms.

Artikel 48

(ex-Artikel 42 EGV)

Das Europäische Parlament und der Rat beschließen gemäß dem ordentlichen Gesetzgebungsverfahren die auf dem Gebiet der sozialen Sicherheit für die Herstellung der Freizügigkeit der Arbeitnehmer notwendigen Maßnahmen; zu diesem Zweck führen sie insbesondere ein System ein, das zu- und abwandernden Arbeitnehmern und Selbstständigen sowie deren anspruchsberechtigten Angehörigen Folgendes sichert:

a) die Zusammenrechnung aller nach den verschiedenen innerstaatlichen Rechtsvorschriften berücksichtigten Zeiten für den Erwerb und die Aufrechterhaltung des Leistungsanspruchs sowie für die Berechnung der Leistungen;

b) die Zahlung der Leistungen an Personen, die in den Hoheitsgebieten der Mitgliedstaaten wohnen.

Erklärt ein Mitglied des Rates, dass ein Entwurf eines Gesetzgebungsakts nach Absatz 1 wichtige Aspekte seines Systems der sozialen Sicherheit, insbesondere dessen Geltungsbereich, Kosten oder Finanzstruktur, verletzen oder dessen finanzielles Gleichgewicht beeinträchtigen würde, so kann es beantragen, dass der Europäische Rat befasst wird. In diesem Fall wird das ordentliche Gesetzgebungsverfahren ausgesetzt. Nach einer Aussprache geht der Europäische Rat binnen vier Monaten nach Aussetzung des Verfahrens wie folgt vor:

a) er verweist den Entwurf an den Rat zurück, wodurch die Aussetzung des ordentlichen Gesetzgebungsverfahrens beendet wird, oder

b) er sieht von einem Tätigwerden ab, oder aber er ersucht die Kommission um Vorlage eines neuen Vorschlags; in diesem Fall gilt der ursprünglich vorgeschlagene Rechtsakt als nicht erlassen.

KAPITEL 2

DAS NIEDERLASSUNGSRECHT

Artikel 49

(ex-Artikel 43 EGV)

Die Beschränkungen der freien Niederlassung von Staatsangehörigen eines Mitgliedstaats im Hoheitsgebiet eines anderen Mitgliedstaats sind nach Maßgabe der folgenden Bestimmungen verboten. Das Gleiche gilt für Beschränkungen der Gründung von Agenturen, Zweigniederlassungen oder Tochtergesellschaften durch Angehörige eines Mitgliedstaats, die im Hoheitsgebiet eines Mitgliedstaats ansässig sind.

Vorbehaltlich des Kapitels über den Kapitalverkehr umfasst die Niederlassungsfreiheit die Aufnahme und Ausübung selbstständiger Erwerbstätigkeiten sowie die Gründung und Leitung von Unternehmen, insbesondere von Gesellschaften im Sinne des Artikels 54 Absatz 2, nach den Bestimmungen des Aufnahmestaats für seine eigenen Angehörigen.

Artikel 50

(ex-Artikel 44 EGV)

(1) Das Europäische Parlament und der Rat erlassen gemäß dem ordentlichen Gesetzgebungsverfahren und nach Anhörung des Wirtschafts- und Sozialausschusses Richtlinien zur Verwirklichung der Niederlassungsfreiheit für eine bestimmte Tätigkeit.

(2) Das Europäische Parlament, der Rat und die Kommission erfüllen die Aufgaben, die ihnen aufgrund der obigen Bestimmungen übertragen sind, indem sie insbesondere

a) im Allgemeinen diejenigen Tätigkeiten mit Vorrang behandeln, bei denen die Niederlassungsfreiheit die Entwicklung der Produktion und des Handels in besonderer Weise fördert;

b) eine enge Zusammenarbeit zwischen den zuständigen Verwaltungen der Mitgliedstaaten sicherstellen, um sich über die besondere Lage auf den verschiedenen Tätigkeitsgebieten innerhalb der Union zu unterrichten;

c) die aus innerstaatlichen Rechtsvorschriften oder vorher zwischen den Mitgliedstaaten geschlossenen Übereinkünften abgeleiteten Verwaltungsverfahren und -praktiken ausschalten, deren Beibehaltung der Niederlassungsfreiheit entgegensteht;

d) dafür Sorge tragen, dass Arbeitnehmer eines Mitgliedstaats, die im Hoheitsgebiet eines anderen Mitgliedstaats beschäftigt sind, dort verbleiben und eine selbstständige Tätigkeit unter denselben Voraussetzungen ausüben können, die sie erfüllen müssten, wenn sie in diesen Staat erst zu dem Zeitpunkt einreisen würden, in dem sie diese Tätigkeit aufzunehmen beabsichtigen;

e) den Erwerb und die Nutzung von Grundbesitz im Hoheitsgebiet eines Mitgliedstaats durch Angehörige eines anderen Mitgliedstaats ermöglichen, soweit hierdurch die Grundsätze des Artikels 39 Absatz 2 nicht beeinträchtigt werden;

f) veranlassen, dass bei jedem in Betracht kommenden Wirtschaftszweig die Beschränkungen der Niederlassungsfreiheit in Bezug auf die Voraussetzungen für die Errichtung von Agenturen, Zweigniederlassungen und Tochtergesellschaften im Hoheitsgebiet eines Mitgliedstaats sowie für den Eintritt des Personals der Hauptniederlassung in ihre Leitungs- oder Überwachungsorgane schrittweise aufgehoben werden;

g) soweit erforderlich, die Schutzbestimmungen koordinieren, die in den Mitgliedstaaten den Gesellschaften im Sinne des Artikels 54 Absatz 2 im Interesse der Gesellschafter sowie Dritter vorgeschrieben sind, um diese Bestimmungen gleichwertig zu gestalten;

h) sicherstellen, dass die Bedingungen für die Niederlassung nicht durch Beihilfen der Mitgliedstaaten verfälscht werden.

Artikel 51

(ex-Artikel 45 EGV)

Auf Tätigkeiten, die in einem Mitgliedstaat dauernd oder zeitweise mit der Ausübung öffentlicher Gewalt verbunden sind, findet dieses Kapitel in dem betreffenden Mitgliedstaat keine Anwendung.

Das Europäische Parlament und der Rat können gemäß dem ordentlichen Gesetzgebungsverfahren beschließen, dass dieses Kapitel auf bestimmte Tätigkeiten keine Anwendung findet.

Artikel 52

(ex-Artikel 46 EGV)

(1) Dieses Kapitel und die aufgrund desselben getroffenen Maßnahmen beeinträchtigen nicht die Anwendbarkeit der Rechts- und Verwaltungsvorschriften, die eine Sonderregelung für Ausländer vorsehen und aus Gründen der öffentlichen Ordnung, Sicherheit oder Gesundheit gerechtfertigt sind.

(2) Das Europäische Parlament und der Rat erlassen gemäß dem ordentlichen Gesetzgebungsverfahren Richtlinien für die Koordinierung der genannten Vorschriften.

Artikel 53

(ex-Artikel 47 EGV)

(1) Um die Aufnahme und Ausübung selbstständiger Tätigkeiten zu erleichtern, erlassen das Europäische Parlament und der Rat gemäß dem ordentlichen Gesetzgebungsverfahren Richtlinien für die gegenseitige Anerkennung der Diplome, Prüfungszeugnisse und sonstigen Befähigungsnachweise sowie für die Koordinierung der Rechts- und Verwaltungsvorschriften der Mitgliedstaaten über die Aufnahme und Ausübung selbstständiger Tätigkeiten.

(2) Die schrittweise Aufhebung der Beschränkungen für die ärztlichen, arztähnlichen und pharmazeutischen Berufe setzt die Koordinierung der Bedingungen für die Ausübung dieser Berufe in den einzelnen Mitgliedstaaten voraus.

Artikel 54

(ex-Artikel 48 EGV)

Für die Anwendung dieses Kapitels stehen die nach den Rechtsvorschriften eines Mitgliedstaats gegründeten Gesellschaften, die ihren satzungsmäßigen Sitz, ihre Hauptverwaltung oder ihre Hauptniederlassung innerhalb der Union haben, den natürlichen Personen gleich, die Angehörige der Mitgliedstaaten sind.

Als Gesellschaften gelten die Gesellschaften des bürgerlichen Rechts und des Handelsrechts einschließlich der Genossenschaften und die sonstigen juristischen Personen des öffentlichen und privaten Rechts mit Ausnahme derjenigen, die keinen Erwerbszweck verfolgen.

Artikel 55

(ex-Artikel 294 EGV)

Unbeschadet der sonstigen Bestimmungen der Verträge stellen die Mitgliedstaaten die Staatsangehörigen der anderen Mitgliedstaaten hinsichtlich ihrer Beteiligung am Kapital von Gesellschaften im Sinne des Artikels 54 den eigenen Staatsangehörigen gleich.

KAPITEL 3
DIENSTLEISTUNGEN

Artikel 56

(ex-Artikel 49 EGV)

Die Beschränkungen des freien Dienstleistungsverkehrs innerhalb der Union für Angehörige der Mitgliedstaaten, die in einem anderen Mitgliedstaat als demjenigen des Leistungsempfängers ansässig sind, sind nach Maßgabe der folgenden Bestimmungen verboten.

Das Europäische Parlament und der Rat können gemäß dem ordentlichen Gesetzgebungsverfahren beschließen, dass dieses Kapitel auch auf Erbringer von Dienstleistungen Anwendung findet, welche die Staatsangehörigkeit eines dritten Landes besitzen und innerhalb der Union ansässig sind.

Artikel 57

(ex-Artikel 50 EGV)

Dienstleistungen im Sinne der Verträge sind Leistungen, die in der Regel gegen Entgelt erbracht werden, soweit sie nicht den Vorschriften über den freien Waren- und Kapitalverkehr und über die Freizügigkeit der Personen unterliegen.

Als Dienstleistungen gelten insbesondere:

a) gewerbliche Tätigkeiten,

b) kaufmännische Tätigkeiten,

c) handwerkliche Tätigkeiten,

d) freiberufliche Tätigkeiten.

Unbeschadet des Kapitels über die Niederlassungsfreiheit kann der Leistende zwecks Erbringung seiner Leistungen seine Tätigkeit vorübergehend in dem Mitgliedstaat ausüben, in dem die Leistung erbracht wird, und zwar unter den Voraussetzungen, welche dieser Mitgliedstaat für seine eigenen Angehörigen vorschreibt.

Artikel 58

(ex-Artikel 51 EGV)

(1) Für den freien Dienstleistungsverkehr auf dem Gebiet des Verkehrs gelten die Bestimmungen des Titels über den Verkehr.

(2) Die Liberalisierung der mit dem Kapitalverkehr verbundenen Dienstleistungen der Banken und Versicherungen wird im Einklang mit der Liberalisierung des Kapitalverkehrs durchgeführt.

Artikel 59

(ex-Artikel 52 EGV)

(1) Das Europäische Parlament und der Rat erlassen gemäß dem ordentlichen Gesetzgebungsverfahren und nach Anhörung des Wirtschafts- und Sozialausschusses Richtlinien zur Liberalisierung einer bestimmten Dienstleistung.

(2) Bei den in Absatz 1 genannten Richtlinien sind im Allgemeinen mit Vorrang diejenigen Dienstleistungen zu berücksichtigen, welche die Produktionskosten unmittelbar beeinflussen oder deren Liberalisierung zur Förderung des Warenverkehrs beiträgt.

Artikel 60

(ex-Artikel 53 EGV)

Die Mitgliedstaaten bemühen sich, über das Ausmaß der Liberalisierung der Dienstleistungen, zu dem sie aufgrund der Richtlinien gemäß Artikel 59 Absatz 1 verpflichtet sind, hinauszugehen, falls ihre wirtschaftliche Gesamtlage und die Lage des betreffenden Wirtschaftszweigs dies zulassen.

Die Kommission richtet entsprechende Empfehlungen an die betreffenden Staaten.

Artikel 61

(ex-Artikel 54 EGV)

Solange die Beschränkungen des freien Dienstleistungsverkehrs nicht aufgehoben sind, wendet sie jeder Mitgliedstaat ohne Unterscheidung nach Staatsangehörigkeit oder Aufenthaltsort auf alle in Artikel 56 Absatz 1 bezeichneten Erbringer von Dienstleistungen an.

Artikel 62

(ex-Artikel 55 EGV)

Die Bestimmungen der Artikel 51 bis 54 finden auf das in diesem Kapitel geregelte Sachgebiet Anwendung.

KAPITEL 4
DER KAPITAL- UND ZAHLUNGSVERKEHR

Artikel 63

(ex-Artikel 56 EGV)

(1) Im Rahmen der Bestimmungen dieses Kapitels sind alle Beschränkungen des Kapitalverkehrs zwischen den Mitgliedstaaten sowie zwischen den Mitgliedstaaten und dritten Ländern verboten.

(2) Im Rahmen der Bestimmungen dieses Kapitels sind alle Beschränkungen des Zahlungsver-

kehrs zwischen den Mitgliedstaaten sowie zwischen den Mitgliedstaaten und dritten Ländern verboten.

Artikel 64

(ex-Artikel 57 EGV)

(1) Artikel 63 berührt nicht die Anwendung derjenigen Beschränkungen auf dritte Länder, die am 31. Dezember 1993 aufgrund einzelstaatlicher Rechtsvorschriften oder aufgrund von Rechtsvorschriften der Union für den Kapitalverkehr mit dritten Ländern im Zusammenhang mit Direktinvestitionen einschließlich Anlagen in Immobilien, mit der Niederlassung, der Erbringung von Finanzdienstleistungen oder der Zulassung von Wertpapieren zu den Kapitalmärkten bestehen. Für in Bulgarien, Estland und Ungarn bestehende Beschränkungen nach innerstaatlichem Recht ist der maßgebliche Zeitpunkt der 31. Dezember 1999. Für in Kroatien nach innerstaatlichem Recht bestehende Beschränkungen ist der maßgebliche Zeitpunkt der 31. Dezember 2002.

(2) Unbeschadet der anderen Kapitel der Verträge sowie ihrer Bemühungen um eine möglichst weit gehende Verwirklichung des Zieles eines freien Kapitalverkehrs zwischen den Mitgliedstaaten und dritten Ländern beschließen das Europäische Parlament und der Rat gemäß dem ordentlichen Gesetzgebungsverfahren Maßnahmen für den Kapitalverkehr mit dritten Ländern im Zusammenhang mit Direktinvestitionen einschließlich Anlagen in Immobilien, mit der Niederlassung, der Erbringung von Finanzdienstleistungen oder der Zulassung von Wertpapieren zu den Kapitalmärkten.

(3) Abweichend von Absatz 2 kann nur der Rat gemäß einem besonderen Gesetzgebungsverfahren und nach Anhörung des Europäischen Parlaments Maßnahmen einstimmig beschließen, die im Rahmen des Unionsrechts für die Liberalisierung des Kapitalverkehrs mit Drittländern einen Rückschritt darstellen.

Artikel 65

(ex-Artikel 58 EGV)

(1) Artikel 63 berührt nicht das Recht der Mitgliedstaaten,

a) die einschlägigen Vorschriften ihres Steuerrechts anzuwenden, die Steuerpflichtige mit unterschiedlichem Wohnort oder Kapitalanlageort unterschiedlich behandeln,

b) die unerlässlichen Maßnahmen zu treffen, um Zuwiderhandlungen gegen innerstaatliche Rechtsund Verwaltungsvorschriften, insbesondere auf dem Gebiet des Steuerrechts und der Aufsicht über Finanzinstitute, zu verhindern, sowie Meldeverfahren für den Kapitalverkehr zwecks administrativer oder statistischer Information vorzusehen oder Maßnahmen zu ergreifen, die aus Gründen der öffentlichen Ordnung oder Sicherheit gerechtfertigt sind.

(2) Dieses Kapitel berührt nicht die Anwendbarkeit von Beschränkungen des Niederlassungsrechts, die mit den Verträgen vereinbar sind.

(3) Die in den Absätzen 1 und 2 genannten Maßnahmen und Verfahren dürfen weder ein Mittel zur willkürlichen Diskriminierung noch eine verschleierte Beschränkung des freien Kapital- und Zahlungsverkehrs im Sinne des Artikels 63 darstellen.

(4) Sind keine Maßnahmen nach Artikel 64 Absatz 3 erlassen worden, so kann die Kommission oder, wenn diese binnen drei Monaten nach der Vorlage eines entsprechenden Antrags des betreffenden Mitgliedstaats keinen Beschluss erlassen hat, der Rat einen Beschluss erlassen, mit dem festgelegt wird, dass die von einem Mitgliedstaat in Bezug auf ein oder mehrere Drittländer getroffenen restriktiven steuerlichen Maßnahmen insofern als mit den Verträgen vereinbar anzusehen sind, als sie durch eines der Ziele der Union gerechtfertigt und mit dem ordnungsgemäßen Funktionieren des Binnenmarkts vereinbar sind. Der Rat beschließt einstimmig auf Antrag eines Mitgliedstaats.

Artikel 66

(ex-Artikel 59 EGV)

Falls Kapitalbewegungen nach oder aus dritten Ländern unter außergewöhnlichen Umständen das Funktionieren der Wirtschafts- und Währungsunion schwerwiegend stören oder zu stören drohen, kann der Rat auf Vorschlag der Kommission und nach Anhörung der Europäischen Zentralbank gegenüber dritten Ländern Schutzmaßnahmen mit einer Geltungsdauer von höchstens sechs Monaten treffen, wenn diese unbedingt erforderlich sind.

TITEL V

DER RAUM DER FREIHEIT, DER SICHERHEIT UND DES RECHTS

KAPITEL 1

ALLGEMEINE BESTIMMUNGEN

Artikel 67

(ex-Artikel 61 EGV und ex-Artikel 29 EUV)

(1) Die Union bildet einen Raum der Freiheit, der Sicherheit und des Rechts, in dem die

Grundrechte und die verschiedenen Rechtsordnungen und -traditionen der Mitgliedstaaten geachtet werden.

(2) Sie stellt sicher, dass Personen an den Binnengrenzen nicht kontrolliert werden, und entwickelt eine gemeinsame Politik in den Bereichen Asyl, Einwanderung und Kontrollen an den Außengrenzen, die sich auf die Solidarität der Mitgliedstaaten gründet und gegenüber Drittstaatsangehörigen angemessen ist. Für die Zwecke dieses Titels werden Staatenlose den Drittstaatsangehörigen gleichgestellt.

(3) Die Union wirkt darauf hin, durch Maßnahmen zur Verhütung und Bekämpfung von Kriminalität sowie von Rassismus und Fremdenfeindlichkeit, zur Koordinierung und Zusammenarbeit von Polizeibehörden und Organen der Strafrechtspflege und den anderen zuständigen Behörden sowie durch die gegenseitige Anerkennung strafrechtlicher Entscheidungen und erforderlichenfalls durch die Angleichung der strafrechtlichen Rechtsvorschriften ein hohes Maß an Sicherheit zu gewährleisten.

(4) Die Union erleichtert den Zugang zum Recht, insbesondere durch den Grundsatz der gegenseitigen Anerkennung gerichtlicher und außergerichtlicher Entscheidungen in Zivilsachen.

Artikel 68

Der Europäische Rat legt die strategischen Leitlinien für die gesetzgeberische und operative Programmplanung im Raum der Freiheit, der Sicherheit und des Rechts fest.

Artikel 69

Die nationalen Parlamente tragen bei Gesetzgebungsvorschlägen und -initiativen, die im Rahmen der Kapitel 4 und 5 vorgelegt werden, Sorge für die Achtung des Subsidiaritätsprinzips nach Maßgabe des Protokolls über die Anwendung der Grundsätze der Subsidiarität und der Verhältnismäßigkeit.

Artikel 70

Unbeschadet der Artikel 258, 259 und 260 kann der Rat auf Vorschlag der Kommission Maßnahmen erlassen, mit denen Einzelheiten festgelegt werden, nach denen die Mitgliedstaaten in Zusammenarbeit mit der Kommission eine objektive und unparteiische Bewertung der Durchführung der unter diesen Titel fallenden Unionspolitik durch die Behörden der Mitgliedstaaten vornehmen, insbesondere um die umfassende Anwendung des Grundsatzes der gegenseitigen Anerkennung zu fördern. Das Europäische Parlament und die nationalen Parlamente werden vom Inhalt und den Ergebnissen dieser Bewertung unterrichtet.

Artikel 71

(ex-Artikel 36 EUV)

Im Rat wird ein ständiger Ausschuss eingesetzt, um sicherzustellen, dass innerhalb der Union die operative Zusammenarbeit im Bereich der inneren Sicherheit gefördert und verstärkt wird. Er fördert unbeschadet des Artikels 240 die Koordinierung der Maßnahmen der zuständigen Behörden der Mitgliedstaaten. Die Vertreter der betroffenen Einrichtungen und sonstigen Stellen der Union können an den Arbeiten des Ausschusses beteiligt werden. Das Europäische Parlament und die nationalen Parlamente werden über die Arbeiten des Ausschusses auf dem Laufenden gehalten.

Artikel 72

(ex-Artikel 64 Absatz 1 EGV und ex-Artikel 33 EUV)

Dieser Titel berührt nicht die Wahrnehmung der Zuständigkeiten der Mitgliedstaaten für die Aufrechterhaltung der öffentlichen Ordnung und den Schutz der inneren Sicherheit.

Artikel 73

Es steht den Mitgliedstaaten frei, untereinander und in eigener Verantwortung Formen der Zusammenarbeit und Koordinierung zwischen den zuständigen Dienststellen ihrer für den Schutz der nationalen Sicherheit verantwortlichen Verwaltungen einzurichten, die sie für geeignet halten.

Artikel 74

(ex-Artikel 66 EGV)

Der Rat erlässt Maßnahmen, um die Verwaltungszusammenarbeit zwischen den zuständigen Dienststellen der Mitgliedstaaten in den Bereichen dieses Titels sowie die Zusammenarbeit zwischen diesen Dienststellen und der Kommission zu gewährleisten. Dabei beschließt er auf Vorschlag der Kommission vorbehaltlich des Artikels 76 und nach Anhörung des Europäischen Parlaments.

Artikel 75

(ex-Artikel 60 EGV)

Sofern dies notwendig ist, um die Ziele des Artikels 67 in Bezug auf die Verhütung und Bekämpfung von Terrorismus und damit verbundener Aktivitäten zu verwirklichen, schaffen das Europäische Parlament und der Rat gemäß dem ordentlichen Gesetzgebungsverfahren durch Verordnungen einen Rahmen für Verwaltungsmaßnahmen in Bezug auf Kapitalbewegungen und Zahlungen, wozu das Einfrieren von Geldern, finanziellen Vermögenswerten oder wirtschaftlichen Erträgen gehören kann, deren Eigentümer oder Besitzer natürliche oder juristische Personen, Gruppierungen oder nichtstaatliche Einheiten sind.

Der Rat erlässt auf Vorschlag der Kommission Maßnahmen zur Umsetzung des in Absatz 1 genannten Rahmens.

In den Rechtsakten nach diesem Artikel müssen die erforderlichen Bestimmungen über den Rechtsschutz vorgesehen sein.

Artikel 76

Die in den Kapiteln 4 und 5 genannten Rechtsakte sowie die in Artikel 74 genannten Maßnahmen, mit denen die Verwaltungszusammenarbeit in den Bereichen der genannten Kapitel gewährleistet wird, werden wie folgt erlassen:

a) auf Vorschlag der Kommission oder

b) auf Initiative eines Viertels der Mitgliedstaaten.

KAPITEL 2
POLITIK IM BEREICH GRENZKONTROLLEN, ASYL UND EINWANDERUNG

Artikel 77

(ex-Artikel 62 EGV)

(1) Die Union entwickelt eine Politik, mit der

a) sichergestellt werden soll, dass Personen unabhängig von ihrer Staatsangehörigkeit beim Überschreiten der Binnengrenzen nicht kontrolliert werden;

b) die Personenkontrolle und die wirksame Überwachung des Grenzübertritts an den Außengrenzen sichergestellt werden soll;

c) schrittweise ein integriertes Grenzschutzsystem an den Außengrenzen eingeführt werden soll.

(2) Für die Zwecke des Absatzes 1 erlassen das Europäische Parlament und der Rat gemäß dem ordentlichen Gesetzgebungsverfahren Maßnahmen, die folgende Bereiche betreffen:

a) die gemeinsame Politik in Bezug auf Visa und andere kurzfristige Aufenthaltstitel;

b) die Kontrollen, denen Personen beim Überschreiten der Außengrenzen unterzogen werden;

c) die Voraussetzungen, unter denen sich Drittstaatsangehörige innerhalb der Union während eines kurzen Zeitraums frei bewegen können;

d) alle Maßnahmen, die für die schrittweise Einführung eines integrierten Grenzschutzsystems an den Außengrenzen erforderlich sind;

e) die Abschaffung der Kontrolle von Personen gleich welcher Staatsangehörigkeit beim Überschreiten der Binnengrenzen.

(3) Erscheint zur Erleichterung der Ausübung des in Artikel 20 Absatz 2 Buchstabe a genannten Rechts ein Tätigwerden der Union erforderlich, so kann der Rat gemäß einem besonderen Gesetzgebungsverfahren Bestimmungen betreffend Pässe, Personalausweise, Aufenthaltstitel oder diesen gleichgestellte Dokumente erlassen, sofern die Verträge hierfür anderweitig keine Befugnisse vorsehen. Der Rat beschließt einstimmig nach Anhörung des Europäischen Parlaments.

(4) Dieser Artikel berührt nicht die Zuständigkeit der Mitgliedstaaten für die geografische Festlegung ihrer Grenzen nach dem Völkerrecht.

Artikel 78

(ex-Artikel 63 Nummern 1 und 2 und ex-Artikel 64 Absatz 2 EGV)

(1) Die Union entwickelt eine gemeinsame Politik im Bereich Asyl, subsidiärer Schutz und vorübergehender Schutz, mit der jedem Drittstaatsangehörigen, der internationalen Schutz benötigt, ein angemessener Status angeboten und die Einhaltung des Grundsatzes der Nicht-Zurückweisung gewährleistet werden soll. Diese Politik muss mit dem Genfer Abkommen vom 28. Juli 1951 und dem Protokoll vom 31. Januar 1967 über die Rechtsstellung der Flüchtlinge sowie den anderen einschlägigen Verträgen im Einklang stehen.

(2) Für die Zwecke des Absatzes 1 erlassen das Europäische Parlament und der Rat gemäß dem ordentlichen Gesetzgebungsverfahren Maßnahmen in Bezug auf ein gemeinsames europäisches Asylsystem, das Folgendes umfasst:

a) einen in der ganzen Union gültigen einheitlichen Asylstatus für Drittstaatsangehörige;

b) einen einheitlichen subsidiären Schutzstatus für Drittstaatsangehörige, die keinen europäischen Asylstatus erhalten, aber internationalen Schutz benötigen;

c) eine gemeinsame Regelung für den vorübergehenden Schutz von Vertriebenen im Falle eines Massenzustroms;

d) gemeinsame Verfahren für die Gewährung und den Entzug des einheitlichen Asylstatus beziehungsweise des subsidiären Schutzstatus;

e) Kriterien und Verfahren zur Bestimmung des Mitgliedstaats, der für die Prüfung eines Antrags auf Asyl oder subsidiären Schutz zuständig ist;

f) Normen über die Aufnahmebedingungen von Personen, die Asyl oder subsidiären Schutz beantragen;

g) Partnerschaft und Zusammenarbeit mit Drittländern zur Steuerung des Zustroms von Personen, die Asyl oder subsidiären beziehungsweise vorübergehenden Schutz beantragen.

(3) Befinden sich ein oder mehrere Mitgliedstaaten aufgrund eines plötzlichen Zustroms von Drittstaatsangehörigen in einer Notlage, so kann der Rat auf Vorschlag der Kommission vorläufige Maßnahmen zugunsten der betreffenden Mitgliedstaaten erlassen. Er beschließt nach Anhörung des Europäischen Parlaments.

Artikel 79

(ex-Artikel 63 Nummern 3 und 4 EGV)

(1) Die Union entwickelt eine gemeinsame Einwanderungspolitik, die in allen Phasen eine wirksame Steuerung der Migrationsströme, eine angemessene Behandlung von Drittstaatsangehörigen, die sich rechtmäßig in einem Mitgliedstaat aufhalten, sowie die Verhütung und verstärkte Bekämpfung von illegaler Einwanderung und Menschenhandel gewährleisten soll.

(2) Für die Zwecke des Absatzes 1 erlassen das Europäische Parlament und der Rat gemäß dem ordentlichen Gesetzgebungsverfahren Maßnahmen in folgenden Bereichen:

a) Einreise- und Aufenthaltsvoraussetzungen sowie Normen für die Erteilung von Visa und Aufenthaltstiteln für einen langfristigen Aufenthalt, einschließlich solcher zur Familienzusammenführung, durch die Mitgliedstaaten;

b) Festlegung der Rechte von Drittstaatsangehörigen, die sich rechtmäßig in einem Mitgliedstaat aufhalten, einschließlich der Bedingungen, unter denen sie sich in den anderen Mitgliedstaaten frei bewegen und aufhalten dürfen;

c) illegale Einwanderung und illegaler Aufenthalt, einschließlich Abschiebung und Rückführung solcher Personen, die sich illegal in einem Mitgliedstaat aufhalten;

d) Bekämpfung des Menschenhandels, insbesondere des Handels mit Frauen und Kindern.

(3) Die Union kann mit Drittländern Übereinkünfte über eine Rückübernahme von Drittstaatsangehörigen in ihr Ursprungs- oder Herkunftsland schließen, die die Voraussetzungen für die Einreise in das Hoheitsgebiet eines der Mitgliedstaaten oder die Anwesenheit oder den Aufenthalt in diesem Gebiet nicht oder nicht mehr erfüllen.

(4) Das Europäische Parlament und der Rat können gemäß dem ordentlichen Gesetzgebungsverfahren unter Ausschluss jeglicher Harmonisierung der Rechtsvorschriften der Mitgliedstaaten Maßnahmen festlegen, mit denen die Bemühungen der Mitgliedstaaten um die Integration der sich rechtmäßig in ihrem Hoheitsgebiet aufhaltenden Drittstaatsangehörigen gefördert und unterstützt werden.

(5) Dieser Artikel berührt nicht das Recht der Mitgliedstaaten, festzulegen, wie viele Drittstaatsangehörige aus Drittländern in ihr Hoheitsgebiet einreisen dürfen, um dort als Arbeitnehmer oder Selbstständige Arbeit zu suchen.

Artikel 80

Für die unter dieses Kapitel fallende Politik der Union und ihre Umsetzung gilt der Grundsatz der Solidarität und der gerechten Aufteilung der Verantwortlichkeiten unter den Mitgliedstaaten, einschließlich in finanzieller Hinsicht. Die aufgrund dieses Kapitels erlassenen Rechtsakte der Union enthalten, immer wenn dies erforderlich ist, entsprechende Maßnahmen für die Anwendung dieses Grundsatzes.

KAPITEL 3
JUSTIZIELLE ZUSAMMENARBEIT IN ZIVILSACHEN

Artikel 81

(ex-Artikel 65 EGV)

(1) Die Union entwickelt eine justizielle Zusammenarbeit in Zivilsachen mit grenzüberschreitendem Bezug, die auf dem Grundsatz der gegenseitigen Anerkennung gerichtlicher und außergerichtlicher Entscheidungen beruht. Diese Zusammenarbeit kann den Erlass von Maßnahmen zur Angleichung der Rechtsvorschriften der Mitgliedstaaten umfassen.

(2) Für die Zwecke des Absatzes 1 erlassen das Europäische Parlament und der Rat, insbesondere wenn dies für das reibungslose Funktionieren des Binnenmarkts erforderlich ist, gemäß dem ordentlichen Gesetzgebungsverfahren Maßnahmen, die Folgendes sicherstellen sollen:

a) die gegenseitige Anerkennung und die Vollstreckung gerichtlicher und außergerichtlicher Entscheidungen zwischen den Mitgliedstaaten;

b) die grenzüberschreitende Zustellung gerichtlicher und außergerichtlicher Schriftstücke;

c) die Vereinbarkeit der in den Mitgliedstaaten geltenden Kollisionsnormen und Vorschriften zur Vermeidung von Kompetenzkonflikten;

d) die Zusammenarbeit bei der Erhebung von Beweismitteln;

e) einen effektiven Zugang zum Recht;

f) die Beseitigung von Hindernissen für die reibungslose Abwicklung von Zivilverfahren, erforderlichenfalls durch Förderung der Vereinbarkeit der in den Mitgliedstaaten geltenden zivilrechtlichen Verfahrensvorschriften;

g) die Entwicklung von alternativen Methoden für die Beilegung von Streitigkeiten;

h) die Förderung der Weiterbildung von Richtern und Justizbediensteten.

(3) Abweichend von Absatz 2 werden Maßnahmen zum Familienrecht mit grenzüberschreitendem Bezug vom Rat gemäß einem besonderen Gesetzgebungsverfahren festgelegt. Dieser beschließt einstimmig nach Anhörung des Europäischen Parlaments.

Der Rat kann auf Vorschlag der Kommission einen Beschluss erlassen, durch den die Aspekte des Familienrechts mit grenzüberschreitendem Bezug bestimmt werden, die Gegenstand von Rechtsakten sein können, die gemäß dem ordentlichen Gesetzgebungsverfahren erlassen werden. Der Rat beschließt einstimmig nach Anhörung des Europäischen Parlaments.

Der in Unterabsatz 2 genannte Vorschlag wird den nationalen Parlamenten übermittelt. Wird dieser Vorschlag innerhalb von sechs Monaten nach der Übermittlung von einem nationalen Parlament abgelehnt, so wird der Beschluss nicht erlassen. Wird der Vorschlag nicht abgelehnt, so kann der Rat den Beschluss erlassen.

KAPITEL 4

JUSTIZIELLE ZUSAMMENARBEIT IN STRAFSACHEN

Artikel 82

(ex-Artikel 31 EUV)

(1) Die justizielle Zusammenarbeit in Strafsachen in der Union beruht auf dem Grundsatz der gegenseitigen Anerkennung gerichtlicher Urteile und Entscheidungen und umfasst die Angleichung der Rechtsvorschriften der Mitgliedstaaten in den in Absatz 2 und in Artikel 83 genannten Bereichen.

Das Europäische Parlament und der Rat erlassen gemäß dem ordentlichen Gesetzgebungsverfahren Maßnahmen, um

a) Regeln und Verfahren festzulegen, mit denen die Anerkennung aller Arten von Urteilen und gerichtlichen Entscheidungen in der gesamten Union sichergestellt wird;

b) Kompetenzkonflikte zwischen den Mitgliedstaaten zu verhindern und beizulegen;

c) die Weiterbildung von Richtern und Staatsanwälten sowie Justizbediensteten zu fördern;

d) die Zusammenarbeit zwischen den Justizbehörden oder entsprechenden Behörden der Mitgliedstaaten im Rahmen der Strafverfolgung sowie des Vollzugs und der Vollstreckung von Entscheidungen zu erleichtern.

(2) Soweit dies zur Erleichterung der gegenseitigen Anerkennung gerichtlicher Urteile und Entscheidungen und der polizeilichen und justiziellen Zusammenarbeit in Strafsachen mit grenzüberschreitender Dimension erforderlich ist, können das Europäische Parlament und der Rat gemäß dem ordentlichen Gesetzgebungsverfahren durch Richtlinien Mindestvorschriften festlegen. Bei diesen Mindestvorschriften werden die Unterschiede zwischen den Rechtsordnungen und -traditionen der Mitgliedstaaten berücksichtigt.

Die Vorschriften betreffen Folgendes:

a) die Zulässigkeit von Beweismitteln auf gegenseitiger Basis zwischen den Mitgliedstaaten;

b) die Rechte des Einzelnen im Strafverfahren;

c) die Rechte der Opfer von Straftaten;

d) sonstige spezifische Aspekte des Strafverfahrens, die zuvor vom Rat durch Beschluss bestimmt worden sind; dieser Beschluss wird vom Rat einstimmig nach Zustimmung des Europäischen Parlaments erlassen.

Der Erlass von Mindestvorschriften nach diesem Absatz hindert die Mitgliedstaaten nicht daran, ein höheres Schutzniveau für den Einzelnen beizubehalten oder einzuführen.

(3) Ist ein Mitglied des Rates der Auffassung, dass ein Entwurf einer Richtlinie nach Absatz 2 grundlegende Aspekte seiner Strafrechtsordnung berühren würde, so kann es beantragen, dass der Europäische Rat befasst wird. In diesem Fall wird das ordentliche Gesetzgebungsverfahren ausgesetzt. Nach einer Aussprache verweist der Europäische Rat im Falle eines Einvernehmens den Entwurf binnen vier Monaten nach Aussetzung des Verfahrens an den Rat zurück, wodurch die Aussetzung des ordentlichen Gesetzgebungsverfahrens beendet wird.

Sofern kein Einvernehmen erzielt wird, mindestens neun Mitgliedstaaten aber eine Verstärkte Zusammenarbeit auf der Grundlage des betreffenden Entwurfs einer Richtlinie begründen möchten, teilen diese Mitgliedstaaten dies binnen derselben Frist dem Europäischen Parlament, dem Rat und der Kommission mit. In diesem Fall gilt die Ermächtigung zu einer Verstärkten Zusammenarbeit nach Artikel 20 Absatz 2 des Vertrags über die Europäische Union und Artikel 329 Absatz 1 dieses Vertrags als erteilt, und die Bestimmungen über die Verstärkte Zusammenarbeit finden Anwendung.

Artikel 83

(ex-Artikel 31 EUV)

(1) Das Europäische Parlament und der Rat können gemäß dem ordentlichen Gesetzgebungsverfahren durch Richtlinien Mindestvorschriften zur Festlegung von Straftaten und Strafen in Bereichen besonders schwerer Kriminalität festlegen, die aufgrund der Art oder der Auswirkungen

der Straftaten oder aufgrund einer besonderen Notwendigkeit, sie auf einer gemeinsamen Grundlage zu bekämpfen, eine grenzüberschreitende Dimension haben.

Derartige Kriminalitätsbereiche sind: Terrorismus, Menschenhandel und sexuelle Ausbeutung von Frauen und Kindern, illegaler Drogenhandel, illegaler Waffenhandel, Geldwäsche, Korruption, Fälschung von Zahlungsmitteln, Computerkriminalität und organisierte Kriminalität.

Je nach Entwicklung der Kriminalität kann der Rat einen Beschluss erlassen, in dem andere Kriminalitätsbereiche bestimmt werden, die die Kriterien dieses Absatzes erfüllen. Er beschließt einstimmig nach Zustimmung des Europäischen Parlaments.

(2) Erweist sich die Angleichung der strafrechtlichen Rechtsvorschriften der Mitgliedstaaten als unerlässlich für die wirksame Durchführung der Politik der Union auf einem Gebiet, auf dem Harmonisierungsmaßnahmen erfolgt sind, so können durch Richtlinien Mindestvorschriften für die Festlegung von Straftaten und Strafen auf dem betreffenden Gebiet festgelegt werden. Diese Richtlinien werden unbeschadet des Artikels 76 gemäß dem gleichen ordentlichen oder besonderen Gesetzgebungsverfahren wie die betreffenden Harmonisierungsmaßnahmen erlassen.

(3) Ist ein Mitglied des Rates der Auffassung, dass der Entwurf einer Richtlinie nach den Absätzen 1 oder 2 grundlegende Aspekte seiner Strafrechtsordnung berühren würde, so kann es beantragen, dass der Europäische Rat befasst wird. In diesem Fall wird das ordentliche Gesetzgebungsverfahren ausgesetzt. Nach einer Aussprache verweist der Europäische Rat im Falle eines Einvernehmens den Entwurf binnen vier Monaten nach Aussetzung des Verfahrens an den Rat zurück, wodurch die Aussetzung des ordentlichen Gesetzgebungsverfahrens beendet wird.

Sofern kein Einvernehmen erzielt wird, mindestens neun Mitgliedstaaten aber eine Verstärkte Zusammenarbeit auf der Grundlage des betreffenden Entwurfs einer Richtlinie begründen möchten, teilen diese Mitgliedstaaten dies binnen derselben Frist dem Europäischen Parlament, dem Rat und der Kommission mit. In diesem Fall gilt die Ermächtigung zu einer Verstärkten Zusammenarbeit nach Artikel 20 Absatz 2 des Vertrags über die Europäische Union und Artikel 329 Absatz 1 dieses Vertrags als erteilt, und die Bestimmungen über die Verstärkte Zusammenarbeit finden Anwendung.

Artikel 84

Das Europäische Parlament und der Rat können gemäß dem ordentlichen Gesetzgebungsverfahren unter Ausschluss jeglicher Harmonisierung der Rechtsvorschriften der Mitgliedstaaten Maßnahmen festlegen, um das Vorgehen der Mitgliedstaaten im Bereich der Kriminalprävention zu fördern und zu unterstützen.

Artikel 85

(ex-Artikel 31 EUV)

(1) Eurojust hat den Auftrag, die Koordinierung und Zusammenarbeit zwischen den nationalen Behörden zu unterstützen und zu verstärken, die für die Ermittlung und Verfolgung von schwerer Kriminalität zuständig sind, wenn zwei oder mehr Mitgliedstaaten betroffen sind oder eine Verfolgung auf gemeinsamer Grundlage erforderlich ist; Eurojust stützt sich dabei auf die von den Behörden der Mitgliedstaaten und von Europol durchgeführten Operationen und gelieferten Informationen.

Zu diesem Zweck legen das Europäische Parlament und der Rat gemäß dem ordentlichen Gesetzgebungsverfahren durch Verordnungen den Aufbau, die Arbeitsweise, den Tätigkeitsbereich und die Aufgaben von Eurojust fest. Zu diesen Aufgaben kann Folgendes gehören:

a) Einleitung von strafrechtlichen Ermittlungsmaßnahmen sowie Vorschläge zur Einleitung von strafrechtlichen Verfolgungsmaßnahmen, die von den zuständigen nationalen Behörden durchgeführt werden, insbesondere bei Straftaten zum Nachteil der finanziellen Interessen der Union;

b) Koordinierung der unter Buchstabe a genannten Ermittlungs- und Verfolgungsmaßnahmen;

c) Verstärkung der justiziellen Zusammenarbeit, unter anderem auch durch die Beilegung von Kompetenzkonflikten und eine enge Zusammenarbeit mit dem Europäischen Justiziellen Netz.

Durch diese Verordnungen werden ferner die Einzelheiten für die Beteiligung des Europäischen Parlaments und der nationalen Parlamente an der Bewertung der Tätigkeit von Eurojust festgelegt.

(2) Im Rahmen der Strafverfolgungsmaßnahmen nach Absatz 1 werden die förmlichen Prozesshandlungen unbeschadet des Artikels 86 durch die zuständigen einzelstaatlichen Bediensteten vorgenommen.

Art 325

Artikel 86

(1) Zur Bekämpfung von Straftaten zum Nachteil der finanziellen Interessen der Union kann der Rat gemäß einem besonderen Gesetzgebungsverfahren durch Verordnungen ausgehend von Eurojust eine Europäische Staatsanwaltschaft einsetzen. Der Rat beschließt einstimmig nach Zustimmung des Europäischen Parlaments.

Sofern keine Einstimmigkeit besteht, kann eine Gruppe von mindestens neun Mitgliedstaaten beantragen, dass der Europäische Rat mit dem Entwurf einer Verordnung befasst wird. In diesem Fall wird das Verfahren im Rat ausgesetzt. Nach einer Aussprache verweist der Europäische Rat im Falle eines Einvernehmens den Entwurf binnen vier Monaten nach Aussetzung des Verfahrens an den Rat zur Annahme zurück.

Sofern kein Einvernehmen erzielt wird, mindestens neun Mitgliedstaaten aber eine Verstärkte Zusammenarbeit auf der Grundlage des betreffenden Entwurfs einer Verordnung begründen möchten, teilen diese Mitgliedstaaten dies binnen derselben Frist dem Europäischen Parlament, dem Rat und der Kommission mit. In diesem Fall gilt die Ermächtigung zu einer Verstärkten Zusammenarbeit nach Artikel 20 Absatz 2 des Vertrags über die Europäische Union und Artikel 329 Absatz 1 dieses Vertrags als erteilt, und die Bestimmungen über die Verstärkte Zusammenarbeit finden Anwendung.

(2) Die Europäische Staatsanwaltschaft ist, gegebenenfalls in Verbindung mit Europol, zuständig für die strafrechtliche Untersuchung und Verfolgung sowie die Anklageerhebung in Bezug auf Personen, die als Täter oder Teilnehmer Straftaten zum Nachteil der finanziellen Interessen der Union begangen haben, die in der Verordnung nach Absatz 1 festgelegt sind. Die Europäische Staatsanwaltschaft nimmt bei diesen Straftaten vor den zuständigen Gerichten der Mitgliedstaaten die Aufgaben der Staatsanwaltschaft wahr.

(3) Die in Absatz 1 genannte Verordnung legt die Satzung der Europäischen Staatsanwaltschaft, die Einzelheiten für die Erfüllung ihrer Aufgaben, die für ihre Tätigkeit geltenden Verfahrensvorschriften sowie die Regeln für die Zulässigkeit von Beweismitteln und für die gerichtliche Kontrolle der von der Europäischen Staatsanwaltschaft bei der Erfüllung ihrer Aufgaben vorgenommenen Prozesshandlungen fest.

(4) Der Europäische Rat kann gleichzeitig mit der Annahme der Verordnung oder im Anschluss daran einen Beschluss zur Änderung des Absatzes 1 mit dem Ziel einer Ausdehnung der Befugnisse der Europäischen Staatsanwaltschaft auf die Bekämpfung der schweren Kriminalität mit grenzüberschreitender Dimension und zur entsprechenden Änderung des Absatzes 2 hinsichtlich Personen, die als Täter oder Teilnehmer schwere, mehr als einen Mitgliedstaat betreffende Straftaten begangen haben, erlassen. Der Europäische Rat beschließt einstimmig nach Zustimmung des Europäischen Parlaments und nach Anhörung der Kommission.

KAPITEL 5

POLIZEILICHE ZUSAMMENARBEIT

Artikel 87

(ex-Artikel 30 EUV)

(1) Die Union entwickelt eine polizeiliche Zusammenarbeit zwischen allen zuständigen Behörden der Mitgliedstaaten, einschließlich der Polizei, des Zolls und anderer auf die Verhütung oder die Aufdeckung von Straftaten sowie entsprechende Ermittlungen spezialisierter Strafverfolgungsbehörden.

(2) Für die Zwecke des Absatzes 1 können das Europäische Parlament und der Rat gemäß dem ordentlichen Gesetzgebungsverfahren Maßnahmen erlassen, die Folgendes betreffen:

a) Einholen, Speichern, Verarbeiten, Analysieren und Austauschen sachdienlicher Informationen;

b) Unterstützung bei der Aus- und Weiterbildung von Personal sowie Zusammenarbeit in Bezug auf den Austausch von Personal, die Ausrüstungsgegenstände und die kriminaltechnische Forschung;

c) gemeinsame Ermittlungstechniken zur Aufdeckung schwerwiegender Formen der organisierten Kriminalität.

(3) Der Rat kann gemäß einem besonderen Gesetzgebungsverfahren Maßnahmen erlassen, die die operative Zusammenarbeit zwischen den in diesem Artikel genannten Behörden betreffen. Der Rat beschließt einstimmig nach Anhörung des Europäischen Parlaments.

Sofern keine Einstimmigkeit besteht, kann eine Gruppe von mindestens neun Mitgliedstaaten beantragen, dass der Europäische Rat mit dem Entwurf von Maßnahmen befasst wird. In diesem Fall wird das Verfahren im Rat ausgesetzt. Nach einer Aussprache verweist der Europäische Rat im Falle eines Einvernehmens den Entwurf binnen vier Monaten nach Aussetzung des Verfahrens an den Rat zur Annahme zurück.

Sofern kein Einvernehmen erzielt wird, mindestens neun Mitgliedstaaten aber eine Verstärkte Zusammenarbeit auf der Grundlage des betreffenden Entwurfs von Maßnahmen begründen möchten, teilen diese Mitgliedstaaten dies binnen derselben Frist dem Europäischen Parlament, dem Rat und der Kommission mit. In diesem Fall gilt die Ermächtigung zu einer Verstärkten Zusammenarbeit nach Artikel 20 Absatz 2 des Vertrags über die Europäische Union und Artikel 329 Absatz 1 dieses Vertrags als erteilt, und die Bestimmungen über die Verstärkte Zusammenarbeit finden Anwendung.

Das besondere Verfahren nach den Unterabsätzen 2 und 3 gilt nicht für Rechtsakte, die eine Weiterentwicklung des Schengen-Besitzstands darstellen.

Artikel 88

(ex-Artikel 30 EUV)

(1) Europol hat den Auftrag, die Tätigkeit der Polizeibehörden und der anderen Strafverfolgungsbehörden der Mitgliedstaaten sowie deren gegenseitige Zusammenarbeit bei der Verhütung und Bekämpfung der zwei oder mehr Mitgliedstaaten betreffenden schweren Kriminalität, des Terrorismus und der Kriminalitätsformen, die ein gemeinsames Interesse verletzen, das Gegenstand einer Politik der Union ist, zu unterstützen und zu verstärken.

(2) Das Europäische Parlament und der Rat legen gemäß dem ordentlichen Gesetzgebungsverfahren durch Verordnungen den Aufbau, die Arbeitsweise, den Tätigkeitsbereich und die Aufgaben von Europol fest. Zu diesen Aufgaben kann Folgendes gehören:

a) Einholen, Speichern, Verarbeiten, Analysieren und Austauschen von Informationen, die insbesondere von den Behörden der Mitgliedstaaten oder Drittländern beziehungsweise Stellen außerhalb der Union übermittelt werden;

b) Koordinierung, Organisation und Durchführung von Ermittlungen und von operativen Maßnahmen, die gemeinsam mit den zuständigen Behörden der Mitgliedstaaten oder im Rahmen gemeinsamer Ermittlungsgruppen durchgeführt werden, gegebenenfalls in Verbindung mit Eurojust.

Durch diese Verordnungen werden ferner die Einzelheiten für die Kontrolle der Tätigkeiten von Europol durch das Europäische Parlament festgelegt; an dieser Kontrolle werden die nationalen Parlamente beteiligt.

(3) Europol darf operative Maßnahmen nur in Verbindung und in Absprache mit den Behörden des Mitgliedstaats oder der Mitgliedstaaten ergreifen, deren Hoheitsgebiet betroffen ist. Die Anwendung von Zwangsmaßnahmen bleibt ausschließlich den zuständigen einzelstaatlichen Behörden vorbehalten.

Artikel 89

(ex-Artikel 32 EUV)

Der Rat legt gemäß einem besonderen Gesetzgebungsverfahren fest, unter welchen Bedingungen und innerhalb welcher Grenzen die in den Artikeln 82 und 87 genannten zuständigen Behörden der Mitgliedstaaten im Hoheitsgebiet eines anderen Mitgliedstaats in Verbindung und in Absprache mit dessen Behörden tätig werden dürfen. Der Rat beschließt einstimmig nach Anhörung des Europäischen Parlaments.

TITEL VI
DER VERKEHR

Artikel 90

(ex-Artikel 70 EGV)

Auf dem in diesem Titel geregelten Sachgebiet werden die Ziele der Verträge im Rahmen einer gemeinsamen Verkehrspolitik verfolgt.

Artikel 91

(ex-Artikel 71 EGV)

(1) Zur Durchführung des Artikels 90 werden das Europäische Parlament und der Rat unter Berücksichtigung der Besonderheiten des Verkehrs gemäß dem ordentlichen Gesetzgebungsverfahren und nach Anhörung des Wirtschafts- und Sozialausschusses sowie des Ausschusses der Regionen

a) für den internationalen Verkehr aus oder nach dem Hoheitsgebiet eines Mitgliedstaats oder für den Durchgangsverkehr durch das Hoheitsgebiet eines oder mehrerer Mitgliedstaaten gemeinsame Regeln aufstellen;

b) für die Zulassung von Verkehrsunternehmern zum Verkehr innerhalb eines Mitgliedstaats, in dem sie nicht ansässig sind, die Bedingungen festlegen;

c) Maßnahmen zur Verbesserung der Verkehrssicherheit erlassen;

d) alle sonstigen zweckdienlichen Vorschriften erlassen.

(2) Beim Erlass von Maßnahmen nach Absatz 1 wird den Fällen Rechnung getragen, in denen die Anwendung den Lebensstandard und die Beschäftigungslage in bestimmten Regionen sowie den Betrieb der Verkehrseinrichtungen ernstlich beeinträchtigen könnte.

Artikel 92

(ex-Artikel 72 EGV)

Bis zum Erlass der in Artikel 91 Absatz 1 genannten Vorschriften darf ein Mitgliedstaat die verschiedenen, am 1. Januar 1958 oder, im Falle später beigetretener Staaten, zum Zeitpunkt ihres Beitritts auf diesem Gebiet geltenden Vorschriften in ihren unmittelbaren oder mittelbaren Auswirkungen auf die Verkehrsunternehmer anderer Mitgliedstaaten im Vergleich zu den inländischen Verkehrsunternehmern nicht ungünstiger gestalten, es sei denn, dass der Rat einstimmig eine Maßnahme billigt, die eine Ausnahmeregelung gewährt.

Artikel 93

(ex-Artikel 73 EGV)

Mit den Verträgen vereinbar sind Beihilfen, die den Erfordernissen der Koordinierung des Verkehrs oder der Abgeltung bestimmter, mit dem Begriff des öffentlichen Dienstes zusammenhängender Leistungen entsprechen.

Artikel 94

(ex-Artikel 74 EGV)

Jede Maßnahme auf dem Gebiet der Beförderungsentgelte und -bedingungen, die im Rahmen der Verträge getroffen wird, hat der wirtschaftlichen Lage der Verkehrsunternehmer Rechnung zu tragen.

Artikel 95

(ex-Artikel 75 EGV)

(1) Im Verkehr innerhalb der Union sind Diskriminierungen verboten, die darin bestehen, dass ein Verkehrsunternehmer in denselben Verkehrsverbindungen für die gleichen Güter je nach ihrem Herkunfts- oder Bestimmungsland unterschiedliche Frachten und Beförderungsbedingungen anwendet.

(2) Absatz 1 schließt sonstige Maßnahmen nicht aus, die das Europäische Parlament und der Rat gemäß Artikel 91 Absatz 1 treffen können.

(3) Der Rat trifft auf Vorschlag der Kommission und nach Anhörung des Europäischen Parlaments und des Wirtschafts- und Sozialausschusses eine Regelung zur Durchführung des Absatzes 1.

Er kann insbesondere die erforderlichen Vorschriften erlassen, um es den Organen der Union zu ermöglichen, für die Beachtung des Absatzes 1 Sorge zu tragen, und um den Verkehrsnutzern die Vorteile dieser Bestimmung voll zukommen zu lassen.

(4) Die Kommission prüft von sich aus oder auf Antrag eines Mitgliedstaats die Diskriminierungsfälle des Absatzes 1 und erlässt nach Beratung mit jedem in Betracht kommenden Mitgliedstaat die erforderlichen Beschlüsse im Rahmen der gemäß Absatz 3 getroffenen Regelung.

Artikel 96

(ex-Artikel 76 EGV)

(1) Im Verkehr innerhalb der Union sind die von einem Mitgliedstaat auferlegten Frachten und Beförderungsbedingungen verboten, die in irgendeiner Weise der Unterstützung oder dem Schutz eines oder mehrerer bestimmter Unternehmen oder Industrien dienen, es sei denn, dass die Kommission die Genehmigung hierzu erteilt.

(2) Die Kommission prüft von sich aus oder auf Antrag eines Mitgliedstaats die in Absatz 1 bezeichneten Frachten und Beförderungsbedingungen; hierbei berücksichtigt sie insbesondere sowohl die Erfordernisse einer angemessenen Standortpolitik, die Bedürfnisse der unterentwickelten Gebiete und die Probleme der durch politische Umstände schwer betroffenen Gebiete als auch die Auswirkungen dieser Frachten und Beförderungsbedingungen auf den Wettbewerb zwischen den Verkehrsarten.

Die Kommission erlässt die erforderlichen Beschlüsse nach Beratung mit jedem in Betracht kommenden Mitgliedstaat.

(3) Das in Absatz 1 genannte Verbot trifft nicht die Wettbewerbstarife.

Artikel 97

(ex-Artikel 77 EGV)

Die Abgaben oder Gebühren, die ein Verkehrsunternehmer neben den Frachten beim Grenzübergang in Rechnung stellt, dürfen unter Berücksichtigung der hierdurch tatsächlich verursachten Kosten eine angemessene Höhe nicht übersteigen.

Die Mitgliedstaaten werden bemüht sein, diese Kosten schrittweise zu verringern.

Die Kommission kann zur Durchführung dieses Artikels Empfehlungen an die Mitgliedstaaten richten.

Artikel 98

(ex-Artikel 78 EGV)

Die Bestimmungen dieses Titels stehen Maßnahmen in der Bundesrepublik Deutschland nicht entgegen, soweit sie erforderlich sind, um die wirtschaftlichen Nachteile auszugleichen, die der Wirtschaft bestimmter, von der Teilung Deutschlands betroffener Gebiete der Bundesrepublik aus dieser Teilung entstehen. Der Rat kann fünf Jahre nach dem Inkrafttreten des Vertrags von Lissabon auf Vorschlag der Kommission einen Beschluss erlassen, mit dem dieser Artikel aufgehoben wird.

Artikel 99

(ex-Artikel 79 EGV)

Bei der Kommission wird ein beratender Ausschuss gebildet; er besteht aus Sachverständigen, die von den Regierungen der Mitgliedstaaten ernannt werden. Die Kommission hört den Ausschuss je nach Bedarf in Verkehrsfragen an.

Artikel 100

(ex-Artikel 80 EGV)

(1) Dieser Titel gilt für die Beförderungen im Eisenbahn-, Straßen- und Binnenschiffsverkehr.

(2) Das Europäische Parlament und der Rat können gemäß dem ordentlichen Gesetzgebungsverfahren geeignete Vorschriften für die Seeschifffahrt und die Luftfahrt erlassen. Sie beschließen nach Anhörung des Wirtschafts- und Sozialausschusses und des Ausschusses der Regionen.

TITEL VII
GEMEINSAME REGELN BETREFFEND WETTBEWERB, STEUERFRAGEN UND ANGLEICHUNG DER RECHTSVORSCHRIFTEN

KAPITEL 1
WETTBEWERBSREGELN

ABSCHNITT 1
VORSCHRIFTEN FÜR UNTERNEHMEN

Artikel 101

(ex-Artikel 81 EGV)

(1) Mit dem Binnenmarkt unvereinbar und verboten sind alle Vereinbarungen zwischen Unternehmen, Beschlüsse von Unternehmensvereinigungen und aufeinander abgestimmte Verhaltensweisen, welche den Handel zwischen Mitgliedstaaten zu beeinträchtigen geeignet sind und eine Verhinderung, Einschränkung oder Verfälschung des Wettbewerbs innerhalb des Binnenmarkts bezwecken oder bewirken, insbesondere

a) die unmittelbare oder mittelbare Festsetzung der An- oder Verkaufspreise oder sonstiger Geschäftsbedingungen;

b) die Einschränkung oder Kontrolle der Erzeugung, des Absatzes, der technischen Entwicklung oder der Investitionen;

c) die Aufteilung der Märkte oder Versorgungsquellen;

d) die Anwendung unterschiedlicher Bedingungen bei gleichwertigen Leistungen gegenüber Handelspartnern, wodurch diese im Wettbewerb benachteiligt werden;

e) die an den Abschluss von Verträgen geknüpfte Bedingung, dass die Vertragspartner zusätzliche Leistungen annehmen, die weder sachlich noch nach Handelsbrauch in Beziehung zum Vertragsgegenstand stehen.

(2) Die nach diesem Artikel verbotenen Vereinbarungen oder Beschlüsse sind nichtig.

(3) Die Bestimmungen des Absatzes 1 können für nicht anwendbar erklärt werden auf

– Vereinbarungen oder Gruppen von Vereinbarungen zwischen Unternehmen,

– Beschlüsse oder Gruppen von Beschlüssen von Unternehmensvereinigungen,

– aufeinander abgestimmte Verhaltensweisen oder Gruppen von solchen,

die unter angemessener Beteiligung der Verbraucher an dem entstehenden Gewinn zur Verbesserung der Warenerzeugung oder -verteilung oder zur Förderung des technischen oder wirtschaftlichen Fortschritts beitragen, ohne dass den beteiligten Unternehmen

a) Beschränkungen auferlegt werden, die für die Verwirklichung dieser Ziele nicht unerlässlich sind, oder

b) Möglichkeiten eröffnet werden, für einen wesentlichen Teil der betreffenden Waren den Wettbewerb auszuschalten.

Artikel 102

(ex-Artikel 82 EGV)

Mit dem Binnenmarkt unvereinbar und verboten ist die missbräuchliche Ausnutzung einer beherrschenden Stellung auf dem Binnenmarkt oder auf einem wesentlichen Teil desselben durch ein oder mehrere Unternehmen, soweit dies dazu führen kann, den Handel zwischen Mitgliedstaaten zu beeinträchtigen.

Dieser Missbrauch kann insbesondere in Folgendem bestehen:

a) der unmittelbaren oder mittelbaren Erzwingung von unangemessenen Einkaufs- oder Verkaufspreisen oder sonstigen Geschäftsbedingungen;

b) der Einschränkung der Erzeugung, des Absatzes oder der technischen Entwicklung zum Schaden der Verbraucher;

c) der Anwendung unterschiedlicher Bedingungen bei gleichwertigen Leistungen gegenüber Handelspartnern, wodurch diese im Wettbewerb benachteiligt werden;

d) der an den Abschluss von Verträgen geknüpften Bedingung, dass die Vertragspartner zusätzliche Leistungen annehmen, die weder sachlich noch nach Handelsbrauch in Beziehung zum Vertragsgegenstand stehen.

Artikel 103

(ex-Artikel 83 EGV)

(1) Die zweckdienlichen Verordnungen oder Richtlinien zur Verwirklichung der in den Artikeln 101 und 102 niedergelegten Grundsätze werden vom Rat auf Vorschlag der Kommission und nach Anhörung des Europäischen Parlaments beschlossen.

(2) Die in Absatz 1 vorgesehenen Vorschriften bezwecken insbesondere,

a) die Beachtung der in Artikel 101 Absatz 1 und Artikel 102 genannten Verbote durch die Einführung von Geldbußen und Zwangsgeldern zu gewährleisten;

b) die Einzelheiten der Anwendung des Artikels 101 Absatz 3 festzulegen; dabei ist dem Erfordernis einer wirksamen Überwachung bei möglichst einfacher Verwaltungskontrolle Rechnung zu tragen;

c) gegebenenfalls den Anwendungsbereich der Artikel 101 und 102 für die einzelnen Wirtschaftszweige näher zu bestimmen;

d) die Aufgaben der Kommission und des Gerichtshofs der Europäischen Union bei der Anwendung der in diesem Absatz vorgesehenen Vorschriften gegeneinander abzugrenzen;

e) das Verhältnis zwischen den innerstaatlichen Rechtsvorschriften einerseits und den in diesem Abschnitt enthaltenen oder aufgrund dieses Artikels getroffenen Bestimmungen andererseits festzulegen.

Artikel 104

(ex-Artikel 84 EGV)

Bis zum Inkrafttreten der gemäß Artikel 103 erlassenen Vorschriften entscheiden die Behörden der Mitgliedstaaten im Einklang mit ihren eigenen Rechtsvorschriften und den Bestimmungen der Artikel 101, insbesondere Absatz 3, und 102 über die Zulässigkeit von Vereinbarungen, Beschlüssen und aufeinander abgestimmten Verhaltensweisen sowie über die missbräuchliche Ausnutzung einer beherrschenden Stellung auf dem Binnenmarkt.

Artikel 105

(ex-Artikel 85 EGV)

(1) Unbeschadet des Artikels 104 achtet die Kommission auf die Verwirklichung der in den Artikeln 101 und 102 niedergelegten Grundsätze. Sie untersucht auf Antrag eines Mitgliedstaats oder von Amts wegen in Verbindung mit den zuständigen Behörden der Mitgliedstaaten, die ihr Amtshilfe zu leisten haben, die Fälle, in denen Zuwiderhandlungen gegen diese Grundsätze vermutet werden. Stellt sie eine Zuwiderhandlung fest, so schlägt sie geeignete Mittel vor, um diese abzustellen.

(2) Wird die Zuwiderhandlung nicht abgestellt, so trifft die Kommission in einem mit Gründen versehenen Beschluss die Feststellung, dass eine derartige Zuwiderhandlung vorliegt. Sie kann den Beschluss veröffentlichen und die Mitgliedstaaten ermächtigen, die erforderlichen Abhilfemaßnahmen zu treffen, deren Bedingungen und Einzelheiten sie festlegt.

(3) Die Kommission kann Verordnungen zu den Gruppen von Vereinbarungen erlassen, zu denen der Rat nach Artikel 103 Absatz 2 Buchstabe b eine Verordnung oder Richtlinie erlassen hat.

Artikel 106

(ex-Artikel 86 EGV)

(1) Die Mitgliedstaaten werden in Bezug auf öffentliche Unternehmen und auf Unternehmen, denen sie besondere oder ausschließliche Rechte gewähren, keine den Verträgen und insbesondere den Artikeln 18 und 101 bis 109 widersprechende Maßnahmen treffen oder beibehalten.

(2) Für Unternehmen, die mit Dienstleistungen von allgemeinem wirtschaftlichem Interesse betraut sind oder den Charakter eines Finanzmonopols haben, gelten die Vorschriften der Verträge, insbesondere die Wettbewerbsregeln, soweit die Anwendung dieser Vorschriften nicht die Erfüllung der ihnen übertragenen besonderen Aufgabe rechtlich oder tatsächlich verhindert. Die Entwicklung des Handelsverkehrs darf nicht in einem Ausmaß beeinträchtigt werden, das dem Interesse der Union zuwiderläuft.

(3) Die Kommission achtet auf die Anwendung dieses Artikels und richtet erforderlichenfalls geeignete Richtlinien oder Beschlüsse an die Mitgliedstaaten.

ABSCHNITT 2
STAATLICHE BEIHILFEN

Artikel 107

(ex-Artikel 87 EGV)

(1) Soweit in den Verträgen nicht etwas anderes bestimmt ist, sind staatliche oder aus staatlichen Mitteln gewährte Beihilfen gleich welcher Art, die durch die Begünstigung bestimmter Unternehmen oder Produktionszweige den Wettbewerb verfälschen oder zu verfälschen drohen, mit dem Binnenmarkt unvereinbar, soweit sie den Handel zwischen Mitgliedstaaten beeinträchtigen.

(2) Mit dem Binnenmarkt vereinbar sind:

a) Beihilfen sozialer Art an einzelne Verbraucher, wenn sie ohne Diskriminierung nach der Herkunft der Waren gewährt werden;

b) Beihilfen zur Beseitigung von Schäden, die durch Naturkatastrophen oder sonstige außergewöhnliche Ereignisse entstanden sind;

c) Beihilfen für die Wirtschaft bestimmter, durch die Teilung Deutschlands betroffener Gebiete der Bundesrepublik Deutschland, soweit sie zum Ausgleich der durch die Teilung verursachten wirtschaftlichen Nachteile erforderlich sind. Der Rat kann fünf Jahre nach dem Inkrafttreten des Vertrags von Lissabon auf Vorschlag der Kommission einen Beschluss erlassen, mit dem dieser Buchstabe aufgehoben wird.

(3) Als mit dem Binnenmarkt vereinbar können angesehen werden:

a) Beihilfen zur Förderung der wirtschaftlichen Entwicklung von Gebieten, in denen die Lebenshaltung außergewöhnlich niedrig ist oder eine erhebliche Unterbeschäftigung herrscht, sowie der in Artikel 349 genannten Gebiete unter Berücksichtigung ihrer strukturellen, wirtschaftlichen und sozialen Lage;

b) Beihilfen zur Förderung wichtiger Vorhaben von gemeinsamem europäischem Interesse oder zur Behebung einer beträchtlichen Störung im Wirtschaftsleben eines Mitgliedstaats;

c) Beihilfen zur Förderung der Entwicklung gewisser Wirtschaftszweige oder Wirtschaftsgebiete, soweit sie die Handelsbedingungen nicht in einer Weise verändern, die dem gemeinsamen Interesse zuwiderläuft;

d) Beihilfen zur Förderung der Kultur und der Erhaltung des kulturellen Erbes, soweit sie die Handels- und Wettbewerbsbedingungen in der Union nicht in einem Maß beeinträchtigen, das dem gemeinsamen Interesse zuwiderläuft;

e) sonstige Arten von Beihilfen, die der Rat durch einen Beschluss auf Vorschlag der Kommission bestimmt.

Artikel 108

(ex-Artikel 88 EGV)

(1) Die Kommission überprüft fortlaufend in Zusammenarbeit mit den Mitgliedstaaten die in diesen bestehenden Beihilferegelungen. Sie schlägt ihnen die zweckdienlichen Maßnahmen vor, welche die fortschreitende Entwicklung und das Funktionieren des Binnenmarkts erfordern.

(2) Stellt die Kommission fest, nachdem sie den Beteiligten eine Frist zur Äußerung gesetzt hat, dass eine von einem Staat oder aus staatlichen Mitteln gewährte Beihilfe mit dem Binnenmarkt nach Artikel 107 unvereinbar ist oder dass sie missbräuchlich angewandt wird, so beschließt sie, dass der betreffende Staat sie binnen einer von ihr bestimmten Frist aufzuheben oder umzugestalten hat.

Kommt der betreffende Staat diesem Beschluss innerhalb der festgesetzten Frist nicht nach, so kann die Kommission oder jeder betroffene Staat in Abweichung von den Artikeln 258 und 259 den Gerichtshof der Europäischen Union unmittelbar anrufen.

Der Rat kann einstimmig auf Antrag eines Mitgliedstaats beschließen, dass eine von diesem Staat gewährte oder geplante Beihilfe in Abweichung von Artikel 107 oder von den nach Artikel 109 erlassenen Verordnungen als mit dem Binnenmarkt vereinbar gilt, wenn außergewöhnliche Umstände einen solchen Beschluss rechtfertigen. Hat die Kommission bezüglich dieser Beihilfe das in Unterabsatz 1 dieses Absatzes vorgesehene Verfahren bereits eingeleitet, so bewirkt der Antrag des betreffenden Staates an den Rat die Aussetzung dieses Verfahrens, bis der Rat sich geäußert hat.

Äußert sich der Rat nicht binnen drei Monaten nach Antragstellung, so beschließt die Kommission.

(3) Die Kommission wird von jeder beabsichtigten Einführung oder Umgestaltung von Beihilfen so rechtzeitig unterrichtet, dass sie sich dazu äußern kann. Ist sie der Auffassung, dass ein derartiges Vorhaben nach Artikel 107 mit dem Binnenmarkt unvereinbar ist, so leitet sie unverzüglich das in Absatz 2 vorgesehene Verfahren ein. Der betreffende Mitgliedstaat darf die beabsichtigte Maßnahme nicht durchführen, bevor die Kommission einen abschließenden Beschluss erlassen hat.

(4) Die Kommission kann Verordnungen zu den Arten von staatlichen Beihilfen erlassen, für die der Rat nach Artikel 109 festgelegt hat, dass sie von dem Verfahren nach Absatz 3 ausgenommen werden können.

Artikel 109

(ex-Artikel 89 EGV)

Der Rat kann auf Vorschlag der Kommission und nach Anhörung des Europäischen Parlaments alle zweckdienlichen Durchführungsverordnungen zu den Artikeln 107 und 108 erlassen und insbesondere die Bedingungen für die Anwendung des Artikels 108 Absatz 3 sowie diejenigen Arten von Beihilfen festlegen, die von diesem Verfahren ausgenommen sind.

KAPITEL 2
STEUERLICHE VORSCHRIFTEN

Artikel 110

(ex-Artikel 90 EGV)

Die Mitgliedstaaten erheben auf Waren aus anderen Mitgliedstaaten weder unmittelbar noch mittelbar höhere inländische Abgaben gleich welcher Art, als gleichartige inländische Waren unmittelbar oder mittelbar zu tragen haben.

Die Mitgliedstaaten erheben auf Waren aus anderen Mitgliedstaaten keine inländischen Abgaben, die geeignet sind, andere Produktionen mittelbar zu schützen.

Artikel 111

(ex-Artikel 91 EGV)

Werden Waren in das Hoheitsgebiet eines Mitgliedstaats ausgeführt, so darf die Rückvergütung für inländische Abgaben nicht höher sein als die auf die ausgeführten Waren mittelbar oder unmittelbar erhobenen inländischen Abgaben.

Artikel 112

(ex-Artikel 92 EGV)

Für Abgaben außer Umsatzsteuern, Verbrauchsabgaben und sonstigen indirekten Steuern sind Entlastungen und Rückvergütungen bei der Ausfuhr nach anderen Mitgliedstaaten sowie Ausgleichsabgaben bei der Einfuhr aus den Mitgliedstaaten nur zulässig, soweit der Rat sie vorher auf Vorschlag der Kommission für eine begrenzte Frist genehmigt hat.

Artikel 113

(ex-Artikel 93 EGV)

Der Rat erlässt gemäß einem besonderen Gesetzgebungsverfahren und nach Anhörung des Europäischen Parlaments und des Wirtschafts- und Sozialausschusses einstimmig die Bestimmungen zur Harmonisierung der Rechtsvorschriften über die Umsatzsteuern, die Verbrauchsabgaben und sonstige indirekte Steuern, soweit diese Harmonisierung für die Errichtung und das Funktionieren des Binnenmarkts und die Vermeidung von Wettbewerbsverzerrungen notwendig ist.

KAPITEL 3
ANGLEICHUNG DER RECHTSVORSCHRIFTEN

Artikel 114

(ex-Artikel 95 EGV)

(1) Soweit in den Verträgen nichts anderes bestimmt ist, gilt für die Verwirklichung der Ziele des Artikels 26 die nachstehende Regelung. Das Europäische Parlament und der Rat erlassen gemäß dem ordentlichen Gesetzgebungsverfahren und nach Anhörung des Wirtschafts- und Sozialausschusses die Maßnahmen zur Angleichung der Rechts- und Verwaltungsvorschriften der Mitgliedstaaten, welche die Errichtung und das Funktionieren des Binnenmarkts zum Gegenstand haben.

(2) Absatz 1 gilt nicht für die Bestimmungen über die Steuern, die Bestimmungen über die Freizügigkeit und die Bestimmungen über die Rechte und Interessen der Arbeitnehmer.

(3) Die Kommission geht in ihren Vorschlägen nach Absatz 1 in den Bereichen Gesundheit, Sicherheit, Umweltschutz und Verbraucherschutz von einem hohen Schutzniveau aus und berücksichtigt dabei insbesondere alle auf wissenschaftliche Ergebnisse gestützten neuen Entwicklungen. Im Rahmen ihrer jeweiligen Befugnisse streben das Europäische Parlament und der Rat dieses Ziel ebenfalls an.

(4) Hält es ein Mitgliedstaat nach dem Erlass einer Harmonisierungsmaßnahme durch das Europäische Parlament und den Rat beziehungsweise durch den Rat oder die Kommission für erforderlich, einzelstaatliche Bestimmungen beizubehalten, die durch wichtige Erfordernisse im Sinne des Artikels 36 oder in Bezug auf den Schutz der Arbeitsumwelt oder den Umweltschutz gerechtfertigt sind, so teilt er diese Bestimmungen sowie die Gründe für ihre Beibehaltung der Kommission mit.

(5) Unbeschadet des Absatzes 4 teilt ferner ein Mitgliedstaat, der es nach dem Erlass einer Harmonisierungsmaßnahme durch das Europäische Parlament und den Rat beziehungsweise durch den Rat oder die Kommission für erforderlich hält, auf neue wissenschaftliche Erkenntnisse gestützte einzelstaatliche Bestimmungen zum Schutz der Umwelt oder der Arbeitsumwelt aufgrund eines spezifischen Problems für diesen Mitgliedstaat, das sich nach dem Erlass der Harmonisierungsmaßnahme ergibt, einzuführen, die in Aussicht genommenen Bestimmungen sowie die Gründe für ihre Einführung der Kommission mit.

(6) Die Kommission beschließt binnen sechs Monaten nach den Mitteilungen nach den Absätzen 4 und 5, die betreffenden einzelstaatlichen Bestimmungen zu billigen oder abzulehnen,

Art 263 Abs 2

nachdem sie geprüft hat, ob sie ein Mittel zur willkürlichen Diskriminierung und eine verschleierte Beschränkung des Handels zwischen den Mitgliedstaaten darstellen und ob sie das Funktionieren des Binnenmarkts behindern.

Erlässt die Kommission innerhalb dieses Zeitraums keinen Beschluss, so gelten die in den Absätzen 4 und 5 genannten einzelstaatlichen Bestimmungen als gebilligt.

Die Kommission kann, sofern dies aufgrund des schwierigen Sachverhalts gerechtfertigt ist und keine Gefahr für die menschliche Gesundheit besteht, dem betreffenden Mitgliedstaat mitteilen, dass der in diesem Absatz genannte Zeitraum gegebenenfalls um einen weiteren Zeitraum von bis zu sechs Monaten verlängert wird.

(7) Wird es einem Mitgliedstaat nach Absatz 6 gestattet, von der Harmonisierungsmaßnahme abweichende einzelstaatliche Bestimmungen beizubehalten oder einzuführen, so prüft die Kommission unverzüglich, ob sie eine Anpassung dieser Maßnahme vorschlägt.

(8) Wirft ein Mitgliedstaat in einem Bereich, der zuvor bereits Gegenstand von Harmonisierungsmaßnahmen war, ein spezielles Gesundheitsproblem auf, so teilt er dies der Kommission mit, die dann umgehend prüft, ob sie dem Rat entsprechende Maßnahmen vorschlägt.

(9) In Abweichung von dem Verfahren der Artikel 258 und 259 kann die Kommission oder ein Mitgliedstaat den Gerichtshof der Europäischen Union unmittelbar anrufen, wenn die Kommission oder der Staat der Auffassung ist, dass ein anderer Mitgliedstaat die in diesem Artikel vorgesehenen Befugnisse missbraucht.

(10) Die vorgenannten Harmonisierungsmaßnahmen sind in geeigneten Fällen mit einer Schutzklausel verbunden, welche die Mitgliedstaaten ermächtigt, aus einem oder mehreren der in Artikel 36 genannten nicht wirtschaftlichen Gründe vorläufige Maßnahmen zu treffen, die einem Kontrollverfahren der Union unterliegen.

Artikel 115

(ex-Artikel 94 EGV)

Unbeschadet des Artikels 114 erlässt der Rat gemäß einem besonderen Gesetzgebungsverfahren einstimmig und nach Anhörung des Europäischen Parlaments und des Wirtschafts- und Sozialausschusses Richtlinien für die Angleichung derjenigen Rechts- und Verwaltungsvorschriften der Mitgliedstaaten, die sich unmittelbar auf die Errichtung oder das Funktionieren des Binnenmarkts auswirken.

Artikel 116

(ex-Artikel 96 EGV)

Stellt die Kommission fest, dass vorhandene Unterschiede in den Rechts- und Verwaltungsvorschriften der Mitgliedstaaten die Wettbewerbsbedingungen auf dem Binnenmarkt verfälschen und dadurch eine Verzerrung hervorrufen, die zu beseitigen ist, so tritt sie mit den betreffenden Mitgliedstaaten in Beratungen ein.

Führen diese Beratungen nicht zur Beseitigung dieser Verzerrung, so erlassen das Europäische Parlament und der Rat gemäß dem ordentlichen Gesetzgebungsverfahren die erforderlichen Richtlinien. Es können alle sonstigen in den Verträgen vorgesehenen zweckdienlichen Maßnahmen erlassen werden.

Artikel 117

(ex-Artikel 97 EGV)

(1) Ist zu befürchten, dass der Erlass oder die Änderung einer Rechts- oder Verwaltungsvorschrift eine Verzerrung im Sinne des Artikels 116 verursacht, so setzt sich der Mitgliedstaat, der diese Maßnahme beabsichtigt, mit der Kommission ins Benehmen. Diese empfiehlt nach Beratung mit den Mitgliedstaaten den beteiligten Staaten die zur Vermeidung dieser Verzerrung geeigneten Maßnahmen.

(2) Kommt der Staat, der innerstaatliche Vorschriften erlassen oder ändern will, der an ihn gerichteten Empfehlung der Kommission nicht nach, so kann nicht gemäß Artikel 116 verlangt werden, dass die anderen Mitgliedstaaten ihre innerstaatlichen Vorschriften ändern, um die Verzerrung zu beseitigen. Verursacht ein Mitgliedstaat, der die Empfehlung der Kommission außer Acht lässt, eine Verzerrung lediglich zu seinem eigenen Nachteil, so findet Artikel 116 keine Anwendung.

Artikel 118

Im Rahmen der Verwirklichung oder des Funktionierens des Binnenmarkts erlassen das Europäische Parlament und der Rat gemäß dem ordentlichen Gesetzgebungsverfahren Maßnahmen zur Schaffung europäischer Rechtstitel über einen einheitlichen Schutz der Rechte des geistigen Eigentums in der Union sowie zur Einführung von zentralisierten Zulassungs-, Koordinierungs- und Kontrollregelungen auf Unionsebene.

Der Rat legt gemäß einem besonderen Gesetzgebungsverfahren durch Verordnungen die Sprachenregelungen für die europäischen Rechtstitel fest. Der Rat beschließt einstimmig nach Anhörung des Europäischen Parlaments.

TITEL VIII
DIE WIRTSCHAFTS- UND WÄHRUNGSPOLITIK

Artikel 119
(ex-Artikel 4 EGV)

(1) Die Tätigkeit der Mitgliedstaaten und der Union im Sinne des Artikels 3 des Vertrags über die Europäische Union umfasst nach Maßgabe der Verträge die Einführung einer Wirtschaftspolitik, die auf einer engen Koordinierung der Wirtschaftspolitik der Mitgliedstaaten, dem Binnenmarkt und der Festlegung gemeinsamer Ziele beruht und dem Grundsatz einer offenen Marktwirtschaft mit freiem Wettbewerb verpflichtet ist.

(2) Parallel dazu umfasst diese Tätigkeit nach Maßgabe der Verträge und der darin vorgesehenen Verfahren eine einheitliche Währung, den Euro, sowie die Festlegung und Durchführung einer einheitlichen Geld- sowie Wechselkurspolitik, die beide vorrangig das Ziel der Preisstabilität verfolgen und unbeschadet dieses Zieles die allgemeine Wirtschaftspolitik in der Union unter Beachtung des Grundsatzes einer offenen Marktwirtschaft mit freiem Wettbewerb unterstützen sollen.

(3) Diese Tätigkeit der Mitgliedstaaten und der Union setzt die Einhaltung der folgenden richtungweisenden Grundsätze voraus: stabile Preise, gesunde öffentliche Finanzen und monetäre Rahmenbedingungen sowie eine tragfähige Zahlungsbilanz.

KAPITEL 1
DIE WIRTSCHAFTSPOLITIK

Artikel 120
(ex-Artikel 98 EGV)

Die Mitgliedstaaten richten ihre Wirtschaftspolitik so aus, dass sie im Rahmen der in Artikel 121 Absatz 2 genannten Grundzüge zur Verwirklichung der Ziele der Union im Sinne des Artikels 3 des Vertrags über die Europäische Union beitragen. Die Mitgliedstaaten und die Union handeln im Einklang mit dem Grundsatz einer offenen Marktwirtschaft mit freiem Wettbewerb, wodurch ein effizienter Einsatz der Ressourcen gefördert wird, und halten sich dabei an die in Artikel 119 genannten Grundsätze.

Artikel 121
(ex-Artikel 99 EGV)

(1) Die Mitgliedstaaten betrachten ihre Wirtschaftspolitik als eine Angelegenheit von gemeinsamem Interesse und koordinieren sie im Rat nach Maßgabe des Artikels 120.

(2) Der Rat erstellt auf Empfehlung der Kommission einen Entwurf für die Grundzüge der Wirtschaftspolitik der Mitgliedstaaten und der Union und erstattet dem Europäischen Rat hierüber Bericht.

Der Europäische Rat erörtert auf der Grundlage dieses Berichtes des Rates eine Schlussfolgerung zu den Grundzügen der Wirtschaftspolitik der Mitgliedstaaten und der Union.

Auf der Grundlage dieser Schlussfolgerung verabschiedet der Rat eine Empfehlung, in der diese Grundzüge dargelegt werden. Der Rat unterrichtet das Europäische Parlament über seine Empfehlung.

(3) Um eine engere Koordinierung der Wirtschaftspolitik und eine dauerhafte Konvergenz der Wirtschaftsleistungen der Mitgliedstaaten zu gewährleisten, überwacht der Rat anhand von Berichten der Kommission die wirtschaftliche Entwicklung in jedem Mitgliedstaat und in der Union sowie die Vereinbarkeit der Wirtschaftspolitik mit den in Absatz 2 genannten Grundzügen und nimmt in regelmäßigen Abständen eine Gesamtbewertung vor.

Zum Zwecke dieser multilateralen Überwachung übermitteln die Mitgliedstaaten der Kommission Angaben zu wichtigen einzelstaatlichen Maßnahmen auf dem Gebiet ihrer Wirtschaftspolitik sowie weitere von ihnen für erforderlich erachtete Angaben.

(4) Wird im Rahmen des Verfahrens nach Absatz 3 festgestellt, dass die Wirtschaftspolitik eines Mitgliedstaats nicht mit den in Absatz 2 genannten Grundzügen vereinbar ist oder das ordnungsgemäße Funktionieren der Wirtschafts- und Währungsunion zu gefährden droht, so kann die Kommission eine Verwarnung an den betreffenden Mitgliedstaat richten. Der Rat kann auf Empfehlung der Kommission die erforderlichen Empfehlungen an den betreffenden Mitgliedstaat richten. Der Rat kann auf Vorschlag der Kommission beschließen, seine Empfehlungen zu veröffentlichen.

Der Rat beschließt im Rahmen dieses Absatzes ohne Berücksichtigung der Stimme des den betreffenden Mitgliedstaat vertretenden Mitglieds des Rates.

Die qualifizierte Mehrheit der übrigen Mitglieder des Rates bestimmt sich nach Artikel 238 Absatz 3 Buchstabe a.

(5) Der Präsident des Rates und die Kommission erstatten dem Europäischen Parlament über die Ergebnisse der multilateralen Überwachung Bericht. Der Präsident des Rates kann ersucht werden, vor dem zuständigen Ausschuss des Eu-

ropäischen Parlaments zu erscheinen, wenn der Rat seine Empfehlungen veröffentlicht hat.

(6) Das Europäische Parlament und der Rat können gemäß dem ordentlichen Gesetzgebungsverfahren durch Verordnungen die Einzelheiten des Verfahrens der multilateralen Überwachung im Sinne der Absätze 3 und 4 festlegen.

Artikel 122

(ex-Artikel 100 EGV)

(1) Der Rat kann auf Vorschlag der Kommission unbeschadet der sonstigen in den Verträgen vorgesehenen Verfahren im Geiste der Solidarität zwischen den Mitgliedstaaten über die der Wirtschaftslage angemessenen Maßnahmen beschließen, insbesondere falls gravierende Schwierigkeiten in der Versorgung mit bestimmten Waren, vor allem im Energiebereich, auftreten.

(2) Ist ein Mitgliedstaat aufgrund von Naturkatastrophen oder außergewöhnlichen Ereignissen, die sich seiner Kontrolle entziehen, von Schwierigkeiten betroffen oder von gravierenden Schwierigkeiten ernstlich bedroht, so kann der Rat auf Vorschlag der Kommission beschließen, dem betreffenden Mitgliedstaat unter bestimmten Bedingungen einen finanziellen Beistand der Union zu gewähren. Der Präsident des Rates unterrichtet das Europäische Parlament über den Beschluss.

Artikel 123

(ex-Artikel 101 EGV)

(1) Überziehungs- oder andere Kreditfazilitäten bei der Europäischen Zentralbank oder den Zentralbanken der Mitgliedstaaten (im Folgenden als „nationale Zentralbanken" bezeichnet) für Organe, Einrichtungen oder sonstige Stellen der Union, Zentralregierungen, regionale oder lokale Gebietskörperschaften oder andere öffentlich-rechtliche Körperschaften, sonstige Einrichtungen des öffentlichen Rechts oder öffentliche Unternehmen der Mitgliedstaaten sind ebenso verboten wie der unmittelbare Erwerb von Schuldtiteln von diesen durch die Europäische Zentralbank oder die nationalen Zentralbanken.

(2) Die Bestimmungen des Absatzes 1 gelten nicht für Kreditinstitute in öffentlichem Eigentum; diese werden von der jeweiligen nationalen Zentralbank und der Europäischen Zentralbank, was die Bereitstellung von Zentralbankgeld betrifft, wie private Kreditinstitute behandelt.

Artikel 124

(ex-Artikel 102 EGV)

Maßnahmen, die nicht aus aufsichtsrechtlichen Gründen getroffen werden und einen bevorrechtigten Zugang der Organe, Einrichtungen oder sonstigen Stellen der Union, der Zentralregierungen, der regionalen oder lokalen Gebietskörperschaften oder anderen öffentlich-rechtlichen Körperschaften, sonstiger Einrichtungen des öffentlichen Rechts oder öffentlicher Unternehmen der Mitgliedstaaten zu den Finanzinstituten schaffen, sind verboten.

Artikel 125

(ex-Artikel 103 EGV)

(1) Die Union haftet nicht für die Verbindlichkeiten der Zentralregierungen, der regionalen oder lokalen Gebietskörperschaften oder anderen öffentlich-rechtlichen Körperschaften, sonstiger Einrichtungen des öffentlichen Rechts oder öffentlicher Unternehmen von Mitgliedstaaten und tritt nicht für derartige Verbindlichkeiten ein; dies gilt unbeschadet der gegenseitigen finanziellen Garantien für die gemeinsame Durchführung eines bestimmten Vorhabens. Ein Mitgliedstaat haftet nicht für die Verbindlichkeiten der Zentralregierungen, der regionalen oder lokalen Gebietskörperschaften oder anderen öffentlich-rechtlichen Körperschaften, sonstiger Einrichtungen des öffentlichen Rechts oder öffentlicher Unternehmen eines anderen Mitgliedstaats und tritt nicht für derartige Verbindlichkeiten ein; dies gilt unbeschadet der gegenseitigen finanziellen Garantien für die gemeinsame Durchführung eines bestimmten Vorhabens. no-bail-out-Klausel

(2) Der Rat kann erforderlichenfalls auf Vorschlag der Kommission und nach Anhörung des Europäischen Parlaments die Definitionen für die Anwendung der in den Artikeln 123 und 124 sowie in diesem Artikel vorgesehenen Verbote näher bestimmen.

Artikel 126

(ex-Artikel 104 EGV)

(1) Die Mitgliedstaaten vermeiden übermäßige öffentliche Defizite.

(2) Die Kommission überwacht die Entwicklung der Haushaltslage und der Höhe des öffentlichen Schuldenstands in den Mitgliedstaaten im Hinblick auf die Feststellung schwerwiegender Fehler. Insbesondere prüft sie die Einhaltung der Haushaltsdisziplin anhand von zwei Kriterien, nämlich daran,

a) ob das Verhältnis des geplanten oder tatsächlichen öffentlichen Defizits zum Bruttoinlandsprodukt einen bestimmten Referenzwert überschreitet, es sei denn, dass

- entweder das Verhältnis erheblich und laufend zurückgegangen ist und einen Wert in der Nähe des Referenzwerts erreicht hat
- oder der Referenzwert nur ausnahmsweise und vorübergehend überschritten wird und das Verhältnis in der Nähe des Referenzwerts bleibt,

b) ob das Verhältnis des öffentlichen Schuldenstands zum Bruttoinlandsprodukt einen bestimmten Referenzwert überschreitet, es sei denn, dass das Verhältnis hinreichend rückläufig ist und sich rasch genug dem Referenzwert nähert.

Die Referenzwerte werden in einem den Verträgen beigefügten Protokoll über das Verfahren bei einem übermäßigen Defizit im Einzelnen festgelegt.

(3) Erfüllt ein Mitgliedstaat keines oder nur eines dieser Kriterien, so erstellt die Kommission einen Bericht. In diesem Bericht wird berücksichtigt, ob das öffentliche Defizit die öffentlichen Ausgaben für Investitionen übertrifft; berücksichtigt werden ferner alle sonstigen einschlägigen Faktoren, einschließlich der mittelfristigen Wirtschafts- und Haushaltslage des Mitgliedstaats.

Die Kommission kann ferner einen Bericht erstellen, wenn sie ungeachtet der Erfüllung der Kriterien der Auffassung ist, dass in einem Mitgliedstaat die Gefahr eines übermäßigen Defizits besteht.

(4) Der Wirtschafts- und Finanzausschuss gibt eine Stellungnahme zu dem Bericht der Kommission ab.

(5) Ist die Kommission der Auffassung, dass in einem Mitgliedstaat ein übermäßiges Defizit besteht oder sich ergeben könnte, so legt sie dem betreffenden Mitgliedstaat eine Stellungnahme vor und unterrichtet den Rat.

(6) Der Rat beschließt auf Vorschlag der Kommission und unter Berücksichtigung der Bemerkungen, die der betreffende Mitgliedstaat gegebenenfalls abzugeben wünscht, nach Prüfung der Gesamtlage, ob ein übermäßiges Defizit besteht.

(7) Stellt der Rat nach Absatz 6 ein übermäßiges Defizit fest, so richtet er auf Empfehlung der Kommission unverzüglich Empfehlungen an den betreffenden Mitgliedstaat mit dem Ziel, dieser Lage innerhalb einer bestimmten Frist abzuhelfen. Vorbehaltlich des Absatzes 8 werden diese Empfehlungen nicht veröffentlicht.

(8) Stellt der Rat fest, dass seine Empfehlungen innerhalb der gesetzten Frist keine wirksamen Maßnahmen ausgelöst haben, so kann er seine Empfehlungen veröffentlichen.

(9) Falls ein Mitgliedstaat den Empfehlungen des Rates weiterhin nicht Folge leistet, kann der Rat beschließen, den Mitgliedstaat mit der Maßgabe in Verzug zu setzen, innerhalb einer bestimmten Frist Maßnahmen für den nach Auffassung des Rates zur Sanierung erforderlichen Defizitabbau zu treffen.

Der Rat kann in diesem Fall den betreffenden Mitgliedstaat ersuchen, nach einem konkreten Zeitplan Berichte vorzulegen, um die Anpassungsbemühungen des Mitgliedstaats überprüfen zu können.

(10) Das Recht auf Klageerhebung nach den Artikeln 258 und 259 kann im Rahmen der Absätze 1 bis 9 dieses Artikels nicht ausgeübt werden.

(11) Solange ein Mitgliedstaat einen Beschluss nach Absatz 9 nicht befolgt, kann der Rat beschließen, eine oder mehrere der nachstehenden Maßnahmen anzuwenden oder gegebenenfalls zu verschärfen, nämlich

- von dem betreffenden Mitgliedstaat verlangen, vor der Emission von Schuldverschreibungen und sonstigen Wertpapieren vom Rat näher zu bezeichnende zusätzliche Angaben zu veröffentlichen,
- die Europäische Investitionsbank ersuchen, ihre Darlehenspolitik gegenüber dem Mitgliedstaat zu überprüfen,
- von dem Mitgliedstaat verlangen, eine unverzinsliche Einlage in angemessener Höhe bei der Union zu hinterlegen, bis das übermäßige Defizit nach Ansicht des Rates korrigiert worden ist,
- Geldbußen in angemessener Höhe verhängen.

Der Präsident des Rates unterrichtet das Europäische Parlament von den Beschlüssen.

(12) Der Rat hebt einige oder sämtliche Beschlüsse oder Empfehlungen nach den Absätzen 6 bis 9 und 11 so weit auf, wie das übermäßige Defizit in dem betreffenden Mitgliedstaat nach Ansicht des Rates korrigiert worden ist. Hat der Rat zuvor Empfehlungen veröffentlicht, so stellt er, sobald der Beschluss nach Absatz 8 aufgehoben worden ist, in einer öffentlichen Erklärung fest, dass in dem betreffenden Mitgliedstaat kein übermäßiges Defizit mehr besteht.

(13) Die Beschlussfassung und die Empfehlungen des Rates nach den Absätzen 8, 9, 11 und 12 erfolgen auf Empfehlung der Kommission.

Erlässt der Rat Maßnahmen nach den Absätzen 6 bis 9 sowie den Absätzen 11 und 12, so beschließt er ohne Berücksichtigung der Stimme des den betreffenden Mitgliedstaat vertretenden Mitglieds des Rates.

Die qualifizierte Mehrheit der übrigen Mitglieder des Rates bestimmt sich nach Artikel 238 Absatz 3 Buchstabe a.

(14) Weitere Bestimmungen über die Durchführung des in diesem Artikel beschriebenen Verfahrens sind in dem den Verträgen beigefügten Protokoll über das Verfahren bei einem übermäßigen Defizit enthalten.

Der Rat verabschiedet gemäß einem besonderen Gesetzgebungsverfahren einstimmig und nach Anhörung des Europäischen Parlaments sowie der Europäischen Zentralbank die geeigneten Bestimmungen, die sodann das genannte Protokoll ablösen.

Der Rat beschließt vorbehaltlich der sonstigen Bestimmungen dieses Absatzes auf Vorschlag der Kommission und nach Anhörung des Europäischen Parlaments nähere Einzelheiten und Begriffsbestimmungen für die Durchführung des genannten Protokolls.

KAPITEL 2
DIE WÄHRUNGSPOLITIK

Artikel 127

(ex-Artikel 105 EGV)

(1) Das vorrangige Ziel des Europäischen Systems der Zentralbanken (im Folgenden „ESZB") ist es, die Preisstabilität zu gewährleisten. Soweit dies ohne Beeinträchtigung des Zieles der Preisstabilität möglich ist, unterstützt das ESZB die allgemeine Wirtschaftspolitik in der Union, um zur Verwirklichung der in Artikel 3 des Vertrags über die Europäische Union festgelegten Ziele der Union beizutragen. Das ESZB handelt im Einklang mit dem Grundsatz einer offenen Marktwirtschaft mit freiem Wettbewerb, wodurch ein effizienter Einsatz der Ressourcen gefördert wird, und hält sich dabei an die in Artikel 119 genannten Grundsätze.

(2) Die grundlegenden Aufgaben des ESZB bestehen darin,

– die Geldpolitik der Union festzulegen und auszuführen,
– Devisengeschäfte im Einklang mit Artikel 219 durchzuführen,
– die offiziellen Währungsreserven der Mitgliedstaaten zu halten und zu verwalten,
– das reibungslose Funktionieren der Zahlungssysteme zu fördern.

(3) Absatz 2 dritter Gedankenstrich berührt nicht die Haltung und Verwaltung von Arbeitsguthaben in Fremdwährungen durch die Regierungen der Mitgliedstaaten.

(4) Die Europäische Zentralbank wird gehört

– zu allen Vorschlägen für Rechtsakte der Union im Zuständigkeitsbereich der Europäischen Zentralbank,
– von den nationalen Behörden zu allen Entwürfen für Rechtsvorschriften im Zuständigkeitsbereich der Europäischen Zentralbank, und zwar innerhalb der Grenzen und unter den Bedingungen, die der Rat nach dem Verfahren des Artikels 129 Absatz 4 festlegt.

Die Europäische Zentralbank kann gegenüber den zuständigen Organen, Einrichtungen oder sonstigen Stellen der Union und gegenüber den nationalen Behörden Stellungnahmen zu in ihren Zuständigkeitsbereich fallenden Fragen abgeben.

(5) Das ESZB trägt zur reibungslosen Durchführung der von den zuständigen Behörden auf dem Gebiet der Aufsicht über die Kreditinstitute und der Stabilität des Finanzsystems ergriffenen Maßnahmen bei.

(6) Der Rat kann einstimmig durch Verordnungen gemäß einem besonderen Gesetzgebungsverfahren und nach Anhörung des Europäischen Parlaments und der Europäischen Zentralbank besondere Aufgaben im Zusammenhang mit der Aufsicht über Kreditinstitute und sonstige Finanzinstitute mit Ausnahme von Versicherungsunternehmen der Europäischen Zentralbank übertragen.

Artikel 128

(ex-Artikel 106 EGV)

(1) Die Europäische Zentralbank hat das ausschließliche Recht, die Ausgabe von Euro-Banknoten innerhalb der Union zu genehmigen. Die Europäische Zentralbank und die nationalen Zentralbanken sind zur Ausgabe dieser Banknoten berechtigt. Die von der Europäischen Zentralbank und den nationalen Zentralbanken ausgegebenen Banknoten sind die einzigen Banknoten, die in der Union als gesetzliches Zahlungsmittel gelten.

(2) Die Mitgliedstaaten haben das Recht zur Ausgabe von Euro-Münzen, wobei der Umfang dieser Ausgabe der Genehmigung durch die Europäische Zentralbank bedarf. Der Rat kann auf Vorschlag der Kommission und nach Anhörung des Europäischen Parlaments und der Europäischen Zentralbank Maßnahmen erlassen, um die Stückelung und die technischen Merkmale aller für den Umlauf bestimmten Münzen so weit zu harmonisieren, wie dies für deren reibungslosen Umlauf innerhalb der Union erforderlich ist.

Artikel 129

(ex-Artikel 107 EGV)

(1) Das ESZB wird von den Beschlussorganen der Europäischen Zentralbank, nämlich dem Rat der Europäischen Zentralbank und dem Direktorium, geleitet.

(2) Die Satzung des Europäischen Systems der Zentralbanken und der Europäischen Zentralbank (im Folgenden „Satzung des ESZB und der EZB") ist in einem den Verträgen beigefügten Protokoll festgelegt.

(3) Das Europäische Parlament und der Rat können die Artikel 5.1, 5.2, 5.3, 17, 18, 19.1, 22,

23, 24, 26, 32.2, 32.3, 32.4, 32.6, 33.1 Buchstabe a und 36 der Satzung des ESZB und der EZB gemäß dem ordentlichen Gesetzgebungsverfahren ändern. Sie beschließen entweder auf Empfehlung der Europäischen Zentralbank nach Anhörung der Kommission oder auf Empfehlung der Kommission nach Anhörung der Europäischen Zentralbank.

(4) Der Rat erlässt entweder auf Vorschlag der Kommission und nach Anhörung des Europäischen Parlaments und der Europäischen Zentralbank oder auf Empfehlung der Europäischen Zentralbank und nach Anhörung des Europäischen Parlaments und der Kommission die in den Artikeln 4, 5.4, 19.2, 20, 28.1, 29.2, 30.4 und 34.3 der Satzung des ESZB und der EZB genannten Bestimmungen.

Artikel 130

(ex-Artikel 108 EGV)

Bei der Wahrnehmung der ihnen durch die Verträge und die Satzung des ESZB und der EZB übertragenen Befugnisse, Aufgaben und Pflichten darf weder die Europäische Zentralbank noch eine nationale Zentralbank noch ein Mitglied ihrer Beschlussorgane Weisungen von Organen, Einrichtungen oder sonstigen Stellen der Union, Regierungen der Mitgliedstaaten oder anderen Stellen einholen oder entgegennehmen. Die Organe, Einrichtungen oder sonstigen Stellen der Union sowie die Regierungen der Mitgliedstaaten verpflichten sich, diesen Grundsatz zu beachten und nicht zu versuchen, die Mitglieder der Beschlussorgane der Europäischen Zentralbank oder der nationalen Zentralbanken bei der Wahrnehmung ihrer Aufgaben zu beeinflussen.

Artikel 131

(ex-Artikel 109 EGV)

Jeder Mitgliedstaat stellt sicher, dass seine innerstaatlichen Rechtsvorschriften einschließlich der Satzung seiner nationalen Zentralbank mit den Verträgen sowie mit der Satzung des ESZB und der EZB im Einklang stehen.

Artikel 132

(ex-Artikel 110 EGV)

(1) Zur Erfüllung der dem ESZB übertragenen Aufgaben werden von der Europäischen Zentralbank gemäß den Verträgen und unter den in der Satzung des ESZB und der EZB vorgesehenen Bedingungen

- Verordnungen erlassen, insoweit dies für die Erfüllung der in Artikel 3.1 erster Gedankenstrich, Artikel 19.1, Artikel 22 oder Artikel 25.2 der Satzung des ESZB und der EZB festgelegten Aufgaben erforderlich ist; sie erlässt Verordnungen ferner in den Fällen, die in den Rechtsakten des Rates nach Artikel 129 Absatz 4 vorgesehen werden,
- Beschlüsse erlassen, die zur Erfüllung der dem ESZB nach den Verträgen und der Satzung des ESZB und der EZB übertragenen Aufgaben erforderlich sind,
- Empfehlungen und Stellungnahmen abgegeben.

(2) Die Europäische Zentralbank kann die Veröffentlichung ihrer Beschlüsse, Empfehlungen und Stellungnahmen beschließen.

(3) Innerhalb der Grenzen und unter den Bedingungen, die der Rat nach dem Verfahren des Artikels 129 Absatz 4 festlegt, ist die Europäische Zentralbank befugt, Unternehmen bei Nichteinhaltung der Verpflichtungen, die sich aus ihren Verordnungen und Beschlüssen ergeben, mit Geldbußen oder in regelmäßigen Abständen zu zahlenden Zwangsgeldern zu belegen.

Artikel 133

Unbeschadet der Befugnisse der Europäischen Zentralbank erlassen das Europäische Parlament und der Rat gemäß dem ordentlichen Gesetzgebungsverfahren die Maßnahmen, die für die Verwendung des Euro als einheitliche Währung erforderlich sind. Diese Maßnahmen werden nach Anhörung der Europäischen Zentralbank erlassen.

KAPITEL 3

INSTITUTIONELLE BESTIMMUNGEN

Artikel 134

(ex-Artikel 114 EGV)

(1) Um die Koordinierung der Politiken der Mitgliedstaaten in dem für das Funktionieren des Binnenmarkts erforderlichen Umfang zu fördern, wird ein Wirtschafts- und Finanzausschuss eingesetzt.

(2) Der Wirtschafts- und Finanzausschuss hat die Aufgabe,

- auf Ersuchen des Rates oder der Kommission oder von sich aus Stellungnahmen an diese Organe abzugeben;
- die Wirtschafts- und Finanzlage der Mitgliedstaaten und der Union zu beobachten und dem Rat und der Kommission regelmäßig darüber Bericht zu erstatten, insbesondere

über die finanziellen Beziehungen zu dritten Ländern und internationalen Einrichtungen;

- unbeschadet des Artikels 240 an der Vorbereitung der in Artikel 66, Artikel 75, Artikel 121 Absätze 2, 3, 4 und 6, Artikel 122, Artikel 124, Artikel 125, Artikel 126, Artikel 127 Absatz 6, Artikel 128 Absatz 2, Artikel 129 Absätze 3 und 4, Artikel 138, Artikel 140 Absätze 2 und 3, Artikel 143, Artikel 144 Absätze 2 und 3 und Artikel 219 genannten Arbeiten des Rates mitzuwirken und die sonstigen ihm vom Rat übertragenen Beratungsaufgaben und vorbereitenden Arbeiten auszuführen;
- mindestens einmal jährlich die Lage hinsichtlich des Kapitalverkehrs und der Freiheit des Zahlungsverkehrs, wie sie sich aus der Anwendung der Verträge und der Maßnahmen des Rates ergeben, zu prüfen; die Prüfung erstreckt sich auf alle Maßnahmen im Zusammenhang mit dem Kapital- und Zahlungsverkehr; der Ausschuss erstattet der Kommission und dem Rat Bericht über das Ergebnis dieser Prüfung.

Jeder Mitgliedstaat sowie die Kommission und die Europäische Zentralbank ernennen jeweils höchstens zwei Mitglieder des Ausschusses.

(3) Der Rat legt auf Vorschlag der Kommission und nach Anhörung der Europäischen Zentralbank und des in diesem Artikel genannten Ausschusses im Einzelnen fest, wie sich der Wirtschafts- und Finanzausschuss zusammensetzt. Der Präsident des Rates unterrichtet das Europäische Parlament über diesen Beschluss.

(4) Sofern und solange es Mitgliedstaaten gibt, für die eine Ausnahmeregelung nach Artikel 139 gilt, hat der Ausschuss zusätzlich zu den in Absatz 2 beschriebenen Aufgaben die Währungs- und Finanzlage sowie den allgemeinen Zahlungsverkehr der betreffenden Mitgliedstaaten zu beobachten und dem Rat und der Kommission regelmäßig darüber Bericht zu erstatten.

Artikel 135

(ex-Artikel 115 EGV)

Bei Fragen, die in den Geltungsbereich von Artikel 121 Absatz 4, Artikel 126 mit Ausnahme von Absatz 14, Artikel 138, Artikel 140 Absatz 1, Artikel 140 Absatz 2 Unterabsatz 1, Artikel 140 Absatz 3 und Artikel 219 fallen, kann der Rat oder ein Mitgliedstaat die Kommission ersuchen, je nach Zweckmäßigkeit eine Empfehlung oder einen Vorschlag zu unterbreiten. Die Kommission prüft dieses Ersuchen und unterbreitet dem Rat umgehend ihre Schlussfolgerungen.

KAPITEL 4

BESONDERE BESTIMMUNGEN FÜR DIE MITGLIEDSTAATEN, DEREN WÄHRUNG DER EURO IST

Artikel 136

(1) Im Hinblick auf das reibungslose Funktionieren der Wirtschafts- und Währungsunion erlässt der Rat für die Mitgliedstaaten, deren Währung der Euro ist, Maßnahmen nach den einschlägigen Bestimmungen der Verträge und dem entsprechenden Verfahren unter den in den Artikeln 121 und 126 genannten Verfahren, mit Ausnahme des in Artikel 126 Absatz 14 genannten Verfahrens, um

a) die Koordinierung und Überwachung ihrer Haushaltsdisziplin zu verstärken,

b) für diese Staaten Grundzüge der Wirtschaftspolitik auszuarbeiten, wobei darauf zu achten ist, dass diese mit den für die gesamte Union angenommenen Grundzügen der Wirtschaftspolitik vereinbar sind, und ihre Einhaltung zu überwachen.

(2) Bei den in Absatz 1 genannten Maßnahmen sind nur die Mitglieder des Rates stimmberechtigt, die die Mitgliedstaaten vertreten, deren Währung der Euro ist.

Die qualifizierte Mehrheit dieser Mitglieder bestimmt sich nach Artikel 238 Absatz 3 Buchstabe a.

(3) Die Mitgliedstaaten, deren Währung der Euro ist, können einen Stabilitätsmechanismus einrichten, der aktiviert wird, wenn dies unabdingbar ist, um die Stabilität des Euro-Währungsgebiets insgesamt zu wahren. Die Gewährung aller erforderlichen Finanzhilfen im Rahmen des Mechanismus wird strengen Auflagen unterliegen.

Artikel 137

Die Einzelheiten für die Tagungen der Minister der Mitgliedstaaten, deren Währung der Euro ist, sind in dem Protokoll betreffend die Euro-Gruppe festgelegt.

Artikel 138

(ex-Artikel 111 Absatz 4 EGV)

(1) Zur Gewährleistung der Stellung des Euro im internationalen Währungssystem erlässt der Rat auf Vorschlag der Kommission einen Beschluss zur Festlegung der innerhalb der zuständigen internationalen Einrichtungen und Konferenzen im Finanzbereich einzunehmenden gemeinsamen Standpunkte zu den Fragen, die von besonderer Bedeutung für die Wirtschafts- und Währungsunion sind. Der Rat beschließt nach Anhörung der Europäischen Zentralbank.

(2) Der Rat kann auf Vorschlag der Kommission geeignete Maßnahmen mit dem Ziel erlassen, eine einheitliche Vertretung bei den internationalen Einrichtungen und Konferenzen im Finanzbereich sicherzustellen. Der Rat beschließt nach Anhörung der Europäischen Zentralbank.

(3) Bei den in den Absätzen 1 und 2 genannten Maßnahmen sind nur die Mitglieder des Rates stimmberechtigt, die die Mitgliedstaaten vertreten, deren Währung der Euro ist.

Die qualifizierte Mehrheit dieser Mitglieder bestimmt sich nach Artikel 238 Absatz 3 Buchstabe a.

KAPITEL 5

ÜBERGANGSBESTIMMUNGEN

Artikel 139

(1) Die Mitgliedstaaten, für die der Rat nicht beschlossen hat, dass sie die erforderlichen Voraussetzungen für die Einführung des Euro erfüllen, werden im Folgenden als „Mitgliedstaaten, für die eine Ausnahmeregelung gilt" oder „Mitgliedstaaten mit Ausnahmeregelung" bezeichnet.

(2) Auf die Mitgliedstaaten, für die eine Ausnahmeregelung gilt, finden die im Folgenden aufgeführten Bestimmungen der Verträge keine Anwendung:

a) Annahme der das Euro-Währungsgebiet generell betreffenden Teile der Grundzüge der Wirtschaftspolitik (Artikel 121 Absatz 2);

b) Zwangsmittel zum Abbau eines übermäßigen Defizits (Artikel 126 Absätze 9 und 11);

c) Ziele und Aufgaben des ESZB (Artikel 127 Absätze 1, 2, 3 und 5);

d) Ausgabe des Euro (Artikel 128);

e) Rechtsakte der Europäischen Zentralbank (Artikel 132);

f) Maßnahmen bezüglich der Verwendung des Euro (Artikel 133);

g) Währungsvereinbarungen und andere Maßnahmen bezüglich der Wechselkurspolitik (Artikel 219);

h) Ernennung der Mitglieder des Direktoriums der Europäischen Zentralbank (Artikel 283 Absatz 2);

i) Beschlüsse zur Festlegung der innerhalb der zuständigen internationalen Einrichtungen und Konferenzen im Finanzbereich einzunehmenden gemeinsamen Standpunkte zu den Fragen, die von besonderer Bedeutung für die Wirtschafts- und Währungsunion sind (Artikel 138 Absatz 1);

j) Maßnahmen zur Sicherstellung einer einheitlichen Vertretung bei den internationalen Einrichtungen und Konferenzen im Finanzbereich (Artikel 138 Absatz 2).

Somit sind „Mitgliedstaaten" im Sinne der in den Buchstaben a bis j genannten Artikel die Mitgliedstaaten, deren Währung der Euro ist.

(3) Die Mitgliedstaaten, für die eine Ausnahmeregelung gilt, und deren nationale Zentralbanken sind nach Kapitel IX der Satzung des ESZB und der EZB von den Rechten und Pflichten im Rahmen des ESZB ausgeschlossen.

(4) Das Stimmrecht der Mitglieder des Rates, die Mitgliedstaaten mit Ausnahmeregelung vertreten, ruht beim Erlass von Maßnahmen nach den in Absatz 2 genannten Artikeln durch den Rat sowie bei

a) Empfehlungen an die Mitgliedstaaten, deren Währung der Euro ist, im Rahmen der multilateralen Überwachung, einschließlich Empfehlungen zu den Stabilitätsprogrammen und Verwarnungen (Artikel 121 Absatz 4);

b) Maßnahmen bei übermäßigem Defizit von Mitgliedstaaten, deren Währung der Euro ist (Artikel 126 Absätze 6, 7, 8, 12 und 13).

Die qualifizierte Mehrheit der übrigen Mitglieder des Rates bestimmt sich nach Artikel 238 Absatz 3 Buchstabe a.

Artikel 140

(ex-Artikel 121 Absatz 1, ex-Artikel 122 Absatz 2 Satz 2 und ex-Artikel 123 Absatz 5 EGV)

(1) Mindestens einmal alle zwei Jahre oder auf Antrag eines Mitgliedstaats, für den eine Ausnahmeregelung gilt, berichten die Kommission und die Europäische Zentralbank dem Rat, inwieweit die Mitgliedstaaten, für die eine Ausnahmeregelung gilt, bei der Verwirklichung der Wirtschafts- und

Währungsunion ihren Verpflichtungen bereits nachgekommen sind. In ihren Berichten wird auch die Frage geprüft, inwieweit die innerstaatlichen Rechtsvorschriften jedes einzelnen dieser Mitgliedstaaten einschließlich der Satzung der jeweiligen nationalen Zentralbank mit Artikel 130 und Artikel 131 sowie der Satzung des ESZB und der EZB vereinbar sind. Ferner wird darin geprüft, ob ein hoher Grad an dauerhafter Konvergenz erreicht ist; Maßstab hierfür ist, ob die einzelnen Mitgliedstaaten folgende Kriterien erfüllen:

- Erreichung eines hohen Grades an Preisstabilität, ersichtlich aus einer Inflationsrate, die der Inflationsrate jener – höchstens drei – Mitgliedstaaten nahe kommt, die auf dem Gebiet der Preisstabilität das beste Ergebnis erzielt haben;
- eine auf Dauer tragbare Finanzlage der öffentlichen Hand, ersichtlich aus einer öffentlichen Haushaltslage ohne übermäßiges Defizit im Sinne des Artikels 126 Absatz 6;

– Einhaltung der normalen Bandbreiten des Wechselkursmechanismus des Europäischen Währungssystems seit mindestens zwei Jahren ohne Abwertung gegenüber dem Euro;

– Dauerhaftigkeit der von dem Mitgliedstaat mit Ausnahmeregelung erreichten Konvergenz und seiner Teilnahme am Wechselkursmechanismus, die im Niveau der langfristigen Zinssätze zum Ausdruck kommt.

Die vier Kriterien in diesem Absatz sowie die jeweils erforderliche Dauer ihrer Einhaltung sind in einem den Verträgen beigefügten Protokoll näher festgelegt. Die Berichte der Kommission und der Europäischen Zentralbank berücksichtigen auch die Ergebnisse bei der Integration der Märkte, den Stand und die Entwicklung der Leistungsbilanzen, die Entwicklung bei den Lohnstückkosten und andere Preisindizes.

(2) Der Rat beschließt nach Anhörung des Europäischen Parlaments und nach Aussprache im Europäischen Rat auf Vorschlag der Kommission, welche der Mitgliedstaaten, für die eine Ausnahmeregelung gilt, die auf den Kriterien des Absatzes 1 beruhenden Voraussetzungen erfüllen, und hebt die Ausnahmeregelungen der betreffenden Mitgliedstaaten auf.

Der Rat beschließt auf Empfehlung einer qualifizierten Mehrheit derjenigen seiner Mitglieder, die Mitgliedstaaten vertreten, deren Währung der Euro ist. Diese Mitglieder beschließen innerhalb von sechs Monaten nach Eingang des Vorschlags der Kommission beim Rat.

Die in Unterabsatz 2 genannte qualifizierte Mehrheit dieser Mitglieder bestimmt sich nach Artikel 238 Absatz 3 Buchstabe a.

(3) Wird nach dem Verfahren des Absatzes 2 beschlossen, eine Ausnahmeregelung aufzuheben, so legt der Rat aufgrund eines einstimmigen Beschlusses der Mitgliedstaaten, deren Währung der Euro ist, und des betreffenden Mitgliedstaats auf Vorschlag der Kommission und nach Anhörung der Europäischen Zentralbank den Kurs, zu dem dessen Währung durch den Euro ersetzt wird, unwiderruflich fest und ergreift die sonstigen erforderlichen Maßnahmen zur Einführung des Euro als einheitliche Währung in dem betreffenden Mitgliedstaat.

Artikel 141

(ex-Artikel 123 Absatz 3 und ex-Artikel 117 Absatz 2 erster bis fünfter Gedankenstrich EGV)

(1) Sofern und solange es Mitgliedstaaten gibt, für die eine Ausnahmeregelung gilt, wird unbeschadet des Artikels 129 Absatz 1 der in Artikel 44 der Satzung des ESZB und der EZB bezeichnete Erweiterte Rat der Europäischen Zentralbank als drittes Beschlussorgan der Europäischen Zentralbank errichtet.

(2) Sofern und solange es Mitgliedstaaten gibt, für die eine Ausnahmeregelung gilt, ist es die Aufgabe der Europäischen Zentralbank, in Bezug auf diese Mitgliedstaaten

– die Zusammenarbeit zwischen den nationalen Zentralbanken zu verstärken;

– die Koordinierung der Geldpolitiken der Mitgliedstaaten mit dem Ziel zu verstärken, die Preisstabilität aufrechtzuerhalten;

– das Funktionieren des Wechselkursmechanismus zu überwachen;

– Konsultationen zu Fragen durchzuführen, die in die Zuständigkeit der nationalen Zentralbanken fallen und die Stabilität der Finanzinstitute und -märkte berühren;

– die seinerzeitigen Aufgaben des Europäischen Fonds für währungspolitische Zusammenarbeit, die zuvor vom Europäischen Währungsinstitut übernommen worden waren, wahrzunehmen.

Artikel 142

(ex-Artikel 124 Absatz 1 EGV)

Jeder Mitgliedstaat, für den eine Ausnahmeregelung gilt, behandelt seine Wechselkurspolitik als eine Angelegenheit von gemeinsamem Interesse. Er berücksichtigt dabei die Erfahrungen, die bei der Zusammenarbeit im Rahmen des Wechselkursmechanismus gesammelt worden sind.

Artikel 143

(ex-Artikel 119 EGV)

(1) Ist ein Mitgliedstaat, für den eine Ausnahmeregelung gilt, hinsichtlich seiner Zahlungsbilanz von Schwierigkeiten betroffen oder ernstlich bedroht, die sich entweder aus einem Ungleichgewicht seiner Gesamtzahlungsbilanz oder aus der Art der ihm zur Verfügung stehenden Devisen ergeben, und sind diese Schwierigkeiten geeignet, insbesondere das Funktionieren des Binnenmarkts oder die Verwirklichung der gemeinsamen Handelspolitik zu gefährden, so prüft die Kommission unverzüglich die Lage dieses Staates sowie die Maßnahmen, die er getroffen hat oder unter Einsatz aller ihm zur Verfügung stehenden Mittel nach den Verträgen treffen kann. Die Kommission gibt die Maßnahmen an, die sie dem betreffenden Mitgliedstaat empfiehlt.

Erweisen sich die von einem Mitgliedstaat mit Ausnahmeregelung ergriffenen und die von der Kommission angeregten Maßnahmen als unzureichend, die aufgetretenen oder drohenden

Schwierigkeiten zu beheben, so empfiehlt die Kommission dem Rat nach Anhörung des Wirtschafts- und Finanzausschusses einen gegenseitigen Beistand und die dafür geeigneten Methoden.

Die Kommission unterrichtet den Rat regelmäßig über die Lage und ihre Entwicklung.

(2) Der Rat gewährt den gegenseitigen Beistand; er erlässt Richtlinien oder Beschlüsse, welche die Bedingungen und Einzelheiten hierfür festlegen. Der gegenseitige Beistand kann insbesondere erfolgen

a) durch ein abgestimmtes Vorgehen bei anderen internationalen Organisationen, an die sich die Mitgliedstaaten, für die eine Ausnahmeregelung gilt, wenden können;

b) durch Maßnahmen, die notwendig sind, um Verlagerungen von Handelsströmen zu vermeiden, falls der in Schwierigkeiten befindliche Mitgliedstaat mit Ausnahmeregelung mengenmäßige Beschränkungen gegenüber dritten Ländern beibehält oder wieder einführt;

c) durch Bereitstellung von Krediten in begrenzter Höhe seitens anderer Mitgliedstaaten; hierzu ist ihr Einverständnis erforderlich.

(3) Stimmt der Rat dem von der Kommission empfohlenen gegenseitigen Beistand nicht zu oder sind der gewährte Beistand und die getroffenen Maßnahmen unzureichend, so ermächtigt die Kommission den in Schwierigkeiten befindlichen Mitgliedstaat mit Ausnahmeregelung, Schutzmaßnahmen zu treffen, deren Bedingungen und Einzelheiten sie festlegt.

Der Rat kann diese Ermächtigung aufheben und die Bedingungen und Einzelheiten ändern.

Artikel 144

(ex-Artikel 120 EGV)

(1) Gerät ein Mitgliedstaat, für den eine Ausnahmeregelung gilt, in eine plötzliche Zahlungsbilanzkrise und wird ein Beschluss im Sinne des Artikels 143 Absatz 2 nicht unverzüglich getroffen, so kann der betreffende Staat vorsorglich die erforderlichen Schutzmaßnahmen ergreifen. Sie dürfen nur ein Mindestmaß an Störungen im Funktionieren des Binnenmarkts hervorrufen und nicht über das zur Behebung der plötzlich aufgetretenen Schwierigkeiten unbedingt erforderliche Ausmaß hinausgehen.

(2) Die Kommission und die anderen Mitgliedstaaten werden über die Schutzmaßnahmen spätestens bei deren Inkrafttreten unterrichtet. Die Kommission kann dem Rat den gegenseitigen Beistand nach Artikel 143 empfehlen.

(3) Auf Empfehlung der Kommission und nach Anhörung des Wirtschafts- und Finanzausschusses kann der Rat beschließen, dass der betreffende Mitgliedstaat diese Schutzmaßnahmen zu ändern, auszusetzen oder aufzuheben hat.

TITEL IX

BESCHÄFTIGUNG

Artikel 145

(ex-Artikel 125 EGV)

Die Mitgliedstaaten und die Union arbeiten nach diesem Titel auf die Entwicklung einer koordinierten Beschäftigungsstrategie und insbesondere auf die Förderung der Qualifizierung, Ausbildung und Anpassungsfähigkeit der Arbeitnehmer sowie der Fähigkeit der Arbeitsmärkte hin, auf die Erfordernisse des wirtschaftlichen Wandels zu reagieren, um die Ziele des Artikels 3 des Vertrags über die Europäische Union zu erreichen.

Artikel 146

(ex-Artikel 126 EGV)

(1) Die Mitgliedstaaten tragen durch ihre Beschäftigungspolitik im Einklang mit den nach Artikel 121 Absatz 2 verabschiedeten Grundzügen der Wirtschaftspolitik der Mitgliedstaaten und der Union zur Erreichung der in Artikel 145 genannten Ziele bei.

(2) Die Mitgliedstaaten betrachten die Förderung der Beschäftigung als Angelegenheit von gemeinsamem Interesse und stimmen ihre diesbezüglichen Tätigkeiten nach Maßgabe des Artikels 148 im Rat aufeinander ab, wobei die einzelstaatlichen Gepflogenheiten in Bezug auf die Verantwortung der Sozialpartner berücksichtigt werden.

Artikel 147

(ex-Artikel 127 EGV)

(1) Die Union trägt zu einem hohen Beschäftigungsniveau bei, indem sie die Zusammenarbeit zwischen den Mitgliedstaaten fördert und deren Maßnahmen in diesem Bereich unterstützt und erforderlichenfalls ergänzt. Hierbei wird die Zuständigkeit der Mitgliedstaaten beachtet.

(2) Das Ziel eines hohen Beschäftigungsniveaus wird bei der Festlegung und Durchführung der Unionspolitiken und -maßnahmen berücksichtigt.

Artikel 148

(ex-Artikel 128 EGV)

(1) Anhand eines gemeinsamen Jahresberichts des Rates und der Kommission prüft der Europäische Rat jährlich die Beschäftigungslage in der Union und nimmt hierzu Schlussfolgerungen an.

(2) Anhand der Schlussfolgerungen des Europäischen Rates legt der Rat auf Vorschlag der Kommission und nach Anhörung des Europäischen Parlaments, des Wirtschafts- und Sozialausschusses, des Ausschusses der Regionen und des in Artikel 150 genannten Beschäftigungsausschusses jährlich Leitlinien fest, welche die Mitgliedstaaten in ihrer Beschäftigungspolitik berücksichtigen. Diese Leitlinien müssen mit den nach Artikel 121 Absatz 2 verabschiedeten Grundzügen in Einklang stehen.

(3) Jeder Mitgliedstaat übermittelt dem Rat und der Kommission jährlich einen Bericht über die wichtigsten Maßnahmen, die er zur Durchführung seiner Beschäftigungspolitik im Lichte der beschäftigungspolitischen Leitlinien nach Absatz 2 getroffen hat.

(4) Anhand der in Absatz 3 genannten Berichte und nach Stellungnahme des Beschäftigungsausschusses unterzieht der Rat die Durchführung der Beschäftigungspolitik der Mitgliedstaaten im Lichte der beschäftigungspolitischen Leitlinien jährlich einer Prüfung. Der Rat kann dabei auf Empfehlung der Kommission Empfehlungen an die Mitgliedstaaten richten, wenn er dies aufgrund der Ergebnisse dieser Prüfung für angebracht hält.

(5) Auf der Grundlage der Ergebnisse der genannten Prüfung erstellen der Rat und die Kommission einen gemeinsamen Jahresbericht für den Europäischen Rat über die Beschäftigungslage in der Union und über die Umsetzung der beschäftigungspolitischen Leitlinien.

Artikel 149

(ex-Artikel 129 EGV)

Das Europäische Parlament und der Rat können gemäß dem ordentlichen Gesetzgebungsverfahren und nach Anhörung des Wirtschafts- und Sozialausschusses sowie des Ausschusses der Regionen Anreizmaßnahmen zur Förderung der Zusammenarbeit zwischen den Mitgliedstaaten und zur Unterstützung ihrer Beschäftigungsmaßnahmen durch Initiativen beschließen, die darauf abzielen, den Austausch von Informationen und bewährten Verfahren zu entwickeln, vergleichende Analysen und Gutachten bereitzustellen sowie innovative Ansätze zu fördern und Erfahrungen zu bewerten, und zwar insbesondere durch den Rückgriff auf Pilotvorhaben.

Diese Maßnahmen schließen keinerlei Harmonisierung der Rechts- und Verwaltungsvorschriften der Mitgliedstaaten ein.

Artikel 150

(ex-Artikel 130 EGV)

Der Rat, der mit einfacher Mehrheit beschließt, setzt nach Anhörung des Europäischen Parlaments einen Beschäftigungsausschuss mit beratender Funktion zur Förderung der Koordinierung der Beschäftigungs- und Arbeitsmarktpolitik der Mitgliedstaaten ein. Der Ausschuss hat folgende Aufgaben:

- Er verfolgt die Beschäftigungslage und die Beschäftigungspolitik in den Mitgliedstaaten und der Union;
- er gibt unbeschadet des Artikels 240 auf Ersuchen des Rates oder der Kommission oder von sich aus Stellungnahmen ab und trägt zur Vorbereitung der in Artikel 148 genannten Beratungen des Rates bei.

Bei der Erfüllung seines Auftrags hört der Ausschuss die Sozialpartner.

Jeder Mitgliedstaat und die Kommission entsenden zwei Mitglieder in den Ausschuss.

TITEL X

SOZIALPOLITIK

Artikel 151

(ex-Artikel 136 EGV)

Die Union und die Mitgliedstaaten verfolgen eingedenk der sozialen Grundrechte, wie sie in der am 18. Oktober 1961 in Turin unterzeichneten Europäischen Sozialcharta und in der Gemeinschaftscharta der sozialen Grundrechte der Arbeitnehmer von 1989 festgelegt sind, folgende Ziele: die Förderung der Beschäftigung, die Verbesserung der Lebens- und Arbeitsbedingungen, um dadurch auf dem Wege des Fortschritts ihre Angleichung zu ermöglichen, einen angemessenen sozialen Schutz, den sozialen Dialog, die Entwicklung des Arbeitskräftepotenzials im Hinblick auf ein dauerhaft hohes Beschäftigungsniveau und die Bekämpfung von Ausgrenzungen.

Zu diesem Zweck führen die Union und die Mitgliedstaaten Maßnahmen durch, die der Vielfalt der einzelstaatlichen Gepflogenheiten, insbesondere in den vertraglichen Beziehungen, sowie der Notwendigkeit, die Wettbewerbsfähigkeit der Wirtschaft der Union zu erhalten, Rechnung tragen.

Sie sind der Auffassung, dass sich eine solche Entwicklung sowohl aus dem eine Abstimmung der Sozialordnungen begünstigenden Wirken des Binnenmarkts als auch aus den in den Verträgen vorgesehenen Verfahren sowie aus der Angleichung ihrer Rechts- und Verwaltungsvorschriften ergeben wird.

Artikel 152

Die Union anerkennt und fördert die Rolle der Sozialpartner auf Ebene der Union unter Berücksichtigung der Unterschiedlichkeit der nationalen Systeme. Sie fördert den sozialen Dialog und achtet dabei die Autonomie der Sozialpartner.

Der Dreigliedrige Sozialgipfel für Wachstum und Beschäftigung trägt zum sozialen Dialog bei.

Artikel 153

(ex-Artikel 137 EGV)

(1) Zur Verwirklichung der Ziele des Artikels 151 unterstützt und ergänzt die Union die Tätigkeit der Mitgliedstaaten auf folgenden Gebieten:

a) Verbesserung insbesondere der Arbeitsumwelt zum Schutz der Gesundheit und der Sicherheit der Arbeitnehmer,

b) Arbeitsbedingungen,

c) soziale Sicherheit und sozialer Schutz der Arbeitnehmer,

d) Schutz der Arbeitnehmer bei Beendigung des Arbeitsvertrags,

e) Unterrichtung und Anhörung der Arbeitnehmer,

f) Vertretung und kollektive Wahrnehmung der Arbeitnehmer- und Arbeitgeberinteressen, einschließlich der Mitbestimmung, vorbehaltlich des Absatzes 5,

g) Beschäftigungsbedingungen der Staatsangehörigen dritter Länder, die sich rechtmäßig im Gebiet der Union aufhalten,

h) berufliche Eingliederung der aus dem Arbeitsmarkt ausgegrenzten Personen, unbeschadet des Artikels 166,

i) Chancengleichheit von Männern und Frauen auf dem Arbeitsmarkt und Gleichbehandlung am Arbeitsplatz,

j) Bekämpfung der sozialen Ausgrenzung,

k) Modernisierung der Systeme des sozialen Schutzes, unbeschadet des Buchstabens c.

(2) Zu diesem Zweck können das Europäische Parlament und der Rat

a) unter Ausschluss jeglicher Harmonisierung der Rechts- und Verwaltungsvorschriften der Mitgliedstaaten Maßnahmen annehmen, die dazu bestimmt sind, die Zusammenarbeit zwischen den Mitgliedstaaten durch Initiativen zu fördern, die die Verbesserung des Wissensstands, die Entwicklung des Austauschs von Informationen und bewährten Verfahren, die Förderung innovativer Ansätze und die Bewertung von Erfahrungen zum Ziel haben;

b) in den in Absatz 1 Buchstaben a bis i genannten Bereichen unter Berücksichtigung der in den einzelnen Mitgliedstaaten bestehenden Bedingungen und technischen Regelungen durch Richtlinien Mindestvorschriften erlassen, die schrittweise anzuwenden sind. Diese Richtlinien sollen keine verwaltungsmäßigen, finanziellen oder rechtlichen Auflagen vorschreiben, die der Gründung und Entwicklung von kleinen und mittleren Unternehmen entgegenstehen.

Das Europäische Parlament und der Rat beschließen gemäß dem ordentlichen Gesetzgebungsverfahren nach Anhörung des Wirtschafts- und Sozialausschusses und des Ausschusses der Regionen.

In den in Absatz 1 Buchstaben c, d, f und g genannten Bereichen beschließt der Rat einstimmig gemäß einem besonderen Gesetzgebungsverfahren nach Anhörung des Europäischen Parlaments und der genannten Ausschüsse.

Der Rat kann einstimmig auf Vorschlag der Kommission nach Anhörung des Europäischen Parlaments beschließen, dass das ordentliche Gesetzgebungsverfahren auf Absatz 1 Buchstaben d, f und g angewandt wird.

(3) Ein Mitgliedstaat kann den Sozialpartnern auf deren gemeinsamen Antrag die Durchführung von aufgrund des Absatzes 2 angenommenen Richtlinien oder gegebenenfalls die Durchführung eines nach Artikel 155 erlassenen Beschlusses des Rates übertragen.

In diesem Fall vergewissert sich der Mitgliedstaat, dass die Sozialpartner spätestens zu dem Zeitpunkt, zu dem eine Richtlinie umgesetzt oder ein Beschluss durchgeführt sein muss, im Wege einer Vereinbarung die erforderlichen Vorkehrungen getroffen haben; dabei hat der Mitgliedstaat alle erforderlichen Maßnahmen zu treffen, um jederzeit gewährleisten zu können, dass die durch diese Richtlinie oder diesen Beschluss vorgeschriebenen Ergebnisse erzielt werden.

(4) Die aufgrund dieses Artikels erlassenen Bestimmungen

- berühren nicht die anerkannte Befugnis der Mitgliedstaaten, die Grundprinzipien ihres Systems der sozialen Sicherheit festzulegen, und dürfen das finanzielle Gleichgewicht dieser Systeme nicht erheblich beeinträchtigen;
- hindern die Mitgliedstaaten nicht daran, strengere Schutzmaßnahmen beizubehalten oder zu treffen, die mit den Verträgen vereinbar sind.

(5) Dieser Artikel gilt nicht für das Arbeitsentgelt, das Koalitionsrecht, das Streikrecht sowie das Aussperrungsrecht.

Artikel 154
(ex-Artikel 138 EGV)

(1) Die Kommission hat die Aufgabe, die Anhörung der Sozialpartner auf Unionsebene zu fördern, und erlässt alle zweckdienlichen Maßnahmen, um den Dialog zwischen den Sozialpartnern zu erleichtern, wobei sie für Ausgewogenheit bei der Unterstützung der Parteien sorgt.

(2) Zu diesem Zweck hört die Kommission vor Unterbreitung von Vorschlägen im Bereich der Sozialpolitik die Sozialpartner zu der Frage, wie eine Unionsaktion gegebenenfalls ausgerichtet werden sollte.

(3) Hält die Kommission nach dieser Anhörung eine Unionsmaßnahme für zweckmäßig, so hört sie die Sozialpartner zum Inhalt des in Aussicht genommenen Vorschlags. Die Sozialpartner übermitteln der Kommission eine Stellungnahme oder gegebenenfalls eine Empfehlung.

(4) Bei den Anhörungen nach den Absätzen 2 und 3 können die Sozialpartner der Kommission mitteilen, dass sie den Prozess nach Artikel 155 in Gang setzen wollen. Die Dauer dieses Prozesses darf höchstens neun Monate betragen, sofern die betroffenen Sozialpartner und die Kommission nicht gemeinsam eine Verlängerung beschließen.

Artikel 155
(ex-Artikel 139 EGV)

(1) Der Dialog zwischen den Sozialpartnern auf Unionsebene kann, falls sie es wünschen, zur Herstellung vertraglicher Beziehungen einschließlich des Abschlusses von Vereinbarungen führen.

(2) Die Durchführung der auf Unionsebene geschlossenen Vereinbarungen erfolgt entweder nach den jeweiligen Verfahren und Gepflogenheiten der Sozialpartner und der Mitgliedstaaten oder – in den durch Artikel 153 erfassten Bereichen – auf gemeinsamen Antrag der Unterzeichnerparteien durch einen Beschluss des Rates auf Vorschlag der Kommission. Das Europäische Parlament wird unterrichtet.

Der Rat beschließt einstimmig, sofern die betreffende Vereinbarung eine oder mehrere Bestimmungen betreffend einen der Bereiche enthält, für die nach Artikel 153 Absatz 2 Einstimmigkeit erforderlich ist.

Artikel 156
(ex-Artikel 140 EGV)

Unbeschadet der sonstigen Bestimmungen der Verträge fördert die Kommission im Hinblick auf die Erreichung der Ziele des Artikels 151 die Zusammenarbeit zwischen den Mitgliedstaaten und erleichtert die Abstimmung ihres Vorgehens in allen unter dieses Kapitel fallenden Bereichen der Sozialpolitik, insbesondere auf dem Gebiet

- der Beschäftigung,
- des Arbeitsrechts und der Arbeitsbedingungen,
- der beruflichen Ausbildung und Fortbildung,
- der sozialen Sicherheit,
- der Verhütung von Berufsunfällen und Berufskrankheiten,
- des Gesundheitsschutzes bei der Arbeit,
- des Koalitionsrechts und der Kollektivverhandlungen zwischen Arbeitgebern und Arbeitnehmern.

Zu diesem Zweck wird die Kommission in enger Verbindung mit den Mitgliedstaaten durch Untersuchungen, Stellungnahmen und die Durchführung von Konsultationen in Bezug auf innerstaatlich oder in den internationalen Organisationen zu behandelnde Fragen tätig, und zwar insbesondere im Wege von Initiativen, die darauf abzielen, Leitlinien und Indikatoren festzulegen, den Austausch bewährter Verfahren durchzuführen und die erforderlichen Elemente für eine regelmäßige Überwachung und Bewertung auszuarbeiten. Das Europäische Parlament wird in vollem Umfang unterrichtet.

Vor Abgabe der in diesem Artikel vorgesehenen Stellungnahmen hört die Kommission den Wirtschafts- und Sozialausschuss.

Artikel 157
(ex-Artikel 141 EGV)

(1) Jeder Mitgliedstaat stellt die Anwendung des Grundsatzes des gleichen Entgelts für Männer und Frauen bei gleicher oder gleichwertiger Arbeit sicher.

(2) Unter „Entgelt" im Sinne dieses Artikels sind die üblichen Grund- oder Mindestlöhne und -gehälter sowie alle sonstigen Vergütungen zu verstehen, die der Arbeitgeber aufgrund des Dienstverhältnisses dem Arbeitnehmer unmittelbar oder mittelbar in bar oder in Sachleistungen zahlt.

Gleichheit des Arbeitsentgelts ohne Diskriminierung aufgrund des Geschlechts bedeutet,

a) dass das Entgelt für eine gleiche nach Akkord bezahlte Arbeit aufgrund der gleichen Maßeinheit festgesetzt wird,

b) dass für eine nach Zeit bezahlte Arbeit das Entgelt bei gleichem Arbeitsplatz gleich ist.

(3) Das Europäische Parlament und der Rat beschließen gemäß dem ordentlichen Gesetzgebungsverfahren und nach Anhörung des Wirtschafts- und Sozialausschusses Maßnahmen zur Gewährleistung der Anwendung des Grundsatzes der Chancengleichheit und der Gleichbehandlung von Männern und Frauen in Arbeits- und Beschäftigungsfragen, einschließlich des Grundsatzes des

gleichen Entgelts bei gleicher oder gleichwertiger Arbeit.

(4) Im Hinblick auf die effektive Gewährleistung der vollen Gleichstellung von Männern und Frauen im Arbeitsleben hindert der Grundsatz der Gleichbehandlung die Mitgliedstaaten nicht daran, zur Erleichterung der Berufstätigkeit des unterrepräsentierten Geschlechts oder zur Verhinderung bzw. zum Ausgleich von Benachteiligungen in der beruflichen Laufbahn spezifische Vergünstigungen beizubehalten oder zu beschließen.

Artikel 158

(ex-Artikel 142 EGV)

Die Mitgliedstaaten sind bestrebt, die bestehende Gleichwertigkeit der Ordnungen über die bezahlte Freizeit beizubehalten.

Artikel 159

(ex-Artikel 143 EGV)

Die Kommission erstellt jährlich einen Bericht über den Stand der Verwirklichung der in Artikel 151 genannten Ziele sowie über die demografische Lage in der Union. Sie übermittelt diesen Bericht dem Europäischen Parlament, dem Rat und dem Wirtschafts- und Sozialausschuss.

Artikel 160

(ex-Artikel 144 EGV)

Der Rat, der mit einfacher Mehrheit beschließt, setzt nach Anhörung des Europäischen Parlaments einen Ausschuss für Sozialschutz mit beratender Aufgabe ein, um die Zusammenarbeit im Bereich des sozialen Schutzes zwischen den Mitgliedstaaten und mit der Kommission zu fördern. Der Ausschuss hat folgende Aufgaben:

– Er verfolgt die soziale Lage und die Entwicklung der Politiken im Bereich des sozialen Schutzes in den Mitgliedstaaten und der Union;
– er fördert den Austausch von Informationen, Erfahrungen und bewährten Verfahren zwischen den Mitgliedstaaten und mit der Kommission;
– unbeschadet des Artikels 240 arbeitet er auf Ersuchen des Rates oder der Kommission oder von sich aus in seinem Zuständigkeitsbereich Berichte aus, gibt Stellungnahmen ab oder wird auf andere Weise tätig.

Bei der Erfüllung seines Auftrags stellt der Ausschuss geeignete Kontakte zu den Sozialpartnern her.

Jeder Mitgliedstaat und die Kommission ernennen zwei Mitglieder des Ausschusses.

Artikel 161

(ex-Artikel 145 EGV)

Der Jahresbericht der Kommission an das Europäische Parlament hat stets ein besonderes Kapitel über die Entwicklung der sozialen Lage in der Union zu enthalten.

Das Europäische Parlament kann die Kommission auffordern, Berichte über besondere, die soziale Lage betreffende Fragen auszuarbeiten.

TITEL XI
DER EUROPÄISCHE SOZIALFONDS

Artikel 162

(ex-Artikel 146 EGV)

Um die Beschäftigungsmöglichkeiten der Arbeitskräfte im Binnenmarkt zu verbessern und damit zur Hebung der Lebenshaltung beizutragen, wird nach Maßgabe der folgenden Bestimmungen ein Europäischer Sozialfonds errichtet, dessen Ziel es ist, innerhalb der Union die berufliche Verwendbarkeit und die örtliche und berufliche Mobilität der Arbeitskräfte zu fördern sowie die Anpassung an die industriellen Wandlungsprozesse und an Veränderungen der Produktionssysteme insbesondere durch berufliche Bildung und Umschulung zu erleichtern.

Artikel 163

(ex-Artikel 147 EGV)

Die Verwaltung des Fonds obliegt der Kommission.

Die Kommission wird hierbei von einem Ausschuss unterstützt, der aus Vertretern der Regierungen sowie der Arbeitgeber- und der Arbeitnehmerverbände besteht; den Vorsitz führt ein Mitglied der Kommission.

Artikel 164

(ex-Artikel 148 EGV)

Das Europäische Parlament und der Rat erlassen gemäß dem ordentlichen Gesetzgebungsverfahren und nach Anhörung des Wirtschafts- und Sozialausschusses sowie des Ausschusses der Regionen die den Europäischen Sozialfonds betreffenden Durchführungsverordnungen.

TITEL XII
ALLGEMEINE UND BERUFLICHE BILDUNG, JUGEND UND SPORT

Artikel 165

(ex-Artikel 149 EGV)

(1) Die Union trägt zur Entwicklung einer qualitativ hoch stehenden Bildung dadurch bei, dass sie die Zusammenarbeit zwischen den Mitgliedstaaten fördert und die Tätigkeit der Mitgliedstaaten unter strikter Beachtung der Verantwortung der Mitgliedstaaten für die Lehrinhalte und die Gestaltung des Bildungssystems sowie der Vielfalt ihrer Kulturen und Sprachen erforderlichenfalls unterstützt und ergänzt.

Die Union trägt zur Förderung der europäischen Dimension des Sports bei und berücksichtigt dabei dessen besondere Merkmale, dessen auf freiwilligem Engagement basierende Strukturen sowie dessen soziale und pädagogische Funktion.

(2) Die Tätigkeit der Union hat folgende Ziele:

– Entwicklung der europäischen Dimension im Bildungswesen, insbesondere durch Erlernen und Verbreitung der Sprachen der Mitgliedstaaten;
– Förderung der Mobilität von Lernenden und Lehrenden, auch durch die Förderung der akademischen Anerkennung der Diplome und Studienzeiten;
– Förderung der Zusammenarbeit zwischen den Bildungseinrichtungen;
– Ausbau des Informations- und Erfahrungsaustauschs über gemeinsame Probleme im Rahmen der Bildungssysteme der Mitgliedstaaten;
– Förderung des Ausbaus des Jugendaustauschs und des Austauschs sozialpädagogischer Betreuer und verstärkte Beteiligung der Jugendlichen am demokratischen Leben in Europa;
– Förderung der Entwicklung der Fernlehre;
– Entwicklung der europäischen Dimension des Sports durch Förderung der Fairness und der Offenheit von Sportwettkämpfen und der Zusammenarbeit zwischen den für den Sport verantwortlichen Organisationen sowie durch den Schutz der körperlichen und seelischen Unversehrtheit der Sportler, insbesondere der jüngeren Sportler.

(3) Die Union und die Mitgliedstaaten fördern die Zusammenarbeit mit dritten Ländern und den für den Bildungsbereich und den Sport zuständigen internationalen Organisationen, insbesondere dem Europarat.

(4) Als Beitrag zur Verwirklichung der Ziele dieses Artikels

– erlassen das Europäische Parlament und der Rat gemäß dem ordentlichen Gesetzgebungsverfahren und nach Anhörung des Wirtschafts- und Sozialausschusses und des Ausschusses der Regionen Fördermaßnahmen unter Ausschluss jeglicher Harmonisierung der Rechts- und Verwaltungsvorschriften der Mitgliedstaaten;
– erlässt der Rat auf Vorschlag der Kommission Empfehlungen.

Artikel 166

(ex-Artikel 150 EGV)

(1) Die Union führt eine Politik der beruflichen Bildung, welche die Maßnahmen der Mitgliedstaaten unter strikter Beachtung der Verantwortung der Mitgliedstaaten für Inhalt und Gestaltung der beruflichen Bildung unterstützt und ergänzt.

(2) Die Tätigkeit der Union hat folgende Ziele:

– Erleichterung der Anpassung an die industriellen Wandlungsprozesse, insbesondere durch berufliche Bildung und Umschulung;
– Verbesserung der beruflichen Erstausbildung und Weiterbildung zur Erleichterung der beruflichen Eingliederung und Wiedereingliederung in den Arbeitsmarkt;
– Erleichterung der Aufnahme einer beruflichen Bildung sowie Förderung der Mobilität der Ausbilder und der in beruflicher Bildung befindlichen Personen, insbesondere der Jugendlichen;
– Förderung der Zusammenarbeit in Fragen der beruflichen Bildung zwischen Unterrichtsanstalten und Unternehmen;
– Ausbau des Informations- und Erfahrungsaustauschs über gemeinsame Probleme im Rahmen der Berufsbildungssysteme der Mitgliedstaaten.

(3) Die Union und die Mitgliedstaaten fördern die Zusammenarbeit mit dritten Ländern und den für die berufliche Bildung zuständigen internationalen Organisationen.

(4) Das Europäische Parlament und der Rat erlassen gemäß dem ordentlichen Gesetzgebungsverfahren und nach Anhörung des Wirtschafts- und Sozialausschusses sowie des Ausschusses der Regionen Maßnahmen, die zur Verwirklichung der Ziele dieses Artikels beitragen, unter Ausschluss jeglicher Harmonisierung der Rechts- und Verwaltungsvorschriften der Mitgliedstaaten, und der Rat erlässt auf Vorschlag der Kommission Empfehlungen.

TITEL XIII
KULTUR

Artikel 167

(ex-Artikel 151 EGV)

(1) Die Union leistet einen Beitrag zur Entfaltung der Kulturen der Mitgliedstaaten unter Wahrung ihrer nationalen und regionalen Vielfalt sowie gleichzeitiger Hervorhebung des gemeinsamen kulturellen Erbes.

(2) Die Union fördert durch ihre Tätigkeit die Zusammenarbeit zwischen den Mitgliedstaaten und unterstützt und ergänzt erforderlichenfalls deren Tätigkeit in folgenden Bereichen:

- Verbesserung der Kenntnis und Verbreitung der Kultur und Geschichte der europäischen Völker,
- Erhaltung und Schutz des kulturellen Erbes von europäischer Bedeutung,
- nichtkommerzieller Kulturaustausch,
- künstlerisches und literarisches Schaffen, einschließlich im audiovisuellen Bereich.

(3) Die Union und die Mitgliedstaaten fördern die Zusammenarbeit mit dritten Ländern und den für den Kulturbereich zuständigen internationalen Organisationen, insbesondere mit dem Europarat.

(4) Die Union trägt bei ihrer Tätigkeit aufgrund anderer Bestimmungen der Verträge den kulturellen Aspekten Rechnung, insbesondere zur Wahrung und Förderung der Vielfalt ihrer Kulturen.

(5) Als Beitrag zur Verwirklichung der Ziele dieses Artikels

- erlassen das Europäische Parlament und der Rat gemäß dem ordentlichen Gesetzgebungsverfahren und nach Anhörung des Ausschusses der Regionen Fördermaßnahmen unter Ausschluss jeglicher Harmonisierung der Rechts- und Verwaltungsvorschriften der Mitgliedstaaten.
- erlässt der Rat auf Vorschlag der Kommission Empfehlungen.

TITEL XIV
GESUNDHEITSWESEN

Artikel 168

(ex-Artikel 152 EGV)

(1) Bei der Festlegung und Durchführung aller Unionspolitiken und -maßnahmen wird ein hohes Gesundheitsschutzniveau sichergestellt.

Die Tätigkeit der Union ergänzt die Politik der Mitgliedstaaten und ist auf die Verbesserung der Gesundheit der Bevölkerung, die Verhütung von Humankrankheiten und die Beseitigung von Ursachen für die Gefährdung der körperlichen und geistigen Gesundheit gerichtet. Sie umfasst die Bekämpfung der weit verbreiteten schweren Krankheiten, wobei die Erforschung der Ursachen, der Übertragung und der Verhütung dieser Krankheiten sowie Gesundheitsinformation und -erziehung gefördert werden; außerdem umfasst sie die Beobachtung, frühzeitige Meldung und Bekämpfung schwerwiegender grenzüberschreitender Gesundheitsgefahren.

Die Union ergänzt die Maßnahmen der Mitgliedstaaten zur Verringerung drogenkonsumbedingter Gesundheitsschäden einschließlich der Informations- und Vorbeugungsmaßnahmen.

(2) Die Union fördert die Zusammenarbeit zwischen den Mitgliedstaaten in den in diesem Artikel genannten Bereichen und unterstützt erforderlichenfalls deren Tätigkeit. Sie fördert insbesondere die Zusammenarbeit zwischen den Mitgliedstaaten, die darauf abzielt, die Komplementarität ihrer Gesundheitsdienste in den Grenzgebieten zu verbessern.

Die Mitgliedstaaten koordinieren untereinander im Benehmen mit der Kommission ihre Politiken und Programme in den in Absatz 1 genannten Bereichen. Die Kommission kann in enger Verbindung mit den Mitgliedstaaten alle Initiativen ergreifen, die dieser Koordinierung förderlich sind, insbesondere Initiativen, die darauf abzielen, Leitlinien und Indikatoren festzulegen, den Austausch bewährter Verfahren durchzuführen und die erforderlichen Elemente für eine regelmäßige Überwachung und Bewertung auszuarbeiten. Das Europäische Parlament wird in vollem Umfang unterrichtet.

(3) Die Union und die Mitgliedstaaten fördern die Zusammenarbeit mit dritten Ländern und den für das Gesundheitswesen zuständigen internationalen Organisationen.

(4) Abweichend von Artikel 2 Absatz 5 und Artikel 6 Buchstabe a tragen das Europäische Parlament und der Rat nach Artikel 4 Absatz 2 Buchstabe k gemäß dem ordentlichen Gesetzgebungsverfahren und nach Anhörung des Wirtschafts- und Sozialausschusses sowie des Ausschusses der Regionen mit folgenden Maßnahmen zur Verwirklichung der Ziele dieses Artikels bei, um den gemeinsamen Sicherheitsanliegen Rechnung zu tragen:

a) Maßnahmen zur Festlegung hoher Qualitäts- und Sicherheitsstandards für Organe und Substanzen menschlichen Ursprungs sowie für Blut und Blutderivate; diese Maßnahmen hindern die Mitgliedstaaten nicht daran, strengere Schutzmaßnahmen beizubehalten oder einzuführen;

b) Maßnahmen in den Bereichen Veterinärwesen und Pflanzenschutz, die unmittelbar den Schutz der Gesundheit der Bevölkerung zum Ziel haben;

c) Maßnahmen zur Festlegung hoher Qualitäts- und Sicherheitsstandards für Arzneimittel und Medizinprodukte.

(5) Das Europäische Parlament und der Rat können unter Ausschluss jeglicher Harmonisierung der Rechtsvorschriften der Mitgliedstaaten gemäß dem ordentlichen Gesetzgebungsverfahren und nach Anhörung des Wirtschafts- und Sozialausschusses und des Ausschusses der Regionen auch Fördermaßnahmen zum Schutz und zur Verbesserung der menschlichen Gesundheit sowie insbesondere zur Bekämpfung der weit verbreiteten schweren grenzüberschreitenden Krankheiten, Maßnahmen zur Beobachtung, frühzeitigen Meldung und Bekämpfung schwerwiegender grenzüberschreitender Gesundheitsgefahren sowie Maßnahmen, die unmittelbar den Schutz der Gesundheit der Bevölkerung vor Tabakkonsum und Alkoholmissbrauch zum Ziel haben, erlassen.

(6) Der Rat kann ferner auf Vorschlag der Kommission für die in diesem Artikel genannten Zwecke Empfehlungen erlassen.

(7) Bei der Tätigkeit der Union wird die Verantwortung der Mitgliedstaaten für die Festlegung ihrer Gesundheitspolitik sowie für die Organisation des Gesundheitswesens und die medizinische Versorgung gewahrt. Die Verantwortung der Mitgliedstaaten umfasst die Verwaltung des Gesundheitswesens und der medizinischen Versorgung sowie die Zuweisung der dafür bereitgestellten Mittel. Die Maßnahmen nach Absatz 4 Buchstabe a lassen die einzelstaatlichen Regelungen über die Spende oder die medizinische Verwendung von Organen und Blut unberührt.

TITEL XV

VERBRAUCHERSCHUTZ

Artikel 169

(ex-Artikel 153 EGV)

(1) Zur Förderung der Interessen der Verbraucher und zur Gewährleistung eines hohen Verbraucherschutzniveaus leistet die Union einen Beitrag zum Schutz der Gesundheit, der Sicherheit und der wirtschaftlichen Interessen der Verbraucher sowie zur Förderung ihres Rechtes auf Information, Erziehung und Bildung von Vereinigungen zur Wahrung ihrer Interessen.

(2) Die Union leistet einen Beitrag zur Erreichung der in Absatz 1 genannten Ziele durch

a) Maßnahmen, die sie im Rahmen der Verwirklichung des Binnenmarkts nach Artikel 114 erlässt;

b) Maßnahmen zur Unterstützung, Ergänzung und Überwachung der Politik der Mitgliedstaaten.

(3) Das Europäische Parlament und der Rat beschließen gemäß dem ordentlichen Gesetzgebungsverfahren und nach Anhörung des Wirtschafts- und Sozialausschusses die Maßnahmen nach Absatz 2 Buchstabe b.

(4) Die nach Absatz 3 beschlossenen Maßnahmen hindern die einzelnen Mitgliedstaaten nicht daran, strengere Schutzmaßnahmen beizubehalten oder zu ergreifen. Diese Maßnahmen müssen mit den Verträgen vereinbar sein. Sie werden der Kommission mitgeteilt.

TITEL XVI

TRANSEUROPÄISCHE NETZE

Artikel 170

(ex-Artikel 154 EGV)

(1) Um einen Beitrag zur Verwirklichung der Ziele der Artikel 26 und 174 zu leisten und den Bürgern der Union, den Wirtschaftsbeteiligten sowie den regionalen und lokalen Gebietskörperschaften in vollem Umfang die Vorteile zugute kommen zu lassen, die sich aus der Schaffung eines Raumes ohne Binnengrenzen ergeben, trägt die Union zum Auf- und Ausbau transeuropäischer Netze in den Bereichen der Verkehrs-, Telekommunikations- und Energieinfrastruktur bei.

(2) Die Tätigkeit der Union zielt im Rahmen eines Systems offener und wettbewerbsorientierter Märkte auf die Förderung des Verbunds und der Interoperabilität der einzelstaatlichen Netze sowie des Zugangs zu diesen Netzen ab. Sie trägt insbesondere der Notwendigkeit Rechnung, insulare, eingeschlossene und am Rande gelegene Gebiete mit den zentralen Gebieten der Union zu verbinden.

Artikel 171

(ex-Artikel 155 EGV)

(1) Zur Erreichung der Ziele des Artikels 170 geht die Union wie folgt vor:

- Sie stellt eine Reihe von Leitlinien auf, in denen die Ziele, die Prioritäten und die Grundzüge der im Bereich der transeuropäischen Netze in Betracht gezogenen Aktionen erfasst werden; in diesen Leitlinien werden Vorhaben von gemeinsamem Interesse ausgewiesen;
- sie führt jede Aktion durch, die sich gegebenenfalls als notwendig erweist, um die Interoperabilität der Netze zu gewährleisten, insbesondere im Bereich der Harmonisierung der technischen Normen;
- sie kann von den Mitgliedstaaten unterstützte Vorhaben von gemeinsamem Interesse, die im Rahmen der Leitlinien gemäß dem ersten Gedankenstrich ausgewiesen sind, insbeson-

dere in Form von Durchführbarkeitsstudien, Anleihebürgschaften oder Zinszuschüssen unterstützen; die Union kann auch über den nach Artikel 177 errichteten Kohäsionsfonds zu spezifischen Verkehrsinfrastrukturvorhaben in den Mitgliedstaaten finanziell beitragen.

Die Union berücksichtigt bei ihren Maßnahmen die potenzielle wirtschaftliche Lebensfähigkeit der Vorhaben.

(2) Die Mitgliedstaaten koordinieren untereinander in Verbindung mit der Kommission die einzelstaatlichen Politiken, die sich erheblich auf die Verwirklichung der Ziele des Artikels 170 auswirken können. Die Kommission kann in enger Zusammenarbeit mit den Mitgliedstaaten alle Initiativen ergreifen, die dieser Koordinierung förderlich sind.

(3) Die Union kann beschließen, mit dritten Ländern zur Förderung von Vorhaben von gemeinsamem Interesse sowie zur Sicherstellung der Interoperabilität der Netze zusammenzuarbeiten.

Artikel 172

(ex-Artikel 156 EGV)

Die Leitlinien und die übrigen Maßnahmen nach Artikel 171 Absatz 1 werden vom Europäischen Parlament und vom Rat gemäß dem ordentlichen Gesetzgebungsverfahren und nach Anhörung des Wirtschafts- und Sozialausschusses und des Ausschusses der Regionen festgelegt.

Leitlinien und Vorhaben von gemeinsamem Interesse, die das Hoheitsgebiet eines Mitgliedstaats betreffen, bedürfen der Billigung des betroffenen Mitgliedstaats.

TITEL XVII

INDUSTRIE

Artikel 173

(ex-Artikel 157 EGV)

(1) Die Union und die Mitgliedstaaten sorgen dafür, dass die notwendigen Voraussetzungen für die Wettbewerbsfähigkeit der Industrie der Union gewährleistet sind.

Zu diesem Zweck zielt ihre Tätigkeit entsprechend einem System offener und wettbewerbsorientierter Märkte auf Folgendes ab:

- Erleichterung der Anpassung der Industrie an die strukturellen Veränderungen;
- Förderung eines für die Initiative und Weiterentwicklung der Unternehmen in der gesamten Union, insbesondere der kleinen und mittleren Unternehmen, günstigen Umfelds;
- Förderung eines für die Zusammenarbeit zwischen Unternehmen günstigen Umfelds;
- Förderung einer besseren Nutzung des industriellen Potenzials der Politik in den Bereichen Innovation, Forschung und technologische Entwicklung.

(2) Die Mitgliedstaaten konsultieren einander in Verbindung mit der Kommission und koordinieren, soweit erforderlich, ihre Maßnahmen. Die Kommission kann alle Initiativen ergreifen, die dieser Koordinierung förderlich sind, insbesondere Initiativen, die darauf abzielen, Leitlinien und Indikatoren festzulegen, den Austausch bewährter Verfahren durchzuführen und die erforderlichen Elemente für eine regelmäßige Überwachung und Bewertung auszuarbeiten. Das Europäische Parlament wird in vollem Umfang unterrichtet.

(3) Die Union trägt durch die Politik und die Maßnahmen, die sie aufgrund anderer Bestimmungen der Verträge durchführt, zur Erreichung der Ziele des Absatzes 1 bei. Das Europäische Parlament und der Rat können unter Ausschluss jeglicher Harmonisierung der Rechtsvorschriften der Mitgliedstaaten gemäß dem ordentlichen Gesetzgebungsverfahren und nach Anhörung des Wirtschafts- und Sozialausschusses spezifische Maßnahmen zur Unterstützung der in den Mitgliedstaaten durchgeführten Maßnahmen im Hinblick auf die Verwirklichung der Ziele des Absatzes 1 beschließen.

Dieser Titel bietet keine Grundlage dafür, dass die Union irgendeine Maßnahme einführt, die zu Wettbewerbsverzerrungen führen könnte oder steuerliche Vorschriften oder Bestimmungen betreffend die Rechte und Interessen der Arbeitnehmer enthält.

TITEL XVIII

WIRTSCHAFTLICHER, SOZIALER UND TERRITORIALER ZUSAMMENHALT

Artikel 174

(ex-Artikel 158 EGV)

Die Union entwickelt und verfolgt weiterhin ihre Politik zur Stärkung ihres wirtschaftlichen, sozialen und territorialen Zusammenhalts, um eine harmonische Entwicklung der Union als Ganzes zu fördern.

Die Union setzt sich insbesondere zum Ziel, die Unterschiede im Entwicklungsstand der verschiedenen Regionen und den Rückstand der am stärksten benachteiligten Gebiete zu verringern.

Unter den betreffenden Gebieten gilt besondere Aufmerksamkeit den ländlichen Gebieten, den vom industriellen Wandel betroffenen Gebieten und den Gebieten mit schweren und dauerhaften natürlichen oder demografischen Nachteilen, wie den nördlichsten Regionen mit sehr geringer Bevölkerungsdichte sowie den Insel-, Grenz- und Bergregionen.

Artikel 175

(ex-Artikel 159 EGV)

Die Mitgliedstaaten führen und koordinieren ihre Wirtschaftspolitik in der Weise, dass auch die in Artikel 174 genannten Ziele erreicht werden. Die Festlegung und Durchführung der Politiken und Aktionen der Union sowie die Errichtung des Binnenmarkts berücksichtigen die Ziele des Artikels 174 und tragen zu deren Verwirklichung bei. Die Union unterstützt auch diese Bemühungen durch die Politik, die sie mit Hilfe der Strukturfonds (Europäischer Ausrichtungs- und Garantiefonds für die Landwirtschaft – Abteilung Ausrichtung, Europäischer Sozialfonds, Europäischer Fonds für regionale Entwicklung), der Europäischen Investitionsbank und der sonstigen vorhandenen Finanzierungsinstrumente führt.

Die Kommission erstattet dem Europäischen Parlament, dem Rat, dem Wirtschafts- und Sozialausschuss und dem Ausschuss der Regionen alle drei Jahre Bericht über die Fortschritte bei der Verwirklichung des wirtschaftlichen, sozialen und territorialen Zusammenhalts und über die Art und Weise, in der die in diesem Artikel vorgesehenen Mittel hierzu beigetragen haben. Diesem Bericht werden erforderlichenfalls entsprechende Vorschläge beigefügt.

Falls sich spezifische Aktionen außerhalb der Fonds und unbeschadet der im Rahmen der anderen Politiken der Union beschlossenen Maßnahmen als erforderlich erweisen, so können sie vom Europäischen Parlament und vom Rat gemäß dem ordentlichen Gesetzgebungsverfahren nach Anhörung des Wirtschafts- und Sozialausschusses und des Ausschusses der Regionen beschlossen werden.

Artikel 176

(ex-Artikel 160 EGV)

Aufgabe des Europäischen Fonds für regionale Entwicklung ist es, durch Beteiligung an der Entwicklung und an der strukturellen Anpassung der rückständigen Gebiete und an der Umstellung der Industriegebiete mit rückläufiger Entwicklung zum Ausgleich der wichtigsten regionalen Ungleichgewichte in der Union beizutragen.

Artikel 177

(ex-Artikel 161 EGV)

Unbeschadet des Artikels 178 legen das Europäische Parlament und der Rat durch Verordnungen gemäß dem ordentlichen Gesetzgebungsverfahren und nach Anhörung des Wirtschafts- und Sozialausschusses und des Ausschusses der Regionen die Aufgaben, die vorrangigen Ziele und die Organisation der Strukturfonds fest, was ihre Neuordnung einschließen kann. Nach demselben Verfahren werden ferner die für die Fonds geltenden allgemeinen Regeln sowie die Bestimmungen festgelegt, die zur Gewährleistung einer wirksamen Arbeitsweise und zur Koordinierung der Fonds sowohl untereinander als auch mit den anderen vorhandenen Finanzierungsinstrumenten erforderlich sind.

Ein nach demselben Verfahren errichteter Kohäsionsfonds trägt zu Vorhaben in den Bereichen Umwelt und transeuropäische Netze auf dem Gebiet der Verkehrsinfrastruktur finanziell bei.

Artikel 178

(ex-Artikel 162 EGV)

Die den Europäischen Fonds für regionale Entwicklung betreffenden Durchführungsverordnungen werden vom Europäischen Parlament und vom Rat gemäß dem ordentlichen Gesetzgebungsverfahren und nach Anhörung des Wirtschafts- und Sozialausschusses sowie des Ausschusses der Regionen gefasst.

Für den Europäischen Ausrichtungs- und Garantiefonds für die Landwirtschaft, Abteilung Ausrichtung, und den Europäischen Sozialfonds sind die Artikel 43 bzw. 164 weiterhin anwendbar.

TITEL XIX

FORSCHUNG, TECHNOLOGISCHE ENTWICKLUNG UND RAUMFAHRT

Artikel 179

(ex-Artikel 163 EGV)

(1) Die Union hat zum Ziel, ihre wissenschaftlichen und technologischen Grundlagen dadurch zu stärken, dass ein europäischer Raum der Forschung geschaffen wird, in dem Freizügigkeit für Forscher herrscht und wissenschaftliche Erkenntnisse und Technologien frei ausgetauscht werden, die Entwicklung ihrer Wettbewerbsfähigkeit einschließlich der ihrer Industrie zu fördern sowie alle Forschungsmaßnahmen zu unterstützen, die aufgrund anderer Kapitel der Verträge für erforderlich gehalten werden.

(2) In diesem Sinne unterstützt sie in der gesamten Union die Unternehmen – einschließlich der kleinen und mittleren Unternehmen –, die Forschungszentren und die Hochschulen bei ihren Bemühungen auf dem Gebiet der Forschung und technologischen Entwicklung von hoher Qualität;

sie fördert ihre Zusammenarbeitsbestrebungen, damit vor allem die Forscher ungehindert über die Grenzen hinweg zusammenarbeiten und die Unternehmen die Möglichkeiten des Binnenmarkts in vollem Umfang nutzen können, und zwar insbesondere durch Öffnen des einzelstaatlichen öffentlichen Auftragswesens, Festlegung gemeinsamer Normen und Beseitigung der dieser Zusammenarbeit entgegenstehenden rechtlichen und steuerlichen Hindernisse.

(3) Alle Maßnahmen der Union aufgrund der Verträge auf dem Gebiet der Forschung und der technologischen Entwicklung einschließlich der Demonstrationsvorhaben werden nach Maßgabe dieses Titels beschlossen und durchgeführt.

Artikel 180

(ex-Artikel 164 EGV)

Zur Erreichung dieser Ziele trifft die Union folgende Maßnahmen, welche die in den Mitgliedstaaten durchgeführten Aktionen ergänzen:

a) Durchführung von Programmen für Forschung, technologische Entwicklung und Demonstration unter Förderung der Zusammenarbeit mit und zwischen Unternehmen, Forschungszentren und Hochschulen;

b) Förderung der Zusammenarbeit mit dritten Ländern und internationalen Organisationen auf dem Gebiet der Forschung, technologischen Entwicklung und Demonstration der Union;

c) Verbreitung und Auswertung der Ergebnisse der Tätigkeiten auf dem Gebiet der Forschung, technologischen Entwicklung und Demonstration der Union;

d) Förderung der Ausbildung und der Mobilität der Forscher aus der Union.

Artikel 181

(ex-Artikel 165 EGV)

(1) Die Union und die Mitgliedstaaten koordinieren ihre Tätigkeiten auf dem Gebiet der Forschung und der technologischen Entwicklung, um die Kohärenz der einzelstaatlichen Politiken und der Politik der Union sicherzustellen.

(2) Die Kommission kann in enger Zusammenarbeit mit den Mitgliedstaaten alle Initiativen ergreifen, die der Koordinierung nach Absatz 1 förderlich sind, insbesondere Initiativen, die darauf abzielen, Leitlinien und Indikatoren festzulegen, den Austausch bewährter Verfahren durchzuführen und die erforderlichen Elemente für eine regelmäßige Überwachung und Bewertung auszuarbeiten. Das Europäische Parlament wird in vollem Umfang unterrichtet.

Artikel 182

(ex-Artikel 166 EGV)

(1) Das Europäische Parlament und der Rat stellen gemäß dem ordentlichen Gesetzgebungsverfahren und nach Anhörung des Wirtschafts- und Sozialausschusses ein mehrjähriges Rahmenprogramm auf, in dem alle Aktionen der Union zusammengefasst werden.

In dem Rahmenprogramm werden

– die wissenschaftlichen und technologischen Ziele, die mit den Maßnahmen nach Artikel 180 erreicht werden sollen, sowie die jeweiligen Prioritäten festgelegt;

– die Grundzüge dieser Maßnahmen angegeben;

– der Gesamthöchstbetrag und die Einzelheiten der finanziellen Beteiligung der Union am Rahmenprogramm sowie die jeweiligen Anteile der vorgesehenen Maßnahmen festgelegt.

(2) Das Rahmenprogramm wird je nach Entwicklung der Lage angepasst oder ergänzt.

(3) Die Durchführung des Rahmenprogramms erfolgt durch spezifische Programme, die innerhalb einer jeden Aktion entwickelt werden. In jedem spezifischen Programm werden die Einzelheiten seiner Durchführung, seine Laufzeit und die für notwendig erachteten Mittel festgelegt. Die Summe der in den spezifischen Programmen für notwendig erachteten Beträge darf den für das Rahmenprogramm und für jede Aktion festgesetzten Gesamthöchstbetrag nicht überschreiten.

(4) Die spezifischen Programme werden vom Rat gemäß einem besonderen Gesetzgebungsverfahren nach Anhörung des Europäischen Parlaments und des Wirtschafts- und Sozialausschusses beschlossen.

(5) Ergänzend zu den in dem mehrjährigen Rahmenprogramm vorgesehenen Aktionen erlassen das Europäische Parlament und der Rat gemäß dem ordentlichen Gesetzgebungsverfahren und nach Anhörung des Wirtschafts- und Sozialausschusses die Maßnahmen, die für die Verwirklichung des Europäischen Raums der Forschung notwendig sind.

Artikel 183

(ex-Artikel 167 EGV)

Zur Durchführung des mehrjährigen Rahmenprogramms legt die Union Folgendes fest:

– die Regeln für die Beteiligung der Unternehmen, der Forschungszentren und der Hochschulen;

– "die Regeln für die Verbreitung der Forschungsergebnisse.

Artikel 184

(ex-Artikel 168 EGV)

Bei der Durchführung des mehrjährigen Rahmenprogramms können Zusatzprogramme beschlossen werden, an denen nur bestimmte Mitgliedstaaten teilnehmen, die sie vorbehaltlich einer etwaigen Beteiligung der Union auch finanzieren.

Die Union legt die Regeln für die Zusatzprogramme fest, insbesondere hinsichtlich der Verbreitung der Kenntnisse und des Zugangs anderer Mitgliedstaaten.

Artikel 185

(ex-Artikel 169 EGV)

Die Union kann im Einvernehmen mit den betreffenden Mitgliedstaaten bei der Durchführung des mehrjährigen Rahmenprogramms eine Beteiligung an Forschungs- und Entwicklungsprogrammen mehrerer Mitgliedstaaten, einschließlich der Beteiligung an den zu ihrer Durchführung geschaffenen Strukturen, vorsehen.

Artikel 186

(ex-Artikel 170 EGV)

Die Union kann bei der Durchführung des mehrjährigen Rahmenprogramms eine Zusammenarbeit auf dem Gebiet der Forschung, technologischen Entwicklung und Demonstration der Union mit dritten Ländern oder internationalen Organisationen vorsehen.

Die Einzelheiten dieser Zusammenarbeit können Gegenstand von Abkommen zwischen der Union und den betreffenden dritten Parteien sein.

Artikel 187

(ex-Artikel 171 EGV)

Die Union kann gemeinsame Unternehmen gründen oder andere Strukturen schaffen, die für die ordnungsgemäße Durchführung der Programme für Forschung, technologische Entwicklung und Demonstration der Union erforderlich sind.

Artikel 188

(ex-Artikel 172)

Der Rat legt auf Vorschlag der Kommission und nach Anhörung des Europäischen Parlaments und des Wirtschafts- und Sozialausschusses die in Artikel 187 vorgesehenen Bestimmungen fest.

Das Europäische Parlament und der Rat legen gemäß dem ordentlichen Gesetzgebungsverfahren und nach Anhörung des Wirtschafts- und Sozialausschusses die in den Artikeln 183, 184 und 185 vorgesehenen Bestimmungen fest. Für die Verabschiedung der Zusatzprogramme ist die Zustimmung der daran beteiligten Mitgliedstaaten erforderlich.

Artikel 189

(1) Zur Förderung des wissenschaftlichen und technischen Fortschritts, der Wettbewerbsfähigkeit der Industrie und der Durchführung ihrer Politik arbeitet die Union eine europäische Raumfahrtpolitik aus. Sie kann zu diesem Zweck gemeinsame Initiativen fördern, die Forschung und technologische Entwicklung unterstützen und die Anstrengungen zur Erforschung und Nutzung des Weltraums koordinieren.

(2) Als Beitrag zur Erreichung der Ziele des Absatzes 1 werden vom Europäischen Parlament und vom Rat unter Ausschluss jeglicher Harmonisierung der Rechtsvorschriften der Mitgliedstaaten gemäß dem ordentlichen Gesetzgebungsverfahren die notwendigen Maßnahmen erlassen, was in Form eines europäischen Raumfahrtprogramms geschehen kann.

(3) Die Union stellt die zweckdienlichen Verbindungen zur Europäischen Weltraumorganisation her.

(4) Dieser Artikel gilt unbeschadet der sonstigen Bestimmungen dieses Titels.

Artikel 190

(ex-Artikel 173 EGV)

Zu Beginn jedes Jahres unterbreitet die Kommission dem Europäischen Parlament und dem Rat einen Bericht. Dieser Bericht erstreckt sich insbesondere auf die Tätigkeiten auf dem Gebiet der Forschung und technologischen Entwicklung und der Verbreitung der Ergebnisse dieser Tätigkeiten während des Vorjahres sowie auf das Arbeitsprogramm des laufenden Jahres.

TITEL XX

UMWELT

Artikel 191

(ex-Artikel 174 EGV)

(1) Die Umweltpolitik der Union trägt zur Verfolgung der nachstehenden Ziele bei:

- Erhaltung und Schutz der Umwelt sowie Verbesserung ihrer Qualität;
- Schutz der menschlichen Gesundheit;

– umsichtige und rationelle Verwendung der natürlichen Ressourcen;

– Förderung von Maßnahmen auf internationaler Ebene zur Bewältigung regionaler oder globaler Umweltprobleme und insbesondere zur Bekämpfung des Klimawandels.

(2) Die Umweltpolitik der Union zielt unter Berücksichtigung der unterschiedlichen Gegebenheiten in den einzelnen Regionen der Union auf ein hohes Schutzniveau ab. Sie beruht auf den Grundsätzen der Vorsorge und Vorbeugung, auf dem Grundsatz, Umweltbeeinträchtigungen mit Vorrang an ihrem Ursprung zu bekämpfen, sowie auf dem Verursacherprinzip.

Im Hinblick hierauf umfassen die den Erfordernissen des Umweltschutzes entsprechenden Harmonisierungsmaßnahmen gegebenenfalls eine Schutzklausel, mit der die Mitgliedstaaten ermächtigt werden, aus nicht wirtschaftlich bedingten umweltpolitischen Gründen vorläufige Maßnahmen zu treffen, die einem Kontrollverfahren der Union unterliegen.

(3) Bei der Erarbeitung ihrer Umweltpolitik berücksichtigt die Union

– die verfügbaren wissenschaftlichen und technischen Daten;

– die Umweltbedingungen in den einzelnen Regionen der Union;

– die Vorteile und die Belastung aufgrund des Tätigwerdens bzw. eines Nichttätigwerdens;

– die wirtschaftliche und soziale Entwicklung der Union insgesamt sowie die ausgewogene Entwicklung ihrer Regionen.

Art 216 AEUV

(4) Die Union und die Mitgliedstaaten arbeiten im Rahmen ihrer jeweiligen Befugnisse mit dritten Ländern und den zuständigen internationalen Organisationen zusammen. Die Einzelheiten der Zusammenarbeit der Union können Gegenstand von Abkommen zwischen dieser und den betreffenden dritten Parteien sein.

Unterabsatz 1 berührt nicht die Zuständigkeit der Mitgliedstaaten, in internationalen Gremien zu verhandeln und internationale Abkommen zu schließen.

Artikel 192

(ex-Artikel 175 EGV)

(1) Das Europäische Parlament und der Rat beschließen gemäß dem ordentlichen Gesetzgebungsverfahren und nach Anhörung des Wirtschafts- und Sozialausschusses sowie des Ausschusses der Regionen über das Tätigwerden der Union zur Erreichung der in Artikel 191 genannten Ziele.

(2) Abweichend von dem Beschlussverfahren des Absatzes 1 und unbeschadet des Artikels 114 erlässt der Rat gemäß einem besonderen Gesetzgebungsverfahren nach Anhörung des Europäischen Parlaments, des Wirtschafts- und Sozialausschusses sowie des Ausschusses der Regionen einstimmig

a) Vorschriften überwiegend steuerlicher Art;

b) Maßnahmen, die

– die Raumordnung berühren,

– die mengenmäßige Bewirtschaftung der Wasserressourcen berühren oder die Verfügbarkeit dieser Ressourcen mittelbar oder unmittelbar betreffen,

– die Bodennutzung mit Ausnahme der Abfallbewirtschaftung berühren;

c) Maßnahmen, welche die Wahl eines Mitgliedstaats zwischen verschiedenen Energiequellen und die allgemeine Struktur seiner Energieversorgung erheblich berühren.

Der Rat kann auf Vorschlag der Kommission und nach Anhörung des Europäischen Parlaments, des Wirtschafts- und Sozialausschusses und des Ausschusses der Regionen einstimmig festlegen, dass für die in Unterabsatz 1 genannten Bereiche das ordentliche Gesetzgebungsverfahren gilt.

(3) Das Europäische Parlament und der Rat beschließen gemäß dem ordentlichen Gesetzgebungsverfahren und nach Anhörung des Wirtschafts- und Sozialausschusses sowie des Ausschusses der Regionen allgemeine Aktionsprogramme, in denen die vorrangigen Ziele festgelegt werden.

Die zur Durchführung dieser Programme erforderlichen Maßnahmen werden, je nach Fall, nach dem in Absatz 1 beziehungsweise Absatz 2 vorgesehenen Verfahren erlassen.

(4) Unbeschadet bestimmter Maßnahmen der Union tragen die Mitgliedstaaten für die Finanzierung und Durchführung der Umweltpolitik Sorge.

(5) Sofern eine Maßnahme nach Absatz 1 mit unverhältnismäßig hohen Kosten für die Behörden eines Mitgliedstaats verbunden ist, werden darin unbeschadet des Verursacherprinzips geeignete Bestimmungen in folgender Form vorgesehen:

– vorübergehende Ausnahmeregelungen und/oder

– eine finanzielle Unterstützung aus dem nach Artikel 177 errichteten Kohäsionsfonds.

Artikel 193

(ex-Artikel 176 EGV)

Die Schutzmaßnahmen, die aufgrund des Artikels 192 getroffen werden, hindern die einzelnen Mitgliedstaaten nicht daran, verstärkte Schutzmaßnahmen beizubehalten oder zu ergreifen. Die betreffenden Maßnahmen müssen mit den Verträgen vereinbar sein. Sie werden der Kommission notifiziert.

TITEL XXI

ENERGIE

Artikel 194

(1) Die Energiepolitik der Union verfolgt im Geiste der Solidarität zwischen den Mitgliedstaaten im Rahmen der Verwirklichung oder des Funktionierens des Binnenmarkts und unter Berücksichtigung der Notwendigkeit der Erhaltung und Verbesserung der Umwelt folgende Ziele:

a) Sicherstellung des Funktionierens des Energiemarkts;

b) Gewährleistung der Energieversorgungssicherheit in der Union;

c) Förderung der Energieeffizienz und von Energieeinsparungen sowie Entwicklung neuer und erneuerbarer Energiequellen und

d) Förderung der Interkonnektion der Energienetze.

(2) Unbeschadet der Anwendung anderer Bestimmungen der Verträge erlassen das Europäische Parlament und der Rat gemäß dem ordentlichen Gesetzgebungsverfahren die Maßnahmen, die erforderlich sind, um die Ziele nach Absatz 1 zu verwirklichen. Der Erlass dieser Maßnahmen erfolgt nach Anhörung des Wirtschafts- und Sozialausschusses und des Ausschusses der Regionen.

Diese Maßnahmen berühren unbeschadet des Artikels 192 Absatz 2 Buchstabe c nicht das Recht eines Mitgliedstaats, die Bedingungen für die Nutzung seiner Energieressourcen, seine Wahl zwischen verschiedenen Energiequellen und die allgemeine Struktur seiner Energieversorgung zu bestimmen.

(3) Abweichend von Absatz 2 erlässt der Rat die darin genannten Maßnahmen gemäß einem besonderen Gesetzgebungsverfahren einstimmig nach Anhörung des Europäischen Parlaments, wenn sie überwiegend steuerlicher Art sind.

TITEL XXII

TOURISMUS

Artikel 195

(1) Die Union ergänzt die Maßnahmen der Mitgliedstaaten im Tourismussektor, insbesondere durch die Förderung der Wettbewerbsfähigkeit der Unternehmen der Union in diesem Sektor.

Die Union verfolgt zu diesem Zweck mit ihrer Tätigkeit das Ziel,

a) die Schaffung eines günstigen Umfelds für die Entwicklung der Unternehmen in diesem Sektor anzuregen;

b) die Zusammenarbeit zwischen den Mitgliedstaaten insbesondere durch den Austausch bewährter Praktiken zu unterstützen.

(2) Das Europäische Parlament und der Rat erlassen unter Ausschluss jeglicher Harmonisierung der Rechtsvorschriften der Mitgliedstaaten gemäß dem ordentlichen Gesetzgebungsverfahren die spezifischen Maßnahmen zur Ergänzung der Maßnahmen, die die Mitgliedstaaten zur Verwirklichung der in diesem Artikel genannten Ziele durchführen.

TITEL XXIII

KATASTROPHENSCHUTZ

Artikel 196

(1) Die Union fördert die Zusammenarbeit zwischen den Mitgliedstaaten, um die Systeme zur Verhütung von Naturkatastrophen oder von vom Menschen verursachten Katastrophen und zum Schutz vor solchen Katastrophen wirksamer zu gestalten.

Die Tätigkeit der Union hat folgende Ziele:

a) Unterstützung und Ergänzung der Tätigkeit der Mitgliedstaaten auf nationaler, regionaler und kommunaler Ebene im Hinblick auf die Risikoprävention, auf die Ausbildung der in den Mitgliedstaaten am Katastrophenschutz Beteiligten und auf Einsätze im Falle von Naturkatastrophen oder von vom Menschen verursachten Katastrophen in der Union;

b) Förderung einer schnellen und effizienten Zusammenarbeit in der Union zwischen den einzelstaatlichen Katastrophenschutzstellen;

c) Verbesserung der Kohärenz der Katastrophenschutzmaßnahmen auf internationaler Ebene.

(2) Das Europäische Parlament und der Rat erlassen unter Ausschluss jeglicher Harmonisierung der Rechtsvorschriften der Mitgliedstaaten gemäß dem ordentlichen Gesetzgebungsverfahren die erforderlichen Maßnahmen zur Verfolgung der Ziele des Absatzes 1.

TITEL XXIV

VERWALTUNGSZUSAMMENARBEIT

Artikel 197

(1) Die für das ordnungsgemäße Funktionieren der Union entscheidende effektive Durchführung des Unionsrechts durch die Mitgliedstaaten ist als Frage von gemeinsamem Interesse anzusehen.

(2) Die Union kann die Mitgliedstaaten in ihren Bemühungen um eine Verbesserung der Fähigkeit ihrer Verwaltung zur Durchführung des Unions-

rechts unterstützen. Dies kann insbesondere die Erleichterung des Austauschs von Informationen und von Beamten sowie die Unterstützung von Aus- und Weiterbildungsprogrammen beinhalten. Die Mitgliedstaaten müssen diese Unterstützung nicht in Anspruch nehmen. Das Europäische Parlament und der Rat erlassen die erforderlichen Maßnahmen unter Ausschluss jeglicher Harmonisierung der Rechtsvorschriften der Mitgliedstaaten durch Verordnungen gemäß dem ordentlichen Gesetzgebungsverfahren.

(3) Dieser Artikel berührt weder die Verpflichtung der Mitgliedstaaten, das Unionsrecht durchzuführen, noch die Befugnisse und Pflichten der Kommission. Er berührt auch nicht die übrigen Bestimmungen der Verträge, in denen eine Verwaltungszusammenarbeit unter den Mitgliedstaaten sowie zwischen diesen und der Union vorgesehen ist.

VIERTER TEIL
DIE ASSOZIIERUNG DER ÜBERSEEISCHEN LÄNDER UND HOHEITSGEBIETE

Artikel 198

(ex-Artikel 182 EGV)

Die Mitgliedstaaten kommen überein, die außereuropäischen Länder und Hoheitsgebiete, die mit Dänemark, Frankreich, den Niederlanden und dem Vereinigten Königreich besondere Beziehungen unterhalten, der Union zu assoziieren. Diese Länder und Hoheitsgebiete, im Folgenden als „Länder und Hoheitsgebiete" bezeichnet, sind in Anhang II aufgeführt.

Ziel der Assoziierung ist die Förderung der wirtschaftlichen und sozialen Entwicklung der Länder und Hoheitsgebiete und die Herstellung enger Wirtschaftsbeziehungen zwischen ihnen und der gesamten Union.

Entsprechend den in der Präambel dieses Vertrags aufgestellten Grundsätzen soll die Assoziierung in erster Linie den Interessen der Einwohner dieser Länder und Hoheitsgebiete dienen und ihren Wohlstand fördern, um sie der von ihnen erstrebten wirtschaftlichen, sozialen und kulturellen Entwicklung entgegenzuführen.

Artikel 199

(ex-Artikel 183 EGV)

Mit der Assoziierung werden folgende Zwecke verfolgt:

1. Die Mitgliedstaaten wenden auf ihren Handelsverkehr mit den Ländern und Hoheitsgebieten das System an, das sie aufgrund der Verträge untereinander anwenden.

2. Jedes Land oder Hoheitsgebiet wendet auf seinen Handelsverkehr mit den Mitgliedstaaten und den anderen Ländern und Hoheitsgebieten das System an, das es auf den europäischen Staat anwendet, mit dem es besondere Beziehungen unterhält.

3. Die Mitgliedstaaten beteiligen sich an den Investitionen, welche die fortschreitende Entwicklung dieser Länder und Hoheitsgebiete erfordert.

4. Bei Ausschreibungen und Lieferungen für Investitionen, die von der Union finanziert werden, steht die Beteiligung zu gleichen Bedingungen allen natürlichen und juristischen Personen offen, welche die Staatsangehörigkeit der Mitgliedstaaten oder der Länder oder Hoheitsgebiete besitzen.

5. Soweit aufgrund des Artikels 203 nicht Sonderregelungen getroffen werden, gelten zwischen den Mitgliedstaaten und den Ländern und Hoheitsgebieten für das Niederlassungsrecht ihrer Staatsangehörigen und Gesellschaften die Bestimmungen und Verfahrensregeln des Kapitels Niederlassungsfreiheit, und zwar unter Ausschluss jeder Diskriminierung.

Artikel 200

(ex-Artikel 184 EGV)

(1) Zölle bei der Einfuhr von Waren aus den Ländern und Hoheitsgebieten in die Mitgliedstaaten sind verboten; dies geschieht nach Maßgabe des in den Verträgen vorgesehenen Verbots von Zöllen zwischen den Mitgliedstaaten.

(2) In jedem Land und Hoheitsgebiet sind Zölle bei der Einfuhr von Waren aus den Mitgliedstaaten und den anderen Ländern und Hoheitsgebieten nach Maßgabe des Artikels 30 verboten.

(3) Die Länder und Hoheitsgebiete können jedoch Zölle erheben, die den Erfordernissen ihrer Entwicklung und Industrialisierung entsprechen oder als Finanzzölle der Finanzierung ihres Haushalts dienen.

Die in Unterabsatz 1 genannten Zölle dürfen nicht höher sein als diejenigen, die für die Einfuhr von Waren aus dem Mitgliedstaat gelten, mit dem das entsprechende Land oder Hoheitsgebiet besondere Beziehungen unterhält.

(4) Absatz 2 gilt nicht für die Länder und Hoheitsgebiete, die aufgrund besonderer internationaler Verpflichtungen bereits einen nichtdiskriminierenden Zolltarif anwenden.

(5) Die Festlegung oder Änderung der Zollsätze für Waren, die in die Länder und Hoheitsgebiete eingeführt werden, darf weder rechtlich noch tatsächlich zu einer mittelbaren oder unmittelbaren Diskriminierung zwischen den Einfuhren aus den einzelnen Mitgliedstaaten führen.

Artikel 201

(ex-Artikel 185 EGV)

Ist die Höhe der Zollsätze, die bei der Einfuhr in ein Land oder Hoheitsgebiet für Waren aus einem dritten Land gelten, bei Anwendung des Artikels 200 Absatz 1 geeignet, Verkehrsverlagerungen zum Nachteil eines Mitgliedstaats hervorzurufen, so kann dieser die Kommission ersuchen, den anderen Mitgliedstaaten die erforderlichen Abhilfemaßnahmen vorzuschlagen.

Artikel 202

(ex-Artikel 186 EGV)

Vorbehaltlich der Bestimmungen über die Volksgesundheit und die öffentliche Sicherheit und Ordnung werden für die Freizügigkeit der Arbeitskräfte aus den Ländern und Hoheitsgebieten in den Mitgliedstaaten und der Arbeitskräfte aus den Mitgliedstaaten in den Ländern und Hoheitsgebieten Rechtsakte nach Artikel 203 erlassen.

Artikel 203

(ex-Artikel 187 EGV)

Der Rat erlässt einstimmig auf Vorschlag der Kommission und aufgrund der im Rahmen der Assoziierung der Länder und Hoheitsgebiete an die Union erzielten Ergebnisse und der Grundsätze der Verträge die Bestimmungen über die Einzelheiten und das Verfahren für die Assoziierung der Länder und Hoheitsgebiete an die Union. Werden diese Bestimmungen vom Rat gemäß einem besonderen Gesetzgebungsverfahren angenommen, so beschließt er einstimmig auf Vorschlag der Kommission nach Anhörung des Europäischen Parlaments.

Artikel 204

(ex-Artikel 188 EGV)

Die Artikel 198 bis 203 sind auf Grönland anwendbar, vorbehaltlich der spezifischen Bestimmungen für Grönland in dem Protokoll über die Sonderregelung für Grönland im Anhang zu den Verträgen.

FÜNFTER TEIL

DAS AUSWÄRTIGE HANDELN DER UNION

TITEL I

ALLGEMEINE BESTIMMUNGEN ÜBER DAS AUSWÄRTIGE HANDELN DER UNION

Artikel 205

Das Handeln der Union auf internationaler Ebene im Rahmen dieses Teils wird von den Grundsätzen bestimmt, von den Zielen geleitet und an den allgemeinen Bestimmungen ausgerichtet, die in Titel V Kapitel 1 des Vertrags über die Europäische Union niedergelegt sind.

TITEL II

GEMEINSAME HANDELSPOLITIK

Artikel 206

(ex-Artikel 131 EGV)

Durch die Schaffung einer Zollunion nach den Artikeln 28 bis 32 trägt die Union im gemeinsamen Interesse zur harmonischen Entwicklung des Welthandels, zur schrittweisen Beseitigung der Beschränkungen im internationalen Handelsverkehr und bei den ausländischen Direktinvestitionen sowie zum Abbau der Zollschranken und anderer Schranken bei.

Artikel 207

(ex-Artikel 133 EGV)

(1) Die gemeinsame Handelspolitik wird nach einheitlichen Grundsätzen gestaltet; dies gilt insbesondere für die Änderung von Zollsätzen, für den Abschluss von Zoll- und Handelsabkommen, die den Handel mit Waren und Dienstleistungen betreffen, und für die Handelsaspekte des geistigen Eigentums, die ausländischen Direktinvestitionen, die Vereinheitlichung der Liberalisierungsmaßnahmen, die Ausfuhrpolitik sowie die handelspolitischen Schutzmaßnahmen, zum Beispiel im Fall von Dumping und Subventionen. Die gemeinsame Handelspolitik wird im Rahmen der Grundsätze und Ziele des auswärtigen Handelns der Union gestaltet.

(2) Das Europäische Parlament und der Rat erlassen durch Verordnungen gemäß dem ordentlichen Gesetzgebungsverfahren die Maßnahmen, mit denen der Rahmen für die Umsetzung der gemeinsamen Handelspolitik bestimmt wird.

(3) Sind mit einem oder mehreren Drittländern oder internationalen Organisationen Abkommen

auszuhandeln und zu schließen, so findet Artikel 218 vorbehaltlich der besonderen Bestimmungen dieses Artikels Anwendung.

Die Kommission legt dem Rat Empfehlungen vor; dieser ermächtigt die Kommission zur Aufnahme der erforderlichen Verhandlungen. Der Rat und die Kommission haben dafür Sorge zu tragen, dass die ausgehandelten Abkommen mit der internen Politik und den internen Vorschriften der Union vereinbar sind.

Die Kommission führt diese Verhandlungen im Benehmen mit einem zu ihrer Unterstützung vom Rat bestellten Sonderausschuss und nach Maßgabe der Richtlinien, die ihr der Rat erteilen kann. Die Kommission erstattet dem Sonderausschuss sowie dem Europäischen Parlament regelmäßig Bericht über den Stand der Verhandlungen.

(4) Über die Aushandlung und den Abschluss der in Absatz 3 genannten Abkommen beschließt der Rat mit qualifizierter Mehrheit.

Über die Aushandlung und den Abschluss eines Abkommens über den Dienstleistungsverkehr, über Handelsaspekte des geistigen Eigentums oder über ausländische Direktinvestitionen beschließt der Rat einstimmig, wenn das betreffende Abkommen Bestimmungen enthält, bei denen für die Annahme interner Vorschriften Einstimmigkeit erforderlich ist.

Der Rat beschließt ebenfalls einstimmig über die Aushandlung und den Abschluss von Abkommen in den folgenden Bereichen:

a) Handel mit kulturellen und audiovisuellen Dienstleistungen, wenn diese Abkommen die kulturelle und sprachliche Vielfalt in der Union beeinträchtigen könnten;

b) Handel mit Dienstleistungen des Sozial- des Bildungs- und des Gesundheitssektors, wenn diese Abkommen die einzelstaatliche Organisation dieser Dienstleistungen ernsthaft stören und die Verantwortlichkeit der Mitgliedstaaten für ihre Erbringung beeinträchtigen könnten.

(5) Für die Aushandlung und den Abschluss von internationalen Abkommen im Bereich des Verkehrs gelten der Dritte Teil Titel VI sowie Artikel 218.

(6) Die Ausübung der durch diesen Artikel übertragenen Zuständigkeiten im Bereich der gemeinsamen Handelspolitik hat keine Auswirkungen auf die Abgrenzung der Zuständigkeiten zwischen der Union und den Mitgliedstaaten und führt nicht zu einer Harmonisierung der Rechtsvorschriften der Mitgliedstaaten, soweit eine solche Harmonisierung in den Verträgen ausgeschlossen wird.

TITEL III

ZUSAMMENARBEIT MIT DRITTLÄNDERN UND HUMANITÄRE HILFE

KAPITEL 1

ENTWICKLUNGSZUSAMMENARBEIT

Artikel 208

(ex-Artikel 177 EGV)

(1) Die Politik der Union auf dem Gebiet der Entwicklungszusammenarbeit wird im Rahmen der Grundsätze und Ziele des auswärtigen Handelns der Union durchgeführt. Die Politik der Union und die Politik der Mitgliedstaaten auf dem Gebiet der Entwicklungszusammenarbeit ergänzen und verstärken sich gegenseitig.

Hauptziel der Unionspolitik in diesem Bereich ist die Bekämpfung und auf längere Sicht die Beseitigung der Armut. Bei der Durchführung politischer Maßnahmen, die sich auf die Entwicklungsländer auswirken können, trägt die Union den Zielen der Entwicklungszusammenarbeit Rechnung.

(2) Die Union und die Mitgliedstaaten kommen den im Rahmen der Vereinten Nationen und anderer zuständiger internationaler Organisationen gegebenen Zusagen nach und berücksichtigen die in diesem Rahmen gebilligten Zielsetzungen.

Artikel 209

(ex-Artikel 179 EGV)

(1) Das Europäische Parlament und der Rat erlassen gemäß dem ordentlichen Gesetzgebungsverfahren die zur Durchführung der Politik im Bereich der Entwicklungszusammenarbeit erforderlichen Maßnahmen; diese Maßnahmen können Mehrjahresprogramme für die Zusammenarbeit mit Entwicklungsländern oder thematische Programme betreffen.

(2) Die Union kann mit Drittländern und den zuständigen internationalen Organisationen alle Übereinkünfte schließen, die zur Verwirklichung der Ziele des Artikels 21 des Vertrags über die Europäische Union und des Artikels 208 dieses Vertrags beitragen.

Unterabsatz 1 berührt nicht die Zuständigkeit der Mitgliedstaaten, in internationalen Gremien zu verhandeln und Übereinkünfte zu schließen.

(3) Die Europäische Investitionsbank trägt nach Maßgabe ihrer Satzung zur Durchführung der Maßnahmen im Sinne des Absatzes 1 bei.

Artikel 210

(ex-Artikel 180 EGV)

(1) Die Union und die Mitgliedstaaten koordinieren ihre Politik auf dem Gebiet der Entwicklungszusammenarbeit und stimmen ihre Hilfsprogramme aufeinander ab, auch in internationalen Organisationen und auf internationalen Konferenzen, damit ihre Maßnahmen einander besser ergänzen und wirksamer sind. Sie können gemeinsame Maßnahmen ergreifen. Die Mitgliedstaaten tragen erforderlichenfalls zur Durchführung der Hilfsprogramme der Union bei.

(2) Die Kommission kann alle Initiativen ergreifen, die der in Absatz 1 genannten Koordinierung förderlich sind.

Artikel 211

(ex-Artikel 181 EGV)

Die Union und die Mitgliedstaaten arbeiten im Rahmen ihrer jeweiligen Befugnisse mit dritten Ländern und den zuständigen internationalen Organisationen zusammen.

KAPITEL 2

WIRTSCHAFTLICHE, FINANZIELLE UND TECHNISCHE ZUSAMMENARBEIT MIT DRITTLÄNDERN

Artikel 212

(ex-Artikel 181a EGV)

(1) Unbeschadet der übrigen Bestimmungen der Verträge, insbesondere der Artikel 208 bis 211, führt die Union mit Drittländern, die keine Entwicklungsländer sind, Maßnahmen der wirtschaftlichen, finanziellen und technischen Zusammenarbeit durch, die auch Unterstützung, insbesondere im finanziellen Bereich, einschließen. Diese Maßnahmen stehen mit der Entwicklungspolitik der Union im Einklang und werden im Rahmen der Grundsätze und Ziele ihres auswärtigen Handelns durchgeführt. Die Maßnahmen der Union und die Maßnahmen der Mitgliedstaaten ergänzen und verstärken sich gegenseitig.

(2) Das Europäische Parlament und der Rat erlassen gemäß dem ordentlichen Gesetzgebungsverfahren die zur Durchführung des Absatzes 1 erforderlichen Maßnahmen.

(3) Die Union und die Mitgliedstaaten arbeiten im Rahmen ihrer jeweiligen Zuständigkeiten mit Drittländern und den zuständigen internationalen Organisationen zusammen. Die Einzelheiten der Zusammenarbeit der Union können in Abkommen zwischen dieser und den betreffenden dritten Parteien geregelt werden.

Unterabsatz 1 berührt nicht die Zuständigkeit der Mitgliedstaaten, in internationalen Gremien zu verhandeln und internationale Abkommen zu schließen.

Artikel 213

Ist es aufgrund der Lage in einem Drittland notwendig, dass die Union umgehend finanzielle Hilfe leistet, so erlässt der Rat auf Vorschlag der Kommission die erforderlichen Beschlüsse.

KAPITEL 3

HUMANITÄRE HILFE

Artikel 214

(1) Den Rahmen für die Maßnahmen der Union im Bereich der humanitären Hilfe bilden die Grundsätze und Ziele des auswärtigen Handelns der Union. Die Maßnahmen dienen dazu, Einwohnern von Drittländern, die von Naturkatastrophen oder von vom Menschen verursachten Katastrophen betroffen sind, gezielt Hilfe, Rettung und Schutz zu bringen, damit die aus diesen Notständen resultierenden humanitären Bedürfnisse gedeckt werden können. Die Maßnahmen der Union und die Maßnahmen der Mitgliedstaaten ergänzen und verstärken sich gegenseitig.

(2) Die Maßnahmen der humanitären Hilfe werden im Einklang mit den Grundsätzen des Völkerrechts sowie den Grundsätzen der Unparteilichkeit, der Neutralität und der Nichtdiskriminierung durchgeführt.

(3) Das Europäische Parlament und der Rat legen gemäß dem ordentlichen Gesetzgebungsverfahren die Maßnahmen zur Festlegung des Rahmens fest, innerhalb dessen die Maßnahmen der humanitären Hilfe der Union durchgeführt werden.

(4) Die Union kann mit Drittländern und den zuständigen internationalen Organisationen alle Übereinkünfte schließen, die zur Verwirklichung der Ziele des Absatzes 1 und des Artikels 21 des Vertrags über die Europäische Union beitragen.

Unterabsatz 1 berührt nicht die Zuständigkeit der Mitgliedstaaten, in internationalen Gremien zu verhandeln und Übereinkünfte zu schließen.

(5) Als Rahmen für gemeinsame Beiträge der jungen Europäer zu den Maßnahmen der humanitären Hilfe der Union wird ein Europäisches Freiwilligenkorps für humanitäre Hilfe geschaffen. Das Europäische Parlament und der Rat legen gemäß dem ordentlichen Gesetzgebungsverfahren durch Verordnungen die Rechtsstellung und die Einzelheiten der Arbeitsweise des Korps fest.

(6) Die Kommission kann alle Initiativen ergreifen, die der Koordinierung zwischen den Maßnah-

men der Union und denen der Mitgliedstaaten förderlich sind, damit die Programme der Union und der Mitgliedstaaten im Bereich der humanitären Hilfe wirksamer sind und einander besser ergänzen.

(7) Die Union trägt dafür Sorge, dass ihre Maßnahmen der humanitären Hilfe mit den Maßnahmen der internationalen Organisationen und Einrichtungen, insbesondere derer, die zum System der Vereinten Nationen gehören, abgestimmt werden und im Einklang mit ihnen stehen.

TITEL IV
RESTRIKTIVE MASSNAHMEN

Artikel 215

Art 75 AEUV

(ex-Artikel 301 EGV)

(1) Sieht ein nach Titel V Kapitel 2 des Vertrags über die Europäische Union erlassener Beschluss die Aussetzung, Einschränkung oder vollständige Einstellung der Wirtschafts- und Finanzbeziehungen zu einem oder mehreren Drittländern vor, so erlässt der Rat die erforderlichen Maßnahmen mit qualifizierter Mehrheit auf gemeinsamen Vorschlag des Hohen Vertreters der Union für Außen- und Sicherheitspolitik und der Kommission. Er unterrichtet hierüber das Europäische Parlament.

(2) Sieht ein nach Titel V Kapitel 2 des Vertrags über die Europäische Union erlassener Beschluss dies vor, so kann der Rat nach dem Verfahren des Absatzes 1 restriktive Maßnahmen gegen natürliche oder juristische Personen sowie Gruppierungen oder nichtstaatliche Einheiten erlassen.

(3) In den Rechtsakten nach diesem Artikel müssen die erforderlichen Bestimmungen über den Rechtsschutz vorgesehen sein.

TITEL V
INTERNATIONALE ÜBEREINKÜNFTE

Artikel 216

(1) Die Union kann mit einem oder mehreren Drittländern oder einer oder mehreren internationalen Organisationen eine Übereinkunft schließen, wenn dies in den Verträgen vorgesehen ist oder wenn der Abschluss einer Übereinkunft im Rahmen der Politik der Union entweder zur Verwirklichung eines der in den Verträgen festgesetzten Ziele erforderlich oder in einem verbindlichen Rechtsakt der Union vorgesehen ist oder aber gemeinsame Vorschriften beeinträchtigen oder deren Anwendungsbereich ändern könnte.

(2) Die von der Union geschlossenen Übereinkünfte binden die Organe der Union und die Mitgliedstaaten.

Art 207, 209, 217
Art 37 EUV

Artikel 217

(ex-Artikel 310 EGV)

Die Union kann mit einem oder mehreren Drittländern oder einer oder mehreren internationalen Organisationen Abkommen schließen, die eine Assoziierung mit gegenseitigen Rechten und Pflichten, gemeinsamem Vorgehen und besonderen Verfahren herstellen.

Artikel 218

(ex-Artikel 300 EGV)

(1) Unbeschadet der besonderen Bestimmungen des Artikels 207 werden Übereinkünfte zwischen der Union und Drittländern oder internationalen Organisationen nach dem im Folgenden beschriebenen Verfahren ausgehandelt und geschlossen.

(2) Der Rat erteilt eine Ermächtigung zur Aufnahme von Verhandlungen, legt Verhandlungsrichtlinien fest, genehmigt die Unterzeichnung und schließt die Übereinkünfte.

(3) Die Kommission oder, wenn sich die geplante Übereinkunft ausschließlich oder hauptsächlich auf die Gemeinsame Außen- und Sicherheitspolitik bezieht, der Hohe Vertreter der Union für Außen- und Sicherheitspolitik legt dem Rat Empfehlungen vor; dieser erlässt einen Beschluss über die Ermächtigung zur Aufnahme von Verhandlungen und über die Benennung, je nach dem Gegenstand der geplanten Übereinkunft, des Verhandlungsführers oder des Leiters des Verhandlungsteams der Union.

(4) Der Rat kann dem Verhandlungsführer Richtlinien erteilen und einen Sonderausschuss bestellen; die Verhandlungen sind im Benehmen mit diesem Ausschuss zu führen.

(5) Der Rat erlässt auf Vorschlag des Verhandlungsführers einen Beschluss, mit dem die Unterzeichnung der Übereinkunft und gegebenenfalls deren vorläufige Anwendung vor dem Inkrafttreten genehmigt werden.

(6) Der Rat erlässt auf Vorschlag des Verhandlungsführers einen Beschluss über den Abschluss der Übereinkunft.

Mit Ausnahme der Übereinkünfte, die ausschließlich die Gemeinsame Außen- und Sicherheitspolitik betreffen, erlässt der Rat den Beschluss über den Abschluss der Übereinkunft

a) nach Zustimmung des Europäischen Parlaments in folgenden Fällen:

i) Assoziierungsabkommen;

ii) Übereinkunft über den Beitritt der Union zur Europäischen Konvention zum Schutz der Menschenrechte und Grundfreiheiten;

iii) Übereinkünfte, die durch die Einführung von Zusammenarbeitsverfahren einen besonderen institutionellen Rahmen schaffen;

iv) Übereinkünfte mit erheblichen finanziellen Folgen für die Union;

v) Übereinkünfte in Bereichen, für die entweder das ordentliche Gesetzgebungsverfahren oder, wenn die Zustimmung des Europäischen Parlaments erforderlich ist, das besondere Gesetzgebungsverfahren gilt.

Das Europäische Parlament und der Rat können in dringenden Fällen eine Frist für die Zustimmung vereinbaren.

b) nach Anhörung des Europäischen Parlaments in den übrigen Fällen. Das Europäische Parlament gibt seine Stellungnahme innerhalb einer Frist ab, die der Rat entsprechend der Dringlichkeit festlegen kann. Ergeht innerhalb dieser Frist keine Stellungnahme, so kann der Rat einen Beschluss fassen.

(7) Abweichend von den Absätzen 5, 6 und 9 kann der Rat den Verhandlungsführer bei Abschluss einer Übereinkunft ermächtigen, im Namen der Union Änderungen der Übereinkunft zu billigen, wenn die Übereinkunft vorsieht, dass diese Änderungen im Wege eines vereinfachten Verfahrens oder durch ein durch die Übereinkunft eingesetztes Gremium anzunehmen sind. Der Rat kann diese Ermächtigung gegebenenfalls mit besonderen Bedingungen verbinden.

(8) Der Rat beschließt während des gesamten Verfahrens mit qualifizierter Mehrheit.

Er beschließt jedoch einstimmig, wenn die Übereinkunft einen Bereich betrifft, in dem für den Erlass eines Rechtsakts der Union Einstimmigkeit erforderlich ist, sowie bei Assoziierungsabkommen und Übereinkünften nach Artikel 212 mit beitrittswilligen Staaten. Auch über die Übereinkunft über den Beitritt der Union zur Europäischen Konvention zum Schutz der Menschenrechte und Grundfreiheiten beschließt der Rat einstimmig; der Beschluss zum Abschluss dieser Übereinkunft tritt in Kraft, nachdem die Mitgliedstaaten im Einklang mit ihren jeweiligen verfassungsrechtlichen Vorschriften zugestimmt haben.

(9) Der Rat erlässt auf Vorschlag der Kommission oder des Hohen Vertreters der Union für Außen- und Sicherheitspolitik einen Beschluss über die Aussetzung der Anwendung einer Übereinkunft und zur Festlegung der Standpunkte, die im Namen der Union in einem durch eine Übereinkunft eingesetzten Gremium zu vertreten sind, sofern dieses Gremium rechtswirksame Akte, mit Ausnahme von Rechtsakten zur Ergänzung oder Änderung des institutionellen Rahmens der betreffenden Übereinkunft, zu erlassen hat.

(10) Das Europäische Parlament wird in allen Phasen des Verfahrens unverzüglich und umfassend unterrichtet.

(11) Ein Mitgliedstaat, das Europäische Parlament, der Rat oder die Kommission können ein Gutachten des Gerichtshofs über die Vereinbarkeit einer geplanten Übereinkunft mit den Verträgen einholen. Ist das Gutachten des Gerichtshofs ablehnend, so kann die geplante Übereinkunft nur in Kraft treten, wenn sie oder die Verträge geändert werden.

Artikel 219

(ex-Artikel 111 Absätze 1 bis 3 und Absatz 5 EGV)

(1) Abweichend von Artikel 218 kann der Rat entweder auf Empfehlung der Europäischen Zentralbank oder auf Empfehlung der Kommission und nach Anhörung der Europäischen Zentralbank in dem Bemühen, zu einem mit dem Ziel der Preisstabilität im Einklang stehenden Konsens zu gelangen, förmliche Vereinbarungen über ein Wechselkurssystem für den Euro gegenüber den Währungen von Drittstaaten treffen. Der Rat beschließt nach dem Verfahren des Absatzes 3 einstimmig nach Anhörung des Europäischen Parlaments.

Der Rat kann entweder auf Empfehlung der Europäischen Zentralbank oder auf Empfehlung der Kommission und nach Anhörung der Europäischen Zentralbank in dem Bemühen, zu einem mit dem Ziel der Preisstabilität im Einklang stehenden Konsens zu gelangen, die Euro-Leitkurse innerhalb des Wechselkurssystems festlegen, ändern oder aufgeben. Der Präsident des Rates unterrichtet das Europäische Parlament von der Festlegung, Änderung oder Aufgabe der Euro-Leitkurse.

(2) Besteht gegenüber einer oder mehreren Währungen von Drittstaaten kein Wechselkurssystem nach Absatz 1, so kann der Rat entweder auf Empfehlung der Kommission und nach Anhörung der Europäischen Zentralbank oder auf Empfehlung der Europäischen Zentralbank allgemeine Orientierungen für die Wechselkurspolitik gegenüber diesen Währungen aufstellen. Diese allgemeinen Orientierungen dürfen das vorrangige Ziel des ESZB, die Preisstabilität zu gewährleisten, nicht beeinträchtigen.

(3) Wenn von der Union mit einem oder mehreren Drittstaaten oder internationalen Organisationen Vereinbarungen im Zusammenhang mit Währungsfragen oder Devisenregelungen auszuhandeln sind, beschließt der Rat abweichend von Artikel 218 auf Empfehlung der Kommission und nach Anhörung der Europäischen Zentralbank die Modalitäten für die Aushandlung und den Abschluss solcher Vereinbarungen. Mit diesen Modalitäten wird gewährleistet, dass die Union einen einheitlichen Standpunkt vertritt. Die

Kommission wird an den Verhandlungen in vollem Umfang beteiligt.

(4) Die Mitgliedstaaten haben das Recht, unbeschadet der Unionszuständigkeit und der Unionsvereinbarungen über die Wirtschafts- und Währungsunion in internationalen Gremien Verhandlungen zu führen und internationale Vereinbarungen zu treffen.

TITEL VI

BEZIEHUNGEN DER UNION ZU INTERNATIONALEN ORGANISATIONEN UND DRITTLÄNDERN SOWIE DELEGATIONEN DER UNION

Artikel 220

(ex-Artikel 302 bis 304 EGV)

(1) Die Union betreibt jede zweckdienliche Zusammenarbeit mit den Organen der Vereinten Nationen und ihrer Sonderorganisationen, dem Europarat, der Organisation für Sicherheit und Zusammenarbeit in Europa und der Organisation für wirtschaftliche Zusammenarbeit und Entwicklung.

Die Union unterhält ferner, soweit zweckdienlich, Beziehungen zu anderen internationalen Organisationen.

(2) Die Durchführung dieses Artikels obliegt dem Hohen Vertreter der Union für Außen- und Sicherheitspolitik und der Kommission.

Artikel 221

(1) Die Delegationen der Union in Drittländern und bei internationalen Organisationen sorgen für die Vertretung der Union.

(2) Die Delegationen der Union unterstehen der Leitung des Hohen Vertreters der Union für Außen- und Sicherheitspolitik. Sie werden in enger Zusammenarbeit mit den diplomatischen und konsularischen Vertretungen der Mitgliedstaaten tätig.

TITEL VII

SOLIDARITÄTSKLAUSEL

Artikel 222

(1) Die Union und ihre Mitgliedstaaten handeln gemeinsam im Geiste der Solidarität, wenn ein Mitgliedstaat von einem Terroranschlag, einer Naturkatastrophe oder einer vom Menschen verursachten Katastrophe betroffen ist. Die Union mobilisiert alle ihr zur Verfügung stehenden Mittel, einschließlich der ihr von den Mitgliedstaaten bereitgestellten militärischen Mittel, um

a)
- terroristische Bedrohungen im Hoheitsgebiet von Mitgliedstaaten abzuwenden;
- die demokratischen Institutionen und die Zivilbevölkerung vor etwaigen Terroranschlägen zu schützen;
- im Falle eines Terroranschlags einen Mitgliedstaat auf Ersuchen seiner politischen Organe innerhalb seines Hoheitsgebiets zu unterstützen;

b) im Falle einer Naturkatastrophe oder einer vom Menschen verursachten Katastrophe einen Mitgliedstaat auf Ersuchen seiner politischen Organe innerhalb seines Hoheitsgebiets zu unterstützen.

(2) Ist ein Mitgliedstaat von einem Terroranschlag, einer Naturkatastrophe oder einer vom Menschen verursachten Katastrophe betroffen, so leisten die anderen Mitgliedstaaten ihm auf Ersuchen seiner politischen Organe Unterstützung. Zu diesem Zweck sprechen die Mitgliedstaaten sich im Rat ab.

(3) Die Einzelheiten für die Anwendung dieser Solidaritätsklausel durch die Union werden durch einen Beschluss festgelegt, den der Rat aufgrund eines gemeinsamen Vorschlags der Kommission und des Hohen Vertreters der Union für Außen- und Sicherheitspolitik erlässt. Hat dieser Beschluss Auswirkungen im Bereich der Verteidigung, so beschließt der Rat nach Artikel 31 Absatz 1 des Vertrags über die Europäische Union. Das Europäische Parlament wird darüber unterrichtet.

Für die Zwecke dieses Absatzes unterstützen den Rat unbeschadet des Artikels 240 das Politische und Sicherheitspolitische Komitee, das sich hierbei auf die im Rahmen der Gemeinsamen Sicherheitsund Verteidigungspolitik entwickelten Strukturen stützt, sowie der Ausschuss nach Artikel 71, die dem Rat gegebenenfalls gemeinsame Stellungnahmen vorlegen.

(4) Damit die Union und ihre Mitgliedstaaten auf effiziente Weise tätig werden können, nimmt der Europäische Rat regelmäßig eine Einschätzung der Bedrohungen vor, denen die Union ausgesetzt ist.

SECHSTER TEIL
INSTITUTIONELLE BESTIMMUNGEN UND FINANZVORSCHRIFTEN

TITEL I
VORSCHRIFTEN ÜBER DIE ORGANE

KAPITEL 1
DIE ORGANE

ABSCHNITT 1
DAS EUROPÄISCHE PARLAMENT

Artikel 223

(ex-Artikel 190 Absätze 4 und 5 EGV)

(1) Das Europäische Parlament erstellt einen Entwurf der erforderlichen Bestimmungen für die allgemeine unmittelbare Wahl seiner Mitglieder nach einem einheitlichen Verfahren in allen Mitgliedstaaten oder im Einklang mit den allen Mitgliedstaaten gemeinsamen Grundsätzen.

Der Rat erlässt die erforderlichen Bestimmungen einstimmig gemäß einem besonderen Gesetzgebungsverfahren und nach Zustimmung des Europäischen Parlaments, die mit der Mehrheit seiner Mitglieder erteilt wird. Diese Bestimmungen treten nach Zustimmung der Mitgliedstaaten im Einklang mit ihren jeweiligen verfassungsrechtlichen Vorschriften in Kraft.

(2) Das Europäische Parlament legt aus eigener Initiative gemäß einem besonderen Gesetzgebungsverfahren durch Verordnungen nach Anhörung der Kommission und mit Zustimmung des Rates die Regelungen und allgemeinen Bedingungen für die Wahrnehmung der Aufgaben seiner Mitglieder fest. Alle Vorschriften und Bedingungen, die die Steuerregelung für die Mitglieder oder ehemaligen Mitglieder betreffen, sind vom Rat einstimmig festzulegen.

Artikel 224

(ex-Artikel 191 Absatz 2 EGV)

Das Europäische Parlament und der Rat legen gemäß dem ordentlichen Gesetzgebungsverfahren durch Verordnungen die Regelungen für die politischen Parteien auf europäischer Ebene nach Artikel 10 Absatz 4 des Vertrags über die Europäische Union und insbesondere die Vorschriften über ihre Finanzierung fest.

Artikel 225

(ex-Artikel 192 Absatz 2 EGV)

Das Europäische Parlament kann mit der Mehrheit seiner Mitglieder die Kommission auffordern, geeignete Vorschläge zu Fragen zu unterbreiten, die nach seiner Auffassung die Ausarbeitung eines Unionsakts zur Durchführung der Verträge erfordern. Legt die Kommission keinen Vorschlag vor, so teilt sie dem Europäischen Parlament die Gründe dafür mit.

Artikel 226

(ex-Artikel 193 EGV)

Das Europäische Parlament kann bei der Erfüllung seiner Aufgaben auf Antrag eines Viertels seiner Mitglieder die Einsetzung eines nichtständigen Untersuchungsausschusses beschließen, der unbeschadet der Befugnisse, die anderen Organen oder Einrichtungen durch die Verträge übertragen sind, behauptete Verstöße gegen das Unionsrecht oder Missstände bei der Anwendung desselben prüft; dies gilt nicht, wenn ein Gericht mit den behaupteten Sachverhalten befasst ist, solange das Gerichtsverfahren nicht abgeschlossen ist.

Mit der Vorlage seines Berichts hört der nichtständige Untersuchungsausschuss auf zu bestehen.

Die Einzelheiten der Ausübung des Untersuchungsrechts werden vom Europäischen Parlament festgelegt, das aus eigener Initiative gemäß einem besonderen Gesetzgebungsverfahren durch Verordnungen nach Zustimmung des Rates und der Kommission beschließt.

Artikel 227

(ex-Artikel 194 EGV)

Jeder Bürger der Union sowie jede natürliche oder juristische Person mit Wohnort oder satzungsmäßigem Sitz in einem Mitgliedstaat kann allein oder zusammen mit anderen Bürgern oder Personen in Angelegenheiten, die in die Tätigkeitsbereiche der Union fallen und die ihn oder sie unmittelbar betreffen, eine Petition an das Europäische Parlament richten.

Artikel 228

(ex-Artikel 195 EGV)

(1) Ein vom Europäischen Parlament gewählter Europäischer Bürgerbeauftragter ist befugt, Beschwerden von jedem Bürger der Union oder von jeder natürlichen oder juristischen Person mit Wohnort oder satzungsmäßigem Sitz in einem Mitgliedstaat über Missstände bei der Tätigkeit der Organe, Einrichtungen oder sonstigen Stellen der Union, mit Ausnahme des Gerichtshofs der

Europäischen Union in Ausübung seiner Rechtsprechungsbefugnisse, entgegenzunehmen. Er untersucht diese Beschwerden und erstattet darüber Bericht.

Der Bürgerbeauftragte führt im Rahmen seines Auftrags von sich aus oder aufgrund von Beschwerden, die ihm unmittelbar oder über ein Mitglied des Europäischen Parlaments zugehen, Untersuchungen durch, die er für gerechtfertigt hält; dies gilt nicht, wenn die behaupteten Sachverhalte Gegenstand eines Gerichtsverfahrens sind oder waren. Hat der Bürgerbeauftragte einen Missstand festgestellt, so befasst er das betreffende Organ, die betreffende Einrichtung oder sonstige Stelle, das bzw. die über eine Frist von drei Monaten verfügt, um ihm seine bzw. ihre Stellungnahme zu übermitteln. Der Bürgerbeauftragte legt anschließend dem Europäischen Parlament und dem betreffenden Organ, der betreffenden Einrichtung oder sonstigen Stelle einen Bericht vor. Der Beschwerdeführer wird über das Ergebnis dieser Untersuchungen unterrichtet.

Der Bürgerbeauftragte legt dem Europäischen Parlament jährlich einen Bericht über die Ergebnisse seiner Untersuchungen vor.

(2) Der Bürgerbeauftragte wird nach jeder Wahl des Europäischen Parlaments für die Dauer der Wahlperiode gewählt. Wiederwahl ist zulässig.

Der Bürgerbeauftragte kann auf Antrag des Europäischen Parlaments vom Gerichtshof seines Amtes enthoben werden, wenn er die Voraussetzungen für die Ausübung seines Amtes nicht mehr erfüllt oder eine schwere Verfehlung begangen hat.

(3) Der Bürgerbeauftragte übt sein Amt in völliger Unabhängigkeit aus. Er darf bei der Erfüllung seiner Pflichten von keiner Regierung, keinem Organ, keiner Einrichtung oder sonstigen Stelle Weisungen einholen oder entgegennehmen. Der Bürgerbeauftragte darf während seiner Amtszeit keine andere entgeltliche oder unentgeltliche Berufstätigkeit ausüben.

(4) Das Europäische Parlament legt aus eigener Initiative gemäß einem besonderen Gesetzgebungsverfahren durch Verordnungen nach Stellungnahme der Kommission und nach Zustimmung des Rates die Regelungen und allgemeinen Bedingungen für die Ausübung der Aufgaben des Bürgerbeauftragten fest.

Artikel 229

(ex-Artikel 196 EGV)

Das Europäische Parlament hält jährlich eine Sitzungsperiode ab. Es tritt, ohne dass es einer Einberufung bedarf, am zweiten Dienstag des Monats März zusammen.

Das Europäische Parlament kann auf Antrag der Mehrheit seiner Mitglieder sowie auf Antrag des Rates oder der Kommission zu einer außerordentlichen Sitzungsperiode zusammentreten.

Artikel 230

(ex-Artikel 197 Absätze 2, 3 und 4 EGV)

Die Kommission kann an allen Sitzungen des Europäischen Parlaments teilnehmen und wird auf ihren Antrag gehört.

Die Kommission antwortet mündlich oder schriftlich auf die ihr vom Europäischen Parlament oder von dessen Mitgliedern gestellten Fragen.

Der Europäische Rat und der Rat werden vom Europäischen Parlament nach Maßgabe der Geschäftsordnung des Europäischen Rates und der Geschäftsordnung des Rates gehört.

Artikel 231

(ex-Artikel 198 EGV)

Soweit die Verträge nicht etwas anderes bestimmen, beschließt das Europäische Parlament mit der Mehrheit der abgegebenen Stimmen.

Die Geschäftsordnung legt die Beschlussfähigkeit fest.

Artikel 232

(ex-Artikel 199 EGV)

Das Europäische Parlament gibt sich seine Geschäftsordnung; hierzu sind die Stimmen der Mehrheit seiner Mitglieder erforderlich.

Die Verhandlungsniederschriften des Europäischen Parlaments werden nach Maßgabe der Verträge und seiner Geschäftsordnung veröffentlicht.

Artikel 233

(ex-Artikel 200 EGV)

Das Europäische Parlament erörtert in öffentlicher Sitzung den jährlichen Gesamtbericht, der ihm von der Kommission vorgelegt wird.

Artikel 234

(ex-Artikel 201 EGV)

Wird wegen der Tätigkeit der Kommission ein Misstrauensantrag eingebracht, so darf das Europäische Parlament nicht vor Ablauf von drei Tagen nach seiner Einbringung und nur in offener Abstimmung darüber entscheiden.

Wird der Misstrauensantrag mit der Mehrheit von zwei Dritteln der abgegebenen Stimmen und mit der Mehrheit der Mitglieder des Europäischen Parlaments angenommen, so legen die Mitglieder der Kommission geschlossen ihr Amt nieder, und der Hohe Vertreter der Union für Außen- und Sicherheitspolitik legt sein im Rahmen der Kommission ausgeübtes Amt nieder. Sie bleiben im Amt und führen die laufenden Geschäfte bis zu ihrer Ersetzung nach Artikel 17 des Vertrags über die Europäische Union weiter. In diesem Fall endet die Amtszeit der zu ihrer Ersetzung ernannten Mitglieder der Kommission zu dem Zeitpunkt, zu dem die Amtszeit der Mitglieder der Kommission, die ihr Amt geschlossen niederlegen mussten, geendet hätte.

ABSCHNITT 2
DER EUROPÄISCHE RAT

Artikel 235

(1) Jedes Mitglied des Europäischen Rates kann sich das Stimmrecht höchstens eines anderen Mitglieds übertragen lassen.

Beschließt der Europäische Rat mit qualifizierter Mehrheit, so gelten für ihn Artikel 16 Absatz 4 des Vertrags über die Europäische Union und Artikel 238 Absatz 2 dieses Vertrags. An Abstimmungen im Europäischen Rat nehmen dessen Präsident und der Präsident der Kommission nicht teil.

Die Stimmenthaltung von anwesenden oder vertretenen Mitgliedern steht dem Zustandekommen von Beschlüssen des Europäischen Rates, zu denen Einstimmigkeit erforderlich ist, nicht entgegen.

(2) Der Präsident des Europäischen Parlaments kann vom Europäischen Rat gehört werden.

(3) Der Europäische Rat beschließt mit einfacher Mehrheit über Verfahrensfragen sowie über den Erlass seiner Geschäftsordnung.

(4) Der Europäische Rat wird vom Generalsekretariat des Rates unterstützt.

Artikel 236

Der Europäische Rat erlässt mit qualifizierter Mehrheit

a) einen Beschluss zur Festlegung der Zusammensetzungen des Rates, mit Ausnahme des Rates „Allgemeine Angelegenheiten" und des Rates „Auswärtige Angelegenheiten" nach Artikel 16 Absatz 6 des Vertrags über die Europäische Union;

b) einen Beschluss nach Artikel 16 Absatz 9 des Vertrags über die Europäische Union zur Festlegung des Vorsitzes im Rat in allen seinen Zusammensetzungen mit Ausnahme des Rates „Auswärtige Angelegenheiten".

ABSCHNITT 3
DER RAT

Artikel 237

(ex-Artikel 204 EGV)

Der Rat wird von seinem Präsidenten aus eigenem Entschluss oder auf Antrag eines seiner Mitglieder oder der Kommission einberufen.

Artikel 238

(ex-Artikel 205 Absätze 1 und 2 EGV)

(1) Ist zu einem Beschluss des Rates die einfache Mehrheit erforderlich, so beschließt der Rat mit der Mehrheit seiner Mitglieder.

(2) Beschließt der Rat nicht auf Vorschlag der Kommission oder des Hohen Vertreters der Union für Außen- und Sicherheitspolitik, so gilt ab dem 1. November 2014 abweichend von Artikel 16 Absatz 4 des Vertrags über die Europäische Union und vorbehaltlich der Vorschriften des Protokolls über die Übergangsbestimmungen als qualifizierte Mehrheit eine Mehrheit von mindestens 72 % der Mitglieder des Rates, sofern die von ihnen vertretenen Mitgliedstaaten zusammen mindestens 65 % der Bevölkerung der Union ausmachen.

(3) In den Fällen, in denen in Anwendung der Verträge nicht alle Mitglieder des Rates stimmberechtigt sind, gilt ab dem 1. November 2014 vorbehaltlich der Vorschriften des Protokolls über die Übergangsbestimmungen für die qualifizierte Mehrheit Folgendes:

a) Als qualifizierte Mehrheit gilt eine Mehrheit von mindestens 55 % derjenigen Mitglieder des Rates, die die beteiligten Mitgliedstaaten vertreten, sofern die von ihnen vertretenen Mitgliedstaaten zusammen mindestens 65 % der Bevölkerung der beteiligten Mitgliedstaaten ausmachen.

Für eine Sperrminorität bedarf es mindestens der Mindestzahl von Mitgliedern des Rates, die zusammen mehr als 35 % der Bevölkerung der beteiligten Mitgliedstaaten vertreten, zuzüglich eines Mitglieds; andernfalls gilt die qualifizierte Mehrheit als erreicht.

b) Beschließt der Rat nicht auf Vorschlag der Kommission oder des Hohen Vertreters der Union für Außen- und Sicherheitspolitik, so gilt abweichend von Buchstabe a als qualifizierte Mehrheit eine Mehrheit von mindestens 72 % derjenigen Mitglieder des Rates, die die beteiligten Mitgliedstaaten vertreten, sofern die von ihnen vertretenen Mitgliedstaaten zusammen mindestens 65 % der

Bevölkerung der beteiligten Mitgliedstaaten ausmachen.

(4) Die Stimmenthaltung von anwesenden oder vertretenen Mitgliedern steht dem Zustandekommen von Beschlüssen des Rates, zu denen Einstimmigkeit erforderlich ist, nicht entgegen.

Artikel 239

(ex-Artikel 206 EGV)

Jedes Mitglied kann sich das Stimmrecht höchstens eines anderen Mitglieds übertragen lassen.

Artikel 240

(ex-Artikel 207 EGV)

(1) Ein Ausschuss, der sich aus den Ständigen Vertretern der Regierungen der Mitgliedstaaten zusammensetzt, trägt die Verantwortung, die Arbeiten des Rates vorzubereiten und die ihm vom Rat übertragenen Aufträge auszuführen. Der Ausschuss kann in Fällen, die in der Geschäftsordnung des Rates vorgesehen sind, Verfahrensbeschlüsse fassen.

(2) Der Rat wird von einem Generalsekretariat unterstützt, das einem vom Rat ernannten Generalsekretär untersteht.

Der Rat beschließt mit einfacher Mehrheit über die Organisation des Generalsekretariats.

(3) Der Rat beschließt mit einfacher Mehrheit über Verfahrensfragen sowie über den Erlass seiner Geschäftsordnung.

Artikel 241

(ex-Artikel 208 EGV)

Der Rat, der mit einfacher Mehrheit beschließt, kann die Kommission auffordern, die nach seiner Ansicht zur Verwirklichung der gemeinsamen Ziele geeigneten Untersuchungen vorzunehmen und ihm entsprechende Vorschläge zu unterbreiten. Legt die Kommission keinen Vorschlag vor, so teilt sie dem Rat die Gründe dafür mit.

Artikel 242

(ex-Artikel 209 EGV)

Der Rat, der mit einfacher Mehrheit beschließt, regelt nach Anhörung der Kommission die rechtliche Stellung der in den Verträgen vorgesehenen Ausschüsse.

Artikel 243

(ex-Artikel 210 EGV)

Der Rat setzt die Gehälter, Vergütungen und Ruhegehälter für den Präsidenten des Europäischen Rates, den Präsidenten der Kommission, den Hohen Vertreter der Union für Außen- und Sicherheitspolitik, die Mitglieder der Kommission, die Präsidenten, die Mitglieder und die Kanzler des Gerichtshofs der Europäischen Union sowie den Generalsekretär des Rates fest. Er setzt ebenfalls alle als Entgelt gezahlten Vergütungen fest.

ABSCHNITT 4
DIE KOMMISSION

Artikel 244

Gemäß Artikel 17 Absatz 5 des Vertrags über die Europäische Union werden die Kommissionsmitglieder in einem vom Europäischen Rat einstimmig festgelegten System der Rotation ausgewählt, das auf folgenden Grundsätzen beruht:

a) Die Mitgliedstaaten werden bei der Festlegung der Reihenfolge und der Dauer der Amtszeiten ihrer Staatsangehörigen in der Kommission vollkommen gleich behandelt; demzufolge kann die Gesamtzahl der Mandate, welche Staatsangehörige zweier beliebiger Mitgliedstaaten innehaben, niemals um mehr als eines voneinander abweichen.

b) Vorbehaltlich des Buchstabens a ist jede der aufeinander folgenden Kommissionen so zusammengesetzt, dass das demografische und geografische Spektrum der Gesamtheit der Mitgliedstaaten auf zufrieden stellende Weise zum Ausdruck kommt.

Artikel 245

(ex-Artikel 213 EGV)

Die Mitglieder der Kommission haben jede Handlung zu unterlassen, die mit ihren Aufgaben unvereinbar ist. Die Mitgliedstaaten achten ihre Unabhängigkeit und versuchen nicht, sie bei der Erfüllung ihrer Aufgaben zu beeinflussen.

Die Mitglieder der Kommission dürfen während ihrer Amtszeit keine andere entgeltliche oder unentgeltliche Berufstätigkeit ausüben. Bei der Aufnahme ihrer Tätigkeit übernehmen sie die feierliche Verpflichtung, während der Ausübung und nach Ablauf ihrer Amtstätigkeit die sich aus ihrem Amt ergebenden Pflichten zu erfüllen, insbesondere die Pflicht, bei der Annahme gewisser Tätigkeiten oder Vorteile nach Ablauf dieser Tätigkeit ehrenhaft und zurückhaltend zu sein. Werden diese Pflichten verletzt, so kann der Gerichtshof auf Antrag des Rates, der mit einfacher Mehrheit beschließt, oder der Kommission das Mitglied je nach Lage des Falles gemäß Artikel 247 seines Amtes entheben oder ihm seine Ruhegehaltsansprüche oder andere an ihrer Stelle gewährte Vergünstigungen aberkennen.

Artikel 246

(ex-Artikel 215 EGV)

Abgesehen von den regelmäßigen Neubesetzungen und von Todesfällen endet das Amt eines Mitglieds der Kommission durch Rücktritt oder Amtsenthebung.

Für ein zurückgetretenes, seines Amtes enthobenes oder verstorbenes Mitglied wird für die verbleibende Amtszeit vom Rat mit Zustimmung des Präsidenten der Kommission nach Anhörung des Europäischen Parlaments und nach den Anforderungen des Artikels 17 Absatz 3 Unterabsatz 2 des Vertrags über die Europäische Union ein neues Mitglied derselben Staatsangehörigkeit ernannt.

Der Rat kann auf Vorschlag des Präsidenten der Kommission einstimmig beschließen, dass ein ausscheidendes Mitglied der Kommission für die verbleibende Amtszeit nicht ersetzt werden muss, insbesondere wenn es sich um eine kurze Zeitspanne handelt.

Bei Rücktritt, Amtsenthebung oder Tod des Präsidenten wird für die verbleibende Amtszeit ein Nachfolger ernannt. Für die Ersetzung findet das Verfahren des Artikels 17 Absatz 7 Unterabsatz 1 des Vertrags über die Europäische Union Anwendung.

Bei Rücktritt, Amtsenthebung oder Tod des Hohen Vertreters der Union für die Außen- und Sicherheitspolitik wird für die verbleibende Amtszeit nach Artikel 18 Absatz 1 des Vertrags über die Europäische Union ein Nachfolger ernannt.

Bei Rücktritt aller Mitglieder der Kommission bleiben diese bis zur Neubesetzung ihres Sitzes nach Artikel 17 des Vertrags über die Europäische Union für die verbleibende Amtszeit im Amt und führen die laufenden Geschäfte weiter.

Artikel 247

(ex-Artikel 216 EGV)

Jedes Mitglied der Kommission, das die Voraussetzungen für die Ausübung seines Amtes nicht mehr erfüllt oder eine schwere Verfehlung begangen hat, kann auf Antrag des Rates, der mit einfacher Mehrheit beschließt, oder der Kommission durch den Gerichtshof seines Amtes enthoben werden.

Artikel 248

(ex-Artikel 217 Absatz 2 EGV)

Die Zuständigkeiten der Kommission werden unbeschadet des Artikels 18 Absatz 4 des Vertrags über die Europäische Union von ihrem Präsidenten nach Artikel 17 Absatz 6 des genannten Vertrags gegliedert und zwischen ihren Mitgliedern aufgeteilt. Der Präsident kann diese Zuständigkeitsverteilung im Laufe der Amtszeit ändern. Die Mitglieder der Kommission üben die ihnen vom Präsidenten übertragenen Aufgaben unter dessen Leitung aus.

Artikel 249

(ex-Artikel 218 Absatz 2 und ex-Artikel 212 EGV)

(1) Die Kommission gibt sich eine Geschäftsordnung, um ihr ordnungsgemäßes Arbeiten und das ihrer Dienststellen zu gewährleisten. Sie sorgt für die Veröffentlichung dieser Geschäftsordnung.

(2) Die Kommission veröffentlicht jährlich, und zwar spätestens einen Monat vor Beginn der Sitzungsperiode des Europäischen Parlaments, einen Gesamtbericht über die Tätigkeit der Union.

Artikel 250

(ex-Artikel 219 EGV)

Die Beschlüsse der Kommission werden mit der Mehrheit ihrer Mitglieder gefasst.

Die Beschlussfähigkeit wird in ihrer Geschäftsordnung festgelegt.

ABSCHNITT 5

DER GERICHTSHOF DER EUROPÄISCHEN UNION

Artikel 251

Art 16 EuGH-Satzung

(ex-Artikel 221 EGV)

Der Gerichtshof tagt in Kammern oder als Große Kammer entsprechend den hierfür in der Satzung des Gerichtshofs der Europäischen Union vorgesehenen Regeln.

Wenn die Satzung es vorsieht, kann der Gerichtshof auch als Plenum tagen.

Artikel 252

(ex-Artikel 222 EGV)

Der Gerichtshof wird von acht Generalanwälten unterstützt. Auf Antrag des Gerichtshofs kann der Rat einstimmig die Zahl der Generalanwälte erhöhen.

Der Generalanwalt hat öffentlich in völliger Unparteilichkeit und Unabhängigkeit begründete Schlussanträge zu den Rechtssachen zu stellen, in denen nach der Satzung des Gerichtshofs der Europäischen Union seine Mitwirkung erforderlich ist.

Artikel 253

(ex-Artikel 223 EGV)

Zu Richtern und Generalanwälten des Gerichtshofs sind Persönlichkeiten auszuwählen, die jede Gewähr für Unabhängigkeit bieten und in ihrem Staat die für die höchsten richterlichen Ämter erforderlichen Voraussetzungen erfüllen oder Juristen von anerkannt hervorragender Befähigung sind; sie werden von den Regierungen der Mitgliedstaaten im gegenseitigen Einvernehmen nach Anhörung des in Artikel 255 vorgesehenen Ausschusses auf sechs Jahre ernannt.

Alle drei Jahre findet nach Maßgabe der Satzung des Gerichtshofs der Europäischen Union eine teilweise Neubesetzung der Stellen der Richter und Generalanwälte statt.

Die Richter wählen aus ihrer Mitte den Präsidenten des Gerichtshofs für die Dauer von drei Jahren. Wiederwahl ist zulässig.

Die Wiederernennung ausscheidender Richter und Generalanwälte ist zulässig.

Der Gerichtshof ernennt seinen Kanzler und bestimmt dessen Stellung.

Der Gerichtshof erlässt seine Verfahrensordnung. Sie bedarf der Genehmigung des Rates.

Artikel 254

(ex-Artikel 224 EGV)

Die Zahl der Richter des Gerichts wird in der Satzung des Gerichtshofs der Europäischen Union festgelegt. In der Satzung kann vorgesehen werden, dass das Gericht von Generalanwälten unterstützt wird.

Zu Mitgliedern des Gerichts sind Personen auszuwählen, die jede Gewähr für Unabhängigkeit bieten und über die Befähigung zur Ausübung hoher richterlicher Tätigkeiten verfügen. Sie werden von den Regierungen der Mitgliedstaaten im gegenseitigen Einvernehmen nach Anhörung des in Artikel 255 vorgesehenen Ausschusses für sechs Jahre ernannt. Alle drei Jahre wird das Gericht teilweise neu besetzt. Die Wiederernennung ausscheidender Mitglieder ist zulässig.

Die Richter wählen aus ihrer Mitte den Präsidenten des Gerichts für die Dauer von drei Jahren. Wiederwahl ist zulässig.

Das Gericht ernennt seinen Kanzler und bestimmt dessen Stellung.

Das Gericht erlässt seine Verfahrensordnung im Einvernehmen mit dem Gerichtshof. Sie bedarf der Genehmigung des Rates.

Soweit die Satzung des Gerichtshofs der Europäischen Union nichts anderes vorsieht, finden die den Gerichtshof betreffenden Bestimmungen der Verträge auf das Gericht Anwendung.

Artikel 255

Es wird ein Ausschuss eingerichtet, der die Aufgabe hat, vor einer Ernennung durch die Regierungen der Mitgliedstaaten nach den Artikeln 253 und 254 eine Stellungnahme zur Eignung der Bewerber für die Ausübung des Amts eines Richters oder Generalanwalts beim Gerichtshof oder beim Gericht abzugeben.

Der Ausschuss setzt sich aus sieben Persönlichkeiten zusammen, die aus dem Kreis ehemaliger Mitglieder des Gerichtshofs und des Gerichts, der Mitglieder der höchsten einzelstaatlichen Gerichte und der Juristen von anerkannt hervorragender Befähigung ausgewählt werden, von denen einer vom Europäischen Parlament vorgeschlagen wird. Der Rat erlässt einen Beschluss zur Festlegung der Vorschriften für die Arbeitsweise und einen Beschluss zur Ernennung der Mitglieder dieses Ausschusses. Er beschließt auf Initiative des Präsidenten des Gerichtshofs.

Artikel 256

(ex-Artikel 225 EGV)

(1) Das Gericht ist für Entscheidungen im ersten Rechtszug über die in den Artikeln 263, 265, 268, 270 und 272 genannten Klagen zuständig, mit Ausnahme derjenigen Klagen, die einem nach Artikel 257 gebildeten Fachgericht übertragen werden, und der Klagen, die gemäß der Satzung dem Gerichtshof vorbehalten sind. In der Satzung kann vorgesehen werden, dass das Gericht für andere Kategorien von Klagen zuständig ist.

Art 51 EuGH-Satzung

Gegen die Entscheidungen des Gerichts aufgrund dieses Absatzes kann nach Maßgabe der Bedingungen und innerhalb der Grenzen, die in der Satzung vorgesehen sind, beim Gerichtshof ein auf Rechtsfragen beschränktes Rechtsmittel eingelegt werden.

(2) Das Gericht ist für Entscheidungen über Rechtsmittel gegen die Entscheidungen der Fachgerichte zuständig.

Die Entscheidungen des Gerichts aufgrund dieses Absatzes können nach Maßgabe der Bedingungen und innerhalb der Grenzen, die in der Satzung vorgesehen sind, in Ausnahmefällen vom Gerichtshof überprüft werden, wenn die ernste Gefahr besteht, dass die Einheit oder Kohärenz des Unionsrechts berührt wird.

(3) Das Gericht ist in besonderen in der Satzung festgelegten Sachgebieten für Vorabentscheidungen nach Artikel 267 zuständig.

Wenn das Gericht der Auffassung ist, dass eine Rechtssache eine Grundsatzentscheidung erfordert, die die Einheit oder die Kohärenz des Unionsrechts berühren könnte, kann es die Rechtssache zur Entscheidung an den Gerichtshof verweisen.

Die Entscheidungen des Gerichts über Anträge auf Vorabentscheidung können nach Maßgabe der Bedingungen und innerhalb der Grenzen, die in der Satzung vorgesehen sind, in Ausnahmefällen vom Gerichtshof überprüft werden, wenn die ernste Gefahr besteht, dass die Einheit oder die Kohärenz des Unionsrechts berührt wird.

Artikel 257

(ex-Artikel 225a EGV)

Das Europäische Parlament und der Rat können gemäß dem ordentlichen Gesetzgebungsverfahren dem Gericht beigeordnete Fachgerichte bilden, die für Entscheidungen im ersten Rechtszug über bestimmte Kategorien von Klagen zuständig sind, die auf besonderen Sachgebieten erhoben werden. Das Europäische Parlament und der Rat beschließen durch Verordnungen entweder auf Vorschlag der Kommission nach Anhörung des Gerichtshofs oder auf Antrag des Gerichtshofs nach Anhörung der Kommission.

In der Verordnung über die Bildung eines Fachgerichts werden die Regeln für die Zusammensetzung dieses Gerichts und der ihm übertragene Zuständigkeitsbereich festgelegt.

Gegen die Entscheidungen der Fachgerichte kann vor dem Gericht ein auf Rechtsfragen beschränktes Rechtsmittel oder, wenn die Verordnung über die Bildung des Fachgerichts dies vorsieht, ein auch Sachfragen betreffendes Rechtsmittel eingelegt werden.

Zu Mitgliedern der Fachgerichte sind Personen auszuwählen, die jede Gewähr für Unabhängigkeit bieten und über die Befähigung zur Ausübung richterlicher Tätigkeiten verfügen. Sie werden einstimmig vom Rat ernannt.

Die Fachgerichte erlassen ihre Verfahrensordnung im Einvernehmen mit dem Gerichtshof. Diese Verfahrensordnung bedarf der Genehmigung des Rates.

Soweit die Verordnung über die Bildung der Fachgerichte nichts anderes vorsieht, finden die den Gerichtshof der Europäischen Union betreffenden Bestimmungen der Verträge und die Satzung des Gerichtshofs der Europäischen Union auf die Fachgerichte Anwendung. Titel I und Artikel 64 der Satzung gelten auf jeden Fall für die Fachgerichte.

Artikel 258

(ex-Artikel 226 EGV)

Hat nach Auffassung der Kommission ein Mitgliedstaat gegen eine Verpflichtung aus den Verträgen verstoßen, so gibt sie eine mit Gründen versehene Stellungnahme hierzu ab; sie hat dem Staat zuvor Gelegenheit zur Äußerung zu geben.

Kommt der Staat dieser Stellungnahme innerhalb der von der Kommission gesetzten Frist nicht nach, so kann die Kommission den Gerichtshof der Europäischen Union anrufen.

Artikel 259

(ex-Artikel 227 EGV)

Jeder Mitgliedstaat kann den Gerichtshof der Europäischen Union anrufen, wenn er der Auffassung ist, dass ein anderer Mitgliedstaat gegen eine Verpflichtung aus den Verträgen verstoßen hat.

Bevor ein Mitgliedstaat wegen einer angeblichen Verletzung der Verpflichtungen aus den Verträgen gegen einen anderen Staat Klage erhebt, muss er die Kommission damit befassen.

Die Kommission erlässt eine mit Gründen versehene Stellungnahme; sie gibt den beteiligten Staaten zuvor Gelegenheit zu schriftlicher und mündlicher Äußerung in einem kontradiktorischen Verfahren.

Gibt die Kommission binnen drei Monaten nach dem Zeitpunkt, in dem ein entsprechender Antrag gestellt wurde, keine Stellungnahme ab, so kann ungeachtet des Fehlens der Stellungnahme vor dem Gerichtshof geklagt werden.

Artikel 260

(ex-Artikel 228 EGV)

(1) Stellt der Gerichtshof der Europäischen Union fest, dass ein Mitgliedstaat gegen eine Verpflichtung aus den Verträgen verstoßen hat, so hat dieser Staat die Maßnahmen zu ergreifen, die sich aus dem Urteil des Gerichtshofs ergeben.

(2) Hat der betreffende Mitgliedstaat die Maßnahmen, die sich aus dem Urteil des Gerichtshofs ergeben, nach Auffassung der Kommission nicht getroffen, so kann die Kommission den Gerichtshof anrufen, nachdem sie diesem Staat zuvor Gelegenheit zur Äußerung gegeben hat. Hierbei benennt sie die Höhe des von dem betreffenden Mitgliedstaat zu zahlenden Pauschalbetrags oder Zwangsgelds, die sie den Umständen nach für angemessen hält.

Stellt der Gerichtshof fest, dass der betreffende Mitgliedstaat seinem Urteil nicht nachgekommen ist, so kann er die Zahlung eines Pauschalbetrags oder Zwangsgelds verhängen.

Dieses Verfahren lässt den Artikel 259 unberührt.

(3) Erhebt die Kommission beim Gerichtshof Klage nach Artikel 258, weil sie der Auffassung ist, dass der betreffende Mitgliedstaat gegen seine Verpflichtung verstoßen hat, Maßnahmen zur Umsetzung einer gemäß einem Gesetzgebungsverfahren erlassenen Richtlinie mitzuteilen, so kann sie, wenn sie dies für zweckmäßig hält, die Höhe des von dem betreffenden Mitgliedstaat zu zahlenden Pauschalbetrags oder Zwangsgelds benennen, die sie den Umständen nach für angemessen hält.

Stellt der Gerichtshof einen Verstoß fest, so kann er gegen den betreffenden Mitgliedstaat die Zahlung eines Pauschalbetrags oder eines Zwangsgelds bis zur Höhe des von der Kommission genannten Betrags verhängen. Die Zahlungsverpflichtung gilt ab dem vom Gerichtshof in seinem Urteil festgelegten Zeitpunkt.

Artikel 261

(ex-Artikel 229 EGV)

Aufgrund der Verträge vom Europäischen Parlament und vom Rat gemeinsam sowie vom Rat erlassene Verordnungen können hinsichtlich der darin vorgesehenen Zwangsmaßnahmen dem Gerichtshof der Europäischen Union eine Zuständigkeit übertragen, welche die Befugnis zu unbeschränkter Ermessensnachprüfung und zur Änderung oder Verhängung solcher Maßnahmen umfasst.

Artikel 262

(ex-Artikel 229a EGV)

Unbeschadet der sonstigen Bestimmungen der Verträge kann der Rat gemäß einem besonderen Gesetzgebungsverfahren nach Anhörung des Europäischen Parlaments einstimmig Bestimmungen erlassen, mit denen dem Gerichtshof der Europäischen Union in dem vom Rat festgelegten Umfang die Zuständigkeit übertragen wird, über Rechtsstreitigkeiten im Zusammenhang mit der Anwendung von aufgrund der Verträge erlassenen Rechtsakten, mit denen europäische Rechtstitel für das geistige Eigentum geschaffen werden, zu entscheiden. Diese Bestimmungen treten nach Zustimmung der Mitgliedstaaten im Einklang mit ihren jeweiligen verfassungsrechtlichen Vorschriften in Kraft.

Artikel 263

(ex-Artikel 230 EGV)

Der Gerichtshof der Europäischen Union überwacht die Rechtmäßigkeit der Gesetzgebungsakte sowie der Handlungen des Rates, der Kommission und der Europäischen Zentralbank, soweit es sich nicht um Empfehlungen oder Stellungnahmen handelt, und der Handlungen des Europäischen Parlaments und des Europäischen Rates mit Rechtswirkung gegenüber Dritten. Er überwacht ebenfalls die Rechtmäßigkeit der Handlungen der Einrichtungen oder sonstigen Stellen der Union mit Rechtswirkung gegenüber Dritten.

Zu diesem Zweck ist der Gerichtshof der Europäischen Union für Klagen zuständig, die ein Mitgliedstaat, das Europäische Parlament, der Rat oder die Kommission wegen Unzuständigkeit, Verletzung wesentlicher Formvorschriften, Verletzung der Verträge oder einer bei ihrer Durchführung anzuwendenden Rechtsnorm oder wegen Ermessensmissbrauchs erhebt.

Der Gerichtshof der Europäischen Union ist unter den gleichen Voraussetzungen zuständig für Klagen des Rechnungshofs, der Europäischen Zentralbank und des Ausschusses der Regionen, die auf die Wahrung ihrer Rechte abzielen.

Jede natürliche oder juristische Person kann unter den Bedingungen nach den Absätzen 1 und 2 gegen die an sie gerichteten oder sie unmittelbar und individuell betreffenden Handlungen sowie gegen Rechtsakte mit Verordnungscharakter, die sie unmittelbar betreffen und keine Durchführungsmaßnahmen nach sich ziehen, Klage erheben.

In den Rechtsakten zur Gründung von Einrichtungen und sonstigen Stellen der Union können besondere Bedingungen und Einzelheiten für die Erhebung von Klagen von natürlichen oder juristischen Personen gegen Handlungen dieser Einrichtungen und sonstigen Stellen vorgesehen werden, die eine Rechtswirkung gegenüber diesen Personen haben.

Die in diesem Artikel vorgesehenen Klagen sind binnen zwei Monaten zu erheben; diese Frist läuft je nach Lage des Falles von der Bekanntgabe der betreffenden Handlung, ihrer Mitteilung an den Kläger oder in Ermangelung dessen von dem Zeitpunkt an, zu dem der Kläger von dieser Handlung Kenntnis erlangt hat.

Art 49 EuGH
Art 58 EuGH

Artikel 264

(ex-Artikel 231 EGV)

Ist die Klage begründet, so erklärt der Gerichtshof der Europäischen Union die angefochtene Handlung für nichtig.

Erklärt der Gerichtshof eine Handlung für nichtig, so bezeichnet er, falls er dies für notwendig hält, diejenigen ihrer Wirkungen, die als fortgeltend zu betrachten sind.

Artikel 265

(ex-Artikel 232 EGV)

Unterlässt es das Europäische Parlament, der Europäische Rat, der Rat, die Kommission oder die Europäische Zentralbank unter Verletzung der Verträge, einen Beschluss zu fassen, so können die Mitgliedstaaten und die anderen Organe der Union beim Gerichtshof der Europäischen Union Klage auf Feststellung dieser Vertragsverletzung erheben. Dieser Artikel gilt entsprechend für die Einrichtungen und sonstigen Stellen der Union, die es unterlassen, tätig zu werden.

Diese Klage ist nur zulässig, wenn das in Frage stehende Organ, die in Frage stehende Einrichtung oder sonstige Stelle zuvor aufgefordert worden ist, tätig zu werden. Hat es bzw. sie binnen zwei Monaten nach dieser Aufforderung nicht Stellung genommen, so kann die Klage innerhalb einer weiteren Frist von zwei Monaten erhoben werden.

Jede natürliche oder juristische Person kann nach Maßgabe der Absätze 1 und 2 vor dem Gerichtshof Beschwerde darüber führen, dass ein Organ oder eine Einrichtung oder sonstige Stelle der Union es unterlassen hat, einen anderen Akt als eine Empfehlung oder eine Stellungnahme an sie zu richten. Art 256 iVm Art 51 EuGH-Satzung

Artikel 266

(ex-Artikel 233 EGV)

Die Organe, Einrichtungen oder sonstigen Stellen, denen das für nichtig erklärte Handeln zur Last fällt oder deren Untätigkeit als vertragswidrig erklärt worden ist, haben die sich aus dem Urteil des Gerichtshofs der Europäischen Union ergebenden Maßnahmen zu ergreifen.

Diese Verpflichtung besteht unbeschadet der Verpflichtungen, die sich aus der Anwendung des Artikels 340 Absatz 2 ergeben.

Artikel 267

(ex-Artikel 234 EGV)

Der Gerichtshof der Europäischen Union entscheidet im Wege der Vorabentscheidung

a) über die Auslegung der Verträge,

b) über die Gültigkeit und die Auslegung der Handlungen der Organe, Einrichtungen oder sonstigen Stellen der Union,

Wird eine derartige Frage einem Gericht eines Mitgliedstaats gestellt und hält dieses Gericht eine Entscheidung darüber zum Erlass seines Urteils für erforderlich, so kann es diese Frage dem Gerichtshof zur Entscheidung vorlegen.

Wird eine derartige Frage in einem schwebenden Verfahren bei einem einzelstaatlichen Gericht gestellt, dessen Entscheidungen selbst nicht mehr mit Rechtsmitteln des innerstaatlichen Rechts angefochten werden können, so ist dieses Gericht zur Anrufung des Gerichtshofs verpflichtet.

Wird eine derartige Frage in einem schwebenden Verfahren, das eine inhaftierte Person betrifft, bei einem einzelstaatlichen Gericht gestellt, so entscheidet der Gerichtshof innerhalb kürzester Zeit.

Artikel 268

(ex-Artikel 235 EGV)

Der Gerichtshof der Europäischen Union ist für Streitsachen über den in Artikel 340 Absätze 2 und 3 vorgesehenen Schadensersatz zuständig.

Art 46 EuGH-Satzung

Artikel 269

Der Gerichtshof ist für Entscheidungen über die Rechtmäßigkeit eines nach Artikel 7 des Vertrags über die Europäische Union erlassenen Rechtsakts des Europäischen Rates oder des Rates nur auf Antrag des von einer Feststellung des Europäischen Rates oder des Rates betroffenen Mitgliedstaats und lediglich im Hinblick auf die Einhaltung der in dem genannten Artikel vorgesehenen Verfahrensbestimmungen zuständig.

Der Antrag muss binnen eines Monats nach der jeweiligen Feststellung gestellt werden. Der Gerichtshof entscheidet binnen eines Monats nach Antragstellung.

Artikel 270

(ex-Artikel 236 EGV)

Der Gerichtshof der Europäischen Union ist für alle Streitsachen zwischen der Union und deren Bediensteten innerhalb der Grenzen und nach Maßgabe der Bedingungen zuständig, die im Statut der Beamten der Union und in den Beschäftigungsbedingungen für die sonstigen Bediensteten der Union festgelegt sind.

Artikel 271

(ex-Artikel 237 EGV)

Der Gerichtshof der Europäischen Union ist nach Maßgabe der folgenden Bestimmungen zuständig in Streitsachen über

a) die Erfüllung der Verpflichtungen der Mitgliedstaaten aus der Satzung der Europäischen Investitionsbank. Der Verwaltungsrat der Bank besitzt hierbei die der Kommission in Artikel 258 übertragenen Befugnisse;

b) die Beschlüsse des Rates der Gouverneure der Europäischen Investitionsbank. Jeder Mitgliedstaat, die Kommission und der Verwaltungsrat der Bank können hierzu nach Maßgabe des Artikels 263 Klage erheben;

c) die Beschlüsse des Verwaltungsrats der Europäischen Investitionsbank. Diese können nach Maßgabe des Artikels 263 nur von Mitgliedstaaten oder der Kommission und lediglich wegen Verletzung der Formvorschriften des Artikels 19 Absatz 2 und Absätze 5 bis 7 der Satzung der Investitionsbank angefochten werden;

d) die Erfüllung der sich aus den Verträgen und der Satzung des ESZB und der EZB ergebenden Verpflichtungen durch die nationalen Zentralbanken. Der Rat der Gouverneure der Europäischen Zentralbank besitzt hierbei gegenüber den nationalen Zentralbanken die Befugnisse, die der Kommission in Artikel 258 gegenüber den Mitgliedstaaten eingeräumt werden. Stellt der Gerichtshof der Europäischen Union fest, dass eine nationale Zentralbank gegen eine Verpflichtung aus den Verträgen verstoßen hat, so hat diese Bank die Maßnahmen zu ergreifen, die sich aus dem Urteil des Gerichtshofs ergeben.

Artikel 272

(ex-Artikel 238 EGV)

Der Gerichtshof der Europäischen Union ist für Entscheidungen aufgrund einer Schiedsklausel zuständig, die in einem von der Union oder für ihre Rechnung abgeschlossenen öffentlich-rechtlichen oder privatrechtlichen Vertrag enthalten ist.

Artikel 273

(ex-Artikel 239 EGV)

Der Gerichtshof ist für jede mit dem Gegenstand der Verträge in Zusammenhang stehende Streitigkeit zwischen Mitgliedstaaten zuständig, wenn diese bei ihm aufgrund eines Schiedsvertrags anhängig gemacht wird.

Artikel 274

(ex-Artikel 240 EGV)

Soweit keine Zuständigkeit des Gerichtshofs der Europäischen Union aufgrund der Verträge besteht, sind Streitsachen, bei denen die Union Partei ist, der Zuständigkeit der einzelstaatlichen Gerichte nicht entzogen.

Artikel 275

Der Gerichtshof der Europäischen Union ist nicht zuständig für die Bestimmungen hinsichtlich der Gemeinsamen Außen- und Sicherheitspolitik und für die auf der Grundlage dieser Bestimmungen erlassenen Rechtsakte.

Der Gerichtshof ist jedoch zuständig für die Kontrolle der Einhaltung von Artikel 40 des Vertrags über die Europäische Union und für die unter den Voraussetzungen des Artikels 263 Absatz 4 dieses Vertrags erhobenen Klagen im Zusammenhang mit der Überwachung der Rechtmäßigkeit von Beschlüssen über restriktive Maßnahmen gegenüber natürlichen oder juristischen Personen, die der Rat auf der Grundlage von Titel V Kapitel 2 des Vertrags über die Europäische Union erlassen hat.

Artikel 276

Bei der Ausübung seiner Befugnisse im Rahmen der Bestimmungen des Dritten Teils Titel V Kapitel 4 und 5 über den Raum der Freiheit, der Sicherheit und des Rechts ist der Gerichtshof der Europäischen Union nicht zuständig für die Überprüfung der Gültigkeit oder Verhältnismäßigkeit von Maßnahmen der Polizei oder anderer Strafverfolgungsbehörden eines Mitgliedstaats oder der Wahrnehmung der Zuständigkeiten der Mitgliedstaaten für die Aufrechterhaltung der öffentlichen Ordnung und den Schutz der inneren Sicherheit.

Artikel 277

(ex-Artikel 241 EGV)

Ungeachtet des Ablaufs der in Artikel 263 Absatz 6 genannten Frist kann jede Partei in einem Rechtsstreit, bei dem die Rechtmäßigkeit eines von einem Organ, einer Einrichtung oder einer sonstigen Stelle der Union erlassenen Rechtsakts mit allgemeiner Geltung angefochten wird, vor dem Gerichtshof der Europäischen Union die Unanwendbarkeit dieses Rechtsakts aus den in Artikel 263 Absatz 2 genannten Gründen geltend machen.

Artikel 278

(ex-Artikel 242 EGV)

Klagen bei dem Gerichtshof der Europäischen Union haben keine aufschiebende Wirkung. Der Gerichtshof kann jedoch, wenn er dies den Umständen nach für nötig hält, die Durchführung der angefochtenen Handlung aussetzen.

Artikel 279

(ex-Artikel 243 EGV)

Der Gerichtshof der Europäischen Union kann in den bei ihm anhängigen Sachen die erforderlichen einstweiligen Anordnungen treffen.

Artikel 280

(ex-Artikel 244 EGV)

Die Urteile des Gerichtshofs der Europäischen Union sind gemäß Artikel 299 vollstreckbar.

Artikel 281

(ex-Artikel 245 EGV)

Die Satzung des Gerichtshofs der Europäischen Union wird in einem besonderen Protokoll festgelegt.

Das Europäische Parlament und der Rat können gemäß dem ordentlichen Gesetzgebungsverfahren die Satzung mit Ausnahme ihres Titels I und ihres Artikels 64 ändern. Das Europäische Parlament und der Rat beschließen entweder auf Antrag des Gerichtshofs nach Anhörung der Kommission oder auf Vorschlag der Kommission nach Anhörung des Gerichtshofs.

ABSCHNITT 6
DIE EUROPÄISCHE ZENTRALBANK

Artikel 282

(1) Die Europäische Zentralbank und die nationalen Zentralbanken bilden das Europäische System der Zentralbanken (ESZB). Die Europäische Zentralbank und die nationalen Zentralbanken der Mitgliedstaaten, deren Währung der Euro ist, bilden das Eurosystem und betreiben die Währungspolitik der Union.

(2) Das ESZB wird von den Beschlussorganen der Europäischen Zentralbank geleitet. Sein vorrangiges Ziel ist es, die Preisstabilität zu gewährleisten. Unbeschadet dieses Zieles unterstützt es die allgemeine Wirtschaftspolitik in der Union, um zur Verwirklichung ihrer Ziele beizutragen.

(3) Die Europäische Zentralbank besitzt Rechtspersönlichkeit. Sie allein ist befugt, die Ausgabe des Euro zu genehmigen. Sie ist in der Ausübung ihrer Befugnisse und der Verwaltung ihrer Mittel unabhängig. Die Organe, Einrichtungen und sonstigen Stellen der Union sowie die Regierungen der Mitgliedstaaten achten diese Unabhängigkeit.

(4) Die Europäische Zentralbank erlässt die für die Erfüllung ihrer Aufgaben erforderlichen Maßnahmen nach den Artikeln 127 bis 133 und Artikel 138 und nach Maßgabe der Satzung des ESZB und der EZB. Nach diesen Artikeln behalten die Mitgliedstaaten, deren Währung nicht der Euro ist, sowie deren Zentralbanken ihre Zuständigkeiten im Währungsbereich.

(5) Die Europäische Zentralbank wird in den Bereichen, auf die sich ihre Befugnisse erstrecken, zu allen Entwürfen für Rechtsakte der Union sowie zu allen Entwürfen für Rechtsvorschriften auf einzelstaatlicher Ebene gehört und kann Stellungnahmen abgeben.

Artikel 283

(ex-Artikel 112 EGV)

(1) Der Rat der Europäischen Zentralbank besteht aus den Mitgliedern des Direktoriums der Europäischen Zentralbank und den Präsidenten der nationalen Zentralbanken der Mitgliedstaaten, deren Währung der Euro ist.

(2) Das Direktorium besteht aus dem Präsidenten, dem Vizepräsidenten und vier weiteren Mitgliedern.

Der Präsident, der Vizepräsident und die weiteren Mitglieder des Direktoriums werden vom Europäischen Rat auf Empfehlung des Rates, der hierzu das Europäische Parlament und den Rat der Europäischen Zentralbank anhört, aus dem Kreis der in Währungs- oder Bankfragen anerkannten und erfahrenen Persönlichkeiten mit qualifizierter Mehrheit ausgewählt und ernannt.

Ihre Amtszeit beträgt acht Jahre; Wiederernennung ist nicht zulässig.

Nur Staatsangehörige der Mitgliedstaaten können Mitglieder des Direktoriums werden.

Artikel 284

(ex-Artikel 113 EGV)

(1) Der Präsident des Rates und ein Mitglied der Kommission können ohne Stimmrecht an den Sitzungen des Rates der Europäischen Zentralbank teilnehmen.

Der Präsident des Rates kann dem Rat der Europäischen Zentralbank einen Antrag zur Beratung vorlegen.

(2) Der Präsident der Europäischen Zentralbank wird zur Teilnahme an den Tagungen des Rates eingeladen, wenn dieser Fragen im Zusammenhang mit den Zielen und Aufgaben des ESZB erörtert.

(3) Die Europäische Zentralbank unterbreitet dem Europäischen Parlament, dem Rat und der Kommission sowie auch dem Europäischen Rat einen Jahresbericht über die Tätigkeit des ESZB und die Geld- und Währungspolitik im vergange-

nen und im laufenden Jahr. Der Präsident der Europäischen Zentralbank legt den Bericht dem Rat und dem Europäischen Parlament vor, das auf dieser Grundlage eine allgemeine Aussprache durchführen kann.

Der Präsident der Europäischen Zentralbank und die anderen Mitglieder des Direktoriums können auf Ersuchen des Europäischen Parlaments oder auf ihre Initiative hin von den zuständigen Ausschüssen des Europäischen Parlaments gehört werden.

ABSCHNITT 7

DER RECHNUNGSHOF

Artikel 285

(ex-Artikel 246 EGV)

Der Rechnungshof nimmt die Rechnungsprüfung der Union wahr. Der Rechnungshof besteht aus einem Staatsangehörigen je Mitgliedstaat. Seine Mitglieder üben ihre Aufgaben in voller Unabhängigkeit zum allgemeinen Wohl der Union aus.

Artikel 286

(ex-Artikel 247 EGV)

(1) Zu Mitgliedern des Rechnungshofs sind Persönlichkeiten auszuwählen, die in ihren Staaten Rechnungsprüfungsorganen angehören oder angehört haben oder die für dieses Amt besonders geeignet sind. Sie müssen jede Gewähr für Unabhängigkeit bieten.

(2) Die Mitglieder des Rechnungshofs werden auf sechs Jahre ernannt. Der Rat nimmt die gemäß den Vorschlägen der einzelnen Mitgliedstaaten erstellte Liste der Mitglieder nach Anhörung des Europäischen Parlaments an. Die Wiederernennung der Mitglieder des Rechnungshofs ist zulässig.

Sie wählen aus ihrer Mitte den Präsidenten des Rechnungshofs für drei Jahre. Wiederwahl ist zulässig.

(3) Die Mitglieder des Rechnungshofs dürfen bei der Erfüllung ihrer Pflichten Anweisungen von einer Regierung oder einer anderen Stelle weder anfordern noch entgegennehmen. Sie haben jede Handlung zu unterlassen, die mit ihren Aufgaben unvereinbar ist.

(4) Die Mitglieder des Rechnungshofs dürfen während ihrer Amtszeit keine andere entgeltliche oder unentgeltliche Berufstätigkeit ausüben. Bei der Aufnahme ihrer Tätigkeit übernehmen sie die feierliche Verpflichtung, während der Ausübung und nach Ablauf ihrer Amtstätigkeit die sich aus ihrem Amt ergebenden Pflichten zu erfüllen, insbesondere die Pflicht, bei der Annahme gewisser Tätigkeiten oder Vorteile nach Ablauf dieser Tätigkeit ehrenhaft und zurückhaltend zu sein.

(5) Abgesehen von regelmäßigen Neubesetzungen und von Todesfällen endet das Amt eines Mitglieds des Rechnungshofs durch Rücktritt oder durch Amtsenthebung durch den Gerichtshof gemäß Absatz 6.

Für das ausscheidende Mitglied wird für die verbleibende Amtszeit ein Nachfolger ernannt.

Außer im Fall der Amtsenthebung bleiben die Mitglieder des Rechnungshofs bis zur Neubesetzung ihres Sitzes im Amt.

(6) Ein Mitglied des Rechnungshofs kann nur dann seines Amtes enthoben oder seiner Ruhegehaltsansprüche oder anderer an ihrer Stelle gewährter Vergünstigungen für verlustig erklärt werden, wenn der Gerichtshof auf Antrag des Rechnungshofs feststellt, dass es nicht mehr die erforderlichen Voraussetzungen erfüllt oder den sich aus seinem Amt ergebenden Verpflichtungen nicht mehr nachkommt.

(7) Der Rat setzt die Beschäftigungsbedingungen für den Präsidenten und die Mitglieder des Rechnungshofs fest, insbesondere die Gehälter, Vergütungen und Ruhegehälter. Er setzt alle sonstigen als Entgelt gezahlten Vergütungen fest.

(8) Die für die Richter des Gerichtshofs der Europäischen Union geltenden Bestimmungen des Protokolls über die Vorrechte und Befreiungen der Europäischen Union gelten auch für die Mitglieder des Rechnungshofs.

Artikel 287

(ex-Artikel 248 EGV)

(1) Der Rechnungshof prüft die Rechnung über alle Einnahmen und Ausgaben der Union. Er prüft ebenfalls die Rechnung über alle Einnahmen und Ausgaben jeder von der Union geschaffenen Einrichtung oder sonstigen Stelle, soweit der Gründungsakt dies nicht ausschließt.

Der Rechnungshof legt dem Europäischen Parlament und dem Rat eine Erklärung über die Zuverlässigkeit der Rechnungsführung sowie die Rechtmäßigkeit und Ordnungsmäßigkeit der zugrunde liegenden Vorgänge vor, die im *Amtsblatt der Europäischen Union* veröffentlicht wird. Diese Erklärung kann durch spezifische Beurteilungen zu allen größeren Tätigkeitsbereichen der Union ergänzt werden.

(2) Der Rechungshof prüft die Rechtmäßigkeit und Ordnungsmäßigkeit der Einnahmen und Ausgaben und überzeugt sich von der Wirtschaftlichkeit der Haushaltsführung. Dabei berichtet er insbesondere über alle Fälle von Unregelmäßigkeiten.

Die Prüfung der Einnahmen erfolgt anhand der Feststellungen und der Zahlungen der Einnahmen an die Union.

Die Prüfung der Ausgaben erfolgt anhand der Mittelbindungen und der Zahlungen.

Diese Prüfungen können vor Abschluss der Rechnung des betreffenden Haushaltsjahrs durchgeführt werden.

(3) Die Prüfung wird anhand der Rechnungsunterlagen und erforderlichenfalls an Ort und Stelle bei den anderen Organen der Union, in den Räumlichkeiten der Einrichtungen oder sonstigen Stellen, die Einnahmen oder Ausgaben für Rechnung der Union verwalten, sowie der natürlichen und juristischen Personen, die Zahlungen aus dem Haushalt erhalten, und in den Mitgliedstaaten durchgeführt. Die Prüfung in den Mitgliedstaaten erfolgt in Verbindung mit den einzelstaatlichen Rechnungsprüfungsorganen oder, wenn diese nicht über die erforderliche Zuständigkeit verfügen, mit den zuständigen einzelstaatlichen Dienststellen. Der Rechnungshof und die einzelstaatlichen Rechnungsprüfungsorgane arbeiten unter Wahrung ihrer Unabhängigkeit vertrauensvoll zusammen. Diese Organe oder Dienststellen teilen dem Rechnungshof mit, ob sie an der Prüfung teilzunehmen beabsichtigen.

Die anderen Organe der Union, die Einrichtungen oder sonstigen Stellen, die Einnahmen oder Ausgaben für Rechnung der Union verwalten, die natürlichen oder juristischen Personen, die Zahlungen aus dem Haushalt erhalten, und die einzelstaatlichen Rechnungsprüfungsorgane oder, wenn diese nicht über die erforderliche Zuständigkeit verfügen, die zuständigen einzelstaatlichen Dienststellen übermitteln dem Rechnungshof auf dessen Antrag die für die Erfüllung seiner Aufgabe erforderlichen Unterlagen oder Informationen.

Die Rechte des Rechnungshofs auf Zugang zu Informationen der Europäischen Investitionsbank im Zusammenhang mit deren Tätigkeit bei der Verwaltung von Einnahmen und Ausgaben der Union werden in einer Vereinbarung zwischen dem Rechnungshof, der Bank und der Kommission geregelt. Der Rechnungshof hat auch dann Recht auf Zugang zu den Informationen, die für die Prüfung der von der Bank verwalteten Einnahmen und Ausgaben der Union erforderlich sind, wenn eine entsprechende Vereinbarung nicht besteht.

(4) Der Rechnungshof erstattet nach Abschluss eines jeden Haushaltsjahrs einen Jahresbericht. Dieser Bericht wird den anderen Organen der Union vorgelegt und im *Amtsblatt der Europäischen Union* zusammen mit den Antworten dieser Organe auf die Bemerkungen des Rechnungshofs veröffentlicht.

Der Rechnungshof kann ferner jederzeit seine Bemerkungen zu besonderen Fragen vorlegen, insbesondere in Form von Sonderberichten, und auf Antrag eines der anderen Organe der Union Stellungnahmen abgeben.

Er nimmt seine jährlichen Berichte, Sonderberichte oder Stellungnahmen mit der Mehrheit seiner Mitglieder an. Er kann jedoch für die Annahme bestimmter Arten von Berichten oder Stellungnahmen nach Maßgabe seiner Geschäftsordnung Kammern bilden.

Er unterstützt das Europäische Parlament und den Rat bei der Kontrolle der Ausführung des Haushaltsplans.

Der Rechnungshof gibt sich eine Geschäftsordnung. Diese bedarf der Genehmigung des Rates.

KAPITEL 2

RECHTSAKTE DER UNION, ANNAHMEVERFAHREN UND SONSTIGE VORSCHRIFTEN

ABSCHNITT 1

DIE RECHTSAKTE DER UNION

Artikel 288

(ex-Artikel 249 EGV)

Für die Ausübung der Zuständigkeiten der Union nehmen die Organe Verordnungen, Richtlinien, Beschlüsse, Empfehlungen und Stellungnahmen an.

Die Verordnung hat allgemeine Geltung. Sie ist in allen ihren Teilen verbindlich und gilt unmittelbar in jedem Mitgliedstaat.

Die Richtlinie ist für jeden Mitgliedstaat, an den sie gerichtet wird, hinsichtlich des zu erreichenden Ziels verbindlich, überlässt jedoch den innerstaatlichen Stellen die Wahl der Form und der Mittel.

Beschlüsse sind in allen ihren Teilen verbindlich. Sind sie an bestimmte Adressaten gerichtet, so sind sie nur für diese verbindlich.

Die Empfehlungen und Stellungnahmen sind nicht verbindlich.

Artikel 289

(1) Das ordentliche Gesetzgebungsverfahren besteht in der gemeinsamen Annahme einer Verordnung, einer Richtlinie oder eines Beschlusses durch das Europäische Parlament und den Rat auf Vorschlag der Kommission. Dieses Verfahren ist in Artikel 294 festgelegt.

(2) In bestimmten, in den Verträgen vorgesehenen Fällen erfolgt als besonderes Gesetzgebungsverfahren die Annahme einer Verordnung, einer Richtlinie oder eines Beschlusses durch das Europäische Parlament mit Beteiligung des Rates oder durch den Rat mit Beteiligung des Europäischen Parlaments.

(3) Rechtsakte, die gemäß einem Gesetzgebungsverfahren angenommen werden, sind Gesetzgebungsakte.

(4) In bestimmten, in den Verträgen vorgesehenen Fällen können Gesetzgebungsakte auf Initiative einer Gruppe von Mitgliedstaaten oder des Europäischen Parlaments, auf Empfehlung der Europäischen Zentralbank oder auf Antrag des Gerichtshofs oder der Europäischen Investitionsbank erlassen werden.

Artikel 290

(1) In Gesetzgebungsakten kann der Kommission die Befugnis übertragen werden, Rechtsakte ohne Gesetzescharakter mit allgemeiner Geltung zur Ergänzung oder Änderung bestimmter nicht wesentlicher Vorschriften des betreffenden Gesetzgebungsaktes zu erlassen.

In den betreffenden Gesetzgebungsakten werden Ziele, Inhalt, Geltungsbereich und Dauer der Befugnisübertragung ausdrücklich festgelegt. Die wesentlichen Aspekte eines Bereichs sind dem Gesetzgebungsakt vorbehalten und eine Befugnisübertragung ist für sie deshalb ausgeschlossen.

(2) Die Bedingungen, unter denen die Übertragung erfolgt, werden in Gesetzgebungsakten ausdrücklich festgelegt, wobei folgende Möglichkeiten bestehen:

a) Das Europäische Parlament oder der Rat kann beschließen, die Übertragung zu widerrufen.

b) Der delegierte Rechtsakt kann nur in Kraft treten, wenn das Europäische Parlament oder der Rat innerhalb der im Gesetzgebungsakt festgelegten Frist keine Einwände erhebt.

Für die Zwecke der Buchstaben a und b beschließt das Europäische Parlament mit der Mehrheit seiner Mitglieder und der Rat mit qualifizierter Mehrheit.

(3) In den Titel der delegierten Rechtsakte wird das Wort „delegiert" eingefügt.

Artikel 291

(1) Die Mitgliedstaaten ergreifen alle zur Durchführung der verbindlichen Rechtsakte der Union erforderlichen Maßnahmen nach innerstaatlichem Recht.

(2) Bedarf es einheitlicher Bedingungen für die Durchführung der verbindlichen Rechtsakte der Union, so werden mit diesen Rechtsakten der Kommission oder, in entsprechend begründeten Sonderfällen und in den in den Artikeln 24 und 26 des Vertrags über die Europäische Union vorgesehenen Fällen, dem Rat Durchführungsbefugnisse übertragen.

(3) Für die Zwecke des Absatzes 2 legen das Europäische Parlament und der Rat gemäß dem ordentlichen Gesetzgebungsverfahren durch Verordnungen im Voraus allgemeine Regeln und Grundsätze fest, nach denen die Mitgliedstaaten die Wahrnehmung der Durchführungsbefugnisse durch die Kommission kontrollieren.

(4) In den Titel der Durchführungsrechtsakte wird der Wortteil „Durchführungs-" eingefügt.

Artikel 292

Der Rat gibt Empfehlungen ab. Er beschließt auf Vorschlag der Kommission in allen Fällen, in denen er nach Maßgabe der Verträge Rechtsakte auf Vorschlag der Kommission erlässt. In den Bereichen, in denen für den Erlass eines Rechtsakts der Union Einstimmigkeit vorgesehen ist, beschließt er einstimmig. Die Kommission und, in bestimmten in den Verträgen vorgesehenen Fällen, die Europäische Zentralbank geben Empfehlungen ab.

ABSCHNITT 2

ANNAHMEVERFAHREN UND SONSTIGE VORSCHRIFTEN

Artikel 293

(ex-Artikel 250 EGV)

(1) Wird der Rat aufgrund der Verträge auf Vorschlag der Kommission tätig, so kann er diesen Vorschlag nur einstimmig abändern; dies gilt nicht in den Fällen nach Artikel 294 Absätze 10 und 13, nach Artikel 310, Artikel 312, Artikel 314 und nach Artikel 315 Absatz 2.

(2) Solange ein Beschluss des Rates nicht ergangen ist, kann die Kommission ihren Vorschlag jederzeit im Verlauf der Verfahren zur Annahme eines Rechtsakts der Union ändern.

Artikel 294

(ex-Artikel 251 EGV)

(1) Wird in den Verträgen hinsichtlich der Annahme eines Rechtsakts auf das ordentliche Gesetzgebungsverfahren Bezug genommen, so gilt das nachstehende Verfahren.

(2) Die Kommission unterbreitet dem Europäischen Parlament und dem Rat einen Vorschlag.

Erste Lesung

(3) Das Europäische Parlament legt seinen Standpunkt in erster Lesung fest und übermittelt ihn dem Rat.

(4) Billigt der Rat den Standpunkt des Europäischen Parlaments, so ist der betreffende Rechtsakt in der Fassung des Standpunkts des Europäischen Parlaments erlassen.

(5) Billigt der Rat den Standpunkt des Europäischen Parlaments nicht, so legt er seinen Standpunkt in erster Lesung fest und übermittelt ihn dem Europäischen Parlament.

(6) Der Rat unterrichtet das Europäische Parlament in allen Einzelheiten über die Gründe, aus denen er seinen Standpunkt in erster Lesung festgelegt hat. Die Kommission unterrichtet das Europäische Parlament in vollem Umfang über ihren Standpunkt.

Zweite Lesung

(7) Hat das Europäische Parlament binnen drei Monaten nach der Übermittlung

a) den Standpunkt des Rates in erster Lesung gebilligt oder sich nicht geäußert, so gilt der betreffende Rechtsakt als in der Fassung des Standpunkts des Rates erlassen;

b) den Standpunkt des Rates in erster Lesung mit der Mehrheit seiner Mitglieder abgelehnt, so gilt der vorgeschlagene Rechtsakt als nicht erlassen;

c) mit der Mehrheit seiner Mitglieder Abänderungen an dem Standpunkt des Rates in erster Lesung vorgeschlagen, so wird die abgeänderte Fassung dem Rat und der Kommission zugeleitet; die Kommission gibt eine Stellungnahme zu diesen Abänderungen ab.

(8) Hat der Rat binnen drei Monaten nach Eingang der Abänderungen des Europäischen Parlaments mit qualifizierter Mehrheit

a) alle diese Abänderungen gebilligt, so gilt der betreffende Rechtsakt als erlassen;

b) nicht alle Abänderungen gebilligt, so beruft der Präsident des Rates im Einvernehmen mit dem Präsidenten des Europäischen Parlaments binnen sechs Wochen den Vermittlungsausschuss ein.

(9) Über Abänderungen, zu denen die Kommission eine ablehnende Stellungnahme abgegeben hat, beschließt der Rat einstimmig.

Vermittlung

(10) Der Vermittlungsausschuss, der aus den Mitgliedern des Rates oder deren Vertretern und ebenso vielen das Europäische Parlament vertretenden Mitgliedern besteht, hat die Aufgabe, mit der qualifizierten Mehrheit der Mitglieder des Rates oder deren Vertretern und der Mehrheit der das Europäische Parlament vertretenden Mitglieder binnen sechs Wochen nach seiner Einberufung eine Einigung auf der Grundlage der Standpunkte des Europäischen Parlaments und des Rates in zweiter Lesung zu erzielen.

(11) Die Kommission nimmt an den Arbeiten des Vermittlungsausschusses teil und ergreift alle erforderlichen Initiativen, um auf eine Annäherung der Standpunkte des Europäischen Parlaments und des Rates hinzuwirken.

(12) Billigt der Vermittlungsausschuss binnen sechs Wochen nach seiner Einberufung keinen gemeinsamen Entwurf, so gilt der vorgeschlagene Rechtsakt als nicht erlassen.

Dritte Lesung

(13) Billigt der Vermittlungsausschuss innerhalb dieser Frist einen gemeinsamen Entwurf, so verfügen das Europäische Parlament und der Rat ab dieser Billigung über eine Frist von sechs Wochen, um den betreffenden Rechtsakt entsprechend diesem Entwurf zu erlassen, wobei im Europäischen Parlament die Mehrheit der abgegebenen Stimmen und im Rat die qualifizierte Mehrheit erforderlich ist. Andernfalls gilt der vorgeschlagene Rechtsakt als nicht erlassen.

(14) Die in diesem Artikel genannten Fristen von drei Monaten beziehungsweise sechs Wochen werden auf Initiative des Europäischen Parlaments oder des Rates um höchstens einen Monat beziehungsweise zwei Wochen verlängert.

Besondere Bestimmungen

(15) Wird in den in den Verträgen vorgesehenen Fällen ein Gesetzgebungsakt auf Initiative einer Gruppe von Mitgliedstaaten, auf Empfehlung der Europäischen Zentralbank oder auf Antrag des Gerichtshofs im ordentlichen Gesetzgebungsverfahren erlassen, so finden Absatz 2, Absatz 6 Satz 2 und Absatz 9 keine Anwendung.

In diesen Fällen übermitteln das Europäische Parlament und der Rat der Kommission den Entwurf des Rechtsakts sowie ihre jeweiligen Standpunkte in erster und zweiter Lesung. Das Europäische Parlament oder der Rat kann die Kommission während des gesamten Verfahrens um eine Stellungnahme bitten, die die Kommission auch von sich aus abgeben kann. Sie kann auch nach Maßgabe des Absatzes 11 an dem Vermittlungsausschuss teilnehmen, sofern sie dies für erforderlich hält.

Artikel 295

Das Europäische Parlament, der Rat und die Kommission beraten sich und regeln einvernehmlich die Einzelheiten ihrer Zusammenarbeit. Dazu können sie unter Wahrung der Verträge interinstitutionelle Vereinbarungen schließen, die auch bindenden Charakter haben können.

Artikel 296

(ex-Artikel 253 EGV)

Wird die Art des zu erlassenden Rechtsakts von den Verträgen nicht vorgegeben, so entscheiden die Organe darüber von Fall zu Fall unter Einhaltung der geltenden Verfahren und des Grundsatzes der Verhältnismäßigkeit.

Die Rechtsakte sind mit einer Begründung zu versehen und nehmen auf die in den Verträgen vorgesehenen Vorschläge, Initiativen, Empfehlungen, Anträge oder Stellungnahmen Bezug.

Werden das Europäische Parlament und der Rat mit dem Entwurf eines Gesetzgebungsakts befasst, so nehmen sie keine Rechtsakte an, die gemäß dem für den betreffenden Bereich geltenden Gesetzgebungsverfahren nicht vorgesehen sind.

Artikel 297

(ex-Artikel 254 EGV)

(1) Gesetzgebungsakte, die gemäß dem ordentlichen Gesetzgebungsverfahren erlassen wurden, werden vom Präsidenten des Europäischen Parlaments und vom Präsidenten des Rates unterzeichnet.

Gesetzgebungsakte, die gemäß einem besonderen Gesetzgebungsverfahren erlassen wurden, werden vom Präsidenten des Organs unterzeichnet, das sie erlassen hat.

Die Gesetzgebungsakte werden im *Amtsblatt der Europäischen Union* veröffentlicht. Sie treten zu dem durch sie festgelegten Zeitpunkt oder anderenfalls am zwanzigsten Tag nach ihrer Veröffentlichung in Kraft.

(2) Rechtsakte ohne Gesetzescharakter, die als Verordnung, Richtlinie oder Beschluss, der an keinen bestimmten Adressaten gerichtet ist, erlassen wurden, werden vom Präsidenten des Organs unterzeichnet, das sie erlassen hat.

Verordnungen, Richtlinien, die an alle Mitgliedstaaten gerichtet sind, sowie Beschlüsse, die an keinen bestimmten Adressaten gerichtet sind, werden im *Amtsblatt der Europäischen Union* veröffentlicht. Sie treten zu dem durch sie festgelegten Zeitpunkt oder anderenfalls am zwanzigsten Tag nach ihrer Veröffentlichung in Kraft.

Die anderen Richtlinien sowie die Beschlüsse, die an einen bestimmten Adressaten gerichtet sind, werden denjenigen, für die sie bestimmt sind, bekannt gegeben und durch diese Bekanntgabe wirksam.

Artikel 298

(1) Zur Ausübung ihrer Aufgaben stützen sich die Organe, Einrichtungen und sonstigen Stellen der Union auf eine offene, effiziente und unabhängige europäische Verwaltung.

(2) Die Bestimmungen zu diesem Zweck werden unter Beachtung des Statuts und der Beschäftigungsbedingungen nach Artikel 336 vom Europäischen Parlament und vom Rat gemäß dem ordentlichen Gesetzgebungsverfahren durch Verordnungen erlassen.

Artikel 299

(ex-Artikel 256 EGV)

Die Rechtsakte des Rates, der Kommission oder der Europäischen Zentralbank, die eine Zahlung auferlegen, sind vollstreckbare Titel; dies gilt nicht gegenüber Staaten.

Die Zwangsvollstreckung erfolgt nach den Vorschriften des Zivilprozessrechts des Staates, in dessen Hoheitsgebiet sie stattfindet. Die Vollstreckungsklausel wird nach einer Prüfung, die sich lediglich auf die Echtheit des Titels erstrecken darf, von der staatlichen Behörde erteilt, welche die Regierung jedes Mitgliedstaats zu diesem Zweck bestimmt und der Kommission und dem Gerichtshof der Europäischen Union benennt.

Sind diese Formvorschriften auf Antrag der die Vollstreckung betreibenden Partei erfüllt, so kann diese die Zwangsvollstreckung nach innerstaatlichem Recht betreiben, indem sie die zuständige Stelle unmittelbar anruft.

Die Zwangsvollstreckung kann nur durch eine Entscheidung des Gerichtshofs der Europäischen Union ausgesetzt werden. Für die Prüfung der Ordnungsmäßigkeit der Vollstreckungsmaßnahmen sind jedoch die einzelstaatlichen Rechtsprechungsorgane zuständig.

KAPITEL 3
DIE BERATENDEN EINRICHTUNGEN DER UNION

Artikel 300

(1) Das Europäische Parlament, der Rat und die Kommission werden von einem Wirtschafts- und Sozialausschuss sowie einem Ausschuss der Regionen unterstützt, die beratende Aufgaben wahrnehmen.

(2) Der Wirtschafts- und Sozialausschuss setzt sich zusammen aus Vertretern der Organisationen der Arbeitgeber und der Arbeitnehmer sowie anderen Vertretern der Zivilgesellschaft, insbesondere aus dem sozialen und wirtschaftlichen, dem staatsbürgerlichen, dem beruflichen und dem kulturellen Bereich.

(3) Der Ausschuss der Regionen setzt sich zusammen aus Vertretern der regionalen und lokalen Gebietskörperschaften, die entweder ein auf Wahlen beruhendes Mandat in einer regionalen oder lokalen Gebietskörperschaft innehaben oder gegenüber einer gewählten Versammlung politisch verantwortlich sind.

(4) Die Mitglieder des Wirtschafts- und Sozialausschusses und des Ausschusses der Regionen sind an keine Weisungen gebunden. Sie üben ihre Tätigkeit in voller Unabhängigkeit zum allgemeinen Wohl der Union aus.

(5) Die Vorschriften der Absätze 2 und 3 über die Art der Zusammensetzung dieser Ausschüsse werden in regelmäßigen Abständen vom Rat überprüft, um der wirtschaftlichen, sozialen und demografischen Entwicklung in der Union Rechnung zu tragen. Der Rat erlässt auf Vorschlag der Kommission Beschlüsse zu diesem Zweck.

ABSCHNITT 1

DER WIRTSCHAFTS- UND SOZIALAUSSCHUSS

Artikel 301

(ex-Artikel 258 EGV)

Der Wirtschafts- und Sozialausschuss hat höchstens dreihundertfünfzig Mitglieder.

Der Rat erlässt einstimmig auf Vorschlag der Kommission einen Beschluss über die Zusammensetzung des Ausschusses.

Der Rat setzt die Vergütungen für die Mitglieder des Ausschusses fest.

Artikel 302

(ex-Artikel 259 EGV)

(1) Die Mitglieder des Ausschusses werden für fünf Jahre ernannt. Der Rat nimmt die gemäß den Vorschlägen der einzelnen Mitgliedstaaten erstellte Liste der Mitglieder an. Die Wiederernennung der Mitglieder des Ausschusses ist zulässig.

(2) Der Rat beschließt nach Anhörung der Kommission. Er kann die Meinung der maßgeblichen europäischen Organisationen der verschiedenen Zweige des Wirtschafts- und Soziallebens und der Zivilgesellschaft einholen, die von der Tätigkeit der Union betroffen sind.

Artikel 303

(ex-Artikel 260 EGV)

Der Ausschuss wählt aus seiner Mitte seinen Präsidenten und sein Präsidium auf zweieinhalb Jahre.

Er gibt sich eine Geschäftsordnung.

Der Ausschuss wird von seinem Präsidenten auf Antrag des Europäischen Parlaments, des Rates oder der Kommission einberufen. Er kann auch von sich aus zusammentreten.

Artikel 304

(ex-Artikel 262 EGV)

Der Ausschuss wird vom Europäischen Parlament, vom Rat oder der Kommission in den in den Verträgen vorgesehenen Fällen gehört. Er kann von diesen Organen in allen Fällen gehört werden, in denen diese es für zweckmäßig erachten. Er kann von sich aus eine Stellungnahme in den Fällen abgeben, in denen er dies für zweckmäßig erachtet.

Wenn das Europäische Parlament, der Rat oder die Kommission es für notwendig erachten, setzen sie dem Ausschuss für die Vorlage seiner Stellungnahme eine Frist; diese beträgt mindestens einen Monat, vom Eingang der Mitteilung beim Präsidenten des Ausschusses an gerechnet. Nach Ablauf der Frist kann das Fehlen einer Stellungnahme unberücksichtigt bleiben.

Die Stellungnahmen des Ausschusses sowie ein Bericht über die Beratungen werden dem Europäischen Parlament, dem Rat und der Kommission übermittelt.

ABSCHNITT 2

DER AUSSCHUSS DER REGIONEN

Artikel 305

(ex-Artikel 263 Absätze 2, 3 und 4 EGV)

Der Ausschuss der Regionen hat höchstens dreihundertfünfzig Mitglieder.

Der Rat erlässt einstimmig auf Vorschlag der Kommission einen Beschluss über die Zusammensetzung des Ausschusses.

Die Mitglieder des Ausschusses sowie eine gleiche Anzahl von Stellvertretern werden auf fünf Jahre ernannt. Wiederernennung ist zulässig. Der Rat nimmt die gemäß den Vorschlägen der einzelnen Mitgliedstaaten erstellte Liste der Mitglieder und Stellvertreter an. Die Amtszeit der Mitglieder des Ausschusses endet automatisch bei Ablauf des in Artikel 300 Absatz 3 genannten Mandats, aufgrund dessen sie vorgeschlagen wurden; für die verbleibende Amtszeit wird nach demselben Verfahren ein Nachfolger ernannt. Ein Mitglied des Ausschusses darf nicht gleichzeitig Mitglied des Europäischen Parlaments sein.

Artikel 306

(ex-Artikel 264 EGV)

Der Ausschuss der Regionen wählt aus seiner Mitte seinen Präsidenten und sein Präsidium auf zweieinhalb Jahre.

Er gibt sich eine Geschäftsordnung.

Der Ausschuss wird von seinem Präsidenten auf Antrag des Europäischen Parlaments, des Rates oder der Kommission einberufen. Er kann auch von sich aus zusammentreten.

Artikel 307

(ex-Artikel 265 EGV)

Der Ausschuss der Regionen wird vom Europäischen Parlament, vom Rat oder von der Kommission in den in den Verträgen vorgesehenen Fällen und in allen anderen Fällen gehört, in denen eines dieser Organe dies für zweckmäßig erachtet, insbesondere in Fällen, welche die grenzüberschreitende Zusammenarbeit betreffen.

Wenn das Europäische Parlament, der Rat oder die Kommission es für notwendig erachten, setzen sie dem Ausschuss für die Vorlage seiner Stellungnahme eine Frist; diese beträgt mindestens einen Monat, vom Eingang der diesbezüglichen Mitteilung beim Präsidenten des Ausschusses an gerechnet. Nach Ablauf der Frist kann das Fehlen einer Stellungnahme unberücksichtigt bleiben.

Wird der Wirtschafts- und Sozialausschuss nach Artikel 304 gehört, so wird der Ausschuss der Regionen vom Europäischen Parlament, vom Rat oder von der Kommission über dieses Ersuchen um Stellungnahme unterrichtet. Der Ausschuss der Regionen kann, wenn er der Auffassung ist, dass spezifische regionale Interessen berührt werden, eine entsprechende Stellungnahme abgeben.

Er kann, wenn er dies für zweckdienlich erachtet, von sich aus eine Stellungnahme abgeben.

Die Stellungnahme des Ausschusses sowie ein Bericht über die Beratungen werden dem Europäischen Parlament, dem Rat und der Kommission übermittelt.

KAPITEL 4

DIE EUROPÄISCHE INVESTITIONSBANK

Artikel 308

(ex-Artikel 266 EGV)

Die Europäische Investitionsbank besitzt Rechtspersönlichkeit.

Mitglieder der Europäischen Investitionsbank sind die Mitgliedstaaten.

Die Satzung der Europäischen Investitionsbank ist den Verträgen als Protokoll beigefügt. Der Rat kann auf Antrag der Europäischen Investitionsbank und nach Anhörung des Europäischen Parlaments und der Kommission oder auf Vorschlag der Kommission und nach Anhörung des Europäischen Parlaments und der Europäischen Investitionsbank die Satzung der Bank einstimmig gemäß einem besonderen Gesetzgebungsverfahren ändern.

Artikel 309

(ex-Artikel 267 EGV)

Aufgabe der Europäischen Investitionsbank ist es, zu einer ausgewogenen und reibungslosen Entwicklung des Binnenmarkts im Interesse der Union beizutragen; hierbei bedient sie sich des Kapitalmarkts sowie ihrer eigenen Mittel. In diesem Sinne erleichtert sie ohne Verfolgung eines Erwerbszwecks durch Gewährung von Darlehen und Bürgschaften die Finanzierung der nachstehend bezeichneten Vorhaben in allen Wirtschaftszweigen:

a) Vorhaben zur Erschließung der weniger entwickelten Gebiete;

b) Vorhaben zur Modernisierung oder Umstellung von Unternehmen oder zur Schaffung neuer Arbeitsmöglichkeiten, die sich aus der Errichtung oder dem Funktionieren des Binnenmarkts ergeben und wegen ihres Umfangs oder ihrer Art mit den in den einzelnen Mitgliedstaaten vorhandenen Mitteln nicht vollständig finanziert werden können;

c) Vorhaben von gemeinsamem Interesse für mehrere Mitgliedstaaten, die wegen ihres Umfangs oder ihrer Art mit den in den einzelnen Mitgliedstaaten vorhandenen Mitteln nicht vollständig finanziert werden können.

In Erfüllung ihrer Aufgabe erleichtert die Bank die Finanzierung von Investitionsprogrammen in Verbindung mit der Unterstützung aus den Strukturfonds und anderen Finanzierungsinstrumenten der Union.

TITEL II

FINANZVORSCHRIFTEN

Artikel 310

(ex-Artikel 268 EGV)

(1) Alle Einnahmen und Ausgaben der Union werden für jedes Haushaltsjahr veranschlagt und in den Haushaltsplan eingesetzt.

Der jährliche Haushaltsplan der Union wird vom Europäischen Parlament und vom Rat nach Maßgabe des Artikels 314 aufgestellt.

Der Haushaltsplan ist in Einnahmen und Ausgaben auszugleichen.

(2) Die in den Haushaltsplan eingesetzten Ausgaben werden für ein Haushaltsjahr entsprechend der Verordnung nach Artikel 322 bewilligt.

(3) Die Ausführung der in den Haushaltsplan eingesetzten Ausgaben setzt den Erlass eines verbindlichen Rechtsakts der Union voraus, mit dem die Maßnahme der Union und die Ausführung der entsprechenden Ausgabe entsprechend der Verordnung nach Artikel 322 eine Rechtsgrundlage erhalten, soweit nicht diese Verordnung Ausnahmen vorsieht.

(4) Um die Haushaltsdisziplin sicherzustellen, erlässt die Union keine Rechtsakte, die erhebliche

Auswirkungen auf den Haushaltsplan haben könnten, ohne die Gewähr zu bieten, dass die mit diesen Rechtsakten verbundenen Ausgaben im Rahmen der Eigenmittel der Union und unter Einhaltung des mehrjährigen Finanzrahmens nach Artikel 312 finanziert werden können.

(5) Der Haushaltsplan wird entsprechend dem Grundsatz der Wirtschaftlichkeit der Haushaltsführung ausgeführt. Die Mitgliedstaaten arbeiten mit der Union zusammen, um sicherzustellen, dass die in den Haushaltsplan eingesetzten Mittel nach diesem Grundsatz verwendet werden.

(6) Die Union und die Mitgliedstaaten bekämpfen nach Artikel 325 Betrügereien und sonstige gegen die finanziellen Interessen der Union gerichtete rechtswidrige Handlungen.

KAPITEL 1
DIE EIGENMITTEL DER UNION

Artikel 311

(ex-Artikel 269 EGV)

Die Union stattet sich mit den erforderlichen Mitteln aus, um ihre Ziele erreichen und ihre Politik durchführen zu können.

Der Haushalt wird unbeschadet der sonstigen Einnahmen vollständig aus Eigenmitteln finanziert.

Der Rat erlässt gemäß einem besonderen Gesetzgebungsverfahren einstimmig und nach Anhörung des Europäischen Parlaments einen Beschluss, mit dem die Bestimmungen über das System der Eigenmittel der Union festgelegt werden. Darin können neue Kategorien von Eigenmitteln eingeführt oder bestehende Kategorien abgeschafft werden. Dieser Beschluss tritt erst nach Zustimmung der Mitgliedstaaten im Einklang mit ihren jeweiligen verfassungsrechtlichen Vorschriften in Kraft.

Der Rat legt gemäß einem besonderen Gesetzgebungsverfahren durch Verordnungen Durchführungsmaßnahmen zu dem System der Eigenmittel der Union fest, sofern dies in dem nach Absatz 3 erlassenen Beschluss vorgesehen ist. Der Rat beschließt nach Zustimmung des Europäischen Parlaments.

KAPITEL 2
DER MEHRJÄHRIGE FINANZRAHMEN

Artikel 312

(1) Mit dem mehrjährigen Finanzrahmen soll sichergestellt werden, dass die Ausgaben der Union innerhalb der Grenzen ihrer Eigenmittel eine geordnete Entwicklung nehmen.

Er wird für einen Zeitraum von mindestens fünf Jahren aufgestellt.

Bei der Aufstellung des jährlichen Haushaltsplans der Union ist der mehrjährige Finanzrahmen einzuhalten.

(2) Der Rat erlässt gemäß einem besonderen Gesetzgebungsverfahren eine Verordnung zur Festlegung des mehrjährigen Finanzrahmens. Er beschließt einstimmig nach Zustimmung des Europäischen Parlaments, die mit der Mehrheit seiner Mitglieder erteilt wird.

Der Europäische Rat kann einstimmig einen Beschluss fassen, wonach der Rat mit qualifizierter Mehrheit beschließen kann, wenn er die in Unterabsatz 1 genannte Verordnung erlässt.

(3) In dem Finanzrahmen werden die jährlichen Obergrenzen der Mittel für Verpflichtungen je Ausgabenkategorie und die jährliche Obergrenze der Mittel für Zahlungen festgelegt. Die Ausgabenkategorien, von denen es nur wenige geben darf, entsprechen den Haupttätigkeitsbereichen der Union.

Der Finanzrahmen enthält auch alle sonstigen für den reibungslosen Ablauf des jährlichen Haushaltsverfahrens sachdienlichen Bestimmungen.

(4) Hat der Rat bis zum Ablauf des vorangegangenen Finanzrahmens keine Verordnung zur Aufstellung eines neuen Finanzrahmens erlassen, so werden die Obergrenzen und sonstigen Bestimmungen des letzten Jahres des vorangegangenen Finanzrahmens bis zum Erlass dieses Rechtsakts fortgeschrieben.

(5) Das Europäische Parlament, der Rat und die Kommission treffen während des gesamten Verfahrens zur Annahme des Finanzrahmens alle erforderlichen Maßnahmen, um den Erlass des Rechtsakts zu erleichtern.

KAPITEL 3
DER JAHRESHAUSHALTSPLAN DER UNION

Artikel 313

(ex-Artikel 272 Absatz 1 EGV)

Das Haushaltsjahr beginnt am 1. Januar und endet am 31. Dezember.

Artikel 314

(ex-Artikel 272 Absätze 2 bis 10 EGV)

Das Europäische Parlament und der Rat legen den Jahreshaushaltsplan der Union im Rahmen eines besonderen Gesetzgebungsverfahrens nach den folgenden Bestimmungen fest:

(1) Jedes Organ, mit Ausnahme der Europäischen Zentralbank, stellt vor dem 1. Juli einen Haushaltsvoranschlag für seine Ausgaben für das

folgende Haushaltsjahr auf. Die Kommission fasst diese Voranschläge in einem Entwurf für den Haushaltsplan zusammen, der abweichende Voranschläge enthalten kann.

Dieser Entwurf umfasst den Ansatz der Einnahmen und den Ansatz der Ausgaben.

(2) Die Kommission legt dem Europäischen Parlament und dem Rat spätestens am 1. September des Jahres, das dem entsprechenden Haushaltsjahr vorausgeht, einen Vorschlag mit dem Entwurf des Haushaltsplans vor.

Die Kommission kann den Entwurf des Haushaltsplans während des laufenden Verfahrens bis zur Einberufung des in Absatz 5 genannten Vermittlungsausschusses ändern.

(3) Der Rat legt seinen Standpunkt zu dem Entwurf des Haushaltsplans fest und leitet ihn spätestens am 1. Oktober des Jahres, das dem entsprechenden Haushaltsjahr vorausgeht, dem Europäischen Parlament zu. Er unterrichtet das Europäische Parlament in vollem Umfang über die Gründe, aus denen er seinen Standpunkt festgelegt hat.

(4) Hat das Europäische Parlament binnen 42 Tagen nach der Übermittlung

a) den Standpunkt des Rates gebilligt, so ist der Haushaltsplan erlassen;

b) keinen Beschluss gefasst, so gilt der Haushaltsplan als erlassen;

c) mit der Mehrheit seiner Mitglieder Abänderungen angenommen, so wird die abgeänderte Fassung des Entwurfs dem Rat und der Kommission zugeleitet. Der Präsident des Europäischen Parlaments beruft im Einvernehmen mit dem Präsidenten des Rates umgehend den Vermittlungsausschuss ein. Der Vermittlungsausschuss tritt jedoch nicht zusammen, wenn der Rat dem Europäischen Parlament binnen zehn Tagen nach der Übermittlung des geänderten Entwurfs mitteilt, dass er alle seine Abänderungen billigt.

(5) Der Vermittlungsausschuss, der aus den Mitgliedern des Rates oder deren Vertretern und ebenso vielen das Europäische Parlament vertretenden Mitgliedern besteht, hat die Aufgabe, binnen 21 Tagen nach seiner Einberufung auf der Grundlage der Standpunkte des Europäischen Parlaments und des Rates mit der qualifizierten Mehrheit der Mitglieder des Rates oder deren Vertretern und der Mehrheit der das Europäische Parlament vertretenden Mitglieder eine Einigung über einen gemeinsamen Entwurf zu erzielen.

Die Kommission nimmt an den Arbeiten des Vermittlungsausschusses teil und ergreift alle erforderlichen Initiativen, um eine Annäherung der Standpunkte des Europäischen Parlaments und des Rates zu bewirken.

(6) Einigt sich der Vermittlungsausschuss innerhalb der in Absatz 5 genannten Frist von 21 Tagen auf einen gemeinsamen Entwurf, so verfügen das Europäische Parlament und der Rat ab dieser Einigung über eine Frist von 14 Tagen, um den gemeinsamen Entwurf zu billigen.

(7) Wenn innerhalb der in Absatz 6 genannten Frist von 14 Tagen

a) der gemeinsame Entwurf sowohl vom Europäischen Parlament als auch vom Rat gebilligt wird oder beide keinen Beschluss fassen oder eines dieser Organe den gemeinsamen Entwurf billigt, während das andere Organ keinen Beschluss fasst, so gilt der Haushaltsplan als entsprechend dem gemeinsamen Entwurf endgültig erlassen, oder

b) der gemeinsame Entwurf sowohl vom Europäischen Parlament mit der Mehrheit seiner Mitglieder als auch vom Rat abgelehnt wird oder eines dieser Organe den gemeinsamen Entwurf ablehnt, während das andere Organ keinen Beschluss fasst, so legt die Kommission einen neuen Entwurf für den Haushaltsplan vor, oder

c) der gemeinsame Entwurf vom Europäischen Parlament mit der Mehrheit seiner Mitglieder abgelehnt wird, während er vom Rat gebilligt wird, so legt die Kommission einen neuen Entwurf für den Haushaltsplan vor, oder

d) der gemeinsame Entwurf vom Europäischen Parlament gebilligt wird, während er vom Rat abgelehnt wird, so kann das Europäische Parlament binnen 14 Tagen ab dem Tag der Ablehnung durch den Rat mit der Mehrheit seiner Mitglieder und drei Fünfteln der abgegebenen Stimmen beschließen, alle oder einige der in Absatz 4 Buchstabe c genannten Abänderungen zu bestätigen. Wird eine Abänderung des Europäischen Parlaments nicht bestätigt, so wird der im Vermittlungsausschuss vereinbarte Standpunkt zu dem Hausshaltsposten, der Gegenstand der Abänderung ist, übernommen. Der Haushaltsplan gilt als auf dieser Grundlage endgültig erlassen.

(8) Einigt sich der Vermittlungsausschuss nicht binnen der in Absatz 5 genannten Frist von 21 Tagen auf einen gemeinsamen Entwurf, so legt die Kommission einen neuen Entwurf für den Haushaltsplan vor.

(9) Nach Abschluss des Verfahrens dieses Artikels stellt der Präsident des Europäischen Parlaments fest, dass der Haushaltsplan endgültig erlassen ist.

(10) Jedes Organ übt die ihm aufgrund dieses Artikels zufallenden Befugnisse unter Wahrung der Verträge und der Rechtsakte aus, die auf der Grundlage der Verträge insbesondere im Bereich der Eigenmittel der Union und des Gleichgewichts von Einnahmen und Ausgaben erlassen wurden.

Artikel 315

(ex-Artikel 273 EGV)

Ist zu Beginn eines Haushaltsjahres der Haushaltsplan noch nicht endgültig erlassen, so können nach der gemäß Artikel 322 festgelegten Haushaltsordnung für jedes Kapitel monatliche Ausgaben bis zur Höhe eines Zwölftels der im betreffenden Kapitel des Haushaltsplans des vorangegangenen Haushaltsjahres eingesetzten Mittel vorgenommen werden, die jedoch ein Zwölftel der Mittelansätze des gleichen Kapitels des Haushaltsplanentwurfs nicht überschreiten dürfen.

Der Rat kann auf Vorschlag der Kommission unter Beachtung der sonstigen Bestimmungen des Absatzes 1 entsprechend der nach Artikel 322 erlassenen Verordnung Ausgaben genehmigen, die über dieses Zwölftel hinausgehen. Er leitet seinen Beschluss unverzüglich dem Europäischen Parlament zu.

In dem Beschluss nach Absatz 2 werden unter Beachtung der in Artikel 311 genannten Rechtsakte die zur Durchführung dieses Artikels erforderlichen Maßnahmen betreffend die Mittel vorgesehen.

Der Beschluss tritt 30 Tage nach seinem Erlass in Kraft, sofern das Europäische Parlament nicht innerhalb dieser Frist mit der Mehrheit seiner Mitglieder beschließt, diese Ausgaben zu kürzen.

Artikel 316

(ex-Artikel 271 EGV)

Nach Maßgabe der aufgrund des Artikels 322 erlassenen Vorschriften dürfen die nicht für Personalausgaben vorgesehenen Mittel, die bis zum Ende der Durchführungszeit eines Haushaltsplans nicht verbraucht worden sind, lediglich auf das nächste Haushaltsjahr übertragen werden.

Die vorgesehenen Mittel werden nach Kapiteln gegliedert, in denen die Ausgaben nach Art oder Bestimmung zusammengefasst sind; die Kapitel werden nach der gemäß Artikel 322 festgelegten Haushaltsordnung unterteilt.

Die Ausgaben des Europäischen Parlaments, des Europäischen Rates und des Rates, der Kommission sowie des Gerichtshofs der Europäischen Union werden unbeschadet einer besonderen Regelung für bestimmte gemeinsame Ausgaben in gesonderten Teilen des Haushaltsplans aufgeführt.

KAPITEL 4

AUSFÜHRUNG DES HAUSHALTSPLANS UND ENTLASTUNG

Artikel 317

(ex-Artikel 274 EGV)

Die Kommission führt den Haushaltsplan zusammen mit den Mitgliedstaaten gemäß der nach Artikel 322 festgelegten Haushaltsordnung in eigener Verantwortung und im Rahmen der zugewiesenen Mittel entsprechend dem Grundsatz der Wirtschaftlichkeit der Haushaltsführung aus. Die Mitgliedstaaten arbeiten mit der Kommission zusammen, um sicherzustellen, dass die Mittel nach dem Grundsatz der Wirtschaftlichkeit der Haushaltsführung verwendet werden.

In der Haushaltsordnung sind die Kontroll- und Wirtschaftsprüfungspflichten der Mitgliedstaaten bei der Ausführung des Haushaltsplans sowie die damit verbundenen Verantwortlichkeiten geregelt. Darin sind ferner die Verantwortlichkeiten und die besonderen Einzelheiten geregelt, nach denen jedes Organ an der Vornahme seiner Ausgaben beteiligt ist.

Die Kommission kann nach der gemäß Artikel 322 festgelegten Haushaltsordnung Mittel von Kapitel zu Kapitel oder von Untergliederung zu Untergliederung übertragen.

Artikel 318

(ex-Artikel 275 EGV)

Die Kommission legt dem Europäischen Parlament und dem Rat jährlich die Rechnung des abgelaufenen Haushaltsjahres für die Rechnungsvorgänge des Haushaltsplans vor. Sie übermittelt ihnen ferner eine Übersicht über das Vermögen und die Schulden der Union.

Die Kommission legt dem Europäischen Parlament und dem Rat ferner einen Evaluierungsbericht zu den Finanzen der Union vor, der sich auf die Ergebnisse stützt, die insbesondere in Bezug auf die Vorgaben erzielt wurden, die vom Europäischen Parlament und vom Rat nach Artikel 319 erteilt wurden.

Artikel 319

(ex-Artikel 276 EGV)

(1) Auf Empfehlung des Rates erteilt das Europäische Parlament der Kommission Entlastung zur Ausführung des Haushaltsplans. Zu diesem Zweck prüft es nach dem Rat die Rechnung, die Übersicht und den Evaluierungsbericht nach Artikel 318 sowie den Jahresbericht des Rechnungshofs zusammen mit den Antworten der kontrollierten Organe auf dessen Bemerkungen, die in Artikel 287 Absatz 1 Unterabsatz 2 genannte Zuverlässigkeitserklärung und die einschlägigen Sonderberichte des Rechnungshofs.

(2) Das Europäische Parlament kann vor der Entlastung der Kommission sowie auch zu anderen Zwecken im Zusammenhang mit der Ausübung ihrer Haushaltsbefugnisse die Kommission auffordern, Auskunft über die Vornahme der Ausgaben oder die Arbeitsweise der Finanzkontrollsysteme zu erteilen. Die Kommission legt

dem Europäischen Parlament auf dessen Ersuchen alle notwendigen Informationen vor.

(3) Die Kommission trifft alle zweckdienlichen Maßnahmen, um den Bemerkungen in den Entlastungsbeschlüssen und anderen Bemerkungen des Europäischen Parlaments zur Vornahme der Ausgaben sowie den Erläuterungen, die den Entlastungsempfehlungen des Rates beigefügt sind, nachzukommen.

Auf Ersuchen des Europäischen Parlaments oder des Rates erstattet die Kommission Bericht über die Maßnahmen, die aufgrund dieser Bemerkungen und Erläuterungen getroffen wurden, insbesondere über die Weisungen, die den für die Ausführung des Haushaltsplans zuständigen Dienststellen erteilt worden sind. Diese Berichte sind auch dem Rechnungshof zuzuleiten.

KAPITEL 5
GEMEINSAME BESTIMMUNGEN

Artikel 320

(ex-Artikel 277 EGV)

Der mehrjährige Finanzrahmen und der Jahreshaushaltsplan werden in Euro aufgestellt.

Artikel 321

(ex-Artikel 278 EGV)

Die Kommission kann vorbehaltlich der Unterrichtung der zuständigen Behörden der betreffenden Mitgliedstaaten ihre Guthaben in der Währung eines dieser Staaten in die Währung eines anderen Mitgliedstaats transferieren, soweit dies erforderlich ist, um diese Guthaben für die in den Verträgen vorgesehenen Zwecke zu verwenden. Besitzt die Kommission verfügbare oder flüssige Guthaben in der benötigten Währung, so vermeidet sie soweit möglich derartige Transferierungen.

Die Kommission verkehrt mit jedem Mitgliedstaat über die von diesem bezeichnete Behörde. Bei der Durchführung ihrer Finanzgeschäfte nimmt sie die Notenbank des betreffenden Mitgliedstaats oder ein anderes von diesem genehmigtes Finanzinstitut in Anspruch.

Artikel 322

(ex-Artikel 279 EGV)

(1) Das Europäische Parlament und der Rat erlassen gemäß dem ordentlichen Gesetzgebungsverfahren durch Verordnungen nach Anhörung des Rechnungshofs

a) die Haushaltsvorschriften, in denen insbesondere die Aufstellung und Ausführung des Haushaltsplans sowie die Rechnungslegung und Rechnungsprüfung im Einzelnen geregelt werden;

b) die Vorschriften, die die Kontrolle der Verantwortung der Finanzakteure und insbesondere der Anweisungsbefugten und der Rechnungsführer regeln.

(2) Der Rat legt auf Vorschlag der Kommission und nach Anhörung des Europäischen Parlaments und des Rechnungshofs die Einzelheiten und das Verfahren fest, nach denen die Haushaltseinnahmen, die in der Regelung über die Eigenmittel der Union vorgesehen sind, der Kommission zur Verfügung gestellt werden, sowie die Maßnahmen, die zu treffen sind, um gegebenenfalls die erforderlichen Kassenmittel bereitzustellen.

Artikel 323

Das Europäische Parlament, der Rat und die Kommission stellen sicher, dass der Union die Finanzmittel zur Verfügung stehen, die es ihr ermöglichen, ihren rechtlichen Verpflichtungen gegenüber Dritten nachzukommen.

Artikel 324

Auf Initiative der Kommission werden im Rahmen der nach diesem Titel vorgesehenen Haushaltsverfahren regelmäßige Treffen der Präsidenten des Europäischen Parlaments, des Rates und der Kommission einberufen. Diese treffen alle erforderlichen Maßnahmen, um die Abstimmung und Annäherung der Standpunkte der Organe, denen sie vorstehen, zu fördern und so die Durchführung dieses Titels zu erleichtern.

KAPITEL 6
BETRUGSBEKÄMPFUNG

Artikel 325

(ex-Artikel 280 EGV)

(1) Die Union und die Mitgliedstaaten bekämpfen Betrügereien und sonstige gegen die finanziellen Interessen der Union gerichtete rechtswidrige Handlungen mit Maßnahmen nach diesem Artikel, die abschreckend sind und in den Mitgliedstaaten sowie in den Organen, Einrichtungen und sonstigen Stellen der Union einen effektiven Schutz bewirken.

(2) Zur Bekämpfung von Betrügereien, die sich gegen die finanziellen Interessen der Union richten, ergreifen die Mitgliedstaaten die gleichen Maßnahmen, die sie auch zur Bekämpfung von Betrügereien ergreifen, die sich gegen ihre eigenen finanziellen Interessen richten.

(3) Die Mitgliedstaaten koordinieren unbeschadet der sonstigen Bestimmungen der Verträge ihre Tätigkeit zum Schutz der finanziellen Inter-

essen der Union vor Betrügereien. Sie sorgen zu diesem Zweck zusammen mit der Kommission für eine enge, regelmäßige Zusammenarbeit zwischen den zuständigen Behörden.

(4) Zur Gewährleistung eines effektiven und gleichwertigen Schutzes in den Mitgliedstaaten sowie in den Organen, Einrichtungen und sonstigen Stellen der Union beschließen das Europäische Parlament und der Rat gemäß dem ordentlichen Gesetzgebungsverfahren nach Anhörung des Rechnungshofs die erforderlichen Maßnahmen zur Verhütung und Bekämpfung von Betrügereien, die sich gegen die finanziellen Interessen der Union richten.

(5) Die Kommission legt in Zusammenarbeit mit den Mitgliedstaaten dem Europäischen Parlament und dem Rat jährlich einen Bericht über die Maßnahmen vor, die zur Durchführung dieses Artikels getroffen wurden.

TITEL III
VERSTÄRKTE ZUSAMMENARBEIT

Artikel 326

(ex-Artikel 27a bis 27e, 40 bis 40b und 43 bis 45 EUV sowie ex-Artikel 11 und 11a EGV)

Eine Verstärkte Zusammenarbeit achtet die Verträge und das Recht der Union.

Sie darf weder den Binnenmarkt noch den wirtschaftlichen, sozialen und territorialen Zusammenhalt beeinträchtigen. Sie darf für den Handel zwischen den Mitgliedstaaten weder ein Hindernis noch eine Diskriminierung darstellen noch darf sie zu Verzerrungen des Wettbewerbs zwischen den Mitgliedstaaten führen.

Artikel 327

(ex-Artikel 27a bis 27e, 40 bis 40b und 43 bis 45 EUV sowie ex-Artikel 11 und 11a EGV)

Eine Verstärkte Zusammenarbeit achtet die Zuständigkeiten, Rechte und Pflichten der nicht an der Zusammenarbeit beteiligten Mitgliedstaaten. Diese stehen der Durchführung der Verstärkten Zusammenarbeit durch die daran beteiligten Mitgliedstaaten nicht im Wege.

Artikel 328

(ex-Artikel 27a bis 27e, 40 bis 40b und 43 bis 45 EUV sowie ex-Artikel 11 und 11a EGV)

(1) Bei ihrer Begründung steht eine Verstärkte Zusammenarbeit allen Mitgliedstaaten offen, sofern sie die in dem hierzu ermächtigenden Beschluss gegebenenfalls festgelegten Teilnahmevoraussetzungen erfüllen. Dies gilt auch zu jedem anderen Zeitpunkt, sofern sie neben den genannten Voraussetzungen auch die in diesem Rahmen bereits erlassenen Rechtsakte beachten.

Die Kommission und die an einer Verstärkten Zusammenarbeit teilnehmenden Mitgliedstaaten tragen dafür Sorge, dass die Teilnahme möglichst vieler Mitgliedstaaten gefördert wird.

(2) Die Kommission und gegebenenfalls der Hohe Vertreter der Union für die Außen- und Sicherheitspolitik unterrichten das Europäische Parlament und den Rat regelmäßig über die Entwicklung einer Verstärkten Zusammenarbeit.

Artikel 329

(ex-Artikel 27a bis 27e, 40 bis 40b und 43 bis 45 EUV sowie ex-Artikel 11 und 11a EGV)

(1) Die Mitgliedstaaten, die in einem der Bereiche der Verträge – mit Ausnahme der Bereiche, für die die Union die ausschließliche Zuständigkeit besitzt, und der Gemeinsamen Außen- und Sicherheitspolitik – untereinander eine Verstärkte Zusammenarbeit begründen möchten, richten einen Antrag an die Kommission, in dem der Anwendungsbereich und die Ziele aufgeführt werden, die mit der beabsichtigten Verstärkten Zusammenarbeit angestrebt werden. Die Kommission kann dem Rat einen entsprechenden Vorschlag vorlegen. Legt die Kommission keinen Vorschlag vor, so teilt sie den betroffenen Mitgliedstaaten ihre Gründe dafür mit.

Die Ermächtigung zur Einleitung einer Verstärkten Zusammenarbeit nach Unterabsatz 1 wird vom Rat auf Vorschlag der Kommission und nach Zustimmung des Europäischen Parlaments erteilt.

(2) Der Antrag der Mitgliedstaaten, die untereinander im Rahmen der Gemeinsamen Außen- und Sicherheitspolitik eine Verstärkte Zusammenarbeit begründen möchten, wird an den Rat gerichtet. Er wird dem Hohen Vertreter der Union für die Außen- und Sicherheitspolitik, der zur Kohärenz der beabsichtigten Verstärkten Zusammenarbeit mit der Gemeinsamen Außen- und Sicherheitspolitik der Union Stellung nimmt, sowie der Kommission übermittelt, die insbesondere zur Kohärenz der beabsichtigten Verstärkten Zusammenarbeit mit der Politik der Union in anderen Bereichen Stellung nimmt. Der Antrag wird ferner dem Europäischen Parlament zur Unterrichtung übermittelt.

Die Ermächtigung zur Einleitung einer Verstärkten Zusammenarbeit wird mit einem Beschluss des Rates erteilt, der einstimmig beschließt.

Artikel 330

(ex-Artikel 27a bis 27e, 40 bis 40b und 43 bis 45 EUV sowie ex-Artikel 11 und 11a EGV)

Alle Mitglieder des Rates können an dessen Beratungen teilnehmen, aber nur die Mitglieder des Rates, die die an der Verstärkten Zusammenarbeit beteiligten Mitgliedstaaten vertreten, sind stimmberechtigt.

Die Einstimmigkeit bezieht sich allein auf die Stimmen der Vertreter der an der Verstärkten Zusammenarbeit beteiligten Mitgliedstaaten.

Die qualifizierte Mehrheit bestimmt sich nach Artikel 238 Absatz 3.

Artikel 331

(ex-Artikel 27a bis 27e, 40 bis 40b und 43 bis 45 EUV sowie ex-Artikel 11 und 11a EGV)

(1) Jeder Mitgliedstaat, der sich einer bestehenden Verstärkten Zusammenarbeit in einem der in Artikel 329 Absatz 1 genannten Bereiche anschließen will, teilt dem Rat und der Kommission seine Absicht mit.

Die Kommission bestätigt binnen vier Monaten nach Eingang der Mitteilung die Beteiligung des betreffenden Mitgliedstaats. Dabei stellt sie gegebenenfalls fest, dass die Beteiligungsvoraussetzungen erfüllt sind, und erlässt die notwendigen Übergangsmaßnahmen zur Anwendung der im Rahmen der Verstärkten Zusammenarbeit bereits erlassenen Rechtsakte.

Ist die Kommission jedoch der Auffassung, dass die Beteiligungsvoraussetzungen nicht erfüllt sind, so gibt sie an, welche Bestimmungen zur Erfüllung dieser Voraussetzungen erlassen werden müssen, und legt eine Frist für die erneute Prüfung des Antrags fest. Nach Ablauf dieser Frist prüft sie den Antrag erneut nach dem in Unterabsatz 2 vorgesehenen Verfahren. Ist die Kommission der Auffassung, dass die Beteiligungsvoraussetzungen weiterhin nicht erfüllt sind, so kann der betreffende Mitgliedstaat mit dieser Frage den Rat befassen, der über den Antrag befindet. Der Rat beschließt nach Artikel 330. Er kann außerdem auf Vorschlag der Kommission die in Unterabsatz 2 genannten Übergangsmaßnahmen erlassen.

(2) Jeder Mitgliedstaat, der an einer bestehenden Verstärkten Zusammenarbeit im Rahmen der Gemeinsamen Außen- und Sicherheitspolitik teilnehmen möchte, teilt dem Rat, dem Hohen Vertreter der Union für die Außen- und Sicherheitspolitik und der Kommission seine Absicht mit.

Der Rat bestätigt die Teilnahme des betreffenden Mitgliedstaats nach Anhörung des Hohen Vertreters der Union für die Außen- und Sicherheitspolitik und gegebenenfalls nach der Feststellung, dass die Teilnahmevoraussetzungen erfüllt sind. Der Rat kann auf Vorschlag des Hohen Vertreters ferner die notwendigen Übergangsmaßnahmen zur Anwendung der im Rahmen der Verstärkten Zusammenarbeit bereits erlassenen Rechtsakte treffen. Ist der Rat jedoch der Auffassung, dass die Teilnahmevoraussetzungen nicht erfüllt sind, so gibt er an, welche Schritte zur Erfüllung dieser Voraussetzungen notwendig sind, und legt eine Frist für die erneute Prüfung des Antrags auf Teilnahme fest.

Für die Zwecke dieses Absatzes beschließt der Rat einstimmig nach Artikel 330.

Artikel 332

(ex-Artikel 27a bis 27e, 40 bis 40b und 43 bis 45 EUV sowie ex-Artikel 11 und 11a EGV)

Die sich aus der Durchführung einer Verstärkten Zusammenarbeit ergebenden Ausgaben, mit Ausnahme der Verwaltungskosten der Organe, werden von den beteiligten Mitgliedstaaten getragen, sofern der Rat nicht nach Anhörung des Europäischen Parlaments durch einstimmigen Beschluss sämtlicher Mitglieder des Rates etwas anderes beschließt.

Artikel 333

(ex-Artikel 27a bis 27e, 40 bis 40b und 43 bis 45 EUV sowie ex-Artikel 11 und 11a EGV)

(1) Wenn nach einer Bestimmung der Verträge, die im Rahmen einer Verstärkten Zusammenarbeit angewendet werden könnte, der Rat einstimmig beschließen muss, kann der Rat nach Artikel 330 einstimmig einen Beschluss dahin gehend erlassen, dass er mit qualifizierter Mehrheit beschließt.

(2) Wenn nach einer Bestimmung der Verträge, die im Rahmen einer Verstärkten Zusammenarbeit angewendet werden könnte, Rechtsakte vom Rat gemäß einem besonderen Gesetzgebungsverfahren erlassen werden müssen, kann der Rat nach Artikel 330 einstimmig einen Beschluss dahin gehend erlassen, dass er gemäß dem ordentlichen Gesetzgebungsverfahren beschließt. Der Rat beschließt nach Anhörung des Europäischen Parlaments.

(3) Die Absätze 1 und 2 gelten nicht für Beschlüsse mit militärischen oder verteidigungspolitischen Bezügen.

Artikel 334

(ex-Artikel 27a bis 27e, 40 bis 40b und 43 bis 45 EUV sowie ex-Artikel 11 und 11a EGV)

Der Rat und die Kommission stellen sicher, dass die im Rahmen einer Verstärkten Zusammenarbeit durchgeführten Maßnahmen untereinander und mit der Politik der Union im Einklang stehen, und arbeiten entsprechend zusammen.

SIEBTER TEIL

ALLGEMEINE UND SCHLUSSBESTIMMUNGEN

Artikel 335

(ex-Artikel 282 EGV)

Die Union besitzt in jedem Mitgliedstaat die weitestgehende Rechts- und Geschäftsfähigkeit, die juristischen Personen nach dessen Rechtsvorschriften zuerkannt ist; sie kann insbesondere bewegliches und unbewegliches Vermögen erwerben und veräußern sowie vor Gericht stehen. Zu diesem Zweck wird sie von der Kommission vertreten. In Fragen, die das Funktionieren der einzelnen Organe betreffen, wird die Union hingegen aufgrund von deren Verwaltungsautonomie von dem betreffenden Organ vertreten.

Artikel 336

(ex-Artikel 283 EGV)

Das Europäische Parlament und der Rat erlassen gemäß dem ordentlichen Gesetzgebungsverfahren durch Verordnungen nach Anhörung der anderen betroffenen Organe das Statut der Beamten der Europäischen Union und die Beschäftigungsbedingungen für die sonstigen Bediensteten der Union.

Artikel 337

(ex-Artikel 284 EGV)

Zur Erfüllung der ihr übertragenen Aufgaben kann die Kommission alle erforderlichen Auskünfte einholen und alle erforderlichen Nachprüfungen vornehmen; der Rahmen und die nähere Maßgabe hierfür werden vom Rat, der mit einfacher Mehrheit beschließt, gemäß den Bestimmungen der Verträge festgelegt.

Artikel 338

(ex-Artikel 285 EGV)

(1) Unbeschadet des Artikels 5 des Protokolls über die Satzung des Europäischen Systems der Zentralbanken und der Europäischen Zentralbank beschließen das Europäische Parlament und der Rat gemäß dem ordentlichen Gesetzgebungsverfahren Maßnahmen für die Erstellung von Statistiken, wenn dies für die Durchführung der Tätigkeiten der Union erforderlich ist.

(2) Die Erstellung der Unionsstatistiken erfolgt unter Wahrung der Unparteilichkeit, der Zuverlässigkeit, der Objektivität, der wissenschaftlichen Unabhängigkeit, der Kostenwirksamkeit und der statistischen Geheimhaltung; der Wirtschaft dürfen dadurch keine übermäßigen Belastungen entstehen.

Artikel 339

(ex-Artikel 287 EGV)

Die Mitglieder der Organe der Union, die Mitglieder der Ausschüsse sowie die Beamten und sonstigen Bediensteten der Union sind verpflichtet, auch nach Beendigung ihrer Amtstätigkeit Auskünfte, die ihrem Wesen nach unter das Berufsgeheimnis fallen, nicht preiszugeben; dies gilt insbesondere für Auskünfte über Unternehmen sowie deren Geschäftsbeziehungen oder Kostenelemente.

Artikel 340

(ex-Artikel 288 EGV)

Die vertragliche Haftung der Union bestimmt sich nach dem Recht, das auf den betreffenden Vertrag anzuwenden ist.

Im Bereich der außervertraglichen Haftung ersetzt die Union den durch ihre Organe oder Bediensteten in Ausübung ihrer Amtstätigkeit verursachten Schaden nach den allgemeinen Rechtsgrundsätzen, die den Rechtsordnungen der Mitgliedstaaten gemeinsam sind.

Abweichend von Absatz 2 ersetzt die Europäische Zentralbank den durch sie oder ihre Bediensteten in Ausübung ihrer Amtstätigkeit verursachten Schaden nach den allgemeinen Rechtsgrundsätzen, die den Rechtsordnungen der Mitgliedstaaten gemeinsam sind.

Die persönliche Haftung der Bediensteten gegenüber der Union bestimmt sich nach den Vorschriften ihres Statuts oder der für sie geltenden Beschäftigungsbedingungen.

Artikel 341

(ex-Artikel 289 EGV)

Der Sitz der Organe der Union wird im Einvernehmen zwischen den Regierungen der Mitgliedstaaten bestimmt.

Artikel 342

(ex-Artikel 290 EGV)

Die Regelung der Sprachenfrage für die Organe der Union wird unbeschadet der Satzung des Gerichtshofs der Europäischen Union vom Rat einstimmig durch Verordnungen getroffen.

Artikel 343

(ex-Artikel 291 EGV)

Die Union genießt im Hoheitsgebiet der Mitgliedstaaten die zur Erfüllung ihrer Aufgabe erforderlichen Vorrechte und Befreiungen nach Maßgabe des Protokolls vom 8. April 1965 über die Vorrechte und Befreiungen der Europäischen Union. Dasselbe gilt für die Europäische Zentralbank und die Europäische Investitionsbank.

Artikel 344

(ex-Artikel 292 EGV)

Die Mitgliedstaaten verpflichten sich, Streitigkeiten über die Auslegung oder Anwendung der Verträge nicht anders als hierin vorgesehen zu regeln.

Artikel 345

(ex-Artikel 295 EGV)

Die Verträge lassen die Eigentumsordnung in den verschiedenen Mitgliedstaaten unberührt.

Artikel 346

(ex-Artikel 296 EGV)

(1) Die Vorschriften der Verträge stehen folgenden Bestimmungen nicht entgegen:

a) Ein Mitgliedstaat ist nicht verpflichtet, Auskünfte zu erteilen, deren Preisgabe seines Erachtens seinen wesentlichen Sicherheitsinteressen widerspricht;

b) jeder Mitgliedstaat kann die Maßnahmen ergreifen, die seines Erachtens für die Wahrung seiner wesentlichen Sicherheitsinteressen erforderlich sind, soweit sie die Erzeugung von Waffen, Munition und Kriegsmaterial oder den Handel damit betreffen; diese Maßnahmen dürfen auf dem Binnenmarkt die Wettbewerbsbedingungen hinsichtlich der nicht eigens für militärische Zwecke bestimmten Waren nicht beeinträchtigen.

(2) Der Rat kann die von ihm am 15. April 1958 festgelegte Liste der Waren, auf die Absatz 1 Buchstabe b Anwendung findet, einstimmig auf Vorschlag der Kommission ändern.

Artikel 347

(ex-Artikel 297 EGV)

Die Mitgliedstaaten setzen sich miteinander ins Benehmen, um durch gemeinsames Vorgehen zu verhindern, dass das Funktionieren des Binnenmarkts durch Maßnahmen beeinträchtigt wird, die ein Mitgliedstaat bei einer schwerwiegenden innerstaatlichen Störung der öffentlichen Ordnung, im Kriegsfall, bei einer ernsten, eine Kriegsgefahr darstellenden internationalen Spannung oder in Erfüllung der Verpflichtungen trifft, die er im Hinblick auf die Aufrechterhaltung des Friedens und der internationalen Sicherheit übernommen hat.

Artikel 348

(ex-Artikel 298 EGV)

Werden auf dem Binnenmarkt die Wettbewerbsbedingungen durch Maßnahmen aufgrund der Artikel 346 und 347 verfälscht, so prüft die Kommission gemeinsam mit dem beteiligten Staat, wie diese Maßnahmen den Vorschriften der Verträge angepasst werden können.

In Abweichung von dem in den Artikeln 258 und 259 vorgesehenen Verfahren kann die Kommission oder ein Mitgliedstaat den Gerichtshof unmittelbar anrufen, wenn die Kommission oder der Staat der Auffassung ist, dass ein anderer Mitgliedstaat die in den Artikeln 346 und 347 vorgesehenen Befugnisse missbraucht. Der Gerichtshof entscheidet unter Ausschluss der Öffentlichkeit.

Artikel 349

(ex-Artikel 299 Absatz 2 Unterabsätze 2, 3 und 4 EGV)

Unter Berücksichtigung der strukturbedingten sozialen und wirtschaftlichen Lage von Guadeloupe, Französisch-Guayana, Martinique, Mayotte, Réunion und Saint-Martin, der Azoren, Madeiras und der Kanarischen Inseln, die durch die Faktoren Abgelegenheit, Insellage, geringe Größe, schwierige Relief- und Klimabedingungen und wirtschaftliche Abhängigkeit von einigen wenigen Erzeugnissen erschwert wird, die als ständige Gegebenheiten und durch ihr Zusammenwirken die Entwicklung schwer beeinträchtigen, beschließt der Rat auf Vorschlag der Kommission nach Anhörung des Europäischen Parlaments spezifische Maßnahmen, die insbesondere darauf abzielen, die Bedingungen für die Anwendung der Verträge auf die genannten Gebiete, einschließlich gemeinsamer Politiken, festzulegen. Werden die betreffenden spezifischen Maßnahmen vom Rat gemäß einem besonderen Gesetzgebungsverfahren erlassen, so beschließt er ebenfalls auf Vorschlag der Kommission und nach Anhörung des Europäischen Parlaments.

Die Maßnahmen nach Absatz 1 betreffen insbesondere die Zoll- und Handelspolitik, Steuerpolitik, Freizonen, Agrar- und Fischereipolitik, die Bedingungen für die Versorgung mit Rohstoffen und grundlegenden Verbrauchsgütern, staatliche Beihilfen sowie die Bedingungen für den Zugang zu den Strukturfonds und zu den horizontalen Unionsprogrammen.

Der Rat beschließt die in Absatz 1 genannten Maßnahmen unter Berücksichtigung der besonderen Merkmale und Zwänge der Gebiete in äußerster Randlage, ohne dabei die Integrität und Kohärenz der Rechtsordnung der Union, die auch den Binnenmarkt und die gemeinsamen Politiken umfasst, auszuhöhlen.

Artikel 350

(ex-Artikel 306 EGV)

Die Verträge stehen dem Bestehen und der Durchführung der regionalen Zusammenschlüsse zwischen Belgien und Luxemburg sowie zwischen Belgien, Luxemburg und den Niederlanden nicht entgegen, soweit die Ziele dieser Zusammenschlüsse durch Anwendung der Verträge nicht erreicht sind.

Artikel 351

(ex-Artikel 307 EGV)

Die Rechte und Pflichten aus Übereinkünften, die vor dem 1. Januar 1958 oder, im Falle später beigetretener Staaten, vor dem Zeitpunkt ihres Beitritts zwischen einem oder mehreren Mitgliedstaaten einerseits und einem oder mehreren dritten Ländern andererseits geschlossen wurden, werden durch die Verträge nicht berührt.

Soweit diese Übereinkünfte mit den Verträgen nicht vereinbar sind, wenden der oder die betreffenden Mitgliedstaaten alle geeigneten Mittel an, um die festgestellten Unvereinbarkeiten zu beheben. Erforderlichenfalls leisten die Mitgliedstaaten zu diesem Zweck einander Hilfe; sie nehmen gegebenenfalls eine gemeinsame Haltung ein.

Bei Anwendung der in Absatz 1 bezeichneten Übereinkünfte tragen die Mitgliedstaaten dem Umstand Rechnung, dass die in den Verträgen von jedem Mitgliedstaat gewährten Vorteile Bestandteil der Errichtung der Union sind und daher in untrennbarem Zusammenhang stehen mit der Schaffung gemeinsamer Organe, der Übertragung von Zuständigkeiten auf diese und der Gewährung der gleichen Vorteile durch alle anderen Mitgliedstaaten.

Artikel 352

(ex-Artikel 308 EGV)

(1) Erscheint ein Tätigwerden der Union im Rahmen der in den Verträgen festgelegten Politikbereiche erforderlich, um eines der Ziele der Verträge zu verwirklichen, und sind in den Verträgen die hierfür erforderlichen Befugnisse nicht vorgesehen, so erlässt der Rat einstimmig auf Vorschlag der Kommission und nach Zustimmung des Europäischen Parlaments die geeigneten Vorschriften. Werden diese Vorschriften vom Rat gemäß einem besonderen Gesetzgebungsverfahren erlassen, so beschließt er ebenfalls einstimmig auf Vorschlag der Kommission und nach Zustimmung des Europäischen Parlaments.

(2) Die Kommission macht die nationalen Parlamente im Rahmen des Verfahrens zur Kontrolle der Einhaltung des Subsidiaritätsprinzips nach Artikel 5 Absatz 3 des Vertrags über die Europäische Union auf die Vorschläge aufmerksam, die sich auf diesen Artikel stützen.

(3) Die auf diesem Artikel beruhenden Maßnahmen dürfen keine Harmonisierung der Rechtsvorschriften der Mitgliedstaaten in den Fällen beinhalten, in denen die Verträge eine solche Harmonisierung ausschließen.

(4) Dieser Artikel kann nicht als Grundlage für die Verwirklichung von Zielen der Gemeinsamen Außen- und Sicherheitspolitik dienen, und Rechtsakte, die nach diesem Artikel erlassen werden, müssen innerhalb der in Artikel 40 Absatz 2 des Vertrags über die Europäische Union festgelegten Grenzen bleiben.

Artikel 353

Artikel 48 Absatz 7 des Vertrags über die Europäische Union findet keine Anwendung auf die folgenden Artikel:

- Artikel 311 Absätze 3 und 4,
- Artikel 312 Absatz 2 Unterabsatz 1,
- Artikel 352 und
- Artikel 354.

Artikel 354

(ex-Artikel 309 EGV)

Für die Zwecke des Artikels 7 des Vertrags über die Europäische Union über die Aussetzung bestimmter mit der Zugehörigkeit zur Union verbundener Rechte ist das Mitglied des Europäischen Rates oder des Rates, das den betroffenen Mitgliedstaat vertritt, nicht stimmberechtigt und der betreffende Mitgliedstaat wird bei der Berechnung des Drittels oder der vier Fünftel der Mitgliedstaaten nach den Absätzen 1 und 2 des genannten Artikels nicht berücksichtigt. Die Stimmenthaltung von anwesenden oder vertretenen Mitgliedern steht dem Erlass von Beschlüssen nach Absatz 2 des genannten Artikels nicht entgegen.

Für den Erlass von Beschlüssen nach Artikel 7 Absätze 3 und 4 des Vertrags über die Europäische Union bestimmt sich die qualifizierte Mehrheit nach Artikel 238 Absatz 3 Buchstabe b dieses Vertrags.

Beschließt der Rat nach dem Erlass eines Beschlusses über die Aussetzung der Stimmrechte nach Artikel 7 Absatz 3 des Vertrags über die Europäische Union auf der Grundlage einer Bestimmung der Verträge mit qualifizierter Mehrheit, so bestimmt sich die qualifizierte Mehrheit hierfür nach Artikel 238 Absatz 3 Buchstabe b dieses Vertrags oder, wenn der Rat auf Vorschlag der Kommission oder des Hohen Vertreters der Union für die Außen- und Sicherheitspolitik handelt, nach Artikel 238 Absatz 3 Buchstabe a.

Für die Zwecke des Artikels 7 des Vertrags über die Europäische Union beschließt das Europäische Parlament mit der Mehrheit von zwei Dritteln der abgegebenen Stimmen und mit der Mehrheit seiner Mitglieder.

Artikel 355

(ex-Artikel 299 Absatz 2 Unterabsatz 1 und Absätze 3 bis 6 EGV)

Zusätzlich zu den Bestimmungen des Artikels 52 des Vertrags über die Europäische Union über den räumlichen Geltungsbereich der Verträge gelten folgende Bestimmungen:

(1) Die Verträge gelten nach Artikel 349 für Guadeloupe, Französisch-Guayana, Martinique, Mayotte, Réunion, Saint Martin, die Azoren, Madeira und die Kanarischen Inseln.

(2) Für die in Anhang II aufgeführten überseeischen Länder und Hoheitsgebiete gilt das besondere Assoziierungssystem, das im Vierten Teil festgelegt ist.

Die Verträge finden keine Anwendung auf die überseeischen Länder und Hoheitsgebiete, die besondere Beziehungen zum Vereinigten Königreich Großbritannien und Nordirland unterhalten und die in dem genannten Anhang nicht aufgeführt sind.

(3) Die Verträge finden auf die europäischen Hoheitsgebiete Anwendung, deren auswärtige Beziehungen ein Mitgliedstaat wahrnimmt.

(4) Die Verträge finden entsprechend den Bestimmungen des Protokolls Nr. 2 zur Akte über die Bedingungen des Beitritts der Republik Österreich, der Republik Finnland und des Königreichs Schweden auf die Ålandinseln Anwendung.

(5) Abweichend von Artikel 52 des Vertrags über die Europäische Union und von den Absätzen 1 bis 4 dieses Artikels gilt:

a) Die Verträge finden auf die Färöer keine Anwendung.

b) Die Verträge finden auf die Hoheitszonen des Vereinigten Königreichs auf Zypern, Akrotiri und Dhekelia, nur insoweit Anwendung, als dies erforderlich ist, um die Anwendung der Regelungen des Protokolls über die Hoheitszonen des Vereinigten Königreichs Großbritannien und Nordirland in Zypern, das der Akte über die Bedingungen des Beitritts der Tschechischen Republik, der Republik Estland, der Republik Zypern, der Republik Lettland, der Republik Litauen, der Republik Ungarn, der Republik Malta, der Republik Polen, der Republik Slowenien und der Slowakischen Republik zur Europäischen Union beigefügt ist, nach Maßgabe jenes Protokolls sicherzustellen.

c) Die Verträge finden auf die Kanalinseln und die Insel Man nur insoweit Anwendung, als dies erforderlich ist, um die Anwendung der Regelung sicherzustellen, die in dem am 22. Januar 1972 unterzeichneten Vertrag über den Beitritt neuer Mitgliedstaaten zur Europäischen Wirtschaftsgemeinschaft und zur Europäischen Atomgemeinschaft für diese Inseln vorgesehen ist.

(6) Der Europäische Rat kann auf Initiative des betroffenen Mitgliedstaats einen Beschluss zur Änderung des Status eines in den Absätzen 1 und 2 genannten dänischen, französischen oder niederländischen Landes oder Hoheitsgebiets gegenüber der Union erlassen. Der Europäische Rat beschließt einstimmig nach Anhörung der Kommission.

Artikel 356

(ex-Artikel 312 EGV)

Dieser Vertrag gilt auf unbegrenzte Zeit.

Artikel 357

(ex-Artikel 313 EGV)

Dieser Vertrag bedarf der Ratifizierung durch die Hohen Vertragsparteien gemäß ihren verfassungsrechtlichen Vorschriften. Die Ratifikationsurkunden werden bei der Regierung der Italienischen Republik hinterlegt.

Dieser Vertrag tritt am ersten Tag des auf die Hinterlegung der letzten Ratifikationsurkunde folgenden Monats in Kraft. Findet diese Hinterlegung weniger als fünfzehn Tage vor Beginn des folgenden Monats statt, so tritt der Vertrag am ersten Tag des zweiten Monats nach dieser Hinterlegung in Kraft.

Artikel 358

Die Bestimmungen des Artikels 55 des Vertrags über die Europäische Union sind auf diesen Vertrag anwendbar.

ZU URKUND DESSEN haben die unterzeichneten Bevollmächtigten ihre Unterschriften unter diesen Vertrag gesetzt.

Geschehen zu Rom am fünfundzwanzigsten März neunzehnhundertsiebenundfünfzig.

(Aufzählung der Unterzeichner nicht wiedergegeben)

Protokolle

(ABl 2016 C 202, 201, berichtigt durch ABl 2016 C 400, 1)

Inhalt

*) ***Hinweis:*** Siehe unter 12/1. Satzung.

1/3. Protokolle

Inhaltsverzeichnis

Protokolle

ABl 2016 C 202, 1 idF

1 ABl 2017 C 59, 1
2 ABl 2019 L 110, 36
3 ABl 2019 L 110, 39
4 ABl 2019 L 196, 1

PROTOKOLL (Nr. 1) ÜBER DIE ROLLE DER NATIONALEN PARLAMENTE IN DER EUROPÄISCHEN UNION

DIE HOHEN VERTRAGSPARTEIEN –

EINGEDENK dessen, dass die Art der Kontrolle der Regierungen durch die nationalen Parlamente hinsichtlich der Tätigkeiten der Europäischen Union Sache der besonderen verfassungsrechtlichen Gestaltung und Praxis jedes Mitgliedstaats ist,

IN DEM WUNSCH, eine stärkere Beteiligung der nationalen Parlamente an den Tätigkeiten der Europäischen Union zu fördern und ihnen bessere Möglichkeiten zu geben, sich zu den Entwürfen von Gesetzgebungsakten der Europäischen Union sowie zu anderen Fragen, die für sie von besonderem Interesse sein können, zu äußern –

SIND über folgende Bestimmungen ÜBEREINGEKOMMEN, die dem Vertrag über die Europäische Union, dem Vertrag über die Arbeitsweise der Europäischen Union und dem Vertrag zur Gründung der Europäischen Atomgemeinschaft beigefügt sind:

TITEL I UNTERRICHTUNG DER NATIONALEN PARLAMENTE

Artikel 1

Die Konsultationsdokumente der Kommission (Grün- und Weißbücher sowie Mitteilungen) werden bei ihrer Veröffentlichung von der Kommission direkt den nationalen Parlamenten zugeleitet. Ferner leitet die Kommission den nationalen Parlamenten gleichzeitig mit der Übermittlung an das Europäische Parlament und den Rat das jährliche Rechtsetzungsprogramm sowie alle weiteren Dokumente für die Ausarbeitung der Rechtsetzungsprogramme oder politischen Strategien zu.

Artikel 2

Die an das Europäische Parlament und den Rat gerichteten Entwürfe von Gesetzgebungsakten werden den nationalen Parlamenten zugeleitet.

Im Sinne dieses Protokolls bezeichnet „Entwurf eines Gesetzgebungsakts" die Vorschläge der Kommission, die Initiativen einer Gruppe von Mitgliedstaaten, die Initiativen des Europäischen Parlaments, die Anträge des Gerichtshofs, die Empfehlungen der Europäischen Zentralbank und die Anträge der Europäischen Investitionsbank, die den Erlass eines Gesetzgebungsaktes zum Ziel haben.

Die von der Kommission vorgelegten Entwürfe von Gesetzgebungsakten werden von der Kommission gleichzeitig mit der Übermittlung an das Europäische Parlament und den Rat direkt den nationalen Parlamenten zugeleitet.

Die vom Europäischen Parlament vorgelegten Entwürfe von Gesetzgebungsakten werden vom Europäischen Parlament direkt den nationalen Parlamenten zugeleitet.

Die von einer Gruppe von Mitgliedstaaten, vom Gerichtshof, von der Europäischen Zentralbank oder von der Europäischen Investitionsbank vorgelegten Entwürfe von Gesetzgebungsakten werden vom Rat den nationalen Parlamenten zugeleitet.

Artikel 3

Die nationalen Parlamente können nach dem im Protokoll über die Anwendung der Grundsätze der Subsidiarität und der Verhältnismäßigkeit vorgesehenen Verfahren eine begründete Stellungnahme zur Übereinstimmung eines Entwurfs eines Gesetzgebungsakts mit dem Subsidiaritätsprinzip an die Präsidenten des Europäischen Parlaments, des Rates und der Kommission richten.

Wird der Entwurf eines Gesetzgebungsakts von einer Gruppe von Mitgliedstaaten vorgelegt, so übermittelt der Präsident des Rates die begründete Stellungnahme oder die begründeten Stellungnahmen den Regierungen dieser Mitgliedstaaten.

Wird der Entwurf eines Gesetzgebungsakts vom Gerichtshof, von der Europäischen Zentralbank oder von der Europäischen Investitionsbank vorgelegt, so übermittelt der Präsident des Rates die begründete Stellungnahme oder die begründeten Stellungnahmen dem betreffenden Organ oder der betreffenden Einrichtung.

Artikel 4

Zwischen dem Zeitpunkt, zu dem ein Entwurf eines Gesetzgebungsakts den nationalen Parlamenten in den Amtssprachen der Union zugeleitet wird, und dem Zeitpunkt, zu dem er zwecks Erlass oder zur Festlegung eines Standpunkts im Rahmen eines Gesetzgebungsverfahrens auf die vorläufige Tagesordnung des Rates gesetzt wird, müssen acht Wochen liegen. In dringenden Fällen, die in dem Rechtsakt oder dem Standpunkt des Rates begründet werden, sind Ausnahmen möglich. Außer in ordnungsgemäß begründeten dringenden Fällen darf in diesen acht Wochen keine Einigung über den Entwurf eines Gesetzgebungsakts festgestellt werden. Außer in ordnungsgemäß begründeten dringenden Fällen müssen zwischen der Aufnahme des Entwurfs eines Gesetzgebungsakts in die vorläufige Tagesordnung für die Tagung des Rates und der Festlegung eines Standpunkts zehn Tage liegen.

Artikel 5

Den nationalen Parlamenten werden die Tagesordnungen für die Tagungen des Rates und die Ergebnisse dieser Tagungen, einschließlich der Protokolle der Tagungen, auf denen der Rat über Entwürfe von Gesetzgebungsakten berät, gleichzeitig mit der Übermittlung an die Regierungen der Mitgliedstaaten direkt zugeleitet.

Artikel 6

Beabsichtigt der Europäische Rat, Artikel 48 Absatz 7 Unterabsatz 1 oder Unterabsatz 2 des Vertrags über die Europäische Union in Anspruch zu nehmen, so werden die nationalen Parlamente mindestens sechs Monate vor dem Erlass eines Beschlusses von der Initiative des Europäischen Rates unterrichtet.

Artikel 7

Der Rechnungshof übermittelt den nationalen Parlamenten gleichzeitig mit der Übermittlung an das Europäische Parlament und den Rat seinen Jahresbericht zur Unterrichtung.

Artikel 8

Handelt es sich bei dem System des nationalen Parlaments nicht um ein Einkammersystem, so gelten die Artikel 1 bis 7 für jede der Kammern des Parlaments.

TITEL II

ZUSAMMENARBEIT ZWISCHEN DEN PARLAMENTEN

Artikel 9

Das Europäische Parlament und die nationalen Parlamente legen gemeinsam fest, wie eine effiziente und regelmäßige Zusammenarbeit zwischen den Parlamenten innerhalb der Union gestaltet und gefördert werden kann.

Artikel 10

Eine Konferenz der Europa-Ausschüsse der Parlamente kann jeden ihr zweckmäßig erscheinenden Beitrag dem Europäischen Parlament, dem Rat und der Kommission zur Kenntnis bringen. Diese Konferenz fördert ferner den Austausch von Informationen und bewährten Praktiken zwischen den nationalen Parlamenten und dem Europäischen Parlament, einschließlich ihrer Fachausschüsse. Sie kann auch interparlamentarische Konferenzen zu Einzelthemen organisieren, insbesondere zur Erörterung von Fragen der Gemeinsamen Außen- und Sicherheitspolitik, einschließlich der Gemeinsamen Sicherheits- und Verteidigungspolitik. Die Beiträge der Konferenz binden nicht die nationalen Parlamente und greifen ihrem Standpunkt nicht vor.

PROTOKOLL (Nr. 2)

ÜBER DIE ANWENDUNG DER GRUNDSÄTZE DER SUBSIDIARITÄT UND DER VERHÄLTNISMÄSSIGKEIT

DIE HOHEN VERTRAGSPARTEIEN –

IN DEM WUNSCH sicherzustellen, dass die Entscheidungen in der Union so bürgernah wie möglich getroffen werden,

ENTSCHLOSSEN, die Bedingungen für die Anwendung der in Artikel 5 des Vertrags über die Europäische Union verankerten Grundsätze der Subsidiarität und der Verhältnismäßigkeit festzulegen und ein System zur Kontrolle der Anwendung dieser Grundsätze zu schaffen –

SIND über folgende Bestimmungen ÜBEREINGEKOMMEN, die dem Vertrag über die Europäische Union und dem Vertrag über die Arbeitsweise der Europäischen Union beigefügt sind:

Artikel 1

Jedes Organ trägt stets für die Einhaltung der in Artikel 5 des Vertrags über die Europäische Union niedergelegten Grundsätze der Subsidiarität und der Verhältnismäßigkeit Sorge.

Artikel 2

Die Kommission führt umfangreiche Anhörungen durch, bevor sie einen Gesetzgebungsakt vorschlägt. Dabei ist gegebenenfalls der regionalen und lokalen Bedeutung der in Betracht gezogenen Maßnahmen Rechnung zu tragen. In außergewöhnlich dringenden Fällen führt die Kommission keine Konsultationen durch. Sie begründet dies in ihrem Vorschlag.

Artikel 3

Im Sinne dieses Protokolls bezeichnet „Entwurf eines Gesetzgebungsakts" die Vorschläge der Kommission, die Initiativen einer Gruppe von Mitgliedstaaten, die Initiativen des Europäischen Parlaments, die Anträge des Gerichtshofs, die Empfehlungen der Europäischen Zentralbank und die Anträge der Europäischen Investitionsbank, die den Erlass eines Gesetzgebungsakts zum Ziel haben.

Artikel 4

Die Kommission leitet ihre Entwürfe für Gesetzgebungsakte und ihre geänderten Entwürfe den nationalen Parlamenten und dem Unionsgesetzgeber gleichzeitig zu.

Das Europäische Parlament leitet seine Entwürfe von Gesetzgebungsakten sowie seine geänderten Entwürfe den nationalen Parlamenten zu.

Der Rat leitet die von einer Gruppe von Mitgliedstaaten, vom Gerichtshof, von der Europäischen Zentralbank oder von der Europäischen Investitionsbank vorgelegten Entwürfe von Gesetzgebungsakten sowie die geänderten Entwürfe den nationalen Parlamenten zu.

Sobald das Europäische Parlament seine legislativen Entschließungen angenommen und der Rat seine Standpunkte festgelegt hat, leiten sie diese den nationalen Parlamenten zu.

Artikel 5

Die Entwürfe von Gesetzgebungsakten werden im Hinblick auf die Grundsätze der Subsidiarität und der Verhältnismäßigkeit begründet. Jeder Entwurf eines Gesetzgebungsakts sollte einen Vermerk mit detaillierten Angaben enthalten, die es ermöglichen zu beurteilen, ob die Grundsätze der Subsidiarität und der Verhältnismäßigkeit eingehalten wurden. Dieser Vermerk sollte Angaben zu den voraussichtlichen finanziellen Auswirkungen sowie im Fall einer Richtlinie zu den Auswirkungen auf die von den Mitgliedstaaten zu erlassenden Rechtsvorschriften, einschließlich gegebenenfalls der regionalen Rechtsvorschriften, enthalten. Die Feststellung, dass ein Ziel der Union besser auf Unionsebene erreicht werden kann, beruht auf qualitativen und, soweit möglich, quantitativen Kriterien. Die Entwürfe von Gesetzgebungsakten berücksichtigen dabei, dass die finanzielle Belastung und der Verwaltungsaufwand der Union, der nationalen Regierungen, der regionalen und lokalen Behörden, der Wirtschaftsteilnehmer und der Bürgerinnen und Bürger so gering wie möglich gehalten werden und in einem angemessenen Verhältnis zu dem angestrebten Ziel stehen müssen.

Artikel 6

Die nationalen Parlamente oder die Kammern eines dieser Parlamente können binnen acht Wochen nach dem Zeitpunkt der Übermittlung eines Entwurfs eines Gesetzgebungsakts in den Amtssprachen der Union in einer begründeten Stellungnahme an die Präsidenten des Europäischen Parlaments, des Rates und der Kommission darlegen, weshalb der Entwurf ihres Erachtens nicht mit dem Subsidiaritätsprinzip vereinbar ist. Dabei obliegt es dem jeweiligen nationalen Parlament oder der jeweiligen Kammer eines nationalen Parlaments, gegebenenfalls die regionalen Parlamente mit Gesetzgebungsbefugnissen zu konsultieren.

Wird der Entwurf eines Gesetzgebungsakts von einer Gruppe von Mitgliedstaaten vorgelegt, so übermittelt der Präsident des Rates die Stellungnahme den Regierungen dieser Mitgliedstaaten.

Wird der Entwurf eines Gesetzgebungsakts vom Gerichtshof, von der Europäischen Zentralbank oder von der Europäischen Investitionsbank vorgelegt, so übermittelt der Präsident des Rates die Stellungnahme dem betreffenden Organ oder der betreffenden Einrichtung.

Artikel 7

(1) Das Europäische Parlament, der Rat und die Kommission sowie gegebenenfalls die Gruppe von Mitgliedstaaten, der Gerichtshof, die Europäische Zentralbank oder die Europäische Investitionsbank, sofern der Entwurf eines Gesetzgebungsakts von ihnen vorgelegt wurde, berücksichtigen die begründeten Stellungnahmen der nationalen Parlamente oder einer der Kammern eines dieser Parlamente.

Jedes nationale Parlament hat zwei Stimmen, die entsprechend dem einzelstaatlichen parlamentarischen System verteilt werden. In einem Zweikammersystem hat jede der beiden Kammern eine Stimme.

(2) Erreicht die Anzahl begründeter Stellungnahmen, wonach der Entwurf eines Gesetzgebungsakts nicht mit dem Subsidiaritätsprinzip im Einklang steht, mindestens ein Drittel der Gesamtzahl der den nationalen Parlamenten nach Absatz 1 Unterabsatz 2 zugewiesenen Stimmen, so muss der Entwurf überprüft werden. Die Schwelle beträgt ein Viertel der Stimmen, wenn es sich um den Entwurf eines Gesetzgebungsakts auf der Grundlage des Artikels 76 des Vertrags über die Arbeitsweise der Europäischen Union betreffend den Raum der Freiheit, der Sicherheit und des Rechts handelt.

Nach Abschluss der Überprüfung kann die Kommission oder gegebenenfalls die Gruppe von Mitgliedstaaten, das Europäische Parlament, der Gerichtshof, die Europäische Zentralbank oder die Europäische Investitionsbank, sofern der

Entwurf eines Gesetzgebungsakts von ihr beziehungsweise ihm vorgelegt wurde, beschließen, an dem Entwurf festzuhalten, ihn zu ändern oder ihn zurückzuziehen. Dieser Beschluss muss begründet werden.

(3) Außerdem gilt im Rahmen des ordentlichen Gesetzgebungsverfahrens Folgendes: Erreicht die Anzahl begründeter Stellungnahmen, wonach der Vorschlag für einen Gesetzgebungsakt nicht mit dem Subsidiaritätsprinzip im Einklang steht, mindestens die einfache Mehrheit der Gesamtzahl der den nationalen Parlamenten nach Absatz 1 Unterabsatz 2 zugewiesenen Stimmen, so muss der Vorschlag überprüft werden. Nach Abschluss dieser Überprüfung kann die Kommission beschließen, an dem Vorschlag festzuhalten, ihn zu ändern oder ihn zurückzuziehen.

Beschließt die Kommission, an dem Vorschlag festzuhalten, so hat sie in einer begründeten Stellungnahme darzulegen, weshalb der Vorschlag ihres Erachtens mit dem Subsidiaritätsprinzip im Einklang steht. Die begründete Stellungnahme der Kommission wird zusammen mit den begründeten Stellungnahmen der nationalen Parlamente dem Unionsgesetzgeber vorgelegt, damit dieser sie im Rahmen des Verfahrens berücksichtigt:

a) Vor Abschluss der ersten Lesung prüft der Gesetzgeber (das Europäische Parlament und der Rat), ob der Gesetzgebungsvorschlag mit dem Subsidiaritätsprinzip im Einklang steht; hierbei berücksichtigt er insbesondere die angeführten Begründungen, die von einer Mehrheit der nationalen Parlamente unterstützt werden, sowie die begründete Stellungnahme der Kommission.

b) Ist der Gesetzgeber mit der Mehrheit von 55 % der Mitglieder des Rates oder einer Mehrheit der abgegebenen Stimmen im Europäischen Parlament der Ansicht, dass der Vorschlag nicht mit dem Subsidiaritätsprinzip im Einklang steht, wird der Gesetzgebungsvorschlag nicht weiter geprüft.

Artikel 8

Der Gerichtshof der Europäischen Union ist für Klagen wegen Verstoßes eines Gesetzgebungsakts gegen das Subsidiaritätsprinzip zuständig, die nach Maßgabe des Artikels 263 des Vertrags über die Arbeitsweise der Europäischen Union von einem Mitgliedstaat erhoben oder entsprechend der jeweiligen innerstaatlichen Rechtsordnung von einem Mitgliedstaat im Namen seines nationalen Parlaments oder einer Kammer dieses Parlaments übermittelt werden.

Nach Maßgabe des genannten Artikels können entsprechende Klagen in Bezug auf Gesetzgebungsakte, für deren Erlass die Anhörung des Ausschusses der Regionen nach dem Vertrag über die Arbeitsweise der Europäischen Union vorgeschrieben ist, auch vom Ausschuss der Regionen erhoben werden.

Artikel 9

Die Kommission legt dem Europäischen Rat, dem Europäischen Parlament, dem Rat und den nationalen Parlamenten jährlich einen Bericht über die Anwendung des Artikels 5 des Vertrags über die Europäische Union vor. Dieser Jahresbericht wird auch dem Wirtschafts- und Sozialausschuss und dem Ausschuss der Regionen zugeleitet.

PROTOKOLL (Nr. 3)
ÜBER DIE SATZUNG DES GERICHTSHOFS DER EUROPÄISCHEN UNION*)

PROTOKOLL (Nr. 4)
ÜBER DIE SATZUNG DES EUROPÄISCHEN SYSTEMS DER ZENTRALBANKEN UND DER EUROPÄISCHEN ZENTRALBANK

DIE HOHEN VERTRAGSPARTEIEN –

IN DEM WUNSCH, die in Artikel 129 Absatz 2 des Vertrags über die Arbeitsweise der Europäischen Union vorgesehene Satzung des Europäischen Systems der Zentralbanken und der Europäischen Zentralbank festzulegen –

SIND über folgende Bestimmungen ÜBEREINGEKOMMEN, die dem Vertrag über die Europäische Union und dem Vertrag über die Arbeitsweise der Europäischen Union beigefügt sind:

KAPITEL I
DAS EUROPÄISCHE SYSTEM DER ZENTRALBANKEN

Artikel 1
Das Europäische System der Zentralbanken

Die Europäische Zentralbank (EZB) und die nationalen Zentralbanken bilden nach Artikel 282 Absatz 1 des Vertrags über die Arbeitsweise der Europäischen Union das Europäische System der Zentralbanken (ESZB). Die EZB und die nationalen Zentralbanken der Mitgliedstaaten, deren Währung der Euro ist, bilden das Eurosystem.

Das ESZB und die EZB nehmen ihre Aufgaben und ihre Tätigkeit nach Maßgabe der Verträge und dieser Satzung wahr.

---

*) ***Hinweis:*** Siehe unter 12/1. Satzung und unter 14. Gericht öff. Dienst

KAPITEL II
ZIELE UND AUFGABEN DES ESZB

Artikel 2
Ziele

Nach Artikel 127 Absatz 1 und Artikel 282 Absatz 2 des Vertrags über die Arbeitsweise der Europäischen Union ist es das vorrangige Ziel des ESZB, die Preisstabilität zu gewährleisten. Soweit dies ohne Beeinträchtigung des Zieles der Preisstabilität möglich ist, unterstützt das ESZB die allgemeine Wirtschaftspolitik in der Union, um zur Verwirklichung der in Artikel 3 des Vertrags über die Europäische Union festgelegten Ziele der Union beizutragen. Das ESZB handelt im Einklang mit dem Grundsatz einer offenen Marktwirtschaft mit freiem Wettbewerb, wodurch ein effizienter Einsatz der Ressourcen gefördert wird, und hält sich dabei an die in Artikel 119 des Vertrags über die Arbeitsweise der Europäischen Union genannten Grundsätze.

Artikel 3
Aufgaben

3.1. Nach Artikel 127 Absatz 2 des Vertrags über die Arbeitsweise der Europäischen Union bestehen die grundlegenden Aufgaben des ESZB darin,

- die Geldpolitik der Union festzulegen und auszuführen,
- Devisengeschäfte im Einklang mit Artikel 219 des genannten Vertrags durchzuführen,
- die offiziellen Währungsreserven der Mitgliedstaaten zu halten und zu verwalten,
- das reibungslose Funktionieren der Zahlungssysteme zu fördern.

3.2. Nach Artikel 127 Absatz 3 des genannten Vertrags berührt Artikel 3.1 dritter Gedankenstrich nicht die Haltung und Verwaltung von Arbeitsguthaben in Fremdwährungen durch die Regierungen der Mitgliedstaaten.

3.3. Das ESZB trägt nach Artikel 127 Absatz 5 des genannten Vertrags zur reibungslosen Durchführung der von den zuständigen Behörden auf dem Gebiet der Aufsicht über die Kreditinstitute und der Stabilität des Finanzsystems ergriffenen Maßnahmen bei.

Artikel 4
Beratende Funktionen

Nach Artikel 127 Absatz 4 des Vertrags über die Arbeitsweise der Europäischen Union

a) wird die EZB gehört

- zu allen Vorschlägen für Rechtsakte der Union im Zuständigkeitsbereich der EZB;
- von den nationalen Behörden zu allen Entwürfen für Rechtsvorschriften im Zuständigkeitsbereich der EZB, und zwar innerhalb der Grenzen und unter den Bedingungen, die der Rat nach dem Verfahren des Artikels 41 festlegt;

b) kann die EZB gegenüber den Organen, Einrichtungen oder sonstigen Stellen der Union und gegenüber den nationalen Behörden Stellungnahmen zu in ihren Zuständigkeitsbereich fallenden Fragen abgeben.

Artikel 5

Erhebung von statistischen Daten

5.1. Zur Wahrnehmung der Aufgaben des ESZB holt die EZB mit Unterstützung der nationalen Zentralbanken die erforderlichen statistischen Daten entweder von den zuständigen nationalen Behörden oder unmittelbar von den Wirtschaftssubjekten ein. Zu diesem Zweck arbeitet sie mit den Organen, Einrichtungen oder sonstigen Stellen der Union und den zuständigen Behörden der Mitgliedstaaten oder dritter Länder sowie mit internationalen Organisationen zusammen.

5.2. Die in Artikel 5.1 bezeichneten Aufgaben werden so weit wie möglich von den nationalen Zentralbanken ausgeführt.

5.3. Soweit erforderlich, fördert die EZB die Harmonisierung der Bestimmungen und Gepflogenheiten auf dem Gebiet der Erhebung, Zusammenstellung und Weitergabe von statistischen Daten in den in ihre Zuständigkeit fallenden Bereichen.

5.4. Der Kreis der berichtspflichtigen natürlichen und juristischen Personen, die Bestimmungen über die Vertraulichkeit sowie die geeigneten Vorkehrungen zu ihrer Durchsetzung werden vom Rat nach dem Verfahren des Artikels 41 festgelegt.

Artikel 6

Internationale Zusammenarbeit

6.1. Im Bereich der internationalen Zusammenarbeit, die die dem ESZB übertragenen Aufgaben betrifft, beschließt die EZB, wie das ESZB vertreten wird.

6.2. Die EZB und, soweit diese zustimmt, die nationalen Zentralbanken sind befugt, sich an internationalen Währungseinrichtungen zu beteiligen.

6.3. Die Artikel 6.1 und 6.2 finden unbeschadet des Artikels 138 des Vertrags über die Arbeitsweise der Europäischen Union Anwendung.

KAPITEL III
ORGANISATION DES ESZB

Artikel 7
Unabhängigkeit

Nach Artikel 130 des Vertrags über die Arbeitsweise der Europäischen Union darf bei der Wahrnehmung der ihnen durch die Verträge und diese Satzung übertragenen Befugnisse, Aufgaben und Pflichten weder die EZB noch eine nationale Zentralbank noch ein Mitglied ihrer Beschlussorgane Weisungen von Organen, Einrichtungen oder sonstigen Stellen der Union, Regierungen der Mitgliedstaaten oder anderen Stellen einholen oder entgegennehmen. Die Organe, Einrichtungen oder sonstigen Stellen der Union sowie die Regierungen der Mitgliedstaaten verpflichten sich, diesen Grundsatz zu beachten und nicht zu versuchen, die Mitglieder der Beschlussorgane der EZB oder der nationalen Zentralbanken bei der Wahrnehmung ihrer Aufgaben zu beeinflussen.

Artikel 8
Allgemeiner Grundsatz

Das ESZB wird von den Beschlussorganen der EZB geleitet.

Artikel 9
Die Europäische Zentralbank

9.1. Die EZB, die nach Artikel 282 Absatz 3 des Vertrags über die Arbeitsweise der Europäischen Union mit Rechtspersönlichkeit ausgestattet ist, besitzt in jedem Mitgliedstaat die weitestgehende Rechts- und Geschäftsfähigkeit, die juristischen Personen nach dessen Rechtsvorschriften zuerkannt ist; sie kann insbesondere bewegliches und unbewegliches Vermögen erwerben und veräußern sowie vor Gericht stehen.

9.2. Die EZB stellt sicher, dass die dem ESZB nach Artikel 127 Absätze 2, 3 und 5 des genannten Vertrags übertragenen Aufgaben entweder durch ihre eigene Tätigkeit nach Maßgabe dieser Satzung oder durch die nationalen Zentralbanken nach den Artikeln 12.1 und 14 erfüllt werden.

9.3. Die Beschlussorgane der EZB sind nach Artikel 129 Absatz 1 des genannten Vertrags der EZB-Rat und das Direktorium.

Artikel 10
Der EZB-Rat

10.1. Nach Artikel 283 Absatz 1 des Vertrags über die Arbeitsweise der Europäischen Union besteht der EZB-Rat aus den Mitgliedern des Direktoriums der EZB und den Präsidenten der nationalen Zentralbanken der Mitgliedstaaten, deren Währung der Euro ist.

10.2. Jedes Mitglied des EZB-Rates hat eine Stimme. Ab dem Zeitpunkt, zu dem die Anzahl der Mitglieder des EZB-Rates 21 übersteigt, hat jedes Mitglied des Direktoriums eine Stimme und beträgt die Anzahl der stimmberechtigten Präsidenten der nationalen Zentralbanken 15. Die Verteilung und Rotation dieser Stimmrechte erfolgt wie im Folgenden dargelegt:

– Ab dem Zeitpunkt, zu dem die Anzahl der Präsidenten der nationalen Zentralbanken 15 übersteigt, und bis zu dem Zeitpunkt, zu dem diese 22 beträgt, werden die Präsidenten der nationalen Zentralbanken aufgrund der Position des Mitgliedstaats ihrer jeweiligen nationalen Zentralbank, die sich aus der Größe des Anteils des Mitgliedstaats ihrer jeweiligen nationalen Zentralbank am aggregierten Bruttoinlandsprodukt zu Marktpreisen und an der gesamten aggregierten Bilanz der monetären Finanzinstitute der Mitgliedstaaten, deren Währung der Euro ist, ergibt, in zwei Gruppen eingeteilt. Die Gewichtung der Anteile am aggregierten Bruttoinlandsprodukt zu Marktpreisen und an der gesamten aggregierten Bilanz der monetären Finanzinstitute beträgt 5/6 bzw. 1/6. Die erste Gruppe besteht aus fünf Präsidenten der nationalen Zentralbanken und die zweite Gruppe aus den übrigen Präsidenten der nationalen Zentralbanken. Die Präsidenten der nationalen Zentralbanken, die in die erste Gruppe eingeteilt werden, sind nicht weniger häufig stimmberechtigt als die Präsidenten der nationalen Zentralbanken der zweiten Gruppe. Vorbehaltlich des vorstehenden Satzes werden der ersten Gruppe vier Stimmrechte und der zweiten Gruppe elf Stimmrechte zugeteilt.

– Ab dem Zeitpunkt, zu dem die Anzahl der Präsidenten der nationalen Zentralbanken 22 beträgt, werden die Präsidenten der nationalen Zentralbanken nach Maßgabe der sich aufgrund der oben genannten Kriterien ergebenden Position in drei Gruppen eingeteilt. Die erste Gruppe, der vier Stimmrechte zugeteilt werden, besteht aus fünf Präsidenten der nationalen Zentralbanken. Die zweite Gruppe, der acht Stimmrechte zugeteilt werden, besteht aus der Hälfte aller Präsidenten der nationalen Zentralbanken, wobei jeder Bruchteil auf die nächste ganze Zahl aufgerundet wird. Die dritte Gruppe, der drei Stimmrechte zugeteilt werden, besteht aus den übrigen Präsidenten der nationalen Zentralbanken.

– Innerhalb jeder Gruppe sind die Präsidenten der nationalen Zentralbanken für gleich lange Zeiträume stimmberechtigt.

– Artikel 29.2 gilt für die Berechnung der Anteile am aggregierten Bruttoinlandsprodukt zu Marktpreisen. Die gesamte aggregierte Bilanz der monetären Finanzinstitute wird gemäß dem zum Zeitpunkt der Berechnung in der Union geltenden statistischen Berichtsrahmen berechnet.

- Bei jeder Anpassung des aggregierten Bruttoinlandsprodukts zu Marktpreisen gemäß Artikel 29.3 oder bei jeder Erhöhung der Anzahl der Präsidenten der nationalen Zentralbanken wird die Größe und/oder die Zusammensetzung der Gruppen nach den oben genannten Grundsätzen angepasst.
- Der EZB-Rat trifft mit einer Mehrheit von zwei Dritteln seiner stimmberechtigten und nicht stimmberechtigten Mitglieder alle zur Durchführung der oben genannten Grundsätze erforderlichen Maßnahmen und kann beschließen, den Beginn des Rotationssystems bis zu dem Zeitpunkt zu verschieben, zu dem die Anzahl der Präsidenten der nationalen Zentralbanken 18 übersteigt.

Das Stimmrecht wird persönlich ausgeübt. Abweichend von dieser Bestimmung kann in der in Artikel 12.3 genannten Geschäftsordnung vorgesehen werden, dass Mitglieder des EZB-Rates im Wege einer Telekonferenz an der Abstimmung teilnehmen können. In der Geschäftsordnung wird ferner vorgesehen, dass ein für längere Zeit an der Teilnahme an Sitzungen des EZB-Rates verhindertes Mitglied einen Stellvertreter als Mitglied des EZB-Rates benennen kann.

Die Stimmrechte aller stimmberechtigten und nicht stimmberechtigten Mitglieder des EZB-Rates gemäß den Artikeln 10.3, 40.2 und 40.3 bleiben von den Bestimmungen der vorstehenden Absätze unberührt.

Soweit in dieser Satzung nichts anderes bestimmt ist, beschließt der EZB-Rat mit einfacher Mehrheit seiner stimmberechtigten Mitglieder. Bei Stimmengleichheit gibt die Stimme des Präsidenten den Ausschlag.

Der EZB-Rat ist beschlussfähig, wenn mindestens zwei Drittel seiner stimmberechtigten Mitglieder an der Abstimmung teilnehmen. Ist der EZB-Rat nicht beschlussfähig, so kann der Präsident eine außerordentliche Sitzung einberufen, bei der für die Beschlussfähigkeit die Mindestteilnahmequote nicht erforderlich ist.

10.3. Für alle Beschlüsse im Rahmen der Artikel 28, 29, 30, 32 und 33 werden die Stimmen im EZB-Rat nach den Anteilen der nationalen Zentralbanken am gezeichneten Kapital der EZB gewogen. Die Stimmen der Mitglieder des Direktoriums werden mit Null gewogen. Ein Beschluss, der die qualifizierte Mehrheit der Stimmen erfordert, gilt als angenommen, wenn die abgegebenen Ja-Stimmen mindestens zwei Drittel des gezeichneten Kapitals der EZB und mindestens die Hälfte der Anteilseigner vertreten. Bei Verhinderung eines Präsidenten einer nationalen Zentralbank kann dieser einen Stellvertreter zur Abgabe seiner gewogenen Stimme benennen.

10.4. Die Aussprachen in den Ratssitzungen sind vertraulich. Der EZB-Rat kann beschließen, das Ergebnis seiner Beratungen zu veröffentlichen.

10.5. Der EZB-Rat tritt mindestens zehnmal im Jahr zusammen.

Artikel 11
Das Direktorium

11.1. Nach Artikel 283 Absatz 2 Buchstabe a des Vertrags über die Arbeitsweise der Europäischen Union besteht das Direktorium aus dem Präsidenten, dem Vizepräsidenten und vier weiteren Mitgliedern.

Die Mitglieder erfüllen ihre Pflichten hauptamtlich. Ein Mitglied darf weder entgeltlich noch unentgeltlich einer anderen Beschäftigung nachgehen, es sei denn, der EZB-Rat erteilt hierzu ausnahmsweise seine Zustimmung.

11.2. Nach Artikel 283 Absatz 2 Unterabsatz 2 des genannten Vertrags werden der Präsident, der Vizepräsident und die weiteren Mitglieder des Direktoriums vom Europäischen Rat auf Empfehlung des Rates, der hierzu das Europäische Parlament und den EZB-Rat anhört, aus dem Kreis der in Währungs- oder Bankfragen anerkannten und erfahrenen Persönlichkeiten mit qualifizierter Mehrheit ernannt.

Ihre Amtszeit beträgt acht Jahre; Wiederernennung ist nicht zulässig.

Nur Staatsangehörige der Mitgliedstaaten können Mitglieder des Direktoriums sein.

11.3. Die Beschäftigungsbedingungen für die Mitglieder des Direktoriums, insbesondere ihre Gehälter und Ruhegehälter sowie andere Leistungen der sozialen Sicherheit, sind Gegenstand von Verträgen mit der EZB und werden vom EZB-Rat auf Vorschlag eines Ausschusses festgelegt, der aus drei vom EZB-Rat und drei vom Rat ernannten Mitgliedern besteht. Die Mitglieder des Direktoriums haben in den in diesem Absatz bezeichneten Angelegenheiten kein Stimmrecht.

11.4. Ein Mitglied des Direktoriums, das die Voraussetzungen für die Ausübung seines Amtes nicht mehr erfüllt oder eine schwere Verfehlung begangen hat, kann auf Antrag des EZB-Rates oder des Direktoriums durch den Gerichtshof seines Amtes enthoben werden.

11.5. Jedes persönlich anwesende Mitglied des Direktoriums ist berechtigt, an Abstimmungen teilzunehmen, und hat zu diesem Zweck eine Stimme. Soweit nichts anderes bestimmt ist, beschließt das Direktorium mit der einfachen Mehrheit der abgegebenen Stimmen. Bei Stimmengleichheit gibt die Stimme des Präsidenten den Ausschlag. Die Abstimmungsmodalitäten werden in der in Artikel 12.3 bezeichneten Geschäftsordnung geregelt.

11.6. Das Direktorium führt die laufenden Geschäfte der EZB.

11.7. Frei werdende Sitze im Direktorium sind durch Ernennung eines neuen Mitglieds nach Artikel 11.2 zu besetzen.

Artikel 12
Aufgaben der Beschlussorgane

12.1. Der EZB-Rat erlässt die Leitlinien und Beschlüsse, die notwendig sind, um die Erfüllung der dem ESZB nach den Verträgen und dieser Satzung übertragenen Aufgaben zu gewährleisten. Der EZB-Rat legt die Geldpolitik der Union fest, gegebenenfalls einschließlich von Beschlüssen in Bezug auf geldpolitische Zwischenziele, Leitzinssätze und die Bereitstellung von Zentralbankgeld im ESZB, und erlässt die für ihre Ausführung notwendigen Leitlinien.

Das Direktorium führt die Geldpolitik gemäß den Leitlinien und Beschlüssen des EZB-Rates aus. Es erteilt hierzu den nationalen Zentralbanken die erforderlichen Weisungen. Ferner können dem Direktorium durch Beschluss des EZB-Rates bestimmte Befugnisse übertragen werden.

Unbeschadet dieses Artikels nimmt die EZB die nationalen Zentralbanken zur Durchführung von Geschäften, die zu den Aufgaben des ESZB gehören, in Anspruch, soweit dies möglich und sachgerecht erscheint.

12.2. Die Vorbereitung der Sitzungen des EZB-Rates obliegt dem Direktorium.

12.3. Der EZB-Rat beschließt eine Geschäftsordnung, die die interne Organisation der EZB und ihrer Beschlussorgane regelt.

12.4. Der EZB-Rat nimmt die in Artikel 4 genannten beratenden Funktionen wahr.

12.5. Der EZB-Rat trifft die Beschlüsse nach Artikel 6.

Artikel 13
Der Präsident

13.1. Den Vorsitz im EZB-Rat und im Direktorium der EZB führt der Präsident oder, bei seiner Verhinderung, der Vizepräsident.

13.2. Unbeschadet des Artikels 38 vertritt der Präsident oder eine von ihm benannte Person die EZB nach außen.

Artikel 14
Nationale Zentralbanken

14.1. Nach Artikel 131 des Vertrags über die Arbeitsweise der Europäischen Union stellt jeder Mitgliedstaat sicher, dass seine innerstaatlichen Rechtsvorschriften einschließlich der Satzung seiner Zentralbank mit den Verträgen und dieser Satzung im Einklang stehen.

14.2. In den Satzungen der nationalen Zentralbanken ist insbesondere vorzusehen, dass die Amtszeit des Präsidenten der jeweiligen nationalen Zentralbank mindestens fünf Jahre beträgt.

Der Präsident einer nationalen Zentralbank kann aus seinem Amt nur entlassen werden, wenn er die Voraussetzungen für die Ausübung seines Amtes nicht mehr erfüllt oder eine schwere Verfehlung begangen hat. Gegen einen entsprechenden Beschluss kann der betreffende Präsident einer nationalen Zentralbank oder der EZB-Rat wegen Verletzung der Verträge oder einer bei ihrer Durchführung anzuwendenden Rechtsnorm den Gerichtshof anrufen. Solche Klagen sind binnen zwei Monaten zu erheben; diese Frist läuft je nach Lage des Falles von der Bekanntgabe des betreffenden Beschlusses, ihrer Mitteilung an den Kläger oder in Ermangelung dessen von dem Zeitpunkt an, zu dem der Kläger von diesem Beschluss Kenntnis erlangt hat.

14.3. Die nationalen Zentralbanken sind integraler Bestandteil des ESZB und handeln gemäß den Leitlinien und Weisungen der EZB. Der EZB-Rat trifft die notwendigen Maßnahmen, um die Einhaltung der Leitlinien und Weisungen der EZB sicherzustellen, und kann verlangen, dass ihm hierzu alle erforderlichen Informationen zur Verfügung gestellt werden.

14.4. Die nationalen Zentralbanken können andere als die in dieser Satzung bezeichneten Aufgaben wahrnehmen, es sei denn, der EZB-Rat stellt mit Zweidrittelmehrheit der abgegebenen Stimmen fest, dass diese Aufgaben nicht mit den Zielen und Aufgaben des ESZB vereinbar sind. Derartige Aufgaben werden von den nationalen Zentralbanken in eigener Verantwortung und auf eigene Rechnung wahrgenommen und gelten nicht als Aufgaben des ESZB.

Artikel 15

Berichtspflichten

15.1. Die EZB erstellt und veröffentlicht mindestens vierteljährlich Berichte über die Tätigkeit des ESZB.

15.2. Ein konsolidierter Ausweis des ESZB wird wöchentlich veröffentlicht.

15.3. Nach Artikel 284 Absatz 3 des Vertrags über die Arbeitsweise der Europäischen Union unterbreitet die EZB dem Europäischen Parlament, dem Rat und der Kommission sowie auch dem Europäischen Rat einen Jahresbericht über die Tätigkeit des ESZB und die Geld- und Währungspolitik im vergangenen und im laufenden Jahr.

15.4. Die in diesem Artikel bezeichneten Berichte und Ausweise werden Interessenten kostenlos zur Verfügung gestellt.

Artikel 16
Banknoten

Nach Artikel 128 Absatz 1 des Vertrags über die Arbeitsweise der Europäischen Union hat der EZBRat das ausschließliche Recht, die Ausgabe von Euro-Banknoten innerhalb der Union zu genehmigen. Die EZB und die nationalen Zentralbanken sind zur Ausgabe dieser Banknoten berechtigt. Die von der EZB und den nationalen Zentralbanken ausgegebenen Banknoten sind die einzigen Banknoten, die in der Union als gesetzliches Zahlungsmittel gelten.

Die EZB berücksichtigt so weit wie möglich die Gepflogenheiten bei der Ausgabe und der Gestaltung von Banknoten.

KAPITEL IV

WÄHRUNGSPOLITISCHE AUFGABEN UND OPERATIONEN DES ESZB

Artikel 17
Konten bei der EZB und den nationalen Zentralbanken

Zur Durchführung ihrer Geschäfte können die EZB und die nationalen Zentralbanken für Kreditinstitute, öffentliche Stellen und andere Marktteilnehmer Konten eröffnen und Vermögenswerte, einschließlich Schuldbuchforderungen, als Sicherheit hereinnehmen.

Artikel 18
Offenmarkt- und Kreditgeschäfte

18.1 Zur Erreichung der Ziele des ESZB und zur Erfüllung seiner Aufgaben können die EZB und die nationalen Zentralbanken

- auf den Finanzmärkten tätig werden, indem sie auf Euro oder sonstige Währungen lautende Forderungen und börsengängige Wertpapiere sowie Edelmetalle endgültig (per Kasse oder Termin) oder im Rahmen von Rückkaufsvereinbarungen kaufen und verkaufen oder entsprechende Darlehensgeschäfte tätigen;
- Kreditgeschäfte mit Kreditinstituten und anderen Marktteilnehmern abschließen, wobei für die Darlehen ausreichende Sicherheiten zu stellen sind.

18.2. Die EZB stellt allgemeine Grundsätze für ihre eigenen Offenmarkt- und Kreditgeschäfte und die der nationalen Zentralbanken auf; hierzu gehören auch die Grundsätze für die Bekanntmachung der Bedingungen, zu denen sie bereit sind, derartige Geschäfte abzuschließen.

Artikel 19
Mindestreserven

19.1. Vorbehaltlich des Artikels 2 kann die EZB zur Verwirklichung der geldpolitischen Ziele verlangen, dass die in den Mitgliedstaaten niedergelassenen Kreditinstitute Mindestreserven auf Konten bei der EZB und den nationalen Zentralbanken unterhalten. Verordnungen über die Berechnung und Bestimmung des Mindestreservesolls können vom EZB-Rat erlassen werden. Bei Nichteinhaltung kann die EZB Strafzinsen erheben und sonstige Sanktionen mit vergleichbarer Wirkung verhängen.

19.2. Zum Zwecke der Anwendung dieses Artikels legt der Rat nach dem Verfahren des Artikels 41 die Basis für die Mindestreserven und die höchstzulässigen Relationen zwischen diesen Mindestreserven und ihrer Basis sowie die angemessenen Sanktionen fest, die bei Nichteinhaltung anzuwenden sind.

Artikel 20
Sonstige geldpolitische Instrumente

Der EZB-Rat kann mit der Mehrheit von zwei Dritteln der abgegebenen Stimmen über die Anwendung anderer Instrumente der Geldpolitik entscheiden, die er bei Beachtung des Artikels 2 für zweckmäßig hält.

Der Rat legt nach dem Verfahren des Artikels 41 den Anwendungsbereich solcher Instrumente fest, wenn sie Verpflichtungen für Dritte mit sich bringen.

Artikel 21
Geschäfte mit öffentlichen Stellen

21.1. Nach Artikel 123 des Vertrags über die Arbeitsweise der Europäischen Union sind Überziehungs- oder andere Kreditfazilitäten bei der EZB oder den nationalen Zentralbanken für Organe, Einrichtungen oder sonstige Stellen der Union, Zentralregierungen, regionale oder lokale Gebietskörperschaften oder andere öffentlich-rechtliche Körperschaften, sonstige Einrichtungen des öffentlichen Rechts oder öffentliche Unternehmen der Mitgliedstaaten ebenso verboten wie der unmittelbare Erwerb von Schuldtiteln von diesen durch die EZB oder die nationalen Zentralbanken.

21.2. Die EZB und die nationalen Zentralbanken können als Fiskalagent für die in Artikel 21.1 bezeichneten Stellen tätig werden.

21.3. Die Bestimmungen dieses Artikels gelten nicht für Kreditinstitute in öffentlichem Eigentum; diese werden von der jeweiligen nationalen Zentralbank und der EZB, was die Bereitstellung von Zentralbankgeld betrifft, wie private Kreditinstitute behandelt.

Artikel 22
Verrechnungs- und Zahlungssysteme

Die EZB und die nationalen Zentralbanken können Einrichtungen zur Verfügung stellen und die EZB kann Verordnungen erlassen, um effiziente und zuverlässige Verrechnungs- und Zahlungssysteme innerhalb der Union und im Verkehr mit dritten Ländern zu gewährleisten.

Artikel 23
Geschäfte mit dritten Ländern und internationalen Organisationen

Die EZB und die nationalen Zentralbanken sind befugt,

– mit Zentralbanken und Finanzinstituten in dritten Ländern und, soweit zweckdienlich, mit internationalen Organisationen Beziehungen aufzunehmen;
– alle Arten von Devisen und Edelmetalle per Kasse und per Termin zu kaufen und zu verkaufen; der Begriff „Devisen" schließt Wertpapiere und alle sonstigen Vermögenswerte, die auf beliebige Währungen oder Rechnungseinheiten lauten, unabhängig von deren Ausgestaltung ein;
– die in diesem Artikel bezeichneten Vermögenswerte zu halten und zu verwalten;
– alle Arten von Bankgeschäften, einschließlich der Aufnahme und Gewährung von Krediten, im Verkehr mit dritten Ländern sowie internationalen Organisationen zu tätigen.

Artikel 24
Sonstige Geschäfte

Die EZB und die nationalen Zentralbanken sind befugt, außer den mit ihren Aufgaben verbundenen Geschäften auch Geschäfte für ihren eigenen Betrieb und für ihre Bediensteten zu tätigen.

KAPITEL V

AUFSICHT

Artikel 25
Aufsicht

25.1. Die EZB kann den Rat, die Kommission und die zuständigen Behörden der Mitgliedstaaten in Fragen des Geltungsbereichs und der Anwendung der Rechtsvorschriften der Union hinsichtlich der Aufsicht über die Kreditinstitute sowie die Stabilität des Finanzsystems beraten und von diesen konsultiert werden.

25.2. Aufgrund von Verordnungen des Rates nach Artikel 127 Absatz 6 des Vertrags über die Arbeitsweise der Europäischen Union kann die EZB besondere Aufgaben im Zusammenhang mit der Aufsicht über die Kreditinstitute und sonstige Finanzinstitute mit Ausnahme von Versicherungsunternehmen wahrnehmen.

KAPITEL VI

FINANZVORSCHRIFTEN DES ESZB

Artikel 26
Jahresabschlüsse

26.1. Das Geschäftsjahr der EZB und der nationalen Zentralbanken beginnt am 1. Januar und endet am 31. Dezember.

26.2. Der Jahresabschluss der EZB wird vom Direktorium nach den vom EZB-Rat aufgestellten Grundsätzen erstellt. Der Jahresabschluss wird vom EZB-Rat festgestellt und sodann veröffentlicht.

26.3. Für Analyse- und Geschäftsführungszwecke erstellt das Direktorium eine konsolidierte Bilanz des ESZB, in der die zum ESZB gehörenden Aktiva und Passiva der nationalen Zentralbanken ausgewiesen werden.

26.4. Zur Anwendung dieses Artikels erlässt der EZB-Rat die notwendigen Vorschriften für die Standardisierung der buchmäßigen Erfassung und der Meldung der Geschäfte der nationalen Zentralbanken.

Artikel 27
Rechnungsprüfung

27.1. Die Jahresabschlüsse der EZB und der nationalen Zentralbanken werden von unabhängigen externen Rechnungsprüfern, die vom EZB-Rat empfohlen und vom Rat anerkannt wurden, geprüft. Die Rechnungsprüfer sind befugt, alle Bücher und Konten der EZB und der nationalen Zentralbanken zu prüfen und alle Auskünfte über deren Geschäfte zu verlangen.

27.2. Artikel 287 des Vertrags über die Arbeitsweise der Europäischen Union ist nur auf eine Prüfung der Effizienz der Verwaltung der EZB anwendbar.

Artikel 28
Kapital der EZB

28.1. Das Kapital der EZB beträgt 5 Milliarden Euro. Das Kapital kann durch einen Beschluss des EZB-Rates mit der in Artikel 10.3 vorgesehenen qualifizierten Mehrheit innerhalb der Grenzen und unter den Bedingungen, die der Rat nach dem Verfahren des Artikels 41 festlegt, erhöht werden.

28.2. Die nationalen Zentralbanken sind alleinige Zeichner und Inhaber des Kapitals der EZB. Die Zeichnung des Kapitals erfolgt nach dem gemäß Artikel 29 festgelegten Schlüssel.

28.3. Der EZB-Rat bestimmt mit der in Artikel 10.3 vorgesehenen qualifizierten Mehrheit, in welcher Höhe und welcher Form das Kapital einzuzahlen ist.

28.4. Vorbehaltlich des Artikels 28.5 können die Anteile der nationalen Zentralbanken am gezeichneten Kapital der EZB nicht übertragen, verpfändet oder gepfändet werden.

28.5. Im Falle einer Anpassung des in Artikel 29 bezeichneten Schlüssels sorgen die nationalen Zentralbanken durch Übertragungen von Kapitalanteilen untereinander dafür, dass die Verteilung der Kapitalanteile dem angepassten Schlüssel entspricht. Die Bedingungen für derartige Übertragungen werden vom EZB-Rat festgelegt.

Artikel 29
Schlüssel für die Kapitalzeichnung

29.1. Der Schlüssel für die Zeichnung des Kapitals der EZB, der 1998 bei der Errichtung des ESZB erstmals festgelegt wurde, wird festgelegt, indem jede nationale Zentralbank in diesem Schlüssel einen Gewichtsanteil, der der Summe folgender Prozentsätze entspricht, erhält:

- 50 % des Anteils des jeweiligen Mitgliedstaats an der Bevölkerung der Union im vorletzten Jahr vor der Errichtung des ESZB;
- 50 % des Anteils des jeweiligen Mitgliedstaats am Bruttoinlandsprodukt der Union zu Marktpreisen in den fünf Jahren vor dem vorletzten Jahr vor der Errichtung des ESZB.

Die Prozentsätze werden zum nächsten Vielfachen von 0,0001 Prozentpunkten ab- oder aufgerundet.

29.2. Die zur Anwendung dieses Artikels zu verwendenden statistischen Daten werden von der Kommission nach den Regeln bereitgestellt, die der Rat nach dem Verfahren des Artikels 41 festlegt.

29.3. Die den nationalen Zentralbanken zugeteilten Gewichtsanteile werden nach Errichtung des ESZB alle fünf Jahre unter sinngemäßer Anwendung der Bestimmungen des Artikels 29.1 angepasst. Der neue Schlüssel gilt jeweils vom ersten Tag des folgenden Jahres an.

29.4. Der EZB-Rat trifft alle weiteren Maßnahmen, die zur Anwendung dieses Artikels erforderlich sind.

Artikel 30
Übertragung von Währungsreserven auf die EZB

30.1. Unbeschadet des Artikels 28 wird die EZB von den nationalen Zentralbanken mit Währungsreserven, die jedoch nicht aus Währungen der Mitgliedstaaten, Euro, IWF-Reservepositionen und SZR gebildet werden dürfen, bis zu einem Gegenwert von 50 Milliarden Euro ausgestattet. Der EZBRat entscheidet über den von der EZB nach ihrer Errichtung einzufordernden Teil sowie die zu späteren Zeitpunkten einzufordernden Beträge. Die EZB hat das uneingeschränkte Recht, die ihr übertragenen Währungsreserven zu halten und zu verwalten sowie für die in dieser Satzung genannten Zwecke zu verwenden.

30.2. Die Beiträge der einzelnen nationalen Zentralbanken werden entsprechend ihrem jeweiligen Anteil am gezeichneten Kapital der EZB bestimmt.

30.3. Die EZB schreibt jeder nationalen Zentralbank eine ihrem Beitrag entsprechende Forderung gut. Der EZB-Rat entscheidet über die Denominierung und Verzinsung dieser Forderungen.

30.4. Die EZB kann nach Artikel 30.2 über den in Artikel 30.1 festgelegten Betrag hinaus innerhalb der Grenzen und unter den Bedingungen, die der Rat nach dem Verfahren des Artikels 41 festlegt, die Einzahlung weiterer Währungsreserven fordern.

30.5. Die EZB kann IWF-Reservepositionen und SZR halten und verwalten sowie die Zusammenlegung solcher Aktiva vorsehen.

30.6. Der EZB-Rat trifft alle weiteren Maßnahmen, die zur Anwendung dieses Artikels erforderlich sind.

Artikel 31
Währungsreserven der nationalen Zentralbanken

31.1. Die nationalen Zentralbanken sind befugt, zur Erfüllung ihrer Verpflichtungen gegenüber internationalen Organisationen nach Artikel 23 Geschäfte abzuschließen.

31.2. Alle sonstigen Geschäfte mit den Währungsreserven, die den nationalen Zentralbanken nach den in Artikel 30 genannten Übertragungen verbleiben, sowie von Mitgliedstaaten ausgeführte Transaktionen mit ihren Arbeitsguthaben in Fremdwährungen bedürfen oberhalb eines bestimmten im Rahmen des Artikels 31.3 festzulegenden Betrags der Zustimmung der EZB, damit Übereinstimmung mit der Wechselkurs- und der Währungspolitik der Union gewährleistet ist.

31.3. Der EZB-Rat erlässt Richtlinien mit dem Ziel, derartige Geschäfte zu erleichtern.

Artikel 32
Verteilung der monetären Einkünfte der nationalen Zentralbanken

32.1. Die Einkünfte, die den nationalen Zentralbanken aus der Erfüllung der währungspolitischen Aufgaben des ESZB zufließen (im Folgenden als „monetäre Einkünfte" bezeichnet), werden am Ende eines jeden Geschäftsjahres nach diesem Artikel verteilt.

32.2. Der Betrag der monetären Einkünfte einer jeden nationalen Zentralbank entspricht ihren jährlichen Einkünften aus Vermögenswerten, die sie als Gegenposten zum Bargeldumlauf und zu ihren Verbindlichkeiten aus Einlagen der Kreditinstitute hält. Diese Vermögenswerte werden von den nationalen Zentralbanken gemäß den vom EZB-Rat zu erlassenden Richtlinien gesondert erfasst.

32.3. Wenn nach der Einführung des Euro die Bilanzstrukturen der nationalen Zentralbanken nach Auffassung des EZB-Rates die Anwendung des Artikels 32.2 nicht gestatten, kann der EZBRat beschließen, dass die monetären Einkünfte für einen Zeitraum von höchstens fünf Jahren abweichend von Artikel 32.2 nach einem anderen Verfahren bemessen werden.

32.4. Der Betrag der monetären Einkünfte einer jeden nationalen Zentralbank vermindert sich um den Betrag etwaiger Zinsen, die von dieser Zentralbank auf ihre Verbindlichkeiten aus Einlagen der Kreditinstitute nach Artikel 19 gezahlt werden.

Der EZB-Rat kann beschließen, dass die nationalen Zentralbanken für Kosten in Verbindung mit der Ausgabe von Banknoten oder unter außergewöhnlichen Umständen für spezifische Verluste aus für das ESZB unternommenen währungspolitischen Operationen entschädigt werden. Die Entschädigung erfolgt in einer Form, die der EZB-Rat für angemessen hält; diese Beträge können mit den monetären Einkünften der nationalen Zentralbanken verrechnet werden.

32.5. Die Summe der monetären Einkünfte der nationalen Zentralbanken wird vorbehaltlich etwaiger Beschlüsse des EZB-Rates nach Artikel 33.2 unter den nationalen Zentralbanken entsprechend ihren eingezahlten Anteilen am Kapital der EZB verteilt.

32.6. Die Verrechnung und den Ausgleich der Salden aus der Verteilung der monetären Einkünfte nimmt die EZB gemäß den Richtlinien des EZB-Rates vor.

32.7. Der EZB-Rat trifft alle weiteren Maßnahmen, die zur Anwendung dieses Artikels erforderlich sind.

Artikel 33
Verteilung der Nettogewinne und Verluste der EZB

33.1. Der Nettogewinn der EZB wird in der folgenden Reihenfolge verteilt:

a) Ein vom EZB-Rat zu bestimmender Betrag, der 20 % des Nettogewinns nicht übersteigen darf, wird dem allgemeinen Reservefonds bis zu einer Obergrenze von 100 % des Kapitals zugeführt;

b) der verbleibende Nettogewinn wird an die Anteilseigner der EZB entsprechend ihren eingezahlten Anteilen ausgeschüttet.

33.2. Falls die EZB einen Verlust erwirtschaftet, kann der Fehlbetrag aus dem allgemeinen Reservefonds der EZB und erforderlichenfalls nach einem entsprechenden Beschluss des EZB-Rates aus den monetären Einkünften des betreffenden Geschäftsjahres im Verhältnis und bis in Höhe der Beträge gezahlt werden, die nach Artikel 32.5 an die nationalen Zentralbanken verteilt werden.

KAPITEL VII
ALLGEMEINE BESTIMMUNGEN

Artikel 34
Rechtsakte

34.1. Nach Artikel 132 des Vertrags über die Arbeitsweise der Europäischen Union werden von der EZB

– Verordnungen erlassen, insoweit dies für die Erfüllung der in Artikel 3.1 erster Gedankenstrich, Artikel 19.1, Artikel 22 oder Artikel 25.2 festgelegten Aufgaben erforderlich ist; sie erlässt Verordnungen ferner in den Fällen, die in den Rechtsakten des Rates nach Artikel 41 vorgesehen werden;

– die Beschlüsse erlassen, die zur Erfüllung der dem ESZB nach den Verträgen und dieser Satzung übertragenen Aufgaben erforderlich sind;

– Empfehlungen und Stellungnahmen abgegeben.

34.2. Die EZB kann die Veröffentlichung ihrer Beschlüsse, Empfehlungen und Stellungnahmen beschließen.

34.3. Innerhalb der Grenzen und unter den Bedingungen, die der Rat nach dem Verfahren des Artikels 41 festlegt, ist die EZB befugt, Unternehmen bei Nichteinhaltung der Verpflichtungen, die sich aus ihren Verordnungen und Beschlüsse ergeben, mit Geldbußen oder in regelmäßigen Abständen zu zahlenden Strafgeldern zu belegen.

Artikel 35
Gerichtliche Kontrolle und damit verbundene Angelegenheiten

35.1. Die Handlungen und Unterlassungen der EZB unterliegen in den Fällen und unter den Bedingungen, die in den Verträgen vorgesehen sind, der Überprüfung und Auslegung durch den Gerichtshof der Europäischen Union. Die EZB ist in den Fällen und unter den Bedingungen, die in den Verträgen vorgesehen sind, klageberechtigt.

35.2. Über Rechtsstreitigkeiten zwischen der EZB einerseits und ihren Gläubigern, Schuldnern oder dritten Personen andererseits entscheiden die zuständigen Gerichte der einzelnen Staaten vorbehaltlich der Zuständigkeiten, die dem Gerichtshof der Europäischen Union zuerkannt sind.

35.3. Die EZB unterliegt der Haftungsregelung des Artikels 340 des Vertrags über die Arbeitsweise der Europäischen Union. Die Haftung der nationalen Zentralbanken richtet sich nach dem jeweiligen innerstaatlichen Recht.

35.4. Der Gerichtshof der Europäischen Union ist für Entscheidungen aufgrund einer Schiedsklausel zuständig, die in einem von der EZB oder für ihre Rechnung abgeschlossenen öffentlichrechtlichen oder privatrechtlichen Vertrag enthalten ist.

35.5. Für einen Beschluss der EZB, den Gerichtshof der Europäischen Union anzurufen, ist der EZB-Rat zuständig.

35.6. Der Gerichtshof der Europäischen Union ist für Streitsachen zuständig, die die Erfüllung der Verpflichtungen aus den Verträgen und dieser Satzung durch eine nationale Zentralbank betreffen. Ist die EZB der Auffassung, dass eine nationale Zentralbank einer Verpflichtung aus den Verträgen und dieser Satzung nicht nachgekommen ist, so legt sie in der betreffenden Sache eine mit Gründen versehene Stellungnahme vor, nachdem sie der nationalen Zentralbank Gelegenheit zur Vorlage von Bemerkungen gegeben hat. Entspricht die nationale Zentralbank nicht innerhalb der von der EZB gesetzten Frist deren Stellungnahme, so kann die EZB den Gerichtshof der Europäischen Union anrufen.

Artikel 36
Personal

36.1. Der EZB-Rat legt auf Vorschlag des Direktoriums die Beschäftigungsbedingungen für das Personal der EZB fest.

36.2. Der Gerichtshof der Europäischen Union ist für alle Streitsachen zwischen der EZB und deren Bediensteten innerhalb der Grenzen und unter den Bedingungen zuständig, die sich aus den Beschäftigungsbedingungen ergeben.

Artikel 37 (ex-Artikel 38)
Geheimhaltung

37.1. Die Mitglieder der Leitungsgremien und des Personals der EZB und der nationalen Zentralbanken dürfen auch nach Beendigung ihres Dienstverhältnisses keine der Geheimhaltungspflicht unterliegenden Informationen weitergeben.

37.2. Auf Personen mit Zugang zu Daten, die unter Unionsvorschriften fallen, die eine Verpflichtung zur Geheimhaltung vorsehen, finden diese Unionsvorschriften Anwendung.

Artikel 38 (ex-Artikel 39)
Unterschriftsberechtigte

Die EZB wird Dritten gegenüber durch den Präsidenten oder zwei Direktoriumsmitglieder oder durch die Unterschriften zweier vom Präsidenten zur Zeichnung im Namen der EZB gehörig ermächtigter Bediensteter der EZB rechtswirksam verpflichtet.

Artikel 39 (ex-Artikel 40)
Vorrechte und Befreiungen

Die EZB genießt im Hoheitsgebiet der Mitgliedstaaten die zur Erfüllung ihrer Aufgabe erforderlichen Vorrechte und Befreiungen nach Maßgabe des Protokolls über die Vorrechte und Befreiungen der Europäischen Union.

KAPITEL VIII
ÄNDERUNG DER SATZUNG UND ERGÄNZENDE RECHTSVORSCHRIFTEN

Artikel 40 (ex-Artikel 41)
Vereinfachtes Änderungsverfahren

40.1. Nach Artikel 129 Absatz 3 des Vertrags über die Arbeitsweise der Europäischen Union können das Europäische Parlament und der Rat gemäß dem ordentlichen Gesetzgebungsverfahren die Artikel 5.1, 5.2, 5.3, 17, 18, 19.1, 22, 23, 24, 26, 32.2, 32.3, 32.4, 32.6, 33.1.a und 36 dieser Satzung entweder auf Empfehlung der EZB nach Anhörung der Kommission oder auf Vorschlag der Kommission nach Anhörung der EZB ändern.

40.2. Artikel 10.2 kann durch einen Beschluss des Europäischen Rates entweder auf Empfehlung der Europäischen Zentralbank nach Anhörung des Europäischen Parlaments und der Kommission oder auf Empfehlung der Kommission nach Anhörung des Europäischen Parlaments und der Europäischen Zentralbank einstimmig geändert werden. Diese Änderungen treten erst nach Zustimmung der Mitgliedstaaten im Einklang mit ihren jeweiligen verfassungsrechtlichen Vorschriften in Kraft.

40.3. Eine Empfehlung der EZB nach diesem Artikel erfordert einen einstimmigen Beschluss des EZB-Rates.

Artikel 41 (ex-Artikel 42)
Ergänzende Rechtsvorschriften

Nach Artikel 129 Absatz 4 des Vertrags über die Arbeitsweise der Europäischen Union erlässt der Rat entweder auf Vorschlag der Kommission nach Anhörung des Europäischen Parlaments und der EZB oder auf Empfehlung der EZB nach Anhörung des Europäischen Parlaments und der Kommission die in den Artikeln 4, 5.4, 19.2, 20, 28.1, 29.2, 30.4 und 34.3 dieser Satzung genannten Bestimmungen.

KAPITEL IX
ÜBERGANGSBESTIMMUNGEN UND SONSTIGE BESTIMMUNGEN FÜR DAS ESZB

Artikel 42 (ex-Artikel 43)
Allgemeine Bestimmungen

42.1. Eine Ausnahmeregelung nach Artikel 139 des Vertrags über die Arbeitsweise der Europäischen Union bewirkt, dass folgende Artikel dieser Satzung für den betreffenden Mitgliedstaat keinerlei Rechte oder Verpflichtungen entstehen lassen: Artikel 3, 6, 9.2, 12.1, 14.3, 16, 18, 19, 20, 22, 23, 26.2, 27, 30, 31, 32, 33, 34 und 49.

42.2. Die Zentralbanken der Mitgliedstaaten, für die eine Ausnahmeregelung nach Artikel 139 des genannten Vertrags gilt, behalten ihre währungspolitischen Befugnisse nach innerstaatlichem Recht.

42.3. In den Artikeln 3, 11.2 und 19 bezeichnet der Ausdruck „Mitgliedstaaten" gemäß Artikel 139 des genannten Vertrags die „Mitgliedstaaten, deren Währung der Euro ist".

42.4. In den Artikeln 9.2, 10.2, 10.3, 12.1, 16, 17, 18, 22, 23, 27, 30, 31, 32, 33.2 und 49 dieser Satzung ist der Ausdruck „nationale Zentralbanken" im Sinne von „Zentralbanken der Mitgliedstaaten, deren Währung der Euro ist" zu verstehen.

42.5. In den Artikeln 10.3 und 33.1 bezeichnet der Ausdruck „Anteilseigner" die „Zentralbanken der Mitgliedstaaten, deren Währung der Euro ist".

42.6. In den Artikeln 10.3 und 30.2 ist der Ausdruck „gezeichnetes Kapital der EZB" im Sinne von „Kapital der EZB, das von den Zentralbanken der Mitgliedstaaten gezeichnet wurde, deren Währung der Euro ist" zu verstehen.

Artikel 43 (ex-Artikel 44)
Vorübergehende Aufgaben der EZB

Die EZB übernimmt die in Artikel 141 Absatz 2 des Vertrags über die Arbeitsweise der Europäischen Union genannten früheren Aufgaben des EWI, die infolge der für einen oder mehrere Mitgliedstaaten geltenden Ausnahmeregelungen nach der Einführung des Euro noch erfüllt werden müssen.

Bei der Vorbereitung der Aufhebung der Ausnahmeregelungen nach Artikel 140 des genannten Vertrags nimmt die EZB eine beratende Funktion wahr.

Artikel 44 (ex-Artikel 45)
Der Erweiterte Rat der EZB

44.1. Unbeschadet des Artikels 129 Absatz 1 des Vertrags über die Arbeitsweise der Europäischen Union wird der Erweiterte Rat als drittes Beschlussorgan der EZB eingesetzt.

44.2. Der Erweiterte Rat besteht aus dem Präsidenten und dem Vizepräsidenten der EZB sowie den Präsidenten der nationalen Zentralbanken. Die weiteren Mitglieder des Direktoriums können an den Sitzungen des Erweiterten Rates teilnehmen, besitzen aber kein Stimmrecht.

44.3. Die Verantwortlichkeiten des Erweiterten Rates sind in Artikel 46 dieser Satzung vollständig aufgeführt.

Artikel 45 (ex-Artikel 46)
Geschäftsordnung des Erweiterten Rates

45.1. Der Präsident oder bei seiner Verhinderung der Vizepräsident der EZB führt den Vorsitz im Erweiterten Rat der EZB.

45.2. Der Präsident des Rates und ein Mitglied der Kommission können an den Sitzungen des Erweiterten Rates teilnehmen, besitzen aber kein Stimmrecht.

45.3. Der Präsident bereitet die Sitzungen des Erweiterten Rates vor.

45.4. Abweichend von Artikel 12.3 gibt sich der Erweiterte Rat eine Geschäftsordnung.

45.5. Das Sekretariat des Erweiterten Rates wird von der EZB gestellt.

Artikel 46 (ex-Artikel 47)
Verantwortlichkeiten des Erweiterten Rates

46.1. Der Erweiterte Rat

- nimmt die in Artikel 43 aufgeführten Aufgaben wahr,
- wirkt bei der Erfüllung der Beratungsfunktionen nach den Artikeln 4 und 25.1 mit.

46.2. Der Erweiterte Rat wirkt auch mit bei

- der Erhebung der statistischen Daten im Sinne von Artikel 5;
- den Berichtstätigkeiten der EZB im Sinne von Artikel 15;
- der Festlegung der erforderlichen Regeln für die Anwendung von Artikel 26 gemäß Artikel 26.4;
- allen sonstigen erforderlichen Maßnahmen zur Anwendung von Artikel 29 gemäß Artikel 29.4;
- der Festlegung der Beschäftigungsbedingungen für das Personal der EZB gemäß Artikel 36.

46.3. Der Erweiterte Rat trägt zu den Vorarbeiten bei, die erforderlich sind, um für die Währungen der Mitgliedstaaten, für die eine Ausnahmeregelung gilt, die Wechselkurse gegenüber dem Euro gemäß Artikel 140 Absatz 3 des Vertrags über die Arbeitsweise der Europäischen Union unwiderruflich festzulegen.

46.4. Der Erweiterte Rat wird vom Präsidenten der EZB über die Beschlüsse des EZB-Rates unterrichtet.

Artikel 47 (ex-Artikel 48)
Übergangsbestimmungen für das Kapital der EZB

Nach Artikel 29.1 wird jeder nationalen Zentralbank ein Gewichtsanteil in dem Schlüssel für die Zeichnung des Kapitals der EZB zugeteilt. Abweichend von Artikel 28.3 zahlen Zentralbanken von Mitgliedstaaten, für die eine Ausnahmeregelung gilt, das von ihnen gezeichnete Kapital nicht ein, es sei denn, dass der Erweiterte Rat mit der Mehrheit von mindestens zwei Dritteln des gezeichneten Kapitals der EZB und zumindest der Hälfte der Anteilseigner beschließt, dass als Beitrag zu den Betriebskosten der EZB ein Mindestprozentsatz eingezahlt werden muss.

Artikel 48 (ex-Artikel 49)
Zurückgestellte Einzahlung von Kapital, Reserven und Rückstellungen der EZB

48.1. Die Zentralbank eines Mitgliedstaats, dessen Ausnahmeregelung aufgehoben wurde, zahlt den von ihr gezeichneten Anteil am Kapital der EZB im selben Verhältnis wie die Zentralbanken von anderen Mitgliedstaaten ein, deren Währung der Euro ist, und überträgt der EZB Währungsreserven gemäß Artikel 30.1. Die Höhe der Übertragungen bestimmt sich durch Multiplikation des in Euro zum jeweiligen Wechselkurs ausgedrückten Wertes der Währungsreserven, die der EZB schon gemäß Artikel 30.1 übertragen wurden, mit dem Faktor, der das Verhältnis zwischen der Anzahl der von der betreffenden nationalen Zentralbank gezeichneten Anteile und der Anzahl der von den anderen nationalen Zentralbanken bereits eingezahlten Anteile ausdrückt.

48.2. Zusätzlich zu der Einzahlung nach Artikel 48.1 leistet die betreffende Zentralbank einen Beitrag zu den Reserven der EZB und zu den diesen Reserven gleichwertigen Rückstellungen sowie zu dem Betrag, der gemäß dem Saldo der Gewinn-und-Verlust-Rechnung zum 31. Dezember des Jahres vor der Aufhebung der Ausnahmeregelung noch für die Reserven und Rückstellungen bereitzustellen ist. Die Höhe des zu leistenden Beitrags bestimmt sich durch Multiplikation des in der genehmigten Bilanz der EZB ausgewiesenen Betrags der Reserven im Sinne der obigen Definition mit dem Faktor, der das Verhältnis zwischen der Anzahl der von der betreffenden Zentralbank gezeichneten Anteile und der Anzahl der von den anderen Zentralbanken bereits eingezahlten Anteile ausdrückt.

48.3. Wenn ein Land oder mehrere Länder Mitgliedstaaten werden und ihre jeweiligen nationalen Zentralbanken sich dem ESZB anschließen, erhöht sich automatisch das gezeichnete Kapital der EZB und der Höchstbetrag der Währungsreserven, die der EZB übertragen werden können. Die Erhöhung bestimmt sich durch Multiplikation der dann jeweils geltenden Beträge mit dem Faktor, der das Verhältnis zwischen dem Gewichtsanteil der betreffenden beitretenden nationalen Zentralbanken und dem Gewichtsanteil der nationalen Zentralbanken, die bereits Mitglied des ESZB sind, im Rahmen des erweiterten Schlüssels für die Zeichnung des Kapitals ausdrückt. Der Gewichtsanteil jeder nationalen Zentralbank am Schlüssel für die Zeichnung des Kapitals wird analog zu Artikel 29.1 und nach Maßgabe des Artikels 29.2 berechnet. Die Bezugszeiträume für die statistischen Daten entsprechen denjenigen, die für die letzte der alle fünf Jahre vorzunehmenden Anpassungen der Gewichtsanteile nach Artikel 29.3 herangezogen wurden.

Artikel 49 (ex-Artikel 52)
Umtausch von auf Währungen der Mitgliedstaaten lautenden Banknoten

Im Anschluss an die unwiderrufliche Festlegung der Wechselkurse nach Artikel 140 Absatz 3 des Vertrags über die Arbeitsweise der Europäischen Union ergreift der EZB-Rat die erforderlichen Maßnahmen, um sicherzustellen, dass Banknoten, die auf Währungen mit unwiderruflich festgelegten Wechselkursen lauten, von den nationalen Zentralbanken zu ihrer jeweiligen Parität umgetauscht werden.

Artikel 50 (ex-Artikel 53)
Anwendbarkeit der Übergangsbestimmungen

Sofern und solange es Mitgliedstaaten gibt, für die eine Ausnahmeregelung gilt, sind die Artikel 42 bis 47 anwendbar.

PROTOKOLL (Nr. 5)
ÜBER DIE SATZUNG DER EUROPÄISCHEN INVESTITIONSBANK

DIE HOHEN VERTRAGSPARTEIEN,

IN DEM WUNSCH, die in Artikel 308 des Vertrags über die Arbeitsweise der Europäischen Union vorgesehene Satzung der Europäischen Investitionsbank festzulegen,

SIND über folgende Bestimmungen ÜBEREINGEKOMMEN, die dem Vertrag über die Europäische Union und dem Vertrag über die Arbeitsweise der Europäischen Union beigefügt sind:

Artikel 1

Die durch Artikel 308 des Vertrags über die Arbeitsweise der Europäischen Union gegründete Europäische Investitionsbank, im Folgenden als

„Bank" bezeichnet, wird entsprechend diesen Verträgen und dieser Satzung errichtet; sie übt ihre Aufgaben und ihre Tätigkeit nach Maßgabe dieser Übereinkünfte aus.

Artikel 2

Die Aufgabe der Bank ist in Artikel 309 des Vertrags über die Arbeitsweise der Europäischen Union bestimmt.

Artikel 3

Nach Artikel 308 des Vertrags über die Arbeitsweise der Europäischen Union sind Mitglieder der Bank die Mitgliedstaaten.

Artikel 4

(1) Die Bank wird mit einem Kapital von 248 795 606 881 EUR ausgestattet, das von den Mitgliedstaaten in folgender Höhe gezeichnet wird:

Deutschland	46 722 369 149
Frankreich	46 722 369 149
Italien	46 722 369 149
Spanien	28 033 421 847
Belgien	12 951 115 777
Niederlande	12 951 115 777
Schweden	8 591 781 713
Dänemark	6 557 521 657
Österreich	6 428 994 386
Polen *(ABl 2019 L 196, 1)*	11 366 679 827
Finnland	3 693 702 498
Griechenland	3 512 961 713
Portugal	2 263 904 037
Tschechien	2 206 922 328
Ungarn	2 087 849 195
Irland	1 639 379 073
Rumänien *(ABl 2019 L 196, 1)*	1 639 379 073
Kroatien	1 062 312 542
Slowakei	751 236 149
Slowenien	697 455 090
Bulgarien	510 041 217
Litauen	437 633 208
Luxemburg	327 878 318
Zypern	321 508 011
Lettland	267 076 094
Estland	206 248 240
Malta	122 381 664

(ABl 2019 L 110, 39)

Die Mitgliedstaaten haften nur bis zur Höhe ihres Anteils am gezeichneten und nicht eingezahlten Kapital.
(ABl 2017 C 59, 1; ABl 2019 L 110, 36; ABl 2019 L 196, 1)

(2) Bei Aufnahme eines neuen Mitglieds erhöht sich das gezeichnete Kapital entsprechend dem Beitrag des neuen Mitglieds.

(3) Der Rat der Gouverneure kann einstimmig über eine Erhöhung des gezeichneten Kapitals entscheiden.

(4) Der Anteil am gezeichneten Kapital kann weder abgetreten noch verpfändet noch gepfändet werden.

Artikel 5

(1) Das gezeichnete Kapital wird von den Mitgliedstaaten in Höhe von durchschnittlich 8,919255272 % der in Artikel 4 Absatz 1 festgesetzten Beträge eingezahlt. *(ABl 2017 C 59, 1)*

(2) Im Falle einer Erhöhung des gezeichneten Kapitals setzt der Rat der Gouverneure einstimmig den einzuzahlenden Hundertsatz sowie die Art und Weise der Einzahlung fest. Barzahlungen werden ausschließlich in Euro geleistet.

(3) Der Verwaltungsrat kann die Zahlung des restlichen gezeichneten Kapitals verlangen, soweit dies erforderlich wird, um den Verpflichtungen der Bank nachzukommen.
Die Zahlung erfolgt im Verhältnis zu den Anteilen der Mitgliedstaaten am gezeichneten Kapital.

Artikel 6

(ex-Artikel 8)

Die Bank wird von einem Rat der Gouverneure, einem Verwaltungsrat und einem Direktorium verwaltet und geleitet.

Artikel 7

(ex-Artikel 9)

(1) Der Rat der Gouverneure besteht aus den von den Mitgliedstaaten benannten Ministern.

(2) Er erlässt die allgemeinen Richtlinien für die Kreditpolitik der Bank nach den Zielen der Union. Er achtet auf die Durchführung dieser Richtlinien.

(3) Er hat ferner folgende Befugnisse:

a) Er entscheidet über die Erhöhung des gezeichneten Kapitals gemäß Artikel 4 Absatz 3 und Artikel 5 Absatz 2;

b) für die Zwecke des Artikels 9 Absatz 1 legt er die Grundsätze fest, die für die Finanzgeschäfte im Rahmen der Aufgaben der Bank gelten;

c) er übt die in den Artikeln 9 und 11 für die Ernennung und Amtsenthebung der Mitglieder des Verwaltungsrats und des Direktoriums sowie die in Artikel 11 Absatz 1 Unterabsatz 2 vorgesehenen Befugnisse aus;

d) er entscheidet nach Artikel 16 Absatz 1 über die Gewährung von Finanzierungen für Investitionsvorhaben, die ganz oder teilweise außerhalb der Hoheitsgebiete der Mitgliedstaaten durchgeführt werden sollen;

e) er genehmigt den vom Verwaltungsrat ausgearbeiteten Jahresbericht;

f) er genehmigt die Jahresbilanz und die Ertragsrechnung;

g) er nimmt die sonstigen Befugnisse und Obliegenheiten wahr, die ihm in dieser Satzung übertragen werden;

h) er genehmigt mit qualifizierter Mehrheit die Geschäftsordnung der Bank. *(ABl 2019 L 110, 36)*

(4) Der Rat der Gouverneure ist im Rahmen der Verträge und dieser Satzung befugt, einstimmig alle Entscheidungen über die Einstellung der Tätigkeit der Bank und ihre etwaige Liquidation zu treffen.

Artikel 8

(ex-Artikel 10)

Soweit in dieser Satzung nichts Gegenteiliges bestimmt ist, werden die Entscheidungen des Rates der Gouverneure mit der Mehrheit seiner Mitglieder gefasst. Diese Mehrheit muss mindestens 50 v. H. des gezeichneten Kapitals vertreten.

Für die qualifizierte Mehrheit sind 18 Stimmen und 68 Prozent des gezeichneten Kapitals erforderlich.

Die Stimmenthaltung von anwesenden oder vertretenen Mitgliedern steht dem Zustandekommen von Entscheidungen, für die Einstimmigkeit erforderlich ist, nicht entgegen.

Artikel 9

(ex-Artikel 11)

(1) Der Verwaltungsrat entscheidet über die Gewährung von Finanzierungen, insbesondere in Form von Darlehen und Bürgschaften, und die Aufnahme von Anleihen; er setzt die Darlehenszinssätze und Provisionen sowie sonstige Gebühren fest. Er kann auf der Grundlage eines mit qualifizierter Mehrheit erlassenen Beschlusses dem Direktorium einige seiner Befugnisse übertragen. Er legt die Bedingungen und Einzelheiten für die Übertragung dieser Befugnisse fest und überwacht deren Ausübung.

Der Verwaltungsrat sorgt für die ordnungsmäßige Verwaltung der Bank; er gewährleistet, dass die Führung der Geschäfte der Bank mit den Verträgen und der Satzung und den allgemeinen Richtlinien des Rates der Gouverneure im Einklang steht.

Am Ende des Geschäftsjahres hat er dem Rat der Gouverneure einen Bericht vorzulegen und ihn, nachdem er genehmigt ist, zu veröffentlichen.

Er entscheidet mit qualifizierter Mehrheit den operativen Gesamtplan der Bank.
(ABl 2019 L 110, 36)

(2) Der Verwaltungsrat besteht aus 28 ordentlichen und aus 31 stellvertretenden Mitgliedern, die gemäß diesem Absatz benannt werden. *(ABl 2019 L 110, 36)*

Die ordentlichen Mitglieder werden für fünf Jahre vom Rat der Gouverneure bestellt, wobei die einzelnen Mitgliedstaaten und die Kommission jeweils ein ordentliches Mitglied benennen.

Die stellvertretenden Mitglieder werden für fünf Jahre vom Rat der Gouverneure wie folgt bestellt:

- zwei stellvertretende Mitglieder, die von der Bundesrepublik Deutschland benannt werden; *(ABl 2019 L 196, 1)*
- zwei stellvertretende Mitglieder, die von der Französischen Republik benannt werden; *(ABl 2019 L 196, 1)*
- zwei stellvertretende Mitglieder, die von der Italienischen Republik benannt werden; *(ABl 2019 L 196, 1)*
- zwei stellvertretende Mitglieder, die vom Königreich Spanien und von der Portugiesischen Republik im gegenseitigen Einvernehmen benannt werden; *(ABl 2019 L 196, 1)*
- drei stellvertretende Mitglieder, die vom Königreich Belgien, vom Großherzogtum Luxemburg und vom Königreich der Niederlande im gegenseitigen Einvernehmen benannt werden; *(ABl 2019 L 196, 1)*
- drei stellvertretende Mitglieder, die von der Republik Kroatien, Ungarn und der Republik Polen im gegenseitigen Einvernehmen benannt werden; *(ABl 2019 L 196, 1)*
- vier stellvertretende Mitglieder, die vom Königreich Dänemark, von der Hellenischen Republik, von Irland und von Rumänien im gegenseitigen Einvernehmen benannt werden; *(ABl 2019 L 196, 1)*
- sechs stellvertretende Mitglieder, die von der Republik Estland, der Republik Lettland, der Republik Litauen, der Republik Österreich, der Republik Finnland und dem Königreich Schweden im gegenseitigen Einvernehmen benannt werden; *(ABl 2019 L 196, 1)*

- sechs stellvertretende Mitglieder, die von der Republik Bulgarien, der Tschechischen Republik, der Republik Zypern, der Republik Malta, der Republik Slowenien und der Slowakischen Republik im gegenseitigen Einvernehmen benannt werden; *(ABl 2019 L 196, 1)*
- ein stellvertretendes Mitglied, das von der Kommission benannt wird. *(ABl 2019 L 196, 1)*

Der Verwaltungsrat kooptiert sechs Sachverständige ohne Stimmrecht: drei ordentliche und drei stellvertretende Sachverständige.

Die Wiederbestellung der ordentlichen Mitglieder und der stellvertretenden Mitglieder ist zulässig.

Die Einzelheiten für die Teilnahme an den Sitzungen des Verwaltungsrats und die für die stellvertretenden Mitglieder und die kooptierten Sachverständigen geltenden Bestimmungen werden in der Geschäftsordnung festgelegt.

Bei den Sitzungen des Verwaltungsrats führt der Präsident des Direktoriums oder bei seiner Verhinderung ein Vizepräsident den Vorsitz; der Vorsitzende nimmt an Abstimmungen nicht teil.

Zu Mitgliedern des Verwaltungsrats werden Persönlichkeiten bestellt, die jede Gewähr für Unabhängigkeit und Befähigung bieten. Sie sind nur der Bank verantwortlich.
(ABl 2019 L 196, 1)

(3) Ein ordentliches Mitglied kann nur dann seines Amtes enthoben werden, wenn es die für die Wahrnehmung seiner Aufgaben erforderlichen Voraussetzungen nicht mehr erfüllt; in diesem Falle kann der Rat der Gouverneure mit qualifizierter Mehrheit seine Amtsenthebung verfügen.

Wird ein Jahresbericht nicht genehmigt, so hat dies den Rücktritt des Verwaltungsrats zur Folge.

(4) Sitze, die durch Todesfall, freiwilligen Rücktritt, Amtsenthebung oder Gesamtrücktritt frei werden, sind nach Maßgabe des Absatzes 2 neu zu besetzen. Außer den allgemeinen Neubestellungen sind frei werdende Sitze für die verbleibende Amtszeit neu zu besetzen.

(5) Der Rat der Gouverneure bestimmt die Vergütung der Mitglieder des Verwaltungsrats. Er stellt fest, welche Tätigkeiten mit dem Amt eines ordentlichen oder stellvertretenden Mitglieds unvereinbar sind.

Artikel 10

(ex-Artikel 12)

(1) Jedes ordentliche Mitglied verfügt im Verwaltungsrat über eine Stimme. Es kann sein Stimmrecht ohne Einschränkung gemäß den in der Geschäftsordnung der Bank festzulegenden Regeln übertragen.

(2) Soweit in dieser Satzung nicht etwas Gegenteiliges bestimmt ist, werden die Entscheidungen des Verwaltungsrats von mindestens einem Drittel seiner stimmberechtigten Mitglieder, die mindestens 50 % des gezeichneten Kapitals repräsentieren, getroffen. Für die qualifizierte Mehrheit sind 18 Stimmen und 68 % des gezeichneten Kapitals erforderlich. In der Geschäftsordnung der Bank wird festgelegt, wann der Verwaltungsrat beschlussfähig ist.

Artikel 11

(ex-Artikel 13)

(1) Das Direktorium besteht aus einem Präsidenten und acht Vizepräsidenten, die mit qualifizierter Mehrheit vom Rat der Gouverneure auf Vorschlag des Verwaltungsrats, der mit qualifizierter Mehrheit gefasst wird, für sechs Jahre bestellt werden.

Der Rat der Gouverneure kann einstimmig die Zahl der Mitglieder des Direktoriums ändern.
(ABl 2019 L 110, 36)

(2) Der Rat der Gouverneure kann mit qualifizierter Mehrheit auf Vorschlag des Verwaltungsrats, der mit qualifizierter Mehrheit beschließt, die Amtsenthebung der Mitglieder des Direktoriums anordnen.

(3) Das Direktorium nimmt unter der Aufsicht des Präsidenten und der Kontrolle des Verwaltungsrats die laufenden Geschäfte der Bank wahr.

Es bereitet die Entscheidungen des Verwaltungsrats vor, insbesondere hinsichtlich der Aufnahme von Anleihen sowie der Gewährung von Finanzierungen, insbesondere in Form von Darlehen und Bürgschaften; es sorgt für die Durchführung dieser Entscheidungen.

(4) Die Stellungnahmen des Direktoriums zu Vorschlägen für die Aufnahme von Anleihen und die Gewährung von Finanzierungen, insbesondere in Form von Darlehen und Bürgschaften, werden mit Mehrheit beschlossen.

(5) Der Rat der Gouverneure setzt die Vergütung der Mitglieder des Direktoriums fest und bestimmt, welche Tätigkeiten mit ihrem Amt unvereinbar sind.

(6) Die Bank wird gerichtlich und außergerichtlich vom Präsidenten oder bei seiner Verhinderung von einem Vizepräsidenten vertreten.

(7) Der Präsident ist der Vorgesetzte der Mitglieder des Personals der Bank. Er stellt sie ein und entlässt sie. Bei der Auswahl des Personals ist nicht nur die persönliche Eignung und die berufliche Befähigung zu berücksichtigen, sondern auch auf eine angemessene Beteiligung von Staatsangehörigen der einzelnen Mitgliedstaaten zu achten. In der Geschäftsordnung wird festge-

legt, welches Gremium für den Erlass von Bestimmungen für das Personal zuständig ist.

(8) Das Direktorium und das Personal der Bank sind nur dieser verantwortlich und üben ihre Ämter unabhängig aus.

Artikel 12

(ex-Artikel 14)

(1) Ein Ausschuss, der aus sechs vom Rat der Gouverneure aufgrund ihrer Befähigung ernannten Mitgliedern besteht, prüft, ob die Tätigkeit der Bank mit den bewährtesten Praktiken im Bankwesen im Einklang steht, und ist für die Rechnungsprüfung der Bank verantwortlich.

(2) Der Ausschuss nach Absatz 1 prüft jährlich die Ordnungsmäßigkeit der Geschäfte und der Bücher der Bank. Zu diesem Zweck überprüft er, ob die Geschäfte der Bank unter Einhaltung der in dieser Satzung und der Geschäftsordnung vorgesehenen Formvorschriften und Verfahren durchgeführt worden sind.

(3) Der Ausschuss nach Absatz 1 stellt fest, ob die Finanzausweise sowie sämtliche Finanzinformationen, die in dem vom Verwaltungsrat erstellten Jahresabschluss enthalten sind, ein exaktes Bild der Finanzlage der Bank auf der Aktiv- und Passivseite sowie ihres Geschäftsergebnisses und der Zahlungsströme für das geprüfte Rechnungsjahr wiedergeben.

(4) In der Geschäftsordnung wird im Einzelnen festgelegt, welche Qualifikationen die Mitglieder des Ausschusses nach Absatz 1 besitzen müssen und nach welchen Bedingungen und Einzelheiten der Ausschuss seine Tätigkeit ausübt.

Artikel 13

(ex-Artikel 15)

Die Bank verkehrt mit jedem Mitgliedstaat über die von diesem bezeichnete Behörde. Bei der Durchführung ihrer Finanzgeschäfte nimmt sie die nationale Zentralbank des betreffenden Mitgliedstaats oder andere von diesem genehmigte Finanzinstitute in Anspruch.

Artikel 14

(ex-Artikel 16)

(1) Die Bank arbeitet mit allen in ähnlichen Bereichen tätigen internationalen Organisationen zusammen.

(2) Die Bank nimmt zu den Bank- und Finanzinstituten der Länder, auf die sie ihre Geschäftstätigkeit erstreckt, alle der Zusammenarbeit dienlichen Beziehungen auf.

Artikel 15

(ex-Artikel 17)

Auf Ersuchen eines Mitgliedstaats oder der Kommission oder von Amts wegen nimmt der Rat der Gouverneure die Auslegung oder Ergänzung seiner nach Artikel 7 dieser Satzung erlassenen Richtlinien gemäß den für ihren Erlass maßgebenden Bestimmungen vor.

Artikel 16

(ex-Artikel 18)

(1) Im Rahmen der ihr in Artikel 309 des Vertrags über die Arbeitsweise der Europäischen Union gestellten Aufgabe gewährt die Bank ihren Mitgliedern oder privaten oder öffentlichen Unternehmen Finanzierungen, insbesondere in Form von Darlehen und Bürgschaften für Investitionen, die in den Hoheitsgebieten der Mitgliedstaaten zu tätigen sind, soweit Mittel aus anderen Quellen zu angemessenen Bedingungen nicht zur Verfügung stehen.

Die Bank kann auf Vorschlag des Verwaltungsrats durch eine vom Rat der Gouverneure mit qualifizierter Mehrheit gefasste Entscheidung auch Finanzierungen für Investitionen gewähren, die ganz oder teilweise außerhalb der Hoheitsgebiete der Mitgliedstaaten getätigt werden sollen.

(2) Die Gewährung von Darlehen wird so weit wie möglich von dem Einsatz auch anderer Finanzierungsmittel abhängig gemacht.

(3) Wird einem Unternehmen oder einer Körperschaft – mit Ausnahme der Mitgliedstaaten – ein Darlehen gewährt, so macht die Bank dies entweder von einer Bürgschaft des Mitgliedstaats, in dessen Hoheitsgebiet die Investition getätigt wird, oder von anderen ausreichenden Bürgschaften oder der finanziellen Solidität des Schuldners abhängig.

Wenn die Durchführung der Vorhaben nach Artikel 309 des Vertrags über die Arbeitsweise der Europäischen Union dies erfordert, legt der Verwaltungsrat außerdem im Rahmen der vom Rat der Gouverneure nach Artikel 7 Absatz 3 Buchstabe b festgelegten Grundsätze mit qualifizierter Mehrheit die Bedingungen und Einzelheiten für alle Finanzierungen fest, die ein spezielles Risikoprofil aufweisen und daher als eine Sondertätigkeit betrachtet werden.

(4) Die Bank kann Bürgschaften für Anleihen übernehmen, die von öffentlichen oder privaten Unternehmen oder von Körperschaften für die Durchführung der in Artikel 309 des Vertrags über die Arbeitsweise der Europäischen Union bezeichneten Vorhaben aufgenommen werden.

(5) Die jeweils ausstehenden Darlehen und Bürgschaften der Bank dürfen insgesamt 250

Prozent des gezeichneten Kapitals, der Rücklagen, der nicht zugeteilten Provisionen und des Überschusses der Gewinn- und Verlustrechnung nicht überschreiten. Der kumulierte Betrag der betreffenden Positionen wird unter Abzug einer Summe, die dem für jede Beteiligung der Bank gezeichneten – ausgezahlten oder noch nicht ausgezahlten – Betrag entspricht, berechnet.

Der im Rahmen der Beteiligungen der Bank ausgezahlte Betrag darf zu keinem Zeitpunkt die Gesamtsumme des eingezahlten Teils ihres Kapitals, ihrer Rücklagen, der nicht zugeteilten Provisionen und des Überschusses der Gewinn- und Verlustrechnung überschreiten.

Für die Sondertätigkeiten der Bank, die vom Rat der Gouverneure und vom Verwaltungsrat nach Absatz 3 entschieden werden, ist ausnahmsweise eine besondere Einstellung in die Rücklagen vorzusehen.

Dieser Absatz findet ebenfalls Anwendung auf den konsolidierten Abschluss der Bank.

(6) Die Bank sichert sich gegen das Wechselrisiko, indem sie die Darlehens- und Bürgschaftsverträge mit den ihres Erachtens geeigneten Klauseln versieht.

Artikel 17

(ex-Artikel 19)

(1) Die Darlehenszinssätze, Provisionen und sonstigen Gebühren der Bank werden den jeweiligen Bedingungen des Kapitalmarkts angepasst und so bemessen, dass die Bank aus den Erträgen ihre Verpflichtungen erfüllen, ihre Kosten und ihre Risiken decken und gemäß Artikel 22 einen Reservefonds bilden kann.

(2) Die Bank gewährt keine Zinsermäßigungen. Lässt die Eigenart der zu finanzierenden Investition eine Zinsermäßigung angezeigt erscheinen, so kann der betreffende Mitgliedstaat oder eine dritte Stelle Zinsvergütungen gewähren, soweit die Gewährung mit Artikel 107 des Vertrags über die Arbeitsweise der Europäischen Union vereinbar ist.

Artikel 18

(ex-Artikel 20)

Bei ihren Finanzierungsgeschäften beachtet die Bank folgende Grundsätze:

1. Sie achtet auf die wirtschaftlich zweckmäßigste Verwendung ihrer Mittel im Interesse der Union.

Sie darf nur dann Darlehen gewähren oder Bürgschaft leisten,

a) wenn der Zinsen- und Tilgungsdienst bei Investitionen von Produktionsunternehmen aus deren Erträgen und bei sonstigen Investitionen durch eine entsprechende Verpflichtung des Staates, in dem die Investition getätigt wird, oder auf andere Weise sichergestellt ist und

b) wenn die Investition zu einer Steigerung der volkswirtschaftlichen Produktivität im Allgemeinen beiträgt und die Verwirklichung des Binnenmarkts fördert.

2. Sie darf weder Beteiligungen an Unternehmen erwerben noch Verantwortung bei deren Geschäftsführung übernehmen, es sei denn, dass dies für die Wahrnehmung ihrer Rechte erforderlich ist, um die Rückzahlung der von ihr ausgeliehenen Mittel zu sichern.

Wenn die Durchführung der Vorhaben nach Artikel 309 des Vertrags über die Arbeitsweise der Europäischen Union dies erfordert, legt der Verwaltungsrat jedoch im Rahmen der vom Rat der Gouverneure nach Artikel 7 Absatz 3 Buchstabe b festgelegten Grundsätze mit qualifizierter Mehrheit die Bedingungen und Einzelheiten für eine Beteiligung am Kapital eines Handelsunternehmens – in der Regel als Ergänzung eines Darlehens oder einer Bürgschaft – fest, soweit dies für die Finanzierung einer Investition oder eines Programms erforderlich ist.

3. Sie kann ihre Forderungen auf dem Kapitalmarkt abtreten und von ihren Darlehensnehmern die Ausgabe von Schuldverschreibungen oder anderen Wertpapieren verlangen.

4. Weder die Bank noch die Mitgliedstaaten dürfen Bedingungen vorschreiben, nach denen Beträge aus ihren Darlehen in einem bestimmten Mitgliedstaat ausgegeben werden müssen.

5. Sie kann die Gewährung von Darlehen davon abhängig machen, dass internationale Ausschreibungen stattfinden.

6. Sie darf eine Investition weder finanzieren noch zu ihrer Finanzierung beitragen, wenn der Mitgliedstaat, in dessen Hoheitsgebiet sie getätigt werden soll, Einspruch erhebt.

7. Ergänzend zu ihren Darlehenstätigkeiten kann die Bank unter den vom Rat der Gouverneure mit qualifizierter Mehrheit festgelegten Bedingungen und Einzelheiten und unter Einhaltung dieser Satzung technische Unterstützungsdienste bereitstellen.

Artikel 19

(ex-Artikel 21)

(1) Jedes Unternehmen oder jede öffentlich- oder privatrechtliche Körperschaft kann bei der Bank direkt einen Finanzierungsantrag einreichen. Dies kann auch entweder über die Kommission oder über denjenigen Mitgliedstaat geschehen, in dessen Hoheitsgebiet die Investition getätigt wird.

(2) Werden der Bank Anträge über die Kommission zugeleitet, so sind sie dem Mitgliedstaat, in dessen Hoheitsgebiet die Investition getätigt wird, zur Stellungnahme vorzulegen. Werden sie der Bank über einen Staat zugeleitet, so sind sie der Kommission zur Stellungnahme vorzulegen. Werden sie von einem Unternehmen unmittelbar eingereicht, so sind sie dem betreffenden Mitgliedstaat und der Kommission vorzulegen.

Die betreffenden Mitgliedstaaten und die Kommission haben eine Frist von zwei Monaten zur Abgabe ihrer Stellungnahme. Ist diese Frist verstrichen, so kann die Bank das betreffende Vorhaben als genehmigt betrachten.

(3) Der Verwaltungsrat beschließt über die ihm vom Direktorium vorgelegten Finanzierungsgeschäfte.

(4) Das Direktorium prüft, ob die ihm vorgelegten Finanzierungsgeschäfte dieser Satzung, insbesondere der Artikel 16 und 18, entsprechen. Spricht sich das Direktorium für die Gewährung der Finanzierung aus, so legt es den entsprechenden Vorschlag dem Verwaltungsrat vor; es kann seine positive Stellungnahme von Voraussetzungen abhängig machen, die es als wesentlich erachtet. Spricht sich das Direktorium gegen die Gewährung der Finanzierung aus, so unterbreitet es die Unterlagen mit seiner Stellungnahme dem Verwaltungsrat.

(5) Bei einer negativen Stellungnahme des Direktoriums kann der Verwaltungsrat die Finanzierung nur einstimmig gewähren.

(6) Bei einer negativen Stellungnahme der Kommission kann der Verwaltungsrat die Finanzierung nur einstimmig gewähren; bei dieser Abstimmung enthält sich das von der Kommission benannte Mitglied des Verwaltungsrats der Stimme.

(7) Bei einer negativen Stellungnahme des Direktoriums und der Kommission darf der Verwaltungsrat die Finanzierung nicht gewähren.

(8) Ist eine Umstrukturierung eines mit genehmigten Investitionen im Zusammenhang stehenden Finanzierungsgeschäfts zum Schutz der Rechte und Interessen der Bank gerechtfertigt, so ergreift das Direktorium unverzüglich die Dringlichkeitsmaßnahmen, die es für erforderlich hält, wobei es dem Verwaltungsrat unverzüglich Bericht zu erstatten hat.

Artikel 20

(ex-Artikel 22)

(1) Die Bank nimmt die zur Durchführung ihrer Aufgaben erforderlichen Anleihen auf den Kapitalmärkten auf.

(2) Die Bank kann auf den Kapitalmärkten der Mitgliedstaaten Anleihen nach den dort geltenden Rechtsvorschriften aufnehmen.

Die zuständigen Stellen eines Mitgliedstaats, für den eine Ausnahmeregelung nach Artikel 139 Absatz 1 des Vertrags über die Arbeitsweise der Europäischen Union gilt, können dies nur dann ablehnen, wenn auf dem Kapitalmarkt dieses Staates ernstliche Störungen zu befürchten sind.

Artikel 21

(ex-Artikel 23)

(1) Die Bank kann die verfügbaren Mittel, die sie nicht unmittelbar zur Erfüllung ihrer Verpflichtungen benötigt, in folgender Weise verwenden:

a) Sie kann Anlagen auf den Geldmärkten vornehmen;

b) vorbehaltlich des Artikels 18 Absatz 2 kann sie Wertpapiere kaufen oder verkaufen;

c) sie kann alle sonstigen in ihren Aufgabenbereich fallenden Finanzgeschäfte vornehmen.

(2) Unbeschadet des Artikels 23 befasst sich die Bank bei der Handhabung ihrer Anlagen nur mit solchen Devisenarbitragen, die für die Durchführung ihrer Darlehensverträge oder die Erfüllung ihrer Verpflichtungen aus den von ihr aufgenommenen Anleihen oder gewährten Bürgschaften unmittelbar erforderlich sind.

(3) Auf den in diesem Artikel genannten Gebieten handelt die Bank im Einvernehmen mit den zuständigen Behörden oder der nationalen Zentralbank des betreffenden Mitgliedstaats.

Artikel 22

(ex-Artikel 24)

(1) Es wird schrittweise ein Reservefonds bis zum Höchstbetrag von 10 v. H. des gezeichneten Kapitals gebildet. Der Verwaltungsrat kann die Bildung zusätzlicher Rücklagen beschließen, wenn die Verbindlichkeiten der Bank es rechtfertigen. Solange der Reservefonds noch nicht in voller Höhe gebildet ist, sind an ihn abzuführen:

a) die Zinserträge der Darlehen, welche die Bank aus den nach Artikel 5 von den Mitgliedstaaten einzuzahlenden Beträgen gewährt hat,

b) die Zinserträge der Darlehen, welche die Bank aus den Rückzahlungen der unter Buchstabe a bezeichneten Darlehen gewährt hat,

soweit diese Zinserträge nicht zur Erfüllung der Verpflichtungen und zur Deckung der Kosten der Bank benötigt werden.

(2) Die Mittel des Reservefonds sind so anzulegen, dass sie jederzeit entsprechend dem Zweck des Fonds eingesetzt werden können.

Artikel 23

(ex-Artikel 25)

(1) Die Bank ist jederzeit ermächtigt, ihre Guthaben in die Währung eines Mitgliedstaats, dessen Währung nicht der Euro ist, zu transferieren, um die Geschäfte durchzuführen, die der ihr in Artikel 309 des Vertrags über die Arbeitsweise der Europäischen Union und in Artikel 21 dieser Satzung gestellten Aufgabe entsprechen. Besitzt die Bank flüssige oder verfügbare Mittel in der von ihr benötigten Währung, so vermeidet sie, soweit möglich, derartige Transferierungen.

(2) Die Bank kann ihre Guthaben in der Währung eines Mitgliedstaats, dessen Währung nicht der Euro ist, nur mit dessen Zustimmung in die Währung dritter Länder konvertieren.

(3) Die Bank kann über die eingezahlten Kapitalbeträge sowie über die auf dritten Märkten aufgenommenen Devisen frei verfügen.

(4) Die Mitgliedstaaten verpflichten sich, den Schuldnern der Bank die erforderlichen Devisenbeträge zur Rückzahlung von Kapital sowie zur Zahlung von Zinsen für Darlehen und Provisionen für Bürgschaften zur Verfügung zu stellen, welche die Bank für Investitionen im Hoheitsgebiet der Mitgliedstaaten gewährt hat.

Artikel 24

(ex-Artikel 26)

Kommt ein Mitgliedstaat seinen Mitgliedspflichten aus dieser Satzung, insbesondere der Pflicht zur Einzahlung seines Anteils oder zur Bedienung in Anspruch genommener Darlehen nicht nach, so kann die Gewährung von Darlehen oder Bürgschaften an diesen Staat oder seine Angehörigen durch eine mit qualifizierter Mehrheit gefasste Entscheidung des Rates der Gouverneure ausgesetzt werden.

Diese Entscheidung befreit den Mitgliedstaat oder seine Angehörigen nicht von ihren Verpflichtungen gegenüber der Bank.

Artikel 25

(ex-Artikel 27)

(1) Entscheidet der Rat der Gouverneure, dass die Tätigkeit der Bank einzustellen ist, so wird der gesamte Geschäftsbetrieb unverzüglich beendet; ausgenommen sind lediglich Amtshandlungen, die zur ordnungsmäßigen Verwertung, Sicherstellung und Erhaltung der Vermögenswerte sowie zur Regelung der Verbindlichkeiten notwendig sind.

(2) Im Falle der Liquidation bestellt der Rat der Gouverneure die Liquidatoren und erteilt ihnen Weisungen zur Durchführung der Liquidation. Er achtet auf die Wahrung der Rechte der Mitglieder des Personals.

Artikel 26

(ex-Artikel 28)

(1) Die Bank besitzt in jedem Mitgliedstaat die weitestgehende Rechts- und Geschäftsfähigkeit, die juristischen Personen nach dessen Rechtsvorschriften zuerkannt wird; sie kann insbesondere bewegliches und unbewegliches Vermögen erwerben und veräußern sowie vor Gericht stehen.

(2) Das Vermögen der Bank kann in keiner Form beschlagnahmt oder enteignet werden.

Artikel 27

(ex-Artikel 29)

Über Rechtsstreitigkeiten zwischen der Bank einerseits und ihren Gläubigern, Kreditnehmern oder dritten Personen andererseits entscheiden die zuständigen Gerichte der einzelnen Staaten vorbehaltlich der Zuständigkeiten, die dem Gerichtshof der Europäischen Union zuerkannt sind. Die Bank kann in einem Vertrag ein Schiedsverfahren vorsehen.

Die Bank begründet in jedem Mitgliedstaat einen Gerichtsstand der Niederlassung. Sie kann in Verträgen einen besonderen Gerichtsstand bestimmen.

Das Vermögen und die Guthaben der Bank können nur auf gerichtliche Anordnung beschlagnahmt oder der Zwangsvollstreckung unterworfen werden.

Artikel 28

(ex-Artikel 30)

(1) Der Rat der Gouverneure kann einstimmig entscheiden, Tochtergesellschaften oder andere Rechtsträger mit eigener Rechtspersönlichkeit und finanzieller Autonomie zu errichten.

(2) Der Rat der Gouverneure entscheidet einstimmig über die Satzung der Einrichtungen nach Absatz 1. In dieser Satzung werden insbesondere Ziele, Aufbau, Kapital, Mitgliedschaft, Sitz, finanzielle Mittel, Interventionsmöglichkeiten, Prüfungsverfahren sowie die Beziehungen zwischen den Einrichtungen und den Organen der Bank festgelegt.

(3) Die Bank ist berechtigt, sich an der Verwaltung dieser Einrichtungen zu beteiligen und zum gezeichneten Kapital dieser Einrichtungen bis zur

Höhe des vom Rat der Gouverneure einstimmig festgelegten Betrags beizutragen.

(4) Das Protokoll über die Vorrechte und Befreiungen der Europäischen Union gilt für die Einrichtungen nach Absatz 1, soweit sie unter das Unionsrecht fallen, die Mitglieder ihrer Organe in Ausübung ihrer einschlägigen Aufgaben und ihr Personal in dem gleichen Maße und unter denselben Bedingungen wie für die Bank.

Dividenden, Kapitalerträge oder andere Einkommen aus diesen Einrichtungen, auf die die Mitglieder mit Ausnahme der Europäischen Union und der Bank Anspruch haben, unterliegen indessen den einschlägigen Steuerbestimmungen.

(5) Der Gerichtshof der Europäischen Union ist innerhalb der im Folgenden festgelegten Grenzen für Streitfälle zuständig, die Maßnahmen der Organe einer dem Unionsrecht unterliegenden Einrichtung betreffen. Klagen gegen derartige Maßnahmen können von jedem Mitglied einer solchen Einrichtung in dieser Eigenschaft oder von den Mitgliedstaaten nach Artikel 263 des Vertrags über die Arbeitsweise der Europäischen Union erhoben werden.

(6) Der Rat der Gouverneure kann einstimmig entscheiden, dass das Personal von dem Unionsrecht unterliegenden Einrichtungen unter Einhaltung der jeweiligen internen Verfahren Zugang zu gemeinsam mit der Bank geführten Systemen erhält.

PROTOKOLL (Nr. 6)

ÜBER DIE FESTLEGUNG DER SITZE DER ORGANE UND BESTIMMTER EINRICHTUNGEN, SONSTIGER STELLEN UND DIENSTSTELLEN DER EUROPÄISCHEN UNION

DIE VERTRETER DER REGIERUNGEN DER MITGLIEDSTAATEN –

GESTÜTZT auf Artikel 341 des Vertrags über die Arbeitsweise der Europäischen Union, und Artikel 189 des Vertrags zur Gründung der Europäischen Atomgemeinschaft,

EINGEDENK UND IN BESTÄTIGUNG des Beschlusses vom 8. April 1965, jedoch unbeschadet der Beschlüsse über den Sitz künftiger Organe, Einrichtungen, sonstiger Stellen und Dienststellen –

SIND über folgende Bestimmungen ÜBEREINGEKOMMEN, die dem Vertrag über die Europäische Union, dem Vertrag über die Arbeitsweise der Europäischen Union und dem Vertrag zur Gründung der Europäischen Atomgemeinschaft beigefügt sind:

Einziger Artikel

a) Das Europäische Parlament hat seinen Sitz in Straßburg; dort finden die 12 monatlichen Plenartagungen einschließlich der Haushaltstagung statt. Zusätzliche Plenartagungen finden in Brüssel statt. Die Ausschüsse des Europäischen Parlaments treten in Brüssel zusammen. Das Generalsekretariat des Europäischen Parlaments und dessen Dienststellen verbleiben in Luxemburg.

b) Der Rat hat seinen Sitz in Brüssel. In den Monaten April, Juni und Oktober hält der Rat seine Tagungen in Luxemburg ab.

c) Die Kommission hat ihren Sitz in Brüssel. Die in den Artikeln 7, 8 und 9 des Beschlusses vom 8. April 1965 aufgeführten Dienststellen sind in Luxemburg untergebracht.

d) Der Gerichtshof der Europäischen Union hat seinen Sitz in Luxemburg.

e) Der Rechnungshof hat seinen Sitz in Luxemburg.

f) Der Wirtschafts- und Sozialausschuss hat seinen Sitz in Brüssel.

g) Der Ausschuss der Regionen hat seinen Sitz in Brüssel.

h) Die Europäische Investitionsbank hat ihren Sitz in Luxemburg.

i) Die Europäische Zentralbank hat ihren Sitz in Frankfurt.

j) Das Europäische Polizeiamt (Europol) hat seinen Sitz in Den Haag.

PROTOKOLL (Nr. 7)

ÜBER DIE VORRECHTE UND BEFREIUNGEN DER EUROPÄISCHEN

UNION

DIE HOHEN VERTRAGSPARTEIEN,

IN DER ERWÄGUNG, dass die Europäische Union und die Europäische Atomgemeinschaft nach Artikel 343 des Vertrags über die Arbeitsweise der Europäischen Union und Artikel 191 des Vertrags zur Gründung der Europäischen Atomgemeinschaft im Hoheitsgebiet der Mitgliedstaaten die zur Erfüllung ihrer Aufgabe erforderlichen Vorrechte und Befreiungen genießen,

SIND über folgende Bestimmungen ÜBEREINGEKOMMEN, die dem Vertrag über die Europäische Union, dem Vertrag über die Arbeitsweise der Europäischen Union und dem Vertrag zur Gründung der Europäischen Atomgemeinschaft beigefügt sind:

KAPITEL I

VERMÖGENSGEGENSTÄNDE, LIEGENSCHAFTEN, GUTHABEN UND GESCHÄFTE DER EUROPÄISCHEN UNION

Artikel 1

Die Räumlichkeiten und Gebäude der Union sind unverletzlich. Sie dürfen nicht durchsucht, beschlagnahmt, eingezogen oder enteignet werden. Die Vermögensgegenstände und Guthaben der Union dürfen ohne Ermächtigung des Gerichtshofs nicht Gegenstand von Zwangsmaßnahmen der Verwaltungsbehörden oder Gerichte sein.

Artikel 2

Die Archive der Union sind unverletzlich.

Artikel 3

Die Union, ihre Guthaben, Einkünfte und sonstigen Vermögensgegenstände sind von jeder direkten Steuer befreit.

Die Regierungen der Mitgliedstaaten treffen in allen Fällen, in denen es ihnen möglich ist, geeignete Maßnahmen für den Erlass oder die Erstattung des Betrages der indirekten Steuern und Verkaufsabgaben, die in den Preisen für bewegliche oder unbewegliche Güter inbegriffen sind, wenn die Union für ihren Dienstbedarf größere Einkäufe tätigt, bei denen derartige Steuern und Abgaben im Preis enthalten sind. Die Durchführung dieser Maßnahmen darf jedoch den Wettbewerb innerhalb der Union nicht verfälschen.

Von den Abgaben, die lediglich die Vergütung für Leistungen gemeinnütziger Versorgungsbetriebe darstellen, wird keine Befreiung gewährt.

Artikel 4

Die Union ist von allen Zöllen sowie Ein- und Ausfuhrverboten und -beschränkungen bezüglich der zu ihrem Dienstgebrauch bestimmten Gegenstände befreit; die in dieser Weise eingeführten Gegenstände dürfen im Hoheitsgebiet des Staates, in das sie eingeführt worden sind, weder entgeltlich noch unentgeltlich veräußert werden, es sei denn zu Bedingungen, welche die Regierung dieses Staates genehmigt.

Der Union steht ferner für ihre Veröffentlichungen Befreiung von Zöllen sowie Ein- und Ausfuhrverboten und -beschränkungen zu.

KAPITEL II

NACHRICHTENÜBERMITTLUNG UND AUSWEISE

Artikel 5

(ex-Artikel 6)

Den Organen der Union steht für ihre amtliche Nachrichtenübermittlung und die Übermittlung aller ihrer Schriftstücke im Hoheitsgebiet jedes Mitgliedstaats die gleiche Behandlung wie den diplomatischen Vertretungen zu.

Der amtliche Schriftverkehr und die sonstige amtliche Nachrichtenübermittlung der Organe der Union unterliegen nicht der Zensur.

Artikel 6

(ex-Artikel 7)

Die Präsidenten der Organe der Union können den Mitgliedern und Bediensteten dieser Organe Ausweise ausstellen, deren Form vom Rat mit einfacher Mehrheit bestimmt wird und die von den Behörden der Mitgliedstaaten als gültige Reiseausweise anerkannt werden. Diese Ausweise werden den Beamten und sonstigen Bediensteten nach Maßgabe des Statuts der Beamten und der Beschäftigungsbedingungen für die sonstigen Bediensteten der Union ausgestellt.

Die Kommission kann Abkommen zur Anerkennung dieser Ausweise als im Hoheitsgebiet dritter Länder gültige Reiseausweise schließen.

KAPITEL III

MITGLIEDER DES EUROPÄISCHEN PARLAMENTS

Artikel 7

(ex-Artikel 8)

Die Reise der Mitglieder des Europäischen Parlaments zum und vom Tagungsort des Europäischen Parlaments unterliegt keinen verwaltungsmäßigen oder sonstigen Beschränkungen.

Die Mitglieder des Europäischen Parlaments erhalten bei der Zollabfertigung und Devisenkontrolle

a) seitens ihrer eigenen Regierung dieselben Erleichterungen wie hohe Beamte, die sich in offiziellem Auftrag vorübergehend ins Ausland begeben;

b) seitens der Regierungen der anderen Mitgliedstaaten dieselben Erleichterungen wie ausländische Regierungsvertreter mit vorübergehendem offiziellem Auftrag.

Artikel 8

(ex-Artikel 9)

Wegen einer in Ausübung ihres Amtes erfolgten Äußerung oder Abstimmung dürfen Mitglieder des Europäischen Parlaments weder in ein Ermittlungsverfahren verwickelt noch festgenommen oder verfolgt werden.

Artikel 9

(ex-Artikel 10)

Während der Dauer der Sitzungsperiode des Europäischen Parlaments

a) steht seinen Mitgliedern im Hoheitsgebiet ihres eigenen Staates die den Parlamentsmitgliedern zuerkannte Unverletzlichkeit zu,

b) können seine Mitglieder im Hoheitsgebiet jedes anderen Mitgliedstaats weder festgehalten noch gerichtlich verfolgt werden.

Die Unverletzlichkeit besteht auch während der Reise zum und vom Tagungsort des Europäischen Parlaments.

Bei Ergreifung auf frischer Tat kann die Unverletzlichkeit nicht geltend gemacht werden; sie steht auch nicht der Befugnis des Europäischen Parlaments entgegen, die Unverletzlichkeit eines seiner Mitglieder aufzuheben.

KAPITEL IV

VERTRETER DER MITGLIEDSTAATEN, DIE AN DEN ARBEITEN DER ORGANE DER EUROPÄISCHEN UNION TEILNEHMEN

Artikel 10

(ex-Artikel 11)

Den Vertretern der Mitgliedstaaten, die an den Arbeiten der Organe der Union teilnehmen, sowie ihren Beratern und Sachverständigen stehen während der Ausübung ihrer Tätigkeit und auf der Reise zum und vom Tagungsort die üblichen Vorrechte, Befreiungen und Erleichterungen zu.

Dies gilt auch für die Mitglieder der beratenden Organe der Union.

KAPITEL V

BEAMTE UND SONSTIGE BEDIENSTETE DER EUROPÄISCHEN UNION

Artikel 11

(ex-Artikel 12)

Den Beamten und sonstigen Bediensteten der Union stehen im Hoheitsgebiet jedes Mitgliedstaats ohne Rücksicht auf ihre Staatsangehörigkeit folgende Vorrechte und Befreiungen zu:

a) Befreiung von der Gerichtsbarkeit bezüglich der von ihnen in amtlicher Eigenschaft vorgenommenen Handlungen, einschließlich ihrer mündlichen und schriftlichen Äußerungen, jedoch vorbehaltlich der Anwendung der Bestimmungen der Verträge über die Vorschriften betreffend die Haftung der Beamten und sonstigen Bediensteten gegenüber der Union und über die Zuständigkeit des Gerichtshofs der Europäischen Union für Streitsachen zwischen der Union und ihren Beamten sowie sonstigen Bediensteten. Diese Befreiung gilt auch nach Beendigung ihrer Amtstätigkeit;

b) Befreiung von Einwanderungsbeschränkungen und von der Meldepflicht für Ausländer; das Gleiche gilt für ihre Ehegatten und die von ihnen unterhaltenen Familienmitglieder;

c) die den Beamten der internationalen Organisationen üblicherweise gewährten Erleichterungen auf dem Gebiet der Vorschriften des Währungs- und Devisenrechts;

d) das Recht, ihre Wohnungseinrichtung und ihre persönlichen Gebrauchsgegenstände bei Antritt ihres Dienstes in das in Frage stehende Land zollfrei einzuführen und bei Beendigung ihrer Amtstätigkeit in diesem Land ihre Wohnungseinrichtung und ihre persönlichen Gebrauchsgegenstände zollfrei wieder auszuführen, vorbehaltlich der Bedingungen, welche die Regierung des Landes, in dem dieses Recht ausgeübt wird, in dem einen und anderen Fall für erforderlich erachtet;

e) das Recht, das zu ihrem eigenen Gebrauch bestimmte Kraftfahrzeug, sofern es im Land ihres letzten ständigen Aufenthalts oder in dem Land, dem sie angehören, zu den auf dem Binnenmarkt dieses Landes geltenden Bedingungen erworben worden ist, zollfrei einzuführen und es zollfrei wieder auszuführen, vorbehaltlich der Bedingungen, welche die Regierung des in Frage stehenden Landes in dem einen und anderen Fall für erforderlich erachtet.

Artikel 12

(ex-Artikel 13)

Von den Gehältern, Löhnen und anderen Bezügen, welche die Union ihren Beamten und sonstigen Bediensteten zahlt, wird zugunsten der Union eine Steuer gemäß den Bestimmungen und dem Verfahren erhoben, die vom Europäischen Parlament und vom Rat durch Verordnungen gemäß dem ordentlichen Gesetzgebungsverfahren und nach Anhörung der betroffenen Organe festgelegt werden.

Die Beamten und sonstigen Bediensteten sind von innerstaatlichen Steuern auf die von der Union gezahlten Gehälter, Löhne und Bezüge befreit.

Artikel 13

(ex-Artikel 14)

Die Beamten und sonstigen Bediensteten der Union, die sich lediglich zur Ausübung einer Amtstätigkeit im Dienst der Union im Hoheitsgebiet eines anderen Mitgliedstaats als des Staates niederlassen, in dem sie zur Zeit des Dienstantritts bei der Union ihren steuerlichen Wohnsitz haben, werden in den beiden genannten Staaten für die Erhebung der Einkommen-, Vermögen- und Erbschaftsteuer sowie für die Anwendung der zur Vermeidung der Doppelbesteuerung zwischen den Mitgliedstaaten der Union geschlossenen Abkommen so behandelt, als hätten sie ihren früheren Wohnsitz beibehalten, sofern sich dieser in einem Mitgliedstaat der Union befindet. Dies gilt auch für den Ehegatten, soweit dieser keine eigene Berufstätigkeit ausübt, sowie für die Kinder, die unter der Aufsicht der in diesem Artikel bezeichneten Personen stehen und von ihnen unterhalten werden.

Das im Hoheitsgebiet des Aufenthaltsstaats befindliche bewegliche Vermögen der in Absatz 1 bezeichneten Personen ist in diesem Staat von der Erbschaftsteuer befreit; für die Veranlagung dieser Steuer wird es vorbehaltlich der Rechte dritter Länder und der etwaigen Anwendung internationaler Abkommen über die Doppelbesteuerung als in dem Staat des steuerlichen Wohnsitzes befindlich betrachtet.

Ein lediglich zur Ausübung einer Amtstätigkeit im Dienste anderer internationaler Organisationen begründeter Wohnsitz bleibt bei der Anwendung dieses Artikels unberücksichtigt.

Artikel 14

(ex-Artikel 15)

Das Europäische Parlament und der Rat legen durch Verordnungen gemäß dem ordentlichen Gesetzgebungsverfahren nach Anhörung der betroffenen Organe das System der Sozialleistungen für die Beamten und sonstigen Bediensteten der Union fest.

Artikel 15

(ex-Artikel 16)

Das Europäische Parlament und der Rat bestimmen durch Verordnungen gemäß dem ordentlichen Gesetzgebungsverfahren nach Anhörung der anderen betroffenen Organe die Gruppen von Beamten und sonstigen Bediensteten der Union, auf welche Artikel 11, Artikel 12 Absatz 2 und Artikel 13 ganz oder teilweise Anwendung finden.

Namen, Dienstrang und -stellung sowie Anschrift der Beamten und sonstigen Bediensteten dieser Gruppen werden den Regierungen der Mitgliedstaaten in regelmäßigen Zeitabständen mitgeteilt.

KAPITEL VI

VORRECHTE UND BEFREIUNGEN DER VERTRETUNGEN DRITTER LÄNDER, DIE BEI DER EUROPÄISCHEN UNION BEGLAUBIGT SIND

Artikel 16

(ex-Artikel 17)

Der Mitgliedstaat, in dessen Hoheitsgebiet sich der Sitz der Union befindet, gewährt den bei der Union beglaubigten Vertretungen dritter Länder die üblichen diplomatischen Vorrechte und Befreiungen.

KAPITEL VII

ALLGEMEINE BESTIMMUNGEN

Artikel 17

(ex-Artikel 18)

Die Vorrechte, Befreiungen und Erleichterungen werden den Beamten und sonstigen Bediensteten der Union ausschließlich im Interesse der Union gewährt.

Jedes Organ der Union hat die Befreiung eines Beamten oder sonstigen Bediensteten in allen Fällen aufzuheben, in denen dies nach seiner Auffassung den Interessen der Union nicht zuwiderläuft.

Artikel 18

(ex-Artikel 19)

Bei der Anwendung dieses Protokolls handeln die Organe der Union und die verantwortlichen Behörden der beteiligten Mitgliedstaaten im gegenseitigen Einvernehmen.

Artikel 19

(ex-Artikel 20)

Die Artikel 11 bis 14 und Artikel 17 finden auf den Präsidenten des Europäischen Rates Anwendung.

Sie finden auch auf die Mitglieder der Kommission Anwendung.

Artikel 20

(ex-Artikel 21)

Die Artikel 11 bis 14 und Artikel 17 finden auf die Richter, die Generalanwälte, die Kanzler und die Hilfsberichterstatter des Gerichtshofs der Europäischen Union Anwendung; die Bestimmungen des Artikels 3 des Protokolls über die Satzung des Gerichtshofs der Europäischen Union betreffend die Befreiung der Richter und Generalanwälte von der Gerichtsbarkeit bleiben hiervon unberührt.

Artikel 21

(ex-Artikel 22)

Dieses Protokoll gilt auch für die Europäische Investitionsbank, die Mitglieder ihrer Organe, ihr Personal und die Vertreter der Mitgliedstaaten, die an ihren Arbeiten teilnehmen; die Bestimmungen des Protokolls über die Satzung der Bank bleiben hiervon unberührt.

Die Europäische Investitionsbank ist außerdem von allen Steuern und sonstigen Abgaben anlässlich der Erhöhungen ihres Kapitals sowie von den verschiedenen Förmlichkeiten befreit, die hiermit in dem Staat, in dem sie ihren Sitz hat, verbunden sind. Desgleichen werden bei ihrer etwaigen Auflösung und Liquidation keine Abgaben erhoben. Ferner unterliegt die Tätigkeit der Bank und ihrer Organe, soweit sie nach Maßgabe der Satzung ausgeübt wird, nicht der Umsatzsteuer.

Artikel 22

(ex-Artikel 23)

Dieses Protokoll gilt auch für die Europäische Zentralbank, die Mitglieder ihrer Beschlussorgane und ihre Bediensteten; die Bestimmungen des Protokolls über die Satzung des Europäischen Systems der Zentralbanken und der Europäischen Zentralbank bleiben hiervon unberührt.

Die Europäische Zentralbank ist außerdem von allen Steuern und sonstigen Abgaben anlässlich der Erhöhungen ihres Kapitals sowie von den verschiedenen Förmlichkeiten befreit, die hiermit in dem Staat, in dem sie ihren Sitz hat, verbunden sind. Ferner unterliegt die Tätigkeit der Bank und ihrer Beschlussorgane, soweit sie nach Maßgabe der Satzung des Europäischen Systems der Zentralbanken und der Europäischen Zentralbank ausgeübt wird, nicht der Umsatzsteuer.

PROTOKOLL (Nr. 8)

ZU ARTIKEL 6 ABSATZ 2 DES VERTRAGS ÜBER DIE EUROPÄISCHE UNION ÜBER DEN BEITRITT DER UNION ZUR EUROPÄISCHEN KONVENTION ZUM SCHUTZ DER MENSCHENRECHTE UND GRUNDFREIHEITEN

DIE HOHEN VERTRAGSPARTEIEN

SIND über folgende Bestimmungen ÜBEREINGEKOMMEN, die dem Vertrag über die Europäische Union und dem Vertrag über die Arbeitsweise der Europäischen Union beigefügt sind:

Artikel 1

In der Übereinkunft über den Beitritt der Union zur Europäischen Konvention zum Schutz der Menschenrechte und Grundfreiheiten (im Folgenden „Europäische Konvention") nach Artikel 6 Absatz 2 des Vertrags über die Europäische Union wird dafür Sorge getragen, dass die besonderen Merkmale der Union und des Unionsrechts erhalten bleiben, insbesondere in Bezug auf

a) die besondere Regelung für eine etwaige Beteiligung der Union an den Kontrollgremien der Europäischen Konvention;

b) die nötigen Mechanismen, um sicherzustellen, dass Beschwerden von Nichtmitgliedstaaten und Individualbeschwerden den Mitgliedstaaten und/oder gegebenenfalls der Union ordnungsgemäß übermittelt werden.

Artikel 2

In der Übereinkunft nach Artikel 1 wird sichergestellt, dass der Beitritt der Union die Zuständigkeiten der Union und die Befugnisse ihrer Organe unberührt lässt. Es wird sichergestellt, dass die Bestimmungen der Übereinkunft die besondere Situation der Mitgliedstaaten in Bezug auf die Europäische Konvention unberührt lassen, insbesondere in Bezug auf ihre Protokolle, auf Maßnahmen, die von den Mitgliedstaaten in Abweichung von der Europäischen Konvention nach deren Artikel 15 getroffen werden, und auf Vorbehalte, die die Mitgliedstaaten gegen die Europäische Konvention nach deren Artikel 57 anbringen.

Artikel 3

Keine der Bestimmungen der Übereinkunft nach Artikel 1 berührt Artikel 344 des Vertrags über die Arbeitsweise der Europäischen Union.

PROTOKOLL (Nr. 9)

ÜBER DEN BESCHLUSS DES RATES ÜBER DIE ANWENDUNG DES ARTIKELS 16 ABSATZ 4 DES VERTRAGS ÜBER DIE EUROPÄISCHE UNION UND DES ARTIKELS 238 ABSATZ 2 DES VERTRAGS ÜBER DIE ARBEITSWEISE DER EUROPÄISCHEN UNION ZWISCHEN DEM 1. NOVEMBER 2014 UND DEM 31. MÄRZ 2017 EINERSEITS UND AB DEM 1. APRIL 2017 ANDERERSEITS

DIE HOHEN VERTRAGSPARTEIEN –

UNTER BERÜCKSICHTIGUNG der Tatsache, dass es zum Zeitpunkt der Billigung des Vertrags von Lissabon von grundlegender Bedeutung war, dass eine Einigung über den Beschluss des Rates über die Anwendung des Artikels 16 Absatz 4 des Vertrags über die Europäische Union und des Artikels 238 Absatz 2 des Vertrags über die Arbeitsweise der Europäischen Union zwischen dem 1. November 2014 und dem 31. März 2017 einerseits und ab dem 1. April 2017 andererseits (im Folgenden „Beschluss") zustande kommt –

SIND über folgende Bestimmung ÜBEREINGEKOMMEN, die dem Vertrag über die Europäische Union und dem Vertrag über die Arbeitsweise der Europäischen Union beigefügt ist:

Einziger Artikel

Bevor der Rat einen Entwurf prüft, der entweder darauf abzielt, den Beschluss oder eine seiner Bestimmungen zu ändern oder aufzuheben, oder aber darauf abzielt, eine mittelbare Änderung seines Geltungsbereichs oder seiner Bedeutung zu bewirken, indem ein anderer Rechtsakt der Union geändert wird, führt der Europäische Rat eine vorläufige Beratung über diesen Entwurf durch, wobei er gemäß Artikel 15 Absatz 4 des Vertrags über die Europäische Union im Konsens handelt.

PROTOKOLL (Nr. 10)

ÜBER DIE STÄNDIGE STRUKTURIERTE ZUSAMMENARBEIT NACH ARTIKEL 42 DES VERTRAGS ÜBER DIE EUROPÄISCHE UNION

DIE HOHEN VERTRAGSPARTEIEN –

GESTÜTZT AUF Artikel 42 Absatz 6 und Artikel 46 des Vertrags über die Europäische Union,

EINGEDENK DESSEN, dass die Union eine Gemeinsame Außen- und Sicherheitspolitik verfolgt, die auf der Erreichung einer immer stärkeren Konvergenz des Handelns der Mitgliedstaaten beruht,

EINGEDENK DESSEN, dass die Gemeinsame Sicherheits- und Verteidigungspolitik integraler Bestandteil der Gemeinsamen Außen- und Sicherheitspolitik ist, dass sie der Union eine auf zivile und militärische Mittel gestützte Fähigkeit zu Operationen sichert, dass die Union hierauf bei Missionen nach Artikel 43 des Vertrags über die Europäische Union außerhalb der Union zur Friedenssicherung, Konfliktverhütung und Stärkung der internationalen Sicherheit nach den Grundsätzen der Charta der Vereinten Nationen zurückgreifen kann und dass diese Aufgaben dank der von den Mitgliedstaaten nach dem Grundsatz der „nur einmal einsetzbaren Streitkräfte" bereitgestellten militärischen Fähigkeiten erfüllt werden,

EINGEDENK DESSEN, dass die Gemeinsame Sicherheits- und Verteidigungspolitik der Union den besonderen Charakter der Sicherheits- und Verteidigungspolitik bestimmter Mitgliedstaaten unberührt lässt,

EINGEDENK DESSEN, dass die Gemeinsame Sicherheits- und Verteidigungspolitik der Union die aus dem Nordatlantikvertrag erwachsenden Verpflichtungen der Mitgliedstaaten achtet, die ihre gemeinsame Verteidigung als durch die Nordatlantikvertrags-Organisation verwirklicht betrachten, die das Fundament der kollektiven Verteidigung ihrer Mitglieder bleibt, und dass sie mit der in jenem Rahmen festgelegten gemeinsamen Sicherheits- und Verteidigungspolitik vereinbar ist,

IN DER ÜBERZEUGUNG, dass eine maßgeblichere Rolle der Union im Bereich von Sicherheit und Verteidigung im Einklang mit den so genannten Berlin-plus-Vereinbarungen zur Vitalität eines erneuerten Atlantischen Bündnisses beitragen wird,

FEST ENTSCHLOSSEN, dass die Union in der Lage sein muss, die ihr im Rahmen der Staatengemeinschaft obliegenden Verantwortungen in vollem Umfang wahrzunehmen,

IN DER ERKENNTNIS, dass die Organisation der Vereinten Nationen die Union für die Durchführung dringender Missionen nach den Kapiteln VI und VII der Charta der Vereinten Nationen um Unterstützung ersuchen kann,

IN DER ERKENNTNIS, dass die Stärkung der Sicherheits- und Verteidigungspolitik von den Mitgliedstaaten Anstrengungen im Bereich der Fähigkeiten erfordern wird,

IN DEM BEWUSSTSEIN, dass der Eintritt in eine neue Phase der Entwicklung der Europäischen Sicherheits- und Verteidigungspolitik von den Mitgliedstaaten, die dazu bereit sind, entschiedene Anstrengungen erfordert,

EINGEDENK der Bedeutung, die der umfassenden Beteiligung des Hohen Vertreters der Union für Außen- und Sicherheitspolitik an den Arbeiten im Rahmen der Ständigen Strukturierten Zusammenarbeit zukommt –

SIND über folgende Bestimmungen ÜBEREINGEKOMMEN, die dem Vertrag über die Europäische Union und dem Vertrag über die Arbeitsweise der Europäischen Union beigefügt sind:

Artikel 1

An der Ständigen Strukturierten Zusammenarbeit nach Artikel 42 Absatz 6 des Vertrags über die Europäische Union kann jeder Mitgliedstaat teilnehmen, der sich ab dem Zeitpunkt des Inkrafttretens des Vertrags von Lissabon verpflichtet,

a) seine Verteidigungsfähigkeiten durch Ausbau seiner nationalen Beiträge und gegebenenfalls durch Beteiligung an multinationalen Streitkräften, an den wichtigsten europäischen Ausrüstungsprogrammen und an der Tätigkeit der Agentur für die Bereiche Entwicklung der Verteidigungsfähigkeiten, Forschung, Beschaffung und Rüstung (Europäische Verteidigungsagentur) intensiver zu entwickeln und

b) spätestens 2010 über die Fähigkeit zu verfügen, entweder als nationales Kontingent oder als Teil von multinationalen Truppenverbänden bewaffnete Einheiten bereitzustellen, die auf die in Aussicht genommenen Missionen ausgerichtet sind, taktisch als Gefechtsverband konzipiert sind, über Unterstützung unter anderem für Transport und Logistik verfügen und fähig sind, innerhalb von 5 bis 30 Tagen Missionen nach Artikel 43 des Vertrags über die Europäische Union aufzunehmen, um insbesondere Ersuchen der Organisation der Vereinten Nationen nachzukommen, und diese Missionen für eine Dauer von zunächst 30 Tagen, die bis auf 120 Tage ausgedehnt werden kann, aufrechtzuerhalten.

Artikel 2

Die an der Ständigen Strukturierten Zusammenarbeit teilnehmenden Mitgliedstaaten verpflichten sich zwecks Erreichung der in Artikel 1 genannten Ziele zu

a) einer Zusammenarbeit ab dem Inkrafttreten des Vertrags von Lissabon zur Verwirklichung der vereinbarten Ziele für die Höhe der Investitionsausgaben für Verteidigungsgüter und zur regelmäßigen Überprüfung dieser Ziele im Lichte des Sicherheitsumfelds und der internationalen Verantwortung der Union;

b) einer möglichst weit gehenden Angleichung ihres Verteidigungsinstrumentariums, indem sie insbesondere die Ermittlung des militärischen Bedarfs harmonisieren, ihre Verteidigungsmittel und -fähigkeiten gemeinsam nutzen und gegebenenfalls spezialisieren sowie die Zusammenarbeit auf den Gebieten Ausbildung und Logistik stärken;

c) konkreten Maßnahmen zur Stärkung der Verfügbarkeit, der Interoperabilität, der Flexibilität und der Verlegefähigkeit ihrer Truppen insbesondere, indem sie gemeinsame Ziele für die Entsendung von Streitkräften aufstellen und gegebenenfalls ihre nationalen Beschlussfassungsverfahren überprüfen;

d) einer Zusammenarbeit mit dem Ziel, dass sie die erforderlichen Maßnahmen ergreifen, um unter anderem durch multinationale Konzepte und unbeschadet der sie betreffenden Verpflichtungen im Rahmen der Nordatlantikvertrags-Organisation die im Rahmen des „Mechanismus zur Entwicklung der Fähigkeiten" festgestellten Lücken zu schließen;

e) einer eventuellen Mitwirkung an der Entwicklung gemeinsamer oder europäischer Programme für wichtige Güter im Rahmen der Europäischen Verteidigungsagentur.

Artikel 3

Die Europäische Verteidigungsagentur trägt zur regelmäßigen Beurteilung der Beiträge der teilnehmenden Mitgliedstaaten zu den Fähigkeiten bei, insbesondere der Beiträge nach den unter anderem auf der Grundlage von Artikel 2 aufgestellten Kriterien, und erstattet hierüber mindestens einmal jährlich Bericht. Die Beurteilung kann als Grundlage für die Empfehlungen sowie für die Beschlüsse des Rates dienen, die nach Artikel 46 des Vertrags über die Europäische Union erlassen werden.

PROTOKOLL (Nr. 11)

ZU ARTIKEL 42 DES VERTRAGS ÜBER DIE EUROPÄISCHE UNION

DIE HOHEN VERTRAGSPARTEIEN –

IN ANBETRACHT der Notwendigkeit, den Artikel 42 Absatz 2 des Vertrags über die Europäische Union in vollem Umfang umzusetzen,

IN ANBETRACHT der Tatsache, dass die Politik der Union nach Artikel 42 den besonderen Charakter der Sicherheits- und Verteidigungspolitik bestimmter Mitgliedstaaten nicht berührt, die Verpflichtungen einiger Mitgliedstaaten, die ihre gemeinsame Verteidigung in der NATO verwirklicht sehen, aus dem Nordatlantikvertrag achtet und mit der in jenem Rahmen festgelegten gemeinsamen Sicherheitsund Verteidigungspolitik vereinbar ist –

SIND über folgende Bestimmungen ÜBEREINGEKOMMEN, die dem Vertrag über die Europäische Union und dem Vertrag über die Arbeitsweise der Europäischen Union beigefügt sind:

Die Europäische Union erarbeitet zusammen mit der Westeuropäischen Union Regelungen für eine verstärkte Zusammenarbeit zwischen der Europäischen Union und der Westeuropäischen Union.

PROTOKOLL (Nr. 12)

ÜBER DAS VERFAHREN BEI EINEM ÜBERMÄSSIGEN DEFIZIT

DIE HOHEN VERTRAGSPARTEIEN –

IN DEM WUNSCH, die Einzelheiten des in Artikel 126 des Vertrags über die Arbeitsweise der Europäischen Union genannten Verfahrens bei einem übermäßigen Defizit festzulegen –

SIND über folgende Bestimmungen ÜBEREINGEKOMMEN, die dem Vertrag über die Europäische Union und dem Vertrag über die Arbeitsweise der Europäischen Union beigefügt sind:

Artikel 1

Die in Artikel 126 Absatz 2 des Vertrags über die Arbeitsweise der Europäischen Union genannten Referenzwerte sind:

- 3 % für das Verhältnis zwischen dem geplanten oder tatsächlichen öffentlichen Defizit und dem Bruttoinlandsprodukt zu Marktpreisen,
- 60 % für das Verhältnis zwischen dem öffentlichen Schuldenstand und dem Bruttoinlandsprodukt zu Marktpreisen.

Artikel 2

In Artikel 126 des genannten Vertrags und in diesem Protokoll bedeutet

- „öffentlich" zum Staat, d. h. zum Zentralstaat (Zentralregierung), zu regionalen oder lokalen Gebietskörperschaften oder Sozialversicherungseinrichtungen gehörig, mit Ausnahme von kommerziellen Transaktionen, im Sinne des Europäischen Systems volkswirtschaftlicher Gesamtrechnungen;
- „Defizit" das Finanzierungsdefizit im Sinne des Europäischen Systems volkswirtschaftlicher Gesamtrechnungen;
- „Investitionen" die Brutto-Anlageinvestitionen im Sinne des Europäischen Systems volkswirtschaftlicher Gesamtrechnungen;
- „Schuldenstand" den Brutto-Gesamtschuldenstand zum Nominalwert am Jahresende nach Konsolidierung innerhalb und zwischen den einzelnen Bereichen des Staatssektors im Sinne des ersten Gedankenstrichs.

Artikel 3

Um die Wirksamkeit des Verfahrens bei einem übermäßigen Defizit zu gewährleisten, sind die Regierungen der Mitgliedstaaten im Rahmen dieses Verfahrens für die Defizite des Staatssektors im Sinne von Artikel 2 erster Gedankenstrich verantwortlich. Die Mitgliedstaaten gewährleisten, dass die innerstaatlichen Verfahren im Haushaltsbereich sie in die Lage versetzen, ihre sich aus den Verträgen ergebenden Verpflichtungen in diesem Bereich zu erfüllen. Die Mitgliedstaaten müssen ihre geplanten und tatsächlichen Defizite und die Höhe ihres Schuldenstands der Kommission unverzüglich und regelmäßig mitteilen.

Artikel 4

Die zur Anwendung dieses Protokolls erforderlichen statistischen Daten werden von der Kommission zur Verfügung gestellt.

PROTOKOLL (Nr. 13)

ÜBER DIE KONVERGENZKRITERIEN

DIE HOHEN VERTRAGSPARTEIEN –

IN DEM WUNSCH, die Konvergenzkriterien, welche die Union bei den Beschlüssen nach Artikel 140 des Vertrags über die Arbeitsweise der Europäischen Union über die Aufhebung der Ausnahmeregelungen für die Mitgliedstaaten, für die eine Ausnahmeregelung gilt, leiten sollen, näher festzulegen –

SIND über folgende Bestimmungen ÜBEREINGEKOMMEN, die dem Vertrag über die Europäische Union und dem Vertrag über die Arbeitsweise der Europäischen Union beigefügt sind:

Artikel 1

Das in Artikel 140 Absatz 1 erster Gedankenstrich des Vertrags über die Arbeitsweise der Europäischen Union genannte Kriterium der Preisstabilität bedeutet, dass ein Mitgliedstaat eine anhaltende Preisstabilität und eine während des letzten Jahres vor der Prüfung gemessene durchschnittliche Inflationsrate aufweisen muss, die um nicht mehr als 1½ Prozentpunkte über der Inflationsrate jener – höchstens drei – Mitgliedstaaten liegt, die auf dem Gebiet der Preisstabilität das beste Ergebnis erzielt haben. Die Inflation wird anhand des Verbraucherpreisindexes auf vergleichbarer Grundlage unter Berücksichtigung der unterschiedlichen Definitionen in den einzelnen Mitgliedstaaten gemessen.

Artikel 2

Das in Artikel 140 Absatz 1 zweiter Gedankenstrich des genannten Vertrags genannte Kriterium der Finanzlage der öffentlichen Hand bedeutet, dass zum Zeitpunkt der Prüfung kein Beschluss des Rates nach Artikel 126 Absatz 6 des genannten Vertrags vorliegt, wonach in dem betreffenden Mitgliedstaat ein übermäßiges Defizit besteht.

Artikel 3

Das in Artikel 140 Absatz 1 dritter Gedankenstrich des genannten Vertrags genannte Kriterium der Teilnahme am Wechselkursmechanismus des Europäischen Währungssystems bedeutet, dass ein Mitgliedstaat die im Rahmen des Wechselkursmechanismus des Europäischen Währungssystems vorgesehenen normalen Bandbreiten zumindest in den letzten zwei Jahren vor der Prüfung ohne starke Spannungen eingehalten haben muss. Insbesondere darf er den bilateralen Leitkurs seiner Währung innerhalb des gleichen Zeitraums gegenüber dem Euro nicht von sich aus abgewertet haben.

Artikel 4

Das in Artikel 140 Absatz 1 vierter Gedankenstrich des genannten Vertrags genannte Kriterium der Konvergenz der Zinssätze bedeutet, dass im Verlauf von einem Jahr vor der Prüfung in einem Mitgliedstaat der durchschnittliche langfristige Nominalzinssatz um nicht mehr als 2 Prozentpunkte über dem entsprechenden Satz in jenen – höchstens drei – Mitgliedstaaten liegt, die auf dem Gebiet der Preisstabilität das beste Ergebnis erzielt haben. Die Zinssätze werden anhand langfristiger Staatsschuldverschreibungen oder vergleichbarer Wertpapiere unter Berücksichtigung der unterschiedlichen Definitionen in den einzelnen Mitgliedstaaten gemessen.

Artikel 5

Die zur Anwendung dieses Protokolls erforderlichen statistischen Daten werden von der Kommission zur Verfügung gestellt.

Artikel 6

Der Rat erlässt auf Vorschlag der Kommission und nach Anhörung des Europäischen Parlaments und der EZB sowie des Wirtschafts- und Finanzausschusses einstimmig geeignete Vorschriften zur Festlegung der Einzelheiten der in Artikel 140 des genannten Vertrags genannten Konvergenzkriterien, die dann an die Stelle dieses Protokolls treten.

PROTOKOLL (Nr. 14)
BETREFFEND DIE EURO-GRUPPE

DIE HOHEN VERTRAGSPARTEIEN –

IN DEM WUNSCH, die Voraussetzungen für ein stärkeres Wirtschaftswachstum in der Europäischen Union zu verbessern und zu diesem Zwecke eine immer engere Koordinierung der Wirtschaftspolitik im Euro-Währungsgebiet zu fördern,

IN DEM BEWUSSTSEIN, dass besondere Bestimmungen für einen verstärkten Dialog zwischen den Mitgliedstaaten, deren Währung der Euro ist, vorgesehen werden müssen, bis der Euro zur Währung aller Mitgliedstaaten der Union geworden ist –

SIND über folgende Bestimmungen ÜBEREINGEKOMMEN, die dem Vertrag über die Europäische Union und dem Vertrag über die Arbeitsweise der Europäischen Union beigefügt sind:

Artikel 1

Die Minister der Mitgliedstaaten, deren Währung der Euro ist, treten zu informellen Sitzungen zusammen. Diese Sitzungen werden bei Bedarf abgehalten, um Fragen im Zusammenhang mit ihrer gemeinsamen spezifischen Verantwortung im Bereich der einheitlichen Währung zu erörtern. Die Kommission nimmt an den Sitzungen teil. Die Europäische Zentralbank wird zu diesen Sitzungen eingeladen, die von den Vertretern der für Finanzen zuständigen Minister der Mitgliedstaaten, deren Währung der Euro ist, und der Kommission vorbereitet werden.

Artikel 2

Die Minister der Mitgliedstaaten, deren Währung der Euro ist, wählen mit der Mehrheit dieser Mitgliedstaaten einen Präsidenten für zweieinhalb Jahre.

PROTOKOLL (Nr. 15)
ÜBER EINIGE BESTIMMUNGEN BETREFFEND DAS VEREINIGTE KÖNIGREICH GROSSBRITANNIEN UND NORDIRLAND

DIE HOHEN VERTRAGSPARTEIEN –

IN DER ERKENNTNIS, dass das Vereinigte Königreich nicht gezwungen oder verpflichtet ist, ohne einen gesonderten diesbezüglichen Beschluss seiner Regierung und seines Parlaments den Euro einzuführen,

ANGESICHTS der Tatsache, dass die Regierung des Vereinigten Königreichs dem Rat am 16. Oktober 1996 und am 30. Oktober 1997 notifiziert hat, dass sie nicht beabsichtigt, an der dritten Stufe der Wirtschafts- und Währungsunion teilzunehmen,

IN ANBETRACHT der Gepflogenheit der Regierung des Vereinigten Königreichs, ihren Kreditbedarf durch Verkauf von Schuldtiteln an den Privatsektor zu decken –

SIND über folgende Bestimmungen ÜBEREINGEKOMMEN, die dem Vertrag über die Europäische Union und dem Vertrag über die Arbeitsweise der Europäischen Union beigefügt sind:

1. Sofern das Vereinigte Königreich dem Rat nicht notifiziert, dass es den Euro einzuführen beabsichtigt, ist es dazu nicht verpflichtet.

2. Die Nummern 3 bis 8 und Nummer 10 gelten für das Vereinigte Königreich aufgrund der von der Regierung des Vereinigten Königreichs dem Rat am 16. Oktober 1996 und am 30. Oktober 1997 zugeleiteten Notifizierung.

3. Das Vereinigte Königreich behält seine Befugnisse auf dem Gebiet der Währungspolitik nach seinem innerstaatlichen Recht.

4. Artikel 119 Absatz 2, Artikel 126 Absätze 1, 9 und 11, Artikel 127 Absätze 1 bis 5, Artikel 128, die Artikel 130, 131, 132 und 133, Artikel 138, Artikel 140 Absatz 3, Artikel 219, Artikel 282 Absatz 2 mit Ausnahme des ersten und des letzten Satzes, Artikel 282 Absatz 5 und Artikel 283 des Vertrags über die Arbeitsweise der Europäischen Union gelten nicht für das Vereinigte Königreich. Artikel 121 Absatz 2 des genannten Vertrags gilt hinsichtlich der Annahme der das Euro-Währungsgebiet generell betreffenden Teile der Grundzüge der Wirtschaftspolitik ebenfalls nicht für das Vereinigte Königreich. In diesen Bestimmungen enthaltene Bezugnahmen auf die Union oder die Mitgliedstaaten betreffen nicht das Vereinigte Königreich, und Bezugnahmen auf die nationalen Zentralbanken betreffen nicht die Bank of England.

5. Das Vereinigte Königreich bemüht sich, ein übermäßiges öffentliches Defizit zu vermeiden.

Die Artikel 143 und 144 des Vertrags über die Arbeitsweise der Europäischen Union gelten auch weiterhin für das Vereinigte Königreich. Artikel 134 Absatz 4 und Artikel 142 werden so auf das Vereinigte Königreich angewandt, als gelte für dieses eine Ausnahmeregelung.

6. Das Stimmrecht des Vereinigten Königreichs wird in Bezug auf die Rechtsakte des Rates, auf die in den unter Nummer 4 aufgeführten Artikeln Bezug genommen wird, und in den in Artikel 139 Absatz 4 Unterabsatz 1 des Vertrags über die Arbeitsweise der Europäischen Union genannten Fällen ausgesetzt. Zu diesem Zweck findet Artikel 139 Absatz 4 Unterabsatz 2 des genannten Vertrags Anwendung.

Das Vereinigte Königreich ist ferner nicht berechtigt, sich an der Ernennung des Präsidenten, des Vizepräsidenten und der weiteren Mitglieder des Direktoriums der EZB nach Artikel 283 Absatz 2 Unterabsatz 2 des genannten Vertrags zu beteiligen.

7. Die Artikel 3, 4, 6, 7, 9.2, 10.1, 10.3, 11.2, 12.1, 14, 16, 18, 19, 20, 22, 23, 26, 27, 30, 31, 32, 33, 34 und 49 des Protokolls über die Satzung des Europäischen Systems der Zentralbanken und der Europäischen Zentralbank („die Satzung") gelten nicht für das Vereinigte Königreich.

In diesen Artikeln enthaltene Bezugnahmen auf die Union oder die Mitgliedstaaten betreffen nicht das Vereinigte Königreich, und Bezugnahmen auf die nationalen Zentralbanken oder die Anteilseigner betreffen nicht die Bank of England.

In den Artikeln 10.3 und 30.2 der Satzung enthaltene Bezugnahmen auf das „gezeichnete Kapital der EZB" betreffen nicht das von der Bank of England gezeichnete Kapital.

8. Artikel 141 Absatz 1 des Vertrags über die Arbeitsweise der Europäischen Union und die Artikel 43 bis 47 der Satzung gelten unabhängig davon, ob es Mitgliedstaaten gibt, für die eine Ausnahmeregelung gilt, vorbehaltlich folgender Änderungen:

a) Bezugnahmen in Artikel 43 auf die Aufgaben der EZB und des EWI schließen auch die Aufgaben ein, die im Fall einer etwaigen Entscheidung des Vereinigten Königreichs, nicht den Euro einzuführen, nach der Einführung des Euro noch erfüllt werden müssen.

b) Zusätzlich zu den Aufgaben nach Artikel 46 berät die EZB ferner bei der Vorbereitung von Beschlüssen des Rates betreffend das Vereinigte Königreich nach Nummer 9 Buchstaben a und c dieses Protokolls und wirkt an deren Ausarbeitung mit.

c) Die Bank of England zahlt das von ihr gezeichnete Kapital der EZB als Beitrag zu den EZBBetriebskosten auf derselben Grundlage ein wie die nationalen Zentralbanken der Mitgliedstaaten, für die eine Ausnahmeregelung gilt.

9. Das Vereinigte Königreich kann jederzeit notifizieren, dass es beabsichtigt, den Euro einzuführen. In diesem Fall gilt Folgendes:

a) Das Vereinigte Königreich hat das Recht, den Euro einzuführen, sofern es die notwendigen Voraussetzungen erfüllt. Der Rat entscheidet auf Antrag des Vereinigten Königreichs unter den Bedingungen und nach dem Verfahren des Artikels 140 Absätze 1 und 2 des Vertrags über die

Arbeitsweise der Europäischen Union, ob das Vereinigte Königreich die notwendigen Voraussetzungen erfüllt.

b) Die Bank of England zahlt das von ihr gezeichnete Kapital ein, überträgt der EZB Währungsreserven und leistet ihren Beitrag zu den Reserven der EZB auf derselben Grundlage wie die nationalen Zentralbanken der Mitgliedstaaten, deren Ausnahmeregelung aufgehoben worden ist.

c) Der Rat fasst unter den Bedingungen und nach dem Verfahren des Artikels 140 Absatz 3 des genannten Vertrags alle weiteren Beschlüsse, die erforderlich sind, um dem Vereinigten Königreich die Einführung des Euro zu ermöglichen.

Führt das Vereinigte Königreich nach den Bestimmungen dieser Nummer den Euro ein, so treten die Nummern 3 bis 9 dieses Protokolls außer Kraft.

10. Unbeschadet des Artikels 123 des Vertrags über die Arbeitsweise der Europäischen Union sowie des Artikels 21.1 der Satzung kann die Regierung des Vereinigten Königreichs ihre „Ways and Means"-Fazilität bei der Bank of England beibehalten, sofern und solange das Vereinigte Königreich nicht den Euro einführt.

PROTOKOLL (Nr. 16)

ÜBER EINIGE BESTIMMUNGEN BETREFFEND DÄNEMARK

DIE HOHEN VERTRAGSPARTEIEN –

MIT RÜCKSICHT DARAUF, dass die dänische Verfassung Bestimmungen enthält, die vor einem Verzicht Dänemarks auf seine Freistellung in Dänemark eine Volksabstimmung erfordern könnten –

ANGESICHTS DER TATSACHE, dass die dänische Regierung dem Rat am 3. November 1993 notifiziert hat, dass sie nicht beabsichtigt, an der dritten Stufe der Wirtschafts- und Währungsunion teilzunehmen

SIND über folgende Bestimmungen ÜBEREINGEKOMMEN, die dem Vertrag über die Europäische Union und dem Vertrag über die Arbeitsweise der Europäischen Union beigefügt sind:

1. Aufgrund der Notifikation der dänischen Regierung an den Rat vom 3. November 1993 gilt für Dänemark eine Freistellung. Die Freistellung hat zur Folge, dass alle eine Ausnahmeregelung betreffenden Artikel und Bestimmungen der Verträge und der Satzung des ESZB und der EZB auf Dänemark Anwendung finden.

2. Zur Aufhebung der Freistellung wird das Verfahren nach Artikel 140 des Vertrags über die Arbeitsweise der Europäischen Union nur dann eingeleitet, wenn Dänemark einen entsprechenden Antrag stellt.

3. Nach Aufhebung der Freistellung ist dieses Protokoll nicht mehr anwendbar.

PROTOKOLL (Nr. 17)

BETREFFEND DÄNEMARK

DIE HOHEN VERTRAGSPARTEIEN –

IN DEM WUNSCH, gewisse besondere Probleme betreffend Dänemark zu regeln –

SIND über folgende Bestimmungen ÜBEREINGEKOMMEN, die dem Vertrag über die Europäische Union und dem Vertrag über die Arbeitsweise der Europäischen Union beigefügt sind:

Artikel 14 des Protokolls über die Satzung des Europäischen Systems der Zentralbanken und der Europäischen Zentralbank berührt nicht das Recht der Nationalbank Dänemarks, ihre derzeitigen Aufgaben hinsichtlich der nicht der Union angehörenden Teile des Königreichs Dänemark wahrzunehmen.

PROTOKOLL (Nr. 18)

BETREFFEND FRANKREICH

DIE HOHEN VERTRAGSPARTEIEN –

IN DEM WUNSCH, einen besonderen Punkt im Zusammenhang mit Frankreich zu berücksichtigen –

SIND über folgende Bestimmungen ÜBEREINGEKOMMEN, die dem Vertrag über die Europäische Union und dem Vertrag über die Arbeitsweise der Europäischen Union beigefügt sind:

Frankreich behält das Recht, nach Maßgabe seiner innerstaatlichen Rechtsvorschriften in Neukaledonien, in Französisch-Polynesien und in Wallis und Futuna Geldzeichen auszugeben, und ist allein befugt, die Parität des CFP-Franc festzusetzen.

PROTOKOLL (Nr. 19)

ÜBER DEN IN DEN RAHMEN DER EUROPÄISCHEN UNION EINBEZOGENEN SCHENGEN-BESITZSTAND

DIE HOHEN VERTRAGSPARTEIEN –

ANGESICHTS dessen, dass die von einigen Mitgliedstaaten der Europäischen Union am 14. Juni 1985 und am 19. Juni 1990 in Schengen unterzeichneten Übereinkommen betreffend den schrittweisen Abbau der Kontrollen an den gemeinsamen Grenzen sowie damit zusammenhängende Übereinkommen und die auf deren

Grundlage erlassenen Regelungen durch den Vertrag von Amsterdam vom 2. Oktober 1997 in den Rahmen der Europäischen Union einbezogen wurden,

IN DEM WUNSCH, den seit Inkrafttreten des Vertrags von Amsterdam weiterentwickelten Schengen-Besitzstand zu wahren und diesen Besitzstand fortzuentwickeln, um zur Verwirklichung des Ziels beizutragen, den Unionsbürgerinnen und Unionsbürgern einen Raum der Freiheit, der Sicherheit und des Rechts ohne Binnengrenzen zu bieten,

MIT RÜCKSICHT auf die besondere Position Dänemarks,

MIT RÜCKSICHT darauf, dass Irland und das Vereinigte Königreich Großbritannien und Nordirland sich nicht an sämtlichen Bestimmungen des Schengen-Besitzstands beteiligen, dass es diesen Mitgliedstaaten jedoch ermöglicht werden sollte, andere Bestimmungen dieses Besitzstands ganz oder teilweise anzunehmen,

IN DER ERKENNTNIS, dass es infolgedessen erforderlich ist, auf die in den Verträgen enthaltenen Bestimmungen über eine Verstärkte Zusammenarbeit zwischen einigen Mitgliedstaaten zurückzugreifen,

MIT RÜCKSICHT darauf, dass es notwendig ist, ein besonderes Verhältnis zur Republik Island und zum Königreich Norwegen aufrechtzuerhalten, da diese beiden Staaten sowie diejenigen nordischen Staaten, die Mitglieder der Europäischen Union sind, durch die Bestimmungen der Nordischen Passunion gebunden sind –

SIND über folgende Bestimmungen ÜBEREINGEKOMMEN, die dem Vertrag über die Europäische Union und dem Vertrag über die Arbeitsweise der Europäischen Union beigefügt sind:

Artikel 1

Das Königreich Belgien, die Republik Bulgarien, die Tschechische Republik, das Königreich Dänemark, die Bundesrepublik Deutschland, die Republik Estland, die Hellenische Republik, das Königreich Spanien, die Französische Republik, die Italienische Republik, die Republik Zypern, die Republik Lettland, die Republik Litauen, das Großherzogtum Luxemburg, die Republik Ungarn, die Republik Malta, das Königreich der Niederlande, die Republik Österreich, die Republik Polen, die Portugiesische Republik, Rumänien, die Republik Slowenien, die Slowakische Republik, die Republik Finnland und das Königreich Schweden werden ermächtigt, untereinander eine Verstärkte Zusammenarbeit in den Bereichen der vom Rat festgelegten Bestimmungen, die den Schengen-Besitzstand bilden, zu begründen.[1] Diese Zusammenarbeit erfolgt innerhalb des institutionellen und rechtlichen Rahmens der Europäischen Union und unter Beachtung der einschlägigen Bestimmungen der Verträge.

Artikel 2

Der Schengen-Besitzstand ist unbeschadet des Artikels 3 der Beitrittsakte vom 16. April 2003 und des Artikels 4 der Beitrittsakte vom 25. April 2005 für die in Artikel 1 aufgeführten Mitgliedstaaten anwendbar.[1] Der Rat tritt an die Stelle des durch die Schengener Übereinkommen eingesetzten Exekutivausschusses.

Artikel 3

Die Beteiligung Dänemarks am Erlass der Maßnahmen, die eine Weiterentwicklung des Schengen-Besitzstands darstellen, sowie die Umsetzung und Anwendung dieser Maßnahmen in Dänemark unterliegt den einschlägigen Bestimmungen des Protokolls über die Position Dänemarks.

Artikel 4

Irland und das Vereinigte Königreich Großbritannien und Nordirland können jederzeit beantragen, dass einzelne oder alle Bestimmungen des Schengen-Besitzstands auch auf sie Anwendung finden sollen.

Der Rat beschließt einstimmig über einen solchen Antrag, wobei die Einstimmigkeit mit den Stimmen seiner in Artikel 1 genannten Mitglieder und der Stimme des Vertreters der Regierung des betreffenden Staates zustande kommt.

Artikel 5

(1) Vorschläge und Initiativen auf der Grundlage des Schengen-Besitzstands unterliegen den einschlägigen Bestimmungen der Verträge.

In diesem Zusammenhang gilt, sofern Irland oder das Vereinigte Königreich dem Rat nicht innerhalb eines vertretbaren Zeitraums schriftlich mitgeteilt hat, dass es sich beteiligen möchte, die Ermächtigung nach Artikel 329 des Vertrags über die Arbeitsweise der Europäischen Union gegenüber den in Artikel 1 genannten Mitgliedstaaten sowie gegenüber Irland oder dem Vereinigten Königreich als erteilt, sofern einer dieser beiden Mitgliedstaaten sich in den betreffenden Bereichen der Zusammenarbeit beteiligen möchte.

---

[1] Gemäß der Beitrittsakte vom 9. Dezember 2011 ist die Republik Kroatien inzwischen Mitglied der Europäischen Union geworden.

[1] Diese Bestimmung ist auch unbeschadet des Artikels 4 der Beitrittsakte vom 9. Dezember 2011 anwendbar.

(2) Gilt eine Mitteilung durch Irland oder das Vereinigte Königreich nach einem Beschluss gemäß Artikel 4 als erfolgt, so kann Irland oder das Vereinigte Königreich dennoch dem Rat innerhalb von drei Monaten schriftlich mitteilen, dass es sich an dem Vorschlag oder der Initiative nicht beteiligen möchte. In diesem Fall beteiligt sich Irland bzw. das Vereinigte Königreich nicht an der Annahme des Vorschlags oder der Initiative. Ab der letzteren Mitteilung wird das Verfahren zur Annahme der Maßnahme auf der Grundlage des Schengen-Besitzstands bis zum Ende des Verfahrens nach Absatz 3 oder Absatz 4 oder bis zu dem Zeitpunkt, zu dem die genannte Mitteilung während des Verfahrens zurückgenommen wird, ausgesetzt.

(3) In Bezug auf den Mitgliedstaat, der eine Mitteilung nach Absatz 2 vorgenommen hat, gilt ein Beschluss des Rates nach Artikel 4 ab dem Inkrafttreten der vorgeschlagenen Maßnahme nicht mehr, und zwar in dem vom Rat für erforderlich gehaltenen Ausmaß und unter den vom Rat mit qualifizierter Mehrheit auf Vorschlag der Kommission in einem Beschluss festzulegenden Bedingungen. Dieser Beschluss wird nach den folgenden Kriterien gefasst: Der Rat bemüht sich, das größtmögliche Maß an Beteiligung des betreffenden Mitgliedstaats aufrechtzuerhalten, ohne dass dabei die praktische Durchführbarkeit der verschiedenen Teile des Schengen-Besitzstands ernsthaft beeinträchtigt wird und unter Wahrung ihrer Kohärenz. Die Kommission unterbreitet ihren Vorschlag so bald wie möglich nach der Mitteilung nach Absatz 2. Der Rat beschließt innerhalb von vier Monaten nach dem Vorschlag der Kommission erforderlichenfalls nach Einberufung von zwei aufeinander folgenden Tagungen.

(4) Hat der Rat nach Ablauf von vier Monaten keinen Beschluss gefasst, so kann ein Mitgliedstaat unverzüglich beantragen, dass der Europäische Rat befasst wird. In diesem Fall fasst der Europäische Rat auf seiner nächsten Tagung mit qualifizierter Mehrheit auf der Grundlage des Vorschlags der Kommission einen Beschluss nach den in Absatz 3 genannten Kriterien.

(5) Hat der Rat oder gegebenenfalls der Europäische Rat bis zum Ende des Verfahrens nach Absatz 3 oder Absatz 4 keinen Beschluss gefasst, so ist die Aussetzung des Verfahrens für die Annahme der Maßnahme auf der Grundlage des Schengen-Besitzstands beendet. Wird die Maßnahme im Anschluss daran angenommen, so gilt ein Beschluss des Rates nach Artikel 4 für den betreffenden Mitgliedstaat ab dem Inkrafttreten der Maßnahme in dem Ausmaß und unter den Bedingungen, die von der Kommission beschlossen wurden, nicht mehr, es sei denn, der betreffende Mitgliedstaat hat seine Mitteilung nach Absatz 2 vor Annahme der Maßnahme zurückgezogen. Die Kommission beschließt bis zum Tag dieser Annahme. Die Kommission beachtet bei ihrem Beschluss die Kriterien nach Absatz 3.

Artikel 6

Die Republik Island und das Königreich Norwegen werden bei der Durchführung des SchengenBesitzstands und bei seiner weiteren Entwicklung assoziiert. Die entsprechenden Verfahren hierfür werden in einem Übereinkommen mit diesen Staaten festgelegt, das vom Rat mit einstimmigem Beschluss seiner in Artikel 1 genannten Mitglieder geschlossen wird. Das Übereinkommen enthält auch Bestimmungen über den Beitrag Islands und Norwegens zu etwaigen finanziellen Folgen der Durchführung dieses Protokolls.

Mit Island und Norwegen schließt der Rat mit einstimmigem Beschluss ein gesondertes Übereinkommen zur Festlegung der Rechte und Pflichten zwischen Irland und dem Vereinigten Königreich Großbritannien und Nordirland einerseits und Island und Norwegen andererseits in den für diese Staaten geltenden Bereichen des Schengen-Besitzstands.

Artikel 7

Bei den Verhandlungen über die Aufnahme neuer Mitgliedstaaten in die Europäische Union gelten der Schengen-Besitzstand und weitere Maßnahmen, welche die Organe im Rahmen seines Anwendungsbereichs getroffen haben, als ein Besitzstand, der von allen Staaten, die Beitrittskandidaten sind, vollständig zu übernehmen ist.

PROTOKOLL (Nr. 20)

ÜBER DIE ANWENDUNG BESTIMMTER ASPEKTE DES ARTIKELS 26 DES VERTRAGS ÜBER DIE ARBEITSWEISE DER EUROPÄISCHEN UNION AUF DAS VEREINIGTE KÖNIGREICH UND AUF IRLAND

DIE HOHEN VERTRAGSPARTEIEN –

IN DEM WUNSCH, bestimmte das Vereinigte Königreich und Irland betreffende Fragen zu regeln,

IM HINBLICK darauf, dass seit vielen Jahren zwischen dem Vereinigten Königreich und Irland besondere Reiseregelungen bestehen –

SIND über folgende Bestimmungen ÜBEREINGEKOMMEN, die dem Vertrag über die Europäische Union und dem Vertrag über die Arbeitsweise der Europäischen Union beigefügt sind:

Artikel 1

Das Vereinigte Königreich darf ungeachtet der Artikel 26 und 77 des Vertrags über die Arbeitsweise der Europäischen Union, anderer Bestimmungen jenes Vertrags oder des Vertrags über die Europäische Union, im Rahmen dieser Verträge beschlossener Maßnahmen oder von der Union oder der Union und ihren Mitgliedstaaten mit einem oder mehreren Drittstaaten geschlossener internationaler Übereinkünfte an seinen Grenzen mit anderen Mitgliedstaaten bei Personen, die in das Vereinigte Königreich einreisen wollen, Kontrollen durchführen, die nach seiner Auffassung erforderlich sind

a) zur Überprüfung des Rechts auf Einreise in das Vereinigte Königreich bei Staatsangehörigen von Mitgliedstaaten und ihren unterhaltsberechtigten Angehörigen, welche die ihnen nach dem Unionsrecht zustehenden Rechte wahrnehmen, sowie bei Staatsangehörigen anderer Staaten, denen solche Rechte aufgrund einer Übereinkunft zustehen, an die das Vereinigte Königreich gebunden ist, und

b) zur Entscheidung darüber, ob anderen Personen die Genehmigung zur Einreise in das Vereinigte Königreich erteilt wird.

Die Artikel 26 und 77 des Vertrags über die Arbeitsweise der Europäischen Union oder die anderen Bestimmungen jenes Vertrags oder des Vertrags über die Europäische Union oder die im Rahmen dieser Verträge beschlossenen Maßnahmen berühren in keiner Weise das Recht des Vereinigten Königreichs, solche Kontrollen ein- oder durchzuführen. Wird im vorliegenden Artikel auf das Vereinigte Königreich Bezug genommen, so gilt diese Bezugnahme auch für die Gebiete, für deren Außenbeziehungen das Vereinigte Königreich verantwortlich ist.

Artikel 2

Das Vereinigte Königreich und Irland können weiterhin untereinander Regelungen über den freien Personenverkehr zwischen ihren Hoheitsgebieten („einheitliches Reisegebiet") treffen, sofern die Rechte der in Artikel 1 Absatz 1 Buchstabe a dieses Protokolls genannten Personen in vollem Umfang gewahrt bleiben. Dementsprechend findet, solange sie solche Regelungen beibehalten, Artikel 1 dieses Protokolls unter denselben Bedingungen und Voraussetzungen wie im Falle des Vereinigten Königreichs auf Irland Anwendung. Die Artikel 26 und 77 des Vertrags über die Arbeitsweise der Europäischen Union oder andere Bestimmungen jenes Vertrags oder des Vertrags über die Europäische Union oder im Rahmen dieser Verträge beschlossene Maßnahmen berühren diese Regelungen in keiner Weise.

Artikel 3

Die übrigen Mitgliedstaaten dürfen an ihren Grenzen oder an allen Orten, an denen ihr Hoheitsgebiet betreten werden kann, solche Kontrollen bei Personen durchführen, die aus dem Vereinigten Königreich oder aus Gebieten, deren Außenbeziehungen für die in Artikel 1 dieses Protokolls genannten Zwecke in seiner Verantwortung liegen, oder aber, solange Artikel 1 dieses Protokolls für Irland gilt, aus Irland in ihr Hoheitsgebiet einreisen wollen.

Die Artikel 26 und 77 des Vertrags über die Arbeitsweise der Europäischen Union oder andere Bestimmungen jenes Vertrags oder des Vertrags über die Europäische Union oder im Rahmen dieser Verträge beschlossene Maßnahmen berühren in keiner Weise das Recht der übrigen Mitgliedstaaten, solche Kontrollen ein- oder durchzuführen.

PROTOKOLL (Nr. 21)

ÜBER DIE POSITION DES VEREINIGTEN KÖNIGREICHS UND IRLANDS HINSICHTLICH DES RAUMS DER FREIHEIT, DER SICHERHEIT UND DES RECHTS

DIE HOHEN VERTRAGSPARTEIEN –

IN DEM WUNSCH, bestimmte das Vereinigte Königreich und Irland betreffende Fragen zu regeln,

UNTER BERÜCKSICHTIGUNG des Protokolls über die Anwendung bestimmter Aspekte des Artikels 26 des Vertrags über die Arbeitsweise der Europäischen Union auf das Vereinigte Königreich und auf Irland –

SIND über folgende Bestimmungen ÜBEREINGEKOMMEN, die dem Vertrag über die Europäische Union und dem Vertrag über die Arbeitsweise der Europäischen Union beigefügt sind:

Artikel 1

Vorbehaltlich des Artikels 3 beteiligen sich das Vereinigte Königreich und Irland nicht an der Annahme von Maßnahmen durch den Rat, die nach dem Dritten Teil Titel V des Vertrags über die Arbeitsweise der Europäischen Union vorgeschlagen werden. Für Beschlüsse des Rates, die einstimmig angenommen werden müssen, ist die Zustimmung der Mitglieder des Rates mit Ausnahme der Vertreter der Regierungen des Vereinigten Königreichs und Irlands erforderlich.

Für die Zwecke dieses Artikels bestimmt sich die qualifizierte Mehrheit nach Artikel 238 Absatz 3 des Vertrags über die Arbeitsweise der Europäischen Union.

Artikel 2

Entsprechend Artikel 1 und vorbehaltlich der Artikel 3, 4 und 6 sind Vorschriften des Dritten Teils Titel V des Vertrags über die Arbeitsweise der Europäischen Union, nach jenem Titel beschlossene Maßnahmen, Vorschriften internationaler Übereinkünfte, die von der Union nach jenem Titel geschlossen werden, sowie Entscheidungen des Gerichtshofs der Europäischen Union, in denen solche Vorschriften oder Maßnahmen ausgelegt werden, für das Vereinigte Königreich oder Irland nicht bindend oder anwendbar; und diese Vorschriften, Maßnahmen oder Entscheidungen berühren in keiner Weise die Zuständigkeiten, Rechte und Pflichten dieser Staaten; ebenso wenig berühren diese Vorschriften, Maßnahmen oder Entscheidungen in irgendeiner Weise den Besitzstand der Gemeinschaft oder der Union oder sind sie Teil des Unionsrechts, soweit sie auf das Vereinigte Königreich und Irland Anwendung finden.

Artikel 3

(1) Das Vereinigte Königreich oder Irland kann dem Präsidenten des Rates innerhalb von drei Monaten nach der Vorlage eines Vorschlags oder einer Initiative nach dem Dritten Teil Titel V des Vertrags über die Arbeitsweise der Europäischen Union beim Rat schriftlich mitteilen, dass es sich an der Annahme und Anwendung der betreffenden Maßnahme beteiligen möchte, was dem betreffenden Staat daraufhin gestattet ist.

Für Beschlüsse des Rates, die einstimmig angenommen werden müssen, ist die Zustimmung aller Mitglieder des Rates mit Ausnahme der Mitglieder, die keine solche Mitteilung gemacht haben, erforderlich. Eine nach diesem Absatz beschlossene Maßnahme ist für alle an der Annahme beteiligten Mitgliedstaaten bindend.

Die Bedingungen für eine Beteiligung des Vereinigten Königreichs und Irlands an den Bewertungen, die die unter den Dritten Teil Titel V des Vertrags über die Arbeitsweise der Europäischen Union fallenden Bereiche betreffen, werden in den nach Artikel 70 des genannten Vertrags erlassenen Maßnahmen geregelt.

Für die Zwecke dieses Artikels bestimmt sich die qualifizierte Mehrheit nach Artikel 238 Absatz 3 des Vertrags über die Arbeitsweise der Europäischen Union.

(2) Kann eine Maßnahme nach Absatz 1 nicht innerhalb eines angemessenen Zeitraums mit Beteiligung des Vereinigten Königreichs oder Irlands angenommen werden, so kann der Rat die betreffende Maßnahme nach Artikel 1 ohne Beteiligung des Vereinigten Königreichs oder Irlands annehmen. In diesem Fall findet Artikel 2 Anwendung.

Artikel 4

Das Vereinigte Königreich oder Irland kann nach der Annahme einer Maßnahme nach dem Dritten Teil Titel V des Vertrags über die Arbeitsweise der Europäischen Union durch den Rat dem Rat und der Kommission jederzeit mitteilen, dass es die Maßnahme anzunehmen wünscht. In diesem Fall findet das in Artikel 331 Absatz 1 des Vertrags über die Arbeitsweise der Europäischen Union vorgesehene Verfahren sinngemäß Anwendung.

Artikel 4a

(1) Die Bestimmungen dieses Protokolls gelten für das Vereinigte Königreich und Irland auch für nach dem Dritten Teil Titel V des Vertrags über die Arbeitsweise der Europäischen Union vorgeschlagene oder erlassene Maßnahmen, mit denen eine bestehende Maßnahme, die für sie bindend ist, geändert wird.

(2) In Fällen, in denen der Rat auf Vorschlag der Kommission feststellt, dass die Nichtbeteiligung des Vereinigten Königreichs oder Irlands an der geänderten Fassung einer bestehenden Maßnahme die Anwendung dieser Maßnahme für andere Mitgliedstaaten oder die Union unpraktikabel macht, kann er das Vereinigte Königreich bzw. Irland nachdrücklich ersuchen, eine Mitteilung nach Artikel 3 oder Artikel 4 vorzunehmen. Für die Zwecke des Artikels 3 beginnt ab dem Tag, an dem der Rat die Feststellung trifft, eine weitere Frist von zwei Monaten.

Hat das Vereinigte Königreich oder Irland bei Ablauf der Frist von zwei Monaten ab der Feststellung des Rates keine Mitteilung nach Artikel 3 oder Artikel 4 vorgenommen, so ist die bestehende Maßnahme für den betreffenden Mitgliedstaat weder bindend noch anwendbar, es sei denn, er nimmt vor dem Inkrafttreten der Änderungsmaßnahme eine Mitteilung nach Artikel 4 vor. Dies gilt mit Wirkung ab dem Tag des Inkrafttretens der Änderungsmaßnahme oder ab dem Tag des Ablaufs der Frist von zwei Monaten, je nachdem, welcher Zeitpunkt später liegt.

Für die Zwecke dieses Absatzes beschließt der Rat nach eingehender Erörterung der Angelegenheit mit der qualifizierten Mehrheit derjenigen Mitglieder des Rates, die Mitgliedstaaten vertreten, die sich an der Annahme der Änderungsmaßnahme beteiligen oder beteiligt haben. Die qualifizierte Mehrheit des Rates bestimmt sich nach Artikel 238 Absatz 3 Buchstabe a des Vertrags über die Arbeitsweise der Europäischen Union.

(3) Der Rat kann mit qualifizierter Mehrheit auf Vorschlag der Kommission festlegen, dass das Vereinigte Königreich oder Irland etwaige unmittelbare finanzielle Folgen zu tragen hat, die sich zwangsläufig und unvermeidbar daraus ergeben, dass sich das Vereinigte Königreich bzw. Irland nicht mehr an der bestehenden Maßnahme beteiligt.

(4) Dieser Artikel lässt Artikel 4 unberührt.

Artikel 5

Ein Mitgliedstaat, der durch eine nach dem Dritten Teil Titel V des Vertrags über die Arbeitsweise der Europäischen Union beschlossene Maßnahme nicht gebunden ist, hat außer den für die Organe sich ergebenden Verwaltungskosten keine finanziellen Folgen dieser Maßnahme zu tragen, sofern der Rat nicht mit allen seinen Mitgliedern nach Anhörung des Europäischen Parlaments einstimmig etwas anderes beschließt.

Artikel 6

In Fällen, in denen nach diesem Protokoll das Vereinigte Königreich oder Irland durch eine vom Rat nach dem Dritten Teil Titel V des Vertrags über die Arbeitsweise der Europäischen Union beschlossene Maßnahme gebunden ist, gelten hinsichtlich dieser Maßnahme für den betreffenden Staat die einschlägigen Bestimmungen der Verträge.

Artikel 6a

Die auf der Grundlage des Artikels 16 des Vertrags über die Arbeitsweise der Europäischen Union festgelegten Vorschriften über die Verarbeitung personenbezogener Daten durch die Mitgliedstaaten im Rahmen der Ausübung von Tätigkeiten, die in den Anwendungsbereich des Dritten Teils Titel V Kapitel 4 und 5 des genannten Vertrags fallen, werden für das Vereinigte Königreich und Irland nicht bindend sein, wenn das Vereinigte Königreich und Irland nicht durch Unionsvorschriften gebunden sind, die Formen der justiziellen Zusammenarbeit in Strafsachen oder der polizeilichen Zusammenarbeit regeln, in deren Rahmen die auf der Grundlage des Artikels 16 festgelegten Vorschriften eingehalten werden müssen.

Artikel 7

Die Artikel 3, 4 und 4a berühren nicht das Protokoll über den in den Rahmen der Europäischen Union einbezogenen Schengen-Besitzstand.

Artikel 8

Irland kann dem Rat schriftlich mitteilen, dass dieses Protokoll nicht mehr für Irland gelten soll. In diesem Fall gelten für Irland die üblichen Vertragsbestimmungen.

Artikel 9

Im Falle Irlands gilt dieses Protokoll nicht für Artikel 75 des Vertrags über die Arbeitsweise der Europäischen Union.

PROTOKOLL (Nr. 22)
ÜBER DIE POSITION DÄNEMARKS

DIE HOHEN VERTRAGSPARTEIEN –

UNTER BERUFUNG auf den Beschluss der am 12. Dezember 1992 in Edinburgh im Europäischen Rat vereinigten Staats- und Regierungschefs zu bestimmten von Dänemark aufgeworfenen Problemen betreffend den Vertrag über die Europäische Union,

IN KENNTNIS der in dem Beschluss von Edinburgh festgelegten Haltung Dänemarks in Bezug auf die Unionsbürgerschaft, die Wirtschafts- und Währungsunion sowie auf die Verteidigungspolitik und die Bereiche Justiz und Inneres,

IN DEM BEWUSSTSEIN, dass Dänemarks Beteiligung an wichtigen Bereichen der Zusammenarbeit in der Union erheblich eingeschränkt wird, wenn die auf den Beschluss von Edinburgh zurückgehende Rechtsregelung im Rahmen der Verträge fortgesetzt wird, und dass es im Interesse der Union liegt, die uneingeschränkte Anwendung des Besitzstands im Raum der Freiheit, der Sicherheit und des Rechts zu gewährleisten,

IN DEM WUNSCH, aufgrund dessen einen Rechtsrahmen festzulegen, der Dänemark die Option bieten wird, sich am Erlass von Maßnahmen zu beteiligen, die auf der Grundlage des Dritten Teils Titel V des Vertrags über die Arbeitsweise der Europäischen Union vorgeschlagen werden, und die Absicht Dänemarks begrüßend, wenn möglich von dieser Option im Einklang mit seinen verfassungsrechtlichen Vorschriften Gebrauch zu machen,

IN ANBETRACHT DESSEN, dass Dänemark die anderen Mitgliedstaaten nicht daran hindern wird, ihre Zusammenarbeit in Bezug auf Maßnahmen, die für Dänemark nicht bindend sind, weiter auszubauen,

EINGEDENK des Artikels 3 des Protokolls über den in den Rahmen der Europäischen Union einbezogenen Schengen-Besitzstand –

SIND über folgende Bestimmungen ÜBEREINGEKOMMEN, die dem Vertrag über die Europäische Union und dem Vertrag über die Arbeitsweise der Europäischen Union beigefügt sind:

TEIL I

Artikel 1

Dänemark beteiligt sich nicht an der Annahme von Maßnahmen durch den Rat, die nach dem Dritten Teil Titel V des Vertrags über die Arbeitsweise der Europäischen Union vorgeschlagen werden. Für Beschlüsse des Rates, die einstimmig angenommen werden müssen, ist die Zustimmung der Mitglieder des Rates mit Ausnahme des Vertreters der Regierung Dänemarks erforderlich.

Für die Zwecke dieses Artikels bestimmt sich die qualifizierte Mehrheit nach Artikel 238 Absatz 3 des Vertrags über die Arbeitsweise der Europäischen Union.

Artikel 2

Vorschriften des Dritten Teils Titel V des Vertrags über die Arbeitsweise der Europäischen Union, nach jenem Titel beschlossene Maßnahmen, Vorschriften internationaler Übereinkünfte, die von der Union nach jenem Titel geschlossen werden, sowie Entscheidungen des Gerichtshofs der Europäischen Union, in denen solche Vorschriften oder Maßnahmen oder nach jenem Titel geänderte oder änderbare Maßnahmen ausgelegt werden, sind für Dänemark nicht bindend oder anwendbar. Diese Vorschriften, Maßnahmen oder Entscheidungen berühren in keiner Weise die Zuständigkeiten, Rechte und Pflichten Dänemarks; ebenso wenig berühren diese Vorschriften, Maßnahmen oder Entscheidungen in irgendeiner Weise den Besitzstand der Gemeinschaft oder der Union oder sind sie Teil des Unionsrechts, soweit sie auf Dänemark Anwendung finden. Insbesondere sind Rechtsakte der Union auf dem Gebiet der polizeilichen und justiziellen Zusammenarbeit in Strafsachen, die vor dem Inkrafttreten des Vertrags von Lissabon angenommen wurden und die geändert werden, für Dänemark ohne die Änderungen weiterhin bindend und anwendbar.

Artikel 2a

Artikel 2 dieses Protokolls gilt auch für die auf der Grundlage des Artikels 16 des Vertrags über die Arbeitsweise der Europäischen Union festgelegten Vorschriften über die Verarbeitung personenbezogener Daten durch die Mitgliedstaaten im Rahmen der Ausübung von Tätigkeiten, die in den Anwendungsbereich des Dritten Teils Titel V Kapitel 4 und 5 des genannten Vertrags fallen.

Artikel 3

Dänemark hat außer den für die Organe sich ergebenden Verwaltungskosten keine finanziellen Folgen von Maßnahmen nach Artikel 1 zu tragen.

Artikel 4

(1) Dänemark beschließt innerhalb von sechs Monaten, nachdem der Rat über einen Vorschlag oder eine Initiative zur Ergänzung des Schengen-Besitzstands nach diesem Teil beschlossen hat, ob es diese Maßnahme in einzelstaatliches Recht umsetzt. Fasst es einen solchen Beschluss, so begründet diese Maßnahme eine Verpflichtung nach dem Völkerrecht zwischen Dänemark und den übrigen Mitgliedstaaten, für die diese Maßnahme bindend ist.

(2) Beschließt Dänemark, eine Maßnahme des Rates nach Absatz 1 nicht umzusetzen, so werden die Mitgliedstaaten, für die diese Maßnahme bindend ist, und Dänemark prüfen, welche Maßnahmen zu treffen sind.

TEIL II

Artikel 5

Hinsichtlich der vom Rat im Bereich des Artikels 26 Absatz 1, des Artikels 42 und der Artikel 43 bis 46 des Vertrags über die Europäische Union angenommenen Maßnahmen beteiligt sich Dänemark nicht an der Ausarbeitung und Durchführung von Beschlüssen und Maßnahmen der Union, die verteidigungspolitische Bezüge haben. Dänemark nimmt daher nicht an der Annahme dieser Maßnahmen teil. Es wird die anderen Mitgliedstaaten nicht daran hindern, ihre Zusammenarbeit auf diesem Gebiet weiter auszubauen. Dänemark ist nicht verpflichtet, zur Finanzierung operativer Ausgaben beizutragen, die als Folge solcher Maßnahmen anfallen, oder der Union militärische Fähigkeiten zur Verfügung zu stellen.

Für Rechtsakte des Rates, die einstimmig erlassen werden müssen, ist die Zustimmung der Mitglieder des Rates mit Ausnahme des Vertreters der Regierung Dänemarks erforderlich.

Für die Zwecke dieses Artikels bestimmt sich die qualifizierte Mehrheit nach Artikel 238 Absatz 3 des Vertrags über die Arbeitsweise der Europäischen Union.

TEIL III

Artikel 6

Die Artikel 1, 2 und 3 finden keine Anwendung auf Maßnahmen zur Bestimmung derjenigen Drittländer, deren Staatsangehörige beim Überschreiten der Außengrenzen der Mitgliedstaaten im Besitz eines Visums sein müssen, sowie auf Maßnahmen zur einheitlichen Visumgestaltung.

TEIL IV

Artikel 7

Dänemark kann den übrigen Mitgliedstaaten im Einklang mit seinen verfassungsrechtlichen Vorschriften jederzeit mitteilen, dass es von diesem Protokoll insgesamt oder zum Teil keinen Gebrauch mehr machen will. In diesem Fall wird Dänemark sämtliche im Rahmen der Europäischen Union getroffenen einschlägigen Maßnahmen, die bis dahin in Kraft getreten sind, in vollem Umfang anwenden.

Artikel 8

(1) Dänemark kann jederzeit unbeschadet des Artikels 7 den anderen Mitgliedstaaten im Einklang mit seinen verfassungsrechtlichen Vorschriften mitteilen, dass ab dem ersten Tag des auf die Mitteilung folgenden Monats Teil I dieses Protokolls aus den Bestimmungen im Anhang zu diesem Protokoll besteht. In diesem Fall werden die Artikel 5 bis 8 entsprechend umnummeriert.

(2) Sechs Monate nach dem Tag, an dem die Mitteilung nach Absatz 1 wirksam wird, sind der gesamte Schengen-Besitzstand und alle zur Ergänzung dieses Besitzstands erlassenen Maßnahmen, die für Dänemark bis dahin als Verpflichtungen im Rahmen des Völkerrechts bindend waren, für Dänemark als Unionsrecht bindend.

ANHANG

Artikel 1

Vorbehaltlich des Artikels 3 beteiligt sich Dänemark nicht am Erlass von Maßnahmen durch den Rat, die nach dem Dritten Teil Titel V des Vertrags über die Arbeitsweise der Europäischen Union vorgeschlagen werden. Für Rechtsakte des Rates, die einstimmig erlassen werden müssen, ist die Zustimmung der Mitglieder des Rates mit Ausnahme des Vertreters der Regierung Dänemarks erforderlich.

Für die Zwecke dieses Artikels bestimmt sich die qualifizierte Mehrheit nach Artikel 238 Absatz 3 des Vertrags über die Arbeitsweise der Europäischen Union.

Artikel 2

Entsprechend Artikel 1 und vorbehaltlich der Artikel 3, 4 und 8 sind Vorschriften des Dritten Teils Titel V des Vertrags über die Arbeitsweise der Europäischen Union, nach jenem Titel erlassene Maßnahmen, Vorschriften internationaler Übereinkünfte, die von der Union nach jenem Titel geschlossen werden, sowie Entscheidungen des Gerichtshofs der Europäischen Union, in denen solche Vorschriften oder Maßnahmen ausgelegt werden, für Dänemark nicht bindend oder anwendbar. Diese Vorschriften, Maßnahmen oder Entscheidungen berühren in keiner Weise die Zuständigkeiten, Rechte und Pflichten Dänemarks. Diese Vorschriften, Maßnahmen oder Entscheidungen verändern in keiner Weise den Besitzstand der Gemeinschaft oder der Union und sind nicht Teil des Unionsrechts, soweit sie auf Dänemark Anwendung finden.

Artikel 3

(1) Dänemark kann dem Präsidenten des Rates innerhalb von drei Monaten nach der Vorlage beim Rat eines Vorschlags oder einer Initiative nach dem Dritten Teil Titel V des Vertrags über die Arbeitsweise der Europäischen Union schriftlich mitteilen, dass es sich am Erlass und an der Anwendung der betreffenden Maßnahme beteiligen möchte; dies ist Dänemark daraufhin gestattet.

(2) Kann eine Maßnahme nach Absatz 1 nach Ablauf eines angemessenen Zeitraums nicht mit Beteiligung Dänemarks erlassen werden, so kann der Rat die Maßnahme nach Artikel 1 ohne Beteiligung Dänemarks erlassen. In diesem Fall findet Artikel 2 Anwendung.

Artikel 4

Dänemark kann nach Erlass einer Maßnahme nach dem Dritten Teil Titel V des Vertrags über die Arbeitsweise der Europäischen Union dem Rat und der Kommission jederzeit mitteilen, dass es die Maßnahme anzunehmen wünscht. In diesem Fall findet das in Artikel 331 Absatz 1 des genannten Vertrags vorgesehene Verfahren sinngemäß Anwendung.

Artikel 5

(1) Die Bestimmungen dieses Protokolls gelten für Dänemark auch für nach dem Dritten Teil Titel V des Vertrags über die Arbeitsweise der Europäischen Union vorgeschlagene oder erlassene Maßnahmen, mit denen eine bestehende Maßnahme, die für Dänemark bindend ist, geändert wird.

(2) In Fällen, in denen der Rat auf Vorschlag der Kommission feststellt, dass durch die Nichtbeteiligung Dänemarks an der geänderten Fassung einer bestehenden Maßnahme die Durchführung dieser Maßnahme für andere Mitgliedstaaten oder die Union nicht mehr möglich ist, kann er Dänemark jedoch nachdrücklich ersuchen, eine Mitteilung nach Artikel 3 oder Artikel 4 vorzunehmen. Für die Zwecke des Artikels 3 beginnt ab dem Tag, an dem der Rat die Feststellung trifft, eine weitere Frist von zwei Monaten.

Hat Dänemark bei Ablauf der Frist von zwei Monaten ab dem Zeitpunkt der Feststellung des Rates keine Mitteilung nach Artikel 3 oder Artikel 4 vorgenommen, so ist die bestehende Maßnahme für Dänemark nicht mehr bindend und nicht mehr anwendbar, es sei denn, Dänemark nimmt vor dem Inkrafttreten der Änderungsmaßnahme eine Mitteilung nach Artikel 4 vor. Dies gilt mit Wirkung ab dem Tag des Inkrafttretens der Änderungsmaßnahme oder ab dem Tag des Ablaufs der Frist von zwei Monaten, je nachdem, welcher Zeitpunkt später liegt.

Für die Zwecke dieses Absatzes beschließt der Rat nach eingehender Erörterung der Angelegenheit mit der qualifizierten Mehrheit derjenigen Mitglieder des Rates, die Mitgliedstaaten vertreten, die sich an der Annahme der Änderungsmaßnahme beteiligen oder beteiligt haben. Die qualifizierte Mehrheit des Rates bestimmt sich nach Artikel 238 Absatz 3 Buchstabe a des Vertrags über die Arbeitsweise der Europäischen Union.

(3) Der Rat kann mit qualifizierter Mehrheit auf Vorschlag der Kommission festlegen, dass Dänemark etwaige unmittelbare finanzielle Folgen zu tragen hat, die sich zwangsläufig und unvermeidbar daraus ergeben, dass Dänemark sich nicht mehr an der bestehenden Maßnahme beteiligt.

(4) Dieser Artikel lässt Artikel 4 unberührt.

Artikel 6

(1) Die Mitteilung nach Artikel 4 hat spätestens sechs Monate nach dem endgültigen Erlass einer Maßnahme zu erfolgen, wenn diese Maßnahme eine Ergänzung des Schengen-Besitzstands darstellt.

Erfolgt von Dänemark keine Mitteilung nach Artikel 3 oder Artikel 4 zu Maßnahmen, die eine Ergänzung des SchengenBesitzstands darstellen, so werden die Mitgliedstaaten, für die die Maßnahme bindend ist, und Dänemark prüfen, welche Schritte zu unternehmen sind.

(2) Eine Mitteilung nach Artikel 3 zu Maßnahmen, die eine Ergänzung des Schengen-Besitzstands darstellen, gilt unwiderruflich als Mitteilung nach Artikel 3 zu weiteren Vorschlägen oder Initiativen, mit denen diese Maßnahmen ergänzt werden sollen, sofern diese Vorschläge oder Initiativen eine Ergänzung des Schengen-Besitzstands darstellen.

Artikel 7

Die auf der Grundlage des Artikels 16 des Vertrags über die Arbeitsweise der Europäischen Union festgelegten Vorschriften über die Verarbeitung personenbezogener Daten durch die Mitgliedstaaten im Rahmen der Ausübung von Tätigkeiten, die in den Anwendungsbereich des Dritten Teils Titel V Kapitel 4 und 5 des genannten Vertrags fallen, werden für Dänemark nicht bindend sein, wenn Dänemark nicht durch Unionsvorschriften gebunden ist, die Formen der justiziellen Zusammenarbeit in Strafsachen oder der polizeilichen Zusammenarbeit regeln, in deren Rahmen die auf der Grundlage des Artikels 16 festgelegten Vorschriften eingehalten werden müssen.

Artikel 8

In Fällen, in denen nach diesem Teil Dänemark durch eine vom Rat nach dem Dritten Teil Titel V des Vertrags über die Arbeitsweise der Europäischen Union erlassene Maßnahme gebunden ist, gelten hinsichtlich dieser Maßnahme für Dänemark die einschlägigen Bestimmungen der Verträge.

Artikel 9

Ist Dänemark durch eine nach dem Dritten Teil Titel V des Vertrags über die Arbeitsweise der Europäischen Union erlassene Maßnahme nicht gebunden, so hat es außer den sich für die Organe ergebenden Verwaltungskosten keine finanziellen Folgen dieser Maßnahme zu tragen, es sei denn, der Rat beschließt mit Einstimmigkeit aller seiner Mitglieder nach Anhörung des Europäischen Parlaments etwas anderes.

PROTOKOLL (Nr. 23)

ÜBER DIE AUSSENBEZIEHUNGEN DER MITGLIEDSTAATEN HINSICHTLICH DES ÜBERSCHREITENS DER AUSSENGRENZEN

DIE HOHEN VERTRAGSPARTEIEN –

EINGEDENK der Notwendigkeit, dass die Mitgliedstaaten, gegebenenfalls in Zusammenarbeit mit Drittländern, für wirksame Kontrollen an ihren Außengrenzen sorgen –

SIND über folgende Bestimmungen ÜBEREINGEKOMMEN, die dem Vertrag über die Europäische Union und dem Vertrag über die Arbeitsweise der Europäischen Union beigefügt sind:

Die in Artikel 77 Absatz 2 Buchstabe b des Vertrags über die Arbeitsweise der Europäischen Union aufgenommenen Bestimmungen über Maßnahmen in Bezug auf das Überschreiten der Außengrenzen berühren nicht die Zuständigkeit der Mitgliedstaaten für die Aushandlung und den Abschluss von Übereinkünften mit Drittländern, sofern sie mit den Rechtsvorschriften der Union und anderen in Betracht kommenden internationalen Übereinkünften in Einklang stehen.

PROTOKOLL (Nr. 24)

ÜBER DIE GEWÄHRUNG VON ASYL FÜR STAATSANGEHÖRIGE VON MITGLIEDSTAATEN DER EUROPÄISCHEN UNION

DIE HOHEN VERTRAGSPARTEIEN –

IN DER ERWÄGUNG, dass die Union nach Artikel 6 Absatz 1 des Vertrags über die Europäische Union die Rechte, Freiheiten und Grundsätze anerkennt, die in der Charta der Grundrechte der Europäischen Union enthalten sind,

IN DER ERWÄGUNG, dass die Grundrechte nach Artikel 6 Absatz 3 des Vertrags über die Europäische Union, wie sie in der Europäischen Konvention zum Schutz der Menschenrechte und Grundfreiheiten gewährleistet sind, als allgemeine Grundsätze zum Unionsrecht gehören,

IN DER ERWÄGUNG, dass der Gerichtshof der Europäischen Union dafür zuständig ist, sicherzustellen, dass die Union bei der Auslegung und Anwendung des Artikels 6 Absätze 1 und 3 des Vertrags über die Europäische Union die Rechtsvorschriften einhält,

IN DER ERWÄGUNG, dass nach Artikel 49 des Vertrags über die Europäische Union jeder europäische Staat, der beantragt, Mitglied der Union zu werden, die in Artikel 2 des Vertrags über die Europäische Union genannten Werte achten muss,

EINGEDENK dessen, dass Artikel 7 des Vertrags über die Europäische Union ein Verfahren für die Aussetzung bestimmter Rechte im Falle einer schwerwiegenden und anhaltenden Verletzung dieser Werte durch einen Mitgliedstaat vorsieht,

UNTER HINWEIS darauf, dass jeder Staatsangehörige eines Mitgliedstaats als Unionsbürger einen besonderen Status und einen besonderen Schutz genießt, welche die Mitgliedstaaten gemäß dem Zweiten Teil des Vertrags über die Arbeitsweise der Europäischen Union gewährleisten,

IN DEM BEWUSSTSEIN, dass die Verträge einen Raum ohne Binnengrenzen schaffen und jedem Unionsbürger das Recht gewähren, sich im Hoheitsgebiet der Mitgliedstaaten frei zu bewegen und aufzuhalten,

IN DEM WUNSCH, zu verhindern, dass Asyl für andere als die vorgesehenen Zwecke in Anspruch genommen wird,

IN DER ERWÄGUNG, dass dieses Protokoll den Zweck und die Ziele des Genfer Abkommens vom 28. Juli 1951 über die Rechtsstellung der Flüchtlinge beachtet –

SIND über folgende Bestimmungen ÜBEREINGEKOMMEN, die dem Vertrag über die Europäische Union und dem Vertrag über die Arbeitsweise der Europäischen Union beigefügt sind:

Einziger Artikel

In Anbetracht des Niveaus des Schutzes der Grundrechte und Grundfreiheiten in den Mitgliedstaaten der Europäischen Union gelten die Mitgliedstaaten füreinander für alle rechtlichen und praktischen Zwecke im Zusammenhang mit Asylangelegenheiten als sichere Herkunftsländer. Dementsprechend darf ein Asylantrag eines Staatsangehörigen eines Mitgliedstaats von einem anderen Mitgliedstaat nur berücksichtigt oder zur Bearbeitung zugelassen werden,

a) wenn der Mitgliedstaat, dessen Staatsangehöriger der Antragsteller ist, nach Inkrafttreten des Vertrags von Amsterdam Artikel 15 der Konvention zum Schutze der Menschenrechte und Grundfreiheiten anwendet und Maßnahmen ergreift, die in seinem Hoheitsgebiet die in der Konvention vorgesehenen Verpflichtungen außer Kraft setzen;

b) wenn das Verfahren des Artikels 7 Absatz 1 des Vertrags über die Europäische Union eingeleitet worden ist und bis der Rat oder gegebenenfalls der Europäische Rat diesbezüglich einen Beschluss im Hinblick auf den Mitgliedstaat, dessen Staatsangehöriger der Antragsteller ist, gefasst hat;

c) wenn der Rat einen Beschluss nach Artikel 7 Absatz 1 des Vertrags über die Europäische Union im Hinblick auf den Mitgliedstaat, dessen Staatsangehöriger der Antragsteller ist, erlassen hat, oder wenn der Europäische Rat einen Beschluss nach Artikel 7 Absatz 2 des genannten Vertrags im Hinblick auf den Mitgliedstaat, dessen Staatsangehöriger der Antragsteller ist, erlassen hat;

d) wenn ein Mitgliedstaat in Bezug auf den Antrag eines Staatsangehörigen eines anderen Mitgliedstaats einseitig einen solchen Beschluss fasst; in diesem Fall wird der Rat umgehend unterrichtet; bei der Prüfung des Antrags wird von der Vermutung ausgegangen, dass der Antrag offensichtlich unbegründet ist, ohne dass die Entscheidungsbefugnis des Mitgliedstaats in irgendeiner Weise beeinträchtigt wird.

PROTOKOLL (Nr. 25)

ÜBER DIE AUSÜBUNG DER GETEILTEN ZUSTÄNDIGKEIT

DIE HOHEN VERTRAGSPARTEIEN –

SIND über folgende Bestimmungen ÜBEREINGEKOMMEN, die dem Vertrag über die Europäische Union und dem Vertrag über die Arbeitsweise der Europäischen Union beigefügt sind:

Einziger Artikel

Ist die Union in einem bestimmten Bereich im Sinne des Artikels 2 Absatz 2 des Vertrags über die Arbeitsweise der Europäischen Union betreffend die geteilte Zuständigkeit tätig geworden, so erstreckt sich die Ausübung der Zuständigkeit nur auf die durch den entsprechenden Rechtsakt der Union geregelten Elemente und nicht auf den gesamten Bereich.

PROTOKOLL (Nr. 26)

ÜBER DIENSTE VON ALLGEMEINEM INTERESSE

DIE HOHEN VERTRAGSPARTEIEN –

IN DEM WUNSCH, die Bedeutung der Dienste von allgemeinem Interesse hervorzuheben –

SIND über folgende auslegende Bestimmungen ÜBEREINGEKOMMEN, die dem Vertrag über die Europäische Union und dem Vertrag über die Arbeitsweise der Europäischen Union beigefügt sind:

Artikel 1

Zu den gemeinsamen Werten der Union in Bezug auf Dienste von allgemeinem wirtschaftlichem Interesse im Sinne des Artikels 14 des Vertrags über die Arbeitsweise der Europäischen Union zählen insbesondere:

– die wichtige Rolle und der weite Ermessensspielraum der nationalen, regionalen und lokalen Behörden in der Frage, wie Dienste von allgemeinem wirtschaftlichem Interesse auf eine den Bedürfnissen der Nutzer so gut wie möglich entsprechende Weise zur Verfügung zu stellen, in Auftrag zu geben und zu organisieren sind;
– die Vielfalt der jeweiligen Dienstleistungen von allgemeinem wirtschaftlichem Interesse und die Unterschiede bei den Bedürfnissen und Präferenzen der Nutzer, die aus unterschiedlichen geografischen, sozialen oder kulturellen Gegebenheiten folgen können;
– ein hohes Niveau in Bezug auf Qualität, Sicherheit und Bezahlbarkeit, Gleichbehandlung und Förderung des universellen Zugangs und der Nutzerrechte.

Artikel 2

Die Bestimmungen der Verträge berühren in keiner Weise die Zuständigkeit der Mitgliedstaaten, nichtwirtschaftliche Dienste von allgemeinem Interesse zur Verfügung zu stellen, in Auftrag zu geben und zu organisieren.

PROTOKOLL (Nr. 27)

ÜBER DEN BINNENMARKT UND DEN WETTBEWERB

DIE HOHEN VERTRAGSPARTEIEN –

UNTER BERÜCKSICHTIGUNG der Tatsache, dass der Binnenmarkt, wie er in Artikel 3 des Vertrags über die Europäische Union beschrieben wird, ein System umfasst, das den Wettbewerb vor Verfälschungen schützt –

SIND ÜBEREINGEKOMMEN, dass

für diese Zwecke die Union erforderlichenfalls nach den Bestimmungen der Verträge, einschließlich des Artikels 352 des Vertrags über die Arbeitsweise der Europäischen Union, tätig wird.

Dieses Protokoll wird dem Vertrag über die Europäische Union und dem Vertrag über die Arbeitsweise der Europäischen Union beigefügt.

PROTOKOLL (Nr. 28)

ÜBER DEN WIRTSCHAFTLICHEN, SOZIALEN UND TERRITORIALEN

ZUSAMMENHALT

DIE HOHEN VERTRAGSPARTEIEN –

UNTER HINWEIS darauf, dass in Artikel 3 des Vertrags über die Europäische Union unter anderen Zielen die Förderung des wirtschaftlichen, sozialen und territorialen Zusammenhalts und der Solidarität zwischen den Mitgliedstaaten erwähnt ist und dass dieser Zusammenhalt zu den in Artikel 4 Absatz 2 Buchstabe c des Vertrags über die Arbeitsweise der Europäischen Union aufgeführten Bereichen gehört, in denen die Union über geteilte Zuständigkeit verfügt,

UNTER HINWEIS darauf, dass der Dritte Teil Titel XVIII über den wirtschaftlichen, sozialen und territorialen Zusammenhalt insgesamt die Rechtsgrundlage für die Konsolidierung und Weiterentwicklung der Unionstätigkeit im Bereich des wirtschaftlichen, sozialen und territorialen Zusammenhalts, einschließlich der Schaffung eines neuen Fonds, darstellt;

UNTER HINWEIS darauf, dass in Artikel 177 des Vertrags über die Arbeitsweise der Europäischen Union die Einrichtung eines Kohäsionsfonds vorgesehen ist,

IN ANBETRACHT dessen, dass die EIB erhebliche und noch steigende Beträge zugunsten der ärmeren Gebiete ausleiht;

IN ANBETRACHT des Wunsches nach größerer Flexibilität bei den Regelungen für die Zuweisungen aus den Strukturfonds;

IN ANBETRACHT des Wunsches nach einer Differenzierung der Höhe der Unionsbeteiligung an den Programmen und Vorhaben in bestimmten Ländern;

ANGESICHTS des Vorschlags, dem relativen Wohlstand der Mitgliedstaaten im Rahmen des Systems der eigenen Mittel stärker Rechnung zu tragen –

BEKRÄFTIGEN, dass die Förderung des wirtschaftlichen, sozialen und territorialen Zusammenhalts für die umfassende Entwicklung und den dauerhaften Erfolg der Union wesentlich ist;

BEKRÄFTIGEN ihre Überzeugung, dass die Strukturfonds bei der Erreichung der Unionsziele hinsichtlich des Zusammenhalts weiterhin eine gewichtige Rolle zu spielen haben;

BEKRÄFTIGEN ihre Überzeugung, dass die EIB weiterhin den Großteil ihrer Mittel für die Förderung des wirtschaftlichen, sozialen und territorialen Zusammenhalts einsetzen sollte, und erklären sich bereit, den Kapitalbedarf der EIB zu überprüfen, sobald dies für diesen Zweck notwendig ist;

VEREINBAREN, dass der Kohäsionsfonds finanzielle Beiträge der Union für Vorhaben in den Bereichen Umwelt und transeuropäische Netze in Mitgliedstaaten mit einem Pro-Kopf-BSP von weniger als 90 v. H. des Unionsdurchschnitts bereitstellt, die ein Programm zur Erfüllung der in Artikel 126 des Vertrags über die Arbeitsweise der Europäischen Union genannten Bedingungen der wirtschaftlichen Konvergenz vorweisen;

BEKUNDEN ihre Absicht, ein größeres Maß an Flexibilität bei der Zuweisung von Finanzmitteln aus den Strukturfonds für besondere Bedürfnisse vorzusehen, die nicht von den derzeitigen Strukturfonds abgedeckt werden;

BEKUNDEN ihre Bereitschaft, die Höhe der Unionsbeteiligung an Programmen und Vorhaben im Rahmen der Strukturfonds zu differenzieren, um einen übermäßigen Anstieg der Haushaltsausgaben in den weniger wohlhabenden Mitgliedstaaten zu vermeiden;

ERKENNEN AN, dass die Fortschritte im Hinblick auf den wirtschaftlichen, sozialen und territorialen Zusammenhalt laufend überwacht werden müssen, und bekunden ihre Bereitschaft, alle dazu erforderlichen Maßnahmen zu prüfen;

ERKLÄREN ihre Absicht, der Beitragskapazität der einzelnen Mitgliedstaaten im Rahmen des Systems der Eigenmittel stärker Rechnung zu tragen und zu prüfen, wie für die weniger wohlhabenden Mitgliedstaaten regressive Elemente im derzeitigen System der Eigenmittel korrigiert werden können;

KOMMEN ÜBEREIN, dieses Protokoll dem Vertrag über die Europäische Union und dem Vertrag über die Arbeitsweise der Europäischen Union beizufügen.

PROTOKOLL (Nr. 29)

ÜBER DEN ÖFFENTLICH-RECHTLICHEN RUNDFUNK IN DEN MITGLIEDSTAATEN

DIE HOHEN VERTRAGSPARTEIEN –

IN DER ERWÄGUNG, dass der öffentlich-rechtliche Rundfunk in den Mitgliedstaaten unmittelbar mit den demokratischen, sozialen und kulturellen Bedürfnissen jeder Gesellschaft sowie mit dem Erfordernis verknüpft ist, den Pluralismus in den Medien zu wahren –

SIND über folgende auslegende Bestimmungen ÜBEREINGEKOMMEN, die dem Vertrag über die Europäische Union und dem Vertrag über die Arbeitsweise der Europäischen Union beigefügt sind:

Die Bestimmungen der Verträge berühren nicht die Befugnis der Mitgliedstaaten, den öffentlichrechtlichen Rundfunk zu finanzieren, sofern die Finanzierung der Rundfunkanstalten dem öffentlich-rechtlichen Auftrag, wie er von den Mitgliedstaaten den Anstalten übertragen, festgelegt und ausgestaltet wird, dient und die Handels- und Wettbewerbsbedingungen in der Union nicht in einem Ausmaß beeinträchtigt, das dem gemeinsamen Interesse zuwiderläuft, wobei den Erfordernissen der Erfüllung des öffentlich-rechtlichen Auftrags Rechnung zu tragen ist.

PROTOKOLL (Nr. 30)

ÜBER DIE ANWENDUNG DER CHARTA DER GRUNDRECHTE DER EUROPÄISCHEN UNION AUF POLEN UND DAS VEREINIGTE KÖNIGREICH

DIE HOHEN VERTRAGSPARTEIEN –

IN DER ERWÄGUNG, dass die Union in Artikel 6 des Vertrags über die Europäische Union die in der Charta der Grundrechte der Europäischen Union enthaltenen Rechte, Freiheiten und Grundsätze anerkennt;

IN DER ERWÄGUNG, dass die Charta streng im Einklang mit den Bestimmungen des genannten Artikels 6 und mit Titel VII der Charta anzuwenden ist;

IN DER ERWÄGUNG, dass der genannte Artikel 6 vorsieht, dass die Charta von den Gerichten Polens und des Vereinigten Königreichs streng im Einklang mit den in jenem Artikel erwähnten Erläuterungen anzuwenden und auszulegen ist;

IN DER ERWÄGUNG, dass die Charta sowohl Rechte als auch Grundsätze enthält,

IN DER ERWÄGUNG, dass die Charta sowohl Bestimmungen bürgerlicher und politischer Art als auch Bestimmungen wirtschaftlicher und sozialer Art enthält;

IN DER ERWÄGUNG, dass die Charta die in der Union anerkannten Rechte, Freiheiten und Grundsätze bekräftigt und diese Rechte besser sichtbar macht, aber keine neuen Rechte oder Grundsätze schafft;

EINGEDENK DER Verpflichtungen Polens und des Vereinigten Königreichs aufgrund des Vertrags über die Europäische Union, des Vertrags über die Arbeitsweise der Europäischen Union und des Unionsrechts im Allgemeinen;

IN KENNTNIS des Wunsches Polens und des Vereinigten Königreichs, bestimmte Aspekte der Anwendung der Charta zu klären;

demzufolge IN DEM WUNSCH, die Anwendung der Charta in Bezug auf die Gesetze und Verwaltungsmaßnahmen Polens und des Vereinigten Königreichs und die Frage der Einklagbarkeit in Polen und im Vereinigten Königreich zu klären;

IN BEKRÄFTIGUNG DESSEN, dass in diesem Protokoll enthaltene Bezugnahmen auf die Wirkungsweise spezifischer Bestimmungen der Charta auf keinen Fall die Wirkungsweise anderer Bestimmungen der Charta berühren;

IN BEKRÄFTIGUNG DESSEN, dass dieses Protokoll die Anwendung der Charta auf andere Mitgliedstaaten nicht berührt;

IN BEKRÄFTIGUNG DESSEN, dass dieses Protokoll andere Verpflichtungen Polens und des Vereinigten Königreichs aufgrund des Vertrags über die Europäische Union, des Vertrags über die Arbeitsweise der Europäischen Union und des Unionsrechts im Allgemeinen nicht berührt –

SIND über folgende Bestimmungen ÜBEREINGEKOMMEN, die dem Vertrag über die Europäische Union und dem Vertrag über die Arbeitsweise der Europäischen Union beigefügt sind:

Artikel 1

(1) Die Charta bewirkt keine Ausweitung der Befugnis des Gerichtshofs der Europäischen Union oder eines Gerichts Polens oder des Vereinigten Königreichs zu der Feststellung, dass die Rechts- und Verwaltungsvorschriften, die Verwaltungspraxis oder -maßnahmen Polens oder des Vereinigten Königreichs nicht mit den durch die Charta bekräftigten Grundrechten, Freiheiten und Grundsätzen im Einklang stehen.

(2) Insbesondere – und um jeden Zweifel auszuräumen – werden mit Titel IV der Charta keine für Polen oder das Vereinigte Königreich geltenden einklagbaren Rechte geschaffen, soweit Polen bzw. das Vereinigte Königreich solche Rechte nicht in seinem nationalen Recht vorgesehen hat.

Artikel 2

Wird in einer Bestimmung der Charta auf das innerstaatliche Recht und die innerstaatliche Praxis Bezug genommen, so findet diese Bestimmung auf Polen und das Vereinigte Königreich nur in dem Maße Anwendung, in dem die darin enthaltenen Rechte oder Grundsätze durch das Recht oder die Praxis Polens bzw. des Vereinigten Königreichs anerkannt sind.

PROTOKOLL (Nr. 31)

ÜBER DIE EINFUHR IN DEN NIEDERLÄNDISCHEN ANTILLEN RAFFINIERTER ERDÖLERZEUGNISSE IN DIE EUROPÄISCHE UNION

DIE HOHEN VERTRAGSPARTEIEN,

IN DEM WUNSCH nach einer näheren Regelung für den Handelsverkehr bei der Einfuhr von in den Niederländischen Antillen raffinierten Erdölerzeugnissen in die Union,

SIND über folgende Bestimmungen ÜBEREINGEKOMMEN, die dem Vertrag über die Europäische Union und dem Vertrag über die Arbeitsweise der Europäischen Union beigefügt sind:

Artikel 1

Dieses Protokoll gilt für die Erdölerzeugnisse der Tarifnummern 27.10, 27.11, 27.12, ex 27.13 (Paraffin, Petrolatum aus Erdöl oder Schieferöl, paraffinische Rückstände) und 27.14 des Brüsseler Zolltarifschemas, soweit sie zum Verbrauch in den Mitgliedstaaten eingeführt werden.

Artikel 2

Die Mitgliedstaaten verpflichten sich, den in den Niederländischen Antillen raffinierten Erdölerzeugnissen nach Maßgabe dieses Protokolls die Zollvorteile einzuräumen, die sich aus der Assoziierung der letztgenannten mit der Union ergeben. Diese Bestimmungen gelten ungeachtet der Ursprungsregeln der Mitgliedstaaten.

Artikel 3

(1) Stellt die Kommission auf Antrag eines Mitgliedstaats oder von sich aus fest, dass die gemäß der Regelung des Artikels 2 getätigten Einfuhren in den Niederländischen Antillen raffinierter Erdölerzeugnisse in die Union tatsächlich Schwierigkeiten auf dem Markt eines oder mehrerer Mitgliedstaaten hervorrufen, so beschließt sie, dass die Zollsätze für die genannte Einfuhr von den betreffenden Mitgliedstaaten eingeführt, erhöht oder wieder eingeführt werden, soweit und solange dies erforderlich ist, um dieser Lage gerecht zu werden. Die so eingeführten, erhöhten

oder wieder eingeführten Zollsätze dürfen nicht über den Sätzen der Zölle liegen, die gegenüber dritten Ländern für dieselben Erzeugnisse angewendet werden.

(2) Absatz 1 kann auf jeden Fall angewendet werden, wenn die Einfuhr von in den Niederländischen Antillen raffinierten Erdölerzeugnissen nach den Mitgliedstaaten zwei Millionen Tonnen pro Jahr erreicht.

(3) Die Beschlüsse der Kommission gemäß den Absätzen 1 und 2 einschließlich derjenigen, die auf die Ablehnung des Antrags eines Mitgliedstaats abzielen, werden dem Rat bekannt gegeben. Dieser kann sich auf Antrag eines jeden Mitgliedstaats mit den genannten Beschlüssen befassen, und er kann sie jederzeit abändern oder zurückstellen.

Artikel 4

(1) Ist ein Mitgliedstaat der Ansicht, dass die unmittelbar oder über einen anderen Mitgliedstaat gemäß der Regelung des Artikels 2 durchgeführte Einfuhr in den Niederländischen Antillen raffinierter Erdölerzeugnisse auf seinem Markt tatsächlich Schwierigkeiten hervorruft und dass sofortige Maßnahmen zur Behebung dieser Sachlage erforderlich sind, so kann er von sich aus beschließen, dass auf diese Einfuhr Zölle erhoben werden, deren Sätze nicht über den Zollsätzen liegen dürfen, die gegenüber dritten Staaten für dieselben Erzeugnisse angewendet werden. Er notifiziert diesen Beschluss der Kommission, die binnen eines Monats beschließt, ob die von dem Staat getroffenen Maßnahmen aufrechterhalten werden können oder geändert bzw. aufgehoben werden müssen. Artikel 3 Absatz 3 ist auf diesen Beschluss der Kommission anwendbar.

(2) Überschreitet die unmittelbar oder über einen anderen Mitgliedstaat gemäß der Regelung des Artikels 2 durchgeführte Einfuhr in den Niederländischen Antillen raffinierter Erdölerzeugnisse in einem oder mehreren Mitgliedstaaten der Europäischen Union während eines Kalenderjahrs die im Anhang zu diesem Protokoll angegebene Menge, so werden die von dem oder den betreffenden Mitgliedstaaten für das laufende Jahr gemäß Absatz 1 etwa getroffenen Maßnahmen als rechtmäßig betrachtet; die Kommission nimmt von den getroffenen Maßnahmen Kenntnis, nachdem sie sich vergewissert hat, dass die festgelegte Menge erreicht wurde. In einem solchen Fall sehen die übrigen Mitgliedstaaten davon ab, den Rat zu befassen.

Artikel 5

Beschließt die Union die Anwendung von mengenmäßigen Beschränkungen auf die Einfuhr von Erdölerzeugnissen jeder Herkunft, so können diese auch auf die Einfuhr dieser Erzeugnisse aus den Niederländischen Antillen angewendet werden. In einem derartigen Fall wird den Niederländischen Antillen eine Vorzugsbehandlung gegenüber dritten Ländern gewährt.

Artikel 6

(1) Der Rat revidiert die Bestimmungen der Artikel 2 bis 5 einstimmig nach Anhörung des Europäischen Parlaments und der Kommission, wenn er eine gemeinsame Ursprungsbestimmung für die Erdölerzeugnisse aus dritten Ländern und assoziierten Ländern erlässt oder im Rahmen einer gemeinsamen Handelspolitik für die betreffenden Erzeugnisse Beschlüsse fasst oder eine gemeinsame Energiepolitik aufstellt.

(2) Bei einer derartigen Revision müssen jedoch auf jeden Fall gleichwertige Vorteile zugunsten der Niederländischen Antillen in geeigneter Form und für eine Menge von mindestens 2½ Millionen Tonnen Erdölerzeugnissen aufrechterhalten werden.

(3) Die Verpflichtungen der Union bezüglich der gleichwertigen Vorteile gemäß Absatz 2 können erforderlichenfalls auf die einzelnen Länder aufgeteilt werden, wobei die im Anhang zu diesem Protokoll aufgeführten Mengen zu berücksichtigen sind.

Artikel 7

Zur Durchführung dieses Protokolls hat die Kommission die Entwicklung der Einfuhr in den Niederländischen Antillen raffinierter Erdölerzeugnisse in die Mitgliedstaaten zu verfolgen. Die Mitgliedstaaten teilen der Kommission, die für die entsprechende Verteilung sorgt, alle diesem Zweck dienenden Aufschlüsse nach den von der Kommission empfohlenen Verwaltungsmodalitäten mit.

ANHANG ZUM PROTOKOLL

Zur Durchführung des Artikels 4 Absatz 2 des Protokolls über die Einfuhr in den Niederländischen Antillen raffinierter Erdölerzeugnisse in die Europäische Union haben die Hohen Vertragsparteien beschlossen, dass die Menge von 2 Millionen Tonnen Erdölerzeugnissen aus den Antillen sich wie folgt auf die Mitgliedstaaten verteilt:

Deutschland.................	625 000 Tonnen
Belgisch-Luxemburgische Wirtschaftsgemeinschaft..........................	200 000 Tonnen
Frankreich..................	75 000 Tonnen
Italien..........................	100 000 Tonnen
Niederlande................	1 000 000 Tonnen

PROTOKOLL (Nr. 32)

BETREFFEND DEN ERWERB VON IMMOBILIEN IN DÄNEMARK

DIE HOHEN VERTRAGSPARTEIEN –

VON DEM WUNSCH GELEITET, gewisse besondere Probleme betreffend Dänemark zu regeln –

SIND über folgende Bestimmungen ÜBEREINGEKOMMEN, die dem Vertrag über die Europäische Union und dem Vertrag über die Arbeitsweise der Europäischen Union beigefügt sind:

Ungeachtet der Verträge kann Dänemark seine geltenden Rechtsvorschriften für den Erwerb von Zweitwohnungen beibehalten.

PROTOKOLL (Nr. 33)

ZU ARTIKEL 157 DES VERTRAGS ÜBER DIE ARBEITSWEISE DER EUROPÄISCHEN UNION

DIE HOHEN VERTRAGSPARTEIEN

SIND über folgende Bestimmungen ÜBEREINGEKOMMEN, die dem Vertrag über die Europäische Union und dem Vertrag über die Arbeitsweise der Europäischen Union beigefügt sind:

Im Sinne des Artikels 157 des Vertrags über die Arbeitsweise der Europäischen Union gelten Leistungen aufgrund eines betrieblichen Systems der sozialen Sicherheit nicht als Entgelt, sofern und soweit sie auf Beschäftigungszeiten vor dem 17. Mai 1990 zurückgeführt werden können, außer im Fall von Arbeitnehmern oder deren anspruchsberechtigten Angehörigen, die vor diesem Zeitpunkt eine Klage bei Gericht oder ein gleichwertiges Verfahren nach geltendem einzelstaatlichen Recht anhängig gemacht haben.

PROTOKOLL (Nr. 34)

ÜBER DIE SONDERREGELUNG FÜR GRÖNLAND

Einziger Artikel

(1) Die Behandlung von der gemeinsamen Fischereimarktorganisation unterliegenden Erzeugnissen mit Ursprung in Grönland bei der Einfuhr in die Union erfolgt unter Beachtung der Mechanismen der gemeinsamen Marktorganisation frei von Zöllen und Abgaben gleicher Wirkung sowie ohne mengenmäßige Beschränkungen und Maßnahmen gleicher Wirkung, sofern die aufgrund eines Abkommens zwischen der Union und der für Grönland zuständigen Behörde eingeräumten Möglichkeiten des Zugangs der Union zu den grönländischen Fischereizonen für die Union zufrieden stellend sind.

(2) Alle die Einfuhrregelung für die genannten Erzeugnisse betreffenden Maßnahmen einschließlich derjenigen zur Einführung dieser Maßnahmen werden nach dem Verfahren des Artikels 43 des Vertrags über die Arbeitsweise der Europäischen Union beschlossen.

PROTOKOLL (Nr. 35)

ÜBER ARTIKEL 40.3.3 DER VERFASSUNG IRLANDS

DIE HOHEN VERTRAGSPARTEIEN

SIND über folgende Bestimmungen ÜBEREINGEKOMMEN, die dem Vertrag über die Europäische Union, dem Vertrag über die Arbeitsweise der Europäischen Union und dem Vertrag zur Gründung der Europäischen Atomgemeinschaft beigefügt sind:

Die Verträge, der Vertrag zur Gründung der Europäischen Atomgemeinschaft sowie die Verträge und Akte zur Änderung oder Ergänzung der genannten Verträge berühren nicht die Anwendung des Artikels 40.3.3 der irischen Verfassung in Irland.

PROTOKOLL (Nr. 36)

ÜBER DIE ÜBERGANGSBESTIMMUNGEN

DIE HOHEN VERTRAGSPARTEIEN –

IN DER ERWÄGUNG, dass zur Regelung des Übergangs von den institutionellen Bestimmungen der Verträge, die vor dem Inkrafttreten des Vertrags von Lissabon anwendbar sind, zu den Bestimmungen des genannten Vertrags Übergangsbestimmungen vorgesehen werden müssen –

SIND über folgende Bestimmungen ÜBEREINGEKOMMEN, die dem Vertrag über die Europäische Union, dem Vertrag über die Arbeitsweise der Europäischen Union und dem Vertrag zur Gründung der Europäischen Atomgemeinschaft beigefügt sind:

Artikel 1

In diesem Protokoll bezeichnet der Ausdruck „die Verträge" den Vertrag über die Europäische Union, den Vertrag über die Arbeitsweise der Europäischen Union und den Vertrag zur Gründung der Europäischen Atomgemeinschaft.

TITEL I

BESTIMMUNGEN ÜBER DAS EUROPÄISCHE PARLAMENT

Artikel 2

(1) Für den ab Inkrafttreten dieses Artikels verbleibenden Zeitraum der Legislaturperiode 2009-2014 werden in Abweichung von Artikel 189 Absatz 2 und Artikel 190 Absatz 2 des Vertrags zur Gründung der Europäischen Gemeinschaft sowie von Artikel 107 Absatz 2 und Artikel 108 Absatz 2 des Vertrags zur Gründung der Europäischen Atomgemeinschaft, die zum Zeitpunkt der Wahlen zum Europäischen Parlament im Juni 2009 in Kraft waren, sowie in Abweichung von der in Artikel 14 Absatz 2 Unterabsatz 1 des Vertrags über die Europäische Union vorgesehenen Anzahl der Sitze den bestehenden 736 Sitzen die folgenden 18 Sitze hinzugefügt, wodurch sich die Gesamtzahl der Mitglieder des Europäischen Parlaments bis zum Ende der Legislaturperiode 2009-2014 vorübergehend auf 754 erhöht:

Bulgarien	1
Spanien	4
Frankreich	2
Italien	1
Lettland	1
Malta	1
Niederlande	1
Österreich	2
Polen	1
Slowenien	1
Schweden	2
Vereinigtes Königreich	1

(2) In Abweichung von Artikel 14 Absatz 3 des Vertrags über die Europäische Union benennen die betroffenen Mitgliedstaaten die Personen, die die zusätzlichen Sitze nach Absatz 1 einnehmen werden, nach ihren innerstaatlichen Rechtsvorschriften und unter der Voraussetzung, dass diese Personen in allgemeinen unmittelbaren Wahlen gewählt wurden, und zwar:

a) in allgemeinen, unmittelbaren Ad-hoc-Wahlen in dem betroffenen Mitgliedstaat gemäß den für die Wahlen zum Europäischen Parlament geltenden Bestimmungen,

b) auf der Grundlage der Ergebnisse der Wahlen zum Europäischen Parlament vom 4. bis 7. Juni 2009 oder

c) indem das nationale Parlament des betroffenen Mitgliedstaats die erforderliche Zahl von Mitgliedern aus seiner Mitte nach dem von dem jeweiligen Mitgliedstaat festgelegten Verfahren benennt.

(3) Rechtzeitig vor den Wahlen zum Europäischen Parlament 2014 erlässt der Europäische Rat nach Artikel 14 Absatz 2 Unterabsatz 2 des Vertrags über die Europäische Union einen Beschluss über die Zusammensetzung des Europäischen Parlaments.

TITEL II

BESTIMMUNGEN ÜBER DIE QUALIFIZIERTE MEHRHEIT

Artikel 3

(1) Nach Artikel 16 Absatz 4 des Vertrags über die Europäische Union treten die Bestimmungen dieses Absatzes und die Bestimmungen des Artikels 238 Absatz 2 des Vertrags über die Arbeitsweise der Europäischen Union zur Definition der qualifizierten Mehrheit im Europäischen Rat und im Rat am 1. November 2014 in Kraft.

(2) Für den Zeitraum vom 1. November 2014 bis zum 31. März 2017 gilt Folgendes: Ist für eine Beschlussfassung eine qualifizierte Mehrheit erforderlich, kann ein Mitglied des Rates beantragen, dass die Beschlussfassung mit der qualifizierten Mehrheit nach Absatz 3 erfolgt. In diesem Fall finden die Absätze 3 und 4 Anwendung.

(3) Bis zum 31. Oktober 2014 gelten unbeschadet des Artikels 235 Absatz 1 Unterabsatz 2 des Vertrags über die Arbeitsweise der Europäischen Union die nachstehenden Bestimmungen.

Ist für die Beschlussfassung im Europäischen Rat und im Rat eine qualifizierte Mehrheit erforderlich, so werden die Stimmen der Mitglieder wie folgt gewichtet:

Belgien	12
Bulgarien	10
Tschechische Republik	12
Dänemark	7
Deutschland	29
Estland	4
Irland	7
Griechenland	12
Spanien	27
Frankreich	29
Kroatien	7
Italien	29
Zypern	4
Lettland	4
Litauen	7
Luxemburg	4
Ungarn	12
Malta	3
Niederlande	13
Österreich	10

Polen	27
Portugal	12
Rumänien	14
Slowenen	4
Slowakei	7
Finnland	7
Schweden	10
Vereinigtes Königreich	29

In den Fällen, in denen Beschlüsse nach den Verträgen auf Vorschlag der Kommission zu fassen sind, kommen diese Beschlüsse mit einer Mindestzahl von 260 Stimmen zustande, die die Zustimmung der Mehrheit der Mitglieder umfasst. In den anderen Fällen kommen die Beschlüsse mit einer Mindestzahl von 260 Stimmen zustande, die die Zustimmung von mindestens zwei Dritteln der Mitglieder umfasst.

Ein Mitglied des Europäischen Rates oder des Rates kann beantragen, „dass beim Erlass eines Rechtsakts des Europäischen Rates oder des Rates mit qualifizierter Mehrheit überprüft wird, ob die Mitgliedstaaten, die diese qualifizierte Mehrheit bilden, mindestens 62 % der Gesamtbevölkerung der Union ausmachen. Falls sich erweist, dass diese Bedingung nicht erfüllt ist, wird der betreffende Rechtsakt nicht erlassen."

(4) Bis zum 31. Oktober 2014 gilt in den Fällen, in denen in Anwendung der Verträge nicht alle Mitglieder des Rates stimmberechtigt sind, das heißt in den Fällen, in denen auf die qualifizierte Mehrheit nach Artikel 238 Absatz 3 des Vertrags über die Arbeitsweise der Europäischen Union Bezug genommen wird, als qualifizierte Mehrheit derselbe Anteil der gewogenen Stimmen und derselbe Anteil der Anzahl der Mitglieder des Rates sowie gegebenenfalls derselbe Prozentsatz der Bevölkerung der betreffenden Mitgliedstaaten wie in Absatz 3 dieses Artikels festgelegt.

TITEL III

BESTIMMUNGEN ÜBER DIE ZUSAMMENSETZUNGEN DES RATES

Artikel 4

Bis zum Inkrafttreten des Beschlusses nach Artikel 16 Absatz 6 Unterabsatz 1 des Vertrags über die Europäische Union kann der Rat in den in den Unterabsätzen 2 und 3 des genannten Absatzes vorgesehenen Zusammensetzungen sowie in anderen Zusammensetzungen zusammentreten, deren Liste durch einen Beschluss des Rates in seiner Zusammensetzung „Allgemeine Angelegenheiten" festgesetzt wird, der mit einfacher Mehrheit beschließt.

TITEL IV

BESTIMMUNGEN ÜBER DIE KOMMISSION EINSCHLIESSLICH DES HOHEN VERTRETERS DER UNION FÜR AUSSEN- UND SICHERHEITSPOLITIK

Artikel 5

Die zum Zeitpunkt des Inkrafttretens des Vertrags von Lissabon amtierenden Mitglieder der Kommission bleiben bis zum Ende ihrer Amtszeit im Amt. Am Tag der Ernennung des Hohen Vertreters der Union für Außen- und Sicherheitspolitik endet jedoch die Amtszeit des Mitglieds, das die gleiche Staatsangehörigkeit wie dieser besitzt.

TITEL V

BESTIMMUNGEN BETREFFEND DEN GENERALSEKRETÄR DES RATES UND HOHEN VERTRETER FÜR DIE GEMEINSAME AUSSEN- UND SICHERHEITSPOLITIK UND DEN STELLVERTRETENDEN GENERALSEKRETÄR DES RATES

Artikel 6

Die Amtszeit des Generalsekretärs des Rates und Hohen Vertreters für die Gemeinsame Außen- und Sicherheitspolitik sowie des Stellvertretenden Generalsekretärs des Rates endet zum Zeitpunkt des Inkrafttretens des Vertrags von Lissabon. Der Rat ernennt seinen Generalsekretär nach Artikel 240 Absatz 2 des Vertrags über die Arbeitsweise der Europäischen Union.

TITEL VI

BESTIMMUNGEN ÜBER DIE BERATENDEN EINRICHTUNGEN

Artikel 7

Bis zum Inkrafttreten des Beschlusses nach Artikel 301 des Vertrags über die Arbeitsweise der Europäischen Union verteilen sich die Mitglieder des Wirtschafts- und Sozialausschusses wie folgt:

Belgien	12
Bulgarien	12
Tschechische Republik	12
Dänemark	9
Deutschland	24
Estland	7
Irland	9
Griechenland	12
Spanien	21
Frankreich	24

Kroatien	9
Italien	24
Zypern	6
Lettland	7
Litauen	9
Luxemburg	6
Ungarn	12
Malta	5
Niederlande	12
Österreich	12
Polen	21
Portugal	12
Rumänien	15
Slowenien	7
Slowakei	9
Finnland	9
Schweden	12
Vereinigtes Königreich	24

Artikel 8

Bis zum Inkrafttreten des Beschlusses nach Artikel 305 des Vertrags über die Arbeitsweise der Europäischen Union verteilen sich die Mitglieder des Ausschusses der Regionen wie folgt:

Belgien	12
Bulgarien	12
Tschechische Republik	12
Dänemark	9
Deutschland	24
Estland	7
Irland	9
Griechenland	12
Spanien	21
Frankreich	24
Kroatien	9
Italien	24
Zypern	6
Lettland	7
Litauen	9
Luxemburg	6
Ungarn	12
Malta	5
Niederlande	12
Österreich	12
Polen	21
Portugal	12
Rumänien	15
Slowenien	7
Slowakei	9
Finnland	9
Schweden	12
Vereinigtes Königreich	24

TITEL VII

ÜBERGANGSBESTIMMUNGEN ÜBER DIE VOR DEM INKRAFTTRETEN DES VERTRAGS VON LISSABON AUF DER GRUNDLAGE DER TITEL V UND VI DES VERTRAGS ÜBER DIE EUROPÄISCHE UNION ANGENOMMENEN RECHTSAKTE

Artikel 9

Die Rechtsakte der Organe, Einrichtungen und sonstigen Stellen der Union, die vor dem Inkrafttreten des Vertrags von Lissabon auf der Grundlage des Vertrags über die Europäische Union angenommen wurden, behalten so lange Rechtswirkung, bis sie in Anwendung der Verträge aufgehoben, für nichtig erklärt oder geändert werden. Dies gilt auch für Übereinkommen, die auf der Grundlage des Vertrags über die Europäische Union zwischen Mitgliedstaaten geschlossen wurden.

Artikel 10

(1) Als Übergangsmaßnahme gilt bezüglich der Befugnisse der Organe bei Rechtsakten der Union im Bereich der polizeilichen Zusammenarbeit und der justiziellen Zusammenarbeit in Strafsachen, die vor dem Inkrafttreten des Vertrags von Lissabon angenommen wurden, bei Inkrafttreten des genannten Vertrags Folgendes: Die Befugnisse der Kommission nach Artikel 258 des Vertrags über die Arbeitsweise der Europäischen Union gelten nicht, und die Befugnisse des Gerichtshofs der Europäischen Union nach Titel VI des Vertrags über die Europäische Union in der vor dem Inkrafttreten des Vertrags von Lissabon geltenden Fassung bleiben unverändert, einschließlich in den Fällen, in denen sie nach Artikel 35 Absatz 2 des genannten Vertrags über die Europäische Union anerkannt wurden.

(2) Die Änderung eines in Absatz 1 genannten Rechtsakts hat zur Folge, dass hinsichtlich des geänderten Rechtsakts in Bezug auf diejenigen Mitgliedstaaten, für die der geänderte Rechtsakt gilt, die in den Verträgen vorgesehenen Befugnisse der in Absatz 1 genannten Organe gelten.

(3) Die Übergangsmaßnahme nach Absatz 1 tritt auf jeden Fall fünf Jahre nach dem Inkrafttreten des Vertrags von Lissabon außer Kraft.

(4) Das Vereinigte Königreich kann dem Rat spätestens sechs Monate vor dem Ende des Übergangszeitraums nach Absatz 3 mitteilen, dass es hinsichtlich der Rechtsakte nach Absatz 1 die in den Verträgen festgelegten Befugnisse der in

Absatz 1 genannten Organe nicht anerkennt. Im Falle einer solchen Mitteilung durch das Vereinigte Königreich gelten alle Rechtsakte nach Absatz 1 für das Vereinigte Königreich nicht mehr ab dem Tag, an dem der Übergangszeitraum nach Absatz 3 endet. Dieser Unterabsatz gilt nicht in Bezug auf die geänderten Rechtsakte nach Absatz 2, die für das Vereinigte Königreich gelten.

Der Rat beschließt mit qualifizierter Mehrheit auf Vorschlag der Kommission die erforderlichen Folge- und Übergangsmaßnahmen. Das Vereinigte Königreich nimmt an der Annahme dieses Beschlusses nicht teil. Die qualifizierte Mehrheit des Rates bestimmt sich nach Artikel 238 Absatz 3 Buchstabe a des Vertrags über die Arbeitsweise der Europäischen Union.

Der Rat kann mit qualifizierter Mehrheit auf Vorschlag der Kommission ferner einen Beschluss annehmen, mit dem bestimmt wird, dass das Vereinigte Königreich etwaige unmittelbare finanzielle Folgen trägt, die sich zwangsläufig und unvermeidbar daraus ergeben, dass es sich nicht mehr an diesen Rechtsakten beteiligt.

(5) Das Vereinigte Königreich kann dem Rat in der Folge jederzeit mitteilen, dass es sich an Rechtsakten beteiligen möchte, die nach Absatz 4 Unterabsatz 1 für das Vereinigte Königreich nicht mehr gelten. In diesem Fall finden die einschlägigen Bestimmungen des Protokolls über den in den Rahmen der Europäischen Union einbezogenen Schengen-Besitzstand bzw. des Protokolls über die Position des Vereinigten Königreichs und Irlands hinsichtlich des Raums der Freiheit, der Sicherheit und des Rechts Anwendung. In Bezug auf diese Rechtsakte gelten die in den Verträgen festgelegten Befugnisse der Organe. Handeln die Organe der Union und das Vereinigte Königreich im Rahmen der betreffenden Protokolle, so bemühen sie sich, das größtmögliche Maß an Beteiligung des Vereinigten Königreichs am Besitzstand der Union bezüglich des Raums der Freiheit, der Sicherheit und des Rechts wiederherzustellen, ohne dass die praktische Funktionsfähigkeit seiner verschiedenen Bestandteile ernsthaft beeinträchtigt wird, und unter Wahrung von deren Kohärenz.

PROTOKOLL (Nr. 37)

ÜBER DIE FINANZIELLEN FOLGEN DES ABLAUFS DES EGKS-VERTRAGS UND ÜBER DEN FORSCHUNGSFONDS FÜR KOHLE UND STAHL

DIE HOHEN VERTRAGSPARTEIEN –

UNTER HINWEIS DARAUF, dass das gesamte Vermögen und alle Verbindlichkeiten der Europäischen Gemeinschaft für Kohle und Stahl zum Stand vom 23. Juli 2002 am 24. Juli 2002 auf die Europäische Gemeinschaft übergegangen sind,

EINGEDENK der Tatsache, dass diese Mittel für die Forschung in Sektoren verwendet werden sollten, die mit der Kohle- und Stahlindustrie zusammenhängen, und der sich daraus ergebenden Notwendigkeit, hierfür eine Reihe besonderer Vorschriften vorzusehen –

SIND über folgende Bestimmungen ÜBEREINGEKOMMEN, die dem Vertrag über die Europäische Union und dem Vertrag über die Arbeitsweise der Europäischen Union beigefügt sind:

Artikel 1

(1) Der Nettowert dieses Vermögens und dieser Verbindlichkeiten gemäß der Bilanz der EGKS vom 23. Juli 2002, vorbehaltlich etwaiger Erhöhungen oder Minderungen infolge der Abwicklungsvorgänge, gilt als Vermögen für Forschung in Sektoren, die die Kohle- und Stahlindustrie betreffen, und erhält die Bezeichnung „EGKS in Abwicklung". Nach Abschluss der Abwicklung wird dieses Vermögen als „Vermögen des Forschungsfonds für Kohle und Stahl" bezeichnet.

(2) Die Erträge aus diesem Vermögen, die als „Forschungsfonds für Kohle und Stahl" bezeichnet werden, werden im Einklang mit diesem Protokoll und den auf dieser Grundlage erlassenen Rechtsakten ausschließlich für die außerhalb des Forschungsrahmenprogramms durchgeführten Forschungsarbeiten in Sektoren, die mit der Kohle- und Stahlindustrie zusammenhängen, verwendet.

Artikel 2

Der Rat erlässt gemäß einem besonderen Gesetzgebungsverfahren und nach Zustimmung des Europäischen Parlaments alle für die Durchführung dieses Protokolls erforderlichen Bestimmungen, einschließlich der wesentlichen Grundsätze.

Der Rat erlässt auf Vorschlag der Kommission und nach Anhörung des Europäischen Parlaments die Maßnahmen zur Festlegung der mehrjährigen Finanzleitlinien für die Verwaltung des Vermögens des Forschungsfonds für Kohle und Stahl sowie technischer Leitlinien für das Forschungsprogramm des Fonds.

Artikel 3

Soweit in diesem Protokoll und in den auf der Grundlage dieses Protokolls erlassenen Rechtsakten nichts anderes vorgesehen ist, finden die Verträge Anwendung.

PROTOKOLL (Nr. 38)

PROTOKOLL (Nr. 38) ZU DEN ANLIEGEN DER IRISCHEN BEVÖLKERUNG BEZÜGLICH DES VERTRAGS VON LISSABON

DIE HOHEN VERTRAGSPARTEIEN —

UNTER HINWEIS AUF den Beschluss der im Europäischen Rat auf seiner Tagung vom 18. und 19. Juni 2009 vereinigten Staats- und Regierungschefs der 27 Mitgliedstaaten der Europäischen Union zu den Anliegen der irischen Bevölkerung bezüglich des Vertrags von Lissabon,

UNTER HINWEIS AUF die Erklärung der im Europäischen Rat auf seiner Tagung vom 18. und 19. Juni 2009 vereinigten Staats- und Regierungschefs, dass sie zum Zeitpunkt des Abschlusses des nächsten Beitrittsvertrags die Bestimmungen des genannten Beschlusses in ein Protokoll aufnehmen würden, das nach Maßgabe ihrer jeweiligen verfassungsrechtlichen Vorschriften dem Vertrag über die Europäische Union und dem Vertrag über die Arbeitsweise der Europäischen Union beigefügt wird,

IN ANBETRACHT der Unterzeichnung des Vertrags zwischen den Hohen Vertragsparteien und der Republik Kroatien über den Beitritt der Republik Kroatien zur Europäischen Union durch die Hohen Vertragsparteien —

SIND über folgende Bestimmungen ÜBEREINGEKOMMEN, die dem Vertrag über die Europäische Union und dem Vertrag über die Arbeitsweise der Europäischen Union beigefügt werden:

Titel I

RECHT AUF LEBEN, FAMILIE UND BILDUNG

Artikel 1

Weder die Bestimmungen des Vertrags von Lissabon, die der Charta der Grundrechte der Europäischen Union Rechtsstatus verleihen, noch die Bestimmungen dieses Vertrags im Bereich der Freiheit, der Sicherheit und des Rechts berühren in irgendeiner Weise den Geltungsbereich und die Anwendbarkeit des Schutzes des Rechts auf Leben nach den Artikeln 40.3.1, 40.3.2 und 40.3.3, des Schutzes der Familie nach Artikel 41 und des Schutzes der Rechte in Bezug auf Bildung nach den Artikeln 42, 44.2.4 und 44.2.5 der Verfassung Irlands.

Titel II

STEUERWESEN

Artikel 2

Durch den Vertrag von Lissabon erfolgt für keinen Mitgliedstaat irgendeine Änderung in Bezug auf den Umfang und die Ausübung der Zuständigkeiten der Europäischen Union im Bereich der Steuerpolitik.

Titel III

SICHERHEIT UND VERTEIDIGUNG

Artikel 3

Die Union lässt sich bei ihrem Handeln auf internationaler Ebene von den Grundsätzen der Demokratie, der Rechtsstaatlichkeit, der universellen Gültigkeit und Unteilbarkeit der Menschenrechte und Grundfreiheiten, der Achtung der Menschenwürde, den Grundsätzen der Gleichheit und der Solidarität sowie der Achtung der Grundsätze der Charta der Vereinten Nationen und des Völkerrechts leiten.
Die Gemeinsame Sicherheits- und Verteidigungspolitik ist integraler Bestandteil der Gemeinsamen Außen- und Sicherheitspolitik und sichert der Union eine Operationsfähigkeit, so dass sie Missionen außerhalb der Union zur Friedenssicherung, Konfliktverhütung und Stärkung der internationalen Sicherheit in Übereinstimmung mit den Grundsätzen der Charta der Vereinten Nationen durchführen kann.
Sie berührt weder die Sicherheits- und Verteidigungspolitik der einzelnen Mitgliedstaaten, einschließlich Irlands, noch die Verpflichtungen irgendeines Mitgliedstaats.
Der Vertrag von Lissabon berührt oder beeinträchtigt nicht Irlands traditionelle Politik der militärischen Neutralität.
Es ist Sache der Mitgliedstaaten — einschließlich Irlands, das im Geiste der Solidarität und unbeschadet seiner traditionellen Politik der militärischen Neutralität handelt —, zu bestimmen, welche Art von Hilfe oder Unterstützung sie einem Mitgliedstaat leisten, der von einem Terroranschlag oder einem bewaffneten Angriff auf sein Hoheitsgebiet betroffen ist.
Ein Beschluss über den Übergang zu einer gemeinsamen Verteidigung erfordert einen einstimmigen Beschluss des Europäischen Rates. Es wäre Sache der Mitgliedstaaten, einschließlich Irlands, nach Maßgabe des Vertrags von Lissabon und ihrer jeweiligen verfassungsrechtlichen Vorschriften zu entscheiden, ob der Beschluss zu einer gemeinsamen Verteidigung gefasst wird.
Dieser Titel berührt oder präjudiziert in keiner Weise die Haltung oder Politik anderer Mitgliedstaaten im Bereich der Sicherheit und Verteidigung.

Es ist auch Sache jedes einzelnen Mitgliedstaates, nach Maßgabe des Vertrags von Lissabon und etwaiger innerstaatlicher Rechtsvorschriften zu entscheiden, ob er an der Ständigen Strukturierten Zusammenarbeit teilnimmt oder sich an der Europäischen Verteidigungsagentur beteiligt.
Der Vertrag von Lissabon sieht weder die Schaffung einer europäischen Armee noch die Einberufung zu irgendeinem militärischen Verband vor.
Er berührt nicht das Recht Irlands oder eines anderen Mitgliedstaates, Art und Umfang seiner Verteidigungs- und Sicherheitsausgaben sowie die Art seiner Verteidigungsfähigkeit zu bestimmen.
Es ist Sache Irlands und jedes anderen Mitgliedstaats, nach Maßgabe etwaiger innerstaatlicher Rechtsvorschriften einen Beschluss über eine etwaige Teilnahme an Militäroperationen zu fassen.

Titel IV
SCHLUSSBESTIMMUNGEN
Artikel 4

Dieses Protokoll liegt bis zum 30. Juni 2012 zur Unterzeichnung durch die Hohen Vertragsparteien auf.
Dieses Protokoll wird durch die Hohen Vertragsparteien sowie von der Republik Kroatien, falls das Protokoll im Zeitpunkt des Beitritts der Republik Kroatien zur Europäischen Union noch nicht in Kraft getreten ist, im Einklang mit ihren verfassungsrechtlichen Vorschriften ratifiziert. Die Ratifikationsurkunden werden bei der Regierung der Italienischen Republik hinterlegt.
Dieses Protokoll tritt wenn möglich am 30. Juni 2013 in Kraft, sofern alle Ratifikationsurkunden hinterlegt worden sind, oder andernfalls am ersten Tag des auf die Hinterlegung der Ratifikationsurkunde durch den letzten Mitgliedstaat folgenden Monats.

Artikel 5

Dieses Protokoll ist in einer Urschrift in bulgarischer, dänischer, deutscher, englischer, estnischer, finnischer, französischer, griechischer, irischer, italienischer, lettischer, litauischer, maltesischer, niederländischer, polnischer, portugiesischer, rumänischer, schwedischer, slowakischer, slowenischer, spanischer, tschechischer und ungarischer Sprache abgefasst, wobei jeder Wortlaut gleichermaßen verbindlich ist; es wird im Archiv der Regierung der Italienischen Republik hinterlegt; diese übermittelt der Regierung jedes anderen Mitgliedstaats eine beglaubigte Abschrift.
Sobald die Republik Kroatien gemäß Artikel 2 der Akte über die Bedingungen des Beitritts der Republik Kroatien durch dieses Protokoll gebunden ist, wird der kroatische Wortlaut dieses Protokolls, der gleichermaßen verbindlich ist wie die in Absatz 1 genannten Wortlaute, im Archiv der Regierung der Italienischen Republik hinterlegt; diese übermittelt der Regierung jedes anderen Mitgliedstaats eine beglaubigte Abschrift.

Anhänge

Inhalt

Anhänge (zum AEUV)

(ABl 2016 C 202, 329, berichtigt durch ABl 2016 C 400, 1)

ANHANG I

LISTE ZU ARTIKEL 38 DES VERTRAGS DER DIE ARBEITSWEISE DER EUROPÄISCHEN UNION

– 1 – Nummer des Brüsseler Zolltarifschemas	– 2 – Warenbezeichnung
Kapitel 1	Lebende Tiere
Kapitel 2	Fleisch und genießbarer Schlachtabfall
Kapitel 3	Fische, Krebstiere und Weichtiere
Kapitel 4	Milch und Milcherzeugnisse, Vogeleier; natürlicher Honig
Kapitel 5	
05.04	Därme, Blasen und Mägen von anderen Tieren als Fischen, ganz oder geteilt
05.15	Waren tierischen Ursprungs, anderweit weder genannt noch inbegriffen; nicht lebende Tiere des Kapitels 1 oder 3, ungenießbar
Kapitel 6	Lebende Pflanzen und Waren des Blumenhandels
Kapitel 7	Gemüse, Pflanzen, Wurzeln und Knollen, die zu Ernährungszwecken verwendet werden
Kapitel 8	Genießbare Früchte, Schalen von Zitrusfrüchten oder von Melonen
Kapitel 9	Kaffee, Tee und Gewürze, ausgenommen Mate (Position 09.03)
Kapitel 10	Getreide
Kapitel 11	Müllereierzeugnisse, Malz; Stärke; Kleber, Inulin
Kapitel 12	Ölsaaten und ölhaltige Früchte; verschiedene Samen und Früchte; Pflanzen zum Gewerbe- oder Heilgebrauch, Stroh und Futter
Kapitel 13	
ex 13.03	Pektin
Kapitel 15	
15.01	Schweineschmalz; Geflügelfett, ausgepresst oder ausgeschmolzen
15.02	Talg von Rindern, Schafen oder Ziegen, roh oder ausgeschmolzen, einschließlich Premier Jus
15.03	Schmalzstearin; Oleostearin; Schmalzöl, Oleomargarine und Talgöl, weder emulgiert, vermischt noch anders verarbeitet
15.04	Fette und Öle von Fischen oder Meeressäugetieren, auch raffiniert
15.07	Fette pflanzliche Öle, flüssig oder fest, roh, gereinigt oder raffiniert
15.12	Tierische und pflanzliche Fette und Öle, gehärtet, auch raffiniert, jedoch nicht weiter verarbeitet
15.13	Margarine, Kunstspeisefett und andere genießbare verarbeitete Fette
15.17	Rückstände aus der Verarbeitung von Fettstoffen oder von tierischen oder pflanzlichen Wachsen
Kapitel 16	Zubereitungen von Fleisch, Fischen, Krebstieren und Weichtieren
Kapitel 17	
17.01	Rüben- und Rohrzucker, fest
17.02	Andere Zucker; Sirupe; Kunsthonig, auch mit natürlichem Honig vermischt; Zucker und Melassen, karamellisiert
17.03	Melassen, auch entfärbt

– 1 – Nummer des Brüsseler Zolltarifschemas	– 2 – Warenbezeichnung
17.05*)	Zucker, Sirupe und Melassen, aromatisiert oder gefärbt (einschließlich Vanille- und Vanillinzucker), ausgenommen Fruchtsäfte mit beliebigem Zusatz von Zucker
Kapitel 18	
18.01	Kakaobohnen, auch Bruch, roh oder geröstet
18.02	Kakaoschalen, Kakaohäutchen und anderer Kakaoabfall
Kapitel 20	Zubereitungen von Gemüse, Küchenkräutern, Früchten und anderen Pflanzen oder Pflanzenteilen
Kapitel 22	
22.04	Traubenmost, teilweise vergoren, auch ohne Alkohol stummgemacht
22.05	Wein aus frischen Weintrauben; mit Alkohol stummgemachter Most aus frischen Weintrauben
22.07	Apfelwein, Birnenwein, Met und andere gegorene Getränke
ex 22.08*)	Äthylalkohol und Sprit, vergällt und unvergällt, mit einem beliebigen
ex 22.09*)	Äthylalkoholgehalt, hergestellt aus landwirtschaftlichen Erzeugnissen, die in Anhang I aufgeführt sind (ausgenommen Branntwein, Likör und andere alkoholische Getränke, zusammengesetzte alkoholische Zubereitungen — Essenzen — zur Herstellung von Getränken)
ex 22.10*)	Speiseessig
Kapitel 23	Rückstände und Abfälle der Lebensmittelindustrie; zubereitetes Futter
Kapitel 24	
24.01	Tabak, unverarbeitet; Tabakabfälle
Kapitel 45	
45.01	Naturkork, unbearbeitet, und Korkabfälle; Korkschrot, Korkmehl
Kapitel 54	
54.01	Flachs, roh, geröstet, geschwungen, gehechelt oder anders bearbeitet, jedoch nicht versponnen; Werg und Abfälle (einschließlich Reißspinnstoff)
Kapitel 57	
57.01	Hanf (Cannabis sativa), roh, geröstet, geschwungen, gehechelt oder anders bearbeitet, jedoch nicht versponnen; Werg und Abfälle (einschließlich Reißspinnstoff)

*) Position eingefügt gemäß Artikel 1 der Verordnung Nr. 7a des Rates der Europäischen Wirtschaftsgemeinschaft vom 18.12.1959 (ABl. 7 vom 30.1.1961, S. 71/61).

ANHANG II

ÜBERSEEISCHE LÄNDER UND HOHEITSGEBIETE, AUF WELCHE DER VIERTE TEIL DES VERTRAGS ÜBER DIE ARBEITSWEISE DER EUROPÄISCHEN UNION ANWENDUNG FINDET

- Grönland
- Neukaledonien und Nebengebiete
- Französisch-Polynesien
- Französische Süd- und Antarktisgebiete
- Wallis und Futuna
- Mayotte
- St. Pierre und Miquelon
- Aruba
- Niederländische Antillen:
  - Bonaire
  - Curaçao
  - Saba
  - Sint Eustatius
  - Sint Maarten
- Anguilla
- Kaimaninseln
- Falklandinseln
- Südgeorgien und südliche Sandwichinseln
- Montserrat
- Pitcairn
- St. Helena und Nebengebiete
- Britisches Antarktis-Territorium
- Britisches Territorium im Indischen Ozean
- Turks- und Caicosinseln
- Britische Jungferninseln
- Bermuda

Erklärungen zur Schlussakte der Regierungskonferenz, die den am 13. Dezember 2007 unterzeichneten Vertrag von Lissabon angenommen hat

(ABl 2016 C 202, 335, berichtigt durch ABl 2016 C 400, 1)

Inhalt

B. ERKLÄRUNGEN ZU DEN DEN VERTRÄGEN BEIGEFÜGTEN PROTOKOLLEN

C. ERKLÄRUNGEN DER MITGLIEDSTAATEN

Inhalt

A.
ERKLÄRUNGEN ZU BESTIMMUNGEN DER VERTRÄGE

1.
Erklärung zur Charta der Grundrechte der Europäischen Union

Die Charta der Grundrechte der Europäischen Union, die rechtsverbindlich ist, bekräftigt die Grundrechte, die durch die Europäische Konvention zum Schutz der Menschenrechte und Grundfreiheiten garantiert werden und die sich aus den gemeinsamen Verfassungsüberlieferungen der Mitgliedstaaten ergeben.

Die Charta dehnt weder den Geltungsbereich des Unionsrechts über die Zuständigkeiten der Union hinaus aus noch begründet sie neue Zuständigkeiten oder neue Aufgaben für die Union, und sie ändert nicht die in den Verträgen festgelegten Zuständigkeiten und Aufgaben.

2.
Erklärung zu Artikel 6 Absatz 2 des Vertrags über die Europäische Union

Die Konferenz kommt überein, dass der Beitritt der Union zur Europäischen Konvention zum Schutz der Menschenrechte und Grundfreiheiten unter Bedingungen erfolgen sollte, die es gestatten, die Besonderheiten der Rechtsordnung der Union zu wahren. In diesem Zusammenhang stellt die Konferenz fest, dass der Gerichtshof der Europäischen Union und der Europäische Gerichtshof für Menschenrechte in einem regelmäßigen Dialog stehen; dieser Dialog könnte beim Beitritt der Union zu dieser Konvention intensiviert werden.

3.
Erklärung zu Artikel 8 des Vertrags über die Europäische Union

Die Union trägt der besonderen Lage der Länder mit geringer territorialer Ausdehnung Rechnung, die spezifische Nachbarschaftsbeziehungen zur Union unterhalten.

4.
Erklärung zur Zusammensetzung des Europäischen Parlaments

Der zusätzliche Sitz im Europäischen Parlament wird Italien zugewiesen.

5.
Erklärung zur politischen Einigung des Europäischen Rates über den Entwurf eines Beschlusses über die Zusammensetzung des Europäischen Parlaments

Der Europäische Rat wird seine politische Zustimmung zum überarbeiteten Entwurf eines Beschlusses über die Zusammensetzung des Europäischen Parlaments in der Legislaturperiode 2009-2014 auf der Grundlage des Vorschlags des Europäischen Parlaments erteilen.

6.
Erklärung zu Artikel 15 Absätze 5 und 6, Artikel 17 Absätze 6 und 7 und Artikel 18 des Vertrags über die Europäische Union

Bei der Auswahl der Personen, die das Amt des Präsidenten des Europäischen Rates, des Präsidenten der Kommission und des Hohen Vertreters der Union für Außen- und Sicherheitspolitik ausüben sollen, ist gebührend zu berücksichtigen, dass die geografische und demografische Vielfalt der Union und ihrer Mitgliedstaaten angemessen geachtet werden muss.

7.
Erklärung zu Artikel 16 Absatz 4 des Vertrags über die Europäische Union und zu Artikel 238 Absatz 2 des Vertrags über die Arbeitsweise der Europäischen Union

Die Konferenz erklärt, dass der Beschluss über die Anwendung des Artikels 16 Absatz 4 des Vertrags über die Europäische Union und des Artikels 238 Absatz 2 des Vertrags über die Arbeitsweise der Europäischen Union vom Rat am Tag der Unterzeichnung des Vertrags von Lissabon angenommen wird und am Tag des Inkrafttretens jenes Vertrags in Kraft tritt. Der entsprechende Beschlussentwurf ist nachstehend wiedergegeben:

Entwurf eines Beschlusses des Rates über die Anwendung des Artikels 16 Absatz 4 des Vertrags über die Europäische Union und des Artikels 238 Absatz 2 des Vertrags über die Arbeitsweise der Europäischen Union zwischen dem 1. November 2014 und dem 31. März 2017 einerseits und ab dem 1. April 2017 andererseits

DER RAT DER EUROPÄISCHEN UNION –

in Erwägung nachstehender Gründe:

(1) Es sollten Bestimmungen erlassen werden, die einen reibungslosen Übergang von der Rege-

lung für die Beschlussfassung des Rates mit qualifizierter Mehrheit, die in Artikel 3 Absatz 3 des Protokolls über die Übergangsbestimmungen festgelegt ist und die bis zum 31. Oktober 2014 weiterhin gelten wird, zu der in Artikel 16 Absatz 4 des Vertrags über die Europäische Union und Artikel 238 Absatz 2 des Vertrags über die Arbeitsweise der Europäischen Union vorgesehenen Abstimmungsregelung gewährleisten, die ab dem 1. November 2014 gelten wird, einschließlich – während eines Übergangszeitraums bis zum 31. März 2017 – der besonderen Bestimmungen gemäß Artikel 3 Absatz 2 des genannten Protokolls.

(2) Der Rat wird auch in Zukunft alles daran setzen, die demokratische Legitimierung der mit qualifizierter Mehrheit angenommenen Rechtsakte zu erhöhen –

BESCHLIESST:

Abschnitt 1

Für die Zeit vom 1. November 2014 bis zum 31. März 2017 anwendbare Bestimmungen

Artikel 1

Für die Zeit vom 1. November 2014 bis zum 31. März 2017 gilt Folgendes: Wenn Mitglieder des Rates, die

a) mindestens drei Viertel der Bevölkerung oder

b) mindestens drei Viertel der Anzahl der Mitgliedstaaten

vertreten, die für die Bildung einer Sperrminorität erforderlich sind, wie sie sich aus der Anwendung von Artikel 16 Absatz 4 Unterabsatz 1 des Vertrags über die Europäische Union oder Artikel 238 Absatz 2 des Vertrags über die Arbeitsweise der Europäischen Union ergibt, erklären, dass sie die Annahme eines Rechtsakts durch den Rat mit qualifizierter Mehrheit ablehnen, so wird die Frage vom Rat erörtert.

Artikel 2

Der Rat wird im Verlauf dieser Erörterungen alles in seiner Macht Stehende tun, um innerhalb einer angemessenen Zeit und unbeschadet der durch das Unionsrecht vorgeschriebenen zwingenden Fristen eine zufrieden stellende Lösung für die von den Mitgliedern des Rates nach Artikel 1 vorgebrachten Anliegen zu finden.

Artikel 3

Zu diesem Zweck unternimmt der Präsident des Rates mit Unterstützung der Kommission unter Einhaltung der Geschäftsordnung des Rates alle erforderlichen Schritte, um im Rat eine breitere Einigungsgrundlage zu ermöglichen. Die Mitglieder des Rates unterstützen ihn hierbei.

Abschnitt 2

Ab dem 1. April 2017 anwendbare Bestimmungen

Artikel 4

Ab dem 1. April 2017 gilt Folgendes: Wenn Mitglieder des Rates, die

a) mindestens 55 % der Bevölkerung oder

b) mindestens 55 % der Anzahl der Mitgliedstaaten

vertreten, die für die Bildung einer Sperrminorität erforderlich sind, wie sie sich aus der Anwendung von Artikel 16 Absatz 4 Unterabsatz 1 des Vertrags über die Europäische Union oder Artikel 238 Absatz 2 des Vertrags über die Arbeitsweise der Europäischen Union ergibt, erklären, dass sie die Annahme eines Rechtsakts durch den Rat mit qualifizierter Mehrheit ablehnen, so wird die Frage vom Rat erörtert.

Artikel 5

Der Rat wird im Verlauf dieser Erörterungen alles in seiner Macht Stehende tun, um innerhalb einer angemessenen Zeit und unbeschadet der durch das Unionsrecht vorgeschriebenen zwingenden Fristen eine zufrieden stellende Lösung für die von den Mitgliedern des Rates nach Artikel 4 vorgebrachten Anliegen zu finden.

Artikel 6

Zu diesem Zweck unternimmt der Präsident des Rates mit Unterstützung der Kommission unter Einhaltung der Geschäftsordnung des Rates alle erforderlichen Schritte, um im Rat eine breitere Einigungsgrundlage zu ermöglichen. Die Mitglieder des Rates unterstützen ihn hierbei.

Abschnitt 3

Inkrafttreten des Beschlusses

Artikel 7

Dieser Beschluss tritt am Tag des Inkrafttretens des Vertrags von Lissabon in Kraft.

8.

Erklärung zu den praktischen Maßnahmen, die zum Zeitpunkt des Inkrafttretens des Vertrags von Lissabon in Bezug auf den Vorsitz im Europäischen Rat und im Rat „Auswärtige Angelegenheiten" zu ergreifen sind

Für den Fall, dass der Vertrag von Lissabon nach dem 1. Januar 2009 in Kraft tritt, ersucht die Konferenz die zuständigen Behörden des Mitgliedstaats, der zu jenem Zeitpunkt den halbjährlich wechselnden Vorsitz im Rat wahrnimmt, einerseits und die Persönlichkeit, die zum Präsidenten des Europäischen Rats gewählt wird, sowie die Persönlichkeit, die zum Hohen Vertreter der Union für Außen- und Sicherheitspolitik ernannt wird, andererseits, in Absprache mit dem nachfolgenden halbjährlichen Vorsitz die konkreten Maßnahmen zu ergreifen, die erforderlich sind, damit der Übergang in Bezug auf die sachbezogenen und die organisatorischen Aspekte der Ausübung des Vorsitzes im Europäischen Rat und im Rat „Auswärtige Angelegenheiten" reibungslos erfolgen kann.

9.

Erklärung zu Artikel 16 Absatz 9 des Vertrags über die Europäische Union betreffend den Beschluss des Europäischen Rates über die Ausübung des Vorsitzes im Rat

Die Konferenz erklärt, dass der Rat nach der Unterzeichnung des Vertrags von Lissabon umgehend mit der Ausarbeitung des Beschlusses zur Festlegung der Verfahren für die Anwendung des Beschlusses über die Ausübung des Vorsitzes im Rat beginnen und innerhalb von sechs Monaten zu einer politischen Einigung gelangen sollte. Ein Entwurf für einen Beschluss des Europäischen Rates, der am Tag des Inkrafttretens jenes Vertrags angenommen wird, ist nachstehend wiedergegeben:

Entwurf eines Beschlusses des Europäischen Rates
über die Ausübung des Vorsitzes im Rat

Artikel 1

(1) Der Vorsitz im Rat außer in der Zusammensetzung „Auswärtige Angelegenheiten" wird von zuvor festgelegten Gruppen von drei Mitgliedstaaten für einen Zeitraum von 18 Monaten wahrgenommen. Diese Gruppen werden in gleichberechtigter Rotation der Mitgliedstaaten unter Berücksichtigung ihrer Verschiedenheit und des geografischen Gleichgewichts innerhalb der Union zusammengestellt.

(2) Jedes Mitglied der Gruppe nimmt den Vorsitz in allen Zusammensetzungen des Rates außer in der Zusammensetzung „Auswärtige Angelegenheiten" im Wechsel für einen Zeitraum von sechs Monaten wahr. Die anderen Mitglieder der Gruppe unterstützen den Vorsitz auf der Grundlage eines gemeinsamen Programms bei all seinen Aufgaben. Die Mitglieder der Gruppe können untereinander alternative Regelungen beschließen.

Artikel 2

Der Vorsitz im Ausschuss der Ständigen Vertreter der Regierungen der Mitgliedstaaten wird von einem Vertreter des Mitgliedstaats wahrgenommen, der den Vorsitz im Rat in der Zusammensetzung „Allgemeine Angelegenheiten" innehat.

Der Vorsitz im Politischen und Sicherheitspolitischen Komitee wird von einem Vertreter des Hohen Vertreters der Union für Außen- und Sicherheitspolitik wahrgenommen.

Der Vorsitz in den vorbereitenden Gremien des Rates in seinen verschiedenen Zusammensetzungen außer in der Zusammensetzung „Auswärtige Angelegenheiten" wird von dem Mitglied der Gruppe wahrgenommen, das den Vorsitz in der entsprechenden Zusammensetzung des Rates führt, sofern nach Artikel 4 nichts anderes beschlossen wird.

Artikel 3

Der Rat in der Zusammensetzung „Allgemeine Angelegenheiten" sorgt im Rahmen einer Mehrjahresplanung in Zusammenarbeit mit der Kommission für die Kohärenz und die Kontinuität der Arbeiten des Rates in seinen verschiedenen Zusammensetzungen. Die den Vorsitz wahrnehmenden Mitgliedstaaten treffen mit Unterstützung des Generalsekretariats des Rates alle für die Organisation und den reibungslosen Ablauf der Arbeiten des Rates erforderlichen Vorkehrungen.

Artikel 4

Der Rat erlässt einen Beschluss mit Bestimmungen zur Anwendung dieses Beschlusses.

10.

Erklärung zu Artikel 17 des Vertrags über die Europäische Union

Die Konferenz ist der Auffassung, dass die Kommission, wenn ihr nicht mehr Staatsangehörige aller Mitgliedstaaten angehören, besonders beachten sollte, dass in den Beziehungen zu allen Mitgliedstaaten vollständige Transparenz gewährleistet sein muss. Dementsprechend sollte die Kommission enge Verbindungen zu allen Mitgliedstaaten unterhalten, unabhängig davon, ob einer ihrer Staatsangehörigen Mitglied der Kommission ist, und in diesem Zusammenhang besonders beachten, dass Informationen mit allen Mitgliedstaaten geteilt und alle Mitgliedstaaten konsultiert werden müssen.

Die Konferenz ist ferner der Auffassung, dass die Kommission alle notwendigen Maßnahmen ergreifen sollte, um sicherzustellen, dass die politischen, sozialen und wirtschaftlichen Gegebenheiten in allen Mitgliedstaaten, auch in Mitgliedstaaten, die kein Kommissionsmitglied stellen, in vollem Umfang berücksichtigt werden. Dabei sollte durch geeignete organisatorische Vorkehrungen auch gewährleistet werden, dass der Standpunkt dieser Mitgliedstaaten berücksichtigt wird.

11.

Erklärung zu Artikel 17 Absätze 6 und 7 des Vertrags über die Europäische Union

Die Konferenz ist der Auffassung, dass das Europäische Parlament und der Europäische Rat im Einklang mit den Verträgen gemeinsam für den reibungslosen Ablauf des Prozesses, der zur Wahl des Präsidenten der Europäischen Kommission führt, verantwortlich sind. Vertreter des Europäischen Parlaments und des Europäischen Rates werden daher vor dem Beschluss des Europäischen Rates die erforderlichen Konsultationen in dem Rahmen durchführen, der als am besten geeignet erachtet wird. Nach Artikel 17 Absatz 7 Unterabsatz 1 betreffen diese Konsultationen das Profil der Kandidaten für das Amt des Präsidenten der Kommission unter Berücksichtigung der Wahlen zum Europäischen Parlament. Die Einzelheiten dieser Konsultationen können zu gegebener Zeit einvernehmlich zwischen dem Europäischen Parlament und dem Europäischen Rat festgelegt werden.

12.

Erklärung zu Artikel 18 des Vertrags über die Europäische Union

(1) Die Konferenz erklärt, dass bei den Vorbereitungsarbeiten zur Ernennung des Hohen Vertreters der Union für Außen- und Sicherheitspolitik gemäß Artikel 18 des Vertrags über die Europäische Union und Artikel 5 des Protokolls über die Übergangsbestimmungen, die am Tag des Inkrafttretens des Vertrags von Lissabon erfolgen soll, geeignete Kontakte zum Europäischen Parlament erfolgen werden; die Amtszeit des Hohen Vertreters wird am selben Tag beginnen und bis zum Ende der Amtszeit der an diesem Tag amtierenden Kommission dauern.

(2) Des Weiteren erinnert die Konferenz daran, dass die Ernennung desjenigen Hohen Vertreters der Union für Außen- und Sicherheitspolitik, dessen Amtszeit im November 2009 zum gleichen Zeitpunkt wie die Amtszeit der nächsten Kommission beginnen und dieselbe Dauer wie diese haben wird, nach den Artikeln 17 und 18 des Vertrags über die Europäische Union erfolgen wird.

13.

Erklärung zur Gemeinsamen Außen- und Sicherheitspolitik

Die Konferenz unterstreicht, dass die Bestimmungen des Vertrags über die Europäische Union betreffend die Gemeinsame Außen- und Sicherheitspolitik, einschließlich der Schaffung des Amts des Hohen Vertreters der Union für Außen- und Sicherheitspolitik und der Errichtung eines Auswärtigen Dienstes, weder die derzeit bestehenden Zuständigkeiten der Mitgliedstaaten für die Formulierung und Durchführung ihrer Außenpolitik noch ihre nationale Vertretung in Drittländern und internationalen Organisationen berühren.

Die Konferenz erinnert außerdem daran, dass die Bestimmungen über die Gemeinsame Sicherheits- und Verteidigungspolitik den besonderen Charakter der Sicherheits- und Verteidigungspolitik der Mitgliedstaaten unberührt lassen.

Sie hebt hervor, dass die Europäische Union und ihre Mitgliedstaaten nach wie vor durch die Bestimmungen der Charta der Vereinten Nationen und insbesondere durch die Hauptverantwortung des Sicherheitsrats und seiner Mitglieder für die Wahrung des Weltfriedens und der internationalen Sicherheit gebunden sind.

14.

Erklärung zur Gemeinsamen Außen- und Sicherheitspolitik

Zusätzlich zu den in Artikel 24 Absatz 1 des Vertrags über die Europäische Union genannten besonderen Regeln und Verfahren betont die Konferenz, dass die Bestimmungen zur Gemeinsamen Außen- und Sicherheitspolitik, einschließlich zum Hohen Vertreter der Union für Außen- und Sicherheitspolitik und zum Auswärtigen Dienst, die bestehenden Rechtsgrundlagen, die Zuständigkeiten und Befugnisse der einzelnen Mitgliedstaaten in Bezug auf die Formulierung und die Durchführung ihrer Außenpolitik, ihre nationalen diplomatischen Dienste, ihre Beziehungen zu Drittländern und ihre Beteiligung an internationalen Organisationen, einschließlich der Mitgliedschaft eines Mitgliedstaats im Sicherheitsrat der Vereinten Nationen, nicht berühren.

Die Konferenz stellt ferner fest, dass der Kommission durch die Bestimmungen zur Gemeinsamen Außen- und Sicherheitspolitik keine neuen Befugnisse zur Einleitung von Beschlüssen übertragen werden und dass diese Bestimmungen die Rolle des Europäischen Parlaments nicht erweitern.

Die Konferenz erinnert außerdem daran, dass die Bestimmungen über die Gemeinsame Sicherheits- und Verteidigungspolitik den besonderen Charakter der Sicherheits- und Verteidigungspolitik der Mitgliedstaaten unberührt lassen.

15.

Erklärung zu Artikel 27 des Vertrags über die Europäische Union

Die Konferenz erklärt, dass der Generalsekretär des Rates und Hohe Vertreter für die Gemeinsame Außen- und Sicherheitspolitik, die Kommission und die Mitgliedstaaten die Vorarbeiten zur Errichtung des Europäischen Auswärtigen Dienstes einleiten sollten, sobald der Vertrag von Lissabon unterzeichnet worden ist.

16.

Erklärung zu Artikel 55 Absatz 2 des Vertrags über die Europäische Union

Die Konferenz ist der Auffassung, dass die Möglichkeit der Erstellung von Übersetzungen der Verträge in den Sprachen nach Artikel 55 Absatz 2 zur Verwirklichung des Ziels beiträgt, den Reichtum der kulturellen und sprachlichen Vielfalt der Union im Sinne von Artikel 3 Absatz 3 Unterabsatz 4 zu wahren. Sie bekräftigt diesbezüglich, dass die Union großen Wert auf die kulturelle Vielfalt Europas legt und diesen und anderen Sprachen weiterhin besondere Bedeutung beimessen wird.

Die Konferenz empfiehlt, dass die Mitgliedstaaten, die von der in Artikel 55 Absatz 2 vorgesehenen Möglichkeit Gebrauch machen möchten, dem Rat innerhalb von sechs Monaten nach der Unterzeichnung des Vertrags von Lissabon die Sprache bzw. Sprachen mitteilen, in die die Verträge übersetzt werden sollen.

17.

Erklärung zum Vorrang

Die Konferenz weist darauf hin, dass die Verträge und das von der Union auf der Grundlage der Verträge gesetzte Recht im Einklang mit der ständigen Rechtsprechung des Gerichtshofs der Europäischen Union unter den in dieser Rechtsprechung festgelegten Bedingungen Vorrang vor dem Recht der Mitgliedstaaten haben.

Darüber hinaus hat die Konferenz beschlossen, dass das Gutachten des Juristischen Dienstes des Rates zum Vorrang in der Fassung des Dokuments 11197/07 (JUR 260) dieser Schlussakte beigefügt wird:

„Gutachten des Juristischen Dienstes des Rates vom 22. Juni 2007

Nach der Rechtsprechung des Gerichtshofs ist der Vorrang des EG-Rechts einer der Grundpfeiler des Gemeinschaftsrechts. Dem Gerichtshof zufolge ergibt sich dieser Grundsatz aus der Besonderheit der Europäischen Gemeinschaft. Zum Zeitpunkt des ersten Urteils im Rahmen dieser ständigen Rechtsprechung (Rechtssache 6/64, Costa gegen ENEL, 15. Juli 1964(1) war dieser Vorrang im Vertrag nicht erwähnt. Dies ist auch heute noch der Fall. Die Tatsache, dass der Grundsatz dieses Vorrangs nicht in den künftigen Vertrag aufgenommen wird, ändert nichts an seiner Existenz und an der bestehenden Rechtsprechung des Gerichtshofs.

(1) *„Aus (…) folgt, dass dem vom Vertrag geschaffenen, somit aus einer autonomen Rechtsquelle fließenden Recht wegen dieser seiner Eigenständigkeit keine wie immer gearteten innerstaatlichen Rechtsvorschriften vorgehen können, wenn ihm nicht sein Charakter als Gemeinschaftsrecht aberkannt und wenn nicht die Rechtsgrundlage der Gemeinschaft selbst in Frage gestellt werden soll."“*

18.

Erklärung zur Abgrenzung der Zuständigkeiten

Die Konferenz unterstreicht, dass gemäß dem in dem Vertrag über die Europäische Union und dem Vertrag über die Arbeitsweise der Europäischen Union vorgesehenen System der Aufteilung der Zuständigkeiten zwischen der Union und den Mitgliedstaaten alle der Union nicht in den Verträgen übertragenen Zuständigkeiten bei den Mitgliedstaaten verbleiben.

Übertragen die Verträge der Union für einen bestimmten Bereich eine mit den Mitgliedstaaten geteilte Zuständigkeit, so nehmen die Mitgliedstaaten ihre Zuständigkeit wahr, sofern und soweit die Union ihre Zuständigkeit nicht ausgeübt hat oder entschieden hat, diese nicht mehr auszuüben. Der letztgenannte Fall ist gegeben, wenn die zuständigen Organe der Union beschließen, einen Gesetzgebungsakt aufzuheben, insbesondere um die ständige Einhaltung der Grundsätze der Subsidiarität und der Verhältnismäßigkeit besser sicherzustellen. Der Rat kann die Kommission auf Initiative eines oder mehrerer seiner Mitglieder (Vertreter der Mitgliedstaaten) gemäß Artikel 241 des Vertrags über die Arbeitsweise der Europäischen Union auffordern, Vorschläge für die Aufhebung eines Gesetzgebungsakts zu unterbreiten. Die Konferenz begrüßt, dass die Kommission erklärt, sie werde solchen Aufforderungen besondere Beachtung schenken.

Ebenso können die Vertreter der Regierungen der Mitgliedstaaten im Rahmen einer Regierungskonferenz gemäß dem ordentlichen Änderungsverfahren nach Artikel 48 Absätze 2 bis 5 des Vertrags über die Europäische Union eine Änderung der Verträge, auf denen die Union beruht, einschließlich einer Ausweitung oder Verringerung der der Union in diesen Verträgen übertragenen Zuständigkeiten, beschließen.

19.

Erklärung zu Artikel 8 des Vertrags über die Arbeitsweise der Europäischen Union

Die Konferenz ist sich darüber einig, dass die Union bei ihren allgemeinen Bemühungen, Ungleichheiten zwischen Frauen und Männern zu beseitigen, in den verschiedenen Politikbereichen darauf hinwirken wird, jede Art der häuslichen Gewalt zu bekämpfen. Die Mitgliedstaaten sollten alle erforderlichen Maßnahmen ergreifen, um solche strafbaren Handlungen zu verhindern und zu ahnden sowie die Opfer zu unterstützen und zu schützen.

20.

Erklärung zu Artikel 16 des Vertrags über die Arbeitsweise der Europäischen Union

Die Konferenz erklärt, dass immer dann, wenn Bestimmungen über den Schutz personenbezogener Daten, die auf der Grundlage von Artikel 16 zu erlassen sind, direkte Auswirkungen auf die nationale Sicherheit haben könnten, dieser Umstand gebührend zu berücksichtigen ist. Sie weist darauf hin, dass die derzeit geltenden Rechtsvorschriften (siehe insbesondere Richtlinie 95/46/EG) besondere Ausnahmeregelungen hierzu enthalten.

21.

Erklärung zum Schutz personenbezogener Daten im Bereich der justiziellen Zusammenarbeit in Strafsachen und der polizeilichen Zusammenarbeit

Die Konferenz erkennt an, dass es sich aufgrund des spezifischen Charakters der Bereiche justizielle Zusammenarbeit in Strafsachen und polizeiliche Zusammenarbeit als erforderlich erweisen könnte, in diesen Bereichen spezifische, auf Artikel 16 des Vertrags über die Arbeitsweise der Europäischen Union gestützte Vorschriften über den Schutz personenbezogener Daten und den freien Datenverkehr zu erlassen.

22.

Erklärung zu den Artikeln 48 und 79 des Vertrags über die Arbeitsweise der Europäischen Union

Die Konferenz geht davon aus, dass den Interessen des betroffenen Mitgliedstaats gebührend Rechnung getragen wird, wenn ein Entwurf eines Gesetzgebungsakts nach Artikel 79 Absatz 2 – wie in Artikel 48 Absatz 2 dargelegt – wichtige Aspekte, wie den Geltungsbereich, die Kosten oder die Finanzstruktur des Systems der sozialen Sicherheit eines Mitgliedstaats verletzen oder das finanzielle Gleichgewicht dieses Systems beeinträchtigen würde.

23.

Erklärung zu Artikel 48 Absatz 2 des Vertrags über die Arbeitsweise der Europäischen Union

Die Konferenz verweist darauf, dass der Europäische Rat in diesem Fall nach Artikel 15 Absatz 4 des Vertrags über die Europäische Union im Konsens entscheidet.

24.

Erklärung zur Rechtspersönlichkeit der Europäischen Union

Die Konferenz bestätigt, dass der Umstand, dass die Europäische Union Rechtspersönlichkeit hat, die Union keinesfalls ermächtigt, über die ihr von den Mitgliedstaaten in den Verträgen übertragenen Zuständigkeiten hinaus gesetzgeberisch tätig zu sein oder über diese Zuständigkeiten hinaus zu handeln.

25.

Erklärung zu den Artikeln 75 und 215 des Vertrags über die Arbeitsweise der Europäischen Union

Die Konferenz weist darauf hin, dass die Achtung der Grundrechte und -freiheiten es insbesondere erforderlich macht, dass der Rechtsschutz der betreffenden Einzelpersonen oder Einheiten gebührend berücksichtigt wird. Zu diesem Zweck und zur Gewährleistung einer gründlichen gerichtlichen Prüfung von Beschlüssen, durch die Einzelpersonen oder Einheiten restriktiven Maßnahmen unterworfen werden, müssen diese Beschlüsse auf klaren und eindeutigen Kriterien beruhen. Diese Kriterien müssen auf die Besonderheiten der jeweiligen restriktiven Maßnahme zugeschnitten sein.

26.

Erklärung zur Nichtbeteiligung eines Mitgliedstaats an einer auf den Dritten Teil Titel V des Vertrags über die Arbeitsweise der Europäischen Union gestützten Maßnahme

Die Konferenz erklärt, dass der Rat in dem Fall, dass ein Mitgliedstaat entscheidet, sich nicht an einer auf den Dritten Teil Titel V des Vertrags über die Arbeitsweise der Europäischen Union gestützten Maßnahme zu beteiligen, eine eingehende Erörterung über die möglichen Implikationen und Auswirkungen der Nichtbeteiligung dieses Mitgliedstaats an dieser Maßnahme führen wird.

Außerdem kann jeder Mitgliedstaat die Kommission ersuchen, die Lage auf der Grundlage des Artikels 116 des Vertrags über die Arbeitsweise der Europäischen Union zu prüfen.

Die vorstehenden Absätze berühren nicht die Möglichkeit für einen Mitgliedstaat, den Europäischen Rat mit dieser Frage zu befassen.

27.

Erklärung zu Artikel 85 Absatz 1 Unterabsatz 2 des Vertrags über die Arbeitsweise der Europäischen Union

Nach Auffassung der Konferenz sollten die Verordnungen nach Artikel 85 Absatz 1 Unterabsatz 2 des Vertrags über die Arbeitsweise der Europäischen Union den nationalen Vorschriften und Verfahrensweisen im Zusammenhang mit der Einleitung strafrechtlicher Ermittlungsmaßnahmen Rechnung tragen.

28.

Erklärung zu Artikel 98 des Vertrags über die Arbeitsweise der Europäischen Union

Die Konferenz stellt fest, dass Artikel 98 nach der gegenwärtigen Praxis anzuwenden ist. Die Formulierung „Maßnahmen (...), soweit sie erforderlich sind, um die wirtschaftlichen Nachteile auszugleichen, die der Wirtschaft bestimmter, von der Teilung Deutschlands betroffener Gebiete der Bundesrepublik aus dieser Teilung entstehen" wird im Einklang mit der geltenden Rechtsprechung des Gerichtshofs der Europäischen Union ausgelegt.

29.

Erklärung zu Artikel 107 Absatz 2 Buchstabe c des Vertrags über die Arbeitsweise der Europäischen Union

Die Konferenz stellt fest, dass Artikel 107 Absatz 2 Buchstabe c im Einklang mit der geltenden Rechtsprechung des Gerichtshofs der Europäischen Union zur Anwendbarkeit dieser Bestimmungen auf die Beihilfen für bestimmte, durch die frühere Teilung Deutschlands beeinträchtigte Gebiete der Bundesrepublik Deutschland auszulegen ist.

30.

Erklärung zu Artikel 126 des Vertrags über die Arbeitsweise der Europäischen Union

In Bezug auf Artikel 126 bekräftigt die Konferenz, dass die Wirtschafts- und Haushaltspolitik der Union und der Mitgliedstaaten auf die beiden fundamentalen Ziele ausgerichtet ist, das Wachstumspotenzial zu steigern und eine solide Haushaltslage zu gewährleisten. Der Stabilitäts- und Wachstumspakt ist ein wichtiges Instrument für die Verwirklichung dieser Ziele.

Die Konferenz bekennt sich erneut zu den Bestimmungen über den Stabilitäts- und Wachstumspakt als Rahmen für die Koordinierung der Haushaltspolitik in den Mitgliedstaaten.

Die Konferenz bekräftigt, dass sich mit einem auf Regeln beruhenden System am besten gewährleisten lässt, dass die Verpflichtungen tatsächlich eingehalten und alle Mitgliedstaaten gleich behandelt werden.

In diesem Zusammenhang erneuert die Konferenz ferner ihr Bekenntnis zu den Zielen der Lissabonner Strategie: Schaffung von Arbeitsplätzen, Strukturreformen und sozialer Zusammenhalt.

Die Union strebt ein ausgewogenes Wirtschaftswachstum und Preisstabilität an. Deshalb muss die Wirtschafts- und Haushaltspolitik in Zeiten schwachen Wirtschaftswachstums die entsprechenden

Prioritäten in Bezug auf Wirtschaftsreformen, Innovation, Wettbewerbsfähigkeit und Steigerung der privaten Investitionen und des privaten Verbrauchs setzen. Dies sollte in der Ausrichtung der Haushaltsbeschlüsse auf Ebene der Mitgliedstaaten und der Union zum Ausdruck kommen, insbesondere dadurch, dass die öffentlichen Einnahmen und Ausgaben umgeschichtet werden, wobei die Haushaltsdisziplin nach den Verträgen und dem Stabilitätsund Wachstumspakt zu wahren ist.

Die haushalts- und wirtschaftspolitischen Herausforderungen, vor denen die Mitgliedstaaten stehen, unterstreichen die Bedeutung einer soliden Haushaltspolitik während des gesamten Konjunkturzyklus.

Die Konferenz kommt überein, dass die Mitgliedstaaten Phasen der wirtschaftlichen Erholung aktiv nutzen sollten, um die öffentlichen Finanzen zu konsolidieren und ihre Haushaltslage zu verbessern. Das Ziel ist dabei, in Zeiten günstiger Konjunktur schrittweise einen Haushaltsüberschuss zu erreichen, um in Zeiten der konjunkturellen Abschwächung über den nötigen Spielraum zu verfügen und so zur langfristigen Tragfähigkeit der öffentlichen Finanzen beizutragen.

Die Mitgliedstaaten sehen etwaigen Vorschlägen der Kommission und weiteren Beiträgen der Mitgliedstaaten zu der Frage, wie die Umsetzung des Stabilitäts- und Wachstumspakts verstärkt und klarer gestaltet werden kann, mit Interesse entgegen. Die Mitgliedstaaten werden die notwendigen Maßnahmen zur Steigerung des Wachstumspotenzials ihrer Wirtschaft treffen. Hierzu könnte auch eine bessere Abstimmung der Wirtschaftspolitik beitragen. Diese Erklärung greift künftigen Beratungen über den Stabilitäts- und Wachstumspakt nicht vor.

31.

Erklärung zu Artikel 156 des Vertrags über die Arbeitsweise der Europäischen Union

Die Konferenz bestätigt, dass die in Artikel 156 aufgeführten Politikbereiche im Wesentlichen in die Zuständigkeit der Mitgliedstaaten fallen. Die auf Unionsebene nach diesem Artikel zu ergreifenden Förder- und Koordinierungsmaßnahmen haben ergänzenden Charakter. Sie dienen der Stärkung der Zusammenarbeit zwischen den Mitgliedstaaten und nicht der Harmonisierung einzelstaatlicher Systeme. Die in den einzelnen Mitgliedstaaten bestehenden Garantien und Gepflogenheiten hinsichtlich der Verantwortung der Sozialpartner bleiben unberührt.

Diese Erklärung berührt nicht die Bestimmungen der Verträge, einschließlich im Sozialbereich, mit denen der Union Zuständigkeiten übertragen werden.

32.

Erklärung zu Artikel 168 Absatz 4 Buchstabe c des Vertrags über die Arbeitsweise der Europäischen Union

Die Konferenz erklärt, dass die nach Artikel 168 Absatz 4 Buchstabe c zu erlassenden Maßnahmen den gemeinsamen Sicherheitsanliegen Rechnung tragen und auf die Festlegung hoher Qualitäts- und Sicherheitsstandards gerichtet sein müssen, wenn aufgrund nationaler Standards, die den Binnenmarkt berühren, andernfalls ein hohes Gesundheitsschutzniveau nicht erreicht werden könnte.

33.

Erklärung zu Artikel 174 des Vertrags über die Arbeitsweise der Europäischen Union

Die Konferenz vertritt die Auffassung, dass die Bezugnahme auf Inselregionen in Artikel 174 auch für Inselstaaten insgesamt gelten kann, sofern die notwendigen Kriterien erfüllt sind.

34.

Erklärung zu Artikel 179 des Vertrags über die Arbeitsweise der Europäischen Union

Die Konferenz ist sich darüber einig, dass die Tätigkeit der Union auf dem Gebiet der Forschung und technologischen Entwicklung den grundsätzlichen Ausrichtungen und Entscheidungen in der Forschungspolitik der Mitgliedstaaten angemessen Rechnung tragen wird.

35.

Erklärung zu Artikel 194 des Vertrags über die Arbeitsweise der Europäischen Union

Die Konferenz ist der Auffassung, dass Artikel 194 das Recht der Mitgliedstaaten unberührt lässt, Bestimmungen zu erlassen, die für die Gewährleistung ihrer Energieversorgung unter den Bedingungen des Artikels 347 erforderlich sind.

36.

Erklärung zu Artikel 218 des Vertrags über die Arbeitsweise der Europäischen Union über die Aushandlung und den Abschluss internationaler Übereinkünfte betreffend den Raum der Freiheit, der Sicherheit und des Rechts durch die Mitgliedstaaten

Die Konferenz bestätigt, dass die Mitgliedstaaten Übereinkünfte mit Drittländern oder internationalen Organisationen in den Bereichen des Dritten Teils Titel V Kapitel 3, 4 und 5 aushandeln und schließen können, sofern diese Übereinkünfte mit dem Unionsrecht im Einklang stehen.

37.

Erklärung zu Artikel 222 des Vertrags über die Arbeitsweise der Europäischen Union

Unbeschadet der Maßnahmen der Union zur Erfüllung ihrer Verpflichtung zur Solidarität gegenüber einem Mitgliedstaat, der von einem Terroranschlag, einer Naturkatastrophe oder einer vom Menschen verursachten Katastrophe betroffen ist, zielt keine der Bestimmungen des Artikels 222 darauf ab, das Recht eines anderen Mitgliedstaats zu beeinträchtigen, die am besten geeigneten Mittel zur Erfüllung seiner Verpflichtung zur Solidarität gegenüber dem betreffenden Mitgliedstaat zu wählen.

38.

Erklärung zu Artikel 252 des Vertrags über die Arbeitsweise der Europäischen Union zur Zahl der Generalanwälte des Gerichtshofs

Die Konferenz erklärt, dass der Rat, wenn der Gerichtshof gemäß Artikel 252 Absatz 1 des Vertrags über die Arbeitsweise der Europäischen Union beantragt, die Zahl der Generalanwälte um drei zu erhöhen (elf anstelle von acht), einstimmig eine solche Erhöhung beschließen wird.

Für diesen Fall ist sich die Konferenz darin einig, dass Polen einen ständigen Generalanwalt stellen wird, wie dies bereits für Deutschland, Frankreich, Italien, Spanien und das Vereinigte Königreich der Fall ist, und nicht länger am Rotationssystem teilnehmen wird, wobei das bestehende Rotationssystem dann die Rotation von fünf anstelle von drei Generalanwälten beinhalten wird.

39.

Erklärung zu Artikel 290 des Vertrags über die Arbeitsweise der Europäischen Union

Die Konferenz nimmt zur Kenntnis, dass die Kommission beabsichtigt, bei der Ausarbeitung ihrer Entwürfe für delegierte Rechtsakte im Bereich der Finanzdienstleistungen nach ihrer üblichen Vorgehensweise weiterhin von den Mitgliedstaaten benannte Experten zu konsultieren.

40.

Erklärung zu Artikel 329 des Vertrags über die Arbeitsweise der Europäischen Union

Die Konferenz erklärt, dass die Mitgliedstaaten, die einen Antrag auf Begründung einer Verstärkten Zusammenarbeit stellen, angeben können, ob sie bereits in diesem Stadium beabsichtigen, Artikel 333 über die Ausdehnung der Beschlussfassung mit qualifizierter Mehrheit anzuwenden oder ob sie das ordentliche Gesetzgebungsverfahren in Anspruch nehmen möchten.

41.

Erklärung zu Artikel 352 des Vertrags über die Arbeitsweise der Europäischen Union

Die Konferenz erklärt, dass die in Artikel 352 Absatz 1 des Vertrags über die Arbeitsweise der Europäischen Union enthaltene Bezugnahme auf die Ziele der Union die in Artikel 3 Absätze 2 und 3 des Vertrags über die Europäische Union festgelegten Ziele sowie die Ziele des Artikels 3 Absatz 5 des genannten Vertrags hinsichtlich des auswärtigen Handelns nach dem Fünften Teil des Vertrags über die Arbeitsweise der Europäischen Union betrifft. Es ist daher ausgeschlossen, dass auf Artikel 352 des Vertrags über die Arbeitsweise der Europäischen Union gestützte Maßnahmen ausschließlich Ziele nach Artikel 3 Absatz 1 des Vertrags über die Europäische Union verfolgen. In diesem Zusammenhang stellt die Konferenz fest, dass gemäß Artikel 31 Absatz 1 des Vertrags über die Europäische Union im Bereich der Gemeinsamen Außen- und Sicherheitspolitik keine Gesetzgebungsakte erlassen werden dürfen.

42.

Erklärung zu Artikel 352 des Vertrags über die Arbeitsweise der Europäischen Union

Die Konferenz unterstreicht, dass nach der ständigen Rechtsprechung des Gerichtshofs der Europäischen Union Artikel 352 des Vertrags über die Arbeitsweise der Europäischen Union integrierender Bestandteil einer auf dem Grundsatz der begrenzten Einzelermächtigung beruhenden institutionellen Ordnung ist und daher keine Grundlage dafür bieten kann, den Bereich der Unionsbefugnisse über den allgemeinen Rahmen hinaus auszudehnen, der sich aus der Gesamtheit der Bestimmungen der Verträge und insbesondere der Bestimmungen ergibt, die die Aufgaben und Tätigkeiten der Union festlegen. Dieser Artikel kann jedenfalls nicht als Rechtsgrundlage für den Erlass von Bestimmungen dienen, die der Sache nach, gemessen an ihren Folgen, auf eine Änderung der Verträge ohne Einhaltung des hierzu in den Verträgen vorgesehenen Verfahrens hinausliefen.

43.

Erklärung zu Artikel 355 Absatz 6 des Vertrags über die Arbeitsweise der Europäischen Union

Die Hohen Vertragsparteien kommen überein, dass der Europäische Rat nach Artikel 355 Absatz 6 einen Beschluss im Hinblick auf die Änderung des Status von Mayotte gegenüber der Union erlassen wird, um dieses Gebiet zu einem Gebiet in äußerster Randlage im Sinne des Artikels 355 Absatz 1 und des Artikels 349 zu machen, wenn die französischen Behörden dem Europäischen Rat und der Kommission mitteilen, dass die jüngste Entwicklung des internen Status der Insel dies gestattet.

B.

ERKLÄRUNGEN ZU DEN DEN VERTRÄGEN BEIGEFÜGTEN PROTOKOLLEN

44.

Erklärung zu Artikel 5 des Protokolls über den in den Rahmen der Europäischen Union einbezogenen Schengen-Besitzstand

Die Konferenz stellt fest, dass ein Mitgliedstaat, der nach Artikel 5 Absatz 2 des Protokolls über den in den Rahmen der Europäischen Union einbezogenen Schengen-Besitzstand mitgeteilt hat, dass er sich nicht an einem Vorschlag oder einer Initiative beteiligen möchte, die betreffende Mitteilung vor der Annahme der auf dem Schengen-Besitzstand aufbauenden Maßnahme jederzeit zurückziehen kann.

45.

Erklärung zu Artikel 5 Absatz 2 des Protokolls über den in den Rahmen der Europäischen Union einbezogenen Schengen-Besitzstand

Die Konferenz erklärt, dass der Rat, wenn das Vereinigte Königreich bzw. Irland ihm mitteilt, sich nicht an einer Maßnahme beteiligen zu wollen, die auf einen Teil des Schengen-Besitzstands aufbaut, an dem sich das Vereinigte Königreich bzw. Irland beteiligt, eine eingehende Erörterung der möglichen Auswirkungen der Nichtbeteiligung des betreffenden Mitgliedstaats an der betreffenden Maßnahme führen wird. Die Erörterung im Rat soll im Lichte der Angaben der Kommission zu dem Verhältnis zwischen dem Vorschlag und dem Schengen-Besitzstand geführt werden.

46.

Erklärung zu Artikel 5 Absatz 3 des Protokolls über den in den Rahmen der Europäischen Union einbezogenen Schengen-Besitzstand

Die Konferenz weist darauf hin, dass die Kommission, falls der Rat nach einer ersten vertieften Erörterung der Frage keinen Beschluss fasst, dem Rat einen geänderten Vorschlag im Hinblick auf eine weitere vertiefte Überprüfung durch den Rat, die innerhalb von vier Monaten vorzunehmen ist, vorlegen kann.

47.

Erklärung zu Artikel 5 Absätze 3, 4 und 5 des Protokolls über den in den Rahmen der Europäischen Union einbezogenen Schengen-Besitzstand

Die Konferenz stellt fest, dass in den Bedingungen, die in dem Beschluss nach Artikel 5 Absätze 3, 4 oder 5 des Protokolls über den in den Rahmen der Europäischen Union einbezogenen Schengen-Besitzstand festzulegen sind, vorgesehen werden kann, dass der betreffende Mitgliedstaat etwaige unmittelbare finanzielle Folgen zu tragen hat, die sich zwangsläufig und unvermeidbar daraus ergeben, dass er sich an dem in einem Beschluss des Rates nach Artikel 4 des genannten Protokolls aufgeführten Besitzstand in seiner Gesamtheit oder in Teilen nicht mehr beteiligt.

48.

Erklärung zu dem Protokoll über die Position Dänemarks

Die Konferenz nimmt zur Kenntnis, dass Dänemark in Bezug auf Rechtsakte, die vom Rat allein oder gemeinsam mit dem Europäischen Parlament zu erlassen sind und sowohl Bestimmungen enthalten, die auf Dänemark anwendbar sind, als auch Bestimmungen, die auf Dänemark nicht anwendbar sind, da sie sich auf eine Rechtsgrundlage stützen, für die Teil I des Protokolls über die Position Dänemarks gilt, erklärt, dass es nicht von seinem Stimmrecht Gebrauch machen wird, um den Erlass von Bestimmungen zu verhindern, die nicht auf Dänemark anwendbar sind.

Die Konferenz nimmt darüber hinaus zur Kenntnis, dass Dänemark auf der Grundlage seiner Erklärung zu Artikel 222 erklärt, dass Dänemarks Beteiligung an Maßnahmen oder Rechtsakten nach Artikel 222 im Einklang mit Teil I und Teil II des Protokolls über die Position Dänemarks erfolgen wird.

49.

Erklärung betreffend Italien

Die Konferenz nimmt zur Kenntnis, dass das Protokoll betreffend Italien, das 1957 dem Vertrag zur Gründung der Europäischen Wirtschaftsgemeinschaft beigefügt war, in der bei der Annahme des Vertrags über die Europäische Union geänderten Fassung Folgendes vorsah:

„DIE HOHEN VERTRAGSPARTEIEN –

VON DEM WUNSCH GELEITET, gewisse besondere Probleme betreffend Italien zu regeln –

SIND über folgende Bestimmungen ÜBEREINGEKOMMEN, die diesem Vertrag als Anhang beigefügt sind:

DIE MITGLIEDSTAATEN DER GEMEINSCHAFT

NEHMEN ZUR KENNTNIS, dass sich die italienische Regierung mit der Durchführung eines Zehnjahresplans zur wirtschaftlichen Ausweitung befasst, durch den die strukturellen Unterschiede der italienischen Volkswirtschaft ausgeglichen werden sollen, und zwar insbesondere durch die Ausrüstung der weniger entwickelten Gebiete Süditaliens und der italienischen Inseln sowie durch die Schaffung neuer Arbeitsplätze zur Beseitigung der Arbeitslosigkeit;

WEISEN DARAUF HIN, dass die Grundsätze und die Ziele dieses Plans der italienischen Regierung von Organisationen für internationale Zusammenarbeit, deren Mitglieder sie sind, berücksichtigt und gebilligt wurden;

ERKENNEN AN, dass die Erreichung der Ziele des italienischen Plans in ihrem gemeinsamen Interesse liegt;

KOMMEN ÜBEREIN, den Organen der Gemeinschaft die Anwendung aller in diesem Vertrag vorgesehenen Mittel und Verfahren zu empfehlen, insbesondere durch eine angemessene Verwendung der Mittel der Europäischen Investitionsbank und des Europäischen Sozialfonds der italienischen Regierung die Erfüllung dieser Aufgabe zu erleichtern;

SIND DER AUFFASSUNG, dass die Organe der Gemeinschaft bei der Anwendung dieses Vertrags berücksichtigen müssen, dass die italienische Volkswirtschaft in den kommenden Jahren erheblichen Belastungen ausgesetzt sein wird, und dass gefährliche Spannungen, namentlich in der Zahlungsbilanz oder im Beschäftigungsstand, durch welche die Anwendung dieses Vertrags in Italien in Frage gestellt werden könnte, zu vermeiden sind;

ERKENNEN insbesondere AN, dass im Falle der Anwendung der Artikel 109h und 109i darauf zu achten ist, dass bei den Maßnahmen, um welche die italienische Regierung ersucht wird, die Durchführung ihres Plans zur wirtschaftlichen Ausweitung und zur Hebung des Lebensstandards der Bevölkerung gesichert bleibt."

50.

Erklärung zu Artikel 10 des Protokolls über die Übergangsbestimmungen

Die Konferenz ersucht das Europäische Parlament, den Rat und die Kommission, sich im Rahmen ihrer jeweiligen Befugnisse zu bemühen, in geeigneten Fällen und nach Möglichkeit innerhalb der in Artikel 10 Absatz 3 des Protokolls über die Übergangsbestimmungen genannten Frist von fünf Jahren Rechtsakte zu erlassen, mit denen die in Artikel 10 Absatz 1 jenes Protokolls genannten Rechtsakte geändert oder ersetzt werden.

C.

ERKLÄRUNGEN VON MITGLIEDSTAATEN

51.

Erklärung des Königreichs Belgien zu den nationalen Parlamenten

Belgien erklärt, dass aufgrund seines Verfassungsrechts sowohl das Abgeordnetenhaus und der Senat des Bundesparlaments als auch die Parlamente der Gemeinschaften und Regionen je nach den von der Union ausgeübten Befugnissen – als Bestandteil des Systems des nationalen Parlaments oder als Kammern des nationalen Parlaments handeln.

52.

Erklärung des Königreichs Belgien, der Republik Bulgarien, der Bundesrepublik Deutschland, der Hellenischen Republik, des Königreichs Spanien, der Italienischen Republik, der Republik Zypern, der Republik Litauen, des Großherzogtums Luxemburg, der Republik Ungarn, der Republik Malta, der Republik Österreich, der Portugiesischen Republik, Rumäniens, der Republik Slowenien und der Slowakischen Republik zu den Symbolen der Europäischen Union

Belgien, Bulgarien, Deutschland, Griechenland, Spanien, Italien, Zypern, Litauen, Luxemburg, Ungarn, Malta, Österreich, Portugal, Rumänien, Slowenien und die Slowakei erklären, dass die Flagge mit einem Kreis von zwölf goldenen Sternen auf blauem Hintergrund, die Hymne aus der „Ode an die Freude" der Neunten Symphonie von Ludwig van Beethoven, der Leitspruch „In Vielfalt geeint", der Euro als Währung der Europäischen Union und der Europatag am 9. Mai für sie auch künftig als Symbole die Zusammengehörigkeit der Menschen in der Europäischen Union und ihre Verbundenheit mit dieser zum Ausdruck bringen.

53.

Erklärung der Tschechischen Republik zur Charta der Grundrechte der Europäischen Union

1. Die Tschechische Republik erinnert daran, dass die Bestimmungen der Charta der Grundrechte der Europäischen Union für die Organe und Einrichtungen der Europäischen Union gelten, wobei das Subsidiaritätsprinzip und die Aufteilung der Zuständigkeiten zwischen der Europäischen Union und ihren Mitgliedstaaten, wie sie in der Erklärung (Nr. 18) zur Abgrenzung der Zuständigkeiten bekräftigt wird, gebührend zu beachten sind. Die Tschechische Republik betont, dass die Bestimmungen der Charta ausschließlich dann für die Mitgliedstaaten gelten, wenn diese Unionsrecht durchführen, nicht aber, wenn sie vom Unionsrecht unabhängige nationale Rechtsvorschriften erlassen und durchführen.

2. Die Tschechische Republik hebt ferner hervor, dass die Charta den Geltungsbereich des Unionsrechts nicht ausdehnt und auch keine neuen Zuständigkeiten für die Union begründet. Weder begrenzt sie den Geltungsbereich der nationalen Rechtsvorschriften noch beschneidet sie die derzeitigen Zuständigkeiten der nationalen Regierungen auf diesem Gebiet.

3. Die Tschechische Republik betont, dass in der Charta Grundrechte und Grundsätze, wie sie sich aus den gemeinsamen Verfassungsüberlieferungen der Mitgliedstaaten ergeben, anerkannt werden und diese Grundrechte und Grundsätze somit im Einklang mit diesen Überlieferungen auszulegen sind.

4. Die Tschechische Republik betont ferner, dass keine Bestimmung dieser Charta als eine Einschränkung oder Verletzung der Menschenrechte und Grundfreiheiten ausgelegt werden darf, die in dem jeweiligen Anwendungsbereich durch das Recht der Union und durch die internationalen Übereinkünfte, bei denen die Union oder alle Mitgliedstaaten Vertragsparteien sind, darunter insbesondere die Europäische Konvention zum Schutz der Menschenrechte und Grundfreiheiten, sowie durch die Verfassungen der Mitgliedstaaten anerkannt werden.

54.

Erklärung der Bundesrepublik Deutschland, Irlands, der Republik Ungarn, der Republik Österreich und des Königreichs Schweden

Deutschland, Irland, Ungarn, Österreich und Schweden stellen fest, dass die zentralen Bestimmungen des Vertrags zur Gründung der Europäischen Atomgemeinschaft seit seinem Inkrafttreten in ihrer Substanz nicht geändert worden sind und aktualisiert werden müssen. Daher unterstützen sie den Gedanken einer Konferenz der Vertreter der Regierungen der Mitgliedstaaten, die so rasch wie möglich einberufen werden sollte.

55.

Erklärung des Königreichs Spanien und des Vereinigten Königreichs Großbritannien und Nordirland

Die Verträge gelten für Gibraltar als ein europäisches Gebiet, dessen auswärtige Beziehungen ein Mitgliedstaat wahrnimmt. Dies bringt jedoch keine Änderungen der jeweiligen Standpunkte der betreffenden Mitgliedstaaten mit sich.

56.

Erklärung Irlands zu Artikel 3 des Protokolls über die Position des Vereinigten Königreichs und Irlands hinsichtlich des Raums der Freiheit, der Sicherheit und des Rechts

Irland bekräftigt sein Bekenntnis zur Union als einem Raum der Freiheit, der Sicherheit und des Rechts, in dem die Grundrechte und die verschiedenen Rechtsordnungen und -traditionen der Mitgliedstaaten geachtet werden und der den Bürgerinnen und Bürgern ein hohes Sicherheitsniveau bietet.

Dementsprechend bekundet Irland seine feste Absicht, sein Recht nach Artikel 3 des Protokolls über die Position des Vereinigten Königreichs und Irlands hinsichtlich des Raums der Freiheit, der Sicherheit und des Rechts, sich an der Annahme von Maßnahmen nach dem Dritten Teil Titel V des Vertrags über die Arbeitsweise der Europäischen Union zu beteiligen, im größten Umfang wahrzunehmen, der ihm möglich erscheint.

Irland wird sich insbesondere im größtmöglichen Umfang an Maßnahmen im Bereich der polizeilichen Zusammenarbeit beteiligen.

Ferner weist Irland erneut darauf hin, dass es gemäß Artikel 8 des Protokolls dem Rat schriftlich mitteilen kann, dass die Bestimmungen des Protokolls nicht mehr für Irland gelten sollen. Irland beabsichtigt, die Funktionsweise dieser Regelungen innerhalb von drei Jahren nach Inkrafttreten des Vertrags von Lissabon zu überprüfen.

57.

Erklärung der Italienischen Republik zur Zusammensetzung des Europäischen Parlaments

Italien stellt fest, dass sich nach den Artikeln 10 und 14 des Vertrags über die Europäische Union das Europäische Parlament aus Vertretern der Unionsbürgerinnen und Unionsbürger zusammensetzt, deren Vertretung degressiv proportional gestaltet ist.

Italien stellt ferner fest, dass nach Artikel 9 des Vertrags über die Europäische Union und des Artikels 20 des Vertrags über die Arbeitsweise der Europäischen Union Unionsbürger ist, wer die Staatsangehörigkeit eines Mitgliedstaats besitzt.

Italien ist daher der Auffassung dass, unbeschadet des Beschlusses zur Legislaturperiode 2009-2014, jeder vom Europäischen Rat auf Initiative des Europäischen Parlaments und mit seiner Zustimmung angenommene Beschluss zur Festlegung der Zusammensetzung des Europäischen Parlaments die in Artikel 14 Absatz 2 Unterabsatz 1 niedergelegten Grundsätze beachten muss.

58.

Erklärung der Republik Lettland, der Republik Ungarn und der Republik Malta zur Schreibweise des Namens der einheitlichen Währung in den Verträgen

Unbeschadet der in den Verträgen enthaltenen vereinheitlichten Schreibweise des Namens der einheitlichen Währung der Europäischen Union, wie sie auf den Banknoten und Münzen erscheint, erklären Lettland, Ungarn und Malta, dass die Schreibweise des Namens der einheitlichen Währung – einschließlich ihrer abgeleiteten Formen, die in der lettischen, der ungarischen und der maltesischen Sprachfassung der Verträge benutzt werden – keine Auswirkungen auf die geltenden Regeln der lettischen, der ungarischen und der maltesischen Sprache hat.

59.

Erklärung des Königreichs der Niederlande zu Artikel 312 des Vertrags über die Arbeitsweise der Europäischen Union

Das Königreich der Niederlande wird einem Beschluss nach Artikel 312 Absatz 2 Unterabsatz 2 des Vertrags über die Arbeitsweise der Europäischen Union zustimmen, sobald im Rahmen der Überprüfung des Beschlusses nach Artikel 311 Absatz 3 jenes Vertrags für die Niederlande eine zufrieden stellende Lösung für ihre in Bezug auf den Haushalt der Union äußerst nachteilige Position als Nettozahler gefunden wurde.

60.

Erklärung des Königreichs der Niederlande zu Artikel 355 des Vertrags über die Arbeitsweise der Europäischen Union

Das Königreich der Niederlande erklärt, dass eine Initiative für einen Beschluss nach Artikel 355 Absatz 6, die auf eine Änderung des Status der Niederländischen Antillen und/oder Arubas gegenüber der Union abzielt, nur auf der Grundlage eines Beschlusses vorgelegt wird, der im Einklang mit dem Status des Königreichs der Niederlande gefasst worden ist.

61.

Erklärung der Republik Polen zur Charta der Grundrechte der Europäischen Union

Die Charta berührt in keiner Weise das Recht der Mitgliedstaaten, in den Bereichen der öffentlichen Sittlichkeit, des Familienrechts sowie des Schutzes der Menschenwürde und der Achtung der körperlichen und moralischen Unversehrtheit Recht zu setzen.

62.

Erklärung der Republik Polen zu dem Protokoll über die Anwendung der Charta der Grundrechte der Europäischen Union auf Polen und das Vereinigte Königreich

Polen erklärt, dass es in Anbetracht der Tradition der sozialen Bewegung der „Solidarność" und ihres bedeutenden Beitrags zur Erkämpfung von Sozial- und Arbeitnehmerrechten die im Recht der Europäischen Union niedergelegten Sozial- und Arbeitnehmerrechte und insbesondere die in Titel IV der Charta der Grundrechte der Europäischen Union bekräftigten Sozial- und Arbeitnehmerrechte uneingeschränkt achtet.

63.

Erklärung des Vereinigten Königreichs Großbritannien und Nordirland zur Definition des Begriffs „Staatsangehöriger"

In Bezug auf die Verträge und den Vertrag zur Gründung der Europäischen Atomgemeinschaft sowie alle Rechtsakte, die aus diesen Verträgen abgeleitet werden oder durch diese Verträge weiter in Kraft bleiben, bekräftigt das Vereinigte Königreich seine Erklärung vom 31. Dezember 1982 über die Definition des Begriffs „Staatsangehöriger" mit der Ausnahme, dass die „Bürger der ‚British Dependent Territories'" als „Bürger der ‚British overseas territories'" zu verstehen sind.

64.

Erklärung des Vereinigten Königreichs Großbritannien und Nordirland über das Wahlrecht für die Wahlen zum Europäischen Parlament

Das Vereinigte Königreich stellt fest, dass durch Artikel 14 des Vertrags über die Europäische Union und andere Bestimmungen der Verträge nicht die Grundlagen des Wahlrechts für die Wahlen zum Europäischen Parlament geändert werden sollen.

65.

Erklärung des Vereinigten Königreichs Großbritannien und Nordirland zu Artikel 75 des Vertrags über die Arbeitsweise der Europäischen Union

Das Vereinigte Königreich unterstützt voll und ganz entschiedene Maßnahmen im Hinblick auf die Festlegung finanzieller Sanktionen, die der Verhütung und Bekämpfung von Terrorismus und damit verbundener Aktivitäten dienen. Das Vereinigte Königreich erklärt daher, dass es beabsichtigt, sein Recht nach Artikel 3 des Protokolls über die Position des Vereinigten Königreichs und Irlands hinsichtlich des Raums der Freiheit, der Sicherheit und des Rechts wahrzunehmen und sich an der Annahme aller Vorschläge zu beteiligen, die im Rahmen von Artikel 75 des Vertrags über die Arbeitsweise der Europäischen Union vorgelegt werden.

Übereinstimmungstabellen

(ABl 2016 C 202, 361, berichtigt durch ABl 2016 C 400, 1)

Vertrag über die Europäische Union

Bisherige Nummerierung des Vertrags über die Europäische Union	**Neue Nummerierung des Vertrags über die Europäische Union**
TITEL I – GEMEINSAME BESTIMMUNGEN	TITEL I – GEMEINSAME BESTIMMUNGEN
Artikel 1	Artikel 1
	Artikel 2
Artikel 2	Artikel 3
Artikel 3 (aufgehoben)[1]	
	Artikel 4
	Artikel 5[2]
Artikel 4 (aufgehoben)[3]	
Artikel 5 (aufgehoben)[4]	
Artikel 6	Artikel 6
Artikel 7	Artikel 7
	Artikel 8
TITEL II – BESTIMMUNGEN ZUR ÄNDERUNG DES VERTRAGS ZUR GRÜNDUNG DER EUROPÄISCHEN WIRTSCHAFTSGEMEINSCHAFT IM HINBLICK AUF DIE GRÜNDUNG DER EUROPÄISCHEN GEMEINSCHAFT	TITEL II – BESTIMMUNGEN ÜBER DIE DEMOKRATISCHEN GRUNDSÄTZE
Artikel 8 (aufgehoben)[5]	Artikel 9
	Artikel 10[6]
	Artikel 11
	Artikel 12
TITEL III – BESTIMMUNGEN ZUR ÄNDERUNG DES VERTRAGS ÜBER DIE GRÜNDUNG DER EUROPÄISCHEN GEMEINSCHAFT FÜR KOHLE UND STAHL	TITEL III – BESTIMMUNGEN ÜBER DIE ORGANE
Artikel 9 (aufgehoben)[7]	Artikel 13
	Artikel 14[8]
	Artikel 15[9]

[1] Im Wesentlichen ersetzt durch Artikel 7 des Vertrags über die Arbeitsweise der Europäischen Union (AEUV) und Artikel 13 Absatz 1 sowie Artikel 21 Absatz 3 Unterabsatz 2 des Vertrags über die Europäische Union (EUV).

[2] Ersetzt Artikel 5 des Vertrags über die Gründung der Europäischen Gemeinschaft (EGV).

[3] Im Wesentlichen ersetzt durch Artikel 15 EUV.

[4] Im Wesentlichen ersetzt durch Artikel 13 Absatz 2 EUV.

[5] Artikel 8 EUV in der Fassung vor dem Inkrafttreten des Vertrags von Lissabon (im Folgenden „bisheriger EUV") enthielt Vorschriften zur Änderung des EGV. Die in diesem Artikel enthaltenen Änderungen wurden in den EGV eingefügt und Artikel 8 wird aufgehoben. Unter seiner Nummer wird eine neue Bestimmung eingefügt.

[6] Absatz 4 ersetzt im Wesentlichen Artikel 191 Absatz 1 EGV.

[7] Artikel 9 des bisherigen EUV enthielt Vorschriften zur Änderung des Vertrags über die Gründung der Europäischen Gemeinschaft für Kohle und Stahl. Der EGKS-Vertrag trat am 23. Juli 2002 außer Kraft. Artikel 9 wird aufgehoben und unter seiner Nummer wird eine andere Bestimmung eingefügt.

[8] – Die Absätze 1 und 2 ersetzen im Wesentlichen Artikel 189 EGV. – Die Absätze 1 bis 3 ersetzen im Wesentlichen Artikel 190 Absätze 1 bis 3 EGV. – Absatz 1 ersetzt im Wesentlichen Artikel 192 Absatz 1 EGV. – Absatz 4 ersetzt im Wesentlichen Artikel 197 Absatz 1 EGV.

[9] Ersetzt im Wesentlichen Artikel 4 des bisherigen EUV.

Bisherige Nummerierung des Vertrags über die Europäische Union	**Neue Nummerierung des Vertrags über die Europäische Union**
	Artikel 16[10]
	Artikel 17[11]
	Artikel 18
	Artikel 19[12]
TITEL IV – BESTIMMUNGEN ZUR ÄNDERUNG DES VERTRAGS ZUR GRÜNDUNG DER EUROPÄISCHEN ATOMGEMEINSCHAFT	TITEL IV – BESTIMMUNGEN ÜBER EINE VERSTÄRKTE ZUSAMMENARBEIT
Artikel 10 (aufgehoben) [13] Artikel 27a bis 27e (ersetzt) Artikel 40 bis 40b (ersetzt) Artikel 43 bis 45 (ersetzt)	Artikel 20 [14]
TITEL V – BESTIMMUNGEN ÜBER DIE GEMEINSAME AUSSEN- UND SICHERHEITSPOLITIK	TITEL V – ALLGEMEINE BESTIMMUNGEN ÜBER DAS AUSWÄRTIGE HANDELN DER UNION UND BESONDERE BESTIMMUNGEN ÜBER DIE GEMEINSAME AUSSEN- UND SICHERHEITSPOLITIK
	Kapitel 1 – Allgemeine Bestimmungen über das auswärtige Handeln der Union
	Artikel 21
	Artikel 22
	Kapitel 2 – Besondere Bestimmungen über die Gemeinsame Außen- und Sicherheitspolitik
	Abschnitt 1 – Gemeinsame Bestimmungen
	Artikel 23
Artikel 11	Artikel 24
Artikel 12	Artikel 25
Artikel 13	Artikel 26
	Artikel 27
Artikel 14	Artikel 28
Artikel 15	Artikel 29
Artikel 22 (umgestellt)	Artikel 30
Artikel 23 (umgestellt)	Artikel 31
Artikel 16	Artikel 32
Artikel 17 (umgestellt)	Artikel 42
Artikel 18	Artikel 33
Artikel 19	Artikel 34
Artikel 20	Artikel 35
Artikel 21	Artikel 36
Artikel 22 (umgestellt)	Artikel 30

[10] – Absatz 1 ersetzt im Wesentlichen Artikel 202 erster und zweiter Gedankenstrich EGV. – Die Absätze 2 und 9 ersetzen im Wesentlichen Artikel 203 EGV. – Die Absätze 4 und 5 ersetzen im Wesentlichen Artikel 205 Absätze 2 und 4 EGV.

[11] – Absatz 1 ersetzt im Wesentlichen Artikel 211 EGV. – Die Absätze 3 und 7 ersetzen im Wesentlichen Artikel 214 EGV. – Absatz 6 ersetzt im Wesentlichen Artikel 217 Absätze 1, 3 und 4 EGV.

[12] – Ersetzt im Wesentlichen Artikel 220 EGV. – Absatz 2 Unterabsatz 1 ersetzt im Wesentlichen Artikel 221 Absatz 1 EGV.

[13] Artikel 10 des bisherigen EUV enthielt Vorschriften zur Änderung des Vertrags zur Gründung der Europäischen Atomgemeinschaft. Die in diesem Artikel enthaltenen Änderungen wurden in den Euratom-Vertrag eingefügt und Artikel 10 wird aufgehoben. Unter seiner Nummer wird eine andere Bestimmung eingefügt.

[14] Ersetzt auch die Artikel 11 und 11a EGV.

Bisherige Nummerierung des Vertrags über die Europäische Union	**Neue Nummerierung des Vertrags über die Europäische Union**
Artikel 23 (umgestellt)	Artikel 31
Artikel 24	Artikel 37
Artikel 25	Artikel 38
	Artikel 39
Artikel 47 (umgestellt)	Artikel 40
Artikel 26 (aufgehoben)	
Artikel 27 (aufgehoben)	
Artikel 27a (ersetzt)[15]	Artikel 20
Artikel 27b (ersetzt)[15]	Artikel 20
Artikel 27c (ersetzt)[15]	Artikel 20
Artikel 27d (ersetzt)[15]	Artikel 20
Artikel 27e (ersetzt)[15]	Artikel 20
Artikel 28	Artikel 41
	Abschnitt 2 – Bestimmungen über die gemeinsame Sicherheits- und Verteidigungspolitik
Artikel 17 (umgestellt)	Artikel 42
	Artikel 43
	Artikel 44
	Artikel 45
	Artikel 46
TITEL VI – BESTIMMUNGEN ÜBER DIE POLIZEILICHE UND JUSTIZIELLE ZUSAMMENARBEIT IN STRAFSACHEN (aufgehoben)[16]	
Artikel 29 (ersetzt)[17]	
Artikel 30 (ersetzt)[18]	
Artikel 31 (ersetzt)[19]	
Artikel 32 (ersetzt)[20]	
Artikel 33 (ersetzt)[21]	
Artikel 34 (aufgehoben)	
Artikel 35 (aufgehoben)	
Artikel 36 (ersetzt)[22]	
Artikel 37 (aufgehoben)	
Artikel 38 (aufgehoben)	
Artikel 39 (aufgehoben)	
Artikel 40 (ersetzt)[23]	Artikel 20
Artikel 40a (ersetzt)[23]	Artikel 20

[15] Die Artikel 27a bis 27e des bisherigen EUV über die Verstärkte Zusammenarbeit werden auch durch die Artikel 326 bis 334 AEUV ersetzt.

[16] Die Bestimmungen des Titels VI des bisherigen EUV über die polizeiliche und justizielle Zusammenarbeit in Strafsachen werden ersetzt durch die Bestimmungen des Dritten Teils, Titel V, Kapitel 1, 4 und 5 AEUV.

[17] Ersetzt durch Artikel 67 AEUV.

[18] Ersetzt durch die Artikel 87 und 88 AEUV.

[19] Ersetzt durch die Artikel 82, 83 und 85 AEUV.

[20] Ersetzt durch Artikel 89 AEUV.

[21] Ersetzt durch Artikel 72 AEUV.

[22] Ersetzt durch Artikel 71 AEUV.

[23] Die Artikel 40 bis 40b des bisherigen EUV über die Verstärkte Zusammenarbeit werden auch durch die Artikel 326 bis 334 AEUV ersetzt.

Bisherige Nummerierung des Vertrags über die Europäische Union	**Neue Nummerierung des Vertrags über die Europäische Union**
Artikel 40b (ersetzt)[23]	Artikel 20
Artikel 41 (aufgehoben)	
Artikel 42 (aufgehoben)	
TITEL VII – BESTIMMUNGEN ÜBER EINE VERSTÄRKTE ZUSAMMENARBEIT (ersetzt)[24]	Titel IV – DIE FREIZÜGIGKEIT, DER FREIE DIENSTLEISTUNGS- UND KAPITALVERKEHR
Artikel 43 (ersetzt)[24]	Artikel 20
Artikel 43a (ersetzt)[24]	Artikel 20
Artikel 43b (ersetzt)[24]	Artikel 20
Artikel 44 (ersetzt)[24]	Artikel 20
Artikel 44a (ersetzt)[24]	Artikel 20
Artikel 45 (ersetzt)[24]	Artikel 20
TITEL VIII – SCHLUSSBESTIMMUNGEN	TITEL VI – SCHLUSSBESTIMMUNGEN
Artikel 46 (aufgehoben)	
	Artikel 47
Artikel 47 (ersetzt)	Artikel 40
Artikel 48	Artikel 48
Artikel 49	Artikel 49
	Artikel 50
	Artikel 51
	Artikel 52
Artikel 50 (aufgehoben)	
Artikel 51	Artikel 53
Artikel 52	Artikel 54
Artikel 53	Artikel 55

Vertrag über die Arbeitsweise der Europäischen Union

Bisherige Nummerierung des Vertrags zur Gründung der Europäischen Gemeinschaft	**Neue Nummerierung des Vertrags über die Arbeitsweise der Europäischen Union**
ERSTER TEIL – GRUNDSÄTZE	ERSTER TEIL – GRUNDSÄTZE
Artikel 1 (aufgehoben)	
	Artikel 1
Artikel 2 (aufgehoben)[25]	
	Titel I – Arten und Bereiche der Zuständigkeit der Union
	Artikel 2
	Artikel 3
	Artikel 4
	Artikel 5
	Artikel 6
	Titel II – Allgemein geltende Bestimmungen
	Artikel 7
Artikel 3 Absatz 1 (aufgehoben)[26]	

[24] Die Artikel 43 bis 45 und Titel VII des bisherigen EUV über die Verstärkte Zusammenarbeit werden auch durch die Artikel 326 bis 334 AEUV ersetzt.

[25] Im Wesentlichen ersetzt durch Artikel 3 EUV.

[26] Im Wesentlichen ersetzt durch die Artikel 3 bis 6 AEUV.

Bisherige Nummerierung des Vertrags zur Gründung der Europäischen Gemeinschaft	**Neue Nummerierung des Vertrags über die Arbeitsweise der Europäischen Union**
Artikel 3 Absatz 2	Artikel 8
Artikel 4 (umgestellt)	Artikel 119
Artikel 5 (ersetzt)[27]	
	Artikel 9
	Artikel 10
Artikel 6	Artikel 11
Artikel 153 Absatz 2 (umgestellt)	Artikel 12
	Artikel 13[28]
Artikel 7 (aufgehoben)[29]	
Artikel 8 (aufgehoben)[30]	
Artikel 9 (aufgehoben)	
Artikel 10 (aufgehoben)[31]	
Artikel 11 (ersetzt)[32]	Artikel 326 bis 334
Artikel 11a (ersetzt)[32]	Artikel 326 bis 334
Artikel 12 (umgestellt)	Artikel 18
Artikel 13 (umgestellt)	Artikel 19
Artikel 14 (umgestellt)	Artikel 26
Artikel 15 (umgestellt)	Artikel 27
Artikel 16	Artikel 14
Artikel 255 (umgestellt)	Artikel 15
Artikel 286 (umgestellt)	Artikel 16
	Artikel 17
ZWEITER TEIL – DIE UNIONSBÜRGERSCHAFT	ZWEITER TEIL – NICHTDISKRIMINIERUNG UND UNIONSBÜRGERSCHAFT
Artikel 12 (umgestellt)	Artikel 18
Artikel 13 (umgestellt)	Artikel 19
Artikel 17	Artikel 20
Artikel 18	Artikel 21
Artikel 19	Artikel 22
Artikel 20	Artikel 23
Artikel 21	Artikel 24
Artikel 22	Artikel 25
DRITTER TEIL – DIE POLITIKEN DER GEMEINSCHAFT	DRITTER TEIL – DIE INTERNEN POLITIKEN UND MASSNAHMEN DER UNION
	Titel I – Der Binnenmarkt
Artikel 14 (umgestellt)	Artikel 26
Artikel 15 (umgestellt)	Artikel 27
Titel I – Der freie Warenverkehr	Titel II – Der freie Warenverkehr
Artikel 23	Artikel 28
Artikel 24	Artikel 29
Kapitel 1 – Die Zollunion	Kapitel 1 – Die Zollunion

27) Ersetzt durch Artikel 5 EUV.
28) Übernahme des verfügenden Teils des Protokolls über das Wohlergehen der Tiere.
29) Im Wesentlichen ersetzt durch Artikel 13 EUV.
30) Im Wesentlichen ersetzt durch Artikel 13 EUV und Artikel 282 Absatz 1 AEUV.
31) Im Wesentlichen ersetzt durch Artikel 4 Absatz 3 EUV.
32) Auch ersetzt durch Artikel 20 EUV.

Bisherige Nummerierung des Vertrags zur Gründung der Europäischen Gemeinschaft	Neue Nummerierung des Vertrags über die Arbeitsweise der Europäischen Union
Artikel 25	Artikel 30
Artikel 26	Artikel 31
Artikel 27	Artikel 32
Dritter Teil Titel X, Zusammenarbeit im Zollwesen (umgestellt)	Kapitel 2 – Die Zusammenarbeit im Zollweser
Artikel 135 (umgestellt)	Artikel 33
Kapitel 2 – Verbot von mengenmäßigen Beschränkungen zwischen den Mitgliedstaaten	Kapitel 3 – Verbot von mengenmäßigen Beschränkungen zwischen den Mitgliedstaaten
Artikel 28	Artikel 34
Artikel 29	Artikel 35
Artikel 30	Artikel 36
Artikel 31	Artikel 37
Titel II – Die Landwirtschaft	Titel III – Die Landwirtschaft und die Fischerei
Artikel 32	Artikel 38
Artikel 33	Artikel 39
Artikel 34	Artikel 40
Artikel 35	Artikel 41
Artikel 36	Artikel 42
Artikel 37	Artikel 43
Artikel 38	Artikel 44
Titel III – Die Freizügigkeit, der freie Dienstleistungs- und Kapitalverkehr	Titel IV – Die Freizügigkeit, der freie Dienstleistungs- und Kapitalverkehr
Kapitel 1 – Die Arbeitskräfte	Kapitel 1 – Die Arbeitskräfte
Artikel 39	Artikel 45
Artikel 40	Artikel 46
Artikel 41	Artikel 47
Artikel 42	Artikel 48
Kapitel 2 – Das Niederlassungsrecht	Kapitel 2 – Das Niederlassungsrecht
Artikel 43	Artikel 49
Artikel 44	Artikel 50
Artikel 45	Artikel 51
Artikel 46	Artikel 52
Artikel 47	Artikel 53
Artikel 48	Artikel 54
Artikel 294 (umgestellt)	Artikel 55
Kapitel 3 – Dienstleistungen	Kapitel 3 – Dienstleistungen
Artikel 49	Artikel 56
Artikel 50	Artikel 57
Artikel 51	Artikel 58
Artikel 52	Artikel 59
Artikel 53	Artikel 60
Artikel 54	Artikel 61
Artikel 55	Artikel 62
Kapitel 4 – Der Kapital- und Zahlungsverkehr	Kapitel 4 – Der Kapital- und Zahlungsverkehr
Artikel 56	Artikel 63
Artikel 57	Artikel 64
Artikel 58	Artikel 65

Bisherige Nummerierung des Vertrags zur Gründung der Europäischen Gemeinschaft	**Neue Nummerierung des Vertrags über die Arbeitsweise der Europäischen Union**
Artikel 59	Artikel 66
Artikel 60 (umgestellt)	Artikel 75
Titel IV – Visa, Asyl, Einwanderung und andere Politiken betreffend den freien Personenverkehr	Titel V – Der Raum der Freiheit, der Sicherheit und des Rechts
	Kapitel 1 – Allgemeine Bestimmungen
Artikel 61	Artikel 67[33)]
	Artikel 68
	Artikel 69
	Artikel 70
	Artikel 71[34)]
Artikel 64 Absatz 1 (ersetzt)	Artikel 72[35)]
	Artikel 73
Artikel 66 (ersetzt)	Artikel 74
Artikel 60 (umgestellt)	Artikel 75
	Artikel 76
	Kapitel 2 – Politik im Bereich Grenzkontrollen Asyl und Einwanderung
Artikel 62	Artikel 77
Artikel 63 Nummern 1 und 2 und Artikel 64 Absatz 2[36)]	Artikel 78
Artikel 63 Nummern 3 und 4	Artikel 79
	Artikel 80
Artikel 64 Absatz 1 (ersetzt)	Artikel 72
	Kapitel 3 – Justizielle Zusammenarbeit in Zivilsachen
Artikel 65	Artikel 81
Artikel 66 (ersetzt)	Artikel 74
Artikel 67 (aufgehoben)	
Artikel 68 (aufgehoben)	
Artikel 69 (aufgehoben)	
	Kapitel 4 – Justizielle Zusammenarbeit in Strafsachen
	Artikel 82[37)]
	Artikel 83[37)]
	Artikel 84
	Artikel 85[37)]
	Artikel 86
	Kapitel 5 – Polizeiliche Zusammenarbeit
	Artikel 87[38)]
	Artikel 88[38)]
	Artikel 89[39)]

33) Ersetzt auch Artikel 29 des bisherigen EUV.

34) Ersetzt auch Artikel 36 des bisherigen EUV.

35) Ersetzt auch Artikel 33 des bisherigen EUV.

36) Artikel 63 Nummern 1 und 2 EGV wird durch Artikel 78 Absätze 1 und 2 AEUV und Artikel 64 Absatz 2 wird durch Artikel 78 Absatz 3 AEUV ersetzt.

37) Ersetzt auch Artikel 31 des bisherigen EUV.

38) Ersetzt auch Artikel 30 des bisherigen EUV.

39) Ersetzt auch Artikel 32 des bisherigen EUV.

Bisherige Nummerierung des Vertrags zur Gründung der Europäischen Gemeinschaft	**Neue Nummerierung des Vertrags über die Arbeitsweise der Europäischen Union**
Titel V – Der Verkehr	Titel VI – Der Verkehr
Artikel 70	Artikel 90
Artikel 71	Artikel 91
Artikel 72	Artikel 92
Artikel 73	Artikel 93
Artikel 74	Artikel 94
Artikel 75	Artikel 95
Artikel 76	Artikel 96
Artikel 77	Artikel 97
Artikel 78	Artikel 98
Artikel 79	Artikel 99
Artikel 80	Artikel 100
Titel VI – Gemeinsame Regeln betreffend Wettbewerb, Steuerfragen und Angleichung der Rechtsvorschriften	Titel VII – Gemeinsame Regeln betreffend Wettbewerb, Steuerfragen und Angleichung der Rechtsvorschriften
Kapitel 1 – Wettbewerbsregeln	Kapitel 1 – Wettbewerbsregeln
Abschnitt 1 – Vorschriften für Unternehmen	Abschnitt 1 – Vorschriften für Unternehmen
Artikel 81	Artikel 101
Artikel 82	Artikel 102
Artikel 83	Artikel 103
Artikel 84	Artikel 104
Artikel 85	Artikel 105
Artikel 86	Artikel 106
Abschnitt 2 – Staatliche Beihilfen	Abschnitt 2 – Staatliche Beihilfen
Artikel 87	Artikel 107
Artikel 88	Artikel 108
Artikel 89	Artikel 109
Kapitel 2 – Steuerliche Vorschriften	Kapitel 2 – Steuerliche Vorschriften
Artikel 90	Artikel 110
Artikel 91	Artikel 111
Artikel 92	Artikel 112
Artikel 93	Artikel 113
Kapitel 3 – Angleichung der Rechtsvorschriften	Kapitel 3 – Angleichung der Rechtsvorschriften
Artikel 95 (umgestellt)	Artikel 114
Artikel 94 (umgestellt)	Artikel 115
Artikel 96	Artikel 116
Artikel 97	Artikel 117
	Artikel 118
Titel VII – Die Wirtschafts- und Währungspolitik	Titel VIII – Die Wirtschafts- und Währungspolitik
Artikel 4 (umgestellt)	Artikel 119
Kapitel 1 – Die Wirtschaftspolitik	Kapitel 1 – Die Wirtschaftspolitik
Artikel 98	Artikel 120
Artikel 99	Artikel 121
Artikel 100	Artikel 122
Artikel 101	Artikel 123
Artikel 102	Artikel 124
Artikel 103	Artikel 125

Bisherige Nummerierung des Vertrags zur Gründung der Europäischen Gemeinschaft	Neue Nummerierung des Vertrags über die Arbeitsweise der Europäischen Union
Artikel 104	Artikel 126
Kapitel 2 – Die Währungspolitik	Kapitel 2 – Die Währungspolitik
Artikel 105	Artikel 127
Artikel 106	Artikel 128
Artikel 107	Artikel 129
Artikel 108	Artikel 130
Artikel 109	Artikel 131
Artikel 110	Artikel 132
Artikel 111 Absätze 1 bis 3 und 5 (umgestellt)	Artikel 219
Artikel 111 Absatz 4 (umgestellt)	Artikel 138
	Artikel 133
Kapitel 3 – Institutionelle Bestimmungen	Kapitel 3 – Institutionelle Bestimmungen
Artikel 112 (umgestellt)	Artikel 283
Artikel 113 (umgestellt)	Artikel 284
Artikel 114	Artikel 134
Artikel 115	Artikel 135
	Kapitel 4 – Besondere Bestimmungen für die Mitgliedstaaten, deren Währung der Euro ist
	Artikel 136
	Artikel 137
Artikel 111 Absatz 4 (umgestellt)	Artikel 138
Kapitel 4 – Übergangsbestimmungen	Kapitel 5 – Übergangsbestimmungen
Artikel 116 (aufgehoben)	
	Artikel 139
Artikel 117 Absätze 1, 2 sechster Gedankenstrich und 3 bis 9 (aufgehoben)	
Artikel 117 Absatz 2 erste fünf Gedankenstriche (umgestellt)	Artikel 141 Absatz 2
Artikel 121 Absatz 1 (umgestellt) Artikel 122 Absatz 2 Satz 2 (umgestellt) Artikel 123 Absatz 5 (umgestellt)	Artikel 140[40)]
Artikel 118 (aufgehoben)	
Artikel 123 Absatz 3 (umgestellt) Artikel 117 Absatz 2 erste fünf Gedankenstriche (umgestellt)	Artikel 141[41)]
Artikel 124 Absatz 1 (umgestellt)	Artikel 142
Artikel 119	Artikel 143
Artikel 120	Artikel 144
Artikel 121 Absatz 1 (umgestellt)	Artikel 140 Absatz 1
Artikel 121 Absätze 2 bis 4 (aufgehoben)	
Artikel 122 Absätze 1, 2 Satz 1, Absätze 3, 4, 5 und 6 (aufgehoben)	
Artikel 122 Absatz 2 Satz 2 (umgestellt)	Artikel 140 Absatz 2 Unterabsatz 1
Artikel 123 Absätze 1, 2 und 4 (aufgehoben)	
Artikel 123 Absatz 3 (umgestellt)	Artikel 141 Absatz 1

[40)] – Artikel 140 Absatz 1 übernimmt den Wortlaut des Artikels 121. – Artikel 140 Absatz 2 übernimmt den Wortlaut des Artikels 122 Absatz 2 Satz 2. – Artikel 140 Absatz 3 übernimmt den Wortlaut des Artikels 123 Absatz 5.

[41)] – Artikel 141 Absatz 1 übernimmt den Wortlaut des Artikels 123 Absatz 3. – Artikel 141 Absatz 2 übernimmt den Wortlaut der fünf ersten Gedankenstriche des Artikels 117.

Bisherige Nummerierung des Vertrags zur Gründung der Europäischen Gemeinschaft	Neue Nummerierung des Vertrags über die Arbeitsweise der Europäischen Union
Artikel 123 Absatz 5 (umgestellt)	Artikel 140 Absatz 3
Artikel 124 Absatz 1 (umgestellt)	Artikel 142
Artikel 124 Absatz 2 (aufgehoben)	
Titel VIII – Beschäftigung	Titel IX – Beschäftigung
Artikel 125	Artikel 145
Artikel 126	Artikel 146
Artikel 127	Artikel 147
Artikel 128	Artikel 148
Artikel 129	Artikel 149
Artikel 130	Artikel 150
Titel IX – Gemeinsame Handelspolitik (umgestellt)	Fünfter Teil Titel II – Gemeinsame Handelspolitik
Artikel 131 (umgestellt)	Artikel 206
Artikel 132 (aufgehoben)	
Artikel 133 (umgestellt)	Artikel 207
Artikel 134 (aufgehoben)	
Titel X – Zusammenarbeit im Zollwesen (umgestellt)	Dritter Teil Titel II Kapitel 2 – Zusammenarbeit im Zollwesen
Artikel 135 (umgestellt)	Artikel 33
Titel XI – Sozialpolitik, allgemeine und berufliche Bildung und Jugend	Titel X – Sozialpolitik
Kapitel 1 – Sozialvorschriften (aufgehoben)	
Artikel 136	Artikel 151
	Artikel 152
Artikel 137	Artikel 153
Artikel 138	Artikel 154
Artikel 139	Artikel 155
Artikel 140	Artikel 156
Artikel 141	Artikel 157
Artikel 142	Artikel 158
Artikel 143	Artikel 159
Artikel 144	Artikel 160
Artikel 145	Artikel 161
Kapitel 2 – Der Europäische Sozialfonds	Titel XI – Der Europäische Sozialfonds
Artikel 146	Artikel 162
Artikel 147	Artikel 163
Artikel 148	Artikel 164
Kapitel 3 – Allgemeine und berufliche Bildung und Jugend	Titel XII – Allgemeine und berufliche Bildung, Jugend und Sport
Artikel 149	Artikel 165
Artikel 150	Artikel 166
Titel XII – Kultur	Titel XIII – Kultur
Artikel 151	Artikel 167
Titel XIII – Gesundheitswesen	Titel XIV – Gesundheitswesen
Artikel 152	Artikel 168
Titel XIV – Verbraucherschutz	Titel XV – Verbraucherschutz
Artikel 153, Absätze 1, 3, 4 und 5	Artikel 169
Artikel 153, Absatz 2 (umgestellt)	Artikel 12

Bisherige Nummerierung des Vertrags zur Gründung der Europäischen Gemeinschaft	**Neue Nummerierung des Vertrags über die Arbeitsweise der Europäischen Union**
Titel XV – Transeuropäische Netze	Titel XVI – Transeuropäische Netze
Artikel 154	Artikel 170
Artikel 155	Artikel 171
Artikel 156	Artikel 172
Titel XVI – Industrie	Titel XVII – Industrie
Artikel 157	Artikel 173
Titel XVII – Wirtschaftlicher und sozialer Zusammenhalt	Titel XVIII – Wirtschaftlicher, sozialer und territorialer Zusammenhalt
Artikel 158	Artikel 174
Artikel 159	Artikel 175
Artikel 160	Artikel 176
Artikel 161	Artikel 177
Artikel 162	Artikel 178
Titel XVIII – Forschung und technologische Entwicklung	Titel XIX – Forschung, technologische Entwicklung und Raumfahrt
Artikel 163	Artikel 179
Artikel 164	Artikel 180
Artikel 165	Artikel 181
Artikel 166	Artikel 182
Artikel 167	Artikel 183
Artikel 168	Artikel 184
Artikel 169	Artikel 185
Artikel 170	Artikel 186
Artikel 171	Artikel 187
Artikel 172	Artikel 188
	Artikel 189
Artikel 173	Artikel 190
Titel XIX – Umwelt	Titel XX – Umwelt
Artikel 174	Artikel 191
Artikel 175	Artikel 192
Artikel 176	Artikel 193
	Titel XXI – Energie
	Artikel 194
	Titel XXII -Tourismus
	Artikel 195
	Titel XXIII -Katastrophenschutz
	Artikel 196
	Titel XXIV -Verwaltungszusammenarbeit
	Artikel 197
Titel XX – Entwicklungszusammenarbeit (umgestellt)	Fünfter Teil Titel III Kapitel I – Entwicklungszusammenarbeit
Artikel 177 (umgestellt)	Artikel 208
Artikel 178 (aufgehoben)[42]	
Artikel 179 (umgestellt)	Artikel 209
Artikel 180 (umgestellt)	Artikel 210

[42] Im Wesentlichen ersetzt durch Artikel 208 Absatz 1 Unterabsatz 2 Satz 2 AEUV.

Bisherige Nummerierung des Vertrags zur Gründung der Europäischen Gemeinschaft	Neue Nummerierung des Vertrags über die Arbeitsweise der Europäischen Union
Artikel 181 (umgestellt)	Artikel 211
Titel XXI – Wirtschaftliche, finanzielle und technische Zusammenarbeit mit Drittländern (umgestellt)	Fünfter Teil Titel III, Kapitel 2 – Wirtschaftliche, finanzielle und technische Zusammenarbeit mit Drittländern
Artikel 181a (umgestellt)	Artikel 212
VIERTER TEIL – DIE ASSOZIIERUNG DER ÜBERSEEISCHEN LÄNDER UND HOHEITSGEBIETE	VIERTER TEIL – DIE ASSOZIIERUNG DER ÜBERSEEISCHEN LÄNDER UND HOHEITSGEBIETE
Artikel 182	Artikel 198
Artikel 183	Artikel 199
Artikel 184	Artikel 200
Artikel 185	Artikel 201
Artikel 186	Artikel 202
Artikel 187	Artikel 203
Artikel 188	Artikel 204
	FÜNFTER TEIL – DAS AUSWÄRTIGE HANDELN DER UNION
	Titel I – Allgemeine Bestimmungen über das auswärtige Handeln der Union
	Artikel 205
Dritter Teil Titel IX – Gemeinsame Handelspolitik (umgestellt)	Titel II – Gemeinsame Handelspolitik
Artikel 131 (umgestellt)	Artikel 206
Artikel 133 (umgestellt)	Artikel 207
	Titel III – Zusammenarbeit mit Drittländern und humanitäre Hilfe
Dritter Teil Titel XX – Entwicklungszusammenarbeit (umgestellt)	Kapitel 1 – Entwicklungszusammenarbeit
Artikel 177 (umgestellt)	Artikel 208[43)]
Artikel 179 (umgestellt)	Artikel 209
Artikel 180 (umgestellt)	Artikel 210
Artikel 181 (umgestellt)	Artikel 211
Dritter Teil Titel XXI – Wirtschaftliche, finanzielle und technische Zusammenarbeit mit Drittländern (umgestellt)	Kapitel 2 – Wirtschaftliche, finanzielle und technische Zusammenarbeit mit Drittländern
Artikel 181a (umgestellt)	Artikel 212
	Artikel 213
	Kapitel 3 – Humanitäre Hilfe
	Artikel 214
	Titel IV – Restriktive Maßnahmen
Artikel 301 (ersetzt)	Artikel 215
	Titel V – Internationale Übereinkünfte
	Artikel 216
Artikel 310 (umgestellt)	Artikel 217
Artikel 300 (ersetzt)	Artikel 218
Artikel 111 Absätze 1 bis 3 und 5 (umgestellt)	Artikel 219

43) Absatz 1 Unterabsatz 2 Satz 2 ersetzt im Weserltlichen Artikel 178 EGV.

Bisherige Nummerierung des Vertrags zur Gründung der Europäischen Gemeinschaft	**Neue Nummerierung des Vertrags über die Arbeitsweise der Europäischen Union**
	Titel VI – Beziehungen der Union zu internationalen Organisationen und Drittländern sowie Delegationen der Union
Artikel 302 bis 304 (ersetzt)	Artikel 220
	Artikel 221
	Titel VII – Solidaritätsklausel
	Artikel 222
FÜNFTER TEIL – DIE ORGANE DER GEMEINSCHAFT	SECHSTER TEIL – INSTITUTIONELLE BESTIMMUNGEN UND FINANZVORSCHRIFTEN
Titel I – Vorschriften über die Organe	Titel I – Vorschriften über die Organe
Kapitel 1 – Die Organe	Kapitel 1 – Die Organe
Abschnitt 1 – Das Europäische Parlament	Abschnitt 1 – Das Europäische Parlament
Artikel 189 (aufgehoben)[44]	
Artikel 190 Absätze 1 bis 3 (aufgehoben)[45]	
Artikel 190 Absätze 4 und 5	Artikel 223
Artikel 191 Absatz 1 (aufgehoben)[46]	
Artikel 191 Absatz 2	Artikel 224
Artikel 192 Absatz 1 (aufgehoben)[47]	
Artikel 192 Absatz 2	Artikel 225
Artikel 193	Artikel 226
Artikel 194	Artikel 227
Artikel 195	Artikel 228
Artikel 196	Artikel 229
Artikel 197 Absatz 1 (aufgehoben)[48]	
Artikel 197 Absätze 2, 3 und 4	Artikel 230
Artikel 198	Artikel 231
Artikel 199	Artikel 232
Artikel 200	Artikel 233
Artikel 201	Artikel 234
	Abschnitt 2 – Der Europäische Rat
	Artikel 235
	Artikel 236
Abschnitt 2 – Der Rat	Abschnitt 3 – Der Rat
Artikel 202 (aufgehoben)[49]	
Artikel 203 (aufgehoben)[50]	
Artikel 204	Artikel 237
Artikel 205 Absätze 2 und 4 (aufgehoben)[51]	
Artikel 205 Absätze 1 und 3	Artikel 238
Artikel 206	Artikel 239

[44] Im Wesentlichen ersetzt durch Artikel 14 Absätze 1 und 2 EUV.
[45] Im Wesentlichen ersetzt durch Artikel 14 Absätze 1 bis 3 EUV.
[46] Im Wesentlichen ersetzt durch Artikel 11 Absatz 4 EUV.
[47] Im Wesentlichen ersetzt durch Artikel 14 Absatz 1 EUV.
[48] Im Wesentlichen ersetzt durch Artikel 14 Absatz 4 EUV.
[49] Im Wesentlichen ersetzt durch Artikel 16 Absatz 1 EUV und die Artikel 290 und 291 AEUV.
[50] Im Wesentlichen ersetzt durch Artikel 16 Absätze 2 und 9 EUV.
[51] Im Wesentlichen ersetzt durch Artikel 16 Absätze 4 und 5 EUV.

Bisherige Nummerierung des Vertrags zur Gründung der Europäischen Gemeinschaft	Neue Nummerierung des Vertrags über die Arbeitsweise der Europäischen Union
Artikel 207	Artikel 240
Artikel 208	Artikel 241
Artikel 209	Artikel 242
Artikel 210	Artikel 243
Abschnitt 3 – Die Kommission	Abschnitt 4 – Die Kommission
Artikel 211 (aufgehoben)[52]	
	Artikel 244
Artikel 212 (umgestellt)	Artikel 249 Absatz 2
Artikel 213	Artikel 245
Artikel 214 (aufgehoben)[53]	
Artikel 215	Artikel 246
Artikel 216	Artikel 247
Artikel 217 Absätze 1, 3 und 4 (aufgehoben)[54]	
Artikel 217 Absatz 2	Artikel 248
Artikel 218 Absatz 1 (aufgehoben)[55]	
Artikel 218 Absatz 2	Artikel 249
Artikel 219	Artikel 250
Abschnitt 4 – Der Gerichtshof	Abschnitt 5 – Der Gerichtshof der Europäischen Union
Artikel 220 (aufgehoben)[56]	
Artikel 221 Absatz 1 (aufgehoben)[57]	
Artikel 221 Absätze 2 und 3	Artikel 251
Artikel 222	Artikel 252
Artikel 223	Artikel 253
Artikel 224[58]	Artikel 254
	Artikel 255
Artikel 225	Artikel 256
Artikel 225a	Artikel 257
Artikel 226	Artikel 258
Artikel 227	Artikel 259
Artikel 228	Artikel 260
Artikel 229	Artikel 261
Artikel 229a	Artikel 262
Artikel 230	Artikel 263
Artikel 231	Artikel 264
Artikel 232	Artikel 265
Artikel 233	Artikel 266
Artikel 234	Artikel 267
Artikel 235	Artikel 268
	Artikel 269

[52] Im Wesentlichen ersetzt durch Artikel 17 Absatz 1 EUV.
[53] Im Wesentlichen ersetzt durch Artikel 17 Absätze 3 und 7 EUV.
[54] Im Wesentlichen ersetzt durch Artikel 17 Absatz 6 EUV.
[55] Im Wesentlichen ersetzt durch Artikel 295 AEUV.
[56] Im Wesentlichen ersetzt durch Artikel 19 EUV.
[57] Im Wesentlichen ersetzt durch Artikel 19 Absatz 2 Unterabsatz 1 EUV.
[58] Absatz 1 Satz 1 wird im Wesentlichen ersetzt durch Artikel 19 Absatz 2 Unterabsatz 2 EUV.

Bisherige Nummerierung des Vertrags zur Gründung der Europäischen Gemeinschaft	**Neue Nummerierung des Vertrags über die Arbeitsweise der Europäischen Union**
Artikel 236	Artikel 270
Artikel 237	Artikel 271
Artikel 238	Artikel 272
Artikel 239	Artikel 273
Artikel 240	Artikel 274
	Artikel 275
	Artikel 276
Artikel 241	Artikel 277
Artikel 242	Artikel 278
Artikel 243	Artikel 279
Artikel 244	Artikel 280
Artikel 245	Artikel 281
	Abschnitt 6 – Die Europäische Zentralbank
	Artikel 282
Artikel 112 (umgestellt)	Artikel 283
Artikel 113 (umgestellt)	Artikel 284
Abschnitt 5 – Der Rechnungshof	Abschnitt 7 – Der Rechnungshof
Artikel 246	Artikel 285
Artikel 247	Artikel 286
Artikel 248	Artikel 287
Kapitel 2 – Gemeinsame Vorschriften für nehrere Organe	Kapitel 2 – Rechtsakte der Union, Annahmeverfahren und sonstige Vorschriften
	Abschnitt 1 – Die Rechtsakte der Union
Artikel 249	Artikel 288
	Artikel 289
	Artikel 290[59]
	Artikel 291[59]
	Artikel 292
	Abschnitt 2 – Annahmeverfahren und sonstige Vorschriften
Artikel 250	Artikel 293
Artikel 251	Artikel 294
Artikel 252 (aufgehoben)	
	Artikel 295
Artikel 25 3	Artikel 296
Artikel 254	Artikel 297
	Artikel 298
Artikel 255 (umgestellt)	Artikel 15
Artikel 256	Artikel 299
	Kapitel 3 – Die beratenden Einrichtungen der Union
	Artikel 300
Kapitel 3 – Der Wirtschafts- und Sozialausschuss	Abschnitt 1 – Der Wirtschafts- und Sozialausschuss
Artikel 257 (aufgehoben)[60]	

[59] Ersetzt im Wesentlichen den Artikel 202 dritter Gedankenstrich EGV.
[60] Im Wesentlichen ersetzt durch Artikel 300 Absatz 2 AEUV.

Bisherige Nummerierung des Vertrags zur Gründung der Europäischen Gemeinschaft	Neue Nummerierung des Vertrags über die Arbeitsweise der Europäischen Union
Artikel 258 Absätze 1, 2 und 4	Artikel 301
Artikel 258 Absatz 3 (aufgehoben)[61]	
Artikel 259	Artikel 302
Artikel 260	Artikel 303
Artikel 261 (aufgehoben)	
Artikel 262	Artikel 304
Kapitel 4 – Der Ausschuss der Regionen	Abschnitt 2 – Der Ausschuss der Regionen
Artikel 263, Absätze 1 und 5 (aufgehoben)[62]	
Artikel 263 Absätze 2 bis 4	Artikel 305
Artikel 264	Artikel 306
Artikel 265	Artikel 307
Kapitel 5 – Die Europäische Investitionsbank	Kapitel 4 – Die Europäische Investitionsbank
Artikel 266	Artikel 308
Artikel 267	Artikel 309
Titel II – Finanzvorschriften	Titel II – Finanzvorschriften
Artikel 268	Artikel 310
	Kapitel 1 – Die Eigenmittel der Union
Artikel 269	Artikel 311
Artikel 270 (aufgehoben)[63]	
	Kapitel 2 – Der mehrjährige Finanzrahmen
	Artikel 312
	Kapitel 3 – Der Jahreshaushaltsplan der Union
Artikel 272 Absatz 1 (umgestellt)	Artikel 313
Artikel 271 (umgestellt)	Artikel 316
Artikel 272 Absatz 1 (umgestellt)	Artikel 313
Artikel 272 Absätze 2 bis 10	Artikel 314
Artikel 273	Artikel 315
Artikel 271 (umgestellt)	Artikel 316
	Kapitel 4 – Ausführung des Haushaltsplans und Entlastung
Artikel 274	Artikel 317
Artikel 275	Artikel 318
Artikel 276	Artikel 319
	Kapitel 5 – Gemeinsame Bestimmungen
Artikel 277	Artikel 320
Artikel 278	Artikel 321
Artikel 279	Artikel 322
	Artikel 323
	Artikel 324
	Kapitel 6 – Betrugsbekämpfung
Artikel 280	Artikel 325
	Titel III – Verstärkte Zusammenarbeit
Artikel 11 und 11a (ersetzt)	Artikel 326[64]

[61] Im Wesentlichen ersetzt durch Artikel 300 Absatz 4 AEUV.
[62] Im Wesentlichen ersetzt durch Artikel 300 Absätze 3 und 4 AEUV.
[63] Im Wesentlichen ersetzt durch Artikel 310 Absatz 4 AEUV.
[64] Ersetzt auch die Artikel 27a bis 27e, 40 bis 40b und 43 bis 45 des bisherigen EUV.

Bisherige Nummerierung des Vertrags zur Gründung der Europäischen Gemeinschaft	**Neue Nummerierung des Vertrags über die Arbeitsweise der Europäischen Union**
Artikel 11 und 11a (ersetzt)	Artikel 327[64)]
Artikel 11 und 11a (ersetzt)	Artikel 328[64)]
Artikel 11 und 11a (ersetzt)	Artikel 329[64)]
Artikel 11 und 11a (ersetzt)	Artikel 330[64)]
Artikel 11 und 11a (ersetzt)	Artikel 331[64)]
Artikel 11 und 11a (ersetzt)	Artikel 332[64)]
Artikel 11 und 11a (ersetzt)	Artikel 333[64)]
Artikel 11 und 11a (ersetzt)	Artikel 334[64)]
SECHSTER TEIL – ALLGEMEINE UND SCHLUSSBESTIMMUNGEN	SIEBTER TEIL – ALLGEMEINE UND SCHLUSSBESTIMMUNGEN
Artikel 281 (aufgehoben)[65)]	
Artikel 282	Artikel 335
Artikel 283	Artikel 336
Artikel 284	Artikel 337
Artikel 285	Artikel 338
Artikel 286 (ersetzt)	Artikel 16
Artikel 287	Artikel 339
Artikel 288	Artikel 340
Artikel 289	Artikel 341
Artikel 290	Artikel 342
Artikel 291	Artikel 343
Artikel 292	Artikel 344
Artikel 293 (aufgehoben)	
Artikel 294 (umgestellt)	Artikel 55
Artikel 295	Artikel 345
Artikel 296	Artikel 346
Artikel 297	Artikel 347
Artikel 298	Artikel 348
Artikel 299 Absatz 1 (aufgehoben)[66)]	
Artikel 299 Absatz 2 Unterabsätze 2, 3 und 4	Artikel 349
Artikel 299 Absatz 2 Unterabsatz 1 und Absätze 3 bis 6 (umgestellt)	Artikel 355
Artikel 300 (ersetzt)	Artikel 218
Artikel 301 (ersetzt)	Artikel 215
Artikel 302 (ersetzt)	Artikel 220
Artikel 303 (ersetzt)	Artikel 220
Artikel 304 (ersetzt)	Artikel 220
Artikel 305 (aufgehoben)	
Artikel 306	Artikel 350
Artikel 307	Artikel 351
Artikel 308	Artikel 352
	Artikel 35 3
Artikel 309	Artikel 354
Artikel 310 (umgestellt)	Artikel 217

[65)] Im Wesentlichen ersetzt durch Artikel 47 EUV.
[66)] Im Wesentlichen ersetzt durch Artikel 52 EUV.

Bisherige Nummerierung des Vertrags zur Gründung der Europäischen Gemeinschaft	**Neue Nummerierung des Vertrags über die Arbeitsweise der Europäischen Union**
Artikel 311 (aufgehoben)[67]	
Artikel 299 Absatz 2 Unterabsatz 1 und Absätze 3 bis 6 (umgestellt)	Artikel 355
Artikel 312	Artikel 356
Schlussbestimmungen	
Artikel 313	Artikel 357
	Artikel 358
Artikel 314 (aufgehoben)[68]	

[67] Im Wesentlichen ersetzt durch Artikel 51 EUV.
[68] Im Wesentlichen ersetzt durch Artikel 55 EUV.

Grundrechte

---

[1] *Hinweis:*
Verbindlich durch Art 6 Abs 1 EUV; siehe auch Protokoll Nr. 30 betreffend die Anwendung der Charta auf Polen und das Vereinigte Königreich.

Charta der Grundrechte der Europäischen Union

(ABl 2016 C 202, 389, berichtigt durch ABl 2016 C 400, 1)

Inhaltsverzeichnis

Das Europäische Parlament, der Rat und die Kommission proklamieren feierlich den nachstehenden Text als Charta der Grundrechte der Europäischen Union.

CHARTA DER GRUNDRECHTE DER EUROPÄISCHEN UNION

Präambel

Die Völker Europas sind entschlossen, auf der Grundlage gemeinsamer Werte eine friedliche Zukunft zu teilen, indem sie sich zu einer immer engeren Union verbinden.

In dem Bewusstsein ihres geistig-religiösen und sittlichen Erbes gründet sich die Union auf die unteilbaren und universellen Werte der Würde des Menschen, der Freiheit, der Gleichheit und der Solidarität. Sie beruht auf den Grundsätzen der Demokratie und der Rechtsstaatlichkeit. Sie stellt den Menschen in den Mittelpunkt ihres Handelns, indem sie die Unionsbürgerschaft und einen Raum der Freiheit, der Sicherheit und des Rechts begründet.

Die Union trägt zur Erhaltung und zur Entwicklung dieser gemeinsamen Werte unter Achtung der Vielfalt der Kulturen und Traditionen der Völker Europas sowie der nationalen Identität der Mitgliedstaaten und der Organisation ihrer staatlichen Gewalt auf nationaler, regionaler und lokaler Ebene bei. Sie ist bestrebt, eine ausgewogene und nachhaltige Entwicklung zu fördern und stellt den freien Personen-, Dienstleistungs-, Waren- und Kapitalverkehr sowie die Niederlassungsfreiheit sicher.

Zu diesem Zweck ist es notwendig, angesichts der Weiterentwicklung der Gesellschaft, des sozialen Fortschritts und der wissenschaftlichen und technologischen Entwicklungen den Schutz der Grundrechte zu stärken, indem sie in einer Charta sichtbarer gemacht werden.

Diese Charta bekräftigt unter Achtung der Zuständigkeiten und Aufgaben der Union und des Subsidiaritätsprinzips die Rechte, die sich vor allem aus den gemeinsamen Verfassungstraditionen und den gemeinsamen internationalen Verpflichtungen der Mitgliedstaaten, aus der Europäischen Konvention zum Schutz der Menschenrechte und Grundfreiheiten, aus den von der Union und dem Europarat beschlossenen Sozialchartas sowie aus der Rechtsprechung des Gerichtshofs der Europäischen Union und des Europäischen Gerichtshofs für Menschenrechte ergeben. In diesem Zusammenhang erfolgt die Auslegung der Charta durch die Gerichte der Union und der Mitgliedstaaten unter gebührender Berücksichtigung der Erläuterungen[1], die unter der Leitung des Präsidiums des Konvents zur Ausarbeitung der Charta formuliert und unter der Verantwortung des Präsidiums des Europäischen Konvents aktualisiert wurden.

Die Ausübung dieser Rechte ist mit Verantwortung und mit Pflichten sowohl gegenüber den Mitmenschen als auch gegenüber der menschlichen Gemeinschaft und den künftigen Generationen verbunden.

Daher erkennt die Union die nachstehend aufgeführten Rechte, Freiheiten und Grundsätze an.

TITEL I
WÜRDE DES MENSCHEN

Artikel 1
Würde des Menschen

Die Würde des Menschen ist unantastbar. Sie ist zu achten und zu schützen.

Artikel 2
Recht auf Leben

(1) Jeder Mensch hat das Recht auf Leben.

(2) Niemand darf zur Todesstrafe verurteilt oder hingerichtet werden.

Artikel 3
Recht auf Unversehrtheit

(1) Jeder Mensch hat das Recht auf körperliche und geistige Unversehrtheit.

(2) Im Rahmen der Medizin und der Biologie muss insbesondere Folgendes beachtet werden:

a) die freie Einwilligung des Betroffenen nach vorheriger Aufklärung entsprechend den gesetzlich festgelegten Einzelheiten,

b) das Verbot eugenischer Praktiken, insbesondere derjenigen, welche die Selektion von Menschen zum Ziel haben,

c) das Verbot, den menschlichen Körper und Teile davon als solche zur Erzielung von Gewinnen zu nutzen,

---

[1] ABl 2007 C 303, 17.

d) das Verbot des reproduktiven Klonens von Menschen.

Artikel 4
Verbot der Folter und unmenschlicher oder erniedrigender Strafe oder Behandlung

Niemand darf der Folter oder unmenschlicher oder erniedrigender Strafe oder Behandlung unterworfen werden.

Artikel 5
Verbot der Sklaverei und der Zwangsarbeit

(1) Niemand darf in Sklaverei oder Leibeigenschaft gehalten werden.

(2) Niemand darf gezwungen werden, Zwangs- oder Pflichtarbeit zu verrichten.

(3) Menschenhandel ist verboten.

TITEL II
FREIHEITEN

Artikel 6
Recht auf Freiheit und Sicherheit

Jeder Mensch hat das Recht auf Freiheit und Sicherheit.

Artikel 7
Achtung des Privat- und Familienlebens

Jede Person hat das Recht auf Achtung ihres Privat- und Familienlebens, ihrer Wohnung sowie ihrer Kommunikation.

Artikel 8
Schutz personenbezogener Daten

(1) Jede Person hat das Recht auf Schutz der sie betreffenden personenbezogenen Daten.

(2) Diese Daten dürfen nur nach Treu und Glauben für festgelegte Zwecke und mit Einwilligung der betroffenen Person oder auf einer sonstigen gesetzlich geregelten legitimen Grundlage verarbeitet werden. Jede Person hat das Recht, Auskunft über die sie betreffenden erhobenen Daten zu erhalten und die Berichtigung der Daten zu erwirken.

(3) Die Einhaltung dieser Vorschriften wird von einer unabhängigen Stelle überwacht.

Artikel 9
Recht, eine Ehe einzugehen und eine Familie zu gründen

Das Recht, eine Ehe einzugehen, und das Recht, eine Familie zu gründen, werden nach den einzelstaatlichen Gesetzen gewährleistet, welche die Ausübung dieser Rechte regeln.

Artikel 10
Gedanken-, Gewissens- und Religionsfreiheit

(1) Jede Person hat das Recht auf Gedanken-, Gewissens- und Religionsfreiheit. Dieses Recht umfasst die Freiheit, die Religion oder Weltanschauung zu wechseln, und die Freiheit, seine Religion oder Weltanschauung einzeln oder gemeinsam mit anderen öffentlich oder privat durch Gottesdienst, Unterricht, Bräuche und Riten zu bekennen.

(2) Das Recht auf Wehrdienstverweigerung aus Gewissensgründen wird nach den einzelstaatlichen Gesetzen anerkannt, welche die Ausübung dieses Rechts regeln.

Artikel 11
Freiheit der Meinungsäußerung und Informationsfreiheit

(1) Jede Person hat das Recht auf freie Meinungsäußerung. Dieses Recht schließt die Meinungsfreiheit und die Freiheit ein, Informationen und Ideen ohne behördliche Eingriffe und ohne Rücksicht auf Staatsgrenzen zu empfangen und weiterzugeben.

(2) Die Freiheit der Medien und ihre Pluralität werden geachtet.

Artikel 12
Versammlungs- und Vereinigungsfreiheit

(1) Jede Person hat das Recht, sich insbesondere im politischen, gewerkschaftlichen und zivilgesellschaftlichen Bereich auf allen Ebenen frei und friedlich mit anderen zu versammeln und frei mit anderen zusammenzuschließen, was das Recht jeder Person umfasst, zum Schutz ihrer Interessen Gewerkschaften zu gründen und Gewerkschaften beizutreten.

(2) Politische Parteien auf der Ebene der Union tragen dazu bei, den politischen Willen der Unionsbürgerinnen und Unionsbürger zum Ausdruck zu bringen.

Artikel 13
Freiheit der Kunst und der Wissenschaft

Kunst und Forschung sind frei. Die akademische Freiheit wird geachtet.

Artikel 14
Recht auf Bildung

(1) Jede Person hat das Recht auf Bildung sowie auf Zugang zur beruflichen Ausbildung und Weiterbildung.

(2) Dieses Recht umfasst die Möglichkeit, unentgeltlich am Pflichtschulunterricht teilzunehmen.

(3) Die Freiheit zur Gründung von Lehranstalten unter Achtung der demokratischen Grundsätze sowie das Recht der Eltern, die Erziehung und den Unterricht ihrer Kinder entsprechend ihren eigenen religiösen, weltanschaulichen und erzieherischen Überzeugungen sicherzustellen, werden nach den einzelstaatlichen Gesetzen geachtet, welche ihre Ausübung regeln.

Artikel 15
Berufsfreiheit und Recht zu arbeiten

(1) Jede Person hat das Recht, zu arbeiten und einen frei gewählten oder angenommenen Beruf auszuüben.

(2) Alle Unionsbürgerinnen und Unionsbürger haben die Freiheit, in jedem Mitgliedstaat Arbeit zu suchen, zu arbeiten, sich niederzulassen oder Dienstleistungen zu erbringen.

(3) Die Staatsangehörigen dritter Länder, die im Hoheitsgebiet der Mitgliedstaaten arbeiten dürfen, haben Anspruch auf Arbeitsbedingungen, die denen der Unionsbürgerinnen und Unionsbürger entsprechen.

Artikel 16
Unternehmerische Freiheit

Die unternehmerische Freiheit wird nach dem Unionsrecht und den einzelstaatlichen Rechtsvorschriften und Gepflogenheiten anerkannt.

Artikel 17
Eigentumsrecht

(1) Jede Person hat das Recht, ihr rechtmäßig erworbenes Eigentum zu besitzen, zu nutzen, darüber zu verfügen und es zu vererben. Niemandem darf sein Eigentum entzogen werden, es sei denn aus Gründen des öffentlichen Interesses in den Fällen und unter den Bedingungen, die in einem Gesetz vorgesehen sind, sowie gegen eine rechtzeitige angemessene Entschädigung für den Verlust des Eigentums. Die Nutzung des Eigentums kann gesetzlich geregelt werden, soweit dies für das Wohl der Allgemeinheit erforderlich ist.

(2) Geistiges Eigentum wird geschützt.

Artikel 18
Asylrecht

Das Recht auf Asyl wird nach Maßgabe des Genfer Abkommens vom 28. Juli 1951 und des Protokolls vom 31. Januar 1967 über die Rechtsstellung der Flüchtlinge sowie nach Maßgabe des Vertrags über die Europäische Union und des Vertrags über die Arbeitsweise der Europäischen Union (im Folgenden „die Verträge") gewährleistet.

Artikel 19
Schutz bei Abschiebung, Ausweisung und Auslieferung

(1) Kollektivausweisungen sind nicht zulässig.

(2) Niemand darf in einen Staat abgeschoben oder ausgewiesen oder an einen Staat ausgeliefert werden, in dem für sie oder ihn das ernsthafte Risiko der Todesstrafe, der Folter oder einer anderen unmenschlichen oder erniedrigenden Strafe oder Behandlung besteht.

TITEL III
GLEICHHEIT

Artikel 20
Gleichheit vor dem Gesetz

Alle Personen sind vor dem Gesetz gleich.

Artikel 21
Nichtdiskriminierung

(1) Diskriminierungen insbesondere wegen des Geschlechts, der Rasse, der Hautfarbe, der ethnischen oder sozialen Herkunft, der genetischen Merkmale, der Sprache, der Religion oder der Weltanschauung, der politischen oder sonstigen Anschauung, der Zugehörigkeit zu einer nationalen Minderheit, des Vermögens, der Geburt, einer Behinderung, des Alters oder der sexuellen Ausrichtung sind verboten.

(2) Unbeschadet besonderer Bestimmungen der Verträge ist in ihrem Anwendungsbereich jede Diskriminierung aus Gründen der Staatsangehörigkeit verboten.

Artikel 22
Vielfalt der Kulturen, Religionen und Sprachen

Die Union achtet die Vielfalt der Kulturen, Religionen und Sprachen.

Artikel 23
Gleichheit von Frauen und Männern

Die Gleichheit von Frauen und Männern ist in allen Bereichen, einschließlich der Beschäftigung, der Arbeit und des Arbeitsentgelts, sicherzustellen.

Der Grundsatz der Gleichheit steht der Beibehaltung oder der Einführung spezifischer Vergünstigungen für das unterrepräsentierte Geschlecht nicht entgegen.

Artikel 24
Rechte des Kindes

(1) Kinder haben Anspruch auf den Schutz und die Fürsorge, die für ihr Wohlergehen notwendig sind. Sie können ihre Meinung frei äußern. Ihre Meinung wird in den Angelegenheiten, die sie betreffen, in einer ihrem Alter und ihrem Reifegrad entsprechenden Weise berücksichtigt.

(2) Bei allen Kinder betreffenden Maßnahmen öffentlicher Stellen oder privater Einrichtungen muss das Wohl des Kindes eine vorrangige Erwägung sein.

(3) Jedes Kind hat Anspruch auf regelmäßige persönliche Beziehungen und direkte Kontakte zu beiden Elternteilen, es sei denn, dies steht seinem Wohl entgegen.

Artikel 25
Rechte älterer Menschen

Die Union anerkennt und achtet das Recht älterer Menschen auf ein würdiges und unabhängiges Leben und auf Teilnahme am sozialen und kulturellen Leben.

Artikel 26
Integration von Menschen mit Behinderung

Die Union anerkennt und achtet den Anspruch von Menschen mit Behinderung auf Maßnahmen zur Gewährleistung ihrer Eigenständigkeit, ihrer sozialen und beruflichen Eingliederung und ihrer Teilnahme am Leben der Gemeinschaft.

TITEL IV
SOLIDARITÄT

Artikel 27
Recht auf Unterrichtung und Anhörung der Arbeitnehmerinnen und Arbeitnehmer im Unternehmen

Für die Arbeitnehmerinnen und Arbeitnehmer oder ihre Vertreter muss auf den geeigneten Ebenen eine rechtzeitige Unterrichtung und Anhörung in den Fällen und unter den Voraussetzungen gewährleistet sein, die nach dem Unionsrecht und den einzelstaatlichen Rechtsvorschriften und Gepflogenheiten vorgesehen sind.

Artikel 28
Recht auf Kollektivverhandlungen und Kollektivmaßnahmen

Die Arbeitnehmerinnen und Arbeitnehmer sowie die Arbeitgeberinnen und Arbeitgeber oder ihre jeweiligen Organisationen haben nach dem Unionsrecht und den einzelstaatlichen Rechtsvorschriften und Gepflogenheiten das Recht, Tarifverträge auf den geeigneten Ebenen auszuhandeln und zu schließen sowie bei Interessenkonflikten kollektive Maßnahmen zur Verteidigung ihrer Interessen, einschließlich Streiks, zu ergreifen.

Artikel 29
Recht auf Zugang zu einem Arbeitsvermittlungsdienst

Jeder Mensch hat das Recht auf Zugang zu einem unentgeltlichen Arbeitsvermittlungsdienst.

Artikel 30
Schutz bei ungerechtfertigter Entlassung

Jede Arbeitnehmerin und jeder Arbeitnehmer hat nach dem Unionsrecht und den einzelstaatlichen Rechtsvorschriften und Gepflogenheiten Anspruch auf Schutz vor ungerechtfertigter Entlassung.

Artikel 31
Gerechte und angemessene Arbeitsbedingungen

(1) Jede Arbeitnehmerin und jeder Arbeitnehmer hat das Recht auf gesunde, sichere und würdige Arbeitsbedingungen.

(2) Jede Arbeitnehmerin und jeder Arbeitnehmer hat das Recht auf eine Begrenzung der Höchstarbeitszeit, auf tägliche und wöchentliche Ruhezeiten sowie auf bezahlten Jahresurlaub.

Artikel 32
Verbot der Kinderarbeit und Schutz der Jugendlichen am Arbeitsplatz

Kinderarbeit ist verboten. Unbeschadet günstigerer Vorschriften für Jugendliche und abgesehen von begrenzten Ausnahmen darf das Mindestalter für den Eintritt in das Arbeitsleben das Alter, in dem die Schulpflicht endet, nicht unterschreiten.

Zur Arbeit zugelassene Jugendliche müssen ihrem Alter angepasste Arbeitsbedingungen erhalten und vor wirtschaftlicher Ausbeutung und vor jeder Arbeit geschützt werden, die ihre Sicherheit, ihre Gesundheit, ihre körperliche, geistige, sittliche oder soziale Entwicklung beeinträchtigen oder ihre Erziehung gefährden könnte.

Artikel 33
Familien- und Berufsleben

(1) Der rechtliche, wirtschaftliche und soziale Schutz der Familie wird gewährleistet.

(2) Um Familien- und Berufsleben miteinander in Einklang bringen zu können, hat jeder Mensch das Recht auf Schutz vor Entlassung aus einem mit der Mutterschaft zusammenhängenden Grund sowie den Anspruch auf einen bezahlten Mutter-

schaftsurlaub und auf einen Elternurlaub nach der Geburt oder Adoption eines Kindes.

Artikel 34
Soziale Sicherheit und soziale Unterstützung

(1) Die Union anerkennt und achtet das Recht auf Zugang zu den Leistungen der sozialen Sicherheit und zu den sozialen Diensten, die in Fällen wie Mutterschaft, Krankheit, Arbeitsunfall, Pflegebedürftigkeit oder im Alter sowie bei Verlust des Arbeitsplatzes Schutz gewährleisten, nach Maßgabe des Unionsrechts und der einzelstaatlichen Rechtsvorschriften und Gepflogenheiten.

(2) Jeder Mensch, der in der Union seinen rechtmäßigen Wohnsitz hat und seinen Aufenthalt rechtmäßig wechselt, hat Anspruch auf die Leistungen der sozialen Sicherheit und die sozialen Vergünstigungen nach dem Unionsrecht und den einzelstaatlichen Rechtsvorschriften und Gepflogenheiten.

(3) Um die soziale Ausgrenzung und die Armut zu bekämpfen, anerkennt und achtet die Union das Recht auf eine soziale Unterstützung und eine Unterstützung für die Wohnung, die allen, die nicht über ausreichende Mittel verfügen, ein menschenwürdiges Dasein sicherstellen sollen, nach Maßgabe des Unionsrechts und der einzelstaatlichen Rechtsvorschriften und Gepflogenheiten.

Artikel 35
Gesundheitsschutz

Jeder Mensch hat das Recht auf Zugang zur Gesundheitsvorsorge und auf ärztliche Versorgung nach Maßgabe der einzelstaatlichen Rechtsvorschriften und Gepflogenheiten. Bei der Festlegung und Durchführung der Politik und Maßnahmen der Union in allen Bereichen wird ein hohes Gesundheitsschutzniveau sichergestellt.

Artikel 36
Zugang zu Dienstleistungen von allgemeinem wirtschaftlichen Interesse

Die Union anerkennt und achtet den Zugang zu Dienstleistungen von allgemeinem wirtschaftlichen Interesse, wie er durch die einzelstaatlichen Rechtsvorschriften und Gepflogenheiten im Einklang mit den Verträgen geregelt ist, um den sozialen und territorialen Zusammenhalt der Union zu fördern.

Artikel 37
Umweltschutz

Ein hohes Umweltschutzniveau und die Verbesserung der Umweltqualität müssen in die Politik der Union einbezogen und nach dem Grundsatz der nachhaltigen Entwicklung sichergestellt werden.

Artikel 38
Verbraucherschutz

Die Politik der Union stellt ein hohes Verbraucherschutzniveau sicher.

TITEL V
BÜRGERRECHTE

Artikel 39
Aktives und passives Wahlrecht bei den Wahlen zum Europäischen Parlament

(1) Die Unionsbürgerinnen und Unionsbürger besitzen in dem Mitgliedstaat, in dem sie ihren Wohnsitz haben, das aktive und passive Wahlrecht bei den Wahlen zum Europäischen Parlament unter denselben Bedingungen wie die Angehörigen des betreffenden Mitgliedstaats.

(2) Die Mitglieder des Europäischen Parlaments werden in allgemeiner, unmittelbarer, freier und geheimer Wahl gewählt.

Artikel 40
Aktives und passives Wahlrecht bei den Kommunalwahlen

Die Unionsbürgerinnen und Unionsbürger besitzen in dem Mitgliedstaat, in dem sie ihren Wohnsitz haben, das aktive und passive Wahlrecht bei Kommunalwahlen unter denselben Bedingungen wie die Angehörigen des betreffenden Mitgliedstaats.

Artikel 41
Recht auf eine gute Verwaltung

(1) Jede Person hat ein Recht darauf, dass ihre Angelegenheiten von den Organen, Einrichtungen und sonstigen Stellen der Union unparteiisch, gerecht und innerhalb einer angemessenen Frist behandelt werden.

(2) Dieses Recht umfasst insbesondere

a) das Recht jeder Person, gehört zu werden, bevor ihr gegenüber eine für sie nachteilige individuelle Maßnahme getroffen wird,

b) das Recht jeder Person auf Zugang zu den sie betreffenden Akten unter Wahrung des berechtigten Interesses der Vertraulichkeit sowie des Berufs- und Geschäftsgeheimnisses,

c) die Verpflichtung der Verwaltung, ihre Entscheidungen zu begründen.

(3) Jede Person hat Anspruch darauf, dass die Union den durch ihre Organe oder Bediensteten in Ausübung ihrer Amtstätigkeit verursachten Schaden nach den allgemeinen Rechtsgrundsätzen

ersetzt, die den Rechtsordnungen der Mitgliedstaaten gemeinsam sind.

(4) Jede Person kann sich in einer der Sprachen der Verträge an die Organe der Union wenden und muss eine Antwort in derselben Sprache erhalten.

Artikel 42
Recht auf Zugang zu Dokumenten

Die Unionsbürgerinnen und Unionsbürger sowie jede natürliche oder juristische Person mit Wohnsitz oder satzungsmäßigem Sitz in einem Mitgliedstaat haben das Recht auf Zugang zu den Dokumenten der Organe, Einrichtungen und sonstigen Stellen der Union, unabhängig von der Form der für diese Dokumente verwendeten Träger.

Artikel 43
Der Europäische Bürgerbeauftragte

Die Unionsbürgerinnen und Unionsbürger sowie jede natürliche oder juristische Person mit Wohnsitz oder satzungsmäßigem Sitz in einem Mitgliedstaat haben das Recht, den Europäischen Bürgerbeauftragten im Falle von Missständen bei der Tätigkeit der Organe, Einrichtungen und sonstigen Stellen der Union, mit Ausnahme des Gerichtshofs der Europäischen Union in Ausübung seiner Rechtsprechungsbefugnisse, zu befassen.

Artikel 44
Petitionsrecht

Die Unionsbürgerinnen und Unionsbürger sowie jede natürliche oder juristische Person mit Wohnsitz oder satzungsmäßigem Sitz in einem Mitgliedstaat haben das Recht, eine Petition an das Europäische Parlament zu richten.

Artikel 45
Freizügigkeit und Aufenthaltsfreiheit

(1) Die Unionsbürgerinnen und Unionsbürger haben das Recht, sich im Hoheitsgebiet der Mitgliedstaaten frei zu bewegen und aufzuhalten.

(2) Staatsangehörigen von Drittländern, die sich rechtmäßig im Hoheitsgebiet eines Mitgliedstaats aufhalten, kann nach Maßgabe der Verträge Freizügigkeit und Aufenthaltsfreiheit gewährt werden.

Artikel 46
Diplomatischer und konsularischer Schutz

Die Unionsbürgerinnen und Unionsbürger genießen im Hoheitsgebiet eines Drittlands, in dem der Mitgliedstaat, dessen Staatsangehörigkeit sie besitzen, nicht vertreten ist, den Schutz durch die diplomatischen und konsularischen Behörden eines jeden Mitgliedstaats unter denselben Bedingungen wie Staatsangehörige dieses Staates.

TITEL VI
JUSTIZIELLE RECHTE

Artikel 47
Recht auf einen wirksamen Rechtsbehelf und ein unparteiisches Gericht

Jede Person, deren durch das Recht der Union garantierte Rechte oder Freiheiten verletzt worden sind, hat das Recht, nach Maßgabe der in diesem Artikel vorgesehenen Bedingungen bei einem Gericht einen wirksamen Rechtsbehelf einzulegen.

Jede Person hat ein Recht darauf, dass ihre Sache von einem unabhängigen, unparteiischen und zuvor durch Gesetz errichteten Gericht in einem fairen Verfahren, öffentlich und innerhalb angemessener Frist verhandelt wird. Jede Person kann sich beraten, verteidigen und vertreten lassen.

Personen, die nicht über ausreichende Mittel verfügen, wird Prozesskostenhilfe bewilligt, soweit diese Hilfe erforderlich ist, um den Zugang zu den Gerichten wirksam zu gewährleisten.

Artikel 48
Unschuldsvermutung und Verteidigungsrechte

(1) Jeder Angeklagte gilt bis zum rechtsförmlich erbrachten Beweis seiner Schuld als unschuldig.

(2) Jedem Angeklagten wird die Achtung der Verteidigungsrechte gewährleistet.

Artikel 49
Grundsätze der Gesetzmäßigkeit und der Verhältnismäßigkeit im Zusammenhang mit Straftaten und Strafen

(1) Niemand darf wegen einer Handlung oder Unterlassung verurteilt werden, die zur Zeit ihrer Begehung nach innerstaatlichem oder internationalem Recht nicht strafbar war. Es darf auch keine schwerere Strafe als die zur Zeit der Begehung angedrohte Strafe verhängt werden. Wird nach Begehung einer Straftat durch Gesetz eine mildere Strafe eingeführt, so ist diese zu verhängen.

(2) Dieser Artikel schließt nicht aus, dass eine Person wegen einer Handlung oder Unterlassung verurteilt oder bestraft wird, die zur Zeit ihrer Begehung nach den allgemeinen, von der Gesamtheit der Nationen anerkannten Grundsätzen strafbar war.

(3) Das Strafmaß darf zur Straftat nicht unverhältnismäßig sein.

Artikel 50

Recht, wegen derselben Straftat nicht zweimal strafrechtlich verfolgt oder bestraft zu werden

Niemand darf wegen einer Straftat, derentwegen er bereits in der Union nach dem Gesetz rechtskräftig verurteilt oder freigesprochen worden ist, in einem Strafverfahren erneut verfolgt oder bestraft werden.

TITEL VII

ALLGEMEINE BESTIMMUNGEN ÜBER DIE AUSLEGUNG UND ANWENDUNG DER CHARTA

Artikel 51

Anwendungsbereich

(1) Diese Charta gilt für die Organe, Einrichtungen und sonstigen Stellen der Union unter Wahrung des Subsidiaritätsprinzips und für die Mitgliedstaaten ausschließlich bei der Durchführung des Rechts der Union. Dementsprechend achten sie die Rechte, halten sie sich an die Grundsätze und fördern sie deren Anwendung entsprechend ihren jeweiligen Zuständigkeiten und unter Achtung der Grenzen der Zuständigkeiten, die der Union in den Verträgen übertragen werden.

(2) Diese Charta dehnt den Geltungsbereich des Unionsrechts nicht über die Zuständigkeiten der Union hinaus aus und begründet weder neue Zuständigkeiten noch neue Aufgaben für die Union, noch ändert sie die in den Verträgen festgelegten Zuständigkeiten und Aufgaben.

Artikel 52

Tragweite und Auslegung der Rechte und Grundsätze

(1) Jede Einschränkung der Ausübung der in dieser Charta anerkannten Rechte und Freiheiten muss gesetzlich vorgesehen sein und den Wesensgehalt dieser Rechte und Freiheiten achten. Unter Wahrung des Grundsatzes der Verhältnismäßigkeit dürfen Einschränkungen nur vorgenommen werden, wenn sie erforderlich sind und den von der Union anerkannten dem Gemeinwohl dienenden Zielsetzungen oder den Erfordernissen des Schutzes der Rechte und Freiheiten anderer tatsächlich entsprechen.

(2) Die Ausübung der durch diese Charta anerkannten Rechte, die in den Verträgen geregelt sind, erfolgt im Rahmen der in den Verträgen festgelegten Bedingungen und Grenzen.

(3) Soweit diese Charta Rechte enthält, die den durch die Europäische Konvention zum Schutz der Menschenrechte und Grundfreiheiten garantierten Rechten entsprechen, haben sie die gleiche Bedeutung und Tragweite, wie sie ihnen in der genannten Konvention verliehen wird. Diese Bestimmung steht dem nicht entgegen, dass das Recht der Union einen weiter gehenden Schutz gewährt.

(4) Soweit in dieser Charta Grundrechte anerkannt werden, wie sie sich aus den gemeinsamen Verfassungsüberlieferungen der Mitgliedstaaten ergeben, werden sie im Einklang mit diesen Überlieferungen ausgelegt.

(5) Die Bestimmungen dieser Charta, in denen Grundsätze festgelegt sind, können durch Akte der Gesetzgebung und der Ausführung der Organe, Einrichtungen und sonstigen Stellen der Union sowie durch Akte der Mitgliedstaaten zur Durchführung des Rechts der Union in Ausübung ihrer jeweiligen Zuständigkeiten umgesetzt werden. Sie können vor Gericht nur bei der Auslegung dieser Akte und bei Entscheidungen über deren Rechtmäßigkeit herangezogen werden.

(6) Den einzelstaatlichen Rechtsvorschriften und Gepflogenheiten ist, wie es in dieser Charta bestimmt ist, in vollem Umfang Rechnung zu tragen.

(7) Die Erläuterungen, die als Anleitung für die Auslegung dieser Charta verfasst wurden, sind von den Gerichten der Union und der Mitgliedstaaten gebührend zu berücksichtigen.

Artikel 53

Schutzniveau

Keine Bestimmung dieser Charta ist als eine Einschränkung oder Verletzung der Menschenrechte und Grundfreiheiten auszulegen, die in dem jeweiligen Anwendungsbereich durch das Recht der Union und das Völkerrecht sowie durch die internationalen Übereinkünfte, bei denen die Union oder alle Mitgliedstaaten Vertragsparteien sind, darunter insbesondere die Europäische Konvention zum Schutz der Menschenrechte und Grundfreiheiten, sowie durch die Verfassungen der Mitgliedstaaten anerkannt werden.

Artikel 54

Verbot des Missbrauchs der Rechte

Keine Bestimmung dieser Charta ist so auszulegen, als begründe sie das Recht, eine Tätigkeit auszuüben oder eine Handlung vorzunehmen, die darauf abzielt, die in der Charta anerkannten Rechte und Freiheiten abzuschaffen oder sie stärker einzuschränken, als dies in der Charta vorgesehen ist.

*

* *

Der vorstehende Wortlaut übernimmt mit Anpassungen die am 7. Dezember 2000 proklamierte Charta und ersetzt sie ab dem Zeitpunkt des Inkrafttretens des Vertrags von Lissabon.

Erläuterungen zur Charta der Grundrechte

(2007(C 303/02)*)
(ABl 2007 C 303,17)

Die nachstehenden Erläuterungen wurden ursprünglich unter der Verantwortung des Präsidiums des Konvents, der die Charta der Grundrechte der Europäischen Union ausgearbeitet hat, formuliert. Sie wurden unter der Verantwortung des Präsidiums des Europäischen Konvents aufgrund der von diesem Konvent vorgenommenen Anpassungen des Wortlauts der Charta (insbesondere der Artikel 51 und 52) und der Fortentwicklung des Unionsrechts aktualisiert. Diese Erläuterungen haben als solche keinen rechtlichen Status, stellen jedoch eine nützliche Interpretationshilfe dar, die dazu dient, die Bestimmungen der Charta zu verdeutlichen.

TITEL I
WÜRDE DES MENSCHEN

Erläuterung zu Artikel 1
Würde des Menschen

Die Würde des Menschen ist nicht nur ein Grundrecht an sich, sondern bildet das eigentliche Fundament der Grundrechte. Die Allgemeine Erklärung der Menschenrechte von 1948 verankert die Menschenwürde in ihrer Präambel: „… da die Anerkennung der allen Mitgliedern der menschlichen Familie innewohnenden Würde und ihrer gleichen und unveräußerlichen Rechte die Grundlage der Freiheit, der Gerechtigkeit und des Friedens in der Welt bildet." In seinem Urteil vom 9. Oktober 2001 in der Rechtssache C-377/98, Niederlande gegen Europäisches Parlament und Rat, Slg. 2001, I-7079, Randnrn. 70-77 bestätigte der Gerichtshof, dass das Grundrecht auf Menschenwürde Teil des Unionsrechts ist.

Daraus ergibt sich insbesondere, dass keines der in dieser Charta festgelegten Rechte dazu verwendet werden darf, die Würde eines anderen Menschen zu verletzen, und dass die Würde des Menschen zum Wesensgehalt der in dieser Charta festgelegten Rechte gehört. Sie darf daher auch bei Einschränkungen eines Rechtes nicht angetastet werden.

*) Anmerkung des Herausgebers: Die Verweise auf die Artikelnummerierung der Verträge wurden auf den neuesten Stand gebracht und einige Fehler wurden berichtigt.

Erläuterung zu Artikel 2
Recht auf Leben

1. Absatz 1 dieses Artikels basiert auf Artikel 2 Absatz 1 Satz 1 der Europäischen Menschenrechtskonvention (EMRK), der wie folgt lautet:

„1. Das Recht jedes Menschen auf Leben wird gesetzlich geschützt ...".

2. Satz 2 der genannten Vorschrift, der die Todesstrafe zum Gegenstand hatte, ist durch das Inkrafttreten des Protokolls Nr. 6 zur EMRK hinfällig geworden, dessen Artikel 1 wie folgt lautet:

„Die Todesstrafe ist abgeschafft. Niemand darf zu dieser Strafe verurteilt oder hingerichtet werden."

Auf dieser Vorschrift beruht Artikel 2 Absatz 2 der Charta.

3. Die Bestimmungen des Artikels 2 der Charta entsprechen den Bestimmungen der genannten Artikel der EMRK und des Zusatzprotokolls. Sie haben nach Artikel 52 Absatz 3 der Charta die gleiche Bedeutung und Tragweite. So müssen die in der EMRK enthaltenen „Negativdefinitionen" auch als Teil der Charta betrachtet werden:

a) Artikel 2 Absatz 2 EMRK:

„Eine Tötung wird nicht als Verletzung dieses Artikels betrachtet, wenn sie durch eine Gewaltanwendung verursacht wird, die unbedingt erforderlich ist, um

a) jemanden gegen rechtswidrige Gewalt zu verteidigen;

b) jemanden rechtmäßig festzunehmen oder jemanden, dem die Freiheit rechtmäßig entzogen ist, an der Flucht zu hindern;

c) einen Aufruhr oder Aufstand rechtmäßig niederzuschlagen".

b) Artikel 2 des Protokolls Nr. 6 zur EMRK:

„Ein Staat kann in seinem Recht die Todesstrafe für Taten vorsehen, die in Kriegszeiten oder bei unmittelbarer Kriegsgefahr begangen werden; diese Strafe darf nur in den Fällen, die im Recht vorgesehen sind, und in Übereinstimmung mit dessen Bestimmungen angewendet werden ...".

Erläuterung zu Artikel 3

Recht auf Unversehrtheit

1. In seinem Urteil vom 9. Oktober 2001 in der Rechtssache C-377/98, Niederlande gegen Europäisches Parlament und Rat, Slg. 2001, I-7079, Randnrn. 70, 78, 79 und 80, bestätigte der Gerichtshof, dass das Grundrecht auf Unversehrtheit Teil des Unionsrechts ist und im Bereich der Medizin und der Biologie die freie Einwilligung des Spenders und des Empfängers nach vorheriger Aufklärung umfasst.

2. Die Grundsätze des Artikels 3 der Charta sind bereits in dem im Rahmen des Europarates angenommenen Übereinkommen über Menschenrechte und Biomedizin (STE 164 und Zusatzprotokoll STE 168) enthalten. Die Charta will von diesen Bestimmungen nicht abweichen und verbietet daher lediglich das reproduktive Klonen. Die anderen Formen des Klonens werden von der Charta weder gestattet noch verboten. Sie hindert den Gesetzgeber also keineswegs daran, auch die anderen Formen des Klonens zu verbieten.

3. Durch den Hinweis auf eugenische Praktiken, insbesondere diejenigen, welche die Selektion von Menschen zum Ziel haben, soll die Möglichkeit erfasst werden, dass Selektionsprogramme organisiert und durchgeführt werden, die beispielsweise Sterilisierungskampagnen, erzwungene Schwangerschaften, die Pflicht, den Ehepartner in der gleichen Volksgruppe zu wählen, usw. umfassen; derartige Handlungen werden in dem am 17. Juli 1998 in Rom verabschiedeten Statut des Internationalen Strafgerichtshofs (siehe Artikel 7 Absatz 1 Buchstabe g) als internationale Verbrechen betrachtet.

Erläuterung zu Artikel 4

Verbot der Folter und unmenschlicher oder erniedrigender Strafe oder Behandlung

Das Recht nach Artikel 4 entspricht dem Recht, das durch den gleich lautenden Artikel 3 EMRK garantiert ist: „Niemand darf der Folter oder unmenschlicher oder erniedrigender Strafe oder Behandlung unterworfen werden." Nach Artikel 52 Absatz 3 der Charta hat Artikel 4 also die gleiche Bedeutung und Tragweite wie Artikel 3 EMRK.

Erläuterung zu Artikel 5

Verbot der Sklaverei und der Zwangsarbeit

1. Das Recht nach Artikel 5 Absätze 1 und 2 entspricht dem gleich lautenden Artikel 4 Absätze 1 und 2 EMRK. Nach Artikel 52 Absatz 3 der Charta hat dieses Recht also die gleiche Bedeutung und Tragweite wie Artikel 4 EMRK.

Daraus folgt:

- Eine legitime Einschränkung des Rechts nach Absatz 1 kann es nicht geben.
- In Absatz 2 müssen in Bezug auf die Begriffe „Zwangs- oder Pflichtarbeit" die „negativen" Definitionen nach Artikel 4 Absatz 3 EMRK berücksichtigt werden:

  „Nicht als Zwangs- oder Pflichtarbeit im Sinne dieses Artikels gilt

  a) eine Arbeit, die üblicherweise von einer Person verlangt wird, der unter den Voraussetzungen des Artikels 5 die Freiheit entzogen oder die bedingt entlassen worden ist;

  b) eine Dienstleistung militärischer Art oder eine Dienstleistung, die an die Stelle des im Rahmen der Wehrpflicht zu leistenden Dienstes tritt, in Ländern, wo die Dienstverweigerung aus Gewissensgründen anerkannt ist;

  c) eine Dienstleistung, die verlangt wird, wenn Notstände oder Katastrophen das Leben oder das Wohl der Gemeinschaft bedrohen;

  d) eine Arbeit oder Dienstleistung, die zu den üblichen Bürgerpflichten gehört."

2. Absatz 3 ergibt sich unmittelbar aus der Menschenwürde und trägt neueren Entwicklungen auf dem Gebiet der organisierten Kriminalität wie der Schleuserkriminalität oder der organisierten sexuellen Ausbeutung Rechnung. Das Europol-Übereinkommen enthält im Anhang folgende Definition, die den Menschenhandel zum Zwecke der sexuellen Ausbeutung betrifft: „Menschenhandel: tatsächliche und rechtswidrige Unterwerfung einer Person unter den Willen anderer Personen mittels Gewalt, Drohung oder Täuschung oder unter Ausnutzung eines Abhängigkeitsverhältnisses insbesondere mit folgendem Ziel: Ausbeutung der Prostitution, Ausbeutung von Minderjährigen, sexuelle Gewalt gegenüber Minderjährigen oder Handel im Zusammenhang mit Kindesaussetzung." Kapitel VI des Schengener Durchführungsübereinkommens, das in den Besitzstand der Union integriert worden ist und an dem sich das Vereinigte Königreich und Irland beteiligen, enthält in Artikel 27 Absatz 1 folgende auf die Schleuseraktivitäten zielende Bestimmung: „Die Vertragsparteien verpflichten sich, angemessene Sanktionen gegen jede Person vorzusehen, die zu Erwerbszwecken einem Drittausländer hilft oder zu helfen versucht, in das Hoheitsgebiet einer der Vertragsparteien unter Verletzung ihrer Rechtsvorschriften in Bezug auf die Einreise und den Aufenthalt von Drittausländern einzureisen oder sich dort aufzuhalten." Am 19. Juli 2002 nahm der Rat einen Rahmenbeschluss zur Bekämpfung des Menschenhandels (ABl. L 203 vom 1.8. 2002,

S. 1) an; in Artikel 1 dieses Rahmenbeschlusses sind die Handlungen im Zusammenhang mit dem Menschenhandel zum Zwecke der Ausbeutung von Arbeitskräften oder der sexuellen Ausbeutung näher bestimmt, die die Mitgliedstaaten aufgrund des genannten Rahmenbeschlusses unter Strafe stellen müssen.

TITEL II
FREIHEITEN

Erläuterung zu Artikel 6
Recht auf Freiheit und Sicherheit

Die Rechte nach Artikel 6 entsprechen den Rechten, die durch Artikel 5 EMRK garantiert sind, denen sie nach Artikel 52 Absatz 3 der Charta an Bedeutung und Tragweite gleichkommen. Die Einschränkungen, die legitim an diesen Rechten vorgenommen werden können, dürfen daher nicht über die Einschränkungen hinausgehen, die im Rahmen des wie folgt lautenden Artikels 5 EMRK zulässig sind:

„1. Jeder Mensch hat das Recht auf Freiheit und Sicherheit. Die Freiheit darf nur in den folgenden Fällen und nur auf die gesetzlich vorgeschriebene Weise entzogen werden:

a) rechtmäßige Freiheitsentziehung nach Verurteilung durch ein zuständiges Gericht;

b) rechtmäßige Festnahme oder Freiheitsentziehung wegen Nichtbefolgung einer rechtmäßigen gerichtlichen Anordnung oder zur Erzwingung der Erfüllung einer gesetzlichen Verpflichtung;

c) rechtmäßige Festnahme oder Freiheitsentziehung zur Vorführung vor die zuständige Gerichtsbehörde, wenn hinreichender Verdacht besteht, dass die betreffende Person eine Straftat begangen hat, oder wenn begründeter Anlass zu der Annahme besteht, dass es notwendig ist, sie an der Begehung einer Straftat oder an der Flucht nach Begehung einer solchen zu hindern;

d) rechtmäßige Freiheitsentziehung bei Minderjährigen zum Zweck überwachter Erziehung oder zur Vorführung vor die zuständige Behörde;

e) rechtmäßige Freiheitsentziehung mit dem Ziel, eine Verbreitung ansteckender Krankheiten zu verhindern, sowie bei psychisch Kranken, Alkohol- oder Rauschgiftsüchtigen und Landstreichern;

f) rechtmäßige Festnahme oder Freiheitsentziehung zur Verhinderung der unerlaubten Einreise sowie bei Personen, gegen die ein Ausweisungs- oder Auslieferungsverfahren im Gange ist.

2. Jeder festgenommenen Person muss unverzüglich in einer ihr verständlichen Sprache mitgeteilt werden, welches die Gründe für ihre Festnahme sind und welche Beschuldigungen gegen sie erhoben werden.

3. Jede Person, die nach Absatz 1 Buchstabe c von Festnahme oder Freiheitsentziehung betroffen ist, muss unverzüglich einem Richter oder einer anderen gesetzlich zur Wahrnehmung richterlicher Aufgaben ermächtigten Person vorgeführt werden; sie hat Anspruch auf ein Urteil innerhalb angemessener Frist oder auf Entlassung während des Verfahrens. Die Entlassung kann von der Leistung einer Sicherheit für das Erscheinen vor Gericht abhängig gemacht werden.

4. Jede Person, die festgenommen oder der die Freiheit entzogen ist, hat das Recht, zu beantragen, dass ein Gericht innerhalb kurzer Frist über die Rechtmäßigkeit der Freiheitsentziehung entscheidet und ihre Entlassung anordnet, wenn die Freiheitsentziehung nicht rechtmäßig ist.

5. Jede Person, die unter Verletzung dieses Artikels von Festnahme oder Freiheitsentziehung betroffen ist, hat Anspruch auf Schadensersatz."

Die Rechte nach Artikel 6 müssen insbesondere dann geachtet werden, wenn das Europäische Parlament und der Rat Gesetzgebungsakte im Bereich der justiziellen Zusammenarbeit in Strafsachen auf der Grundlage der Artikel 82, 83 und 85 des Vertrags über die Arbeitsweise der Europäischen Union, insbesondere zur Festlegung gemeinsamer Mindestvorschriften über die Tatbestandsmerkmale strafbarer Handlungen und die Strafen sowie über bestimmte Aspekte des Verfahrensrechts erlassen.

Erläuterung zu Artikel 7
Achtung des Privat- und Familienlebens

Die Rechte nach Artikel 7 entsprechen den Rechten, die durch Artikel 8 EMRK garantiert sind. Um der technischen Entwicklung Rechnung zu tragen, wurde der Begriff „Korrespondenz" durch „Kommunikation" ersetzt.

Nach Artikel 52 Absatz 3 haben diese Rechte die gleiche Bedeutung und Tragweite wie die Rechte aus dem entsprechenden Artikel der EMRK. Ihre möglichen legitimen Einschränkungen sind daher diejenigen, die der genannte Artikel 8 gestattet:

„1. Jede Person hat das Recht auf Achtung ihres Privat- und Familienlebens, ihrer Wohnung und ihrer Korrespondenz.

2. Eine Behörde darf in die Ausübung dieses Rechts nur eingreifen, soweit der Eingriff gesetzlich vorgesehen und in einer demokratischen Gesellschaft notwendig ist für die nationale oder öffentliche Sicherheit, für das wirtschaftliche Wohl des Landes, zur Aufrechterhaltung der Ordnung, zur Verhütung von Straftaten, zum Schutz der Gesundheit oder der Moral oder zum Schutz der Rechte und Freiheiten anderer."

Erläuterung zu Artikel 8

Schutz personenbezogener Daten

Dieser Artikel stützte sich auf Artikel 286 des Vertrags zur Gründung der Europäischen Gemeinschaft und auf die Richtlinie 95/46/EG des Europäischen Parlaments und des Rates zum Schutz natürlicher Personen bei der Verarbeitung personenbezogener Daten und zum freien Datenverkehr (ABl. L 281 vom 23.11.1995, S. 31) sowie auf Artikel 8 EMRK und das Übereinkommen des Europarates vom 28. Januar 1981 zum Schutz des Menschen bei der automatischen Verarbeitung personenbezogener Daten, das von allen Mitgliedstaaten ratifiziert wurde. Artikel 286 EGV wird nunmehr durch Artikel 16 des Vertrags über die Arbeitsweise der Europäischen Union und Artikel 39 des Vertrags über die Europäische Union ersetzt. Es wird ferner auf die Verordnung (EG) Nr. 45/2001 des Europäischen Parlaments und des Rates zum Schutz natürlicher Personen bei der Verarbeitung personenbezogener Daten durch die Organe und Einrichtungen der Gemeinschaft und zum freien Datenverkehr (ABl. L 8 vom 12.1.2001, S. 1) verwiesen. Die genannte Richtlinie und Verordnung enthalten Bedingungen und Beschränkungen für die Wahrnehmung des Rechts auf den Schutz personenbezogener Daten.

Erläuterung zu Artikel 9

Recht, eine Ehe einzugehen und eine Familie zu gründen

Dieser Artikel stützt sich auf Artikel 12 EMRK, der wie folgt lautet: „Männer und Frauen im heiratsfähigen Alter haben das Recht, nach den innerstaatlichen Gesetzen, welche die Ausübung dieses Rechts regeln, eine Ehe einzugehen und eine Familie zu gründen." Die Formulierung dieses Rechts wurde zeitgemäßer gestaltet, um Fälle zu erfassen, in denen nach den einzelstaatlichen Rechtsvorschriften andere Formen als die Heirat zur Gründung einer Familie anerkannt werden. Durch diesen Artikel wird es weder untersagt noch vorgeschrieben, Verbindungen von Menschen gleichen Geschlechts den Status der Ehe zu verleihen. Dieses Recht ist also dem von der EMRK vorgesehenen Recht ähnlich, es kann jedoch eine größere Tragweite haben, wenn die einzelstaatlichen Rechtsvorschriften dies vorsehen.

Erläuterung zu Artikel 10

Gedanken-, Gewissens- und Religionsfreiheit

Das in Absatz 1 garantierte Recht entspricht dem Recht, das durch Artikel 9 EMRK garantiert ist, und hat nach Artikel 52 Absatz 3 der Charta die gleiche Bedeutung und die gleiche Tragweite wie dieses. Bei Einschränkungen muss daher Artikel 9 Absatz 2 EMRK gewahrt werden, der wie folgt lautet: „Die Freiheit, seine Religion oder Weltanschauung zu bekennen, darf nur Einschränkungen unterworfen werden, die gesetzlich vorgesehen und in einer demokratischen Gesellschaft notwendig sind für die öffentliche Sicherheit, zum Schutz der öffentlichen Ordnung, Gesundheit oder Moral oder zum Schutz der Rechte und Freiheiten anderer."

Das in Absatz 2 garantierte Recht entspricht den einzelstaatlichen Verfassungstraditionen und der Entwicklung der einzelstaatlichen Gesetzgebungen in diesem Punkt.

Erläuterung zu Artikel 11

Freiheit der Meinungsäußerung und Informationsfreiheit

1. Artikel 11 entspricht Artikel 10 EMRK, der wie folgt lautet:

„1. Jede Person hat das Recht auf freie Meinungsäußerung. Dieses Recht schließt die Meinungsfreiheit und die Freiheit ein, Informationen und Ideen ohne behördliche Eingriffe und ohne Rücksicht auf Staatsgrenzen zu empfangen und weiterzugeben. Dieser Artikel hindert die Staaten nicht, für Hörfunk-, Fernseh- oder Kinounternehmen eine Genehmigung vorzuschreiben.

2. Die Ausübung dieser Freiheiten ist mit Pflichten und Verantwortung verbunden; sie kann daher Formvorschriften, Bedingungen, Einschränkungen oder Strafdrohungen unterworfen werden, die gesetzlich vorgesehen und in einer demokratischen Gesellschaft notwendig sind für die nationale Sicherheit, die territoriale Unversehrtheit oder die öffentliche Sicherheit, zur Aufrechterhaltung der Ordnung oder zur Verhütung von Straftaten, zum Schutz der Gesundheit oder der Moral, zum Schutz des guten Rufes oder der Rechte anderer, zur Verhinderung der Verbreitung vertraulicher Informationen oder zur Wahrung

der Autorität und der Unparteilichkeit der Rechtsprechung."

Nach Artikel 52 Absatz 3 der Charta hat dieses Recht die gleiche Bedeutung und Tragweite wie das durch die EMRK garantierte Recht. Die möglichen Einschränkungen dieses Rechts dürfen also nicht über die in Artikel 10 Absatz 2 vorgesehenen Einschränkungen hinausgehen, allerdings unbeschadet der Beschränkungen, die die Möglichkeit der Mitgliedstaaten, Genehmigungsregelungen nach Artikel 10 Absatz 1 Satz 3 der EMRK einzuführen, durch das Wettbewerbsrecht der Union erfahren kann.

2. Absatz 2 dieses Artikels erläutert die Auswirkungen von Absatz 1 hinsichtlich der Freiheit der Medien. Er stützt sich insbesondere auf die Rechtsprechung des Gerichtshofs bezüglich des Fernsehens, insbesondere in der Rechtssache C-288/89 (Urteil vom 25. Juli 1991, Stichting Collectieve Antennevoorziening Gouda u. a.; Slg. 1991, I-4007), und auf das Protokoll über den öffentlich-rechtlichen Rundfunk in den Mitgliedstaaten, das dem EGV und nunmehr den Verträgen beigefügt ist, sowie auf die Richtlinie 89/552/EWG des Rates (siehe insbesondere Erwägungsgrund 17).

Erläuterung zu Artikel 12

Versammlungs- und Vereinigungsfreiheit

1. Absatz 1 dieses Artikels entspricht Artikel 11 EMRK, der wie folgt lautet:

„1. Jede Person hat das Recht, sich frei und friedlich mit anderen zu versammeln und sich frei mit anderen zusammenzuschließen; dazu gehört auch das Recht, zum Schutz seiner Interessen Gewerkschaften zu gründen und Gewerkschaften beizutreten.

2. Die Ausübung dieser Rechte darf nur Einschränkungen unterworfen werden, die gesetzlich vorgesehen und in einer demokratischen Gesellschaft notwendig sind für die nationale oder öffentliche Sicherheit, zur Aufrechterhaltung der Ordnung oder zur Verhütung von Straftaten, zum Schutz der Gesundheit oder der Moral oder zum Schutz der Rechte und Freiheiten anderer. Dieser Artikel steht rechtmäßigen Einschränkungen der Ausübung dieser Rechte für Angehörige der Streitkräfte, der Polizei oder der Staatsverwaltung nicht entgegen."

Die Bestimmungen des Absatzes 1 dieses Artikels 12 haben die gleiche Bedeutung wie die Bestimmungen der EMRK; sie haben jedoch eine größere Tragweite, weil sie auf alle Ebenen, auch auf die europäische Ebene, Anwendung finden können. Nach Artikel 52 Absatz 3 der Charta dürfen die Einschränkungen dieses Rechts nicht über die Einschränkungen hinausgehen, die als mögliche rechtmäßige Einschränkungen im Sinne von Artikel 11 Absatz 2 EMRK gelten.

2. Dieses Recht stützt sich auch auf Artikel 11 der Gemeinschaftscharta der sozialen Grundrechte der Arbeitnehmer.

3. Absatz 2 dieses Artikels entspricht Artikel 10 Absatz 4 des Vertrags über die Europäische Union.

Erläuterung zu Artikel 13

Freiheit der Kunst und der Wissenschaft

Dieses Recht leitet sich in erster Linie aus der Gedankenfreiheit und der Freiheit der Meinungsäußerung ab. Seine Ausübung erfolgt unter Wahrung von Artikel 1, und es kann den durch Artikel 10 EMRK gestatteten Einschränkungen unterworfen werden.

Erläuterung zu Artikel 14

Recht auf Bildung

1. Dieser Artikel lehnt sich sowohl an die gemeinsamen verfassungsrechtlichen Traditionen der Mitgliedstaaten als auch an Artikel 2 des Zusatzprotokolls zur EMRK an, der folgenden Wortlaut hat:

„Niemandem darf das Recht auf Bildung verwehrt werden. Der Staat hat bei Ausübung der von ihm auf dem Gebiete der Erziehung und des Unterrichts übernommenen Aufgaben das Recht der Eltern zu achten, die Erziehung und den Unterricht entsprechend ihren eigenen religiösen und weltanschaulichen Überzeugungen sicherzustellen."

Es wurde für zweckmäßig erachtet, diesen Artikel auf den Zugang zur beruflichen Aus- und Weiterbildung auszudehnen (siehe Nummer 15 der Gemeinschaftscharta der sozialen Grundrechte der Arbeitnehmer sowie Artikel 10 der Europäischen Sozialcharta) und den Grundsatz der Unentgeltlichkeit des Pflichtschulunterrichts einzufügen. In seiner hier vorliegenden Fassung besagt dieser Grundsatz lediglich, dass in Bezug auf den Pflichtschulunterricht jedes Kind die Möglichkeit haben muss, eine schulische Einrichtung zu besuchen, die unentgeltlichen Unterricht erteilt. Er besagt nicht, dass alle – und insbesondere auch die privaten – schulischen Einrichtungen, die den betreffenden Unterricht oder berufliche Ausbildung und Weiterbildung anbieten, dies unentgeltlich tun müssen. Ebenso wenig verbietet er, dass bestimmte besondere Unterrichtsformen entgeltlich sein können, sofern der Staat Maßnahmen zur Gewährung eines finanziellen Ausgleichs trifft. Soweit die Charta für die Union gilt, bedeutet das, dass die Union im Rahmen ihrer bildungspolitischen Maßnahmen die Unentgeltlichkeit des Pflichtunterrichts achten muss, doch es erwachsen ihr daraus selbstverständlich keine neuen Zuständigkeiten. Was das Recht der Eltern anbelangt, so ist dieses in Verbindung mit Artikel 24 auszulegen.

2. Die Freiheit zur Gründung von öffentlichen oder privaten Lehranstalten wird als einer der Aspekte der unternehmerischen Freiheit garantiert, ihre Ausübung ist jedoch durch die Achtung der demokratischen Grundsätze eingeschränkt und erfolgt entsprechend den in den einzelstaatlichen Rechtsvorschriften festgelegten Einzelheiten.

Erläuterung zu Artikel 15

Berufsfreiheit und Recht zu arbeiten

Die in Artikel 15 Absatz 1 festgeschriebene Berufsfreiheit ist in der Rechtsprechung des Gerichtshofs anerkannt (siehe u. a. die Urteile vom 14. Mai 1974, Rechtssache 4/73, Nold, Slg. 1974, 491, Randnrn. 12-14; vom 13. Dezember 1979, Rechtssache 44/79, Hauer, Slg. 1979, 3727; vom 8. Oktober 1986, Rechtssache 234/85, Keller, Slg. 1986, 2897, Randnr. 8).

Dieser Absatz lehnt sich ferner an Artikel 1 Absatz 2 der am 18. Oktober 1961 unterzeichneten und von allen Mitgliedstaaten ratifizierten Europäischen Sozialcharta und an Nummer 4 der Gemeinschaftscharta der sozialen Grundrechte der Arbeitnehmer vom 9. Dezember 1989 an. Der Ausdruck „Arbeitsbedingungen" ist im Sinne des Artikels 156 des Vertrags über die Arbeitsweise der Europäischen Union zu verstehen.

In Absatz 2 wurden die drei Freiheiten aufgenommen, die durch die Artikel 26 und 45, 49 und 56 des Vertrags über die Arbeitsweise der Europäischen Union garantiert sind, d. h. die Freizügigkeit der Arbeitnehmer, die Niederlassungsfreiheit und der freie Dienstleistungsverkehr.

Absatz 3 stützt sich auf Artikel 153 Absatz 1 Buchstabe g des Vertrags über die Arbeitsweise der Europäischen Union sowie auf Artikel 19 Absatz 4 der am 18. Oktober 1961 unterzeichneten und von allen Mitgliedstaaten ratifizierten Europäischen Sozialcharta. Somit findet Artikel 52 Absatz 2 der Charta Anwendung. Die Frage der Anheuerung von Seeleuten, die Staatsangehörige von Drittstaaten sind, in der Besatzung von Schiffen unter der Flagge eines Mitgliedstaats der Union wird durch das Unionsrecht und die einzelstaatlichen Rechtsvorschriften und Gepflogenheiten geregelt.

Erläuterung zu Artikel 16

Unternehmerische Freiheit

Dieser Artikel stützt sich auf die Rechtsprechung des Gerichtshofs, der die Freiheit, eine Wirtschafts- oder Geschäftstätigkeit auszuüben, (siehe die Urteile vom 14. Mai 1974, Rechtssache 4/73, Nold, Slg. 1974, 491, Randnr. 14; und vom 27. September 1979, Rechtssache 230/78, SpA Eridania und andere, Slg. 1979, 2749, Randnrn. 20 und 31) und die Vertragsfreiheit (siehe u. a. die Urteile „Sukkerfabriken Nykoebing", Rechtssache 151/78, Slg. 1979, 1, Randnr. 19; und vom 5. Oktober 1999, Rechtssache C-240/97, Spanien gegen Kommission, Slg. 1999, I-6571, Randnr. 99) anerkannt hat, sowie auf Artikel 119 Absätze 1 und 3 des Vertrags über die Arbeitsweise der Europäischen Union, in dem der freie Wettbewerb anerkannt wird. Dieses Recht wird natürlich unter Einhaltung des Unionsrechts und der einzelstaatlichen Rechtsvorschriften ausgeübt. Es kann nach Artikel 52 Absatz 1 der Charta beschränkt werden.

Erläuterung zu Artikel 17

Eigentumsrecht

Dieser Artikel entspricht Artikel 1 des Zusatzprotokolls zur EMRK:

„Jede natürliche oder juristische Person hat das Recht auf Achtung ihres Eigentums. Niemandem darf sein Eigentum entzogen werden, es sei denn, dass das öffentliche Interesse es verlangt, und nur unter den durch Gesetz und durch die allgemeinen Grundsätze des Völkerrechts vorgesehenen Bedingungen.

Absatz 1 beeinträchtigt jedoch nicht das Recht des Staates, diejenigen Gesetze anzuwenden, die er für die Regelung der Benutzung des Eigentums im Einklang mit dem allgemeinen Interesse oder zur Sicherung der Zahlung der Steuern oder sonstigen Abgaben oder von Geldstrafen für erforderlich hält."

Es handelt sich um ein gemeinsames Grundrecht aller einzelstaatlichen Verfassungen. Es wurde mehrfach durch die Rechtsprechung des Gerichtshofs – zum ersten Mal in dem Urteil Hauer (13. Dezember 1979, Slg. 1979, 3727) – bekräftigt. Die Formulierung wurde zeitgemäßer gestaltet, doch hat dieses Recht nach Artikel 52 Absatz 3 die gleiche Bedeutung und die gleiche Tragweite wie das in der EMRK garantierte Recht, wobei nicht über die in der EMRK vorgesehenen Einschränkungen hinausgegangen werden darf.

Der Schutz des geistigen Eigentums ist zwar ein Aspekt des Eigentumsrechts, er wird jedoch aufgrund seiner zunehmenden Bedeutung und aufgrund des abgeleiteten Gemeinschaftsrechts in Absatz 2 ausdrücklich aufgeführt. Das geistige Eigentum umfasst neben dem literarischen und dem künstlerischen Eigentum unter anderem das Patent- und Markenrecht sowie die verwandten Schutzrechte. Die in Absatz 1 vorgesehenen Garantien gelten sinngemäß für das geistige Eigentum.

Erläuterung zu Artikel 18

Asylrecht

Der Wortlaut des Artikels stützte sich auf Artikel 63 EGV, der nunmehr durch Artikel 78 des Vertrags über die Arbeitsweise der Europäischen Union ersetzt wurde und der die Union zur Einhaltung der Genfer Flüchtlingskonvention verpflichtet. Es sei auf die den Verträgen beigefügten Protokolle über das Vereinigte Königreich und Irland sowie Dänemark verwiesen, um zu bestimmen, inwieweit diese Mitgliedstaaten das diesbezügliche Unionsrecht anwenden und inwieweit dieser Artikel auf sie Anwendung findet. Dieser Artikel berücksichtigt das den Verträgen beigefügte Protokoll über die Gewährung von Asyl.

Erläuterung zu Artikel 19

Schutz bei Abschiebung, Ausweisung und Auslieferung

Absatz 1 dieses Artikels hat hinsichtlich der Kollektivausweisungen die gleiche Bedeutung und Tragweite wie Artikel 4 des Zusatzprotokolls Nr. 4 zur EMRK. Hiermit soll gewährleistet werden, dass jeder Beschluss gesondert geprüft wird und dass nicht beschlossen werden kann, alle Menschen, die die Staatsangehörigkeit eines bestimmten Staates besitzen, mit einer einzigen Maßnahme auszuweisen (siehe auch Artikel 13 des Internationalen Pakts über bürgerliche und politische Rechte).

Mit Absatz 2 wird die einschlägige Rechtsprechung des Europäischen Gerichtshofs für Menschenrechte zu Artikel 3 EMRK (siehe Ahmed gegen Österreich, Urteil vom 17. Dezember 1996, Slg. EGMR 1996, VI-2206 und Soering, Urteil vom 7. Juli 1989) übernommen.

TITEL III

GLEICHHEIT

Erläuterung zu Artikel 20

Gleichheit vor dem Gesetz

Dieser Artikel entspricht dem allgemeinen Rechtsprinzip, das in allen europäischen Verfassungen verankert ist und das der Gerichtshof als ein Grundprinzip des Gemeinschaftsrechts angesehen hat (Urteil vom 13. November 1984, Rechtssache 283/83, Racke, Slg. 1984, 3791, Urteil vom 17. April 1997, Rechtssache C-15/95, EARL, Slg. 1997, I-1961 und Urteil vom 13. April 2000, Rechtssache C-292/97, Karlsson, Slg. 2000, 2737).

Erläuterung zu Artikel 21

Nichtdiskriminierung

Absatz 1 lehnt sich an Artikel 13 EGV, der nun durch Artikel 19 des Vertrags über die Arbeitsweise der Europäischen Union ersetzt wurde, und Artikel 14 EMRK sowie an Artikel 11 des Übereinkommens über Menschenrechte und Biomedizin in Bezug auf das genetische Erbe an. Soweit er mit Artikel 14 EMRK zusammenfällt, findet er nach diesem Artikel Anwendung.

Absatz 1 und Artikel 19 des Vertrags über die Arbeitsweise der Europäischen Union, der einen anderen Anwendungsbereich hat und einen anderen Zweck verfolgt, stehen nicht in Widerspruch zueinander und sind nicht unvereinbar miteinander: In Artikel 19 wird der Union die Zuständigkeit übertragen, Gesetzgebungsakte – unter anderem auch betreffend die Harmonisierung der Rechtsvorschriften der Mitgliedstaaten – zur Bekämpfung bestimmter Formen der Diskriminierung, die in diesem Artikel erschöpfend aufgezählt sind, zu erlassen. Diese Rechtsvorschriften können Maßnahmen der Behörden der Mitgliedstaaten (sowie die Beziehungen zwischen Privatpersonen) in jedem Bereich innerhalb der Grenzen der Zuständigkeiten der Union umfassen. In Absatz 1 des Artikels 21 hingegen wird weder eine Zuständigkeit zum Erlass von Antidiskriminierungsgesetzen in diesen Bereichen des Handelns von Mitgliedstaaten oder Privatpersonen geschaffen noch ein umfassendes Diskriminierungsverbot in diesen Bereichen festgelegt. Vielmehr behandelt er die Diskriminierung seitens der Organe und Einrichtungen der Union im Rahmen der Ausübung der ihr nach den Verträgen zugewiesenen Zuständigkeiten und seitens der Mitgliedstaaten im Rahmen der Umsetzung des Unionsrechts. Mit Absatz 1 wird daher weder der Umfang der nach Artikel 19 zugewiesenen Zuständigkeiten noch die Auslegung dieses Artikels geändert.

Absatz 2 entspricht Artikel 18 Absatz 1 des Vertrags über die Arbeitsweise der Europäischen Union und findet entsprechend Anwendung.

Erläuterung zu Artikel 22

Vielfalt der Kulturen, Religionen und Sprachen

Dieser Artikel stützte sich auf Artikel 6 des Vertrags über die Europäische Union und auf Artikel 151 Absätze 1 und 4 EGV in Bezug auf die Kultur, der nunmehr durch Artikel 167 Absätze 1 und 4 des Vertrags über die Arbeitsweise der Europäischen Union ersetzt wurde. Die Achtung der kulturellen und sprachlichen Vielfalt ist nunmehr auch in Artikel 3 Absatz 3 des Vertrags über die Europäische Union verankert. Der vorliegende Artikel lehnt sich ebenfalls an die Erklärung Nr. 11 zur Schlussakte des Vertrags von Amsterdam betreffend den Status der Kirchen und weltanschauliche Gemeinschaften an, deren Inhalt nunmehr in Artikel 17 des Vertrags über die Arbeitsweise der Europäischen Union aufgenommen wurde.

Erläuterung zu Artikel 23

Gleichheit von Frauen und Männern

Absatz 1 dieses Artikels stützte sich auf Artikel 2 und Artikel 3 Absatz 2 EGV, die nunmehr durch Artikel 3 des Vertrags über die Europäische Union und Artikel 8 des Vertrags über die Arbeitsweise der Europäischen Union ersetzt wurden und die die Union auf das Ziel der Förderung der Gleichstellung von Männern und Frauen verpflichten, sowie auf Artikel 157 Absatz 1 des Vertrags über die Arbeitsweise der Europäischen Union. Er lehnt sich an Artikel 20 der revidierten Europäischen Sozialcharta vom 3. Mai 1996 und an Nummer 16 der Gemeinschaftscharta der Arbeitnehmerrechte an.

Er stützt sich auch auf Artikel 157 Absatz 3 des Vertrags über die Arbeitsweise der Europäischen Union und auf Artikel 2 Absatz 4 der Richtlinie 76/207/EWG des Rates zur Verwirklichung des Grundsatzes der Gleichbehandlung von Männern und Frauen hinsichtlich des Zugangs zur Beschäftigung, zur Berufsbildung und zum beruflichen Aufstieg sowie in Bezug auf die Arbeitsbedingungen.

Absatz 2 übernimmt in einer kürzeren Formulierung Artikel 157 Absatz 4 des Vertrags über die Arbeitsweise der Europäischen Union, wonach der Grundsatz der Gleichbehandlung der Beibehaltung oder der Einführung spezifischer Vergünstigungen zur Erleichterung der Berufstätigkeit des unterrepräsentierten Geschlechts oder zur Verhinderung oder zum Ausgleich von Benachteiligungen in der beruflichen Laufbahn nicht entgegensteht. Nach Artikel 52 Absatz 2 ändert dieser Absatz nicht Artikel 157 Absatz 4.

Erläuterung zu Artikel 24

Rechte des Kindes

Dieser Artikel stützt sich auf das am 20. November 1989 unterzeichnete und von allen Mitgliedstaaten ratifizierte Übereinkommen von New York über die Rechte des Kindes, insbesondere auf die Artikel 3, 9, 12 und 13 dieses Übereinkommens.

Mit Absatz 3 wird der Umstand berücksichtigt, dass als Teil der Errichtung des Raums der Freiheit, der Sicherheit und des Rechts die Gesetzgebung der Union in Bereichen des Zivilrechts mit grenzüberschreitenden Bezügen – für die in Artikel 81 des Vertrags über die Arbeitsweise der Europäischen Union die entsprechende Zuständigkeit vorgesehen ist – insbesondere auch das Umgangsrecht umfassen kann, mit dem sichergestellt wird, dass Kinder regelmäßige persönliche Beziehungen und direkte Kontakte zu beiden Elternteilen unterhalten können.

Erläuterung zu Artikel 25

Rechte älterer Menschen

Dieser Artikel lehnt sich an Artikel 23 der revidierten Europäischen Sozialcharta und an die Artikel 24 und 25 der Gemeinschaftscharta der sozialen Grundrechte der Arbeitnehmer an. Die Teilnahme am sozialen und kulturellen Leben umfasst natürlich auch die Teilnahme am politischen Leben.

Erläuterung zu Artikel 26

Integration von Menschen mit Behinderung

Der in diesem Artikel aufgeführte Grundsatz stützt sich auf Artikel 15 der Europäischen Sozialcharta und lehnt sich ferner an Nummer 26 der Gemeinschaftscharta der sozialen Grundrechte der Arbeitnehmer an.

TITEL IV

SOLIDARITÄT

Erläuterung zu Artikel 27

Recht auf Unterrichtung und Anhörung der Arbeitnehmerinnen und Arbeitnehmer im Unternehmen

Dieser Artikel ist in der revidierten Europäischen Sozialcharta (Artikel 21) und in der Gemeinschaftscharta der sozialen Grundrechte der Arbeitnehmer (Nummern 17 und 18) enthalten. Er gilt unter den im Unionsrecht und in den Rechtsvorschriften der Mitgliedstaaten vorgesehenen Bedingungen. Die Bezugnahme auf die geeigneten Ebenen verweist auf die nach dem Unionsrecht und den einzelstaatlichen Rechtsvorschriften vorgesehenen Ebenen, was die europäische Ebene einschließen kann, wenn die Rechtsvorschriften der Union dies vorsehen. Die Union verfügt diesbezüglich über einen beachtlichen Besitzstand: die Artikel 154 und 155 des Vertrags über die Arbeitsweise der Europäischen Union, die

Richtlinien 2002/14/EG (allgemeiner Rahmen für die Unterrichtung und Anhörung der Arbeitnehmer in der Europäischen Gemeinschaft), 98/59/EG (Massenentlassungen), 2001/23/EG (Übergang von Unternehmen) und 94/45/EG (Europäischer Betriebsrat).

Erläuterung zu Artikel 28

Recht auf Kollektivverhandlungen und Kollektivmaßnahmen

Dieser Artikel stützt sich auf Artikel 6 der Europäischen Sozialcharta sowie auf die Gemeinschaftscharta der sozialen Grundrechte der Arbeitnehmer (Nummern 12 bis 14). Das Recht auf kollektive Maßnahmen wurde vom Europäischen Gerichtshof für Menschenrechte als einer der Bestandteile des gewerkschaftlichen Vereinigungsrechts anerkannt, das durch Artikel 11 EMRK festgeschrieben ist. Was die geeigneten Ebenen betrifft, auf denen die Tarifverhandlungen stattfinden können, so wird auf die Erläuterung zum vorhergehenden Artikel verwiesen. Die Modalitäten und Grenzen für die Durchführung von Kollektivmaßnahmen, darunter auch Streiks, werden durch die einzelstaatlichen Rechtsvorschriften und Gepflogenheiten geregelt; dies gilt auch für die Frage, ob diese Maßnahmen in mehreren Mitgliedstaaten parallel durchgeführt werden können.

Erläuterung zu Artikel 29

Recht auf Zugang zu einem Arbeitsvermittlungsdienst

Dieser Artikel stützt sich auf Artikel 1 Absatz 3 der Europäischen Sozialcharta sowie auf Nummer 13 der Gemeinschaftscharta der sozialen Grundrechte der Arbeitnehmer.

Erläuterung zu Artikel 30

Schutz bei ungerechtfertigter Entlassung

Dieser Artikel lehnt sich an Artikel 24 der revidierten Sozialcharta an. Siehe auch die Richtlinien 2001/23/EG über die Wahrung von Ansprüchen der Arbeitnehmer beim Übergang von Unternehmen und 80/987/EWG über den Schutz der Arbeitnehmer bei Zahlungsunfähigkeit des Arbeitgebers, geändert durch die Richtlinie 2002/74/EG.

Erläuterung zu Artikel 31

Gerechte und angemessene Arbeitsbedingungen

1. Absatz 1 dieses Artikels stützt sich auf die Richtlinie 89/391/EWG über die Durchführung von Maßnahmen zur Verbesserung der Sicherheit und des Gesundheitsschutzes der Arbeitnehmer am Arbeitsplatz. Er lehnt sich ferner an Artikel 3 der Sozialcharta und Nummer 19 der Gemeinschaftscharta der Arbeitnehmerrechte sowie hinsichtlich des Rechts auf Würde am Arbeitsplatz an Artikel 26 der revidierten Sozialcharta an. Der Ausdruck „Arbeitsbedingungen" ist im Sinne des Artikels 156 des Vertrags über die Arbeitsweise der Europäischen Union zu verstehen.

2. Absatz 2 stützt sich auf die Richtlinie 93/104/EG über bestimmte Aspekte der Arbeitszeitgestaltung sowie auf Artikel 2 der Europäischen Sozialcharta und auf Nummer 8 der Gemeinschaftscharta der Arbeitnehmerrechte.

Erläuterung zu Artikel 32

Verbot der Kinderarbeit und Schutz der Jugendlichen am Arbeitsplatz

Dieser Artikel stützt sich auf die Richtlinie 94/33/EG über den Jugendarbeitsschutz sowie auf Artikel 7 der Europäischen Sozialcharta und auf die Nummern 20 bis 23 der Gemeinschaftscharta der sozialen Grundrechte der Arbeitnehmer.

Erläuterung zu Artikel 33

Familien- und Berufsleben

Artikel 33 Absatz 1 stützt sich auf Artikel 16 der Europäischen Sozialcharta.

Absatz 2 lehnt sich an die Richtlinie 92/85/EWG über die Durchführung von Maßnahmen zur Verbesserung der Sicherheit und des Gesundheitsschutzes von schwangeren Arbeitnehmerinnen, Wöchnerinnen und stillenden Arbeitnehmerinnen am Arbeitsplatz und an die Richtlinie 96/34/EG zu der von UNICE, CEEP und EGB geschlossenen Rahmenvereinbarung über Elternurlaub an. Er stützt sich ferner auf Artikel 8 (Mutterschutz) der Europäischen Sozialcharta und lehnt sich an Artikel 27 (Recht der Arbeitnehmer mit Familienpflichten auf Chancengleichheit und Gleichbehandlung) der revidierten Sozialcharta an. Der Begriff „Mutterschaft" deckt den Zeitraum von der Zeugung bis zum Stillen des Kindes ab.

Erläuterung zu Artikel 34

Soziale Sicherheit und soziale Unterstützung

Der in Artikel 34 Absatz 1 aufgeführte Grundsatz stützt sich auf die Artikel 153 und 156 des Vertrags über die Arbeitsweise der Europäischen Union sowie auf Artikel 12 der Europäischen Sozialcharta und auf Nummer 10 der Gemeinschaftscharta der Arbeitnehmerrechte. Er ist von der Union zu wahren, wenn sie im Rahmen ihrer Zuständigkeiten nach den Artikeln 153 und 156 des Vertrags über die Arbeitsweise der Europäischen Union tätig wird. Durch den Hinweis auf die sozialen Dienste sollen die Fälle erfasst werden, in denen derartige Dienste eingerichtet wurden, um bestimmte Leistungen sicherzustellen; dies bedeutet aber keineswegs, dass solche Dienste eingerichtet werden müssen, wo sie nicht bestehen. Der Begriff „Mutterschaft" ist im Sinne des vorangehenden Artikels zu verstehen.

Absatz 2 stützt sich auf Artikel 12 Absatz 4 und Artikel 13 Absatz 4 der Europäischen Sozialcharta sowie auf Nummer 2 der Gemeinschaftscharta der sozialen Grundrechte der Arbeitnehmer und spiegelt die Regeln wider, die sich aus den Verordnungen (EWG) Nr. 1408/71 und (EWG) Nr. 1612/68 ergeben.

Absatz 3 lehnt sich an Artikel 13 der Europäischen Sozialcharta und die Artikel 30 und 31 der revidierten Sozialcharta sowie an Nummer 10 der Gemeinschaftscharta an. Er ist von der Union im Rahmen der Politiken zu wahren, die auf Artikel 153 des Vertrags über die Arbeitsweise der Europäischen Union beruhen.

Erläuterung zu Artikel 35

Gesundheitsschutz

Die in diesem Artikel enthaltenen Grundsätze stützen sich auf Artikel 152 EGV, der nunmehr durch Artikel 168 des Vertrags über die Arbeitsweise der Europäischen Union ersetzt wurde, sowie auf die Artikel 11 und 13 der Europäischen Sozialcharta. Satz 2 entspricht Artikel 168 Absatz 1.

Erläuterung zu Artikel 36

Zugang zu Dienstleistungen von allgemeinem wirtschaftlichen Interesse

Dieser Artikel steht vollauf im Einklang mit Artikel 14 des Vertrags über die Arbeitsweise der Europäischen Union und begründet kein neues Recht. Er stellt lediglich den Grundsatz auf, dass die Union den Zugang zu den Dienstleistungen von allgemeinem wirtschaftlichen Interesse nach den einzelstaatlichen Bestimmungen achtet, sofern diese mit dem Unionsrecht vereinbar sind.

Erläuterung zu Artikel 37

Umweltschutz

Die in diesem Artikel enthaltenen Grundsätze stützten sich auf die Artikel 2, 6 und 174 EGV, die nunmehr durch Artikel 3 Absatz 3 des Vertrags über die Europäische Union sowie die Artikel 11 und 191 des Vertrags über die Arbeitsweise der Europäischen Union ersetzt wurden.

Er lehnt sich auch an die Verfassungsbestimmungen einiger Mitgliedstaaten an.

Erläuterung zu Artikel 38

Verbraucherschutz

Der in diesem Artikel enthaltene Grundsatz stützt sich auf Artikel 169 des Vertrags über die Arbeitsweise der Europäischen Union.

TITEL V

BÜRGERRECHTE

Erläuterung zu Artikel 39

Aktives und passives Wahlrecht bei den Wahlen zum Europäischen Parlament

Artikel 39 findet nach Artikel 52 Absatz 2 der Charta im Rahmen der in den Verträgen festgelegten Bedingungen Anwendung. Absatz 1 des Artikels 39 entspricht dem Recht, das durch Artikel 20 Absatz 2 des Vertrags über die Arbeitsweise der Europäischen Union garantiert ist (siehe auch die Rechtsgrundlage in Artikel 22 des Vertrags über die Arbeitsweise der Europäischen Union für die Festlegung der Einzelheiten für die Ausübung dieses Rechts), und Absatz 2 dieses Artikels entspricht Artikel 14 Absatz 3 des Vertrags über die Europäische Union. Artikel 39 Absatz 2 gibt die Grundprinzipien für die Durchführung von Wahlen in einem demokratischen System wieder.

Erläuterung zu Artikel 40

Aktives und passives Wahlrecht bei den Kommunalwahlen

Dieser Artikel entspricht dem Recht, das durch Artikel 20 Absatz 2 des Vertrags über die Arbeitsweise der Europäischen Union garantiert ist (siehe auch die Rechtsgrundlage in Artikel 22 des Vertrags über die Arbeitsweise der Europäischen Union für die Festlegung der Einzelheiten für die Ausübung dieses Rechts). Nach Artikel 52 Absatz 2 findet es im Rahmen der in diesen beiden Artikeln der Verträge festgelegten Bedingungen Anwendung.

Erläuterung zu Artikel 41

Recht auf eine gute Verwaltung

Artikel 41 ist auf das Bestehen der Union als eine Rechtsgemeinschaft gestützt, deren charakteristische Merkmale sich durch die Rechtsprechung entwickelt haben, die unter anderem eine gute Verwaltung als allgemeinen Rechtsgrundsatz festgeschrieben hat (siehe u. a. das Urteil des Gerichtshofs vom 31. März 1992 (Rechtssache C-255/90 P, Burban, Slg. 1992, I-2253) sowie die

Urteile des Gerichts erster Instanz vom 18. September 1995 (Rechtssache T-167/94, Nölle, Slg. 1995, II-2589) und vom 9. Juli 1999 (Rechtssache T-231/97, New Europe Consulting und andere, Slg. 1999, II-2403). Dieses Recht in der in den ersten beiden Absätzen dargestellten Form ergibt sich aus der Rechtsprechung (Urteile des Gerichtshofs vom 15. Oktober 1987 (Rechtssache 222/86, Heylens, Slg. 1987, 4097, Randnr. 15), vom 18. Oktober 1989 (Rechtssache 374/87, Orkem, Slg. 1989, 3283) und vom 21. November 1991 (Rechtssache C-269/90, TU München, Slg. 1991, I-5469) sowie die Urteile des Gerichts erster Instanz vom 6. Dezember 1994 (Rechtssache T-450/93, Lisrestal, Slg. 1994, II-1177) und vom 18. September 1995 (Rechtssache T-167/94, Nölle, Slg. 1995, II-2589)) und – bezüglich der Pflicht zur Begründung – aus Artikel 296 des Vertrags über die Arbeitsweise der Europäischen Union, siehe ferner die Rechtsgrundlage in Artikel 298 des Vertrags über die Arbeitsweise der Europäischen Union für die Annahme gesetzlicher Bestimmungen im Interesse einer offenen, effizienten und unabhängigen europäischen Verwaltung.

In Absatz 3 ist das nunmehr durch Artikel 349 des Vertrags über die Arbeitsweise der Europäischen Union garantierte Recht aufgeführt. In Absatz 4 ist das nunmehr durch Artikel 20 Absatz 2 Buchstabe d und Artikel 25 des Vertrags über die Arbeitsweise der Europäischen Union garantierte Recht aufgeführt. Nach Artikel 52 Absatz 2 finden diese Rechte im Rahmen der in den Verträgen festgelegten Bedingungen und Grenzen Anwendung.

Das Recht auf einen wirksamen Rechtsbehelf, das hierbei eine wichtige Rolle spielt, wird durch Artikel 47 der Charta gewährleistet.

Erläuterung zu Artikel 42

Recht auf Zugang zu Dokumenten

Das in diesem Artikel garantierte Recht wurde aus Artikel 255 EGV, auf dessen Grundlage in der Folge die Verordnung (EG) Nr. 1049/2001 angenommen wurde, übernommen. Der Europäische Konvent hat dieses Recht auf Dokumente der Organe, Einrichtungen, Ämter und Agenturen der Union im Allgemeinen ausgeweitet, ungeachtet ihrer Form (siehe Artikel 15 Absatz 3 des Vertrags über die Arbeitsweise der Europäischen Union). Nach Artikel 52 Absatz 2 der Charta wird das Recht auf Zugang zu Dokumenten im Rahmen der in Artikel 15 Absatz 3 des Vertrags über die Arbeitsweise der Europäischen Union festgelegten Bedingungen und Grenzen ausgeübt.

Erläuterung zu Artikel 43

Der Europäische Bürgerbeauftragte

Das in diesem Artikel garantierte Recht ist das Recht, das durch die Artikel 20 und 228 des Vertrags über die Arbeitsweise der Europäischen Union garantiert ist. Nach Artikel 52 Absatz 2 findet es im Rahmen der in diesen beiden Artikeln festgelegten Bedingungen Anwendung.

Erläuterung zu Artikel 44

Petitionsrecht

Das in diesem Artikel garantierte Recht ist das Recht, das durch die Artikel 20 und 227 des Vertrags über die Arbeitsweise der Europäischen Union garantiert ist. Nach Artikel 52 Absatz 2 findet es im Rahmen der in diesen beiden Artikeln festgelegten Bedingungen Anwendung.

Erläuterung zu Artikel 45

Freizügigkeit und Aufenthaltsfreiheit

Das in Absatz 1 garantierte Recht ist das Recht, das durch Artikel 20 Absatz 2 Buchstabe a des Vertrags über die Arbeitsweise der Europäischen Union garantiert ist (vgl. auch die Rechtsgrundlage in Artikel 21 und das Urteil des Gerichtshofs vom 17. September 2002, Rechtssache C-413/99, Baumbast, Slg. 2002, I-709). Nach Artikel 52 Absatz 2 findet es im Rahmen der in den Verträgen festgelegten Bedingungen und Grenzen Anwendung.

Absatz 2 erinnert an die der Union durch die Artikel 77, 78 und 79 des Vertrags über die Arbeitsweise der Europäischen Union erteilte Zuständigkeit. Daraus folgt, dass die Gewährung dieses Rechts von der Ausübung dieser Zuständigkeit durch die Organe abhängt.

Erläuterung zu Artikel 46

Diplomatischer und konsularischer Schutz

Das in diesem Artikel garantierte Recht ist das Recht, das durch Artikel 20 des Vertrags über die Arbeitsweise der Europäischen Union garantiert ist (siehe auch die Rechtsgrundlage in Artikel 23 des Vertrags). Nach Artikel 52 Absatz 2 findet es im Rahmen der in diesen Artikeln festgelegten Bedingungen Anwendung.

TITEL VI
JUSTIZIELLE RECHTE

Erläuterung zu Artikel 47

Recht auf einen wirksamen Rechtsbehelf und ein unparteiisches Gericht

Absatz 1 stützt sich auf Artikel 13 EMRK:

„Jede Person, die in ihren in dieser Konvention anerkannten Rechten oder Freiheiten verletzt worden ist, hat das Recht, bei einer innerstaatlichen Instanz eine wirksame Beschwerde zu erheben, auch wenn die Verletzung von Personen begangen worden ist, die in amtlicher Eigenschaft gehandelt haben."

Im Unionsrecht wird jedoch ein umfassenderer Schutz gewährt, da ein Recht auf einen wirksamen Rechtsbehelf bei einem Gericht garantiert wird. Der Gerichtshof hat dieses Recht in seinem Urteil vom 15. Mai 1986 als allgemeinen Grundsatz des Unionsrechts festgeschrieben (Rechtssache 222/84, Johnston, Slg. 1986, 1651); siehe auch die Urteile vom 15. Oktober 1987 (Rechtssache 222/86, Heylens, Slg. 1987, 4097) und vom 3. Dezember 1992 (Rechtssache C-97/91, Borelli, Slg. 1992, I-6313). Nach Auffassung des Gerichtshofs gilt dieser allgemeine Grundsatz des Unionsrechts auch für die Mitgliedstaaten, wenn sie das Unionsrecht anwenden. Die Übernahme dieser Rechtsprechung des Gerichtshofs in die Charta zielte nicht darauf ab, das in den Verträgen vorgesehene Rechtsschutzsystem und insbesondere nicht die Bestimmungen über die Zulässigkeit direkter Klagen beim Gerichtshof der Europäischen Union zu ändern. Der Europäische Konvent hat sich mit dem System des gerichtlichen Rechtsschutzes der Union, einschließlich der Zulässigkeitsvorschriften, befasst und hat es mit einigen Änderungen, die in die Artikel 251 bis 281 des Vertrags über die Arbeitsweise der Europäischen Union und insbesondere in Artikel 263 Absatz 4 eingeflossen sind, bestätigt. Artikel 47 gilt gegenüber den Organen der Union und den Mitgliedstaaten, wenn diese das Unionsrecht anwenden, und zwar für sämtliche durch das Unionsrecht garantierte Rechte.

Absatz 2 entspricht Artikel 6 Absatz 1 EMRK, der wie folgt lautet:

„Jede Person hat ein Recht darauf, dass über Streitigkeiten in Bezug auf ihre zivilrechtlichen Ansprüche und Verpflichtungen oder über eine gegen sie erhobene strafrechtliche Anklage von einem unabhängigen und unparteiischen, auf Gesetz beruhenden Gericht in einem fairen Verfahren, öffentlich und innerhalb angemessener Frist verhandelt wird. Das Urteil muss öffentlich verkündet werden; Presse und Öffentlichkeit können jedoch während des ganzen oder eines Teiles des Verfahrens ausgeschlossen werden, wenn dies im Interesse der Moral, der öffentlichen Ordnung oder der nationalen Sicherheit in einer demokratischen Gesellschaft liegt, wenn die Interessen von Jugendlichen oder der Schutz des Privatlebens der Prozessparteien es verlangen oder – soweit das Gericht es für unbedingt erforderlich hält – wenn unter besonderen Umständen eine öffentliche Verhandlung die Interessen der Rechtspflege beeinträchtigen würde."

Im Unionsrecht gilt das Recht auf ein Gerichtsverfahren nicht nur für Streitigkeiten im Zusammenhang mit zivilrechtlichen Ansprüchen und Verpflichtungen. Dies ist eine der Folgen der Tatsache, dass die Union eine Rechtsgemeinschaft ist, wie der Gerichtshof in der Rechtssache 294/83, „Les Verts" gegen Europäisches Parlament (Urteil vom 23. April 1986, Slg. 1986, 1339) festgestellt hat. Mit Ausnahme ihres Anwendungsbereichs gelten die Garantien der EMRK jedoch in der Union entsprechend.

In Bezug auf Absatz 3 sei darauf hingewiesen, dass nach der Rechtsprechung des Europäischen Gerichtshofs für Menschenrechte eine Prozesskostenhilfe zu gewähren ist, wenn mangels einer solchen Hilfe die Einlegung eines wirksamen Rechtsbehelfs nicht gewährleistet wäre (EGMR, Urteil vom 9.10.1979, Airey, Serie A, Band 32, S. 11). Es gibt auch ein Prozesskostenhilfesystem für die beim Gerichtshof der Europäischen Union anhängigen Rechtssachen.

Erläuterung zu Artikel 48

Unschuldsvermutung und Verteidigungsrechte

Artikel 48 entspricht Artikel 6 Absätze 2 und 3 EMRK, der wie folgt lautet:

„2. Jede Person, die einer Straftat angeklagt ist, gilt bis zum gesetzlichen Beweis ihrer Schuld als unschuldig.

3. Jede angeklagte Person hat mindestens folgende Rechte:

   a) innerhalb möglichst kurzer Frist in einer ihr verständlichen Sprache in allen Einzelheiten über Art und Grund der gegen sie erhobenen Beschuldigung unterrichtet zu werden;

   b) ausreichende Zeit und Gelegenheit zur Vorbereitung ihrer Verteidigung zu haben;

   c) sich selbst zu verteidigen, sich durch einen Verteidiger ihrer Wahl verteidigen zu lassen oder, falls ihr die Mittel zur Bezahlung fehlen, unentgeltlich den Beistand eines Verteidigers zu erhalten, wenn dies im Interesse der Rechtspflege erforderlich ist;

d) Fragen an Belastungszeugen zu stellen oder stellen zu lassen und die Ladung und Vernehmung von Entlastungszeugen unter denselben Bedingungen zu erwirken, wie sie für Belastungszeugen gelten;

e) unentgeltliche Unterstützung durch einen Dolmetscher zu erhalten, wenn sie die Verhandlungssprache des Gerichts nicht versteht oder spricht."

Nach Artikel 52 Absatz 3 hat dieses Recht dieselbe Bedeutung und dieselbe Tragweite wie das durch die EMRK garantierte Recht.

Erläuterung zu Artikel 49

Grundsätze der Gesetzmäßigkeit und der Verhältnismäßigkeit im Zusammenhang mit Straftaten und Strafen

In diesen Artikel ist die klassische Regel des Verbots der Rückwirkung von Gesetzen und Strafen in Strafsachen aufgenommen worden. Hinzugefügt wurde die in zahlreichen Mitgliedstaaten geltende und in Artikel 15 des Internationalen Paktes über bürgerliche und politische Rechte enthaltene Regel der Rückwirkung von milderen Strafrechtsvorschriften.

Artikel 7 EMRK lautet wie folgt:

„1. Niemand darf wegen einer Handlung oder Unterlassung verurteilt werden, die zur Zeit ihrer Begehung nach innerstaatlichem oder internationalem Recht nicht strafbar war. Es darf auch keine schwerere Strafe als die zur Zeit der Begehung angedrohte Strafe verhängt werden.

2. Dieser Artikel schließt nicht aus, dass jemand wegen einer Handlung oder Unterlassung verurteilt oder bestraft wird, die zur Zeit ihrer Begehung nach den von den zivilisierten Völkern anerkannten allgemeinen Rechtsgrundsätzen strafbar war."

Es wurde lediglich in Absatz 2 das Wort „zivilisierten" gestrichen; der Sinn dieses Absatzes, der insbesondere auf die Verbrechen gegen die Menschlichkeit zielt, wird dadurch in keiner Weise verändert. Entsprechend Artikel 52 Absatz 3 hat daher das garantierte Recht dieselbe Bedeutung und dieselbe Tragweite wie das von der EMRK garantierte Recht.

In Absatz 3 wurde der allgemeine Grundsatz der Verhältnismäßigkeit von Straftat und Strafmaß aufgenommen, der durch die gemeinsamen verfassungsrechtlichen Traditionen der Mitgliedstaaten und die Rechtsprechung des Gerichtshofs der Gemeinschaften festgeschrieben worden ist.

Erläuterung zu Artikel 50

Recht, wegen derselben Straftat nicht zweimal strafrechtlich verfolgt oder bestraft zu werden

Artikel 4 des Protokolls Nr. 7 zur EMRK lautet wie folgt:

„1. Niemand darf wegen einer Straftat, wegen der er bereits nach dem Gesetz und dem Strafverfahrensrecht eines Staates rechtskräftig verurteilt oder freigesprochen worden ist, in einem Strafverfahren desselben Staates erneut verfolgt oder bestraft werden.

2. Absatz 1 schließt die Wiederaufnahme des Verfahrens nach dem Gesetz und dem Strafverfahrensrecht des betreffenden Staates nicht aus, falls neue oder neu bekannt gewordene Tatsachen vorliegen oder das vorausgegangene Verfahren schwere, den Ausgang des Verfahrens berührende Mängel aufweist.

3. Von diesem Artikel darf nicht nach Artikel 15 der Konvention abgewichen werden."

Die Regel „ne bis in idem" wird im Unionsrecht angewandt (siehe in der umfangreichen Rechtsprechung Urteil vom 5. Mai 1966, Rechtssachen 18/65 und 35/65, Gutmann gegen Kommission, Slg. 1966, 150, und in jüngerer Zeit Urteil des Gerichts erster Instanz vom 20. April 1999, verbundene Rechtssachen T-305/94 und andere, Limburgse Vinyl Maatschappij NV gegen Kommission, Slg. 1999, II-931). Es ist darauf hinzuweisen, dass die Regel des Verbots der Doppelbestrafung sich auf gleichartige Sanktionen, in diesem Fall durch ein Strafgericht verhängte Strafen, bezieht.

Nach Artikel 50 findet die Regel „ne bis in idem" nicht nur innerhalb der Gerichtsbarkeit eines Staates, sondern auch zwischen den Gerichtsbarkeiten mehrerer Mitgliedstaaten Anwendung. Dies entspricht dem Rechtsbesitzstand der Union; siehe die Artikel 54 bis 58 des Schengener Durchführungsübereinkommens und Urteil des Gerichtshofes vom 11. Februar 2003, Rechtssache C-187/01 Gözütok (Slg. 2003, I-1345), Artikel 7 des Übereinkommens über den Schutz der finanziellen Interessen der Europäischen Gemeinschaften sowie Artikel 10 des Übereinkommens über die Bekämpfung der Bestechung. Die klar eingegrenzten Ausnahmen, in denen die Mitgliedstaaten nach diesen Übereinkommen von der Regel „ne bis in idem" abweichen können, sind von der horizontalen Klausel des Artikels 52 Absatz 1 über die Einschränkungen abgedeckt. Was die in Artikel 4 des Protokolls Nr. 7 bezeichneten Fälle betrifft, nämlich die Anwendung des Grundsatzes in ein und demselben Mitgliedstaat, so hat das garantierte Recht dieselbe Bedeutung und dieselbe Tragweite wie das entsprechende Recht der EMRK.

TITEL VII
ALLGEMEINE BESTIMMUNGEN ÜBER DIE AUSLEGUNG UND ANWENDUNG DER CHARTA

Erläuterung zu Artikel 51

Anwendungsbereich

Mit Artikel 51 soll der Anwendungsbereich der Charta festgelegt werden. Es soll klar zum Ausdruck gebracht werden, dass die Charta zuerst auf die Organe und Einrichtungen der Union Anwendung findet, und zwar unter Beachtung des Grundsatzes der Subsidiarität. Bei dieser Bestimmung hielt man sich an Artikel 6 Absatz 2 des Vertrags über die Europäische Union, wonach die Union die Grundrechte zu achten hat, wie auch an das Mandat des Europäischen Rates (Köln). Der Begriff „Organe" ist in den Verträgen festgelegt. Der Ausdruck „Einrichtungen und sonstigen Stellen" wird in den Verträgen üblicherweise als Bezeichnung für alle durch die Verträge oder durch sekundäre Rechtsakte geschaffenen Einrichtungen verwendet (siehe beispielsweise Artikel 15 oder 16 des Vertrags über die Arbeitsweise der Europäischen Union).

Was die Mitgliedstaaten betrifft, so ist der Rechtsprechung des Gerichtshofs eindeutig zu entnehmen, dass die Verpflichtung zur Einhaltung der im Rahmen der Union definierten Grundrechte für die Mitgliedstaaten nur dann gilt, wenn sie im Anwendungsbereich des Unionsrechts handeln (Urteil vom 13. Juli 1989, Rechtssache 5/88, Wachauf, Slg. 1989, 2609, Urteil vom 18. Juni 1991, Rechtssache C-260/89, ERT, Slg. 1991, I-2925, Urteil vom 18. Dezember 1997, Rechtssache C-309/96, Annibaldi, Slg. 1997, I-7493). Der Gerichtshof hat diese Rechtsprechung kürzlich wie folgt bestätigt: „Die Mitgliedstaaten müssen bei der Durchführung der gemeinschaftsrechtlichen Regelungen aber auch die Erfordernisse des Grundrechtschutzes in der Gemeinschaftsrechtsordnung beachten." (Urteil vom 13. April 2000, Rechtssache C-292/97, Slg. 2000, I-2737, Randnr. 37). Diese in der Charta verankerte Regel gilt natürlich sowohl für die zentralen Behörden als auch für die regionalen oder lokalen Stellen sowie für die öffentlichen Einrichtungen, wenn sie das Unionsrecht anwenden.

Absatz 2, zusammen mit Absatz 1 Satz 2, bestätigt, dass die Charta nicht eine Erweiterung der Zuständigkeiten und Aufgaben bewirken darf, die der Union durch die Verträge zugewiesen sind. Es geht darum, explizit darzulegen, was sich logischerweise aus dem Subsidiaritätsprinzip und dem Umstand ergibt, dass die Union nur über die ihr eigens zugewiesenen Befugnisse verfügt. Die Grundrechte, wie sie in der Union garantiert werden, werden nur im Rahmen dieser von den Verträgen bestimmten Zuständigkeiten wirksam. Folglich kann sich für die Organe der Union nur nach Maßgabe dieser Befugnisse eine Verpflichtung nach Absatz 1 Satz 2 zur Förderung der in der Charta festgelegten Grundsätze ergeben.

Absatz 2 bestätigt auch, dass die Charta sich nicht dahin gehend auswirken darf, dass der Geltungsbereich des Unionsrechts über die in den Verträgen festgelegten Zuständigkeiten der Union hinaus ausgedehnt wird. Der Gerichtshof hat diese Regel bereits in Bezug auf die als Teil des Unionsrechts anerkannten Grundrechte aufgestellt (Urteil vom 17. Februar 1998, Rechtssache C-249/96, Grant, Slg. 1998, I-621, Randnr. 45). Im Einklang mit dieser Regel versteht es sich von selbst, dass der Verweis auf die Charta in Artikel 6 des Vertrags über die Europäische Union nicht dahin gehend verstanden werden kann, dass sie für sich genommen den als „Durchführung des Rechts der Union" betrachteten Aktionsrahmen der Mitgliedstaaten (im Sinne von Absatz 1 und der vorstehend genannten Rechtsprechung) ausdehnt.

Erläuterung zu Artikel 52

Tragweite und Auslegung der Rechte und Grundsätze

Mit Artikel 52 sollen die Tragweite der Rechte und Grundsätze der Charta und Regeln für ihre Auslegung festgelegt werden. Absatz 1 enthält die allgemeine Einschränkungsregelung. Die verwendete Formulierung lehnt sich an die Rechtsprechung des Gerichtshofes an, die wie folgt lautet: „Nach gefestigter Rechtsprechung kann jedoch die Ausübung dieser Rechte, insbesondere im Rahmen einer gemeinsamen Marktorganisation, Beschränkungen unterworfen werden, sofern diese tatsächlich dem Gemeinwohl dienenden Zielen der Gemeinschaft entsprechen und nicht einen im Hinblick auf den verfolgten Zweck unverhältnismäßigen, nicht tragbaren Eingriff darstellen, der diese Rechte in ihrem Wesensgehalt antastet" (Urteil vom 13. April 2000, Rechtssache C-292/97, Randnr. 45). Die Bezugnahme auf das von der Union anerkannte Gemeinwohl erstreckt sich nicht nur auf die in Artikel 3 des Vertrags über die Europäische Union aufgeführten Ziele, sondern auch auf andere Interessen, die durch besondere Bestimmungen der Verträge wie Artikel 4 Absatz 1 des Vertrags über die Europäische Union, Artikel 35 Absatz 3 des Vertrags über die Arbeitsweise der Europäischen Union und die Artikel 36 und 346 dieses Vertrags geschützt werden.

Absatz 2 bezieht sich auf Rechte, die bereits ausdrücklich im Vertrag zur Gründung der Europäischen Gemeinschaft garantiert waren und in der Charta anerkannt wurden und die nun in den Verträgen zu finden sind (insbesondere die

Rechte aus der Unionsbürgerschaft). Er verdeutlicht, dass diese Rechte weiterhin den Bedingungen und Grenzen unterliegen, die für das Unionsrecht, auf dem sie beruhen, gelten und die in den Verträgen festgelegt sind. Mit der Charta wird die Regelung hinsichtlich der durch den EG-Vertrag gewährten und in die Verträge übernommenen Rechte nicht geändert.

Mit Absatz 3 soll die notwendige Kohärenz zwischen der Charta und der EMRK geschaffen werden, indem die Regel aufgestellt wird, dass in dieser Charta enthaltene Rechte, die den durch die EMRK garantierten Rechten entsprechen, die gleiche Bedeutung und Tragweite, einschließlich der zugelassenen Einschränkungen, besitzen, wie sie ihnen in der EMRK verliehen werden. Daraus ergibt sich insbesondere, dass der Gesetzgeber bei der Festlegung von Einschränkungen dieser Rechte die gleichen Normen einhalten muss, die in der ausführlichen Regelung der Einschränkungen in der EMRK vorgesehen sind, die damit auch für die von diesem Absatz erfassten Rechte gelten, ohne dass dadurch die Eigenständigkeit des Unionsrechts und des Gerichtshofs der Europäischen Union berührt wird.

Die Bezugnahme auf die EMRK erstreckt sich sowohl auf die Konvention als auch auf ihre Protokolle. Die Bedeutung und Tragweite der garantierten Rechte werden nicht nur durch den Wortlaut dieser Vertragswerke, sondern auch durch die Rechtsprechung des Europäischen Gerichtshofs für Menschenrechte und durch den Gerichtshof der Europäischen Union bestimmt. Mit dem letzten Satz des Absatzes soll der Union die Möglichkeit gegeben werden, für einen weiter gehenden Schutz zu sorgen. Auf jeden Fall darf der durch die Charta gewährleistete Schutz niemals geringer als der durch die EMRK gewährte Schutz sein.

Die Charta berührt nicht die den Mitgliedstaaten offen stehende Möglichkeit, von Artikel 15 EMRK Gebrauch zu machen, der im Falle eines Krieges oder eines anderen öffentlichen Notstands, der das Leben der Nation bedroht, eine Abweichung von den in der EMRK vorgesehenen Rechten erlaubt, wenn sie nach ihren in Artikel 4 Absatz 1 des Vertrags über die Europäische Union und in den Artikeln 72 und 347 des Vertrags über die Arbeitsweise der Europäischen Union anerkannten Verantwortlichkeiten Maßnahmen im Bereich der nationalen Verteidigung im Kriegsfalle oder im Bereich der Aufrechterhaltung der öffentlichen Ordnung treffen.

Die Rechte, bei denen derzeit – ohne die Weiterentwicklung des Rechts, der Gesetzgebung und der Verträge auszuschließen – davon ausgegangen werden kann, dass sie Rechten aus der EMRK im Sinne dieses Absatzes entsprechen, sind nachstehend aufgeführt. Nicht aufgeführt sind die Rechte, die zu den Rechten aus der EMRK hinzukommen.

1. Artikel der Charta, die dieselbe Bedeutung und Tragweite wie die entsprechenden Artikel der Europäischen Menschenrechtskonvention haben:

- Artikel 2 entspricht Artikel 2 EMRK;
- Artikel 4 entspricht Artikel 3 EMRK;
- Artikel 5 Absätze 1 und 2 entsprechen Artikel 4 EMRK;
- Artikel 6 entspricht Artikel 5 EMRK;
- Artikel 7 entspricht Artikel 8 EMRK;
- Artikel 10 Absatz 1 entspricht Artikel 9 EMRK;
- Artikel 11 entspricht Artikel 10 EMRK unbeschadet der Einschränkungen, mit denen das Unionsrecht das Recht der Mitgliedstaaten auf Einführung der in Artikel 10 Absatz 1 dritter Satz EMRK genannten Genehmigungsverfahren eingrenzen kann;
- Artikel 17 entspricht Artikel 1 des Zusatzprotokolls zur EMRK;
- Artikel 19 Absatz 1 entspricht Artikel 4 des Protokolls Nr. 4 zur EMRK;
- Artikel 19 Absatz 2 entspricht Artikel 3 EMRK in der Auslegung durch den Europäischen Gerichtshof für Menschenrechte;
- Artikel 48 entspricht Artikel 6 Absätze 2 und 3 EMRK;
- Artikel 49 Absatz 1 (mit Ausnahme des letzten Satzes) und Absatz 2 entsprechen Artikel 7 EMRK.

2. Artikel, die dieselbe Bedeutung haben wie die entsprechenden Artikel der EMRK, deren Tragweite aber umfassender ist:

- Artikel 9 deckt Artikel 12 EMRK ab, aber sein Anwendungsbereich kann auf andere Formen der Eheschließung ausgedehnt werden, wenn die einzelstaatlichen Rechtsvorschriften diese vorsehen;
- Artikel 12 Absatz 1 entspricht Artikel 11 EMRK, aber sein Anwendungsbereich ist auf die Ebene der Union ausgedehnt worden;
- Artikel 14 Absatz 1 entspricht Artikel 2 des Zusatzprotokolls zur EMRK, aber sein Anwendungsbereich ist auf den Zugang zur beruflichen Ausbildung und Weiterbildung ausgedehnt worden;
- Artikel 14 Absatz 3 entspricht Artikel 2 des Zusatzprotokolls zur EMRK, was die Rechte der Eltern betrifft;
- Artikel 47 Absätze 2 und 3 entsprechen Artikel 6 Absatz 1 EMRK, aber die Beschränkung auf Streitigkeiten in Bezug auf zivil-

rechtliche Ansprüche und Verpflichtungen oder strafrechtliche Anklagen kommt nicht zum Tragen, wenn es um das Recht der Union und dessen Anwendung geht;

- Artikel 50 entspricht Artikel 4 des Protokolls Nr. 7 zur EMRK, aber seine Tragweite ist auf die Ebene der Europäischen Union ausgedehnt worden und er gilt zwischen den Gerichten der Mitgliedstaaten;
- schließlich können die Unionsbürgerinnen und -bürger im Anwendungsbereich des Unionsrechts wegen des Verbots jeglicher Diskriminierung aufgrund der Nationalität nicht als Ausländer angesehen werden. Die in Artikel 16 EMRK vorgesehenen Beschränkungen der Rechte ausländischer Personen finden daher in diesem Rahmen auf die Unionsbürgerinnen und -bürger keine Anwendung.

Die Auslegungsregel in Absatz 4 beruht auf dem Wortlaut des Artikels 6 Absatz 3 des Vertrags über die Europäische Union und trägt dem Ansatz des Gerichtshofs hinsichtlich der gemeinsamen Verfassungsüberlieferungen gebührend Rechnung (z. B. Urteil vom 13. Dezember 1979, Rechtssache 44/79, Hauer, Slg. 1979, 3727; Urteil vom 18. Mai 1982, Rechtssache 155/79, AM&S, Slg. 1982, 1575). Anstatt einem restriktiven Ansatz eines „kleinsten gemeinsamen Nenners" zu folgen, sind die Charta-Rechte dieser Regel zufolge so auszulegen, dass sie ein hohes Schutzniveau bieten, das dem Unionsrecht angemessen ist und mit den gemeinsamen Verfassungsüberlieferungen im Einklang steht.

In Absatz 5 wird die Unterscheidung zwischen „Rechten" und „Grundsätzen" in der Charta näher bestimmt. Dieser Unterscheidung zufolge sind subjektive Rechte zu beachten, während Grundsätze einzuhalten sind (Artikel 51 Absatz 1). Grundsätze können durch Rechtsakte oder Durchführungsvorschriften (die von der Union im Einklang mit ihren Zuständigkeiten erlassen werden, von den Mitgliedstaaten aber nur dann, wenn sie Unionsrecht umsetzen) umgesetzt werden; sie erhalten demzufolge nur dann Bedeutung für die Gerichte, wenn solche Rechtsakte ausgelegt oder überprüft werden. Sie begründen jedoch keine direkten Ansprüche auf den Erlass positiver Maßnahmen durch die Organe der Union oder die Behörden den Mitgliedstaaten; dies steht sowohl mit der Rechtsprechung des Gerichtshofs (vgl. insbesondere die Rechtsprechung über das „Vorsorgeprinzip" in Artikel 191 Absatz 2 des Vertrags über die Arbeitsweise der Europäischen Union: Urteil des Gerichts erster Instanz vom 11. September 2002, Rechtssache T-13/99 Pfizer gegen Rat, mit zahlreichen Nachweisen aus der älteren Rechtsprechung, sowie eine Reihe von Urteilen zu Artikel 33 (ex-39) über die Grundsätze des Agrarrechts, z. B. Urteil des Gerichtshofs in der Rechtssache 265/85, Van den Bergh, Slg. 1987, 1155, Prüfung des Grundsatzes der Marktstabilisierung und des Vertrauensschutzes) als auch mit dem Ansatz der Verfassungsordnungen der Mitgliedstaaten zu „Grundsätzen", insbesondere im Bereich des Sozialrechts, in Einklang. Zu den in der Charta anerkannten Grundsätzen gehören beispielsweise die Artikel 25, 26 und 37. In einigen Fällen kann ein Charta-Artikel sowohl Elemente eines Rechts als auch eines Grundsatzes enthalten, beispielsweise Artikel 23, 33 und 34.

Absatz 6 bezieht sich auf die verschiedenen Artikel in der Charta, in denen im Sinne der Subsidiarität auf die einzelstaatlichen Rechtsvorschriften und Gepflogenheiten verwiesen wird.

Erläuterung zu Artikel 53

Schutzniveau

Der Zweck dieser Bestimmung ist die Aufrechterhaltung des durch das Recht der Union, das Recht der Mitgliedstaaten und das Völkerrecht in seinem jeweiligen Anwendungsbereich gegenwärtig gewährleisteten Schutzniveaus. Aufgrund ihrer Bedeutung findet die EMRK Erwähnung.

Erläuterung zu Artikel 54

Verbot des Missbrauchs der Rechte

Dieser Artikel entspricht Artikel 17 EMRK:

„Diese Konvention ist nicht so auszulegen, als begründe sie für einen Staat, eine Gruppe oder eine Person das Recht, eine Tätigkeit auszuüben oder eine Handlung vorzunehmen, die darauf abzielt, die in der Konvention festgelegten Rechte und Freiheiten abzuschaffen oder sie stärker einzuschränken, als es in der Konvention vorgesehen ist."

Zugeständnisse an Irland betr. Vertrag von Lissabon*)

Tagung des Europäischen Rates in Brüssel vom 18./19. Juni 2009 – Auszüge aus den Schlussfolgerungen des Vorsitzes betreffend den Vertrag von Lissabon und die Anliegen Irlands

Inmitten der tiefsten globalen Rezession seit dem Zweiten Weltkrieg hat der Europäische Rat durch eine Reihe von Beschlüssen, mit denen ein breites Spektrum von Problemen rasch und effizient angegangen werden soll, erneut unter Beweis gestellt, dass die Union entschlossen ist, die gegenwärtigen Schwierigkeiten zu überwinden und den Blick nach vorne zu richten.

Die Staats- und Regierungschefs sind davon überzeugt, dass der Vertrag von Lissabon einen besseren Rahmen für das Handeln der Union in einer großen Zahl von Bereichen schaffen wird, und haben sich auf rechtliche Garantien verständigt, um den Bedenken des irischen Volkes Rechnung zu tragen und somit den Weg für eine erneute Konsultation der Iren zu dem Vertrag zu ebnen. Außerdem haben sie im Hinblick auf das Verfahren der Benennung des Präsidenten der nächsten Kommission erste Schritte unternommen.

......

I.
INSTITUTIONELLE FRAGEN

Irland und der Vertrag von Lissabon

1. Der Europäische Rat erinnert daran, dass es für das Inkrafttreten des Vertrags von Lissabon erforderlich ist, dass jeder der 27 Mitgliedstaaten diesen Vertrag nach seinen jeweiligen verfassungsrechtlichen Vorschriften ratifiziert. Er bekräftigt seinen Wunsch, dass der Vertrag bis Ende 2009 in Kraft tritt.
2. Auf seiner Tagung vom 11./12. Dezember 2008 hat der Europäische Rat die Anliegen der irischen Bevölkerung, die der irische Premierminister dargelegt hat, aufmerksam zur Kenntnis genommen und ist übereingekommen, dass – sofern der Vertrag von Lissabon in Kraft tritt – im Einklang mit den erforderlichen rechtlichen Verfahren ein Beschluss gefasst wird, wonach weiterhin ein Staatsangehöriger jedes Mitgliedstaats der Kommission angehören wird.
3. Der Europäische Rat ist ferner übereingekommen, dass den vom irischen Premierminister dargelegten sonstigen Anliegen der irischen Bevölkerung, die die Steuerpolitik, das Recht auf Leben, die Bildung und die Familie sowie Irlands traditionelle Politik der militärischen Neutralität betreffen, zur beiderseitigen Zufriedenheit Irlands und der anderen Mitgliedstaaten durch die erforderlichen rechtlichen Garantien Rechnung getragen werden wird. Es ist außerdem vereinbart worden, die große Bedeutung zu bekräftigen, die einer Reihe sozialer Fragen, einschließlich der Arbeitnehmerrechte, beigemessen wird.
4. Der Europäische Rat hat sich vor diesem Hintergrund auf folgenden Beschluss und folgende Erklärung verständigt, die mit dem Vertrag voll und ganz vereinbar sind, um eine Zusicherung zu geben und den Anliegen der irischen Bevölkerung zu entsprechen:
   a) Beschluss der im Europäischen Rat vereinigten Staats- und Regierungschefs der 27 Mitgliedstaaten der Europäischen Union zu den Anliegen der irischen Bevölkerung bezüglich des Vertrags von Lissabon (Anlage 1);
   b) Feierliche Erklärung zu den Rechten der Arbeitnehmer, zur Sozialpolitik und zu anderen Angelegenheiten (Anlage 2).

Der Europäische Rat nimmt ferner Kenntnis von der einseitigen Erklärung Irlands (Anlage 3), die der irischen Ratifikationsurkunde zum Vertrag von Lissabon beigefügt wird.

5. Zu dem Beschluss in Anlage 1 erklären die Staats- und Regierungschefs, dass
   i) mit diesem Beschluss die rechtliche Garantie gegeben wird, dass bestimmte Angelegenheiten, die der irischen Bevölkerung Anlass zur Sorge geben, durch das Inkrafttreten des Vertrags von Lissabon nicht berührt werden;
   ii) sein Inhalt mit dem Vertrag von Lissabon voll und ganz vereinbar ist und keine erneute Ratifikation dieses Vertrags erforderlich macht;
   iii) er rechtlich bindend ist und am Tag des Inkrafttretens des Vertrags von Lissabon wirksam wird;
   iv) sie zum Zeitpunkt des Abschlusses des nächsten Beitrittsvertrags die Bestimmungen des als Anlage beigefügten Beschlusses in ein Protokoll aufnehmen werden, das nach Maßgabe ihrer jeweiligen verfassungsrechtlichen Vorschriften dem

*) *Hinweis:* Siehe unter 1/3. das Protokoll Nr. 38.

Vertrag über die Europäische Union und dem Vertrag über die Arbeitsweise der Europäischen Union beigefügt wird;

v) das Protokoll in keiner Weise die Beziehungen zwischen der Europäischen Union und ihren Mitgliedstaaten verändert. Mit dem Protokoll wird allein darauf abgezielt, den im Beschluss enthaltenen Klärungen uneingeschränkten Vertragsstatus zu verleihen, damit den Anliegen der irischen Bevölkerung entsprochen wird. Sein Status wird dem ähnlicher Klärungen in Protokollen entsprechen, die andere Mitgliedstaaten erwirkt haben. Das Protokoll dient der Klärung, ändert jedoch weder den Inhalt noch die Anwendung des Vertrags von Lissabon.

Benennung des Präsidenten der Kommission

6. Die Staats- und Regierungschefs haben sich einmütig auf den Namen von Herrn José Manuel DURÃO BARROSO als die Persönlichkeit geeinigt, die sie als Präsidenten der Europäischen Kommission für den Zeitraum von 2009 bis 2014 zu benennen beabsichtigen.
7. Der Premierminister der Tschechischen Republik als gegenwärtiger und der Premierminister Schwedens als künftiger Präsident des Europäischen Rates werden Gespräche mit dem Europäischen Parlament führen, um festzustellen, ob das Parlament in der Lage ist, der Benennung auf seiner Plenartagung im Juli zuzustimmen.
8. Vor dem Hintergrund dieser Gespräche wird der Rat in der Zusammensetzung der Staatsund Regierungschefs gestützt auf Artikel 214 Absatz 2 Unterabsatz 1 des EG-Vertrags seine Entscheidung über die Benennung der Persönlichkeit, die er zum Präsidenten der Europäischen Kommission zu ernennen beabsichtigt, auf eine förmliche Grundlage stellen.
9. Der Prozess der Benennung der übrigen Persönlichkeiten, die zu Mitgliedern der Kommission ernannt werden, kann erst eingeleitet werden, wenn die Rechtsgrundlage für das Benennungsverfahren klar ist.

Übergangsmaßnahmen betreffend das Europäische Parlament

10. Der Europäische Rat erinnert an seine Erklärung vom Dezember 2008 zu den Übergangsmaßnahmen betreffend die Zusammensetzung des Europäischen Parlaments. Er kommt überein, dass diese Übergangsmaßnahmen die in Anlage 4 aufgeführten Punkte enthalten werden. Sobald die in seiner Erklärung vom Dezember 2008 festgelegte Bedingung erfüllt ist, wird der Vorsitz die nötigen Schritte zur Durchführung dieser Maßnahmen unternehmen.

......

ANLAGE 1

ANLAGE 1

BESCHLUSS DER IM EUROPÄISCHEN RAT VEREINIGTEN STAATS- UND REGIERUNGSCHEFS DER 27 MITGLIEDSTAATEN DER EUROPÄISCHEN UNION ZU DEN ANLIEGEN DER IRISCHEN BEVÖLKERUNG BEZÜGLICH DES VERTRAGS VON LISSABON

Die Staats- und Regierungschefs der 27 Mitgliedstaaten der Europäischen Union, deren Regierungen Unterzeichner des Vertrags von Lissabon sind –

nach Kenntnisnahme des Ergebnisses des Referendums in Irland vom 12. Juni 2008 über den Vertrag von Lissabon und der vom irischen Premierminister dargelegten Anliegen der irischen Bevölkerung,

in dem Bestreben, diesen Anliegen nach Maßgabe dieses Vertrags gerecht zu werden,

eingedenk der Schlussfolgerungen des Europäischen Rates vom 11./12. Dezember 2008 –

haben folgenden Beschluss gefasst:

ABSCHNITT A

RECHT AUF LEBEN, FAMILIE UND BILDUNG

Weder die Bestimmungen des Vertrags von Lissabon, die der Charta der Grundrechte der Europäischen Union Rechtsstatus verleihen, noch die Bestimmungen dieses Vertrags im Bereich der Freiheit, der Sicherheit und des Rechts berühren den Geltungsbereich und die Anwendbarkeit des Schutzes des Rechts auf Leben nach den Artikeln 40.3.1, 40.3.2 und 40.3.3, des Schutzes der Familie nach Artikel 41 und des Schutzes der Rechte in Bezug auf Bildung nach den Artikeln 42, 44.2.4 und 44.2.5 der Verfassung Irlands.

ABSCHNITT B

STEUERWESEN

Durch den Vertrag von Lissabon erfolgt für keinen Mitgliedstaat irgendeine Änderung in Bezug auf den Umfang und die Ausübung der Zuständigkeiten der Europäischen Union im Bereich der Steuerpolitik.

ABSCHNITT C

SICHERHEIT UND VERTEIDIGUNG

Die Union lässt sich bei ihrem Handeln auf internationaler Ebene von den Grundsätzen der Demokratie, der Rechtsstaatlichkeit, der universellen Gültigkeit und Unteilbarkeit der Menschenrechte und Grundfreiheiten, der Achtung der Menschenwürde, dem Grundsatz der Gleichheit und dem Grundsatz der Solidarität sowie der Achtung der Grundsätze der Charta der Vereinten Nationen und des Völkerrechts leiten.

Die Gemeinsame Sicherheits- und Verteidigungspolitik ist integraler Bestandteil der Gemeinsamen Außen- und Sicherheitspolitik und sichert der Union eine Operationsfähigkeit, so dass sie Missionen außerhalb der Union zur Friedenssicherung, Konfliktverhütung und Stärkung der internationalen Sicherheit in Übereinstimmung mit den Grundsätzen der Charta der Vereinten Nationen durchführen kann.

Sie berührt weder die Sicherheits- und Verteidigungspolitik der einzelnen Mitgliedstaaten, einschließlich Irlands, noch die Verpflichtungen irgendeines Mitgliedstaates.

Der Vertrag von Lissabon berührt oder beeinträchtigt nicht Irlands traditionelle Politik der militärischen Neutralität.

Es bleibt den Mitgliedstaaten – einschließlich Irlands, das im Geiste der Solidarität und unbeschadet seiner traditionellen Politik der militärischen Neutralität handelt – unbenommen, zu bestimmen, welche Art von Hilfe oder Unterstützung sie einem Mitgliedstaat leisten, der von einem Terroranschlag oder einem bewaffneten Angriff auf sein Hoheitsgebiet betroffen ist.

Ein Beschluss über den Übergang zu einer gemeinsamen Verteidigung erfordert einen einstimmigen Beschluss des Europäischen Rates. Es wäre Sache der Mitgliedstaaten, einschließlich Irlands, nach Maßgabe des Vertrags von Lissabon und ihrer jeweiligen verfassungsrechtlichen Vorschriften zu entscheiden, ob der Beschluss zu einer gemeinsamen Verteidigung gefasst wird.

Dieser Abschnitt berührt oder präjudiziert in keiner Weise die Haltung oder Politik anderer Mitgliedstaaten im Bereich der Sicherheit und Verteidigung.

Es ist auch Sache jedes einzelnen Mitgliedstaates, nach Maßgabe des Vertrags von Lissabon und etwaiger innerstaatlicher Rechtsvorschriften zu entscheiden, ob er an der ständigen strukturierten Zusammenarbeit teilnimmt oder sich an der Europäischen Verteidigungsagentur beteiligt.

Der Vertrag von Lissabon sieht weder die Schaffung einer europäischen Armee noch die Einberufung zu irgendeinem militärischen Verband vor.

Er berührt nicht das Recht Irlands oder eines anderen Mitgliedstaates, Art und Umfang seiner Verteidigungs- und Sicherheitsausgaben sowie die Art seiner Verteidigungsfähigkeit zu bestimmen.

Es bleibt Irland und jedem anderen Mitgliedstaat unbenommen, nach Maßgabe etwaiger innerstaatlicher Rechtsvorschriften einen Beschluss über eine etwaige Teilnahme an Militäroperationen zu fassen.

ABSCHNITT D

SCHLUSSBESTIMMUNGEN

Dieser Beschluss wird am selben Tag wie der Vertrag von Lissabon wirksam.

ANLAGE 2

ANLAGE 2

FEIERLICHE ERKLÄRUNG ZU DEN RECHTEN DER ARBEITNEHMER, ZUR SOZIALPOLITIK UND ZU ANDEREN ANGELEGENHEITEN

Der Europäische Rat bestätigt, dass folgende Themen für die Union von großer Bedeutung sind:

- sozialer Fortschritt und Schutz der Arbeitnehmerrechte;
- öffentliche Dienstleistungen;
- Verantwortlichkeit der Mitgliedstaaten für die Bereitstellung von Bildungs- und Gesundheitsdiensten;
- die wichtige Rolle und der weite Ermessensspielraum der nationalen, regionalen und lokalen Behörden in der Frage, wie Dienste von allgemeinem wirtschaftlichem Interesse zur Verfügung zu stellen, in Auftrag zu geben und zu organisieren sind.

Damit unterstreicht er die Bedeutung, die der Beachtung des allgemeinen Rahmens und der Bestimmungen der EU-Verträge zukommt.

Um dies besonders hervorzuheben, verweist er darauf, dass die Verträge in der durch den Vertrag von Lissabon geänderten Fassung

- einen Binnenmarkt errichten und auf die nachhaltige Entwicklung Europas auf der

Grundlage eines ausgewogenen Wirtschaftswachstums und von Preisstabilität, eine in hohem Maße wettbewerbsfähige soziale Marktwirtschaft, die auf Vollbeschäftigung und sozialen Fortschritt abzielt, sowie ein hohes Maß an Umweltschutz und Verbesserung der Umweltqualität hinwirken;

- die Werte der Union zum Ausdruck bringen;
- gemäß Artikel 6 des Vertrags über die Europäische Union die Rechte, Freiheiten und Grundsätze anerkennen, die in der Charta der Grundrechte der Europäischen Union niedergelegt sind;
- darauf abzielen, soziale Ausgrenzung und Diskriminierung zu bekämpfen und soziale Gerechtigkeit und sozialen Schutz, die Gleichstellung von Frauen und Männern, die Solidarität zwischen den Generationen und den Schutz der Rechte des Kindes zu fördern;
- der Union die Verpflichtung auferlegen, bei der Festlegung und Durchführung ihrer Politik und ihrer Maßnahmen den Erfordernissen im Zusammenhang mit der Förderung eines hohen Beschäftigungsniveaus, mit der Gewährleistung eines angemessenen sozialen Schutzes, mit der Bekämpfung der sozialen Ausgrenzung sowie mit einem hohen Niveau der allgemeinen und beruflichen Bildung und des Gesundheitsschutzes Rechnung zu tragen;
- die wichtige Rolle und den weiten Ermessensspielraum der nationalen, regionalen und lokalen Behörden in der Frage, wie Dienste von allgemeinem wirtschaftlichem Interesse auf eine den Bedürfnissen der Nutzer so gut wie möglich entsprechende Weise zur Verfügung zu stellen, in Auftrag zu geben und zu organisieren sind, als gemeinsamen Wert der Union umfassen;
- in keiner Weise die Zuständigkeit der Mitgliedstaaten berühren, nichtwirtschaftliche Dienste von allgemeinem Interesse zur Verfügung zu stellen, in Auftrag zu geben und zu organisieren;
- vorsehen, dass der Rat – wenn er auf dem Gebiet der gemeinsamen Handelspolitik tätig wird – über die Aushandlung und den Abschluss internationaler Übereinkünfte auf dem Gebiet des Handels mit Dienstleistungen des Sozial-, des Bildungs- und des Gesundheitssektors einstimmig beschließt, wenn diese Abkommen die einzelstaatliche Organisation dieser Dienstleistungen ernsthaft stören und die Verantwortlichkeit der Mitgliedstaaten für ihre Erbringung beeinträchtigen könnten, und
- vorsehen, dass die Union die Rolle der Sozialpartner auf Ebene der Europäischen Union anerkennt und fördert und den Dialog zwischen den Sozialpartnern fördert, wobei sie die Unterschiedlichkeit der nationalen Systeme berücksichtigt und die Autonomie der Sozialpartner achtet.

ANLAGE 3

ANLAGE 3
NATIONALE ERKLÄRUNG IRLANDS

Irland bekräftigt seine Verbundenheit mit den Zielen und Grundsätzen der Charta der Vereinten Nationen, mit der die Hauptverantwortung für die Wahrung des Weltfriedens und der internationalen Sicherheit dem Sicherheitsrat der Vereinten Nationen übertragen wird.

Irland erinnert an sein Bekenntnis zur gemeinsamen Außen- und Sicherheitspolitik der Europäischen Union, wie sie vom irischen Volk mehrfach durch Referendum gebilligt worden ist.

Irland bestätigt, dass seine Teilnahme an der gemeinsamen Außen- und Sicherheitspolitik der Europäischen Union seine traditionelle Politik der militärischen Neutralität unberührt lässt. Aus dem Vertrag über die Europäische Union geht eindeutig hervor, dass die Außen- und Sicherheitspolitik der Union den besonderen Charakter der Sicherheits- und Verteidigungspolitik bestimmter Mitgliedstaaten nicht berührt.

Entsprechend seiner traditionellen Politik der militärischen Neutralität ist Irland nicht durch eine gegenseitige Beistandspflicht gebunden. Nach dem Vertrag über die Europäische Union muss ein Beschluss der Union über den Übergang zu einer gemeinsamen Verteidigung mit Einstimmigkeit der Mitgliedstaaten gefasst und gemäß ihren jeweiligen verfassungsrechtlichen Vorschriften angenommen werden. Die Verfassung Irlands verlangt, dass über die Annahme eines derartigen Beschlusses, der für Irland gelten soll, ein Referendum abgehalten werden muss, und diese Anforderung wird durch eine etwaige Ratifizierung des Vertrags von Lissabon durch Irland nicht berührt.

Irland bekennt sich erneut zum Ideal von Frieden und freundschaftlicher Zusammenarbeit zwischen den Völkern und zum Grundsatz der friedlichen Beilegung internationaler Streitigkeiten. Es bekennt sich erneut nachdrücklich zu Konfliktverhütung und -beilegung sowie Friedenssicherung und verweist auf die diesbezüglichen Leistungen seines militärischen und zivilen Personals.

Irland weist erneut darauf hin, dass die Teilnahme von Kontingenten der irischen Streitkräfte an Einsätzen im Ausland, einschließlich der Einsätze im Rahmen der Europäischen Sicherheits- und Verteidigungspolitik, nach irischem Recht a) die

Genehmigung des Einsatzes durch den Sicherheitsrat oder die Generalversammlung der Vereinten Nationen, b) die Zustimmung der irischen Regierung und c) die Billigung durch das irische Abgeordnetenhaus, das Dáil Éireann, erfordert.

Irland stellt fest, dass es in keiner Weise verpflichtet ist, an der im Vertrag über die Europäische Union vorgesehenen Ständigen Strukturierten Zusammenarbeit teilzunehmen. Jeder Beschluss, der Irland eine Teilnahme ermöglicht, erfordert nach irischem Recht die Billigung durch das Dáil Éireann.

Irland stellt ferner fest, dass es in keiner Weise verpflichtet ist, sich an der Europäischen Verteidigungsagentur oder den unter ihrer Federführung eingeleiteten spezifischen Projekten und Programmen zu beteiligen. Jeder Beschluss über eine Teilnahme an derartigen Projekten oder Programmen unterliegt den nationalen Beschlussfassungsverfahren und erfordert nach irischem Recht die Billigung durch das Dáil Éireann. Irland erklärt, dass es sich nur an den Projekten und Programmen beteiligen wird, die dazu beitragen, dass die Fähigkeiten gestärkt werden, die zur Teilnahme an den unter VN-Mandat durchgeführten Missionen zur Friedenssicherung, Konfliktverhütung und Stärkung der internationalen Sicherheit nach den Grundsätzen der Charta der Vereinten Nationen erforderlich sind.

Die in dieser Erklärung dargelegte Situation bleibt durch das Inkrafttreten des Vertrags von Lissabon unberührt. Im Falle einer Ratifizierung des Vertrags von Lissabon durch Irland wird diese Erklärung der irischen Ratifikationsurkunde beigefügt.

ANLAGE 4

ÜBERGANGSMASSNAHMEN, DIE HINSICHTLICH DER ZUSAMMENSETZUNG DES EUROPÄISCHEN PARLAMENTS UND DER ANZAHL SEINER MITGLIEDER ZU TREFFEN SIND

a) Die folgenden 18 Sitze werden zu den 736 Sitzen, die bei den Wahlen zum Europäischen Parlament vom Juni vergeben worden sind, hinzukommen:

Bulgarien	1	Niederlande	1
Spanien	4	Österreich	2
Frankreich	2	Polen	1
Italien	1	Slowenien	1
Lettland	1	Schweden	2
Malta	1	Vereinigtes Königreich	1

b) Die betroffenen Mitgliedstaaten werden diese zusätzlichen Sitze vergeben, indem sie Persönlichkeiten nach ihren innerstaatlichen Rechtsvorschriften und unter der Voraussetzung, dass diese Persönlichkeiten in allgemeinen, unmittelbaren Wahlen – insbesondere in Ad-hoc-Wahlen oder auf der Grundlage der Ergebnisse der Europawahlen vom Juni 2009 – gewählt wurden, bezeichnen oder indem sie ihre nationalen Parlamente aus ihrer Mitte die erforderliche Zahl von Mitgliedern ernennen lassen[1].

……

[1] In diesem Fall gilt die im Akt zur Einführung allgemeiner unmittelbarer Wahlen der Abgeordneten des Europäischen Parlaments festgeschriebene Regel des Verbots der Mandatshäufung.

Zugeständnisse an die Tschechische Republik betr. Vertrag von Lissabon

Tagung des Europäischen Rates in Brüssel vom 29./30. Oktober 2009 – Auszüge aus den Schlussfolgerungen des Vorsitzes betreffend den Vertrag von Lissabon und das Anliegen der Tschechischen Republik

I.
INSTITUTIONELLE FRAGEN

1. Der Europäische Rat begrüßt, dass Deutschland, Irland und Polen den Vertrag von Lissabon ratifiziert haben, was bedeutet, dass der Vertrag nun von der Bevölkerung oder den Parlamenten aller 27 Mitgliedstaaten gebilligt wurde.

2. Der Europäische Rat erinnert daran, dass es für das Inkrafttreten des Vertrags von Lissabon erforderlich ist, dass jeder der 27 Mitgliedstaaten diesen Vertrag nach seinen jeweiligen verfassungsrechtlichen Vorschriften ratifiziert. Er bekräftigt seine Entschlossenheit, dafür zu sorgen, dass der Vertrag bis Ende 2009 in Kraft tritt, damit er seine Wirkung in Zukunft entfalten kann.

Auf dieser Grundlage sind die Staats- und Regierungschefs unter Berücksichtigung des Standpunkts der Tschechischen Republik übereingekommen, dass sie das in Anhang I enthaltene Protokoll zum Zeitpunkt des Abschlusses des nächsten Beitrittsvertrages und im Einklang mit ihren jeweiligen verfassungsrechtlichen Vorschriften dem Vertrag über die Europäische Union und dem Vertrag über die Arbeitsweise der Europäischen Union beifügen.

In diesem Zusammenhang bestätigt der Europäische Rat in Bezug auf die rechtliche Anwendung des Vertrags von Lissabon und seine Beziehung zu den Rechtsordnungen der Mitgliedstaaten, dass

a) im Vertrag von Lissabon Folgendes vorgesehen ist: *„Alle der Union nicht in den Verträgen übertragenen Zuständigkeiten verbleiben bei den Mitgliedstaaten."* (Artikel 5 Absatz 2 EGV)

b) die Charta *„für die Organe, Einrichtungen und sonstigen Stellen der Union unter Wahrung des Subsidiaritätsprinzips und für die Mitgliedstaaten ausschließlich bei der Durchführung des Rechts der Union [gilt]."* (Artikel 51 Absatz 1 der Charta)

......

ANLAGE 1

ANLAGE 1
PROTOKOLL ÜBER DIE ANWENDUNG DER CHARTA DER GRUNDRECHTE DER EUROPÄISCHEN UNION AUF DIE TSCHECHISCHE REPUBLIK

Die Staats- und Regierungschefs der 27 Mitgliedstaaten der Europäischen Union –

in Kenntnis des Wunsches der Tschechischen Republik,

in Anbetracht der Schlussfolgerungen des Europäischen Rates –

sind über folgendes Protokoll übereingekommen:

Artikel 1

Das Protokoll Nr. 30 über die Anwendung der Charta der Grundrechte der Europäischen Union auf Polen und das Vereinigte Königreich findet Anwendung auf die Tschechische Republik.

Artikel 2

Der Titel, die Präambel und der verfügende Teil des Protokolls Nr. 30 werden so geändert, dass sie in der gleichen Weise auf die Tschechische Republik Bezug nehmen wie auf Polen und auf das Vereinigte Königreich.

Artikel 3

Dieses Protokoll wird dem Vertrag über die Europäische Union und dem Vertrag über die Arbeitsweise der Europäischen Union beigefügt.

Vertrag über die Gründung der Europäischen Gemeinschaften für Kohle und Stahl*)

(Hinweis)

(ABl 2016 C 203, 1)

Vertrag zur Gründung der Europäischen Atomgemeinschaft

(Hinweis)
(BGBl 1995/47, geändert durch das Protokoll Nr. 2 zur Änderung des Vertrags zur Gründung der Europäischen Atomgemeinschaft, das dem Vertrag von Lissabon beigefügt ist; siehe die konsolidierte Fassung des Vertrags zur Gründung der Europäischen Atomgemeinschaft in: ABl 2012 C 327, 1, zuletzt geändert durch ABl 2013 L 112, 1)

*) Die Geltungsdauer des EGKS-Vertrages hat am 23. Juli 2002 geendet.

1B. ÄNDERUNGS- UND BEITRITTSVERTRÄGE

Einheitliche Europäische Akte

(ABl 1987 L 169, 1 geändert durch ABl 1992 C 191, 1)

SEINE MAJESTÄT DER KÖNIG DER BELGIER,

IHRE MAJESTÄT DIE KÖNIGIN VON DÄNEMARK,

DER PRÄSIDENT DER BUNDESREPUBLIK DEUTSCHLAND,

DER PRÄSIDENT DER GRIECHISCHEN REPUBLIK,

SEINE MAJESTÄT DER KÖNIG VON SPANIEN,

DER PRÄSIDENT DER FRANZÖSISCHEN REPUBLIK,

DER PRÄSIDENT IRLANDS,

DER PRÄSIDENT DER ITALIENISCHEN REPUBLIK,

SEINE KÖNIGLICHE HOHEIT DER GROSSHERZOG VON LUXEMBURG,

IHRE MAJESTÄT DIE KÖNIGIN DER NIEDERLANDE,

DER PRÄSIDENT DER PORTUGIESISCHEN REPUBLIK,

IHRE MAJESTÄT DIE KÖNIGIN DES VEREINIGTEN KÖNIGREICHS GROSSBRITANNIEN UND NORDIRLAND,

VON DEM WILLEN GELEITET, das von den Verträgen zur Gründung der Europäischen Gemeinschaften ausgehende Werk weiterzuführen und die Gesamtheit der Beziehungen zwischen deren Staaten gemäß der Feierlichen Deklaration von Stuttgart vom 19. Juni 1983 in eine Europäische Union umzuwandeln,

GEWILLT, diese Europäische Union auf der Grundlage der nach ihren eigenen Regeln funktionierenden Gemeinschaften einerseits und der Europäischen Zusammenarbeit zwischen den Unterzeichnerstaaten in der Außenpolitik andererseits zu verwirklichen und diese Union mit den erforderlichen Aktionsmitteln auszustatten,

ENTSCHLOSSEN, gemeinsam für die Demokratie einzutreten, wobei sie sich auf die in den Verfassungen und Gesetzen der Mitgliedstaaten, in der Europäischen Konvention zum Schutze der Menschenrechte und Grundfreiheiten und der Europäischen Sozialcharta anerkannten Grundrechte, insbesondere Freiheit, Gleichheit und soziale Gerechtigkeit, stützen,

IN DER ÜBERZEUGUNG, daß der Europagedanke, die Ergebnisse in den Bereichen der wirtschaftlichen Integration und der politischen Zusammenarbeit wie auch die Notwendigkeit neuer Entwicklungen dem Wunsch der demokratischen Völker Europas entsprechen, für die das in allgemeiner Wahl gewählte Europäische Parlament ein unerläßliches Ausdrucksmittel ist,

IN DEM BEWUSSTSEIN der Verantwortung Europas, sich darum zu bemühen, immer mehr mit einer Stinme zu sprechen und geschlossen und solidarisch zu handeln, um seine gemeinsamen Interessen und seine Unabhängigkeit wirkungsvoller zu verteidigen, sowie ganz besonders für die Grundsätze der Demokratie und die Wahrung des Rechts und der Menschenrechte, denen sie sich verpflichtet fühlen, einzutreten, um gemäß der Verpflichtung, die sie im Rahmen der Charta der Vereinten Nationen eingegangen sind, gemeinsam ihren eigenen Beitrag zur Wahrung des Weltfriedens und der internationalen Sicherheit zu leisten,

IN DEM FESTEN WILLEN, durch die Vertiefung der gemeinsamen Politiken und die Verfolgung neuer Ziele die wirtschaftliche und soziale Lage zu verbessern und das Funktionieren der Gemeinschaften in der Weise zu verbessern, daß die Organe die Möglichkeit erhalten, ihre Befugnisse unter Bedingungen auszuüben, die dem gemeinschaftlichen Interesse am dienlichsten sind,

IN DER ERWÄGUNG, daß die Staats- und Regierungschefs auf ihrer Pariser Konferenz vom 19. bis 21. Oktober 1972 das Ziel einer schrittweisen Verwirklichung der Wirtschafts- und Währungsunion gebilligt haben,

GESTÜTZT auf den Anhang zu den Schlußfolgerungen des Vorsitzes des Europäischen Rates von Bremen vom 6. und 7. Juli 1978 sowie die Entschließung des Europäischen Rates von Brüssel vom 5. Dezember 1978 über die Errichtung des Europäischen Währungssystems (EWS) und damit zusammenhängende Fragen, und in der Erwägung, daß die Gemeinschaft und die Zentralbanken der Mitgliedstaaten auf der Grundlage dieser Entschließung eine Reihe von Maßnahmen zur Durchführung der währungspolitischen Zusammenarbeit getroffen haben,

HABEN BESCHLOSSEN, diese Akte zu erstellen, und haben zu diesem Zweck als Bevollmächtigte ernannt:

[es folgen die Namen]

DIESE SIND nach Austausch ihrer als gut und gehörig befundenen Vollmachten wie folgt ÜBEREINGEKOMMEN:

TITEL I

GEMEINSAME BESTIMMUNGEN

Artikel 1. Die Europäischen Gemeinschaften und die Europäische Politische Zusammenarbeit verfolgen das Ziel, gemeinsam zu konkreten Fortschritten auf dem Wege zur Europäischen Union beizutragen.

Die Europäischen Gemeinschaften beruhen auf den Verträgen zur Gründung der Europäischen Gemeinschaft für Kohle und Stahl, der Europäischen Wirtschaftsgemeinschaft und der Europäischen Atomgemeinschaft sowie auf den nachfolgenden Verträgen und Akten zur Änderung oder Ergänzung dieser Verträge.

Die Europäische Politische Zusammenarbeit wird durch Titel III geregelt. Die Bestimmungen dieses Titels bestätigen und ergänzen die in den Berichten von Luxemburg (1970), Kopenhagen (1973) und London (1981) sowie in der Feierlichen Deklaration zur Europäischen Union (1983) vereinbarten Verfahren und die Praktiken, die sich nach und nach zwischen den Mitgliedstaaten herausgebildet haben.

Artikel 2. *[Entfällt]*

Artikel 3. (1) Die von nun an wie nachstehend bezeichneten Organe der Europäischen Gemeinschaften üben ihre Befugnisse und Zuständigkeiten unter den Bedingungen und im Hinblick auf die Ziele aus, die in den Verträgen zur Gründung der Europäischen Gemeinschaften und den nachfolgenden Verträgen und Akten zur Änderung oder Ergänzung dieser Verträge sowie in Titel II vorgesehen sind.

(2) *[Entfällt)*

TITEL II

BESTIMMUNGEN ZUR ÄNDERUNG DER VERTRÄGE ZUR GRÜNDUNG DER EUROPÄISCHEN GEMEINSCHAFTEN

[Nicht abgedruckt]

TITEL III

VERTRAGSBESTIMMUNGEN ÜBER DIE EUROPÄISCHE ZUSAMMENARBEIT IN DER AUSSENPOLITIK

[Entfällt]

TITEL IV

ALLGEMEINE UND SCHLUSSBESTIMMUNGEN

Artikel 31. Die Bestimmungen des Vertrages über die Gründung der Europäischen Gemeinschaft für Kohle und Stahl, des Vertrages zur Gründung der Europäischen Wirtschaftsgemeinschaft und des Vertrages zur Gründung der Europäischen Atomgemeinschaft betreffend die Zuständigkeit des Gerichtshofes der Europäischen Gemeinschaften und die Ausübung dieser Zuständigkeit gelten nur für die Bestimmungen des Titels II und für Artikel 32, und zwar unter den gleichen Bedingungen wie für die Bestimmungen der genannten Verträge.

Artikel 32. Vorbehaltlich des Artikels 3 Absatz 1, des Titels II und des Artikels 31 werden die Verträge zur Gründung der Europäischen Gemeinschaften sowie die nachfolgenden Verträge und Akte zur Änderung oder Ergänzung dieser Verträge durch die vorliegende Akte in keiner Weise berührt.

Artikel 33. (1) Diese Akte bedarf der Ratifizierung durch die Hohen Vertragsparteien gemäß ihren verfassungsrechtlichen Vorschriften. Die Ratifikationsurkunden werden bei der Regierung der Italienischen Republik hinterlegt.

(2) Diese Akte tritt am ersten Tag des auf die Hinterlegung der letzten Ratifikationsurkunde folgenden Monats in Kraft.

Artikel 34. Diese Akte ist in einer Urschrift in dänischer, deutscher, englischer, französischer, griechischer, irischer, italienischer, niederländischer, portugiesischer und spanischer Sprache abgefaßt, wobei jeder Wortlaut gleichermaßen verbindlich ist; sie wird im Archiv der Regierung der Italienischen Republik hinterlegt; diese übermittelt der Regierung jedes anderen Unterzeichnerstaats eine beglaubigte Abschrift.

Zu Urkund dessen haben die unterzeichneten Bevollmächtigten ihre Unterschriften unter diese Einheitliche Europäische Akte gesetzt.

Schlußakte

Die Konferenz der Vertreter der Regierungen der Mitgliedstaaten, die für den 9. September 1985 nach Luxemburg eingerufen wurde, ihre Beratungen in Luxemburg und Brüssel fortgesetzt hat, hat den folgenden Text beschlossen:

I.

Einheitliche Europäische Akte

II.

Bei der Unterzeichnung dieses Textes hat die Konferenz die folgenden, dieser Schlußakte beigefügten Erklärungen angenommen:

1. Erklärung zu den Durchführungsbefugnissen der Kommission
2. Erklärung betreffend den Gerichtshof
3. Erklärung zu Artikel 8 a *(18)* des EWG-Vertrags
4. Erklärung zu Artikel 100 a *(95)* des EWG-Vertrags
5. Erklärung zu Artikel 100 b des EWG-Vertrags
6. Allgemeine Erklärung zu den Artikeln 13 bis 19 der Einheitlichen Europäischen Akte
7. Erklärung zu Artikel 118 a *(138)* Absatz 2 des EWG-Vertrags
8. Erklärung zu Artikel 130 d *(161)* des EWG-Vertrags
9. Erklärung zu Artikel 130 r *(174)* des EWG-Vertrags
10. Erklärung der Hohen Vertragsparteien zu Titel III der Einheitlichen Europäischen Akte
11. Erklärung zu Artikel 30 Nummer 10 Buchstabe g) der Einheitlichen Europäischen Akte.

Die Konferenz hat ferner die folgenden, dieser Schlußakte beigefügten Erklärungen zur Kenntnis genommen:

1. Erklärung des Vorsitzes zu der Frist, innerhalb welcher der Rat in erster Lesung Stellung nimmt (Artikel 149 Absatz 2 des EWG-Vertrags)
2. Politische Erklärung der Regierungen der Mitgliedstaaten zur Freizügigkeit
3. Erklärung der Regierung der Griechischen Republik zu Artikel 8 a *(18)* des EWG-Vertrags
4. Erklärung der Kommission zu Artikel 28 *(26)* des EWG-Vertrags
5. Erklärung der Regierung von Irland zu Artikel 57 *(47)* Absatz 2 des EWG-Vertrags
6. Erklärung der Regierung der Portugiesischen Republik zu Artikel 59 *(49)* Absatz 2 und Artikel 84 *(80)* des EWG-Vertrags
7. Erklärung der Regierung des Königreichs Dänemark zu Artikel 100 a *(95)* des EWG-Vertrags
8. Erklärung des Vorsitzes und der Kommission zu den währungspolitischen Befugnissen der Gemeinschaft
9. Erklärung der Regierung des Königreichs Dänemark zur Europäischen Politischen Zusammenarbeit.

Geschehen zu Luxemburg am siebzehnten Februar neunzehnhundertsechsundachtzig und in Den Haag am achtundzwanzigsten Februar neunzehnhundertsechsundachtzig.

(Es folgen die Namen der Bevollmächtigten)

1. Erklärung zu den Durchführungsbefugnissen der Kommission

Die Konferenz ersucht die Gremien der Gemeinschaft, vor Inkrafttreten der Akte die Grundsätze und Regeln festzulegen, anhand deren die Durchführungsbefugnisse der Kommission in jedem einzelnen Fall zu definieren sind.

In diesem Zusammenhang ersucht die Konferenz den Rat, für Ausübung der der Kommission im Rahmen des Artikels 100 a *(95)* des EWG-Vertrags übertragenen Durchführungsbefugnisse insbesondere dem Verfahren des Beratenden Ausschusses einen maßgeblichen Platz entsprechend der Schnelligkeit und Wirksamkeit des Entscheidungsprozesses einzuräumen.

2. Erklärung betreffend den Gerichtshof

Die Konferenz kommt überein, daß Artikel 32d Absatz 1 des EGKS-Vertrags, Artikel 168 a *(225)* Absatz 1 des EWG-Vertrags und Artikel 140 a Absatz 1 des EAG-Vertrags etwaigen Übertragungen gerichtlicher Zuständigkeiten nicht vorgreift, die im Rahmen von Abkommen zwischen den Mitgliedstaaten vorgesehen werden könnten.

3. Erklärung zu Artikel 8 a (18) des EWG-Vertrags

Die Konferenz möchte mit Artikel 8 a *(18)* den festen politischen Willen zum Ausdruck bringen, vor dem 1. Januar 1993 die Beschlüsse zu fassen, die zur Verwirklichung des in diesem Artikel beschriebenen Binnenmarktes erforderlich sind, und zwar insbesondere die Beschlüsse, die zur Ausführung des von der Kommission in dem Weißbuch über den Binnenmarkt aufgestellten Programms notwendig sind.

Die Festsetzung des Termins „31. Dezember 1992" bringt keine automatische rechtliche Wirkung mit sich.

4. Erklärung zu Artikel 100 a (95) des EWG-Vertrags

Die Kommission wird bei ihren Vorschlägen nach Artikel 100 a *(95)* Absatz 1 der Rechtsform der Richtlinie den Vorzug gegeben, wenn die Angleichung in einem oder mehreren Mitgliedstaaten eine Änderung gesetzlicher Vorschriften erfordert.

5. Erklärung zu Artikel 100 b des EWG-Vertrags

[Artikel 100 b durch Vertrag von Amsterdam aufgehoben]

6. Allgemeine Erklärung zu den Artikeln 13 bis 19 der Einheitlichen Europäischen Akte

Diese Bestimmungen berühren in keiner Weise das Recht der Mitgliedstaaten, diejenigen Maßnahmen zu ergreifen, die sie zur Kontrolle der Einwanderung aus dritten Ländern sowie zur Bekämpfung von Terrorismus, Kriminalität, Drogenhandel und unerlaubtem Handel mit Kunstwerken und Antiquitäten für erforderlich halten.

7. Erklärung zu Artikel 118 a (138) Absatz 2 des EWG-Vertrags

Die Konferenz stellt fest, daß bei der Beratung von Artikel 118 a *(138)* Absatz 2 des EWG-Vertrags Einvernehmen darüber bestand, daß die Gemeinschaft nicht beabsichtigt, bei der Festlegung von Mindestvorschriften zum Schutze der Sicherheit und der Gesundheit der Arbeitnehmer die Arbeitnehmer in Klein- und Mittelbetrieben in sachlich nicht begründeter Weise schlechterzustellen.

8. Erklärung zu Artikel 130 d *(161)* des EWG-Vertrags

Die Konferenz verweist in diesem Zusammenhang auf die Schußfolgerungen des Europäischen Rates vom März 1984 in Brüssel, die wie folgt lauten:

„Im Rahmen der finanziellen Möglichkeiten wird eine signifikante reale Aufstockung der unter Berücksichtigung der IMP für die Interventionen der Fonds bereitgestellten Finanzmittel vorgenommen."

9. Erklärung zu Artikel 130 r *(174)* des EWG-Vertrags

Absatz 1 dritter Gedankenstrich

Die Konferenz stellt fest, daß die Tätigkeit der Gemeinschaft auf dem Gebiet des Umweltschutzes sich nicht störend auf die einzelstaatliche Politik der Nutzung der Energieressourcen auswirken darf.

Absatz 5 Unterabsatz 2

Die Konferenz ist der Ansicht, daß Artikel 130 r *(174)* Absatz 5 Unterabsatz 2 die sich aus dem AETR-Urteil des Gerichtshofes ergebenden Grundsätze nicht berührt.

10. Erklärung der Hohen Vertragsparteien zu Titel III der Einheitlichen Europäischen Akte

Die Hohen Vertragsparteien des Titels III über die Europäische Politische Zusammenarbeit bekräftigen ihre offene Haltung gegenüber anderen europäischen Ländern mit den gleichen Idealen und Zielen. Sie kommen insbesondere überein, die Verbindungen zu den Mitgliedstaaten des Europarates und anderen demokratischen Ländern Europas, mit denen sie freundschaftliche Beziehungen unterhalten und eng zusammenarbeiten, zu stärken.

11. Erklärung zu Artikel 30 Nummer 10 Buchstabe g) der Einheitlichen Europäischen Akte

Die Konferenz ist der Ansicht, daß der Beschluß der Vertreter der Regierungen der Mitgliedstaaten vom 8. April 1965 über die vorläufige Unterbringung bestimmter Organe und Dienststellen der Gemeinschaften durch Artikel 30 Nummer 10 Buchstabe g) nicht berührt wird.

1. Erklärung des Vorsitzes zu der Frist, innerhalb welcher der Rat in erster Lesung Stellung nimmt (Artikel 149 Absatz 2 des EWG-Vertrags)

[Artikel 149 durch Vertrag von Amsterdam aufgehoben]

2. Politische Erklärung der Regierungen der Mitgliedstaaten zur Freizügigkeit

Zur Förderung der Freizügigkeit arbeiten die Mitgliedstaaten unbeschadet der Befugnisse der Gemeinschaft zusammen, und zwar insbesondere hinsichtlich der Einreise, der Bewegungsfreiheit und des Aufenthalts von Staatsangehörigen dritter Länder. Außerdem arbeiten sie bei der Bekämpfung von Terrorismus, Kriminalität, Drogenhandel und unerlaubtem Handel mit Kunstwerken und Antiquitäten zusammen.

3. Erklärung der Regierung der Griechischen Republik zu Artikel 8 a *(18)* des EWG-Vertrags

Griechenland ist der Ansicht, daß die Entwicklung gemeinschaftlicher Politiken und Aktionen und die Annahme von Maßnahmen auf der Grundlage von Artikel 70 Absatz 1*) und Artikel 84 *(80)* so erfolgen müssen, daß empfindliche Sektoren der Wirtschaft der Mitgliedstaaten nicht beeinträchtigt werden.

---

*) Aufgehoben.

4. Erklärung der Kommission zu Artikel 28 *(26)* des EWG-Vertrags

Bezüglich ihrer internen Verfahren sorgt die Kommission dafür, daß die sich aus der Änderung von Artikel 28 *(26)* des EWG-Vertrags ergebenden Veränderungen nicht zu Verzögerungen bei der Beantwortung dringender Anträge auf Änderung oder Aussetzung der Sätze des Gemeinsamen Zolltarifs führen.

5. Erklärung der Regierung von Irland zu Artikel 57 *(47)* Absatz 2 des EWG-Vertrags

Irland bestätigt sein Einverständnis mit einer Beschlußfassung mit qualifizierter Mehrheit gemäß Artikel 57 *(47)* Absatz 2, möchte aber daran erinnern, daß der Versicherungsgewerbe in Irland einen besonders empfindlichen Bereich darstellt und daß zum Schutz der Versicherungsnehmer sowie zum Schutz Dritter besondere Vereinbarungen getroffen werden mußten. In bezug auf die Harmonisierung der Rechtsvorschriften für das Versicherungswesen geht die irische Regierung davon aus, daß sie mit einer verständnisvollen Haltung der Kommission und der übrigen Mitgliedstaaten der Gemeinschaft rechnen kann, falls Irland sich zu einem späteren Zeitpunkt in einer Situation befinden sollte, in der die irische Regierung es für erforderlich halten würde, hinsichtlich der Stellung des Versicherungsgewerbes in Irland besondere Vorkehrungen zu treffen.

6. Erklärung der Regierung der Portugiesischen Republik zu Artikel 59 *(49)* Absatz 2 und Artikel 84 des EWG-Vertrags

Portugal vertritt die Auffassung, daß der Übergang von der einstimmigen Beschlußfassung zur Beschlußfassung mit qualifizierter Mehrheit in Artikel 59 *(49)* Absatz 2 und Artikel 84, der in den Verhandlungen über den Beitritt Portugals zur Gemeinschaft nicht berücksichtigt worden ist und den gemeinschaftlichen Besitzstand wesentlich verändert, empfindliche Schlüsselsektoren der portugiesischen Wirtschaft nicht beeinträchtigen darf und daß geeignete spezifische Übergangsmaßnahmen in allen Fällen ergriffen werden müssen, in denen dies erforderlich ist, um etwaige nachteilige Folgen für die betreffenden Sektoren zu verhindern.

7. Erklärung der Regierung des Königreichs Dänemark zu Artikel 100 a *(95)* des EWG-Vertrags

Die dänische Regierung stellt fest, daß in Fällen, in denen gemäß Artikel 100 a *(95)* erlassene Harmonisierungsmaßnahmen nach Ansicht eines Mitgliedstaats nicht höhere Erfordernisse in bezug auf die Arbeitsumwelt oder den Umweltschutz oder im Sinne des Artikels 36 *(30)* sicherstellen, durch Artikel 100a *(95)* Absatz 4 gewährleistet wird, daß der betreffende Mitgliedstaat einzelstaatliche Maßnahmen treffen kann. Diese dienen der Verwirklichung der genannten Erfordernisse und dürfen keinen verschleierten Protektionismus bedeuten.

8. Erklärung des Vorsitzes und der Kommission zu den währungspolitischen Befugnissen der Gemeinschaft

Der Vorsitz und die Kommission sind der Ansicht, daß die in den EWG-Vertrag eingefügten Bestimmungen über die währungspolitischen Befugnisse der Gemeinschaft nicht die Möglichkeit einer weiteren Entwicklung im Rahmen der bestehenden Befugnisse präjudizieren.

9. Erklärung der Regierung des Königreichs Dänemark zur Europäischen Politischen Zusammenarbeit

Die dänische Regierung stellt fest, daß der Abschluß des Titels III über die Zusammenarbeit in der Außenpolitik die Beteiligung Dänemarks an der nordischen Zusammenarbeit im außenpolitischen Bereich nicht berührt.

Der vorstehende Text stimmt mit dem einzigen Exemplar der am siebzehnten Februar neunzehnhundertsechsundachtzig in Luxemburg und am achtundzwanzigsten Februar neunzehnhundertsechsundachtzig in Den Haag anläßlich der Unterzeichnung der Einheitlichen Europäischen Akte unterzeichneten und im Archiv der Regierung der Italienischen Republik hinterlegten Schlußakte überein.

Vertrag von Maastricht

Vertrag über die Europäische Union

(ABl 1992, C 191, 1)

[Präambel]

TITEL I
GEMEINSAME BESTIMMUNGEN

eingearbeitet

TITEL II
BESTIMMUNGEN ZUR ÄNDERUNG DES VERTRAGS ZUR GRÜNDUNG DER EUROPÄISCHEN WIRTSCHAFTS-GEMEINSCHAFT IM HINBLICK AUF DIE GRÜNDUNG DER EUROPÄISCHEN GEMEINSCHAFT

eingearbeitet

TITEL III
BESTIMMUNGEN ZUR ÄNDERUNG DES VERTRAGS ÜBER DIE GRÜNDUNG DER EUROPÄISCHEN GEMEINSCHAFT FÜR KOHLE UND STAHL

Hinweis

TITEL IV
BESTIMMUNGEN ZUR ÄNDERUNG DES VERTRAGS ZUR GRÜNDUNG DER EUROPÄISCHEN ATOMGEMEIN-SCHAFT

Hinweis

TITEL V
BESTIMMUNGEN ÜBER DIE GEMEINSAME AUSSEN- UND SICHER-HEITSPOLITIK

eingearbeitet

TITEL VI
BESTIMMUNGEN ÜBER DIE ZUSAMMENARBEIT IN DEN BEREICHEN JUSTIZ UND INNERES

eingearbeitet

TITEL VII
SCHLUSSBESTIMMUNGEN

eingearbeitet

PROTOKOLLE

eingearbeitet

SCHLUSSAKTE

1. Die Konferenzen der Vertreter der Regierungen der Mitgliedstaaten, die am 15. Dezember 1990 in Rom einberufen wurden, um im gegenseitigen Einvernehmen die Änderungen zu beschließen, die an dem Vertrag zur Gründung der Europäischen Wirtschaftsgemeinschaft im Hinblick auf die Verwirklichung der Politischen Union und im Hinblick auf die Schlußphasen der Wirtschafts- und Währungsunion vorzunehmen sind, sowie die Konferenzen, die am 3. Februar 1992 in Brüssel einberufen wurden, um an den Verträgen über die Gründung der Europäischen Gemeinschaft für Kohle und Stahl und zur Gründung der Europäischen Atomgemeinschaft die Änderungen vorzunehmen, die sich aus den für den Vertrag zur Gründung der Europäischen Wirtschaftsgemeinschaft vorgesehenen Änderungen ergeben, haben folgende Texte beschlossen:

I. Vertrag über die Europäische Union

II. Protokolle

eingearbeitet

III. Erklärungen

1. Erklärung zu den Bereichen Katastrophenschutz, Energie und Fremdenverkehr
2. Erklärung zur Staatsangehörigkeit eines Mitgliedstaats
3. Erklärung zum Dritten Teil Titel III und VI des Vertrags zur Gründung der Europäischen Gemeinschaft

4. Erklärung zum Dritten Teil Titel VI des Vertrags zur Gründung der Europäischen Gemeinschaft
5. Erklärung zur Zusammenarbeit mit dritten Ländern im Währungsbereich
6. Erklärung zu den Währungsbeziehungen zur Republik San Marino, zum Staat Vatikanstadt und zum Fürstentum Monaco
7. Erklärung zu Artikel 73 d *(57)* des Vertrags zur Gründung der Europäischen Gemeinschaft
8. Erklärung zu Artikel 109 *(111)* des Vertrags zur Gründung der Europäischen Gemeinschaft
9. Erklärung zum Dritten Teil Titel XVI des Vertrags zur Gründung der Europäischen Gemeinschaft
10. Erklärung zu den Artikeln 109 *(111)*, 103 r *(174)* und 130 y *(181)* des Vertrags zur Gründung der Europäischen Gemeinschaft
11. Erklärung zur Richtlinie vom 24. November 1988 (Emissionen)
12. Erklärung zum Europäischen Entwicklungsfonds
13. Erklärung zur Rolle der einzelstaatlichen Parlamente in der Europäischen Union
14. Erklärung zur Konferenz der Parlamente
15. Erklärung zur Zahl der Mitglieder der Kommission und des Europäischen Parlaments
16. Erklärung zur Rangordnung der Rechtsakte der Gemeinschaft
17. Erklärung zum Recht auf Zugang zu Informationen
18. Erklärung zu den geschätzten Folgekosten der Vorschläge der Kommission
19. Erklärung zur Anwendung des Gemeinschaftsrechts
20. Erklärung zur Beurteilung der Umweltverträglichkeit der Gemeinschaftsmaßnahmen
21. Erklärung zum Rechnungshof
22. Erklärung zum Wirtschafts- und Sozialausschuß
23. Erklärung zur Zusammenarbeit mit den Wohlfahrtsverbänden
24. Erklärung zum Tierschutz
25. Erklärung zur Vertretung der Interessen der überseeischen Länder und Hoheitsgebiete nach Artikel 227 *(299)* Absatz 3 und Absatz 5 Buchstaben a und b des Vertrags zur Gründung der Europäischen Gemeinschaft
26. Erklärung zu den Gebieten in äußerster Randlage der Gemeinschaft
27. Erklärung zu den Abstimmungen im Bereich der gemeinsamen Außen- und Sicherheitspolitik
28. Erklärung zu den praktischen Einzelheiten im Bereich der gemeinsamen Außen- und Sicherheitspolitik
29. Erklärung zum Gebrauch der Sprachen im Bereich der gemeinsamen Außen- und Sicherheitspolitik
30. Erklärung zur Westeuropäischen Union
31. Erklärung zur Asylfrage
32. Erklärung zur polizeilichen Zusammenarbeit
33. Erklärung zu Streitsachen zwischen der EZB bzw. dem EWI und deren Bediensteten

Geschehen zu Maastricht am siebten Februar neunzehnhundertzweiundneunzig.*)

---

*) Siehe auch die Gemeinsame Erklärung vom 1. 5. 1992 im Anschluß an die 33. Erklärung!

---

1. ERKLÄRUNG

zu den Bereichen Katastrophenschutz, Energie und Fremdenverkehr

Die Konferenz erklärt, daß die Frage der Einfügung von Titeln über die in Artikel 3 Buchstabe t des Vertrags zur Gründung der Europäischen Gemeinschaft genannten Bereiche in jenen Vertrag nach dem Verfahren des Artikels N *(48)* Absatz 2 des Vertrags über die Europäische Union anhand eines Berichts geprüft wird, den die Kommission dem Rat spätestens 1996 vorlegen wird.

Die Kommission erklärt, daß die Gemeinschaft ihre Tätigkeit in diesen Bereichen auf der Grundlage der bisherigen Bestimmungen der Verträge zur Gründung der Europäischen Gemeinschaften fortsetzen wird.

---

2. ERKLÄRUNG

zur Staatsangehörigkeit eines Mitgliedstaats

Die Konferenz erklärt, daß bei Bezugnahmen des Vertrags zur Gründung der Europäischen

Gemeinschaft auf die Staatsangehörigen der Mitgliedstaaten die Frage, welchem Mitgliedstaat eine Person angehört, allein durch Bezug auf das innerstaatliche Recht des betreffenden Mitgliedstaats geregelt wird. Die Mitgliedstaaten können zur Unterrichtung in einer Erklärung gegenüber dem Vorsitz angeben, wer für die Zwecke der Gemeinschaft als ihr Staatsangehöriger anzusehen ist, und ihre Erklärung erforderlichenfalls ändern.

3. ERKLÄRUNG

zum dritten Teil Titel III und VI des Vertrags zur Gründung der Europäischen Gemeinschaft

Die Konferenz erklärt, daß für die Anwendung der Bestimmungen, die im Vertrag zur Gründung der Europäischen Gemeinschaft im Dritten Teil Titel III Kapitel 4 über den Kapital- und Zahlungsverkehr und Titel VI über die Wirtschafts- und Währungspolitik vorgesehen sind, unbeschadet des Artikels 109 j *(121)* Absätze 2, 3 und 4 und des Artikels 109 k *(122)* Absatz 2 die übliche Praxis fortgeführt wird, wonach der Rat in der Zusammensetzung der Wirtschafts- und Finanzminister zusammentritt.

4. ERKLÄRUNG

zum dritten Teil Titel VI des Vertrags zur Gründung der Europäischen Gemeinschaft

Die Konferenz erklärt, daß der Präsident des Europäischen Rates die Wirtschafts- und Finanzminister zur Teilnahme an den Tagungen des Europäischen Rates einladen wird, wenn dieser Fragen der Wirtschafts- und Währungsunion erörtert.

5. ERKLÄRUNG

zur Zusammenarbeit mit dritten Ländern im Währungsbereich

Die Konferenz erklärt, daß die Gemeinschaft zu stabilen internationalen Währungsbeziehungen beitragen will. Zu diesem Zweck ist die Gemeinschaft bereit, mit anderen europäischen Ländern und mit denjenigen außereuropäischen Ländern, zu denen sie enge wirtschaftliche Bindungen hat, zusammenzuarbeiten.

6. ERKLÄRUNG

zu den Währungsbeziehungen zur Republik San Marino, zum Staat Vatikanstadt und zum Fürstentum Monaco

Die Konferenz ist sich einig, daß die derzeitigen Währungsbeziehungen zwischen Italien und San Marino bzw. Vatikanstadt und zwischen Frankreich und Monaco durch diesen Vertrag bis zur Einführung der ECU als einheitlicher Währung der Gemeinschaft unberührt bleiben.

Die Gemeinschaft verpflichtet sich, die Neuaushandlung bestehender Übereinkünfte, die durch Einführung der ECU als einheitlicher Währung erforderlich werden können, zu erleichtern.

7. ERKLÄRUNG

zu Artikel 73 d *(58)* des Vertrags zur Gründung der Europäischen Gemeinschaft

Die Konferenz bekräftigt, daß das in Artikel 73 d *(58)* Absatz 1 Buchstabe a des Vertrags zur Gründung der Europäischen Gemeinschaft erwähnte Recht der Mitgliedstaaten, die einschlägigen Vorschriften ihres Steuerrechts anzuwenden, nur für die einschlägigen Vorschriften gilt, die Ende 1993 bestehen. Diese Erklärung betrifft jedoch nur den Kapital- und Zahlungsverkehr zwischen den Mitgliedstaaten.

8. ERKLÄRUNG

zu Artikel 109 *(111)* des Vertrags zur Gründung der Europäischen Gemeinschaft

Die Konferenz bekräftigt, daß mit dem in Artikel 109 *(111)* Absatz 1 verwendeten Begriff „förmliche Vereinbarung" nicht eine neue Kategorie internationaler Übereinkünfte im Sinne des Gemeinschaftsrechts geschaffen werden soll.

9. ERKLÄRUNG

zum dritten Teil Titel XVI des Vertrags zur Gründung der Europäischen Gemeinschaft

Die Konferenz ist der Ansicht, daß die Gemeinschaft in Anbetracht der zunehmenden Bedeutung, die dem Naturschutz auf einzelstaatlicher, gemeinschaftlicher und internationaler Ebene zukommt, bei der Ausübung ihrer Zuständigkeiten aufgrund des Dritten Teils Titel XVI des Vertrags den spezifischen Erfordernissen in diesem Bereich Rechnung tragen soll.

---

10. ERKLÄRUNG

zu den Artikeln 109 *(111)*, 130 r *(174)* und 130 y *(181)* des Vertrags zur Gründung der Europäischen Gemeinschaft

Die Konferenz vertritt die Auffassung, daß Artikel 109 *(111)* Absatz 5, Artikel 130 r *(174)* Absatz 4 Unterabsatz 2 und Artikel 130 y *(181)* nicht die Grundsätze berühren, die sich aus dem Urteil des Gerichtshofs in der AETR-Rechtssache ergeben.

---

11. ERKLÄRUNG

zur Richtlinie vom 24. November 1988 (Emissionen)

Die Konferenz erklärt, daß Änderungen in den gemeinschaftlichen Rechtsvorschriften die Ausnahmeregelungen nicht beeinträchtigen dürfen, die Spanien und Portugal gemäß der Richtlinie des Rates vom 24. November 1988 zur Begrenzung von Schadstoffemissionen von Großfeuerungsanlagen in die Luft bis zum 31. Dezember 1999 zugestanden wurden.

---

12. ERKLÄRUNG

zum Europäischen Entwicklungsfonds

Die Konferenz kommt überein, daß der Europäische Entwicklungsfonds im Einklang mit den bisherigen Bestimmungen weiterhin durch einzelstaatliche Beiträge finanziert wird.

---

13. ERKLÄRUNG

zur Rolle der einzelstaatlichen Parlamente in der Europäischen Union

Die Konferenz hält es für wichtig, eine größere Beteiligung der einzelstaatlichen Parlamente an den Tätigkeiten der Europäischen Union zu fördern.

Zu diesem Zweck ist der Informationsaustausch zwischen den einzelstaatlichen Parlamenten und dem Europäischen Parlament zu verstärken. In diesem Zusammenhang tragen die Regierungen der Mitgliedstaaten unter anderem dafür Sorge, daß die einzelstaatlichen Parlamente zu ihrer Unterrichtung und gegebenenfalls zur Prüfung rechtzeitig über die Vorschläge für Rechtsakte der Kommission verfügen.

Nach Ansicht der Konferenz ist es ferner wichtig, daß die Kontakte zwischen den einzelstaatlichen Parlamenten und dem Europäischen Parlament insbesondere dadurch verstärkt werden, daß hierfür geeignete gegenseitige Erleichterungen und regelmäßige Zusammenkünfte zwischen Abgeordneten, die an den gleichen Fragen interessiert sind, vorgesehen werden.

---

14. ERKLÄRUNG

zur Konferenz der Parlamente

Die Konferenz ersucht das Europäische Parlament und die einzelstaatlichen Parlamente, erforderlichenfalls als Konferenz der Parlamente (oder „Assises") zusammenzutreten.

Die Konferenz der Parlamente wird unbeschadet der Zuständigkeiten des Europäischen Parlaments und der Rechte der einzelstaatlichen Parlamente zu wesentlichen Leitlinien der Europäischen Union gehört. Der Präsident des Europäischen Rates und der Präsident der Kommission erstatten auf jeder Tagung der Konferenz der Parlamente Bericht über den Stand der Union.

---

15. ERKLÄRUNG

zur Zahl der Mitglieder der Kommission und des Europäischen Parlaments

Die Konferenz kommt überein, die Fragen betreffend die Zahl der Mitglieder der Kommission und der Mitglieder des Europäischen Parlaments spätestens Ende 1992 im Hinblick auf ein Einvernehmen zu prüfen, das es gestattet, die Rechtsgrundlage für die Festsetzung der Zahl der Mitglieder des Europäischen Parlaments rechtzeitig zu den Wahlen im Jahr 1994 zu schaffen. Die Beschlüsse werden unter anderem unter Berücksichtigung der Notwendigkeit gefaßt, die Gesamtmitgliederzahl des Europäischen Parlaments in einer erweiterten Gemeinschaft festzulegen.

---

16. ERKLÄRUNG

zur Rangordnung der Rechtsakte der Gemeinschaft

Die Konferenz kommt darin überein, daß die 1996 einzuberufende Regierungskonferenz prüfen wird, inwieweit es möglich ist, die Einteilung der Rechtsakte der Gemeinschaft mit dem Ziel zu überprüfen, eine angemessene Rangordnung der verschiedenen Arten von Normen herzustellen.

---

17. ERKLÄRUNG

zum Recht auf Zugang zu Informationen

Die Konferenz ist der Auffassung, daß die Transparenz des Beschlußverfahrens den demokratischen Charakter der Organe und das Vertrauen der Öffentlichkeit in die Verwaltung stärkt. Die Konferenz empfiehlt daher, daß die Kommission dem Rat spätestens 1993 einen Bericht über Maßnahmen vorlegt, mit denen die den Organen vorliegenden Informationen der Öffentlichkeit besser zugänglich gemacht werden sollen.

---

18. ERKLÄRUNG

zu den geschätzten Folgekosten der Vorschläge der Kommission

Die Konferenz stellt fest, daß die Kommission sich verpflichtet, bei ihren Vorschlägen für Rechtsakte die Kosten und den Nutzen für die Behörden der Mitgliedstaaten und sämtliche Betroffene zu berücksichtigen und dazu gegebenenfalls die von ihr für erforderlich erachteten Konsultationen vorzunehmen und ihr System zur Bewertung der gemeinschaftlichen Rechtsvorschriften auszubauen.

---

19. ERKLÄRUNG

zur Anwendung des Gemeinschaftsrechts

1. Die Konferenz hebt hervor, daß es für die innere Geschlossenheit und die Einheit des europäischen Aufbauwerks von wesentlicher Bedeutung ist, daß jeder Mitgliedstaat die an ihn gerichteten Richtlinien der Gemeinschaft innerhalb der darin festgesetzten Fristen vollständig und getreu in innerstaatliches Recht umsetzt.

Außerdem ist die Konferenz der Ansicht, daß es zwar Sache jedes Mitgliedstaats ist zu bestimmen, wie die Vorschriften des Gemeinschaftsrechts unter Berücksichtigung der Besonderheit seiner Institutionen, seiner Rechtsordnung und anderer Gegebenheiten, in jedem Fall aber unter Beachtung des Artikels 189 *(249)* des Vertrags zur Gründung der Europäischen Gemeinschaft, am besten anzuwenden sind, es jedoch für die reibungslose Arbeit der Gemeinschaft von wesentlicher Bedeutung ist, daß die in den einzelnen Mitgliedstaaten getroffenen Maßnahmen dazu führen, daß das Gemeinschaftsrecht dort mit gleicher Wirksamkeit und Strenge Anwendung findet, wie dies bei der Durchführung der einzelstaatlichen Rechtsvorschriften der Fall ist.

2. Die Konferenz fordert die Kommission auf, in Wahrnehmung der ihr durch Artikel 155 *(211)* des Vertrags zur Gründung der Europäischen Gemeinschaft übertragenen Zuständigkeiten darauf zu achten, daß die Mitgliedstaaten und das Europäische Parlament regelmäßig einen umfassenden Bericht zu veröffentlichen.

---

20. ERKLÄRUNG

zur Beurteilung der Umweltverträglichkeit der Gemeinschaftsmaßnahmen

Die Konferenz stellt fest, daß die Kommission sich verpflichtet, bei ihren Vorschlägen voll und ganz den Umweltauswirkungen und dem Grundsatz des nachhaltigen Wachstums Rechnung zu tragen, und daß die Mitgliedstaaten sich verpflichtet haben, dies bei der Durchführung zu tun.

---

21. ERKLÄRUNG

zum Rechnungshof

Die Konferenz weist darauf hin, daß sie den Aufgaben, die dem Rechnungshof in den Artikeln 188 a *(246)*, 188 b *(247)*, 188 c *(248)* und 206 *(276)* des Vertrags zur Gründung der Europäischen Gemeinschaft übertragen werden, insbesondere Bedeutung beimißt.

Sie ersucht die anderen Organe der Gemeinschaft, zusammen mit dem Rechnungshof alle Mittel zu prüfen, die geeignet sind, eine wirksamere Erfüllung seiner Aufgaben zu gewährleisten.

---

22. ERKLÄRUNG
zum Wirtschafts- und Sozialausschuß

Die Konferenz kommt überein, daß der Wirtschafts- und Sozialausschuß hinsichtlich des Haushalts und der Personalverwaltung dieselbe Unabhängigkeit genießt wie der Rechnungshof bisher.

---

23. ERKLÄRUNG
zur Zusammenarbeit mit den Wohlfahrtsverbänden

Die Konferenz betont, daß zur Erreichung der in Artikel 117 *(136)* des Vertrags zur Gründung der Europäischen Gemeinschaft genannten Ziele eine Zusammenarbeit der Europäischen Gemeinschaft mit den Verbänden der Wohlfahrtspflege und den Stiftungen als Trägern sozialer Einrichtungen und Dienste von großer Bedeutung ist.

---

24. ERKLÄRUNG
zum Tierschutz

Die Konferenz ersucht das Europäische Parlament, den Rat und die Kommission sowie die Mitgliedstaaten, bei der Ausarbeitung und Durchführung gemeinschaftlicher Rechtsvorschriften in den Bereichen Gemeinsame Agrarpolitik, Verkehr, Binnenmarkt und Forschung den Erfordernissen des Wohlergehens der Tiere in vollem Umfang Rechnung zu tragen.

---

25. ERKLÄRUNG
zur Vertretung der Interessen der überseeischen Länder und Hoheitsgebiete nach Artikel 227 *(299)* Absatz 3 und Absatz 5 Buchstaben a und b des Vertrags zur Gründung der Europäischen Gemeinschaft

Die Konferenz kommt in Anbetracht der Tatsache, daß unter außergewöhnlichen Umständen die Interessen der Union und die Interessen der Länder und Hoheitsgebiete nach Artikel 227 *(299)* Absatz 3 und Absatz 5 Buchstaben a und b des Vertrags divergieren können, überein, daß der Rat sich um eine Lösung bemühen wird, die mit dem Standpunkt der Union in Einklang steht. Für den Fall jedoch, daß sich dies als unmöglich erweist, erklärt sich die Konferenz damit einverstanden, daß der betreffende Mitgliedstaat im Interesse der betreffenden überseeischen Länder und Hoheitsgebiete gegebenenfalls eigenständig handelt, allerdings ohne dabei das Interesse der Gemeinschaft zu beeinträchtigen. Dieser Mitgliedstaat macht dem Rat und der Kommission eine Mitteilung, wenn eine derartige Interessendivergenz auftreten könnte, und weist, wenn sich eigenständiges Handeln nicht vermeiden läßt, deutlich darauf hin, daß er im Interesse eines der genannten überseeischen Hoheitsgebiete handelt.

Diese Erklärung gilt auch für Macau und Osttimor.

---

26. ERKLÄRUNG
zu den Gebieten in äußerster Randlage der Gemeinschaft

Die Konferenz erkennt an, daß die Gebiete in äußerster Randlage der Gemeinschaft (französische überseeische Departements, Azoren und Madeira und Kanarische Inseln) unter einem bedeutenden, strukturellen Rückstand leiden; dieser wird durch mehrere Faktoren (große Entfernung, Insellage, geringe Fläche, schwierige Relief- und Klimabedingungen, wirtschaftliche Abhängigkeit von einigen wenigen Erzeugnissen) verschärft, die als ständige Gegebenheiten und durch ihr Zusammenwirken die wirtschaftliche und soziale Entwicklung schwer beeinträchtigen.

Sie ist der Auffassung, daß der Vertrag zur Gründung der Europäischen Gemeinschaft und das abgeleitete Recht für die Gebiete in äußerster Randlage zwar ohne weiteres gelten, es jedoch möglich bleibt, spezifische Maßnahmen zu ihren Gunsten zu erlassen, sofern und solange ein entsprechender Bedarf im Hinblick auf die wirtschaftliche und soziale Entwicklung dieser Gebiete objektiv gegeben ist. Diese Maßnahmen müssen sowohl auf die Vollendung des Binnenmarkts als auch auf eine Anerkennung der regionalen Verhältnisse abzielen, damit diese Gebiete den durchschnittlichen wirtschaftlichen und sozialen Stand der Gemeinschaft erreichen können.

---

27. ERKLÄRUNG

zu den Abstimmungen im Bereich der Gemeinsamen Außen- und Sicherheitspolitik

Die Konferenz kommt überein, daß die Mitgliedstaaten bei Entscheidungen, die Einstimmigkeit erfordern, soweit wie möglich davon absehen, die Einstimmigkeit zu verhindern, sofern eine qualifizierte Mehrheit für die betreffende Entscheidung besteht.

---

28. ERKLÄRUNG

zu den praktischen Einzelheiten im Bereich der Gemeinsamen Außen- und Sicherheitspolitik

Die Konferenz kommt überein, daß die Arbeitsteilung zwischen dem Politischen Komitee und dem Ausschuß der Ständigen Vertreter sowie die praktischen Einzelheiten der Zusammenlegung des Sekretariats der Politischen Zusammenarbeit mit dem Generalsekretariat des Rates und der Zusammenarbeit zwischen dem Generalsekretariat und der Kommission später geprüft werden.

---

29. ERKLÄRUNG

zum Gebrauch der Sprachen im Bereich der Gemeinsamen Außen- und Sicherheitspolitik

Die Konferenz kommt überein, daß für den Gebrauch der Sprachen die Sprachenregelung der Europäischen Gemeinschaften gilt.

Für den COREU-Verkehr dient die derzeitige Praxis in der Europäischen Politischen Zusammenarbeit einstweilen als Anhaltspunkt.

Alle Texte der Gemeinsamen Außen- und Sicherheitspolitik, die auf Tagungen des Europäischen Rates und des Rates vorgelegt oder angenommen werden, sowie alle zur Veröffentlichung bestimmten Texte werden unverzüglich und zeitgleich in alle Amtssprachen der Gemeinschaft übersetzt.

---

30. ERKLÄRUNG

zur Westeuropäischen Union

Die Konferenz nimmt folgende Erklärungen zur Kenntnis:

I. Erklärung Belgiens, Deutschlands, Spaniens, Frankreichs, Italiens, Luxemburgs, der Niederlande, Portugals und des Vereinigten Königreichs, die Mitgliedstaaten der Westeuropäischen Union und gleichzeitig der Europäischen Union sind, zur Rolle der Westeuropäischen Union und zu ihren Beziehungen zur Europäischen Union und zur Atlantischen Allianz

Einleitung

1. Die WEU-Mitgliedstaaten stimmen darin überein, daß es notwendig ist, eine echte europäische Sicherheits- und Verteidigungsidentität zu entwickeln und eine größere europäische Verantwortung in Verteidigungsfragen zu übernehmen. Diese Identität wird durch einen schrittweisen Prozeß mit mehreren aufeinanderfolgenden Phasen angestrebt. Die WEU wird integrativ Bestandteil des Prozesses der Entwicklung der Europäischen Union sein und einen größeren Beitrag zur Solidarität innerhalb der Atlantischen Allianz leisten. Die WEU-Mitgliedstaaten sind sich darin einig, die Rolle der WEU in der längerfristigen Perspektive einer mit der Politik der Atlantischen Allianz zu vereinbarenden gemeinsamen Verteidigungspolitik innerhalb der Europäischen Union, die zu gegebener Zeit zu einer gemeinsamen Verteidigung führen könnte, zu stärken.

2. Die WEU wird als Verteidigungskomponente der Europäischen Union und als Mittel zur Stärkung des europäischen Pfeilers der Atlantischen Allianz entwickelt. Zu diesem Zweck wird sie eine gemeinsame europäische Verteidigungspolitik formulieren und diese durch die Weiterentwicklung ihrer operationellen Rolle konkret durchführen.

Die WEU-Mitgliedstaaten nehmen Kenntnis von Artikel J.4 *(14)* des Vertrags über die Europäische Union betreffend die Gemeinsame Außen- und Sicherheitspolitik, der wie folgt lautet:

> „(1) Die Gemeinsame Außen- und Sicherheitspolitik umfaßt sämtliche Fragen, welche die Sicherheit der Europäischen Union betreffen, wozu auf längere Sicht auch die Festlegung einer gemeinsamen Verteidigungspolitik gehört, die zu gegebener Zeit zu einer gemeinsamen Verteidigung führen könnte.
>
> (2) Die Union ersucht die Westeuropäische Union (WEU), die integraler Bestandteil der Entwicklung der Europäischen Union

ist, die Entscheidungen und Aktionen der Union, die verteidigungspolitische Bezüge haben, auszuarbeiten und durchzuführen. Der Rat trifft im Einvernehmen mit den Organen der WEU die erforderlichen praktischen Regelungen.

(3) Die Fragen, die verteidigungspolitische Bezüge haben und die nach diesem Artikel behandelt werden, unterliegen nicht den Verfahren des Artikels J.3 *(13)*.

(4) Die Politik der Union nach diesem Artikel berührt nicht den besonderen Charakter der Sicherheits- und Verteidigungspolitik bestimmter Mitgliedstaaten; sie achtet die Verpflichtungen einiger Mitgliedstaaten aus dem Nordatlantikvertrag und ist vereinbar mit der in jenem Rahmen festgelegten gemeinsamen Sicherheits- und Verteidigungspolitik.

(5) Dieser Artikel steht der Entwicklung einer engeren Zusammenarbeit zwischen zwei oder mehr Mitgliedstaaten auf zweiseitiger Ebene sowie im Rahmen der WEU und der Atlantischen Allianz nicht entgegen, soweit sie der nach diesem Titel vorgesehenen Zusammenarbeit nicht zuwiderläuft und diese nicht behindert.

(6) Zur Förderung des Zieles dieses Vertrags und im Hinblick auf den Termin 1998 im Zusammenhang mit Artikel XII des Brüsseler Vertrags in seiner geänderten Fassung kann dieser Artikel nach Artikel N *(48)* Absatz 2 auf der Grundlage eines dem Europäischen Rat 1996 vom Rat vorzulegenden Berichts, der eine Bewertung der bis dahin erzielten Fortschritte und gesammelten Erfahrungen enthalten wird, revidiert werden."

A. Beziehungen der WEU zur Europäischen Union

3. Ziel ist es, die WEU stufenweise zur Verteidigungskomponente der Europäischen Union auszubauen. Zu diesem Zweck ist die WEU bereit, auf Ersuchen der Europäischen Union Beschlüsse und Aktionen der Union mit verteidigungspolitischen Implikationen zu erarbeiten und durchzuführen.

Zu diesem Zweck ergreift die WEU folgende Maßnahmen, um enge Arbeitsbeziehungen zur Union zu entwickeln:

– soweit angezeigt, Abstimmung der Tagungstermine und -orte und Harmonisierung der Arbeitsweisen;
– Herbeiführung einer engen Zusammenarbeit zwischen dem Rat und dem Generalsekretariat der WEU einerseits und dem Rat der Union und dem Generalsekretariat des Rates andererseits;
– Prüfung der Harmonisierung der Abfolge und Dauer der beiden Präsidentschaften;
– Vereinbarung geeigneter Vorkehrungen, um sicherzustellen, daß die Kommission der Europäischen Gemeinschaften gemäß ihre Rolle in der Gemeinsamen Außen- und Sicherheitspolitik, wie diese in dem Vertrag über die Europäische Union festgelegt ist, regelmäßig über die WEU-Tätigkeiten informiert und, soweit angezeigt, konsultiert wird;
– Förderung einer engeren Zusammenarbeit zwischen der Parlamentarischen Versammlung der WEU und dem Europäischen Parlament.

Der WEU-Rat trifft im Einvernehmen mit den zuständigen Organen der Europäischen Union die notwendigen praktischen Regelungen.

B. Beziehungen der WEU zur Atlantischen Allianz

4. Ziel ist es, die WEU als Mittel zur Stärkung des europäischen Pfeilers der Atlantischen Allianz zu entwickeln. Dementsprechend ist die WEU bereit, die engen Arbeitsbeziehungen zur Allianz weiterzuentwickeln und die Rolle, die Verantwortlichkeit und die Beiträge der Mitgliedstaaten der WEU innerhalb der Allianz zu stärken. Dies wird auf der Grundlage der erforderlichen Transparenz und Komplementarität zwischen der entstehenden europäischen Sicherheits- und Verteidigungsidentität und der Allianz geschehen. Die WEU wird im Einklang mit den Positionen handeln, die in der Allianz beschlossen wurden:

– Die Mitgliedstaaten der WEU werden ihre Koordinierung in Fragen der Allianz, die von erheblichem gemeinsamen Interesse sind, verstärken, um innerhalb der WEU vereinbarte gemeinsame Positionen in den Konsultationsprozeß der Allianz einzubringen, welche das wesentliche Forum für Konsultationen unter ihren Mitgliedern und für die Vereinbarung von politischen Maßnahmen, die sich auf die Sicherheits- und Verteidigungsverpflichtungen der Verbündeten des Nordatlantikvertrags auswirken, bleiben wird.
– Soweit notwendig, werden Tagungstermine und -orte abgestimmt und Arbeitsweisen harmonisiert.

– Zwischen den Generalsekretariaten der WEU und der NATO wird eine enge Zusammenarbeit herbeigeführt.

C. Operationelle Rolle der WEU

5. Die operationelle Rolle der WEU wird durch die Prüfung und Festlegung geeigneter Aufgaben, Strukturen und Mittel gestärkt, die im einzelnen folgendes betreffen:

– WEU-Planungsstab;
– engere militärische Zusammenarbeit in Ergänzung der Allianz, insbesondere auf den Gebieten der Logistik, des Transports, der Ausbildung und der strategischen Aufklärung;
– Treffen der Generalstabschefs der WEU;
– der WEU zugeordnete militärische Einheiten.

Zu den sonstigen Vorschlägen, die weiter geprüft werden, gehören:

– verstärkte Rüstungskooperation mit dem Ziel der Schaffung einer Europäischen Rüstungsagentur;
– Weiterentwicklung des WEU-Instituts zu einer Europäischen Sicherheits- und Verteidigungsakademie.

Die Maßnahmen zur Stärkung der operationellen Rolle der WEU werden in vollem Umfang mit den militärischen Vorkehrungen vereinbar sein, die zur Sicherheit der gemeinsamen Verteidigung aller Verbündeten erforderlich sind.

D. Weitere Maßnahmen

6. Als Folge der vorstehend dargelegten Maßnahmen und zur Stärkung der Rolle der WEU wird der Sitz des Rates und des Generalsekretariats der WEU nach Brüssel verlegt.

7. Die Vertretung im Rat der WEU muß so geregelt sein, daß der Rat in der Lage ist, seine Funktionen kontinuierlich gemäß Artikel VIII des geänderten Brüsseler Vertrags auszuüben. Die Mitgliedstaaten können sich hierfür einer noch auszuarbeitenden Formel des „doppelten Hutes", gebildet durch die Vertreter bei der Allianz und der Europäischen Union, bedienen.

8. Die WEU nimmt zur Kenntnis, daß die Union im Einklang mit Artikel J.4 *(14)* Absatz 6 des Vertrags über die Europäische Union betreffend die Gemeinsame Außen- und Sicherheitspolitik beschließen wird, jenen Artikel nach dem vorgesehenen Verfahren zu überprüfen, um die Verwirklichung des darin gesetzten Zieles zu fördern. Die WEU wird die Bestimmungen der vorliegenden Erklärung 1996 überprüfen. Die Überprüfung wird die Fortschritte und Erfahrungen berücksichtigen und sich auch auf die Beziehungen zwischen WEU und Atlantischer Allianz erstrecken.

II. Erklärung Belgiens, Deutschlands, Spaniens, Frankreichs, Italiens, Luxemburgs, der Niederlande, Portugals und des Vereinigten Königreichs, die Mitgliedstaaten der Westeuropäischen Union sind

Die Mitgliedstaaten der WEU begrüßen die Entwicklung der europäischen Sicherheits- und Verteidigungsidentität. Angesichts der Rolle der WEU als Verteidigungskomponente der Europäischen Union und als Instrument zur Stärkung des europäischen Pfeilers der Atlantischen Allianz sind sie entschlossen, die Beziehungen zwischen der WEU und den übrigen europäischen Staaten im Namen der Stabilität und der Sicherheit in Europa auf eine neue Grundlage zu stellen. In diesem Sinne schlagen sie folgendes vor:

Die Staaten, die Mitglieder der Europäischen Union sind, werden eingeladen, der WEU zu den nach Artikel XI des Brüsseler Vertrags in seiner geänderten Fassung zu vereinbarenden Bedingungen beizutreten oder, falls sie dies wünschen, Beobachter zu werden. Gleichzeitig werden die übrigen europäischen Mitgliedstaaten der NATO eingeladen, assoziierte Mitglieder der WEU nach Modalitäten zu werden, die es ihnen ermöglichen, an den Tätigkeiten der WEU voll teilzunehmen.

Die Mitgliedstaaten der WEU gehen davon aus, daß diesen Vorschlägen entsprechende Verträge und Abkommen vor dem 31. Dezember 1992 geschlossen sein werden.

---

31. ERKLÄRUNG
zur Asylfrage

1. Die Konferenz kommt überein, daß der Rat im Rahmen der Arbeiten nach den Artikeln K.1 *(29)* und K.3 *(31)* der Bestimmungen über die Zusammenarbeit in den Bereichen Justiz und Inneres vorrangig die Fragen der Asylpolitik der Mitgliedstaaten mit dem Ziel prüft, unter Berücksichtigung des Arbeitsprogramms und des Terminplans, die in dem vom Europäischen Rat auf der Tagung am

28. und 29. Juni 1991 in Luxemburg erbetenen Bericht über die Asylfrage enthalten sind, bis Anfang 1993 eine gemeinsame Aktion zur Harmonisierung der Aspekte dieser Politik zu beschließen.

2. In diesem Zusammenhang prüft der Rat bis Ende 1993 anhand eines Berichts auch die Frage einer etwaigen Anwendung des Artikels K.9 *(37)* auf diese Bereiche.

---

32. ERKLÄRUNG
zur polizeilichen Zusammenarbeit

Die Konferenz bestätigt das Einvernehmen der Mitgliedstaaten über die Ziele, die den von der deutschen Delegation auf der Tagung des Europäischen Rates vom 28. und 29. Juni 1991 in Luxemburg unterbreiteten Vorschlägen zugrunde liegen.

Die Mitgliedstaaten kommen zunächst überein, die ihnen unterbreiteten Entwürfe unter Berücksichtigung des Arbeitsprogramms und des Terminplans, die in dem vom Europäischen Rat auf der Tagung in Luxemburg erbetenen Bericht enthalten sind, mit Vorrang zu prüfen, und sind bereit, die Annahme konkreter Maßnahmen in Bereichen, wie sie von dieser Delegation vorgeschlagen worden sind, im Hinblick auf folgende Aufgaben auf dem Gebiet des Informations- und Erfahrungsaustausches in Aussicht zu nehmen:

- Unterstützung der einzelstaatlichen Strafverfolgungs- und Sicherheitsbehörden, insbesondere bei der Koordinierung von Ermittlungen und Fahndungen,
- Aufbau von Informationsdateien,
- zentrale Bewertung und Auswertung von Informationen zur Herstellung von Lagebildern und zur Gewinnung von Ermittlungsansätzen,
- Sammlung und Auswertung einzelstaatlicher Präventionskonzepte zur Weitergabe an die Mitgliedstaaten und zur Ausarbeitung gesamteuropäischer Präventionsstrategien,
- Maßnahmen im Bereich der beruflichen Fortbildung, der Forschung, der Kriminaltechnik und des Erkennungsdienstes.

Die Mitgliedstaaten kommen überein, spätestens im Jahr 1994 anhand eines Berichts zu prüfen, ob diese Zusammenarbeit ausgeweitet werden soll

---

33. ERKLÄRUNG
zu Streitsachen zwischen der EZB bzw. dem EWI und deren Bediensteten

Die Konferenz hält es für richtig, daß das Gericht erster Instanz für diese Gruppe von Klagen nach Artikel 168 a *(225)* des Vertrags zuständig ist. Die Konferenz ersucht deshalb die Organe um eine entsprechende Anpassung der betreffenden Bestimmungen.

Die Hohen Vertragsparteien des Vertrags über die Europäische Union haben am 1. Mai 1992 in Guimarães (Portugal) folgende Erklärung angenommen:

ERKLÄRUNG DER HOHEN VERTRAGSPARTEIEN DES VERTRAGS ÜBER DIE EUROPÄISCHE UNION

Die Hohen Vertragsparteien des am 7. Februar 1992 in Maastricht unterzeichneten Vertrags über die Europäische Union geben

nach Prüfung der Bestimmungen des Protokolls Nr. 17 *(6)* zum genannten Vertrag über die Europäische Union, das diesem Vertrag und den Verträgen zur Gründung der Europäischen Gemeinschaften beigefügt ist,

hiermit die nachstehende Rechtsauslegung:

Es war und ist ihre Absicht, daß durch dieses Protokoll nicht die Freiheit eingeschränkt werden soll, zwischen den Mitgliedstaaten zu reisen oder unter Bedingungen, die vom irischen Gesetzgeber in Übereinstimmung mit dem Gemeinschaftsrecht gegebenenfalls festgelegt werden, in Irland Informationen über rechtmäßig in anderen Mitgliedstaaten angebotene Dienstleistungen zu erhalten oder verfügbar zu machen.

Gleichzeitig erklären die Hohen Vertragsparteien feierlich, daß sie im Falle einer künftigen Verfassungsänderung in Irland, die den Gegenstand des Artikels 40.3.3 der irischen Verfassung betrifft und nicht der vorstehend genannten Absicht der Hohen Vertragsparteien zuwiderläuft, nach Inkrafttreten des Vertrags über die Europäische Union eine Änderung des genannten Protokolls wohlwollend erwägen werden, um seine Anwendung auf eine derartige Verfassungsänderung auszuweiten, falls Irland darum nachsucht.

Beitrittsvertrag

1/8. Beitrittsvertrag BGBl 1995/45 idF ABl 1995 L 1, 1

Vertrag zwischen dem Königreich Belgien, dem Königreich Dänemark, der Bundesrepublik Deutschland, der Griechischen Republik, dem Königreich Spanien, der Französischen Republik, Irland, der Italienischen Republik, dem Großherzogtum Luxemburg, dem Königreich der Niederlande, der Portugiesischen Republik, dem Vereinigten Königreich Großbritannien und Nordirland (Mitgliedstaaten der Europäischen Union) und dem Königreich Norwegen, der Republik Österreich, der Republik Finnland, dem Königreich Schweden über den Beitritt des Königreichs Norwegen, der Republik Österreich, der Republik Finnland und des Königreichs Schweden zur Europäischen Union[1])

Seine Majestät der König der Belgier,
Ihre Majestät die Königin von Dänemark,
Der Präsident der Bundesrepublik Deutschland,
Der Präsident der Griechischen Republik,
Seine Majestät der König von Spanien,
Der Präsident der Französischen Republik,
Der Präsident Irlands,
Der Präsident der Italienischen Republik,
Seine Königliche Hoheit der Großherzog von Luxemburg,
Ihre Majestät die Königin der Niederlande,
Seine Majestät der König von Norwegen,
Der Bundespräsident der Republik Österreich,
Der Präsident der Portugiesischen Republik,
Der Präsident der Republik Finnland,
Seine Majestät der König von Schweden,
Ihre Majestät die Königin des Vereinigten Königreiches Großbritannien und Nordirland, –

EINIG in dem Willen, die Verwirklichung der Ziele der die Europäische Union begründenden Verträge fortzuführen,

ENTSCHLOSSEN, im Geiste dieser Verträge auf den bereits geschaffenen Grundlagen einen immer engeren Zusammenschluß der europäischen Völker herbeizuführen,

IN DER ERWÄGUNG, daß Art. O des Vertrags

über die Europäische Union den europäischen Staaten die Möglichkeit eröffnet, Mitglieder der Union zu werden,

IN DER ERWÄGUNG, daß das Königreich Norwegen, die Republik Österreich, die Republik Finnland und das Königreich Schweden beantragt haben, Mitglieder der Union zu werden,

IN DER ERWÄGUNG, daß sich der Rat der Europäischen Union nach Einholung der Stellungnahme der Kommission und der Zustimmung des Europäischen Parlaments für die Aufnahme dieser Staaten ausgesprochen hat –

HABEN BESCHLOSSEN, die Aufnahmebedingungen und die Anpassungen der die Europäische Union begründenden Verträge im gegenseitigen Einvernehmen festzulegen; sie haben zu diesem Zweck zu ihren Bevollmächtigten ernannt:

[es folgen die Namen]

DIESE SIND nach Austausch ihrer als gut und gehörig befundenen Vollmachten

WIE FOLGT ÜBEREINGEKOMMEN:

Artikel 1. (1) Das Königreich Norwegen, die Republik Österreich, die Republik Finnland und das Königreich Schweden werden Mitglieder der Europäischen Union und Vertragsparteien der die Union begründenden Verträge in ihrer jeweiligen geänderten oder ergänzten Fassung.

(2) Die Aufnahmebedingungen und die aufgrund der Aufnahme erforderlichen Anpassungen der die Union begründenden Verträge sind in der diesem Vertrag beigefügten Akte festgelegt. Die Bestimmungen der Akte sind Bestandteil dieses Vertrags.

(3) Die Bestimmungen der in Abs. 1 genannten Verträge über die Rechte und Pflichten der Mitgliedstaaten sowie über die Befug-

[1]) Zum Titel: Vertrag in der Fassung des Anpassungsbeschlusses ABl 1995 L 1, 1 [Anp]. In Kraft getreten mit 1.1.1995.

nisse und Zuständigkeiten der Organe der Union gelten auch für diesen Vertrag.

Artikel 2. (1) Dieser Vertrag bedarf der Ratifikation durch die Hohen Vertragsparteien gemäß ihren verfassungsrechtlichen Vorschriften. Die Ratifikationsurkunden werden spätestens am 31. Dezember 1994 bei der Regierung der Italienischen Republik hinterlegt.

(2) [1][2)] Dieser Vertrag tritt am 1. Januar 1995 in Kraft, sofern alle Ratifikationsurkunden vor diesem Tag hinterlegt worden sind.

[2] Haben jedoch nicht alle der in Art. 1 Abs. 1 genannten Staaten ihre Ratifikationsurkunden rechtzeitig hinterlegt, so tritt der Vertrag für diejenigen Staaten in Kraft, die ihre Urkunden hinterlegt haben. In diesem Fall beschließt der Rat der Europäischen Union unverzüglich einstimmig die infolgedessen unerläßlichen Anpassungen des Art. 3 dieses Vertrags und der Art. 13, 14, 15, 16, 17, 18, 19, 20, 21, 22, 25, 26, 156, 157, 158, 159, 160, 161, 162, 170 und 176 der Beitrittsakte, des Anhangs I zur Akte sowie der dieser Akte beigefügten Protokolle Nr. 1 und Nr. 6; er kann ferner einstimmig die Bestimmungen der genannten Akte, einschließlich ihrer Anhänge und Protokolle, die sich ausdrücklich auf einen Staat beziehen, der seine Ratifikationsurkunde nicht hinterlegt hat, für hinfällig erklären oder anpassen.

(3) Abweichend von Abs. 2 können die Organe der Union vor dem Beitritt die Maßnahmen erlassen, die in den Art. 30, 39, 42, 43, 44, 45, 46, 47, 48, 53, 57, 59, 62, 74, 75, 76, 92, 93, 94, 95, 100, 102, 105, 119, 120, 121, 122, 127, 128, 131, 142 Abs. 2 und Abs. 3 zweiter Gedankenstrich, 145, 148, 149, 150, 151 und 169 der Beitrittsakte und in Art. 11 Abs. 6 sowie in Art. 12 Abs. 2 des Protokolls Nr. 9 vorgesehen sind. Diese Maßnahmen treten nur vorbehaltlich des Inkrafttretens dieses Vertrags und zum Zeitpunkt seines Inkrafttretens in Kraft.

Artikel 3. Dieser Vertrag ist in einer Urschrift in dänischer, deutscher, englischer, finnischer, französischer, griechischer, irischer, italienischer, niederländischer, norwegischer, portugiesischer, schwedischer und spanischer Sprache abgefaßt, wobei der Wortlaut in dänischer, deutscher, englischer, finnischer, französischer, griechischer, irischer, italienischer, niederländischer, portugiesischer, schwedischer und spanischer Sprache gleichermaßen verbindlich ist; er wird im Archiv der Regierung der Italienischen Republik hinterlegt; diese übermittelt der Regierung jedes anderen Unterzeichnerstaats eine beglaubigte Abschrift.

ZU URKUND DESSEN haben die unterzeichneten Bevollmächtigten ihre Unterschriften unter diesen Vertrag gesetzt.

Geschehen zu Korfu am 24. Juni 1994.

AKTE

über die Bedingungen des Beitritts der Republik Österreich, der Republik Finnland und des Königreichs Schweden und die Anpassungen der die Europäische Union begründenden Verträge

ERSTER TEIL. GRUNDSÄTZE

Artikel 1. Im Sinne dieser Akte bezieht sich

– der Ausdruck „ursprüngliche Verträge" = auf den Vertrag über die Gründung der Europäischen Gemeinschaft für Kohle und Stahl (EGKS-Vertrag) auf den Vertrag zur Gründung der Europäischen Gemeinschaft (EG-Vertrag) sowie auf den Vertrag zur Gründung der Europäischen Atomgemeinschaft (Euratom-Vertrag) mit den Anderungen oder Ergänzungen, die durch vor diesem Beitritt in Kraft getretene Verträge oder andere Rechtsakte vorgenommen worden sind, = auf den Vertrag über die Europäische Union (EU-Vertrag);

– der Ausdruck auf das Königreich Belgien, das Königreich Dänemark, die Bundesrepublik Deutschland, die Griechische Republik, das Königreich Spanien, die Französische Republik, Irland, die Italienische Republik, das Großherzogtum Luxemburg, das Königreich der Niederlande, die Portugiesische Republik und das Vereinigte Königreich Großbritannien und Nordirland;

– der Ausdruck auf die durch den EU-Vertrage geschaffene Europäische Union;

– der Ausdruck je nach Sachlage auf eine bzw. mehrere der unter dem ersten Gedankenstrich genannten Gemeinschaften;

2) Zu Art 2 Abs 2 UAbs 1 BeitrittsV: Der Beitrittsvertrag enthält nur unbezeichnete Unterabsätze. Zwecks leichterer Zitierbarkeit sind nachstehend alle Unterabsätze mit Bezeichnungen versehen.

– der Ausdruck auf die Republik Österreich, die Republik Finnland und das Königreich Schweden;

– der Ausdruck auf die durch die ursprünglichen Verträge geschaffenen Organe.

Artikel 2. Ab dem Beitritt sind die ursprünglichen Verträge und die vor dem Beitritt erlassenen Rechtsakte der Organe für die neuen Mitgliedstaaten verbindlich und gelten in diesen Staaten nach Maßgabe der genannten Verträge und dieser Akte.

Artikel 3. Die neuen Mitgliedstaaten verpflichten sich, im Hinblick auf diejenigen Übereinkommen oder Instrumente in den Bereichen Justiz und Inneres, die von der Erreichung der Ziele des EU-Vertrags nicht zu trennen sind,

– denjenigen, die bis zum Beitritt zur Unterzeichnung durch die derzeitigen Mitgliedstaaten aufgelegt worden sind, sowie denjenigen, die vom Rat gemäß Titel VI des EU-Vertrags ausgearbeitet und den Mitgliedstaaten zur Annahme empfohlen worden sind, beizutreten;

– Verwaltungs- und sonstige Vorkehrungen wie etwa diejenigen einzuführen, die von den derzeitigen Mitgliedstaaten oder vom Rat bis zum Tag des Beitritts angenommen wurden, um die praktische Zusammenarbeit zwischen in den Bereichen Justiz und Inneres tätigen Einrichtungen und Organisationen der Mitgliedstaaten zu erleichtern.

Artikel 4. (1)[3]) Die neuen Mitgliedstaaten treten durch diese Akte den Beschlüssen und Vereinbarungen der im Rat vereinigten Vertreter der Regierungen der Mitgliedstaaten bei. Sie verpflichten sich, ab dem Beitritt allen sonstigen von den derzeitigen Mitgliedstaaten für das Funktionieren der Union oder in Verbindung mit deren Tätigkeit geschlossenen Übereinkünften beizutreten.

(2) Die neuen Mitgliedstaaten verpflichten sich, den in Art. 220 *(293)* des EG-Vertrags vorgesehenen Übereinkommen und den von der Verwirklichung der Ziele des EG-Vertrags untrennbaren Übereinkommen sowie den Protokollen über die Auslegung dieser Übereinkommen durch den Gerichtshof beizutreten, die von den derzeitigen Mitgliedstaaten unterzeichnet wurden, und zu diesem Zweck mit den derzeitigen Mitgliedstaaten Verhandlungen im Hinblick auf die erforderlichen Anpassungen aufzunehmen.

(3) Die neuen Mitgliedstaaten befinden sich hinsichtlich der Erklärungen, Entschließungen oder sonstigen Stellungnahmen des Europäischen Rates oder des Rates sowie hinsichtlich der die Gemeinschaften oder die Union betreffenden Erklärungen, Entschließungen oder sonstigen Stellungnahmen, die von den Mitgliedstaaten im gegenseitigen Einvernehmen angenommen wurden, in derselben Lage wie die derzeitigen Mitgliedstaaten; sie werden demgemäß die sich daraus ergebenden Grundsätze und Leitlinien beachten und die gegebenenfalls zu ihrer Durchführung erforderlichen Maßnahmen treffen.

Artikel 5. (1) Die von einer der Gemeinschaften mit einem oder mehreren dritten Staaten, mit einer internationalen Organisation oder mit einem Staatsangehörigen eines dritten Staates geschlossenen Abkommen oder Übereinkommen sind für die neuen Mitgliedstaaten nach Maßgabe der ursprünglichen Verträge und dieser Akte verbindlich.

(2) Die neuen Mitgliedstaaten verpflichten sich, nach Maßgabe dieser Akte den von den derzeitigen Mitgliedstaaten zusammen mit einer der Gemeinschaften geschlossenen Abkommen oder Übereinkommen sowie den von diesen Staaten geschlossenen Übereinkünften, die mit diesen Abkommen oder Übereinkommen in Zusammenhang stehen, beizutreten. Die Gemeinschaft und die derzeitigen Mitgliedstaaten im Rahmen der Union leisten den neuen Mitgliedstaaten hierbei Hilfe.

(3) Die neuen Mitgliedstaaten treten durch diese Akte und unter den darin vorgesehenen Bedingungen den internen Vereinbarungen bei, welche die derzeitigen Mitgliedstaaten zur Durchführung der Abkommen oder Übereinkommen in Sinne des Abs. 2 geschlossen haben.

(4) Die neuen Mitgliedstaaten ergreifen geeignete Maßnahmen, um gegebenenfalls ihre Stellung in bezug auf internationale Organisationen oder diejenigen internationalen Übereinkünfte, denen auch eine der Gemeinschaften oder andere Mitgliedstaaten als Vertragspartei angehören, den Rechten und Pflichten anzupassen, die sich aus ihrem Beitritt zur Union ergeben.

---

[3]) Zu Art 4 Abs 1 BeitrittsA: Die Beitrittsakte enthält sowohl bezeichnete als auch unbezeichnete Absätze. Zwecks leichterer Zitierbarkeit sind nachstehend alle Absätze mit Bezeichnungen versehen.

Artikel 6. Art. 234 *(307)* des EG-Vertrags und die Art. 105 und 106 des Euratom-Vertrags sind für die neuen Mitgliedstaaten auf die vor ihrem Beitritt geschlossenen Abkommen und Vereinbarungen anwendbar.

Artikel 7. Die Bestimmungen dieser Akte können, soweit darin nicht etwas anderes vorgesehen ist, nur nach dem in den ursprünglichen Verträgen vorgesehenen Verfahren, die eine Revision dieser Verträge ermöglichen, ausgesetzt, geändert oder aufgehoben werden.

Artikel 8. Die von den Organen erlassenen Rechtsakte, auf die sich die in dieser Akte vorgesehenen Übergangsbestimmungen beziehen, bewahren ihren Rechtscharakter; insbesondere bleiben die Verfahren zur Änderung dieser Rechtsakte anwendbar.

Artikel 9. Die Bestimmungen dieser Akte, die eine nicht nur vorübergehende Aufhebung oder Änderung von Rechtsakten der Organe zum Gegenstand haben oder bewirken, haben denselben Rechtscharakter wie die durch sie aufgehobenen oder geänderten Bestimmungen und unterliegen denselben Regeln wie diese.

Artikel 10. Für die Anwendung der ursprünglichen Verträge und der Rechtsakte der Organe gelten vorübergehend die in dieser Akte vorgesehenen abweichenden Bestimmungen.

ZWEITER TEIL
ANPASSUNGEN DER VERTRÄGE

Artikel 11 bis 28. [Eingearbeitet bzw nicht abgedruckt]

DRITTER TEIL
ANPASSUNGEN DER RECHTSAKTE DER ORGANE

Artikel 29. Die in Anhang I aufgeführten Rechtsakte sind Gegenstand der in jenem Anhang festgelegten Anpassungen.

Artikel 30. Die infolge des Beitritts erforderlichen Anpassungen der in Anhang II aufgeführten Rechtsakte werden im Einklang mit den dort aufgestellten Leitlinien nach dem Verfahren und nach Maßgabe des Art. 169 vorgenommen.

VIERTER TEIL
ÜBERGANGSMASSNAHMEN

Titel I
INSTITUTIONELLE BESTIMMUNGEN

Artikel 31. (1) Innerhalb der ersten beiden Jahre nach dem Beitritt führt jeder der neuen Mitgliedstaaten eine Wahl zum Europäischen Parlament durch, bei der die in Art. 11[4]) festgesetzte Anzahl von Abgeordneten durch das Volk in allgemeiner unmittelbarer Wahl nach Maßgabe des Aktes vom 20. September 1976 zur Einführung allgemeiner unmittelbarer Wahlen der Abgeordneten des Europäischen Parlaments gewählt wird.

(2) Für die Zeit vom Beitritt bis zu der jeweiligen Wahl nach Abs. 1 werden die Abgeordneten der neuen Mitgliedstaaten im Europäischen Parlament durch die Parlamente dieser Staaten aus ihrer Mitte nach dem von dem betreffenden Staat festgelegten Verfahren ernannt.

(3) Jeder der neuen Mitgliedstaaten kann jedoch beschließen, Wahlen zum Europäischen Parlament in dem Zeitraum zwischen der Unterzeichnung und dem Inkrafttreten des Beitrittsvertrags gemäß dem dieser Akte beigefügten Protokoll Nr. 8 durchzuführen.

(4) Das Mandat der nach Abs. 1 oder Abs. 3 gewählten Abgeordneten endet zur gleichen Zeit wie das Mandat der in den derzeitigen Mitgliedstaaten für den Fünfjahreszeitraum 1994 – 1999 gewählten Abgeordneten.

Titel II

Artikel 32 bis 68. [Nicht abgedruckt]

Titel III
ÜBERGANGSMASSNAHMEN BETREFFEND DIE REPUBLIK ÖSTERREICH

KAPITEL 1
FREIER WARENVERKEHR

EINZIGER ABSCHNITT

NORMEN UND UMWELT

Artikel 69

(1) Während eines Zeitraums von vier Jahren ab dem Beitritt finden die in Anhang VIII genannten Bestimmungen nach Maßgabe jenes Anhangs und entsprechend den darin fest-

---

[4]) Zu Art 31 Abs 1 BeitrittsA: Ändert Art 2 des Direktwahlaktes (***7/1.**).

gelegten Bedingungen keine Anwendung auf die Republik Österreich.

(2) Die in Absatz 1 genannten Bestimmungen werden innerhalb dieses Zeitraums im Einklang mit den EG-Verfahren überprüft.

Unbeschadet der Ergebnisse dieser Überprüfung gilt der gemeinschaftliche Besitzstand ab dem Ende der in Absatz 1 genannten Übergangszeit für die neuen Mitgliedstaaten unter den gleichen Bedingungen wie für die derzeitigen Mitgliedstaaten.

KAPITEL 2

FREIZÜGIGKEIT, FREIER DIENSTLEISTUNGS- UND KAPITALVERKEHR

Artikel 70

Abweichend von den Verpflichtungen im Rahmen der die Europäische Union begründenden Verträge kann die Republik Österreich ihre bestehenden Rechtsvorschriften betreffend Zweitwohnungen während eines Zeitraums von fünf Jahren ab dem Beitritt beibehalten.

KAPITEL 3

WETTBEWERBSPOLITIK

Artikel 71

(1) Unbeschadet der Absätze 2 und 3 formt die Republik Österreich ab dem Beitritt ihr Handelsmonopol für verarbeiteten Tabak im Sinne des Artikels 37 *(31)* Absatz 1 des EG-Vertrags schrittweise derart um, daß spätestens drei Jahre ab dem Beitritt jede Diskriminierung in den Versorgungs- und Absatzbedingungen zwischen den Angehörigen der Mitgliedstaaten ausgeschlossen ist.

(2) Bei den in der Liste des Anhangs IX aufgeführten Erzeugnissen wird das ausschließliche Einfuhrrecht spätestens mit Ablauf eines Dreijahreszeitraums ab dem Beitritt abgeschafft. Die Abschaffung dieses Ausschließlichkeitsrechts erfolgt durch die ab dem Beitritt durchgeführte schrittweise Eröffnung von Einfuhrkontingenten für Erzeugnisse aus den Mitgliedstaaten. Zu Beginn eines jeden der drei betreffenden Jahre eröffnet die Republik Österreich ein Kontingent, das anhand der nachstehend genannten Prozentsätze des nationalen Verbrauchs berechnet ist: 15 vH für das erste Jahr, 40 vH für das zweite Jahr, 70 vH für das dritte Jahr. Die diesen Prozentsätzen entsprechenden Mengen sind in der Liste in Anhang IX aufgeführt.

Die in Unterabsatz 1 genannten Kontingente sind für alle Wirtschaftsbeteiligten ohne Einschränkung zugänglich; Erzeugnisse, die im Rahmen dieser Kontingente eingeführt werden, können in der Republik Österreich keinem ausschließlichen Vermarktungsrecht auf Großhandelsebene unterworfen werden; im Fall des Einzelhandelsverkaufs der im Rahmen von Kontingenten eingeführten Erzeugnisse muß die Abgabe dieser Erzeugnisse an den Verbraucher in nichtdiskriminierender Weise erfolgen.

(3) Spätestens ein Jahr nach dem Beitritt errichtet die Republik Österreich eine unabhängige Stelle, deren Aufgabe es ist, im Einklang mit dem EG-Vertrag die Genehmigungen für den Betrieb des Einzelhandels zu erteilen.

Artikel 72

Die Republik Österreich kann bis zum 1. Januar 1996 gegenüber den anderen Mitgliedstaaten die Zölle sowie die Lizenzregelungen beibehalten, die sie zum Zeitpunkt ihres Beitritts auf Spirituosen und nicht denaturiertem Ethylalkohol mit einem Alkoholgehalt von weniger als 80% vol. der HS-Position 22 08 anwendete. Eine solche Lizenzregelung muß in nichtdiskriminierender Weise angewandt werden.

KAPITEL 4

AUSWÄRTIGE BEZIEHUNGEN EINSCHLIESSLICH ZOLLUNION

Artikel 73

Die in Anhang VI aufgeführten Rechtsakte gelten in bezug auf die Republik Österreich unter den in jenem Anhang festgelegten Bedingungen.

Artikel 74

Die Republik Österreich kann bis zum 31. Dezember 1996 gegenüber der Republik Ungarn, der Republik Polen, der Slowakischen Republik, der Tschechischen Republik, der Republik Rumänien und der Republik Bulgarien die Einfuhrbeschränkungen beibehalten, die sie am 1. Januar 1994 für Braunkohle des Code 27 02 10 00 der Kombinierten Nomenklatur anwendet.

An den Europa-Abkommen und gegebenenfalls den Interimsabkommen, die mit diesen Ländern geschlossen worden sind, werden die erforderlichen Anpassungen gemäß Artikel 76 vorgenommen.

Artikel 75

(1) Ab 1. Januar 1995 wendet die Republik Österreich folgendes an:

a) die Vereinbarung vom 20. Dezember 1973 über den internationalen Handel mit Textilien in der durch die Protokolle vom 31. Juli 1986, 31. Juli 1991, 9. Dezember 1992 und 9. Dezember 1993 geänderten oder verlängerten Fassung oder das Übereinkommen über Textil- und Bekleidungserzeugnisse als Ergebnis der GATT-Handelsverhandlungen der Uruguay-Runde, sofern dieses zum Zeitpunkt des Beitritts bereits in Kraft ist;
b) die von der Gemeinschaft mit Drittländern geschlossenen zweiseitigen Textilabkommen und -vereinbarungen.

(2) Zu den in Absatz 1 genannten zweiseitigen Abkommen und Vereinbarungen handelt die Gemeinschaft mit den betreffenden Drittländern Protokolle aus, um eine entsprechende Anpassung der mengenmäßigen Beschränkungen der Ausfuhren von Textil- und Bekleidungserzeugnissen in die Gemeinschaft vorzunehmen.

(3) Sollten die in Absatz 2 genannten Protokolle bis zum 1. Januar 1995 nicht geschlossen worden sein, so ergreift die Gemeinschaft geeignete Maßnahmen zur Bereinigung dieser Lage und betreffend die erforderlichen Übergangsanpassungen, um die Durchführung der Abkommen durch die Gemeinschaft sicherzustellen.

Artikel 76

(1) Ab dem 1. Januar 1995 wendet die Republik Österreich die Bestimmungen der in Artikel 77 genannten Abkommen an.

(2) Etwaige Anpassungen werden in Protokollen vorgenommen, die mit den übrigen Vertragsstaaten geschlossen und jenen Abkommen beigefügt werden.

(3) Sollten die in Absatz 2 genannten Protokolle bis zum 1. Januar 1995 nicht geschlossen worden sein, so trifft die Gemeinschaft die erforderlichen Maßnahmen, um dieser Lage zum Beitritt Rechnung zu tragen.

Artikel 77

Artikel 76 findet Anwendung auf

– die Abkommen mit Andorra, Algerien, Bulgarien, der ehemaligen Tschechischen und Slowakischen Föderativen Republik und ihren Nachfolgestaaten (Tschechische Republik und Slowakische Republik), Zypern, Ägypten, Ungarn, Island, Israel, Jordanien, Libanon, Malta, Marokko, Norwegen, Polen, Rumänien, Slowenien, der Schweiz, Syrien, Tunesien und der Türkei sowie andere Abkommen mit Drittländern, die ausschließlich den Handel mit den in Anhang II des EG-Vertrags aufgeführten Erzeugnissen betreffen;
– das am 15. Dezember 1989 unterzeichnete Vierte AKP-EWG-Abkommen;
– andere ähnliche Abkommen, die gegebenenfalls vor dem Beitritt geschlossen werden.

Artikel 78

Mit Wirkung ab dem 1. Januar 1995 tritt die Republik Österreich unter anderem von dem am 4. Januar 1960 unterzeichneten Abkommen zur Gründung einer Europäischen Freihandelsassoziation zurück.

KAPITEL 5
FINANZ- UND HAUSHALTSVORSCHRIFTEN

Artikel 79

Bezugnahmen auf den Beschluß des Rates über das System der Eigenmittel der Gemeinschaften gelten als Bezugnahmen auf den Beschluß des Rates vom 24. Juni 1988 in seiner jeweiligen Fassung oder einen diesen ersetzenden Beschluß.

Artikel 80

Die als „Zölle des Gemeinsamen Zolltarifs und andere Zölle“ bezeichneten Einnahmen im Sinne des Artikels 2 Absatz 1 Buchstabe b des Beschlusses des Rates über das System der Eigenmittel der Gemeinschaften oder entsprechender Vorschriften in einem diesen ersetzenden Beschluß umfassen auch die von der Gemeinschaft für den Handel der Republik Österreich mit Drittländern angewandten Zölle, die anhand der sich aus dem Gemeinsamen Zolltarif ergebenden Zollsätze und diesbezüglicher Zollzugeständnisse berechnet werden.

Artikel 81

Die Gemeinschaft überweist der Republik Österreich am ersten Arbeitstag jeden Monats ein Zwölftel der nachstehenden Beträge als

Ausgaben des Gesamthaushalts der Europäischen Gemeinschaften:
- 583 Millionen ECU im Jahre 1995
- 106 Millionen ECU im Jahre 1996
- 71 Millionen ECU im Jahre 1997
- 35 Millionen ECU im Jahre 1998.

Artikel 82

Der Anteil der Republik Österreich an der Finanzierung der nach seinem Beitritt noch zu leistenden Zahlungen auf die nach Artikel 82 des Abkommens über den Europäischen Wirtschaftsraum eingegangenen Verpflichtungen wird vom Gesamthaushalt der Europäischen Gemeinschaften getragen.

Artikel 83

Der Anteil der Republik Österreich an der Finanzierung des Finanzierungsmechanismus nach Artikel 116 des Abkommens über den Europäischen Wirtschaftsraum wird vom Gesamthaushalt der Europäischen Gemeinschaften getragen.

TITEL IV bis V

Artikel 84 bis 136. [nicht abgedruckt]

TITEL VI
LANDWIRTSCHAFT

Artikel 137

(1) Dieser Titel betrifft die landwirtschaftlichen Erzeugnisse mit Ausnahme der Erzeugnisse der Verordnung (EWG) Nr. 3759/92 über die gemeinsame Marktorganisation für Fischereierzeugnisse und Erzeugnisse der Aquakultur.

(2) Soweit in dieser Akte nichts anderes bestimmt ist, gilt folgendes:
- Der Handel der neuen Mitgliedstaaten untereinander, mit Drittstaaten oder mit den derzeitigen Mitgliedstaaten unterliegt der für die letztgenannten Mitgliedstaaten geltenden Regelung. Die für die derzeitige Gemeinschaft geltende Regelung in bezug auf Einfuhrabgaben und Abgaben gleicher Wirkung, mengenmäßige Beschränkungen und Maßnahmen gleicher Wirkung gilt auch für die neuen Mitgliedstaaten;
- die Rechte und Pflichten aufgrund der Gemeinsamen Agrarpolitik gelten für die neuen Mitgliedstaaten im vollen Umfang.

(3) Die Anwendung der Übergangsmaßnahmen für landwirtschaftliche Erzeugnisse nach Absatz 1 endet, soweit nicht in besonderen Bestimmungen dieses Titels andere Zeitpunkte oder Fristen vorgesehen sind, mit dem Ablauf des fünften Jahres nach dem Beitritt Österreichs und Finnlands. Bei diesen Maßnahmen wird nichtsdestoweniger für jedes Erzeugnis der Gesamterzeugung während des Jahres 1999 voll Rechnung getragen.

KAPITEL I
BESTIMMUNGEN ÜBER EINZELSTAATLICHE BEIHILFEN

Artikel 138

(1) Während der Übergangszeit dürfen Österreich und Finnland vorbehaltlich der Genehmigung der Kommission den Erzeugern der landwirtschaftlichen Grunderzeugnisse, die der Gemeinsamen Agrarpolitik unterliegen, in geeigneter Form degressive einzelstaatliche Übergangsbeihilfen gewähren.

Diese Beihilfen können insbesondere regional gestaffelt werden.

(2) Die Kommission genehmigt die Beihilfen nach Absatz 1
- in allen Fällen, in denen sich aus den von einem neuen Mitgliedstaat angeführten Umständen ergibt, daß zwischen dem Betrag der seinen Erzeugern je Erzeugnis vor dem Beitritt gezahlten Stützung und der Höhe der Stützung, die aufgrund der Gemeinsamen Agrarpolitik gezahlt werden kann, eine wesentliche Differenz besteht;
- bis zu einem Anfangsbetrag, der höchstens dieser Differenz entspricht.

Differenzen, die anfangs weniger als 10 vH betragen, gelten nicht als wesentlich.

Die Genehmigung der Kommission wird jedoch
- in Übereinstimmung mit den internationalen Verpflichtungen der erweiterten Gemeinschaft erteilt;
- hinsichtlich Schweinefleisch, Eier und Geflügel den Preisangleichungen für Futtermittel Rechnung tragen;
- nicht für Tabak erteilt.

(3) Der Betrag der Stützung nach Absatz 2 wird für jedes landwirtschaftliche Grunderzeugnis berechnet. Berücksichtigt werden dabei insbesondere Preisstützungsmaßnahmen aufgrund von Interventionsmechanismen oder

anderen Machanismen sowie die Gewährung von Beihilfen, die an die Produktionseinheit gebunden sind, und die Gewährung von Beihilfen, die Betriebe für spezifische Erzeugnisse erhalten.

(4) Die Genehmigung der Kommission

– legt die höchstzulässige Anfangshöhe der Beihilfen, den Zeitplan ihres Abbaus sowie gegebenenfalls die Voraussetzungen für ihre Gewährung fest, wobei auch sonstige Beihilfen aufgrund des Gemeinschaftsrechts, die nicht unter diesen Artikel fallen, berücksichtigt werden;
– wird vorbehaltlich der Anpassungen erteilt, die aufgrund
  – der Entwicklung der Gemeinsamen Agrarpolitik,
  – der Entwicklung des Preisniveaus in der Gemeinschaft

  erforderlich werden können.

Erweisen sich derartige Anpassungen als erforderlich, so werden der Betrag der Beihilfe oder die Voraussetzungen für ihre Gewährung auf Ersuchen der Kommission oder auf der Grundlage einer Entscheidung der Kommission geändert.

(5) Unbeschadet der Absätze 1 bis 4 genehmigt die Kommission nach Absatz 1 insbesondere die in Anhang XIII vorgesehenen einzelstaatlichen Beihilfen im Rahmen und unter den Bedingungen jenes Anhangs.

Artikel 139

(1) Die Kommission gestattet Österreich und Finnland, die Gewährung von Beihilfen beizubehalten, die nicht an eine besondere Erzeugung gebunden sind und die daher bei der Berechnung des Stützungsbetrags nach Artikel 138 Absatz 3 nicht berücksichtigt werden. In diesem Sinne sind insbesondere Betriebsbeihilfen gestattet.

(2) Für die Beihilfen nach Absatz 1 gelten die Bestimmungen des Artikels 138 Absatz 4.

Beihilfen gleicher Art, die durch die Gemeinsame Agrarpolitik vorgesehen oder mit dem Gemeinschaftsrecht vereinbar sind, werden von dem Betrag abgezogen.

(3) Nach diesem Artikel genehmigte Beihilfen werden spätestens mit dem Ende der Übergangszeit abgeschafft.

(4) Investitionsbeihilfen sind von der Anwendung des Absatzes 1 ausgeschlossen.

Artikel 140

Die Kommission gestattet Österreich und Finnland, die in Anhang XIV vorgesehenen einzelstaatlichen Übergangsbeihilfen in dem dort vorgesehenen Rahmen und unter den dort vorgesehenen Bedingungen zu gewähren. In ihrer Genehmigung legt die Kommission die Anfangshöhe der Beihilfen, sofern sich diese nicht aus den in dem Anhang vorgesehenen Bedingungen ergibt, sowie den Zeitplan ihres Abbaus fest.

Artikel 141 bis 142. [nicht abgedruckt]

Artikel 143

(1) Die Beihilfen nach den Artikeln 138 bis 142 sowie jede andere einzelstaatliche Beihilfe, die im Rahmen dieser Akte der Genehmigung durch die Kommission bedarf, werden der Kommission notifiziert. Sie dürfen nicht vor Erteilung der Genehmigung gewährt werden.

Haben die neuen Mitgliedstaaten bestehende oder beabsichtigte Beihilfemaßnahmen bereits vor dem Beitritt mitgeteilt, so gelten diese als am Tag des Beitritts notifiziert.

(2) In bezug auf die Beihilfen nach Artikel 142 legt die Kommission dem Rat ein Jahr nach dem Beitritt und danach alle fünf Jahre einen Bericht vor über

– die erteilten Genehmigungen;
– die Ergebnisse der Beihilfen, die aufgrund der Genehmigungen gewährt wurden.

Im Hinblick auf die Erstellung dieses Berichts liefern die Mitgliedstaaten, welche diese Genehmigungen erhalten haben, der Kommission rechtzeitig Informationen über die Auswirkungen der gewährten Beihilfen unter Darstellung der Entwicklung der Landwirtschaft in den betroffenen Regionen.

Artikel 144

In bezug auf die Beihilfen nach den Artikeln 92 *(87)* und 93 *(88)* des EG-Vertrags

a) gelten von den in den neuen Mitgliedstaaten vor dem Beitritt angewandten Beihilfen nur diejenigen als „bestehende" Beihilfen nach Artikel 93 *(88)* Absatz 1 des EG-Vertrags, die der Kommission bis zum 30. April 1995 mitgeteilt werden;
b) gelten bestehende Beihilfen und Vorhaben zur Einführung oder Umgestaltung von Beihilfen, die der Kommission vor dem

Beitritt mitgeteilt werden, als am Tag des Beitritts notifiziert.

KAPITEL II
ANDERE BESTIMMUNGEN

Artikel 145

(1) Die von den neuen Mitgliedstaaten aufgrund ihrer Politik zur Marktstützung am 1. Januar 1995 gehaltenen öffentlichen Bestände werden von der Gemeinschaft in Höhe des Wertes übernommen, der sich aus der Anwendung des Artikels 8 der Verordnung (EWG) Nr. 1883/78 des Rates über die allgemeinen Regeln für die Finanzierung der Interventionen durch den Europäischen Ausrichtungs- und Garantiefonds für die Landwirtschaft, Abteilung Garantie ergibt.

(2) Jeder Warenbestand, der sich am 1. Januar 1995 im Hoheitsgebiet der neuen Mitgliedstaaten im freien Verkehr befindet und mengenmäßig einen als normal anzusehenden Übertragbestand übersteigt, muß von diesen Mitgliedstaaten auf ihre Kosten im Rahmen der Gemeinschaftsverfahren und Fristen abgebaut werden, die nach dem in Artikel 149 Absatz 1 genannten Verfahren noch festzulegen sind. Der Begriff „normaler Übertragbestand" wird für jedes Erzeugnis nach den Kriterien und Zielen der jeweiligen gemeinsamen Marktorganisation festgelegt.

(3) Die in Absatz 1 genannten Bestände werden von der den normalen Übertragbestand übersteigenden Menge abgezogen.

Artikel 146. [nicht abgedruckt]

Artikel 147

Bringt vor dem 1. Januar 2000 im Agrarsektor der Handel zwischen einem oder mehreren der neuen Mitgliedstaaten und der Gemeinschaft in ihrer Zusammensetzung am 31. Dezember 1994 oder der Handel der neuen Mitgliedstaaten untereinander erhebliche Störungen auf dem Markt Österreichs oder Finnlands mit sich, so entscheidet die Kommission auf Antrag des betroffenen Mitgliedstaats binnen 24 Stunden nach Eingang des Antrags über die ihres Erachtens erforderlichen Schutzmaßnahmen. Die beschlossenen Maßnahmen sind sofort anwendbar; sie tragen dem Interesse aller Beteiligten Rechnung und dürfen keine Grenzkontrollen mit sich bringen.

Artikel 148

(1) Sofern nicht in bestimmten Fällen etwas anderes bestimmt ist, erläßt der Rat mit qualifizierter Mehrheit auf Vorschlag der Kommission die zur Durchführung dieses Titels erforderlichen Bestimmungen.

(2) Der Rat kann einstimmig auf Vorschlag der Kommission und nach Anhörung des Europäischen Parlaments die bei einer Änderung der Gemeinschaftsregelung gegebenenfalls erforderlichen Anpassungen der in diesem Titel enthaltenen Bestimmungen vornehmen.

Artikel 149

(1) Sind Übergangsmaßnahmen notwendig, um die Überleitung von der in den neuen Mitgliedstaaten bestehenden Regelung zu der Regelung zu erleichtern, die sich aus der Anwendung der gemeinsamen Marktorganisationen nach Maßgabe dieses Titels ergibt, so werden diese Maßnahmen nach dem Verfahren des Artikels 38 der Verordnung Nr. 136/66/EWG oder der entsprechenden Artikel der anderen Verordnungen über gemeinsame Agrarmarktorganisationen getroffen. Diese Maßnahmen können während eines Zeitraums, der am 31. Dezember 1997 endet, getroffen werden; sie sind nur bis zu diesem Zeitpunkt anwendbar.

(2) Der Rat kann einstimmig auf Vorschlag der Kommission und nach Anhörung des Europäischen Parlaments den in Absatz 1 genannten Zeitraum verlängern.

Artikel 150

(1) Die Übergangsmaßnahmen zur Anwendung der in dieser Akte nicht genannten Rechtsakte im Bereich der Gemeinsamen Agrarpolitik einschließlich der Agrarstruktur, die infolge des Beitritts erforderlich sind, werden vor dem Beitritt nach dem Verfahren des Absatzes 3 erlassen und treten frühestens mit dem Beitritt in Kraft.

(2) Die Übergangsmaßnahmen nach Absatz 1 umfassen insbesondere die Anpassung der Rechtsakte, welche die Mitfinanzierung bestimmter Maßnahmen im Bereich der Statistik und der Ausgabenkontrolle zugunsten der derzeitigen Mitgliedstaaten vorsehen.

Sie können auch vorsehen, daß unter bestimmten Voraussetzungen Wirtschaftsteilnehmern des Privatsektors – natürlichen oder juristischen Personen –, die am 1. Januar 1995 Bestände von Erzeugnissen nach Artikel 138 Absatz 1 oder von deren Verarbeitungserzeugnissen halten, eine einzelstaatliche Beihilfe gewährt werden kann, die höchstens der Differenz zwischen dem in einem neuen Mitgliedstaat vor dem Beitritt festgestellten Preis und dem sich aus der Anwendung dieser Akte ergebenden Preis entspricht.

(3) Die Übergangsmaßnahmen nach den Absätzen 1 und 2 werden vom Rat mit qualifizierter Mehrheit auf Vorschlag der Kommission erlassen. Die Maßnahmen, die sich auf ursprünglich von der Kommission erlassene Rechtsakte beziehen, werden jedoch von diesem Organ nach den in Artikel 149 Absatz 1 genannten Verfahren erlassen.

TITEL VII
SONSTIGE BESTIMMUNGEN

Artikel 151

(1) Die in Anhang XV aufgeführten Rechtsakte gelten für die neuen Mitgliedstaaten unter den in jenem Anhang festgelegten Bedingungen.

(2) Auf ordnungsgemäß begründeten Antrag eines der neuen Mitgliedstaaten kann der Rat einstimmig auf Vorschlag der Kommission vor dem 1. Januar 1995 Maßnahmen ergreifen, die zeitweilige Abweichungen von den Rechtsakten der Organe beinhalten, welche zwischen dem 1. Januar 1994 und dem Zeitpunkt der Unterzeichnung des Beitrittsvertrags dieser Akte erlassen worden sind.

Artikel 152

(1) Bis zum 1. Januar 1996 kann ein neuer Mitgliedstaat bei Schwierigkeiten, welche einen Wirtschaftszweig erheblich und voraussichtlich anhaltend treffen oder welche die wirtschaftliche Lage eines bestimmten Gebiets beträchtlich verschlechtern können, die Genehmigung zur Anwendung von Schutzmaßnahmen beantragen, um die Lage wieder auszugleichen und den betreffenden Wirtschaftszweig an die Wirtschaft des Gemeinsamen Marktes anzupassen.

Unter den gleichen Bedingungen kann ein derzeitiger Mitgliedstaat die Genehmigung zur Anwendung von Schutzmaßnahmen gegenüber einem oder mehreren der neuen Mitgliedstaaten beantragen.

(2) Auf Antrag des betreffenden Staates bestimmt die Kommission im Dringlichkeitsverfahren die ihres Erachtens erforderlichen Schutzmaßnahmen und legt gleichzeitig die Bedingungen und Einzelheiten ihrer Anwendung fest.

Im Fall erheblicher wirtschaftlicher Schwierigkeiten entscheidet die Kommission auf ausdrücklichen Antrag des betreffenden Mitgliedstaats binnen fünf Arbeitstagen nach Eingang des mit Gründen versehenen Antrags. Die beschlossenen Maßnahmen sind sofort anwendbar; sie tragen dem Interesse aller Beteiligten Rechnung und dürfen keine Grenzkontrollen mit sich bringen.

(3) Die nach Absatz 2 genehmigten Maßnahmen können von den Vorschriften des EG-Vertrags, des EGKS-Vertrags und dieser Akte abweichen, soweit und solange dies unbedingt erforderlich ist, um die in Absatz 1 genannten Ziele zu erreichen. Es sind mit Vorrang solche Maßnahmen zu wählen, die das Funktionieren des Gemeinsamen Marktes am wenigsten stören.

Artikel 153

Um das reibungslose Funktionieren des Binnenmarkts nicht zu behindern, darf die Durchführung der innerstaatlichen Vorschriften der neuen Mitgliedstaaten während der in dieser Akte vorgesehenen Übergangszeiten nicht zu Grenzkontrollen zwischen den Mitgliedstaaten führen.

FÜNFTER TEIL
BESTIMMUNGEN ÜBER DIE DURCHFÜHRUNG DIESER AKTE

Titel I
EINSETZUNG DER ORGANE UND GREMIEN

Artikel 154 bis 165. [Nicht abgedruckt]

Titel II
ANWENDBARKEIT DER RECHTSAKTE DER ORGANE

Artikel 166. Die Richtlinien und Entscheidungen im Sinne des Art. 189 *(249)* des EG-Vertrags und des Art. 161 des Euratom-Vertrags sowie die Empfehlungen und Entscheidungen im Sinne des Art. 14 des EGKS-Vertrags gelten vom Zeitpunkt des Beitritts an als an die neuen Mitgliedstaaten gerichtet, sofern diese Richtlinien, Empfehlungen und Entscheidungen an alle derzeitigen Mitgliedstaaten gerichtet wurden. Außer im Fall der Richtlinien und Entscheidungen, die gemäß Art. 191 *(254)* Abs. 1 und 2 des EG-Vertrags in Kraft treten, werden die neuen Mitgliedstaaten so behandelt, als wären ihnen diese

Richtlinien, Empfehlungen und Entscheidungen zum Zeitpunkt des Beitritts notifiziert worden.

Artikel 167

Die Anwendung der in der Liste des Anhangs XVIII aufgeführten Rechtsakte kann in jedem der neuen Mitgliedstaaten bis zu den in dieser Liste vorgesehenen Zeitpunkten und unter den dort vorgesehenen Bedingungen aufgeschoben werden.

Artikel 168

Sofern in der Liste des Anhangs XIX oder in anderen Bestimmungen dieser Akte nicht eine Frist vorgesehen ist, setzen die neuen Mitgliedstaaten die erforderlichen Maßnahmen in Kraft, um den Richtlinien und Entscheidungen im Sinne des Artikels 189 *(249)* des EG-Vertrags und des Artikels 161 des Euratom-Vertrags sowie den Empfehlungen und Entscheidungen im Sinne des Artikels 14 des EGKS-Vertrags vom Beitritt an nachzukommen.

Artikel 169

(1) Erfordern vor dem Beitritt erlassene Rechtsakte der Organe aufgrund des Beitritts eine Anpassung und sind die erforderlichen Anpassungen in dieser Akte oder ihren Anhängen nicht vorgesehen, so werden diese Anpassungen nach dem in Absatz 2 vorgesehenen Verfahren vorgenommen. Diese Anpassungen treten mit dem Beitritt in Kraft.

(2) Der Rat oder die Kommission, je nachdem, welches Organ die ursprünglichen Rechtsakte erlassen hat, legt zu diesem Zweck die erforderlichen Wortlaute fest; der Rat beschließt dabei mit qualifizierter Mehrheit auf Vorschlag der Kommission.

Artikel 170

Die vor dem Beitritt erlassenen Rechtsakte der Organe in den vom Rat oder von der Kommission in finnischer und schwedischer Sprache abgefaßten Wortlauten sind vom Zeitpunkt des Beitritts an unter den gleichen Bedingungen wie die Wortlaute in den neun derzeitigen Sprachen verbindlich. Sie werden im *Amtsblatt der Europäischen Gemeinschaften* veröffentlicht, soweit die Wortlaute in den derzeitigen Sprachen dort veröffentlicht worden sind.

Artikel 171

Die zum Zeitpunkt des Beitritts bestehenden Vereinbarungen, Beschlüsse und verabredeten Praktiken, die aufgrund des Beitritts in den Anwendungsbereich des Artikels 65 des EGKS-Vertrags fallen, sind der Kommission binnen drei Monaten nach dem Beitritt zu notifizieren. Nur die notifizierten Vereinbarungen und Beschlüsse bleiben bis zur Entscheidung der Kommission vorläufig in Kraft. Dieser Artikel gilt jedoch nicht für Vereinbarungen, Beschlüsse und verabredete Praktiken, die zum Zeitpunkt des Beitritts bereits unter die Artikel 1 und 2 des Protokolls 25 zum EWR-Abkommen fallen.

Artikel 172

(1) Ab dem Beitritt stellen die neuen Mitgliedstaaten sicher, daß alle einschlägigen Notifikationen oder Informationen, die der EFTA-Überwachungsbehörde oder dem Ständigen Ausschuß der EFTA-Staaten im Rahmen des EWR-Abkommens vor dem Beitritt übermittelt worden waren, der Kommission unverzüglich übermittelt werden. Diese Übermittlung gilt als Notifikation oder Information an die Kommission im Sinne der entsprechenden Gemeinschaftsvorschriften.

(2) Ab dem Beitritt stellen die neuen Mitgliedstaaten sicher, daß Rechtssachen, die unmittelbar vor dem Beitritt bei der EFTA-Überwachungsbehörde nach den Artikeln 53, 54, 61 und 62 oder 65 des EWR-Abkommens oder nach Artikel 1 oder 2 des Protokolls 25 zum EWR-Abkommen anhängig sind und die infolge des Beitritts in die Zuständigkeit der Kommission fallen, einschließlich der Rechtssachen, bei denen die zugrundeliegenden Tatsachen vor dem Beitritt ein Ende fanden, unverzüglich der Kommission überwiesen werden, die sie in Anwendung der entsprechenden Gemeinschaftsvorschriften unter Wahrung des Anhörungsrechts weiterbehandelt.

(3) Rechtssachen, die nach Artikel 53 oder 54 des EWR-Abkommens oder nach Artikel 1 oder 2 des Protokolls 25 zum EWR-Abkommen bei der Kommission anhängig sind und die infolge des Beitritts unter Artikel 85 *(81)* oder 86 *(82)* des EG-Vertrags oder unter Artikel 65 oder Artikel 66 des EGKS-Vertrags fallen, einschließlich der Rechtssachen, bei denen die zugrundeliegenden Tatsachen vor dem Beitritt ein Ende fanden, werden von der Kommission in Anwendung der entsprechenden Gemeinschaftsvorschriften weiterbehandelt.

(4) Einzelne Freistellungs- und Negativattestbeschlüsse, die nach Artikel 53 des EWR-Abkommens oder Artikel 1 des Protokolls 25 zum EWR-Abkommen vor dem Beitritt entweder von der EFTA-Überwachungsbehörde oder von der Kommission erlassen wurden und die Fälle betreffen, die infolge des Beitritts unter Artikel 85 *(81)* des EG-Vertrags oder unter Artikel 65 des EGKS-Vertrags fallen, bleiben beim Beitritt für die Zwecke des Artikels 85 *(81)* des EG-Vertrags bzw. des Artikels 65 des EGKS-Vertrags bis zum Ablauf der darin festgelegten Frist oder bis die Kommission gemäß den Grundprinzipien des Gemeinschaftsrechts eine ordnungsgemäß begründete anderslautende Entscheidung getroffen hat, gültig.

(5) Alle Beschlüsse der EFTA-Überwachungsbehörde, die vor dem Beitritt nach Artikel 61 des EWR-Abkommens erlassen wurden und die infolge des Beitritts unter Artikel 92 *(87)* des EG-Vertrags fallen, bleiben beim Beitritt hinsichtlich des Artikels 92 *(87)* des EG-Vertrags gültig, es sei denn, die Kommission faßt gemäß Artikel 93 *(88)* des EG-Vertrags einen anderslautenden Beschluß. Dieser Absatz gilt nicht für Beschlüsse, für die das Verfahren nach Artikel 64 des EWR-Abkommens gilt. Unbeschadet des Absatzes 2 werden von den neuen Mitgliedstaaten 1994 gewährte staatliche Beihilfen, die entgegen dem EWR-Abkommen oder auf dessen Grundlage getroffener Vereinbarungen entweder der EFTA-Überwachungsbehörde nicht notifiziert wurden oder zwar notifiziert, aber vor einer Entscheidung der EFTA-Überwachungsbehörde gewährt wurden, folglich nicht als bestehende staatliche Beihilfen gemäß Artikel 93 *(88)* Absatz 1 des EG-Vertrags angesehen.

(6) Ab dem Beitritt stellen die neuen Mitgliedstaaten sicher, daß alle anderen Rechtssachen, in denen die EFTA-Überwachungsbehörde vor dem Beitritt im Rahmen des Überwachungsverfahrens nach dem EWR-Abkommen tätig geworden ist, unverzüglich der Kommission überwiesen werden, die sie in Anwendung der entsprechenden Gemeinschaftsvorschriften unter Wahrung des Anhörungsrechts weiterbehandelt.

(7) Unbeschadet der Absätze 4 und 5 bleiben die von der EFTA-Überwachungsbehörde getroffenen Entscheidungen nach dem Beitritt gültig, es sei denn, die Kommission trifft gemäß den Grundprinzipien des Gemeinschaftsrechts eine ordnungsgemäß begründete anderslautende Entscheidung.

Artikel 173

Die neuen Mitgliedstaaten teilen der Kommission nach Artikel 33 des Euratom-Vertrags binnen drei Monaten nach dem Beitritt die Rechts- und Verwaltungsvorschriften mit, die im Hoheitsgebiet dieser Staaten den Gesundheitsschutz der Arbeitnehmer und der Bevölkerung gegen die Gefahren ionisierender Strahlungen sicherstellen sollen.

Titel III
SCHLUSSBESTIMMUNGEN

Artikel 174. Die Anhänge I bis XIX und die Protokolle Nr. 1 bis 10, die dieser Akte beigefügt sind, sind Bestandteil der Akte.

Artikel 175. Die Regierung der Französischen Republik übermittelt den Regierungen der neuen Mitgliedstaaten je eine beglaubigte Abschrift des Vertrags über die Gründung der Europäischen Gemeinschaft für Kohle und Stahl und derjenigen Verträge zur Änderung des genannten Vertrags, die bei der Regierung der Französischen Republik hinterlegt sind.

Artikel 176. (1) Die Regierung der Italienischen Republik übermittelt den Regierungen der neuen Mitgliedstaaten je eine beglaubigte Abschrift des Vertrags zur Gründung der Europäischen Gemeinschaft, des Vertrags zur Gründung der Europäischen Atomgemeinschaft und der Verträge, durch die sie geändert oder ergänzt wurden, einschließlich der Verträge über den Beitritt des Königreichs Dänemark, Irlands und des Vereinigten Königreichs Großbritannien und Nordirland, der Republik Griechenland sowie des Königreichs Spanien und der Portugiesischen Republik zur Europäischen Wirtschaftsgemeinschaft und zur Europäischen Atomgemeinschaft, sowie ferner des Vertrags über die Europäische Union, in dänischer, deutscher, englischer, französischer, griechischer, irischer, italienischer, niederländischer, portugiesischer und spanischer Sprache.

(2) Die in finnischer und schwedischer Sprache abgefaßten Wortlaute dieser Verträge sind dieser Akte beigefügt. Diese Wortlaute sind gleichermaßen verbindlich wie die Wortlaute der in Abs. 1 genannten Verträge in den neun derzeitigen Sprachen.

Artikel 177. Eine beglaubigte Abschrift der im Archiv des Generalsekretariats des Rates der Europäischen Union hinterlegten internationalen Übereinkünfte wird den Regierungen der neuen Mitgliedstaaten vom Generalsekretär übermittelt.

Anhänge I bis XIX. [Nicht abgedruckt]

PROTOKOLL Nr. 1
über die Satzung der Europäischen Investitionsbank

ERSTER TEIL
Anpassung der Satzung der Europäischen Investitionsbank

Artikel 1 bis 5.
Hinweis

ZWEITER TEIL
Sonstige Bestimmungen

Artikel 6 (1) Die neuen Mitgliedstaaten zahlen folgende Beträge entsprechend ihrem Anteil an dem von den Mitgliedstaaten zum 1. Januar 1995 einzuzahlenden Teil des Kapitals:

Schweden	137 913 558 ECU,
Österreich	103 196 917 ECU,
Finnland	59 290 577 ECU.

Diese Beiträge werden in fünf gleichen Halbjahresraten gezahlt, die jeweils am 30. April und 31. Oktober fällig werden. Die erste Rate wird an demjenigen der beiden Daten fällig, das dem Zeitpunkt des Beitritts als nächstes folgt.

(2) An dem Teil, der zum Zeitpunkt des Beitritts aufgrund der am 11. Juni 1990 beschlossenen Kapitalerhöhung noch einzuzahlen ist, beteiligen sich die neuen Mitgliedstaaten wie folgt:

Schweden	14 069 444 ECU,
Österreich	10 527 778 ECU,
Finnland	6 048 611 ECU.

Diese Beträge werden in acht gleichen Halbjahresraten gezahlt, die ab 30. April 1995 entsprechend dem für diese Kapitalerhöhungen festgelegten Zeitplan fällig werden.

Artikel 7. Die neuen Mitgliedstaaten leisten zum Reservefonds, zu der zusätzlichen Rücklage und zu den den Rücklagen gleichzusetzenden Rückstellungen sowie zu dem den Rücklagen und Rückstellungen noch zuzuweisenden Betrag (Saldo der Gewinn- und Verlustrechnung zum 31. Dezember des dem Beitritt vorausgehenden Jahres), wie sie in der genehmigten Bilanz der Bank ausgewiesen werden, zu den in Art. 6 Absatz 1 dieses Protokolls vorgesehenen Zeitpunkten Beiträge, die folgenden Prozentsätzen der Rücklagen und Rückstellungen entsprechen:

Schweden	3,51736111 vH,
Österreich	2,63194444 vH,
Finnland	1,51215278 vH.

Artikel 8. Die in den Art. 6 und 7 dieses Protokolls vorgesehenen Einzahlungen werden von den neuen Mitgliedstaaten in ECU oder in ihrer Landeswährung geleistet.

Erfolgt die Zahlung in Landeswährung, so wird für die Berechnung der einzuzahlenden Beträge der ECU-Umrechnungskurs zugrunde gelegt, der am letzten Arbeitstag des den betreffenden Einzahlungsterminen vorausgehenden Monats gilt. Die gleiche Berechnungsweise gilt für den Kapitalausgleich nach Art. 7 des Protokolls über die Satzung der Bank.

Artikel 9. (1) Unmittelbar nach dem Beitritt erhöht der Rat der Gouverneure die Mitgliederzahl des Verwaltungsrats durch Bestellung von drei ordentlichen Mitgliedern, von denen jeder neue Mitgliedstaat eines benennt, sowie eines im gegenseitigen Einvernehmen von der Republik Österreich, der Republik Finnland und dem Königreich Schweden benannten stellvertretenden Mitglieds.

(2) Die Amtszeit der so bestellten ordentlichen Mitglieder und des so bestellten stellvertretenden Mitglieds läuft mit dem Ende der Jahressitzung des Rates der Gouverneure ab, auf welcher der Jahresbericht für das Geschäftsjahr 1997 geprüft wird.

PROTOKOLL Nr. 2
über die Ålandinseln

Hinweis

PROTOKOLL Nr. 3

über die Samen

Hinweis

PROTOKOLL Nr. 4

über den Erdölsektor in Norwegen

(hinfällig)

PROTOKOLL Nr. 5

über die Beteiligung der neuen Mitgliedstaaten an den Mitteln der Europäischen Gemeinschaft für Kohle und Stahl

Der Beitrag der neuen Mitgliedstaaten zu den Mitteln der Europäischen Gemeinschaft für Kohle und Stahl wird wie folgt festgesetzt:

- Republik Österreich: 15 300 000 ECU
- Republik Finnland: 12 100 000 ECU
- Königreich Schweden 16 700 000 ECU.

Diese Beiträge werden in zwei zinsfreien gleichen Raten geleistet, die erste am 1. Januar 1995 und die zweite am 1. Januar 1996.

PROTOKOLL Nr. 6

über Sonderbestimmungen für Ziel Nr. 6 im Rahmen der Strukturfonds in Finnland, Norwegen und Schweden

(Hinweis)

PROTOKOLL Nr. 7

über Svalbard

(hinfällig)

PROTOKOLL Nr. 8

über Wahlen zum Europäischen Parlament in einigen neuen Mitgliedstaaten während der Interimszeit

(Hinweis)

PROTOKOLL Nr. 9

über den Straßen- und Schienenverkehr sowie den kombinierten Verkehr in Österreich

TEIL 1

Begriffsbestimmungen

Artikel 1. Im Sinne dieses Protokolls gelten

a) „Fahrzeug“ ein Fahrzeug im Sinne des Artikels 2 der Verordnung (EWG) Nr. 881/92 in der zum Zeitpunkt der Unterzeichnung des Beitrittsvertrages angewandten Fassung;

b) „grenzüberschreitender Verkehr” ein grenzüberschreitender Verkehr im Sinne des Artikels 2 der Verordnung (EWG) Nr. 881/92 in der zum Zeitpunkt der Unterzeichnung des Beitrittsvertrags angewandten Fassung;

c) „Transitverkehr durch Österreich“ jeder Verkehr durch österreichisches Hoheitsgebiet, bei dem der Ausgangs- und Zielpunkt außerhalb Österreichs liegen;

d) „Lastkraftwagen“ jedes zur Beförderung von Gütern oder zum Ziehen von Anhängern in einem Mitgliedstaat zugelassene Kraftfahrzeug mit einem höchstzulässigen Gesamtgewicht von über 7,5 Tonnen, einschließlich Sattzugfahrzeuge, sowie Anhänger mit einem höchstzulässigen Gesamtgewicht von über 7,5 Tonnen, die von einem in einem Mitgliedstaat zugelassenen Kraftfahrzeug mit einem höchstzulässigen Gesamtgewicht von 7,5 Tonnen oder weniger gezogen werden;

e) „Straßengütertransitverkehr durch Österreich“ jeder Transitverkehr durch Österreich, der mit Lastkraftwagen durchgeführt wird, unbeschadet ob diese Lastkraftwagen beladen oder unbeladen sind;

f) „kombinierter Verkehr“ jeder Verkehr von Lastkraftwagen oder Verladeeinheiten, der auf einen Teil der Strecke auf der Schiene und auf dem anfänglichen oder letzten Teil auf der Straße durchgeführt wird, wobei in keinem Fall das österreichische Hoheitsgebiet im Vor- oder Nachlauf ausschließlich auf der Straße transitiert werden darf;

g) „bilateraler Verkehr“ alle grenzüberschreitenden Fahrten eines Fahrzeugs, bei denen sich der Ausgangs- bzw. Zielpunkt in Österreich und der Ziel- bzw. Ausgangspunkt in einem anderen Mitgliedstaat befindet sowie Leerfahrten in Verbindung mit solchen Fahrten.

Teil II
Schienenverkehr und kombinierter Verkehr

Artikel 2. Dieser Teil gilt für Maßnahmen betreffend den Schienenverkehr und den kombinierten Verkehr durch österreichisches Hoheitsgebiet.

Artikel 3. Die Gemeinschaft und die betroffenen Mitgliedstaaten ergreifen im Rahmen ihrer jeweiligen Zuständigkeiten Maßnahmen zur Entwicklung und Förderung des Schienenverkehrs und des kombinierten Verkehrs für die Güterbeförderung durch die Alpen und sorgen für eine enge Koordinierung dieser Maßnahmen.

Artikel 4. Bei der Aufstellung der Leitlinien nach Artikel 129 c *(155)* des EG-Vertrags stellt die Gemeinschaft sicher, daß die Verkehrsachsen gemäß Anhang 1 einen Bestandteil des transeuropäischen Netzes für den Schienenverkehr und den kombinierten Verkehr bilden und als Vorhaben von gemeinsamem Interesse ausgewiesen werden.

Artikel 5. Die Gemeinschaft und die betreffenden Mitgliedstaaten führen im Rahmen ihrer jeweiligen Zuständigkeiten die in Anhang 2 aufgeführten Maßnahmen durch.

Artikel 6. Die Gemeinschaft und die betroffenen Mitgliedstaaten werden sich nach besten Kräften bemühen, die in Anhang 3 genannte zusätzliche Bahnkapazität zu entwickeln und zu nutzen.

Artikel 7. Die Gemeinschaft und die betroffenen Mitgliedstaaten ergreifen Maßnahmen, um den Schienenverkehr und den kombinierten Verkehr stärker auszubauen; vorbehaltlich anderer EG-Vertragsbestimmungen werden solche Maßnahmen in enger Abstimmung mit Eisenbahnunternehmen und anderen Eisenbahn-Dienstleistungserbringern festgelegt. Vorrang sollten solche Maßnahmen haben, die in den Gemeinschaftsbestimmungen über Eisenbahnen und kombinierten Verkehr vorgesehen sind. Bei der Durchführung sämtlicher Maßnahmen ist der Wettbewerbsfähigkeit, der Effizienz und der Kostentransparenz im Schienenverkehr und kombinierten Verkehr besondere Aufmerksamkeit zu widmen. Insbesondere werden sich die betroffenen Mitgliedstaaten um Maßnahmen bemühen, die sicherstellen, daß die Preise des kombinierten Verkehrs mit denjeniger anderer Verkehrsträger konkurrieren können. Beihilfen, die zu diesem Zweck gewährt werden, müssen mit den Regeln der Gemeinschaft in Einklang stehen.

Artikel 8. Die Gemeinschaft und die betroffenen Mitgliedstaaten ergreifen im Falle einer schweren Störung des Eisenbahn-Transitverkehrs, wie zB im Falle einer Naturkatastrophe, alle einvernehmlichen Maßnahmen, um im Rahmen des Möglichen diesen Verkehr weiter abzuwickeln. Bestimmte empfindliche Transporte, wie verderbliche Lebensmittel, sind vorrangig zu behandeln.

Artikel 9. Die Kommission überprüft das Funktionieren der Bestimmungen dieses Teils im Einklang mit dem Verfahren des Artikels 16.

Teil III
Straßenverkehr

Artikel 10. Dieser Teil gilt für den Straßengüterverkehr im Gebiet der Gemeinschaft.

Artikel 11. (1) Für Fahrten, die einen Straßengütertransitverkehr durch Österreich einschließen, gelten die gemäß der Ersten Richtlinie des Rates vom 23. Juli 1962 und der Verordnung (EWG) Nr. 881/92 des Rates eingeführten Regelungen für den Werkverkehr und den gewerblichen Verkehr vorbehaltlich der nachstehenden Bestimmungen.

(2) Bis zum 1. Januar 1998 finden folgende Bestimmungen Anwendung:

a) Die $NÖ_x$-Gesamtemission von Lastkraftwagen im Transit durch Österreich wird im Zeitraum zwischen dem 1. Januar 1992 und dem 31. Dezember 2003 gemäß der Tabelle in Anhang 4 um 60 vH reduziert.

b) Die Reduktion der $NÖ_x$-Gesamtemission dieser Lastkraftwagen wird über ein Ökopunktesystem verwaltet. Innerhalb dieses Systems benötigt jeder LKW im Transitverkehr durch Österreich eine Ökopunkteanzahl, die dem Wert der $NÖ_x$-Emissionen des jeweiligen LKW-Wertes gemäß „Conformity of Production" (COP)-Wert bzw. Wert gemäß Betriebserlaubnis entspricht. Die Bemessung und Verwaltung dieser Punkte wird im Anhang 5 festgelegt.

c) Sollte in einem Jahr die Zahl der Transitfahrten den für das Jahr 1991 festgelegten Referenzwert um mehr als 8 vH übersteigen, trifft die Kommission nach dem Verfahren des Artikels 16 geeignete Maßnahmen in Übereinstimmung mit Anhang 5 Nummer 3.

d) Österreich sorgt gemäß Anhang 5 für die rechtzeitige Ausgabe und Verfügbarkeit der für die Verwaltung des Ökopunktesystems erforderlichen Ökopunktkarten für Lastkraftwagen im Transit durch Österreich.

e) Die Ökopunkte werden von der Kommission gemäß den nach Absatz 6 festzulegenden Bestimmungen auf die Mitgliedstaaten aufgeteilt.

(3) Auf der Grundlage eines Berichts der Kommission überprüft der Rat vor dem 1. Januar 1998 das Funktionieren der Bestimmungen über den Straßengütertransitverkehr durch Österreich. Dieser Überprüfung liegen die wesentlichen Grundsätze der Gemeinschaftsvorschriften zugrunde, so das reibungslose Funktionieren des Binnenmarkts, insbesondere der freie Warenverkehr und der freie Dienstleistungsverkehr, der Schutz der Umwelt im Interesse der Gemeinschaft insgesamt und die Verkehrssicherheit. Sofern der Rat nicht auf Vorschlag der Kommission und nach Anhörung des Europäischen Parlaments einstimmig andere Maßnahmen beschließt, wird die Übergangszeit bis zum 1. Januar 2001 verlängert; während dieses Zeitraums gilt Absatz 2.

(4) In Zusammenarbeit mit der Europäischen Umweltagentur führt die Kommission vor dem 1. Januar 2001 eine wissenschaftliche Studie durch, um festzustellen, inwieweit das in Absatz 2 Buchstabe a festgelegte Ziel einer Reduzierung der Umweltbelastungen erreicht worden ist. Kommt die Kommission zu dem Schluß, daß dieses Ziel auf einer dauerhaften und umweltgerechten Grundlage erreicht worden ist, so laufen die Bestimmungen des Absatzes 2 am 1. Januar 2001 aus. Gelangt die Kommission dagegen zu dem Schluß, daß dieses Ziel nicht auf einer dauerhaften und umweltgerechten Grundlage erreicht worden ist, so kann der Rat gemäß Artikel 75 *(71)* des EG-Vertrags Maßnahmen im Gemeinschaftsrahmen erlassen, die einen gleichwertigen Schutz der Umwelt, insbesondere eine Reduzierung der Umweltbelastungen um 60 vH gewährleisten. Erläßt der Rat solche Maßnahmen nicht, so wird die Übergangszeit automatisch um einen letzten Dreijahreszeitraum verlängert; während dieses Zeitraums gilt Absatz 2.

(5) Ab dem Ende der Übergangszeit findet der gemeinschaftliche Besitzstand volle Anwendung.

(6) Die Kommission erläßt nach dem Verfahren des Artikels 16 detaillierte Maßnahmen im Zusammenhang mit den Verfahren des Ökopunktesystems, der Aufteilung der Ökopunkte sowie mit technischen Fragen zur Anwendung dieses Artikels, die mit dem Beitritt Österreichs in Kraft treten.

Mit den Maßnahmen nach Unterabsatz 1 soll sichergestellt werden, daß die Sachlage für die derzeitigen Mitgliedstaaten aufrechterhalten bleibt, wie sie sich aus der Anwendung der Verordnung (EWG) Nr. 3637/92 des Rates und der am 23. Dezember 1992 unterzeichneten Verwaltungsvereinbarung ergibt, worin der Zeitpunkt des Inkrafttretens des in dem Transitabkommen genannten Ökopunktesystems sowie die Verfahren für seine Einführung festgelegt sind. Es werden alle erforderlichen Anstrengungen unternommen, damit der Griechenland zugewiesene Anteil an Ökopunkten den diesbezüglichen griechischen Erfordernissen in ausreichendem Maße Rechnung trägt.

Artikel 12. (1) Für den grenzüberschreitenden Güterkraftverkehr zwischen Mitgliedstaaten gilt die Regelung gemäß der Verordnung (EWG) Nr. 881/92 des Rates vorbehaltlich der Bestimmungen dieses Artikels. Diese Bestimmungen gelten bis zum 31. Dezember 1996.

(2) Für den bilateralen Verkehr werden bestehende Kontingente schrittweise liberalisiert, und der freie Transportdienstleistungsverkehr wird am 1. Januar 1997 voll verwirklichst. Eine erste Liberalisierungsstufe tritt mit dem Beitritt Österreichs, eine zweite Stufe am 1. Januar 1996 in Kraft.

Erforderlichenfalls kann der Rat mit qualifizierter Mehrheit auf Vorschlag der Kommission zu diesem Zweck geeignete Maßnahmen treffen.

(3) Der Rat erläßt gemäß Artikel 75 *(71)* des Vertrags spätestens bis zum 1. Januar 1992 geeignete und einfach durchzuführende

Maßnahmen, um die Umgehung der Vorschriften des Artikels 11 zu verhindern.

(4) Solange Artikel 11 Absatz 2 gilt, ergreifen die Mitgliedstaaten im Rahmen ihrer gegenseitigen Zusammenarbeit erforderlichenfalls die mit dem EG-Vertrag zu vereinbarenden Maßnahmen gegen einen Mißbrauch der Ökopunkteregelung.

(5) Verkehrsunternehmer mit einer von den zuständigen österreichischen Behörden ausgestellten Gemeinschaftsgenehmigung dürfen keine grenzüberschreitenden Güterbeförderungen bei Fahrten vornehmen, bei denen weder die Beladung noch die Entladung in Österreich erfolgt. Alle Fahrten dieser Art, bei denen Österreich durchquert wird, unterliegen jedoch den Bestimmungen des Artikels 11 sowie – mit Ausnahme der Fahrten zwischen Deutschland und Italien – den bestehenden Kontingenten, für die Absatz 2 gilt.

Artikel 13. (1) Bis zum 31. Dezember 1996 gilt die Verordnung (EWG) Nr. 3118/93 nicht für Verkehrsunternehmer mit einer von den zuständigen österreichischen Behörden ausgestellten Gemeinschaftsgenehmigung für die Erbringung von nationalen Güterkraftverkehrsdienstleistungen in anderen Mitgliedstaaten.

(2) Während desselben Zeitraums gilt die Verordnung (EWG) Nr. 3118/93 nicht für Verkehrsunternehmer mit einer von den zuständigen Behörden anderer Mitgliedstaaten ausgestellten Gemeinschaftsgenehmigung für die Erbringung von nationalen Güterkraftverkehrsdienstleistungen innerhalb Österreichs.

Artikel 14. (1) An den Grenzen zwischen Österreich und anderen Mitgliedstaaten finden keine Grenzkontrollen statt. Dessenungeachtet dürfen abweichend von den Verordnungen (EWG) Nr. 4060/89 und (EWG) Nr. 3912/92 und ungeachtet des Artikels 153 der Beitrittsakte bis zum 31. Dezember 1996 nichtdiskriminierende physische Kontrolle beibehalten werden, bei denen Fahrzeuge ausschließlich zur Überprüfung der gemäß Artikel 11 ausgestellten Ökopunkte und der in Artikel 12 genannten Beförderungsgenehmigungen angehalten werden. Derartige Kontrollen dürfen den normalen Verkehrsfluß nicht über Gebühr beeinträchtigen.

(2) Soweit erforderlich, werden die nach dem 31. Dezember 1996 anwendbaren Kontrollmethoden einschließlich elektronischer Systeme im Hinblick auf die Durchführung des Artikels 11 nach dem Verfahren des Artikels 16 beschlossen.

Artikel 15. (1) Abweichend von Artikel 7 Buchstabe f der Richtlinie 93/89/EWG kann Österreich Benutzungsgebühren erheben, die bis zum 31. Dezember 1995 einschließlich der Verwaltungskosten nicht höher als 3 750 ECU pro Jahr und bis zum 31. Dezember 1996 einschließlich der Verwaltungskosten nicht höher als 2 500 ECU pro Jahr sind.

(2) Macht Österreich von der Möglichkeit nach Absatz 1 Gebrauch, so erhebt es im Einklang mit Artikel 7 Buchstabe g Satz 1 der Richtlinie 93/89/EWG Benutzungsgebühren, die bis zum 31. Dezember 1995 einschließlich der Verwaltungskosten nicht höher als 18 ECU pro Tag, 99 ECU pro Woche und 375 ECU pro Monat und bis zum 31. Dezember 1996 einschließlich der Verwaltungskosten nicht höher als 12 ECU pro Tag, 66 ECU pro Woche und 250 ECU pro Monat sind.

(3) Österreich senkt die Sätze für die in den Absätzen 1 und 2 genannten Benutzungsgebühren um 50 vH bis zum 31. Dezember 1996 für Fahrzeuge, die in Irland und Portugal zugelassen sind, und bis zum 31. Dezember 1997 für Fahrzeuge, die in Griechenland zugelassen sind.

(4) Bis zum 31. Dezember 1995 kann Italien bei in Österreich zugelassenen Fahrzeugen Gebühren erheben, die einschließlich der Verwaltungskosten nicht höher als 6,5 ECU pro Einreise sind, und bis zum 31. Dezember 1996 Gebühren, die einschließlich der Verwaltungskosten nicht höher als 3,5 ECU pro Einreise sind. Die Erhebung dieser Gebühren wird im Einklang mit Artikel 7 Buchstabe c der Richtlinie 93/89/EWG gehandhabt.

Teil IV

Allgemeine Bestimmungen

Artikel 16. (1) Die Kommission wird von einem Ausschuß unterstützt, der sich aus Vertretern der Mitgliedstaaten zusammensetzt und in dem der Vertreter der Kommission den Vorsitz führt.

(2) Wird auf das Verfahren dieses Artikels Bezug genommen, so unterbreitet der Vertreter der Kommission dem Ausschuß einen Entwurf der zu treffenden Maßnahmen. Der Ausschuß gibt seine Stellungnahme zu diesem Entwurf innerhalb einer Frist ab, die der Vorsitzende unter Berücksichtigung der Dring-

lichkeit der betreffenden Frage festsetzen kann. Die Stellungnahme wird mit der Mehrheit abgegeben, die in Artikel 148 *(205)* Absatz 2 des EG-Vertrags für die Annahme der vom Rat auf Vorschlag der Kommission zu fassenden Beschlüsse vorgesehen ist. Bei der Abstimmung im Ausschuß werden die Stimmen der Vertreter der Mitgliedstaaten gemäß dem vorgenannten Artikel gewogen. Der Vorsitzende nimmt an der Abstimmung nicht teil.

(3) Die Kommission erläßt die beabsichtigten Maßnahmen, wenn sie mit der Stellungnahme des Ausschusses übereinstimmen.

Stimmen die beabsichtigten Maßnahmen mit der Stellungnahme des Ausschusses nicht überein oder liegt keine Stellungnahme vor, so unterbreitet die Kommission dem Rat unverzüglich einen Vorschlag für die zu treffenden Maßnahmen. Der Rat beschließt mit qualifizierter Mehrheit.

(4) Hat der Rat innerhalb einer Frist von drei Monaten von seiner Befassung an keinen Beschluß gefaßt, so werden die vorgeschlagenen Maßnahmen von der Kommission erlassen.

Anhang 1

Hauptachsen des Schienenverkehrs und des kombinierten Verkehrs für den Alpentransit

gemäß Artikel 4 des Protokolls

1. Die europäischen Hauptachsen des Schienenverkehrs, die durch österreichisches Hoheitsgebiet führen und für den Transitverkehr relevant sind, sind:

1.1. *Brennerachse*

München – Verona – Bologna

1.2. *Tauernachse*

München – Salzburg – Villach – Tarvisio – Udine/Rosenbach – Laibach

1.3. *Achse Pyhrn-Schoberpaß*

Regensburg – Graz – Spielfeld/Straß – Marburg

1.4. *Donauachse*

Nürnberg – Wien – Nickelsdorf/Sopron (Ödenburg)/Preßburg

1.5. *Pontebbana-Achse*

Prag – Wien –Tarvisio – Pontebba – Udine

2. Die jeweiligen Verlängerungen und Terminals gehören zu diesen Hauptachsen.

Anhang 2

Infrastrukturmaßnahmen für den Schienenverkehr und den kombinierten Verkehr

gemäß Artikel 5 des Protokolls

a) IN ÖSTERREICH

1. Brennerachse

1.1. *Kurzfristige Maßnahmen*

- sicherungstechnische und betriebsorganisatorische Maßnahmen,
- Einführung der rechnergestützten Zugüberwachung,
- neue Blockteilung,
- Einbau von Überleitstellen zwischen den Bahnhöfen,
- Umbau des Bahnhofs Wörgl,
- Verlängerung der Überholgleise in den Bahnhöfen

1.2. *Langfristige Maßnahmen*

Derartige Maßnahmen hängen von der künftigen Entscheidung über den Bau des Brennerbasistunnels ab.

2. Tauernachse

2.1. *Kurzfristige Maßnahmen*

- Fortsetzung des zweigleisigen Ausbaus,
- sicherungstechnische Verbesserungen.

2.2. *Mittelfristige Maßnahmen*

punktuelle Linienverbesserungen,

- Erhöhung der Streckenhöchstgeschwindigkeit,
- Verdichtung der Blockabstände,
- Fortsetzung des zweigleisigen Ausbaus.

3. Achse Pyhrn-Schoberpaß

3.1. *Kurzfristige Maßnahmen*

- Aufhebung der Nachtsperre auf der Pyhrnstrecke,
- Aufhebung der Nachtsperre auf der Strecke über Hieflau,
- Bau der Schleife Traun – Marchtrenk.

3.2. *Mittelfristige Maßnahmen*

- Bahnhofsausbau und -umbauten,
- Verbesserung der Sicherungsanlagen,
- Verringerung der Blockabstände,
- Auflassung von Eisenbahnkreuzungen,
- selektiver zweigleisiger Ausbau.

3.3. *Langfristige Maßnahmen*

- Fortsetzung des zweigleisigen Ausbaus auf der Gesamtstrecke Passau – Spielfeld/Straß,
- Neubau der Strecke St. Michael – Bruck.

4. Donauachse

Maßnahmen zur Kapazitätserweiterung auf der Strecke Wien – Wels.

b) IN DEUTSCHLAND

1. *Kurzfristige Maßnahmen*

- Umschlagbahnhöfe München-Riem, Duisburg Hafen,
- Ausbau der Strecke München – Rosenheim – Kufstein, insbesondere eigene Streckengleise für die S-Bahn zwischen Zorneding und Grafing,
- Blockverdichtungen (Verbesserung der Streckenteilung) zwischen Grafing und Rosenheim sowie zwischen Rosenheim und Kiefersfelden,
- Bau von Überholungsgleisen (zB zwischen den Bahnhöfen Großkarolinenfeld, Raubling und Fischbach),
- Bau schienenfreier Bahnsteigzugänge im Bahnhof Großkarolinenfeld sowie
- Spurplanänderungen im Bahnhof Rosenheim und weitere Maßnahmen in den Bahnhöfen Aßling, Ostermünchen, Brannenburg, Oberaudorf und Kiefersfelden.

2. *Mittelfristige Maßnahmen (bis Ende 1998, vorbehaltlich planungsrechtlicher Genehmigung):*

- Ausbau des Korridors München – Mühldorf – Freilassing.

c) IN ITALIEN

Brenner

- Ausweitung der Tunnelprofile auf der Strecke Brenner – Verona, um den Transport von Lastkraftwagen mit 4 m Eckhöhe im begleiteten und unbegleiteten Verkehr zu ermöglichen,
- Ausbau des Umschlagzentrums Verona-Quadrante Europa,
- Verstärkung der ebenerdigen Fahrleitung und Bau von neuen Unterstationen,
- Verwirklichung zusätzlicher weiterer technischer Maßnahmen (automatischer Streckenblock und Gleiswechselbetrieb auf den belasteten Streckenabschnitten im Anschluß an die Bahnhöfe Verona, Trient, Bozen und Brenner, um die Streckendurchlaßfähigkeit und die Sicherheitsbedingungen weiter zu verbessern.

d) IN DEN NIEDERLANDEN

- Bau eines Rail-Service-Centers im Gebiet von Rotterdam.
- Eisenbahnverbindung für den Güterverkehr (Betuwe-Linie)

Begriffsbestimmungen

„kurzfristig": verfügbar ab Ende 1995

„mittelfristig": verfügbar ab Ende 1997

„langfristig" : verfügbar

- ab Ende des Jahres 2000 auf der Achse Pyhrn-Schoberpaß;
- ab Ende des Jahres 2010 auf der Brennerachse.

Anhang 3

Bahnkapazität

gemäß Artikel 6 des Protokolls

1. ANGEBOT DER ÖBB FÜR ZUSÄTZLICHE BAHNKAPAZITÄT IM GÜTERTRANSIT DURCH ÖSTERREICH

Achse	Zusätzliche Kapazitäten/Tag für Transitgüterzüge (in beiden Richtungen)			
	sofort (1. 1. 1995)	kurzfristig (1996)	mittelfristig (1998)	langfristig (2000 und später)
Brennerachse	70 [1])	–	50 [2])	200 [3])
Tauernachse	4	50 [4])	–	–
Pyhrn-Schober-Achse	11	22	60	–
Donauachse (Passau/Salzburg–Wien)	–	–	–	200
Budapest–Wien	–	40 [5])	–	–
Preßburg–Wien	–	–	80 6)	–
Prag–Wien	– [7])	–	–	–
Pontebba via Tarvisio	–	–	30	–

1) Bereits teilweise realisiert.

2) 2000.

3) Verfügbarkeit von 200 zusätzlichen Zügen hängt von der Errichtung des Brennerbasistunnels und dem Ausbau der Zulaufstrecken in den angrenzenden Nachbarstaaten ab.

4) Einschließlich des Kapazitätsbedarfs im Ost-West-Transit.

5) 1995.

6) 1999.

7) Freie Kapazität von 50 Zügen/Tag.

2. MÖGLICHE KAPAZITÄTSSTEIGERUNGEN IN SENDUNGEN BZW. TONNEN

Sofort

Seit dem 1. Dezember 1989 hat Österreich 39 weitere Güter- und Kombiverkehrszüge auf der Brennerachse in Dienst gestellt.

Kurzfristig

Der gesamte kurzfristige Ausbau wird die Bahnkapazitäten im Transit durch Österreich mehr als verdoppeln. Ab 1996 steht damit je nach eingesetzter Kombiverkehrstechnik eine jährliche zusätzliche Kapazität von bis zu 1,8 Millionen Sendungen oder bis zu 33 Millionen Gütertonnen pro Jahr im kombinierten Verkehr zur Verfügung.

Mittelfristig

Bis 1998 wird durch den weiteren selektiven zweigleisigen Ausbau sowie sicherungstechnische und betriebstechnische Verbesserungen auf den Transitstrecken diese Kapazität um weitere 10 Millionen Gütertonnen pro Jahr erweitert.

Langfristig

Die Pyhrn-Schober-Achse wird zweigleisig ausgebaut. Ein Brennerbasistunnel dürfte die Zugkapazitäten auf der Brennerroute weiter auf bis zu 400 Zügen täglich verbessern. Nach dem Jahr 2010 kann sich damit die zusätzlich geschaffene Bahnkapazität im kombinierten Verkehr auf ein jährliches Gütervolumen je nach Kombiverkehrstechnik zwischen 60 und 89 Millionen Gütertonnen steigern.

Begriffsbestimmungen

„sofort“: verfügbar ab 1. Januar 1995,
„kurzfristig“: verfügbar ab Ende 1995,
„mittelfristig“: verfügbar ab Ende 1997,
„langfristig“: verfügbar
– ab Ende 2000 auf der Pyhrn-Schober-Achse
– ab Ende 2010 auf der Brennerachse

Anhang 4

gemäß Artikel 11 Absatz 2 Buchstabe a des Protokolls

Jahr (1)	Prozentsatz der Ökopunkte (2)	Ökopunkte für Österreich und die derzeitigen Mitgliedstaaten (3)
1991 Basis	100, vH	23 306 580
1995	71,7 vH	16 710 818
1996	65,0 vH	15 149 277
1997	59,1 vH	13 774 189
1998	54,8 vH	12 772 006
1999	51,9 vH	12 096 115
2000	49,8 vH	11 606 677
2001	48,5 vH	11 303 691
2002	44,8 vH	10 441 348
2003	40,0 vH	9 322 632

Die Zahlen in Spalte 3 werden nach dem Verfahren des Artikels 16 angepaßt, damit die Transitfahrten von in Finnland und Schweden zugelassenen Lastkraftwagen anhand von indikativen Werten für die jeweiligen Länder mit berücksichtigt werden, die auf der Grundlage der Anzahl Transitfahrten im Jahr 1991 und des Richtwerts von 15,8 g NO_x/kWh für NO_x-Emissionen berechnet werden.

Anhang 5

Berechnung und Verwaltung der Ökopunkte

gemäß Artikel 11 Absatz 2 Buchstabe b des Protokolls

1. Für jeden Lastkraftwagen, der Österreich durchfährt, sind bei jeder Fahrt (in eine Richtung) folgende Unterlagen vorzulegen:
   a) ein Dokument, aus dem der COP-Wert für die NO_x-Emission des eingesetzten Lastkraftwagens hervorgeht;
   b) eine gültige Ökopunktekarte, die von den zuständigen Behörden ausgestellt wird.

   Ad a):

   Bei nach dem 1. Oktober 1990 erstmals zugelassenen LKW soll das Dokument, das den COP-Wert nachweist, eine von der zuständigen Behörde ausgestellte Bescheinigung, in der ein offiziell bestätigter COP-Wert für den NO_x-Ausstoß angegeben ist, oder die Betriebserlaubnis (Typenschein) sein, in dem der Tag der Zulassung der bei der Erteilung der Betriebserlaubnis gemessene Wert angegeben sind. Im letztgenannten Fall errechnet sich der COP-Wert, indem der Betriebserlaubniswert um 10 vH erhöht wird. Ist ein solcher Wert für ein Fahrzeug einmal festgesetzt, so kann er während der Lebensdauer des Fahrzeugs nicht mehr geändert werden.

   Bei vor dem 1. Oktober 1990 erstmals zugelassenen und bei solchen LKW, für die keine Bescheinigung vorgelegt wird, wird ein COP-Wert von 15,8 g/kWh angesetzt.

   Ad b):

   Die Ökopunktkarte enthält eine bestimmte Punktezahl und wird entsprechend dem COP-Wert der eingesetzten Fahrzeuge folgendermaßen entwertet:
   1. Pro g/kWh NO_x-Emission gemäß Nummer 1 Buchstabe a wird ein Punkt benötigt.
   2. Dezimalstellen der NO_x-Emissionswerte werden auf die nächsthöhere ganze Zahl aufgerundet, wenn der Dezimalwert 0,5 oder mehr beträgt, und ansonsten abgerundet.
2. Die Kommission wird nach dem Verfahren in Artikel 16 alle drei Monate die Zahl der Fahrten und den durchschnittlichen NO_x-Wert der Lastkraftwagen kalkulieren; die Zulassungsstaaten der Lastkraftwagen werden in der Statistik gesondert ausgewiesen.
3. Im Fall der Anwendung des Artikels 11 Absatz 2 Buchstabe c wird die Zahl der Ökopunkte für das folgende Jahr wie folgt ermittelt:

   Auf Basis der vierteljährlichen durchschnittlichen NO_x-Emissionen der Lastkraftwagen im laufenden Jahr, die nach der vorstehenden Nummer 2 kalkuliert wurden, wird die Prognose der durchschnittlichen NO_x-Emissionswerte der Lastkraftwagen des nächsten Jahres extrapoliert. Der prognostizierte Wert, multipliziert mit 0,0658 und der Zahl der Ökopunkte für 1991 nach Anhang 4, ergibt die Zahl der Ökopunkte für das nächst Jahr.

PROTOKOLL Nr. 10

über die Verwendung spezifisch österreichischer Ausdrücke der deutschen Sprache im Rahmen der Europäischen Union

Im Rahmen der Europäischen Union gilt folgendes:

1. Die in der österreichischen Rechtsordnung enthaltenen und im Anhang zu diesem Protokoll aufgelisteten spezifisch österreichischen Ausdrücke der deutschen Sprache haben den gleichen Status und dürfen mit der gleichen Rechtswirkung verwendet werden wie die in Deutschland verwendeten entsprechenden Ausdrücke, die im Anhang aufgeführt sind.
2. In der deutschen Sprachfassung neuer Rechtsakte werden die im Anhang genannten spezifisch österreichischen Ausdrücke den in Deutschland verwendeten entsprechenden Ausdrücken in geeigneter Form hinzugefügt.

Österreich	Amtsblatt der Europäischen Gemeinschaften
Beiried	Roastbeef
Eierschwammerl	Pfifferlinge
Erdäpfel	Kartoffeln
Faschiertes	Hackfleisch
Fisolen	Grüne Bohnen
Grammeln	Grieben
Hüferl	Hüfte
Karfiol	Blumenkohl

Kohlsprossen	Rosenkohl
Kren	Meerrettich
Lungenbraten	Filet
Marillen	Aprikosen
Melanzani	Aubergine
Nuß	Kugel
Obers	Sahne
Paradeiser	Tomaten
Powidl	Pflaumenmus
Ribisel	Johannisbeeren
Rostbraten	Hochrippe
Schlögel	Keule
Topfen	Quark
Vogerlsalat	Feldsalat
Weichseln	Sauerkirschen

TEXT DER SCHLUSSAKTE

Die Bevollmächtigten

SEINER MAJESTÄT
DES KÖNIGS DER BELGIER,

IHRER MAJESTÄT
DER KÖNIGIN VON DÄNEMARK,

DES PRÄSIDENTEN
DER BUNDESREPUBLIK
DEUTSCHLAND,

DES PRÄSIDENTEN
DER GRIECHISCHEN REPUBLIK,

SEINER MAJESTÄT
DES KÖNIGS VON SPANIEN,

DES PRÄSIDENTEN
DER FRANZÖSISCHEN REPUBLIK,

DER PRÄSIDENTIN IRLANDS,

DES PRÄSIDENTEN
DER ITALIENISCHEN REPUBLIK,

SEINER KÖNIGLICHEN HOHEIT
DES GROSSHERZOGS VON
LUXEMBURG,

IHRER MAJESTÄT
DER KÖNIGIN DER NIEDERLANDE,

SEINER MAJESTÄT
DES KÖNIG VON NORWEGEN,

DES BUNDESPRÄSIDENTEN
DER REPUBLIK ÖSTERREICH,

DES PRÄSIDENTEN
DER PORTUGIESISCHEN REPUBLIK,

DES PRÄSIDENTEN
DER REPUBLIK FINNLAND,

SEINER MAJESTÄT
DES KÖNIGS VON SCHWEDEN,

IHRER MAJESTÄT
DER KÖNIGIN
DES VEREINIGTEN KÖNIGREICHS
GROSSBRITANNIEN UND
NORDIRLAND,

die am vierundzwanzigsten Juni neunzehnhundertvierundneunzig in Korfu anläßlich der Unterzeichnung des Vertrags über den Beitritt des Königreichs Norwegen, der Republik Österreich, der Republik Finnland und des Königreichs Schweden zur Europäischen Union zusammengetreten sind,

haben festgestellt, daß die folgenden Texte im Rahmen der Konferenz zwischen den Mitgliedstaaten der Europäischen Union und dem Königreich Norwegen, der Republik Österreich, der Republik Finnland und dem Königreich Schweden erstellt und angenommen worden sind:

I. der Vertrag über den Beitritt des Königreichs Norwegen, der Republik Österreich, der Republik Finnland und des Königreichs Schweden zur Europäischen Union

II. die Akte über die Bedingungen des Beitritts und die Anpassungen der Verträge,

III. die nachstehend aufgeführten und der Akte über die Bedingungen des Beitritts und die Anpassungen der Verträge beigefügten Texte:

A. Anhänge

Hinweis

B. Protokolle

Hinweis

C. Die Wortlaute (der Verträge)

Hinweis

Außerdem haben die Bevollmächtigten die nachstehend aufgeführten und dieser Schlußakte beigefügten Erklärungen angenommen.

1. Gemeinsame Erklärung zur Gemeinsamen Außen- und Sicherheitspolitik
2. Gemeinsame Erklärung zu Artikel 157 Absatz 4 der Beitrittsakte
3. Gemeinsame Erklärung betreffend den Gerichtshof der Europäischen Gemeinschaften
4. Gemeinsame Erklärung zur Anwendung des Euratom-Vertrags
5. Gemeinsame Erklärung zu Zweitwohnungen
6. Gemeinsame Erklärung über Normen im Bereich Umweltschutz, Gesundheitsschutz und Produktsicherheit

7. Gemeinsame Erklärung zu den Artikeln 32, 69, 84 und 112 der Beitrittskasse
8. Gemeinsame Erklärung zu den institutionellen Verfahren des Beitrittsvertrags
9. Gemeinsame Erklärung zu Artikel 172 der Beitrittsakte

1. Gemeinsame Erklärung zur Gemeinsamen Außen- und Sicherheitspolitik

1. Die Union nimmt zur Kenntnis, daß Norwegen, Österreich, Finnland und Schweden bestätigen, daß sie die mit der Union und ihrem institutionellen Rahmen verbundenen Rechte und Pflichten, dh. den sogenannten gemeinschaftlichen Besitzstand, wie er für die derzeitigen Mitgliedstaaten gilt, in vollem Umfang akzeptieren. Dies umfaßt insbesondere den Inhalt, die Grundsätze und die politischen Ziele der Verträge einschließlich des Vertrags über die Europäische Union.

Die Union und das Königreich Norwegen, die Republik Österreich, die Republik Finnland und das Königreich Schweden kommen überein, daß

- der Beitritt zur Union den inneren Zusammenhalt der Union und ihre Fähigkeit zu wirksamen Handeln in der Außen- und Sicherheitspolitik stärken sollte;
- die neuen Mitgliedstaaten ab dem Zeitpunkt ihres Beitritts bereit und fähig sein werden, sich in vollem Umfang und aktiv an der Gemeinsamen Außen- und Sicherheitspolitik, so wie sie im Vertrag über die Europäische Union definiert ist, zu beteiligen;
- die neuen Mitgliedstaaten mit dem Beitritt alle Ziele des Vertrags, die Bestimmungen in Titel V des Vertrags und die ihm beigefügten einschlägigen Erklärungen vollständig und vorbehaltlos übernehmen werden;
- die neuen Mitgliedstaaten bereit und fähig sein werden, die zum Zeitpunkt ihres Beitritts für die verschiedenen Bereiche gültige Politik der Union zu unterstützen.

2. Hinsichtlich der sich aus dem Vertrag über die Europäische Union ergebenden Verpflichtungen der Mitgliedstaaten in bezug auf die Verwirklichung der Gemeinsamen Außen- und Sicherheitspolitik der Union wird davon ausgegangen, daß die rechtlichen Rahmenbedingungen in den beitretenden Ländern am Tag ihres Beitritts mit dem gemeinschaftlichen Besitzstand in Einklang stehen werden.

2. Gemeinsame Erklärung zu Artikel 157 Absatz 4 der Beitrittsakte

Die neuen Mitgliedstaaten werden an einem System der turnusmäßigen Besetzung der Stellen von drei Generalanwälten in der derzeit angewandten alphabetischen Reihenfolge teilnehmen; Deutschland, Frankreich, Italien, Spanien und das Vereinigte Königreich werden an diesem System nicht teilnehmen, da ständig ein von ihnen benannter Generalanwalt im Amt ist. Die alphabetische Reihenfolge ist daher folgende: Belgique (1988–1994), Danmark (1991–1997), Ellas (1994–2000), Ireland, Luxembourg, Nederland, Norge, Österreich, Portugal, Suomi, Sverige.

Daraus ergibt sich, daß nach dem Beitritt ein Generalanwalt spanischer Staatsangehörigkeit und ein Generalanwalt irischer Staatsangehörigkeit bestellt werden. Die Amtszeit des spanischen Generalanwalts endet am 6. Oktober 1997, die des irischen Generalanwalts am 6. Oktober 2000.

3. Gemeinsame Erklärung betreffend den Gerichtshof der Europäischen Gemeinschaften

Die ergänzenden Maßnahmen, die infolge des Beitritts der neuen Mitgliedstaaten erforderlich werden können, müßten vom Rat getroffen werden, der auf Antrag des Gerichtshofs die Anzahl der Generalanwälte auf neun erhöhen und die entsprechenden Anpassungen nach Artikel 32 a Absatz 3 des EGKS-Vertrags, Artikel 166 *(222)* Absatz 3 des EG-Vertrags und Artikel 138 Absatz 3 des Euratom-Vertrags vornehmen kann.

4. Gemeinsame Erklärung zur Anwendung des Euratom-Vertrags

Unter Verweis darauf, daß die die Europäische Union begründenden Verträge unbeschadet der Regeln für den Binnenmarkt ohne Diskriminierung für alle Mitgliedstaaten gelten, erkennen die Vertragsparteien an, daß die Mitgliedstaaten als Vertragsparteien des Vertrags zur Gründung der Europäischen Atomgemeinschaft die Entscheidung über die Erzeugung von Kernenergie entsprechend ihren eigenen politischen Ausrichtungen treffen.

Was die Entsorgung beim Kernbrennstoffkreislauf betrifft, so ist jeder Mitgliedstaat für die Festlegung seiner eigenen Politik verantwortlich.

5. Gemeinsame Erklärung zu Zweitwohnungen

Keine Bestimmung des gemeinschaftlichen Besitzstands hindert die einzelnen Mitgliedstaaten, auf nationaler, regionaler oder örtlicher Ebene Maßnahmen betreffend Zweitwohnungen zu treffen, sofern sie aus Gründen der Raumordnung, der Bodennutzung und des Umweltschutzes erforderlich sind und ohne direkte oder indirekte Diskriminierung von Staatsangehörigen einzelner Mitgliedstaaten in Übereinstimmung mit dem gemeinschaftlichen Besitzstand angewendet werden.

6. Gemeinsame Erklärung über Normen im Bereich Umweltschutz, Gesundheitsschutz und Produktsicherheit

Die Vertragsparteien unterstreichen die große Bedeutung, die sie der Förderung eines hohen Schutzniveaus in den Bereichen Gesundheit, Sicherheit und Umwelt im Rahmen des Tätigwerdens der Gemeinschaft sowie im Einklang mit den Zielen und Kriterien des Vertrags über die Europäische Union beimessen. Sie beziehen sich hierbei auch auf die Entschließung vom 1. Februar 1993 über ein Programm der Gemeinschaft für Umweltpolitik und Maßnahmen im Hinblick auf eine dauerhafte und umweltgerechte Entwicklung.

Die Vertragsparteien sind sich bewußt, daß die neuen Mitgliedstaten großen Wert auf die Beibehaltung ihrer Normen legen, die sie insbesondere aufgrund ihrer besonderen geographischen und klimatischen Verhältnisse in bestimmten Bereichen eingeführt haben; sie haben daher als Ausnahme für bestimmte Einzelfälle ein Verfahren zur Prüfung des gegenwärtigen gemeinschaftlichen Besitzstands vereinbart, an dem die neuen Mitgliedstaaten nach Maßgabe des Beitrittsvertrags in vollem Umfang beteiligt sind.

Ohne das Ergebnis des vereinbarten Prüfungsverfahrens vorwegnehmen zu wollen, verpflichten sich die Vertragsparteien, alles daranzusetzen, damit dieses Verfahren vor Ende der festgelegten Übergangszeit abgeschlossen wird. Nach Ablauf der Übergangszeit gilt der gesamte gemeinschaftliche Besitzstand für die neuen Mitgliedstaaten unter den gleichen Voraussetzungen wie für die derzeitigen Mitgliedstaaten der Union.

7. Gemeinsame Erklärung zu den Artikeln 32, 69, 84 und 112 der Beitrittsakte

Die Vertragsparteien erinnern daran, daß die Konferenzen anläßlich des Treffens auf Ministerebene vom 21. Dezember 1993 festgestellt haben, daß

- es das Ziel der vereinbarten Lösung ist, Beschlüsse vor Ende der Übergangszeit zu treffen;
- die Überprüfung des gemeinschaftlichen Besitzstands unbeschadet des Ergebnisses erfolgt;
- die Union bei der Vornahme der Überprüfung auch die in Artikel 130 r *(174)* Absatz 3 des EG-Vertrags niedergelegten Kriterien berücksichtigt.

8. Gemeinsame Erklärung zu den institutionellen Verfahren des Beitrittsvertrags

Bei der Annahme der institutionellen Bestimmungen des Beitrittsvertrags kommen die Mitgliedstaaten und die Beitrittsländer überein, daß die 1996 einzuberufende Regierungskonferenz bei der Prüfung der gesetzgeberischen Rolle des Europäischen Parlaments und anderer im Vertrag über die Europäische Union angesprochener Probleme die Frage der Zahl der Mitglieder der Kommission und der Gewichtung der Stimmen der Mitgliedstaaten im Rat erörtern wird. Sie wird ferner alle Maßnahmen prüfen, die zur Erleichterung der Arbeit der Organe und zur Gewährleistung eines wirksamen Funktionierens der Organe für erforderlich gehalten werden.

9. Gemeinsame Erklärung zu Artikel 172 der Beitrittsakte

Die Vertragsparteien nehmen zur Kenntnis, daß jegliche Änderung des EWR-Abkommens und des Übereinkommens zwischen den EFTA-Staaten über die Einsetzung einer Überwachungsbehörde und eines Gerichtshofs der Zustimmung der betreffenden Vertragsparteien bedarf.

Die Bevollmächtigten haben den Briefwechsel zur Vereinbarung des Verfahrens für die Annahme bestimmter Beschlüsse und sonstiger Maßnahmen in der Zeit vor dem Beitritt zur Kenntnis genommen, die im Rahmen der Konferenz zwischen der Europäischen Union und den Staaten, die den Beitritt zu dieser Union beantragt haben, erzielt worden ist und die dieser Schlußakte beigefügt ist.

Schließlich wurden folgende Erklärungen abgegeben, die dieser Schlußakte beigefügt sind:

A. *Gemeinsame Erklärungen: Die derzeitigen Mitgliedstaaten/Königreich Norwegen*
Hinweis

B. *Gemeinsame Erklärungen: Die derzeitigen Mitgliedstaaten/Republik Österreich*

16. Gemeinsame Erklärung zur Freizügigkeit der Arbeitnehmer

Sollte der Beitritt der Republik Österreich zu Schwierigkeiten im Zusammenhang mit der Freizügigkeit der Arbeitnehmer führen, so können die Organe der Union mit dieser Angelegenheit befaßt werden, um dieses Problem zu lösen. Diese Lösung wird mit den Bestimmungen der Verträge (einschließlich des Vertrags über die Europäische Union) und den aufgrund der Verträge erlassenen Bestimmungen, insbesondere den Bestimmungen über die Freizügigkeit der Arbeitnehmer, völlig im Einklang stehen.

17. Gemeinsame Erklärung zu Schutzmaßnahmen nach den Abkommen mit den mittel- und osteuropäischen Ländern

1. Die zwischen den Gemeinschaften und ihren Mitgliedstaaten und den mittel- und osteuropäischen Ländern geschlossenen „Europa-Abkommen" enthalten Bestimmungen, wonach die Gemeinschaften unter bestimmten in jenen Abkommen festgelegten Voraussetzungen geeignete Schutzmaßnahmen treffen können.

2. Wenn die Gemeinschaften gemäß diesen Bestimmungen Maßnahmen prüfen und ergreifen, können sie sich auf die Lage von Erzeugern oder Regionen in einem oder mehreren ihrer Mitgliedstaaten berufen.

3. Die Vorschriften der Gemeinschaft über die Anwendung von Schutzmaßnahmen einschließlich der gemeinschaftlichen Kontingentierungen stellen sicher, daß die Interessen der Mitgliedstaaten in Übereinstimmung mit den entsprechenden Verfahren voll berücksichtigt werden.

18. Gemeinsame Erklärung zur Lösung noch offener technischer Fragen im Verkehrsbereich

Die Republik Österreich und die Gemeinschaft erklären, daß sie bereit sind, vor dem Beitritt Österreichs im Rahmen des Transitausschusses EG-Österreich noch offene technische Fragen einvernehmlich zu lösen, insbesondere

a) Fragen in bezug auf das Ökopunktesystem
   - Auswechseln von Motoren bei vor dem 1. Oktober 1990 zugelassenen Kraftfahrzeugen;
   - Wechseln der Zugmaschine;
   - gemischtnationale Fahrzeugkombinationen;
   - Diskriminierung zugunsten österreichischer Fahrzeuge im Transit zwischen zwei Drittländern.

b) Sonstige Fragen
- Lösung im Gemeinschaftsrahmen für das „Lofer"-Abkommen zwischen Österreich und Deutschland von 29. Juni 1993;
- Liste der Terminals gemäß Artikel 2 Absatz 5 der Verwaltungsvereinbarung („Fürnitz"-Verkehr);
- schwere und voluminöse Transporte („Sonderbeförderungen").

19. Gemeinsame Erklärung zu den Gewichten und Abmessungen für Fahrzeuge des Güterkraftverkehrs

Die Vertragsparteien nehmen zur Kenntnis, daß die Republik Österreich dem gemeinschaftlichen Besitzstand im Bereich der höchstzulässigen Gewichte und Abmessungen für LKW durch die straffreie Zulassung eines Gewichts von 38 t bei einer Toleranzspanne von 5 vH nachkommt.

20. Gemeinsame Erklärung zum Brennerbasistunnel

Österreich, Deutschland, Italien und die Gemeinschaft arbeiten aktiv an der Fertigstellung der Vorstudien über den Brennerbasistunnel, die im Juni 1994 übergeben werden sollen. Österreich, Deutschland und Italien verpflichten sich, bis zum 31. Oktober 1994 eine Entscheidung über den Bau des Tunnels zu treffen. Die Gemeinschaft erklärt, daß sie bereit ist, den Bau auf der Grundlage der verfügbaren Finanzierungsinstrumente der Gemeinschaft zu unterstützen, wenn die drei betreffenden Staaten eine positive Entscheidung treffen sollten.

21. Gemeinsame Erklärung zu den Artikeln 6 und 76 der Beitrittsakte

Die Republik Österreich und die Gemeinschaft bekräftigen ihre Absicht, im Wege geeigneter Verhandlungen sicherzustellen, daß vom Zeitpunkt des Beitritts an Verkehrsunternehmer dritter Länder, insbesondere aus Slowenien und der Schweiz, hinsichtlich des Österreich durchquerenden Lastkraftwagenverkehrs nicht günstiger behandelt werden als EU-Verkehrsunternehmer.

C. *Gemeinsame Erklärung: Die derzeitigen Mitgliedstaaten/Republik Finnland*

Hinweis

D. *Gemeinsame Erklärungen: Die derzeitigen Mitgliedstaaten/Königreich Schweden*

Hinweis

E. *Gemeinsame Erklärungen: Die derzeitigen Mitgliedstaaten/Einzelne neue Mitgliedstaaten*

27. Gemeinsame Erklärung: Königreich Norwegen, Republik Österreich, Königreich Schweden: zu PCB/PCT

Die Vertragsparteien stellen fest, daß in ihrem jeweiligen Hoheitsgebiet die Herstellung von PCB und PCT verboten ist und daß die Wiederverwertung dieser Erzeugnisse nicht mehr durchgeführt wird. Bis zur Annahme von Gemeinschaftsvorschriften, durch die auch die Wiederverwertung von PCB und PCT verboten wird, haben die Vertragsparteien keine Einwände gegen die Beibehaltung eines derartigen Verbots in einzelstaatlichen Rechtsvorschriften.

28. Gemeinsame Erklärung zur nordischen Zusammenarbeit

Hinweis

29. Gemeinsame Erklärung zur Anzahl der im Königreich Norwegen und der Republik Finnland für die Mutterkuhprämie in Betracht kommenden Tiere

Hinweis

30. Gemeinsame Erklärung der Republik Finnland und des Königreichs Schweden über die Fischereimöglichkeiten in der Ostsee

Hinweis

31. Erklärung zur Verarbeitungsindustrie in der Republik Österreich und der Republik Finnland

Die Vertragsparteien kommen wie folgt überein:

i) Einsatz der Ziel Nr. 5a-Maßnahmen in vollem Umfang, um Auswirkungen des Beitritts abzufedern;

ii) Flexibilität bei nationalen Übergangsregelungen für Beihilfen, die die Umstrukturierung erleichtern sollen.

F. *Erklärungen der derzeitigen Mitgliedstaaten*

32. Erklärung zu den Ålandainseln

Hinweis

33. Erklärung zur relativen Stabilität

Hinweis

34. Erklärung zur Lösung der Umweltprobleme, die durch den Lastkraftwagenverkehr verursacht werden

Die Union teilt der Republik Österreich mit, daß der Rat der Kommission aufgefordert hat, ihm einen Vorschlag zur Verabschiedung vorzulegen, der eine Rahmenregelung zur Lösung der Umweltprobleme betrifft, die durch den Lastkraftwagenverkehr verursacht werden. Diese Rahmenregelung wird geeignete Maßnahmen über Straßenbenutzungsgebühren, Schienenwege, Einrichtungen des kombinierten Verkehrs und technische Normen für Fahrzeuge umfassen.

35. Erklärung über die Einhaltung der Verpflichtungen in Agrarfragen, die sich aus nicht in der Beitrittsakte enthaltenen Rechtsakten ergeben

Die Europäische Union erklärt, daß alle Rechtsakte, die für die Einhaltung des Ergebnisses der Beitrittsverhandlungen über Agrarfragen erforderlich sind, die aber nicht in der Beitrittsakte enthalten sind (neue Rechtsakte des Rates, die nach dem Beitritt anwendbar sind, und Rechtsakte der Kommission), zu gegebener Zeit nach den in der Beitrittsakte selbst oder im Rahmen des gemeinschaftlichen Besitzstands festgelegten Verfahren angenommen werden.

Die übrigen sich aus den Verhandlungen ergebenden Verpflichtungen betreffend Agrarfragen werden rasch und rechtzeitig umgesetzt.

36. Erklärung zu agrar- und umweltpolitischen Maßnahmen

Die Union wird die erforderlichen Maßnahmen treffen, um den neuen Mitgliedstaaten die rasche Durchführung der agrar- und umweltpolitischen Programme zugunsten ihrer Landwirte im Einklang mit der Verordnung (EWG) Nr. 2078/92 zu ermöglichen und die Mitfinanzierung dieser Programme im Rahmen der verfügbaren Haushaltsmittel sicherzustellen.

Die Union nimmt zur Kenntnis, daß davon auszugehen ist, daß den neuen Mitgliedstaaten folgende Beträge zur Verfügung gestellt werden:

– Norwegen	55	Mio.	ECU
– Österreich	175	Mio.	ECU
– Finnland	135	Mio.	ECU
– Schweden	165	Mio.	ECU

37. Erklärung zu Berggebieten und benachteiligten Gebieten

Die Union nimmt zur Kenntnis, daß die neuen Mitgliedstaaten der Ansicht sind, daß ein erheblicher Teil ihres Hoheitsgebiets von ständigen natürlichen Nachteilen betroffen ist und daß die Abgrenzung der Berggebiete und bestimmter benachteiligter Gebiete im Sinne der Richtlinie 75/268/EWG unverzüglich durchgeführt werden sollte.

Die Union bestätigt, daß sie beabsichtigt, bei der Abgrenzung dieser Gebiete den gemeinschaftlichen Besitzstand wie folgt anzuwenden:

- für die Republik Österreich als alpines Land wird bei der Wahl der Kriterien von den Kriterien ausgegangen, die bereits für ähnliche Gebiete in Deutschland, Italien und Frankreich verwendet wurden;
- für das Königreich Schweden wird es die Berücksichtigung der nördlichen Breite als maßgebliches Kriterium im Sinne des Artikels 3 Absatz 3 der Richtlinie 75/268/EWG des Rates ermöglichen, vier der fünf „landwirtschaftlichen" Förderungsgebiete in Nordschweden" zu erfassen;
- für das Königreich Norwegen wird es die Berücksichtigung der nördlichen Breite als maßgebliches Kriterium im Sinne des Artikels 3 Absatz 3 der Richtlinie 75/268/EWG des Rates sowie die Anwendung der Absätze 4 und 5 desselben Artikels ermöglichen, bis zu 85 vH der landwirtschaftlichen Nutzfläche zu erfassen;
- für die Republik Finnland wird es die Berücksichtigung der nördlichen Breite als maßgebliches Kriterium im Sinne des Artikels 3 Absatz 3 der Richtlinie 75/268/EWG des Rates sowie die Änderung des Artikels 19 der Verordnung (EWG) Nr. 2328/91 des Rates ermöglichen, 85 vH der landwirtschaftlichen Nutzfläche im Sinne des Artikels 3 Absatz 3 der Richtlinie 75/268/EWG des Rates zu erfassen.

G. *Erklärungen des Königreichs Norwegen*

Hinweis

H. *Erklärungen der Republik Österreich*

41. Erklärung der Republik Österreich zu Artikel 109 g (118) des EG-Vertrags

Die Republik Österreich nimmt zur Kenntnis, daß die Zusammensetzung des ECU-Währungskorbs unverändert bleibt und daß mit der Teilnahme der Republik Österreich an der dritten Stufe der Wert des Schillings gegenüber der ECU unwiderruflich festgesetzt wird.

Die Republik Österreich wird den Schilling weiterhin stabil halten und auf diese Weise zur Verwirklichung der Wirtschafts- und Währungsunion beitragen. Der stufenweise Übergang zu einer einheitlichen europäischen Währung wird von der Republik Österreich unterstützt, da die Qualität der geplanten europäischen Währung durch die stabilitätspolitischen Vorbedingungen des EG-Vertrags sichergestellt ist.

42. Erklärung der Republik Österreich zur Fernsehtätigkeit

Mit Bezug auf die Richtlinie 89/552/EWG des Rates vom 3. Oktober 1989 zur Koordinierung bestimmter Rechts- und Verwaltungsvorschriften der Mitgliedstaaten über die Ausübung der Fernsehtätigkeit stellt die Republik Österreich fest, daß sie nach dem geltenden EG-Recht in seiner Auslegung durch den Gerichtshof der Europäischen Gemeinschaften geeignete Maßnahmen ergreifen kann, falls zur Umgehung ihrer innerstaatlichen Rechtsvorschriften Verlegungsprozesse stattfinden.

43. Erklärung der Republik Österreich zur Preisgestaltung des kombinierten Verkehrs auf der Brenner-Route

Die Republik Österreich erklärt, daß sie bereit ist, den kombinierten Huckepackverkehr auf der Brenner-Route in Übereinstimmung mit den Rechtsvorschriften der Gemeinschaft zu fördern, indem sie für diese Verkehrsart auf dem österreichischen Abschnitt einen angemessenen Preis festlegt, der im Wettbewerb mit den Preisen für den Verkehr auf der Straße standhalten kann. Die Republik Österreich stellt fest, daß diese Maßnahme mit der Maßgabe getroffen wird, daß die Auswirkungen der von der Republik Österreich gewährten Hilfen auf den Markt nicht durch Maßnahmen verringert werden, die für andere Abschnitte der obgenannten Huckepackverbindung getroffen werden.

44. Erklärung der Republik Österreich zu Artikel 14 des Protokolls Nr. 9 über den Straßen- und Schienenverkehr sowie den kombinierten Verkehr in Österreich

Die Republik Österreich erklärt, daß die Verwaltung des Ökopunktesystems ab 1. Januar 1997 computergestützt und die Überwachung ab 1. Januar 1997 elektronisch erfolgen soll, um die Bedingungen des Artikels 14 Absatz 1 des Protokolls Nr. 9 zu erfüllen.

I. *Erklärungen der Republik Finnland*

Hinweis

J. *Erklärungen des Königreichs Schweden*

Hinweis

K. *Erklärungen verschiedener neuer Mitgliedstaaten*

48. Gemeinsame Erklärung des Königreichs Norwegen und des Königreichs Schweden betreffend Fischerei

Hinweis

49. Erklärung des Königreichs Norwegen, der Republik Österreich, der Republik Finnland und des Königreichs Schweden zu den Artikeln 3 und 4 der Beitrittsakte

Was die in Artikel 3 und in Artikel 4 Absatz 2 der Beitrittsakte erwähnten Übereinkommen oder Rechtsakte in den Bereichen Justiz und Inneres betrifft, die noch ausgehandelt werden, so akzeptieren Norwegen, Österreich, Finnland und Schweden die Punkte, die von den derzeitigen Mitgliedstaaten oder vom Rat zum Zeitpunkt des Beitritts vereinbart worden sind, und werden folglich an den weiteren Verhandlungen über diese Übereinkommen und Rechtsakte nur bezüglich der noch zu klärenden Punkte teilnehmen.

50. Erklärung der Republik Finnland und des Königreichs Schweden zu den Alkoholmonopolen

Hinweis

Anlage

Informations- und Konsultationsverfahren für die Annahme bestimmter Beschlüsse und sonstige Maßnahmen in der Zeit vor dem Beitritt

Hinweis

Vertrag von Amsterdam

(ABl 1997 C 340, 1 bzw. BGBl III Nr. 85/1999)

zur Änderung des Vertrags über die Europäische Union, der Verträge zur Gründung der Europäischen Gemeinschaften sowie einiger damit zusammenhängender Rechtsakte

SEINE MAJESTÄT DER KÖNIG DER BELGIER,
IHRE MAJESTÄT DIE KÖNIGIN VON DÄNEMARK,
DER PRÄSIDENT DER BUNDESREPUBLIK DEUTSCHLAND,
DER PRÄSIDENT DER GRIECHISCHEN REPUBLIK,
SEINE MAJESTÄT DER KÖNIG VON SPANIEN,
DER PRÄSIDENT DER FRANZÖSISCHEN REPUBLIK,
DIE KOMMISSION, DIE NACH ARTIKEL 14 DER VERFASSUNG IRLANDS ERMÄCHTIGT IST, DIE BEFUGNISSE UND AUFGABEN DES PRÄSIDENTEN IRLANDS WAHRZUNEHMEN UND AUSZUÜBEN,
DER PRÄSIDENT DER ITALIENISCHEN REPUBLIK,
SEINE KÖNIGLICHE HOHEIT DER GROSSHERZOG VON LUXEMBURG,
IHRE MAJESTÄT DIE KÖNIGIN DER NIEDERLANDE,
DER BUNDESPRÄSIDENT DER REPUBLIK ÖSTERREICH,
DER PRÄSIDENT DER PORTUGIESISCHEN REPUBLIK,
DER PRÄSIDENT DER REPUBLIK FINNLAND,
SEINE MAJESTÄT DER KÖNIG VON SCHWEDEN,
IHRE MAJESTÄT DIE KÖNIGIN DES VEREINIGTEN KÖNIGREICHS GROSSBRITANNIEN UND NORDIRLAND

HABEN BESCHLOSSEN, den Vertrag über die Europäische Union, die Verträge zur Gründung der Europäischen Gemeinschaften sowie einige damit zusammenhängende Rechtsakte zu ändern, und haben zu diesem Zweck zu ihren Bevollmächtigten ernannt:

[es folgen die Namen]

DIESE SIND nach Austausch ihrer als gut und gehörig befundenen Vollmachten WIE FOLGT ÜBEREINGEKOMMEN:

ERSTER TEIL
SACHLICHE ÄNDERUNGEN

ARTIKEL 1

Der Vertrag über die Europäische Union wird nach Maßgabe dieses Artikels geändert.

eingearbeitet

ARTIKEL 2

Der Vertrag zur Gründung der Europäischen Gemeinschaft wird nach Maßgabe dieses Artikels geändert.

eingearbeitet

ARTIKEL 3

Der Vertrag über die Gründung der Europäischen Gemeinschaft für Kohle und Stahl wird nach Maßgabe dieses Artikels geändert.

Hinweis

ARTIKEL 4

Der Vertrag zur Gründung der Europäischen Atomgemeinschaft wird nach Maßgabe dieses Artikels geändert.

Hinweis

ARTIKEL 5

Der Akt zur Einführung allgemeiner unmittelbarer Wahlen der Abgeordneten des Europäischen Parlaments im Anhang zum Beschluß des Rates vom 20. September 1976 wird nach Maßgabe dieses Artikels geändert.

eingearbeitet

ZWEITER TEIL
VEREINFACHUNG

ARTIKEL 6

Der Vertrag zur Gründung der Europäischen Gemeinschaft einschließlich seiner Anhänge und Protokolle wird entsprechend den

Bestimmungen dieses Artikels mit dem Ziel geändert, hinfällig gewordene Bestimmungen des Vertrags zu streichen und einige seiner Bestimmungen entsprechend anzupassen.

I. Vertragsbestimmungen

eingearbeitet

II. Anhänge

eingearbeitet

III. Protokolle und sonstige Rechtsakte

Hinweis bzw. eingearbeitet

ARTIKEL 7

Der Vertrag über die Gründung der Europäischen Gemeinschaft für Kohle und Stahl einschließlich seiner Anhänge, Protokolle und sonstigen beigefügten Rechtsakte wird entsprechend den Bestimmungen dieses Artikels mit dem Ziel geändert, hinfällig gewordene Bestimmungen des Vertrags zu streichen und einige seiner Bestimmungen entsprechend anzupassen.

Hinweis

ARTIKEL 8

Der Vertrag zur Gründung der Europäischen Atomgemeinschaft einschließlich seiner Anhänge und Protokolle wird entsprechend den Bestimmungen dieses Artikels mit dem Ziel geändert, hinfällig gewordene Bestimmungen des Vertrags zu streichen und einige seiner Bestimmungen entsprechend anzupassen.

Hinweis

ARTIKEL 9

(1) Unbeschadet der nachfolgenden Absätze, mit denen die wesentlichen Elemente ihrer Bestimmungen beibehalten werden sollen, werden das Abkommen vom 25. März 1957 über gemeinsame Organe für die Europäischen Gemeinschaften und der Vertrag vom 8. April 1965 zur Einsetzung eines gemeinsamen Rates und einer gemeinsamen Kommission der Europäischen Gemeinschaften, jedoch mit Ausnahme des in Absatz 5 genannten Protokolls, aufgehoben.

(2) Die dem Europäischen Parlament, dem Rat, der Kommission, dem Gerichtshof und dem Rechnungshof durch den Vertrag zur Gründung der Europäischen Gemeinschaft, den Vertrag über die Gründung der Europäischen Gemeinschaft für Kohle und Stahl und den Vertrag zur Gründung der Europäischen Atomgemeinschaft übertragenen Zuständigkeiten werden durch gemeinsame Organe unter den in den genannten Verträgen sowie in diesem Artikel jeweils vorgesehenen Bedingungen ausgeübt.

Die dem Wirtschafts- und Sozialausschuß durch den Vertrag zur Gründung der Europäischen Gemeinschaft und den Vertrag zur Gründung der Europäischen Atomgemeinschaft übertragenen Aufgaben werden unter den in den genannten Verträgen jeweils vorgesehenen Bedingungen durch einen gemeinsamen Ausschuß ausgeübt. Die Bestimmungen der Artikel 193 *(257)* und 197 *(261)* des Vertrags zur Gründung der Europäischen Gemeinschaft finden auf diesen Ausschuß Anwendung.

(3) Die Beamten und sonstigen Bediensteten der Europäischen Gemeinschaften gehören der einzigen Verwaltung dieser Gemeinschaften an; auf sie finden die nach Artikel 212 *(283)* des Vertrags zur Gründung der Europäischen Gemeinschaft erlassenen Bestimmungen Anwendung.

(4) Die Europäischen Gemeinschaften genießen im Hoheitsgebiet der Mitgliedstaaten die zur Erfüllung ihrer Aufgabe erforderlichen Vorrechte und Befreiungen unter den in dem in Absatz 5 genannten Protokoll festgelegten Bedingungen. Dasselbe gilt für die Europäische Zentralbank, das Europäische Währungsinstitut und die Europäische Investitionsbank.

(5) In das Protokoll vom 8. April 1965 über die Vorrechte und Befreiungen der Europäischen Gemeinschaften wird ein Artikel 23 entsprechend dem Protokoll zur Änderung des genannten Protokolls eingefügt; dieser Artikel hat folgende Fassung:

eingearbeitet

(6) Die Einnahmen und Ausgaben der Europäischen Gemeinschaft, die Verwaltungsausgaben der Europäischen Gemeinschaft für Kohle und Stahl und die betreffenden Einnahmen sowie die Einnahmen und Ausgaben der Europäischen Atomgemeinschaft mit Ausnahme derjenigen der Versorgungsagentur und der gemeinsamen Unternehmen werden unter den in den jeweiligen Verträgen zur Gründung dieser drei Gemeinschaften festgelegten Bedingungen in den Haushaltsplan der Europäischen Gemeinschaften eingesetzt.

(7) Unbeschadet der Anwendung des Artikels 216 *(289)* des Vertrags zur Gründung der Europäischen Gemeinschaft, des Artikels 77

des Vertrags über die Gründung der Europäischen Gemeinschaft für Kohle und Stahl, des Artikels 189 des Vertrags zur Gründung der Europäischen Atomgemeinschaft und des Artikels 1 Absatz 2 des Protokolls über die Satzung der Europäischen Investitionsbank erlassen die Vertreter der Regierungen der Mitgliedstaaten im gegenseitigen Einvernehmen die Vorschriften, die zur Regelung einiger besonderer Probleme des Großherzogtums Luxemburg erforderlich sind, welche sich aus der Einsetzung eines gemeinsamen Rates und einer gemeinsamen Kommission der Europäischen Gemeinschaften ergeben.

ARTIKEL 10

(1) Die in diesem Teil vorgenommenen Aufhebungen und Streichungen hinfällig gewordener Bestimmungen des Vertrags zur Gründung der Europäischen Gemeinschaft, des Vertrags über die Gründung der Europäischen Gemeinschaft für Kohle und Stahl und des Vertrags zur Gründung der Europäischen Atomgemeinschaft in ihrer vor Inkrafttreten dieses Vertrags von Amsterdam gültigen Fassung und die entsprechende Anpassung einiger ihrer Bestimmungen lassen sowohl die Rechtswirkungen der Bestimmungen jener Verträge, insbesondere die Rechtswirkungen aus den darin enthaltenen Fristen, als auch die Rechtswirkungen der Beitrittsverträge unberührt.

(2) Die Rechtswirkungen der geltenden Rechtsakte, die auf der Grundlage jener Verträge erlassen wurden, bleiben unberührt.

(3 Dasselbe gilt für die Aufhebung des Abkommens vom 25. März 1957 über gemeinsame Organe für die Europäischen Gemeinschaften und für die Aufhebung des Vertrags vom 8. April 1965 zur Einsetzung eines gemeinsamen Rates und einer gemeinsamen Kommission der Europäischen Gemeinschaften.

ARTIKEL 11

Die Bestimmungen des Vertrags zur Gründung der Europäischen Gemeinschaft, des Vertrags über die Gründung der Europäischen Gemeinschaft für Kohle und Stahl und des Vertrags zur Gründung der Europäischen Atomgemeinschaft betreffend die Zuständigkeit des Gerichtshofs der Europäischen Gemeinschaften und die Ausübung dieser Zuständigkeit gelten für diesen Teil und für das in Artikel 9 Absatz 5 genannte Protokoll über Vorrechte und Befreiungen.

DRITTER TEIL
ALLGEMEINE UND SCHLUSSBESTIMMUNGEN

ARTIKEL 12

(1 Die Artikel, Titel und Abschnitte des Vertrags über die Europäische Union und des Vertrags zur Gründung der Europäischen Gemeinschaft, in der Fassung der Bestimmungen dieses Vertrags, werden entsprechend den Übereinstimmungstabellen im Anhang zu diesem Vertrag umnumeriert; dieser Anhang ist Bestandteil dieses Vertrags.

(2) Die Querverweisungen auf andere Artikel, Titel und Abschnitte im Vertrag über die Europäische Union und im Vertrag zur Gründung der Europäischen Gemeinschaft sowie die Querverweisungen zwischen ihnen werden entsprechend angepaßt. Dasselbe gilt für die Bezugnahmen auf diese Verträge in den anderen Gemeinschaftsverträgen.

(3) Die in anderen Rechtsinstrumenten oder Rechtsakten enthaltenen Verweisungen auf Artikel, Titel und Abschnitte der in Absatz 2 genannten Verträge sind als Verweisungen auf die nach Absatz 1 umnumerierten Artikel, Titel und Abschnitte zu lesen; die Verweisungen auf die Absätze jener Artikel sind als Verweisungen auf die in einigen Bestimmungen des Artikels 6 umnumerierten Absätze zu lesen.

(4) Die in anderen Rechtsinstrumenten oder Rechtsakten enthaltenen Verweisungen auf Absätze der in den Artikeln 7 und 8 bezeichneten Artikel der Verträge sind als Verweisungen auf diese in einigen Bestimmungen der genannten Artikel 7 und 8 umnumerierten Absätze zu lesen.

ARTIKEL 13

Dieser Vertrag gilt auf unbegrenzte Zeit.

ARTIKEL 14

(1) Dieser Vertrag bedarf der Ratifikation durch die Hohen Vertragsparteien gemäß ihren verfassungsrechtlichen Vorschriften. Die Ratifikationsurkunden werden bei der Regierung der Italienischen Republik hinterlegt.

(2) Dieser Vertrag tritt am ersten Tag des zweiten auf die Hinterlegung der letzten Ratifikationsurkunde folgenden Monats in Kraft.

ARTIKEL 15

Dieser Vertrag ist in einer Urschrift in dänischer, deutscher, englischer, finnischer, französischer, griechischer, irischer, italienischer, niederländischer, portugiesischer, schwedischer und spanischer Sprache abgefaßt, wobei jeder Wortlaut gleichermaßen verbindlich ist; die Urschrift wird im Archiv der Regierung der Italienischen Republik hinterlegt; diese übermittelt der Regierung jedes anderen Unterzeichnerstaats eine beglaubigte Abschrift.

ZU URKUND DESSEN haben die unterzeichneten Bevollmächtigten ihre Unterschriften unter diesen Vertrag gesetzt.

ANHANG

Übereinstimmungstabellen gemäß Artikel 12 des Vertrags von Amsterdam

A. Vertrag über die Europäische Union

Bisherige Nummerierung	Neue Nummerierung
Titel I	Titel I
Artikel A	Artikel 1
Artikel B	Artikel 2
Artikel C	Artikel 3
Artikel D	Artikel 4
Artikel E	Artikel 5
Artikel F	Artikel 6
Artikel F.1 (*)	Artikel 7
Titel II	Titel II
Artikel G	Artikel 8
Titel III	Titel III
Artikel H	Artikel 9
Titel IV	Titel IV
Artikel I	Artikel 10
Titel V (***)	Titel V
Artikel J.1	Artikel 11
Artikel J.2	Artikel 12
Artikel J.3	Artikel 13
Artikel J.4	Artikel 14
Artikel J.5	Artikel 15
Artikel J.6	Artikel 16
Artikel J.7	Artikel 17
Artikel J.8	Artikel 18
Artikel J.9	Artikel 19
Artikel J.10	Artikel 20
Artikel J.11	Artikel 21
Artikel J.12	Artikel 22
Artikel J.13	Artikel 23
Artikel J.14	Artikel 24
Artikel J.15	Artikel 25
Artikel J.16	Artikel 26
Artikel J.17	Artikel 27
Artikel J.18	Artikel 28

Bisherige Nummerierung	Neue Nummerierung
Titel VI (***)	Titel VI
Artikel K.1	Artikel 29
Artikel K.2	Artikel 30
Artikel K.3	Artikel 31
Artikel K.4	Artikel 32
Artikel K.5	Artikel 33
Artikel K.6	Artikel 34
Artikel K.7	Artikel 35
Artikel K.8	Artikel 36
Artikel K.9	Artikel 37
Artikel K.10	Artikel 38
Artikel K.11	Artikel 39
Artikel K.12	Artikel 40
Artikel K.13	Artikel 41
Artikel K.14	Artikel 42
Titel VIa (**)	Titel VII
Artikel K.15 (*)	Artikel 43
Artikel K.16 (*)	Artikel 44
Artikel K.17 (*)	Artikel 45
Titel VII	Titel VIII
Artikel L	Artikel 46
Artikel M	Artikel 47
Artikel N	Artikel 48
Artikel O	Artikel 49
Artikel P	Artikel 50
Artikel Q	Artikel 51
Artikel R	Artikel 52
Artikel S	Artikel 53

B. Vertrag zur Gründung der Europäischen Gemeinschaft

Bisherige Nummerierung	Neue Nummerierung
Erster Teil	Erster Teil
Artikel 1	Artikel 1
Artikel 2	Artikel 2
Artikel 3	Artikel 3
Artikel 3a	Artikel 4
Artikel 3b	Artikel 5
Artikel 3c (*)	Artikel 6
Artikel 4	Artikel 7
Artikel 4a	Artikel 8
Artikel 4b	Artikel 9
Artikel 5	Artikel 10
Artikel 5a (*)	Artikel 11
Artikel 6	Artikel 12

Bisherige Nummerierung	Neue Nummerierung
Artikel 6a (*)	Artikel 13
Artikel 7 (aufgehoben)	–
Artikel 7a	Artikel 14
Artikel 7b (aufgehoben)	–
Artikel 7c	Artikel 15
Artikel 7d (*)	Artikel 16
Zweiter Teil	Zweiter Teil
Artikel 8	Artikel 17
Artikel 8a	Artikel 18
Artikel 8b	Artikel 19
Artikel 8c	Artikel 20
Artikel 8d	Artikel 21
Artikel 8e	Artikel 22
Dritter Teil	Dritter Teil
Titel I	Titel I
Artikel 9	Artikel 23
Artikel 10	Artikel 24
Artikel 11 (aufgehoben)	–
Kapitel 1	Kapitel 1
Abschnitt 1 (gestrichen)	–
Artikel 12	Artikel 25
Artikel 13 (aufgehoben)	–
Artikel 14 (aufgehoben)	–
Artikel 15 (aufgehoben)	–
Artikel 16 (aufgehoben	–
Artikel 17 (aufgehoben)	–
Abschnitt 2 (gestrichen)	–
Artikel 18 (aufgehoben)	–
Artikel 19 (aufgehoben)	–
Artikel 20 (aufgehoben)	–
Artikel 21 (aufgehoben)	–
Artikel 22 (aufgehoben)	–
Artikel 23 (aufgehoben)	–
Artikel 24 (aufgehoben)	–
Artikel 25 (aufgehoben)	–
Artikel 26 (aufgehoben)	–
Artikel 27 (aufgehoben)	–
Artikel 28	Artikel 26
Artikel 29	Artikel 27
Kapitel 2	Kapitel 2
Artikel 30	Artikel 28
Artikel 31 (aufgehoben)	–
Artikel 32 (aufgehoben)	–
Artikel 33 (aufgehoben)	–

Bisherige Nummerierung	Neue Nummerierung
Artikel 34	Artikel 29
Artikel 35 (aufgehoben)	–
Artikel 36	Artikel 30
Artikel 37	Artikel 31
Titel II	Titel II
Artikel 38	Artikel 32
Artikel 39	Artikel 33
Artikel 40	Artikel 34
Artikel 41	Artikel 35
Artikel 42	Artikel 36
Artikel 43	Artikel 37
Artikel 44 (aufgehoben)	–
Artikel 45 (aufgehoben)	–
Artikel 46	Artikel 38
Artikel 47 (aufgehoben)	–
Titel III	Titel III
Kapitel 1	Kapitel 1
Artikel 48	Artikel 39
Artikel 49	Artikel 40
Artikel 50	Artikel 41
Artikel 51	Artikel 42
Kapitel 2	Kapitel 2
Artikel 52	Artikel 43
Artikel 53 (aufgehoben)	–
Artikel 54	Artikel 44
Artikel 55	Artikel 45
Artikel 56	Artikel 46
Artikel 57	Artikel 47
Artikel 58	Artikel 48
Kapitel 3	Kapitel 3
Artikel 59	Artikel 49
Artikel 60	Artikel 50
Artikel 61	Artikel 51
Artikel 62 (aufgehoben)	–
Artikel 63	Artikel 52
Artikel 64	Artikel 53
Artikel 65	Artikel 54
Artikel 66	Artikel 55
Kapitel 4	Kapitel 4
Artikel 67 (aufgehoben)	–
Artikel 68 (aufgehoben)	–
Artikel 69 (aufgehoben)	–
Artikel 70 (aufgehoben)	–
Artikel 71 (aufgehoben)	–

Bisherige Nummerierung	Neue Nummerierung
Artikel 72 (aufgehoben)	–
Artikel 73 (aufgehoben)	–
Artikel 73a (aufgehoben)	–
Artikel 73b	Artikel 56
Artikel 73c	Artikel 57
Artikel 73d	Artikel 58
Artikel 73e (aufgehoben)	–
Artikel 73f	Artikel 59
Artikel 73g	Artikel 60
Artikel 73h (aufgehoben)	–
Titel IIIa (**)	Titel IV
Artikel 73i (*)	Artikel 61
Artikel 73j (*)	Artikel 62
Artikel 73k (*)	Artikel 63
Artikel 73l (*)	Artikel 64
Artikel 73m (*)	Artikel 65
Artikel 73n (*)	Artikel 66
Artikel 73o (*)	Artikel 67
Artikel 73p (*)	Artikel 68
Artikel 73q (*)	Artikel 69
Titel IV	Titel V
Artikel 74	Artikel 70
Artikel 75	Artikel 71
Artikel 76	Artikel 72
Artikel 77	Artikel 73
Artikel 78	Artikel 74
Artikel 79	Artikel 75
Artikel 80	Artikel 76
Artikel 81	Artikel 77
Artikel 82	Artikel 78
Artikel 83	Artikel 79
Artikel 84	Artikel 80
Titel V Kapitel 1 Abschnitt 1	Titel VI Kapitel 1 Abschnitt 1
Artikel 85	Artikel 81
Artikel 86	Artikel 82
Artikel 87	Artikel 83
Artikel 88	Artikel 84
Artikel 89	Artikel 85
Artikel 90	Artikel 86

(*) Neuer Artikel, eingefügt durch den Vertrag von Amsterdam.
(**) Neuer Titel, eingefügt durch den Vertrag von Amsterdam.

Bisherige Nummerierung	Neue Nummerierung
Abschnitt 2 (gestrichen)	–
Artikel 91 (aufgehoben)	–
Abschnitt 3	Abschnitt 2
Artikel 92	Artikel 87
Artikel 93	Artikel 88
Artikel 94	Artikel 89
Kapitel 2	Kapitel 2
Artikel 95	Artikel 90
Artikel 96	Artikel 91
Artikel 97 (aufgehoben)	–
Artikel 98	Artikel 92
Artikel 99	Artikel 93
Kapitel 3	Kapitel 3
Artikel 100	Artikel 94
Artikel 100a	Artikel 95
Artikel 100b (aufgehoben)	–
Artikel 100c (aufgehoben)	–
Artikel 100d (aufgehoben)	–
Artikel 101	Artikel 96
Artikel 102	Artikel 97
Titel VI	Titel VII
Kapitel 1	Kapitel 1
Artikel 102a	Artikel 98
Artikel 103	Artikel 99
Artikel 103a	Artikel 100
Artikel 104	Artikel 101
Artikel 104a	Artikel 102
Artikel 104b	Artikel 103
Artikel 104c	Artikel 104
Kapitel 2	Kapitel 2
Artikel 105	Artikel 105
Artikel 105a	Artikel 106
Artikel 106	Artikel 107
Artikel 107	Artikel 108
Artikel 108	Artikel 109
Artikel 108a	Artikel 110
Artikel 109	Artikel 111
Kapitel 3	Kapitel 3
Artikel 109a	Artikel 112
Artikel 109b	Artikel 113
Artikel 109c	Artikel 114
Artikel 109d	Artikel 115

Bisherige Nummerierung	Neue Nummerierung
Kapitel 4	Kapitel 4
Artikel 109e	Artikel 116
Artikel 109f	Artikel 117
Artikel 109g	Artikel 118
Artikel 109h	Artikel 119
Artikel 109i	Artikel 120
Artikel 109j	Artikel 121
Artikel 109k	Artikel 122
Artikel 109l	Artikel 123
Artikel 109m	Artikel 124
Titel VIa (**)	Titel VIII
Artikel 109n (*)	Artikel 125
Artikel 109o (*)	Artikel 126
Artikel 109p (*)	Artikel 127
Artikel 109q (*)	Artikel 128
Artikel 109r (*)	Artikel 129
Artikel 109s (*)	Artikel 130
Titel VII	Titel IX
Artikel 110	Artikel 131
Artikel 111 (aufgehoben)	–
Artikel 112	Artikel 132
Artikel 113	Artikel 133
Artikel 114 (aufgehoben)	–
Artikel 115	Artikel 134
Titel VIIa (**)	Titel X
Artikel 116 (*)	Artikel 135
Titel VIII Kapitel 1 (***)	Titel IX Kapitel 1
Artikel 117	Artikel 136
Artikel 118	Artikel 137
Artikel 118a	Artikel 138
Artikel 118b	Artikel 139
Artikel 118c	Artikel 140
Artikel 119	Artikel 141
Artikel 119a	Artikel 142
Artikel 120	Artikel 143
Artikel 121	Artikel 144
Artikel 122	Artikel 145

(*) Neuer Artikel, eingefügt durch den Vertrag von Amsterdam.
(**) Neuer Titel, eingefügt durch den Vertrag von Amsterdam.
(***) Kapitel, umstrukturiert durch den Vertrag von Amsterdam.

Bisherige Nummerierung	Neue Nummerierung
Kapitel 2	Kapitel 2
Artikel 123	Artikel 146
Artikel 124	Artikel 147
Artikel 125	Artikel 148
Kapitel 3	Kapitel 3
Artikel 126	Artikel 149
Artikel 127	Artikel 150
Titel IX	Titel XII
Artikel 128	Artikel 151
Titel X	Titel XIII
Artikel 129	Artikel 152
Titel XI	Titel XIV
Artikel 129a	Artikel 153
Titel XII	Titel XV
Artikel 129b	Artikel 154
Artikel 129c	Artikel 155
Artikel 129d	Artikel 156
Titel XIII	Titel XVI
Artikel 130	Artikel 157
Titel XIV	Titel XVII
Artikel 130a	Artikel 158
Artikel 130b	Artikel 159
Artikel 130c	Artikel 160
Artikel 130d	Artikel 161
Artikel 130e	Artikel 162
Titel XV	Titel XVIII
Artikel 130f	Artikel 163
Artikel 130g	Artikel 164
Artikel 130h	Artikel 165
Artikel 130i	Artikel 166
Artikel 130j	Artikel 167
Artikel 130k	Artikel 168
Artikel 130l	Artikel 169
Artikel 130m	Artikel 170
Artikel 130n	Artikel 171
Artikel 130o	Artikel 172
Artikel 130p	Artikel 173
Artikel 130q (aufgehoben)	–
Titel XVI	Titel XIX
Artikel 130r	Artikel 174
Artikel 130s	Artikel 175
Artikel 130t	Artikel 176

Bisherige Nummerierung	Neue Nummerierung
Titel XVII	Titel XX
Artikel 130u	Artikel 177
Artikel 130v	Artikel 178
Artikel 130w	Artikel 179
Artikel 130x	Artikel 180
Artikel 130y	Artikel 181
Vierter Teil	Vierter Teil
Artikel 131	Artikel 182
Artikel 132	Artikel 183
Artikel 133	Artikel 184
Artikel 134	Artikel 185
Artikel 135	Artikel 186
Artikel 136	Artikel 187
Artikel 136a	Artikel 188
Fünfter Teil Titel I Kapitel 1 Abschnitt 1	Fünfter Teil Titel I Kapitel 1 Abschnitt 1
Artikel 137	Artikel 189
Artikel 138	Artikel 190
Artikel 138a	Artikel 191
Artikel 138b	Artikel 192
Artikel 138c	Artikel 193
Artikel 138d	Artikel 194
Artikel 138e	Artikel 195
Artikel 139	Artikel 196
Artikel 140	Artikel 197
Artikel 141	Artikel 198
Artikel 142	Artikel 199
Artikel 143	Artikel 200
Artikel 144	Artikel 201
Abschnitt 2	Abschnitt 2
Artikel 145	Artikel 202
Artikel 146	Artikel 203
Artikel 147	Artikel 204
Artikel 148	Artikel 205
Artikel 149 (aufgehoben)	–
Artikel 150	Artikel 206
Artikel 151	Artikel 207
Artikel 152	Artikel 208
Artikel 153	Artikel 209
Artikel 154	Artikel 210
Abschnitt 3	Abschnitt 3
Artikel 155	Artikel 211
Artikel 156	Artikel 212

Bisherige Nummerierung	Neue Nummerierung
Artikel 157	Artikel 213
Artikel 158	Artikel 214
Artikel 159	Artikel 215
Artikel 160	Artikel 216
Artikel 161	Artikel 217
Artikel 162	Artikel 218
Artikel 163	Artikel 219
Abschnitt 4	Abschnitt 4
Artikel 164	Artikel 220
Artikel 165	Artikel 221
Artikel 166	Artikel 222
Artikel 167	Artikel 223
Artikel 168	Artikel 224
Artikel 168 a	Artikel 225
Artikel 169	Artikel 226
Artikel 170	Artikel 227
Artikel 171	Artikel 228
Artikel 172	Artikel 229
Artikel 173	Artikel 230
Artikel 174	Artikel 231
Artikel 175	Artikel 232
Artikel 176	Artikel 233
Artikel 177	Artikel 234
Artikel 178	Artikel 235
Artikel 179	Artikel 236
Artikel 180	Artikel 237
Artikel 181	Artikel 238
Artikel 182	Artikel 239
Artikel 183	Artikel 240
Artikel 184	Artikel 241
Artikel 185	Artikel 242
Artikel 186	Artikel 243
Artikel 187	Artikel 244
Artikel 188	Artikel 245
Abschnitt 5	Abschnitt 5
Artikel 188a	Artikel 246
Artikel 188b	Artikel 247
Artikel 188c	Artikel 248
Kapitel 2	Kapitel 2
Artikel 189	Artikel 249
Artikel 189a	Artikel 250
Artikel 189b	Artikel 251
Artikel 189c	Artikel 252
Artikel 190	Artikel 253

Bisherige Nummerierung	Neue Nummerierung
Artikel 191	Artikel 254
Artikel 191a (*)	Artikel 255
Artikel 192	Artikel 256
Kapitel 3	Kapitel 3
Artikel 193	Artikel 257
Artikel 194	Artikel 258
Artikel 195	Artikel 259
Artikel 196	Artikel 260
Artikel 197	Artikel 261
Artikel 198	Artikel 262
Kapitel 4	Kapitel 4
Artikel 198a	Artikel 263
Artikel 198b	Artikel 264
Artikel 198c	Artikel 265
Kapitel 5	Kapitel 5
Artikel 198d	Artikel 266
Artikel 198e	Artikel 267
Titel II	Titel II
Artikel 199	Artikel 268
Artikel 200 (aufgehoben)	–
Artikel 201	Artikel 269
Artikel 201a	Artikel 270
Artikel 202	Artikel 271
Artikel 203	Artikel 272
Artikel 204	Artikel 273
Artikel 205	Artikel 274
Artikel 205a	Artikel 275
Artikel 206	Artikel 276
Artikel 206a (aufgehoben)	–
Artikel 207	Artikel 277
Artikel 208	Artikel 278
Artikel 209	Artikel 279
Artikel 209a	Artikel 280
Sechster Teil	Sechster Teil
Artikel 210	Artikel 281
Artikel 211	Artikel 282
Artikel 212 (*)	Artikel 283
Artikel 213	Artikel 284
Artikel 213a (*)	Artikel 285
Artikel 213b (*)	Artikel 286
Artikel 214	Artikel 287
Artikel 215	Artikel 288

(*) Neuer Artikel, eingefügt durch den Vertrag von Amsterdam.

Bisherige Nummerierung	Neue Nummerierung
Artikel 216	Artikel 289
Artikel 217	Artikel 290
Artikel 218 (*)	Artikel 291
Artikel 219	Artikel 292
Artikel 220	Artikel 293
Artikel 221	Artikel 294
Artikel 222	Artikel 295
Artikel 223	Artikel 296
Artikel 224	Artikel 297
Artikel 225	Artikel 298
Artikel 226 (aufgehoben)	–
Artikel 227	Artikel 299
Artikel 228	Artikel 300
Artikel 228a	Artikel 301
Artikel 229	Artikel 302
Artikel 230	Artikel 303
Artikel 231	Artikel 304
Artikel 232	Artikel 305
Artikel 233	Artikel 306
Artikel 234	Artikel 307
Artikel 235	Artikel 308
Artikel 236 (*)	Artikel 309
Artikel 237 (aufgehoben)	–
Artikel 238	Artikel 310
Artikel 239	Artikel 311
Artikel 240	Artikel 312
Artikel 241 (aufgehoben)	–
Artikel 242 (aufgehoben)	–
Artikel 243 (aufgehoben)	–
Artikel 244 (aufgehoben)	–
Artikel 245 (aufgehoben)	–
Artikel 246 (aufgehoben)	–
Schlussbestimmungen	Schlussbestimmungen
Artikel 247	Artikel 313
Artikel 248	Artikel 314

(*) Neuer Artikel, eingefügt durch den Vertrag von Amsterdam.

Schlussakte

Die KONFERENZ DER VERTRETER DER REGIERUNGEN DER MITGLIEDSTAATEN, die am neunundzwanzigsten März neunzehnhundertsechsundneunzig in Turin einberufen wurde, um im gegenseitigen Einvernehmen die Änderungen zu beschließen, die an dem Vertrag über die Europäische Union, den Verträgen zur Gründung der Europäischen Gemeinschaft, der Europäischen Gemeinschaft für Kohle und Stahl bzw. der Europäischen Atomgemeinschaft sowie einigen damit zusammenhängenden Rechtsakten vorzunehmen sind, hat folgende Texte angenommen:

I.

Den Vertrag von Amsterdam zur Änderung des Vertrags über die Europäische Union, der Verträge zur Gründung der Europäischen Gemeinschaften sowie einiger damit zusammenhängender Rechtsakte

II.

Protokolle

III.

Erklärungen

Die Konferenz hat die folgenden dieser Schlußakte beigefügten Erklärungen angenommen:

1. Erklärung zur Abschaffung der Todesstrafe
2. Erklärung zur verbesserten Zusammenarbeit zwischen der Europäischen Union und der Westeuropäischen Union
3. Erklärung zur Westeuropäischen Union
4. Erklärung zu den Artikeln J.14 *(24)* und K.10 *(38)* des Vertrags über die Europäische Union
5. Erklärung zu Artikel J.15 *(25)* des Vertrags über die Europäische Union
6. Erklärung zur Schaffung einer Strategieplanungs- und Frühwarneinheit
7. Erklärung zu Artikel K.2 *(30)* des Vertrags über die Europäische Union
8. Erklärung zu Artikel K.3 *(31)* Buchstabe e des Vertrags über die Europäische Union
9. Erklärung zu Artikel K.6 *(34)* Absatz 2 des Vertrags über die Europäische Union
10. Erklärung zu Artikel K.7 *(35)* des Vertrags über die Europäische Union
11. Erklärung zum Status der Kirchen und weltanschaulichen Gemeinschaften
12. Erklärung zu Umweltverträglichkeitsprüfungen
13. Erklärung zu Artikel 7 d *(16)* des Vertrags zur Gründung der Europäischen Gemeinschaft
14. Erklärung zur Aufhebung des Artikels 44 des Vertrags zur Gründung der Europäischen Gemeinschaft
15. Erklärung zur Bewahrung des durch den Schengen-Besitzstand gewährleisteten Maßes an Schutz und Sicherheit
16. Erklärung zu Artikel 73 j *(62)* Nummer 2 Buchstabe b des Vertrags zur Gründung der Europäischen Gemeinschaft
17. Erklärung zu Artikel 73 k *(63)* des Vertrags zur Gründung der Europäischen Gemeinschaft
18. Erklärung zu Artikel 73 k *(63)* Nummer 3 Buchstabe a des Vertrags zur Gründung der Europäischen Gemeinschaft
19. Erklärung zu Artikel 73 l *(64)* Absatz 1 des Vertrags zur Gründung der Europäischen Gemeinschaft
20. Erklärung zu Artikel 73 m *(65)* des Vertrags zur Gründung der Europäischen Gemeinschaft
21. Erklärung zu Artikel 73 o *(67)* des Vertrags zur Gründung der Europäischen Gemeinschaft
22. Erklärung zu Personen mit einer Behinderung
23. Erklärung zu den in Artikel 109 r *(129)* des Vertrags zur Gründung der Europäischen Gemeinschaft genannten Anreizmaßnahmen
24. Erklärung zu Artikel 109 r *(129)* des Vertrags zur Gründung der Europäischen Gemeinschaft
25. Erklärung zu Artikel 118 *(137)* des Vertrags zur Gründung der Europäischen Gemeinschaft
26. Erklärung zu Artikel 118 *(137)* Absatz 2 des Vertrags zur Gründung der Europäischen Gemeinschaft
27. Erklärung zu Artikel 118 b *(139)* Absatz 2 des Vertrags zur Gründung der Europäischen Gemeinschaft
28. Erklärung zu Artikel 119 *(141)* Absatz 4 des Vertrags zur Gründung der Europäischen Gemeinschaft

29. Erklärung zum Sport
30. Erklärung zu den Inselgebieten
31. Erklärung zu dem Beschluß des Rates vom 13. Juli 1987
32. Erklärung zur Organisation und Arbeitsweise der Kommission
33. Erklärung zu Artikel 188 c *(248)* Absatz 3 des Vertrags zur Gründung der Europäischen Gemeinschaft
34. Erklärung zur Einhaltung der Fristen im Rahmen des Mitentscheidungsverfahrens
35. Erklärung zu Artikel 191 a *(255)* Absatz 1 des Vertrags zur Gründung der Europäischen Gemeinschaft
36. Erklärung zu den überseeischen Ländern und Gebieten
37. Erklärung zu öffentlich-rechtlichen Kreditinstituten in Deutschland
38. Erklärung zu freiwilligen Diensten
39. Erklärung zur redaktionellen Qualität der gemeinschaftlichen Rechtsvorschriften
40. Erklärung zu dem Verfahren beim Abschluß internationaler Übereinkünfte durch die Europäische Gemeinschaft für Kohle und Stahl
41. Erklärung zu den Vorschriften über die Transparenz, den Zugang zu Dokumenten und die Bekämpfung von Betrügereien
42. Erklärung über die Konsolidierung der Verträge
43. Erklärung zum Protokoll über die Anwendung der Grundsätze der Subsidiarität und der Verhältnismäßigkeit
44. Erklärung zu Artikel 2 des Protokolls zur Einbeziehung des Schengen-Besitzstands in den Rahmen der Europäischen Union
45. Erklärung zu Artikel 4 des Protokolls zur Einbeziehung des Schengen-Besitzstands in den Rahmen der Europäischen Union
46. Erklärung zu Artikel 5 des Protokolls zur Einbeziehung des Schengen-Besitzstands in den Rahmen der Europäischen Union
47. Erklärung zu Artikel 6 des Protokolls zur Einbeziehung des Schengen-Besitzstands in den Rahmen der Europäischen Union
48. Erklärung zum Protokoll über die Gewährung von Asyl für Staatsangehörige von Mitgliedstaaten der Europäischen Union
49. Erklärung zu Buchstabe d des Einzigen Artikels des Protokolls über die Gewährung von Asyl für Staatsangehörige der Mitgliedstaaten der Europäischen Union
50. Erklärung zum Protokoll über die Organe im Hinblick auf die Erweiterung der Europäischen Union
51. Erklärung zu Artikel 10 des Vertrags von Amsterdam

Die Konferenz hat ferner die folgenden dieser Schlußakte beigefügten Erklärungen zur Kenntnis genommen:

1. Erklärung Österreichs und Luxemburgs zu Kreditinstituten
2. Erklärung Dänemarks zu Artikel K.14 *(42)* des Vertrags über die Europäische Union
3. Erklärung Deutschlands, Österreichs und Belgiens zur Subsidiarität
4. Erklärung Irlands zu Artikel 3 des Protokolls über die Position des Vereinigten Königreichs und Irlands
5. Erklärung Belgiens zum Protokoll über die Gewährung von Asyl für Staatsangehörige von Mitgliedstaaten der Europäischen Union
6. Erklärung Belgiens, Frankreichs und Italiens zum Protokoll über die Organe im Hinblick auf die Erweiterung der Europäischen Union
7. Erklärung Frankreichs zur Lage der überseeischen Departements hinsichtlich des Protokolls zur Einbeziehung des Schengen-Besitzstands in den Rahmen der Europäischen Union
8. Erklärung Griechenlands zur Erklärung zum Status der Kirchen und weltanschaulichen Gemeinschaften

Die Konferenz ist schließlich übereingekommen, dieser Schlußakte den Wortlaut des Vertrags über die Europäische Union und des Vertrags zur Gründung der Europäischen Gemeinschaft in der Fassung der von der Konferenz vorgenommenen Änderungen als Illustration beizufügen.

Geschehen zu Amsterdam am zweiten Oktober neunzehnhundertsiebenundneunzig

VON DER KONFERENZ ANGENOMMENE ERKLÄRUNGEN

1. Erklärung zur Abschaffung der Todesstrafe

Unter Bezugnahme auf Artikel F *(6)* Absatz 2 des Vertrags über die Europäische Union erinnert die Konferenz daran, daß das Protokoll Nr. 6 zu der am 4. November 1950 in Rom unterzeichneten Europäischen Konvention zum Schutze der Menschenrechte und Grundfreiheiten, das von einer großen Mehrheit der Mitgliedstaaten unterzeichnet und ratifiziert wurde, die Abschaffung der Todesstrafe vorsieht.

In diesem Zusammenhang stellt die Konferenz fest, daß seit der Unterzeichnung des genannten Protokolls am 28. April 1983 die Todesstrafe in den meisten Mitgliedstaaten der Union abgeschafft und in keinem Mitgliedstaat angewandt worden ist.

2. Erklärung zur verbesserten Zusammenarbeit zwischen der Europäischen Union und der Westeuropäischen Union

Im Hinblick auf eine verbesserte Zusammenarbeit zwischen der Europäischen Union und der Westeuropäischen Union ersucht die Konferenz den Rat, auf die baldige Annahme geeigneter Regelungen für die Sicherheitsüberprüfung des Personals des Generalsekretariats des Rates hinzuwirken.

3. Erklärung zur Westeuropäischen Union

Die Konferenz nimmt die folgende Erklärung zur Kenntnis, die vom Ministerrat der Westeuropäischen Union am 22. Juli 1997 angenommen wurde:

„Erklärung der Westeuropäischen Union zur Rolle der Westeuropäischen Union und zu ihren Beziehungen zur Europäischen Union und zur Atlantischen Allianz

(Übersetzung)

Einleitung

1. Die Mitgliedstaaten der Westeuropäischen Union (WEU) haben 1991 in Maastricht übereinstimmend festgestellt, daß es notwendig ist, eine echte europäische Sicherheits- und Verteidigungsidentität (ESVI) zu entwickeln und eine größere europäische Verantwortung in Verteidigungsfragen zu übernehmen. Im Lichte des Vertrags von Amsterdam bekräftigen sie, daß diese Bemühungen fortgesetzt und intensiviert werden müssen. Die WEU ist integraler Bestandteil der Entwicklung der Europäischen Union, indem sie der Europäischen Union Zugang zu einer operativen Kapazität insbesondere im Zusammenhang mit den Petersberger Aufgaben eröffnet, und stellt entsprechend der Pariser Erklärung und den Berliner Beschlüssen der NATO-Minister ein entscheidendes Element für die Entwicklung der ESVI in der Atlantischen Allianz dar.

2. An den Tagungen des Rates der WEU nehmen heute alle Mitgliedstaaten der Europäischen Union und alle europäischen Mitglieder der Atlantischen Allianz entsprechend ihrem jeweiligen Status teil. In diesem Rat kommen die genannten Staaten auch mit den Staaten Mittel- und Osteuropas zusammen, die durch ein Assoziierungsabkommen mit der Europäischen Union verbunden und Kandidaten für den Beitritt sowohl zur Europäischen Union als auch zur Atlantischen Allianz sind. Die WEU entwickelt sich somit zu einem wirklichen Rahmen für den Dialog und die Zusammenarbeit unter Europäern über europäische Sicherheits- und Verteidigungsfragen im weiteren Sinne.

3. In diesem Zusammenhang nimmt die WEU Titel V des Vertrags über die Europäische Union über die Gemeinsame Außen- und Sicherheitspolitik zur Kenntnis und hierbei insbesondere Artikel J.3 *(13)* Absatz 1 und Artikel J.7 *(17)* sowie das Protokoll zu Artikel J.7 *(17)*, die wie folgt lauten:

Artikel J.3 *(13)* Absatz 1

„(1) Der Europäische Rat bestimmt die Grundsätze und die allgemeinen Leitlinien der Gemeinsamen Außen- und Sicherheitspolitik, und zwar auch bei Fragen mit verteidigungspolitischen Bezügen."

Artikel J.7 *(17)*

„(1) Die Gemeinsame Außen- und Sicherheitspolitik umfaßt sämtliche Fragen, welche die Sicherheit der Union betreffen, wozu auch die schrittweise Festlegung einer gemeinsamen Verteidigungspolitik im Sinne des Unterabsatzes 2 gehört, die zu einer gemeinsamen Verteidigung führen könnte, falls der Europäische Rat dies beschließt. Er empfiehlt in diesem Fall den Mitgliedstaaten, einen solchen Beschluß gemäß ihren verfassungsrechtlichen Vorschriften anzunehmen.

Die Westeuropäische Union (WEU) ist integraler Bestandteil der Entwicklung der Union; sie eröffnet der Union den Zugang zu einer operativen Kapazität insbesondere im Zusammenhang mit Absatz 2. Sie unterstützt die Union bei der Festlegung der verteidigungspolitischen Aspekte der

Gemeinsamen Außen- und Sicherheitspolitik gemäß diesem Artikel. Die Union fördert daher engere institutionelle Beziehungen zur WEU im Hinblick auf die Möglichkeit einer Integration der WEU in die Union, falls der Europäische Rat dies beschließt. Er empfiehlt in diesem Fall den Mitgliedstaaten, einen solchen Beschluß gemäß ihren verfassungsrechtlichen Vorschriften anzunehmen.

Die Politik der Union nach diesem Artikel berührt nicht den besonderen Charakter der Sicherheits- und Verteidigungspolitik bestimmter Mitgliedstaaten; sie achtet die Verpflichtungen einiger Mitgliedstaaten, die ihre gemeinsame Verteidigung in der Nordatlantikvertragsorganisation (NATO) verwirklicht sehen, aus dem Nordatlantikvertrag und ist vereinbar mit der in jenem Rahmen festgelegten gemeinsamen Sicherheits- und Verteidigungspolitik.

Die schrittweise Festlegung einer gemeinsamen Verteidigungspolitik wird in einer von den Mitgliedstaaten als angemessen erachteten Weise durch eine rüstungspolitische Zusammenarbeit zwischen ihnen unterstützt.

(2) Die Fragen, auf die in diesem Artikel Bezug genommen wird, schließen humanitäre Aufgaben und Rettungseinsätze, friedenserhaltende Aufgaben sowie Kampfeinsätze bei der Krisenbewältigung einschließlich friedensschaffender Maßnahmen ein.

(3) Die Union wird die WEU in Anspruch nehmen, um die Entscheidungen und Aktionen der Union, die verteidigungspolitische Bezüge haben, auszuarbeiten und durchzuführen.

Die Befugnis des Europäischen Rates zur Festlegung von Leitlinien nach Artikel J.3 (13) gilt auch in bezug auf die WEU bei denjenigen Angelegenheiten, für welche die Union die WEU in Anspruch nimmt.

Nimmt die Union die WEU in Anspruch, um Entscheidungen der Union über die in Absatz 2 genannten Aufgaben auszuarbeiten und durchzuführen, so können sich alle Mitgliedstaaten der Union in vollem Umfang an den betreffenden Aufgaben beteiligen. Der Rat trifft im Einvernehmen mit den Organen der WEU die erforderlichen praktischen Regelungen, damit alle Mitgliedstaaten, die sich an den betreffenden Aufgaben beteiligen, in vollem Umfang und gleichberechtigt an der Planung und Beschlußfassung in der WEU teilnehmen können.

Beschlüsse mit verteidigungspolitischen Bezügen nach diesem Absatz werden unbeschadet der Politiken und Verpflichtungen im Sinne des Absatzes 1 Unterabsatz 3 gefaßt.

(4) Dieser Artikel steht der Entwicklung einer engeren Zusammenarbeit zwischen zwei oder mehr Mitgliedstaaten auf zweiseitiger Ebene sowie im Rahmen der WEU und der Atlantischen Allianz nicht entgegen, soweit sie der nach diesem Titel vorgesehenen Zusammenarbeit nicht zuwiderläuft und diese nicht behindert.

(5) Zur Förderung der Ziele dieses Artikels werden dessen Bestimmungen nach Artikel N (48) überprüft.“

Protokoll zu Artikel J.7 (17)

„DIE HOHEN VERTRAGSPARTEIEN –

IN ANBETRACHT der Notwendigkeit, den Artikel J.7 (17) Absatz 1 Unterabsatz 2 und Absatz 3 des Vertrags über die Europäische Union in vollem Umfang umzusetzen,

IN ANBETRACHT der Tatsache, daß die Politik der Union nach Artikel J.7 (17) den besonderen Charakter der Sicherheits- und Verteidigungspolitik bestimmter Mitgliedstaaten nicht berührt, die Verpflichtungen einiger Mitgliedstaaten, die ihre gemeinsame Verteidigung in der NATO verwirklicht sehen, aus dem Nordatlantikvertrag achtet und mit der in jenem Rahmen festgelegten gemeinsamen Sicherheits- und Verteidigungspolitik vereinbar ist –

SIND über folgende Bestimmung ÜBEREINGEKOMMEN, die dem Vertrag über die Europäische Union beigefügt ist:

Die Europäische Union erarbeitet binnen eines Jahres nach Inkrafttreten des Vertrags von Amsterdam zusammen mit der Westeuropäischen Union Regelungen für eine verstärkte Zusammenarbeit zwischen der Europäischen Union und der Westeuropäischen Union.“

A. Beziehungen der WEU zur Europäischen Union: Begleitmaßnahmen zur Umsetzung des Vertrags von Amsterdam

4. In der „Erklärung zur Rolle der Westeuropäischen Union und zu ihren Beziehungen zur Europäischen Union und zur Atlanti-

schen Allianz" vom 10. Dezember 1991 hatten es sich die Mitgliedstaaten der WEU zum Ziel gesetzt, „die WEU stufenweise zur Verteidigungskomponente der Europäischen Union auszubauen". Sie bekräftigen heute dieses Ziel so, wie es im Vertrag von Amsterdam dargelegt wird.

5. Wenn die Europäische Union die WEU in Anspruch nimmt, arbeitet die WEU die Entscheidungen und Aktionen der Europäischen Union, die verteidigungspolitische Bezüge haben, aus und führt sie durch.

Bei der Ausarbeitung und Durchführung der Entscheidungen und Aktionen der Europäischen Union, für die diese die WEU in Anspruch nimmt, wird die WEU entsprechend den Leitlinien des Europäischen Rates tätig.

Die WEU unterstützt die Europäische Union bei der Festlegung der verteidigungspolitischen Aspekte der Gemeinsamen Außen- und Sicherheitspolitik nach Artikel J.7 *(17)* des Vertrags über die Europäische Union.

6. Die WEU bestätigt, daß sich alle Mitgliedstaaten der Europäischen Union, wenn diese die WEU in Anspruch nimmt, um Entscheidungen der Europäischen Union über die in Artikel J.7 *(17)* Absatz 2 des Vertrags über die Europäische Union genannten Aufgaben auszuarbeiten und durchzuführen, nach Artikel J.7 *(17)* Absatz 3 des Vertrags über die Europäische Union in vollem Umfang an den betreffenden Aufgaben beteiligen können.

Die WEU wird die Rolle der Beobachter bei der WEU entsprechend Artikel J.7 *(17)* Absatz 3 ausbauen und die erforderlichen praktischen Regelungen treffen, damit alle Mitgliedstaaten der Europäischen Union, die sich auf Ersuchen der Europäischen Union an den von der WEU durchgeführten Aufgaben beteiligen, in vollem Umfang und gleichberechtigt an der Planung und Beschlußfassung in der WEU teilnehmen können.

7. Nach dem Protokoll zu Artikel J.7 *(17)* des Vertrags über die Europäische Union erarbeitet die WEU zusammen mit der Europäischen Union Regelungen für eine verstärkte Zusammenarbeit zwischen den beiden Organisationen. In diesem Zusammenhang können bereits jetzt eine Reihe von Maßnahmen, von denen einige von der WEU bereits geprüft werden, genannt werden, insbesondere

– Regelungen für eine bessere Koordinierung der Konsultation und der Beschlußfassung beider Organisationen insbesondere in Krisensituationen;
– gemeinsame Tagungen der zuständigen Gremien beider Organisationen;
– weitestmögliche Harmonisierung der Abfolge der Präsidentschaften von WEU und Europäischer Union sowie der Verwaltungsregelungen und -praktiken beider Organisationen;
– enge Koordinierung der Tätigkeiten des Personals des WEU-Generalsekretariats und des Generalsekretariats des Rates der Europäischen Union einschließlich des Austausches und der Abordnung von Personal;
– Regelungen, die es den zuständigen Gremien der Europäischen Union einschließlich der Strategieplanungs- und Frühwarneinheit ermöglichen, auf den Planungsstab, das Lagezentrum und das Satellitenzentrum der WEU zurückzugreifen;
– soweit angebracht, Zusammenarbeit der Europäischen Union und der WEU im Rüstungsbereich im Rahmen der Westeuropäischen Rüstungsgruppe (WEAG) als europäischer Instanz für die Zusammenarbeit in Rüstungsfragen im Zusammenhang mit der Rationalisierung des europäischen Rüstungsmarkts und mit der Einrichtung einer Europäischen Rüstungsagentur;
– praktische Regelungen zwecks Zusammenarbeit mit der Kommission der Europäischen Gemeinschaften, die deren Rolle im Rahmen der GASP widerspiegeln, wie sie im Vertrag von Amsterdam festgelegt ist;
– Verbesserung der Geheimhaltungsregelungen mit der Europäischen Union.

B. Beziehungen zwischen der WEU und der NATO im Rahmen der Entwicklung einer ESVI innerhalb der Atlantischen Allianz

8. Die Atlantische Allianz stellt weiterhin die Grundlage für die kollektive Verteidigung im Rahmen des Nordatlantikvertrags dar. Sie bleibt das wesentliche Forum für Konsultationen unter ihren Mitgliedern und für die Vereinbarung von

politischen Maßnahmen, die sich auf die Sicherheits- und Verteidigungsverpflichtungen der Verbündeten des Washingtoner Vertrags auswirken. Die Allianz hat einen Anpassungs- und Reformprozeß begonnen, um die ganze Bandbreite ihrer Aufgaben effizienter erfüllen zu können. Ziel dieses Prozesses ist es, die transatlantische Partnerschaft zu stärken und zu erneuern, wozu auch die Entwicklung einer ESVI innerhalb der Allianz gehört.

9. Die WEU stellt ein entscheidendes Element der Entwicklung einer Europäischen Sicherheits- und Verteidigungsidentität innerhalb der Atlantischen Allianz dar und wird sich daher weiterhin um eine verstärkte institutionelle und praktische Zusammenarbeit mit der NATO bemühen.

10. Neben ihrem Beitrag zur gemeinsamen Verteidigung nach Artikel 5 des Washingtoner Vertrags bzw. Artikel V des geänderten Brüsseler Vertrags spielt die WEU auch eine aktive Rolle bei der Konfliktverhütung und der Krisenbewältigung, wie es die Petersberger Erklärung vorsieht. In diesem Zusammenhang verpflichtet sich die WEU, ihre Rolle unter Wahrung völliger Transparenz und unter Beachtung der Komplementarität der beiden Organisationen in vollem Umfang wahrzunehmen.

11. Die WEU bekräftigt, daß die ESVI auf anerkannten militärischen Grundsätzen beruhen wird, daß sie durch eine geeignete militärische Planung unterstützt werden wird und daß sie es möglich machen wird, militärisch kohärente, leistungsfähige Streitkräfte zu schaffen, die unter der politischen Kontrolle und der strategischen Leitung der WEU operieren können.

12. Zu diesem Zweck wird die WEU ihre Zusammenarbeit mit der NATO insbesondere in folgenden Bereichen ausbauen:
   - Mechanismen für Konsultationen zwischen WEU und NATO bei Krisen;
   - aktive Teilnahme der WEU am Verteidigungsplanungsprozeß der NATO;
   - operationelle Verbindungen zwischen WEU und NATO bei der Planung, Vorbereitung und Durchführung von Operationen, bei denen Mittel und Kapazitäten der NATO unter der politischen Kontrolle und der strategischen Leitung der WEU eingesetzt werden, insbesondere
     * von der NATO in Abstimmung mit der WEU vorgenommene militärische Planung und Übungen;
     * Ausarbeitung eines Rahmenabkommens über die Übertragung, Überwachung und Rückführung von Mitteln und Kapazitäten der NATO;
     * Verbindungen zwischen der WEU und der NATO im Bereich der europäischen Kommandoregelungen.

   Diese Zusammenarbeit wird sich, auch unter Berücksichtigung der Anpassung der Allianz, ständig weiterentwickeln.

C. Operationelle Rolle der WEU bei der Entwicklung der ESVI

13. Die WEU wird ihre Rolle als politisch-militärisches europäisches Organ für die Krisenbewältigung ausbauen, indem sie die Mittel und Kapazitäten zum Einsatz bringt, die ihr von den WEU-Ländern auf nationaler oder multinationaler Ebene zur Verfügung gestellt wurden, und indem sie, gegebenenfalls, nach Maßgabe von Vereinbarungen, die derzeit erarbeitet werden, auf die Mittel und Kapazitäten der NATO zurückgreift. In diesem Zusammenhang wird die WEU auch die Vereinten Nationen und die OSZE bei ihren Tätigkeiten im Bereich der Krisenbewältigung unterstützen.

    Die WEU wird im Rahmen des Artikels J.7 des Vertrags über die Europäische Union einen Beitrag zur schrittweisen Festlegung einer gemeinsamen Verteidigungspolitik leisten und für deren konkrete Umsetzung sorgen, indem sie ihre eigene operationelle Rolle ausbaut.

14. Zu diesem Zweck wird die WEU in folgenden Bereichen tätig:
   - Die WEU hat Mechanismen und Verfahren für die Krisenbewältigung entwickelt, die im Zuge der weiteren Erfahrungen der WEU bei Übungen und Operationen aktualisiert werden. Die Wahrnehmung der Petersberger Aufgaben erfordert flexible Vorgehensweisen, die der Vielfalt der Krisensituationen gerecht werden und vorhandene Kapazitäten optimal nutzen; hierzu gehören der Rückgriff auf ein nationales Hauptquartier, das von einem „Rahmen-Staat" gestellt werden kann, auf ein der WEU zugeordnetes multinatio-

nales Hauptquartier oder auf Mittel und Fähigkeiten der NATO.

- Die WEU hat bereits „Vorläufige Schlußfolgerungen betreffend die Formulierung einer gemeinsamen europäischen Verteidigungspolitik“ ausgearbeitet, die ein erster Beitrag zu den Zielen, dem Umfang und den Mitteln einer gemeinsamen europäischen Verteidigungspolitik sind.

  Die WEU wird diese Arbeit fortsetzen, wobei sie sich insbesondere auf die Pariser Erklärung stützen und relevante Punkte der Beschlüsse berücksichtigen wird, die seit der Tagung von Birmingham auf den Gipfel-und Ministertagungen der WEU und der NATO gefaßt worden sind. Sie wird sich insbesondere auf folgende Bereiche konzentrieren:

  * Festlegung von Grundsätzen für den Einsatz der Streitkräfte von WEU-Staaten für Petersberg-Operationen der WEU in Wahrnehmung gemeinsamer europäischer Sicherheitsinteressen;
  * Organisation operativer Mittel für Petersberg-Aufgaben wie allgemeine und fallbezogene Einsatzplanung und Übungen allgemein und für den Einzelfall sowie Vorbereitung und Interoperabilität der Streitkräfte, einschließlich der Teilnahme der WEU am Prozeß der Verteidigungsplanung der NATO, soweit dies erforderlich ist;
  * strategische Mobilität auf der Grundlage der laufenden Arbeiten der WEU;
  * Aufgaben der militärischen Aufklärung, die von der Planungszelle, vom Lagezentrum und vom Satellitenzentrum der WEU wahrzunehmen sind.

- Die WEU hat zahlreiche Maßnahmen ergriffen, die es ihr ermöglicht haben, ihre operationelle Rolle auszubauen (Planungsstab, Lagezentrum, Satellitenzentrum). Die Verbesserung der Funktionsweise der militärischen Komponenten am WEU-Sitz und die Einrichtung eines dem Rat unterstehenden Militärausschusses sollen zu einer weiteren Verstärkung der Strukturen führen, die für die erfolgreiche Vorbereitung und Durchführung der WEU-Operationen wichtig sind.

- Um den assoziierten Mitgliedern und den Beobachterstaaten eine Teilnahme an allen Operationen zu ermöglichen, wird die WEU auch prüfen, welche Modalitäten erforderlich sind, damit die assoziierten Mitglieder und Beobachterstaaten in vollem Umfang entsprechend ihrem Status an allen WEU-Operationen teilnehmen können.

- Die WEU erinnert daran, daß die assoziierten Mitglieder an den Operationen, zu denen sie Beiträge leisten, sowie an den entsprechenden Übungen und Planungen auf derselben Grundlage teilnehmen wie die Vollmitglieder. Die WEU wird zudem die Frage prüfen, wie die Beobachter bei allen Operationen, zu denen sie Beiträge leisten, je nach ihrem Status möglichst weitreichend an der Planung und Beschlußfassung der WEU beteiligt werden können.

- Die WEU wird, soweit erforderlich in Abstimmung mit den zuständigen Gremien, die Möglichkeiten für eine möglichst weitreichende Teilnahme der assoziierten Mitglieder und der Beobachterstaaten an ihren Aktivitäten entsprechend ihrem Status prüfen. Sie wird hierbei insbesondere die Aktivitäten in den Bereichen Rüstung, Weltraum und militärische Studien zur Sprache bringen.

- Die WEU wird prüfen, wie sie die Beteiligung der assoziierten Partner an einer immer größeren Zahl von Aktivitäten verstärken kann.“

4. Erklärung zu den Artikeln J.14 *(24)* und K.10 *(38)* des Vertrags über die Europäische Union

Die Bestimmungen der Artikel J.14 *(24)* und K.10 *(38)* des Vertrags über die Europäische Union und Übereinkünfte aufgrund dieser Artikel bedeuten keine Übertragung von Zuständigkeiten von den Mitgliedstaaten auf die Europäische Union.

5. Erklärung zu Artikel J.15 *(25)* des Vertrags über die Europäische Union

Die Konferenz kommt überein, daß die Mitgliedstaaten dafür Sorge tragen, daß das in Artikel J.15 *(25)* des Vertrags über die Europäische Union genannte Politische Komitee im Falle internationaler Krisen oder anderer dringlicher Angelegenheiten auf der Ebene der Politischen Direktoren oder ihrer Stellvertreter jederzeit sehr kurzfristig zusammentreten kann.

6. Erklärung zur Schaffung einer Strategieplanungs- und Frühwarneinheit

Die Konferenz kommt wie folgt überein:

1. Im Generalsekretariat des Rates wird unter der Verantwortung des Generalsekretärs und Hohen Vertreters für die GASP eine Strategieplanungs- und Frühwarneinheit geschaffen. Es wird eine angemessene Zusammenarbeit mit der Kommission eingeführt, damit die vollständige Kohärenz mit der Außenwirtschafts- und der Entwicklungspolitik der Union gewährleistet ist.
2. Zu den Aufgaben dieser Einheit gehört folgendes:
   a) Überwachung und Analyse der Entwicklungen in den unter die GASP fallenden Bereichen;
   b) Beurteilung der außen- und sicherheitspolitischen Interessen der Union und Ermittlung von möglichen künftigen Schwerpunktbereichen der GASP;
   c) rechtzeitige Bewertung von Ereignissen oder Situationen, die bedeutende Auswirkungen auf die Außen- und Sicherheitspolitik der Union haben können, einschließlich potentieller politischer Krisen, und frühzeitige Warnung vor solchen Ereignissen oder Situationen;
   d) Ausarbeitung – auf Anforderung des Rates oder des Vorsitzes oder von sich aus – von ausführlich begründeten Dokumenten über politische Optionen, die unter der Verantwortung des Vorsitzes als Beitrag zur Formulierung der Politik im Rat zu unterbreiten sind und die Analysen, Empfehlungen und Strategien für die GASP enthalten können.
3. Die Einheit besteht aus Personal, das aus dem Generalsekretariat, den Mitgliedstaaten, der Kommission und der WEU herangezogen wird.
4. Jeder Mitgliedstaat oder die Kommission kann der Einheit Vorschläge für Arbeiten unterbreiten.
5. Die Mitgliedstaaten und die Kommission unterstützen den Strategieplanungsprozeß soweit irgend möglich durch Bereitstellung einschlägiger Informationen, auch vertraulicher Art.

7. Erklärung zu Artikel K.2 *(30)* des Vertrags über die Europäische Union

Maßnahmen im Bereich der polizeilichen Zusammenarbeit nach Artikel K.2 *(30)* des Vertrags über die Europäische Union, einschließlich der Tätigkeiten von Europol, unterliegen einer gerichtlichen Überprüfung durch die zuständigen einzelstaatlichen Stellen gemäß den in dem jeweiligen Mitgliedstaat geltenden Rechtsvorschriften.

8. Erklärung zu Artikel K.3 *(31)* Buchstabe e des Vertrags über die Europäische Union

Die Konferenz kommt überein, daß ein Mitgliedstaat, dessen Rechtssystem keine Mindeststrafen vorsieht, nicht aufgrund von Artikel K.3 *(31)* Buchstabe e des Vertrags über die Europäische Union verpflichtet ist, Mindeststrafen einzuführen.

9. Erklärung zu Artikel K.6 *(34)* Absatz 2 des Vertrags über die Europäische Union

Die Konferenz kommt überein, daß Initiativen für Maßnahmen nach Artikel K.6 *(34)* Absatz 2 des Vertrags über die Europäische Union und vom Rat nach jenem Absatz angenommene Rechtsakte nach den entsprechenden Geschäftsordnungen des Rates und der Kommission im *Amtsblatt der Europäischen Gemeinschaften* veröffentlicht werden.

10. Erklärung zu Artikel K.7 *(35)* des Vertrags über die Europäische Union

Die Konferenz nimmt zur Kenntnis, daß die Mitgliedstaaten bei der Abgabe einer Erklärung nach Artikel K.7 *(35)* Absatz 2 des Vertrags über die Europäische Union sich das Recht vorbehalten können, in ihrem innerstaatlichen Recht zu bestimmen, daß ein nationales Gericht, dessen Entscheidungen selbst nicht mehr mit Rechtsmitteln des innerstaatlichen Rechts angefochten werden können, verpflichtet ist, den Gerichtshof anzurufen, wenn sich in einem schwebenden Verfahren eine

Frage über die Gültigkeit oder die Auslegung eines Rechtsakts nach Artikel K.7 *(35)* Absatz 1 stellt.

11. Erklärung zum Status der Kirchen und weltanschaulichen Gemeinschaften

Die Europäische Union achtet den Status, den Kirchen und religiöse Vereinigungen oder Gemeinschaften in den Mitgliedstaaten nach deren Rechtsvorschriften genießen, und beeinträchtigt ihn nicht.

Die Europäische Union achtet den Status von weltanschaulichen Gemeinschaften in gleicher Weise.

12. Erklärung zu Umweltverträglichkeitsprüfungen

Die Konferenz nimmt die Zusage der Kommission zur Kenntnis, Umweltverträglichkeitsstudien zu erstellen, wenn sie Vorschläge unterbreitet, die erhebliche Auswirkungen für die Umwelt haben können.

13. Erklärung zu Artikel 7 d *(16)* des Vertrags zur Gründung der Europäischen Gemeinschaft

Der die öffentlichen Dienste betreffende Artikel 7 d *(16)* des Vertrags zur Gründung der Europäischen Gemeinschaft wird unter uneingeschränkter Beachtung der Rechtsprechung des Gerichtshofs, u.a. in bezug auf die Grundsätze der Gleichbehandlung, der Qualität und der Dauerhaftigkeit solcher Dienste, umgesetzt.

14. Erklärung zur Aufhebung des Artikels 44 des Vertrags zur Gründung der Europäischen Gemeinschaft

Die Aufhebung des Artikels 44 des Vertrags zur Gründung der Europäischen Gemeinschaft, in dem eine natürliche Präferenz zwischen den Mitgliedstaaten bei der Festlegung der Mindestpreise in der Übergangszeit erwähnt wird, hat keine Auswirkung auf den Grundsatz der Gemeinschaftspräferenz, wie er in der Rechtsprechung des Gerichtshofs formuliert wurde.

15. Erklärung zur Bewahrung des durch den Schengen-Besitzstand gewährleisteten Maßes an Schutz und Sicherheit

Die Konferenz kommt überein, daß vom Rat zu beschließende Maßnahmen, die zur Folge haben, daß die im Schengener Übereinkommen von 1990 enthaltenen Bestimmungen über die Abschaffung von Kontrollen an den gemeinsamen Grenzen ersetzt werden, zumindest dasselbe Maß an Schutz und Sicherheit bieten müssen wie die genannten Bestimmungen des Schengener Übereinkommens.

16. Erklärung zu Artikel 73 j *(62)* Nummer 2 Buchstabe b des Vertrags zur Gründung der Europäischen Gemeinschaft

Die Konferenz kommt überein, daß bei der Anwendung des Artikels 73 j *(62)* Nummer 2 Buchstabe b des Vertrags zur Gründung der Europäischen Gemeinschaft außenpolitische Überlegungen der Union und der Mitgliedstaaten berücksichtigt werden.

17. Erklärung zu Artikel 73 k *(63)* des Vertrags zur Gründung der Europäischen Gemeinschaft

In asylpolitischen Angelegenheiten werden Konsultationen mit dem Hohen Kommissar der Vereinten Nationen für Flüchtlinge und anderen einschlägigen internationalen Organisationen aufgenommen.

18. Erklärung zu Artikel 73 k *(63)* Nummer 3 Buchstabe a des Vertrags zur Gründung der Europäischen Gemeinschaft

Die Konferenz kommt überein, daß die Mitgliedstaaten in den unter Artikel 73 k *(63)* Nummer 3 Buchstabe a des Vertrags zur Gründung der Europäischen Gemeinschaft fallenden Bereichen Übereinkünfte mit Drittländern aushandeln und schließen können, sofern diese Übereinkünfte mit dem Gemeinschaftsrecht in Einklang stehen.

19. Erklärung zu Artikel 73 l *(64)* Absatz 1 des Vertrags zur Gründung der Europäischen Gemeinschaft

Die Konferenz kommt überein, daß die Mitgliedstaaten bei der Wahrnehmung ihrer Zuständigkeiten nach Artikel 73 l *(64)* Absatz 1 des Vertrags zur Gründung der Europäischen Gemeinschaft außenpolitische Überlegungen berücksichtigen können.

20. Erklärung zu Artikel 73 m *(65)* des Vertrags zur Gründung der Europäischen Gemeinschaft

Nach Artikel 73 m *(65)* des Vertrags zur Gründung der Europäischen Gemeinschaft beschlossene Maßnahmen hindern die Mitgliedstaaten nicht daran, ihre Verfassungsvorschriften über Pressefreiheit und die Freiheit der Meinungsäußerung in anderen Medien anzuwenden.

21. Erklärung zu Artikel 73 o *(67)* des Vertrags zur Gründung der Europäischen Gemeinschaft

Die Konferenz kommt überein, daß der Rat die Einzelheiten des Beschlusses nach Artikel 73 o *(67)* Absatz 2 zweiter Gedankenstrich des Vertrags zur Gründung der Europäischen Gemeinschaft vor Ablauf des in Artikel 73 o *(67)* genannten Fünfjahreszeitraums prüfen wird, damit er diesen Beschluß unmittelbar nach Ablauf dieses Zeitraums fassen und anwenden kann.

22. Erklärung zu Personen mit einer Behinderung

Die Konferenz kommt überein, daß die Organe der Gemeinschaft bei der Ausarbeitung von Maßnahmen nach Artikel 100 a *(95)* des Vertrags zur Gründung der Europäischen Gemeinschaft den Bedürfnissen von Personen mit einer Behinderung Rechnung tragen.

23. Erklärung zu den in Artikel 109 r *(129)* des Vertrags zur Gründung der Europäischen Gemeinschaft genannten Anreizmaßnahmen

Die Konferenz kommt überein, daß die Anreizmaßnahmen nach Artikel 109 r *(129)* des Vertrags zur Gründung der Europäischen Gemeinschaft stets folgende Angaben enthalten sollten:

- die Gründe für ihre Annahme auf der Grundlage einer objektiven Beurteilung ihrer Notwendigkeit und des Vorhandenseins eines zusätzlichen Nutzens auf Gemeinschaftsebene;
- ihre Geltungsdauer, die fünf Jahre nicht überschreiten sollte;
- die Obergrenze für ihre Finanzierung, die den Anreizcharakter solcher Maßnahmen widerspiegeln sollte.

24. Erklärung zu Artikel 109 r *(129)* des Vertrags zur Gründung der Europäischen Gemeinschaft

Es gilt als vereinbart, daß Ausgaben nach Artikel 109 r *(129)* des Vertrags zur Gründung der Europäischen Gemeinschaft unter Rubrik 3 der Finanziellen Vorausschau fallen.

25. Erklärung zu Artikel 118 *(137)* des Vertrags zur Gründung der Europäischen Gemeinschaft

Es gilt als vereinbart, daß Ausgaben nach Artikel 118 *(137)* des Vertrags zur Gründung der Europäischen Gemeinschaft unter Rubrik 3 der Finanziellen Vorausschau fallen.

26. Erklärung zu Artikel 118 *(137)* Absatz 2 des Vertrags zur Gründung der Europäischen Gemeinschaft

Die Hohen Vertragsparteien stellen fest, daß bei den Beratungen über Artikel 118 *(137)* Absatz 2 des Vertrags zur Gründung der Europäischen Gemeinschaft Einvernehmen darüber bestand, daß die Gemeinschaft beim Erlaß von Mindestvorschriften zum Schutz der Sicherheit und Gesundheit der Arbeitnehmer nicht beabsichtigt, Arbeitnehmer kleiner und mittlerer Unternehmen in einer den Umständen nach nicht gerechtfertigten Weise zu benachteiligen.

27. Erklärung zu Artikel 118 b *(139)* Absatz 2 des Vertrags zur Gründung der Europäischen Gemeinschaft

Die Hohen Vertragsparteien erklären, daß die erste der Durchführungsvorschriften zu den Vereinbarungen zwischen den Sozialpartnern auf Gemeinschaftsebene nach Artikel 118 b *(139)* Absatz 2 des Vertrags zur Gründung der Europäischen Gemeinschaft die Erarbeitung des Inhalts dieser Vereinbarungen durch Tarifverhandlungen gemäß den Regeln eines jeden Mitgliedstaats betrifft und daß diese Vorschrift mithin weder eine Verpflichtung der Mitgliedstaaten, diese Vereinbarungen unmittelbar anzuwenden oder diesbezügliche Umsetzungsregeln zu erarbeiten, noch eine Verpflichtung beinhaltet, zur Erleichterung ihrer Anwendung die geltenden innerstaatlichen Rechtsvorschriften zu ändern.

28. Erklärung zu Artikel 119 *(141)* Absatz 4 des Vertrags zur Gründung der Europäischen Gemeinschaft

Maßnahmen der Mitgliedstaaten nach Artikel 119 *(141)* Absatz 4 des Vertrags zur Gründung der Europäischen Gemeinschaft sollten in erster Linie der Verbesserung der Lage der Frauen im Arbeitsleben dienen.

29. Erklärung zum Sport

Die Konferenz unterstreicht die gesellschaftliche Bedeutung des Sports, insbesondere die Rolle, die dem Sport bei der Identitätsfindung und der Begegnung der Menschen zukommt. Die Konferenz appelliert daher an die Gremien der Europäischen Union, bei wichtigen, den Sport betreffenden Fragen die Sportverbände anzuhören. In diesem Zusammenhang sollten die Besonderheiten des Amateursports besonders berücksichtigt werden.

30. Erklärung zu den Inselgebieten

Die Konferenz ist sich dessen bewußt, daß Inselgebiete unter strukturellen Nachteilen leiden, die mit ihrer Insellage verknüpft sind und die als ständige Gegebenheiten ihre wirtschaftliche und soziale Entwicklung beeinträchtigen.

Die Konferenz stellt dementsprechend fest, daß das Gemeinschaftsrecht diesen Nachteilen Rechnung tragen muß und daß – soweit gerechtfertigt – spezielle Maßnahmen zugunsten dieser Gebiete getroffen werden können, um diese zu fairen Bedingungen besser in den Binnenmarkt einzugliedern.

31. Erklärung zu dem Beschluß des Rates vom 13. Juli 1987

Die Konferenz fordert die Kommission auf, dem Rat bis spätestens Ende 1998 einen Vorschlag zur Änderung des Beschlusses des Rates vom 13. Juli 1987 zur Festlegung der Modalitäten für die Ausübung der der Kommission übertragenen Durchführungsbefugnisse zu unterbreiten.

32. Erklärung zur Organisation und Arbeitsweise der Kommission

Die Konferenz nimmt Kenntnis von der Absicht der Kommission, rechtzeitig für die im Jahr 2000 beginnende Amtszeit eine Neugestaltung der Aufgaben innerhalb des Kollegiums vorzubereiten, damit eine optimale Aufteilung zwischen herkömmlichen Ressorts und spezifischen Aufgabenbereichen gewährleistet wird.

In diesem Zusammenhang vertritt die Konferenz die Auffassung, daß der Präsident der Kommission sowohl bei der Zuweisung der Aufgaben innerhalb des Kollegiums als auch bei jeder Neuordnung dieser Aufgaben während der Amtszeit einen großen Ermessensspielraum haben muß.

Die Konferenz nimmt ebenfalls Kenntnis von der Absicht der Kommission, gleichlaufend eine Neugliederung ihrer Dienststellen in Angriff zu nehmen. Sie nimmt insbesondere zur Kenntnis, daß es wünschenswert ist, einem Vizepräsidenten die Zuständigkeit für die Außenbeziehungen zuzuweisen.

33. Erklärung zu Artikel 188 c *(248)* Absatz 3 des Vertrags zur Gründung der Europäischen Gemeinschaft

Die Konferenz ersucht den Rechnungshof, die Europäische Investitionsbank und die Kommission, die derzeitige Dreiervereinbarung in Kraft zu belassen. Beantragt eine der Parteien eine Nachfolge- oder Änderungsvereinbarung, so wird eine Übereinkunft darüber unter Berücksichtigung der jeweiligen Interessen angestrebt.

34. Erklärung zur Einhaltung der Fristen im Rahmen des Mitentscheidungsverfahrens

Die Konferenz fordert das Europäische Parlament, den Rat und die Kommission auf, alle Anstrengungen zu unternehmen, damit sichergestellt ist, daß das Mitentscheidungsverfahren möglichst zügig verläuft. Sie weist darauf hin, wie wichtig es ist, daß die in Artikel 189 b *(251)* des Vertrags zur Gründung der Europäischen Gemeinschaft festgelegten Fristen strikt eingehalten werden, und bekräftigt, daß auf die in Absatz 7 jenes Artikels vorgesehene Fristverlängerung nur zurückgegriffen werden sollte, wenn dies unbedingt erforderlich ist. In keinem Fall sollten zwischen der zweiten Lesung im Europäischen Parlament und dem Ausgang des Verfahrens im Vermittlungsausschuß mehr als neun Monate verstreichen.

35. Erklärung zu Artikel 191 a *(255)* Absatz 1 des Vertrags zur Gründung der Europäischen Gemeinschaft

Die Konferenz kommt überein, daß die in Artikel 191 a *(255)* Absatz 1 des Vertrags zur Gründung der Europäischen Gemeinschaft genannten Grundsätze und Bedingungen es einem Mitgliedstaat gestatten, die Kommission oder den Rat zu ersuchen, ein aus dem betreffenden Mitgliedstaat stammendes Dokument nicht ohne seine vorherige Zustimmung an Dritte weiterzuleiten.

36. Erklärung zu den überseeischen Ländern und Gebieten

Die Konferenz räumt ein, daß das besondere Assoziierungssystem für die überseeischen Länder und Gebiete (ÜLG) im Vierten Teil des Vertrags zur Gründung der Europäischen Gemeinschaft für eine Vielzahl von Ländern und Gebieten mit großer Fläche und Einwohnerzahl gedacht war. Dieses System hat sich seit 1957 kaum weiterentwickelt.

Die Konferenz stellt fest, daß es heute nur noch 20 ÜLG gibt, bei denen es sich um weit verstreute Inseln mit insgesamt rund 900 000 Einwohnern handelt. Zudem sind die meisten ÜLG strukturell gesehen weit im Rückstand, was auf die besonders ungünstigen geographischen und wirtschaftlichen Bedingungen zurückzuführen ist. Unter diesen Umständen kann das besondere Assoziierungssystem in der Form von 1957 den Herausforderungen der Entwicklung der ÜLG nicht mehr gerecht werden.

Die Konferenz weist nachdrücklich darauf hin, daß das Ziel der Assoziierung die Förderung der wirtschaftlichen und sozialen Entwicklung der Länder und Gebiete und die Herstellung enger Wirtschaftsbeziehungen zwischen ihnen und der gesamten Gemeinschaft ist.

Daher fordert die Konferenz den Rat auf, dieses Assoziierungssystem nach Artikel 136 *(187)* des Vertrags zur Gründung der Europäischen Gemeinschaft bis Februar 2000 zu überprüfen; dabei sollen vier Ziele verfolgt werden:

- wirksamere Förderung der wirtschaftlichen und sozialen Entwicklung der ÜLG;
- Vertiefung der Wirtschaftsbeziehungen zwischen den ÜLG und der Europäischen Union;
- stärkere Berücksichtigung der Verschiedenheit und der Besonderheiten der einzelnen ÜLG, auch im Hinblick auf die Niederlassungsfreiheit;
- Gewährleistung einer größeren Wirksamkeit des Finanzinstruments.

37. Erklärung zu öffentlich-rechtlichen Kreditinstituten in Deutschland

Die Konferenz nimmt die Auffassung der Kommission zur Kenntnis, daß die bestehenden Wettbewerbsregeln der Gemeinschaft es zulassen, Dienstleistungen von allgemeinem wirtschaftlichem Interesse, welche die in Deutschland bestehenden öffentlich-rechtlichen Kreditinstitute erfüllen, sowie ihnen zum Ausgleich für die mit diesen Leistungen verbundenen Lasten gewährte Fazilitäten voll zu berücksichtigen. Dabei bleibt es der Organisation dieses Mitgliedstaats überlassen, auf welche Weise er insoweit den Gebietskörperschaften die Erfüllung ihrer Aufgabe ermöglicht, in ihren Regionen eine flächendeckende und leistungsfähige Finanzinfrastruktur zur Verfügung zu stellen. Diese Fazilitäten dürfen die Wettbewerbsbedingungen nicht in einem Ausmaß beeinträchtigen, das über das zur Erfüllung der besonderen Aufgaben erforderliche Maß hinausgeht und zugleich dem Interesse der Gemeinschaft entgegenwirkt.

Die Konferenz erinnert daran, daß der Europäische Rat die Kommission ersucht hat, zu prüfen, ob es in den übrigen Mitgliedstaaten vergleichbare Fälle gibt, auf etwaige vergleichbare Fälle dieselben Maßstäbe anzuwenden und dem Rat in der Zusammensetzung der Wirtschafts- und Finanzminister Bericht zu erstatten.

38. Erklärung zu freiwilligen Diensten

Die Konferenz erkennt an, daß die freiwilligen Dienste einen wichtigen Beitrag zur Entwicklung der sozialen Solidariät leisten.

Die Gemeinschaft wird die europäische Dimension freiwilliger Vereinigungen fördern und dabei besonderen Wert auf den Austausch von Informationen und Erfahrungen sowie die Mitwirkung von Jugendlichen und älteren Menschen an freiwilliger Arbeit legen.

39. Erklärung zur Redaktionellen Qualität der gemeinschaftlichen Rechtsvorschriften*

Die Konferenz stellt fest, daß die redaktionelle Qualität wesentliche Voraussetzung dafür ist, daß gemeinschaftliche Rechtsvorschriften von den zuständigen einzelstaatlichen Behörden ordnungsgemäß angewandt und von den Bürgern und der Wirtschaft besser verstanden werden. Sie erinnert an die diesbezüglichen Schlußfolgerungen des Vorsitzes des Europäischen Rates (Edinburgh, 11./12. Dezember 1992) und an die vom Rat am 8. Juni 1993 angenommene Entschließung über die redaktionelle Qualität der gemeinschaftlichen Rechtsvorschriften (*Amtsblatt der Europäischen Gemeinschaften*, Nr. C 166 vom 17.6.1993, S. 1).

Die Konferenz ist der Auffassung, daß die drei am Verfahren für die Annahme gemeinschaftlicher Rechtsvorschriften beteiligten Organe, nämlich das Europäische Parlament, der Rat und die Kommission, Leitlinien für die redaktionelle Qualität dieser Vorschriften festlegen sollten. Sie weist ferner darauf hin, daß die gemeinschaftlichen Rechtsvorschriften zugänglicher gemacht werden sollten, und begrüßt in dieser Hinsicht die Annahme und erste Anwendung des beschleunigten Arbeitsverfahrens für die amtliche Kodifizierung von Rechtstexten, das durch die Interinstitutionelle Vereinbarung vom 20. Dezember 1994 festgelegt wurde (*Amtsblatt der Europäischen Gemeinschaften*, Nr. C 102 vom 4.4.1996, S. 2).

Die Konferenz erklärt deshalb, daß das Europäische Parlament, der Rat und die Kommission

– einvernehmlich Leitlinien zur Verbesserung der redaktionellen Qualität der gemeinschaftlichen Rechtsvorschriften festlegen und bei der Prüfung von Vorschlägen oder Entwürfen für gemeinschaftliche Rechtsakte diese Leitlinien zugrunde legen und die internen organisatorischen Maßnahmen ergreifen sollten, die sie für eine angemessene Durchführung der Leitlinien als erforderlich erachten;
– alles daran setzen sollten, um die Kodifizierung von Rechtstexten zu beschleunigen.

* Siehe **5/5.**

40. Erklärung zu dem Verfahren beim Abschluß internationaler Übereinkünfte durch die Europäische Gemeinschaft für Kohle und Stahl

Der Wegfall des § 14 des Abkommens über die Übergangsbestimmungen im Anhang zum Vertrag über die Gründung der Europäischen Gemeinschaft für Kohle und Stahl stellt keine Änderung der bestehenden Praxis hinsichtlich des Verfahrens beim Abschluß internationaler Übereinkünfte durch die Europäische Gemeinschaft für Kohle und Stahl dar.

41. Erklärung zu den Vorschriften über die Transparenz, den Zugang zu Dokumenten und Die Bekämpfung von Betrügereien

Die Konferenz ist der Ansicht, daß sich das Europäische Parlament, der Rat und die Kommission, wenn sie aufgrund des Vertrags über die Gründung der Europäischen Gemeinschaft für Kohle und Stahl und des Vertrags zur Gründung der Europäischen Atomgemeinschaft handeln, von den im Rahmen des Vertrags zur Gründung der Europäischen Gemeinschaft geltenden Vorschriften über die Transparenz, den Zugang zu Dokumenten und die Bekämpfung von Betrügereien leiten lassen sollten.

42. Erklärung über die Konsolidierung der Verträge

Die Hohen Vertragsparteien sind übereingekommen, daß die während dieser Regierungskonferenz begonnene technische Arbeit möglichst zügig mit dem Ziel fortgesetzt wird, eine konsolidierte Fassung aller einschlägigen Verträge, einschließlich des Vertrags über die Europäische Union, vorzubereiten.

Sie sind ferner übereingekommen, daß die Endergebnisse dieser technischen Arbeit, die unter der Verantwortung des Generalsekretärs des Rates zur leichteren Orientierung veröffentlicht werden, keine Rechtswirkung haben.

43. Erklärung zum Protokoll über die Anwendung der Grundsätze der Subsidiarität und der Verhältnismäßigkeit

Die Hohen Vertragsparteien bekräftigen zum einen die der Schlußakte zum Vertrag über die Europäische Union beigefügte Erklärung zur Anwendung des Gemeinschaftsrechts und zum anderen die Schlußfolgerungen des Europäischen Rates von Essen, wonach die administrative Durchführung des Gemeinschaftsrechts grundsätzlich Sache der Mitgliedstaaten gemäß ihren verfassungsrechtlichen Vorschriften bleibt. Die Aufsichts-, Kontroll- und Durchführungsbefugnisse der Gemeinschaftsorgane nach den Artikeln 145 *(202)* und 155 *(211)* des Vertrags zur Gründung der Europäischen Gemeinschaft bleiben hiervon unberührt.

44. Erklärung zu Artikel 2 des Protokolls zur Einbeziehung des Schengenbesitzstands in den Rahmen der Europäischen Union

Die Hohen Vertragsparteien kommen überein, daß der Rat zum Zeitpunkt des Inkrafttretens des Vertrags von Amsterdam alle erforderlichen Maßnahmen beschließt, die in Artikel 2 des Protokolls zur Einbeziehung des Schengen-Besitzstands in den Rahmen der Europäischen Union genannt sind. Zu diesem Zweck werden rechtzeitig die erforderlichen Vorbereitungsarbeiten eingeleitet, damit sie vor dem genannten Zeitpunkt abgeschlossen werden können.

45. Erklärung zu Artikel 4 des Protokolls zur Einbeziehung des Schengen-Besitzstands in den Rahmen der Europäischen Union

Die Hohen Vertragsparteien ersuchen den Rat, die Stellungnahme der Kommission einzuholen, bevor er über einen von Irland und dem Vereinigten Königreich Großbritannien und Nordirland gestellten Antrag nach Artikel 4 des Protokolls zur Einbeziehung des Schengen-Besitzstands in den Rahmen der Europäischen Union entscheidet, einzelne oder alle Bestimmungen des Schengen-Besitzstands auf sie anzuwenden. Ferner verpflichten sie sich, die größtmöglichen Anstrengungen zu unternehmen, damit Irland und das Vereinigte Königreich Großbritannien und Nordirland – wenn sie dies wünschen – Artikel 4 des genannten Protokolls in Anspruch nehmen können, so daß der Rat in der Lage ist, die in jenem Artikel genannten Beschlüsse, und zwar zum Zeitpunkt des Inkrafttretens jenes Protokolls oder zu jedem späteren Zeitpunkt, zu fassen.

46. Erklärung zu Artikel 5 des Protokolls zur Einbeziehung des Schengenbesitzstands in den Rahmen der Europäischen Union

Die Hohen Vertragsparteien übernehmen die Verpflichtung, sich nach besten Kräften dafür einzusetzen, daß ein Vorgehen unter Beteiligung aller Mitgliedstaaten in den Bereichen des Schengen-Besitzstands ermöglicht wird, insbesondere wenn Irland und das Vereinigte Königreich Großbritannien und Nordirland nach Artikel 4 des Protokolls zur Einbeziehung des Schengen-Besitzstands in den Rahmen der Europäischen Union einzelne oder alle Bestimmungen dieses Besitzstands übernommen haben.

47. Erklärung zu Artikel 6 des Protokolls zur Einbeziehung des Schengen-Besitzstands in den Rahmen der Europäischen Union

Die Hohen Vertragsparteien kommen überein, alle erforderlichen Schritte zu unternehmen, damit die in Artikel 6 des Protokolls zur Einbeziehung des Schengen-Besitzstands in den Rahmen der Europäischen Union genannten Übereinkommen zu demselben Zeitpunkt in Kraft treten können wie der Vertrag von Amsterdam.

48. Erklärung zum Protokoll über die Gewährung von Asyl für Staatsangehörige von Mitgliedstaaten der Europäischen Union

Das Protokoll über die Gewährung von Asyl für Staatsangehörige von Mitgliedstaaten der Europäischen Union berührt nicht das Recht eines jeden Mitgliedstaats, die organisatorischen Maßnahmen zu treffen, die er zur Erfüllung seiner Verpflichtungen aus dem Genfer Abkommen vom 28. Juli 1951 über die Rechtsstellung der Flüchtlinge für erforderlich hält.

49. Erklärung zu Buchstabe d des einzigen Artikels des Protokolls über die Gewährung von Asyl für Staatsangehörige der Mitgliedstaaten der Europäischen Union

Die Konferenz erklärt, daß sie die Bedeutung der Entschließung der für Einwanderung zuständigen Minister der Mitgliedstaaten der Europäischen Gemeinschaften vom 30. November/1. Dezember 1992 über offensichtlich unbegründete Asylanträge und der Entschließung des Rates vom 20. Juni 1995 über die Mindestgarantien für Asylverfahren anerkennt, jedoch die Frage des Mißbrauchs von Asylverfahren und geeigneter schneller Verfahren, die es gestatten, auf die Prüfung offensichtlich unbegründeter Asylanträge zu verzichten, weiter geprüft werden sollte, damit neue Verbesserungen zur Beschleunigung dieser Verfahren eingeführt werden können.

50. Erklärung zum Protokoll über die Organe im Hinblick auf die Erweiterung der Europäischen Union

Es wird vereinbart, daß die Geltungsdauer des Beschlusses des Rates vom 29. März 1994 („Ioannina-Kompromiß") bis zum Zeitpunkt des Inkrafttretens der ersten Erweiterung verlängert wird und daß bis zu diesem Zeitpunkt eine Lösung für den Sonderfall Spaniens gefunden wird.

51. Erklärung zu Artikel 10 des Vertrags von Amsterdam

Mit dem Vertrag von Amsterdam werden hinfällig gewordene Bestimmungen des Vertrags zur Gründung der Europäischen Gemeinschaft, des Vertrags über die Gründung der Europäischen Gemeinschaft für Kohle und Stahl und des Vertrags zur Gründung der Europäischen Atomgemeinschaft in ihrer vor Inkrafttreten des Vertrags von Amsterdam gültigen Fassung aufgehoben und gestrichen; einige Bestimmungen jener Verträge wurden angepaßt und einige Bestimmungen des Vertrags zur Einsetzung eines gemeinsamen Rates und einer gemeinsamen Kommission der Europäischen Gemeinschaften sowie des Akts zur Einführung allgemeiner unmittelbarer Wahlen der Abgeordneten des Europäischen Parlaments wurden eingefügt. Diese Änderungen berühren nicht den gemeinschaftlichen Besitzstand.

Von der Konferenz zur Kenntnis genommene Erklärungen

1. Erklärung Österreichs und Luxemburgs zu Kreditinstituten

Österreich und Luxemburg gehen davon aus, daß die „Erklärung zu öffentlich-rechtlichen Kreditinstituten in Deutschland" auch für Kreditinstitute in Österreich und Luxemburg mit vergleichbaren Organisationsformen gilt.

2. Erklärung Dänemarks zu Artikel K.14 *(42)* des Vertrags über die Europäische Union

Nach Artikel K.14 *(42)* des Vertrags über die Europäische Union ist die Einstimmigkeit aller Mitglieder des Rates der Europäischen Union, d.h. aller Mitgliedstaaten, für die Annahme von Beschlüssen zur Anwendung des Titels III a des Vertrags zur Gründung der Europäischen Gemeinschaft über Visa, Asyl, Einwanderung und andere Politiken betreffend den freien Personenverkehr auf Maßnahmen in den in Artikel K.1 *(29)* des Vertrags über die Europäische Union genannten Bereichen erforderlich. Ferner müssen einstimmig gefaßte Beschlüsse des Rates vor ihrem Inkrafttreten in jedem Mitgliedstaat gemäß dessen verfassungsrechtlichen Vorschriften angenommen werden. In Dänemark ist für diese Annahme im Falle einer Übertragung von Hoheitsrechten im Sinne der dänischen Verfassung entweder die Mehrheit der Stimmen von fünf Sechsteln der Mitglieder des Folketing oder aber sowohl die Mehrheit der Stimmen der Mitglieder des Folketing als auch die Mehrheit der im Rahmen einer Volksabstimmung abgegebenen Stimmen erforderlich.

3. Erklärung Deutschlands, Österreichs und Belgiens zur Subsidiarität

Die Regierungen Deutschlands, Österreichs und Belgiens gehen davon aus, daß die Maßnahmen der Europäischen Gemeinschaft gemäß dem Subsidiaritätsprinzip nicht nur die Mitgliedstaaten betreffen, sondern auch deren Gebietskörperschaften, soweit diese nach nationalem Verfassungsrecht eigene gesetzgeberische Befugnisse besitzen.

4. Erklärung Irlands zu Artikel 3 des Protokolls über die Position des Vereinigten Königreichs und Irlands

Irland erklärt, daß es beabsichtigt, sein Recht nach Artikel 3 des Protokolls über die Position des Vereinigten Königreichs und Irlands, sich an der Annahme von Maßnahmen nach Titel III a des Vertrags zur Gründung der Europäischen Gemeinschaft zu beteiligen, so weit wahrzunehmen, wie dies mit der Aufrechterhaltung des zwischen ihm und dem Vereinigten Königreich bestehenden einheitlichen Reisegebiets vereinbar ist. Irland weist darauf hin, daß seine Teilnahme an dem Protokoll über die Anwendung bestimmter Aspekte des Artikels 7 a *(14)* des Vertrags zur Gründung der Europäischen Gemeinschaft auf das Vereinigte Königreich und auf Irland seinen Wunsch widerspiegelt, das zwischen ihm und dem Vereinigten Königreich bestehende einheitliche Reisegebiet beizubehalten, um ein größtmögliches Maß an Freiheit des Reiseverkehrs nach und aus Irland zu gewährleisten.

5. Erklärung Belgiens zum Protokoll über die Gewährung von Asyl für Staatsangehörige von Mitgliedstaaten der Europäischen Union

Bei der Annahme des Protokolls über die Gewährung von Asyl für Staatsangehörige von Mitgliedstaaten der Europäischen Union erklärt Belgien, daß es gemäß seinen Verpflichtungen aus dem Genfer Abkommen von 1951 und dem New Yorker Protokoll von 1967 in Einklang mit Buchstabe d des Einzigen Artikels dieses Protokolls jeden Asylantrag eines Staatsangehörigen eines anderen Mitgliedstaates gesondert prüfen wird.

6. Erklärung Belgiens, Frankreichs und Italiens zum Protokoll über die Organe im Hinblick auf die Erweiterung der Europäischen Union

Belgien, Frankreich und Italien stellen fest, daß auf der Grundlage der Ergebnisse der Regierungskonferenz der Vertrag von Amsterdam nicht der vom Europäischen Rat von Madrid bekräftigten Notwendigkeit entspricht, wesentliche Fortschritte bei der Stärkung der Organe zu erzielen.

Diese Länder sind der Ansicht, daß eine solche Stärkung eine unerläßliche Voraussetzung für den Abschluß der ersten Beitrittsverhandlungen ist. Sie sind entschlossen, die aufgrund des Protokolls betreffend die Zusammensetzung der Kommission und die Stimmenwägung erforderlichen Maßnahmen zu erlassen, und vertreten die Auffassung, daß eine erhebliche Ausweitung des Rückgriffs auf eine Abstimmung mit qualifizierter Mehrheit zu den wesentlichen Elementen gehört, denen Rechnung getragen werden sollte.

7. Erklärung Frankreichs zur Lage der Überseeischen Departements hinsichtlich des Protokolls zur Einbeziehung des Schengen-Besitzstands in den Rahmen der Europäischen Union

Frankreich ist der Ansicht, daß die Durchführung des Protokolls zur Einbeziehung des Schengen-Besitzstands in den Rahmen der Europäischen Union nicht den geographischen Geltungsbereich des am 19. Juni 1990 in Schengen unterzeichneten Übereinkommens zur Durchführung des Übereinkommens von Schengen vom 14. Juni 1985 berührt, wie er in Artikel 138 Absatz 1 jenes Übereinkommens festgelegt ist.

8. Erklärung Griechenlands zur Erklärung zum Status der Kirchen und Weltanschaulichen Gemeinschaften

Unter Bezugnahme auf die Erklärung zum Status der Kirchen und weltanschaulichen Gemeinschaften erinnert Griechenland an die Gemeinsame Erklärung betreffend den Berg Athos im Anhang zur Schlußakte des Vertrags über den Beitritt Griechenlands zu den Europäischen Gemeinschaften.

Vertrag von Nizza

(ABl 2001 C 80, 1 bzw. BGBl III Nr. 4/2003)

zur Änderung des Vertrags über die Europäische Union, der Verträge zur Gründung der Europäischen Gemeinschaften sowie einiger damit zusammenhängender Rechtsakte

Inhaltsverzeichnis

SEINE MAJESTÄT DER KÖNIG DER BELGIER,
IHRE MAJESTÄT DIE KÖNIGIN VON DÄNEMARK,
DER PRÄSIDENT DER BUNDESREPUBLIK DEUTSCHLAND,
DER PRÄSIDENT DER HELLENISCHEN REPUBLIK,
SEINE MAJESTÄT DER KÖNIG VON SPANIEN,
DER PRÄSIDENT DER FRANZÖSISCHEN REPUBLIK,
DIE PRÄSIDENTIN IRLANDS
DER PRÄSIDENT DER ITALIENISCHEN REPUBLIK,
SEINE KÖNIGLICHE HOHEIT DER GROSSHERZOG VON LUXEMBURG,
IHRE MAJESTÄT DIE KÖNIGIN DER NIEDERLANDE,
DER BUNDESPRÄSIDENT DER REPUBLIK ÖSTERREICH,
DER PRÄSIDENT DER PORTUGIESISCHEN REPUBLIK,
DIE PRÄSIDENTIN DER REPUBLIK FINNLAND,
SEINE MAJESTÄT DER KÖNIG VON SCHWEDEN,
IHRE MAJESTÄT DIE KÖNIGIN DES VEREINIGTEN KÖNIGREICHS GROSSBRITANNIEN UND NORDIRLAND –

EINGEDENK der historischen Bedeutung der Überwindung der Teilung des europäischen Kontinents,

IN DEM WUNSCH, den mit dem Vertrag von Amsterdam begonnenen Prozess der Vorbereitung der Organe der Europäischen Union auf die Wahrnehmung ihrer Aufgaben in einer erweiterten Union zu vollenden,

ENTSCHLOSSEN, die Beitrittsverhandlungen auf dieser Grundlage fortzusetzen, um nach dem im Vertrag über die Europäische Union vorgesehenen Verfahren zu einem erfolgreichen Abschluss zu kommen -

HABEN BESCHLOSSEN, den Vertrag über die Europäische Union, die Verträge zur Gründung der Europäischen Gemeinschaften sowie einige damit zusammenhängende Rechtsakte zu ändern,

und haben zu diesem Zweck zu ihren Bevollmächtigten ernannt:

[es folgen die Namen]

DIESE SIND nach Austausch ihrer als gut und gehörig befundenen Vollmachten

WIE FOLGT ÜBEREINKOMMEN:

ERSTER TEIL
SACHLICHE ÄNDERUNGEN

ARTIKEL 1

Der Vertrag über die Europäische Union wird nach Maßgabe dieses Artikels geändert:

eingearbeitet

ARTIKEL 2

Der Vertrag zur Gründung der Europäischen Gemeinschaft wird nach Maßgabe dieses Artikels geändert.

eingearbeitet

ARTIKEL 3

Der Vertrag zur Gründung der Europäischen Atomgemeinschaft wird nach Maßgabe dieses Artikels geändert.

Hinweis

ARTIKEL 4

Der Vertrag über die Gründung der Europäischen Gemeinschaft für Kohle und Stahl wird nach Maßgabe dieses Artikels geändert.

Hinweis

ARTIKEL 5

Das Protokoll über die Satzung des Europäischen Systems der Zentralbanken und der Europäischen Zentralbank wird nach Maßgabe dieses Artikels geändert.

eingearbeitet

ARTIKEL 6

Das Protokoll über die Vorrechte und Befreiungen der Europäischen Gemeinschaften wird nach Maßgabe dieses Artikels geändert.

eingearbeitet

ZWEITER TEIL
ÜBERGANGS- UND SCHLUSSBESTIMMUNGEN

ARTIKEL 7

Die dem Vertrag zur Gründung der Europäischen Gemeinschaft und dem Vertrag zur Gründung der Europäischen Atomgemeinschaft beigefügten Protokolle über die

Satzung des Gerichtshofs werden aufgehoben und durch das mit diesem Vertrag dem Vertrag über die Europäische Union, dem Vertrag zur Gründung der Europäischen Gemeinschaft und dem Vertrag zur Gründung der Europäischen Atomgemeinschaft beigefügte Protokoll über die Satzung des Gerichtshofs ersetzt.

ARTIKEL 8

Die Artikel 1 bis 20, die Artikel 44 und 45, Artikel 46 Absätze 2 und 3, die Artikel 47 bis 49 sowie die Artikel 51, 52, 54 und 55 des Protokolls über die Satzung des Gerichtshofs der Europäischen Gemeinschaft für Kohle und Stahl werden aufgehoben.

ARTIKEL 9

Unbeschadet der in Geltung bleibenden Artikel des Protokolls über die Satzung des Gerichtshofs der Europäischen Gemeinschaft für Kohle und Stahl findet das mit diesem Vertrag dem Vertrag über die Europäische Union, dem Vertrag zur Gründung der Europäischen Gemeinschaft und dem Vertrag zur Gründung der Europäischen Atomgemeinschaft beigefügte Protokoll über die Satzung des Gerichtshofs Anwendung, wenn der Gerichtshof seine Befugnisse gemäß dem Vertrag über die Gründung der Europäischen Gemeinschaft für Kohle und Stahl ausübt.

ARTIKEL 10

Der Beschluss 88/591/EGKS, EWG, Euratom des Rates vom 24. Oktober 1988 zur Errichtung eines Gerichts erster Instanz der Europäischen Gemeinschaften in der geänderten Fassung wird mit Ausnahme des Artikels 3 aufgehoben, soweit das Gericht erster Instanz aufgrund des genannten Artikels Zuständigkeiten ausübt, die dem Gerichtshof gemäß dem Vertrag über die Gründung der Europäischen Gemeinschaft für Kohle und Stahl übertragen sind.

ARTIKEL 11

Dieser Vertrag gilt auf unbegrenzte Zeit.

ARTIKEL 12

(1) Dieser Vertrag bedarf der Ratifikation durch die Hohen Vertragsparteien gemäß ihren verfassungsrechtlichen Vorschriften. Die Ratifikationsurkunden werden bei der Regierung der Italienischen Republik hinterlegt.

(2) Dieser Vertrag tritt am ersten Tag des zweiten auf die Hinterlegung der letzten Ratifikationsurkunde folgenden Monats in Kraft.

ARTIKEL 13

Dieser Vertrag ist in einer Urschrift in dänischer, deutscher, englischer, finnischer, französischer, griechischer, irischer, italienischer, niederländischer, portugiesischer, schwedischer und spanischer Sprache abgefasst, wobei jeder Wortlaut gleichermaßen verbindlich ist; die Urschrift wird im Archiv der Regierung der Italienischen Republik hinterlegt; diese übermittelt der Regierung jedes anderen Unterzeichnerstaats eine beglaubigte Abschrift.

ZU URKUND DESSEN haben die unterzeichneten Bevollmächtigten ihre Unterschrift unter diesen Vertrag gesetzt.

Geschehen zu Nizza am sechsundzwanzigsten Februar zweitausendeins.

PROTOKOLLE

A. Protokoll zum Vertrag über die Europäische Union und zu den Verträgen zur Gründung der Europäischen Gemeinschaften

PROTOKOLL
ÜBER DIE ERWEITERUNG DER EUROPÄISCHEN UNION

eingearbeitet

B. Protokoll zum Vertrag über die Europäische Union, zum Vertrag zur Gründung der Europäischen Gemeinschaft und zum Vertrag zur Gründung der Europäischen Atomgemeinschaft

PROTOKOLL
ÜBER DIE SATZUNG DES GERICHTSHOFS

eingearbeitet

C. Protokolle zum Vertrag zur Gründung der Europäischen Gemeinschaft

PROTOKOLL
ÜBER DIE FINANZIELLEN FOLGEN DES ABLAUFS DES EGKS-VERTRAGS UND ÜBER DEN FORSCHUNGSFONDS FÜR KOHLE UND STAHL

PROTOKOLL
ZU ARTIKEL 67 DES VERTRAGS ZUR GRÜNDUNG DER EUROPÄISCHEN GEMEINSCHAFT

eingearbeitet

Schlussakte

DIE KONFERENZ DER VERTRETER DER REGIERUNGEN DER MITGLIEDSTAATEN, die am 14. Februar 2000 in Brüssel einberufen wurde, um im gegenseitigen Einvernehmen die Änderungen zu beschließen, die an dem Vertrag über die Europäische Union, den Verträgen zur Gründung der Europäischen Gemeinschaft, der Europäischen Atomgemeinschaft und der Europäischen Gemeinschaft für Kohle und Stahl sowie einigen damit zusammenhängenden Rechtsakten vorzunehmen sind, hat folgende Texte angenommen:

I.

Vertrag von Nizza zur Änderung des Vertrags über die Europäische Union, der Verträge zur Gründung der Europäischen Gemeinschaften sowie einiger damit zusammenhängender Rechtsakte

II.

Protokolle

A. Protokoll zum Vertrag über die Europäische Union und zu den Verträgen zur Gründung der Europäischen Gemeinschaften
   - Protokoll über die Erweiterung der Europäischen Union

B. Protokoll zum Vertrag über die Europäische Union, zum Vertrag zur Gründung der Europäischen Gemeinschaft und zum Vertrag zur Gründung der Europäischen Atomgemeinschaft
   - Protokoll über die Satzung des Gerichtshofs

C. Protokolle zum Vertrag zur Gründung der Europäischen Gemeinschaft
   - Protokoll über die finanziellen Folgen des Ablaufs des EGKS-Vertrags und über den Forschungsfonds für Kohle und Stahl
   - Protokoll zu Artikel 67 des Vertrags zur Gründung der Europäischen Gemeinschaft

DIE KONFERENZ hat die folgenden dieser Schlussakte beigefügten Erklärungen angenommen:

1. Erklärung zur Europäischen Sicherheits- und Verteidigungspolitik
2. Erklärung zu Artikel 31 Absatz 2 des Vertrags über die Europäische Union
3. Erklärung zu Artikel 10 des Vertrags zur Gründung der Europäischen Gemeinschaft
4. Erklärung zu Artikel 21 Absatz 3 des Vertrags zur Gründung der Europäischen Gemeinschaft
5. Erklärung zu Artikel 67 des Vertrags zur Gründung der Europäischen Gemeinschaft
6. Erklärung zu Artikel 100 des Vertrags zur Gründung der Europäischen Gemeinschaft
7. Erklärung zu Artikel 111 des Vertrags zur Gründung der Europäischen Gemeinschaft
8. Erklärung zu Artikel 137 des Vertrags zur Gründung der Europäischen Gemeinschaft
9. Erklärung zu Artikel 175 des Vertrags zur Gründung der Europäischen Gemeinschaft
10. Erklärung zu Artikel 181a des Vertrags zur Gründung der Europäischen Gemeinschaft
11. Erklärung zu Artikel 191 des Vertrags zur Gründung der Europäischen Gemeinschaft
12. Erklärung zu Artikel 225 des Vertrags zur Gründung der Europäischen Gemeinschaft
13. Erklärung zu Artikel 225 Absätze 2 und 3 des Vertrags zur Gründung der Europäischen Gemeinschaft
14. Erklärung zu Artikel 225 Absätze 2 und 3 des Vertrags zur Gründung der Europäischen Gemeinschaft
15. Erklärung zu Artikel 225 Absatz 3 des Vertrags zur Gründung der Europäischen Gemeinschaft
16. Erklärung zu Artikel 225a des Vertrags zur Gründung der Europäischen Gemeinschaft
17. Erklärung zu Artikel 229a des Vertrags zur Gründung der Europäischen Gemeinschaft
18. Erklärung zum Rechnungshof
19. Erklärung zu Artikel 10.6 der Satzung des Europäischen Systems der Zentralbanken und der Europäischen Zentralbank

20. Erklärung zur Erweiterung der Europäischen Union
21. Erklärung zur Schwelle für die qualifizierte Mehrheit und zur Zahl der Stimmen für die Sperrminorität in einer erweiterten Union
22. Erklärung zum Tagungsort des Europäischen Rates
23. Erklärung zur Zukunft der Union
24. Erklärung zu Artikel 2 des Protokolls über die finanziellen Folgen des Ablaufs des EGKS-Vertrags und den Forschungsfonds für Kohle und Stahl

DIE KONFERENZ hat die folgenden dieser Schlussakte beigefügten Erklärungen zur Kenntnis genommen:

1. Erklärung Luxemburgs
2. Erklärung Griechenlands, Spaniens und Portugals zu Artikel 161 des Vertrags zur Gründung der Europäischen Gemeinschaft
3. Erklärung Dänemarks, Deutschlands, der Niederlande und Österreichs zu Artikel 161 des Vertrags zur Gründung der Europäischen Gemeinschaft

Geschehen zu Nizza am sechsundzwanzigsten Februar zweitausendeins

VON DER KONFERENZ ANGENOMMENE ERKLÄRUNGEN

1. Erklärung zur europäischen Sicherheits- und Verteidigungspolitik

Gemäß den vom Europäischen Rat in Nizza gebilligten Texten bezüglich der Europäischen Sicherheits- und Verteidigungspolitik (Bericht des Vorsitzes mit Anlagen) ist es das Ziel der Union, möglichst bald einsatzbereit zu sein. Einen entsprechenden Beschluss wird der Europäische Rat so bald wie möglich im Verlauf des Jahres 2001, spätestens jedoch auf der Tagung des Europäischen Rates in Laeken/Brüssel auf der Grundlage der bestehenden Bestimmungen des Vertrags über die Europäische Union fassen. Folglich stellt das Inkrafttreten des Vertrags von Nizza keine Voraussetzung hierfür dar.

2. Erklärung zu Artikel 31 Absatz 2 des Vertrags über die Europäische Union

Die Konferenz erinnert daran, dass

– der Beschluss über die Einrichtung einer Stelle (Eurojust), in der von den einzelnen Mitgliedstaaten entsandte Staatsanwälte, Richter oder Polizeibeamte mit gleichwertigen Befugnissen mit der Aufgabe zusammengeschlossen sind, eine sachgerechte Koordinierung der für die Strafverfolgung zuständigen Behörden der Mitgliedstaaten zu erleichtern und die Ermittlungen im Zusammenhang mit organisierter Kriminalität zu unterstützen, in den Schlussfolgerungen des Vorsitzes des Europäischen Rates vom 15. und 16. Oktober 1999 (Tampere) vorgesehen ist;
– das Europäische Justizielle Netz mit der vom Rat am 29. Juni 1998 angenommenen Gemeinsamen Maßnahme 98/428/JI (ABl. L 191 vom 7.7.1998, S. 4) eingerichtet wurde.

3. Erklärung zu Artikel 10 des Vertrags zur Gründung der Europäischen Gemeinschaft

Die Konferenz erinnert daran, dass die Verpflichtung zur loyalen Zusammenarbeit, die sich aus Artikel 10 des Vertrags zur Gründung der Europäischen Gemeinschaft ergibt und den Beziehungen zwischen den Mitgliedstaaten und den Gemeinschaftsorganen zugrunde liegt, auch für die Beziehungen zwischen den Gemeinschaftsorganen selbst gilt. Was die Beziehungen zwischen den Organen anbelangt, so können das Europäische Parlament, der Rat und die Kommission interinstitutionelle Vereinbarungen schließen, wenn es sich im Rahmen dieser Verpflichtung zur loyalen Zusammenarbeit als notwendig erweist, die Anwendung der Bestimmungen des Vertrags zur Gründung der Europäischen Gemeinschaft zu erleichtern. Diese Vereinbarungen dürfen die Vertragsbestimmungen weder ändern noch ergänzen und dürfen nur mit Zustimmung dieser drei Organe geschlossen werden.

4. Erklärung zu Artikel 21 Absatz 3 des Vertrags zur Gründung der Europäischen Gemeinschaft

Die Konferenz fordert die in Artikel 21 Absatz 3 beziehungsweise in Artikel 7 genannten Organe und Einrichtungen auf, dafür Sorge zu tragen, dass jede schriftliche Eingabe eines Unionsbürgers innerhalb einer vertretbaren Frist beantwortet wird.

5. Erklärung zu Artikel 67 des Vertrags zur Gründung der Europäischen Gemeinschaft

Die Hohen Vertragsparteien erklären sich damit einverstanden, dass der Rat in dem Beschluss, den er gemäß Artikel 67 Absatz 2 zweiter Gedankenstrich zu fassen hat,

- beschließt, ab 1. Mai 2004 Maßnahmen nach Artikel 62 Nummer 3 und Artikel 63 Nummer 3 Buchstabe b gemäß dem Verfahren des Artikels 251 zu beschließen;
- beschließt, Maßnahmen nach Artikel 62 Nummer 2 Buchstabe a ab dem Zeitpunkt, zu dem eine Einigung über den Anwendungsbereich der Maßnahmen in Bezug auf das Überschreiten der Außengrenzen der Mitgliedstaaten durch Personen erzielt worden ist, gemäß dem Verfahren des Artikels 251 zu beschließen.

Der Rat wird im Übrigen bestrebt sein, das Verfahren des Artikels 251 ab dem 1. Mai 2004 oder so bald wie möglich nach diesem Zeitpunkt auf die übrigen unter Titel IV fallenden Bereiche oder auf einige dieser Bereiche anwendbar zu machen.

6. Erklärung zu Artikel 100 des Vertrags zur Gründung der Europäischen Gemeinschaft

Die Konferenz weist darauf hin, dass die mit dem Verbot („no bail-out") nach Artikel 103 zu vereinbarenden Beschlüsse über einen finanziellen Beistand nach Artikel 100 mit der Finanziellen Vorausschau 2000-2006 und insbesondere mit Nummer 11 der Interinstitutionellen Vereinbarung vom 6. Mai 1999 zwischen dem Europäischen Parlament, dem Rat und der Kommission über die Haushaltsdisziplin und die Verbesserung des Haushaltsverfahrens sowie mit den entsprechenden Bestimmungen der künftigen interinstitutionellen Vereinbarungen und finanziellen Vorausschauen im Einklang stehen müssen.

7. Erklärung zu Artikel 111 des Vertrags zur Gründung der Europäischen Gemeinschaft

Die Konferenz kommt überein, dass die Verfahren so beschaffen sein müssen, dass sich alle Mitgliedstaaten des Euro-Währungsgebiets an jeder Phase der Vorbereitung zur Festlegung des Standpunkts der Gemeinschaft auf internationaler Ebene in Bezug auf Fragen, die von besonderer Bedeutung für die Wirtschafts- und Währungsunion sind, in vollem Umfang beteiligen können.

8. Erklärung zu Artikel 137 des Vertrags zur Gründung der Europäischen Gemeinschaft

Die Konferenz kommt überein, dass Ausgaben aufgrund des Artikels 137 zulasten der Rubrik 3 der Finanziellen Vorausschau gehen.

9. Erklärung zu Artikel 175 des Vertrags zur Gründung der Europäischen Gemeinschaft

Die Hohen Vertragsparteien sind entschlossen, dafür zu sorgen, dass die Europäische Union eine führende Rolle bei der Förderung des Umweltschutzes in der Union sowie – auf internationaler Ebene – bei der weltweiten Verfolgung desselben Ziels spielt. Bei der Verfolgung dieses Ziels sollen alle Möglichkeiten des Vertrags in vollem Umfang genutzt werden, einschließlich des Rückgriffs auf marktorientierte, der Förderung einer nachhaltigen Entwicklung dienende Anreize und Instrumente.

10. Erklärung zu Artikel 181a des Vertrags zur Gründung der Europäischen Gemeinschaft

Die Konferenz bekräftigt, dass unbeschadet der anderen Bestimmungen des Vertrags zur Gründung der Europäischen Gemeinschaft Zahlungsbilanzhilfen für Drittländer nicht unter Artikel 181a fallen.

11. Erklärung zu Artikel 191 des Vertrags zur Gründung der Europäischen Gemeinschaft

Die Konferenz erinnert daran, dass Artikel 191 keine Übertragung von Zuständigkeiten auf die Europäische Gemeinschaft zur Folge hat und die Anwendung der einschlägigen einzelstaatlichen Verfassungsbestimmungen nicht berührt.

Die Finanzierung der politischen Parteien auf europäischer Ebene aus dem Haushalt der Europäischen Gemeinschaften darf nicht zur unmittelbaren oder mittelbaren Finanzierung der politischen Parteien auf einzelstaatlicher Ebene verwendet werden.

Die Bestimmungen über die Finanzierung der politischen Parteien gelten auf ein und derselben Grundlage für alle im Europäischen Parlament vertretenen politischen Kräfte.

12. Erklärung zu Artikel 225 des Vertrags zur Gründung der Europäischen Gemeinschaft

Die Konferenz ersucht den Gerichtshof und die Kommission, so bald wie möglich eine umfassende Überprüfung der Zuständigkeitsverteilung zwischen dem Gerichtshof und dem Gericht erster Instanz, insbesondere in Bezug auf direkte Klagen, vorzunehmen und geeignete Vorschläge vorzulegen, die von den zuständigen Gremien geprüft werden können, sobald der Vertrag von Nizza in Kraft getreten ist.

13. Erklärung zu Artikel 225 Absätze 2 und 3 des Vertrags zur Gründung der Europäischen Gemeinschaft

Die Konferenz ist der Auffassung, dass die wesentlichen Bestimmungen betreffend das Verfahren der Überprüfung nach Artikel 225 Absätze 2 und 3 in der Satzung des Gerichtshofs enthalten sein sollten. In diesen Bestimmungen müsste insbesondere Folgendes geregelt werden:

- die Rolle der Parteien in dem Verfahren vor dem Gerichtshof im Hinblick auf die Wahrung ihrer Rechte;
- die Wirkung des Überprüfungsverfahrens auf die Vollstreckbarkeit der Entscheidung des Gerichts erster Instanz;
- die Wirkung der Entscheidung des Gerichtshofs auf die Streitigkeit zwischen den Parteien.

14. Erklärung zu Artikel 225 Absätze 2 und 3 des Vertrags zur Gründung der Europäischen Gemeinschaft

Die Konferenz ist der Auffassung, dass der Rat, wenn er die zur Durchführung des Artikels 225 Absätze 2 und 3 erforderlichen Bestimmungen der Satzung annimmt, ein Verfahren vorsehen sollte, das sicherstellt, dass die konkrete Funktionsweise dieser Bestimmungen spätestens drei Jahre nach dem Inkrafttreten des Vertrags von Nizza einer Evaluierung unterzogen wird.

15. Erklärung zu Artikel 225 Absatz 3 des Vertrags zur Gründung der Europäischen Gemeinschaft

Die Konferenz ist der Auffassung, dass der Gerichtshof in den Ausnahmefällen, in denen er beschließt, eine Entscheidung des Gerichts erster Instanz in einer Vorabentscheidungssache zu überprüfen, im Eilverfahren entscheiden sollte.

16. Erklärung zu Artikel 225a des Vertrags zur Gründung der Europäischen Gemeinschaft

Die Konferenz ersucht den Gerichtshof und die Kommission, so bald wie möglich den Entwurf eines Beschlusses über die Bildung einer gerichtlichen Kammer auszuarbeiten, die im ersten Rechtszug für Streitsachen zwischen der Gemeinschaft und ihren Bediensteten zuständig ist.

17. Erklärung zu Artikel 229a des Vertrags zur Gründung der Europäischen Gemeinschaft

Die Konferenz ist der Auffassung, dass der Wahl des möglicherweise zu schaffenden gerichtlichen Rahmens für Entscheidungen über Rechtsstreitigkeiten im Zusammenhang mit der Anwendung von aufgrund des Vertrags zur Gründung der Europäischen Gemeinschaft erlassenen Rechtsakten, mit denen gemeinschaftliche Titel für den gewerblichen Rechtsschutz geschaffen werden, mit Artikel 229a nicht vorgegriffen wird.

18. Erklärung zum Rechnungshof

Die Konferenz fordert den Rechnungshof und die einzelstaatlichen Rechnungsprüfungsorgane auf, den Rahmen und die Bedingungen für ihre Zusammenarbeit unter Beibehaltung ihrer jeweiligen Autonomie zu verbessern. Zu diesem Zweck kann der Präsident des Rechnungshofs einen Ausschuss für Kontakte mit den Präsidenten der einzelstaatlichen Rechnungsprüfungsorgane einsetzen.

19. Erklärung zu Artikel 10.6 der Satzung des Europäischen Systems der Zentralbanken und der Europäischen Zentralbank

Die Konferenz geht davon aus, dass so rasch wie möglich eine Empfehlung im Sinne des Artikels 10.6 der Satzung des Europäischen Systems der Zentralbanken und der Europäischen Zentralbank vorgelegt wird.

20. Erklärung zur Erweiterung der Europäischen Union[1])

Der gemeinsame Standpunkt, den die Mitgliedstaaten bei den Beitrittskonferenzen hinsichtlich der Verteilung der Sitze im Europäischen Parlament, der Stimmengewichtung im Rat, der Zusammensetzung des Wirtschafts- und Sozialausschusses und der Zusammensetzung des Ausschusses der Regionen einnehmen werden, wird für eine Union mit 27 Mitgliedstaaten mit folgenden Tabellen in Einklang stehen:

1. Europäisches Parlament

Mitgliedstaaten	Sitzverteilung im EP
Deutschland	99
Vereinigtes Königreich	72
Frankreich	72
Italien	72
Spanien	50
Polen	50
Rumänien	33
Niederlande	25
Griechenland	22
Tschechische Republik	20
Belgien	22
Ungarn	20
Portugal	22
Schweden	18
Bulgarien	17
Österreich	17
Slowakei	13
Dänemark	13
Finnland	13
Irland	12
Litauen	12
Lettland	8
Slowenien	7
Estland	6
Zypern	6
Luxemburg	6
Malta	5
Insgesamt	**732**

2. Stimmengewichtung im Rat

Mitglieder des Rates	gewogene Stimmen
Deutschland	29
Vereinigtes Königreich	29
Frankreich	29
Italien	29
Spanien	27
Polen	27
Rumänien	14
Niederlande	13
Griechenland	12
Tschechische Republik	12
Belgien	12
Ungarn	12
Portugal	12
Schweden	10
Bulgarien	10
Österreich	10
Slowakei	7
Dänemark	7
Finnland	7
Irland	7
Litauen	7
Lettland	4
Slowenien	4
Estland	4
Zypern	4
Luxemburg	4
Malta	3
Insgesamt	**345**

In den Fällen, in denen die Beschlüsse nach diesem Vertrag auf Vorschlag der Kommission zu fassen sind, kommen die Beschlüsse mit einer Mindestzahl von 258 Stimmen zustande, welche die Zustimmung der Mehrheit der Mitglieder umfassen.

In den anderen Fällen kommen die Beschlüsse mit einer Mindestzahl von 258 Stimmen zustande, welche die Zustimmung von mindestens zwei Dritteln der Mitglieder umfassen.

Ein Mitglied des Rates kann beantragen, dass bei einer Beschlussfassung des Rates mit qualifizierter Mehrheit überprüft wird, ob die Mitgliedstaaten, die diese qualifizierte Mehrheit bilden, mindestens 62 % der Gesamtbevölkerung der Union repräsentieren. Falls sich erweist, dass diese Bedingung nicht erfüllt ist, kommt der betreffende Beschluss nicht zustande.

3. Wirtschafts- und Sozialausschuss

Mitgliedstaaten	Mitglieder
Deutschland	24
Vereinigtes Königreich	24
Frankreich	24
Italien	24
Spanien	21
Polen	21
Rumänien	15
Niederlande	12
Griechenland	12
Tschechische Republik	12
Belgien	12
Ungarn	12
Portugal	12
Schweden	12
Bulgarien	12
Österreich	12
Slowakei	9
Dänemark	9
Finnland	9
Irland	9
Litauen	9
Lettland	7
Slowenien	7
Estland	7
Zypern	6
Luxemburg	6
Malta	5
Insgesamt	**344**

4. Ausschuss der Regionen

Mitgliedstaaten	Mitglieder
Deutschland	24
Vereinigtes Königreich	24
Frankreich	24
Italien	24
Spanien	21
Polen	21
Rumänien	15
Niederlande	12
Griechenland	12
Tschechische Republik	12
Belgien	12
Ungarn	12
Portugal	12
Schweden	12
Bulgarien	12
Österreich	12
Slowakei	9
Dänemark	9
Finnland	9
Irland	9
Litauen	9
Lettland	7
Slowenien	7
Estland	7
Zypern	6
Luxemburg	6
Malta	5
Insgesamt	**344**

[1]) In den Tabellen in dieser Erklärung werden nur die Bewerberstaaten berücksichtigt, mit denen bereits Beitrittsverhandlungen aufgenommen worden sind.

21. Erklärung zur Schwelle für die qualifizierte Mehrheit und zur Zahl der Stimmen für die Sperrminorität in einer erweiterten Union

Wenn bei Inkrafttreten der neuen Stimmengewichtung (1. Januar 2005) noch nicht alle Bewerberstaaten, die in der Tabelle in der Erklärung zur Erweiterung der Europäischen Union aufgeführt sind, beigetreten sind, wird die Schwelle für die qualifizierte Mehrheit entsprechend dem Beitrittsrhythmus erhöht, wobei von einem Prozentsatz unterhalb des derzeitigen Prozentsatzes ausgegangen wird, der bis zu einem Höchstsatz von 73,4 % ansteigt. Wenn alle vorstehend genannten Bewerberstaaten beigetreten sind, wird in einer solchen Union mit 27 Mitgliedstaaten die Sperrminorität auf 91 Stimmen erhöht, und die Schwelle für die qualifizierte Mehrheit, die aus der Tabelle in der Erklärung zur Erweiterung der Europäischen Union hervorgeht, wird automatisch entsprechend angepasst.

22. Erklärung zum Tagungsort des Europäischen Rates

Ab dem Jahr 2002 findet eine Tagung des Europäischen Rates unter jedem Vorsitz in Brüssel statt. Sobald die Union achtzehn Mitglieder zählt, finden alle Tagungen des Europäischen Rates in Brüssel statt.

23. Erklärung zur Zukunft der Union

1. In Nizza wurden umfangreiche Reformen beschlossen. Die Konferenz begrüßt den erfolgreichen Abschluss der Konferenz der Vertreter der Regierungen der Mitgliedstaaten und appelliert an die Mitgliedstaaten, auf eine baldige Ratifikation des Vertrags von Nizza hinzuwirken.

2. Die Konferenz ist sich darin einig, dass mit dem Abschluss der Konferenz der Vertreter der Regierungen der Mitgliedstaaten der Weg für die Erweiterung der Europäischen Union geebnet worden ist, und betont, dass die Europäische Union mit der Ratifikation des Vertrags von Nizza die für den Beitritt neuer Mitgliedstaaten erforderlichen institutionellen Änderungen abgeschlossen haben wird.
3. Nachdem die Konferenz somit den Weg für die Erweiterung geebnet hat, wünscht sie die Aufnahme einer eingehenderen und breiter angelegten Diskussion über die Zukunft der Europäischen Union. Im Jahr 2001 werden der schwedische und der belgische Vorsitz in Zusammenarbeit mit der Kommission und unter Teilnahme des Europäischen Parlaments eine umfassende Debatte fördern, an der alle interessierten Seiten beteiligt sind: Vertreter der nationalen Parlamente und der Öffentlichkeit insgesamt, das heißt Vertreter aus Politik, Wirtschaft und dem Hochschulbereich, Vertreter der Zivilgesellschaft usw. Die Bewerberstaaten werden nach noch festzulegenden Einzelheiten in diesen Prozess einbezogen.
4. Im Anschluss an einen Bericht für seine Tagung in Göteborg im Juni 2001 wird der Europäische Rat auf seiner Tagung in Laeken/Brüssel im Dezember 2001 eine Erklärung annehmen, in der geeignete Initiativen für die Fortsetzung dieses Prozesses enthalten sein werden.
5. Im Rahmen dieses Prozesses sollten unter anderem folgende Fragen behandelt werden:
   - die Frage, wie eine genauere, dem Subsidiaritätsprinzip entsprechende Abgrenzung der Zuständigkeiten zwischen der Europäischen Union und den Mitgliedstaaten hergestellt und danach aufrechterhalten werden kann;
   - der Status der in Nizza verkündeten Charta der Grundrechte der Europäischen Union gemäß den Schlussfolgerungen des Europäischen Rates von Köln;
   - eine Vereinfachung der Verträge, mit dem Ziel, diese klarer und verständlicher zu machen, ohne sie inhaltlich zu ändern;
   - die Rolle der nationalen Parlamente in der Architektur Europas.
6. Durch diese Themenstellung erkennt die Konferenz an, dass die demokratische Legitimation und die Transparenz der Union und ihrer Organe verbessert und dauerhaft gesichert werden müssen, um diese den Bürgern der Mitgliedstaaten näher zu bringen.
7. Die Konferenz kommt überein, dass nach diesen Vorarbeiten 2004 erneut eine Konferenz der Vertreter der Regierungen der Mitgliedstaaten einberufen wird, die die vorstehend genannten Fragen im Hinblick auf die entsprechenden Vertragsänderungen behandelt.
8. Die Konferenz der Vertreter der Regierungen der Mitgliedstaaten wird keinesfalls ein Hindernis oder eine Vorbedingung für den Erweiterungsprozess darstellen. Außerdem werden diejenigen Bewerberstaaten, die ihre Beitrittsverhandlungen mit der Union dann abgeschlossen haben, zur Teilnahme an der Konferenz eingeladen. Bewerberstaaten, die ihre Beitrittsverhandlungen dann noch nicht abgeschlossen haben, werden zur Teilnahme als Beobachter eingeladen.

24. Erklärung zu Artikel 2 des Protokolls über die finanziellen Folgen des Ablaufs des EGKS-Vertrags und den Forschungsfonds für Kohle und Stahl

Die Konferenz fordert den Rat auf, im Rahmen des Artikels 2 des Protokolls dafür Sorge zu tragen, dass nach dem Ablauf der Geltungsdauer des EGKS-Vertrags das System der EGKS-Statistiken bis zum 31. Dezember 2002 weitergeführt wird, und die Kommission zu ersuchen, entsprechende Empfehlungen zu unterbreiten.

VON DER KONFERENZ ZUR KENNTNIS GENOMMENE ERKLÄRUNGEN

1. Erklärung Luxemburgs

Unbeschadet des Beschlusses vom 8. April 1965 und der darin enthaltenen Bestimmungen und Möglichkeiten bezüglich des Sitzes künftiger Organe, Einrichtungen und Dienststellen sagt die luxemburgische Regierung zu, den Sitz der Beschwerdekammern des Harmonisierungsamtes für den Binnenmarkt (Marken, Muster und Modelle), die in Alicante bleiben, auch dann nicht zu fordern, wenn diese gerichtliche Kammern im Sinne des Artikels 220 des Vertrags zur Gründung der Europäischen Gemeinschaft werden sollten.

2. Erklärung Griechenlands, Spaniens und Portugals zu Artikel 161 des Vertrags zur Gründung der Europäischen Gemeinschaft

Das Einverständnis Griechenlands, Spaniens und Portugals mit dem Übergang zur qualifizierten Mehrheit in Artikel 161 des Vertrags zur Gründung der Europäischen Gemeinschaft wurde auf folgender Grundlage erteilt: Der Begriff „mehrjährig" in Absatz 3 bedeutet, dass die ab 1. Januar 2007 geltende Finanzielle Vorausschau und die entsprechende Interinstitutionelle Vereinbarung eine der derzeitigen Finanziellen Vorausschau entsprechende Laufzeit haben wird.

3. Erklärung Dänemarks, Deutschlands, der Niederlande und Österreichs zu Artikel 161 des Vertrags zur Gründung der Europäischen Gemeinschaft

In Bezug auf die Erklärung Griechenlands, Spaniens und Portugals zu Artikel 161 des Vertrags zur Gründung der Europäischen Gemeinschaft erklären Dänemark, Deutschland, die Niederlande und Österreich, dass diese Erklärung keine präjudizierende Wirkung für die Europäische Kommission, insbesondere für ihr Initiativrecht, entfaltet.

Beitrittsvertrag 2003

(ABl 2003 L 236, 1 und ABl 2003 C 227 E, 1, geändert durch: ABl 2004 L 93, 1, sowie durch: ABl 2004 L 126, 1 bzw. BGBl. III Nr. 54/2004)

INHALTSVERZEICHNIS

Inhaltsverzeichnis

VERTRAG ZWISCHEN DEM KÖNIGREICH BELGIEN, DEM KÖNIGREICH DÄNEMARK, DER BUNDESREPUBLIK DEUTSCHLAND, DER HELLENISCHEN REPUBLIK, DEM KÖNIGREICH SPANIEN, DER FRANZÖSISCHEN REPUBLIK, IRLAND, DER ITALIENISCHEN REPUBLIK, DEM GROSSHERZOGTUM LUXEMBURG, DEM KÖNIGREICH DER NIEDERLANDE, DER REPUBLIK ÖSTERREICH, DER PORTUGIESISCHEN REPUBLIK, DER REPUBLIK FINNLAND, DEM KÖNIGREICH SCHWEDEN, DEM VEREINIGTEN KÖNIGREICH GROSSBRITANNIEN UND NORDIRLAND (MITGLIEDSTAATEN DER EUROPÄISCHEN UNION) UND DER TSCHECHISCHEN REPUBLIK, DER REPUBLIK ESTLAND, DER REPUBLIK ZYPERN, DER REPUBLIK LETTLAND, DER REPUBLIK LITAUEN, DER REPUBLIK UNGARN, DER REPUBLIK MALTA, DER REPUBLIK POLEN, DER REPUBLIK SLOWENIEN, DER SLOWAKISCHEN REPUBLIK ÜBER DEN BEITRITT DER TSCHECHISCHEN REPUBLIK, DER REPUBLIK ESTLAND, DER REPUBLIK ZYPERN, DER REPUBLIK LETTLAND, DER REPUBLIK LITAUEN, DER REPUBLIK UNGARN, DER REPUBLIK MALTA, DER REPUBLIK POLEN, DER REPUBLIK SLOWENIEN UND DER SLOWAKISCHEN REPUBLIK ZUR EUROPÄISCHEN UNION

SEINE MAJESTÄT DER KÖNIG DER BELGIER,
DER PRÄSIDENT DER TSCHECHISCHEN REPUBLIK,
IHRE MAJESTÄT DIE KÖNIGIN VON DÄNEMARK,
DER PRÄSIDENT DER BUNDESREPUBLIK DEUTSCHLAND,
DER PRÄSIDENT DER REPUBLIK ESTLAND,
DER PRÄSIDENT DER HELLENISCHEN REPUBLIK,
SEINE MAJESTÄT DER KÖNIG VON SPANIEN,
DER PRÄSIDENT DER FRANZÖSISCHEN REPUBLIK,
DIE PRÄSIDENTIN IRLANDS,
DER PRÄSIDENT DER ITALIENISCHEN REPUBLIK,
DER PRÄSIDENT DER REPUBLIK ZYPERN,
DIE PRÄSIDENTIN DER REPUBLIK LETTLAND,
DER PRÄSIDENT DER REPUBLIK LITAUEN,
SEINE KÖNIGLICHE HOHEIT DER GROSSHERZOG VON LUXEMBURG,
DER PRÄSIDENT DER REPUBLIK UNGARN,
DER PRÄSIDENT MALTAS,
IHRE MAJESTÄT DIE KÖNIGIN DER NIEDERLANDE,
DER BUNDESPRÄSIDENT DER REPUBLIK ÖSTERREICH,
DER PRÄSIDENT DER REPUBLIK POLEN,
DER PRÄSIDENT DER PORTUGIESISCHEN REPUBLIK,
DER PRÄSIDENT DER REPUBLIK SLOWENIEN,
DER PRÄSIDENT DER SLOWAKISCHEN REPUBLIK,
DIE PRÄSIDENTIN DER REPUBLIK FINNLAND,
DIE REGIERUNG DES KÖNIGREICHS SCHWEDEN,
IHRE MAJESTÄT DIE KÖNIGIN DES VEREINIGTEN KÖNIGREICHS GROSSBRITANNIEN UND NORDIRLAND –

EINIG in dem Willen, die Verwirklichung der Ziele der die Europäische Union begründenden Verträge fortzuführen,

ENTSCHLOSSEN, im Geiste dieser Verträge auf den bereits geschaffenen Grundlagen einen immer engeren Zusammenschluss der europäischen Völker herbeizuführen,

IN DER ERWÄGUNG, dass Artikel 49 des Vertrags über die Europäische Union den europäischen Staaten die Möglichkeit eröffnet, Mitglieder der Union zu werden,

IN DER ERWÄGUNG, dass die Tschechische Republik, die Republik Estland, die Republik Zypern, die Republik Lettland, die Republik Litauen, die Republik Ungarn, die Republik Malta, die Republik Polen, die Republik Slowenien und die Slowakische Republik beantragt haben, Mitglieder der Europäischen Union zu werden,

IN DER ERWÄGUNG, dass sich der Rat der Europäischen Union nach Einholung der Stellungnahme der Kommission und der Zustimmung des Europäischen Parlaments für die Aufnahme dieser Staaten ausgesprochen hat –

HABEN BESCHLOSSEN, die Aufnahmebedingungen und die Anpassungen der die Europäische Union begründenden Verträge im gegenseitigen Einvernehmen festzulegen; sie haben zu diesem Zweck zu ihren Bevollmächtigten ernannt:

[es folgen die Namen]

DIESE SIND nach Austausch ihrer als gut und gehörig befundenen Vollmachten

WIE FOLGT ÜBEREINGEKOMMEN:

Art. 1 (1) Die Tschechische Republik, die Republik Estland, die Republik Zypern, die Republik Lettland, die Republik Litauen, die Republik Ungarn, die Republik Malta, die Republik Polen, die Republik Slowenien und die Slowakische Republik werden Mitglieder der Europäischen Union und Vertragsparteien der die Union begründenden Verträge in ihrer jeweiligen geänderten oder ergänzten Fassung.

(2) Die Aufnahmebedingungen und die aufgrund der Aufnahme erforderlichen Anpassungen der die Union begründenden Verträge sind in der diesem Vertrag beigefügten Akte festgelegt. Die Bestimmungen der Akte sind Bestandteil dieses Vertrags.

(3) Die Bestimmungen der in Absatz 1 genannten Verträge über die Rechte und Pflichten der Mitgliedstaaten sowie über die Befugnisse und Zuständigkeiten der Organe der Union gelten auch für diesen Vertrag.

Art. 2 (1) Dieser Vertrag bedarf der Ratifikation durch die Hohen Vertragsparteien gemäß ihren verfassungsrechtlichen Vorschriften. Die Ratifikationsurkunden werden spätestens am 30. April 2004 bei der Regierung der Italienischen Republik hinterlegt.

(2) Dieser Vertrag tritt am 1. Mai 2004 in Kraft, sofern alle Ratifikationsurkunden vor diesem Tag hinterlegt worden sind.

Haben jedoch nicht alle der in Artikel 1 Absatz 1 genannten Staaten ihre Ratifikationsurkunden rechtzeitig hinterlegt, so tritt der Vertrag für diejenigen Staaten in Kraft, die ihre Urkunden hinterlegt haben. In diesem Fall beschließt der Rat der Europäischen Union unverzüglich einstimmig die infolgedessen unerlässlichen Anpassungen des Artikels 3 dieses Vertrags und des Artikels 1, des Artikels 6 Absatz 6, der Artikel 11 bis 15, 18, 19, 25, 26, 29 bis 31, 33 bis 35, 46 bis 49, 58 und 61 der Beitrittsakte, der Anhänge II bis XV, der Akte einschließlich der Anhänge dazu sowie der dieser Akte beigefügten Protokolle 1 bis 10; er kann ferner einstimmig die Bestimmungen der genannten Akte, einschließlich ihrer Anhänge, Anlagen und Protokolle, die sich ausdrücklich auf einen Staat beziehen, der seine Ratifikationsurkunde nicht hinterlegt hat, für hinfällig erklären oder anpassen.

(3) Abweichend von Absatz 2 können die Organe der Union vor dem Beitritt die Maßnahmen erlassen, die in Artikel 6 Absatz 2 Unterabsatz 2, Artikel 6 Absatz 6 Unterabsatz 2, Artikel 6 Absatz 8 Unterabsätze 2 und 3, Artikel 6 Absatz 9 Unterabsatz 3, den Artikeln 21 und 23, Artikel 28 Absatz 1, Artikel 32 Absatz 5, Artikel 33 Absätze 1, 4 und 5, den Artikeln 38, 39, 41, 42 und 55 bis 57 der Beitrittsakte, den Anhängen III bis XIV der Akte, Protokoll 2, Protokoll 3 Artikel 6, Protokoll 4 Artikel 2 Absatz 2, Protokoll 8 sowie Protokoll 10 Artikel 1, 2 und 4 zu dieser Akte vorgesehen sind. Diese Maßnahmen treten nur vorbehaltlich des Inkrafttretens dieses Vertrags und zum Zeitpunkt seines Inkrafttretens in Kraft.

Art. 3 Dieser Vertrag ist in einer Urschrift in dänischer, deutscher, englischer, estnischer, finnischer, französischer, griechischer, irischer, italienischer, lettischer, litauischer, maltesischer niederländischer, polnischer, portugiesischer, schwedischer, slowakischer, slowenischer, spanischer, tschechischer und ungarischer Sprache abgefasst, wobei der Wortlaut in jeder dieser Sprachen gleichermaßen verbindlich ist; er wird im Archiv der Regierung der Italienischen Republik hinterlegt; diese übermittelt der Regierung jedes anderen Unterzeichnerstaats eine beglaubigte Abschrift.

Geschehen zu Athen am 16. April 2003

AKTE ÜBER DIE BEDINGUNGEN DES BEITRITTS DER TSCHECHISCHEN REPUBLIK, DER REPUBLIK ESTLAND, DER REPUBLIK ZYPERN, DER REPUBLIK LETTLAND, DER REPUBLIK LITAUEN, DER REPUBLIK UNGARN, DER REPUBLIK MALTA, DER REPUBLIK POLEN, DER REPUBLIK SLOWENIEN UND DER SLOWAKISCHEN REPUBLIK UND DIE ANPASSUNGEN DER VERTRÄGE, AUF DENEN DIE EUROPÄISCHE UNION BERUHT

ERSTER TEIL
GRUNDSÄTZE

Art. 1 Im Sinne dieser Akte bedeutet

– der Ausdruck „ursprüngliche Verträge"
  a) den Vertrag zur Gründung der Europäischen Gemeinschaft („EG-Vertrag") und den Vertrag zur Gründung der Europäischen Atomgemeinschaft („Euratom-Vertrag") mit den Änderungen oder Ergänzungen, die durch vor diesem Beitritt in Kraft getretene Verträge oder andere Rechtsakte vorgenommen worden sind,
  b) den Vertrag über die Europäische Union („EU-Vertrag") mit den Änderungen oder Ergänzungen, die durch vor diesem Beitritt in Kraft getretene Verträge oder andere Rechtsakte vorgenommen worden sind;
– der Ausdruck „derzeitige Mitgliedstaaten" das Königreich Belgien, das Königreich Dänemark, die Bundesrepublik Deutschland, die Hellenische Republik, das Königreich Spanien, die Französische Republik, Irland, die Italienische Republik, das Großherzogtum Luxemburg, das Königreich der Niederlande, die Republik Österreich, die Portugiesische Republik, die Republik Finnland, das Königreich Schweden sowie das Vereinigte Königreich Großbritannien und Nordirland;
– der Ausdruck „Union" die durch den EU-Vertrag geschaffene Europäische Union;
– der Ausdruck „Gemeinschaft" je nach Sachlage eine der bzw. beide unter dem ersten Gedankenstrich genannten Gemeinschaften;
– der Ausdruck „neue Mitgliedstaaten" die Tschechische Republik, die Republik Estland, die Republik Zypern, die Republik Lettland, die Republik Litauen, die Republik Ungarn, die Republik Malta, die Republik Polen, die Republik Slowenien und die Slowakische Republik;
– der Ausdruck „Organe" die durch die ursprünglichen Verträge geschaffenen Organe.

Art. 2 Ab dem Tag des Beitritts sind die ursprünglichen Verträge und die vor dem Beitritt erlassenen Rechtsakte der Organe und der Europäischen Zentralbank für die neuen Mitgliedstaaten verbindlich und gelten in diesen Staaten nach Maßgabe der genannten Verträge und dieser Akte.

Art. 3 (1) Die Bestimmungen des Schengen-Besitzstands, der durch das Protokoll zum Vertrag über die Europäische Union und zum Vertrag zur Gründung der Europäischen Gemeinschaft (nachstehend „Schengen-Protokoll" genannt) in den Rahmen der Europäischen Union einbezogen wurde, und die darauf aufbauenden oder anderweitig damit zusammenhängenden Rechtsakte, die in Anhang I zu dieser Akte aufgeführt werden, sowie alle weiteren vor dem Tag des Beitritts erlassenen Rechtsakte dieser Art sind ab dem Tag des Beitritts für die neuen Mitgliedstaaten bindend und in ihnen anzuwenden.

(2) Die Bestimmungen des in den Rahmen der Europäischen Union einbezogenen Schengen-Besitzstands und die darauf aufbauenden oder anderweitig damit zusammenhängenden Rechtsakte, die nicht in Absatz 1 genannt werden, sind zwar für einen neuen Mitgliedstaat ab dem Tag des Beitritts bindend, sie sind aber in diesem neuen Mitgliedstaat nur gemäß einem entsprechenden Beschluss des Rates anzuwenden, den der Rat nach einer gemäß den geltenden Schengen-Evaluierungsverfahren durchgeführten Prüfung der Frage, ob die erforderlichen Voraussetzungen für die Anwendung aller Teile des betreffenden Besitzstands in diesem neuen Mitgliedstaat gegeben sind, und nach Anhörung des Europäischen Parlaments gefasst hat.

Der Rat beschließt einstimmig mit den Stimmen der Mitglieder, die die Regierungen der Mitgliedstaaten vertreten, für die die in diesem Absatz genannten Bestimmungen bereits in Kraft gesetzt worden sind, und des Vertreters der Regierung des Mitgliedstaats, für den diese Bestimmungen in Kraft gesetzt werden sollen. Die Mitglieder des Rates, die die Regierungen Irlands und des Vereinigten Königreichs Großbritannien und Nordirland vertreten, nehmen insoweit an einem derartigen Beschluss teil, als er sich auf die Bestimmungen des Schengen-Besitzstands und die darauf aufbauenden oder anderweitig damit zusammenhängenden Rechtsakte bezieht, an denen diese Mitgliedstaaten teilnehmen.

(3) Die vom Rat gemäß Artikel 6 des Schengen-Protokolls geschlossenen Übereinkommen sind für die neuen Mitgliedstaaten ab dem Tag des Beitritts bindend.

(4) Die neuen Mitgliedstaaten verpflichten sich, im Hinblick auf diejenigen Übereinkommen oder Instrumente in den Bereichen Justiz und Inneres, die von der Erreichung der Ziele des EU-Vertrags nicht zu trennen sind,

– denjenigen, die bis zum Beitritt zur Unterzeichnung durch die derzeitigen Mitgliedstaaten aufgelegt worden sind, sowie denjenigen, die vom Rat gemäß Titel VI des EU-Vertrags ausgearbeitet und den Mitgliedstaaten zur Annahme empfohlen worden sind, beizutreten;
– Verwaltungs- und sonstige Vorkehrungen wie etwa diejenigen einzuführen, die von den derzeitigen Mitgliedstaaten oder vom Rat bis zum Tag des Beitritts angenommen wurden, um die praktische Zusammenarbeit zwischen in den Bereichen Justiz und Inneres tätigen Einrichtungen und Organisationen der Mitgliedstaaten zu erleichtern.

Art. 4 Jeder neue Mitgliedstaat nimmt ab dem Tag seines Beitritts als Mitgliedstaat, für den eine Ausnahmeregelung im Sinne des Artikels 122 des EG-Vertrags gilt, an der Wirtschafts- und Währungsunion teil.

Art. 5 (1) Die neuen Mitgliedstaaten treten durch diese Akte den Beschlüssen und Vereinbarungen der im Rat vereinigten Vertreter der Regierungen der Mitgliedstaaten bei. Sie verpflichten sich, ab dem Tag des Beitritts allen sonstigen von den derzeitigen Mitgliedstaaten für das Funktionieren der Union oder in Verbindung mit deren Tätigkeit geschlossenen Übereinkünften beizutreten.

(2) Die neuen Mitgliedstaaten verpflichten sich, den in Artikel 293 des EG-Vertrags vorgesehenen Übereinkommen und den von der Verwirklichung der Ziele des EG-Vertrags untrennbaren Übereinkommen sowie den Protokollen über die Auslegung dieser Übereinkommen durch den Gerichtshof beizutreten, die von den derzeitigen Mitgliedstaaten unterzeichnet wurden, und zu diesem Zweck mit den derzeitigen Mitgliedstaaten Verhandlungen im Hinblick auf die erforderlichen Anpassungen aufzunehmen.

(3) Die neuen Mitgliedstaaten befinden sich hinsichtlich der Erklärungen, Entschließungen oder sonstigen Stellungnahmen des Europäischen Rates oder des Rates sowie hinsichtlich der die Gemeinschaft oder die Union betreffenden Erklärungen, Entschließungen oder sonstigen Stellungnahmen, die von den Mitgliedstaaten im gegenseitigen Einvernehmen angenommen wurden, in derselben Lage wie die derzeitigen Mitgliedstaaten; sie werden demgemäß die sich daraus ergebenden Grundsätze und Leitlinien beachten und die gegebenenfalls zu ihrer Durchführung erforderlichen Maßnahmen treffen.

Art. 6 (1) Die von der Gemeinschaft oder gemäß Artikel 24 oder Artikel 38 des EU-Vertrags mit einem oder mehreren dritten Staaten, mit einer internationalen Organisation oder mit einem Staatsangehörigen eines dritten Staates geschlossenen oder vorläufig angewendeten Abkommen oder Übereinkünfte sind für die neuen Mitgliedstaaten nach Maßgabe der ursprünglichen Verträge und dieser Akte bindend.

(2) Die neuen Mitgliedstaaten verpflichten sich, nach Maßgabe dieser Akte den von den derzeitigen Mitgliedstaaten und der Gemeinschaft gemeinsam geschlossenen oder vorläufig angewendeten Abkommen oder Übereinkünften sowie den von diesen Staaten geschlossenen Übereinkünften, die mit den erstgenannten Abkommen oder Übereinkünften in Zusammenhang stehen, beizutreten.

Der Beitritt eines neuen Mitgliedstaats zu den in Absatz 6 genannten Abkommen oder Übereinkünften sowie zu den Abkommen mit Belarus, China, Chile, dem Mercosur und der Schweiz, die von der Gemeinschaft und ihren Mitgliedstaaten gemeinsam geschlossen oder unterzeichnet wurden, wird durch den Abschluss eines Protokolls zu diesen Abkommen bzw. Übereinkünften zwischen dem Rat, der im Namen der Mitgliedstaaten handelt und einstimmig beschließt, und dem betreffenden dritten Staat oder den betreffenden dritten Staaten bzw. der betreffenden internationalen Organisation geregelt. Dieses Verfahren gilt unbeschadet der eigenen Zuständigkeiten der Gemeinschaft und berührt nicht die Verteilung der Zuständigkeiten zwischen der Gemeinschaft und den Mitgliedstaaten in Bezug auf den künftigen Abschluss derartiger Abkommen oder Übereinkünften oder in Bezug auf andere nicht mit dem Beitritt zusammenhängende Änderungen. Die Kommission handelt diese Protokolle im Namen der Mitgliedstaaten auf der Grundlage der vom Rat einstimmig gebilligten Verhandlungsrichtlinien in Abstimmung mit einem aus den Vertretern der Mitgliedstaaten zusammengesetzten Ausschuss aus. Sie unterbreitet dem Rat einen Entwurf der Protokolle für deren Abschluss.

(3) Mit dem Beitritt zu den in Absatz 2 genannten Abkommen und Übereinkünfte erlangen die neuen Mitgliedstaaten die gleichen Rechte und Pflichten aus diesen Abkommen und Übereinkünften wie die derzeitigen Mitgliedstaaten.

(4) Mit dieser Akte treten die neuen Mitgliedstaaten dem am 23. Juni 2000 in Cotonou unterzeichneten Partnerschaftsabkommen zwischen den Mitgliedern der Gruppe der Staaten in Afrika, im Karibischen Raum und im Pazifischen Ozean einerseits und der Europäischen Gemeinschaft und ihren Mitgliedstaaten andererseits[1]) bei.

(5) Die neuen Mitgliedstaaten verpflichten sich, nach Maßgabe dieser Akte dem Abkommen über den Europäischen Wirtschaftsraum

[1]) ABl. L 317 vom 15.12.2000, S.3.
[2]) ABl. L 1 vom 3.1.1994, S. 3.

gemäß Artikel 128 dieses Abkommens beizutreten.

(6) Ab dem Tag des Beitritts und bis zum Abschluss der in Absatz 2 genannten erforderlichen Protokolle wenden die neuen Mitgliedstaaten die Übereinkünfte, die die derzeitigen Mitgliedstaaten und die Gemeinschaft gemeinsam mit Ägypten, Algerien, Armenien, Aserbaidschan, Bulgarien, Georgien, Israel, Jordanien, Kasachstan, Kirgisistan, Kroatien, Libanon, Marokko, der ehemaligen jugoslawischen Republik Mazedonien, Mexiko, Moldau, Rumänien, der Russischen Föderation, San Marino, Südafrika, Südkorea, Syrien, Tunesien, der Türkei, Turkmenistan, der Ukraine und Usbekistan geschlossen haben, sowie andere Übereinkünfte an, die die derzeitigen Mitgliedstaaten und die Gemeinschaft gemeinsam vor dem Beitritt geschlossen haben.

Alle Anpassungen an diese Übereinkünfte sind Gegenstand von Protokollen, die mit den anderen Vertragsstaaten gemäß Absatz 2 Unterabsatz 2 geschlossen werden. Sollten die Protokolle bis zum Tag des Beitritts nicht geschlossen worden sein, so ergreifen die Mitgliedstaaten und die Gemeinschaft im Rahmen ihrer jeweiligen Befugnisse die erforderlichen Maßnahmen, um diese Lage ab dem Beitritt zu klären.

(7) Ab dem Tag des Beitritts wenden die neuen Mitgliedstaaten die von der Gemeinschaft mit dritten Staaten geschlossenen bilateralen Textilabkommen oder -vereinbarungen an.

Die von der Gemeinschaft angewendeten mengenmäßigen Beschränkungen der Einfuhr von Textil- und Bekleidungserzeugnissen werden angepasst, um dem Beitritt der neuen Mitgliedstaaten zur Gemeinschaft Rechnung zu tragen. Zu diesem Zweck können Änderungen der oben genannten bilateralen Abkommen und Vereinbarungen von der Gemeinschaft mit den betreffenden dritten Staaten vor dem Beitritt ausgehandelt werden.

Sollten die Änderungen der bilateralen Textilabkommen und -vereinbarungen bis zum Tag des Beitritts nicht in Kraft getreten sein, so nimmt die Gemeinschaft an ihren Vorschriften für die Einfuhr von Textil- und Bekleidungserzeugnissen aus dritten Staaten die notwendigen Anpassungen vor, um dem Beitritt der neuen Mitgliedstaaten zur Gemeinschaft Rechnung zu tragen.

(8) Die von der Gemeinschaft angewendeten mengenmäßigen Beschränkungen der Einfuhr von Stahl und Stahlerzeugnissen werden auf der Grundlage der in den letzten Jahren erfolgten Einfuhren von Stahlerzeugnissen aus den betreffenden Lieferländern in die neuen Mitgliedstaaten angepasst.

Zu diesem Zweck werden die erforderlichen Änderungen an den von der Gemeinschaft mit den betreffenden dritten Staaten geschlossenen bilateralen Stahlabkommen und -vereinbarungen vor dem Beitritt ausgehandelt.

Sollten die Änderungen der bilateralen Abkommen und Vereinbarungen bis zum Beitritt nicht in Kraft getreten sein, so gilt Unterabsatz 1.

(9) Ab dem Tag des Beitritts werden die von den neuen Mitgliedstaaten mit Drittstaaten geschlossenen Fischereiabkommen von der Gemeinschaft verwaltet.

Die Rechte und Pflichten der neuen Mitgliedstaaten aus diesen Abkommen werden während des Zeitraums, in dem die Bestimmungen dieser Abkommen vorläufig beibehalten werden, nicht berührt.

So bald wie möglich, auf jeden Fall jedoch vor dem Ablauf der Geltungsdauer der in Unterabsatz 1 genannten Abkommen, erlässt der Rat in jedem Einzelfall auf Vorschlag der Kommission mit qualifizierter Mehrheit die geeigneten Beschlüsse zur Aufrechterhaltung der Fischereitätigkeiten, die sich aus den Abkommen ergeben; hierzu gehört auch die Möglichkeit, bestimmte Abkommen um höchstens ein Jahr zu verlängern.

(10) Mit Wirkung vom Tag des Beitritts treten die neuen Mitgliedstaaten von allen Freihandelsabkommen mit dritten Staaten zurück; dies gilt auch für das Mitteleuropäische Freihandelsübereinkommen.

Insoweit Übereinkünfte zwischen einem oder mehreren neuen Mitgliedstaaten einerseits und einem oder mehreren dritten Staaten andererseits nicht mit den Pflichten aus dieser Akte vereinbar sind, treffen die neuen Mitgliedstaaten die geeigneten Maßnahmen, um die festgestellten Unvereinbarkeiten zu beseitigen. Stößt ein Mitgliedstaat bei der Anpassung eines mit einem dritten Staat oder mehreren dritten Staaten geschlossenen Abkommens auf Schwierigkeiten, so tritt er nach Maßgabe dieses Abkommens von dem Abkommen zurück.

(11) Die neuen Mitgliedstaaten treten durch diese Akte und zu den darin vorgesehenen Bedingungen den internen Vereinbarungen bei, welche die derzeitigen Mitgliedstaaten zur Durchführung der Abkommen oder Übereinkünfte im Sinne des Absatzes 2 sowie der Absätze 4 bis 6 geschlossen haben.

(12) Die neuen Mitgliedstaaten ergreifen geeignete Maßnahmen, um gegebenenfalls ihre Stellung gegenüber internationalen Organisationen oder denjenigen internationalen Übereinkünften, denen auch die Gemeinschaft oder andere Mitgliedstaaten als Vertragspartei angehören, den Rechten und Pflichten anzupassen, die sich aus ihrem Beitritt zur Union ergeben.

Sie treten insbesondere zum Tag des Beitritts oder zum frühest möglichen Termin nach dem Beitritt von den internationalen Fischereiübereinkünften zurück, denen auch die Gemeinschaft als Vertragspartei angehört, und beenden ihre Mitgliedschaft in den internationalen Fischereiorganisationen, denen auch die Gemeinschaft als Mitglied angehört, sofern ihre Mitgliedschaft nicht auch andere Angelegenheiten als die Fischerei betrifft.

Art. 7 Die Bestimmungen dieser Akte können, soweit darin nicht etwas anderes vorgesehen ist, nur nach dem in den ursprünglichen Verträgen vorgesehenen Verfahren, die eine Revision dieser Verträge ermöglichen, ausgesetzt, geändert oder aufgehoben werden.

Art. 8 Die von den Organen erlassenen Rechtsakte, auf die sich die in dieser Akte vorgesehenen Übergangsbestimmungen beziehen, bewahren ihren Rechtscharakter; insbesondere bleiben die Verfahren zur Änderung dieser Rechtsakte anwendbar.

Art. 9 Die Bestimmungen dieser Akte, die eine nicht nur vorübergehende Aufhebung oder Änderung von Rechtsakten der Organe zum Gegenstand haben oder bewirken, haben denselben Rechtscharakter wie die durch sie aufgehobenen oder geänderten Bestimmungen und unterliegen denselben Regeln wie diese.

Art. 10 Für die Anwendung der ursprünglichen Verträge und der Rechtsakte der Organe gelten vorübergehend die in dieser Akte vorgesehenen abweichenden Bestimmungen.

ZWEITER TEIL
ANPASSUNGEN DER VERTRÄGE

TITEL I
INSTITUTIONELLE BESTIMMUNGEN

KAPITEL 1
DAS EUROPÄISCHE PARLAMENT

Art. 11 *[eingearbeitet]*

KAPITEL 2
DER RAT

Art. 12 *[eingearbeitet]*

KAPITEL 3
DER GERICHTSHOF

Art. 13 *[eingearbeitet]*

KAPITEL 4
DER WIRTSCHAFTS- UND SOZIALAUSSCHUSS

Art. 14 *[eingearbeitet]*

KAPITEL 5
DER AUSSCHUSS DER REGIONEN

Art. 15 *[eingearbeitet]*

KAPITEL 6
DER AUSSCHUSS FÜR WISSENSCHAFT UND TECHNIK

Art. 16 *[Hinweis]*

KAPITEL 7
DIE EUROPÄISCHE ZENTRALBANK

Art. 17 *[eingearbeitet]*

TITEL II
SONSTIGE ÄNDERUNGEN

Art. 18 *[eingearbeitet]*

Art. 19 *[eingearbeitet]*

DRITTER TEIL
STÄNDIGE BESTIMMUNGEN

TITEL I
ANPASSUNGEN DER RECHTSAKTE DER ORGANE

Art. 20 Die in Anhang II aufgeführten Rechtsakte werden nach Maßgabe jenes Anhangs angepasst.

Art. 21 Die infolge des Beitritts erforderlichen Anpassungen der in Anhang III aufgeführten Rechtsakte werden gemäß den dort aufgestellten Leitlinien nach dem Verfahren und unter den Voraussetzungen des Artikels 57 vorgenommen.

TITEL II
SONSTIGE BESTIMMUNGEN

Art. 22 Die in Anhang IV dieser Akte aufgeführten Maßnahmen werden unter den in jenem Anhang festgelegten Bedingungen angewandt.

Art. 23 Der Rat kann einstimmig auf Vorschlag der Kommission und nach Anhörung des Europäischen Parlaments die bei einer Änderung der Gemeinschaftsregelung gegebenenfalls erforderlichen Anpassungen der Bestimmungen dieser Akte über die Gemeinsame Agrarpolitik vornehmen. Diese Anpassungen können vor dem Tag des Beitritts vorgenommen werden.

VIERTER TEIL
BESTIMMUNGEN MIT BEGRENZTER GELTUNGSDAUER

TITEL I
ÜBERGANGSMASSNAHMEN

Art. 24 Die in den Anhängen V, VI, VII, VIII, IX, X, XI, XII, XIII und XIV zu dieser Akte aufgeführten Maßnahmen finden auf die neuen Mitgliedstaaten unter den in diesen Anhängen festgelegten Bedingungen Anwendung.

Art. 25 (1) Abweichend von Artikel 189 Absatz 2 des EG-Vertrags und von Artikel 107 Absatz 2 des Euratom-Vertrags und in Bezug auf Artikel 190 Absatz 2 des EG-Vertrags und Artikel 108 Absatz 2 des Euratom-Vertrags wird die Zahl der Sitze für die neuen Mitgliedstaaten im Europäischen Parlament für den Zeitraum ab dem Tag des Beitritts bis zum Beginn der Wahlperiode 2004-2009 des Europäischen Parlaments wie folgt festgelegt:

Tschechische Republik	24
Estland	6
Zypern	6
Lettland	9
Litauen	13
Ungarn	24
Malta	5
Polen	54
Slowenien	7
Slowakei	14

(2) Abweichend von Artikel 190 Absatz 1 des EG-Vertrags und Artikel 108 Absatz 2 des Euratom-Vertrags werden die Abgeordneten der Völker der neuen Mitgliedstaaten im Europäischen Parlament für den Zeitraum ab dem Tag des Beitritts bis zum Beginn der Wahlperiode 2004-2009 des Europäischen Parlaments von den Parlamenten dieser Staaten entsprechend den von ihnen festgelegten Verfahren bestimmt.

Art. 26 (1) Für den Zeitraum bis zum 31. Oktober 2004 gelten die folgenden Bestimmungen

a) in Bezug auf Artikel 205 Absatz 2 des EG-Vertrags und Artikel 118 Absatz 2 des Euratom-Vertrags:

Ist zu einem Beschluss des Rates die qualifizierte Mehrheit erforderlich, so werden die Stimmen der Mitglieder wie folgt gewogen:

Belgien	5
Tschechische Republik	5
Dänemark	3
Deutschland	10
Estland	3
Griechenland	5
Spanien	8
Frankreich	10
Irland	3
Italien	10
Zypern	2
Lettland	3
Litauen	3
Luxemburg	2
Ungarn	5
Malta	2
Niederlande	5
Österreich	4
Polen	8
Portugal	5
Slowenien	3
Slowakei	3
Finnland	3
Schweden	4
Vereinigtes Königreich	10

b) in Bezug auf Artikel 205 Absatz 2 Unterabsätze 2 und 3 des EG-Vertrags und Artikel 118 Absatz 2 Unterabsätze 2 und 3 des Euratom-Vertrags:

Beschlüsse des Rates kommen zustande mit einer Mindestzahl von

- 88 Stimmen in den Fällen, in denen die Beschlüsse nach diesem Vertrag auf Vorschlag der Kommission zu fassen sind;
- 88 Stimmen, welche die Zustimmung von mindestens zwei Dritteln der Mitglieder umfassen, in allen anderen Fällen.

c) in Bezug auf Artikel 23 Absatz 2 Unterabsatz 3 Satz 2 des EU-Vertrags:

Beschlüsse kommen mit einer Mindestzahl von 88 Stimmen zustande, welche die Zustimmung von mindestens zwei Dritteln der Mitglieder umfassen.

d) in Bezug auf Artikel 34 Absatz 3 des EU-Vertrags:

Ist für einen Beschluss des Rates die qualifizierte Mehrheit erforderlich, so werden die Stimmen der Mitglieder nach Artikel 205 Absatz 2 des Vertrags zur Gründung der Europäischen Gemeinschaft gewogen; Beschlüsse kommen mit einer Mindestzahl von 88 Stimmen zustande, welche die Zustimmung von mindestens zwei Dritteln der Mitglieder umfassen.

(2) Treten weniger als zehn neue Mitgliedstaaten der Union bei, so wird durch Beschluss des Rates die Schwelle für die qualifizierte Mehrheit für den Zeitraum bis zum 31. Oktober 2004 auf einen Wert festgesetzt, der so nah wie möglich bei 71,26 % der Gesamtzahl der Stimmen liegt.

Art. 27 (1) Die als „Zölle des Gemeinsamen Zolltarifs und andere Zölle" bezeichneten Einnahmen im Sinne des Artikels 2 Absatz 1 Buchstabe b des Beschlusses 2000/597/EG, Euratom des Rates über das System der Eigenmittel der Europäischen Gemeinschaften[3]) oder entsprechenden Vorschriften in einem diesen ersetzenden Beschluss umfassen auch die von der Gemeinschaft für den Handel der neuen Mitgliedstaaten mit Drittländern angewandten Zölle, die anhand der sich aus dem Gemeinsamen Zolltarif ergebenden Zollsätze und entsprechender Zollzugeständnisse berechnet werden.

(2) Für das Jahr 2004 belaufen sich die einheitliche MWSt-Eigenmittelbemessungsgrundlage und die BNE-Bemessungsgrundlage (Bruttonationaleinkommen) gemäß Artikel 2 Absatz 1 Buchstaben c und d des Beschlusses 2000/597/EG, Euratom des Rates für jeden neuen Mitgliedstaat auf zwei Drittel der Jahresbemessungsgrundlage. Die BNE-Bemessungsgrundlage für jeden neuen Mitgliedstaat, die bei der Berechnung der Finanzierung der Korrektur der Haushaltsungleichgewichte zugunsten des Vereinigten Königreichs gemäß Artikel 5 Absatz 1 des Beschlusses 2000/597/EG des Rates zu berücksichtigen ist, beläuft sich ebenfalls auf zwei Drittel der Jahresbemessungsgrundlage.

(3) Zum Zwecke der Bestimmung des eingefrorenen Satzes für 2004 gemäß Artikel 2 Absatz 4 Buchstabe b des Beschlusses 2000/597/EG, Euratom des Rates wird die begrenzte MWSt-Eigenmittelbemessungsgrundlage der neuen Mitgliedstaaten auf der Grundlage von zwei Dritteln ihrer nicht begrenzten MWSt-Eigenmittelbemessungsgrundlage und zwei Dritteln ihres BNE berechnet.

Art. 28 (1) Der Gesamthaushaltsplan der Europäischen Gemeinschaften für das Haushaltsjahr 2004 wird durch einen Berichtigungshaushaltsplan, der am 1. Mai 2004 in Kraft tritt, angepasst, um den Beitritt der neuen Mitgliedstaaten zu berücksichtigen.

(2) Die zwölf monatlichen Zwölftel der MWSt- und der BNE-Eigenmittel, die die neuen Mitgliedstaaten im Rahmen dieses Berichtigungshaushaltsplans überweisen müssen, sowie die rückwirkende Anpassung der monatlichen Zwölftel für den Zeitraum Januar – April 2004, die nur für die derzeitigen Mitgliedstaaten gelten, werden in Achtel umgerechnet, die im Zeitraum Mai – Dezember 2004 abgerufen werden. Die rückwirkenden Anpassungen, die sich aus etwaigen weiteren im Jahr 2004 angenommenen Berichtigungshaushaltsplänen ergeben, werden ebenso in gleiche Teile umgerechnet, die während des restlichen Jahres abgerufen werden.

Art. 29 Die Gemeinschaft überweist der Tschechischen Republik, Zypern, Malta und Slowenien am ersten Arbeitstag jedes Monats als Ausgaben des Gesamthaushaltsplans der Europäischen Gemeinschaften im Jahr 2004 ab dem Tag des Beitritts ein Achtel und in den Jahren 2005 und 2006 ein Zwölftel der folgenden Beträge des vorübergehenden Haushaltsausgleichs:

	2004	2005	2006
	(in Mio. Euro zu Preisen von 1999)		
Tschechische Republik	125,4	178,0	85,1
Zypern	68,9	119,2	112,3
Malta	37,8	65,6	62,9
Slowenien	29,5	66,4	35,5

Art. 30 Die Gemeinschaft überweist der Tschechischen Republik, Estland, Zypern, Lettland, Litauen, Ungarn, Malta, Polen, Slowenien und der Slowakei am ersten Arbeitstag jedes Monats als Ausgaben des Gesamthaushaltsplans der Europäischen Gemeinschaften im Jahr 2004 ab dem Tag des Beitritts ein Achtel und in den Jahren 2005 und 2006 ein Zwölftel der folgenden Beträge einer besonderen pauschalen Cashflow-Fazilität:

	2004	2005	2006
	(in Mio. Euro zu Preisen von 1999)		
Tschechische Republik	174,7	91,55	91,55
Estland	15,8	2,9	2,9
Zypern	27,7	5,05	5,05
Lettland	19,5	3,4	3,4
Litauen	34,8	6,3	6,3
Ungarn	155,3	27,95	27,95
Malta	12,2	27,15	27,15
Polen	442,8	550,0	450,0
Slowenien	65,4	17,85	17,85
Slowakei	63,2	11,35	11,35

Die in der besonderen pauschalen Cashflow-Fazilität enthaltenen Beträge von 1 Mrd. Euro für Polen und 100 Mio. Euro für die Tschechische Republik werden bei allen Berechnungen im Hinblick auf die Aufteilung der Strukturfondsmittel für die Jahre 2004-2006 berücksichtigt.

Art. 31 (1) Die nachstehend aufgeführten neuen Mitgliedstaaten überweisen die folgenden Beträge an den Forschungsfonds für Kohle und Stahl im Sinne des Beschlusses 2002/234/EGKS der im Rat vereinigten Vertreter der Regierungen der Mitgliedstaaten vom 27. Februar 2002 über die finanziellen Folgen des Ablaufs des EGKS-

3) ABl. L 253 vom 7.10.2000, S. 42.

Vertrags und über den Forschungsfonds für Kohle und Stahl[4]):

(in Mio. Euro zu laufenden Preisen)

Tschechische Republik	39,88
Estland	2,5
Lettland	2,69
Ungarn	9,93
Polen	92,46
Slowenien	2,36
Slowakei	20,11

(2) Die Beiträge zum Forschungsfonds für Kohle und Stahl werden beginnend mit dem Jahr 2006 in vier Raten jeweils am ersten Arbeitstag des ersten Monats jedes Jahres wie folgt überwiesen:

2006: 15 %
2007: 20 %
2008: 30 %
2009: 35 %

Art. 32 (1) Sofern in diesem Vertrag nichts anderes bestimmt ist, werden nach dem 31. Dezember 2003 im Rahmen des Programms PHARE[5]), des Programms für grenzübergreifende Zusammenarbeit im Rahmen des PHARE-Programms[6]), der Heranführungsmittel für Zypern und Malta[7]), des ISPA-Programms[8]) und des SAPARD-Programms[9]) keine Mittelbindungen für die neuen Mitgliedstaaten mehr vorgenommen. Vorbehaltlich der nachstehenden Einzelbestimmungen und Ausnahmen oder anders lautender Bestimmungen dieses Vertrags werden die neuen Mitgliedstaaten ab dem 1. Januar 2004 in Bezug auf die in der Interinstitutionellen Vereinbarung vom 6. Mai 1999[10]) festgelegten ersten drei Rubriken der Finanziellen Vorausschau in der gleichen Weise behandelt wie die derzeitigen Mitgliedstaaten. Die Obergrenzen der zusätzlichen Verpflichtungen der Rubriken 1, 2, 3 und 5 der Finanziellen Vorausschau im Zusammenhang mit der Erweiterung sind in Anhang XV festgelegt. Im Rahmen des Haushaltsplans 2004 dürfen jedoch vor dem Beitritt des betreffenden neuen Mitgliedstaats keine Mittelbindungen für Programme oder Einrichtungen vorgenommen werden.

(2) Absatz 1 gilt nicht für Ausgaben aus den Mitteln des Europäischen Ausrichtungs- und Garantiefonds für die Landwirtschaft, Abteilung Garantie, gemäß Artikel 2 Absätze 1 und 2 und Artikel 3 Absatz 3 der Verordnung (EG) Nr. 1258/1999 des Rates über die Finanzierung der Gemeinsamen Agrarpolitik[11]); für diese Ausgaben können gemäß Artikel 2 dieser Akte erst ab dem Tag des Beitritts Zuschüsse der Gemeinschaft gewährt werden.

Dagegen gilt Absatz 1 für Ausgaben zur Entwicklung des ländlichen Raums im Rahmen des Europäischen Ausrichtungs- und Garantiefonds für die Landwirtschaft, Abteilung Garantie, gemäß Artikel 47a der Verordnung (EG) Nr. 1257/1999 des Rates über die Förderung der Entwicklung des ländlichen Raums durch den Europäischen Ausrichtungs- und Garantiefonds für die Landwirtschaft (EAGFL) und zur Änderung bzw. Aufhebung bestimmter Verordnungen[12]) vorbehaltlich der Bedingungen, die in den Änderungen der genannten Verordnung in Anhang II dieser Akte festgelegt sind.

(3) Vorbehaltlich des letzten Satzes von Absatz 1 werden die neuen Mitgliedstaaten ab dem 1. Januar 2004 unter denselben Bedingungen wie die derzeitigen Mitgliedstaaten mit finanzieller Unterstützung aus dem Gesamthaushaltsplan der Europäischen Gemeinschaften an den Gemeinschaftsprogrammen und -einrichtungen teilnehmen. Die Bedingungen, die in den von den Europäischen Gemeinschaften und den neuen Mitgliedstaaten angenommenen Beschlüssen, Übereinkünften und Vereinbarungen der Assoziationsräte für die Teilnahme dieser Mitgliedstaaten an den Gemeinschaftsprogrammen und -einrichtungen festgelegt sind, werden mit Wirkung vom 1. Januar 2004 durch die für die betreffenden Programme und Einrichtungen geltenden Bestimmungen ersetzt.

(4) Tritt einer der in Artikel 1 Absatz 1 des Beitrittsvertrags genannten Staaten der Gemeinschaft nicht im Laufe des Jahres 2004 bei, so werden Anträge des betreffenden Staates auf Zuschüsse aus Mitteln der ersten drei Rubriken der Finanziellen Vorausschau für 2004 hinfällig. In diesem Fall sind die entsprechenden Beschlüsse, Übereinkünfte oder Vereinbarungen des betreffenden Assoziationsrates für den Staat weiterhin für das gesamte Jahr 2004 gültig.

(5) Gegebenenfalls erforderliche Maßnahmen zur Erleichterung des Übergangs von der Vorbeitrittsregelung zu der Regelung, die sich aus der Anwendung dieses Artikels ergibt, werden von der Kommission erlassen.

---

4) ABl. L 79 vom 22.3.2002, S. 42.

5) Verordnung (EWG) Nr. 3906/89 (ABl. L 375 vom 23.12.1989, S. 11) (geänderte Fassung).

6) Verordnung (EG) Nr. 2760/98 (ABl. L 345 vom 19.12.1998, S. 49) (geänderte Fassung).

7) Verordnung (EG) Nr. 555/2000 (ABl. L 68 vom 16.3.2000, S. 3) (geänderte Fassung).

8) Verordnung (EG) Nr. 1267/1999 (ABl. L 161 vom 26.6.1999, S. 73) (geänderte Fassung).

9) Verordnung (EG) Nr. 1268/1999 (ABl. L 161 vom 26.6.1999, S. 87).

10) Interinstitutionelle Vereinbarung vom 6. Mai 1999 zwischen dem Europäischen Parlament, dem Rat und der Kommission über die Haushaltsdisziplin und die Verbesserung des Haushaltsverfahrens (ABl. C 172 vom 18.6.1999, S. 1).

11) ABl. L 160 vom 26.6.1999, S. 103.

12) ABl. L 160 vom 26.6.1999, S. 80.

Art. 33 (1) Vom Tag des Beitritts an werden Ausschreibung, Auftragsvergabe, Durchführung und Zahlungen im Rahmen von Heranführungshilfen nach den Programmen PHARE[13]) und PHARE-CBC[14]) sowie aus den Heranführungsmitteln für Zypern und Malta[15]) von Durchführungsstellen in den neuen Mitgliedstaaten verwaltet.

Die Ex-ante-Kontrolle der Kommission für Ausschreibung und Auftragsvergabe wird mit einem entsprechenden Beschluss der Kommission aufgehoben, wenn das Erweiterte Dezentrale Durchführungssystem (Extended Decentralised Implementation System – EDIS) anhand der im Anhang zu der Verordnung (EG) Nr. 1266/1999 des Rates zur Koordinierung der Hilfe für die beitrittswilligen Länder im Rahmen der Heranführungsstrategie und zur Änderung der Verordnung (EWG) Nr. 3906/89[16]) festgelegten Kriterien und Bedingungen positiv beurteilt worden ist.

Wird dieser Kommissionsbeschluss zur Aufhebung der Ex-ante-Kontrolle nicht vor dem Tag des Beitritts gefasst, so kann für keinen der Verträge, die zwischen dem Tag des Beitritts und dem Tag des Kommissionsbeschlusses unterzeichnet werden, Heranführungshilfe gewährt werden.

Verzögert sich jedoch der Beschluss der Kommission zur Aufhebung der Ex-ante-Kontrolle aus Gründen, die nicht den Behörden dieses neuen Mitgliedstaates zuzuschreiben sind, über den Tag des Beitritts hinaus, so kann die Kommission in gebührend begründeten Fällen einer Heranführungshilfe für Verträge, die zwischen dem Beitritt und dem Tag des Kommissionsbeschlusses unterzeichnet wurden, und einer weiteren Durchführung von Heranführungshilfen für einen begrenzten Zeitraum vorbehaltlich einer Ex-ante-Kontrolle von Ausschreibung und Auftragsvergabe durch die Kommission zustimmen.

(2) Globale Mittelbindungen, die vor dem Beitritt im Rahmen der in Absatz 1 genannten Vorbeitritts-Finanzinstrumente erfolgt sind, einschließlich des Abschlusses und der Verbuchung späterer rechtlicher Einzelverpflichtungen und Zahlungen nach dem Beitritt, unterliegen weiterhin den Regelungen und Verordnungen für die Vorbeitritts-Finanzinstrumente und werden bis zum Abschluss der betreffenden Programme und Projekte in den entsprechenden Kapiteln des Haushalts veranschlagt. Dessen ungeachtet werden Verfahren zur Vergabe öffentlicher Aufträge, die nach dem Beitritt eingeleitet werden, in Einklang mit den einschlägigen Gemeinschaftsrichtlinien durchgeführt.

(3) Für die in Absatz 1 genannte Heranführungshilfe wird im Letzten vollen Kalenderjahr vor dem Beitritt letztmalig eine Programmplanung durchgeführt. Die Aufträge für Maßnahmen im Rahmen dieser Programme sind innerhalb der folgenden zwei Jahre zu vergeben und die Auszahlungen haben, wie in der Finanzierungsvereinbarung[17]) vorgesehen, in der Regel bis Ende des dritten Jahres nach der Mittelbindung zu erfolgen. Verlängerungen der Auftragsvergabefrist werden nicht genehmigt. Für Auszahlungen können in gebührend begründeten Ausnahmefällen befristete Verlängerungen genehmigt werden.

(4) Zur Gewährleistung der erforderlichen schrittweisen Einstellung der in Absatz 1 genannten Vorbeitritts-Finanzinstrumente sowie des ISPA-Programms[18]) und eines reibungslosen Übergangs von den vor dem Beitritt geltenden Regelungen auf die nach dem Beitritt geltenden Regelungen kann die Kommission die geeigneten Maßnahmen ergreifen, um dafür zu sorgen, dass das erforderliche Statutspersonal in den neuen Mitgliedstaaten nach dem Beitritt noch maximal fünfzehn Monate weiter tätig ist. In diesem Zeitraum gelten für Beamte, die vor dem Beitritt in Planstellen in den neuen Mitgliedstaaten eingewiesen wurden und die nach dem Beitritt weiterhin in diesen Staaten ihren Dienst zu verrichten haben, ausnahmsweise die gleichen finanziellen und materiellen Bedingungen, wie sie die Kommission vor dem Beitritt gemäß Anhang X des Statuts der Beamten der Europäischen Gemeinschaften und der Beschäftigungsbedingungen für die sonstigen Bediensteten dieser Gemeinschaften – Verordnung (EWG, Euratom, EGKS) Nr. 259/68[19]) – angewandt hat. Die für die Verwaltung der Heranführungshilfe erforderlichen Verwaltungsausgaben einschließlich der Bezüge für sonstige Bedienstete werden für das gesamte Jahr 2004 und bis einschließlich Juli 2005 aus der Haushaltslinie „Unterstützungsausgaben für Maßnahmen" (früherer Teil B des Haushaltsplans) oder entsprechenden Haushaltslinien der einschlägigen Vorbeitritts-Haushalte für die in Absatz 1 genannten Finanzinstrumente und das ISPA-Programm finanziert.

(5) Können gemäß Verordnung (EG) Nr. 1268/1999 genehmigte Projekte nicht länger

---

[13]) Verordnung (EWG) Nr. 3906/89 (ABl. L 375 vom 23.12.1989, S. 11) (geänderte Fassung).

[14]) Verordnung (EG) Nr. 2760/98 (ABl. L 345 vom 19.12.1998, S. 49) (geänderte Fassung).

[15]) Verordnung (EG) Nr. 555/2000 (ABl. L 68 vom 16.3.2000, S. 3) (geänderte Fassung).

[16]) ABl. L 232 vom 2.9.1999, S. 34.

[17]) Phare-Leitlinien (SEK (1999) 1596, aktualisiert am 6.9.2002 durch Dok. C 3303/2).

[18]) Verordnung (EG) Nr. 1267/99 (ABl. L 161 vom 26.6.1999, S. 73) (geänderte Fassung).

[19]) ABl. L 56 vom 4.3.1968, S. 1. Zuletzt geändert durch die Verordnung (EG, Euratom) Nr. 2265/2001 (ABl. L 347 vom 20.12.2002, S. 1).

im Rahmen dieses Instruments finanziert werden, so können sie in Programme zur Entwicklung des ländlichen Raums einbezogen werden, die aus dem Europäischen Ausrichtungs- und Garantiefonds für die Landwirtschaft finanziert werden. Sind dafür besondere Übergangsmaßnahmen erforderlich, so erlässt die Kommission diese nach den Verfahren des Artikels 50 Absatz 2 der Verordnung (EG) Nr. 1260/1999 des Rates mit allgemeinen Bedingungen über die Strukturfonds[20]).

Art. 34 (1) Vom Tag des Beitritts bis Ende 2006 stellt die Union den neuen Mitgliedstaaten eine vorübergehende Finanzhilfe (im Folgenden „Übergangsfazilität" genannt) bereit, um die Verwaltungskapazität der neuen Mitgliedstaaten zur Anwendung und Durchsetzung des Gemeinschaftsrechts zu entwickeln und zu stärken und den gegenseitigen Austausch bewährter Praktiken zu fördern.

(2) Mit der Unterstützung wird dem anhaltenden Erfordernis, die institutionellen Kapazitäten in bestimmten Bereichen zu stärken, durch Maßnahmen entsprochen, die nicht von den Strukturfonds finanziert werden können; dies betrifft insbesondere die folgenden Bereiche:

- Justiz und Inneres (Stärkung des Justizwesens, Außengrenzkontrollen, Strategie für die Korruptionsbekämpfung, Stärkung der Strafverfolgungskapazitäten);
- Finanzkontrolle;
- Schutz der finanziellen Interessen der Gemeinschaften und Betrugsbekämpfung;
- Binnenmarkt, einschließlich Zollunion;
- Umwelt;
- Veterinärdienste und Aufbau von Verwaltungskapazitäten im Bereich Lebensmittelsicherheit;
- Verwaltungs- und Kontrollstrukturen für die Bereiche Landwirtschaft und ländliche Entwicklung, einschließlich des Integrierten Verwaltungs- und Kontrollsystems (InVeKoS);
- nukleare Sicherheit (Stärkung der Effizienz und Kompetenz der Behörden für nukleare Sicherheit und der Einrichtungen für deren technische Unterstützung sowie der Stellen für die Bewirtschaftung radioaktiver Abfälle);
- Statistik;
- Ausbau der öffentlichen Verwaltung entsprechend den Erfordernissen, die in dem umfassenden Überwachungsbericht der Kommission aufgezeigt sind und nicht von den Strukturfonds abgedeckt werden.

(3) Über die Unterstützung im Rahmen der Übergangsfazilität wird nach dem Verfahren des Artikels 8 der Verordnung (EWG) Nr. 3906/89 über Wirtschaftshilfe für bestimmte Länder Mittel- und Osteuropas[21]) befunden.

(4) Das Programm wird gemäß Artikel 53 Absatz 1 Buchstaben a und b der Haushaltsordnung für den Gesamthaushaltsplan der Europäischen Gemeinschaften[22]) durchgeführt. Für Partnerschaftsprojekte zwischen öffentlichen Verwaltungen zum Zwecke des Institutionenaufbaus gilt weiterhin das in den Rahmenabkommen mit den derzeitigen Mitgliedstaaten zum Zwecke der Heranführungshilfe festgelegte Verfahren für den Aufruf zur Einreichung von Vorschlägen über das Netz der Kontaktstellen in den Mitgliedstaaten.
Die Verpflichtungsermächtigungen für die Übergangsfazilität (zu Preisen von 1999) belaufen sich auf 200 Mio. EUR im Jahr 2004, 120 Mio. EUR im Jahr 2005 und 60 Mio. EUR im Jahr 2006. Die jährlichen Mittel werden von der Haushaltsbehörde innerhalb der Grenzen der finanziellen Vorausschau bewilligt.

Art. 35 (1) Es wird eine Schengen-Fazilität als zeitlich befristetes Instrument eingerichtet, mit der die Empfänger-Mitgliedstaaten ab dem Tag des Beitritts bis zum Ende des Jahres 2006 bei der Finanzierung von Maßnahmen an den neuen Außengrenzen der Union zur Durchführung des Schengen-Besitzstandes und der Kontrollen an den Außengrenzen unterstützt werden.
Um die bei der Vorbereitung der Teilnahme an Schengen erkannten Mängel abzustellen, kommen die folgenden Maßnahmenarten für eine Finanzierung im Rahmen der Schengen-Fazilität in Frage:

- Investitionen in den Bau, die Renovierung und die Verbesserung der Infrastruktur an den Grenzübergangsstellen und der entsprechenden Gebäude;
- Investitionen in jede Art von Betriebsausrüstung (z.B. Laborausrüstung, Detektoren, Hardware und Software für das Schengener Informationssystem SIS 2, Transportmittel);
- Ausbildungsmaßnahmen für das Grenzschutzpersonal;
- Beitrag zu den Kosten für Logistik und Betrieb.

(2) Die folgenden Beträge werden im Rahmen der Schengen-Fazilität in Form von Pauschalzuschüssen mit dem Tag des Beitritts für die nach-

[20]) ABl. L 161 vom 26.6.1999, S. 1. Zuletzt geändert durch die Verordnung (EG) Nr. 1447/2001 (ABl. L 198 vom 21.7.2001, S. 1).

[21]) ABl. L 375 vom 23.12.1989, S. 11. Zuletzt geändert durch die Verordnung (EG) Nr. 2500/2001 (ABl. L 342 vom 27.12.2001, S. 1).

[22]) Verordnung (EG, Euratom) Nr. 1605/2002 (ABl. L 248 vom 16.9.2002, S. 1).

stehend genannten Empfänger-Mitgliedstaaten zur Verfügung gestellt:

	2004	2005	2006
	(in Mio. Euro zu Preisen von 1999)		
Estland	22,9	22,9	22,9
Lettland	23,7	23,7	23,7
Litauen	44,78	61,07	29,85
Ungarn	49,3	49,3	49,3
Polen	93,34	93,33	93,33
Slowenien	35,64	35,63	35,63
Slowakei	15,94	15,93	15,93

(3) Die Empfänger-Mitgliedstaaten sind für die Auswahl und Durchführung der einzelnen Maßnahmen in Einklang mit diesem Artikel verantwortlich. Ihnen obliegt es auch, die Verwendung der Mittel der Fazilität mit Hilfsgeldern aus anderen Gemeinschaftsinstrumenten zu koordinieren, und sie haben dabei die Vereinbarkeit mit den Gemeinschaftspolitiken und -maßnahmen sowie die Einhaltung der Haushaltsordnung für den Gesamthaushaltsplan der Europäischen Gemeinschaften zu gewährleisten.

Die Pauschalzuschüsse sind innerhalb von drei Jahren nach der ersten Zahlung zu verwenden; nicht verwendete oder ungerechtfertigt ausgegebene Mittel werden von der Kommission wieder eingezogen. Die Empfänger-Mitgliedstaaten müssen spätestens sechs Monate nach Ablauf der Dreijahresfrist einen umfassenden Bericht über die Verwendung der Pauschalzuschüsse mit einer Begründung der Ausgaben vorlegen.

Die Empfänger-Mitgliedstaaten üben diese Zuständigkeit unbeschadet der Zuständigkeit der Kommission für die Ausführung des Gesamthaushaltsplans der Europäischen Gemeinschaften und in Einklang mit den Bestimmungen der Haushaltsordnung über die dezentralisierte Verwaltung aus.

(4) Die Kommission behält das Recht auf Überprüfung durch das Amt für Betrugsbekämpfung (OLAF). Die Kommission und der Rechnungshof können nach den einschlägigen Verfahren auch Überprüfungen vor Ort durchführen.

(5) Die Kommission kann technische Vorschriften erlassen, die für die Tätigkeit dieser Fazilität erforderlich sind.

Art. 36 Die in den Artikeln 29, 30, 34 und 35 genannten Beträge werden jährlich im Rahmen der technischen Anpassung nach Nummer 15 der Interinstitutionellen Vereinbarung vom 6. Mai 1999 angepasst.

TITEL II
SONSTIGE BESTIMMUNGEN

Art. 37 (1) Für einen Zeitraum von bis zu drei Jahren nach dem Beitritt kann ein neuer Mitgliedstaat bei Schwierigkeiten, welche einen Wirtschaftszweig erheblich und voraussichtlich anhaltend treffen oder welche die wirtschaftliche Lage eines bestimmten Gebiets beträchtlich verschlechtern können, die Genehmigung zur Anwendung von Schutzmaßnahmen beantragen, um die Lage wieder auszugleichen und den betreffenden Wirtschaftszweig an die Wirtschaft des Gemeinsamen Marktes anzupassen.

Unter den gleichen Bedingungen kann ein derzeitiger Mitgliedstaat die Genehmigung zur Anwendung von Schutzmaßnahmen gegenüber einem oder mehreren der neuen Mitgliedstaaten beantragen.

(2) Auf Antrag des betreffenden Staates bestimmt die Kommission im Dringlichkeitsverfahren die ihres Erachtens erforderlichen Schutzmaßnahmen und legt gleichzeitig die Bedingungen und Einzelheiten ihrer Anwendung fest.

Im Fall erheblicher wirtschaftlicher Schwierigkeiten entscheidet die Kommission auf ausdrücklichen Antrag des betreffenden Mitgliedstaats binnen fünf Arbeitstagen nach Eingang des mit Gründen versehenen Antrags. Die beschlossenen Maßnahmen sind sofort anwendbar; sie tragen den Interessen aller Beteiligten Rechnung und dürfen keine Grenzkontrollen mit sich bringen.

(3) Die nach Absatz 2 genehmigten Maßnahmen können von den Vorschriften des EG-Vertrags und von dieser Akte abweichen, soweit und solange dies unbedingt erforderlich ist, um die in Absatz 1 genannten Ziele zu erreichen. Es sind mit Vorrang solche Maßnahmen zu wählen, die das Funktionieren des Gemeinsamen Marktes am wenigsten stören.

Art. 38 Hat ein neuer Mitgliedstaat im Rahmen der Beitrittsverhandlungen eingegangene Verpflichtungen nicht erfüllt und dadurch eine ernste Beeinträchtigung des Funktionierens des Binnenmarktes hervorgerufen – einschließlich der Verpflichtungen in allen sektorbezogenen Politiken, die wirtschaftliche Tätigkeiten mit grenzüberschreitender Wirkung betreffen – oder besteht die unmittelbare Gefahr einer solchen Beeinträchtigung, so kann die Kommission für einen Zeitraum von bis zu drei Jahren nach Inkrafttreten dieser Akte auf begründeten Antrag eines Mitgliedstaats oder auf eigene Initiative geeignete Maßnahmen treffen.

Diese Maßnahmen müssen verhältnismäßig sein, wobei vorrangig Maßnahmen, die das Funktionieren des Binnenmarktes am wenigsten stören, zu wählen und gegebenenfalls bestehende sektorale Schutzmechanismen anzuwenden sind. Solche Schutzmaßnahmen dürfen nicht als willkürliche Diskriminierung oder als versteckte Beschränkung des Handels zwischen den Mitgliedstaaten angewandt werden. Die Schutzklausel kann schon vor dem Beitritt aufgrund der Ergebnisse der Überwachung geltend gemacht werden und am Tag des Beitritts in Kraft treten. Die Maßnahmen werden nicht länger als unbedingt nötig aufrechterhalten und werden auf jeden Fall aufgehoben, sobald die einschlägige Verpflichtung erfüllt ist. Sie können jedoch über den in Absatz 1 genannten Zeitraum hinaus angewandt werden, solange die einschlägigen Verpflichtungen nicht erfüllt sind. Aufgrund von Fortschritten der betreffenden neuen Mitgliedstaaten bei der Erfüllung ihrer Verpflichtungen kann die Kommission die Maßnahmen in geeigneter Weise anpassen. Die Kommission wird den Rat rechtzeitig unterrichten, bevor sie die Anwendung von Schutzmaßnahmen aufhebt, und wird allen Bemerkungen des Rates in dieser Hinsicht gebührend Rechnung tragen.

Art. 39 Treten bei der Umsetzung, der Durchführung oder der Anwendung von Rahmenbeschlüssen oder anderen einschlägigen Verpflichtungen, Instrumenten der Zusammenarbeit oder Beschlüssen in Bezug auf die gegenseitige Anerkennung im Bereich des Strafrechts im Rahmen des Titels VI des EU-Vertrags und Richtlinien und Verordnungen in Bezug auf die gegenseitige Anerkennung im Bereich des Zivilrechts im Rahmen des Titels IV des EG-Vertrags in einem neuen Mitgliedstaat ernste Mängel auf oder besteht die Gefahr ernster Mängel, so kann die Kommission für einen Zeitraum von bis zu drei Jahren ab dem Inkrafttreten dieser Akte auf begründeten Antrag eines Mitgliedstaats oder auf eigene Initiative und nach Konsultation der Mitgliedstaaten angemessene Maßnahmen treffen und die Bedingungen und Einzelheiten ihrer Anwendung festlegen.

Diese Maßnahmen können in Form einer vorübergehenden Aussetzung der Anwendung einschlägiger Bestimmungen und Beschlüsse in den Beziehungen zwischen einem neuen Mitgliedstaat und einem anderen Mitgliedstaat oder anderen Mitgliedstaaten erfolgen, unbeschadet der Fortsetzung einer engen justiziellen Zusammenarbeit. Die Schutzklausel kann sogar vor dem Beitritt aufgrund der Ergebnisse der Überwachung geltend gemacht werden und am Tag des Beitritts in Kraft treten. Die Maßnahmen werden nicht länger als unbedingt nötig aufrechterhalten und werden auf jeden Fall aufgehoben, sobald die Mängel beseitigt sind. Sie können jedoch über den in Absatz 1 genannten Zeitraum hinaus angewandt werden, solange die Mängel weiter bestehen. Aufgrund von Fortschritten des betreffenden neuen Mitgliedstaats bei der Beseitigung der festgestellten Mängel kann die Kommission die Maßnahmen nach Konsultation der Mitgliedstaaten in geeigneter Weise anpassen. Die Kommission wird den Rat rechtzeitig unterrichten, bevor sie Schutzmaßnahmen aufhebt, und wird allen Bemerkungen des Rates in dieser Hinsicht gebührend Rechnung tragen.

Art. 40 Um das reibungslose Funktionieren des Binnenmarkts nicht zu behindern, darf die Durchführung der innerstaatlichen Vorschriften der neuen Mitgliedstaaten während der in den Anhängen V bis XIV vorgesehenen Übergangszeiten nicht zu Grenzkontrollen zwischen den Mitgliedstaaten führen.

Art. 41 Sind Übergangsmaßnahmen erforderlich, um den Übergang von der in den neuen Mitgliedstaaten bestehenden Regelung auf die Regelung zu erleichtern, die sich aus der Anwendung der Gemeinsamen Agrarpolitik gemäß den in dieser Akte genannten Bedingungen ergibt, so werden diese Maßnahmen von der Kommission entsprechend dem Verfahren nach Artikel 42 Absatz 2 der Verordnung (EG) des Rates Nr. 1260/2001 über die gemeinsame Marktorganisation für Zucker[23]) oder gegebenenfalls dem Verfahren nach den entsprechenden Artikeln anderer Verordnungen über gemeinsame Marktorganisationen oder entsprechend dem in den anwendbaren Rechtsvorschriften vorgesehenen einschlägigen Ausschussverfahren erlassen. Die in diesem Artikel genannten Übergangsmaßnahmen können während eines Zeitraums von drei Jahren nach dem Beitritt erlassen werden und ihre Anwendung ist auf diesen Zeitraum zu beschränken. Der Rat kann diesen Zeitraum auf Vorschlag der Kommission und nach Anhörung des Europäischen Parlaments einstimmig verlängern.

Die Übergangsmaßnahmen, welche die Durchführung von in dieser Akte nicht genannten Rechtsakten der Gemeinsamen Agrarpolitik betreffen, die infolge des Beitritts erforderlich sind, werden vor dem Beitritt vom Rat auf Vorschlag der Kommission mit qualifizierter Mehrheit angenommen oder, wenn sie Rechtsakte betreffen, die ursprünglich von der Kommission erlassen worden sind, von dieser nach dem für die Annahme der betreffenden Rechtsakte erforderlichen Verfahren erlassen.

Art. 42 Sind Übergangsmaßnahmen erforderlich, um den Übergang von der in den neuen Mitgliedstaaten bestehenden Regelung auf die Regelung zu erleichtern, die sich aus der Anwendung der veterinär- und pflanzenschutzrechtlichen Bestimmungen der Gemeinschaft ergibt, so werden diese Maßnahmen von der Kommission nach dem in den anwendbaren Rechtsvorschriften vorgesehenen einschlägigen Ausschussverfahren erlassen. Diese Maßnahmen werden für einen Zeitraum von drei Jahren nach dem Beitritt getroffen und ihre Anwendung ist auf diesen Zeitraum zu beschränken.

---

[23]) ABl. L 178 vom 30.6.2001, S.1.

FÜNFTER TEIL
BESTIMMUNGEN ÜBER DIE DURCHFÜHRUNG DIESER AKTE

TITEL I
EINSETZUNG DER ORGANE UND GREMIEN

Art. 43 Das Europäische Parlament nimmt die infolge des Beitritts erforderlichen Anpassungen seiner Geschäftsordnung vor.

Art. 44 Der Rat nimmt die infolge des Beitritts erforderlichen Anpassungen seiner Geschäftsordnung vor.

Art. 45 (1) Jeder Staat, der der Union beitritt, ist berechtigt, einen seiner Staatsangehörigen als Mitglied der Kommission zu stellen.

(2) Unbeschadet des Artikels 213 Absatz 1 Unterabsatz 2, des Artikels 214 Absatz 1 Unterabsatz 1 und des Artikels 214 Absatz 2 des EG-Vertrags sowie des Artikels 126 Absatz 1 des Euratom-Vertrags

a) wird ein Staatsangehöriger jedes neuen Mitgliedstaats mit Wirkung vom Tag des Beitritts dieses Mitgliedstaats zur Kommission ernannt. Die neuen Mitglieder der Kommission werden vom Rat mit qualifizierter Mehrheit und im Einvernehmen mit dem Präsidenten der Kommission ernannt;

b) endet die Amtszeit der gemäß Buchstabe a ernannten sowie der Mitglieder der Kommission, die mit Wirkung vom 23. Januar 2000 ernannt wurden, am 31. Oktober 2004;

c) nimmt eine neue Kommission, die sich aus einem Staatsangehörigen eines jeden Mitgliedstaats zusammensetzt, am 1. November 2004 ihre Arbeit auf; die Amtszeit dieser neuen Kommission endet am 31. Oktober 2009;

d) wird in Artikel 4 Absatz 1 des Protokolls zum EU-Vertrag über und zu den Verträgen zur Gründung der Europäischen Gemeinschaften über die Erweiterung der Europäischen Union das Datum des 1. Januar 2005 durch das Datum des 1. November 2004 ersetzt.

(3) Die Kommission nimmt die infolge des Beitritts erforderlichen Anpassungen ihrer Geschäftsordnung vor.

Art. 46 (1) Der Gerichtshof wird durch die Ernennung von zehn Richtern ergänzt; desgleichen wird das Gericht erster Instanz durch die Ernennung von zehn Richtern ergänzt.

(2) a) Die Amtszeit von fünf der nach Absatz 1 ernannten Richter des Gerichtshofs endet am 6. Oktober 2006. Diese Richter werden durch das Los bestimmt. Die Amtszeit der anderen Richter endet am 6. Oktober 2009.

b) Die Amtszeit von fünf der nach Absatz 1 ernannten Richter des Gerichts erster Instanz endet am 31. August 2004. Diese Richter werden durch das Los bestimmt. Die Amtszeit der anderen Richter endet am 31. August 2007.

(3) a) Der Gerichtshof nimmt die infolge des Beitritts erforderlichen Anpassungen seiner Verfahrensordnung vor.

b) Das Gericht erster Instanz nimmt im Einvernehmen mit dem Gerichtshof die infolge des Beitritts erforderlichen Anpassungen seiner Verfahrensordnung vor.

c) Die angepassten Verfahrensordnungen bedürfen der Genehmigung des Rates, der mit qualifizierter Mehrheit beschließt.

(4) Bei der Entscheidung der am Tag des Beitritts anhängigen Rechtssachen, in denen das mündliche Verfahren vor diesem Zeitpunkt eröffnet wurde, tagen der Gerichtshof und das Gericht erster Instanz bei Vollsitzungen sowie die Kammern in der Zusammensetzung, die sie vor dem Beitritt hatten; sie wenden dabei die am Tag vor dem Tag des Beitritts geltenden Verfahrensordnungen an.

Art. 47 Der Rechnungshof wird durch die Ernennung von zehn weiteren Mitgliedern mit einer Amtszeit von sechs Jahren ergänzt.

Art. 48 Der Wirtschafts- und Sozialausschuss wird durch die Ernennung von 95 Mitgliedern ergänzt, welche die verschiedenen wirtschaftlichen und sozialen Bereiche der organisierten Zivilgesellschaft der neuen Mitgliedstaaten vertreten. Die Amtszeit der so ernannten Mitglieder endet zur gleichen Zeit wie die Amtszeit der zum Tag des Beitritts im Amt befindlichen Mitglieder.

Art. 49 Der Ausschuss der Regionen wird durch die Ernennung von 95 Mitgliedern ergänzt, welche die regionalen und lokalen Gebietskörperschaften der neuen Mitgliedstaaten vertreten und von denen jeder ein Wahlmandat in einer regionalen oder lokalen Gebietskörperschaft innehat oder gegenüber einer gewählten Versammlung politisch verantwortlich ist. Die Amtszeit dieser Mitglieder endet zur gleichen Zeit wie die Amtszeit der zum Tag des Beitritts im Amt befindlichen Mitglieder.

Art. 50 (1) Die Amtszeit der derzeitigen Mitglieder des Ausschusses für Wissenschaft und Technik gemäß Artikel 134 Absatz 2 des Euratom-Vertrags endet am Tag des Inkrafttretens dieser Akte.

(2) Nach dem Beitritt ernennt der Rat die neuen Mitglieder des Ausschusses für Wissenschaft und Technik gemäß dem Verfahren des Artikels 134 Absatz 2 des Euratom-Vertrags.

Art. 51 Die infolge des Beitritts erforderlichen Anpassungen der Satzungen und Geschäftsordnungen der durch die ursprünglichen Verträge eingesetzten Ausschüsse werden so bald wie möglich nach dem Beitritt vorgenommen.

Art. 52 (1) Die Amtszeit der neuen Mitglieder der in Anhang XVI aufgeführten, durch die Verträge und den Gesetzgeber geschaffenen Ausschüsse, Gruppen und sonstigen Gremien endet zur gleichen Zeit wie die Amtszeit der zum Tag des Beitritts im Amt befindlichen Mitglieder.

(2) Die Amtszeit der neuen Mitglieder der in Anhang XVII aufgeführten, durch die Kommission eingesetzten Ausschüsse und Gruppen endet zur gleichen Zeit wie die Amtszeit der zum Tag des Beitritts im Amt befindlichen Mitglieder.

(3) Die in Anhang XVIII aufgeführten Ausschüsse werden mit dem Beitritt vollständig neu besetzt.

TITEL II
ANWENDBARKEIT DER RECHTSAKTE DER ORGANE

Art. 53 Die Richtlinien und Entscheidungen im Sinne des Artikels 249 des EG-Vertrags und des Artikels 161 des Euratom-Vertrags gelten vom Tag des Beitritts an als an die neuen Mitgliedstaaten gerichtet, sofern diese Richtlinien und Entscheidungen an alle derzeitigen Mitgliedstaaten gerichtet wurden. Außer im Fall der Richtlinien und Entscheidungen, die gemäß Artikel 254 Absätze 1 und 2 des EG-Vertrags in Kraft treten, werden die neuen Mitgliedstaaten so behandelt, als wären ihnen diese Richtlinien und Entscheidungen zum Tag des Beitritts notifiziert worden.

Art. 54 Sofern in den in Artikel 24 genannten Anhängen oder in anderen Bestimmungen dieser Akte oder ihren Anhängen nicht eine andere Frist vorgesehen ist, setzen die neuen Mitgliedstaaten die erforderlichen Maßnahmen in Kraft, um den Richtlinien und Entscheidungen im Sinne des Artikels 249 des EG-Vertrags und des Artikels 161 des Euratom-Vertrags vom Tag des Beitritts an nachzukommen.

Art. 55 Auf ordnungsgemäß substantiierten Antrag eines der neuen Mitgliedstaaten kann der Rat einstimmig auf Vorschlag der Kommission vor dem 1. Mai 2004 zeitlich begrenzte Maßnahmen zur Gewährung von Ausnahmen von Rechtsakten der Organe beschließen, die zwischen dem 1. November 2002 und dem Tag der Unterzeichnung des Beitrittsvertrags angenommen wurden.

Art. 56 Sofern nicht etwas anderes bestimmt ist, erlässt der Rat mit qualifizierter Mehrheit auf Vorschlag der Kommission die Maßnahmen, die zur Durchführung der in den Artikeln 20, 21 und 22 dieser Akte genannten Bestimmungen der Anhänge II, III und IV erforderlich sind.

Art. 57 (1) Erfordern vor dem Beitritt erlassene Rechtsakte der Organe aufgrund des Beitritts eine Anpassung und sind die erforderlichen Anpassungen in dieser Akte oder ihren Anhängen nicht vorgesehen, so werden diese Anpassungen nach dem in Absatz 2 vorgesehenen Verfahren vorgenommen. Diese Anpassungen treten mit dem Beitritt in Kraft.

(2) Der Rat oder die Kommission, je nachdem, welches Organ die ursprünglichen Rechtsakte erlassen hat, legt zu diesem Zweck die erforderlichen Wortlaute fest; der Rat beschließt dabei mit qualifizierter Mehrheit auf Vorschlag der Kommission.

Art. 58 Die vor dem Beitritt erlassenen und vom Rat, der Kommission oder der Europäischen Zentralbank in tschechischer, estnischer, ungarischer, lettischer, litauischer, maltesischer, polnischer, slowakischer und slowenischer Sprache abgefassten Rechtsakte der Organe und der Europäischen Zentralbank sind vom Tag des Beitritts an unter den gleichen Bedingungen wie die Wortlaute in den elf derzeitigen Sprachen verbindlich. Sie werden im Amtsblatt der Europäischen Union veröffentlicht, sofern die Wortlaute in den derzeitigen Sprachen auf diese Weise veröffentlicht worden sind.

Art. 59 Die neuen Mitgliedstaaten teilen der Kommission nach Artikel 33 des Euratom-Vertrags binnen drei Monaten nach dem Beitritt die Rechts- und Verwaltungsvorschriften mit, die im Hoheitsgebiet dieser Staaten den Gesundheitsschutz der Arbeitnehmer und der Bevölkerung gegen die Gefahren ionisierender Strahlungen sicherstellen sollen.

TITEL III
SCHLUSSBESTIMMUNGEN

Art. 60 Die Anhänge I bis XVIII, die Anlagen dazu und die Protokolle Nummern 1 bis 10, die dieser Akte beigefügt sind, sind Bestandteil dieser Akte.

Art. 61 Die Regierung der Italienischen Republik übermittelt den Regierungen der neuen Mitgliedstaaten eine beglaubigte Abschrift des Vertrags über die Europäische Union, des Vertrags zur Gründung der Europäischen Gemeinschaft, des Vertrags zur Gründung der Europäischen Atomgemeinschaft und der Verträge, durch die sie geändert oder ergänzt wurden, einschließlich des Vertrags über den Beitritt des Königreichs Dänemark, Irlands und des Vereinigten Königreichs Großbritannien und Nordirland zur Europäischen Wirtschaftsgemeinschaft und zur Europäischen Atomgemeinschaft, des Vertrags über den Beitritt der Hellenischen Republik zur Europäischen Wirtschaftsgemeinschaft und zur Europäischen Atomgemeinschaft, des Königreichs Spanien und der Portugiesischen Republik zur Europäischen Wirtschaftsgemeinschaft und zur Europäischen Atomgemeinschaft sowie des Vertrags über den Beitritt der Republik Österreich, der Republik Finnland und des Königreichs Schweden zur Europäischen Union, in dänischer, deutscher, englischer, finnischer, französischer, griechischer, irischer, italienischer, niederländischer, portugiesischer, schwedischer und spanischer Sprache.

Die in estnischer, lettischer, litauischer, maltesischer, polnischer, slowakischer, slowenischer, tschechischer und ungarischer Sprache abgefassten Wortlaute dieser Verträge sind dieser Akte beigefügt. Diese Wortlaute sind gleichermaßen verbindlich wie die Wortlaute der in Absatz 1 genannten Verträge in den derzeitigen Sprachen.

Art. 62 Eine beglaubigte Abschrift der im Archiv des Generalsekretariats des Rates der Europäischen Union hinterlegten internationalen Übereinkünfte wird den Regierungen der neuen Mitgliedstaaten vom Generalsekretär übermittelt.

Anhänge I bis XI

[nicht abgedruckt]

Anhang XII
Liste nach Artikel 24 der Beitrittsakte: Polen

1. FREIER WARENVERKEHR

[Hinweis]

2. FREIZÜGIGKEIT

Vertrag zur Gründung der Europäischen Gemeinschaft

31968 L 0360: Richtlinie 68/360/EWG des Rates vom 15. Oktober 1968 zur Aufhebung der Reise- und Aufenthaltsbeschränkungen für Arbeitnehmer der Mitgliedstaaten und ihre Familienangehörigen innerhalb der Gemeinschaft (ABl. L 257 vom 19.10.1968, S. 13), zuletzt geändert durch:

– 11994 N: Akte über die Beitrittsbedingungen und die Anpassungen der Verträge – Beitritt der Republik Österreich, der Republik Finnland und des Königreichs Schweden (ABl. C 241 vom 29.8.1994, S. 21)

31968 R 1612: Verordnung (EWG) Nr. 1612/68 des Rates vom 15. Oktober 1968 über die Freizügigkeit der Arbeitnehmer innerhalb der Gemeinschaft (ABl. L 257 vom 19.10.1968, S. 2), zuletzt geändert durch:

– 31992 R 2434: Verordnung (EWG) Nr. 2434/92 des Rates vom 27.7.1992 (ABl. L 245 vom 26.8.1992, S. 1)

31996 L 0071: Richtlinie 96/71/EG des Europäischen Parlaments und des Rates vom 16. Dezember 1996 über die Entsendung von Arbeitnehmern im Rahmen der Erbringung von Dienstleistungen (ABl. L 18 vom 21.1.1997, S. 1).

1. Hinsichtlich der Freizügigkeit von Arbeitnehmern und der Dienstleistungsfreiheit*) mit vorübergehender Entsendung von Arbeitskräften im Sinne des Artikels 1 der Richtlinie 96/71/EG gelten Artikel 39 und Artikel 49 Absatz 1 des EG-Vertrags zwischen Polen einerseits und Belgien, der Tschechischen Republik, Dänemark, Deutschland, Estland, Griechenland, Spanien, Frankreich, Irland, Italien, Lettland, Litauen, Luxemburg, Ungarn, den Niederlanden, Österreich, Portugal, Slowenien, der Slowakei, Finnland, Schweden und dem Vereinigten Königreich andererseits in vollem Umfang nur vorbehaltlich der Übergangsbestimmungen der Nummern 2 bis 14.
2. Abweichend von den Artikeln 1 bis 6 der Verordnung (EWG) Nr. 1612/68 und bis zum Ende eines Zeitraums von zwei Jahren nach dem Tag des Beitritts werden die derzeitigen Mitgliedstaaten nationale oder sich aus bilateralen Abkommen ergebende Maßnahmen anwenden, um den Zugang polnischer Staatsangehöriger zu ihren Arbeitsmärkten zu regeln. Die derzeitigen Mitgliedstaaten können solche Maßnahmen bis zum Ende eines Zeitraums von fünf Jahren nach dem Tag des Beitritts weiter anwenden.

   Polnische Staatsangehörige, die am Tag des Beitritts rechtmäßig in einem derzeitigen Mitgliedstaat arbeiten und für einen ununterbrochenen Zeitraum von 12 Monaten oder länger zum Arbeitsmarkt dieses Mitgliedstaats zugelassen waren, haben Zugang zum Arbeitsmarkt dieses Mitgliedstaats, aber nicht zum Arbeitsmarkt anderer Mitgliedstaaten, die nationale Maßnahmen anwenden.

   Polnische Staatsangehörige, die nach dem Beitritt für einen ununterbrochenen Zeitraum von 12 Monaten oder länger zum Arbeits-

*) Idente Übergangsbestimmungen finden sich in Bezug auf alle anderen Beitrittswerber in den diesbezüglichen Anhängen V bis XI sowie XIII und XIV.

markt eines derzeitigen Mitgliedstaats zugelassen waren, genießen dieselben Rechte.

Die in den Unterabsätzen 2 und 3 genannten polnischen Staatsangehörigen verlieren die dort gewährten Rechte, wenn sie den Arbeitsmarkt des derzeitigen Mitgliedstaats freiwillig verlassen.

Polnischen Staatsangehörigen, die am Tag des Beitritts oder während eines Zeitraums, in dem nationale Maßnahmen angewandt werden, rechtmäßig in einem derzeitigen Mitgliedstaat arbeiten und weniger als 12 Monate zum Arbeitsmarkt dieses Mitgliedstaats zugelassen waren, werden diese Rechte nicht gewährt.

3. Vor Ende eines Zeitraums von zwei Jahren nach dem Tag des Beitritts wird der Rat die Funktionsweise der Übergangsregelungen nach Nummer 2 anhand eines Berichts der Kommission überprüfen.

   Bei Abschluss dieser Überprüfung und spätestens am Ende eines Zeitraums von zwei Jahren nach dem Beitritt teilen die derzeitigen Mitgliedstaaten der Kommission mit, ob sie weiterhin nationale oder sich aus bilateralen Vereinbarungen ergebende Maßnahmen anwenden, oder ob sie künftig die Artikel 1 bis 6 der Verordnung (EWG) Nr. 1612/68 anwenden möchten. Erfolgt keine derartige Mitteilung, so gelten die Artikel 1 bis 6 der Verordnung (EWG) Nr. 1612/68.

4. Auf Ersuchen Polens kann eine weitere Überprüfung vorgenommen werden. Dabei findet das unter Nummer 3 genannte Verfahren Anwendung, das innerhalb von sechs Monaten nach Erhalt des Ersuchens Polens abzuschließen ist.

5. Ein Mitgliedstaat, der am Ende des unter Nummer 2 genannten Zeitraums von fünf Jahren nationale oder sich aus bilateralen Abkommen ergebende Maßnahmen beibehält, kann im Falle schwerwiegender Störungen seines Arbeitsmarktes oder der Gefahr derartiger Störungen nach entsprechender Mitteilung an die Kommission diese Maßnahmen bis zum Ende des Zeitraums von sieben Jahren nach dem Tag des Beitritts weiter anwenden. Erfolgt keine derartige Mitteilung, so gelten die Artikel 1 bis 6 der Verordnung (EWG) Nr. 1612/68.

6. Während des Zeitraums von sieben Jahren nach dem Tag des Beitritts werden die Mitgliedstaaten, in denen gemäß den Nummern 3, 4 oder 5 die Artikel 1 bis 6 der Verordnung (EWG) Nr. 1612/68 für polnische Staatsangehörige gelten und die während dieses Zeitraums Staatsangehörigen Polens zu Kontrollzwecken Arbeitsgenehmigungen erteilen, dies automatisch tun.

7. Die Mitgliedstaaten, in denen gemäß den Nummern 3, 4 oder 5 die Artikel 1 bis 6 der Verordnung (EWG) Nr. 1612/68 für polnische Staatsangehörige gelten, können bis zum Ende eines Zeitraums von sieben Jahren nach dem Beitritt die in den folgenden Absätzen beschriebenen Verfahren anwenden.

   Wenn einer der Mitgliedstaaten im Sinne des Unterabsatzes 1 auf seinem Arbeitsmarkt Störungen erleidet oder voraussieht, die eine ernstliche Gefährdung des Lebensstandards oder des Beschäftigungsstandes in einem bestimmten Gebiet oder Beruf mit sich bringen könnten, unterrichtet dieser Mitgliedstaat die Kommission und die anderen Mitgliedstaaten und übermittelt diesen alle zweckdienlichen Angaben. Der Mitgliedstaat kann die Kommission auf der Grundlage dieser Unterrichtung um die Erklärung ersuchen, dass die Anwendung der Artikel 1 bis 6 der Verordnung (EWG) Nr. 1612/68 zur Wiederherstellung der normalen Situation in diesem Gebiet oder Beruf ganz oder teilweise ausgesetzt wird. Die Kommission trifft über die Aussetzung und deren Dauer und Geltungsbereich spätestens zwei Wochen, nachdem sie mit dem Ersuchen befasst wurde, eine Entscheidung und unterrichtet den Rat von dieser Entscheidung. Binnen zwei Wochen nach der Entscheidung der Kommission kann jeder Mitgliedstaat beantragen, dass diese Entscheidung vom Rat rückgängig gemacht oder geändert wird. Der Rat beschließt binnen zwei Wochen mit qualifizierter Mehrheit über diesen Antrag.

   Ein Mitgliedstaat im Sinne des Unterabsatzes 1 kann in dringenden und außergewöhnlichen Fällen die Anwendung der Artikel 1 bis 6 der Verordnung (EWG) Nr. 1612/68 aussetzen und dies der Kommission unter Angabe von Gründen nachträglich mitteilen.

8. Solange die Anwendung der Artikel 1 bis 6 der Verordnung (EWG) Nr. 1612/68 gemäß den Nummern 2 bis 5 und 7 ausgesetzt ist, findet Artikel 11 der Verordnung auf Staatsangehörige der derzeitigen Mitgliedstaaten in Polen und auf polnische Staatsangehörige in den derzeitigen Mitgliedstaaten unter folgenden Bedingungen Anwendung:

   – die Familienangehörigen eines Arbeitnehmers nach Artikel 10 Absatz 1 Buchstabe a der Verordnung, die am Tag des Beitritts bei dem Arbeitnehmer im Hoheitsgebiet eines Mitgliedstaats ihren rechtmäßigen Wohnsitz hatten, haben nach dem Beitritt sofortigen Zugang zum Arbeitsmarkt dieses Mitgliedstaats. Dies gilt nicht für die Familienangehörigen eines Arbeitnehmers, der weniger als 12 Monate rechtmäßig zu dem Arbeitsmarkt des betreffenden Mitgliedstaates zugelassen war;

- die Familienangehörigen eines Arbeitnehmers nach Artikel 10 Absatz 1 Buchstabe a der Verordnung, die ab einem Zeitpunkt nach dem Beitritt, aber während des Zeitraums der Anwendung der genannten Übergangsregelungen bei dem Arbeitnehmer im Hoheitsgebiet eines Mitgliedstaats ihren rechtmäßigen Wohnsitz hatten, haben Zugang zum Arbeitsmarkt des betreffenden Mitgliedstaats, wenn sie mindestens achtzehn Monate in dem betreffenden Mitgliedstaat ihren Wohnsitz hatten oder ab dem dritten Jahr nach dem Beitritt, wenn dieser Zeitpunkt früher liegt.

Günstigere nationale oder sich aus bilateralen Abkommen ergebende Maßnahmen bleiben von diesen Bestimmungen unberührt.

9. Soweit bestimmte Vorschriften der Richtlinie 68/360/EWG nicht von den Vorschriften der Verordnung (EWG) Nr. 1612/68 getrennt werden können, deren Anwendung gemäß den Nummern 2 bis 5 und 7 und 8 aufgeschoben wird, können Polen und die derzeitigen Mitgliedstaaten in dem Maße, wie es für die Anwendung der Nummern 2 bis 5 und 7 und 8 erforderlich ist, von diesen Vorschriften abweichen.

10. Werden nationale oder sich aus bilateralen Abkommen ergebende Maßnahmen von den derzeitigen Mitgliedstaaten gemäß den oben genannten Übergangsregelungen angewandt, so kann Polen gleichwertige Maßnahmen gegenüber den Staatsangehörigen des betreffenden Mitgliedstaats oder der betreffenden Mitgliedstaaten beibehalten.

11. Wird die Anwendung der Artikel 1 bis 6 der Verordnung (EWG) Nr. 1612/68 von einem der derzeitigen Mitgliedstaaten ausgesetzt, so kann Polen gegenüber der Tschechischen Republik, Estland, Lettland, Litauen, Ungarn, Slowenien oder der Slowakei die unter Nummer 7 festgelegten Verfahren anwenden. In dieser Zeit werden Arbeitsgenehmigungen, die Polen Staatsangehörigen der Tschechischen Republik, Estlands, Lettlands, Litauens, Ungarns, Sloweniens und der Slowakei zu Kontrollzwecken ausstellt, automatisch erteilt.

12. Jeder derzeitige Mitgliedstaat, der nationale Maßnahmen gemäß den Nummern 2 bis 5 und 7 bis 9 anwendet, kann im Rahmen seiner einzelstaatlichen Rechtsvorschriften eine größere Freizügigkeit einführen als sie am Tag des Beitritts bestand, einschließlich des uneingeschränkten Zugangs zum Arbeitsmarkt. Ab dem dritten Jahr nach dem Beitritt kann jeder derzeitige Mitgliedstaat, der nationale Maßnahmen anwendet, jederzeit beschließen, stattdessen die Artikel 1 bis 6 der Verordnung (EWG) Nr. 1612/68 anzuwenden. Die Kommission wird über derartige Beschlüsse unterrichtet.

13. Um tatsächlichen oder drohenden schwerwiegenden Störungen in bestimmten empfindlichen Dienstleistungssektoren auf ihren Arbeitsmärkten zu begegnen, die sich in bestimmten Gebieten aus der länderübergreifenden Erbringung von Dienstleistungen im Sinne des Artikels 1 der Richtlinie 96/71/EG ergeben könnten, können Deutschland und Österreich, solange sie gemäß den vorstehend festgelegten Übergangsbestimmungen nationale Maßnahmen oder Maßnahmen aufgrund von bilateralen Vereinbarungen über die Freizügigkeit polnischer Arbeitnehmer anwenden, nach Unterrichtung der Kommission von Artikel 49 Absatz 1 des EG-Vertrags abweichen, um im Bereich der Erbringung von Dienstleistungen durch in Polen niedergelassene Unternehmen die zeitweilige grenzüberschreitende Beschäftigung von Arbeitnehmern einzuschränken, deren Recht, in Deutschland oder Österreich eine Arbeit aufzunehmen, nationalen Maßnahmen unterliegt.

Folgende Dienstleistungssektoren können von der Abweichung betroffen sein:

- in Deutschland
  [Hinweis]
- in Österreich

Sektor	NACE-Code(*), sofern nicht anders angegeben
Erbringung von gärtnerischen Dienstleistungen	01.41
Be- und Verarbeitung von Natursteinen a.n.g.	26.7
Herstellung von Stahl- und Leichtmetallkonstruktionen	28.11
Baugewerbe, einschließlich verwandter Wirtschaftszweige	45.1 bis 4; Im Anhang zur Richtlinie 96/71/EG aufgeführte Tätigkeiten
Schutzdienste	74.60
Reinigung von Gebäuden, Inventar und Verkehrsmitteln	74.70
Hauskrankenpflege	85.14
Sozialwesen a.n.g.	85.32

(*) NACE: siehe 31990 R 3037: Verordnung (EWG) Nr. 3037/90 des Rates vom 9. Oktober 1990 betreffend die statistische Systematik der Wirtschaftszweige in der Europäischen Gemeinschaft (ABl. L 293 vom 24.10.1990, S. 1), zuletzt geändert durch 32002 R 0029: Verordnung (EG) Nr. 29/2002 der Kommission vom 19.12.2001 (ABl. L 6 vom 10.1.2002, S. 3).

In dem Maße, wie Deutschland oder Österreich nach Maßgabe der vorstehenden Unterabsätze von Artikel 49 Absatz 1 des EG-Vertrags abweichen, kann Polen nach Unterrichtung der Kommission gleichwertige Maßnahmen ergreifen.

Die Anwendung dieser Nummer darf nicht zu Bedingungen für die zeitweilige Freizügigkeit von Arbeitnehmern im Rahmen der länderübergreifenden Erbringung von Dienstleistungen zwischen Deutschland bzw. Österreich und Polen führen, die restriktiver sind als die zum Zeitpunkt der Unterzeichnung des Beitrittsvertrags geltenden Bedingungen.

14. Die Anwendung der Nummern 2 bis 5 und 7 bis 12 darf nicht zu Bedingungen für den Zugang polnischer Staatsangehöriger zu den Arbeitsmärkten der derzeitigen Mitgliedstaaten führen, die restriktiver sind, als die zum Zeitpunkt der Unterzeichnung des Beitrittsvertrags geltenden Bedingungen.

    Ungeachtet der Anwendung der Bestimmungen unter den Nummern 1 bis 13 räumen die derzeitigen Mitgliedstaaten während der Dauer der Anwendung nationaler oder sich aus bilateralen Vereinbarungen ergebender Maßnahmen Arbeitnehmern, die Staatsangehörige eines Mitgliedstaats sind, beim Zugang zu ihren Arbeitsmärkten Vorrang vor Arbeitnehmern ein, die Staatsangehörige eines Drittstaats sind.

    Polnische Wanderarbeitnehmer und ihre Familien, die rechtmäßig in einem anderen Mitgliedstaat ihren Wohnsitz haben und dort arbeiten, oder Wanderarbeitnehmer aus anderen Mitgliedstaaten und ihre Familien, die rechtmäßig in Polen ihren Wohnsitz haben und dort arbeiten, dürfen nicht restriktiver behandelt werden als dieselben Personen aus Drittstaaten, die in diesem Mitgliedstaat bzw. Polen ihren Wohnsitz haben und dort arbeiten. Darüber hinaus dürfen Wanderarbeitnehmer aus Drittländern, die in Polen ihren Wohnsitz haben und dort arbeiten, gemäß dem Grundsatz der Gemeinschaftspräferenz nicht günstiger behandelt werden als polnische Staatsangehörige.

3. FREIER DIENSTLEISTUNGSVERKEHR

[Hinweis]

4. FREIER KAPITALVERKEHR

Vertrag über die Europäische Union

Vertrag zur Gründung der Europäischen Gemeinschaft

1. Unbeschadet der Verpflichtungen aus den Verträgen, auf die sich die Europäische Union gründet, kann Polen die Vorschriften über den Erwerb von Zweitwohnsitzen*) des Gesetzes vom 24. März 1920 über den Erwerb von Immobilien durch Ausländer (Dz.U. 1996 Nr. 54, poz. 245, geändert) nach dem Beitritt fünf Jahre lang beibehalten.

   Staatsangehörige der Mitgliedstaaten und Staatsangehörige der Vertragsparteien des EWR-Abkommens, die vier Jahre lang ununterbrochen ihren rechtmäßigen Wohnsitz in Polen hatten, dürfen beim Erwerb von Zweitwohnsitzen weder den Bestimmungen des vorstehenden Unterabsatzes noch anderen Verfahren als denjenigen unterworfen werden, die für polnische Staatsangehörige gelten.

2. Unbeschadet der Verpflichtungen aus den Verträgen, auf die sich die Europäische Union gründet, kann Polen die Vorschriften über den Erwerb von landwirtschaftlichen Flächen und Wäldern des Gesetzes vom 24. März 1920 über den Erwerb von Immobilien durch Ausländer (Dz.U. 1996 Nr. 54, poz. 245, geändert) nach dem Beitritt zwölf Jahre lang beibehalten. Auf keinen Fall dürfen Staatsangehörige der Mitgliedstaaten oder juristische Personen, die gemäß den Gesetzen eines anderen Mitgliedstaates geschaffen wurden, beim Erwerb von landwirtschaftlichen Flächen und Wäldern ungünstiger als zum Datum der Unterzeichnung des Beitrittsvertrags behandelt werden.

   Staatsangehörige eines anderen Mitgliedstaats oder einer Vertragspartei des EWR-Abkommens, die sich als selbstständige Landwirte niederlassen wollen, mindestens drei Jahre lang ununterbrochen ihren rechtmäßigen Wohnsitz in Polen hatten und dort mindestens drei Jahre lang ununterbrochen als natürliche oder juristische Person Land gepachtet hatten, dürfen ab dem Tag des Beitritts beim Erwerb von landwirtschaftlichen Flächen und Wäldern weder den Bestimmungen des vorstehenden Unterabsatzes noch anderen Verfahren als denjenigen unterworfen werden, die für polnische Staatsangehörige gelten. In den Woiwodschaften Warmińsko-Mazurskie, Pomorskie, Kujawsko-Pomorskie, Zachodniopomorskie, Lubuskie, Dolnośląskie, Opolskie and Wielkopolskie wird der im vorstehenden Satz genannte Wohn- und Pachtzeitraum auf sieben Jahre verlängert. Der Pachtzeitraum vor dem Erwerb des Landes wird für jeden Staatsangehörigen eines Mitgliedstaats, der in Polen Land gepachtet hat, individuell ab dem beglaubigten Datum der ursprünglichen Pachtvereinbarung berechnet. Selbstständige Landwirte, die das Land nicht als natürliche,

*) Analoge, jedoch nicht idente Bestimmungen finden sich auch in den Anhängen bezüglich der anderen Beitrittswerber.

sondern als juristische Personen gepachtet haben, können die sich aus der Pachtvereinbarung ergebenden Rechte der juristischen Person auf sie selbst als natürliche Person übertragen. Für die Berechnung des dem Recht auf Erwerb vorausgehenden Pachtzeitraums wird der Zeitraum der Pacht als juristische Person angerechnet. Pachtvereinbarungen natürlicher Personen können rückwirkend mit einem beglaubigten Datum versehen werden, und der gesamte Pachtzeitraum eines beglaubigten Vertrags wird angerechnet. Für selbstständige Landwirte gibt es keine Frist für die Umwandlung ihrer gegenwärtigen Pachtverträge in Verträge als natürliche Personen oder in schriftliche Verträge mit beglaubigten Datum. Das Verfahren für die Umwandlung von Pachtverträgen muss transparent sein und darf keinesfalls ein neues Hindernis darstellen.

Im dritten Jahr nach dem Tag des Beitritts wird eine allgemeine Überprüfung dieser Übergangsmaßnahmen vorgenommen. Die Kommission wird dem Rat dazu einen Bericht unterbreiten. Der Rat kann auf Vorschlag der Kommission einstimmig beschließen, die in Unterabsatz 1 genannte Übergangszeit zu verkürzen oder zu beenden.

Während der Übergangszeit wird Polen ein gesetzlich geregeltes Genehmigungsverfahren anwenden, mit dem gewährleistet wird, dass die Erteilung von Genehmigungen für den Erwerb von Immobilien in Polen nach transparenten, objektiven, dauerhaften und veröffentlichten Kriterien erfolgt. Diese Kriterien werden auf nicht diskriminierende Weise angewandt und differenzieren nicht zwischen Staatsangehörigen der Mitgliedstaaten mit Wohnsitz in Polen.

5. WETTBEWERBSPOLITIK

[Hinweis]

6. LANDWIRTSCHAFT

[Hinweis]

8. VERKEHRSPOLITIK

[nur teilweise abgedruckt]

2. 31993 R 3118: Verordnung (EWG) Nr. 3118/93 des Rates vom 25. Oktober 1993 zur Festlegung der Bedingungen für die Zulassung von Verkehrsunternehmen zum Güterkraftverkehr innerhalb eines Mitgliedstaats, in dem sie nicht ansässig sind (ABl. Nr. L 279 vom 12.11.1993, S. 1); zuletzt geändert durch:
   – 32002 R 0484: Verordnung (EG) Nr. 484/2002 des Europäischen Parlaments und des Rates vom 1.3.2002 (ABl. L 76 vom 19.3.2002, S. 1).

a) Abweichend von Artikel 1 der Verordnung (EWG) Nr. 3118/93 und bis zum Ende des dritten Jahres ab dem Tag des Beitritts sind in Polen niedergelassene Verkehrsunternehmer vom innerstaatlichen Güterkraftverkehr*) in den anderen Mitgliedstaaten und in den anderen Mitgliedstaaten niedergelassene Verkehrsunternehmer vom innerstaatlichen Güterkraftverkehr in Polen ausgeschlossen.

b) Vor Ende des dritten Jahres ab dem Tag des Beitritts teilen die Mitgliedstaaten der Kommission mit, ob sie diese Frist um höchstens zwei Jahre verlängern oder ob sie künftig Artikel 1 der Verordnung in vollem Umfang anwenden werden. Erfolgt keine derartige Mitteilung, so gilt Artikel 1 der Verordnung. Nur Verkehrsunternehmer, die in den Mitgliedstaaten ansässig sind, in denen Artikel 1 der Verordnung gilt, sind zum innerstaatlichen Güterkraftverkehr in den anderen Mitgliedstaaten, in denen Artikel 1 der Verordnung ebenfalls gilt, berechtigt.

c) Diejenigen Mitgliedstaaten, in denen gemäß Buchstabe b Artikel 1 der Verordnung gilt, können bis zum Ende des fünften Jahres ab dem Tag des Beitritts das folgende Verfahren anwenden.

   Sind in einem unter den vorstehenden Unterabsatz fallenden Mitgliedstaat ernste Störungen des nationalen Marktes oder von Teilen desselben aufgrund von Kabotage zu verzeichnen oder sind derartige Störungen durch Kabotage noch verstärkt worden, beispielsweise wenn ein erheblicher Angebotsüberschuss gegenüber der Nachfrage entsteht oder die finanzielle Stabilität oder das Überleben einer beträchtlichen Anzahl von Güterkraftverkehrsunternehmen gefährdet wird, unterrichtet dieser Mitgliedstaat die Kommission und die anderen Mitgliedstaaten darüber und übermittelt ihnen sämtliche einschlägigen Angaben. Der Mitgliedstaat kann die Kommission auf der Grundlage dieser Unterrichtung ersuchen, die Anwendung von Artikel 1 der Verordnung zur Wiederherstellung der normalen Situation ganz oder teilweise auszusetzen.

   Die Kommission prüft die Situation anhand der von dem Mitgliedstaat übermittelten Angaben und entscheidet innerhalb einer Frist von einem Monat nach Eingang des Antrags, ob Schutzmaßnahmen erforderlich sind. Das Verfahren nach Artikel 7

*) Analoge, jedoch nicht idente Bestimmungen finden sich auch in den Anhängen bezüglich der anderen Beitrittswerber.

Absatz 3 Unterabsätze 2, 3 und 4 sowie nach Artikel 7 Absätze 4, 5 und 6 der Verordnung findet Anwendung.

Ein unter Unterabsatz 1 fallender Mitgliedstaat kann in dringenden und außergewöhnlichen Fällen die Anwendung von Artikel 1 der Verordnung aussetzen; er teilt dies der Kommission unter Angabe von Gründen nachträglich mit.

d) Solange Artikel 1 der Verordnung gemäß den Buchstaben a und b nicht angewandt wird, können die Mitgliedstaaten den Zugang zum innerstaatlichen Güterkraftverkehr regeln, indem sie nach und nach auf der Grundlage bilateraler Abkommen Kabotagegenehmigungen austauschen. Dies kann auch zur vollständigen Liberalisierung führen.

e) Durch die Anwendung der Buchstaben a bis c darf der Zugang zum innerstaatlichen Güterkraftverkehr nicht stärker eingeschränkt werden, als dies am Tag der Unterzeichnung des Beitrittsvertrags der Fall war.

9. STEUERWESEN

[nur teilweise abgedruckt]

2. 31992 L 0079: Richtlinie 92/79/EWG des Rates vom 19. Oktober 1992 zur Annäherung der Verbrauchsteuern auf Zigaretten (ABl. L 316 vom 31.10.92, S. 8), zuletzt geändert durch:

– 32002 L 0010: Richtlinie 2002/10/EG des Rates vom 12.2.2002 (ABl. L 46 vom 16.2.2002, S. 26).

Abweichend von Artikel 2 Absatz 1 der Richtlinie 92/79/EWG darf Polen die Anwendung der globalen Mindestverbrauchsteuer auf den Kleinverkaufspreis (einschließlich aller Steuern) von Zigaretten*) der gängigsten Preisklasse bis zum 31. Dezember 2008 aufschieben, sofern Polen während dieses Zeitraums seine Verbrauchsteuersätze schrittweise an die in der Richtlinie vorgesehene globale Mindestverbrauchsteuer angleicht.

Unbeschadet des Artikels 8 der Richtlinie 92/12/EWG des Rates über das allgemeine System, den Besitz, die Beförderung und die Kontrolle verbrauchsteuerpflichtiger Waren[24]) und nach Unterrichtung der Kommission können die Mitgliedstaaten, solange die oben genannte Ausnahmeregelung angewandt wird, für aus Polen in ihr Hoheitsgebiet ohne Entrichtung weiterer Verbrauchsteuern mitgebrachte Zigaretten die gleichen Mengenbeschränkungen wie für Zigaretten aufrechterhalten, die aus Drittländern eingeführt werden. Die Mitgliedstaaten, die von dieser Möglichkeit Gebrauch machen, können die erforderlichen Kontrollen durchführen, sofern dadurch das einwandfreie Funktionieren des Binnenmarktes nicht beeinträchtigt wird.

10. SOZIALPOLITIK UND BESCHÄFTIGUNG

[Hinweis]

11. ENERGIE

[Hinweis]

12. TELEKOMMUNIKATION UND INFORMATIONSTECHNOLOGIE

[Hinweis]

13. UMWELT

[Hinweis]

Anhänge XIII und XIV

[nicht abgedruckt]

Anhang XV
Obergrenzen der zusätzlichen Verpflichtungen gemäß Artikel 32 Absatz 1 der Beitrittsakte

Unter der Annahme des Beitritts von zehn neuen Mitgliedstaaten zum 1. Mai 2004 gelten die in der folgenden Tabelle angegebenen Beträge entsprechend den Schlussfolgerungen des Europäischen Rates (Kopenhagen) als Obergrenzen der zusätzlichen, erweiterungsbedingten Mittel für Verpflichtungen in den Rubriken Landwirtschaft, strukturpolitische Maßnahmen, interne Politikbereiche und Verwaltungsausgaben.

*) Analoge, jedoch nicht idente Bestimmungen finden sich auch in den Anhängen bezüglich der anderen Beitrittswerber.

[24]) ABl. L 76 vom 23.3.1992, S. 1. Zuletzt geändert durch die Richtlinie 2000/47/EG des Rates (ABl. L 193 vom 29.7.2000, S. 73).

Obergrenzen der erweiterungsbedingten Mittel für Verpflichtungen 2004-2006 (für 10 neue Mitgliedstaaten) (Mio. Euro zu Preisen von 1999)			
	2004	2005	2006
Rubrik 1 Landwirtschaft	1.897	3.747	4.147
Davon:			
1a – Gemeinsame Agrarpolitik	327	2.032	2.322
1b – Entwicklung des ländlichen Raums	1.570	1.715	1.825
Rubrik 2 Strukturpolitische Maßnahmen, nach Kappung	6.070	6.907	8.770
Davon:			
Strukturfonds	3.453	4.755	5.948
Kohäsionsfonds	2.617	2.152	2.822
Rubrik 3 Interne Politikbereiche und zusätzliche Ausgaben für die Übergangszeit	1.457	1.428	1.372
Davon:			
Bestehende Politiken	846	881	916
Übergangsmaßnahmen Nukleare Sicherheit	125	125	125
Übergangsmaßnahmen Aufbau der Institutionen	200	120	60
Übergangsmaßnahmen Schengen	286	302	271
Rubrik 5 Verwaltungsausgaben	503	558	612
Obergrenze der Mittel für Verpflichtungen insgesamt (Rubriken 1, 2, 3 und 5)	9.927	12.640	14.901

Dies gilt unbeschadet der Obergrenze, die in dem Beschluss der im Rat vereinigten Vertreter der Regierungen der Mitgliedstaaten vom 18. November 2002 betreffend die Schlussfolgerungen der Tagung des Europäischen Rates (Brüssel) vom 24. und 25. Oktober 2002 für die EU mit 25 Mitgliedstaaten hinsichtlich der Teilrubrik 1a für den Zeitraum 2007-2013 festgelegt ist.

Anhänge XVI bis XVIII

[nicht abgedruckt]

PROTOKOLL NR. 1
ÜBER DIE ÄNDERUNGEN DER SATZUNG DER EUROPÄISCHEN INVESTITIONSBANK

ERSTER TEIL
ÄNDERUNGEN DER SATZUNG DER EUROPÄISCHEN INVESTITIONSBANK

ARTIKEL 1

Das Protokoll über die Satzung der Europäischen Investitionsbank wird wie folgt geändert:

– Artikel 3, Artikel 4 Absatz 1 Unterabsatz 1, Artikel 11 Absatz 2 Unterabsätze 1, 2 und 3, Artikel 12 Absatz 2 und Artikel 13 Absatz 1 Unterabsatz 1 werden durch die nachstehenden Texte ersetzt;
– nach Artikel 11 Absatz 2 Unterabsatz 3 wird ein neuer Unterabsatz 4 hinzugefügt.

„Artikel 3

Nach Artikel 266 dieses Vertrags sind Mitglieder der Bank:

– das Königreich Belgien,
– die Tschechische Republik;
– das Königreich Dänemark,
– die Bundesrepublik Deutschland,
– die Republik Estland,
– die Hellenische Republik,
– das Königreich Spanien,
– die Französische Republik,
– Irland,
– die Italienische Republik,
– die Republik Zypern,
– die Republik Lettland,
– die Republik Litauen,
– das Großherzogtum Luxemburg,
– die Republik Ungarn,
– die Republik Malta,
– das Königreich der Niederlande,
– die Republik Österreich,
– die Republik Polen,
– die Portugiesische Republik,
– die Republik Slowenien,
– die Slowakische Republik,
– die Republik Finnland,
– das Königreich Schweden,
– das Vereinigte Königreich Großbritannien und Nordirland.“

Artikel 4 Absatz 1 Unterabsatz 1

„(1) Die Bank wird mit einem Kapital von 163 727 670 000 EUR ausgestattet, das von den Mitgliedstaaten in folgender Höhe gezeichnet wird:[25])

[25]) Die Zahlen für die neuen Mitgliedstaaten sind vorläufig und beruhen auf der von Eurostat (New Cronos) veröffentlichten Prognose für 2002.

Deutschland	26 649 532 500
Frankreich	26 649 532 500
Italien	26 649 532 500
Vereinigtes Königreich	26 649 532 500
Spanien	15 989 719 500
Belgien	7 387 065 000
Niederlande	7 387 065 000
Schweden	4 900 585 500
Dänemark	3 740 283 000
Österreich	3 666 973 500
Polen	3 635 030 500
Finnland	2 106 816 000
Griechenland	2 003 725 500
Portugal	1 291 287 000
Tschechische Republik	1 212 590 000
Ungarn	1 121 583 000
Irland	935 070 000
Slowakei	408 489 500
Slowenien	379 429 000
Litauen	250 852 000
Luxemburg	187 015 500
Zypern	180 747 000
Lettland	156 192 500
Estland	115 172 000
Malta	73 849 000“

Artikel 11 Absatz 2 Unterabsatz 1, 2 und 3

„(2) Der Verwaltungsrat besteht aus sechsundzwanzig ordentlichen und sechzehn stellvertretenden Mitgliedern.

Die ordentlichen Mitglieder werden für fünf Jahre vom Rat der Gouverneure bestellt, wobei die einzelnen Mitgliedstaaten und die Kommission jeweils ein ordentliches Mitglied benennen.

Die stellvertretenden Mitglieder werden für fünf Jahre vom Rat der Gouverneure wie folgt bestellt:

– zwei stellvertretende Mitglieder, die von der Bundesrepublik Deutschland benannt werden;
– zwei stellvertretende Mitglieder, die von der Französischen Republik benannt werden;
– zwei stellvertretende Mitglieder, die von der Italienischen Republik benannt werden;
– zwei stellvertretende Mitglieder, die vom Vereinigten Königreich Großbritannien und Nordirland benannt werden;
– ein stellvertretendes Mitglied, das vom Königreich Spanien und von der Portugiesischen Republik im gegenseitigen Einvernehmen benannt wird;
– ein stellvertretendes Mitglied, das vom Königreich Belgien, vom Großherzogtum Luxemburg und vom Königreich der Niederlande im gegenseitigen Einvernehmen benannt wird;
– ein stellvertretendes Mitglied, das vom Königreich Dänemark, von der Hellenischen Republik und von Irland im gegenseitigen Einvernehmen benannt wird;
– ein stellvertretendes Mitglied, das von der Republik Österreich, der Republik Finnland und dem Königreich Schweden im gegenseitigen Einvernehmen benannt wird;
– drei stellvertretende Mitglieder, die von der Tschechischen Republik, der Republik Estland, der Republik Zypern, der Republik Lettland, der Republik Litauen, der Republik Ungarn, der Republik Malta, der Republik Polen, der Republik Slowenien und der Slowakischen Republik im gegenseitigen Einvernehmen benannt werden; ein stellvertretendes Mitglied, das von der Kommission benannt wird;
– ein stellvertretendes Mitglied, das von der Kommission benannt wird.“

Neuer Artikel 11 Absatz 2 Unterabsatz 4:

„Der Verwaltungsrat kooptiert sechs Sachverständige ohne Stimmrecht: drei ordentliche und drei stellvertretende Sachverständige.“

Artikel 12 Absatz 2

„(2) Soweit in dieser Satzung nicht etwas Gegenteiliges bestimmt ist, werden die Entscheidungen des Verwaltungsrates von mindestens einem Drittel seiner stimmberechtigten Mitglieder, die mindestens 50 % des gezeichneten Kapitals repräsentieren, getroffen. Für die qualifizierte Mehrheit sind 18 Stimmen und 68 % des gezeichneten Kapitals erforderlich. In der Geschäftsordnung der Bank wird festgelegt, wann der Verwaltungsrat beschlussfähig ist.“

„Artikel 13 Absatz 1 Unterabsatz 1

(1) Das Direktorium besteht aus einem Präsidenten und acht Vizepräsidenten, die vom Rat der Gouverneure auf Vorschlag des Verwaltungsrates für sechs Jahre bestellt werden. Ihre Wiederbestellung ist zulässig.“

ZWEITER TEIL
ÜBERGANGSBESTIMMUNGEN

ARTIKEL 2

Das Königreich Spanien zahlt den Betrag von 309 686 775 EUR als Anteil am eingezahlten Kapital entsprechend der Erhöhung seines gezeichneten Kapitals. Dieser Beitrag wird in acht gleichen Raten gezahlt, die am 30. September 2004, 30. September 2005, 30. September 2006, 31. März 2007, 30. September 2007, 31. März 2008, 30. September 2008 und 31. März 2009 fällig werden[26]).

Das Königreich Spanien leistet zu den Rücklagen und zu den den Rücklagen gleichzusetzen-

[26]) Diese Termine beruhen auf der Annahme, dass die neuen Mitgliedstaaten spätestens zwei Monate vor dem 30.9.2004 tatsächlich beitreten.

den Rückstellungen sowie zu dem den Rücklagen und Rückstellungen noch zuzuweisenden Betrag (Saldo der Gewinn- und Verlustrechnung zum Ende des dem Beitritt vorausgehenden Monats), wie sie in der Bilanz der Bank ausgewiesen werden, zu den in Absatz 1 vorgesehenen Zeitpunkten in acht gleichen Raten Beiträge in Höhe von 4,1292 % der Rücklagen und Rückstellungen.

ARTIKEL 3

Ab dem Tag des Beitritts zahlen die neuen Mitgliedstaaten die folgenden Beträge entsprechend ihrem Anteil an dem Kapital, das auf das in Artikel 4 der Satzung festgelegte gezeichnete Kapital eingezahlt wurde.[27])

Polen	181 751 525 EUR
Tschechische Republik	60 629 500 EUR
Ungarn	56 079 150 EUR
Slowakei	20 424 475 EUR
Slowenien	18 971 450 EUR
Litauen	12 542 600 EUR
Zypern	9 037 350 EUR
Lettland	7 809 625 EUR
Estland	5 758 600 EUR
Malta	3 692 450 EUR

Diese Beiträge werden in acht gleichen Raten gezahlt, die am 30. September 2004, 30. September 2005, 30. September 2006, 31. März 2007, 30. September 2007, 31. März 2008, 30. September 2008 und 31. März 2009 fällig werden[28]).

ARTIKEL 4

Die neuen Mitgliedstaaten leisten zu den Rücklagen und zu den den Rücklagen gleichzusetzenden Rückstellungen sowie zu dem den Rücklagen und Rückstellungen noch zuzuweisenden Betrag (Saldo der Gewinn- und Verlustrechnung zum Ende des dem Beitritt vorausgehenden Monats), wie sie in der Bilanz der Bank ausgewiesen werden, zu den in Artikel 3 vorgesehenen Zeitpunkten in acht gleichen Raten Beiträge in Höhe folgender Prozentsätze der Rücklagen und Rückstellungen:[29])

Polen	2,4234 %
Tschechische Republik	0,8084 %
Ungarn	0,7477 %
Slowakei	0,2723 %
Slowenien	0,2530 %
Litauen	0,1672 %
Zypern	0,1205 %
Lettland	0,1041 %
Estland	0,0768 %
Malta	0,0492 %

ARTIKEL 5

Kapitalbeiträge und Einzahlungen gemäß den Artikeln 2, 3 und 4 dieses Protokolls werden von dem Königreich Spanien und den neuen Mitgliedstaaten in bar in Euro geleistet, sofern der Rat der Gouverneure nicht einstimmig eine Ausnahme hierzu beschließt.

ARTIKEL 6

(1) Unmittelbar nach dem Beitritt bestellt der Rat der Gouverneure gemäß Artikel 11 Absatz 2 der Satzung ein Mitglied des Verwaltungsrats für jeden neuen Mitgliedstaat sowie die stellvertretenden Mitglieder.

(2) Die Amtszeit der so bestellten ordentlichen und stellvertretenden Mitglieder läuft mit dem Ende der Jahressitzung des Rates der Gouverneure ab, in welcher der Jahresbericht für das Geschäftsjahr 2007 geprüft wird.

(3) Unmittelbar nach dem Beitritt kooptiert der Verwaltungsrat die ordentlichen und die stellvertretenden Sachverständigen.

PROTOKOLL NR. 2
ÜBER DIE UMSTRUKTURIERUNG DER TSCHECHISCHEN STAHLINDUSTRIE

[Hinweis]

PROTOKOLL NR. 3
ÜBER DIE HOHEITSZONEN DES VEREINIGTEN KÖNIGREICHS GROSSBRITANNIEN UND NORDIRLAND AUF ZYPERN

[Hinweis]

PROTOKOLL NR. 4
ÜBER DAS KERNKRAFTWERK IGNALINA IN LITAUEN

DIE HOHEN VERTRAGSPARTEIEN –

UNTER BEKUNDUNG der Bereitschaft der Union, auch nach dem Beitritt Litauens zur Europäischen Union im Zeitraum bis 2006 und darüber hinaus weiterhin eine angemessene zusätzliche Gemeinschaftshilfe für die Stilllegungsarbeiten zu leisten, und in Anbetracht der Tatsache, dass Litauen unter Berücksichtigung dieses Ausdrucks der Solidarität der Gemeinschaft zugesagt hat, Block 1 des Kernkraftwerks Ignalina vor 2005 und Block 2 bis 2009 stillzulegen;

IN WÜRDIGUNG der Tatsache, dass die Stilllegung des Kernkraftwerks Ignalina mit seinen beiden aus den Zeiten der ehemaligen Sowjetunion stammenden 1500-MW-Reaktoren vom Typ RBMK ein beispielloser Vorgang ist und für

---

[27]) Die Zahlen sind vorläufig und beruhen auf der von Eurostat (New Cronos) veröffentlichten Prognose für 2002.

[28]) Diese Termine beruhen auf der Annahme, dass die neuen Mitgliedstaaten spätestens zwei Monate vor dem 30.9.2004 tatsächlich beitreten.

[29]) Die Zahlen sind vorläufig und beruhen auf der von Eurostat (New Cronos) veröffentlichten Prognose für 2002.

Litauen eine außergewöhnliche finanzielle Belastung darstellt, die in keinem Verhältnis zur Größe und Wirtschaftskraft des Landes steht, und dass diese Stilllegung über die Laufzeit der derzeitigen Finanziellen Vorausschau der Gemeinschaft hinaus fortgesetzt werden muss;

ANGESICHTS der Notwendigkeit, Durchführungsbestimmungen für die zusätzliche Gemeinschaftshilfe zu erlassen, mit der die Auswirkungen der Abschaltung und Stilllegung des Kernkraftwerks Ignalina abgefangen werden sollen;

IN ANBETRACHT dessen, dass Litauen bei seiner Verwendung der Gemeinschaftshilfe den Bedürfnissen der von der Abschaltung des Kernkraftwerks Ignalina am stärksten betroffenen Regionen gebührend Rechnung tragen wird;

UNTER HINWEIS darauf, dass bestimmte durch staatliche Beihilfe unterstützte Maßnahmen als mit dem Binnenmarkt vereinbar angesehen werden, und dass dazu die Stilllegung des Kernkraftwerks Ignalina ebenso gehört wie die Verbesserung der Umweltfreundlichkeit entsprechend dem Besitzstand und die Modernisierung der konventionellen Stromerzeugungskapazitäten, die benötigt werden, um die beiden Reaktoren des Kernkraftwerks Ignalina nach ihrer Abschaltung zu ersetzen –

SIND wie folgt ÜBEREINGEKOMMEN:

Art. 1 Litauen erkennt die Bereitschaft der Union an, eine angemessene zusätzliche Gemeinschaftshilfe für Maßnahmen bereit zu stellen, die Litauen zur Stilllegung des Kernkraftwerks Ignalina ergreift, und verpflichtet sich unter Würdigung dieses Ausdrucks der Solidarität, Block 1 des Kernkraftwerks Ignalina vor 2005 und Block 2 dieses Kernkraftwerks spätestens am 31. Dezember 2009 abzuschalten und beide Blöcke anschließend stillzulegen.

Art. 2 (1) Im Zeitraum 2004 bis 2006 stellt die Gemeinschaft Litauen eine zusätzliche Finanzhilfe für die Stilllegungsarbeiten und zur Bewältigung der Folgen der Abschaltung und Stilllegung des Kernkraftwerks Ignalina bereit (nachstehend „Ignalina-Programm“ genannt).

(2) Maßnahmen im Rahmen des Ignalina-Programms werden nach der Verordnung (EWG) Nr. 3906/89 des Rates vom 18. Dezember 1989 über Wirtschaftshilfe für bestimmte Länder Mittel- und Osteuropas[30]), zuletzt geändert durch die Verordnung (EG) Nr. 2500/2001[31]), beschlossen und umgesetzt.

(3) Das Ignalina-Programm umfasst unter anderem Folgendes: Maßnahmen zur Unterstützung der Stilllegung des Kernkraftwerks Ignalina; Maßnahmen zur Verbesserung der Umweltfreundlichkeit entsprechend dem Besitzstand und zur Modernisierung konventioneller Stromerzeugungskapazitäten, mit denen die Produktionskapazität der beiden Reaktoren des Kernkraftwerks Ignalina ersetzt werden soll; sonstige Maßnahmen, die sich aus dem Beschluss ergeben, dieses Kernkraftwerk abzuschalten und stillzulegen, und die zur erforderlichen Umstrukturierung, Verbesserung der Umweltfreundlichkeit und Modernisierung der Erzeugung, Übertragung und Verteilung von Energie in Litauen sowie zur Erhöhung der Energieversorgungssicherheit und zur Verbesserung der Energieeffizienz in Litauen beitragen.

(4) Das Ignalina-Programm umfasst Maßnahmen, mit denen das Personal des Kraftwerks dabei unterstützt werden soll, vor der Abschaltung der Reaktorblöcke und während ihrer Stilllegung im Kernkraftwerk Ignalina ein hohes Maß an Betriebssicherheit aufrechtzuerhalten.

(5) Für den Zeitraum 2004 bis 2006 umfasst das Ignalina-Programm 285 Mio. EUR an Verpflichtungsermächtigungen, die in gleichen jährlichen Tranchen zu binden sind.

(6) Bei bestimmten Maßnahmen können bis zu 100 % der Gesamtausgaben aus dem Ignalina-Programm finanziert werden. Es sollten alle Anstrengungen unternommen werden, um die Praxis der Kofinanzierung fortzusetzen, die im Rahmen der Heranführungsstrategie für die Stilllegungsarbeiten in Litauen eingeführt worden ist, und um gegebenenfalls andere Quellen für eine Kofinanzierung zu finden.

(7) Die Finanzhilfe im Rahmen des Ignalina-Programms kann ganz oder teilweise in Form eines Beitrags der Gemeinschaft zum Internationalen Fonds zur Unterstützung der Stilllegung von Ignalina, der von der Europäischen Bank für Wiederaufbau und Entwicklung verwaltet wird, bereit gestellt werden.

(8) Staatliche Beihilfen einzelstaatlicher, gemeinschaftlicher oder internationaler Herkunft

- für die Maßnahmen zur Verbesserung der Umweltfreundlichkeit entsprechend dem Besitzstand und zur Modernisierung des litauischen Wärmekraftwerks in Elektrenai als wichtigster Ersatz für die Produktionskapazität der beiden Reaktoren des Kernkraftwerks Ignalina sowie
- für die Stilllegung des Kernkraftwerks Ignalina

sind mit dem Binnenmarkt im Sinne des EG-Vertrags vereinbar.

(9) Staatliche Beihilfen einzelstaatlicher, gemeinschaftlicher oder internationaler Herkunft zur Unterstützung der Bemühungen Litauens, die Auswirkungen der Abschaltung und Stilllegung des Kernkraftwerks Ignalina abzufangen, können im Einzelfall als nach dem EG-Vertrag mit dem

30) ABl. L 375 vom 23.12.1989, S. 11-12.
31) ABl. L 342 vom 27.12.2001.

Binnenmarkt vereinbar angesehen werden; dies gilt insbesondere für staatliche Beihilfen zur Erhöhung der Energieversorgungssicherheit.

ARTIKEL 3

(1) Da die Stilllegung des Kernkraftwerks Ignalina ein langfristiges Vorhaben und für Litauen eine außergewöhnliche finanzielle Belastung darstellt, die in keinem Verhältnis zur Größe und Wirtschaftskraft des Landes steht, stellt die Union in Solidarität mit Litauen angemessene zusätzliche Gemeinschaftshilfe für die Stilllegungsarbeiten auch über das Jahr 2006 hinaus zur Verfügung.

(2) Zu diesem Zweck wird das Ignalina-Programm über das Jahr 2006 hinaus nahtlos fortgesetzt und verlängert. Die Durchführungsbestimmungen für das verlängerte Ignalina-Programm werden nach dem Verfahren des Artikels 56 der Beitrittsakte beschlossen und treten spätestens mit Ablauf der derzeitigen Finanziellen Vorausschau in Kraft.

(3) Grundlage des nach Artikel 3 Absatz 2 verlängerten Ignalina-Programms sind die in Artikel 2 genannten Elemente und Grundsätze.

(4) Die durchschnittlichen Gesamtmittel im Rahmen des verlängerten Ignalina-Programms sind für den Zeitraum der nächsten Finanziellen Vorausschau angemessen zu gestalten. Grundlage der Programmierung der Mittel sind der tatsächliche Zahlungsbedarf und die Aufnahmekapazität.

ARTIKEL 4

Unbeschadet des Artikels 1 gilt die allgemeine Schutzklausel nach Artikel 37 der Beitrittsakte im Falle einer Unterbrechung der Energieversorgung in Litauen bis zum 31. Dezember 2012.

PROTOKOLL NR. 5
ÜBER DEN TRANSIT VON PERSONEN AUF DEM LANDWEG ZWISCHEN DEM KALININGRADER GEBIET UND DEN ÜBRIGEN TEILEN DER RUSSISCHEN FÖDERATION

[Hinweis]

PROTOKOLL NR. 6
ÜBER DEN ERWERB VON ZWEITWOHNSITZEN IN MALTA

DIE HOHEN VERTRAGSPARTEIEN

SIND wie folgt ÜBEREINGEKOMMEN:

Angesichts der äußerst geringen Anzahl von Wohneinheiten in Malta und des sehr begrenzt verfügbaren Baulandes, das lediglich zur Deckung der durch die demografische Entwicklung der derzeitigen Bewohner entstehenden Grundbedürfnisse ausreicht, kann Malta in nicht diskriminierender Weise die geltenden Bestimmungen des Immobilieneigentumsgesetzes (Erwerb durch Nicht-Gebietsangehörige) (Kapitel 246) über den Erwerb und den Unterhalt von Immobilieneigentum als Zweitwohnsitze durch Staatsangehörige der Mitgliedstaaten, die sich nicht mindestens fünf Jahre rechtmäßig in Malta aufgehalten haben, beibehalten.

Malta wird für den Erwerb von Immobilieneigentum als Zweitwohnsitze in Malta Genehmigungsverfahren anwenden, die auf veröffentlichten, objektiven, dauerhaften und transparenten Kriterien beruhen. Diese Kriterien werden auf nicht diskriminierende Weise angewandt und dürfen nicht zwischen maltesischen Staatsangehörigen und Staatsangehörigen anderer Mitgliedstaaten unterscheiden. Malta wird gewährleisten, dass Staatsangehörige der Mitgliedstaaten auf keinen Fall restriktiver behandelt werden als Staatsangehörige von Drittstaaten.

Liegt der Wert eines von einem Staatsangehörigen der Mitgliedstaaten zu erwerbenden Grundeigentums über dem nach maltesischen Rechtsvorschriften festgelegten Schwellenwert von 30.000 MTL für Wohnungen bzw. von 50.000 MTL für andere Arten von Grundeigentum als eine Wohnung oder ein Objekt von historischem Wert, so wird eine Genehmigung erteilt. Malta kann diese gesetzlichen Schwellenwerte überprüfen, um Änderungen auf dem Immobilienmarkt in Malta Rechnung zu tragen.

PROTOKOLL NR. 7
ÜBER DEN SCHWANGERSCHAFTSABBRUCH IN MALTA

[Hinweis]

PROTOKOLL NR. 8
ÜBER DIE UMSTRUKTURIERUNG DER POLNISCHEN STAHLINDUSTRIE

[Hinweis]

PROTOKOLL NR. 9
BETREFFEND DIE REAKTOREN 1 UND 2 DES KERNKRAFTWERKS BOHUNICE V1 IN DER SLOWAKEI

DIE HOHEN VERTRAGSPARTEIEN –

ANGESICHTS der Zusage der Slowakei, die Reaktoren 1 und 2 des Kernkraftwerks Bohunice V1 im Jahr 2006 bzw. 2008 abzuschalten, und der Bereitschaft der Union, bis 2006 weiterhin Finanzhilfe als Fortsetzung der Heranführungshilfe zu leisten, die im Rahmen des Phare-Programms zur Unterstützung der Stilllegungsmaßnahmen der Slowakei vorgesehen ist;

ANGESICHTS der Notwendigkeit, Durchführungsbestimmungen für die Fortsetzung der gemeinschaftlichen Unterstützung zu erlassen –

SIND wie folgt ÜBEREINGEKOMMEN:

Art. 1 Die Slowakei verpflichtet sich, den Reaktor 1 des Kernkraftwerks Bohunice V1 spätestens zum 31. Dezember 2006 und den Reaktor 2 dieses Kernkraftwerks spätestens zum 31. Dezember 2008 abzuschalten und diese Reaktoren anschließend stillzulegen.

Art. 2 (1) Im Zeitraum 2004 bis 2006 stellt die Gemeinschaft der Slowakei eine zusätzliche Finanzhilfe für die Stilllegungsarbeiten und zur Bewältigung der Folgen der Abschaltung und Stilllegung der Reaktoren 1 und 2 des Kernkraftwerks Bohunice bereit (nachstehend „Finanzhilfe" genannt).

(2) Die Finanzhilfe wird – auch nach dem Beitritt der Slowakei zur Union – nach der Verordnung (EWG) Nr. 3906/89 des Rates vom 18. Dezember 1989 über Wirtschaftshilfe für bestimmte Länder in Mittel- und Osteuropa[32]), zuletzt geändert durch die Verordnung (EG) Nr. 2500/2001[33]), beschlossen und umgesetzt.

(3) Für den Zeitraum 2004 – 2006 beläuft sich die Finanzhilfe auf 90 Mio. EUR an Verpflichtungsermächtigungen, die in gleichen jährlichen Tranchen zu binden sind.

(4) Die Finanzhilfe kann ganz oder teilweise in Form eines Beitrags der Gemeinschaft zum Internationalen Fonds zur Unterstützung der Stilllegung von Bohunice, der von der Europäischen Bank für Wiederaufbau und Entwicklung verwaltet wird, bereit gestellt werden.

Art. 3 Die Europäische Union erkennt an, dass die Maßnahmen im Zusammenhang mit der Stilllegung des Kernkraftwerks Bohunice über die derzeitige Finanzielle Vorausschau hinaus fortgesetzt werden müssen und dass diese Maßnahmen eine beträchtliche finanzielle Belastung für die Slowakei darstellen. Dies wird bei Beschlüssen über die Fortsetzung der Finanzhilfe der EU in diesem Bereich nach 2006 berücksichtigt.

PROTOKOLL NR. 10
ÜBER ZYPERN

DIE HOHEN VERTRAGSPARTEIEN –

IN BEKRÄFTIGUNG ihrer Entschlossenheit, eine umfassende Regelung der Zypern-Frage im Einklang mit den einschlägigen Resolutionen des Sicherheitsrats der Vereinten Nationen herbeizuführen, und ihrer vorbehaltlosen Unterstützung der auf dieses Ziel ausgerichteten Bemühungen des Generalsekretärs der Vereinten Nationen,

IN DER ERWÄGUNG, dass eine derartige umfassende Regelung der Zypern-Frage noch nicht zustande gekommen ist,

IN DER ERWÄGUNG, dass es daher erforderlich ist, die Anwendung des Besitzstandes in den Teilen der Republik Zypern auszusetzen, in denen die Regierung der Republik Zypern keine tatsächliche Kontrolle ausübt,

IN DER ERWÄGUNG, dass diese Aussetzung im Falle einer Regelung der Zypern-Frage aufzuheben ist,

IN DER ERWÄGUNG, dass die Europäische Union bereit ist, die Bedingungen einer solchen Regelung im Einklang mit den Grundsätzen, auf denen die Europäische Union beruht, zu berücksichtigen,

IN DER ERWÄGUNG, dass festgelegt werden muss, unter welchen Bedingungen die einschlägigen Bestimmungen des EU-Rechts auf die Trennungslinie zwischen den oben genannten Landesteilen sowie den Landesteilen, in denen die Regierung der Republik Zypern eine tatsächliche Kontrolle ausübt, und der Östlichen Hoheitszone des Vereinigten Königreichs Großbritannien und Nordirland Anwendung finden,

IN DEM WUNSCH, dass der Beitritt Zyperns zur Europäischen Union allen zyprischen Bürgern zugute kommt und zum inneren Frieden und zur Aussöhnung beiträgt,

IN DER ERWÄGUNG, dass keine Bestimmung dieses Protokolls Maßnahmen ausschließt, die auf dieses Ziel ausgerichtet sind,

IN DER ERWÄGUNG, dass derartige Maßnahmen nicht die Anwendung des Besitzstandes gemäß den Bedingungen des Beitrittsvertrags in irgendeinem anderen Teil der Republik Zypern beeinträchtigen dürfen –

SIND ÜBER FOLGENDE BESTIMMUNGEN ÜBEREINGEKOMMEN:

Art. 1 (1) Die Anwendung des Besitzstandes wird in den Teilen der Republik Zypern ausgesetzt, in denen die Regierung der Republik Zypern keine tatsächliche Kontrolle ausübt.

(2) Der Rat entscheidet auf Vorschlag der Kommission einstimmig über die Aufhebung der in Absatz 1 genannten Aussetzung.

Art. 2 (1) Der Rat legt auf Vorschlag der Kommission einstimmig die Bedingungen für die Anwendung des EU-Rechts auf die Trennungslinie zwischen den in Artikel 1 genannten Landesteilen und den Landesteilen fest, in denen die Regierung der Republik Zypern eine tatsächliche Kontrolle ausübt.

(2) Die Grenzlinie zwischen der Östlichen Hoheitszone und den in Artikel 1 genannten Landesteilen gilt für die Dauer der Aussetzung der Anwendung des Besitzstandes nach Artikel 1

---
32) ABl. L 375 vom 23.12.1989, S. 11.
33) ABl. L 342 vom 27.12.2001, S. 1.

als Teil der Außengrenzen der Hoheitszonen im Sinne von Teil IV des Anhangs zum Protokoll über die Hoheitszonen des Vereinigten Königreichs Großbritannien und Nordirland auf Zypern.

ARTIKEL 3

(1) Keine Bestimmung dieses Protokolls schließt Maßnahmen zur Förderung der wirtschaftlichen Entwicklung der in Artikel 1 genannten Landesteile aus.

(2) Derartige Maßnahmen dürfen nicht die Anwendung des Besitzstandes gemäß den Bedingungen des Beitrittsvertrags in anderen Teilen der Republik Zypern beeinträchtigen.

ARTIKEL 4

Wenn es zu einer Regelung kommt, entscheidet der Rat einstimmig auf der Grundlage eines Vorschlags der Kommission über die im Hinblick auf die türkisch-zyprische Gemeinschaft vorzunehmenden Anpassungen der Modalitäten für den Beitritt Zyperns zur Europäischen Union.

SCHLUSSAKTE

I. TEXT DER SCHLUSSAKTE

Die Bevollmächtigten

[es folgen die Namen]

die am sechzehnten April zweitausenddrei in Athen anlässlich der Unterzeichnung des Vertrags zwischen dem Königreich Belgien, dem Königreich Dänemark, der Bundesrepublik Deutschland, der Hellenischen Republik, dem Königreich Spanien, der Französischen Republik, Irland, der Italienischen Republik, dem Großherzogtum Luxemburg, dem Königreich der Niederlande, der Republik Österreich, der Portugiesischen Republik, der Republik Finnland, dem Königreich Schweden, dem Vereinigten Königreich Großbritannien und Nordirland (Mitgliedstaaten der Europäischen Union) und der Tschechischen Republik, der Republik Estland, der Republik Zypern, der Republik Lettland, der Republik Litauen, der Republik Ungarn, der Republik Malta, der Republik Polen, der Republik Slowenien, der Slowakischen Republik über den Beitritt der Tschechischen Republik, der Republik Estland, der Republik Zypern, der Republik Lettland, der Republik Litauen, der Republik Ungarn, der Republik Malta, der Republik Polen, der Republik Slowenien, der Slowakischen Republik zur Europäischen Union zusammengetreten sind,

haben festgestellt, dass die folgenden Texte im Rahmen der Konferenz zwischen den Mitgliedstaaten der Europäischen Union und der Tschechischen Republik, der Republik Estland, der Republik Zypern, der Republik Lettland, der Republik Litauen, der Republik Ungarn, der Republik Malta, der Republik Polen, der Republik Slowenien, der Slowakischen Republik über den Beitritt der Tschechischen Republik, der Republik Estland, der Republik Zypern, der Republik Lettland, der Republik Litauen, der Republik Ungarn, der Republik Malta, der Republik Polen, der Republik Slowenien, der Slowakischen Republik zur Europäischen Union erstellt und angenommen worden sind:

I. der Vertrag zwischen dem Königreich Belgien, dem Königreich Dänemark, der Bundesrepublik Deutschland, der Hellenischen Republik, dem Königreich Spanien, der Französischen Republik, Irland, der Italienischen Republik, dem Großherzogtum Luxemburg, dem Königreich der Niederlande, der Republik Österreich, der Portugiesischen Republik, der Republik Finnland, dem Königreich Schweden, dem Vereinigten Königreich Großbritannien und Nordirland (Mitgliedstaaten der Europäischen Union) und der Tschechischen Republik, der Republik Estland, der Republik Zypern, der Republik Lettland, der Republik Litauen, der Republik Ungarn, der Republik Malta, der Republik Polen, der Republik Slowenien, der Slowakischen Republik über den Beitritt der Tschechischen Republik, der Republik Estland, der Republik Zypern, der Republik Lettland, der Republik Litauen, der Republik Ungarn, der Republik Malta, der Republik Polen, der Republik Slowenien, der Slowakischen Republik zur Europäischen Union,

II. die Akte über die Bedingungen des Beitritts der Tschechischen Republik, der Republik Estland, der Republik Zypern, der Republik Lettland, der Republik Litauen, der Republik Ungarn, der Republik Malta, der Republik Polen, der Republik Slowenien, der Slowakischen Republik und die Anpassungen der Verträge, auf denen die Europäische Union beruht,

III. die nachstehend aufgeführten und der Akte über die Bedingungen des Beitritts der Tschechischen Republik, der Republik Estland, der Republik Zypern, der Republik

Lettland, der Republik Litauen, der Republik Ungarn, der Republik Malta, der Republik Polen, der Republik Slowenien, der Slowakischen Republik und die Anpassungen der Verträge, auf denen die Europäische Union beruht, beigefügten Texte:

A. Anhänge
[Hinweis]

B. Protokolle
[Hinweis]

C. Die Wortlaute des Vertrags zur Gründung der Europäischen Gemeinschaft und des Vertrags zur Gründung der Europäischen Atomgemeinschaft sowie der Verträge, durch die sie geändert oder ergänzt worden sind, einschließlich des Vertrags über den Beitritt des Königreichs Dänemark, Irlands und des Vereinigten Königreichs Großbritannien und Nordirland zur Europäischen Wirtschaftsgemeinschaft und zur Europäischen Atomgemeinschaft, des Vertrags über den Beitritt der Republik Griechenland zur Europäischen Wirtschaftsgemeinschaft und zur Europäischen Atomgemeinschaft sowie des Vertrags über den Beitritt des Königreichs Spanien und der Portugiesischen Republik zur Europäischen Wirtschaftsgemeinschaft und zur Europäischen Atomgemeinschaft, des Vertrags über den Beitritt der Republik Österreich, der Republik Finnland und des Königreichs Schweden zur Europäischen Union in estnischer, lettischer, litauischer, maltesischer, polnischer, slowakischer, slowenischer, tschechischer und ungarischer Sprache.

Die Hohen Vertragsparteien verpflichten sich, der Kommission sowie untereinander alle Informationen zu erteilen, die für die Anwendung der Akte über die Beitrittsbedingungen und die Anpassungen der Verträge erforderlich sind. Diese Informationen sind, soweit erforderlich, so rechtzeitig vor dem Tag des Beitritts vorzulegen, dass die uneingeschränkte Anwendung der Akte ab dem Tag des Beitritts erfolgen kann; insbesondere gilt dies für das Funktionieren des Binnenmarktes. Die Kommission kann den neuen Vertragsparteien gegebenenfalls den von ihr für angemessen erachteten Zeitpunkt für den Eingang oder die Übermittlung anderer spezieller Informationen mitteilen. Eine Liste der Informationspflichten für den Veterinärbereich ist den Vertragsparteien am heutigen Tag der Unterzeichnung überreicht worden.

II. ERKLÄRUNGEN DER BEVOLLMÄCHTIGTEN

Außerdem haben die Bevollmächtigten die nachstehend aufgeführten und dieser Schlussakte beigefügten Erklärungen angenommen.

1. Gemeinsame Erklärung: Das eine Europa
2. Gemeinsame Erklärung zum Gerichtshof der Europäischen Gemeinschaften

1. GEMEINSAME ERKLÄRUNG: DAS EINE EUROPA

Heute ist ein großer Augenblick für Europa. Wir haben heute die Beitrittsverhandlungen zwischen der Europäischen Union und Estland, Lettland, Litauen, Malta, Polen, der Slowakei, Slowenien, der Tschechischen Republik, Ungarn und Zypern abgeschlossen. 75 Millionen Menschen werden als neue Bürger der Europäischen Union begrüßt.

Wir, die derzeitigen und die beitretenden Mitgliedstaaten, erklären, dass wir den fortwährenden, umfassenden und unumkehrbaren Erweiterungsprozess uneingeschränkt unterstützen. Die Beitrittsverhandlungen mit Bulgarien und Rumänien werden nach denselben Grundsätzen fortgeführt, die für die bisherigen Verhandlungen maßgebend waren. Die bei diesen Verhandlungen bereits erzielten Ergebnisse werden nicht in Frage gestellt. Entsprechend den weiteren Fortschritten, die bei der Erfüllung der Kriterien für die Mitgliedschaft erzielt werden, besteht das Ziel darin, Bulgarien und Rumänien im Jahr 2007 als neue Mitglieder der Europäischen Union willkommen zu heißen. Wir begrüßen auch die bedeutenden Beschlüsse, die heute in Bezug auf die nächste Phase der Bewerbung der Türkei um eine Mitgliedschaft in der Europäischen Union gefasst wurden.

Unser gemeinsamer Wunsch ist es, Europa zu einem Kontinent der Demokratie, der Freiheit, des Friedens und des Fortschritts zu machen. Die Union wird weiterhin entschlossen sein, neue Trennungslinien in Europa zu vermeiden und Stabilität und Wohlstand innerhalb der neuen Grenzen der Union und darüber hinaus zu fördern. Wir freuen uns darauf, in unserem gemeinsamen Bestreben, dieses Ziel zu erreichen, zusammenzuarbeiten.

Unser Ziel ist das Eine Europa.

2. GEMEINSAME ERKLÄRUNG

ZUM GERICHTSHOF DER EUROPÄISCHEN GEMEINSCHAFTEN

Auf Antrag des Gerichtshofs kann der Rat gemäß Artikel 222 des EG-Vertrags und Artikel 138 des Euratom-Vertrags einstimmig die Zahl der Generalanwälte erhöhen. Anderenfalls werden die neuen Mitgliedstaaten in das bestehende System für die Ernennung der Generalanwälte einbezogen.

III. SONSTIGE ERKLÄRUNGEN

Die Bevollmächtigten haben die folgenden, dieser Schlussakte beigefügten Erklärungen zur Kenntnis genommen:

[siehe die Liste im Inhaltsverzeichnis am Beginn]

Erklärung 3.

[nicht abgedruckt]

B. GEMEINSAME ERKLÄRUNGEN: MEHRERE DERZEITIGE MITGLIEDSTAATEN / MEHRERE NEUE MITGLIEDSTAATEN

4. GEMEINSAME ERKLÄRUNG DER TSCHECHISCHEN REPUBLIK UND DER REPUBLIK ÖSTERREICH ZU IHRER BILATERALEN VEREINBARUNG ÜBER DAS KERNKRAFTWERK TEMELIN

Die Tschechische Republik und die Republik Österreich werden ihre bilateralen Verpflichtungen gemäß den gegenseitig vereinbarten „Schlussfolgerungen des Melker Prozesses und dem Follow-up" vom 29. November 2001 erfüllen.

Erklärung 5.

[nicht abgedruckt]

6. ERKLÄRUNG ZUR FREIZÜGIGKEIT DER ARBEITNEHMER: TSCHECHISCHE REPUBLIK*

Die EU weist auf das hohe Maß an Differenzierung und Flexibilität in der Regelung für die Freizügigkeit der Arbeitnehmer hin. Die Mitgliedstaaten werden sich bemühen, tschechischen Staatsangehörigen nach nationalem Recht verstärkt Zugang zum Arbeitsmarkt zu gewähren, um die Angleichung an den Besitzstand zu beschleunigen. Die Beschäftigungsmöglichkeiten für tschechische Staatsangehörige in der EU sollten sich daher mit dem Beitritt der Tschechischen Republik erheblich verbessern. Darüber hinaus werden die Mitgliedstaaten der EU die vorgeschlagene Regelung auf die bestmögliche Weise nutzen, um so rasch wie möglich zu einer vollständigen Anwendung des Besitzstands im Bereich der Freizügigkeit der Arbeitnehmer zu gelangen.

Erklärungen 7. bis 18.

[nicht abgedruckt]

*) Siehe die analogen Erklärungen 7., 10., 11.13. bis 16. sowie 18.

D. GEMEINSAME ERKLÄRUNGEN MEHRERER DERZEITIGER MITGLIEDSTAATEN

19. GEMEINSAME ERKLÄRUNG DER BUNDESREPUBLIK DEUTSCHLAND UND DER REPUBLIK ÖSTERREICH

ZUR FREIZÜGIGKEIT DER ARBEITNEHMER: TSCHECHISCHE REPUBLIK, ESTLAND, UNGARN, LETTLAND, LITAUEN, POLEN, SLOWENIEN, SLOWAKEI

Die Formulierung der Nummer 13 der Übergangsmaßnahmen für die Freizügigkeit der Arbeitnehmer gemäß der Richtlinie 96/71/EG in den Anhängen V, VI, VIII, IX, X, XII, XIII und XIV wird von der Bundesrepublik Deutschland und der Republik Österreich im Einvernehmen mit der Kommission in dem Sinne aufgefasst, dass der Ausdruck „bestimmte Gebiete" gegebenenfalls auch das gesamte nationale Hoheitsgebiet umfassen kann.

20. GEMEINSAME ERKLÄRUNG DER BUNDESREPUBLIK DEUTSCHLAND UND DER REPUBLIK ÖSTERREICH

ZUR ÜBERWACHUNG DER NUKLEAREN SICHERHEIT

Die Bundesrepublik Deutschland und die Republik Österreich betonen, dass es wichtig ist, die Überwachung der Durchführung der Empfehlungen zur Verbesserung der nuklearen Sicherheit in den Beitrittsländern fortzusetzen, wie dies auf der Tagung des Rates (Allgemeine Angelegenheiten und Außenbeziehungen) vom 10. Dezember 2002 erörtert wurde, bis ein Ergebnis vorzuweisen ist.

E. ALLGEMEINE GEMEINSAME ERKLÄRUNG DER DERZEITIGEN MITGLIEDSTAATEN

21. ALLGEMEINE GEMEINSAME ERKLÄRUNG

Die derzeitigen Mitgliedstaaten heben hervor, dass die dieser Schlussakte beigefügten Erklärungen nicht in einer Weise ausgelegt oder angewandt werden dürfen, die im Widerspruch zu den Verpflichtungen steht, die den Mitgliedstaaten aus dem Beitrittsvertrag und der Beitrittsakte erwachsen.

Die derzeitigen Mitgliedstaaten stellen fest, dass die Kommission den vorangegangenen Ausführungen uneingeschränkt zustimmt.

F. GEMEINSAME ERKLÄRUNGEN MEHRERER NEUER MITGLIEDSTAATEN

22. GEMEINSAME ERKLÄRUNG DER TSCHECHISCHEN REPUBLIK, DER REPUBLIK ESTLAND, DER REPUBLIK LITAUEN, DER REPUBLIK POLEN, DER REPUBLIK SLOWENIEN UND DER SLOWAKISCHE REPUBLIK ZU ARTIKEL 38 DER BEITRITTSAKTE

1. Die Tschechische Republik, die Republik Estland, die Republik Litauen, die Republik Polen, die Republik Slowenien und die Slowakische Republik gehen davon aus, dass die Formulierung „Hat ... im Rahmen der Verhandlungen eingegangene Verpflichtungen nicht erfüllt" nur die sich aus den ursprünglichen Verträgen ergebenden Verpflichtungen, die für die Tschechische Republik, die Republik Estland, die Republik Litauen, die Republik Polen, die Republik Slowenien und die Slowakische Republik gemäß den in der Beitrittsakte festgelegten Bedingungen gelten, sowie die in dieser Akte festgelegten Verpflichtungen betrifft.

   Die Tschechische Republik, die Republik Estland, die Republik Litauen, die Republik Polen, die Republik Slowenien und die Slowakische Republik gehen daher davon aus, dass die Kommission die Anwendung des Artikels 38 nur in Fällen einer angeblichen Verletzung der in Unterabsatz 1 genannten Verpflichtungen in Betracht ziehen wird.
2. Die Tschechische Republik, die Republik Estland, die Republik Litauen, die Republik Polen, die Republik Slowenien und die Slowakische Republik gehen davon aus, dass Artikel 38 die Zuständigkeit des Gerichtshofs gemäß Artikel 230 des EG-Vertrags in Bezug auf Handlungen der Kommission nach Artikel 38 unberührt lässt.
3. Die Tschechische Republik, die Republik Estland, die Republik Litauen, die Republik Polen, die Republik Slowenien und die Slowakische Republik gehen davon aus, dass die Kommission vor einer Entscheidung über die Anwendung der in Artikel 38 vorgesehenen Maßnahmen gegen die genannten Republiken diesen die Möglichkeit gibt, ihre Sichtweisen und ihre Standpunkte in Einklang mit der Erklärung der Kommission der Europäischen Gemeinschaften zu der allgemeinen Schutzklausel, der Binnenmarkt-Schutzklausel und der Schutzklausel für die Bereiche Justiz und Inneres, die dieser Schlussakte beigefügt ist, darzulegen.

Erklärungen 23. und 24.

[nicht abgedruckt]

25. ERKLÄRUNG DER TSCHECHISCHEN REPUBLIK ZU ARBEITNEHMERN

Die Tschechische Republik erklärt, dass sie erwartet, dass die Absichten eines derzeitigen Mitgliedstaates, den Zugang tschechischer Arbeitnehmer zu seinem Arbeitsmarkt nach einzelnen Sektoren und Berufen zu liberalisieren, Gegenstand bilateraler Konsultationen zwischen dem betreffenden Mitgliedstaat und der Tschechischen Republik sein wird.

Erklärungen 26. bis 30.

[nicht abgedruckt]

I. ERKLÄRUNGEN DER REPUBLIK LETTLAND

31. ERKLÄRUNG DER REPUBLIK LETTLAND ZUR STIMMENGEWICHTUNG IM RAT

In der Erklärung Nr. 20 zum Vertrag von Nizza wurde festgelegt, dass der Republik Lettland ab 1. Januar 2005 vier der insgesamt 345 Stimmen im Rat zugeteilt werden, und zwar ausgehend von der Annahme, dass die Union 27 Mitgliedstaaten umfasst.

Ausgehend von der Überlegung, dass eine angemessene, vergleichbare und gleiche Vertretung der Mitgliedstaaten im Rat entsprechend ihrer Bevölkerungszahl gewährleistet sein muss, erklärt die Republik Lettland, dass sie sich vorbehält, die Frage der Stimmengewichtung im Rat während der nächsten Regierungskonferenz zur Sprache zu bringen.

Erklärungen 32. bis 34.

[nicht abgedruckt]

K. ERKLÄRUNGEN DER REPUBLIK MALTA

35. ERKLÄRUNG DER REPUBLIK MALTA ZUR NEUTRALITÄT

Malta bekräftigt sein Bekenntnis zur Gemeinsamen Außen- und Sicherheitspolitik der Europäischen Union, wie sie im Vertrag über die Europäische Union niedergelegt ist.

Malta bestätigt, dass seine Beteiligung an der Gemeinsamen Außen- und Sicherheitspolitik der Europäischen Union seine Neutralität nicht berührt. Nach dem Vertrag über die Europäische Union muss ein Beschluss der Union über den Übergang zu einer gemeinsamen Verteidigung vom Europäischen Rat mit Einstimmigkeit gefasst und von den Mitgliedstaaten gemäß ihren jeweiligen verfassungsrechtlichen Vorschriften angenommen werden.

Erklärungen 36. bis 42.

[nicht abgedruckt]

N. ERKLÄRUNGEN
DER KOMMISSION DER EUROPÄISCHEN GEMEINSCHAFTEN

Die Hohen Vertragsparteien haben die folgenden Erklärungen der Kommission der Europäischen Gemeinschaften zur Kenntnis genommen:

43. ERKLÄRUNG DER KOMMISSION DER EUROPÄISCHEN GEMEINSCHAFTEN ZU DER ALLGEMEINEN WIRTSCHAFTLICHEN SCHUTZKLAUSEL, DER BINNENMARKT-SCHUTZKLAUSEL UND DER SCHUTZKLAUSEL FÜR DIE BEREICHE JUSTIZ UND INNERES

Vor einer Entscheidung über die Anwendung der Binnenmarkt-Schutzklausel und der Schutzklausel für die Bereiche Justiz und Inneres wird die Kommission der Europäischen Gemeinschaften die Auffassung(en) und die Position(en) des bzw. der von den betreffenden Maßnahmen unmittelbar betroffenen Mitgliedstaaten zur Kenntnis nehmen und diese Auffassungen und Positionen gebührend berücksichtigen.

Die allgemeine wirtschaftliche Schutzklausel erstreckt sich auch auf die Landwirtschaft. Sie kann in Anspruch genommen werden, wenn es in bestimmten Agrarsektoren zu Schwierigkeiten kommt, die ernster Art sind und voraussichtlich von längerer Dauer sein werden oder die zu einer ernsthaften Verschlechterung der wirtschaftlichen Lage in einem bestimmten Gebiet führen könnten. Unter Berücksichtigung der spezifischen Probleme des Agrarsektors in Polen können die Maßnahmen, die die Kommission zur Verhinderung von Marktstörungen im Rahmen der allgemeinen wirtschaftlichen Schutzklausel ergreift, auch Systeme zur Beobachtung der Handelsströme zwischen Polen und den übrigen Mitgliedstaaten umfassen.

Briefwechsel

zwischen der Europäischen Union und der Tschechischen Republik,
der Republik Estland, der Republik Zypern, der Republik Lettland,
der Republik Litauen, der Republik Ungarn,
der Republik Malta, der Republik Polen,
der Republik Slowenien sowie der Slowakischen Republik
über ein

Informations- und Konsultationsverfahren für die Annahme bestimmter Beschlüsse und sonstige Maßnahmen in der Zeit vor dem Beitritt

[Hinweis]

Beitrittsvertrag 2005

(ABl 2005 L 157, 1)*)

INHALTSVERZEICHNIS

---

*) Am 1. Januar 2007 in Kraft getreten.

VERTRAG
ZWISCHEN
DEM KÖNIGREICH BELGIEN, DER TSCHECHISCHEN REPUBLIK, DEM KÖNIGREICH DÄNEMARK, DER BUNDESREPUBLIK DEUTSCHLAND, DER REPUBLIK ESTLAND, DER HELLENISCHEN REPUBLIK, DEM KÖNIGREICH SPANIEN, DER FRANZÖSISCHEN REPUBLIK, IRLAND, DER ITALIENISCHEN REPUBLIK, DER REPUBLIK ZYPERN, DER REPUBLIK LETTLAND, DER REPUBLIK LITAUEN, DEM GROSSHERZOGTUM LUXEMBURG, DER REPUBLIK UNGARN, DER REPUBLIK MALTA, DEM KÖNIGREICH DER NIEDERLANDE, DER REPUBLIK ÖSTERREICH, DER REPUBLIK POLEN, DER PORTUGIESISCHEN REPUBLIK, DER REPUBLIK SLOWENIEN, DER SLOWAKISCHEN REPUBLIK, DER REPUBLIK FINNLAND, DEM KÖNIGREICH SCHWEDEN, DEM VEREINIGTEN KÖNIGREICH GROSSBRITANNIEN UND NORDIRLAND
(MITGLIEDSTAATEN DER EUROPÄISCHEN UNION)
UND
DER REPUBLIK BULGARIEN UND RUMÄNIEN
ÜBER DEN BEITRITT DER REPUBLIK BULGARIEN UND RUMÄNIENS ZUR EUROPÄISCHEN UNION

SEINE MAJESTÄT DER KÖNIG DER BELGIER,

DIE REPUBLIK BULGARIEN,

DER PRÄSIDENT DER TSCHECHISCHEN REPUBLIK,

IHRE MAJESTÄT DIE KÖNIGIN VON DÄNEMARK,

DER PRÄSIDENT DER BUNDESREPUBLIK DEUTSCHLAND,

DER PRÄSIDENT DER REPUBLIK ESTLAND,

DER PRÄSIDENT DER HELLENISCHEN REPUBLIK,

SEINE MAJESTÄT DER KÖNIG VON SPANIEN,

DER PRÄSIDENT DER FRANZÖSISCHEN REPUBLIK,

DIE PRÄSIDENTIN IRLANDS,

DER PRÄSIDENT DER ITALIENISCHEN REPUBLIK,

DER PRÄSIDENT DER REPUBLIK ZYPERN,

DIE PRÄSIDENTIN DER REPUBLIK LETTLAND,

DER PRÄSIDENT DER REPUBLIK LITAUEN,

SEINE KÖNIGLICHE HOHEIT DER GROSSHERZOG VON LUXEMBURG,

DER PRÄSIDENT DER REPUBLIK UNGARN,

DER PRÄSIDENT MALTAS,

IHRE MAJESTÄT DIE KÖNIGIN DER NIEDERLANDE,

DER BUNDESPRÄSIDENT DER REPUBLIK ÖSTERREICH,

DER PRÄSIDENT DER REPUBLIK POLEN,

DER PRÄSIDENT DER PORTUGIESISCHEN REPUBLIK,

DER PRÄSIDENT RUMÄNIENS,

DER PRÄSIDENT DER REPUBLIK SLOWENIEN,

DER PRÄSIDENT DER SLOWAKISCHEN REPUBLIK,

DIE PRÄSIDENTIN DER REPUBLIK FINNLAND,

DIE REGIERUNG DES KÖNIGREICHS SCHWEDEN,

IHRE MAJESTÄT DIE KÖNIGIN DES VEREINIGTEN KÖNIGREICHS GROSSBRITANNIEN UND NORDIRLAND –

EINIG in dem Willen, die Verwirklichung der Ziele der Europäischen Union fortzuführen,

ENTSCHLOSSEN, auf den bereits geschaffenen Grundlagen einen immer engeren Zusammenschluss der europäischen Völker herbeizuführen,

IN DER ERWÄGUNG, dass Artikel I-58 des Vertrags über eine Verfassung für Europa, wie Artikel 49 des Vertrags über die Europäische Union, den europäischen Staaten die Möglichkeit eröffnet, Mitglieder der Union zu werden,

IN DER ERWÄGUNG, dass die Republik Bulgarien und Rumänien beantragt haben, Mitglieder der Europäischen Union zu werden,

IN DER ERWÄGUNG, dass sich der Rat nach Einholung der Stellungnahme der Kommission und der Zustimmung des Europäischen Parlaments für die Aufnahme dieser Staaten ausgesprochen hat,

IN DER ERWÄGUNG, dass zum Zeitpunkt der Unterzeichnung dieses Vertrags der Vertrag über eine Verfassung für Europa unterzeichnet, aber noch nicht von allen Mitgliedstaten der Union ratifiziert war und dass die Republik Bulgarien und Rumänien der Europäischen Union, wie sie am 1. Januar 2007 besteht, beitreten –

HABEN EINIGUNG über die Bedingungen und Einzelheiten der Aufnahme ERZIELT; sie haben zu diesem Zweck zu ihren Bevollmächtigten ernannt:

[es folgen die Namen]

WIE FOLGT ÜBEREINGEKOMMEN:

Artikel 1

(1) Die Republik Bulgarien und Rumänien werden Mitglieder der Europäischen Union.

(2) Die Republik Bulgarien und Rumänien werden Vertragsparteien des Vertrags über eine Verfassung für Europa und des Vertrags zur Gründung der Europäischen Atomgemeinschaft in ihrer jeweiligen geänderten oder ergänzten Fassung.

(3) Die Bedingungen und Einzelheiten der Aufnahme sind in dem diesem Vertrag beigefügten Protokoll festgelegt. Die Bestimmungen des Protokolls sind Bestandteil dieses Vertrags.

(4) Das Protokoll, einschließlich der Anhänge und Anlagen dazu, wird dem Vertrag über eine Verfassung für Europa und dem Vertrag zur Gründung der Europäischen Atomgemeinschaft beigefügt; seine Bestimmungen sind Bestandteil der genannten Verträge.

Artikel 2

(1) In dem Fall, dass der Vertrag über eine Verfassung für Europa am Tag des Beitritts nicht in Kraft ist, werden die Republik Bulgarien und Rumänien Vertragsparteien der Verträge, auf denen die Union beruht in ihrer jeweiligen geänderten oder ergänzten Fassung.

In diesem Fall gilt Artikel 1 Absätze 2 bis 4 ab dem Tag des Inkrafttretens des Vertrags über eine Verfassung für Europa.

(2) Die Aufnahmebedingungen und die aufgrund der Aufnahme erforderlichen Anpassungen der Verträge, auf denen die Union beruht, sind in der diesem Vertag beigefügten Akte festgelegt; sie gelten ab dem Tag des Beitritts bis zum Tag des Inkrafttretens des Vertrags über eine Verfassung für Europa. Die Bestimmungen der Akte sind Bestandteil dieses Vertrags.

(3) Tritt der Vertrag über eine Verfassung für Europa nach dem Beitritt in Kraft, so tritt am Tag des Inkrafttretens des genannten Vertrags das in Artikel 1 Absatz 3 genannte Protokoll an die Stelle der in Artikel 2 Absatz 2 genannten Akte. Die Bestimmungen des genannten Protokolls entfalten dabei keine neue Rechtswirkung; vielmehr werden unter den Bedingungen, die im Vertrag über eine Verfassung für Europa, im Vertrag zur Gründung der Europäischen Atomgemeinschaft und im genannten Protokoll festgelegt sind, die Rechtswirkungen beibehalten, die bereits durch die Bestimmungen der in Artikel 2 Absatz 2 genannten Akte entstanden sind.

Rechtsakte, die vor dem Inkrafttreten des in Artikel 1 Absatz 3 genannten Protokolls auf der Grundlage dieses Vertrags oder der in Absatz 2 genannten Akte erlassen wurden, bleiben in Kraft; ihre Rechtswirkungen bleiben erhalten, bis diese Rechtsakte geändert oder aufgehoben werden.

Artikel 3

Die Bestimmungen über die Rechte und Pflichten der Mitgliedstaaten sowie über die Befugnisse und Zuständigkeiten der Organe der Union, wie sie in den Verträgen festgelegt sind, denen die Republik Bulgarien und Rumänien beitreten, gelten auch für diesen Vertrag.

Artikel 4

(1) Dieser Vertrag bedarf der Ratifikation durch die Hohen Vertragsparteien im Einklang mit ihren verfassungsrechtlichen Vorschriften. Die Ratifikationsurkunden werden spätestens am 31. Dezember 2006 bei der Regierung der Italienischen Republik hinterlegt.

(2) Dieser Vertrag tritt am 1. Januar 2007 in Kraft, sofern alle Ratifikationsurkunden vor diesem Tag hinterlegt worden sind.

Hat jedoch einer der in Artikel 1 Absatz 1 genannten Staaten seine Ratifikationsurkunde nicht rechtzeitig hinterlegt, so tritt dieser Vertrag für den anderen Staat in Kraft, der seine Urkunde hinterlegt hat. In diesem Fall beschließt der Rat unverzüglich einstimmig die infolgedessen unerlässlichen Anpassungen dieses Vertrags und der Artikel 10, 11 Absatz 2, 12, 21 Absatz 1, 22, 31, 34 und 46, des Anhangs III Nummer 2 Unternummer 1 Buchstabe b, Nummer 2 Unternummern 2 und 3 und des Anhangs IV Abschnitt B des in Artikel 1 Absatz 3 genannten Protokolls sowie gegebenenfalls der Artikel 9 bis 11, 14 Absatz 3, 15, 24 Absatz 1, 31, 34, 46 und 47, des Anhangs III Nummer 2 Unternummer 1 Buchstabe b, Nummer 2 Unternummern 2 und 3 und des Anhangs IV Abschnitt B der in Artikel 2 Absatz 2 genannten Akte; er kann ferner einstimmig die Bestimmungen des genannten Protokolls, einschließlich seiner Anhänge und Anlagen, sowie gegebenenfalls der genannten Akte, einschließlich ihrer Anhänge und Anlagen, die sich ausdrücklich auf einen Staat beziehen, der seine Ratifikationsurkunde nicht hinterlegt hat, für hinfällig erklären oder anpassen.

Ungeachtet der Hinterlegung aller erforderlichen Ratifikationsurkunden nach Absatz 1 tritt dieser Vertrag am 1. Januar 2008 in Kraft, wenn der Rat vor Inkrafttreten des Vertrags über eine Verfassung für Europa einen beide beitretenden Staaten betreffenden Beschluss nach Artikel 39 des in Artikel 1 Absatz 3 genannten Protokolls oder nach Artikel 39 der in Artikel 2 Absatz 2 genannten Akte erlässt.

Wird ein derartiger Beschluss nur in Bezug auf einen der beitretenden Staaten erlassen, so tritt dieser Vertrag für diesen Staat am 1. Januar 2008 in Kraft.

(3) Ungeachtet des Absatzes 2 können die Organe der Union vor dem Beitritt die Maßnahmen erlassen, die in den Artikeln 3 Absatz 6, 6 Absatz 2 Unterabsatz 2, 6 Absatz 4 Unterabsatz 2, 6 Absatz 7 Unterabsätze 2 und 3, 6 Absatz 8 Unterabsatz 2, 6 Absatz 9 Unterabsatz 3, 17, 19, 27 Absätze 1 und 4, 28 Absätze 4 und 5, 29, 30 Absatz 3, 31 Absatz 4, 32 Absatz 5, 34 Absätze 3 und 4, 37, 38, 39 Absatz 4, 41, 42, 55, 56, 57 und in den Anhängen IV bis VIII des in Artikel 1 Absatz 3 genannten Protokolls vorgesehen sind. Diese Maßnahmen werden vor Inkrafttreten des Vertrags über eine Verfassung für Europa nach den entsprechenden Bestimmungen in Artikel 3 Absatz 6, 6 Absatz 2 Unterabsatz 2, 6 Absatz 4 Unterabsatz 2, 6 Absatz 7 Unterabsätze 2 und 3, 6 Absatz 8 Unterabsatz 2, 6 Absatz 9 Unterabsatz 3, 20, 22, 27 Absätze 1 und 4, 28 Absätze 4 und 5, 29, 30 Absatz 3, 31 Absatz 4, 32 Absatz 5, 34 Absätze 3 und 4, 37, 38, 39 Absatz 4, 41, 42, 55, 56, 57 und in den Anhängen IV bis VIII der in Artikel 2 Absatz 2 genannten Akte erlassen.

Diese Maßnahmen treten nur vorbehaltlich des Inkrafttretens dieses Vertrags und zum Zeitpunkt seines Inkrafttretens in Kraft.

Artikel 5

Der Wortlaut des Vertrags über eine Verfassung für Europa in bulgarischer und rumänischer Sprache wird diesem Vertrag beigefügt. Der Wortlaut in diesen Sprachen ist gleichermaßen verbindlich wie der Wortlaut des Vertrags über eine Verfassung für Europa in dänischer, deutscher, englischer, estnischer, finnischer, französischer, griechischer, irischer, italienischer, lettischer, litauischer, maltesischer, niederländischer, polnischer, portugiesischer, schwedischer, slowakischer, slowenischer, spanischer, tschechischer und ungarischer Sprache.

Die Regierung der Italienischen Republik übermittelt der Regierung der Republik Bulgarien und der Regierung Rumäniens eine beglaubigte Abschrift des Vertrags über eine Verfassung für Europa in allen in Absatz 1 genannten Sprachen.

Artikel 6

Dieser Vertrag ist in einer Urschrift in bulgarischer, dänischer, deutscher, englischer, estnischer, finnischer, französischer, griechischer, irischer, italienischer, lettischer, litauischer, maltesischer niederländischer, polnischer, portugiesischer, rumänischer, schwedischer, slowakischer, slowenischer, spanischer, tschechischer und ungarischer Sprache abgefasst, wobei der Wortlaut in jeder dieser Sprachen gleichermaßen verbindlich ist; er wird im Archiv der Regierung der Italienischen Republik hinterlegt; diese übermittelt der Regierung jedes anderen Unterzeichnerstaats eine beglaubigte Abschrift.

[Unterschriften]

Protokoll

über die Bedingungen und Einzelheiten der Aufnahme der Republik Bulgarien und Rumäniens in die Europäische Union

[nicht abgedruckt])*

*) Nach Artikel 2 des Beitrittsvertrags gilt bis zum Tag des Inkrafttretens des Vertrags über eine Verfassung für Europa nicht dieses Protokoll, sondern die Akte über die Bedingungen des Beitritts der Republik Bulgarien und Rumäniens und die Anpassungen der Verträge, auf denen die Europäische Union beruht.

AKTE
ÜBER DIE BEDINGUNGEN DES BEITRITTS DER REPUBLIK BULGARIEN UND RUMÄNIENS UND DIE ANPASSUNGEN DER VERTRÄGE, AUF DENEN DIE EUROPÄISCHE UNION BERUHT

ERSTER TEIL
GRUNDSÄTZE

Artikel 1

Im Sinne dieser Akte bezeichnet

- der Ausdruck „ursprüngliche Verträge"
  a) den Vertrag zur Gründung der Europäischen Gemeinschaft („EG-Vertrag") und den Vertrag zur Gründung der Europäischen Atomgemeinschaft („EAG-Vertrag") mit den Änderungen oder Ergänzungen, die durch vor dem Beitritt in Kraft getretene Verträge oder andere Rechtsakte vorgenommen worden sind;
  b) den Vertrag über die Europäische Union („EU-Vertrag") mit den Änderungen oder Ergänzungen, die durch vor dem Beitritt in Kraft getretene Verträge oder andere Rechtsakte vorgenommen worden sind;
- der Ausdruck „derzeitige Mitgliedstaaten" das Königreich Belgien, die Tschechische Republik, das Königreich Dänemark, die Bundesrepublik Deutschland, die Republik Estland, die Hellenische Republik, das Königreich Spanien, die Französische Republik, Irland, die Italienische Republik, die Republik Zypern, die Republik Lettland, die Republik Litauen, das Großherzogtum Luxemburg, die Republik Ungarn, die Republik Malta, das Königreich der Niederlande, die Republik Österreich, die Republik Polen, die Portugiesische Republik, die Republik Slowenien, die Slowakische Republik, die Republik Finnland, das Königreich Schweden und das Vereinigte Königreich Großbritannien und Nordirland;
- der Ausdruck „Union" die durch den EU-Vertrag geschaffene Europäische Union;
- der Ausdruck „Gemeinschaft" je nach Sachlage eine der bzw. beide unter dem ersten Gedankenstrich genannten Gemeinschaften;
- der Ausdruck „neue Mitgliedstaaten" die Republik Bugarien und Rumänien;
- der Ausdruck „Organe" die durch die ursprünglichen Verträge geschaffenen Organe.

Artikel 2

Ab dem Tag des Beitritts sind die ursprünglichen Verträge und die vor dem Beitritt erlassenen Rechtsakte der Organe und der Europäischen Zentralbank für Bulgarien und Rumänien verbindlich und gelten in diesen Staaten nach Maßgabe der genannten Verträge und dieser Akte.

Artikel 3

(1) Bulgarien und Rumänien treten den Beschlüssen und Vereinbarungen der im Rat vereinigten Vertreter der Regierungen der Mitgliedstaaten bei.

(2) Bulgarien und Rumänien befinden sich hinsichtlich der Erklärungen, Entschließungen oder sonstigen Stellungnahmen des Europäischen Rates oder des Rates sowie hinsichtlich der die Gemeinschaft oder die Union betreffenden Erklärungen, Entschließungen oder sonstigen Stellungnahmen, die von den Mitgliedstaaten im gegenseitigen Einvernehmen angenommen wurden, in derselben Lage wie die derzeitigen Mitgliedstaaten; sie werden demgemäß die sich daraus ergebenden Grundsätze und Leitlinien beachten und die gegebenenfalls zu ihrer Durchführung erforderlichen Maßnahmen treffen.

(3) Bulgarien und Rumänien treten den in Anhang I aufgeführten Übereinkünften und Protokollen bei. Diese Übereinkünfte und Protokolle treten für Bulgarien und Rumänien an dem Tag in Kraft, den der Rat in den in Absatz 4 genannten Beschlüssen festlegt.

(4) Der Rat nimmt einstimmig auf Empfehlung der Kommission und nach Anhörung des Europäischen Parlaments alle Anpassungen vor, die aufgrund des Beitritts zu den in Absatz 3 genannten Übereinkünften und Protokollen erforderlich sind, und veröffentlicht den angepassten Wortlaut im Amtsblatt der Europäischen Union.

(5) Bulgarien und Rumänien verpflichten sich in Bezug auf die in Absatz 3 genannten Übereinkünfte und Protokolle, Verwaltungs- und sonstige Vorkehrungen wie etwa diejenigen einzuführen, die von den derzeitigen Mitgliedstaaten oder vom Rat bis zum Tag des Beitritts angenommen wurden, und die praktische Zusammenarbeit zwischen den Einrichtungen und Organisationen der Mitgliedstaaten zu erleichtern.

(6) Der Rat kann einstimmig auf Vorschlag der Kommission in Anhang I weitere Übereinkünfte, Abkommen und Protokolle aufnehmen, die vor dem Tag des Beitritts unterzeichnet werden.

Artikel 4

(1) Die Bestimmungen des Schengen-Besitzstands, der durch das Protokoll zum Vertrag über die Europäische Union und zum Vertrag zur Gründung der Europäischen Gemeinschaft (nachstehend „Schengen-Protokoll" genannt) in den Rahmen der Europäischen Union einbezogen wurde, und die darauf aufbauenden oder anderweitig damit zusammenhängenden Rechtsakte, die in Anhang II aufgeführt sind, sowie alle

weiteren vor dem Tag des Beitritts erlassenen Rechtsakte dieser Art sind ab dem Tag des Beitritts für Bulgarien und Rumänien bindend und in diesen Staaten anzuwenden.

(2) Die Bestimmungen des in den Rahmen der Union einbezogenen Schengen-Besitzstands und die darauf aufbauenden oder anderweitig damit zusammenhängenden Rechtsakte, die nicht in Absatz 1 genannt sind, sind zwar für Bulgarien und Rumänien ab dem Tag des Beitritts bindend, sie sind aber in diesen Staaten jeweils nur nach einem entsprechenden Beschluss anzuwenden, den der Rat nach einer nach den geltenden Schengen-Evaluierungsverfahren durchgeführten Prüfung der Frage, ob die erforderlichen Voraussetzungen für die Anwendung aller Teile des betreffenden Besitzstands in dem jeweiligen Staat gegeben sind, gefasst hat.

Der Rat beschließt nach Anhörung des Europäischen Parlaments einstimmig mit den Stimmen der Mitglieder, die die Regierungen der Mitgliedstaaten vertreten, für die die in diesem Absatz genannten Bestimmungen bereits in Kraft gesetzt worden sind, und des Vertreters der Regierung des Mitgliedstaats, für den diese Bestimmungen in Kraft gesetzt werden sollen. Die Mitglieder des Rates, die die Regierungen Irlands und des Vereinigten Königreichs Großbritannien und Nordirland vertreten, nehmen insoweit an einem derartigen Beschluss teil, als er sich auf die Bestimmungen des Schengen-Besitzstands und die darauf aufbauenden oder anderweitig damit zusammenhängenden Rechtsakte bezieht, an denen diese Mitgliedstaaten teilnehmen.

Artikel 5

Bulgarien und Rumänien nehmen ab dem Tag des Beitritts als Mitgliedstaaten, für die eine Ausnahmeregelung im Sinne des Artikels 122 des EG-Vertrags gilt, an der Wirtschafts- und Währungsunion teil.

Artikel 6

(1) Die von der Gemeinschaft oder gemäß Artikel 24 oder Artikel 38 des EU-Vertrags mit einem oder mehreren dritten Staaten, mit einer internationalen Organisation oder mit einem Staatsangehörigen eines dritten Staates geschlossenen oder vorläufig angewendeten Abkommen oder Übereinkünfte sind für Bulgarien und Rumänien nach Maßgabe der ursprünglichen Verträge und dieser Akte bindend.

(2) Bulgarien und Rumänien verpflichten sich, nach Maßgabe dieser Akte den von den derzeitigen Mitgliedstaaten und der Gemeinschaft gemeinsam geschlossenen oder unterzeichneten Abkommen oder Übereinkünften beizutreten.

Dem Beitritt Bulgariens und Rumäniens zu den Abkommen oder Übereinkünften mit bestimmten Drittländern oder internationalen Organisationen, die von der Gemeinschaft und ihren derzeitigen Mitgliedstaaten gemeinsam geschlossen oder unterzeichnet wurden, wird durch den Abschluss eines Protokolls zu diesen Abkommen beziehungsweise Übereinkünften zwischen dem Rat, der im Namen der Mitgliedstaaten handelt und einstimmig beschließt, und dem betreffenden dritten Staat oder den betreffenden dritten Staaten beziehungsweise der betreffenden internationalen Organisation zugestimmt. Die Kommission handelt diese Protokolle im Namen der Mitgliedstaaten auf der Grundlage der vom Rat einstimmig gebilligten Verhandlungsrichtlinien in Abstimmung mit einem aus den Vertretern der Mitgliedstaaten zusammengesetzten Ausschuss aus. Sie unterbreitet dem Rat einen Entwurf der Protokolle für deren Abschluss.

Dieses Verfahren gilt unbeschadet der Ausübung der eigenen Zuständigkeiten der Gemeinschaft und berührt nicht die Verteilung der Zuständigkeiten zwischen der Gemeinschaft und den Mitgliedstaaten in Bezug auf den künftigen Abschluss derartiger Abkommen oder in Bezug auf andere nicht mit dem Beitritt zusammenhängende Änderungen.

(3) Mit dem Beitritt zu den in Absatz 2 genannten Abkommen und Übereinkünften erlangen Bulgarien und Rumänien die gleichen Rechte und Pflichten aus diesen Abkommen und Übereinkünften wie die derzeitigen Mitgliedstaaten.

(4) Ab dem Tag des Beitritts und bis zum Inkrafttreten der in Absatz 2 genannten erforderlichen Protokolle wenden Bulgarien und Rumänien die Abkommen oder Übereinkünfte an, die die derzeitigen Mitgliedstaaten und die Gemeinschaft gemeinsam vor dem Beitritt geschlossen haben, mit Ausnahme des Abkommens mit der Schweiz über die Freizügigkeit. Diese Verpflichtung gilt auch für die Abkommen und Übereinkünfte, deren vorläufige Anwendung die Union und die derzeitigen Mitgliedstaaten vereinbart haben.

Bis zum Inkrafttreten der in Absatz 2 genannten Protokolle ergreifen die Gemeinschaft und die Mitgliedstaaten gemeinsam im Rahmen ihrer jeweiligen Zuständigkeiten alle geeigneten Maßnahmen.

(5) Bulgarien und Rumänien treten dem Partnerschaftsabkommen zwischen den Mitgliedern der Gruppe der Staaten in Afrika, im Karibischen Raum und im Pazifischen Ozean einerseits und der Europäischen Gemeinschaft und ihren Mitgliedstaaten andererseits[1]), unterzeichnet in Cotonou am 23. Juni 2000, bei.

(6) Bulgarien und Rumänien verpflichten sich, nach Maßgabe dieser Akte dem Abkommen über den Europäischen Wirtschaftsraum[2]) gemäß Artikel 128 jenes Abkommens beizutreten.

(7) Ab dem Tag des Beitritts wenden Bulgarien und Rumänien die von der Gemeinschaft

[1]) ABl. L 317 vom 15.12.2000, S. 3.
[2]) ABl. L 1 vom 3.1.1994, S. 3.

mit dritten Staaten geschlossenen bilateralen Textilabkommen oder -vereinbarungen an.

Die von der Gemeinschaft angewendeten mengenmäßigen Beschränkungen der Einfuhr von Textil- und Bekleidungserzeugnissen werden angepasst, um dem Beitritt Bulgariens und Rumäniens zur Gemeinschaft Rechnung zu tragen. Zu diesem Zweck können Änderungen der oben genannten bilateralen Abkommen und Vereinbarungen von der Gemeinschaft mit den betreffenden dritten Staaten vor dem Beitritt ausgehandelt werden.

Sollten die Änderungen der bilateralen Textilabkommen und -vereinbarungen bis zum Tag des Beitritts nicht in Kraft getreten sein, so nimmt die Gemeinschaft an ihren Vorschriften für die Einfuhr von Textil- und Bekleidungserzeugnissen aus dritten Staaten die notwendigen Anpassungen vor, um dem Beitritt Bulgariens und Rumäniens Rechnung zu tragen.

(8) Die von der Gemeinschaft angewendeten mengenmäßigen Beschränkungen der Einfuhr von Stahl und Stahlerzeugnissen werden auf der Grundlage der in den letzten Jahren erfolgten Einfuhren von Stahlerzeugnissen aus den betreffenden Lieferländern nach Bulgarien und Rumänien angepasst.

Zu diesem Zweck werden die erforderlichen Änderungen der von der Gemeinschaft mit den betreffenden dritten Staaten geschlossenen bilateralen Stahlabkommen und -vereinbarungen vor dem Beitritt ausgehandelt.

Sollten die Änderungen der bilateralen Abkommen und Vereinbarungen bis zum Beitritt nicht in Kraft getreten sein, so gilt Unterabsatz 1.

(9) Fischereiabkommen, die Bulgarien oder Rumänien vor dem Beitritt mit Drittländern geschlossen hat, werden von der Gemeinschaft verwaltet.

Die Rechte und Pflichten Bulgariens und Rumäniens aus diesen Abkommen werden während des Zeitraums, in dem die Bestimmungen dieser Abkommen vorläufig beibehalten werden, nicht berührt.

So bald wie möglich, auf jeden Fall jedoch vor dem Ablauf der Geltungsdauer der in Unterabsatz 1 genannten Abkommen, erlässt der Rat in jedem Einzelfall auf Vorschlag der Kommission mit qualifizierter Mehrheit die geeigneten Beschlüsse zur Aufrechterhaltung der Fischereitätigkeiten, die sich aus den Abkommen ergeben; hierzu gehört auch die Möglichkeit, bestimmte Abkommen um höchstens ein Jahr zu verlängern.

(10) Mit Wirkung vom Tag des Beitritts treten Bulgarien und Rumänien von allen Freihandelsabkommen mit dritten Staaten zurück; dies gilt auch für das Mitteleuropäische Freihandelsübereinkommen.

Insoweit Übereinkünfte zwischen Bulgarien, Rumänien oder diesen beiden Staaten einerseits und einem oder mehreren dritten Staaten andererseits nicht mit den Pflichten aus dieser Akte vereinbar sind, treffen Bulgarien und Rumänien alle geeigneten Maßnahmen, um die festgestellten Unvereinbarkeiten zu beseitigen. Stößt Bulgarien oder Rumänien bei der Anpassung eines mit einem Drittland oder mehreren Drittländern geschlossenen Abkommens auf Schwierigkeiten, so tritt es nach Maßgabe dieses Abkommens von dem Abkommen zurück.

(11) Bulgarien und Rumänien treten zu den in dieser Akte vorgesehenen Bedingungen den internen Vereinbarungen bei, welche die derzeitigen Mitgliedstaaten zur Durchführung der Abkommen oder Übereinkünfte im Sinne der Absätze 2, 5 und 6 geschlossen haben.

(12) Bulgarien und Rumänien ergreifen geeignete Maßnahmen, um gegebenenfalls ihre Stellung gegenüber internationalen Organisationen oder denjenigen internationalen Übereinkünften, denen auch die Gemeinschaft oder andere Mitgliedstaaten als Vertragspartei angehören, den Rechten und Pflichten anzupassen, die sich aus ihrem Beitritt zur Union ergeben.

Sie treten insbesondere zum Tag des Beitritts oder zum frühest möglichen Termin nach dem Beitritt von den internationalen Fischereiübereinkünften zurück, denen auch die Gemeinschaft als Vertragspartei angehört, und beenden ihre Mitgliedschaft in den internationalen Fischereiorganisationen, denen auch die Gemeinschaft als Mitglied angehört, sofern ihre Mitgliedschaft nicht andere Angelegenheiten als die Fischerei betrifft.

Artikel 7

(1) Die Bestimmungen dieser Akte können, soweit darin nicht etwas anderes vorgesehen ist, nur nach dem in den ursprünglichen Verträgen vorgesehenen Verfahren, die eine Revision dieser Verträge ermöglichen, ausgesetzt, geändert oder aufgehoben werden.

(2) Die von den Organen erlassenen Rechtsakte, auf die sich die in dieser Akte vorgesehenen Übergangsbestimmungen beziehen, bewahren ihren Rechtscharakter; insbesondere bleiben die Verfahren zur Änderung dieser Rechtsakte anwendbar.

(3) Die Bestimmungen dieser Akte, die eine nicht nur vorübergehende Aufhebung oder Änderung von Rechtsakten der Organe zum Gegenstand haben oder bewirken, haben denselben Rechtscharakter wie die durch sie aufgehobenen oder geänderten Bestimmungen und unterliegen denselben Regeln wie diese.

Artikel 8

Für die Anwendung der ursprünglichen Verträge und der Rechtsakte der Organe gelten vorübergehend die in dieser Akte vorgesehenen abweichenden Bestimmungen.

ZWEITER TEIL
ANPASSUNGEN DER VERTRÄGE

TITEL I
INSTITUTIONELLE BESTIMMUNGEN

Artikel 9 bis 15

[eingearbeitet bzw nicht abgedruckt]

TITEL II
SONSTIGE ÄNDERUNGEN

Artikel 16 bis 18

[eingearbeitet bzw nicht abgedruckt]

DRITTER TEIL
STÄNDIGE BESTIMMUNGEN

TITEL I
ANPASSUNGEN DER RECHTSAKTE DER ORGANE

Artikel 19

Die in Anhang III aufgeführten Rechtsakte werden nach Maßgabe jenes Anhangs angepasst.

Artikel 20

Die infolge des Beitritts erforderlichen Anpassungen der in Anhang IV aufgeführten Rechtsakte werden nach den dort aufgestellten Leitlinien vorgenommen.

TITEL II
SONSTIGE BESTIMMUNGEN

Artikel 21

Die in Anhang V dieser Akte aufgeführten Maßnahmen werden unter den in jenem Anhang festgelegten Bedingungen angewandt.

Artikel 22

Der Rat kann einstimmig auf Vorschlag der Kommission und nach Anhörung des Europäischen Parlaments die bei einer Änderung der Gemeinschaftsregelung gegebenenfalls erforderlichen Anpassungen der Bestimmungen dieser Akte über die Gemeinsame Agrarpolitik vornehmen.

VIERTER TEIL
BESTIMMUNGEN MIT BEGRENZTER GELTUNGSDAUER

TITEL I
ÜBERGANGSMASSNAHMEN

Artikel 23

Die in den Anhängen VI und VII aufgeführten Maßnahmen gelten in Bezug auf Bulgarien und Rumänien unter den in jenen Anhängen festgelegten Bedingungen.

TITEL II
INSTITUTIONELLE BESTIMMUNGEN

Artikel 24

(1) Abweichend von der Höchstzahl der Mitglieder des Europäischen Parlaments nach Artikel 189 Absatz 2 des EG-Vertrags und Artikel 107 Absatz 2 des EAG-Vertrags wird die Anzahl der Mitglieder des Europäischen Parlaments erhöht, um dem Beitritt Bulgariens und Rumäniens Rechnung zu tragen, wobei die Anzahl der Sitze für diese Länder für den Zeitraum ab dem Tag des Beitritts bis zum Beginn der Wahlperiode 2009 bis 2014 des Europäischen Parlaments wie folgt festgelegt wird:

Bulgarien	18
Rumänien	35.

(2) Vor dem 31. Dezember 2007 halten Bulgarien und Rumänien nach Maßgabe des Akts zur Einführung allgemeiner unmittelbarer Wahlen der Abgeordneten des Europäischen Parlaments[3]) jeweils allgemeine unmittelbare Wahlen ihrer Völker zum Europäischen Parlament ab, bei denen die in Absatz 1 festgelegte Anzahl von Abgeordneten gewählt wird.

(3) Abweichend von Artikel 190 Absatz 1 des EG-Vertrags und Artikel 108 Absatz 1 des EAG-Vertrags werden, wenn Wahlen nach dem Tag des Beitritts abgehalten werden, die Abgeordneten der Völker Bulgariens und Rumäniens im Europäischen Parlament für den Zeitraum ab dem Tag des Beitritts bis zu den in Absatz 2 genannten Wahlen von den Parlamenten dieser Staaten entsprechend den von ihnen festgelegten Verfahren bestimmt.

TITEL III
FINANZBESTIMMUNGEN

Artikel 25

(1) Ab dem Tag des Beitritts zahlen Bulgarien und Rumänien die folgenden Beträge entsprechend ihrem Anteil an dem Kapital, das auf das in Artikel 4 der Satzung der Europäischen Investitionsbank[4]) festgelegte gezeichnete Kapital eingezahlt wurde.

Bulgarien	EUR 14 800 000
Rumänien	EUR 42 300 000.

Diese Beträge werden in acht gleichen Raten gezahlt, die am 31. Mai 2007, 31. Mai 2008, 31. Mai 2009, 30. November 2009, 31. Mai 2010,

---

[3]) ABl. L 278 vom 8.10.1976, S. 5. Zuletzt geändert durch den Beschluss 2002/772/EG, Euratom des Rates (ABl. L 283 vom 21.10.2002, S. 1).

[4]) Bei den angegebenen Beträgen handelt es sich um Richtwerte, die sich auf die von Eurostat für das Jahr 2003 veröffentlichten Daten stützen.

30. November 2010, 31. Mai 2011 und 30. November 2011 fällig werden.

(2) Bulgarien und Rumänien leisten zu den Rücklagen und zu den den Rücklagen gleichzusetzenden Rückstellungen sowie zu dem den Rücklagen und Rückstellungen noch zuzuweisenden Betrag (Saldo der Gewinn- und Verlustrechnung zum Ende des dem Beitritt vorausgehenden Monats), wie sie in der Bilanz der Bank ausgewiesen werden, zu den in Absatz 1 vorgesehenen Zeitpunkten in acht gleichen Raten Beiträge in Höhe folgender Prozentsätze der Rücklagen und Rückstellungen[5]):

Bulgarien	0,181 %
Rumänien	0,517 %.

(3) Die Kapitalbeiträge und Einzahlungen nach den Absätzen 1 und 2 werden von Bulgarien und Rumänien in bar in Euro geleistet, sofern der Rat der Gouverneure nicht einstimmig eine Ausnahme hierzu beschließt.

Artikel 26

(1) Bulgarien und Rumänien überweisen die folgenden Beträge an den Forschungsfonds für Kohle und Stahl im Sinne des Beschlusses 2002/234/EGKS der im Rat vereinigten Vertreter der Regierungen der Mitgliedstaaten vom 27. Februar 2002 über die finanziellen Folgen des Ablaufs des EGKS-Vertrags und über den Forschungsfonds für Kohle und Stahl[6]):

(in Mio. EUR zu laufenden Preisen)

Bulgarien	11,95
Rumänien	29,88.

(2) Die Beiträge zum Forschungsfonds für Kohle und Stahl werden beginnend mit dem Jahr 2009 in vier Raten jeweils am ersten Arbeitstag des ersten Monats jedes Jahres wie folgt überwiesen:

2009: 15 %
2010: 20 %
2011: 30 %
2012: 35 %.

Artikel 27

(1) Vom Tag des Beitritts an werden Ausschreibung, Auftragsvergabe, Durchführung und Zahlungen im Rahmen von Heranführungshilfen nach den Programmen PHARE[7]) und PHARE-CBC[8]) sowie von Beihilfen nach der in Artikel 31 genannten Übergangsfazilität von Durchführungsstellen in Bulgarien und Rumänien verwaltet.

Die Ex-ante-Kontrolle der Kommission für Ausschreibung und Auftragsvergabe wird mit einem entsprechenden Beschluss der Kommission aufgehoben, wenn die Kommission ein Zulassungsverfahren durchgeführt hat und das Erweiterte Dezentrale Durchführungssystem (Extended Decentralised Implementation System – EDIS) anhand der im Anhang zu der Verordnung (EG) Nr. 1266/1999 des Rates vom 21. Juni 1999 zur Koordinierung der Hilfe für die beitrittswilligen Länder im Rahmen der Heranführungsstrategie und zur Änderung der Verordnung (EWG) Nr. 3906/89[9]) und des Artikels 164 der Haushaltsordnung für den Gesamthaushaltsplan der Europäischen Gemeinschaften[10]) festgelegten Kriterien und Bedingungen positiv beurteilt worden ist.

Wird dieser Kommissionsbeschluss zur Aufhebung der Ex-ante-Kontrolle nicht vor dem Tag des Beitritts gefasst, so kann für keinen der Verträge, die zwischen dem Tag des Beitritts und dem Tag des Kommissionsbeschlusses unterzeichnet werden, Heranführungshilfe gewährt werden.

Verzögert sich jedoch der Beschluss der Kommission zur Aufhebung der Ex-ante-Kontrolle aus Gründen, die nicht den Behörden Bulgariens bzw. Rumäniens zuzuschreiben sind, über den Tag des Beitritts hinaus, so kann die Kommission in gebührend begründeten Fällen einer Heranführungshilfe für Verträge, die zwischen dem Tag des Beitritts und dem Tag des Kommissionsbeschlusses unterzeichnet wurden, und einer weiteren Durchführung von Heranführungshilfen für einen begrenzten Zeitraum vorbehaltlich einer Ex-ante-Kontrolle von Ausschreibung und Auftragsvergabe durch die Kommission zustimmen.

(2) Mittelbindungen, die vor dem Beitritt im Rahmen der in Absatz 1 genannten Vorbeitritts-Finanzinstrumente und nach dem Beitritt im Rahmen der in Artikel 31 genannten Übergangsfazilität erfolgt sind, einschließlich des Abschlusses und der Verbuchung späterer rechtlicher Einzelverpflichtungen und Zahlungen nach dem Beitritt, unterliegen weiterhin den Regelungen und Verordnungen für die Vorbeitritts-Finanzinstrumente und werden bis zum

---

[5]) Bei den angegebenen Beträgen handelt es sich um Richtwerte, die sich auf die von Eurostat für das Jahr 2003 veröffentlichten Daten stützen.

[6]) ABl. L 79 vom 22.3.2002, S. 42.

[7]) Verordnung (EWG) Nr. 3906/89 des Rates vom 18. Dezember 1989 über Wirtschaftshilfe für bestimmte Länder in Mittel- und Osteuropa (ABl. L 375 vom 23.12.1989, S. 11). Zuletzt geändert durch die Verordnung (EG) Nr. 769/2004 (ABl. L 123 vom 27.4.2004, S. 1).

[8]) Verordnung (EG) Nr. 2760/98 der Kommission vom 18. Dezember 1998 über die Durchführung eines Programms für grenzübergreifende Zusammenarbeit im Rahmen des PHARE-Programms (ABl. L 345 vom 19.12.1998, S. 49). Zuletzt geändert durch die Verordnung (EG) Nr. 1822/2003 (ABl. L 267 vom 17.10.2003, S. 9).

[9]) ABl. L 161 vom 26.6.1999, S. 68.

[10]) Verordnung (EG, Euratom) Nr. 1605/2002 des Rates vom 25.6.2002 (ABl. L 248 vom 16.9.2002, S. 1).

Abschluss der betreffenden Programme und Projekte in den entsprechenden Kapiteln des Haushalts veranschlagt. Dessen ungeachtet werden Verfahren zur Vergabe öffentlicher Aufträge, die nach dem Beitritt eingeleitet werden, in Einklang mit den einschlägigen Gemeinschaftsrichtlinien durchgeführt.

(3) Für die in Absatz 1 genannte Heranführungshilfe wird im letzten Jahr vor dem Beitritt letztmalig eine Programmplanung durchgeführt. Die Aufträge für Maßnahmen im Rahmen dieser Programme sind innerhalb der folgenden zwei Jahre zu vergeben. Verlängerungen der Auftragsvergabefrist werden nicht genehmigt. Für die Ausführung der Aufträge können in gebührend begründeten Ausnahmefällen befristete Verlängerungen genehmigt werden.

Ungeachtet dessen kann Heranführungshilfe für Verwaltungskosten nach Absatz 4 in den ersten zwei Jahren nach dem Beitritt gebunden werden. Für Audit- und Evaluierungskosten kann Heranführungshilfe für die Dauer von fünf Jahren nach dem Beitritt gebunden werden.

(4) Zur Gewährleistung der erforderlichen schrittweisen Einstellung der in Absatz 1 genannten Vorbeitritts-Finanzinstrumente und des ISPA-Programms[11]) kann die Kommission alle geeigneten Maßnahmen ergreifen, um dafür zu sorgen, dass das erforderliche Statutspersonal in Bulgarien und Rumänien nach dem Beitritt noch für höchstens 19 Monate weiter tätig ist. In diesem Zeitraum gelten für Beamte, Bedienstete auf Zeit und Vertragsbedienstete, die vor dem Beitritt in Planstellen in Bulgarien und Rumänien eingewiesen wurden und die nach dem Beitritt weiterhin in diesen Staaten ihren Dienst zu verrichten haben, ausnahmsweise die gleichen finanziellen und materiellen Bedingungen, wie sie die Kommission vor dem Beitritt gemäß dem Statut der Beamten und der Beschäftigungsbedingungen für die sonstigen Bediensteten der Europäischen Gemeinschaften – der Verordnung (EWG, Euratom, EGKS) des Rates Nr. 259/68[12]) – angewandt hat. Die Verwaltungsausgaben einschließlich der Bezüge sonstigen erforderlichen Personals werden aus der Haushaltslinie „Einstellung der Heranführungshilfe für die neuen Mitgliedstaaten“ oder einer entsprechenden Haushaltslinie im geeigneten, mit der Erweiterung im Zusammenhang stehenden Politikbereich des Gesamthaushaltsplans der Europäischen Gemeinschaften finanziert.

[11]) Verordnung (EG) Nr. 1267/1999 des Rates vom 21. Juni 1999 über ein strukturpolitisches Instrument zur Vorbereitung auf den Beitritt (ABl. L 161 vom 26.6.1999, S. 73). Zuletzt geändert durch die Verordnung (EG) Nr. 769/2004 des Rates (ABl. L 123 vom 27.4.2004, S. 1).

[12]) ABl. L 56 vom 4.3.1968, S. 1. Zuletzt geändert durch die Verordnung (EG, Euratom) Nr. 723/2004 (ABl. L 124 vom 27.4.2004, S. 1).

Artikel 28

(1) Maßnahmen, die zum Zeitpunkt des Beitritts Gegenstand von Beschlüssen über Unterstützung gemäß der Verordnung (EG) Nr. 1267/1999 über ein strukturpolitisches Instrument zur Vorbereitung auf den Beitritt waren und deren Durchführung zu diesem Zeitpunkt noch nicht abgeschlossen war, gelten als von der Kommission gemäß der Verordnung (EG) Nr. 1164/94 des Rates vom 16. Mai 1994 zur Einrichtung eines Kohäsionsfonds[13]) genehmigt. Beträge, die für die Durchführung derartiger Maßnahmen noch gebunden werden müssen, werden gemäß der zum Zeitpunkt des Beitritts für den Kohäsionsfonds geltenden Verordnung gebunden und dem Kapitel zugewiesen, das im Gesamthaushaltsplan der Europäischen Gemeinschaften dieser Verordnung entspricht. Sofern in den Absätzen 2 bis 5 nichts anderes angegeben ist, gelten für derartige Maßnahmen die Bestimmungen zur Durchführung von Maßnahmen, die gemäß der letzteren Verordnung genehmigt worden sind.

(2) Vergabeverfahren für Maßnahmen nach Absatz 1, die am Tag des Beitritts bereits Gegenstand einer Ausschreibung im Amtsblatt der Europäischen Union waren, werden gemäß den in der Ausschreibung enthaltenen Regeln durchgeführt. Die Bestimmungen von Artikel 165 der Haushaltsordnung für den Gesamthaushaltsplan der Europäischen Gemeinschaften finden jedoch keine Anwendung. Vergabeverfahren für Maßnahmen nach Absatz 1, die noch nicht Gegenstand einer Ausschreibung im Amtsblatt der Europäischen Union waren, müssen in Einklang stehen mit den Bestimmungen der Verträge, den aufgrund der Verträge erlassenen Rechtsakten und den Gemeinschaftspolitiken, einschließlich der Politiken in den Bereichen Umweltschutz, Verkehr, transeuropäische Netze, Wettbewerb und Vergabe öffentlicher Aufträge.

(3) Zahlungen, die die Kommission im Rahmen einer Maßnahme nach Absatz 1 tätigt, werden der am weitesten zurückliegenden offenen Mittelbindung an erster Stelle gemäß Verordnung (EG) Nr. 1267/1999 und danach gemäß der zum jeweiligen Zeitpunkt für den Kohäsionsfonds geltenden Verordnung zugeordnet.

(4) Außer in ausreichend begründeten Fällen, über die die Kommission auf Antrag des betreffenden Mitgliedstaats beschließt, gelten für die Maßnahmen nach Absatz 1 weiterhin die Regeln für die Förderfähigkeit von Ausgaben gemäß Verordnung (EG) Nr. 1267/1999.

(5) Die Kommission kann in ausreichend begründeten Ausnahmefällen beschließen, für die

[13]) ABl. L 130 vom 25.5.1994. Zuletzt geändert durch die Beitrittsakte von 2003 (ABl. L 236 vom 23.9.2003, S. 33).

Maßnahmen nach Absatz 1 spezifische Befreiungen von den Regeln zu genehmigen, die gemäß der zum Zeitpunkt des Beitritts für den Kohäsionsfonds geltenden Verordnung anwendbar sind.

Artikel 29

Erstreckt sich der Zeitraum für mehrjährige Mittelbindungen im Rahmen des SAPARD-Programms[14]) für die Aufforstung landwirtschaftlicher Flächen, die Unterstützung der Einrichtung von Erzeugergemeinschaften oder Agrarumweltmaßnahmen über das letzte für Zahlungen im Rahmen von SAPARD zulässige Datum hinaus, so werden noch bestehende Mittelbindungen im Programm 2007 bis 2013 für die Entwicklung des ländlichen Raums abgewickelt. Sind dafür besondere Übergangsmaßnahmen erforderlich, so werden diese nach dem Verfahren des Artikels 50 Absatz 2 der Verordnung (EG) Nr. 1260/1999 des Rates vom 21. Juni 1999 mit allgemeinen Bedingungen über die Strukturfonds[15]) erlassen.

Artikel 30

(1) Bulgarien hat entsprechend seinen Zusagen die Reaktoren 1 und 2 des Kernkraftwerks Kosloduj vor dem Jahr 2003 endgültig abgeschaltet, damit sie anschließend stillgelegt werden können; ferner hat es zugesagt, die Reaktoren 3 und 4 dieses Kernkraftwerks im Jahr 2006 endgültig abzuschalten und anschließend stillzulegen.

(2) Im Zeitraum 2007 bis 2009 stellt die Gemeinschaft Bulgarien eine Finanzhilfe für die Stilllegungsarbeiten und zur Bewältigung der Folgen der Abschaltung und Stilllegung der Reaktoren 1 bis 4 des Kernkraftwerks Kosloduj bereit.

Die Finanzhilfe umfasst unter anderem Folgendes: Maßnahmen zur Unterstützung der Stilllegung der Reaktoren 1 bis 4 des Kernkraftwerks Kosloduj, Maßnahmen zur Verbesserung der Umweltfreundlichkeit entsprechend dem Besitzstand, Maßnahmen zur Modernisierung konventioneller Stromerzeugungskapazitäten sowie der Bereiche Übertragung und Verteilung von Energie in Bulgarien und Maßnahmen zur Verbesserung der Energieeffizienz, zum Ausbau der Nutzung erneuerbarer Energiequellen und zur Verbesserung der Sicherheit der Energieversorgung.

Für den Zeitraum 2007 bis 2009 beläuft sich die Finanzhilfe auf 210 Mio. EUR (zu Preisen von 2004) an Verpflichtungsermächtigungen, die in gleichen jährlichen Tranchen von je 70 Mio. EUR (zu Preisen von 2004) zu binden sind.

Die Finanzhilfe kann ganz oder teilweise in Form eines Beitrags der Gemeinschaft zum Internationalen Fonds zur Unterstützung der Stilllegung von Kosloduj, der von der Europäischen Bank für Wiederaufbau und Entwicklung verwaltet wird, bereitgestellt werden.

(3) Die Kommission kann Regeln für die Umsetzung der in Absatz 2 genannten Finanzhilfe annehmen. Die Regeln werden gemäß dem Beschluss 1999/468/EG des Rates vom 28. Juni 1999 zur Festlegung der Modalitäten für die Ausübung der der Kommission übertragenen Durchführungsbefugnisse[16]) festgelegt. Zu diesem Zweck wird die Kommission von einem Ausschuss unterstützt. Die Artikel 4 und 7 des Beschlusses 1999/468/EG kommen zur Anwendung. Der Zeitraum nach Artikel 4 Absatz 3 des Beschlusses 1999/468/EG beträgt sechs Wochen. Der Ausschuss gibt sich eine Geschäftsordnung.

Artikel 31

(1) Für das erste Jahr nach dem Beitritt stellt die Union Bulgarien und Rumänien eine vorübergehende Finanzhilfe (nachstehend „Übergangsfazilität" genannt) bereit, um ihre Justiz- und Verwaltungskapazitäten zur Anwendung und Durchsetzung des Gemeinschaftsrechts zu entwickeln und zu stärken und den gegenseitigen Austausch bewährter Praktiken zu fördern. Mit dieser Finanzhilfe werden Projekte zum Institutionenaufbau und damit verbundene kleinere Investitionen finanziert.

(2) Die Hilfe dient dazu, dem anhaltenden Erfordernis, die institutionellen Kapazitäten in bestimmten Bereichen zu stärken, durch Maßnahmen zu entsprechen, die nicht von den Strukturfonds oder dem Fonds für die Entwicklung des ländlichen Raums finanziert werden können.

(3) Für Partnerschaftsprojekte zwischen öffentlichen Verwaltungen zum Zwecke des Institutionenaufbaus gilt weiterhin das in den Rahmenabkommen mit den Mitgliedstaaten zum Zwecke der Heranführungshilfe festgelegte Verfahren für den Aufruf zur Einreichung von Vorschlägen über das Netz der Kontaktstellen in den Mitgliedstaaten.

Die Verpflichtungsermächtigungen für die Übergangsfazilität für Bulgarien und Rumänien betragen im ersten Jahr nach dem Beitritt

---

[14]) Verordnung (EG) Nr. 1268/1999 des Rates vom 21. Juni 1999 über eine gemeinschaftliche Förderung für Maßnahmen in den Bereichen Landwirtschaft und Entwicklung des ländlichen Raumes zur Vorbereitung des Beitritts der Bewerberländer in Mittel- und Osteuropa während des Heranführungszeitraums (ABl. L 161 vom 26.6.1999, S. 87). Zuletzt geändert durch die Verordnung (EG) Nr. 2008/2004 (ABl. L 349 vom 25.11.2004, S. 12).

[15]) ABl. L 161 vom 26.6.1999, S. 1. Zuletzt geändert durch die Beitrittsakte von 2003 (ABl. L 236 vom 23.9.2003, S. 33).

[16]) ABl. L 184 vom 17.7.1999, S. 23.

82 Mio. EUR zu Preisen von 2004 und werden nationalen und horizontalen Prioritäten zugewiesen. Die Mittel werden von der Haushaltsbehörde innerhalb der Grenzen der Finanziellen Vorausschau bewilligt.

(4) Über die Hilfe im Rahmen der Übergangsfazilität und deren Durchführung wird nach der Verordnung (EWG) Nr. 3906/89 des Rates über Wirtschaftshilfe für bestimmte Länder Mittel- und Osteuropas beschlossen.

Artikel 32

(1) Es wird eine Cashflow- und Schengen-Fazilität als zeitlich befristetes Instrument eingerichtet, um Bulgarien und Rumänien ab dem Tag des Beitritts bis zum Ende des Jahres 2009 bei der Finanzierung von Maßnahmen an den neuen Außengrenzen der Union zur Durchführung des Schengen-Besitzstandes und der Kontrollen an den Außengrenzen und bei der Verbesserung der Liquidität in den nationalen Haushaltsplänen zu unterstützen.

(2) Für den Zeitraum 2007 bis 2009 werden Bulgarien und Rumänien die folgenden Beträge (Preise von 2004) in Form von Pauschalbeträgen aus der zeitlich befristeten Cashflow- und Schengen-Fazilität bereitgestellt:

(in Mio. EUR zu Preisen von 2004)

	2007	2008	2009
Bulgarien	121,8	59,1	58,6
Rumänien	297,2	131,8	130,8

(3) Mindestens 50 % der jedem Land im Rahmen dieser zeitlich befristeten Cashflow- und Schengen-Fazilität zugewiesenen Mittel sind zu verwenden, um Bulgarien und Rumänien bei ihrer Verpflichtung zu unterstützen, Maßnahmen an den neuen Außengrenzen der Union zur Durchführung des Schengen-Besitzstands und der Kontrollen an den Außengrenzen zu finanzieren.

(4) Bulgarien und Rumänien wird am ersten Arbeitstag jedes Monats des entsprechenden Jahres ein Zwölftel des jeweiligen Jahresbetrags gezahlt. Die Pauschalbeträge sind innerhalb von drei Jahren nach der ersten Zahlung zu verwenden. Bulgarien und Rumänien legen spätestens sechs Monate nach Ablauf des Dreijahreszeitraums einen umfassenden Bericht über die endgültige Verwendung der aus der Abteilung „Schengen" der befristeten Cashflow- und Schengen-Fazilität gezahlten Pauschalbeträge mit einer Begründung der Ausgaben vor. Nicht verwendete oder ungerechtfertigt ausgegebene Mittel werden von der Kommission wieder eingezogen.

(5) Die Kommission kann technische Vorschriften erlassen, die für das Funktionieren der zeitlich befristeten Cashflow- und Schengen-Fazilität erforderlich sind.

Artikel 33

(1) Unbeschadet künftiger politischer Entscheidungen wird die gesamte Mittelausstattung für strukturpolitische Maßnahmen, die Bulgarien und Rumänien während des Dreijahreszeitraums 2007 bis 2009 zur Verfügung gestellt wird, wie folgt festgesetzt:

(in Mio. EUR zu Preisen von 2004)

	2007	2008	2009
Bulgarien	539	759	1002
Rumänien	1399	1972	2603

(2) Während der drei Jahre 2007 bis 2009 werden der Anwendungsbereich und die Art der Beihilfen innerhalb dieser festgelegten länderspezifischen Finanzrahmen auf der Grundlage der dann für strukturpolitische Maßnahmen geltenden Bestimmungen festgelegt.

Artikel 34

(1) Zusätzlich zu den am Tag des Beitritts geltenden Verordnungen über die Entwicklung des ländlichen Raums gelten für Bulgarien und Rumänien die Bestimmungen des Anhangs VIII Abschnitte I bis III im Zeitraum 2007 bis 2009 und die spezifischen Finanzbestimmungen des Anhangs VIII Abschnitt IV im gesamten Programmplanungszeitraum 2007 bis 2013.

(2) Unbeschadet künftiger politischer Entscheidungen belaufen sich die Verpflichtungsermächtigungen aus dem EAGFL, Abteilung Garantie, für die Entwicklung des ländlichen Raums zugunsten von Bulgarien und Rumänien im Dreijahreszeitraum 2007 bis 2009 auf 3041 Mio. EUR (Preise von 2004).

(3) Durchführungsbestimmungen für die Anwendung des Anhangs VIII werden erforderlichenfalls nach dem Verfahren des Artikels 50 Absatz 2 der Verordnung (EG) Nr. 1260/1999 erlassen.

(4) Der Rat beschließt mit qualifizierter Mehrheit auf Vorschlag der Kommission und nach Anhörung des Europäischen Parlaments etwaige Anpassungen der Bestimmungen des Anhangs VIII, wenn dies erforderlich ist, um die Kohärenz mit den Verordnungen über die Entwicklung des ländlichen Raums sicherzustellen.

Artikel 35

Die Kommission passt die in den Artikeln 30, 31, 32, 33 und 34 genannten Beträge jedes Jahr im Rahmen der jährlichen technischen Anpassung der Finanziellen Vorausschau an die Preisentwicklung an.

TITEL IV
SONSTIGE BESTIMMUNGEN

Artikel 36

(1) Für einen Zeitraum von bis zu drei Jahren nach dem Beitritt kann Bulgarien oder Rumänien bei Schwierigkeiten, welche einen Wirtschaftszweig erheblich und voraussichtlich anhaltend treffen oder welche die wirtschaftliche Lage eines bestimmten Gebiets beträchtlich verschlechtern können, die Genehmigung zur Anwendung von Schutzmaßnahmen beantragen, um die Lage wieder auszugleichen und den betreffenden Wirtschaftszweig an die Wirtschaft des Binnenmarkts anzupassen.

Unter den gleichen Bedingungen kann ein derzeitiger Mitgliedstaat die Genehmigung zur Anwendung von Schutzmaßnahmen gegenüber Bulgarien, Rumänien oder diesen beiden Staaten beantragen.

(2) Auf Antrag des betreffenden Staates bestimmt die Kommission im Dringlichkeitsverfahren die ihres Erachtens erforderlichen Schutzmaßnahmen und legt gleichzeitig die Bedingungen und Einzelheiten ihrer Anwendung fest.

Im Fall erheblicher wirtschaftlicher Schwierigkeiten entscheidet die Kommission auf ausdrücklichen Antrag des betreffenden Mitgliedstaats binnen fünf Arbeitstagen nach Eingang des mit Gründen versehenen Antrags. Die beschlossenen Maßnahmen sind sofort anwendbar; sie tragen dem Interesse aller Beteiligten Rechnung und dürfen keine Grenzkontrollen mit sich bringen.

(3) Die nach Absatz 2 genehmigten Maßnahmen können von den Vorschriften des EG-Vertrags und von dieser Akte abweichen, soweit und solange dies unbedingt erforderlich ist, um die in Absatz 1 genannten Ziele zu erreichen. Es sind mit Vorrang solche Maßnahmen zu wählen, die das Funktionieren des Binnenmarkts am wenigsten stören.

Artikel 37

Hat Bulgarien oder Rumänien seine im Rahmen der Beitrittsverhandlungen eingegangenen Verpflichtungen nicht erfüllt und dadurch eine ernste Beeinträchtigung des Funktionierens des Binnenmarkts hervorgerufen, einschließlich der Verpflichtungen in allen sektorbezogenen Politiken, die wirtschaftliche Tätigkeiten mit grenzüberschreitender Wirkung betreffen, oder besteht die unmittelbare Gefahr einer solchen Beeinträchtigung, so kann die Kommission für einen Zeitraum von bis zu drei Jahren nach dem Beitritt auf begründeten Antrag eines Mitgliedstaats oder auf eigene Initiative geeignete Maßnahmen erlassen.

Diese Maßnahmen müssen verhältnismäßig sein, wobei vorrangig Maßnahmen, die das Funktionieren des Binnenmarkts am wenigsten stören, zu wählen und gegebenenfalls bestehende sektorale Schutzmechanismen anzuwenden sind. Solche Schutzmaßnahmen dürfen nicht als willkürliche Diskriminierung oder als versteckte Beschränkung des Handels zwischen den Mitgliedstaaten angewandt werden. Die Schutzklausel kann schon vor dem Beitritt aufgrund der Ergebnisse der Überwachung geltend gemacht werden, und die Maßnahmen treten am ersten Tag der Mitgliedschaft in Kraft, sofern nicht ein späterer Zeitpunkt vorgesehen ist. Die Maßnahmen werden nicht länger als unbedingt nötig aufrechterhalten und werden auf jeden Fall aufgehoben, sobald die einschlägige Verpflichtung erfüllt ist. Sie können jedoch über den in Absatz 1 genannten Zeitraum hinaus angewandt werden, solange die einschlägigen Verpflichtungen nicht erfüllt sind. Aufgrund von Fortschritten der betreffenden neuen Mitgliedstaaten bei der Erfüllung ihrer Verpflichtungen kann die Kommission die Maßnahmen in geeigneter Weise anpassen. Die Kommission unterrichtet den Rat rechtzeitig, bevor sie die Schutzmaßnahmen aufhebt, und trägt allen Bemerkungen des Rates in dieser Hinsicht gebührend Rechnung.

Artikel 38

Treten bei der Umsetzung, der Durchführung oder der Anwendung von Rahmenbeschlüssen oder anderen einschlägigen Verpflichtungen, Instrumenten der Zusammenarbeit oder Beschlüssen in Bezug auf die gegenseitige Anerkennung im Bereich des Strafrechts im Rahmen des Titels VI des EU-Vertrags und von Richtlinien und Verordnungen in Bezug auf die gegenseitige Anerkennung im Bereich des Zivilrechts im Rahmen des Titels IV des EG-Vertrags in Bulgarien oder Rumänien ernste Mängel auf oder besteht die Gefahr ernster Mängel, so kann die Kommission für einen Zeitraum von bis zu drei Jahren nach dem Beitritt auf begründeten Antrag eines Mitgliedstaats oder auf eigene Initiative und nach Konsultation der Mitgliedstaaten angemessene Maßnahmen treffen und die Bedingungen und Einzelheiten ihrer Anwendung festlegen.

Diese Maßnahmen können in Form einer vorübergehenden Aussetzung der Anwendung einschlägiger Bestimmungen und Beschlüsse in den Beziehungen zwischen Bulgarien oder Rumänien und einem oder mehreren anderen Mitgliedstaat(en) erfolgen; die Fortsetzung einer engen justiziellen Zusammenarbeit bleibt hiervon unberührt. Die Schutzklausel kann schon vor dem Beitritt aufgrund der Ergebnisse der Überwachung geltend gemacht werden und die Maßnahmen treten am ersten Tag der Mitgliedschaft in Kraft, sofern nicht ein späterer Zeitpunkt vorgesehen ist. Die Maßnahmen werden nicht länger als unbedingt nötig aufrechterhalten und werden auf jeden Fall aufgehoben, sobald die Mängel beseitigt sind. Sie können jedoch über den in Absatz 1 genannten Zeitraum hinaus angewandt werden, solange die Mängel weiter bestehen. Aufgrund von Fortschritten des betreffenden neuen Mitgliedstaats bei der Beseitigung der festgestellten Mängel kann die Kommission die Maßnahmen nach Konsultation der Mitgliedstaaten in geeigneter Weise anpassen. Die Kommission unterrichtet den Rat rechtzeitig, bevor sie die Schutzmaßnahmen aufhebt, und trägt allen Bemerkungen des Rates in dieser Hinsicht gebührend Rechnung.

Artikel 39

(1) Falls auf der Grundlage der von der Kommission sichergestellten kontinuierlichen Überwachung der Verpflichtungen, die Bulgarien und Rumänien im Rahmen der Beitrittsverhandlungen eingegangen sind, und insbesondere auf der Grundlage der Überwachungsberichte der Kommission eindeutig nachgewiesen ist, dass sich die Vorbereitungen im Hinblick auf die Übernahme und Umsetzung des Besitzstands in Bulgarien oder Rumänien auf einem Stand befinden, der die ernste Gefahr mit sich bringt, dass einer dieser Staaten in einigen wichtigen Bereichen offenbar nicht in der Lage ist, die Anforderungen der Mitgliedschaft bis zum Beitrittstermin 1. Januar 2007 zu erfüllen, so kann der Rat auf Empfehlung der Kommission einstimmig beschließen, den Zeitpunkt des Beitritts des betreffenden Staates um ein Jahr auf den 1. Januar 2008 zu verschieben.

(2) Werden bei der Erfüllung einer oder mehrerer der in Anhang IX Nummer I aufgeführten Verpflichtungen und Anforderungen durch Rumänien ernste Mängel festgestellt, so kann der Rat ungeachtet des Absatzes 1 mit qualifizierter Mehrheit auf Empfehlung der Kommission in Bezug auf Rumänien einen Beschluss gemäß Absatz 1 fassen.

(3) Ungeachtet des Absatzes 1 und unbeschadet des Artikels 37 kann der Rat mit qualifizierter Mehrheit auf Empfehlung der Kommission nach einer im Herbst 2005 vorzunehmenden eingehenden Bewertung der Fortschritte Rumäniens auf dem Gebiet der Wettbewerbspolitik den in Absatz 1 genannten Beschluss in Bezug auf Rumänien fassen, wenn bei der Erfüllung der Verpflichtungen im Rahmen des Europa-Abkommens[17]) oder bei der Erfüllung einer oder mehrerer der in Anhang IX Nummer II aufgeführten Verpflichtungen und Anforderungen durch Rumänien ernste Mängel festgestellt werden.

(4) Wird ein Beschluss nach Absatz 1, 2 oder 3 erlassen, so befindet der Rat unverzüglich mit qualifizierter Mehrheit über die Anpassungen, die aufgrund des aufschiebenden Beschlusses in Bezug auf diese Akte, einschließlich ihrer Anhänge und Anlagen, unerlässlich geworden sind.

Artikel 40

Um das reibungslose Funktionieren des Binnenmarkts nicht zu behindern, darf die Durchführung der innerstaatlichen Vorschriften Bulgariens und Rumäniens während der in den Anhängen VI und VII vorgesehenen Übergangszeiten nicht zu Grenzkontrollen zwischen den Mitgliedstaaten führen.

Artikel 41

Sind Übergangsmaßnahmen erforderlich, um den Übergang von der in Bulgarien und Rumänien bestehenden Regelung auf die Regelung zu erleichtern, die sich aus der Anwendung der Gemeinsamen Agrarpolitik gemäß den in dieser Akte genannten Bedingungen ergibt, so werden diese Maßnahmen von der Kommission entsprechend dem Verfahren nach Artikel 25 Absatz 2 der Verordnung (EG) des Rates Nr. 1784/2003 vom 29. September 2003 über die gemeinsame Marktorganisation für Getreide[18]) oder gegebenenfalls dem Verfahren nach den entsprechenden Artikeln anderer Verordnungen über gemeinsame Markorganisationen oder entsprechend dem in den anwendbaren Rechtsvorschriften vorgesehenen einschlägigen Verfahren erlassen. Die in diesem Artikel genannten Übergangsmaßnahmen können während eines Zeitraums von drei Jahren nach dem Beitritt erlassen werden und ihre Anwendung ist auf diesen Zeitraum zu beschränken. Der Rat kann diesen Zeitraum auf Vorschlag der Kommission und nach Anhörung des Europäischen Parlaments einstimmig verlängern.

Die Übergangsmaßnahmen, welche die Durchführung von in dieser Akte nicht genannten Rechtsakten der Gemeinsamen Agrarpolitik betreffen, die infolge des Beitritts erforderlich sind, werden vor dem Beitritt vom Rat auf Vorschlag der Kommission mit qualifizierter Mehrheit angenommen oder, wenn sie Rechtsakte betreffen, die ursprünglich von der Kommission erlassen worden sind, von dieser nach dem für die Annahme der betreffenden Rechtsakte erforderlichen Verfahren erlassen.

Artikel 42

Sind Übergangsmaßnahmen erforderlich, um den Übergang von der in Bulgarien und Rumänien bestehenden Regelung auf die Regelung zu erleichtern, die sich aus der Anwendung der Be-

[17]) Europa-Abkommen zur Gründung einer Assoziation zwischen den Europäischen Gemeinschaften und ihren Mitgliedstaaten einerseits und Rumänien andererseits (ABl. L 357 vom 31.12.1994, S. 2).

[18]) ABl. L 270 vom 21.10.2003, S. 78.

stimmungen des Veterinär- und Pflanzenschutzrechts sowie des Lebensmittelsicherheitsrechts der Gemeinschaft ergibt, so werden diese Maßnahmen von der Kommission nach dem in den anwendbaren Rechtsvorschriften vorgesehenen einschlägigen Verfahren erlassen. Diese Maßnahmen werden für einen Zeitraum von drei Jahren nach dem Beitritt getroffen und ihre Anwendung ist auf diesen Zeitraum zu beschränken.

FÜNFTER TEIL
BESTIMMUNGEN ÜBER DIE DURCHFÜHRUNG DIESER AKTE

TITEL I
EINSETZUNG DER ORGANE UND GREMIEN

Artikel 43

Das Europäische Parlament nimmt die infolge des Beitritts erforderlichen Anpassungen seiner Geschäftsordnung vor.

Artikel 44

Der Rat nimmt die infolge des Beitritts erforderlichen Anpassungen seiner Geschäftsordnung vor.

Artikel 45

Mit Wirkung vom Tag des Beitritts wird je ein Staatsangehöriger jedes neuen Mitgliedstaats zum Mitglied der Kommission ernannt. Die neuen Mitglieder der Kommission werden vom Rat mit qualifizierter Mehrheit nach Anhörung des Europäischen Parlaments und im Einvernehmen mit dem Präsidenten der Kommission ernannt.

Die Amtszeit der so ernannten Mitglieder endet zur gleichen Zeit wie die Amtszeit der zur Zeit des Beitritts im Amt befindlichen Mitglieder.

Artikel 46

(1) Beim Gerichtshof und beim Gericht erster Instanz werden jeweils zwei weitere Richter ernannt.

(2) Die Amtszeit eines der nach Absatz 1 ernannten Richter am Gerichtshof endet am 6. Oktober 2009. Dieser Richter wird durch das Los bestimmt. Die Amtszeit des anderen Richters endet am 6. Oktober 2012.

Die Amtszeit eines der nach Absatz 1 ernannten Richter am Gericht erster Instanz endet am 31. August 2007. Dieser Richter wird durch das Los bestimmt. Die Amtszeit des anderen Richters endet am 31. August 2010.

(3) Der Gerichtshof nimmt die infolge des Beitritts erforderlichen Anpassungen seiner Verfahrensordnung vor.

Das Gericht erster Instanz nimmt im Einvernehmen mit dem Gerichtshof die infolge des Beitritts erforderlichen Anpassungen seiner Verfahrensordnung vor.

Die angepassten Verfahrensordnungen bedürfen der Genehmigung des Rates, der mit qualifizierter Mehrheit beschließt.

(4) Bei der Entscheidung der am Tag des Beitritts anhängigen Rechtssachen, in denen das mündliche Verfahren vor diesem Zeitpunkt eröffnet wurde, tagen der Gerichtshof und das Gericht erster Instanz bei Vollsitzungen sowie die Kammern in der Zusammensetzung, die sie vor dem Beitritt hatten; sie wenden dabei die am Tag vor dem Tag des Beitritts geltenden Verfahrensordnungen an.

Artikel 47

Beim Rechnungshof werden zwei weitere Mitglieder mit einer Amtszeit von sechs Jahren ernannt.

Artikel 48

Der Wirtschafts- und Sozialausschuss wird durch die Ernennung von 27 Mitgliedern ergänzt, welche die verschiedenen wirtschaftlichen und sozialen Bereiche der organisierten Zivilgesellschaft Bulgariens und Rumäniens vertreten. Die Amtszeit der so ernannten Mitglieder endet zur gleichen Zeit wie die Amtszeit der zum Tag des Beitritts im Amt befindlichen Mitglieder.

Artikel 49

Der Ausschuss der Regionen wird durch die Ernennung von 27 Mitgliedern ergänzt, welche die regionalen und lokalen Gebietskörperschaften Bulgariens und Rumäniens vertreten und von denen jeder ein Wahlmandat in einer regionalen oder lokalen Gebietskörperschaft innehat oder gegenüber einer gewählten Versammlung politisch verantwortlich ist. Die Amtszeit der so ernannten Mitglieder endet zur gleichen Zeit wie die Amtszeit der zum Tag des Beitritts im Amt befindlichen Mitglieder.

Artikel 50

Die infolge des Beitritts erforderlichen Anpassungen der Satzungen und Geschäftsordnungen der durch die ursprünglichen Verträge eingesetzten Ausschüsse werden so bald wie möglich nach dem Beitritt vorgenommen.

Artikel 51

(1) Die neuen Mitglieder der durch die Verträge oder durch Rechtsakte der Organe eingesetzten Ausschüsse, Gruppen oder sonstigen Gremien werden unter den Bedingungen und

nach den Verfahren ernannt, die für die Ernennung von Mitgliedern dieser Ausschüsse, Gruppen oder sonstigen Gremien gelten. Die Amtszeit der neu ernannten Mitglieder endet zur gleichen Zeit wie die Amtszeit der zum Tag des Beitritts im Amt befindlichen Mitglieder.

(2) Sämtliche Mitglieder der durch die Verträge oder durch Rechtsakte der Organe eingesetzten Ausschüsse oder Gruppen, deren Mitgliederzahl unabhängig von der Gesamtzahl der Mitgliedstaaten unveränderlich bleibt, werden mit dem Beitritt neu ernannt, es sei denn, die Amtzeit der im Amt befindlichen Mitglieder endet innerhalb des auf den Beitritt folgendes Jahres.

TITEL II
ANWENDBARKEIT DER RECHTSAKTE DER ORGANE

Artikel 52

Die Richtlinien und Entscheidungen im Sinne des Artikels 249 des EG-Vertrags und des Artikels 161 des EAG-Vertrags gelten vom Tag des Beitritts an als an Bulgarien und Rumänien gerichtet, sofern diese Richtlinien und Entscheidungen an alle derzeitigen Mitgliedstaaten gerichtet wurden. Außer im Fall der Richtlinien und Entscheidungen, die nach Artikel 254 Absätze 1 und 2 des EG-Vertrags in Kraft getreten sind, werden Bulgarien und Rumänien so behandelt, als wären ihnen diese Richtlinien und Entscheidungen am Tage ihres Beitritts notifiziert worden.

Artikel 53

(1) Sofern in dieser Akte nicht eine andere Frist vorgesehen ist, setzen Bulgarien und Rumänien die erforderlichen Maßnahmen in Kraft, um den Richtlinien und Entscheidungen im Sinne des Artikels 249 des EG-Vertrags und des Artikels 161 des EAG-Vertrags am Tage ihres Beitritts nachzukommen. Sie teilen der Kommission diese Maßnahmen spätestens bis zum Tage ihres Beitritts oder gegebenenfalls innerhalb der in dieser Akte festgelegten Frist mit.

(2) Machen Änderungen an Richtlinien im Sinne des Artikels 249 des EG-Vertrags und des Artikels 161 des EAG-Vertrags, die aufgrund dieser Akte erfolgen, Änderungen an den Rechts- und Verwaltungsvorschriften der derzeitigen Mitgliedstaaten erforderlich, so setzen die derzeitigen Mitgliedstaaten die erforderlichen Maßnahmen in Kraft, um den geänderten Richtlinien spätestens am Tage des Beitritts nachzukommen, sofern in dieser Akte nicht eine andere Frist vorgesehen ist. Sie teilen der Kommission diese Maßnahmen bis zum Tag des Beitritts oder, sollte dies der spätere Zeitpunkt sein, innerhalb der in dieser Akte festgelegten Frist mit.

Artikel 54

Bulgarien und Rumänien teilen der Kommission nach Artikel 33 des EAG-Vertrags binnen drei Monaten nach dem Beitritt die Rechts- und Verwaltungsvorschriften mit, die in ihrem Hoheitsgebiet den Gesundheitsschutz der Arbeitnehmer und der Bevölkerung gegen die Gefahren ionisierender Strahlungen sicherstellen sollen.

Artikel 55

Auf ordnungsgemäß begründeten Antrag Bulgariens oder Rumäniens, der der Kommission spätestens am Tag des Beitritts vorliegen muss, kann der Rat auf Vorschlag der Kommission – oder kann die Kommission, sofern der ursprüngliche Rechtsakt von ihr erlassen wurde, – vorübergehende Ausnahmeregelungen zu Rechtsakten der Organe beschließen, die zwischen dem 1. Oktober 2004 und dem Tag des Beitritts angenommen wurden. Diese Maßnahmen werden nach den Abstimmungsregeln erlassen, die für die Annahme der Rechtsakte gelten, zu denen eine befristete Ausnahmeregelung gewährt werden soll. Werden solche Ausnahmeregelungen nach dem Beitritt erlassen, so können sie ab dem Tag des Beitritts angewendet werden.

Artikel 56

Erfordern vor dem Beitritt erlassene Rechtsakte der Organe aufgrund des Beitritts eine Anpassung und sind die erforderlichen Anpassungen in dieser Akte oder ihren Anhängen nicht vorgesehen, so erlässt entweder der Rat mit qualifizierter Mehrheit auf Vorschlag der Kommission die erforderlichen Rechtsakte, oder die erforderlichen Rechtsakte werden von der Kommission erlassen, sofern sie selbst die ursprünglichen Rechtsakte erlassen hat. Werden solche Anpassungen nach dem Beitritt erlassen, so können sie ab dem Tag des Beitritts angewendet werden.

Artikel 57

Sofern nicht etwas anderes bestimmt ist, erlässt der Rat mit qualifizierter Mehrheit auf Vorschlag der Kommission die zur Durchführung dieser Akte erforderlichen Maßnahmen.

Artikel 58

Die vor dem Beitritt erlassenen Rechtsakte der Organe und der Europäischen Zentralbank in den vom Rat, der Kommission oder der Europäischen Zentralbank in bulgarischer und rumänischer Sprache abgefassten Wortlauten sind vom Zeitpunkt des Beitritts an unter den gleichen Bedingungen wie die Wortlaute in den derzeitigen Amtssprachen verbindlich. Sie werden im Amtsblatt der Europäischen Union veröffentlicht, sofern die Wortlaute in den derzeitigen Sprachen auf diese Weise veröffentlicht worden sind.

TITEL III
SCHLUSSBESTIMMUNGEN

Artikel 59

Die Anhänge I bis IX und die Anlagen dazu sind Bestandteil dieser Akte.

Artikel 60

Die Regierung der Italienischen Republik übermittelt der Regierung der Republik Bulgarien und der Regierung Rumäniens eine beglaubigte Abschrift des Vertrags über die Europäische Union, des Vertrags zur Gründung der Europäischen Gemeinschaft, des Vertrags zur Gründung der Europäischen Atomgemeinschaft und der Verträge, durch die sie geändert oder ergänzt wurden, einschließlich des Vertrags über den Beitritt des Königreichs Dänemark, Irlands und des Vereinigten Königreichs Großbritannien und Nordirland, des Vertrags über den Beitritt der Hellenischen Republik, des Vertrags über den Beitritt des Königreichs Spanien und der Portugiesischen Republik, des Vertrags über den Beitritt der Republik Österreich, der Republik Finnland und des Königreichs Schweden sowie des Vertrags über den Beitritt der Tschechischen Republik, der Republik Estland, der Republik Zypern, der Republik Lettland, der Republik Litauen, der Republik Ungarn, der Republik Malta, der Republik Polen, der Republik Slowenien und der Slowakischen Republik in dänischer, deutscher, englischer, estnischer, finnischer, französischer, griechischer, irischer, italienischer, lettischer, litauischer, maltesischer, niederländischer, polnischer, portugiesischer, schwedischer, slowakischer, slowenischer, spanischer, tschechischer und ungarischer Sprache.

Die in bulgarischer und rumänischer Sprache abgefassten Wortlaute dieser Verträge sind dieser Akte beigefügt. Diese Wortlaute sind gleichermaßen verbindlich wie die Wortlaute der in Absatz 1 genannten Verträge in den derzeitigen Sprachen.

Artikel 61

Eine beglaubigte Abschrift der im Archiv des Generalsekretariats des Rates der Europäischen Union hinterlegten internationalen Übereinkünfte wird den Regierungen der Republik Bulgarien und Rumäniens vom Generalsekretär übermittelt.

ANHANG I

Liste der Übereinkünfte und Protokolle denen Bulgarien und Rumänien am Tag des Beitritts beitreten (nach Artikel 3 Absatz 3 der Beitrittsakte)

[nicht abgedruckt]

ANHANG II

Verzeichnis der Bestimmungen (nach Artikel 4 Absatz 1 der Beitrittsakte) des in den Rahmen der Europäischen Union einbezogenen Schengen-Besitzstands und der darauf beruhenden oder anderweitig damit zusammenhängenden Rechtsakte, die ab dem Beitritt für die neuen Mitgliedstaaten bindend und in ihnen anzuwenden sind

[nicht abgedruckt]

ANHANG III

Liste nach Artikel 19 der Beitrittsakte: Anpassungen der Rechtsakte der Organe

[nicht abgedruckt]

ANHANG IV

Liste nach Artikel 20 der Beitrittsakte: Ergänzende Anpassungen der Rechtsakte der Organe

[nicht abgedruckt]

ANHANG V

Liste nach Artikel 21 der Beitrittsakte: Andere ständige Bestimmungen

[teilweise abgedruckt]

1. GESELLSCHAFTSRECHT

Vertrag zur Gründung der Europäischen Gemeinschaft, Dritter Teil, Titel I, Der Freie Warenverkehr

SPEZIELLER MECHANISMUS

Im Falle Bulgariens und Rumäniens kann sich der Inhaber eines Patents oder eines Ergänzenden Schutzzertifikats für ein Arzneimittel, das in einem Mitgliedstaat zu einem Zeitpunkt eingetragen wurde, als ein entsprechender Schutz für das Erzeugnis in einem der vorstehenden neuen Mitgliedstaaten nicht erlangt werden konnte, oder der vom Inhaber Begünstigte auf die durch das Patent oder das Ergänzende Schutzzertifikat eingeräumten Rechte berufen, um zu verhindern, dass das Erzeugnis in Mitgliedstaaten, in denen das betreffende Erzeugnis durch ein Patent oder Ergänzendes Schutzzertifikat geschützt ist, eingeführt und dort in den Verkehr gebracht wird;

dies gilt auch dann, wenn das Erzeugnis in jenem neuen Mitgliedstaat erstmalig von ihm oder mit seiner Einwilligung in den Verkehr gebracht wurde.

Jede Person, die ein Arzneimittel im Sinne des vorstehenden Absatzes in einen Mitgliedstaat einzuführen oder dort zu vermarkten beabsichtigt, in dem das Arzneimittel Patentschutz oder den Ergänzenden Schutz genießt, hat den zuständigen Behörden in dem die Einfuhr betreffenden Antrag nachzuweisen, dass der Schutzrechtsinhaber oder der von ihm Begünstigte einen Monat zuvor darüber unterrichtet worden ist.

2. WETTBEWERBSPOLITIK

Vertrag zur Gründung der Europäischen Gemeinschaft, Dritter Teil, Titel VI, Kapitel 1, Wettbewerbsregeln

1. Die folgenden Beihilferegelungen und Einzelbeihilfen, die in einem neuen Mitgliedstaat vor dem Tag des Beitritts eingeführt worden und auch nach diesem Tag noch anwendbar sind, gelten als zum Tag des Beitritts bestehende Beihilfen im Sinne von Artikel 88 Absatz 1 des EG-Vertrags:
   a) Beihilfenmaßnahmen, die vor dem 10. Dezember 1994 eingeführt worden sind;
   b) Beihilfemaßnahmen, die in der Anlage zu diesem Anhang aufgeführt sind;
   c) Beihilfemaßnahmen, die vor dem Tag des Beitritts von der Kontrollbehörde für staatliche Beihilfen des neuen Mitgliedstaats überprüft und als mit dem Besitzstand vereinbar beurteilt wurden und gegen die die Kommission keine Einwände aufgrund schwerwiegender Bedenken hinsichtlich der Vereinbarkeit der Maßnahme mit dem Gemeinsamen Markt gemäß dem in Nummer 2 vorgesehenen Verfahren erhoben hat.

   Nach dem Tag des Beitritts weiterhin anzuwendende Maßnahmen, die staatliche Beihilfen darstellen und nicht die vorstehend genannten Voraussetzungen erfüllen, sind als zum Tag des Beitritts für die Zwecke der Anwendung von Artikel 88 Absatz 3 des EG-Vertrags als neue Beihilfen anzusehen.

   Die genannten Bestimmungen gelten nicht für Beihilfen im Verkehrssektor und für Beihilfen zugunsten von Tätigkeiten im Zusammenhang mit der Herstellung, Verarbeitung oder Vermarktung von Erzeugnissen, die in Anhang I des EG-Vertrags aufgeführt sind, mit Ausnahme von Erzeugnissen und Verarbeitungserzeugnissen der Fischerei.

   Die genannten Bestimmungen gelten ferner unbeschadet der in der Akte vorgesehenen Übergangsmaßnahmen auf dem Gebiet der Wettbewerbspolitik und der in Anhang VII, Kapitel 4, Abschnitt B der Akte niedergelegten Maßnahmen.

2. Sofern ein neuer Mitgliedstaat wünscht, dass die Kommission eine Beihilfemaßnahme nach dem in Nummer 1 Buchstabe c beschriebenen Verfahren prüft, so übermittelt er der Kommission regelmäßig Folgendes:
   a) eine Liste der bestehenden Beihilfemaßnahmen, die von der Kontrollbehörde für staatliche Beihilfen bewertet und von ihr als mit dem Besitzstand vereinbar erachtet wurden, sowie
   b) jede sonstige Information, die für die Bewertung der Vereinbarkeit der zu prüfenden Beihilfemaßnahmen mit dem Besitzstand wesentlich ist.

   Dabei folgt er dem von der Kommission vorgegebenen Format für diese konkrete Berichterstattung.

   Erhebt die Kommission innerhalb von drei Monaten nach dem Eingang der vollständigen Informationen zu der bestehenden Beihilfemaßnahme oder nach dem Eingang einer Erklärung des neuen Mitgliedstaats, in der er der Kommission mitteilt, dass er die gelieferten Informationen für vollständig erachtet, da die angeforderte zusätzliche Information nicht verfügbar ist oder bereits geliefert wurde, keine Einwände gegen die Maßnahme aufgrund schwerwiegender Bedenken hinsichtlich ihrer Vereinbarkeit mit dem Gemeinsamen Markt, so wird davon ausgegangen, dass sie keine Einwände erhoben hat.

   Auf alle vor dem Tag des Beitritts nach dem Verfahren der Nummer 1 Buchstabe c der Kommission mitgeteilten Beihilfemaßnahmen findet das vorstehend genannte Verfahren Anwendung, ungeachtet der Tatsache, dass der betreffende neue Mitgliedstaat während des Überprüfungszeitraums Mitglied der Union geworden ist.

3. Eine Entscheidung der Kommission, Einwände gegen eine Maßnahme nach Nummer 1 Buchstabe c zu erheben, gilt als Entscheidung über die Eröffnung des förmlichen Prüfverfahrens im Sinne der Verordnung (EG) Nr. 659/1999 des Rates vom 22. März 1999 über besondere Vorschriften für die Anwendung von Artikel 93 des Vertrags[1]).

   Ergeht eine solche Entscheidung vor dem Tag des Beitritts, so wird die Entscheidung erst zum Tag des Beitritts wirksam.

4. Unbeschadet der Verfahren für bestehende Beihilfen nach Artikel 88 des EG-Vertrags werden die in einem neuen Mitgliedstaat vor dem Beitritt in Kraft gesetzten und nach dem

---

[1]) ABl. L 83 vom 27.3.1999, S. 1. Zuletzt geändert durch die Beitrittsakte von 2003 (ABl. L 236 vom 23.9.2003, S. 33)

Beitritt weiterhin anwendbaren Beihilferegelungen und Einzelbeihilfen zugunsten von Tätigkeiten im Verkehrssektor unter nachstehenden Bedingungen als bestehende Beihilfen im Sinne von Artikel 88 Absatz 1 des EG-Vertrags betrachtet:

– Die Beihilfemaßnahmen werden der Kommission innerhalb von vier Monaten nach dem Tag des Beitritts mitgeteilt. Die betreffende Mitteilung enthält Angaben zur Rechtsgrundlage für jede einzelne Maßnahme. Bestehende Beihilfemaßnahmen und Pläne zur Gewährung oder Änderung von Beihilfen, die der Kommission vor dem Tag des Beitritts mitgeteilt wurden, gelten als am Tag des Beitritts mitgeteilt.

Diese Beihilfemaßnahmen werden bis zum Ende des dritten Jahres nach dem Tag des Beitritts als „bestehende" Beihilfen im Sinne von Artikel 88 Absatz 1 des EG-Vertrags betrachtet.

Die neuen Mitgliedstaaten ändern diese Beihilfemaßnahmen erforderlichenfalls, um spätestens am Ende des dritten Jahres nach dem Tag des Beitritts den Leitlinien der Kommission nachzukommen. Danach wird jede Beihilfe, die als nicht mit diesen Leitlinien vereinbar angesehen wird, als neue Beihilfe betrachtet.

5. In Bezug auf Rumänien gilt Nummer 1 Buchstabe c lediglich für Beihilfemaßnahmen, die von der rumänischen Kontrollbehörde für staatliche Beihilfen nach dem Zeitpunkt bewertet worden sind, zu dem die Vollzugsbilanz über die staatlichen Beihilfen Rumäniens im Zeitraum vor dem Beitritt einen zufrieden stellenden Stand erreicht hat; dieser Zeitpunkt wird von der Kommission auf der Grundlage der ständigen Überwachung der Einhaltung der von Rumänien im Rahmen der Beitrittsverhandlungen eingegangenen Verpflichtungen bestimmt. Es wird erst dann davon ausgegangen, dass dieser zufrieden stellende Stand erreicht worden ist, wenn Rumänien den Nachweis der konsequenten Durchführung einer vollständigen und ordnungsgemäßen Überwachung der staatlichen Beihilfen in Bezug auf alle in Rumänien bewilligten Beihilfemaßnahmen erbracht hat; hierzu gehören auch die Annahme und Anwendung von vollständig und ordnungsgemäß begründeten Entscheidungen der rumänischen Kontrollbehörde für staatliche Beihilfen, die eine genaue Bewertung der Beihilfeeigenschaft jeder staatlichen Beihilfemaßnahme enthalten, sowie die ordnungsgemäße Anwendung der Vereinbarkeitskriterien.

Die Kommission kann gegen alle Beihilfemaßnahmen, die im Zeitraum vor dem Beitritt vom 1. September 2004 bis zu dem Zeitpunkt bewilligt worden sind, der in der vorgenannten Entscheidung der Kommission – mit der Feststellung, dass die Vollzugsbilanz einen zufrieden stellenden Stand erreicht hat – festgelegt worden ist, Einwände aufgrund schwerwiegender Bedenken hinsichtlich der Vereinbarkeit der Maßnahmen mit dem Gemeinsamen Markt erheben. Diese Entscheidung der Kommission, Einwände gegen eine Maßnahme zu erheben, gilt als Entscheidung über die Eröffnung des förmlichen Prüfverfahrens im Sinne der Verordnung (EG) Nr. 659/1999. Ergeht eine solche Entscheidung vor dem Tag des Beitritts, so wird die Entscheidung erst zum Tag des Beitritts wirksam.

Trifft die Kommission nach Einleitung des förmlichen Prüfverfahrens eine ablehnende Entscheidung, so entscheidet sie, dass Rumänien alle notwendigen Maßnahmen ergreift, um die Beihilfe vom Empfänger zurückzufordern. Die zurückzufordernde Beihilfe umfasst Zinsen, die nach einem gemäß der Verordnung (EG) Nr. 794/2004 [2] festgelegten angemessenen Satz berechnet werden und von dem gleichen Zeitpunkt an zahlbar sind.

3. LANDWIRTSCHAFT

[nicht abgedruckt]

4. ZOLLUNION

[nicht abgedruckt]

Anlage zu Anhang V

Verzeichnis der bestehenden Beihilfemaßnahmen, auf die in Nummer 1 Buchstabe b des Mechanismus für bestehende Beihilfen nach Kapitel 2 Anhang V verwiesen wird

[nicht abgedruckt]

ANHANG VI

Liste nach Artikel 23 der Beitrittsakte: Übergangsbestimmungen, Bulgarien

[teilweise abgedruckt]

1. FREIZÜGIGKEIT

Treaty establishing the European Community

– 32004 L 0038: Richtlinie 2004/38/EG des Europäischen Parlaments und des Rates vom 29.4.2004 (ABl. L 158 vom 30.4.2004, S. 77)

31996 L 0071: Richtlinie 96/71/EG des Europäischen Parlaments und des Rates vom 16. Dezember 1996 über die Entsendung von Arbeitnehmern im Rahmen der Erbringung von Dienstleistungen (ABl. L 18 vom 21.1.1997, S. 1)

32004 L 0038: Richtlinie 2004/38/EG des Europäischen Parlaments und des Rates vom 29. April 2004 über das Recht der Unionsbürger und ihrer Familienangehörigen, sich im Hoheitsgebiet der Mitgliedstaaten frei zu bewegen und aufzuhalten, zur Änderung der Verordnung (EWG) Nr. 1612/68 und zur Aufhebung der Richtlinien 64/221/EWG, 68/360/EWG, 72/194/EWG, 73/148/EWG, 75/34/EWG, 75/35/EWG, 90/364/EWG, 90/365/EWG und 93/96/EWG (ABl. L 158 vom 30.4.2004, S. 77)

1. Hinsichtlich der Freizügigkeit von Arbeitnehmern und der Dienstleistungsfreiheit mit vorübergehender Entsendung von Arbeitskräften im Sinne des Artikels 1 der Richtlinie 96/71/EG gelten Artikel 39 und Artikel 49 Absatz 1 des EG-Vertrags zwischen Bulgarien einerseits und den derzeitigen Mitgliedstaaten andererseits in vollem Umfang nur vorbehaltlich der Übergangsbestimmungen der Nummern 2 bis 14.

2. Abweichend von den Artikeln 1 bis 6 der Verordnung (EWG) Nr. 1612/68 und bis zum Ende eines Zeitraums von zwei Jahren nach dem Tag des Beitritts werden die derzeitigen Mitgliedstaaten nationale oder sich aus bilateralen Abkommen ergebende Maßnahmen anwenden, um den Zugang bulgarischer Staatsangehöriger zu ihren Arbeitsmärkten zu regeln. Die derzeitigen Mitgliedstaaten können solche Maßnahmen bis zum Ende eines Zeitraums von fünf Jahren nach dem Tag des Beitritts weiter anwenden.

   Bulgarische Staatsangehörige, die am Tag des Beitritts rechtmäßig in einem derzeitigen Mitgliedstaat arbeiten und für einen ununterbrochenen Zeitraum von 12 Monaten oder länger zum Arbeitsmarkt dieses Mitgliedstaats zugelassen waren, haben Zugang zum Arbeitsmarkt dieses Mitgliedstaats, aber nicht zum Arbeitsmarkt anderer Mitgliedstaaten, die nationale Maßnahmen anwenden.

   Bulgarische Staatsangehörige, die nach dem Beitritt für einen ununterbrochenen Zeitraum von 12 Monaten oder länger zum Arbeitsmarkt eines derzeitigen Mitgliedstaats zugelassen waren, genießen dieselben Rechte.

   Die in den Unterabsätzen 2 und 3 genannten bulgarischen Staatsangehörigen verlieren die dort gewährten Rechte, wenn sie den Arbeitsmarkt des derzeitigen Mitgliedstaats freiwillig verlassen.

   Bulgarischen Staatsangehörigen, die am Tag des Beitritts oder während eines Zeitraums, in dem nationale Maßnahmen angewandt werden, rechtmäßig in einem derzeitigen Mitgliedstaat arbeiten und weniger als 12 Monate zum Arbeitsmarkt dieses Mitgliedstaats zugelassen waren, werden diese Rechte nicht gewährt.

3. Vor Ende eines Zeitraums von zwei Jahren nach dem Tag des Beitritts wird der Rat die Funktionsweise der Übergangsregelungen nach Nummer 2 anhand eines Berichts der Kommission überprüfen.

   Bei Abschluss dieser Überprüfung und spätestens am Ende eines Zeitraums von zwei Jahren nach dem Beitritt teilen die derzeitigen Mitgliedstaaten der Kommission mit, ob sie weiterhin nationale oder sich aus bilateralen Vereinbarungen ergebende Maßnahmen anwenden, oder ob sie künftig die Artikel 1 bis 6 der Verordnung (EWG) Nr. 1612/68 anwenden möchten. Erfolgt keine derartige Mitteilung, so gelten die Artikel 1 bis 6 der Verordnung (EWG) Nr. 1612/68.

4. Auf Ersuchen Bulgariens kann eine weitere Überprüfung vorgenommen werden. Dabei findet das unter Nummer 3 genannte Verfahren Anwendung, das innerhalb von sechs Monaten nach Erhalt des Ersuchens Bulgariens abzuschließen ist.

5. Ein Mitgliedstaat, der am Ende des unter Nummer 2 genannten Zeitraums von fünf Jahren nationale oder sich aus bilateralen Abkommen ergebende Maßnahmen beibehält, kann im Falle schwerwiegender Störungen seines Arbeitsmarktes oder der Gefahr derartiger Störungen nach entsprechender Mitteilung an die Kommission diese Maßnahmen bis zum Ende des Zeitraums von sieben Jahren nach dem Tag des Beitritts weiter anwenden. Erfolgt keine derartige Mitteilung, so gelten die Artikel 1 bis 6 der Verordnung (EWG) Nr. 1612/68.

6. Während des Zeitraums von sieben Jahren nach dem Tag des Beitritts werden die Mitgliedstaaten, in denen gemäß den Nummern 3, 4 oder 5 die Artikel 1 bis 6 der Verordnung (EWG) Nr. 1612/68 für bulgarische Staatsangehörige gelten und die während dieses Zeitraums Staatsangehörigen Bulgariens zu Kontrollzwecken Arbeitsgenehmigungen erteilen, dies automatisch tun.

7. Die Mitgliedstaaten, in denen gemäß den Nummern 3, 4 oder 5 die Artikel 1 bis 6 der Verordnung (EWG) Nr. 1612/68 für bulgarische Staatsangehörige gelten, können bis zum Ende eines Zeitraums von sieben Jahren nach dem Beitritt die in den folgenden Absätzen beschriebenen Verfahren anwenden.

   Wenn einer der Mitgliedstaaten im Sinne des Unterabsatzes 1 auf seinem Arbeitsmarkt Störungen erleidet oder voraussieht, die eine ernstliche Gefährdung des Lebensstandards oder des Beschäftigungsstandes in einem bestimmten Gebiet oder Beruf mit sich bringen könnten, unterrichtet dieser Mitgliedstaat die Kommission und die anderen Mitgliedstaaten und übermittelt diesen alle zweckdienlichen Angaben. Der Mitgliedstaat kann die Kommission auf der Grundlage dieser Unterrichtung um die Erklärung ersuchen, dass die Anwendung der Artikel 1 bis 6 der Verordnung (EWG) Nr. 1612/68 zur Wiederherstellung der normalen Situation in diesem Gebiet oder Beruf ganz oder teilweise ausgesetzt wird. Die Kommission trifft über die Aussetzung und deren Dauer und Geltungsbereich spätestens zwei Wochen, nachdem sie mit dem Ersuchen befasst wurde, eine Entscheidung und unterrichtet den Rat von dieser Entscheidung. Binnen zwei Wochen nach der Entscheidung der Kommission kann jeder Mitgliedstaat beantragen, dass diese Entscheidung vom Rat rückgängig gemacht oder geändert wird. Der Rat beschließt binnen zwei Wochen mit qualifizierter Mehrheit über diesen Antrag.

Ein Mitgliedstaat im Sinne des Unterabsatzes 1 kann in dringenden und außergewöhnlichen Fällen die Anwendung der Artikel 1 bis 6 der Verordnung (EWG) Nr. 1612/68 aussetzen und dies der Kommission unter Angabe von Gründen nachträglich mitteilen.

8. Solange die Anwendung der Artikel 1 bis 6 der Verordnung (EWG) Nr. 1612/68 gemäß den Nummern 2 bis 5 und 7 ausgesetzt ist, findet Artikel 23 der Richtlinie 2004/38/EG auf Staatsangehörige der derzeitigen Mitgliedstaaten in Bulgarien und auf bulgarische Staatsangehörige in den derzeitigen Mitgliedstaaten in Bezug auf das Recht der Familienangehörigen von Arbeitnehmern, eine Beschäftigung aufzunehmen, unter folgenden Bedingungen Anwendung:
   - der Ehegatte eines Arbeitnehmers und die Verwandten des Arbeitnehmers und des Ehegatten in absteigender Linie, die das 21. Lebensjahr noch nicht vollendet haben oder denen von diesen Unterhalt gewährt wird und die am Tag des Beitritts bei dem Arbeitnehmer im Hoheitsgebiet eines Mitgliedstaats ihren rechtmäßigen Wohnsitz hatten, haben nach dem Beitritt sofortigen Zugang zum Arbeitsmarkt dieses Mitgliedstaats. Dies gilt nicht für die Familienangehörigen eines Arbeitnehmers, der weniger als 12 Monate rechtmäßig zu dem Arbeitsmarkt des betreffenden Mitgliedstaates zugelassen war;
   - der Ehegatte eines Arbeitnehmers und die Verwandten des Arbeitnehmers und des Ehegatten in absteigender Linie, die das 21. Lebensjahr noch nicht vollendet haben oder denen von diesen Unterhalt gewährt wird und die ab einem Zeitpunkt nach dem Beitritt, aber während des Zeitraums der Anwendung der genannten Übergangsregelungen bei dem Arbeitnehmer im Hoheitsgebiet eines Mitgliedstaats ihren rechtmäßigen Wohnsitz hatten, haben Zugang zum Arbeitsmarkt des betreffenden Mitgliedstaats, wenn sie mindestens achtzehn Monate in dem betreffenden Mitgliedstaat ihren Wohnsitz hatten oder ab dem dritten Jahr nach dem Beitritt, wenn dieser Zeitpunkt früher liegt.

   Günstigere nationale oder sich aus bilateralen Abkommen ergebende Maßnahmen bleiben von diesen Bestimmungen unberührt.

9. Soweit Vorschriften der Richtlinie 2004/38/EG, mit denen Vorschriften der Richtlinie 68/360/EWG[1]) übernommen wurden, nicht von den Vorschriften der Verordnung (EWG) Nr. 1612/68 getrennt werden können, deren Anwendung gemäß den Nummern 2 bis 5 und 7 und 8 aufgeschoben wird, können Bulgarien und die derzeitigen Mitgliedstaaten in dem Maße, wie es für die Anwendung der Nummern 2 bis 5 und 7 und 8 erforderlich ist, von diesen Vorschriften abweichen.

10. Werden nationale oder sich aus bilateralen Abkommen ergebende Maßnahmen von den derzeitigen Mitgliedstaaten gemäß den oben genannten Übergangsregelungen angewandt, so kann Bulgarien gleichwertige Maßnahmen gegenüber den Staatsangehörigen des betreffenden Mitgliedstaats oder der betreffenden Mitgliedstaaten beibehalten.

11. Wird die Anwendung der Artikel 1 bis 6 der Verordnung (EWG) Nr. 1612/68 von einem der derzeitigen Mitgliedstaaten ausgesetzt, so kann Bulgarien gegenüber Rumänien die unter Nummer 7 festgelegten Verfahren anwenden. In dieser Zeit werden Arbeitsgenehmigungen, die Bulgarien Staatsangehörigen Rumäniens zu Kontrollzwecken ausstellt, automatisch erteilt.

12. Jeder derzeitige Mitgliedstaat, der nationale Maßnahmen gemäß den Nummern 2 bis 5 und 7 bis 9 anwendet, kann im Rahmen seiner einzelstaatlichen Rechtsvorschriften eine größere Freizügigkeit einführen als sie am Tag des Beitritts bestand, einschließlich des uneingeschränkten Zugangs zum Arbeitsmarkt. Ab dem dritten Jahr nach dem Beitritt kann jeder derzeitige Mitgliedstaat, der nationale Maßnahmen anwendet, jederzeit

[1]) Richtlinie 68/360/EWG des Rates vom 15. Oktober 1968 zur Aufhebung der Reise- und Aufenthaltsbeschränkungen für Arbeitnehmer der Mitgliedstaaten und ihre Familienangehörigen innerhalb der Gemeinschaft (ABl. L 257 vom 19.10.1968, S. 13), zuletzt geändert durch die Beitrittsakte von 2003. (ABl. L 236 vom 23.9.2003, S. 33) und mit Wirkung vom 30. April 2006 aufgehoben durch die Richtlinie 2004/38/EG des Europäischen Parlaments und des Rates (ABl. L 158 vom 30.4.2004, S.77).

beschließen, stattdessen die Artikel 1 bis 6 der Verordnung (EWG) Nr. 1612/68 anzuwenden. Die Kommission wird über derartige Beschlüsse unterrichtet.

13. Um tatsächlichen oder drohenden schwerwiegenden Störungen in bestimmten empfindlichen Dienstleistungssektoren auf ihren Arbeitsmärkten zu begegnen, die sich in bestimmten Gebieten aus der länderübergreifenden Erbringung von Dienstleistungen im Sinne des Artikels 1 der Richtlinie 96/71/EG ergeben könnten, können Deutschland und Österreich, solange sie gemäß den vorstehend festgelegten Übergangsbestimmungen nationale Maßnahmen oder Maßnahmen aufgrund von bilateralen Vereinbarungen über die Freizügigkeit bulgarischer Arbeitnehmer anwenden, nach Unterrichtung der Kommission von Artikel 49 Absatz 1 des EG-Vertrags abweichen, um im Bereich der Erbringung von Dienstleistungen durch in Bulgarien niedergelassene Unternehmen die zeitweilige grenzüberschreitende Beschäftigung von Arbeitnehmern einzuschränken, deren Recht, in Deutschland oder Österreich eine Arbeit aufzunehmen, nationalen Maßnahmen unterliegt.

Folgende Dienstleistungssektoren können von der Abweichung betroffen sein:

– in Deutschland

Sektor	NACE-Code*), sofern nicht anders angegeben
Baugewerbe, einschließlich verwandte Wirtschaftszweige	45.1 bis 4; Im Anhang der Richtlinie 96/71/EG aufgeführte Tätigkeiten
Reinigung von Gebäuden, Inventar und Verkehrsmitteln	74.70 Reinigung von Gebäuden, Inventar und Verkehrsmitteln
Sonstige Dienstleistungen	74.87 Nur Tätigkeiten von Innendekorateuren

– in Österreich

Sektor	NACE-Code*), sofern nicht anders angegeben
Erbringung von gärtnerischen Dienstleistungen	01.41
Be- und Verarbeitung von Natursteinen a.n.g.	26.7
Herstellung von Stahl- und Leichtmetallkonstruktionen	28.11
Baugewerbe, einschließlich verwandte Wirtschaftszweige	45.1 bis 4; Im Anhang der Richtlinie 96/71/EG aufgeführte Tätigkeiten
Schutzdienste	74.60
Reinigung von Gebäuden, Inventar und Verkehrsmitteln	74.70
Hauskrankenpflege	85.14
Sozialwesen a.n.g.	85.32

*) NACE: siehe 31990 R 3037: Verordnung (EWG) Nr. 3037/90 des Rates vom 9. Oktober 1990 betreffend die statistische Systematik der Wirtschaftszweige in der Europäischen Gemeinschaft (ABl. L 293 vom 24.10.1990, S. 1). Zuletzt geändert durch 32003 R 1882: Verordnung (EG) Nr. 1882/2003 des Europäischen Parlaments und des Rates vom 29.9.2003 (ABl. L 284 vom 31.10.2003, S. 1).

In dem Maße, wie Deutschland oder Österreich nach Maßgabe der vorstehenden Unterabsätze von Artikel 49 Absatz 1 des EG-Vertrags abweichen, kann Bulgarien nach Unterrichtung der Kommission gleichwertige Maßnahmen ergreifen.

Die Anwendung dieser Nummer darf nicht zu Bedingungen für die zeitweilige Freizügigkeit von Arbeitnehmern im Rahmen der länderübergreifenden Erbringung von Dienstleistungen zwischen Deutschland bzw. Österreich und Bulgarien führen, die restriktiver sind als die zum Zeitpunkt der Unterzeichnung des Beitrittsvertrags geltenden Bedingungen.

14. Die Anwendung der Nummern 2 bis 5 und 7 bis 12 darf nicht zu Bedingungen für den

Zugang bulgarischer Staatsangehöriger zu den Arbeitsmärkten der derzeitigen Mitgliedstaaten führen, die restriktiver sind, als die zum Zeitpunkt der Unterzeichnung des Beitrittsvertrags geltenden Bedingungen.

Ungeachtet der Anwendung der Bestimmungen unter den Nummern 1 bis 13 räumen die derzeitigen Mitgliedstaaten während der Dauer der Anwendung nationaler oder sich aus bilateralen Vereinbarungen ergebender Maßnahmen Arbeitnehmern, die Staatsangehörige eines Mitgliedstaats sind, beim Zugang zu ihren Arbeitsmärkten Vorrang vor Arbeitnehmern ein, die Staatsangehörige eines Drittstaats sind.

Bulgarische Wanderarbeitnehmer und ihre Familien, die rechtmäßig in einem anderen Mitgliedstaat ihren Wohnsitz haben und dort arbeiten, oder Wanderarbeitnehmer aus anderen Mitgliedstaaten und ihre Familien, die rechtmäßig in Bulgarien ihren Wohnsitz haben und dort arbeiten, dürfen nicht restriktiver behandelt werden als dieselben Personen aus Drittstaaten, die in diesem Mitgliedstaat bzw. Bulgarien ihren Wohnsitz haben und dort arbeiten. Darüber hinaus dürfen Wanderarbeitnehmer aus Drittländern, die in Bulgarien ihren Wohnsitz haben und dort arbeiten, gemäß dem Grundsatz der Gemeinschaftspräferenz nicht günstiger behandelt werden als bulgarische Staatsangehörige.

2. FREIER DIENSTLEISTUNGSVERKEHR

31997 L 0009: Richtlinie 97/9/EG des Europäischen Parlaments und des Rates vom 3. März 1997 über Systeme für die Entschädigung der Anleger (ABl. L 84 vom 26.3.1997, S. 22)

Abweichend von Artikel 4 Absatz 1 der Richtlinie 97/9/EG gilt die Mindestentschädigung in Bulgarien bis zum 31. Dezember 2009 nicht. Bulgarien stellt sicher, dass die Entschädigung nach dem bulgarischen Anlegerentschädigungssystem vom 1. Januar 2007 bis zum 31. Dezember 2007 mindestens 12000 EUR und vom 1. Januar 2008 bis zum 31. Dezember 2009 mindestens 15000 EUR beträgt.

Die anderen Mitgliedstaaten sind während der Übergangszeit weiterhin berechtigt, einer Zweigniederlassung einer bulgarischen Wertpapierfirma in ihrem Staatsgebiet die Tätigkeit zu untersagen, solange eine solche Zweigniederlassung sich nicht einem offiziell anerkannten Anlegerentschädigungssystem im Staatsgebiet des betreffenden Mitgliedstaates anschließt, um die Differenz zwischen der Entschädigungshöhe in Bulgarien und der in Artikel 4 Absatz 1 der Richtlinie 97/9/EG genannten Mindestentschädigung auszugleichen.

3. FREIER KAPITALVERKEHR

Vertrag über die Europäische Union,

Vertrag zur Gründung der Europäischen Gemeinschaft

(1) Ungeachtet der Verpflichtungen aus den Verträgen, auf die sich die Europäische Union gründet, kann Bulgarien die in seinen Rechtsvorschriften zum Zeitpunkt der Unterzeichnung des Beitrittsvertrags enthaltenen Beschränkungen des Erwerbs von Eigentumsrechten an Grundstücken für Zweitwohnsitze durch Staatsangehörige der Mitgliedstaaten oder der Vertragsparteien des Abkommens über den Europäischen Wirtschaftsraum (EWR) ohne Wohnsitz in Bulgarien und durch juristische Personen, die nach den Gesetzen eines anderen Mitgliedstaats oder eines EWR-Staates gegründet wurden, nach dem Tag des Beitritts fünf Jahre lang beibehalten.

Staatsangehörige der Mitgliedstaaten und Staatsangehörige der Vertragsparteien des EWR-Abkommens, die ihren rechtmäßigen Wohnsitz in Bulgarien haben, dürfen weder den Bestimmungen des Unterabsatzes 1 noch anderen Regeln und Verfahren als denjenigen unterworfen werden, die für bulgarische Staatsangehörige gelten.

(2) Ungeachtet der Verpflichtungen aus den Verträgen, auf die sich die Europäische Union gründet, kann Bulgarien die in seinen Rechtsvorschriften zum Zeitpunkt der Unterzeichnung des Beitrittsvertrags enthaltenen Beschränkungen des Erwerbs von landwirtschaftlichen Flächen, Wäldern und forstwirtschaftlichen Flächen durch Staatsangehörige anderer Mitgliedstaaten, durch Staatsangehörige der Vertragsparteien des EWR-Abkommens und durch juristische Personen, die nach den Gesetzen eines anderen Mitgliedstaats oder eines EWR-Staates gegründet wurden, nach dem Tag des Beitritts sieben Jahre lang beibehalten. Auf keinen Fall dürfen Staatsangehörige eines Mitgliedstaats beim Erwerb von landwirtschaftlichen Flächen, Wäldern und forstwirtschaftlichen Flächen ungünstiger als am Tag der Unterzeichnung des Beitrittsvertrags oder restriktiver als Drittstaatsangehörige behandelt werden.

Selbstständige Landwirte mit der Staatsangehörigkeit eines anderen Mitgliedstaats, die sich in Bulgarien niederlassen und dort einen Wohnsitz anmelden wollen, dürfen weder den Bestimmungen des Unterabsatzes 1 noch anderen Verfahren als denjenigen unterworfen werden, die für bulgarische Staatsangehörige gelten.

Im dritten Jahr nach dem Tag des Beitritts wird eine allgemeine Überprüfung dieser Übergangsmaßnahmen vorgenommen. Die Kommission wird dem Rat dazu einen Bericht unterbreiten. Der Rat kann auf Vorschlag der Kommission einstimmig beschließen, den in Unterabsatz 1 genannten Übergangszeitraum zu verkürzen oder zu beenden.

4. LANDWIRTSCHAFT

[nicht abgedruckt]

5. VERKEHRSPOLITIK

[nicht abgedruckt]

6. STEUERWESEN

[nicht abgedruckt]

7. SOZIALPOLITIK UND BESCHÄFTIGUNG

[nicht abgedruckt]

8. ENERGIE

[nicht abgedruckt]

9. TELEKOMMUNIKATION UND INFORMATIONSTECHNOLOGIE

[nicht abgedruckt]

10. UMWELT

[nicht abgedruckt]

Anlage zu Anhang VI

[nicht abgedruckt]

ANHANG VII

Liste nach Artikel 23 der Beitrittsakte: Übergangsbestimmungen, Rumänien

[teilweise abgedruckt]

1. FREIZÜGIGKEIT

31968 R 1612: Verordnung (EWG) Nr. 1612/68 des Rates vom 15. Oktober 1968 über die Freizügigkeit der Arbeitnehmer innerhalb der Gemeinschaft (ABl. L 257 vom 19.10.1968, S. 2), zuletzt geändert durch:

– 32004 L 0038: Richtlinie 2004/38/EG des Europäischen Parlaments und des Rates vom 29.4.2004 (ABl. L 158 vom 30.4.2004, S. 77)

31996 L 0071: Richtlinie 96/71/EG des Europäischen Parlaments und des Rates vom 16. Dezember 1996 über die Entsendung von Arbeitnehmern im Rahmen der Erbringung von Dienstleistungen (ABl. L 18 vom 21.1.1997, S. 1)

32004 L 0038: Richtlinie 2004/38/EG des Europäischen Parlaments und des Rates vom 29. April 2004 über das Recht der Unionsbürger und ihrer Familienangehörigen, sich im Hoheitsgebiet der Mitgliedstaaten frei zu bewegen und aufzuhalten, zur Änderung der Verordnung (EWG) Nr. 1612/68 und zur Aufhebung der Richtlinien 64/221/EWG, 68/360/EWG, 72/194/EWG, 73/148/EWG, 75/34/EWG, 75/35/EWG, 90/364/EWG, 90/365/EWG und 93/96/EWG (ABl. L 158 vom 30.4.2004, S. 77).

1. Hinsichtlich der Freizügigkeit von Arbeitnehmern und der Dienstleistungsfreiheit mit vorübergehender Entsendung von Arbeitskräften im Sinne des Artikels 1 der Richtlinie 96/71/EG gelten Artikel 39 und Artikel 49 Absatz 1 des EG-Vertrags zwischen Rumänien einerseits und den derzeitigen Mitgliedstaaten andererseits in vollem Umfang nur vorbehaltlich der Übergangsbestimmungen der Nummern 2 bis 14.

2. Abweichend von den Artikeln 1 bis 6 der Verordnung (EWG) Nr. 1612/68 und bis zum Ende eines Zeitraums von zwei Jahren nach dem Tag des Beitritts werden die derzeitigen Mitgliedstaaten nationale oder sich aus bilateralen Abkommen ergebende Maßnahmen anwenden, um den Zugang rumänischer Staatsangehöriger zu ihren Arbeitsmärkten zu regeln. Die derzeitigen Mitgliedstaaten können solche Maßnahmen bis zum Ende eines Zeitraums von fünf Jahren nach dem Tag des Beitritts weiter anwenden.

   Rumänische Staatsangehörige, die am Tag des Beitritts rechtmäßig in einem derzeitigen Mitgliedstaat arbeiten und für einen ununterbrochenen Zeitraum von 12 Monaten oder länger zum Arbeitsmarkt dieses Mitgliedstaats zugelassen waren, haben Zugang zum Arbeitsmarkt dieses Mitgliedstaats, aber nicht zum Arbeitsmarkt anderer Mitgliedstaaten, die nationale Maßnahmen anwenden.

   Rumänische Staatsangehörige, die nach dem Beitritt für einen ununterbrochenen Zeitraum von 12 Monaten oder länger zum Arbeitsmarkt eines derzeitigen Mitgliedstaats zugelassen waren, genießen dieselben Rechte.

   Die in den Unterabsätzen 2 und 3 genannten rumänischen Staatsangehörigen verlieren die dort gewährten Rechte, wenn sie den Arbeitsmarkt des betreffenden derzeitigen Mitgliedstaats freiwillig verlassen.

   Rumänischen Staatsangehörigen, die am Tag des Beitritts oder während eines Zeitraums, in dem nationale Maßnahmen angewandt werden, rechtmäßig in einem derzeitigen Mitgliedstaat arbeiten und weniger als 12 Monate zum Arbeitsmarkt dieses Mitgliedstaats zugelassen waren, werden diese Rechte nicht gewährt.

3. Vor Ende eines Zeitraums von zwei Jahren nach dem Tag des Beitritts wird der Rat die Funktionsweise der Übergangsregelungen nach Nummer 2 anhand eines Berichts der Kommission überprüfen.

Bei Abschluss dieser Überprüfung und spätestens am Ende eines Zeitraums von zwei Jahren nach dem Beitritt teilen die derzeitigen Mitgliedstaaten der Kommission mit, ob sie weiterhin nationale oder sich aus bilateralen Vereinbarungen ergebende Maßnahmen anwenden, oder ob sie künftig die Artikel 1 bis 6 der Verordnung (EWG) Nr. 1612/68 anwenden möchten. Erfolgt keine derartige Mitteilung, so gelten die Artikel 1 bis 6 der Verordnung (EWG) Nr. 1612/68.

4. Auf Ersuchen Rumäniens kann eine weitere Überprüfung vorgenommen werden. Dabei findet das unter Nummer 3 genannte Verfahren Anwendung, das innerhalb von sechs Monaten nach Erhalt des Ersuchens Rumäniens abzuschließen ist.
5. Ein Mitgliedstaat, der am Ende des unter Nummer 2 genannten Zeitraums von fünf Jahren nationale oder sich aus bilateralen Abkommen ergebende Maßnahmen beibehält, kann im Falle schwerwiegender Störungen seines Arbeitsmarktes oder der Gefahr derartiger Störungen nach entsprechender Mitteilung an die Kommission diese Maßnahmen bis zum Ende des Zeitraums von sieben Jahren nach dem Tag des Beitritts weiter anwenden. Erfolgt keine derartige Mitteilung, so gelten die Artikel 1 bis 6 der Verordnung (EWG) Nr. 1612/68.
6. Während des Zeitraums von sieben Jahren nach dem Tag des Beitritts werden die Mitgliedstaaten, in denen gemäß Nummer 3, 4 oder 5 die Artikel 1 bis 6 der Verordnung (EWG) Nr. 1612/68 für rumänische Staatsangehörige gelten und die während dieses Zeitraums Staatsangehörigen Rumäniens zu Kontrollzwecken Arbeitsgenehmigungen erteilen, dies automatisch tun.
7. Die Mitgliedstaaten, in denen gemäß Nummer 3, 4 oder 5 die Artikel 1 bis 6 der Verordnung (EWG) Nr. 1612/68 für rumänische Staatsangehörige gelten, können bis zum Ende eines Zeitraums von sieben Jahren nach dem Beitritt die in den folgenden Absätzen beschriebenen Verfahren anwenden.

   Wenn einer der Mitgliedstaaten im Sinne des Unterabsatzes 1 auf seinem Arbeitsmarkt Störungen erleidet oder voraussieht, die eine ernstliche Gefährdung des Lebensstandards oder des Beschäftigungsstandes in einem bestimmten Gebiet oder Beruf mit sich bringen könnten, unterrichtet dieser Mitgliedstaat die Kommission und die anderen Mitgliedstaaten und übermittelt diesen alle zweckdienlichen Angaben. Der Mitgliedstaat kann die Kommission auf der Grundlage dieser Unterrichtung um die Erklärung ersuchen, dass die Anwendung der Artikel 1 bis 6 der Verordnung (EWG) Nr. 1612/68 zur Wiederherstellung der normalen Situation in diesem Gebiet oder Beruf ganz oder teilweise ausgesetzt wird. Die Kommission trifft über die Aussetzung und deren Dauer und Geltungsbereich spätestens zwei Wochen, nachdem sie mit dem Ersuchen befasst wurde, eine Entscheidung und unterrichtet den Rat von dieser Entscheidung. Binnen zwei Wochen nach der Entscheidung der Kommission kann jeder Mitgliedstaat beantragen, dass diese Entscheidung vom Rat rückgängig gemacht oder geändert wird. Der Rat beschließt binnen zwei Wochen mit qualifizierter Mehrheit über diesen Antrag.

   Ein Mitgliedstaat im Sinne des Unterabsatzes 1 kann in dringenden und außergewöhnlichen Fällen die Anwendung der Artikel 1 bis 6 der Verordnung (EWG) Nr. 1612/68 aussetzen und dies der Kommission unter Angabe von Gründen nachträglich mitteilen.
8. Solange die Anwendung der Artikel 1 bis 6 der Verordnung (EWG) Nr. 1612/68 gemäß den Nummern 2 bis 5 und 7 ausgesetzt ist, findet Artikel 23 der Richtlinie 2004/38/EG auf Staatsangehörige der derzeitigen Mitgliedstaaten in Rumänien und auf rumänische Staatsangehörige in den derzeitigen Mitgliedstaaten in Bezug auf das Recht der Familienangehörigen von Arbeitnehmern, eine Beschäftigung aufzunehmen, unter folgenden Bedingungen Anwendung:
   - der Ehegatte eines Arbeitnehmers und die Verwandten des Arbeitnehmers und des Ehegatten in absteigender Linie, die das 21. Lebensjahr noch nicht vollendet haben oder denen von diesen Unterhalt gewährt wird und die am Tag des Beitritts bei dem Arbeitnehmer im Hoheitsgebiet eines Mitgliedstaats ihren rechtmäßigen Wohnsitz hatten, haben nach dem Beitritt sofortigen Zugang zum Arbeitsmarkt dieses Mitgliedstaats. Dies gilt nicht für die Familienangehörigen eines Arbeitnehmers, der weniger als 12 Monate rechtmäßig zu dem Arbeitsmarkt des betreffenden Mitgliedstaates zugelassen war;
   - der Ehegatte eines Arbeitnehmers und die Verwandten des Arbeitnehmers und des Ehegatten in absteigender Linie, die das 21. Lebensjahr noch nicht vollendet haben oder denen von diesen Unterhalt gewährt wird und die ab einem Zeitpunkt nach dem Beitritt, aber während des Zeitraums der Anwendung der genannten Übergangsregelungen bei dem Arbeitnehmer im Hoheitsgebiet eines Mitgliedstaats ihren rechtmäßigen Wohnsitz hatten, haben Zugang zum Arbeitsmarkt des betreffenden Mitgliedstaats, wenn sie mindestens achtzehn Monate in dem betreffenden Mitgliedstaat ihren Wohnsitz hatten oder

ab dem dritten Jahr nach dem Beitritt, wenn dieser Zeitpunkt früher liegt.

Günstigere nationale oder sich aus bilateralen Abkommen ergebende Maßnahmen bleiben von diesen Bestimmungen unberührt.

9. Soweit Vorschriften der Richtlinie 2004/38/EG, mit denen Vorschriften der Richtlinie 68/360/EWG[1]) übernommen wurden, nicht von den Vorschriften der Verordnung (EWG) Nr. 1612/68 getrennt werden können, deren Anwendung gemäß den Nummern 2 bis 5 und 7 und 8 aufgeschoben wird, können Rumänien und die derzeitigen Mitgliedstaaten in dem Maße, wie es für die Anwendung der Nummern 2 bis 5 und 7 und 8 erforderlich ist, von diesen Vorschriften abweichen.

10. Werden nationale oder sich aus bilateralen Abkommen ergebende Maßnahmen von den derzeitigen Mitgliedstaaten gemäß den oben genannten Übergangsregelungen angewandt, so kann Rumänien gleichwertige Maßnahmen gegenüber den Staatsangehörigen des betreffenden Mitgliedstaats oder der betreffenden Mitgliedstaaten beibehalten.

11. Wird die Anwendung der Artikel 1 bis 6 der Verordnung (EWG) Nr. 1612/68 von einem der derzeitigen Mitgliedstaaten ausgesetzt, so kann Rumänien gegenüber Bulgarien die unter Nummer 7 festgelegten Verfahren anwenden. In dieser Zeit werden Arbeitsgenehmigungen, die Rumänien Staatsangehörigen Bulgariens zu Kontrollzwecken ausstellt, automatisch erteilt.

12. Jeder derzeitige Mitgliedstaat, der nationale Maßnahmen gemäß den Nummern 2 bis 5 und 7 bis 9 anwendet, kann im Rahmen seiner einzelstaatlichen Rechtsvorschriften eine größere Freizügigkeit einführen als sie am Tag des Beitritts bestand, einschließlich des uneingeschränkten Zugangs zum Arbeitsmarkt. Ab dem dritten Jahr nach dem Beitritt kann jeder derzeitige Mitgliedstaat, der nationale Maßnahmen anwendet, jederzeit beschließen, stattdessen die Artikel 1 bis 6 der Verordnung (EWG) Nr. 1612/68 anzuwenden. Die Kommission wird über derartige Beschlüsse unterrichtet.

13. Um tatsächlichen oder drohenden schwerwiegenden Störungen in bestimmten empfindlichen Dienstleistungssektoren auf ihren Arbeitsmärkten zu begegnen, die sich in bestimmten Gebieten aus der länderübergreifenden Erbringung von Dienstleistungen im Sinne des Artikels 1 der Richtlinie 96/71/EG ergeben könnten, können Deutschland und Österreich, solange sie gemäß den vorstehend festgelegten Übergangsbestimmungen nationale Maßnahmen oder Maßnahmen aufgrund von bilateralen Vereinbarungen über die Freizügigkeit rumänischer Arbeitnehmer anwenden, nach Unterrichtung der Kommission von Artikel 49 Absatz 1 des EG-Vertrags abweichen, um im Bereich der Erbringung von Dienstleistungen durch in Rumänien niedergelassene Unternehmen die zeitweilige grenzüberschreitende Beschäftigung von Arbeitnehmern einzuschränken, deren Recht, in Deutschland oder Österreich eine Arbeit aufzunehmen, nationalen Maßnahmen unterliegt.

Folgende Dienstleistungssektoren können von der Abweichung betroffen sein:

[1]) Richtlinie 68/360/EWG des Rates vom 15. Oktober 1968 zur Aufhebung der Reise- und Aufenthaltsbeschränkungen für Arbeitnehmer der Mitgliedstaaten und ihre Familienangehörigen innerhalb der Gemeinschaft (ABl. L 257 vom 19.10.1968, S. 13). Zuletzt geändert durch die Beitrittsakte von 2003 (ABl. L 236 vom 23.9.2003, S. 33) und mit Wirkung vom 30. April 2006 aufgehoben durch die Richtlinie 2004/38/EG des Europäischen Parlaments und des Rates (ABl. L 158 vom 30.4.2004,

– in Deutschland

Sektor	NACE-Code*) , sofern nicht anders angegeben
Baugewerbe, einschließlich verwandte Wirtschaftszweige	45.1 bis 4; Im Anhang der Richtlinie 96/71/EG aufgeführte Tätigkeiten
Reinigung von Gebäuden, Inventar und Verkehrsmitteln	74.70 Reinigung von Gebäuden, Inventar und Verkehrsmitteln
Sonstige Dienstleistungen	74.87 Nur Tätigkeiten von Innendekorateuren

*) NACE: siehe 31990 R 3037: Verordnung (EWG) Nr. 3037/90 des Rates vom 9. Oktober 1990 betreffend die statistische Systematik der Wirtschaftszweige in der Europäischen Gemeinschaft (ABl. L 293 vom 24.10.1990, S. 1). Zuletzt geändert durch 32003 R 1882: Verordnung (EG) Nr. 1882/2003 des Europäischen Parlaments und des Rates vom 29.9.2003 (ABl. L 284 vom 31.10.2003, S. 1).

– in Österreich

Sektor	NACE-Code*), sofern nicht anders angegeben
Erbringung von gärtnerischen Dienstleistungen	01.41
Be- und Verarbeitung von Natursteinen a.n.g.	26.7
Herstellung von Stahl- und Leichtmetallkonstruktionen	28.11
Baugewerbe, einschließlich verwandte Wirtschaftszweige	45.1 bis 4; Im Anhang der Richtlinie 96/71/EG aufgeführte Tätigkeiten
Schutzdienste	74.60
Reinigung von Gebäuden, Inventar und Verkehrsmitteln	74.70
Hauskrankenpflege	85.14
Sozialwesen a.n.g.	85.32

*) NACE: siehe 31990 R 3037: Verordnung (EWG) Nr. 3037/90 des Rates vom 9. Oktober 1990 betreffend die statistische Systematik der Wirtschaftszweige in der Europäischen Gemeinschaft (ABl. L 293 vom 24.10.1990, S. 1). Zuletzt geändert durch 32003 R 1882: Verordnung (EG) Nr. 1882/2003 des Europäischen Parlaments und des Rates vom 29.9.2003 (ABl. L 284 vom 31.10.2003, S. 1).

In dem Maße, wie Deutschland oder Österreich nach Maßgabe der vorstehenden Unterabsätze von Artikel 49 Absatz 1 des EG-Vertrags abweichen, kann Rumänien nach Unterrichtung der Kommission gleichwertige Maßnahmen ergreifen.

Die Anwendung dieser Nummer darf nicht zu Bedingungen für die zeitweilige Freizügigkeit von Arbeitnehmern im Rahmen der länderübergreifenden Erbringung von Dienstleistungen zwischen Deutschland bzw. Österreich und Rumänien führen, die restriktiver sind als die zum Zeitpunkt der Unterzeichnung des Beitrittsvertrags geltenden Bedingungen.

14. Die Anwendung der Nummern 2 bis 5 und 7 bis 12 darf nicht zu Bedingungen für den Zugang rumänischer Staatsangehöriger zu den Arbeitsmärkten der derzeitigen Mitgliedstaaten führen, die restriktiver sind, als die zum Zeitpunkt der Unterzeichnung des Beitrittsvertrags geltenden Bedingungen.

Ungeachtet der Anwendung der Bestimmungen unter den Nummern 1 bis 13 räumen die derzeitigen Mitgliedstaaten während der Dauer der Anwendung nationaler oder sich aus bilateralen Vereinbarungen ergebender Maßnahmen Arbeitnehmern, die Staatsangehörige eines Mitgliedstaats sind, beim Zugang zu ihren Arbeitsmärkten Vorrang vor Arbeitnehmern ein, die Staatsangehörige eines Drittstaats sind.

Rumänische Wanderarbeitnehmer und ihre Familien, die rechtmäßig in einem anderen Mitgliedstaat ihren Wohnsitz haben und dort arbeiten, oder Wanderarbeitnehmer aus anderen Mitgliedstaaten und ihre Familien, die rechtmäßig in Rumänien ihren Wohnsitz haben und dort arbeiten, dürfen nicht restriktiver behandelt werden als dieselben Personen aus Drittstaaten, die in diesem Mitgliedstaat bzw. Rumänien ihren Wohnsitz haben und dort arbeiten. Darüber hinaus dürfen Wanderarbeitnehmer aus Drittländern, die in Rumänien ihren Wohnsitz haben und dort arbeiten, gemäß dem Grundsatz der Gemeinschaftspräferenz nicht günstiger behandelt werden als rumänische Staatsangehörige.

2. FREIER DIENSTLEISTUNGSVERKEHR

31997 L 0009: Richtlinie 97/9/EG des Europäischen Parlaments und des Rates vom 3. März 1997 über Systeme für die Entschädigung der Anleger (ABl. L 84 vom 26.3.1997, S. 22)

Abweichend von Artikel 4 Absatz 1 der Richtlinie 97/9/EG gilt die Mindestentschädigung in Rumänien bis zum 31. Dezember 2011 nicht. Rumänien stellt sicher, dass die Entschädigung nach dem rumänischen Anlegerentschädigungssystem vom 1. Januar 2007 bis zum 31. Dezember 2007 mindestens 4500 EUR, vom 1. Januar 2008 bis zum 31. Dezember 2008 mindestens 7000 EUR, vom 1. Januar 2009 bis zum 31. Dezember 2009 mindestens 9000 EUR, vom 1. Januar 2010 bis zum 31. Dezember 2010 mindestens 11000 EUR und vom 1. Januar 2011 bis zum 31. Dezember 2011 mindestens 15000 EUR beträgt.

Die anderen Mitgliedstaaten sind während der Übergangszeit weiterhin berechtigt, einer Zweigniederlassung einer rumänischen Wertpapierfirma in ihrem Staatsgebiet die Tätigkeit zu untersagen, solange eine solche Zweigniederlassung sich nicht einem offiziell anerkannten Anlegerentschädigungssystem im Staatsgebiet des betreffenden Mitgliedstaates anschließt, um die Differenz zwischen der Entschädigungshöhe in Rumänien und der in Artikel 4 Absatz 1 der Richtlinie 97/9/EG genannten Mindestentschädigung auszugleichen.

3. FREIER KAPITALVERKEHR

Vertrag über die Europäische Union,

Vertrag zur Gründung der Europäischen Gemeinschaft

1. Ungeachtet der Verpflichtungen aus den Verträgen, auf die sich die Europäische Union gründet, kann Rumänien die in seinen Rechtsvorschriften zum Zeitpunkt der Unterzeichnung des Beitrittsvertrags enthaltenen Beschränkungen des Erwerbs von Eigentumsrechten an Grundstücken für Zweitwohnsitze durch Staatsangehörige der Mitgliedstaaten oder der Vertragsparteien des Abkommens über den Europäischen Wirtschaftsraum (EWR) ohne Wohnsitz in Rumänien und durch Gesellschaften, die nach den Gesetzen eines anderen Mitgliedstaats oder eines EWR-Staates gegründet wurden und in dem Hoheitsgebiet Rumäniens weder niedergelassen sind noch dort eine Niederlassung oder eine Vertretung haben, nach dem Tag des Beitritts fünf Jahre lang beibehalten.

   Staatsangehörige der Mitgliedstaaten und Staatsangehörige der Vertragsparteien des EWR-Abkommens, die ihren rechtmäßigen Wohnsitz in Rumänien haben, dürfen weder den Bestimmungen des Unterabsatzes 1 noch anderen Regeln und Verfahren als denjenigen unterworfen werden, die für rumänische Staatsangehörige gelten.

2. Ungeachtet der Verpflichtungen aus den Verträgen, auf die sich die Europäische Union gründet, kann Rumänien die in seinen Rechtsvorschriften zum Zeitpunkt der Unterzeichnung des Beitrittsvertrags enthaltenen Beschränkungen des Erwerbs von landwirtschaftlichen Flächen, Wäldern und forstwirtschaftlichen Flächen durch Staatsangehörige der Mitgliedstaaten, durch Staatsangehörige der Vertragsparteien des EWR-Abkommens und durch Gesellschaften, die nach den Gesetzen eines anderen Mitgliedstaats oder eines EWR-Staates gegründet wurden und in Rumänien weder niedergelassen noch eingetragen sind, nach dem Tag des Beitritts sieben Jahre lang beibehalten. Auf keinen Fall dürfen Staatsangehörige eines Mitgliedstaats beim Erwerb von landwirtschaftlichen Flächen, Wäldern und forstwirtschaftlichen Flächen ungünstiger als am Tag der Unterzeichnung des Beitrittsvertrags oder restriktiver als Drittstaatsangehörige behandelt werden.

   Selbstständige Landwirte mit der Staatsangehörigkeit eines anderen Mitgliedstaats, die sich in Rumänien niederlassen und dort einen Wohnsitz anmelden wollen, dürfen weder den Bestimmungen des Unterabsatzes 1 noch anderen Verfahren als denjenigen unterworfen werden, die für rumänische Staatsangehörige gelten.

   Im dritten Jahr nach dem Tag des Beitritts wird eine allgemeine Überprüfung dieser Übergangsmaßnahmen vorgenommen. Die Kommission wird dem Rat dazu einen Bericht unterbreiten. Der Rat kann auf Vorschlag der Kommission einstimmig beschließen, den in Unterabsatz 1 genannten Übergangszeitraum zu verkürzen oder zu beenden.

4. WETTBEWERBSPOLITIK

[nicht abgedruckt]

5. LANDWIRTSCHAFT

[nicht abgedruckt]

6. VERKEHRSPOLITIK

[nicht abgedruckt]

7. STEUERWESEN

[nicht abgedruckt]

8. ENERGIE

[nicht abgedruckt]

9. UMWELT

[nicht abgedruckt]

Anlage A zu Anhang VII

Umstrukturierung der rumänischen Stahlindustrie (gemäß Anhang VII Kapitel 4 Abschnitt B)

[nicht abgedruckt]

Anlage B zu Anhang VII

Liste der Fleisch, Geflügelfleisch und Milch verarbeitenden Betriebe sowie der Milchproduktbetriebe gemäß Anhang VII Kapitel 5 Abschnitt B Unterabschnitt I

[nicht abgedruckt]

ANHANG VIII

Entwicklung des ländlichen Raums (gemäß Artikel 34 der Beitrittsakte)

[nicht abgedruckt]

ANHANG IX

Besondere Verpflichtungen und Anforderungen, die Rumänien beim Abschluss der Beitrittsverhandlungen am 14. Dezember 2004 übernommen bzw. akzeptiert hat (gemäß Artikel 39 der Beitrittsakte)

I. In Bezug auf Artikel 39 Absatz 2

1. Unverzügliche Umsetzung des an den Besitzstand und die vereinbarten Fristen angeglichenen Schengen-Aktionsplans, in der in M.Of., p. I, nr. 129 bis/10.II.2005 veröffentlichten Fassung.
2. Beträchtliche Intensivierung der Anstrengungen im Hinblick auf die Modernisierung der Ausrüstung sowie der Infrastruktur an den grünen und blauen Grenzen sowie an den Grenzübergängen, um ein hohes Kontroll- und Überwachungsniveau an den künftigen Außengrenzen der Union sicherzustellen; außerdem weiterer Ausbau der Kapazität der operationellen Risikoanalyse. Die entsprechenden Anstrengungen und Verbesserungen müssen in einem einzigen spätestens im März 2005 vorzulegenden Mehrjahresplan für Investitionen zusammengefasst werden, an Hand dessen die Union jährlich die erzielten Fortschritte prüfen kann, bis der in Artikel 4 Absatz 2 der Akte genannte Beschluss in Bezug auf Rumänien ergangen ist. Außerdem muss Rumänien den Plan, 4438 Bedienstete und Beamte für die Grenzpolizei einzustellen, so rasch wie möglich umsetzen und insbesondere dafür sorgen, dass längs der Grenzen zur Ukraine und zu Moldau und längs der Schwarzmeerküste bereits zum Beitritt der Personalbestand so nahe wie möglich an 100 % des Soll-Personalbestands ist. Ferner muss Rumänien alle notwendigen Maßnahmen zu einer wirksamen Bekämpfung der illegalen Zuwanderung, einschließlich einer verstärkten Zusammenarbeit mit Drittländern treffen.
3. Ausarbeitung und Umsetzung eines aktualisierten integrierten Aktionsplans und einer Strategie für die Justizreform, die die wesentlichen Maßnahmen zur Durchführung der Gesetze über den Aufbau des Gerichtswesens, den Status der Justizangehörigen und den Obersten Rat der Magistratur, die am 30. September 2004 in Kraft getreten sind, beinhalten. Die aktualisierten Fassungen von Aktionsplan und Strategie müssen der Union spätestens im März 2005 übermittelt werden; für die Durchführung des Aktionsplans muss eine angemessene Ausstattung mit finanziellen und personellen Mitteln sichergestellt werden, und der Aktionsplan muss unverzüglich entsprechend dem vereinbarten Zeitplan durchgeführt werden. Rumänien muss ebenfalls bis März 2005 nachweisen, dass das neue System für die zufallsgesteuerte Zuweisung von Rechtssachen vollständig einsatzbereit ist.
4. Wesentlich verschärftes Vorgehen gegen Korruption und insbesondere gegen Korruption auf hoher Ebene, indem die Korruptionsbekämpfungsgesetze rigoros durchgesetzt werden und die effektive Unabhängigkeit der Landesstaatsanwaltschaft für die Bekämpfung der Korruption (Parchetal National Anticoruptie (PNA)) sichergestellt wird und indem ab November 2005 einmal jährlich ein überzeugender Bericht über die Tätigkeit der PNA im Bereich der Bekämpfung der Korruption auf hoher Ebene vorgelegt wird. Die PNA muss mit allen personellen und finanziellen Mitteln sowie allen Schulungsmöglichkeiten und technischen Mitteln ausgestattet werden, die für die Wahrnehmung ihrer unerlässlichen Aufgabe erforderlich sind.
5. Durchführung einer unabhängigen Prüfung der Ergebnisse und der Auswirkungen der derzeitigen nationalen Strategie zur Korruptionsbekämpfung; Berücksichtigung der Schlussfolgerungen und Empfehlungen dieser Prüfung in der neuen mehrjährigen Strategie zur Korruptionsbekämpfung, die aus einem einzigen umfassenden Dokument bestehen und spätestens bis März 2005 vorliegen muss, parallel dazu Vorlage eines Aktionsplans, in dem die Benchmarks und die zu erzielenden Ergebnisse klar vorgegeben und angemessene Haushaltsvorschriften festgelegt werden; die Umsetzung der Strategie und die Durchführung des Aktionsplans müssen durch ein bestehendes Gremium überwacht werden, das klar definiert und unabhängig ist; in die Strategie muss die Verpflichtung aufgenommen werden, die schwerfällige Strafprozessordnung bis Ende 2005 zu überarbeiten, um sicherzustellen, dass Korruptionsfälle rasch und auf transparente Weise bearbeitet und angemessene Sanktionen mit abschreckender Wirkung vorgesehen werden; ferner muss die Strategie Maßnahmen vorsehen, um die Zahl der mit der Verhütung oder der Untersuchung von Korruptionsfällen befassten Stellen bis Ende 2005 erheblich zu verringern, damit Kompetenzüberschneidungen vermieden werden.
6. Bis März 2005 Ausarbeitung eines klaren Rechtsrahmens für die jeweiligen Aufgaben von Gendarmerie und Polizei sowie für die

Zusammenarbeit der beiden Behörden, auch im Bereich der Durchführungsvorschriften; des Weiteren bis Mitte 2005 Ausarbeitung und Durchführung eines klaren Personaleinstellungsplans für beide Behörden, der es ermöglichen soll, bis zum Beitritt erhebliche Fortschritte bei der Besetzung der 7000 freien Stellen bei der Polizei und der 18000 freien Stellen bei der Gendarmerie zu erzielen.

7. Ausarbeitung und Umsetzung einer schlüssigen mehrjährigen Strategie zur Kriminalitätsbekämpfung, einschließlich konkreter Maßnahmen, mit denen dem Ruf Rumäniens als Ursprungs-, Transit- und Bestimmungsland für Opfer des Menschenhandels entgegengewirkt wird; ab März 2005 einmal jährlich die Übermittlung zuverlässiger Statistiken über die Bekämpfung dieser Deliktsart.

II. In Bezug auf Artikel 39 Absatz 3

8. Sorge dafür, dass der rumänische Wettbewerbsrat eine wirksame Kontrolle aller denkbaren staatlichen Beihilfen, auch in Bezug auf Zahlungsaufschübe zulasten des Staatshaushalts in den Bereichen Steuern, Sozialvorschriften und Energie, ausübt.

9. Unverzügliche Verbesserung der Vollzugspraxis in Bezug auf staatliche Beihilfen und anschließend Gewährleistung einer zufriedenstellenden Vollzugsbilanz in den Bereichen Kartellrecht und staatliche Beihilfen.

10. Übermittlung – an die Kommission bis Mitte Dezember 2004 – eines überarbeiteten Plans für die Umstrukturierung im Stahlsektor (einschließlich des Nationalen Umstrukturierungsprogramms und der Einzelgeschäftspläne) im Einklang mit den im Protokoll Nr. 2 über EGKS-Erzeugnisse zum Europa-Abkommen zur Gründung einer Assoziation zwischen den Europäischen Gemeinschaften und ihren Mitgliedstaaten einerseits und Rumänien andererseits[1]) und den in Anhang VII, Kapitel 4, Abschnitt B der Akte dargelegten Bedingungen.

Vollständige Einhaltung der Verpflichtung, den Stahlunternehmen, die im Zeitraum vom 1. Januar 2005 bis zum 31. Dezember 2008 unter die Nationale Umstrukturierungsstrategie fallen, keine staatlichen Beihilfen zu gewähren oder zu zahlen und vollständige Einhaltung der Verpflichtung, sich an die im Rahmen des Protokolls Nr. 2 über EGKS-Erzeugnisse zum Europa-Abkommen zur Gründung einer Assoziation zwischen den Europäischen Gemeinschaften und ihren Mitgliedstaaten einerseits und Rumänien andererseits zu beschließenden Beträge der staatlichen Beihilfen zu halten und die in diesem Rahmen festgelegten Bedingungen für den Kapazitätsabbau zu erfüllen.

11. Weiterhin Bereitstellung von angemessenen finanziellen Mitteln und von Personal in ausreichender Zahl und mit entsprechender Qualifikation für den Wettbewerbsrat.

---

[1]) ABl. L 357 vom 31.12.1994, S. 2. Zuletzt geändert durch den Beschluss Nr. 2/2003 des Assoziationsrates EU-Rumänien vom 25.9.2003 (noch nicht im Amtsblatt veröffentlicht).

SCHLUSSAKTE

I. TEXT DER SCHLUSSAKTE

1. Die Bevollmächtigten

[es folgen die Namen]

die am fünfundzwanzigsten April zweitausendfünf in Luxemburg anlässlich der Unterzeichnung des Vertrags zwischen dem Königreich Belgien, der Tschechischen Republik, dem Königreich Dänemark, der Bundesrepublik Deutschland, der Republik Estland, der Hellenischen Republik, dem Königreich Spanien, der Französischen Republik, Irland, der Italienischen Republik, der Republik Zypern, der Republik Lettland, der Republik Litauen, dem Großherzogtum Luxemburg, der Republik Ungarn, der Republik Malta, dem Königreich der Niederlande, der Republik Österreich, der Republik Polen, der Portugiesischen Republik, der Republik Slowenien, der Slowakischen Republik, der Republik Finnland, dem Königreich Schweden, dem Vereinigten Königreich Großbritannien und Nordirland (Mitgliedstaaten der Europäischen Union) und der Republik Bulgarien und Rumänien über den Beitritt der Republik Bulgarien und Rumäniens zur Europäischen Union zusammengetreten sind,

haben festgestellt, dass die folgenden Texte im Rahmen der Konferenz zwischen den Mitgliedstaaten der Europäischen Union und der Republik Bulgarien und Rumänien über den Beitritt der Republik Bulgarien und Rumäniens zur Europäischen Union erstellt und angenommen worden sind:

I. der Vertrag zwischen dem Königreich Belgien, der Tschechischen Republik, dem Königreich Dänemark, der Bundesrepublik Deutschland, der Republik Estland, der Hellenischen Republik, dem Königreich Spanien, der Französischen Republik, Irland, der Italienischen Republik, der Republik Zypern, der Republik Lettland, der Republik Litauen, dem Großherzogtum Luxemburg, der Republik Ungarn, der Republik Malta, dem Königreich der Niederlande, der Republik Österreich, der Republik Polen, der Portugiesischen Republik, der Republik Slowenien, der Slowakischen Republik, der Republik Finnland, dem Königreich Schweden, dem Vereinigten Königreich Großbritannien und Nordirland (Mitgliedstaaten der Europäischen Union) und der Republik Bulgarien und Rumänien über den Beitritt der Republik Bulgarien und Rumäniens zur Europäischen Union (im Folgenden: „der Beitrittsvertrag“ genannt);

II. die Wortlaute des Vertrags über eine Verfassung für Europa in bulgarischer und in rumänischer Sprache;

III. das Protokoll über die Bedingungen und Einzelheiten der Aufnahme der Republik Bulgarien und Rumäniens in die Europäische Union (im Folgenden: „das Beitrittsprotokoll“ genannt);

IV. die nachstehend aufgeführten Anhänge zum Beitrittsprotokoll:

A. Anhang I — Liste der Übereinkünfte und Protokolle, denen Bulgarien und Rumänien am Tag des Beitritts beitreten (nach Artikel 3 Absatz 3 des Protokolls)

Anhang II — Verzeichnis der Bestimmungen des in den Rahmen der Europäischen Union einbezogenen Schengen-Besitzstandes und der darauf beruhenden oder anderweitig damit zusammenhängenden Rechtsakte, die ab dem Beitritt für die neuen Mitgliedstaaten bindend und in ihnen anzuwenden sind (nach Artikel 4 Absatz 1 des Protokolls)

Anhang III — Liste nach Artikel 16 des Protokolls: Anpassungen der Rechtsakte der Organe

Anhang IV — Liste nach Artikel 17 des Protokolls: zusätzliche Anpassungen der Rechtsakte der Organe

Anhang V — Liste nach Artikel 18 des Protokolls: sonstige ständige Bestimmungen

Anhang VI — Liste nach Artikel 20 des Protokolls: Übergangsmaßnahmen, Bulgarien

Anhang VII — Liste nach Artikel 20 des Protokolls: Übergangsmaßnahmen, Rumänien

Anhang VIII — Entwicklung des ländlichen Raums (nach Artikel 34 des Protokolls)

Anhang IX — Spezifische Verpflichtungen und Anforderungen, die Rumänien beim Abschluss der Beitrittsverhandlungen am 14. Dezember 2004 eingegangen ist bzw. akzeptiert hat (nach Artikel 39 des Protokolls)

B. die Wortlaute des Vertrags zur Gründung der Europäischen Atomgemeinschaft sowie der Verträge, durch die sie geändert oder ergänzt worden sind, in bulgarischer und rumänischer Sprache

V. die Akte über die Bedingungen des Beitritts der Bulgarischen Republik und Rumäniens und die Anpassungen der die Europäische Union begründenden Verträge (im Folgenden: „die Beitrittsakte“ genannt)

VI. die nachstehend aufgeführten und der Beitrittsakte beigefügten Texte:

A. Anhang I — Liste der Übereinkünfte und Protokolle, denen Bulgarien und Rumänien am Tag des Beitritts beitreten (nach Artikel 3 Absatz 3 der Beitrittsakte)

Anhang II — Verzeichnis der Bestimmungen des in den Rahmen der Europäischen Union einbezogenen Schengen-Besitzstandes und der darauf beruhenden oder anderweitig damit zusammenhängenden Rechtsakte, die ab dem Beitritt für die neuen Mitgliedstaaten bindend und in ihnen anzuwenden sind (nach Artikel 4 Absatz 1 der Beitrittsakte)

Anhang III — Liste nach Artikel 19 der Beitrittsakte: Anpassungen der Rechtsakte der Organe

Anhang IV — Liste nach Artikel 20 der Beitrittsakte: Zusätzliche Anpassungen der Rechtsakte der Organe

Anhang V — Liste nach Artikel 21 der Beitrittsakte: sonstige ständige Bestimmungen

Anhang VI — Liste nach Artikel 23 der Beitrittsakte: Übergangsmaßnahmen, Bulgarien

Anhang VII — Liste nach Artikel 23 der Beitrittsakte: Übergangsmaßnahmen, Rumänien

Anhang VIII	Entwicklung des ländlichen Raums (nach Artikel 34 der Beitrittsakte)
Anhang IX	Spezifische Verpflichtungen und Anforderungen, die Rumänien beim Abschluss der Beitrittsverhandlungen am 14. Dezember 2004 eingegangen ist bzw. akzeptiert hat (nach Artikel 39 der Beitrittsakte)

B. die Wortlaute des Vertrags über die Europäische Union, des Vertrags zur Gründung der Europäischen Gemeinschaft und des Vertrags zur Gründung der Europäischen Atomgemeinschaft sowie der Verträge zu deren Änderung oder Ergänzung, einschließlich des Vertrags über den Beitritt des Königreichs Dänemark, Irlands sowie des Vereinigten Königreichs Großbritannien und Nordirland, des Vertrags über den Beitritt der Republik Griechenland, des Vertrags über den Beitritt des Königreichs Spanien und der Portugiesischen Republik, des Vertrags über den Beitritt der Republik Österreich, der Republik Finnland und des Königreichs Schweden sowie des Vertrags über den Beitritt der Tschechischen Republik, der Republik Estland, der Republik Zypern, der Republik Lettland, der Republik Litauen, der Republik Ungarn, der Republik Malta, der Republik Polen, der Republik Slowenien und der Slowakischen Republik, in bulgarischer und rumänischer Sprache.

2. Die Hohen Vertragsparteien haben politische Einigung erzielt über einige Anpassungen der Rechtsakte der Organe, die aufgrund des Beitritts erforderlich geworden sind, und ersuchen den Rat und die Kommission, diese Anpassungen vor dem Beitritt gemäß Artikel 56 des Beitrittsprotokolls bzw. gemäß Artikel 56 der Beitrittsakte – dies ergibt sich aus Artikel 4 Absatz 3 des Beitrittsvertrags – anzunehmen, wobei erforderlichenfalls eine Ergänzung und Aktualisierung erfolgt, um der Weiterentwicklung des Unionsrechts Rechnung zu tragen.

3. Die Hohen Vertragsparteien verpflichten sich, der Kommission sowie untereinander alle Informationen zu erteilen, die für die Anwendung des Beitrittsprotokolls bzw. der Beitrittsakte erforderlich sind. Diese Informationen sind, soweit erforderlich, so rechtzeitig vor dem Tag des Beitritts vorzulegen, dass die uneingeschränkte Anwendung des Beitrittsprotokolls bzw. der Beitrittsakte ab dem Tag des Beitritts erfolgen kann; insbesondere gilt dies für das Funktionieren des Binnenmarktes. In diesem Zusammenhang ist eine frühzeitige Mitteilung der von Bulgarien und Rumänien erlassenen Maßnahmen nach Artikel 53 des Beitrittsprotokolls bzw. Artikel 53 der Beitrittsakte von höchster Bedeutung. Die Kommission kann der Republik Bulgarien und Rumänien gegebenenfalls den von ihr für angemessen erachteten Zeitpunkt für den Eingang oder die Übermittlung anderer spezieller Informationen mitteilen. Eine Liste der Informationspflichten für den Veterinärbereich ist den Vertragsparteien am heutigen Tag der Unterzeichnung überreicht worden.

4. Die Bevollmächtigten haben die folgenden, dieser Schlussakte beigefügten Erklärungen zur Kenntnis genommen:
   A. Gemeinsame Erklärungen der derzeitigen Mitgliedstaaten
      1. Gemeinsame Erklärung zur Freizügigkeit der Arbeitnehmer: Bulgarien
      2. Gemeinsame Erklärung zu Körnerleguminosen: Bulgarien
      3. Gemeinsame Erklärung zur Freizügigkeit der Arbeitnehmer: Rumänien
      4. Gemeinsame Erklärung zur Entwicklung des ländlichen Raums: Bulgarien und Rumänien
   B. Gemeinsame Erklärung der derzeitigen Mitgliedstaaten und der Kommission
      5. Gemeinsame Erklärung über die Vorbereitungen Bulgariens und Rumäniens im Hinblick auf den Beitritt
   C. Gemeinsame Erklärung verschiedener derzeitiger Mitgliedstaaten
      6. Gemeinsame Erklärung der Bundesrepublik Deutschland und der Republik Österreich zur Freizügigkeit der Arbeitnehmer: Bulgarien und Rumänien
   D. Erklärungen der Republik Bulgarien
      7. Erklärung der Republik Bulgarien zur Verwendung der kyrillischen Schrift in der Europäischen Union

5. Die Bevollmächtigten haben Kenntnis genommen von dem Briefwechsel zwischen der Europäischen Union und der Republik Bulgarien sowie Rumänien über ein Informations- und Konsultationsverfahren für die Annahme bestimmter Beschlüsse und sonstiger Maßnahmen in der Zeit vor dem Beitritt, der dieser Schlussakte beigefügt ist.

Geschehen zu Luxemburg am fünfundzwanzigsten April zweitausendfünf.

II. ERKLÄRUNGEN

A. GEMEINSAME ERKLÄRUNGEN DER DERZEITIGEN MITGLIEDSTAATEN

1. Gemeinsame Erklärung zur Freizügigkeit der Arbeitnehmer: Bulgarien

Die Europäische Union weist auf das hohe Maß an Differenzierung und Flexibilität in der Regelung für die Freizügigkeit der Arbeitnehmer hin.

Die Mitgliedstaaten werden sich bemühen, bulgarischen Staatsangehörigen nach nationalem Recht verstärkt Zugang zum Arbeitsmarkt zu gewähren, um die Angleichung an den Besitzstand zu beschleunigen. Die Beschäftigungsmöglichkeiten für bulgarische Staatsangehörige in der Europäischen Union sollten sich daher beim Beitritt Bulgariens erheblich verbessern. Darüber hinaus werden die EU-Mitgliedstaaten der die vorgeschlagene Regelung auf die bestmögliche Weise nutzen, um so rasch wie möglich zu einer vollständigen Anwendung des Besitzstands im Bereich der Freizügigkeit der Arbeitnehmer zu gelangen.

2. Gemeinsame Erklärung zu Körnerleguminosen: Bulgarien

[nicht abgedruckt]

3. Gemeinsame Erklärung zur Freizügigkeit der Arbeitnehmer: Rumänien

Die Europäische Union weist auf das hohe Maß an Differenzierung und Flexibilität in der Regelung für die Freizügigkeit der Arbeitnehmer hin. Die Mitgliedstaaten werden sich bemühen, rumänischen Staatsangehörigen nach nationalem Recht verstärkt Zugang zum Arbeitsmarkt zu gewähren, um die Angleichung an den Besitzstand zu beschleunigen. Die Beschäftigungsmöglichkeiten für rumänische Staatsangehörige in der Europäischen Union sollten sich daher beim Beitritt Rumäniens erheblich verbessern. Darüber hinaus werden die EU-Mitgliedstaaten der die vorgeschlagene Regelung auf die bestmögliche Weise nutzen, um so rasch wie möglich zu einer vollständigen Anwendung des Besitzstands im Bereich der Freizügigkeit der Arbeitnehmer zu gelangen.

4. Gemeinsame Erklärung zur Entwicklung des ländlichen Raums: Bulgarien und Rumänien

In Bezug auf die in Artikel 34 Absatz 2 des Beitrittsprotokolls und Artikel 34 Absatz 1 der Beitrittsakte genannten Verpflichtungsermächtigungen aus dem EAGFL, Abteilung Garantie, für die Entwicklung des ländlichen Raums zugunsten von Bulgarien und Rumänien im Dreijahreszeitraum 2007 bis 2009 stellt die Union fest, dass die folgenden Haushaltsansätze erwartet werden können:

(in Mio. EUR zu Preisen von 2004)

	2007	2008	2009	2007-2009
Bulgarien	183	244	306	733
Rumänien	577	770	961	2 308
Insgesamt	760	1 014	1 267	3 041

Die Haushaltsansätze für die Entwicklung des ländlichen Raums in Bulgarien und Rumänien nach dem Dreijahreszeitraum 2007-2009 werden auf den geltenden Bestimmungen beruhen oder auf Bestimmungen, die sich aus etwaigen zwischenzeitlichen Reformen der Politik ergeben.

B. GEMEINSAME ERKLÄRUNG DER DERZEITIGEN MITGLIEDSTAATEN UND DER KOMMISSION

5. Gemeinsame Erklärung zu den Vorbereitungen Bulgariens und Rumäniens im Hinblick auf den Beitritt

[nicht abgedruckt]

C. GEMEINSAME ERKLÄRUNG VERSCHIEDENER DERZEITIGER MITGLIEDSTAATEN

6. Gemeinsame Erklärung der Bundesrepublik Deutschland und der Republik Österreich zur Freizügigkeit der Arbeitnehmer: Bulgarien und Rumänien

Die Formulierung der Nummer 13 der Übergangsmaßnahmen für die Freizügigkeit der Arbeitnehmer gemäß der Richtlinie 96/71/EG in den Anhängen VI und VII sowohl des Beitrittsprotokolls als auch der Beitrittsakte wird von der Bundesrepublik Deutschland und der Republik Österreich im Einvernehmen mit der Kommission in dem Sinne aufgefasst, dass der Ausdruck „bestimmte Gebiete“ gegebenenfalls auch das gesamte nationale Hoheitsgebiet umfassen kann.

D. ERKLÄRUNG DER REPUBLIK BULGARIEN

7. Erklärung der Republik Bulgarien zur Verwendung der kyrillischen Schrift in der Europäischen Union

Durch die Geltung des Bulgarischen als eine verbindliche Sprache im Sinne der Verträge sowie als von den Organen der Europäischen Union zu verwendende Amtssprache und Arbeitssprache wird die kyrillische Schrift zu einer der drei in der Europäischen Union offiziell verwendeten Schriften. Dieser bedeutende Teil des kulturellen Erbes Europas ist ein spezifischer Beitrag Bulgariens zur sprachlichen und kulturellen Vielfalt der Union.

III. BRIEFWECHSEL

Briefwechsel zwischen der Europäischen Union und der Republik Bulgarien sowie Rumänien über ein Informations- und Konsultationsverfahren für die Annahme bestimmter Beschlüsse und sonstige Maßnahmen in der Zeit vor dem Beitritt

[nicht abgedruckt]

ANHANG

Informations- und Konsultationsverfahren für die Annahme bestimmter Beschlüsse und sonstige Maßnahmen in der Zeit vor dem Beitritt

[nicht abgedruckt]

Vertrag von Lissabon 2007

(ABl 2007, C 306, 1, berichtigt durch ABl 2016 L 150, 1)

Vertrag von Lissabon zur Änderung des Vertrags über die Europäische Union und des Vertrags zur Gründung der Europäischen Gemeinschaft, unterzeichnet in Lissabon am 13. Dezember 2007

Inhaltsverzeichnis

PRÄAMBEL

SEINE MAJESTÄT DER KÖNIG DER BELGIER,

DER PRÄSIDENT DER REPUBLIK BULGARIEN,

DER PRÄSIDENT DER TSCHECHISCHEN REPUBLIK,

IHRE MAJESTÄT DIE KÖNIGIN VON DÄNEMARK,

DER PRÄSIDENT DER BUNDESREPUBLIK DEUTSCHLAND,

DER PRÄSIDENT DER REPUBLIK ESTLAND,

DIE PRÄSIDENTIN IRLANDS,

DER PRÄSIDENT DER HELLENISCHEN REPUBLIK,

SEINE MAJESTÄT DER KÖNIG VON SPANIEN,

DER PRÄSIDENT DER FRANZÖSISCHEN REPUBLIK,

DER PRÄSIDENT DER ITALIENISCHEN REPUBLIK,

DER PRÄSIDENT DER REPUBLIK ZYPERN,

DER PRÄSIDENT DER REPUBLIK LETTLAND,

DER PRÄSIDENT DER REPUBLIK LITAUEN,

SEINE KÖNIGLICHE HOHEIT DER GROSSHERZOG VON LUXEMBURG,

DER PRÄSIDENT DER REPUBLIK UNGARN,

DER PRÄSIDENT MALTAS,

IHRE MAJESTÄT DIE KÖNIGIN DER NIEDERLANDE,

DER BUNDESPRÄSIDENT DER REPUBLIK ÖSTERREICH,

DER PRÄSIDENT DER REPUBLIK POLEN,

DER PRÄSIDENT DER PORTUGIESISCHEN REPUBLIK,

DER PRÄSIDENT RUMÄNIENS,

DER PRÄSIDENT DER REPUBLIK SLOWENIEN,

DER PRÄSIDENT DER SLOWAKISCHEN REPUBLIK,

DIE PRÄSIDENTIN DER REPUBLIK FINNLAND,

DIE REGIERUNG DES KÖNIGREICHS SCHWEDEN,

IHRE MAJESTÄT DIE KÖNIGIN DES VEREINIGTEN KÖNIGREICHS GROSSBRITANNIEN UND NORDIRLAND –

IN DEM WUNSCH, den mit dem Vertrag von Amsterdam und dem Vertrag von Nizza eingeleiteten Prozess, mit dem die Effizienz und die demokratische Legitimität der Union erhöht und die Kohärenz ihres Handelns verbessert werden sollen, abzuschließen,

SIND ÜBEREINGEKOMMEN, den Vertrag über die Europäische Union, den Vertrag zur Gründung der Europäischen Gemeinschaft und den Vertrag zur Gründung der Europäischen Atomgemeinschaft zu ändern,

und haben zu diesem Zweck zu ihren Bevollmächtigten ernannt:

SEINE MAJESTÄT DER KÖNIG DER BELGIER

Guy VERHOFSTADT

Premierminister

Karel DE GUCHT

Minister für auswärtige Angelegenheiten

DER PRÄSIDENT DER REPUBLIK BULGARIEN

Sergei STANISHEV

Premierminister

Ivailo KALFIN

Vize-Premierminister und Minister für auswärtige Angelegenheiten

DER PRÄSIDENT DER TSCHECHISCHEN REPUBLIK

Mirek TOPOLÁNEK

Premierminister

Karel SCHWARZENBERG

Minister für auswärtige Angelegenheiten

IHRE MAJESTÄT DIE KÖNIGIN VON DÄNEMARK

Anders Fogh RASMUSSEN

Premierminister

Per Stig MØLLER

Minister für auswärtige Angelegenheiten

DER PRÄSIDENT DER BUNDESREPUBLIK DEUTSCHLAND

Dr. Angela MERKEL

Bundeskanzlerin

Dr. Frank-Walter STEINMEIER

Bundesminister des Auswärtigen und Stellvertreter der Bundeskanzlerin

DER PRÄSIDENT DER REPUBLIK ESTLAND

Andrus ANSIP

Premierminister

Urmas PAET

Minister für auswärtige Angelegenheiten

DIE PRÄSIDENTIN IRLANDS

Bertie AHERN

Premierminister (Taoiseach)

Dermot AHERN

Minister für auswärtige Angelegenheiten

DER PRÄSIDENT DER HELLENISCHEN REPUBLIK

Konstantinos KARAMANLIS

Premierminister

Dora BAKOYANNIS

Ministerin für auswärtige Angelegenheiten

SEINE MAJESTÄT DER KÖNIG VON SPANIEN

José Luis RODRÍGUEZ ZAPATERO

Präsident der Regierung

Miguel Ángel MORATINOS CUYAUBÉ

Minister für auswärtige Angelegenheiten und für Zusammenarbeit

DER PRÄSIDENT DER FRANZÖSISCHEN REPUBLIK

Nicolas SARKOZY

Präsident

François FILLON

Premierminister

Bernard KOUCHNER

Minister für auswärtige und europäische Angelegenheiten

DER PRÄSIDENT DER ITALIENISCHEN REPUBLIK

Romano PRODI

Präsident des Ministerrats

Massimo D'ALEMA

Vizepräsident des Ministerrats und Minister für auswärtige Angelegenheiten

DER PRÄSIDENT DER REPUBLIK ZYPERN

Tassos PAPADOPOULOS

Präsident

Erato KOZAKOU-MARCOULLIS

Minister für auswärtige Angelegenheiten

DER PRÄSIDENT DER REPUBLIK LETTLAND

Valdis ZATLERS

Präsident

Aigars KALVĪTIS

Premierminister

Māris RIEKSTIŅŠ

Minister für auswärtige Angelegenheiten

DER PRÄSIDENT DER REPUBLIK LITAUEN

Valdas ADAMKUS

Präsident

Gediminas KIRKILAS

Premierminister

Petras VAITIEKU¯NAS

Minister für auswärtige Angelegenheiten

SEINE KÖNIGLICHE HOHEIT DER GROSSHERZOG VON LUXEMBURG

Jean-Claude JUNCKER

Premierminister, Staatsminister

Jean ASSELBORN

Minister für auswärtige Angelegenheiten und Immigration

DER PRÄSIDENT DER REPUBLIK UNGARN

Ferenc GYURCSÁNY

Premierminister

Dr. Kinga GÖNCZ

Ministerin für auswärtige Angelegenheiten

DER PRÄSIDENT MALTAS

The Hon Lawrence GONZI

Premierminister

The Hon Michael FRENDO

Minister für auswärtige Angelegenheiten

IHRE MAJESTÄT DIE KÖNIGIN DER NIEDERLANDE

Dr. J. P. BALKENENDE

Premierminister

M. J. M. VERHAGEN

Minister für auswärtige Angelegenheiten

DER BUNDESPRÄSIDENT DER REPUBLIK ÖSTERREICH

Dr. Alfred GUSENBAUER

Bundeskanzler

Dr. Ursula PLASSNIK

Bundesministerin für europäische und internationale Angelegenheiten

DER PRÄSIDENT DER REPUBLIK POLEN

Donald TUSK

Premierminister

Radosław SIKORSKI

Minister für auswärtige Angelegenheiten

DER PRÄSIDENT DER PORTUGIESISCHEN REPUBLIK

José SÓCRATES CARVALHO PINTO DE SOUSA

Premierminister

Luís Filipe MARQUES AMADO

Staatsminister und Minister für auswärtige Angelegenheiten

DER PRÄSIDENT RUMÄNIENS

Traian BĂSESCU

Präsident

Călin POPESCU TĂRICEANU

Premierminister

Adrian CIOROIANU

Minister für auswärtige Angelegenheiten

DER PRÄSIDENT DER REPUBLIK SLOWENIEN

Janez JANŠA

Präsident der Regierung

Dr. Dimitrij RUPEL

Minister für auswärtige Angelegenheiten

DER PRÄSIDENT DER SLOWAKISCHEN REPUBLIK

Robert FICO

Premierminister

Ján KUBIŠ

Minister für auswärtige Angelegenheiten

DIE PRÄSIDENTIN DER REPUBLIK FINNLAND

Matti VANHANEN

Premierminister

Ilkka KANERVA

Minister für auswärtige Angelegenheiten

DIE REGIERUNG DES KÖNIGREICHS SCHWEDEN

Fredrik REINFELDT

Premierminister

Cecilia MALMSTRÖM

Ministerin für europäische Angelegenheiten

IHRE MAJESTÄT DIE KÖNIGIN DES VEREINIGTEN KÖNIGREICHS GROSSBRITANNIEN UND NORDIRLAND

The Rt. Hon Gordon BROWN

Premierminister

The Rt. Hon David MILIBAND

Minister für auswärtige Angelegenheiten und den Commonwealth

DIESE SIND nach Austausch ihrer als gut und gehörig befundenen Vollmachten

wie folgt ÜBEREINGEKOMMEN:

ÄNDERUNGEN DES VERTRAGS ÜBER DIE EUROPÄISCHE UNION UND DES VERTRAGS ZUR GRÜNDUNG DER EUROPÄISCHEN GEMEINSCHAFT

Artikel 1

Der Vertrag über die Europäische Union wird nach Maßgabe dieses Artikels geändert.
eingearbeitet

Artikel 2

Der Vertrag zur Gründung der Europäischen Gemeinschaft wird nach Maßgabe dieses Artikels geändert.
eingearbeitet

SCHLUSSBESTIMMUNGEN

Artikel 3

Dieser Vertrag gilt auf unbegrenzte Zeit.

Artikel 4

(1) Das diesem Vertrag beigefügte Protokoll Nr. 1 enthält die Änderungen der Protokolle zum Vertrag über die Europäische Union, zum Vertrag zur Gründung der Europäischen Gemeinschaft und/oder zum Vertrag zur Gründung der Europäischen Atomgemeinschaft.

(2) Das diesem Vertrag beigefügte Protokoll Nr. 2 enthält die Änderungen des Vertrags zur Gründung der Europäischen Atomgemeinschaft.

Artikel 5

(1) Die Artikel, Abschnitte, Kapitel, Titel und Teile des Vertrags über die Europäische Union

und des Vertrags zur Gründung der Europäischen Gemeinschaft in der Fassung dieses Vertrags werden entsprechend den Übereinstimmungstabellen im Anhang zu diesem Vertrag umnummeriert; dieser Anhang ist Bestandteil dieses Vertrags.

(2) Die im Vertrag über die Europäische Union und im Vertrag über die Arbeitsweise der Europäischen Union enthaltenen Querverweise auf Artikel, Abschnitte, Kapitel, Titel und Teile sowie die Querverweise zwischen ihnen werden entsprechend Absatz 1 angepasst; desgleichen werden die Verweise auf Absätze oder Unterabsätze der genannten Artikel, wie sie durch einige Bestimmungen dieses Vertrags umnummeriert oder umgestellt wurden, entsprechend jenen Bestimmungen angepasst.

Die in anderen die Union begründenden Verträgen oder Rechtsakten des Primärrechts enthaltenen Verweise auf Artikel, Abschnitte, Kapitel, Titel und Teile des Vertrags über die Europäische Union und des Vertrags zur Gründung der Europäischen Gemeinschaft werden entsprechend Absatz 1 angepasst. Die Verweise auf Erwägungsgründe des Vertrags über die Europäische Union oder auf Absätze oder Unterabsätze von Artikeln des Vertrags über die Europäische Union und des Vertrags zur Gründung der Europäischen Gemeinschaft, wie sie durch diesen Vertrag umnummeriert oder umgestellt wurden, werden entsprechend diesem Vertrag angepasst.

Diese Anpassungen betreffen gegebenenfalls auch die Fälle, in denen die jeweilige Bestimmung aufgehoben wird.

(3) Die in anderen Rechtsinstrumenten oder Rechtsakten enthaltenen Verweise auf Erwägungsgründe, Artikel, Abschnitte, Kapitel, Titel und Teile des Vertrags über die Europäische Union und des Vertrags zur Gründung der Europäischen Gemeinschaft in der Fassung dieses Vertrags sind als Verweise auf die nach Absatz 1 umnummerierten Erwägungsgründe, Artikel, Abschnitte, Kapitel, Titel und Teile der genannten Verträge zu verstehen; die Verweise auf Absätze oder Unterabsätze jener Artikel sind als Verweise auf die in einigen Bestimmungen dieses Vertrags umnummerierten oder umgestellten Absätze oder Unterabsätze zu verstehen.

Artikel 6

(1) Dieser Vertrag bedarf der Ratifikation durch die Hohen Vertragsparteien im Einklang mit ihren verfassungsrechtlichen Vorschriften. Die Ratifikationsurkunden werden bei der Regierung der Italienischen Republik hinterlegt.

(2) Dieser Vertrag tritt am 1. Januar 2009 in Kraft, sofern alle Ratifikationsurkunden hinterlegt worden sind, oder andernfalls am ersten Tag des auf die Hinterlegung der letzten Ratifikationsurkunde folgenden Monats.

Artikel 7

Dieser als „Vertrag von Lissabon" bezeichnete Vertrag ist in einer Urschrift in bulgarischer, dänischer, deutscher, englischer, estnischer, finnischer, französischer, griechischer, irischer, italienischer, lettischer, litauischer, maltesischer, niederländischer, polnischer, portugiesischer, rumänischer, schwedischer, slowakischer, slowenischer, spanischer, tschechischer und ungarischer Sprache abgefasst, wobei jeder Wortlaut gleichermaßen verbindlich ist; er wird im Archiv der Regierung der Italienischen Republik hinterlegt; diese übermittelt der Regierung jedes anderen Unterzeichnerstaats eine beglaubigte Abschrift.

ZU URKUND DESSEN haben die unterzeichneten Bevollmächtigten ihre Unterschriften unter diesen Vertrag gesetzt.

PROTOKOLLE

A. PROTOKOLLE, DIE DEM VERTRAG ÜBER DIE EUROPÄISCHE UNION, DEM VERTRAG ÜBER DIE ARBEITSWEISE DER EUROPÄISCHEN UNION UND GEGEBENENFALLS DEM VERTRAG ZUR GRÜNDUNG DER EUROPÄISCHEN ATOMGEMEINSCHAFT BEIZUFÜGEN SIND

eingearbeitet

B. PROTOKOLLE, DIE DEM VERTRAG VON LISSABON BEIZUFÜGEN SIND

eingearbeitet

Anhang

ÜBEREINSTIMMUNGSTABELLEN NACH ARTIKEL 5 DES VERTRAGS VON LISSABON

Hinweis (siehe unter 1/6.)

Schlussakte

(ABl 2007 C 306, 231, berichtigt durch ABl 2016 L 150, 1)

DIE KONFERENZ DER VERTRETER DER REGIERUNGEN DER MITGLIEDSTAATEN, die am 23. Juli 2007 in Brüssel einberufen wurde, um im gegenseitigen Einvernehmen die Änderungen zu beschließen, die an dem Vertrag über die Europäische Union, dem Vertrag zur Gründung der Europäischen Gemeinschaft und dem Vertrag zur Gründung der Europäischen Atomgemeinschaft vorzunehmen sind, hat folgende Texte angenommen:

I. Vertrag von Lissabon zur Änderung des Vertrags über die Europäische Union und des Vertrags zur Gründung der Europäischen Gemeinschaft

II. Protokolle

A. Protokolle, die dem Vertrag über die Europäische Union, dem Vertrag über die Arbeitsweise der Europäischen Union und gegebenenfalls dem Vertrag zur Gründung der Europäischen Atomgemeinschaft beizufügen sind

- Protokoll über die Rolle der nationalen Parlamente in der Europäischen Union
- Protokoll über die Anwendung der Grundsätze der Subsidiarität und der Verhältnismäßigkeit
- Protokoll betreffend die Euro-Gruppe
- Protokoll über die ständige strukturierte Zusammenarbeit nach Artikel 28a des Vertrags über die Europäische Union
- Protokoll zu Artikel 6 Absatz 2 des Vertrags über die Europäische Union über den Beitritt der Union zur Europäischen Konvention zum Schutz der Menschenrechte und Grundfreiheiten
- Protokoll über den Binnenmarkt und den Wettbewerb
- Protokoll über die Anwendung der Charta der Grundrechte der Europäischen Union auf Polen und das Vereinigte Königreich
- Protokoll über die Ausübung der geteilten Zuständigkeit
- Protokoll über Dienste von allgemeinem Interesse
- Protokoll über den Beschluss des Rates über die Anwendung des Artikels 9c Absatz 4 des Vertrags über die Europäische Union und des Artikels 205 Absatz 2 des Vertrags über die Arbeitsweise der Europäischen Union zwischen dem 1. November 2014 und dem 31. März 2017 einerseits und ab dem 1. April 2017 andererseits
- Protokoll über die Übergangsbestimmungen

B. Protokolle, die dem Vertrag von Lissabon beizufügen sind

- Protokoll Nr. 1 zur Änderung der Protokolle zum Vertrag über die Europäische Union, zum Vertrag zur Gründung der Europäischen Gemeinschaft und/oder zum Vertrag zur Gründung der Europäischen Atomgemeinschaft
- Übereinstimmungstabellen nach Artikel 2 des Protokolls Nr. 1 zur Änderung der Protokolle zum Vertrag über die Europäische Union, zum Vertrag zur Gründung der Europäischen Gemeinschaft und/oder zum Vertrag zur Gründung der Europäischen Atomgemeinschaft
- Protokoll Nr. 2 zur Änderung des Vertrags zur Gründung der Europäischen Atomgemeinschaft

III. Anhang zum Vertrag von Lissabon

- Übereinstimmungstabellen nach Artikel 5 des Vertrags von Lissabon

Die Konferenz hat die folgenden dieser Schlussakte beigefügten Erklärungen angenommen:

A. Erklärungen zu Bestimmungen der Verträge

1. Erklärung zur Charta der Grundrechte der Europäischen Union
2. Erklärung zu Artikel 6 Absatz 2 des Vertrags über die Europäische Union
3. Erklärung zu Artikel 7a des Vertrags über die Europäische Union
4. Erklärung zur Zusammensetzung des Europäischen Parlaments
5. Erklärung zur politischen Einigung des Europäischen Rates über den Entwurf eines Beschlusses über die Zusammensetzung des Europäischen Parlaments
6. Erklärung zu Artikel 9b Absätze 5 und 6, Artikel 9d Absätze 6 und 7 und Artikel 9e des Vertrags über die Europäische Union
7. Erklärung zu Artikel 9c Absatz 4 des Vertrags über die Europäische Union und zu Artikel 205 Absatz 2 des Vertrags über die Arbeitsweise der Europäischen Union
8. Erklärung zu den praktischen Maßnahmen, die zum Zeitpunkt des Inkrafttretens des Vertrags von Lissabon in Bezug auf den Vorsitz im Europäischen Rat und im Rat „Auswärtige Angelegenheiten“ zu ergreifen sind
9. Erklärung zu Artikel 9c Absatz 9 des Vertrags über die Europäische Union betreffend den Beschluss des Europäischen Rates über die Ausübung des Vorsitzes im Rat

10. Erklärung zu Artikel 9d des Vertrags über die Europäische Union
11. Erklärung zu Artikel 9d Absätze 6 und 7 des Vertrags über die Europäische Union
12. Erklärung zu Artikel 9e des Vertrags über die Europäische Union
13. Erklärung zur Gemeinsamen Außen- und Sicherheitspolitik
14. Erklärung zur Gemeinsamen Außen- und Sicherheitspolitik
15. Erklärung zu Artikel 13a des Vertrags über die Europäische Union
16. Erklärung zu Artikel 53 Absatz 2 des Vertrags über die Europäische Union
17. Erklärung zum Vorrang
18. Erklärung zur Abgrenzung der Zuständigkeiten
19. Erklärung zu Artikel 3 des Vertrags über die Arbeitsweise der Europäischen Union
20. Erklärung zu Artikel 16b des Vertrags über die Arbeitsweise der Europäischen Union
21. Erklärung zum Schutz personenbezogener Daten im Bereich der justiziellen Zusammenarbeit in Strafsachen und der polizeilichen Zusammenarbeit
22. Erklärung zu den Artikeln 42 und 63a des Vertrags über die Arbeitsweise der Europäischen Union
23. Erklärung zu Artikel 42 Absatz 2 des Vertrags über die Arbeitsweise der Europäischen Union
24. Erklärung zur Rechtspersönlichkeit der Europäischen Union
25. Erklärung zu den Artikeln 61h und 188k des Vertrags über die Arbeitsweise der Europäischen Union
26. Erklärung zur Nichtbeteiligung eines Mitgliedstaats an einer auf den Dritten Teil Titel IV des Vertrags über die Arbeitsweise der Europäischen Union gestützten Maßnahme
27. Erklärung zu Artikel 69d Absatz 1 Unterabsatz 2 des Vertrags über die Arbeitsweise der Europäischen Union
28. Erklärung zu Artikel 78 des Vertrags über die Arbeitsweise der Europäischen Union
29. Erklärung zu Artikel 87 Absatz 2 Buchstabe c des Vertrags über die Arbeitsweise der Europäischen Union
30. Erklärung zu Artikel 104 des Vertrags über die Arbeitsweise der Europäischen Union
31. Erklärung zu Artikel 140 des Vertrags über die Arbeitsweise der Europäischen Union
32. Erklärung zu Artikel 152 Absatz 4 Buchstabe c des Vertrags über die Arbeitsweise der Europäischen Union
33. Erklärung zu Artikel 158 des Vertrags über die Arbeitsweise der Europäischen Union
34. Erklärung zu Artikel 163 des Vertrags über die Arbeitsweise der Europäischen Union
35. Erklärung zu Artikel 176a des Vertrags über die Arbeitsweise der Europäischen Union
36. Erklärung zu Artikel 188n des Vertrags über die Arbeitsweise der Europäischen Union über die Aushandlung und den Abschluss internationaler Übereinkünfte betreffend den Raum der Freiheit, der Sicherheit und des Rechts durch die Mitgliedstaaten
37. Erklärung zu Artikel 188r des Vertrags über die Arbeitsweise der Europäischen Union
38. Erklärung zu Artikel 222 des Vertrags über die Arbeitsweise der Europäischen Union zur Zahl der Generalanwälte des Gerichtshofs
39. Erklärung zu Artikel 249b des Vertrags über die Arbeitsweise der Europäischen Union
40. Erklärung zu Artikel 280d des Vertrags über die Arbeitsweise der Europäischen Union
41. Erklärung zu Artikel 308 des Vertrags über die Arbeitsweise der Europäischen Union
42. Erklärung zu Artikel 308 des Vertrags über die Arbeitsweise der Europäischen Union
43. Erklärung zu Artikel 311a Absatz 6 des Vertrags über die Arbeitsweise der Europäischen Union

B. Erklärungen zu den den Verträgen beigefügten Protokollen

44. Erklärung zu Artikel 5 des Protokolls über den in den Rahmen der Europäischen Union einbezogenen Schengen-Besitzstand
45. Erklärung zu Artikel 5 Absatz 2 des Protokolls über Europäischen Union einbezogenen Schengen-Besitzstand den in den Rahmen der
46. Erklärung zu Artikel 5 Absatz 3 des Protokolls über Europäischen Union einbezogenen Schengen-Besitzstand den in den Rahmen der
47. Erklärung zu Artikel 5 Absätze 3, 4 und 5 des Protokolls über den in den Rahmen der Europäischen Union einbezogenen Schengen-Besitzstand
48. Erklärung zu dem Protokoll über die Position Dänemarks
49. Erklärung betreffend Italien
50. Erklärung zu Artikel 10 des Protokolls über die Übergangsbestimmungen

Die Konferenz hat ferner die nachstehend aufgeführten Erklärungen zur Kenntnis genommen, die dieser Schlussakte beigefügt sind:

51. Erklärung des Königreichs Belgien zu den nationalen Parlamenten
52. Erklärung des Königreichs Belgien, der Republik Bulgarien, der Bundesrepublik Deutschland, der Hellenischen Republik, des Königreichs Spanien, der Italienischen Republik, der Republik Zypern, der Republik Litauen, des Großherzogtums Luxemburg, der Republik Ungarn, der Republik Malta,

der Republik Österreich, der Portugiesischen Republik, Rumäniens, der Republik Slowenien und der Slowakischen Republik zu den Symbolen der Europäischen Union

53. Erklärung der Tschechischen Republik zur Charta der Grundrechte der Europäischen Union
54. Erklärung der Bundesrepublik Deutschland, Irlands, der Republik Ungarn, der Republik Österreich und des Königreichs Schweden
55. Erklärung des Königreichs Spanien und des Vereinigten Königreichs Großbritannien und Nordirland
56. Erklärung Irlands zu Artikel 3 des Protokolls über die Position des Vereinigten Königreichs und Irlands hinsichtlich des Raums der Freiheit, der Sicherheit und des Rechts
57. Erklärung der Italienischen Republik zur Zusammensetzung des Europäischen Parlaments
58. Erklärung der Republik Lettland, der Republik Ungarn und der Republik Malta zur Schreibweise des Namens der einheitlichen Währung in den Verträgen
59. Erklärung des Königreichs der Niederlande zu Artikel 270a des Vertrags über die Arbeitsweise der Europäischen Union
60. Erklärung des Königreichs der Niederlande zu Artikel 311a des Vertrags über die Arbeitsweise der Europäischen Union
61. Erklärung der Republik Polen zur Charta der Grundrechte der Europäischen Union
62. Erklärung der Republik Polen zu dem Protokoll über die Anwendung der Charta der Grundrechte der Europäischen Union auf Polen und das Vereinigte Königreich
63. Erklärung des Vereinigten Königreichs Großbritannien und Nordirland zur Definition des Begriffs „Staatsangehöriger“
64. Erklärung des Vereinigten Königreichs Großbritannien und Nordirland über das Wahlrecht für die Wahlen zum Europäischen Parlament
65. Erklärung des Vereinigten Königreichs Großbritannien und Nordirland zu Artikel 61h des Vertrags über die Arbeitsweise der Europäischen Union

A. ERKLÄRUNGEN ZU BESTIMMUNGEN DER VERTRÄGE

eingearbeitet (siehe unter 1/5.)

B. ERKLÄRUNGEN ZU DEN DEN VERTRÄGEN BEIGEFÜGTEN PROTOKOLLEN

eingearbeitet (siehe unter 1/5.)

C. ERKLÄRUNGEN VON MITGLIEDSTAATEN

Die Konferenz hat ferner die nachstehend aufgeführten Erklärungen zur Kenntnis genommen, die dieser Schlussakte beigefügt sind:

eingearbeitet (siehe unter 1/5.)

Beitrittsvertrag 2013

(ABl 2013 L 112, 1)*)

INHALTSVERZEICHNIS

*) Am 1. Juli 2013 in Kraft getreten.

VERTRAG
ZWISCHEN
DEM KÖNIGREICH BELGIEN, DER REPUBLIK BULGARIEN, DER TSCHECHISCHEN REPUBLIK, DEM KÖNIGREICH DÄNEMARK, DER BUNDESREPUBLIK DEUTSCHLAND, DER REPUBLIK ESTLAND, IRLAND, DER HELLENISCHEN REPUBLIK, DEM KÖNIGREICH SPANIEN, DER FRANZÖSISCHEN REPUBLIK, DER ITALIENISCHEN REPUBLIK, DER REPUBLIK ZYPERN, DER REPUBLIK LETTLAND, DER REPUBLIK LITAUEN, DEM GROSSHERZOGTUM LUXEMBURG, DER REPUBLIK UNGARN, DER REPUBLIK MALTA, DEM KÖNIGREICH DER NIEDERLANDE, DER REPUBLIK ÖSTERREICH, DER REPUBLIK POLEN DER PORTUGIESISCHEN REPUBLIK, RUMÄNIEN, DER REPUBLIK SLOWENIEN, DER SLOWAKISCHEN REPUBLIK, DER REPUBLIK FINNLAND, DEM KÖNIGREICH SCHWEDEN, DEM VEREINIGTEN KÖNIGREICH GROSSBRITANNIEN UND NORDIRLAND (MITGLIEDSTAATEN DER EUROPÄISCHEN UNION)
UND
DER REPUBLIK KROATIEN
ÜBER DEN BEITRITT DER REPUBLIK KROATIEN ZUR EUROPÄISCHEN UNION

SEINE MAJESTÄT DER KÖNIG DER BELGIER,

DER PRÄSIDENT DER REPUBLIK BULGARIEN,

DER PRÄSIDENT DER TSCHECHISCHEN REPUBLIK,

IHRE MAJESTÄT DIE KÖNIGIN VON DÄNEMARK,

DER PRÄSIDENT DER BUNDESREPUBLIK DEUTSCHLAND,

DER PRÄSIDENT DER REPUBLIK ESTLAND,

DER PRÄSIDENT IRLANDS,

DER PRÄSIDENT DER HELLENISCHEN REPUBLIK,

SEINE MAJESTÄT DER KÖNIG VON SPANIEN,

DER PRÄSIDENT DER FRANZÖSISCHEN REPUBLIK,

DIE REPUBLIK KROATIEN,

DER PRÄSIDENT DER ITALIENISCHEN REPUBLIK,

DER PRÄSIDENT DER REPUBLIK ZYPERN,

DER PRÄSIDENT DER REPUBLIK LETTLAND,

DIE PRÄSIDENTIN DER REPUBLIK LITAUEN,

SEINE KÖNIGLICHE HOHEIT DER GROSSHERZOG VON LUXEMBURG,

DER PRÄSIDENT DER REPUBLIK UNGARN,

DER PRÄSIDENT MALTAS,

IHRE MAJESTÄT DIE KÖNIGIN DER NIEDERLANDE,

DER BUNDESPRÄSIDENT DER REPUBLIK ÖSTERREICH,

DER PRÄSIDENT DER REPUBLIK POLEN,

DER PRÄSIDENT DER PORTUGIESISCHEN REPUBLIK,

DER PRÄSIDENT RUMÄNIENS,

DER PRÄSIDENT DER REPUBLIK SLOWENIEN,

DER PRÄSIDENT DER SLOWAKISCHEN REPUBLIK,

DIE PRÄSIDENTIN DER REPUBLIK FINNLAND,

DIE REGIERUNG DES KÖNIGREICHS SCHWEDEN,

IHRE MAJESTÄT DIE KÖNIGIN DES VEREINIGTEN KÖNIGREICHS GROSSBRITANNIEN UND NORDIRLAND –

EINIG in dem Willen, die Verwirklichung der Ziele der Europäischen Union fortzuführen,

ENTSCHLOSSEN, auf den bereits geschaffenen Grundlagen einen immer engeren Zusammenschluss der europäischen Völker herbeizuführen,

IN DER ERWÄGUNG, dass Artikel 49 des Vertrags über die Europäische Union den europäischen Staaten die Möglichkeit eröffnet, Mitglieder der Union zu werden,

IN DER ERWÄGUNG, dass die Republik Kroatien beantragt hat, Mitglied der Europäischen Union zu werden,

IN DER ERWÄGUNG, dass sich der Rat nach Einholung der Stellungnahme der Kommission und der Zustimmung des Europäischen Parlaments für die Aufnahme der Republik Kroatien ausgesprochen hat –

HABEN EINIGUNG über die Aufnahmebedingungen und die Anpassungen des Vertrags über die Europäische Union, des Vertrags über die Arbeitsweise der Europäischen Union und des Vertrags zur Gründung der Europäischen Atomgemeinschaft ERZIELT; sie haben zu diesem Zweck zu ihren Bevollmächtigten ernannt:

[es folgen die Namen]

WIE FOLGT ÜBEREINGEKOMMEN:

Artikel 1

(1) Die Republik Kroatien wird Mitglied der Europäischen Union und der Europäischen Atomgemeinschaft.

(2) Die Republik Kroatien wird Vertragspartei des Vertrags über die Europäische Union, des Vertrags über die Arbeitsweise der Europäischen Union und des Vertrags zur Gründung der Europäischen Atomgemeinschaft in ihrer jeweiligen geänderten oder ergänzten Fassung.

(3) Die Aufnahmebedingungen und die aufgrund der Aufnahme erforderlichen Anpassungen der in Absatz 2 genannten Verträge sind in der diesem Vertrag beigefügten Akte festgelegt. Die Bestimmungen der Akte sind Bestandteil dieses Vertrags.

Artikel 2

Die Bestimmungen über die Rechte und Pflichten der Mitgliedstaaten sowie über die Befugnisse und Zuständigkeiten der Organe der Union, wie sie in den Verträgen festgelegt sind, denen die Republik Kroatien aufgrund des Artikels 1 Absatz 2 beitritt, gelten auch für diesen Vertrag.

Artikel 3

(1) Dieser Vertrag bedarf der Ratifikation durch die Hohen Vertragsparteien im Einklang mit ihren verfassungsrechtlichen Vorschriften. Die Ratifikationsurkunden werden bis zum 30. Juni 2013 bei der Regierung der Italienischen Republik hinterlegt.

(2) Durch die Ratifizierung dieses Vertrags durch die Republik Kroatien gelten auch alle Änderungen der in Artikel 1 Absatz 2 genannten Verträge, die zum Zeitpunkt der Ratifizierung dieses Vertrags durch die Republik Kroatien gemäß Artikel 48 des Vertrags über die Europäische Union zur Ratifizierung oder Genehmigung durch die Mitgliedstaaten auflagen, sowie alle zu dem genannten Zeitpunkt oder davor angenommenen Rechtsakte der Organe, die erst nach Genehmigung durch die Mitgliedstaaten im Einklang mit ihren verfassungsrechtlichen Vorschriften in Kraft treten, als durch die Republik Kroatien ratifiziert oder genehmigt.

(3) Dieser Vertrag tritt am 1. Juli 2013 in Kraft, sofern alle Ratifikationsurkunden vor diesem Tag hinterlegt worden sind.

(4) Ungeachtet des Absatzes 3 können die Organe der Union vor dem Beitritt die Maßnahmen erlassen, die in Artikel 3 Absatz 7, Artikel 6 Absatz 2 Unterabsatz 2, Artikel 6 Absatz 3 Unterabsatz 2, Artikel 6 Absatz 6 Unterabsätze 2 und 3, Artikel 6 Absatz 7 Unterabsatz 2, Artikel 6 Absatz 8 Unterabsatz 3, Artikel 17, Artikel 29 Absatz 1, Artikel 30 Absatz 5, Artikel 31 Absatz 5, Artikel 35 Absätze 3 und 4, den Artikeln 38, 39, 41, 42, 43, 44, 49, 50 und 51 und in den Anhängen IV bis VI der in Artikel 1 Absatz 3 genannten Akte genannt sind.

Diese Maßnahmen treten nur vorbehaltlich des Inkrafttretens dieses Vertrags und zum Zeitpunkt seines Inkrafttretens in Kraft.

(5) Ungeachtet des Absatzes 3 gilt Artikel 36 der in Artikel 1 Absatz 3 genannten Akte ab der Unterzeichnung dieses Vertrags.

Artikel 4

Dieser Vertrag ist in einer Urschrift in bulgarischer, dänischer, deutscher, englischer, estnischer, finnischer, französischer, griechischer, irischer, italienischer, kroatischer, lettischer, litauischer, maltesischer, niederländischer, polnischer, portugiesischer, rumänischer, schwedischer, slowakischer, slowenischer, spanischer, tschechischer und ungarischer Sprache abgefasst, wobei der Wortlaut in jeder dieser Sprachen gleichermaßen verbindlich ist; er wird im Archiv der Regierung der Italienischen Republik hinterlegt; diese übermittelt der Regierung jedes anderen Unterzeichnerstaats eine beglaubigte Abschrift.

[Unterschriften]

AKTE
über die Bedingungen des Beitritts der Republik Kroatien und die Anpassungen des Vertrags über die Europäische Union, des Vertrags über die Arbeitsweise der Europäischen Union und des Vertrags zur Gründung der Europäischen Atomgemeinschaft

ERSTER TEIL
GRUNDSÄTZE

Artikel 1

Im Sinne dieser Akte bezeichnet

- der Ausdruck „ursprüngliche Verträge"
  a) den Vertrag über die Europäische Union (EUV) und den Vertrag über die Arbeitsweise der Europäischen Union (AEUV) mit den Änderungen oder Ergänzungen, die durch vor dem Beitritt der Republik Kroatien in Kraft getretene Verträge oder andere Rechtsakte vorgenommen worden sind;
  b) den Vertrag zur Gründung der Europäischen Atomgemeinschaft (EAG-Vertrag) mit den Änderungen oder Ergänzungen, die durch vor dem Beitritt der Republik Kroatien in Kraft getretene Verträge oder andere Rechtsakte vorgenommen worden sind;
- der Ausdruck „derzeitige Mitgliedstaaten" das Königreich Belgien, die Republik Bulgarien, die Tschechische Republik, das Königreich Dänemark, die Bundesrepublik Deutschland, die Republik Estland, Irland, die Hellenische Republik, das Königreich Spanien, die Französische Republik, die Italienische Republik, die Republik Zypern, die Republik Lettland, die Republik Litauen, das Großherzogtum Luxemburg, die Republik Ungarn, die Republik Malta, das Königreich der Niederlande, die Republik Österreich, die Republik Polen, die Portugiesische Republik, Rumänien, die Republik Slowenien, die Slowakische Republik, die Republik Finnland, das Königreich Schweden und das Vereinigte Königreich Großbritannien und Nordirland;
- der Ausdruck „Union" die durch den EUV und den AEUV geschaffene Europäische Union und/oder je nach Sachlage die Europäische Atomgemeinschaft;
- der Ausdruck „Organe" die durch den EUV geschaffenen Organe.

Artikel 2

Ab dem Tag des Beitritts sind die ursprünglichen Verträge und die vor dem Beitritt erlassenen Rechtsakte der Organe für Kroatien verbindlich und gelten in Kroatien nach Maßgabe der genannten Verträge und dieser Akte.

Sind nach der Ratifizierung des Vertrags über den Beitritt durch Kroatien Änderungen an den ursprünglichen Verträgen von den Vertretern der Regierungen der Mitgliedstaaten gemäß Artikel 48 Absatz 4 EUV vereinbart worden und sind diese Änderungen bis zum Zeitpunkt des Beitritts nicht in Kraft getreten, so werden diese Änderungen von Kroatien nach Maßgabe seiner verfassungsrechtlichen Vorschriften ratifiziert.

Artikel 3

(1) Kroatien tritt den Beschlüssen und Vereinbarungen der im Europäischen Rat vereinigten Staats- und Regierungschefs der Mitgliedstaaten bei.

(2) Kroatien tritt den Beschlüssen und Vereinbarungen der im Rat vereinigten Vertreter der Regierungen der Mitgliedstaaten bei.

(3) Kroatien befindet sich hinsichtlich der Erklärungen, Entschließungen oder sonstigen Stellungnahmen des Europäischen Rates oder des Rates sowie hinsichtlich der die Union betreffenden Erklärungen, Entschließungen oder sonstigen Stellungnahmen, die von den Mitgliedstaaten im gegenseitigen Einvernehmen angenommen wurden, in derselben Lage wie die derzeitigen Mitgliedstaaten. Kroatien wird demgemäß die sich daraus ergebenden Grundsätze und Leitlinien beachten und die gegebenenfalls zu ihrer Durchführung erforderlichen Maßnahmen treffen.

(4) Kroatien tritt den in Anhang I aufgeführten Übereinkünften und Protokollen bei. Diese Übereinkünfte und Protokolle treten für Kroatien an dem Tag in Kraft, den der Rat in den in Absatz 5 genannten Beschlüssen festlegt.

(5) Der Rat beschließt einstimmig auf Empfehlung der Kommission und nach Anhörung des Europäischen Parlaments, alle Anpassungen vorzunehmen, die aufgrund des Beitritts zu den in Absatz 4 genannten Übereinkünften und Protokollen erforderlich sind, und veröffentlicht den angepassten Wortlaut im *Amtsblatt der Europäischen Union*.

(6) Kroatien verpflichtet sich in Bezug auf die in Absatz 4 genannten Übereinkünfte und Protokolle, Verwaltungs- und sonstige Vorkehrungen wie etwa diejenigen einzuführen, die von den derzeitigen Mitgliedstaaten oder vom Rat bis zum Tag des Beitritts angenommen wurden, und die praktische Zusammenarbeit zwischen den Einrichtungen und Organisationen der Mitgliedstaaten zu erleichtern.

(7) Der Rat kann einstimmig auf Vorschlag der Kommission in Anhang I die einschlägigen Übereinkünfte, Abkommen und Protokolle aufnehmen, die vor dem Tag des Beitritts unterzeichnet werden.

Artikel 4

(1) Die Bestimmungen des Schengen-Besitzstands, die in dem dem EUV und dem AEUV beigefügten Protokoll über den in den Rahmen der Europäischen Union einbezogenen Schengen- Besitzstand (im Folgenden „Schengen-Protokoll")

aufgeführt sind, und die darauf aufbauenden oder anderweitig damit zusammenhängenden Rechtsakte, die in Anhang II aufgeführt sind, sowie alle weiteren vor dem Tag des Beitritts erlassenen Rechtsakte dieser Art sind ab dem Tag des Beitritts für Kroatien bindend und in Kroatien anzuwenden.

(2) Die Bestimmungen des in den Rahmen der Union einbezogenen Schengen-Besitzstands und die darauf aufbauenden oder anderweitig damit zusammenhängenden Rechtsakte, die nicht in Absatz 1 genannt sind, sind zwar für Kroatien ab dem Tag des Beitritts bindend, sie sind aber in Kroatien jeweils nur nach einem entsprechenden Beschluss anzuwenden, den der Rat nach einer nach den geltenden Schengen-Evaluierungsverfahren durchgeführten Prüfung der Frage, ob die erforderlichen Voraussetzungen für die Anwendung aller Teile des einschlägigen Besitzstands – einschließlich der wirksamen Anwendung aller Schengen-Bestimmungen im Einklang mit den vereinbarten gemeinsamen Standards und mit den grundlegenden Prinzipien – in Kroatien gegeben sind, gefasst hat. Dieser Beschluss wird vom Rat gemäß den geltenden Schengen-Verfahren und unter Berücksichtigung eines Berichts der Kommission gefasst, in dem bestätigt wird, dass Kroatien weiterhin die bei den Beitrittsverhandlungen eingegangenen Verpflichtungen, die für den Schengen-Besitzstand von Belang sind, erfüllt.

Der Rat beschließt nach Anhörung des Europäischen Parlaments einstimmig mit den Stimmen der Mitglieder, die die Regierungen der Mitgliedstaaten vertreten, für die die in diesem Absatz genannten Bestimmungen bereits in Kraft gesetzt worden sind, und des Vertreters der Regierung der Republik Kroatien. Die Mitglieder des Rates, die die Regierungen Irlands und des Vereinigten Königreichs Großbritannien und Nordirland vertreten, nehmen insoweit an einem derartigen Beschluss teil, als er sich auf die Bestimmungen des Schengen-Besitzstands und die darauf aufbauenden oder anderweitig damit zusammenhängenden Rechtsakte bezieht, an denen diese Mitgliedstaaten teilnehmen.

Artikel 5

Kroatien nimmt ab dem Tag des Beitritts als Mitgliedstaat, für den eine Ausnahmeregelung im Sinne des Artikels 139 AEUV gilt, an der Wirtschafts- und Währungsunion teil.

Artikel 6

(1) Die von der Union mit einem Drittland oder mehreren Drittländern, mit einer internationalen Organisation oder mit einem Staatsangehörigen eines Drittlandes geschlossenen oder vorläufig angewendeten Abkommen sind für Kroatien nach Maßgabe der ursprünglichen Verträge und dieser Akte bindend.

(2) Kroatien verpflichtet sich, den von den derzeitigen Mitgliedstaaten und der Union mit einem Drittland oder mehreren Drittländern oder mit einer internationalen Organisation geschlossenen oder unterzeichneten Abkommen nach Maßgabe dieser Akte beizutreten.

Soweit in spezifischen in Unterabsatz 1 genannten Abkommen nichts anderes festgelegt ist, wird dem Beitritt Kroatiens zu diesen Abkommen durch den Abschluss eines Protokolls zu diesen Abkommen zwischen dem Rat, der im Namen der Mitgliedstaaten handelt und einstimmig beschließt, und dem betreffenden Drittland oder den betreffenden Drittländern bzw. der betreffenden internationalen Organisation, zugestimmt. Die Kommission oder, wenn sich das Abkommen ausschließlich oder hauptsächlich auf die Gemeinsame Außen- und Sicherheitspolitik bezieht, der Hohe Vertreter der Union für Außen- und Sicherheitspolitik (im Folgenden „Hoher Vertreter"), handelt diese Protokolle im Namen der Mitgliedstaaten auf der Grundlage der vom Rat einstimmig gebilligten Verhandlungsrichtlinien in Abstimmung mit einem aus den Vertretern der Mitgliedstaaten zusammengesetzten Ausschuss aus. Die Kommission bzw. der Hohe Vertreter, je nachdem, was angemessen ist, unterbreitet dem Rat einen Entwurf der Protokolle für deren Abschluss.

Dieses Verfahren gilt unbeschadet der Ausübung der eigenen Zuständigkeiten der Union und berührt nicht die Verteilung der Zuständigkeiten zwischen der Union und den Mitgliedstaaten in Bezug auf den künftigen Abschluss derartiger Abkommen oder in Bezug auf andere nicht mit dem Beitritt zusammenhängende Änderungen.

(3) Ab dem Tag des Beitritts und bis zum Inkrafttreten der in Absatz 2 Unterabsatz 2 genannten erforderlichen Protokolle wendet Kroatien die Bestimmungen der in Absatz 2 Unterabsatz 1 genannten Abkommen an, die vor dem Beitritt geschlossen oder vorläufig angewendet wurden, mit Ausnahme des Abkommens zwischen der Europäischen Gemeinschaft und ihren Mitgliedstaaten einerseits und der Schweizerischen Eidgenossenschaft andererseits über die Freizügigkeit[1]).

Bis zum Inkrafttreten der in Absatz 2 Unterabsatz 2 genannten Protokolle ergreifen die Union und die Mitgliedstaaten gegebenenfalls gemeinsam im Rahmen ihrer jeweiligen Zuständigkeiten alle geeigneten Maßnahmen.

(4) Kroatien tritt dem Partnerschaftsabkommen zwischen den Mitgliedern der Gruppe der Staaten in Afrika, im Karibischen Raum und im Pazifischen Ozean einerseits und der Europäischen Gemeinschaft und ihren Mitgliedstaaten andererseits, unterzeichnet in Cotonou am 23. Juni 2000[2]), sowie den beiden Abkommen zur Änderung dieses Abkommens, die am 25. Juni 2005 in Luxem-

---

[1]) ABl. L 114 vom 30.4.2002, S. 6.

[2]) ABl. L 317 vom 15.12.2000, S. 3.

burg[3]) unterzeichnet bzw. am 22. Juni 2010 in Ouagadougou[4]) zur Unterzeichnung aufgelegt wurden, bei.

(5) Kroatien verpflichtet sich, nach Maßgabe dieser Akte dem Abkommen über den Europäischen Wirtschaftsraum[5]) gemäß Artikel 128 jenes Abkommens beizutreten.

(6) Ab dem Tag des Beitritts wendet Kroatien die zwischen der Union und Drittländern geschlossenen bilateralen Textilabkommen oder -vereinbarungen an.

Die von der Union angewendeten mengenmäßigen Beschränkungen der Einfuhr von Textil- und Bekleidungserzeugnissen werden angepasst, um dem Beitritt Kroatiens zur Union Rechnung zu tragen. Zu diesem Zweck können Änderungen der in Unterabsatz 1 genannten bilateralen Textilabkommen und -vereinbarungen von der Union mit den betreffenden Drittländern vor dem Beitritt ausgehandelt werden.

Sollten die Änderungen der bilateralen Textilabkommen und -vereinbarungen bis zum Tag des Beitritts nicht in Kraft getreten sein, so nimmt die Union an ihren Vorschriften für die Einfuhr von Textil- und Bekleidungserzeugnissen aus Drittländern die notwendigen Anpassungen vor, um dem Beitritt Kroatiens Rechnung zu tragen.

(7) Die von der Union angewendeten mengenmäßigen Beschränkungen der Einfuhr von Stahl und Stahlerzeugnissen werden auf der Grundlage der in den letzten Jahren erfolgten Einfuhren von Stahl und Stahlerzeugnissen aus den betreffenden Lieferländern nach Kroatien angepasst.

Zu diesem Zweck werden die erforderlichen Änderungen an den zwischen der Union und den betreffenden Drittländern geschlossenen bilateralen Stahlabkommen und -vereinbarungen vor dem Beitritt ausgehandelt.

Sollten die Änderungen der bilateralen Stahlabkommen und -vereinbarungen bis zum Beitritt nicht in Kraft getreten sein, so gilt Unterabsatz 1.

(8) Ab dem Tag des Beitritts werden Fischereiabkommen, die zwischen Kroatien und Drittländern vor diesem Tag geschlossen wurden, von der Union verwaltet.

Die Rechte und Pflichten Kroatiens, die aus diesen Abkommen erwachsen, werden während des Zeitraums, in dem die Bestimmungen dieser Abkommen vorläufig beibehalten werden, nicht berührt.

So bald wie möglich, auf jeden Fall jedoch vor dem Ablauf der Geltungsdauer der in Unterabsatz 1 genannten Abkommen, erlässt der Rat in jedem Einzelfall auf Vorschlag der Kommission mit qualifizierter Mehrheit die geeigneten Beschlüsse zur Aufrechterhaltung der Fischereitätigkeiten, die sich aus den Abkommen ergeben; hierzu gehört auch die Möglichkeit, bestimmte Abkommen um höchstens ein Jahr zu verlängern.

(9) Kroatien tritt von allen Freihandelsabkommen mit Drittländern zurück; dies gilt auch für das geänderte Mitteleuropäische Freihandelsübereinkommen.

Insoweit Abkommen zwischen Kroatien einerseits und einem Drittland oder mehreren Drittländern andererseits nicht mit den Pflichten aus dieser Akte vereinbar sind, trifft Kroatien alle geeigneten Maßnahmen, um die festgestellten Unvereinbarkeiten zu beseitigen. Stößt Kroatien bei der Anpassung eines mit einem Drittland oder mehreren Drittländern geschlossenen Abkommens auf Schwierigkeiten, so tritt es von dem Abkommen zurück.

Kroatien ergreift alle erforderlichen Maßnahmen, um die Einhaltung der Verpflichtungen nach diesem Absatz ab dem Tag des Beitritts sicherzustellen.

(10) Kroatien tritt zu den in dieser Akte vorgesehenen Bedingungen den internen Vereinbarungen bei, welche die derzeitigen Mitgliedstaaten zur Durchführung der Abkommen im Sinne der Absätze 2 und 4 geschlossen haben.

(11) Kroatien ergreift geeignete Maßnahmen, um gegebenenfalls seine Stellung gegenüber internationalen Organisationen oder denjenigen internationalen Abkommen, denen auch die Union oder andere Mitgliedstaaten als Vertragspartei angehören, den Rechten und Pflichten anzupassen, die sich aus dem Beitritt Kroatiens zur Union ergeben.

Kroatien tritt insbesondere von den internationalen Fischereiabkommen zurück, denen auch die Union als Vertragspartei angehört, und beendet seine Mitgliedschaft in den internationalen Fischereiorganisationen, denen auch die Union als Mitglied angehört, sofern seine Mitgliedschaft nicht andere Angelegenheiten als die Fischerei betrifft.

Kroatien ergreift alle erforderlichen Maßnahmen, um die Einhaltung der Verpflichtungen nach diesem Absatz ab dem Tag des Beitritts sicherzustellen.

Artikel 7

(1) Die Bestimmungen dieser Akte können, soweit darin nicht etwas anderes vorgesehen ist, nur nach dem in den ursprünglichen Verträgen vorgesehenen Verfahren, die eine Änderung dieser Verträge ermöglichen, ausgesetzt, geändert oder aufgehoben werden.

(2) Die von den Organen erlassenen Rechtsakte, auf die sich die in dieser Akte vorgesehenen Übergangsbestimmungen beziehen, bewahren ihren Rechtscharakter; insbesondere bleiben die Verfahren zur Änderung dieser Rechtsakte anwendbar.

(3) Die Bestimmungen dieser Akte, die eine Aufhebung oder Änderung von Rechtsakten der Organe zum Gegenstand haben oder bewirken, haben – es sei denn, es handelt sich um Übergangsbestimmun-

[3]) ABl. L 209 vom 11.8.2005, S. 27, ABl. L 287 vom 28.10.2005, S. 4, und ABl. L 168M vom 21.6.2006, S. 33.

[4]) ABl. L 287 vom 4.11.2010, S. 3.

[5]) ABl. L 1 vom 3.1.1994, S. 3.

gen – denselben Rechtscharakter wie die durch sie aufgehobenen oder geänderten Bestimmungen und unterliegen denselben Regeln wie diese.

Artikel 8

Für die Anwendung der ursprünglichen Verträge und der Rechtsakte der Organe gelten vorübergehend die in dieser Akte vorgesehenen abweichenden Bestimmungen.

ZWEITER TEIL
ANPASSUNGEN DER VERTRÄGE

TITEL I
INSTITUTIONELLE BESTIMMUNGEN

Artikel 9 bis 11

[eingearbeitet bzw nicht abgedruckt]

TITEL II
SONSTIGE ÄNDERUNGEN

Artikel 12 bis 14

[eingearbeitet bzw nicht abgedruckt]

DRITTER TEIL
STÄNDIGE BESTIMMUNGEN

Artikel 15

Die in Anhang III aufgeführten Rechtsakte werden nach Maßgabe jenes Anhangs angepasst.

Artikel 16

Die in Anhang IV aufgeführten Maßnahmen werden unter den in jenem Anhang festgelegten Bedingungen angewandt.

Artikel 17

Der Rat kann einstimmig auf Vorschlag der Kommission und nach Anhörung des Europäischen Parlaments die aufgrund einer Änderung der Unionsregelung gegebenenfalls erforderlichen Anpassungen der Bestimmungen dieser Akte über die Gemeinsame Agrarpolitik vornehmen.

VIERTER TEIL
BESTIMMUNGEN MIT BEGRENZTER GELTUNGSDAUER

TITEL I
ÜBERGANGSMASSNAHMEN

Artikel 18

Die in Anhang V aufgeführten Maßnahmen gelten für Kroatien unter den in jenem Anhang festgelegten Bedingungen.

TITEL II
INSTITUTIONELLE BESTIMMUNGEN

Artikel 19

(1) Abweichend von Artikel 2 des dem EUV, dem AEUV und dem EAG-Vertrag beigefügten Protokolls über die Übergangsbestimmungen und abweichend von der Höchstzahl der Sitze nach Artikel 14 Absatz 2 Unterabsatz 1 EUV wird die Anzahl der Mitglieder des Europäischen Parlaments um 12 Mitglieder aus Kroatien erhöht, um dem Beitritt Kroatiens Rechnung zu tragen; dies gilt für den Zeitraum ab dem Tag des Beitritts bis zum Ende der Wahlperiode 2009–2014 des Europäischen Parlaments.

(2) Abweichend von Artikel 14 Absatz 3 EUV hält Kroatien vor dem Tag des Beitritts nach Maßgabe des Besitzstands der Union allgemeine unmittelbare Ad-hoc-Wahlen seines Volkes zum Europäischen Parlament ab, bei denen die in Absatz 1 dieses Artikels festgelegte Anzahl von Abgeordneten gewählt wird. Liegt das Datum des Beitritts jedoch weniger als sechs Monate vor dem Termin der nächsten Wahlen zum Europäischen Parlament, so können die Mitglieder des Europäischen Parlaments, die die Bürger Kroatiens vertreten, vom nationalen Parlament Kroatiens aus dessen Mitte benannt werden, sofern die betreffenden Personen in allgemeiner unmittelbarer Wahl gewählt wurden.

Artikel 20

Artikel 3 Absatz 3 des dem EUV, dem AEUV und dem EAG- Vertrag beigefügten Protokolls über die Übergangsbestimmungen erhält folgende Fassung:

[eingearbeitet bzw nicht abgedruckt]

Artikel 21

(1) Für den Zeitraum ab dem Tag des Beitritts bis zum 31. Oktober 2014 wird ein kroatischer Staatsangehöriger zum Mitglied der Kommission ernannt. Das neue Mitglied der Kommission wird vom Rat mit qualifizierter Mehrheit und im Einvernehmen mit dem Präsidenten der Kommission nach Anhörung des Europäischen Parlaments und im Einklang mit den Anforderungen des Artikels 17 Absatz 3 Unterabsatz 2 EUV ernannt.

(2) Die Amtszeit des nach Absatz 1 ernannten Mitglieds endet zur gleichen Zeit wie die Amtszeit der zum Tag des Beitritts im Amt befindlichen Mitglieder.

Artikel 22

(1) Die Amtszeit des Richters des Gerichtshofs und des Richters des Gerichts, die Kroatien anlässlich seines Beitritts gemäß Artikel 19 Absatz 2 Unterabsatz 3 EUV ernennt, endet am 6. Oktober 2015 bzw. am 31. August 2013.

(2) Bei der Entscheidung über die am Tag des Beitritts beim Gerichtshof und dem Gericht anhängigen Rechtssachen, in denen das mündliche Verfahren vor diesem Zeitpunkt eröffnet wurde, tagen der Gerichtshof und das Gericht bei Vollsitzungen sowie deren Kammern in der Zusammensetzung, die sie vor dem Beitritt hatten; sie wenden dabei die am Tag vor dem Tag des Beitritts geltenden Verfahrensordnungen an.

Artikel 23

(1) Abweichend von Artikel 301 Absatz 1 AEUV, der die Höchstzahl der Mitglieder des Wirtschafts- und Sozialausschusses festlegt, erhält Artikel 7 des dem EUV, dem AEUV und dem EAG-Vertrag beigefügten Protokolls über die Übergangsbestimmungen folgende Fassung:

[eingearbeitet bzw nicht abgedruckt]

(2) Die Zahl der Mitglieder des Wirtschafts- und Sozialausschusses wird vorübergehend auf 353 angehoben, um dem Beitritt Kroatiens für den Zeitraum vom Tag des Beitritts bis zum Ende der Amtszeit, während der Kroatien der Union beitritt, oder bis zum Inkrafttreten des in Artikel 301 Absatz 2 AEUV genannten Beschlusses, je nachdem welches Ereignis früher eintritt, Rechnung zu tragen.

(3) Ist der in Artikel 301 Absatz 2 AEUV genannte Beschluss zum Zeitpunkt des Beitritts bereits erlassen, so wird Kroatien abweichend von Artikel 301 Absatz 1 AEUV, der die Höchstzahl der Mitglieder des Wirtschafts- und Sozialausschusses festlegt, bis zum Ende der Amtszeit, während der Kroatien der Union beitritt, vorübergehend eine angemessene Zahl von Mitgliedern zugeteilt.

Artikel 24

(1) Abweichend von Artikel 305 Absatz 1 AEUV, der die Höchstzahl der Mitglieder des Ausschusses der Regionen festlegt, erhält Artikel 8 des dem EUV, dem AEUV und dem EAG- Vertrag beigefügten Protokolls über die Übergangsbestimmungen folgende Fassung:

[eingearbeitet bzw nicht abgedruckt]

(2) Die Zahl der Mitglieder des Ausschusses der Regionen wird vorübergehend auf 353 angehoben, um dem Beitritt Kroatiens für den Zeitraum vom Tag des Beitritts bis zum Ende der Amtszeit, während der Kroatien der Union beitritt, oder bis zum Inkrafttreten des in Artikel 305 Absatz 2 AEUV genannten Beschlusses, je nachdem, welches Ereignis früher eintritt, Rechnung zu tragen.

(3) Ist der in Artikel 305 Absatz 2 AEUV genannte Beschluss zum Zeitpunkt des Beitritts bereits erlassen, so wird Kroatien abweichend von Artikel 305 Absatz 1 AEUV, der die Höchstzahl der Mitglieder des Ausschusses der Regionen festlegt, bis zum Ende der Amtszeit, während der Kroatien der Union beitritt, vorübergehend eine angemessene Zahl von Mitgliedern zugeteilt.

Artikel 25

Die Amtszeit des ordentlichen Mitglieds des Verwaltungsrats der Europäischen Investitionsbank, das von Kroatien benannt und gemäß Artikel 9 Absatz 2 Unterabsatz 2 des Protokolls über die Satzung der Europäischen Investitionsbank unmittelbar nach dem Beitritt bestellt wird, endet mit dem Ende der Jahressitzung des Rates der Gouverneure, in welcher der Jahresbericht für das Geschäftsjahr 2017 geprüft wird.

Artikel 26

(1) Die neuen Mitglieder der durch die ursprünglichen Verträge oder durch Rechtsakte der Organe eingesetzten Ausschüsse, Gruppen, Agenturen oder sonstigen Gremien werden unter den Bedingungen und nach den Verfahren ernannt, die für die Ernennung von Mitgliedern dieser Ausschüsse, Gruppen, Agenturen oder sonstigen Gremien gelten. Die Amtszeit der neu ernannten Mitglieder endet zur gleichen Zeit wie die Amtszeit der zum Tag des Beitritts im Amt befindlichen Mitglieder.

(2) Sämtliche Mitglieder der durch die ursprünglichen Verträge oder durch Rechtsakte der Organe eingesetzten Ausschüsse, Gruppen, Agenturen oder sonstigen Gremien, deren Mitgliederzahl unabhängig von der Gesamtzahl der Mitgliedstaaten unveränderlich bleibt, werden zum Zeitpunkt des Beitritts neu ernannt, es sei denn, die Amtszeit der im Amt befindlichen Mitglieder endet innerhalb von zwölf Monaten ab dem Beitritt.

TITEL III
FINANZBESTIMMUNGEN

Artikel 27

(1) Ab dem Tag des Beitritts zahlt Kroatien den folgenden Betrag entsprechend seinem Anteil an dem Kapital, das auf das in Artikel 4 der Satzung der Europäischen Investitionsbank festgelegte gezeichnete Kapital eingezahlt wurde:

Kroatien	EUR 42 720 000

Der Beitrag wird in acht gleichen Raten gezahlt, die am 30. November 2013, 30. November 2014, 30. November 2015, 31. Mai 2016, 30. November 2016, 31. Mai 2017, 30. November 2017 und 31. Mai 2018 fällig werden.

(2) Kroatien leistet zu den Rücklagen und zu den den Rücklagen gleichzusetzenden Rückstellungen sowie zu dem den Rücklagen und Rückstellungen noch zuzuweisenden Betrag (Saldo der Gewinn- und Verlustrechnung zum Ende des dem Beitritt vorausgehenden Monats), wie sie in der

Bilanz der Europäischen Investitionsbank ausgewiesen werden, zu den in Absatz 1 vorgesehenen Zeitpunkten in acht gleichen Raten Beiträge in Höhe des folgenden Prozentsatzes der Rücklagen und Rückstellungen:

Kroatien 0,368 %

(3) Die in den Absätzen 1 und 2 vorgesehenen Kapitalbeiträge und Einzahlungen werden von Kroatien in bar in Euro geleistet, sofern der Rat der Gouverneure der Europäischen Investitionsbank nicht einstimmig eine Ausnahme hierzu beschließt.

(4) Die für Kroatien in Absatz 1 und in Artikel 10 Nummer 1 genannten Beträge können durch Beschluss der Leitungsgremien der Europäischen Investitionsbank auf der Grundlage der neuesten endgültigen Daten zum BIP, die Eurostat vor dem Beitritt veröffentlicht hat, angepasst werden.

Artikel 28

(1) Kroatien überweist den folgenden Betrag an den Forschungsfonds für Kohle und Stahl im Sinne des Beschlusses 2002/234/EGKS der im Rat vereinigten Vertreter der Regierungen der Mitgliedstaaten vom 27. Februar 2002 über die finanziellen Folgen des Ablaufs des EGKS-Vertrags und über den Forschungsfonds für Kohle und Stahl[6]):

(in EUR zu jeweiligen Preisen)

Kroatien 494 000.

(2) Der Beitrag zum Forschungsfonds für Kohle und Stahl wird beginnend mit dem Jahr 2015 in vier Raten jeweils am ersten Arbeitstag des ersten Monats jedes Jahres wie folgt überwiesen:

– 2015: 15 %,
– 2016: 20 %,
– 2017: 30 %,
– 2018: 35 %.

Artikel 29

(1) Vom Tag des Beitritts an werden die Vergabe von Aufträgen und von Zuschüssen sowie Zahlungen im Rahmen der finanziellen Heranführungshilfe gemäß der Komponente Übergangshilfe und Aufbau von Institutionen und der Komponente grenzüberschreitende Zusammenarbeit des Instruments für Heranführungshilfe (IPA), die durch den Beschluss (EG) Nr. 1085/2006 vom 17. Juli 2006 geschaffen wurde[7]), im Rahmen von vor dem Beitritt gebundenen Mitteln mit Ausnahme der grenzüberschreitenden Programme Kroatien-Ungarn und Kroatien-Slowenien sowie im Rahmen von Finanzhilfen nach der in Artikel 30 genannten Übergangsfazilität von kroatischen Durchführungsstellen verwaltet.

Die Ex-ante-Kontrolle der Kommission für die Vergabe von Aufträgen und Zuschüssen wird mit einem entsprechenden Beschluss der Kommission aufgehoben, nachdem sich die Kommission gemäß den in Artikel 56 Absatz 2 der Verordnung (EG, Euratom) Nr. 1605/2002 des Rates vom 25. Juni 2002 über die Haushaltsordnung für den Gesamthaushaltsplan der Europäischen Gemeinschaften[8]) und in Artikel 18 der Verordnung (EG) Nr. 718/2007 der Kommission vom 12. Juni 2007 zur Durchführung der Verordnung (EG) Nr. 1085/2006 des Rates zur Schaffung eines Instruments für Heranführungshilfe (IPA)[9]) festgelegten Kriterien und Bedingungen davon überzeugt hat, dass das betreffende Verwaltungs- und Kontrollsystem wirksam funktioniert.

Wird der Kommissionsbeschluss zur Aufhebung der Ex-ante- Kontrolle nicht vor dem Tag des Beitritts erlassen, so können für keinen der Verträge, die zwischen dem Tag des Beitritts und dem Tag des Kommissionsbeschlusses unterzeichnet werden, Finanzhilfen nach den in Unterabsatz 1 genannten finanzielle Heranführungshilfen bzw. nach der Übergangsfazilität gewährt werden.

(2) Mittelbindungen, die vor dem Tag des Beitritts im Rahmen der in Absatz 1 genannten finanziellen Heranführungshilfe und Übergangsfazilität erfolgt sind, einschließlich des Abschlusses und der Verbuchung späterer rechtlicher Einzelverpflichtungen und Zahlungen nach dem Beitritt, unterliegen weiterhin den für die Vorbeitritts-Finanzinstrumente geltenden Regelungen und werden bis zum Abschluss der betreffenden Programme und Projekte in den entsprechenden Kapiteln des Haushalts veranschlagt.

(3) Die Bestimmungen über die Durchführung der Mittelbindungen im Rahmen der Finanzierungsabkommen betreffend die in Absatz 1 Unterabsatz 1 genannte finanzielle Heranführungshilfe und die IPA-Komponente Entwicklung des ländlichen Raums gelten in Bezug auf vor dem Beitritt getroffene Finanzentscheidungen nach dem Beitritt weiterhin. Sie unterliegen den für die Vorbeitritts-Finanzinstrumente geltenden Regelungen. Dessen ungeachtet werden Verfahren zur Vergabe öffentlicher Aufträge, die nach dem Beitritt eingeleitet werden, im Einklang mit den einschlägigen Richtlinien der Union durchgeführt.

(4) Die Heranführungshilfen zur Deckung der in Artikel 44 genannten Verwaltungsausgaben können in den ersten beiden Jahren nach dem Beitritt gebunden werden. Für Audit- und Evaluierungskosten können Heranführungshilfen für die Dauer von fünf Jahren nach dem Beitritt gebunden werden.

[6]) ABl. L 79 vom 22.3.2002, S. 42.

[7]) ABl. L 210 vom 31.7.2006, S. 82.

[8]) ABl. L 248 vom 16.9.2002, S. 1.

[9]) ABl. L 170 vom 29.6.2007, S. 1.

Artikel 30

(1) Für das erste Jahr nach dem Beitritt stellt die Union Kroatien eine vorübergehende Finanzhilfe (nachstehend „Übergangsfazilität" genannt) bereit, um seine Justiz- und Verwaltungskapazitäten zur Anwendung und Durchsetzung des Unionsrechts zu entwickeln und zu stärken und den gegenseitigen Austausch bewährter Praktiken zu fördern. Mit dieser Finanzhilfe werden Projekte zum Aufbau von Institutionen und damit verbundene kleinere Investitionen finanziert.

(2) Die Hilfe dient dazu, dem anhaltenden Erfordernis, die institutionellen Kapazitäten in bestimmten Bereichen zu stärken, durch Maßnahmen zu entsprechen, die nicht von den Strukturfonds oder dem Fonds für die Entwicklung des ländlichen Raums finanziert werden können.

(3) Für Partnerschaftsprojekte zwischen öffentlichen Verwaltungen zum Zweck des Aufbaus von Institutionen gilt weiterhin das Verfahren für den Aufruf zur Einreichung von Vorschlägen über das Netz der Kontaktstellen der Mitgliedstaaten.

(4) Die Verpflichtungsermächtigungen für die Übergangsfazilität für Kroatien betragen im Jahr 2013 insgesamt 29 Mio. EUR zu jeweiligen Preisen und werden nationalen und horizontalen Prioritäten zugewiesen.

(5) Die Hilfe im Rahmen der Übergangsfazilität soll gemäß der Verordnung (EG) Nr. 1085/2006 des Rates oder auf der Grundlage anderer, von der Kommission zu erlassender technischer Bestimmungen, die für den Betrieb der Übergangsfazilität erforderlich sind, beschlossen und umgesetzt werden.

(6) Besonderes Augenmerk wird darauf gelegt, dass eine angemessene Komplementarität mit der Unterstützung aus dem Europäischen Sozialfonds für die Verwaltungsreform und den Aufbau der institutionellen Kapazitäten sichergestellt ist.

Artikel 31

(1) Es wird eine Schengen-Fazilität (im Folgenden „zeitlich befristete Schengen-Fazilität") eingerichtet, um Kroatien ab dem Tag des Beitritts bis zum Ende des Jahres 2014 bei der Finanzierung von Maßnahmen an den neuen Außengrenzen der Union zur Durchführung des Schengen-Besitzstandes und der Kontrollen an den Außengrenzen zu unterstützen.

(2) Im Zeitraum 1. Juli 2013 bis 31. Dezember 2014 werden Kroatien die folgenden Beträge (jeweilige Preise) in Form von Pauschalbeträgen aus der zeitlich befristeten Schengen-Fazilität bereitgestellt:

(in Mio. EUR zu jeweiligen Preisen)

	2013	2014
Kroatien	40	80

(3) Der Jahresbetrag für 2013 wird Kroatien am 1. Juli 2013, der Jahresbetrag für 2014 am ersten Arbeitstag nach dem 1. Januar 2014 bereitgestellt.

(4) Die Pauschalbeträge sind innerhalb von drei Jahren nach der ersten Zahlung zu verwenden. Kroatien legt spätestens sechs Monate nach Ablauf dieses Dreijahreszeitraums einen umfassenden Bericht über die endgültige Verwendung der aus der zeitlich befristeten Schengen-Fazilität gezahlten Beträge mit einer Begründung der Ausgaben vor. Nicht verwendete oder ungerechtfertigt ausgegebene Mittel werden von der Kommission wieder eingezogen.

(5) Die Kommission kann technische Vorschriften erlassen, die für das Funktionieren der zeitlich befristeten Schengen-Fazilität erforderlich sind.

Artikel 32

(1) Es wird eine Cashflow-Fazilität (im Folgenden „zeitlich befristete Cashflow-Fazilität") eingerichtet, um Kroatien ab dem Tag des Beitritts bis zum Ende des Jahres 2014 bei der Verbesserung der Liquidität im nationalen Haushaltsplan zu unterstützen.

(2) Im Zeitraum 1. Juli 2013 bis 31. Dezember 2014 werden Kroatien die folgenden Beträge (jeweilige Preise) in Form von Pauschalbeträgen aus der zeitlich befristeten Cashflow-Fazilität bereitgestellt:

(in Mio. EUR zu jeweiligen Preisen)

	2013	2014
Kroatien	75	28,6

(3) Jeder Jahresbetrag ist in gleiche Monatsraten aufzuteilen, die jeweils am ersten Arbeitstag jedes Monats zahlbar sind.

Artikel 33

(1) Im Rahmen der Strukturfonds und des Kohäsionsfonds wird im Jahr 2013 ein Betrag in Höhe von 449,4 Mio. EUR (zu jeweiligen Preisen) als Verpflichtungsermächtigungen für Kroatien vorbehalten.

(2) Ein Drittel des in Absatz 1 genannten Betrags wird für den Kohäsionsfonds vorbehalten.

(3) Für den Zeitraum, der vom nächsten Finanzrahmen abgedeckt wird, werden die Beträge, die Kroatien als Verpflichtungsermächtigungen im Rahmen der Strukturfonds und der Kohäsionsfonds zur Verfügung zu stellen sind, auf Grundlage des zu jenem Zeitpunkt geltenden Besitzstands der Union berechnet. Diese Beträge werden nach dem folgenden Zeitplan für die schrittweise Einführung der Zahlungen angepasst:

– 70 % im Jahr 2014,
– 90 % im Jahr 2015,
– 100 % ab dem Jahr 2016.

(4) Soweit die Grenzen des neuen Besitzstands der Union dies zulassen, wird eine Anpassung vorgenommen, um sicherzustellen, dass die Mittel für Kroatien im Jahr 2014 auf das 2,33-fache des Betrags für 2013 und im Jahr 2015 auf das Dreifache des Betrags für 2013 aufgestockt werden.

Artikel 34

(1) Der Gesamtbetrag, der Kroatien im Rahmen des Europäischen Fischereifonds im Jahr 2013 zur Verfügung zu stellen ist, beträgt 8,7 Mio. EUR (zu jeweiligen Preisen) als Verpflichtungsermächtigungen.

(2) Die Heranführungshilfe aus dem Europäischen Fischereifonds beläuft sich auf 25 % des in Absatz 1 genannten Gesamtbetrags und wird in Form einer Einmalzahlung ausgezahlt.

(3) Für den Zeitraum, der vom nächsten Finanzrahmen abgedeckt wird, werden die Beträge, die Kroatien als Verpflichtungsermächtigungen zur Verfügung zu stellen sind, auf der Grundlage des zu jenem Zeitpunkt geltenden Besitzstands der Union berechnet. Diese Beträge werden nach dem folgenden Zeitplan für die schrittweise Einführung der Zahlungen angepasst:

- 70 % im Jahr 2014,
- 90 % im Jahr 2015,
- 100 % ab dem Jahr 2016.

(4) Soweit die Grenzen des neuen Besitzstands der Union dies zulassen, wird eine Anpassung vorgenommen, um sicherzustellen, dass die Mittel für Kroatien im Jahr 2014 auf das 2,33-fache des Betrags für 2013 und im Jahr 2015 auf das Dreifache des Betrags für 2013 aufgestockt werden.

Artikel 35

(1) Die Verordnung (EG) Nr. 1698/2005 des Rates vom 20. September 2005 über die Förderung der Entwicklung des ländlichen Raums durch den Europäischen Landwirtschaftsfonds für die Entwicklung des ländlichen Raums (ELER)[10]) gilt für Kroatien nicht für den gesamten Programmplanungszeitraum 2007-2013.

Im Jahr 2013 erhält Kroatien 27,7 Mio. EUR (zu jeweiligen Preisen) im Rahmen der Komponente Entwicklung des ländlichen Raums nach Artikel 12 der Verordnung (EG) Nr. 1085/2006 des Rates.

(2) Weitere zeitlich befristete Maßnahmen zur Entwicklung des ländlichen Raums sind in Anhang VI festgelegt.

(3) Die Kommission kann im Wege von Durchführungsrechtsakten Vorschriften erlassen, die für die Anwendung des Anhangs VI erforderlich sind. Diese Durchführungsrechtsakte werden nach dem Verfahren, das in Artikel 90 Absatz 2 der Verordnung (EG) Nr. 1698/2005 in Verbindung mit Artikel 13 Absatz 1 Buchstabe b der Verordnung (EU) Nr. 182/2011 des Europäischen Parlaments und des Rates vom 16. Februar 2011 zur Festlegung der allgemeinen Regeln und Grundsätze, nach denen die Mitgliedstaaten die Wahrnehmung der Durchführungsbefugnisse durch die Kommission kontrollieren[11]), festgelegt ist oder entsprechend dem in den anwendbaren Rechtsvorschriften vorgesehenen einschlägigen Verfahren erlassen.

(4) Der Rat beschließt auf Vorschlag der Kommission und nach Anhörung des Europäischen Parlaments etwaige Anpassungen des Anhangs VI, wenn dies erforderlich ist, um die Kohärenz mit den Verordnungen über die Entwicklung des ländlichen Raums sicherzustellen.

TITEL IV
SONSTIGE BESTIMMUNGEN

Artikel 36

(1) Die Kommission überwacht aufmerksam alle von Kroatien bei den Beitrittsverhandlungen eingegangenen Verpflichtungen, einschließlich derjenigen, die vor oder zum Tag des Beitritts erfüllt sein müssen. Die Überwachung durch die Kommission umfasst regelmäßig aktualisierte Überwachungstabellen, den Dialog im Rahmen des Stabilisierungs- und Assoziierungsabkommens zwischen den Europäischen Gemeinschaften und ihren Mitgliedstaaten einerseits und der Republik Kroatien andererseits[12]) (im Folgenden „SAA"), Missionen zur gegenseitigen Begutachtung, das Wirtschaftsprogramm für die Zeit vor dem Beitritt, Haushaltsmitteilungen und erforderlichenfalls frühzeitige Warnschreiben an die kroatischen Behörden. Im Herbst 2011 legt die Kommission dem Rat und dem Europäischen Parlament ein Sachstandsbericht vor. Im Herbst 2012 legt die Kommission dem Rat und dem Europäischen Parlament einen umfassenden Überwachungsbericht vor. Die Kommission stützt sich während des gesamten Überwachungsprozesses auch auf Beiträge der Mitgliedstaaten und trägt gegebenenfalls Beiträgen internationaler und zivilgesellschaftlicher Organisationen Rechnung.

Die Kommission legt den Schwerpunkt der Überwachung vor allem auf die Verpflichtungen Kroatiens im Bereich Justiz und Grundrechte (Anhang VII), einschließlich weiterer Leistungen bei der Justizreform und der Effizienz der Justiz, der unparteiischen Bearbeitung der Fälle von Kriegsverbrechen und der Korruptionsbekämpfung.

---

[10]) ABl. L 277 vom 21.10.2005, S. 1, und ABl. L 286M vom 4.11.2010, S. 26.

[11]) ABl. L 55 vom 28.2.2011, S. 13.

[12]) ABl. L 26 vom 28.1.2005, S. 3.

Weitere Schwerpunkte der Überwachung durch die Kommission bilden der Raum der Freiheit, der Sicherheit und des Rechts, einschließlich der Anwendung und Durchsetzung der Anforderungen der Union in Bezug auf den Schutz der Außengrenzen, die polizeiliche Zusammenarbeit, die Bekämpfung der organisierten Kriminalität und die justizielle Zusammenarbeit in Zivil- und Strafsachen sowie die Verpflichtungen im Bereich der Wettbewerbspolitik einschließlich der Umstrukturierung der Schiffbauindustrie (Anhang VIII) und der Stahlindustrie (Anhang IX).

Als Bestandteil ihrer regelmäßigen Überwachungstabellen und -berichte gibt die Kommission bis zum Beitritt Kroatiens halbjährliche Bewertungen zu den von Kroatien in diesen Bereichen eingegangenen Verpflichtungen ab.

(2) Der Rat kann mit qualifizierter Mehrheit auf Vorschlag der Kommission alle erforderlichen Maßnahmen ergreifen, wenn im Verlauf des Überwachungsprozesses Problempunkte festgestellt werden. Die Maßnahmen werden nicht länger als unbedingt erforderlich beibehalten und in jedem Fall vom Rat nach demselben Verfahren aufgehoben, wenn die betreffenden Punkte wirksam angegangen wurden.

Artikel 37

(1) Ergeben sich bis zum Ende eines Zeitraums von bis zu drei Jahren nach dem Beitritt Schwierigkeiten, welche einen Wirtschaftszweig erheblich und voraussichtlich anhaltend treffen oder welche die wirtschaftliche Lage eines bestimmten Gebiets beträchtlich verschlechtern können, so kann Kroatien die Genehmigung zur Anwendung von Schutzmaßnahmen beantragen, um die Lage wieder auszugleichen und den betreffenden Wirtschaftszweig an die Wirtschaft des Binnenmarkts anzupassen.

Unter den gleichen Bedingungen kann ein derzeitiger Mitgliedstaat die Genehmigung zur Anwendung von Schutzmaßnahmen gegenüber Kroatien beantragen.

(2) Auf Antrag des betreffenden Staates bestimmt die Kommission im Dringlichkeitsverfahren die ihres Erachtens erforderlichen Schutzmaßnahmen und legt gleichzeitig die auf diese anwendbaren Bedingungen und Vorkehrungen fest.

Im Fall erheblicher wirtschaftlicher Schwierigkeiten entscheidet die Kommission auf ausdrücklichen Antrag des betreffenden Mitgliedstaats binnen fünf Arbeitstagen nach Eingang des mit Gründen versehenen Antrags. Die beschlossenen Maßnahmen sind sofort anwendbar; sie tragen dem Interesse aller Beteiligten Rechnung und dürfen keine Grenzkontrollen mit sich bringen.

(3) Die im Rahmen dieses Artikels genehmigten Maßnahmen können von den Vorschriften des EUV, des AEUV und von dieser Akte abweichen, soweit und solange dies unbedingt erforderlich ist, um die Ziele dieser Schutzklausel zu erreichen. Es sind vorrangig solche Maßnahmen zu wählen, die das Funktionieren des Binnenmarkts am wenigsten stören.

Artikel 38

Erfüllt Kroatien im Rahmen der Beitrittsverhandlungen eingegangene Verpflichtungen, einschließlich Verpflichtungen in sektorbezogenen Politiken, die wirtschaftliche Tätigkeiten mit grenzüberschreitender Wirkung betreffen, nicht und ruft dadurch eine ernste Beeinträchtigung des Funktionierens des Binnenmarkts oder eine Bedrohung der finanziellen Interessen der Union hervor oder besteht die unmittelbare Gefahr einer solchen Beeinträchtigung oder Bedrohung, so kann die Kommission bis zum Ende eines Zeitraums von bis zu drei Jahren nach dem Beitritt auf begründeten Antrag eines Mitgliedstaats oder auf eigene Initiative geeignete Maßnahmen treffen.

Diese Maßnahmen müssen verhältnismäßig sein, wobei vorrangig Maßnahmen, die das Funktionieren des Binnenmarkts am wenigsten stören, zu wählen und gegebenenfalls bestehende sektorale Schutzmechanismen anzuwenden sind. Die Schutzmaßnahmen gemäß diesem Artikel dürfen nicht als willkürliche Diskriminierung oder als versteckte Beschränkung des Handels zwischen den Mitgliedstaaten angewandt werden. Die Schutzklausel kann schon vor dem Beitritt aufgrund der Ergebnisse der Überwachung geltend gemacht werden, und die Maßnahmen treten am Tag des Beitritts in Kraft, sofern nicht ein späterer Zeitpunkt vorgesehen ist. Die Maßnahmen werden nicht länger als unbedingt nötig aufrechterhalten und werden auf jeden Fall aufgehoben, sobald die einschlägige Verpflichtung erfüllt ist. Sie können jedoch über den in Absatz 1 genannten Zeitraum hinaus angewandt werden, solange die einschlägigen Verpflichtungen nicht erfüllt sind. Aufgrund von Fortschritten Kroatiens bei der Erfüllung seiner Verpflichtungen kann die Kommission die Maßnahmen in geeigneter Weise anpassen. Die Kommission unterrichtet den Rat rechtzeitig, bevor sie die Schutzmaßnahmen aufhebt, und trägt allen Bemerkungen des Rates in dieser Hinsicht gebührend Rechnung.

Artikel 39

Treten bei der Umsetzung oder der Durchführung von Rechtsakten, die die Organe im Rahmen des Dritten Teils Titel V des AEUV erlassen haben, oder von Rechtsakten, die die Organe vor dem Inkrafttreten des Vertrags von Lissabon im Rahmen des Titels VI des EUV oder im Rahmen des Dritten Teils Titel IV des Vertrags zur Gründung der Europäischen Gemeinschaft erlassen haben, in Kroatien ernste Mängel auf oder besteht die Gefahr solcher ernsten Mängel, so kann die Kommission bis zum Ende eines Zeitraums von bis zu drei Jahren nach dem Beitritt auf begründeten Antrag eines Mitgliedstaats oder auf eigene Initiative und nach Konsultation der Mitgliedstaaten geeignete Maßnahmen erlassen und die auf diese Maßnahmen anwendbaren Bedingungen und Vorkehrungen festlegen.

Diese Maßnahmen können in Form einer vorübergehenden Aussetzung der Anwendung einschlägiger Bestimmungen und Beschlüsse in den Beziehungen zwischen Kroatien und einem oder mehreren anderen Mitgliedstaaten erfolgen; die Fortsetzung einer engen justiziellen Zusammenarbeit bleibt hiervon unberührt. Die Schutzklausel kann schon vor dem Beitritt aufgrund der Ergebnisse der Überwachung geltend gemacht werden, und die angenommenen Maßnahmen treten am Tag des Beitritts in Kraft, sofern nicht ein späterer Zeitpunkt vorgesehen ist. Die Maßnahmen werden nicht länger als unbedingt nötig aufrechterhalten und werden auf jeden Fall aufgehoben, sobald die Mängel beseitigt sind. Sie können jedoch über den in Absatz 1 genannten Zeitraum hinaus angewandt werden, solange die Mängel weiter bestehen. Aufgrund von Fortschritten Kroatiens bei der Beseitigung der festgestellten Mängel kann die Kommission die Maßnahmen nach Konsultation der Mitgliedstaaten in geeigneter Weise anpassen. Die Kommission unterrichtet den Rat rechtzeitig, bevor sie die Schutzmaßnahmen aufhebt, und trägt allen Bemerkungen des Rates in dieser Hinsicht gebührend Rechnung.

Artikel 40

Um das reibungslose Funktionieren des Binnenmarkts nicht zu behindern, darf die Durchführung der innerstaatlichen Vorschriften Kroatiens während der in Anhang V vorgesehenen Übergangszeiten nicht zu Grenzkontrollen zwischen den Mitgliedstaaten führen.

Artikel 41

Sind Übergangsmaßnahmen erforderlich, um den Übergang von der in Kroatien bestehenden Regelung auf die Regelung zu erleichtern, die sich aus der Anwendung der Gemeinsamen Agrarpolitik gemäß den in dieser Akte genannten Bedingungen ergibt, so werden diese Maßnahmen von der Kommission entsprechend dem Verfahren nach Artikel 195 Absatz 2 der Verordnung (EG) Nr. 1234/2007 des Rates vom 22. Oktober 2007 über eine gemeinsame Organisation der Agrarmärkte und mit Sondervorschriften für bestimmte landwirtschaftliche Erzeugnisse (Verordnung über die einheitliche GMO)[13]) in Verbindung mit Artikel 13 Absatz 1 Buchstabe b der Verordnung (EU) Nr. 182/2011 des Europäischen Parlaments und des Rates[14]), oder entsprechend dem in den anwendbaren Rechtsvorschriften vorgesehenen einschlägigen Verfahren erlassen. Diese Maßnahmen können jederzeit innerhalb eines Zeitraums von drei Jahren ab dem Tag des Beitritts erlassen werden und ihre Anwendung ist auf diesen Zeitraum zu beschränken. Der Rat kann diesen Zeitraum auf Vorschlag der Kommission und nach Anhörung des Europäischen Parlaments einstimmig verlängern.

Übergangsmaßnahmen nach Absatz 1 können auch vor dem Tag des Beitritts erlassen werden, wenn dies erforderlich ist. Diese Maßnahmen werden vom Rat mit qualifizierter Mehrheit auf Vorschlag der Kommission oder, wenn sie ursprünglich von der Kommission erlassene Rechtsakte betreffen, von der Kommission nach den Verfahren erlassen, die für den Erlass der betreffenden Rechtsakte erforderlich sind.

Artikel 42

Sind Übergangsmaßnahmen erforderlich, um den Übergang von der in Kroatien bestehenden Regelung auf die Regelung zu erleichtern, die sich aus der Anwendung der Bestimmungen des Veterinär- und Pflanzenschutzrechts sowie des Lebensmittelsicherheitsrechts der Union ergibt, so werden diese Maßnahmen von der Kommission nach dem in den anwendbaren Rechtsvorschriften vorgesehenen einschlägigen Verfahren erlassen. Diese Maßnahmen werden innerhalb eines Zeitraums von drei Jahren ab dem Tag des Beitritts erlassen und ihre Anwendung ist auf diesen Zeitraum zu beschränken.

Artikel 43

Der Rat legt auf Vorschlag der Kommission mit qualifizierter Mehrheit die Bedingungen fest, unter denen

a) auf das Erfordernis einer summarischen Ausgangsanmeldung für die in Artikel 28 Absatz 2 AEUV genannten Waren, die das Hoheitsgebiet Kroatiens zwecks Durchfuhr durch das Hoheitsgebiet Bosnien und Herzegowinas bei Neum („Korridor von Neum“) verlassen, verzichtet werden kann;
b) auf das Erfordernis einer summarischen Eingangsanmeldung für Waren, die in den Anwendungsbereich des Buchstaben a fallen, verzichtet werden kann, wenn diese Waren nach Durchfuhr durch das Hoheitsgebiet Bosnien und Herzegowinas bei Neum wieder in das Hoheitsgebiet Kroatiens gelangen.

Artikel 44

Die Kommission kann alle geeigneten Maßnahmen ergreifen, um sicherzustellen, dass das erforderliche Statutspersonal in Kroatien für einen Zeitraum von höchstens 18 Monaten nach dem Beitritt beibehalten wird. In diesem Zeitraum gelten für Beamte, Bedienstete auf Zeit und Ver-

[13]) ABl. L 299 vom 16.11.2007, S. 1.
[14]) ABl. L 55 vom 28.2.2011, S. 13.

tragsbedienstete, die vor dem Beitritt Planstellen in Kroatien zugewiesen wurden und die ihren Dienst nach dem Beitritt weiterhin in Kroatien zu verrichten haben, die gleichen finanziellen und materiellen Bedingungen, wie sie vor dem Beitritt gemäß dem Statut der Beamten und der Beschäftigungsbedingungen für die sonstigen Bediensteten der Europäischen Gemeinschaften – der Verordnung (EWG, Euratom, EGKS) des Rates Nr. 259/68[15]) – angewandt wurden. Die Verwaltungsausgaben einschließlich der Gehälter für weiteres notwendiges Personal werden aus dem Gesamthaushalt der Europäischen Union finanziert.

FÜNFTER TEIL
BESTIMMUNGEN ÜBER DIE DURCHFÜHRUNG DIESER AKTE

TITEL I
ANPASSUNGEN DER GESCHÄFTSORDNUNGEN DER ORGANE UND DER SATZUNGEN UND GESCHÄFTSORDNUNGEN DER AUSSCHÜSSE

Artikel 45

Die Organe nehmen nach den jeweiligen Verfahren, die in den ursprünglichen Verträgen vorgesehen sind, die Anpassungen ihrer Geschäftsordnungen vor, die durch den Beitritt notwendig werden.

Infolge des Beitritts erforderliche Anpassungen der Satzungen und Geschäftsordnungen der durch die ursprünglichen Verträge eingesetzten Ausschüsse werden so bald wie möglich nach dem Beitritt vorgenommen.

TITEL II
ANWENDBARKEIT DER RECHTSAKTE DER ORGANE

Artikel 46

Richtlinien und Beschlüsse im Sinne des Artikels 288 AEUV gelten vom Tag des Beitritts an gemäß den ursprünglichen Verträgen als an Kroatien gerichtet. Außer im Fall der Richtlinien und Beschlüsse, die nach Artikel 297 Absatz 1 Unterabsatz 3 und Artikel 297 Absatz 2 Unterabsatz 2 AEUV in Kraft getreten sind, wird Kroatien so behandelt, als wären ihm diese Richtlinien und Entscheidungen am Tage seines Beitritts notifiziert worden.

Artikel 47

(1) Sofern in dieser Akte nicht eine andere Frist vorgesehen ist, setzt Kroatien die erforderlichen Maßnahmen in Kraft, um den Richtlinien und Beschlüssen im Sinne des Artikels 288 AEUV vom Tag des Beitritts an nachzukommen. Kroatien teilt der Kommission diese Maßnahmen bis zum Tage seines Beitritts oder gegebenenfalls innerhalb der in dieser Akte festgelegten Frist mit.

(2) Machen Änderungen an Richtlinien im Sinne des Artikels 288 AEUV, die aufgrund dieser Akte erfolgen, Änderungen an den Rechts- und Verwaltungsvorschriften der derzeitigen Mitgliedstaaten erforderlich, so setzen die derzeitigen Mitgliedstaaten die erforderlichen Maßnahmen in Kraft, um den geänderten Richtlinien ab dem Tag des Beitritts Kroatiens nachzukommen, sofern in dieser Akte nicht eine andere Frist vorgesehen ist. Sie teilen der Kommission diese Maßnahmen bis zum Tag des Beitritts oder, sollte dies der spätere Zeitpunkt sein, innerhalb der in dieser Akte festgelegten Frist mit.

Artikel 48

Kroatien teilt der Kommission nach Artikel 33 des EAG-Vertrags innerhalb von drei Monaten ab dem Beitritt die Rechts- und Verwaltungsvorschriften mit, die im Hoheitsgebiet Kroatiens den Gesundheitsschutz der Arbeitnehmer und der Bevölkerung gegen die Gefahren ionisierender Strahlungen sicherstellen sollen.

Artikel 49

Auf ordnungsgemäß begründeten Antrag Kroatiens, der der Kommission spätestens am Tag des Beitritts vorliegen muss, kann der Rat auf Vorschlag der Kommission – oder kann die Kommission, sofern der ursprüngliche Rechtsakt von ihr erlassen wurde – vorübergehende Ausnahmeregelungen zu Rechtsakten beschließen, die die Organe zwischen dem 1. Juli 2011 und dem Tag des Beitritts erlassen haben. Diese Maßnahmen werden nach den Abstimmungsregeln erlassen, die für die Annahme des Rechtsakts gelten, zu dem eine befristete Ausnahmeregelung gewährt werden soll. Werden solche Ausnahmeregelungen nach dem Beitritt erlassen, so können sie ab dem Tag des Beitritts angewendet werden.

Artikel 50

Erfordern vor dem Beitritt erlassene Rechtsakte der Organe aufgrund des Beitritts eine Anpassung und sind die erforderlichen Anpassungen in dieser Akte oder ihren Anhängen nicht vorgesehen, so erlässt entweder der Rat mit qualifizierter Mehrheit auf Vorschlag der Kommission oder die Kommission, sofern sie selbst den ursprünglichen Rechtsakt erlassen hat, die erforderlichen Rechtsakte. Werden solche Rechtsakte nach dem Beitritt erlassen, so können sie ab dem Tag des Beitritts angewendet werden.

Artikel 51

Sofern in dieser Akte nicht etwas anderes bestimmt ist, erlässt der Rat mit qualifizierter Mehrheit auf Vorschlag der Kommission die zur Durchführung dieser Akte erforderlichen Maßnahmen.

[15]) ABl. L 56 vom 4.3.1968, S. 1.

Artikel 52

Die vor dem Beitritt erlassenen Rechtsakte der Organe in den von diesen Organen in kroatischer Sprache abgefassten Wortlauten sind vom Zeitpunkt des Beitritts an unter den gleichen Bedingungen wie die Wortlaute in den derzeitigen Amtssprachen verbindlich. Sie werden im *Amtsblatt der Europäischen Union* veröffentlicht, sofern die Wortlaute in den derzeitigen Amtssprachen auf diese Weise veröffentlicht worden sind.

TITEL III
SCHLUSSBESTIMMUNGEN

Artikel 53

Die Anhänge I bis IX, die Anlagen dazu und das Protokoll sind Bestandteil dieser Akte.

Artikel 54

Die Regierung der Italienischen Republik übermittelt der Regierung der Republik Kroatien eine beglaubigte Abschrift des Vertrags über die Europäische Union, des Vertrags über die Arbeitsweise der Europäischen Union, des Vertrags zur Gründung der Europäischen Atomgemeinschaft und der Verträge, durch die sie geändert oder ergänzt wurden, einschließlich des Vertrags über den Beitritt des Königreichs Dänemark, Irlands und des Vereinigten Königreichs Großbritannien und Nordirland, des Vertrags über den Beitritt der Republik Griechenland, des Vertrags über den Beitritt des Königreichs Spanien und der Portugiesischen Republik, des Vertrags über den Beitritt der Republik Österreich, der Republik Finnland und des Königreichs Schweden, des Vertrags über den Beitritt der Tschechischen Republik, der Republik Estland, der Republik Zypern, der Republik Lettland, der Republik Litauen, der Republik Ungarn, der Republik Malta, der Republik Polen, der Republik Slowenien und der Slowakischen Republik sowie des Vertrags über den Beitritt der Republik Bulgarien und Rumäniens, in bulgarischer, dänischer, deutscher, englischer, estnischer, finnischer, französischer, griechischer, irischer, italienischer, lettischer, litauischer, maltesischer, niederländischer, polnischer, portugiesischer, rumänischer, schwedischer, slowakischer, slowenischer, spanischer, tschechischer und ungarischer Sprache.

Die in kroatischer Sprache abgefassten Wortlaute der in Absatz 1 genannten Verträge sind dieser Akte beigefügt. Diese Wortlaute sind unter den gleichen Bedingungen verbindlich wie die Wortlaute dieser Verträge in den derzeitigen Amtssprachen.

Artikel 55

Eine beglaubigte Abschrift der im Archiv des Generalsekretariats des Rates hinterlegten internationalen Abkommen wird der Regierung der Republik Kroatien vom Generalsekretär übermittelt.

ANHANG I

Liste der Übereinkünfte und Protokolle, denen die Republik Kroatien am Tag des Beitritts beitritt (nach Artikel 3 Absatz 4 der Beitrittsakte)

[nicht abgedruckt]

ANHANG II

Verzeichnis der Bestimmungen des in den Rahmen der Europäischen Union einbezogenen Schengen- Besitzstands und der darauf beruhenden oder anderweitig damit zusammenhängenden Rechtsakte, die ab dem Beitritt für die Republik Kroatien bindend und in der Republik Kroatien anzuwenden sind (nach Artikel 4 Absatz 1 der Beitrittsakte)

[nicht abgedruckt]

ANHANG III

Liste nach Artikel 15 der Beitrittsakte: Anpassungen der Rechtsakte der Organe

[nicht abgedruckt]

ANHANG IV

Liste nach Artikel 16 der Beitrittsakte: Sonstige ständige Bestimmungen

[nicht abgedruckt]

ANHANG V

Liste nach Artikel 18 der Beitrittsakte: Übergangsmaßnahmen

[teilweise abgedruckt]

1. FREIER WARENVERKEHR

32001 L 0083: Richtlinie 2001/83/EG des Europäischen Parlaments und des Rates vom 6. November 2001 zur Schaffung eines Gemeinschaftskodexes für Humanarzneimittel (ABl. L 311 vom 28.11.2001, S. 67)

Abweichend von den Qualitäts-, Sicherheits- und Wirksamkeitsanforderungen gemäß der Richtlinie 2001/83/EG behalten die Genehmigungen für das Inverkehrbringen für nicht unter Artikel 3 Absatz 1 der Verordnung (EG) Nr. 762/2004 des Europäischen Parlaments und des Rates vom 31. März 2004 zur Festlegung von Gemeinschaftsverfahren für die Genehmigung und Überwachung von Human- und Tierarzneimitteln und zur Errichtung einer Europäischen Arzneimittel- Agentur[16]) fallende, aber in

[16]) ABl. L 136 vom 30.4.2004, S. 1.

dem (von Kroatien übermittelten) Verzeichnis (in der Anlage zu diesem Anhang) aufgeführte Arzneimittel, die vor dem Tag des Beitritts nach kroatischem Recht erteilt wurden, ihre Gültigkeit, bis sie entsprechend dem Besitzstand der Union erneuert werden bzw. bis zum Ablauf eines Zeitraums von vier Jahren ab dem Zeitpunkt des Beitritts, je nachdem, welches Ereignis früher eintritt.

Für die unter diese Ausnahme fallenden Genehmigungen für das Inverkehrbringen wird keine gegenseitige Anerkennung in den Mitgliedstaaten gewährt, solange die betreffenden Erzeugnisse nicht gemäß der Richtlinie 2001/83/EG zugelassen worden sind.

Die nationalen Genehmigungen für das Inverkehrbringen, die vor dem Beitritt gemäß dem nationalen Recht erteilt wurden und nicht unter diese Ausnahme fallen, und alle neuen Genehmigungen des Inverkehrbringens müssen ab dem Tag des Beitritts mit der Richtlinie 2001/83/EG übereinstimmen.

2. FREIZÜGIGKEIT

Vertrag über die Arbeitsweise der Europäischen Union

31996 L 0071: Richtlinie 96/71/EG des Europäischen Parlaments und des Rates vom 16. Dezember 1996 über die Entsendung von Arbeitnehmern im Rahmen der Erbringung von Dienstleistungen (ABl. L 18 vom 21.1.1997, S. 1)

32004 L 0038: Richtlinie 2004/38/EG des Europäischen Parlaments und des Rates vom 29. April 2004 über das Recht der Unionsbürger und ihrer Familienangehörigen, sich im Hoheitsgebiet der Mitgliedstaaten frei zu bewegen und aufzuhalten, zur Änderung der Verordnung (EWG) Nr. 1612/68 und zur Aufhebung der Richtlinien 64/221/EWG, 68/360/EWG, 72/194/EWG, 73/148/EWG, 75/34/EWG, 75/35/EWG, 90/364/EWG, 90/365/EWG und 93/96/EWG (ABl. L 158 vom 30.4.2004, S. 77)

32011 R 0492: Verordnung (EU) Nr. 492/2011 des Europäischen Parlaments und des Rates vom 5. April 2011 über die Freizügigkeit der Arbeitnehmer innerhalb der Union (ABl. L 141 vom 27.5. 2011, S. 1)

1. Hinsichtlich der Freizügigkeit der Arbeitnehmer und der Dienstleistungsfreiheit mit vorübergehender Entsendung von Arbeitskräften im Sinne des Artikels 1 der Richtlinie 96/71/EG gelten Artikel 45 und Artikel 56 Absatz 1 AEUV zwischen Kroatien einerseits und den derzeitigen Mitgliedstaaten andererseits in vollem Umfang nur vorbehaltlich der Übergangsbestimmungen der Nummern 2 bis 13.

2. Abweichend von den Artikeln 1 bis 6 der Verordnung (EU) Nr. 492/2011 und bis zum Ende eines Zeitraums von zwei Jahren nach dem Tag des Beitritts werden die derzeitigen Mitgliedstaaten nationale oder sich aus bilateralen Abkommen ergebende Maßnahmen anwenden, um den Zugang kroatischer Staatsangehöriger zu ihren Arbeitsmärkten zu regeln. Die derzeitigen Mitgliedstaaten können solche Maßnahmen bis zum Ende eines Zeitraums von fünf Jahren nach dem Tag des Beitritts weiter anwenden.

   Kroatische Staatsangehörige, die am Tag des Beitritts rechtmäßig in einem derzeitigen Mitgliedstaat arbeiten und für einen ununterbrochenen Zeitraum von 12 Monaten oder länger zum Arbeitsmarkt dieses Mitgliedstaats zugelassen waren, haben Zugang zum Arbeitsmarkt dieses Mitgliedstaats, aber nicht zum Arbeitsmarkt anderer Mitgliedstaaten, die nationale Maßnahmen anwenden.

   Kroatische Staatsangehörige, die nach dem Beitritt für einen ununterbrochenen Zeitraum von 12 Monaten oder länger zum Arbeitsmarkt eines derzeitigen Mitgliedstaats zugelassen waren, genießen dieselben Rechte.

   Die in den Unterabsätzen 2 und 3 genannten kroatischen Staatsangehörigen verlieren die in diesen Unterabsätzen genannten Rechte, wenn sie den Arbeitsmarkt des derzeitigen Mitgliedstaats freiwillig verlassen.

   Kroatischen Staatsangehörigen, die am Tag des Beitritts oder während eines Zeitraums, in dem nationale Maßnahmen angewandt werden, rechtmäßig in einem derzeitigen Mitgliedstaat arbeiten und weniger als 12 Monate zum Arbeitsmarkt dieses Mitgliedstaats zugelassen waren, werden die in den Unterabsätzen 2 und 3 genannten Rechte nicht gewährt.

3. Vor Ende eines Zeitraums von zwei Jahren nach dem Tag des Beitritts überprüft der Rat anhand eines Berichts der Kommission die Funktionsweise der in Nummer 2 festgelegten Übergangsregelungen.

   Bei Abschluss dieser Überprüfung und spätestens am Ende eines Zeitraums von zwei Jahren nach dem Beitritt teilen die derzeitigen Mitgliedstaaten der Kommission mit, ob sie weiterhin nationale oder sich aus bilateralen Vereinbarungen ergebende Maßnahmen anwenden oder ob sie künftig die Artikel 1 bis 6 der Verordnung (EU) Nr. 492/2011 anwenden möchten. Erfolgt keine derartige Mitteilung, so gelten die Artikel 1 bis 6 der Verordnung (EU) Nr. 492/2011.

4. Auf Ersuchen Kroatiens kann eine weitere Überprüfung vorgenommen werden. Dabei findet das unter Nummer 3 genannte Verfahren Anwendung, das innerhalb von sechs Monaten nach Erhalt des Ersuchens Kroatiens abzuschließen ist.

5. Ein Mitgliedstaat, der am Ende des unter Nummer 2 genannten Zeitraums von fünf Jahren nationale oder sich aus bilateralen Abkommen ergebende Maßnahmen beibehält,

kann im Falle schwerwiegender Störungen seines Arbeitsmarktes oder der Gefahr derartiger Störungen nach entsprechender Mitteilung an die Kommission diese Maßnahmen bis zum Ende des Zeitraums von sieben Jahren nach dem Tag des Beitritts weiter anwenden. Erfolgt keine derartige Mitteilung, so gelten die Artikel 1 bis 6 der Verordnung (EU) Nr. 492/2011.

6. Während des Zeitraums von sieben Jahren nach dem Tag des Beitritts werden die Mitgliedstaaten, in denen aufgrund der Nummern 3, 4 oder 5 die Artikel 1 bis 6 der Verordnung (EU) Nr. 492/2011 für kroatische Staatsangehörige gelten und die während dieses Zeitraums Staatsangehörigen Kroatiens zu Kontrollzwecken Arbeitsgenehmigungen erteilen, dies automatisch vornehmen.

7. Die Mitgliedstaaten, in denen aufgrund der Nummern 3, 4 oder 5 die Artikel 1 bis 6 der Verordnung (EU) Nr. 492/2011 für kroatische Staatsangehörige gelten, können bis zum Ende eines Zeitraums von sieben Jahren nach dem Beitritt die in den Unterabsätzen 2 und 3 dieses Absatzes beschriebenen Verfahren anwenden.

   Wenn einer der in Unterabsatz 1 genannten Mitgliedstaaten auf seinem Arbeitsmarkt Störungen erleidet oder voraussieht, die eine ernstliche Gefährdung des Lebensstandards oder des Beschäftigungsstandes in einem bestimmten Gebiet oder Beruf mit sich bringen könnten, so unterrichtet dieser Mitgliedstaat die Kommission und die anderen Mitgliedstaaten darüber und übermittelt diesen alle zweckdienlichen Angaben. Der Mitgliedstaat kann die Kommission auf der Grundlage dieser Unterrichtung um die Erklärung ersuchen, dass die Anwendung der Artikel 1 bis 6 der Verordnung (EU) Nr. 492/2011 zur Wiederherstellung der normalen Situation in diesem Gebiet oder Beruf ganz oder teilweise ausgesetzt wird. Die Kommission fasst über die Aussetzung und deren Dauer und Geltungsbereich spätestens zwei Wochen, nachdem sie mit dem Ersuchen befasst wurde, einen Beschluss und notifiziert dem Rat ihren Beschluss. Binnen zwei Wochen nach dem Beschluss der Kommission kann jeder Mitgliedstaat beantragen, dass dieser Beschluss vom Rat rückgängig gemacht oder geändert wird. Der Rat beschließt binnen zwei Wochen mit qualifizierter Mehrheit über diesen Antrag.

   Ein in Unterabsatz 1 genannter Mitgliedstaat kann in dringenden und außergewöhnlichen Fällen die Anwendung der Artikel 1 bis 6 der Verordnung (EU) Nr. 492/2011 aussetzen und dies der Kommission unter Angabe von Gründen nachträglich mitteilen.

8. Solange die Anwendung der Artikel 1 bis 6 der Verordnung (EU) Nr. 492/2011 gemäß den Nummern 2 bis 5 und 7 ausgesetzt ist, findet Artikel 23 der Richtlinie 2004/38/EG auf Staatsangehörige der derzeitigen Mitgliedstaaten in Kroatien und auf kroatische Staatsangehörige in den derzeitigen Mitgliedstaaten in Bezug auf das Recht der Familienangehörigen von Arbeitnehmern, eine Beschäftigung aufzunehmen, unter folgenden Bedingungen Anwendung:

   – Der Ehegatte eines Arbeitnehmers und die Verwandten des Arbeitnehmers und des Ehegatten in absteigender Linie, die das 21. Lebensjahr noch nicht vollendet haben oder denen von diesen Unterhalt gewährt wird und die am Tag des Beitritts bei dem Arbeitnehmer im Hoheitsgebiet eines Mitgliedstaats ihren rechtmäßigen Wohnsitz hatten, haben nach dem Beitritt sofortigen Zugang zum Arbeitsmarkt dieses Mitgliedstaats. Dies gilt nicht für die Familienangehörigen eines Arbeitnehmers, der weniger als 12 Monate rechtmäßig zu dem Arbeitsmarkt des betreffenden Mitgliedstaates zugelassen war;
   – der Ehegatte eines Arbeitnehmers und die Verwandten des Arbeitnehmers und des Ehegatten in absteigender Linie, die das 21. Lebensjahr noch nicht vollendet haben oder denen von diesen Unterhalt gewährt wird und die ab einem Zeitpunkt nach dem Beitritt, aber während des Zeitraums der Anwendung der oben genannten Übergangsregelungen bei dem Arbeitnehmer im Hoheitsgebiet eines Mitgliedstaats ihren rechtmäßigen Wohnsitz hatten, haben Zugang zum Arbeitsmarkt des betreffenden Mitgliedstaats, wenn sie mindestens 18 Monate in dem betreffenden Mitgliedstaat ihren Wohnsitz hatten oder ab dem dritten Jahr nach dem Beitritt, je nachdem welches Ereignis früher eintritt.

   Günstigere nationale Maßnahmen oder sich aus bilateralen Abkommen ergebende Maßnahmen bleiben von diesen Bestimmungen unberührt.

9. Soweit die Vorschriften der Richtlinie 2004/38/EG, mit denen Vorschriften der Richtlinie 68/360/EWG des Rates vom 15. Oktober 1968 zur Aufhebung der Reise- und Aufenthaltsbeschränkungen für Arbeitnehmer der Mitgliedstaaten und ihre Familienangehörigen innerhalb der Gemeinschaft[17]) übernommen wurden, nicht von den Vorschriften der Verordnung (EU) Nr. 492/2011 getrennt werden können, deren Anwendung gemäß den Nummern 2 bis 5 sowie 7 und 8 aufgeschoben wird, können

[17]) ABl. L 257 vom 19.10.1968, S. 13. Zuletzt geändert durch die Beitrittsakte von 2003 (ABl. L 236 vom 23.9.2003, S. 33) und mit Wirkung vom 30. April 2006 aufgehoben durch die Richtlinie 2004/38/EG des Europäischen Parlaments und des Rates (ABl. L 158 vom 30.4.2004, S. 77).

Kroatien und die derzeitigen Mitgliedstaaten in dem Maße, wie es für die Anwendung der Nummern 2 bis 5 sowie 7 und 8 erforderlich ist, von diesen Vorschriften abweichen.

10. Werden nationale oder sich aus bilateralen Abkommen ergebende Maßnahmen von den derzeitigen Mitgliedstaaten gemäß den oben genannten Übergangsregelungen angewandt, so kann Kroatien gleichwertige Maßnahmen gegenüber den Staatsangehörigen des betreffenden Mitgliedstaats oder der betreffenden Mitgliedstaaten beibehalten.

11. Jeder derzeitige Mitgliedstaat, der nationale Maßnahmen gemäß den Nummern 2 bis 5 und 7 bis 9 anwendet, kann im Rahmen seiner nationalen Rechtsvorschriften eine größere Freizügigkeit einführen als sie am Tag des Beitritts bestand, einschließlich des uneingeschränkten Zugangs zum Arbeitsmarkt. Ab dem dritten Jahr nach dem Beitritt kann jeder derzeitige Mitgliedstaat, der nationale Maßnahmen anwendet, jederzeit beschließen, stattdessen die Artikel 1 bis 6 der Verordnung (EU) Nr. 492/2011 anzuwenden. Die Kommission wird über derartige Beschlüsse unterrichtet.

12. Um tatsächlichen oder drohenden schwerwiegenden Störungen in bestimmten empfindlichen Dienstleistungssektoren auf den Arbeitsmärkten Deutschlands und Österreichs zu begegnen, die sich in bestimmten Gebieten aus der länderübergreifenden Erbringung von Dienstleistungen im Sinne des Artikels 1 der Richtlinie 96/71/EG ergeben könnten, können Deutschland und Österreich, solange sie aufgrund der vorstehend festgelegten Übergangsbestimmungen nationale Maßnahmen oder Maßnahmen aufgrund von bilateralen Vereinbarungen über die Freizügigkeit kroatischer Arbeitnehmer anwenden, nach Unterrichtung der Kommission von Artikel 56 Absatz 1 AEUV abweichen, um im Bereich der Erbringung von Dienstleistungen durch in Kroatien niedergelassene Unternehmen die vorübergehende grenzüberschreitende Beschäftigung von Arbeitnehmern einzuschränken, deren Recht, in Deutschland oder Österreich eine Arbeit aufzunehmen, nationalen Maßnahmen unterliegt.

Folgende Dienstleistungssektoren können von dieser abweichenden Regelung betroffen sein:

– in Deutschland:

Sektor	NACE-Code*), sofern nicht anders angegeben
Baugewerbe, einschließlich verwandte Wirtschaftszweige	45.1 bis 4; im Anhang der Richtlinie 96/71/EG aufgeführte Tätigkeiten
Reinigung von Gebäuden, Inventar und Verkehrsmitteln	74.70 Reinigung von Gebäuden, Inventar und Verkehrsmitteln
Sonstige Dienstleistungen	74.87 nur Tätigkeiten von Innendekorateuren

– in Österreich:

Sektor	NACE-Code*), sofern nicht anders angegeben
Erbringung von gärtnerischen Dienstleistungen	01.41
Be- und Verarbeitung von Natursteinen a.n.g.	26.7
Herstellung von Stahl- und Leichtmetallkonstruktionen	28.11
Baugewerbe, einschließlich verwandte Wirtschaftszweige	45.1 bis 4; im Anhang der Richtlinie 96/71/EG aufgeführte Tätigkeiten
Schutzdienste	74.60
Reinigung von Gebäuden, Inventar und Verkehrsmitteln	74.70
Hauskrankenpflege	85.14
Sozialwesen a.n.g.	85.32

In dem Maße, wie Deutschland oder Österreich nach Maßgabe der Unterabsätze 1 und 2 dieses Absatzes von Artikel 56 Absatz 1 AEUV abweichen, kann Kroatien nach Unterrichtung der Kommission gleichwertige Maßnahmen ergreifen.

Die Anwendung dieser Nummer darf nicht zu Bedingungen für die vorübergehende Freizügigkeit von Arbeitnehmern im Rahmen der länderübergreifenden Erbringung von Dienstleistungen zwischen Deutschland bzw. Österreich und Kroatien führen, die restriktiver sind als die zum Zeitpunkt der Unterzeichnung des Beitrittsvertrags geltenden Bedingungen.

13. Die Anwendung der Nummern 2 bis 5 und 7 bis 11 darf nicht zu Bedingungen für den Zugang kroatischer Staatsangehöriger zu den Arbeitsmärkten der derzeitigen Mitgliedstaaten führen, die restriktiver sind, als die zum Zeitpunkt der Unterzeichnung des Beitrittsvertrags geltenden Bedingungen.

Ungeachtet der Anwendung der Bestimmungen unter den Nummern 1 bis 12 räumen die derzeitigen Mitgliedstaaten während der Dauer der Anwendung nationaler oder sich aus bilateralen Vereinbarungen ergebender Maßnahmen

*) NACE: siehe 31990 R 3037: Verordnung (EWG) Nr. 3037/90 des Rates vom 9. Oktober 1990 betreffend die statistische Systematik der Wirtschaftszweige in der Europäischen Gemeinschaft (ABl. L 293 vom 24.10.1990, S. 1).

*) NACE: siehe 31990 R 3037: Verordnung (EWG) Nr. 3037/90 des Rates vom 9. Oktober 1990 betreffend die statistische Systematik der Wirtschaftszweige in der Europäischen Gemeinschaft (ABl. L 293 vom 24.10.1990, S. 1).

Arbeitnehmern, die Staatsangehörige eines Mitgliedstaats sind, beim Zugang zu ihren Arbeitsmärkten Vorrang vor Arbeitnehmern ein, die Staatsangehörige eines Drittlands sind.

Kroatische Wanderarbeitnehmer und ihre Familien, die rechtmäßig in einem anderen Mitgliedstaat ihren Wohnsitz haben und dort arbeiten, oder Wanderarbeitnehmer aus anderen Mitgliedstaaten und ihre Familien, die rechtmäßig in Kroatien ihren Wohnsitz haben und dort arbeiten, werden nicht restriktiver behandelt als dieselben Personen aus Drittländern, die in diesem Mitgliedstaat bzw. Kroatien ihren Wohnsitz haben und dort arbeiten. Darüber hinaus dürfen Wanderarbeitnehmer aus Drittländern, die in Kroatien ihren Wohnsitz haben und dort arbeiten, gemäß dem Grundsatz der Gemeinschaftspräferenz nicht günstiger behandelt werden als kroatische Staatsangehörige.

3. FREIER KAPITALVERKEHR

Vertrag über die Europäische Union und Vertrag über die Arbeitsweise der Europäischen Union

Unbeschadet der Verpflichtungen aus den Verträgen, auf die sich die Europäische Union gründet, kann Kroatien die zum Zeitpunkt der Unterzeichnung des Beitrittsvertrags in seinem Gesetz über landwirtschaftlich genutzte Flächen (OG 152/08) enthaltenen Beschränkungen des Erwerbs von landwirtschaftlich genutzten Flächen durch Staatsangehörige anderer Mitgliedstaaten, durch Staatsangehörige der Vertragsparteien des Abkommens über den Europäischen Wirtschaftsraum (EWR) und durch juristische Personen, die nach den Gesetzen eines anderen Mitgliedstaats oder eines EWR-Staats gegründet wurden, ab dem Tag des Beitritts sieben Jahre lang beibehalten. Jedoch dürfen Staatsangehörige eines Mitgliedstaats oder juristische Personen, die nach den Gesetzen eines anderen Mitgliedstaats gegründet wurden, beim Erwerb von landwirtschaftlich genutzten Flächen auf keinen Fall ungünstiger als am Tag der Unterzeichnung des Beitrittsvertrags oder restriktiver als Staatsangehörige oder juristische Personen aus Drittländern behandelt werden.

Selbständige Landwirte mit der Staatsangehörigkeit eines anderen Mitgliedstaats, die sich in Kroatien niederlassen und dort einen Wohnsitz anmelden wollen, dürfen weder den Bestimmungen des Absatzes 1 noch anderen Regelungen und Verfahren als denjenigen unterworfen werden, die für kroatische Staatsangehörige gelten.

Vor Ablauf des dritten Jahres nach dem Tag des Beitritts wird eine allgemeine Überprüfung dieser Übergangsmaßnahme vorgenommen. Die Kommission wird dem Rat dazu einen Bericht unterbreiten. Der Rat kann auf Vorschlag der Kommission einstimmig beschließen, den in Absatz 1 genannten Übergangszeitraum zu verkürzen oder zu beenden.

Wenn es hinreichende Anzeichen dafür gibt, dass nach Ablauf des Übergangszeitraums schwere Störungen des Agrargrundstücksmarkts in Kroatien eintreten werden oder zu befürchten sind, so beschließt die Kommission auf Antrag Kroatiens über eine Verlängerung des Übergangszeitraums um drei Jahre. Diese Verlängerung kann auf ausgewählte geografische Gebiete, die besonders betroffen sind, beschränkt werden.

[. . .]

ANHANG VI

Entwicklung des ländlichen Raums (nach Artikel 35 Absatz 2 der Beitrittsakte)

[nicht abgedruckt]

ANHANG VII

Spezifische Verpflichtungen, die die Republik Kroatien bei den Beitrittsverhandlungen eingegangen ist (nach Artikel 36 Absatz 1 Unterabsatz 2 der Beitrittsakte)

1. Die wirksame Umsetzung der Strategie und des Aktionsplans für die Justizreform wird weiterhin gewährleistet.
2. Die Unabhängigkeit, Rechenschaftspflicht, Unparteilichkeit und Professionalität der Justiz werden weiterhin verstärkt.
3. Die Effizienz der Justiz wird weiter verbessert.
4. Die Bearbeitung der Fälle der im Inland begangenen Kriegsverbrechen wird weiter verbessert.
5. Es wird weiterhin gewährleistet, dass eine kontinuierlich fortzuschreibende Bilanz der wesentlichen Ergebnisse auf der Grundlage effizienter, wirksamer und unvoreingenommener Ermittlung, Strafverfolgung und Gerichtsurteile bei Straftaten der organisierten Kriminalität und bei Korruptionsstraftaten auf allen Ebenen, einschließlich der höchsten Ebene, und in anfälligen Sektoren wie dem öffentlichen Auftragswesen, erfolgt.
6. Die Bilanz der verstärkten Präventionsmaßnahmen bei der Korruptionsbekämpfung und bei Interessenkonflikten wird weiterhin verbessert.
7. Der Schutz von Minderheiten wird weiterhin verstärkt, insbesondere durch die wirksame Umsetzung des Verfassungsgesetzes über die Rechte nationaler Minderheiten.
8. Es wird weiterhin an der Klärung noch offener Fragen im Zusammenhang mit der Rückkehr von Flüchtlingen gearbeitet.
9. Der Schutz der Menschenrechte wird weiterhin verbessert.
10. Es wird weiterhin uneingeschränkt mit dem Internationalen Strafgerichtshof für das ehemalige Jugoslawien zusammengearbeitet.

ANHANG VIII

Verpflichtungen, die die Republik Kroatien im Hinblick auf die Umstrukturierung der kroatischen Schiffbauindustrie eingegangen ist (nach Artikel 36 Absatz 1 Unterabsatz 3 der Beitrittsakte)

[nicht abgedruckt]

ANHANG IX

Verpflichtungen, die die Republik Kroatien im Hinblick auf die Umstrukturierung der Stahlindustrie eingegangen ist (nach Artikel 36 Absatz 1 Unterabsatz 3 der Beitrittsakte)

[nicht abgedruckt]

PROTOKOLL

über bestimmte Modalitäten für eine etwaige einmalige Übertragung von Einheiten der zugeteilten Menge (Assigned Amount Units), die im Rahmen des Protokolls von Kyoto vergeben wurden, an die Republik Kroatien und die entsprechende Ausgleichsleistung

[nicht abgedruckt]

SCHLUSSAKTE

I. WORTLAUT DER SCHLUSSAKTE

1. Die Bevollmächtigten

[es folgen die Namen]

die in Brüssel am neunten Dezember zweitausendelf anlässlich der Unterzeichnung des Vertrags zwischen dem Königreich Belgien, der Republik Bulgarien, der Tschechischen Republik, dem Königreich Dänemark, der Bundesrepublik Deutschland, der Republik Estland, Irland, der Hellenischen Republik, dem Königreich Spanien, der Französischen Republik, der Italienischen Republik, der Republik Zypern, der Republik Lettland, der Republik Litauen, dem Großherzogtum Luxemburg, der Republik Ungarn, der Republik Malta, dem Königreich der Niederlande, der Republik Österreich, der Republik Polen, der Portugiesischen Republik, Rumänien, der Republik Slowenien, der Slowakischen Republik, der Republik Finnland, dem Königreich Schweden, dem Vereinigten Königreich Großbritannien und Nordirland (Mitgliedstaaten der Europäischen Union) und der Republik Kroatien über den Beitritt der Republik Kroatien zur Europäischen Union zusammengetreten sind,

haben festgestellt, dass die folgenden Texte im Rahmen der Konferenz zwischen den Mitgliedstaaten der Europäischen Union und der Republik Kroatien über den Beitritt der Republik Kroatien zur Europäischen Union erstellt und angenommen worden sind:

I. der Vertrag zwischen dem Königreich Belgien, der Republik Bulgarien, der Tschechischen Republik, dem Königreich Dänemark, der Bundesrepublik Deutschland, der Republik Estland, Irland, der Hellenischen Republik, dem Königreich Spanien, der Französischen Republik, der Italienischen Republik, der Republik Zypern, der Republik Lettland, der Republik Litauen, dem Großherzogtum Luxemburg, der Republik Ungarn, der Republik Malta, dem Königreich der Niederlande, der Republik Österreich, der Republik Polen, der Portugiesischen Republik, Rumänien, der Republik Slowenien, der Slowakischen Republik, der Republik Finnland, dem Königreich Schweden, dem Vereinigten Königreich Großbritannien und Nordirland (Mitgliedstaaten der Europäischen Union) und der Republik Kroatien über den Beitritt der Republik Kroatien zur Europäischen Union (im Folgenden „der Beitrittsvertrag“);

II. die Akte über die Bedingungen des Beitritts der Republik Kroatien und die Anpassungen des Vertrags über die Europäische Union, des Vertrags über die Arbeitsweise der Europäischen Union und des Vertrags zur Gründung der Europäischen Atomgemeinschaft (im Folgenden „die Beitrittsakte“);

III. die nachstehend aufgeführten und der Beitrittsakte beigefügten Texte:

A.	Anhang I	Liste der Übereinkünfte und Protokolle, denen die Republik Kroatien am Tag des Beitritts beitritt (nach Artikel 3 Absatz 4 der Beitrittsakte)
	Anhang II	Verzeichnis der Bestimmungen des in den Rahmen der Europäischen Union einbezogenen Schengen-Besitzstands und der darauf beruhenden oder anderweitig damit zusammenhängenden Rechtsakte, die ab dem Beitritt für die Republik Kroatien bindend und in der Republik Kroatien anzuwenden

sind (nach Artikel 4 Absatz 1 der Beitrittsakte)

Anhang III: Liste nach Artikel 15 der Beitrittsakte: Anpassungen der Rechtsakte der Organe

Anhang IV: Liste nach Artikel 16 der Beitrittsakte: Andere ständige Bestimmungen

Anhang V: Liste nach Artikel 18 der Beitrittsakte: Übergangsmaßnahmen

Anhang VI: Entwicklung des ländlichen Raums (nach Artikel 35 Absatz 2 der Beitrittsakte)

Anhang VII: Spezifische Verpflichtungen, die die Republik Kroatien bei den Beitrittsverhandlungen eingegangen ist (nach Artikel 36 Absatz 1 Unterabsatz 2 der Beitrittsakte)

Anhang VIII: Verpflichtungen, die die Republik Kroatien im Hinblick auf die Umstrukturierung der kroatischen Schiffbauindustrie eingegangen ist (nach Artikel 36 Absatz 1 Unterabsatz 3 der Beitrittsakte)

Anhang IX: Verpflichtungen, die die Republik Kroatien im Hinblick auf die Umstrukturierung der Stahlindustrie eingegangen ist (nach Artikel 36 Absatz 1 Unterabsatz 3 der Beitrittsakte)

B. Protokoll über bestimmte Modalitäten für eine etwaige einmalige Übertragung von Einheiten der zugeteilten Menge (Assigned Amount Units), die im Rahmen des Protokolls von Kyoto zum Rahmenübereinkommen der Vereinten Nationen über Klimaänderungen vergeben wurden, an die Republik Kroatien und die entsprechende Ausgleichsleistung

C. die Wortlaute des Vertrags über die Europäische Union, des Vertrags über die Arbeitsweise der Europäischen Union und des Vertrags zur Gründung der Europäischen Atomgemeinschaft sowie der Verträge zu deren Änderung oder Ergänzung, einschließlich des Vertrags über den Beitritt des Königreichs Dänemark, Irlands sowie des Vereinigten Königreichs Großbritannien und Nordirland, des Vertrags über den Beitritt der Republik Griechenland, des Vertrags über den Beitritt des Königreichs Spanien und der Portugiesischen Republik, des Vertrags über den Beitritt der Republik Österreich, der Republik Finnland und des Königreichs Schweden, des Vertrags über den Beitritt der Tschechischen Republik, der Republik Estland, der Republik Zypern, der Republik Lettland, der Republik Litauen, der Republik Ungarn, der Republik Malta, der Republik Polen, der Republik Slowenien und der Slowakischen Republik sowie des Vertrags über den Beitritt Rumäniens und der Republik Bulgarien, in kroatischer Sprache.

2. Die Hohen Vertragsparteien haben über einige Anpassungen der Rechtsakte der Organe, die aufgrund des Beitritts erforderlich geworden sind, politische Einigung erzielt und ersuchen den Rat und die Kommission, diese Anpassungen vor dem Beitritt gemäß Artikel 50 der Beitrittsakte – dies ergibt sich aus Artikel 3 Absatz 4 des Beitrittsvertrags – zu erlassen, wobei erforderlichenfalls eine Ergänzung und Aktualisierung erfolgt, um der Weiterentwicklung des Unionsrechts Rechnung zu tragen.

3. Die Hohen Vertragsparteien verpflichten sich, der Kommission sowie untereinander alle Informationen mitzuteilen, die für die Anwendung der Beitrittsakte erforderlich sind. Diese Informationen sind, soweit erforderlich, so rechtzeitig vor dem Tag des Beitritts vorzulegen, dass die uneingeschränkte Anwendung der Beitrittsakte ab dem Tag des Beitritts erfolgen kann; insbesondere gilt dies für das Funktionieren des Binnenmarktes. In diesem Zusammenhang ist eine frühzeitige Mitteilung der von der Republik Kroatien erlassenen Maßnahmen nach Artikel 47 der Beitrittsakte von höchster Bedeutung. Die Kommission kann der Republik Kroatien gegebenenfalls den von ihr für angemessen erachteten Zeitpunkt für den Eingang oder die Übermittlung anderer spezieller Informationen mitteilen.

   Eine Liste der Informationspflichten für den Veterinärbereich ist den Hohen Vertragsparteien am heutigen Tag der Unterzeichnung überreicht worden.

4. Die Bevollmächtigten haben die folgenden, dieser Schlussakte beigefügten Erklärungen zur Kenntnis genommen:

   A. Gemeinsame Erklärung der derzeitigen Mitgliedstaaten

      Gemeinsame Erklärung zur vollständigen Anwendung der Bestimmungen des Schengen-Besitzstands

   B. Gemeinsame Erklärung verschiedener derzeitiger Mitgliedstaaten

      Gemeinsame Erklärung der Bundesrepublik Deutschland und der Republik Österreich zur Freizügigkeit der Arbeitnehmer: Kroatien

   C. Gemeinsame Erklärung der derzeitigen Mitgliedstaaten und der Republik Kroatien

      Gemeinsame Erklärung zum Europäischen Entwicklungsfonds

D. Erklärung der Republik Kroatien
Erklärung der Republik Kroatien zu der Übergangsregelung für die Liberalisierung des kroatischen Marktes für landwirtschaftliche Flächen

5. Die Bevollmächtigten haben Kenntnis genommen von dem Briefwechsel zwischen der Europäischen Union und der Republik Kroatien über ein Informations- und Konsultationsverfahren für die Annahme bestimmter Beschlüsse und sonstige Maßnahmen in der Zeit vor dem Beitritt, der dieser Schlussakte beigefügt ist.

[Unterschriften]

II. ERKLÄRUNGEN

A. GEMEINSAME ERKLÄRUNG DER DERZEITIGEN MITGLIEDSTAATEN

Gemeinsame Erklärung zur vollständigen Anwendung der Bestimmungen des Schengen-Besitzstands

Die für die künftige vollständige Anwendung aller Bestimmungen des Schengen-Besitzstands in der Republik Kroatien vereinbarten Verfahren – wie sie in den Vertrag über den Beitritt Kroatiens zur Union aufgenommen (im Folgenden „Beitrittsvertrag Kroatiens“) werden – greifen dem vom Rat zu erlassenden Beschluss über die vollständige Anwendung der Bestimmungen des Schengen-Besitzstands in der Republik Bulgarien und Rumänien nicht vor und haben keine Auswirkung auf diesen Beschluss.

Der Beschluss des Rates über die vollständige Anwendung der Bestimmungen des Schengen-Besitzstands in Bulgarien und Rumänien wird nach dem hierfür im Vertrag über den Beitritt Bulgariens und Rumäniens zur Union festgelegten Verfahren und in Einklang mit den Schlussfolgerungen des Rates vom 9. Juni 2011 über den Abschluss der Bewertung des Stands der Vorbereitung Bulgariens und Rumäniens in Bezug auf die Umsetzung aller Bestimmungen des Schengen-Besitzstands erlassen.

Die vereinbarten Verfahren für die künftige vollständige Anwendung aller Bestimmungen des Schengen- Besitzstands in Kroatien – wie sie in den Beitrittsvertrag Kroatiens zur Union aufgenommen werden – begründen keinerlei rechtliche Verpflichtung außerhalb des vom Beitrittsvertrag Kroatiens gesteckten Rahmens.

B. GEMEINSAME ERKLÄRUNG VERSCHIEDENER DERZEITIGER MITGLIEDSTAATEN

Gemeinsame Erklärung der Bundesrepublik Deutschland und der Republik Österreich zur Freizügigkeit der Arbeitnehmer: Kroatien

Die Formulierung des Absatzes 12 der Übergangsmaßnahmen für die Freizügigkeit der Arbeitnehmer gemäß der Richtlinie 96/71/EG in Anhang V, Abschnitt 2 der Beitrittsakte wird von der Bundesrepublik Deutschland und der Republik Österreich im Einvernehmen mit der Kommission in dem Sinne aufgefasst, dass der Ausdruck „bestimmte Gebiete“ gegebenenfalls auch das gesamte nationale Hoheitsgebiet umfassen kann.

C. GEMEINSAME ERKLÄRUNG DER DERZEITIGEN MITGLIEDSTAATEN UND DER REPUBLIK KROATIEN

Gemeinsame Erklärung zum Europäischen Entwicklungsfonds

Nach ihrem Beitritt zur Union tritt die Republik Kroatien dem Europäischen Entwicklungsfonds ab dem Inkrafttreten des neuen mehrjährigen Finanzrahmens für die Zusammenarbeit bei und wird ab dem 1. Januar des zweiten Kalenderjahrs nach ihrem Beitritt einen Beitrag dazu leisten.

D. ERKLÄRUNG DER REPUBLIK KROATIEN

Erklärung der Republik Kroatien zu der Übergangsregelung für die Liberalisierung des kroatischen Marktes für landwirtschaftliche Flächen

Gestützt auf die Übergangsregelung für den Erwerb landwirtschaftlich genutzter Flächen in der Republik Kroatien durch natürliche und juristische Personen aus EU-/EWR-Ländern gemäß Anhang V der Beitrittsakte,

gestützt auf die Bestimmung, nach der die Kommission auf Antrag der Republik Kroatien über eine Verlängerung des siebenjährigen Übergangszeitraums um weitere drei Jahre befindet, wenn es hinreichende Anzeichen dafür gibt, dass nach Ablauf des siebenjährigen Übergangszeitraums schwere Störungen des Agrargrundstücksmarkts in der Republik Kroatien eintreten werden oder zu befürchten sind,

erklärt die Republik Kroatien, dass sie, sollte die genannte Verlängerung des Übergangszeitraums gewährt werden, darum bemüht sein wird, die notwendigen Schritte zu unternehmen, um den Erwerb landwirtschaftlich genutzter Flächen in den angegebenen Gebieten noch vor Ablauf der Dreijahresfrist zu liberalisieren.

III. BRIEFWECHSEL

zwischen der Europäischen Union und der Republik Kroatien über ein Informations- und Konsultationsverfahren für die Annahme bestimmter Beschlüsse und sonstige Maßnahmen in der Zeit vor dem Beitritt

[nicht abgedruckt]

Lissabon-Begleitnovelle

BGBl I 2010/57

Bundesverfassungsgesetz, mit dem zur Durchführung des Vertrags von Lissabon das Bundes-Verfassungsgesetz und das Bundesverfassungsgesetz, mit dem besondere Bestimmungen für die Neuermittlung der Verteilung von nach der Wahl der Mitglieder des Europäischen Parlaments 2009 zu vergebenden Mandaten durch die Bundeswahlbehörde erlassen werden, geändert werden (Lissabon-Begleitnovelle)

Der Nationalrat hat beschlossen:

Artikel 1

Änderung des Bundes-Verfassungsgesetzes

Das Bundes-Verfassungsgesetz, BGBl. Nr. 1/1930, zuletzt geändert durch das Bundesgesetz BGBl. I Nr. 127/2009, wird wie folgt geändert:

1. Art. 23c lautet:

„**Artikel 23c.** (1) Die Erstellung der österreichischen Vorschläge für die Ernennung von Mitgliedern der Europäischen Kommission, von Mitgliedern des Gerichtshofes der Europäischen Union, von Mitgliedern des Rechnungshofes, von Mitgliedern des Wirtschafts- und Sozialausschusses, von Mitgliedern des Ausschusses der Regionen und deren Stellvertretern und von Mitgliedern des Verwaltungsrates der Europäischen Investitionsbank obliegt der Bundesregierung.

(2) Vor der Erstellung der Vorschläge für die Ernennung von Mitgliedern der Europäischen Kommission, des Gerichtshofes der Europäischen Union, des Rechnungshofes und des Verwaltungsrates der Europäischen Investitionsbank hat die Bundesregierung dem Nationalrat und dem Bundespräsidenten mitzuteilen, wen sie vorzuschlagen beabsichtigt. Die Bundesregierung hat über die Vorschläge das Einvernehmen mit dem Hauptausschuss des Nationalrates herzustellen.

(3) Vor der Erstellung der Vorschläge für die Ernennung von Mitgliedern des Wirtschafts- und Sozialausschusses hat die Bundesregierung Vorschläge der gesetzlichen und sonstigen beruflichen Vertretungen der verschiedenen Gruppen des wirtschaftlichen und sozialen Lebens einzuholen.

(4) Die Vorschläge für die Ernennung von Mitgliedern des Ausschusses der Regionen und deren Stellvertretern hat die Bundesregierung auf Grund von Vorschlägen der Länder sowie des Österreichischen Gemeindebundes und des Österreichischen Städtebundes zu erstellen. Jedes Land hat ein Mitglied und dessen Stellvertreter vorzuschlagen; die sonstigen Mitglieder und deren Stellvertreter sind vom Österreichischen Gemeindebund und vom Österreichischen Städtebund gemeinsam vorzuschlagen.

(5) Die Bundesregierung hat dem Nationalrat mitzuteilen, wen sie nach Abs. 3 und 4 vorgeschlagen hat, und dem Bundesrat mitzuteilen, wen sie nach Abs. 2, 3 und 4 vorgeschlagen hat.“

2. Art. 23d Abs. 2 lautet:

„(2) Haben die Länder eine einheitliche Stellungnahme zu einem Vorhaben erstattet, das Angelegenheiten betrifft, in denen die Gesetzgebung Landessache ist, so darf der Bund bei Verhandlungen und Abstimmungen in der Europäischen Union nur aus zwingenden integrations- und außenpolitischen Gründen von dieser Stellungnahme abweichen. Der Bund hat den Ländern diese Gründe unverzüglich mitzuteilen.“

3. Art. 23d Abs. 3 erster bis dritter Satz wird durch folgende Sätze ersetzt:

„Betrifft ein Vorhaben auch Angelegenheiten, in denen die Gesetzgebung Landessache ist, so kann die Bundesregierung die Befugnis, an den Tagungen des Rates teilzunehmen und in diesem Rahmen zu diesem Vorhaben die Verhandlungen zu führen und die Stimme abzugeben, einem von den Ländern namhaft gemachten Mitglied einer Landesregierung übertragen. Die Wahrnehmung dieser Befugnis durch den Vertreter der Länder erfolgt unter Beteiligung des zuständigen Bundesministers und in Abstimmung mit diesem; Abs. 2 gilt auch für ihn.“

4. In Art. 23d Abs. 5 erster Satz wird die Wortfolge „im Rahmen der europäischen Integration“ *durch die Wortfolge* „im Rahmen der Europäischen Union“ *und die Wortfolge* „von einem Gericht im Rahmen der Europäischen Union“ *durch die Wortfolge* „vom Gerichtshof der Europäischen Union“ *ersetzt.*

5. Art. 23e und Art. 23f werden durch folgende Art. 23e bis Art. 23k ersetzt:

„**Artikel 23e.** (1) Der zuständige Bundesminister hat den Nationalrat und den Bundesrat unverzüglich über alle Vorhaben im Rahmen der Europäischen Union zu unterrichten und ihnen Gelegenheit zur Stellungnahme zu geben.

(2) Der zuständige Bundesminister hat den Nationalrat und den Bundesrat über einen bevorstehenden Beschluss des Europäischen Rates oder des Rates betreffend

1. den Übergang von der Einstimmigkeit zur qualifizierten Mehrheit oder
2. den Übergang von einem besonderen Gesetzgebungsverfahren zum ordentlichen Gesetzgebungsverfahren

ausdrücklich und so rechtzeitig zu unterrichten, dass dem Nationalrat und dem Bundesrat die

Wahrnehmung der Zuständigkeiten nach diesem Artikel ermöglicht wird.

(3) Hat der Nationalrat eine Stellungnahme zu einem Vorhaben erstattet, das auf die Erlassung eines verbindlichen Rechtsaktes gerichtet ist, der sich auf die Erlassung von Bundesgesetzen auf dem im Rechtsakt geregelten Gebiet auswirken würde, so darf der zuständige Bundesminister bei Verhandlungen und Abstimmungen in der Europäischen Union nur aus zwingenden integrations- und außenpolitischen Gründen von dieser Stellungnahme abweichen. Beabsichtigt der zuständige Bundesminister, von der Stellungnahme des Nationalrates abzuweichen, so hat er den Nationalrat neuerlich zu befassen. Ist das Vorhaben auf die Erlassung eines verbindlichen Rechtsaktes gerichtet, der entweder die Erlassung bundesverfassungsgesetzlicher Bestimmungen erfordern würde oder Regelungen enthält, die nur durch solche Bestimmungen getroffen werden könnten, so ist eine Abweichung jedenfalls nur zulässig, wenn ihr der Nationalrat innerhalb angemessener Frist nicht widerspricht. Der zuständige Bundesminister hat dem Nationalrat nach der Abstimmung in der Europäischen Union unverzüglich Bericht zu erstatten und ihm gegebenenfalls die Gründe mitzuteilen, aus denen er von der Stellungnahme abgewichen ist.

(4) Hat der Bundesrat eine Stellungnahme zu einem Vorhaben erstattet, das auf die Erlassung eines verbindlichen Rechtsaktes gerichtet ist, der entweder die Erlassung bundesverfassungsgesetzlicher Bestimmungen erfordern würde, durch die die Zuständigkeit der Länder in Gesetzgebung oder Vollziehung gemäß Art. 44 Abs. 2 eingeschränkt wird, oder Regelungen enthält, die nur durch solche Bestimmungen getroffen werden könnten, so darf der zuständige Bundesminister bei Verhandlungen und Abstimmungen in der Europäischen Union nur aus zwingenden integrations- und außenpolitischen Gründen von dieser Stellungnahme abweichen. Eine Abweichung ist jedenfalls nur zulässig, wenn ihr der Bundesrat innerhalb angemessener Frist nicht widerspricht. Der zuständige Bundesminister hat dem Bundesrat nach der Abstimmung in der Europäischen Union unverzüglich Bericht zu erstatten und ihm gegebenenfalls die Gründe mitzuteilen, aus denen er von der Stellungnahme abgewichen ist.

Artikel 23f. (1) Der Nationalrat und der Bundesrat üben die im Vertrag über die Europäische Union, im Vertrag über die Arbeitsweise der Europäischen Union und in den diesen Verträgen beigegebenen Protokollen in der jeweils geltenden Fassung vorgesehenen Zuständigkeiten der nationalen Parlamente aus.

(2) Jeder Bundesminister berichtet dem Nationalrat und dem Bundesrat zu Beginn jedes Jahres über die in diesem Jahr zu erwartenden Vorhaben des Rates und der Kommission sowie über die voraussichtliche österreichische Position zu diesen Vorhaben.

(3) Weitere Unterrichtungsverpflichtungen sind durch Bundesgesetz vorzusehen.

(4) Der Nationalrat und der Bundesrat können ihren Wünschen über Vorhaben der Europäischen Union in Mitteilungen an die Organe der Europäischen Union Ausdruck geben.

Artikel 23g. (1) Der Nationalrat und der Bundesrat können zu einem Entwurf eines Gesetzgebungsakts im Rahmen der Europäischen Union in einer begründeten Stellungnahme darlegen, weshalb der Entwurf nicht mit dem Subsidiaritätsprinzip vereinbar ist.

(2) Der Nationalrat und der Bundesrat können vom zuständigen Bundesminister eine Äußerung zur Vereinbarkeit von Entwürfen gemäß Abs. 1 mit dem Subsidiaritätsprinzip verlangen, die im Regelfall innerhalb von zwei Wochen nach Einlangen des Verlangens vorzulegen ist.

(3) Der Bundesrat hat die Landtage unverzüglich über alle Entwürfe gemäß Abs. 1 zu unterrichten und ihnen Gelegenheit zur Stellungnahme zu geben. Bei Beschlussfassung einer begründeten Stellungnahme gemäß Abs. 1 hat der Bundesrat die Stellungnahmen der Landtage zu erwägen und die Landtage über solche Beschlüsse zu unterrichten.

Artikel 23h. (1) Der Nationalrat und der Bundesrat können beschließen, dass gegen einen Gesetzgebungsakt im Rahmen der Europäischen Union beim Gerichtshof der Europäischen Union Klage wegen Verstoßes gegen das Subsidiaritätsprinzip erhoben wird.

(2) Das Bundeskanzleramt übermittelt die Klage im Namen des Nationalrates oder des Bundesrates unverzüglich an den Gerichtshof der Europäischen Union.

Artikel 23i. (1) Das österreichische Mitglied im Europäischen Rat darf einer Initiative gemäß Art. 48 Abs. 7 des Vertrags über die Europäische Union in der Fassung des Vertrags von Lissabon nur dann zustimmen, wenn es der Nationalrat mit Zustimmung des Bundesrates auf Grund eines Vorschlages der Bundesregierung dazu ermächtigt hat. Diese Beschlüsse des Nationalrates und des Bundesrates bedürfen jeweils der Anwesenheit von mindestens der Hälfte der Mitglieder und einer Mehrheit von zwei Dritteln der abgegebenen Stimmen.

(2) Soweit nach dem Recht der Europäischen Union für die nationalen Parlamente die Mög-

lichkeit der Ablehnung einer Initiative oder eines Vorschlages betreffend

1. den Übergang von der Einstimmigkeit zur qualifizierten Mehrheit oder
2. den Übergang von einem besonderen Gesetzgebungsverfahren zum ordentlichen Gesetzgebungsverfahren

vorgesehen ist, kann der Nationalrat mit Zustimmung des Bundesrates diese Initiative oder diesen Vorschlag innerhalb der nach dem Recht der Europäischen Union vorgesehenen Fristen ablehnen.

(3) Beschlüsse des Rates, durch die neue Kategorien von Eigenmitteln der Europäischen Union eingeführt werden, bedürfen der Genehmigung des Nationalrates und der Zustimmung des Bundesrates; Art. 50 Abs. 4 zweiter Satz ist sinngemäß anzuwenden. Andere Beschlüsse des Rates, mit denen Bestimmungen über das System der Eigenmittel der Europäischen Union festgelegt werden, bedürfen der Genehmigung des Nationalrates. Art. 23e Abs. 2 gilt sinngemäß.

(4) Auf andere Beschlüsse des Europäischen Rates oder des Rates, die nach dem Recht der Europäischen Union erst nach Zustimmung der Mitgliedstaaten im Einklang mit ihren jeweiligen verfassungsrechtlichen Vorschriften in Kraft treten, ist Art. 50 Abs. 4 sinngemäß anzuwenden.

(5) Beschlüsse des Nationalrates und des Bundesrates nach diesem Artikel sind vom Bundeskanzler im Bundesgesetzblatt kundzumachen.

Artikel 23j. (1) Österreich wirkt an der Gemeinsamen Außen- und Sicherheitspolitik der Europäischen Union auf Grund des Titels V Kapitel 1 und 2 des Vertrags über die Europäische Union in der Fassung des Vertrags von Lissabon mit, der in Art. 3 Abs. 5 und in Art. 21 Abs. 1 insbesondere die Wahrung beziehungsweise Achtung der Grundsätze der Charta der Vereinten Nationen vorsieht. Dies schließt die Mitwirkung an Aufgaben gemäß Art. 43 Abs. 1 dieses Vertrags sowie an Maßnahmen ein, mit denen die Wirtschafts- und Finanzbeziehungen zu einem oder mehreren Drittländern ausgesetzt, eingeschränkt oder vollständig eingestellt werden. Auf Beschlüsse des Europäischen Rates über eine gemeinsame Verteidigung ist Art. 50 Abs. 4 sinngemäß anzuwenden.

(2) Für Beschlüsse im Rahmen der Gemeinsamen Außen- und Sicherheitspolitik der Europäischen Union auf Grund des Titels V Kapitel 2 des Vertrags über die Europäische Union in der Fassung des Vertrags von Lissabon gilt Art. 23e Abs. 3 sinngemäß.

(3) Bei Beschlüssen über die Einleitung einer Mission außerhalb der Europäischen Union, die Aufgaben der militärischen Beratung und Unterstützung, Aufgaben der Konfliktverhütung und der Erhaltung des Friedens oder Kampfeinsätze im Rahmen der Krisenbewältigung einschließlich Frieden schaffender Maßnahmen und Operationen zur Stabilisierung der Lage nach Konflikten umfasst, sowie bei Beschlüssen gemäß Art. 42 Abs. 2 des Vertrags über die Europäische Union in der Fassung des Vertrags von Lissabon betreffend die schrittweise Festlegung einer gemeinsamen Verteidigungspolitik ist das Stimmrecht im Einvernehmen zwischen dem Bundeskanzler und dem für auswärtige Angelegenheiten zuständigen Bundesminister auszuüben.

(4) Eine Zustimmung zu Maßnahmen gemäß Abs. 3 darf, wenn der zu fassende Beschluss eine Verpflichtung Österreichs zur Entsendung von Einheiten oder einzelnen Personen bewirken würde, nur unter dem Vorbehalt gegeben werden, dass es diesbezüglich noch der Durchführung des für die Entsendung von Einheiten oder einzelnen Personen in das Ausland verfassungsrechtlich vorgesehenen Verfahrens bedarf.

Artikel 23k. (1) Nähere Bestimmungen zu den Art. 23e, 23f Abs. 1, 2 und 4 sowie 23g bis 23j treffen das Bundesgesetz über die Geschäftsordnung des Nationalrates und die Geschäftsordnung des Bundesrates.

(2) Die Zuständigkeiten des Nationalrates nach den Art. 23e, 23f Abs. 4, 23g und 23j Abs. 2 obliegen dessen Hauptausschuss. Das Bundesgesetz über die Geschäftsordnung des Nationalrates kann vorsehen, dass der Hauptausschuss einen ständigen Unterausschuss wählt, für den Art. 55 Abs. 3 sinngemäß gilt. Der Hauptausschuss kann diesem ständigen Unterausschuss Zuständigkeiten nach dem ersten Satz übertragen. Eine solche Übertragung kann jederzeit ganz oder teilweise widerrufen werden. Durch das Bundesgesetz über die Geschäftsordnung des Nationalrates können Zuständigkeiten des Hauptausschusses nach dem ersten Satz dem Nationalrat oder dem ständigen Unterausschuss des Hauptausschusses gemäß dem zweiten Satz übertragen werden.

(3) Zuständigkeiten des Bundesrates nach den Art. 23e, 23f Abs.4 und 23g können durch die Geschäftsordnung des Bundesrates einem von diesem zu wählenden Ausschuss übertragen werden."

6. In Art. 73 Abs. 2 entfallen das Wort „jeweils" *und die Wortfolge* „der Europäischen Union".

7. Dem Art. 151 wird folgender Abs. 43 angefügt:

„(43) Art. 23c, Art. 23d Abs. 2, Abs. 3 erster und zweiter Satz und Abs. 5 erster Satz, Art. 23e bis Art. 23k und Art. 73 Abs. 2 in der Fassung des Bundesverfassungsgesetzes BGBl. I Nr. 57/2010 treten mit 1. August 2010 in Kraft."

Artikel 2

Änderung des Bundesverfassungsgesetzes, mit dem besondere Bestimmungen für die Neuermittlung der Verteilung von nach der Wahl der Mitglieder des Europäischen Parlaments 2009 zu vergebenden Mandaten durch die Bundeswahlbehörde erlassen werden

Das Bundesverfassungsgesetz, mit dem besondere Bestimmungen für die Neuermittlung der Verteilung von nach der Wahl der Mitglieder des Europäischen Parlaments 2009 zu vergebenden Mandaten durch die Bundeswahlbehörde erlassen werden, BGBl. I Nr. 32/2009, wird wie folgt geändert:

1. Nach § 1 wird folgender § 2 eingefügt:

„**§ 2.** Die Bundeswahlbehörde hat zum Zweck der Benennung als Beobachter jene Bewerber unverzüglich zu ermitteln, denen bei einer Ermittlung der Mandate gemäß § 1 die zusätzlich zu vergebenden Mandate zugewiesen würden. § 78 Abs. 5 der Europawahlordnung gilt sinngemäß.“

2. Der bisherige § 2 erhält die Paragraphenbezeichnung **„§ 3.“**.

Fischer

Faymann

EU-Informationsgesetz

BGBl I 2011/113

Bundesgesetz über Information in EU-Angelegenheiten (EU-Informationsgesetz – EU-InfoG)

Der Nationalrat hat beschlossen:

§ 1. (1) Um den Informationsfluss zwischen den jeweils zuständigen Bundesminister/innen und dem Nationalrat und dem Bundesrat zu optimieren, regelt dieses Bundesgesetz in Ausführung des Art. 23f Abs. 3 B-VG weitere Unterrichtungsverpflichtungen.

(2) Die Parlamentsdirektion führt zur Information des Nationalrates, des Bundesrates und der Öffentlichkeit sowie der Landtage und der Sozialpartner über Vorhaben im Rahmen der Europäischen Union nach Maßgabe

1. des § 10,
2. des Geschäftsordnungsgesetzes 1975 sowie
3. der Geschäftsordnung des Bundesrates

eine Datenbank, die den Zugang zu den von dem/der jeweils zuständigen Bundesminister/in gemäß Art. 23e bis 23j B-VG und gemäß §§ 2 und 3 sowie von Organen der Europäischen Union übermittelten Dokumenten gewährleistet.

(3) Der/die jeweils zuständige Bundesminister/in trägt dafür Sorge, dass die Unterrichtung über Vorhaben im Rahmen der Europäischen Union, die nicht auf Grund dieses Bundesgesetzes erfolgt, gemäß den Bestimmungen des B-VG oder anderer bundesgesetzlicher Vorschriften gewährleistet ist.

Europäische Dokumente

§ 2. (1) Der/die Bundesminister/in für europäische und internationale Angelegenheiten macht dem Nationalrat und dem Bundesrat die vom Rat für die Übermittlung von nicht-klassifizierten Dokumenten eingerichtete Datenbank zugänglich.

(2) Der/die Bundesminister/in für europäische und internationale Angelegenheiten macht dem Nationalrat und dem Bundesrat die vom Rat für die Übermittlung von als „Restreint UE/EU Restricted" eingestuften EU-Verschlusssachen eingerichtete Datenbank zugänglich.

(3) Der/die Bundesminister/in für europäische und internationale Angelegenheiten übermittelt dem Nationalrat und dem Bundesrat unverzüglich und zusätzlich die nach Abs. 1 und 2 zur Verfügung stehenden Dokumente zwecks Aufnahme in die Datenbank gemäß § 1 Abs. 2.

(4) Stehen Dokumente der Europäischen Union dem Nationalrat und dem Bundesrat gemäß Abs. 1 bis 3 zur Verfügung, so gilt dies als Übermittlung durch den zuständigen Bundesminister/die zuständige Bundesministerin. Die Übermittlung sonstiger Dokumente obliegt dem/der zuständigen Bundesminister/in gemäß § 1 Abs. 3.

Von österreichischen Organen erstellte Dokumente

§ 3. Der/die zuständige Bundesminister/in übermittelt dem Nationalrat und dem Bundesrat unverzüglich jene Dokumente, die dem Zwecke der Wahrnehmung der Mitwirkungsrechte des Nationalrates und des Bundesrates dienen. Diese umfassen:

1. Vorausinformationen gemäß § 5,
2. schriftliche Informationen gemäß § 6,
3. die Jahresvorschau gemäß § 7,
4. Unterrichtungen gemäß § 8,
5. Unterrichtungen gemäß Art. 23e Abs. 2 B-VG,
6. Äußerungen gemäß Art. 23g Abs. 2 B-VG,
7. Vorschläge gemäß Art. 23i Abs. 1 B-VG,
8. Unterrichtungen gemäß Art. 23i Abs. 3 letzter Satz B-VG,
9. Berichte über Sitzungen des Europäischen Rates oder Rates und
10. Berichte über Sitzungen von vorbereitenden Gremien des Rates und des Europäischen Rates, an denen ein/e Vertreter/in Österreichs teilgenommen hat.

Formelle Angaben

§ 4. (1) Gleichzeitig mit dem jeweiligen Dokument gemäß § 2 Abs. 1 bis 3 sind zumindest die folgenden Angaben zu übermitteln:

1. Bezeichnung des Dokuments,
2. Materiencode,
3. Titel,
4. Autor/in,
5. Adressat/in,
6. Übermittler/in,
7. Sprache,
8. Datum des Dokuments,
9. Status des Dokuments,
10. Dokumentart,
11. Klassifikation.

(2) Gleichzeitig mit dem jeweiligen Dokument gemäß § 2 Abs. 4 und § 3 Z 9 und 10 sind zumindest die folgenden Angaben zu übermitteln, sofern gemäß § 9 die Übermittlung des jeweiligen

Dokuments automationsunterstützt zu erfolgen hat:
1. übermittelndes Organ,
2. Dokumentennummer jenes Dokuments, auf das sich das übermittelte Dokument bezieht, wie Tagesordnung oder in der Sitzung behandelte Vorlage.

(3) Vom/von der zuständigen Bundesminister/in können ferner folgende Informationen angegeben werden:
1. Zuständigkeit nach innerstaatlichen Rechtsvorschriften,
2. Begründung der Nichteignung zur Veröffentlichung gemäß den Bestimmungen des Geschäftsordnungsgesetzes 1975 sowie der Geschäftsordnung des Bundesrates über den Umgang mit und die Verteilung von Vorlagen, Dokumenten, Berichten, Informationen und Mitteilungen zu Vorhaben im Rahmen der Europäischen Union,
3. Informationssicherheitserfordernisse gemäß den Bestimmungen des Geschäftsordnungsgesetzes 1975 sowie der Geschäftsordnung des Bundesrates über den Umgang mit und die Verteilung von Vorlagen, Dokumenten, Berichten, Informationen und Mitteilungen zu Vorhaben im Rahmen der Europäischen Union und
4. Stand der Verhandlungen.

Vorausinformation

§ 5. Der/die Bundesminister/in für europäische und internationale Angelegenheiten unterrichtet den Nationalrat und den Bundesrat halbjährlich über die von dem/der jeweils zuständigen Bundesminister/in bekannt gegebenen Vorhaben der Europäischen Union, zu welchen in den jeweils folgenden sechs Monaten die Aufnahme von Verhandlungen im Rat zu erwarten ist, sofern diese Vorhaben
1. zu einer Änderung der vertraglichen Grundlagen der Europäischen Union führen oder
2. einem besonderen Mitwirkungsrecht des Nationalrates und des Bundesrates nach Art. 23i und Art. 23j B-VG unterliegen oder
3. einer besonderen Informationspflicht nach Art. 23e Abs. 2 B-VG unterliegen oder
4. Beschlüsse zur Ausweitung des Tätigkeitsbereichs nach Art. 82 Abs. 2 lit. d AEUV, Art. 83 Abs. 1 UAbs. 3 AEUV und Art. 86 Abs. 4 AEUV sind oder
5. die Begründung einer verstärkten Zusammenarbeit nach Art. 20 EUV zum Ziel haben oder
6. Verhandlungsmandate für die Kommission hinsichtlich völkerrechtlicher Verträge betreffen oder
7. Verhandlungsrichtlinien für die Kommission im Rahmen der gemeinsamen Handelspolitik oder
8. für die Republik Österreich von besonderer Bedeutung sind.

Schriftliche Information

§ 6. (1) Der/die zuständige Bundesminister/in übermittelt dem Nationalrat und dem Bundesrat eine schriftliche Information, sofern diese nach den Bestimmungen des Geschäftsordnungsgesetzes 1975 oder der Geschäftsordnung des Bundesrates angefordert wird. Zu einem Entwurf einer Tagesordnung von Sitzungen des Europäischen Rates oder des Rates muss keine schriftliche Information übermittelt werden.

(2) Die Informationen nach Abs. 1 sind nach rechtzeitiger Anforderung durch den Präsidenten/die Präsidentin des Nationalrates oder Bundesrates binnen vierzehn Tagen, jedenfalls jedoch zwei Tage vor der geplanten Behandlung, zu übermitteln.

(3) Eine schriftliche Information enthält Ausführungen zu den folgenden Punkten:
1. Bezeichnung des Dokuments,
2. Inhalt des Vorhabens,
3. Hinweise auf Mitwirkungsrechte des Nationalrates und Bundesrates,
4. Auswirkungen auf die Republik Österreich einschließlich eines allfälligen Bedürfnisses nach innerstaatlicher Durchführung,
5. Position des/der zuständigen Bundesminister/in samt kurzer Begründung,
6. bei Gesetzesvorhaben: Angaben zu Verhältnismäßigkeit und Subsidiarität und
7. Stand der Verhandlungen inklusive Zeitplan.

(4) Eine schriftliche Information kann außerdem eine Begründung der Nichteignung zur Veröffentlichung und Ausführungen über Informationssicherheitserfordernisse gemäß den Bestimmungen des Geschäftsordnungsgesetzes 1975 sowie der Geschäftsordnung des Bundesrates über den Umgang mit und die Verteilung von Vorlagen, Dokumenten, Berichten, Informationen und Mitteilungen zu Vorhaben im Rahmen der Europäischen Union enthalten.

Jahresvorschau

§ 7. Stehen der Übermittlung des Berichts gemäß Art. 23f Abs. 2 B-VG mit 31. Jänner des Jahres wichtige Gründe entgegen, unterrichtet der/die zuständige Bundesminister/in den Nationalrat und den Bundesrat darüber unverzüglich unter Nennung des wahrscheinlichen Übermittlungszeitpunktes.

Unterrichtung hinsichtlich Klagen wegen Verstoßes gegen das Subsidiaritätsprinzip

§ 8. Beschließt der Nationalrat oder Bundesrat, dass gegen einen Gesetzgebungsakt im Rahmen der Europäischen Union beim Gerichtshof der Europäischen Union Klage gemäß Art. 23h Abs. 1 B-VG wegen Verstoßes gegen das Subsidiaritätsprinzip erhoben wird, so unterrichtet das

Bundeskanzleramt den Nationalrat und den Bundesrat durch Übermittlung von Schriftsätzen, Berichten über mündliche Verhandlungen sowie auf Grund der Bestimmungen des Geschäftsordnungsgesetzes 1975 oder der Geschäftsordnung des Bundesrates regelmäßig über den Fortgang des Verfahrens.

Übermittlung und Behandlung

§ 9. (1) Die Übermittlungen gemäß §§ 2 bis 8 haben in automationsunterstützter Form zu erfolgen, sofern es sich nicht um als „Confidentiel UE/EU Confidential" oder höher eingestufte EU-Verschlusssachen handelt oder auf solche Bezug genommen wird.

(2) EU-Verschlusssachen werden entsprechend den Vorschriften über Informationssicherheit des Geschäftsordnungsgesetzes 1975 und der Geschäftsordnung des Bundesrates behandelt.

(3) Von österreichischen Organen erstellte Dokumente gemäß § 3, die sich auf EU-Verschlusssachen beziehen, werden entsprechend den Vorschriften über Informationssicherheit des Geschäftsordnungsgesetzes 1975 und der Geschäftsordnung des Bundesrates behandelt.

EU-Datenbank

§ 10. (1) Die Datenbank gemäß § 1 Abs. 2 ist zum Zwecke der Übersichtlichkeit und der Benutzer/innenfreundlichkeit grundsätzlich nach fachlichen Gesichtspunkten zu gliedern.

(2) Der Parlamentsdirektion obliegt die Erteilung von Auskünften über den Zugang der Öffentlichkeit zu den in der EU-Datenbank verfügbaren Dokumenten über Vorhaben im Rahmen der Europäischen Union.

Informationssicherheit

§ 11. (1) Im Bereich der Organe der Gesetzgebung ist die Informationssicherheit unter Beachtung der Sicherheitsvorschriften der Europäischen Union für den Schutz von EU-Verschlusssachen zu gewährleisten.

(2) Der Zugang zu Dokumenten im Sinne dieses Bundesgesetzes wird entsprechend den Vorschriften des Geschäftsordnungsgesetzes 1975 und der Geschäftsordnung des Bundesrates gewährt.

Verpflichtung zur Übermittlung

§ 12. (1) Die Übermittlung formeller Angaben gemäß § 4 erfolgt nach Schaffung der dafür notwendigen technischen Voraussetzungen in der Parlamentsdirektion. Der Bundeskanzler gibt diesen Tag nach Notifizierung durch den Präsidenten/die Präsidentin des Nationalrates im Bundesgesetzblatt II bekannt.

(2) Die Übermittlung von als „Restreint UE/EU Restricted" eingestuften EU-Verschlusssachen gemäß § 2 Abs. 2 und 3 erfolgt nach Schaffung der dafür notwendigen Voraussetzungen in der Parlamentsdirektion. Der Bundeskanzler gibt diesen Tag nach Notifizierung durch den Präsidenten/die Präsidentin des Nationalrates im Bundesgesetzblatt II bekannt.

Inkrafttreten

§ 13. Dieses Bundesgesetz tritt mit 1. Jänner 2012 in Kraft.

Fischer

Faymann

KODEX
DES ÖSTERREICHISCHEN RECHTS
HERAUSGEBER: UNIV.-PROF. DR. WERNER DORALT
VERFASSUNGS-RECHT
LexisNexis
1 B-VG
1a ÜG, B-VGNov
2a StGG
2b EMRK
3a BVG
3b VfBest in BG
6 StbG
13a F-VG, FAG 2008
14 RHG
16 VwGG
17 VfGG
18 VolksanwG
19 AHG, OrgHG
20 AuskPfl
21 EUV, AEUV EU-GRC

KODEX
DES ÖSTERREICHISCHEN RECHTS
HERAUSGEBER: UNIV.-PROF. DR. WERNER DORALT
VÖLKER-RECHT
LexisNexis

KODEX
DES ÖSTERREICHISCHEN RECHTS
HERAUSGEBER: UNIV.-PROF. DR. WERNER DORALT
UNTERNEHMENS-RECHT
LexisNexis
1 UGB
2 ABGB
3 E-Commerce-G
4 FBG
6 KSchG
7 UN-KaufR
8 GmbHG
9 AktG
14 EWIVG
15 PSG
18 GesAusG
19 KapBG
20 EKEG
21 URG
22 UmwG
23 SpaltG
24 EU-VerschG
25 UmgrStG
26 KMG
27 ScheckG
28 WechselG
29 KEG
30 AÖSp
31 CMR
32 UWG
33 KartG
34 WettbG
35 UrhG
36 MarkSchG
37 MuSchG
38 PatG

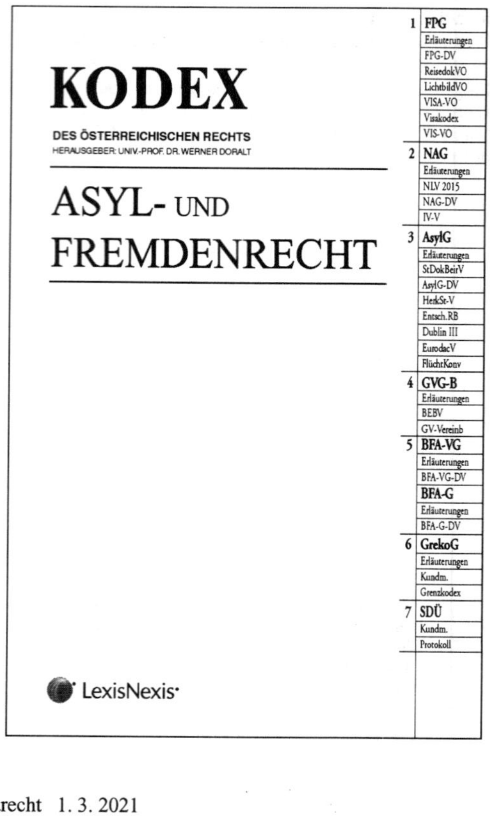
KODEX
DES ÖSTERREICHISCHEN RECHTS
HERAUSGEBER: UNIV.-PROF. DR. WERNER DORALT
ASYL- UND FREMDENRECHT
LexisNexis
1 FPG
Erläuterungen
FPG-DV
ReisedokVO
LichtbildVO
VISA-VO
Visakodex
VIS-VO
2 NAG
Erläuterungen
NLV 2015
NAG-DV
IV-V
3 AsylG
Erläuterungen
StDokBeirV
AsylG-DV
HerkSt-V
Entsch.RB
Dublin III
EurodacV
FlüchtKonv
4 GVG-B
Erläuterungen
BEBV
GV-Vereinb
5 BFA-VG
Erläuterungen
BFA-VG-DV
BFA-G
Erläuterungen
BFA-G-DV
6 GrekoG
Erläuterungen
Kundm.
Grenzkodex
7 SDÜ
Kundm.
Protokoll

Haushaltsrecht*)/WWU/Euro-Stabilisierung**)

*) ***Hinweis:*** Richtlinie (EU) 2017/1371 des Europäischen Parlaments und des Rates über die strafrechtliche Bekämpfung von gegen die finanziellen Interessen der Union gerichtetem Betrug, ABl 2017 L 198, 29. Zu Betrugsbekämpfung auch 10/3. Weiters EUStA unter 6/5.

) ***Hinweis:* Für die Satzung des Europäischen Systems der Zentralbanken und der Europäischen Zentralbank siehe Protokoll Nr. 4, abgedruckt unter 1/3.

Beschluss des Rates vom 7. Juni 2007 über das System der Eigenmittel der Europäischen Gemeinschaften

ABl 2007 L 163, 17

(2007/436/EG, Euratom)

DER RAT DER EUROPÄISCHEN UNION –

gestützt auf den Vertrag zur Gründung der Europäischen Gemeinschaft, insbesondere auf Artikel 269,

gestützt auf den Vertrag zur Gründung der Europäischen Atomgemeinschaft, insbesondere auf Artikel 173,

auf Vorschlag der Kommission,

nach Stellungnahme des Europäischen Parlaments[1],

nach Stellungnahme des Rechnungshofs[2],

nach Stellungnahme des Europäischen Wirtschafts- und Sozialausschusses[3],

in Erwägung nachstehender Gründe:

(1) Der Europäische Rat hat auf seiner Tagung in Brüssel vom 15. und 16. Dezember 2005 unter anderem festgestellt, dass sich die Eigenmittelvereinbarung an dem generellen Ziel der Gerechtigkeit ausrichten sollte. Folglich sollte diese Vereinbarung im Einklang mit den einschlägigen Schlussfolgerungen des Europäischen Rates von 1984 in Fontainebleau sicherstellen, dass keinem Mitgliedstaat eine – gemessen an seinem relativen Wohlstand – überhöhte Haushaltsbelastung auferlegt wird. Es ist daher angebracht, Bestimmungen für bestimmte Mitgliedstaaten einzuführen.

(2) Das Eigenmittelsystem der Gemeinschaften muss gewährleisten, dass sie über angemessene Einnahmen für eine geordnete Finanzierung ihrer Politiken verfügen; dabei ist eine strikte Haushaltsdisziplin zu beachten.

(3) Für die Zwecke dieses Beschlusses sollte Bruttonationaleinkommen (BNE) das BNE eines Jahres zu Marktpreisen sein, wie es von der Kommission in Anwendung des Europäischen Systems Volkswirtschaftlicher Gesamtrechnungen auf nationaler und regionaler Ebene in der Gemeinschaft (im Folgenden „ESVG 95" genannt) gemäß der Verordnung (EG) Nr. 2223/ 96 des Rates[4] bereitgestellt wird.

(4) Im Zuge der Umstellung vom ESVG 79 auf das ESVG 95 in den Bereichen Haushalt und Eigenmittel hat die Kommission die Obergrenzen für die Eigenmittel und die Mittel für Verpflichtungen nach der Formel in Artikel 3 Absätze 1 und 2 des Beschlusses 2000/ 597/EG, Euratom des Rates vom 29. September 2000 über das System der Eigenmittel der Europäischen Gemeinschaften[5] auf zwei Dezimalstellen neu berechnet, damit die Höhe der Mittel, die den Gemeinschaften zur Verfügung gestellt werden, unverändert bleibt. Diese neuen Obergrenzen hat die Kommission dem Rat und dem Europäischen Parlament am 28. Dezember 2001 übermittelt. Die Eigenmittelobergrenze wurde auf 1,24 % des BNE der Gemeinschaft zu Marktpreisen und die Obergrenze für die Mittel für Verpflichtungen auf 1,31 % des BNE der Gemeinschaft festgesetzt. Der Europäische Rat hat auf seiner Tagung vom 15. und 16. Dezember 2005 beschlossen, dass diese Obergrenzen beibehalten werden sollten.

(5) Damit die Höhe der Mittel, die den Gemeinschaften zur Verfügung gestellt werden, unverändert bleibt, ist es angezeigt, die in Prozent des BNE ausgedrückten Obergrenzen bei Änderungen des ESVG 95 anzupassen, die sich in erheblicher Weise auf das BNE auswirken.

(6) Nach der Umsetzung der in den multilateralen Handelsverhandlungen der Uruguay-Runde geschlossenen Übereinkommen in das Recht der Europäischen Union gibt es keine signifikanten Unterschiede mehr zwischen Agrarabgaben und Zöllen. Es empfiehlt sich daher, diese Unterscheidung aus dem Bereich des Gesamthaushaltsplans der Europäischen Union zu entfernen.

(7) Der Europäische Rat hat auf seiner Tagung vom 15. und 16. Dezember 2005 festgestellt, dass der einheitliche Mehrwertsteuer(MwSt.)-Abruf-

[1] Stellungnahme vom 4. Juli 2006 (noch nicht im Amtsblatt veröffentlicht).

[2] ABl. C 203 vom 25.8.2006, S. 50.

[3] ABl. C 309 vom 16.12.2006, S. 103.

[4] ABl. L 310 vom 30.11.1996, S. 1. Verordnung zuletzt geändert durch die Verordnung (EG) Nr. 1267/2003 des Europäischen Parlaments und des Rates (ABl. L 180 vom 18.7.2003, S. 1).

[5] ABl. L 253 vom 7.10.2000, S. 42.

satz der Transparenz und Einfachheit halber auf 0,30 % festgesetzt wird.

(8) Der Europäische Rat hat auf seiner Tagung vom 15. und 16. Dezember 2005 festgestellt, dass für Österreich, Deutschland, die Niederlande und Schweden im Zeitraum 2007-2013 geringere MwSt.-Abrufsätze gelten und die Niederlande und Schweden in den Genuss einer Bruttoverminderung ihres jährlichen BNE-Beitrags kommen.

(9) Der Europäische Rat hat auf seiner Tagung vom 15. und 16. Dezember 2005 beschlossen, dass der Haushaltskorrekturmechanismus für das Vereinigte Königreich sowie die Deutschland, den Niederlanden, Österreich und Schweden zugestandene Reduzierung ihres Anteils an der Finanzierung dieser Korrektur erhalten bleiben. Allerdings wird das Vereinigte Königreich sich nach einer Übergangsphase von 2009 bis 2011 uneingeschränkt an der Finanzierung der Erweiterungskosten beteiligen, mit Ausnahme der Direktzahlungen und marktbezogenen Ausgaben im Rahmen der GAP sowie der aus dem Europäischen Ausrichtungs- und Garantiefonds für die Landwirtschaft (EAGFL), Abteilung Garantie, finanzierten Ausgaben für die Entwicklung des ländlichen Raums. Die Berechnung der Korrektur zugunsten des Vereinigten Königreichs wird daher angepasst, indem die Ausgaben für Mitgliedstaaten, die der EU nach dem 30. April 2004 beigetreten sind, mit Ausnahme der vorstehend genannten Ausgaben für die Landwirtschaft und die Entwicklung des ländlichen Raums, schrittweise von der Berechnung ausgenommen werden. Der sich aus der Kürzung der zurechenbaren Ausgaben ergebende zusätzliche Beitrag des Vereinigten Königreichs wird im Zeitraum 2007-2013 10,5 Mrd. EUR (zu Preisen von 2004) nicht übersteigen. Im Falle weiterer Beitritte vor dem Jahr 2013, mit Ausnahme des Beitritts Bulgariens und Rumäniens, wird der Betrag entsprechend korrigiert.

(10) Der Europäische Rat hat auf seiner Tagung vom 15. und 16. Dezember 2005 beschlossen, dass Artikel 4 Buchstabe f des Beschlusses 2000/597/EG, Euratom, nach dem die jährlichen Heranführungsausgaben in den beitretenden Ländern von der Berechnung der Korrektur für das Vereinigte Königreich herausgenommen werden, Ende des Jahres 2013 keine Anwendung mehr findet.

(11) Der Europäische Rat hat auf seiner Tagung vom 15. und 16. Dezember 2005 die Kommission ersucht, eine vollständige, weit reichende Überprüfung sämtlicher Aspekte der EU-Ausgaben, einschließlich der gemeinsamen Agrarpolitik (GAP), und der EU-Einnahmen, einschließlich der Ausgleichszahlung an das Vereinigte Königreich, vorzunehmen und 2008/2009 darüber Bericht zu erstatten.

(12) Es sollten Bestimmungen erlassen werden, die den Übergang von dem mit dem Beschluss 2000/597/EG, Euratom eingeführten System zu dem sich aus dem vorliegenden Beschluss ergebenden System regeln.

(13) Der Europäische Rat hat auf seiner Tagung vom 15. und 16. Dezember 2005 beschlossen, dass dieser Beschluss am 1. Januar 2007 wirksam wird –

HAT FOLGENDE BESTIMMUNGEN FESTGELEGT, DIE ER DEN MITGLIEDSTAATEN ZUR ANNAHME EMPFIEHLT:

Artikel 1

Den Gemeinschaften werden zur Finanzierung des Gesamthaushaltsplans der Europäischen Union nach Maßgabe der folgenden Artikel die Eigenmittel gemäß Artikel 269 des Vertrags zur Gründung der Europäischen Gemeinschaft (nachstehend „EG-Vertrag" genannt) und Artikel 173 des Vertrags zur Gründung der Europäischen Atomgemeinschaft (nachstehend „Euratom-Vertrag" genannt) zugewiesen.

Der Gesamthaushaltsplan der Europäischen Union wird unbeschadet sonstiger Einnahmen vollständig aus Eigenmitteln der Gemeinschaften finanziert.

Artikel 2

(1) Folgende Einnahmen stellen in den Gesamthaushaltsplan der Europäischen Union einzusetzende Eigenmittel dar:

a) Abschöpfungen, Prämien, Zusatz- oder Ausgleichsbeträge, zusätzliche Teilbeträge und andere Abgaben, Zölle des Gemeinsamen Zolltarifs und andere Zölle auf den Warenverkehr mit Drittländern, die von den Organen der Gemeinschaften eingeführt worden sind oder noch eingeführt werden, Zölle auf die unter den ausgelaufenen Vertrag über die Gründung der Europäischen Gemeinschaft für Kohle und Stahl fallenden Erzeugnisse sowie Abgaben, die im Rahmen der gemeinsamen Marktorganisation für Zucker vorgesehen sind;

b) unbeschadet des Absatzes 4 Unterabsatz 2 Einnahmen, die sich aus der Anwendung eines für alle Mitgliedstaaten einheitlichen Satzes auf die nach Gemeinschaftsvorschriften bestimmte einheitliche MwSt.-Eigenmittelbemessungsgrundlage eines jeden Mitgliedstaats ergeben. Die für diese Zwecke heranzuziehende Bemessungsgrundlage darf 50 % des in Absatz 7 definierten BNE eines jeden Mitgliedstaats nicht überschreiten;

c) unbeschadet des Absatzes 5 Unterabsatz 2 Einnahmen, die sich aus der Anwendung eines im Rahmen des Haushaltsverfahrens unter Berücksichtigung aller übrigen Einnahmen festzulegenden einheitlichen Satzes auf den Gesamtbetrag der BNE aller Mitgliedstaaten ergeben.

(2) In den Gesamthaushaltsplan der Europäischen Union einzusetzende Eigenmittel sind ferner Einnahmen aus sonstigen, gemäß dem EG-Vertrag oder dem Euratom-Vertrag im Rahmen einer gemeinsamen Politik eingeführten Abgaben, sofern das Verfahren nach Artikel 269 des EG-Vertrags oder nach Artikel 173 des Euratom-Vertrags durchgeführt worden ist.

(3) Die Mitgliedstaaten behalten von den Einnahmen gemäß Absatz 1 Buchstabe a 25 % für die Erhebung ein.

(4) Der in Absatz 1 Buchstabe b genannte einheitliche Satz wird auf 0,30 % festgesetzt.

Lediglich im Zeitraum 2007-2013 beträgt der Abrufsatz für die MwSt.-Eigenmittel für Österreich 0,225 %, für Deutschland 0,15 % und für die Niederlande und Schweden 0,10 %.

(5) Der in Absatz 1 Buchstabe c genannte einheitliche Satz wird auf das BNE eines jeden Mitgliedstaats angewandt.

Lediglich im Zeitraum 2007-2013 werden der jährliche BNE-Beitrag der Niederlande um brutto 605 Mio. EUR und der jährliche BNE-Beitrag Schwedens um brutto 150 Mio. EUR gekürzt (zu Preisen von 2004). Für die Umrechnung dieser Beträge in jeweilige Preise wird der jeweils jüngste von der Kommission errechnete BIP-Deflator für die EU in Euro herangezogen, der zum Zeitpunkt der Aufstellung des Haushaltsvorentwurfs vorliegt. Diese Bruttokürzungen erfolgen nach der Berechnung der Korrektur zugunsten des Vereinigten Königreichs und der Finanzierung des betreffenden Korrekturbetrags gemäß den Artikeln 4 und 5 und beeinflussen diese nicht.

(6) Ist der Haushaltsplan zu Beginn des Haushaltsjahres noch nicht angenommen, bleiben die geltenden MwSt.- und BNE-Abrufsätze bis zum Inkrafttreten der neuen Sätze gültig.

(7) Für die Zwecke dieses Beschlusses bedeutet BNE das BNE eines Jahres zu Marktpreisen, wie es von der Kommission in Anwendung des ESVG 95 gemäß der Verordnung (EG) Nr. 2223/96 bereitgestellt wird.

Sollten Änderungen des ESVG 95 zu wesentlichen Änderungen des von der Kommission errechneten BNE führen, beschließt der Rat einstimmig auf Vorschlag der Kommission und nach Anhörung des Europäischen Parlaments, ob diese Änderungen für die Zwecke dieses Beschlusses berücksichtigt werden.

Artikel 3

(1) Der Gesamtbetrag der Eigenmittel, der den Gemeinschaften für die jährlichen Zahlungsermächtigungen zur Verfügung steht, darf 1,24 % der Summe der BNE der Mitgliedstaaten nicht überschreiten.

(2) Die jährlichen Verpflichtungsermächtigungen, die in den Gesamthaushaltsplan der Europäischen Union eingesetzt werden, dürfen 1,31 % der Summe der BNE der Mitgliedstaaten nicht übersteigen.

Es ist für ein geordnetes Verhältnis zwischen Verpflichtungsermächtigungen und Zahlungsermächtigungen zu sorgen, um zu gewährleisten, dass sie miteinander vereinbar sind und dass die in Absatz 1 für die folgenden Jahre genannten Obergrenzen eingehalten werden können.

(3) Führen Änderungen des ESVG 95 zu erheblichen Änderungen des BNE, die für die Zwecke dieses Beschlusses berücksichtigt werden, so nimmt die Kommission auf der Grundlage folgender Formel eine Neuberechnung der in den Absätzen 1 und 2 genannten Obergrenzen für Zahlungs- und Verpflichtungsermächtigungen vor:

$$1{,}24\,\%\ (1{,}31\,\%) \times \frac{BNE_{t-2} + BNE_{t-1} + BNE_t \text{ ESVG gegenwärtiges}}{BNE_{t-2} + BNE_{t-1} + BNE_t \text{ ESVG geändertes}}$$

Dabei ist t das letzte vollständige Jahr, für das Daten gemäß der Verordnung (EG, Euratom) Nr. 1287/2003 des Rates vom 15. Juli 2003 zur Harmonisierung des Bruttonationaleinkommens zu Marktpreisen („BNE-Verordnung")[6] vorliegen.

Artikel 4

(1) Es wird eine Korrektur der Haushaltsungleichgewichte zugunsten des Vereinigten Königreichs vorgenommen.

Diese Korrektur wird wie folgt bestimmt:

a) Es wird die sich im vorhergehenden Haushaltsjahr ergebende Differenz berechnet zwischen

- dem prozentualen Anteil des Vereinigten Königreichs an der Summe der nicht begrenzten MwSt.-Bemessungsgrundlagen und
- dem prozentualen Anteil des Vereinigten Königreichs an den aufteilbaren Gesamtausgaben.

b) Der Differenzbetrag wird mit den aufteilbaren Gesamtausgaben multipliziert.

c) Das Ergebnis nach Buchstabe b wird mit 0,66 multipliziert.

[6] ABl. L 181 vom 19.7.2003, S. 1.

d) Von dem gemäß Buchstabe c ermittelten Betrag wird der Betrag abgezogen, der sich für das Vereinigte Königreich aus der Begrenzung der MwSt.-Eigenmittelbemessungsgrundlage und den Zahlungen gemäß Artikel 2 Absatz 1 Buchstabe c ergibt, d. h. die Differenz zwischen

- den Zahlungen, die durch die Einnahmen gemäß Artikel 2 Absatz 1 Buchstaben b und c finanziert werden und die das Vereinigte Königreich hätte leisten müssen, wenn der einheitliche Satz auf die nicht begrenzten Bemessungsgrundlagen angewandt worden wäre, und
- den Zahlungen des Vereinigten Königreichs gemäß Artikel 2 Absatz 1 Buchstaben b und c.

e) Von dem gemäß Buchstabe d ermittelten Betrag wird der Nettogewinn abgezogen, der sich für das Vereinigte Königreich aufgrund des höheren Anteils an den Eigenmitteleinnahmen gemäß Artikel 2 Absatz 1 Buchstabe a ergibt, den die Mitgliedstaaten für die Erhebung und damit verbundene Kosten einbehalten.

f) Bei jeder Erweiterung der EU wird der Betrag gemäß Buchstabe e angepasst, um den Korrekturbetrag zu senken, wobei sichergestellt wird, dass Ausgaben, die vor der Erweiterung für die Korrektur nicht berücksichtigt werden, auch danach außer Betracht bleiben. Diese Anpassung erfolgt, indem der Gesamtbetrag der zurechenbaren Ausgaben um den Betrag der jährlichen Heranführungsausgaben für die beitretenden Länder gekürzt wird. Alle so errechneten Beträge werden auf die folgenden Haushaltsjahre übertragen und jährlich durch Anwendung des jüngsten von der Kommission errechneten BIP-Deflators für die EU in Euro angepasst. Die Geltungsdauer dieses Buchstabens endet mit der Berechnung des Korrekturbetrags, der erstmals 2014 im Haushaltsplan ausgewiesen wird.

g) Die Berechnung wird angepasst, indem von den aufteilbaren Gesamtausgaben die Ausgaben für Mitgliedstaaten, die der EU nach dem 30. April 2004 beigetreten sind, abgezogen werden; davon ausgenommen sind Direktzahlungen und marktbezogene Ausgaben sowie die Ausgaben für die Entwicklung des ländlichen Raums, die aus dem EAGFL – Abteilung Garantie finanziert werden.

Diese Kürzung erfolgt schrittweise nach folgendem Zeitplan:

Jahr der erstmaligen Erfassung der Korrektur für das Vereinigte Königreich	**Prozentanteil der Erweiterungsausgaben (gemäß vorstehender Definition), die nicht in die Berechung der Korrektur der Haushaltsungleichgewichte für das Vereinigte Königreich einfließen**
2009	20
2010	70
2011	100

(2) Im Zeitraum 2007-2013 darf der zusätzliche Beitrag des Vereinigten Königreichs, der sich aus der Kürzung der aufteilbaren Ausgaben gemäß Absatz 1 Buchstabe g ergibt, insgesamt 10,5 Mrd. EUR (zu Preisen von 2004) nicht übersteigen. Die Kommissionsdienststellen prüfen jedes Jahr, ob die kumulierte Anpassung der Korrektur für das Vereinigte Königreich diesen Betrag übersteigt. Für diese Berechnung werden die Beträge in jeweiligen Preisen anhand des jeweils jüngsten von der Kommission errechneten BIP-Deflators für die EU in Euro in Preise von 2004 umgerechnet. Wird der Höchstbetrag von 10,5 Mrd. EUR überschritten, so wird der Beitrag des Vereinigten Königreiches entsprechend gekürzt.

Im Falle weiterer Beitritte vor dem Jahr 2013 wird der Schwellenwert von 10,5 Mrd. EUR entsprechend erhöht.

Artikel 5

(1) Der Korrekturbetrag wird von den übrigen Mitgliedstaaten nach folgenden Modalitäten finanziert:

a) Die Aufteilung des zu finanzierenden Betrags wird zunächst nach dem jeweiligen Anteil der Mitgliedstaaten an den Zahlungen gemäß Artikel 2 Absatz 1 Buchstabe c unter Ausschluss des Vereinigten Königreichs und ohne Berücksichtigung der Bruttokürzungen der BNE-Beiträge der Niederlande und Schwedens gemäß Artikel 2 Absatz 5 berechnet.

b) Dieser Betrag wird dann in der Weise angepasst, dass der Finanzierungsanteil Deutschlands, der Niederlande, Österreichs und Schwedens auf ein Viertel der sich normalerweise aus dieser Berechnung ergebenden Anteile begrenzt wird.

(2) Die Ausgleichszahlung an das Vereinigte Königreich wird mit seinen Zahlungen gemäß Artikel 2 Absatz 1 Buchstabe c verrechnet. Die von den übrigen Mitgliedstaaten zu tragende Finanzlast kommt zu deren jeweiligen Zahlungen gemäß Artikel 2 Absatz 1 Buchstabe c hinzu.

(3) Die Kommission nimmt die zur Anwendung von Artikel 2 Absatz 5, Artikel 4 und des

vorliegenden Artikels erforderlichen Berechnungen vor.

(4) Ist der Haushaltsplan zu Beginn des Haushaltsjahres noch nicht verabschiedet, so bleiben die im letzten endgültig festgestellten Haushaltsplan eingesetzten Ausgleichszahlungen an das Vereinigte Königreich und der dafür von den übrigen Mitgliedstaaten aufzubringende Betrag anwendbar.

Artikel 6

Die Einnahmen gemäß Artikel 2 dienen unterschiedslos der Finanzierung aller im Gesamthaushaltsplan der Europäischen Union ausgewiesenen Ausgaben.

Artikel 7

Ein etwaiger Mehrbetrag der Einnahmen der Gemeinschaften gegenüber den tatsächlichen Gesamtausgaben im Verlauf eines Haushaltsjahres wird auf das folgende Haushaltsjahr übertragen.

Artikel 8

(1) Die Eigenmittel der Gemeinschaften gemäß Artikel 2 Absatz 1 Buchstabe a werden von den Mitgliedstaaten nach den innerstaatlichen Rechts- und Verwaltungsvorschriften erhoben, die gegebenenfalls den Erfordernissen der Gemeinschaftsregelung anzupassen sind.

Die Kommission nimmt in regelmäßigen Abständen eine Prüfung der innerstaatlichen Bestimmungen vor, die ihr von den Mitgliedstaaten mitgeteilt werden, teilt den Mitgliedstaaten die Anpassungen mit, die sie zur Gewährleistung ihrer Übereinstimmung mit den Gemeinschaftsvorschriften für notwendig hält, und erstattet der Haushaltsbehörde Bericht.

Die Mitgliedstaaten stellen die Mittel nach Artikel 2 Absatz 1 Buchstaben a, b und c der Kommission zur Verfügung.

(2) Der Rat erlässt nach den Verfahren gemäß Artikel 279 Absatz 2 EG-Vertrag und Artikel 183 Euratom-Vertrag die zur Durchführung dieses Beschlusses erforderlichen Vorschriften sowie die Vorschriften über die Kontrolle der Erhebung der Einnahmen gemäß den Artikeln 2 und 5, wie diese Einnahmen der Kommission zur Verfügung zu stellen und wann sie abzuführen sind.

Artikel 9

Im Rahmen der vollständigen, weit reichenden Überprüfung sämtlicher Aspekte der EU-Ausgaben, einschließlich der GAP, und der EU-Einnahmen, einschließlich der Ausgleichszahlung an das Vereinigte Königreich, über die die Kommission 2008/2009 Bericht erstatten wird, nimmt sie eine generelle Überprüfung des Eigenmittelsystems vor.

Artikel 10

(1) Vorbehaltlich des Absatzes 2 wird der Beschluss 2000/597/EG, Euratom mit Wirkung vom 1. Januar 2007 aufgehoben. Verweisungen auf den Beschluss 70/243/EGKS, EWG, Euratom des Rates vom 21. April 1970 über die Ersetzung der Finanzbeiträge der Mitgliedstaaten durch eigene Mittel der Gemeinschaften[7)], den Beschluss 85/257/EWG, Euratom des Rates vom 7. Mai 1985 über das System der eigenen Mittel der Gemeinschaften[8)], den Beschluss 88/376/EWG, Euratom des Rates vom 24. Juni 1988 über das System der Eigenmittel der Gemeinschaften[9)], den Beschluss 94/728/EG, Euratom des Rates vom 31. Oktober 1994 über das System der Eigenmittel der Europäischen Gemeinschaften[10)] oder den Beschluss 2000/597/EG, Euratom gelten als Verweisungen auf den vorliegenden Beschluss.

(2) Die Artikel 2, 4 und 5 der Beschlüsse 88/376/EWG, Euratom, 94/728/EG, Euratom und 2000/597/EG, Euratom finden bei der Berechnung und der Anpassung der Einnahmen, die sich aus der Anwendung eines für alle Mitgliedstaaten einheitlichen Satzes auf die einheitlich festgelegte und je nach Jahr auf zwischen 50 % bis 55 % des BSP oder des BNE eines jeden Mitgliedstaats begrenzte MwSt.-Eigenmittelbemessungsgrundlage ergeben, sowie bei der Berechnung der Korrektur der Haushaltsungleichgewichte zugunsten des Vereinigten Königreichs für die Haushaltsjahre 1988 bis 2006 weiterhin Anwendung.

(3) Die Mitgliedstaaten behalten als Erhebungskosten weiterhin 10 % der Beträge gemäß Artikel 2 Absatz 1 Buchstabe a ein, die gemäß dem geltenden Gemeinschaftsrecht bis zum 28. Februar 2001 von den Mitgliedstaaten zur Verfügung gestellt werden sollten.

Artikel 11

Dieser Beschluss wird den Mitgliedstaaten vom Generalsekretär des Rates bekannt gegeben.

Die Mitgliedstaaten teilen dem Generalsekretär des Rates unverzüglich den Abschluss der Verfahren mit, die nach ihren verfassungsrechtlichen Vorschriften zur Annahme dieses Beschlusses erforderlich sind.

Dieser Beschluss tritt am ersten Tag des Monats in Kraft, der auf den Monat des Eingangs der letzten Mitteilung gemäß Unterabsatz 2 folgt.

---

7) ABl. L 94 vom 28.4.1970, S. 19.
8) ABl. L 128 vom 14.5.1985, S. 15.
9) ABl. L 185 vom 15.7.1988, S. 24.
10) ABl. L 293 vom 12.11.1994, S. 9.

Er ist mit Wirkung vom 1. Januar 2007 wirksam.

Artikel 12

Dieser Beschluss wird im Amtsblatt der Europäischen Union veröffentlicht.

Geschehen zu Luxemburg am 7. Juni 2007.

Interinstitutionelle Vereinbarung vom 22. Dezember 2020 über Haushaltsdisziplin, Zusammenarbeit und neue Eigenmittel

ABl 2020 L 433 I, 28

Interinstitutionelle Vereinbarung vom 16. Dezember 2020 zwischen dem Europäischen Parlament, dem Rat der Europäischen Union und der Europäischen Kommission über die Haushaltsdisziplin, die Zusammenarbeit im Haushaltsbereich und die wirtschaftliche Haushaltsführung sowie über neue Eigenmittel, einschließlich eines Fahrplans im Hinblick auf die Einführung neuer Eigenmittel

DAS EUROPÄISCHE PARLAMENT, DER RAT DER EUROPÄISCHEN UNION UND DIE EUROPÄISCHE KOMMISSION,

im Folgenden als „Organe" bezeichnet,

gestützt auf den Vertrag über die Arbeitsweise der Europäischen Union, insbesondere auf Artikel 295,

VEREINBAREN:

1. Zweck der vorliegenden Vereinbarung ist es, die Haushaltsdisziplin umzusetzen, den Ablauf des jährlichen Haushaltsverfahrens und die interinstitutionelle Zusammenarbeit im Haushaltsbereich zu verbessern und die wirtschaftliche Haushaltsführung zu gewährleisten sowie eine Zusammenarbeit umzusetzen und einen Fahrplan zu erstellen im Hinblick auf die Einführung neuer Eigenmittel während der Laufzeit des mehrjährigen Finanzrahmens 2021-2027 (MFR 2021-2027), die zur Deckung der Rückzahlung des durch die Verordnung (EU) 2020/2094 des Rates[1)] (im Folgenden „AIEU-Verordnung") geschaffenen Aufbauinstruments der Europäischen Union ausreichen.

2. Die Haushaltsdisziplin gemäß dieser Vereinbarung umfasst alle Ausgaben. Diese Vereinbarung ist während ihrer gesamten Laufzeit für die Organe verbindlich. Die dieser Vereinbarung beigefügten Anhänge sind Bestandteil derselben.

3. Diese Vereinbarung berührt nicht die Haushalts- und Gesetzgebungsbefugnisse der Organe, die in den Verträgen, in der Verordnung (EU, Euratom) 2020/2093 des Rates[2)] (im Folgenden „MFR-Verordnung"), in der Verordnung (EU, Euratom) 2018/1046 des Europäischen Parlaments und des Rates[3)] (im Folgenden „Haushaltsordnung") sowie in dem Beschluss (EU, Euratom) 2020/2053 des Rates[4)] (im Folgenden „Eigenmittelbeschluss") festgelegt sind, und sie lässt die Befugnisse der nationalen Parlamente in Bezug auf Eigenmittel unberührt.

4. Jede Änderung dieser Vereinbarung wird von den Organen einvernehmlich geregelt.

5. Diese Vereinbarung gliedert sich in vier Teile:
- Teil I enthält Bestimmungen zum mehrjährigen Finanzrahmen (MFR) sowie Bestimmungen über die thematischen und nicht-thematischen besonderen Instrumente;
- Teil II betrifft die interinstitutionelle Zusammenarbeit im Haushaltsbereich;
- Teil III regelt die Verwendung der Unionsmittel im Sinne einer wirtschaftlichen Haushaltsführung;
- Teil IV enthält Bestimmungen zur Qualität und Vergleichbarkeit der Daten zu den Begünstigten im Kontext des Schutzes des Unionshaushalts.

6. Diese Vereinbarung tritt am 16. Dezember 2020 in Kraft und ersetzt die Interinstitutionelle

---

1) Verordnung (EU) 2020/2094 des Rates vom 14. Dezember 2020 zur Schaffung eines Aufbauinstruments der Europäischen Union zur Unterstützung der Erholung nach der COVID-19-Pandemie (siehe Seite 23 dieses Amtsblatts).

2) Verordnung (EU, Euratom) 2020/2093 des Rates vom 17. Dezember 2020 zur Festlegung des mehrjährigen Finanzrahmens für die Jahre 2021 bis 2027 (siehe Seite 11 dieses Amtsblatts).

3) Verordnung (EU, Euratom) 2018/1046 des Europäischen Parlaments und des Rates vom 18. Juli 2018 über die Haushaltsordnung für den Gesamthaushaltsplan der Union, zur Änderung der Verordnungen (EU) Nr. 1296/2013, (EU) Nr. 1301/2013, (EU) Nr. 1303/2013, (EU) Nr. 1304/2013, (EU) Nr. 1309/2013, (EU) Nr. 1316/2013, (EU) Nr. 223/2014, (EU) Nr. 283/2014 und des Beschlusses Nr. 541/2014/EU sowie zur Aufhebung der Verordnung (EU, Euratom) Nr. 966/2012 (ABl. L 193 vom 30.7.2018, S. 1).

4) Verordnung (EU, Euratom) 2020/2053 des Rates vom 14. Dezember 2020 über das System der Eigenmittel der Europäischen Union und zur Aufhebung des Beschlusses 2014/335/EU (ABl. L 424 vom 15.12.2020, S. 1).

Vereinbarung vom 2. Dezember 2013 zwischen dem Europäischen Parlament, dem Rat und der Kommission über die Haushaltsdisziplin, die Zusammenarbeit im Haushaltsbereich und die wirtschaftliche Haushaltsführung[5].

TEIL I

MFR UND BESONDERE INSTRUMENTE

A. BESTIMMUNGEN ZUM MFR

7. Im Interesse einer wirtschaftlichen Haushaltsführung tragen die Organe dafür Sorge, dass beim Haushaltsverfahren und bei der Annahme des Gesamthaushaltsplans der Union bis zu den Obergrenzen der einzelnen Rubriken des MFR, mit Ausnahme der Teilrubrik „Wirtschaftlicher, sozialer und territorialer Zusammenhalt", so weit wie möglich ausreichende Spielräume verfügbar bleiben.

Aktualisierung der Schätzwerte für die Mittel für Zahlungen

8. Die Kommission aktualisiert jährlich die Schätzwerte für die Mittel für Zahlungen für die Zeit mindestens bis 2027. Diese Aktualisierung berücksichtigt alle einschlägigen Informationen, einschließlich der tatsächlichen Ausführungssituation für Haushaltsmittel für Verpflichtungen und für Haushaltsmittel für Zahlungen, sowie die Ausführungsprognosen. Außerdem trägt sie den Vorschriften Rechnung, die eine geordnete Entwicklung der Mittel für Zahlungen im Verhältnis zu den Mitteln für Verpflichtungen und zu den Wachstumsprognosen für das Bruttonationaleinkommen (BNE) der Union gewährleisten sollen.

B. BESTIMMUNGEN ZU DEN THEMATISCHEN UND NICHT-THEMATISCHEN BESONDEREN INSTRUMENTEN

Europäischer Fonds für die Anpassung an die Globalisierung

9. Sind die im einschlägigen Basisrechtsakt festgelegten Bedingungen für die Inanspruchnahme des Europäischen Fonds für die Anpassung an die Globalisierung erfüllt, legt die Kommission einen entsprechenden Vorschlag vor und das Europäische Parlament und der Rat beschließen einvernehmlich die Inanspruchnahme des Europäischen Fonds für die Anpassung an die Globalisierung.

Zeitgleich mit ihrem Vorschlag für einen Beschluss zur Inanspruchnahme des Europäischen Fonds für die Anpassung an die Globalisierung unterbreitet die Kommission dem Europäischen Parlament und dem Rat einen Vorschlag für die Übertragung der Mittel auf die entsprechenden Haushaltslinien.

Die Mittelübertragungen für den Europäischen Fonds für die Anpassung an die Globalisierung werden gemäß der Haushaltsordnung vorgenommen.

Solidaritäts- und Soforthilfereserve

10. Hält die Kommission die Bedingungen für die Inanspruchnahme der Solidaritäts- und Soforthilfereserve für erfüllt, unterbreitet sie dem Europäischen Parlament und dem Rat einen Vorschlag für eine Mittelübertragung aus dieser Reserve auf die entsprechenden Haushaltslinien im Einklang mit der Haushaltsordnung.

Der Beschluss über die Inanspruchnahme von Beträgen gemäß Artikel 9 Absatz 1 Buchstabe a der MFR-Verordnung wird einvernehmlich vom Europäischen Parlament und vom Rat auf Vorschlag der Kommission im Einklang mit dem einschlägigen Basisrechtsakt getroffen.

Bevor die Kommission eine Mittelübertragung aus der Solidaritäts- und Soforthilfereserve für eine Unterstützung gemäß Artikel 9 Absatz 1 Buchstabe b der MFR-Verordnung vorschlägt, prüft sie die Möglichkeiten einer Umschichtung vorhandener Mittel.

Reserve für die Anpassung an den Brexit

11. Sind die im einschlägigen Instrument festgelegten Bedingungen für die Inanspruchnahme der Reserve für die Anpassung an den Brexit erfüllt, unterbreitet die Kommission dem Europäischen Parlament und dem Rat einen Vorschlag für eine Mittelübertragung auf die entsprechenden Haushaltslinien.

Mittelübertragungen für die Reserve für die Anpassung an den Brexit werden gemäß der Haushaltsordnung vorgenommen.

Instrument für einen einzigen Spielraum

12. Die Kommission kann im Zusammenhang mit einem Entwurf eines Haushaltsplans oder einem Entwurf eines Berichtigungshaushaltsplans die Inanspruchnahme der Beträge aller oder eines Teils der Spielräume gemäß Artikel 11 Absatz 1 Unterabsatz 1 Buchstaben a und c der MFR-Verordnung vorschlagen. Die Inanspruchnahme etwaiger Beträge nach Artikel 11 Absatz 1 Unterabsatz 1 Buchstabe c jener Verordnung wird von der Kommission nach einer sorgfältigen Prüfung aller übrigen finanziellen Möglichkeiten vorgeschlagen.

Diese Beträge können vom Europäischen Parlament und vom Rat im Rahmen des Haushaltsverfahrens gemäß Artikel 314 des Vertrags über

[5] *ABl. C 373 vom 20.12.2013, S. 1.*

die Arbeitsweise der Europäischen Union (AEUV) in Anspruch genommen werden.

Flexibilitätsinstrument

13. Die Kommission schlägt die Inanspruchnahme des Flexibilitätsinstruments vor, nachdem sie alle Möglichkeiten für eine Mittelumschichtung innerhalb der Rubrik, in der ein Mehrbedarf entstanden ist, geprüft hat.

In diesem Vorschlag nennt die Kommission die Art und die Höhe der zu finanzierenden Ausgaben. Ein solcher Vorschlag kann im Zusammenhang mit einem Entwurf eines Haushaltsplans oder einem Entwurf eines Berichtigungshaushaltsplans erfolgen.

Das Flexibilitätsinstrument kann vom Europäischen Parlament und vom Rat im Rahmen des Haushaltsverfahrens gemäß Artikel 314 AEUV in Anspruch genommen werden.

TEIL II

VERBESSERUNG DER INTERINSTITUTIONELLEN ZUSAMMENARBEIT IM HAUSHALTSBEREICH

A. VERFAHREN DER INTERINSTITUTIONELLEN ZUSAMMENARBEIT

14. Die Einzelheiten der interinstitutionellen Zusammenarbeit während des Haushaltsverfahrens sind in Anhang I niedergelegt.

15. Im Einklang mit Artikel 312 Absatz 5 AEUV treffen die Organe alle erforderlichen Maßnahmen, um die Annahme eines neuen MFR oder einer Überarbeitung davon gemäß dem in Artikel 312 Absatz 2 AEUV genannten besonderen Gesetzgebungsverfahren zu erleichtern. Zu diesen Maßnahmen gehören regelmäßige Zusammenkünfte und ein regelmäßiger Informationsaustausch zwischen dem Rat und dem Europäischen Parlament und – auf Initiative der Kommission – Treffen der Präsidenten gemäß Artikel 324 AEUV, um die Abstimmung und Annäherung der Standpunkte der Organe zu fördern. Wurde ein Vorschlag für einen neuen MFR oder für eine grundlegende Überarbeitung vorgelegt, so bemühen sich die Organe um die Festlegung spezifischer Vereinbarungen für die Zusammenarbeit und den Dialog zwischen ihnen während des gesamten Verfahrens bis zur Annahme.

Haushaltstransparenz

16. Die Kommission erstellt einen jährlichen Bericht, der dem Gesamthaushaltsplan der Union beigefügt wird und in dem die verfügbaren und nichtvertraulichen Informationen in Bezug auf Folgendes zusammengetragen werden:

a) die Aktiva und Passiva der Union, einschließlich jener aus Anleihe- und Darlehensoperationen, die die Union entsprechend ihren Befugnissen nach den Verträgen durchführt;

b) die Einnahmen, Ausgaben, Aktiva und Passiva des Europäischen Entwicklungsfonds[6)], der Europäischen Finanzstabilisierungsfazilität, des Europäischen Stabilitätsmechanismus und etwaiger sonstiger künftiger Mechanismen;

c) die Ausgaben der Mitgliedstaaten im Rahmen der Verstärkten Zusammenarbeit, soweit sie nicht im Unionshaushalt erfasst werden;

d) die Ausgaben für Klimaschutzmaßnahmen auf der Grundlage einer von der Kommission entwickelten wirksamen Methode und, soweit einschlägig, im Einklang mit sektoralen Rechtsvorschriften zur Überwachung der Klimaschutzausgaben und ihrer Leistung, um das übergreifende Ziel zu erreichen, mindestens 30 % der gesamten Ausgaben aus dem Unionshaushalt und aus dem Aufbauinstrument der Europäischen Union für die Unterstützung der Klimaschutzziele zu verwenden, wobei die Auswirkungen der schrittweisen Einstellung der Finanzierungen aus dem Aufbauinstrument der Europäischen Union berücksichtigt werden und zwischen Klimaschutz und Anpassung an den Klimawandel unterschieden wird, sofern dies möglich ist.

Falls in einem oder mehreren der einschlägigen Programme keine ausreichenden Fortschritte im Hinblick auf das Ausgabenziel für den Klimaschutz erzielt werden, halten die Organe im Einklang mit ihren jeweiligen Zuständigkeiten und den einschlägigen Rechtsvorschriften Rücksprache miteinander über die geeigneten Maßnahmen, die zu ergreifen sind, um sicherzustellen, dass die Ausgaben der Union für Klimaschutzziele im gesamten MFR 2021-2027 mindestens 30 % der gesamten Ausgaben aus dem Unionshaushalt und aus dem Aufbauinstrument der Europäischen Union ausmachen;

e) Ausgaben, die dazu beitragen, den Rückgang der Biodiversität zu beenden und umzukehren, auf der Grundlage einer von der Kommission in Zusammenarbeit mit dem Europäischen Parlament und dem Rat festgelegten wirksamen, transparenten und umfassenden Methode und, soweit ein-

---

6) Gemäß dem Internen Abkommen zwischen den im Rat vereinigten Vertretern der Regierungen der Mitgliedstaaten der Europäischen Union über die Finanzierung der im mehrjährigen Finanzrahmen für den Zeitraum 2014 bis 2020 vorgesehenen Hilfe der Europäischen Union im Rahmen des AKP-EU-Partnerschaftsabkommens und über die Bereitstellung von finanzieller Hilfe für die überseeischen Länder und Gebiete, auf die der vierte Teil des Vertrags über die Arbeitsweise der Europäischen Union Anwendung findet (ABl. L 210 vom 6.8.2013, S. 1), sowie den vorhergehenden Internen Abkommen.

schlägig, im Einklang mit sektoralen Rechtsvorschriften, um auf das Ziel hinzuarbeiten, dass im Jahr 2024 7,5 % und in den Jahren 2026 und 2027 jeweils 10 % der jährlichen Ausgaben im Rahmen des MFR für Biodiversitätsziele bereitgestellt werden, wobei den bestehenden Überschneidungen zwischen dem Klimaschutzziel und dem Biodiversitätsziel Rechnung getragen wird;

f) die Förderung der Gleichstellung von Frauen und Männern sowie der Rechte und der gleichen Chancen für alle während der Durchführung und Überwachung der einschlägigen Programme und die durchgängige Berücksichtigung dieser Zielsetzungen sowie der Geschlechtergleichstellung, unter anderem dadurch, dass in dem Rahmen für eine bessere Rechtsetzung die Bewertung von geschlechtsspezifischen Auswirkungen in Folgenabschätzungen und Evaluierungen mehr Gewicht erhält. Die Kommission wird prüfen, wie eine Methode zur Messung der einschlägigen Ausgaben auf Programmebene im Zeitraum des MFR 2021-2027 entwickelt werden kann. Die Kommission wird diese Methode verwenden, sobald sie verfügbar ist. Die Kommission wird diese Methode spätestens ab 1. Januar 2023 für bestimmte zentral verwaltete Programme anwenden, um ihre Durchführbarkeit zu erproben. Zur Halbzeit wird geprüft werden, ob die Methode für die restliche Laufzeit des MFR 2021-2027 auf andere Programme ausgeweitet werden kann.

g) die Umsetzung der Nachhaltigkeitsziele der Vereinten Nationen in allen einschlägigen Unionsprogrammen des MFR 2021-2027.

Die in Absatz 1 Buchstaben d und e genannten wirksamen Methoden werden – soweit möglich – eine Bezugnahme auf den Beitrag des Unionshaushalts zum europäischen Grünen Deal enthalten, die auch den Grundsatz der Schadensvermeidung umfasst.

Die in Absatz 1 Buchstabe d genannte wirksame Methode wird transparent, umfassend, ergebnis- und leistungsorientiert sein, eine jährliche Konsultation des Europäischen Parlaments und des Rates durch die Kommission umfassen sowie einschlägige Maßnahmen aufzeigen, die im Falle unzureichender Fortschritte bei der Verwirklichung der entsprechenden Ziele getroffen werden müssen.

Keine der in dieser Nummer genannten Methoden sollte zu einem übermäßigen Verwaltungsaufwand für Projektträger oder für Begünstigte führen.

17. Die Kommission erstellt einen jährlichen Bericht über die Durchführung des Aufbauinstruments der Europäischen Union. In diesem jährlichen Bericht werden die verfügbaren nichtvertraulichen Informationen in Bezug auf Folgendes zusammengetragen:

– Aktiva und Passiva aus der Mittelaufnahme und Darlehensvergabe nach Artikel 5 des Eigenmittelbeschlusses;

– den Gesamtbetrag der zweckgebundenen Einnahmen für Unionsprogramme aus der im Vorjahr erfolgten Durchführung des Aufbauinstruments der Europäischen Union, aufgeschlüsselt nach Programmen und Haushaltslinien;

– den Beitrag der aufgenommenen Mittel zur Verwirklichung der Ziele des Aufbauinstruments der Europäischen Union und der spezifischen Unionsprogramme.

B. AUFNAHME VON FINANZVORSCHRIFTEN IN GESETZGEBUNGSAKTE

18. Alle im ordentlichen Gesetzgebungsverfahren erlassenen Gesetzgebungsakte über Mehrjahresprogramme enthalten eine Vorschrift, mit der der Gesetzgeber die Finanzausstattung des Programms festsetzt.

Der jeweilige Betrag bildet für das Europäische Parlament und den Rat im Rahmen des jährlichen Haushaltsverfahrens den vorrangigen Bezugsrahmen.

Für die in Anhang II der MFR-Verordnung genannten Programme wird der vorrangige Bezugsrahmen automatisch um die in Artikel 5 Absatz 1 der MFR-Verordnung genannten zusätzlichen Zuweisungen erhöht.

Das Europäische Parlament und der Rat sowie die Kommission, wenn letztere den Entwurf des Haushaltsplans erstellt, verpflichten sich, von diesem Betrag während der Gesamtlaufzeit des betreffenden Programms um nicht mehr als 15 % abzuweichen, außer im Falle neuer, objektiver und langfristiger Gegebenheiten, die unter Berücksichtigung der insbesondere durch Bewertungen ermittelten Durchführungsergebnisse des betreffenden Programms ausdrücklich und genau darzulegen sind. Durch eine Aufstockung, die aufgrund solcher Veränderungen erfolgt, darf die Obergrenze der jeweiligen Rubrik, unbeschadet der Anwendung der in der MFR-Verordnung und in dieser Vereinbarung genannten Instrumente, nicht erreicht werden.

Absatz 4 gilt nicht für die in Absatz 3 genannten zusätzlichen Zuweisungen.

Diese Nummer findet weder auf die im ordentlichen Gesetzgebungsverfahren genehmigten und pro Mitgliedstaat vorab zugewiesenen Mittel für die Kohäsionspolitik, für deren Programme stets eine Finanzausstattung für die gesamte Programmlaufzeit festgelegt wird, noch auf Großprojekte im Sinne von Artikel 18 der MFR-Verordnung Anwendung.

19. In den nicht im Einklang mit dem ordentlichen Gesetzgebungsverfahren erlassenen verbindlichen Rechtsakten der Union über Mehrjahresprogramme wird kein „als notwendig erachteter Betrag" angegeben.

Sollte der Rat die Einführung eines finanziellen Bezugsrahmens beabsichtigen, so stellt dieser Bezugsrahmen eine Absichtsbekundung des Gesetzgebers dar und lässt die im AEUV festgelegten Haushaltsbefugnisse des Europäischen Parlaments und des Rates unberührt. Eine entsprechende Regelung wird in jeden verbindlichen Rechtsakt der Union aufgenommen, der einen solchen finanziellen Bezugsrahmen enthält.

C. AUSGABEN IM ZUSAMMENHANG MIT FISCHEREIABKOMMEN

20. Für Ausgaben im Zusammenhang mit Fischereiabkommen gelten folgende spezielle Bestimmungen:

Die Kommission verpflichtet sich, das Europäische Parlament regelmäßig über die Vorbereitung und den Verlauf der Verhandlungen über Fischereiabkommen, einschließlich der Auswirkungen jener Abkommen auf den Haushalt, zu unterrichten.

Was den Ablauf des Gesetzgebungsverfahrens im Zusammenhang mit den Fischereiabkommen anbelangt, so verpflichten sich die Organe, alles zu tun, damit sämtliche Verfahren so schnell wie möglich durchgeführt werden.

Mittel, die im Haushaltsplan für neue Fischereiabkommen oder für die Verlängerung von Fischereiabkommen vorgesehen werden, die nach dem 1. Januar des betreffenden Haushaltsjahres in Kraft treten, werden im Haushaltsplan in die Reserve eingestellt.

Sollten sich die für die Fischereiabkommen vorgesehenen Mittel, einschließlich der Reserve, als unzureichend erweisen, übermittelt die Kommission dem Europäischen Parlament und dem Rat die erforderlichen Informationen über die Ursachen für diese Lage sowie über Maßnahmen, die gemäß den festgelegten Verfahren beschlossen werden könnten. Die Kommission schlägt bei Bedarf geeignete Maßnahmen vor.

Die Kommission übermittelt dem Europäischen Parlament und dem Rat vierteljährlich detaillierte Angaben über die Durchführung der geltenden Fischereiabkommen und eine Finanzprognose für den Rest des Jahres.

21. Unbeschadet des einschlägigen Verfahrens für die Aushandlung von Fischereiabkommen verpflichten sich das Europäische Parlament und der Rat, im Rahmen der Zusammenarbeit im Haushaltsbereich rechtzeitig eine Einigung über die angemessene Finanzierung von Fischereiabkommen herbeizuführen.

D. FINANZIERUNG DER GEMEINSAMEN AUßEN- UND SICHERHEITSPOLITIK (GASP)

22. Der Gesamtbetrag der operativen Ausgaben für die GASP wird in ein Kapitel des Haushaltsplans mit der Überschrift GASP eingesetzt. Dieser Betrag deckt den bei der Aufstellung des Haushaltsentwurfs auf der Grundlage der jährlichen Vorausschätzungen des Hohen Vertreters der Union für Außen- und Sicherheitspolitik (im Folgenden „Hoher Vertreter") tatsächlich vorhersehbaren Mittelbedarf. Ein angemessener Spielraum für unvorhergesehene Maßnahmen wird dabei eingeräumt. Es werden keine Mittel in eine Reserve eingestellt.

23. Was die GASP-Ausgaben angeht, die gemäß Artikel 41 des Vertrags über die Europäische Union zulasten des Unionshaushalts gehen, bemühen sich die Organe, jedes Jahr im Vermittlungsausschuss gemäß Artikel 314 Absatz 5 AEUV auf der Grundlage des von der Kommission erstellten Entwurfs des Haushaltsplans zu einer Einigung über den Betrag der operativen Ausgaben und über die Aufteilung dieses Betrags auf die Artikel des GASP-Kapitels des Haushaltsplans zu gelangen. Kommt keine Einigung zustande, setzen das Europäische Parlament und der Rat den im Vorjahr eingesetzten oder – falls dieser niedriger ist – den im Entwurf des Haushaltsplans veranschlagten Betrag ein.

Der Gesamtbetrag der operativen GASP-Ausgaben verteilt sich nach dem in Absatz 3 vorgeschlagenen Ansatz auf verschiedene Artikel des GASP-Kapitels. Jeder Artikel umfasst die bereits angenommenen Maßnahmen und die geplanten, jedoch noch nicht angenommenen Maßnahmen sowie Beträge für künftige – d. h. unvorhergesehene – Maßnahmen, die der Rat während des betreffenden Haushaltsjahres annehmen wird.

Innerhalb des GASP-Kapitels des Haushaltsplans könnten die Artikel, in die die GASP-Maßnahmen aufzunehmen sind, wie folgt lauten:

- wichtigste Einzelmissionen im Sinne des Artikels 52 Absatz 1 Buchstabe g der Haushaltsordnung;
- sonstige Missionen (Krisenmanagementoperationen, Konfliktverhütung, Konfliktbeilegung und Stabilisierung sowie Monitoring und Umsetzung von Friedens- und Sicherheitsprozessen);
- Nichtverbreitung und Abrüstungsmaßnahmen;
- Sofortmaßnahmen;
- vorbereitende Maßnahmen und Folgemaßnahmen;
- Sonderbeauftragte der Europäischen Union.

Die Kommission ist aufgrund der Haushaltsordnung befugt, innerhalb des GASP-Kapitels des

Haushaltsplans Mittelübertragungen von Artikel zu Artikel autonom vorzunehmen, sodass die Flexibilität, die für eine rasche Durchführung der GASP-Maßnahmen als erforderlich gilt, gewährleistet ist. Sollte sich im Laufe des Haushaltsjahres zeigen, dass die GASP-Mittel zur Deckung der notwendigen Ausgaben nicht ausreichen, bemühen sich das Europäische Parlament und der Rat auf der Grundlage eines Vorschlags der Kommission mit Dringlichkeit um die Herbeiführung einer Lösung.

24. Der Hohe Vertreter hört das Europäische Parlament alljährlich zu einem bis zum 15. Juni des jeweiligen Jahres zu übermittelnden zukunftsorientierten Dokument über die Hauptaspekte und grundlegenden Optionen der GASP, einschließlich der finanziellen Auswirkungen für den Unionshaushalt, einer Bewertung der im Jahr n-1 eingeleiteten Maßnahmen sowie einer Bewertung der Koordinierung und Komplementarität der GASP mit den anderen externen Finanzierungsinstrumenten der Union an. Außerdem unterrichtet der Hohe Vertreter das Europäische Parlament regelmäßig im Wege gemeinsamer Beratungssitzungen, die mindestens fünfmal jährlich im Rahmen des regelmäßigen politischen Dialogs über die GASP stattfinden und die spätestens zum 30. November des jeweiligen Jahres vereinbart werden. Die Teilnahme an diesen Sitzungen wird jeweils vom Europäischen Parlament bzw. vom Rat unter Berücksichtigung des Ziels und der Art der Informationen, die in diesen Sitzungen ausgetauscht werden, festgelegt.

Die Kommission wird zur Teilnahme an diesen Sitzungen eingeladen.

Der Hohe Vertreter teilt dem Europäischen Parlament bei jedem kostenwirksamen Ratsbeschluss im Bereich der GASP unverzüglich, spätestens jedoch binnen fünf Arbeitstagen mit, wie hoch die geplanten Kosten (Finanzbogen), insbesondere die Kosten betreffend den zeitlichen Rahmen, das eingesetzte Personal, die Nutzung von Räumlichkeiten und sonstiger Infrastruktur, die Transporteinrichtungen, Ausbildungserfordernisse und Sicherheitsvorkehrungen, veranschlagt werden.

Die Kommission unterrichtet das Europäische Parlament und den Rat vierteljährlich über die Durchführung der GASP-Maßnahmen und die Finanzprognosen für die verbleibende Zeit des Haushaltsjahres.

E. BETEILIGUNG DER ORGANE IM RAHMEN DER ENTWICKLUNGSPOLITIK

25. Die Kommission leitet einen informellen Dialog mit dem Europäischen Parlament über entwicklungspolitische Fragen ein.

TEIL III

VERWENDUNG DER UNIONSMITTEL NACH DEM GRUNDSATZ DER WIRTSCHAFTLICHKEIT

A. FINANZPLANUNG

26. Die Kommission legt zweimal jährlich, erstmals zusammen mit den Begleitdokumenten zum Entwurf des Haushaltsplans und sodann nach Annahme des Gesamthaushaltsplans der Union eine vollständige Finanzplanung für die Rubriken 1, 2 (mit Ausnahme der Teilrubrik „Wirtschaftlicher, sozialer und territorialer Zusammenhalt"), 3 (für „Umwelt und Klimaschutz" und „Meerespolitik und Fischerei"), 4, 5 und 6 des MFR vor. Diese nach Rubriken, Politikbereichen und Haushaltslinien gegliederte Finanzplanung sollte auf Folgendes Bezug nehmen:

a) geltende Rechtsvorschriften, wobei nach mehrjährigen Programmen und jährlichen Maßnahmen unterschieden wird:

i) bei mehrjährigen Programmen sollte die Kommission das jeweilige Genehmigungsverfahren (ordentliches oder besonderes Gesetzgebungsverfahren), die Laufzeit, die Gesamtfinanzausstattung sowie den Anteil der Verwaltungsausgaben angeben;

ii) für die in Anhang II der MFR-Verordnung genannten mehrjährigen Programme sollte die Kommission die zusätzlichen Zuweisungen, die sich aus Artikel 5 der MFR-Verordnung ergeben, in transparenter Weise angeben;

iii) bei jährlichen Maßnahmen (im Zusammenhang mit Pilotvorhaben, vorbereitenden Maßnahmen und Agenturen) und bei Maßnahmen, die aufgrund der Befugnisse der Kommission finanziert werden, sollte die Kommission Mehrjahresschätzungen vorlegen;

b) anhängige Gesetzgebungsvorschläge: anhängige Kommissionsvorschläge (in der jeweils neuesten Fassung).

Die Kommission sollte Möglichkeiten für Querverweise zwischen ihrer Finanzplanung und ihrer Gesetzgebungsplanung erwägen, damit genauere und zuverlässigere Vorausschätzungen vorgelegt werden. In jedem Gesetzgebungsvorschlag sollte die Kommission angeben, ob dieser in der zum Zeitpunkt der Vorlage des Entwurfs des Haushaltsplans oder nach Annahme des Gesamthaushaltsplans der Union vorgelegten Planung vorgesehen ist. Die Kommission sollte das Europäische Parlament und den Rat insbesondere über Folgendes informieren:

a) sämtliche neu angenommenen Gesetzgebungsakte und anhängigen Vorschläge, die vorgelegt wurden, aber noch nicht in der zum Zeitpunkt des Entwurfs des Haushaltsplans oder nach der Annahme des Gesamthaushaltsplans der Union vorgelegten Planung enthalten sind (mit Angabe der jeweiligen Beträge);

b) im jährlichen Gesetzgebungsprogramm der Kommission vorgesehene Gesetzgebung, mit der Angabe, ob die Maßnahmen voraussichtlich mit finanziellen Auswirkungen verbunden sind.

Erforderlichenfalls sollte die Kommission angeben, welche Neuplanung die neuen Gesetzgebungsvorschläge bewirken.

B. AGENTUREN UND EUROPÄISCHE SCHULEN

27. Bevor die Kommission einen Vorschlag für die Einrichtung einer neuen Agentur vorlegt, sollte sie eine solide, vollständige und objektive Folgenabschätzung erstellen, in der unter anderem die kritische Masse von Personal und Kompetenzen, Kosten-Nutzen-Aspekte, Subsidiarität und Verhältnismäßigkeit, die Auswirkungen auf nationale Tätigkeiten und Tätigkeiten der Union sowie die finanziellen Auswirkungen für die betreffende Ausgabenrubrik berücksichtigt werden. Auf der Grundlage dieser Angaben und unbeschadet der Gesetzgebungsverfahren, die für die Einrichtung der Agentur maßgeblich sind, verpflichten sich das Europäische Parlament und der Rat, im Rahmen der Zusammenarbeit im Haushaltsbereich rechtzeitig eine Einigung über die Finanzierung der vorgeschlagenen Agentur herbeizuführen.

Zu diesem Zweck werden die folgenden Verfahrensschritte durchlaufen:

- Zunächst erläutert die Kommission ihre Vorschläge für die Einrichtung einer neuen Agentur systematisch jeweils beim ersten Trilog-Treffen, das auf die Annahme des Vorschlags durch die Kommission folgt; dabei legt sie auch den Finanzbogen vor, der dem Gesetzgebungsvorschlag zur Errichtung der Agentur beigefügt ist, und veranschaulicht die Folgen für den verbleibenden Finanzplanungszeitraum.
- Sodann unterstützt die Kommission während des Gesetzgebungsprozesses den Gesetzgeber bei der Bewertung der finanziellen Folgen der vorgeschlagenen Abänderungen. Diese finanziellen Folgen sollten während der entsprechenden Gesetzgebungstriloge erwogen werden.
- Anschließend legt die Kommission vor Abschluss des Gesetzgebungsprozesses einen aktualisierten Finanzbogen vor, der den möglichen Abänderungen durch den Gesetzgeber Rechnung trägt; dieser Finanzbogen wird auf die Tagesordnung des letzten Gesetzgebungstrilogs gesetzt und vom Gesetzgeber förmlich gebilligt. Zur Erzielung einer Einigung über die Finanzierung wird er ferner auf die Tagesordnung eines nachfolgenden Haushaltstrilogs gesetzt, der in dringenden Fällen in vereinfachter Form stattfinden kann.
- Schließlich wird die im Rahmen des Trilogs erzielte Einigung unter Berücksichtigung der budgetären Bewertung betreffend den Inhalt des Gesetzgebungsprozesses durch die Kommission in einer gemeinsamen Erklärung bestätigt. Die Einigung unterliegt der Zustimmung des Europäischen Parlaments und des Rates nach Maßgabe ihrer jeweiligen Geschäftsordnung.

Dasselbe Verfahren gilt für die Änderung eines eine Agentur betreffenden Rechtsakts, die Auswirkungen auf die Mittel der Agentur haben würde.

Sollten die Aufgaben einer Agentur grundlegend geändert werden, ohne dass der Rechtsakt zur Einrichtung der Agentur geändert wird, setzt die Kommission das Europäische Parlament und den Rat mittels eines geänderten Finanzbogens davon in Kenntnis, damit das Europäische Parlament und der Rat rechtzeitig zu einer Einigung über die Finanzierung der Agentur gelangen können.

28. Die relevanten Bestimmungen des Gemeinsamen Konzepts, das der am 19. Juli 2012 unterzeichneten Gemeinsamen Erklärung des Europäischen Parlaments, des Rates der EU und der Europäischen Kommission zu den dezentralen Agenturen beigefügt ist, sollten im Rahmen des Haushaltsverfahrens gebührend berücksichtigt werden.

29. Wenn der Oberste Rat der Europäischen Schulen die Einrichtung einer neuen Europäischen Schule plant, wird ein vergleichbares Verfahren im Hinblick auf die Auswirkungen auf den Unionshaushalt entsprechend angewandt.

TEIL IV

SCHUTZ DES UNIONSHAUSHALTS: QUALITÄT UND VERGLEICHBARKEIT DER DATEN ZU BEGÜNSTIGTEN

30. Entsprechend den Forderungen des Europäischen Parlaments und als Reaktion auf Nummer 24 der Schlussfolgerungen des Europäischen Rates vom 17. bis 21. Juli 2020 kommen die Organe überein, dass für Kontroll- und Prüfzwecke standardisierte Regelungen für die Erhebung, den Vergleich und die Aggregation von Informationen und Zahlen über die Endempfänger und Endbegünstigten von Unionsmitteln eingeführt werden, damit der Unionshaushalt und das Aufbauinstrument der Europäischen Union besser gegen Betrug und Unregelmäßigkeiten geschützt sind.

31. Um wirksame Kontrollen und Prüfungen zu gewährleisten, ist es erforderlich, Daten über jene zu erheben, die letztlich direkt oder indirekt Unionsmittel im Rahmen der geteilten Mittelverwaltung sowie im Rahmen von Projekten und Reformen erhalten, die im Rahmen der Verordnung des Europäischen Parlaments und des Rates zur Festlegung der Aufbau- und Resilienzfazilität unterstützt werden, einschließlich Daten über die wirtschaftlichen Eigentümer der Mittelempfänger. Die Vorschriften für die Erhebung und die Verarbeitung solcher Daten müssen den geltenden Datenschutzvorschriften genügen.

32. Im Interesse eines besseren Schutzes des Unionshaushalts wird die Kommission ein integriertes und interoperables Informations- und Überwachungssystem für den Zugang zu den unter Nummer 31 genannten Daten und für deren Analyse im Hinblick auf eine allgemeine Anwendung durch die Mitgliedstaaten zur Verfügung stellen, das ein einziges Instrument zur Datenextraktion und Risikoanalyse umfasst. Dieses System würde wirksame Kontrollen in Bezug auf Interessenkonflikte, Unregelmäßigkeiten, Doppelfinanzierungen und Missbrauch von Mitteln gewährleisten. Die Kommission, das Europäische Amt für Betrugsbekämpfung (OLAF) und andere Ermittlungs- und Kontrollstellen der Union sollten über den erforderlichen Zugang zu diesen Daten verfügen, damit sie ihre Aufsichtsfunktion in Bezug auf die Kontrollen und Prüfungen wahrnehmen können, die zunächst von den Mitgliedstaaten durchgeführt werden, um Unregelmäßigkeiten aufzudecken und administrative Untersuchungen bezüglich des Missbrauchs der betreffenden Unionsmittel durchzuführen, und damit sie einen genauen Überblick über deren Verteilung erhalten.

33. Unbeschadet der Vorrechte der Organe nach den Verträgen verpflichten sich die Organe im Zuge des Gesetzgebungsverfahrens zu den einschlägigen Basisrechtsakten zu einer loyalen Zusammenarbeit, um die Folgemaßnahmen zu den Schlussfolgerungen des Europäischen Rates vom 17. bis 21. Juli 2020 im Einklang mit dem in diesem Teil beschriebenen Ansatz zu gewährleisten.

Geschehen zu Brüssel am 16. Dezember 2020.

Im Namen des Europäischen Parlaments	*Im Namen des Rates*	*Für die Kommission,*
Der Präsident	*Der Präsident*	*im Namen der Präsidentin,*
David Maria SASSOLI	Michael ROTH	Johannes HAHN

ANHANG I

ANHANG I

INTERINSTITUTIONELLE ZUSAMMENARBEIT WÄHREND DES HAUSHALTSVERFAHRENS

Teil A. Zeitplan für das Haushaltsverfahren

1. Die Organe vereinbaren jedes Jahr rechtzeitig vor Beginn des Haushaltsverfahrens einen realistischen Zeitplan auf der Grundlage der aktuellen Praxis.
2. Um zu gewährleisten, dass das Europäische Parlament und der Rat in der Lage sind, ihre Haushaltsbefugnisse wirksam auszuüben, werden haushaltspolitische Standpunkte, Übertragungen oder andere Mitteilungen, die den Lauf von Fristen auslösen, unter besonderer Berücksichtigung etwaiger Ferienzeiten übermittelt, deren Termine sich die Organe über ihre jeweiligen Dienststellen rechtzeitig mitteilen.

Teil B. Prioritäten für das Haushaltsverfahren

3. Rechtzeitig bevor die Kommission den Entwurf des Haushaltsplans annimmt wird ein Trilog einberufen, bei dem die für den Haushaltsplan des folgenden Haushaltsjahres in Betracht zu ziehenden Prioritäten sowie alle Fragen erörtert werden, die sich aus der Ausführung des Haushaltsplans des laufenden Haushaltsjahres ergeben; dies erfolgt auf der Grundlage von Informationen, die von der Kommission gemäß Nummer 37 bereitgestellt werden.

Teil C. Aufstellung des Entwurfs des Haushaltsplans und Aktualisierung der Voranschläge

4. Die Organe – mit Ausnahme der Kommission – sind gehalten, ihren jeweiligen Haushaltsvoranschlag bis Ende März anzunehmen.
5. Die Kommission legt jedes Jahr einen Entwurf des Haushaltsplans vor, aus dem der tatsächliche Finanzierungsbedarf der Union hervorgeht.

   Hierbei berücksichtigt sie

   a) die Vorausschätzungen der Mitgliedstaaten für die Strukturfonds;

   b) die Kapazität zur Ausführung der Mittel, wobei sie sich darum bemüht, eine strikte Relation zwischen den Mitteln für Verpflichtungen und den Mitteln für Zahlungen zu gewährleisten;

   c) die Möglichkeiten, neue Politiken im Wege von Pilotvorhaben, neuen vorbereitenden Maßnahmen, oder beiden, einzuleiten oder auslaufende mehrjährige Maßnahmen fortzusetzen, nachdem geprüft worden ist, ob der Erlass eines Basisrechtsakts im Sinne der Haushaltsordnung (Definition eines Basisrechtsakts, Notwendigkeit eines Basisrechtsakts für die Mittelausführung und Ausnahmen) möglich ist;

   d) die Notwendigkeit, eine Ausgabenentwicklung gegenüber dem vorhergehenden Haushaltsjahr sicherzustellen, die dem Gebot der Haushaltsdisziplin entspricht.
6. Die Organe sorgen so weit wie möglich dafür, dass keine Linien mit operativen Ausgaben in unbedeutender Höhe in den Haushaltsplan eingesetzt werden.
7. Das Europäische Parlament und der Rat verpflichten sich ferner, der Beurteilung der Möglichkeiten für die Ausführung des Haushaltsplans Rechnung zu tragen, welche die Kommission in ihren Entwürfen sowie im Rahmen des Haushaltsplans des laufenden Haushaltsjahres vornimmt.
8. Im Interesse der wirtschaftlichen Haushaltsführung und aufgrund der Auswirkungen, die erhebliche Änderungen von Titeln und Kapiteln des Eingliederungsplans des Haushalts auf die Berichterstattungspflichten der Kommissionsdienststellen haben, verpflichten sich das Europäische Parlament und der Rat, diesbezügliche Änderungen mit der Kommission im Verlauf der Vermittlung zu erörtern.
9. Im Interesse einer loyalen und guten Zusammenarbeit zwischen den Organen verpflichten sich das Europäische Parlament und der Rat, während des gesamten Haushaltsverfahrens und insbesondere während der gesamten Vermittlungsfrist durch ihre jeweiligen Verhandlungsführer regelmäßige und aktive Kontakte auf allen Ebenen zu unterhalten, damit eine Einigung erzielt werden kann. Das Europäische Parlament und der Rat verpflichten sich, einen fristgerechten und dauerhaften gegenseitigen Austausch maßgeblicher Informationen und Dokumente auf förmlicher und informeller Ebene sicherzustellen sowie nach Bedarf technische oder informelle Sitzungen während der Vermittlungsfrist in Zusammenarbeit mit der Kommission abzuhalten.

Die Kommission sorgt dafür, dass das Europäische Parlament und der Rat einen fristgerechten und gleichberechtigten Zugang zu Informationen und Dokumenten haben.

10. Bis zur Einberufung des Vermittlungsausschusses kann die Kommission erforderlichenfalls Berichtigungsschreiben zum Entwurf des Haushaltsplans gemäß Artikel 314 Absatz 2 AEUV vorlegen, unter anderem ein Berichtigungsschreiben zur Aktualisierung der Ausgabenvoranschläge für die Landwirtschaft. Die Kommission übermittelt dem Europäischen Parlament und dem Rat die Informationen über die Aktualisierung, sobald sie vorliegen. Sie stellt dem Europäischen Parlament und dem Rat alle sachdienlichen Nachweise zur Verfügung, die diese gegebenenfalls verlangen.

Teil D. Das Haushaltsverfahren vor dem Vermittlungsverfahren

11. Rechtzeitig vor der Lesung im Rat wird ein Trilog einberufen, damit die Organe ihre Ansichten über den Entwurf des Haushaltsplans austauschen können.

12. Damit die Kommission die Durchführbarkeit der vom Europäischen Parlament und vom Rat geplanten Abänderungen, mit denen neue vorbereitende Maßnahmen oder Pilotvorhaben ins Leben gerufen oder bereits bestehende verlängert werden, rechtzeitig beurteilen kann, setzen das Europäische Parlament und der Rat die Kommission von ihren diesbezüglichen Absichten in Kenntnis, sodass eine erste Erörterung hierüber bereits im Rahmen dieses Trilogs erfolgen kann.

13. Bevor das Europäische Parlament im Plenum abstimmt, kann ein Trilog einberufen werden.

Teil E. Vermittlungsverfahren

14. Verabschiedet das Europäische Parlament Abänderungen am Standpunkt des Rates, nimmt der Präsident des Rates auf der gleichen Plenarsitzung die Meinungsverschiedenheiten zwischen den beiden Organen zur Kenntnis und gibt dem Präsidenten des Europäischen Parlaments seine Zustimmung zur umgehenden Einberufung des Vermittlungsausschusses. Das Schreiben zur Einberufung des Vermittlungsausschusses wird spätestens am ersten Arbeitstag der Woche nach Ende der Tagung des Parlaments versandt, auf der das Plenum abgestimmt hat; die Vermittlungsfrist beginnt am folgenden Tag. Die Frist von 21 Tagen wird gemäß der Verordnung (EWG, Euratom) Nr. 1182/71 des Rates[1)] errechnet.

15. Kann der Rat nicht allen Abänderungen des Europäischen Parlaments zustimmen, sollte er seinen Standpunkt mit einem Schreiben, das vor dem ersten während der Vermittlungsfrist vorgesehenen Treffen versandt wird, bestätigen. In diesem Fall verfährt der Vermittlungsausschuss gemäß den in den folgenden Nummern beschriebenen Bedingungen.

16. Der Vorsitz im Vermittlungsausschuss wird von Vertretern des Europäischen Parlaments und des Rates gemeinsam wahrgenommen. Den Vorsitz über Sitzungen des Vermittlungsausschusses führt jeweils der Ko-Vorsitzende des die Sitzung ausrichtenden Organs. Jedes Organ benennt nach Maßgabe seiner Geschäftsordnung seine Teilnehmer der jeweiligen Sitzung und legt sein Mandat für die Verhandlungen fest. Das Europäische Parlament und der Rat werden im Vermittlungsausschuss auf angemessener Ebene vertreten, damit beide Delegationen in der Lage sind, ihr jeweiliges Organ politisch zu binden, und damit tatsächliche Fortschritte hin zu einer endgültigen Einigung erzielt werden können.

17. Gemäß Artikel 314 Absatz 5 Unterabsatz 2 AEUV nimmt die Kommission an den Arbeiten des Vermittlungsausschusses teil und ergreift alle erforderlichen Initiativen, um eine Annäherung der Standpunkte des Europäischen Parlaments und des Rates zu bewirken.

18. Triloge finden in allen Stadien der Vermittlung und auf verschiedenen Repräsentationsebenen statt; sie dienen der Klärung noch offener Fragen und der Vorbereitung einer Einigung im Vermittlungsausschuss.

19. Die Sitzungen des Vermittlungsausschusses und die Triloge finden abwechselnd in den Räumlichkeiten des Europäischen Parlaments und des Rates statt, und zwar im Hinblick auf eine gerechte Aufteilung bei der Inanspruchnahme der Tagungseinrichtungen, einschließlich der Dolmetscherdienste.

20. Die Termine für die Sitzungen des Vermittlungsausschusses und die Triloge werden von den Organen im Voraus einvernehmlich festgesetzt.

[1)] Verordnung (EWG, Euratom) Nr. 1182/71 des Rates vom 3. Juni 1971 zur Festlegung der Regeln für die Fristen, Daten und Termine (ABl. L 124 vom 8.6.1971, S. 1).

21. Dem Vermittlungsausschuss werden gemeinsame Dokumente (Arbeitsunterlagen) zur Verfügung gestellt, die einen Vergleich der verschiedenen Phasen des Haushaltsverfahrens[2)] erlauben. Diese Unterlagen enthalten die Zahlen für jede Haushaltslinie, die Gesamtsummen für alle Rubriken des MFR sowie ein konsolidiertes Dokument mit den Zahlen und Bemerkungen für sämtliche Haushaltslinien, die technisch als „noch offen" zu betrachten sind. Unbeschadet des endgültigen Beschlusses des Vermittlungsausschusses werden in einem gesonderten Dokument alle Haushaltslinien aufgeführt, die technisch als abgeschlossen zu betrachten sind[3)]. Diese Dokumente werden entsprechend dem Eingliederungsplan strukturiert.

    Den Arbeitsunterlagen für den Vermittlungsausschuss werden ferner weitere Dokumente beigefügt, darunter ein Durchführbarkeitsschreiben der Kommission zum Standpunkt des Rates und zu den Abänderungen des Europäischen Parlaments sowie Schreiben anderer Institutionen zum Standpunkt des Rates und zu den Abänderungen des Europäischen Parlaments.

22. Im Hinblick auf ein Einvernehmen am Ende der Vermittlungsfrist:
    a) legt der Trilog die Reichweite der Verhandlungen über die zu behandelnden Haushaltsfragen fest;
    b) billigt der Trilog die Liste der Haushaltslinien, die technisch als abgeschlossen zu betrachten sind, vorbehaltlich der endgültigen Einigung über den Gesamthaushaltsplan des jeweiligen Haushaltsjahres;
    c) erörtert der Trilog Fragen, die auf der Grundlage des Buchstabens a bestimmt wurden, um mögliche Einigungen zu erzielen, die vom Vermittlungsausschuss bestätigt werden;
    d) befasst sich der Trilog mit bestimmten Themen, einschließlich anhand der Rubriken des mehrjährigen Finanzrahmens.

    Während oder unmittelbar nach jedem Trilog werden vorläufige Schlussfolgerungen gezogen; gleichzeitig wird die Tagesordnung für die nächste Sitzung festgelegt. Diese Schlussfolgerungen werden von dem Organ, bei dem der Trilog stattfindet, hinterlegt und gelten nach Ablauf von 24 Stunden unbeschadet des endgültigen Beschlusses des Vermittlungsausschusses als vorläufig gebilligt.

23. Dem Vermittlungsausschuss liegen während seiner Sitzungen die Schlussfolgerungen der Triloge sowie ein Dokument zur eventuellen Billigung vor, zusammen mit den Haushaltslinien, über die während der Triloge eine vorläufige Einigung erzielt worden ist.

24. Der gemeinsame Entwurf nach Artikel 314 Absatz 5 AEUV wird von den Sekretariaten des Europäischen Parlaments und des Rates mit Unterstützung der Kommission erstellt. Er umfasst ein Übermittlungsschreiben der Vorsitzenden der beiden Delegationen an den Präsidenten des Europäischen Parlaments und den Präsidenten des Rates, aus dem der Tag der Einigung im Vermittlungsausschuss hervorgeht, sowie Anhänge, die Folgendes enthalten:
    a) die Beträge für jede Haushaltslinie und die Gesamtsummen für alle Rubriken des MFR;
    b) ein konsolidiertes Dokument mit den Zahlen und dem endgültigen Wortlaut aller Haushaltslinien, die während des Vermittlungsverfahrens geändert wurden;
    c) die Liste der Haushaltslinien, die im Vergleich zum Entwurf des Haushaltsplans oder zum Standpunkt des Rates nicht geändert wurden.

    Der Vermittlungsausschuss kann überdies Schlussfolgerungen und etwaige gemeinsame Erklärungen zum Haushaltsplan verabschieden.

25. Der gemeinsame Entwurf wird (von den Dienststellen des Europäischen Parlaments) in alle Amtssprachen der Organe der Union übersetzt und dem Europäischen Parlament und dem Rat zur Billigung innerhalb einer Frist von 14 Tagen ab der Einigung über den gemeinsamen Entwurf nach Nummer 24 unterbreitet.

    Der Haushaltsplan wird nach der Annahme des gemeinsamen Entwurfs von den Rechts- und Sprachsachverständigen überarbeitet, indem die Anhänge des gemeinsamen Entwurfs in die während des Vermittlungsverfahrens nicht geänderten Haushaltslinien eingearbeitet werden.

[2)] *Zu den verschiedenen Phasen zählen: der Haushaltsplan des laufenden Haushaltsjahres (einschließlich der erlassenen Berichtigungshaushaltspläne), der ursprüngliche Entwurf des Haushaltsplans, der Standpunkt des Rates zum Entwurf des Haushaltsplans, die Abänderungen des Europäischen Parlaments am Standpunkt des Rates und die Berichtigungsschreiben der Kommission (soweit sie noch nicht von den Organen uneingeschränkt gebilligt worden sind).*

[3)] *Eine Haushaltslinie ist technisch als abgeschlossen zu betrachten, wenn sich Rat und Europäisches Parlament über sie vollkommen einig sind und sie nicht Gegenstand eines Berichtigungsschreibens ist.*

26. Das Organ, bei dem die Sitzung (Trilog bzw. die Sitzung des Vermittlungsausschusses) stattfindet, sorgt dafür, dass bei Sitzungen des Vermittlungsausschusses in sämtliche Sprachen und bei Trilogen jeweils nach Bedarf gedolmetscht wird.

Das Organ, bei dem die Sitzung stattfindet, übernimmt die Vervielfältigung und Verteilung der Sitzungsdokumente.

Die Dienststellen der Organe arbeiten bei der schriftlichen Niederlegung der Verhandlungsergebnisse im Hinblick auf die abschließende Überarbeitung des gemeinsamen Entwurfs zusammen.

Teil F. Berichtigungshaushaltspläne

Allgemeine Grundsätze

27. Da Berichtigungshaushaltspläne häufig spezifische und bisweilen dringliche Angelegenheiten betreffen, verständigen sich die Organe zur Sicherstellung einer angemessenen interinstitutionellen Zusammenarbeit auf die folgenden Grundsätze, damit Berichtigungshaushaltspläne in einem möglichst reibungslosen und zügigen Beschlussfassungsprozess und möglichst ohne Einberufung des Vermittlungsausschusses angenommen werden können.

28. Die Organe bemühen sich soweit möglich, die Zahl der Berichtigungshaushaltspläne zu begrenzen.

Zeitplan

29. Unbeschadet des Zeitpunkts der endgültigen Annahme informiert die Kommission das Europäische Parlament und den Rat im Voraus über die voraussichtlichen Termine für die Annahme der Entwürfe von Berichtigungshaushaltsplänen.

30. Gemäß ihrer jeweiligen Geschäftsordnung bemühen sich das Europäische Parlament und der Rat, den von der Kommission vorgeschlagenen Entwurf eines Berichtigungshaushaltsplans alsbald nach der Annahme durch die Kommission zu prüfen.

31. Zur Beschleunigung des Verfahrens stellen das Europäische Parlament und der Rat sicher, dass ihre Zeitpläne so weit wie möglich koordiniert sind, damit das Verfahren kohärent und konvergent durchgeführt werden kann. Die Organe bemühen sich daher, so früh wie möglich indikative Zeitpläne für die einzelnen Verfahrensschritte bis zur endgültigen Annahme des Berichtigungshaushaltsplans aufzustellen.

Das Europäische Parlament und der Rat berücksichtigen die relative Dringlichkeit eines Berichtigungshaushaltsplans sowie die Notwendigkeit, diesen so rechtzeitig zu billigen, dass er im Laufe des betreffenden Haushaltsjahres Wirkung zeigen kann.

Zusammenarbeit während der Lesungen

32. Die Organe arbeiten während des gesamten Verfahrens loyal zusammen und schaffen im Rahmen des Möglichen die Voraussetzungen für eine frühzeitige Annahme von Berichtigungshaushaltsplänen.

Bei möglichen Meinungsverschiedenheiten können gegebenenfalls das Europäische Parlament oder der Rat vor ihrer jeweiligen endgültigen Entscheidung über einen Berichtigungshaushaltsplan oder die Kommission jederzeit vorschlagen, einen Sondertrilog einzuberufen, um die strittigen Fragen zu erörtern und zu versuchen, einen Kompromiss herbeizuführen.

33. Alle von der Kommission vorgeschlagenen und noch nicht endgültig gebilligten Entwürfe von Berichtigungshaushaltsplänen werden systematisch auf die Tagesordnung der für das jährliche Haushaltsverfahren geplanten Triloge gesetzt. Die Kommission stellt die Entwürfe der Berichtigungshaushaltspläne vor, und das Europäische Parlament und der Rat teilen sofern möglich vor dem Trilog ihre jeweiligen Standpunkte mit.

34. Wird bei einem Trilog ein Kompromiss erzielt, verpflichten sich das Europäische Parlament und der Rat, den Ergebnissen des Trilogs bei ihren Beratungen über den Berichtigungshaushaltsplan gemäß dem AEUV sowie ihrer jeweiligen Geschäftsordnung Rechnung zu tragen.

Zusammenarbeit nach den Lesungen

35. Billigt das Europäische Parlament den Standpunkt des Rates ohne Abänderungen, gilt der Berichtigungshaushaltsplan nach dem AEUV als erlassen.

36. Nimmt das Europäische Parlament mit der Mehrheit seiner Mitglieder Abänderungen an, findet Artikel 314 Absatz 4 Buchstabe c AEUV Anwendung. Vor der Sitzung des Vermittlungsausschusses wird jedoch ein Trilog einberufen.

a) Wird bei diesem Trilog Einvernehmen erzielt, wird die Vermittlung vorbehaltlich der Billigung der Ergebnisse des Trilogs durch das Europäische Parlament und den Rat ohne Sitzung des Vermittlungsausschusses durch einen Briefwechsel abgeschlossen.

b) Wird bei diesem Trilog kein Einvernehmen erzielt, tritt der Vermittlungsausschuss zusammen und gestaltet seine Arbeiten entsprechend den gegebenen Umständen so, dass der Beschlussfassungsprozess so weit wie möglich vor Ablauf der in Artikel 314 Absatz 5 AEUV festgelegten Frist von 21 Tagen abgeschlossen werden kann. Die Beratungen des Vermittlungsausschusses können durch einen Briefwechsel abgeschlossen werden.

Teil G. Ausführung des Haushalts, Zahlungen und noch abzuwickelnde Mittelbindungen

37. Da eine geordnete Entwicklung des Gesamtbetrags der Mittel für Zahlungen im Verhältnis zu den Mitteln für Verpflichtungen sichergestellt werden muss, um eine anormale Verlagerung der noch abzuwickelnden Mittelbindungen von einem Jahr auf das nachfolgende zu vermeiden, kommen die Organe überein, die Vorausschätzungen für die Zahlungen und die Höhe der noch abzuwickelnden Mittelbindungen aufmerksam zu überwachen, um die Gefahr einer Behinderung der Durchführung von Unionsprogrammen aufgrund fehlender Mittel für Zahlungen gegen Ende des MFR zu mindern.

Um sicherzustellen, dass die Zahlungen in sämtlichen Rubriken von ihrem Umfang und Profil her handhabbar sind, werden die Bestimmungen für die Aufhebung von Mittelbindungen, insbesondere die Bestimmungen für die automatische Aufhebung von Mittelbindungen, in allen Rubriken strikt angewandt.

Die Organe treffen sich regelmäßig im Laufe des Haushaltsverfahrens, um gemeinsam den Sachstand sowie die Aussichten für die Haushaltsausführung im laufenden Jahr und in den nachfolgenden Haushaltsjahren zu beurteilen. Diese Beurteilung erfolgt in Form eigens anberaumter interinstitutioneller Zusammenkünfte auf geeigneter Ebene, bei denen die Kommission im Vorfeld einen nach Fonds und Mitgliedstaaten aufgeschlüsselten detaillierten Sachstand in Bezug auf die Ausführung der Zahlungen, Mittelübertragungen, eingegangene Erstattungsanträge und überarbeitete Vorausschätzungen, gegebenenfalls einschließlich langfristiger Vorausschätzungen, darlegt. Insbesondere analysieren und erörtern das Europäische Parlament und der Rat die Voranschläge der Kommission in Bezug auf die erforderliche Höhe der Mittel für Zahlungen, um sicherzustellen, dass die Union sämtlichen finanziellen Verpflichtungen aus bestehenden und künftigen rechtlichen Verpflichtungen im Zeitraum 2021-2027 gemäß Artikel 323 AEUV nachkommen kann.

Teil H. Zusammenarbeit in Bezug auf das Aufbauinstrument der Europäischen Union[4)]

38. Die Kommission wird ausschließlich zur Bewältigung der Folgen der COVID-19-Krise ermächtigt, im Namen der Union Mittel von bis zu 750 Mrd. EUR zu Preisen von 2018 auf den Kapitalmärkten aufzunehmen, wovon gemäß Artikel 5 Absatz 1 des Eigenmittelbeschlusses bis zu 390 Mrd. EUR zu Preisen von 2018 für Ausgaben und bis zu 360 Mrd. EUR zu Preisen von 2018 für die Bereitstellung von Darlehen verwendet werden können. Wie in der AIEU-Verordnung vorgesehen, gilt der Betrag für Ausgaben als externe zweckgebundene Einnahmen im Sinne von Artikel 21 Absatz 5 der Haushaltsordnung.

39. Die Organe sind sich darin einig, dass die Rolle des Europäischen Parlaments und des Rates, soweit sie in ihrer Eigenschaft als Haushaltsbehörde handeln, in Bezug auf externe zweckgebundene Einnahmen im Rahmen des Aufbauinstruments der Europäischen Union gestärkt werden muss, damit eine ordnungsgemäße Aufsicht und Einbeziehung hinsichtlich der Verwendung dieser Einnahmen innerhalb der in der AIEU-Verordnung und gegebenenfalls in den einschlägigen sektoralen Rechtsvorschriften vorgegebenen Grenzen gewährleistet ist. Die Organe sind sich ferner darin einig, dass für die vollständige Transparenz und Sichtbarkeit aller im Rahmen des Aufbauinstruments der Europäischen Union bereitgestellten Mittel zu sorgen ist.

Externe zweckgebundene Einnahmen im Rahmen des Aufbauinstruments der Europäischen Union

---

[4)] Legt die Kommission einen Vorschlag für einen Rechtsakt des Rates auf der Grundlage von Artikel 122 AEUV mit potenziell spürbaren Auswirkungen auf den Haushalt vor, so findet das in der Gemeinsamen Erklärung des Europäischen Parlaments, des Rates und der Kommission vom 16. Dezember 2020 zur Haushaltskontrolle neuer Vorschläge auf der Grundlage von Artikel 122 AEUV mit potenziell spürbaren Auswirkungen auf den Unionshaushalt (ABl. C 444 vom 22.12.2020, S. 5) festgelegte Verfahren Anwendung.

40. Angesichts der Notwendigkeit, eine angemessene Einbeziehung des Europäischen Parlaments und des Rates in Bezug auf die Verwaltung externer zweckgebundener Einnahmen im Rahmen des Aufbauinstruments der Europäischen Union sicherzustellen, einigen sich die Organe auf das unter den Nummern 41 bis 46 beschriebene Verfahren.

41. Die Kommission wird zusammen mit ihrem Entwurf eines Voranschlags im Rahmen des Haushaltsverfahrens detaillierte Informationen vorlegen. Diese Informationen enthalten detaillierte Schätzungen der Verpflichtungs- und Zahlungsermächtigungen sowie der rechtlichen Verpflichtungen, aufgeschlüsselt nach Rubriken und nach Programmen, denen zweckgebundene Einnahmen gemäß der AIEU-Verordnung zugewiesen werden. Die Kommission stellt alle zusätzlichen relevanten Informationen zur Verfügung, die vom Europäischen Parlament oder vom Rat angefordert werden. Die Kommission fügt dem Entwurf des Haushaltsplans ein Dokument bei, in dem alle relevanten Informationen zum Aufbauinstrument der Europäischen Union enthalten sind, einschließlich zusammenfassender Tabellen, in denen Haushaltsmittel und zweckgebundene Einnahmen im Rahmen des Aufbauinstruments der Europäischen Union in aggregierter Form dargelegt sind. Dieses Dokument ist Teil des Anhangs des Gesamthaushaltsplans der Union zu externen zweckgebundenen Einnahmen gemäß Nummer 44.

42. Die Kommission wird während des gesamten Haushaltsjahres und mindestens im Vorfeld jeder gemäß Nummer 45 anberaumten Zusammenkunft die in Nummer 41 genannten Informationen regelmäßig aktualisieren. Die Kommission stellt die relevanten Informationen dem Europäischen Parlament und dem Rat rechtzeitig zur Verfügung, sodass substanzielle Gespräche und Beratungen über die entsprechenden Planungsdokumente möglich sind, auch bevor die Kommission einschlägige Beschlüsse annimmt.

43. Die Organe treten im Rahmen des Haushaltsverfahrens regelmäßig zusammen, um gemeinsam die Verwendung der externen zweckgebundenen Einnahmen im Rahmen des Aufbauinstruments der Europäischen Union, insbesondere den Sachstand und die Aussichten, zu bewerten und um die jährlichen Schätzungen, die zusammen mit den jeweiligen Haushaltsplanentwürfen vorgelegt werden, und deren Aufteilung unter gebührender Berücksichtigung der in der AIEU-Verordnung und gegebenenfalls in den einschlägigen sektoralen Rechtsvorschriften festgelegten Beschränkungen und Bedingungen zu erörtern.

44. Das Europäische Parlament und der Rat fügen dem Gesamthaushaltsplan der Union ein Dokument in Form eines Anhangs bei, in dem alle Haushaltslinien aufgeführt sind, in die zweckgebundene Einnahmen im Rahmen des Aufbauinstruments der Europäischen Union eingestellt werden. Darüber hinaus werden sie die Haushaltsstruktur zur Einstellung der zweckgebundenen Einnahmen im Rahmen des Aufbauinstruments der Europäischen Union nutzen und insbesondere die Erläuterungen zum Haushaltsplan, sodass eine angemessene Kontrolle bezüglich der Verwendung der Einnahmen ausgeübt werden kann. Gemäß Artikel 22 der Haushaltsordnung werden das Europäische Parlament und der Rat im Ausgabenteil bei den Erläuterungen, einschließlich der Erläuterungen allgemeiner Art, die Haushaltslinien angeben, bei denen die den zweckgebundenen Einnahmen auf der Grundlage der AIEU-Verordnung entsprechenden Mittel eingesetzt werden können, und die relevanten Beträge nennen. Die Kommission verpflichtet sich, im Rahmen ihrer Zuständigkeit für die Ausführung der zweckgebundenen Einnahmen diesen Erläuterungen gebührend Rechnung zu tragen.

45. Die Organe kommen überein, eigens anberaumte interinstitutionelle Zusammenkünfte auf geeigneter Ebene abzuhalten, um den Sachstand und die Aussichten in Bezug auf externe zweckgebundene Einnahmen im Rahmen des Aufbauinstruments der Europäischen Union zu bewerten. Diese Zusammenkünfte finden mindestens dreimal pro Haushaltsjahr kurz vor oder nach den Haushaltstrilogen statt. Darüber hinaus treten die Organe ad hoc zusammen, falls ein Organ einen begründeten Antrag stellt. Das Europäische Parlament und der Rat können jederzeit schriftliche Bemerkungen zur Ausführung externer zweckgebundener Einnahmen vorlegen. Die Kommission verpflichtet sich, sämtliche Bemerkungen und Vorschläge des Europäischen Parlaments und des Rates gebührend zu berücksichtigen. Bei den vorgenannten Zusammenkünften können erhebliche Abweichungen bei den Ausgaben aus dem Aufbauinstrument der Europäischen Union im Einklang mit Nummer 46 behandelt werden.

46. Die Kommission legt vor einer eigens anberaumten interinstitutionellen Zusammenkunft nach Nummer 45 detaillierte Informationen über jegliche Abweichungen von ihren ursprünglichen Schätzungen und im ad hoc Falle einer erheblichen Abweichung vor. Eine Abweichung von den geschätzten Ausgaben aus dem Aufbauinstrument der Europäischen Union gilt als erheblich, wenn die Ausgaben von den Schätzungen für ein bestimmtes Haushaltsjahr und ein bestimmtes Programm um mehr als 10 % abweichen. Bei erheblichen Abweichungen von den ursprünglichen

Schätzungen erörtern die Organe die Angelegenheit, falls das Europäische Parlament oder der Rat dies innerhalb von zwei Wochen nach der Mitteilung einer solchen erheblichen Abweichung beantragt. Die Organe werden die Angelegenheit gemeinsam im Hinblick darauf prüfen, innerhalb von drei Wochen nach Eingang des Antrags einer Zusammenkunft eine gemeinsame Grundlage dazu zu finden. Die Kommission wird dabei den eingegangenen Bemerkungen weitestgehend Rechnung tragen. Die Kommission verpflichtet sich, keine Beschlüsse vor Abschluss der Beratungen oder vor Ablauf der Frist von drei Wochen zu fassen. Im letztgenannten Fall begründet die Kommission ihren Beschluss ordnungsgemäß. In dringenden Fällen können die Organe vereinbaren, die Fristen um eine Woche zu verkürzen.

Im Rahmen des Aufbauinstruments der Europäischen Union gewährte Darlehen

47. Um die vollständige Unterrichtung sowie Transparenz und Sichtbarkeit in Bezug auf die Darlehenskomponente des Aufbauinstruments der Europäischen Union zu gewährleisten, wird die Kommission zusammen mit ihrem Entwurf eines Voranschlags ausführliche Informationen über die den Mitgliedstaaten im Rahmen des Aufbauinstruments der Europäischen Union gewährten Darlehen vorlegen, wobei sensiblen Informationen, die geschützt sind, besondere Beachtung zukommt.

48. Informationen über im Rahmen des Aufbauinstruments der Europäischen Union gewährte Darlehen werden gemäß den Anforderungen des Artikels 52 Absatz 1 Buchstabe d der Haushaltsordnung im Haushaltsplan ausgewiesen; dazu gehört auch der Anhang, auf den unter Ziffer iii des genannten Buchstabens Bezug genommen wird.

ANHANG II

ANHANG II

INTERINSTITUTIONELLE ZUSAMMENARBEIT BEI DER AUSARBEITUNG EINES FAHRPLANS IM HINBLICK AUF DIE EINFÜHRUNG NEUER EIGENMITTEL

Einleitung

A. Die Organe verpflichten sich zur loyalen und transparenten Zusammenarbeit und zur Umsetzung eines Fahrplans für die Einführung neuer Eigenmittel im Zeitraum des MFR 2021-2027.

B. Die Organe würdigen die Bedeutung des Kontexts des Aufbauinstruments der Europäischen Union, in dem die neuen Eigenmittel eingeführt werden sollten.

C. Die Kommission wird ausschließlich zur Bewältigung der Folgen der COVID-19-Krise ermächtigt, gemäß Artikel 5 Absatz 1 des Eigenmittelbeschlusses im Namen der Union Mittel von bis zu 750 Mrd. EUR zu Preisen von 2018 auf den Kapitalmärkten aufzunehmen, wovon bis zu 390 Mrd. EUR zu Preisen von 2018 für Ausgaben gemäß Artikel 5 Absatz 1 Buchstabe b des genannten Beschlusses verwendet werden können.

D. Die Rückzahlung des Kapitalbetrags dieser für Ausgaben des Aufbauinstruments der Europäischen Union verwendeten Mittel und die dafür fälligen Zinsen müssen aus dem Gesamthaushaltsplan der Union finanziert werden, auch durch ausreichende Einnahmen aus neuen Eigenmitteln, die nach 2021 eingeführt werden. Alle damit verbundenen Verbindlichkeiten werden gemäß Artikel 5 Absatz 2 Unterabsatz 2 des Eigenmittelbeschlusses bis spätestens zum 31. Dezember 2058 vollständig zurückgezahlt. Die jährlich zahlbaren Beträge richten sich nach den Laufzeiten der begebenen Anleihen und der Strategie für die Rückzahlung der Schulden, wobei die in Unterabsatz 3 jenes Absatzes genannte Obergrenze für die Rückzahlung des Kapitalbetrags der Mittel in Höhe von 7,5 % des in Artikel 5 Absatz 1 Buchstabe b jenes Beschlusses genannten Höchstbetrags für Ausgaben einzuhalten ist.

E. Die im Zusammenhang mit der Rückzahlung des Aufbauinstruments der Europäischen Union zu tätigenden Ausgaben aus dem Unionshaushalt sollten nicht zu einer unangemessenen Kürzung der Programmausgaben oder der Investitionsinstrumente im Rahmen des MFR führen. Es ist ferner wünschenswert, dass der Anstieg der BNE-Eigenmittel für die Mitgliedstaaten abgeschwächt wird.

F. Daher, und um die Glaubwürdigkeit und Tragfähigkeit des Rückzahlungsplans für das Aufbauinstrument der Europäischen Union zu erhöhen, werden die Organe darauf hinarbeiten, ausreichend neue Eigenmittel zur Deckung des Betrags einzuführen, der im Zusammenhang mit den erwarteten Ausgaben für Rückzahlungen fällig wird. Im Einklang mit dem Grundsatz der Gesamtdeckung würde dies keine Zweckbindung oder Zuweisung bestimmter Eigenmittel zur Deckung einer bestimmten Ausgabenart implizieren.

G. Die Organe sind sich dessen bewusst, dass die Einführung neuer Eigenmittelkategorien die angemessene Finanzierung der Ausgaben der Union im Rahmen des MFR unterstützen und zugleich den Anteil der nationalen BNE-Beiträge an der Finanzierung des Jahreshaushalts der Union verringern sollte. Die Diversifizierung der Einnahmequellen wiederum könnte eine stärkere Ausrichtung der Ausgaben auf Unionsebene auf prioritäre Bereiche und gemeinsame öffentliche Güter ermöglichen, was mit hohen Effizienzgewinnen im Vergleich zu nationalen Ausgaben verbunden wäre.

H. Die neuen Eigenmittel sollten daher auf die politischen Ziele der Union abgestimmt werden, die Prioritäten der Union – wie etwa den europäischen Grünen Deal und ein Europa für das digitale Zeitalter – unterstützen und zu Steuergerechtigkeit und einer stärkeren Bekämpfung von Steuerbetrug und Steuerhinterziehung beitragen.

I. Die Organe stimmen darin überein, dass die neuen Eigenmittel vorzugsweise so gestaltet werden sollen, dass mit ihnen „frisches Geld" generiert werden kann. Gleichzeitig sind sie bestrebt, die Bürokratie abzubauen und den Aufwand für Unternehmen, insbesondere für kleine und mittlere Unternehmen (KMU), und für die Bürger zu verringern.

J. Neue Eigenmittel sollten die Kriterien der Einfachheit, Transparenz, Vorhersehbarkeit und Gerechtigkeit erfüllen. Die Berechnung, Übertragung und Kontrolle der neuen Eigenmittel sollten nicht zu einem übermäßigen Verwaltungsaufwand für die Organe der Union und die nationalen Verwaltungen führen.

K. Angesichts der hohen Anforderungen an das Verfahren für die Einführung neuer Eigenmittel sind sich die Organe darin einig, dass die notwendige Reform des Eigenmittelsystems über eine beschränkte Anzahl von Änderungen des Eigenmittelbeschlusses erreicht werden sollte.

L. Die Organe kommen daher überein, im Zeitraum 2021-2027 auf der Grundlage der in diesem Anhang dargelegten Grundsätze zusammenzuarbeiten und auf die Einführung neuer Eigenmittel im Einklang mit dem Fahrplan in Teil B und mit den darin festgelegten Terminen hinzuarbeiten.

M. Die Organe würdigen auch die Bedeutung des Instrumentariums für eine bessere Rechtsetzung gemäß der Interinstitutionellen Vereinbarung vom 13. April 2016 über bessere Rechtsetzung[1)], insbesondere die Folgenabschätzung.

Teil A Grundsätze für die Umsetzung

1. Die Kommission wird im Einklang mit den Grundsätzen der besseren Rechtsetzung die erforderlichen Gesetzgebungsvorschläge für neue Eigenmittel und für mögliche weitere neue Eigenmittel gemäß Nummer 10 vorlegen. In diesem Zusammenhang wird sie den Empfehlungen des Europäischen Parlaments und des Rates gebührend Rechnung tragen. Diesen Gesetzesvorschlägen werden die einschlägigen Durchführungsvorschriften für Eigenmittel beigefügt.

2. Die Organe einigen sich auf die folgenden Leitprinzipien für die Einführung neuer Eigenmittelkategorien:

   a) Unter Wahrung des Grundsatzes der Gesamtdeckung wird ein Eigenmittelbetrag erhoben, der ausreicht, um die erwarteten Ausgaben für die Rückzahlung des Kapitalbetrags einschließlich Zinsen der aufgenommenen Mittel für Ausgaben gemäß Artikel 5 Absatz 1 Buchstabe b des Eigenmittelbeschlusses in voller Höhe zu decken. Einnahmen aus Eigenmitteln, die über den Bedarf für Rückzahlungen hinausgehen, fließen im Einklang mit dem Grundsatz der Gesamtdeckung weiterhin als allgemeine Einnahmen in den Unionshaushalt ein;

   b) die Ausgaben zur Deckung der Finanzierungskosten des Aufbauinstruments der Europäischen Union werden so ausgerichtet, dass Ausgaben für Unionsprogramme und -fonds nicht gekürzt werden müssen;

   c) die Eigenmittel werden auf die Prioritäten der Union abgestimmt, wie etwa die Bekämpfung des Klimawandels, die Kreislaufwirtschaft, ein Europa für das digitale Zeitalter und Leistung eines Beitrags zur Steuergerechtigkeit und zur stärkeren Bekämpfung von Steuerbetrug und Steuerhinterziehung;

   d) die Kriterien der Einfachheit, Transparenz und Gerechtigkeit werden eingehalten;

   e) es sind stabile und vorhersehbare Einnahmen sicherzustellen;

   f) ein übermäßiger Verwaltungsaufwand für die Unionsorgane und die nationalen Verwaltungen ist zu vermeiden;

   g) es sind vorzugsweise zusätzliche „frische“ Einnahmen zu generieren;

   h) parallel dazu soll Bürokratie abgebaut und der Aufwand für Unternehmen, insbesondere KMU, und für die Bürger verringert werden.

3. Das Europäische Parlament und der Rat werden die Gesetzgebungsvorschläge nach Nummer 1 gemäß ihren internen Verfahren prüfen, erörtern und unverzüglich darüber befinden, um eine rasche Beschlussfassung zu erleichtern. Nachdem die Kommission ihre Vorschläge vorgelegt hat, kommen die Mitglieder des Europäischen Parlaments und die Vertreter des Rates im Rahmen ihrer Beratungen in Anwesenheit der Vertreter der Kommission zusammen, um einander über den jeweiligen Sachstand zu informieren. Darüber hinaus werden die Organe einen regelmäßigen Dialog führen, um eine Bilanz der Fortschritte in Bezug auf den Fahrplan zu ziehen.

Teil B Fahrplan im Hinblick auf die Einführung neuer Eigenmittel

Erster Schritt: 2021

4. In einem ersten Schritt wird eine neue Eigenmittelquelle eingeführt und ab dem 1. Januar 2021 gelten, die sich aus einem Anteil der Einnahmen aus einem nationalen Beitrag zusammensetzt, der anhand des Gewichts der nicht recycelten Verpackungsabfälle aus Kunststoff berechnet wird, wie in dem Eigenmittelbeschluss vorgesehen. Dieser Beschluss wird vorbehaltlich der Zustimmung

---

[1)] Interinstitutionelle Vereinbarung zwischen dem Europäischen Parlament, dem Rat der Europäischen Union und der Europäischen Kommission vom 13. April 2016 über bessere Rechtsetzung (ABl. L 123 vom 12.5.2016, S. 1).

der Mitgliedstaaten im Einklang mit ihren jeweiligen verfassungsrechtlichen Vorschriften voraussichtlich im Januar 2021 in Kraft treten.

5. Die Kommission wird ihre Arbeit beschleunigen und im Anschluss an im Jahr 2020 eingeleitete Folgenabschätzungen bis Juni 2021 Vorschläge für ein CO_2-Grenzausgleichssystem und für eine Digitalabgabe sowie einen begleitenden Vorschlag zur Einführung neuer Eigenmittel auf dieser Grundlage vorlegen, damit diese bis spätestens zum 1. Januar 2023 eingeführt werden können.
6. Die Kommission wird das EU-Emissionshandelssystem im Frühjahr 2021 überprüfen, einschließlich der Möglichkeit seiner Ausweitung auf den Luft- und Seeverkehr. Sie wird bis Juni 2021 einen Vorschlag über eine Eigenmittelkategorie auf der Grundlage des EU-Emissionshandelssystems vorlegen.
7. Die Organe sind sich darin einig, dass das CO_2-Grenzausgleichssystem und das EU-Emissionshandelssystem thematisch miteinander verknüpft sind und es daher gerechtfertigt wäre, sie im gleichen Sinne zu erörtern.

Zweiter Schritt: 2022 und 2023

8. Gemäß den in den Verträgen vorgesehenen Verfahren und vorbehaltlich der Zustimmung der Mitgliedstaaten im Einklang mit ihren jeweiligen verfassungsrechtlichen Vorschriften sollen diese neuen Eigenmittel zum 1. Januar 2023 eingeführt werden.
9. Der Rat wird bis spätestens zum 1. Juli 2022 Beratungen über diese neuen Eigenmittel aufnehmen, damit sie zum 1. Januar 2023 eingeführt werden können.

Dritter Schritt: 2024-2026

10. Die Kommission wird auf der Grundlage von Folgenabschätzungen zusätzliche neue Eigenmittel vorschlagen, die eine Finanztransaktionssteuer und einen finanziellen Beitrag im Zusammenhang mit dem Unternehmenssektor oder eine neue gemeinsame Körperschaftsteuer-Bemessungsgrundlage umfassen könnten. Die Kommission bemüht sich, bis Juni 2024 einen entsprechenden Vorschlag vorzulegen.
11. Gemäß den in den Verträgen vorgesehenen Verfahren und vorbehaltlich der Zustimmung der Mitgliedstaaten im Einklang mit ihren jeweiligen verfassungsrechtlichen Vorschriften sollen diese zusätzlichen neuen Eigenmittel zum 1. Januar 2026 eingeführt werden.
12. Der Rat wird bis spätestens zum 1. Juli 2025 Beratungen über diese neuen Eigenmittel aufnehmen, damit sie zum 1. Januar 2026 eingeführt werden können.

Geschäftsordnung der Europäischen Zentralbank

(ABl 2004 L 80, 33, berichtigt durch: ABl 2006 L 19, 39, geändert durch ABl L 2009 L 100, ABl 2014 L 95, 56, ABl 2015 L 114, 11, ABl 2016 L 96, 16 und ABl 2016 L 258, 17)

Hinweis:
siehe auch Kapitel 2B.
Weiters: EZB – *Ethikausschuß* und seine GeO, ABl 2015 L 70, 58

Beschluss der Europäischen Zentralbank vom 19. Februar 2004 zur Verabschiedung der Geschäftsordnung der Europäischen Zentralbank (EZB/2004/2)

DER EZB-RAT –

gestützt auf die Satzung des Europäischen Systems der Zentralbanken und der Europäischen Zentralbank, insbesondere auf Artikel 12.3 –

HAT FOLGENDEN BESCHLUSS GEFASST:

Einziger Artikel

Die Geschäftsordnung der Europäischen Zentralbank in der geänderten Fassung vom 22. April 1999, erneut geändert durch den Beschluss EZB/1999/6 vom 7. Oktober 1999 zur Änderung der Geschäftsordnung der Europäischen Zentralbank[1)], erhält folgende Fassung, die am 1. März 2004 in Kraft tritt.

EINFÜHRUNGSKAPITEL

Artikel 1
Begriffsbestimmungen

1.1. Diese Geschäftsordnung ergänzt den Vertrag über die Arbeitsweise der Europäischen Union sowie die Satzung des Europäischen Systems der Zentralbanken und der Europäischen Zentralbank. Unbeschadet der Bestimmungen des Artikels 1.2 haben die in dieser Geschäftsordnung verwendeten Begriffe die gleiche Bedeutung, wie sie im Vertrag und in der Satzung haben.

1.2. Die Begriffe „teilnehmender Mitgliedstaat", „nationale zuständige Behörde" und „nationale benannte Behörde" haben die Bedeutung, die in der Verordnung (EU) Nr. 1024/2013 des Rates zur Übertragung besonderer Aufgaben im Zusammenhang mit der Aufsicht über Kreditinstitute auf die Europäische Zentralbank[2)] festgelegt ist.

[1)] ABl. L 314 vom 8.12.1999, S. 32.
[2)] ABl. L 287 vom 29.10.2013, S. 63.

KAPITEL I
DER EZB-RAT

Artikel 2
Termin und Ort der Sitzungen des EZB-Rates

2.1. Der EZB-Rat bestimmt seine Sitzungstermine auf Vorschlag des Präsidenten. Grundsätzlich trifft sich der EZB-Rat regelmäßig nach Maßgabe eines Terminplans, den er rechtzeitig vor Beginn eines jeden Kalenderjahres festlegt.

2.2. Der Präsident beruft eine Sitzung des EZB-Rates ein, wenn mindestens drei Mitglieder des EZB-Rates darum ersuchen.

2.3. Der Präsident kann zudem immer dann Sitzungen des EZB-Rates einberufen, wenn er dies für notwendig erachtet.

2.4. Die Sitzungen des EZB-Rates finden in der Regel in den Räumlichkeiten der EZB statt.

2.5. Sitzungen können auch in Form von Telekonferenzen stattfinden, es sei denn, mindestens drei Zentralbankpräsidenten erheben Einwände dagegen.

Artikel 3
Teilnahme an Sitzungen des EZB-Rates

3.1. Sofern nichts Gegenteiliges in dieser Geschäftsordnung bestimmt wird, ist die Teilnahme an Sitzungen des EZB-Rates seinen Mitgliedern, dem Präsidenten des Rates der Europäischen Union und einem Mitglied der Kommission der Europäischen Gemeinschaften vorbehalten.

3.2. Jeder Zentralbankpräsident kann in der Regel von einer Person begleitet werden.

3.3. Bei Verhinderung eines Zentralbankpräsidenten kann dieser unbeschadet der Bestimmungen des Artikels 4 schriftlich einen Stellvertreter benennen. Die entsprechende schriftliche Mitteilung muss dem Präsidenten rechtzeitig vor der jeweiligen Sitzung zugeleitet werden. Der Stellvertreter kann in der Regel von einer Person begleitet werden.

3.4. Der Präsident ernennt einen Mitarbeiter der EZB zum Sekretär. Der Sekretär unterstützt das Direktorium bei der Vorbereitung der Sitzungen des EZB-Rates und erstellt die Sitzungsprotokolle des EZB-Rates.

3.5. Der EZB-Rat kann auch andere Personen zu seinen Sitzungen einladen, wenn er dies für zweckmäßig hält.

Artikel 3a
Rotationssystem

(1) Wie in Artikel 10.2 erster und zweiter Gedankenstrich der ESZB-Satzung festgelegt, werden die Zentralbankpräsidenten Gruppen zugeordnet.

(2) Die Zentralbankpräsidenten werden nach der vereinbarten Praxis der EU in den einzelnen Gruppen gemäß einer Liste ihrer nationalen Zentralbanken angeordnet, die der alphabetischen Reihenfolge der Bezeichnungen der Mitgliedstaaten in den Landessprachen folgt. Die Rotation der Stimmrechte innerhalb der einzelnen Gruppe folgt dieser Reihenfolge. Sie beginnt bei einem beliebigen Punkt in der Liste.

(3) Die Stimmrechte innerhalb jeder Gruppe rotieren jeden Monat, beginnend mit dem ersten Tag des ersten Monats der Durchführung des Rotationssystems.

(4) Für die erste Gruppe beträgt die Zahl der in jedem Monatszeitraum rotierenden Stimmrechte eins; für die zweite und dritte Gruppe ist die Zahl der Stimmrechte gleich der Differenz zwischen der Anzahl der der Gruppe zugeordneten Zentralbankpräsidenten und der Anzahl der ihr zuerkannten Stimmrechte, minus zwei.

(5) Wenn die Zusammensetzung der Gruppen im Einklang mit Artikel 10.2 fünfter Gedankenstrich der ESZB-Satzung angepasst wird, folgt die Rotation der Stimmrechte innerhalb jeder Gruppe weiterhin der Liste gemäß Absatz 2. Ab dem Zeitpunkt, an dem die Anzahl der Zentralbankpräsidenten 22 erreicht, beginnt die Rotation in der dritten Gruppe an einem beliebigen Punkt in der Liste. Der EZB-Rat kann beschließen, die Rotationsordnung der zweiten und dritten Gruppe zu ändern, um die Situation zu vermeiden, dass bestimmte Zentralbankpräsidenten jeweils zu denselben Zeiträumen des Jahres nicht stimmberechtigt sind.

(6) Die EZB veröffentlicht im Vorhinein eine Liste der stimmberechtigten Mitglieder des EZB-Rates auf der Website der EZB.

(7) Der Anteil des Mitgliedstaats einer nationalen Zentralbank in der gesamten aggregierten Bilanz der monetären Finanzinstitute wird auf der Grundlage des Jahresdurchschnitts monatlicher Durchschnittsdaten des aktuellsten Kalenderjahres berechnet, für das Daten erhältlich sind. Wenn das aggregierte Bruttoinlandsprodukt zu Marktpreisen im Einklang mit Artikel 29.3 der ESZB-Satzung angepasst wird oder ein Land Mitgliedstaat wird und seine nationale Zentralbank dem Europäischen System der Zentralbanken beitritt, wird die gesamte aggregierte Bilanz der monetären Finanzinstitute der Mitgliedstaaten, die den Euro eingeführt haben, auf der Grundlage der Daten des aktuellsten Kalenderjahres neu berechnet, für das Daten erhältlich sind.

Artikel 4
Abstimmungsverfahren

4.1. Der EZB-Rat ist beschlussfähig, wenn mindestens zwei Drittel seiner stimmberechtigten Mitglieder an der Abstimmung teilnehmen. Ist der EZB-Rat nicht beschlussfähig, so kann der Präsident eine außerordentliche Sitzung einberufen, bei der für die Beschlussfähigkeit die Mindestteilnahmequote nicht erforderlich ist.

4.2. Die Stimmabgabe im EZB-Rat erfolgt auf Aufforderung durch den Präsidenten. Der Präsident leitet eine Abstimmung auch auf Antrag eines Mitglieds des EZB-Rates ein.

4.3. Stimmenthaltungen stehen dem Zustandekommen von Beschlüssen des EZB-Rates gemäß Artikel 41.2 der Satzung nicht entgegen.

4.4. Ist ein Mitglied des EZB-Rates über einen längeren Zeitraum (d. h. mehr als einen Monat) an der Stimmabgabe verhindert, so kann es einen Stellvertreter als Mitglied des EZB-Rates benennen.

4.5. Ist ein Zentralbankpräsident bei einem Beschluss im Rahmen der Artikel 28, 29, 30, 32, 33 oder 51 der Satzung an der Stimmabgabe verhindert, so kann sein benannter Stellvertreter gemäß Artikel 10.3 der Satzung dessen gewogene Stimme abgeben.

4.6. Auf Antrag von mindestens drei Mitgliedern des EZB-Rates kann der Präsident eine geheime Abstimmung veranlassen. Eine geheime Abstimmung findet statt, wenn Mitglieder des EZB-Rates persönlich von einem Vorschlag für einen Beschluss gemäß den Artikeln 11.1, 11.3 oder 11.4 der Satzung betroffen sind. In solchen Fällen nehmen die betroffenen Mitglieder des EZB-Rates nicht an der Abstimmung teil.

4.7. Sofern nicht ausdrücklich in Artikel 4.8 vorgesehen, können Beschlüsse auch im schriftlichen Verfahren gefasst werden, es sei denn, mindestens drei Mitglieder des EZB-Rates erheben Einwände dagegen. Ein schriftliches Verfahren setzt voraus i) dass jedem Mitglied des EZB-Rates in der Regel mindestens fünf Arbeitstage zur Verfügung stehen, um sich mit der Angelegenheit zu befassen, ii) dass jedes Mitglied des EZB-

Rates (oder der jeweilige, gemäß Artikel 4.4 benannte Stellvertreter) ausdrücklich oder stillschweigend persönlich zustimmt und iii) dass jeder derartige Beschluss im Protokoll der nächsten Sitzung des EZB-Rates festgehalten wird. Beschlüsse im schriftlichen Verfahren werden durch die zum Zeitpunkt der Verabschiedung stimmberechtigten Mitglieder des EZB-Rates verabschiedet.

4.8. Im Rahmen der Artikel 13g bis 13i können Beschlüsse auch im schriftlichen Verfahren gefasst werden, es sei denn, mindestens fünf Mitglieder des EZB-Rates erheben Einwände dagegen. Ein schriftliches Verfahren setzt voraus, dass jedem Mitglied des EZB-Rates höchstens fünf oder, im Fall von Artikel 13h, zwei Arbeitstage zur Verfügung stehen, um sich mit der Angelegenheit zu befassen.

4.9. Bei jedem schriftlichen Verfahren kann ein Mitglied des EZB-Rates (oder der jeweilige, gemäß Artikel 4.4 benannte Stellvertreter) ausdrücklich eine andere Person bevollmächtigen, sein Votum oder seine Anmerkung zum Inhalt zu unterzeichnen, wie es das jeweilige Mitglied persönlich genehmigt hat.

Artikel 5
Organisation der Sitzungen des EZB-Rates

5.1. Der EZB-Rat genehmigt die Tagesordnung einer jeden Sitzung. Dazu erstellt das Direktorium eine vorläufige Tagesordnung, die den Mitgliedern des EZB-Rates und anderen zur Teilnahme an der Sitzung berechtigten Personen zusammen mit den dazugehörigen Unterlagen mindestens acht Tage vor der jeweiligen Sitzung zugeleitet wird, wobei Notfälle, in denen das Direktorium den Umständen entsprechend verfährt, ausgenommen sind. Der EZB-Rat kann auf Vorschlag des Präsidenten oder eines anderen Mitglieds des EZB-Rates beschließen, Punkte von der vorläufigen Tagesordnung abzusetzen oder zusätzliche Punkte aufzunehmen. Ein Tagesordnungspunkt wird auf Antrag von mindestens drei stimmberechtigten Mitgliedern des EZB-Rates abgesetzt, wenn die dazugehörigen Unterlagen den Mitgliedern des EZB-Rates nicht rechtzeitig zugegangen sind.

5.2. Das Protokoll der Aussprachen des EZB-Rates wird von den Mitgliedern des EZB-Rates, die bei der Sitzung stimmberechtigt waren, zu der das Protokoll gehört, bei der nächsten Sitzung (oder erforderlichenfalls früher im schriftlichen Verfahren) genehmigt und vom Präsidenten unterzeichnet.

5.3. Der EZB-Rat kann interne Regelungen über die Beschlussfassung in Notfällen treffen.

Artikel 5a
Verhaltenskodex für die Mitglieder des EZB-Rates

5a.1. Der EZB-Rat erlässt einen Verhaltenskodex als Richtschnur für seine Mitglieder und aktualisiert diesen; der Kodex wird auf der Website der EZB veröffentlicht.

5a.2. Jeder Zentralbankpräsident stellt sicher, dass die ihn begleitenden Personen im Sinne von Artikel 3.2 und seine Stellvertreter im Sinne von Artikel 3.3 vor der Teilnahme an den Sitzungen des EZB-Rates eine Erklärung unterzeichnen, mit der sie sich zur Beachtung des Verhaltenskodex verpflichten.

KAPITEL II
DAS DIREKTORIUM

Artikel 6
Termin und Ort der Sitzungen des Direktoriums

6.1. Die Sitzungstermine werden vom Direktorium auf Vorschlag des Präsidenten bestimmt.

6.2. Der Präsident kann zudem immer dann Sitzungen des Direktoriums einberufen, wenn er dies für notwendig erachtet.

Artikel 7
Abstimmungsverfahren

7.1. Das Direktorium ist gemäß Artikel 11.5 der Satzung beschlussfähig, wenn mindestens zwei Drittel seiner Mitglieder an der Abstimmung teilnehmen. Ist das Direktorium nicht beschlussfähig, so kann der Präsident eine außerordentliche Sitzung einberufen, bei der für die Beschlussfähigkeit die Mindestteilnahmequote nicht erforderlich ist.

7.2. Beschlüsse können auch im schriftlichen Verfahren gefasst werden, es sei denn, mindestens zwei Mitglieder des Direktoriums erheben Einwände dagegen.

7.3. Mitglieder des Direktoriums, die persönlich von einem anstehenden Beschluss gemäß den Artikeln 11.1, 11.3 oder 11.4 der Satzung betroffen sind, nehmen nicht an der Abstimmung teil.

Artikel 8
Organisation der Sitzungen des Direktoriums

Das Direktorium entscheidet über die Organisation seiner Sitzungen.

KAPITEL III
ORGANISATION DER EUROPÄISCHEN ZENTRALBANK

Artikel 9
Eurosystem/Ausschüsse des ESZB

9.1. Der EZB-Rat setzt Ausschüsse ein und löst Ausschüsse auf. Die Ausschüsse unterstützen die Arbeiten der Beschlussorgane der EZB, und ihre Berichterstattung an den EZB-Rat erfolgt über das Direktorium.

9.2. In politischen Fragen, die die Aufsicht über Kreditinstitute betreffen, erstatten die Ausschüsse, die die Arbeiten der EZB im Zusammenhang mit den der EZB durch die Verordnung (EU) Nr. 1024/2013 übertragenen Aufgaben unterstützen, dem Aufsichtsgremium und gegebenenfalls dem EZB-Rat Bericht. Das Aufsichtsgremium beauftragt im Einklang mit seinen eigenen Verfahren den stellvertretenden Vorsitzenden, dem EZB-Rat über das Direktorium über alle diese Tätigkeiten Bericht zu erstatten.

9.3. Ausschüsse bestehen aus jeweils bis zwei Mitarbeitern der NZBen des Eurosystems und der EZB, die vom jeweiligen Zentralbankpräsidenten bzw. vom Direktorium ernannt werden.

9.4. Soweit die Ausschüsse die Arbeiten der Beschlussorgane der EZB bei der Wahrnehmung der der EZB durch die Verordnung (EU) Nr. 1024/2013 übertragenen Aufgaben unterstützen, gehören ihnen ein Mitglied der Zentralbank und ein Mitglied der nationalen zuständigen Behörde jedes teilnehmenden Mitgliedstaats an, das jeweils in Fällen, in denen die nationale zuständige Behörde keine Zentralbank ist, von dem betreffenden Zentralbankpräsidenten in Absprache mit der betreffenden nationalen zuständigen Behörde ernannt wird.

9.5. Der EZB-Rat legt die Aufgaben der Ausschüsse fest und ernennt deren Vorsitzende. In der Regel wird der Vorsitz von einem Mitarbeiter der EZB übernommen. Sowohl der EZB-Rat als auch das Direktorium haben das Recht, Ausschüsse mit der Untersuchung bestimmter Themenbereiche zu beauftragen. Die EZB übernimmt die Sekretariatsaufgaben der Ausschüsse.

9.6. Jede nationale Zentralbank, die nicht dem Eurosystem angehört, kann ebenfalls bis zu zwei Mitarbeiter benennen, die an den Sitzungen eines Ausschusses teilnehmen, wenn Angelegenheiten beraten werden, die in den Zuständigkeitsbereich des Erweiterten Rates fallen, oder wenn der Vorsitzende eines Ausschusses und das Direktorium dies für angebracht halten.

9.7. Vertreter anderer Organe und Einrichtungen der Union sowie sonstige dritte Personen können auch zur Teilnahme an den Sitzungen eines Ausschusses eingeladen werden, wenn der betreffende Vorsitzende eines Ausschusses und das Direktorium dies für angebracht halten.

Artikel 9a

Der EZB-Rat kann beschließen, Ad-hoc-Ausschüsse für spezielle Beratungsaufgaben einzusetzen.

Artikel 9b
Prüfungsausschuss

Zur Stärkung der bereits vorhandenen internen und externen Kontrollinstanzen und zur Verbesserung der Corporate Governance der EZB und des Eurosystems setzt der EZB-Rat einen Prüfungsausschuss ein und legt dessen Auftrag und Zusammensetzung fest.

Artikel 10
Interne Organisationsstruktur

10.1. Das Direktorium beschließt nach Anhörung des EZB-Rates über die Anzahl, Bezeichnung und Zuständigkeitsbereiche der einzelnen Arbeitseinheiten der EZB. Dieser Beschluss wird veröffentlicht.

10.2. Sämtliche Arbeitseinheiten der EZB werden vom Direktorium geführt und geleitet. Das Direktorium beschließt darüber, wie die Zuständigkeiten im Hinblick auf die einzelnen Arbeitseinheiten der EZB unter seinen Mitgliedern aufgeteilt werden, und teilt dies dem EZB-Rat, dem Erweiterten Rat und den Mitarbeitern der EZB mit. Solche Beschlüsse können nur in Anwesenheit aller Mitglieder des Direktoriums und nicht gegen die Stimme des Präsidenten getroffen werden.

Artikel 11
Mitarbeiter der EZB

11.1. Jeder Mitarbeiter der EZB wird über seine Position innerhalb der Organisationsstruktur der EZB, seine Berichtspflichten gegenüber Vorgesetzten und seinen Aufgabenbereich unterrichtet.

11.2. Unbeschadet der Bestimmungen der Artikel 36 und 47 der Satzung erlässt das Direktorium Organisationsvorschriften (nachfolgend als „Rundverfügungen" bezeichnet), die für die Mitarbeiter der EZB verbindlich sind.

11.3. Das Direktorium erlässt einen Verhaltenskodex als Richtschnur für seine Mitglieder und die Mitarbeiter der EZB und aktualisiert diesen; der Kodex wird auf der Website der EZB veröffentlicht.

KAPITEL IV

MITWIRKUNG DES ERWEITERTEN RATES AN DEN AUFGABEN DES EUROPÄISCHEN SYSTEMS DER ZENTRALBANKEN

Artikel 12
Beziehungen zwischen dem EZB-Rat und dem Erweiterten Rat

12.1. Der Erweiterte Rat erhält die Gelegenheit zur Äußerung, ehe der EZB-Rat über Folgendes entscheidet:

- Stellungnahmen gemäß den Artikeln 4 und 25.1 der Satzung,
- Empfehlungen der EZB gemäß Artikel 42 der Satzung, die den Bereich der Statistik betreffen,
- den Jahresbericht,
- die Regeln zur Standardisierung der Rechnungslegungsvorschriften und der Meldung der Geschäfte,
- die Maßnahmen zur Anwendung des Artikels 29 der Satzung,
- die Beschäftigungsbedingungen für das Personal der EZB,
- eine Stellungnahme der EZB, entweder gemäß Artikel 123 Absatz 5 des Vertrags oder im Hinblick auf Rechtsakte der Gemeinschaft bei Aufhebung einer Ausnahmeregelung, im Rahmen der Vorarbeiten für die unwiderrufliche Festlegung der Wechselkurse.

12.2. In allen Fällen, in denen der Erweiterte Rat gemäß dem ersten Absatz dieses Artikels um Äußerung ersucht wird, muss diese innerhalb einer angemessenen Frist abgegeben werden, die mindestens zehn Arbeitstage beträgt. Bei Dringlichkeit, die im Ersuchen um Stellungnahme begründet werden muss, kann die Frist auf fünf Arbeitstage verkürzt werden. Der Präsident kann beschließen, das schriftliche Verfahren zu verwenden.

12.3. Der Präsident unterrichtet den Erweiterten Rat gemäß Artikel 47.4 der Satzung über die Beschlüsse des EZB-Rates.

Artikel 13
Beziehungen zwischen dem Direktorium und dem Erweiterten Rat

13.1. Der Erweiterte Rat erhält die Gelegenheit zur Äußerung, ehe das Direktorium

- Rechtsakte des EZB-Rates umsetzt, bei denen die Mitwirkung des Erweiterten Rates gemäß vorstehendem Artikel 12.1 erforderlich ist,
- aufgrund der ihm gemäß Artikel 12.1 der Satzung vom EZB-Rat übertragenen Befugnisse Rechtsakte verabschiedet, bei denen die Mitwirkung des Erweiterten Rates gemäß Artikel 12.1 dieser Geschäftsordnung erforderlich ist.

13.2. In allen Fällen, in denen der Erweiterte Rat gemäß dem ersten Absatz dieses Artikels um Äußerung ersucht wird, muss diese innerhalb einer angemessenen Frist abgegeben werden, die mindestens zehn Arbeitstage beträgt. Bei Dringlichkeit, die im Ersuchen um Stellungnahme begründet werden muss, kann die Frist auf fünf Arbeitstage verkürzt werden. Der Präsident kann beschließen, das schriftliche Verfahren zu verwenden.

KAPITEL IVa

AUFSICHTSAUFGABEN

Artikel 13a
Aufsichtsgremium

Gemäß Artikel 26 Absatz 1 der Verordnung (EU) Nr. 1024/2013 führt ein als internes Organ der EZB eingerichtetes Aufsichtsgremium die Planung und Ausführung der der EZB im Zusammenhang mit der Aufsicht über Kreditinstitute übertragenen Aufgaben (im Folgenden „Aufsichtsaufgaben") uneingeschränkt durch. Die Aufgaben des Aufsichtsgremiums lassen die Zuständigkeiten der EZB-Beschlussorgane unberührt.

Artikel 13b
Zusammensetzung des Aufsichtsgremiums

13b.1. Das Aufsichtsgremium setzt sich aus einem Vorsitzenden, einem stellvertretenden Vorsitzenden, vier Vertretern der EZB und jeweils einem Vertreter der in den einzelnen teilnehmenden Mitgliedstaaten verantwortlichen nationalen zuständigen Behörden zusammen. Alle Mitglieder des Aufsichtsgremiums handeln im Interesse der Union als Ganzes.

13b.2. Handelt es sich bei der nationalen zuständigen Behörde eines teilnehmenden Mitgliedstaats nicht um eine Zentralbank, so kann das betreffende Mitglied des Aufsichtsgremiums einen Vertreter der Zentralbank des Mitgliedstaats mitbringen. Für die Zwecke des Abstimmungsverfahrens gelten die Vertreter eines Mitgliedstaats als ein einziges Mitglied.

13b.3. Nach Anhörung des Aufsichtsgremiums beschließt der EZB-Rat einen Vorschlag für die Ernennung des Vorsitzenden und des stellvertretenden Vorsitzenden des Aufsichtsgremiums, der dem Europäischen Parlament zur Billigung übermittelt wird.

13b.4. Die Beschäftigungsbedingungen des Vorsitzenden des Aufsichtsgremiums, insbesondere Gehalts-, Renten- und sonstige Sozialleistungsansprüche, sind Gegenstand eines Vertrags mit der EZB und werden vom EZB-Rat festgelegt.

13b.5. Die Amtszeit des stellvertretenden Vorsitzenden des Aufsichtsgremiums beträgt fünf Jahre und ist nicht verlängerbar. Sie darf sein Mandat als Mitglied des Direktoriums nicht überdauern.

13b.6. Auf Vorschlag des Direktoriums ernennt der EZB-Rat vier Vertreter der EZB zu Mitgliedern des Aufsichtsgremiums, die keine im unmittelbaren Zusammenhang mit der geldpolitischen stehenden Funktion Aufgaben wahrnehmen.

Artikel 13c

Abstimmungsverfahren nach Artikel 26 Absatz 7 der Verordnung (EU) Nr. 1024/2013

Für die Annahme von Beschlussentwürfen nach Artikel 26 Absatz 7 der Verordnung (EU) Nr. 1024/2013 gilt folgende Regelung, die auf Artikel 16 des Vertrags über die Europäische Union, Artikel 238 Absatz 3 des Vertrags über die Arbeitsweise der Europäischen Union und auf dem Protokoll (Nr. 36) über die Übergangsbestimmungen beruht:

i) Bis zum 31. Oktober 2014 gelten Beschlüsse als angenommen, wenn mindestens 50 % der Mitglieder des Aufsichtsgremiums, die mindestens 74 % der Gesamtzahl der gewogenen Stimmen und 62 % der Gesamtbevölkerung repräsentieren, für die Annahme stimmen.

ii) Ab dem 1. November 2014 gelten Beschlüsse als angenommen, wenn mindestens 55 % der Mitglieder des Aufsichtsgremiums, die mindestens 65 % der Gesamtbevölkerung repräsentieren, für die Annahme stimmen. Eine Sperrminorität muss wenigstens die Mindestanzahl der Mitglieder des Aufsichtsgremiums, die 35 % der Gesamtbevölkerung repräsentieren, plus ein Mitglied umfassen; andernfalls gilt die qualifizierte Mehrheit als erreicht.

iii) In dem Zeitraum von 1. November 2014 bis 31. März 2017 gelten auf Antrag eines Vertreters einer nationalen zuständigen Behörde oder auf Antrag eines Vertreters der EZB im Aufsichtsgremium Beschlüsse als angenommen, wenn mindestens 50 % der Mitglieder des Aufsichtsgremiums, die mindestens 74 % der Gesamtzahl der gewogenen Stimmen und 62 % der Gesamtbevölkerung repräsentieren, für die Annahme stimmen.

iv) Jeder der vier vom EZB-Rat benannten Vertreter der EZB hat eine Stimme, deren Gewicht dem nach der im Anhang festgelegten Methode berechneten Median der gewogenen Stimmen der Vertreter der nationalen zuständigen Behörden der teilnehmenden Mitgliedstaaten entspricht.

v) Die Stimmen des Vorsitzenden und des stellvertretenden Vorsitzenden werden mit null gewichtet und lediglich zur Bestimmung der Mehrheit der Anzahl der Mitglieder des Aufsichtsgremiums gezählt.

Artikel 13d

Verfahrensordnung des Aufsichtsgremiums

Das Aufsichtsgremium legt in Abstimmung mit dem EZB-Rat seine Verfahrensordnung fest. Die Verfahrensordnung stellt die Gleichbehandlung aller teilnehmenden Mitgliedstaaten sicher.

Artikel 13e

Verhaltenskodex für die Mitglieder des Aufsichtsgremiums

13e.1. Das Aufsichtsgremium erlässt einen Verhaltenskodex als Richtschnur für seine Mitglieder und aktualisiert diesen; der Kodex wird auf der Website der EZB veröffentlicht.

13e.2. Jedes Mitglied stellt sicher, dass Begleiter, Stellvertreter und die Vertreter seiner nationalen Zentralbank, wenn es sich bei der nationalen zuständigen Behörde nicht um die Zentralbank handelt, vor der Teilnahme an den Sitzungen des Aufsichtsgremiums eine Erklärung unterzeichnen, mit der sie sich zur Beachtung des Verhaltenskodex verpflichten.

Artikel 13f

Sitzungen des Aufsichtsgremiums

Die Sitzungen des Aufsichtsgremiums finden in der Regel in den Räumlichkeiten der EZB statt. Die Sitzungsprotokolle des Aufsichtsgremiums werden unmittelbar nach ihrer Genehmigung dem EZB-Rat zur Information zur Verfügung gestellt.

Artikel 13g

Annahme von Beschlüssen zur Wahrnehmung der in Artikel 4 der Verordnung (EU) Nr. 1024/2013 genannten Aufgaben

13g.1. Das Aufsichtsgremium schlägt dem EZB-Rat zur Wahrnehmung der in Artikel 4 der Verordnung (EU) Nr. 1024/2013 genannten Aufgaben fertige Beschlussentwürfe mit Erläuterungen vor, in denen die Grundlagen und die wesentlichen Gründe für den Beschlussentwurf dargestellt sind. Die Beschlussentwürfe werden gleichzeitig den nationalen zuständigen Behörden der betroffenen teilnehmenden Mitgliedstaaten unter Angabe der vom EZB-Rat gemäß Artikel 13g.2 festgelegten Frist übermittelt.

13g.2. Ein Beschlussentwurf im Sinne von Artikel 13g.1 gilt als angenommen, wenn der EZB-Rat nicht innerhalb einer Frist von höchstens zehn Arbeitstagen widerspricht. In Ausnahmesituationen legt das Aufsichtsgremium eine angemessene Frist fest, die jedoch 48 Stunden nicht überschreiten darf. Ein vom EZB-Rat gegebenenfalls erhobener Widerspruch ist schriftlich zu begründen. Der Beschluss wird dem Aufsichtsgremium und den nationalen zuständigen Behörden der betroffenen Mitgliedstaaten übermittelt.

13g.3. Stimmt ein teilnehmender Mitgliedstaat, der nicht dem Euro-Währungsgebiet angehört, einem Beschussentwurf des Aufsichtsgremiums nicht zu, teilt er dies der EZB in einer begründeten Stellungnahme innerhalb von fünf Arbeitstagen, nachdem ihm der Beschlussentwurf gemäß Artikel 13g.1 übermittelt worden ist, mit. Der Präsident der EZB übermittelt diese begründete Stellungnahme unverzüglich dem EZB-Rat und dem Aufsichtsgremium. Der EZB-Rat berücksichtigt in vollem Umfang die Gründe, die das Aufsichtsgremium in einer Beurteilung anführt, und erlässt in der Sache innerhalb von fünf Arbeitstagen, nachdem er von der begründeten Stellungnahme unterrichtet worden ist, einen Beschluss. Der Beschluss wird dem Aufsichtsgremium und der zuständigen nationalen Behörde des betroffenen Mitgliedstaats mit einer schriftlichen Erläuterung übermittelt.

13g.4. Stimmt ein teilnehmender Mitgliedstaat, der nicht dem Euro-Währungsgebiet angehört, einem Widerspruch des EZB-Rates gegen einen Beschlussentwurf des Aufsichtsgremiums nicht zu, teilt er dies der EZB in einer begründeten Stellungnahme innerhalb von fünf Arbeitstagen, nachdem ihm der Widerspruch gemäß 13g.2 übermittelt worden ist, mit. Der Präsident der EZB übermittelt diese begründete Stellungnahme unverzüglich dem EZB-Rat und dem Aufsichtsgremium. Der EZB-Rat äußert sich innerhalb einer Frist von 30 Tagen zu der begründeten Stellungnahme des Mitgliedstaats, wobei er seinen Widerspruch unter Angabe von Gründen entweder bestätigt oder zurücknimmt. Der Beschluss über die Bestätigung oder die Zurücknahme des Widerspruchs wird der nationalen zuständigen Behörde des betreffenden Mitgliedstaats übermittelt. Nimmt der EZB-Rat seinen Widerspruch zurück, gilt der Beschlussentwurf des Aufsichtsgremiums als am Tag der Zurücknahme des Widerspruchs angenommen.

Artikel 13h

Annahme von Beschlüssen zur Wahrnehmung der in Artikel 5 der Verordnung (EU) Nr. 1024/2013 genannten Aufgaben

13h.1. Teilt eine nationale zuständige Behörde oder eine nationale benannte Behörde der EZB ihre Absicht mit, Anforderungen für Kapitalpuffer oder sonstige Maßnahmen zur Abwendung von Systemrisiken oder makroprudenziellen Risiken nach Artikel 5 Absatz 1 der Verordnung (EU) Nr. 1024/2013 festzulegen, wird diese Mitteilung nach Eingang beim Sekretär des Aufsichtsgremiums unverzüglich dem EZB-Rat und dem Aufsichtsgremium übermittelt. Auf Vorschlag des Aufsichtsgremiums zu dem Vorhaben, der auf der Initiative des zuständigen Ausschusses oder der zuständigen internen Instanzen beruht und deren Stellungnahmen Rechnung trägt, erlässt der EZB-Rat innerhalb von drei Arbeitstagen einen Beschluss in der Sache. Widerspricht der EZB-Rat der mitgeteilten Maßnahme, erläutert er der betreffenden nationalen zuständigen Behörde oder nationalen benannten Behörde innerhalb von fünf Arbeitstagen nach der an die EZB erfolgten Mitteilung schriftlich seine Gründe hierfür.

13h.2. Beabsichtigt der EZB-Rat auf Vorschlag des Aufsichtsgremiums zu diesem Vorhaben, der der auf der Initiative des zuständigen Ausschusses oder der zuständigen internen Instanzen beruht und deren Stellungnahmen Rechnung trägt, strengere Anforderungen für Kapitalpuffer oder striktere Maßnahmen zur Abwendung von Systemrisiken oder makroprudenziellen Risiken nach Artikel 5 Absatz 2 der Verordnung (EU) Nr. 1024/2013 festzulegen, teilt er dies der betreffenden nationalen zuständigen Behörde oder nationalen benannten Behörde mindestens zehn Arbeitstage, bevor er einen solchen Beschluss erlässt, mit. Teilt die betreffende nationale zuständige Behörde oder nationale benannte Behörde der EZB innerhalb von fünf Arbeitstagen, nachdem ihr die Absicht mitgeteilt worden ist, in einer begründeten Stellungnahme schriftlich mit, dass sie Einwände erhebt, übermittelt der Sekretär des Aufsichtsgremiums nach Eingang dieser Mitteilung die Einwände unverzüglich dem EZB-Rat und dem Aufsichtsgremium. Der EZB-Rat erlässt in der Sache auf der Grundlage des Vorschlag des Aufsichtsgremiums zu dem Vorhaben, der auf der Initiative des zuständigen Ausschusses oder der zuständigen internen Instanzen beruht und deren Stellungnahmen Rechnung trägt, einen Beschluss. Der Beschluss wird der betreffenden nationalen zuständigen Behörde oder nationalen benannten Behörde übermittelt.

13h.3. Der EZB-Rat ist berechtigt, Vorschläge des Aufsichtsgremiums im Sinne der Artikel 13h.1 und Artikel 13h.2 anzunehmen, ihnen zu widersprechen oder sie zu ändern. Der EZB-Rat ist ferner berechtigt, das Aufsichtsgremium um Einreichung eines Vorschlags im Sinne der Artikel 13h.1 und Artikel 13h.2 oder um Durchführung einer besonderen Prüfung zu ersuchen. Reicht das Aufsichtsgremium auf ein solches Ersuchen hin keinen Vorschlag ein, kann der EZB-Rat zu dem Vorhaben unter Berücksichtigung der Stellungnahmen des zuständigen Ausschusses oder der zuständigen internen Instanzen einen

Beschluss erlassen, ohne dass ein Vorschlag des Aufsichtsgremiums vorliegt.

Artikel 13i
Annahme von Beschlüssen nach Artikel 14 Absätze 2 bis 4 der Verordnung (EU) Nr. 1024/2013

Teilt eine nationale zuständige Behörde der EZB ihren Beschlussentwurf nach Artikel 14 Absatz 2 der Verordnung (EU) Nr. 1024/2013 mit, übermittelt das Aufsichtsgremium dem EZB-Rat innerhalb von fünf Arbeitstagen den Beschlussentwurf und eine eigene Beurteilung. Der Beschlussentwurf gilt als angenommen, wenn der EZB-Rat nicht innerhalb eines Zeitraums von höchstens zehn Arbeitstagen, der in hinreichend begründeten Fällen einmal um den gleichen Zeitraum verlängert werden kann, widerspricht.

Artikel 13j
Allgemeines Rahmenwerk nach Artikel 6 Absatz 7 der Verordnung (EU) Nr. 1024/2013

Der EZB-Rat erlässt in Abstimmung mit den nationalen zuständigen Behörden und auf der Grundlage eines Vorschlags des Aufsichtsgremiums außerhalb des Anwendungsbereichs des Verfahrens der impliziten Zustimmung Beschlüsse in Bezug auf die Einrichtung des allgemeinen Rahmenwerks zur Gestaltung der praktischen Modalitäten für die Durchführung von Artikel 6 der Verordnung (EU) Nr. 1024/ 2013.

Artikel 13k
Trennung von geldpolitischen Aufgaben und Aufsichtsaufgaben

13k.1. Die EZB nimmt die ihr durch die Verordnung (EU) Nr. 1024/2013 übertragenen Aufgaben unbeschadet und getrennt von ihren Aufgaben im Bereich der Geldpolitik und von sonstigen Aufgaben wahr.

13k.2. Die EZB trifft alle erforderlichen Maßnahmen, um eine Trennung der geldpolitischen Funktion von der Aufsichtsfunktion zu gewährleisten.

13k.3. Die Trennung der geldpolitischen Funktion von der Aufsichtsfunktion schließt nicht aus, dass zwischen diesen beiden funktionellen Bereichen der zur Erfüllung der EZB- und der ESZB-Aufgaben notwendige Informationsaustausch stattfindet.

Artikel 13l

Organisation der die Aufsichtsaufgaben betreffenden Sitzungen des EZB-Rates

13l.1. Die die Aufsichtsaufgaben betreffenden Sitzungen des EZB-Rates finden getrennt von den regelmäßigen Sitzungen des EZB-Rates und mit jeweils eigener Tagesordnung statt.

13l.2. Auf Vorschlag des Aufsichtsgremiums erstellt das Direktorium eine vorläufige Tagesordnung und leitet sie den Mitgliedern des EZB-Rates und anderen zur Teilnahme an der Sitzung berechtigten Personen zusammen mit den vom Aufsichtsgremium erstellten relevanten Unterlagen mindestens acht Tage vor der jeweiligen Sitzung zu. Dies gilt nicht für Notfälle, in denen das Direktorium den Umständen entsprechend verfährt.

13l.3. Bevor der EZB-Rat Einwände gegen einen Beschlussentwurf des Aufsichtsgremiums erhebt, der an die nationalen zuständigen Behörden gerichtet ist und Kreditinstitute betrifft, die in teilnehmenden Mitgliedstaaten außerhalb des Euro-Währungsgebiets niedergelassen sind, konsultiert er die Präsidenten der nicht dem Eurosystem angehörenden nationalen Zentralbanken der teilnehmenden Mitgliedstaaten. Das Gleiche gilt in Fällen, in denen die betreffende nationale zuständige Behörde dem EZB-Rat in einer begründeten Stellungnahme mitteilt, dass sie einem Beschlussentwurf des Aufsichtsgremiums nicht zustimmt.

13l.4. Soweit in diesem Kapitel nichts anderes bestimmt ist, finden die allgemeinen Bestimmungen des Kapitels I über die Sitzungen des EZB-Rates auch auf die die Aufsichtaufgaben betreffenden Sitzungen des EZB-Rates Anwendung.

Artikel 13m

Interne Organisationsstruktur für Aufsichtsaufgaben

13m.1. Die Zuständigkeit des Direktoriums für die interne Organisationsstruktur und die Mitarbeiter der EZB umfasst die Aufsichtsaufgaben. Das Direktorium konsultiert den Vorsitzenden und den stellvertretenden Vorsitzenden des Aufsichtsgremiums im Bezug auf die interne Organisationsstruktur. Die Artikel 10 und 11 gelten entsprechend.

13m.2. Das Aufsichtsgremium kann im Einvernehmen mit dem Direktorium vorläufige nachgeordnete Strukturen wie etwa Arbeitsgruppen oder Taskforces einrichten und auflösen. Diese unterstützen die mit den Aufsichtsaufgaben in Zusammenhang stehenden Arbeiten und erstatten dem Aufsichtsgremium Bericht.

13m.3. Der Präsident der EZB ernennt nach Absprache mit dem Vorsitzenden des Aufsichtsgremiums einen Mitarbeiter der EZB zum Sekretär des Aufsichtsgremiums und des Lenkungsausschusses. Der Sekretär unterstützt den Vorsitzenden oder bei dessen Abwesenheit den stellvertretenden Vorsitzenden bei der Vorbereitung der Sitzungen des Aufsichtsgremiums und ist für die Erstellung der Protokolle dieser Sitzungen verantwortlich.

13m.4. Der Sekretär setzt sich mit dem Sekretär des EZB-Rates hinsichtlich der Vorbereitung der die Aufsichtsaufgaben betreffenden Sitzungen des EZB-Rates in Verbindung und ist für die Erstellung der Protokolle dieser Sitzungen verantwortlich.

Artikel 13n
Bericht nach Artikel 20 Absatz 2 der Verordnung (EU) Nr. 1024/2013

Auf Vorschlag des Aufsichtsgremiums, der über das Direktorium zugeleitet wird, beschließt der EZB-Rat die jährlichen Berichte, die nach Maßgabe von Artikel 20 Absatz 2 der Verordnung (EU) Nr. 1024/2013 an das Europäische Parlament, den Rat, die Kommission und die Euro-Gruppe gerichtet sind.

Artikel 13o
Vertreter der EZB bei der Europäischen Bankenaufsichtsbehörde

13o.1. Auf Vorschlag des Aufsichtsgremiums nimmt der Präsident der EZB die Ernennung und Abberufung des nach Artikel 40 Absatz 1 Buchstabe d der Verordnung (EU) Nr. 1093/ 2010 des Europäischen Parlaments und des Rates vom 24. November 2010 zur Errichtung einer Europäischen Aufsichtsbehörde (Europäische Bankenaufsichtsbehörde), zur Änderung des Beschlusses Nr. 716/2009/EG und zur Aufhebung des Beschlusses 2009/78/EG der Kommission[3)] vorgesehenen Vertreters der EZB im Rat der Aufseher der Europäischen Bankenaufsichtsbehörde vor.

13o.2. Der Präsident ernennt den begleitenden zweiten Vertreter mit Kenntnissen in Zentralbankfragen im Rat der Aufseher der Europäischen Bankenaufsichtsbehörde.

KAPITEL V
SPEZIELLE VERFAHRENSTECHNISCHE BESTIMMUNGEN

Artikel 14
Übertragung von Befugnissen

14.1. Die Übertragung von Befugnissen des EZB-Rates auf das Direktorium gemäß Artikel 12.1 Absatz 2 letzter Satz der Satzung wird den Beteiligten mitgeteilt oder gegebenenfalls veröffentlicht, wenn aufgrund der Übertragung von Befugnissen gefasste Beschlüsse rechtliche Auswirkungen auf Dritte haben. Der EZB-Rat wird unverzüglich über jeden aufgrund der Übertragung von Befugnissen verabschiedeten Rechtsakt unterrichtet.

14.2. Das Verzeichnis der Zeichnungsberechtigten der EZB, das nach Maßgabe von Beschlüssen gemäß Artikel 39 der Satzung erstellt wird, wird daran interessierten Dritten zugeleitet.

Artikel 15
Verfahren zur Erstellung des Haushalts

15.1. Vor dem Ende eines jeden Geschäftsjahres beschließt der EZB-Rat den Haushalt der EZB für das nächste Geschäftsjahr auf der Grundlage eines Vorschlags, der vom Direktorium nach den vom EZB-Rat festgelegten Grundsätzen erstellt wird. Die Ausgaben für die Aufsichtsaufgaben werden im Haushalt getrennt ausgewiesen und mit dem Vorsitzenden und stellvertretenden Vorsitzenden des Aufsichtsgremiums abgestimmt.

15.2. Zur Unterstützung in Fragen des Haushalts der EZB setzt der EZB-Rat einen Haushaltsausschuss ein und bestimmt dessen Auftrag und Zusammensetzung.

Artikel 16
Berichterstattung und Rechnungslegung

16.1. Der EZB-Rat verabschiedet den gemäß Artikel 15.3 der Satzung erforderlichen Jahresbericht.

16.2. Die Zuständigkeit für die Verabschiedung und Veröffentlichung der vierteljährlichen Berichte gemäß Artikel 15.1, des konsolidierten Wochenausweises gemäß Artikel 15.2 und der konsolidierten Bilanz gemäß Artikel 26.3 der Satzung sowie anderer Berichte wird auf das Direktorium übertragen.

16.3. Das Direktorium erstellt den Jahresabschluss der EZB unter Beachtung der vom EZB-Rat festgelegten Grundsätze innerhalb des ersten Monats des jeweils nachfolgenden Geschäftsjahres. Dieser wird den externen Rechnungsprüfern vorgelegt.

16.4. Der EZB-Rat verabschiedet den Jahresabschluss der EZB innerhalb des ersten Quartals des jeweiligen Folgejahres. Der Bericht der externen Rechnungsprüfer wird dem EZB-Rat vor dieser Verabschiedung vorgelegt.

3) ABl. L 331 vom 15.12.2010, S. 12.

Artikel 17
Rechtsinstrumente der EZB

17.1. Verordnungen der EZB werden vom EZB-Rat verabschiedet und in seinem Auftrag vom Präsidenten unterzeichnet.

17.2. Leitlinien der EZB werden vom EZB-Rat in einer der Amtssprachen der Union verabschiedet und bekannt gegeben sowie im Auftrag des EZB-Rates vom Präsidenten unterzeichnet. Sie müssen mit Gründen versehen werden. Die Bekanntgabe an die nationalen Zentralbanken kann elektronisch, in Form eines Telefax oder in Papierform erfolgen. Jede Leitlinie der EZB, die amtlich veröffentlicht werden soll, wird in die Amtssprachen der Union übersetzt. *(ABl 2016 L 258, 17)*

17.3. Der EZB-Rat kann seine normativen Befugnisse zum Zweck der Umsetzung seiner Verordnungen und Leitlinien auf das Direktorium übertragen. In der jeweiligen Verordnung oder Leitlinie müssen die umzusetzenden Maßnahmen im Einzelnen dargelegt sowie die Grenzen und der Umfang der übertragenen Befugnisse angegeben werden.

17.4. Entscheidungen und Empfehlungen der EZB werden je nach Zuständigkeitsbereich vom EZB-Rat oder vom Direktorium verabschiedet und vom Präsidenten unterzeichnet. Entscheidungen der EZB über die Verhängung von Sanktionen gegen Dritte werden zur Bestätigung vom Sekretär des EZB-Rates unterzeichnet. Die Entscheidungen und Empfehlungen der EZB müssen mit Gründen versehen werden. Empfehlungen zu ergänzenden Rechtsvorschriften der Union gemäß Artikel 41 der Satzung werden vom EZB-Rat verabschiedet. *(ABl 2016 L 258, 17)*

17.5. Unbeschadet der Bestimmungen von Artikel 43 Absatz 2 und Artikel 46.1 erster Gedankenstrich der Satzung werden Stellungnahmen der EZB vom EZB-Rat verabschiedet. Unter außergewöhnlichen Umständen und sofern sich nicht mindestens drei Zentralbankpräsidenten dafür aussprechen, die Zuständigkeit für die Verabschiedung bestimmter Stellungnahmen beim EZB-Rat zu belassen, können Stellungnahmen der EZB jedoch vom Direktorium verabschiedet werden, und zwar nach Maßgabe der Anmerkungen des EZB-Rates und unter Beachtung der Mitwirkungsrechte des Erweiterten Rates. Das Direktorium ist befugt, die endgültige Fassung von Stellungnahmen der EZB zu besonders technischen Fragen zu erstellen sowie faktische Änderungen oder Berichtigungen aufzunehmen. Stellungnahmen der EZB werden vom Präsidenten unterzeichnet.

17.6. Weisungen der EZB werden vom Direktorium in einer der Amtssprachen der Union erteilt und bekannt gegeben sowie im Auftrag des Direktoriums vom Präsidenten oder von zwei Mitgliedern des Direktoriums unterzeichnet. Die Bekanntgabe an die nationalen Zentralbanken kann elektronisch, in Form eines Telefax oder in Papierform erfolgen. Jede Weisung der EZB, die amtlich veröffentlicht werden soll, wird in die Amtssprachen der Union übersetzt. *(ABl 2016 L 258, 17)*

17.7. Sämtliche Rechtsinstrumente der EZB werden zur leichteren Identifizierung fortlaufend nummeriert. Das Direktorium trifft Maßnahmen, um sicherzustellen, dass die Originale sicher verwahrt, die Adressaten oder die um Anhörung ersuchenden Behörden unterrichtet und Verordnungen der EZB, Stellungnahmen der EZB zu Entwürfen von Rechtsvorschriften der Gemeinschaft sowie jene Rechtsinstrumente der EZB, deren Veröffentlichung ausdrücklich verfügt worden ist, in sämtlichen Amtssprachen der Europäischen Union im *Amtsblatt der Europäischen Union* veröffentlicht werden.

17.8. Die Verordnung Nr. 1 vom 15. April 1958 zur Regelung der Sprachenfrage für die Europäische Wirtschaftsgemeinschaft[4)] wird auf die in Artikel 34 der Satzung genannten Rechtsakte angewendet.

Artikel 17a
Rechtsinstrumente der EZB in Bezug auf Aufsichtsaufgaben

17a.1. Soweit in Verordnungen, die von der EZB gemäß der Verordnung (EU) Nr. 1024/ 2013 erlassen werden, und in diesem Artikel nichts anderes bestimmt ist, findet Artikel 17 auf die Rechtsinstrumente der EZB in Bezug auf Aufsichtsaufgaben Anwendung.

17a.2. Leitlinien der EZB in Bezug auf Aufsichtsaufgaben nach Artikel 4 Absatz 3 und Artikel 6 Absatz 5 Buchstabe a der Verordnung (EU) Nr. 1024/2013 werden vom EZB-Rat erlassen und bekannt gegeben sowie im Auftrag des EZB-Rates vom Präsidenten unterzeichnet. Die Bekanntgabe an die für die Aufsicht über Kreditinstitute zuständigen nationalen Behörden kann elektronisch, in Form eines Telefax oder in Papierform erfolgen. *(ABl 2016 L 258, 17)*

17a.3. Anweisungen der EZB in Bezug auf Aufsichtsaufgaben nach Artikel 6 Absatz 3 und Absatz 5 Buchstabe a, Artikel 7 Absätze 1 und 4, Artikel 9 Absatz 1 sowie Artikel 30 Absatz 5 der Verordnung (EU) Nr. 1024/2013 werden vom EZB-Rat erlassen und bekannt gegeben sowie im Auftrag des EZB-Rates vom Präsidenten unterzeichnet. Sie müssen mit Gründen versehen werden. Die Bekanntgabe an die für die Aufsicht über Kreditinstitute zuständigen nationalen Behörden kann elektronisch, in Form eines Telefax oder in Papierform erfolgen. *(ABl 2016 L 258, 17)*

---

4) ABl. 17 vom 6.10.1958, S. 385/58.

17a.4. Beschlüsse der EZB in Bezug auf beaufsichtigte Unternehmen und Unternehmen, die die Zulassung zur Aufnahme der Tätigkeit eines Kreditinstituts beantragt haben, werden vom EZB-Rat erlassen und zur Bestätigung vom Sekretär des EZB-Rates unterzeichnet. Sie werden den Personen bekannt gegeben, an die sie gerichtet sind. *(ABl 2016 L 258, 17)*

Artikel 18

Verfahren gemäß Artikel 128 Absatz 2 des Vertrags

Die Erteilung der in Artikel 128 Absatz 2 des Vertrags vorgesehenen Genehmigung für das jeweilige Folgejahr erfolgt für sämtliche Mitgliedstaaten, deren Währung der Euro ist, im letzten Quartal eines jeden Jahres in Form eines einzigen Beschlusses des EZB-Rates.

Artikel 19

Beschaffungen

19.1. Bei der Beschaffung von Waren und Dienstleistungen für die EZB wird den Grundsätzen der öffentlichen Bekanntgabe, der Transparenz, des gleichberechtigten Zugangs, der Nichtdiskriminierung und der effizienten Verwaltung gebührend Rechnung getragen.

19.2. Mit Ausnahme des Grundsatzes der effizienten Verwaltung kann in dringlichen Fällen, aus Sicherheits- oder Vertraulichkeitsgründen, bei Verfügbarkeit nur eines einzigen Lieferanten, bei Lieferungen der nationalen Zentralbanken an die EZB oder zur Gewährleistung der Kontinuität von Lieferungen ausnahmsweise von den zuvor genannten Grundsätzen abgewichen werden.

Artikel 21

Beschäftigungsbedingungen

21.1. Die Beschäftigungsbedingungen und die Dienstvorschriften regeln die Beschäftigungsverhältnisse zwischen der EZB und ihren Mitarbeitern.

21.2. Der EZB-Rat verabschiedet die Beschäftigungsbedingungen auf Vorschlag des Direktoriums und nach Anhörung des Erweiterten Rates.

21.3. Das Direktorium legt die Dienstvorschriften fest, durch die die Beschäftigungsbedingungen umgesetzt werden.

21.4. Die Personalvertretung wird vor der Festlegung neuer Beschäftigungsbedingungen oder Dienstvorschriften angehört. Ihre Stellungnahme wird dem EZB-Rat bzw. dem Direktorium vorgelegt.

Artikel 22

Mitteilungen und Bekanntmachungen

Allgemeine Mitteilungen und die Bekanntgabe von Beschlüssen der Beschlussorgane der EZB können durch Veröffentlichung auf der Website der EZB oder im *Amtsblatt der Europäischen Union* bzw. durch Übermittlung über die an den Finanzmärkten etablierten Nachrichtenagenturen oder sonstige Medien erfolgen.

Artikel 23

Geheimhaltung von und Zugang zu Dokumenten der EZB

23.1. Die Aussprachen der Beschlussorgane der EZB und aller von diesen eingesetzten Ausschüsse und Arbeitsgruppen, des Aufsichtsgremiums, seines Lenkungsausschusses und aller seiner vorübergehend eingerichteten nachgeordneten Strukturen sind vertraulich, sofern der EZB-Rat den Präsidenten nicht dazu ermächtigt, das Ergebnis der Beratungen zu veröffentlichen. Bezieht sich ein solcher Beschluss auf die Aussprachen des Aufsichtsgremiums, seines Lenkungsausschusses oder einer seiner vorübergehend errichteten nachgeordneten Strukturen, konsultiert der Präsident zuvor den Vorsitzenden des Aufsichtsgremiums.

23.2. Der Zugang der Öffentlichkeit zu von der EZB erstellten oder sich im Besitz der EZB befindenden Dokumenten unterliegt einem Beschluss des EZB-Rates.

23.3. Von der EZB erstellte oder verwahrte Dokumente werden gemäß den organisatorischen Regelungen zum Berufsgeheimnis und zur Handhabung und Vertraulichkeit von Informationen klassifiziert und behandelt. Sofern die Beschlussorgane nichts Anderweitiges beschließen, werden die Dokumente nach 30 Jahren frei zugänglich.

Artikel 23a

Vertraulichkeit und Geheimhaltung von Aufsichtsaufgaben

23a.1. Die Mitglieder des Aufsichtsgremiums, des Lenkungsausschusses und der vom Aufsichtsgremium eingerichteten nachgeordneten Strukturen unterliegen auch nach Beendigung ihres Dienstverhältnisses den in Artikel 37 der Satzung festgelegten Geheimhaltungspflichten.

23a.2. Beobachter haben keinen Zugang zu vertraulichen Informationen über einzelne Institute.

23a.3. Die Dokumente, die von dem Aufsichtsgremium, dem Lenkungsausschuss und von den vom Aufsichtsgremium vorübergehend eingerichteten nachgeordneten Strukturen erstellt werden, sind Dokumente der EZB und werden daher gemäß den in Artikel 23.3 festgelegten Regeln klassifiziert und behandelt.

KAPITEL VI
SCHLUSSBESTIMMUNG

Artikel 24
Änderung dieser Geschäftsordnung

Der EZB-Rat kann diese Geschäftsordnung ändern. Der Erweiterte Rat kann Änderungen vorschlagen, und das Direktorium kann ergänzende Regelungen innerhalb seines Zuständigkeitsbereichs verabschieden.

ANHANG

ANHANG
gemäß Artikel 13c Ziffer iv

1. Für die Zwecke des Abstimmungsverfahrens nach Artikel 13c ist den vier Vertretern der EZB nach Maßgabe der nachstehenden Nummern für das Stimmgewichtskriterium der Median der gewogenen Stimmen der teilnehmenden Mitgliedstaaten, für das Bevölkerungszahlkriterium der Median der Bevölkerung der teilnehmenden Mitgliedstaaten und für das Mitgliederzahlkriterium eine Stimme kraft ihrer Mitgliedschaft im Aufsichtsgremium zuzuweisen.

2. Werden die den teilnehmenden Mitgliedstaaten durch Artikel 3 des Protokolls (Nr. 36) über die Übergangsbestimmungen zugewiesenen gewogenen Stimmen der Mitglieder, die die teilnehmenden Mitgliedstaaten vertreten, aufsteigend angeordnet, ist der Median der gewogenen Stimmen die mittlere Zahl der gewogenen Stimmen, falls die Anzahl der teilnehmenden Mitgliedstaaten ungerade ist, bzw. das arithmetische Mittel der beiden mittleren Zahlen – gerundet auf die nächste ganze Zahl –, falls die Anzahl der teilnehmenden Mitgliedstaaten gerade ist. Zu der Gesamtzahl der gewogenen Stimmen der teilnehmenden Mitgliedstaaten ist das Vierfache des Medians der gewogenen Stimmen zu addieren. Die sich daraus ergebende Anzahl der gewogenen Stimmen stellt die „Gesamtzahl der gewogenen Stimmen" dar.

3. Der Median der Bevölkerungszahlen wird nach demselben Grundsatz bestimmt. Hierzu wird auf die Zahlen zurückgegriffen, die der Rat der Europäischen Union entsprechend Anhang III Artikel 1 und 2 des Beschlusses 2009/937/EU des Rates vom 1. Dezember 2009 zur Annahme seiner Geschäftsordnung[5] veröffentlicht hat. Zu der Gesamtbevölkerungszahl aller teilnehmenden Mitgliedstaaten ist das Vierfache des Medians der Bevölkerungszahlen der teilnehmenden Mitgliedstaaten zu addieren. Die sich daraus ergebende Bevölkerungszahl stellt die „Gesamtbevölkerung" dar.

[5] ABl. L 325 vom 11.12.2009, S. 35.

Geschäftsordnung des Erweiterten Rates der EZB

(ABl 2004 L 230, 61)

DER ERWEITERTE RAT DER EUROPÄISCHEN ZENTRALBANK –

gestützt auf die Satzung des Europäischen Systems der Zentralbanken und der Europäischen Zentralbank, insbesondere auf Artikel 46.4 –

HAT FOLGENDEN BESCHLUSS GEFASST:

Einziger Artikel

Die Geschäftsordnung des Erweiterten Rates der Europäischen Zentralbank vom 1. September 1998 erhält folgende Fassung, die am 1. Juli 2004 in Kraft tritt.

„GESCHÄFTSORDNUNG DES ERWEITERTEN RATES DER EUROPÄISCHEN ZENTRALBANK

EINFÜHRUNGSKAPITEL

Artikel 1

Begriffsbestimmungen

Diese Geschäftsordnung ergänzt den Vertrag zur Gründung der Europäischen Gemeinschaft und die Satzung des Europäischen Systems der Zentralbanken und der Europäischen Zentralbank. Die in dieser Geschäftsordnung verwendeten Begriffe haben die gleiche Bedeutung, die sie im Vertrag und in der Satzung haben.

KAPITEL I

DER ERWEITERTE RAT

Artikel 2

Termin und Ort der Sitzungen des Erweiterten Rates

(1) Der Erweiterte Rat bestimmt seine Sitzungstermine auf Vorschlag des Präsidenten.

(2) Der Präsident beruft eine Sitzung des Erweiterten Rates ein, wenn mindestens drei Mitglieder des Erweiterten Rates darum ersuchen.

(3) Der Präsident kann zudem immer dann Sitzungen des Erweiterten Rates einberufen, wenn er dies für notwendig erachtet.

(4) Die Sitzungen des Erweiterten Rates finden in der Regel in den Räumlichkeiten der Europäischen Zentralbank (EZB) statt.

(5) Sitzungen können auch in Form von Telefonkonferenzen stattfinden, es sei denn, mindestens drei Zentralbankpräsidenten erheben Einwände dagegen.

Artikel 3

Teilnahme an Sitzungen des Erweiterten Rates

(1) Sofern in dieser Geschäftsordnung nichts Gegenteiliges bestimmt wird, ist die Teilnahme an Sitzungen des Erweiterten Rates seinen Mitgliedern, den anderen Mitgliedern des Direktoriums, dem Präsidenten des Rates der Europäischen Union und einem Mitglied der Kommission der Europäischen Gemeinschaften vorbehalten.

(2) Jeder Zentralbankpräsident kann in der Regel von einer Person begleitet werden.

(3) Bei Verhinderung eines Mitglieds des Erweiterten Rates kann dieses schriftlich einen Stellvertreter benennen, der an der Sitzung teilnimmt und im Namen des Mitglieds abstimmt. Die entsprechende schriftliche Mitteilung muss dem Präsidenten rechtzeitig vor der jeweiligen Sitzung zugeleitet werden. Der Stellvertreter kann in der Regel von einer Person begleitet werden.

(4) Der Präsident ernennt einen Mitarbeiter der EZB zum Sekretär. Der Sekretär unterstützt den Präsidenten bei der Vorbereitung der Sitzungen des Erweiterten Rates und erstellt die Sitzungsprotokolle des Erweiterten Rates.

(5) Der Erweiterte Rat kann auch andere Personen zu seinen Sitzungen einladen, wenn er dies für zweckmäßig hält.

Artikel 4

Abstimmungsverfahren

(1) Der Erweiterte Rat ist beschlussfähig, wenn mindestens zwei Drittel seiner Mitglieder oder ihrer Stellvertreter an der Abstimmung teil-

nehmen. Ist der Erweiterte Rat nicht beschlussfähig, so kann der Präsident eine außerordentliche Sitzung einberufen, bei der die Mindestteilnahmequote für die Beschlussfähigkeit nicht erforderlich ist.

(2) Sofern in der Satzung nichts Gegenteiliges bestimmt wird, werden Beschlüsse mit einfacher Mehrheit gefasst.

(3) Die Stimmabgabe im Erweiterten Rat erfolgt auf Aufforderung durch den Präsidenten. Der Präsident leitet eine Abstimmung auch auf Antrag eines Mitglieds des Erweiterten Rates ein.

(4) Beschlüsse können auch im schriftlichen Verfahren gefasst werden, es sei denn, mindestens drei Mitglieder des Erweiterten Rates erheben Einwände dagegen. Ein schriftliches Verfahren setzt voraus, dass

i) jedem Mitglied des Erweiterten Rates in der Regel mindestens zehn Arbeitstage zur Verfügung stehen, um sich mit der Angelegenheit zu befassen, wobei bei Dringlichkeit, die im jeweiligen Ersuchen begründet werden muss, die Frist auf fünf Arbeitstage verkürzt werden kann,

ii) jedes Mitglied des Erweiterten Rates persönlich unterschreibt und

iii) jeder derartige Beschluss im Protokoll der nächsten Sitzung des Erweiterten Rates festgehalten wird.

Artikel 5

Organisation der Sitzungen des Erweiterten Rates

(1) Der Erweiterte Rat genehmigt die Tagesordnung einer jeden Sitzung. Dazu erstellt der Präsident eine vorläufige Tagesordnung, die den Mitgliedern des Erweiterten Rates und anderen zur Teilnahme an der Sitzung berechtigten Personen zusammen mit den dazugehörigen Unterlagen mindestens acht Tage vor der jeweiligen Sitzung zugeleitet wird, wobei Notfälle, in denen der Präsident den Umständen entsprechend verfährt, ausgenommen sind. Der Erweiterte Rat kann auf Vorschlag des Präsidenten oder eines anderen Mitglieds des Erweiterten Rates beschließen, Punkte von der vorläufigen Tagesordnung abzusetzen oder zusätzliche Punkte aufzunehmen. Ein Tagesordnungspunkt wird auf Antrag von mindestens drei Mitgliedern des Erweiterten Rates abgesetzt, wenn die dazugehörigen Unterlagen den Mitgliedern des Erweiterten Rates nicht rechtzeitig zugegangen sind.

(2) Das Protokoll der Aussprachen des Erweiterten Rates wird seinen Mitgliedern bei der nächsten Sitzung (oder erforderlichenfalls früher im schriftlichen Verfahren) zur Genehmigung vorgelegt und vom Präsidenten unterzeichnet.

KAPITEL II

MITWIRKUNG DES ERWEITERTEN RATES AN DEN AUFGABEN DES EUROPÄISCHEN SYSTEMS DER ZENTRALBANKEN

Artikel 6

Beziehungen zwischen dem Erweiterten Rat und dem EZB-Rat

(1) Unbeschadet der sonstigen Verantwortlichkeiten des Erweiterten Rates, einschließlich der in Artikel 44 der Satzung genannten Verantwortlichkeiten, erstreckt sich die Mitwirkung des Erweiterten Rates insbesondere auf die in Artikel 6.2 bis 6.8 aufgeführten Aufgaben.

(2) Der Erweiterte Rat wirkt bei der Erfüllung der Beratungsfunktionen der EZB gemäß Artikel 4 und 25.1 der Satzung mit.

(3) Die Mitwirkung des Erweiterten Rates bei den statistischen Aufgaben der EZB besteht

- in der Stärkung der Zusammenarbeit zwischen sämtlichen nationalen Zentralbanken der Europäischen Union, um die Erfüllung der Aufgaben der EZB im Bereich der Statistik zu unterstützen,
- soweit erforderlich, in der Förderung der Harmonisierung der Bestimmungen und Gepflogenheiten auf dem Gebiet der Erhebung, Zusammenstellung und Weitergabe von statistischen Daten durch sämtliche nationalen Zentralbanken der Europäischen Union und
- in Äußerungen gegenüber dem EZB-Rat zu Entwürfen für Empfehlungen der EZB gemäß Artikel 42 der Satzung, die den Bereich der Statistik betreffen, ehe diese verabschiedet werden.

(4) Der Erweiterte Rat wirkt bei der Erfüllung der Berichtspflichten der EZB gemäß Artikel 15 der Satzung mit, indem er sich gegenüber dem EZB-Rat zum Jahresbericht äußert, ehe dieser verabschiedet wird.

(5) Der Erweiterte Rat wirkt bei der Standardisierung der Rechnungslegungsvorschriften und der Meldung der Geschäfte gemäß Artikel 26.4 der Satzung mit, indem er sich gegenüber dem EZB-Rat zu Entwürfen entsprechender Vorschriften äußert, ehe diese verabschiedet werden.

(6) Der Erweiterte Rat wirkt bei der Verabschiedung weiterer Maßnahmen im Rahmen von Artikel 29.4 der Satzung mit, indem er sich gegenüber dem EZB-Rat zu Entwürfen solcher Maßnahmen äußert, ehe diese verabschiedet werden.

(7) Der Erweiterte Rat wirkt bei der Festlegung der Beschäftigungsbedingungen für das Personal der Europäischen Zentralbank mit, indem er sich gegenüber dem EZB-Rat zu entsprechenden Entwürfen äußert, ehe diese verabschiedet werden.

(8) Der Erweiterte Rat trägt zu den Vorarbeiten für die unwiderrufliche Festlegung der Wechselkurse gemäß Artikel 47.3 der Satzung bei, indem er sich gegenüber dem EZB-Rat zu Folgendem äußert:

- Entwürfen von Stellungnahmen der EZB gemäß Artikel 123 Absatz 5 des Vertrags,
- Entwürfen sonstiger Stellungnahmen der EZB zu Rechtsakten der Gemeinschaft bei Aufhebung einer Ausnahmeregelung und
- Beschlüssen gemäß Nummer 10 des Protokolls über einige Bestimmungen betreffend das Vereinigte Königreich Großbritannien und Nordirland.

(9) In allen Fällen, in denen der Erweiterte Rat gemäß den vorstehenden Absätzen um Mitwirkung an den Aufgaben der EZB ersucht wird, muss ihm dazu eine angemessene Frist eingeräumt werden, die mindestens zehn Arbeitstage beträgt. Bei Dringlichkeit, die im jeweiligen Ersuchen begründet werden muss, kann die Frist auf fünf Arbeitstage verkürzt werden. Der Präsident kann beschließen, das schriftliche Verfahren zu verwenden.

(10) Der Präsident unterrichtet den Erweiterten Rat gemäß Artikel 47.4 der Satzung über die Beschlüsse des EZB-Rates.

Artikel 7

Beziehungen zwischen dem Erweiterten Rat und dem Direktorium

(1) Der Erweiterte Rat erhält die Gelegenheit zur Äußerung, ehe das Direktorium

- Rechtsakte des EZB-Rates umsetzt, bei denen die Mitwirkung des Erweiterten Rates gemäß Artikel 12.1 der Geschäftsordnung der Europäischen Zentralbank erforderlich ist,
- aufgrund der ihm gemäß Artikel 12.1 der Satzung vom EZB-Rat übertragenen Befugnisse Rechtsakte verabschiedet, bei denen die Mitwirkung des Erweiterten Rates gemäß Artikel 12.1 der Geschäftsordnung der Europäischen Zentralbank erforderlich ist.

(2) In allen Fällen, in denen der Erweiterte Rat gemäß dem ersten Absatz dieses Artikels um Äußerung ersucht wird, muss diese innerhalb einer angemessenen Frist abgegeben werden, die mindestens zehn Arbeitstage beträgt. Bei Dringlichkeit, die im Ersuchen um Stellungnahme begründet werden muss, kann die Frist auf fünf Arbeitstage verkürzt werden. Der Präsident kann beschließen, das schriftliche Verfahren zu verwenden.

Artikel 8

Ausschüsse des Europäischen Systems der Zentralbanken

(1) Der Erweiterte Rat kann in seinem Zuständigkeitsbereich Ausschüsse, die gemäß Artikel 9 der Geschäftsordnung der Europäischen Zentralbank vom EZB-Rat eingesetzt werden, mit der Untersuchung bestimmter Themenbereiche beauftragen.

(2) Die nationale Zentralbank jedes nicht teilnehmenden Mitgliedstaats kann bis zu zwei Mitarbeiter benennen, die an den Sitzungen eines Ausschusses teilnehmen, wenn Angelegenheiten beraten werden, die in den Zuständigkeitsbereich des Erweiterten Rates fallen oder der Vorsitzende eines Ausschusses und das Direktorium dies für angebracht halten.

KAPITEL III

SPEZIELLE VERFAHRENSTECHNISCHE BESTIMMUNGEN

Artikel 9

Rechtsinstrumente

(1) Beschlüsse der EZB gemäß Artikel 46.4 und 48 der Satzung und dieser Geschäftsordnung sowie die vom Erweiterten Rat gemäß Artikel 44 der Satzung verabschiedeten Empfehlungen und Stellungnahmen der EZB werden vom Präsidenten unterzeichnet.

(2) Die Nummerierung, Bekanntgabe und Veröffentlichung sämtlicher Rechtsinstrumente der EZB erfolgt gemäß Artikel 17.7 der Geschäftsordnung der Europäischen Zentralbank.

Artikel 10

Geheimhaltung von und Zugang zu Dokumenten der EZB

(1) Die Aussprachen des Erweiterten Rates und aller Ausschüsse oder Arbeitsgruppen, die in seinen Zuständigkeitsbereich fallende Angelegenheiten beraten, sind vertraulich, sofern der Erweiterte Rat den Präsidenten nicht dazu ermächtigt, das Ergebnis der Beratungen zu veröffentlichen.

(2) Der Zugang der Öffentlichkeit zu Dokumenten, die vom Erweiterten Rat oder von Ausschüssen oder Arbeitsgruppen, die in seinen Zuständigkeitsbereich fallende Angelegenheiten beraten, erstellt werden, unterliegt einem Beschluss des EZB-Rates gemäß Artikel 23.2 der Geschäftsordnung der Europäischen Zentralbank.

(3) Dokumente, die vom Erweiterten Rat oder von Ausschüssen oder Arbeitsgruppen, die in seinen Zuständigkeitsbereich fallende Angelegenheiten beraten, erstellt werden, werden gemäß den in der gemäß Artikel 23.3 der Geschäftsordnung der Europäischen Zentralbank erlassenen Rundverfügung festgelegten Regeln klassifiziert und behandelt. Sofern die Beschlussorgane nichts Anderweitiges beschließen, werden die Dokumente nach 30 Jahren frei zugänglich.

Artikel 11

Ende der Anwendbarkeit

Sobald sämtliche Ausnahmeregelungen gemäß Artikel 122 Absatz 2 des Vertrags vom Rat der Europäischen Union aufgehoben und die im Protokoll über einige Bestimmungen betreffend das Vereinigte Königreich Großbritannien und Nordirland vorgesehenen Beschlüsse gefasst worden sind, wird der Erweiterte Rat aufgelöst, womit diese Geschäftsordnung nicht mehr anwendbar ist."

Geschehen zu Frankfurt am Main am 17. Juni 2004.

Geschäftsordnung des Rechnungshofs der Europäischen Union

ABl 2010 L 103, 1 idF

1 ABl 2010 L 124, 10 **2** ABl 2020 L 434, 66

Geschäftsordnung des Rechnungshofs der Europäischen Union vom 23. April 2010

DER RECHNUNGSHOF DER EUROPÄISCHEN UNION –

gestützt auf den Vertrag über die Arbeitsweise der Europäischen Union, insbesondere auf Artikel 287 Absatz 4 Unterabsatz 5,

gestützt auf den Vertrag zur Gründung der Europäischen Atomgemeinschaft, insbesondere auf Artikel 106a Absatz 1,

nach Genehmigung des Rates vom 22. Februar 2010 –

HAT SICH FOLGENDE GESCHÄFTSORDNUNG GEGEBEN:

TITEL I

ORGANISATION DES HOFES

KAPITEL I

Der Hof

Artikel 1
Kollegialcharakter

Der Hof ist ein Kollegialorgan und wird als solches im Einklang mit den Bestimmungen der Verträge und der Haushaltsordnung sowie nach Maßgabe dieser Geschäftsordnung tätig.

Abschnitt 1

Die Mitglieder

Artikel 2
Beginn der Amtszeit

Die Amtszeit eines Mitglieds des Hofes beginnt mit dem im Ernennungsakt bestimmten Tag oder in Ermangelung einer solchen Bestimmung mit dem Tag der Annahme des Ernennungsakts.

Artikel 3
Pflichten und Amtstätigkeit der Mitglieder

Die Mitglieder üben ihr Amt gemäß Artikel 286 Absätze 1, 3 und 4 des Vertrags über die Arbeitsweise der Europäischen Union aus.

Artikel 4
Amtsenthebung und Aberkennung der Ruhegehaltsansprüche oder vergleichbarer Vorteile

(1) Beschließt der Hof mit der Mehrheit seiner Mitglieder, dass die ihm vorliegenden Informationen geeignet sind festzustellen, dass ein Mitglied die erforderlichen Voraussetzungen nicht mehr erfüllt oder den sich aus seinem Amt ergebenden Verpflichtungen (Artikel 286 Absatz 6 des Vertrags über die Arbeitsweise der Europäischen Union) nicht mehr nachkommt, wird der Präsident oder, falls der Präsident das betroffene Mitglied ist, das gemäß Artikel 5 dieser Geschäftsordnung nächste Mitglied in der Rangfolge beauftragt, einen vorläufigen Bericht auszuarbeiten.

(2) Der vorläufige Bericht wird zusammen mit den zugehörigen Belegunterlagen allen Mitgliedern zugestellt, auch dem betroffenen Mitglied, das innerhalb einer vom Präsidenten oder – wenn der Präsident das betroffene Mitglied ist – von dem nächsten Mitglied in der Rangfolge festgelegten angemessenen Frist hierzu schriftlich Stellung nimmt.

(3) Das betreffende Mitglied wird ferner aufgefordert, sich hierzu mündlich vor dem Hof zu äußern.

(4) Der Beschluss, den Gerichtshof anzurufen, um das betreffende Mitglied seines Amtes zu entheben oder ihm seine Ruhegehaltsansprüche oder vergleichbare Vorteile aberkennen zu lassen, ergeht in geheimer Abstimmung mit Vierfünftelmehrheit der Stimmen der Mitglieder des Hofes. Das betroffene Mitglied nimmt an der Abstimmung nicht teil.

Artikel 5
Rangfolge

(1) Die Rangfolge der Mitglieder nach dem Präsidenten richtet sich nach ihrem Dienstalter. Im Falle einer Neuernennung wird die Dauer der vorhergehenden Amtszeit berücksichtigt, selbst wenn sich die Neuernennung nicht unmittelbar an die vorhergehende Amtszeit anschließt.

(2) Bei Mitgliedern mit gleichem Dienstalter bestimmt sich die Rangfolge nach dem Lebensalter.

Artikel 6
Vorübergehende Vertretung der Mitglieder

(1) Ist das Amt eines Mitglieds nicht besetzt, benennt der Hof das/die Mitglied(er), das/die bis zur Ernennung eines neuen Mitglieds mit seiner vorübergehenden Vertretung betraut wird/werden.

(2) Ist ein Mitglied abwesend oder verhindert, so wird es nach Maßgabe der in den Durchführungsbestimmungen festgelegten Modalitäten von einem oder mehreren Mitgliedern vorübergehend vertreten.

Abschnitt 2

Der Präsident

Artikel 7
Wahl des Präsidenten

(1) Der Hof wählt den Präsidenten vor dem Ende der Amtszeit des im Amt befindlichen Präsidenten. Fällt jedoch das Ende der Amtszeit des Präsidenten mit der Neuernennung eines Teils der Mitglieder gemäß Artikel 286 Absatz 2 des Vertrags über die Arbeitsweise der Europäischen Union zusammen, wird die Wahl unmittelbar nach Aufnahme der Tätigkeit des Hofes in seiner neuen Zusammensetzung, spätestens aber innerhalb von 15 Arbeitstagen durchgeführt.

(2) Der Präsident wird in geheimer Wahl gewählt. Das Mitglied, das im ersten Wahlgang die Zweidrittelmehrheit der Stimmen der Mitglieder des Hofes erhält, ist zum Präsidenten gewählt. Hat kein Kandidat die Zweidrittelmehrheit erhalten, findet unverzüglich ein zweiter Wahlgang statt; zum Präsidenten gewählt ist der Kandidat, der die Mehrheit der Stimmen der Hofmitglieder auf sich vereint. Erhält im zweiten Wahlgang kein Kandidat die Mehrheit der Stimmen der Mitglieder des Hofes, werden nach dem in den Durchführungsbestimmungen festgelegten Verfahren weitere Wahlgänge durchgeführt.

Artikel 8
Vorübergehende Vertretung des Präsidenten

(1) Ist das Präsidentenamt nicht besetzt, nimmt der scheidende Präsident vorübergehend das Präsidentenamt wahr, sofern er nicht verhindert ist und unter der Voraussetzung, dass er noch immer ein Mandat als Mitglied des Hofes innehat. Andernfalls wird das Präsidentenamt vorübergehend von dem gemäß Artikel 5 nächsten Mitglied in der Rangfolge wahrgenommen.

(2) Das vorübergehend das Präsidentenamt wahrnehmende Mitglied führt während des Übergangszeitraums die laufenden Geschäfte des Hofes und leitet die Wahl des neuen Präsidenten nach Maßgabe von Artikel 7. Wird das Präsidentenamt jedoch weniger als sechs Monate vor Ablauf der normalen Amtszeit frei, so nimmt das gemäß Artikel 5 nächste Mitglied in der Rangfolge die Aufgaben des Präsidenten wahr.

(3) Ist der Präsident des Hofes abwesend oder verhindert, nimmt das gemäß Artikel 5 nächste Mitglied in der Rangfolge vorübergehend die Aufgaben des Präsidenten wahr.

Artikel 9
Aufgaben des Präsidenten

(1) Der Präsident des Hofes

a) beruft die Sitzungen des Kollegiums ein, leitet die Sitzungen und gewährleistet einen geordneten Ablauf der Beratungen;

b) sorgt für die Durchführung der Beschlüsse des Hofes;

c) beaufsichtigt den ordnungsgemäßen Arbeitsablauf in seinen Dienststellen sowie die ordnungsgemäße Verwaltung in den verschiedenen Tätigkeitsbereichen des Hofes;

d) benennt den Bediensteten, der die Aufgabe hat, den Hof in allen Rechtsstreitigkeiten zu vertreten, an denen dieser beteiligt ist; e) vertritt den Hof nach außen, insbesondere in seinen Beziehungen zur Entlastungsbehörde, zu den übrigen Organen der Union und zu den Kontrollbehörden der Mitgliedstaaten.

(2) Der Präsident kann seine Pflichten teilweise einem oder mehreren Mitgliedern übertragen.

Abschnitt 3

Kammern und Ausschüsse

Artikel 10
Einrichtung von Kammern

(1) Der Hof setzt zur Annahme bestimmter Kategorien von Berichten und Stellungnahmen gemäß Artikel 287 Absatz 4 des Vertrags über die Arbeitsweise der Europäischen Union Kammern ein.

(2) Über die Zuständigkeitsbereiche der Kammern beschließt der Hof auf Vorschlag des Präsidenten.

(3) Auf Vorschlag des Präsidenten weist der Hof alle übrigen Mitglieder einer Kammer zu.

(4) Jede Kammer wählt nach Maßgabe der in den Durchführungsbestimmungen festgelegten Modalitäten eines seiner Mitglieder zum Doyen.

Artikel 11
Zuständigkeiten der Kammern

(1) Die Kammern nehmen Berichte und Stellungnahmen mit Ausnahme des Jahresberichts über den Gesamthaushaltsplan des Europäischen Union und des Jahresberichts über die Tätigkeiten im Rahmen der Europäischen Entwicklungsfonds

nach Maßgabe der in den Durchführungsbestimmungen festgelegten Modalitäten an.

(2) Die für die Annahme eines Dokuments gemäß Absatz 1 zuständige Kammer kann nach Maßgabe der in den Durchführungsbestimmungen festgelegten Modalitäten das Dokument zur Annahme an den Hof überweisen.

(3) Die Kammern sind in vorbereitender Funktion für die Ausarbeitung von Dokumenten zuständig, die vom Hof angenommen werden müssen; hierzu gehören Entwürfe zu Berichten und Stellungnahmen, Vorschläge für Arbeitsprogramme sowie sonstige Dokumente im Prüfungsbereich mit Ausnahme derjenigen Dokumente, für deren Vorbereitung die nach Artikel 12 eingerichteten Ausschüsse zuständig sind.

(4) Die Kammern verteilen ihre Aufgaben nach Maßgabe der in den Durchführungsbestimmungen festgelegten Modalitäten unter ihren Mitgliedern.

(5) Die Mitglieder sind gegenüber der Kammer und dem Hof für die Wahrnehmung der ihnen übertragenen Aufgaben verantwortlich.

Artikel 12
Ausschüsse

(1) Einsetzung und Zusammensetzung der Ausschüsse sind in den Durchführungsbestimmungen geregelt.

(2) Die Ausschüsse sind nach Maßgabe der in den Durchführungsbestimmungen festgelegten Modalitäten für Fragen zuständig, die nicht in den Zuständigkeitsbereich der Kammern gemäß Artikel 11 fallen.

Abschnitt 4

Der Generalsekretär

Artikel 13
Der Generalsekretär

(1) Der Generalsekretär wird vom Hof – nach dem in den Durchführungsbestimmungen festgelegten Verfahren – in geheimer Wahl bestimmt.

(2) Der Generalsekretär ist dem Hof verantwortlich und legt diesem regelmäßig Rechenschaft über seine Tätigkeit ab.

(3) Unter der Verantwortung des Hofes führt der Generalsekretär die Geschäfte des Hofsekretariats.

(4) Der Generalsekretär nimmt die Befugnisse der Anstellungsbehörde gemäß Artikel 2 des Statuts für die Beamten der Europäischen Gemeinschaften wahr sowie die Befugnisse der Einstellungsbehörde gemäß Artikel 6 der Beschäftigungsbedingungen für die sonstigen Bediensteten der Europäischen Gemeinschaften, sofern im Beschluss des Hofes über die Ausübung der der Anstellungsbehörde bzw. Einstellungsbehörde übertragenen Befugnisse nichts anderes bestimmt ist.

(5) Dem Generalsekretär obliegt die Personal- und Sachverwaltung des Hofes sowie jede andere Aufgabe, mit der ihn der Hof betraut.

(6) Die Modalitäten für die vorübergehende Vertretung des Generalsekretärs für den Fall seiner Abwesenheit oder Verhinderung sind in den Durchführungsbestimmungen festgelegt.

KAPITEL II

Wahrnehmung der Aufgaben des Hofes

Artikel 14
Übertragung von Befugnissen

(1) Der Hof kann – unter der Voraussetzung, dass der Grundsatz der kollegialen Verantwortlichkeit gewahrt bleibt – eines oder mehrere Mitglieder ermächtigen, in seinem Namen und unter seiner Kontrolle eindeutig umschriebene Maßnahmen der Geschäftsführung und der Verwaltung zu treffen; dies gilt insbesondere für Maßnahmen im Hinblick auf die Vorbereitung eines anschließenden Hofbeschlusses. Die betroffenen Mitglieder berichten dem Kollegium über die in diesem Rahmen getroffenen Maßnahmen.

(2) Die Mitglieder können nach Maßgabe der in den Durchführungsbestimmungen festgelegten Modalitäten Zeichnungsbefugnisse für die in ihren Zuständigkeitsbereich fallenden Dokumente an einen oder mehrere Beamte oder Bedienstete übertragen.

Artikel 15
Anweisungsbefugnis

(1) Die Mitglieder des Hofes üben die Funktion des Anweisungsbefugten und der Generalsekretär die Funktion des bevollmächtigten Anweisungsbefugten nach Maßgabe der internen Vorschriften für die Ausführung des Haushaltsplans aus.

(2) Der Hof legt die Modalitäten für die Kontrolle der Funktion des Anweisungsbefugten und bevollmächtigten Anweisungsbefugten in einem Beschluss über die internen Vorschriften für die Ausführung des Haushaltsplans fest.

Artikel 16
Organisationsstruktur des Hofes

(1) Der Hof legt seine Organisationsstruktur fest.

(2) Auf Vorschlag des Generalsekretärs teilt der Hof die im Stellenplan vorgesehenen Planstellen nach Maßgabe der in den Durchführungsbestimmungen festgelegten Modalitäten auf.

TITEL II
ARBEITSWEISE DES HOFES

KAPITEL I
Sitzungen des Hofes und der Kammern

Abschnitt 1
Der Hof

Artikel 17
Zeitplan der Sitzungen

(1) Der Hof stellt einmal im Jahr – vor dessen Ablauf – den vorläufigen Sitzungsplan für das folgende Jahr auf.

(2) Auf Veranlassung des Präsidenten oder auf Antrag von mindestens einem Viertel der Mitglieder des Hofes können zusätzliche Sitzungen anberaumt werden.

Artikel 18
Tagesordnung

(1) Der Präsident erstellt für jede Sitzung einen Entwurf der Tagesordnung.

(2) Zu Beginn jeder Sitzung verabschiedet der Hof die Tagesordnung auf der Grundlage des Entwurfs der Tagesordnung und etwaiger Änderungsanträge.

Die Fristen für die Verteilung der Tagesordnung und der zugehörigen Dokumente sind in den Durchführungsbestimmungen festgelegt.

Artikel 19
Beschlussfassung

(1) Der Hof fasst seine Beschlüsse im Rahmen seiner Sitzungen, außer bei Anwendung des in Artikel 25 Absatz 5 vorgesehenen schriftlichen Verfahrens.

(2) Unter hinreichend gerechtfertigten, außergewöhnlichen Umständen, die höhere Gewalt darstellen — insbesondere schwere Krisensituationen im Bereich der öffentlichen Gesundheit, Naturkatastrophen oder Terrorakte — und die vom Präsidenten festgestellt werden, kann der Hof seine Beschlüsse in Sitzungen in der Form von Fernsitzungen, das heißt per Video- oder Telefonkonferenz, fassen, an der die Mitglieder entweder im Hof oder an einem anderen Ort teilnehmen können. Der Präsident beruft diese Sitzungen ein, leitet diese Sitzungen und gewährleistet ihren geordneten Ablauf. Das schriftliche Verfahren gemäß Artikel 25 Absatz 5 findet entsprechend Anwendung.

(3) Absatz 2 findet für die Sitzungen der Kammern und der Ausschüsse Anwendung. Der Doyen oder Vorsitzende der jeweiligen Kammer oder des jeweiligen Ausschusses beruft diese Sitzungen ein, leitet diese Sitzungen und gewährleistet ihren geordneten Ablauf.

(4) Die in Artikel 4 Absatz 4, Artikel 7 Absatz 2 und Artikel 13 Absatz 1 vorgesehenen Beschlüsse, die in geheimer Abstimmung ergehen, können vom Hof gemäß Absatz 2 dieses Artikels in Fernsitzungen gefasst werden, sofern das Wahlgeheimnis gewahrt bleibt.

(ABl 2020 L 434, 66)

Artikel 20
Vorsitz in den Sitzungen

Der Präsident führt den Vorsitz in den Sitzungen des Hofes. Ist der Präsident verhindert oder abwesend, übernimmt das Mitglied die Sitzungsleitung, das in Anwendung von Artikel 8 den Präsidenten vorübergehend vertritt.

Artikel 21
Beschlussfähigkeit

Für die Beschlussfähigkeit ist die Anwesenheit von mindestens zwei Dritteln der Mitglieder erforderlich.

Artikel 22
Nichtöffentlichkeit der Sitzungen

Sofern der Hof nichts anderes beschließt, sind die Sitzungen des Hofes nicht öffentlich.

Artikel 23
Sitzungsprotokolle

Über jede Sitzung wird ein Protokoll erstellt.

Abschnitt 2
Die Kammern

Artikel 24
Kammersitzungen

Sofern in den Durchführungsbestimmungen nichts anderes vorgesehen ist, gelten für die Sitzungen der Kammern die Bestimmungen von Abschnitt 1.

KAPITEL II
Beschlüsse des Hofes, der Kammern und der Ausschüsse

Artikel 25
Beschlüsse des Hofes

(1) Der Hof nimmt seine Beschlüsse, die zuvor in einer Kammer oder einem Ausschuss geprüft wurden, im Kollegium an; dies gilt nicht für Beschlüsse, die der Hof in seiner Eigenschaft als

Anstellungs- oder Einstellungsbehörde zu treffen hat.

(2) Die in Artikel 287 Absatz 4 Unterabsatz 3 des Vertrags über die Arbeitsweise der Europäischen Union vorgesehenen Dokumente – mit Ausnahme der Dokumente, die gemäß Artikel 11 Absatz 1 von den Kammern angenommen werden, – und die in Artikel 287 Absatz 1 Unterabsatz 2 des Vertrags über die Arbeitsweise der Europäischen Union vorgesehene Zuverlässigkeitserklärung werden vom Hof mit der Mehrheit seiner Mitglieder verabschiedet.

(3) Unbeschadet des Artikels 4 Absatz 4 und des Artikels 7 Absatz 2 werden alle übrigen Beschlüsse mit der Mehrheit der in der Sitzung des Hofes anwesenden Mitglieder gefasst. Der Hof kann jedoch auf Vorschlag eines Mitglieds mit der Mehrheit der in der Sitzung anwesenden Mitglieder entscheiden, dass der Beschluss über eine bestimmte Frage mit der Mehrheit der Stimmen der Mitglieder des Hofes gefasst wird.

(4) Ist zur Beschlussfassung die Mehrheit der in der Sitzung anwesenden Mitglieder erforderlich, gibt bei Stimmengleichheit die Stimme des Präsidenten den Ausschlag.

(5) Der Hof bestimmt von Fall zu Fall, welche Beschlüsse im schriftlichen Verfahren angenommen werden. Nähere Einzelheiten zu diesem Verfahren sind in den Durchführungsbestimmungen geregelt.

Artikel 26
Beschlüsse der Kammern

(1) Eine Kammer nimmt Beschlüsse mit der Mehrheit ihrer Mitglieder an. Bei Stimmengleichheit gibt die Stimme des Doyens oder des Mitglieds, das den Doyen vorübergehend vertritt, den Ausschlag.

(2) Alle Mitglieder des Hofes dürfen an Kammersitzungen teilnehmen, sind jedoch nur in den Kammern, denen sie angehören, stimmberechtigt. Legen Mitglieder allerdings einer Kammer, der sie nicht angehören, ein Dokument vor, sind sie in der betreffenden Kammer für dieses Dokument stimmberechtigt.

(3) Der Doyen teilt allen Mitgliedern des Hofes mit, welche Dokumente gemäß Artikel 11 Absatz 1 die Kammer nach Maßgabe der in den Durchführungsbestimmungen festgelegten Modalitäten angenommen hat.

(4) Die Annahme eines Dokuments durch die Kammer gemäß Artikel 11 Absatz 1 wird nach Ablauf von fünf Tagen ab dem Datum der Mitteilung gemäß Absatz 3 dieses Artikels endgültig, sofern nicht eine in den Durchführungsbestimmungen festgelegte Anzahl von Mitgliedern dem Präsidenten einen mit Gründen versehenen Antrag auf Behandlung des Dokuments und Beschlussfassung durch den Hof übermittelt.

(5) Eine Kammer bestimmt von Fall zu Fall, welche Beschlüsse im schriftlichen Verfahren angenommen werden. Nähere Einzelheiten zu diesem Verfahren sind in den Durchführungsbestimmungen geregelt.

Artikel 27
Beschlüsse der Ausschüsse

Sofern in den Durchführungsbestimmungen nichts anderes vorgesehen ist, gelten die Bestimmungen von Artikel 26 auch für das Beschlussfassungsverfahren der Ausschüsse.

Artikel 28
Sprachenregelung und Feststellung

(1) Die Berichte, Stellungnahmen, Bemerkungen, Zuverlässigkeitserklärungen und, falls zur Veröffentlichung bestimmt, sonstige Dokumente, werden in allen Amtssprachen erstellt.

(2) Die Feststellung der Dokumente erfolgt durch Unterzeichnung sämtlicher Sprachfassungen durch den Präsidenten.

Artikel 29
Übermittlung und Veröffentlichung

Nach Maßgabe der Verträge und insbesondere der Artikel 287 Absatz 4 des Vertrags über die Arbeitsweise der Europäischen Union und unbeschadet der einschlägigen Bestimmungen der Haushaltsordnung sind die Modalitäten für die Übermittlung und Veröffentlichung der Berichte des Hofes sowie seiner Stellungnahmen, Bemerkungen, Zuverlässigkeitserklärungen und sonstigen Beschlüsse in den Durchführungsbestimmungen festgelegt.

KAPITEL III

Prüfungen und Erstellung der Berichte, Stellungnahmen, Bemerkungen und Zuverlässigkeitserklärungen

Artikel 30
Modalitäten für die Durchführung der Prüfungen

(1) Der Hof legt die Modalitäten für die Durchführung der ihm nach den Verträgen obliegenden Prüfungen fest.

(2) Der Hof führt seine Prüfungen nach Maßgabe der in seinem Arbeitsprogramm vorgegebenen Ziele durch.

Artikel 31
Berichterstattendes Mitglied

(1) Für jede durchzuführende Prüfungsaufgabe benennt die Kammer ein oder mehrere Mitglieder

als berichterstattende Mitglieder. Für jede Prüfungsaufgabe, die über den spezifischen Rahmen einer Kammer hinausgeht, wird/werden das/die berichterstattende(n) Mitglied(er) von Fall zu Fall vom Hof benannt.

(2) Wird der Hof mit einem Antrag auf Stellungnahme gemäß den Artikeln 287, 322 oder 325 des Vertrags über die Arbeitsweise der Europäischen Union befasst oder beabsichtigt der Hof, Bemerkungen gemäß Artikel 287 des Vertrags über die Arbeitsweise der Europäischen Union vorzulegen, benennt er aus der Mitte seiner Mitglieder das berichterstattende Mitglied, das mit den entsprechenden Vorarbeiten und mit der Ausarbeitung des Entwurfs beauftragt wird.

TITEL III

ALLGEMEINE UND SCHLUSSBESTIMMUNGEN

Artikel 32
Bruchzahlen

Für die Zwecke der Anwendung dieser Geschäftsordnung werden Bruchzahlen auf die nächsthöhere ganze Zahl aufgerundet.

Artikel 33
Geschlechtsspezifische Bezeichnungen

Die im Wortlaut dieser Geschäftsordnung verwendeten geschlechtsspezifischen Bezeichnungen sind als geschlechtsneutral zu verstehen und erstrecken sich sowohl auf Männer als auch auf Frauen.

Artikel 34
Durchführungsbestimmungen

(1) Der Hof beschließt die Durchführungsbestimmungen zu dieser Geschäftsordnung mit der Mehrheit seiner Mitglieder.

(2) Die Durchführungsbestimmungen sind auf der Website des Hofes abrufbar.

Artikel 35
Zugang zu Dokumenten

Im Einklang mit den Grundsätzen der Transparenz sowie der guten Verwaltungspraxis und unbeschadet des Artikels 143 Absatz 2 und des Artikels 144 Absatz 1 der Haushaltsordnung hat jeder Bürger der Union und jede natürliche oder juristische Person, die ihren Wohnsitz oder Sitz in einem Mitgliedstaat hat, unter den im Beschluss über interne Vorschriften zur Bearbeitung von Anträgen auf Zugang zu den im Besitz des Hofes befindlichen Dokumenten niedergelegten Bedingungen ein Recht auf Zugang zu den Hofdokumenten.

Artikel 36
Inkrafttreten

Mit dieser Geschäftsordnung wird die vom Hof am 8. Dezember 2004 verabschiedete Geschäftsordnung aufgehoben und ersetzt.
Sie tritt am 1. Juni 2010 in Kraft.

Artikel 37
Veröffentlichung

Die vorliegende Geschäftsordnung wird im *Amtsblatt der Europäischen Union* veröffentlicht.

2B. Euro-Finanzstabilisierung/Fiskalunion

Hinweise:

Der Beschluss der Europäischen Zentralbank vom 14. April 2014 zur *Errichtung eines administrativen Überprüfungsausschusses und zur Festlegung der Vorschriften für seine Arbeitsweise* (EZB/2014/16) in ABl 2014 L 175, 47; die Verordnung (EU) Nr. 673/2014 der Europäischen Zentralbank vom 2. Juni 2014 über die *Errichtung einer Schlichtungsstelle und zur Festlegung ihrer Geschäftsordnung* (EZB/2014/26) in ABl 2014 L 179, 72 und die *Verfahrensordnung des Aufsichtsgremiums der Europäischen Zentralbank* in ABl 2014 L 182, 56 ergänzen sämtlich die Geschäftsordnung der Europäischen Zentralbank (siehe 2/3).

Europäische Finanzstabilisierungsfazilität (EFSF) – Rahmenvertrag: Programm weitgehend eingestellt.

Verordnung (EU) Nr. 407/2010 des Rates vom 11. Mai 2010 zur Einführung eines europäischen Finanzstabilisierungsmechanismus

ABl 2010 L 118, 1 idF

1 ABl 2012 L 188, 19 **2** ABl 2015 L 210, 1

DER RAT DER EUROPÄISCHEN UNION –

gestützt auf den Vertrag über die Arbeitsweise der Europäischen Union (AEUV), insbesondere auf Artikel 122 Absatz 2,

auf Vorschlag der Europäischen Kommission,

in Erwägung nachstehender Gründe:

(1) Nach Artikel 122 Absatz 2 des Vertrags kann einem Mitgliedstaat, der aufgrund außergewöhnlicher Ereignisse, die sich seiner Kontrolle entziehen, von Schwierigkeiten betroffen oder von gravierenden Schwierigkeiten ernstlich bedroht ist, ein finanzieller Beistand der Union gewährt werden.

(2) Solche Schwierigkeiten können durch eine ernsthafte Verschlechterung der internationalen Wirtschafts- und Finanzlage verursacht werden.

(3) Die beispiellose Weltfinanzkrise und der globale Konjunkturrückgang, die die Welt in den beiden letzten Jahren erschütterten, haben das Wirtschaftswachstum und die Finanzstabilität schwer beeinträchtigt und die Defizit- und Schuldenposition der Mitgliedstaaten stark verschlechtert.

(4) Die Verschärfung der Finanzkrise hat für mehrere Mitgliedstaaten zu einer gravierenden Verschlechterung der Kreditkonditionen geführt, die darüber hinausgeht, was sich durch wirtschaftliche Fundamentaldaten erklären ließe. Wird in dieser Situation nicht umgehend gehandelt, könnte die Finanzstabilität der Europäischen Union insgesamt ernsthaft bedroht sein.

(5) Angesichts dieser außergewöhnlichen Situation, die sich der Kontrolle der Mitgliedstaaten entzieht, erscheint es notwendig, unverzüglich einen Unionsmechanismus zur Wahrung der Finanzstabilität in der Europäischen Union einzuführen. Ein solcher Mechanismus sollte die Union in die Lage versetzen, auf akute Schwierigkeiten in einem Mitgliedstaat koordiniert, rasch und wirksam zu reagieren. Seine Aktivierung wird im Kontext einer gemeinsamen EU/Internationaler Währungsfonds (IWF)-Unterstützung erfolgen.

(6) Aufgrund der besonderen finanziellen Auswirkungen erfordern die Beschlüsse über die Gewährung eines finanziellen Beistands der Union auf der Grundlage dieser Verordnung die Ausübung von Durchführungsbefugnissen, die dem Rat übertragen werden sollten.

(7) Bei Aktivierung dieses Mechanismus sollten mit Blick auf die Wahrung der langfristigen Tragfähigkeit der öffentlichen Finanzen des betreffenden Mitgliedstaats und der Wiederherstellung seiner Fähigkeit, sich selbst auf den Finanzmärkten zu finanzieren, strenge wirtschaftspolitische Bedingungen festgelegt werden.

(8) Die Kommission sollte regelmäßig überprüfen, ob die außergewöhnlichen Umstände, die die Finanzstabilität der Europäischen Union insgesamt bedrohen, weiterhin bestehen.

(9) Die bestehende mit der Verordnung (EG) Nr. 332/2002 des Rates[1] geschaffene Fazilität für die Gewährung eines mittelfristigen finanziellen Beistands für Mitgliedstaaten außerhalb des Eurogebiets sollte beibehalten werden –

HAT FOLGENDE VERORDNUNG ERLASSEN:

Artikel 1
Ziel und Geltungsbereich

Um die Stabilität, Einheit und Integrität der Europäischen Union zu wahren, werden in dieser Verordnung die Bedingungen und Verfahren festgelegt, nach denen einem Mitgliedstaat, der aufgrund außergewöhnlicher Ereignisse, die sich seiner Kontrolle entziehen, von gravierenden wirtschaftlichen oder finanziellen Störungen betroffen oder von diesen ernstlich bedroht ist, ein finanzieller Beistand der Union gewährt werden kann; dabei ist die mögliche Anwendung der bestehenden mit der Verordnung (EG) Nr. 332/2002

[1] Verordnung (EG) Nr. 332/2002 des Rates vom 18. Februar 2002 zur Einführung einer Fazilität des mittelfristigen finanziellen Beistands zur Stützung der Zahlungsbilanzen der Mitgliedstaaten (ABl. L 53 vom 23.2.2002, S. 1).

geschaffenen Fazilität für die Gewährung eines mittelfristigen finanziellen Beistands zur Stützung der Zahlungsbilanzen der Mitgliedstaaten außerhalb des Eurogebiets zu berücksichtigen.

Artikel 2
Form des finanziellen Beistands der Union

(1) Für die Zwecke dieser Verordnung wird ein finanzieller Beistand der Union dem betreffenden Mitgliedstaat in Form eines Darlehens oder einer Kreditlinie gewährt.

Hierzu wird die Kommission nach einem Ratsbeschluss gemäß Artikel 3 ermächtigt, auf den Kapitalmärkten oder bei Finanzinstituten im Namen der Europäischen Union Anleihen aufzunehmen.

(2) Die Höhe der ausstehenden Darlehen oder Kreditlinien, die Mitgliedstaaten im Rahmen dieser Verordnung gewährt werden, ist auf den bei den Mitteln für Zahlungen bis zur Eigenmittel-Obergrenze vorhandenen Spielraum begrenzt.

Artikel 3
Verfahren

(1) Der Mitgliedstaat, der einen finanziellen Beistand der Union in Anspruch nehmen möchte, erörtert mit der Kommission in Verbindung mit der Europäischen Zentralbank (EZB) die Bewertung seines Finanzbedarfs und unterbreitet der Kommission und dem Wirtschafts- und Finanzausschuss einen Entwurf seines wirtschaftlichen und finanziellen Sanierungsprogramms.

(2) Der finanzielle Beistand der Union wird durch einen Beschluss gewährt, den der Rat auf Vorschlag der Kommission mit qualifizierter Mehrheit fasst.

(2) Handelt es sich bei dem begünstigten Mitgliedstaat um einen Mitgliedstaat, dessen Währung der Euro ist, ist die Gewährung des finanziellen Beistands der Union an die Bedingung geknüpft, dass im Wege des Erlasses rechtsverbindlicher Vorschriften mit einer besonderen Vorschrift zu diesem Zwecke, die vor der Auszahlung bestehen muss, gewährleistet wird, dass Mitgliedstaaten, deren Währung nicht der Euro ist, bei Eintritt eines Haftungsfalls infolge einer vereinbarungswidrigen Nichtrückzahlung des finanziellen Beistands durch den begünstigten Mitgliedstaat unverzüglich einen vollen finanziellen Ausgleich erhalten.

Es werden zudem angemessene Maßnahmen getroffen, um zu gewährleisten, dass bezüglich der Mitgliedstaaten, deren Währung nicht der Euro ist, keine Überkompensation stattfindet, wenn Instrumente zum Schutz des Gesamthaushalts der Union, auch durch Einziehung geschuldeter Beträge, nötigenfalls durch eine im Laufe der Zeit stattfindende Aufrechnung der Forderungen mit den Zahlungen, aktiviert werden.

(3) Der Beschluss über die Gewährung eines Darlehens enthält:

a) den Betrag des Darlehens, die durchschnittliche Laufzeit, die Konditionen, die maximale Anzahl der Raten, den Bereitstellungszeitraum des finanziellen Beistands der Union und die sonstigen detaillierten Vorschriften, die für die Durchführung des finanziellen Beistands notwendig sind;

b) die allgemeinen wirtschaftspolitischen Bedingungen, die mit der Finanzhilfe der Union verknüpft sind, um eine solide wirtschaftliche oder finanzielle Situation in dem begünstigten Mitgliedstaat und dessen eigene Finanzierungsfähigkeit auf den Finanzmärkten wiederherzustellen; diese Bedingungen werden von der Kommission in Abstimmung mit der EZB festgelegt, und

c) eine Billigung des Sanierungsprogramms, das der begünstige Mitgliedstaat aufgestellt hat, um die mit dem finanziellen Beistand der Union verknüpften wirtschaftlichen Bedingungen zu erfüllen.

(4) Der Beschluss über die Gewährung einer Kreditlinie enthält:

a) den Betrag des Darlehens, die Gebühr für die Bereitstellung der Kreditlinie, die Konditionen für die Freigabe der Mittel sowie den Bereitstellungszeitraum des finanziellen Beistands der Union und die sonstigen detaillierten Vorschriften, die für die Durchführung des Beistands notwendig sind;

b) die allgemeinen wirtschaftspolitischen Bedingungen, die mit dem finanziellen Beistand der Union verknüpft sind, um eine solide wirtschaftliche oder finanzielle Situation in dem begünstigten Mitgliedstaat wiederherzustellen; diese Bedingungen werden von der Kommission in Abstimmung mit der EZB festgelegt, und

c) eine Billigung des Sanierungsprogramms, das der begünstige Mitgliedstaat aufgestellt hat, um die mit dem finanziellen Beistand der Union verknüpften wirtschaftlichen Bedingungen zu erfüllen.

(5) Die Kommission und der begünstigte Mitgliedstaat legen in einer Vereinbarung die vom Rat festgelegten allgemeinen wirtschaftspolitischen Bedingungen fest. Die Kommission übermittelt diese Vereinbarung dem Europäischen Parlament und dem Rat.

(6) Die Kommission überprüft in Abstimmung mit der EZB die in Absatz 3 Buchstabe b und Absatz 4 Buchstabe b genannten allgemeinen wirtschaftspolitischen Bedingungen mindestens alle sechs Monate und erörtert mit dem begünstigten Mitgliedstaat die gegebenenfalls notwendigen Änderungen an dessen Sanierungsprogramm.

(7) Der Rat beschließt mit qualifizierter Mehrheit auf Vorschlag der Kommission über etwaige Änderungen an den ursprünglichen allgemeinen wirtschaftspolitischen Bedingungen und billigt das vom begünstigten Mitgliedstaat vorgelegte überarbeitete Sanierungsprogramm.

(8) Wird eine Finanzierung, die mit wirtschaftspolitischen Bedingungen verknüpft ist, außerhalb der Union – insbesondere seitens des IWF – angestrebt, muss der betreffende Mitgliedstaat zuerst die Kommission konsultieren. Die Kommission prüft die im Rahmen der Beistandsfazilität der Union vorhandenen Möglichkeiten und die Vereinbarkeit der vorgesehenen wirtschaftspolitischen Bedingungen mit den Verpflichtungen, die der betreffende Mitgliedstaat für die Durchführung der Empfehlungen und Beschlüsse des Rates gemäß den Artikeln 121, 126 und 136 des AEUV eingegangen ist. Die Kommission unterrichtet den Wirtschafts- und Finanzausschuss.

Artikel 4
Auszahlung des Darlehens

(1) Das Darlehen wird in der Regel in Raten ausgezahlt.

(2) Die Kommission überprüft in regelmäßigen Abständen, ob die Wirtschaftspolitik des begünstigten Mitgliedstaats mit dessen Sanierungsprogramm und mit den vom Rat gemäß Artikel 3 Absatz 3 Buchstabe b festgelegten Bedingungen übereinstimmt. Zu diesem Zweck übermittelt dieser Mitgliedstaat der Kommission alle notwendigen Informationen und arbeitet uneingeschränkt mit ihr zusammen.

(3) Aufgrund der Ergebnisse dieser Überprüfung entscheidet die Kommission über die Freigabe weiterer Raten.

Artikel 5
Freigabe von Mitteln

(1) Der begünstigte Mitgliedstaat teilt der Kommission seine Absicht, Mittel aus seiner Kreditlinie abzurufen, im Voraus mit. Detaillierte Regeln hierfür werden in dem Beschluss nach Artikel 3 Absatz 4 festgelegt.

(2) Die Kommission überprüft in regelmäßigen Abständen, ob die Wirtschaftspolitik des begünstigten Mitgliedstaats mit dessen Sanierungsprogramm und mit den vom Rat gemäß Artikel 3 Absatz 4 Buchstabe b festgelegten Bedingungen übereinstimmt. Zu diesem Zweck übermittelt der betreffende Mitgliedstaat der Kommission alle notwendigen Informationen und arbeitet uneingeschränkt mit ihr zusammen.

(3) Aufgrund der Ergebnisse dieser Überprüfung entscheidet die Kommission über die Freigabe der Mittel.

Artikel 6
Anleihe- und Darlehenstransaktionen

(1) Die in Artikel 2 genannten Anleihe- und Darlehenstransaktionen werden in Euro durchgeführt.

(2) Die Merkmale der aufeinander folgenden Raten, die die Union im Rahmen der Beistandsfazilität freigibt, werden zwischen dem begünstigten Mitgliedstaat und der Kommission ausgehandelt.

(3) Nach dem Beschluss des Rates über die Gewährung eines Darlehens kann die Kommission zum geeignetsten Zeitpunkt zwischen den geplanten Auszahlungen Anleihen auf den Kapitalmärkten auflegen oder Darlehen bei Kreditinstituten aufnehmen, um die Finanzierungskosten zu optimieren und ihr Ansehen als Emittent der Union auf den Märkten zu wahren. Die aufgenommenen Mittel, die noch nicht ausgezahlt wurden, werden auf besondere, entsprechend den für Maßnahmen außerhalb des Haushaltsplans geltenden Regeln geführte Bar- oder Wertpapierkonten überwiesen und dürfen nicht für andere Zwecke als die Bereitstellung einer finanziellen Unterstützung der Mitgliedstaaten im Rahmen dieses Mechanismus verwendet werden.

(4) Erhält ein Mitgliedstaat ein Darlehen mit vorzeitiger Rückzahlungsmöglichkeit und beschließt, von dieser Möglichkeit Gebrauch zu machen, so trifft die Kommission die notwendigen Vorkehrungen.

(5) Auf Antrag des begünstigten Mitgliedstaats kann die Kommission, wenn die Umstände eine Verbesserung des Zinssatzes der Darlehen gestatten, eine Refinanzierung oder Neuregelung der Finanzierungsbedingungen ihrer gesamten ursprünglichen Anleihen oder eines Teils derselben vornehmen.

(6) Der Wirtschafts- und Finanzausschuss wird über die Abwicklung der in Absatz 5 genannten Transaktionen unterrichtet.

Artikel 7
Kosten

Die Kosten, die der Union beim Abschluss und bei der Durchführung jeder Transaktion entstehen, werden von dem begünstigten Mitgliedstaat getragen.

Artikel 8
Verwaltung der Darlehen

(1) Die Kommission trifft die für die Verwaltung der Darlehen notwendigen Maßnahmen mit der EZB.

(2) Der begünstigte Mitgliedstaat eröffnet für die Verwaltung des von der Europäischen Union erhaltenen mittelfristigen finanziellen Beistands ein Sonderkonto bei seiner nationalen Zentral-

bank. Die Tilgungssumme samt der im Rahmen des Darlehens fälligen Zinsen überweist er vierzehn TARGET2-Geschäftstage vor Fälligkeit auf ein Konto bei der EZB.

(3) Unbeschadet des Artikels 27 der Satzung des Europäischen Systems der Zentralbanken und der Europäischen Zentralbank ist der Europäische Rechnungshof befugt, im begünstigten Mitgliedstaat alle Finanzkontrollen und -prüfungen vorzunehmen, die er im Hinblick auf die Verwaltung dieses Beistands für notwendig hält. Die Kommission, einschließlich des Europäischen Amts für Betrugsbekämpfung, ist insbesondere befugt, ihre Beamten oder ordnungsgemäß befugte Vertreter in den begünstigten Mitgliedstaat zu entsenden, damit diese dort alle technischen oder finanziellen Kontrollen oder Prüfungen vornehmen, die sie im Hinblick auf diesen Beistand für erforderlich hält.

Artikel 9
Überprüfung und Anpassung

(1) Die Kommission übermittelt dem Wirtschafts- und Finanzausschuss und dem Rat binnen sechs Monaten nach Inkrafttreten dieser Verordnung und gegebenenfalls in weiteren sechsmonatigen Abständen einen Bericht über die Umsetzung dieser Verordnung und über den Fortbestand der außergewöhnlichen Umstände, die den Erlass der Verordnung rechtfertigen.

(2) Diesem Bericht wird gegebenenfalls ein Vorschlag zur Änderung dieser Verordnung beigefügt, mit der die Möglichkeit der Gewährung eines finanziellen Beistands angepasst werden soll, ohne die Gültigkeit bereits gefasster Beschlüsse zu beeinträchtigen.

Artikel 10
Inkrafttreten

Diese Verordnung tritt am Tag nach ihrer Veröffentlichung im Amtsblatt der Europäischen Union in Kraft.

Diese Verordnung ist in allen ihren Teilen verbindlich und gilt unmittelbar in jedem Mitgliedstaat.

Geschehen zu Brüssel am 11. Mai 2010.

Im Namen des Rates
Die Präsidentin
Á. González-Sinde Reig

Beschluss des Europäischen Rates vom 25. März 2011 zur Änderung des Artikels 136 des Vertrags über die Arbeitsweise der Europäischen Union hinsichtlich eines Stabilitätsmechanismus für die Mitgliedstaaten, deren Währung der Euro ist

(2011/199/EU)

(ABl 2011 L 91, 1)

Hinweis:

Eingearbeitet in Kap 1/2. Der ESM-Vertrag (siehe Kap 2/8.) ist allerdings unabhängig von dieser Vertragsänderung abgeschlossen worden.

ESM-Vertrag[1)]

DIE VERTRAGSPARTEIEN, das Königreich Belgien, die Bundesrepublik Deutschland, die Republik Estland, Irland, die Hellenische Republik, das Königreich Spanien, die Französische Republik, die Italienische Republik, die Republik Zypern, die Republik Lettland, die Republik Litauen, das Großherzogtum Luxemburg, Malta, das Königreich der Niederlande, die Republik Österreich, die Portugiesische Republik, die Republik Slowenien, die Slowakische Republik und die Republik Finnland („Mitgliedstaaten des Euro-Währungsgebiets" oder „ESM-Mitglieder") –

IN IHRER VERPFLICHTUNG zur Wahrung der Finanzstabilität des Euro-Währungsgebiets,

EINGEDENK der Schlussfolgerungen des Europäischen Rates vom 25. März 2011 zur Einrichtung eines Europäischen Stabilitätsmechanismus,

IN ERWÄGUNG NACHSTEHENDER GRÜNDE:

(1) Der Europäische Rat erzielte am 17. Dezember 2010 Einvernehmen darüber, dass die Mitgliedstaaten des Euro-Währungsgebiets einen ständigen Stabilitätsmechanismus einrichten müssen. Dieser Europäische Stabilitätsmechanismus („ESM") wird die gegenwärtigen Aufgaben der Europäischen Finanzstabilisierungsfazilität („EFSF") und des europäischen Finanzstabilisierungsmechanismus („EFSM") übernehmen, die darin bestehen, den Mitgliedstaaten des Euro-Währungsgebiets bei Bedarf Finanzhilfe bereitzustellen.

(2) Am 25. März 2011 nahm der Europäische Rat den Beschluss 2011/199/EU zur Änderung des Artikels 136 des Vertrags über die Arbeitsweise der Europäischen Union hinsichtlich eines Stabilitätsmechanismus für die Mitgliedstaaten, deren Währung der Euro ist[2)] an, womit Artikel 136 folgender Absatz angefügt wird: „Die Mitgliedstaaten, deren Währung der Euro ist, können einen Stabilitätsmechanismus einrichten, der aktiviert wird, wenn dies unabdingbar ist, um die Stabilität des Euro-Währungsgebiets insgesamt zu wahren. Die Gewährung aller erforderlichen Finanzhilfen im Rahmen des Mechanismus wird strengen Auflagen unterliegen."

(3) Zur Verbesserung der Wirksamkeit der Finanzhilfe und zur Bekämpfung der Ansteckungsgefahr kamen die Staats- und Regierungschefs der Mitgliedstaaten, deren Währung der Euro ist, am 21. Juli 2011 überein, „die Flexibilität [des ESM] unter Bindung an angemessene Auflagen zu erhöhen".

(4) Die strikte Einhaltung des Rahmens der Europäischen Union, der integrierten makroökonomischen Überwachung, insbesondere des Stabilitäts- und Wachstumspakts, des Rahmens für makroökonomische Ungleichgewichte und der Vorschriften für die wirtschaftspolitische Steuerung der Europäischen Union sollte die erste Verteidigungslinie gegen Vertrauenskrisen bleiben, die die Stabilität des Euro-Währungsgebiets beeinträchtigen.

(5) Am 9. Dezember 2011 haben die Staats- und Regierungschefs der Mitgliedstaaten, deren Währung der Euro ist, vereinbart, Schritte in Richtung auf eine stärkere Wirtschaftsunion zu unternehmen, einschließlich eines neuen fiskalpolitischen Pakts und einer verstärkten wirtschaftspolitischen Koordinierung, die durch einen Vertrag über Stabilität, Koordinierung und Steuerung in der Wirtschafts- und Währungsunion („VSKS") umzusetzen ist. Der VSKS wird dazu beitragen, eine engere Koordinierung der Wirtschaftspolitik im Euro-Währungsgebiet zu entwickeln, um eine dauerhafte, gesunde und stabile Verwaltung der öffentlichen Finanzen zu gewährleisten und so eine der Hauptursachen der finanziellen Instabilität anzugehen. Der vorliegende Vertrag und der VSKS ergänzen sich gegenseitig bei der Verstärkung der haushaltspolitischen Verantwortlichkeit und der Solidarität innerhalb der Wirtschafts- und Währungsunion. Es ist anerkannt und vereinbart, dass die Gewährung von Finanzhilfe im Rahmen neuer Programme durch den ESM ab dem 1. März 2013 von der Ratifizierung des VSKS durch das betreffende ESM-Mitglied abhängt, und nach Ablauf der in Artikel 3 Absatz 2 VSKS genannten Frist von der Erfüllung der in diesem Artikel genannten Pflichten.

(6) Angesichts der starken Interdependenzen innerhalb des Euro-Währungsgebiets können ernsthafte Risiken für die Finanzstabilität der Mitgliedstaaten, deren Währung der Euro ist, die Finanzstabilität des gesamten Euro-Währungsge-

---

1) ***Hinweis:*** Konsolidierte Fassung. Der Vertrag ist am 2. Februar 2012 in Brüssel unterzeichnet worden und am 27. September 2012 in Kraft getreten. Er wurde 2017 nach dem Beitritt Lettlands zum ESM konsolidiert. Am 8. Dezember 2014 wurden „European Mechanism By-Laws" komplementär zum ESM-Vertrag verabschiedet. Die Anhänge I und II (Beitragsschlüssel und Anteile am Stammkapital) sind mit Wirkung vom 1. Januar 2021 geändert worden.

2) ABl. L 91 vom 6.4.2011, S. 1

biets gefährden. Daher kann der ESM auf der Grundlage strenger Auflagen, die dem gewählten Finanzinstrument angemessen sind, Stabilitätshilfe gewähren, wenn dies zur Wahrung der Finanzstabilität des Euro-Währungsgebiets insgesamt und seiner Mitgliedstaaten unabdingbar ist. Das anfängliche maximale Darlehensvolumen des ESM wird auf 500 Milliarden EUR einschließlich der ausstehenden EFSF-Stabilitätshilfe festgesetzt. Die Angemessenheit des konsolidierten maximalen Darlehensvolumens des ESM und der EFSF wird jedoch vor dem Inkrafttreten des vorliegenden Vertrags neu bewertet werden. Falls dies angebracht ist, wird es ab Inkrafttreten des vorliegenden Vertrags gemäß Artikel 10 durch den Gouverneursrat des ESM angepasst.

(7) Alle Mitgliedstaaten des Euro-Währungsgebiets werden ESM-Mitglieder werden. Mit dem Beitritt zum Euro-Währungsgebiet sollte ein Mitgliedstaat der Europäischen Union zu einem ESM-Mitglied mit denselben Rechten und Pflichten werden wie die Vertragsparteien.

(8) Der ESM wird bei der Bereitstellung von Stabilitätshilfe sehr eng mit dem Internationalen Währungsfonds („IWF") zusammenarbeiten. Eine aktive Beteiligung des IWF, sowohl auf fachlicher als auch auf finanzieller Ebene, wird angestrebt. Von einem Mitgliedstaat des Euro-Währungsgebiets, der um eine Finanzhilfe durch den ESM ersucht, wird erwartet, dass er, wann immer dies möglich ist, ein ähnliches Ersuchen an den IWF richtet.

(9) Mitgliedstaaten der Europäischen Union, deren Währung nicht der Euro ist („Nichtmitgliedstaaten des Euro-Währungsgebiets") und die sich im Einzelfall neben dem ESM an einer Stabilitätshilfemaßnahme für Mitgliedstaaten des Euro-Währungsgebiets beteiligen, werden als Beobachter zu den Sitzungen des ESM eingeladen, auf denen diese Stabilitätshilfemaßnahme und ihre Überwachung erörtert werden. Sie erhalten zeitnahen Zugang zu sämtlichen Informationen und werden ordnungsgemäß konsultiert.

(10) Am 20. Juni 2011 ermächtigten die Vertreter der Regierungen der Mitgliedstaaten der Europäischen Union die Vertragsparteien des vorliegenden Vertrags, die Europäische Kommission und die Europäische Zentralbank („EZB") dazu aufzufordern, die in dem vorliegenden Vertrag vorgesehenen Aufgaben zu erfüllen.

(11) In ihrer Erklärung vom 28. November 2010 stellte die Euro-Gruppe fest, dass standardisierte und identische Umschuldungsklauseln („Collective Action Clauses" – „CAC") in einer die Marktliquidität wahrenden Form in die Vertragsbedingungen aller neuen Staatsanleihen des Euro-Währungsgebiets aufgenommen werden. Wie vom Europäischen Rat am 25. März 2011 gefordert , sind die Einzelheiten der rechtlichen Regelungen für die Aufnahme von Umschuldungsklauseln in Staatsschuldtitel des Euro-Währungsgebiets vom Wirtschafts- und Finanzausschuss festgelegt worden.

(12) Entsprechend der Praxis des IMF ist in Ausnahmefällen eine Beteiligung des Privatsektors in
angemessener und verhältnismäßiger Form in Fällen in Betracht zu ziehen, in denen die Stabilitätshilfe in Verbindung mit Auflagen in Form eines makroökonomischen Anpassungsprogramms gewährt wird.

(13) Der ESM wird, wie der IWF, einem ESM-Mitglied Stabilitätshilfe gewähren, wenn dessen regulärer Zugang zur Finanzierung über den Markt beeinträchtigt ist oder beeinträchtigt zu werden droht. Eingedenk dessen haben die Staats- und Regierungschefs festgelegt, dass ESM-Darlehen – vergleichbar denen des IWF – den Status eines bevorrechtigten Gläubigers haben werden, wobei akzeptiert wird, dass der IWF gegenüber dem ESM als Gläubiger vorrangig ist. Dieser Status wird ab dem Tag des Inkrafttretens dieses Vertrags gelten. In dem Fall, dass sich die ESM-Finanzhilfe in Form von ESM-Darlehen an ein Finanzhilfeprogramm anschließt, das im Zeitpunkt der Unterzeichnung dieses Vertrags bereits besteht, wird der ESM den gleichen Rang haben, wie alle anderen Darlehen und Verpflichtungen des die Finanzhilfe empfangenden ESM-Mitglieds, ausgenommen die Darlehen des IWF.

(14) Die dem Euro-Währungsgebiet angehörenden Mitgliedstaaten werden es unterstützen, dass dem ESM und anderen Staaten, die bilateral in Abstimmung mit dem ESM als Darlehensgeber auftreten, ein gleichwertiger Gläubigerstatus zuerkannt wird.

(15) Die Preisgestaltung des ESM für Mitgliedstaaten, die einem makroökonomischen Anpassungsprogramm, einschließlich der in Artikel 40 dieses Vertrags genannten, unterliegen, muss die Finanzierungs- und Betriebskosten des ESM decken und sollte mit den Bedingungen der zwischen dem EFSF, Irland und der Central Bank of Ireland einerseits und zwischen dem EFSF, der Portugiesischen Republik und der Banco de Portugal andererseits geschlossenen Vereinbarungen über eine Finanzhilfefazilität in Einklang stehen.

(16) Streitigkeiten über die Auslegung oder Anwendung dieses Vertrags zwischen den Vertragsparteien oder zwischen den Vertragsparteien

und dem ESM sollten gemäß Artikel 273 des Vertrags über die Arbeitsweise der Europäischen Union („AEUV") beim Gerichtshof der Europäischen Union anhängig gemacht werden.

(17) Die Überwachung nach Abschluss des Programms wird von der Europäischen Kommission und vom Rat der Europäischen Union im Rahmen der Artikel 121 und 136 AEUV durchgeführt –

SIND WIE FOLGT ÜBEREINGEKOMMEN:

KAPITEL 1
MITGLIEDSCHAFT UND ZWECK

Artikel 1
Einrichtung und Mitglieder

(1) Durch diesen Vertrag richten die Vertragsparteien untereinander eine internationale Finanzinstitution ein, die den Namen „Europäischer Stabilitätsmechanismus" („ESM") trägt.

(2) Die Vertragsparteien sind die ESM-Mitglieder.

Artikel 2
Neue Mitglieder

(1) Die Mitgliedschaft im ESM steht den anderen Mitgliedstaaten der Europäischen Union von dem Zeitpunkt an offen, zu dem der gemäß Artikel 140 Absatz 2 AEUV angenommene Beschluss des Rates der Europäischen Union zur Aufhebung der für sie geltenden Ausnahmeregelung bezüglich der Einführung des Euro in Kraft tritt.

(2) Neue ESM-Mitglieder werden nach Maßgabe des Artikels 44 zu den selben Bedingungen aufgenommen wie die bestehenden ESM-Mitglieder.

(3) Ein neuer Mitgliedstaat, der dem ESM nach dessen Einrichtung beitritt, erhält für seinen Kapitalbeitrag, der gemäß dem Beitragsschlüssel nach Artikel 11 berechnet wird, Anteile am ESM.

Artikel 3
Zweck

Zweck des ESM ist es, Finanzmittel zu mobilisieren und ESM-Mitgliedern, die schwerwiegende Finanzierungsprobleme haben oder denen solche Probleme drohen, unter strikten, dem gewählten Finanzhilfeinstrument angemessenen Auflagen eine Stabilitätshilfe bereitzustellen, wenn dies zur Wahrung der Finanzstabilität des Euro-Währungsgebiets insgesamt und seiner Mitgliedstaaten unabdingbar ist. Zu diesem Zweck ist der ESM berechtigt, Mittel aufzunehmen, indem er Finanzinstrumente begibt oder mit ESM-Mitgliedern, Finanzinstituten oder sonstigen Dritten finanzielle oder sonstige Vereinbarungen oder Übereinkünfte schließt.

KAPITEL 2
GESCHÄFTSFÜHRUNG

Artikel 4
Aufbau und Abstimmungsregeln

(1) Der ESM hat einen Gouverneursrat und ein Direktorium sowie einen Geschäftsführenden Direktor und andere für erforderlich erachtete eigene Bedienstete.

(2) Der Gouverneursrat und das Direktorium beschließen nach Maßgabe dieses Vertrags in gegenseitigem Einvernehmen, mit qualifizierter Mehrheit oder mit einfacher Mehrheit. Bei allen Beschlüssen ist die Beschlussfähigkeit erreicht, wenn 2/3 der stimmberechtigten Mitglieder, auf die insgesamt mindestens 2/3 der Stimmrechte entfallen, anwesend sind.

(3) Die Annahme eines Beschlusses in gegenseitigem Einvernehmen erfordert die Einstimmigkeit der an der Abstimmung teilnehmenden Mitglieder. Die Annahme eines Beschlusses in gegenseitigem Einvernehmen wird durch Enthaltungen nicht verhindert.

(4) Abweichend von Absatz 3 wird in Fällen, in denen die Europäische Kommission und die EZB beide zu dem Schluss gelangen, dass die Unterlassung der dringlichen Annahme eines Beschlusses zur Gewährung oder Durchführung von Finanzhilfe in aller Eile gemäß der Regelung in den Artikeln 13 bis 18 die wirtschaftliche und finanzielle Stabilität des Euro-Währungsgebiets bedrohen würde, ein Dringlichkeitsabstimmungsverfahren angewandt. Die Annahme eines Beschlusses in gegenseitigem Einvernehmen durch den Gouverneursrat gemäß Artikel 5 Absatz 6 Buchstaben f und g und durch das Direktorium nach diesem Dringlichkeitsverfahren erfordert eine qualifizierte Mehrheit von 85 % der abgegebenen Stimmen.

Wird das in Unterabsatz 1 genannte Dringlichkeitsverfahren angewandt, so wird eine Übertragung vom Reservefonds und/oder vom eingezahlten Kapital in einen Notfallreservefonds vorgenommen, um einen zweckbestimmten Puffer zur Abdeckung der Risiken zu bilden, die sich aus der im Dringlichkeitsverfahren gewährten Finanzhilfe ergeben. Der Gouverneursrat kann beschließen, den Notfallreservefonds aufzulösen und seinen Inhalt auf den Reservefonds und/oder das eingezahlte Kapital rückzuübertragen.

(5) Für die Annahme eines Beschlusses mit qualifizierter Mehrheit sind 80 % der abgegebenen Stimmen erforderlich.

(6) Für die Annahme eines Beschlusses mit einfacher Mehrheit ist die Mehrheit der abgegebenen Stimmen erforderlich.

(7) Die Stimmrechte eines jeden ESM-Mitglieds, die von dessen Beauftragten oder dem Vertreter des Letztgenannten im Gouverneursrat oder im Direktorium ausgeübt werden, entsprechen der Zahl der Anteile, die dem betreffenden Mitglied gemäß Anhang II am genehmigten Stammkapital des ESM zugeteilt wurden.

(8) Versäumt es ein ESM-Mitglied, den Betrag, der aufgrund seiner Verpflichtungen im Zusammenhang mit eingezahlten Anteilen oder Kapitalabrufen nach Maßgabe der Artikel 8, 9 und 10 oder im Zusammenhang mit der Rückzahlung der Finanzhilfe nach Maßgabe der Artikel 16 oder 17 fällig werden, in voller Höhe zu begleichen, so werden sämtliche Stimmrechte dieses ESM-Mitglieds solange ausgesetzt, bis die Zahlung erfolgt ist. Die Stimmrechtsschwellen werden entsprechend neu berechnet.

Artikel 5
Gouverneursrat

(1) Jedes ESM-Mitglied ernennt ein Mitglied des Gouverneursrats und ein stellvertretendes Mitglied des Gouverneursrats. Die Ernennungen können jederzeit widerrufen werden. Das Mitglied des Gouverneursrats ist ein Regierungsmitglied des jeweiligen ESM-Mitglieds mit Zuständigkeit für die Finanzen. Das stellvertretende Mitglied des Gouverneursrats ist bevollmächtigt, bei Abwesenheit des Gouverneursratsmitglieds in dessen Namen zu handeln.

(2) Der Gouverneursrat beschließt entweder, seinen Vorsitz dem in dem dem Vertrag über die Europäische Union und dem Vertrag über die Arbeitsweise der Europäischen Union beigefügten Protokoll (Nr. 14) betreffend die Euro-Gruppe genannten Präsidenten der Euro-Gruppe zu übertragen, oder er wählt aus dem Kreis seiner Mitglieder einen Vorsitzenden und einen stellvertretenden Vorsitzenden für eine Amtszeit von zwei Jahren. Der Vorsitzende und der stellvertretende Vorsitzende können wiedergewählt werden. Hat der amtierende Vorsitzende die für das Amt des Gouverneursratsmitglieds erforderliche Funktion nicht länger inne, so wird unverzüglich eine Neuwahl durchgeführt.

(3) Das für Wirtschaft und Währung zuständige Mitglied der Europäischen Kommission und der Präsident der EZB sowie der Präsident der Euro-Gruppe (sofern er nicht der Vorsitzende oder ein Mitglied des Gouverneursrats ist) können als Beobachter an den Sitzungen des Gouverneursrats teilnehmen.

(4) Vertreter der Mitgliedstaaten, die dem Euro-Währungsgebiet nicht angehören und sich auf Ad-hoc-Basis neben dem ESM an einer Stabilitätshilfemaßnahme für Mitgliedstaaten des EuroWährungsgebiets beteiligen, werden ebenfalls als Beobachter zu den Sitzungen des Gouverneursrats eingeladen, auf denen diese Stabilitätshilfe und ihre Überwachung erörtert werden.

(5) Der Gouverneursrat kann im Einzelfall auch andere Personen als Beobachter zu Sitzungen einladen, darunter auch Vertreter von Institutionen oder Organisationen wie dem IWF.

(6) Der Gouverneursrat fasst die folgenden Beschlüsse im gegenseitigen Einvernehmen:

a) Auflösung des Notfallreservefonds und Rückübertragung seines Inhalts auf den Reservefonds und/oder in das eingezahlte Kapital nach Maßgabe des Artikels 4 Absatz 4.

b) Auflage neuer Anteile zu anderen Konditionen als zum Nennwert nach Maßgabe des Artikels 8 Absatz 2;

c) Kapitalabrufe nach Maßgabe des Artikels 9 Absatz 1;

d) Veränderungen des genehmigten Stammkapitals und Anpassung des maximalen Darlehensvolumens des ESM nach Maßgabe des Artikels 10 Absatz 1;

e) Berücksichtigung einer etwaigen Aktualisierung des Schlüssels für die Zeichnung des EZB-Kapitals nach Maßgabe des Artikels 11 Absatz 3 und die erforderlichen Änderungen an Anhang I gemäß Artikel 11 Absatz 6;

f) Gewährung von Stabilitätshilfe durch den ESM einschließlich der in dem Memorandum of Understanding nach Artikel 13 Absatz 3 festgelegten wirtschaftspolitischen Auflagen sowie Wahl der Instrumente und Festlegung der Finanzierungsbedingungen nach Maßgabe der Artikel 12 bis 18;

g) Erteilung des Mandats an die Europäische Kommission, im Benehmen mit der EZB die an jede Finanzhilfe gebundenen wirtschaftspolitischen Auflagen auszuhandeln, nach Maßgabe des Artikels 13 Absatz 3;

h) Änderungen der Methodik der Preisgestaltung und der Preisgestaltungsleitlinie für Finanzhilfe nach Maßgabe des Artikels 20;

i) Änderungen an der Liste der Finanzhilfeinstrumente, die der ESM nutzen kann, nach Maßgabe des Artikels 19;

j) Festlegung der Modalitäten für die Übertragung von EFSF-Hilfen auf den ESM nach Maßgabe des Artikels 40;

k) Genehmigung des Antrags neuer Mitglieder auf Beitritt zum ESM nach Maßgabe des Artikels 44;

l) Anpassungen dieses Vertrags, die unmittelbar infolge des Beitritts neuer Mitglieder erforderlich werden, einschließlich Änderungen an der Kapitalverteilung zwischen den ESM-Mitgliedern und an der Berechnung dieser Verteilung als unmittelbare Folge des Beitritts eines neuen Mitglieds zum ESM nach Maßgabe des Artikels 44 und

m) Übertragung der in diesem Artikel genannten Aufgaben auf das Direktorium.

(7) Der Gouverneursrat fasst die folgenden Beschlüsse mit qualifizierter Mehrheit:

a) Festlegung ausführlicher technischer Regelungen für den Beitritt eines neuen Mitglieds zum ESM nach Maßgabe des Artikels 44;

b) ob der Vorsitz dem Präsidenten der Euro-Gruppe übertragen wird oder ob – mit qualifizierter Mehrheit – eine Wahl eines Vorsitzenden und eines stellvertretenden Vorsitzenden des Gouverneursrats nach Maßgabe des Absatzes 2 stattfindet;

c) Festlegung der Satzung des ESM und der Geschäftsordnung des Gouverneursrats und des Direktoriums (einschließlich des Rechts zur Einsetzung von Ausschüssen und nachgeordneten Gremien) nach Maßgabe des Absatzes 9;

d) Aufstellung der Liste der mit den Pflichten eines Direktoriumsmitglieds oder eines stellvertretenden Direktoriumsmitglieds unvereinbaren Tätigkeiten nach Maßgabe des Artikels 6 Absatz 8;

e) Ernennung und Beendigung der Amtszeit des Geschäftsführenden Direktors nach Maßgabe des Artikels 7;

f) Einrichtung anderer Fonds nach Maßgabe des Artikels 24;

g) Maßnahmen, die zur Beitreibung einer Schuld eines ESM-Mitglieds nach Maßgabe des Artikels 25 Absätze 2 und 3 zu treffen sind;

h) Feststellung des Jahresabschlusses des ESM nach Maßgabe des Artikels 27 Absatz 1;

i) Ernennung der Mitglieder des Prüfungsausschusses nach Maßgabe des Artikels 30 Absatz 1;

j) Billigung externer Abschlussprüfer nach Maßgabe des Artikels 29;

k) Aufhebung der Immunität des Vorsitzenden des Gouverneursrats, eines Mitglieds des Gouverneursrats, eines stellvertretenden Mitglieds des Gouverneursrats, eines Mitglieds des Direktoriums, eines stellvertretenden Mitglieds des Direktoriums oder des Geschäftsführenden Direktors nach Maßgabe des Artikels 35 Absatz 2;

l) Festlegung der für Bedienstete des ESM geltenden Steuerregelung nach Maßgabe des Artikels 36 Absatz 5;

m) Entscheidung über Streitigkeiten nach Maßgabe des Artikels 37 Absatz 2 und

n) sonstige erforderliche Beschlüsse, die in diesem Vertrag nicht ausdrücklich genannt sind.

(8) Der Vorsitzende beruft die Sitzungen des Gouverneursrats ein und führt in ihnen den Vorsitz. Ist der Vorsitzende an der Teilnahme verhindert, so führt der stellvertretende Vorsitzende in den Sitzungen den Vorsitz.

(9) Der Gouverneursrat nimmt seine Geschäftsordnung und die Satzung des ESM an.

Artikel 6
Direktorium

(1) Jedes Mitglied des Gouverneursrats ernennt aus einem Personenkreis mit großem Sachverstand im Bereich der Wirtschaft und der Finanzen ein Mitglied und ein stellvertretendes Mitglied des Direktoriums. Diese Ernennungen können jederzeit widerrufen werden. Das stellvertretende Mitglied des Direktoriums ist bevollmächtigt, bei Abwesenheit des Mitglieds des Direktoriums in dessen Namen zu handeln.

(2) Das für Wirtschaft und Finanzen zuständige Mitglied der Europäischen Kommission und der Präsident der EZB können jeweils einen Beobachter ernennen.

(3) Vertreter der Mitgliedstaaten, die dem Euro-Währungsgebiet nicht angehören und sich im Einzelfall neben dem ESM an einer Finanzhilfemaßnahme für einen Mitgliedstaat des EuroWährungsgebiets beteiligen, werden ebenfalls als Beobachter zu den Sitzungen des Direktoriums eingeladen, auf denen diese Finanzhilfemaßnahme und ihre Überwachung erörtert werden.

(4) Der Gouverneursrat kann im Einzelfall auch andere Personen als Beobachter zu den Sitzungen einladen, darunter auch Vertreter von Institutionen oder Organisationen.

(5) Soweit in diesem Vertrag nicht anders vorgesehen, beschließt das Direktorium mit qualifizierter Mehrheit. Beschlüsse, die auf Grundlage von Befugnissen, die der Gouverneursrat delegiert hat, zu fassen sind, werden gemäß den einschlägigen Abstimmungsregeln in Artikel 5 Absätze 6 und 7 angenommen.

(6) Unbeschadet der Befugnisse des Gouverneursrats nach Maßgabe des Artikels 5 gewährleistet das Direktorium, dass der ESM gemäß diesem Vertrag und gemäß der vom Gouverneursrat beschlossenen Satzung des ESM geführt wird. Es fasst die Beschlüsse, die ihm nach Maßgabe dieses Vertrags obliegen oder die ihm vom Gouverneursrat übertragen werden.

(7) Nicht besetzte Positionen im Direktorium werden nach Maßgabe des Absatzes 1 unverzüglich besetzt.

(8) Der Gouverneursrat beschließt, welche Tätigkeiten mit den Pflichten eines Mitglieds des Direktoriums oder eines stellvertretenden Mitglieds des Direktoriums unvereinbar sind, die Satzung des ESM und die Geschäftsordnung des Direktoriums.

Artikel 7
Geschäftsführender Direktor

(1) Der Geschäftsführende Direktor wird vom Gouverneursrat aus einem Kreis von Kandidaten ernannt, die die Staatsangehörigkeit eines ESM-Mitglieds, einschlägige internationale Erfahrung

und großen Sachverstand im Bereich der Wirtschaft und der Finanzen besitzen. Der Geschäftsführende Direktor darf während seiner Amtszeit weder Mitglied noch stellvertretendes Mitglied des Gouverneursrats oder des Direktoriums sein.

(2) Die Amtszeit des Geschäftsführenden Direktors beträgt fünf Jahre. Eine einmalige Wiederernennung ist möglich. Durch Beschluss des Gouverneursrats kann die Amtszeit des Geschäftsführenden Direktors jedoch vorzeitig beendet werden.

(3) Der Geschäftsführende Direktor führt in den Sitzungen des Direktoriums den Vorsitz und nimmt an den Sitzungen des Gouverneursrats teil.

(4) Der Geschäftsführende Direktor steht den Bediensteten des ESM vor. Er ist für die Organisation, Ernennung und Entlassung der Bediensteten nach Maßgabe der vom Direktorium zu beschließenden Beschäftigungsbedingungen zuständig.

(5) Der Geschäftsführende Direktor ist der gesetzliche Vertreter des ESM und führt nach den Weisungen des Direktoriums die laufenden Geschäfte des ESM.

KAPITEL 3
KAPITAL

Artikel 8
Genehmigtes Stammkapital

(1) Das genehmigte Stammkapital beträgt 704 798 700 000 EUR. Es ist aufgeteilt in sieben Millionen siebenundvierzigtausendneunhundertsiebenundachzig Anteile mit einem Nennwert von je 100 000 EUR, die gemäß dem in Artikel 11 vorgesehenen und in Anhang I berechneten Erstbeitragsschlüssel zur Zeichnung zur Verfügung stehen.

(2) Das genehmigte Stammkapital wird in eingezahlte Anteile und abrufbare Anteile unterteilt. Der anfängliche Gesamtnennwert der eingezahlten Anteile beläuft sich auf 80 548 400 000 EUR. Die Anteile des genehmigten Stammkapitals am anfänglich gezeichneten Stammkapital werden zum Nennwert ausgegeben. Andere Anteile werden zum Nennwert ausgegeben, sofern der Gouverneursrat nicht unter besonderen Umständen eine anderweitige Ausgabe beschließt.

(3) Die Anteile am genehmigten Stammkapital werden in keiner Weise belastet oder verpfändet und sind nicht übertragbar, außer im Falle einer Übertragung zur Durchführung von Anpassungen des in Artikel 11 vorgesehenen Beitragsschlüssels in dem Umfang, der erforderlich ist, um zu gewährleisten, dass die Verteilung der Anteile dem angepassten Schlüssel entspricht.

(4) Die ESM-Mitglieder verpflichten sich unwiderruflich und uneingeschränkt, ihren Beitrag zum genehmigten Stammkapital gemäß ihrem Beitragsschlüssel in Anhang I zu leisten. Sie kommen sämtlichen Kapitalabrufen gemäß den Bedingungen dieses Vertrages fristgerecht nach.

(5) Die Haftung eines jeden ESM-Mitglieds bleibt unter allen Umständen auf seinen Anteil am genehmigten Stammkapital zum Ausgabekurs begrenzt. Kein ESM-Mitglied haftet aufgrund seiner Mitgliedschaft für die Verpflichtungen des ESM. Die Verpflichtung der ESM-Mitglieder zur Leistung von Kapitalbeiträgen zum genehmigten Stammkapital gemäß diesem Vertrag bleibt unberührt, falls ein ESM-Mitglied Finanzhilfe vom ESM erhält oder die Voraussetzungen dafür erfüllt.

Artikel 9

Kapitalabrufe

(1) Der Gouverneursrat kann genehmigtes nicht eingezahltes Kapital jederzeit abrufen und den ESM-Mitgliedern eine angemessene Frist für dessen Einzahlung setzen.

(2) Das Direktorium kann genehmigtes nicht eingezahltes Kapital durch Beschluss mit einfacher Mehrheit abrufen, um die Höhe des eingezahlten Kapitals wiederherzustellen, wenn diese durch das Auffangen von Verlusten unter den in Artikel 8 Absatz 2 festgelegten Betrag – der vom Gouverneursrat gemäß dem Verfahren nach Artikel 10 geändert werden kann – abgesunken ist, und den ESM-Mitgliedern eine angemessene Frist für dessen Einzahlung setzen.

(3) Der Geschäftsführende Direktor ruft genehmigtes nicht eingezahltes Kapital rechtzeitig ab, falls dies notwendig ist, damit der ESM bei planmäßigen oder sonstigen fälligen Zahlungsverpflichtungen gegenüber Gläubigern des ESM nicht in Verzug gerät. Der Geschäftsführende Direktor setzt das Direktorium und den Gouverneursrat über jeden derartigen Abruf in Kenntnis. Wird ein potenzieller Fehlbetrag in den Mitteln des ESM entdeckt, so führt der Geschäftsführende Direktor (einen) entsprechende(n) Abruf(e) baldmöglichst durch, um sicherzustellen, dass der ESM über ausreichende Mittel verfügt, um fällige Zahlungen an Gläubiger fristgerecht und in voller Höhe leisten zu können. Die ESM-Mitglieder verpflichten sich unwiderruflich und uneingeschränkt, Kapital, das der Geschäftsführende Direktor gemäß diesem Absatz von ihnen abruft, innerhalb von sieben Tagen ab Erhalt der Aufforderung einzuzahlen.

(4) Das Direktorium beschließt die ausführlichen Regelungen und Bedingungen, die für Kapitalabrufe nach Maßgabe dieses Artikels gelten.

Artikel 10
Veränderungen des genehmigten Stammkapitals

(1) Der Gouverneursrat überprüft das maximale Darlehensvolumen und die Angemessenheit des genehmigten Stammkapitals des ESM regelmäßig, mindestens jedoch alle fünf Jahre. Er kann beschließen, das genehmigte Stammkapital zu verändern und Artikel 8 und Anhang II entsprechend zu ändern. Dieser Beschluss tritt in Kraft, nachdem die ESM-Mitglieder dem Verwahrer den Abschluss ihrer jeweiligen nationalen Verfahren notifiziert haben. Die neuen Anteile werden den ESM-Mitgliedern nach dem in Artikel 11 und Anhang I vorgesehenen Beitragsschlüssel zugeteilt.

(2) Das Direktorium beschließt die ausführlichen Regelungen und Bedingungen, die für sämtliche oder etwaige gemäß Absatz 1 vorgenommene Kapitalveränderungen gelten.

(3) Wird ein Mitgliedstaat der Europäischen Union neues ESM-Mitglied, so wird das genehmigte Stammkapital des ESM automatisch erhöht, indem die zum betreffenden Zeitpunkt geltenden Beträge mit der Verhältniszahl aus dem Gewichtsanteil des neuen ESM-Mitglieds und dem Gewichtsanteil der bestehenden ESM-Mitglieder im Rahmen des in Artikel 11 vorgesehenen angepassten Beitragsschlüssels multipliziert werden.

Artikel 11
Beitragsschlüssel

(1) Der Beitragsschlüssel für die Zeichnung des genehmigten Stammkapitals des ESM stützt sich vorbehaltlich der Absätze 2 und 3 auf den Schlüssel für die Zeichnung des EZB-Kapitals durch die nationalen Zentralbanken der ESM-Mitglieder gemäß Artikel 29 des dem Vertrag über die Europäische Union und dem Vertrag über die Arbeitsweise der Europäischen Union beigefügten Protokolls (Nr. 4) über die Satzung des Europäischen Systems der Zentralbanken und der Europäischen Zentralbank („ESZB-Satzung").

(2) Der Beitragsschlüssel für die Zeichnung des genehmigten Stammkapitals des ESM ist in Anhang I niedergelegt.

(3) Der Beitragsschlüssel für die Zeichnung des genehmigten Stammkapitals des ESM wird angepasst, wenn

a) ein Mitgliedstaat der Europäischen Union neues ESM-Mitglied wird und sich das genehmigte Stammkapital des ESM nach Maßgabe des Artikels 10 Absatz 3 automatisch erhöht oder

b) die gemäß Artikel 42 ermittelte zwölfjährige zeitweilige Korrektur, die für ein ESM-Mitglied gilt, endet.

(4) Der Gouverneursrat kann beschließen, etwaige Aktualisierungen des in Absatz 1 genannten Schlüssels für die Zeichnung des EZB-Kapitals zu berücksichtigen, wenn der Beitragsschlüssel gemäß Absatz 3 angepasst wird oder wenn sich das genehmigte Stammkapital nach Maßgabe des Artikels 10 Absatz 1 verändert.

(5) Wird der Beitragsschlüssel für die Zeichnung des genehmigten Stammkapitals des ESM angepasst, übertragen die ESM-Mitglieder einander genehmigtes Stammkapital in dem Umfang, der erforderlich ist, damit die Verteilung des genehmigten Stammkapitals dem angepassten Schlüssel entspricht.

(6) Bei jeder Anpassung im Sinne dieses Artikels wird Anhang I durch Beschluss des Gouverneursrats geändert.

(7) Das Direktorium trifft alle weiteren Maßnahmen, die zur Anwendung dieses Artikels erforderlich sind.

KAPITEL 4
TÄTIGKEIT

Artikel 12
Grundsätze

(1) Ist dies zur Wahrung der Finanzstabilität des Euro-Währungsgebiets insgesamt und seiner Mitgliedstaaten unabdingbar, so kann der ESM einem ESM-Mitglied unter strengen, dem gewählten Finanzhilfeinstrument angemessenen Auflagen Stabilitätshilfe gewähren. Diese Auflagen können von einem makroökonomischen Anpassungsprogramm bis zur kontinuierlichen Erfüllung zuvor festgelegter Anspruchsvoraussetzungen reichen.

(2) Unbeschadet des Artikels 19 kann die ESM-Stabilitätshilfe mittels der in den Artikeln 14 bis 18 vorgesehenen Instrumente gewährt werden.

(3) Ab 1. Januar 2013 enthalten alle neuen Staatsschuldtitel des Euro-Währungsgebiets mit einer Laufzeit von mehr als einem Jahr Umschuldungsklauseln, die so ausgestaltet sind, dass gewährleistet wird, dass ihre rechtliche Wirkung in allen Rechtsordnungen des Euro-Währungsgebiets gleich ist.

Artikel 13
Verfahren für die Gewährung von Stabilitätshilfe

(1) Ein ESM-Mitglied kann an den Vorsitzenden des Gouverneursrats ein Stabilitätshilfeersuchen richten. In diesem Ersuchen wird angegeben, welche(s) Finanzhilfeinstrument(e) zu erwägen ist/sind. Bei Erhalt eines solchen Ersuchens überträgt der Vorsitzende des Gouverneursrats der Europäischen Kommission, im Benehmen mit der EZB, die folgenden Aufgaben:

a) das Bestehen einer Gefahr für die Finanzstabilität des Euro-Währungsgebiets insgesamt oder seiner Mitgliedstaaten zu bewerten, es sei denn, die EZB hat bereits eine Analyse nach Artikel 18 Absatz 2 vorgelegt;

b) zu bewerten, ob die Staatsverschuldung tragfähig ist. Es wird erwartet, dass diese Bewertung, wann immer dies angemessen und möglich ist, zusammen mit dem IWF durchgeführt wird;

c) den tatsächlichen oder potenziellen Finanzierungsbedarf des betreffenden ESM-Mitglieds zu bewerten.

(2) Auf der Grundlage des Ersuchens des ESM-Mitglieds und der in Absatz 1 genannten Bewertung kann der Gouverneursrat beschließen, dem betroffenen ESM-Mitglied grundsätzlich Stabilitätshilfe in Form einer Finanzhilfefazilität zu gewähren.

(3) Wird ein Beschluss nach Absatz 2 angenommen, so überträgt der Gouverneursrat der Europäischen Kommission die Aufgabe, – im Benehmen mit der EZB und nach Möglichkeit zusammen mit dem IWF – mit dem betreffenden ESM-Mitglied ein Memorandum of Understanding („MoU") auszuhandeln, in dem die mit der Finanzhilfefazilität verbundenen Auflagen im Einzelnen ausgeführt werden. Der Inhalt des MoU spiegelt den Schweregrad der zu behebenden Schwachpunkte und das gewählte Finanzhilfeinstrument wider. Gleichzeitig arbeitet der Geschäftsführende Direktor des ESM einen Vorschlag für eine Vereinbarung über eine Finanzhilfefazilität aus, der unter anderem die Finanzierungsbedingungen sowie die gewählten Instrumente enthält und vom Gouverneursrat anzunehmen ist.

Das MoU steht in voller Übereinstimmung mit den im AEUV vorgesehenen Maßnahmen der wirtschaftspolitischen Koordinierung, insbesondere etwaiger Rechtsakte der Europäischen Union, einschließlich etwaiger an das betreffende ESM-Mitglied gerichteter Stellungnahmen, Verwarnungen, Empfehlungen oder Beschlüsse.

(4) Die Europäische Kommission unterzeichnet das MoU im Namen des ESM, vorbehaltlich der vorherigen Erfüllung der in Absatz 3 ausgeführten Bedingungen und der Zustimmung des Gouverneursrats.

(5) Das Direktorium billigt die Vereinbarung über eine Finanzhilfefazilität, die die finanziellen Aspekte der zu gewährenden Stabilitätshilfe im Einzelnen regelt und – soweit anwendbar – die Auszahlung der ersten Tranche der Hilfe.

(6) Der ESM richtet einen angemessenen Warnmechanismus ein, um sicherzustellen, dass er jedwede im Rahmen der Stabilitätshilfe fällige Rückzahlungen des ESM-Mitglieds fristgerecht erhält.

(7) Die Europäische Kommission wird – im Benehmen mit der EZB und nach Möglichkeit zusammen mit dem IWF – damit betraut, die Einhaltung der mit der Finanzhilfefazilität verbundenen wirtschaftspolitischen Auflagen zu überwachen.

Artikel 14
Vorsorgliche ESM-Finanzhilfe

(1) Der Gouverneursrat kann beschließen, nach Maßgabe des Artikels 12 Absatz 1 eine vorsorgliche Finanzhilfe in Form einer vorsorglichen bedingten Kreditlinie oder in Form einer Kreditlinie mit erweiterten Bedingungen zu gewähren.

(2) Die mit der vorsorglichen ESM-Finanzhilfe verbundenen Auflagen werden gemäß Artikel 13 Absatz 3 im MoU im Einzelnen ausgeführt.

(3) Die Finanzierungsbedingungen der vorsorglichen Finanzhilfe werden in einer Vereinbarung über eine vorsorgliche ESM-Finanzhilfefazilität niedergelegt, die vom Geschäftsführenden Direktor zu unterzeichnen ist.

(4) Das Direktorium beschließt ausführliche Leitlinien für die Durchführungsmodalitäten der vorsorglichen ESM-Finanzhilfe.

(5) Das Direktorium entscheidet in gegenseitigem Einvernehmen auf Vorschlag des Geschäftsführenden Direktors und nach Erhalt eines Berichts der Europäischen Kommission gemäß Artikel 13 Absatz 7, ob die Kreditlinie beibehalten werden sollte.

(6) Nachdem das ESM-Mitglied erstmals Mittel (über ein Darlehen oder einen Primärmarktankauf) gezogen hat, entscheidet das Direktorium in gegenseitigem Einvernehmen auf Vorschlag des Geschäftsführenden Direktors und auf der Grundlage einer von der Europäischen Kommission im Benehmen mit der EZB durchgeführten Untersuchung, ob die Kreditlinie noch angemessen ist oder ob eine andere Form der Finanzhilfe benötigt wird.

Artikel 15
Finanzhilfe zur Rekapitalisierung von Finanzinstituten eines ESM-Mitglieds

(1) Der Gouverneursrat kann beschließen, Finanzhilfe mittels Darlehen an ein ESM-Mitglied speziell zum Zwecke der Rekapitalisierung von Finanzinstituten dieses ESM-Mitglieds zu gewähren.

(2) Die mit der Finanzhilfe zur Rekapitalisierung von Finanzinstituten eines ESM-Mitglieds verbundenen Auflagen werden gemäß Artikel 13 Absatz 3 im MoU im Einzelnen ausgeführt.

(3) Unbeschadet der Artikel 107 und 108 AEUV werden die Finanzierungsbedingungen der Finanzhilfe zur Rekapitalisierung von Finanzinstituten eines ESM-Mitglieds in einer Vereinbarung über eine Finanzhilfefazilität ausgeführt, die vom Geschäftsführenden Direktor zu unterzeichnen ist.

(4) Das Direktorium beschließt detaillierte Leitlinien für die Durchführungsmodalitäten der Finanzhilfe zur Rekapitalisierung von Finanzinstituten eines ESM-Mitglieds.

(5) Sofern anwendbar, beschließt das Direktorium in gegenseitigem Einvernehmen auf Vorschlag des Geschäftsführenden Direktors und nach Erhalt eines Berichts der Europäischen Kommission nach Artikel 13 Absatz 7 die Auszahlung der auf die erste Tranche folgenden Tranchen der Finanzhilfe.

Artikel 16
ESM-Darlehen

(1) Der Gouverneursrat kann beschließen, einem ESM-Mitglied nach Maßgabe des Artikels 12 Finanzhilfe in Form eines Darlehens zu gewähren.

(2) Die mit den ESM-Darlehen verbundenen Auflagen sind in einem makroökonomischen Anpassungsprogramm enthalten, das gemäß Artikel 13 Absatz 3 im MoU im Einzelnen ausgeführt wird.

(3) Die Finanzierungsbedingungen eines jeden ESM-Darlehens werden in einer Vereinbarung über eine Finanzhilfefazilität niedergelegt, die vom Geschäftsführenden Direktor zu unterzeichnen ist.

(4) Das Direktorium beschließt ausführliche Leitlinien für die Durchführungsmodalitäten der ESM-Darlehen.

(5) Das Direktorium beschließt in gegenseitigem Einvernehmen auf Vorschlag des Geschäftsführenden Direktors und nach Erhalt eines Berichts der Europäischen Kommission nach Artikel 13 Absatz 7 die Auszahlung der auf die erste Tranche folgenden Tranchen der Finanzhilfe.

Artikel 17
Primärmarkt-Unterstützungsfazilität

(1) Nach Maßgabe des Artikels 12 und mit dem Ziel, die Kosteneffizienz der Finanzhilfe zu maximieren, kann der Gouverneursrat beschließen, Vorkehrungen für den Ankauf von Anleihen eines ESM-Mitglieds am Primärmarkt zu treffen.

(2) Die mit der Primärmarkt-Unterstützungsfazilität verbundenen Auflagen werden gemäß Artikel 13 Absatz 3 im MoU im Einzelnen ausgeführt.

(3) Die Finanzierungsbedingungen, unter denen der Ankauf der Anleihen durchgeführt wird, werden in einer Vereinbarung über eine Finanzhilfefazilität festgelegt, die vom Geschäftsführenden Direktor zu unterzeichnen ist.

(4) Das Direktorium beschließt ausführliche Leitlinien für die Durchführungsmodalitäten der Primärmarkt-Unterstützungsfazilität.

(5) Das Direktorium beschließt in gegenseitigem Einvernehmen auf Vorschlag des Geschäftsführenden Direktors und nach Erhalt eines Berichts der Europäischen Kommission nach Artikel 13 Absatz 7, die Auszahlung der Finanzhilfe an einen Empfängermitgliedstaat mittels Primärmarktoperationen.

Artikel 18
Sekundärmarkt-Unterstützungsfazilität

(1) Der Gouverneursrat kann beschließen, nach Maßgabe des Artikels 12 Absatz 1 Vorkehrungen für Sekundärmarktoperationen in Bezug auf die Anleihen eines ESM-Mitglieds zu treffen.

(2) Beschlüsse über Sekundärmarktinterventionen zur Verhinderung einer Ansteckung werden auf der Grundlage einer Analyse der EZB gefasst, in der das Vorliegen außergewöhnlicher Umstände auf dem Finanzmarkt und Gefahren für die Finanzstabilität festgestellt werden.

(3) Die mit der Sekundärmarkt-Unterstützungsfazilität verbundenen Auflagen werden gemäß Artikel 13 Absatz 3 im MoU im Einzelnen ausgeführt.

(4) Die Finanzierungsbedingungen, unter denen die Sekundärmarktoperationen durchzuführen sind, werden in einer Vereinbarung über eine Finanzhilfefazilität festgelegt, die vom Geschäftsführenden Direktor zu unterzeichnen ist.

(5) Das Direktorium beschließt ausführliche Leitlinien für die Durchführungsmodalitäten der Sekundärmarkt-Unterstützungsfazilität.

(6) Das Direktorium beschließt die Einleitung von Sekundärmarktoperationen in gegenseitigem Einvernehmen auf Vorschlag des Geschäftsführenden Direktors.

Artikel 19
Überprüfung der Liste der Finanzhilfeinstrumente

Der Gouverneursrat kann die in den Artikeln 14 bis 18 vorgesehene Liste der Finanzhilfeinstrumente überprüfen und beschließen, sie zu ändern.

Artikel 20
Preisgestaltung

(1) Bei der Gewährung von Stabilitätshilfe strebt der ESM die volle Deckung seiner Finanzierungs- und Betriebskosten an und kalkuliert eine angemessene Marge ein.

(2) Für alle Finanzhilfeinstrumente wird die Preisgestaltung in einer Preisgestaltungsleitlinie, die vom Gouverneursrat beschlossen wird, im Einzelnen geregelt.

(3) Die Preisgestaltungspolitik kann vom Gouverneursrat überprüft werden.

Artikel 21
Anleiheoperationen

(1) Der ESM ist befugt, zur Erfüllung seiner Aufgaben an den Kapitalmärkten bei Banken, Finanzinstituten oder sonstigen Personen und Institutionen Kapital aufzunehmen.

(2) Die Modalitäten der Anleiheoperationen werden vom Geschäftsführenden Direktor in Einklang mit den vom Direktorium zu beschließenden detaillierten Leitlinien festgelegt.

(3) Der ESM setzt geeignete Mittel für das Risikomanagement ein, die regelmäßig vom Direktorium überprüft werden.

KAPITEL 5

FINANZMANAGEMENT

Artikel 22
Anlagepolitik

(1) In Einklang mit den Leitlinien, die vom Direktorium zu beschließen und regelmäßig zu überprüfen sind, führt der Geschäftsführende Direktor für den ESM eine umsichtige Anlagepolitik durch, um diesem die höchste Bonität zu sichern. Der ESM hat das Recht, einen Teil des Ertrags aus seinem Anlageportfolio zur Deckung seiner Betriebs- und Verwaltungskosten zu verwenden.

(2) Die Operationen des ESM entsprechen den Grundsätzen eines soliden Finanz- und Risikomanagements.

Artikel 23
Dividendenpolitik

(1) Das Direktorium kann mit einfacher Mehrheit beschließen, eine Dividende an die ESM-Mitglieder auszuschütten, falls die Summe aus eingezahltem Kapital und Reservefonds die für die Aufrechterhaltung der Darlehenskapazität des ESM erforderliche Höhe übersteigt und wenn die Anlageerträge nicht benötigt werden, um einen Zahlungsausfall gegenüber den Gläubigern zu verhindern. Die Dividenden werden im Verhältnis der Beiträge zum eingezahlten Kapital ausgeschüttet, wobei der in Artikel 41 Absatz 3 genannten möglichen Beschleunigung Rechnung getragen wird.

(2) Solange der ESM keinem seiner Mitglieder Finanzhilfe gewährt hat, fließen die Erträge aus den Anlagen des eingezahlten Kapitals des ESM nach Abzug der Betriebskosten und unter der Voraussetzung, dass die angestrebte effektive Darlehenskapazität in voller Höhe zur Verfügung steht, an die ESM-Mitglieder entsprechend ihren jeweiligen Beiträgen zum eingezahlten Kapital zurück.

(3) Der Geschäftsführende Direktor führt die Dividendenpolitik für den ESM im Einklang mit den vom Direktorium zu beschließenden Leitlinien durch.

Artikel 24
Reserve- und weitere Fonds

(1) Der Gouverneursrat richtet einen Reservefonds und gegebenenfalls weitere Fonds ein.

(2) Unbeschadet des Artikels 23 werden der Reingewinn aus den Operationen des ESM und die Einnahmen aus finanziellen Sanktionen gegen ESM-Mitglieder im Rahmen des Verfahrens der multilateralen Überwachung, des Verfahrens bei einem übermäßigen Defizit und des Verfahrens bei einem übermäßigen makroökonomischen Ungleichgewicht im Rahmen des AEUV in einen Reservefonds eingestellt.

(3) Die Mittel des Reservefonds werden in Einklang mit den vom Direktorium zu beschließenden Leitlinien angelegt.

(4) Das Direktorium beschließt erforderlichenfalls Vorschriften für die Einrichtung, Verwaltung und Verwendung weiterer Fonds.

Artikel 25
Deckung von Verlusten

(1) Verluste aus den Operationen des ESM werden beglichen

a) zunächst aus dem Reservefonds,

b) sodann aus dem eingezahlten Kapital und

c) an letzter Stelle mit einem angemessenen Betrag des genehmigten nicht eingezahlten Kapitals, der nach Maßgabe des Artikels 9 Absatz 3 abgerufen wird.

(2) Nimmt ein ESM-Mitglied die aufgrund eines Kapitalabrufs gemäß Artikel 9 Absätze 2 oder 3 erforderliche Einzahlung nicht vor, so ergeht an alle ESM-Mitglieder ein revidierter erhöhter Kapitalabruf, um sicherzustellen, dass der ESM die Kapitaleinzahlung in voller Höhe erhält. Der Gouverneursrat beschließt geeignete Schritte, um sicherzustellen, dass das betreffende ESM-Mitglied seine Schuld gegenüber dem ESM innerhalb vertretbarer Zeit begleicht. Der Gouverneursrat hat das Recht, auf den überfälligen Betrag Verzugszinsen zu erheben.

(3) Begleicht ein ESM-Mitglied eine in Absatz 2 genannte Schuld gegenüber dem ESM, so wird das überschüssige Kapital gemäß den vom Gouverneursrat zu beschließenden Vorschriften an die anderen ESM-Mitglieder zurückgezahlt.

Artikel 26
Haushalt

Das Direktorium billigt den Haushalt des ESM jährlich.

Artikel 27
Jahresabschluss

(1) Der Gouverneursrat billigt den Jahresabschluss des ESM.

(2) Der ESM veröffentlicht einen Jahresbericht mit einem geprüften Jahresabschluss und übermittelt den ESM-Mitgliedern einen zusammengefassten Quartalsabschluss und eine Gewinn- und Verlustrechnung, die das Ergebnis seiner Operationen ausweist.

Artikel 28
Interne Revision

In Einklang mit internationalen Standards wird eine Funktion der Internen Revision eingerichtet.

Artikel 29
Externe Prüfung

Der Abschluss des ESM wird von unabhängigen externen Abschlussprüfern geprüft, die mit Zustimmung des Gouverneursrats bestellt werden und für die Bestätigung des Jahresabschlusses verantwortlich sind. Die externen Abschlussprüfer sind befugt, sämtliche Bücher und Konten des ESM zu prüfen und alle Auskünfte über dessen Geschäfte zu verlangen.

Artikel 30
Prüfungsausschuss

(1) Der Prüfungsausschuss setzt sich aus fünf Mitgliedern zusammen, die vom Gouverneursrat aufgrund ihres Sachverstands im Bereich der Rechnungsprüfung und der Finanzen ernannt werden, und weist zwei – auf Rotationsbasis einander abwechselnde – Mitglieder der obersten Rechnungskontrollbehörden der ESM-Mitglieder und ein Mitglied vom Europäischen Rechnungshof auf.

(2) Die Mitglieder des Prüfungsausschusses sind unabhängig. Sie holen weder Weisungen der ESM-Leitungsgremien, der ESM-Mitglieder oder anderer öffentlicher oder privater Gremien ein, noch nehmen sie solche Weisungen entgegen.

(3) Der Prüfungsausschuss erstellt unabhängige Prüfberichte. Er prüft die Konten des ESM und überzeugt sich von der Ordnungsmäßigkeit seiner Gewinn- und Verlustrechnung und seiner Bilanz. Er erhält uneingeschränkten Zugang zu allen Unterlagen des ESM, die er zur Erfüllung seiner Aufgaben benötigt.

(4) Der Prüfungsausschuss kann das Direktorium jederzeit über seine Feststellungen unterrichten. Er erstellt jährlich einen Bericht, der dem Gouverneursrat vorzulegen ist.

(5) Der Gouverneursrat macht den jährlichen Bericht den nationalen Parlamenten und obersten Rechnungskontrollbehörden der ESM-Mitglieder sowie dem Europäischen Rechnungshof zugänglich.

(6) Alle Angelegenheiten in Zusammenhang mit diesem Artikel werden in der Satzung des ESM im Einzelnen geregelt.

KAPITEL 6
ALLGEMEINE BESTIMMUNGEN

Artikel 31
Sitz

(1) Der ESM hat seinen Sitz und seine Hauptverwaltung in Luxemburg.

(2) Der ESM kann ein Verbindungsbüro in Brüssel einrichten.

Artikel 32
Rechtsstatus, Vorrechte und Befreiungen

(1) Um dem ESM die Erfüllung seines Zwecks zu ermöglichen, werden ihm im Hoheitsgebiet eines jeden ESM-Mitglieds der Rechtsstatus und die Vorrechte und Befreiungen gewährt, die in diesem Artikel dargelegt sind. Der ESM bemüht sich um die Anerkennung seines Rechtsstatus und seiner Vorrechte und Befreiungen in anderen Hoheitsgebieten, in denen er Aufgaben wahrnimmt oder Vermögenswerte hält.

(2) Der ESM besitzt volle Rechtspersönlichkeit; er besitzt die uneingeschränkte Rechts- und Geschäftsfähigkeit,

a) bewegliches und unbewegliches Vermögen zu erwerben und zu veräußern,

b) Verträge abzuschließen,

c) Partei in Gerichtsverfahren zu sein und

d) ein Sitzabkommen und/oder Protokolle zu unterzeichnen, soweit dies notwendig ist, um sicherzustellen, dass sein Rechtsstatus und seine Vorrechte und Befreiungen anerkannt und durchgesetzt werden.

(3) Der ESM, sein Eigentum, seine Mittelausstattung und seine Vermögenswerte genießen unabhängig davon, wo und in wessen Besitz sie sich befinden, Immunität von gerichtlichen Verfahren jeder Art, es sei denn, der ESM verzichtet für ein Gerichtsverfahren oder in den Klauseln eines Vertrags, etwa in der Dokumentation der Finanzierungsinstrumente, ausdrücklich auf seine Immunität.

(4) Das Eigentum, die Mittelausstattung und die Vermögenswerte des ESM genießen unabhängig davon, wo und in wessen Besitz sie sich befinden, Immunität von Durchsuchung, Beschlagnahme, Einziehung, Enteignung und jeder sonstigen Form des Zugriffs durch vollziehende, gerichtliche, administrative oder gesetzgeberische Maßnahmen.

(5) Die Archive des ESM und sämtliche Unterlagen, die sich im Eigentum oder im Besitz des ESM befinden, sind unverletzlich.

(6) Die Geschäftsräume des ESM sind unverletzlich.

(7) Jedes ESM-Mitglied und jeder Staat, der den Rechtsstatus und die Vorrechte und Befreiungen des ESM anerkannt hat, gewährt dem amtlichen Nachrichtenverkehr des ESM dieselbe Behandlung, die er dem amtlichem Nachrichtenverkehr eines ESM-Mitglieds gewährt.

(8) Soweit dies zur Durchführung der in diesem Vertrag vorgesehenen Tätigkeiten notwendig ist, sind das gesamte Eigentum, die gesamte Mittelausstattung und alle Vermögenswerte des ESM von Beschränkungen, Verwaltungsvorschriften, Kontrollen und Moratorien jeder Art befreit.

(9) Der ESM ist von jeglicher Zulassungs- oder Lizenzierungspflicht, die nach dem Recht eines ESM-Mitglieds für Kreditinstitute, Finanzdienstleistungsunternehmen oder sonstige der Zulassungs- oder Lizenzierungspflicht sowie der Regulierung unterliegende Unternehmen gilt, befreit.

Artikel 33
Bedienstete des ESM

Das Direktorium legt die Beschäftigungsbedingungen für den Geschäftsführenden Direktor und die anderen Bediensteten des ESM fest.

Artikel 34
Berufliche Schweigepflicht

Die Mitglieder und früheren Mitglieder des Gouverneursrats und des Direktoriums sowie alle anderen Personen, die für den ESM oder in Zusammenhang damit tätig sind oder tätig waren, geben keine der beruflichen Schweigepflicht unterliegenden Informationen weiter. Auch nach Beendigung ihrer Tätigkeit dürfen sie keine der beruflichen Schweigepflicht unterliegenden Informationen weitergeben.

Artikel 35
Persönliche Immunitäten

(1) Im Interesse des ESM genießen der Vorsitzende des Gouverneursrats, die Mitglieder des Gouverneursrats, die stellvertretenden Mitglieder des Gouverneursrats, die Mitglieder des Direktoriums, die stellvertretenden Mitglieder des Direktoriums sowie der Geschäftsführende Direktor und die anderen Bediensteten des ESM Immunität von der Gerichtsbarkeit hinsichtlich ihrer in amtlicher Eigenschaft vorgenommenen Handlungen und Unverletzlichkeit hinsichtlich ihrer amtlichen Schriftstücke und Unterlagen.

(2) Der Gouverneursrat kann die durch diesen Artikel gewährten Immunitäten des Vorsitzenden des Gouverneursrats, der Mitglieder des Gouverneursrats, der stellvertretenden Mitglieder des Gouverneursrats, der Mitglieder des Direktoriums, der stellvertretenden Mitglieder des Direktoriums sowie des Geschäftsführenden Direktors in dem Maße und zu den Bedingungen, die er bestimmt, aufheben.

(3) Der Geschäftsführende Direktor kann diese Immunität hinsichtlich eines jeden Bediensteten des ESM außer seiner selbst aufheben.

(4) Jedes ESM-Mitglied trifft unverzüglich alle Maßnahmen, die erforderlich sind, um diesen Artikel in seinem eigenen Recht in Kraft zu setzen, und unterrichtet den ESM entsprechend.

Artikel 36
Steuerbefreiung

(1) Im Rahmen seiner amtlichen Tätigkeiten sind der ESM, seine Vermögenswerte, sein Gewinn, sein Eigentum sowie seine im Rahmen dieses Vertrags zulässigen Operationen und Geschäfte von allen direkten Steuern befreit.

(2) Die ESM-Mitglieder treffen in allen Fällen, in denen es ihnen möglich ist, geeignete Maßnahmen für den Erlass oder die Erstattung des Betrages der indirekten Steuern und Verkaufsabgaben, die in den Preisen für bewegliche oder unbewegliche Güter inbegriffen sind, wenn der ESM für seinen Dienstbedarf größere Einkäufe tätigt, bei denen derartige Steuern und Abgaben im Preis enthalten sind.

(3) Von den Abgaben, die lediglich die Vergütung für Leistungen gemeinnütziger Versorgungsbetriebe darstellen, wird keine Befreiung gewährt.

(4) Vom ESM eingeführte und für die Ausübung seiner amtlichen Tätigkeiten benötigte Waren sind von allen Einfuhrzöllen und -steuern sowie von allen Einfuhrverboten und -beschränkungen befreit.

(5) Die Bediensteten des ESM unterliegen für die vom ESM gezahlten Gehälter und sonstigen Bezüge nach Maßgabe der vom Gouverneursrat zu beschließenden Vorschriften einer internen Steuer zugunsten des ESM. Vom Tag der Erhebung dieser Steuer an sind diese Gehälter und Bezüge von der nationalen Einkommensteuer befreit.

(6) Die vom ESM aufgelegten Schuldverschreibungen oder Wertpapiere, einschließlich dafür anfallender Zinsen oder Dividenden, unterliegen unabhängig davon, in wessen Besitz sie sich befinden, keiner Art von Besteuerung,

a) die eine solche Schuldverschreibung oder ein solches Wertpapier nur aufgrund ihrer Herkunft benachteiligt oder oder

b) deren einzige rechtliche Grundlage der Ort oder die Währung sind, an dem bzw. in der sie ausgegeben werden, zahlbar sind oder bezahlt werden, oder deren einzige rechtliche Grundlage der Sitz eines Büros oder einer Geschäftsstelle des ESM ist.

Artikel 37
Auslegung und Streitbeilegung

(1) Alle Fragen der Auslegung oder Anwendung der Bestimmungen dieses Vertrages und der Satzung des ESM, die zwischen einem ESM-Mitglied und dem ESM oder zwischen ESM-Mitgliedern auftreten, werden dem Direktorium zur Entscheidung vorgelegt.

(2) Der Gouverneursrat entscheidet über alle Streitigkeiten zwischen einem ESM-Mitglied und dem ESM oder zwischen ESM-Mitgliedern über die Auslegung und Anwendung dieses Vertrags, einschließlich etwaiger Streitigkeiten über die Vereinbarkeit der vom ESM gefassten Beschlüsse mit diesem Vertrag. Das Stimmrecht des Mitglieds (der Mitglieder) des Gouverneursrats, das das/die betroffene(n) ESM-Mitglied(er) vertritt, wird bei der Abstimmung des Gouverneursrats über eine solche Entscheidung ausgesetzt und die zur Abstimmung des Gouverneursrats über diese Entscheidung notwendige Stimmrechtsschwelle wird entsprechend neu berechnet.

(3) Ficht ein ESM-Mitglied die in Absatz 2 genannte Entscheidung an, so wird die Streitigkeit beim Gerichtshof der Europäischen Union anhängig gemacht. Das Urteil des Gerichtshofs der Europäischen Union ist für die Parteien dieses Rechtsstreits verbindlich; diese treffen innerhalb der vom Gerichtshof festgelegten Frist die erforderlichen Maßnahmen, um dem Urteil nachzukommen.

Artikel 38
Internationale Zusammenarbeit

Der ESM hat das Recht, zur Beförderung seiner Zwecke nach Maßgabe der Bestimmungen dieses Vertrages mit dem IWF, mit jedem Staat, der einem ESM-Mitglied auf Ad-hoc-Basis Finanzhilfe bereitstellt, und mit jeder internationalen Organisation oder Einrichtung mit besonderen Zuständigkeiten in damit zusammenhängenden Bereichen zusammenzuarbeiten.

KAPITEL 7
ÜBERGANGSREGELUNGEN

Artikel 39
Darlehensvergabe des EFSF

In der Übergangsphase vom Inkrafttreten dieses Vertrags bis zur vollständigen Abwicklung der EFSF beläuft sich die konsolidierte Darlehensvergabe von ESM und EFSF unbeschadet der regelmäßigen Überprüfung der Angemessenheit des maximalen Darlehensvolumens nach Maßgabe des Artikels 10 auf höchstens 500 Milliarden EUR. Das Direktorium beschließt ausführliche Leitlinien für die Berechnung der künftigen Kreditzusagekapazität, um sicherzustellen, dass die Obergrenze für die konsolidierte Darlehensvergabe nicht überschritten wird.

Artikel 40
Übertragung der EFSF-Hilfen

(1) Abweichend von Artikel 13 kann der Gouverneursrat beschließen, dass die Finanzhilfezusagen der EFSF an ein ESM-Mitglied, die die EFSF in einer Vereinbarung mit diesem Mitglied eingegangen ist, vom ESM übernommen werden, soweit diese Finanzhilfezusagen sich auf noch nicht ausgezahlte und noch nicht finanzierte Teile von Darlehensfazilitäten beziehen.

(2) Der ESM kann mit Zustimmung des Gouverneursrats die Rechte und Verpflichtungen der EFSF übernehmen, insbesondere in Bezug auf die Gesamtheit oder einen Teil ihrer im Rahmen ihrer bestehenden Darlehensfazilitäten oder in Zusammenhang damit ausstehenden Rechte und Verpflichtungen.

(3) Der Gouverneursrat nimmt die ausführlichen Modalitäten an, die erforderlich sind, um die in Absatz 1 vorgesehene Übertragung der Verpflichtungen der EFSF auf den ESM sowie etwaige Übertragungen von Rechten und Verpflichtungen im Sinne des Absatzes 2 in Kraft zu setzen.

Artikel 41
Einzahlung des Anfangskapitals

(1) Unbeschadet des Absatzes 2 erfolgt die Einzahlung des von jedem ESM-Mitglied anfänglich gezeichneten Betrags der eingezahlten Anteile in fünf jährlichen Raten von jeweils 20 % des Gesamtbetrags. Die erste Rate wird von jedem ESM-Mitglied innerhalb von fünfzehn Tagen nach dem Tag des Inkrafttretens dieses Vertrags eingezahlt. Die vier übrigen Raten werden jeweils an dem Tag eingezahlt, an dem sich die Einzahlung der ersten Rate zum ersten, zweiten, dritten und vierten Mal jährt.

(2) Während des Fünfjahreszeitraums, in dem das Kapital in Raten eingezahlt wird, beschleunigen die ESM-Mitglieder die Zahlung der eingezahlten Anteile rechtzeitig vor dem Ausgabetermin, um das Verhältnis zwischen eingezahltem Kapital und ausstehendem Betrag an ESM-Anleiheemissionen stets bei mindestens 15 % zu halten und eine gemeinsame Mindestdarlehenskapazität des ESM und der EFSF von 500 Milliarden EUR sicherzustellen.

(3) Ein ESM-Mitglied kann beschließen, die Zahlung seines Anteils am eingezahlten Kapital zu beschleunigen.

Artikel 42
Zeitweilige Korrektur des Beitragsschlüssels

(1) Zu Anfang zeichnen die ESM-Mitglieder das genehmigte Stammkapital auf der Grundlage des in Anhang I festgelegten Erstbeitragsschlüssels. Die in diesem Erstbeitragsschlüssel enthaltene zeitweilige Korrektur gilt für einen Zeitraum von zwölf Jahren ab dem Tag, an dem das betreffende ESM-Mitglied den Euro einführt.

(2) Beträgt das Pro-Kopf-Bruttoinlandsprodukt (BIP) eines ESM-Mitglieds zu Marktpreisen in Euro in dem Jahr, das seinem Beitritt zum ESM unmittelbar vorausgeht, weniger als 75 % des durchschnittlichen Pro-Kopf-BIP der Europäischen Union zu Marktpreisen, so wird sein gemäß Artikel 10 bestimmter Beitragsschlüssel für die Zeichnung des genehmigten Stammkapitals des ESM zeitweilig korrigiert und entspricht der Summe aus:

a) 25 % des gemäß Artikel 29 der ESZB-Satzung bestimmten prozentualen Anteils der nationalen Zentralbank dieses ESM-Mitglieds am Kapital der EZB und und

b) 75 % des prozentualen Anteils dieses ESM-Mitglieds am Bruttonationaleinkommen (BNE) des Euro-Währungsgebiets zu Marktpreisen in Euro in dem Jahr, das seinem Beitritt zum ESM unmittelbar vorausgeht.

Die unter den Buchstaben a und b genannten Prozentsätze werden zum nächsten Vielfachen von 0,0001 Prozentpunkten ab- oder aufgerundet. Es gelten die von Eurostat veröffentlichten statistischen Begriffe.

(3) Die zeitweilige Korrektur gemäß Absatz 2 gilt für einen Zeitraum von zwölf Jahren ab dem Tag, an dem das betreffende ESM-Mitglied den Euro einführt.

(4) Infolge der zeitweiligen Korrektur des Schlüssels wird das einem ESM-Mitglied gemäß Absatz 2 zugeteilte Verhältnis der Anteile unter den ESM-Mitgliedern, denen auf der Grundlage ihrer gemäß Artikel 29 der ESZB-Satzung bestimmten, unmittelbar vor der Ausgabe von Anteilen an das beitretende ESM-Mitglied bestehenden Beteiligung an der EZB keine zeitweilige Korrektur gewährt wurde, umverteilt.

Artikel 43
Ersternennungen

(1) Jedes ESM-Mitglied ernennt sein Mitglied und sein stellvertretendes Mitglied des Gouverneursrats innerhalb von zwei Wochen nach Inkrafttreten dieses Vertrags.

(2) Der Gouverneursrat ernennt den Geschäftsführenden Direktor und jedes Mitglied des Gouverneursrats ernennt innerhalb von zwei Monaten nach Inkrafttreten dieses Vertrags ein Mitglied des Direktoriums und ein stellvertretendes Mitglied des Direktoriums.

KAPITEL 8

SCHLUSSBESTIMMUNGEN

Artikel 44
Beitritt

Anderen Mitgliedstaaten der Europäischen Union steht der Beitritt zu diesem Vertrag nach Maßgabe des Artikels 2 auf Antrag hin offen; dieser Antrag wird von dem betreffenden Mitgliedstaat der Europäischen Union an den ESM gerichtet, nachdem der Rat der Europäischen Union gemäß Artikel 140 Absatz 2 AEUV beschlossen hat, die für diesen Mitgliedstaat geltende Ausnahmeregelung betreffend die Teilnahme am Euro aufzuheben. Der Gouverneursrat genehmigt den Beitrittsantrag des neuen ESM-Mitglieds und die damit zusammenhängenden ausführlichen technischen Regelungen sowie die Anpassungen, die als unmittelbare Folge des Beitritts an diesem Vertrag vorzunehmen sind. Nach Genehmigung des Antrags auf Beitritt durch den Gouverneursrat treten neue ESM-Mitglieder nach Hinterlegung der Beitrittsurkunde beim Verwahrer bei, der die anderen ESM-Mitglieder davon in Kenntnis setzt.

Artikel 45
Anhänge

Die folgenden Anhänge dieses Vertrags sind Bestandteil des Vertrags:

1) Anhang I: Erstbeitragsschlüssel des ESM und

2) Anhang II: Zeichnungen des genehmigten Stammkapitals

Artikel 46
Hinterlegung

Dieser Vertrag wird beim Generalsekretariat des Rates der Europäischen Union („Verwahrer") hinterlegt; der Verwahrer übermittelt allen Unterzeichnern beglaubigte Abschriften.

Artikel 47
Ratifikation, Genehmigung oder Annahme

(1) Dieser Vertrag bedarf der Ratifikation, Genehmigung oder Annahme durch die Unterzeichner. Die Ratifikations-, Genehmigungs- oder Annahmeurkunden werden beim Verwahrer hinterlegt.

(2) Der Verwahrer setzt die anderen Unterzeichner von jeder Hinterlegung und deren Zeitpunkt in Kenntnis.

Artikel 48
Inkrafttreten

(1) Dieser Vertrag tritt an dem Tag in Kraft, an dem die Ratifikations-, Genehmigungs- oder Annahmeurkunden von Unterzeichnern hinterlegt wurden, deren Erstzeichnungen mindestens 90 % der gesamten in Anhang II vorgesehenen Zeichnungen ausmachen. Die Liste der ESM-Mitglieder wird gegebenenfalls angepasst. Der Schlüssel in Anhang I wird sodann neu berechnet und das gesamte genehmigte Stammkapital gemäß Artikel 8 Absatz 1 und Anhang II sowie der anfängliche Gesamtnennwert der eingezahlten Anteile gemäß Artikel 8 Absatz 2 werden entsprechend verringert.

(2) Dieser Vertrag tritt für jeden Unterzeichner, der die Ratifikations-, Genehmigungs- oder Annahmeurkunde danach hinterlegt, am Tag nach dem Tag der Hinterlegung in Kraft.

(3) Für jeden Staat, der diesem Vertrag nach Maßgabe von dessen Artikel 44 beitritt, tritt dieser Vertrag am zwanzigsten Tag nach dem Tag der Hinterlegung der Beitrittsurkunde in Kraft.

Geschehen zu Brüssel am zweiten Februar zweitausendzwölf in deutscher, englischer, estnischer, finnischer, französischer, griechischer, irischer, italienischer, maltesischer, niederländischer, portugiesischer, schwedischer, slowakischer, slowenischer und spanischer Sprache, wobei jeder Wortlaut gleichermaßen verbindlich ist, in einer Urschrift, die in den Archiven des Verwahrers hinterlegt wird; dieser übermittelt den Vertragsparteien je eine beglaubigte Abschrift.

Mit dem Beitritt der Republik Lettland wird die lettische Fassung gleichermaßen verbindlich; sie wird in einer Urschrift in den Archiven des Verwahrers hinterlegt; dieser übermittelt den Vertragsparteien je eine beglaubigte Abschrift.

Mit dem Beitritt der Republik Litauen wird der litauische Wortlaut gleichermaßen verbindlich; er wird in einer Urschrift in den Archiven des Verwahrers hinterlegt; dieser übermittelt den Vertragsparteien je eine beglaubigte Abschrift.

Anhang I

ANHANG I
Beitragsschlüssel des ESM

ESM-Mitglied	*ESM-Schlüssel (%)*
Königreich Belgien	*3.4454*
Bundesrepublik Deutschland	*26.8992*
Republik Estland	*0.1847*
Irland	*1.5777*
Hellenische Republik	*2.7910*
Königreich Spanien	*11.7953*
Französische Republik	*20.2003*
Italienische Republik	*17.7506*
Republik Zypern	*0.1945*
Republik Lettland	*0.2746*
Republik Litauen	*0.4063*
Großherzogtum Luxemburg	*0.2482*
Malta	*0.0898*
Königreich der Niederlande	*5.6650*
Republik Österreich	*2.7581*
Portugiesische Republik	*2.4863*
Republik Slowenien	*0.4670*
Slowakische Republik	*0.9849*
Republik Finnland	*1.7811*
Insgesamt	***100,0***

Die obigen Zahlen sind auf die vierte Dezimalstelle gerundet.

Annex II

ANHANG II

Zeichnungen des genehmigten Stammkapitals

ESM-Mitglied	*Anzahl der Anteile*	*Kapitalzeichnung (EUR)*
Königreich Belgien	*242,832*	*24,283,200,000*
Bundesrepublik Deutschland	*1,895,854*	*189,585,400,000*
Republik Estland	*13,020*	*1,302,000,000*
Irland	*111,195*	*11,119,500,000*
Hellenische Republik	*196,710*	*19,671,000,000*
Königreich Spanien	*831,332*	*83,133,200,000*
Französische Republik	*1,423,716*	*142,371,600,000*
Italienische Republik	*1,251,062*	*125,106,200,000*
Republik Zypern	*13,705*	*1,370,500,000*
Republik Lettland	*19,353*	*1,935,300,000*
Republik Litauen	*28,634*	*2,863,400,000*
Großherzogtum Luxemburg	*17,490*	*1,749,000,000*
Malta	*6,327*	*632,700,000*
Königreich der Niederlande	*399,267*	*39,926,700,000*
Republik Österreich	*194,388*	*19,438,800,000*
Portugiesische Republik	*175,236*	*17,523,600,000*
Republik Slowenien	*32,917*	*3,291,700,000*
Slowakische Republik	*69,418*	*6,941,800,000*
Republik Finnland	*125,531*	*12,553,100,000*
Insgesamt	***7 047 987***	***704 798 700 000***

Auslegungserklärung zum ESM-Vertrag

(BGBl III 2012/138)

Die Vertreter der Vertragsparteien des am 2. Februar 2012 unterzeichneten Vertrags zur Einrichtung des Europäischen Stabilitätsmechanismus (ESM-Vertrag), die am 27. September 2012 in Brüssel zusammengetreten sind, haben folgende Auslegungserklärung vereinbart:

„Art. 8 Abs. 5 des Vertrages zur Einrichtung des Europäischen Stabilitätsmechanismus (im Folgenden „Vertrag“) begrenzt sämtliche Zahlungsverpflichtungen der ESM-Mitglieder aus dem Vertrag in dem Sinne, dass keine Vorschrift des Vertrags so ausgelegt werden kann, dass sie ohne vorherige Zustimmung des Vertreters des Mitglieds und Berücksichtigung der nationalen Verfahren zu einer Zahlungsverpflichtung führt, die den Anteil am genehmigten Stammkapital des jeweiligen ESM-Mitglieds gemäß der Festlegung in Anhang II des Vertrags übersteigt.

Art. 32 Abs. 5, Art. 34 und Art. 35 Abs. 1 des Vertrages stehen der umfassenden Unterrichtung der nationalen Parlamente gemäß den nationalen Vorschriften nicht entgegen.

Die oben genannten Punkte stellen eine wesentliche Grundlage für die Zustimmung der vertragschließenden Staaten dar, durch die Bestimmungen des Vertrags gebunden zu sein.“

Vertrag über Stabilität, Koordinierung und Steuerung in der Wirtschafts- und Währungsunion (SKS-Vertrag bzw „Fiskalpakt“[1])

(Abrufbar über https://www.consilium.europa.eu/media/20382/st00tscg26-de-12.pdf)

DAS KÖNIGREICH BELGIEN, DIE REPUBLIK BULGARIEN, DAS KÖNIGREICH DÄNEMARK, DIE BUNDESREPUBLIK DEUTSCHLAND, DIE REPUBLIK ESTLAND, IRLAND, DIE HELLENISCHE REPUBLIK, DAS KÖNIGREICH SPANIEN, DIE FRANZÖSISCHE REPUBLIK, DIE ITALIENISCHE REPUBLIK, DIE REPUBLIK ZYPERN, DIE REPUBLIK LETTLAND, DIE REPUBLIK LITAUEN, DAS GROSSHERZOGTUM LUXEMBURG, UNGARN, MALTA, DAS KÖNIGREICH DER NIEDERLANDE, DIE REPUBLIK ÖSTERREICH, DIE REPUBLIK POLEN, DIE PORTUGIESISCHE REPUBLIK, RUMÄNIEN, DIE REPUBLIK SLOWENIEN, DIE SLOWAKISCHE REPUBLIK, DIE REPUBLIK FINNLAND UND DAS KÖNIGREICH SCHWEDEN,

im Folgenden „Vertragsparteien“ –

IN DEM BEWUSSTSEIN ihrer Verpflichtung, als Mitgliedstaaten der Europäischen Union ihre Wirtschaftspolitik als eine Angelegenheit von gemeinsamem Interesse zu betrachten,

IN DEM WUNSCH, die Voraussetzungen für ein stärkeres Wirtschaftswachstum in der Europäischen Union zu verbessern und zu diesem Zweck eine immer engere Koordinierung der Wirtschaftspolitik im Euro-Währungsgebiet zu erreichen,

EINGEDENK DESSEN, dass die Regierungen für gesunde und auf Dauer tragfähige öffentliche Finanzen sorgen und das Entstehen eines übermäßigen öffentlichen Defizits verhindern müssen, da dies für die Erhaltung der Stabilität des Euro-Währungsgebiets insgesamt von zentraler Bedeutung ist, und zu diesem Zweck spezifische Vorschriften eingeführt werden müssen, einschließlich einer Regel des ausgeglichenen Haushalts und eines automatischen Mechanismus zur Einleitung von Korrekturmaßnahmen,

IN DEM BEWUSSTSEIN, dass sichergestellt werden muss, dass ihr gesamtstaatliches Haushaltsdefizit 3 % ihres Bruttoinlandsprodukts zu Marktpreisen nicht überschreitet und dass der öffentliche Schuldenstand 60 % ihres Bruttoinlandsprodukts zu Marktpreisen nicht überschreitet oder sich in ausreichendem Maße auf diesen Wert hin verringert,

UNTER HINWEIS DARAUF, dass die Vertragsparteien als Mitgliedstaaten der Europäischen Union alle Maßnahmen zu unterlassen haben, die die Verwirklichung der Ziele der Union im Rahmen der Wirtschaftsunion gefährden könnten, insbesondere die Praxis, Schulden nicht im gesamtstaatlichen Haushalt auszuweisen,

EINGEDENK DESSEN, dass sich die Staats- und Regierungschefs der Mitgliedstaaten des Euro-Währungsgebiets am 9. Dezember 2011 auf eine verstärkte Architektur für die Wirtschafts- und Währungsunion verständigt haben, die auf den Verträgen aufbaut, auf denen die Europäische Union beruht, und die Durchführung von Maßnahmen erleichtert, die auf der Grundlage der Artikel 121, 126 und 136 des Vertrags über die Arbeitsweise der Europäischen Union ergriffen werden,

EINGEDENK DESSEN, dass es das Ziel der Staats- und Regierungschefs der Mitgliedstaaten des Euro-Währungsgebiets und anderer Mitgliedstaaten der Europäischen Union ist, die Bestimmungen dieses Vertrags so bald wie möglich in die Verträge, auf denen die Europäische Union beruht, zu überführen,

UNTER BEGRÜSSUNG der Gesetzgebungsvorschläge über den Ausbau der wirtschafts- und haushaltspolitischen Überwachung von Mitgliedstaaten, die von gravierenden Schwierigkeiten in Bezug auf ihre finanzielle Stabilität betroffen oder bedroht sind, und über gemeinsame Bestimmungen für die Überwachung und Bewertung der Übersichten über die gesamtstaatliche Haushaltsplanung und für die Gewährleistung der Korrektur übermäßiger Defizite der Mitgliedstaaten, die die Europäische Kommission am 23. November 2011 im Rahmen der Verträge, auf denen die Europäische Union beruht, für das Euro-Währungsgebiet vorgelegt hat, und IN KENNTNISNAHME der Absicht der Eu-

[1]) *Hinweis:* Der Vertrag ist am 2. März 2012 unterzeichnet worden und am 1. Januar 2013 in Kraft getreten.

ropäischen Kommission, weitere Gesetzgebungsvorschläge für das Euro-Währungsgebiet vorzulegen, die insbesondere Folgendes betreffen: die Vorabberichterstattung über die Begebung von Staatsschuldtiteln, Wirtschaftspartnerschaftsprogramme mit genauer Beschreibung der Strukturreformen für die Mitgliedstaaten, die Gegenstand eines Defizitverfahrens sind, und die Koordinierung größerer Pläne von Mitgliedstaaten für wirtschaftspolitische Reformen,

UNTER BEKUNDUNG ihrer Bereitschaft zur Unterstützung von Vorschlägen, die die Europäische Kommission zur weiteren Stärkung des Stabilitäts- und Wachstumspakts vorlegen könnte und die darin bestehen, in Übereinstimmung mit den in diesem Vertrag gesetzten Grenzen eine neue Spanne für mittelfristige Ziele für Mitgliedstaaten, deren Währung der Euro ist, einzuführen,

IN DER FESTSTELLUNG, dass die Europäische Kommission bei der Überprüfung und Überwachung der durch diesen Vertrag begründeten haushaltspolitischen Verpflichtungen im Rahmen der Befugnisse handeln wird, die ihr durch den Vertrag über die Arbeitsweise der Europäischen Union, insbesondere die Artikel 121, 126 und 136, übertragen wurden,

insbesondere IN DER FESTSTELLUNG, dass diese Überwachung, was die Anwendung der in Artikel 3 dieses Vertrags beschriebenen Regel des ausgeglichenen Haushalts anbelangt, für die einzelnen Vertragsparteien angemessen durch Festlegung von länderspezifischen mittelfristigen Zielen und von Konvergenzzeitplänen durchgeführt werden wird,

UNTER HINWEIS DARAUF, dass die mittelfristigen Ziele regelmäßig nach einer gemeinsam vereinbarten Methode aktualisiert werden sollten, deren Hauptparameter ebenfalls regelmäßig zu überprüfen sind, wobei die Risiken expliziter und impliziter Verbindlichkeiten für die öffentlichen Finanzen den im Stabilitäts- und Wachstumspakt formulierten Zielen entsprechend zu berücksichtigen sind,

UNTER HINWEIS DARAUF, dass in Übereinstimmung mit den Bestimmungen des Rechts der Europäischen Union, insbesondere der Verordnung (EG) Nr. 1466/97 des Rates vom 7. Juli 1997 über den Ausbau der haushaltspolitischen Überwachung und der Überwachung und Koordinierung der Wirtschaftspolitiken, geändert durch die Verordnung (EU) Nr. 1175/2011 des Europäischen Parlaments und des Rates vom 16. November 2011 (im Folgenden „geänderter Stabilitäts- und Wachstumspakt“) das Ausreichen der Fortschritte in Richtung auf die mittelfristigen Ziele auf der Grundlage einer Gesamtbewertung evaluiert werden sollte, bei der der strukturelle Haushaltssaldo als Referenz dient und die eine Analyse der Ausgaben ohne Anrechnung diskretionärer einnahmenseitiger Maßnahmen einschließt,

UNTER HINWEIS DARAUF, dass der von den Vertragsparteien einzuführende Korrekturmechanismus darauf abzielen sollte, Abweichungen vom mittelfristigen Ziel oder vom Anpassungspfad samt ihrer kumulierten Auswirkungen auf die Dynamik der Staatsverschuldung zu korrigieren,

UNTER HINWEIS DARAUF, dass für die Einhaltung der Verpflichtung der Vertragsparteien, die Regel des ausgeglichenen Haushalts durch verbindliche und dauerhafte Bestimmungen, die vorzugsweise Verfassungsrang besitzen, in ihren einzelstaatlichen Rechtsordnungen zu verankern, gemäß Artikel 273 des Vertrags über die Arbeitsweise der Europäischen Union der Gerichtshof der Europäischen Union zuständig sein sollte,

UNTER HINWEIS DARAUF, dass Artikel 260 des Vertrags über die Arbeitsweise der Europäischen Union den Gerichtshof der Europäischen Union dazu ermächtigt, die Zahlung eines Pauschalbetrags oder Zwangsgelds gegen einen Mitgliedstaat der Europäischen Union zu verhängen, der einem seiner Urteile nicht nachgekommen ist, und UNTER HINWEIS DARAUF, dass die Europäische Kommission Kriterien für die Festsetzung des im Rahmen dieses Artikels zu verhängenden Pauschalbetrags oder Zwangsgelds festgelegt hat,

UNTER HINWEIS darauf, dass für die Mitgliedstaaten, deren Währung der Euro ist und deren geplantes oder tatsächliches Verhältnis zwischen öffentlichem Haushaltsdefizit und Bruttoinlandsprodukt 3 % des Bruttoinlandsprodukts überschreitet, die Festlegung von Maßnahmen im Rahmen des Defizitverfahrens der Europäischen Union erleichtert werden muss, während gleichzeitig dem Ziel dieses Verfahrens, nämlich einen Mitgliedstaat zu veranlassen und wenn nötig zu zwingen, ein etwa festgestelltes Defizit abzubauen, deutlich mehr Gewicht verliehen werden muss,

UNTER HINWEIS auf die Verpflichtung der Vertragsparteien, deren öffentlicher Schuldenstand über dem Referenzwert von 60 %

liegt, diesen als Richtwert um durchschnittlich ein Zwanzigstel pro Jahr zu verringern,

EINGEDENK der Notwendigkeit, bei der Umsetzung dieses Vertrags die im Recht und den nationalen Systemen der einzelnen Vertragsparteien anerkannte besondere Rolle der Sozialpartner zu achten,

UNTER BETONUNG der Tatsache, dass keine Bestimmung dieses Vertrags so auszulegen ist, dass dadurch die wirtschaftspolitischen Auflagen, unter denen einer Vertragspartei im Rahmen eines Stabilisierungsprogramms der Europäischen Union, ihrer Mitgliedstaaten oder des Internationalen Währungsfonds finanzieller Beistand gewährt wurde, in irgendeiner Weise geändert werden,

UNTER HINWEIS DARAUF, dass die Vertragsparteien für das reibungslose Funktionieren der Wirtschafts- und Währungsunion gemeinsam auf eine Wirtschaftspolitik hinarbeiten müssen, bei der sie gestützt auf die in den Verträgen, auf denen die Europäische Union beruht, festgelegten Mechanismen der wirtschaftspolitischen Koordinierung in allen für das reibungslose Funktionieren des Euro-Währungsgebiets wesentlichen Bereichen die notwendigen Schritte und Maßnahmen einleiten,

Insbesondere UNTER HINWEIS auf den Wunsch der Vertragsparteien, konsequenter auf die in Artikel 20 des Vertrags über die Europäische Union und in den Artikeln 326 bis 334 des Vertrags über die Arbeitsweise der Europäischen Union vorgesehene Verstärkte Zusammenarbeit zurückzugreifen, ohne den Binnenmarkt zu beeinträchtigen, und in vollem Umfang auf die in Artikel 136 des Vertrags über die Arbeitsweise der Europäischen Union genannten Maßnahmen für die Mitgliedstaaten, deren Währung der Euro ist, sowie auf ein Verfahren zurückzugreifen, das es den Vertragsparteien, deren Währung der Euro ist, ermöglicht, alle größeren von ihnen geplanten wirtschaftspolitischen Reformen vorab zu erörtern und zu koordinieren, um Benchmarks für vorbildliche Vorgehensweisen festzulegen,

UNTER HINWEIS auf die Vereinbarung der Staats- und Regierungschefs der Mitgliedstaaten des Euro-Währungsgebiets vom 26. Oktober 2011, die Steuerungsstrukturen des Euro-Währungsgebiets zu verbessern und zu diesem Zweck unter anderem alljährlich mindestens zwei Euro-Gipfel abzuhalten, die, außer wenn anderes durch außergewöhnliche Umstände gerechtfertigt ist, unmittelbar nach den Tagungen des Europäischen Rates oder unmittelbar nach Tagungen, an denen alle Vertragsparteien teilnehmen, die diesen Vertrag ratifiziert haben, anberaumt werden,

UNTER HINWEIS auf die Billigung des Euro-Plus-Pakts durch die Staats- und Regierungschefs der Mitgliedstaaten des Euro-Währungsgebiets und andere Mitgliedstaaten der Europäischen Union am 25. März 2011, in dem die für die Förderung der Wettbewerbsfähigkeit im Euro-Währungsgebiet wesentlichen Punkte ermittelt werden,

UNTER BETONUNG der Bedeutung, die dem Vertrag zur Einrichtung des Europäischen Stabilitätsmechanismus als Element der globalen Strategie zur Stärkung der Wirtschafts- und Währungsunion zukommt, und

UNTER HINWEIS DARAUF, dass bei neuen Programmen im Rahmen des Europäischen Stabilitätsmechanismus die Gewährung von Finanzhilfe ab dem 1. März 2013 von der Ratifizierung des vorliegenden Vertrags durch die betreffende Vertragspartei und nach Ablauf der in Artikel 3 Absatz 2 dieses Vertrags genannten Umsetzungsfrist von der Erfüllung der in dem genannten Artikel festgelegten Pflichten abhängen wird,

UNTER HINWEIS DARAUF, dass das Königreich Belgien, die Bundesrepublik Deutschland, die Republik Estland, Irland, die Hellenische Republik, das Königreich Spanien, die Französische Republik, die Italienische Republik, die Republik Zypern, das Großherzogtum Luxemburg, Malta, das Königreich der Niederlande, die Republik Österreich, die Portugiesische Republik, die Republik Slowenien, die Slowakische Republik und die Republik Finnland Vertragsparteien sind, deren Währung der Euro ist, und diese als solche ab dem ersten Tag des Monats nach Hinterlegung ihrer Ratifikationsurkunde an diesen Vertrag gebunden sind, sofern er zu diesem Zeitpunkt in Kraft ist,

SOWIE UNTER HINWEIS DARAUF, dass die Republik Bulgarien, das Königreich Dänemark, die Republik Lettland, die Republik Litauen, Ungarn, die Republik Polen, Rumänien und das Königreich Schweden Vertragsparteien sind, für die als Mitgliedstaaten der Europäischen Union zum Zeitpunkt der Unterzeichnung dieses Vertrags eine Ausnahmeregelung gilt oder sie von der Teilnahme an der gemeinsamen Währung freigestellt sind, und dass sie – solange diese Ausnahmeregelung oder Freistellung nicht aufgehoben ist – ausschließlich an die Bestimmungen der Titel III und IV dieses Vertrags gebunden sind, an die sie sich bei Hinterlegung ihrer Ratifikationsurkunde oder zu einem späteren Zeitpunkt gebunden zu sein erklären –

SIND ÜBER FOLGENDE BESTIMMUNGEN ÜBEREINGEKOMMEN:

TITEL I
ZWECK UND ANWENDUNGSBEREICH

ARTIKEL 1

(1) Mit diesem Vertrag kommen die Vertragsparteien als Mitgliedstaaten der Europäischen Union überein, die wirtschaftliche Säule der Wirtschafts- und Währungsunion durch Verabschiedung einer Reihe von Vorschriften zu stärken, die die Haushaltsdisziplin durch einen fiskalpolitischen Pakt fördern, die Koordinierung ihrer Wirtschaftspolitiken verstärken und die Steuerung des Euro-Währungsgebiets verbessern sollen und dadurch zur Erreichung der Ziele der Europäischen Union für nachhaltiges Wachstum, Beschäftigung, Wettbewerbsfähigkeit und sozialen Zusammenhalt beitragen.

(2) Auf die Vertragsparteien, deren Währung der Euro ist, findet dieser Vertrag in vollem Umfang Anwendung. Für die anderen Vertragsparteien gilt er in dem in Artikel 14 festgelegten Umfang und unter den dort genannten Voraussetzungen.

TITEL II
KOHÄRENZ MIT DEM UNIONSRECHT UND VERHÄLTNIS ZUM UNIONSRECHT

ARTIKEL 2

(1) Dieser Vertrag wird von den Vertragsparteien in Übereinstimmung mit den Verträgen, auf denen die Europäische Union beruht, insbesondere mit Artikel 4 Absatz 3 des Vertrags über die Europäische Union, und mit dem Recht der Europäischen Union, einschließlich dem Verfahrensrecht, wann immer der Erlass von Sekundärgesetzgebung erforderlich ist, angewandt und ausgelegt.

(2) Dieser Vertrag gilt insoweit, wie er mit den Verträgen, auf denen die Europäische Union beruht, und mit dem Recht der Europäischen Union vereinbar ist. Er lässt die Handlungsbefugnisse der Union auf dem Gebiet der Wirtschaftsunion unberührt.

TITEL III
FISKALPOLITISCHER PAKT

ARTIKEL 3

(1) Die Vertragsparteien wenden zusätzlich zu ihren sich aus dem Recht der Europäischen Union ergebenden Verpflichtungen und unbeschadet dieser Verpflichtungen die in diesem Absatz festgelegten Vorschriften an:

a) Der gesamtstaatliche Haushalt einer Vertragspartei ist ausgeglichen oder weist einen Überschuss auf.

b) Die Regel unter Buchstabe a gilt als eingehalten, wenn der jährliche strukturelle Saldo des Gesamtstaats dem länderspezifischen mittelfristigen Ziel im Sinne des geänderten Stabilitäts- und Wachstumspakts, mit einer Untergrenze von einem strukturellen Defizit von 0,5 % des Bruttoinlandsprodukts zu Marktpreisen, entspricht. Die Vertragsparteien stellen eine rasche Annäherung an ihr jeweiliges mittelfristiges Ziel sicher. Der zeitliche Rahmen für diese Annäherung wird von der Europäischen Kommission unter Berücksichtigung der länderspezifischen Risiken für die langfristige Tragfähigkeit vorgeschlagen werden. Die Fortschritte in Richtung auf das mittelfristige Ziel und dessen Einhaltung werden dem geänderten Stabilitäts- und Wachstumspakt entsprechend auf der Grundlage einer Gesamtbewertung evaluiert, bei der der strukturelle Haushaltssaldo als Referenz dient und die eine Analyse der Ausgaben ohne Anrechnung diskretionärer einnahmenseitiger Maßnahmen einschließt.

c) Die Vertragsparteien dürfen nur unter den in Absatz 3 Buchstabe b festgelegten außergewöhnlichen Umständen vorübergehend von ihrem jeweiligen mittelfristigen Ziel oder dem dorthin führenden Anpassungspfad abweichen.

d) Liegt das Verhältnis zwischen öffentlichem Schuldenstand und Bruttoinlandsprodukt zu Marktpreisen erheblich unter 60 % und sind die Risiken für die langfristige Tragfähigkeit der öffentlichen Finanzen gering, so kann die Untergrenze des in Buchstabe b angegebenen mittelfristigen Ziels ein strukturelles Defizit von maximal 1,0 % des Bruttoinlandsprodukts zu Marktpreisen erreichen.

e) Erhebliche Abweichungen vom mittelfristigen Ziel oder dem dorthin führenden Anpassungspfad lösen automatisch einen Korrekturmechanismus aus. Dieser Mechanismus schließt die Verpflichtung der betreffenden Vertragspartei ein, zur Korrektur der Abweichungen innerhalb eines festgelegten Zeitraums Maßnahmen zu treffen.

(2) Die Regelungen nach Absatz 1 werden im einzelstaatlichen Recht der Vertragsparteien in Form von Bestimmungen, die verbindlicher und dauerhafter Art sind, vorzugsweise mit Verfassungsrang, oder deren vollständige Einhaltung und Befolgung im gesamten nationalen Haushaltsverfahren auf andere Weise garantiert ist, spätestens ein Jahr nach Inkrafttreten dieses Vertrags wirksam. Die Vertragsparteien richten auf nationaler Ebene den in Absatz 1 Buchstabe e genannten Korrekturmechanismus ein und stützen sich dabei auf gemeinsame, von der Europäischen Kommission vorzuschlagende Grundsätze, die insbesondere die Art, den Umfang und den zeitlichen Rahmen der – auch unter außergewöhnlichen Umständen – zu treffenden Korrekturmaßnahmen sowie die Rolle und Unabhängigkeit der auf nationaler Ebene für die Überwachung der Einhaltung der in Absatz 1 genannten Regelungen zuständigen Institutionen betreffen. Dieser Korrekturmechanismus wahrt uneingeschränkt die Vorrechte der nationalen Parlamente.

(3) Für die Zwecke dieses Artikels gelten die Begriffsbestimmungen, die in Artikel 2 des den Verträgen zur Europäischen Union beigefügten Protokolls (Nr. 12) über das Verfahren bei einem übermäßigen Defizit festgelegt sind.

Zusätzlich dazu gelten für die Zwecke dieses Artikels die folgenden Begriffsbestimmungen:

a) „Jährlicher struktureller Saldo des Gesamtstaats" ist der konjunkturbereinigte jährliche Saldo ohne Anrechnung einmaliger und befristeter Maßnahmen.

b) „Außergewöhnliche Umstände" sind ein außergewöhnliches Ereignis, das sich der Kontrolle der betreffenden Vertragspartei entzieht und erhebliche Auswirkungen auf die Lage der öffentlichen Finanzen hat, oder ein schwerer Konjunkturabschwung im Sinne des geänderten Stabilitäts- und Wachstumspakts, vorausgesetzt, die vorübergehende Abweichung der betreffenden Vertragspartei gefährdet nicht die mittelfristige Tragfähigkeit der öffentlichen Finanzen.

ARTIKEL 4

Geht das Verhältnis zwischen dem gesamtstaatlichen Schuldenstand einer Vertragspartei und dem Bruttoinlandsprodukt über den in Artikel 1 des den Verträgen zur Europäischen Union beigefügten Protokolls (Nr. 12) über das Verfahren bei einem übermäßigen Defizit genannten Referenzwert von 60 % hinaus, so verringert diese Vertragspartei es gemäß Artikel 2 der Verordnung (EG) Nr. 1467/97 des Rates vom 7. Juli 1997 über die Beschleunigung und Klärung des Verfahrens bei einem übermäßigen Defizit in der durch die Verordnung (EU) Nr. 1177/2011 des Rates vom 8. November 2011 geänderten Fassung als Richtwert um durchschnittlich ein Zwanzigstel jährlich. Das Bestehen eines übermäßigen Defizits durch die Verletzung des Schuldenkriteriums wird vom Rat nach dem Verfahren des Artikels 126 des Vertrags über die Arbeitsweise der Europäischen Union festgestellt werden.

ARTIKEL 5

(1) Eine Vertragspartei, die gemäß den Verträgen, auf denen die Europäische Union beruht, Gegenstand eines Defizitverfahrens ist, legt ein Haushalts- und Wirtschaftspartnerschaftsprogramm auf, das eine detaillierte Beschreibung der Strukturreformen enthält, die zur Gewährleistung einer wirksamen und dauerhaften Korrektur ihres übermäßigen Defizits zu beschließen und umzusetzen sind. Inhalt und Form dieser Programme werden im Recht der Europäischen Union festgelegt. Sie werden dem Rat der Europäischen Union und der Europäischen Kommission im Rahmen der bestehenden Überwachungsverfahren des Stabilitäts- und Wachstumspakts zur Genehmigung vorgelegt werden und auch innerhalb dieses Rahmens überwacht werden.

(2) Die Umsetzung des Haushalts- und Wirtschaftspartnerschaftsprogramms und die mit diesem Programm in Einklang stehenden jährlichen Haushaltspläne werden vom Rat der Europäischen Union und der Europäischen Kommission überwacht werden.

ARTIKEL 6

Zur besseren Koordinierung der Planung für die Begebung von Staatsschuldtiteln erstatten die Vertragsparteien dem Rat der Europäischen Union und der Europäischen Kommission im Voraus über ihre entsprechenden Planungen Bericht.

ARTIKEL 7

Die Vertragsparteien, deren Währung der Euro ist, verpflichten sich unter uneingeschränkter Einhaltung der Verfahrensvorschriften der Verträge, auf denen die Europäische Union beruht, zur Unterstützung der Vorschläge oder Empfehlungen der Europäischen Kommission, in denen diese die Auffassung vertritt, dass ein Mitgliedstaat der Europäischen Union, dessen Währung der Euro ist, im Rahmen eines Verfahrens bei einem übermäßigen Defizit gegen das Defizit-Kriterium verstößt. Diese Verpflichtung entfällt, wenn zwischen den Vertragsparteien, deren Währung der Euro ist, feststeht, dass eine analog zu den einschlägigen Bestimmungen der Verträge, auf denen die Europäische Union beruht, unter Auslassung des Standpunkts der betroffenen Vertragspartei ermittelte qualifizierte Mehrheit von ihnen gegen den vorgeschlagenen oder empfohlenen Beschluss ist.

ARTIKEL 8

(1) Die Europäische Kommission wird aufgefordert, den Vertragsparteien zu gegebener Zeit einen Bericht über die Bestimmungen vorzulegen, die jede von ihnen gemäß Artikel 3 Absatz 2 erlassen hat. Gelangt die Europäische Kommission, nachdem sie der betreffenden Vertragspartei Gelegenheit zur Stellungnahme gegeben hat, in ihrem Bericht zu dem Schluss, dass diese Vertragspartei Artikel 3 Absatz 2 nicht nachgekommen ist, wird der Gerichtshof der Europäischen Union von einer oder mehreren Vertragsparteien mit der Angelegenheit befasst werden. Ist eine Vertragspartei unabhängig vom Bericht der Kommission der Auffassung, dass eine andere Vertragspartei Artikel 3 Absatz 2 nicht nachgekommen ist, so kann sie den Gerichtshof mit der Angelegenheit befassen. In beiden Fällen ist das Urteil des Gerichtshofs für die Verfahrensbeteiligten verbindlich, und diese müssen innerhalb einer vom Gerichtshof festgelegten Frist die erforderlichen Maßnahmen treffen, um dem Urteil nachzukommen.

(2) Ist eine Vertragspartei nach eigener Einschätzung oder aufgrund der Bewertung der Europäischen Kommission der Auffassung, dass eine andere Vertragspartei nicht die in Absatz 1 genannten erforderlichen Maßnahmen getroffen hat, um dem Urteil des Gerichtshofs nachzukommen, so kann sie den Gerichtshof mit der Sache befassen und die Verhängung finanzieller Sanktionen gemäß den von der Europäischen Kommission im Rahmen von Artikel 260 des Vertrags über die Arbeitsweise der Europäischen Union festgelegten Kriterien verlangen. Stellt der Gerichtshof fest, dass die betreffende Vertragspartei seinem Urteil nicht nachgekommen ist, so kann er gegen diese Vertragspartei einen Pauschalbetrag oder ein Zwangsgeld verhängen, der/das den Umständen angemessen ist und nicht über 0,1 % ihres Bruttoinlandsprodukts hinausgeht. Die gegen eine Vertragspartei, deren Währung der Euro ist, verhängten Beträge sind an den Europäischen Stabilitätsmechanismus zu entrichten. Anderenfalls werden die Zahlungen an den Gesamthaushaltsplan der Europäischen Union entrichtet.

(3) Dieser Artikel stellt einen Schiedsvertrag zwischen den Vertragsparteien im Sinne des Artikels 273 des Vertrags über die Arbeitsweise der Europäischen Union dar.

TITEL IV
WIRTSCHAFTSPOLITISCHE KOORDINIERUNG UND KONVERGENZ

ARTIKEL 9

Gestützt auf die wirtschaftspolitische Koordinierung im Sinne des Vertrags über die Arbeitsweise der Europäischen Union verpflichten sich die Vertragsparteien, gemeinsam auf eine Wirtschaftspolitik hinzuarbeiten, die durch erhöhte Konvergenz und Wettbewerbsfähigkeit das reibungslose Funktionieren der Wirtschafts- und Währungsunion sowie das Wirtschaftswachstum fördert. Zu diesem Zweck leiten die Vertragsparteien in Verfolgung des Ziels, Wettbewerbsfähigkeit und Beschäftigung zu fördern, weiter zur langfristigen Tragfähigkeit der öffentlichen Finanzen beizutragen und die Finanzstabilität zu stärken, in allen für das reibungslose Funktionieren des Euro-Währungsgebiets wesentlichen Bereichen die notwendigen Schritte und Maßnahmen ein.

ARTIKEL 10

Den Anforderungen der Verträge, auf denen die Europäische Union beruht, entsprechend sind die Vertragsparteien bereit, in Angelegenheiten, die für das reibungslose Funktionieren des Euro-Währungsgebiets wesentlich sind, wann immer dies angemessen und notwendig ist, von den in Artikel 136 des Vertrags über die Arbeitsweise der Europäischen Union vorgesehenen Maßnahmen für die Mitgliedstaaten, deren Währung der Euro ist, und – ohne dabei den Binnenmarkt zu beeinträchtigen – von der in Artikel 20 des Vertrags über die Europäische Union und in den Artikeln 326 bis 334 des Vertrags über die Arbeitsweise der Europäischen Union vorgesehenen Verstärkten Zusammenarbeit aktiven Gebrauch zu machen.

ARTIKEL 11

Um Benchmarks für vorbildliche Vorgehensweisen festzulegen und auf eine enger koordinierte Wirtschaftspolitik hinzuarbeiten, stellen die Vertragsparteien sicher, dass alle von ihnen geplanten größeren wirtschaftspolitischen Reformen vorab zwischen ihnen erörtert und gegebenenfalls koordiniert werden. In diese Koordinierung werden die Organe der Europäischen Union gemäß den Erfordernissen des Rechts der Europäischen Union einbezogen.

TITEL V
STEUERUNG DES EURO-WÄHRUNGSGEBIETS

ARTIKEL 12

(1) Die Staats- und Regierungschefs der Vertragsparteien, deren Währung der Euro ist, und der Präsident der Europäischen Kommission treten informell zu Tagungen des Euro-Gipfels zusammen. Der Präsident der Europäischen Zentralbank wird zur Teilnahme an diesen Tagungen eingeladen.

Der Präsident des Euro-Gipfels wird von den Staats- und Regierungschefs der Vertragsparteien, deren Währung der Euro ist, mit einfacher Mehrheit zu dem gleichen Zeitpunkt ernannt, zu dem der Europäische Rat seinen Präsidenten wählt; die Amtszeit entspricht der des Präsidenten des Europäischen Rates.

(2) Euro-Gipfel werden bei Bedarf – mindestens jedoch zweimal jährlich – einberufen, damit die Vertragsparteien, deren Währung der Euro ist, Fragen im Zusammenhang mit ihrer spezifischen gemeinsamen Verantwortung für die einheitliche Währung, weitere die Steuerung des Euro-Währungsgebiets betreffende Fragen und die dafür geltenden Vorschriften sowie strategische Orientierungen für die Steuerung der Wirtschaftspolitik und größere Konvergenz im Euro-Währungsgebiet erörtern.

(3) Die Staats- und Regierungschefs der Vertragsparteien, deren Währung nicht der Euro ist und die diesen Vertrag ratifiziert haben, nehmen an den Beratungen der Tagungen der Euro-Gipfel teil, die für die Vertragsparteien die Wettbewerbsfähigkeit, die Änderung der allgemeinen Architektur des Euroraums und der grundlegenden Regelungen, die für diesen in Zukunft gelten werden, betreffen, sowie, wenn dies sachgerecht ist und mindestens einmal im Jahr, an Beratungen zu bestimmten Fragen der Durchführung dieses Vertrags über Stabilität, Koordinierung und Steuerung in der Wirtschafts- und Währungsunion.

(4) Der Präsident des Euro-Gipfels gewährleistet in enger Zusammenarbeit mit dem Präsidenten der Europäischen Kommission die Vorbereitung und Kontinuität der Tagungen des Euro-Gipfels. Das mit der Vorbereitung und Nachbereitung der Tagungen des Euro-Gipfels betraute Gremium ist die Euro-Gruppe, deren Präsident zu diesem Zweck zur Teilnahme an diesen Tagungen eingeladen werden kann.

(5) Der Präsident des Europäischen Parlaments kann eingeladen werden, um gehört zu werden. Der Präsident des Euro-Gipfels legt dem Europäischen Parlament nach jeder Tagung des Euro-Gipfels einen Bericht vor.

(6) Der Präsident des Euro-Gipfels unterrichtet die anderen Vertragsparteien als die, deren Währung der Euro ist, und die anderen Mitgliedstaaten der Europäischen Union laufend und eingehend über die Vorbereitungen und die Ergebnisse der Tagungen des Euro-Gipfels.

ARTIKEL 13

Wie in Titel II des den Verträgen zur Europäischen Union beigefügten Protokolls (Nr. 1) über die Rolle der nationalen Parlamente in der Europäischen Union vorgesehen, bestimmen das Europäische Parlament und die nationalen Parlamente der Vertragsparteien gemeinsam über die Organisation und Förderung einer Konferenz von Vertretern der zuständigen Ausschüsse des Europäischen Parlaments und von Vertretern der zuständigen Ausschüsse der nationalen Parlamente, um die Haushaltspolitik und andere von diesem Vertrag erfasste Angelegenheiten zu diskutieren.

TITEL VI
ALLGEMEINE BESTIMMUNGEN UND SCHLUSSBESTIMMUNGEN

ARTIKEL 14

(1) Dieser Vertrag bedarf der Ratifikation durch die Vertragsparteien gemäß ihren jeweiligen verfassungsrechtlichen Vorschriften. Die Ratifikationsurkunden werden beim Generalsekretariat des Rates der Europäischen Union (im Folgenden „Verwahrer") hinterlegt.

(2) Dieser Vertrag tritt am 1. Januar 2013 in Kraft, sofern zwölf Vertragsparteien, deren Währung der Euro ist, ihre Ratifikationsurkunde hinterlegt haben, oder am ersten Tag des Monats, der auf die Hinterlegung der zwölften Ratifikationsurkunde durch eine Vertragspartei, deren Währung der Euro ist, folgt, je nachdem, welcher Zeitpunkt früher liegt.

(3) Dieser Vertrag gilt ab dem Tag des Inkrafttretens zwischen den Vertragsparteien, deren Währung der Euro ist, die ihn ratifiziert haben. Er gilt für die anderen Vertragsparteien, deren Währung der Euro ist, ab dem ersten Tag des auf die Hinterlegung ihrer jeweiligen Ratifikationsurkunde folgenden Monats.

(4) Abweichend von den Absätzen 3 und 5 gilt Titel V für alle betroffenen Vertragsparteien ab dem Tag des Inkrafttretens dieses Vertrags.

(5) Auf die Vertragsparteien, für die eine Ausnahmeregelung im Sinne von Artikel 139 Absatz 1 des Vertrags über die Arbeitsweise der Europäischen Union oder eine Freistellung gemäß dem den Verträgen zur Europäischen Union beigefügten Protokolls (Nr. 16) über einige Bestimmungen betreffend Dänemark gilt und die den vorliegenden Vertrag ratifiziert haben, findet dieser Vertrag ab dem Tag Anwendung, an dem der Beschluss zur Aufhebung der Ausnahmeregelung bzw. Freistellung wirksam wird, es sei denn, die betreffende Vertragspartei erklärt, dass sie zu einem früheren Zeitpunkt an alle oder einige Bestimmungen der Titel III und IV dieses Vertrags gebunden sein will.

ARTIKEL 15

Dieser Vertrag steht den Mitgliedstaaten der Europäischen Union, die keine Vertragspartei sind, zum Beitritt offen. Der Beitritt wird mit der Hinterlegung der Beitrittsurkunde beim Verwahrer wirksam, der die anderen Vertragsparteien davon in Kenntnis setzt. Nach Authentifizierung durch die Vertragsparteien wird der Wortlaut dieses Vertrags in der Amtssprache des beitretenden Mitgliedstaats, die auch eine Amtssprache und eine Arbeitssprache der Organe der Union ist, im Archiv des Verwahrers als verbindlicher Wortlaut dieses Vertrags hinterlegt.

ARTIKEL 16

Binnen höchstens fünf Jahren ab dem Inkrafttreten dieses Vertrags werden auf der Grundlage einer Bewertung der Erfahrungen mit der Umsetzung des Vertrags gemäß dem Vertrag über die Europäische Union und dem Vertrag über die Arbeitsweise der Europäischen Union die notwendigen Schritte mit dem Ziel unternommen, den Inhalt dieses Vertrags in den Rechtsrahmen der Europäischen Union zu überführen.

Geschehen zu Brüssel am zweiten März zweitausendundzwölf.

Dieses Abkommen ist in bulgarischer, dänischer, niederländischer, englischer, estnischer, finnischer, französischer, deutscher, griechischer, ungarischer, irischer, italienischer, lettischer, litauischer, maltesischer, polnischer, portugiesischer, rumänischer, slowakischer, slowenischer, spanischer und schwedischer Sprache abgefasst, wobei jeder Wortlaut gleichermaßen verbindlich ist, in einer Urschrift, die im Archiv des Verwahrers hinterlegt wird; dieser übermittelt den Vertragsparteien je eine beglaubigte Abschrift.

Verordnung (EU) Nr. 1024/2013 des Rates vom 15. Oktober 2013 zur Übertragung besonderer Aufgaben im Zusammenhang mit der Aufsicht über Kreditinstitute auf die Europäische Zentralbank*)

ABl 2013 L 287, 63 idF

1 ABl 2015 L 218, 82 (Berichtigung)

Verordnung (EU) Nr. 1024/2013 des Rates vom 15. Oktober 2013 zur Übertragung besonderer Aufgaben im Zusammenhang mit der Aufsicht über Kreditinstitute auf die Europäische Zentralbank

DER RAT DER EUROPÄISCHEN UNION -

gestützt auf den Vertrag über die Arbeitsweise der Europäischen Union, insbesondere auf Artikel 127 Absatz 6,

auf Vorschlag der Europäischen Kommission,

nach Zuleitung des Entwurfs des Gesetzgebungsakts an die nationalen Parlamente,

nach Stellungnahme des Europäischen Parlaments,

nach Stellungnahme der Europäischen Zentralbank,

gemäß einem besonderen Gesetzgebungsverfahren,

in Erwägung nachstehender Gründe:

(1) Die Union hat in den letzten Jahrzehnten erhebliche Fortschritte bei der Schaffung eines Binnenmarkts für Bankdienstleistungen gemacht. In vielen Mitgliedstaaten halten Bankengruppen, deren Hauptsitz sich in einem anderen Mitgliedstaat befindet, daher beträchtliche Marktanteile, und die Kreditinstitute haben ihre Geschäftstätigkeiten sowohl innerhalb als auch außerhalb des Euro-Währungsgebiets geografisch diversifiziert.

(2) Die derzeitige Finanz- und Wirtschaftskrise hat gezeigt, dass die Fragmentierung des Finanzsektors eine Gefahr für die Integrität der gemeinsamen Währung und des Binnenmarkts darstellen kann. Daher muss die Integration der Bankenaufsicht unbedingt vorangetrieben werden, um die Union zu stärken, die Finanzmarktstabilität wiederherzustellen und die Voraussetzungen für eine wirtschaftliche Erholung zu schaffen.

(3) Die Aufrechterhaltung und Vertiefung des Binnenmarkts für Bankdienstleistungen ist für die Förderung des Wirtschaftswachstums in der Union und einer angemessenen Finanzierung der Realwirtschaft von entscheidender Bedeutung. Dies erweist sich jedoch zunehmend als Herausforderung. Die Integration der Bankenmärkte in der Union kommt derzeit nachweislich zum Stillstand kommt.

(4) Angesichts der aus der Finanzkrise der letzten Jahre zu ziehenden Lehren müssen - neben der Annahme eines verbesserten Regelungsrahmens der Union - die Aufsichtsbehörden gleichzeitig ihre Aufsicht verstärken und in der Lage sein, hoch komplexe und miteinander vernetzte Märkte und Institute zu überwachen.

(5) Für die Beaufsichtigung der einzelnen Kreditinstitute in der Union sind nach wie vor im Wesentlichen die nationalen Behörden zuständig. Die Abstimmung zwischen den Aufsichtsbehörden ist zwar entscheidend, aber die Krise hat gezeigt, dass Abstimmung allein insbesondere im Zusammenhang mit einer gemeinsamen Währung nicht ausreicht. Um die Finanzstabilität in der Union zu erhalten und die positiven Auswirkungen der Marktintegration auf Wachstum und Wohlstand zu fördern, sollte die Integration der aufsichtlichen Verantwortlichkeiten stärker vorangetrieben werden. Dies ist von besonderer Bedeutung, damit stets ein genauer Überblick über ganze Bankengruppen und deren Solidität gewährleistet ist, und würde auch das Risiko von Diskrepanzen bei der Bewertung und widersprüchlichen Entscheidungen auf Ebene der einzelnen Unternehmen verringern.

(6) Die Stabilität der Kreditinstitute ist heute noch immer in vielen Fällen eng mit dem Mitgliedstaat der Niederlassung verknüpft. Zweifel an der langfristigen Tragfähigkeit der Staatsverschuldung, den Aussichten für das Wirtschaftswachstum und der Existenzfähigkeit von Kreditinstituten haben negative, sich gegenseitig verstärkende

---

*) ***Hinweis:*** siehe auch VO (EG) Nr. 2532/98 des Rates, ABl 1998 L 318, 4 geändert durch ABl 2015 L 27, 1 sowie VO (EG) Nr. 2157/1999 der EZB, ABl 1999 L 264, 21 *zum Recht der EZB, Sanktionen zu verhängen.* Weiter Beschluss der EZB (EZB/2010/10) ABl 2010 L 226, 48 geändert durch Beschluss der EZB, ABl 2017 L 77, 1 *über die Nichteinhaltung der statistischen Berichtpflichten.*

Markttrends hervorgebracht. Dies kann Risiken für die Existenzfähigkeit einiger Kreditinstitute sowie für die Stabilität des Finanzsystems im Euro-Währungsgebiet und der Union als Ganzes mit sich bringen und die ohnehin schon angespannten öffentlichen Finanzen der betroffenen Mitgliedstaaten schwer belasten.

(7) Die Europäischen Aufsichtsbehörde (Europäische Bankenaufsichtsbehörde) (EBA), die im Jahr 2011 gemäß der Verordnung (EU) Nr. 1093/2010 des Europäischen Parlaments und des Rates vom 24. November 2010 zur Errichtung einer Europäischen Aufsichtsbehörde (Europäische Bankenaufsichtsbehörde)[1] eingerichtet wurde, und das Europäische Finanzaufsichtssystem (ESFS), das mit Artikel 2 der genannten Verordnung und Artikel 2 der Verordnung (EU) Nr. 1094/2010 des Europäischen Parlaments und des Rates vom 24. November 2010 zur Errichtung einer Europäischen Aufsichtsbehörde (Europäische Aufsichtsbehörde für das Versicherungswesen und die betriebliche Altersversorgung)[2] (EIOPA) und Artikel 2 der Verordnung (EU) Nr. 1095/2010 des Europäischen Parlaments und des Rates vom 24. November 2010 zur Errichtung einer Europäischen Aufsichtsbehörde (Europäische Wertpapier- und Marktaufsichtsbehörde)[3] (ESMA) eingerichtet wurde, haben die Zusammenarbeit zwischen den Bankenaufsichtsbehörden in der Union erheblich verbessert. Die EBA leistet einen wichtigen Beitrag zur Schaffung eines einheitlichen Regelwerks für Finanzdienstleistungen in der Union und war bei der einheitlichen Durchführung der auf dem Euro- Gipfel vom 26. Oktober 2011 beschlossenen Rekapitalisierung großer Kreditinstitute in der Union im Einklang mit den von der Kommission angenommenen Leitlinien und Auflagen im Zusammenhang mit staatlichen Beihilfen von zentraler Bedeutung.

(8) Das Europäische Parlament hat bei mehreren Gelegenheiten dazu aufgerufen, eine europäische Einrichtung zu schaffen, die für bestimmte Aufgaben bei der Beaufsichtigung von Finanzinstituten unmittelbar zuständig ist, so erstmals in seinen Entschließungen vom 13. April 2000 zu der Mitteilung der Kommission „Umsetzung des Finanzmarktrahmens: Aktionsplan"[1] und vom 21. November 2002 zu den aufsichtsrechtlichen Vorschriften in der Europäischen Union[2].

(9) In den Schlussfolgerungen des Europäischen Rates vom 29. Juni 2012 wurde der Präsident des Europäischen Rates gebeten, einen Fahrplan für die Verwirklichung einer echten Wirtschafts- und Währungsunion auszuarbeiten. Am selben Tag stellte der Euro-Gipfel in Aussicht, dass der Europäische Stabilitätsmechanismus (ESM) nach einem ordentlichen Beschluss die Möglichkeit haben könnte, Banken direkt zu rekapitalisieren, sobald unter Einbeziehung der Europäischen Zentralbank (EZB) ein wirksamer einheitlicher Aufsichtsmechanismus für Banken des Euro-Währungsgebiets eingerichtet worden ist; diese Möglichkeit wäre an angemessene Bedingungen geknüpft, darunter die Einhaltung der Vorschriften über staatliche Beihilfen.

(10) Der Europäische Rat gelangte auf seiner Tagung vom 19. Oktober 2012 zu dem Schluss, dass die Entwicklung hin zu einer vertieften Wirtschafts- und Währungsunion auf dem institutionellen und rechtlichen Rahmen der Union aufbauen und von Offenheit und Transparenz gegenüber den Mitgliedstaaten, deren Währung nicht der Euro ist, und von der Wahrung der Integrität des Binnenmarkts geprägt sein sollte. Im integrierten Finanzrahmen wird es einen einheitlichen Aufsichtsmechanismus geben, der so weit wie möglich allen Mitgliedstaaten offensteht, die eine Teilnahme wünschen.

(11) Es sollte daher eine Bankenunion in der Union geschaffen werden, die sich auf ein umfassendes und detailliertes einheitliches Regelwerk für Finanzdienstleistungen im Binnenmarkt als Ganzes stützt und einen einheitlichen Aufsichtsmechanismus sowie neue Rahmenbedingungen für die Einlagensicherung und die Abwicklung von Kreditinstituten umfasst. Angesichts der engen Verbindungen und Interaktionen zwischen den Mitgliedstaaten, deren Währung der Euro ist, sollte die Bankenunion zumindest alle Mitgliedstaaten des Euro-Währungsgebiets umfassen. Im Hinblick auf die Aufrechterhaltung und Vertiefung des Binnenmarkts sollte die Bankenunion aber auch anderen Mitgliedstaaten offenstehen, soweit die institutionellen Möglichkeiten dies zulassen.

(12) Als erster Schritt zur Schaffung der Bankenunion sollte ein einheitlicher Aufsichtsmechanismus sicherstellen, dass die Politik der Union hinsichtlich der Beaufsichtigung von Kreditinstituten kohärent und wirksam umgesetzt wird, dass das einheitliche Regelwerk für Finanzdienstleistungen auf die Kreditinstitute in allen betroffenen Mitgliedstaaten ebenso angewandt wird und dass bei der Beaufsichtigung dieser Kreditinstitute höchste, von nichtaufsichtsrechtlichen Überlegungen unbeeinflusste Standards Anwendung finden. Der einheitliche Aufsichtsmechanismus sollte insbesondere mit den Abläufen im Binnenmarkt für Finanzdienstleistungen und dem freien Kapi-

[1] ABl. L 331 vom 15.12.2010, S. 12.
[2] ABl. L 331 vom 15.12.2010, S. 48.
[3] ABl. L 331 vom 15.12.2010, S. 84.
[1] ABl. C 40 vom 7.2.2001, S. 453.
[2] ABl. C 25 E vom 29.1.2004, S. 394.

talverkehr im Einklang stehen. Ein einheitlicher Aufsichtsmechanismus ist die Grundlage für die nächsten Schritte in Richtung der Bankenunion. Dies entspricht dem Grundsatz, dass der ESM nach einem ordentlichen Beschluss die Möglichkeit haben wird, Banken direkt zu rekapitalisieren, sobald ein wirksamer einheitlicher Aufsichtsmechanismus eingerichtet worden ist. Der Europäische Rat stellte in seinen Schlussfolgerungen vom 13./14. Dezember 2012 Folgendes fest: „In einem Umfeld, in dem die Bankenaufsicht effektiv einem einheitlichen Aufsichtsmechanismus übertragen wird, ist auch ein einheitlicher Abwicklungsmechanismus erforderlich, der mit den notwendigen Befugnissen ausgestattet ist, um sicherzustellen, dass jede Bank in den teilnehmenden Mitgliedstaaten mit geeigneten Instrumenten abgewickelt werden kann", und „[e]r sollte auf Beiträgen des Finanzsektors selbst basieren und eine geeignete und wirksame Letztsicherung („Backstop") einschließen".

(13) Als Zentralbank des Euro-Währungsgebiets verfügt die EZB über umfangreiches Fachwissen in makroökonomischen und die Finanzstabilität betreffenden Fragen und ist damit gut geeignet, eindeutig festgelegte Aufsichtsaufgaben wahrzunehmen, mit einem Schwerpunkt auf dem Schutz der Stabilität des Finanzsystems der Union. Viele Zentralbanken der Mitgliedstaaten sind bereits für die Bankenaufsicht zuständig. Der EZB sollten daher besondere Aufgaben im Zusammenhang mit der Aufsicht über Kreditinstitute in den teilnehmenden Mitgliedstaaten übertragen werden.

(14) Die EZB und die zuständigen Behörden von Mitgliedstaaten, die nicht teilnehmende Mitgliedstaaten sind (im Folgenden: „nicht teilnehmende Mitgliedstaaten") sollten eine Vereinbarung eingehen, in der allgemein beschrieben wird, wie ihre Zusammenarbeit bei der Wahrnehmung ihrer Aufsichtsaufgaben nach dem Unionsrecht in Bezug auf die in dieser Verordnung genannten Finanzinstitute gestaltet werden soll. In der Vereinbarung könnten unter anderem die Konsultation in Bezug auf Beschlüsse der EZB mit Auswirkung auf in einem nicht teilnehmenden Mitgliedstaat niedergelassene Tochtergesellschaften oder Zweigstellen, deren Muttergesellschaft in einem teilnehmenden Mitgliedstaat niedergelassen ist, sowie die Zusammenarbeit in Ausnahmesituationen einschließlich Frühwarnmechanismen im Einklang mit den im einschlägigen Unionsrecht festgelegten Verfahren präzisiert werden. Die Vereinbarung sollte regelmäßig überprüft werden.

(15) Die besonderen Aufsichtsaufgaben, die für eine kohärente und wirksame Umsetzung der Politik der Union hinsichtlich der Beaufsichtigung von Kreditinstituten entscheidend sind, sollten der EZB übertragen werden, während andere Aufgaben bei den nationalen Behörden verbleiben sollten. Die Aufgaben der EZB sollten vorbehaltlich spezieller Regelungen, die der Rolle der nationalen Aufsichtsbehörden Rechnung tragen, Maßnahmen zur Sicherstellung der makroprudenziellen Stabilität umfassen.

(16) Die Sicherheit und Solidität großer Kreditinstitute sind für die Gewährleistung der Stabilität des Finanzsystems von entscheidender Bedeutung. In der jüngsten Vergangenheit hat sich jedoch gezeigt, dass auch von kleineren Kreditinstituten Risiken für die Finanzmarktstabilität ausgehen können. Die EZB sollte daher in Bezug auf alle in teilnehmenden Mitgliedstaaten zugelassenen Kreditinstitute und alle Zweigstellen in teilnehmenden Mitgliedstaaten Aufsichtsaufgaben ausüben können.

(17) Bei der Wahrnehmung der ihr übertragenen Aufgaben sollte die EZB unbeschadet des Ziels, die Sicherheit und Solidität der Kreditinstitute zu gewährleisten, die Vielfalt der Kreditinstitute, ihre Größe und ihre Geschäftsmodelle sowie die systemischen Vorteile der Vielfalt im Bankensektor der Union in vollem Umfang berücksichtigen.

(18) Durch die Ausübung ihrer Aufgaben sollte die EZB insbesondere dazu beitragen, dass die Kreditinstitute alle durch ihre Tätigkeiten entstandenen Kosten vollständig internalisieren, damit sorgloses Verhalten und die daraus resultierende übermäßige Risikobereitschaft vermieden werden. Sie sollte den jeweiligen makroökonomischen Bedingungen in den Mitgliedstaaten, insbesondere der Stabilität der Kreditversorgung und der Erleichterung der Produktionstätigkeiten für die Volkswirtschaften insgesamt, in vollem Umfang Rechnung tragen.

(19) Kein Teil dieser Verordnung sollte dahin gehend ausgelegt werden, dass er den nach anderen Rechtsakten der Union und nationalem Recht anwendbaren Rechnungslegungsrahmen ändert.

(20) Die Zulassung von Kreditinstituten vor der Aufnahme der Geschäftstätigkeit ist ein wichtiges aufsichtsrechtliches Mittel, um sicherzustellen, dass diese Tätigkeiten nur von Unternehmen ausgeübt werden, die über eine solide wirtschaftliche Grundlage, eine geeignete Organisation für den Umgang mit den besonderen Risiken des Einlagen- und Kreditgeschäfts sowie über geeignete Geschäftsleiter verfügen. Die EZB sollte daher vorbehaltlich spezieller Regelungen, die der Rolle der nationalen Aufsichtsbehörden Rechnung tragen, mit der Zulassung von Kreditinstituten beauftragt werden, die in einem teilneh-

menden Mitgliedstaat gegründet werden sollen, und diese Zulassungen auch entziehen können.

(21) Neben den im Unionsrecht vorgesehenen Bedingungen für die Zulassung von Kreditinstituten und den Entzug dieser Zulassungen können die Mitgliedstaaten derzeit weitere Bedingungen für die Zulassung von Kreditinstituten und Gründe für den Entzug der Zulassung festlegen. Die EZB sollte daher ihre Aufgaben in Bezug auf die Zulassung von Kreditinstituten und den Entzug dieser Zulassung bei Nichteinhaltung nationaler Rechtsvorschriften auf der Grundlage eines Vorschlags der betreffenden nationalen zuständigen Behörde, die die Einhaltung der einschlägigen, im nationalen Recht festgelegten Bedingungen prüft, wahrnehmen.

(22) Die Beurteilung der Eignung eines neuen Eigentümers im Vorfeld des Erwerbs einer erheblichen Beteiligung an einem Kreditinstitut ist ein unverzichtbares Mittel, um die Eignung und finanzielle Solidität der Eigentümer von Kreditinstituten kontinuierlich sicherzustellen. Als Organ der Union verfügt die EZB über gute Voraussetzungen für die Durchführung einer solchen Beurteilung, ohne dass dies den Binnenmarkt unangemessen einschränkt. Die EZB sollte daher beauftragt werden, den Erwerb und die Veräußerung erheblicher Anteile an Kreditinstituten, außer im Rahmen einer Bankenabwicklung, zu beurteilen.

(23) Die Einhaltung von Unionsvorschriften, die Kreditinstitute dazu verpflichten, gegen die Risiken ihrer Geschäftstätigkeit Eigenmittel in bestimmter Höhe vorzuhalten, die Höhe der Forderungen gegenüber einzelnen Gegenparteien zu begrenzen, Informationen zu ihrer Finanzlage zu veröffentlichen, ausreichend liquide Aktiva vorzuhalten, um Spannungen an den Märkten standhalten zu können, und den Verschuldungsgrad zu begrenzen, ist Voraussetzung für die aufsichtsrechtliche Solidität von Kreditinstituten. Es sollte Aufgabe der EZB sein, die Einhaltung dieser Vorschriften sicherzustellen, was insbesondere die für die Zwecke dieser Vorschriften vorgesehene Erteilung von Genehmigungen, Erlaubnissen, Ausnahmen oder Freistellungen einschließt.

(24) Zusätzliche Kapitalpuffer, wie Kapitalerhaltungspuffer, antizyklische Kapitalpuffer, mit denen sichergestellt wird, dass Kreditinstitute in Phasen des Wirtschaftswachstums eine ausreichende Eigenmittelgrundlage aufbauen, um Verluste in schwierigeren Zeiten absorbieren zu können, globale und andere Puffer für systemrelevante Institute sowie sonstige Maßnahmen zur Abwendung von Systemrisiken oder makroprudenziellen Risiken sind wesentliche Aufsichtsinstrumente. Im Interesse einer umfassenden Abstimmung sollte die EZB ordnungsgemäß unterrichtet werden, wenn die nationalen zuständigen Behörden oder nationalen benannten Behörden solche Maßnahmen treffen. Außerdem sollte die EZB erforderlichenfalls vorbehaltlich einer engen Abstimmung mit den nationalen Behörden strengere Anforderungen und Maßnahmen anwenden können. Die Bestimmungen in dieser Verordnung über Maßnahmen zur Abwendung von Systemrisiken oder makroprudenziellen Risiken lassen alle Abstimmungsverfahren, die in anderen Rechtsakten der Union vorgesehen sind, unberührt. Die nationalen zuständigen Behörden oder nationalen benannten Behörden und die EZB müssen jedes in diesen Rechtsakten vorgesehene Abstimmungsverfahren berücksichtigen, nachdem sie die Verfahren gemäß dieser Verordnung angewandt haben.

(25) Die Sicherheit und Solidität von Kreditinstituten hängen auch von der Vorhaltung von internem Kapital in angemessener, den möglichen Risiken entsprechender Höhe sowie von geeigneten internen Organisationsstrukturen und Regelungen für die Unternehmensführung ab. Die EZB sollte daher mit der Festlegung von Anforderungen beauftragt werden, mit denen sichergestellt wird, dass Kreditinstitute in den teilnehmenden Mitgliedstaaten über solide Regelungen für die Unternehmensführung, Verfahren und Mechanismen verfügen, einschließlich Strategien und Verfahren zur Prüfung und Aufrechterhaltung der Angemessenheit ihres internen Kapitals. Bei Unzulänglichkeiten sollte die EZB zudem die Aufgabe haben, geeignete Maßnahmen zu treffen, einschließlich besonderer zusätzlicher Eigenmittelanforderungen, besonderer Offenlegungspflichten und besonderer Liquiditätsanforderungen.

(26) Risiken für die Sicherheit und Solidität von Kreditinstituten können sowohl auf der Ebene einzelner Kreditinstitute als auch auf der Ebene von Bankengruppen oder Finanzkonglomeraten entstehen. Besondere Aufsichtsregelungen zur Verringerung dieser Risiken sind wichtig, um die Sicherheit und Solidität von Kreditinstituten zu gewährleisten. Neben der Einzelaufsicht über Kreditinstitute sollten die Aufgaben der EZB auch die Beaufsichtigung auf konsolidierter Basis, ergänzende Aufsichtsaufgaben sowie die Beaufsichtigung von Finanzholdinggesellschaften und von gemischten Finanzholdinggesellschaften, nicht aber von Versicherungsunternehmen umfassen.

(27) Zur Erhaltung der Finanzstabilität muss eine Verschlechterung der finanziellen und wirtschaftlichen Situation eines Kreditinstituts in einem frühen Stadium behoben werden. Die EZB sollte daher beauftragt werden, im einschlägigen Unionsrecht vorgesehene Frühinterventionsmaßnahmen durchzuführen. Sie sollte ihre Frühinter-

ventionsmaßnahmen jedoch mit den zuständigen Abwicklungsbehörden koordinieren. Solange die nationalen Behörden für die Abwicklung von Kreditinstituten zuständig sind, sollte die EZB ihr Handeln darüber hinaus in geeigneter Weise mit den betroffenen nationalen Behörden koordinieren, um sich über die jeweiligen Zuständigkeiten im Krisenfall, insbesondere im Rahmen der für diese Zwecke eingerichteten grenzüberschreitenden Krisenmanagementgruppen und künftigen Abwicklungskollegien, zu verständigen.

(28) Der EZB nicht übertragene Aufsichtsaufgaben sollten bei den nationalen Behörden verbleiben. Dazu zählen die Befugnis zur Entgegennahme von Mitteilungen der Kreditinstitute im Zusammenhang mit dem Niederlassungsrecht und der Dienstleistungsfreiheit, die Beaufsichtigung von Einrichtungen, die keine Kreditinstitute im Sinne des Unionsrechts sind, die aber nach nationalem Recht wie Kreditinstitute zu beaufsichtigen sind, die Beaufsichtigung von Kreditinstituten aus Drittländern, die in der Union eine Zweigstelle errichten oder grenzüberschreitend Dienstleistungen erbringen, die Überwachung von Zahlungsdienstleistungen, die Durchführung der täglichen Überprüfung von Kreditinstituten, die Wahrnehmung der Funktionen der zuständigen Behörden in Bezug auf Kreditinstitute hinsichtlich der Märkte für Finanzinstrumente und die Bekämpfung des Missbrauchs des Finanzsystems für Geldwäsche und Terrorismusfinanzierung sowie der Verbraucherschutz.

(29) Die EZB sollte, soweit angemessen, uneingeschränkt mit den nationalen Behörden zusammenarbeiten, die dafür zuständig sind, ein hohes Verbraucherschutzniveau und die Bekämpfung der Geldwäsche sicherzustellen.

(30) Die EZB sollte die ihr übertragenen Aufgaben mit dem Ziel wahrnehmen, gemäß dem einheitlichen Regelwerk für Finanzdienstleistungen in der Union die Sicherheit und Solidität der Kreditinstitute, die Stabilität des Finanzsystems der Union und der einzelnen teilnehmenden Mitgliedstaaten sowie die Einheit und Integrität des Binnenmarkts und somit auch den Einlegerschutz zu gewährleisten und die Funktionsweise des Binnenmarkts zu verbessern. Insbesondere sollte die EZB den Grundsatz der Gleichbehandlung und den Grundsatz der Nichtdiskriminierung gebührend beachten.

(31) Die Übertragung von Aufsichtsaufgaben auf die EZB sollte mit dem ESFS und dem zugrunde liegenden Ziel der Ausarbeitung eines einheitlichen Regelwerks und der Stärkung der Konvergenz der Aufsichtspraktiken in der gesamten Union im Einklang stehen. Für die Behandlung von Fragen von gemeinsamem Interesse sowie für eine ordnungsgemäße Beaufsichtigung von Kreditinstituten, die zusätzlich im Versicherungs- und Wertpapierbereich tätig sind, ist auch die Zusammenarbeit zwischen Bankenaufsichtsbehörden und Aufsichtsbehörden für die Versicherungs- und Wertpapiermärkte von Bedeutung. Die EZB sollte daher verpflichtet werden eng mit der EBA, der ESMA, der EIOPA, dem Europäischen Ausschuss für Systemrisiken (ESRB) und anderen am ESFS teilnehmenden Behörden zusammenzuarbeiten. Die EZB sollte ihre Aufgaben im Einklang mit den Bestimmungen dieser Verordnung und unbeschadet der Zuständigkeiten und Aufgaben der anderen Teilnehmer im Rahmen des ESFS wahrnehmen. Sie sollte ferner verpflichtet werden, mit den jeweiligen Abwicklungsbehörden und Fazilitäten zusammenzuarbeiten, die direkte oder indirekte öffentliche Finanzhilfen finanzieren.

(32) Die EZB sollte ihre Aufgaben gemäß und in Übereinstimmung mit dem einschlägigen Unionsrecht ausüben, einschließlich des gesamten Primär- und Sekundärrechts der Union, der Beschlüsse der Kommission zu staatlichen Beihilfen, der Wettbewerbsvorschriften und der Bestimmungen zur Fusionskontrolle sowie des für alle Mitgliedstaaten geltenden einheitlichen Regelwerks. Die EBA hat den Auftrag, technische Standards, Leitlinien und Empfehlungen auszuarbeiten, um die aufsichtsrechtliche Konvergenz und die Kohärenz der Aufsichtsergebnisse innerhalb der Union sicherzustellen. Diese Aufgaben sollten bei der EBA verbleiben, weshalb die EZB gemäß Artikel 132 des Vertrags über die Arbeitsweise der Europäischen Union (AEUV) und den Rechtsakten der Union, die die Europäische Kommission auf der Grundlage von Entwürfen der EBA erlassen hat, und vorbehaltlich des Artikels 16 der Verordnung (EU) Nr. 1093/2010, Verordnungen erlassen sollte.

(33) Soweit erforderlich sollte die EZB mit den zuständigen Behörden, die für die Märkte für Finanzinstrumente zuständig sind, Vereinbarungen eingehen, in denen allgemein beschrieben wird, wie ihre Zusammenarbeit miteinander bei der Wahrnehmung ihrer Aufsichtsaufgaben nach Unionsrecht in Bezug auf die in dieser Verordnung genannten Finanzinstitute ausgestaltet werden soll. Diese Vereinbarungen sollten dem Europäischen Parlament, dem Rat und den zuständige Behörden aller Mitgliedstaaten zur Verfügung gestellt werden.

(34) Zur Wahrnehmung ihrer Aufgaben und zur Ausübung ihrer Aufsichtsbefugnisse sollte die EZB die materiellen Vorschriften für die Beaufsichtigung von Kreditinstituten anwenden. Diese Vorschriften sind die des einschlägigen

Unionsrechts, insbesondere unmittelbar geltende Verordnungen oder Richtlinien, wie diejenigen über die Eigenmittelausstattung von Kreditinstituten und über Finanzkonglomerate. Liegen die materiellen Vorschriften für die Beaufsichtigung von Kreditinstituten in Form von Richtlinien vor, so sollte die EZB die nationalen Rechtsvorschriften zur Umsetzung der betreffenden Richtlinien anwenden. Soweit das einschlägige Unionsrecht aus Verordnungen besteht, sollte die EZB in Bereichen, in denen diese Verordnungen den Mitgliedstaaten zum Zeitpunkt des Inkrafttretens dieser Verordnung ausdrücklich Wahlrechte einräumen, auch die nationalen Rechtsvorschriften anwenden, durch die diese Wahlrechte ausgeübt werden. Diese Wahlrechte sollten dahin gehend ausgelegt werden, dass sie Wahlrechte ausschließen, die alleine den zuständigen oder benannten Behörden vorbehalten sind. Der Grundsatz des Vorrangs des Unionsrechts wird hierdurch nicht berührt. Daraus folgt, dass die EZB ihre Leitlinien oder Empfehlungen sowie ihre Beschlüsse auf das einschlägige bindende Unionsrecht stützen und im Einklang mit diesem erlassen sollte.

(35) Im Rahmen der der EZB übertragenen Aufgaben werden den nationalen zuständigen Behörden durch das nationale Recht bestimmte Befugnisse übertragen, die bisher durch Unionsrecht nicht gefordert waren, einschließlich der Befugnis zu frühzeitigem Eingreifen und zum Ergreifen von Vorsichtsmaßnahmen. Die EZB sollte die nationalen Behörden in den teilnehmenden Mitgliedstaaten auffordern dürfen, von diesen Befugnissen Gebrauch zu machen, um die Ausübung einer umfassenden und wirksamen Beaufsichtigung innerhalb des einheitlichen Aufsichtsmechanismus sicherzustellen.

(36) Zur Sicherstellung der Anwendung der Aufsichtsregeln und -beschlüsse durch Kreditinstitute, Finanzholdinggesellschaften und gemischte Finanzholdinggesellschaften sollten im Falle eines Verstoßes wirksame, verhältnismäßige und abschreckende Sanktionen verhängt werden. Gemäß Artikel 132 Absatz 3 AEUV und der Verordnung (EG) Nr. 2532/98 des Rates vom 23. November 1998 über das Recht der Europäischen Zentralbank, Sanktionen zu verhängen[1)], ist die EZB berechtigt, Unternehmen mit Geldbußen oder Zwangsgeldern zu belegen, wenn sie ihre Verpflichtungen aus den Verordnungen und Beschlüssen der EZB nicht einhalten. Damit die EZB ihre Aufgaben im Zusammenhang mit der Durchsetzung der Aufsichtsregeln des unmittelbar anwendbaren Unionsrechts wirksam wahrnehmen kann, sollte sie die Befugnis erhalten, bei Verstößen gegen solche Bestimmungen Geldbußen gegen Kreditinstitute, Finanzholdinggesellschaften und gemischte Finanzholdinggesellschaften zu verhängen. Die nationalen Behörden sollten bei Verstößen gegen Verpflichtungen aus nationalen Rechtsvorschriften zur Umsetzung von Unionsrichtlinien weiterhin Sanktionen verhängen können. Hält die EZB es für die Erfüllung ihrer Aufgaben für angebracht, bei solchen Verstößen eine Sanktion zu verhängen, sollte sie die Angelegenheit zu diesem Zweck an die nationalen zuständigen Behörden weiterleiten können.

(37) Die nationalen Aufsichtsbehörden verfügen über umfangreiche, langjährige Erfahrung mit der Beaufsichtigung von Kreditinstituten in ihrem Hoheitsgebiet sowie über umfangreiches Fachwissen der jeweiligen wirtschaftlichen, organisatorischen und kulturellen Besonderheiten. Dazu wurde ein engagierter und hoch qualifizierter Mitarbeiterstab eingerichtet. Um die Einhaltung höchster Standards bei der Beaufsichtigung auf Unionsebene sicherzustellen, sollten die nationalen zuständigen Behörden dafür verantwortlich sein, die EZB bei der Vorbereitung und Umsetzung von Rechtsakten im Zusammenhang mit der Wahrnehmung ihrer Aufsichtsaufgaben zu unterstützen. Dazu sollten insbesondere die laufende tägliche Bewertung der Lage eines Kreditinstituts und die damit verbundenen Prüfungen vor Ort gehören.

(38) Die in dieser Verordnung festgelegten Kriterien, anhand derer ermittelt wird, welche Institute auf konsolidierter Basis als weniger bedeutend anzusehen sind, sollten auf der obersten Konsolidierungsebene innerhalb des teilnehmenden Mitgliedstaats auf der Grundlage konsolidierter Daten angewandt werden. Wenn die EZB die ihr durch diese Verordnung übertragenen Aufgaben in Bezug auf eine Gruppe wahrnimmt, die auf konsolidierter Basis nicht als weniger bedeutend gilt, sollte sie dies in Bezug auf die Gruppe von Kreditinstituten auf konsolidierter Basis und in Bezug auf die Tochterbanken und Zweigstellen jener Gruppe in den teilnehmenden Mitgliedstaaten auf Ebene des einzelnen Kreditinstituts tun.

(39) Diese in dieser Verordnung festgelegten Kriterien, anhand derer ermittelt wird, welche Institute auf konsolidierter Basis als weniger bedeutend anzusehen sind, sollten in einem Rahmenwerk näher bestimmt werden, das von der EZB in Abstimmung mit den nationalen zuständigen Behörden angenommen und veröffentlicht wird. Auf dieser Grundlage sollte die EZB dafür verantwortlich sein, diese Kriterien anzuwenden und mittels eigener Berechnungen zu überprüfen, ob sie erfüllt sind. Die Anforderung von Informationen durch die EZB für ihre Berechnungen, sollte die Institute nicht dazu zwingen, andere Rechnungslegungsrahmen anzuwenden als diejenigen,

1) ABl. L 318 vom 27.11.1998, S. 4.

die gemäß anderen Rechtsakten der Union und nationalen Rechtsakten für sie anwendbar sind.

(40) Wurde ein Kreditinstitut als bedeutend oder weniger bedeutend eingestuft, so sollte diese Bewertung im Allgemeinen innerhalb von 12 Monaten nicht öfter als einmal geändert werden, es sei denn, die Bankengruppen wurden strukturellen Änderungen, wie Zusammenschlüssen oder Veräußerungen, unterzogen.

(41) Wenn die EZB - im Anschluss an eine Anzeige einer nationalen zuständigen Behörde - darüber entscheidet, ob ein Institut für die betreffende Volkswirtschaft bedeutend ist und daher von der EZB beaufsichtigt werden sollte, sollte sie allen relevanten Umständen, einschließlich Überlegungen hinsichtlich gleicher Voraussetzungen, Rechnung tragen.

(42) Hinsichtlich der Beaufsichtigung grenzüberschreitend tätiger Kreditinstitute, die sowohl innerhalb als auch außerhalb des Euro-Währungsgebiets tätig sind, sollte die EZB eng mit den zuständigen Behörden der nicht teilnehmenden Mitgliedstaaten zusammenarbeiten. Als zuständige Behörde sollte die EZB den im Unionsrecht festgelegten Verpflichtungen zur Zusammenarbeit und zum Informationsaustausch unterliegen und an den Aufsichtskollegien uneingeschränkt teilnehmen. Da die Wahrnehmung von Aufsichtsaufgaben durch ein Unionsorgan mit klaren Vorteilen für die Finanzstabilität und eine nachhaltige Marktintegration verbunden ist, sollten Mitgliedstaaten, „deren Währung nicht der Euro ist" ebenfalls am einheitlichen Aufsichtsmechanismus teilnehmen können. Unabdingbare Voraussetzung für die wirksame Ausübung von Aufsichtsaufgaben ist jedoch die vollständige und unverzügliche Umsetzung von Aufsichtsbeschlüssen. Mitgliedstaaten, die am einheitlichen Aufsichtsmechanismus teilnehmen möchten, sollten sich daher verpflichten, dafür zu sorgen, dass ihre nationalen zuständigen Behörden alle von der EZB geforderten Maßnahmen in Bezug auf Kreditinstitute befolgen und umsetzen. Die EZB sollte eine enge Zusammenarbeit mit den zuständigen Behörden von Mitgliedstaaten, deren Währung nicht der Euro ist, eingehen können. Sie sollte verpflichtet sein, eine solche Zusammenarbeit einzugehen, wenn die in dieser Verordnung festgelegten Bedingungen erfüllt sind.

(43) Da teilnehmende Mitgliedstaaten, deren Währung nicht der Euro ist, bis zur Einführung des Euro gemäß dem AEUV nicht im EZB-Rat vertreten sind und von anderen Mechanismen für Mitgliedstaaten, deren Währung der Euro ist, nicht in vollem Umfang profitieren können, sind in dieser Verordnung zusätzliche Garantien im Beschlussfassungsverfahren geregelt. Diese Garantien, insbesondere die Möglichkeit für teilnehmende Mitgliedstaaten, deren Währung nicht der Euro ist, um die unmittelbare Beendigung der engen Zusammenarbeit zu ersuchen, nach Mitteilung an den EZB-Rat in einer begründeten Stellungnahme, dass sie einem Beschlussentwurf des Aufsichtsgremiums nicht zustimmen, sollten jedoch nur in hinreichend begründeten Ausnahmefällen Anwendung finden. Sie sollten nur Anwendung finden, solange diese besonderen Umstände vorliegen. Die Garantien bestehen aufgrund der besonderen Umstände, die in Mitgliedstaaten, deren Währung nicht der Euro ist, nach dieser Verordnung vorliegen, weil sie im EZB-Rat nicht vertreten sind und von anderen Mechanismen für Mitgliedstaaten, deren Währung der Euro ist, nicht in vollem Umfang profitieren können. Daher können und sollten die Garantien nicht als Präzedenzfall für andere Bereiche der Unionspolitik verstanden werden.

(44) Durch keinen Teil dieser Verordnung sollte der bestehende Rahmen für die Änderung der Rechtsform von Tochtergesellschaften oder Zweigstellen bzw. die Anwendung eines solchen Rahmens in irgendeiner Weise geändert werden; noch sollte irgendein Teil dieser Verordnung in einer Weise ausgelegt oder angewandt werden, die einen Anreiz für eine solche Änderung darstellt. Diesbezüglich sollte die Zuständigkeit der zuständigen Behörden der nicht teilnehmenden Mitgliedstaaten in vollem Umfang geachtet werden, damit diese Behörden gegenüber in ihrem Hoheitsgebiet tätigen Kreditinstituten weiterhin über ausreichende Instrumente und Befugnisse verfügen, um diese Zuständigkeit wahrzunehmen und die Finanzmarktstabilität und das öffentliche Interesse wirksam wahren zu können. Um die zuständigen Behörden bei der Wahrnehmung ihrer Aufgaben zu unterstützen, sollten sowohl Einlegern und als auch den zuständigen Behörden außerdem rechtzeitig Informationen über die Änderung der Rechtsform einer Tochtergesellschaft oder Zweigstelle bereitgestellt werden.

(45) Damit die EZB ihre Aufgaben wahrnehmen kann, sollte sie angemessene Aufsichtsbefugnisse haben. Die Rechtsvorschriften der Union über die Beaufsichtigung von Kreditinstituten übertragen zu diesen Zwecken bestimmte Befugnisse auf die von den Mitgliedstaaten benannten zuständigen Behörden. Soweit diese Befugnisse die der EZB übertragenen Aufsichtsaufgaben betreffen, sollte die EZB für die teilnehmenden Mitgliedstaaten als zuständige Behörde gelten und über die Befugnisse verfügen, die den zuständigen Behörden nach dem Unionsrecht erteilt wurden. Dazu gehören die den zuständigen Behörden des Herkunfts- und Aufnahmemitgliedstaates mit diesen Rechtsakten übertragenen Befugnisse

und die den benannten Behörden erteilten Befugnisse.

(46) Die EZB sollte die Aufsichtsbefugnis haben, ein Mitglied eines Leitungsorgans gemäß dieser Verordnung abzuberufen.

(47) Im Interesse einer wirksamen Wahrnehmung ihrer Aufgaben sollte die EZB berechtigt sein, alle erforderlichen Informationen anzufordern sowie gegebenenfalls in Zusammenarbeit mit den zuständigen nationalen Behörden Untersuchungen und Prüfungen vor Ort durchzuführen. Die EZB und die nationalen zuständigen Behörden sollten auf dieselben Informationen zugreifen können, so dass Kreditinstitute diese Daten nicht mehrfach bereitstellen müssen.

(48) Das Privileg der Angehörigen von Rechtsberufen ist ein grundlegendes Prinzip des Unionsrechts, das die Vertraulichkeit der Kommunikation zwischen natürlichen oder juristischen Personen und ihren Rechtsbeiständen nach den von der Rechtsprechung des Gerichtshofs der Europäischen Union (EUGH) entwickelten Bedingungen schützt.

(49) Benötigt die EZB Informationen von einer Person, die in einem nicht teilnehmenden Mitgliedstaat niedergelassen ist, aber zu einem Kreditinstitut, einer Finanzholdinggesellschaft oder einer gemischten Finanzholdinggesellschaft gehört, das/die in einem teilnehmende Mitgliedstaat niedergelassen ist, oder auf die das betreffende Kreditinstitut bzw. die Finanzholdinggesellschaft oder gemischte Finanzholdinggesellschaft betriebliche Funktionen oder Tätigkeiten ausgelagert hat, und ist ein solches Informationsersuchen in dem nicht teilnehmenden Mitgliedstaat nicht wirksam oder vollstreckbar, so sollte sich die EZB mit der zuständigen Behörde des nicht teilnehmenden Mitgliedstaats abstimmen.

(50) Durch diese Verordnung wird die Anwendung der Bestimmungen nach Maßgabe der Artikel 34 und 42 des dem Vertrag über die Europäische Union (EUV) und dem AEUV beigefügten Protokolls Nr. 4 über die Satzung des Europäischen Systems der Zentralbanken und der Europäischen Zentralbank (im Folgenden „Satzung des ESZB und der EZB") nicht berührt. Gemäß diesem Protokoll und dem dem EUV und dem AEUV beigefügten Protokoll Nr. 15 über einige Bestimmungen betreffend das Vereinigte Königreich Großbritannien und Nordirland sollten die von der EZB im Rahmen dieser Verordnung angenommenen Rechtsakte nicht teilnehmenden Mitgliedstaaten keinerlei Rechte einräumen und keinerlei Verpflichtungen auferlegen, es sei denn diese Rechtsakte stehen im Einklang mit dem einschlägigen Unionsrecht.

(51) Hinsichtlich der Ausübung des Niederlassungsrechts oder des Rechts zur Erbringung von Dienstleistungen in einem anderen Mitgliedstaat sowie in Fällen, in denen mehrere Unternehmen einer Gruppe in unterschiedlichen Mitgliedstaaten niedergelassen sind, sieht das Unionsrecht besondere Verfahren und die Aufteilung der Zuständigkeiten zwischen den betroffenen Mitgliedstaaten vor. Soweit die EZB bestimmte Aufsichtsaufgaben für alle teilnehmenden Mitgliedstaaten übernimmt, sollten diese Verfahren und Aufteilungen nicht für die Ausübung des Niederlassungsrechts oder des Rechts auf Dienstleistungserbringung in einem anderen teilnehmenden Mitgliedstaat gelten.

(52) Bei der Wahrnehmung ihrer Aufgaben im Rahmen dieser Verordnung und bei ihren Amtshilfeersuchen an nationale zuständige Behörden sollte die EZB auf eine ausgewogene Beteiligung aller betroffenen nationalen zuständigen Behörden achten, die den im maßgebenden Unionsrecht festgelegten Verantwortlichkeiten für die Einzelaufsicht sowie die Aufsicht auf teilkonsolidierter und konsolidierter Basis entspricht.

(53) Kein Teil dieser Verordnung sollte dahin gehend ausgelegt werden, dass er der EZB die Befugnis überträgt, Sanktionen gegen natürliche oder andere juristische Personen als Kreditinstitute, Finanzholdinggesellschaften oder gemischte Finanzholdinggesellschaften zu verhängen; dies gilt unbeschadet der Befugnis der EZB, von den nationalen zuständigen Behörden zu verlangen, dass sie Maßnahmen ergreifen, um sicherzustellen, dass geeignete Sanktionen verhängt werden.

(54) Die EZB wurde durch die Verträge errichtet und ist damit ein Organ der Union als Ganzes. Sie sollte bei ihren Beschlussfassungsverfahren an Unionsvorschriften und allgemeine Grundsätze für ein ordnungsgemäßes Verfahren und Transparenz gebunden sein. Das Recht der Adressaten der EZB-Beschlüsse auf Anhörung sowie ihr Recht, gemäß den in dieser Verordnung festgelegten Bestimmungen eine Überprüfung der EZB-Beschlüsse zu beantragen, sollte umfassend geachtet werden.

(55) Die Übertragung von Aufsichtsaufgaben geht mit einer erheblichen Verantwortung der EZB für den Schutz der Finanzmarktstabilität in der Union und mit der Verpflichtung einher, die Aufsichtsbefugnisse auf möglichst wirksame und verhältnismäßige Weise auszuüben. Bei einer Verlagerung von Aufsichtsbefugnissen von den Mitgliedstaaten auf die EU-Ebene sollte durch

entsprechende Anforderungen hinsichtlich Transparenz und Rechenschaftspflicht für ausgewogene Verhältnisse gesorgt werden. Die EZB sollte daher dem Europäischen Parlament und dem Rat als den demokratisch legitimierten Organen, die die Bürger der Union und der Mitgliedstaaten vertreten, hinsichtlich der Ausübung dieser Aufgaben Rechenschaft ablegen. Dies sollte die regelmäßige Berichterstattung und die Beantwortung von Fragen des Europäischen Parlaments gemäß seiner Geschäftsordnung sowie der Euro-Gruppe gemäß ihrer Verfahrensregeln umfassen. Alle Berichterstattungspflichten sollten den einschlägigen beruflichen Geheimhaltungspflichten unterliegen.

(56) Die EZB sollte die Berichte, die sie an das Europäischen Parlament und den Rat richtet, auch den nationalen Parlamenten der teilnehmenden Mitgliedstaaten zuleiten. Die nationalen Parlamente der teilnehmenden Mitgliedstaaten sollten die Möglichkeit haben, Bemerkungen und Fragen an die EZB bezüglich der Ausübung ihrer Aufsichtsaufgaben zu richten, zu denen die EZB sich äußern kann. Die internen Vorschriften dieser nationalen Parlamente sollten den Einzelheiten der einschlägigen Verfahren und Regelungen für die Übermittlung von Bemerkungen und Fragen an die EZB Rechnung tragen. Hierbei sollte besonderes Augenmerk auf Bemerkungen oder Fragen im Zusammenhang mit dem Entzug der Zulassung von Kreditinstituten gerichtet werden, in Bezug auf welche die nationalen zuständigen Behörden gemäß dem Verfahren nach dieser Verordnung Maßnahmen zur Abwicklung oder zum Erhalt der Finanzmarktstabilität ergriffen haben. Das nationale Parlament eines teilnehmenden Mitgliedstaats sollte ferner den Vorsitzenden oder einen Vertreter des Aufsichtsgremiums ersuchen können, gemeinsam mit einem Vertreter der nationalen zuständigen Behörde an einem Gedankenaustausch über die Beaufsichtigung von Kreditinstituten in diesem Mitgliedstaat teilzunehmen. Diese Rolle der nationalen Parlamente ist aufgrund der potenziellen Auswirkungen, die die Aufsichtsmaßnahmen auf die öffentlichen Finanzen, die Kreditinstitute, deren Kunden und Angestellte sowie auf die Märkte in den teilnehmenden Mitgliedstaaten haben können, durchaus angemessen. Ergreifen nationale zuständige Behörden Maßnahmen gemäß dieser Verordnung, so sollten auch weiterhin nationale Rechenschaftspflichten Anwendung finden.

(57) Das Recht des Europäischen Parlaments auf Einsetzung eines nichtständigen Untersuchungsausschusses zur Prüfung behaupteter Verstöße gegen das Unionsrecht oder Missstände bei der Anwendung desselben gemäß Artikel 226 AEUV oder auf Ausübung seiner politischen Kontrollfunktion nach Maßgabe der Verträge, einschließlich seines Rechts, Stellungnahmen abzugeben oder Entschließungen anzunehmen, wenn es dies für angemessen erachtet, bleibt von dieser Verordnung unberührt.

(58) Die EZB sollte im Einklang mit den Grundsätzen für ein ordnungsgemäßes Verfahren und für Transparenz handeln.

(59) Durch die in Artikel 15 Absatz 3 AEUV genannte Verordnung sollten gemäß dem AEUV detaillierte Vorschriften festgelegt werden, mit denen der Zugang zu Dokumenten ermöglicht wird, die sich infolge der Wahrnehmung von Aufsichtsaufgaben im Besitz der EZB befinden.

(60) Nach Artikel 263 AEUV obliegt es dem EUGH, die Rechtmäßigkeit der Maßnahmen, die auf die Herbeiführung von Rechtswirkungen gegenüber Dritten gerichtet sind - unter anderem solche der EZB, soweit es sich nicht um Empfehlungen oder Stellungnahmen handelt - zu überwachen.

(61) Im Einklang mit Artikel 340 AEUV sollte die EZB den durch sie oder ihre Bediensteten in Ausübung ihrer Amtstätigkeit verursachten Schaden nach den allgemeinen Rechtsgrundsätzen, die den Rechtsordnungen der Mitgliedstaaten gemeinsam sind, ersetzen. Die Haftung der nationalen zuständigen Behörden für den durch sie oder ihre Bediensteten in Ausübung ihrer Amtstätigkeit verursachten Schaden nach nationalem Recht sollte davon unberührt bleiben.

(62) Für die EZB gilt gemäß Artikel 342 AEUV die Verordnung Nr. 1 des Rates zur Regelung der Sprachenfrage für die Europäische Wirtschaftsgemeinschaft[1)].

(63) Wenn die EZB prüft, ob das Recht Betroffener auf Akteneinsicht beschränkt werden sollte, sollte sie die Grundrechte wahren und die in der Charta der Grundrechte der Europäischen Union verankerten Grundsätze, insbesondere das Recht auf einen wirksamen Rechtsbehelf und ein unparteiisches Gericht, achten.

(64) Die EZB sollte vorsehen, dass natürliche und juristische Personen die Überprüfung von an sie gerichteten oder sie direkt individuell betreffenden Beschlüssen verlangen können, die die EZB aufgrund der ihr durch diese Verordnung übertragenen Befugnisse erlassen hat. Die Überprüfung sollte sich auf die verfahrensmäßige und materielle Übereinstimmung solcher Beschlüsse mit dieser Verordnung erstrecken, wobei

[1)] ABl. 17 vom 6.10.1958, S. 385.

gleichzeitig der der EZB überlassene Ermessensspielraum, über die Zweckmäßigkeit dieser Beschlüsse zu entscheiden, zu achten ist. Für diesen Zweck und aus Gründen der Verfahrensökonomie sollte die EZB einen administrativen Überprüfungsausschuss einrichten, der diese internen Überprüfungen vornimmt. Der EZB-Rat sollte Persönlichkeiten von hohem Ansehen in diesen Ausschuss berufen. Bei seiner Auswahl sollte der EZB-Rat soweit wie möglich eine ausgewogene Zusammensetzung nach geografischer Herkunft und Geschlechtern aus den Mitgliedstaaten sicherstellen. Das Verfahren für die Überprüfung sollte vorsehen, dass das Aufsichtsgremium seinen vorherigen Beschlussentwurf gegebenenfalls überarbeitet.

(65) Die EZB übt gemäß Artikel 127 Absatz 1 AEUV geldpolitische Funktionen zur Erhaltung der Preisstabilität aus. Die Ausübung von Aufsichtsaufgaben dient dem Schutz der Sicherheit und Solidität von Kreditinstituten und der Stabilität des Finanzsystems. Beide Funktionen sollten daher vollständig voneinander getrennt sein, um Interessenkonflikte zu vermeiden und zu gewährleisten, dass jede Funktion gemäß den jeweiligen Zielen ausgeübt wird. Die EZB sollte in der Lage sein sicherzustellen, dass der EZB-Rat seine geldpolitischen und seine aufsichtlichen Funktionen in vollkommen getrennter Weise wahrnimmt. Diese Abgrenzung sollte zumindest eine strikte Trennung der Sitzungen und der Tagesordnungen umfassen.

(66) Die organisatorische Trennung des Personals sollte alle für unabhängige geldpolitische Zwecke benötigte Dienste betreffen und sicherstellen, dass die Wahrnehmung der durch diese Verordnung übertragenen Aufgaben in vollem Umfang der demokratischen Rechenschaftspflicht und Aufsicht nach Maßgabe dieser Verordnung unterliegt. Das Personal, das an der Wahrnehmung der der EZB durch diese Verordnung übertragenen Aufgaben beteiligt ist, sollte dem Vorsitzenden des Aufsichtsgremiums Bericht erstatten.

(67) Insbesondere sollte in der EZB ein Aufsichtsgremium eingerichtet werden, das für die Vorbereitung von Beschlüssen in aufsichtlichen Angelegenheiten zuständig ist und sich auf die spezifischen Kenntnisse der nationalen Aufsichtsbehörden stützen kann. Das Gremium sollte daher einen Vorsitzenden und einen stellvertretenden Vorsitzenden haben und Vertreter der EZB und der nationalen zuständigen Behörden umfassen. Bei der Besetzung des Aufsichtsgremiums nach Maßgabe dieser Verordnung sollten die Grundsätze der Ausgewogenheit der Geschlechter, der Erfahrung und der Qualifikation geachtet werden. Alle Mitglieder des Aufsichtsgremiums sollten fristgerecht und umfassend über die Tagesordnungspunkte ihrer Sitzungen informiert werden, damit die Beratungen und die Ausarbeitung der Beschlussentwürfe möglichst wirksam durchgeführt werden können.

(68) Bei der Ausübung seiner Aufgaben sollte das Aufsichtsgremium allen relevanten Tatsachen und Umständen in den teilnehmenden Mitgliedstaaten Rechnung tragen und seine Pflichten im Interesse der Union als Ganzes wahrnehmen.

(69) Unter uneingeschränkter Achtung der durch die Verträge festgelegten institutionellen Vorkehrungen und der Abstimmungsmodalitäten sollte das Aufsichtsgremium der EZB ein zentrales Gremium für die Ausübung der Aufsichtsaufgaben sein, die bislang in den Händen der nationalen zuständigen Behörden lagen. Aus diesem Grund sollte dem Rat die Befugnis übertragen werden, einen Durchführungsbeschluss zur Ernennung des Vorsitzenden und des stellvertretenden Vorsitzenden des Aufsichtsgremiums zu erlassen. Nach Anhörung des Aufsichtsgremiums sollte die EZB dem Europäischen Parlament einen Vorschlag für die Ernennung des Vorsitzenden und des stellvertretenden Vorsitzenden zur Billigung übermitteln. Nach der Billigung dieses Vorschlags sollte der Rat den Durchführungsbeschluss erlassen. Der Vorsitzende sollte auf der Grundlage eines offenen Auswahlverfahrens ausgewählt werden, über das das Europäische Parlament und der Rat ordnungsgemäß unterrichtet werden sollten.

(70) Zur Ermöglichung einer angemessenen Rotation bei gleichzeitiger Gewährleistung der vollständigen Unabhängigkeit des Vorsitzenden sollte dessen Amtszeit fünf Jahre nicht überschreiten und nicht erneuerbar sein. Im Interesse einer umfassenden Abstimmung mit den Tätigkeiten der EBA und den aufsichtspolitischen Tätigkeiten der Union sollte das Aufsichtsgremium die EBA und die Kommission als Beobachter einladen können. Nachdem die Europäische Abwicklungsbehörde eingerichtet ist, sollte ihr Vorsitzender als Beobachter an den Sitzungen des Aufsichtsgremiums teilnehmen.

(71) Das Aufsichtsgremium sollte von einem Lenkungsausschuss mit kleinerer Zusammensetzung unterstützt werden. Der Lenkungsausschuss sollte die Sitzungen des Aufsichtsgremiums vorbereiten, seine Pflichten nur im Interesse der Union als Ganzes wahrnehmen und in völliger Transparenz mit dem Aufsichtsgremium zusammenarbeiten.

(72) Der EZB-Rat sollte die Vertreter teilnehmender Mitgliedstaaten, deren Währung nicht der

Euro ist, jedes Mal einladen, wenn er erwägt, Einwände gegen einen Beschlussentwurf des Aufsichtsgremiums zu erheben, oder wenn die betroffenen nationalen zuständigen Behörden dem EZB-Rat in einer begründeten Stellungnahme mitteilen, dass sie einen Beschlussentwurf des Aufsichtsgremiums ablehnen, soweit dieser Beschluss an die nationalen Behörden gerichtet ist und sich auf Kreditinstitute aus teilnehmenden Mitgliedstaaten, deren Währung nicht der Euro ist, bezieht.

(73) Um die Trennung zwischen geldpolitischen und aufsichtlichen Aufgaben sicherzustellen, sollte die EZB verpflichtet werden, eine Schlichtungsstelle einzurichten. Die Einrichtung der Stelle und insbesondere ihre Zusammensetzung sollten sicherstellen, dass sie Meinungsverschiedenheiten auf ausgewogene Weise und im Interesse der Union als Ganzes beilegen.

(74) Das Aufsichtsgremium, der Lenkungsausschuss und die Mitarbeiter der EZB, die Aufsichtsaufgaben wahrnehmen, sollten angemessenen Geheimhaltungspflichten unterliegen. Ähnliche Anforderungen sollten auch für den Informationsaustausch mit Mitarbeitern der EZB gelten, die nicht an den Aufsichtstätigkeiten beteiligt sind. Dies sollte die EZB nicht davon abhalten, innerhalb der in den einschlägigen Unionsrechtsakten festgelegten Grenzen und unter den darin vorgesehenen Bedingungen Informationen auszutauschen, einschließlich mit der Kommission für die Zwecke ihrer Aufgaben gemäß den Artikeln 107 und 108 AEUV und gemäß den Unionsvorschriften über eine verstärkte wirtschaftliche und haushaltspolitische Überwachung.

(75) Im Interesse einer wirksamen Wahrnehmung ihrer Aufsichtsaufgaben sollte die EZB die ihr übertragenen Aufsichtsaufgaben vollständig unabhängig ausüben, insbesondere frei von ungebührlicher politischer Einflussnahme sowie von Einmischungen der Industrie, die ihre operative Unabhängigkeit beeinträchtigen würden.

(76) Die Anwendung von Zeiträumen den Unvereinbarkeit in Aufsichtsbehörden trägt wesentlich dazu bei, die Wirksamkeit und Unabhängigkeit der von diesen Behörden durchgeführten Beaufsichtigung sicherzustellen. Unbeschadet der Anwendung strengerer nationaler Vorschriften sollte die EZB zu diesem Zweck umfassende und formelle Verfahren, einschließlich verhältnismäßiger Überprüfungszeiträume, einrichten und beibehalten, um mögliche Konflikte mit den berechtigten Interessen des einheitlichen Aufsichtsmechanismus/der EZB bereits im Voraus zu beurteilen und abzuwenden, wenn ein früheres Mitglied des Aufsichtsgremiums eine Stelle in der Bankenindustrie antritt, der zuvor von diesem Mitglied beaufsichtigt wurde.

(77) Im Interesse einer wirksamen Wahrnehmung ihrer Aufsichtsaufgaben sollte die EZB über angemessene Ressourcen verfügen. Sie sollte diese Ressourcen auf eine Weise beschaffen, die ihre Unabhängigkeit von einer ungebührlichen Einflussnahme der nationalen zuständigen Behörden und der Marktteilnehmer sicherstellt und die Trennung zwischen geldpolitischen und aufsichtlichen Aufgaben gewährleistet. Die Kosten der Beaufsichtigung sollten von den beaufsichtigten Unternehmen übernommen werden. Die Ausübung von Aufsichtsaufgaben durch die EZB sollte daher durch jährliche Gebühren finanziert werden, die in den teilnehmenden Mitgliedstaaten niedergelassene Kreditinstitute entrichten. Die EZB sollte auch von in einem teilnehmenden Mitgliedstaat niedergelassenen Zweigstellen eines in einem nicht teilnehmenden Mitgliedstaat niedergelassenen Kreditinstituts Gebühren erheben dürfen, um ihre Kosten der Beaufsichtigung dieser Zweigstellen als Aufsichtsbehörde des Aufnahmemitgliedstaats zu decken. Wird ein Kreditinstitut oder eine Zweigstelle auf konsolidierter Basis beaufsichtigt, sollte die Gebühr auf der obersten Ebene eines Kreditinstituts innerhalb der betreffenden Gruppe mit Niederlassungen in den teilnehmenden Mitgliedstaaten erhoben werden. Bei der Berechnung der Gebühren sollten Tochtergesellschaften in nicht teilnehmenden Mitgliedstaaten unberücksichtigt bleiben.

(78) Ist ein Kreditinstitut in die Aufsicht auf konsolidierter Basis einbezogen, so sollte die Gebühr auf der obersten Konsolidierungsebene innerhalb teilnehmender Mitgliedstaaten berechnet werden und von den in die Aufsicht auf konsolidierter Basis einbezogenen Kreditinstituten in einem teilnehmenden Mitgliedstaat auf der Grundlage objektiver Kriterien, die an die Bedeutung und das Risikoprofil, einschließlich der risikogewichteten Aktiva, anknüpfen, erhoben werden.

(79) Hoch motivierte, gut ausgebildete und unparteiische Mitarbeiter sind für eine wirksame Aufsicht von entscheidender Bedeutung. Im Interesse der Einrichtung eines wirklich integrierten Aufsichtsmechanismus sollten daher ein angemessener Austausch mit und zwischen allen nationalen Aufsichtsbehörden der teilnehmenden Mitgliedstaaten und der EZB sowie die Entsendung von Mitarbeitern an diese Behörden gewährleistet sein. Um eine kontinuierliche Kontrolle unter Gleichgestellten insbesondere bei der Beaufsichtigung großer Kreditinstitute zu gewährleisten, sollte die EZB die nationalen zuständigen Behörden auffordern können, Mitarbeiter der zuständigen Behörden anderer teilnehmender Mitgliedstaa-

ten in die jeweiligen Teams einzubeziehen, wodurch ermöglicht wird, Aufsichtsteams von geografischer Diversität mit speziellem Fachwissen und Profil aufzustellen. Durch den Austausch und die Entsendung von Mitarbeitern sollte eine gemeinsame Aufsichtskultur geschaffen werden. Die EZB sollte regelmäßig Informationen darüber zur Verfügung stellen, wie viele Mitarbeiter der nationalen zuständigen Behörden für die Zwecke des einheitlichen Aufsichtsmechanismus an die EZB entsandt sind.

(80) Angesichts der Globalisierung der Bankdienstleistungen und der wachsenden Bedeutung internationaler Standards sollte die EZB ihre Aufgaben gemäß internationalen Standards und im Dialog sowie in enger Zusammenarbeit mit Aufsichtsbehörden außerhalb der Union wahrnehmen, ohne jedoch die internationale Rolle der EBA zu duplizieren. Sie sollte die Befugnis erhalten, in Zusammenarbeit mit der EBA und unter umfassender Berücksichtigung der bestehenden Rollen und jeweiligen Zuständigkeiten der Mitgliedstaaten und der Organe der Union Kontakte mit den Aufsichtsbehörden und -stellen von Drittländern sowie mit internationalen Organisationen zu knüpfen und mit ihnen Verwaltungsvereinbarungen einzugehen.

(81) Die Richtlinie 95/46/EG des Europäischen Parlaments und des Rates vom 24. Oktober 1995 zum Schutz natürlicher Personen bei der Verarbeitung personenbezogener Daten und zum freien Datenverkehr[1] und die Verordnung (EG) Nr. 45/2001 des Europäischen Parlaments und des Rates vom 18. Dezember 2000 zum Schutz natürlicher Personen bei der Verarbeitung personenbezogener Daten durch die Organe und Einrichtungen der Gemeinschaft und zum freien Datenverkehr[2] finden auf die Verarbeitung personenbezogener Daten durch die EZB für die Zwecke dieser Verordnung ohne Einschränkung Anwendung.

(82) Die Verordnung (EG) Nr. 1073/1999 des Europäischen Parlaments und des Rates vom 25. Mai 1999 über die Untersuchungen des Europäischen Amtes für Betrugsbekämpfung (OLAF)[3] gilt auch für die EZB. Die EZB hat den Beschluss EZB/2004/11[1] über die Bedingungen und Modalitäten der Untersuchungen des Europäischen Amtes für Betrugsbekämpfung in der Europäischen Zentralbank angenommen.

(83) Um sicherzustellen, dass Kreditinstitute einer von nicht- aufsichtsrechtlichen Überlegungen unbeeinflussten Beaufsichtigung nach höchsten Standards unterliegen und dass die sich gegenseitig verstärkenden negativen Auswirkungen von Marktentwicklungen auf Kreditinstitute und Mitgliedstaaten rechtzeitig und wirksam behoben werden können, sollte die EZB die ihr übertragenen besonderen Aufsichtsaufgaben so bald wie möglich übernehmen. Die Übertragung von Aufsichtsaufgaben von den nationalen Aufsichtsbehörden auf die EZB erfordert jedoch eine gewisse Vorbereitungszeit. Daher sollte ein angemessener Übergangszeitraum vorgesehen werden.

(84) Die EZB sollte bei der Festlegung der detaillierten operativen Bestimmungen für die Wahrnehmung der ihr durch diese Verordnung übertragenen . Aufgaben Übergangsregelungen vorsehen, durch die der Abschluss der laufenden Aufsichtsverfahren, einschließlich aller vor dem Inkrafttreten dieser Verordnung gefassten Beschlüsse und/oder ergriffenen Maßnahmen oder begonnenen Untersuchungen, sichergestellt wird.

(85) Die Kommission hat in ihrer Mitteilung vom 28. November 2012 über ein Konzept für eine vertiefte und echte Wirtschafts- und Währungsunion erklärt, dass Artikel 127 Absatz 6 AEUV geändert werden könnte, um das ordentliche Gesetzgebungsverfahren zur Anwendung zu bringen und einige der rechtlichen Beschränkungen zu beseitigen, die derzeit beim einheitlichen Aufsichtsmechanismus bestehen (z. B. Aufnahme einer Klausel für eine direkte, unwiderrufliche Beteiligung von Mitgliedstaaten, deren Währung nicht der Euro ist, am einheitlichen Aufsichtsmechanismus über das Modell der „engen Zusammenarbeit" hinaus, gleichberechtigte Teilnahme dieser Mitgliedstaaten, die für den einheitlichen Aufsichtsmechanismus optieren, an der Beschlussfassung der EZB und weitergehende interne Trennung zwischen der Beschlussfassung zu Währungs- und zu Aufsichtsfragen). Ferner hat sie festgestellt, dass ein Anliegen, das mit einer Vertragsänderung zu bewerkstelligen wäre, die Stärkung der demokratischen Rechenschaftspflicht der EZB ist, soweit sie als Bankenaufseher tätig ist. Es sei daran erinnert, dass im EUV vorgesehen ist, dass Vorschläge für eine Vertragsänderung von der Regierung jedes Mitgliedstaats, dem Europäischen Parlament oder der Kommissi-

---

[1] ABl. L 281 vom 23.11.1995, S. 31.

[2] ABl. L 8 vom 12.1.2001, S. 1.

[3] ABl. L 136 vom 31.5.1999, S. 1.

[1] Beschluss EZB/2004/11 der Europäischen Zentralbank vom 3. Juni 2004 über die Bedingungen und Modalitäten der Untersuchungen des Europäischen Amtes für Betrugsbekämpfung in der Europäischen Zentralbank Bekämpfung von Betrug, Korruption und sonstigen rechtswidrigen Handlungen zum Nachteil der finanziellen Interessen der Europäischen Gemeinschaften und zur Änderung der Beschäftigungsbedingungen für das Personal der Europäischen Zentralbank (ABl. L 230 vom 30.6.2004, S. 56).

on übermittelt werden können und sich auf jeden Aspekt der Verträge beziehen können.

(86) Diese Verordnung wahrt die Grundrechte und achtet die in der Charta der Grundrechte der Europäischen Union verankerten Grundsätze, insbesondere das Recht auf den Schutz personenbezogener Daten, die unternehmerische Freiheit, das Recht auf einen wirksamen Rechtsbehelf und ein unparteiisches Gericht, und ist gemäß diesen Rechten und Grundsätzen anzuwenden.

(87) Da die Ziele dieser Verordnung, nämlich die Schaffung eines effizienten und wirksamen Rahmens für die Ausübung besonderer Aufgaben im Zusammenhang mit der Beaufsichtigung von Kreditinstituten durch ein Organ der Union und die Sicherstellung der kohärenten Anwendung des einheitlichen Regelwerks für Kreditinstitute, auf der Ebene der Mitgliedstaaten nicht ausreichend verwirklicht werden können und angesichts der unionsweiten Struktur des Bankenmarkts und der Auswirkungen des Zusammenbruchs von Kreditinstituten auf andere Mitgliedstaaten besser auf Unionsebene zu verwirklichen sind, kann die Union gemäß dem in Artikel 5 EUV niedergelegten Subsidiaritätsprinzip tätig werden. Entsprechend dem in demselben Artikel genannten Grundsatz der Verhältnismäßigkeit geht diese Verordnung nicht über das zur Erreichung dieser Ziele erforderliche Maß hinaus -

HAT FOLGENDE VERORDNUNG ERLASSEN:

KAPITEL I

Gegenstand und Begriffsbestimmungen

Artikel 1

Gegenstand und Geltungsbereich

Durch diese Verordnung werden der EZB mit voller Rücksichtnahme auf und unter Wahrung der Sorgfaltspflicht für die Einheit und Integrität des Binnenmarkts auf der Grundlage der Gleichbehandlung der Kreditinstitute mit dem Ziel, Aufsichtsarbitrage zu verhindern, besondere Aufgaben im Zusammenhang mit der Aufsicht über Kreditinstitute übertragen, um einen Beitrag zur Sicherheit und Solidität von Kreditinstituten sowie zur Stabilität des Finanzsystems in der Union und jedem einzelnen Mitgliedstaat zu leisten.

Die in Artikel 2 Absatz 5 der Richtlinie 2013/36/EU des Europäischen Parlaments und des Rates vom 26. Juni 2013 über den Zugang zur Tätigkeit von Kreditinstituten und die Beaufsichtigung von Kreditinstituten und Wertpapierfirmen[2] genannten Institutionen sind von den der EZB gemäß Artikel 4 dieser Verordnung übertragenen Aufsichtsaufgaben ausgenommen. Der Umfang der Aufsichtsaufgaben der EZB beschränkt sich auf die Beaufsichtigung von Kreditinstituten gemäß dieser Verordnung. Durch diese Verordnung werden der EZB keine weiteren Aufsichtsaufgaben, wie beispielsweise Aufgaben im Zusammenhang mit der Aufsicht über zentrale Gegenparteien, übertragen.

Bei der Wahrnehmung ihrer Aufgaben gemäß dieser Verordnung berücksichtigt die EZB unbeschadet des Ziels, die Sicherheit und Solidität von Kreditinstituten zu gewährleisten, in vollem Umfang die verschiedenen Arten, Geschäftsmodelle und die Größe der Kreditinstitute.

Die Maßnahmen, Vorschläge oder Strategien der EZB dürfen in keiner Weise, weder direkt noch indirekt, einen Mitgliedstaat oder eine Gruppe von Mitgliedstaaten als Ort für die Bereitstellung von Leistungen von Bank- oder anderen Finanzdienstleistungen in jeglicher Währung benachteiligen.

Diese Verordnung berührt nicht die Verantwortlichkeiten und dazu gehörenden Befugnisse der zuständigen Behörden der teilnehmenden Mitgliedstaaten zur Wahrnehmung von Aufsichtsaufgaben, die der EZB nicht durch diese Verordnung übertragen wurden.

Diese Verordnung berührt auch nicht die Verantwortlichkeiten und dazu gehörenden Befugnisse der zuständigen oder benannten Behörden der teilnehmenden Mitgliedstaaten zur Anwendung von nicht durch einschlägige Rechtsakte der Union vorgesehenen makroprudenziellen Instrumenten.

Artikel 2

Begriffsbestimmungen

Im Sinne dieser Verordnung bezeichnet der Ausdruck

1. „teilnehmender Mitgliedstaat" einen Mitgliedstaat, dessen Währung der Euro ist, bzw. einen Mitgliedstaat, dessen Währung nicht der Euro ist, sofern er eine enge Zusammenarbeit nach Maßgabe des Artikels 7 eingegangen ist;

2. „nationale zuständige Behörde" eine nationale zuständige Behörde, die von den teilnehmenden Mitgliedstaaten im Einklang mit der Verordnung (EU) Nr. 575/2013 des Europäischen Parlaments und des Rates vom 26. Juni 2013 über Aufsichtsanforderungen an Kreditinstitute und Wertpapierfirmen[1] und der Richtlinie 2013/36/EU benannt worden ist;

[2] ABl. L 176 vom 27.6.2013, S. 338.
[1] ABl. L 176 vom 27.6.2013, S. 1.

3. „Kreditinstitut" ein Kreditinstitut im Sinne des Artikels 4 Absatz 1 Nummer 1 der Verordnung (EU) Nr. 575/2013;

4. „Finanzholdinggesellschaft" eine Finanzholdinggesellschaft im Sinne des Artikels 4 Absatz 1 Nummer 20 der Verordnung (EU) Nr. 575/2013;

5. „gemischte Finanzholdinggesellschaft" eine gemischte Finanzholdinggesellschaft im Sinne des Artikels 2 Nummer 15 der Richtlinie 2002/87/EG des Europäischen Parlaments und des Rates vom 16. Dezember 2002 über die zusätzliche Beaufsichtigung der Kreditinstitute, Versicherungsunternehmen und Wertpapierfirmen eines Finanzkonglomerats[2];

6. „Finanzkonglomerat" ein Finanzkonglomerat im Sinne des Artikels 2 Nummer 14 der Richtlinie 2002/87/EG;

7. „nationale benannte Behörde" eine benannte Behörde eines teilnehmenden Mitgliedstaats im Sinne des einschlägigen Unionsrechts;

8. „qualifizierte Beteiligung" eine qualifizierte Beteiligung im Sinne des Artikels 4 Absatz 1 Nummer 36 der Verordnung (EU) Nr. 575/2013;

9. „Einheitlicher Aufsichtsmechanismus" das Finanzaufsichtssystem, das sich aus der EZB und den nationalen zuständigen Behörden teilnehmender Mitgliedstaaten entsprechend der Beschreibung in Artikel 6 dieser Verordnung zusammensetzt.

KAPITEL II

Zusammenarbeit und Aufgaben

Artikel 3
Zusammenarbeit

(1) Die EZB arbeitet eng mit der EBA, der ESMA, der EIOPA sowie dem Europäischen Ausschuss für Systemrisiken (ESRB) und den anderen Behörden zusammen, die Teil des ESFS sind und in der Union für eine angemessene Regulierung und Beaufsichtigung sorgen.

Erforderlichenfalls geht die EZB Vereinbarungen mit den zuständigen Behörden der Mitgliedstaaten ein, die für die Märkte für Finanzinstrumente verantwortlich sind. Diese Vereinbarungen werden dem Europäischen Parlament, dem Rat und den zuständigen Behörden aller Mitgliedstaaten zur Verfügung gestellt.

(2) Für die Zwecke dieser Verordnung ist die EZB unter den Bedingungen des Artikels 40 der Verordnung (EU) Nr. 1093/2010 im Rat der Aufseher der EBA vertreten.

(3) Die EZB nimmt ihre Aufgaben im Einklang mit dieser Verordnung und unbeschadet der Zuständigkeiten und Aufgaben der EBA, ESMA, EIOPA und des ESRB wahr.

(4) Die EZB arbeitet eng mit den Behörden zusammen, die zur Abwicklung von Kreditinstituten ermächtigt sind, einschließlich bei der Vorbereitung von Abwicklungsplänen.

(5) Vorbehaltlich der Artikel 1, 4 und 6 arbeitet die EZB eng mit jeder Fazilität für eine öffentliche finanzielle Unterstützung zusammen, einschließlich der Europäischen Finanzstabilisierungsfazilität (EFSF) und dem ESM, insbesondere wenn eine solche Fazilität einem Kreditinstitut, für das Artikel 4 gilt, eine direkte oder indirekte finanzielle Unterstützung gewährt bzw. voraussichtlich gewähren wird.

(6) Die EZB und die zuständigen Behörden der nicht teilnehmenden Mitgliedstaaten gehen eine Vereinbarung ein, in der allgemein beschrieben wird, wie ihre Zusammenarbeit bei der Wahrnehmung ihrer Aufsichtsaufgaben nach dem Unionsrecht in Bezug auf die in Artikel 2 genannten Finanzinstitute gestaltet werden soll. Die Vereinbarung wird regelmäßig überprüft.

Unbeschadet des ersten Unterabsatzes geht die EZB eine Vereinbarung mit der zuständigen Behörde jedes nicht teilnehmenden Mitgliedstaats ein, der Herkunftsstaat mindestens eines global systemrelevanten Instituts im Sinne des Unionsrechts ist.

Jede Vereinbarung wird regelmäßig überprüft und vorbehaltlich der angemessenen Behandlung vertraulicher Informationen veröffentlicht.

Artikel 4
Der EZB übertragene Aufgaben[1]

(1) Im Rahmen des Artikels 6 ist die EZB im Einklang mit Absatz 3 ausschließlich für die Wahrnehmung der folgenden Aufgaben zur Beaufsichtigung sämtlicher in den teilnehmenden Mitgliedstaaten niedergelassenen Kreditinstitute zuständig:

a) Zulassung von Kreditinstituten und Entzug der Zulassung von Kreditinstituten vorbehaltlich der Bestimmungen des Artikels 14;

b) für in einem teilnehmenden Mitgliedstaat niedergelassene Kreditinstitute, die in einem nicht teilnehmenden Mitgliedstaat eine Zweigstelle errichten oder grenzüberschreitende Dienstleistungen erbringen wollen, Wahrnehmung der Aufgaben, die die zuständige Behörde des Herkunftsmitgliedstaats nach Maßgabe des einschlägigen Unionsrechts hat;

c) Beurteilung der Anzeige über den Erwerb oder die Veräußerung von qualifizierten Beteiligungen an Kreditinstituten, außer im Fall einer Bankenabwicklung und vorbehaltlich des Artikels 15;

[2] ABl. L 35 vom 11.2.2003, S. 1.

[1] Beschluss EZB/2014/3; *ABl. L 69 vom 8.3.2014, S. 107*

Haushalt/WWU + EZB/Geo + ERH/Geo Euro-Rettung ESM Fiskalpakt Bankenaufsicht

d) Gewährleistung der Einhaltung der in Artikel 4 Absatz 3 Unterabsatz 1 genannten Rechtsakte, die Aufsichtsanforderungen an Kreditinstitute in Bezug auf Eigenmittelanforderungen, Verbriefung, Beschränkungen für Großkredite, Liquidität, Verschuldungsgrad sowie Meldung und Veröffentlichung entsprechender Informationen festlegen;

e) Gewährleistung der Einhaltung der in Artikel 4 Absatz 3 Unterabsatz 1 genannten Rechtsakte, die Anforderungen an Kreditinstitute hinsichtlich solider Regelungen für die Unternehmensführung, einschließlich Eignungsanforderungen an die für die Geschäftsführung der Kreditinstitute verantwortlichen Personen, Risikomanagementverfahren, interner Kontrollmechanismen, Vergütungspolitiken und -praktiken sowie wirksamer Verfahren zur Beurteilung der Angemessenheit des internen Kapitals, einschließlich auf internen Ratings basierender Modelle festlegen;

f) Durchführung von aufsichtlichen Überprüfungen - wenn dies angebracht ist auch in Abstimmung mit der EBA - , Stresstests und deren etwaiger Veröffentlichung zur Feststellung, ob die Regelungen, Strategien, Verfahren und Mechanismen der Kreditinstitute und ihre Eigenmittelausstattung ein solides Risikomanagement und eine solide Risikoabdeckung gewährleisten, und auf der Grundlage dieser aufsichtlichen Überprüfung Festlegung besonderer zusätzlicher Eigenmittelanforderungen, besonderer Offenlegungspflichten, besonderer Liquiditätsanforderungen und sonstiger Maßnahmen für Kreditinstitute, sofern diese Befugnisse nach dem einschlägigen Unionsrecht ausdrücklich den zuständigen Behörden zustehen;

g) Beaufsichtigung auf konsolidierter Basis der in einem teilnehmenden Mitgliedstaat niedergelassenen Muttergesellschaften von Kreditinstituten, einschließlich der Finanzholdinggesellschaften und der gemischten Finanzholdinggesellschaften, sowie Mitwirkung an der Beaufsichtigung auf konsolidierter Basis von Muttergesellschaften, die nicht in einem teilnehmenden Mitgliedstaat niedergelassen sind, einschließlich in Aufsichtskollegien unbeschadet der Beteiligung der nationalen zuständigen Behörden als Beobachter in diesen Aufsichtskollegien;

h) Mitwirkung an der zusätzlichen Beaufsichtigung eines Finanzkonglomerats in Bezug auf zugehörige Kreditinstitute und Wahrnehmung der Aufgaben eines Koordinators, wenn die EZB nach Maßgabe der im einschlägigen Unionsrecht festgelegten Kriterien als Koordinator für ein Finanzkonglomerat benannt ist;

i) Wahrnehmung von Aufsichtsaufgaben in Bezug auf Sanierungspläne und frühzeitiges Eingreifen, wenn ein Kreditinstitut oder eine Gruppe, für die die EZB die konsolidierende Aufsichtsbehörde ist, die geltenden aufsichtsrechtlichen Anforderungen nicht erfüllt oder voraussichtlich nicht erfüllen wird, sowie - nur in den im einschlägigen Unionsrecht für die zuständigen Behörden ausdrücklich vorgesehenen Fällen - in Bezug auf erforderliche strukturelle Änderungen bei Kreditinstituten zur Verhinderung finanzieller Stresssituationen oder von Zusammenbrüchen, jedoch ausschließlich jeglicher Abwicklungsbefugnisse.

(2) Für in einem nicht teilnehmenden Mitgliedstaat niedergelassene Kreditinstitute, die in einem teilnehmenden Mitgliedstaat eine Zweigstelle errichten oder grenzüberschreitende Dienstleistungen erbringen, nimmt die EZB im Rahmen des Geltungsbereichs von Absatz 1 die Aufgaben wahr, für die die nationalen zuständigen Behörden im Einklang mit dem einschlägigen Unionsrecht verantwortlich sind.

(3) Zur Wahrnehmung der ihr durch diese Verordnung übertragenen Aufgaben und mit dem Ziel, hohe Aufsichtsstandards zu gewährleisten, wendet die EZB das einschlägige Unionsrecht an, und wenn dieses Unionsrecht aus Richtlinien besteht, wendet sie die nationalen Rechtsvorschriften an, mit denen diese Richtlinien umgesetzt wurden. Wenn das einschlägige Unionsrecht aus Verordnungen besteht und den Mitgliedstaaten durch diese Verordnungen derzeit ausdrücklich Wahlrechte eingeräumt werden, wendet die EZB auch die nationalen Rechtsvorschriften an, mit denen diese Wahlrechte ausgeübt werden.

Zu diesem Zweck nimmt die EZB - vorbehaltlich des einschlägigen Unionsrechts und insbesondere aller Rechtsakte mit und ohne Gesetzescharakter, einschließlich der Rechtsakte gemäß den Artikeln 290 und 291 AEUV, und im Einklang mit diesen - Leitlinien sowie Empfehlungen an und fasst Beschlüsse. Dabei unterliegt sie insbesondere den von der EBA ausgearbeiteten und von der Kommission gemäß den Artikeln 10 bis 15 der Verordnung (EU) Nr. 1093/2010 erlassenen verbindlichen technischen Regulierungs- und Durchführungsstandards, dem Artikel 16 der genannten Verordnung sowie den Bestimmungen jener Verordnung zum von der EBA im Einklang mit jener Verordnung ausgearbeiteten europäischen Aufsichtshandbuch. Die EZB kann auch Verordnungen erlassen, allerdings nur soweit dies für die Gestaltung oder Festlegung der Modalitäten zur Wahrnehmung der ihr durch die vorliegende Verordnung übertragenen Aufgaben erforderlich ist.

Vor dem Erlass einer Verordnung führt die EZB offene öffentliche Anhörungen durch und analysiert die potenziell anfallenden Kosten und den potenziellen Nutzen, es sei denn, solche Anhörungen und Analysen sind im Verhältnis zum Anwendungsbereich und zu den Auswirkungen der betreffenden Verordnungen oder im Verhältnis zur besonderen Dringlichkeit der Angelegenheit unangemessen; in diesem Fall begründet die EZB diese Dringlichkeit.

Erforderlichenfalls trägt die EZB in jeglicher teilnehmenden Rolle zur Erstellung eines Entwurfs technischer Regulierungs- bzw. Durchführungsstandards durch die EBA gemäß der Verordnung (EU) Nr. 1093/2010 bei oder weist die EBA auf die etwaige Notwendigkeit hin, der Kommission einen Entwurf für Standards zur Änderung bestehender technischer Regulierungs- oder Durchführungsstandards vorzulegen.

Artikel 5
Makroprudenzielle Aufgaben und Instrumente

(1) Soweit zweckmäßig oder erforderlich und unbeschadet des Absatzes 2 dieses Artikels legen die nationalen zuständigen Behörden oder die nationalen benannten Behörden der teilnehmenden Mitgliedstaaten Anforderungen für Kapitalpuffer fest, die Kreditinstitute auf der nach dem einschlägigen Unionsrecht jeweils vorgeschriebenen Ebene zusätzlich zu den Eigenmittelanforderungen nach Artikel 4 Absatz 1 Buchstabe d dieser Verordnung vorhalten müssen, einschließlich der Quoten für antizyklische Puffer, und sonstige Maßnahmen zur Abwendung von Systemrisiken oder makroprudenziellen Risiken gemäß der Verordnung (EU) Nr. 575/2013 und der Richtlinie 2013/36/EU und vorbehaltlich der darin festgelegten Verfahren in den im einschlägigen Unionsrecht ausdrücklich festgelegten Fällen. Die betreffende Behörde teilt der EZB zehn Arbeitstage, bevor sie eine solche Entscheidung fasst, diese Absicht ordnungsgemäß mit. Erhebt die EZB Einwände, so begründet sie diese innerhalb von fünf Arbeitstagen schriftlich. Die betreffende Behörde trägt der Begründung der EZB gebührend Rechnung, bevor sie die Beschlussfassung gegebenenfalls fortsetzt.

(2) Vorbehaltlich der Bedingungen der Absätze 4 und 5 kann die EZB erforderlichenfalls anstelle der nationalen zuständigen Behörden oder nationalen benannten Behörden des teilnehmenden Mitgliedstaats strengere als die von diesen festgelegten Anforderungen für Kapitalpuffer, die Kreditinstitute auf der nach dem einschlägigen Unionsrecht jeweils vorgeschriebenen Ebene zusätzlich zu den Eigenmittelanforderungen nach Artikel 4 Absatz 1 Buchstabe d dieser Verordnung vorhalten müssen, einschließlich der Quoten für antizyklische Puffer, und strengere Maßnahmen zur Abwendung von Systemrisiken oder makroprudenziellen Risiken auf Ebene der Kreditinstitute vorbehaltlich der in der Verordnung (EU) Nr. 575/2013 und der Richtlinie 2013/36/EU festgelegten Verfahren in den im einschlägigen Unionsrecht ausdrücklich bestimmten Fällen festlegen.

(3) Jede nationale zuständige Behörde oder eine nationale benannte Behörde kann der EZB vorschlagen, im Rahmen von Absatz 2 tätig zu werden, um der besonderen Situation des Finanzsystems und der Wirtschaft in ihrem Mitgliedstaat zu begegnen.

(4) Beabsichtigt die EZB gemäß Absatz 2 vorzugehen, so arbeitet sie eng mit den nationalen benannten Behörden der betreffenden Mitgliedstaaten zusammen. Sie teilt ihre Absicht insbesondere den betreffenden nationalen zuständigen Behörden oder nationalen benannten Behörden zehn Arbeitstage, bevor sie einen solchen Beschluss fasst, mit. Erhebt eine der betreffenden Behörden Einwände, so begründet sie diese innerhalb von fünf Arbeitstagen schriftlich. Die EZB trägt dieser Begründung gebührend Rechnung, bevor sie die Beschlussfassung gegebenenfalls fortsetzt.

(5) Bei der Wahrnehmung der in Absatz 2 genannten Aufgaben trägt die EZB der besonderen Situation des Finanzsystems, der Wirtschaftslage und des Konjunkturzyklus in den einzelnen Mitgliedstaaten oder Teilen von Mitgliedstaaten Rechnung.

Artikel 6
Zusammenarbeit innerhalb des einheitlichen Aufsichtsmechanismus

(1) Die EZB nimmt ihre Aufgaben innerhalb eines einheitlichen Aufsichtsmechanismus wahr, der aus der EZB und den nationalen zuständigen Behörden besteht. Die EZB ist dafür verantwortlich, dass der einheitliche Aufsichtsmechanismus wirksam und einheitlich funktioniert.

(2)[2)] Sowohl die EZB als auch die nationalen zuständigen Behörden unterliegen der Pflicht zur loyalen Zusammenarbeit und zum Informationsaustausch.

Unbeschadet der Befugnis der EZB, Informationen, die von den Kreditinstituten regelmäßig zu übermitteln sind, direkt zu erhalten oder direkt auf sie zuzugreifen, stellen die nationalen zuständigen Behörden der EZB insbesondere alle Informationen zur Verfügung, die sie zur Wahrnehmung der ihr durch diese Verordnung übertragenen Aufgaben benötigt.

(3) Gegebenenfalls und unbeschadet der Verantwortung und der Rechenschaftspflicht der EZB für die ihr durch diese Verordnung übertragenen Aufgaben sind die nationalen zuständigen Behörden dafür verantwortlich, die EZB gemäß den Bedingungen des in Absatz 7 dieses Artikels genannten Rahmenwerks bei der Vorbereitung und Durchführung sämtlicher Rechtsakte im Zusammenhang mit den Aufgaben nach Artikel 4 in Bezug auf alle Kreditinstitute, einschließlich bei Überprüfungstätigkeiten, zu unterstützen. Bei der Wahrnehmung der Aufgaben nach Artikel 4 folgen sie den Anweisungen der EZB.

[2)] Beschluss EZB/2014/29; *ABl. L 214 vom 19.7.2014, S. 34*

(4) In Bezug auf die Aufgaben nach Artikel 4 - mit Ausnahme von Absatz 1 Buchstaben a und c - haben die EZB die Zuständigkeiten gemäß Absatz 5 dieses Artikels und die nationalen zuständigen Behörden die Zuständigkeiten gemäß Absatz 6 dieses Artikels - innerhalb des in Absatz 7 dieses Artikels festgelegten Rahmenwerks und vorbehaltlich der darin festgelegten Verfahren - für die Beaufsichtigung folgender Kreditinstitute, Finanzholdinggesellschaften oder gemischter Finanzholdinggesellschaften oder in teilnehmenden Mitgliedstaaten niedergelassenen Zweigstellen von in nicht teilnehmenden Mitgliedstaaten niedergelassenen Kreditinstituten:

– auf konsolidierter Basis weniger bedeutende Institute, Gruppen oder Zweigstellen, wenn die oberste Konsolidierungsebene in den teilnehmenden Mitgliedstaaten liegt, oder einzeln im speziellen Fall von in teilnehmenden Mitgliedstaaten niedergelassenen Zweigstellen von in nicht teilnehmenden Mitgliedstaaten niedergelassenen Kreditinstituten. Die Bedeutung wird anhand folgender Kriterien bestimmt:

i) Größe

ii) Relevanz für die Wirtschaft der Union oder eines teilnehmenden Mitgliedstaats

iii) Bedeutung der grenzüberschreitenden Tätigkeiten.

Sofern nicht durch besondere Umstände, die in der Methodik zu benennen sind, gerechtfertigt, gilt in Bezug auf Unterabsatz 1 ein Kreditinstitut, eine Finanzholdinggesellschaft oder eine gemischte Finanzholdinggesellschaft nicht als weniger bedeutend, wenn eine der folgende Bedingungen erfüllt ist:

i) der Gesamtwert der Aktiva übersteigt 30 Mrd. EUR,

ii) das Verhältnis der gesamten Aktiva zum BIP des teilnehmenden Mitgliedstaats der Niederlassung übersteigt 20 %, es sei denn, der Gesamtwert der Aktiva liegt unter 5 Mrd. EUR,

iii) nach der Anzeige der nationalen zuständigen Behörde, dass sie ein solches Institut als bedeutend für die betreffende Volkswirtschaft betrachtet, fasst die EZB nach einer umfassenden Bewertung, einschließlich einer Bilanzbewertung, des betreffenden Kreditinstituts ihrerseits einen Beschluss, der diese Bedeutung bestätigt.

Die EZB kann ein Institut auch von sich aus als bedeutend betrachten, wenn es Tochterbanken in mehr als einem teilnehmenden Mitgliedstaat errichtet hat und seine grenzüberschreitenden Aktiva oder Passiva einen wesentlichen Teil seiner gesamten Aktiva oder Passiva darstellen, vorbehaltlich der nach der Methodik festgelegten Bedingungen.

Die Institute, für die eine direkte öffentliche finanzielle Unterstützung durch die EFSF oder den ESM beantragt oder entgegengenommen wurde, gelten nicht als weniger bedeutend.

Ungeachtet der vorhergehenden Unterabsätze und sofern nicht durch besondere Umstände gerechtfertigt, übt die EZB die ihr durch diese Verordnung übertragenen Aufgaben in Bezug auf die drei bedeutendsten Kreditinstitute in jedem teilnehmenden Mitgliedstaat aus.

(5) In Bezug auf die in Absatz 4 genannten Kreditinstitute und innerhalb des in Absatz 7 festgelegten Rahmenwerks

a) erlässt die EZB gegenüber den nationalen zuständigen Behörden Verordnungen, Leitlinien oder allgemeine Weisungen, nach denen die nationalen zuständigen Behörden die Aufgaben nach Artikel 4 - mit Ausnahme von Absatz 1 Buchstaben a und c - wahrnehmen und Aufsichtsbeschlüsse fassen.

Diese Weisungen können sich auf die besonderen Befugnisse nach Artikel 16 Absatz 2 in Bezug auf Gruppen oder Arten von Kreditinstituten beziehen, um die Kohärenz der Aufsichtsergebnisse innerhalb des einheitlichen Aufsichtsmechanismus sicherzustellen;

b) kann die EZB jederzeit von sich aus, wenn dies für die Sicherstellung der kohärenten Anwendung hoher Aufsichtsstandards erforderlich ist, nach Konsultation der nationalen zuständigen Behörden oder auf Ersuchen einer nationalen zuständigen Behörde beschließen, sämtliche einschlägigen Befugnisse in Bezug auf ein oder mehrere in Absatz 4 genannte Kreditinstitute unmittelbar selbst auszuüben, einschließlich in den Fällen, in denen eine indirekte finanzielle Unterstützung durch die EFSF oder den ESM beantragt oder entgegengenommen wurde;

c) übt die EZB auf der Grundlage der in diesem Artikel und insbesondere in Absatz 7 Buchstabe c festgelegten Zuständigkeiten und Verfahren die Aufsicht über das Funktionieren des Systems aus;

d) kann die EZB jederzeit von den in den Artikeln 10 bis 13 genannten Befugnissen Gebrauch machen;

e) kann die EZB auch auf Ad-hoc-Basis oder auf kontinuierlicher Basis Informationen von den nationalen zuständigen Behörden über die Ausübung der von ihnen gemäß diesem Artikel wahrgenommenen Aufgaben anfordern.

(6) Unbeschadet des Absatzes 5 dieses Artikels nehmen die nationalen zuständigen Behörden in Bezug auf die in Absatz 4 Unterabsatz 1 dieses Artikels genannten Kreditinstitute innerhalb des in Absatz 7 dieses Artikels genannten Rahmenwerks und vorbehaltlich der darin festgelegten Verfahren die in Artikel 4 Absatz 1 Buchstaben b, d bis g und i genannten Aufgaben wahr und sind für diese sowie für die Annahme aller einschlägigen Aufsichtsbeschlüssen verantwortlich.

Unbeschadet der Artikel 10 bis 13 behalten die nationalen zuständigen Behörden und die nationalen benannten Behörden die Befugnis, nach nationalem Recht Informationen von Kreditinstituten, Holdinggesellschaften, gemischten Holdinggesellschaften und Unternehmen, die in die konsolidierte Finanzlage eines Kreditinstituts einbezogen sind, einzuholen und vor Ort Prüfungen dieser Kreditinstitute, Holdinggesellschaften, gemischten Holdinggesellschaften und Unternehmen durchzuführen. Die nationalen zuständigen Behörden unterrichten die EZB im Einklang mit dem in Absatz 7 dieses Artikels festgelegten Rahmenwerks über die gemäß diesem Absatz ergriffenen Maßnahmen und koordinieren diese in enger Zusammenarbeit mit der EZB.

Die nationalen zuständigen Behörden erstatten der EZB regelmäßig Bericht über die Ausübung der von ihnen gemäß diesem Artikel wahrgenommenen Aufgaben.

(7) Die EZB nimmt in Abstimmung mit den nationalen zuständigen Behörden und auf Grundlage eines Vorschlags des Aufsichtsgremiums ein Rahmenwerk zur Gestaltung der praktischen Modalitäten für die Durchführung dieses Artikels an und veröffentlicht ihn. Das Rahmenwerk umfasst zumindest Folgendes:

a) die besondere Methodik für die Bewertung der in Absatz 4 Unterabsätze 1 bis 3 genannten Kriterien, die Umstände, unter denen Absatz 4 Unterabsatz 4 für ein bestimmtes Kreditinstitut nicht mehr gilt, und die sich ergebenden Vereinbarungen für die Durchführung der Absätze 5 und 6. Diese Vereinbarungen und die Methodik für die Bewertung der in Absatz 4 Unterabsätze 1 bis 3 genannten Kriterien werden überprüft, um wichtige Änderungen zu berücksichtigen, und stellen sicher, dass - wenn ein Kreditinstitut als bedeutend oder als weniger bedeutend eingestuft wurde - diese Bewertung nur aufgrund wesentlicher und nicht vorübergehender Änderungen von Umständen, insbesondere der Umstände, die sich auf die Situation des Kreditinstituts beziehen und die für diese Bewertung von Belang sind, geändert wird;

b) die Festlegung der Verfahren, einschließlich Fristen, und die Möglichkeit, Beschlussentwürfe zur Übermittlung an die EZB zur Berücksichtigung auszuarbeiten, betreffend das Verhältnis zwischen der EZB und den nationalen zuständigen Behörden in Bezug auf die Beaufsichtigung von Kreditinstituten, die gemäß Absatz 4 nicht als weniger bedeutend betrachtet werden;

c) die Festlegung der Verfahren, einschließlich Fristen, für das Verhältnis zwischen der EZB und den nationalen zuständigen Behörden in Bezug auf die Beaufsichtigung von Kreditinstituten, die gemäß Absatz 4 als weniger bedeutend betrachtet werden. Diese Verfahren verpflichten die nationalen zuständigen Behörden insbesondere je nach den in dem Rahmenwerk festgelegten Fällen,

i) die EZB über jedes wesentliche Aufsichtsverfahren zu informieren,

ii) auf Ersuchen der EZB bestimmte Aspekte des Verfahrens weiter zu bewerten,

iii) der EZB Entwürfe von wesentlichen Aufsichtsbeschlüssen zu übermitteln, zu denen die EZB eine Stellungnahme abgeben kann.

(8) Wird die EZB bei der Wahrnehmung der ihr durch diese Verordnung übertragenen Aufgaben von nationalen zuständigen Behörden oder nationalen benannten Behörden unterstützt, so halten die EZB und die nationalen zuständigen Behörden dabei die in den einschlägigen Rechtsakten der Union enthaltenen Bestimmungen hinsichtlich der Verteilung der Zuständigkeiten und der Zusammenarbeit zwischen den zuständigen Behörden verschiedener Mitgliedstaaten ein.

Artikel 7[3)]
Enge Zusammenarbeit mit den zuständigen Behörden der teilnehmenden Mitgliedstaaten, deren Währung nicht der Euro ist

(1) Innerhalb der Grenzen dieses Artikels nimmt die EZB die Aufgaben in den in Artikel 4 Absätze 1 und 2 sowie in Artikel 5 genannten Bereichen in Bezug auf Kreditinstitute wahr, die in einem Mitgliedstaat niedergelassen sind, dessen Währung nicht der Euro ist, wenn zwischen der EZB und der nationalen zuständigen Behörde dieses Mitgliedstaats eine enge Zusammenarbeit nach Maßgabe dieses Artikels eingegangen wurde.

Zu diesem Zweck kann die EZB Anweisungen an die nationale zuständige Behörde oder die nationalen benannten Behörden des teilnehmenden Mitgliedstaats richten, dessen Währung nicht der Euro ist.

(2) Die EZB geht in der Form des Erlasses eines Beschlusses eine enge Zusammenarbeit mit der nationalen zuständigen Behörde eines teilnehmenden Mitgliedstaats ein, dessen Währung nicht der Euro ist, wenn die folgenden Voraussetzungen erfüllt sind:

a) der betreffende Mitgliedstaat teilt den anderen Mitgliedstaaten, der Kommission, der EZB und der EBA sein Ersuchen mit, eine enge Zusammenarbeit nach Maßgabe von Artikel 6 mit der EZB hinsichtlich der Wahrnehmung der Aufgaben nach den Artikeln 4 und 5 in Bezug auf sämtliche in dem betreffenden Mitgliedstaat niedergelassenen Kreditinstitute einzugehen;

b) in der Mitteilung verpflichtet sich der betreffende Mitgliedstaat,

– sicherzustellen, dass seine nationale zuständige Behörde bzw. seine nationale benannte

---

[3)] Beschluss EZB/2014/5; *ABl. L 198 vom 5.7.2014, S. 7*

Behörde allen Leitlinien und Aufforderungen der EZB nachkommen wird; und

– sämtliche Informationen zu den in diesem Mitgliedstaat niedergelassenen Kreditinstituten vorzulegen, die die EZB zum Zwecke der Durchführung einer umfassenden Bewertung dieser Kreditinstitute möglicherweise anfordert.

c) der betreffende Mitgliedstaat hat einschlägige nationale Rechtsvorschriften erlassen, die gewährleisten, dass seine nationale zuständige Behörde verpflichtet ist, sämtliche Maßnahmen in Bezug auf Kreditinstitute zu ergreifen, zu denen die EZB im Einklang mit Absatz 4 auffordert.

(3) Der Beschluss nach Absatz 2 wird im *Amtsblatt der Europäischen Union* veröffentlicht. Der Beschluss gilt nach Ablauf von 14 Tagen nach seiner Veröffentlichung.

(4) Ist die EZB der Auffassung, dass die nationale zuständige Behörde eines betreffenden Mitgliedstaats in Bezug auf ein Kreditinstitut, eine Finanzholdinggesellschaft oder eine gemischte Finanzholdinggesellschaft eine Maßnahme im Zusammenhang mit den Aufgaben nach Absatz 1 ergreifen sollte, so richtet sie unter Vorgabe eines entsprechenden Zeitrahmens Anweisungen an diese Behörde.

Dieser Zeitrahmen sollte mindestens 48 Stunden betragen, sofern nicht eine frühzeitigere Durchführung unabdingbar ist, um einen nicht wieder gutzumachenden Schaden abzuwenden. Die nationale zuständige Behörde des betroffenen Mitgliedstaats ergreift gemäß der in Absatz 2 Buchstabe c genannten Verpflichtung alle notwendigen Maßnahmen.

(5) Die EZB kann beschließen, dem betroffenen Mitgliedstaat in den folgenden Fällen eine Verwarnung dahin gehend zu erteilen, dass die enge Zusammenarbeit ausgesetzt oder beendet wird, sofern keine entscheidenden Korrekturmaßnahmen ergriffen werden:

a) der betroffene Mitgliedstaat erfüllt nach Auffassung der EZB nicht länger die Voraussetzungen nach Absatz 2 Buchstaben a bis c, oder

b) die nationale zuständige Behörde des betroffenen Mitgliedstaats handelt nach Auffassung der EZB nicht gemäß der Verpflichtung nach Absatz 2 Buchstabe c.

Werden innerhalb von 15 Tagen nach Mitteilung einer solchen Verwarnung keine Korrekturmaßnahmen ergriffen, so kann die EZB die enge Zusammenarbeit mit diesem Mitgliedstaat aussetzen oder beenden.

Der Beschluss über die Aussetzung oder die Beendigung der engen Zusammenarbeit wird dem betreffenden Mitgliedstaat mitgeteilt und im *Amtsblatt der Europäischen Union* veröffentlicht. In dem Beschluss wird der Zeitpunkt angegeben, ab dem er gilt, wobei der Wirksamkeit der Aufsicht und den legitimen Interessen von Kreditinstituten gebührend Rechnung getragen wird.

(6) Nach Ablauf von drei Jahren nach dem Datum der Veröffentlichung des Beschlusses der EZB zur Aufnahme einer engen Zusammenarbeit im *Amtsblatt der Europäischen Union* kann ein Mitgliedstaat die EZB jederzeit um die Beendigung der engen Zusammenarbeit ersuchen. In dem Ersuchen werden die Gründe für die Beendigung erläutert, gegebenenfalls einschließlich der potenziellen erheblichen nachteiligen Auswirkungen hinsichtlich der haushaltspolitischen Verantwortlichkeit des Mitgliedstaats. In diesem Fall leitet die EZB unverzüglich den Erlass eines Beschlusses zur Beendigung der engen Zusammenarbeit ein und gibt den Zeitpunkt an, ab dem er gilt - spätestens innerhalb von drei Monaten - wobei der Wirksamkeit der Aufsicht und den legitimen Interessen von Kreditinstituten gebührend Rechnung getragen wird. Der Beschluss wird im *Amtsblatt der Europäischen Union* veröffentlicht.

(7) Teilt ein teilnehmender Mitgliedstaat, dessen Währung nicht der Euro ist, der EZB im Einklang mit Artikel 26 Absatz 8 in einer begründeten Stellungnahme mit, dass er dem Widerspruch des EZB-Rates gegen einen Beschlussentwurf des Aufsichtsgremiums nicht zustimmt, so äußert sich der EZB-Rat innerhalb einer Frist von 30 Tagen zu dieser begründeten Stellungnahme des Mitgliedstaats, wobei er seinen Widerspruch unter Angabe seiner Gründe entweder bestätigt oder zurückgezogen.

Bestätigt der EZB-Rat seinen Widerspruch, kann der teilnehmende Mitgliedstaat, dessen Währung nicht der Euro ist, der EZB mitteilen, dass er durch den möglichen Beschluss betreffend einen etwaigen geänderten Beschlussentwurf des Aufsichtsgremiums nicht gebunden ist.

Die EZB erwägt dann unter gebührender Berücksichtigung der Wirksamkeit der Aufsicht die Möglichkeit einer Aussetzung oder Beendigung der engen Zusammenarbeit mit diesem Mitgliedstaat und erlässt diesbezüglich einen Beschluss.

Die EZB berücksichtigt dabei insbesondere Folgendes:

a) ob das Absehen von einer solchen Aussetzung oder Beendigung die Integrität des einheitlichen Aufsichtsmechanismus gefährden oder erhebliche nachteilige Auswirkungen hinsichtlich der haushaltspolitischen Verantwortlichkeit der Mitgliedstaaten haben könnte;

b) ob eine solche Aussetzung oder Beendigung erhebliche nachteilige Auswirkungen hinsichtlich der haushaltspolitischen Verantwortlichkeit des Mitgliedstaats haben könnte, der seine begründete Stellungnahme gemäß Artikel 26 Absatz 8 mitgeteilt hat;

c) ob die betroffene nationale zuständige Behörde nachweislich Maßnahmen ergriffen hat, die nach Auffassung der EZB

– gewährleisten, dass die Kreditinstitute in dem Mitgliedstaat, der seine begründete Stellungnahme gemäß dem vorherigen Unterabsatz mitgeteilt hat, keine günstigere Behandlung erhalten als die Kreditinstitute in den anderen teilnehmenden Mitgliedstaaten, und

– zur Erreichung der Ziele des Artikels 1 und zur Gewährleistung der Einhaltung des einschlägigen Unionsrechts genauso wirksam sind wie der Beschluss des EZB-Rates gemäß Unterabsatz 2 dieses Absatzes.

Die EZB berücksichtigt diese Erwägungen in ihrem Beschluss und teilt sie dem betroffenen Mitgliedstaat mit.

(8) Lehnt ein teilnehmender Mitgliedstaat, dessen Währung nicht der Euro ist, einen Beschlussentwurf des Aufsichtsgremiums ab, so teilt er dem EZB-Rat seine Ablehnung in einer begründeten Stellungnahme innerhalb von fünf Arbeitstagen nach Erhalt des Beschlussentwurfs mit. Das Aufsichtsgremium beschließt dann innerhalb von fünf Arbeitstagen in der Sache unter umfassender Berücksichtigung jener Gründe und erläutert dem betroffenen Mitgliedstaat seinen Beschluss schriftlich. Der betroffene Mitgliedstaat kann die EZB ersuchen, die enge Zusammenarbeit unmittelbar zu beenden, und ist durch den anschließenden Beschluss nicht gebunden.

(9) Ein Mitgliedstaat, der seine enge Zusammenarbeit mit der EZB beendet hat, darf vor Ablauf von drei Jahren nach Veröffentlichung des EZB-Beschlusses zur Beendigung der engen Zusammenarbeit im *Amtsblatt der Europäischen Union* keine erneute enge Zusammenarbeit mit ihr eingehen.

Artikel 8
Internationale Beziehungen

Unbeschadet der jeweiligen Zuständigkeiten der Mitgliedstaaten und der übrigen Organe und Einrichtungen der Union, mit Ausnahme der EZB, einschließlich der EBA, kann die EZB in Bezug auf die ihr durch diese Verordnung übertragenen Aufgaben vorbehaltlich einer angemessenen Abstimmung mit der EBA Kontakte zu Aufsichtsbehörden, internationalen Organisationen und den Verwaltungen von Drittländern aufbauen und Verwaltungsvereinbarungen mit ihnen schließen. Diese Vereinbarungen schaffen keine rechtlichen Verpflichtungen für die Union und ihre Mitgliedstaaten.

KAPITEL III
Befugnisse der EZB

Artikel 9
Aufsichts- und Untersuchungsbefugnisse

(1) Ausschließlich zum Zweck der Wahrnehmung der ihr nach Artikel 4 Absätze 1 und 2 und Artikel 5 Absatz 2 übertragenen Aufgaben gilt die EZB nach Maßgabe des einschlägigen Unionsrechts in den teilnehmenden Mitgliedstaaten je nach Sachlage als die zuständige oder die benannte Behörde.

Ausschließlich zu demselben Zweck hat die EZB sämtliche in dieser Verordnung genannten Befugnisse und Pflichten. Ebenso hat sie sämtliche Befugnisse und Pflichten, die zuständige und benannte Behörden nach dem einschlägigen Unionsrecht haben, sofern diese Verordnung nichts anderes vorsieht. Insbesondere hat die EZB die in den Abschnitten 1 und 2 dieses Kapitels genannten Befugnisse.

Soweit zur Wahrnehmung der ihr durch diese Verordnung übertragenen Aufgaben erforderlich, kann die EZB die nationalen Behörden durch Anweisung auffordern, gemäß und im Einklang mit ihrem jeweiligen nationalen Recht von ihren Befugnissen in den Fällen Gebrauch zu machen, in denen diese Verordnung der EZB die entsprechenden Befugnisse nicht übertragen hat. Die nationalen Behörden unterrichten die EZB in vollem Umfang über die Ausübung dieser Befugnisse.

(2) Die EZB übt die Befugnisse nach Absatz 1 dieses Artikels im Einklang mit den in Artikel 4 Absatz 3 Unterabsatz 1 genannten Rechtsakten aus. Bei der Ausübung ihrer jeweiligen Aufsichts- und Untersuchungsbefugnisse arbeiten die EZB und die nationalen zuständigen Behörden eng zusammen.

(3) Abweichend von Absatz 1 dieses Artikels übt die EZB in Bezug auf Kreditinstitute, die in teilnehmenden Mitgliedstaatenniedergelassen sind, deren Währung nicht der Euro ist, ihre Befugnisse gemäß Artikel 7 aus.

Abschnitt 1
Untersuchungsbefugnisse

Artikel 10
Informationsersuchen

(1) Unbeschadet der Befugnisse nach Artikel 9 Absatz 1 und vorbehaltlich der im einschlägigen Unionsrecht vorgesehenen Bedingungen kann die EZB von den folgenden juristischen oder natürlichen Personen vorbehaltlich des Artikels 4 die Vorlage sämtlicher Informationen verlangen, die sie für die Wahrnehmung der ihr durch diese Verordnung übertragenen Aufgaben benötigt, einschließlich der Informationen, die in regelmä-

ßigen Abständen und in festgelegten Formaten zu Aufsichts- und entsprechenden Statistikzwecken zur Verfügung zu stellen sind:

a) Kreditinstitute, die in den teilnehmenden Mitgliedstaaten niedergelassen sind,

b) Finanzholdinggesellschaften, die in den teilnehmenden Mitgliedstaaten niedergelassen sind,

c) gemischte Finanzholdinggesellschaften, die in den teilnehmenden Mitgliedstaaten niedergelassen sind,

d) gemischte Holdinggesellschaften, die in den teilnehmenden Mitgliedstaaten niedergelassen sind,

e) Personen, die zu den Körperschaften im Sinne der Buchstaben a bis d gehören,

f) Dritte, auf die die unter den Buchstaben a bis d genannten Unternehmen Funktionen oder Tätigkeiten ausgelagert haben.

(2) Die in Absatz 1 genannten Personen stellen die verlangten Informationen zur Verfügung. Vorschriften über die Geheimhaltung führen nicht dazu, dass Personen von der Pflicht freigestellt werden, diese Informationen zur Verfügung zu stellen. Die Bereitstellung dieser Informationen gilt nicht als Verstoß gegen die Geheimhaltungspflicht.

(3) Erhält die EZB Informationen direkt von den in Absatz 1 genannten juristischen oder natürlichen Personen, so übermittelt sie diese den betroffenen nationalen zuständigen Behörden.

Artikel 11
Allgemeine Untersuchungen

(1) Zur Wahrnehmung der ihr durch diese Verordnung übertragenen Aufgaben kann die EZB vorbehaltlich anderer Bedingungen nach dem einschlägigen Unionsrecht im Hinblick auf jede in Artikel 10 Absatz 1 genannte Person, die in einem teilnehmenden Mitgliedstaat niedergelassen oder ansässig ist, alle erforderlichen Untersuchungen durchführen.

Zu diesem Zweck hat die EZB das Recht,

a) die Vorlage von Unterlagen zu verlangen,

b) die Bücher und Aufzeichnungen von Personen im Sinne des Artikels 10 Absatz 1 zu prüfen und Kopien oder Auszüge dieser Bücher und Aufzeichnungen anzufertigen,

c) von einer Person im Sinne des Artikels 10 Absatz 1 oder deren Vertretern oder Mitarbeitern schriftliche oder mündliche Erklärungen einzuholen,

d) jede andere Person zu befragen, die dieser Befragung zum Zweck der Einholung von Informationen über den Gegenstand einer Untersuchung zustimmt.

(2) Personen im Sinne des Artikels 10 Absatz 1 müssen sich den durch einen Beschluss der EZB eingeleiteten Untersuchungen unterziehen.

Behindert eine Person die Durchführung einer Untersuchung, leistet die nationale zuständige Behörde des teilnehmenden Mitgliedstaats, in dem sich die betroffenen Räumlichkeiten befinden, die erforderliche Amtshilfe im Einklang mit dem jeweiligen nationalen Recht, einschließlich - in den in den Artikeln 12 und 13 genannten Fällen - Hilfe beim Zugang der EZB zu den Geschäftsräumen von juristischen Personen im Sinne des Artikels 10 Absatz 1, so dass die obengenannten Rechte ausgeübt werden können.

Artikel 12
Prüfungen vor Ort

(1) Zur Wahrnehmung der ihr durch diese Verordnung übertragenen Aufgaben kann die EZB vorbehaltlich anderer Bedingungen nach dem einschlägigen Unionsrecht im Einklang mit Artikel 13 und nach vorheriger Unterrichtung der betroffenen nationalen zuständigen Behörde alle erforderlichen Prüfungen vor Ort in den Geschäftsräumen von juristischen Personen im Sinne des Artikels 10 Absatz 1 und von sonstigen Unternehmen, die in die Beaufsichtigung auf konsolidierter Basis einbezogen sind und für die die EZB nach Artikel 4 Absatz 1 Buchstabe g die konsolidierende Aufsichtsbehörde ist, durchführen. Die EZB kann die Prüfung vor Ort ohne vorherige Mitteilung an diese juristischen Personen durchführen, wenn die ordnungsgemäße Durchführung und die Effizienz der Prüfung dies erfordern.

(2) Die Bediensteten der EZB und sonstige von ihr zur Durchführung der Prüfungen vor Ort bevollmächtigte Personen sind befugt, die Geschäftsräume und Grundstücke der juristischen Personen, gegen die sich der Beschluss der EZB über die Einleitung einer Untersuchung richtet, zu betreten, und verfügen über sämtliche in Artikel 11 Absatz 1 genannten Befugnisse.

(3) Prüfungen vor Ort bei juristischen Personen im Sinne des Artikels 10 Absatz 1 erfolgen auf der Grundlage eines Beschlusses der EZB.

(4) Die Bediensteten der nationalen zuständigen Behörde des Mitgliedstaats, in dem die Prüfung vorgenommen werden soll, sowie andere von dieser Behörde entsprechend bevollmächtigte oder bestellte Begleitpersonen unterstützen unter Aufsicht und Koordinierung der EZB die Bediensteten der EZB und sonstige von ihr bevollmächtigte Personen aktiv. Sie verfügen hierzu über die in Absatz 2 genannten Befugnisse. Die Bediensteten der nationalen zuständigen Behörde des betroffenen teilnehmenden Mitgliedstaats haben ferner das Recht, an den Prüfungen vor Ort teilzunehmen.

(5) Stellen die Bediensteten der EZB und andere von ihr bevollmächtigte oder bestellte Begleitpersonen fest, dass sich eine Person einer nach Maßgabe dieses Artikels angeordneten Prüfung widersetzt, so leistet die nationale zuständige Behörde des betroffenen teilnehmenden Mitgliedstaats im Einklang mit ihrem nationalen Recht die erforderliche Amtshilfe. Soweit dies für die Prüfung erforderlich ist, schließt diese Amtshilfe die Versiegelung jeglicher Geschäftsräume und Bücher oder Aufzeichnungen ein. Verfügt die betreffende nationale zuständige Behörde nicht über die dafür erforderliche Befugnis, so nutzt sie ihre Befugnisse, um die erforderliche Amtshilfe von anderen nationalen Behörden anzufordern.

Artikel 13
Gerichtliche Genehmigung

(1) Ist für eine Prüfung vor Ort nach Artikel 12 Absätze 1 und 2 oder für die Amtshilfe nach Artikel 12 Absatz 5 nach nationalem Recht eine gerichtliche Genehmigung erforderlich, so muss diese eingeholt werden.

(2) Wird eine Genehmigung nach Absatz 1 dieses Artikels beantragt, so prüft das nationale Gericht, ob der Beschluss der EZB echt ist und ob die beabsichtigten Zwangsmaßnahmen im Hinblick auf den Gegenstand der Prüfung nicht willkürlich oder unverhältnismäßig sind. Bei der Prüfung der Verhältnismäßigkeit der Zwangsmaßnahmen kann das nationale Gericht die EZB um detaillierte Erläuterungen bitten, insbesondere in Bezug auf die Gründe, aus denen die EZB annimmt, dass ein Verstoß gegen die in Artikel 4 Absatz 3 Unterabsatz 1 genannten Rechtsakte vorliegt, sowie die Schwere des mutmaßlichen Verstoßes und die Art der Beteiligung der den Zwangsmaßnahmen unterworfenen Person. Das nationale Gericht prüft jedoch weder die Notwendigkeit der Prüfung noch verlangt es die Übermittlung der in den Akten der EZB enthaltenen Informationen. Die Rechtmäßigkeit des Beschlusses der EZB unterliegt ausschließlich der Prüfung durch den EUGH.

Abschnitt 2
Besondere Aufsichtsbefugnisse

Artikel 14
Zulassung

(1) Anträge auf Zulassung zur Aufnahme der Tätigkeit eines Kreditinstituts in einem teilnehmenden Mitgliedstaat werden bei den nationalen zuständigen Behörden des Mitgliedstaats eingereicht, in dem das Kreditinstitut seinen Sitz haben soll, im Einklang mit den Anforderungen des einschlägigen nationalen Rechts.

(2) Erfüllt der Antragsteller alle Zulassungsbedingungen des einschlägigen nationalen Rechts dieses Mitgliedstaats, so erlässt die nationale zuständige Behörde innerhalb der im einschlägigen nationalen Recht festgelegten Frist einen Beschlussentwurf, mit dem der EZB die Erteilung der Zulassung vorgeschlagen wird. Der Beschlussentwurf wird der EZB und dem Antragsteller mitgeteilt. Andernfalls lehnt die nationale zuständige Behörde den Antrag auf Zulassung ab.

(3) Der Beschlussentwurf gilt als von der EZB angenommen, wenn sie nicht innerhalb eines Zeitraums von höchstens zehn Arbeitstagen, der in hinreichend begründeten Fällen einmal um den gleichen Zeitraum verlängert werden kann, widerspricht. Die EZB erhebt nur dann Widerspruch gegen den Beschlussentwurf, wenn die Voraussetzungen des einschlägigen Unionsrechts für die Zulassung nicht erfüllt sind. Sie teilt die Gründe für die Ablehnung schriftlich mit.

(4) Der gemäß den Absätzen 2 und 3 erlassene Beschluss wird dem Antragsteller von der nationalen zuständigen Behörde mitgeteilt.

(5) Vorbehaltlich des Absatzes 6 kann die EZB die Zulassung von sich aus nach Konsultation der nationalen zuständigen Behörde des teilnehmenden Mitgliedstaats, in dem das Kreditinstitut niedergelassen ist, oder auf Vorschlag einer solchen nationalen zuständigen Behörde in den im Unionsrecht festgelegten Fällen entziehen. Diese Konsultation stellt insbesondere sicher, dass die EZB vor einem Beschluss über den Entzug einer Zulassung den nationalen Behörden ausreichend Zeit einräumt, um über die notwendigen Korrekturmaßnahmen, einschließlich etwaiger Abwicklungsmaßnahmen, zu entscheiden, und diesen Rechnung trägt.

Ist nach Auffassung der nationalen zuständigen Behörde, die die Zulassung gemäß Absatz 1 vorgeschlagen hat, die Zulassung nach dem einschlägigen nationalen Recht zu entziehen, so legt sie der EZB einen entsprechenden Vorschlag vor. In diesem Fall erlässt die EZB einen Beschluss über den vorgeschlagenen Entzug der Zulassung, wobei sie die von der nationalen zuständigen Behörde vorgelegte Begründung in vollem Umfang berücksichtigt.

(6) Solange die nationalen Behörden für die Abwicklung von Kreditinstituten zuständig sind, teilen sie in den Fällen, in denen sie der Auffassung sind, dass die angemessene Durchführung der für eine Abwicklung oder die Aufrechterhaltung der Finanzmarktstabilität erforderlichen Maßnahmen durch den Entzug der Zulassung beeinträchtigt würde, der EZB ihre Bedenken rechtzeitig mit und erläutern im Einzelnen, welche nachteiligen Auswirkungen der Entzug mit sich bringen würde. In diesen Fällen sieht die EZB während eines gemeinsam mit den nationalen Behörden vereinbarten Zeitraums vom Entzug der Zulassung ab. Die EZB kann entscheiden, diesen Zeitraum zu verlängern, wenn sie der An-

sicht ist, dass ausreichende Fortschritte gemacht wurden. Stellt die EZB in einem begründeten Beschluss fest, dass die nationalen Behörden keine angemessenen zur Aufrechterhaltung der Finanzmarktstabilität erforderlichen Maßnahmen ergriffen haben, so wird der Entzug der Zulassung unmittelbar wirksam.

Artikel 15
Beurteilung des Erwerbs von qualifizierten Beteiligungen

(1) Ungeachtet der Ausnahmen nach Artikel 4 Absatz 1 Buchstabe c werden alle Anzeigen über den Erwerb einer qualifizierten Beteiligung an einem in einem teilnehmenden Mitgliedstaat niedergelassenen Kreditinstitut und alle damit zusammenhängenden Informationen im Einklang mit dem einschlägigen, auf die Rechtsakte nach Artikel 4 Absatz 3 Unterabsatz 1 gestützten nationalen Recht an die nationalen zuständigen Behörden gerichtet, in dem das Kreditinstitut niedergelassen ist.

(2) Die nationale zuständige Behörde prüft den geplanten Erwerb und leitet die Anzeige gemeinsam mit einem Vorschlag für einen Beschluss, mit dem der Erwerb auf Grundlage der in den Rechtsakten nach Artikel 4 Absatz 3 Unterabsatz 1 festgelegten Kriterien abgelehnt oder nicht abgelehnt wird, der EZB spätestens zehn Arbeitstage vor Ablauf des jeweiligen im Unionsrecht festgelegten Beurteilungszeitraums zu und unterstützt die EZB nach Maßgabe des Artikels 6.

(3) Die EZB beschließt auf Grundlage der Beurteilungskriterien des Unionsrechts und im Einklang mit den darin geregelten Verfahren und innerhalb des darin festgelegten Beurteilungszeitraums, ob der Erwerb abzulehnen ist.

Artikel 16
Aufsichtsbefugnisse

(1) Zur Wahrnehmung der ihr durch Artikel 4 Absatz 1 übertragenen Aufgaben und unbeschadet anderer ihr übertragenen Befugnisse, verfügt die EZB über die in Absatz 2 dieses Artikels genannten Befugnisse, jedes Kreditinstitut und jede Finanzholdinggesellschaft oder gemischte Finanzholdinggesellschaft in den teilnehmenden Mitgliedstaaten zu verpflichten, frühzeitig Maßnahmen zu ergreifen, die erforderlich sind, etwaigen Problemen zu begegnen, wenn eine der folgenden Situationen vorliegt:

a) das Kreditinstitut erfüllt nicht die Anforderungen der Rechtsakte nach Artikel 4 Absatz 3 Unterabsatz 1;

b) die EZB ist nachweislich bekannt, dass das Kreditinstitut die innerhalb der nächsten zwölf Monate voraussichtlich gegen die Anforderungen der Rechtsakte nach Artikel 4 Absatz 3 Unterabsatz 1 verstoßen wird;

c) die EZB hat im Rahmen einer aufsichtlichen Überprüfung gemäß Artikel 4 Absatz 1 Buchstabe f festgestellt, dass die von dem Kreditinstitut angewandten Regelungen, Strategien, Verfahren und Mechanismen sowie seine Eigenmittelausstattung und Liquidität kein solides Risikomanagement und keine solide Risikoabdeckung gewährleisten.

(2) Für die Zwecke des Artikels 9 Absatz 1 hat die EZB insbesondere folgende Befugnisse:

a) von Instituten zu verlangen, dass sie über die Anforderungen der Rechtsakte nach Artikel 4 Absatz 3 Unterabsatz 1 hinaus Eigenmittel zur Unterlegung von nicht durch die einschlägigen Rechtsakte der Union erfassten Risikokomponenten und Risiken vorhalten;

b) eine Verstärkung der Regelungen, Verfahren, Mechanismen und Strategien zu verlangen;

c) von den Instituten die Vorlage eines Plans die Rückkehr zur Erfüllung der Aufsichtsanforderungen gemäß den Rechtsakten nach Artikel 4 Absatz 3 Unterabsatz 1 zu verlangen und eine Frist für die Durchführung dieses Plans zu setzen, sowie gegebenenfalls Nachbesserungen hinsichtlich seinen Anwendungsbereichs und Zeitrahmens zu verlangen;

d) Instituten eine bestimmte Rückstellungspolitik oder eine bestimmte Behandlung ihrer Aktiva bezüglich der Eigenmittelanforderungen vorzuschreiben; *(ABl 2015 L 218, 82)*

e) die Geschäftsbereiche, die Tätigkeiten oder das Netz von Instituten einzuschränken oder zu begrenzen oder die Veräußerung von Geschäftszweigen, die für die Solidität des Instituts mit zu großen Risiken verbunden sind, zu verlangen;

f) eine Verringerung des mit den Tätigkeiten, Produkten und Systemen von Instituten verbundenen Risikos zu verlangen;

g) Instituten vorzuschreiben, die variable Vergütung auf einen Prozentsatz der Nettoeinkünfte zu begrenzen, sofern diese Vergütung nicht mit der Erhaltung einer soliden Kapitalausstattung zu vereinbaren ist;

h) von den Instituten zu verlangen, Nettogewinne zur Stärkung der Eigenmittel einzusetzen;

i) Ausschüttungen des Instituts an Anteilseigner, Gesellschafter oder Inhaber von Instrumenten des zusätzlichen Kernkapitals einzuschränken oder zu untersagen, sofern die Nichtzahlung nicht ein Ausfallereignis für das Institut darstellt;

j) zusätzliche Meldepflichten oder eine häufigere Meldung, auch zur Eigenmittel- und Liquiditätslage vorzuschreiben;

k) besondere Liquiditätsanforderungen vorzuschreiben, einschließlich der Beschränkung von

Laufzeitinkongruenzen zwischen Aktiva und Passiva;

l) ergänzende Informationen zu verlangen;

m) Mitglieder des Leitungsorgans von Kreditinstituten, die den Anforderungen der Rechtsakte nach Artikel 4 Absatz 3 Unterabsatz 1 nicht entsprechen, jederzeit abzuberufen.

Artikel 17
Befugnisse der Behörden des Aufnahmemitgliedstaats und Zusammenarbeit bei der Beaufsichtigung auf konsolidierter Basis

(1) Zwischen den teilnehmenden Mitgliedstaaten gelten die Verfahren des einschlägigen Unionsrechts in Bezug auf Kreditinstitute, die die Errichtung einer Zweigstelle oder die Ausübung des freien Dienstleistungsverkehrs durch Ausübung ihrer Tätigkeit im Hoheitsgebiet eines anderen Mitgliedstaats anstreben, und die damit verbundenen Befugnisse des Herkunfts- und des Aufnahmemitgliedstaats nur für die Zwecke der Aufgaben, die nicht durch Artikel 4 der EZB übertragen worden sind.

(2) Die Vorschriften des einschlägigen Unionsrechts für die Zusammenarbeit zwischen den zuständigen Behörden verschiedener Mitgliedstaaten bei der Beaufsichtigung auf konsolidierter Basis finden keine Anwendung, soweit die EZB die einzige beteiligte zuständige Behörde ist.

(3) Bei der Wahrnehmung ihrer Aufgaben gemäß den Artikeln 4 und 5 achtet die EZB auf ein ausgeglichenes Verhältnis zwischen allen teilnehmenden Mitgliedstaaten im Einklang mit Artikel 6 Absatz 8, und in ihrer Beziehung zu nicht teilnehmenden Mitgliedstaaten beachtet sie das Gleichgewicht zwischen den Herkunfts- und den Aufnahmemitgliedstaaten gemäß dem einschlägigen Unionsrecht.

Artikel 18
Verwaltungssanktionen

(1) Wenn Kreditinstitute, Finanzholdinggesellschaften oder gemischte Finanzholdinggesellschaften vorsätzlich oder fahrlässig gegen eine Anforderung aus direkt anwendbaren Rechtsakten der Union verstoßen und den zuständigen Behörden nach dem Unionsrecht wegen dieses Verstoßes die Möglichkeit, Verwaltungsgeldbußen zu verhängen, zur Verfügung gestellt wird, kann die EZB für die Zwecke der Wahrnehmung der ihr durch diese Verordnung übertragenen Aufgaben Verwaltungsgeldbußen bis zur zweifachen Höhe der aufgrund des Verstoßes erzielten Gewinne oder verhinderten Verluste - sofern diese sich beziffern lassen - oder von bis zu 10 % des jährlichen Gesamtumsatzes im Sinne des einschlägigen Unionsrechts einer juristischen Person im vorangegangenen Geschäftsjahr oder gegebenenfalls andere im einschlägigen Unionsrecht vorgesehene Geldbußen verhängen.

(2) Handelt es sich bei der juristischen Person um die Tochtergesellschaft einer Muttergesellschaft, so ist der relevante jährliche Gesamtumsatz nach Absatz 1 der jährliche Gesamtumsatz, der im vorangegangenen Geschäftsjahr im konsolidierten Abschluss der an der Spitze stehenden Muttergesellschaft ausgewiesen ist.

(3) Die Sanktionen müssen wirksam, verhältnismäßig und abschreckend sein. Bei der Entscheidung, ob eine Sanktion zu verhängen ist und welche Art von Sanktion geeignet ist, handelt die EZB im Einklang mit Artikel 9 Absatz 2.

(4) Die EZB wendet diesen Artikel nach Maßgabe der Rechtsakte nach Artikel 4 Absatz 3 Unterabsatz 1 dieser Verordnung einschließlich - soweit angemessen - der Verfahren nach der Verordnung (EG) Nr. 2532/98 an.

(5) In von Absatz 1 dieses Artikels nicht erfassten Fällen kann die EZB, wenn dies für die Zwecke der Wahrnehmung der ihr durch diese Verordnung übertragenen Aufgaben erforderlich ist, von den nationalen zuständigen Behörden verlangen, Verfahren einzuleiten, damit Maßnahmen ergriffen werden, um sicherzustellen, dass im Einklang mit den Rechtsakten nach Artikel 4 Absatz 3 Unterabsatz 1 und allen einschlägigen nationalen Rechtsvorschriften, die besondere Befugnisse zuweisen, die bisher durch Unionsrecht nicht gefordert waren, geeignete Sanktionen verhängt werden. Die Sanktionen der nationalen zuständigen Behörden müssen wirksam, verhältnismäßig und abschreckend sein.

Unterabsatz 1 dieses Absatzes gilt insbesondere für Geldbußen, die gegen Kreditinstitute, Finanzholdinggesellschaften oder gemischte Finanzholdinggesellschaften wegen eines Verstoßes gegen nationale Rechtsvorschriften zu verhängen sind, mit denen einschlägige Richtlinien umgesetzt werden, und für Verwaltungssanktionen oder -maßnahmen, die gegen Mitglieder des Leitungsorgans eines Kreditinstituts, einer Finanzholdinggesellschaft oder einer gemischten Finanzholdinggesellschaft oder andere Personen zu verhängen sind, die nach nationalem Recht für einen Verstoß eines Kreditinstituts, einer Finanzholdinggesellschaft oder einer gemischten Finanzholdinggesellschaft verantwortlich sind.

(6) Die EZB veröffentlicht jede Sanktion nach Absatz 1 unabhängig davon, ob gegen sie Beschwerde eingelegt worden ist oder nicht in den im einschlägigen Unionsrecht vorgesehenen Fällen und im Einklang mit den darin festgelegten Bedingungen.

(7) Unbeschadet der Absätze 1 bis 6 kann die EZB für die Zwecke der Wahrnehmung der ihr durch diese Verordnung übertragenen Aufgaben im Fall eines Verstoßes gegen ihre Verordnungen

oder Beschlüsse nach Maßgabe der Verordnung (EG) Nr. 2532/98 Sanktionen verhängen.

KAPITEL IV
Organisatorische Grundsätze

Artikel 19
Unabhängigkeit

(1) Bei der Wahrnehmung der der EZB durch diese Verordnung übertragenen Aufgaben handeln die EZB und die nationalen zuständigen Behörden, die innerhalb des einheitlichen Aufsichtsmechanismus handeln, unabhängig. Die Mitglieder des Aufsichtsgremiums und des Lenkungsausschusses handeln unabhängig und objektiv im Interesse der Union als Ganzes und dürfen von den Organen oder Einrichtungen der Union, von der Regierung eines Mitgliedstaats oder von öffentlichen oder privaten Stellen weder Weisungen anfordern noch entgegennehmen.

(2) Die Organe, Einrichtungen, Ämter und Agenturen der Union sowie die Regierungen der Mitgliedstaaten und alle anderen Einrichtungen achten diese Unabhängigkeit.

(3) Nachdem das Aufsichtsgremium die Notwendigkeit eines Verhaltenskodexes geprüft hat, erstellt und veröffentlicht der EZB-Rat einen Verhaltenskodex für die Mitarbeiter und leitenden Angestellten der EZB, die an der Bankenaufsicht beteiligt sind, insbesondere in Bezug auf Interessenkonflikte.

Artikel 20
Rechenschaftspflicht und Berichterstattung

(1) Die EZB ist nach Maßgabe dieses Kapitels dem Europäischen Parlament und dem Rat für die Durchführung dieser Verordnung rechenschaftspflichtig.

(2) Die EZB legt dem Europäischen Parlament, dem Rat, der Kommission und der Euro-Gruppe jährlich einen Bericht über die Wahrnehmung der ihr durch diese Verordnung übertragenen Aufgaben vor, der auch Informationen über die voraussichtliche Entwicklung der Struktur und der Höhe der Aufsichtsgebühren gemäß Artikel 30 enthält.

(3) Der Vorsitzende des Aufsichtsgremiums der EZB stellt diesen Bericht öffentlich dem Europäischen Parlament und der Euro-Gruppe im Beisein von Vertretern der teilnehmenden Mitgliedstaaten, deren Währung nicht der Euro ist, vor.

(4) Der Vorsitzende des Aufsichtsgremiums der EZB kann von der Euro-Gruppe auf deren Verlangen im Beisein von Vertretern der teilnehmenden Mitgliedstaaten, deren Währung nicht der Euro ist, zur Wahrnehmung seiner Aufsichtsaufgaben gehört werden.

(5) Der Vorsitzende des Aufsichtsgremiums der EZB nimmt auf Verlangen des Europäischen Parlaments an einer Anhörung zur Wahrnehmung seiner Aufsichtsaufgaben teil, die von den zuständigen Ausschüssen des Europäischen Parlaments durchgeführt wird.

(6) Die EZB antwortet im Beisein von Vertretern der teilnehmenden Mitgliedstaaten, deren Währung nicht der Euro ist, mündlich oder schriftlich auf Fragen, die ihr vom Europäischen Parlament oder von der Euro-Gruppe gemäß ihrer eigenen Verfahren gestellt werden.

(7) Der Europäische Rechnungshof trägt bei der Prüfung der Effizienz der Verwaltung der EZB nach Artikel 27.2 der Satzung des ESZB und der EZB auch den der EZB durch diese Verordnung übertragenen Aufsichtsaufgaben Rechnung.

(8) Auf Verlangen führt der Vorsitzende des Aufsichtsgremiums der EZB mit dem Vorsitzenden und den stellvertretenden Vorsitzenden des zuständigen Ausschusses des Europäischen Parlaments unter Ausschluss der Öffentlichkeit vertrauliche Gespräche in Bezug auf seine Aufsichtsaufgaben, sofern solche Gespräche erforderlich sind, damit das Europäische Parlament seine Befugnisse gemäß dem AEUV wahrnehmen kann. Das Europäische Parlament und die EZB schließen eine Vereinbarung über die detaillierten Modalitäten für die Durchführung solcher Gespräche im Hinblick auf die Gewährleistung absoluter Vertraulichkeit gemäß den Vertraulichkeitspflichten, die der EZB als zuständige Behörde gemäß dem einschlägigen Unionsrecht auferlegt wurden.

(9) Die EZB beteiligt sich unter Wahrung des AEUV loyal an jeglichen Untersuchungen des Europäischen Parlaments. Die EZB und das Europäische Parlament schließen angemessene Vereinbarungen über die praktischen Modalitäten für die Ausübung der demokratischen Rechenschaftspflicht und die Kontrolle über die Wahrnehmung der der EZB durch diese Verordnung übertragenen Aufgaben. Diese Vereinbarungen umfassen u. a. den Zugang zu Informationen, die Zusammenarbeit bei Untersuchungen und die Unterrichtung über das Verfahren zur Auswahl des Vorsitzenden des Aufsichtsgremiums.

Artikel 21
Nationale Parlamente

(1) Gleichzeitig mit der Vorlage des Berichts nach Artikel 20 Absatz 2 leitet die EZB diesen Bericht den nationalen Parlamenten der teilnehmenden Mitgliedstaaten unmittelbar zu.

Die nationalen Parlamente können der EZB begründete Stellungnahmen zu diesem Bericht übermitteln.

(2) Die nationalen Parlamente der teilnehmenden Mitgliedstaaten können die EZB im Rahmen

ihrer eigenen Verfahren ersuchen, schriftlich auf ihre an die EZB gerichteten Bemerkungen oder Fragen zu den Aufgaben der EZB nach dieser Verordnung zu antworten.

(3) Das nationale Parlament eines teilnehmenden Mitgliedstaats kann den Vorsitzenden oder ein Mitglied des Aufsichtsgremiums einladen, gemeinsam mit einem Vertreter der nationalen zuständigen Behörde an einem Gedankenaustausch über die Beaufsichtigung von Kreditinstituten in diesem Mitgliedstaat teilzunehmen.

(4) Diese Verordnung berührt nicht die Rechenschaftspflicht der nationalen zuständigen Behörden gegenüber ihren nationalen Parlamenten nach Maßgabe des nationalen Rechts in Bezug auf die Ausübung der Aufgaben, die der EZB durch diese Verordnung nicht übertragen werden, sowie auf die Ausübung ihrer Tätigkeit nach Artikel 6.

Artikel 22
Ordnungsgemäßes Verfahren für die Annahme von Aufsichtsbeschlüssen

(1) Vor dem Erlass von Aufsichtsbeschlüssen im Einklang mit Artikel 4 und Kapitel III Abschnitt 2 gibt die EZB den Personen, auf die sich das Verfahren bezieht, Gelegenheit, gehört zu werden. Die EZB stützt ihre Beschlüsse nur auf die Beschwerdepunkte, zu denen sich die betreffenden Parteien äußern konnten.

Unterabsatz 1 gilt nicht für den Fall dringender Maßnahmen, die ergriffen werden müssen, um ernsthaften Schaden vom Finanzsystem abzuwenden. In einem solchen Fall kann die EZB einen vorläufigen Beschluss fassen und muss den betreffenden Personen die Gelegenheit geben, so bald wie möglich nach Erlass ihres Beschlusses gehört zu werden.

(2) Die Verteidigungsrechte der betroffenen Personen müssen während des Verfahrens in vollem Umfang gewahrt werden. Die Personen haben Recht auf Einsicht in die EZB-Akten, vorbehaltlich des berechtigten Interesses anderer Personen an der Wahrung ihrer Geschäftsgeheimnisse. Das Recht auf Akteneinsicht gilt nicht für vertrauliche Informationen.

Die Beschlüsse der EZB sind zu begründen.

Artikel 23
Meldung von Verstößen

Die EZB sorgt dafür, dass wirksame Mechanismen für die Meldung von Verstößen gegen die in Artikel 4 Absatz 3 genannten Rechtsakte durch Kreditinstitute, Finanzholdinggesellschaften oder gemischte Finanzholdinggesellschaften bzw. zuständige Behörden in den teilnehmenden Mitgliedstaaten eingerichtet werden, einschließlich spezieller Verfahren für die Entgegennahme von Meldungen über Verstöße und ihre Weiterbehandlung. Solche Verfahren müssen mit den einschlägigen Rechtsvorschriften der Union im Einklang stehen und gewährleisten, dass die folgenden Grundsätze eingehalten werden: angemessener Schutz von Personen, die Verstöße melden, Schutz personenbezogener Daten sowie angemessener Schutz der beschuldigten Person.

Artikel 24[4)]
Administrativer Überprüfungsausschuss

(1) Die EZB richtet einen administrativen Überprüfungsausschuss ein, der eine interne administrative Überprüfung der Beschlüsse vornimmt, die die EZB im Rahmen der Ausübung der ihr durch diese Verordnung übertragenen Befugnisse erlassen hat, nachdem nach Absatz 5 die Überprüfung eines Beschlusses beantragt wurde. Die interne administrative Überprüfung erstreckt sich auf die verfahrensmäßige und materielle Übereinstimmung solcher Beschlüsse mit dieser Verordnung.

(2) Der administrative Überprüfungsausschuss besteht aus fünf Personen, die ein hohen Ansehen genießen, aus den Mitgliedstaaten stammen und nachweislich über einschlägige Kenntnisse und berufliche Erfahrungen, auch im Aufsichtswesen, von ausreichend hohem Niveau im Bankensektor oder im Bereich anderer Finanzdienstleistungen verfügen und nicht zum aktuellen Personal der EZB, der zuständigen Behörden oder anderer Organe, Einrichtungen, Ämter und Agenturen der Mitgliedstaaten oder der Union gehören, das an der Wahrnehmung der Aufgaben, die der EZB durch diese Verordnung übertragen wurden, beteiligt ist. Der administrative Überprüfungsausschuss verfügt über ausreichende Ressourcen und ausreichendes Fachwissen, um die Ausübung der Befugnisse durch die EZB nach dieser Verordnung beurteilen zu können. Die Mitglieder des administrativen Überprüfungsausschusses und zwei stellvertretende Mitglieder werden von der EZB für eine Amtszeit von fünf Jahren, die einmal verlängert werden kann, im Anschluss an eine im *Amtsblatt der Europäischen Union* veröffentlichte Aufforderung zur Interessenbekundung ernannt. Sie sind an keinerlei Weisungen gebunden.

(3) Der administrative Überprüfungsausschuss fasst seine Beschlüsse mit einer Mehrheit von mindestens drei seiner fünf Mitglieder.

(4) Die Mitglieder des administrativen Überprüfungsausschusses handeln unabhängig und im öffentlichen Interesse. Zu diesem Zweck geben sie eine öffentliche Verpflichtungserklärung und eine öffentliche Interessenerklärung ab, in der angegeben wird, welche direkten oder indirekten Interessen bestehen, die als ihre Unabhängigkeit

---

4) Beschluss EZB/2014/16;
ABl. L 175 vom 14.6.2014, S. 47

beeinträchtigend angesehen werden könnten, oder in der angegeben wird, dass keine solchen Interessen bestehen.

(5) Jede natürliche oder juristische Person kann in den Fällen des Absatzes 1 die Überprüfung eines Beschlusses der EZB nach dieser Verordnung beantragen, der an diese Person gerichtet ist oder sie unmittelbar und individuell betrifft. Ein Antrag auf Überprüfung eines Beschlusses des EZB-Rates im Sinne des Absatzes 7 ist nicht zulässig.

(6) Der Antrag auf Überprüfung ist schriftlich zu stellen, hat eine Begründung zu enthalten und ist bei der EZB innerhalb eines Monats nach Bekanntgabe des Beschlusses an die eine Überprüfung verlangende Person oder, sofern eine solche Bekanntgabe nicht erfolgt ist, innerhalb eines Monats ab dem Zeitpunkt, zu dem sie von dem Beschluss Kenntnis erlangt hat, einzureichen.

(7) Nach einer Entscheidung über die Zulässigkeit der Überprüfung gibt der administrative Überprüfungsausschuss innerhalb einer Frist, die der Dringlichkeit der Angelegenheit angemessen ist, spätestens jedoch zwei Monate nach Eingang des Antrags, eine Stellungnahme ab und überweist den Fall zwecks Ausarbeitung eines neuen Beschlussentwurfs an das Aufsichtsgremium. Das Aufsichtsgremium unterbreitet dem EZB-Rat unverzüglich einen neuen Beschlussentwurf, der der Stellungnahme des administrativen Überprüfungsausschusses Rechnung trägt. Der neue Beschlussentwurf hebt den ursprünglichen Beschluss auf oder ersetzt ihn durch einen Beschluss desselben Inhalts oder durch einen geänderten Beschluss. Der neue Beschlussentwurf gilt als angenommen, wenn der EZB-Rat nicht innerhalb eines Zeitraums von höchstens zehn Arbeitstagen widerspricht.

(8) Ein Antrag auf Überprüfung nach Absatz 5 hat keine aufschiebende Wirkung. Der EZB-Rat kann jedoch auf Vorschlag des administrativen Überprüfungsausschusses den Vollzug des angefochtenen Beschlusses aussetzen, wenn die Umstände dies nach seiner Auffassung erfordern.

(9) Die Stellungnahme des administrativen Überprüfungsausschusses, der neue Beschlussentwurf des Aufsichtsgremiums und der vom EZB-Rat nach Maßgabe dieses Artikels gefasste Beschluss sind zu begründen und den Parteien bekanntzugeben.

(10) Die EZB erlässt einen Beschluss, mit dem die Vorschriften für die Arbeitsweise des administrativen Überprüfungsausschusses festgelegt werden.

(11) Dieser Artikel berührt nicht das Recht, gemäß den Verträgen ein Verfahren vor dem EUGH anzustrengen.

Artikel 25
Trennung von der geldpolitischen Funktion

(1) Bei der Wahrnehmung der ihr durch diese Verordnung übertragenen Aufgaben verfolgt die EZB ausschließlich die Ziele dieser Verordnung.

(2) Die EZB nimmt die ihr durch diese Verordnung übertragenen Aufgaben unbeschadet und getrennt von ihren Aufgaben im Bereich der Geldpolitik und von sonstigen Aufgaben wahr. Die der EZB durch diese Verordnung übertragenen Aufgaben dürfen weder ihre Aufgaben im Bereich der Geldpolitik beeinträchtigen noch durch diese bestimmt werden. Ebenso wenig dürfen die der EZB durch diese Verordnung übertragenen Aufgaben ihre Aufgaben im Zusammenhang mit dem ESRB und sonstige Aufgaben beeinträchtigen. Die EZB berichtet dem Europäischen Parlament und dem Rat darüber, wie sie diese Bestimmung eingehalten hat. Die der EZB durch diese Verordnung übertragenen Aufgaben ändern nicht die laufende Überwachung der Solvenz ihrer Geschäftspartner für geldpolitische Geschäfte.

Das mit der Wahrnehmung der der EZB durch diese Verordnung übertragenen Aufgaben befasste Personal ist von dem mit der Wahrnehmung anderer der EZB übertragener Aufgaben befassten Personal organisatorisch getrennt und unterliegt einer von diesem Personal getrennten Berichterstattung.

(3) Für die Zwecke der Absätze 1 und 2 erlässt und veröffentlicht die EZB die erforderlichen internen Vorschriften, einschließlich der Regelungen zum Berufsgeheimnis und zum Informationsaustausch zwischen den beiden funktionellen Bereichen.

(4) Die EZB stellt sicher, dass der EZB-Rat seine geldpolitischen und aufsichtlichen Funktionen in vollkommen getrennter Weise wahrnimmt. Diese Unterscheidung umfasst eine strikte Trennung der Sitzungen und Tagesordnungen.

(5)[5] Um die Trennung zwischen den geldpolitischen und aufsichtlichen Aufgaben sicherzustellen, richtet die EZB eine Schlichtungsstelle ein. Diese Schlichtungsstelle legt Meinungsverschiedenheiten der zuständigen Behörden der betroffenen teilnehmenden Mitgliedstaaten in Bezug auf Einwände des EZB-Rates gegen einen Beschlussentwurf des Aufsichtsgremiums bei. Sie besteht aus einem Mitglied je teilnehmendem Mitgliedstaat, das von jedem Mitgliedstaat unter den Mitgliedern des EZB-Rates und des Aufsichtsgremiums ausgewählt wird, und fasst ihre Beschlüsse mit einfacher Mehrheit, wobei jedes Mitglied über eine Stimme verfügt. Die EZB erlässt eine Verordnung zur Einrichtung dieser Schlichtungsstelle

[5] VO EZB/2014/26; *ABl. L 179 vom 19.6.2014, S. 72*

und zur Festlegung ihrer Geschäftsordnung an und veröffentlicht diese.

Artikel 26[6]
Aufsichtsgremium

(1) Die Planung und Ausführung der der EZB übertragenen Aufgaben erfolgt uneingeschränkt durch ein internes Organ, das sich aus seinen gemäß Absatz 3 ernannten Vorsitzenden und stellvertretenden Vorsitzenden, vier gemäß Absatz 5 ernannten Vertretern der EZB und jeweils einem Vertreter der für die Beaufsichtigung von Kreditinstituten in den einzelnen teilnehmenden Mitgliedstaaten verantwortlichen nationalen zuständigen Behörden zusammensetzt (im Folgenden „Aufsichtsgremium"). Alle Mitglieder des Aufsichtsgremiums handeln im Interesse der Union als Ganzes.

Handelt es sich bei der zuständigen Behörde nicht um eine Zentralbank, so kann das in Unterabsatz 1 genannte Mitglied des Aufsichtsgremiums beschließen, einen Vertreter der Zentralbank des Mitgliedstaats mitzubringen. Für die Zwecke des Abstimmungsverfahrens nach Maßgabe des Absatzes 6 gelten die Vertreter der Behörden eines Mitgliedstaats als ein einziges Mitglied.

(2) Bei der Besetzung des Aufsichtsgremiums nach Maßgabe dieser Verordnung werden die Grundsätze der Ausgewogenheit der Geschlechter, der Erfahrung und der Qualifikation geachtet.

(3) Nach Anhörung des Aufsichtsgremiums übermittelt die EZB dem Europäischen Parlament einen Vorschlag für die Ernennung des Vorsitzenden und des stellvertretenden Vorsitzenden zur Billigung. Nach Billigung dieses Vorschlags erlässt der Rat einen Durchführungsbeschluss zur Ernennung des Vorsitzenden und des stellvertretenden Vorsitzenden des Aufsichtsgremiums. Der Vorsitzende wird auf der Grundlage eines offenen Auswahlverfahrens, über das das Europäische Parlament und der Rat ordnungsgemäß unterrichtet werden, aus dem Kreis der in Banken- und Finanzfragen anerkannten und erfahrenen Persönlichkeiten, die nicht Mitglied des EZB-Rates sind, ausgewählt. Der stellvertretende Vorsitzende des Aufsichtsgremiums wird aus den Mitgliedern des Direktoriums der EZB ausgewählt. Der Rat beschließt mit qualifizierter Mehrheit, ohne Berücksichtigung der Stimmen der Mitglieder des Rates, die nicht teilnehmende Mitgliedstaaten sind.

Nach seiner Ernennung nimmt der Vorsitzende sein Amt als Vollzeitbeschäftigter wahr und darf kein anderes Amt bei den nationalen zuständigen Behörden bekleiden. Seine Amtszeit beträgt fünf Jahre und ist nicht verlängerbar.

(4) Erfüllt der Vorsitzende des Aufsichtsgremiums die für die Ausübung seines Amtes erforderlichen Voraussetzungen nicht mehr oder hat er sich eines schweren Fehlverhaltens schuldig gemacht, so kann der Rat auf Vorschlag der EZB, der vom Europäischen Parlament gebilligt wurde, einen Durchführungsbeschluss erlassen, mit dem der Vorsitzende seines Amtes enthoben wird. Der Rat beschließt mit qualifizierter Mehrheit, wobei die Stimmen der Mitglieder des Rates, die nicht teilnehmende Mitgliedstaaten sind, keine Berücksichtigung finden.

Nachdem der stellvertretende Vorsitzende des Aufsichtsgremiums von Amts wegen als Mitglied des Direktoriums gemäß der Satzung des ESZB und der EZB entlassen worden ist, kann der Rat auf Vorschlag der EZB, der vom Europäischen Parlament gebilligt wurde, einen Durchführungsbeschluss erlassen, mit dem der stellvertretende Vorsitzende seines Amtes enthoben wird. Der Rat beschließt mit qualifizierter Mehrheit, wobei die Stimmen der Mitglieder des Rates, die nicht teilnehmende Mitgliedstaaten sind, keine Berücksichtigung finden.

Für diese Zwecke können das Europäische Parlament oder der Rat die EZB darüber unterrichten, dass ihres Erachtens die Voraussetzungen erfüllt sind, um den Vorsitzenden oder den stellvertretenden Vorsitzenden des Aufsichtsgremiums seines Amtes zu entheben; die EZB nimmt dazu Stellung.

(5) Die vier vom EZB-Rat ernannten Vertreter der EZB nehmen keine Aufgaben im direkten Zusammenhang mit der geldpolitischen Funktion der EZB wahr. Alle Vertreter der EZB sind stimmberechtigt.

(6) Das Aufsichtsgremium fasst seine Beschlüsse mit der einfachen Mehrheit seiner Mitglieder. Jedes Mitglied hat eine Stimme. Bei Stimmengleichheit gibt die Stimme des Vorsitzenden den Ausschlag.

(7) Abweichend von Absatz 6 fasst das Aufsichtsgremium Beschlüsse zum Erlass von Verordnungen aufgrund von Artikel 4 Absatz 3 mit der qualifizierten Mehrheit seiner Mitglieder im Sinne des Artikels 16 Absatz 4 des EUV und des Artikels 3 des dem EUV und dem AEUV beigefügten Protokolls Nr. 36 über die Übergangsbestimmungen in Bezug auf die die Behörden der teilnehmenden Mitgliedstaaten vertretenden Mitglieder. Jeder der vier vom EZB-Rat benannten Vertreter der EZB hat eine Stimme, die dem Median der Stimmen der anderen Mitglieder entspricht.

(8) Unbeschadet des Artikels 6 übernimmt das Aufsichtsgremium nach einem von der EZB festzulegenden Verfahren die Vorbereitungstätigkeiten für die der EZB übertragenen Aufsichtsaufgaben und schlägt dem EZB-Rat fertige Beschlussentwürfe zur Annahme vor. Die Beschlussent-

[6] VO EZB/2014/4; *ABl. L 196 vom 3.7.2014, S. 38*
Verfahrensordnung des Aufsichtsgremiums der Europäischen Zentralbank *ABl. L 182 vom 21.6.2014, S. 56*

Haushalt/WWU + EZB/Geo + ERH/Geo Euro-Rettung ESM Fiskalpakt Bankenaufsicht

würfe werden gleichzeitig den nationalen zuständigen Behörden der betroffenen Mitgliedstaaten übermittelt. Ein Beschlussentwurf gilt als angenommen, wenn der EZB-Rat nicht innerhalb einer Frist, die im Rahmen des obengenannten Verfahrens festgelegt wird, jedoch höchstens zehn Arbeitstage betragen darf, widerspricht. Lehnt jedoch ein teilnehmender Mitgliedstaat, dessen Währung nicht der Euro ist, einen Beschlussentwurf des Aufsichtsgremiums ab, findet das Verfahren des Artikels 7 Absatz 8 Anwendung. In Ausnahmesituationen beträgt die genannte Frist höchstens 48 Stunden. Widerspricht der EZB-Rat einem Beschlussentwurf, so begründet er seinen Widerspruch schriftlich, insbesondere durch Verweis auf geldpolitische Erwägungen. Wird ein Beschluss infolge eines Widerspruchs des EZB-Rates geändert, so kann ein teilnehmender Mitgliedstaat, dessen Währung nicht der Euro ist, der EZB in einer begründeten Stellungnahme mitteilen, dass er dem Widerspruch nicht zustimmt; in diesem Fall findet das Verfahren des Artikels 7 Absatz 7 Anwendung.

(9) Das Aufsichtsgremium wird bei seiner Tätigkeit von einem Sekretariat auf Vollzeitbasis unterstützt, das auch die Sitzungen vorbereitet.

(10) Das Aufsichtsgremium richtet durch eine Abstimmung gemäß der Regelung nach Absatz 6 aus den Reihen seiner Mitglieder einen Lenkungsausschuss mit kleinerer Zusammensetzung ein, der seine Tätigkeiten, einschließlich der Vorbereitung der Sitzungen, unterstützt.

Der Lenkungsausschuss des Aufsichtsgremiums hat keine Beschlussfassungsbefugnisse. Den Vorsitz des Lenkungsausschusses nimmt der Vorsitzende oder - bei außergewöhnlicher Abwesenheit des Vorsitzenden - der stellvertretende Vorsitzende des Aufsichtsgremiums wahr. Die Zusammensetzung des Lenkungsausschusses gewährleistet ein ausgewogenes Verhältnis und eine Rotation zwischen den nationalen zuständigen Behörden. Er besteht aus höchstens zehn Mitgliedern, einschließlich des Vorsitzenden, des stellvertretenden Vorsitzenden und eines zusätzlichen Vertreters der EZB. Der Lenkungsausschuss führt die ihm obliegenden vorbereitenden Arbeiten im Interesse der Union als Ganzes aus und arbeitet in völliger Transparenz mit dem Aufsichtsgremium zusammen.

(11) Ein Vertreter der Kommission kann nach entsprechender Einladung als Beobachter an den Sitzungen des Aufsichtsgremiums teilnehmen. Beobachter haben keinen Zugriff auf vertrauliche Informationen über einzelne Institute.

(12) Der EZB-Rat erlässt interne Vorschriften, in denen sein Verhältnis zum Aufsichtsgremium detailliert geregelt wird. Das Aufsichtsgremium legt durch eine Abstimmung nach der Regelung nach Absatz 6 auch seine Verfahrensordnung fest. Beide Regelwerke werden veröffentlicht. Die Verfahrensordnung des Aufsichtsgremiums stellt die Gleichbehandlung aller teilnehmenden Mitgliedstaaten sicher.

Artikel 27
Geheimhaltung und Informationsaustausch

(1) Die Mitglieder des Aufsichtsgremiums, die Mitarbeiter der EZB und von den teilnehmenden Mitgliedstaaten abgeordnetes Personal, die Aufsichtsaufgaben wahrnehmen, unterliegen auch nach Beendigung ihrer Amtstätigkeit den Geheimhaltungspflichten nach Artikel 37 der Satzung des ESZB und der EZB und den einschlägigen Rechtsakten der Union.

Die EZB stellt sicher, dass Einzelpersonen, die direkt oder indirekt, ständig oder gelegentlich Dienstleistungen im Zusammenhang mit der Wahrnehmung von Aufsichtsaufgaben erbringen, entsprechenden Geheimhaltungspflichten unterliegen.

(2) Zur Wahrnehmung der ihr durch diese Verordnung übertragenen Aufgaben ist die EZB befugt, innerhalb der im einschlägigen Unionsrecht festgelegten Grenzen und gemäß den darin vorgesehenen Bedingungen Informationen mit nationalen Behörden oder Behörden und sonstigen Einrichtungen der Union in den Fällen auszutauschen, in denen die einschlägigen Rechtsakte der Union es den nationalen zuständigen Behörden gestatten, solchen Stellen Informationen zu übermitteln, oder in denen die Mitgliedstaaten nach dem einschlägigen Unionsrecht eine solche Weitergabe vorsehen können.

Artikel 28
Ressourcen

Die EZB ist dafür verantwortlich, die für die Wahrnehmung der ihr durch diese Verordnung übertragenen Aufgaben erforderlichen finanziellen Mittel sowie das dafür erforderliche Personal einzusetzen.

Artikel 29
Haushalt und Jahresabschlüsse

(1) Die Ausgaben der EZB für die Wahrnehmung der ihr durch diese Verordnung übertragenen Aufgaben sind im Haushaltsplan der EZB gesondert ausgewiesen.

(2) Die EZB legt in dem Bericht nach Artikel 20 auch die Einzelheiten ihres Haushaltsplans für ihre Aufsichtsaufgaben dar. Die von der EZB gemäß Artikel 26.2 der Satzung des ESZB und der EZB erstellten und veröffentlichten Jahresabschlüsse enthalten die Einnahmen und Ausgaben im Zusammenhang mit den Aufsichtsaufgaben.

(3) Der Abschnitt der Jahresabschlüsse, der der Beaufsichtigung gewidmet ist, wird im Einklang

mit Artikel 27.1 der Satzung des ESZB und der EZB geprüft.

Artikel 30
Aufsichtsgebühren

(1) Die EZB erhebt bei den in den teilnehmenden Mitgliedstaaten niedergelassenen Kreditinstituten und bei den in teilnehmenden Mitgliedstaaten niedergelassenen Zweigstellen von in nicht teilnehmenden Mitgliedstaat niedergelassenen Kreditinstituten eine jährliche Aufsichtsgebühr. Diese Gebühren decken die Ausgaben der EZB für die Wahrnehmung der ihr durch die Artikel 4 bis 6 dieser Verordnung übertragenen Aufgaben. Diese Gebühren dürfen die Ausgaben im Zusammenhang mit diesen Aufgaben nicht übersteigen.

(2) Der Betrag der von einem Kreditinstitut oder einer Zweigstelle erhobenen Gebühr wird gemäß den von der EZB festgelegten und vorab veröffentlichten Modalitäten berechnet.

Vor der Festlegung dieser Modalitäten führt die EZB offene öffentliche Anhörungen durch, analysiert die potenziell anfallenden Kosten und den potenziellen Nutzen und veröffentlicht die Ergebnisse beider Maßnahmen.

(3) Die Gebühren werden auf der obersten Konsolidierungsebene innerhalb eines teilnehmenden Mitgliedstaats anhand objektiver Kriterien in Bezug auf die Bedeutung und das Risikoprofil des betreffenden Kreditinstituts, einschließlich seiner risikogewichteten Aktiva, berechnet.

Grundlage für die Berechnung der jährlichen Aufsichtsgebühr für ein bestimmtes Kalenderjahr sind die Ausgaben für die Beaufsichtigung von Kreditinstituten und Zweigstellen für das betreffende Jahr. Die EZB kann Vorauszahlungen auf die jährliche Aufsichtsgebühr verlangen, die auf der Grundlage eines angemessenen Voranschlags berechnet werden. Sie verständigt sich vor der Entscheidung über die endgültige Höhe der Gebühr mit den nationalen zuständigen Behörden, um sicherzustellen, dass die Kosten für die Beaufsichtigung für alle Kreditinstitute und Zweigstellen tragbar und angemessen sind. Sie unterrichtet die Kreditinstitute und Zweigstellen über die Grundlage für die Berechnung der jährlichen Aufsichtsgebühr.

(4) Die EZB erstattet gemäß Artikel 20 Bericht.

(5) Dieser Artikel steht dem Recht nationaler zuständiger Behörden nicht entgegen, nach Maßgabe ihres nationalen Rechts und soweit Aufsichtsaufgaben nicht der EZB übertragen wurden oder gemäß dem einschlägigen Unionsrecht und vorbehaltlich der Bestimmungen zur Durchführung dieser Verordnung, einschließlich der Artikel 6 und 12, für Kosten aufgrund der Zusammenarbeit mit der EZB, ihrer Unterstützung und der Ausführung ihrer Anweisungen Gebühren zu erheben.

Artikel 31
Personal und Austausch von Personal

(1) Die EZB legt gemeinsam mit allen nationalen zuständigen Behörden Regelungen fest, um für einen angemessenen Austausch mit und zwischen den nationalen zuständigen Behörden und für eine angemessene gegenseitige Entsendung von Mitarbeitern zu sorgen.

(2) Die EZB kann, wenn dies angebracht ist, verlangen, dass Aufsichtsteams der nationalen zuständigen Behörden, die in Bezug auf ein Kreditinstitut, eine Finanzholdinggesellschaft oder eine gemischte Finanzholdinggesellschaft in einem teilnehmenden Mitgliedstaat Aufsichtsmaßnahmen nach Maßgaben dieser Verordnung ergreifen, auch Mitarbeiter der nationalen zuständigen Behörden anderer teilnehmender Mitgliedstaaten einbeziehen.

(3) Die EZB richtet umfassende und formelle Verfahren einschließlich Ethikverfahren und verhältnismäßiger Überprüfungszeiträume ein und erhält diese aufrecht, um etwaige Interessenkonflikte aufgrund einer innerhalb von zwei Jahren erfolgenden Anschlussbeschäftigung von Mitgliedern des Aufsichtsgremiums und Mitarbeitern der EZB, die an Aufsichtstätigkeiten beteiligt waren, bereits im Voraus zu beurteilen und abzuwenden, und sieht eine angemessene Offenlegung unter Einhaltung der geltenden Datenschutzvorschriften vor.

Diese Verfahren gelten unbeschadet der Anwendung strengerer nationaler Vorschriften. Für Mitglieder des Aufsichtsgremiums, die Vertreter nationaler zuständiger Behörden sind, werden diese Verfahren, unbeschadet der geltenden nationalen Rechtsvorschriften, in Zusammenarbeit mit den nationalen zuständigen Behörden eingerichtet und umgesetzt.

Für Mitarbeiter der EZB, die an Aufsichtstätigkeiten beteiligt sind, werden durch diese Verfahren die Arbeitsplatzkategorien, für die eine solche Beurteilung gilt, sowie Zeiträume festgelegt, die in einem angemessenen Verhältnis zu den Funktionen stehen, die diese Mitarbeiter bei den Aufsichtstätigkeiten während ihrer Beschäftigung bei der EZB wahrgenommen haben.

(4) Die in Absatz 3 genannten Verfahren sehen vor, dass die EZB prüft, ob Einwände dagegen bestehen, dass Mitglieder des Aufsichtsgremiums nach Beendigung ihrer Amtstätigkeit bezahlte Arbeit bei Instituten des Privatsektors annehmen, die der aufsichtlichen Zuständigkeit der EZB unterliegen.

Die in Absatz 3 genannten Verfahren gelten grundsätzlich für eine Dauer von zwei Jahren nach Beendigung der Amtstätigkeit der Mitglieder des Aufsichtsgremiums und können auf der Grundlage einer hinreichenden Begründung in einem angemessen Verhältnis zu den Funktionen, die während der Amtstätigkeit wahrgenommen wurden, und zur Dauer dieser Amtstätigkeit angepasst werden.

(5) Der Jahresbericht der EZB gemäß Artikel 20 enthält detaillierte Informationen, einschließlich statistischer Daten, über die Anwendung der in den Absätzen 3 und 4 dieses Artikels genannten Verfahren.

KAPITEL V
Allgemeine und Schlussbestimmungen

Artikel 32
Überprüfung

Die Kommission veröffentlicht spätestens am 31. Dezember 2015 und danach alle drei Jahre einen Bericht über die Anwendung dieser Verordnung, wobei sie einen besonderen Schwerpunkt auf die Überwachung der möglichen Auswirkungen auf das reibungslose Funktionieren des Binnenmarkts legt. In dem Bericht wird unter anderem Folgendes bewertet:

a) das Funktionieren des einheitlichen Aufsichtsmechanismus innerhalb des Europäischen Finanzaufsichtssystems und die Auswirkungen der Aufsichtstätigkeiten der EZB auf die Interessen der Union als Ganzes und auf die Kohärenz und Integrität des Binnenmarkts für Finanzdienstleistungen, einschließlich der möglichen Auswirkungen auf die Strukturen der nationalen Bankensysteme innerhalb der Union, und in Bezug auf die Wirksamkeit der Zusammenarbeit und der Informationsaustauschregelungen zwischen dem einheitlichen Aufsichtsmechanismus und den zuständigen Behörden der nicht teilnehmenden Mitgliedstaaten;

b) die Aufteilung der Aufgaben zwischen der EZB und den nationalen zuständigen Behörden innerhalb des einheitlichen Aufsichtsmechanismus, die Wirksamkeit der von der EZB angenommenen praktischen Modalitäten der Organisation sowie die Auswirkungen des einheitlichen Aufsichtsmechanismus auf das Funktionieren der noch bestehenden Aufsichtskollegien;

c) die Wirksamkeit der Aufsichtsbefugnisse und Sanktionsbefugnisse der EZB sowie die Angemessenheit der Übertragung zusätzlicher Sanktionsbefugnisse auf die EZB, auch in Bezug auf andere Personen als Kreditinstitute, Finanzholdinggesellschaften oder gemischte Finanzholdinggesellschaften;

d) die Zweckmäßigkeit der Regelungen des Artikels 5 hinsichtlich der makroprudenziellen Aufgaben und Instrumente sowie der Regelungen des Artikels 14 für die Erteilung und den Entzug von Zulassungen;

e) die Wirksamkeit der Regelungen bezüglich der Unabhängigkeit und der Rechenschaftspflicht;

f) das Zusammenwirken von EZB und EBA;

g) die Zweckmäßigkeit der Regelungen für die Unternehmensführung einschließlich der Zusammensetzung und der Abstimmungsmodalitäten des Aufsichtsgremiums und seines Verhältnisses zum EZB-Rat sowie der Zusammenarbeit im Aufsichtsgremium zwischen den Mitgliedstaaten, deren Währung der Euro ist, und den anderen am einheitlichen Aufsichtsmechanismus teilnehmenden Mitgliedstaaten;

h) das Zusammenwirken von EZB und nationalen zuständigen Behörden nicht teilnehmender Mitgliedstaaten und die Auswirkungen des einheitlichen Aufsichtsmechanismus auf diese Mitgliedstaaten;

i) die Wirksamkeit des Beschwerdemechanismus gegen Beschlüsse der EZB;

j) die Kosteneffizienz des einheitlichen Aufsichtsmechanismus;

k) die möglichen Auswirkungen der Anwendung des Artikels 7 Absätze 6, 7 und 8 auf das Funktionieren und die Integrität des einheitlichen Aufsichtsmechanismus;

l) die Wirksamkeit der Trennung zwischen den aufsichtlichen und geldpolitischen Funktionen innerhalb der EZB sowie der Trennung der den Aufsichtsaufgaben gewidmeten finanziellen Mittel vom Haushalt der EZB, wobei jeglichen Änderungen der einschlägigen gesetzlichen Bestimmungen, auch auf Ebene des Primärrechts, Rechnung zu tragen ist;

m) die Auswirkungen der Aufsichtsbeschlüsse des einheitlichen Aufsichtsmechanismus auf die Haushalte der teilnehmenden Mitgliedstaaten sowie die Auswirkungen jeglicher Entwicklungen im Zusammenhang mit den Regelungen in Bezug auf die Abwicklungsfinanzierung;

n) die Möglichkeiten, den einheitlichen Aufsichtsmechanismus weiterzuentwickeln, wobei jegliche Änderungen der einschlägigen Bestimmungen, auch auf Ebene des Primärrechts, sowie die Frage zu berücksichtigen sind, ob die Begründung für die institutionellen Bestimmungen in dieser Verordnung nicht mehr besteht, einschließlich der Möglichkeit, die Rechte und Pflichten der Mitgliedstaaten, deren Währung der Euro ist, und der anderen teilnehmenden Mitgliedstaaten vollständig anzugleichen.

Der Bericht wird dem Europäischen Parlament und dem Rat übermittelt. Die Kommission macht gegebenenfalls begleitende Vorschläge.

Artikel 33[6)]
Übergangsbestimmungen

(1) Die EZB veröffentlicht das Rahmenwerk nach Artikel 5 Absatz 7 bis zum 4. Mai 2014.

---

6) Beschluss EZB/2014/3; *ABl. L 69 vom 8.3.2014, S. 107*

(2) Die EZB übernimmt die ihr durch diese Verordnung übertragenen Aufgaben am 4. November 2014, vorbehaltlich der Durchführungsbestimmungen und Maßnahmen dieses Absatzes.

Nach dem 3. November 2013 veröffentlicht die EZB im Wege von Verordnungen und Beschlüssen die detaillierten operativen Bestimmungen zur Wahrnehmung der ihr durch diese Verordnung übertragenen Aufgaben.

Ab dem 3. November 2013 übermittelt die EZB dem Europäischen Parlament, dem Rat und der Kommission vierteljährlich einen Bericht über die Fortschritte bei der operativen Durchführung dieser Verordnung.

Wird aus den in Unterabsatz 3 dieses Absatzes genannten Berichten und nach Beratungen im Europäischen Parlament und im Rat über diese Berichte deutlich, dass die EZB ihre Aufgaben am 4. November 2014 nicht in vollem Umfang wahrnehmen können wird, so kann sie einen Beschluss erlassen, um ein späteres als das in Unterabsatz 1 dieses Absatzes genannte Datum festzulegen, damit während des Übergangs von der nationalen Aufsicht zum einheitlichen Aufsichtsmechanismus die Kontinuität und, je nach der Verfügbarkeit von Personal, die Einführung geeigneter Berichtsverfahren und Vereinbarungen über die Zusammenarbeit mit den nationalen zuständigen Behörden gemäß Artikel 6 gewährleistet ist.

(3) Unbeschadet des Absatzes 2 und der Ausübung der ihr durch diese Verordnung übertragenen Untersuchungsbefugnisse kann die EZB ab dem 3. November 2013 mit der Wahrnehmung der ihr durch diese Verordnung übertragenen Aufgaben, mit Ausnahme des Erlasses von Aufsichtsbeschlüssen, in Bezug auf Kreditinstitute, Finanzholdinggesellschaften oder gemischte Finanzholdinggesellschaften beginnen, nachdem den betroffenen Unternehmen und den nationalen zuständigen Behörden ein entsprechender Beschluss zugeleitet wurde.

Wenn die EZB vom ESM einstimmig ersucht wird, als Voraussetzung für die direkte Rekapitalisierung eines Kreditinstituts, einer Finanzholdinggesellschaft oder einer gemischten Finanzholdinggesellschaft dessen bzw. deren direkte Beaufsichtigung zu übernehmen, kann sie unbeschadet des Absatzes 2 unverzüglich mit der Wahrnehmung der ihr durch diese Verordnung übertragenen Aufgaben in Bezug auf Kreditinstitute, Finanzholdinggesellschaften oder gemischte Finanzholdinggesellschaften beginnen, nachdem den betroffenen Unternehmen und den betroffenen nationalen zuständigen Behörden ein entsprechender Beschluss zugeleitet wurde.

(4) Ab dem 3. November 2013 kann die EZB mit Blick auf die Übernahme ihrer Aufgaben die nationalen zuständigen Behörden und Personen im Sinne des Artikels 10 Absatz 1 auffordern, alle Informationen vorzulegen, die für sie von Belang sind, um eine umfassende Prüfung der Kreditinstitute des teilnehmenden Mitgliedstaats, einschließlich einer Bilanzbewertung, durchzuführen. Sie nimmt eine solche Bewertung mindestens für Kreditinstitute vor, die nicht unter Artikel 6 Absatz 4 fallen. Das Kreditinstitut und die zuständige Behörde legen die verlangten Informationen vor.

(5) Von den teilnehmenden Mitgliedstaaten am 3. November 2013 oder gegebenenfalls an den in den Absätzen 2 und 3 dieses Artikels genannten Tagen zugelassene Kreditinstitute gelten als gemäß Artikel 14 zugelassen und dürfen ihre Tätigkeit weiterhin ausüben. Die nationalen zuständigen Behörden teilen der EZB vor dem Geltungsbeginn dieser Verordnung oder gegebenenfalls vor dem in den Absätzen 2 und 3 dieses Artikels genannten Tag die Identität dieser Kreditinstitute mit und legen einen Bericht über die bisherige Aufsichtsbilanz und das Risikoprofil der betreffenden Institute sowie alle weiteren von der EZB angeforderten Informationen vor. Die Informationen sind in dem von der EZB verlangten Format vorzulegen.

(6) Unbeschadet des Artikels 26 Absatz 7 finden bis zum 31. Dezember 2015 sowohl Abstimmungen mit qualifizierter Mehrheit als auch Abstimmungen mit einfacher Mehrheit zum Erlass der in Artikel 4 Absatz 3 genannten Verordnungen Anwendung.

Artikel 34
Inkrafttreten

Diese Verordnung tritt am fünften Tag nach ihrer Veröffentlichung im *Amtsblatt der Europäischen Union* in Kraft.

Diese Verordnung ist in allen ihren Teilen verbindlich und gilt unmittelbar in jedem Mitgliedstaat.

Geschehen zu Luxemburg am 15. Oktober 2013.

Im Namen des Rates
Der Präsident
R. ŠADŽIUS

Beschluss der Europäischen Zentralbank

vom 17. September 2014

über die Umsetzung der Trennung zwischen der geldpolitischen Funktion und der Aufsichtsfunktion der Europäischen Zentralbank

(EZB/2014/39)

(2014/723/EU)

(ABl 2014 L 300, 57)

DER EZB-RAT –

gestützt auf die Verordnung (EU) Nr. 1024/2013 des Rates vom 15. Oktober 2013 zur Übertragung besonderer Aufgaben im Zusammenhang mit der Aufsicht über Kreditinstitute auf die Europäische Zentralbank[1]), insbesondere auf Artikel 25 Absätze 1, 2 und 3,

in Erwägung nachstehender Gründe:

(1) Durch die Verordnung (EU) Nr. 1024/2013 (nachfolgend die „SSM-Verordnung") wird ein einheitlicher Aufsichtsmechanismus (Single Supervisory Mechanism – SSM) eingerichtet, der sich aus der Europäischen Zentralbank (EZB) und den nationalen zuständigen Behörden (National Competent Authorities – NCAs) von teilnehmenden Mitgliedstaaten zusammensetzt.

(2) Nach Artikel 25 Absatz 2 der SSM-Verordnung ist die EZB verpflichtet, die ihr durch diese Verordnung übertragenen Aufgaben unbeschadet und getrennt von ihren Aufgaben im Bereich der Geldpolitik und von sonstigen Aufgaben wahrzunehmen. Die Aufsichtsaufgaben der EZB dürfen weder ihre Aufgaben im Bereich der Geldpolitik beeinträchtigen noch durch diese bestimmt werden. Ebenso wenig dürfen diese Aufsichtsaufgaben die Aufgaben der EZB im Zusammenhang mit dem Europäischen Ausschuss für Systemrisiken (ESRB) oder sonstige Aufgaben beeinträchtigen. Die EZB ist verpflichtet, dem Europäischen Parlament und dem Rat darüber zu berichten, wie sie diese Bestimmung eingehalten hat. Die Aufsichtsaufgaben der EZB dürfen nicht die laufende Überwachung der Solvenz ihrer Geschäftspartner für geldpolitische Geschäfte ändern. Ferner sollte das mit der Wahrnehmung der Aufsichtsaufgaben befasste Personal von dem mit der Wahrnehmung anderer Aufgaben befassten Personal organisatorisch getrennt sein und einer von diesem Personal getrennten Berichterstattung unterliegen.

(3) Nach Artikel 25 Absatz 3 der SSM-Verordnung ist die EZB verpflichtet, für die Zwecke des Artikels 25 Absätze 1 und 2 die erforderlichen internen Vorschriften, einschließlich der Regelungen zum Berufsgeheimnis und zum Informationsaustausch zwischen den beiden funktionellen Bereichen, zu erlassen und zu veröffentlichen.

(4) Artikel 25 Absatz 4 der SSM-Verordnung verpflichtet die EZB sicherzustellen, dass der EZB-Rat seine geldpolitischen und aufsichtlichen Funktionen in vollkommen getrennter Weise wahrnimmt. Diese Unterscheidung umfasst eine strikte Trennung der Sitzungen und Tagesordnungen.

(5) Um die Trennung zwischen geldpolitischen und aufsichtlichen Aufgaben sicherzustellen, ist die EZB nach Artikel 25 Absatz 5 der SSM-Verordnung verpflichtet, eine Schlichtungsstelle einzurichten, die Meinungsverschiedenheiten der zuständigen Behörden der betroffenen teilnehmenden Mitgliedstaaten in Bezug auf Einwände des EZB-Rates gegen einen Beschlussentwurf des Aufsichtsgremiums beilegt. Sie wird aus einem Mitglied pro teilnehmenden Mitgliedstaat bestehen, das aus dem Kreis der Mitglieder des EZB-Rates und des Aufsichtsgremiums ausgewählt wird. Die Schlichtungsstelle fasst ihre Beschlüsse mit einfacher Mehrheit, wobei jedes Mitglied über eine Stimme verfügt. Die EZB ist verpflichtet, eine Verordnung zur Einrichtung der Schlichtungsstelle und zur Festlegung ihrer Geschäftsordnung zu erlassen und diese zu veröffentlichen; in diesem Zusammenhang hat die EZB die Verordnung (EU) Nr. 673/2014 der Europäischen Zentralbank (EZB/2014/26)[2]) erlassen.

(6) Zur Anpassung der internen Organisation der EZB und ihrer Beschlussorgane an die sich aus der SSM-Verordnung ergebenden neuen Anforderungen und zur Klarstellung der wechselseitigen Beziehungen zwischen den an der Vorbereitung und dem Erlass von Aufsichtsbeschlüssen beteiligten Stellen wurde die Geschäftsordnung der EZB geändert[3]).

---

[1]) ABl. L 287 vom 29.10.2013, S. 63.

[2]) Verordnung (EU) Nr. 673/2014 der Europäischen Zentralbank vom 2. Juni 2014 über die Einrichtung einer Schlichtungsstelle und zur Festlegung ihrer Geschäftsordnung (EZB/2014/26) (ABl. L 179 vom 19.6.2014, S. 72).

[3]) Beschluss EZB/2014/1 vom 22. Januar 2014 zur Änderung des Beschlusses EZB/2004/2 zur Verabschiedung der Geschäftsordnung der Europäischen Zentralbank (ABl. L 95 vom 29.3.2014, S. 56).

(7) Die Artikel 13g bis 13j der Geschäftsordnung der EZB enthalten nähere Bestimmungen über den Erlass von Beschlüssen über Angelegenheiten im Zusammenhang mit der SSM-Verordnung durch den EZB-Rat. Insbesondere betrifft Artikel 13g den Erlass von Beschlüssen zur Wahrnehmung der in Artikel 4 der SSM-Verordnung genannten Aufgaben und Artikel 13h hat den Erlass von Beschlüssen zur Wahrnehmung der in Artikel 5 der SSM-Verordnung genannten Aufgaben zum Gegenstand, wodurch die in Artikel 26 Absatz 8 der SSM-Verordnung festgelegten Anforderungen umgesetzt werden.

(8) Artikel 13k der Geschäftsordnung der EZB sieht vor, dass die EZB die ihr übertragenen Aufsichtsaufgaben unbeschadet und getrennt von ihren Aufgaben im Bereich der Geldpolitik und von sonstigen Aufgaben wahrnehmen muss. In diesem Zusammenhang ist die EZB verpflichtet, alle erforderlichen Maßnahmen zu treffen, um eine Trennung zwischen ihrer geldpolitischen Funktion und ihrer Aufsichtsfunktion zu gewährleisten. Zugleich sollte die Trennung der geldpolitischen Funktion von der Aufsichtsfunktion nicht ausschließen, dass zwischen diesen beiden funktionellen Bereichen der zur Erfüllung der Aufgaben der EZB und der Aufgaben des Europäischen Systems der Zentralbanken (ESZB) notwendige Informationsaustausch stattfindet.

(9) Nach Artikel 13l der Geschäftsordnung der EZB müssen die Aufsichtsaufgaben betreffenden Sitzungen des EZB-Rates getrennt von den regelmäßigen Sitzungen des EZB-Rates und mit jeweils eigener Tagesordnung stattfinden.

(10) Nach Artikel 13m der Geschäftsordnung der EZB, der die interne Organisationsstruktur der EZB für Aufsichtsaufgaben betrifft, umfasst die Zuständigkeit des Direktoriums für die interne Organisationsstruktur und die Mitarbeiter der EZB auch die Aufsichtsaufgaben. Das Direktorium muss den Vorsitzenden und den stellvertretenden Vorsitzenden des Aufsichtsgremiums in Bezug auf die genannte interne Organisationsstruktur konsultieren. Das Aufsichtsgremium kann im Einvernehmen mit dem Direktorium vorläufige nachgeordnete Strukturen, wie etwa Arbeitsgruppen oder Taskforces, einrichten und auflösen. Diese müssen die mit den Aufsichtsaufgaben in Zusammenhang stehenden Arbeiten unterstützen und dem Aufsichtsgremium Bericht erstatten. Artikel 13m sieht ferner die Ernennung des Sekretärs des Aufsichtsgremiums und des Lenkungsausschusses durch den Präsidenten der EZB vor, welche nach Absprache mit dem Vorsitzenden des Aufsichtsgremiums erfolgt. Der Sekretär muss sich bei der Vorbereitung der die Aufsichtsaufgaben betreffenden Sitzungen des EZB-Rates mit dem Sekretär des EZB-Rates in Verbindung setzen und ist für die Erstellung der Protokolle dieser Sitzungen verantwortlich.

(11) Nach Erwägungsgrund 66 der SSM-Verordnung sollte die organisatorische Trennung des Personals alle für unabhängige geldpolitische Zwecke benötigten Dienste betreffen und sicherstellen, dass die Wahrnehmung der Aufsichtsaufgaben in vollem Umfang der demokratischen Rechenschaftspflicht und Aufsicht nach Maßgabe der SSM-Verordnung unterliegt. Das Personal, das mit der Wahrnehmung der Aufsichtsaufgaben der EZB befasst ist, sollte dem Vorsitzenden des Aufsichtsgremiums Bericht erstatten. Innerhalb dieses Rahmens und zur Erfüllung der in Artikel 25 Absatz 2 der SSM-Verordnung enthaltenen Anforderungen[4]) hat die EZB eine aus vier Generaldirektionen bestehende Struktur für die Wahrnehmung von Aufsichtsaufgaben sowie ein Sekretariat des Aufsichtsgremiums eingerichtet, das dem Vorsitzenden und dem stellvertretenden Vorsitzenden des Aufsichtsgremiums funktionell Bericht erstattet. Die EZB hat ferner mehrere Geschäftsbereiche mit der Unterstützung von sowohl der geldpolitischen Funktion als auch der Aufsichtsfunktion der EZB als „gemeinsame Dienste" betraut, sofern eine solche Unterstützung nicht zu Interessenkonflikten zwischen den Zielen im Bereich der Aufsicht und den geldpolitischen Zielsetzungen der EZB führt. In mehreren Geschäftsbereichen mit „gemeinsamen Diensten" wurden Abteilungen eingerichtet, die sich mit Aufsichtsaufgaben befassen.

(12) Artikel 37 der Satzung des Europäischen Systems der Zentralbanken und der Europäischen Zentralbank enthält die Verpflichtung zur Geheimhaltung für die Mitglieder der Leitungsgremien und des Personals der EZB und der nationalen Zentralbanken. Nach Erwägungsgrund 74 der SSM-Verordnung sollten das Aufsichtsgremium, der Lenkungsausschuss und die Mitarbeiter der EZB, die Aufsichtsaufgaben wahrnehmen, angemessenen Geheimhaltungspflichten unterliegen. Artikel 27 der SSM-Verordnung weitet die Verpflichtung zur Geheimhaltung auf die Mitglieder des Aufsichtsgremiums und von den Mitgliedstaaten abgeordnetes Personal aus, das Aufsichtsaufgaben wahrnimmt.

---

[4]) Siehe auch Erwägungsgrund O der Interinstitutionellen Vereinbarung zwischen dem Europäischen Parlament und der Europäischen Zentralbank über die praktischen Modalitäten für die Ausübung der demokratischen Rechenschaftspflicht und die Kontrolle über die Wahrnehmung der der EZB im Rahmen des einheitlichen Aufsichtsmechanismus übertragenen Aufgaben (2013/694/EU) (ABl. L 320 vom 30.11.2013, S. 1) sowie Erwägungsgrund G des Memorandum of Understanding zwischen dem Rat der Europäischen Union und der Europäischen Zentralbank über die Zusammenarbeit bei Verfahren im Zusammenhang mit dem einheitlichen Aufsichtsmechanismus.

(13) Der Informationsaustausch zwischen der geldpolitischen Funktion und der Aufsichtsfunktion der EZB sollte in der Weise organisiert werden, dass die durch das Unionsrecht festgelegten Einschränkungen[5]) strikt eingehalten werden und dem Trennungsprinzip Rechnung getragen wird. Die in den geltenden Rechtsvorschriften vorgesehenen Pflichten zum Schutz vertraulicher Informationen, wie z. B. der Verordnung (EG) Nr. 2533/98[6]) über die Erfassung statistischer Daten und die Bestimmungen der Richtlinie 2013/36/EU des Europäischen Parlaments und des Rates[7]) über den Austausch von Aufsichtsinformationen werden Anwendung finden. Vorbehaltlich der in diesem Beschluss vorgesehenen Bedingungen gilt das Trennungsprinzip für den Austausch vertraulicher Informationen zwischen einerseits der geldpolitischen Funktion und der Aufsichtsfunktion sowie andererseits der Aufsichtsfunktion und der geldpolitischen Funktion der EZB.

(14) Nach Erwägungsgrund 65 der SSM-Verordnung übt die EZB gemäß Artikel 127 Absatz 1 des Vertrags über die Arbeitsweise der Europäischen Union (AEUV) geldpolitische Aufgaben zur Erhaltung der Preisstabilität aus. Die von ihr ausgeübten Aufsichtsaufgaben dienen dem Schutz der Sicherheit und Solidität von Kreditinstituten und der Stabilität des Finanzsystems. Diese Aufgaben sollten daher vollkommen getrennt von der geldpolitischen Funktion sein, um Interessenkonflikte zu vermeiden und zu gewährleisten, dass jeder dieser funktionellen Bereiche gemäß seinen jeweiligen Zielen ausgeübt wird. Zugleich sollte eine wirksame Trennung der geldpolitischen und aufsichtlichen Aufgaben nicht verhindern, dass sämtliche Vorteile, die dadurch entstehen, dass dasselbe Organ beide Aufgaben ausübt, – soweit wie dies möglich und wünschenswert ist – genutzt werden, darunter das umfassende Fachwissen der EZB in makroökonomischen und die Finanzstabilität betreffenden Fragen sowie die Verringerung von doppelter Arbeit bei der Einholung von Informationen. Es ist deshalb erforderlich, Mechanismen einzurichten, die einen zweckmäßigen Austausch von Daten und sonstigen vertraulichen Informationen zwischen den beiden funktionellen Bereichen ermöglichen –

HAT FOLGENDEN BESCHLUSS ERLASSEN:

Artikel 1
Anwendungsbereich und Ziele

(1) Dieser Beschluss legt die Regelungen fest, mit denen die Anforderung der Trennung der geldpolitischen Funktion von der Aufsichtsfunktion der EZB (zusammen im Folgenden die „funktionellen Bereiche“) umgesetzt wird, insbesondere im Hinblick auf Geheimhaltungspflichten und den Austausch von Informationen zwischen den beiden funktionellen Bereichen.

(2) Die EZB nimmt ihre Aufsichtsaufgaben unbeschadet und getrennt von ihren Aufgaben im Bereich der Geldpolitik und von sonstigen Aufgaben wahr. Die Aufsichtsaufgaben der EZB dürfen weder ihre Aufgaben im Bereich der Geldpolitik beeinträchtigen noch durch diese bestimmt werden. Ebenso wenig dürfen die Aufsichtsaufgaben der EZB ihre Aufgaben im Zusammenhang mit dem ESRB und sonstige Aufgaben beeinträchtigen. Die Aufsichtsaufgaben der EZB und die laufende Überwachung der finanziellen Solidität und Solvenz der Geschäftspartner für geldpolitische Geschäfte des Eurosystems werden in einer Weise durchgeführt, die nicht zu einer Beeinträchtigung der Zielsetzungen einer dieser Aufgaben führt.

(3) Die EZB stellt sicher, dass der EZB-Rat seine geldpolitischen und aufsichtlichen Funktionen in vollkommen getrennter Weise wahrnimmt. Diese Unterscheidung umfasst eine strikte Trennung der Sitzungen und Tagesordnungen.

Artikel 2
Begriffsbestimmungen

Im Sinne dieses Beschlusses bezeichnet der Ausdruck:

1. „vertrauliche Informationen“: Informationen, die nach den Vertraulichkeitsbestimmungen der EZB als „ECB-CONFIDENTIAL“ oder „ECB-SECRET“ eingestuft sind; sonstige vertraulichen Informationen, einschließlich Informationen, die Datenschutzbestimmungen oder der Geheimhaltungspflicht unterliegen und innerhalb der EZB erstellt oder ihr durch andere Stellen oder Einzelpersonen übermittelt werden; sämtliche unter die Geheimhaltungsbestimmungen der Richtlinie 2013/36/EU fallenden vertraulichen

---

[5]) Siehe Erwägungsgrund H der Interinstitutionellen Vereinbarung. Nach Erwägungsgrund 74 der SSM-Verordnung sollten die Anforderungen an den Informationsaustausch mit Mitarbeitern, die nicht an Aufsichtstätigkeiten beteiligt sind, die EZB nicht davon abhalten, innerhalb der in den einschlägigen Unionsrechtsakten festgelegten Grenzen und unter den darin vorgesehenen Bedingungen Informationen auszutauschen, einschließlich mit der Kommission für die Zwecke ihrer Aufgaben gemäß den Artikeln 107 und 108 AEUV und gemäß den Unionsvorschriften über eine verstärkte wirtschaftliche und haushaltspolitische Überwachung.

[6]) Verordnung (EG) Nr. 2533/98 des Rates vom 23. November 1998 über die Erfassung statistischer Daten durch die Europäische Zentralbank (ABl. L 318 vom 27.11.1998, S. 8).

[7]) Richtlinie 2013/36/EU des Europäischen Parlaments und des Rates vom 26. Juni 2013 über den Zugang zur Tätigkeit von Kreditinstituten und die Beaufsichtigung von Kreditinstituten und Wertpapierfirmen, zur Änderung der Richtlinie 2002/87/EG und zur Aufhebung der Richtlinien 2006/48/EG und 2006/49/EG (ABl. L 176 vom 27.6.2013, S. 338).

Informationen; sowie vertrauliche statistische Daten nach der Verordnung (EG) Nr. 2533/98;

2. „Kenntnis, nur wenn nötig“ (need to know): die Notwendigkeit des Zugangs zu vertraulichen Informationen, die zur Erfüllung einer gesetzlichen Funktion oder Aufgabe der EZB erforderlich sind, wobei dies im Fall von Informationen, die als „ECB-CONFIDENTIAL“ gekennzeichnet sind, weit genug gefasst ist, um Mitarbeitern den Zugang zu Informationen zu ermöglichen, die für ihre Tätigkeiten relevant sind, und um Aufgaben von ihren Kollegen mit minimaler Verzögerung zu übernehmen;

3. „Rohdaten“: Daten, die von Berichtspflichtigen nach statistischer Bearbeitung und Validierung übermittelt werden, oder Daten, die die EZB im Rahmen der Wahrnehmung ihrer Aufgaben erstellt hat;

4. „Vertraulichkeitsbestimmungen der EZB“: die Bestimmungen der EZB, in denen die Vorgehensweise bei der Einstufung von, dem Umgang mit und dem Schutz von vertraulichen Informationen der EZB geregelt ist.

Artikel 3
Organisatorische Trennung

(1) Die EZB stellt unabhängige Beschlussfassungsverfahren für ihre Aufsichtsfunktion und ihre geldpolitische Funktion sicher.

(2) Sämtliche Arbeitseinheiten der EZB werden vom Direktorium geführt und geleitet. Die Zuständigkeit des Direktoriums für die interne Organisationsstruktur und das Personal der EZB umfasst die Aufsichtsaufgaben. Das Direktorium konsultiert den Vorsitzenden und den stellvertretenden Vorsitzenden des Aufsichtsgremiums in Bezug auf die interne Organisationsstruktur.

(3) Mitarbeiter der EZB, die mit der Wahrnehmung der Aufsichtsaufgaben befasst sind, sind organisatorisch von den mit der Wahrnehmung anderer Aufgaben der EZB befassten Mitarbeitern getrennt. Die mit der Wahrnehmung der Aufsichtsaufgaben befassten Mitarbeiter der EZB erstatten dem Direktorium Bericht über organisatorische, personelle und administrative Angelegenheiten, unterliegen jedoch der funktionellen Berichterstattung an den Vorsitzenden und den stellvertretenden Vorsitzenden des Aufsichtsgremiums, vorbehaltlich der in Absatz 4 vorgesehenen Ausnahme.

(4) Die EZB kann gemeinsame Dienste einrichten, die sowohl die geldpolitische Funktion als auch die Aufsichtsfunktion unterstützen, um sicherzustellen, dass diese unterstützenden Dienste nicht dupliziert werden, und auf diese Weise zur Gewährleistung einer effizienten und effektiven Erbringung von Diensten beizutragen. Die genannten Dienste unterliegen nicht der Regelung des Artikels 6, was den Informationsaustausch zwischen ihnen und dem jeweiligen funktionellen Bereich angeht.

Artikel 4
Geheimhaltung

(1) Die Mitglieder des Aufsichtsgremiums, des Lenkungsausschusses und jeder vom Aufsichtsgremium eingerichteten nachgeordneten Struktur sowie von den Mitgliedstaaten abgeordnetes Personal, das Aufsichtsaufgaben wahrnimmt, dürfen auch nach Beendigung ihres Dienstverhältnisses keine der Geheimhaltungspflicht unterliegenden Informationen weitergeben.

(2) Auf Personen mit Zugang zu Daten, die unter Unionsvorschriften fallen, die eine Verpflichtung zur Geheimhaltung vorsehen, finden diese Unionsvorschriften Anwendung.

(3) Auf der Grundlage vertraglicher Regelungen verpflichtet die EZB Einzelpersonen, die direkt oder indirekt, ständig oder gelegentlich Dienstleistungen im Zusammenhang mit der Wahrnehmung von Aufsichtsaufgaben erbringen, entsprechende Geheimhaltungspflichten einzuhalten.

(4) Die in der Richtlinie 2013/36/EU enthaltenen Geheimhaltungspflichten finden auf die in den Absätzen 1 bis 3 genannten Personen Anwendung. Vertrauliche Informationen, die diese Personen in ihrer beruflichen Eigenschaft erhalten, dürfen nur in zusammengefasster oder aggregierter Form weitergegeben werden, sodass einzelne Kreditinstitute nicht identifiziert werden können; dies gilt nicht für Fälle, die unter das Strafrecht fallen.

(5) Wurde jedoch gegen ein Kreditinstitut durch Gerichtsbeschluss das Insolvenzverfahren eröffnet oder seine Zwangsabwicklung eingeleitet, dürfen vertrauliche Informationen, die sich nicht auf Dritte beziehen, die an Versuchen zur Rettung des betreffenden Kreditinstituts beteiligt sind, in zivil- oder handelsrechtlichen Verfahren weitergegeben werden.

(6) Dieser Artikel steht einem Austausch von Informationen durch die Aufsichtsfunktion der EZB mit anderen Stellen der Union oder nationalen Behörden im Einklang mit dem anwendbaren Unionsrecht nicht entgegen. Auf diese Weise ausgetauschte Informationen unterliegen den Absätzen 1 bis 5.

(7) Die Vertraulichkeitsbestimmungen der EZB finden auf die Mitglieder des Aufsichtsgremiums, die Mitarbeiter der EZB und das von den Mitgliedstaaten abgeordnete Personal, das Aufsichtsaufgaben wahrnimmt, auch nach Beendigung des Dienstverhältnisses Anwendung.

Artikel 5
Allgemeine Grundsätze für den Zugang zu Informationen zwischen den beiden funktionellen Bereichen und Einstufung

(1) Unbeschadet des Artikels 4 können Informationen zwischen den beiden funktionellen Be-

reichen ausgetauscht werden, sofern dies nach dem einschlägigen Unionsrecht zulässig ist.

(2) Mit Ausnahme von Rohdaten werden Informationen im Einklang mit den Vertraulichkeitsbestimmungen der EZB durch den jeweiligen funktionellen Bereich der EZB, der über die Informationen verfügt, eingestuft. Rohdaten werden gesondert eingestuft. Der Austausch vertraulicher Daten zwischen den beiden funktionellen Bereichen unterliegt den zu diesem Zweck festgelegten Steuerungs- und Verfahrensregeln und muss dem Grundsatz der „Kenntnis, nur wenn nötig" genügen, was durch den ersuchenden funktionellen Bereich der EZB nachgewiesen werden muss.

(3) Sofern in diesem Beschluss nicht anders vorgesehen, bestimmt der funktionelle Bereich der EZB, der nach den Vertraulichkeitsbestimmungen der EZB über die Informationen verfügt, über den Zugang der Aufsichtsfunktion oder der geldpolitischen Funktion zu vertraulichen Informationen des jeweils anderen funktionellen Bereichs. Im Fall eines Konflikts zwischen den beiden funktionellen Bereichen der EZB über den Zugang zu vertraulichen Informationen bestimmt das Direktorium unter Einhaltung des Trennungsprinzips über den Zugang zu den vertraulichen Informationen. Die Kohärenz von Beschlüssen über Zugangsrechte und eine angemessene Aufzeichnung solcher Beschlüsse wird gewährleistet.

Artikel 6
Austausch vertraulicher Informationen zwischen den beiden funktionellen Bereichen

(1) Sofern im Unionsrecht nicht anders vorgesehen, geben die beiden funktionellen Bereiche der EZB vertrauliche Informationen in Form von nicht anonymisierten Daten für die allgemeine Berichterstattung (COREP) und die Finanzberichterstatttung (FINREP)[8]) sowie andere Rohdaten an den jeweils anderen funktionellen Bereich der EZB auf Ersuchen und nach dem Grundsatz „Kenntnis, nur wenn nötig" weiter, vorbehaltlich der Zustimmung des Direktoriums. Die Aufsichtsfunktion der EZB gibt vertrauliche Informationen in Form von anonymisierten COREP- und FINREP-Daten auf Ersuchen nach dem Grundsatz „Kenntnis, nur wenn nötig" an die geldpolitische Funktion der EZB weiter, es sei denn, das Unionsrecht sieht etwas anderes vor.

(2) Die beiden funktionellen Bereiche der EZB geben dem jeweils anderen funktionellen Bereich keine vertraulichen Informationen weiter, die Beurteilungen oder politische Empfehlungen enthalten, außer auf Ersuchen und nach dem Grundsatz „Kenntnis, nur wenn nötig", wobei sichergestellt wird, dass jeder funktionelle Bereich seine Aufgaben im Einklang mit den geltenden Zielsetzungen wahrnimmt und sofern diese Weitergabe ausdrücklich vom Direktorium genehmigt wurde.

Die funktionellen Bereiche der EZB dürfen dem jeweils anderen funktionellen Bereich vertrauliche aggregierte Informationen, die weder individuelle Bankinformationen noch sensible strategische Informationen im Zusammenhang mit der Vorbereitung von Beschlüssen enthalten, auf Ersuchen und nach dem Grundsatz „Kenntnis, nur wenn nötig" weitergeben, wobei sichergestellt wird, dass jeder funktionelle Bereich seine Aufgaben im Einklang mit den geltenden Zielsetzungen wahrnimmt.

(3) Der jeweilige funktionelle Bereich, der die vertraulichen Informationen erhält, prüft die nach diesem Artikel erhaltenen vertraulichen Informationen im Einklang mit seiner Zielsetzung. Jeder darauf folgende Beschluss wird ausschließlich auf dieser Grundlage gefasst.

Artikel 7
Austausch vertraulicher Informationen, die personenbezogene Daten enthalten

Der Austausch von Informationen, die personenbezogene Daten enthalten, unterliegt dem anwendbaren Unionsrecht zum Schutz natürlicher Personen bei der Verarbeitung personenbezogener Daten und zum freien Datenverkehr.

Artikel 8
Austausch vertraulicher Daten in Krisensituationen

Unbeschadet des Artikels 6 geben die beiden funktionellen Bereiche der EZB in einer Krisensituation im Sinne des Artikels 114 der Richtlinie 2013/36/EU dem jeweils anderen funktionellen Bereich unverzüglich vertrauliche Informationen weiter, sofern diese Informationen für die Wahrnehmung ihrer Aufgaben im Hinblick auf die betreffende Krisensituation relevant sind.

Artikel 9
Schlussbestimmung

Dieser Beschluss tritt am Tag seiner Veröffentlichung im Amtsblatt der Europäischen Union in Kraft.

Geschehen zu Frankfurt am Main am 17. September 2014.

Der Präsident der EZB
Mario DRAGHI

---

[8]) Siehe die Durchführungsverordnung (EU) Nr. 680/2014 der Kommission vom 16. April 2014 zur Festlegung technischer Durchführungsstandards für die aufsichtlichen Meldungen der Institute gemäß der Verordnung (EU) Nr. 575/2013 des Europäischen Parlaments und des Rates (ABl. L 191 vom 28.6.2014, S. 1).

ANHANG
AUSZUG AUS DEN VERTRAULICHKEITSBESTIMMUNGEN DER EZB

Sämtliche von der EZB erstellten Dokumente müssen einer der nachstehenden fünf Vertraulichkeitsstufen zugeordnet werden.

Von Personen außerhalb der EZB erhaltene Dokumente sind im Einklang mit der Vertraulichkeitskennzeichnung auf dem Dokument zu behandeln. Wenn das Dokument keine Vertraulichkeitskennzeichnung aufweist oder falls die Einstufung vom Empfänger als zu niedrig angesehen wird, muss das Dokument erneut mit einer angemessenen Vertraulichkeitsstufe der EZB gekennzeichnet werden, die zumindest auf der ersten Seite deutlich angegeben ist. Die Einstufung sollte ausschließlich herabgestuft werden, wenn die schriftliche Erlaubnis der Organisation vorliegt, von der die Dokumente stammen.

Die fünf Vertraulichkeitsstufen der EZB und die entsprechenden Zugangsrechte sind nachstehend aufgeführt.

ECB-SECRET:	Der Zugang innerhalb der EZB ist beschränkt auf Personen, die unbedingt Kenntnis haben müssen, was von einer Führungskraft der oberen Führungsebene des Geschäftsbereichs der EZB genehmigt wurde, von dem die Dokumente stammen.
ECB-CONFIDENTIAL:	Der Zugang innerhalb der EZB ist beschränkt auf Personen, die Kenntnis haben müssen, was weit genug gefasst ist, um Mitarbeitern den Zugang zu Informationen zu ermöglichen, die für ihre Tätigkeiten relevant sind, und um Aufgaben von ihren Kollegen mit minimaler Verzögerung zu übernehmen.
ECB-RESTRICTED:	Zugänglich für Mitarbeiter der EZB und gegebenenfalls Mitarbeiter des ESZB mit einem berechtigten Interesse.
ECB-UNRESTRICTED:	Zugänglich für Mitarbeiter der EZB und gegebenenfalls Mitarbeiter des ESZB.
ECB-PUBLIC:	Dokumente, die der allgemeinen Öffentlichkeit zugänglich gemacht werden dürfen.

Allgemeiner Rahmen für die Übertragung von Entscheidungsbefugnissen in Bezug auf Rechtsinstrumente iZm Aufsichtsaufgaben

ABl 2017 L 141, 14
(EZB/2016/40)

Beschluss (EU) 2017/933 der Europäischen Zentralbank vom 16. November 2016 über einen allgemeinen Rahmen für die Übertragung von Entscheidungsbefugnissen in Bezug auf Rechtsinstrumente im Zusammenhang mit Aufsichtsaufgaben (EZB/2016/40)

DER EZB-RAT –

gestützt auf die Satzung des Europäischen Systems der Zentralbanken und der Europäischen Zentralbank, insbesondere auf Artikel 12.3,

in Erwägung nachstehender Gründe:

(1) Die Übertragung von Aufsichtsaufgaben auf die Europäische Zentralbank (EZB) durch die Verordnung (EU) Nr. 1024/2013 des Rates[1] stellt angesichts der Vielzahl der Entscheidungen, die im Rahmen der bankenrechtlichen Aufsichtsaufgaben der EZB erforderlich sind, eine Herausforderung für die Effektivität und Effizienz der Entscheidungsprozesse der EZB dar.

(2) Gemäß Artikel 13 Absatz 2 des Vertrags über die Europäische Union handelt jedes Unionsorgan nach Maßgabe der ihm in den Verträgen zugewiesenen Befugnisse nach den Verfahren, Bedingungen und Zielen, die in den Verträgen festgelegt sind. Gemäß Artikel 9.3 der Satzung des Europäischen Systems der Zentralbanken und der Europäischen Zentralbank (nachfolgend die „ESZB-Satzung“) hat die EZB zwei Beschlussorgane, nämlich den EZB-Rat und das Direktorium.

(3) Nach Artikel 11.6 der ESZB-Satzung führt das Direktorium die laufenden Geschäfte der EZB. Insoweit heißt es in Artikel 10.1 und 10.2 der durch den Beschluss EZB/2004/2[2] verabschiedeten Geschäftsordnung der Europäischen Zentralbank (nachfolgend die „Geschäftsordnung“), dass sämtliche Arbeitseinheiten der EZB vom Direktorium geführt und geleitet werden. Gemäß Artikel 13m.1 der Geschäftsordnung umfasst die Zuständigkeit des Direktoriums für die interne Organisationsstruktur und die Mitarbeiter der EZB die Aufsichtsaufgaben.

(4) Im Einklang mit Artikel 25 der Verordnung (EU) Nr. 1024/2013 nimmt die EZB die ihr übertragenen Aufgaben unbeschadet und getrennt von ihren Aufgaben im Bereich der Geldpolitik und von sonstigen Aufgaben wahr. Ferner sieht Artikel 25 vor, dass das mit der Wahrnehmung dieser Aufgaben befasste Personal von dem mit der Wahrnehmung anderer der EZB übertragener Aufgaben befassten Personal organisatorisch getrennt ist und einer von diesem Personal getrennten Berichterstattung unterliegt. Diese organisatorische Trennung in Fällen, in denen das Personal, das mit der Wahrnehmung der der EZB durch die Verordnung (EU) Nr. 1024/2013 übertragenen Aufgaben befasst ist, dem Vorsitzenden des Aufsichtsgremiums Bericht erstattet, wurde durch den Beschluss EZB/2014/39[3] umgesetzt.

(5) Das Direktorium besitzt keine Entscheidungszuständigkeit für Aufsichtsbeschlüsse. Durch Artikel 26 Absatz 1 der Verordnung (EU) Nr. 1024/2013 wurde das Aufsichtsgremium als internes Organ eingerichtet, durch das die Planung und Ausführung der der EZB durch die Verordnung (EU) Nr. 1024/2013 übertragenen Aufgaben erfolgt. Gemäß Artikel 26 Absatz 8 der Verordnung (EU) Nr. 1024/2013 übernimmt das Aufsichtsgremium die Vorbereitungstätigkeiten für die der EZB übertragenen Aufsichtsaufgaben und schlägt dem EZB-Rat fertige Beschlussentwürfe vor, die angenommen werden, sofern der EZB-Rat nicht widerspricht. Das Aufsichtsgremium ist kein Beschlussorgan der EZB im Sinne der Artikel 129 Absatz 1 des Vertrags über die Arbeitsweise der Europäischen Union (AEUV) und Artikel 9.3 der ESZB-Satzung.

(6) Nach der Rechtsprechung des Gerichtshofs der Europäischen Union kann angesichts der beträchtlichen Anzahl von Entscheidungen, die ein

[1] Verordnung (EU) Nr. 1024/2013 des Rates vom 15. Oktober 2013 zur Übertragung besonderer Aufgaben im Zusammenhang mit der Aufsicht über Kreditinstitute auf die Europäische Zentralbank (ABl. L 287 vom 29.10.2013, S. 63).

[2] Beschluss EZB/2004/2 vom 19. Februar 2004 zur Verabschiedung der Geschäftsordnung der Europäischen Zentralbank (ABl. L 80 vom 18.3.2004, S. 33).

[3] Beschluss EZB/2014/39 vom 17. September 2014 über die Umsetzung der Trennung zwischen der geldpolitischen Funktion und der Aufsichtsfunktion der Europäischen Zentralbank (ABl. L 300 vom 18.10.2014, S. 57).

Organ zu treffen hat, eine Ermächtigungsregelung für Entscheidungen notwendig sein, da andernfalls das Organ seine Aufgabe nicht erfüllen könnte. Der Gerichtshof hat ausgeführt, dass die Sicherstellung der Funktionstüchtigkeit des Entscheidungsorgans jedem institutionellen System innewohnt[4]. Die einem Organ übertragenen Befugnisse umfassen daher das Recht, im Einklang mit den Bestimmungen des AEU-Vertrags eine bestimmte Anzahl dieser Befugnisse zu den von dem Organ gegebenenfalls festgelegten Bedingungen zu übertragen. Ein Unionsorgan darf daher Maßnahmen organisatorischer Natur treffen und Befugnisse auf seine eigenen internen Beschlussorgane übertragen, sofern solche Maßnahmen gerechtfertigt sind und den Grundsatz der Verhältnismäßigkeit wahren.

(7) Für die interne Organisation der EZB und ihrer Beschlussorgane ist ein Beschluss über einen allgemeinen Rahmen für die Befugnisübertragung erforderlich. Zu den Rechtsinstrumenten, deren Erlass delegiert werden darf, gehören Aufsichtsbeschlüsse im Sinne von Artikel 2 Nummer 26 der Verordnung (EU) Nr. 468/2014 der Europäischen Zentralbank (EZB/2014/17)[5] sowie die in Artikel 17a.3 der Geschäftsordnung genannten Anweisungen in Bezug auf Aufsichtsaufgaben. Der vorliegende Beschluss über einen allgemeinen Rahmen soll der Klarstellung des Verfahrens dienen, das beim Erlass bestimmter Aufsichtsbeschlüsse einzuhalten ist, sowie den Umfang der Zuständigkeiten des Direktoriums und des jeweiligen Leiters von Arbeitseinheiten der EZB festlegen, auf den Entscheidungsbefugnisse übertragen werden. Der vorliegende Beschluss über einen allgemeinen Rahmen sollte die Wahrnehmung der Aufsichtsaufgaben der EZB unberührt lassen und nicht in die Zuständigkeit des Aufsichtsgremiums eingreifen, dem EZB-Rat fertige Beschlussentwürfe vorzuschlagen.

(8) Innerhalb dieses Rahmens sollte der EZB-Rat Ermächtigungsbeschlüsse im Einklang mit dem vorliegenden Beschluss über einen allgemeinen Rahmen und der nach Artikel 26 Absatz 8 der Verordnung (EU) Nr. 1024/2013 für den Fall der Nichterhebung von Widersprüchen geltenden Regelung erlassen. Dies trägt der Rechtsprechung des Gerichtshofs Rechnung, der zufolge ein Ermächtigungsbeschluss nach Maßgabe des Verfahrens zu erlassen ist, das anzuwenden wäre, wenn die delegierende Behörde eine abschließende Entscheidung treffen würde. Das Aufsichtsgremium kann nach Artikel 26 Absatz 8 der Verordnung (EU) Nr. 1024/2013 dem EZB-Rat jederzeit fertige Beschlussentwürfe unterbreiten, mit denen die Aufhebung oder die Änderung einzelner Ermächtigungsbeschlüsse vorgeschlagen wird. Bereits erlassene Ermächtigungsbeschlüsse sollten von solchen Aufhebungen oder Änderungen unberührt bleiben. Entscheidungen, die Fragen außerhalb des Geltungsbereichs des Ermächtigungsbeschlusses betreffen, sind nach Maßgabe der für den Fall der Nichterhebung von Widersprüchen geltenden Regelung zu treffen –

HAT FOLGENDEN BESCHLUSS ERLASSEN:

Artikel 1

Ergänzender Charakter

Dieser Beschluss ergänzt die Geschäftsordnung.

Artikel 2

Gegenstand und Geltungsbereich

Dieser Beschluss regelt die Übertragung klar umrissener Entscheidungsbefugnisse des EZB-Rates in Bezug auf aufsichtliche Rechtsinstrumente.

Artikel 3

Begriffsbestimmungen

Die in diesem Beschluss verwendeten Begriffe haben die gleiche Bedeutung, wie sie in der Geschäftsordnung haben; außerdem bezeichnet

1. „aufsichtliches Rechtsinstrument" ein Rechtsinstrument in Bezug auf die Aufsichtsaufgaben der EZB;

2. „Ermächtigungsbeschluss" einen Beschluss des EZB-Rates zur Übertragung von Entscheidungsbefugnissen in Bezug auf aufsichtliche Rechtsinstrumente auf Leiter von Arbeitseinheiten der EZB;

3. „Ernennungsbeschluss" einen Beschluss des Direktoriums zur Ernennung eines oder mehrerer Leiter von Arbeitseinheiten der EZB, Entscheidungen auf der Grundlage eines Ermächtigungsbeschlusses zu treffen;

4. „delegierter Beschluss" einen Beschluss in Bezug auf aufsichtliche Rechtsinstrumente auf der Grundlage übertragener Entscheidungsbefugnisse.

---

[4] Urteile des Gerichtshofs vom 23. September 1986, AKZO Chemie/Kommission (5/85, EU:C:1986:328, Rn. 37), und vom 26. Mai 2005, Tralli/EZB (C-301/02 P, EU:C:2005:306, Rn. 59).

[5] Verordnung (EU) Nr. 468/2014 der Europäischen Zentralbank vom 16. April 2014 zur Einrichtung eines Rahmenwerks für die Zusammenarbeit zwischen der Europäischen Zentralbank und den nationalen zuständigen Behörden und den nationalen benannten Behörden innerhalb des einheitlichen Aufsichtsmechanismus (SSM-Rahmenverordnung) (EZB/2014/17) (ABl. L 141 vom 14.5.2014, S. 1).

Artikel 4
Ermächtigungsbeschlüsse

Der EZB-Rat kann Entscheidungsbefugnisse in Bezug auf aufsichtliche Rechtsinstrumente auf Leiter von Arbeitseinheiten der EZB durch einen Ermächtigungsbeschluss übertragen, der im Einklang mit dem in Artikel 26 Absatz 8 der Verordnung (EU) Nr. 1024/2013 festgelegten Verfahren gefasst wird. In dem Ermächtigungsbeschluss werden der Bereich, für den die Befugnisübertragung gilt, sowie die Bedingungen für die Ausübung dieser Befugnisse im Einzelnen angegeben; die Befugnisübertragung wird mit dem Erlass eines vom Direktorium gemäß Artikel 5 gefassten Ernennungsbeschlusses wirksam.

Artikel 5
Ernennungsbeschlüsse

(1) Das Direktorium kann durch einen nach Anhörung des Vorsitzenden des Aufsichtsgremiums gefassten Ernennungsbeschluss einen oder mehrere Leiter von Arbeitseinheiten der EZB dazu ernennen, auf der Grundlage eines Ermächtigungsbeschlusses Entscheidungen zu treffen.

(2) Die in Absatz 1 genannten Leiter von Arbeitseinheiten der EZB werden unter den Leitern von Arbeitseinheiten der EZB ausgewählt, die mit der Wahrnehmung von Aufsichtsaufgaben befasst sind, die gemäß Artikel 25 der Verordnung (EU) Nr. 1024/2013 organisatorisch von den Aufgaben des Personals getrennt sind, das mit der Wahrnehmung anderer der EZB übertragener Aufgaben befasst ist. Bei der Auswahl der Leiter von Arbeitseinheiten der EZB werden auch die Bedeutung der Befugnisübertragung und die Zahl der Adressaten berücksichtigt, an die die delegierten Beschlüsse zu richten sind.

Artikel 6
Delegierte Beschlüsse

(1) Delegierte Beschlüsse werden im Namen und unter der Verantwortung des EZB-Rates gefasst.

(2) Wurde ein Leiter einer Arbeitseinheit der EZB gemäß Artikel 5 Absatz 1 dazu ernannt, Entscheidungen auf der Grundlage eines Ermächtigungsbeschlusses zu treffen, werden delegierte Beschlüsse von diesem Leiter einer Arbeitseinheit der EZB unterzeichnet. Wurden mehrere Leiter einer Arbeitseinheit der EZB gemäß Artikel 5 Absatz 1 dazu ernannt, Entscheidungen auf der Grundlage eines Ermächtigungsbeschlusses zu treffen, werden delegierte Beschlüsse von denjenigen ernannten Leitern von Arbeitseinheiten der EZB unterzeichnet, die den delegierten Beschluss genehmigt haben.

Artikel 7
Aufzeichnung und Meldung delegierter Beschlüsse

(1) Das Sekretariat des Aufsichtsgremiums führt ein Verzeichnis aller nach Maßgabe des vorliegenden Beschlusses gefassten delegierten Beschlüsse und unterrichtet das Sekretariat des EZB-Rates monatlich von diesen Beschlüssen.

(2) Das Sekretariat des EZB-Rates legt dem EZB-Rat und dem Aufsichtsgremium vierteljährlich einen Bericht über die Ausübung der übertragenen Entscheidungsbefugnisse in Bezug auf aufsichtliche Rechtsinstrumente vor.

Artikel 8
Überprüfung delegierter Beschlüsse

(1) Delegierte Beschlüsse können im Einklang mit Artikel 24 der Verordnung (EU) Nr. 1024/2013 und entsprechend der im Beschluss EZB/2014/16[6] vorgesehenen Regelung einer internen administrativen Überprüfung unterliegen.

(2) Im Fall einer solchen administrativen Überprüfung berücksichtigt das Aufsichtsgremium die Stellungnahme des Administrativen Überprüfungsausschusses und übermittelt dem EZB-Rat einen neuen Beschlussentwurf zur Annahme nach Maßgabe der gemäß Artikel 26 Absatz 8 der Verordnung (EU) Nr. 1024/2013 für den Fall der Nichterhebung von Widersprüchen geltenden Regelung.

Artikel 9
Inkrafttreten

Dieser Beschluss tritt am zwanzigsten Tag nach seiner Veröffentlichung im *Amtsblatt der Europäischen Union* in Kraft.

Geschehen zu Frankfurt am Main am 16. November 2016.

Der Präsident der EZB
Mario DRAGHI

[6] Beschluss EZB/2014/16 vom 14. April 2014 zur Einrichtung eines administrativen Überprüfungsausschusses und zur Festlegung der Vorschriften für seine Arbeitsweise (ABl. L 175 vom 14.6.2014, S. 47).

Sitz der Organe*)

IM GEGENSEITIGEN EINVERNEHMEN GEFASSTER BESCHLUSS DER VERTRETER DER REGIERUNGEN DER MITGLIEDSTAATEN ÜBER DIE FESTLEGUNG DER SITZE DER ORGANE UND BESTIMMTER EINRICHTUNGEN UND DIENSTSTELLEN DER EUROPÄISCHEN GEMEINSCHAFTEN

(92/C 341/01)

(ABl 1992 C 341, 1)

DIE VERTRETER DER REGIERUNGEN DER MITGLIEDSTAATEN –

gestützt auf Artikel 216 *(289)* des Vertrages zur Gründung der Europäischen Wirtschaftsgemeinschaft, Artikel 77 des Vertrages über die Gründung der Europäischen Gemeinschaft für Kohle und Stahl und Artikel 189 des Vertrages zur Gründung der Europäischen Atomgemeinschaft,

unter Hinweis auf den Beschluß vom 8. April 1965, und zwar unbeschadet der darin enthaltenen Bestimmungen über den Sitz künftiger Organe, Einrichtungen und Dienststellen –

BESCHLIESSEN:

Artikel 1. a) Das Europäische Parlament hat seinen Sitz in Straßburg; dort hält es die zwölf monatlich stattfindenden Plenartagungen einschließlich der Haushaltstagung ab. Zusätzliche Plenartagungen finden in Brüssel statt. Die Ausschüsse des Europäischen Parlaments treten in Brüssel zusammen. Das Generalsekretariat des Europäischen Parlaments und dessen Dienststellen verbleiben in Luxemburg.

b) Der Rat hat seinen Sitz in Brüssel. In den Monaten April, Juni und Oktober hält der Rat seine Tagungen in Luxemburg ab.

c) Die Kommission hat ihren Sitz in Brüssel. Die in den Artikeln 7, 8 und 9 des Beschlusses vom 8. April 1965 aufgeführten Dienststellen sind in Luxemburg untergebracht.

d) Der Gerichtshof und das Gericht erster Instanz haben ihren Sitz in Luxemburg.

e) Der Wirtschafts- und Sozialausschuß hat seinen Sitz in Brüssel.

f) Der Rechnungshof hat seinen Sitz in Luxemburg.

g) Die Europäische Investitionsbank hat ihren Sitz in Luxemburg.

Artikel 2. Der Sitz anderer bereits bestehender oder noch zu schaffender Einrichtungen und Dienststellen wird von den Vertretern der Regierungen der Mitgliedstaaten auf einer der nächsten Tagungen des Europäischen Rates im gegenseitigen Einvernehmen unter Berücksichtigung der Vorteile, die obige Bestimmungen für die betreffenden Mitgliedstaaten mit sich bringen, festgelegt; Mitgliedstaaten, in denen derzeit keine Gemeinschaftsinstitution ihren Sitz hat, wird dabei angemessene Priorität eingeräumt.

Artikel 3. Dieser Beschluß tritt am heutigen Tage in Kraft.

Erklärung

Die Vertreter der Regierungen der Mitgliedstaaten erklären, daß in Anbetracht des Protokolls betreffend den Wirtschafts- und

*) *Hinweis:* Siehe nunmehr das Protokoll Nr. 6 über die Festlegung der Sitze der Organe und bestimmter Einrichtungen, sonstiger Stellen und Dienststellen der Europäischen Union, abgedruckt unter **1/3.**

Sozialausschuß und den Ausschuß der Regionen im Anhang zum Vertrag über die Gründung der Europäischen Gemeinschaft der Ausschuß der Regionen aufgrund des mit dem Wirtschafts- und Sozialausschuß gemeinsamen organisatorischen Unterbaus ebenfalls seinen Sitz in Brüssel haben wird.

Einseitige Erklärung Luxemburgs

Luxemburg akzeptiert diese Lösung in einem Geist der Kompromißbereitschaft. Es ist allerdings klarzustellen, daß diese Akzeptierung nicht dahingehend ausgelegt werden darf, daß sie einen Verzicht auf die Bestimmungen des Beschlusses vom 8. April 1965 und die in diesem Beschluß enthaltenen Möglichkeiten beinhaltet.

Einseitige Erklärung des Niederlande

Die niederländische Regierung geht als selbstverständlich davon aus, daß der Beschluß von 1965 in Anbetracht der seitdem erfolgten Erweiterung der Gemeinschaft sowie ihrer Organe und Einrichtungen einer ausgewogenen und gerechten Aufteilung der Sitze dieser Organe und Einrichtungen auf die Mitgliedstaaten nicht entgegenstehen darf.

EINVERNEHMLICHER BESCHLUSS DER AUF EBENE DER STAATS- UND REGIERUNGSCHEFS VEREINIGTEN VERTRETER DER REGIERUNGEN DER MITGLIEDSTAATEN ÜBER DIE FESTLEGUNG DES SITZES BESTIMMTER EINRICHTUNGEN UND DIENSTSTELLEN DER EUROPÄISCHEN GEMEINSCHAFTEN SOWIE DES SITZES VON EUROPOL

(93/C 323/01)

(ABl 1993 C 323, 1)

DIE AUF EBENE DER STAATS- UND REGIERUNGSCHEFS VEREINIGTEN VERTRETER DER REGIERUNGEN DER MITGLIEDSTAATEN –

gestützt auf Artikel 216 *(289)* des Vertrages zur Gründung der Europäischen Wirtschaftsgemeinschaft, Artikel 77 des Vertrages über die Gründung der Europäischen Gemeinschaft für Kohle und Stahl und Artikel 189 des Vertrages zur Gründung der Europäischen Atomgemeinschaft,

gestützt auf die Verordnung (EWG) Nr. 1210/90 des Rates vom 7. Mai 1990 zur Errichtung einer Europäischen Umweltagentur und eines Europäischen Umweltinformations- und Umweltbeobachtungsnetzes[1]), insbesondere auf Artikel 21,

gestützt auf die Verordnung (EWG) Nr. 1360/90 des Rates vom 7. Mai 1990 zur Errichtung einer Europäischen Stiftung für Berufsbildung[2]), insbesondere auf Artikel 19,

gestützt auf den Beschluß vom 18. Dezember 1991, mit dem die Kommission die Schaffung des Inspektionsbüros für Veterinär- und Pflanzenschutzkontrollen gebilligt hat,

gestützt auf die Verordnung (EWG) Nr. 302/93 des Rates vom 8. Februar 1993 zur Schaffung einer Europäischen Beobachtungsstelle für Drogen und Drogensucht[3]), insbesondere auf Artikel 19,

gestützt auf die Verordnung (EWG) Nr. 2309/93 des Rates vom 22. Juli 1993 zur Festlegung von Gemeinschaftsverfahren für die Genehmigung und Überwachung von Human- und Tierarzneimitteln und zur Schaffung einer Europäischen Agentur für die Beurteilung von Arzneimitteln[4]), insbesondere auf Artikel 74,

in der Erwägung, daß der Europäische Rat entsprechend dem Aktionsprogramm der Kommission vom 20. November 1989 über die Einführung der Gemeinschaftscharta der sozialen Grundrechte der Arbeitnehmer die Einrichtung der Agentur für Gesundheitsschutz und Sicherheit am Arbeitsplatz vorgesehen hat,

in der Erwägung, daß im Vertrag über die Europäische Union, der am 7. Februar 1992 unterzeichnet wurde und am 1. November 1993 in Kraft tritt, die Schaffung des Europäischen Währungsinstituts und der Europäischen Zentralbank vorgesehen ist,

[1]) ABl Nr. L 120 vom 11. 5. 1990, S. 1.
[2]) ABl Nr. L 131 vom 23. 5. 1990, S. 1.
[3]) ABl Nr. L 36 vom 12. 2. 1993, S. 1.
[4]) ABl Nr. L 214 vom 24. 8. 1993, S. 1.

in der Erwägung, daß die Organe der Europäischen Gemeinschaften beabsichtigen, ein Harmonisierungsamt für den Binnenmarkt (Marken, Muster und Modelle) einzurichten,

in der Erwägung, daß gemäß den Schlußfolgerungen des Europäischen Rates von Maastricht die Mitgliedstaaten beabsichtigen, ein Übereinkommen über Europol (Europäisches Polizeiamt) zu schließen, mit dem Europol geschaffen wird und das ferner an die Stelle des Ministerübereinkommens vom 2. Juni 1993 über die Einrichtung der Europol-Drogenstelle treten wird,

in der Erwägung, daß für diese verschiedenen Einrichtungen und Dienststellen die Sitze festzulegen sind,

unter Verweis auf die Beschlüsse vom 8. April 1965 und 12. Dezember 1992 –

BESCHLIESSEN:

Artikel 1. a) Die Europäische Umweltagentur hat ihren Sitz im Gebiet von Kopenhagen.

b) Die Europäische Stiftung für Berufsbildung hat ihren Sitz in Turin.

c) Das Inspektionsbüro für Veterinär- und Pflanzenschutzkontrollen wird seinen Sitz in einer irischen Stadt haben, die von der irischen Regierung noch zu benennen ist.

d) Die Europäische Drogenbeobachtungsstelle hat ihren Sitz in Lissabon.

e) Die Europäische Agentur für die Beurteilung von Arzneimitteln hat ihren Sitz in London.

f) Die Agentur für Gesundheitsschutz und Sicherheit am Arbeitsplatz wird ihren Sitz in einer spanischen Stadt haben, die von der spanischen Regierung noch zu benennen ist.

g) Das Europäische Währungsinstitut und die künftige Europäische Zentralbank werden ihren Sitz in Frankfurt haben.

h) Das Harmonisierungsamt für den Binnenmarkt (Marken, Muster und Modelle), einschließlich seiner Beschwerdekammer, wird seinen Sitz in einer spanischen Stadt haben, die von der spanischen Regierung noch zu benennen ist.

i) Europol sowie die Europol-Drogenstelle werden ihren Sitz in Den Haag haben.

Artikel 2. Dieser Beschluß, der im *Amtsblatt der Europäischen Gemeinschaften* veröffentlicht wird, tritt am heutigen Tage in Kraft.

ERKLÄRUNGEN

Bei der Verabschiedung des vorstehenden Beschlusses am 29. Oktober 1993 haben die Vertreter der Regierungen der Mitgliedstaaten einvernehmlich folgende Erklärungen angenommen:

– Als Sitz des Europäischen Zentrums für die Förderung der Berufsbildung wurde durch die Verordnung (EWG) Nr. 337/75 des Rates vom 10. Februar 1975, die auf Vorschlag der Kommission und nach Anhörung des Europäischen Parlaments vom Rat einstimmig angenommen wurde, Berlin festgelegt. Die Vertreter der Regierungen der Mitgliedstaaten ersuchen die Organe der Europäischen Gemeinschaft vorzusehen, daß Thessaloniki so bald wie möglich als künftiger Sitz festgelegt wird.

Organe, Sitz

Die Kommission hat sich bereit erklärt, bald einen Vorschlag in diesem Sinne vorzulegen.

– Bei den Übersetzungsdiensten der Kommission in Luxemburg wird eine Übersetzungszentrale für die Einrichtungen der Union geschaffen, welche die Übersetzungsdienste leistet, die für die Arbeit der Einrichtungen und Dienstellen erforderlich sind, deren Sitz mit dem vorstehenden Beschluß vom 29. Oktober 1993 festgelegt worden ist; dies betrifft nicht die Übersetzer des Europäischen Währungsinstituts.

– Die Mitgliedstaaten verpflichten sich, die Kandidatur Luxemburgs für den Sitz des Gemeinsamen Berufungsgerichts für Gemeinschaftspatente zu unterstützen, das im Protokoll über die Regelung von Streitigkeiten über die Verletzung und die Rechtsgültigkeit von Gemeinschaftspatenten im Anhang zur Vereinbarung über Gemeinschaftspatente vom 15. Dezember 1989 vorgesehen ist.

Anläßlich der Konferenz der Vertreter der Regierungen der Mitgliedstaaten hat die Kommission bestätigt, daß sie ihre Dienststellen mit Standort in Luxemburg auf Dauer dort unterbringen will.

Schließlich stellten die Mitgliedstaaten fest, daß Haushaltsmittel zur Verfügung stehen, die es der Europäischen Stifung zur Verbesserung der Lebens- und Arbeitsbedingungen mit Sitz in Dublin ermöglichen, einige neue Aufgaben zu erfüllen.

EINVERNEHMLICHER BESCHLUSS DER AUF EBENE DER STAATS- UND REGIERUNGSCHEFS VEREINIGTEN VERTRETER DER MITGLIEDSTAATEN

vom 13. Dezember 2003 über die Festlegung der Sitze bestimmter Ämter, Behörden und Agenturen der Europäischen Union*)

(2004/97/EG, Euratom)

(ABl 2004 L 29, 15)

---

*) Siehe dazu auch die diesem Beschluss vorangestellten Schlussfolgerungen:

SCHLUSSFOLGERUNGEN DER AUF EBENE DER STAATS- UND REGIERUNGSCHEFS VEREINIGTEN VERTRETER DER MITGLIEDSTAATEN
(BRÜSSEL, 13. DEZEMBER 2003)
(Dok. 5381/04)

Die auf Ebene der Staats- und Regierungschefs vereinigten Vertreter der Mitgliedstaaten haben einvernehmlich die Sitze bestimmter Ämter, Behörden und Agenturen der Europäischen Union festgelegt. Dieser Beschluss, der als Anlage beigefügt ist, ergänzt die am 12. Dezember 1992 in Edinburgh und am 29. Oktober 1993 in Brüssel gefassten Beschlüsse.

Die Errichtung dieser Ämter, Behörden und Agenturen – die teils bereits erfolgt ist, teils demnächst erfolgen soll – wird es der Union ermöglichen, in mehreren wichtigen Bereichen – wie z. B. Lebensmittelsicherheit, Flugsicherheit, Netz- und Informationssicherheit, chemische Stoffe, Schienenverkehr, Seuchenprävention und -bekämpfung, justizielle und polizeiliche Zusammenarbeit sowie Sicherheit des Seeverkehrs – verstärkt tätig zu werden.

Im gleichen Zusammenhang haben die im Europäischen Rat vereinigten Vertreter der Mitgliedstaaten betont, dass es wichtig ist, Daten zur Achtung der Menschenrechte zu sammeln und auszuwerten, damit die Menschenrechtspolitik der Union auf dieser Grundlage konzipiert werden kann; deshalb haben sie sich darauf verständigt, die vorhandene Europäische Beobachtungsstelle für Rassismus und Fremdenfeindlichkeit auszubauen und ihr Mandat so auszuweiten, dass sie zu einem Amt für Menschenrechte wird. Die Kommission hat sich ferner damit einverstanden erklärt und ihre Absicht bekundet, einen Vorschlag zu unterbreiten, mit dem die Verordnung Nr. 1035/97 des Rates vom 2. Juni 1997 entsprechend geändert wird.

Die Vertreter der Mitgliedstaaten begrüßten auch die Absicht der Kommission, vor Ende März 2004 einen Vorschlag für die Errichtung einer Fischereiaufsichtsbehörde der Gemeinschaft zu unterbreiten: Sie kamen überein, dass eine derartige Behörde umgehend zu errichten ist und dass sie ihren Sitz in Spanien haben wird.

Abschließend kamen die auf Ebene der Staats- und Regierungschefs vereinigten Vertreter der Mitgliedstaaten überein, den beitretenden Staaten nach ihrem Beitritt zur Union bei der Verteilung der Sitze von anderen künftig zu errichtenden Ämtern oder Agenturen Vorrang einzuräumen, wobei das Amt des Europäischen Staatsanwalts, sofern es errichtet wird, jedoch gemäß dem Beschluss vom 8. April 1965 seinen Sitz in Luxemburg haben wird.

DIE AUF EBENE DER STAATS- UND REGIERUNGSCHEFS VEREINIGTEN VERTRETER DER MITGLIEDSTAATEN –

gestützt auf Artikel 289 des Vertrags zur Gründung der Europäischen Gemeinschaft und Artikel 189 des Vertrags zur Gründung der Europäischen Atomgemeinschaft, in Erwägung nachstehender Gründe:

(1) Durch den Beschluss 2000/820/JI des Rates vom 22. Dezember 2000 ist eine Europäische Polizeiakademie (EPA) errichtet worden[1]).

(2) Durch die Verordnung (EG) Nr. 178/2002 des Europäischen Parlaments und des Rates[2]) ist die Europäische Behörde für Lebensmittelsicherheit errichtet worden.

(3) Durch den Beschluss 2002/187/JI des Rates[3]) ist Eurojust errichtet worden.

(4) Durch die Verordnung (EG) Nr. 1406/2002 des Europäischen Parlaments und des Rates[4]) ist eine Europäische Agentur für die Sicherheit des Seeverkehrs errichtet worden.

(5) Durch die Verordnung (EG) Nr. 1592/2002 des Europäischen Parlaments und des Rates[5]) ist eine Europäische Agentur für Flugsicherheit errichtet worden.

---

[1]) ABl. L 336 vom 30.12.2000, S. 1.

[2]) ABl. L 31 vom 1.2.2002, S. 1. Verordnung geändert durch die Verordnung (EG) Nr. 1642/2003 (ABl. L 245 vom 29.9.2003, S. 4)

[3]) ABl. L 63 vom 6.3.2002, S. 1. Beschluss geändert durch den Beschluss 2003/659/JI (ABl. L 245 vom 29.9.2003, S. 44).

[4]) ABl. L 208 vom 5.8.2002, S. 1. Verordnung geändert durch die Verordnung (EG) Nr. 1644/2003 (ABl. L 245 vom 29.9.2003, S. 10).

[5]) ABl. L 240 vom 7.9.2002, S. 1. Verordnung zuletzt geändert durch die Verordnung (EG) Nr. 1701/2003 der Kommission (ABl. L 243 vom 27.9.2003, S. 5).

(6) Auf der Grundlage des am 24. Januar 2002 von der Kommission unterbreiteten Vorschlags ist die Einrichtung einer Europäischen Eisenbahnagentur geplant[6]).

(7) Auf der Grundlage des am 11. Februar 2003 von der Kommission unterbreiteten Vorschlags ist die Einrichtung eines Europäischen Amts für Netz- und Informationssicherheit geplant.

(8) Auf der Grundlage des am 8. August 2003 von der Kommission unterbreiteten Vorschlags ist die Einrichtung eines Europäischen Zentrums für Seuchenprävention und -bekämpfung geplant.

(9) Auf der Grundlage eines von der Kommission am 29. Oktober 2003 unterbreiteten Vorschlags ist die Einrichtung eines Europäischen Amts für chemische Stoffe geplant.

(10) Für diese verschiedenen Ämter, Behörden und Agenturen sollten die Sitze festgelegt werden –

BESCHLIESSEN:

Artikel 1

a) Die Europäische Polizeiakademie hat ihren Sitz in Bramshill.

b) Die Europäische Behörde für Lebensmittelsicherheit hat ihren Sitz in Parma.

c) Eurojust hat seinen Sitz in Den Haag.

d) Die Europäische Agentur für die Sicherheit des Seeverkehrs hat ihren Sitz in Lissabon.

e) Die Europäische Agentur für Flugsicherheit hat ihren Sitz in Köln.

f) Die Europäische Eisenbahnagentur hat ihren Sitz in Lille- Valenciennes.

g) Das Europäische Amt für Netz- und Informationssicherheit wird seinen Sitz in einer griechischen Stadt haben, die von der griechischen Regierung noch zu benennen ist.

h) Das Europäische Zentrum für Seuchenprävention und -bekämpfung wird seinen Sitz in einer schwedischen Stadt haben, die von der schwedischen Regierung noch zu benennen ist.

i) Das Europäische Amt für chemische Stoffe hat seinen Sitz in Helsinki.

Artikel 2

Dieser Beschluss, der im *Amtsblatt der Europäischen Union* veröffentlicht wird, tritt am heutigen Tag in Kraft.

Geschehen zu Brüssel am 13. Dezember 2003.

---

[6]) ABl. C 126 E vom 28.5.2002, S. 323.

BESCHLUSS*)

der Vertreter der Regierungen der Mitgliedstaaten über die vorläufige Unterbringung bestimmter Organe und Dienststellen der Gemeinschaften (67/446/EWG)

(67/30/Euratom)

(ABl 1967/152, 18)

DIE VERTRETER DER REGIERUNGEN DER MITGLIEDSTAATEN –

gestützt auf Artikel 37 des Vertrages zur Einsetzung eines gemeinsamen Rates und einer gemeinsamen Kommission der Europäischen Gemeinschaften,

in der Erwägung, daß unbeschadet der Anwendung des Artikels 77 des Vertrages über die Gründung der Europäischen Gemeinschaft für Kohle und Stahl, des Artikels 216 *(289)* des Vertrages zur Gründung der Europäischen Wirtschaftsgemeinschaft, des Artikels 189 des Vertrages zur Gründung der Europäischen Atomgemeinschaft und des Artikels 1 Absatz 2 des Protokolls über die Satzung der Europäischen Investitionsbank bei der Einsetzung eines gemeinsamen Rates und einer gemeinsamen Kommission der Europäischen Gemeinschaften zur Regelung einiger besonderer Probleme des Großherzogtums Luxemburg als vorläufiger Arbeitsort bestimmter Organe und Dienststellen Luxemburg festzulegen ist –

BESCHLIESSEN:

Artikel 1. Luxemburg, Brüssel und Straßburg bleiben vorläufige Arbeitsorte der Organe der Gemeinschaften.

Artikel 2. Der Rat hält seine Tagungen in den Monaten April. Juni und Oktober in Luxemburg ab.

Artikel 3. Der Gerichtshof bleibt in Luxemburg.

Die Organe mit richterlichen und quasi-richterlichen Aufgaben, einschließlich der für die Durchführung der Wettbewerbsregeln zuständigen Stellen, die auf Grund der Verträge zur Gründung der Europäischen Gemeinschaft für Kohle und Stahl, der Europäischen Wirtschaftsgemeinschaft und der Europäischen Atomgemeinschaft oder auf Grund von Übereinkünften im Rahmen der Gemeinschaften zwischen Mitgliedstaaten oder mit dritten Ländern bestehen oder noch einzurichten sind, werden ebenfalls in Luxemburg untergebracht.

Artikel 4. Das Generalsekretariat des Europäischen Parlaments und seine Dienststellen bleiben in Luxemburg.

Artikel 5. Die Europäische Investitionsbank wird in Luxemburg untergebracht, wo ihre leitenden Organe zusammentreten und ihre gesamte Tätigkeit ausgeübt wird.

Dies gilt insbesondere für die Entwicklung der derzeitigen, namentlich der in Artikel 130 *(157)* des Vertrages zur Gründung der Europäischen Wirtschaftsgemeinschaft umschriebenen Tätigkeit, für eine etwaige Ausdehnung dieser Tätigkeit auf andere Gebiete und für neue Aufgaben, die der Bank gegebenenfalls übertragen werden.

In Luxemburg wird eine Verbindungsstelle zwischen der Kommission und der Europäischen Investitionsbank eingerichtet, insbesondere um die Geschäfte des Europäischen Entwicklungsfonds zu erleichtern.

Artikel 6. Der Währungsausschuß tritt in Luxemburg und in Brüssel zusammen.

Artikel 7. Die für finanzielle Interventionen zuständigen Dienststellen der Europäischen Gemeinschaft für Kohle und Stahl werden in Luxemburg untergebracht. Diese Dienststellen umfassen die Generaldirektion Kredit und Investitionen sowie die mit der Erhebung der Umlage betrauten Dienststellen und die dazugehörigen Buchhaltungen.

Artikel 8. Ein Amt für amtliche Veröffentlichungen der Gemeinschaften, dem eine gemeinsame Vertriebsstelle und eine Dienststelle für mittel- und langfristig zu erledi-

*) Beachte zuvor die obenstehenden Beschlüsse von 1992 und 1993.

gende Übersetzungen angegliedert werden, wird in Luxemburg untergebracht.

Artikel 9. Ferner werden folgende Dienststellen der Kommission in Luxemburg untergebracht:

a) das Statistische Amt und die Dienststelle Rechenzentrum;

b) die Dienststellen der Europäischen Wirtschaftsgemeinschaft und der Europäischen Gemeinschaft für Kohle und Stahl für Gesundheitsschutz und Betriebssicherheit;

c) die Generaldirektion Verbreitung der Kenntnisse, die Direktion Gesundheitsschutz, die Direktion Sicherheitskontrolle der Europäischen Atomgemeinschaft

sowie die erforderlichen Verwaltungs- und technischen Einrichtungen.

Artikel 10. Die Regierungen der Mitgliedstaaten sind bereit, andere Gemeinschaftseinrichtungen und -dienststellen, insbesondere auf dem Gebiet der Finanzen, in Luxemburg unterzubringen oder dorthin zu verlegen, vorausgesetzt, daß ein reibungsloses Funktionieren dieser Einrichtungen und Dienststellen gewährleistet ist.

Zu diesem Zweck fordern sie die Kommission auf, ihnen alljährlich einen Bericht über die Lage hinsichtlich der Unterbringung der Gemeinschaftseinrichtungen und -dienststellen und über die Möglichkeiten für neue Maßnahmen im Sinne dieser Bestimmung unter Berücksichtigung der Notwendigkeit einer reibungslosen Tätigkeit der Gemeinschaften vorzulegen.

Artikel 11. Um eine reibungslose Tätigkeit der Europäischen Gemeinschaft für Kohle und Stahl zu gewährleisten, wird die Kommission aufgefordert, für eine schrittweise und koordinierte Verlegung der Dienststellen zu sorgen und dabei die Dienststellen für die Verwaltung des Kohle- und Stahlmarktes zuletzt zu verlegen.

Artikel 12. Vorbehaltlich der vorstehenden Bestimmungen werden die sich aus früheren Beschlüssen der Regierungen ergebenden vorläufigen Arbeitsorte der Organe und Dienststellen der Europäischen Gemeinschaften sowie die durch die Einsetzung eines gemeinsamen Rates und einer gemeinsamen Kommission bedingte Neugruppierung der Dienststellen von diesem Beschluß nicht berührt.

Artikel 13. Dieser Beschluß tritt am gleichen Tag in Kraft wie der Vertrag zur Einsetzung eines gemeinsamen Rates und einer gemeinsamen Kommission der Europäischen Gemeinschaften.

KODEX

DES ÖSTERREICHISCHEN RECHTS

SAMMLUNG DER ÖSTERREICHISCHEN BUNDESGESETZE

EINFÜHRUNGSGESETZE ABGB UND B-VG

- **ABGB** Allgemeines bürgerliches Gesetzbuch
- **EheG** Gesetz zur Vereinheitlichung des Rechts der Eheschließung und der Ehescheidung mit 1. u 4. DV
- **KSchG** Konsumentenschutzgesetz
- **B-VG** Bundes-Verfassungsgesetz
- **StGG** Staatsgrundgesetz über die allgem Rechte der Staatsbürger
- **EMRK** Europäische Menschenrechtskonvention

LexisNexis

KODEX

DES ÖSTERREICHISCHEN RECHTS

HERAUSGEBER: UNIV.-PROF. DR. WERNER DORALT

INTERNATIONALES PRIVATRECHT

1. **IPRG** EGV, StbG, Genfer FlüchtK
2. **Pers.Stand** CIEC, Bilaterale V
3. **Ehe-KindR** AußStrG, EuFamVO, Anerk. Ehe, MSÜ, ESÜ, HKÜ, HAÜ, Bilaterale V
4. **Unterhalt** UVG, AuslUG, EuUVO, HUÜ, NYUÜ, HUVÜ, Bilaterale V
5. **Erbrecht** HTÜ, Bilaterale V
6. **SachenR** KultGütRG
7. **SchuldR** EVÜ, Rom I, IVVG, ECG, FinSG, KSchG, TNG, ZahlVerzRL, UN-KaufR
8. **DeliktsR** AtomHG, GTG, Rom II, HStVÜ
9. **TransportR** LFG, EuLFVO, MÜ, WA, CMR, COTIF
10. **IZPR** EGJN, JN, ZPO, LGVÜ, EuGVVO, Bilaterale V
11. **R-Hilfe** RHE Ziv 2004, RAÜ, Bilaterale V
12. **Schiedsrecht** NY SchiedÜ, HandelsSchiedsÜ

LexisNexis

KODEX

DES ÖSTERREICHISCHEN RECHTS

SAMMLUNG DER ÖSTERREICHISCHEN BUNDESGESETZE

VERFASSUNGSRECHT

1	B-VG
1a	ÜG, B-VGNov
2a	StGG
2b	EMRK
2c	ReligionsR, ZDG, VerG, VersammlungsG, ORF-G, RGG, PrR-G, PrTV-G, FERG, KOG, PresseFG, MinderheitenR
3a	BVG
3b	VfBest in BG
4	UnabhErkl, V-ÜG, R-ÜG, StV Wien
5	BVG Neutralität, KMG, Int Sanktionen, KSE-BVG, TrAufG, Staatl Symbole
6	StbG
7	PartG, VerbotsG 1947, KlubFG, PubFG
8	Wahlen, Direkte Demokratie
9	GOG-NR
10	BezR, UnvG
11	BGBlG, Rechtsbereinigung
12	BMG, BVG ÄmterLReg, BGemAufsG
13	F-VG, FAG 2001, KonsMech, StabPakt 2001
14	RHG
15	UBASG
16	VwGG
17	VfGG
18	VolksanwG
19	AHG, OrgHG
20	AuskPfl

LexisNexis

KODEX

DES ÖSTERREICHISCHEN RECHTS

SAMMLUNG DER ÖSTERREICHISCHEN BUNDESGESETZE

BÜRGERLICHES RECHT

1	ABGB mit 1. Euro-JuBeG
2	IPRG mit EVÜ
3	TEG
4	EheG
5	PStG
6	NÄG
7	RelKEG
8	UVG mit AuslUG
9	JWG
10	NorwegeG
11	GSGG
12	WWSGG
13	EisbEG
14	WEG
15	MRG mit HeizKG
16	BauRG
17	LPG
18	KlGG
19	GBG mit GUG
20	UHG mit LiegTG
21	AnerbG
22	KSchG mit BTVG, TNG
23	WucherG
24	UrhG mit ZaKG
25	RHPflG
26	EKHG mit LFG
27	AtomHG
28	AHG mit PolBEG
29	OrgHG
30	DHG
31	ASVG/Haftung
32	PHG mit GTG
33	UN-KaufR
34	AngG
35	NotaktsG
36	ECG
37	SigG
38	RAPG

LexisNexis

Amtssprache

Verordnung zur Regelung der Sprachenfrage

ABl 1958 17, 385 idF

1 ABl 1972 L 73, 14
2 ABl 1973 L 2, 1
3 ABl 1979 L 291, 17
4 ABl 1985 L 302, 23
5 ABl 1994 C 241, 21
6 ABl 1995 L 1, 1
7 ABl 2003 L 236, 33
8 ABl 2005 L 156, 3*)
9 ABl 2006 L 363, 1
10 ABl 2010 L 343, 5*)
11 ABl 2013 L 158, 1*)

*) Betrifft befristete Ausnahmeregelung/irische Sprache/Zeitplan für Einschränkung der Ausnahmeregelung.

Verordnung Nr. 1 zur Regelung der Sprachenfrage für die Europäische Wirtschaftsgemeinschaft

DER RAT DER EUROPÄISCHEN WIRTSCHAFTSGEMEINSCHAFT,

gestützt auf Artikel 217 *(290)* des Vertrages, nach dem die Regelung der Sprachenfrage für die Organe der Gemeinschaft unbeschadet der Verfahrensordnung des Gerichtshofes vom Rat einstimmig getroffen wird,

in der Erwägung, daß jede der vier Sprachen, in denen der Vertrag abgefaßt ist, in einem oder in mehreren Mitgliedstaaten der Gemeinschaft Amtssprache ist,

HAT FOLGENDE VERORDNUNG ERLASSEN:

Artikel 1

Die Amtssprachen und die Arbeitssprachen der Organe der Union sind Bulgarisch, Dänisch, Deutsch, Englisch, Estnisch, Finnisch, Französisch, Griechisch, Irisch, Italienisch, Kroatisch, Lettisch, Litauisch, Maltesisch, Niederländisch, Polnisch, Portugiesisch, Rumänisch, Schwedisch, Slowakisch, Slowenisch, Spanisch, Tschechisch und Ungarisch.

Artikel 2

Schriftstücke, die ein Mitgliedstaat oder eine der Hoheitsgewalt eines Mitgliedstaates unterstehende Person an Organe der Gemeinschaft richtet, können nach Wahl des Absenders in einer der Amtssprachen abgefaßt werden. Die Antwort ist in derselben Sprache zu erteilen.

Artikel 3

Schriftstücke, die ein Organ der Gemeinschaft an einen Mitgliedstaat oder an eine der Hoheitsgewalt eines Mitgliedstaates unterstehende Person richtet, sind in der Sprache dieses Staates abzufassen.

Artikel 4

Verordnungen und andere Schriftstücke von allgemeiner Geltung werden in den Amtssprachen abgefasst.

Artikel 5

Das *Amtsblatt der Europäischen Union* erscheint in den Amtssprachen.

Artikel 6

Die Organe der Gemeinschaft können in ihren Geschäftsordnungen festlegen, wie diese Regelung der Sprachenfrage im einzelnen anzuwenden ist.

Artikel 7

Die Sprachenfrage für das Verfahren des Gerichtshofes wird in dessen Verfahrensordnung geregelt.

Artikel 8

Hat ein Mitgliedstaat mehrere Amtssprachen, so bestimmt sich der Gebrauch der Sprache auf Antrag dieses Staates nach den auf seinem Recht beruhenden allgemeinen Regeln.

Diese Verordnung ist in allen ihren Teilen verbindlich und gilt unmittelbar in jedem Mitgliedstaat.

Schlussfolgerungen des Rates vom 13. Juni 2005 über den amtlichen Gebrauch zusätzlicher Sprachen im Rat und gegebenenfalls in anderen Organen und Einrichtungen der Europäischen Union

ABl C 148, S. 1

1. Die vorliegenden Schlussfolgerungen beziehen sich auf Sprachen, die nicht unter die Verordnung Nr. 1/1958 des Rates fallen und deren Status durch die Verfassung eines Mitgliedstaats im gesamten Hoheitsgebiet desselben oder in einem Teil davon anerkannt wird oder deren Gebrauch als Landessprache gesetzlich zulässig ist.

2. Der Rat ist der Auffassung, dass bei den Bemühungen um mehr Bürgernähe der Union der Reichtum und die Vielfalt ihrer Sprachen stärker berücksichtigt werden müssen.

3. Ferner ist der Rat der Ansicht, dass die Möglichkeit der Bürger, in ihren Beziehungen mit den Institutionen zusätzliche Sprachen verwenden zu können, ein wichtiger Faktor ist, wenn erreicht werden soll, dass sich die Unionsbürger mit den politischen Vorhaben der Europäischen Union stärker identifizieren.

4. Der amtliche Gebrauch der unter Nummer 1 genannten Sprachen im Rat wird auf der Grundlage einer Verwaltungsvereinbarung zwischen dem Rat und dem antragstellenden Mitgliedstaat genehmigt; dies gilt gegebenenfalls auch für ein anderes Organ oder eine andere Einrichtung der Union auf der Grundlage einer ähnlichen Verwaltungsvereinbarung.

5. Diese Vereinbarungen werden im Einklang mit dem Vertrag sowie den entsprechenden Durchführungsbestimmungen geschlossen und müssen die vorgenannten Bedingungen erfüllen. Die mit der Umsetzung dieser Verwaltungsvereinbarungen durch die Organe und Einrichtungen der Union verbundenen direkten oder indirekten Kosten gehen zu Lasten des antragstellenden Mitgliedstaats.

a) *Veröffentlichung der vom Europäischen Parlament und vom Rat im Mitentscheidungsverfahren angenommenen Rechtsakte*

Die Regierung eines Mitgliedstaats kann dem Europäischen Parlament und dem Rat eine beglaubigte Übersetzung der im Mitentscheidungsverfahren angenommenen Rechtsakte in eine der unter Nummer 1 genannten Sprachen übermitteln. Der Rat verwahrt diese Übersetzung in seinen Archiven und stellt auf Antrag eine Abschrift zur Verfügung. Er sorgt für die Veröffentlichung der Übersetzungen auf seiner Website. In beiden Fällen wird darauf hingewiesen, dass diese Übersetzungen keine Rechtswirkung haben.

Amtssprache

b) *Mündliche Beiträge auf einer Tagung des Rates und gegebenenfalls anderer Organe oder Einrichtungen der Union*

Gegebenenfalls kann die Regierung eines Mitgliedstaats den Rat und eventuell andere Organe oder Einrichtungen (Europäisches Parlament oder Ausschuss der Regionen) ersuchen, bei mündlichen Beiträgen (passive Verdolmetschung) eines der Mitglieder des betroffenen Organs oder der Einrichtung auf einer Tagung den Gebrauch einer der unter Nummer 1 genannten Sprachen zu gestatten. Was den Rat anbelangt, so wird diesem Antrag in der Regel stattgegeben, sofern er in angemessenem zeitlichem Abstand zur Tagung eingereicht wird und die erforderlichen personellen und materiellen Mittel zur Verfügung stehen.

c) *Schriftliche Mitteilungen an die Organe oder Einrichtungen der Union*

Die Mitgliedstaaten können einen Rechtsakt annehmen, der vorsieht, dass die Bürger, die an ein Organ oder eine Einrichtung der Union eine Mitteilung in einer der unter Nummer 1 genannten Sprachen richten möchten, diese an eine von der Regierung des Mitgliedstaats zu benennende Stelle senden können. Diese Stelle leitet den Wortlaut der Mitteilungen dann an das/die entsprechende Organ/Einrichtung weiter, zusammen mit einer Übersetzung in die jeweilige Sprache des Mitgliedstaats gemäß der Verordnung Nr. 1/1958. Dasselbe Verfahren gilt entsprechend für die Antwort des betroffenen Organs oder der Einrichtung.

Ist dem Organ oder der Einrichtung der Union eine Frist für die Antwort gesetzt, so beginnt diese ab dem Zeitpunkt, zu dem das betroffene Organ oder die Einrichtung von dem Mitgliedstaat die Übersetzung in eine der Sprachen gemäß der Verordnung Nr. 1/1958 des Rates erhalten hat. Sie endet mit dem Zeitpunkt, zu dem das Organ oder die Einrichtung der Union seine/ihre Antwort an die zuständige Stelle des Mitgliedstaats in der letztgenannten Sprache versendet hat.

Der Rat ersucht die anderen Organe, Verwaltungsvereinbarungen auf dieser Grundlage zu schließen.

Verordnung über die Amtssprache/Euratom

(Hinweis)

Im Bereich der Europäischen Atomgemeinschaft gilt die Verordnung Nr. 1 zur Regelung der Sprachenfrage für die Europäische Atomgemeinschaft ABl 1958, 401 des Rates der EAG idF zuletzt ABl 1995 L 1, 219.

Sie ist – mit Ausnahme des Titels und der Bezugnahme auf Art 190 Euratom V (BGBl 1995/47 idF BGBl 1995/45 und ABl 1995 L 1, 1) – wortgleich mit der Amtsspracheverordnung/ EG (***4/1**.).

Kundmachungswesen

Amtsblatt der Europäischen Gemeinschaften/EG

ENTSCHEIDUNG

über die Gründung des „Amtsblattes der Europäischen Gemeinschaften"
(ABl 1958, 390)

DER RAT DER EUROPÄISCHEN WIRTSCHAFTSGEMEINSCHAFT,

gestützt auf Artikel 191 *(254)* des Vertrages zur Gründung der Europäischen Wirtschaftsgemeinschaft,

gestützt auf die Vorschläge des Präsidenten des Europäischen Parlaments sowie der Präsidenten der Hohen Behörde, der Kommission der Europäischen Wirtschaftsgemeinschaft und der Kommission der Europäischen Atomgemeinschaft,

in der Erwägung, daß es zweckmäßig ist, daß die Europäische Wirtschaftsgemeinschaft, die Europäische Gemeinschaft für Kohle und Stahl und die Europäische Atomgemeinschaft über ein gemeinsames Amtsblatt verfügen,

BESCHLIESST:

als Amtsblatt der Gemeinschaft im Sinne des Artikels 191 des Vertrages zur Gründung der Europäischen Wirtschaftsgemeinschaft das *Amtsblatt der Europäischen Gemeinschaften* zu gründen.

Geschehen zu Brüssel am 15. September 1958

Amtsblatt der Europäischen Gemeinschaften/Euratom

(Hinweis)

Im Bereich der Europäischen Atomgemeinschaft gilt die Entscheidung ABl 1958, 419 des Rates der EAG. Sie ist – mit Ausnahme der Bezugnahme auf Art 163 Euratom V – wortgleich mit der Entscheidung/EG (***5/1**).

Amtsblatt-Struktur

Anpassung infolge des Inkrafttretens des Vertrags von Lissabon

(Abrufbar über http://eur-lex.europa.eu/content/oj/Structure_eOJ_EU_de.pdf)

Amtsblatt Reihe L

L I Gesetzgebungsakte

a) Verordnungen
b) Richtlinien
c) Beschlüsse
d) Haushaltspläne

L II Rechtsakte ohne Gesetzescharakter

a) Internationale Übereinkünfte
b) Verordnungen[1])
c) Richtlinien[2])
d) Beschlüsse[3])
e) Empfehlungen
f) Leitlinien
g) Geschäfts- und Verfahrensordnungen
h) Rechtsakte von Gremien, die im Rahmen internationaler Übereinkünfte eingesetzt wurden
i) Interinstitutionelle Vereinbarungen

L III Sonstige Rechtsakte

a) Europäischer Wirtschaftsraum

L IV

akte[4])

Amtsblatt Reihe C *(Rubriken 5 bis 9)*

C I
lungnahmen

a) Entschließungen
b) Empfehlungen
c) Stellungnahmen[5])

C II Mitteilungen

a) Interinstitutionelle Vereinbarungen
b) Gemeinsame Erklärungen
c) Mitteilungen der Organe, Einrichtungen und sonstigen Stellen der Europäischen Union
   - Europäisches Parlament
   - Europäischer Rat
   - Rat
   - Europäische Kommission
   - Gerichtshof der Europäischen Union
   - Europäische Zentralbank
   - Rechnungshof
   - Europäischer Wirtschafts- und Sozialausschuss
   - Ausschuss der Regionen
   - Sonstige Stellen der Europäischen Union

Kundmg/Rsetzg

---

[1]) Z.E.: Die Veröffentlichung erfolgt in folgender Reihenfolge:
- Verordnung des Europäischen Parlaments
- Verordnung des Rates (unmittelbar auf die Verträge gestützt)
- „Durchführungsverordnung" des Rates
- Verordnung der Kommission (unmittelbar auf die Verträge gestützt)
- „delegierte" Verordnung der Kommission
- „Durchführungsverordnung" der Kommission
- Verordnung der Europäischen Zentralbank

[2]) Z.E.: Die Veröffentlichung erfolgt in folgender Reihenfolge:
- Richtlinie des Rates (unmittelbar auf die Verträge gestützt)
- „Durchführungsrichtlinie" des Rates
- Richtlinie der Kommission (unmittelbar auf die Verträge gestützt)
- „delegierte" Richtlinie der Kommission
- „Durchführungsrichtlinie" der Kommission

[3]) Z.E.: Die Veröffentlichung erfolgt in folgender Reihenfolge:
- Beschluss des Europäischen Parlaments
- Beschluss des Europäischen Rates
- Beschluss des Europäischen Parlaments und des Rates
- Beschluss des Rates (unmittelbar auf die Verträge gestützt)
- „Durchführungsbeschluss" des Rates
- Beschluss der Kommission (unmittelbar auf die Verträge gestützt)
- „delegierter" Beschluss der Kommission
- „Durchführungsbeschluss" der Kommission
- Beschluss der Europäischen Zentralbank

4

öffentlichen.

[5]) Nicht obligatorische Stellungnahmen.

C III Vorbereitende Rechtsakte[6])

a) Initiativen der Mitgliedstaaten
b) Europäisches Parlament
c) Rat
d) Europäische Kommission
e) Gerichtshof der Europäischen Union
f) Europäische Zentralbank
   (– Stellungnahmen)[7])
   (– Empfehlungen)[6])
g) Rechnungshof
h) Hoher Vertreter der Union für Außen- und Sicherheitspolitik
i) Europäischer Wirtschafts- und Sozialausschuss
j) Ausschuss der Regionen
k) Europäische Investitionsbank
l) Sonstige Stellen der Europäischen Union

C IV Informationen

a) Informationen der Organe, Einrichtungen und sonstigen Stellen der Europäischen Union
   – Europäisches Parlament
   – Europäischer Rat
   – Rat
   – Europäische Kommission
   – Gerichtshof der Europäischen Union
   – Europäische Zentralbank
   – Rechnungshof
   – Europäischer Wirtschafts- und Sozialausschuss
   – Ausschuss der Regionen
   – Sonstige Stellen der Europäischen Union
b) Informationen der Mitgliedstaaten
c) Den Europäischen Wirtschaftsraum betreffende Informationen
   (– der Organe)[8])
   (– der Mitgliedstaaten)[8])
d) Informationen von Drittstaaten

C V Bekanntmachungen

a) Verwaltungsverfahren
b) Gerichtsverfahren
c) Verfahren bezüglich der Durchführung der gemeinsamen Handelspolitik
d) Verfahren bezüglich der Durchführung der Wettbewerbspolitik
e) Sonstige Rechtshandlungen

---

[6]) Vorschläge, Empfehlungen, Initiativen, obligatorische Stellungnahmen und andere vorbereitende Rechtsakte.

[7]) Wird nicht im Inhaltsverzeichnis erscheinen (gibt die Reihenfolge im ABl. an).

[8]) Wird nicht im Inhaltsverzeichnis erscheinen (gibt die Reihenfolge im ABl. an).

Elektronische Veröffentlichung des Amtsblatts

Verordnung (EU) Nr. 216/2013 des Rates vom 7. März 2013 über die elektronische Veröffentlichung des Amtsblatts der Europäischen Union

ABl 2013 L 69, 1 idF

1 ABl 2018 L 329, 1

DER RAT DER EUROPÄISCHEN UNION –

gestützt auf den Vertrag über die Arbeitsweise der Europäischen Union, insbesondere auf Artikel 352,

auf Vorschlag der Europäischen Kommission,

nach Zuleitung des Entwurfs des Gesetzgebungsakts an die nationalen Parlamente,

nach Zustimmung des Europäischen Parlaments,

gemäß einem besonderen Gesetzgebungsverfahren,

in Erwägung nachstehender Gründe:

(1) Die Veröffentlichung von Gesetzgebungsakten der Union im *Amtsblatt der Europäischen Union* (im Folgenden „Amtsblatt") sowie deren Inkrafttreten sind in Artikel 297 des Vertrags über die Arbeitsweise der Europäischen Union (AEUV) geregelt.

(2) Die Verordnung Nr. 1/1958[1], einschließlich ihrer nachfolgenden Änderungen, legt die Amtssprachen der Organe der Europäischen Union fest.

(3) Die gedruckte Ausgabe des Amtsblatts, die in sämtlichen Amtssprachen der Organe der Union verfügbar ist, ist derzeit die allein rechtsverbindliche Veröffentlichung, obwohl es auch die Möglichkeit des Online-Zugangs gibt.

(4) Der Beschluss 2009/496/EG, Euratom des Europäischen Parlaments, des Rates, der Kommission, des Gerichtshofs, des Rechnungshofs, des Europäischen Wirtschafts- und Sozialausschusses und des Ausschusses der Regionen vom 26. Juni 2009 über den Aufbau und die Arbeitsweise des Amts für Veröffentlichungen der Europäischen Union[2] stellt sicher, dass die Organe mit Hilfe des Amts ihrer Verpflichtung zur Veröffentlichung von Rechtssetzungstexten nachkommen können.

(5) Der Gerichtshof der Europäischen Union hat in der Rechtssache C-161/06, Skoma-Lux sro gegen Celní reditelství Olomouc[3], ausgeführt, dass Rechtsakte der Union gegenüber Einzelnen nicht durchsetzbar sind, wenn sie nicht ordnungsgemäß im Amtsblatt veröffentlicht wurden, und dass ihre Online-Veröffentlichung ohne eine entsprechende Regelung im Unionsrecht der ordnungsgemäßen Veröffentlichung im Amtsblatt nicht gleichgestellt werden kann.

(6) Wenn die Veröffentlichung in der elektronischen Ausgabe des Amtsblatts einer ordnungsgemäßen Veröffentlichung gleichkäme, könnte schneller und kostengünstiger auf das Unionsrecht zugegriffen werden. Die Bürger sollten jedoch weiterhin die Möglichkeit haben, eine gedruckte Fassung des Amtsblatts vom Amt für Veröffentlichungen zu erhalten.

(7) In ihrer Mitteilung mit dem Titel „Eine Digitale Agenda für Europa" weist die Kommission darauf hin, dass der Online-Zugang zu rechtlichen Inhalten die Entwicklung eines digitalen Binnenmarktes mit den damit verbundenen wirtschaftlichen und sozialen Vorteilen fördert.

(8) Daher sollten Vorschriften erlassen werden, die die Echtheit, Unverfälschtheit und Unveränderlichkeit der elektronischen Veröffentlichung des Amtsblatts sicherstellen.

(9) In dieser Verordnung sollten auch Regeln festgelegt werden, die in Fällen anwendbar sind, in denen es aufgrund unvorhergesehener und außergewöhnlicher Umstände nicht möglich ist, die elektronische Ausgabe des Amtsblatts zu veröffentlichen und zugänglich zu machen.

(10) Die Richtlinie 1999/93/EG des Europäischen Parlaments und des Rates vom 13. Dezember 1999 über gemeinschaftliche Rahmenbedingungen für elektronische Signaturen[4] legt die Rechtskraft elektronischer Signaturen als Mittel der Authentifizierung fest. Eine fortgeschrittene elektronische Signatur, die gemäß jener Richtlinie

[1] Verordnung Nr. 1 zur Regelung der Sprachenfrage für die Europäische Wirtschaftsgemeinschaft (ABl. 17 vom 6.10.1958, S. 385/58).

[2] ABl. L 168 vom 30.6.2009, S. 41.

[3] Slg. 2007, S. I-10841.

[4] ABl. L 13 vom 19.1.2000, S. 12.

auf einem qualifizierten Zertifikat beruht und von einer sicheren Signaturerstellungseinheit erstellt wurde, liefert die nötige Gewähr für die Nutzer, was die Sicherstellung der Echtheit, Unverfälschtheit und Unveränderlichkeit der elektronischen Ausgabe des Amtsblatts betrifft. Die Verifizierung des elektronisch signierten Amtsblatts sollte anhand leicht zugänglicher Mittel möglich sein.

(11) Der Zugang zur EUR-Lex-Website muss unter Beachtung der Verpflichtungen zum Schutz von Personen mit Behinderungen sichergestellt werden, die sich aus dem Beschluss 2010/48/EG des Rates vom 26. November 2009 über den Abschluss des Übereinkommens der Vereinten Nationen über die Rechte von Menschen mit Behinderungen durch die Europäische Gemeinschaft[5] ergeben.

(12) Diese Verordnung steht mit dem in Artikel 5 des Vertrags über die Europäische Union verankerten Grundsatz der Verhältnismäßigkeit im Einklang und geht nicht über das hinaus, was nötig ist, um zu erreichen, dass sich alle Unionsbürger auf die elektronische Ausgabe des Amtsblatts berufen können, da ihr Anwendungsbereich sich darauf beschränkt, der elektronischen Ausgabe die Rechtsgültigkeit zu verleihen, die die gedruckte Ausgabe derzeit besitzt.

(13) Der AEUV enthält Befugnisse für die Annahme dieser Verordnung nur in Artikel 352 –

HAT FOLGENDE VERORDNUNG ERLASSEN:

Artikel 1. (1) Das Amtsblatt wird gemäß dieser Verordnung in elektronischer Form in den Amtssprachen der Organe der Europäischen Union veröffentlicht.

(2) Unbeschadet des Artikels 3 besitzt nur das in elektronischer Form veröffentlichte *Amtsblatt* (im Folgenden „elektronische Ausgabe des Amtsblatts") Echtheit und entfaltet Rechtswirkungen.

Artikel 2. (1) Die elektronische Ausgabe des Amtsblatts trägt eine qualifizierte elektronische Signatur entsprechend der Definition in der Verordnung (EU) Nr. 910/2014 des Europäischen Parlaments und des Rates[6] oder ein qualifiziertes elektronisches Siegel entsprechend der Definition in der Verordnung (EU) Nr. 910/2014. Die qualifizierten Zertifikate für elektronische Signaturen oder elektronische Siegel und die Erneuerungen derselben werden auf der EUR-Lex-Website veröffentlicht, damit die Nutzer die qualifizierte elektronische Signatur oder das qualifizierte elektronische Siegel und die Echtheit der elektronischen Ausgabe des Amtsblatts verifizieren können. *(ABl 2018 L 329, 1)*

(2) Die elektronische Ausgabe des Amtsblatts enthält Angaben zum Datum ihrer Veröffentlichung.

(3) Die elektronische Ausgabe des Amtsblatts wird der Öffentlichkeit auf der EUR-Lex-Website in einem nicht veralteten Format dauerhaft zugänglich gemacht. Die Abfrage ist kostenlos.

Artikel 3. (1) Kann die elektronische Ausgabe des Amtsblatts aufgrund unvorhersehbarer außergewöhnlicher Störungen des Informationssystems des Amts für Veröffentlichungen nicht veröffentlicht werden, so wird das Informationssystem so schnell wie möglich wiederhergestellt.

Das Amt für Veröffentlichungen stellt fest, zu welchem Zeitpunkt eine solche Störung aufgetreten ist.

(2) Ist es erforderlich, das Amtsblatt zu veröffentlichen, wenn das Informationssystem des Amts für Veröffentlichungen aufgrund einer Störung nach Absatz 1 nicht betriebsbereit ist, so kommt nur der gedruckten Ausgabe des Amtsblatts Echtheit zu und nur sie entfaltet Rechtswirkungen.

Sobald das Informationssystem des Amts für Veröffentlichungen wiederhergestellt ist, wird die entsprechende elektronische Fassung der in Unterabsatz 1 genannten gedruckten Ausgabe lediglich zu Informationszwecken und mit einem entsprechenden Hinweis der Allgemeinheit auf der EUR-Lex-Website zugänglich gemacht.

(3) Sobald das Informationssystem des Amts für Veröffentlichungen wiederhergestellt ist, liefert die EUR-Lex-Website Informationen zu sämtlichen gedruckten Ausgaben, denen gemäß Absatz 2 Unterabsatz 1 Echtheit zukommt und die Rechtswirkungen entfalten.

Artikel 4. (1) Die Zuständigkeit des Amts für Veröffentlichungen im Zusammenhang mit der elektronischen Ausgabe des Amtsblatts erstreckt sich auf

a) seine Veröffentlichung und die Sicherstellung seiner Echtheit;

b) die Installierung, den Betrieb und die Pflege des Informationssystems, mit dessen Hilfe die elektronische Ausgabe des Amtsblatts erstellt wird, sowie die Nachrüstung des Systems entsprechend künftigen technischen Entwicklungen;

---

[5] ABl. L 23 vom 27.1.2010, S. 35.

[6] Verordnung (EU) Nr. 910/2014 des Europäischen Parlaments und des Rates vom 23. Juli 2014 über elektronische Identifizierung und Vertrauensdienste für elektronische Transaktionen im Binnenmarkt und zur Aufhebung der Richtlinie 1999/93/EG (ABl. L 257 vom 28.8.2014, S. 73)."

c) die Installierung und Erweiterung der technischen Hilfsmittel, mit denen die elektronische Ausgabe des Amtsblatts für alle Nutzer zugänglich gemacht wird;

d) die Festlegung der internen Sicherheits- und Zugangsvorschriften für das Informationssystem, mit dem die elektronische Ausgabe des Amtsblatts produziert wird;

e) die Speicherung und Archivierung der Dateien und deren Handhabung entsprechend künftigen technischen Entwicklungen.

(2) Das Amt für Veröffentlichungen übt seine in Absatz 1 beschriebene Zuständigkeit im Einklang mit dem Beschluss 2009/496/EG, Euratom aus.

Artikel 5. Diese Verordnung tritt am ersten Tag des vierten Kalendermonats nach ihrer Annahme in Kraft.

Diese Verordnung ist in allen ihren Teilen verbindlich und gilt unmittelbar in jedem Mitgliedstaat.

Geschehen zu Brüssel am 7. März 2013.

Verordnung (EWG, Euratom) Nr. 1182/71 des Rates

vom 3. Juni 1971 zur Festlegung der Regeln für die Fristen, Daten und Termine
(ABl 1971 L 124, 2)

DER RAT DER EUROPÄISCHEN GEMEINSCHAFTEN –

gestützt auf den Vertrag zur Gründung der Europäischen Wirtschaftsgemeinschaft, insbesondere auf Artikel 235 *(308)*,

gestützt auf den Vertrag zur Gründung der Europäischen Atomgemeinschaft, insbesondere auf Artikel 203,

auf Vorschlag der Kommission,

nach Stellungnahme des Europäischen Parlaments,

in Erwägung nachstehender Gründe:

Zahlreiche Rechtsakte des Rates und der Kommission setzen Fristen, Daten oder Termine fest und verwenden die Begriffe des Arbeitstags oder des Feiertags.

Für diesen Bereich sind einheitliche allgemeine Regeln festzulegen.

In Ausnahmefällen kann es notwendig sein, daß bestimmte Rechtsakte des Rates oder der Kommission von diesen allgemeinen Regeln abweichen.

Für die Verwirklichung der Ziele der Gemeinschaften müssen die einheitliche Anwendung des Gemeinschaftsrechts gewährleistet und infolgedessen die allgemeinen Regeln für die Fristen, Daten und Termine festgelegt werden.

In den Verträgen sind keine Befugnisse zur Festlegung solcher Regeln vorgesehen –

HAT FOLGENDE VERORDNUNG ERLASSEN:

Artikel 1. Diese Verordnung gilt, soweit nichts anderes bestimmt ist, für die Rechtsakte, die der Rat und die Kommission auf Grund des Vertrages zur Gründung der Europäischen Wirtschaftsgemeinschaft oder des Vertrages zur Gründung der Europäischen Atomgemeinschaft erlassen haben bzw. erlassen werden.

KAPITEL I
Fristen

Artikel 2.

nommen werden soll.

licht im
schaften

vorgesehenen Tage ergänzt worden sind.

sichtigen.

Artikel 3.

nis oder die Handlung fällt.

den das Ereignis oder die Handlung fällt.

folgendes:

mit Ablauf der letzten Stunde der Frist.

des letzten Tages der Frist.

ten Stunde des ersten Tages der Frist und endet mit Ablauf der letzten Stunde des Tages der letzten Woche, des letzten Monats oder des letzten Jahres, der dieselbe Bezeichnung oder dieselbe Zahl wie der Tag des Fristbeginns trägt. Fehlt bei einer nach Monaten oder Jahren bemessenen Frist im letzten Monat der für ihren Ablauf maßgebende Tag, so endet die Frist mit Ablauf der letzten Stunde des letzten Tages dieses Monats.

d) Umfaßt eine Frist Monatsbruchteile, so wird bei der Berechnung der Monatsbruchteile ein Monat von dreißig Tagen zugrunde gelegt.

(3) Die Fristen umfassen die Feiertage, die Sonntage und die Sonnabende, soweit diese nicht ausdrücklich ausgenommen oder die Fristen nach Arbeitstagen bemessen sind.

(4) Fällt der letzte Tag einer nicht nach Stunden bemessenen Frist auf einen Feiertag, einen Sonntag oder einen Sonnabend, so endet die Frist mit Ablauf der letzten Stunde des folgenden Arbeitstags.

Diese Bestimmung gilt nicht für Fristen, die von einem bestimmten Datum oder einem bestimmten Ereignis an rückwirkend berechnet werden.

(5) Jede Frist von zwei oder mehr Tagen umfaßt mindestens zwei Arbeitstage.

KAPITEL II

Daten und Termine

Artikel 4. (1) Artikel 3, mit Ausnahme der Absätze 4 und 5, gilt vorbehaltlich der Bestimmungen dieses Artikels für die Fristen des Inkrafttretens, des Wirksamwerdens, des Anwendungsbeginns, des Ablaufs der Geltungsdauer, des Ablaufs der Wirksamkeit und des Ablaufs der Anwendbarkeit der Rechtsakte des Rates oder der Kommission oder einzelner Bestimmungen dieser Rechtsakte.

(2) Rechtsakte des Rates oder der Kommission oder einzelne Bestimmungen dieser Rechtsakte, für deren Inkrafttreten, deren Wirksamwerden oder deren Anwendungsbeginn ein bestimmtes Datum festgesetzt worden ist, treten mit Beginn der ersten Stunde des diesem Datum entsprechenden Tages in Kraft bzw. werden dann wirksam oder angewandt.

Unterabsatz 1 gilt auch dann, wenn die vorgenannten Rechtsakte oder Bestimmungen binnen einer bestimmten Anzahl von Tagen nach dem Eintritt eines Ereignisses oder der Vornahme einer Handlung in Kraft treten, wirksam werden oder angewandt werden sollen.

(3) Rechtsakte des Rates oder der Kommission oder einzelne Bestimmungen dieser Rechtsakte, deren Geltungsdauer, Wirksamkeit oder Anwendbarkeit zu einem bestimmten Zeitpunkt enden, treten mit Ablauf der letzten Stunde des diesem Zeitpunkt entsprechenden Tages außer Kraft bzw. werden dann unwirksam oder nicht mehr angewandt.

Unterabsatz 1 gilt auch dann, wenn die vorgenannten Rechtsakte oder Bestimmungen binnen einer bestimmten Anzahl von Tagen nach dem Eintritt eines Ereignisses oder der Vornahme einer Handlung außer Kraft treten, unwirksam werden oder nicht mehr angewandt werden sollen.

Artikel 5. (1) Artikel 3, mit Ausnahme der Absätze 4 und 5, gilt vorbehaltlich der Bestimmungen dieses Artikels, wenn eine Handlung in Durchführung eines Rechtsaktes des Rates oder der Kommission zu einem bestimmten Zeitpunkt vorgenommen werden kann oder muß.

(2) Kann oder muß eine Handlung in Durchführung eines Rechtsaktes des Rates oder der Kommission an einem bestimmten Datum vorgenommen werden, so kann oder muß dies zwischen dem Beginn der ersten Stunde und dem Ablauf der letzten Stunde des diesem Datum entsprechenden Tages geschehen.

Unterabsatz 1 gilt auch dann, wenn eine Handlung in Durchführung eines Rechtsaktes des Rates oder der Kommission binnen einer bestimmten Anzahl von Tagen nach dem Eintritt eines Ereignisses oder der Vornahme einer anderen Handlung vorgenommen werden kann oder muß.

Artikel 6. Diese Verordnung tritt am 1. Juli 1971 in Kraft.

Diese Verordnung ist in allen ihren Teilen verbindlich und gilt unmittelbar in jedem Mitgliedstaat.

Geschehen zu Luxemburg am 3. Juni 1971.

Amt für Veröffentlichungen

ABl 2009 L 168, 41 idF ABl 2012 L 179, 15

Beschluss des Europäischen Parlaments, des Europäischen Rates, des Rates, der Kommission, des Gerichtshofs der Europäischen Union, des Rechnungshofs, des Europäischen Wirtschafts- und Sozialausschusses und des Ausschusses der Regionen vom 26. Juni 2009 über den Aufbau und die Arbeitsweise des Amts für Veröffentlichungen der Europäischen Union

DAS EUROPÄISCHE PARLAMENT,

DER EUROPÄISCHE RAT,

DER RAT,

DIE EUROPÄISCHE KOMMISSION,

DER GERICHTSHOF DER EUROPÄISCHEN UNION,

DER RECHNUNGSHOF,

DER EUROPÄISCHE WIRTSCHAFTS- UND SOZIALAUSSCHUSS,

DER AUSSCHUSS DER REGIONEN –

gestützt auf den Vertrag über die Europäische Union,

gestützt auf den Vertrag zur Gründung der Europäischen Gemeinschaft

gestützt auf den Vertrag zur Gründung der Europäischen Atomgemeinschaft,

in Erwägung nachstehender Gründe:

(1) Artikel 8 des Beschlusses der Vertreter der Regierungen der Mitgliedstaaten vom 8. April 1965 über die vorläufige Unterbringung bestimmter Organe und Dienststellen der Gemeinschaften[1] besagt, dass ein Amt für amtliche Veröffentlichungen der Europäischen Gemeinschaften (nachstehend „das Amt") in Luxemburg untergebracht wird. Diese Bestimmung wurde zuletzt durch den Beschluss 2000/459/EG, EGKS, Euratom[2] umgesetzt.

(2) Die Vorschriften und Regelungen für die Beamten und sonstigen Bediensteten der Europäischen Gemeinschaften gelten für das Amt. Daher sind die jüngsten Änderungen zu berücksichtigen.

[1] ABl. 152 vom 13.7.1967, S. 18.

[2] ABl. L 183 vom 22.7.2000, S. 12.

(3) Die Verordnung (EG, Euratom) Nr. 1605/2002 des Rates vom 25. Juni 2002 über die Haushaltsordnung für den Gesamthaushaltsplan der Europäischen Gemeinschaften[3] (nachstehend „Haushaltsordnung") enthält besondere Bestimmungen für die Arbeitsweise des Amtes.

(4) Im Verlagswesen haben sich einschneidende technische Veränderungen ergeben, die in Bezug auf die Arbeitsweise des Amtes zu berücksichtigen sind.

Kundmg/Rsetzg

(5) Im Interesse der Klarheit ist der Beschluss 2000/459/EG, EGKS, Euratom durch den vorliegenden Beschluss aufzuheben und zu ersetzen –

BESCHLIESST:

Artikel 1. Amt für Veröffentlichungen

(1) Das Amt für Veröffentlichungen der Europäischen Union (nachstehend „Amt") ist ein interinstitutionelles Amt, das unter optimalen Bedingungen die Herausgabe von Veröffentlichungen der Organe der Europäischen Union und der Europäischen Atomgemeinschaft gewährleisten soll.
Hierzu ermöglicht das Amt den Organen, ihren Verpflichtungen zur Veröffentlichung von Verordnungstexten nachzukommen, und leistet im Rahmen seiner Zuständigkeiten einen Beitrag zur technischen Planung und zur Umsetzung der Informations- und Kommunikationspolitik.

(2) Das Amt wird von seinem Direktor entsprechend den strategischen Leitlinien verwaltet, die von einem Direktorium aufgestellt werden. Abgesehen von den spezifischen Bestimmungen des vorliegenden Beschlusses über die interinstitutionelle Ausrichtung wendet das Amt die Verwaltungs- und Finanzverfahren der Kommission an. Bei der Festlegung dieser Verfahren trägt die Kommission den Besonderheiten des Amtes Rechnung.

Artikel 2. Begriffsbestimmungen

In diesem Beschluss bezeichnet

1. „Herausgabe" jede erforderliche Maßnahme zur Planung, Überprüfung, Zuteilung international standardisierter Nummern und/oder Katalognummern, Herstellung, Katalogisierung, Indexierung,

[3] ABl. L 248 vom 16.9.2002, S. 1.

Verbreitung, Verkaufsförderung und zum Verkauf, Aufbewahrung und Archivierung von Veröffentlichungen in jedweder Form und Aufmachung im Wege herkömmlicher und künftiger Verfahren;

2. „Veröffentlichungen" alle Texte, die auf jedem beliebigen Informationsträger und in jedweder Aufmachung veröffentlicht werden und eine international standardisierte Nummer und/oder eine Katalognummer tragen;

3. „obligatorische Veröffentlichungen" die Veröffentlichungen, die Kraft der Verträge oder anderer Rechtsakte herausgegeben werden;

4. „nichtobligatorische Veröffentlichungen" alle Veröffentlichungen, die im Rahmen der Befugnisse jedes Organs herausgegeben werden;

5. „Verwaltung von Urheberrechten" die Bestätigung, dass die Autorendienste die Urheber- oder Wiederverwertungsrechte innehaben und das Amt diese Rechte für die Veröffentlichungen verwaltet, mit deren Herausgabe es betraut ist;

6. „Nettoerlös aus dem Verkauf" alle Rechnungsbeträge abzüglich der Verwaltungskosten, Einzugs- und Bankgebühren;

7. „Organe" die Organe, Institutionen und Einrichtungen, die Kraft der Verträge bzw. auf deren Grundlage geschaffen wurden.

Artikel 3. Zuständigkeiten des Amtes

(1) Die Zuständigkeiten des Amtes erstrecken sich auf folgende Bereiche:

a) Herausgabe des *Amtsblatts der Europäischen Union* (nachstehend „Amtsblatt") und Sicherung der Authentizität;

b) Herausgabe sonstiger obligatorischer Veröffentlichungen;

c) Herausgabe oder Koedition nichtobligatorischer Veröffentlichungen, mit der das Amt im Rahmen der Befugnisse der Organe insbesondere im Zusammenhang mit ihrer Kommunikationstätigkeit betraut wird;

d) Herausgabe oder Koedition von Veröffentlichungen aus eigener Initiative, einschließlich Veröffentlichungen zur Förderung eigener Dienstleistungen; das Amt kann sich dabei Übersetzungen im Wege eines Dienstleistungsauftrags beschaffen;

e) Ausbau, Wartung und Aktualisierung seiner elektronischen Publikationsdienste für die Öffentlichkeit;

f) Bereitstellung sämtlicher Rechtsvorschriften und sonstiger offizieller Texte für die Öffentlichkeit;

g) Aufbewahrung und Bereitstellung sämtlicher Veröffentlichungen der Organe in elektronischer Form für die Öffentlichkeit;

h) Zuteilung international standardisierter Nummern und/oder Katalognummern für Veröffentlichungen der Organe;

i) Verwaltung der Reproduktions- und Übersetzungsrechte für Veröffentlichungen der Organe;

j) Verkaufsförderung und Verkauf von Veröffentlichungen und der Öffentlichkeit angebotenen Dienstleistungen.

(2) Das Amt bietet den Organen Beratung und Hilfestellung an in Bezug auf

a) Programmierung und Planung ihrer Veröffentlichungsprogramme;

b) Durchführung ihrer Editionsprojekte unabhängig vom Editionsverfahren;

c) Layout und Design ihrer Editionsprojekte;

d) Information über Entwicklungen des Publikationsmarkts in den Mitgliedstaaten und über publikumswirksame Themen und Titel;

e) Festlegung der Auflagenhöhe und Erstellung von Vertriebsplänen;

f) Festsetzung der Preise von Publikationen und deren Verkauf;

g) Verkaufsförderung, Verbreitung und Auswertung ihrer kostenlosen oder kostenpflichtigen Veröffentlichungen;

h) Analyse, Evaluierung und Aufbau von Webseiten und Internetdiensten für die Öffentlichkeit;

i) Ausarbeitung von Rahmenverträgen im Zusammenhang mit Editionstätigkeiten;

j) Technologiebeobachtung auf dem Gebiet der Editionssysteme.

Artikel 4. Verantwortlichkeiten der Organe

(1) Über die Veröffentlichung entscheidet ausschließlich das einzelne Organ.

(2) Die Organe nehmen für die Herausgabe ihrer obligatorischen Veröffentlichungen die Dienste des Amtes in Anspruch.

(3) Die Organe können nichtobligatorische Veröffentlichungen ohne Einschaltung des Amtes herausgeben. In diesem Fall beantragen die Organe bei dem Amt die international standardisierten Nummern und/oder die Katalognummern und überlassen dem Amt eine elektronische Fassung der Veröffentlichung ungeachtet ihres Formats sowie gegebenenfalls zwei Papierfassungen.

(4) Die Organe verpflichten sich, alle Urheber-, Übersetzungs- und Vertriebsrechte für die wesentlichen Bestandteile einer Veröffentlichung zu wahren.

(5) Die Organe verpflichten sich, für ihre Veröffentlichungen einen vom Amt genehmigten Vertriebsplan zu erstellen.

(6) Die Organe können die Modalitäten ihrer Zusammenarbeit mit dem Amt im Rahmen von

Leistungsvereinbarungen definieren. Der Europäische Auswärtige Dienst kann ebenfalls mit dem Amt zusammenarbeiten und zu diesem Zweck eine Leistungsvereinbarung schließen.

Artikel 5. Aufgaben des Amtes

(1) Die Erfüllung der Aufgaben des Amtes schließt insbesondere Folgendes ein:

a) Zusammenstellung der zur Veröffentlichung bestimmten Dokumente;

b) Vorbereitung, grafische Gestaltung, Korrektur, das Layout und die Überprüfung der Texte und sonstiger Elemente ungeachtet des Formats oder Informationsträgers entsprechend den Vorgaben der Organe und den in Zusammenarbeit mit den Organen festgelegten Normen für die typografische und sprachliche Gestaltung;

c) Indexierung und Katalogisierung der Veröffentlichungen;

d) dokumentarische Auswertung der im Amtsblatt veröffentlichten Texte und anderer, nicht im Amtsblatt veröffentlichten offiziellen Texte;

e) Konsolidierung von Rechtstexten;

f) Verwaltung, Weiterentwicklung, Aktualisierung und Verbreitung des mehrsprachigen Thesaurus Eurovoc;

g) Vergabe von Unteraufträgen;

h) Überwachung der Arbeiten;

i) Qualitätskontrolle;

j) Qualitäts- und Quantitätsabnahme;

k) physischer und elektronischer Vertrieb des Amtsblatts und nicht im Amtsblatt veröffentlichter offizieller Texte sowie sonstiger nichtobligatorischer Publikationen;

l) Aufbewahrung;

m) physische und elektronische Archivierung;

n) Neuauflage vergriffener Veröffentlichungen und Druck auf Nachfrage;

o) Erstellung eines konsolidierten Katalogs der Veröffentlichungen der Organe;

p) Verkauf einschließlich Ausstellung von Rechnungen, Annahme von Einzahlungen und Abführung der Einnahmen, Verwaltung der Außenstände;

q) Verkaufsförderung;

r) Erstellung, Kauf, Verwaltung, Aktualisierung, Begleitung und Kontrolle von Adressenlisten der Organe sowie Erstellung gezielter Adressenlisten.

(2) Im Rahmen der eigenen Zuständigkeiten sowie auf Grundlage der von den Organen übertragenen Anweisungsbefugnisse übernimmt das Amt Folgendes:

a) Vergabe öffentlicher Verträge, einschließlich rechtlicher Verpflichtungen;

b) finanzielle Überwachung der Unteraufträge;

c) Feststellung der Ausgaben, insbesondere durch Qualitäts- und Quantitätsabnahme und Anbringung des Zahlbarkeitsvermerks („bon à payer");

d) Anordnung der Ausgaben;

e) Abwicklung der Einnahmenvorgänge.

Artikel 6. Direktorium

(1) Es wird ein Direktorium gebildet, in dem alle unterzeichnenden Organe vertreten sind. Das Direktorium setzt sich zusammen aus dem Kanzler des Gerichtshofs der Europäischen Union sowie den Generalsekretären der anderen Organe oder deren Vertretern. Die Europäische Zentralbank nimmt an den Arbeiten des Direktoriums als Beobachter teil. Die Europäische Zentralbank wird durch den Sekretär ihres Direktoriums vertreten oder durch den für diesen benannten Vertreter.

(2) Das Direktorium ernennt aus den Reihen seiner Mitglieder einen Präsidenten für eine Amtszeit von zwei Jahren.

(3) Das Direktorium tritt auf Initiative seines Präsidenten oder auf Antrag eines Organs mindestens viermal pro Jahr zusammen.

(4) Das Direktorium gibt sich eine Geschäftsordnung, die im Amtsblatt veröffentlicht wird.

(5) Das Direktorium fasst seine Beschlüsse, falls nicht anders bestimmt, mit einfacher Mehrheit.

(6) Jedes Organ, das diesen Beschluss unterzeichnet hat, verfügt im Direktorium über eine Stimme.

Artikel 7. Aufgaben und Zuständigkeiten des Direktoriums

(1) Abweichend von Artikel 6 fasst das Direktorium einstimmig im gemeinsamen Interesse der Organe und im Rahmen der Zuständigkeiten des Amtes folgende Beschlüsse:

a) Auf Vorschlag des Direktors legt es die strategischen Ziele und die Regeln für die Arbeitsweise des Amtes fest;

b) es stellt die Leitlinien für die allgemeine Politik des Amtes auf, insbesondere in den Bereichen Verkauf, Vertrieb und Herausgabe, und achtet darauf, dass das Amt im Rahmen seiner Zuständigkeiten zur Konzeption und Umsetzung der Informationsund Kommunikationspolitik beiträgt;

c) es erstellt auf Grundlage eines vom Direktor des Amtes ausgearbeiteten Entwurfs einen jährlichen Geschäftsbericht über die Umsetzung der Strategie und die vom Amt erbrachten Leistungen, der an die Organe gerichtet ist. Vor dem 1. Mai eines jeden Jahres übermittelt es den Organen den Bericht über das vorhergehende Haushaltsjahr;

d) es genehmigt den Haushaltsvoranschlag der Einnahmen und Ausgaben des Amtes im Rahmen des Haushaltsverfahrens für den Haushalt des Amtes;

e) es genehmigt die Kriterien, nach denen die analytische Buchhaltung des Amtes geführt wird und die der Direktor des Amtes festlegt;

f) es unterbreitet den Organen Vorschläge zur Erleichterung der Tätigkeit des Amtes.

(2) Das Direktorium berücksichtigt die Leitlinien, die von den zu diesem Zweck geschaffenen interinstitutionellen Gremien im Bereich Kommunikation und Information aufgestellt werden. Der Präsident des Direktoriums führt jährlich Gespräche mit diesen Gremien.

(3) Der Präsident des Direktoriums fungiert in seiner Eigenschaft als Vertreter der interinstitutionellen Zusammenarbeit als Gesprächspartner der Entlastungsbehörde für strategische Entscheidungen in den Zuständigkeitsbereichen des Amtes.

(4) Der Präsident des Direktoriums und der Direktor des Amtes legen einvernehmlich die Regeln zur gegenseitigen Information und Kommunikation fest und formalisieren so ihre Beziehungen. Diese Regeln werden den Mitgliedern des Direktoriums zur Information mitgeteilt.

Artikel 8. Direktor des Amtes

Der Direktor des Amtes ist unter Aufsicht des Direktoriums und im Rahmen von dessen Zuständigkeiten für das ordnungsgemäße Funktionieren des Amtes verantwortlich. Bei Anwendung der Verwaltungs- und Finanzverfahren handelt er unter Aufsicht der Kommission.

Artikel 9. Aufgaben und Zuständigkeiten des Direktors des Amtes

(1) Der Direktor des Amtes führt die Sekretariatsgeschäfte des Direktoriums, er gibt diesem Rechenschaft über die Erfüllung seiner Aufgaben und legt hierzu einen vierteljährlichen Bericht vor.

(2) Der Direktor des Amtes unterbreitet dem Direktorium Vorschläge für das ordnungsgemäße Funktionieren des Amtes.

(3) Nach Stellungnahme des Direktoriums legt der Direktor des Amtes die Art und Kosten der Leistungen fest, die das Amt für die Organe gegen Entgelt erbringen kann.

(4) Nach Zustimmung des Direktoriums legt der Direktor des Amtes die Kriterien fest, nach denen die analytische Buchhaltung des Amtes geführt wird. Er legt die Einzelheiten der Zusammenarbeit in der Rechnungsführung zwischen dem Amt und den Organen im Einvernehmen mit dem Rechnungsführer der Kommission fest.

(5) Der Direktor des Amtes erstellt im Rahmen des Haushaltsverfahrens für den Haushalt des Amtes einen Voranschlag der Einnahmen und Ausgaben des Amtes. Nach Zustimmung des Direktoriums werden diese Vorschläge der Kommission übermittelt.

(6) Der Direktor des Amtes entscheidet, ob und nach welchen Modalitäten Veröffentlichungen von Dritten übernommen werden können.

(7) Der Direktor des Amtes nimmt im Rahmen der Zuständigkeiten des Amtes an interinstitutionellen Tätigkeiten im Bereich Information und Kommunikation teil.

(8) In Bezug auf die Herausgabe von Rechtsakten und amtlichen Dokumenten in Zusammenhang mit dem Rechtsetzungsverfahren einschließlich des Amtsblatts übt der Direktor folgende Befugnisse aus:

a) Er wirkt bei den zuständigen Stellen der einzelnen Organe auf den Erlass grundsätzliche Entscheidungen hin, die gemeinsam anzuwenden sind;

b) er unterbreitet Verbesserungsvorschläge für die Gliederung und Aufmachung des Amtsblatts und amtlicher Rechtstexte;

c) er macht den Organen Vorschläge, wie die Gestaltung der zur Veröffentlichung bestimmten Texte harmonisiert werden könnte;

d) er prüft die bei laufenden Tätigkeiten auftretenden Schwierigkeiten und erstellt innerhalb des Amtes die notwendigen Anweisungen zur Beseitigung dieser Schwierigkeiten und richtet an die Organe entsprechende Empfehlungen.

(9) Der Direktor des Amtes erstellt gemäß der Haushaltsordnung einen jährlichen Tätigkeitsbericht, der sich auf die Verwaltung der von der Kommission und anderen Organen kraft der Haushaltsordnung übertragenen Mittel erstreckt. Dieser Bericht richtet sich an die Kommission und die beteiligten Organe und wird dem Direktorium zur Information zugeleitet.

(10) Im Rahmen der Mittelübertragung der Kommission und der Ausführung des Haushalts werden die Modalitäten der Information und Konsultation zwischen dem für die Beziehungen zum Amt zuständigen Kommissionsmitglied und dem Direktor des Amtes im gegenseitigen Einvernehmen festgelegt.

(11) Der Direktor des Amtes ist verantwortlich für die Umsetzung der vom Direktorium aufgestellten strategischen Ziele und die ordnungsgemäße Führung des Amtes, dessen Tätigkeiten sowie die Verwaltung seines Haushalts.

(12) Ist der Direktor des Amtes abwesend oder verhindert, gelangen die auf Dienstgrad und Dienstalter basierenden Vertretungsregeln zur Anwendung, es sei denn, das Direktorium beschließt auf Vorschlag seines Präsidenten oder des Direktors des Amtes eine andere Rangfolge.

(13) Der Direktor des Amtes informiert die Organe anhand eines vierteljährlichen Berichts über die Planung und Verwendung der Mittel sowie über den Stand der Arbeiten.

Artikel 10. Personal

(1) Ernennungen in Funktionen der Grundamtsbezeichnungen Generaldirektor und Direktor werden von der Kommission nach einstimmiger Zustimmung des Direktoriums vorgenommen. Die Regeln der Kommission für die Mobilität und Beurteilung höherer Führungskräfte sind auf den Generaldirektor und die Direktoren (Besoldungsgruppen AD 16/AD 15/ AD 14) anwendbar. Sobald sich die normalerweise in den einschlägigen Vorschriften vorgesehene Verweildauer eines Beamten auf einem solchen Dienstposten dem Ende nähert, informiert die Kommission das Direktorium, dass eine einstimmige Stellungnahme dazu abgeben kann.

(2) Das Direktorium wird eng an den Verfahren beteiligt, die der Ernennung von Beamten und Bediensteten des Amtes für die Grundamtsbezeichnungen Generaldirektor (Besoldungsgruppen AD 16/AD 15) und Direktor (Besoldungsgruppen AD 15/AD 14) gegebenenfalls vorausgehen; dies gilt insbesondere für Stellenausschreibungen, die Prüfung von Bewerbungen und die Ernennung von Prüfungsausschüssen für diese Grundamtsbezeichnungen.

(3) Die Befugnisse der Anstellungsbehörde (AIPN) und der zur Unterzeichnung von Arbeitsverträgen ermächtigten Behörde (AHCC) werden in Bezug auf die Beamten und Bediensteten des Amtes von der Kommission ausgeübt. Die Kommission kann bestimmte Befugnisse innerhalb der Kommission und an den Direktor des Amtes übertragen. Eine solche Übertragung erfolgt unter den gleichen Bedingungen wie für die Generaldirektoren der Kommission.

(4) Vorbehaltlich des Absatzes 2 gelten die von der Kommission zur Umsetzung des Statuts und der Regelungen für die sonstigen Bediensteten erlassenen Bestimmungen und Verfahren für die Beamten und Bediensteten des Amtes zu den gleichen Bedingungen wie für die Beamten und Bediensteten der Kommission, die in Luxemburg dienstlich verwendet werden.

(5) Ausschreibungen für zu veröffentlichende freie Stellen des Amtes werden den Beamten aller Organe bekannt gegeben, sobald die Anstellungsbehörde oder die zur Unterzeichnung von Einstellungsverträgen ermächtigte Behörde beschlossen hat, die jeweilige Planstelle zu besetzen.

(6) Der Direktor des Amtes informiert das Direktorium vierteljährlich über die Verwaltung des Personals.

Artikel 11. Finanzielle Fragen

(1) Die dem Amt zur Verfügung gestellten Mittel werden in eine besondere Haushaltslinie des Einzelplans „Kommission" des Haushaltsplans eingestellt und in einem Anhang zu diesem Einzelplan aufgeschlüsselt. Dieser Anhang enthält die Ausgaben- und Einnahmenansätze, die in gleicher Weise wie die Einzelpläne des Haushaltsplans unterteilt werden.

(2) Der Stellenplan des Amtes wird in einem Anhang zum Stellenplan der Kommission aufgeführt.

(3) Jedes Organ bleibt für die Mittel des Kapitels „Veröffentlichungen" in seinem Einzelplan anweisungsbefugt.

Kundmg/Rsetzg

(4) Die Organe können dem Direktor des Amtes die Anweisungsbefugnis für die Mittel übertragen, die in ihrem Einzelplan ausgewiesen sind; sie legen die Grenzen und Modalitäten dieser Übertragung entsprechend der Haushaltsordnung fest. Der Direktor des Amtes informiert das Direktorium vierteljährlich über diese Übertragungen.

(5) Die Haushalts- und Finanzführung des Amtes erfolgt unter Einhaltung der Haushaltsordnung und deren Durchführungsbestimmungen sowie des geltenden Finanzrahmens der Kommission; dies gilt auch für die von anderen Organen als der Kommission übertragenen Mittel.

(6) Die Rechnungsführung des Amtes basiert auf den einschlägigen Vorschriften und Methoden, die vom Rechnungsführer der Kommission aufgestellt werden. Das Amt unterhält jeweils eine gesonderte Buchführung für den Verkauf des Amtsblatts und der Veröffentlichungen. Der Nettoerlös aus dem Verkauf wird an die Organe abgeführt.

Artikel 12. Kontrolle

(1) Die Funktion des internen Prüfers wird gemäß der Haushaltsordnung vom Internen Prüfer der Kommission wahrgenommen. Analog zu den Generaldirektionen und Dienststellen der Kommission richtet das Amt einen internen Auditdienst ein. Die Organe können vom Direktor des Amtes verlangen, dass in das Arbeitsprogramm des internen Auditdienstes des Amtes spezifische Audits einbezogen werden.

(2) Im Zusammenhang mit dem Auftrag des Europäischen Amtes für Betrugsbekämpfung (OLAF) beantwortet das Amt alle in seinen Zuständigkeitsbereich fallenden Fragen. Zum Schutze der finanziellen Interessen der Europäischen Union verständigen sich der Präsident des Direktoriums und der Direktor des OLAF über die Modalitäten der gegenseitigen Information.

Artikel 13. Beschwerden und Anträge

(1) Im Rahmen seiner Zuständigkeiten ist das Amt verantwortlich für die Beantwortung von Anfragen des Europäischen Bürgerbeauftragten und des Europäischen Datenschutzbeauftragten.

(2) Jede Klage im Zuständigkeitsbereich des Amtes ist gegen die Kommission zu richten.

Artikel 14. Zugang der Öffentlichkeit zu Dokumenten

(1) Der Direktor des Amtes trifft die Entscheidungen gemäß Artikel 7 der Verordnung (EG) Nr. 1049/2001 des Europäischen Parlaments und des Rates vom 30. Mai 2001 über den Zugang der Öffentlichkeit zu Dokumenten des Europäischen Parlaments, des Rates und der Kommission[4]. Im Falle der Ablehnung entscheidet der Generalsekretär der Kommission über die Zweitanträge.

(2) Das Amt verfügt über ein Dokumentenregister gemäß Artikel 11 der Verordnung (EG) Nr. 1049/2001.

Artikel 15. Aufhebung

Der Beschluss 2000/459/EG, EGKS, Euratom wird aufgehoben.

Die Verweisungen auf den aufgehobenen Beschluss gelten als Verweisungen auf den vorliegenden Beschluss.

Artikel 16. Inkrafttreten

Dieser Beschluss tritt am Tag nach seiner Veröffentlichung im *Amtsblatt der Europäischen Union* in Kraft.

[4] ABl. L 145 vom 31.5.2001, S. 43.

Redaktionelle Qualität der gemeinschaftlichen Rechtsvorschriften

EUROPÄISCHES PARLAMENT
RAT
KOMMISSION

INTERINSTITUTIONELLE VEREINBARUNG
vom 22. Dezember 1998
Gemeinsame Leitlinien für die redaktionelle Qualität der gemeinschaftlichen Rechtsvorschriften

(1999/C 73/01)
(ABl 1999 C 73, 1)

DAS EUROPÄISCHE PARLAMENT, DER RAT DER EUROPÄISCHEN UNION UND DIE KOMMISSION DER EUROPÄISCHEN GEMEINSCHAFTEN –

gestützt auf die Erklärung (Nr. 39) zur redaktionellen Qualität der gemeinschaftlichen Rechtsvorschriften, die am 2. Oktober 1997 von der Regierungskonferenz verabschiedet wurde und der Schlußakte des Vertrags von Amsterdam beigefügt worden ist,

in Erwägung nachstehender Gründe:

(1) Eine klare, einfache und genaue Abfassung der gemeinschaftlichen Rechtsakte ist für die Transparenz der gemeinschaftlichen Rechtsvorschriften sowie für deren Verständlichkeit in der Öffentlichkeit und den Wirtschaftskreisen unerläßlich. Sie ist auch notwendig für eine ordnungsgemäße Durchführung und einheitliche Anwendung der gemeinschaftlichen Rechtsvorschriften in den Mitgliedstaaten.

(2) Nach der Rechtsprechung des Gerichtshofs erfordert der Grundsatz der Rechtssicherheit, der zur gemeinschaftlichen Rechtsordnung gehört, daß die Rechtsakte der Gemeinschaft klar und deutlich sind und ihre Anwendung für die Betroffenen vorhersehbar ist. Dieses Gebot gilt in besonderem Maß, wenn es sich um einen Rechtsakt handelt, der finanzielle Konsequenzen haben kann und den Betroffenen Lasten auferlegt, denn die Betroffenen müssen in der Lage sein, den Umfang der ihnen durch diesen Rechtsakt auferlegten Verpflichtungen genau zu erkennen.

(3) Es empfiehlt sich daher, einvernehmlich Leitlinien für die redaktionelle Qualität der gemeinschaftlichen Rechtsvorschriften festzulegen. Diese Leitlinien sollen den Gemein-

zungsverfahrens vorgenommen werden.

weils für seinen Bereich anzunehmen sind.

stärkt werden.

fachung bestehender Texte zu verbessern.

Sie sind nicht rechtsverbindlich –

NEHMEN EINVERNEHMLICH FOLGENDE LEITLINIEN AN:

Allgemeine Grundsätze

den klar, einfach und genau abgefaßt.

2. Bei der Abfassung der Gemeinschaftsakte wird berücksichtigt, um welche Art von Rechtsakt es sich handelt, und insbesondere, ob er verbindlich ist oder nicht (Verordnung, Richtlinie, Entscheidung/Beschluß, Empfehlung o. a.).

3. Bei der Abfassung der Akte wird berücksichtigt, auf welche Personen sie Anwendung finden sollen, um diesen die eindeutige Kenntnis ihrer Rechte und Pflichten zu ermöglichen, und von wem sie durchgeführt werden sollen.

4. Die Bestimmungen der Akte werden kurz und prägnant formuliert, und ihr Inhalt sollte möglichst homogen sein. Allzu lange Artikel und Sätze, unnötig komplizierte Formulierungen und der übermäßige Gebrauch von Abkürzungen sollten vermieden werden.

5. Während des gesamten Prozesses, der zur Annahme der Akte führt, wird bei der Abfassung der Entwürfe dieser Akte darauf geachtet, daß hinsichtlich Wortwahl und Satzstruktur dem mehrsprachigen Charakter der gemeinschaftlichen Rechtsvorschriften Rechnung getragen wird; spezifische Begriffe oder die spezifische Terminologie der nationalen Rechtssysteme dürfen nur behutsam verwendet werden.

6. Die verwendete Terminologie muß kohärent sein, und zwar ist auf Kohärenz sowohl zwischen den Bestimmungen ein und desselben Akts als auch zwischen diesem Akt und den bereits geltenden Akten, insbesondere denjenigen aus demselben Bereich, zu achten.

   Dieselben Begriffe sind mit denselben Worten auszudrücken und dürfen sich dabei möglichst nicht von der Bedeutung entfernen, die sie in der Umgangssprache, der Rechtssprache oder der Fachsprache haben.

Aufbau des Rechtsakts

7. Alle Gemeinschaftsakte von allgemeiner Art werden unter Zugrundelegung einer Standardstruktur abgefaßt (Titel – Präambel – verfügender Teil – gegebenenfalls Anhänge).

8. Die Titel von Akten enthalten eine möglichst knapp formulierte und vollständige Bezeichnung des Gegenstands, die nicht zu falschen Schlüssen in bezug auf den Inhalt des verfügenden Teils führen darf.

   Gegebenenfalls kann dem Titel ein Kurztitel folgen.

9. Die Bezugsvermerke sollen die Rechtsgrundlage des Aktes und die wichtigsten Verfahrensschritte bis zu seiner Annahme angeben.

10. Zweck der Erwägungsgründe ist es, die wichtigsten Bestimmungen des verfügenden Teils in knapper Form zu begründen, ohne deren Wortlaut wiederzugeben oder zu paraphrasieren. Sie dürfen keine Bestimmungen mit normativem Charakter und auch keine politischen Willensbekundungen enthalten.

11. Die Erwägungsgründe werden numeriert.

12. Der verfügende Teil eines verbindlichen Akts darf weder Bestimmungen ohne normativen Charakter, wie Wünsche oder politische Erklärungen, noch Bestimmungen enthalten, durch die Passagen oder Artikel der Verträge wiedergegeben oder paraphrasiert oder geltende Rechtsvorschriften bestätigt werden.

    Die Akte dürfen keine Bestimmungen enthalten, in denen der Inhalt anderer Artikel angekündigt oder der Titel des Aktes wiederholt wird.

13. Gegebenenfalls wird am Anfang des Aktes ein Artikel vorgesehen, um den Gegenstand und den Anwendungsbereich des betreffenden Aktes festzulegen.

14. Wenn die in dem Akt verwendeten Begriffe ihrem Gehalt nach nicht eindeutig sind, empfiehlt es sich, die Definitionen solcher Begriffe in einem einzigen Artikel am Anfang des Aktes aufzuführen. Diese Definitionen dürfen keine eigenständigen Regelungselemente enthalten.

15. Beim Aufbau des verfügenden Teils wird so weit wie möglich eine Standardstruktur (Gegenstand und Anwendungsbereich – Definitionen – Rechte und Pflichten – Bestimmungen zur Übertragung von Durchführungsbefugnissen – Verfahrensvorschriften – Durchführungsmaßnahmen – Übergangs- und Schlußbestimmungen) eingehalten.

    Der verfügende Teil wird in Artikel sowie – je nach Länge und Komplexität – in Titel, Kapitel und Abschnitte gegliedert. Enthält ein Artikel eine Liste, so sollte jeder einzelne Punkt dieser Liste vorzugsweise mit einer Nummer oder einem Buchstaben statt mit einem Gedankenstrich versehen werden.

Interne und externe Bezugnahmen

16. Bezugnahmen auf andere Akte sollten so weit wie möglich vermieden werden. Wenn eine Bezugnahme erfolgt, so wird der Akt oder die Bestimmung, auf den bzw. die verwiesen wird, genau bezeichnet. Überkreuzverweise (Bezugnahme auf einen Akt oder auf einen Artikel, der wiederum auf die Ausgangsbestimmung verweist) und Bezugnahmen in Kaskadenform (Bezugnahme auf eine Bestimmung, die wiederum auf eine andere Bestimmung verweist) sind ebenfalls zu vermeiden.

17. Eine Bezugnahme im verfügenden Teil eines verbindlichen Aktes auf einen nicht verbindlichen Akt hat nicht zur Folge, daß letzterer verbindlich wird. Wenn der Verfasser dem nicht verbindlichen Akt ganz oder teilweise bindende Wirkung verleihen möchte, empfiehlt es sich, den betreffenden Wortlaut so weit wie möglich als Teil des verbindlichen Aktes wiederzugeben.

Änderungsrechtsakte

18. Änderungen eines Aktes werden klar und deutlich formuliert. Die Änderungen erfolgen in Form eines Textes, der sich in den zu ändernden Akt einfügt. Vorzugsweise sind ganze Bestimmungen (Artikel oder Untergliederungen eines Artikels) zu ersetzen und nicht Sätze, Satzteile oder Wörter einzufügen oder zu streichen.

    Ein Änderungsakt darf keine eigenständigen Sachvorschriften enthalten, die sich nicht in den zu ändernden Akt einfügen.

19. Ein Akt, dessen Hauptzweck nicht in der Änderung eines anderen Aktes besteht, kann in fine Änderungen anderer Akte enthalten, die sich aus dem Neuerungseffekt seiner eigenen Bestimmungen ergeben. Handelt es sich um umfangreiche Änderungen, so empfiehlt sich die Annahme eines gesonderten Änderungsaktes.

Schlußbestimmungen, Aufhebungsklauseln und Anhänge

20. Die Bestimmungen betreffend Termine, Fristen, Ausnahmen, Abweichungen und Veränderungen sowie die Übergangsbestimmungen (insbesondere hinsichtlich der Auswirkungen des Aktes auf bestehende Sachverhalte) und die Schlußbestimmungen (Inkrafttreten, Umsetzungsfrist, Beginn und gegebenenfalls Ende der

gefaßt.

währleistet ist.

ben werden.

aufgeführt sind.

gung einer Standardstruktur abgefaßt.

FÜHRUNGSMASSNAHMEN:

erachten.

gende Maßnahmen:

ken;

Leitlinien unterbreiten können;

Dienststellen;

der Mehrsprachigkeit auf die redaktionelle Qualität ins Bewußtsein gerückt werden müssen;

e) sie fördern die Zusammenarbeit mit den Mitgliedstaaten, um das Verständnis für die besonderen Erwägungen, die es bei der Abfassung der Texte zu berücksichtigen gilt, zu verbessern;

f) sie fördern die Entwicklung und Verbesserung der Hilfsmittel, die die Informationstechnologie für die Abfassung von Rechtstexten bietet;

g) sie setzen sich für eine gute Zusammenarbeit ihrer jeweiligen mit der Überwachung der redaktionellen Qualität betrauten Dienststellen ein;

h) sie beauftragen ihre Juristischen Dienste, in regelmäßigen Abständen für das jeweilige Organ einen Bericht über die gemäß den Buchstaben a) bis g) getroffenen Maßnahmen zu erstellen.

Geschehen zu Brüssel am 22. Dezember 1998.

Kodifizierung von Rechtstexten

Interinstitutionelle Vereinbarung
vom 20. Dezember 1994
über ein beschleunigtes Arbeitsverfahren für die amtliche Kodifizierung von Rechtstexten

(96/C 102/02)

(ABl 1996 C 102, 2)

(Dieser Text annulliert und ersetzt den im ABl. Nr. C 293 vom 8. November 1995 veröffentlichten Text.)

1. Als amtliche Kodifizierung im Sinne dieses Arbeitsverfahrens gilt ein Verfahren mit dem Ziel, die zu kodifizierenden Rechtsakte aufzuheben und durch einen einzigen Rechtsakt zu ersetzen, der keine inhaltliche Änderung der betreffenden Rechtsakte bewirkt.

2. Die vorrangigen Bereiche, in denen eine Kodifizierung erfolgen sollte, werden von den betroffenen drei Organen gemeinsam auf Vorschlag der Kommission festgelegt. Die Kommission wird in ihrem Arbeitsprogramm festlegen, welche Kodifizierungsvorschläge sie vorzulegen beabsichtigt.

3. Die Kommission verpflichtet sich, in ihre Kodifizierungsvorschläge keine inhaltlichen Änderungen an den zu kodifizierenden Rechtsakten aufzunehmen.

4. Die beratende Gruppe aus Vertretern der Juristischen Dienste des Europäischen Parlaments, des Rates und der Kommission prüft den von der Kommission angenommenen Kodifizierungsvorschlag umgehend. Sie nimmt so rasch wie möglich dazu Stellung, ob sich der Vorschlag tatsächlich auf eine reine Kodifizierung ohne inhaltliche Änderungen beschränkt.

5. Der übliche Rechtssetzungsprozeß der Gemeinschaft wird uneingeschränkt eingehalten.

6. Der Gegenstand des Kommissionsvorschlags, d. h. eine reine Kodifizierung bestehender Rechtstexte, stellt eine rechtliche Beschränkung dar, die jede inhaltliche Änderung durch das Europäische Parlament und den Rat verbietet.

7. Der Vorschlag der Kommission wird unter sämtlichen Aspekten in einem beschleunigten Verfahren im Europäischen Parlament (Prüfung des Vorschlags durch einen einzigen Ausschuß und vereinfachtes Verfahren für seine Billigung) und im Rat (Prüfung durch eine einzige Gruppe und I/A-Punkt-Verfahren im AStV und Rat) geprüft.

8. Falls es sich im Verlauf des Rechtssetzungsverfahren als erforderlich erweisen sollte, über eine reine Kodifizierung hinauszugehen und inhaltliche Änderungen vorzu-

nehmen, so wäre es Aufgabe der Kommission, gegebenenfalls den oder die hierfür erforderlichen Vorschläge zu unterbreiten.

Geschehen zu Brüssel am zwanzigsten Dezember neunzehnhundertvierundneunzig.

Gemeinsame Erklärungen

Zu Nummer 4 des beschleunigten Arbeitsverfahrens für die amtliche Kodifizierung von Rechtstexten

Das Europäische Parlament, der Rat und die Kommission sind sich darin einig, daß die beratende Gruppe sich bemühen wird, ihre Stellungnahme so rechtzeitig abzugeben, daß sie den Organen jeweils vor Beginn der Prüfung des betreffenden Vorschlags vorliegt.

Zu Nummer 7 des beschleunigten Arbeitsverfahrens für die amtliche Kodifizierung von Rechtstexten

Das Europäische Parlament, der Rat und die Kommission bekräftigen, daß die Prüfung der Vorschläge der Kommission für eine amtliche Kodifizierung „unter sämtlichen Aspekten" im Europäischen Parlament und im Rat so durchgeführt wird, daß die beiden Ziele des Verfahrens der Kodifizierung, nämlich die Behandlung durch ein einziges Gremium in den Organen und ein nahezu automatisches Verfahren, nicht in Frage gestellt werden.

Die drei Organe sind sich insbesondere darin einig, daß die Prüfung der Kommissionsvor-

kodifizierenden Rechtsakte gewählt wurden.

Zu Nummer 8 des beschleunigten Arbeitsverfahrens für die amtliche Kodifizierung von Rechtstexten

aufgenommen wird, beibehält.

Erklärung des Europäischen Parlaments

Zu Nummer 5 des beschleunigten Arbeitsverfahrens für die amtliche Kodifizierung von Rechtstexten

zierung vorbehalten muß.

Kodifizierung der Rechtsakte des Rates

ENTSCHLIESSUNG DES RATES
vom 26. November 1974 über die Kodifizierung seiner Rechtsakte

(ABl 1975 C 20, 1)

DER RAT DER EUROPÄISCHEN GEMEINSCHAFTEN –

in Erwägung nachstehender Gründe:

Aus Gründen der Rechtsklarheit und zur Erleichterung des Umgangs der beteiligten Parteien mit den Rechtsakten ist es wünschenswert, mehrmals geänderte Rechtsakte des Rates in einem einzigen Text zusammenzufassen. Deshalb hat der Rat bereits mit Unterstützung der Kommission die kodifizierte Fassung einiger dieser Rechtsakte als Mitteilung veröffentlicht. Unbeschadet dieses Versuchs und der Suche nach anderen Kodifizierungsmöglichkeiten sollte aus Gründen der Rechtssicherheit nach Möglichkeit eine Kodifizierung mit echter Gesetzeskraft vorgenommen werden, die die Aufhebung früherer Rechtsakte bewirkt. Es ist wünschenswert, mögliche neue Verfahren zur Kodifizierung der Rechtsetzung der Gemeinschaft weiterzuprüfen;

ersucht die Kommission, Vorschläge zur Kodifizierung mehrmals geänderter Verordnungen[a]) oder Richtlinien des Rates zu unterbreiten;

verpflichtet sich, diese Vorschläge so rasch wie möglich zu prüfen, ohne bei dieser Kodifizierung den Inhalt der kodifizierten Rechtsakte in Frage zu stellen.

---

[a]) Vgl die Mitteilungen der Kommission über kodifizierte Rechtsakte ABl 1989 C 118, 2 und ABl 1989 C 205, 11.

Interinstitutionelle Vereinbarung vom 13. April 2016 über bessere Rechtsetzung

ABl 2016 L 123, 1

Interinstitutionelle Vereinbarung vom 13. April 2016 zwischen dem Europäischen Parlament, dem Rat der Europäischen Union und der Europäischen Kommission über bessere Rechtsetzung

DAS EUROPÄISCHE PARLAMENT, DER RAT DER EUROPÄISCHEN UNION UND DIE EUROPÄISCHE KOMMISSION,

gestützt auf den Vertrag über die Arbeitsweise der Europäischen Union, insbesondere auf Artikel 295,

in Erwägung nachstehender Gründe:

(1) Das Europäische Parlament, der Rat und die Kommission (im Folgenden die „drei Organe") verpflichten sich zu loyaler und transparenter Zusammenarbeit während des gesamten Gesetzgebungszyklus. In diesem Zusammenhang verweisen sie auf die in den Verträgen verankerte Gleichberechtigung der beiden Mitgesetzgeber.

(2) Die drei Organe erkennen ihre gemeinsame Verantwortung dafür an, dass Rechtsvorschriften der Union von hoher Qualität verabschiedet werden und gewährleistet ist, dass diese Rechtsvorschriften auf die Bereiche fokussiert werden, in denen sie den größten Mehrwert für die europäischen Bürger haben, dass sich die gemeinsamen politischen Ziele der Union mit ihnen so effizient und effektiv wie möglich erreichen lassen, sie so einfach und klar wie möglich formuliert sind, nicht zu Überregulierung und Verwaltungsaufwand für Bürger, Verwaltungen und Unternehmen, insbesondere für kleine und mittlere Unternehmen (im Folgenden „KMU") führen und so gestaltet sind, dass sie sich leicht umsetzen und in der Praxis anwenden lassen und die Wettbewerbsfähigkeit und die Nachhaltigkeit der Wirtschaft in der Union stärken.

(3) Die drei Organe erinnern an die Verpflichtung der Union, gemäß Artikel 5 des Vertrags über die Europäische Union betreffend die Anwendung der Grundsätze der Subsidiarität und der Verhältnismäßigkeit Rechtsvorschriften nur sofern und soweit erforderlich zu erlassen.

(4) Die drei Organe bekräftigen die Rolle und die Verantwortung der nationalen Parlamente, wie sie in den Verträgen, im dem Vertrag über die Europäische Union, dem Vertrag über die Arbeitsweise der Europäischen Union und dem Vertrag zur Gründung der Europäischen Atomgemeinschaft beigefügten Protokoll Nr. 1 über die Rolle der nationalen Parlamente in der Europäischen Union und im dem Vertrag über die Europäische Union und dem Vertrag über die Arbeitsweise der Europäischen Union beigefügten Protokoll Nr. 2 über die Anwendung der Grundsätze der Subsidiarität und der Verhältnismäßigkeit niedergelegt sind.

(5) Die drei Organe stimmen darin überein, dass bei der Festsetzung der Gesetzgebungsagenda die Analyse des potenziellen „europäischen Mehrwerts" jeder vorgeschlagenen Unionsmaßnahme sowie die Abschätzung der „Kosten des Nicht-Europas" bei einem Verzicht auf ein Handeln auf Unionsebene in vollem Umfang berücksichtigt werden sollten.

(6) Die drei Organe vertreten die Auffassung, dass eine Konsultation der Öffentlichkeit und der Interessenträger, eine Ex-post-Evaluierung der geltenden Rechtsvorschriften und die Abschätzung der Folgen neuer Initiativen dabei helfen werden, eine bessere Rechtsetzung zu erreichen.

(7) Mit dem Ziel, die Verhandlungen im Rahmen des ordentlichen Gesetzgebungsverfahrens zu erleichtern und die Anwendung der Artikel 290 und 291 des Vertrags über die Arbeitsweise der Europäischen Union zu verbessern, legt diese Vereinbarung die Grundsätze fest, nach denen die Kommission vor der Annahme delegierter Rechtsakte das erforderliche Fachwissen einholen wird.

(8) Die drei Organe bekräftigen, dass die Ziele einer Vereinfachung der Rechtsvorschriften der Union und der Verringerung des Regelungsaufwands unbeschadet der Verfolgung der in den Verträgen festgelegten politischen Ziele der Union und der Wahrung der Integrität des Binnenmarktes angestrebt werden sollten.

(9) Die vorliegende Vereinbarung ergänzt die nachfolgenden Vereinbarungen und Erklärungen zur besseren Rechtsetzung, zu denen sich die drei Organe weiterhin uneingeschränkt bekennen:

– Interinstitutionelle Vereinbarung vom 20. Dezember 1994 über ein beschleunigtes

Arbeitsverfahren für die amtliche Kodifizierung von Rechtstexten[1],

- Interinstitutionelle Vereinbarung vom 22. Dezember 1998 Gemeinsame Leitlinien für die redaktionelle Qualität der gemeinschaftlichen Rechtsvorschriften[2],
- Interinstitutionelle Vereinbarung vom 28. November 2001 über die systematischere Neufassung von Rechtsakten[3],
- Gemeinsame Erklärung vom 13. Juni 2007 zu den praktischen Modalitäten des neuen Mitentscheidungsverfahrens[4],
- Gemeinsame Politische Erklärung vom 27. Oktober 2011 des Europäischen Parlaments, des Rates und der Kommission zu Erläuternde Dokumenten[5].

SIND WIE FOLGT ÜBEREINGEKOMMEN:

I.
GEMEINSAME VERPFLICHTUNGEN UND ZIELE

(1) Die drei Organe kommen überein, mit einer Reihe von Initiativen und Verfahren, die in dieser Vereinbarung festgelegt sind, eine bessere Rechtsetzung anzustreben.

(2) Die drei Organe kommen überein, bei der Wahrnehmung der in den Verträgen vorgesehenen Zuständigkeiten und unter Einhaltung der in den Verträgen vorgesehenen Verfahren sowie unter Hinweis auf die Bedeutung, die sie der Gemeinschaftsmethode beimessen, allgemeine Grundsätze des Unionsrechts zu beachten, wie die Grundsätze der demokratischen Legitimität, der Subsidiarität und der Verhältnismäßigkeit sowie der Rechtssicherheit. Sie kommen ferner überein, die Einfachheit, Klarheit und Kohärenz bei der Formulierung von Rechtsvorschriften der Union sowie ein Höchstmaß an Transparenz im Rechtsetzungsverfahren zu fördern.

(3) Die drei Organe stimmen darin überein, dass die Rechtsvorschriften der Union verständlich und klar formuliert sein, den Bürgern, Verwaltungen und Unternehmen ein leichtes Verständnis ihrer Rechte und Pflichten ermöglichen, angemessene Berichterstattungs-, Überwachungs- und Evaluierungsvorschriften enthalten, Überregulierung und Verwaltungsaufwand vermeiden und sich leicht umsetzen lassen sollten.

[1] ABl. C 102 vom 4.4.1996, S. 2.
[2] ABl. C 73 vom 17.3.1999, S. 1.
[3] ABl. C 77 vom 28.3.2002, S. 1.
[4] ABl. C 145 vom 30.6.2007, S. 5.
[5] ABl. C 369 vom 17.12.2011, S. 15.

II.
PROGRAMMPLANUNG

(4) Die drei Organe kommen überein, die jährliche und die mehrjährige Programmplanung der Union gemäß Artikel 17 Absatz 1 des Vertrags über die Europäische Union, dem zufolge die Kommission die jährliche und die mehrjährige Programmplanung einleitet, zu verstärken.

Mehrjährige Programmplanung

(5) Nach Ernennung einer neuen Kommission werden sich die drei Organe zur Erleichterung der längerfristigen Planung über die wichtigsten Politikziele und -prioritäten der drei Organe für die neue Amtszeit sowie nach Möglichkeit über die vorläufige zeitliche Planung austauschen.

Die drei Organe werden auf Initiative der Kommission gegebenenfalls gemeinsame Schlussfolgerungen, die von den Präsidenten der drei Organe unterzeichnet werden, verfassen.

Die drei Organe werden auf Initiative der Kommission eine Halbzeitüberprüfung dieser gemeinsamen Schlussfolgerungen vornehmen und sie gegebenenfalls anpassen.

Jährliche Programmplanung – Arbeitsprogramm der Kommission und interinstitutionelle Programmplanung

(6) Die Kommission wird vor und nach der Annahme ihres Jahresarbeitsprogramms (im Folgenden „Arbeitsprogramm der Kommission") einen Dialog mit dem Europäischen Parlament beziehungsweise dem Rat aufnehmen. Dieser Dialog wird Folgendes umfassen:

a) es wird ein früher bilateraler Gedankenaustausch zu Initiativen des kommenden Jahres erfolgen, und zwar vor Übermittlung eines schriftlichen Beitrags des Präsidenten der Kommission und ihres ersten Vizepräsidenten, in dem die politisch wichtigsten Themen des kommenden Jahres in angemessener Ausführlichkeit dargelegt und Angaben im Hinblick auf geplante Rücknahmen von Vorschlägen der Kommission gemacht werden (im Folgenden „Absichtserklärung");

b) nach der Debatte über die Lage der Union und vor der Annahme des Arbeitsprogramms der Kommission werden das Europäische Parlament und der Rat auf der Grundlage der Absichtserklärung einen Gedankenaustausch mit der Kommission führen;

c) zwischen den drei Organen wird zum angenommenen Arbeitsprogramm der Kommission gemäß Nummer 7 ein Gedankenaustausch stattfinden.

Die Kommission wird in jeder Phase des Dialogs den vom Europäischen Parlament und vom Rat geäußerten Ansichten, einschließlich ihrer Ersuchen um Initiativen, gebührend Rechnung tragen.

(7) Nach Annahme des Arbeitsprogramms der Kommission werden die drei Organe darauf aufbauend einen Gedankenaustausch zu den Initiativen für das kommende Jahr führen und sich auf eine gemeinsame Erklärung über die jährliche interinstitutionelle Programmplanung (im Folgenden „gemeinsame Erklärung"), die von den Präsidenten der drei Organe zu unterzeichnen ist, verständigen. Die gemeinsame Erklärung wird die allgemeinen Ziele und Prioritäten für das folgende Jahr darlegen und die politisch wichtigsten Themen, denen – unbeschadet der den Mitgesetzgebern durch die Verträge übertragenen Befugnisse – im Gesetzgebungsverfahren Vorrang eingeräumt werden sollte, bestimmen.

Die drei Organe werden während des gesamten Jahres regelmäßig die Umsetzung der gemeinsamen Erklärung überwachen. Hierfür werden die drei Organe im Frühjahr des betreffenden Jahres an Debatten über die Umsetzung der gemeinsamen Erklärung im Europäischen Parlament und/oder im Rat teilnehmen.

(8) Das Arbeitsprogramm der Kommission wird die wichtigsten Gesetzgebungsvorschläge und Vorschläge für Rechtsakte ohne Gesetzgebungscharakter für das folgende Jahr enthalten, einschließlich Aufhebungen, Neufassungen, Vereinfachungen und Rücknahmen. Zu jedem Vorschlag wird im Arbeitsprogramm der Kommission möglichst Folgendes angegeben: die ins Auge gefasste Rechtsgrundlage, die Art des Rechtsakts, ein ungefährer Zeitplan für die Annahme durch die Kommission sowie alle sonstigen für das Verfahren maßgeblichen Informationen, einschließlich Informationen zur Folgenabschätzungs- und Evaluierungsarbeit.

(9) Beabsichtigt die Kommission, einen Gesetzgebungsvorschlag zurückzunehmen – unabhängig davon, ob anschließend von ihr ein überarbeiteter Vorschlag vorgelegt wird –, wird sie im Einklang mit den Grundsätzen der loyalen Zusammenarbeit und des institutionellen Gleichgewichts die Gründe für diese Rücknahme darlegen, gegebenenfalls die geplanten nachfolgenden Schritte zusammen mit einem genauen Zeitplan angeben und auf dieser Grundlage ordnungsgemäße interinstitutionelle Konsultationen durchführen. Die Kommission wird den Standpunkten der Mitgesetzgeber gebührend Rechnung tragen und darauf reagieren.

(10) Die Kommission wird unverzüglich und ausführlich Aufforderungen zur Vorlage von Vorschlägen für Rechtsakte der Union, die vom Europäischen Parlament oder vom Rat gemäß Artikel 225 beziehungsweise Artikel 241 des Vertrags über die Arbeitsweise der Europäischen Union an sie gerichtet werden, prüfen.

Die Kommission wird auf derartige Aufforderungen innerhalb von drei Monaten reagieren und durch Annahme einer spezifischen Mitteilung erklären, welche weiteren Schritte sie diesbezüglich zu unternehmen beabsichtigt. Beschließt die Kommission, auf eine derartige Aufforderung hin keinen Vorschlag vorzulegen, wird sie dies dem betreffenden Organ gegenüber ausführlich begründen, gegebenenfalls eine Analyse möglicher Alternativen vornehmen und auf etwaige von den Mitgesetzgebern in Bezug auf Analysen zum „europäischen Mehrwert" und zu den „Kosten des Nicht-Europas" aufgeworfene Fragen eingehen.

Auf entsprechendes Ersuchen wird die Kommission ihre Antwort im Europäischen Parlament oder im Rat erläutern.

(11) Die Kommission wird ihre Planung regelmäßig im Laufe des Jahres aktualisieren und die Gründe für eventuelle Verzögerungen bei der Vorlage von in ihrem Arbeitsprogramm enthaltenen Vorschlägen mitteilen. Die Kommission wird dem Europäischen Parlament und dem Rat regelmäßig über die Umsetzung ihres Arbeitsprogramms für das betreffende Jahr berichten.

III.

INSTRUMENTE FÜR EINE BESSERE RECHTSETZUNG

Folgenabschätzung

(12) Die drei Organe stimmen darin überein, dass Folgenabschätzungen zur qualitativen Verbesserung der Rechtsvorschriften der Union beitragen.

Folgenabschätzungen stellen ein Instrument dar, das den drei Organen dabei hilft, fundierte Entscheidungen zu treffen, und sind kein Ersatz für politische Entscheidungen im demokratischen Entscheidungsprozess. Folgenabschätzungen dürfen weder zu unnötigen Verzögerungen im Rechtsetzungsverfahren führen, noch dürfen sie die Fähigkeit der Mitgesetzgeber, Änderungen vorzuschlagen, beeinträchtigen.

Mit einer Folgenabschätzung sollten das Vorhandensein, der Umfang und die Auswirkungen eines Problems sowie die Frage geklärt werden, ob ein Tätigwerden der Union angezeigt ist oder nicht. Mit einer Folgenabschätzung sollten alternative Lösungswege und nach Möglichkeit die potenziellen kurz- und langfristigen Kosten und Vorteile aufgezeigt werden, beruhend auf einer integrierten und ausgewogenen Bewertung der wirtschaftlichen, ökologischen und sozialen Auswirkungen sowie unter Vornahme einer qualitativen wie auch einer quantitativen Prüfung.

Die Grundsätze der Subsidiarität und der Verhältnismäßigkeit sollten uneingeschränkt geachtet werden, ebenso wie die Grundrechte. Ferner sollten in einer Folgenabschätzung nach Möglichkeit die „Kosten des Nicht-Europas" sowie die Auswirkungen auf die Wettbewerbsfähigkeit und der mit den verschiedenen Lösungen verbundene Verwaltungsaufwand unter besonderer Berücksichtigung der KMU („Vorfahrt für KMU"), digitaler Aspekte und der territorialen Auswirkungen behandelt werden. Folgenabschätzungen sollten sich auf korrekte, objektive und vollständige Angaben stützen und im Hinblick auf Umfang und Schwerpunkt verhältnismäßig sein.

(13) Die Kommission wird ihre Gesetzgebungsinitiativen und Initiativen ohne Gesetzgebungscharakter, delegierten Rechtsakte und Durchführungsmaßnahmen, bei denen mit erheblichen wirtschaftlichen, ökologischen oder sozialen Auswirkungen zu rechnen ist, einer Folgenabschätzung unterziehen. Die im Arbeitsprogramm der Kommission oder in der gemeinsamen Erklärung aufgeführten Initiativen werden generell von einer Folgenabschätzung begleitet.

Bei der Durchführung ihrer eigenen Folgenabschätzungen wird die Kommission möglichst umfassende Konsultationen durchführen. Der Ausschuss für Regulierungskontrolle der Kommission wird die Folgenabschätzungen einer objektiven Qualitätskontrolle unterziehen. Die Endergebnisse der Folgenabschätzungen werden dem Europäischen Parlament, dem Rat und den nationalen Parlamenten zur Verfügung gestellt und bei Annahme der Kommissionsinitiative zusammen mit der Stellungnahme bzw. den Stellungnahmen des Ausschusses für Regulierungskontrolle öffentlich bekannt gemacht.

(14) Das Europäische Parlament und der Rat werden bei der Prüfung der Gesetzgebungsvorschläge der Kommission in vollem Umfang die Folgenabschätzungen der Kommission berücksichtigen. Zu diesem Zweck werden die Folgenabschätzungen so dargelegt, dass das Europäische Parlament und der Rat die Entscheidungen der Kommission leichter prüfen können.

(15) Wenn sie dies im Hinblick auf den Gesetzgebungsprozess für zweckmäßig und erforderlich halten, werden das Europäische Parlament und der Rat Folgenabschätzungen in Bezug auf die von ihnen vorgenommenen wesentlichen Abänderungen am Kommissionsvorschlag durchführen. Das Europäische Parlament und der Rat werden in der Regel die Folgenabschätzung der Kommission als Ausgangspunkt für ihre weiteren Arbeiten zugrundelegen. Was als „wesentliche" Abänderung zu betrachten ist, sollte das jeweilige Organ bestimmen.

(16) Die Kommission kann auf eigene Initiative oder auf Aufforderung durch das Europäische Parlament oder den Rat die eigene Folgenabschätzung ergänzen oder sonstige Analysetätigkeiten durchführen, die sie für erforderlich hält. Dabei wird die Kommission sämtliche verfügbaren Informationen, die jeweils erreichte Phase des Gesetzgebungsprozesses und die Notwendigkeit, unnötige Verzögerungen in diesem Prozess zu vermeiden, berücksichtigen. Die Mitgesetzgeber werden jedem in diesem Zusammenhang von der Kommission zusätzlich vorgelegten Element uneingeschränkt Rechnung tragen.

(17) Es obliegt jedem einzelnen der drei Organe, seine Folgenabschätzung selbst zu gestalten, einschließlich des Einsatzes interner Ressourcen und der Qualitätskontrolle. Mittels eines Informationsaustauschs über bewährte Verfahren und Methoden für Folgenabschätzungen werden sie regelmäßig zusammenarbeiten, wodurch es jedem Organ ermöglicht wird, die eigenen Methoden und Verfahren sowie die Kohärenz der gesamten Arbeit zur Folgenabschätzung weiter zu verbessern.

(18) Die ursprüngliche Folgenabschätzung der Kommission und jede weitere im Laufe des Gesetzgebungsprozesses von den Organen durchgeführte Folgenabschätzung werden spätestens am Ende des Gesetzgebungsprozesses öffentlich bekannt gemacht und können zusammen als Grundlage für die Evaluierung verwendet werden.

Konsultation der Öffentlichkeit und der Interessenträger sowie Feedback

(19) Die Konsultation der Öffentlichkeit und der Interessenträger ist für eine fundierte Beschlussfassung und eine bessere Qualität der Rechtsetzung von wesentlicher Bedeutung. Unbeschadet der Sonderregelungen für Kommissionsvorschläge nach Maßgabe von Artikel 155 Absatz 2 des Vertrags über die Arbeitsweise der Europäischen Union wird die Kommission vor Annahme eines Vorschlags auf offene und transparente Weise öffentliche Konsultationen durchführen und dabei gewährleisten, dass die Verfahren und Fristen für diese öffentlichen Konsultationen eine größtmögliche Beteiligung ermöglichen. Die Kommission wird insbesondere die unmittelbare Beteiligung von KMU und anderen Endnutzern an den Konsultationen fördern. Dazu gehört auch die Durchführung von öffentlichen Konsultationen über das Internet. Die Ergebnisse der Konsultationen der Öffentlichkeit und der Interessenträger werden unverzüglich den beiden Gesetzgebern übermittelt und öffentlich bekannt gemacht.

Ex-post-Evaluierung der geltenden Rechtsvorschriften

(20) Die drei Organe bekräftigen die Wichtigkeit von größtmöglicher Einheitlichkeit und Kohärenz bei der Organisation ihrer Arbeit zur Evaluierung der Wirkung und Wirksamkeit der Rechtsvorschriften der Union, einschließlich damit zusammenhängender öffentlicher Konsultationen bzw. Konsultationen der Interessenträger.

(21) Die Kommission wird das Europäische Parlament und den Rat über ihre mehrjährige Planung zur Evaluierung der geltenden Rechtsvorschriften unterrichten und, soweit möglich, deren Ersuchen um eine eingehende Evaluierung spezifischer Politikbereiche oder Rechtsakte in diese Planung aufnehmen.

Die Kommission wird bei der Planung der Evaluierungen die in den Rechtsvorschriften der Union festgelegten Fristen für Berichterstattung und Überprüfung einhalten.

(22) Im Rahmen des Gesetzgebungszyklus sollten Evaluierungen der geltenden Rechtsvorschriften und Politikmaßnahmen bezogen auf ihre Effizienz, Effektivität, Relevanz, Kohärenz und ihren Mehrwert die Grundlage für die Abschätzung der Folgen von Optionen für weitergehende Maßnahmen bilden. Um diese Vorgänge zu erleichtern, kommen die drei Organe überein, gegebenenfalls in den Rechtsvorschriften Anforderungen an die Berichtserstattung, Überwachung und Evaluierung festzulegen, wobei gleichzeitig aber Überregulierung und Verwaltungsaufwand insbesondere für die Mitgliedstaaten vermieden werden. Diese Anforderungen können bei Bedarf messbare Indikatoren als Grundlage für die Erhebung von Daten über die Auswirkungen der Rechtsvorschriften in der Praxis umfassen.

(23) Die drei Organe kommen überein, systematisch die Verwendung von Überprüfungsklauseln in Rechtsvorschriften zu erwägen und die für die Umsetzung und für die Erhebung von Daten über die Ergebnisse und die Auswirkungen benötigte Zeit zu berücksichtigen.

Die drei Organe werden prüfen, ob die Anwendung bestimmter Rechtsvorschriften auf einen bestimmten Zeitraum befristet werden soll (Verfallsklausel).

(24) Die drei Organe unterrichten einander rechtzeitig vor Annahme oder Überarbeitung ihrer Leitlinien zu ihren Instrumenten für eine bessere Rechtsetzung (Konsultation der Öffentlichkeit und der Interessenträger, Folgenabschätzungen und Ex-post-Evaluierungen).

IV.

RECHTSETZUNGSINSTRUMENTE

(25) Die Kommission legt dem Europäischen Parlament und dem Rat zu jedem Vorschlag in der dem jeweiligen Vorschlag beiliegenden Begründung eine Erklärung und Rechtfertigung vor, warum sie die betreffende Rechtsgrundlage und die betreffende Art des Rechtsakts gewählt hat. Die Kommission sollte der unterschiedlichen Rechtsnatur und den unterschiedlichen Wirkungen von Verordnung und Richtlinie gebührend Rechnung tragen.

In der Begründung rechtfertigt die Kommission ferner die vorgeschlagenen Maßnahmen im Hinblick auf die Grundsätze der Subsidiarität und der Verhältnismäßigkeit und im Hinblick auf ihre Vereinbarkeit mit den Grundrechten. Die Kommission berichtet zudem über Umfang und Ergebnisse der von ihr durchgeführten Konsultation der Öffentlichkeit und der Interessenträger, der Folgenabschätzung und der Ex-post-Evaluierung bestehender Rechtsvorschriften.

Bewirkt die geplante Änderung einer Rechtsgrundlage den Wechsel vom ordentlichen Gesetzgebungsverfahren zu einem besonderen Gesetzgebungsverfahren oder einem Verfahren, das nicht die Gesetzgebung betrifft, werden die drei Organe hierzu einen Gedankenaustausch führen.

Die drei Organe kommen überein, dass die Wahl der Rechtsgrundlage eine rechtliche Festlegung darstellt, die sich auf objektive, gerichtlich nachprüfbare Umstände gründen muss.

Die Kommission nimmt weiterhin uneingeschränkt ihre institutionelle Rolle als Hüterin der Verträge und der Einhaltung der Rechtsprechung des Gerichtshofs der Europäischen Union wahr.

V.

DELEGIERTE RECHTSAKTE UND DURCHFÜHRUNGSRECHTSAKTE

(26) Die drei Organe unterstreichen die wichtige Funktion, die delegierten Rechtsakten und Durchführungsrechtsakten im Unionsrecht zukommt. Werden sie auf wirksame und transparente Weise und in begründeten Fällen verwendet, sind sie wesentliche Instrumente für eine bessere Rechtsetzung und tragen dazu bei, dass die Rechtsvorschriften einfach und auf dem neuesten Stand sind sowie wirksam und zügig umgesetzt werden. Es obliegt dem Gesetzgeber zu entscheiden, ob und in welchem Umfang – innerhalb der Grenzen der Verträge – delegierte Rechtsakte oder Durchführungsrechtsakte verwendet werden.

(27) Die drei Organe erkennen die Notwendigkeit an, dass alle bestehenden Rechtsvorschriften an den mit dem Vertrag von Lissabon eingeführten Rechtsrahmen angepasst werden müssen, und

insbesondere die Notwendigkeit, dass der umgehenden Anpassung aller Basisrechtsakte, in denen noch immer auf das Regelungsverfahren mit Kontrolle Bezug genommen wird, hohe Priorität eingeräumt werden muss. Die Kommission wird die zuletzt genannte Anpassung bis Ende 2016 vorschlagen.

(28) Die drei Organe haben sich auf eine im Anhang hierzu aufgeführte Verständigung über delegierte Rechtsakte und die damit zusammenhängenden Standardklauseln (im Folgenden „Verständigung") geeinigt. Gemäß dieser Verständigung und im Interesse einer höheren Transparenz und einer breiteren Konsultation verpflichtet sich die Kommission, vor der Annahme delegierter Rechtsakte das erforderliche Expertenwissen einzuholen, unter anderem durch die Konsultation von Sachverständigen aus den Mitgliedstaaten und durch öffentliche Konsultationen.

Darüber hinaus wird die Kommission je nach Sachlage auf Sachverständigengruppen zurückgreifen, die Interessenträger konsultieren bzw. öffentliche Konsultationen durchführen, wenn für die erste Ausarbeitung des Entwurfs bei Durchführungsrechtsakten umfassenderes Expertenwissen benötigt wird.

Zur Gewährleistung des gleichberechtigten Zugangs zu sämtlichen Informationen erhalten das Europäische Parlament und der Rat alle Unterlagen zur gleichen Zeit wie die Sachverständigen der Mitgliedstaaten. Sachverständige des Europäischen Parlaments und des Rates haben systematisch Zugang zu den Sitzungen der Sachverständigengruppen der Kommission, zu denen Sachverständige der Mitgliedstaaten eingeladen werden und die die Ausarbeitung der delegierten Rechtsakte betreffen.

Die Kommission kann zu Sitzungen im Europäischen Parlament oder im Rat eingeladen werden, damit ein weiterer Gedankenaustausch über die Ausarbeitung der delegierten Rechtsakte geführt werden kann.

Nach Inkrafttreten der vorliegenden Vereinbarung werden die drei Organe unverzüglich Verhandlungen aufnehmen, um die Verständigung zu ergänzen, indem sie nicht bindende Kriterien für die Anwendung der Artikel 290 und 291 des Vertrags über die Arbeitsweise der Europäischen Union vorsehen.

(29) Die drei Organe verpflichten sich, bis spätestens Ende 2017 in enger Zusammenarbeit ein gemeinsames funktionales Register der delegierten Rechtsakte einzurichten, in dem Informationen in gut strukturierter und benutzerfreundlicher Weise zur Verfügung gestellt werden, um die Transparenz zu erhöhen, die Planung zu erleichtern und die Nachverfolgbarkeit aller einzelnen Phasen des Lebenszyklus eines delegierten Rechtsakts zu ermöglichen.

(30) Im Hinblick auf die Ausübung der Durchführungsbefugnisse durch die Kommission kommen die drei Organe überein, in die Rechtsvorschriften der Union keine Verfahrensmodalitäten aufzunehmen, mit denen die Kontrollmechanismen geändert würden, die durch die Verordnung (EU) Nr. 182/2011 des Europäischen Parlaments und des Rates[6)] festgelegt wurden. Ausschüsse, die ihre Aufgaben gemäß dem in jener Verordnung festgelegten Verfahren wahrnehmen, sollten in dieser Eigenschaft nicht aufgerufen sein, andere Funktionen auszuüben.

(31) Befugnisübertragungen können gebündelt werden, wenn die Kommission objektive Rechtfertigungen vorlegt, die sich auf den inhaltlichen Zusammenhang zwischen zwei oder mehr in einem einzigen Gesetzgebungsakt enthaltenen Befugnisübertragungen stützen, und soweit in dem Gesetzgebungsakt nichts anderes bestimmt ist. Die Konsultationen im Rahmen der Ausarbeitung von delegierten Rechtsakten dienen ebenfalls als Hinweis darauf, welche Befugnisübertragungen als inhaltlich zusammenhängend betrachtet werden. In diesen Fällen wird bei einem etwaigen Einwand des Europäischen Parlaments oder des Rates klar darauf hingewiesen, auf welche Befugnisübertragung sich der Einwand speziell bezieht.

VI.

TRANSPARENZ UND KOORDINIERUNG DES GESETZGEBUNGSPROZESSES

(32) Die drei Organe erkennen an, dass sich das ordentliche Gesetzgebungsverfahren auf der Grundlage regelmäßiger Kontakte auf allen Stufen des Verfahrens entwickelt hat. Sie bekennen sich nach wie vor zur weiteren Verbesserung der Arbeit im Rahmen des ordentlichen Gesetzgebungsverfahrens im Einklang mit den Grundsätzen loyaler Zusammenarbeit, Transparenz, demokratischer Kontrolle und Effizienz.

Die drei Organe sind sich insbesondere darin einig, dass das Europäische Parlament und der Rat als die beiden Mitgesetzgeber ihre Befugnisse gleichberechtigt ausüben. Die Kommission übt ihre Mittlerfunktion aus, indem sie beide Gesetzgebungsorgane gleich behandelt und beachtet dabei uneingeschränkt die den drei Organen von den Verträgen zugewiesenen Rollen.

(33) Die drei Organe werden einander während des gesamten Gesetzgebungsprozesses regelmäßig

---

6) Verordnung (EU) Nr. 182/2011 des Europäischen Parlaments und des Rates vom 16. Februar 2011 zur Festlegung der allgemeinen Regeln und Grundsätze, nach denen die Mitgliedstaaten die Wahrnehmung der Durchführungsbefugnisse durch die Kommission kontrolliere (ABl. L 55 vom 28.2.2011, S. 13).

über ihre Arbeit unterrichten, über die zwischen ihnen laufenden Verhandlungen sowie über etwaige Rückmeldungen von Interessenträgern ihnen gegenüber; dies geschieht über geeignete Verfahren, unter anderem im Wege eines Dialogs zwischen ihnen.

(34) Das Europäische Parlament und der Rat sind sich in ihrer Eigenschaft als Mitgesetzgeber darin einig, dass bereits im Vorfeld der interinstitutionellen Verhandlungen enge Kontakte gepflegt werden müssen, damit die jeweiligen Standpunkte besser verstanden werden. Zu diesem Zweck werden sie im Rahmen des Gesetzgebungsprozesses den gegenseitigen Austausch von Meinungen und Informationen erleichtern, indem sie unter anderem Vertreter der anderen Organe regelmäßig zu einem informellen Meinungsaustausch einladen.

(35) Das Europäische Parlament und der Rat werden im Interesse der Effizienz für eine bessere zeitliche Abstimmung sorgen, wenn es darum geht, Gesetzgebungsvorschläge zu behandeln. Insbesondere werden das Europäische Parlament und der Rat ihre indikativen Zeitpläne für die einzelnen Stadien bis zur endgültigen Annahme eines Gesetzgebungsvorschlags miteinander abgleichen.

(36) Gegebenenfalls können die drei Organe sich darauf verständigen, ihre Anstrengungen zu koordinieren, um den Gesetzgebungsprozess zu beschleunigen; dabei stellen sie sicher, dass die Befugnisse der Mitgesetzgeber beachtet werden und die Qualität der Rechtsetzung gewahrt bleibt.

(37) Die drei Organe kommen überein, dass die Bereitstellung von Informationen an die nationalen Parlamente diese in die Lage versetzen muss, die ihnen mit den Verträgen eingeräumten Befugnisse uneingeschränkt auszuüben.

(38) Die drei Organe werden auf der Grundlage der einschlägigen Rechtsvorschriften und der einschlägigen Rechtsprechung für Transparenz bei den Gesetzgebungsverfahren sorgen, indem sie unter anderem auch die trilateralen Verhandlungen angemessen handhaben.

Die drei Organe werden die Unterrichtung der Öffentlichkeit während des gesamten Gesetzgebungszyklus verbessern und insbesondere den erfolgreichen Abschluss des Gesetzgebungsprozesses beim ordentlichen Gesetzgebungsverfahren nach der Einigung gemeinsam verkünden, insbesondere durch gemeinsame Pressekonferenzen oder andere für geeignet erachtete Mittel.

(39) Im Hinblick auf eine bessere Rückverfolgbarkeit der einzelnen Stufen des Gesetzgebungsprozesses verpflichten sich die drei Organe, bis zum 31. Dezember 2016 Wege zur Weiterentwicklung entsprechender Plattformen und Instrumente zu bestimmen, mit dem Ziel, eine spezielle gemeinsame Datenbank zum jeweiligen Stand der Gesetzgebungsdossiers einzurichten.

(40) Die drei Organe sind sich bewusst, wie wichtig es ist zu gewährleisten, dass jedes Organ seine in den Verträgen verankerten Rechte und Pflichten im Sinne der Auslegung durch den Gerichtshof der Europäischen Union mit Blick auf die Aushandlung und den Abschluss internationaler Übereinkünfte ausüben bzw. erfüllen kann.

Die drei Organe verpflichten sich, innerhalb von sechs Monaten nach Inkrafttreten dieser Vereinbarung zusammenzukommen, um über verbesserte praktische Regelungen für die Zusammenarbeit und den Informationsaustausch im Rahmen der Verträge gemäß der Auslegung durch den Gerichtshof der Europäischen Union zu verhandeln.

VII.

UMSETZUNG UND ANWENDUNG DER RECHTSVORSCHRIFTEN DER UNION

(41) Die drei Organe sind sich darin einig, dass einer besser strukturierten gegenseitigen Zusammenarbeit bei der Bewertung der Anwendung und Wirksamkeit des Unionsrechts im Hinblick auf seine Verbesserung durch künftige Rechtsvorschriften große Bedeutung zukommt.

(42) Die drei Organe betonen, dass die Rechtsvorschriften der Union in den Mitgliedstaaten zügig und korrekt angewendet werden müssen. Die Frist für die Umsetzung von Richtlinien wird so kurz wie möglich gehalten und wird in der Regel nicht mehr als zwei Jahre betragen.

(43) Die drei Organe fordern die Mitgliedstaaten auf, bei Erlass von Maßnahmen zur Umsetzung oder Durchführung von Rechtsvorschriften der Union oder zur Gewährleistung des Vollzugs des Unionshaushalts diese Maßnahmen der Öffentlichkeit klar zu vermitteln. Wenn sich die Mitgliedstaaten bei der Umsetzung von Richtlinien in nationales Recht dafür entscheiden, Elemente hinzuzufügen, die mit diesen Rechtsvorschriften der Union in keinerlei Zusammenhang stehen, so sollten derartige Hinzufügungen entweder durch den bzw. die Umsetzungsrechtsakte oder durch dazugehörige Dokumente kenntlich gemacht werden.

(44) Die drei Organe fordern die Mitgliedstaaten auf, bei der Erhebung der für die Überwachung und Evaluierung der Umsetzung des Unionsrechts benötigten Informationen und Daten

mit der Kommission zusammenzuarbeiten. Die drei Organe verweisen auf die Gemeinsame Politische Erklärung vom 28. September 2011 der Mitgliedstaaten und der Kommission zu Erläuternde Dokumente[7] und die Gemeinsame Politische Erklärung vom 27. Oktober 2011 des Europäischen Parlaments, des Rates und der Kommission zu Erläuternde Dokumente, die sich auf die der Mitteilung über Umsetzungsmaßnahmen beiliegenden erläuternden Dokumente beziehen, und heben die Bedeutung dieser Erklärungen hervor.

(45) Die Kommission wird dem Europäischen Parlament und dem Rat auch weiterhin jährlich über den Stand der Anwendung der Rechtsvorschriften der Union berichten. Der Bericht der Kommission enthält gegebenenfalls Verweise auf die in Nummer 43 genannten Informationen. Die Kommission kann weitere Informationen über den Stand der Umsetzung eines bestimmten Rechtsakts zur Verfügung stellen.

VIII.
VEREINFACHUNG

(46) Die drei Organe bestätigen ihr Bekenntnis zur häufigeren Nutzung der Gesetzgebungstechnik der Neufassung für die Änderung bestehender Rechtsvorschriften, wobei die Interinstitutionelle Vereinbarung vom 28. November 2001 über die systematischere Neufassung von Rechtsakten umfassend zu beachten ist. Ist eine Neufassung nicht angezeigt, so wird die Kommission möglichst bald nach der Annahme eines Änderungsrechtsakts einen Vorschlag gemäß der Interinstitutionellen Vereinbarung vom 20. Dezember 1994 über ein beschleunigtes Arbeitsverfahren für die amtliche Kodifizierung von Rechtstexten vorlegen. Legt die Kommission keinen solchen Vorschlag vor, so teilt sie die Gründe dafür mit.

(47) Die drei Organe verpflichten sich, die effizientesten Regulierungsinstrumente wie etwa Harmonisierung und gegenseitige Anerkennung zu fördern, um Überregulierung und Verwaltungsaufwand zu vermeiden und die von den Verträgen vorgegebenen Ziele zu erfüllen.

(48) Die drei Organe kommen überein, im Hinblick auf die Aktualisierung und Vereinfachung der Rechtsvorschriften und auf die Vermeidung von Überregulierung und Verwaltungsaufwand für Bürger, Verwaltungen und Unternehmen, einschließlich KMU, zusammenzuarbeiten und dabei zu gewährleisten, dass die mit den Rechtsvorschriften verfolgten Ziele erreicht werden. In diesem Zusammenhang verständigen sich die drei Organe darauf, vor der Fertigstellung des Arbeitsprogramms der Kommission einen Gedankenaustausch über dieses Thema zu führen.

Die Kommission sagt zu, als Beitrag zu ihrem Programm zur Gewährleistung der Effizienz und Leistungsfähigkeit der Rechtsetzung (REFIT) jährlich einen Überblick – einschließlich einer jährlichen Aufwandserhebung – über die Ergebnisse der Bemühungen der Union zur Vereinfachung der Rechtsvorschriften und zur Vermeidung von Überregulierung sowie zur Verringerung des Verwaltungsaufwands vorzulegen.

Auf der Grundlage der Folgenabschätzungs- und Evaluierungsarbeiten der Organe und der Beiträge der Mitgliedstaaten und der Interessenvertreter wird die Kommission unter Berücksichtigung der Kosten und des Nutzens der Regulierung durch die Union das mit den einzelnen Vorschlägen oder Rechtsakten verbundene Potenzial für die Verringerung des Regulierungsaufwands oder für Einsparungen quantifizieren, wann immer dies möglich ist.

Die Kommission wird ferner bewerten, ob es durchführbar ist, in REFIT Ziele für die Aufwandsverringerung in einzelnen Sektoren festzulegen.

IX.
DURCHFÜHRUNG UND ÜBERWACHUNG DER VORLIEGENDEN VEREINBARUNG

(49) Die drei Organe werden die erforderlichen Maßnahmen treffen, um zu gewährleisten, dass die für eine ordnungsgemäße Durchführung dieser Vereinbarung erforderlichen Mittel und Ressourcen zur Verfügung stehen.

(50) Die drei Organe werden gemeinsam und regelmäßig die Durchführung dieser Vereinbarung überwachen, und zwar sowohl auf politischer Ebene durch jährliche Beratungen als auch auf technischer Ebene in der Gruppe für interinstitutionelle Koordinierung.

X.
SCHLUSSBESTIMMUNGEN

(51) Diese Interinstitutionelle Vereinbarung ersetzt die Interinstitutionelle Vereinbarung „Bessere Rechtsetzung" vom 16. Dezember 2003[8] und den Interinstitutionellen Gemeinsamen Ansatz für die Folgenabschätzung vom November 2005[9].

Der Anhang zu dieser Vereinbarung ersetzt die Gemeinsame Vereinbarung über delegierte Rechtsakte aus dem Jahr 2011.

(52) Diese Vereinbarung tritt zum Datum seiner Unterzeichnung in Kraft.

Geschehen zu Straßburg am 13. April 2016.

[7] ABl. C 369 vom 17.12.2011, S. 14.

[8] ABl. C 321 vom 31.12.2003, S. 1.

[9] http://ec.europa.eu/smart-regulation/impact/key_docs/docs/ii_common_approach_to_ia_en.pdf

ANHANG

Verständigung zwischen dem Europäischen Parlament, dem Rat und der Kommission über delegierte Rechtsakte

I. Geltungsbereich und allgemeine Grundsätze

(1) Die vorliegende Verständigung baut auf die Gemeinsame Vereinbarung über delegierte Rechtsakte aus dem Jahr 2011 auf und ersetzt sie; sie zielt auf eine Rationalisierung der auf Grundlage der Gemeinsamen Vereinbarung etablierten Praxis des Europäischen Parlaments und des Rates ab. Sie enthält die praktischen Vorkehrungen und vereinbarten Präzisierungen und Präferenzen für die Übertragung von Gesetzgebungsbefugnissen gemäß Artikel 290 des Vertrags über die Arbeitsweise der Europäischen Union (AEUV). Gemäß diesem Artikel werden Ziele, Inhalt, Geltungsbereich und Dauer der Befugnisübertragung in jedem Gesetzgebungsakt, der eine solche Befugnisübertragung enthält (im Folgenden „Basisrechtsakt"), ausdrücklich festgelegt.

(2) Das Europäische Parlament, der Rat und die Kommission (im Folgenden die „drei Organe") arbeiten bei der Ausübung ihrer Befugnisse und gemäß den im AEUV dargelegten Verfahren während des gesamten Verfahrens zusammen, um eine reibungslose Ausübung der übertragenen Befugnisse und eine effektive Kontrolle dieser Befugnisse durch das Europäische Parlament und den Rat zu gewährleisten. Zu diesem Zweck werden geeignete Kontakte auf administrativer Ebene unterhalten.

(3) Die – entsprechend dem für den Erlass des Basisrechtsakts geltenden Verfahren – jeweils betroffenen Organe verpflichten sich, soweit wie möglich die in der Anlage beigefügten Standardklauseln zu verwenden, wenn sie eine Befugnisübertragung gemäß Artikel 290 AEUV vorschlagen oder vornehmen.

II. Konsultationen bei der Vorbereitung und Ausarbeitung delegierter Rechtsakte

(4) Die Kommission hört bei der Ausarbeitung von Entwürfen delegierter Rechtsakte die von den einzelnen Mitgliedstaaten benannten Sachverständigen an. Die Sachverständigen der Mitgliedstaaten werden zu allen von den Kommissionsdienststellen erarbeiteten Entwürfen delegierter Rechtsakte rechtzeitig konsultiert[10]. Die Entwürfe der delegierten Rechtsakte werden den Sachverständigen der Mtgliedstaaten zugeleitet. Die Konsultationen finden in bestehenden Sachverständigengruppen statt oder im Wege von Ad-hoc-Sitzungen mit Sachverständigen der Mitgliedstaaten, zu denen die Kommission über die Ständigen Vertretungen der einzelnen Mtgliedstaaten einlädt. Die Entscheidung, welche Sachverständigen teilnehmen, obliegt den Mtgliedstaaten. Den Sachverständigen der Mitgliedstaaten werden die Entwürfe der delegierten Rechtsakte, der Entwurf der betreffenden Tagesordnung und alle sonstigen einschlägigen Dokumente so rechtzeitig übermittelt, dass sie genügend Zeit zur Vorbereitung haben.

(5) Am Ende jeder Sitzung mit Sachverständigen der Mtgliedstaaten oder im Zuge der Nachbereitung einer solchen Sitzung legen die Kommissionsdienststellen ihre Schlussfolgerungen aus der Diskussion dar und erläutern auch, wie sie den Auffassungen der Sachverständigen Rechnung tragen werden und wie sie weiter zu verfahren gedenken. Diese Schlussfolgerungen werden im Sitzungsprotokoll festgehalten.

---

[10] Den Besonderheiten des Verfahrens zur Ausarbeitung technischer Regulierungsstandards nach Maßgabe der Verordnungen über die europäischen Aufsichtsbehörden [Verordnung (EU) Nr. 1093/2010 des Europäischen Parlaments und des Rates vom 24. November 2010 zur Errichtung einer Europäischen Aufsichtsbehörde (Europäische Bankenaufsichtsbehörde), zur Änderung des Beschlusses Nr. 716/2009/EG und zur Aufhebung des Beschlusses 2009/78/EG der Kommission (ABl. L 331 vom 15.12.2010, S. 12), Verordnung (EU) Nr. 1094/2010 des Europäischen Parlaments und des Rates vom 24. November 2010 zur Errichtung einer Europäischen Aufsichtsbehörde (Europäische Aufsichtsbehörde für das Versicherungswesen und die betriebliche Altersversorgung), zur Änderung des Beschlusses Nr. 716/2009/EG und zur Aufhebung des Beschlusses 2009/79/EG der Kommission (ABl. L 331 vom 15.12.2010, S. 48) und Verordnung (EU) Nr. 1095/2010 des Europäischen Parlaments und des Rates vom 24. November 2010 zur Errichtung einer Europäischen Aufsichtsbehörde (Europäische Wertpapier- und Marktaufsichtsbehörde), zur Änderung des Beschlusses Nr. 716/2009/EG und zur Aufhebung des Beschlusses 2009/77/EG der Kommission (ABl. L 331 vom 15.12.2010, S. 84)] wird unbeschadet der in dieser Vereinbarung festgelegten Konsultationsverfahren Rechnung getragen.

(6) Die Vorbereitung und Ausarbeitung delegierter Rechtsakte kann auch die Konsultation von Interessenträgern einschließen.

(7) Wird der Inhalt eines im Entwurf vorliegenden delegierten Rechtsakts geändert, so gibt die Kommission den Sachverständigen der Mitgliedstaaten Gelegenheit, zu der geänderten Fassung des Entwurfs des delegierten Rechtsakts Stellung zu nehmen, gegebenenfalls auch schriftlich.

(8) Der Konsultationsprozess wird in der dem delegierten Rechtsakt beigefügten Begründung zusammenfassend beschrieben.

(9) Die Kommission legt in regelmäßigen Abständen vorläufige Verzeichnisse der geplanten delegierten Rechtsakte vor.

(10) Bei der Vorbereitung und Ausarbeitung delegierter Rechtsakte gewährleistet die Kommission, dass alle Dokumente einschließlich der Rechtsaktentwürfe zur gleichen Zeit wie den Sachverständigen der Mitgliedstaaten rechtzeitig und gleichzeitig dem Europäischen Parlament und dem Rat übermittelt werden.

(11) Wenn sie dies für notwendig erachten, können das Europäische Parlament und der Rat jeweils Sachverständige zu den Sitzungen der mit der Ausarbeitung von delegierten Rechtsakten befassten Sachverständigengruppen der Kommission, zu denen Sachverständige der Mitgliedstaaten eingeladen werden, entsenden. Zu diesem Zweck erhalten das Europäische Parlament und der Rat den Zeitplan für die kommenden Monate sowie Einladungen für alle Sachverständigensitzungen.

(12) Die drei Organe teilen sich gegenseitig die Adresse der jeweiligen Funktionsmailbox für die Übermittlung und Entgegennahme aller Dokumente betreffend delegierte Rechtsakte mit. Sobald das unter Nummer 29 der vorliegenden Vereinbarung erwähnte Register eingerichtet worden ist, wird es zu diesem Zweck verwendet.

III. **Vorkehrungen für die Übermittlung der Dokumente und die Berechnung der Fristen**

(13) Die Kommission übermittelt dem Europäischen Parlament und dem Rat die delegierten Rechtsakte offiziell mittels eines geeigneten Verfahrens. Verschlusssachen werden nach Maßgabe interner Verwaltungsverfahren behandelt, bei deren Ausarbeitung jedes Organ darauf achtet, dass sie die erforderlichen Garantien bieten.

(14) Damit sichergestellt wird, dass das Europäische Parlament und der Rat die in Artikel 290 AEUV vorgesehenen Rechte innerhalb der in dem jeweiligen Basisrechtsakt festgelegten Fristen ausüben können, übermittelt die Kommission keine delegierten Rechtsakte während der folgenden Zeiträume:

- vom 22. Dezember bis zum 6. Januar;
- vom 15. Juli bis zum 20. August.

Diese Zeiträume gelten nur, wenn die Frist für die Erhebung von Einwänden auf Nummer 18 gestützt ist.

Diese Zeiträume gelten nicht in Bezug auf delegierte Rechtsakte, die im Dringlichkeitsverfahren gemäß Abschnitt VI dieser Verständigung erlassen werden. Falls ein delegierter Rechtsakt im Dringlichkeitsverfahren in einem der im ersten Unterabsatz festgelegten Zeiträume erlassen wird, beginnt die im Basisrechtsakt festgelegte Frist für die Erhebung von Einwänden erst nach Ablauf des betreffenden Zeitraums.

Die drei Organe einigen sich bis zum Oktober des Jahres vor den Wahlen zum Europäischen Parlament über eine Vorkehrung für die Übermittlung delegierter Rechtsakte während der wahlbedingten Sitzungspause.

(15) Die Frist für die Erhebung von Einwänden beginnt, wenn das Europäische Parlament und der Rat den delegierten Rechtsakt in allen amtlichen Sprachfassungen erhalten haben.

IV. **Dauer der Übertragung**

(16) Die Kommission kann durch den Basisrechtsakt auf unbestimmte Zeit oder für einen bestimmten Zeitraum ermächtigt werden, delegierte Rechtsakte zu erlassen.

(17) Ist ein bestimmter Zeitraum vorgesehen, so sollte der Basisrechtsakt grundsätzlich vorsehen, dass die Befugnisübertragung sich stillschweigend um Zeiträume gleicher Länge verlängert, es sei denn, das Europäische Parlament oder der Rat widersprechen dieser Verlängerung spätestens drei Monate vor Ablauf des jeweiligen Zeitraums. Die Kommission erstellt spätestens neun

Monate vor Ablauf des jeweiligen Zeitraums einen Bericht über die Befugnisübertragung. Diese Nummer berührt nicht das Widerrufsrecht des Europäischen Parlaments oder des Rates.

V. **Fristen für die Erhebung von Einwänden durch das Europäische Parlament und den Rat**

(18) Unbeschadet des Dringlichkeitsverfahrens sollte die fallweise in jedem Basisrechtsakt festgelegte Frist für die Erhebung von Einwänden grundsätzlich nicht weniger als zwei Monate betragen; diese Frist sollte für jedes Organ (Europäisches Parlament bzw. Rat) auf dessen Initiative um zwei Monate verlängert werden können.

(19) Der delegierte Rechtsakt kann jedoch vor Ablauf dieser Frist im *Amtsblatt der Europäischen Union* veröffentlicht werden und in Kraft treten, wenn das Europäische Parlament und der Rat beide der Kommission mitgeteilt haben, dass sie keine Einwände erheben werden.

VI. **Dringlichkeitsverfahren**

(20) Ein Dringlichkeitsverfahren sollte nur in Ausnahmefällen angewandt werden, die z. B. sicherheitsrelevante Angelegenheiten, den Schutz von Gesundheit und Sicherheit oder die Außenbeziehungen – einschließlich humanitärer Krisen – betreffen. Das Europäische Parlament und der Rat sollten im Basisrechtsakt Gründe für die Anwendung des Dringlichkeitsverfahrens angeben. Im Basisrechtsakt muss angegeben werden, in welchen Fällen das Dringlichkeitsverfahren angewandt wird.

(21) Die Kommission verpflichtet sich, das Europäische Parlament und den Rat jederzeit in vollem Umfang darüber unterrichtet zu halten, ob ein delegierter Rechtsakt möglicherweise nach dem Dringlichkeitsverfahren erlassen werden muss. Sobald für die Kommissionsdienststellen diese Möglichkeit absehbar ist, warnen die Kommissionsdienststellen die Sekretariate des Europäischen Parlaments und des Rates informell über die in Nummer 12 genannten Funktionsmailboxen informell vor.

(22) Ein delegierter Rechtsakt, der nach dem Dringlichkeitsverfahren erlassen wird, tritt unverzüglich in Kraft und gilt, solange keine Einwände innerhalb der im Basisrechtsakt vorgesehenen Frist erhoben werden. Werden vom Europäischen Parlament oder vom Rat Einwände erhoben, so hebt die Kommission den Rechtsakt unmittelbar nach der Übermittlung des Beschlusses des Europäischen Parlaments oder des Rates, Einwände zu erheben, auf.

(23) Bei der Übermittlung eines delegierten Rechtsakts an das Europäische Parlament und den Rat im Dringlichkeitsverfahren gibt die Kommission die Gründe für die Anwendung dieses Verfahrens an.

VII. **Veröffentlichung im Amtsblatt**

(24) Delegierte Rechtsakte werden erst nach Ablauf der Frist für die Erhebung von Einwänden im *Amtsblatt der Europäischen Union*, Reihe L, veröffentlicht; davon ausgenommen sind Fälle nach Nummer 19. Im Dringlichkeitsverfahren erlassene delegierte Rechtsakte werden unverzüglich veröffentlicht.

(25) Unbeschadet des Artikels 297 AEUV werden Beschlüsse des Europäischen Parlaments oder des Rates, eine Befugnisübertragung zu widerrufen, Einwände gegen einen im Dringlichkeitsverfahren erlassenen delegierten Rechtsakt zu erheben oder Widerspruch gegen die stillschweigende Verlängerung einer Befugnisübertragung einzulegen, auch im *Amtsblatt der Europäischen Union*, Reihe L, veröffentlicht. Ein Beschluss über einen Widerruf tritt am Tag nach seiner Veröffentlichung im *Amtsblatt der Europäischen Union* in Kraft.

(26) Die Kommission veröffentlicht im *Amtsblatt der Europäischen Union* auch die Beschlüsse, mit denen im Dringlichkeitsverfahren erlassene delegierte Rechtsakte aufgehoben werden.

VIII. **Gegenseitiger Informationsaustausch, insbesondere im Falle eines Widerrufs**

(27) Das Europäische Parlament und der Rat werden einander und die Kommission unterrichten, wenn sie ihre Rechte unter den im Basisrechtsakt festgelegten Bedingungen ausüben.

(28) Wenn das Europäische Parlament oder der Rat ein Verfahren einleitet, das zum Widerruf einer Befugnisübertragung führen könnte, wird es bzw. er die beiden anderen Organe spätestens einen Monat, bevor der Beschluss über den Widerruf ergeht, informieren.

Anlage

Standardklauseln
Erwägungsgrund:

Um ... [*Zweck*], sollte der Kommission die Befugnis übertragen werden, gemäß Artikel 290 des Vertrags über die Arbeitsweise der Europäischen Union Rechtsakte hinsichtlich ... [*Inhalt und Geltungsbereich*] zu erlassen. Es ist von besonderer Bedeutung, dass die Kommission im Zuge ihrer Vorbereitungsarbeit angemessene Konsultationen, auch auf der Ebene von Sachverständigen, durchführt, und dass diese Konsultationen mit den Grundsätzen in Einklang stehen, die in der Interinstitutionellen Vereinbarung über bessere Rechtsetzung vom 13. April 2016 niedergelegt wurden. Um insbesondere eine gleichberechtigte Beteiligung an der Ausarbeitung der delegierten Rechtsakte zu gewährleisten, erhalten das Europäische Parlament und der Rat alle Dokumente zur gleichen Zeit wie die Sachverständigen der Mitgliedstaaten, und ihre Sachverständigen haben systematisch Zugang zu den Sitzungen der Sachverständigengruppen der Kommission, die mit der Ausarbeitung der delegierten Rechtsakte befasst sind.

Artikel zur Übertragung von Befugnissen

Die Kommission erlässt gemäß Artikel [A] in Bezug auf ... [*Inhalt und Geltungsbereich*] delegierte Rechtsakte. / Der Kommission wird die Befugnis übertragen, gemäß Artikel [A] in Bezug auf ... [*Inhalt und Geltungsbereich*] delegierte Rechtsakte zu erlassen.

Ergänzender Absatz, wenn das Dringlichkeitsverfahren Anwendung findet:

Ist dies im Falle ... [*Inhalt und Geltungsbereich*] aus Gründen äußerster Dringlichkeit erforderlich, so findet das Verfahren gemäß Artikel [B] auf delegierte Rechtsakte, die gemäß dem vorliegenden Artikel erlassen werden, Anwendung.

Artikel [A]
Ausübung der Befugnisübertragung

(1) Die Befugnis zum Erlass delegierter Rechtsakte wird der Kommission unter den in diesem Artikel festgelegten Bedingungen übertragen.

[Dauer]

Option 1:

(2) Die Befugnis zum Erlass delegierter Rechtsakte gemäß Artikel ... wird der Kommission auf unbestimmte Zeit ab dem ... [*Datum des Inkrafttretens des Basisrechtsakts oder anderes von den Mitgesetzgebern festgelegtes Datum*] übertragen.

Option 2:

(2) Die Befugnis zum Erlass delegierter Rechtsakte gemäß Artikel ... wird der Kommission für einen Zeitraum von ... Jahren ab dem ... [*Datum des Inkrafttretens des Basisrechtsakts oder anderes von den Mitgesetzgebern festgelegtes Datum*] übertragen. Die Kommission erstellt spätestens neun Monate vor Ablauf des Zeitraums von ... Jahren einen Bericht über die Befugnisübertragung. Die Befugnisübertragung verlängert sich stillschweigend um Zeiträume gleicher Länge, es sei denn, das Europäische Parlament oder der Rat widersprechen einer solchen Verlängerung spätestens drei Monate vor Ablauf des jeweiligen Zeitraums.

Option 3:

(2) Die Befugnis zum Erlass delegierter Rechtsakte gemäß Artikel ... wird der Kommission für einen Zeitraum von ... Jahren ab dem ... [*Datum des Inkrafttretens des Basisrechtsakts oder anderes von den Mitgesetzgebern festgelegtes Datum*] übertragen.

(3) Die Befugnisübertragung gemäß Artikel ... kann vom Europäischen Parlament oder vom Rat jederzeit widerrufen werden. Der Beschluss über den Widerruf beendet die Übertragung der in diesem Beschluss angegebenen Befugnis. Er wird am Tag nach seiner Veröffentlichung im

Amtsblatt der Europäischen Union oder zu einem im Beschluss über den Widerruf angegebenen späteren Zeitpunkt wirksam. Die Gültigkeit von delegierten Rechtsakten, die bereits in Kraft sind, wird von dem Beschluss über den Widerruf nicht berührt.

(4) Vor dem Erlass eines delegierten Rechtsakts konsultiert die Kommission die von den einzelnen Mitgliedstaaten benannten Sachverständigen, im Einklang mit den in der Interinstitutionellen Vereinbarung über bessere Rechtsetzung vom 13. April 2016 enthaltenen Grundsätzen.

(5) Sobald die Kommission einen delegierten Rechtsakt erlässt, übermittelt sie ihn gleichzeitig dem Europäischen Parlament und dem Rat.

(6) Ein delegierter Rechtsakt, der gemäß Artikel ... erlassen wurde, tritt nur in Kraft, wenn weder das Europäische Parlament noch der Rat innerhalb einer Frist von [zwei Monaten] nach Übermittlung dieses Rechtsakts an das Europäische Parlament und den Rat Einwände erhoben haben oder wenn vor Ablauf dieser Frist das Europäische Parlament und der Rat beide der Kommission mitgeteilt haben, dass sie keine Einwände erheben werden. Auf Initiative des Europäischen Parlaments oder des Rates wird diese Frist um [zwei Monate] verlängert.

Ergänzender Artikel, wenn das Dringlichkeitsverfahren Anwendung findet:

Artikel [B]

Dringlichkeitsverfahren

(1) Delegierte Rechtsakte, die nach diesem Artikel erlassen werden, treten umgehend in Kraft und sind anwendbar, solange keine Einwände gemäß Absatz 2 erhoben werden. Bei der Übermittlung eines delegierten Rechtsakts an das Europäische Parlament und den Rat werden die Gründe für die Anwendung des Dringlichkeitsverfahrens angegeben.

(2) Das Europäische Parlament oder der Rat können gemäß dem Verfahren des Artikels [A] Absatz 6 Einwände gegen einen delegierten Rechtsakt erheben. In diesem Fall hebt die Kommission den Rechtsakt unverzüglich nach der Übermittlung des Beschlusses des Europäischen Parlaments oder des Rates, Einwände zu erheben, auf.

ERKLÄRUNG DES EUROPÄISCHEN PARLAMENTS UND DER KOMMISSION ANLÄSSLICH DER ANNAHME DER INTERINSTITUTIONELLEN VEREINBARUNG ÜBER BESSERE RECHTSETZUNG VOM 13. APRIL 2016

(ABl 2016 L 124, 1)

Das Europäische Parlament und die Kommission vertreten die Auffassung, dass die Vereinbarung[11)] das Gleichgewicht zwischen Europäischem Parlament, Rat und Kommission gemäß den Verträgen sowie ihren dort festgelegten jeweiligen Zuständigkeiten widerspiegelt.

Sie lässt die Rahmenvereinbarung vom 20. Oktober 2010 über die Beziehungen zwischen dem Europäischen Parlament und der Europäischen Kommission[12)] unberührt.

[11)] ABl. L 123 vom 12.5.2016, S. 1.

[12)] ABl. L 304 vom 20.11.2010, S. 47.

Interinstitutionelle Vereinbarung vom 18. Juni 2019 über die Anwendung der Artikel 290 und 291 AEUV

ABl 2019 C 223, 1

Interinstitutionelle Vereinbarung: Nicht bindende Kriterien für die Anwendung der Artikel 290 und 291 des Vertrags über die Arbeitsweise der Europäischen Union — 18. Juni 2019

DAS EUROPÄISCHE PARLAMENT, DER RAT DER EUROPÄISCHEN UNION UND DIE EUROPÄISCHE KOMMISSION —

in Erwägung nachstehender Gründe:

(1) Das Europäischen Parlament, der Rat und die Kommission (im Folgenden „die drei Organe“) haben am 13. April 2016 die Interinstitutionelle Vereinbarung über bessere Rechtsetzung[1] (im Folgenden „Vereinbarung“) geschlossen.

(2) In Nummer 26 der Vereinbarung unterstreichen die drei Organe die wichtige Funktion, die den delegierten Rechtsakten und Durchführungsrechtsakten im Unionsrecht zukommt, und dass solche Rechtsakte, wenn sie auf wirksame und transparente Weise und in begründeten Fällen verwendet werden, wesentliche Instrumente für eine bessere Rechtsetzung sind, die dazu beitragen, dass die Rechtsvorschriften einfach und auf dem neuesten Stand sind sowie wirksam und zügig umgesetzt werden.

(3) In Nummer 28 der Vereinbarung tun die drei Organe ihre Absicht kund, zur Ergänzung der Verständigung über delegierte Rechtsakte im Anhang zur Vereinbarung nicht bindende Kriterien für die Anwendung der Artikel 290 und 291 des Vertrags über die Arbeitsweise der Europäischen Union (AEUV) vorzusehen

(4) Die Anwendung dieser Kriterien kann im Rahmen der allgemeinen Überwachung der Durchführung der Vereinbarung gemäß Nummer 50 der Vereinbarung jährlich auf politischer und technischer Ebene erörtert werden.

(5) Obgleich Artikel 291 Absatz 2 AEUV vorsieht, dass in Fällen, in denen es zur Durchführung der verbindlichen Rechtsakte der Union einheitlicher Bedingungen bedarf, mit diesen Rechtsakten der Kommission oder — in entsprechend begründeten Sonderfällen und in Fällen nach den Artikeln 24 und 26 des Vertrags über die Europäische Union — dem Rat Durchführungsbefugnisse übertragen werden, liegt der Zweck der vorliegenden nicht bindenden Kriterien in der Abgrenzung zwischen delegierten Rechtsakten und Durchführungsrechtsakten und nicht in der Abgrenzung zwischen den Organen, denen die Durchführungsbefugnisse übertragen werden. Diese nicht bindenden Kriterien sind nicht darauf ausgelegt, die Voraussetzungen, unter denen ein Organ Befugnisse, die ihm im Einklang mit den einschlägigen Vorschriften des Unionsrechts, einschließlich des Basisrechtsakts, übertragen wurden, in irgendeiner Hinsicht festzulegen oder einzuschränken.

(6) Der Gerichtshof der Europäischen Union hat sich bereits mehrfach mit spezifischen Fragen befasst, die für die Anwendung der Artikel 290 und 291 AEUV von Bedeutung sind[2]. Diese Rechtsprechung könnte sich in der Zukunft weiterentwickeln. Gegebenenfalls könnte es notwendig werden, die nicht bindenden Kriterien vor dem Hintergrund der Entwicklung der Rechtsprechung zu überprüfen —

SIND WIE FOLGT ÜBEREINGEKOMMEN:

I. ALLGEMEINE GRUNDSÄTZE

1. Die vorliegenden nicht bindenden Kriterien geben den drei Organen Leitlinien in der Frage an die Hand, ob durch Gesetzgebungsakte übertragene Befugnisse delegierte Befugnisse oder Durchführungsbefugnisse sein sollten und daher gemäß Artikel 290 AEUV im Hinblick auf den Erlass eines delegierten Rechtsakts oder gemäß Artikel 291 AEUV im Hinblick auf den Erlass eines Durchführungsrechtsakts übertragen werden sollten.

[1] Interinstitutionelle Vereinbarung zwischen dem Europäischen Parlament, dem Rat der Europäischen Union und der Europäischen Kommission vom 13. April 2016 über bessere Rechtsetzung (ABl. L 123 vom 12.5.2016, S. 1).

[2] Unter anderem: Urteil des Gerichtshofs vom 18. März 2014, *Kommission/Parlament und Rat,* C-427/12, ECLI:EU:C:2014:170 (bekannt als Rechtssache „Biozide“); Urteil des Gerichtshofs vom 17. März 2016, *Parlament/Kommission,* C-286/14, ECLI:EU:C:2016:183 (bekannt als Rechtssache „Fazilität ‚Connecting Europe‘“ bzw. „CEF“); Urteil des Gerichtshofs vom 16. Juli 2015, *Kommission/Parlament und Rat,* C-88/14, ECLI:EU:C:2015:499 (bekannt als Rechtssache „Gegenseitigkeitsmechanismus im Bereich der Visumpolitik“).

2. Die Rechtsnatur des vorgesehenen Rechtsakts ist jeweils unter Berücksichtigung der Ziele, des Inhalts und des Kontexts dieses Rechtsakts sowie der Ziele, des Inhalts und des Kontexts des Gesetzgebungsaktes zu bestimmen.

3. Es ist Sache des Gesetzgebers, innerhalb der Grenzen des AEUV zu entscheiden, ob und in welchem Umfang auf delegierte Rechtsakte oder Durchführungsrechtsakte zurückgegriffen wird. Diesbezüglich obliegt es dem Gesetzgeber zu bestimmen, ob der Kommission Befugnisse zum Erlass delegierter Rechtsakte zu übertragen sind oder ob Befugnisse benötigt werden, um einheitliche Bedingungen für die Durchführung des Gesetzgebungsakts sicherzustellen.

4. Ist der Gesetzgeber der Auffassung, dass eine Bestimmung Bestandteil des Basisrechtsakts sein sollte, kann er diese Bestimmung in einen Anhang aufnehmen. Der Gesetzgeber ist niemals verpflichtet, Anhänge in Gesetzgebungsakten vorzusehen, und kann stattdessen den Erlass gesonderter Rechtsakte vorsehen; allerdings erinnern die drei Organe daran, dass sich die Struktur eines Gesetzgebungsakts an den in der Vereinbarung festgelegten gemeinsamen Verpflichtungen und Zielen orientieren sollte, nämlich über einfache, klare und kohärente Rechtsvorschriften zu verfügen, die zugänglich, für Bürger, Verwaltung und Unternehmen verständlich und praktisch umzusetzen sind und deren Erlass ungeachtet der Frage der Befugnisübertragung erfolgt. Die Befugnisse des Gesetzgebers werden dadurch in keiner Weise eingeschränkt.

5. Die wesentlichen Aspekte einer Regelungsmaterie müssen im Basisrechtsakt festgelegt werden. Daher kann die Befugnis zum Erlass von Vorschriften nicht auf die Kommission übertragen werden, wenn der Erlass der betreffenden Vorschriften politische Entscheidungen erfordert, die in den Zuständigkeitsbereich des Unionsgesetzgebers fallen, zum Beispiel weil sie eine Abwägung der widerstreitenden Interessen auf der Grundlage einer Beurteilung zahlreicher Gesichtspunkte einschließen[3]. Bei der Wahrnehmung von delegierten Befugnissen oder Durchführungsbefugnissen muss sich die Kommission uneingeschränkt an die wesentlichen Aspekte des Basisrechtsakts halten[4].

6. Nur der Kommission kann durch einen Gesetzgebungsakt die Befugnis zum Erlass delegierter Rechtsakte übertragen werden.

7. Die Kriterien sind nicht als erschöpfend zu betrachten.

II.KRITERIEN

A. ALLGEMEINE ODER INDIVIDUELLE GELTUNG DER RECHTSAKTE

1. Delegierte Rechtsakte dürfen nur allgemein gelten. Maßnahmen zur Regelung von Einzelfällen dürfen nicht im Wege delegierter Rechtsakte erlassen werden.

2. Durchführungsrechtsakte können individuell oder auch allgemein gelten.

3. Ein Rechtsakt besitzt allgemeine Geltung, wenn er für objektiv bestimmte Situationen gilt und gegenüber allgemein und abstrakt bezeichneten Personengruppen Rechtswirkungen erzeugt[5].

B. ÄNDERUNGEN VON GESETZGEBUNGSAKTEN EINSCHLIE.LICH IHRER ANHÄNGE

1. Wird der Kommission vom Gesetzgeber die Befugnis zur Änderung eines Gesetzgebungsaktes übertragen, so kann sie diese nur mittels delegierter Rechtsakte ausüben[6]; dies gilt auch dann, wenn die Befugnis zur Änderung sich auf die Anhänge bezieht, da diese ein fester Bestandteil der Gesetzgebungsakte sind.

2. Die Übertragung der Befugnis, einen Gesetzgebungsakt zu „ändern", verfolgt das Ziel, der Kommission zu erlauben, die vom Gesetzgeber in diesem Rechtsakt festgelegten, nicht wesentli-

Kundmg/Rsetzg

[3] Urteil des Gerichtshofs vom 5. September 2012, Parlament/Rat, C-355/10, ECLI:EU:C:2012:516, Rn. 64, 65 und 76; Urteil des Gerichtshofs vom 26. Juli 2017, Tschechische Republik/Kommission, C-696/15 P, ECLI:EU:C:2017:595, Rn. 78; Urteil des Gerichtshofs vom 11. Mai 2017, Dyson/Kommission, C-44/16 P, ECLI:EU:C:2017:357, Rn. 61 und 62.

[4] Urteil des Gerichtshofs vom 11. Mai 2017, Dyson/Kommission, C-44/16 P, ECLI:EU:C:2017:357, Rn. 65.

[5] Urteil des Gerichts vom 14. Juni 2012, Kommission/Stichting Natuur en Milieu und Pesticide Action Network Europe/Kommission, T-338/08, ECLI:EU:T:2012:300, Rn. 30; Urteil des Gerichts vom 7. März 2013, Bilbaína de Alquitranes und andere/ECHA, T-93/10, ECLI:EU:T:2013:106, Rn. 32 und 56.

[6] Urteil des Gerichtshofes vom 15. Oktober 2014, Parlament/Kommission, C-65/13, ECLI:EU:C:2014:2289, Rn. 45; Urteil des Gerichtshofes vom 16. Juli 2015, Kommission/Parlament und Rat, C-88/14, ECLI:EU:C:2015:499, Rn. 31.

chen Elemente abzuändern oder aufzuheben[7]. Änderungen können Einfügungen und Anfügungen im Zusammenhang mit nicht wesentlichen Vorschriften des Gesetzgebungsaktes sowie Streichungen oder Ersetzungen nicht wesentlicher Vorschriften einschließen.

C. ZUSÄTZLICHE VORSCHRIFTEN ZUR ERGÄNZUNG DES BASISRECHTSAKTS

Maßnahmen, die im Erlass zusätzlicher Vorschriften bestehen, die innerhalb des durch den Basisrechtsakt gesetzten Regelungsrahmens auf dessen Inhalt aufbauen oder diesen weiterentwickeln, sollten mittels delegierter Rechtsakte festgelegt werden. Dies ist der Fall bei Maßnahmen, die sich auf den Regelungsgehalt der im Basisrechtsakt festgelegten Vorschriften auswirken und es der Kommission ermöglichen, den Basisrechtsakt zu konkretisieren, vorausgesetzt, seine wesentlichen Bestandteile bleiben unberührt.

D. ZUSÄTZLICHE VORSCHRIFTEN ZUR DURCHFÜHRUNG DES BASISRECHTSAKTS

Im Gegensatz dazu sollten zusätzliche Vorschriften, mit denen der Basisrechtsakt durch inhaltliche Präzisierung durchgeführt oder ihm Wirksamkeit verliehen wird, ohne dass sie sich auf den Regelungsgehalt des Gesetzgebungsrahmens auswirken, im Wege von Durchführungsrechtsakten erlassen werden. Dies ist dann der Fall, wenn der Gesetzgeber einen hinreichend genauen Rechtsrahmen vorgibt, beispielsweise indem er die wichtigsten Voraussetzungen und Kriterien festlegt.

E. RECHTSAKTE ZUR FESTLEGUNG EINES VERFAHRENS, EINER METHODE ODER EINER METHODIK

1. Maßnahmen zur Festlegung eines Verfahrens (d. h. der Art und Weise, wie etwas ausgeführt oder erreicht wird, um ein im Basisrechtsakt festgelegtes Ergebnis zu erzielen) können je nach Art, Zielsetzung, Inhalt und Kontext der betreffenden Maßnahmen entweder im Wege eines delegierten Rechtsakts oder eines Durchführungsrechtsakts erlassen werden (oder sogar ein wesentliches Element des Basisrechtsakts darstellen).

Beispielsweise sollten Maßnahmen, mit denen Elemente eines Verfahrens festgelegt werden, die auf dem Inhalt des Basisrechtsakts aufbauen oder diesen weiterentwickeln und die in den durch den Basisrechtsakt festgelegten Rechtsrahmen fallen, im Wege delegierter Rechtsakte erlassen werden.

Hingegen sollten Maßnahmen, mit denen durch Festlegung eines Verfahrens die einheitliche Durchführung einer im Basisrechtsakt festgelegten Regel gewährleistet wird, im Wege von Durchführungsrechtsakten festgelegt werden.

2. Auch kann eine Übertragung der Befugnis zur Bestimmung einer Methode (d. h. der Art des Vorgehens, insbesondere in einer ordnungsgemäßen und systematischen Weise) oder einer Methodik (d. h. von Regelungen zur Bestimmung von Methoden) je nach Art, Zielsetzung, Inhalt und Kontext der Befugnisübertragung den Erlass von delegierten Rechtsakten oder von Durchführungsrechtsakten vorsehen.

F. RECHTSAKTE IM ZUSAMMENHANG MIT EINER INFORMATIONSPFLICHT

Mit einer Informationspflicht zusammenhängende Maßnahmen können je nach Art, Zielsetzung, Inhalt und Kontext der betreffenden Maßnahmen entweder im Wege eines delegierten Rechtsakts oder eines Durchführungsrechtsakts erlassen werden (oder sogar ein wesentliches Element des Basisrechtsakts darstellen).

Beispielsweise sollten Maßnahmen, mit denen zusätzliche Vorschriften festgelegt werden, die inhaltlich auf einer Informationspflicht aufbauen, im Wege delegierter Rechtsakte erlassen werden. Dabei wird es sich in der Regel um zusätzliche nicht wesentliche Vorschriften handeln, die die Substanz einer Informationspflicht berühren.

Hingegen sollten Maßnahmen, mit denen eine möglichst einheitliche Erfüllung der Informationspflicht sichergestellt werden soll, wie zum Beispiel Vorschriften zu Format und technischen Mitteln, im Wege von Durchführungsrechtsakten erlassen werden. Wenn zum Beispiel die Substanz einer Informationspflicht im Basisrechtsakt hinreichend genau bestimmt ist, sollten Maßnahmen, durch die die bereitzustellenden Informationen weiter präzisiert werden, um Datenvergleichbarkeit oder eine wirksame Durchsetzung der Verpflichtungen zu gewährleisten, im Wege von Durchführungsrechtsakten erlassen werden.

G. RECHTSAKTE IM ZUSAMMENHANG MIT ZULASSUNGEN

Maßnahmen, die mit Zulassungen — beispielsweise von Erzeugnissen oder Stoffen — zusammenhängen, können je nach Art, Zielsetzung, Inhalt und Kontext der betreffenden Maßnahmen entweder im Wege eines delegierten Rechtsakts oder eines Durchführungsrechtsakts erlassen werden (oder sogar ein wesentliches Element des Basisrechtsakts darstellen).

---

[7] Urteil des Gerichtshofes vom 17. März 2016, Parlament/Kommission, C-286/14, ECLI:EU:C:2016:183, Rn. 42;

Individuell geltende Zulassungen können nur im Wege eines Durchführungsrechtsakts erteilt werden. Allgemein geltende Zulassungen, die die Kommission aufgrund von im Basisrechtsakt hinreichend genau bestimmten Kriterien erteilt, sollten im Wege von Durchführungsrechtsakten erlassen werden.

Allgemein geltende Zulassungen, die den Basisrechtsakt insofern ergänzen, als sie nicht auf die Anwendung der im Basisrechtsakt festgelegten Kriterien beschränkt sind, sondern gleichzeitig auf dem Inhalt des Basisrechtsakts aufbauen (in den Grenzen der übertragenen Befugnis), sollten im Wege delegierter Rechtsakte erlassen werden.

III. ÜBERWACHUNG DER ANWENDUNG DIESER KRITERIEN UND ÜBERPRÜFUNG

1. Die drei Organe werden die Anwendung der vorliegenden Kriterien gemeinsam und regelmäßig überwachen.

2. Die drei Organe werden die Kriterien im Einklang mit ihren jeweiligen internen Regelungen — gegebenenfalls durch ihre über besondere Kompetenzen in diesem Bereich verfügenden Gremien — überprüfen, soweit dies vor dem Hintergrund der Entwicklung der Rechtsprechung des Gerichtshofs der Europäischen Union erforderlich und angemessen ist.

Sicherheit und Recht

Hinweise:

Entscheidung des Rates vom 28. Mai 2001 über die *Einrichtung eines Europäischen Justiziellen Netzes für Zivil- und Handelssachen* (ABl 2001 L 174, 25, geändert durch ABl 2009 L 168, 35);

Rahmenbeschluss des Rates vom 13. Juni 2002 über den *Europäischen Haftbefehl* und die Übergabeverfahren zwischen den Mitgliedstaaten (ABl 2002 L 190, 1, geändert durch ABl 2009 L 81, 24);

Verordnung (EU) 2018/1727 des Europäischen Parlaments und des Rates vom 14. November 2018 betreffend die *Agentur der Europäischen Union für justizielle Zusammenarbeit in Strafsachen (Eurojust)* und zur Ersetzung und Aufhebung des Beschlusses 2002/187/JI des Rates (ABL 2018 L 295, 138);

Akt der gemeinsamen *Kontrollinstanz von Eurojust* vom 23. Juni 2009 zur Festlegung ihrer Geschäfts- und Verfahrensordnung (ABl 2010 C 182, 3);

Verordnung (EU) 2015/2219 des Europäischen Parlaments und des Rates vom 25. November 2015 über die *Agenturen der Europäischen Union für die Aus- und Fortbildung auf dem Gebiet der Strafverfolgung (EPA)* und zur Ersetzung sowie Aufhebung des Beschlusses 2005/681/JI des Rates (ABl 2015 L 319, 1);

Beschluss (EU) der Kommission vom 6. März 2017 zur *Bestätigung der Beteiligung des Vereinigten Königreichs Großbritannien und Nordirland an der Verordnung (EU) 2016/792* des Europäischen Parlaments und des Rates über die Agentur der Europäischen Union für die Zusammenarbeit auf dem Gebiet der Strafverfolgung (Europol) (ABl 2017 L 59, 39).

Beschluss (EU) 2016/2063 der Kommission vom 24. November 2016 zur Bestätigung der Beteiligung Irlands an der Verordnung (EU) 2015/2219 des Europäischen Parlaments und des Rates über die *Agentur der Europäischen Union für die Aus- und Fortbildung auf dem Gebiet der Strafverfolgung (EPA)* (ABl 2016 L 319, 47).

Verordnung (EU) 2018/1240 des Europäischen Parlaments und des Rates vom 12. September 2018 über die *Einrichtung eines Europäischen Reiseinformations- und -genehmigungssystems (ETIAS)* und zur Änderung der Verordnungen (EU) Nr. 1077/2011, (EU) Nr. 515/2014, (EU) 2016/399, (EU) 2016/1624 und (EU) 2017/2226 (ABl 2018 L 236,1, geändert durch ABl 2019 L 135, 27).

Agentur der Europäischen Union für Zusammenarbeit bei der Strafverfolgung (Europol)

ABl 2016 L 135, 53 idF

1 ABl 2018 L 236, 72

Verordnung (EU) 2016/794 des Europäischen Parlaments und des Rates vom 11. Mai 2016 über die Agentur der Europäischen Union für die Zusammenarbeit auf dem Gebiet der Strafverfolgung (Europol) und zur Ersetzung und Aufhebung der Beschlüsse 2009/371/JI, 2009/934/JI, 2009/935/JI, 2009/936/JI und 2009/968/JI des Rates

DAS EUROPÄISCHE PARLAMENT UND DER RAT DER EUROPÄISCHEN UNION –

gestützt auf den Vertrag über die Arbeitsweise der Europäischen Union, insbesondere auf Artikel 88,

auf Vorschlag der Europäischen Kommission,

nach Zuleitung des Entwurfs des Gesetzgebungsakts an die nationalen Parlamente,

gemäß dem ordentlichen Gesetzgebungsverfahren[1],

in Erwägung nachstehender Gründe:

(1) Europol wurde durch den Beschluss 2009/371/JI des Rates[2] als eine aus dem Gesamthaushaltsplan der Union finanzierte Stelle der Union errichtet, die die Aufgabe hat, die Tätigkeit der zuständigen Behörden der Mitgliedstaaten sowie deren Zusammenarbeit bei der Prävention und Bekämpfung von organisierter Kriminalität, Terrorismus und anderen Formen schwerer Kriminalität zu unterstützen und zu verstärken, wenn zwei oder mehr Mitgliedstaaten betroffen sind. Der Beschluss 2009/371/JI ersetzte das Übereinkommen aufgrund von Artikel K.3 des Vertrags über die Europäische Union über die Errichtung eines Europäischen Polizeiamts (Europol-Übereinkommen)[3].

[1] Standpunkt des Europäischen Parlaments vom 25. Februar 2014 (noch nicht im Amtsblatt veröffentlicht) und Standpunkt des Rates in erster Lesung vom 10. März 2016 (noch nicht im Amtsblatt veröffentlicht). Standpunkt des Europäischen Parlaments vom 11. Mai 2016 (noch nicht im Amtsblatt veröffentlicht).

[2] Beschluss 2009/371/JI des Rates vom 6. April 2009 zur Errichtung des Europäischen Polizeiamts (Europol) (ABl. L 121 vom 15.5.2009, S. 37).

[3] ABl. C 316 vom 27.11.1995, S. 1.

(2) Nach Artikel 88 des Vertrags über die Arbeitsweise der Europäischen Union (AEUV) werden die Tätigkeiten und die Funktionsweise von Europol durch eine gemäß dem ordentlichen Gesetzgebungsverfahren angenommene Verordnung geregelt. In dem genannten Artikel ist ferner vorgesehen, dass Verfahren für die Kontrolle der Tätigkeiten von Europol durch das Europäische Parlament festgelegt werden und dass an dieser Kontrolle die nationalen Parlamente – im Einklang mit Artikel 12 Buchstabe c des Vertrags über die Europäische Union (EUV) und Artikel 9 des dem EUV und dem AEUV beigefügten Protokolls Nr. 1 über die Rolle der nationalen Parlamente in der Europäischen Union (im Folgenden „Protokoll Nr. 1") – beteiligt werden, um die demokratische Legitimität und Rechenschaftspflicht von Europol gegenüber den Unionsbürgern zu stärken. Daher sollte der Beschluss 2009/371/JI durch eine Verordnung ersetzt werden, die unter anderem Regeln für die parlamentarische Kontrolle festlegt.

(3) Gemäß dem „Stockholmer Programm – Ein offenes und sicheres Europa im Dienste und zum Schutz der Bürger"[4] soll Europol zu „einem Knotenpunkt des Informationsaustauschs zwischen den Strafverfolgungsbehörden der Mitgliedstaaten, einem Diensteanbieter und einer Plattform für Strafverfolgungsdienste" weiterentwickelt werden. Die Bewertung der Arbeitsweise von Europol hat ergeben, dass ihre operative Effizienz verbessert werden muss, wenn dieses Ziel erreicht werden soll.

(4) Große kriminelle oder terroristische Netze stellen eine erhebliche Bedrohung für die innere Sicherheit in der Union und für die Sicherheit und die Lebensbedingungen der Unionsbürger dar. Aktuelle Bedrohungsanalysen haben ergeben, dass kriminelle Gruppen immer häufiger in mehreren verschiedenen Kriminalitätsbereichen und über Landesgrenzen hinweg aktiv sind. Es ist daher notwendig, dass die nationalen Strafverfolgungsbehörden der Mitgliedstaaten mehr und enger untereinander zusammenarbeiten. In diesem Zusammenhang ist es erforderlich, Europol für eine bessere Unterstützung der Mitgliedstaaten

[4] ABl. C 115 vom 4.5.2010, S. 1.

bei der unionsweiten Verhütung, Analyse und Untersuchung von Straftaten auszurüsten. Dies wurde auch bei der Evaluierung des Beschlusses 2009/371/JI deutlich.

(5) Diese Verordnung zielt darauf ab, die Regelungen des Beschlusses 2009/371/JI sowie der Beschlüsse 2009/934/JI[5], 2009/935/JI[6], 2009/936/JI[7] und 2009/968/JI[8] des Rates zur Umsetzung des Beschlusses 2009/371/JI zu ändern und zu erweitern. Da die vorzunehmenden Änderungen, sowohl was ihre Anzahl als auch was ihre Art betrifft, wesentlich sind, sollten diese Beschlüsse im Interesse der Klarheit in Bezug auf die durch diese Verordnung gebundenen Mitgliedstaaten vollständig ersetzt werden. Die durch diese Verordnung errichtete Agentur Europol sollte die Aufgaben des durch den Beschluss 2009/371/JI errichteten Europäischen Polizeiamts (Europol) übernehmen und wahrnehmen; der Beschluss 2009/371/JI sollte daher aufgehoben werden.

(6) Da schwere Kriminalität häufig nicht an Landesgrenzen Halt macht, sollte Europol Tätigkeiten der Mitgliedstaaten sowie deren Zusammenarbeit bei der Verhütung und Bekämpfung der zwei oder mehr Mitgliedstaaten betreffenden schweren Kriminalität unterstützen und verstärken. Da der Terrorismus eine der größten Bedrohungen für die Sicherheit in der Union darstellt, sollte Europol die Mitgliedstaaten bei der Bewältigung gemeinsamer Herausforderungen auf diesem Gebiet unterstützen. Als Strafverfolgungsagentur der Union sollte Europol zudem Maßnahmen und Kooperationen zur Bekämpfung von gegen die Interessen der Union gerichteten Straftaten unterstützen und verstärken. Unter den Kriminalitätsformen, deren Bekämpfung in die Zuständigkeit von Europol fällt, wird die Bekämpfung der organisierten Kriminalität auch weiterhin zu den Hauptzielen von Europol gehören, da diese aufgrund ihres Umfangs, ihrer Bedeutung und ihrer Folgen ein gemeinsames Vorgehen der Mitgliedstaaten erforderlich macht. Europol sollte ferner Hilfe bei der Verhütung und Bekämpfung damit in Zusammenhang stehender Straftaten anbieten, die begangen werden, um die Mittel zur Begehung von in den Zuständigkeitsbereich von Europol fallenden Handlungen zu beschaffen, um solche Handlungen zu erleichtern oder durchzuführen oder um dafür zu sorgen, dass sie straflos bleiben.

(7) Europol sollte strategische Analysen und Bedrohungsanalysen erstellen, um den Rat und die Kommission bei der Festlegung der vorrangigen strategischen und operativen Ziele der Union im Bereich der Kriminalitätsbekämpfung und bei der operativen Umsetzung dieser Ziele zu unterstützen. Auf Ersuchen der Kommission gemäß Artikel 8 der Verordnung (EU) Nr. 1053/2013 des Rates[9] sollte Europol auch Risikoanalysen, einschließlich Risikoanalysen betreffend organisierte Kriminalität, durchführen, soweit die betroffenen Risiken die Anwendung des Schengen-Besitzstands durch die Mitgliedstaaten beeinträchtigen können. Darüber hinaus sollte Europol gegebenenfalls auf Ersuchen des Rates oder der Kommission strategische Analysen und Bedrohungsanalysen erstellen, um zur Evaluierung von Staaten, die sich um den Beitritt zur Union bewerben, beizutragen.

(8) Angriffe auf Informationssysteme, die Unionseinrichtungen oder zwei oder mehr Mitgliedstaaten betreffen, stellen eine zunehmende Bedrohung in der Union dar, insbesondere angesichts ihrer Geschwindigkeit und Auswirkungen sowie der Schwierigkeiten, deren Quellen zu ermitteln. Bei der Prüfung von Ersuchen seitens Europols, Ermittlungen in Bezug auf einen schweren, vermutlich kriminell motivierten Angriff auf Informationssysteme, der Unionseinrichtungen oder zwei oder mehr Mitgliedstaaten betrifft, einzuleiten, sollten die Mitgliedstaaten Europol vor dem Hintergrund dessen, dass eine rasche Reaktion für die erfolgreiche Bekämpfung der Computerkriminalität von entscheidender Bedeutung ist, unverzüglich antworten.

(9) Angesichts der Bedeutung der agenturenübergreifenden Zusammenarbeit sollten Europol und Eurojust dafür sorgen, dass die erforderlichen Vorkehrungen getroffen werden, um ihre operative Zusammenarbeit möglichst optimal zu gestal-

[5] Beschluss 2009/934/JI des Rates vom 30. November 2009 zur Festlegung der Durchführungsbestimmungen zur Regelung der Beziehungen von Europol zu anderen Stellen einschließlich des Austauschs von personenbezogenen Daten und Verschlusssachen (ABl. L 325 vom 11.12.2009, S. 6).

[6] Beschluss 2009/935/JI des Rates vom 30. November 2009 zur Festlegung der Liste der Drittstaaten und dritten Organisationen, mit denen Europol Abkommen schließt (ABl. L 325 vom 11.12.2009, S. 12).

[7] Beschluss 2009/936/JI des Rates vom 30. November 2009 zur Annahme der Durchführungsbestimmungen für die von Europol geführten Arbeitsdateien zu Analysezwecken (ABl. L 325 vom 11.12.2009, S. 14).

[8] Beschluss 2009/968/JI des Rates vom 30. November 2009 zur Annahme der Vertraulichkeitsregeln für Europol-Informationen (ABl. L 332 vom 17.12.2009, S. 17).

[9] Verordnung (EU) Nr. 1053/2013 des Rates vom 7. Oktober 2013 zur Einführung eines Evaluierungs- und Überwachungsmechanismus für die Überprüfung der Anwendung des Schengen-Besitzstands und zur Aufhebung des Beschlusses des Exekutivausschusses vom 16. September 1998 bezüglich der Errichtung des Ständigen Ausschusses Schengener Durchführungsübereinkommen (ABl. L 295 vom 6.11.2013, S. 27).

ten, wobei ihren jeweiligen Aufgaben und Mandaten sowie den Interessen der Mitgliedstaaten Rechnung zu tragen ist. Europol und Eurojust sollten insbesondere einander über alle Tätigkeiten unterrichten, die die Finanzierung gemeinsamer Ermittlungsgruppen erfordern.

(10) Wird eine gemeinsame Ermittlungsgruppe eingerichtet, sollten die Bedingungen für die Teilnahme von Europol-Personal an der Gruppe in der entsprechenden Vereinbarung festgelegt werden. Europol sollte ihre Teilnahme an solchen gemeinsamen Ermittlungsgruppen, die mit der Bekämpfung von unter die Ziele von Europol fallenden kriminellen Tätigkeiten befasst sind, protokollieren.

(11) Europol sollte die Mitgliedstaaten ersuchen können, in bestimmten Fällen, in denen eine grenzübergreifende Zusammenarbeit einen Zusatznutzen erbringen würde, strafrechtliche Ermittlungen einzuleiten, durchzuführen oder zu koordinieren. Europol sollte Eurojust von derartigen Ersuchen in Kenntnis setzen.

(12) Europol sollte als Knotenpunkt für den Informationsaustausch in der Union fungieren. Die von Europol erhobenen, gespeicherten, verarbeiteten, analysierten und ausgetauschten Informationen umfassen auch strafrechtlich relevante Erkenntnisse zu unter die Ziele von Europol fallenden Straftaten oder kriminellen Tätigkeiten, die gewonnen wurden, um festzustellen, ob konkrete kriminelle Handlungen begangen wurden oder möglicherweise in der Zukunft begangen werden.

(13) Um die Wirksamkeit von Europol als Knotenpunkt für den Informationsaustausch zu gewährleisten, sollten die Pflichten der Mitgliedstaaten bezüglich der Übermittlung von Daten, die Europol benötigt, damit es die von ihr verfolgten Ziele erreichen kann, eindeutig festgelegt werden. Die Mitgliedstaaten sollten bei der Erfüllung dieser Pflichten besonders darauf achten, dass sich die übermittelten Daten auf die Bekämpfung von Kriminalitätsformen beziehen, denen in den einschlägigen politischen Instrumenten der Union vorrangige strategische und operative Bedeutung beigemessen wird; insbesondere sollten sie auf die Prioritäten abstellen, die der Rat im Rahmen des EU-Politikzyklus zur Bekämpfung der organisierten und schweren internationalen Kriminalität festgelegt hat. Die Mitgliedstaaten sollten sich zudem darum bemühen, Informationen, die sie auf bilateraler oder multilateraler Ebene mit anderen Mitgliedstaaten über unter die Ziele von Europol fallende Straftaten austauschen, jeweils in Kopie an Europol zu übermitteln. Wenn die Mitgliedstaaten Europol die erforderlichen Informationen zur Verfügung stellen, sollten sie auch Informationen zu mutmaßlichen Cyber-Angriffen, die Unionseinrichtungen mit Sitz in ihrem Hoheitsgebiet betreffen, übermitteln. Die gegenseitige Zusammenarbeit und der Informationsaustausch sollten zugleich durch eine stärkere Unterstützung der Mitgliedstaaten durch Europol intensiviert werden. Europol sollte dem Europäischen Parlament, dem Rat, der Kommission und den nationalen Parlamenten einen jährlichen Bericht über die von den einzelnen Mitgliedstaaten übermittelten Informationen vorlegen.

(14) Um eine effiziente Zusammenarbeit zwischen Europol und den Mitgliedstaaten sicherzustellen, sollte in jedem Mitgliedstaat eine nationale Stelle (im Folgenden „nationale Stelle") eingerichtet werden. Die nationale Stelle sollte die Verbindungsstelle zwischen den zuständigen nationalen Behörden und Europol sein und somit eine koordinierende Rolle hinsichtlich der Zusammenarbeit der Mitgliedstaaten mit Europol wahrnehmen und auf diese Weise dazu beitragen, sicherzustellen, dass die Mitgliedstaaten einheitlich auf die Ersuchen von Europol reagieren. Jede nationale Stelle sollte mindestens einen Verbindungsbeamten zu Europol entsenden, um einen kontinuierlichen und wirksamen Informationsaustausch zwischen Europol und den nationalen Stellen sicherzustellen und die gegenseitige Zusammenarbeit zu erleichtern.

(15) Aufgrund der dezentralen Struktur mancher Mitgliedstaaten sollte Europol, wenn ein rascher Informationsaustausch vonnöten ist, vorbehaltlich der von den Mitgliedstaaten festgelegten Bedingungen unmittelbar mit zuständigen Behörden in den Mitgliedstaaten zusammenarbeiten dürfen, darüber aber die nationalen Stellen auf deren Ersuchen hin auf dem Laufenden halten müssen.

(16) Die Einrichtung gemeinsamer Ermittlungsgruppen sollte gefördert werden, und Europol-Bedienstete sollten daran teilnehmen können. Um sicherzustellen, dass eine derartige Teilnahme in jedem Mitgliedstaat möglich ist, sieht die Verordnung (Euratom, EGKS, EWG) Nr. 549/69 des Rates[10] vor, dass für Europol-Bedienstete während ihrer Teilnahme an gemeinsamen Ermittlungsgruppen keine Befreiungen gelten.

[10] Verordnung (Euratom, EGKS, EWG) Nr. 549/69 des Rates vom 25. März 1969 zur Bestimmung der Gruppen von Beamten und sonstigen Bediensteten der Europäischen Gemeinschaften, auf welche die Artikel 12, Artikel 13 Absatz 2 und Artikel 14 des Protokolls über die Vorrechte und Befreiungen der Gemeinschaften Anwendung finden (ABl. L 74 vom 27.3.1969, S. 1).

(17) Außerdem muss Europol durch Erzielung von Effizienzgewinnen und Verschlankung ihrer Arbeitsverfahren besser aufgestellt werden.

(18) Die Kommission und die Mitgliedstaaten sollten im Verwaltungsrat von Europol (im Folgenden „Verwaltungsrat") vertreten sein, um dessen Arbeit wirksam beaufsichtigen zu können. Die Mitglieder und die stellvertretenden Mitglieder des Verwaltungsrats sollten unter Berücksichtigung ihrer relevanten Qualifikationen auf dem Gebiet des Managements, der Verwaltung und des Haushalts sowie ihrer Kenntnisse im Bereich der Strafverfolgungszusammenarbeit ernannt werden. In Abwesenheit des Mitglieds sollte das stellvertretende Mitglied als Mitglied fungieren.

(19) Alle im Verwaltungsrat vertretenen Parteien sollten sich um eine Begrenzung der Fluktuation ihrer Vertreter bemühen, um die Kontinuität der Arbeiten des Verwaltungsrats zu gewährleisten. Alle Parteien sollten eine ausgewogene Vertretung von Männern und Frauen im Verwaltungsrat anstreben.

(20) Der Verwaltungsrat sollte nichtstimmberechtigte Beobachter, deren Stellungnahme von Belang für die Beratungen sein kann, einschließlich eines vom Gemeinsamen parlamentarischen Kontrollausschuss benannten Vertreters, einladen können.

(21) Der Verwaltungsrat sollte mit den nötigen Befugnissen ausgestattet werden, um insbesondere den Haushaltsplan aufzustellen, seinen Vollzug zu überprüfen und entsprechende Finanzbestimmungen und Planungsdokumente zu erlassen, Regeln für die Vermeidung und Beilegung von Interessenkonflikten in Bezug auf seine Mitglieder anzunehmen, transparente Arbeitsverfahren für die Beschlussfassung durch den Exekutivdirektor von Europol festzulegen und den jährlichen Tätigkeitsbericht anzunehmen. Der Verwaltungsrat sollte gegenüber den Bediensteten der Agentur einschließlich des Exekutivdirektors die Befugnisse der Anstellungsbehörde ausüben.

(22) Um einen effizienten laufenden Betrieb von Europol sicherzustellen, sollte der Exekutivdirektor der rechtliche Vertreter und Leiter von Europol sein, seinen Aufgaben unabhängig nachkommen können und sicherstellen, dass Europol die in dieser Verordnung vorgesehenen Aufgaben erfüllt. Insbesondere sollte er für die Ausarbeitung der dem Verwaltungsrat zur Beschlussfassung vorzulegenden Haushalts- und Planungsdokumente sowie für die Umsetzung der mehrjährigen Programmplanung, der jährlichen Arbeitsprogramme und sonstiger Planungsdokumente Europols zuständig sein.

(23) Um die unter die Ziele von Europol fallenden Straftaten verhüten und bekämpfen zu können, benötigt Europol möglichst umfassende und aktuelle Informationen. Daher sollte Europol in der Lage sein, ihr von Mitgliedstaaten, Unionseinrichtungen, Drittstaaten, internationalen Organisationen und – unter in dieser Verordnung festgelegten strengen Bedingungen – von privaten Parteien übermittelte oder aus öffentlichen Quellen stammende Daten zu verarbeiten, um kriminelle Erscheinungsformen und Entwicklungstrends erkennen, Informationen über kriminelle Netze zusammentragen und Zusammenhänge zwischen Straftaten unterschiedlicher Art aufdecken zu können.

(24) Damit Europol den zuständigen Behörden der Mitgliedstaaten genauere Kriminalitätsanalysen zur Verfügung stellen kann, sollte sie bei der Datenverarbeitung auf neue Technologien zurückgreifen. Europol sollte imstande sein, Zusammenhänge zwischen Ermittlungen und typischen Vorgehensweisen unterschiedlicher krimineller Gruppen rasch zu erkennen, bei Datenabgleichen ermittelte Übereinstimmungen zu überprüfen und sich einen klaren Überblick über Entwicklungstrends zu verschaffen, gleichzeitig aber auch hohe Standards in Bezug auf den Schutz personenbezogener Daten zu gewährleisten. Daher sollten die Datenbanken Europols so strukturiert sein, dass es Europol ermöglicht wird, die effizienteste IT-Struktur selbst auszuwählen. Europol sollte ferner imstande sein, als Diensteanbieter zu fungieren, insbesondere indem sie ein sicheres Netz für den Datenaustausch, wie z. B. die Netzanwendung für sicheren Datenaustausch (SIENA), mit dem Ziel zur Verfügung stellt, den Informationsaustausch zwischen den Mitgliedstaaten, Europol, anderen Unionseinrichtungen, Drittstaaten und internationalen Organisationen zu erleichtern. Um die Einhaltung hoher Datenschutzstandards zu gewährleisten, sollte geregelt werden, zu welchen Zwecken Daten verarbeitet werden dürfen, welche Datenzugriffsrechte bestehen und welche zusätzlichen Garantien im Einzelnen sichergestellt sein müssen. Insbesondere sollten die Grundsätze der Notwendigkeit und der Verhältnismäßigkeit bei der Verarbeitung von personenbezogenen Daten beachtet werden.

(25) Europol sollte gewährleisten, dass alle personenbezogenen Daten, die für operative Analysen verarbeitet werden, einem bestimmten Zweck zugeordnet werden. Damit Europol ihren Auftrag erfüllen kann, sollte sie jedoch alle erhaltenen personenbezogenen Daten zu dem Zweck verarbeiten können, Bezüge zwischen verschiedenen Kriminalitätsbereichen und Ermittlungen festzustellen, und sollte nicht darauf beschränkt sein, allein Verbindungen innerhalb eines einzigen Kriminalitätsbereichs ermitteln zu dürfen.

(26) Um Eigentumsrechte an Daten und den Schutz von personenbezogenen Daten zu wahren, sollten die Mitgliedstaaten, Unionseinrichtungen, Drittstaaten und internationale Organisationen den Zweck oder die Zwecke, zu dem/denen Europol von ihnen übermittelte Daten verarbeiten darf, festlegen und die Zugriffsrechte einschränken können. Zweckbegrenzung ist ein Grundprinzip der Verarbeitung personenbezogener Daten; insbesondere trägt sie zu Transparenz, rechtlicher Sicherheit und Berechenbarkeit bei und ist insbesondere bei der Zusammenarbeit im Bereich der Strafverfolgung von großer Bedeutung, in dem sich betroffene Personen für gewöhnlich nicht darüber bewusst sind, dass ihre personenbezogenen Daten erhoben und verarbeitet werden, und in dem die Nutzung von personenbezogenen Daten sehr bedeutende Auswirkungen auf das Leben und die Freiheiten des Einzelnen haben kann.

(27) Damit nur Personen auf die Daten zugreifen können, die den Zugang benötigen, um ihren Aufgaben nachkommen zu können, sollten in dieser Verordnung ausführliche Bestimmungen über Zugriffsrechte unterschiedlichen Umfangs für die von Europol verarbeiteten Daten niedergelegt werden. Diese Bestimmungen sollten unbeschadet etwaiger Einschränkungen des Zugangs vonseiten der Datenlieferanten anwendbar sein, damit die Eigentumsrechte an den Daten gewahrt bleiben. Um die unter die Ziele von Europol fallenden Straftaten besser verhüten und bekämpfen zu können, sollte Europol die einzelnen Mitgliedstaaten über die sie betreffenden Informationen in Kenntnis setzen.

(28) Um die operative Zusammenarbeit unter den Agenturen zu verstärken und insbesondere Verbindungen zwischen den in den einzelnen Agenturen bereits vorhandenen Daten feststellen zu können, sollte Europol Eurojust und dem Europäischen Amt für Betrugsbekämpfung (OLAF) die Möglichkeit geben, mittels eines Treffer-/Kein-Treffer-Verfahrens auf die bei Europol vorliegenden Daten zuzugreifen. Europol und Eurojust sollten eine Arbeitsvereinbarung schließen können, mit der sie innerhalb ihrer jeweiligen Befugnisse einen gegenseitigen Zugang zu allen übermittelten Informationen und die Möglichkeit, diese Informationen zu durchsuchen, zum Zwecke eines Abgleichs im Einklang mit spezifischen Garantien und Datenschutzgarantien gemäß dieser Verordnung sicherstellen. Jeder Zugang zu den bei Europol vorliegenden Daten sollte durch technische Mittel auf die Informationen beschränkt werden, die in die jeweilige Zuständigkeit dieser Unionseinrichtungen fallen.

(29) Soweit es für die Erfüllung ihrer Aufgaben erforderlich ist, sollte Europol kooperative Beziehungen zu anderen Unionseinrichtungen, Behörden von Drittstaaten, internationalen Organisationen und privaten Parteien pflegen.

(30) Zur Sicherstellung der operativen Wirksamkeit sollte Europol, soweit es für die Erfüllung ihrer Aufgaben erforderlich ist, mit anderen Unionseinrichtungen, mit Behörden von Drittstaaten und mit internationalen Organisationen alle relevanten Informationen, mit Ausnahme personenbezogener Daten, austauschen können. Da Unternehmen, Wirtschaftsverbände, Nichtregierungsorganisationen und andere private Parteien Fachkenntnisse und Informationen von unmittelbarem Belang für die Verhütung und Bekämpfung von schwerer Kriminalität und Terrorismus besitzen, sollte Europol derartige Informationen auch mit privaten Parteien austauschen können. Um Störungen der Netz- und Informationssicherheit verursachende Cyberstraftaten zu verhüten und zu bekämpfen, sollte Europol entsprechend dem anwendbaren Gesetzgebungsakt der Union, mit dem Maßnahmen zur Gewährleistung einer hohen gemeinsamen Netz- und Informationssicherheit in der Union festgelegt werden, mit den für die Sicherheit von Netzen und Informationssystemen zuständigen nationalen Behörden zusammenarbeiten und mit ihnen Informationen, mit Ausnahme personenbezogener Daten, austauschen.

(31) Soweit es für die Erfüllung ihrer jeweiligen Aufgaben erforderlich ist, sollte Europol relevante personenbezogene Daten mit anderen Unionseinrichtungen austauschen können.

(32) Die Hintergründe von schweren Straftaten und Terrorismus erstrecken sich oftmals über das Gebiet der Union hinaus. Soweit es für die Erfüllung ihrer Aufgaben erforderlich ist, sollte Europol daher personenbezogene Daten mit Behörden von Drittstaaten und mit internationalen Organisationen wie der Internationalen Kriminalpolizeilichen Organisation – Interpol austauschen können.

(33) Alle Mitgliedstaaten sind Mitglieder von Interpol. Interpol erhält, speichert und übermittelt für die Erfüllung ihres Auftrags Daten, um die zuständigen Strafverfolgungsbehörden dabei zu unterstützen, internationale Kriminalität zu verhüten und zu bekämpfen. Daher sollte die Zusammenarbeit zwischen Europol und Interpol gestärkt werden, indem ein effizienter Austausch personenbezogener Daten gefördert und zugleich die Achtung der Grundrechte und Grundfreiheiten hinsichtlich der automatischen Verarbeitung personenbezogener Daten gewährleistet wird. Wenn personenbezogene Daten von Europol an Interpol übermittelt werden, sollte diese Verordnung, insbesondere die Bestimmungen über grenzüber-

schreitende Datenübermittlungen, zur Anwendung kommen.

(34) Zur Gewährleistung der Zweckbegrenzung muss sichergestellt werden, dass personenbezogene Daten nur dann von Europol an Unionseinrichtungen, Drittländer und internationale Organisationen übermittelt werden dürfen, wenn dies zur Verhütung oder Bekämpfung von Straftaten, die unter die Ziele von Europol fallen, erforderlich ist. Hierzu ist es notwendig, sicherzustellen, dass bei der Übermittlung personenbezogener Daten der Empfänger zusagt, dass die Daten von dem Empfänger ausschließlich für den Zweck, für den sie ursprünglich übermittelt wurden, verwendet oder an eine zuständige Behörde eines Drittlandes weitergeleitet werden. Eine Weitergabe der Daten sollte im Einklang mit dieser Verordnung erfolgen.

(35) Europol sollte personenbezogene Daten an Behörden in Drittstaaten oder an internationale Organisationen nur übermitteln können, wenn dies auf der Grundlage eines Kommissionsbeschlusses geschieht, in dem festgestellt wird, dass der betreffende Staat beziehungsweise die betreffende Organisation ein angemessenes Datenschutzniveau (im Folgenden „Angemessenheitsbeschluss") gewährleistet, oder, wenn kein Angemessenheitsbeschluss vorliegt, auf der Grundlage einer von der Union gemäß Artikel 218 AEUV geschlossenen internationalen Übereinkunft oder auf der Grundlage eines vor dem Inkrafttreten dieser Verordnung zwischen Europol und dem betreffenden Drittstaat geschlossenen Abkommens, das den Austausch personenbezogener Daten erlaubt. Diese Übereinkünfte behalten gemäß Artikel 9 des dem EUV und dem AEUV beigefügten Protokolls Nr. 36 über die Übergangsbestimmungen so lange Rechtswirkung, bis sie in Anwendung der Verträge aufgehoben, für nichtig erklärt oder geändert werden. Die Kommission sollte, sofern dies angebracht ist, nach Maßgabe der Verordnung (EG) Nr. 45/2001 des Europäischen Parlaments und des Rates[11] vor den Verhandlungen und während der Verhandlungen über eine internationale Übereinkunft den Europäischen Datenschutzbeauftragten (EDSB) konsultieren können. Stellt der Verwaltungsrat fest, dass die Zusammenarbeit mit einem Drittstaat oder einer internationalen Organisation operativ notwendig ist, so sollte er dem Rat vorschlagen können, die Kommission darauf hinzuweisen, dass ein Angemessenheitsbeschluss oder eine Empfehlung zur Aufnahme von Verhandlungen über eine internationale Übereinkunft im oben genannten Sinne erforderlich ist.

(36) In Fällen, in denen für eine Übermittlung personenbezogener Daten kein Angemessenheitsbeschluss, keine von der Union geschlossene internationale Übereinkunft und kein geltendes Kooperationsabkommen als Grundlage herangezogen werden kann, sollte der Verwaltungsrat im Einvernehmen mit dem EDSB eine Kategorie von Übermittlungen veranlassen dürfen, sofern spezifische Bedingungen dies erfordern und ausreichende Sicherheitsgarantien bestehen. Der Exekutivdirektor sollte die Datenübermittlung von Fall zu Fall ausnahmsweise veranlassen dürfen, sofern eine solche Übermittlung – unter Beachtung spezifischer strikter Bedingungen – erforderlich ist.

(37) Europol sollte personenbezogene Daten, die von privaten Parteien oder von Privatpersonen stammen, nur verarbeiten dürfen, wenn ihr diese Daten von einer der folgenden Stellen übermittelt werden: von einer nationalen Stelle nach deren nationalem Recht; von einer Kontaktstelle – in einem Drittstaat oder bei einer internationalen Organisation –, mit der eine geregelte Zusammenarbeit aufgrund eines vor Inkrafttreten dieser Verordnung gemäß Artikel 23 des Beschlusses 2009/371/JI geschlossenen Kooperationsabkommens, das den Austausch personenbezogener Daten erlaubt, besteht; von einer Behörde eines Drittstaats oder einer internationalen Organisation, die Gegenstand eines Angemessenheitsbeschlusses ist oder mit der die Union eine internationale Übereinkunft nach Artikel 218 AEUV geschlossen hat. In Fällen, in denen Europol personenbezogene Daten unmittelbar von privaten Parteien erhält und die nationale Stelle, die Kontaktstelle oder die betreffende Behörde nicht ermittelt werden kann, sollte Europol diese personenbezogenen Daten jedoch nur zu dem Zweck verarbeiten können, diese Stelle oder Behörde zu ermitteln, und derartige Daten sollten gelöscht werden, sofern diese Stelle oder Behörde diese personenbezogenen Daten binnen vier Monaten nach der Übermittlung nicht erneut vorlegt. Europol sollte mit technischen Mitteln sicherstellen, dass solche Daten während dieses Zeitraums nicht für eine Verarbeitung zu anderen Zwecken zugänglich sind.

(38) Vor dem Hintergrund der außergewöhnlichen und spezifischen Bedrohung, die von Terrorismus und anderen Formen schwerer Kriminalität für die innere Sicherheit der Union ausgeht, insbesondere wenn das Internet zu ihrer Erleichterung, Förderung oder Begehung verwendet wird, sollten die Tätigkeiten, die Europol auf der Grundlage dieser Verordnung ausüben sollte und die sich aus der Umsetzung der Schlussfolgerun-

[11] Verordnung (EG) Nr. 45/2001 des Europäischen Parlaments und des Rates vom 18. Dezember 2000 zum Schutz natürlicher Personen bei der Verarbeitung personenbezogener Daten durch die Organe und Einrichtungen der Gemeinschaft und zum freien Datenverkehr (ABl. L 8 vom 12.1.2001, S. 1).

gen des Rates vom 12. März 2015 und dem auf der Tagung des Europäischen Rates vom 23. April 2015 im Zusammenhang mit insbesondere diesen vorrangigen Bereichen ergangenen Aufruf ergeben, insbesondere die entsprechende Praxis des direkten Austauschs personenbezogener Daten mit privaten Parteien, von der Kommission bis zum 1. Mai 2019 bewertet werden.

(39) Informationen, die eindeutig unter offenkundiger Verletzung der Menschenrechte erlangt wurden, sollten nicht verarbeitet werden.

(40) Die Europolspezifischen Datenschutzbestimmungen sollten gestärkt werden und sich auf die der Verordnung (EG) Nr. 45/2001 zugrunde liegenden Prinzipien stützen, um einen hohen Schutz des Einzelnen in Bezug auf die Verarbeitung personenbezogener Daten sicherzustellen. Da in der dem EUV und dem AEUV beigefügten Erklärung Nr. 21 zum Schutz personenbezogener Daten im Bereich der justiziellen Zusammenarbeit in Strafsachen und der polizeilichen Zusammenarbeit der spezifische Charakter der Verarbeitung personenbezogener Daten im Strafverfolgungsbereich anerkannt wird, sollten die Datenschutzbestimmungen von Europol autonom sein, gleichzeitig jedoch mit anderen einschlägigen Datenschutzvorschriften, die im Bereich der polizeilichen Zusammenarbeit in der Union Anwendung finden, vereinbar sein. Diese Vorschriften umfassen insbesondere die Richtlinie (EU) 2016/680 des Europäischen Parlaments und des Rates[12] sowie das Übereinkommen zum Schutz des Menschen bei der automatischen Verarbeitung personenbezogener Daten des Europarates und dessen Empfehlung Nr. R(87) 15[13].

(41) Jede Verarbeitung personenbezogener Daten durch Europol sollte gegenüber den betroffenen Personen nach Treu und Glauben sowie nach Recht und Gesetz erfolgen. Der Grundsatz der Verarbeitung nach Treu und Glauben erfordert Transparenz bei der Verarbeitung, die es den betroffenen Personen ermöglicht, ihre Rechte gemäß dieser Verordnung auszuüben. Es sollte jedoch möglich sein, den Zugang zu ihren personenbezogenen Daten zu verweigern oder einzuschränken, falls die Verweigerung oder Einschränkung unter gebührender Berücksichtigung der Interessen der betroffenen Personen erforderlich ist, um es Europol zu ermöglichen, ihre Aufgaben ordnungsgemäß wahrzunehmen, die Sicherheit und öffentliche Ordnung zu schützen oder Straftaten zu verhindern, sicherzustellen, dass nationale Ermittlungen nicht gefährdet werden, oder die Rechte und Freiheiten Dritter zu schützen. Im Interesse einer größeren Transparenz sollte Europol der Öffentlichkeit ein Dokument zugänglich machen, in dem die geltenden Bestimmungen für die Verarbeitung personenbezogener Daten und die Möglichkeiten der betroffenen Personen zur Ausübung ihrer Rechte in verständlicher Form dargelegt sind. Ferner sollte Europol ein Verzeichnis der Angemessenheitsbeschlüsse, Abkommen und Verwaltungsvereinbarungen in Bezug auf die Übermittlung personenbezogener Daten an Drittländer und internationale Organisationen auf ihrer Website veröffentlichen. Darüber hinaus sollte Europol zur Stärkung der Transparenz gegenüber den Unionsbürgern und der Rechenschaftspflicht von Europol auf ihrer Website eine Liste der Mitglieder ihres Verwaltungsrats und gegebenenfalls die Zusammenfassungen der Ergebnisse der Sitzungen des Verwaltungsrats veröffentlichen; dabei sind die Datenschutzvorschriften einzuhalten.

(42) Personenbezogene Daten sollten so weit wie möglich nach dem Grad ihrer Richtigkeit und ihrer Zuverlässigkeit unterschieden werden. Fakten sollten von persönlichen Einschätzungen unterschieden werden, um den Schutz des Einzelnen und die Qualität und Zuverlässigkeit der von Europol verarbeiteten Informationen sicherzustellen. Bei Informationen aus öffentlich zugänglichen Quellen, insbesondere Internet-Quellen, sollte Europol so weit wie möglich die Richtigkeit dieser Informationen und die Zuverlässigkeit der Quelle einer sorgfältigen Beurteilung unterziehen, um den mit dem Internet verbundenen Risiken bezüglich des Schutzes personenbezogener Daten und der Privatsphäre zu begegnen.

(43) Im Rahmen der Strafverfolgungszusammenarbeit werden personenbezogene Daten verarbeitet, die sich auf unterschiedliche Kategorien von betroffenen Personen beziehen. Daher sollte Europol eine möglichst klare Unterscheidung zwischen personenbezogenen Daten in Bezug auf unterschiedliche Kategorien von betroffenen Personen vornehmen. Personenbezogene Daten von Opfern, Zeugen und Personen, die im Besitz sachdienlicher Informationen sind, sowie personenbezogene Daten von Minderjährigen sollten besonders geschützt werden. Europol sollte sensible Daten nur verarbeiten, wenn diese Daten andere, bereits von Europol verarbeitete personenbezogene Daten ergänzen.

---

[12] Richtlinie (EU) 2016/680 des Europäischen Parlaments und des Rates vom 27. April 2016 zum Schutz natürlicher Personen bei der Verarbeitung personenbezogener Daten durch die zuständigen Behörden zum Zwecke der Verhütung, Ermittlung, Aufdeckung oder Verfolgung von Straftaten oder der Strafvollstreckung sowie zum freien Datenverkehr und zur Aufhebung des Rahmenbeschlusses 2008/977/JI des Rates (ABl. L 119 vom 4.5.2016, S. 89).

[13] Empfehlung R(87) 15 des Ministerkomitees des Europarates vom 17. September 1987 für die Mitgliedstaaten über die Nutzung personenbezogener Daten im Polizeibereich.

(44) Angesichts des Grundrechts auf Schutz personenbezogener Daten sollte Europol personenbezogene Daten nicht länger speichern als für die Erfüllung ihrer Aufgaben erforderlich. Spätestens drei Jahre nach der ersten Verarbeitung der Daten sollte geprüft werden, ob eine weitere Speicherung dieser Daten erforderlich ist.

(45) Europol und die Mitgliedstaaten sollten die erforderlichen technischen und organisatorischen Maßnahmen ergreifen, um die Sicherheit personenbezogener Daten zu garantieren.

(46) Jede betroffene Person sollte das Recht haben, die sie betreffenden personenbezogenen Daten einzusehen, diese Daten gegebenenfalls berichtigen zu lassen, falls sie unzutreffend sind, und diese Daten löschen oder ihre Verarbeitung einschränken zu lassen, wenn sie nicht mehr benötigt werden. Die Kosten im Zusammenhang mit der Ausübung des Rechts auf Zugang zu den eigenen personenbezogenen Daten sollten kein Hindernis für die tatsächliche Wahrnehmung dieses Rechts darstellen. Die Rechte der betroffenen Person und die Ausübung dieser Rechte sollten die Europol auferlegten Pflichten unberührt lassen und den in dieser Verordnung niedergelegten Einschränkungen unterliegen.

(47) Zum Schutz der Rechte und der Grundfreiheiten der betroffenen Personen ist es erforderlich, in dieser Verordnung eine klare Verteilung der Verantwortlichkeiten festzulegen. Die Mitgliedstaaten sollten vor allem für die Richtigkeit von Daten sowie dafür verantwortlich sein, die von ihnen an Europol übermittelten Daten stets auf dem neuesten Stand zu halten und die Rechtmäßigkeit der Datenübermittlung sicherzustellen. Europol sollte für die Richtigkeit von Daten sowie dafür verantwortlich sein, die ihr von anderen Datenlieferanten übermittelten oder aus den eigenen Analysen von Europol hervorgegangenen Daten stets auf dem neuesten Stand zu halten. Europol sollte sicherstellen, dass alle Daten nach Treu und Glauben und auf rechtmäßige Weise verarbeitet und nur für einen bestimmten Zweck erhoben und verarbeitet werden. Europol sollte auch dafür sorgen, dass die Daten angemessen, relevant und in Bezug auf den Zweck der Verarbeitung verhältnismäßig sind, dass sie nicht länger als für den Zweck der Verarbeitung erforderlich gespeichert werden und dass sie auf eine Weise verarbeitet werden, die eine angemessene Sicherheit der personenbezogenen Daten und die Vertraulichkeit der Datenverarbeitung gewährleistet.

(48) Zum Zwecke der Überprüfung der Rechtmäßigkeit der Datenverarbeitung, der Eigenkontrolle und der Sicherstellung der Unverfälschtheit und Sicherheit der Daten sollte Europol jedwede Erhebung, Änderung, Offenlegung, Verknüpfung oder Löschung personenbezogener Daten sowie jedweden Zugriff auf diese Daten schriftlich festhalten. Europol sollte verpflichtet sein, mit dem EDSB zusammenzuarbeiten und diesem auf Verlangen ihre Protokolle oder Unterlagen vorzulegen, damit die betreffenden Verarbeitungsvorgänge anhand dieser Unterlagen kontrolliert werden können.

(49) Europol sollte einen Datenschutzbeauftragten benennen, der Europol bei der Überwachung der Einhaltung dieser Verordnung unterstützt. Der Datenschutzbeauftragte sollte eine Position bekleiden, die es ihm ermöglicht, seinen Pflichten und Aufgaben unabhängig und wirksam nachzugehen, und er sollte mit den dazu erforderlichen Mitteln ausgestattet werden.

(50) Unabhängige, transparente, rechenschaftspflichtige und effektive Aufsichtsstrukturen sind für den Schutz des Einzelnen im Hinblick auf die Verarbeitung personenbezogener Daten, wie in Artikel 8 Absatz 3 der Charta der Grundrechte der Europäischen Union festgelegt, von wesentlicher Bedeutung. Die Rechtmäßigkeit der von den Mitgliedstaaten an Europol übermittelten personenbezogenen Daten sollte von den für die Überwachung der Verarbeitung personenbezogener Daten zuständigen nationalen Behörden überwacht werden. Der EDSB sollte die Rechtmäßigkeit der Datenverarbeitung durch Europol in völliger Unabhängigkeit überwachen. In dieser Hinsicht ist der Mechanismus der vorherigen Konsultation eine wichtige Garantie in Bezug auf neue Arten von Verarbeitungsvorgängen. Dies sollte nicht für spezifische individuelle Verarbeitungstätigkeiten wie Projekte der operativen Analysen gelten, sondern für die Nutzung neuer IT-Systeme zur Verarbeitung personenbezogener Daten und für wesentliche Änderungen dieser Systeme.

(51) Es ist wichtig, eine verstärkte und wirksame Überwachung von Europol sicherzustellen und zu gewährleisten, dass sich der EDSB auf geeignete Fachkompetenz im Bereich des Datenschutzes bei der Strafverfolgung stützen kann, wenn er die Verantwortung für die datenschutzrechtliche Überwachung von Europol übernimmt. In Einzelfragen, die eine Mitwirkung von nationaler Seite erfordern, sollten der EDSB und die nationalen Kontrollbehörden eng zusammenarbeiten und sie sollten die einheitliche Anwendung dieser Verordnung in der gesamten Union sicherstellen.

(52) Zwecks Erleichterung der Zusammenarbeit zwischen dem EDSB und den nationalen Kontrollbehörden, jedoch unbeschadet der Unab-

hängigkeit des EDSB und seiner Verantwortung für die datenschutzrechtliche Überwachung von Europol, sollten diese regelmäßig im Rahmen des Beirats für die Zusammenarbeit zusammenkommen; dieser sollte als Beratungsgremium Stellungnahmen, Leitlinien, Empfehlungen und bewährte Verfahren zu verschiedenen Themen mit nationalem Bezug formulieren.

(53) Da Europol ferner nicht operative personenbezogene Daten verarbeitet, die in keinem Zusammenhang mit strafrechtlichen Ermittlungen stehen, etwa personenbezogene Daten von Europol-Personal, Dienstleistern oder Besuchern, sollten derartige Daten nach Maßgabe der Verordnung (EG) Nr. 45/2001 verarbeitet werden.

(54) Der EDSB sollte Beschwerden von betroffenen Personen entgegennehmen und ihnen nachgehen. Die auf eine Beschwerde folgende Untersuchung sollte vorbehaltlich einer gerichtlichen Überprüfung so weit gehen, wie dies im Einzelfall angemessen ist. Die nationale Kontrollbehörde sollte die betroffene Person innerhalb einer angemessenen Frist über den Stand und die Ergebnisse der Beschwerde unterrichten.

(55) Einzelpersonen sollten Rechtsmittel gegen sie betreffende Entscheidungen des EDSB einlegen können.

(56) Europol sollte abgesehen von der Haftung im Falle unrechtmäßiger Datenverarbeitung den für die Organe, Einrichtungen, Ämter und Agenturen der Union geltenden allgemeinen Bestimmungen über die vertragliche und außervertragliche Haftung unterliegen.

(57) Für eine betroffene Einzelperson kann es unklar sein, ob der infolge einer unrechtmäßigen Datenverarbeitung erlittene Schaden aus einer Maßnahme Europols oder aber eines Mitgliedstaats resultiert. Daher sollten Europol und der Mitgliedstaat, in dem die Maßnahme, die den Schaden ausgelöst hat, erfolgt ist, gesamtschuldnerisch für den Schaden haften.

(58) Die Rolle des Europäischen Parlaments bei der Kontrolle der Tätigkeiten von Europol, an der auch die nationalen Parlamente beteiligt sind, ist zu beachten, wobei es jedoch erforderlich ist, dass Europol eine transparente und voll rechenschaftspflichtige interne Organisation ist. Zu diesem Zweck sollten im Lichte von Artikel 88 AEUV Verfahren für die Kontrolle der Tätigkeiten von Europol durch das Europäische Parlament und die nationalen Parlamente festgelegt werden. Diese Verfahren sollten Artikel 12 Buchstabe c EUV und Artikel 9 des Protokolls Nr. 1 unterliegen, in dem vorgesehen ist, dass das Europäische Parlament und die nationalen Parlamente gemeinsam festlegen, wie eine effiziente und regelmäßige Zusammenarbeit zwischen den Parlamenten innerhalb der Union gestaltet und gefördert werden kann. Die festzulegenden Verfahren für die Kontrolle der Tätigkeiten von Europol sollten dem Erfordernis gebührend Rechnung tragen, sicherzustellen, dass das Europäische Parlament und die nationalen Parlamente gleichberechtigt sind und dass operative Informationen vertraulich zu behandeln sind. Jedoch ist die Art der Kontrolle der Regierungen durch die nationalen Parlamente hinsichtlich der Tätigkeiten der Union Sache der besonderen verfassungsrechtlichen Gestaltung und Praxis jedes Mitgliedstaats.

(59) Für die Europol-Bediensteten sollten das Statut der Beamten der Europäischen Union (im Folgenden „Beamtenstatut") und die Beschäftigungsbedingungen für die sonstigen Bediensteten der Europäischen Union (im Folgenden „Beschäftigungsbedingungen für die sonstigen Bediensteten") gemäß Verordnung (EWG, Euratom, EGKS) Nr. 259/68[14] gelten. Europol sollte Personal aus den zuständigen Behörden der Mitgliedstaaten als Zeitbedienstete einstellen können, deren Arbeitsverhältnis befristet werden sollte, um das Rotationsprinzip beizubehalten, denn durch die anschließende Wiedereingliederung dieser Bediensteten in ihre zuständigen Behörden vereinfacht sich die Zusammenarbeit zwischen Europol und den zuständigen Behörden der Mitgliedstaaten. Die Mitgliedstaaten sollten alle erforderlichen Maßnahmen ergreifen, um sicherzustellen, dass die als Zeitbedienstete bei Europol eingestellten Personen nach Ende ihrer Dienstzeit bei Europol zu den nationalen Behörden, denen sie angehören, zurückkehren können.

(60) Angesichts der Art der Aufgaben Europols und der Rolle ihres Exekutivdirektors sollte der zuständige Ausschuss des Europäischen Parlaments den Exekutivdirektor vor seiner Ernennung sowie vor einer etwaigen Verlängerung seiner Amtszeit auffordern können, vor ihm zu erscheinen. Der Exekutivdirektor sollte dem Europäischen Parlament und dem Rat auch den Jahresbericht vorlegen. Darüber hinaus sollten das Europäische Parlament und der Rat den Exekutivdirektor auffordern können, über die Durchführung seiner Aufgaben Bericht zu erstatten.

(61) Um die vollständige Selbstständigkeit und Unabhängigkeit von Europol zu gewährleisten, sollte Europol mit einem eigenständigen Haushalt ausgestattet werden, dessen Einnahmen im Wesentlichen aus einem Beitrag aus dem Gesamthaushaltsplan der Union bestehen. Der Beitrag der

[14] ABl. L 56 vom 4.3.1968, S. 1.

Union und etwaige andere Zuschüsse aus dem Gesamthaushaltsplan der Union sollten dem Haushaltsverfahren der Union unterliegen. Die Rechnungsprüfung sollte durch den Rechnungshof erfolgen.

(62) Die Delegierte Verordnung (EU) Nr. 1271/2013 der Kommission[15] sollte auf Europol Anwendung finden.

(63) Da die zuständigen Behörden der Mitgliedstaaten über spezifische gesetzliche und verwaltungsrechtliche Befugnisse und technische Kompetenzen verfügen, um einen grenzüberschreitenden Informationsaustausch sowie grenzüberschreitende Einsätze und Ermittlungen, auch im Rahmen von gemeinsamen Ermittlungsgruppen, durchzuführen und Aus- und Fortbildungseinrichtungen zur Verfügung zu stellen, sollten diese Behörden gemäß Artikel 190 Absatz 1 Buchstabe d der Delegierten Verordnung (EU) Nr. 1268/2012[16] der Kommission Finanzhilfen von Europol erhalten können, ohne dass es einer Aufforderung zur Einreichung von Vorschlägen bedarf.

(64) Die Verordnung (EU, Euratom) Nr. 883/2013 des Europäischen Parlaments und des Rates[17] sollte auf Europol Anwendung finden.

(65) Europol verarbeitet Daten, die besonders geschützt werden müssen, da sie nicht als Verschlusssache eingestufte sensible Informationen und EU-Verschlusssachen umfassen. Europol sollte daher Bestimmungen über die Vertraulichkeit und die Verarbeitung derartiger Informationen festlegen. Die Bestimmungen über den Schutz von EU-Verschlusssachen sollten mit dem Beschluss 2013/488/EU des Rates[18] im Einklang stehen.

(66) Es ist angebracht, die Anwendung dieser Verordnung regelmäßig zu evaluieren.

(67) Die notwendigen Bestimmungen über die Unterbringung von Europol in Den Haag, wo Europol ihren Sitz hat, und die speziellen Vorschriften für das Personal von Europol und seine Familienangehörigen sollten in einem Sitzabkommen festgelegt werden. Außerdem sollte der Sitzmitgliedstaat die notwendigen Voraussetzungen für eine reibungslose Arbeitsweise von Europol, einschließlich mehrsprachiger, europäisch ausgerichteter Schulen und geeigneter Verkehrsverbindungen, gewährleisten, damit Europol hoch qualifizierte Mitarbeiter auf möglichst breiter geografischer Grundlage einstellen kann.

(68) Die durch diese Verordnung errichtete Agentur Europol tritt an die Stelle des auf der Grundlage des Beschlusses 2009/371/JI errichteten Europäischen Polizeiamts (Europol) und wird dessen Nachfolgerin. Sie sollte daher auch dessen Rechtsnachfolgerin in Bezug auf die von ihm geschlossenen Verträge, einschließlich Arbeitsverträge, sowie sein Vermögen und seine Verbindlichkeiten sein. Die internationalen Übereinkommen, die Europol als das durch den Beschluss 2009/371/JI errichtete Europäische Polizeiamt geschlossen hat, sowie die Abkommen, die Europol als das durch das Europol-Übereinkommen errichtete Europäische Polizeiamt vor dem 1. Januar 2010 geschlossen hat, sollten in Kraft bleiben.

(69) Um zu gewährleisten, dass Europol weiterhin die Aufgaben des durch den Beschluss 2009/371/JI errichteten Europäischen Polizeiamts nach bestem Vermögen erfüllen kann, sollten Übergangsregelungen getroffen werden, vor allem in Bezug auf den Verwaltungsrat, den Exekutivdirektor und die Mitarbeiter, die im Rahmen von unbefristeten Verträgen, die Europol als das durch das Europol-Übereinkommen errichtete Europäische Polizeiamt geschlossen hat, als örtliche Bedienstete beschäftigt sind und denen die Möglichkeit geboten werden sollte, als Bedienstete auf Zeit oder als Vertragsbedienstete gemäß den Beschäftigungsbedingungen für die sonstigen Bediensteten beschäftigt zu werden.

(70) Der Rechtsakt des Rates vom 3. Dezember 1998[19] über das Statut der Bediensteten von Europol wurde durch Artikel 63 des Beschlusses 2009/371/JI aufgehoben. Er sollte jedoch weiter-

Sicherheit/Recht EU-Türk./EuStA

---

15) Delegierte Verordnung (EU) Nr. 1271/2013 der Kommission vom 30. September 2013 über die Rahmenfinanzregelung für Einrichtungen gemäß Artikel 208 der Verordnung (EU, Euratom) Nr. 966/2012 des Europäischen Parlaments und des Rates (ABl. L 328 vom 7.12.2013, S. 42).

16) Delegierte Verordnung (EU) Nr. 1268/2012 der Kommission vom 29. Oktober 2012 über die Anwendungsbestimmungen für die Verordnung (EU, Euratom) Nr. 966/2012 des Europäischen Parlaments und des Rates über die Haushaltsordnung für den Gesamthaushaltsplan der Union (ABl. L 362 vom 31.12.2012, S. 1).

17) Verordnung (EU, Euratom) Nr. 883/2013 des Europäischen Parlaments und des Rates vom 11. September 2013 über die Untersuchungen des Europäischen Amtes für Betrugsbekämpfung (OLAF) und zur Aufhebung der Verordnung (EG) Nr. 1073/1999 des Europäischen Parlaments und des Rates und der Verordnung (Euratom) Nr. 1074/1999 des Rates (ABl. L 248 vom 18.9.2013, S. 1).

18) Beschluss 2013/488/EU des Rates vom 23. September 2013 über die Sicherheitsvorschriften für den Schutz von EU-Verschlusssachen (ABl. L 274vom 15.10.2013, S. 1).

19) Rechtsakt des Rates vom 3. Dezember 1998 zur Festlegung des Statuts der Bediensteten von Europol (ABl. C 26 vom 30.1.1999, S. 23).

hin für das Personal von Europol gelten, das vor dem Inkrafttreten des Beschlusses 2009/371/JI eingestellt wurde. Übergangsbestimmungen sollten daher vorsehen, dass die Verträge, die gemäß dem genannten Statut abgeschlossen wurden, diesem auch weiterhin unterliegen.

(71) Da das Ziel dieser Verordnung, nämlich die Errichtung einer für die Zusammenarbeit im Bereich der Strafverfolgung auf Unionsebene zuständigen Agentur, von den Mitgliedstaaten nicht ausreichend verwirklicht werden kann, sondern vielmehr wegen des Umfangs und der Wirkungen dieses Vorhabens auf Unionsebene besser zu verwirklichen ist, kann die Union im Einklang mit dem in Artikel 5 EUV verankerten Subsidiaritätsprinzip tätig werden. Entsprechend dem in demselben Artikel genannten Grundsatz der Verhältnismäßigkeit geht diese Verordnung nicht über das für die Verwirklichung dieses Ziels erforderliche Maß hinaus.

(72) Gemäß Artikel 3 und Artikel 4a Absatz 1 des dem EUV und dem AEUV beigefügten Protokolls Nr. 21 über die Position des Vereinigten Königreichs und Irlands hinsichtlich des Raums der Freiheit, der Sicherheit und des Rechts hat Irland mitgeteilt, dass es sich an der Annahme und Anwendung dieser Verordnung beteiligen möchte.

(73) Gemäß den Artikeln 1 und 2 und Artikel 4a Absatz 1des dem EUV und dem AEUV beigefügten Protokolls Nr. 21 über die Position des Vereinigten Königreichs und Irlands hinsichtlich des Raums der Freiheit, der Sicherheit und des Rechts und unbeschadet des Artikels 4 dieses Protokolls beteiligt sich das Vereinigte Königreich nicht an der Annahme dieser Verordnung und ist weder durch diese Verordnung gebunden noch zu ihrer Anwendung verpflichtet.

(74) Nach den Artikeln 1 und 2 des dem EUV und dem AEUV beigefügten Protokolls Nr. 22 über die Position Dänemarks beteiligt sich Dänemark nicht an der Annahme dieser Verordnung und ist weder durch diese Verordnung gebunden noch zu ihrer Anwendung verpflichtet.

(75) Der EDSB wurde angehört und hat seine Stellungnahme am 31. Mai 2013 abgegeben.

(76) Diese Verordnung steht im Einklang mit den Grundrechten und Grundsätzen, die insbesondere mit der Charta der Grundrechte der Europäischen Union anerkannt wurden, insbesondere mit dem Recht auf Schutz personenbezogener Daten und dem Recht auf Achtung des Privat- und Familienlebens gemäß den Artikeln 8 und 7 der Charta und Artikel 16 AEUV –

HABEN FOLGENDE VERORDNUNG ERLASSEN:

KAPITEL I

ALLGEMEINE BESTIMMUNGEN SOWIE ZIELE UND AUFGABEN VON EUROPOL

Artikel 1. Errichtung der Agentur der Europäischen Union für die Zusammenarbeit auf dem Gebiet der Strafverfolgung

(1) Es wird eine Agentur der Europäischen Union für die Zusammenarbeit auf dem Gebiet der Strafverfolgung (Europol) errichtet, um die Zusammenarbeit zwischen den Strafverfolgungsbehörden in der Union zu unterstützen.

(2) Europol in der durch diese Verordnung errichteten Form tritt an die Stelle von Europol in der durch den Beschluss 2009/371/JI errichteten Form und wird dessen Nachfolgerin.

Artikel 2. Begriffsbestimmungen

Im Sinne dieser Verordnung bezeichnet der Ausdruck

a) „zuständige Behörden der Mitgliedstaaten" alle in den Mitgliedstaaten bestehenden Polizeibehörden und anderen Strafverfolgungsbehörden, die nach nationalem Recht für die Verhütung und Bekämpfung von Straftaten zuständig sind. Zu den zuständigen Behörden zählen auch andere in den Mitgliedstaaten bestehende staatliche Behörden, die nach nationalem Recht für die Verhütung und Bekämpfung von in den Zuständigkeitsbereich von Europol fallenden Straftaten zuständig sind;

b) „strategische Analyse" alle Methoden und Techniken, mit deren Hilfe Informationen erhoben, gespeichert, verarbeitet und bewertet werden mit dem Ziel, eine Kriminalpolitik zu fördern und zu entwickeln, die zu einer effizienten und wirksamen Verhütung und Bekämpfung von Straftaten beiträgt;

c) „operative Analyse" alle Methoden und Techniken, mit deren Hilfe Informationen erhoben, gespeichert, verarbeitet und bewertet werden mit dem Ziel, strafrechtliche Ermittlungen zu unterstützen;

d) „Unionseinrichtungen" Organe, Einrichtungen, Missionen, Ämter und Agenturen, die durch den EUV und den AEUV oder auf der Grundlage dieser Verträge geschaffen wurden;

e) „internationale Organisation" eine auf der Grundlage des Völkerrechts errichtete Organisation und die ihr zugeordneten Einrichtungen oder eine sonstige Einrichtung, die durch ein zwischen zwei oder mehr Ländern geschlossenes Abkommen oder auf der Grundlage eines solchen Abkommens geschaffen wurde;

f) „private Parteien" Stellen und Einrichtungen, die nach dem Recht eines Mitgliedstaats oder eines Drittstaats errichtet wurden, insbesondere Gesellschaften und sonstige Unternehmen, Wirtschaftsverbände, Organisationen ohne Erwerbszweck und sonstige juristische Personen, die nicht von Buchstabe e erfasst sind;

g) „Privatpersonen" alle natürlichen Personen;

h) „personenbezogene Daten" alle Informationen, die sich auf eine betroffene Person beziehen;

i) „betroffene Person" eine bestimmte oder bestimmbare natürliche Person; eine bestimmbare Person ist eine Person, die direkt oder indirekt, insbesondere mittels Zuordnung zu einer Kennung wie einem Namen, einer Kennnummer, Standortdaten, einer Online-Kennung oder einem oder mehreren besonderen Merkmalen bestimmt werden kann, die Ausdruck ihrer physischen, physiologischen, genetischen, psychischen, wirtschaftlichen, kulturellen oder sozialen Identität sind;

j) „genetische Daten" personenbezogene Daten jedweder Art zu den ererbten oder erworbenen genetischen Merkmalen eines Menschen, die eindeutige Informationen über die Physiologie oder die Gesundheit dieses Menschen liefern und insbesondere aus der Analyse einer biologischen Probe des betreffenden Menschen gewonnen wurden;

k) „Verarbeitung" jeden mit oder ohne Hilfe automatisierter Verfahren ausgeführten Vorgang oder jede Vorgangsreihe im Zusammenhang mit personenbezogenen Daten wie das Erheben, das Erfassen, die Organisation, das Ordnen, die Speicherung, die Anpassung oder Veränderung, das Auslesen, das Abfragen, die Verwendung, die Weitergabe durch Übermittlung, Verbreitung oder eine andere Form der Bereitstellung, der Abgleich oder die Verknüpfung, die Einschränkung, das Löschen oder die Vernichtung;

l) „Empfänger" eine natürliche oder juristische Person, Behörde, Einrichtung oder jede andere Stelle – unabhängig davon, ob es sich bei ihr um einen Dritten handelt oder nicht –, an die Daten weitergegeben werden;

m) „Übermittlung personenbezogener Daten" das Übermitteln von personenbezogenen Daten, die einer begrenzten Anzahl von bestimmten Parteien mit dem Wissen des Absenders oder entsprechend seiner Absicht, dem Empfänger Zugang zu den personenbezogenen Daten zu verschaffen, aktiv zugänglich gemacht werden;

n) „Verletzung des Schutzes personenbezogener Daten" eine Verletzung der Sicherheit, die zur Vernichtung, zum Verlust oder zur Veränderung, ob unbeabsichtigt oder widerrechtlich, oder zur unbefugten Weitergabe von beziehungsweise zum unbefugten Zugang zu personenbezogenen Daten führt, die übermittelt, gespeichert oder auf sonstige Weise verarbeitet wurden;

o) „Einwilligung der betroffenen Person" jede ohne Zwang, für den konkreten Fall und in Kenntnis der Sachlage erfolgte explizite Willensbekundung, mit der die betroffene Person in Form einer Erklärung oder einer sonstigen eindeutigen Handlung zu verstehen gibt, dass sie mit der Verarbeitung der sie betreffenden personenbezogenen Daten einverstanden ist;

p) „verwaltungstechnische personenbezogene Daten" alle von Europol verarbeiteten personenbezogenen Daten mit Ausnahme der zu den Zwecken des Artikels 3 verarbeiteten personenbezogenen Daten.

Artikel 3. Ziele

(1) Europol unterstützt und verstärkt die Tätigkeit der zuständigen Behörden der Mitgliedstaaten sowie deren gegenseitige Zusammenarbeit bei der Verhütung und Bekämpfung der zwei oder mehr Mitgliedstaaten betreffenden schweren Kriminalität, des Terrorismus und der Kriminalitätsformen, die ein gemeinsames Interesse verletzen, das Gegenstand einer Politik der Union ist, wie in Anhang I aufgeführt.

(2) Zusätzlich zu Absatz 1 erstrecken sich die Ziele von Europol auch auf im Zusammenhang mit diesen Straftaten stehende Straftaten. Als im Zusammenhang stehende Straftaten gelten:

a) Straftaten, die begangen werden, um die Mittel zur Begehung von in den Zuständigkeitsbereich von Europol fallenden Handlungen zu beschaffen;

b) Straftaten, die begangen werden, um in den Zuständigkeitsbereich von Europol fallende Handlungen zu erleichtern oder durchzuführen;

c) Straftaten, die begangen werden, um dafür zu sorgen, dass in den Zuständigkeitsbereich von Europol fallende Handlungen straflos bleiben.

Artikel 4. Aufgaben

(1) Europol kommt folgenden Aufgaben nach, um die in Artikel 3 genannten Ziele zu erreichen:

a) Erhebung, Speicherung, Verarbeitung, Analyse und Austausch von Informationen, einschließlich strafrechtlich relevanter Erkenntnisse;

b) unverzügliche Unterrichtung der Mitgliedstaaten – über die gemäß Artikel 7 Absatz 2 errichteten oder benannten nationalen Stellen – über alle sie betreffenden Informationen und etwaige Zusammenhänge zwischen Straftaten;

c) Koordinierung, Organisation und Durchführung von Ermittlungs- und operativen Maßnahmen, um die Tätigkeit der zuständigen Behörden der Mitgliedstaaten zu unterstützen und zu stärken, wobei die Maßnahmen

i) gemeinsam mit den zuständigen Behörden der Mitgliedstaaten durchgeführt werden oder

ii) im Zusammenhang mit gemeinsamen Ermittlungsgruppen nach Maßgabe des Artikels 5 sowie gegebenenfalls in Verbindung mit Eurojust durchgeführt werden;

d) Mitwirkung in gemeinsamen Ermittlungsgruppen und Anregung, dass solche gemeinsamen Ermittlungsgruppen nach Maßgabe des Artikels 5 eingesetzt werden;

e) Unterstützung der Mitgliedstaaten bei internationalen Großereignissen durch Informationen und Analysen;

f) Erstellung von Bedrohungs-, strategischen und operativen Analysen sowie von allgemeinen Lageberichten;

g) Entwicklung, Weitergabe und Förderung von Fachwissen über Methoden der Kriminalitätsverhütung, Ermittlungsverfahren und (kriminal-)technische Methoden sowie Beratung der Mitgliedstaaten;

h) Unterstützung von grenzüberschreitenden Informationsaustauschtätigkeiten, Operationen und Ermittlungen der Mitgliedstaaten sowie von gemeinsamen Ermittlungsgruppen, auch in operativer, technischer und finanzieller Hinsicht;

i) Erbringung von spezialisierten Schulungsleistungen und Unterstützung der Mitgliedstaaten – auch in finanzieller Hinsicht – bei der Durchführung von Maßnahmen zur Schulung im Rahmen ihrer Ziele und nach Maßgabe der ihr zur Verfügung stehenden personellen und finanziellen Ressourcen in Abstimmung mit der Agentur der Europäischen Union für die Aus- und Fortbildung auf dem Gebiet der Strafverfolgung (EPA);

j) Zusammenarbeit mit den auf der Grundlage von Titel V AEUV errichteten Unionseinrichtungen und mit OLAF, insbesondere durch den Austausch von Informationen und durch ihre Unterstützung mit Analysen zu den in ihre Zuständigkeit fallenden Bereichen;

k) Bereitstellung von Informationen und Unterstützung für die auf dem EUV basierenden Krisenbewältigungsstrukturen und -missionen der EU im Rahmen der Ziele von Europol gemäß Artikel 3;

l) Weiterentwicklung von Zentren der Union, die auf die Bekämpfung bestimmter unter die Ziele von Europol fallender Kriminalitätsformen spezialisiert sind, insbesondere des Europäischen Zentrums zur Bekämpfung der Cyberkriminalität;

m) Unterstützung der Maßnahmen der Mitgliedstaaten bei der Verhütung und Bekämpfung der in Anhang I aufgeführten Kriminalitätsformen, die mithilfe des Internets erleichtert, gefördert oder begangen werden, einschließlich – in Zusammenarbeit mit den Mitgliedstaaten – der Verweisung von Internet-Inhalten, über die diese Kriminalitätsformen erleichtert, gefördert oder begangen werden, an die betroffenen Anbieter von Online-Diensten, damit diese auf freiwilliger Basis die Vereinbarkeit der verwiesenen Internet-Inhalte mit ihren eigenen Geschäftsbedingungen überprüfen.

n) Verwaltung der ETIAS-Überwachungsliste nach den Artikeln 34 und 35 der Verordnung (EU) 2018/1240 des Europäischen Parlaments und des Rates[20] *(ABl 2018 L 236, 72)*

o) Aufnahme der von Europol gewonnenen Daten über terroristische oder sonstige schwere Straftaten in die ETIAS-Überwachungsliste, unbeschadet der Bedingungen, die die internationale Zusammenarbeit von Europol regeln; *(ABl 2018 L 236, 72)*

p) Abgabe einer Stellungnahme im Anschluss an ein Konsultationsersuchen gemäß Artikel 29 der Verordnung (EU) 2018/1240. *(ABl 2018 L 236, 72)*

Zum Zwecke der Ausführung der in Unterabsatz 1 Buchstabe n dieses Absatzes genannten Aufgaben verabschiedet der Verwaltungsrat nach Anhörung des Europäischen Datenschutzbeauftragten die in Artikel 35 der Verordnung (EU) 2018/1240 genannten Verfahren. *(ABl 2018 L 236, 72)*

(2) Europol erstellt strategische Analysen und Bedrohungsanalysen, um den Rat und die Kommission bei der Festlegung der vorrangigen strategischen und operativen Ziele der Union im Bereich der Kriminalitätsbekämpfung zu unterstützen. Europol leistet zudem Unterstützung bei der operativen Umsetzung dieser Ziele.

(3) Europol erstellt strategische Analysen und Bedrohungsanalysen, um den effizienten und effektiven Einsatz der auf nationaler Ebene und auf Unionsebene für operative Tätigkeiten verfügbaren Ressourcen zu erleichtern und derartige Tätigkeiten zu unterstützen.

(4) Europol fungiert als Zentralstelle zur Bekämpfung der Euro-Fälschung gemäß dem Beschluss 2005/511/JI des Rates[21]. Europol fördert zudem die Koordinierung der von den zuständigen Behörden der Mitgliedstaaten oder im Rahmen gemeinsamer Ermittlungsgruppen zur Bekämpfung der Euro-Fälschung durchgeführten Maßnahmen, gegebenenfalls in Verbindung mit Unionseinrichtungen und Drittstaatsbehörden.

---

[20] Verordnung (EU) 2018/1240 des Europäischen Parlaments und des Rates vom 12. September 2018 über die Einrichtung eines Europäischen Reiseinformations- und -genehmigungssystems (ETIAS) und zur Änderung der Verordnungen (EU) Nr. 1077/2011, (EU) Nr. 515/2014, (EU) 2016/399, (EU) 2016/1624 und (EU) 2017/2226 (ABl. L 236 vom 19.9.2018, S. 1).

[21] Beschluss 2005/511/JI des Rates vom 12. Juli 2005 über den Schutz des Euro gegen Fälschung durch Benennung von Europol als Zentralstelle zur Bekämpfung der Euro-Fälschung (ABl. L 185 vom 16.7.2005, S. 35).

(5) Bei der Durchführung ihrer Aufgaben wendet Europol keine Zwangsmaßnahmen an.

KAPITEL II
ZUSAMMENARBEIT ZWISCHEN DEN MITGLIEDSTAATEN UND EUROPOL

Artikel 5. Teilnahme an gemeinsamen Ermittlungsgruppen

(1) Europol-Personal kann an den Tätigkeiten von gemeinsamen Ermittlungsgruppen, die mit der Bekämpfung von unter die Ziele von Europol fallenden Straftaten befasst sind, mitwirken. In der Vereinbarung zur Einsetzung einer gemeinsamen Ermittlungsgruppe werden die Bedingungen für die Mitwirkung des Europol-Personals in der Gruppe festgelegt; sie enthält Informationen über die Haftungsvorschriften.

(2) Europol-Personal kann innerhalb der Grenzen der Rechtsvorschriften der Mitgliedstaaten, in denen der Einsatz einer gemeinsamen Ermittlungsgruppe erfolgt, an allen Tätigkeiten der gemeinsamen Ermittlungsgruppe mitwirken und Informationen mit allen Mitgliedern der gemeinsamen Ermittlungsgruppe austauschen.

(3) Europol-Personal, das in einer gemeinsamen Ermittlungsgruppe mitwirkt, kann im Einklang mit dieser Verordnung allen Mitgliedern der Gruppe die erforderlichen Informationen weitergeben, die von Europol für die in Artikel 18 Absatz 2 genannten Zwecke verarbeitet werden. Europol unterrichtet gleichzeitig die nationalen Stellen der in der Gruppe vertretenen Mitgliedstaaten sowie die nationalen Stellen der Mitgliedstaaten, von denen die Informationen stammen.

(4) Informationen, die das Europol-Personal im Rahmen seiner Mitwirkung in einer gemeinsamen Ermittlungsgruppe erlangt, dürfen mit Zustimmung und unter Verantwortung des Mitgliedstaats, der die betreffende Information zur Verfügung gestellt hat, von Europol nach Maßgabe dieser Verordnung für die in Artikel 18 Absatz 2 genannten Zwecke verarbeitet werden.

(5) Wenn Europol Grund zu der Annahme hat, dass die Einsetzung einer gemeinsamen Ermittlungsgruppe einen zusätzlichen Nutzen für eine gegebene Untersuchung bewirken würde, kann sie dies den betroffenen Mitgliedstaaten vorschlagen und Letztere bei der Einsetzung der Ermittlungsgruppe unterstützen.

Artikel 6. Ersuchen von Europol um Einleitung strafrechtlicher Ermittlungen

(1) Europol ersucht in bestimmten Fällen, in denen sie der Auffassung ist, dass strafrechtliche Ermittlungen über eine unter ihre Ziele fallende Straftat eingeleitet werden sollten, die zuständigen Behörden der betreffenden Mitgliedstaaten über die nationalen Stellen um Einleitung, Durchführung oder Koordinierung strafrechtlicher Ermittlungen.

(2) Die nationalen Stellen setzen Europol unverzüglich von der Entscheidung der zuständigen Behörden der Mitgliedstaaten über jedes Ersuchen nach Absatz 1 in Kenntnis.

(3) Entscheiden die zuständigen Behörden eines Mitgliedstaats, einem Ersuchen von Europol nach Absatz 1 nicht stattzugeben, so teilen sie Europol unverzüglich, vorzugsweise binnen eines Monats nach Erhalt des Ersuchens, die Gründe für ihre Entscheidung mit. Von dieser Begründung kann jedoch abgesehen werden, wenn

a) dies den grundlegenden Interessen der Sicherheit des betreffenden Mitgliedstaats zuwiderlaufen würde oder

b) hierdurch der Erfolg laufender Ermittlungen oder die Sicherheit von Personen gefährdet würde.

(4) Europol setzt Eurojust unverzüglich von jedem Ersuchen nach Absatz 1 und von jeder Entscheidung einer zuständigen Behörde eines Mitgliedstaats nach Absatz 2 in Kenntnis.

Artikel 7. Nationale Europol-Stellen

(1) Die Mitgliedstaaten und Europol arbeiten bei der Erfüllung der ihnen gemäß dieser Verordnung jeweils obliegenden Aufgaben zusammen.

(2) Jeder Mitgliedstaat errichtet oder benennt eine nationale Stelle, die als Verbindungsstelle zwischen Europol und den zuständigen Behörden dieses Mitgliedstaats dient. Jeder Mitgliedstaat ernennt einen Beamten zum Leiter seiner nationalen Stelle.

(3) Jeder Mitgliedstaat stellt sicher, dass seine nationale Stelle nach nationalem Recht für die Erfüllung der in dieser Verordnung den nationalen Stellen zugewiesenen Aufgaben zuständig ist und insbesondere Zugriff auf nationale Daten für die Strafverfolgung und andere einschlägige Daten hat, die für die Zusammenarbeit mit Europol erforderlich sind.

(4) Jeder Mitgliedstaat legt die Organisation und die Personalausstattung seiner nationalen Stelle nach Maßgabe seines nationalen Rechts fest.

(5) In Einklang mit Absatz 2 ist die nationale Stelle die Verbindungsstelle zwischen Europol und den zuständigen Behörden des Mitgliedstaats. Vorbehaltlich der von den Mitgliedstaaten festgelegten Voraussetzungen einschließlich einer vorherigen Einbeziehung der nationalen Stelle können die Mitgliedstaaten jedoch direkte Kontakte zwischen ihren zuständigen Behörden und Europol gestatten. Die nationale Stelle erhält zeitgleich von Europol alle im Verlauf direkter Kontakte zwischen Europol und den zuständigen Behörden ausgetauschten Informationen, es sei denn, die

nationale Stelle erklärt, dass sie diese Informationen nicht benötigt.

(6) Jeder Mitgliedstaat stellt über seine nationale Stelle oder – vorbehaltlich des Absatzes 5 – über eine zuständige Behörde insbesondere Folgendes sicher:

a) Übermittlung der für die Verwirklichung der Ziele von Europol notwendigen Informationen – einschließlich der Informationen über Kriminalitätsformen, deren Verhütung oder Bekämpfung von der Union als vorrangig angesehen wird – an Europol;

b) wirksame Kommunikation und Zusammenarbeit aller zuständigen Behörden mit Europol;

c) Verbesserung des Informationsstands über die Tätigkeiten von Europol;

d) Einhaltung der nationalen Rechtsvorschriften bei der Übermittlung von Informationen an Europol gemäß Artikel 38 Absatz 5 Buchstabe a.

(7) Die Mitgliedstaaten sind unbeschadet der Ausübung der ihnen im Hinblick auf die Aufrechterhaltung der öffentlichen Ordnung und den Schutz der inneren Sicherheit obliegenden Verantwortung im Einzelfall nicht verpflichtet, Informationen oder Erkenntnisse gemäß Artikel 6 Buchstabe a zu übermitteln, wenn

a) dies den grundlegenden Interessen der Sicherheit des betreffenden Mitgliedstaats zuwiderlaufen würde,

b) hierdurch der Erfolg laufender Ermittlungen oder die Sicherheit einer Person gefährdet würde oder

c) hierdurch Informationen preisgegeben würden, die sich auf Nachrichtendienste oder spezifische nachrichtendienstliche Tätigkeiten im Bereich der nationalen Sicherheit beziehen.

Die Mitgliedstaaten stellen jedoch Informationen bereit, sobald diese nicht länger unter Unterabsatz 1 Buchstaben a, b oder c fallen.

(8) Die Mitgliedstaaten stellen sicher, dass ihren gemäß der Richtlinie 2005/60/EG des Europäischen Parlaments und des Rates[22] errichteten zentralen Meldestellen (FIU) gestattet wird, im Rahmen ihres Mandats und Zuständigkeitsbereichs in Bezug auf Analysen über ihre nationale Stelle mit Europol zusammenzuarbeiten.

(9) Die Leiter der nationalen Stellen treten regelmäßig zusammen, um insbesondere etwaige bei ihrer operativen Zusammenarbeit mit Europol auftretende Probleme zu erörtern und einer Lösung zuzuführen.

(10) Die Kosten, die den nationalen Stellen für die Kommunikation mit Europol entstehen, werden von den Mitgliedstaaten getragen und – mit Ausnahme der Kosten für die Verbindung – Europol nicht in Rechnung gestellt.

(11) Europol erstellt auf der Grundlage der vom Verwaltungsrat festgelegten quantitativen und qualitativen Evaluierungskriterien einen Jahresbericht über die gemäß Absatz 6 Buchstabe a von den einzelnen Mitgliedstaaten an Europol übermittelten Informationen. Der Jahresbericht wird dem Europäischen Parlament, dem Rat, der Kommission und den nationalen Parlamenten zugeleitet.

Artikel 8. Verbindungsbeamte

(1) Jede nationale Stelle entsendet mindestens einen Verbindungsbeamten zu Europol. Vorbehaltlich anderslautender Bestimmungen dieser Verordnung unterliegen die Verbindungsbeamten dem nationalen Recht des entsendenden Mitgliedstaats.

(2) Die Verbindungsbeamten bilden die nationalen Verbindungsbüros bei Europol und sind von ihrer nationalen Stelle beauftragt, deren Interessen innerhalb von Europol im Einklang mit dem nationalen Recht des entsendenden Mitgliedstaats und den für den Betrieb von Europol geltenden Bestimmungen zu vertreten.

(3) Die Verbindungsbeamten unterstützen den Austausch von Informationen zwischen Europol und dem entsendenden Mitgliedstaat.

(4) Die Verbindungsbeamten unterstützen nach Maßgabe ihres nationalen Rechts den Austausch von Informationen zwischen dem entsendenden Mitgliedstaat und den Verbindungsbeamten anderer Mitgliedstaaten, von Drittstaaten und internationaler Organisationen. Für einen derartigen bilateralen Informationsaustausch kann nach Maßgabe des nationalen Rechts auch bei nicht den Zielen von Europol unterfallenden Straftaten auf die Infrastruktur von Europol zurückgegriffen werden. Dieser Informationsaustausch erfolgt im Einklang mit dem geltenden Unionsrecht und dem geltenden nationalen Recht.

(5) Die Rechte und Pflichten der Verbindungsbeamten gegenüber Europol werden vom Verwaltungsrat festgelegt. Den Verbindungsbeamten stehen die zur Erfüllung ihrer Aufgaben erforderlichen Vorrechte und Immunitäten gemäß Artikel 63 Absatz 2 zu.

(6) Europol gewährleistet, dass die Verbindungsbeamten, soweit es für die Erfüllung ihrer Aufgaben erforderlich ist, umfassend informiert und in alle ihre Tätigkeiten einbezogen werden.

(7) Europol stellt den Mitgliedstaaten für die Ausübung der Tätigkeit ihrer Verbindungsbeamten die notwendigen Räume im Europol-Gebäude und eine angemessene Unterstützung kostenlos

---

[22] Richtlinie 2005/60/EG des Europäischen Parlaments und des Rates vom 26. Oktober 2005 zur Verhinderung der Nutzung des Finanzsystems zum Zwecke der Geldwäsche und der Terrorismusfinanzierung (ABl. L 309 vom 25.11.2005, S. 15).

zur Verfügung. Alle sonstigen Kosten, die im Zusammenhang mit der Entsendung der Verbindungsbeamten entstehen, werden von den entsendenden Mitgliedstaaten getragen; dies gilt auch für die den Verbindungsbeamten zur Verfügung gestellte Ausstattung, sofern nicht das Europäische Parlament und der Rat auf Empfehlung des Verwaltungsrats anders entscheiden.

KAPITEL III
ORGANISATION VON EUROPOL

Artikel 9. Verwaltungs- und Leitungsstruktur von Europol

Die Verwaltungs- und Leitungsstruktur von Europol umfasst

a) einen Verwaltungsrat;

b) einen Exekutivdirektor;

c) gegebenenfalls sonstige vom Verwaltungsrat gemäß Artikel 11 Absatz 1 Buchstabe s eingesetzte beratende Gremien.

ABSCHNITT 1
Verwaltungsrat

Artikel 10. Zusammensetzung des Verwaltungsrats

(1) Der Verwaltungsrat setzt sich aus je einem Vertreter pro Mitgliedstaat und einem Vertreter der Kommission zusammen. Alle Vertreter sind stimmberechtigt.

(2) Die Mitglieder des Verwaltungsrats werden unter Berücksichtigung ihrer Kenntnisse auf dem Gebiet der Strafverfolgungszusammenarbeit ernannt.

(3) Jedes Mitglied des Verwaltungsrats hat einen Stellvertreter, der unter Berücksichtigung des Kriteriums nach Absatz 2 ernannt wird. Das Mitglied wird bei Abwesenheit durch das stellvertretende Mitglied vertreten.

Der Grundsatz einer ausgewogenen Vertretung beider Geschlechter im Verwaltungsrat ist ebenfalls zu berücksichtigen.

(4) Unbeschadet des Rechts der Mitgliedstaaten und der Kommission, die Amtszeit der Mitglieder und der stellvertretenden Mitglieder zu beenden, beträgt die Mitgliedschaft im Verwaltungsrat vier Jahre. Sie kann verlängert werden.

Artikel 11. Aufgaben des Verwaltungsrats

(1) Der Verwaltungsrat

a) beschließt jedes Jahr mit Zweidrittelmehrheit seiner Mitglieder nach Maßgabe von Artikel 12 ein Dokument, das die mehrjährige Programmplanung von Europol und ihr jährliches Arbeitsprogramm für das Folgejahr enthält;

b) beschließt mit Zweidrittelmehrheit seiner Mitglieder den jährlichen Haushaltsplan von Europol und nimmt andere Aufgaben in Bezug auf den Haushaltsplan von Europol gemäß Kapitel X wahr;

c) nimmt einen konsolidierten Jahresbericht über die Tätigkeiten von Europol an und übermittelt ihn bis spätestens 1. Juli des darauf folgenden Jahres dem Europäischen Parlament, dem Rat, der Kommission, dem Rechnungshof und den nationalen Parlamenten. Der konsolidierte jährliche Tätigkeitsbericht wird veröffentlicht;

d) erlässt die für Europol geltende Finanzregelung nach Artikel 61;

e) beschließt eine interne Betrugsbekämpfungsstrategie, die in einem angemessenen Verhältnis zu den Betrugsrisiken steht und das Kosten-Nutzen-Verhältnis der durchzuführenden Maßnahmen berücksichtigt;

f) erlässt Bestimmungen zur Vermeidung und Beilegung von Interessenkonflikten in Bezug auf seine Mitglieder, auch im Zusammenhang mit ihrer Interessenerklärung;

g) übt im Einklang mit Absatz 2 in Bezug auf das Europol-Personal die Befugnisse aus, die der Anstellungsbehörde im Beamtenstatut und der zum Abschluss von Dienstverträgen mit sonstigen Bediensteten ermächtigten Behörde in den Beschäftigungsbedingungen für die sonstigen Bediensteten übertragen werden (im Folgenden „Befugnisse der Anstellungsbehörde");

h) erlässt im Einklang mit Artikel 110 des Beamtenstatuts geeignete Durchführungsbestimmungen zum Beamtenstatut und zu den Beschäftigungsbedingungen für die sonstigen Bediensteten;

i) erlässt interne Regeln über das Verfahren zur Auswahl des Exekutivdirektors, einschließlich von Bestimmungen über die Zusammensetzung des Auswahlausschusses, die dessen Unabhängigkeit und Unparteilichkeit sicherstellen;

j) schlägt dem Rat gemäß den Artikeln 54 und 55 eine Auswahlliste von Bewerbern für die Posten des Exekutivdirektors und der stellvertretenden Exekutivdirektoren vor und schlägt dem Rat gegebenenfalls vor, deren Amtszeiten zu verlängern oder sie ihres Amtes zu entheben;

k) legt Leistungsindikatoren fest und überwacht die Amtsführung des Exekutivdirektors einschließlich der Durchführung der Beschlüsse des Verwaltungsrats;

l) ernennt einen Datenschutzbeauftragten, der seinen Aufgaben funktional unabhängig nachkommt;

m) ernennt einen Rechnungsführer, der den Bestimmungen des Statuts und den Beschäftigungsbedingungen für die sonstigen Bediensteten unterliegt und seine Tätigkeit funktionell unabhängig ausübt;

n) errichtet gegebenenfalls eine interne Auditstelle;

o) ergreift angemessene Folgemaßnahmen zu den Feststellungen und Empfehlungen der internen oder externen Auditberichte und -bewertungen sowie der Untersuchungsberichte von OLAF und des EDSB;

p) legt die Bewertungskriterien für den Jahresbericht gemäß Artikel 7 Absatz 11 fest;

q) verabschiedet nach Konsultation des EDSB Leitlinien zur genaueren Festlegung der Verfahren für die Verarbeitung von Informationen durch Europol gemäß Artikel 18;

r) genehmigt den Abschluss von Arbeits- und Verwaltungsvereinbarungen gemäß Artikel 23 Absatz 4 bzw. Artikel 25 Absatz 1;

s) entscheidet unter Berücksichtigung sowohl der Geschäfts- als auch der Finanzerfordernisse über die Errichtung der internen Strukturen von Europol einschließlich der in Artikel 4 Absatz 1 Buchstabe l genannten spezialisierten Zentren der Union auf Vorschlag des Exekutivdirektors;

t) gibt sich eine Geschäftsordnung einschließlich der Bestimmungen über die Aufgaben und die Arbeitsweise seines Sekretariats;

u) erlässt gegebenenfalls andere interne Bestimmungen.

(2) Falls der Verwaltungsrat es für die Erfüllung der Aufgaben von Europol für erforderlich erachtet, kann er dem Rat vorschlagen, die Kommission darauf aufmerksam zu machen, dass ein Angemessenheitsbeschluss gemäß Artikel 25 Absatz 1 Buchstabe a oder eine Empfehlung für einen Beschluss über die Ermächtigung zur Aufnahme von Verhandlungen im Hinblick auf den Abschluss eines internationalen Abkommens gemäß Artikel 25 Absatz 1 Buchstabe b erforderlich ist.

(3) Der Verwaltungsrat erlässt im Einklang mit Artikel 110 des Beamtenstatuts einen Beschluss auf der Grundlage von Artikel 2 Absatz 1 des Beamtenstatuts und Artikel 6 der Beschäftigungsbedingungen für die sonstigen Bediensteten, mit dem dem Exekutivdirektor die entsprechenden Befugnisse der Anstellungsbehörde übertragen und die Bedingungen festgelegt werden, unter denen eine solche Befugnisübertragung ausgesetzt werden kann. Der Exekutivdirektor wird ermächtigt, diese Befugnisse zu delegieren.

Bei Vorliegen außergewöhnlicher Umstände kann der Verwaltungsrat die Übertragung von Befugnissen der Anstellungsbehörde auf den Exekutivdirektor sowie die weitere Delegation dieser Befugnisse durch einen Beschluss vorübergehend aussetzen und die Befugnisse selbst ausüben oder sie einem seiner Mitglieder oder einem anderen Bediensteten als dem Exekutivdirektor übertragen.

Artikel 12. Mehrjährige Programmplanung und jährliche Arbeitsprogramme

(1) Der Verwaltungsrat beschließt bis zum 30. November jeden Jahres ein Dokument mit der mehrjährigen Programmplanung und dem jährlichen Arbeitsprogramm von Europol auf der Grundlage eines vom Exekutivdirektor vorgelegten Entwurfs und unter Berücksichtigung der Stellungnahme der Kommission sowie – was die mehrjährige Programmplanung betrifft – nach Anhörung des Gemeinsamen parlamentarischen Kontrollausschusses. Der Verwaltungsrat übermittelt dieses Dokument dem Rat, der Kommission und dem Gemeinsamen parlamentarischen Kontrollausschuss.

(2) In der mehrjährigen Programmplanung wird die strategische Gesamtplanung einschließlich Zielvorgaben, erwarteten Ergebnisse und Leistungsindikatoren festgelegt. Sie enthält ferner die Ressourcenplanung, einschließlich des mehrjährigen Finanz- und Personalplans. Ferner enthält sie die Strategie für die Beziehungen zu Drittstaaten und internationalen Organisationen.

Die mehrjährige Programmplanung wird im Wege jährlicher Arbeitsprogramme umgesetzt und gemäß den Ergebnissen externer und interner Bewertungen gegebenenfalls aktualisiert. Den Schlussfolgerungen dieser Bewertungen wird, falls angebracht, im jährlichen Arbeitsprogramm des folgenden Jahres Rechnung getragen.

(3) Das jährliche Arbeitsprogramm enthält detaillierte Zielvorgaben, erwartete Ergebnisse und Leistungsindikatoren. Ferner enthält es eine Beschreibung der zu finanzierenden Maßnahmen sowie eine Aufstellung der den einzelnen Maßnahmen zugewiesenen finanziellen und personellen Ressourcen gemäß den Grundsätzen der tätigkeitsbezogenen Aufstellung des Haushaltsplans und des maßnahmenbezogenen Managements. Das jährliche Arbeitsprogramm steht mit der mehrjährigen Programmplanung im Einklang. Im jährlichen Arbeitsprogramm wird klar dargelegt, welche Aufgaben gegenüber dem vorherigen Haushaltsjahr hinzugefügt, geändert oder gestrichen wurden.

(4) Wenn Europol nach der Annahme eines jährlichen Arbeitsprograms eine neue Aufgabe übertragen wird, ändert der Verwaltungsrat das jährliche Arbeitsprogramm.

(5) Substanzielle Änderungen des jährlichen Arbeitsprogramms werden nach dem gleichen Verfahren angenommen, das für die Annahme des ursprünglichen jährlichen Arbeitsprogramms gilt. Der Verwaltungsrat kann dem Exekutivdirektor die Befugnis zur Vornahme nicht substanzieller Änderungen am jährlichen Arbeitsprogramm übertragen.

Artikel 13. Vorsitzender und stellvertretender Vorsitzender des Verwaltungsrats

(1) Der Verwaltungsrat wählt aus der Gruppe der drei Mitgliedstaaten, die gemeinsam das 18-Monats-Programm des Rates erstellt haben, einen Vorsitzenden und einen stellvertretenden Vorsitzenden. Ihre Amtszeit entspricht den 18 Monaten, die vom Programm des Rates abgedeckt werden. Falls die Mitgliedschaft des Vorsitzenden oder des stellvertretenden Vorsitzenden im Verwaltungsrat während ihrer Amtszeit endet, endet zugleich auch automatisch ihre Amtszeit.

(2) Der Vorsitzende und der stellvertretende Vorsitzende werden mit Zweidrittelmehrheit der Mitglieder des Verwaltungsrats gewählt.

(3) Ist der Vorsitzende nicht in der Lage, seine Aufgaben zu erfüllen, tritt der stellvertretende Vorsitzende automatisch an dessen Stelle.

Artikel 14. Sitzungen des Verwaltungsrats

(1) Der Vorsitzende beruft die Sitzungen des Verwaltungsrats ein.

(2) Der Exekutivdirektor nimmt an den Beratungen des Verwaltungsrats teil.

(3) Der Verwaltungsrat hält jährlich mindestens zwei ordentliche Sitzungen ab. Darüber hinaus tritt er auf Veranlassung seines Vorsitzenden oder auf Antrag der Kommission oder von mindestens einem Drittel seiner Mitglieder zusammen.

(4) Der Verwaltungsrat kann alle Personen, deren Stellungnahmen von Interesse für die Beratungen sein können, einschließlich gegebenenfalls eines Vertreters des Gemeinsamen parlamentarischen Kontrollausschusses, als nicht stimmberechtigte Beobachter zu seinen Sitzungen einladen.

(5) Die Mitglieder oder die stellvertretenden Mitglieder des Verwaltungsrats dürfen nach Maßgabe seiner Geschäftsordnung bei den Sitzungen Berater oder Sachverständige hinzuziehen.

(6) Die Sekretariatsgeschäfte des Verwaltungsrats werden von Europol geführt.

Artikel 15. Abstimmungsregeln des Verwaltungsrats

(1) Unbeschadet der Artikels 11 Absatz 1 Buchstaben a und b, Artikel 13 Absatz 2, Artikel 50 Absatz 2, Artikel 54 Absatz 8 und Artikel 64 fasst der Verwaltungsrat seine Beschlüsse mit der Mehrheit seiner Mitglieder.

(2) Jedes Mitglied verfügt über eine Stimme. Bei Abwesenheit eines stimmberechtigten Mitglieds ist sein Stellvertreter berechtigt, das Stimmrecht dieses Mitglieds auszuüben.

(3) Der Exekutivdirektor nimmt nicht an der Abstimmung teil.

(4) In der Geschäftsordnung des Verwaltungsrats werden detaillierte Vorschriften für Abstimmungen festgelegt, insbesondere die Bedingungen, unter denen ein Mitglied im Namen eines anderen handeln kann, sowie gegebenenfalls Bestimmungen über die Beschlussfähigkeit.

ABSCHNITT 2

Exekutivdirektor

Artikel 16. Aufgaben des Exekutivdirektors

(1) Der Exekutivdirektor leitet Europol. Er ist gegenüber dem Verwaltungsrat rechenschaftspflichtig.

(2) Unbeschadet der Zuständigkeiten der Kommission oder des Verwaltungsrats übt der Exekutivdirektor sein Amt unabhängig aus; er fordert keine Weisungen von Regierungen oder sonstigen Stellen an und nimmt auch keine Weisungen von diesen entgegen.

(3) Der Rat kann den Exekutivdirektor auffordern, über die Durchführung seiner Aufgaben Bericht zu erstatten.

(4) Der Exekutivdirektor ist der gesetzliche Vertreter von Europol.

(5) Der Exekutivdirektor ist für die Durchführung der Europol durch diese Verordnung zugewiesenen Aufgaben verantwortlich, insbesondere dafür,

a) die laufenden Geschäfte von Europol zu führen,

b) dem Verwaltungsrat Vorschläge für die Errichtung der internen Strukturen von Europol zu unterbreiten,

c) die vom Verwaltungsrat gefassten Beschlüsse durchzuführen,

d) den Entwurf die mehrjährige Programmplanung und der jährlichen Arbeitsprogramme auszuarbeiten und dem Verwaltungsrat nach Anhörung der Kommission zu unterbreiten,

e) die mehrjährige Programmplanung und das jährliche Arbeitsprogramm durchzuführen und dem Verwaltungsrat über die Durchführung Bericht zu erstatten,

f) einen geeigneten Entwurf der Durchführungsbestimmungen zum Beamtenstatut und zu den Beschäftigungsbedingungen für die sonstigen Bediensteten nach dem Verfahren des Artikels 110 des Statuts auszuarbeiten,

g) den Entwurf des konsolidierten Jahresberichts über die Tätigkeiten von Europol zu erstellen und dem Verwaltungsrat zur Annahme vorzulegen,

h) einen Aktionsplan auf der Grundlage der Schlussfolgerungen interner oder externer Auditberichte und Bewertungen sowie etwaiger Untersuchungsberichte und Empfehlungen des OLAF und des EDSB zu erstellen und der Kommission zweimal jährlich und dem Verwaltungsrat regelmäßig über die erzielten Fortschritte Bericht zu erstatten,

i) die finanziellen Interessen der Union durch Maßnahmen zur Verhinderung von Betrug, Korruption und sonstigen rechtswidrigen Handlungen, unbeschadet der Untersuchungsbefugnisse des OLAF, durch wirksame Kontrollen sowie, falls Unregelmäßigkeiten festgestellt werden, durch die Einziehung zu Unrecht gezahlter Beträge und gegebenenfalls durch wirksame, verhältnismäßige und abschreckende verwaltungsrechtliche und finanzielle Sanktionen zu schützen,

j) einen Entwurf einer internen Betrugsbekämpfungsstrategie für Europol auszuarbeiten und sie dem Verwaltungsrat zur Annahme vorzulegen,

k) einen Entwurf interner Bestimmungen zur Vermeidung und Beilegung von Interessenkonflikten in Bezug auf die Mitglieder des Verwaltungsrats auszuarbeiten und den Entwurf dieser Bestimmungen dem Verwaltungsrat zur Annahme vorzulegen,

l) den Entwurf der für Europol geltenden Finanzregelung auszuarbeiten,

m) einen Entwurf des Voranschlags der Einnahmen und Ausgaben von Europol auszuarbeiten und den Haushaltsplan von Europol auszuführen,

n) den Vorsitzenden des Verwaltungsrats bei der Vorbereitung der Verwaltungsratssitzungen zu unterstützen,

o) den Verwaltungsrat regelmäßig über die Umsetzung der vorrangigen strategischen und operativen Ziele der Union auf dem Gebiet der Kriminalitätsbekämpfung zu informieren,

p) andere sich aus dieser Verordnung ergebende Aufgaben zu erfüllen.

KAPITEL IV
INFORMATIONSVERARBEITUNG

Artikel 17. Informationsquellen

(1) Europol verarbeitet ausschließlich Informationen, die ihr übermittelt werden

a) von Mitgliedstaaten nach Maßgabe ihres nationalen Rechts und gemäß Artikel 7,

b) von Unionseinrichtungen, Drittstaaten oder internationalen Organisationen gemäß Kapitel V,

c) von privaten Parteien und Privatpersonen gemäß Kapitel V.

(2) Europol kann Informationen einschließlich personenbezogener Daten aus öffentlich zugänglichen Quellen wie dem Internet sowie öffentliche Daten direkt einholen und verarbeiten.

(3) Soweit Europol in Rechtsakten der Union oder in nationalen oder internationalen Rechtsakten das Recht auf elektronischen Zugang zu Daten in nationalen oder internationalen Informationssystemen oder Informationssystemen der Union eingeräumt wird, kann sie auf diesem Wege Informationen, einschließlich personenbezogener Daten, abrufen und verarbeiten, wenn dies zur Erfüllung ihrer Aufgaben erforderlich ist. Für den Zugang von Europol zu diesen Daten und für deren Verwendung durch Europol sind die geltenden Bestimmungen dieser Rechtsakte der Union bzw. nationaler oder internationaler Rechtsakte maßgebend, soweit sie strengere Zugangs- und Verwendungsvorschriften enthalten, als in dieser Verordnung vorgeschrieben. Zugang zu derartigen Informationssystemen wird nur ordnungsgemäß ermächtigtem Europol-Personal und nur insoweit gewährt, wie dies der Erfüllung ihrer Aufgaben dient und dafür verhältnismäßig ist.

Artikel 18. Zwecke der Informationsverarbeitung

(1) Sofern es für die Verwirklichung ihrer Ziele nach Artikel 3 erforderlich ist, kann Europol Informationen einschließlich personenbezogener Daten verarbeiten.

(2) Personenbezogene Daten dürfen ausschließlich zu folgenden Zwecken verarbeitet werden:

a) Abgleich zur Ermittlung etwaiger Zusammenhänge oder anderer relevanter Verbindungen zwischen Informationen in Bezug auf

i) Personen, die einer Straftat oder der Beteiligung an einer Straftat, für die Europol zuständig ist, verdächtigt werden oder die wegen einer solchen Straftat verurteilt worden sind,

ii) Personen, in deren Fall faktische Anhaltspunkte oder triftige Gründe dafür vorliegen, dass sie Straftaten begehen werden, für die Europol zuständig ist;

b) strategische oder themenbezogene Analyse,

c) operative Analyse;

d) Erleichterung des Informationsaustauschs zwischen Mitgliedstaaten, Europol, anderen Unionseinrichtungen, Drittstaaten und internationalen Organisationen.

(3) Die Verarbeitung für die Zwecke operativer Analysen gemäß Absatz 2 Buchstabe c erfolgt im Wege von Projekten der operativen Analyse, für die die folgenden besonderen Garantien gelten:

a) Für jedes Projekt der operativen Analyse legt der Exekutivdirektor den spezifischen Zweck, die Kategorien der personenbezogenen Daten und die Kategorien der betroffenen Personen, die Beteiligten, die Dauer der Speicherung und die Bedingungen für Zugriff auf bzw. Übermittlung und Verwendung der betreffenden Daten fest und unterrichtet den Verwaltungsrat und den EDSB darüber;

b) personenbezogene Daten dürfen nur für die Zwecke des spezifischen Projekts der operativen

Analyse erhoben und verarbeitet werden. Stellt sich heraus, dass personenbezogene Daten für ein weiteres Projekt der operativen Analyse relevant sein können, ist die Weiterverarbeitung dieser personenbezogenen Daten nur insoweit zulässig, als diese Weiterverarbeitung notwendig und verhältnismäßig ist und die personenbezogenen Daten mit den unter Buchstabe a festgelegten Bestimmungen, die für das andere Analyseprojekt gelten, vereinbar sind;

c) nur ordnungsgemäß ermächtigtes Personal darf auf die Daten des jeweiligen Projekts zugreifen und diese verarbeiten.

(4) Die Verarbeitung gemäß den Absätzen 2 und 3 erfolgt unter Einhaltung der in dieser Verordnung festgelegten Datenschutzgarantien. Diese Verarbeitungsvorgänge werden von Europol ordnungsgemäß dokumentiert. Die Dokumentation wird dem Datenschutzbeauftragten und dem EDSB auf Verlangen zur Verfügung gestellt, damit diese die Rechtmäßigkeit der Verarbeitungsvorgänge überprüfen können.

(5) Kategorien personenbezogener Daten und Kategorien von betroffenen Personen, deren Daten zu den in Absatz 2 genannten Zwecken erhoben und verarbeitet werden dürfen, sind in Anhang II aufgeführt.

(6) Europol kann Daten vorübergehend verarbeiten, um zu bestimmen, ob die betreffenden Daten für ihre Aufgaben relevant sind und, falls dies der Fall ist, für welche der in Absatz 2 genannten Zwecke sie relevant sind. Der Verwaltungsrat legt auf Vorschlag des Exekutivdirektors und nach Anhörung des EDSB die Bedingungen für die Verarbeitung dieser Daten genauer fest, insbesondere hinsichtlich des Zugangs zu den Daten und ihrer Verwendung sowie der Fristen für die Speicherung und Löschung der Daten, die unter gebührender Berücksichtigung der in Artikel 28 genannten Grundsätze sechs Monate nicht überschreiten dürfen.

(7) Der Verwaltungsrat erlässt nach Konsultation des EDSB gegebenenfalls Leitlinien zur genaueren Festlegung der Verfahren für die Verarbeitung von Informationen für die in Absatz 2 aufgeführten Zwecke im Einklang mit Artikel 11 Absatz 1 Buchstabe q.

Artikel 19. Bestimmung des Zwecks der Informationsverarbeitung durch Europol und entsprechende Einschränkungen

(1) Die Mitgliedstaaten, Unionseinrichtungen, Drittstaaten oder internationale Organisationen, die Informationen an Europol übermitteln, bestimmen, zu welchem Zweck oder welchen Zwecken gemäß Artikel 18 diese Informationen verarbeitet werden dürfen. Andernfalls verarbeitet Europol im Einvernehmen mit dem Informationslieferanten die Informationen, um zu bestimmen, wie sachdienlich die Informationen sind und zu welchem Zweck oder welchen Zwecken sie weiterverarbeitet werden dürfen. Europol darf Informationen nur dann zu einem anderen Zweck als dem Zweck, zu dem sie übermittelt wurden, verarbeiten, wenn der Informationslieferant dem zustimmt.

(2) Mitgliedstaaten, Unionseinrichtungen, Drittstaaten und internationale Organisationen können bei der Übermittlung von Informationen an Europol etwaige für den Datenzugriff oder die Datenverwendung geltende Einschränkungen allgemeiner oder besonderer Art vorsehen, insbesondere bezüglich der Weitergabe, Löschung oder Vernichtung der Informationen. Sollten sich derartige Einschränkungen erst nach der Übermittlung der Informationen als notwendig erweisen, so setzen sie Europol hiervon in Kenntnis. Europol leistet den Einschränkungen Folge.

(3) In hinreichend begründeten Fällen kann Europol für den Zugang zu oder die Verwendung von aus öffentlich zugänglichen Quellen eingeholten Informationen seitens der Mitgliedstaaten, Unionseinrichtungen, Drittstaaten und internationalen Organisationen Einschränkungen vorsehen.

Artikel 20. Zugang der Mitgliedstaaten und des Europol-Personals zu von Europol gespeicherten Informationen

(1) Die Mitgliedstaaten haben nach Maßgabe ihres nationalen Rechts und gemäß Artikel 7 Absatz 5 Zugang zu allen Informationen, die zu den in Artikel 18 Absatz 2 Buchstaben a und b genannten Zwecken übermittelt wurden, und können diese Informationen durchsuchen. Das Recht von Mitgliedstaaten, Unionseinrichtungen, Drittstaaten und internationalen Organisationen, Einschränkungen gemäß Artikel 19 Absatz 2 vorzusehen, bleibt davon unberührt.

(2) Die Mitgliedstaaten haben nach Maßgabe ihres nationalen Rechts und gemäß Artikel 7 Absatz 5 indirekten Zugriff auf die zu den Zwecken von Artikel 18 Absatz 2 Buchstabe c übermittelten Informationen nach dem Treffer/Kein-Treffer-Verfahren. Dies gilt unbeschadet etwaiger Einschränkungen gemäß Artikel 19 Absatz 2 seitens der die Informationen übermittelnden Mitgliedstaaten, Unionseinrichtungen, Drittstaaten oder internationalen Organisationen.

Im Fall eines Treffers leitet Europol das Verfahren ein, durch das die Information, die den Treffer ausgelöst hat, nach Zustimmung der Stelle, die die Information an Europol übermittelt hat, weitergegeben werden darf.

(3) Nach Maßgabe des nationalen Rechts dürfen der Zugriff auf die und die Weiterverarbeitung der in den Absätzen 1 und 2 genannten Informationen durch die Mitgliedstaaten nur für die

Zwecke der Verhütung und Bekämpfung folgender Formen von Straftaten erfolgen:

a) Formen der Kriminalität, für die Europol zuständig ist, und

b) anderer Formen schwerer Kriminalität, wie sie im Rahmenbeschluss 2002/584/JI des Rates[23] aufgeführt sind.

(4) Vom Exekutivdirektor ordnungsgemäß ermächtigte Europol-Bedienstete haben zu den von Europol verarbeiteten Informationen unbeschadet des Artikels 67 und in dem Maße Zugang, wie es die Ausübung ihrer Pflichten erfordert.

Artikel 21. Zugang von Eurojust, des OLAF und — ausschließlich zu ETIAS-spezifischen Zwecken — der Europäischen Agentur für die Grenz- und Küstenwache zu von Europol gespeicherten Informationen

(1) Europol ergreift alle geeigneten Maßnahmen, um sicherzustellen, dass Eurojust und OLAF im Rahmen ihrer Befugnisse indirekten Zugriff auf die zu den Zwecken von Artikel 18 Absatz 2 Buchstaben a, b und c übermittelten Informationen nach dem Treffer/Kein-Treffer-Verfahren haben; etwaige Einschränkungen gemäß Artikel 19 Absatz 2 des Mitgliedstaats, der Unionseinrichtung, des Drittstaats oder der internationalen Organisation, der bzw. die die Informationen übermittelt, bleiben davon unberührt.

Im Fall eines Treffers leitet Europol das Verfahren ein, durch das die Information, die den Treffer ausgelöst hat, nach Zustimmung der Stelle, die die Information an Europol übermittelt hat, weitergegeben werden darf, und zwar nur so weit, als die Daten, die den Treffer ausgelöst haben, für die rechtmäßige Erfüllung der Aufgaben von Eurojust bzw. OLAF erforderlich sind.

(1a) Europol ergreift alle geeigneten Maßnahmen, um sicherzustellen, dass die Europäische Agentur für die Grenz- und Küstenwache im Rahmen ihrer Befugnisse und für die Zwecke der Verordnung (EU) 2018/1240 indirekten Zugriff auf die zu den Zwecken von Artikel 20 Absatz 2 Buchstabe j dieser Verordnung übermittelten Daten nach dem Treffer/Kein-Treffer-Verfahren hat; etwaige Einschränkungen gemäß Artikel 19 Absatz 2 des Mitgliedstaats, der Unionseinrichtung, des Drittstaats oder der internationalen Organisation, der bzw. die die Informationen übermittelt, bleiben davon unberührt.

Im Fall eines Treffers leitet Europol das Verfahren ein, durch das die Information, die den Treffer ausgelöst hat, nach Zustimmung der Stelle, die die Information an Europol übermittelt hat, weitergegeben werden darf, und zwar nur so weit, als die Daten, die den Treffer ausgelöst haben, für die rechtmäßige Erfüllung der sich auf das ETIAS beziehenden Aufgaben der Europäischen Agentur für die Grenz- und Küstenwache erforderlich sind.

Die Absätze 2 bis 7 dieses Artikels gelten entsprechend.
(ABl 2018 L 236, 72)

(2) Europol und Eurojust können eine Arbeitsvereinbarung schließen, mit der sie innerhalb ihrer jeweiligen Aufgabenbereiche den gegenseitigen Zugang zu allen für die Zwecke gemäß Artikel 18 Absatz 2 Buchstabe a übermittelten Informationen und die Möglichkeit von Suchabfragen bezüglich dieser Informationen sicherstellen. Dies gilt unbeschadet des Rechts der Mitgliedstaaten, Unionseinrichtungen, Drittstaaten und internationaler Organisationen, den Zugang zu diesen Daten und deren Verwendung einzuschränken, und im Einklang mit den Datenschutzgarantien dieser Verordnung.

(3) Die in den Absätzen 1 und 2 genannten Suchabfragen dürfen nur vorgenommen werden, um zu ermitteln, ob zwischen bei Eurojust bzw. bei OLAF vorliegenden Informationen Übereinstimmungen mit bei Europol verarbeiteten Informationen bestehen.

(4) Europol gestattet die in den Absätzen 1 und 2 genannten Suchabfragen erst, wenn ihr von Eurojust mitgeteilt wurde, welche nationalen Mitglieder, stellvertretenden Mitglieder, Assistenten und Eurojust-Bediensteten bzw. von OLAF mitgeteilt wurde, welche OLAF-Bediensteten zur Vornahme derartiger Suchabfragen ermächtigt sind.

(5) Falls im Laufe von Europol-Datenverarbeitungstätigkeiten zu einzelnen Ermittlungen von Seiten Europols oder eines Mitgliedstaats festgestellt wird, dass Koordinierungs-, Kooperations- oder Unterstützungsmaßnahmen im Einklang mit dem Mandat von Eurojust oder OLAF erforderlich sind, setzt Europol Letztere davon in Kenntnis und leitet das Verfahren zur Weitergabe der betreffenden Informationen entsprechend der Entscheidung des die Informationen übermittelnden Mitgliedstaats ein. In einem solchen Fall spricht sich Eurojust beziehungsweise OLAF mit Europol ab.

(6) Eurojust, d. h. das Kollegium, die nationalen Mitglieder, die stellvertretenden Mitglieder, die Assistenten und die Eurojust-Bediensteten, sowie OLAF leisten etwaigen allgemeinen oder besonderen Einschränkungen, die von Mitgliedstaaten, Unionseinrichtungen, Drittstaaten oder internationalen Organisationen gemäß Artikel 19 Absatz 2 in Bezug auf den Zugang zu den von ihnen übermittelten Daten oder deren Verwendung vorgesehen wurden, Folge.

---

[23] Rahmenbeschluss 2002/584/JI des Rates vom 13. Juni 2002 über den Europäischen Haftbefehl und die Übergabeverfahren zwischen den Mitgliedstaaten (ABl. L 190, 18.7.2002, p. 1).

(7) Europol, Eurojust und OLAF benachrichtigen einander, wenn nach der gegenseitigen Abfrage von Daten gemäß Absatz 2 oder infolge eines Treffers gemäß Absatz 1 Anzeichen dafür vorliegen, dass Daten fehlerhaft sein oder im Widerspruch zu anderen Daten stehen können.

Artikel 22. Pflicht zur Unterrichtung der Mitgliedstaaten

(1) Europol unterrichtet einen Mitgliedstaat gemäß Artikel 4 Absatz 1 Buchstabe b unverzüglich über Informationen, die diesen betreffen. Falls diese Informationen jedoch Einschränkungen nach Artikel 19 Absatz 2 unterliegen, die ihre Weitergabe verbieten, hält Europol Rücksprache mit dem Informationslieferanten, der die Einschränkung des Zugangs festgelegt hat, und bittet diesen um Zustimmung zur Datenweitergabe.

In diesem Fall dürfen die Daten nicht ohne ausdrückliche Einwilligung seitens des Informationslieferanten weitergegeben werden.

(2) Europol unterrichtet einen Mitgliedstaat ungeachtet etwaiger Einschränkungen des Zugangs über Informationen, die ihn betreffen, wenn dies unbedingt erforderlich ist, um eine unmittelbar drohende Gefahr für Leib und Leben abzuwenden.

In einem solchen Fall unterrichtet Europol zugleich den Informationslieferanten von der Weitergabe der Informationen und teilt ihm mit, welche Gründe bei der Situationsanalyse zu dieser Entscheidung geführt haben.

KAPITEL V

BEZIEHUNGEN ZU PARTNERN

ABSCHNITT 1

Gemeinsame Bestimmungen

Artikel 23. Gemeinsame Bestimmungen

(1) Soweit dies zur Erfüllung ihrer Aufgaben erforderlich ist, kann Europol Kooperationsbeziehungen zu Unionseinrichtungen entsprechend den Zielen dieser Einrichtungen, den Behörden von Drittstaaten, internationalen Organisationen und privaten Parteien herstellen und unterhalten.

(2) Europol kann vorbehaltlich der in Artikel 19 Absatz 2 genannten Einschränkungen und unbeschadet des Artikels 67 mit den in Absatz 1 des vorliegenden Artikels genannten Einrichtungen direkt sämtliche Informationen mit Ausnahme personenbezogener Daten austauschen, soweit dies für die Erfüllung ihrer Aufgaben erforderlich ist.

(3) Der Exekutivdirektor unterrichtet den Verwaltungsrat über regelmäßige Kooperationsbeziehungen, die Europol gemäß den Absätzen 1 und 2 herstellen und unterhalten will, und über die Entwicklung solcher Beziehungen, sobald sie hergestellt sind.

(4) Europol kann für die Zwecke gemäß den Absätzen 1 und 2 Arbeitsvereinbarungen mit Stellen gemäß Absatz 1 schließen. Diese Arbeitsvereinbarungen dürfen nicht den Austausch personenbezogener Daten zulassen und sind für die Union oder ihre Mitgliedstaaten nicht bindend.

(5) Soweit dies für die rechtmäßige Erfüllung ihrer Aufgaben erforderlich und verhältnismäßig ist, kann Europol vorbehaltlich der Bestimmungen dieses Kapitels von den in Absatz 1 genannten Stellen personenbezogene Daten entgegennehmen und verarbeiten.

(6) Unbeschadet des Artikels 30 Absatz 5 übermittelt Europol personenbezogene Daten nur dann an Unionseinrichtungen, Drittstaaten und internationale Organisationen, wenn dies für die Verhütung und Bekämpfung von Straftaten, die unter die Ziele von Europol fallen, erforderlich ist, und nur im Einklang mit dieser Verordnung und wenn der Empfänger zusagt, dass die Daten nur für den Zweck verarbeitet werden, für den sie übermittelt wurden. Wurden die zu übermittelnden Daten von einem Mitgliedstaat geliefert, so holt Europol die Zustimmung dieses Mitgliedstaates ein, es sei denn, der Mitgliedstaat hat für eine solche Weiterübermittlung seine vorherige allgemeine oder unter bestimmten Bedingungen stehende Zustimmung erteilt. Diese Zustimmung kann jederzeit widerrufen werden.

(7) Eine Weiterübermittlung von bei Europol gespeicherten personenbezogenen Daten durch Mitgliedstaaten, Unionseinrichtungen, Drittstaaten und internationale Organisationen ist nur mit vorheriger ausdrücklicher Genehmigung von Europol zulässig.

(8) Europol stellt sicher, dass alle Übermittlungen von personenbezogenen Daten und die Gründe für solche Übermittlungen im Einklang mit dieser Verordnung ausführlich aufgezeichnet werden.

(9) Informationen, die eindeutig unter offenkundiger Verletzung der Menschenrechte erlangt wurden, dürfen nicht verarbeitet werden.

ABSCHNITT 2

Übermittlung und Austausch personenbezogener Daten

Artikel 24. Übermittlung personenbezogener Daten an Unionseinrichtungen

Vorbehaltlich etwaiger Einschränkungen nach Artikel 19 Absatz 2 oder 3 und unbeschadet des Artikels 67 kann Europol personenbezogene Daten direkt an eine Unionseinrichtung übermitteln, soweit dies für die Erfüllung der Aufgaben von Europol oder der betreffenden Unionseinrichtung erforderlich ist.

Artikel 25. Übermittlung personenbezogener Daten an Drittstaaten und internationale Organisationen

(1) Vorbehaltlich etwaiger Einschränkungen nach Artikel 19 Absatz 2 oder 3 und unbeschadet des Artikels 67 kann Europol, soweit dies für die Erfüllung der Aufgaben von Europol erforderlich ist, personenbezogene Daten an eine Behörde eines Drittstaates oder an eine internationale Organisation auf der Grundlage eines der folgenden Instrumente übermitteln:

a) eines Beschlusses der Kommission gemäß Artikel 36 der Richtlinie (EU) 2016/680, dem zufolge der Drittstaat oder ein Gebiet oder ein verarbeitender Sektor in diesem Drittstaat oder die betreffende internationale Organisation einen ausreichenden Datenschutz gewährleistet (Angemessenheitsbeschluss);

b) eines internationalen Abkommens zwischen der Union und dem betreffenden Drittstaat oder der betreffenden internationalen Organisation gemäß Artikel 218 AEUV, das angemessene Garantien hinsichtlich des Schutzes der Privatsphäre, der Grundrechte und der Grundfreiheiten von Personen bietet, oder

c) eines vor dem 1. Mai 2017 geschlossenen Kooperationsabkommens zwischen Europol und dem betreffenden Drittstaat oder der betreffenden internationalen Organisation nach Artikel 23 des Beschlusses 2009/371/JI, das den Austausch personenbezogener Daten zulässt.

Europol kann zur Umsetzung solcher Abkommen oder Angemessenheitsbeschlüsse Verwaltungsvereinbarungen schließen.

(2) Der Exekutivdirektor unterrichtet den Verwaltungsrat über den Austausch personenbezogener Daten auf der Grundlage von Angemessenheitsbeschlüssen nach Absatz 1 Buchstabe a.

(3) Europol veröffentlicht auf ihrer Website ein Verzeichnis der Angemessenheitsbeschlüsse, Abkommen, Verwaltungsvereinbarungen oder sonstiger Rechtsinstrumente in Bezug auf die Übermittlung personenbezogener Daten gemäß Absatz 1 und hält dieses Verzeichnis auf dem neuesten Stand.

(4) Bis zum 14. Juni 2021 nimmt die Kommission eine insbesondere den Datenschutz betreffende Bewertung der Bestimmungen vor, die in den in Absatz 1 Buchstabe c genannten Kooperationsabkommen enthalten sind. Die Kommission unterrichtet das Europäische Parlament und den Rat über das Ergebnis dieser Bewertung und kann gegebenenfalls dem Rat eine Empfehlung für einen Beschluss zur Genehmigung der Eröffnung von Verhandlungen im Hinblick auf den Abschluss von in Absatz 1 Buchstabe b genannten internationalen Abkommen unterbreiten.

(5) Abweichend von Absatz 1 kann der Exekutivdirektor in Einzelfällen die Übermittlung personenbezogener Daten an Drittstaaten oder internationale Organisationen genehmigen, wenn die Übermittlung

a) zur Wahrung lebenswichtiger Interessen der betroffenen Person oder einer anderen Person erforderlich ist,

b) nach dem Recht des Mitgliedstaats, aus dem die personenbezogenen Daten übermittelt werden, zur Wahrung berechtigter Interessen der betroffenen Person notwendig ist,

c) zur Abwehr einer unmittelbaren und ernsthaften Gefahr für die öffentliche Sicherheit eines Mitgliedstaats oder eines Drittlands unerlässlich ist,

d) zur Verhütung, Aufdeckung, Untersuchung oder Verfolgung von Straftaten oder zur Vollstreckung strafrechtlicher Sanktionen erforderlich ist oder

e) in Einzelfällen zur Begründung, Geltendmachung oder Abwehr von Rechtsansprüchen im Zusammenhang mit der Verhütung, Aufdeckung, Untersuchung oder Verfolgung einer bestimmten Straftat oder der Vollstreckung einer bestimmten strafrechtlichen Sanktion notwendig ist.

Personenbezogene Daten dürfen nicht übermittelt werden, wenn der Exekutivdirektor feststellt, dass Grundrechte und -freiheiten der betroffenen Person das öffentliche Interesse an der Übermittlung im Sinne der Buchstaben d und e überwiegen.

Ausnahmeregelungen nach diesem Absatz gelten nicht für systematische, massive oder strukturelle Übermittlungen.

(6) Abweichend von Absatz 1 kann der Verwaltungsrat im Einvernehmen mit dem EDSB bei entsprechenden angemessenen Garantien hinsichtlich des Schutzes der Privatsphäre, der Grundrechte und der Grundfreiheiten von Personen eine Kategorie von Übermittlungen gemäß Absatz 5 Buchstaben a bis e für einen Zeitraum von höchstens einem Jahr, der verlängerbar ist, genehmigen. Eine solche Genehmigung muss hinreichend begründet und dokumentiert sein.

(7) Der Exekutivdirektor teilt dem Verwaltungsrat und dem EDSB so rasch wie möglich die Fälle mit, in denen Absatz 5 angewandt wurde.

(8) Europol hält alle Übermittlungen gemäß diesem Artikel ausführlich schriftlich fest.

Artikel 26. Austausch personenbezogener Daten mit privaten Parteien

(1) Soweit dies für die Erfüllung ihrer Aufgaben erforderlich ist, kann Europol von privaten Parteien erhaltene personenbezogene Daten verarbeiten, wenn ihr diese auf einem der folgenden Wege zugehen:

a) über eine nationale Stelle gemäß dem nationalen Recht,

b) über die Kontaktstelle eines Drittstaates oder einer internationalen Organisation, mit dem beziehungsweise der Europol vor dem 1. Mai 2017 ein Kooperationsabkommen nach Artikel 23 des Beschlusses 2009/371/JI geschlossen hat, das den Austausch personenbezogener Daten zulässt, oder

c) über eine Behörde eines Drittstaates oder eine internationale Organisation, die einem Angemessenheitsbeschluss gemäß Artikel 25 Absatz 1 Buchstabe a dieser Verordnung unterliegt oder mit der die Union eine internationale Übereinkunft nach Artikel 218 AEUV geschlossen hat.

(2) Erhält Europol dennoch personenbezogene Daten unmittelbar von privaten Parteien und kann die betreffende nationale Stelle, Kontaktstelle oder Behörde nach Absatz 1 nicht ermittelt werden, so darf Europol diese personenbezogenen Daten ausschließlich zum Zweck eben dieser Ermittlung verarbeiten. Die personenbezogenen Daten werden anschließend unverzüglich an die betreffende nationale Stelle, Kontaktstelle oder Behörde weitergeleitet und gelöscht, es sei denn, die betreffende nationale Stelle, Kontaktstelle oder Behörde legt diese personenbezogenen Daten gemäß Artikel 19 Absatz 1 innerhalb von vier Monaten ab der Übertragung erneut vor. Europol stellt mit technischen Mitteln sicher, dass die betreffenden Daten während dieses Zeitraums nicht für eine Verarbeitung zu anderen Zwecken zugänglich sind.

(3) Im Anschluss an die Übermittlung personenbezogener Daten gemäß Absatz 5 Buchstabe c kann Europol diesbezüglich personenbezogene Daten unmittelbar von einer privaten Partei entgegennehmen, wenn diese erklärt, dass sie gemäß geltendem Recht befugt ist, diese Daten zu übermitteln, um sie zur Erfüllung der in Artikel 4 Absatz 1 Buchstabe m aufgeführten Aufgabe zu verarbeiten.

(4) Erhält Europol personenbezogene Daten von einer privaten Partei in einem Drittstaat, mit dem keine Übereinkunft besteht, die entweder auf der Grundlage des Artikels 23 des Beschlusses 2009/371/JI oder auf der Grundlage des Artikels 218 AEUV geschlossen wurde, oder der keinem Angemessenheitsbeschluss gemäß Artikel 25 Absatz 1 Buchstabe a dieser Verordnung unterliegt, so kann Europol diese Daten nur einem betroffenen Mitgliedstaat oder Drittstaat übermitteln, mit dem eine solche Übereinkunft geschlossen wurde.

(5) Europol darf personenbezogene Daten nur dann im Einzelfall an private Parteien übermitteln, soweit dies unbedingt erforderlich ist, vorbehaltlich etwaiger Einschränkungen gemäß Artikel 19 Absatz 2 oder 3 und unbeschadet des Artikels 67, wenn:

a) die Übermittlung zweifelsfrei im Interesse der betroffenen Person liegt und die Einwilligung der betroffenen Person erteilt wurde oder die Umstände eine Einwilligung eindeutig vermuten lassen,

b) die Übermittlung der Daten zur Verhinderung einer unmittelbar bevorstehenden Begehung einer Straftat – einschließlich einer terroristischen Straftat –, für die Europol zuständig ist, absolut erforderlich ist, oder

c) die Übermittlung personenbezogener Daten, die öffentlich zugänglich sind, zur Erfüllung der in Artikel 4 Absatz 1 Buchstabe m aufgeführten Aufgabe unbedingt erforderlich ist und die folgenden Voraussetzungen erfüllt sind:

i) Die Übermittlung betrifft einen bestimmten Einzelfall und

ii) im konkreten Fall überwiegen keine Grundrechte und -freiheiten der betroffenen Person gegenüber dem öffentlichen Interesse an einer Übermittlung.

(6) Wenn die betreffende private Partei nicht in der Union oder in einem Staat niedergelassen ist, mit dem Europol ein Kooperationsabkommen geschlossen hat, das den Austausch personenbezogener Daten zulässt, oder mit dem die Union eine internationale Übereinkunft nach Artikel 218 AEUV geschlossen hat oder der Gegenstand eines Angemessenheitsbeschlusses gemäß Artikel 25 Absatz 1 Buchstabe a der vorliegenden Verordnung ist, wird die Übermittlung im Sinne von Absatz 5 Buchstaben a und b dieses Artikels nur genehmigt, falls die Übermittlung

a) zum Schutz lebenswichtiger Interessen der betroffenen Person oder einer anderen Person erforderlich ist, oder

b) für die Wahrung berechtigter Interessen der betroffenen Person erforderlich ist, oder

c) zur Abwehr einer unmittelbaren und ernsthaften Gefahr für die öffentliche Sicherheit eines Mitgliedstaats oder eines Drittlands unerlässlich ist, oder

d) in Einzelfällen zum Zwecke der Verhütung, Aufdeckung, Untersuchung oder Verfolgung von Straftaten, für die Europol zuständig ist, erforderlich ist, oder

e) in Einzelfällen zur Begründung, Geltendmachung oder Abwehr von Rechtsansprüchen im Zusammenhang mit der Verhütung, Aufdeckung, Untersuchung oder Verfolgung einer bestimmten Straftat, für die Europol zuständig ist, notwendig ist.

(7) Europol stellt sicher, dass alle Übermittlungen von personenbezogenen Daten und die Gründe für diese Übermittlungen im Einklang mit dieser Verordnung ausführlich aufgezeichnet und dem EDSB gemäß Artikel 40 auf Verlangen mitgeteilt werden.

(8) Berühren die erhaltenen oder zu übermittelnden personenbezogenen Daten die Interessen eines Mitgliedstaats, so unterrichtet Europol un-

verzüglich die nationale Stelle des betreffenden Mitgliedstaats.

(9) Europol nimmt nicht mit privaten Parteien Kontakt auf, um personenbezogene Daten einzuholen.

(10) Die Kommission bewertet bis zum 1. Mai 2019 die Praxis des direkten Austauschs personenbezogener Daten mit privaten Parteien.

Artikel 27. Informationen von Privatpersonen

(1) Soweit dies für die Erfüllung ihrer Aufgaben erforderlich ist, kann Europol Informationen von Privatpersonen entgegennehmen und verarbeiten. Personenbezogene Daten, die von Privatpersonen stammen, dürfen von Europol nur dann verarbeitet werden, wenn ihr diese Daten auf einem der folgenden Wege zugehen:

a) über eine nationale Stelle gemäß den nationalen Rechtsvorschriften,

b) über die Kontaktstelle eines Drittstaats oder einer internationalen Organisation, mit dem beziehungsweise der Europol vor dem 1. Mai 2017 ein Kooperationsabkommen nach Artikel 23 des Beschlusses 2009/371/JI geschlossen hat, das den Austausch personenbezogener Daten zulässt, oder

c) über eine Behörde eines Drittstaats oder eine internationale Organisation, die einem Angemessenheitsbeschluss gemäß Artikel 25 Absatz 1 Buchstabe a unterliegt oder mit der die Union eine internationale Übereinkunft nach Artikel 218 AEUV geschlossen hat.

(2) Erhält Europol Informationen einschließlich personenbezogener Daten von einer Privatperson mit Wohnsitz in einem Drittstaat, mit dem keine internationale Übereinkunft besteht, die entweder auf der Grundlage von Artikel 23 des Beschlusses 2009/371/JI oder auf der Grundlage von Artikel 218 AEUV geschlossen wurde oder der keinem Angemessenheitsbeschluss gemäß Artikel 25 Absatz 1 Buchstabe a der vorliegenden Verordnung unterliegt, so darf Europol diese Informationen nur einem betroffenen Mitgliedstaat oder Drittstaat übermitteln, mit dem eine solche Übereinkunft geschlossen wurde.

(3) Berühren die erhaltenen personenbezogenen Daten die Interessen eines Mitgliedstaats, so unterrichtet Europol unverzüglich die nationale Stelle des betreffenden Mitgliedstaats.

(4) Europol nimmt nicht mit Privatpersonen Kontakt auf, um Informationen einzuholen.

(5) Unbeschadet der Artikel 36 und 37 darf Europol keine personenbezogenen Daten an Privatpersonen übermitteln.

KAPITEL VI
DATENSCHUTZGARANTIEN

Artikel 28. Grundsätze des Datenschutzes

(1) Personenbezogene Daten müssen

a) nach Treu und Glauben und auf rechtmäßige Weise verarbeitet werden;

b) für genau festgelegte, eindeutige und rechtmäßige Zwecke erhoben werden und dürfen nicht in einer mit diesen Zwecken nicht zu vereinbarenden Weise weiterverarbeitet werden. Die Weiterverarbeitung personenbezogener Daten zu historischen oder statistischen Zwecken oder für wissenschaftliche Forschungszwecke ist nicht als unvereinbar anzusehen, wenn Europol geeignete Garantien vorsieht, um insbesondere sicherzustellen, dass die Daten nicht für andere Zwecke verarbeitet werden;

c) dem Zweck angemessen und sachlich relevant sowie auf das für die Zwecke der Datenverarbeitung notwendige Maß beschränkt sein;

d) sachlich richtig sein und auf dem neuesten Stand gehalten werden; dabei sind alle angemessenen Maßnahmen zu treffen, damit personenbezogene Daten, die im Hinblick auf die Zwecke ihrer Verarbeitung unzutreffend sind, unverzüglich gelöscht oder berichtigt werden;

e) in einer Form gespeichert werden, die die Identifizierung der betroffenen Personen ermöglicht, und zwar nicht länger, als es für die Realisierung der Zwecke, für die sie verarbeitet werden, erforderlich ist; und

f) auf eine Weise verarbeitet werden, die eine angemessene Sicherheit der personenbezogenen Daten sicherstellt.

(2) Europol macht der Öffentlichkeit ein Dokument zugänglich, in dem die Bestimmungen für die Verarbeitung personenbezogener Daten und die Möglichkeiten der betroffenen Personen zur Ausübung ihrer Rechte in verständlicher Form dargelegt sind.

Artikel 29. Bewertung der Zuverlässigkeit der Quelle und Richtigkeit der Informationen

(1) Die Zuverlässigkeit der Quelle der von einem Mitgliedstaat stammenden Informationen wird nach Möglichkeit von dem Mitgliedstaat, der die Informationen liefert, anhand folgender Quellenbewertungskodes bewertet:

(A): Es bestehen keine Zweifel an der Authentizität, Verlässlichkeit und Eignung der Quelle oder die Informationen stammen von einer Quelle, die sich in allen Fällen als verlässlich erwiesen hat;

(B): es handelt sich um eine Quelle, deren Informationen sich in den meisten Fällen als verlässlich erwiesen haben;

(C): es handelt sich um eine Quelle, deren Informationen sich in den meisten Fällen als nicht verlässlich erwiesen haben;
(X): die Verlässlichkeit der Quelle kann nicht beurteilt werden.

(2) Die Richtigkeit der von einem Mitgliedstaat stammenden Informationen wird nach Möglichkeit von dem Mitgliedstaat, der die Informationen liefert, anhand folgender Informationsbewertungskodes bewertet:
(1): Informationen, an deren Wahrheitsgehalt kein Zweifel besteht;
(2): Informationen, die der Quelle, nicht aber dem Beamten, der sie weitergibt, persönlich bekannt sind;
(3): Informationen, die der Quelle nicht persönlich bekannt sind, die aber durch andere bereits erfasste Informationen erhärtet werden;
(4): Informationen, die der Quelle nicht persönlich bekannt sind und die sich auf keine andere Weise erhärten lassen.

(3) Gelangt Europol anhand der bereits in ihrem Besitz befindlichen Informationen zu dem Schluss, dass die Bewertung nach Absatz 1 oder 2 korrigiert werden muss, unterrichtet sie den betreffenden Mitgliedstaat und versucht, Einvernehmen über eine Änderung der Bewertung zu erzielen. Ohne dieses Einvernehmen ändert Europol die Bewertung nicht.

(4) Erhält Europol von einem Mitgliedstaat Informationen ohne Bewertung nach Absatz 1 oder 2, so versucht Europol, die Verlässlichkeit der Quelle oder die Richtigkeit der Informationen anhand der bereits im Besitz von Europol befindlichen Informationen zu bewerten. Die Bewertung spezifischer Daten und Informationen erfolgt im Einvernehmen mit dem Mitgliedstaat, der die Daten oder Informationen liefert. Ein Mitgliedstaat und Europol können außerdem allgemeine Vereinbarungen über die Bewertung bestimmter Arten von Daten und bestimmter Quellen treffen. Wird im Einzelfall kein Einvernehmen erzielt oder gibt es keine allgemeine Vereinbarung, bewertet Europol die Informationen oder Daten und weist solchen Informationen oder Daten die in Absatz 1 bzw. Absatz 2 genannten Bewertungskodes (X) und (4) zu.

(5) Dieser Artikel gilt entsprechend, wenn Europol Daten oder Informationen von einer Unionseinrichtung, einem Drittstaat, einer internationalen Organisation oder einer privaten Partei erhält.

(6) Informationen aus öffentlich zugänglichen Quellen werden von Europol anhand der in den Absätzen 1 und 2 genannten Bewertungskodes bewertet.

(7) Sind die Informationen das Ergebnis einer von Europol in Erfüllung ihrer Aufgaben vorgenommenen Analyse, so bewertet Europol diese Informationen nach Maßgabe dieses Artikels und im Einvernehmen mit den an der Analyse teilnehmenden Mitgliedstaaten.

Artikel 30. Verarbeitung besonderer Kategorien personenbezogener Daten und verschiedener Kategorien von betroffenen Personen

(1) Die Verarbeitung personenbezogener Daten in Bezug auf Opfer von Straftaten, Zeugen oder andere Personen, die Informationen über Straftaten liefern können, oder in Bezug auf Personen unter 18 Jahren ist erlaubt, wenn sie für die Verhütung oder Bekämpfung von Straftaten, die unter die Ziele von Europol fallen, unbedingt notwendig und verhältnismäßig ist.

(2) Unabhängig davon, ob die Verarbeitung automatisiert oder nicht automatisiert erfolgt, ist die Verarbeitung personenbezogener Daten, aus denen die rassische oder ethnische Herkunft, politische Meinungen, religiöse oder philosophische Überzeugungen oder eine Gewerkschaftszugehörigkeit einer Person hervorgehen, sowie die Verarbeitung genetischer Daten und Daten, welche die Gesundheit oder das Sexualleben betreffen, verboten, es sei denn, dass sie für die Verhütung oder Bekämpfung von Straftaten, die unter die Ziele von Europol fallen, unbedingt notwendig und verhältnismäßig ist und dass diese Daten andere von Europol verarbeitete personenbezogene Daten ergänzen. Die Auswahl einer bestimmten Gruppe von Personen allein anhand solcher personenbezogenen Daten ist verboten.

(3) Allein Europol hat unmittelbaren Zugriff auf die personenbezogenen Daten der in den Absätzen 1 und 2 genannten Art. Der Exekutivdirektor erteilt einer begrenzten Anzahl von Europol-Beamten in der vorgeschriebenen Form ein Zugriffsrecht, falls dies für die Erfüllung ihrer Aufgaben erforderlich ist.

(4) Eine Entscheidung einer zuständigen Behörde, die nachteilige rechtliche Folgen für eine betroffene Person nach sich zieht, darf sich auf keinen Fall ausschließlich auf eine automatisierte Datenverarbeitung der in Absatz 2 genannten Art stützen, es sei denn, die Entscheidung ist nach nationalem oder Unionsrecht ausdrücklich zulässig.

(5) Personenbezogene Daten der in den Absätzen 1 und 2 genannten Art dürfen nicht an Mitgliedstaaten, Unionseinrichtungen, Drittstaaten oder internationale Organisationen übermittelt werden, es sei denn, diese Übermittlung ist in Einzelfällen im Zusammenhang mit Straftaten, die unter die Ziele von Europol fallen, unbedingt notwendig und verhältnismäßig und erfolgt im Einklang mit Kapitel V.

(6) Jedes Jahr übermittelt Europol dem EDSB eine statistische Übersicht über alle von ihm ver-

arbeiteten personenbezogenen Daten der in Absatz 2 genannten Art.

Artikel 31. Speicher- und Löschfristen für personenbezogene Daten

(1) Von Europol verarbeitete personenbezogene Daten dürfen nur so lange von Europol gespeichert werden, wie dies für die Zwecke, zu denen die Daten verarbeitet werden, erforderlich und verhältnismäßig ist.

(2) Spätestens drei Jahre nach Beginn der Verarbeitung personenbezogener Daten prüft Europol in allen Fällen, ob eine weitere Speicherung dieser Daten erforderlich ist. Europol kann beschließen, dass personenbezogene Daten bis zur nächsten Prüfung, die nach weiteren drei Jahren stattfindet, gespeichert bleiben, wenn dies für die Erfüllung der Aufgaben von Europol weiterhin erforderlich ist. Die Gründe für die weitere Speicherung werden angegeben und schriftlich festgehalten. Wird keine Fortsetzung der Speicherung beschlossen, werden die personenbezogenen Daten nach drei Jahren automatisch gelöscht.

(3) Werden personenbezogene Daten der in Artikel 30 Absätze 1 und 2 genannten Art für einen Zeitraum von mehr als fünf Jahren gespeichert, so wird dies dem EDSB mitgeteilt.

(4) Hat ein Mitgliedstaat, eine Unionseinrichtung, ein Drittstaat oder eine internationale Organisation zum Zeitpunkt der Übermittlung nach Artikel 19 Absatz 2 Einschränkungen im Hinblick auf eine vorzeitige Löschung oder Vernichtung der personenbezogenen Daten vorgesehen, so löscht Europol die personenbezogenen Daten gemäß diesen Vorgaben. Wird eine weitere Speicherung der Daten auf der Grundlage von Informationen, die über diejenigen des Datenlieferanten hinausgehen, für erforderlich gehalten, damit Europol ihre Aufgaben erfüllen kann, so ersucht Europol den Datenlieferanten um die Genehmigung, die Daten weiter speichern zu dürfen, und nennt ihm die Gründe für dieses Ersuchen.

(5) Löscht ein Mitgliedstaat, eine Unionseinrichtung, ein Drittstaat oder eine internationale Organisation in seinen beziehungsweise ihren eigenen Dateien an Europol übermittelte personenbezogene Daten, so teilt er beziehungsweise sie dies Europol mit. Europol löscht daraufhin die Daten, es sei denn, Europol hält aufgrund von Informationen, die über diejenigen des Datenlieferanten hinausgehen, eine weitere Speicherung der Daten zur Erfüllung ihrer Aufgaben für erforderlich. Europol unterrichtet den Datenlieferanten von der weiteren Speicherung der Daten und begründet die Fortsetzung der Speicherung.

(6) Personenbezogene Daten werden nicht gelöscht, wenn

a) die Interessen einer betroffenen Person beeinträchtigt würden, die schutzbedürftig ist. In diesem Fall dürfen die Daten nur mit ausdrücklicher schriftlicher Einwilligung der betroffenen Person verwendet werden;

b) ihre Richtigkeit von der betroffenen Person bestritten wird, solange bis der Mitgliedstaat oder Europol gegebenenfalls Gelegenheit haben, die Richtigkeit der Daten zu überprüfen;

c) sie für Beweiszwecke oder zur Feststellung, Ausübung oder Verteidigung von Rechtsansprüchen weiter aufbewahrt werden müssen; oder

d) die betroffene Person Einspruch gegen ihre Löschung erhebt und stattdessen eine Einschränkung der Nutzung der Daten fordert.

Artikel 32. Sicherheit der Verarbeitung

(1) Europol ergreift geeignete technische und organisatorische Maßnahmen, um der zufälligen oder widerrechtlichen Vernichtung, dem zufälligen Verlust, der unbefugten Weitergabe oder Veränderung der Daten und dem unbefugten Zugang zu ihnen sowie jeder anderen Form ihrer unrechtmäßigen Verarbeitung vorzubeugen.

(2) Europol und jeder Mitgliedstaat trifft im Hinblick auf die automatisierte Datenverarbeitung Maßnahmen, die geeignet sind,

a) Unbefugten den Zugang zu Datenverarbeitungsanlagen, mit denen personenbezogene Daten verarbeitet werden, zu verwehren (Zugangskontrolle);

b) zu verhindern, dass Datenträger unbefugt gelesen, kopiert, verändert oder entfernt werden können (Datenträgerkontrolle);

c) die unbefugte Dateneingabe sowie die unbefugte Kenntnisnahme, Änderung oder Löschung gespeicherter personenbezogener Daten zu verhindern (Speicherkontrolle);

d) zu verhindern, dass automatisierte Datenverarbeitungssysteme mithilfe von Einrichtungen zur Datenübertragung von Unbefugten genutzt werden können (Benutzerkontrolle);

e) zu gewährleisten, dass die zur Benutzung eines automatisierten Datenverarbeitungssystems Berechtigten nur auf die ihrer Zugangsberechtigung unterliegenden Daten zugreifen können (Zugriffskontrolle);

f) zu gewährleisten, dass überprüft und festgestellt werden kann, an welche Stellen personenbezogene Daten durch Einrichtungen zur Datenübertragung übermittelt werden können oder übermittelt worden sind (Übermittlungskontrolle);

g) zu gewährleisten, dass überprüft und festgestellt werden kann, welche personenbezogenen Daten wann und von wem in automatisierte Datenverarbeitungssysteme eingegeben worden sind (Eingabekontrolle);

h) zu gewährleisten, dass überprüft und festgestellt werden kann, auf welche Daten von welchem Mitarbeiter zu welcher Zeit zugegriffen wurde (Zugriffsprotokoll);

i) zu verhindern, dass bei der Übertragung personenbezogener Daten oder beim Transport von Datenträgern die Daten unbefugt gelesen, kopiert, geändert oder gelöscht werden können (Transportkontrolle);

j) zu gewährleisten, dass eingesetzte Systeme im Störungsfall unverzüglich wiederhergestellt werden können (Wiederherstellung); und

k) zu gewährleisten, dass die Funktionen des Systems fehlerfrei ablaufen, auftretende Fehlfunktionen unverzüglich gemeldet werden (Verlässlichkeit) und gespeicherte Daten nicht durch Fehlfunktionen des Systems verfälscht werden (Unverfälschtheit).

(3) Europol und die Mitgliedstaaten treffen Vorkehrungen, damit auch bei Beteiligung verschiedener Informationssysteme den Sicherheitserfordernissen Rechnung getragen wird.

Artikel 33. Datenschutz durch Technik

Europol führt geeignete technische und organisatorische Maßnahmen und Verfahren durch, durch die sichergestellt wird, dass die Datenverarbeitung den Anforderungen dieser Verordnung genügt und die Rechte der betroffenen Person gewahrt werden.

Artikel 34. Meldung von Verletzungen des Schutzes personenbezogener Daten an die betreffenden Behörden

(1) Im Falle einer Verletzung des Schutzes personenbezogener Daten unterrichtet Europol unverzüglich den EDSB und die betreffenden zuständigen Behörden der Mitgliedstaaten, im Einklang mit den in Artikel 7 Absatz 5 festgelegten Bedingungen, sowie den betreffenden Datenlieferanten von dieser Verletzung.

(2) Die Meldung gemäß Absatz 1 muss mindestens Folgendes enthalten:

a) eine Beschreibung der Art der Verletzung des Schutzes personenbezogener Daten, soweit möglich und angezeigt mit Angabe der Kategorien und der Zahl der betroffenen Personen, der betroffenen Datenkategorien und der Zahl der betroffenen Datensätze;

b) eine Beschreibung der wahrscheinlichen Folgen der Verletzung des Schutzes personenbezogener Daten;

c) eine Beschreibung der von Europol vorgeschlagenen oder ergriffenen Maßnahmen zur Behandlung der Verletzung des Schutzes personenbezogener Daten; und

d) gegebenenfalls eine Angabe empfohlener Maßnahmen zur Eindämmung etwaiger nachteiliger Auswirkungen der Verletzung des Schutzes personenbezogener Daten.

(3) Europol dokumentiert etwaige Verletzungen des Schutzes personenbezogener Daten, einschließlich der die Verletzung betreffenden Tatsachen, der Auswirkungen der Verletzung und der getroffenen Abhilfemaßnahmen und ermöglicht damit dem EDSB die Überprüfung der Einhaltung dieses Artikels.

Artikel 35. Benachrichtigung der betroffenen Person von einer Verletzung des Schutzes ihrer personenbezogenen Daten

(1) Vorbehaltlich des Absatzes 4 dieses Artikels gilt für den Fall, dass eine Verletzung des Schutzes personenbezogener Daten im Sinne des Artikels 34 wahrscheinlich eine schwere Beeinträchtigung der Rechte und Freiheiten der betroffenen Person zur Folge hat, dass Europol unverzüglich die betroffene Person von der Verletzung des Schutzes personenbezogener Daten benachrichtigt.

(2) Die in Absatz 1 genannte Benachrichtigung der betroffenen Person umfasst soweit möglich eine Beschreibung der Art der Verletzung des Schutzes personenbezogener Daten, eine Angabe empfohlener Maßnahmen zur Eindämmung etwaiger nachteiliger Auswirkungen der Verletzung des Schutzes personenbezogener Daten sowie den Namen und die Kontaktdaten des Datenschutzbeauftragten.

(3) Verfügt Europol nicht über die Kontaktdaten der betroffenen Person, so ersucht sie den Datenlieferanten, die betroffene Person von der Verletzung des Schutzes personenbezogener Daten zu benachrichtigen und Europol über die getroffenen Entscheidungen zu unterrichten. Die die Daten liefernden Mitgliedstaaten benachrichtigen die betroffene Person nach den in ihrem nationalen Recht vorgesehenen Verfahren von der Verletzung des Schutzes personenbezogener Daten.

(4) Die Benachrichtigung der betroffenen Person von der Verletzung des Schutzes personenbezogener Daten ist nicht erforderlich, wenn

a) Europol geeignete technische Schutzmaßnahmen auf die von der Verletzung betroffenen personenbezogenen Daten angewandt hat, die die betreffenden Daten für alle Personen verschlüsseln, die nicht zum Zugriff auf die Daten befugt sind,

b) Europol durch nachfolgende Maßnahmen sichergestellt hat, dass die Rechte und Freiheiten der betroffenen Personen aller Wahrscheinlichkeit nach nicht mehr erheblich beeinträchtigt werden, oder

c) die Benachrichtigung insbesondere angesichts der Zahl der betroffenen Fälle mit einem unverhältnismäßigen Aufwand verbunden wäre. In diesen Fällen hat stattdessen eine öffentliche Bekanntmachung oder eine ähnliche Maßnahme zu erfolgen, durch die die betroffenen Personen vergleichbar wirksam unterrichtet werden.

(5) Die Benachrichtigung der betroffenen Person kann aufgeschoben, eingeschränkt oder unterlassen werden, sofern eine derartige Maßnahme – unter gebührender Berücksichtigung der legitimen Interessen der betroffenen Person – notwendig ist, um

a) zu vermeiden, dass behördliche oder gerichtliche Ermittlungen, Untersuchungen oder Verfahren behindert werden;

b) zu vermeiden, dass die Verhütung, Aufdeckung, Untersuchung oder Verfolgung von Straftaten beeinträchtigt wird, oder um Strafen zu vollstrecken;

c) die öffentliche und nationale Sicherheit zu schützen;

d) die Rechte und Freiheiten Dritter zu schützen.

Artikel 36. Auskunftsrecht der betroffenen Person

(1) Jede betroffene Person hat das Recht, in angemessenen Abständen zu erfahren, ob sie betreffende personenbezogene Daten von Europol verarbeitet werden.

(2) Unbeschadet des Absatzes 5 übermittelt Europol der betroffenen Person

a) eine Bestätigung, ob sie betreffende Daten verarbeitet werden oder nicht,

b) zumindest Angaben zu den Zwecken der Verarbeitung, den Datenkategorien, die verarbeitet werden, den Empfängern oder Kategorien von Empfängern, an die die Daten übermittelt werden,

c) eine Mitteilung in verständlicher Form über die Daten, die Gegenstand der Verarbeitung sind, sowie über alle verfügbaren Informationen zur Herkunft der Daten,

d) eine Angabe der Rechtsgrundlage für die Datenverarbeitung,

e) die geplante Speicherfrist,

f) eine Belehrung über das Recht auf Berichtigung, auf Löschung der sie betreffenden personenbezogenen Daten bzw. auf Einschränkung der Verarbeitung dieser Daten durch Europol.

(3) Jede betroffene Person, die ihr Recht auf Zugang zu sie betreffenden personenbezogenen Daten wahrnehmen will, kann dies bei der zu diesem Zweck benannten Behörde eines Mitgliedstaats seiner Wahl beantragen, ohne dass ihr dadurch übermäßige Kosten entstehen. Die Behörde leitet den Antrag unverzüglich, in jedem Fall aber innerhalb eines Monats nach Eingang des Antrags, an Europol weiter.

(4) Europol bestätigt den Eingang des Antrags nach Absatz 3. Europol beantwortet ihn unverzüglich, spätestens aber innerhalb von drei Monaten nach Eingang des Antrags der nationalen Behörde bei Europol.

(5) Europol konsultiert die zuständigen Behörden der Mitgliedstaaten unter den in Artikel 7 Absatz 5 festgelegten Bedingungen sowie den betreffenden Datenlieferanten, bevor sie über einen Antrag entscheidet. Eine Entscheidung über den Zugang zu personenbezogenen Daten setzt eine enge Zusammenarbeit zwischen Europol und den Mitgliedstaaten sowie dem Datenlieferanten, der vom Zugang der betroffenen Person zu solchen Daten unmittelbar betroffen ist, voraus. Lehnt ein Mitgliedstaat oder der Datenlieferant die von Europol vorgeschlagene Antwort ab, so setzt er Europol unter Angabe von Gründen im Einklang mit Absatz 6 dieses Artikels davon in Kenntnis. Europol trägt jeder derartigen Ablehnung umfassend Rechnung. Europol unterrichtet anschließend die betreffenden zuständigen Behörden, im Einklang mit den in Artikel 7 Absatz 5 festgelegten Bedingungen, sowie den Datenlieferanten über ihre Entscheidung.

(6) Die Bereitstellung von Informationen infolge eines Antrags nach Absatz 1 kann verweigert oder eingeschränkt werden, falls eine derartige Verweigerung oder Einschränkung erforderlich ist

a) für die ordnungsgemäße Erfüllung der Aufgaben von Europol,

b) zum Schutz der Sicherheit und der öffentlichen Ordnung oder zur Bekämpfung von Straftaten,

c) zur Gewährleistung, dass keine nationalen Ermittlungen gestört werden, oder

d) zum Schutz der Rechte und Freiheiten Dritter.

Bei der Prüfung, ob eine Ausnahme in Frage kommt, werden die Grundrechte und Interessen der betroffenen Person berücksichtigt.

(7) Europol unterrichtet die betroffene Person schriftlich über die Zugangsverweigerung oder -einschränkung, über die Gründe einer solchen Entscheidung und ihr Recht, beim EDSB Beschwerde einzulegen. Würde Absatz 6 durch die Bereitstellung dieser Informationen wirkungslos, so teilt Europol der betroffenen Person lediglich mit, dass es eine Überprüfung vorgenommen hat, ohne dabei Hinweise zu geben, denen die Person entnehmen könnte, dass bei Europol sie betreffende Daten verarbeitet werden.

Artikel 37. Recht auf Berichtigung, Löschung und Einschränkung

(1) Jede betroffene Person, die gemäß Artikel 36 auf sie betreffende personenbezogene Daten, die von Europol verarbeitet wurden, zugegriffen hat, hat das Recht, von Europol über die zu diesem Zweck benannte Behörde in dem Mitgliedstaat ihrer Wahl die Berichtigung von sie betreffenden fehlerhaften personenbezogenen Daten, die bei Europol gespeichert sind, sowie deren Vervollständigung oder Aktualisierung zu verlangen. Die Behörde leitet den Antrag unverzüglich, in jedem Fall aber innerhalb eines Monats nach Eingang des Antrags, an Europol weiter.

(2) Jede betroffene Person, die gemäß Artikel 36 auf sie betreffende personenbezogene Daten, die von Europol verarbeitet wurden, zugegriffen hat, hat das Recht, von Europol über die zu diesem Zweck benannte Behörde in dem Mitgliedstaat ihrer Wahl die Löschung von sie betreffenden personenbezogenen Daten, die bei Europol gespeichert sind, zu verlangen, wenn diese für die Zwecke, für die sie erhoben oder weiterverarbeitet wurden, nicht mehr benötigt werden. Die Behörde leitet den Antrag unverzüglich, in jedem Fall aber innerhalb eines Monats nach Eingang des Antrags, an Europol weiter.

(3) Besteht berechtigter Grund zu der Annahme, dass eine Löschung die schutzwürdigen Interessen der betroffenen Person beeinträchtigen würde, so werden die personenbezogenen Daten nach Absatz 2 von Europol nicht gelöscht, sondern lediglich ihre Verarbeitung eingeschränkt. In ihrer Verarbeitung eingeschränkte Daten dürfen nur zu dem Zweck verarbeitet werden, der ihrer Löschung entgegenstand.

(4) Wurden bei Europol gespeicherte personenbezogene Daten der in den Absätzen 1, 2 und 3 genannten Art Europol von Drittstaaten, internationalen Organisationen oder Unionseinrichtungen übermittelt oder wurden sie unmittelbar durch private Parteien übermittelt oder von Europol aus öffentlich zugänglichen Quellen beschafft oder stammen sie aus eigenen Analysen von Europol, so nimmt Europol die Berichtigung, Löschung oder Einschränkung der Verarbeitung dieser Daten vor und unterrichtet gegebenenfalls die betreffenden Datenlieferanten.

(5) Wurden bei Europol gespeicherte personenbezogene Daten der in den Absätzen 1, 2 und 3 genannten Art Europol von Mitgliedstaaten übermittelt, so berichtigen oder löschen die betreffenden Mitgliedstaaten diese Daten im Rahmen ihrer jeweiligen Zuständigkeiten in Abstimmung mit Europol bzw. schränken ihre Verarbeitung ein.

(6) Wurden Europol auf sonstige geeignete Weise unrichtige personenbezogene Daten übermittelt oder sind die Fehler in den von den Mitgliedstaaten gelieferten Daten auf eine fehlerhafte oder unter Verstoß gegen diese Verordnung stehende Übermittlung zurückzuführen oder beruht die Fehlerhaftigkeit darauf, dass Europol Daten in nicht ordnungsgemäßer Weise oder unter Verstoß gegen diese Verordnung eingegeben, übernommen oder gespeichert hat, so berichtigt oder löscht Europol solche Daten in Abstimmung mit dem betreffenden Datenlieferanten.

(7) In den in den Absätzen 4, 5 und 6 genannten Fällen werden alle Empfänger der betreffenden Daten unverzüglich unterrichtet. Diese Empfänger müssen dann gemäß den für sie geltenden Regeln in ihrem eigenen System ebenfalls die entsprechende Berichtigung, Löschung oder Einschränkung der Verarbeitung vornehmen.

(8) Europol teilt der betroffenen Person binnen kürzester Frist, spätestens aber innerhalb von drei Monaten nach Eingang eines Antrags nach Absatz 1 oder 2, schriftlich mit, dass die betreffenden Daten berichtigt oder gelöscht wurden bzw. ihre Verarbeitung eingeschränkt wurde.

(9) Europol unterrichtet die betroffene Person innerhalb von drei Monaten nach Eingang eines Antrags nach Absatz 1 oder 2 schriftlich über jede Verweigerung einer Berichtigung, Löschung oder Einschränkung der Verarbeitung, über die Gründe für eine solche Verweigerung sowie über die Möglichkeit, Beschwerde beim EDSB einzulegen oder den Rechtsweg zu beschreiten.

Artikel 38. Datenschutzrechtliche Verantwortung

(1) Europol speichert personenbezogene Daten so, dass gewährleistet ist, dass ihre Quelle nach Maßgabe von Artikel 17 feststellbar ist.

(2) Die Verantwortung für die Qualität personenbezogener Daten gemäß Artikel 28 Absatz 1 Buchstabe d liegt bei:

a) dem Mitgliedstaat oder der Unionseinrichtung, der/die die personenbezogenen Daten an Europol übermittelt hat,

b) Europol, für personenbezogene Daten, die von Drittstaaten oder internationalen Organisationen oder unmittelbar von privaten Parteien übermittelt wurden; für von Europol aus öffentlich zugänglichen Quellen abgerufene oder aus eigenen Analysen von Europol stammende personenbezogene Daten oder für von Europol gemäß Artikel 31 Absatz 5 gespeicherte personenbezogene Daten.

(3) Stellt Europol fest, dass gemäß Artikel 17 Absatz 1 Buchstaben a und b übermittelte personenbezogene Daten sachlich unrichtig sind oder unrechtmäßig gespeichert wurden, so unterrichtet sie den Lieferanten dieser Daten davon.

(4) Europol ist für die Einhaltung der Grundsätze nach Artikel 28 Absatz 1 Buchstaben a, b, c, e und f verantwortlich.

(5) Die Verantwortung für die Rechtmäßigkeit einer Datenübermittlung liegt bei:

a) dem Mitgliedstaat, der personenbezogene Daten an Europol übermittelt hat,

b) Europol, wenn Europol personenbezogene Daten an Mitgliedstaaten, Drittstaaten oder internationale Organisationen übermittelt hat.

(6) Bei Übermittlungen zwischen Europol und Unionseinrichtungen liegt die Verantwortung für die Rechtmäßigkeit der Übermittlung bei Europol.

Unbeschadet des ersten Unterabsatzes sind sowohl Europol als auch der Empfänger für die Rechtmäßigkeit dieser Übermittlung verantwortlich, wenn Europol die Daten auf Ersuchen des Empfängers übermittelt.

(7) Europol trägt die Verantwortung für alle von ihr durchgeführten Datenverarbeitungsvorgänge mit Ausnahme des unter Nutzung der Infrastruktur von Europol zwischen Mitgliedstaaten, Unionseinrichtungen, Drittstaaten und internationalen Organisationen erfolgenden bilateralen Austauschs von Daten, auf die Europol keinen Zugriff hat. Ein derartiger bilateraler Austausch erfolgt unter der Verantwortung der betreffenden Stellen nach Maßgabe ihres Rechts. Die Sicherheit dieses Austauschs wird im Einklang mit Artikel 32 gewährleistet.

Artikel 39. Vorherige Konsultation

(1) Jede neue Art von Verarbeitungsvorgang, den es durchzuführen gilt, ist Gegenstand einer vorherigen Konsultation, wenn

a) in Artikel 30 Absatz 2 genannte besondere Kategorien von Daten verarbeitet werden,

b) von der Art der Verarbeitung, insbesondere der Verarbeitung mit neuen Technologien, Mechanismen oder Verfahren, besondere Gefahren für die Grundrechte und Grundfreiheiten der betroffenen Personen und insbesondere den Schutz ihrer personenbezogenen Daten ausgehen.

(2) Die vorherige Konsultation wird vom EDSB nach Erhalt der Meldung des Datenschutzbeauftragten vorgenommen, die zumindest eine allgemeine Beschreibung der geplanten Verarbeitungsvorgänge und eine Bewertung der in Bezug auf die Rechte und Freiheiten der betroffenen Personen bestehenden Risiken sowie der geplanten Abhilfemaßnahmen, Garantien, Sicherheitsvorkehrungen und Mechanismen enthält, durch die der Schutz personenbezogener Daten sichergestellt und der Nachweis dafür erbracht wird, dass diese Verordnung eingehalten wird, wobei den Rechten und den berechtigten Interessen der von der Datenverarbeitung betroffenen Personen und sonstiger Betroffener Rechnung zu tragen ist.

(3) Der EDSB legt seine Stellungnahme dem Verwaltungsrat innerhalb von zwei Monaten nach Empfang der Meldung vor. Diese Frist kann ausgesetzt werden, bis dem EDSB weitere von ihm erbetene Auskünfte vorliegen.

Ist nach Ablauf von vier Monaten keine Stellungnahme erfolgt, so gilt sie als befürwortend.

Ist der EDSB der Ansicht, dass bei der gemeldeten Verarbeitung ein Verstoß gegen eine der Bestimmungen dieser Verordnung vorliegen könnte, schlägt er gegebenenfalls Abhilfemaßnahmen vor. Ändert Europol die Verarbeitung nicht entsprechend, kann der EDSB seine Befugnisse nach Artikel 43 Absatz 3 ausüben.

(4) Der EDSB führt ein Register aller ihm aufgrund von Absatz 1 gemeldeten Verarbeitungen. Das Register ist nicht öffentlich einsehbar.

Artikel 40. Protokollierung und Dokumentierung

(1) Zum Zwecke der Überprüfung der Rechtmäßigkeit der Datenverarbeitung, der Eigenkontrolle und der Sicherstellung der Unverfälschtheit und Sicherheit der Daten hält Europol die Erhebung, Änderung, Offenlegung, Verknüpfung oder Löschung personenbezogener Daten sowie den Zugriff auf diese Daten schriftlich fest. Die dazugehörigen Protokolle oder Dokumentierungen werden nach drei Jahren gelöscht, sofern die Daten, die sie enthalten, nicht für eine gerade laufende Kontrolle noch weiter benötigt werden. Eine Änderung der Protokolle darf nicht möglich sein.

(2) Die nach Absatz 1 erstellten Protokolle oder Dokumentierungen werden dem EDSB, dem Datenschutzbeauftragten und, falls sie für bestimmte Ermittlungen benötigt werden, der betreffenden nationalen Stelle auf Verlangen übermittelt. Die so übermittelten Informationen werden ausschließlich zu Zwecken der Datenschutzkontrolle und zur Sicherstellung einer ordnungsgemäßen Verarbeitung sowie der Integrität und Sicherheit der Daten verwendet.

Artikel 41. Datenschutzbeauftragter

(1) Der Verwaltungsrat ernennt einen Datenschutzbeauftragten, der dem Personal von Europol angehört. In Erfüllung seiner Pflichten handelt er unabhängig.

(2) Der Datenschutzbeauftragte wird aufgrund seiner persönlichen und beruflichen Befähigung und insbesondere seines Fachwissens auf dem Gebiet des Datenschutzes ausgewählt.

Bei der Wahl des Datenschutzbeauftragten wird gewährleistet, dass kein Interessenkonflikt zwischen seinem Amt als Datenschutzbeauftragtem und seinen sonstigen dienstlichen Aufgaben, insbesondere Aufgaben in Verbindung mit der Anwendung dieser Verordnung, führen kann.

(3) Der Datenschutzbeauftragte wird für einen Zeitraum von vier Jahren ernannt. Eine Wiederernennung für einen Gesamtzeitraum von höchstens acht Jahren ist möglich. Der Datenschutzbeauftragte kann vom Verwaltungsrat nur mit Zustimmung des EDSB seines Amtes als Datenschutzbeauftragter enthoben werden, wenn er die für die Erfüllung seiner Aufgaben erforderlichen Voraussetzungen nicht mehr erfüllt.

(4) Nach seiner Ernennung ist der Datenschutzbeauftragte durch den Verwaltungsrat beim EDSB einzutragen.

(5) Bei der Wahrnehmung seiner Aufgaben ist der Datenschutzbeauftragte keinen Weisungen unterworfen.

(6) In Bezug auf personenbezogene Daten mit Ausnahme verwaltungstechnischer personenbezogener Daten nimmt der Datenschutzbeauftragte insbesondere folgende Aufgaben wahr:

a) Er stellt in unabhängiger Weise sicher, dass diese Verordnung betreffend die Verarbeitung personenbezogener Daten intern Anwendung findet;

b) er stellt sicher, dass die Übermittlung und der Erhalt personenbezogener Daten nach Maßgabe dieser Verordnung erfasst werden;

c) er stellt sicher, dass die betroffenen Personen auf Anfrage über die ihnen nach dieser Verordnung zustehenden Rechte informiert werden;

d) er arbeitet mit dem für Verfahren, Schulung und Beratung im Bereich der Datenverarbeitung zuständigen Personal von Europol zusammen;

e) er arbeitet mit dem EDSB zusammen;

f) er erstellt einen Jahresbericht und übermittelt diesen dem Verwaltungsrat und dem EDSB;

g) er führt ein Register der Verletzungen des Schutzes personenbezogener Daten.

(7) Der Datenschutzbeauftragte nimmt in Bezug auf verwaltungstechnische personenbezogene Daten die in der Verordnung (EG) Nr. 45/2001 vorgesehenen Aufgaben wahr.

(8) Zur Erfüllung seiner Aufgaben hat der Datenschutzbeauftragte Zugang zu allen von Europol verarbeiteten Daten und zu allen Räumlichkeiten von Europol.

(9) Ist der Datenschutzbeauftragte der Auffassung, dass die Bestimmungen dieser Verordnung über die Verarbeitung personenbezogener Daten nicht eingehalten wurden, so unterrichtet er den Exekutivdirektor und fordert diesen auf, innerhalb einer bestimmten Frist Abhilfe zu schaffen.

Sorgt der Exekutivdirektor nicht innerhalb der bestimmten Frist für Abhilfe, so unterrichtet der Datenschutzbeauftragte den Verwaltungsrat. Der Datenschutzbeauftragte und der Verwaltungsrat setzen gemeinsam eine Frist für eine Reaktion des Verwaltungsrats. Sorgt der Verwaltungsrat nicht innerhalb der bestimmten Frist für Abhilfe, so befasst der Datenschutzbeauftragte den EDSB.

(10) Der Verwaltungsrat erlässt den Datenschutzbeauftragten betreffende Durchführungsbestimmungen. Diese Durchführungsbestimmungen betreffen insbesondere das Auswahlverfahren für die Stelle des Datenschutzbeauftragten, seine Entlassung sowie seine Aufgaben, Pflichten und Befugnisse und die Garantien zur Gewährleistung seiner Unabhängigkeit.

(11) Europol stellt dem Datenschutzbeauftragten das für die Erfüllung seiner Aufgaben erforderliche Personal und die entsprechenden Ressourcen zur Verfügung. Der Zugang dieser Mitglieder des Personals zu allen bei Europol verarbeiteten personenbezogenen Daten und den Räumlichkeiten von Europol ist auf das für die Erfüllung ihrer Aufgaben erforderliche Maß beschränkt.

(12) Der Datenschutzbeauftragte und sein Personal sind nach Artikel 67 Absatz 1 zur Verschwiegenheit verpflichtet.

Artikel 42. Überwachung durch die nationale Kontrollbehörde

(1) Jeder Mitgliedstaat benennt eine nationale Kontrollbehörde. Die Aufgabe der nationalen Kontrollbehörde besteht darin, nach Maßgabe des jeweiligen nationalen Rechts in unabhängiger Weise die Zulässigkeit der Übermittlung und des Abrufs personenbezogener Daten sowie jedweder Übermittlung dieser Daten an Europol durch diesen Mitgliedstaat zu überwachen und zu prüfen, ob hierdurch die Rechte der betreffenden betroffenen Personen verletzt werden. Zu diesem Zweck hat die nationale Kontrollbehörde entweder bei der nationalen Stelle oder in den Räumlichkeiten der Verbindungsbeamten Zugang zu den Daten, die ihr Mitgliedstaat nach den einschlägigen nationalen Verfahren an Europol übermittelt, sowie zu den Protokollen und Dokumentierungen nach Artikel 40.

(2) Zur Durchführung ihrer Kontrollen haben die nationalen Kontrollbehörden Zugang zu den Diensträumen und zu den Akten der jeweiligen zu Europol entsandten Verbindungsbeamten.

(3) Die nationalen Kontrollbehörden kontrollieren nach den einschlägigen nationalen Verfahren die Tätigkeit der nationalen Stellen sowie die Tätigkeit der Verbindungsbeamten, soweit diese Tätigkeit für den Schutz personenbezogener Daten von Belang ist. Sie halten den EDSB über die von ihnen in Bezug auf Europol getroffenen Maßnahmen auf dem Laufenden.

(4) Jede Person hat das Recht, die nationale Kontrollbehörde zu ersuchen, die Rechtmäßigkeit jeglicher Übermittlung oder Kommunikation von sie betreffenden Daten an Europol sowie des Abrufs dieser Daten durch den betreffenden Mitgliedstaat zu prüfen. Dieses Recht wird nach

Maßgabe des nationalen Rechts des Mitgliedstaats, an dessen nationale Kontrollinstanz das Ersuchen gerichtet wird, ausgeübt.

Artikel 43. Kontrolle durch den EDSB

(1) Der EDSB ist zuständig für die Kontrolle und Sicherstellung der Anwendung dieser Verordnung zum Schutz der Grundrechte und Grundfreiheiten natürlicher Personen bei der Verarbeitung personenbezogener Daten durch Europol sowie für die Beratung von Europol und der betroffenen Personen in allen die Verarbeitung personenbezogener Daten betreffenden Angelegenheiten. Zu diesem Zweck erfüllt er die in Absatz 2 genannten Aufgaben und übt die in Absatz 3 festgelegten Befugnisse in enger Zusammenarbeit mit den nationalen Kontrollbehörden gemäß Artikel 44 aus.

(2) Der EDSB hat folgende Aufgaben:

a) Er hört und prüft Beschwerden und unterrichtet die betroffenen Personen innerhalb einer angemessenen Frist über die Ergebnisse;

b) er führt von sich aus oder aufgrund einer Beschwerde Untersuchungen durch und unterrichtet die betroffenen Personen innerhalb einer angemessenen Frist über die Ergebnisse;

c) er kontrolliert und stellt die Anwendung dieser Verordnung und anderer Rechtsvorschriften der Union, die den Schutz natürlicher Personen bei der Verarbeitung personenbezogener Daten durch Europol betreffen, sicher;

d) er berät Europol von sich aus oder auf Anfrage in allen Fragen, die die Verarbeitung personenbezogener Daten betreffen, insbesondere bevor Europol interne Vorschriften zum Schutz der Grundrechte und Grundfreiheiten von Personen bei der Verarbeitung personenbezogener Daten ausarbeitet;

e) er führt ein Register der ihm aufgrund von Artikel 39 Absatz 1 gemeldeten und gemäß Artikel 39 Absatz 4 registrierten neuen Arten von Verarbeitungsvorgängen;

f) er nimmt eine vorherige Konsultation betreffend die ihm gemeldeten Verarbeitungen vor.

(3) Der EDSB kann im Rahmen dieser Verordnung:

a) betroffene Personen bei der Ausübung ihrer Rechte beraten,

b) bei einem behaupteten Verstoß gegen die Vorschriften über die Verarbeitung personenbezogener Daten Europol mit der Angelegenheit befassen und gegebenenfalls Vorschläge zur Behebung dieses Verstoßes und zur Verbesserung des Schutzes der betroffenen Personen machen,

c) anordnen, dass Anträgen auf Ausübung bestimmter Rechte in Bezug auf Daten stattgegeben wird, wenn diese Anträge unter Verstoß gegen die Artikel 36 und 37 abgelehnt wurden;

d) Europol ermahnen oder verwarnen;

e) Europol anweisen, die Berichtigung, Einschränkung der Verarbeitung, Löschung oder Vernichtung von personenbezogenen Daten, die unter Verletzung der Vorschriften über die Verarbeitung personenbezogener Daten verarbeitet wurden, durchzuführen und solche Maßnahmen Dritten, denen diese Daten mitgeteilt wurden, zu melden;

f) diejenigen Verarbeitungsvorgänge Europols, die einen Verstoß gegen die Vorschriften über die Verarbeitung personenbezogener Daten darstellen, vorübergehend oder endgültig verbieten;

g) Europol und, falls erforderlich, das Europäische Parlament, den Rat und die Kommission mit einer Angelegenheit befassen;

h) unter den im AEUV vorgesehenen Bedingungen in einer Angelegenheit den Gerichtshof der Europäischen Union anrufen;

i) beim Gerichtshof der Europäischen Union anhängigen Verfahren beitreten.

(4) Der EDSB ist befugt,

a) von Europol Zugang zu allen personenbezogenen Daten und allen für seine Untersuchungen erforderlichen Informationen zu erhalten,

b) Zugang zu allen Räumlichkeiten zu erhalten, in denen Europol ihre Tätigkeiten ausübt, sofern die begründete Annahme besteht, dass dort eine von dieser Verordnung betroffene Tätigkeit ausgeübt wird.

(5) Der EDSB erstellt einen jährlichen Bericht über seine Europol betreffenden Kontrolltätigkeiten, nachdem er die nationalen Kontrollbehörden konsultiert hat. Dieser Bericht ist Teil des in Artikel 48 der Verordnung (EG) Nr. 45/2001 genannten jährlichen Berichts des EDSB.

Dieser Bericht enthält statistische Informationen in Bezug auf Beschwerden, Ermittlungen und Untersuchungen, die gemäß Absatz 2 durchgeführt wurden, sowie in Bezug auf die Weitergabe personenbezogener Daten an Drittstaaten und internationale Organisationen, Fälle vorheriger Konsultation und die Ausübung der Befugnisse gemäß Absatz 3.

(6) Der EDSB sowie die Beamten und sonstigen Bediensteten der Geschäftsstelle des EDSB sind nach Artikel 67 Absatz 1 zur Verschwiegenheit verpflichtet.

Artikel 44. Zusammenarbeit zwischen dem EDSB und den nationalen Kontrollbehörden

(1) Bei Fragen, die eine Einbeziehung der Mitgliedstaaten erfordern, arbeitet der EDSB eng mit den nationalen Kontrollbehörden zusammen, vor allem, wenn der EDSB oder eine nationale Kontrollbehörde größere Diskrepanzen zwischen den Verfahrensweisen der Mitgliedstaaten oder möglicherweise unrechtmäßige Übermittlungen

über die Informationskanäle von Europol feststellt, oder bei Fragen einer oder mehrerer nationaler Kontrollbehörden zur Umsetzung und Auslegung dieser Verordnung.

(2) Der EDSB nutzt bei der Wahrnehmung seiner Pflichten gemäß Artikel 43 Absatz 2 die Fachkenntnisse und Erfahrungen nationaler Kontrollbehörden. Bei der Wahrnehmung gemeinsamer Inspektionen mit dem EDSB haben die Mitglieder und Bediensteten der nationalen Kontrollbehörden unter gebührender Berücksichtigung der Grundsätze der Subsidiarität und der Verhältnismäßigkeit die Befugnisse, die den Befugnissen nach Artikel 43 Absatz 4 entsprechen, und sind entsprechend der Verpflichtung nach Artikel 43 Absatz 6 verpflichtet. Im Rahmen ihrer jeweiligen Zuständigkeiten tauschen der EDSB und die nationalen Kontrollbehörden einschlägige Informationen aus und unterstützen sich gegenseitig bei Überprüfungen und Inspektionen.

(3) Der EDSB unterrichtet die nationalen Kontrollbehörden regelmäßig über alle Fragen, die sie unmittelbar betreffen oder in sonstiger Hinsicht für sie relevant sind. Auf Antrag einer oder mehrerer nationaler Kontrollbehörden unterrichtet der EDSB sie über spezielle Fragen.

(4) In Fällen, die Daten aus einem oder mehreren Mitgliedstaaten betreffen – einschließlich der in Artikel 47 Absatz 2 aufgeführten Fälle –, konsultiert der EDSB die betroffenen nationalen Kontrollbehörden. Der EDSB trifft keinen Beschluss zur Einleitung weiterer Maßnahmen, bevor nicht diese nationalen Kontrollbehörden den EDSB von ihrem Standpunkt in Kenntnis gesetzt haben, wozu vom EDSB eine Frist von mindestens einem Monat und höchstens drei Monaten gesetzt wird. Der EDSB trägt den jeweiligen Standpunkten der nationalen Kontrollbehörden umfassend Rechnung. Beabsichtigt der EDSB, den Standpunkt einer nationalen Kontrollbehörde nicht zu berücksichtigen, so teilt er dieser Behörde dies unter Angabe der Gründe mit und befasst den durch Artikel 45 Absatz 1 eingesetzten Beirat für die Zusammenarbeit mit der Erörterung dieser Angelegenheit.

Liegt nach Auffassung des EDSB eine besondere Dringlichkeit vor, so kann er umgehend tätig werden. In solchen Fällen informiert der EDSB unverzüglich die betroffenen nationalen Kontrollbehörden und begründet die von ihm festgestellte Dringlichkeit und seine in diesem Zusammenhang eingeleiteten Maßnahmen.

Artikel 45. Beirat für die Zusammenarbeit

(1) Es wird ein Beirat für die Zusammenarbeit eingesetzt, dem eine Beratungsfunktion zukommt. Er besteht aus je einem Vertreter einer nationalen Kontrollbehörde jedes Mitgliedstaats und dem EDSB.

(2) Der Beirat für die Zusammenarbeit handelt bei der Ausführung seiner Aufgaben gemäß Absatz 3 unabhängig, fordert von niemandem Weisungen an und nimmt auch keine Weisungen entgegen.

(3) Der Beirat für die Zusammenarbeit hat folgende Aufgaben:

a) Erörterung der allgemeinen Politik und Strategie Europols im Bereich der Überwachung des Datenschutzes und der Zulässigkeit der Übermittlung und des Abrufs personenbezogener Daten sowie der Mitteilung von personenbezogenen Daten an Europol durch die Mitgliedstaaten;

b) Prüfung von Schwierigkeiten bei der Auslegung oder Anwendung dieser Verordnung;

c) Untersuchung allgemeiner Probleme im Zusammenhang mit der Ausübung der unabhängigen Überwachung oder der Ausübung der Rechte der betroffen Personen;

d) Erörterung und Ausarbeitung harmonisierter Vorschläge für gemeinsame Lösungen in den in Artikel 44 Absatz 1 genannten Fragen;

e) Erörterung der vom EDSB gemäß Artikel 44 Absatz 4 vorgelegten Fälle;

f) Erörterung der von den nationalen Kontrollbehörden vorgelegten Fälle und

g) Förderung der Sensibilisierung für Datenschutzrechte.

(4) Der Beirat für die Zusammenarbeit kann Stellungnahmen, Leitlinien und Empfehlungen formulieren und bewährte Verfahren festlegen. Der EDSB und die nationalen Kontrollbehörden tragen ihnen im Rahmen ihrer jeweiligen Zuständigkeiten und unter Wahrung ihrer Unabhängigkeit umfassend Rechnung.

(5) Der Beirat für die Zusammenarbeit tritt nach Bedarf, mindestens jedoch zweimal jährlich zusammen. Die Kosten und die Ausrichtung seiner Sitzungen übernimmt der EDSB.

(6) Der Beirat für die Zusammenarbeit nimmt in seiner ersten Sitzung mit einfacher Mehrheit seiner Mitglieder seine Geschäftsordnung an. Weitere Arbeitsverfahren werden je nach Bedarf gemeinsam festgelegt.

Artikel 46. Verwaltungstechnische personenbezogene Daten

Die Verordnung (EG) Nr. 45/2001 gilt für alle verwaltungstechnischen personenbezogenen Daten im Besitz von Europol.

KAPITEL VII

RECHTSBEHELFE UND HAFTUNG

Artikel 47. Recht auf Beschwerde beim EDSB

(1) Jede betroffene Person kann beim EDSB eine Beschwerde einreichen, wenn sie der Ansicht

ist, dass die Verarbeitung sie betreffender personenbezogener Daten durch Europol gegen diese Verordnung verstößt.

(2) Betrifft eine Beschwerde eine Entscheidung gemäß den Artikeln 36 oder 37, so konsultiert der EDSB die nationalen Kontrollbehörden des Mitgliedstaats, von dem die Daten stammen, oder des unmittelbar betroffenen Mitgliedstaats. Bei der Annahme seiner Entscheidung, die bis zu der Verweigerung jeglicher Übermittlung von Informationen reichen kann, berücksichtigt der EDSB die Stellungnahme der nationalen Kontrollbehörde.

(3) Betrifft eine Beschwerde die Verarbeitung von Daten, die ein Mitgliedstaat an Europol übermittelt hat, so vergewissern sich der EDSB und die nationale Kontrollbehörde des übermittelnden Mitgliedstaats im Rahmen ihrer jeweiligen Zuständigkeiten, dass die erforderliche Überprüfung der Rechtmäßigkeit der Datenverarbeitung ordnungsgemäß durchgeführt worden ist.

(4) Betrifft eine Beschwerde die Verarbeitung von Daten, die Europol von Unionseinrichtungen, Drittstaaten oder internationalen Organisationen übermittelt wurden, oder von Daten, die Europol aus öffentlich zugänglichen Quellen eingeholt hat oder die Ergebnisse eigener Analysen von Europol sind, so vergewissert sich der EDSB, dass Europol die erforderliche Überprüfung der Rechtmäßigkeit der Datenverarbeitung ordnungsgemäß durchgeführt hat.

Artikel 48. Rechtsbehelf gegen den EDSB

Etwaige Klagen gegen Entscheidungen des EDSB werden beim Gerichtshof der Europäischen Union erhoben.

Artikel 49. Allgemeine Bestimmungen zur Haftung und zum Recht auf Schadensersatz

(1) Die vertragliche Haftung von Europol bestimmt sich nach dem Recht, das auf den betreffenden Vertrag anzuwenden ist.

(2) Für Entscheidungen aufgrund einer Schiedsklausel in einem von Europol geschlossenen Vertrag ist der Gerichtshof der Europäischen Union zuständig.

(3) Unbeschadet des Artikels 49 ersetzt Europol im Bereich der außervertraglichen Haftung die von ihren Dienststellen oder ihren Bediensteten in Ausübung ihrer Amtstätigkeit verursachten Schäden nach den allgemeinen Rechtsgrundsätzen, die den Rechtsordnungen der Mitgliedstaaten gemeinsam sind.

(4) Für Streitfälle im Zusammenhang mit dem Schadensersatz nach Absatz 3 ist der Gerichtshof der Europäischen Union zuständig.

(5) Die persönliche Haftung der Europol-Bediensteten gegenüber Europol bestimmt sich nach den Vorschriften des Beamtenstatuts beziehungsweise der für sie geltenden Beschäftigungsbedingungen für die sonstigen Bediensteten.

Artikel 50. Haftung für die fehlerhafte Verarbeitung personenbezogener Daten und Recht auf Schadensersatz

(1) Jede Person, der wegen einer widerrechtlichen Datenverarbeitung ein Schaden entsteht, hat das Recht, entweder von Europol nach Artikel 340 AEUV oder von dem Mitgliedstaat, in dem der Schadensfall eingetreten ist, nach den nationalen Rechtsvorschriften des betreffenden Mitgliedstaats Schadensersatz zu fordern. Die Person erhebt Klage gegen Europol beim Gerichtshof der Europäischen Union oder gegen den Mitgliedstaat bei dem zuständigen nationalen Gericht des betreffenden Mitgliedstaats.

(2) Bei Meinungsverschiedenheiten zwischen Europol und Mitgliedstaaten über die Frage, wer letztlich für den einer Person nach Absatz 1 gewährten Schadensersatz zuständig ist, wird der Verwaltungsrat befasst, der mit Zweidrittelmehrheit seiner Mitglieder entscheidet, unbeschadet des Rechts, diese Entscheidung nach Artikel 263 AEUV anzufechten.

KAPITEL VIII

GEMEINSAME PARLAMENTARISCHE KONTROLLE

Artikel 51. Gemeinsame Parlamentarische Kontrolle

(1) Gemäß Artikel 88 AEUV wird die Kontrolle der Tätigkeiten von Europol durch das Europäische Parlament zusammen mit den nationalen Parlamenten ausgeübt. Dafür wird ein spezieller Gemeinsamer parlamentarischer Kontrollausschuss gebildet, den die nationalen Parlamente und der zuständige Ausschuss des Europäischen Parlaments gemeinsam einsetzen. Die Arbeitsweise und die Geschäftsordnung des Gemeinsamen parlamentarischen Kontrollausschusses werden vom Europäischen Parlament und den nationalen Parlamenten gemäß Artikel 9 des Protokolls Nr. 1 gemeinsam festgelegt.

(2) Der Gemeinsame parlamentarische Kontrollausschuss führt die politische Kontrolle der Tätigkeiten Europols bei der Erfüllung ihres Auftrags durch, einschließlich hinsichtlich der Auswirkungen dieser Tätigkeiten auf die Grundrechte und Grundfreiheiten natürlicher Personen.

Für die Zwecke von Unterabsatz 1 gilt Folgendes:

a) Der Vorsitzende des Verwaltungsrats, der Exekutivdirektor oder ihre Stellvertreter erscheinen vor dem Gemeinsamen parlamentarischen Kontrollausschuss auf dessen Verlangen zur Erörterung von Angelegenheiten in Bezug auf die in Unterabsatz 1 genannten Tätigkeiten, einschließlich der Haushaltsaspekte dieser Tätigkeiten, der Organisationsstruktur Europols und der möglichen Einrichtung neuer Einheiten oder Fachzentren; dabei berücksichtigen sie die Verpflichtung zur Zurückhaltung und Verschwiegenheit. Der Ausschuss kann gegebenenfalls beschließen, weitere maßgebliche Personen zu seinen Sitzungen hinzuzuziehen;

b) der EDSB erscheint vor dem Gemeinsamen parlamentarischen Kontrollausschuss auf dessen Verlangen und mindestens einmal jährlich, um mit diesem allgemeine Fragen der Grundrechte und Grundfreiheiten natürlicher Personen zu erörtern, insbesondere den Schutz personenbezogener Daten im Zusammenhang mit den Tätigkeiten von Europol, wobei der Verpflichtung zu Verschwiegenheit und Geheimhaltung Rechnung getragen wird.

c) Der Gemeinsame parlamentarische Kontrollausschuss wird zur mehrjährigen Programmplanung von Europol gemäß Artikel 12 Absatz 1 gehört.

(3) Europol übermittelt unter Berücksichtigung der Verpflichtung zur Zurückhaltung und Verschwiegenheit dem Gemeinsamen parlamentarischen Kontrollausschuss informationshalber die folgenden Dokumente:

a) im Zusammenhang mit den Zielen von Europol stehende Risikobewertungen, strategische Analysen und allgemeine Lageberichte sowie die Ergebnisse von Europol in Auftrag gegebener Studien und Evaluierungen;

b) die gemäß Artikel 25 Absatz 1 geschlossenen Verwaltungsvereinbarungen;

c) das Dokument gemäß Artikel 12 Absatz 1, das die mehrjährige Programmplanung und das jährliche Arbeitsprogramm von Europol enthält;

d) den konsolidierten jährlichen Tätigkeitsbericht über die Tätigkeiten von Europol gemäß Artikel 11 Absatz 1 Buchstabe c;

e) den von der Kommission erstellten Bewertungsbericht gemäß Artikel 68 Absatz 1.

(4) Der Gemeinsame parlamentarische Kontrollausschuss kann andere zur Wahrnehmung seiner Aufgaben erforderliche relevante Unterlagen hinsichtlich der politischen Überwachung der Tätigkeiten von Europol gemäß der Verordnung (EG) Nr. 1049/2001 des Europäischen Parlaments und des Rates[24] und unbeschadet der Artikel 52 und 67 der vorliegenden Verordnung anfordern.

(5) Der Gemeinsame parlamentarische Kontrollausschuss kann zusammenfassende Schlussfolgerungen über die politische Kontrolle der Tätigkeiten von Europol erstellen und diese Schlussfolgerungen dem Europäischen Parlament und den nationalen Parlamenten übermitteln. Das Europäische Parlament übermittelt die zusammenfassenden Schlussfolgerungen informationshalber an den Rat, die Kommission und Europol.

Artikel 52. Zugang des Europäischen Parlaments zu von oder über Europol verarbeiteten Informationen

(1) Um die Ausübung der parlamentarischen Kontrolle der Tätigkeiten von Europol nach Artikel 51 zu ermöglichen, erhält das Europäische Parlament auf dessen Antrag Zugang zu von oder über Europol verarbeiteten, nicht als Verschlusssache eingestuften sensiblen Informationen, wobei die in Artikel 67 Absatz 1 genannten Vorschriften einzuhalten sind.

(2) Der Zugang des Europäischen Parlaments zu von oder über Europol verarbeiteten EU-Verschlusssachen muss mit der Interinstitutionellen Vereinbarung vom 12. März 2014 zwischen dem Europäischen Parlament und dem Rat über die Übermittlung an und die Bearbeitung durch das Europäische Parlament von im Besitz des Rates befindlichen Verschlusssachen in Bezug auf Angelegenheiten, die nicht unter die Gemeinsame Außen- und Sicherheitspolitik fallen[25], und den in Artikel 67 Absatz 2 dieser Verordnung aufgeführten Vorschriften im Einklang stehen.

(3) Die erforderlichen Einzelheiten des Zugangs des Europäischen Parlaments zu den in den Absätzen 1 und 2 genannten Informationen werden in zwischen Europol und dem Europäischen Parlament geschlossenen Arbeitsvereinbarungen festgelegt.

KAPITEL IX
PERSONAL

Artikel 53. Allgemeine Bestimmungen

(1) Das Beamtenstatut und die Beschäftigungsbedingungen für die sonstigen Bediensteten sowie die von den Organen der Union im gegenseitigen Einvernehmen erlassenen Regelungen zur Anwendung des Statuts und der Beschäftigungsbedingungen für die sonstigen Bediensteten gelten unbeschadet des Artikels 73 Absatz 4 dieser Verordnung für das Personal von Europol mit Ausnahme der Mitarbeiter, die am 1. Mai 2017 auf der Grundlage von Verträgen beschäftigt sind, die Europol nach dem Europol-Übereinkommen geschlossen hat. Derartige Verträge unterliegen

[24] Verordnung (EG) Nr. 1049/2001 des Europäischen Parlaments und des Rates vom 30. Mai 2001 über den Zugang der Öffentlichkeit zu Dokumenten des Europäischen Parlaments, des Rates und der Kommission (ABl. L 145 vom 31.5.2001, S. 43).

[25] ABl. C 95 vom 1.4.2014, S. 1.

weiterhin dem Rechtsakt des Rates vom 3. Dezember 1998.

(2) Das Personal von Europol besteht aus Bediensteten auf Zeit und/oder aus Vertragsbediensteten. Der Verwaltungsrat wird einmal jährlich über vom Exekutivdirektor geschlossene unbefristete Verträge unterrichtet. Der Verwaltungsrat entscheidet darüber, welche im Stellenplan vorgesehenen Zeitplanstellen ausschließlich mit Bediensteten aus den zuständigen Behörden der Mitgliedstaaten besetzt werden dürfen. Bedienstete, die für die Besetzung dieser Planstellen eingestellt werden, haben den Status von Bediensteten auf Zeit und dürfen nur einen befristeten Anstellungsvertrag erhalten, der einmalig um einen befristeten Zeitraum verlängert werden kann.

Artikel 54. Exekutivdirektor

(1) Der Exekutivdirektor wird als Zeitbediensteter von Europol gemäß Artikel 2 Buchstabe a der Beschäftigungsbedingungen für die sonstigen Bediensteten eingestellt.

(2) Der Exekutivdirektor wird vom Rat aus einer Auswahlliste von Bewerbern, die der Verwaltungsrat im Anschluss an ein offenes und transparentes Auswahlverfahren vorgeschlagen hat, ernannt.

Die Auswahlliste wird von einem vom Verwaltungsrat eingesetzten Auswahlausschuss erstellt, der sich aus von den Mitgliedstaaten designierten Mitgliedern und einem Vertreter der Kommission zusammensetzt.

Für den Abschluss des Vertrags mit dem Exekutivdirektor wird Europol durch den Vorsitzenden des Verwaltungsrats vertreten.

Vor der Ernennung kann der vom Rat ausgewählte Kandidat aufgefordert werden, vor dem zuständigen Ausschuss des Europäischen Parlaments zu erscheinen; dieses gibt anschließend seine unverbindliche Stellungnahme ab.

(3) Die Amtszeit des Exekutivdirektors beträgt vier Jahre. Bis zum Ablauf dieses Zeitraums nimmt die Kommission in Zusammenarbeit mit dem Verwaltungsrat eine Bewertung vor, bei der Folgendes berücksichtigt wird:

a) die Leistung des Exekutivdirektors und

b) die künftigen Aufgaben und Herausforderungen von Europol.

(4) Der Rat kann auf Vorschlag des Verwaltungsrats unter Berücksichtigung der Bewertung nach Absatz 3 die Amtszeit des Exekutivdirektors einmal und um höchstens vier Jahre verlängern.

(5) Der Verwaltungsrat unterrichtet das Europäische Parlament, wenn er beabsichtigt, dem Rat vorzuschlagen, die Amtszeit des Exekutivdirektors zu verlängern. Innerhalb eines Monats vor der Verlängerung der Amtszeit kann der Exekutivdirektor aufgefordert werden, vor dem zuständigen Ausschuss des Europäischen Parlaments zu erscheinen.

(6) Ein Exekutivdirektor, dessen Amtszeit verlängert wurde, nimmt nach Ende des Gesamtzeitraums nicht an einem anderen Auswahlverfahren für dieselbe Stelle teil.

(7) Der Exekutivdirektor kann seines Amtes nur aufgrund eines Beschlusses des Rates auf Vorschlag des Verwaltungsrats enthoben werden. Das Europäische Parlament ist über diesem Beschluss zu unterrichten.

(8) Der Verwaltungsrat entscheidet über die dem Rat zu unterbreitenden Vorschläge für die Ernennung, die Verlängerung der Amtszeit und die Amtsenthebung des Exekutivdirektors mit einer Mehrheit von zwei Dritteln seiner stimmberechtigten Mitglieder.

Artikel 55. Stellvertretende Exekutivdirektoren

(1) Der Exekutivdirektor wird von drei stellvertretenden Exekutivdirektoren unterstützt. Der Exekutivdirektor legt ihre Aufgaben fest.

(2) Artikel 54 gilt für die stellvertretenden Exekutivdirektoren. Der Exekutivdirektor wird vor ihrer Ernennung, der Verlängerung ihrer Amtszeit oder ihrer Amtsenthebung konsultiert.

Artikel 56. Abgeordnete nationale Sachverständige

(1) Europol kann auf abgeordnete nationale Sachverständige zurückgreifen.

(2) Der Verwaltungsrat beschließt eine Regelung für die zu Europol abgeordneten nationalen Sachverständigen.

KAPITEL X

FINANZBESTIMMUNGEN

Artikel 57. Haushalt

(1) Über alle Einnahmen und Ausgaben von Europol sind Vorausschätzungen für jedes Haushaltsjahr vorzubereiten und im Haushaltsplan von Europol auszuweisen; das Haushaltsjahr entspricht dem Kalenderjahr.

(2) Der Haushalt von Europol muss in Bezug auf Einnahmen und Ausgaben ausgeglichen sein.

(3) Die Einnahmen von Europol umfassen unbeschadet anderer Finanzmittel einen Beitrag der Union aus dem Gesamthaushaltsplan der Union.

(4) Europol kann Mittel der Union in Form von Übertragungsvereinbarungen oder Ad-hoc-Finanzhilfen im Einklang mit ihrer Finanzregelung gemäß Artikel 61 und den Bestimmungen der betreffenden Instrumente zur Unterstützung der Strategien der Union erhalten.

(5) Die Ausgaben von Europol umfassen die Bezüge des Personals, die Verwaltungs- und Infrastrukturausgaben und die Betriebskosten.

(6) Mittelbindungen für Maßnahmen in Bezug auf Großprojekte, deren Durchführung sich über mehr als ein Haushaltsjahr erstreckt, können über mehrere Jahre in jährlichen Tranchen erfolgen.

Artikel 58. Aufstellung des Haushaltsplans

(1) Der Exekutivdirektor erstellt jährlich einen Entwurf des Voranschlags der Einnahmen und Ausgaben von Europol für das folgende Haushaltsjahr, einschließlich eines Stellenplans, und übermittelt ihn dem Verwaltungsrat.

(2) Auf der Grundlage dieses Entwurfs des Voranschlags nimmt der Verwaltungsrat einen vorläufigen Entwurf des Voranschlags der Einnahmen und Ausgaben von Europol für das folgende Haushaltsjahr an und übermittelt ihn jedes Jahr bis zum 31. Januar der Kommission.

(3) Der endgültige Entwurf des Voranschlags der Einnahmen und Ausgaben von Europol, der auch einen Entwurf des Stellenplans umfasst, wird dem Europäischen Parlament, dem Rat und der Kommission jedes Jahr bis zum 31. März vom Verwaltungsrat übermittelt.

(4) Die Kommission übermittelt den Voranschlag zusammen mit dem Entwurf des Gesamthaushaltsplans der Union dem Europäischen Parlament und dem Rat.

(5) Auf der Grundlage des Voranschlags setzt die Kommission die von ihr für erforderlich erachteten Mittelansätze für den Stellenplan und den Betrag des Beitrags aus dem Gesamthaushaltsplan in den Entwurf des Gesamthaushaltsplans der Europäischen Union ein, den sie gemäß den Artikeln 313 und 314 AEUV dem Europäischen Parlament und dem Rat vorlegt.

(6) Das Europäische Parlament und der Rat bewilligen die Mittel für den Beitrag der Union zu Europol.

(7) Das Europäische Parlament und der Rat genehmigen den Stellenplan von Europol.

(8) Der Haushaltsplan von Europol wird vom Verwaltungsrat erlassen. Er wird endgültig, wenn der Gesamthaushaltsplan der Union endgültig erlassen ist. Erforderlichenfalls wird er entsprechend angepasst.

(9) Bei Immobilienprojekten, die voraussichtlich erhebliche Auswirkungen auf den Haushalt von Europol haben, gelten die Bestimmungen der Delegierten Verordnung (EU) Nr. 1271/2013.

Artikel 59. Ausführung des Haushaltsplans

(1) Der Exekutivdirektor führt den Haushaltsplan von Europol aus.

(2) Der Exekutivdirektor übermittelt dem Europäischen Parlament und dem Rat jährlich alle einschlägigen Informationen zu den Ergebnissen aller Bewertungsverfahren.

Artikel 60. Rechnungslegung und Entlastung

(1) Der Rechnungsführer von Europol übermittelt dem Rechnungsführer der Kommission und dem Rechnungshof die vorläufigen Jahresabschlüsse für das Haushaltsjahr (im Folgenden „Jahr N") bis zum 1. März des folgenden Haushaltsjahrs (im Folgenden „Jahr N + 1").

(2) Europol übermittelt dem Europäischen Parlament, dem Rat und dem Rechnungshof den Bericht über die Haushaltsführung und das Finanzmanagement für das Jahr N bis zum 31. März des Jahres N + 1.

(3) Der Rechnungsführer der Kommission übermittelt dem Rechnungshof die mit den Jahresabschlüssen der Kommission konsolidierten vorläufigen Jahresabschlüsse von Europol für das Jahr N bis zum 31. März des Jahres N + 1.

(4) Nach Eingang der Bemerkungen des Rechnungshofs zu den vorläufigen Jahresabschlüssen von Europol für das Jahr N gemäß Artikel 148 der Verordnung (EU, Euratom) Nr. 966/2012 des Europäischen Parlaments und des Rates[26] stellt der Rechnungsführer von Europol die endgültigen Jahresabschlüsse von Europol für dieses Jahr auf. Der Exekutivdirektor legt sie dem Verwaltungsrat zur Stellungnahme vor.

(5) Der Verwaltungsrat gibt eine Stellungnahme zu den endgültigen Jahresabschlüssen von Europol für das Jahr N ab.

(6) Der Rechnungsführer von Europol übermittelt die endgültigen Jahresabschlüsse für das Jahr N zusammen mit der Stellungnahme des Verwaltungsrats nach Absatz 5 bis zum 1. Juli des Jahres N + 1 dem Europäischen Parlament, dem Rat, der Kommission, dem Rechnungshof und den nationalen Parlamenten.

(7) Die endgültigen Jahresabschlüsse für das Jahr N werden bis zum 15. November des Jahres N + 1 im *Amtsblatt der Europäischen Union* veröffentlicht.

(8) Der Exekutivdirektor übermittelt dem Rechnungshof bis zum 30. September des Jahres N + 1 eine Antwort auf die Bemerkungen im Jahresbericht. Er übermittelt diese Antwort auch dem Verwaltungsrat.

(9) Der Exekutivdirektor unterbreitet dem Europäischen Parlament auf dessen Anfrage gemäß

---

[26] Verordnung (EU, Euratom) Nr. 966/2012 des Europäischen Parlaments und des Rates vom 25. Oktober 2012 über die Haushaltsordnung für den Gesamthaushaltsplan der Union und zur Aufhebung der Verordnung (EG, Euratom) Nr. 1605/2002 des Rates (ABl. L 298 vom 26.10.2012, S. 1).

Artikel 109 Absatz 3 der Delegierten Verordnung (EU) Nr. 1271/2013 alle Informationen, die für eine ordnungsgemäße Abwicklung des Entlastungsverfahrens für das Jahr N erforderlich sind.

(10) Auf Empfehlung des Rates, der mit qualifizierter Mehrheit beschließt, erteilt das Europäische Parlament dem Exekutivdirektor vor dem 15. Mai des Jahres N + 2 Entlastung für die Ausführung des Haushaltsplans für das Jahr N.

Artikel 61. Finanzregelung

(1) Der Verwaltungsrat erlässt nach Konsultationen mit der Kommission die für Europol geltende Finanzregelung. Diese darf von der Delegierten Verordnung (EU) Nr. 1271/2013 nur abweichen, wenn dies für den Betrieb von Europol eigens erforderlich ist und die Kommission vorher ihre Zustimmung erteilt hat.

(2) Europol darf für die Erfüllung der in Artikel 4 aufgeführten Aufgaben Finanzhilfen gewähren.

(3) Für die Durchführung von grenzübergreifenden Operationen und Ermittlungen sowie zur Erteilung von Schulungen in Bezug auf die in Artikel 4 Absatz 1 Buchstaben h und i aufgeführten Aufgaben darf Europol Mitgliedstaaten Finanzhilfen gewähren, ohne dass es einer Aufforderung zur Einreichung von Vorschlägen bedarf.

(4) Hinsichtlich der finanziellen Unterstützung für die Tätigkeit gemeinsamer Ermittlungsgruppen legen Europol und Eurojust gemeinsam die Regeln und Voraussetzungen fest, nach denen Anträge auf derartige Unterstützung zu bearbeiten sind.

KAPITEL XI
SONSTIGE BESTIMMUNGEN

Artikel 62. Rechtsstellung

(1) Europol ist eine Agentur der Union. Sie besitzt Rechtspersönlichkeit.

(2) Europol besitzt in jedem Mitgliedstaat die weitestgehende Rechts- und Geschäftsfähigkeit, die juristischen Personen nach nationalem Recht zuerkannt ist. Europol kann insbesondere bewegliches und unbewegliches Vermögen erwerben und veräußern und ist vor Gericht parteifähig.

(3) Gemäß dem dem EUV und dem AEUV beigefügten Protokoll Nr. 6 über die Festlegung der Sitze der Organe und bestimmter Einrichtungen, sonstiger Stellen und Dienststellen der Europäischen Union (im Folgenden „Protokoll Nr. 6") hat Europol ihren Sitz in Den Haag.

Artikel 63. Vorrechte und Befreiungen

(1) Das dem EUV und dem AEUV beigefügte Protokoll Nr. 7 über die Vorrechte und Befreiungen der Europäischen Union findet auf Europol und ihr Personal Anwendung.

(2) Die Vorrechte und Befreiungen von Verbindungsbeamten und ihren Familienangehörigen sind Gegenstand einer Vereinbarung zwischen dem Königreich der Niederlande und den anderen Mitgliedstaaten. In dieser Vereinbarung sind die Vorrechte und Befreiungen, die für eine ordnungsgemäße Erfüllung der Aufgaben der Verbindungsbeamten erforderlich sind, geregelt.

Artikel 64. Sprachenregelung

(1) Für Europol gelten die Bestimmungen der Verordnung Nr. 1[27].

(2) Der Verwaltungsrat entscheidet mit einer Mehrheit von zwei Dritteln seiner Mitglieder über die interne Sprachenregelung von Europol.

(3) Die für die Arbeit von Europol erforderlichen Übersetzungsdienste werden vom Übersetzungszentrum für die Einrichtungen der Europäischen Union erbracht.

Artikel 65. Transparenz

(1) Für die Dokumente Europols gilt die Verordnung (EG) Nr. 1049/2001.

(2) Der Verwaltungsrat legt bis zum 14. Dezember 2016 die Modalitäten für die Anwendung der Verordnung (EG) Nr. 1049/2001 in Bezug auf Europol-Dokumente fest.

(3) Gegen Entscheidungen von Europol nach Artikel 8 der Verordnung (EG) Nr. 1049/2001 kann nach Maßgabe der Artikel 228 und 263 AEUV Beschwerde beim Europäischen Bürgerbeauftragten oder Klage beim Gerichtshof der Europäischen Union erhoben werden.

(4) Europol veröffentlicht auf ihrer Website eine Liste der Mitglieder des Verwaltungsrats sowie Zusammenfassungen der Ergebnisse der Sitzungen des Verwaltungsrats. Die Veröffentlichung dieser Zusammenfassungen wird unter Berücksichtigung der Verpflichtung Europols zu Verschwiegenheit und Geheimhaltung und der operativen Ausrichtung der Agentur vorübergehend oder dauerhaft ausgesetzt oder eingeschränkt, falls die Erfüllung der Aufgaben Europols durch eine derartige Veröffentlichung gefährdet werden könnte.

Artikel 66. Betrugsbekämpfung

(1) Zur Erleichterung der Bekämpfung von Betrug, Korruption und sonstigen rechtswidrigen Handlungen nach der Verordnung (EU, Euratom) Nr. 883/2013 tritt Europol bis zum 30. Oktober

[27] Verordnung Nr. 1 zur Regelung der Sprachenfrage für die Europäische Wirtschaftsgemeinschaft (ABl. 17 vom 6.10.1958, S. 385/58).

2017 der Interinstitutionellen Vereinbarung vom 25. Mai 1999 zwischen dem Europäischen Parlament, dem Rat der Europäischen Union und der Kommission der Europäischen Gemeinschaften über die internen Untersuchungen des Europäischen Amtes für Betrugsbekämpfung (OLAF)[28] bei und verabschiedet die für sämtliche Mitarbeiter von Europol geltenden entsprechenden Bestimmungen nach dem Muster in der Anlage zu jener Vereinbarung.

(2) Der Rechnungshof ist befugt, bei allen Empfängern, Auftragnehmern und Unterauftragnehmern, die Unionsgelder von Europol erhalten haben, Rechnungsprüfungen anhand von Unterlagen und Kontrollen vor Ort durchzuführen.

(3) OLAF kann Untersuchungen einschließlich Kontrollen und Überprüfungen vor Ort durchführen, um festzustellen, ob im Zusammenhang mit von Europol gewährten Finanzhilfen oder vergebenen Verträgen ein Betrugs- oder Korruptionsdelikt oder eine sonstige rechtswidrige Handlung zum Nachteil der finanziellen Interessen der Union vorliegt. Diese Untersuchungen werden auf der Grundlage der Bestimmungen und Verfahren der Verordnung (EU, Euratom) Nr. 883/2013 und der Verordnung (Euratom, EG) Nr. 2185/96 des Rates[29] durchgeführt.

(4) Unbeschadet der Absätze 1 bis 3 enthalten Arbeitsvereinbarungen mit Unionseinrichtungen, Behörden von Drittstaaten, internationalen Organisationen und privaten Parteien, Verträge, Finanzhilfevereinbarungen und Finanzhilfeentscheidungen Europols Bestimmungen, die den Europäischen Rechnungshof und OLAF ausdrücklich ermächtigen, die Auditprüfungen und Untersuchungen nach den Absätzen 2 und 3 im Rahmen ihrer jeweiligen Zuständigkeiten durchzuführen.

Artikel 67. Vorschriften für den Schutz von nicht als Verschlusssache eingestuften sensiblen Informationen und von Verschlusssachen

(1) Europol legt Vorschriften bezüglich der Verpflichtung zur Zurückhaltung und Verschwiegenheit und des Schutzes von nicht als Verschlusssache eingestuften sensiblen Informationen fest.

(2) Europol legt Vorschriften für den Schutz von EU-Verschlusssachen fest, die mit dem Beschluss 2013/488/EU im Einklang stehen müssen, um ein gleichwertiges Niveau des Schutzes dieser Informationen zu gewährleisten.

---

[28] ABl. L 136 vom 31.5.1999, S. 15.

[29] Verordnung (Euratom, EG) Nr. 2185/96 des Rates vom 11. November 1996 betreffend die Kontrollen und Überprüfungen vor Ort durch die Kommission zum Schutz der finanziellen Interessen der Europäischen Gemeinschaften vor Betrug und anderen Unregelmäßigkeiten (ABl. L 292 vom 15.11.1996, S. 2).

Artikel 68. Bewertung und Überarbeitung

(1) Die Kommission stellt sicher, dass bis zum 1. Mai 2022 und anschließend alle fünf Jahre eine Bewertung vorgenommen wird, in deren Rahmen insbesondere die Wirkung, Wirksamkeit und Effizienz Europols und ihrer Arbeitsverfahren beurteilt werden. Gegenstand der Bewertung können insbesondere das etwaige Erfordernis, den Aufbau, die Arbeitsweise, den Tätigkeitsbereich und die Aufgaben Europols zu ändern, und die finanziellen Auswirkungen solcher Änderungen sein.

(2) Die Kommission leitet den Bewertungsbericht an den Verwaltungsrat weiter. Der Verwaltungsrat nimmt innerhalb von drei Monaten nach Eingang des Bewertungsberichts Stellung dazu. Die Kommission leitet den endgültigen Bewertungsbericht anschließend zusammen mit den Schlussfolgerungen der Kommission und in der Anlage dazu der Stellungnahme des Verwaltungsrats an das Europäische Parlament, den Rat, die nationalen Parlamente und den Verwaltungsrat weiter. Die wichtigsten Ergebnisse des Bewertungsberichts werden gegebenenfalls veröffentlicht.

Artikel 69. Verwaltungsuntersuchungen

Die Tätigkeit von Europol ist Gegenstand von Untersuchungen durch den Europäischen Bürgerbeauftragten gemäß Artikel 228 AEUV.

Artikel 70. Sitz

Die notwendigen Vorkehrungen betreffend die Unterbringung von Europol im Königreich der Niederlande und die Leistungen, die vom Königreich der Niederlande zu erbringen sind, sowie die besonderen Vorschriften, die dort für den Exekutivdirektor, die Mitglieder des Verwaltungsrats, die Bediensteten von Europol und deren Familienangehörige gelten, werden in einem Sitzabkommen zwischen Europol und dem Königreich der Niederlande im Einklang mit dem Protokoll Nr. 6 festgelegt.

KAPITEL XII

ÜBERGANGSBESTIMMUNGEN

Artikel 71. Rechtsnachfolge

(1) Europol in der durch diese Verordnung errichteten Form ist die Rechtsnachfolgerin für alle Verträge, Verbindlichkeiten und Vermögensgegenstände von Europol in der durch den Beschluss 2009/371/JI errichteten Form.

(2) Diese Verordnung lässt die von Europol auf der Grundlage des Beschlusses 2009/371/JI vor dem 13. Juni 2016 geschlossenen Vereinbarungen oder die von Europol auf der Grundlage

des Europol-Übereinkommens vor dem 1. Januar 2010 geschlossenen Vereinbarungen unberührt.

Artikel 72. Übergangsregelungen für den Verwaltungsrat

(1) Die Amtszeit der Mitglieder des auf der Grundlage von Artikel 37 des Beschlusses 2009/371/JI eingesetzten Verwaltungsrats endet am 1. Mai 2017.

(2) Der auf der Grundlage von Artikel 37 des Beschlusses 2009/371/JI eingesetzte Verwaltungsrat erfüllt im Zeitraum vom 13. Juni 2016 bis zum 1. Mai 2017 folgende Aufgaben:

a) er nimmt die Aufgaben des Verwaltungsrats gemäß Artikel 11 dieser Verordnung wahr;

b) er bereitet den Erlass der Vorschriften zur Anwendung der Verordnung (EG) Nr. 1049/2001 in Bezug auf die in Artikel 65 Absatz 2 der vorliegenden Verordnung genannten Europol-Dokumente sowie der in Artikel 67 der vorliegenden Verordnung genannten Vorschriften vor;

c) er arbeitet alle für die Anwendung dieser Verordnung erforderlichen Instrumente, insbesondere alle Maßnahmen betreffend Kapitel IV, aus und

d) er überprüft die internen Vorschriften und Maßnahmen, die er auf der Grundlage des Beschlusses 2009/371/JI erlassen hat, damit der nach Artikel 10 dieser Verordnung eingesetzte Verwaltungsrat einen Beschluss nach Artikel 76 der vorliegenden Verordnung fassen kann.

(3) Die Kommission ergreift nach dem 13. Juni 2016 unverzüglich die erforderlichen Maßnahmen, um sicherzustellen, dass der nach Artikel 10 eingesetzte Verwaltungsrat seine Arbeit am 1. Mai 2017 aufnimmt.

(4) Die Mitgliedstaaten teilen der Kommission bis zum 14. Dezember 2016 die Namen der Personen mit, die sie gemäß Artikel 10 als Mitglieder und stellvertretende Mitglieder des Verwaltungsrats benannt haben.

(5) Die erste Sitzung des nach Artikel 10 dieser Verordnung eingesetzten Verwaltungsrats findet am 1. Mai 2017 statt. Bei dieser Gelegenheit fasst der Verwaltungsrat gegebenenfalls Beschlüsse nach Artikel 76.

Artikel 73. Übergangsregelungen für den Exekutivdirektor, die stellvertretenden Direktoren und das Personal

(1) Dem auf der Grundlage von Artikel 38 des Beschlusses 2009/371/JI ernannten Direktor von Europol werden für seine noch verbleibende Amtszeit die Zuständigkeiten des Exekutivdirektors gemäß Artikel 16 dieser Verordnung übertragen. Die sonstigen Bedingungen seines Vertrags bleiben unverändert. Endet seine Amtszeit zwischen dem 13. Juni 2016 und dem 1. Mai 2017, so wird sie automatisch bis zum 1. Mai 2018 verlängert.

(2) Ist der auf der Grundlage von Artikel 38 des Beschlusses 2009/371/JI ernannte Direktor nicht bereit oder nicht im Stande, sein Amt gemäß Absatz 1 dieses Artikels weiterzuführen, so benennt der Verwaltungsrat einen InterimsExekutivdirektor, der für eine Amtszeit von höchstens 18 Monaten, bis die Ernennung nach Artikel 54 Absatz 2 dieser Verordnung erfolgt ist, die Aufgaben des Exekutivdirektors wahrnimmt.

(3) Die Absätze 1 und 2 dieses Artikels gelten für die auf der Grundlage von Artikel 38 des Beschlusses 2009/371/JI ernannten stellvertretenden Direktoren.

(4) Gemäß den Beschäftigungsbedingungen für die sonstigen Bediensteten bietet die in Artikel 6 Absatz 1 der Beschäftigungsbedingungen genannten Behörde jeder Person, die am 1. Mai 2017 aufgrund eines unbefristeten Vertrags, der von Europol in der durch das Europol-Übereinkommen errichteten Form geschlossen worden ist, als örtlicher Bediensteter beschäftigt ist, eine unbefristete Beschäftigung als Bediensteter auf Zeit oder als Vertragsbediensteter an. Dieses Angebot erfolgt auf der Grundlage der Aufgaben, die der Bedienstete als Bediensteter auf Zeit oder als Vertragsbediensteter ausführen soll. Der betreffende Vertrag wird spätestens am 1. Mai 2018 wirksam. Nimmt ein Bediensteter das in diesem Absatz genannte Angebot nicht an, so kann er sein Vertragsverhältnis mit Europol gemäß Artikel 53 Absatz 1 aufrechterhalten.

Artikel 74. Übergangshaushaltsbestimmungen

Das Haushaltsentlastungsverfahren für die auf der Grundlage von Artikel 42 des Beschlusses 2009/371/JI festgestellten Haushalte erfolgt gemäß Artikel 43 jenes Beschlusses.

KAPITEL XIII

SCHLUSSBESTIMMUNGEN

Artikel 75. Ersetzung und Aufhebung

(1) Die Beschlüsse 2009/371/JI, 2009/934/JI, 2009/935/JI, 2009/936/JI und 2009/968/JI werden für die Mitgliedstaaten, die durch diese Verordnung gebunden sind, mit Wirkung vom 1. Mai 2017 ersetzt.

Die Beschlüsse 2009/371/JI, 2009/934/JI, 2009/935/JI, 2009/936/JI und 2009/968/JI werden daher mit Wirkung vom 1. Mai 2017 aufgehoben.

(2) Für die durch diese Verordnung gebundenen Mitgliedstaaten gelten Verweise auf die in Absatz 1 genannten Beschlüsse als Verweise auf diese Verordnung.

Artikel 76. Aufrechterhaltung der vom Verwaltungsrat erlassenen internen Vorschriften und Maßnahmen

Die vom Verwaltungsrat auf der Grundlage des Beschlusses 2009/371/JI erlassenen internen Vorschriften und Maßnahmen bleiben auch nach dem 1. Mai 2017 in Kraft, sofern der Verwaltungsrat im Zuge der Anwendung dieser Verordnung nichts anderes beschließt.

Artikel 77. Inkrafttreten und Geltung

(1) Diese Verordnung tritt am zwanzigsten Tag nach ihrer Veröffentlichung im *Amtsblatt der Europäischen Union* in Kraft.

(2) Sie gilt ab dem 1. Mai 2017.
Die Artikel 71, 72 und 73 gelten jedoch bereits ab dem 13. Juni 2016.

Diese Verordnung ist in allen ihren Teilen verbindlich und gilt gemäß den Verträgen unmittelbar in den Mitgliedstaaten.

Geschehen zu Straßburg am 11. Mai 2016.

Im Namen des Europäischen Parlaments	*Im Namen des Rates*
Der Präsident	*Die Präsidentin*
M. SCHULZ	J.A. HENNIS-PLASSCHAERT

ANHANG I
LISTE DER KRIMINALITÄTSFORMEN NACH ARTIKEL 3 ABSATZ 1

– Terrorismus,
– organisierte Kriminalität,
– Drogenhandel,
– Geldwäschehandlungen,
– Kriminalität im Zusammenhang mit nuklearen und radioaktiven Substanzen,
– Schleuserkriminalität,
– Menschenhandel,
– Kraftfahrzeugkriminalität,
– vorsätzliche Tötung und schwere Körperverletzung,
– illegaler Handel mit Organen und menschlichem Gewebe,
– Entführung, Freiheitsberaubung und Geiselnahme,
– Rassismus und Fremdenfeindlichkeit,
– Raub und schwerer Diebstahl,
– illegaler Handel mit Kulturgütern, einschließlich Antiquitäten und Kunstgegenständen,
– Betrugsdelikte,
– gegen die finanziellen Interessen der Union gerichtete Straftaten,
– Insidergeschäfte und Finanzmarktmanipulation,
– Erpressung und Schutzgelderpressung,
– Nachahmung und Produktpiraterie,
– Fälschung von amtlichen Dokumenten und Handel damit,
– Geldfälschung, Fälschung von Zahlungsmitteln,
– Computerkriminalität,
– Korruption,
– illegaler Handel mit Waffen, Munition und Sprengstoffen,
– illegaler Handel mit bedrohten Tierarten,
– illegaler Handel mit bedrohten Pflanzen- und Baumarten,
– Umweltkriminalität, einschließlich der Meeresverschmutzung durch Schiffe,
– illegaler Handel mit Hormonen und Wachstumsförderern,

- sexueller Missbrauch und sexuelle Ausbeutung, einschließlich Darstellungen von Kindesmissbrauch und Kontaktaufnahme zu Kindern für sexuelle Zwecke,
- Völkermord, Verbrechen gegen die Menschlichkeit und Kriegsverbrechen.

ANHANG II

ANHANG II

A. Kategorien personenbezogener Daten und Kategorien von betroffenen Personen, deren Daten gemäß Artikel 18 Absatz 2 Buchstabe a zu Zwecken des Abgleichs erhoben und verarbeitet werden dürfen

(1) Personenbezogene Daten, die zu Zwecken des Abgleichs erhoben und verarbeitet wurden, beziehen sich auf

a) Personen, die nach Maßgabe des nationalen Rechts des betreffenden Mitgliedstaats einer Straftat oder der Beteiligung an einer Straftat, für die Europol zuständig ist, verdächtigt werden oder die wegen einer solchen Straftat verurteilt worden sind;

b) Personen, in deren Fall nach Maßgabe des nationalen Rechts des betreffenden Mitgliedstaats faktische Anhaltspunkte oder triftige Gründe dafür vorliegen, dass sie Straftaten begehen werden, für die Europol zuständig ist.

(2) Die Daten zu den in Absatz 1 genannten Personen dürfen nur folgende Kategorien personenbezogener Daten umfassen:

a) Name, Geburtsname, Vornamen, gegebenenfalls Aliasnamen oder Decknamen;

b) Geburtsdatum und Geburtsort;

c) Staatsangehörigkeit;

d) Geschlecht;

e) Wohnort, Beruf und Aufenthaltsort der betreffenden Person;

f) Sozialversicherungsnummern, Fahrerlaubnisse, Ausweispapiere und Passdaten und

g) soweit erforderlich, andere zur Identitätsfeststellung geeignete Merkmale, insbesondere objektive und unveränderliche körperliche Merkmale wie daktyloskopische Daten und (dem nicht codierenden Teil der DNA entnommene) DNA-Profile.

(3) Zusätzlich zu den in Absatz 2 genannten Daten dürfen folgende Kategorien personenbezogener Daten, die die in Absatz 1 genannten Personen betreffen, erhoben und verarbeitet werden:

a) Straftaten, Tatvorwürfe sowie (mutmaßliche) Tatzeiten, Tatorte und Vorgehensweisen;

b) Tatmittel, die zur Begehung solcher Straftaten verwendet wurden oder vielleicht verwendet wurden, einschließlich Informationen zu juristischen Personen;

c) die aktenführenden Dienststellen und deren Aktenzeichen;

d) Verdacht der Zugehörigkeit zu einer kriminellen Organisation;

e) Verurteilungen, soweit sie Straftaten betreffen, für die Europol zuständig ist;

f) Eingabestelle.

Diese Daten dürfen auch an Europol übermittelt werden, wenn sie noch keinen Personenbezug aufweisen.

(4) Zusätzliche Informationen über die in Absatz 1 genannten Personengruppen, über die Europol und die nationalen Stellen verfügen, können jeder nationalen Stelle oder Europol auf deren jeweiligen Antrag übermittelt werden. Die nationalen Stellen übermitteln diese Informationen nach Maßgabe ihres nationalen Rechts.

(5) Wird das Verfahren gegen den Betroffenen endgültig eingestellt oder dieser rechtskräftig freigesprochen, so sind die Daten, die von dieser Entscheidung betroffen sind, zu löschen.

B. Kategorien personenbezogener Daten und Kategorien von betroffenen Personen, deren Daten zu Zwecken der strategischen oder themenbezogenen Analyse, der operativen Analyse oder zur Erleichterung des Informationsaustauschs gemäß Artikel 18 Absatz 2 Buchstaben b, c und d erhoben und verarbeitet werden dürfen

(1) Personenbezogene Daten, die zu Zwecken der strategischen oder themenbezogenen Analyse, der operativen Analyse oder zur Erleichterung des Informationsaustauschs zwischen Mitgliedstaaten, Europol, anderen Unionsstellen, Drittstaaten und internationalen Organisationen erhoben und verarbeitet werden, beziehen sich auf

a) Personen, die nach Maßgabe des nationalen Rechts des betreffenden Mitgliedstaats einer Straftat oder der Beteiligung an einer Straftat, für die Europol zuständig ist, verdächtigt werden oder die wegen einer solchen Straftat verurteilt worden sind;

b) Personen, in deren Fall nach Maßgabe des nationalen Rechts des betreffenden Mitgliedstaats faktische Anhaltspunkte oder triftige Gründe dafür vorliegen, dass sie Straftaten begehen werden, für die Europol zuständig ist;

c) Personen, die bei Ermittlungen in Verbindung mit den betreffenden Straftaten oder bei anschließenden Strafverfahren als Zeugen in Betracht kommen;

d) Personen, die Opfer einer der betreffenden Straftaten waren oder bei denen bestimmte Tatsachen die Annahme rechtfertigen, dass sie Opfer einer solchen Straftat sein könnten;

e) Kontakt- und Begleitpersonen und

f) Personen, die Informationen über die betreffende Straftat liefern können.

(2) In Bezug auf die in Absatz 1 Buchstaben a und b genannten Personengruppen dürfen folgende Kategorien personenbezogener Daten, einschließlich damit in Zusammenhang stehender Verwaltungsdaten, verarbeitet werden:

a) Angaben zur Person:

i) derzeitige und frühere Familiennamen;

ii) derzeitige und frühere Vornamen;

iii) Mädchenname;

iv) Name des Vaters (sofern für die Identitätsfeststellung erforderlich);

v) Name der Mutter (sofern für die Identitätsfeststellung erforderlich);

vi) Geschlecht;

vii) Geburtsdatum;

viii) Geburtsort;

ix) Staatsangehörigkeit;

x) Personenstand;

xi) Aliasname;

xii) Spitzname;

xiii) Deck- oder Falschname;

xiv) derzeitiger und früherer Wohnsitz und/oder Aufenthaltsort;

b) Personenbeschreibung:

i) Personenbeschreibung;

ii) besondere Merkmale (Male/Narben/Tätowierungen usw.);

c) Identifizierungsmittel:

i) Identitätsdokumente/Fahrerlaubnis;

ii) Nummern des nationalen Personalausweises/Reisepasses;

iii) nationale Identifizierungsnummer/Sozialversicherungsnummer, soweit vorhanden;

iv) Bildmaterial und sonstige Informationen zum äußeren Erscheinungsbild;

v) Informationen für die forensische Identifizierung wie Fingerabdrücke, (dem nicht codierenden Teil der DNA entnommene) DNA-Profile, Stimmprofil, Blutgruppe, Gebiss;

d) Beruf und Fähigkeiten:

i) derzeitige Erwerbs- und Berufstätigkeit;

ii) frühere Erwerbs- und Berufstätigkeit;

iii) Bildung (Schule/Hochschule/berufliche Bildung);

iv) berufliche Qualifikationen;

   v) Fähigkeiten und sonstige Kenntnisse (Sprachen/Sonstiges);

e) Informationen über die wirtschaftlichen und finanziellen Verhältnisse:
   i) Angaben finanzieller Art (Bankkonten und Bankleitzahlen, Kreditkarten usw.);
   ii) Barvermögen;
   iii) Aktien/sonstige Vermögenswerte;
   iv) Immobilienbesitz;
   v) Verbindungen zu Gesellschaften und Unternehmen;
   vi) Kontakte zu Banken und Kreditinstituten;
   vii) steuerlicher Status;
   viii) sonstige Angaben zum Finanzgebaren einer Person;

f) Informationen zum Verhalten:
   i) Lebensweise (etwa über seine Verhältnisse leben) und Gewohnheiten;
   ii) Ortswechsel;
   iii) regelmäßig aufgesuchte Orte;
   iv) Mitführen von Waffen und von anderen gefährlichen Instrumenten;
   v) Gefährlichkeit;
   vi) spezifische Gefahren wie Fluchtrisiko, Einsatz von Doppelagenten, Verbindungen zu Mitarbeitern von Strafverfolgungsbehörden;
   vii) kriminalitätsbezogene Eigenschaften und Profile;
   viii) Drogenmissbrauch;

g) Kontakte und Begleitpersonen einschließlich Art und Beschaffenheit der Kontakte oder Verbindungen;

h) verwendete Kommunikationsmittel wie Telefon (Festverbindung/Mobiltelefon), Fax, Funkrufdienst, E-Mail, Postadressen, Internetanschluss/-anschlüsse;

i) verwendete Verkehrsmittel wie Kraftfahrzeuge, Wasserfahrzeuge, Luftfahrzeuge, einschließlich Angaben zur Identifizierung dieser Verkehrsmittel (Registriernummern);

j) Informationen über kriminelles Verhalten:
   i) Vorstrafen;
   ii) vermutete Beteiligung an kriminellen Tätigkeiten;
   iii) Modi operandi;
   iv) Mittel, die zur Vorbereitung und/oder Begehung von Straftaten benutzt werden oder werden könnten;
   v) Zugehörigkeit zu einer Tätergruppe/kriminellen Organisation und Stellung innerhalb der Gruppe/ Organisation;
   vi) Rolle in der kriminellen Organisation;
   vii) geografische Reichweite der kriminellen Tätigkeiten;
   viii) bei Ermittlungen zusammengetragenes Material wie Videos und Fotos;

k) Angabe anderer Informationssysteme, in denen Informationen über die betreffende Person gespeichert sind:
   i) Europol;
   ii) Polizei-/Zollbehörden;
   iii) sonstige Strafverfolgungsbehörden;
   iv) internationale Organisationen;
   v) öffentliche Einrichtungen;
   vi) private Einrichtungen;

l) Informationen über juristische Personen, die mit den unter Buchstaben e und j erwähnten Angaben in Zusammenhang stehen:
   i) Name der juristischen Person;

ii) Anschrift;
iii) Zeitpunkt und Ort der Gründung;
iv) verwaltungstechnische Registriernummer;
v) Rechtsform;
vi) Kapital;
vii) Tätigkeitsbereich;
viii) Tochtergesellschaften im In- und Ausland;
ix) Direktoren;
x) Verbindungen zu Banken.

(3) „Kontakt- und Begleitpersonen" im Sinne von Absatz 1 Buchstabe e sind Personen, bei denen ausreichende Gründe für die Annahme bestehen, dass über sie hinsichtlich der in Absatz 1 Buchstaben a und b genannten Personen Informationen beschafft werden können, die für die Analyse relevant sind, wobei sie nicht zu einer der in den Absatz 1 Buchstaben a, b, c, d, und f genannten Personengruppen gehören dürfen. „Kontaktpersonen" sind Personen, die sporadisch mit den in Absatz 1 Buchstaben a und b genannten Personen in Kontakt stehen. „Begleitpersonen" sind Personen, die regelmäßig mit den in Absatz 1 Buchstaben a und b genannten Personen in Kontakt stehen.

In Bezug auf Kontakt- und Begleitpersonen können die Daten nach Absatz 2 erforderlichenfalls gespeichert werden, sofern Grund zu der Annahme besteht, dass solche Daten für die Analyse der Beziehungen der Betreffenden mit Personen nach Absatz 1 Buchstaben a und b erforderlich sind. In diesem Zusammenhang ist Folgendes zu beachten:

a) Diese Beziehungen sind so rasch wie möglich zu klären.

b) Die in Absatz 2 aufgeführten Daten werden unverzüglich gelöscht, wenn sich die Annahme, dass eine solche Beziehung besteht, als unbegründet erweist.

c) Alle in Absatz 2 aufgeführten Daten dürfen gespeichert werden, wenn Kontaktpersonen oder Begleitpersonen einer Straftat verdächtigt werden, die unter die Ziele von Europol fällt, oder sie für die Begehung einer solchen Straftat verurteilt wurden oder es nach nationalem Recht des betreffenden Mitgliedstaats faktische Anhaltspunkte oder triftige Gründe für die Annahme gibt, dass sie eine solche Straftat begehen werden.

d) In Absatz 2 aufgeführte Daten über Kontakt- und Begleitpersonen von Kontaktpersonen sowie Daten über Kontakt- und Begleitpersonen von Begleitpersonen werden nicht gespeichert; davon ausgenommen sind Daten über Art und Beschaffenheit ihres Kontakts oder der Verbindung zu den in Absatz 1 Buchstaben a und b bezeichneten Personen.

e) Ist eine Klärung gemäß den vorstehenden Buchstaben nicht möglich, wird dies bei der Entscheidung über Notwendigkeit und Umfang der Datenspeicherung für die Zwecke der weiteren Analyse berücksichtigt.

(4) In Bezug auf eine Person, die nach Absatz 1 Buchstabe d Opfer einer der betreffenden Straftaten war oder bei der bestimmte Tatsachen die Annahme rechtfertigen, dass sie Opfer einer solchen Straftat sein könnte, dürfen die in Absatz 2 Buchstabe a bis Buchstabe c Nummer iii aufgeführten Daten sowie folgende weitere Kategorien von Daten gespeichert werden:

a) Daten zur Identifizierung des Opfers;

b) Gründe der Viktimisierung;

c) Schaden (körperlicher/finanzieller/psychologischer/anderer Art);

d) Erfordernis, die Anonymität zu wahren;

e) Möglichkeit der Teilnahme an einer Gerichtsverhandlung;

f) von den oder über die in Absatz 1 Buchstabe d genannten Personen gelieferte straftatbezogene Informationen, einschließlich, soweit erforderlich, Informationen über ihre Beziehungen zu anderen Personen zum Zwecke der Identifizierung der in Absatz 1 Buchstaben a und b bezeichneten Personen.

Andere in Absatz 2 aufgeführte Daten können erforderlichenfalls gespeichert werden, sofern es Grund zu der Annahme gibt, dass sie für die Analyse der Rolle des Betreffenden als Opfer oder mögliches Opfer notwendig sind.

Daten, die für weitere Analysen nicht erforderlich sind, werden gelöscht.

(5) In Bezug auf Personen, die nach Absatz 1 Buchstabe c bei Ermittlungen im Zusammenhang mit den betreffenden Straftaten oder bei einer künftigen Strafverfolgung als Zeugen in Betracht kommen, dürfen Daten gemäß Absatz 2 Buchstabe a bis Buchstabe c Nummer iii sowie folgende weitere Kategorien von Daten gespeichert werden:

a) von den genannten Personen gelieferte straftatbezogene Informationen, einschließlich Informationen über ihre Beziehungen zu anderen in der Arbeitsdatei zu Analysezwecken geführten Personen;

b) Erfordernis, die Anonymität zu wahren;

c) Gewährung von Schutz und schutzgewährende Stelle;

d) neue Identität;

e) Möglichkeit der Teilnahme an einer Gerichtsverhandlung.

Andere in Absatz 2 aufgeführte Daten können erforderlichenfalls gespeichert werden, sofern es Grund zu der Annahme gibt, dass sie für die Analyse der Rolle der betreffenden Personen als Zeugen notwendig sind.

Daten, die für weitere Analysen nicht erforderlich sind, werden gelöscht.

(6) In Bezug auf Personen, die nach Absatz 1 Buchstabe f Informationen über die betreffende Straftat liefern können, dürfen Daten gemäß Absatz 2 Buchstabe a bis Buchstabe c Nummer iii sowie folgende weitere Datenkategorien gespeichert werden:

a) verschlüsselte Angaben zur Person;

b) Art der gelieferten Information;

c) Erfordernis, die Anonymität zu wahren;

d) Gewährung von Schutz und schutzgewährende Stelle;

e) neue Identität;

f) Möglichkeit der Teilnahme an einer Gerichtsverhandlung;

g) negative Erfahrungen;

h) Entlohnung (finanziell/Vergünstigungen).

Andere in Absatz 2 aufgeführte Daten können erforderlichenfalls gespeichert werden, sofern Grund zu der Annahme besteht, dass sie für die Analyse der Rolle der Betreffenden als Informanten notwendig sind.

Daten, die für weitere Analysen nicht erforderlich sind, werden gelöscht.

(7) Stellt sich im Verlauf einer Analyse anhand ernst zu nehmender und stichhaltiger Hinweise heraus, dass eine Person einer anderen in diesem Anhang bezeichneten Personengruppe als der Personengruppe, unter der sie ursprünglich geführt wurde, zugeordnet werden sollte, darf Europol nur die nach dieser neuen Kategorie zulässigen Daten über diese Person verarbeiten; alle anderen Daten werden gelöscht.

Stellt sich anhand dieser Hinweise heraus, dass eine Person unter zwei oder mehr Kategorien nach diesem Anhang geführt werden sollte, dürfen alle nach diesen Kategorien zulässigen Daten von Europol verarbeitet werden.

Gemeinsame Maßnahme
vom 10. März 1995
bezüglich der Europol-Drogenstelle, vom Rat aufgrund von Artikel K.3 *(31)* des Vertrags über die Europäische Union beschlossen

(95/73/JI)

(ABl 1995 L 62, 1, geändert durch ABl 1996 L 342, 4)

DER RAT DER EUROPÄISCHEN UNION –

gestützt auf Artikel K.3 *(31)* Absatz 2 Buchstabe b) des Vertrags über die Europäische Union,

auf Initiative der Bundesrepublik Deutschland,

in Erwägung nachstehender Gründe:

Die Mitgliedstaaten sehen die Einrichtung der Europol-Drogenstelle als eine Angelegenheit von gemeinsamem Interesse nach Artikel K.1 *(29)* Nummer 9 des Vertrags an.

Der Europäische Rat hat auf seiner Tagung am 28. und 29. Juni 1991 in Luxemburg Vorschläge für die Errichtung eines Europäischen Polizeiamts (Europol) zur Kenntnis genommen, den in diesen Vorschlägen festgelegten Zielen zugestimmt und die Empfehlung abgegeben, diese Vorschläge eingehender zu prüfen.

Die Minister haben dem Europäischen Rat am 4. Dezember 1991 einen Bericht über den Aufbau von Europol vorgelegt, wobei sie einstimmig übereinkamen, daß Europol beginnend mit einer Drogeninformationsstelle errichtet werden und anschließend in naher Zukunft ausgebaut werden sollte.

Der Europäische Rat hat auf seiner Tagung am 9. und 10. Dezember 1991 in Maastricht die Errichtung von Europol vereinbart, dessen Aufgabe es zunächst sein soll, den Informationsaustausch über Suchtstoffe auf der Ebene der Mitgliedstaaten zu organisieren, und die Minister angewiesen, so bald wie möglich die zu diesem Zweck erforderlichen Maßnahmen zu treffen.

Der Europäische Rat hat auf seiner Tagung am 26. und 27. Juni 1992 in Lissabon die Ausarbeitung eines Übereinkommens zur Errichtung von Europol empfohlen.

Es ist notwendig, daß die Mitgliedstaaten bereits vor dem Inkrafttreten dieses Übereinkommens im Rahmen einer geeigneten Struktur zusammenarbeiten.

In Anbetracht der dringenden Probleme, die sich aus dem internationalen illegalen Drogenhandel, der damit verbundenen Geldwäsche und dem organisierten Verbrechen ergeben, haben die Minister auf ihrer Sondertagung am 18. September 1992 empfohlen, die erste Stufe von Europol, die Europol-Drogenstelle, bis spätestens 1. Januar 1993 zu errichten.

Die auf der Ebene der Staats- und Regierungschefs vereinigten Vertreter der Regierungen der Mitgliedstaaten haben einen Beschluß über die Festlegung der Sitze bestimmter Einrichtungen und Dienststellen der Europäischen Gemeinschaften sowie von Europol angenommen, wonach Europol wie auch die Europol-Drogenstelle ihren Sitz in Den Haag erhalten.

Die Mitgliedstaaten verfügen mit der Europol-Drogenstelle, die durch die am 2. Juni 1993 geschlossene Ministervereinbarung über die Einrichtung dieser Stelle errichtet worden ist und ihre Arbeit im Januar 1994 aufgenommen hat, bereits über eine vorläufige Struktur für eine Zusammenarbeit.

Der Europäische Rat hat auf seiner Tagung am 9. und 10. Dezember 1994 in Essen beschlossen, das Mandat der Europol-Drogenstelle auf den Kampf gegen den illegalen Handel mit radioaktiven und nuklearen Materialien, gegen die Schleuserkriminalität, gegen die Verschiebung von Kraftfahrzeugen sowie gegen die mit diesen Kriminalitätsfeldern zusammenhängende Geldwäsche auszudehnen.

Nach den Schlußfolgerungen des Europäischen Rates vom 9. und 10. Dezember 1994 ist das Übereinkommen zur Errichtung von Europol spätestens bis zur Tagung des Europäischen Rates in Cannes zu schließen, und es besteht der Wille, alle hierfür erforderlichen Schritte zu unternehmen –

BESCHLIESST:

Artikel 1. Für die ursprünglich durch die Ministervereinbarung vom 2. Juni 1993 errichtete Europol-Drogenstelle, nachstehend „Stelle" genannt, gelten die nachfolgenden Bestimmungen.

Artikel 2

Ziele und Geltungsbereich

(1) Jeder Mitgliedstaat entsendet einen oder mehrere Verbindungsbeamte nach Den Haag, um mit den Verbindungsbeamten der anderen Mitgliedstaaten einen Kooperationsstab zu bilden, der in der Stelle zusammenarbeit.

(2) Die Stelle arbeitet als nicht einsatzbezogener Stab für den Austausch und die Analyse von Informationen und Erkenntnissen über

a) den illegalen Drogenhandel,

b) den illegalen Handel mit radioaktiven und nuklearen Materialien,

c) die Schleuserkriminalität,

d) den Menschenhandel,

e) die Verschiebung von Kraftfahrzeugen,

die zwei oder mehr Mitgliedstaaten betreffen, sowie die daran beteiligten kriminellen Vereinigungen und die damit verbundene Geldwäsche.

Der Begriff des Menschenhandels im Sinne dieser gemeinsamen Maßnahme entspricht dem im Europol-Übereinkommen definierten Begriff.

(3) Das Ziel der Stelle besteht darin, die Polizei und andere zuständige Behörden in und zwischen den Mitgliedstaaten bei einer wirksameren Bekämpfung der in Absatz 2 genannten kriminellen Handlungen zu unterstützen.

Zu diesem Zweck nehmen die in der Stelle Mitwirkenden jeweils nach Maßgabe ihrer innerstaatlichen Gesetze, sonstiger einschlägiger Rechtsvorschriften und der von ihrem Mitgliedstaat erteilten Weisungen folgende Aufgaben wahr:

a) Austausch von informationen (einschließlich personenbezogener Informationen) zwischen den Mitgliedstaaten zur Förderung bestimmter kriminalpolizeilicher Ermittlungen im Hinblick auf die in Absatz 2 genannten Kriminalitätsfelder;

b) Erarbeitung allgemeiner Lageberichte und Verbrechensanalysen auf der Grundlage nicht personenbezogener Informationen, die von den Mitgliedstaaten geliefert werden oder aus anderen Quellen stammen.

Die Tätigkeit der Stelle läßt andere Formen der zwei- oder mehrseitigen Zusammenarbeit im Zusammenhang mit der Bekämpfung der in Absatz 2 genannten Kriminalitätsfelder sowie die Zuständigkeiten der Europäischen Gemeinschaften unberührt.

Artikel 3

Umgang mit Informationen

(1) Im Hinblick auf die in Artikel 2 Absatz 2 genannten Kriminalitätsfelder übermitteln die Verbindungsbeamten gemäß ihren innerstaatlichen Gesetzen, sonstigen einschlägigen Rechtsvorschriften und der von ihrem Mitgliedstaat erteilten Weisungen Informationen zur Förderung bestimmter kriminalpolizeilicher Ermittlungen im Hinblick auf die in Artikel 2 Absatz 2 genannten Kriminalitätsfelder sowie zur Gewinnung von Erkenntnissen und zur strategischen Analyse.

Zur Erfüllung ihrer Aufgaben haben die Verbindungsbeamten Zugriff auf alle einschlägigen kriminalpolizeilichen Informationen und Erkenntnisse ihres jeweiligen Mitgleidstaats.

Der Schutz aller Informationen vor unbefugtem Zugriff und vor Zerstörung, einschließlich der Sicherstellung des physischen Schutzes der Datenverarbeitungssysteme und -verbindungen, ist sicherzustellen.

(2) An die Stelle gerichtete Informationsersuchen der Polizei oder anderer zuständiger Behörden werden über eine nationale Zentralbehörde geleitet. Diese ist auch für die Entgegennahme und Weiterleitung der Antworten der Stelle zuständig.

Artikel 4

Datenschutz

(1) Personenbezogene Informationen werden auf der Grundlage eines Austausches zwischen den Verbindungsbeamten übermittelt, wobei diese nach Maßgabe ihrer innerstaatlichen Gesetze, sonstiger einschlägiger Rechtsvorschriften und der von ihrem Mitgliedstaat erteilten Weisungen über die Verarbeitung personenbezogener Informationen sowie unter Einhaltung der vom liefernden Staat aufgestellten Bedingungen für die Verwendung solcher Informationen handeln.

Jeder Informationsaustausch zwischen dem ersuchenden und dem liefernden Staat erfolgt ausschließlich auf zweiseitiger Grundlage über die Verbindungsbeamten dieser Staaten.

Sollte der liefernde Staat im Zuge der Bearbeitung eines Ersuchens Informationen im Zusammenhang mit einer Straftat in einem der in Artikel 2 Buchstabe b) genannten Kriminalitätsfeldern feststellen, die für einen anderen Mitgliedstaat von Interesse sind, so können diese Informationen dem betreffenden Mitgliedstaat über die Verbindungsbeamten der beteiligten Staaten im Einklang mit dem jeweiligen innerstaatlichen Recht zur Verfügung gestellt werden.

(2) Eine Weitergabe personenbezogener Informationen durch die Verbindungsbeamten an Nichtmitgliedstaaten oder internationale Organisationen findet nicht statt.

Soweit ihr innerstaatliches Datenschutzrecht dies vorschreibt, führen die Verbindungsbeamten ausschließlich zu Zwecken des Datenschutzes Aufzeichnungen über die personenbezogenen Informationen, die sie gemäß Absatz 1 weitergegeben haben. Im übrigen werden personenbezogene Informationen weder in automatisierten Dateien noch auf sonstige Weise zentral in der Stelle gespeichert.

(3) Die Mitgliedstaaten empfehlen ihren jeweiligen Datenschutzbehörden, die Tätigkeit ihrer Verbindungsbeamten im Hinblick auf die Einhaltung der innerstaatlichen Rechtsvorschriften über den Schutz personenbezogener Daten zu überwachen und nachzuprüfen, ob die gemeinsame Datenbank der Stelle, falls vorhanden, nur nicht personenbezogene Daten enthält.

Um diese Empfehlungen zu befolgen, weisen die Mitgliedstaaten ihre Verbindungsbeamten an, uneingeschränkt mit ihren zuständigen nationalen Datenschutzbehörden zusammenzuarbeiten.

Artikel 5

Personelle Ausstattung

(1) An der Spitze der Stelle steht ein Koordinator. Zum Leitungsgremium gehören außer dem Koordinator noch höchstens zwei stellvertretende Koordinatoren und zwei weitere Mitglieder, die hierarchisch unmittelbar mit dem Koordinator verbunden sind und einen klar abgegrenzten Aufgabenbereich haben.

Der Koordinator, die beiden stellvertretenden Koordinatoren und die beiden weiteren Mitglieder des Leitungsgremiums werden vom Rat nach den in Titel VI des Vertrags vorgesehenen Verfahren ernannt.

Das Leitungsgremium ist für den laufenden Betrieb der Stelle zuständig. Die Mitgliedstaaten weisen ihre Verbindungsbeamten an, nach Maßgabe ihrer innerstaatlichen Gesetze, sonstiger einschlägiger Rechtsvorschriften und ihrer Weisungen den Weisungen des Koordinators Folge zu leisten.

(2) Außer den unmittelbar von den Mitgliedstaaten entsandten Verbindungsbeamten werden in der Stelle weitere Mitarbeiter beschäftigt, deren Zahl vom Rat nach den in Titel VI des Vertrags vorgesehenen Verfahren festgelegt wird. Der Koordinator der Stelle wird an der Einstellung dieser Mitarbeiter beteiligt.

Artikel 6

Verantwortlichkeit

Unbeschadet der Verantwortlichkeit der Mitgliedstaaten für die Aufsicht über ihre nationalen Verbindungsbeamten übt der Rat eine allgemeine Aufsicht über die Tätigkeit der Stelle aus. Hierzu legt der Koordinator alle sechs Monate einen schriftlichen Bericht über seine Führung und die Tätigkeit der Stelle vor. Ferner stellt der Koordinator auf Ersuchen des Rates weitere Berichte oder sonstige Informationen zur Verfügung.

Artikel 7

Finanzen

Die Mitgliedstaaten tragen die Kosten für die Entsendung ihrer Verbindungsbeamten an die Stelle und für deren erforderliche Ausstattung. Für andere Kosten der Einrichtung und Unterhaltung der Stelle, die zunächst vom Gastland getragen werden, kommen die Mitgliedstaaten gemeinsam auf. Hierfür wird der jährliche Beitrag jedes Mitgliedstaats unter einhaltung seiner Haushaltsvorschriften und -verfahren auf der Grundlage des Bruttosozialprodukts (BSP) der einzelnen Mitgliedstaaten nach dem Schlüssel festgelegt, der zur Festlegung des BSP-Anteils der eigenen Mittel verwendet wird, durch die der Gesamthaushaltsplan der Europäischen Gemeinschaften finanziert wird.

In jedem Jahr wird das BSP jedes Mitgliedstaats für das vorangegangene Jahr zugrunde gelegt.

Artikel 8

Inkrafttreten

Diese Gemeinsame Maßnahme tritt am Tag ihrer Veröffentlichung im Amtsblatt in Kraft. Sie ersetzt die Ministervereinbarung vom 2. Juni 1993 über die Einrichtung der Europol-Drogenstelle.

Geschehen zu Brüssel am 10. März 1995.

Abkommen zwischen dem Europäischen Polizeiamt (Europol) und der Europäischen Zentralbank (EZB)

(ABl 2015 C 123, 1)

ABKOMMEN

ZWISCHEN

dem Europäischen Polizeiamt (Europol), mit Sitz Eisenhowerlaan 73, 2517 KK Den Haag, Niederlande, vertreten durch seinen Direktor, Herrn Rob Wainwright,

UND

der Europäischen Zentralbank (EZB), mit Sitz Kaiserstraße 29, 60311 Frankfurt am Main, Deutschland, vertreten durch ihren Präsidenten, Herrn Mario Draghi

(nachfolgend auch gemeinsam als „Vertragsparteien" oder einzeln als „Vertragspartei" bezeichnet) –

in Erwägung nachstehender Gründe:

1. Die Vertragsparteien haben am 13. Dezember 2001 ein Abkommen über Zusammenarbeit bei der Bekämpfung der Fälschung des Euro (nachfolgend das „Abkommen vom 13. Dezember 2001")[1]) geschlossen.
2. Diese Zusammenarbeit ist Ausdruck der Entschlossenheit der Vertragsparteien, gemeinsam die aus Euro-Fälschungen erwachsende Bedrohung zu bekämpfen und eine zentrale Rolle in diesem Kampf zu spielen. In diesem Zusammenhang kooperieren sie nach Maßgabe ihrer jeweiligen Zuständigkeiten mit den nationalen Zentralbanken (NZBen) im Rahmen des Europäischen Systems der Zentralbanken (ESZB), den nationalen Europol-Stellen, den nationalen Analysezentren, den nationalen Münzanalysezentren, dem Europäischen technischen und wissenschaftlichen Zentrum, der Europäischen Kommission und anderen nationalen und europäischen Stellen und internationalen Organisationen.
3. Artikel 3 Absatz 3 der Verordnung (EG) Nr. 1338/2001 des Rates zur Festlegung von zum Schutz des Euro gegen Geldfälschung erforderlichen Maßnahmen[2]) sieht vor, dass Europol und die EZB ein Abkommen schließen, wonach Europol Zugang zu den technischen und statistischen Daten der EZB über falsche Banknoten und Münzen hat, die sowohl in Mitgliedstaaten als auch in Drittländern entdeckt werden. Außerdem wird durch die Verordnung (EG) Nr. 1339/2001 des Rates die Anwendbarkeit der Verordnung (EG) Nr. 1338/2001 auf diejenigen Mitgliedstaaten erweitert, die den Euro nicht als einheitliche Währung eingeführt haben[3]).
4. Am 8. November 2001 hat die EZB den Beschluss EZB/2001/11 über bestimmte Voraussetzungen für den Zugang zum Falschgeldüberwachungssystem (FGÜS)[4]) erlassen. Das FGÜS ist ein von der EZB verwaltetes System, in dem technische und statistische Daten über Fälschungen von Euro-Banknoten und -Münzen aus Mitgliedstaaten und Drittländern gespeichert sind. In diesem Beschluss wird auf den Abschluss eines Abkommens zwischen den Vertragsparteien im Zusammenhang mit Europols Zugang zum FGÜS verwiesen.
5. Als Agentur der Europäischen Union hat Europol die Aufgabe, als Zentralstelle zur Bekämpfung der Euro-Fälschung gemäß dem Beschluss 2005/511/JI des Rates vom 12. Juli 2005 über den Schutz des Euro gegen Fälschung durch Benennung von Europol als Zentralstelle zur Bekämpfung der Euro-Fälschung tätig zu werden[5]). Gemäß dem Beschluss 2009/371/JI des Rates vom 6. April 2009 zur Errichtung des Europäischen Polizeiamts[6]) kann Europol auch die Koordinierung der von den zuständigen Behörden der Mitgliedstaaten im Rahmen gemeinsamer Ermittlungsgruppen zur Bekämpfung der Euro-Fälschung durchgeführten Maßnahmen fördern, gegebenenfalls in Verbindung mit Unionsstellen.
6. Gemäß Artikel 22 des Beschlusses 2009/371/JI kann Europol Kooperationsbeziehungen zu den durch den Vertrag über die Europäische Union und die Verträge zur Gründung der Europäischen Gemeinschaften oder auf deren/dessen Grundlage errichteten Organen, Einrichtungen, Ämtern und Agenturen herstellen und unterhalten.
7. Da sich das Abkommen vom 13. Dezember 2001 nicht auf die Zusammenarbeit zur Bekämpfung von Straftaten im Zusammen-

---

[1]) ABl. C 23 vom 25.1.2002, S. 9.

[2]) ABl. L 181 vom 4.7.2001, S. 6.

[3]) ABl. L 181 vom 4.7.2001, S. 11.

[4]) ABl. L 337 vom 20.12.2001, S. 49.

[5]) ABl. L 185 vom 16.7.2005, S. 35.

[6]) ABl. L 121 vom 15.5.2009, S. 37.

hang mit Zahlungsverkehrssystemen und bargeldlosen Zahlungsmitteln erstreckt, möchten die Vertragsparteien ihre Zusammenarbeit nach Maßgabe ihrer jeweiligen Zuständigkeit und ihres jeweiligen Auftrags auf a) die Bekämpfung von Betrug im Zusammenhang mit Zahlungsverkehrssystemen im Allgemeinen und b) die Prävention von Fälschungen im Zusammenhang mit bargeldlosen Zahlungsmitteln ausweiten. Zudem möchten die Vertragsparteien ihre Zusammenarbeit im Bereich der Bekämpfung der Fälschung des Euro weiter ausbauen.

8. Der Verwaltungsrat von Europol hat am 2. Oktober 2014 seine Zustimmung zum Inhalt dieses überarbeiteten Abkommens erteilt.
9. Der EZB-Rat hat über den Inhalt dieses überarbeiteten Abkommens am 30. Mai 2014 Einigung erzielt und hat an jenem Tag seine Zustimmung erteilt, dass der Präsident der EZB dieses Abkommen im Namen der EZB unterzeichnet –

sind die Vertragsparteien wie folgt übereingekommen:

KAPITEL I
ALLGEMEINE BESTIMMUNGEN

Artikel 1
Zweck des Abkommens

Zweck des Abkommens ist es, einen Rahmen für eine effektive Zusammenarbeit der Vertragsparteien nach Maßgabe ihrer jeweiligen Zuständigkeiten und vorbehaltlich ihrer jeweiligen Vorschriften und Regelungen zu schaffen. Diese Zusammenarbeit betrifft:

a) Maßnahmen zur Abwehr, Erkennung und Bekämpfung der aus rechtswidrigen Handlungen im Zusammenhang mit Euro-Banknoten und -Münzen, bargeldlosen Zahlungsmitteln und der Sicherheit von Zahlungen erwachsenden Bedrohung;
b) Amtshilfe, die beide Vertragsparteien nationalen, europäischen und internationalen Stellen in diesen Bereichen leisten.

Artikel 2
Beratung und Informationsaustausch

1. Zur Verwirklichung ihrer Ziele, Koordinierung ihrer Tätigkeiten und Vermeidung unnötiger Mehrarbeit ziehen die Vertragsparteien einander nach Maßgabe ihrer jeweiligen Zuständigkeiten regelmäßig zu Rate über Grundsatzentscheidungen, die im Hinblick auf die in Artikel 1 vorgesehenen Angelegenheiten von gemeinsamem Interesse zu treffen und auszuführen sind. Der Präsident der EZB und der Direktor von Europol oder die von ihnen bestimmten Personen treffen sich mindestens einmal im Jahr, um die Durchführung dieses Abkommens zu überprüfen.
2. Der Austausch von Informationen zwischen den Vertragsparteien erfolgt zu den in diesem Abkommen festgelegten Zwecken und in Übereinstimmung mit dessen Vorschriften und umfasst keine Daten, die sich auf identifizierte oder identifizierbare Personen beziehen.
3. Die Vertragsparteien können den Austausch von Mitarbeitern im Rahmen einer Entsendung vereinbaren. Einzelheiten werden in einer gesonderten gemeinsamen Absichtserklärung geregelt.

Artikel 3
Kontaktpersonen

1. Zum Zweck der Durchführung dieses Abkommens
   – sind die Kontaktpersonen der EZB der Direktor der Direktion Banknoten der EZB (für die Zusammenarbeit bei der Bekämpfung der Fälschung von Euro-Banknoten und -Münzen) und der Generaldirektor der Generaldirektion Marktinfrastrukturen und Zahlungsverkehr der EZB (für die Zusammenarbeit bei der Bekämpfung von Betrug im Zusammenhang mit Zahlungsverkehrssystemen und Fälschung von bargeldlosen Zahlungsmitteln);
   – ist die Kontaktperson von Europol der für die Abteilung Operationen zuständige stellvertretende Direktor.

   Änderungen der in diesem Absatz aufgeführten Kontaktpersonen, die zu einem späteren Zeitpunkt erfolgen, können im Wege eines Schriftwechsels zwischen dem Direktor von Europol und dem Präsidenten der EZB vereinbart werden.
2. Für die Zwecke von Artikel 5 Absatz 1 benennt Europol weitere Kontaktpersonen und teilt den Kontaktpersonen der EZB ihre Namen sowie etwaige Änderungen schriftlich mit.

KAPITEL II
SONDERBESTIMMUNGEN ÜBER DIE FÄLSCHUNG DES EURO

Artikel 4
Informationsaustausch, Koordinierung von Grundsatzentscheidungen und Maßnahmen und Amtshilfe

1. Die Vertragsparteien liefern einander unverzüglich und regelmäßig Informationen über

Fälschungen des Euro und anderer Währungen. Diese enthalten im Falle von Informationen, die Europol der EZB zur Verfügung stellt, Informationen von nationalen, europäischen und internationalen Strafverfolgungsbehörden. Liefert die EZB Informationen an Europol, enthalten diese von nationalen, europäischen und internationalen Stellen erlangte Informationen.

2. Die Vertragsparteien verpflichten sich, ihre Grundsatzentscheidungen, Fortbildungsaktivitäten, allgemeinen Informationskampagnen und Veröffentlichungen, die sich auf den Anwendungsbereich dieses Abkommens beziehen, zu koordinieren. Sie informieren einander über ihre mit Euro-Fälschungen im Zusammenhang stehenden öffentlichen Erklärungen und ihre externe Kommunikationspolitik mit Ausnahme von operativen Informationen.
3. Bei Angelegenheiten, die mit der Fälschung des Euro zusammenhängen, unterstützt Europol die EZB in deren Beziehungen zu nationalen, europäischen und internationalen Einrichtungen der Strafverfolgung.
4. Die Vertragsparteien stellen sicher, dass Nachrichten ihrer Frühwarnsysteme aufeinander abgestimmt sind.

Artikel 5

Zugang zur FGÜS-Datenbank und damit zusammenhängende Vorschriften

1. Die EZB gewährt den Europol-Bediensteten, die gemäß Artikel 3 Absatz 2 als Kontaktpersonen zu diesem Zweck bestimmt sind, online Lesezugang zur FGÜS-Datenbank. Dieser Zugang ermöglicht diesen Bediensteten keine unmittelbare Dateneinspeisung in das FGÜS. Die Zugangsmodalitäten, einschließlich der notwendigen systembezogenen Regelungen, werden im Wege eines Briefwechsels zwischen dem Präsidenten der EZB und dem Direktor von Europol näher bestimmt.
2. Zusätzlich informiert die EZB Europol unverzüglich über die Erstellung jeder neuen europäischen Falschgeldklasse im FGÜS und jeden größeren Fund falscher Euro-Banknoten.
3. Die EZB liefert Europol Muster echter Euro-Banknoten und die zugehörigen technischen Beschreibungen sowie mindestens eine Probe jeder falschen Euro-Banknote, der ein neuer Fälschungsklassenindikator im FGÜS zugeordnet wurde. Die vorliegende Vorschrift wird so angewandt, dass sie der Verwendung und Einbehaltung der vermutlich falschen Banknoten als Beweismittel im Rahmen von Strafverfahren nicht entgegensteht.

Artikel 6

Ersuchen um Amtshilfe

1. Die Vertragsparteien übermitteln einander alle mit Euro-Fälschungen zusammenhängenden Ersuchen um Sachverständigengutachten oder Beweisbeibringung im Rahmen von gerichtlichen Verfahren und schaffen geeignete Verfahren zur Koordinierung ihrer Antworten auf solche Ersuchen.
2. Die Vertragsparteien arbeiten zusammen, um eindeutige Kommunikationswege für Ersuchen um Amtshilfe über Europol bei der Strafverfolgung einzurichten.

Artikel 7

Technische Analyse

1. Die EZB macht Europol die Ergebnisse jeder technischen Analyse unmittelbar zugänglich.
2. Europol macht der EZB technische Analysen von Fälschungen zugänglich, die von Europol oder von Dritten im Auftrag von Europol durchgeführt wurden.

KAPITEL III

SONDERBESTIMMUNG ÜBER DIE PRÄVENTION VON BETRUG UND FÄLSCHUNG IM ZUSAMMENHANG MIT BARGELDLOSEN ZAHLUNGSMITTELN

Artikel 8

Informationsaustausch

Die Vertragsparteien können nach Maßgabe ihrer jeweiligen Zuständigkeiten und zur Förderung der Prävention von Betrug und der Bekämpfung von Fälschungen im Zusammenhang mit bargeldlosen Zahlungsmitteln ad hoc folgende Informationen austauschen: a) Berichte und aggregierte statistische Daten; b) Informationen über schwerwiegende Sicherheitsvorfälle, Risiko-und Technikfolgenabschätzungen und c) Erkenntnisse aus den relevanten Tätigkeiten der EZB und von Europol gemäß den geltenden Vertraulichkeitsvorschriften.

Die EZB kann von Europol erhaltene relevante Informationen nach dem Grundsatz des berechtigten Informationsinteresses („Need-to-know-Prinzip“) an andere ESZB-Mitglieder weiterleiten, sofern sich Europol nicht ausdrücklich gegen eine Weiterleitung der Informationen ausgesprochen hat. Die EZB kann relevante Informationen anderer ESZB-Mitglieder an Europol weiterleiten, sofern die betreffende(-n) NZB(-en) diesem zugestimmt hat/haben.

KAPITEL IV
SCHLUSSBESTIMMUNGEN

Artikel 9
Vertraulichkeit

1. Jede der beiden Vertragsparteien stellt sicher, dass Informationen, die sie auf der Grundlage dieses Abkommens von der anderen Vertragspartei erhält, ihren Vertraulichkeits-und Sicherheitsstandards für die Informationsverarbeitung unterliegen und ein Schutzniveau genießen, das dem Schutzniveau der Maßnahmen, welche die andere Vertragspartei auf solche Informationen anwendet, zumindest gleichwertig ist.
2. Die Vertragsparteien legen Entsprechungswerte für die von ihnen jeweils angewandten Vertraulichkeits-und Sicherheitsstandards im Wege eines Briefwechsels fest.
3. Die Vertragspartei, die die Informationen übermittelt, ist dafür verantwortlich, die für die entsprechenden Informationen angemessene Vertraulichkeitsstufe zu wählen, und stellt sicher, dass diese klar angegeben wird. Gemäß dem Verhältnismäßigkeitsgrundsatz legen die Vertragsparteien Vertraulichkeitsstufen fest, die so niedrig wie möglich sind, und sofern möglich, ändern sie Vertraulichkeitsstufen dementsprechend.
4. Beide Vertragsparteien können jederzeit um Änderung der für die übermittelten Informationen gewählten Vertraulichkeitsstufe, einschließlich der Aufhebung der Vertraulichkeit, ersuchen. Der Empfänger der Informationen ist verpflichtet, die Vertraulichkeitsstufe entsprechend zu ändern.
5. Aus Gründen der Vertraulichkeit kann jede der beiden Vertragsparteien Nutzungsbeschränkungen für die der anderen Vertragspartei übermittelten Daten bestimmen. Der Empfänger der Daten ist verpflichtet, sich an diese Beschränkungen zu halten.
6. Jede Vertragspartei verarbeitet die im Zusammenhang mit der administrativen Durchführung dieses Abkommens erhaltenen personenbezogenen Daten gemäß den Datenschutzbestimmungen, die auf die betreffende Vertragspartei anwendbar sind. Jede Vertragspartei verwendet diese personenbezogenen Daten ausschließlich zum Zwecke der Durchführung des Abkommens.

Artikel 10
Haftung

Erleidet eine Vertragspartei oder eine natürliche Person durch vorsätzliches oder fahrlässiges Handeln der anderen Vertragspartei infolge einer unbefugten oder fehlerhaften Informationsverarbeitung nach diesem Abkommen einen Schaden, haftet die andere Vertragspartei für diesen Schaden. Die Festsetzung und der Ausgleich des Schadens zwischen den Vertragsparteien gemäß diesem Artikel erfolgt nach dem in Artikel 11 festgelegten Verfahren.

Artikel 11
Beilegung von Streitigkeiten

1. Alle Streitigkeiten, die sich im Zusammenhang mit der Auslegung oder der Anwendung dieses Abkommens ergeben können, werden durch Konsultationen und Verhandlungen zwischen Vertretern der Vertragsparteien beigelegt.
2. Falls eine der beiden Vertragsparteien in erheblichem Ausmaß gegen die Bestimmungen dieses Abkommens verstößt oder eine Vertragspartei der Ansicht ist, das ein solcher Verstoß in naher Zukunft eintreten könnte, kann jede Vertragspartei die Anwendung dieses Abkommens bis zum Abschluss des Verfahrens nach Absatz 1 aussetzen. Die aufgrund des Abkommens bestehenden Verpflichtungen für die Vertragsparteien bleiben jedoch in Kraft.

Artikel 12
Sonstige Bestimmungen

1. Sofern nichts anderes bestimmt ist, tragen die Vertragsparteien die ihnen aus der Durchführung dieses Abkommens entstehenden Kosten selbst.
2. Dieses Abkommen kann im gegenseitigen Einvernehmen der Vertragsparteien geändert werden.
3. Jede der beiden Vertragsparteien kann dieses Abkommen unter Einhaltung einer Frist von zwölf Monaten schriftlich kündigen. Im Falle einer Kündigung einigen sich die Vertragsparteien über die weitere Nutzung und Speicherung der Informationen, die sie untereinander ausgetauscht haben. Falls keine Einigung erzielt wird, hat jede der beiden Vertragsparteien das Recht zu verlangen, dass die von ihr übermittelten Informationen vernichtet oder der übermittelnden Vertragspartei zurückgegeben werden.
4. Das Abkommen vom 13. Dezember 2001 ist aufgehoben und Bezugnahmen auf das aufgehobene Abkommen gelten als Bezugnahmen auf vorliegendes Abkommen.
5. Dieses Abkommen tritt am Tag nach seiner Unterzeichnung in Kraft.
6. Dieses Abkommen wird in der Reihe C des *Amtsblatts der Europäischen Union* veröffentlicht.

Erklärung EU – Türkei, 18. März 2016*

Heute sind die Mitglieder des Europäischen Rates mit ihrem türkischen Amtskollegen zusammengekommen. Es war das dritte Treffen seit November 2015 zur Vertiefung der Beziehungen zwischen der Türkei und der EU und zur Bewältigung der Migrationskrise.

Die Mitglieder des Europäischen Rates haben dem türkischen Volk ihr tiefstes Mitgefühl nach dem Bombenanschlag vom Sonntag in Ankara ausgesprochen. Sie haben diese abscheuliche Tat aufs Schärfste verurteilt und bekräftigt, dass sie den Kampf gegen den Terrorismus in all seinen Formen weiterhin unterstützen werden.

Die Türkei und die Europäische Union haben abermals betont, dass sie entschlossen sind, ihren gemeinsamen Aktionsplan vom 29. November 2015 umzusetzen. Viele Fortschritte wurden bereits erreicht; so hat die Türkei ihren Arbeitsmarkt für Syrer, die unter vorübergehendem Schutz stehen, geöffnet, es wurden neue Visabedingungen für Syrer und Staatsangehörige anderer Staaten eingeführt, die türkische Küstenwache und die türkische Polizei haben ihre Sicherheitsmaßnahmen intensiviert, und der Informationsaustausch wurde verstärkt. Überdies hat die Europäische Union mit der Auszahlung der 3 Milliarden Euro aus der Fazilität für Flüchtlinge in der Türkei für konkrete Projekte begonnen, und die Arbeiten zur Visaliberalisierung und die Beitrittsgespräche sind vorangekommen, einschließlich der Eröffnung des Kapitels 17 im vergangenen Dezember. Am 7. März 2016 hat sich die Türkei des Weiteren einverstanden erklärt, die rasche Rückführung aller Migranten zu akzeptieren, die keinen internationalen Schutz benötigen und von der Türkei aus nach Griechenland einreisen, und alle in türkischen Gewässern aufgegriffenen irregulären Migranten zurückzunehmen. Die Türkei und die EU haben zudem vereinbart, weiter verstärkt gegen Schleuser vorzugehen, und den NATO-Einsatz in der Ägäis begrüßt.

Gleichwohl sind sich die Türkei und die EU bewusst, dass weitere rasche und entschlossene Anstrengungen erforderlich sind.

Um das Geschäftsmodell der Schleuser zu zerschlagen und den Migranten eine Alternative zu bieten, damit sie nicht ihr Leben aufs Spiel setzen, haben die EU und die Türkei heute beschlossen, die irreguläre Migration aus der Türkei in die EU zu beenden. Um dieses Ziel zu erreichen, haben sie die folgenden zusätzlichen Maßnahmen vereinbart:

(1) Alle neuen irregulären Migranten, die ab dem 20. März 2016 von der Türkei auf die griechischen Inseln gelangen, werden in die Türkei rückgeführt. Hierbei wird das EU-Recht und das Völkerrecht uneingeschränkt gewahrt, so dass jegliche Art von Kollektivausweisung ausgeschlossen ist. Alle Migranten werden nach den einschlägigen internationalen Standards und in Bezug auf den Grundsatz der Nicht-Zurückweisung geschützt. Es handelt sich hierbei um eine vorübergehende und außerordentliche Maßnahme, die zur Beendigung des menschlichen Leids und zur Wiederherstellung der öffentlichen Ordnung erforderlich ist. Migranten, die auf den griechischen Inseln ankommen, werden ordnungsgemäß registriert, und alle Asylanträge werden von den griechischen Behörden gemäß der Asylverfahrensrichtlinie auf Einzelfallbasis bearbeitet, in Zusammenarbeit mit dem UNHCR. Migranten, die kein Asyl beantragen oder deren Antrag gemäß der genannten Richtlinie als unbegründet oder unzulässig abgelehnt wird, werden in die Türkei rückgeführt. Mit Unterstützung durch Organe und Agenturen der EU ergreifen die Türkei und Griechenland die notwendigen Maßnahmen und vereinbaren alle erforderlichen bilateralen Regelungen, einschließlich der Präsenz türkischer Beamter auf griechischen Inseln sowie griechischer Beamter in der Türkei ab dem 20. März 2016, um die Verbindungsarbeit sicherzustellen und dadurch das reibungslose Funktionieren dieser Regelungen zu erleichtern. Die Kosten für die Aktionen zur Rückführung irregulärer Migranten werden von der EU übernommen.

(2) Für jeden von den griechischen Inseln in die Türkei rückgeführten Syrer wird ein anderer Syrer aus der Türkei in der EU neu angesiedelt, wobei die VN-Kriterien der Schutzbedürftigkeit berücksichtigt werden. Mit Unterstützung der Kommission, von Agenturen der EU und anderen Mitgliedstaaten sowie des UNHCR wird ein Mechanismus eingeführt werden, durch den die Anwendung dieses Grundsatzes von demselben Tag an, an dem die Rückführungen beginnen, sichergestellt wird. Vorrang erhalten Migranten, die vorher noch nicht irregulär in die EU eingereist sind und dies auch nicht versucht haben. Auf Seiten der EU wird die Neuansiedlung nach diesem Mechanismus zunächst durch die Einlösung der Verpflichtungen stattfinden, die die Mitgliedstaaten in den Schlussfolgerungen der im Rat vereinigten Vertreter der Regierungen der Mitgliedstaaten vom 20. Juli 2015 eingegangen sind; demnach stehen noch 18 000 Plätze für die Neuansiedlung zur Verfügung. Weiterer Neuansiedlungsbedarf wird mit einer ähnlichen freiwilligen Vereinbarung bis zu einer Grenze von 54 000

zusätzlichen Personen gedeckt werden. Die Mitglieder des Europäischen Rates begrüßen die Absicht der Kommission, eine Änderung des Umsiedlungsbeschlusses vom 22. September 2015 vorzuschlagen, die ermöglichen soll, dass für jede Neuansiedlungsverpflichtung, die im Rahmen dieser Vereinbarung übernommen wird, die Zahl der im Rahmen dieses Beschlusses nicht vergebenen Plätze entsprechend verringert werden kann. Sollten diese Vereinbarungen nicht zur angestrebten Beendigung der irregulären Migration führen und nähert sich die Anzahl der Rückführungen den oben diesbezüglich vorgesehenen Zahlen, so wird dieser Mechanismus überprüft. Sollte die Anzahl der Rückführungen die oben vorgesehenen Zahlen übersteigen, wird dieser Mechanismus eingestellt.

(3) Die Türkei wird alle erforderlichen Maßnahmen ergreifen, um zu verhindern, dass neue See- oder Landrouten für die illegale Migration von der Türkei in die EU entstehen, und sie wird zu diesem Zweck mit den Nachbarstaaten sowie mit der EU zusammenarbeiten.

(4) Sobald die irregulären Grenzüberquerungen zwischen der Türkei und der EU enden oder zumindest ihre Zahl erheblich und nachhaltig zurückgegangen ist, wird eine Regelung für die freiwillige Aufnahme aus humanitären Gründen aktiviert. Die EU-Mitgliedstaaten werden einen freiwilligen Beitrag zu dieser Regelung leisten.

(5) Der Fahrplan für die Visaliberalisierung wird hinsichtlich aller beteiligten Mitgliedstaaten beschleunigt vollzogen, damit die Visumpflicht für türkische Staatsangehörige spätestens Ende Juni 2016 aufgehoben werden kann, sofern alle Benchmarks erfüllt wurden. Im Hinblick darauf wird die Türkei die notwendigen Maßnahmen ergreifen, um die verbleibenden Anforderungen zu erfüllen, damit die Kommission im Anschluss an die erforderliche Bewertung der Einhaltung der Benchmarks bis Ende April einen geeigneten Vorschlag unterbreiten kann, auf dessen Grundlage das Europäische Parlament und der Rat einen endgültigen Beschluss fassen können.

(6) Die EU wird in enger Zusammenarbeit mit der Türkei die Auszahlung der im Rahmen der Fazilität für Flüchtlinge in der Türkei ursprünglich zugewiesenen 3 Milliarden Euro weiter beschleunigen und Mittel für weitere Projekte für Personen, die vorübergehenden Schutz genießen, bereitstellen; diese Projekte werden mit einem zügigen Beitrag der Türkei vor Ende März bestimmt. Eine erste Liste konkreter Projekte für Flüchtlinge, insbesondere Projekte in den Bereichen Gesundheit, Bildung, Infrastruktur, Lebensmittelversorgung und sonstige Lebenshaltungskosten, die rasch aus der Fazilität finanziert werden können, werden innerhalb einer Woche gemeinsam bestimmt. Sobald diese Mittel nahezu vollständig ausgeschöpft sind, wird die EU – sofern die vorgenannten Verpflichtungen erfüllt worden sind – zusätzliche Mittel für die Fazilität in Höhe von weiteren 3 Milliarden Euro bis Ende 2018 mobilisieren.

(7) Die EU und die Türkei haben die laufenden Arbeiten zum Ausbau der Zollunion begrüßt.

(8) Die EU und die Türkei bekräftigten ihre Entschlossenheit zur Neubelebung des Beitrittsprozesses gemäß ihrer gemeinsamen Erklärung vom 29. November 2015. Sie begrüßen die am 14. Dezember 2015 erfolgte Eröffnung von Kapitel 17 und haben beschlossen, als nächsten Schritt Kapitel 33 während des niederländischen Vorsitzes zu eröffnen. Sie begrüßen es, dass die Kommission diesbezüglich im April einen Vorschlag vorlegen wird. Die Vorbereitungsarbeiten für die Eröffnung anderer Kapitel werden unbeschadet der Standpunkte der Mitgliedstaaten im Einklang mit den geltenden Regeln beschleunigt fortgesetzt werden.

(9) Die EU und ihre Mitgliedstaaten werden mit der Türkei bei allen gemeinsamen Anstrengungen zur Verbesserung der humanitären Bedingungen in Syrien, hier insbesondere in bestimmten Zonen nahe der türkischen Grenze, zusammenarbeiten, damit die ansässige Bevölkerung und die Flüchtlinge in sichereren Zonen leben können.

Alle diese Elemente sollen gleichzeitig vorangebracht und auf monatlicher Basis gemeinsam kontrolliert werden.

Die EU und die Türkei haben beschlossen, im Einklang mit der gemeinsamen Erklärung vom 29. November 2015 bei Bedarf erneut zusammenzukommen.

*18.03.2016: Pressemitteilung 144/16 Auswärtige Angelegenheiten und internationale Beziehungen, abrufbar über: www.consilium.europa.eu/de/press/press-releases/2016/03/18-eu-turkey-statement/

Errichtung der Europäischen Staatsanwaltschaft*)

*) Hinweis: Durchführungsbeschluss (EU) 2018/1696 des Rates vom 13. Juli 2018 über die Regeln für die Tätigkeit des Auswahlausschusses nach Artikel 14 Absatz 3 der Verordnung (EU) 2017/1939 zur Durchführung einer Verstärkten Zusammenarbeit zur Errichtung der Europäischen Staatsanwaltschaft (EUStA) (ABl 2018 L 282, 8). Geschäftsordnung der Europäischen Staatsanwaltschaft (ABl 2021 C 22, 3).

ABl 2017 L 283, 1 idF

1 ABl 2020 L 431, 1

Verordnung (EU) 2017/1939 des Rates vom 12. Oktober 2017 zur Durchführung einer Verstärkten Zusammenarbeit zur Errichtung der Europäischen Staatsanwaltschaft (EUStA)

DER RAT DER EUROPÄISCHEN UNION –

gestützt auf den Vertrag über die Arbeitsweise der Europäischen Union, insbesondere auf Artikel 86,

auf Vorschlag der Europäischen Kommission,

nach Zuleitung des Entwurfs des Gesetzgebungsakts an die nationalen Parlamente,

gestützt auf die Mitteilung Belgiens, Bulgariens, Deutschlands, Finnlands, Frankreichs, Griechenlands, Kroatiens, Litauens, Luxemburgs, Portugals, Rumäniens, der Slowakei, Sloweniens, Spaniens, der Tschechischen Republik und Zyperns, mit der sie dem Europäischen Parlament, dem Rat und der Kommission am 3. April 2017 mitteilt haben, dass sie eine Verstärkte Zusammenarbeit auf der Grundlage des Verordnungsentwurfs begründen möchten,

nach Zustimmung des Europäischen Parlaments[1)],

gemäß einem besonderen Gesetzgebungsverfahren,

in Erwägung nachstehender Gründe:

(1) Die Union hat sich die Schaffung eines Raums der Freiheit, der Sicherheit und des Rechts zum Ziel gesetzt.

(2) Die Möglichkeit der Errichtung der Europäischen Staatsanwaltschaft (im Folgenden „EUStA") ist im Vertrag über die Arbeitsweise der Europäischen Union (AEUV) im Rahmen des Titels über den Raum der Freiheit, der Sicherheit und des Rechts vorgesehen.

(3) Sowohl die Union als auch ihre Mitgliedstaaten sind verpflichtet, die finanziellen Interessen der Union vor Straftaten zu schützen, die jedes Jahr einen beträchtlichen finanziellen Schaden verursachen. Diese Straftaten werden jedoch von den nationalen Behörden der Strafjustiz derzeit nicht immer in ausreichendem Maße untersucht und strafrechtlich verfolgt.

(4) Die Kommission hat am 17. Juli 2013 einen Vorschlag für eine Verordnung des Rates zur Errichtung der EUStA angenommen.

(5) Auf seiner Tagung vom 7. Februar 2017 hat der Rat festgestellt, dass über den Verordnungsentwurf keine Einstimmigkeit bestand.

(6) Eine Gruppe von 17 Mitgliedstaaten hat mit Schreiben vom 14. Februar 2017 gemäß Artikel 86 Absatz 1 Unterabsatz 2 AEUV beantragt, den Europäischen Rat mit dem Verordnungsentwurf zu befassen.

(7) Der Europäische Rat hat am 9. März 2017 über den Verordnungsentwurf beraten und festgestellt, dass im Sinne des Artikels 86 Absatz 1 Unterabsatz 3 AEUV kein Einvernehmen erzielt wurde.

(8) Am 3. April 2017 haben Belgien, Bulgarien, Deutschland, Finnland, Frankreich, Griechenland, Kroatien, Litauen, Luxemburg, Portugal, Rumänien, die Slowakei, Slowenien, Spanien, die Tschechische Republik und Zypern dem Europäischen Parlament, dem Rat und der Kommission mitgeteilt, dass sie eine Verstärkte Zusammenarbeit zur Errichtung der EUStA begründen möchten. Daher gilt gemäß Artikel 86 Absatz 1 Unterabsatz 3 AEUV die Ermächtigung zu einer Verstärkten Zusammenarbeit nach Artikel 20 Absatz 2 des Vertrags über die Europäische Union (EUV) und Artikel 329 Absatz 1 AEUV als erteilt und finden die Bestimmungen über die Verstärkte Zusammenarbeit ab dem 3. April 2017 Anwendung. Außerdem haben mit Schreiben vom 19. April 2017, 1. Juni 2017, 9. Juni 2017 bzw. 22. Juni 2017 Lettland, Estland, Österreich und Italien den Wunsch bekundet, sich an der Durchführung der Verstärkten Zusammenarbeit zu beteiligen.

[1)] Zustimmung vom 5. Oktober 2017 (noch nicht im Amtsblatt veröffentlicht).

(9) Nach Artikel 328 Absatz 1 AEUV steht eine Verstärkte Zusammenarbeit bei ihrer Begründung allen Mitgliedstaaten der Europäischen Union offen. Dies gilt auch zu jedem anderen Zeitpunkt, auch für eine bestehende Verstärkte Zusammenarbeit, sofern sie die in diesem Rahmen bereits erlassenen Rechtsakte beachten. Die Kommission und die Mitgliedstaaten, die an der Verstärkten Zusammenarbeit zur Errichtung der EUStA teilnehmen (im Folgenden „Mitgliedstaaten") sollten für die Teilnahme möglichst vieler Mitgliedstaaten der Europäischen Union werben. Diese Verordnung sollte nur in denjenigen Mitgliedstaaten in allen ihren Teilen verbindlich sein und auch nur in denjenigen Mitgliedstaaten unmittelbar gelten, die an der Verstärkten Zusammenarbeit zur Errichtung der EUStA oder kraft eines Beschlusses gemäß Artikel 331 Absatz 1 Unterabsatz 2 oder 3 AEUV daran teilnehmen.

(10) Gemäß Artikel 86 AEUV sollte die Europäische Staatsanwaltschaft ausgehend von Eurojust eingesetzt werden. Dies bedeutet, dass mit dieser Verordnung eine enge Beziehung zwischen ihnen geschaffen werden sollte, die sich auf gegenseitige Zusammenarbeit stützt.

(11) Der AEUV sieht vor, dass der sachliche Zuständigkeitsbereich der EUStA auf Straftaten zum Nachteil der finanziellen Interessen der Union gemäß dieser Verordnung beschränkt ist. Die Aufgaben der EUStA sollten daher in der strafrechtlichen Untersuchung und Verfolgung sowie der Anklageerhebung in Bezug auf Personen bestehen, die Straftaten zum Nachteil der finanziellen Interessen der Union im Sinne der Richtlinie (EU) 2017/1371 des Europäischen Parlaments und des Rates[1)] und untrennbar damit verbundene Straftaten begangen haben. Für eine Ausdehnung ihrer Zuständigkeit auf schwere Straftaten mit grenzüberschreitender Dimension ist ein einstimmiger Beschluss des Europäischen Rates erforderlich.

(12) Im Einklang mit dem Subsidiaritätsprinzip lässt sich die Bekämpfung von Straftaten zum Nachteil der finanziellen Interessen der Union in Anbetracht ihres Umfangs und ihrer Wirkungen besser auf Unionsebene verwirklichen. In der jetzigen Situation, in der Straftaten zum Nachteil der finanziellen Interessen der Union ausschließlich von den Behörden der Mitgliedstaaten der Europäischen Union strafrechtlich verfolgt werden, lässt sich dieses Ziel nicht immer zufriedenstellend erreichen. Da das Ziel dieser Verordnung, nämlich die bessere Bekämpfung von Straftaten in Bezug auf die finanziellen Interessen der Union durch die Errichtung der EUStA, wegen der Zersplitterung der nationalen Strafverfolgungsmaßnahmen im Bereich von Straftaten zum Nachteil der finanziellen Interessen der Union von deren Mitgliedstaaten allein nicht verwirklicht werden kann und sich daher besser auf Unionsebene erreichen lässt, indem der EUStA die Zuständigkeit für die Verfolgung dieser Straftaten übertragen wird, kann die Union im Einklang mit dem in Artikel 5 EUV niedergelegten Subsidiaritätsprinzip tätig werden. Entsprechend dem in jenem Artikel niedergelegten Grundsatz der Verhältnismäßigkeit geht diese Verordnung nicht über das für die Erreichung dieses Ziels erforderliche Maß hinaus und gewährleistet, dass ihre Auswirkungen auf die Rechtsordnungen und die institutionellen Strukturen der Mitgliedstaaten so gering wie möglich gehalten werden.

(13) In dieser Verordnung ist ein System der geteilten Zuständigkeit zwischen der EUStA und den nationalen Behörden bei der Bekämpfung von Straftaten zum Nachteil der finanziellen Interessen der Union vorgesehen, das sich auf das Evokationsrecht der EUStA stützt.

(14) Im Sinne des Grundsatzes der loyalen Zusammenarbeit sollten die EUStA und die zuständigen nationalen Behörden einander unterstützen und unterrichten, damit die Straftaten, die in die Zuständigkeit der EUStA fallen, wirksam bekämpft werden können.

(15) Diese Verordnung lässt die nationalen Systeme der Mitgliedstaaten in Bezug auf die Art und Weise, wie strafrechtliche Ermittlungen organisiert werden, unberührt.

(16) Da der EUStA Ermittlungs- und Strafverfolgungsbefugnisse zu übertragen sind, sollte ihre Unabhängigkeit und ihre Rechenschaftspflicht gegenüber den Organen der Union durch institutionelle Garantien gewährleistet werden.

(17) Die EUStA sollte im Interesse der Union insgesamt handeln und Weisungen von Personen außerhalb der EUStA weder einholen noch entgegennehmen.

(18) Die strenge Rechenschaftspflicht ergänzt die Unabhängigkeit und die Befugnisse, die der EUStA durch diese Verordnung verliehen werden. Der Europäische Generalstaatsanwalt ist für die Erfüllung seiner Pflichten als Leiter der EUStA uneingeschränkt rechenschaftspflichtig und trägt als solcher gegenüber dem Europäischen Parlament, dem Rat und der Kommission die institutio-

[1)] Richtlinie (EU) 2017/1371 des Europäischen Parlaments und des Rates vom 5. Juli 2017 über die strafrechtliche Bekämpfung von gegen die finanziellen Interessen der Union gerichtetem Betrug (ABl. L 198 vom 28.7.2017, S. 29).

nelle Gesamtverantwortung für die allgemeine Tätigkeit der EUStA. Jedes dieser Organe kann daher beim Gerichtshof der Europäischen Union (im Folgenden „Gerichtshof") unter bestimmten Umständen, einschließlich im Falle schweren Fehlverhaltens, seine Entlassung beantragen. Dasselbe Verfahren sollte bei der Entlassung von Europäischen Staatsanwälten zur Anwendung kommen.

(19) Die EUStA sollte einen Jahresbericht über ihre allgemeine Tätigkeit veröffentlichen, der zumindest statistische Daten zur Arbeit der EUStA enthalten sollte.

(20) Die Organisationsstruktur der EUStA sollte eine schnelle und effiziente Entscheidungsfindung in Bezug auf die Durchführung strafrechtlicher Ermittlungen und von Strafverfolgungsmaßnahmen ermöglichen, unabhängig davon, ob ein oder mehrere Mitgliedstaaten betroffen sind. Ferner sollte die Struktur sicherstellen, dass alle nationalen Rechtsordnungen und -traditionen der Mitgliedstaaten in der EUStA vertreten sind und dass Staatsanwälte, die Kenntnisse über die einzelnen Rechtsordnungen besitzen, grundsätzlich Ermittlungen und Strafverfolgungsmaßnahmen in ihren jeweiligen Mitgliedstaaten durchführen.

(21) Zu diesem Zweck sollte die EUStA eine unteilbare Einrichtung der Union sein, die als eine einheitliche Behörde handelt. Die zentrale Ebene besteht aus dem Europäischen Generalstaatsanwalt, der der Leiter der EUStA insgesamt und der Leiter des Kollegiums Europäischer Staatsanwälte ist, den Ständigen Kammern und den Europäischen Staatsanwälten. Die dezentrale Ebene besteht aus den Delegierten Europäischen Staatsanwälten, die in den Mitgliedstaaten angesiedelt sind.

(22) Um die Kohärenz ihres Handelns und damit einen einheitlichen Schutz der finanziellen Interessen der Union zu gewährleisten, sollte die EUStA darüber hinaus durch ihre Organisationsstruktur und ihren internen Entscheidungsprozess der zentralen Dienststelle ermöglichen, alle Ermittlungen und Strafverfolgungsmaßnahmen, die von den Delegierten Europäischen Staatsanwälten durchgeführt werden, zu überwachen, zu leiten und zu beaufsichtigen.

(23) Die in dieser Verordnung verwendeten Begriffe „allgemeine Aufsicht", „überwachen und leiten" und „Aufsicht" beschreiben unterschiedliche Kontrollmaßnahmen, die von der EUStA ausgeübt werden. „Allgemeine Aufsicht" sollte die allgemeine Verwaltung der Tätigkeit der EUStA, in deren Rahmen Weisungen nur zu Angelegenheiten gegeben werden, die für die EUStA von übergreifender Bedeutung sind, bezeichnen. „Überwachen und leiten" sollte die Befugnisse, einzelne Ermittlungen und Strafverfolgungsmaßnahmen zu überwachen und zu leiten, bezeichnen. „Aufsicht" sollte eine engere und durchgängige Aufsicht über die Ermittlungen und Strafverfolgungsmaßnahmen bezeichnen; dazu gehört, dass, wenn erforderlich, eingegriffen und Weisungen zu Ermittlungen und Strafverfolgungsangelegenheiten erteilt werden können.

(24) Das Kollegium sollte über strategische Fragen, einschließlich hinsichtlich der Festlegung der Prioritäten und der Ermittlungs- und Strafverfolgungspolitik der EUStA, sowie über allgemeine Fragen entscheiden, die sich aus Einzelfällen ergeben, z. B. hinsichtlich der Anwendung dieser Verordnung, der ordnungsgemäßen Umsetzung der Ermittlungs- und Strafverfolgungspolitik der EUStA oder hinsichtlich Grundsatzfragen oder Fragen von erheblicher Bedeutung in Bezug auf die Entwicklung einer kohärenten Ermittlungs- und Strafverfolgungspolitik der EUStA. Die Entscheidungen des Kollegiums über allgemeine Fragen sollten die Pflicht, die Ermittlungen und die Strafverfolgung in Übereinstimmung mit dieser Verordnung und nationalem Recht vorzunehmen, unberührt lassen. Das Kollegium sollte sich nach Kräften bemühen, Entscheidungen im Konsens zu treffen. Kann kein Konsens erzielt werden, so sollten Entscheidungen durch Abstimmung getroffen werden.

(25) Die Ständigen Kammern sollten Ermittlungen überwachen und leiten und die Kohärenz der Tätigkeit der EUStA gewährleisten. Die Zusammensetzung der Ständigen Kammern sollte im Einklang mit der Geschäftsordnung der EUStA festgelegt werden, worin unter anderem gestattet werden sollte, dass ein Europäischer Staatsanwalt Mitglied mehr als einer Ständigen Kammer ist, sofern sich dies als zweckmäßig erweist, um eine möglichst ausgewogene Arbeitsbelastung der einzelnen Europäischen Staatsanwälten sicherzustellen.

(26) Den Vorsitz der Ständigen Kammern sollte der Europäische Generalstaatsanwalt, einer seiner Stellvertreter oder ein Europäischer Staatsanwalt im Einklang mit den in der Geschäftsordnung der EUStA niedergelegten Grundsätzen führen.

(27) Die Zuteilung der Verfahren auf die Ständigen Kammern sollte nach dem Zufallsprinzip erfolgen, um so weit wie möglich eine ausgewogene Verteilung der Arbeitsbelastung sicherzustellen. Abweichungen von diesem Prinzip sollten auf Entscheidung des Europäischen Generalstaatsanwalts möglich sein, um ein ordnungsgemäßes

und wirksames Funktionieren der EUStA zu gewährleisten.

(28) Aus jedem Mitgliedstaat sollte ein Europäischer Staatsanwalt für das Kollegium ernannt werden. Grundsätzlich sollten die Europäischen Staatsanwälte im Auftrag der zuständigen Ständigen Kammer die Ermittlungen und Strafverfolgungsmaßnahmen beaufsichtigen, für die die Delegierten Europäischen Staatsanwälte in ihrem Herkunftsmitgliedstaat zuständig sind. Sie sollten als Verbindungsstelle zwischen der zentralen Dienststelle und der dezentralen Ebene in ihren Mitgliedstaaten fungieren und so die Funktionsweise der EUStA als einer einheitlichen Dienststelle erleichtern. Der Aufsicht führende Europäische Staatsanwalt sollte außerdem prüfen, ob alle Weisungen im Einklang mit dem nationalen Recht stehen, und die Ständige Kammer darüber unterrichten, falls dies nicht der Fall sein sollte.

(29) Im Falle hoher Arbeitsbelastung aufgrund der großen Zahl an Ermittlungen und Strafverfolgungsmaßnahmen in einem bestimmten Mitgliedstaat sollte ein Europäischer Staatsanwalt die Möglichkeit haben, zu beantragen, dass ausnahmsweise anderen Europäischen Staatsanwälten die Aufsicht über bestimmte Ermittlungen und Strafverfolgungsmaßnahmen in seinem Herkunftsmitgliedstaat zugewiesen werden kann. Die Entscheidung darüber sollte vom Europäischen Generalstaatsanwalt mit Zustimmung des Europäischen Staatsanwalts, der die betreffenden Fälle übernehmen würde, getroffen werden. Die Kriterien für derartige Entscheidungen sollten in der Geschäftsordnung der EUStA festgelegt werden; zu diesen Kriterien sollte gehören, dass der Europäische Staatsanwalt, der die Fälle übernimmt, ausreichende Kenntnisse der Sprache und der Rechtsordnung des betreffenden Mitgliedstaats besitzt.

(30) Die Ermittlungen der EUStA sollten in der Regel von den Delegierten Europäischen Staatsanwälten in den Mitgliedstaaten durchgeführt werden. Sie sollten hierbei gemäß dieser Verordnung bzw. in Angelegenheiten, die nicht unter diese Verordnung fallen, gemäß nationalem Recht handeln. Die Delegierten Europäischen Staatsanwälte sollten ihre Aufgaben unter Aufsicht des Aufsicht führenden Europäischen Staatsanwalts und unter der Lenkung und nach Weisung der zuständigen Ständigen Kammer ausführen. Ist nach nationalem Recht eines Mitgliedstaats die interne Überprüfung bestimmter Handlungen innerhalb der Struktur der nationalen Staatsanwaltschaft vorgesehen, so sollte im Einklang mit der Geschäftsordnung der EUStA die Überprüfung solcher vom Delegierten Europäischen Staatsanwalt getroffenen Entscheidungen unter die Aufsichtsbefugnis des Aufsicht führenden Europäischen Staatsanwalts fallen. In diesen Fällen sollten die Mitgliedstaaten nicht verpflichtet sein, eine Überprüfung durch nationale Gerichte vorzusehen; Artikel 19 EUV und Artikel 47 der Charta der Grundrechte der Europäischen Union (im Folgenden „Charta") bleiben hiervon unberührt.

(31) Die Aufgaben der Staatsanwaltschaft vor den zuständigen Gerichten gelten bis zum Abschluss des Verfahrens, worunter die endgültige Klärung der Frage zu verstehen ist, ob der Verdächtige oder Beschuldigte die Straftat begangen hat, gegebenenfalls einschließlich der Festlegung des Strafmaßes und der abschließenden Entscheidung über alle verfügbaren Rechtshandlungen oder Rechtsbehelfe, bis hierüber rechtskräftig entschieden ist.

(32) Die Delegierten Europäischen Staatsanwälte sollten ein integraler Bestandteil der EUStA sein; als solche sollten sie daher bei der Ermittlung und Verfolgung von Straftaten, die in die Zuständigkeit der EUStA fallen, ausschließlich im Auftrag und im Namen der EUStA im Hoheitsgebiet ihres jeweiligen Mitgliedstaats handeln. Dies erfordert, dass ihnen im Rahmen dieser Verordnung ein funktional und rechtlich unabhängiger Status gewährt wird, der sich von einem Status nach nationalem Recht unterscheidet.

(33) Ungeachtet ihres besonderen Status im Rahmen dieser Verordnung sollten Delegierte Europäische Staatsanwälte während ihrer Amtszeit ferner Mitglieder der Staatsanwaltschaft ihres Mitgliedstaats, d. h. Staatsanwalt oder Mitglied der Richterschaft, sein; von ihren Mitgliedstaaten sollten ihnen zumindest die gleichen Befugnisse wie nationalen Staatsanwälten zuerkannt werden.

(34) Die Delegierten Europäischen Staatsanwälte sollten an Weisungen der Ständigen Kammern und der Europäischen Staatsanwälte gebunden sein. Ist ein Delegierter Europäischer Staatsanwalt der Auffassung, dass er zur Ausführung einer Weisung Maßnahmen treffen müsste, die nicht im Einklang mit dem nationalen Recht stehen, so sollte er um eine Überprüfung der Weisung durch den Europäischen Generalstaatsanwalt ersuchen.

(35) Der mit einem Verfahren betraute Delegierte Europäische Staatsanwalt sollte den Aufsicht führenden Europäischen Staatsanwalt und die zuständige Ständige Kammer von allen wesentlichen Entwicklungen des Falles, wie z. B. die Durchführung von Ermittlungsmaßnahmen oder Änderungen des Kreises verdächtiger Personen, unterrichten.

(36) Die Ständigen Kammern sollten ihre Entscheidungsbefugnisse in spezifischen Phasen der Verfahren der EUStA ausüben, damit eine gemeinsame Ermittlungs- und Strafverfolgungspraxis gewährleistet wird. Sie sollten Entscheidungen auf der Grundlage eines vom betrauten Delegierten Europäischen Staatsanwalt vorgeschlagenen Entscheidungsentwurfs treffen. In Ausnahmefällen sollte eine Ständige Kammer jedoch Entscheidungen ohne einen Entscheidungsentwurf des betrauten Delegierten Europäischen Staatsanwalts treffen können. In derartigen Fällen kann der die Aufsicht über das Verfahren führende Europäische Staatsanwalt einen solchen Entscheidungsentwurf vorlegen.

(37) Eine Ständige Kammer sollte in spezifischen Fällen, in denen die Straftat nicht schwerwiegend oder das Verfahren nicht komplex ist, ihre Entscheidungsbefugnisse dem Aufsicht führenden Europäischen Staatsanwalt übertragen können. Bei der Bewertung der Schwere einer Straftat sollte den Auswirkungen der Straftat auf Unionsebene Rechnung getragen werden.

(38) Eine Regelung zur Vertretung der Europäischen Staatsanwälte untereinander sollte in der Geschäftsordnung der EUStA vorgesehen werden. Die Vertretungsregelung sollte in Fällen angewendet werden, in denen ein Europäischer Staatsanwalt seine Aufgaben kurzzeitig nicht erfüllen kann, beispielsweise wegen Abwesenheit.

(39) Darüber hinaus sollte ein Europäischer Staatsanwalt von einem der Delegierten Europäischen Staatsanwälte seines Mitgliedstaats vertreten werden, wenn er zurücktritt, entlassen wird oder aus anderem Grund, beispielsweise wegen längerer Krankheit, aus dem Amt ausscheidet. Die Vertretung sollte auf einen Zeitraum von höchstens drei Monaten beschränkt sein. Die Möglichkeit der Verlängerung dieses Zeitraums bis zur Ersetzung oder Rückkehr des Europäischen Staatsanwalts sollte im Ermessen des Kollegiums liegen, soweit dies für erforderlich erachtet wird unter Berücksichtigung der Arbeitsbelastung der EUStA und der Dauer der Abwesenheit. Der Delegierte Europäische Staatsanwalt, der den Europäischen Staatsanwalt vertritt, sollte für die Zeit der Vertretung von den Ermittlungen oder Strafverfolgungsmaßnahmen entbunden werden, die er als Delegierter Europäischer Staatsanwalt oder nationaler Staatsanwalt leitet. Hinsichtlich der Verfahren der EUStA, für die der einen Europäischen Staatsanwalt vertretende Delegierte Europäische Staatsanwalt zuständig ist, sollten die Neuzuweisungsvorschriften der EUStA gelten.

(40) Das Verfahren für die Ernennung des Europäischen Generalstaatsanwalts und der Europäischen Staatsanwälte sollte deren Unabhängigkeit gewährleisten. Ihre Legitimität sollte sich aus der Beteiligung der Organe der Union an dem Verfahren für die Ernennung herleiten. Die Stellvertreter des Europäischen Generalstaatsanwalts sollten vom Kollegium aus dem Kreis seiner Mitglieder ernannt werden.

(41) Ein Auswahlausschuss sollte eine Auswahlliste der Bewerber für das Amt des Europäischen Generalstaatsanwalts erstellen. Die Befugnis zur Festlegung der Regeln für die Tätigkeit des Ausschusses und zur Ernennung seiner Mitglieder sollte dem Rat übertragen werden, der auf Vorschlag der Kommission handelt. Eine solche Durchführungsbefugnis würde die spezifischen Befugnisse, die dem Rat nach Artikel 86 AEUV übertragen sind, und die Besonderheit der EUStA widerspiegeln, die fest in die nationalen Rechtsstrukturen eingebettet bleiben, zugleich aber eine Einrichtung der Union sein wird. Die EUStA wird in Verfahren tätig sein, in denen die meisten der übrigen Akteure nationale Akteure sind, beispielsweise die Gerichte, die Polizei und sonstige Strafverfolgungsbehörden; der Rat hat daher ein spezifisches Interesse daran, an dem Ernennungsverfahren eng beteiligt zu sein. Mit der Übertragung dieser Befugnisse auf den Rat wird außerdem dem potenziell sensiblen Charakter von Entscheidungsbefugnissen mit unmittelbaren Auswirkungen auf die nationalen Justiz- und Strafverfolgungsstrukturen angemessen Rechnung getragen. Das Europäische Parlament und der Rat sollten im gegenseitigen Einvernehmen einen der Bewerber, die in die Auswahlliste aufgenommen wurden, zum Europäischen Generalstaatsanwalt ernennen.

(42) Jeder Mitgliedstaat sollte drei Kandidaten für das Amt eines Europäischen Staatsanwalts, der vom Rat auszuwählen und zu ernennen ist, benennen. Damit die Kontinuität der Arbeit des Kollegiums gewährleistet wird, sollte alle drei Jahre eine Neubesetzung eines Drittels der Stellen der Europäischen Staatsanwälte stattfinden. Dem Rat sollte die Befugnis übertragen werden, Übergangsvorschriften für die Ernennung der Europäischen Staatsanwälte für die erste Amtszeit und während der ersten Amtszeit zu erlassen. Diese Durchführungsbefugnis spiegelt die Befugnis des Rates wider, die Europäischen Staatsanwälte auszuwählen und zu ernennen. Dies ist außerdem durch die Besonderheit der Europäischen Staatsanwälte, die darin besteht, dass sie mit ihrem jeweiligen Herkunftsmitgliedstaat verbunden sind, während sie zugleich Mitglieder des Kollegiums sind, und ganz allgemein durch die Besonderheit der EUStA gerechtfertigt, wobei der gleichen Logik wie bei der Durchführungsbefugnis des Rates zur Festlegung der Regeln für die Tätigkeit des Ausschusses und zur Ernennung von

dessen Mitgliedern gefolgt wird. Der Rat sollte das geografische Spektrum der Mitgliedstaaten bei der Neubesetzung eines Drittels der Stellen der Europäischen Staatsanwälte während ihrer ersten Amtszeit berücksichtigen.

(43) Das Verfahren für die Ernennung der Delegierten Europäischen Staatsanwälte sollte gewährleisten, dass sie integraler Bestandteil der EUStA sind, während sie auf operativer Ebene weiterhin in ihre nationalen Rechtsordnungen und Gerichts- und Strafverfolgungsstrukturen integriert sind. Die Mitgliedstaaten sollten Bewerber für die Stellen der Delegierten Europäischen Staatsanwälte benennen, die vom Kollegium auf Vorschlag des Europäischen Generalstaatsanwalts ernannt werden sollten.

(44) In jedem Mitgliedstaat sollte es zwei oder mehr Delegierte Europäische Staatsanwälte geben, damit die reibungslose Bearbeitung der Fälle der EUStA gewährleistet wird. Der Europäische Generalstaatsanwalt sollte in Konsultation mit jedem einzelnen Mitgliedstaat die Anzahl der Delegierten Europäischen Staatsanwälte je Mitgliedstaat sowie die funktionale und örtliche Aufteilung der Zuständigkeiten zwischen den Delegierten Europäischen Staatsanwälten genehmigen. Bei dieser Konsultation sollte der Organisationsstruktur des nationalen Strafverfolgungssystems gebührend Rechnung getragen werden. Der Begriff der funktionalen Aufteilung der Zuständigkeiten zwischen den Delegierten Europäischen Staatsanwälten könnte eine Aufteilung der Aufgaben ermöglichen.

(45) Die Gesamtzahl der Delegierten Europäischen Staatsanwälte in einem Mitgliedstaat kann mit der Genehmigung des Europäischen Generalstaatsanwalts und vorbehaltlich der Obergrenze der jährlichen Haushaltslinie der EUStA geändert werden.

(46) Das Kollegium sollte für Disziplinarverfahren gegen Delegierte Europäische Staatsanwälte, die nach dieser Verordnung tätig werden, zuständig sein. Da Delegierte Europäische Staatsanwälte aktive Mitglieder der Staatsanwaltschaft oder der Richterschaft der Mitgliedstaaten bleiben und auch Aufgaben als nationale Staatsanwälte wahrnehmen können, können nationale Disziplinarvorschriften aus Gründen, die nicht mit dieser Verordnung im Zusammenhang stehen, anzuwenden sein. In derartigen Fällen sollte jedoch der Europäische Generalstaatsanwalt aufgrund seiner Verantwortlichkeit für die Verwaltung der EUStA über die Entlassung oder Disziplinarmaßnahme unterrichtet werden, damit die Integrität und Unabhängigkeit der EUStA gewahrt bleibt.

(47) Die Arbeit der EUStA sollte grundsätzlich in elektronischer Form erfolgen. Die EUStA sollte ein Fallbearbeitungssystem einrichten, führen und verwalten. Zu den Informationen im Fallbearbeitungssystem sollten Informationen über etwaige Straftaten, die in die Zuständigkeit der EUStA fallen, sowie Informationen aus den Verfahrensakten gehören, auch wenn sie abgeschlossen sind. Die EUStA sollte bei der Einrichtung des Fallbearbeitungssystems gewährleisten, dass die EUStA durch das System als einheitliche Dienststelle fungieren kann, bei der die von den Delegierten Europäischen Staatsanwälten geführten Verfahrensakten der zentralen Dienststelle für die Ausübung ihrer Entscheidungs-, Überwachungs- und Leitungs- und Aufsichtsaufgaben zur Verfügung stehen.

(48) Die nationalen Behörden sollten die EUStA unverzüglich über Handlungen unterrichten, die eine in die Zuständigkeit der EUStA fallende Straftat darstellen könnten. In Fällen, die nicht in die Zuständigkeit der EUStA fallen, sollte diese die zuständigen nationalen Behörden über Sachverhalte informieren, von denen sie Kenntnis erhalten hat und die eine Straftat darstellen könnten, wie z. B. Falschaussagen.

(49) Die Organe, Einrichtungen und sonstigen Stellen der Union sowie die nationalen Behörden sollten der EUStA unverzüglich Informationen über Straftaten mitteilen, bezüglich deren sie ihre Zuständigkeit ausüben könnte. Die EUStA kann auch Informationen von anderen Quellen wie privaten Dritten erhalten oder einholen. Bei der EUStA sollte mit einem Überprüfungsmechanismus festgestellt werden, ob ausgehend von den erhaltenen Informationen die Voraussetzungen für die sachliche, territoriale und personelle Zuständigkeit der EUStA erfüllt sind.

(50) Hinweisgeber können der EUStA neue Informationen zur Kenntnis bringen und sie dadurch in ihrer Arbeit der strafrechtlichen Untersuchung und Verfolgung sowie der Anklageerhebung in Bezug auf Personen, die Straftaten zum Nachteil der finanziellen Interessen der Union begangen haben, unterstützen. Hinweisgeber können jedoch aus Angst vor Vergeltung abgeschreckt werden. Zur Erleichterung der Aufdeckung von Straftaten, die in die Zuständigkeit der EUStA fallen, werden die Mitgliedstaaten aufgefordert, im Einklang mit ihren nationalen Rechtsvorschriften wirksame Verfahren vorzusehen, um die Meldung etwaiger Straftaten, die in die Zuständigkeit der EUStA fallen, zu ermöglichen und den Schutz der Personen, die diese Straftaten melden, vor Vergeltung und insbesondere vor nachteiligen oder diskriminierenden Maßnahmen im Beschäftigungsverhältnis sicher-

zustellen. Die EUStA sollte erforderlichenfalls ihre eigenen internen Vorschriften entwickeln.

(51) Um in vollem Umfang ihre Verpflichtung zu erfüllen, die EUStA in Kenntnis zu setzen, wenn der Verdacht auf eine in deren Zuständigkeit fallende Straftat besteht, sollten die nationalen Behörden der Mitgliedstaaten sowie alle Organe, Einrichtungen und sonstigen Stellen der Union die bestehenden Meldeverfahren einhalten und über effiziente Mechanismen für eine erste Bewertung der ihnen gegenüber geäußerten Behauptungen verfügen. Die Organe, Einrichtungen und sonstigen Stellen der Union können zu diesem Zweck das Europäische Amt für Betrugsbekämpfung (OLAF) in Anspruch nehmen.

(52) Die Behörden der Mitgliedstaaten sollten ein System schaffen, mit dem sichergestellt wird, dass Informationen der EUStA so bald wie möglich übermittelt werden. Es ist Sache der Mitgliedstaaten, zu entscheiden, ob sie ein direktes oder ein zentralisiertes System errichten.

(53) Die Einhaltung dieser Mitteilungspflicht ist für das einwandfreie Funktionieren der EUStA unerlässlich und sollte weit ausgelegt werden, um zu gewährleisten, dass nationale Behörden Fälle mitteilen, in denen die Prüfung bestimmter Kriterien nicht sofort möglich ist (beispielsweise das Ausmaß des Schadens oder die anzuwendende Strafe). Die EUStA sollte außerdem von den Behörden der Mitgliedstaaten im Einzelfall Informationen über sonstige Straftaten zum Nachteil der finanziellen Interessen der Union einholen können. Dies sollte nicht so verstanden werden, dass die EUStA von den Behörden der Mitgliedstaaten systematisch oder in regelmäßigen Abständen Informationen über geringfügige Delikte einholen kann.

(54) Die effiziente Ermittlung von Straftaten zum Nachteil der finanziellen Interessen der Union und der Grundsatz *Ne bis in idem* können in bestimmten Fällen eine Ausdehnung der Ermittlungen auf andere Straftaten nach nationalem Recht erfordern, wenn Letztere mit einer Straftat zum Nachteil der finanziellen Interessen der Union untrennbar verbunden sind. Der Begriff „untrennbar miteinander verbundene Straftaten" sollte im Lichte der einschlägigen Rechtsprechung ausgelegt werden, die als relevantes Kriterium für die Anwendung des Grundsatzes *Ne bis in idem* die Identität der Sachverhalte (oder im Wesentlichen gleichartige Sachverhalte) heranzieht, was so zu verstehen ist, dass es eine Reihe konkreter Umstände gibt, die zeitlich und räumlich untrennbar miteinander verbunden sind.

(55) Die EUStA sollte zur Ausübung ihrer Zuständigkeit berechtigt sein, wenn Straftaten untrennbar miteinander verbunden sind und der Schwerpunkt gemessen an der Schwere der betreffenden Straftat, wie sie sich in der Höchststrafe widerspiegelt, die verhängt werden könnte, auf der Straftat zum Nachteil der finanziellen Interessen der Union liegt.

(56) Bei untrennbar miteinander verbundenen Straftaten sollte die EUStA jedoch auch dann zur Ausübung ihrer Zuständigkeit berechtigt sein, wenn der Schwerpunkt gemessen am Strafmaß nicht auf der Straftat zum Nachteil der finanziellen Interessen der Union liegt, die untrennbar verbundene andere Straftat jedoch als akzessorisch zu betrachten ist, da sie lediglich Mittel zur Begehung der Straftat zum Nachteil der finanziellen Interessen der Union ist, insbesondere wenn eine derartige andere Straftat zu dem Hauptzweck begangen wurde, Voraussetzungen für die Begehung der Straftat zum Nachteil der finanziellen Interessen der Union zu schaffen, wie z. B. Straftaten, die gerade darauf ausgerichtet sind, für die materiellen oder rechtlichen Mittel zu sorgen, die die Begehung der Straftat zum Nachteil der finanziellen Interessen der Union ermöglichen oder die aus dieser Straftat hervorgehenden Vorteile oder Erträge zu sichern.

(57) Für den Begriff „Straftaten im Zusammenhang mit der Beteiligung an einer kriminellen Vereinigung" sollte die im nationalen Recht gemäß dem Rahmenbeschluss 2008/841/JI des Rates[1] vorgesehene Definition maßgeblich sein, und er kann beispielsweise die Mitgliedschaft in einer kriminellen Vereinigung oder deren Organisation und Führung umfassen.

(58) Die Zuständigkeit der EUStA für Straftaten zum Nachteil der finanziellen Interessen der Union sollte in der Regel Vorrang vor nationalen Zuständigkeitsansprüchen haben, damit die EUStA für Kohärenz sorgen und die Ermittlungen und Strafverfolgungsmaßnahmen auf Unionsebene lenken kann. Hinsichtlich dieser Straftaten sollten die Behörden der Mitgliedstaaten nicht tätig werden, es sei denn, es müssen Eilmaßnahmen getroffen werden, bis die EUStA entschieden hat, ob sie Ermittlungen führt.

(59) Bei einem konkreten Fall sollte u. a. dann davon ausgegangen werden, dass er Auswirkungen auf Unionsebene hat, wenn es sich um eine Straftat grenzübergreifender Art und Größenordnung handelt, an einer derartigen Straftat eine

---

[1] Rahmenbeschluss 2008/841/JI des Rates vom 24. Oktober 2008 zur Bekämpfung der organisierten Kriminalität (ABl. L 300 vom 11.11.2008, S. 42).

kriminelle Vereinigung beteiligt ist oder die besondere Art der Straftat eine ernste Gefahr für die finanziellen Interessen der Union oder für die Glaubwürdigkeit ihrer Organe und das Vertrauen ihrer Bürger darstellen könnte.

(60) Kann die EUStA ihre Zuständigkeit in einem bestimmten Fall nicht ausüben, da Grund zu der Annahme besteht, dass der den finanziellen Interessen der Union entstandene oder wahrscheinlich entstehende Schaden den einem anderen Opfer entstandenen oder wahrscheinlich entstehenden Schaden nicht übersteigt, so sollte die EUStA dennoch in der Lage sein, ihre Zuständigkeit auszuüben, sofern sie besser als die Behörden des jeweiligen Mitgliedstaats bzw. der jeweiligen Mitgliedstaaten dafür geeignet ist, die Ermittlungs- oder Strafverfolgungsmaßnahmen durchzuführen. Die EUStA könnte u. a. dann besser dafür geeignet sein, wenn es effizienter wäre, bei einer Straftat aufgrund deren grenzübergreifender Art und Größenordnung die EUStA die Ermittlungen und Strafverfolgungsmaßnahmen durchführen zu lassen, wenn an der Straftat eine kriminelle Vereinigung beteiligt ist oder wenn eine bestimmte Art der Straftat eine ernste Gefahr für die finanziellen Interessen der Union oder für die Glaubwürdigkeit ihrer Institutionen und das Vertrauen ihrer Bürger darstellen könnte. In einem derartigen Fall sollte die EUStA ihre Zuständigkeit mit Zustimmung der zuständigen nationalen Behörde des Mitgliedstaats bzw. der Mitgliedstaaten ausüben können, in dem bzw. in denen einem oder mehreren solchen anderen Opfern ein Schaden entstanden ist.

(61) Leitet eine Justiz- oder Strafverfolgungsbehörde eines Mitgliedstaats ein Ermittlungsverfahren wegen einer Straftat ein und ist sie der Ansicht, dass die EUStA ihre Zuständigkeit nicht ausüben könnte, so unterrichtet sie die EUStA hiervon, damit diese beurteilen kann, ob sie die Zuständigkeit ausüben sollte.

(62) Bei Uneinigkeit über die Frage der Ausübung der Zuständigkeit sollten die zuständigen nationalen Behörden über die Zuständigkeitsverteilung entscheiden. Unter dem Begriff der zuständigen nationalen Behörden sollten die Justizbehörden verstanden werden, die nach dem nationalen Recht für die Entscheidung über die Zuständigkeitsverteilung zuständig sind.

(63) Da die EUStA bei nationalen Gerichten Anklage erheben soll, sollte ihre Zuständigkeit unter Verweis auf die strafrechtlichen Vorschriften der Mitgliedstaaten festgelegt werden, mit denen im Wege der Umsetzung der einschlägigen Rechtsvorschriften der Union, insbesondere der Richtlinie (EU) 2017/1371, in die nationalen Rechtsordnungen Handlungen oder Unterlassungen zum Nachteil der finanziellen Interessen der Union unter Strafe gestellt und die anwendbaren Sanktionen festgelegt werden.

(64) Die EUStA sollte ihre Zuständigkeit so umfassend wie möglich ausüben, damit sich ihre Ermittlungen und Strafverfolgungsmaßnahmen auf außerhalb der Hoheitsgebiete der Mitgliedstaaten begangene Straftaten erstrecken können.

(65) Die EUStA sollte sich bei ihren Ermittlungen und Strafverfolgungsmaßnahmen von den Grundsätzen der Verhältnismäßigkeit, der Unparteilichkeit und der Fairness gegenüber dem Verdächtigen oder Beschuldigten leiten lassen. Dies schließt die Verpflichtung ein, alle Arten von Beweisen zu erheben, belastende wie entlastende, entweder von sich aus oder auf Antrag der Verteidigung.

(66) Um Rechtssicherheit zu gewährleisten und Straftaten zum Nachteil der finanziellen Interessen der Union wirksam zu bekämpfen, sollte die Ermittlungs- und Strafverfolgungstätigkeit der EUStA vom Legalitätsprinzip geleitet sein, nach dem die EUStA die Vorschriften dieser Verordnung strikt einhält, insbesondere in Bezug auf die Zuständigkeit und ihre Ausübung, die Einleitung von Ermittlungsverfahren, die Beendigung von Ermittlungen, die Verweisung eines Verfahrens, die Einstellung des Verfahrens und vereinfachte Strafverfolgungsverfahren.

(67) In der Regel sollte gegen einen Verdächtigen oder Beschuldigten nur ein einziges Ermittlungs- oder Strafverfolgungsverfahren der EUStA laufen, damit die Rechte des Verdächtigen bzw. des Beschuldigten am besten gewahrt werden. Wurde eine Straftat von mehreren Personen begangen, so sollte die EUStA grundsätzlich nur ein Verfahren einleiten und die Ermittlungen gegen alle Verdächtigen oder Beschuldigten verbunden durchführen.

(68) Haben mehrere Delegierte Europäische Staatsanwälte Ermittlungsverfahren in Bezug auf dieselbe Straftat eingeleitet, so sollte die Ständige Kammer diese Ermittlungsverfahren gegebenenfalls verbinden. Die Ständige Kammer kann entscheiden, die betreffenden Verfahren nicht zu verbinden, oder aber entscheiden, diese Verfahren anschließend zu trennen, sofern dies im Interesse der Effizienz der Ermittlungen liegt – beispielsweise wenn ein Verfahren gegen einen Verdächtigen oder Beschuldigten zu einem früheren Zeitpunkt abgeschlossen werden könnte, während die Verfahren gegen andere Verdächtige oder Beschuldigte noch fortgeführt werden müssten, oder wenn die Abtrennung des Verfahrens die

Dauer der Untersuchungshaft eines der Verdächtigen verkürzen könnte. Sind verschiedene Ständige Kammern mit den zu verbindenden Verfahren befasst, so sollte die Geschäftsordnung der EUStA die geeignete Zuständigkeit und das geeignete Verfahren bestimmen. Entscheidet die Ständige Kammer, ein Verfahren in mehrere Verfahren zu trennen, so sollte ihre Zuständigkeit für die daraus folgenden Verfahren fortbestehen.

(69) Insbesondere für die Durchführung von Zwangsmaßnahmen sollte die EUStA die nationalen Behörden einschließlich der Polizeibehörden in Anspruch nehmen. Nach dem Grundsatz der loyalen Zusammenarbeit sollten alle nationalen Behörden und die zuständigen Stellen der Union, einschließlich Eurojust, Europol und OLAF, die Ermittlungen und Strafverfolgungsmaßnahmen der EUStA aktiv unterstützen und mit ihr zusammenarbeiten, und zwar ab dem Zeitpunkt, zu dem der EUStA eine mutmaßliche Straftat gemeldet wird, bis zu dem Zeitpunkt, zu dem sie entscheidet, Anklage zu erheben oder die Sache anderweitig abzuschließen.

(70) Für die wirksame Ermittlung und Strafverfolgung bei Straftaten zum Nachteil der finanziellen Interessen der Union ist es unerlässlich, dass die EUStA Beweise erheben und zu diesem Zweck wenigstens ein Minimum an Ermittlungsmaßnahmen einsetzen kann, dabei jedoch den Grundsatz der Verhältnismäßigkeit achtet. Diese Maßnahmen sollten hinsichtlich der unter den Auftrag der EUStA fallenden Straftaten zumindest in den Fällen, in denen die Straftaten mit einer Freiheitsstrafe im Höchstmaß von mindestens vier Jahren bedroht sind, für die Zwecke ihrer Ermittlungen und Strafverfolgungsmaßnahmen zur Verfügung stehen, können aber nach dem nationalen Recht Beschränkungen unterliegen.

(71) Zusätzlich zu dem in dieser Verordnung aufgeführten Minimum an Ermittlungsmaßnahmen sollten Delegierte Europäische Staatsanwälte befugt sein, Maßnahmen zu beantragen oder anzuordnen, die nach nationalem Recht in vergleichbaren innerstaatlichen Fällen Staatsanwälten zur Verfügung stehen. Die Verfügbarkeit sollte in allen Situationen gewährleistet sein, in denen die genannte Ermittlungsmaßnahme zwar existiert, aber Beschränkungen nach dem nationalen Recht unterliegen kann.

(72) In grenzüberschreitenden Fällen sollte der betraute Delegierte Europäische Staatsanwalt unterstützende Delegierte Europäische Staatsanwälte heranziehen können, wenn in anderen Mitgliedstaaten Maßnahmen ergriffen werden müssen. Ist eine richterliche Genehmigung für die Maßnahme erforderlich, so ist eindeutig festzulegen, in welchem Mitgliedstaat die Genehmigung eingeholt werden sollte; es sollte indes auf jeden Fall nur eine Genehmigung geben. Verweigern die Justizbehörden schließlich eine Ermittlungsmaßnahme, nämlich nachdem der Rechtsweg ausgeschöpft ist, so sollte der betraute Delegierte Europäische Staatsanwalt den Antrag oder die Anordnung zurückziehen.

(73) Die in dieser Verordnung vorgesehene Möglichkeit, sich auf Rechtsinstrumente über gegenseitige Anerkennung oder grenzüberschreitende Zusammenarbeit zu berufen, sollte nicht die spezifischen Bestimmungen über grenzüberschreitende Ermittlungen gemäß dieser Verordnung ersetzen. Vielmehr sollte sie sie ergänzen, damit sichergestellt wird, dass eine Maßnahme, die in einem grenzüberschreitenden Fall erforderlich ist, im nationalen Recht für einen rein innerstaatlichen Fall aber nicht vorgesehen ist, im Einklang mit den nationalen Rechtsvorschriften zur Umsetzung des einschlägigen Rechtsinstruments bei der Durchführung der Ermittlungen oder der Strafverfolgung angewandt werden kann.

(74) Die Bestimmungen dieser Verordnung über die grenzüberschreitende Zusammenarbeit sollten die bestehenden Rechtsinstrumente zur Erleichterung der grenzüberschreitenden Zusammenarbeit zwischen nationalen Behörden, abgesehen von Staatsanwaltschaften und Gerichten, unberührt lassen. Das Gleiche sollte für die Zusammenarbeit nationaler Behörden auf der Grundlage des Verwaltungsrechts gelten.

(75) Die Bestimmungen dieser Verordnung über die Festnahme im Ermittlungsverfahren und die grenzüberschreitende Übergabe sollten die spezifischen Verfahren in Mitgliedstaaten unberührt lassen, in denen die anfängliche Festnahme eines Verdächtigen oder Beschuldigten keiner richterlichen Genehmigung bedarf.

(76) Der betraute Delegierte Europäische Staatsanwalt sollte berechtigt sein, im Zuständigkeitsbereich der EUStA Europäische Haftbefehle zu erlassen oder zu beantragen.

(77) Die EUStA sollte berechtigt sein, einen Fall an die nationalen Behörden zu verweisen, wenn sich im Ermittlungsverfahren herausstellt, dass die Straftat nicht in die Zuständigkeit der EUStA fällt. Bei einer solchen Verweisung sollten die nach nationalem Recht bestehenden Befugnisse der nationalen Behörden, Ermittlungen einzuleiten, fortzuführen oder einzustellen, weiterhin uneingeschränkt gewahrt werden.

(78) Nach dieser Verordnung hat die EUStA die Aufgaben einer Staatsanwaltschaft wahrzuneh-

men, zu denen die Entscheidung über die Anklageerhebung und die Wahl des Mitgliedstaats, dessen Gerichte für die Entscheidung über die Anklage zuständig sein sollen, gehören. Die Entscheidung, ob gegen einen Verdächtigen oder Beschuldigten Anklage erhoben wird, sollte grundsätzlich von der zuständigen Ständigen Kammer auf der Grundlage eines Entscheidungsentwurfs des Delegierten Europäischen Staatsanwalts getroffen werden, damit eine gemeinsame Strafverfolgungspolitik gewährleistet ist. Die Ständige Kammer sollte befugt sein, jede Entscheidung, einschließlich der Anforderung weiterer Beweismittel, binnen 21 Tagen nach Erhalt des Entscheidungsentwurfs zu treffen, bevor sie entscheidet, Anklage zu erheben; dies gilt nicht für eine Entscheidung, ein Verfahren einzustellen, wenn der Delegierte Europäische Staatsanwalt vorgeschlagen hat, Anklage zu erheben.

(79) Der Mitgliedstaat, dessen Gerichte für die Entscheidung über die Anklage zuständig sein sollen, sollte von der zuständigen Ständigen Kammer anhand einer Reihe in dieser Verordnung festgelegter Kriterien ausgewählt werden. Die Ständige Kammer sollte ihre Entscheidung auf der Grundlage eines Berichts und eines Entscheidungsentwurfs des betrauten Delegierten Europäischen Staatsanwalts treffen, der der Ständigen Kammer von dem die Aufsicht führenden Europäischen Staatsanwalt erforderlichenfalls zusammen mit seiner eigenen Bewertung übermittelt wird. Der die Aufsicht führende Europäische Staatsanwalt sollte weiterhin uneingeschränkt befugt sein, dem Delegierten Europäischen Staatsanwalt gemäß dieser Verordnung spezifische Weisungen zu erteilen.

(80) Die von der EUStA vor Gericht beigebrachten Beweismittel sollten nicht allein deshalb als unzulässig abgelehnt werden, weil sie in einem anderen Mitgliedstaat oder nach dem Recht eines anderen Mitgliedstaats erhoben wurden, sofern dabei nach Auffassung des Prozessgerichts mit der Zulassung der Beweismittel die Fairness des Verfahrens und die Verteidigungsrechte des Verdächtigen oder Beschuldigten nach der Charta gewahrt sind. Diese Verordnung wahrt die Grundrechte und Grundsätze, die in Artikel 6 EUV und in der Charta, insbesondere deren Titel VI, in ihren jeweiligen Anwendungsbereichen im Völkerrecht und durch internationale Übereinkünfte, bei denen die Union oder alle Mitgliedstaaten Vertragsparteien sind, darunter insbesondere die Europäische Konvention zum Schutz der Menschenrechte und Grundfreiheiten, sowie von den Verfassungen der Mitgliedstaaten anerkannt werden. Im Einklang mit diesen Grundsätzen und unter Achtung der verschiedenen Rechtsordnungen und -traditionen der Mitgliedstaaten gemäß Artikel 67 Absatz 1 AEUV darf diese Verordnung nicht in dem Sinne ausgelegt werden, dass sie es den Gerichten verbietet, die Grundprinzipien des nationalen Rechts hinsichtlich der Fairness des Verfahrens anzuwenden, wie sie in ihren nationalen Rechtsordnungen, einschließlich denen des Common Law, gelten.

(81) Unter Berücksichtigung des Legalitätsprinzips sollten die Ermittlungen der EUStA in der Regel zur Strafverfolgung vor den zuständigen nationalen Gerichten führen, wenn ausreichend Beweise vorliegen und der Strafverfolgung keine rechtlichen Gründe entgegenstehen oder wenn kein vereinfachtes Strafverfolgungsverfahren angewandt wird. Die Gründe für die Einstellung eines Verfahrens sind in dieser Verordnung erschöpfend festgelegt.

(82) Die nationalen Rechtsordnungen sehen verschiedene Arten von vereinfachten Strafverfolgungsverfahren vor, bei denen ein Gericht einbezogen werden kann oder nicht, z. B. in Form von Transaktionen mit dem Verdächtigen oder dem Beschuldigten. Falls solche Verfahren bestehen, sollte der Delegierte Europäische Staatsanwalt die Befugnis haben, diese unter den im nationalen Recht geregelten Bedingungen und in den durch diese Verordnung vorgesehenen Situationen anzuwenden. Zu diesen Situationen sollten Fälle zählen, in denen der endgültige Schaden durch die Straftat, nach der etwaigen Wiedereinziehung eines Betrags in Höhe des Schadens, nicht erheblich ist. Im Interesse einer kohärenten und wirksamen Strafverfolgungspolitik der EUStA sollte die zuständige Ständige Kammer stets um ihre Zustimmung zu einem solchen Verfahren ersucht werden. Nach der erfolgreichen Anwendung des vereinfachten Verfahrens sollte der Fall endgültig abgeschlossen werden.

(83) Gemäß dieser Verordnung muss die EUStA insbesondere das Recht auf ein faires Verfahren, die Verteidigungsrechte und die Unschuldsvermutung, wie sie in den Artikeln 47 und 48 der Charta verankert sind, achten. Artikel 50 der Charta, der das Recht schützt, wegen derselben Straftat nicht zweimal strafrechtlich verfolgt oder bestraft zu werden (*ne bis in idem*), gewährleistet, dass es aufgrund der Strafverfolgung durch die EUStA nicht zu einer Doppelbestrafung kommt. Die EUStA sollte ihre Tätigkeit daher in vollem Einklang mit diesen Rechten ausüben, und diese Verordnung sollte entsprechend angewandt und ausgelegt werden.

(84) Nach Artikel 82 Absatz 2 AEUV kann die Union Mindestvorschriften über die Rechte des Einzelnen im Strafverfahren festlegen, um zu gewährleisten, dass die Verteidigungsrechte und die Fairness des Verfahrens geachtet werden.

Diese Mindestvorschriften wurden vom Unionsgesetzgeber in Richtlinien über spezifische Rechte nach und nach festgelegt.

(85) Für die Tätigkeit der EUStA sollten die Verteidigungsrechte gelten, die im einschlägigen Unionsrecht vorgesehen sind, wie den Richtlinien 2010/64/EU[1], 2012/13/EU[2], 2013/48/EU[3], (EU) 2016/343[4] und (EU) 2016/1919[5] des Europäischen Parlaments und des Rates, in ihrer Umsetzung in nationales Recht. Allen Verdächtigen oder Beschuldigten, gegen die die EUStA ein Ermittlungsverfahren einleitet, sollten diese Rechte ebenso wie die in nationalem Recht vorgesehenen Rechte auf Beantragung der Bestellung von Sachverständigen oder der Anhörung von Zeugen oder der sonstigen Erhebung von Beweisen durch die EUStA für die Verteidigung zugutekommen.

(86) Nach Artikel 86 Absatz 3 AEUV kann der Unionsgesetzgeber die Regeln für die gerichtliche Kontrolle der von der EUStA bei der Erfüllung ihrer Aufgaben vorgenommenen Prozesshandlungen festlegen. Diese dem Unionsgesetzgeber gewährte Befugnis spiegelt die besondere Art der Aufgaben und Struktur der EUStA wider, die sich von der aller anderen Einrichtungen und sonstigen Stellen der Union unterscheidet und eine besondere Regelung der gerichtlichen Kontrolle erfordert.

(87) Gemäß Artikel 86 Absatz 2 AEUV nimmt die EUStA vor den zuständigen Gerichten der Mitgliedstaaten die Aufgaben der Staatsanwaltschaft wahr. Die Handlungen, die die EUStA im Laufe ihrer Ermittlungen vornimmt, stehen in engem Zusammenhang mit einer etwaigen Strafverfolgung und entfalten somit Wirkungen in den Rechtsordnungen der Mitgliedstaaten. In vielen Fällen werden die Handlungen von nationalen Strafverfolgungsbehörden auf Weisung der EUStA ausgeführt, in einigen Fällen nach Einholung der Genehmigung eines nationalen Gerichts.

Daher sollten Verfahrenshandlungen der EUStA mit Rechtswirkung gegenüber Dritten im Einklang mit den Anforderungen und Verfahren des nationalen Rechts der Kontrolle durch die zuständigen nationalen Gerichte unterliegen. Damit sollte gewährleistet werden, dass die Verfahrenshandlungen der EUStA, die vor Anklageerhebung vorgenommen werden und Rechtswirkung gegenüber Dritten (diese Kategorie umfasst den Verdächtigen, das Opfer und andere betroffene Personen, deren Rechte durch solche Verfahrenshandlungen beeinträchtigt werden könnten) entfalten, der gerichtlichen Kontrolle durch nationalen Gerichte unterliegen. Verfahrenshandlungen, die die Wahl des Mitgliedstaats betreffen, dessen Gerichte für die Entscheidung über die Anklage zuständig sein sollen – wobei dieser Mtgliedstaat nach den in dieser Verordnung niedergelegten Kriterien bestimmt wird –, haben Rechtswirkung gegenüber Dritten und sollten daher der gerichtlichen Kontrolle durch die einzelstaatlichen Gerichte spätestens im Hauptverfahren unterliegen.

Klagen vor den zuständigen nationalen Gerichten wegen Untätigkeit der EUStA beziehen sich auf Verfahrenshandlungen, zu deren Vornahme die EUStA rechtlich verpflichtet ist und die Rechtswirkung gegenüber Dritten entfalten sollen. Wenn nationales Recht eine gerichtliche Kontrolle von Verfahrenshandlungen ohne Rechtswirkung gegenüber Dritten oder rechtliche Schritte in Bezug auf andere Fälle von Untätigkeit vorsieht, so sollte diese Verordnung nicht in dem Sinne ausgelegt werden, dass durch sie die betreffenden Rechtsvorschriften berührt werden. Außerdem sollten die Mitgliedstaaten nicht verpflichtet sein, eine gerichtliche Kontrolle von Verfahrenshandlungen ohne Rechtswirkung gegenüber Dritten, wie etwa die Ernennung von Sachverständigen oder die Erstattung von Zeugenauslagen, durch die zuständigen nationalen Gerichte vorzusehen.

Schlussendlich berührt diese Verordnung nicht die Befugnisse der nationalen Prozessgerichte.

(88) Die Rechtmäßigkeit von Verfahrenshandlungen der EUStA mit Rechtswirkung gegenüber Dritten sollte der gerichtlichen Kontrolle durch nationale Gerichte unterliegen. Diesbezüglich sollte für wirksame Rechtsbehelfe im Einklang mit Artikel 19 Absatz 1 Unterabsatz 2 EUV gesorgt werden. Außerdem dürfen – wie der Gerichtshof in seiner Rechtsprechung hervorhebt – die nationalen Verfahrensregeln, die für Klagen

---

[1] Richtlinie 2010/64/EU des Europäischen Parlaments und des Rates vom 20. Oktober 2010 über das Recht auf Dolmetschleistungen und Übersetzungen in Strafverfahren (ABl. L 280 vom 26.10.2010, S. 1).

[2] Richtlinie 2012/13/EU des Europäischen Parlaments und des Rates vom 22. Mai 2012 über das Recht auf Belehrung und Unterrichtung in Strafverfahren (ABl. L 142 vom 1.6.2012, S. 1).

[3] Richtlinie 2013/48/EU des Europäischen Parlaments und des Rates vom 22. Oktober 2013 über das Recht auf Zugang zu einem Rechtsbeistand in Strafverfahren und in Verfahren zur Vollstreckung des Europäischen Haftbefehls sowie über das Recht auf Benachrichtigung eines Dritten bei Freiheitsentzug und das Recht auf Kommunikation mit Dritten und mit Konsularbehörden während des Freiheitsentzugs (ABl. L 294 vom 6.11.2013, S. 1).

[4] Richtlinie (EU) 2016/343 des Europäischen Parlaments und des Rates vom 9. März 2016 über die Stärkung bestimmter Aspekte der Unschuldsvermutung und des Rechts auf Anwesenheit in der Verhandlung in Strafverfahren (ABl. L 65 vom 11.3.2016, S. 1).

[5] Richtlinie 2016/1919/EU des Europäischen Parlaments und des Rates vom 26. Oktober 2016 über Prozesskostenhilfe für Verdächtige oder beschuldigte Personen in Strafverfahren sowie für gesuchte Personen in Verfahren zur Vollstreckung eines Europäischen Haftbefehls (ABl. L 297 vom 4.11.2016, S. 1).

auf Schutz der vom Unionsrecht gewährten individuellen Rechte gelten, nicht weniger günstig sein als diejenigen, die für vergleichbare inländische Klagen gelten (Grundsatz der Gleichwertigkeit), und sie dürfen die Ausübung der durch das Unionsrecht verliehenen Rechte nicht praktisch unmöglich machen oder übermäßig erschweren (Grundsatz der Wirksamkeit).

Die Überprüfung der Rechtmäßigkeit einer solchen Handlung durch nationale Gerichte kann auf der Grundlage des Unionsrechts – einschließlich dieser Verordnung – bzw. auf der Grundlage nationalen Rechts erfolgen, das dann anwendbar ist, wenn ein Gegenstand nicht in dieser Verordnung geregelt ist. Wie in der Rechtsprechung des Gerichtshofs hervorgehoben wird, sollten nationale Gerichte dem Gerichtshof stets Fragen zur Vorabentscheidung vorlegen, wenn sie Zweifel an der Gültigkeit der betreffenden Verfahrenshandlung nach Unionsrecht hegen.

Nationale Gerichte können dem Gerichtshof jedoch keine Vorabentscheidungsfragen zur Gültigkeit von Verfahrenshandlungen der EUStA im Hinblick auf nationales Verfahrensrecht oder nationale Maßnahmen zur Umsetzung von Richtlinien vorlegen, selbst wenn diese Verordnung auf diese Bezug nimmt. Dies berührt jedoch nicht Vorabentscheidungsersuchen zur Auslegung von Bestimmungen des Primärrechts, einschließlich der Verträge und der Charta, oder die Auslegung und Gültigkeit von Bestimmungen des Sekundärrechts der Union, einschließlich dieser Verordnung und geltender Richtlinien. Außerdem schließt diese Verordnung nicht die Möglichkeit für die nationalen Gerichte aus, die Gültigkeit der Verfahrenshandlungen der EUStA mit Rechtswirkung gegenüber Dritten hinsichtlich des im nationalen Recht verankerten Grundsatzes der Verhältnismäßigkeit zu überprüfen.

(89) Die Bestimmung dieser Verordnung über die gerichtliche Kontrolle ändert nicht die Befugnisse des Gerichtshofs, verwaltungsrechtliche Entscheidungen der EUStA mit Rechtswirkung gegenüber Dritten zu überprüfen, d. h. Entscheidungen, die sie nicht in Ausübung ihrer Aufgaben der Ermittlung, Verfolgung oder Anklageerhebung getroffen hat. Diese Verordnung berührt ferner nicht die Möglichkeit für einen Mitgliedstaat der Europäischen Union, das Europäische Parlament, den Rat oder die Kommission, Klage auf Nichtigerklärung gemäß Artikel 263 Absatz 2 AEUV und Artikel 265 Absatz 1 AEUV oder wegen Vertragsverletzung gemäß den Artikeln 258 und 259 AEUV zu erheben.

(90) Für die von der EUStA vorgenommene Verarbeitung verwaltungstechnischer personenbezogener Daten gilt die Verordnung (EG) Nr. 45/2001 des Europäischen Parlaments und des Rates[1)].

(91) Die kohärente, homogene Anwendung der Bestimmungen für den Schutz der Grundrechte und Grundfreiheiten von Personen bei der Verarbeitung personenbezogener Daten sollte in der gesamten Union gewährleistet sein.

(92) Gemäß der dem EUV und dem AEUV beigefügten Erklärung Nr. 21 zum Schutz personenbezogener Daten im Bereich der justiziellen Zusammenarbeit in Strafsachen und der polizeilichen Zusammenarbeit könnte es sich aufgrund der Besonderheit dieser Bereiche als erforderlich erweisen, auf Artikel 16 AEUV gestützte Vorschriften über den Schutz personenbezogener Daten und den freien Datenverkehr im Bereich der justiziellen Zusammenarbeit in Strafsachen und der polizeilichen Zusammenarbeit zu erlassen.

(93) Die Auslegung und Anwendung der Vorschriften dieser Verordnung über den Schutz personenbezogener Daten sollte der Auslegung und Anwendung der Richtlinie (EU) 2016/680 des Europäischen Parlaments und des Rates[1)] entsprechen, die für die Verarbeitung personenbezogener Daten durch die zuständigen Behörden der Mitgliedstaaten der Europäischen Union zum Zwecke der Verhütung, Ermittlung, Aufdeckung oder Verfolgung von Straftaten oder der Strafvollstreckung gelten wird.

(94) Der Datenschutzgrundsatz der Verarbeitung nach Treu und Glauben ist ein anderes Konzept als das Recht auf ein faires Verfahren im Sinne des Artikels 47 der Charta und des Artikels 6 der Europäischen Konvention zum Schutze der Menschenrechte und Grundfreiheiten.

(95) Die Bestimmungen dieser Verordnung über den Datenschutz lassen die geltenden Vorschriften über die Zulässigkeit personenbezogener Daten als Beweismittel in Gerichtsverfahren in Strafsachen unberührt.

[1)] Verordnung (EG) Nr. 45/2001 des Europäischen Parlaments und des Rates vom 18. Dezember 2000 zum Schutz natürlicher Personen bei der Verarbeitung personenbezogener Daten durch die Organe und Einrichtungen der Gemeinschaft und zum freien Datenverkehr (ABl. L 8 vom 12.1.2001, S. 1).

[1)] Richtlinie (EU) 2016/680 des Europäischen Parlaments und des Rates vom 27. April 2016 zum Schutz natürlicher Personen bei der Verarbeitung personenbezogener Daten durch die zuständigen Behörden zum Zwecke der Verhütung, Ermittlung, Aufdeckung oder Verfolgung von Straftaten oder der Strafvollstreckung sowie zum freien Datenverkehr und zur Aufhebung des Rahmenbeschlusses 2008/977/JI des Rates (ABl. L 119 vom 4.5.2016, S. 89).

(96) Alle Mitgliedstaaten der Europäischen Union sind Mitglied der Internationalen Kriminalpolizeilichen Organisation (Interpol). Interpol erhält, speichert und übermittelt für die Erfüllung ihres Auftrags personenbezogene Daten, um die zuständigen Behörden bei der Verhütung und Bekämpfung von internationaler Kriminalität zu unterstützen. Daher sollte die Zusammenarbeit zwischen der Union und Interpol gestärkt werden, indem ein effizienter Austausch personenbezogener Daten gefördert und zugleich die Achtung der Grundrechte und Grundfreiheiten hinsichtlich der automatischen Verarbeitung personenbezogener Daten gewährleistet wird. Wenn operative personenbezogene Daten von der EUStA an Interpol und die Staaten, die Mitglieder zu Interpol abgestellt haben, übermittelt werden, sollte diese Verordnung, insbesondere die Bestimmungen über grenzüberschreitende Datenübermittlungen, zur Anwendung kommen. Diese Verordnung sollte die spezifischen Vorschriften unberührt lassen, die im Gemeinsamen Standpunkt 2005/69/JI des Rates[2] und im Beschluss 2007/533/JI des Rates[3] festgelegt sind.

(97) Wenn die EUStA einer Behörde eines Drittlands oder einer internationalen Organisation oder Interpol auf der Grundlage einer nach Artikel 218 AEUV geschlossenen Übereinkunft operative personenbezogene Daten übermittelt, sollten angemessene Garantien für den Schutz der Privatsphäre, der Grundrechte und der Grundfreiheiten von Personen gewährleisten, dass die Datenschutzbestimmungen dieser Verordnung eingehalten werden.

(98) Um die wirksame, zuverlässige und einheitliche Überwachung der Einhaltung und Durchsetzung dieser Verordnung hinsichtlich operativer personenbezogener Daten sicherzustellen, wie in Artikel 8 der Charta gefordert, sollte der Europäische Datenschutzbeauftragte die in dieser Verordnung festgelegten Aufgaben und wirksame Befugnisse haben, darunter Untersuchungsbefugnisse, Abhilfebefugnisse und beratende Befugnisse, die die notwendigen Instrumente zur Erfüllung dieser Aufgaben darstellen. Die Befugnisse des Europäischen Datenschutzbeauftragten sollten jedoch weder die speziellen Vorschriften für Strafverfahren, einschließlich der Ermittlung und Verfolgung von Straftaten, noch die Unabhängigkeit der Gerichte unangemessen beeinträchtigen.

(99) Um der EUStA die Wahrnehmung ihrer Aufgaben zu ermöglichen und die Entwicklungen in der Informationstechnologie und die Fortschritte in der Informationsgesellschaft zu berücksichtigen, sollte der Kommission die Befugnis zum Erlass von Rechtsakten gemäß Artikel 290 AEUV übertragen werden, und zwar in Bezug auf die Erstellung und Aktualisierung der Liste der in einem Anhang genannten Kategorien operativer personenbezogener Daten und Kategorien betroffener Personen. Es ist von besonderer Bedeutung, dass die Kommission im Zuge ihrer Vorbereitungsarbeit angemessene Konsultationen, auch auf Sachverständigenebene, durchführt und dass diese Konsultationen im Einklang mit den Grundsätzen geführt werden, die in der Interinstitutionellen Vereinbarung über bessere Rechtsetzung vom 13. April 2016[4] niedergelegt sind. Damit insbesondere eine gleichberechtigte Beteiligung des Europäischen Parlament und des Rates an der Ausarbeitung delegierter Rechtsakte gewährleistet ist, sollten sie alle Dokumente zur gleichen Zeit wie die Sachverständigen der Mtgliedstaaten erhalten, und sollten ihre Sachverständigen systematisch Zugang zu den Sitzungen der Sachverständigengruppe der Kommission haben, die mit der Ausarbeitung der delegierten Rechtsakte befasst ist.

(100) Die EUStA sollte eng mit anderen Organen, Einrichtungen und sonstigen Stellen der Union zusammenarbeiten, um die Wahrnehmung ihrer Aufgaben nach dieser Verordnung zu erleichtern und, falls erforderlich, förmliche Vereinbarungen über detaillierte Vorschriften für Informationsaustausch und Zusammenarbeit zu treffen. Die Zusammenarbeit mit Europol und dem OLAF dürfte von besonderer Bedeutung sein, um Doppelarbeit zu vermeiden und es der EUStA zu ermöglichen, in deren Besitz befindliche sachdienliche Informationen zu erhalten und sich bei konkreten Ermittlungen auf deren Analysen zu stützen.

(101) Die EUStA sollte in ihre Zuständigkeit fallende sachdienliche Informationen einholen können, die in Datenbanken und Registern der Organe, Einrichtungen und sonstigen Stellen der Union gespeichert sind.

(102) Die EUStA und Eurojust sollten Partner werden und bei operativen Angelegenheiten gemäß ihren jeweiligen Aufgabenbereichen zusammenarbeiten. Eine derartige Zusammenarbeit kann Ermittlungen der EUStA betreffen, bei denen ein

---

[2] Gemeinsamer Standpunkt 2005/69/JI des Rates vom 24. Januar 2005 zum Austausch bestimmter Daten mit Interpol (ABl. L 27 vom 29.1.2005, S. 61).

[3] Beschluss 2007/533/JI des Rates vom 12. Juni 2007 über die Einrichtung, den Betrieb und die Nutzung des Schengener Informationssystems der zweiten Generation (SIS II) (ABl. L 205 vom 7.8.2007, S. 63).

[4] Interinstitutionelle Vereinbarung zwischen dem Europäischen Parlament, dem Rat der Europäischen Union und der Europäischen Kommission über bessere Rechtsetzung (ABl. L 123 vom 12.5.2016, S. 1).

Informationsaustausch oder die Koordinierung von Ermittlungsmaßnahmen in Fällen, die in die Zuständigkeit von Eurojust fallen, als erforderlich oder angemessen erachtet werden. Beantragt die EUStA eine derartige Zusammenarbeit mit Eurojust, sollte sie sich mit dem nationalen Eurojust-Mitglied des Mitgliedstaats in Verbindung setzen, dessen Delegierter Europäischer Staatsanwalt den Fall bearbeitet. An der operativen Zusammenarbeit können außerdem Drittländer beteiligt sein, die ein Kooperationsabkommen mit Eurojust geschlossen haben.

(103) Die EUStA und das OLAF sollten eine enge Zusammenarbeit einrichten und unterhalten, mit der die Komplementarität ihrer jeweiligen Aufgabenbereiche sichergestellt und Doppelarbeit vermieden werden soll. Diesbezüglich sollte das OLAF grundsätzlich keine verwaltungsrechtlichen Untersuchungen einleiten, wenn parallel dazu Ermittlungen der EUStA zu demselben Sachverhalt durchgeführt werden. Dies sollte jedoch nicht die Befugnis des OLAF berühren, auf eigene Initiative eine verwaltungsrechtliche Untersuchung in enger Abstimmung mit der EUStA einzuleiten.

(104) Gemäß der Verordnung (EU, Euratom) Nr. 883/2013 des Europäischen Parlaments und des Rates[1)] handelt das OLAF bei sämtlichen zur Unterstützung der EUStA durchgeführten Maßnahmen unabhängig von der Kommission.

(105) In Fällen, zu denen die EUStA keine Ermittlung eingeleitet hat, sollte sie dem OLAF sachdienliche Informationen zur Verfügung stellen können, damit dieses im Einklang mit seinem Mandat angemessene Maßnahmen in Erwägung ziehen kann. So könnte die EUStA insbesondere bei Fällen, in denen kein triftiger Grund zu der Annahme besteht, dass eine unter ihre Zuständigkeit fallende Straftat begangen wird oder begangen wurde, eine verwaltungsrechtliche Untersuchung durch das OLAF jedoch angebracht sein kann, oder bei Fällen, in denen sie eine Untersuchung eingestellt hat und eine Überweisung an das OLAF für die Zwecke verwaltungsrechtlicher Folgemaßnahmen oder der Wiedereinziehung wünschenswert ist, in Erwägung ziehen, das OLAF hiervon in Kenntnis zu setzen. Wenn die EUStA Informationen weitergibt, kann sie das OLAF darum ersuchen, die Einleitung einer verwaltungsrechtlichen Untersuchung oder anderer verwaltungsrechtlicher Folge- oder Kontrollmaßnahmen in Erwägung zu ziehen, insbesondere zum Zwecke von Sicherungsmaßnahmen, der Wiedereinziehung oder einer disziplinarischen Maßnahme gemäß der Verordnung (EU, Euratom) Nr. 883/2013.

(106) Soweit Verfahren zur Wiedereinziehung infolge einer Entscheidung der EUStA in Verbindung mit Ermittlungen oder Strafverfolgungsmaßnahmen gemäß dieser Verordnung aufgeschoben werden, sollte dies nicht als Fehler oder Fahrlässigkeit der Mitgliedstaaten im Sinne von Artikel 122 der Verordnung (EU) Nr. 1303/2013 des Europäischen Parlaments und des Rates[2)] für die Zwecke des Verfahrens zur Wiedereinziehung betrachtet werden.

(107) Die EUStA sollte es den Organen, Einrichtungen und sonstigen Stellen der Union sowie anderen Geschädigten ermöglichen, angemessene Maßnahmen zu ergreifen. Hierzu kann das Ergreifen von Sicherungsmaßnahmen zählen, insbesondere zur Verhinderung eines andauernden Fehlverhaltens oder zum Schutz der Union vor Rufschädigung oder um ihnen das Auftreten als Zivilkläger in Verfahren gemäß nationalem Recht zu ermöglichen. Der Informationsaustausch sollte in einer Weise erfolgen, die uneingeschränkt die Unabhängigkeit der EUStA wahrt, und nur so weit, wie dies möglich ist, ohne dass die ordnungsgemäße Durchführung und Vertraulichkeit der Untersuchungen gefährdet sind.

(108) Soweit dies zur Erfüllung ihrer Aufgaben erforderlich ist, sollte die EUStA auch in der Lage sein, Kooperationsbeziehungen zu den Behörden von Drittländern und internationalen Organisationen herzustellen und zu unterhalten. Für die Zwecke dieser Verordnung bezeichnet der Begriff „internationale Organisationen" völkerrechtliche internationale Organisationen und nachgeordnete Einrichtungen dieser Organisationen oder sonstige Einrichtungen, die durch eine zwischen zwei oder mehr Ländern geschlossene Übereinkunft oder auf der Grundlage einer solchen Übereinkunft geschaffen wurden, sowie Interpol.

---

1) Verordnung (EU, Euratom) Nr. 883/2013 des Europäischen Parlaments und des Rates vom 11. September 2013 über die Untersuchungen des Europäischen Amtes für Betrugsbekämpfung (OLAF) und zur Aufhebung der Verordnung (EG) Nr. 1073/1999 des Europäischen Parlaments und des Rates und der Verordnung (Euratom) Nr. 1074/1999 des Rates (ABl. L 248 vom 18.9.2013, S. 1).

2) Verordnung (EU) Nr. 1303/2013 des Europäischen Parlaments und des Rates vom 17. Dezember 2013 mit gemeinsamen Bestimmungen über den Europäischen Fonds für regionale Entwicklung, den Europäischen Sozialfonds, den Kohäsionsfonds, den Europäischen Landwirtschaftsfonds für die Entwicklung des ländlichen Raums und den Europäischen Meeres- und Fischereifonds sowie mit allgemeinen Bestimmungen über den Europäischen Fonds für regionale Entwicklung, den Europäischen Sozialfonds, den Kohäsionsfonds und den Europäischen Meeres- und Fischereifonds und zur Aufhebung der Verordnung (EG) Nr. 1083/2006 des Rates (ABl. L 347 vom 20.12.2013, S. 320).

(109) Stellt das Kollegium fest, dass die Zusammenarbeit mit einem Drittland oder einer internationalen Organisation operativ notwendig ist, so sollte es dem Rat vorschlagen können, die Kommission darauf hinzuweisen, dass ein Angemessenheitsbeschluss oder eine Empfehlung zur Aufnahme von Verhandlungen über eine internationale Übereinkunft erforderlich ist.

Bis zum Abschluss neuer internationaler Übereinkünfte über die Rechtshilfe in Strafsachen durch die Union oder bis zum Beitritt der Union zu entsprechenden bereits von ihren Mitgliedstaaten geschlossenen multilateralen Übereinkünften sollten die Mitgliedstaaten gemäß dem in Artikel 4 Absatz 3 EUV verankerten Grundsatz der loyalen Zusammenarbeit der EUStA die Ausübung ihrer Funktionen erleichtern. Falls dies nach der entsprechenden multilateralen Übereinkunft zulässig ist, sollten die Mitgliedstaaten vorbehaltlich der Zustimmung des Drittlands die EUStA als eine zuständige Behörde für die Zwecke der Anwendung dieser multilateralen Übereinkünfte anerkennen und gegebenenfalls notifizieren. Dies kann in bestimmten Fällen eine Änderung dieser Übereinkünfte nach sich ziehen, aber die Neuaushandlung solcher Übereinkünfte sollte nicht als obligatorischer Schritt betrachtet werden, da sie vielleicht nicht immer möglich ist. Die Mitgliedstaaten können auch die EUStA als eine zuständige Behörde für die Zwecke der Anwendung anderer von ihnen geschlossener internationaler Übereinkünfte über die Rechtshilfe in Strafsachen notifizieren; dies kann auch im Wege einer Änderung dieser Übereinkünfte erfolgen.

Wenn die Notifizierung der EUStA als eine zuständige Behörde für die Zwecke einer von den Mitgliedstaaten bereits geschlossenen multilateralen Übereinkunft mit Drittländern nicht möglich ist oder von den Drittländern nicht akzeptiert wird und solange die Union einer solchen internationalen Übereinkunft noch nicht beigetreten ist, können die Delegierten Europäischen Staatsanwälte gegenüber diesen Drittländern von ihrem Status als nationaler Staatsanwalt Gebrauch machen, sofern sie die Behörden der Drittländer davon in Kenntnis setzen, dass die von diesen Drittländern auf der Grundlage der betreffenden internationalen Übereinkunft erlangten Beweismittel bei Ermittlungen und Strafverfolgungsmaßnahmen, die die EUStA durchführt, verwendet werden, und sofern sie sich gegebenenfalls darum bemühen, die Zustimmung dieser Behörden dazu einzuholen.

Außerdem sollte die EUStA sich gegenüber den Behörden von Drittländern auf die Gegenseitigkeit oder die diplomatischen Gepflogenheiten berufen können. Dies sollte jedoch fallweise innerhalb der Grenzen der sachlichen Zuständigkeit der EUStA und vorbehaltlich der von den Behörden des Drittlands möglicherweise festgelegten Bedingungen erfolgen.

(110) Mitgliedstaaten der Europäischen Union, die nicht an der Verstärkten Zusammenarbeit zur Errichtung der EUStA teilnehmen, sind durch diese Verordnung nicht gebunden. Die Kommission sollte gegebenenfalls Vorschläge zur Gewährleistung einer wirksamen justiziellen Zusammenarbeit in Strafsachen zwischen der EUStA und den Mitgliedstaaten der Europäischen Union, die nicht an der Verstärkten Zusammenarbeit zur Errichtung der EUStA teilnehmen, vorlegen. Dies sollte insbesondere die Vorschriften über die justizielle Zusammenarbeit in Strafsachen und die Überstellung betreffen, wobei der Besitzstand der Union auf diesem Gebiet sowie der Grundsatz der loyalen Zusammenarbeit nach Artikel 4 Absatz 3 EUV uneingeschränkt zu achten sind.

(111) Um die vollständige Selbstständigkeit und Unabhängigkeit der EUStA zu gewährleisten, sollte sie mit einem eigenständigen Haushalt ausgestattet werden, dessen Einnahmen im Wesentlichen aus einem Beitrag aus dem Haushalt der Europäischen Union bestehen. Die Finanz-, Haushalts- und Personalregelung der EUStA sollte den in Artikel 208 der Verordnung (EU, Euratom) Nr. 966/2012 des Europäischen Parlaments und des Rates[1] genannten einschlägigen Unionsnormen für Einrichtungen entsprechen, wobei jedoch der Tatsache gebührend Rechnung zu tragen ist, dass die Zuständigkeit der EUStA für strafrechtliche Ermittlungen und Strafverfolgungsmaßnahmen auf Unionsebene einzigartig ist.

(112) Die Kosten der Ermittlungsmaßnahmen der EUStA sollten grundsätzlich von den nationalen Behörden, die sie ausführen, übernommen werden. Außergewöhnlich hohe Kosten von Ermittlungsmaßnahmen, beispielsweise für komplexe Sachverständigengutachten, polizeiliche Großeinsätze oder Überwachungstätigkeiten über einen langen Zeitraum könnten teilweise durch die EUStA erstattet werden, soweit möglich auch mittels Umverteilung von Mitteln von anderen Haushaltslinien der EUStA oder mittels Abänderungen des Haushaltsplans im Einklang mit dieser Verordnung und den geltenden Finanzvorschriften.

Bei der Ausarbeitung des Vorschlags für den vorläufigen Entwurf des Voranschlags der Einnahmen und Ausgaben sollte der Verwaltungsdirektor berücksichtigen, dass die EUStA außergewöhnlich hohe Kosten von Ermittlungsmaßnahmen,

[1] Verordnung (EU, Euratom) Nr. 966/2012 des Europäischen Parlaments und des Rates vom 25. Oktober 2012 über die Haushaltsordnung für den Gesamthaushaltsplan der Union und zur Aufhebung der Verordnung (EG, Euratom) Nr. 1605/2002 des Rates (ABl. L 298 vom 26.10.2012, S. 1).

die von der Ständigen Kammer genehmigt wurden, teilweise erstatten muss.

(113) Die operativen Ausgaben der EUStA sollten aus ihrem eigenen Haushalt gedeckt werden. Hierzu sollten die Kosten der operativen Kommunikation zwischen dem Delegierten Europäischen Staatsanwalt und der zentralen Ebene der EUStA gehören, wie etwa die Kosten der Briefzustellung, Reisekosten, Kosten für Übersetzungen, die für die interne Funktionsweise der EUStA notwendig sind, und andere Kosten, die den Mitgliedstaaten bei Ermittlungen vorher nicht entstanden sind und die nur darauf zurückzuführen sind, dass die EUStA die Verantwortung für die Ermittlung und Strafverfolgung übernommen hat. Die Kosten für Büro und Sekretariat des Delegierten Europäischen Staatsanwalts sollten jedoch von den Mitgliedstaaten getragen werden. Gemäß Artikel 332 AEUV werden die Ausgaben für die Errichtung der EUStA von den Mitgliedstaaten getragen. Diese Ausgaben beinhalten nicht die Verwaltungskosten der Organe im Sinne des Artikels 13 Absatz 1 EUV.

(114) Das Kollegium sollte die Befugnisse, die der Anstellungsbehörde durch das Statut der Beamten und die Beschäftigungsbedingungen für die sonstigen Bediensteten[1] (im Folgenden „Statut und Beschäftigungsbedingungen") zum Abschluss von Dienstverträgen übertragen wurden, grundsätzlich immer dem Verwaltungsdirektor übertragen, es sei denn, konkrete Umstände erfordern, dass es diese Befugnis selbst ausübt.

(115) Der Verwaltungsdirektor ist als Anweisungsbefugter für die Ausführung des Haushaltsplans der EUStA zuständig. Bei den Beratungen mit der Ständigen Kammer über außergewöhnlich hohe Kosten von Ermittlungsmaßnahmen ist der Verwaltungsdirektor zuständig für die Entscheidung über die Höhe der zu gewährenden Finanzhilfe auf der Grundlage der verfügbaren Finanzmittel und im Einklang mit den in der Geschäftsordnung der EUStA festgelegten Kriterien.

(116) Die Vergütung der Delegierten Europäischen Staatsanwälte als Sonderberater, die durch unmittelbare Vereinbarung erfolgt, sollte auf einem konkreten, vom Kollegium zu fassenden Beschluss gründen. Dieser Beschluss sollte unter anderem gewährleisten, dass die Delegierten Europäischen Staatsanwälte in dem besonderen Fall, in dem sie auch Aufgaben als nationale Staatsanwälte gemäß Artikel 13 Absatz 3 wahrnehmen, grundsätzlich weiterhin in ihrer Eigenschaft als nationale Staatsanwälte vergütet werden und dass sich die Vergütung als Sonderberater lediglich auf die im Auftrag der EUStA in der Eigenschaft als Delegierter Europäischer Staatsanwalt durchgeführte Arbeit bezieht. Jeder Mitgliedstaat bleibt dafür zuständig, im Einklang mit dem Unionsrecht in seinen Rechtsvorschriften festzulegen, unter welchen Voraussetzungen die Leistungen seines Systems der sozialen Sicherheit gewährt werden.

(117) Die EUStA braucht Personal mit Erfahrung in den Organen, Einrichtungen und sonstigen Stellen der Union, um zu einem noch festzulegenden Zeitpunkt voll einsatzbereit zu sein. Um diesen Bedarf zu decken, sollte die Einstellung von Zeit- und Vertragsbediensteten, die bereits in den Organen, Einrichtungen und sonstigen Stellen der Union arbeiten, bei der EUStA dadurch erleichtert werden, dass diesen Mitarbeitern der Fortbestand ihrer vertraglichen Rechte zugesichert wird, sofern ihre Einstellung bei der EUStA in deren Anfangsphase binnen einen Jahres, nachdem die EUStA gemäß dem in Artikel 120 Absatz 2 genannten Beschluss ihre Tätigkeit aufgenommen hat, erfolgt.

(118) Die Tätigkeit der EUStA sollte gemäß Artikel 15 Absatz 3 AEUV transparent sein und das Kollegium müsste genaue Bestimmungen darüber erlassen, wie das Recht der Öffentlichkeit auf Zugang zu Dokumenten gewährleistet wird. Mit dieser Verordnung soll keinesfalls das Recht auf Zugang der Öffentlichkeit zu Dokumenten eingeschränkt werden, insoweit es in der Union und in den Mitgliedstaaten, insbesondere gemäß Artikel 42 der Charta und anderer einschlägiger Vorschriften, garantiert wird.

(119) Die allgemeinen Transparenzvorschriften für Agenturen der Union sollten auch für die EUStA gelten, allerdings nur hinsichtlich anderer Dokumente als Verfahrensakten einschließlich deren elektronischer Abbildungen, um die Vertraulichkeit ihrer operativen Arbeit in keiner Weise zu gefährden. Desgleichen sollte der Europäische Bürgerbeauftragte bei seinen Verwaltungsuntersuchungen die Vertraulichkeit der Tätigkeit der EUStA wahren. Im Hinblick auf die Integrität der Ermittlungs- und Strafverfolgungsmaßnahmen der EUStA sollten die Transparenzvorschriften nicht für Dokumente gelten, die ihre operative Tätigkeit betreffen.

(120) Der Europäische Datenschutzbeauftragte wurde angehört und hat seine Stellungnahme am 10. März 2014 abgegeben.

Sicherheit/Recht
EU-Türk./EuStA

[1] Verordnung Nr. 31 (EWG), 11 (EAG) des Rates über das Statut der Beamten und über die Beschäftigungsbedingungen für die sonstigen Bediensteten der Europäischen Wirtschaftsgemeinschaft und der Europäischen Atomgemeinschaft (ABl. 45 vom 14.6.1962, S. 1385).

(121) Die auf Ebene der Staats- und Regierungschefs vereinigten Vertreter der Mitgliedstaaten haben auf ihrer Tagung vom 13. Dezember 2003 in Brüssel im Einklang mit den Bestimmungen des Beschlusses vom 8. April 1965[1] den Sitz der EUStA festgelegt –

HAT FOLGENDE VERORDNUNG ERLASSEN:

KAPITEL I
GEGENSTAND UND BEGRIFFSBESTIMMUNGEN

Artikel 1
Gegenstand

Mit dieser Verordnung wird die Europäische Staatsanwaltschaft (im Folgenden „EUStA") errichtet und ihre Arbeitsweise geregelt.

Artikel 2
Begriffsbestimmungen

Für die Zwecke dieser Verordnung bezeichnet der Ausdruck

1. „Mitgliedstaat", soweit insbesondere in Kapitel VIII nicht anderes bestimmt ist, einen Mitgliedstaat, der im Rahmen einer Ermächtigung, die gemäß Artikel 86 Absatz 1 Unterabsatz 3 AEUV als erteilt gilt, oder kraft eines nach Artikel 331 Absatz 1 Unterabsatz 2 oder 3 AEUV angenommenen Beschlusses an der Verstärkten Zusammenarbeit zur Errichtung der EUStA teilnimmt;

2. „Person" jede natürliche oder juristische Person;

3. „finanzielle Interessen der Union" sämtliche Einnahmen, Ausgaben und Vermögenswerte, die vom Haushaltsplan der Union oder von den Haushaltsplänen der nach den Verträgen geschaffenen Organe, Einrichtungen und sonstigen Stellen oder von den von diesen verwalteten und überwachten Haushaltsplänen erfasst, von ihnen erworben oder ihnen geschuldet werden;

4. „Personal der EUStA" das Personal auf zentraler Ebene, das das Kollegium, die Ständigen Kammern, den Europäischen Generalstaatsanwalt, die Europäischen Staatsanwälte, die Delegierten Europäischen Staatsanwälte und den Verwaltungsdirektor bei ihren laufenden Tätigkeiten zur Erfüllung der Aufgaben der EUStA nach dieser Verordnung unterstützt;

5. „betrauter Delegierter Europäischer Staatsanwalt" einen für die von ihm eingeleiteten, ihm zugewiesenen oder ihm durch Wahrnehmung seines Evokationsrechts nach Artikel 27 übertragenen Ermittlungen und Strafverfolgungsmaßnahmen zuständigen Delegierten Europäischen Staatsanwalt;

6. „unterstützender Delegierter Europäischer Staatsanwalt" einen Delegierten Europäischen Staatsanwalt, der in einem anderen Mitgliedstaat als dem des betrauten Delegierten Europäischen Staatsanwalts ansässig ist, in dem ihm zugewiesene Ermittlungen oder andere Maßnahmen auszuführen sind;

7. „personenbezogene Daten" alle Informationen, die sich auf eine identifizierte oder identifizierbare natürliche Person (im Folgenden „betroffene Person") beziehen; als identifizierbar wird eine natürliche Person angesehen, die direkt oder indirekt, insbesondere mittels Zuordnung zu einer Kennung wie einem Namen, zu einer Kennnummer, zu Standortdaten, zu einer Online-Kennung oder zu einem oder mehreren besonderen Merkmalen, die Ausdruck der physischen, physiologischen, genetischen, psychischen, wirtschaftlichen, kulturellen oder sozialen Identität dieser natürlichen Person sind, identifiziert werden kann;

8. „Verarbeitung" jeden mit oder ohne Hilfe automatisierter Verfahren ausgeführten Vorgang oder jede solche Vorgangsreihe im Zusammenhang mit personenbezogenen Daten wie das Erheben, das Erfassen, die Organisation, das Ordnen, die Speicherung, die Anpassung oder Veränderung, das Auslesen, das Abfragen, die Verwendung, die Offenlegung durch Übermittlung, Verbreitung oder eine andere Form der Bereitstellung, den Abgleich oder die Verknüpfung, die Einschränkung, das Löschen oder die Vernichtung;

9. „Einschränkung der Verarbeitung" die Markierung gespeicherter personenbezogener Daten mit dem Ziel, ihre künftige Verarbeitung einzuschränken;

10. „Profiling" jede Art der automatisierten Verarbeitung personenbezogener Daten, die darin besteht, dass diese personenbezogenen Daten verwendet werden, um bestimmte persönliche Aspekte, die sich auf eine natürliche Person beziehen, zu bewerten, insbesondere um Aspekte bezüglich Arbeitsleistung, wirtschaftlicher Lage, Gesundheit, persönlicher Vorlieben, Interessen, Zuverlässigkeit, Verhalten, Aufenthaltsort oder Ortswechsel dieser natürlichen Person zu analysieren oder vorherzusagen;

11. „Pseudonymisierung" die Verarbeitung personenbezogener Daten in einer Weise, dass die personenbezogenen Daten ohne Hinzuziehung zusätzlicher Informationen nicht mehr einer spezifischen betroffenen Person zugeordnet werden können, sofern diese zusätzlichen Informationen gesondert aufbewahrt werden und technischen

[1] Beschluss (67/446/EWG) (67/30/Euratom) der Vertreter der Regierungen der Mitgliedstaaten über die vorläufige Unterbringung bestimmter Organe und Dienststellen der Gemeinschaften (ABl. EWG 152 vom 13.7.1967, S. 18).

und organisatorischen Maßnahmen unterliegen, die gewährleisten, dass die personenbezogenen Daten nicht einer identifizierten oder identifizierbaren natürlichen Person zugewiesen werden;

12. „Dateisystem" jede strukturierte Sammlung personenbezogener Daten, die nach bestimmten Kriterien zugänglich sind, unabhängig davon, ob diese Sammlung zentral, dezentral oder nach funktionalen oder geografischen Gesichtspunkten geordnet geführt wird;

13. „Verantwortlicher" die EUStA oder eine andere zuständige Behörde, die allein oder gemeinsam mit anderen über die Zwecke und Mittel der Verarbeitung von personenbezogenen Daten entscheidet; sind die Zwecke und Mittel dieser Verarbeitung durch das Unionsrecht oder das Recht eines Mitgliedstaats der Europäischen Union vorgegeben, so kann der Verantwortliche beziehungsweise können die bestimmten Kriterien für seine Benennung nach dem Unionsrecht oder dem Recht eines Mitgliedstaats der Europäischen Union vorgesehen werden;

14. „Auftragsverarbeiter" eine natürliche oder juristische Person, Behörde, Einrichtung oder andere Stelle, die personenbezogene Daten im Auftrag des Verantwortlichen verarbeitet;

15. „Empfänger" eine natürliche oder juristische Person, Behörde, Einrichtung oder jede andere Stelle, der personenbezogene Daten offengelegt werden, unabhängig davon, ob es sich bei ihr um einen Dritten handelt oder nicht. Andere Behörden der Mitgliedstaaten der Europäischen Union als die zuständigen Behörden im Sinne des Artikels 3 Nummer 7 Buchstabe a der Richtlinie (EU) 2016/680, die im Rahmen eines bestimmten Untersuchungsauftrags der EUStA personenbezogene Daten erhalten, gelten jedoch nicht als Empfänger; die Verarbeitung dieser Daten durch die genannten Behörden erfolgt im Einklang mit den geltenden Datenschutzvorschriften gemäß den Zwecken der Verarbeitung;

16. „Verletzung des Schutzes personenbezogener Daten" eine Verletzung der Sicherheit, die zur Vernichtung, zum Verlust oder zur Veränderung, ob unbeabsichtigt oder unrechtmäßig, oder zur unbefugten Offenlegung von beziehungsweise zum unbefugten Zugang zu personenbezogenen Daten führt, die übermittelt, gespeichert oder auf sonstige Weise verarbeitet wurden;

17. „verwaltungstechnische personenbezogene Daten" alle von der EUStA verarbeiteten personenbezogenen Daten mit Ausnahme der operativen personenbezogenen Daten;

18. „operative personenbezogene Daten" alle von der EUStA für die in Artikel 49 festgelegten Zwecke verarbeiteten personenbezogenen Daten;

19. „genetische Daten" personenbezogene Daten zu den ererbten oder erworbenen genetischen Eigenschaften einer natürlichen Person, die eindeutige Informationen über die Physiologie oder die Gesundheit dieser natürlichen Person liefern und insbesondere aus der Analyse einer biologischen Probe der betreffenden natürlichen Person gewonnen wurden;

20. „biometrische Daten" mit speziellen technischen Verfahren gewonnene personenbezogene Daten zu den physischen, physiologischen oder verhaltenstypischen Merkmalen einer natürlichen Person, die die eindeutige Identifizierung dieser natürlichen Person ermöglichen oder bestätigen, wie Gesichtsbilder oder daktyloskopische Daten;

21. „Gesundheitsdaten" personenbezogene Daten, die sich auf die körperliche oder geistige Gesundheit einer natürlichen Person, einschließlich der Erbringung von Gesundheitsdienstleistungen, beziehen und aus denen Informationen über deren Gesundheitszustand hervorgehen;

22. „Aufsichtsbehörde" eine von einem Mitgliedstaat der Europäischen Union gemäß Artikel 51 der Verordnung (EU) 2016/679 des Europäischen Parlaments und des Rates[1)] oder gemäß Artikel 41 der Richtlinie (EU) 2016/680 eingerichtete unabhängige staatliche Stelle;

23. „internationale Organisation" eine völkerrechtliche Organisation und ihre nachgeordneten Stellen oder jede sonstige Einrichtung, die durch eine zwischen zwei oder mehr Ländern geschlossene Übereinkunft oder auf der Grundlage einer solchen Übereinkunft geschaffen wurde.

KAPITEL II

ERRICHTUNG, AUFGABEN UND GRUNDPRINZIPIEN DER EUStA

Artikel 3
Errichtung

(1) Die EUStA wird als Einrichtung der Union errichtet.

(2) Die EUStA besitzt Rechtspersönlichkeit.

(3) Die EUStA arbeitet mit Eurojust zusammen und wird von dieser Stelle im Einklang mit Artikel 100 unterstützt.

Artikel 4
Aufgaben

Die EUStA ist zuständig für die strafrechtliche Untersuchung und Verfolgung sowie die Anklageerhebung in Bezug auf Personen, die als Täter oder Teilnehmer Straftaten zum Nachteil der finanziellen Interessen der Union, die in der Richtlinie (EU) 2017/1371 vorgesehen und in

---

[1)] Verordnung (EU) 2016/679 des Europäischen Parlaments und des Rates vom 27. April 2016 zum Schutz natürlicher Personen bei der Verarbeitung personenbezogener Daten, zum freien Datenverkehr und zur Aufhebung der Richtlinie 95/46/EG (Datenschutz-Grundverordnung) (ABl. L 119 vom 4.5.2016, S. 1).

dieser Verordnung bestimmt sind, begangen haben. Hierzu führt die EUStA Ermittlungen, ergreift Strafverfolgungsmaßnahmen und nimmt vor den zuständigen Gerichten der Mtgliedstaaten die Aufgaben der Staatsanwaltschaft wahr, bis das Verfahren endgültig abgeschlossen ist.

Artikel 5
Grundprinzipien für die Tätigkeit

(1) Die EUStA gewährleistet, dass bei ihrer Tätigkeit die in der Charta verankerten Rechte beachtet werden.

(2) Die EUStA ist bei allen ihren Tätigkeiten an die Grundsätze der Rechtsstaatlichkeit und der Verhältnismäßigkeit gebunden.

(3) Die Ermittlungen und Strafverfolgungsmaßnahmen im Namen der EUStA unterliegen dieser Verordnung. Soweit eine Frage in dieser Verordnung nicht geregelt ist, gilt nationales Recht. Soweit in dieser Verordnung nichts anderes bestimmt ist, ist das anwendbare nationale Recht das Recht des Mitgliedstaats des gemäß Artikel 13 Absatz 1 mit dem Verfahren betrauten Delegierten Europäischen Staatsanwalts. Ist eine Frage sowohl im nationalen Recht als auch in dieser Verordnung geregelt, so ist diese Verordnung maßgebend.

(4) Die EUStA führt ihre Ermittlungen unparteiisch und ermittelt alle sachdienlichen Beweise, belastende wie entlastende.

(5) Die EUStA leitet Ermittlungen unverzüglich ein und führt diese zügig durch.

(6) Die zuständigen nationalen Behörden fördern und unterstützen aktiv die Ermittlungen und Strafverfolgungsmaßnahmen der EUStA. Handlungen, Vorgehensweisen und Verfahren nach dieser Verordnung richten sich nach dem Grundsatz der loyalen Zusammenarbeit.

Artikel 6
Unabhängigkeit und Rechenschaftspflicht

(1) Die EUStA ist unabhängig. Der Europäische Generalstaatsanwalt, die Stellvertreter des Europäischen Generalstaatsanwalts, die Europäischen Staatsanwälte, die Delegierten Europäischen Staatsanwälte, der Verwaltungsdirektor sowie das Personal der EUStA handelt beziehungsweise handeln im gesetzlich festgelegten Interesse der Union insgesamt und darf beziehungsweise dürfen bei der Erfüllung seiner/ihrer Pflichten im Rahmen dieser Verordnung Weisungen von Personen außerhalb der EUStA, von Mitgliedstaaten der Europäischen Union oder Organen, Einrichtungen oder sonstigen Stellen der Union weder einholen noch entgegennehmen. Die Mitgliedstaaten der Europäischen Union und die Organe, Einrichtungen und sonstigen Stellen der Union achten die Unabhängigkeit der EUStA und versuchen nicht, sie bei der Wahrnehmung ihrer Aufgaben zu beeinflussen.

(2) Die EUStA ist dem Europäischen Parlament, dem Rat und der Kommission für ihre allgemeinen Tätigkeiten rechenschaftspflichtig und gibt Jahresberichte nach Artikel 7 heraus.

Artikel 7
Berichterstattung

(1) Die EUStA erstellt jährlich einen Jahresbericht über ihre allgemeine Tätigkeit in den Amtssprachen der Organe der Union und veröffentlicht ihn. Sie übermittelt den Bericht dem Europäischen Parlament und den nationalen Parlamenten sowie dem Rat und der Kommission.

(2) Der Europäische Generalstaatsanwalt erscheint einmal jährlich vor dem Europäischen Parlament und vor dem Rat sowie auf Verlangen vor den nationalen Parlamenten der Mitgliedstaaten, um – unbeschadet der Verpflichtung der EUStA zur Verschwiegenheit und Geheimhaltung im Hinblick auf Einzelfälle und personenbezogene Daten – über die allgemeine Tätigkeit der EUStA Bericht zu erstatten. Der Europäische Generalstaatsanwalt kann bei Anhörungen durch die nationalen Parlamente von einem seiner Stellvertreter vertreten werden.

KAPITEL III
STATUS, AUFBAU UND ORGANISATION DER EUStA

ABSCHNITT 1
Status und Aufbau der EUStA

Artikel 8
Aufbau der EUStA

(1) Die EUStA ist eine unteilbare Einrichtung der Union, die als eine einheitliche Behörde mit einem dezentralen Aufbau handelt.

(2) Die EUStA gliedert sich in eine zentrale Ebene und in eine dezentrale Ebene.

(3) Die zentrale Ebene besteht aus der zentralen Dienststelle am Sitz der EUStA. Die zentrale Dienststelle setzt sich aus dem Kollegium, den Ständigen Kammern, dem Europäischen Generalstaatsanwalt, den Stellvertretern des Europäischen Generalstaatsanwalts, den Europäischen Staatsanwälten und dem Verwaltungsdirektor zusammen.

(4) Die dezentrale Ebene besteht aus den Delegierten Europäischen Staatsanwälten, die in den Mitgliedstaaten angesiedelt sind.

(5) Die zentrale Dienststelle und die Delegierten Europäischen Staatsanwälte werden bei ihren Aufgaben nach dieser Verordnung vom Personal der EUStA unterstützt.

Artikel 9
Das Kollegium

(1) Das Kollegium der EUStA besteht aus dem Europäischen Generalstaatsanwalt und einem Europäischen Staatsanwalt je Mitgliedstaat. Der Europäische Generalstaatsanwalt leitet die Sitzungen des Kollegiums und ist für deren Vorbereitung zuständig.

(2) Das Kollegium tritt regelmäßig zusammen und ist für die allgemeine Aufsicht über die Tätigkeiten der EUStA zuständig. Es entscheidet über strategische Fragen und über allgemeine Angelegenheiten, die sich aus Einzelfällen ergeben, insbesondere mit Blick darauf, die Kohärenz, Effizienz und Einheitlichkeit bei der Strafverfolgungspolitik der EUStA in allen Mitgliedstaaten sicherzustellen, sowie über in dieser Verordnung angegebene andere Fragen. Das Kollegium trifft keine operativen Entscheidungen in Einzelfällen. In der Geschäftsordnung der EUStA werden die Einzelheiten der Wahrnehmung der allgemeinen Aufsichtstätigkeiten durch das Kollegium und für dessen Entscheidungen über strategische Fragen und allgemeine Angelegenheiten im Einklang mit diesem Artikel geregelt.

(3) Auf Vorschlag des Europäischen Generalstaatsanwalts und gemäß der Geschäftsordnung der EUStA richtet das Kollegium Ständige Kammern ein.

(4) Das Kollegium nimmt eine Geschäftsordnung der EUStA gemäß Artikel 21 an und legt ferner die Zuständigkeiten für die Ausführung der Aufgaben der Mitglieder des Kollegiums und des Personals der EUStA fest.

(5) Soweit in dieser Verordnung nichts anderes bestimmt ist, fasst das Kollegium Beschlüsse mit einfacher Mehrheit. Jedes Mitglied des Kollegiums ist berechtigt, über die vom Kollegium zu entscheidenden Fragen eine Abstimmung vorzuschlagen. Jedes Mitglied des Kollegiums hat eine Stimme. Bei Stimmengleichheit in einer vom Kollegium zu entscheidenden Frage gibt die Stimme des Europäischen Generalstaatsanwalts den Ausschlag.

Artikel 10
Die Ständigen Kammern

(1) Den Vorsitz der Ständigen Kammern führt der Europäische Generalstaatsanwalt oder einer der Stellvertreter des Europäischen Generalstaatsanwalts oder ein gemäß der Geschäftsordnung der EUStA zum Vorsitzenden benannter Europäischer Staatsanwalt. Neben dem Vorsitzenden gehören den Ständigen Kammern zwei ständige Mitglieder an. Die Anzahl der Ständigen Kammern und ihre Zusammensetzung sowie die Aufteilung der Zuständigkeiten zwischen den Kammern tragen den funktionalen Bedürfnissen der EUStA angemessen Rechnung und werden gemäß der Geschäftsordnung der EUStA festgelegt.

Die Geschäftsordnung der EUStA gewährleistet eine ausgewogene Verteilung der Arbeitsbelastung auf der Grundlage einer Fallzuweisung nach dem Zufallsprinzip und legt in Ausnahmefällen Verfahren fest, die es dem Europäischen Generalstaatsanwalt ermöglichen, zu entscheiden, dass von der Fallzuweisung nach dem Zufallsprinzip abgewichen wird, sofern dies für ein ordnungsgemäßes Funktionieren der EUStA notwendig ist.

(2) Die Ständigen Kammern überwachen und leiten gemäß den Absätzen 3, 4 und 5 des vorliegenden Artikels die von den Delegierten Europäischen Staatsanwälten geführten Ermittlungen und Strafverfolgungsmaßnahmen. Sie gewährleisten außerdem die Koordination der Ermittlungen und Strafverfolgungsmaßnahmen in grenzübergreifenden Fällen und gewährleisten die Durchführung der vom Kollegium gemäß Artikel 9 Absatz 2 getroffenen Entscheidungen.

(3) Gemäß den Bedingungen und Verfahren dieser Verordnung, gegebenenfalls nach Prüfung des vom betrauten Delegierten Europäischen Staatsanwalt vorgeschlagenen Entscheidungsentwurfs, treffen die Ständigen Kammern Entscheidungen bezüglich

a) der Anklageerhebung gemäß Artikel 36 Absätze 1, 3 und 4;

b) der Einstellung eines Verfahrens gemäß Artikel 39 Absatz 1 Buchstaben a bis g;

c) der Anwendung eines vereinfachten Strafverfolgungsverfahrens und der Weisung an den Delegierten Europäischen Staatsanwalt, im Hinblick auf den endgültigen Abschluss des Verfahrens tätig zu werden, gemäß Artikel 40;

d) der Verweisung eines Verfahrens an die nationalen Behörden gemäß Artikel 34 Absatz 1, 2, 3 oder 6;

e) der Wiederaufnahme von Ermittlungen gemäß Artikel 39 Absatz 2.

(4) Soweit erforderlich, treffen die Ständigen Kammern gemäß den Bedingungen und Verfahren dieser Verordnung die folgenden Entscheidungen:

a) dem Delegierten Europäischen Staatsanwalt die Weisung zu erteilen, Ermittlungen gemäß den Bestimmungen des Artikels 26 Absätze 1 bis 4 einzuleiten, sofern noch keine Ermittlungen eingeleitet wurden;

b) dem Delegierten Europäischen Staatsanwalt die Weisung zu erteilen, das Evokationsrecht nach Artikel 27 Absatz 6 auszuüben, sofern das Verfahren noch nicht evoziert wurde;

c) strategische Fragen oder allgemeine Angelegenheiten, die sich aus Einzelfällen ergeben, gemäß Artikel 9 Absatz 2 an das Kollegium zu verweisen;

d) ein Verfahren gemäß Artikel 26 Absatz 3 zuzuweisen;

e) ein Verfahren gemäß Artikel 26 Absatz 5 oder Artikel 28 Absatz 3 neu zuzuweisen;

f) die Entscheidung eines Europäischen Staatsanwalts zu genehmigen, die Ermittlungen gemäß Artikel 28 Absatz 4 selbst durchzuführen.

(5) Die zuständige Ständige Kammer kann über den die Aufsicht über die Ermittlungen oder die Strafverfolgungsmaßnahmen führenden Europäischen Staatsanwalt in einem konkreten Verfahren dem betrauten Delegierten Europäischen Staatsanwalt Weisungen erteilen, die im Einklang mit dem geltenden nationalen Recht stehen, sofern dies für die effiziente Durchführung der Ermittlungen oder Strafverfolgungsmaßnahmen im Interesse der Rechtspflege oder zur Gewährleistung der kohärenten Funktionsweise der EUStA notwendig ist.

(6) Die Ständige Kammer fasst Beschlüsse mit einfacher Mehrheit. Die Kammer stimmt auf Antrag eines ihrer Mitglieder ab. Jedes Mitglied hat eine Stimme. Bei Stimmengleichheit gibt die Stimme des Vorsitzenden den Ausschlag. Entscheidungen werden nach Beratungen der Kammern gegebenenfalls auf der Grundlage des vom betrauten Delegierten Europäischen Staatsanwalt vorgeschlagenen Entscheidungsentwurfs getroffen.

Die gesamte Verfahrensakte wird der zuständigen Ständigen Kammer auf Verlangen für die Vorbereitung der Entscheidungen zur Verfügung gestellt.

(7) Die Ständigen Kammern können beschließen, ihre Entscheidungsbefugnisse gemäß Absatz 3 Buchstabe a oder Buchstabe b und in letzterem Fall nur in Bezug auf die in Artikel 39 Absatz 1 Buchstaben a bis f festgelegten Vorschriften dem im Einklang mit Artikel 12 Absatz 1 die Aufsicht über das Verfahren führenden Europäischen Staatsanwalt hinsichtlich einer Straftat zu übertragen, die einen Schaden von weniger als 100 000 EUR zum Nachteil der finanziellen Interessen der Union verursacht hat bzw. verursachen könnte, wenn eine solche Befugnisübertragung im Hinblick auf die Schwere der Straftat oder die Komplexität des Verfahrens im Einzelfall hinreichend begründet werden kann. In der Geschäftsordnung der EUStA sind Leitlinien festzulegen, damit eine kohärente Anwendung im Rahmen der EUStA gewährleistet werden kann.

Die Ständige Kammer unterrichtet den Europäischen Generalstaatsanwalt über jede Entscheidung zur Übertragung ihrer Entscheidungsbefugnisse. Nach Eingang dieser Mitteilung kann der Europäische Generalstaatsanwalt die Ständige Kammer innerhalb von drei Tagen ersuchen, ihre Entscheidung zu überprüfen, sofern der Europäische Generalstaatsanwalt der Auffassung ist, dass dies im Interesse der Gewährleistung kohärenter Ermittlungs- und Strafverfolgungsmaßnahmen der EUStA erforderlich ist. Ist der Europäische Generalstaatsanwalt Mitglied der jeweiligen Ständigen Kammer, so übt einer der Stellvertreter des Europäischen Generalstaatsanwalts das Recht auf Ersuchen um diese Überprüfung aus. Der die Aufsicht führende Europäische Staatsanwalt unterrichtet die Ständige Kammer über den endgültigen Abschluss des Verfahrens sowie über alle Informationen oder Umstände, die nach seinem Dafürhalten eine Neubewertung der Frage, ob eine Aufrechterhaltung der Befugnisübertragung zweckmäßig ist, erforderlich machen könnten, insbesondere unter den in Artikel 36 Absatz 3 genannten Umständen.

Die Entscheidung zur Übertragung von Entscheidungsbefugnissen kann auf Antrag eines der Mitglieder der Ständigen Kammer jederzeit aufgehoben werden; der entsprechende Beschluss wird gemäß Absatz 6 gefasst. Eine Befugnisübertragung wird aufgehoben, wenn ein Delegierter Europäischer Staatsanwalt im Einklang mit Artikel 16 Absatz 7 den Europäischen Staatsanwalt vertritt.

Zur Gewährleistung der kohärenten Anwendung des Grundsatzes der Befugnisübertragung erstattet jede Ständige Kammer dem Kollegium jährlich über die Vornahme von Befugnisübertragungen Bericht.

(8) Die Geschäftsordnung der EUStA gestattet den Ständigen Kammern, Entscheidungen im Wege eines schriftlichen Verfahrens zu treffen, das in der Geschäftsordnung der EUStA im Einzelnen festzulegen ist.

Sämtliche Entscheidungen und Weisungen, die im Einklang mit den Absätzen 3, 4, 5 und 7 getroffen bzw. erteilt werden, sind schriftlich festzuhalten und werden Teil der Verfahrensakte.

(9) Zusätzlich zu den ständigen Mitgliedern nimmt der Europäische Staatsanwalt, der die Ermittlungen oder Strafverfolgungsmaßnahmen gemäß Artikel 12 Absatz 1 beaufsichtigt, an den Beratungen der Ständigen Kammer teil. Der Europäische Staatsanwalt ist stimmberechtigt, außer bei Entscheidungen der Ständigen Kammer über eine Befugnisübertragung oder Aufhebung der Befugnisübertragung gemäß Artikel 10 Absatz 7, über eine Zuweisung und Neuzuweisung gemäß Artikel 26 Absätze 3, 4 und 5 und Artikel 27 Absatz 6 und über die Anklageerhebung nach Artikel 36 Absatz 3, wenn mehr als ein Mitgliedstaat Gerichtsbarkeit für den Fall hat, sowie in den in Artikel 31 Absatz 8 beschriebenen Fällen.

Eine Ständige Kammer kann außerdem entweder auf Antrag eines Europäischen Staatsanwalts oder eines Delegierten Europäischen Staatsanwalts oder auf eigene Initiative andere von einem Verfahren betroffene Europäische Staatsanwälte oder Delegierte Europäische Staatsanwälte ohne Stimmrecht zur Teilnahme an ihren Sitzungen einladen.

(10) Die Vorsitzenden der Ständigen Kammern halten das Kollegium im Einklang mit der Ge-

schäftsordnung der EUStA über die gemäß diesem Artikel gefassten Beschlüsse auf dem Laufenden, damit das Kollegium seine Funktion gemäß Artikel 9 Absatz 2 ausüben kann.

Artikel 11
Der Europäische Generalstaatsanwalt und die Stellvertreter des Europäischen Generalstaatsanwalts

(1) Der Europäische Generalstaatsanwalt ist der Leiter der EUStA. Der Europäische Generalstaatsanwalt organisiert die Arbeit der EUStA, leitet ihre Tätigkeit und trifft Entscheidungen gemäß dieser Verordnung und der Geschäftsordnung der EUStA.

(2) Es werden zwei Stellvertreter des Europäischen Generalstaatsanwalts ernannt, die den Europäischen Generalstaatsanwalt bei der Erfüllung seiner Aufgaben unterstützen und ihn bei Abwesenheit oder Verhinderung vertreten.

(3) Der Europäische Generalstaatsanwalt vertritt die EUStA gegenüber den Organen der Union und der Mitgliedstaaten der Europäischen Union und gegenüber Dritten. Der Europäische Generalstaatsanwalt kann seine mit der Vertretung verbundenen Aufgaben auf einen der Stellvertreter des Europäischen Generalstaatsanwalts oder einen Europäischen Staatsanwalt übertragen.

Artikel 12
Die Europäischen Staatsanwälte

(1) Die Europäischen Staatsanwälte beaufsichtigen für die Ständige Kammer und im Einklang mit etwaigen von dieser gemäß Artikel 10 Absätze 3, 4 und 5 erteilten Weisungen die Ermittlungen und Strafverfolgungsmaßnahmen, für die die mit dem Verfahren betrauten Delegierten Europäischen Staatsanwälte in ihrem Herkunftsmitgliedstaat zuständig sind. Die Europäischen Staatsanwälte unterbreiten Zusammenfassungen zu den jeweils von ihnen beaufsichtigten Verfahren und gegebenenfalls – auf der Grundlage von Entscheidungsentwürfen, die von den Delegierten Europäischen Staatsanwälten ausgearbeitet werden – Vorschläge für die von der Ständigen Kammer zu fassenden Entscheidungen.

In der Geschäftsordnung der EUStA ist unbeschadet des Artikels 16 Absatz 7 eine Regelung für die Vertretung der Europäischen Staatsanwälte untereinander vorzusehen für den Fall, dass der die Aufsicht führende Europäische Staatsanwalt zeitweilig abwesend ist oder aus anderen Gründen zur Wahrnehmung der Aufgaben eines Europäischen Staatsanwalts nicht zur Verfügung steht. Der vertretende Europäische Staatsanwalt kann – abgesehen von der Möglichkeit, eine Ermittlung gemäß Artikel 28 Absatz 4 zu führen – jede Aufgabe eines Europäischen Staatsanwalts ausführen.

(2) Ein Europäischer Staatsanwalt kann im Ausnahmefall aufgrund der Arbeitsbelastung, die sich aus der Zahl der Ermittlungen und Strafverfolgungsmaßnahmen im Herkunftsmitgliedstaat des Europäischen Staatsanwalts ergibt, oder aufgrund einer persönlichen Befangenheit beantragen, dass die Aufsicht über Ermittlungen und Strafverfolgungsmaßnahmen in einzelnen Verfahren, mit denen Delegierte Europäische Staatsanwälte in seinem Herkunftsmitgliedstaat betraut sind, anderen Europäischen Staatsanwälten zugewiesen wird, vorausgesetzt, diese stimmen der Zuweisung zu. Der Europäische Generalstaatsanwalt entscheidet über den Antrag auf der Grundlage der Arbeitsbelastung eines Europäischen Staatsanwalts. Im Falle einer einen Europäischen Staatsanwalt betreffenden Befangenheit gibt der Europäische Generalstaatsanwalt dem Antrag statt. In der Geschäftsordnung der EUStA werden die Grundsätze für diese Entscheidung und das Verfahren zur anschließenden Zuweisung der betreffenden Verfahren festgelegt. Artikel 28 Absatz 4 gilt nicht für Ermittlungen und Strafverfolgungsmaßnahmen, in denen die Aufsicht nach Maßgabe des vorliegenden Absatzes erfolgt.

(3) Der die Aufsicht führende Europäische Staatsanwalt kann in einem spezifischen Fall im Einklang mit anwendbarem nationalen Recht und mit den Weisungen der zuständigen Ständigen Kammer dem betrauten Delegierten Europäischen Staatsanwalt Weisungen erteilen, wenn dies für die effiziente Durchführung der Ermittlungen oder Strafverfolgungsmaßnahmen oder im Interesse der Rechtspflege oder zur Gewährleistung der kohärenten Funktionsweise der EUStA erforderlich ist.

(4) Ist nach nationalem Recht eines Mitgliedstaats die interne Überprüfung bestimmter Handlungen innerhalb der Struktur einer nationalen Staatsanwaltschaft vorgesehen, so fällt im Einklang mit der Geschäftsordnung der EUStA die Überprüfung solcher Handlungen des Delegierten Europäischen Staatsanwalts unter die Aufsichtsbefugnis des Aufsicht führenden Europäischen Staatsanwalts; dies berührt nicht die Aufsichts- und Überwachungsbefugnisse der Ständigen Kammer.

(5) Die Europäischen Staatsanwälte fungieren als Verbindungsstellen und Informationskanäle zwischen den Ständigen Kammern und den Delegierten Europäischen Staatsanwälten in ihrem jeweiligen Herkunftsmitgliedstaat. Sie überwachen die Durchführung der Aufgaben der EUStA in ihrem jeweiligen Mitgliedstaat in enger Abstimmung mit den Delegierten Europäischen Staatsanwälten. Sie stellen im Einklang mit dieser Verordnung und der Geschäftsordnung der EUStA sicher, dass alle einschlägigen Informationen aus der zentralen Dienststelle den Delegierten Europäischen Staatsanwälten zur Verfügung gestellt werden und umgekehrt.

Artikel 13
Die Delegierten Europäischen Staatsanwälte

(1) Die Delegierten Europäischen Staatsanwälte handeln im Namen der EUStA in ihrem jeweiligen Mitgliedstaat und haben neben und vorbehaltlich der ihnen übertragenen besonderen Befugnisse und des ihnen zuerkannten besonderen Status und nach Maßgabe dieser Verordnung in Bezug auf Ermittlungen, Strafverfolgungsmaßnahmen und Anklageerhebung die gleichen Befugnisse wie nationale Staatsanwälte.

Die Delegierten Europäischen Staatsanwälte sind für die von ihnen eingeleiteten, für die ihnen zugewiesenen oder für die durch Wahrnehmung ihres Evokationsrechts von ihnen übernommenen Ermittlungen und Strafverfolgungsmaßnahmen zuständig. Die Delegierten Europäischen Staatsanwälte folgen der Leitung und befolgen die Weisungen der für das Verfahren zuständigen Ständigen Kammer sowie die Weisungen des die Aufsicht führenden Europäischen Staatsanwalts.

Die Delegierten Europäischen Staatsanwälte sind ferner für die Anklageerhebung zuständig und haben insbesondere die Befugnis, vor Gericht zu plädieren, an der Beweisaufnahme teilzunehmen und die zur Verfügung stehenden Rechtsbehelfe gemäß dem nationalen Recht einzulegen.

(2) In jedem Mitgliedstaat muss es zwei oder mehr Delegierte Europäische Staatsanwälte geben. Der Europäische Generalstaatsanwalt genehmigt nach Beratung und Einigung mit den einschlägigen Behörden der Mitgliedstaaten die Anzahl der Delegierten Europäischen Staatsanwälte sowie die funktionale und räumliche Aufteilung der Zuständigkeiten zwischen den Delegierten Europäischen Staatsanwälten in jedem einzelnen Mitgliedstaat.

(3) Die Delegierten Europäischen Staatsanwälte können auch Aufgaben als nationale Staatsanwälte wahrnehmen, soweit sie dadurch nicht daran gehindert sind, ihren Pflichten nach dieser Verordnung nachzukommen. Sie unterrichten den die Aufsicht führenden Europäischen Staatsanwalt über solche Aufgaben. Ist ein Delegierter Europäischer Staatsanwalt zu irgendeinem Zeitpunkt wegen der Wahrnehmung solcher Aufgaben als nationaler Staatsanwalt nicht in der Lage, seinen Aufgaben als Delegierter Europäischer Staatsanwalt nachzukommen, so setzt er den die Aufsicht führenden Europäischen Staatsanwalt davon in Kenntnis; dieser konsultiert die zuständigen nationalen Strafverfolgungsbehörden, um festzulegen, ob den Aufgaben im Rahmen dieser Verordnung Vorrang einzuräumen ist. Der Europäische Staatsanwalt kann der Ständigen Kammer gemäß Artikel 28 Absätze 3 und 4 vorschlagen, dass das Verfahren einem anderen Delegierten Europäischen Staatsanwalt in demselben Mitgliedstaat neu zugewiesen wird oder dass er die Ermittlungen selbst führt.

ABSCHNITT 2

Ernennung und Entlassung der Mitglieder der EUStA

Artikel 14
Ernennung und Entlassung des Europäischen Generalstaatsanwalts

(1) Das Europäische Parlament und der Rat ernennen in gegenseitigem Einvernehmen den Europäischen Generalstaatsanwalt für eine nicht verlängerbare Amtszeit von sieben Jahren. Der Rat beschließt mit einfacher Mehrheit.

(2) Der Europäische Generalstaatsanwalt wird aus einem Kreis von Bewerbern ausgewählt, die

a) aktive Mitglieder der Staatsanwaltschaft oder der Richterschaft in den Mitgliedstaaten oder aktive Europäische Staatsanwälte sind,

b) jede Gewähr für Unabhängigkeit bieten,

c) in ihrem jeweiligen Mitgliedstaat die für die höchsten staatsanwaltlichen oder richterlichen Ämter erforderlichen Voraussetzungen erfüllen und über einschlägige praktische Erfahrungen in den nationalen Rechtsordnungen, in Finanzermittlungen und in der internationalen justiziellen Zusammenarbeit in Strafsachen verfügen oder das Amt eines Europäischen Staatsanwalts ausgeübt haben und

d) hinreichende Erfahrungen und Qualifikationen als Führungskraft für das Amt besitzen.

(3) Die Auswahl wird auf der Grundlage einer im *Amtsblatt der Europäischen Union* zu veröffentlichenden offenen Aufforderung zur Einreichung von Bewerbungen vorgenommen, nach der ein Auswahlausschuss eine Auswahlliste der qualifizierten Bewerber erstellt, die dem Europäischen Parlament und dem Rat vorzulegen ist. Der Auswahlausschuss setzt sich aus zwölf Personen zusammen, die aus dem Kreis ehemaliger Mitglieder des Gerichtshofs und des Rechnungshofs, ehemaliger nationaler Mitglieder von Eurojust, der Mitglieder der höchsten nationalen Gerichte, hochrangiger Staatsanwälte und von Juristen von anerkannt hervorragender Befähigung ausgewählt werden. Eine der ausgewählten Personen wird vom Europäischen Parlament vorgeschlagen. Der Rat legt die Regeln für die Tätigkeit des Auswahlausschusses fest und nimmt einen Beschluss zur Ernennung seiner Mitglieder auf Vorschlag der Kommission an.

(4) Wird ein Europäischer Staatsanwalt zum Europäischen Generalstaatsanwalt ernannt, so wird sein Amt als Europäischer Staatsanwalt nach dem Verfahren des Artikels 16 Absätze 1 und 2 unverzüglich wieder besetzt.

(5) Der Gerichtshof kann auf Antrag des Europäischen Parlaments, des Rates oder der Kommission den Europäischen Generalstaatsanwalt entlassen, wenn er zu der Feststellung gelangt, dass

er seine Aufgaben nicht mehr wahrnehmen kann oder dass er sich eines schweren Fehlverhaltens schuldig gemacht hat.

(6) Tritt der Europäische Generalstaatsanwalt zurück, wird entlassen oder scheidet aus einem anderen Grund aus dem Amt aus, so wird die Stelle nach dem Verfahren der Absätze 1, 2 und 3 umgehend wieder besetzt.

Artikel 15
Ernennung und Entlassung der Stellvertreter des Europäischen Generalstaatsanwalts

(1) Das Kollegium ernennt zwei Europäische Staatsanwälte für eine verlängerbare Amtszeit von drei Jahren zu Stellvertretern des Europäischen Generalstaatsanwalts, wobei ihre Amtszeiten als Europäischer Staatsanwalt nicht überschritten werden dürfen. Das Auswahlverfahren wird in der Geschäftsordnung der EUStA geregelt. Die Stellvertreter des Europäischen Generalstaatsanwalts behalten ihren Status als Europäische Staatsanwälte.

(2) In der Geschäftsordnung der EUStA werden die Regeln und Bedingungen für die Ausübung der Funktion eines Stellvertreters des Europäischen Generalstaatsanwalts festgelegt. Kann ein Europäischer Staatsanwalt seine Aufgaben als Stellvertreter des Europäischen Generalstaatsanwalts nicht mehr wahrnehmen, so kann das Kollegium im Einklang mit der Geschäftsordnung der EUStA beschließen, dass er aus dem Amt als Stellvertreter des Europäischen Generalstaatsanwalts entlassen wird.

(3) Tritt ein Stellvertreter des Europäischen Generalstaatsanwalts zurück, wird entlassen oder scheidet aus einem anderen Grund aus seinem Amt als Stellvertreter des Europäischen Generalstaatsanwalts aus, so wird die Stelle nach dem Verfahren des Absatzes 1 unverzüglich wieder besetzt. Vorbehaltlich der Bestimmungen des Artikels 16 bleibt er Europäischer Staatsanwalt.

Artikel 16
Ernennung und Entlassung der Europäischen Staatsanwälte

(1) Jeder Mitgliedstaat benennt drei Kandidaten für das Amt eines Europäischen Staatsanwalts aus einem Kreis von Bewerbern, die

a) aktive Mitglieder der Staatsanwaltschaft oder der Richterschaft des jeweiligen Mitgliedstaats sind,

b) jede Gewähr für Unabhängigkeit bieten und

c) in ihrem jeweiligen Mitgliedstaat die für hohe staatsanwaltliche oder richterliche Ämter erforderlichen Voraussetzungen erfüllen und die über einschlägige praktische Erfahrungen im Rahmen der nationalen Rechtsordnungen, der Finanzermittlungen und der internationalen justiziellen Zusammenarbeit in Strafsachen verfügen.

(2) Nach Eingang der begründeten Stellungnahme des Auswahlausschusses gemäß Artikel 14 Absatz 3 wählt der Rat einen der Kandidaten aus und ernennt ihn zum Europäischen Staatsanwalt des betreffenden Mitgliedstaats. Stellt der Auswahlausschuss fest, dass ein Bewerber nicht die erforderlichen Voraussetzungen für die Wahrnehmung der Aufgaben eines Europäischen Staatsanwalts erfüllt, so ist die Stellungnahme des Ausschusses bindend für den Rat.

(3) Der Rat wählt die Europäischen Staatsanwälte mit einfacher Mehrheit aus und ernennt sie für eine Amtszeit von sechs Jahren; Wiederernennung ist nicht zulässig. Der Rat kann beschließen, das Mandat am Ende der sechsjährigen Amtszeit um höchstens drei Jahre zu verlängern.

(4) Alle drei Jahre wird ein Drittel der Stellen der Europäischen Staatsanwälte neu besetzt. Der Rat erlässt mit einfacher Mehrheit Übergangsvorschriften für die Ernennung der Europäischen Staatsanwälte für die erste Amtszeit und während der ersten Amtszeit.

(5) Der Gerichtshof kann auf Antrag des Europäischen Parlaments, des Rates oder der Kommission einen Europäischen Staatsanwalt entlassen, wenn er zu der Feststellung gelangt, dass dieser seine Aufgaben nicht mehr wahrnehmen kann oder dass er sich eines schweren Fehlverhaltens schuldig gemacht hat.

(6) Tritt ein Europäischer Staatsanwalt zurück, wird entlassen oder scheidet aus einem anderen Grund aus dem Amt aus, so wird die Stelle nach dem Verfahren der Absätze 1 und 2 unverzüglich wieder besetzt. Übt der betreffende Europäische Staatsanwalt auch das Amt eines Stellvertreters des Europäischen Generalstaatsanwalts aus, so wird er automatisch auch aus diesem Amt entlassen.

(7) Das Kollegium bestimmt nach der Benennung jedes Europäischen Staatsanwalts einen der Delegierten Europäischen Staatsanwälte desselben Mitgliedstaats zum Vertreter des Europäischen Staatsanwalts, für den Fall, dass dieser seine Aufgaben nicht wahrnehmen kann oder gemäß den Absätzen 5 und 6 aus seinem Amt ausgeschieden ist.

Erkennt das Kollegium die Notwendigkeit einer Vertretung an, so wird die so bestimmte Person bis zur Ersetzung oder Rückkehr des Europäischen Staatsanwalts für einen Zeitraum von höchstens drei Monaten als Europäischer Interims-Staatsanwalt tätig. Auf Antrag kann das Kollegium diesen Zeitraum gegebenenfalls verlängern. Die Verfahren und die Einzelheiten für eine vorübergehende Vertretung werden in der Geschäftsordnung der EUStA festgelegt und geregelt.

Artikel 17
Ernennung und Entlassung der Delegierten Europäischen Staatsanwälte

(1) Das Kollegium ernennt auf Vorschlag des Europäischen Generalstaatsanwalts die von den Mitgliedstaaten benannten Delegierten Europäischen Staatsanwälte. Das Kollegium kann eine Person, die benannt wurde, ablehnen, wenn sie den Kriterien nach Absatz 2 nicht genügt. Die Delegierten Europäischen Staatsanwälte werden für eine verlängerbare Amtszeit von fünf Jahren ernannt.

(2) Die Delegierten Europäischen Staatsanwälte müssen ab dem Zeitpunkt ihrer Ernennung zum Delegierten Europäischen Staatsanwalt bis zur Amtsentlassung aktive Mitglieder der Staatsanwaltschaft oder der Richterschaft des Mitgliedstaats sein, der sie benannt hat. Sie müssen jede Gewähr für Unabhängigkeit bieten und über die erforderlichen Voraussetzungen und einschlägige praktische Erfahrungen im Rahmen ihrer nationalen Rechtsordnung verfügen.

(3) Das Kollegium entlässt einen Delegierten Europäischen Staatsanwalt, falls es zu der Feststellung gelangt, dass er die Voraussetzungen nach Absatz 2 nicht mehr erfüllt, seine Aufgaben nicht wahrnehmen kann oder sich eines schweren Fehlverhaltens schuldig gemacht hat.

(4) Beschließt ein Mitgliedstaat, einen nationalen Staatsanwalt, der zum Delegierten Europäischen Staatsanwalt ernannt wurde, aus Gründen, die nicht mit seinen Pflichten nach dieser Verordnung im Zusammenhang stehen, zu entlassen oder disziplinarische Maßnahmen gegen ihn zu ergreifen, so informiert er den Europäischen Generalstaatsanwalt, bevor er tätig wird. Ein Mitgliedstaat darf einen Delegierten Europäischen Staatsanwalt nicht ohne Zustimmung des Europäischen Generalstaatsanwalts aus Gründen, die im Zusammenhang mit seinen Pflichten nach dieser Verordnung stehen, entlassen oder disziplinarische Maßnahmen gegen ihn ergreifen. Erteilt der Europäische Generalstaatsanwalt seine Zustimmung nicht, so kann der betroffene Mitgliedstaat das Kollegium um Überprüfung der Angelegenheit ersuchen.

(5) Tritt ein Delegierter Europäischer Staatsanwalt zurück, sind seine Dienste für die Erfüllung der Aufgaben der EUStA nicht mehr erforderlich, wird er entlassen oder scheidet er aus anderem Grund aus dem Amt, so unterrichtet der betroffene Mitgliedstaat unverzüglich den Europäischen Generalstaatsanwalt und benennt, soweit erforderlich, umgehend einen anderen Staatsanwalt, damit dieser gemäß Absatz 1 zum neuen Delegierten Europäischen Staatsanwalt ernannt wird.

Artikel 18
Status des Verwaltungsdirektors

(1) Der Verwaltungsdirektor wird als Zeitbediensteter der EUStA gemäß Artikel 2 Buchstabe a der Beschäftigungsbedingungen eingestellt.

(2) Der Verwaltungsdirektor wird vom Kollegium aus einer Liste von Bewerbern ernannt, die der Europäische Generalstaatsanwalt im Anschluss an ein offenes und transparentes Auswahlverfahren gemäß der Geschäftsordnung der EUStA vorschlägt. Für den Abschluss des Vertrags des Verwaltungsdirektors wird die EUStA durch den Europäischen Generalstaatsanwalt vertreten.

(3) Die Amtszeit des Verwaltungsdirektors beträgt vier Jahre. Am Ende dieses Zeitraums nimmt das Kollegium eine Bewertung vor, bei der die Leistung des Verwaltungsdirektors berücksichtigt wird.

(4) Das Kollegium kann auf Vorschlag des Europäischen Generalstaatsanwalts unter Berücksichtigung der Bewertung nach Absatz 3 die Amtszeit des Verwaltungsdirektors einmal um einen Zeitraum von höchstens vier Jahren verlängern.

(5) Ein Verwaltungsdirektor, dessen Amtszeit verlängert wurde, darf am Ende des Gesamtzeitraums nicht an einem weiteren Auswahlverfahren für dieselbe Stelle teilnehmen.

(6) Der Verwaltungsdirektor legt dem Europäischen Generalstaatsanwalt und dem Kollegium Rechenschaft ab.

(7) Unbeschadet der geltenden Vorschriften in Bezug auf die Kündigung eines Vertrags im Statut und in den Beschäftigungsbedingungen kann der Verwaltungsdirektor aufgrund eines Beschlusses des Kollegiums, der mit einer Mehrheit von zwei Dritteln seiner Mitglieder gefasst wird, seines Amtes enthoben werden.

Artikel 19
Zuständigkeiten des Verwaltungsdirektors

(1) Für Verwaltungs- und Haushaltszwecke wird die EUStA von ihrem Verwaltungsdirektor verwaltet.

(2) Unbeschadet der Befugnisse des Kollegiums und des Europäischen Generalstaatsanwalts übt der Verwaltungsdirektor sein Amt unabhängig aus; er holt keine Weisungen von Regierungen oder sonstigen Stellen ein und nimmt auch keine Weisungen von diesen entgegen.

(3) Der Verwaltungsdirektor ist der gesetzliche Vertreter der EUStA für Verwaltungs- und Haushaltszwecke. Der Verwaltungsdirektor führt den Haushaltsplan der EUStA aus.

(4) Der Verwaltungsdirektor ist für die Wahrnehmung der Verwaltungsaufgaben der EUStA zuständig, insbesondere für

a) die Führung der laufenden Geschäfte der EUStA und die Personalverwaltung;

b) die Durchführung der vom Europäischen Generalstaatsanwalt und vom Kollegium gefassten Beschlüsse;

c) die Erstellung eines Vorschlags für das jährliche und das mehrjährige Programmdokument, den er dem Europäischen Generalstaatsanwalt vorlegt;

d) die Umsetzung des jährlichen und des mehrjährigen Programmdokuments und die Berichterstattung darüber an das Kollegium;

e) die Erstellung der die Verwaltung und den Haushalt betreffenden Teile des Jahresberichts der EUStA über ihre Tätigkeiten;

f) die Ausarbeitung eines Aktionsplans als Folgemaßnahme zu den Schlussfolgerungen interner oder externer Prüfberichte, Bewertungen und Ermittlungen, zu denen auch diejenigen des Europäischen Datenschutzbeauftragten und des OLAF zählen, sowie die Berichterstattung darüber an diese und das Kollegium zweimal pro Jahr;

g) die Ausarbeitung einer internen Betrugsbekämpfungsstrategie für die EUStA, die er dem Kollegium zur Billigung vorlegt;

h) die Erstellung eines Vorschlags für den Entwurf der für die EUStA geltenden Finanzregelung und die Übermittlung des Vorschlags an den Europäischen Generalstaatsanwalt;

i) die Erstellung eines Vorschlags für den Entwurf des Voranschlags der Einnahmen und Ausgaben der EUStA und die Übermittlung des Vorschlags an den Europäischen Generalstaatsanwalt;

j) die erforderliche verwaltungstechnische Unterstützung zur Erleichterung der operativen Arbeit der EUStA;

k) die Unterstützung des Europäischen Generalstaatsanwalts und der Stellvertreter des Europäischen Generalstaatsanwalts bei der Wahrnehmung ihrer Aufgaben.

Artikel 20
Vorläufige Verwaltungsregelungen der EUStA

(1) Auf der Grundlage vorläufig zugewiesener Mittel aus ihrem eigenen Haushalt ist die Kommission für die Errichtung und den anfänglichen administrativen Betrieb der EUStA zuständig, bis diese in der Lage ist, ihren eigenen Haushalt auszuführen. Zu diesem Zweck kann die Kommission

a) nach Anhörung des Rates einen Beamten der Kommission benennen, der die Aufgaben des Verwaltungsdirektors – einschließlich der Befugnisse, die der Anstellungsbehörde durch das Statut und die Beschäftigungsbedingungen im Hinblick auf das Verwaltungspersonal der EUStA übertragen wurden – in Bezug auf Stellen, die zu besetzen sind, bevor der Verwaltungsdirektor seine Tätigkeit gemäß Artikel 18 beginnt, als Interimsverwaltungsdirektor wahrnimmt;

b) der EUStA Unterstützung leisten, insbesondere durch die Entsendung einer begrenzten Zahl von Kommissionsbeamten, die für die Ausübung der Verwaltungstätigkeit der EUStA unter der Verantwortung des Interimsverwaltungsdirektors erforderlich sind.

(2) Der Interimsverwaltungsdirektor kann alle Zahlungen, die durch Mittelzuweisungen im Haushalt der EUStA gedeckt sind, genehmigen und kann Verträge – einschließlich Dienstverträgen – abschließen.

(3) Sobald das Kollegium seine Tätigkeit gemäß Artikel 9 Absatz 1 aufnimmt, übt der Interimsverwaltungsdirektor seine Tätigkeit gemäß Artikel 18 aus. Der Interimsverwaltungsdirektor übt seine Funktion nicht mehr aus, sobald der Verwaltungsdirektor im Anschluss an seine Ernennung durch das Kollegium gemäß Artikel 18 seine Tätigkeit aufgenommen hat.

(4) Bis das Kollegium seine Tätigkeit gemäß Artikel 9 Absatz 1 aufnimmt, nimmt die Kommission ihre in dem vorliegenden Artikel festgelegten Aufgaben in Absprache mit einer Expertengruppe wahr, die aus Vertretern der Mitgliedstaaten zusammengesetzt ist.

ABSCHNITT 3
Geschäftsordnung der EUStA

Artikel 21
Geschäftsordnung der EUStA

(1) Die Organisation der Arbeit der EUStA wird durch deren Geschäftsordnung geregelt.

(2) Sobald die EUStA errichtet wurde, erstellt der Europäische Generalstaatsanwalt unverzüglich einen Vorschlag für ihre Geschäftsordnung, der vom Kollegium mit Zweidrittelmehrheit angenommen wird.

(3) Änderungen der Geschäftsordnung der EUStA können von jedem Europäischen Staatsanwalt vorgeschlagen werden und sind angenommen, wenn das Kollegium dies mit Zweidrittelmehrheit beschließt.

KAPITEL IV
ZUSTÄNDIGKEIT UND AUSÜBUNG DER ZUSTÄNDIGKEIT DER EUStA

ABSCHNITT 1
Zuständigkeit der EUStA

Artikel 22
Sachliche Zuständigkeit der EUStA

(1) Die Zuständigkeit der EUStA umfasst die Straftaten zum Nachteil der finanziellen Interessen der Union, die in der Richtlinie (EU) 2017/1371 in ihrer Umsetzung in nationales Recht festgelegt sind, ungeachtet dessen, ob dieselbe strafbare Handlung im nationalen Recht als andere Art von Straftat eingestuft werden könnte. Für Straftaten, die in Artikel 3 Absatz 2 Buchstabe d der Richtlinie (EU) 2017/1371 in ihrer Umsetzung in nationales Recht festgelegt sind, ist die EUStA nur zuständig, wenn die vorsätzlichen Handlungen oder Unterlassungen nach dieser Bestimmung mit dem Hoheitsgebiet von zwei oder mehr Mitgliedstaaten verbunden sind und einen Gesamtschaden von mindestens 10 Mio. EUR umfassen.

(2) Die EUStA ist ferner zuständig für Straftaten bezüglich der Beteiligung an einer kriminellen Vereinigung im Sinne des in nationales Recht umgesetzten Rahmenbeschlusses 2008/841/JI, wenn der Schwerpunkt der strafbaren Aktivitäten der kriminellen Vereinigung auf der Begehung von Straftaten nach Absatz 1 liegt.

(3) Die EUStA ist außerdem für alle anderen Straftaten zuständig, die mit einer unter Absatz 1 des vorliegenden Artikels fallenden strafbaren Handlung untrennbar verbunden sind. Die Zuständigkeit für diese Straftaten darf nur im Einklang mit Artikel 25 Absatz 3 ausgeübt werden.

(4) Jedenfalls ist die EUStA nicht zuständig für Straftaten in Bezug auf nationale direkte Steuern, auch nicht für Straftaten, die mit diesen untrennbar verbunden sind. Die Struktur und die Funktionsweise der Steuerverwaltung der Mitgliedstaaten werden von dieser Verordnung nicht berührt.

Artikel 23
Territoriale und personelle Zuständigkeit der EUStA

Die EUStA ist zuständig für die in Artikel 22 genannten Straftaten, wenn diese

a) ganz oder teilweise im Hoheitsgebiet eines oder mehrerer Mitgliedstaaten begangen wurden,

b) von einem Staatsangehörigen eines Mitgliedstaats begangen wurden, sofern ein Mitgliedstaat über Gerichtsbarkeit für solche Straftaten verfügt, wenn sie außerhalb seines Hoheitsgebiets begangen wurden, oder

c) außerhalb der in Buchstabe a genannten Hoheitsgebiete von einer Person begangen wurden, die zum Zeitpunkt der Straftat dem Statut oder den Beschäftigungsbedingungen unterlag, sofern ein Mitgliedstaat über Gerichtsbarkeit für solche Straftaten verfügt, wenn sie außerhalb seines Hoheitsgebiets begangen wurden.

ABSCHNITT 2
Ausübung der Zuständigkeit der EUStA

Artikel 24
Meldung, Registrierung und Prüfung von Informationen

(1) Die Organe, Einrichtungen und sonstigen Stellen der Union und die nach anwendbarem nationalem Recht zuständigen Behörden der Mitgliedstaaten melden der EUStA unverzüglich jegliche Straftaten, für die sie ihre Zuständigkeit gemäß Artikel 22 und Artikel 25 Absätze 2 und 3 ausüben könnte.

(2) Leitet eine Justiz- oder Strafverfolgungsbehörde eines Mitgliedstaats ein Ermittlungsverfahren wegen einer Straftat ein, für die die EUStA gemäß Artikel 22 und Artikel 25 Absätze 2 und 3 ihre Zuständigkeit ausüben könnte, oder gewinnt die zuständige Justiz- oder Strafverfolgungsbehörde eines Mitgliedstaats nach der Einleitung eines Ermittlungsverfahrens den Eindruck, dass ein Ermittlungsverfahren eine solche Straftat betrifft, so unterrichtet diese Behörde die EUStA unverzüglich, damit diese entscheiden kann, ob sie ihr Evokationsrecht gemäß Artikel 27 ausübt.

(3) Leitet eine Justiz- oder Strafverfolgungsbehörde eines Mitgliedstaats ein Ermittlungsverfahren wegen einer Straftat im Sinne des Artikels 22 ein und ist sie der Ansicht, dass die EUStA gemäß Artikel 25 Absatz 3 ihre Zuständigkeit nicht ausüben könnte, so unterrichtet sie die EUStA hiervon.

(4) Der Bericht enthält mindestens eine Beschreibung des Sachverhalts einschließlich einer Bewertung des entstandenen oder voraussichtlichen Schadens, die mögliche rechtliche Würdigung und alle vorliegenden Informationen über mögliche Opfer, Verdächtige und andere Beteiligte.

(5) Die EUStA wird außerdem gemäß den Absätzen 1 und 2 von Fällen unterrichtet, in denen sich nicht feststellen lässt, ob die Kriterien des Artikels 25 Absatz 2 erfüllt sind.

(6) Die der EUStA übermittelten Informationen werden gemäß ihrer Geschäftsordnung registriert und geprüft. Durch die Prüfung wird festgestellt, ob aufgrund der nach den Absätzen 1 und 2 übermittelten Informationen Gründe vorliegen, ein Ermittlungsverfahren einzuleiten oder das Evokationsrecht auszuüben.

(7) Entscheidet die EUStA nach einer Prüfung, dass keine Gründe für die Einleitung eines Ermittlungsverfahrens nach Artikel 26 oder für die Ausübung ihres Evokationsrechts nach Artikel 27 vorliegen, so wird die Begründung im Fallbearbeitungssystem verzeichnet.

Die EUStA unterrichtet die Behörde, die die strafbare Handlung gemäß den Absätzen 1 und 2 gemeldet hat, sowie die Opfer der Straftat und, wenn dies im nationalen Recht so vorgesehen ist, andere Personen, die die strafbare Handlung gemeldet haben.

(8) Erlangt die EUStA Kenntnis davon, dass möglicherweise eine nicht in ihre Zuständigkeit fallende Straftat begangen wurde, so unterrichtet sie unverzüglich die zuständigen nationalen Behörden und leitet alle sachdienlichen Beweise an sie weiter.

(9) In bestimmten Fällen kann die EUStA die Organe, Einrichtungen und sonstigen Stellen der Union und die Behörden der Mitgliedstaaten um weitere ihnen vorliegende einschlägige Informationen ersuchen. Die erbetenen Informationen können andere Verstöße zum Nachteil der finanziellen Interessen der Union als diejenigen betreffen, die gemäß Artikel 25 Absatz 2 in die Zuständigkeit der EUStA fallen.

(10) Die EUStA kann um weitere Informationen ersuchen, um es dem Kollegium gemäß Artikel 9 Absatz 2 zu ermöglichen, allgemeine Leitlinien für die Auslegung der Verpflichtung zur Unterrichtung der EUStA über unter Artikel 25 Absatz 2 fallende Fälle zu erlassen.

Artikel 25
Ausübung der Zuständigkeit der EUStA

(1) Die EUStA übt ihre Zuständigkeit entweder durch Einleitung eines Ermittlungsverfahrens nach Artikel 26 oder durch die Entscheidung, ihr Evokationsrecht nach Artikel 27 wahrzunehmen, aus. Wenn die EUStA entscheidet, ihre Zuständigkeit auszuüben, üben die zuständigen nationalen Behörden ihre eigene Zuständigkeit in Bezug auf dieselbe strafbare Handlung nicht aus.

(2) Ist durch eine Straftat, die unter Artikel 22 fällt, ein Schaden von weniger als 10 000 EUR zum Nachteil der finanziellen Interessen der Union entstanden oder zu erwarten, kann die EUStA ihre Zuständigkeit nur ausüben, wenn

a) der Fall Auswirkungen auf Unionsebene hat, die es erforderlich machen, dass die Ermittlungen von der EUStA geführt werden, oder

b) Beamte oder sonstige Bedienstete der Europäischen Union oder Mitglieder der Organe der Union der Begehung der Straftat verdächtigt werden könnten.

Die EUStA konsultiert gegebenenfalls die zuständigen nationalen Behörden oder Unionsstellen, um festzustellen, ob die in Unterabsatz 1 Buchstaben a und b genannten Kriterien erfüllt sind.

(3) In Bezug auf unter Artikel 22 fallende Straftaten übt die EUStA ihre Zuständigkeit nicht aus und verweist den Fall nach Konsultation der zuständigen nationalen Behörden gemäß Artikel 34 unverzüglich an diese Behörden, wenn

a) die im nationalen Recht vorgesehene Höchststrafe für eine unter Artikel 22 Absatz 1 fallende Straftat der Höchststrafe für eine untrennbar verbundene Straftat nach Artikel 22 Absatz 3 entspricht oder geringer ist, es sei denn, Letztere war nur Mittel zur Begehung der unter Artikel 22 Absatz 1 fallenden Straftat, oder

b) Grund zu der Annahme besteht, dass der entstandene oder voraussichtliche Schaden zum Nachteil der finanziellen Interessen der Union aufgrund einer Straftat im Sinne des Artikels 22 den Schaden nicht übersteigt, der einem anderen Opfer entstanden ist oder wahrscheinlich entstehen wird.

Unterabsatz 1 Buchstabe b des vorliegenden Absatzes gilt nicht für Straftaten nach Artikel 3 Absatz 2 Buchstaben a, b und d der Richtlinie (EU) 2017/1371 in ihrer Umsetzung in nationales Recht.

(4) Die EUStA kann mit Zustimmung der zuständigen nationalen Behörden ihre Zuständigkeit für Straftaten im Sinne des Artikels 22 in Fällen ausüben, die ansonsten aufgrund der Anwendung von Absatz 3 Buchstabe b des vorliegenden Artikels von ihrer Zuständigkeit ausgeschlossen wären, wenn sich herausstellt, dass sie besser in der Lage ist, die Ermittlungen durchzuführen oder Straftaten zu verfolgen.

(5) Die EUStA unterrichtet die zuständigen nationalen Behörden unverzüglich über jede Entscheidung, ihre Zuständigkeit auszuüben oder nicht auszuüben.

(6) Besteht zwischen der EUStA und den nationalen Strafverfolgungsbehörden Uneinigkeit darüber, ob die strafbare Handlung in den Anwendungsbereich der Artikel 22 Absätze 2 oder 3 oder Artikel 25 Absätze 2 oder 3 fällt, so liegt die Entscheidung darüber, wer für das Ermittlungsverfahren im betreffenden Fall zuständig sein soll, bei den nationalen Behörden, die für die Verteilung der Strafverfolgungszuständigkeiten auf nationaler Ebene zuständig sind. Die Mitgliedstaaten bestimmen die nationale Behörde, die über die Zuständigkeitsverteilung entscheidet.

KAPITEL V
VERFAHRENSVORSCHRIFTEN FÜR ERMITTLUNGSVERFAHREN, ERMITTLUNGSMAẞNAHMEN, STRAFVERFOLGUNG UND ALTERNATIVEN ZUR STRAFVERFOLGUNG

ABSCHNITT 1
Vorschriften für Ermittlungsverfahren

Artikel 26
Einleitung von Ermittlungsverfahren und Aufteilung der Zuständigkeiten innerhalb der EUStA

(1) Besteht nach dem anwendbaren nationalen Recht berechtigter Grund zu der Annahme, dass eine in die Zuständigkeit der EUStA fallende Straftat begangen wird oder wurde, so leitet ein Delegierter Europäischer Staatsanwalt in einem Mitgliedstaat, der nach seinem nationalen Recht Gerichtsbarkeit für die Straftat hat, unbeschadet der in Artikel 25 Absätze 2 und 3 niedergelegten Vorschriften ein Ermittlungsverfahren ein und hält dies im Fallbearbeitungssystem fest.

(2) Beschließt die EUStA nach Prüfung gemäß Artikel 24 Absatz 6, ein Ermittlungsverfahren einzuleiten, so unterrichtet sie unverzüglich die Behörde, die das strafbare Verhalten nach Artikel 24 Absatz 1 oder 2 gemeldet hat.

(3) Wurde kein Ermittlungsverfahren durch einen Delegierten Europäischen Staatsanwalt eingeleitet, so weist die Ständige Kammer, der der Fall zugewiesen wurde, unter den in Absatz 1 aufgeführten Bedingungen einen Delegierten Europäischen Staatsanwalt an, ein Ermittlungsverfahren einzuleiten.

(4) Ein Verfahren wird in der Regel von einem Delegierten Europäischen Staatsanwalt aus dem Mitgliedstaat eingeleitet und bearbeitet, in dem der Schwerpunkt der strafbaren Handlung liegt, oder, falls mehrere miteinander verbundene Straftaten innerhalb des Zuständigkeitsbereichs der EUStA begangen wurden, aus dem Mitgliedstaat, in dem der Großteil der Straftaten begangen wurde. Ein Delegierter Europäischer Staatsanwalt eines anderen Mitgliedstaats, der Gerichtsbarkeit für den Fall hat, kann nur dann ein Ermittlungsverfahren einleiten oder von der zuständigen Ständigen Kammer zur Einleitung eines Ermittlungsverfahrens angewiesen werden, wenn eine Abweichung von der im vorstehenden Satz dargelegten Regel gebührend begründet ist, wobei die folgenden Kriterien in der angegebenen Rangordnung zu berücksichtigen sind:

a) gewöhnlicher Aufenthaltsort des Verdächtigen oder Beschuldigten;

b) Staatsangehörigkeit des Verdächtigen oder Beschuldigten;

c) Ort, an dem der Hauptteil des finanziellen Schadens eingetreten ist.

(5) Bis zu einer Entscheidung über eine Strafverfolgung nach Artikel 36 kann die zuständige Ständige Kammer in einem Fall, für den mehr als ein Mitgliedstaat Gerichtsbarkeit hat, nach Anhörung der betreffenden Europäischen Staatsanwälte und/oder Delegierten Europäischen Staatsanwälte beschließen,

a) das Verfahren einem Delegierten Europäischen Staatsanwalt in einem anderen Mitgliedstaat neu zuzuweisen,

b) Verfahren zu verbinden oder abzutrennen und für jedes Verfahren den für die Bearbeitung zuständigen Delegierten Europäischen Staatsanwalt zu wählen,

sofern derartige Entscheidungen im allgemeinen Interesse der Rechtspflege liegen und mit den Kriterien für die Wahl des betrauten Delegierten Europäischen Staatsanwalts gemäß Absatz 4 des vorliegenden Artikels übereinstimmen.

(6) Bei jeder Entscheidung über eine Neuzuweisung, Verbindung oder Trennung von Verfahren berücksichtigt die Ständige Kammer den aktuellen Stand der Ermittlungen.

(7) Die EUStA unterrichtet die zuständigen nationalen Behörden unverzüglich über jede Entscheidung, ein Ermittlungsverfahren einzuleiten.

Artikel 27
Evokationsrecht

(1) Nach Erhalt aller einschlägigen Informationen gemäß Artikel 24 Absatz 2 entscheidet die EUStA so bald wie möglich, spätestens jedoch fünf Tage nachdem sie die Informationen von den nationalen Behörden erhalten hat, ob sie ihr Evokationsrecht ausüben wird, und setzt die nationalen Behörden von dieser Entscheidung in Kenntnis. Der Europäische Generalstaatsanwalt kann im Einzelfall die mit einer Begründung versehene Entscheidung treffen, die Frist um höchstens fünf Tage zu verlängern, und setzt die nationalen Behörden entsprechend davon in Kenntnis.

(2) Während der in Absatz 1 genannten Fristen sehen die nationalen Behörden davon ab, eine Entscheidung nach nationalem Recht zu treffen, die möglicherweise zur Folge hat, dass die EUStA daran gehindert wird, ihr Evokationsrecht auszuüben.

Die nationalen Behörden treffen nach nationalem Recht alle Maßnahmen, die dringend erforderlich sind, um effektive Ermittlungen und eine effektive Strafverfolgung sicherzustellen.

(3) Erhält die EUStA auf anderem Wege als die in Artikel 24 Absatz 2genannte Unterrichtung

davon Kenntnis, dass von den zuständigen Behörden eines Mitgliedstaats bereits Ermittlungen in Bezug auf eine Straftat, für die sie zuständig sein könnte, durchgeführt werden, so setzt sie diese Behörden unverzüglich davon in Kenntnis. Nachdem die EUStA ordnungsgemäß nach Artikel 24 Absatz 2 unterrichtet wurde, entscheidet sie, ob sie ihr Evokationsrecht ausüben wird. Diese Entscheidung ist innerhalb der in Absatz 1 des vorliegenden Artikels genannten Fristen zu treffen.

(4) Die EUStA konsultiert gegebenenfalls die zuständigen Behörden des betreffenden Mitgliedstaats, bevor sie entscheidet, ob sie ihr Evokationsrecht ausübt.

(5) Wenn die EUStA ihr Evokationsrecht ausübt, geben ihr die zuständigen Behörden des Mitgliedstaats unverzüglich die Akte ab und führen keine weiteren Ermittlungstätigkeiten in Bezug auf dieselbe Straftat durch.

(6) Das in diesem Artikel genannte Evokationsrecht kann ein Delegierter Europäischer Staatsanwalt jedes Mitgliedstaats ausüben, dessen zuständige Behörden ein Ermittlungsverfahren in Bezug auf eine Straftat eingeleitet haben, die in den Anwendungsbereich der Artikel 22 und 23 fällt.

Erwägt ein Delegierter Europäischer Staatsanwalt, der die Informationen nach Artikel 24 Absatz 2 erhalten hat, sein Evokationsrecht nicht auszuüben, so unterrichtet er über den Europäischen Staatsanwalt seines Mitgliedstaats die zuständige Ständige Kammer, damit die Ständige Kammer in der Lage ist, eine Entscheidung nach Artikel 10 Absatz 4 zu treffen.

(7) Hat die EUStA auf die Ausübung ihrer Zuständigkeit verzichtet, so setzt sie die zuständigen nationalen Behörden unverzüglich davon in Kenntnis. Zu jedem Zeitpunkt des Verfahrens unterrichten die zuständigen nationalen Behörden die EUStA über alle neuen Sachverhalte, die diese dazu veranlassen könnten, ihre Entscheidung, ihre Zuständigkeit nicht auszuüben, zu überprüfen.

Die EUStA kann nach Erhalt derartiger Informationen ihr Evokationsrecht ausüben, sofern die nationalen Ermittlungen noch nicht abgeschlossen worden sind und noch keine Anklage bei einem Gericht eingebracht wurde. Diese Entscheidung ist innerhalb der in Absatz 1 genannten Frist zu treffen.

(8) Vertritt das Kollegium in Bezug auf Straftaten, die einen Schaden von weniger als 100 000 EUR zum Nachteil der finanziellen Interessen der Union verursacht haben oder verursachen könnten, die Auffassung, dass mit Bezug auf die Schwere der Straftat oder die Komplexität des Verfahrens im Einzelfall kein Ermittlungs- oder Strafverfolgungsverfahren auf Unionsebene erforderlich ist, so erlässt es nach Artikel 9 Absatz 2 allgemeine Leitlinien, die es den Delegierten Europäischen Staatsanwälten gestatten, unabhängig und unverzüglich zu entscheiden, das Verfahren nicht an sich zu ziehen.

In diesen Leitlinien wird mit allen erforderlichen Einzelheiten angegeben, unter welchen Umständen sie anzuwenden sind, indem eindeutige Kriterien festgelegt werden, die insbesondere der Art der Straftat, der Dringlichkeit der Situation sowie der Bereitschaft der zuständigen nationalen Behörden Rechnung tragen, alle notwendigen Maßnahmen zu ergreifen, um einen vollständigen Ausgleich des Schadens, der den finanziellen Interessen der Union entstanden ist, zu erreichen.

(9) Damit eine kohärente Anwendung der Leitlinien gewährleistet wird, unterrichtet ein Delegierter Europäischer Staatsanwalt die zuständige Ständige Kammer von jeder Entscheidung nach Absatz 8 und erstattet jede Ständige Kammer dem Kollegium jährlich über die Anwendung der Leitlinien Bericht.

Artikel 28
Führung der Ermittlungen

(1) Der mit einem Verfahren betraute Delegierte Europäische Staatsanwalt kann im Einklang mit dieser Verordnung und dem nationalen Recht die Ermittlungsmaßnahmen und andere Maßnahmen entweder selbst treffen oder die zuständigen Behörden seines Mitgliedstaats dazu anweisen. Diese Behörden stellen im Einklang mit dem nationalen Recht sicher, dass alle Weisungen befolgt werden, und treffen die ihnen zugewiesenen Maßnahmen. Der betraute Delegierte Europäische Staatsanwalt unterrichtet gemäß den in der Geschäftsordnung der EUStA festgelegten Vorschriften den zuständigen Europäischen Staatsanwalt und die Ständige Kammer durch das Fallmanagementsystem von allen wesentlichen Entwicklungen des Falles.

(2) Zu jedem Zeitpunkt während des von der EUStA durchgeführten Ermittlungsverfahrens ergreifen die zuständigen nationalen Behörden im Einklang mit dem nationalen Recht die Maßnahmen, die dringend erforderlich sind, um wirksame Ermittlungen sicherzustellen, auch wenn sie nicht explizit auf Weisung des betrauten Delegierten Europäischen Staatsanwalts handeln. Die nationalen Behörden setzen den betrauten Delegierten Europäischen Staatsanwalt unverzüglich von den ergriffenen Eilmaßnahmen in Kenntnis.

(3) Die zuständige Ständige Kammer kann auf Vorschlag des die Aufsicht führenden Europäischen Staatsanwalts beschließen, ein Verfahren einem anderen Delegierten Europäischen Staatsanwalt in demselben Mitgliedstaat neu zuzuweisen, wenn der betraute Delegierte Europäische Staatsanwalt:

a) die Ermittlungen oder Strafverfolgungsmaßnahmen nicht durchführen kann oder

b) den Weisungen der zuständigen Ständigen Kammer oder des Europäischen Staatsanwalts nicht Folge leistet.

(4) In Ausnahmefällen kann der die Aufsicht führende Europäische Staatsanwalt nach Einholen der Genehmigung der zuständigen Ständigen Kammer eine begründete Entscheidung treffen, die Ermittlungen selbst zu führen, indem er entweder selbst die Ermittlungsmaßnahmen und andere Maßnahmen trifft oder indem er die zuständigen Behörden in seinem Mitgliedstaat dazu anweist, sofern dies im Interesse der Effizienz der Ermittlungen oder Strafverfolgungsmaßnahmen aufgrund eines oder mehrerer der folgenden Kriterien unabdingbar scheint:

a) Schwere der Straftat, insbesondere im Hinblick auf ihre möglichen Auswirkungen auf Unionsebene,

b) wenn die Ermittlungen Beamte oder sonstige Bedienstete der Europäischen Union oder Mitglieder der Organe der Union betreffen,

c) falls die in Absatz 3 vorgesehene Regelung zur Neuzuweisung nicht zum Erfolg führt.

Unter diesen außergewöhnlichen Umständen stellen die Mitgliedstaaten sicher, dass der Europäische Staatsanwalt befugt ist, Ermittlungsmaßnahmen und andere Maßnahmen anzuordnen oder zu beantragen, und dass er alle Befugnisse, Verantwortlichkeiten und Pflichten eines Delegierten Europäischen Staatsanwalts im Einklang mit dieser Verordnung und dem nationalen Recht hat.

Die von dem Fall betroffenen zuständigen nationalen Behörden und Delegierten Europäischen Staatsanwälte werden unverzüglich von den gemäß diesem Absatz getroffenen Entscheidungen in Kenntnis gesetzt.

Artikel 29
Aufhebung von Vorrechten oder Befreiungen

(1) Betreffen die Ermittlungen der EUStA Personen, die nach nationalem Recht durch ein Vorrecht oder eine Befreiung geschützt sind, und behindert dieses Vorrecht oder diese Befreiung die Durchführung eines bestimmten Ermittlungsverfahrens, so stellt der Europäische Generalstaatsanwalt im Einklang mit den in dem betreffenden nationalen Recht vorgesehenen Verfahren schriftlich einen mit Gründen versehenen Antrag auf ihre Aufhebung.

(2) Betreffen die Ermittlungen der EUStA Personen, die durch Vorrechte oder Befreiungen nach dem Unionsrecht, insbesondere dem Protokoll über die Vorrechte und Befreiungen der Europäischen Union, geschützt sind, und behindern diese Vorrechte oder Befreiungen die Durchführung eines bestimmten Ermittlungsverfahrens, so stellt der Europäische Generalstaatsanwalt im Einklang mit den im Unionsrecht vorgesehenen Verfahren schriftlich einen mit Gründen versehenen Antrag auf ihre Aufhebung.

ABSCHNITT 2
Regeln für Ermittlungsmaßnahmen und andere Maßnahmen

Artikel 30
Ermittlungsmaßnahmen und andere Maßnahmen

(1) Zumindest in den Fällen, in denen die den Ermittlungen zugrunde liegende Straftat mit einer Freiheitsstrafe im Höchstmaß von mindestens vier Jahren bedroht ist, stellen die Mitgliedstaaten sicher, dass die Delegierten Europäischen Staatsanwälte befugt sind, die folgenden Ermittlungsmaßnahmen anzuordnen oder zu beantragen:

a) Durchsuchung von Gebäuden, Grundstücken, Beförderungsmitteln, Privatwohnungen, Kleidungsstücken und sonstigen persönlichen Gegenständen oder Computersystemen sowie Durchführung von Sicherungsmaßnahmen, um die Integrität zu erhalten oder einen Beweisverlust oder eine Beweisbeeinträchtigung zu verhindern;

b) Erwirkung der Herausgabe von relevanten Gegenständen oder Schriftstücken entweder in ihrer ursprünglichen oder in einer angegebenen anderen Form;

c) Erwirkung der Herausgabe von gespeicherten Computerdaten, verschlüsselt oder entschlüsselt, entweder in ihrer ursprünglichen oder in einer angegebenen anderen Form, einschließlich Bankkontodaten und Verkehrsdaten mit Ausnahme von Daten, die im Einklang mit nationalen Rechtsvorschriften gemäß Artikel 15 Absatz 1 Satz 2 der Richtlinie 2002/58/EG des Europäischen Parlaments und des Rates[1)] eigens aufbewahrt werden;

d) Sicherstellung von Tatwerkzeugen oder Erträgen aus Straftaten, einschließlich Vermögenswerten, deren Einziehung durch das Prozessgericht zu erwarten ist, sofern Grund zu der Annahme besteht, dass der Eigentümer, Besitzer oder Inhaber dieser Tatwerkzeuge oder Erträge versuchen wird, die vom Gericht angeordnete Einziehung zu vereiteln;

e) Überwachung der ein- und ausgehenden elektronischen Kommunikation des Verdächtigen oder Beschuldigten über alle von ihm genutzten elektronischen Kommunikationsmittel;

[1)] Richtlinie 2002/58/EG des Europäischen Parlaments und des Rates vom 12. Juli 2002 über die Verarbeitung personenbezogener Daten und den Schutz der Privatsphäre in der elektronischen Kommunikation (ABl. L 201 vom 31.7.2002, S. 37).

f) Verfolgung und Ortung von Gegenständen mit technischen Mitteln, einschließlich kontrollierter Warenlieferungen.

(2) Unbeschadet des Artikels 29 können die in Absatz 1 des vorliegenden Artikels genannten Ermittlungsmaßnahmen im Einklang mit dem geltenden nationalen Recht an Bedingungen geknüpft werden, sofern das nationale Recht bestimmte Beschränkungen enthält, die für bestimmte Personen- oder Berufsgruppen, die rechtlich zur Geheimhaltung verpflichtet sind, gelten.

(3) Die in Absatz 1 Buchstaben c, e und f genannten Ermittlungsmaßnahmen können nach Maßgabe des geltenden nationalen Rechts an zusätzliche Bedingungen – einschließlich Beschränkungen – geknüpft werden. Die Mitgliedstaaten können insbesondere die Anwendung des Absatzes 1 Buchstaben e und f auf bestimmte schwere Straftaten beschränken. Will ein Mitgliedstaat von dieser Beschränkung Gebrauch machen, so übermittelt er der EUStA die betreffende Liste der bestimmten schweren Straftaten gemäß Artikel 117.

(4) Die Delegierten Europäischen Staatsanwälte sind befugt, zusätzlich zu den in Absatz 1 genannten Maßnahmen in ihrem Mitgliedstaat andere Maßnahmen, die den Staatsanwälten nach dem nationalen Recht in vergleichbaren innerstaatlichen Fällen zur Verfügung stehen, zu beantragen oder anzuordnen.

(5) Die Delegierten Europäischen Staatsanwälte können die in den Absätzen 1 und 4 genannten Maßnahmen nur dann anordnen, wenn hinreichende Gründe zu der Annahme bestehen, dass durch die betreffende Maßnahme Informationen oder Beweismittel erlangt werden können, die für die Ermittlungen nützlich sind, und keine weniger eingreifende Maßnahme zur Verfügung steht, mit der sich dasselbe Ziel erreichen ließe. Die Verfahren und Modalitäten für die Durchführung dieser Maßnahmen richten sich nach dem geltenden nationalen Recht.

Artikel 31
Grenzüberschreitende Ermittlungen

(1) Die Delegierten Europäischen Staatsanwälte arbeiten eng zusammen, indem sie einander bei grenzüberschreitenden Fällen unterstützen und regelmäßig konsultieren. Muss in einem anderen Mitgliedstaat als dem des betrauten Delegierten Europäischen Staatsanwalts eine Maßnahme ergriffen werden, so entscheidet dieser Delegierte Europäische Staatsanwalt über die Anordnung der erforderlichen Maßnahme und weist sie einem Delegierten Europäischen Staatsanwalt zu, der in dem Mitgliedstaat angesiedelt ist, in dem die Maßnahme durchgeführt werden muss.

(2) Der betraute Delegierte Europäische Staatsanwalt kann alle Maßnahmen zuweisen, die ihm nach Artikel 30 zur Verfügung stehen. Für die Begründung und Anordnung derartiger Maßnahmen ist das Recht des Mitgliedstaats des betrauten Delegierten Europäischen Staatsanwalts maßgeblich. Weist der betraute Delegierte Europäische Staatsanwalt eine Ermittlungsmaßnahme einem oder mehreren Delegierten Europäischen Staatsanwälten eines anderen Mitgliedstaats zu, so setzt er gleichzeitig seinen die Aufsicht führenden Europäischen Staatsanwalt davon in Kenntnis.

(3) Ist nach dem Recht des Mitgliedstaats des unterstützenden Delegierten Europäischen Staatsanwalts eine richterliche Genehmigung für die Maßnahme erforderlich, so ist sie von dem unterstützenden Delegierten Europäischen Staatsanwalt nach dem Recht seines Mitgliedstaats einzuholen.

Wird die richterliche Genehmigung für die zugewiesene Maßnahme verweigert, so zieht der betraute Delegierte Europäische Staatsanwalt die Zuweisung zurück.

Ist nach dem Recht des Mitgliedstaats des unterstützenden Delegierten Europäischen Staatsanwalts eine solche richterliche Genehmigung nicht erforderlich, verlangt aber das Recht des Mitgliedstaats des betrauten Delegierten Europäischen Staatsanwalts eine solche, so ist sie von dem betrauten Delegierten Europäischen Staatsanwalt einzuholen und zusammen mit der Zuweisung zu übermitteln.

(4) Der unterstützende Delegierte Europäische Staatsanwalt führt die ihm zugewiesene Maßnahme entweder selbst durch oder beauftragt die zuständige nationale Behörde mit der Durchführung.

(5) Ist der unterstützende Delegierte Europäische Staatsanwalt der Auffassung, dass

a) die Zuweisung unvollständig ist oder einen offensichtlichen erheblichen Fehler enthält,

b) die Maßnahme aus berechtigten, objektiven Gründen nicht innerhalb der in der Zuweisung gesetzten Frist durchgeführt werden kann,

c) sich mit einer alternativen, weniger eingreifenden Maßnahme dieselben Ergebnisse wie mit der zugewiesenen Maßnahme erreichen ließen oder

d) die zugewiesene Maßnahme nach dem Recht seines Mitgliedstaats nicht existiert oder in einem vergleichbaren innerstaatlichen Fall nicht zur Verfügung stünde,

so setzt er seinen die Aufsicht führenden Europäischen Staatsanwalt davon in Kenntnis und berät sich mit dem betrauten Delegierten Europäischen Staatsanwalt, um die Angelegenheit in beiderseitigem Einvernehmen zu regeln.

(6) Existiert die zugewiesene Maßnahme in einem rein innerstaatlichen Fall nicht, wohl aber in einem grenzüberschreitenden Fall nach Maßgabe von Rechtsinstrumenten über gegenseitige Anerkennung oder grenzüberschreitende Zusam-

menarbeit, so können die betreffenden Delegierten Europäischen Staatsanwälte im Einvernehmen mit den jeweiligen die Aufsicht führenden Europäischen Staatsanwälten auf diese Instrumente zurückgreifen.

(7) Gelingt es den Delegierten Europäischen Staatsanwälten nicht, die Angelegenheit innerhalb von sieben Werktagen zu regeln, wird die Zuweisung aber aufrechterhalten, so wird die Angelegenheit an die zuständige Ständige Kammer verwiesen. Gleiches gilt, wenn die zugewiesene Maßnahme nicht innerhalb der in der Zuweisung gesetzten Frist oder in angemessener Zeit durchgeführt wird.

(8) Die zuständige Ständige Kammer hört die von dem Fall betroffenen Delegierten Europäischen Staatsanwälte an, soweit dies erforderlich ist, und entscheidet dann im Einklang mit dem geltenden nationalen Recht und mit dieser Verordnung unverzüglich, ob und bis wann die erforderliche zugewiesene Maßnahme oder eine Ersatzmaßnahme von dem unterstützenden Delegierten Europäischen Staatsanwalt durchzuführen ist, und teilt diese Entscheidung den genannten Delegierten Europäischen Staatsanwälten über den zuständigen Europäischen Staatsanwalt mit.

Artikel 32
Vollstreckung der zugewiesenen Maßnahmen

Die zugewiesenen Maßnahmen werden gemäß dieser Verordnung und dem Recht des Mitgliedstaats des unterstützenden Delegierten Europäischen Staatsanwalts durchgeführt. Formvorschriften und Verfahren, die vom betrauten Delegierten Europäischen Staatsanwalt ausdrücklich angegeben werden, sind einzuhalten, es sei denn, sie stehen im Widerspruch zu den wesentlichen Rechtsgrundsätzen des Mitgliedstaats des unterstützenden Delegierten Europäischen Staatsanwalts.

Artikel 33
Festnahme im Ermittlungsverfahren und grenzüberschreitende Übergabe

(1) Der betraute Delegierte Europäische Staatsanwalt kann anordnen oder beantragen, dass der Verdächtige oder Beschuldigte im Einklang mit dem nationalen Recht festgenommen oder in Untersuchungshaft genommen wird, das in einem vergleichbaren innerstaatlichen Fall anwendbar ist.

(2) Ist die Festnahme oder Übergabe einer Person erforderlich, die sich nicht in dem Mitgliedstaat aufhält, in dem der betraute Delegierte Europäische Staatsanwalt angesiedelt ist, so erlässt Letzterer einen Europäischen Haftbefehl im Einklang mit dem Rahmenbeschluss 2002/584/JI des Rates[1] oder ersucht die zuständige Behörde jenes Mitgliedstaats um Erlass eines solchen Haftbefehls.

ABSCHNITT 3
Regeln zur Strafverfolgung

Artikel 34
Verweisung und Übertragung von Verfahren an bzw. auf die nationalen Behörden

(1) Stellt sich bei einem von der EUStA durchgeführten Ermittlungsverfahren heraus, dass der den Ermittlungen zugrunde liegende Sachverhalt keine Straftat darstellt, für die sie gemäß den Artikeln 22 und 23zuständig ist, so beschließt die zuständige Ständige Kammer, das Verfahren unverzüglich an die zuständigen nationalen Behörden zu verweisen.

(2) Stellt sich bei einem von der EUStA durchgeführten Ermittlungsverfahren heraus, dass die spezifischen Bedingungen für die Ausübung ihrer Zuständigkeit nach Artikel 25 Absätze 2 und 3 nicht mehr erfüllt sind, so beschließt die zuständige Ständige Kammer, das Verfahren unverzüglich und vor Erhebung der Anklage bei den nationalen Gerichten an die zuständigen nationalen Behörden zu verweisen.

(3) Ist das Kollegium in Bezug auf Straftaten, die einen Schaden von weniger als 100 000 EUR zum Nachteil der finanziellen Interessen der Union verursacht haben bzw. verursachen könnten, der Auffassung, dass im Hinblick auf die Schwere der Straftat oder die Komplexität des Verfahrens im Einzelfall keine Ermittlung oder Strafverfolgung auf Unionsebene erforderlich ist und eine Verweisung im Interesse der Effizienz der Ermittlungen oder der Strafverfolgung besser wäre, so erlässt es gemäß Artikel 9 Absatz 2 allgemeine Leitlinien, die es den Ständigen Kammern gestatten, ein Verfahren an die zuständigen nationalen Behörden zu verweisen.

Diese Leitlinien sollen es den Ständigen Kammern ferner gestatten, ein Verfahren an die zuständigen nationalen Behörden zu verweisen, wenn die EUStA ihre Zuständigkeit im Hinblick auf Straftaten im Sinne des Artikels 3 Absatz 2 Buchstaben a und b der Richtlinie (EU) 2017/1371 ausübt und der entstandene oder voraussichtliche Schaden zum Nachteil der finanziellen Interessen der Union den Schaden, der einem anderen Opfer entstanden ist oder entstehen könnte, nicht übersteigt.

Um eine kohärente Anwendung der Leitlinien zu gewährleisten, erstattet jede Ständige Kammer

[1] Rahmenbeschluss 2002/584/JI des Rates vom 13. Juni 2002 über den Europäischen Haftbefehl und die Übergabeverfahren zwischen den Mitgliedstaaten (ABl. L 190 vom 18.7.2002, S. 1).

dem Kollegium jährlich über die Anwendung der Leitlinien Bericht.

Solche Verweisungen gelten auch für untrennbar verbundene Straftaten, die gemäß Artikel 22 Absatz 3 in die Zuständigkeit der EUStA fallen.

(4) Die Ständige Kammer unterrichtet den Europäischen Generalstaatsanwalt über jeden Beschluss, ein Verfahren nach Maßgabe von Absatz 3 an die nationalen Behörden zu verweisen. Innerhalb von drei Tagen nach Erhalt dieser Information kann der Europäische Generalstaatsanwalt die Ständige Kammer ersuchen, ihren Beschluss zu überprüfen, sofern er der Auffassung ist, dass dies im Interesse der Gewährleistung einer kohärenten Verweisungspraxis der EUStA erforderlich ist. Ist der Europäische Generalstaatsanwalt Mitglied der jeweiligen Ständigen Kammer, so übt einer der Stellvertreter des Europäischen Generalstaatsanwalts das Recht auf Ersuchen um diese Überprüfung aus.

(5) Stimmen die zuständigen nationalen Behörden nicht innerhalb einer Frist von höchstens 30 Tagen der Übernahme des Verfahrens nach den Absätzen 2 und 3 zu, so bleibt die EUStA zuständig für die Strafverfolgung in dem Verfahren oder dessen Einstellung gemäß den Vorschriften dieser Verordnung.

(6) Erwägt die EUStA eine Einstellung gemäß Artikel 39 Absatz 3, so verweist die Ständige Kammer das Verfahren unverzüglich an die nationale Behörde, wenn diese darum ersucht.

(7) Wenn die nationale Behörde im Anschluss an eine Verweisung gemäß den Absätzen 1, 2 oder 3 des vorliegenden Artikels und gemäß Artikel 25 Absatz 3 die Einleitung eines Ermittlungsverfahrens beschließt, gibt die EUStA die Akte an diese nationale Behörde ab, sieht von weiteren Ermittlungs- oder Strafverfolgungsmaßnahmen ab und beendet das Verfahren.

(8) Wenn eine Akte gemäß den Absätzen 1, 2 oder 3 des vorliegenden Artikels und gemäß Artikel 25 Absatz 3 abgegeben wird, setzt die EUStA die einschlägigen Organe, Einrichtungen und sonstigen Stellen der Union sowie gegebenenfalls im Einklang mit dem nationalen Recht Verdächtige oder Beschuldigte und die Opfer der Straftat von der Übergabe in Kenntnis.

Artikel 35
Abschluss der Ermittlungen

(1) Wenn der betraute Delegierte Europäische Staatsanwalt die Ermittlungen als abgeschlossen erachtet, unterbreitet er dem die Aufsicht führenden Europäischen Staatsanwalt einen Bericht, der eine Zusammenfassung des Verfahrens und einen Beschlussentwurf zu der Frage enthält, ob die Strafverfolgung vor einem nationalen Gericht erfolgen oder eine Verweisung des Verfahrens, eine Einstellung oder ein vereinfachtes Strafverfolgungsverfahren gemäß Artikel 34, 39 oder 40 erwogen werden soll. Der die Aufsicht führende Europäische Staatsanwalt leitet diese Dokumente an die zuständige Ständige Kammer weiter, versehen mit einer eigenen Bewertung, falls er diese für erforderlich hält. Wenn die Ständige Kammer gemäß Artikel 10 Absatz 3 den Beschluss wie vom Delegierten Europäischen Staatsanwalt vorgeschlagen fasst, verfolgt dieser die Angelegenheit entsprechend weiter.

(2) Erwägt die Ständige Kammer auf der Grundlage der vorgelegten Berichte, den vom Delegierten Europäischen Staatsanwalt vorgeschlagenen Beschluss nicht zu fassen, so nimmt sie, soweit erforderlich, eine eigene Prüfung der Verfahrensakte vor, bevor sie einen endgültigen Beschluss fasst oder dem Delegierten Europäischen Staatsanwalt weitere Weisungen erteilt.

(3) Gegebenenfalls enthält der Bericht des Delegierten Europäischen Staatsanwalts auch eine hinreichende Begründung dafür, die Anklage entweder vor einem Gericht des Mitgliedstaats, in dem er angesiedelt ist, zu erheben oder gemäß Artikel 26 Absatz 4 vor einem Gericht eines anderen Mitgliedstaats, der Gerichtsbarkeit für den Fall hat.

Artikel 36
Strafverfolgung vor nationalen Gerichten

(1) Unterbreitet der Delegierte Europäische Staatsanwalt einen Beschlussentwurf, in dem vorgeschlagen wird, Anklage zu erheben, so beschließt die Ständige Kammer nach den Verfahren des Artikels 35 innerhalb von 21 Tagen über diesen Entwurf. Die Ständige Kammer kann nicht beschließen, das Verfahren einzustellen, wenn in einem Beschlussentwurf vorgeschlagen wird, Anklage zu erheben.

(2) Fasst die Ständige Kammer innerhalb der 21-Tage-Frist keinen Beschluss, so gilt der vom Delegierten Europäischen Staatsanwalt vorgeschlagene Beschluss als angenommen.

(3) Hat mehr als ein Mitgliedstaat Gerichtsbarkeit für den Fall, so beschließt die Ständige Kammer grundsätzlich, in dem Mitgliedstaat des betrauten Delegierten Europäischen Staatsanwalts Anklage zu erheben. Die Ständige Kammer kann allerdings unter Berücksichtigung des gemäß Artikel 35 Absatz 1 vorgelegten Berichts beschließen, in einem anderen Mitgliedstaat Anklage zu erheben, wenn hinreichende Gründe vorliegen, die dies rechtfertigen, wobei die Kriterien nach Artikel 26 Absätze 4 und 5 heranzuziehen sind, und einen Delegierten Europäischen Staatsanwalt dieses Mitgliedstaats entsprechend anweisen.

(4) Bevor sie über die Anklageerhebung entscheidet, kann die zuständige Ständige Kammer auf Vorschlag des betrauten Delegierten Europäischen Staatsanwalts beschließen, mehrere Ver-

fahren miteinander zu verbinden, wenn Ermittlungen von verschiedenen Delegierten Europäischen Staatsanwälten gegen dieselbe(n) Person(en) geführt wurden, damit die Strafverfolgung in diesen Fällen vor den Gerichten eines einzigen Mitgliedstaats, der nach seinem Recht für jedes dieser Verfahren Gerichtsbarkeit hat, erfolgen kann.

(5) Sobald darüber entschieden ist, in welchem Mitgliedstaat die Anklageerhebung erfolgen soll, wird das in diesem Mitgliedstaat zuständige nationale Gericht nach Maßgabe des nationalen Rechts bestimmt.

(6) Soweit dies für die Zwecke der Wiedereinziehung, verwaltungsrechtlicher Folgemaßnahmen oder Überwachung erforderlich ist, setzt die zentrale Dienststelle die zuständigen nationalen Behörden, die betroffenen Personen und die einschlägigen Organe, Einrichtungen und sonstigen Stellen der Union von der Erhebung der Anklage in Kenntnis.

(7) Hat die Anklagebehörde im Anschluss an ein Urteil des Gerichts zu entscheiden, ob sie ein Rechtsmittel einlegen soll, so unterbreitet der Delegierte Europäische Staatsanwalt der zuständigen Ständigen Kammer einen Bericht, der auch einen Beschlussentwurf umfasst, und erwartet deren Weisungen. Sollte es innerhalb der nach nationalem Recht festgesetzten Frist nicht möglich sein, diese Weisungen abzuwarten, so ist der Delegierte Europäische Staatsanwalt berechtigt, das Rechtsmittel ohne vorherige Weisungen der Ständigen Kammer einzulegen; anschließend legt er der Ständigen Kammer den Bericht unverzüglich vor. Die Ständige Kammer weist den Delegierten Europäischen Staatsanwalt sodann an, das Rechtsmittel entweder aufrechtzuerhalten oder zurückzunehmen. Dasselbe Verfahren gilt, wenn im Verlauf des Gerichtsverfahrens und im Einklang mit dem geltenden nationalen Recht der betraute Delegierte Europäische Staatsanwalt einen Standpunkt einnimmt, der zur Einstellung des Verfahrens führen würde.

Artikel 37
Beweismittel

(1) Die von den Staatsanwälten der EUStA oder von dem Angeklagten vor einem Gericht beigebrachten Beweismittel dürfen nicht allein deshalb als unzulässig abgelehnt werden, weil sie in einem anderen Mitgliedstaat oder nach dem Recht eines anderen Mitgliedstaats erhoben wurden.

(2) Die Befugnis des Prozessgerichts, die vom Angeklagten oder von den Staatsanwälten der EUStA beigebrachten Beweismittel frei zu würdigen, wird von dieser Verordnung nicht berührt.

Artikel 38
Verwertung eingezogener Vermögenswerte

Hat das zuständige nationale Gericht im Einklang mit den Anforderungen und Verfahren des nationalen Rechts, einschließlich der nationalen Rechtsvorschriften zur Umsetzung der Richtlinie 2014/42/EU des Europäischen Parlaments und des Rates[1)], eine rechtskräftige Entscheidung zur Einziehung von Vermögenswerten, die mit einer in die Zuständigkeit der EUStA fallenden Straftat in Zusammenhang stehen, oder von Erträgen aus einer solchen Straftat erlassen, so werden diese Vermögenswerte oder diese Erträge im Einklang mit dem geltenden nationalen Recht verwertet. Diese Verwertung darf die Rechte der Union oder anderer Opfer auf Ausgleich des ihnen entstandenen Schadens nicht beeinträchtigen.

ABSCHNITT 4

Regeln für Alternativen zur Strafverfolgung

Artikel 39
Einstellung des Verfahrens

(1) Die Ständige Kammer beschließt auf der Grundlage eines Berichts, der von dem mit dem Verfahren betrauten Delegierten Europäischen Staatsanwalt gemäß Artikel 35 Absatz 1 vorgelegt wird, dass das Verfahren gegen eine Person eingestellt wird, wenn die Strafverfolgung aufgrund des Rechts des Mitgliedstaats des betrauten Delegierten Europäischen Staatsanwalts aus einem der folgenden Gründe nicht mehr möglich ist:

a) Tod des Verdächtigen oder Beschuldigten oder Auflösung einer verdächtigen oder beschuldigten juristischen Person;

b) Schuldunfähigkeit des Verdächtigen oder Beschuldigten;

c) dem Verdächtigen oder Beschuldigten gewährte Amnestie;

d) dem Verdächtigen oder Beschuldigten gewährte Immunität, sofern sie nicht aufgehoben ist;

e) Ablauf der nationalen gesetzlichen Verjährungsfrist für die Strafverfolgung;

f) ein Verfahren gegen den Verdächtigen oder Beschuldigten wegen derselben Tat wurde bereits rechtskräftig abgeschlossen;

g) es fehlen sachdienliche Beweise.

(2) Ein Beschluss gemäß Absatz 1 schließt weitere Ermittlungen auf der Grundlage neuer Tatsachen, die der EUStA zum Zeitpunkt des

[1)] Richtlinie 2014/42/EU des Europäischen Parlaments und des Rates vom 3. April 2014 über die Sicherstellung und Einziehung von Tatwerkzeugen und Erträgen aus Straftaten in der Europäischen Union (ABl. L 127 vom 29.4.2014, S. 39).

Beschlusses nicht bekannt waren und erst danach bekannt werden, nicht aus. Die Entscheidung über die Wiederaufnahme der Ermittlungen auf der Grundlage solcher neuen Tatsachen trifft die zuständige Ständige Kammer.

(3) Ist die EUStA gemäß Artikel 22 Absatz 3 zuständig, so stellt sie ein Verfahren erst nach Konsultation mit den in Artikel 25 Absatz 6 genannten nationalen Behörden des Mitgliedstaats ein. Die Ständige Kammer verweist das Verfahren gegebenenfalls an die zuständigen nationalen Behörden gemäß Artikel 34 Absätze 6, 7 und 8.

Gleiches gilt in Fällen, in denen die EUStA ihre Zuständigkeit im Hinblick auf Straftaten im Sinne des Artikels 3 Absatz 2 Buchstaben a und b der Richtlinie (EU) 2017/1371 ausübt und der entstandene oder voraussichtliche Schaden zum Nachteil der finanziellen Interessen der Union den Schaden, der einem anderen Opfer entstanden ist oder entstehen könnte, nicht übersteigt.

(4) Wurde ein Verfahren eingestellt, so setzt die Europäische Staatsanwaltschaft die zuständigen nationalen Behörden davon offiziell in Kenntnis und unterrichtet die einschlägigen Organe, Einrichtungen und sonstigen Stellen der Union sowie, wenn dies nach nationalem Recht geboten ist, die Verdächtigen oder Beschuldigten und die Opfer der Straftat. Die eingestellten Verfahren können auch an das OLAF oder die zuständigen nationalen Verwaltungs- oder Justizbehörden zum Zwecke der Wiedereinziehung oder sonstiger verwaltungsrechtlicher Folgemaßnahmen verwiesen werden.

ABSCHNITT 5

Regeln zu vereinfachten Verfahren

Artikel 40
Vereinfachte Strafverfolgungsverfahren

(1) Wenn das geltende nationale Recht ein vereinfachtes Strafverfolgungsverfahren zum endgültigen Abschluss des Verfahrens auf der Grundlage von mit dem Verdächtigen vereinbarten Bedingungen vorsieht, kann der betraute Delegierte Europäische Staatsanwalt gemäß Artikel 10 Absatz 3 und Artikel 35 Absatz 1 der zuständigen Ständigen Kammer vorschlagen, dieses Verfahren gemäß den im nationalen Recht vorgesehenen Bedingungen anzuwenden.

Übt die EUStA ihre Zuständigkeit im Hinblick auf Straftaten im Sinne des Artikels 3 Absatz 2 Buchstaben a und b der Richtlinie (EU) 2017/1371 aus und übersteigt der entstandene oder voraussichtliche Schaden zum Nachteil der finanziellen Interessen der Union den Schaden, der einem anderen Opfer entstanden ist oder entstehen könnte, nicht, so konsultiert der betraute Delegierte Europäische Staatsanwalt die nationalen Strafverfolgungsbehörden, bevor er die Anwendung eines vereinfachten Strafverfolgungsverfahrens vorschlägt.

(2) Die zuständige Ständige Kammer entscheidet über den Vorschlag des betrauten Europäischen Delegierten Staatsanwalts unter Berücksichtigung der folgenden Kriterien:

a) der Schwere der Straftat, insbesondere gemessen an dem entstandenen Schaden,

b) der Bereitschaft des mutmaßlichen Straftäters, den durch das rechtswidrige Verhalten entstandenen Schaden zu beheben,

c) die Anwendung des Verfahrens stünde im Einklang mit den allgemeinen Zielen und Grundsätzen der EUStA gemäß dieser Verordnung.

Das Kollegium erlässt nach Artikel 9 Absatz 2 Leitlinien zur Anwendung dieser Kriterien.

(3) Stimmt die Ständige Kammer dem Vorschlag zu, so wendet der betraute Delegierte Europäische Staatsanwalt das vereinfachte Strafverfolgungsverfahren gemäß den im nationalen Recht geregelten Bedingungen an und vermerkt dies im Fallbearbeitungssystem. Ist das vereinfachte Strafverfolgungsverfahren nach der Erfüllung der mit dem Verdächtigen vereinbarten Bedingungen abgeschlossen, so weist die Ständige Kammer den Delegierten Europäischen Staatsanwalt an, im Hinblick auf den endgültigen Abschluss des Verfahrens tätig zu werden.

KAPITEL VI
VERFAHRENSGARANTIEN

Artikel 41
Umfang der Rechte Verdächtiger oder Beschuldigter

(1) Die Tätigkeiten der EUStA werden in vollem Einklang mit den in der Charta verankerten Rechten Verdächtiger und Beschuldigter, einschließlich des Rechts auf ein faires Verfahren und der Verteidigungsrechte, durchgeführt.

(2) Jeder Verdächtige oder Beschuldigte in einem Strafverfahren der EUStA hat mindestens die im Unionsrecht, einschließlich der in nationales Recht umgesetzten Richtlinien über die Rechte von Verdächtigen und Beschuldigten in Strafverfahren, vorgesehenen Verfahrensrechte, wie beispielsweise

a) das Recht auf Dolmetschleistungen und Übersetzungen gemäß der Richtlinie 2010/64/EU,

b) das Recht auf Belehrung oder Unterrichtung und das Recht auf Einsicht in die Verfahrensakte gemäß der Richtlinie 2012/13/EU,

c) das Recht auf Zugang zu einem Rechtsbeistand und das Recht auf Kommunikation mit Dritten und auf Benachrichtigung eines Dritten im Falle einer Festnahme gemäß der Richtlinie 2013/48/EU,

d) das Recht auf Aussageverweigerung und Unschuldsvermutung gemäß der Richtlinie (EU) 2016/343,

e) das Recht auf Prozesskostenhilfe gemäß der Richtlinie (EU) 2016/1919.

(3) Unbeschadet der in diesem Kapitel genannten Rechte haben Verdächtige und Beschuldigte sowie andere an Verfahren der EUStA Beteiligte alle Verfahrensrechte, die ihnen das geltende nationale Recht zuerkennt, einschließlich der Möglichkeit, Beweismittel beizubringen, zu beantragen, dass Sachverständige bestellt bzw. vernommen und Zeugen gehört werden, und die EUStA aufzufordern, derartige Maßnahmen im Namen der Verteidigung zu erwirken.

Artikel 42

Gerichtliche Kontrolle

(1) Verfahrenshandlungen der EUStA mit Rechtswirkung gegenüber Dritten unterliegen im Einklang mit den Anforderungen und Verfahren des nationalen Rechts der Kontrolle durch die zuständigen nationalen Gerichte. Gleiches gilt, wenn es die EUStA unterlässt, eine Verfahrenshandlung mit Rechtswirkung gegenüber Dritten vorzunehmen, obwohl sie nach dieser Verordnung dazu rechtlich verpflichtet wäre.

(2) Der Gerichtshof entscheidet im Wege der Vorabentscheidung gemäß Artikel 267 AEUV über Folgendes:

a) die Gültigkeit einer Verfahrenshandlung der EUStA, sofern einem Gericht eines Mitgliedstaats die Frage der Gültigkeit unmittelbar auf der Grundlage des Unionsrechts gestellt wird;

b) die Auslegung oder die Gültigkeit der Bestimmungen des Unionsrechts, einschließlich dieser Verordnung;

c) die Auslegung der Artikel 22 und 25 dieser Verordnung in Bezug auf etwaige Zuständigkeitskonflikte zwischen der EUStA und den zuständigen nationalen Behörden.

(3) Abweichend von Absatz 1 des vorliegenden Artikels unterliegen die Beschlüsse der EUStA über die Einstellung eines Verfahrens, sofern diese unmittelbar auf der Grundlage des Unionsrechts angefochten werden, im Einklang mit Artikel 263 Absatz 4 AEUV der Kontrolle durch den Gerichtshof.

(4) Für Streitigkeiten im Zusammenhang mit Schadensersatzforderungen gegenüber der EUStA ist im Einklang mit Artikel 268 AEUV der Gerichtshof zuständig.

(5) Für Streitigkeiten im Zusammenhang mit Schiedsklauseln in Verträgen, die von der EUStA geschlossen wurden, ist im Einklang mit Artikel 272 AEUV der Gerichtshof zuständig.

(6) Für Streitigkeiten im Zusammenhang mit Personalangelegenheiten ist im Einklang mit Artikel 270 AEUV der Gerichtshof zuständig.

(7) In Bezug auf die Entlassung des Europäischen Generalstaatsanwalts oder der Europäischen Staatsanwälte ist im Einklang mit Artikel 14 Absatz 5 bzw. Artikel 16 Absatz 5 der Gerichtshof zuständig.

(8) Dieser Artikel gilt unbeschadet einer gerichtlichen Überprüfung durch den Gerichtshof im Einklang mit Artikel 263 Absatz 4 AEUV von Entscheidungen der EUStA, die die Rechte der betroffenen Person nach Kapitel VIII berühren, und von Entscheidungen der EUStA, bei denen es sich nicht um Verfahrenshandlungen handelt, wie etwa Entscheidungen der EUStA über das Recht auf Zugang der Öffentlichkeit zu Dokumenten oder Entscheidungen gemäß Artikel 17 Absatz 3 dieser Verordnung über die Entlassung eines Delegierten Europäischen Staatsanwalts oder sonstige administrative Entscheidungen.

KAPITEL VII

INFORMATIONSVERARBEITUNG

Artikel 43

Zugang der EUStA zu Informationen

(1) Delegierte Europäische Staatsanwälte können – unter den gleichen Bedingungen, wie sie nach nationalem Recht in vergleichbaren Fällen gelten – sachdienliche Informationen erhalten, die in nationalen Ermittlungs- und Strafverfolgungsdatenbanken oder anderen einschlägigen Registern von Behörden gespeichert sind.

(2) Die EUStA kann darüber hinaus in ihre Zuständigkeit fallende sachdienliche Informationen erhalten, die in Datenbanken und Registern der Organe, Einrichtungen und sonstigen Stellen der Union gespeichert sind.

Artikel 44

Fallbearbeitungssystem

(1) Die EUStA richtet ein Fallbearbeitungssystem ein, das gemäß den Vorschriften dieser Verordnung und der Geschäftsordnung der EUStA geführt und verwaltet wird.

(2) Zweck des Fallbearbeitungssystems ist es,

a) die Verwaltung der Ermittlungen und Strafverfolgungsmaßnahmen der EUStA insbesondere durch die Organisation der internen Informationsabläufe und durch Hilfestellung für die Ermittlungsarbeit in grenzüberschreitenden Fällen zu unterstützen;

b) den sicheren Zugang zu Informationen über Ermittlungen und Strafverfolgungsmaßnahmen bei der zentralen Dienststelle und durch die Delegierten Europäischen Staatsanwälte zu gewährleisten;

c) den Abgleich von Informationen und die Extraktion von Daten für operative Analysen und statistische Zwecke zu ermöglichen;

d) die Überwachung zu erleichtern, um sicherzustellen, dass die Verarbeitung operativer personenbezogener Daten rechtmäßig ist und mit den einschlägigen Bestimmungen dieser Verordnung im Einklang steht.

(3) Das Fallbearbeitungssystem kann an die gesicherte Telekommunikationsverbindung angebunden werden, auf die in Artikel 9 des Beschlusses 2008/976/JI des Rates[1)] Bezug genommen wird.

(4) Das Fallbearbeitungssystem enthält Folgendes:

a) ein Register der Informationen, die von der EUStA gemäß Artikel 24 erlangt wurden, einschließlich aller Entscheidungen in Bezug auf diese Informationen,

b) einen Index aller Verfahrensakten,

c) alle Informationen aus den Verfahrensakten, die gemäß Artikel 45 Absatz 3 im Fallbearbeitungssystem elektronisch gespeichert sind.

Der Index darf keine operativen personenbezogenen Daten enthalten, mit Ausnahme der Daten, die zur Identifizierung von Fällen oder zur Herstellung von Verknüpfungen zwischen verschiedenen Verfahrensakten erforderlich sind.

(5) Die EUStA darf für die Verarbeitung operativer personenbezogener Daten andere automatisierte Dateien als die Verfahrensakten nur im Einklang mit dieser Verordnung und der Geschäftsordnung der EUStA anlegen. Die Einzelheiten zu diesen anderen automatisierten Dateien werden dem Europäischen Datenschutzbeauftragten mitgeteilt.

Artikel 45
Verfahrensakten der EUStA

(1) Wenn die EUStA entscheidet, gemäß dieser Verordnung ein Ermittlungsverfahren einzuleiten oder ihr Evokationsrecht auszuüben, legt der betraute Europäische Delegierte Staatsanwalt eine Verfahrensakte an.

Die Verfahrensakte muss alle dem Delegierten Europäischen Staatsanwalt zur Verfügung stehenden Informationen und Beweismittel enthalten, die das Ermittlungs- oder Strafverfolgungsverfahren der EUStA betreffen.

Mit Einleitung eines Ermittlungsverfahrens werden die Informationen aus dem in Artikel 44 Absatz 4 Buchstabe a genannten Register Teil der Verfahrensakte.

(2) Die Verfahrensakte wird von dem betrauten Delegierten Europäischen Staatsanwalt nach dem Recht seines Mitgliedstaats geführt.

Die Geschäftsordnung der EUStA kann Vorschriften über die Organisation und Führung der Verfahrensakten enthalten, soweit dies zur Sicherstellung der Funktion der Europäischen Staatsanwaltschaft als einheitliche Behörde erforderlich ist. Der Zugang zur Verfahrensakte für Verdächtige und Beschuldigte sowie für andere an dem Verfahren beteiligte Personen wird von dem betrauten Delegierten Europäischen Staatsanwalt nach dem Recht des Mitgliedstaats dieses Staatsanwalts gewährt.

(3) Das Fallbearbeitungssystem der EUStA muss alle Informationen und Beweismittel aus der Verfahrensakte, die elektronisch gespeichert werden können, enthalten, damit die zentrale Dienststelle ihre Aufgaben gemäß dieser Verordnung wahrnehmen kann. Der betraute Delegierte Europäische Staatsanwalt gewährleistet, dass der Inhalt der Informationen im Fallbearbeitungssystem jederzeit dem der Verfahrensakte entspricht; insbesondere müssen bei jeder Löschung oder Berichtigung operativer personenbezogener Daten in der Verfahrensakte die entsprechenden Daten auch im Fallbearbeitungssystem gelöscht oder berichtigt werden.

Artikel 46
Zugriff auf das Fallbearbeitungssystem

Der Europäische Generalstaatsanwalt, die Stellvertreter des Europäischen Generalstaatsanwalts, andere Europäische Staatsanwälte und die Delegierten Europäischen Staatsanwälte haben unmittelbaren Zugriff auf das Register und den Index.

Der die Aufsicht führende Europäische Staatsanwalt sowie die zuständige Ständige Kammer haben bei der Ausübung ihrer Befugnisse gemäß den Artikeln 10 und 12 unmittelbaren Zugriff auf die im Fallbearbeitungssystem elektronisch gespeicherten Informationen. Der die Aufsicht führende Europäische Staatsanwalt hat außerdem unmittelbaren Zugriff auf die Verfahrensakte. Die zuständige Ständige Kammer hat auf Antrag Zugang zur Verfahrensakte.

Andere Delegierte Europäische Staatsanwälte können den Zugang zu den im Fallbearbeitungssystem elektronisch gespeicherten Informationen sowie zu Verfahrensakten beantragen. Der betraute Delegierte Europäische Staatsanwalt entscheidet gemäß dem geltenden nationalen Recht darüber, ob anderen Delegierten Europäischen Staatsanwälten der Zugang gewährt wird. Wird der Zugang nicht gewährt, so kann die zuständige Ständige Kammer mit der Angelegenheit befasst werden. Die zuständige Ständige Kammer hört, soweit erforderlich, die betreffenden Delegierten Europäischen Staatsanwälte und trifft sodann im

---

[1)] Beschluss 2008/976/JI des Rates vom 16. Dezember 2008 über das Europäische Justizielle Netz (ABl. L 348 vom 24.12.2008, S. 130).

Einklang mit dem geltenden nationalen Recht sowie der vorliegenden Verordnung eine Entscheidung.

Die Geschäftsordnung der EUStA enthält weitere Regeln für das Recht auf Zugang und das Verfahren zur Festlegung des Umfangs, in dem dem Europäischen Generalstaatsanwalt, den Stellvertretern des Europäischen Generalstaatsanwalts, anderen Europäischen Staatsanwälten, den Delegierten Europäischen Staatsanwälten und dem Personal der EUStA Zugang zum Fallbearbeitungssystem gewährt wird, soweit dies für die Wahrnehmung ihrer Aufgaben erforderlich ist.

KAPITEL VIII
DATENSCHUTZ

Artikel 47
Grundsätze für die Verarbeitung personenbezogener Daten

(1) Personenbezogene Daten müssen

a) auf rechtmäßige Weise und nach Treu und Glauben verarbeitet werden („Rechtmäßigkeit und Verarbeitung nach Treu und Glauben");

b) für festgelegte, eindeutige und rechtmäßige Zwecke erhoben werden und dürfen nicht in einer mit diesen Zwecken nicht zu vereinbarenden Weise weiterverarbeitet werden; eine Weiterverarbeitung für im öffentlichen Interesse liegende Archivzwecke, für wissenschaftliche oder historische Forschungszwecke oder für statistische Zwecke gilt nicht als unvereinbar mit den ursprünglichen Zwecken, sofern die EUStA angemessene Garantien für die Rechte und Freiheiten der betroffenen Personen bietet („Zweckbindung");

c) dem Zweck angemessen und erheblich sowie auf das für die Zwecke der Verarbeitung notwendige Maß beschränkt sein („Datenminimierung");

d) sachlich richtig sein und erforderlichenfalls auf den neuesten Stand gebracht werden; es sind alle angemessenen Maßnahmen zu treffen, damit personenbezogene Daten, die im Hinblick auf die Zwecke ihrer Verarbeitung unrichtig sind, unverzüglich gelöscht oder berichtigt werden („Richtigkeit");

e) in einer Form gespeichert werden, die die Identifizierung der betroffenen Personen nur so lange ermöglicht, wie es für die Zwecke, für die sie verarbeitet werden, erforderlich ist; personenbezogene Daten dürfen länger gespeichert werden, soweit die personenbezogenen Daten ausschließlich für im öffentlichen Interesse liegende Archivzwecke, für wissenschaftliche oder historische Forschungszwecke oder für statistische Zwecke verarbeitet werden, sofern die EUStA angemessene Garantien für die Rechte und Freiheiten der betroffenen Personen bietet, insbesondere durch die Durchführung der geeigneten technischen und organisatorischen Maßnahmen nach Maßgabe dieser Verordnung („Speicherbegrenzung");

f) in einer Weise verarbeitet werden, die eine angemessene Sicherheit der personenbezogenen Daten gewährleistet, einschließlich Schutz vor unbefugter oder unrechtmäßiger Verarbeitung und vor unbeabsichtigtem Verlust, unbeabsichtigter Zerstörung oder unbeabsichtigter Schädigung durch geeignete technische und organisatorische Maßnahmen („Integrität und Vertraulichkeit");

(2) Die EUStA ist für die Einhaltung des Absatzes 1 verantwortlich und muss dessen Einhaltung nachweisen können („Rechenschaftspflicht"); dies gilt für die ganz oder teilweise automatisierte Verarbeitung personenbezogener Daten sowie für die nichtautomatisierte Verarbeitung personenbezogener Daten, die in einem Dateisystem gespeichert sind oder gespeichert werden sollen.

(3) Eine Verarbeitung durch die EUStA für einen anderen der in Artikel 49 genannten Zwecke als den, für den die operativen personenbezogenen Daten erhoben werden, ist erlaubt, soweit

a) die EUStA nach dieser Verordnung befugt ist, solche operativen personenbezogenen Daten für diesen anderen Zweck zu verarbeiten, und

b) die Verarbeitung für diesen anderen Zweck nach dem Unionsrecht erforderlich und verhältnismäßig ist und

c) nicht gegebenenfalls die Nutzung operativer personenbezogener Daten nach dem anwendbaren nationalen Verfahrensrecht über die gemäß Artikel 30 getroffenen Ermittlungsmaßnahmen verboten ist. Das anwendbare nationale Verfahrensrecht ist das Recht des Mitgliedstaats, in dem die Daten erhoben wurden.

Artikel 48
Verwaltungstechnische personenbezogene Daten

(1) Die Verordnung (EG) Nr. 45/2001 gilt für alle von der EUStA verarbeiteten verwaltungstechnischen personenbezogenen Daten.

(2) Die EUStA setzt in den Datenschutzvorschriften ihrer Geschäftsordnung die Fristen für die Speicherung verwaltungstechnischer personenbezogener Daten fest.

Artikel 49
Verarbeitung operativer personenbezogener Daten

(1) Die EUStA verarbeitet operative personenbezogene Daten in automatisierter Form oder in strukturierten manuell geführten Dateien gemäß dieser Verordnung und nur für die folgenden Zwecke:

a) strafrechtliche Ermittlungen und Strafverfolgungsmaßnahmen gemäß dieser Verordnung oder

b) Informationsaustausch mit den zuständigen Behörden der Mitgliedstaaten der Europäischen Union und den anderen Organen, Einrichtungen und sonstigen Stellen der Union gemäß dieser Verordnung oder

c) Zusammenarbeit mit Drittländern und internationalen Organisationen gemäß dieser Verordnung.

(2) Die Kategorien operativer personenbezogener Daten und die Kategorien betroffener Personen, deren operative personenbezogene Daten von der EUStA in dem Index gemäß Artikel 44 Absatz 4 Buchstabe b für jeden der in Absatz 1 des vorliegenden Artikels genannten Zwecke verarbeitet werden dürfen, werden in einem Anhang dieser Verordnung aufgeführt.

(3) Der Kommission wird die Befugnis übertragen, delegierte Rechtsakte gemäß Artikel 115 zu erlassen, um eine Liste der in Absatz 2 des vorliegenden Artikels genannten Kategorien operativer personenbezogener Daten und Kategorien betroffener Personen zu erstellen und diese Liste zu aktualisieren, um den Entwicklungen der Informationstechnologie und den Fortschritten in der Informationsgesellschaft Rechnung zu tragen.

In begründeten Fällen äußerster Dringlichkeit findet auf delegierte Rechtsakte, die gemäß diesem Absatz erlassen werden, das Verfahren gemäß Artikel 116 Anwendung.

(4) Die EUStA darf operative personenbezogene Daten vorübergehend verarbeiten, um festzustellen, ob diese Daten für ihre Aufgaben und für die in Absatz 1 genannten Zwecke relevant sind. Auf Vorschlag des Europäischen Generalstaatsanwalts und nach Anhörung des Europäischen Datenschutzbeauftragten präzisiert das Kollegium die Bedingungen für die Verarbeitung derartiger operativer personenbezogener Daten, insbesondere in Bezug auf den Zugang zu den Daten und ihre Verwendung, sowie die Fristen für die Speicherung und Löschung der Daten.

(5) Die EUStA verarbeitet operative personenbezogene Daten so, dass festgestellt werden kann, welche Behörde die Daten bereitgestellt hat oder wo die Daten abgefragt wurden.

(6) Bei der Anwendung der Artikel 57 bis 62 handelt die EUStA soweit anwendbar unter Beachtung nationaler Verfahrensvorschriften über die Informationspflicht gegenüber der betroffenen Person und die Möglichkeiten, diese Informationen zu unterlassen, einzuschränken oder zu verzögern. Gegebenenfalls konsultiert der betraute Delegierte Europäische Staatsanwalt andere von dem Fall betroffene Delegierte Europäische Staatsanwälte, bevor er eine Entscheidung nach den Artikeln 57 bis 62 trifft.

Artikel 50
Speicherfristen für operative personenbezogene Daten

(1) Die EUStA überprüft regelmäßig die Notwendigkeit der Speicherung der verarbeiteten operativen personenbezogenen Daten. Diese Überprüfung erfolgt spätestens drei Jahre nach der ersten Verarbeitung der operativen personenbezogenen Daten und danach alle drei Jahre. Werden operative personenbezogene Daten länger als fünf Jahre gespeichert, so wird der Europäische Datenschutzbeauftragte davon in Kenntnis gesetzt.

(2) Die von der EUStA verarbeiteten operativen personenbezogenen Daten dürfen nicht länger als fünf Jahre über den Zeitpunkt hinaus gespeichert werden, zu dem ein Freispruch in dem betreffenden Fall rechtskräftig geworden ist; wird der Angeklagte für schuldig befunden, so wird die Frist bis zu dem Zeitpunkt verlängert, zu dem die verhängte Strafe vollstreckt wird oder nach dem Recht des verurteilenden Mitgliedstaats nicht mehr vollstreckt werden kann.

(3) Vor Ablauf der in Absatz 2 genannten Fristen überprüft die EUStA, ob und wie lange die operativen personenbezogenen Daten zur Erfüllung ihrer Aufgaben weiter gespeichert werden müssen. Die Gründe für die weitere Speicherung werden angegeben und schriftlich festgehalten. Fällt keine Entscheidung über die weitere Speicherung operativer personenbezogener Daten, so werden diese Daten automatisch gelöscht.

Artikel 51
Unterscheidung verschiedener Kategorien betroffener Personen

Die EUStA trifft gegebenenfalls und so weit wie möglich eine klare Unterscheidung zwischen den operativen personenbezogenen Daten verschiedener Kategorien betroffener Personen, darunter:

a) Personen, gegen die ein begründeter Verdacht besteht, dass sie eine Straftat begangen haben oder in naher Zukunft begehen werden,

b) verurteilte Straftäter,

c) Opfer einer Straftat oder Personen, bei denen bestimmte Fakten darauf hindeuten, dass sie Opfer einer Straftat sein könnten, und

d) andere Parteien im Zusammenhang mit einer Straftat, wie Personen, die bei Ermittlungen in Verbindung mit der betreffenden Straftat oder beim anschließenden Strafverfahren als Zeugen in Betracht kommen, Personen, die Hinweise zur Straftat geben können, oder Personen, die mit den unter den Buchstaben a und b genannten Personen in Kontakt oder in Verbindung stehen.

Artikel 52
Unterscheidung zwischen operativen personenbezogenen Daten und Überprüfung der Qualität der personenbezogenen Daten

(1) Die EUStA unterscheidet so weit wie möglich zwischen faktenbasierten operativen personenbezogenen Daten und auf persönlichen Einschätzungen beruhenden operativen personenbezogenen Daten.

(2) Die EUStA ergreift alle angemessenen Maßnahmen, um sicherzustellen, dass operative personenbezogene Daten, die unrichtig, unvollständig oder nicht mehr aktuell sind, nicht übermittelt oder bereitgestellt werden. Zu diesem Zweck überprüft sie, soweit durchführbar, die Qualität der operativen personenbezogenen Daten vor ihrer Übermittlung oder Bereitstellung. Bei jeder Übermittlung operativer personenbezogener Daten fügt die EUStA nach Möglichkeit die erforderlichen Informationen bei, die es dem Empfänger gestatten, die Richtigkeit, die Vollständigkeit und die Zuverlässigkeit der operativen personenbezogenen Daten sowie deren Aktualitätsgrad zu beurteilen.

(3) Wird festgestellt, dass unrichtige operative personenbezogene Daten übermittelt oder die operativen personenbezogenen Daten unrechtmäßig übermittelt worden sind, so ist dies dem Empfänger unverzüglich mitzuteilen. In diesem Fall ist gemäß Artikel 61 eine Berichtigung oder Löschung oder die Einschränkung der Verarbeitung der operativen personenbezogenen Daten vorzunehmen.

Artikel 53
Besondere Verarbeitungsbedingungen

(1) Sofern in dieser Verordnung vorgeschrieben, sieht die Europäische Staatanwaltschaft besondere Verarbeitungsbedingungen vor und weist den Empfänger der operativen personenbezogenen Daten darauf hin, dass diese Bedingungen gelten und einzuhalten sind.

(2) Die EUStA beachtet die von einer nationalen Behörde gemäß Artikel 9 Absätze 3 und 4 der Richtlinie (EU) 2016/680 vorgesehenen besonderen Verarbeitungsbedingungen.

Artikel 54
Übermittlung operativer personenbezogener Daten an Organe, Einrichtungen und sonstige Stellen der Union

(1) Vorbehaltlich weiterer Einschränkungen nach dieser Verordnung, insbesondere nach Artikel 53, übermittelt die Europäische Staatanwaltschaft nur dann operative personenbezogene Daten an andere Organe, Einrichtungen und sonstige Stellen der Union, wenn diese Daten für die rechtmäßige Erfüllung der Aufgaben in der Zuständigkeit der anderen Organe, Einrichtungen und sonstigen Stellen der Union erforderlich sind.

(2) Erfolgt die Übermittlung der operativen personenbezogenen Daten auf Ersuchen anderer Organe, Einrichtungen und sonstigen Stellen der Union, so tragen sowohl der Verantwortliche als auch der Empfänger die Verantwortung für die Zulässigkeit dieser Übermittlung.

Die EUStA ist verpflichtet, die Zuständigkeit der anderen Organe, Einrichtungen und sonstigen Stellen der Union zu prüfen und die Notwendigkeit der Übermittlung der operativen personenbezogenen Daten vorläufig zu bewerten. Bestehen Zweifel an der Notwendigkeit, holt sie weitere Auskünfte vom Empfänger ein.

Die anderen Organe, Einrichtungen und sonstigen Stellen der Union stellen sicher, dass die Notwendigkeit der Übermittlung der operativen personenbezogenen Daten im Nachhinein überprüft werden kann.

(3) Die anderen Organe, Einrichtungen und sonstigen Stellen der Union verarbeiten die operativen personenbezogenen Daten nur für die Zwecke, für die sie übermittelt wurden.

Artikel 55
Verarbeitung besonderer Kategorien operativer personenbezogener Daten

(1) Die Verarbeitung operativer personenbezogener Daten, aus denen die rassische oder ethnische Herkunft, politische Meinungen, religiöse oder weltanschauliche Überzeugungen oder die Gewerkschaftszugehörigkeit hervorgehen, sowie die Verarbeitung von genetischen Daten, biometrischen Daten zur eindeutigen Identifizierung einer natürlichen Person, operativen personenbezogenen Gesundheitsdaten oder operativen personenbezogenen Daten zum Sexualleben oder der sexuellen Orientierung ist nur dann erlaubt, wenn sie für die Ermittlungen der EUStA unbedingt erforderlich ist und vorbehaltlich geeigneter Garantien für die Rechte und Freiheiten der betroffenen Person erfolgt und nur, wenn diese operativen personenbezogenen Daten andere, von der EUStA bereits verarbeitete Daten ergänzen.

(2) Der Datenschutzbeauftragte ist unverzüglich von der Anwendung dieses Artikels zu unterrichten.

Artikel 56
Automatisierte Entscheidungsfindung im Einzelfall einschließlich Profiling

Die betroffene Person hat das Recht, nicht einer ausschließlich auf einer automatisierten Verarbeitung – einschließlich Profiling – beruhenden Entscheidung der EUStA unterworfen zu werden, die ihr gegenüber rechtliche Wirkung entfaltet oder sie in ähnlicher Weise erheblich beeinträchtigt.

Artikel 57
Kommunikation und Modalitäten für die Ausübung der Rechte der betroffenen Person

(1) Die EUStA trifft angemessene Maßnahmen, um alle Informationen gemäß Artikel 58 zur Verfügung zu stellen. Sie übermittelt der betroffenen Person alle Mitteilungen gemäß den Artikeln 56, 59 bis 62 und 75, die sich auf die Verarbeitung beziehen, in präziser, verständlicher und leicht zugänglicher Form in einer klaren und einfachen Sprache. Die Übermittlung der Informationen erfolgt in einer beliebigen geeigneten Form, wozu auch die elektronische Übermittlung zählt. Grundsätzlich übermittelt der Verantwortliche die Informationen in derselben Form, in der er den Antrag erhalten hat.

(2) Die EUStA erleichtert der betroffenen Person die Ausübung ihrer Rechte nach den Artikeln 58 bis 62.

(3) Die EUStA setzt die betroffene Person unverzüglich, in jedem Fall aber spätestens innerhalb von drei Monaten nach Eingang des Antrags, schriftlich darüber in Kenntnis, wie mit ihrem Antrag verfahren wurde.

(4) Die EUStA sieht vor, dass die Informationen gemäß Artikel 58 und alle gemäß den Artikeln 56, 59 bis 62 und 75 gemachten Mitteilungen und getroffenen Maßnahmen unentgeltlich zur Verfügung gestellt werden. Bei offenkundig unbegründeten oder – insbesondere im Fall von häufiger Wiederholung – exzessiven Anträgen einer betroffenen Person kann die EUStA entweder

a) eine angemessene Gebühr verlangen, bei der die Verwaltungskosten für die Unterrichtung bzw. die Mitteilung oder die Durchführung der beantragten Maßnahme berücksichtigt werden, oder

b) sich weigern, aufgrund des Antrags tätig zu werden.

Die EUStA hat den Nachweis für den offenkundig unbegründeten oder exzessiven Charakter des Antrags zu erbringen.

(5) Hat die EUStA begründete Zweifel an der Identität der natürlichen Person, die den Antrag gemäß den Artikeln 59 oder 61 stellt, so kann sie zusätzliche Informationen anfordern, die zur Bestätigung der Identität der betroffenen Person erforderlich sind.

Artikel 58
Der betroffenen Person zur Verfügung zu stellende oder zu erteilende Informationen

(1) Die EUStA stellt der betroffenen Person zumindest die folgenden Informationen zur Verfügung:

a) den Namen und die Kontaktdaten der EUStA;

b) die Kontaktdaten des Datenschutzbeauftragten;

c) die Zwecke, für die die operativen personenbezogenen Daten verarbeitet werden;

d) das Recht auf Einlegung einer Beschwerde beim Europäischen Datenschutzbeauftragten und seine Kontaktdaten;

e) das Bestehen eines Rechts auf Auskunft und Berichtigung oder Löschung operativer personenbezogener Daten und Einschränkung der Verarbeitung der operativen personenbezogenen Daten der betroffenen Person durch die EUStA.

(2) Zusätzlich zu den in Absatz 1 genannten Informationen erteilt die EUStA der betroffenen Person in besonderen Fällen die folgenden zusätzlichen Informationen, um die Ausübung der Rechte der betroffenen Person zu ermöglichen:

a) die Rechtsgrundlage der Verarbeitung;

b) die Dauer, für die die operativen personenbezogenen Daten gespeichert werden oder, falls dies nicht möglich ist, die Kriterien für die Festlegung dieser Dauer;

c) gegebenenfalls die Kategorien von Empfängern der operativen personenbezogenen Daten, auch der Empfänger in Drittländern oder in internationalen Organisationen;

d) erforderlichenfalls weitere Informationen, insbesondere wenn die operativen personenbezogenen Daten ohne Wissen der betroffenen Person erhoben werden.

(3) Die EUStA kann zu nachstehenden Zwecken die Unterrichtung der betroffenen Person gemäß Absatz 2 aufschieben, einschränken oder unterlassen, soweit und so lange, wie diese Maßnahme in einer demokratischen Gesellschaft erforderlich und verhältnismäßig ist und den Grundrechten und den berechtigten Interessen der betroffenen natürlichen Person Rechnung getragen wird:

a) Gewährleistung, dass behördliche oder gerichtliche Untersuchungen, Ermittlungen oder Verfahren nicht behindert werden;

b) Gewährleistung, dass die Verhütung, Aufdeckung, Ermittlung oder Verfolgung von Straftaten oder die Strafvollstreckung nicht beeinträchtigt werden;

c) Schutz der öffentlichen Sicherheit in den Mitgliedstaaten der Europäischen Union;

d) Schutz der nationalen Sicherheit der Mitgliedstaaten der Europäischen Union;

e) Schutz der Rechte und Freiheiten anderer.

Artikel 59
Auskunftsrecht der betroffenen Person

Die betroffene Person hat das Recht, von der EUStA eine Bestätigung darüber zu verlangen, ob operative personenbezogene Daten verarbeitet werden, die sie betreffen; ist dies der Fall, so hat sie ein Recht auf Auskunft über diese operativen personenbezogenen Daten und auf folgende Informationen:

a) die Zwecke der Verarbeitung und deren Rechtsgrundlage;

b) die Kategorien operativer personenbezogener Daten, die verarbeitet werden;

c) die Empfänger oder Kategorien von Empfängern, gegenüber denen die operativen personenbezogenen Daten offengelegt worden sind, insbesondere bei Empfängern in Drittländern oder bei internationalen Organisationen;

d) falls möglich, die geplante Dauer, für die die operativen personenbezogenen Daten gespeichert werden, oder, falls dies nicht möglich ist, die Kriterien für die Festlegung dieser Dauer;

e) das Bestehen eines Rechts auf Berichtigung oder Löschung operativer personenbezogener Daten oder auf Einschränkung der Verarbeitung der operativen personenbezogenen Daten der betroffenen Person durch die EUStA;

f) das Recht auf Einlegung einer Beschwerde beim Europäischen Datenschutzbeauftragten und seine Kontaktdaten;

g) die Mitteilung zu den operativen personenbezogenen Daten, die Gegenstand der Verarbeitung sind, sowie alle verfügbaren Informationen über die Herkunft der Daten.

Artikel 60
Einschränkung des Auskunftsrechts

(1) Die EUStA kann zu nachstehenden Zwecken das Recht der betroffenen Person auf Auskunft teilweise oder vollständig einschränken, soweit und so lange, wie diese teilweise oder vollständige Einschränkung in einer demokratischen Gesellschaft erforderlich und verhältnismäßig ist und den Grundrechten und den berechtigten Interessen der betroffenen natürlichen Person Rechnung getragen wird:

a) Gewährleistung, dass behördliche oder gerichtliche Untersuchungen, Ermittlungen oder Verfahren nicht behindert werden;

b) Gewährleistung, dass die Verhütung, Aufdeckung, Ermittlung oder Verfolgung von Straftaten oder die Strafvollstreckung nicht beeinträchtigt werden;

c) Schutz der öffentlichen Sicherheit in den Mitgliedstaaten der Europäischen Union;

d) Schutz der nationalen Sicherheit der Mitgliedstaaten der Europäischen Union;

e) Schutz der Rechte und Freiheiten anderer.

(2) Wenn die Erteilung dieser Informationen einem der in Absatz 1 genannten Zwecke zuwiderliefe, teilt die EUStA der betroffenen Person lediglich mit, dass sie eine Überprüfung vorgenommen hat, ohne dabei Hinweise zu geben, denen die Person entnehmen könnte, dass bei der EUStA sie betreffende operative personenbezogene Daten verarbeitet werden.

Die EUStA unterrichtet die betroffene Person über die Möglichkeit, gegen die Entscheidung der EUStA Beschwerde beim Europäischen Datenschutzbeauftragten einzulegen oder einen Rechtsbehelf beim Gerichtshof einzulegen.

(3) Die EUStA dokumentiert die sachlichen oder rechtlichen Gründe für die Entscheidung. Diese Informationen werden dem Europäischen Datenschutzbeauftragten auf Anfrage zur Verfügung gestellt.

Artikel 61
Recht auf Berichtigung oder Löschung operativer personenbezogener Daten und Einschränkung der Verarbeitung

(1) Die betroffene Person hat das Recht, von der EUStA unverzüglich die Berichtigung sie betreffender unrichtiger operativer personenbezogener Daten zu verlangen. Unter Berücksichtigung der Zwecke der Verarbeitung hat die betroffene Person das Recht, die Vervollständigung unvollständiger operativer personenbezogener Daten – auch mittels einer ergänzenden Erklärung – zu verlangen.

(2) Die EUStA löscht operative personenbezogene Daten unverzüglich und die betroffene Person hat das Recht, von der EUStA die Löschung sie betreffender operativer personenbezogener Daten unverzüglich zu verlangen, wenn die Verarbeitung gegen die Artikel 47, 49 oder 55 verstößt oder wenn die operativen personenbezogenen Daten zur Erfüllung einer rechtlichen Verpflichtung gelöscht werden müssen, der die EUStA unterliegt.

(3) Anstatt die personenbezogenen Daten zu löschen, kann der Verantwortliche deren Verarbeitung einschränken, wenn

a) die betroffene Person die Richtigkeit der operativen personenbezogenen Daten bestreitet und die Richtigkeit oder Unrichtigkeit nicht festgestellt werden kann oder

b) die operativen personenbezogenen Daten für Beweiszwecke weiter aufbewahrt werden müssen.

Unterliegt die Verarbeitung einer Einschränkung gemäß Unterabsatz 1 Buchstabe a, so unterrichtet die EUStA die betroffene Person, bevor sie die Einschränkung aufhebt.

(4) Wurde die Verarbeitung gemäß Absatz 3 eingeschränkt, so dürfen diese operativen personenbezogenen Daten – von ihrer Speicherung abgesehen – nur zum Schutz der Rechte der betroffenen Person oder einer anderen natürlichen oder juristischen Person, die an einem Verfahren der EUStA beteiligt ist, oder zu den in Absatz 3 Buchstabe b genannten Zwecken verarbeitet werden.

(5) Die EUStA unterrichtet die betroffene Person schriftlich über eine Verweigerung, operative personenbezogene Daten zu berichtigen oder zu löschen oder die Verarbeitung einzuschränken, und über die Gründe für die Verweigerung. Die EUStA kann zu nachstehenden Zwecken die Pflicht, diese Informationen zur Verfügung zu stellen, teilweise oder vollständig einschränken, soweit diese Einschränkung in einer demokratischen Gesellschaft erforderlich und verhältnismäßig ist und den Grundrechten und den berechtigten Interessen der betroffenen natürlichen Person Rechnung getragen wird:

a) Gewährleistung, dass behördliche oder gerichtliche Untersuchungen, Ermittlungen oder Verfahren nicht behindert werden;

b) Gewährleistung, dass die Verhütung, Aufdeckung, Ermittlung oder Verfolgung von Straftaten oder die Strafvollstreckung nicht beeinträchtigt werden;

c) Schutz der öffentlichen Sicherheit in den Mitgliedstaaten der Europäischen Union;

d) Schutz der nationalen Sicherheit der Mitgliedstaaten der Europäischen Union;

e) Schutz der Rechte und Freiheiten anderer.

Die EUStA unterrichtet die betroffene Person über die Möglichkeit, gegen die Entscheidung der EUStA Beschwerde beim Europäischen Datenschutzbeauftragten einzulegen oder einen Rechtsbehelf beim Gerichtshof einzulegen.

(6) Die EUStA teilt die Berichtigung von unrichtigen operativen personenbezogenen Daten der zuständigen Behörde mit, von der die unrichtigen operativen personenbezogenen Daten stammen.

(7) Die EUStA setzt in Fällen der Berichtigung, Löschung oder Einschränkung der Verarbeitung nach den Absätzen 1, 2 und 3 die Empfänger in Kenntnis und weist sie darauf hin, dass sie die ihrer Verantwortung unterliegenden operativen personenbezogenen Daten berichtigen, löschen oder deren Verarbeitung einschränken müssen.

Artikel 62
Ausübung von Rechten durch die betroffene Person und Prüfung durch den Europäischen Datenschutzbeauftragten

(1) In den in Artikel 58 Absatz 3, Artikel 60 Absatz 2 und Artikel 61 Absatz 5 genannten Fällen können die Rechte der betroffenen Person auch über den Europäischen Datenschutzbeauftragten ausgeübt werden.

(2) Die EUStA unterrichtet die betroffene Person über die Möglichkeit, ihre Rechte gemäß Absatz 1 über den Europäischen Datenschutzbeauftragten auszuüben.

(3) Wird das in Absatz 1 genannte Recht ausgeübt, unterrichtet der Europäische Datenschutzbeauftragte die betroffene Person zumindest darüber, dass alle erforderlichen Prüfungen oder eine Überprüfung durch den Europäischen Datenschutzbeauftragten erfolgt sind. Der Europäische Datenschutzbeauftragte unterrichtet die betroffene Person zudem über ihr Recht, gegen die Entscheidung des Europäischen Datenschutzbeauftragten einen Rechtsbehelf beim Gerichtshof einzulegen.

Artikel 63
Pflichten der EUStA

(1) Die EUStA setzt unter Berücksichtigung der Art, des Umfangs, der Umstände und der Zwecke der Verarbeitung sowie der unterschiedlichen Eintrittswahrscheinlichkeit und Schwere der Risiken für die Rechte und Freiheiten natürlicher Personen geeignete technische und organisatorische Maßnahmen um, um sicherzustellen und den Nachweis dafür erbringen zu können, dass die Verarbeitung gemäß dieser Verordnung erfolgt. Diese Maßnahmen werden erforderlichenfalls überprüft und aktualisiert.

(2) Sofern dies in einem angemessenen Verhältnis zu den Verarbeitungstätigkeiten steht, müssen die Maßnahmen nach Absatz 1 die Anwendung geeigneter Datenschutzvorkehrungen durch die EUStA umfassen.

Artikel 64
Gemeinsam Verantwortliche

(1) Legt die EUStA zusammen mit einem oder mehreren Verantwortlichen gemeinsam die Zwecke und Mittel der Verarbeitung fest, so sind sie gemeinsam Verantwortliche. Sie legen in einer Vereinbarung in transparenter Form ihre jeweiligen Aufgaben gemäß ihren Datenschutzpflichten fest, insbesondere was die Wahrnehmung der Rechte der betroffenen Person angeht und wer welchen Informationspflichten nachkommt, sofern und soweit die jeweiligen Aufgaben der Verantwortlichen nicht durch das Unionsrecht oder das Recht eines Mitgliedstaats der Europäischen

Union, denen die Verantwortlichen unterliegen, festgelegt sind. In der Vereinbarung kann eine Anlaufstelle für die betroffenen Personen angegeben werden.

(2) Die Vereinbarung gemäß Absatz 1 muss die jeweiligen tatsächlichen Funktionen und Beziehungen der gemeinsam Verantwortlichen gegenüber betroffenen Personen gebührend widerspiegeln. Der Kern der Vereinbarung wird der betroffenen Person zur Verfügung gestellt.

(3) Ungeachtet der Einzelheiten der Vereinbarung gemäß Absatz 1 kann die betroffene Person ihre Rechte im Rahmen dieser Verordnung bei und gegenüber jedem einzelnen der Verantwortlichen geltend machen.

Artikel 65
Auftragsverarbeiter

(1) Erfolgt eine Verarbeitung im Auftrag der EUStA, so arbeitet diese nur mit Auftragsverarbeitern, die hinreichend Garantien dafür bieten, dass geeignete technische und organisatorische Maßnahmen so durchgeführt werden, dass die Verarbeitung im Einklang mit den Anforderungen dieser Verordnung erfolgt und den Schutz der Rechte der betroffenen Person gewährleistet.

(2) Der Auftragsverarbeiter nimmt keinen weiteren Auftragsverarbeiter ohne vorherige gesonderte oder allgemeine schriftliche Genehmigung der EUStA in Anspruch. Im Fall einer allgemeinen schriftlichen Genehmigung informiert der Auftragsverarbeiter die EUStA immer über jede beabsichtigte Änderung in Bezug auf die Hinzuziehung oder die Ersetzung anderer Auftragsverarbeiter, wodurch der Verantwortliche die Möglichkeit erhält, gegen derartige Änderungen Einspruch zu erheben.

(3) Die Verarbeitung durch einen Auftragsverarbeiter erfolgt auf der Grundlage eines Vertrags oder eines anderen Rechtsinstruments nach dem Unionsrecht oder dem Recht eines Mitgliedstaats der Europäischen Union, der bzw. das den Auftragsverarbeiter in Bezug auf die EUStA bindet und in dem Gegenstand und Dauer der Verarbeitung, Art und Zweck der Verarbeitung, die Art der operativen personenbezogenen Daten, die Kategorien betroffener Personen und die Pflichten und Rechte der EUStA festgelegt sind. Dieser Vertrag bzw. dieses andere Rechtsinstrument sieht insbesondere vor, dass der Auftragsverarbeiter

a) nur auf Weisung des Verantwortlichen handelt;

b) gewährleistet, dass sich die zur Verarbeitung der operativen personenbezogenen Daten befugten Personen zur Vertraulichkeit verpflichtet haben oder einer angemessenen gesetzlichen Verschwiegenheitspflicht unterliegen;

c) den Verantwortlichen mit geeigneten Mitteln dabei unterstützt, die Einhaltung der Bestimmungen über die Rechte der betroffenen Person zu gewährleisten;

d) alle operativen personenbezogenen Daten nach Abschluss der Erbringung der Verarbeitungsleistungen – nach Wahl der EUStA – löscht bzw. zurückgibt und bestehende Kopien vernichtet, sofern nicht nach dem Unionsrecht oder dem Recht eines Mitgliedstaats der Europäischen Union eine Verpflichtung zur Speicherung der operativen personenbezogenen Daten besteht;

e) der EUStA alle erforderlichen Informationen zum Nachweis der Einhaltung der in diesem Artikel niedergelegten Pflichten zur Verfügung stellt;

f) die in den Absätzen 2 und 3 aufgeführten Bedingungen für die Inanspruchnahme der Dienste eines weiteren Auftragsverarbeiters einhält.

(4) Der Vertrag bzw. das andere Rechtsinstrument im Sinne von Absatz 3 ist schriftlich abzufassen, was auch in einem elektronischen Format erfolgen kann.

(5) Ein Auftragsverarbeiter, der unter Verstoß gegen diese Verordnung die Zwecke und Mittel der Verarbeitung bestimmt, gilt in Bezug auf diese Verarbeitung als Verantwortlicher.

Artikel 66
Verarbeitung unter der Aufsicht des Verantwortlichen oder des Auftragsverarbeiters

Der Auftragsverarbeiter und jede der EUStA oder dem Auftragsverarbeiter unterstellte Person, die Zugang zu operativen personenbezogenen Daten hat, dürfen diese Daten nur auf Weisung der EUStA verarbeiten, es sei denn, dass sie nach dem Unionsrecht oder dem Recht eines Mitgliedstaats der Europäischen Union zur Verarbeitung verpflichtet sind.

Artikel 67
Datenschutz durch Technikgestaltung und durch datenschutzfreundliche Voreinstellungen

(1) Unter Berücksichtigung des Stands der Technik, der Implementierungskosten und der Art, des Umfangs, der Umstände und der Zwecke der Verarbeitung sowie der unterschiedlichen Eintrittswahrscheinlichkeit und Schwere der mit der Verarbeitung verbundenen Risiken für die Rechte und Freiheiten natürlicher Personen trifft die EUStA sowohl zum Zeitpunkt der Festlegung der Mittel für die Verarbeitung als auch zum Zeitpunkt der eigentlichen Verarbeitung angemessene technische und organisatorische Maßnahmen – wie z. B. Pseudonymisierung –, die dafür ausgelegt sind, Datenschutzgrundsätze wie etwa Datenminimierung wirksam umzusetzen und die notwendigen Garantien in die Verarbeitung auf-

zunehmen, um den Anforderungen dieser Richtlinie zu genügen und die Rechte der betroffenen Personen zu schützen.

(2) Die EUStA trifft geeignete technische und organisatorische Maßnahmen, die sicherstellen, dass durch Voreinstellung grundsätzlich nur operative personenbezogene Daten verarbeitet werden, die dem Verarbeitungszweck entsprechen, maßgeblich und in Bezug auf den Verarbeitungszweck nicht übermäßig sind. Diese Verpflichtung gilt für die Menge der erhobenen operativen personenbezogenen Daten, den Umfang ihrer Verarbeitung, ihre Speicherfrist und ihre Zugänglichkeit. Solche Maßnahmen müssen insbesondere sicherstellen, dass operative personenbezogene Daten durch Voreinstellungen nicht ohne Eingreifen einer Person einer unbestimmten Zahl von natürlichen Personen zugänglich gemacht werden.

Artikel 68
Verzeichnis der Kategorien von Verarbeitungstätigkeiten

(1) Die EUStA führt ein Verzeichnis aller Kategorien von Verarbeitungstätigkeiten, die ihrer Zuständigkeit unterliegen. Dieses Verzeichnis enthält sämtliche folgenden Angaben:

a) ihre Kontaktdaten sowie den Namen und die Kontaktdaten des Datenschutzbeauftragten;

b) die Zwecke der Verarbeitung;

c) eine Beschreibung der Kategorien betroffener Personen und der Kategorien operativer personenbezogener Daten;

d) die Kategorien von Empfängern, gegenüber denen die operativen personenbezogenen Daten offengelegt worden sind oder noch offengelegt werden, einschließlich Empfängern in Drittländern oder internationalen Organisationen;

e) gegebenenfalls Übermittlungen von operativen personenbezogenen Daten an ein Drittland oder an eine internationale Organisation, einschließlich der Identifizierung des Drittlands oder der internationalen Organisation;

f) wenn möglich, die vorgesehenen Fristen für die Löschung der verschiedenen Datenkategorien;

g) wenn möglich, eine allgemeine Beschreibung der technischen und organisatorischen Maßnahmen gemäß Artikel 73.

(2) Das in Absatz 1 genannte Verzeichnis ist schriftlich zu führen, was auch in einem elektronischen Format erfolgen kann.

(3) Die EUStA stellt dem Europäischen Datenschutzbeauftragten das Verzeichnis auf Anfrage zur Verfügung.

Artikel 69
Protokollierung im Hinblick auf die automatisierte Verarbeitung

(1) Die EUStA protokolliert die folgenden Verarbeitungsvorgänge in automatisierten Verarbeitungssystemen: Erhebung, Veränderung, Abfrage, Offenlegung einschließlich Übermittlung, Kombination und Löschung von für operative Zwecke verwendeten operativen personenbezogenen Daten. Die Protokolle über Abfragen und Offenlegungen müssen es ermöglichen, die Begründung, das Datum und die Uhrzeit dieser Vorgänge, die Identifizierung der Person, die die operativen personenbezogenen Daten abgefragt oder offengelegt hat, und so weit wie möglich die Identität des Empfängers solcher operativen personenbezogenen Daten festzustellen.

(2) Die Protokolle werden ausschließlich zur Überprüfung der Rechtmäßigkeit der Datenverarbeitung, der Eigenüberwachung, der Sicherstellung der Integrität und Sicherheit der operativen personenbezogenen Daten sowie für Strafverfahren verwendet. Diese Protokolle werden nach drei Jahren gelöscht, sofern sie nicht für eine laufende Kontrolle benötigt werden.

(3) Die EUStA stellt dem Europäischen Datenschutzbeauftragten die Protokolle auf Anfrage zur Verfügung.

Artikel 70
Zusammenarbeit mit dem Europäischen Datenschutzbeauftragten

Die EUStA arbeitet auf Anfrage mit dem Europäischen Datenschutzbeauftragten bei der Erfüllung ihrer Aufgaben zusammen.

Artikel 71
Datenschutz-Folgenabschätzung

(1) Hat eine Form der Verarbeitung, insbesondere bei Verwendung neuer Technologien, aufgrund der Art, des Umfangs, der Umstände und der Zwecke der Verarbeitung voraussichtlich ein hohes Risiko für die Rechte und Freiheiten natürlicher Personen zur Folge, so führt die EUStA vorab eine Abschätzung der Folgen der vorgesehenen Verarbeitungsvorgänge für den Schutz operativer personenbezogener Daten durch.

(2) Die Folgenabschätzung gemäß Absatz 1 trägt den Rechten und den berechtigten Interessen der betroffenen Personen und sonstiger Betroffener Rechnung und enthält zumindest eine allgemeine Beschreibung der geplanten Verarbeitungsvorgänge und eine Bewertung der in Bezug auf die Rechte und Freiheiten der betroffenen Personen bestehenden Risiken sowie der geplanten Abhilfemaßnahmen, Garantien, Sicherheitsvorkehrungen und Verfahren, durch die der Schutz

operativer personenbezogener Daten sichergestellt und der Nachweis dafür erbracht wird, dass diese Verordnung eingehalten wird.

Artikel 72
Vorherige Konsultation des Europäischen Datenschutzbeauftragten

(1) Die EUStA konsultiert vor der Verarbeitung personenbezogener Daten in neu anzulegenden Dateisystemen den Europäischen Datenschutzbeauftragten, wenn

a) aus einer Datenschutz-Folgenabschätzung gemäß Artikel 71 hervorgeht, dass die Verarbeitung ein hohes Risiko zur Folge hätte, sofern die EUStA keine Maßnahmen zur Eindämmung des Risikos trifft, oder

b) die Form der Verarbeitung, insbesondere bei Verwendung neuer Technologien, Mechanismen oder Verfahren, ein hohes Risiko für die Rechte und Freiheiten der betroffenen Personen zur Folge hat.

(2) Der Europäische Datenschutzbeauftragte kann eine Liste der Verarbeitungsvorgänge erstellen, die der Pflicht zur vorherigen Konsultation nach Absatz 1 unterliegen.

(3) Die EUStA legt dem Europäischen Datenschutzbeauftragten die Datenschutz-Folgenabschätzung gemäß Artikel 71 vor und übermittelt ihm auf Anfrage alle sonstigen Informationen, die er benötigt, um die Ordnungsgemäßheit der Verarbeitung sowie insbesondere die in Bezug auf den Schutz der operativen personenbezogenen Daten der betroffenen Person bestehenden Gefahren und die diesbezüglichen Garantien bewerten zu können.

(4) Falls der Europäische Datenschutzbeauftragte der Auffassung ist, dass die geplante Verarbeitung gemäß Absatz 1 nicht im Einklang mit dieser Verordnung stünde, insbesondere weil die EUStA das Risiko nicht ausreichend ermittelt oder nicht ausreichend eingedämmt hat, unterbreitet er der EUStA innerhalb eines Zeitraums von bis zu sechs Wochen nach Erhalt des Ersuchens um Konsultation entsprechende schriftliche Empfehlungen gemäß seinen in Artikel 85 genannten Befugnissen. Diese Frist kann unter Berücksichtigung der Komplexität der geplanten Verarbeitung um einen weiteren Monat verlängert werden. Der Europäische Datenschutzbeauftragte unterrichtet die EUStA über eine solche Fristverlängerung innerhalb eines Monats nach Eingang des Antrags auf Konsultation zusammen mit den Gründen für die Verzögerung.

Artikel 73
Sicherheit der Verarbeitung operativer personenbezogener Daten

(1) Die EUStA trifft unter Berücksichtigung des Stands der Technik, der Implementierungskosten und der Art, des Umfangs, der Umstände und der Zwecke der Verarbeitung sowie der unterschiedlichen Eintrittswahrscheinlichkeit und Schwere des Risikos für die Rechte und Freiheiten natürlicher Personen geeignete technische und organisatorische Maßnahmen, um ein dem Risiko angemessenes Schutzniveau zu gewährleisten, insbesondere im Hinblick auf die Verarbeitung besonderer Kategorien operativer personenbezogener Daten im Sinne von Artikel 55.

(2) Die EUStA ergreift im Hinblick auf die automatisierte Verarbeitung nach einer Risikobewertung Maßnahmen, die Folgendes bezwecken:

a) Verwehrung des Zugangs zu Datenverarbeitungsanlagen, mit denen die Verarbeitung durchgeführt wird, für Unbefugte (Zugangskontrolle);

b) Verhinderung des unbefugten Lesens, Kopierens, Veränderns oder Entfernens von Datenträgern (Datenträgerkontrolle);

c) Verhinderung der unbefugten Eingabe von Daten sowie der unbefugten Kenntnisnahme, Veränderung und Löschung von gespeicherten operativen personenbezogenen Daten (Speicherkontrolle);

d) Verhinderung der Nutzung automatisierter Verarbeitungssysteme mithilfe von Einrichtungen zur Datenübertragung durch Unbefugte (Benutzerkontrolle);

e) Gewährleistung, dass die zur Benutzung eines automatisierten Verarbeitungssystems Berechtigten ausschließlich zu den ihrer Zugangsberechtigung unterliegenden operativen personenbezogenen Daten Zugang haben (Zugangskontrolle);

f) Gewährleistung, dass überprüft und festgestellt werden kann, an welche Stellen operative personenbezogene Daten übermittelt oder zur Verfügung gestellt wurden oder werden können (Übertragungskontrolle);

g) Gewährleistung, dass nachträglich überprüft und festgestellt werden kann, welche operativen personenbezogenen Daten zu welcher Zeit und von wem in automatisierte Datenverarbeitungssysteme eingegeben worden sind (Eingabekontrolle);

h) Verhinderung, dass bei der Übermittlung operativer personenbezogener Daten sowie beim Transport von Datenträgern die operativen personenbezogenen Daten unbefugt gelesen, kopiert, verändert oder gelöscht werden können (Transportkontrolle);

i) Gewährleistung, dass eingesetzte Systeme im Störungsfall wiederhergestellt werden können (Wiederherstellung);

j) Gewährleistung, dass alle Funktionen des Systems zur Verfügung stehen, auftretende Fehlfunktionen gemeldet werden (Zuverlässigkeit) und gespeicherte operative personenbezogene Daten nicht durch Fehlfunktionen des Systems beschädigt werden können (Datenintegrität).

Artikel 74
Meldung einer Verletzung des Schutzes personenbezogener Daten an den Europäischen Datenschutzbeauftragten

(1) Im Falle einer Verletzung des Schutzes personenbezogener Daten meldet die EUStA unverzüglich und möglichst binnen 72 Stunden, nachdem ihr die Verletzung bekannt wurde, diese dem Europäischen Datenbeauftragten, es sei denn, dass die Verletzung des Schutzes personenbezogener Daten voraussichtlich nicht zu einem Risiko für die Rechte und Freiheiten natürlicher Personen führt. Erfolgt die Meldung an den Europäischen Datenbeauftragten nicht binnen 72 Stunden, so ist ihr eine Begründung für die Verzögerung beizufügen.

(2) Die Meldung gemäß Absatz 1 enthält zumindest Folgendes:

a) eine Beschreibung der Art der Verletzung des Schutzes personenbezogener Daten, soweit möglich mit Angabe der Kategorien und der ungefähren Zahl der betroffenen Personen, der betroffenen Kategorien personenbezogener Daten und der ungefähren Zahl der betroffenen personenbezogenen Datensätze;

b) eine Mitteilung des Namens und der Kontaktdaten des Datenschutzbeauftragten;

c) eine Beschreibung der wahrscheinlichen Folgen der Verletzung des Schutzes personenbezogener Daten;

d) eine Beschreibung der von der EUStA ergriffenen oder vorgeschlagenen Maßnahmen zur Behandlung der Verletzung des Schutzes personenbezogener Daten und gegebenenfalls Maßnahmen zur Abmilderung ihrer möglichen nachteiligen Auswirkungen.

(3) Wenn und soweit die in Absatz 2 genannten Informationen nicht zur gleichen Zeit bereitgestellt werden können, können diese Informationen ohne unangemessene weitere Verzögerung schrittweise zur Verfügung gestellt werden.

(4) Die EUStA dokumentiert Verletzungen des Schutzes personenbezogener Daten nach Absatz 1 einschließlich aller im Zusammenhang mit der Verletzung des Schutzes personenbezogener Daten stehenden Fakten, deren Auswirkungen und der ergriffenen Abhilfemaßnahmen. Diese Dokumentation muss dem Europäischen Datenschutzbeauftragten die Überprüfung der Einhaltung der Bestimmungen dieses Artikels ermöglichen.

(5) Soweit von der Verletzung des Schutzes personenbezogener Daten personenbezogene Daten betroffen sind, die von oder an einen anderen Verantwortlichen übermittelt wurden, übermittelt die EUStA die in Absatz 3 genannten Informationen unverzüglich diesem Verantwortlichen.

Artikel 75
Benachrichtigung der von einer Verletzung des Schutzes personenbezogener Daten betroffenen Person

(1) Hat die Verletzung des Schutzes personenbezogener Daten voraussichtlich ein hohes Risiko für die persönlichen Rechte und Freiheiten natürlicher Personen zur Folge, so benachrichtigt die EUStA die betroffene Person unverzüglich von der Verletzung.

(2) Die in Absatz 1 genannte Benachrichtigung der betroffenen Person beschreibt in klarer und einfacher Sprache die Art der Verletzung des Schutzes personenbezogener Daten und enthält zumindest die in Artikel 74 Absatz 2 Buchstaben b, c und d genannten Informationen und Empfehlungen.

(3) Die Benachrichtigung der betroffenen Person gemäß Absatz 1 ist nicht erforderlich, wenn eine der folgenden Bedingungen erfüllt ist:

a) Die EUStA hat geeignete technische und organisatorische Sicherheitsvorkehrungen getroffen, und diese Vorkehrungen wurden auf die von der Verletzung betroffenen personenbezogenen Daten angewandt, insbesondere solche, durch die die personenbezogenen Daten für alle Personen, die nicht zum Zugang zu den personenbezogenen Daten befugt sind, unzugänglich gemacht werden, etwa durch Verschlüsselung;

b) die EUStA hat durch nachfolgende Maßnahmen sichergestellt, dass das hohe Risiko für die Rechte und Freiheiten der betroffenen Personen gemäß Absatz 1 aller Wahrscheinlichkeit nach nicht mehr besteht;

c) dies wäre mit einem unverhältnismäßigen Aufwand verbunden. In diesem Fall hat stattdessen eine öffentliche Bekanntmachung oder eine ähnliche Maßnahme zu erfolgen, durch die die betroffenen Personen vergleichbar wirksam informiert werden.

(4) Wenn die EUStA die betroffene Person nicht bereits über die Verletzung des Schutzes personenbezogener Daten benachrichtigt hat, kann der Europäische Datenschutzbeauftragte unter Berücksichtigung der Wahrscheinlichkeit, mit der die Verletzung des Schutzes personenbezogener Daten zu einem hohen Risiko führt, von der EUStA verlangen, dies nachzuholen, oder er kann mit einem Beschluss feststellen, dass bestimmte der in Absatz 3 genannten Voraussetzungen erfüllt sind.

(5) Die Benachrichtigung der betroffenen Person gemäß Absatz 1 des vorliegenden Artikels kann unter den in Artikel 60 Absatz 3 genannten Voraussetzungen und aus den dort genannten Gründen aufgeschoben, eingeschränkt oder unterlassen werden.

Artikel 76
Befugter Zugriff auf operative personenbezogene Daten innerhalb der EUStA

Nur der Europäische Generalstaatsanwalt, die Europäischen Staatsanwälte, die Delegierten Europäischen Staatsanwälte und befugte Mitglieder ihres Personals dürfen zur Erfüllung ihrer Aufgaben und in den Grenzen dieser Verordnung auf operative personenbezogene Daten zugreifen, die die EUStA verarbeitet.

Artikel 77
Benennung des Datenschutzbeauftragten

(1) Das Kollegium benennt einen Datenschutzbeauftragten auf der Grundlage eines Vorschlags des Europäischen Generalstaatsanwalts. Der Datenschutzbeauftragte ist ein eigens für diese Aufgabe bestelltes Mitglied des Personals. Bei der Wahrnehmung seiner Aufgaben handelt der Datenschutzbeauftragte unabhängig und darf keinen Weisungen unterworfen sein.

(2) Der Datenschutzbeauftragte wird auf der Grundlage seiner beruflichen Qualifikation und insbesondere des Fachwissens ausgewählt, das er auf dem Gebiet des Datenschutzrechts und der Datenschutzpraxis besitzt, sowie auf der Grundlage seiner Fähigkeit zur Erfüllung der in dieser Verordnung, insbesondere in Artikel 79, genannten Aufgaben.

(3) Die Auswahl des Datenschutzbeauftragten darf nicht zu einem Interessenkonflikt zwischen seinem Amt als Datenschutzbeauftragtem und seinen sonstigen dienstlichen Aufgaben, insbesondere in Verbindung mit der Anwendung dieser Verordnung, führen.

(4) Der Datenschutzbeauftragte wird für eine Amtszeit von vier Jahren ernannt; eine Wiederernennung für eine Amtszeit von insgesamt höchstens acht Jahren ist möglich. Der Datenschutzbeauftragte kann vom Kollegium seines Amtes nur mit Zustimmung des Europäischen Datenschutzbeauftragten enthoben werden, wenn er die für die Erfüllung seiner Aufgaben erforderlichen Voraussetzungen nicht mehr erfüllt.

(5) Die EUStA veröffentlicht die Kontaktdaten des Datenschutzbeauftragten und teilt sie dem Europäischen Datenschutzbeauftragten mit.

Artikel 78
Stellung des Datenschutzbeauftragten

(1) Die EUStA stellt sicher, dass der Datenschutzbeauftragte ordnungsgemäß und frühzeitig in alle mit dem Schutz personenbezogener Daten zusammenhängenden Fragen eingebunden wird.

(2) Die EUStA unterstützt den Datenschutzbeauftragten bei der Erfüllung seiner Aufgaben gemäß Artikel 79, indem sie die hierfür erforderlichen Ressourcen und den Zugang zu personenbezogenen Daten und Verarbeitungsvorgängen sowie die zur Erhaltung seines Fachwissens erforderlichen Ressourcen zur Verfügung stellt.

(3) Die EUStA stellt sicher, dass der Datenschutzbeauftragte bei der Erfüllung seiner Aufgaben keine Weisungen bezüglich der Ausübung dieser Aufgaben erhält. Der Datenschutzbeauftragte darf von dem Kollegium wegen der Erfüllung seiner Aufgaben nicht abberufen oder benachteiligt werden. Der Datenschutzbeauftragte erstattet unmittelbar dem Europäischen Generalstaatsanwalt Bericht.

(4) Betroffene Personen können den Datenschutzbeauftragten zu allen mit der Verarbeitung ihrer personenbezogenen Daten und mit der Wahrnehmung ihrer Rechte gemäß dieser Verordnung und der Verordnung (EG) Nr. 45/2001 im Zusammenhang stehenden Fragen zu Rate ziehen.

(5) Das Kollegium erlässt den Datenschutzbeauftragten betreffende Durchführungsbestimmungen. Diese Durchführungsbestimmungen betreffen insbesondere das Auswahlverfahren für die Stelle des Datenschutzbeauftragten, seine Entlassung sowie seine Aufgaben, Pflichten und Befugnisse und die Garantien für seine Unabhängigkeit.

(6) Die EUStA stattet den Datenschutzbeauftragten mit dem für die Erfüllung seiner Aufgaben erforderlichen Personal und den erforderlichen Mitteln aus.

(7) Der Datenschutzbeauftragte und sein Personal sind nach Artikel 108 zur Verschwiegenheit verpflichtet.

Artikel 79
Aufgaben des Datenschutzbeauftragten

(1) In Bezug auf die Verarbeitung personenbezogener Daten nimmt der Datenschutzbeauftragte insbesondere folgende Aufgaben wahr:

a) Er stellt in unabhängiger Weise sicher, dass die EUStA die Datenschutzvorschriften dieser Verordnung und der Verordnung (EG) Nr. 45/2001 sowie die einschlägigen Datenschutzvorschriften in der Geschäftsordnung der EUStA einhält; dies umfasst auch die Überwachung der Einhaltung dieser Verordnung, anderer Unions- oder nationaler Datenschutzvorschriften sowie der Strategien der EUStA für den Schutz personenbezogener Daten einschließlich der Zuweisung von Zuständigkeiten, der Sensibilisierung und Schulung des an den Verarbeitungsvorgängen beteiligten Personals und der diesbezüglichen Überprüfungen;

b) er unterrichtet und berät die EUStA und das Personal, das Verarbeitungen durchführt, hinsichtlich ihrer Pflichten nach dieser Verordnung sowie nach sonstigen Unions- oder nationalen Datenschutzvorschriften;

c) auf Anfrage leistet er Beratung im Zusammenhang mit der Datenschutz-Folgenabschätzung und überwacht ihre Durchführung gemäß Artikel 71;

d) er stellt sicher, dass die Übermittlung und der Erhalt von personenbezogenen Daten nach Maßgabe der Vorschriften erfasst werden, die in der Geschäftsordnung der EUStA festzulegen sind;

e) er arbeitet mit dem für Verfahren, Schulung und Beratung im Bereich der Datenverarbeitung zuständigen Personal der EUStA zusammen;

f) er arbeitet mit dem Europäischen Datenschutzbeauftragten zusammen;

g) er gewährleistet, dass die betroffenen Personen über ihre Rechte gemäß dieser Verordnung unterrichtet sind;

h) er fungiert als Anlaufstelle für den Europäischen Datenschutzbeauftragten in mit der Verarbeitung zusammenhängenden Fragen, einschließlich der vorherigen Konsultation gemäß Artikel 72, und leistet gegebenenfalls Beratung zu allen sonstigen Fragen;

i) er erstellt einen Jahresbericht und übermittelt diesen dem Europäischen Generalstaatsanwalt und dem Europäischen Datenschutzbeauftragten.

(2) Der Datenschutzbeauftragte nimmt in Bezug auf verwaltungstechnische personenbezogene Daten die in der Verordnung (EG) Nr. 45/2001 aufgeführten Aufgaben wahr.

(3) Der Datenschutzbeauftragte und die Bediensteten der EUStA, die den Datenschutzbeauftragten bei der Wahrnehmung seiner Aufgaben unterstützen, haben Zugang zu den von der EUStA verarbeiteten personenbezogenen Daten und zu ihren Räumlichkeiten, soweit dies zur Erfüllung ihrer Aufgaben erforderlich ist.

(4) Ist der Datenschutzbeauftragte der Auffassung, dass die Bestimmungen der Verordnung (EG) Nr. 45/2001 über die Verarbeitung verwaltungstechnischer personenbezogener Daten oder die Bestimmungen der vorliegenden Verordnung über die Verarbeitung operativer personenbezogener Daten nicht eingehalten wurden, so unterrichtet er den Europäischen Generalstaatsanwalt und ersucht diesen, innerhalb einer bestimmten Frist Abhilfe zu schaffen. Sorgt der Europäische Generalstaatsanwalt nicht innerhalb der vorgegebenen Frist für Abhilfe, so befasst der Datenschutzbeauftragte den Europäischen Datenschutzbeauftragten.

Artikel 80
Allgemeine Grundsätze für die Übermittlung operativer personenbezogener Daten

(1) Die EUStA darf operative personenbezogene Daten unter Einhaltung der übrigen Bestimmungen dieser Verordnung, insbesondere Artikel 53, an ein Drittland oder an eine internationale Organisation nur übermitteln, wenn die Bedingungen gemäß den Artikeln 80 bis 83 eingehalten werden, nämlich

a) die Übermittlung für die Erfüllung der Aufgaben der EUStA erforderlich ist;

b) die operativen personenbezogenen Daten an einen Verantwortlichen in einem Drittland oder einer internationalen Organisation, die eine für die Zwecke von Artikel 104 zuständige Behörde ist, übermittelt werden;

c) in Fällen, in denen gemäß diesem Artikel zu übermittelnde operative personenbezogene Daten von einem Mitgliedstaat der Europäischen Union an die EUStA übermittelt oder zur Verfügung gestellt wurden, die EUStA die vorherige Genehmigung für die Übermittlung von der jeweils zuständigen Behörde des Mitgliedstaats der Europäischen Union gemäß dessen nationalem Recht erhält, sofern dieser Mitgliedstaat der Europäischen Union nicht die Genehmigung solcher Übermittlungen allgemein oder unter bestimmten Bedingungen erteilt hat;

d) die Kommission gemäß Artikel 81 beschlossen hat, dass das betreffende Drittland oder die betreffende internationale Organisation ein angemessenes Schutzniveau bietet oder, wenn kein solcher Angemessenheitsbeschluss vorliegt, geeignete Garantien im Sinne des Artikels 82 erbracht werden oder bestehen oder, wenn weder ein Angemessenheitsbeschluss vorliegt noch derartige geeignete Garantien bestehen, Ausnahmen für bestimmte Fälle gemäß Artikel 83 anwendbar sind, und

e) im Fall der Weiterübermittlung an ein anderes Drittland oder eine andere internationale Organisation durch ein Drittland oder eine internationale Organisation die EUStA das Drittland oder die internationale Organisation verpflichtet, für die Weiterübermittlung bei ihr eine vorherige Genehmigung einzuholen, welche die EUStA nur nach gebührender Berücksichtigung sämtlicher maßgeblicher Faktoren, einschließlich der Schwere der Straftat, des Zwecks der ursprünglichen Übermittlung operativer personenbezogener Daten und des Schutzniveaus für personenbezogene Daten in dem Drittland oder der internationalen Organisation, an das bzw. die operative personenbezogene Daten weiterübermittelt werden, erteilen darf.

(2) Die EUStA darf operative personenbezogene Daten nur dann ohne vorherige Genehmigung durch einen Mitgliedstaat der Europäischen Union

gemäß Absatz 1 Buchstabe c übermitteln, wenn die Übermittlung der operativen personenbezogenen Daten erforderlich ist, um eine unmittelbare und ernsthafte Gefahr für die öffentliche Sicherheit eines Mitgliedstaats der Europäischen Union oder eines Drittlands oder für die wesentlichen Interessen eines Mitgliedstaats der Europäischen Union abzuwehren, und die vorherige Genehmigung nicht rechtzeitig eingeholt werden kann. Die Behörde, die für die Erteilung der vorherigen Genehmigung zuständig ist, wird unverzüglich unterrichtet.

(3) Die Übermittlung von der EUStA erhaltener operativer personenbezogener Daten an ein Drittland oder eine internationale Organisation durch einen Mitgliedstaat der Europäischen Union oder ein Organ, eine Einrichtung oder eine sonstige Stelle der Union ist unzulässig. Das gilt nicht für Fälle, in denen die EUStA nach gebührender Berücksichtigung sämtlicher maßgeblicher Faktoren, einschließlich der Schwere der Straftat, des Zwecks der ursprünglichen Übermittlung operativer personenbezogener Daten und des Schutzniveaus für personenbezogene Daten in dem Drittland oder der internationalen Organisation, an das bzw. die operative personenbezogene Daten übermittelt werden, eine solche Übermittlung genehmigt hat. Diese Verpflichtung zur Einholung der vorherigen Genehmigung der EUStA gilt nicht in Fällen, die gemäß Artikel 34 an die zuständigen nationalen Behörden verwiesen wurden.

(4) Die Artikel 80 bis 83 sind anzuwenden, um sicherzustellen, dass das durch diese Verordnung und das Unionsrecht gewährleistete Schutzniveau für natürliche Personen nicht untergraben wird.

Artikel 81

Datenübermittlung auf der Grundlage eines Angemessenheitsbeschlusses

Die EUStA darf operative personenbezogene Daten an ein Drittland oder eine internationale Organisation übermitteln, wenn die Kommission gemäß Artikel 36 der Richtlinie (EU) 2016/680 beschlossen hat, dass das betreffende Drittland, ein Gebiet oder ein oder mehrere spezifische Sektoren in diesem Drittland oder die betreffende internationale Organisation ein angemessenes Schutzniveau bietet.

Artikel 82

Datenübermittlung vorbehaltlich geeigneter Garantien

(1) Liegt kein Angemessenheitsbeschluss vor, so darf die EUStA operative personenbezogene Daten an ein Drittland oder eine internationale Organisation übermitteln, wenn

a) in einem rechtsverbindlichen Instrument geeignete Garantien für den Schutz operativer personenbezogener Daten vorgesehen sind oder

b) die EUStA alle Umstände beurteilt hat, die bei der Übermittlung operativer personenbezogener Daten eine Rolle spielen, und zu der Auffassung gelangt ist, dass geeignete Garantien zum Schutz operativer personenbezogener Daten bestehen.

(2) Die EUStA unterrichtet den Europäischen Datenschutzbeauftragten über Kategorien von Übermittlungen gemäß Absatz 1 Buchstabe b.

(3) Übermittlungen gemäß Absatz 1 Buchstabe b werden dokumentiert, und die Dokumentation, einschließlich Datum und Zeitpunkt der Übermittlung sowie Informationen über die empfangende zuständige Behörde, über die Begründung der Übermittlung und über die übermittelten operativen personenbezogenen Daten, wird dem Europäischen Datenschutzbeauftragten auf Anforderung zur Verfügung gestellt.

Artikel 83

Ausnahmen für bestimmte Fälle

(1) Falls weder ein Angemessenheitsbeschluss vorliegt noch geeignete Garantien nach Artikel 82 bestehen, darf die EUStA operative personenbezogene Daten an ein Drittland oder an eine internationale Organisation nur übermitteln, wenn die Übermittlung aus einem der folgenden Gründe erforderlich ist:

a) zum Schutz lebenswichtiger Interessen der betroffenen Person oder einer anderen Person;

b) zur Wahrung berechtigter Interessen der betroffenen Person;

c) zur Abwehr einer unmittelbaren und ernsthaften Gefahr für die öffentliche Sicherheit eines Mitgliedstaats der Europäischen Union oder eines Drittlands oder

d) in Einzelfällen zur Erfüllung der Aufgaben der EUStA, sofern nicht die EUStA feststellt, dass die Grundrechte und Grundfreiheiten der betroffenen Person das öffentliche Interesse an der Übermittlung überwiegen.

(2) Übermittlungen gemäß Absatz 1 werden dokumentiert, und die Dokumentation, einschließlich Datum und Zeitpunkt der Übermittlung sowie Informationen über die empfangende zuständige Behörde, über die Begründung der Übermittlung und über die übermittelten operativen personenbezogenen Daten, wird dem Europäischen Datenschutzbeauftragten auf Anforderung zur Verfügung gestellt.

Artikel 84
Übermittlung operativer personenbezogener Daten an in Drittländern niedergelassene Empfänger

(1) Abweichend von Artikel 80 Absatz 1 Buchstabe b und unbeschadet der in Absatz 2 dieses Artikels genannten internationalen Übereinkünfte darf die EUStA im speziellen Einzelfall nur dann operative personenbezogene Daten direkt an in Drittländern niedergelassene Empfänger übermitteln, wenn die übrigen Bestimmungen dieses Kapitels eingehalten werden und alle der folgende Voraussetzungen gegeben sind:

a) Die Übermittlung ist für die Ausübung ihrer Aufgaben gemäß dieser Verordnung für die in Artikel 49 Absatz 1 genannten Zwecke unbedingt erforderlich;

b) die EUStA stellt fest, dass im konkreten Fall keine Grundrechte und Grundfreiheiten der betroffenen Person das öffentliche Interesse an einer Übermittlung überwiegen;

c) die EUStA hält die Übermittlung an eine für die in Artikel 49 Absatz 1 genannten Zwecke zuständige Behörde in dem Drittland für wirkungslos oder ungeeignet, insbesondere weil die Übermittlung nicht rechtzeitig durchgeführt werden kann;

d) die für die in Artikel 49 Absatz 1 genannten Zwecke zuständige Behörde in dem Drittland wird unverzüglich unterrichtet, es sei denn, dies ist wirkungslos oder ungeeignet, und

e) die EUStA teilt dem Empfänger den festgelegten Zweck oder die festgelegten Zwecke mit, für die die operativen personenbezogenen Daten nur dann durch diesen verarbeitet werden dürfen, wenn eine derartige Verarbeitung erforderlich ist.

(2) Eine internationale Übereinkunft im Sinne des Absatzes 1 ist jede in Kraft befindliche bilaterale oder multilaterale internationale Übereinkunft zwischen der Europäischen Union und Drittländern im Bereich der justiziellen Zusammenarbeit in Strafsachen und der polizeilichen Zusammenarbeit.

(3) Übermittlungen gemäß Absatz 1 werden dokumentiert, und die Dokumentation, einschließlich Datum und Zeitpunkt der Übermittlung sowie Informationen über die empfangende zuständige Behörde, über die Begründung der Übermittlung und über die übermittelten operativen personenbezogenen Daten, werden dem Europäischen Datenschutzbeauftragten auf Anforderung zur Verfügung gestellt.

Artikel 85
Kontrolle durch den Europäischen Datenschutzbeauftragten

(1) Der Europäische Datenschutzbeauftragte ist zuständig für die Überwachung und Gewährleistung der Anwendung der Bestimmungen dieser Verordnung zum Schutz der Grundrechte und Grundfreiheiten natürlicher Personen bei der Verarbeitung operativer personenbezogener Daten durch die EUStA sowie für die Beratung der EUStA und der betroffenen Personen in allen die Verarbeitung operativer personenbezogener Daten betreffenden Angelegenheiten. Zu diesem Zweck erfüllt der Europäische Datenschutzbeauftragte die in Absatz 2 dieses Artikels genannten Aufgaben, übt die in Absatz 3 dieses Artikels gewährten Befugnisse aus und arbeitet mit den nationalen Aufsichtsbehörden gemäß Artikel 87 zusammen.

(2) Der Europäische Datenschutzbeauftragte hat im Rahmen dieser Verordnung folgende Aufgaben:

a) Er hört und prüft Beschwerden und unterrichtet die betroffene Person innerhalb einer angemessenen Frist über die Ergebnisse seiner Prüfung;

b) er führt von sich aus oder aufgrund einer Beschwerde Untersuchungen durch und unterrichtet die betroffenen Personen innerhalb einer angemessenen Frist über die Ergebnisse seiner Untersuchungen;

c) er kontrolliert und gewährleistet die Anwendung der Bestimmungen dieser Verordnung, die den Schutz natürlicher Personen bei der Verarbeitung operativer personenbezogener Daten durch die EUStA betreffen;

d) er berät die EUStA von sich aus oder im Rahmen einer Konsultation in allen Fragen, die die Verarbeitung operativer personenbezogener Daten betreffen, insbesondere bevor die EUStA interne Vorschriften in Bezug auf den Schutz der Grundrechte und Grundfreiheiten von Personen bei der Verarbeitung operativer personenbezogener Daten ausarbeitet.

(3) Der Europäische Datenschutzbeauftragte kann im Rahmen dieser Verordnung

a) betroffene Personen bei der Ausübung ihrer Rechte beraten;

b) bei einem behaupteten Verstoß gegen die Bestimmungen für die Verarbeitung operativer personenbezogener Daten die EUStA mit der Angelegenheit befassen und gegebenenfalls Vorschläge zur Behebung dieses Verstoßes und zur Verbesserung des Schutzes der betroffenen Personen machen;

c) die EUStA konsultieren, wenn Anträge auf Ausübung bestimmter Rechte in Bezug auf operative personenbezogene Daten unter Verstoß gegen die Artikel 56 bis 62 abgelehnt wurden;

d) die EUStA mit der Angelegenheit befassen;

e) die EUStA anweisen, die Berichtigung, Einschränkung oder Löschung aller operativen personenbezogenen Daten, die unter Verletzung der Bestimmungen für die Verarbeitung operativer personenbezogener Daten durch die EUStA verarbeitet wurden, und die Mitteilung solcher

Maßnahmen an Dritte, gegenüber denen die Daten offengelegt wurden, vorzunehmen, vorausgesetzt, die Ermittlungen und Strafverfolgungsmaßnahmen der EUStA werden dadurch nicht beeinträchtigt;

f) unter den in den Verträgen festgelegten Bedingungen den Gerichtshof anrufen;

g) beim Gerichtshof anhängigen Verfahren beitreten.

(4) Der Europäische Datenschutzbeauftragte hat Zugang zu den von der EUStA verarbeiteten operativen personenbezogenen Daten und zu ihren Räumlichkeiten, soweit dies zur Erfüllung seiner Aufgaben erforderlich ist.

(5) Der Europäische Datenschutzbeauftragte erstellt einen jährlichen Bericht über seine die EUStA betreffenden Kontrolltätigkeiten.

Artikel 86
Verschwiegenheitspflicht des Europäischen Datenschutzbeauftragten

Der Europäische Datenschutzbeauftragte und sein Personal sind während ihrer Amtszeit und auch nach deren Beendigung verpflichtet, über alle vertraulichen Informationen, die ihnen bei der Wahrnehmung ihrer Amtspflichten bekannt geworden sind, Verschwiegenheit zu bewahren.

Artikel 87
Zusammenarbeit zwischen dem Europäischen Datenschutzbeauftragten und den nationalen Aufsichtsbehörden

(1) Der Europäische Datenschutzbeauftragte arbeitet bei speziellen Fragen, die eine Einbeziehung der nationalen Ebene erfordern, vor allem wenn der Europäische Datenschutzbeauftragte oder eine nationale Aufsichtsbehörde größere Diskrepanzen zwischen den Verfahrensweisen der Mitgliedstaaten der Europäischen Union feststellt oder möglicherweise unrechtmäßige Übermittlungen über die Kommunikationskanäle der EUStA bemerkt, oder bei Fragen einer oder mehrerer nationaler Aufsichtsbehörden zur Durchführung und Auslegung dieser Verordnung eng mit den nationalen Aufsichtsbehörden zusammen.

(2) In den in Absatz 1 genannten Fällen können der Europäische Datenschutzbeauftragte und die für die Überwachung des Datenschutzes zuständigen nationalen Aufsichtsbehörden im Rahmen ihrer jeweiligen Zuständigkeiten einschlägige Informationen austauschen und sich gegenseitig bei Überprüfungen und Inspektionen unterstützen, Schwierigkeiten bei der Auslegung oder Anwendung dieser Verordnung prüfen, Probleme bei der Wahrnehmung der unabhängigen Kontrolle oder der Ausübung der Rechte betroffener Personen untersuchen, harmonisierte Vorschläge im Hinblick auf gemeinsame Lösungen für etwaige Probleme ausarbeiten und erforderlichenfalls die Sensibilisierung für die Datenschutzrechte fördern.

(3) Der mit der Verordnung (EU) 2016/679 eingerichtete Europäische Datenschutzausschuss nimmt auch die in Artikel 51 der Richtlinie (EU) 2016/680 festgelegten Aufgaben in Bezug auf die von dieser Verordnung erfassten Angelegenheiten, insbesondere die in den Absätzen 1 und 2 dieses Artikels genannten Angelegenheiten, wahr.

Artikel 88
Recht auf Beschwerde beim Europäischen Datenschutzbeauftragten

(1) Jede betroffene Person hat das Recht auf Beschwerde beim Europäischen Datenschutzbeauftragten, wenn sie der Ansicht ist, dass die Verarbeitung der sie betreffenden operativen personenbezogenen Daten durch die EUStA gegen diese Verordnung verstößt.

(2) Der Europäische Datenschutzbeauftragte unterrichtet die betroffene Person über den Bearbeitungsstand und das Ergebnis der Beschwerde einschließlich der Möglichkeit eines gerichtlichen Rechtsbehelfs nach Artikel 89.

Artikel 89
Recht auf gerichtliche Nachprüfung der Entscheidungen des Europäischen Datenschutzbeauftragten

Gegen Entscheidungen des Europäischen Datenschutzbeauftragten kann Klage beim Gerichtshof erhoben werden.

KAPITEL IX
FINANZ- UND PERSONALBESTIMMUNGEN

ABSCHNITT 1
Finanzbestimmungen

Artikel 90
Finanzakteure

(1) Der Europäische Generalstaatsanwalt ist dafür zuständig, Beschlüsse zur Aufstellung des Haushaltsplans auszuarbeiten und sie dem Kollegium zur Annahme vorzulegen.

(2) Der Verwaltungsdirektor ist als Anweisungsbefugter für die Ausführung des Haushaltsplans der EUStA zuständig.

Artikel 91
Haushalt

(1) Der Europäische Generalstaatsanwalt nimmt auf Grundlage eines vom Verwaltungsdirektor erstellten Vorschlags einen Voranschlag der Einnahmen und Ausgaben der EUStA für jedes Haushaltsjahr vor; das Haushaltsjahr fällt mit dem Kalenderjahr zusammen. Dieser Voranschlag wird im Haushaltsplan der EUStA ausgewiesen.

(2) Der Haushalt der EUStA muss in Bezug auf Einnahmen und Ausgaben ausgeglichen sein.

(3) Unbeschadet anderer Finanzmittel umfassen die Einnahmen der EUStA

a) einen Beitrag der Union aus dem Gesamthaushaltsplan der Union, vorbehaltlich der Absätze 7 und 8,

b) Vergütungen für Veröffentlichungen oder sonstige Leistungen der EUStA.

(4) Die Ausgaben der EUStA umfassen die Bezüge des Europäischen Generalstaatsanwalts, der Europäischen Staatsanwälte, der Delegierten Europäischen Staatsanwälte, des Verwaltungsdirektors und des Personals der EUStA, die Verwaltungs- und Infrastrukturausgaben sowie die operativen Ausgaben.

(5) Werden die Delegierten Europäischen Staatsanwälte im Rahmen der EUStA tätig, so gelten die den Delegierten Europäischen Staatsanwälten bei der Durchführung dieser Tätigkeit entstehenden einschlägigen Ausgaben als operative Ausgaben der EUStA

Zu den operativen Ausgaben der EUStA gehören grundsätzlich nicht Kosten, die im Zusammenhang mit von den zuständigen nationalen Behörden durchgeführten Ermittlungsmaßnahmen oder Kosten der Prozesskostenhilfe entstehen. Sie umfassen jedoch – im Rahmen des Haushaltsplans der EUStA – bestimmte Kosten im Zusammenhang mit ihrer Ermittlungs- und Strafverfolgungstätigkeit gemäß Absatz 6.

Die operativen Ausgaben umfassen auch die Kosten für die Einrichtung eines Fallbearbeitungssystems, Fortbildung, Dienstreisen und Übersetzungen, die für die interne Arbeit der EUStA erforderlich sind, wie beispielsweise Übersetzungen für die Ständige Kammer.

(6) Wird eine mit außergewöhnlich hohen Kosten verbundene Ermittlungsmaßnahme im Auftrag der EUStA durchgeführt, so können die Delegierten Europäischen Staatsanwälte von sich aus oder auf begründeten Antrag der zuständigen nationalen Behörden die Ständige Kammer zu der Frage konsultieren, ob die Kosten dieser Ermittlungsmaßnahme teilweise von der EUStA getragen werden könnten. Diese Konsultationen dürfen die Ermittlungen nicht verzögern.

Die Ständige Kammer kann dann nach Konsultation des Verwaltungsdirektors und auf der Grundlage der Verhältnismäßigkeit der unter besonderen Umständen durchgeführten Maßnahme und des außerordentlichen Charakters der mit ihr verbundenen Kosten beschließen, den Antrag gemäß den in der Geschäftsordnung der EUStA festzulegenden Bestimmungen über die Bewertung dieser Kriterien anzunehmen oder abzulehnen. Der Verwaltungsdirektor entscheidet anschließend auf der Grundlage der verfügbaren Finanzmittel über die Höhe der zu gewährenden Finanzhilfe. Er unterrichtet den betrauten Delegierten Europäischen Staatsanwalt unverzüglich von seiner Entscheidung über die Höhe des Betrags.

(7) Gemäß Artikel 332 AEUV gehen die in den Absätzen 4 und 5 des vorliegenden Artikels bezeichneten Ausgaben der EUStA zulasten der Mitgliedstaaten. Die Mitgliedstaaten der Europäischen Union, die nicht an der Verstärkten Zusammenarbeit zur Errichtung der EUStA teilnehmen, haben Anspruch auf eine Angleichung gemäß Artikel 11 der Verordnung (EU, Euratom) Nr. 609/2014 des Rates[1)].

(8) Absatz 7 gilt nicht für die Verwaltungskosten, die im Zuge der Durchführung der Verstärkten Zusammenarbeit zur Errichtung der EUStA bei den Organen der Union anfallen.

Artikel 92
Aufstellung des Haushaltsplans

(1) Der Europäische Generalstaatsanwalt stellt jedes Jahr auf Grundlage eines vom Verwaltungsdirektor erstellten Vorschlags einen vorläufigen Entwurf des Voranschlags der Einnahmen und Ausgaben der EUStA für das folgende Haushaltsjahr auf. Der Europäische Generalstaatsanwalt übermittelt dem Kollegium den vorläufigen Entwurf des Voranschlags zur Annahme.

(2) Der vorläufige Entwurf des Voranschlags der Einnahmen und Ausgaben der EUStA wird der Kommission jährlich bis zum 31. Januar übermittelt. Einen endgültigen Entwurf des Voranschlags samt einem Entwurf des Stellenplans übermittelt die EUStA der Kommission jährlich bis zum 31. März.

(3) Die Kommission übermittelt den Voranschlag zusammen mit dem Entwurf des Gesamthaushaltsplans der Union dem Europäischen Parlament und dem Rat (im Folgenden „Haushaltsbehörde").

(4) Auf der Grundlage des Voranschlags setzt die Kommission die von ihr für erforderlich erachteten Mittelansätze für den Stellenplan und den Betrag des Beitrags aus dem Gesamthaushaltsplan

[1)] Verordnung (EU, Euratom) Nr. 609/2014 des Rates vom 26. Mai 2014 zur Festlegung der Methoden und Verfahren für die Bereitstellung der traditionellen, der MwSt- und der BNE-Eigenmittel sowie der Maßnahmen zur Bereitstellung der erforderlichen Kassenmittel (ABl. L 168 vom 7.6.2014, S. 39).

in den Entwurf des Gesamthaushaltsplans der Union ein, den sie gemäß den Artikeln 313 und 314 AEUV der Haushaltsbehörde vorlegt.

(5) Die Haushaltsbehörde bewilligt die Mittel für den Beitrag aus dem Gesamthaushaltsplan der Union zur EUStA.

(6) Die Haushaltsbehörde genehmigt den Stellenplan der EUStA.

(7) Der Haushaltsplan der EUStA wird auf Vorschlag des Europäischen Generalstaatsanwalts vom Kollegium festgestellt. Er wird endgültig, wenn der Gesamthaushaltsplan der Union endgültig festgestellt ist. Erforderlichenfalls wird er gemäß demselben Verfahren wie für die Feststellung des ursprünglichen Haushaltsplans angepasst.

(8) Für Immobilienprojekte, die voraussichtlich erhebliche Auswirkungen auf den Haushalt der EUStA haben, gilt Artikel 88 der Delegierten Verordnung (EU) Nr. 1271/2013 der Kommission[1)].

Artikel 93
Ausführung des Haushaltsplans

(1) Der Verwaltungsdirektor führt in seiner Eigenschaft als Anweisungsbefugter der EUStA deren Haushaltsplan eigenverantwortlich und im Rahmen der im Haushaltsplan bewilligten Mittel aus.

(2) Der Verwaltungsdirektor übermittelt der Haushaltsbehörde jährlich alle einschlägigen Informationen zu den Ergebnissen aller Bewertungsverfahren.

Artikel 94
Rechnungslegung und Entlastung

(1) Der Rechnungsführer der EUStA übermittelt dem Rechnungsführer der Kommission und dem Rechnungshof für das laufende Haushaltsjahr (Jahr n) bis zum 1. März des folgenden Haushaltsjahres (Jahr n+1) die vorläufigen Rechnungsabschlüsse.

(2) Die EUStA sendet dem Europäischen Parlament, dem Rat und dem Rechnungshof bis zum 31. März des folgenden Haushaltsjahres den Bericht über die Haushaltsführung und das Finanzmanagement zu.

(3) Der Rechnungsführer der Kommission übermittelt dem Rechnungshof bis zum 31. März des folgenden Haushaltsjahres die mit den Rechnungsabschlüssen der Kommission konsolidierten vorläufigen Rechnungsabschlüsse der EUStA.

(4) Gemäß Artikel 148 Absatz 1 der Verordnung (EU, Euratom) Nr. 966/2012 legt der Rechnungshof spätestens bis zum 1. Juni des folgenden Haushaltsjahres seine Bemerkungen zu den vorläufigen Rechnungsabschlüssen der EUStA vor.

(5) Nach Eingang der Bemerkungen des Rechnungshofs zu den vorläufigen Rechnungsabschlüssen der EUStA gemäß Artikel 148 der Verordnung (EU, Euratom) Nr. 966/2012 erstellt der Rechnungsführer der EUStA eigenverantwortlich deren endgültige Rechnungsabschlüsse und legt sie dem Kollegium zur Stellungnahme vor.

(6) Der Rechnungsführer der EUStA übermittelt die endgültigen Rechnungsabschlüsse zusammen mit der in Absatz 5 genannten Stellungnahme des Kollegiums bis zum 1. Juli des folgenden Haushaltsjahres dem Europäischen Parlament, dem Rat, der Kommission und dem Rechnungshof.

(7) Die endgültigen Rechnungsabschlüsse der EUStA werden bis zum 15. November des auf das jeweilige Haushaltsjahr folgenden Jahres im *Amtsblatt der Europäischen Union* veröffentlicht.

(8) Der Verwaltungsdirektor übermittelt dem Rechnungshof spätestens am 30. September des auf das jeweilige Haushaltsjahr folgenden Jahres eine Antwort auf dessen Bemerkungen. Der Verwaltungsdirektor übermittelt die Antwort auch der Kommission.

(9) Der Verwaltungsdirektor unterbreitet dem Europäischen Parlament auf dessen Anfrage gemäß Artikel 109 Absatz 3 der Delegierten Verordnung (EU) Nr. 1271/2013 alle Informationen, die für eine ordnungsgemäße Abwicklung des Entlastungsverfahrens für das betreffende Haushaltsjahr erforderlich sind.

(10) Auf Empfehlung des Rates, der mit qualifizierter Mehrheit beschließt, erteilt das Europäische Parlament dem Verwaltungsdirektor vor dem 15. Mai des Jahres n+2 Entlastung zur Ausführung des Haushaltsplans für das Jahr n.

Artikel 95

Finanzregelung

Der Europäische Generalstaatsanwalt erstellt auf Grundlage eines Vorschlags des Verwaltungsdirektors den Entwurf der Finanzregelung für die EUStA. Die Finanzregelung wird vom Kollegium nach Anhörung der Kommission erlassen. Die Finanzregelung weicht nur von der in der Delegierten Verordnung (EU) Nr. 1271/2013 enthaltenen Finanzregelung ab, wenn dies für den Betrieb der EUStA erforderlich ist und die Kommission vorher ihre Zustimmung erteilt hat.

[1)] Delegierte Verordnung (EU) Nr. 1271/2013 der Kommission vom 30. September 2013 über die Rahmenfinanzregelung für Einrichtungen gemäß Artikel 208 der Verordnung (EU, Euratom) Nr. 966/2012 des Europäischen Parlaments und des Rates (ABl. L 328 vom 7.12.2013, S. 42).

ABSCHNITT 2
Personalbestimmungen

Artikel 96
Allgemeine Bestimmungen

(1) Für den Europäischen Generalstaatsanwalt und die Europäischen Staatsanwälte, die Delegierten Europäischen Staatsanwälte, den Verwaltungsdirektor und das Personal der EUStA gelten das Statut und die Beschäftigungsbedingungen sowie die diesbezüglichen Durchführungsregelungen, die die Organe der Union im gegenseitigen Einvernehmen erlassen haben, sofern diese Verordnung nichts anderes vorsieht.

Der Europäische Generalstaatsanwalt und die Europäischen Staatsanwälte werden nach Artikel 2 Buchstabe a der Beschäftigungsbedingungen als Bedienstete auf Zeit von der EUStA eingestellt.

(2) Das Personal der EUStA wird gemäß den Vorschriften und Regelungen für die Beamten und sonstigen Bediensteten der Europäischen Union eingestellt.

(3) Die Befugnisse, die der Anstellungsbehörde durch das Statut und die Beschäftigungsbedingungen zum Abschluss von Dienstverträgen übertragen wurden, werden vom Kollegium ausgeübt. Das Kollegium kann dem Verwaltungsdirektor diese Befugnisse in Bezug auf das Personal der EUStA übertragen. Die in diesem Absatz erwähnte Übertragung von Befugnissen betrifft nicht den Europäischen Generalstaatsanwalt, die Europäischen Staatsanwälte, die Delegierten Europäischen Staatsanwälte oder den Verwaltungsdirektor.

(4) Das Kollegium erlässt im Einklang mit Artikel 110 des Statuts geeignete Bestimmungen zur Durchführung des Statuts der Beamten und der Beschäftigungsbedingungen. Das Kollegium nimmt im Rahmen des Programmdokuments auch einen Personalausstattungsplan an.

(5) Das Protokoll über die Vorrechte und Befreiungen der Europäischen Union findet auf die EUStA und ihr Personal Anwendung.

(6) Die Delegierten Europäischen Staatsanwälte werden als Sonderberater gemäß den Artikeln 5, 123 und 124 der Beschäftigungsbedingungen eingestellt. Die zuständigen nationalen Behörden erleichtern den Delegierten Europäischen Staatsanwälten die Wahrnehmung ihrer Aufgaben gemäß dieser Verordnung und sehen von Handlungen und politischen Maßnahmen ab, die sich nachteilig auf ihre Laufbahn oder ihren Status im nationalen Strafverfolgungssystem auswirken könnten. Insbesondere stellen die zuständigen nationalen Behörden den Delegierten Europäischen Staatsanwälten die Ressourcen und die Ausrüstung zur Verfügung, die sie für die Wahrnehmung ihrer Aufgaben gemäß dieser Verordnung benötigen, und tragen dafür Sorge, dass sie vollständig in die nationalen Strafverfolgungsbehörden eingebunden werden. Es wird sichergestellt, dass angemessene Regelungen bestehen, damit die im nationalen System gewährten Rechte der Delegierten Europäischen Staatsanwälte in Bezug auf soziale Sicherheit, Altersversorgung und Versicherung beibehalten werden. Zudem wird sichergestellt, dass die Gesamtvergütung eines Delegierten Europäischen Staatsanwalts nicht geringer ausfällt, als die Vergütung, die er bekommen hätte, wenn er lediglich nationaler Staatsanwalt geblieben wäre. Die allgemeinen Arbeitsbedingungen und das Arbeitsumfeld der Delegierten Europäischen Staatsanwälte fallen in den Verantwortungsbereich der zuständigen nationalen Justizbehörden.

(7) Die Europäischen Staatsanwälte und die Delegierten Europäischen Staatsanwälte dürfen bei der Ausübung ihrer Ermittlungs- und Strafverfolgungsbefugnisse keine anderen als die in Artikel 6 ausdrücklich vorgesehenen Anordnungen, Leitlinien oder Weisungen entgegennehmen.

Artikel 97
Zeitbedienstete und Vertragsbedienstete

(1) Den nach Artikel 2 Buchstabe a der Beschäftigungsbedingungen bei den Organen, Einrichtungen oder sonstigen Stellen der Union beschäftigten Zeitbediensteten, die von der EUStA mit einem spätestens binnen einen Jahres, nachdem die EUStA gemäß dem in Artikel 120 Absatz 2 genannten Beschluss ihre Tätigkeit aufgenommen hat, geschlossenen Vertrag eingestellt werden, werden Verträge gemäß Artikel 2 Buchstabe f der Beschäftigungsbedingungen angeboten, wobei alle anderen Vertragsbedingungen unverändert bleiben; dies gilt unbeschadet der Notwendigkeit, den aus den Beschäftigungsbedingungen erwachsenden Verpflichtungen nachzukommen. Die gesamte Beschäftigungszeit dieser Zeitbediensteten gilt als in der EUStA abgeleistet.

(2) Den nach Artikel 3a oder 3b der Beschäftigungsbedingungen bei den Organen der Union beschäftigten Vertragsbediensteten, die von der EUStA mit einem spätestens binnen einen Jahres, nachdem die EUStA gemäß dem in Artikel 120 Absatz 2 genannten Beschluss ihre Tätigkeit aufgenommen hat, geschlossenen Vertrag eingestellt werden, werden Verträge gemäß Artikel 3a der Beschäftigungsbedingungen angeboten, wobei alle anderen Vertragsbedingungen unverändert bleiben. Die gesamte Beschäftigungszeit dieser Vertragsbediensteten gilt als in der EUStA abgeleistet.

(3) Den nach Artikel 2 Buchstabe f der Beschäftigungsbedingungen bei den Einrichtungen oder sonstigen Stellen der Union beschäftigten Zeitbediensteten und den nach Artikel 3a der Beschäftigungsbedingungen bei den Einrichtungen oder

sonstigen Stellen der Union beschäftigten Vertragsbediensteten, die von der EUStA mit einem spätestens binnen einen Jahres, nachdem die EUStA gemäß dem in Artikel 120 Absatz 2 genannten Beschluss ihre Tätigkeit aufgenommen hat, geschlossenen Vertrag eingestellt werden, werden Verträge unter den gleichen Bedingungen angeboten. Die gesamte Beschäftigungszeit dieser Bediensteten gilt als in der EUStA abgeleistet.

Artikel 98
Abgeordnete nationale Sachverständige und andere Bedienstete

(1) Die EUStA kann zusätzlich zu ihrem eigenen Personal auch auf abgeordnete nationale Sachverständige oder sonstige Personen zurückgreifen, die ihr zur Verfügung gestellt werden, aber nicht bei ihr beschäftigt sind. Bei der Wahrnehmung von Aufgaben im Zusammenhang mit den Funktionen der EUStA sind die abgeordneten nationalen Sachverständigen dem Europäischen Generalstaatsanwalt unterstellt.

(2) Das Kollegium beschließt eine Regelung für zur EUStA abgeordnete nationale Sachverständige und sonstige Personen, die ihr zur Verfügung gestellt werden, aber nicht bei ihr beschäftigt sind.

KAPITEL X
BESTIMMUNGEN ÜBER DIE BEZIEHUNGEN DER EUStA ZU IHREN PARTNERN

Artikel 99
Gemeinsame Bestimmungen

(1) Soweit dies zur Erfüllung ihrer Aufgaben erforderlich ist, kann die EUStA Kooperationsbeziehungen zu Organen, Einrichtungen und sonstigen Stellen der Union im Einklang mit deren jeweiligen Zielen und zu den Behörden der Mitgliedstaaten der Europäischen Union, die nicht an der Verstärkten Zusammenarbeit zur Errichtung der EUStA teilnehmen, sowie zu den Behörden von Drittländern und internationalen Organisationen herstellen und unterhalten.

(2) Soweit dies für die Erfüllung ihrer Aufgaben relevant ist, kann die EUStA unter Beachtung des Artikels 111 mit den in Absatz 1 des vorliegenden Artikels genannten Stellen direkt sämtliche Informationen austauschen, sofern diese Verordnung nichts anderes vorsieht.

(3) Für die Zwecke der Absätze 1 und 2 kann die EUStA Arbeitsvereinbarungen mit den in Absatz 1 genannten Stellen schließen. Diese Arbeitsvereinbarungen sind technischer und/oder operativer Art und dienen insbesondere dazu, die Zusammenarbeit und den Informationsaustausch zwischen den Parteien der betreffenden Vereinbarung zu erleichtern. Die Arbeitsvereinbarungen dürfen weder die Grundlage für den Austausch personenbezogener Daten bilden noch rechtlich bindende Wirkungen für die Union oder ihre Mitgliedstaaten entfalten.

Artikel 100
Beziehungen zu Eurojust

(1) Die EUStA knüpft und unterhält eine enge Beziehung zu Eurojust, die auf einer gegenseitigen Zusammenarbeit im Rahmen ihrer jeweiligen Aufgabenbereiche und auf der Entwicklung von Verbindungen auf operativer, Verwaltungs- und Managementebene zwischen ihnen gemäß den Vorgaben dieses Artikels beruht. Zu diesem Zweck kommen der Europäische Generalstaatsanwalt und der Präsident von Eurojust regelmäßig zusammen, um Fragen von gemeinsamem Interesse zu erörtern.

(2) In operativen Fragen kann die EUStA Eurojust an ihrer Tätigkeit im Zusammenhang mit grenzschreitenden Fällen beteiligen, unter anderem indem sie

a) Informationen, einschließlich personenbezogener Daten, zu ihren Ermittlungen im Einklang mit den einschlägigen Bestimmungen dieser Verordnung weitergibt,

b) Eurojust oder das zuständige nationale Mitglied beziehungsweise die zuständigen nationalen Mitglieder ersucht, sie bei der Übermittlung ihrer Entscheidungen oder Rechtshilfeersuchen an und deren Vollstreckung in Mitgliedstaaten der Europäischen Union, die Mitglieder von Eurojust sind, sich aber nicht an der Errichtung der EUStA beteiligen, sowie an Drittländer beziehungsweise in Drittländern zu unterstützen.

(3) Die EUStA hat mittelbaren Zugriff auf Informationen im Fallbearbeitungssystem von Eurojust nach dem Treffer/Kein-Treffer-Verfahren. Wird eine Übereinstimmung zwischen von der EUStA in das Fallbearbeitungssystem eingegebenen Daten und von Daten im Besitz von Eurojust festgestellt, so wird diese Tatsache sowohl Eurojust als auch der EUStA sowie dem Mitgliedstaat der Europäischen Union, der die Daten an Eurojust übermittelt hat, mitgeteilt. Die EUStA trifft geeignete Maßnahmen, um Eurojust den Zugriff auf Informationen in ihrem Fallbearbeitungssystem nach dem Treffer/Kein-Treffer-Verfahren zu ermöglichen.

(4) Die EUStA kann die Unterstützung und Ressourcen der Verwaltung von Eurojust in Anspruch nehmen. Zu diesem Zweck kann Eurojust für die EUStA Dienstleistungen von gemeinsamem Interesse erbringen. Die Einzelheiten werden in einer Vereinbarung festgelegt.

Artikel 101
Beziehungen zum OLAF

(1) Die EUStA knüpft und unterhält eine enge Beziehung zum OLAF, die auf einer gegenseitigen Zusammenarbeit im Rahmen ihrer jeweiligen Aufgabenbereiche und einem Informationsaustausch beruht. Diese Beziehung soll insbesondere gewährleisten, dass alle verfügbaren Mittel zum Schutz der finanziellen Interessen der Union verwendet werden, indem das OLAF die Tätigkeit der EUStA ergänzt und unterstützt.

(2) Führt die EUStA gemäß dieser Verordnung eine strafrechtliche Ermittlung durch, eröffnet das OLAF unbeschadet der in Absatz 3 genannten Maßnahmen keine parallel hierzu laufenden verwaltungsrechtlichen Untersuchungen zu demselben Sachverhalt.

(3) Im Verlauf einer von der EUStA durchgeführten Ermittlung kann die EUStA das OLAF ersuchen, sie gemäß seinem Mandat insbesondere durch folgende Maßnahmen zu unterstützen oder ihre Tätigkeit zu ergänzen:

a) Bereitstellung von Informationen, Analysen (einschließlich forensischer Analysen), Fachwissen und operativer Unterstützung;

b) Erleichterung der Koordinierung konkreter Maßnahmen der zuständigen nationalen Verwaltungsbehörden und Einrichtungen der Union;

c) Durchführung verwaltungsrechtlicher Untersuchungen.

(4) Die EUStA kann, wenn sie entschieden hat, keine Ermittlung durchzuführen, oder das Verfahren eingestellt hat, dem OLAF sachdienliche Informationen bereitstellen, damit es im Einklang mit seinem Mandat erwägen kann, angemessene verwaltungsrechtliche Maßnahmen einzuleiten.

(5) Die EUStA hat indirekten Zugriff auf Informationen im Fallbearbeitungssystem des OLAF nach dem Treffer/Kein-Treffer-Verfahren. Wird eine Übereinstimmung zwischen von der EUStA in das Fallbearbeitungssystem eingegebenen Daten und von Daten im Besitz des OLAF festgestellt, so wird diese Tatsache sowohl dem OLAF als auch der EUStA mitgeteilt. Die EUStA trifft geeignete Maßnahmen, um dem OLAF den Zugriff auf Informationen in ihrem Fallbearbeitungssystem nach dem Treffer/Kein-Treffer-Verfahren zu ermöglichen.

Artikel 102
Beziehungen zu Europol

(1) Die EUStA knüpft und unterhält eine enge Beziehung zu Europol. Hierzu schließen sie eine Arbeitsvereinbarung, in der die Modalitäten ihrer Zusammenarbeit festgelegt werden.

(2) Wenn dies für die Zwecke ihrer Ermittlungen notwendig ist kann die EUStA von Europol auf Antrag alle sachdienlichen Informationen über eine in ihre Zuständigkeit fallende Straftat einholen, und sie kann bei Europol auch Unterstützung durch Analysen für ein konkretes Ermittlungsverfahren der EUStA beantragen.

Artikel 103
Beziehungen zu anderen Organen, Einrichtungen und sonstigen Stellen der Union

(1) Die EUStA knüpft und unterhält eine kooperative Beziehung zur Kommission zum Zweck des Schutzes der finanziellen Interessen der Union. Hierzu schließen sie eine Vereinbarung, in der die Modalitäten für ihre Zusammenarbeit festgelegt werden.

(2) Unbeschadet der ordnungsgemäßen Durchführung und Vertraulichkeit ihrer Ermittlungen stellt die EUStA den betroffenen Organen, Einrichtungen und sonstigen Stellen der Union sowie anderen Geschädigten unverzüglich ausreichende Informationen zur Verfügung, damit diese geeignete Maßnahmen ergreifen können, insbesondere

a) entsprechende verwaltungsrechtliche Maßnahmen, wie Sicherungsmaßnahmen zum Schutz der finanziellen Interessen der Union. Die EUStA kann den Organen, Einrichtungen und sonstigen Stellen der Union konkrete Maßnahmen empfehlen;

b) das Auftreten als Zivilkläger in einem Verfahren;

c) Maßnahmen zur verwaltungsrechtlichen Wiedereinziehung von dem Unionshaushalt geschuldeten Beträgen oder disziplinarische Maßnahmen.

Artikel 104
Beziehungen zu Drittländern und internationalen Organisationen

(1) Die in Artikel 99 Absatz 3 genannten Arbeitsvereinbarungen mit Behörden von Drittländern und internationalen Organisationen können insbesondere den Austausch strategischer Informationen und die Entsendung von Verbindungsbeamten zur EUStA betreffen.

(2) Zur Erleichterung der Zusammenarbeit entsprechend ihrem operativen Bedarf kann die EUStA im Einvernehmen mit den betroffenen zuständigen Behörden Kontaktstellen in Drittländern benennen.

(3) Internationale Übereinkünfte mit einem oder mehreren Drittländern, die die Union geschlossen hat oder denen die Union gemäß Artikel 218 AEUV beigetreten ist, in Bereichen, die in die Zuständigkeit der EUStA fallen, wie beispielsweise internationale Übereinkünfte über die Zusammenarbeit in Strafsachen zwischen der EUStA und diesen Drittländern, sind für die EUStA bindend.

(4) Falls keine Übereinkunft nach Absatz 3 besteht, erkennen die Mitgliedstaaten die Europäische Staatsanwaltschaft als eine zuständige Behörde für die Zwecke der Anwendung der von ihnen geschlossenen multilateralen internationalen Übereinkünfte über die Rechtshilfe in Strafsachen an und nehmen gegebenenfalls die entsprechende Notifikation vor, sofern dies nach der jeweiligen multilateralen internationalen Übereinkunft zulässig ist und vorbehaltlich der Zustimmung des Drittlands; dies kann auch, wenn notwendig und möglich, im Wege einer Änderung der genannten Übereinkünfte erfolgen.

Die Mitgliedstaaten können auch die EUStA als eine zuständige Behörde für die Zwecke der Anwendung anderer von ihnen geschlossener internationaler Übereinkünfte über die Rechtshilfe in Strafsachen notifizieren; dies kann auch im Wege einer Änderung dieser Übereinkünfte erfolgen.

(5) Falls keine Übereinkunft nach Absatz 3 besteht oder keine Anerkennung nach Absatz 4 erfolgt ist, kann der betraute Delegierte Europäische Staatsanwalt im Einklang mit Artikel 13 Absatz 1 von den Befugnissen eines nationalen Staatsanwalts seines Mitgliedstaats Gebrauch machen, um auf der Grundlage der von diesem Mitgliedstaat geschlossenen internationalen Übereinkünfte oder des geltenden nationalen Rechts – und, sofern erforderlich, über die zuständigen nationalen Behörden – die Behörden von Drittländern um Rechtshilfe in Strafsachen zu ersuchen. In diesem Fall setzt der Delegierte Europäische Staatsanwalt die Behörden der Drittländer davon in Kenntnis und bemüht sich gegebenenfalls darum, die Zustimmung dieser Behörden dazu einzuholen, dass die auf dieser Grundlage erhobenen Beweismittel von der EUStA für die Zwecke dieser Verordnung verwendet werden. Auf jeden Fall wird das Drittland gebührend darüber unterrichtet, dass der Endempfänger der Antwort auf das Ersuchen die EUStA ist.

Kann die EUStA ihre Funktionen nicht auf der Grundlage einer einschlägigen internationalen Übereinkunft nach den Absätzen 3 oder 4 des vorliegenden Artikels ausüben, so kann sie die Behörden von Drittländern um Rechtshilfe in Strafsachen auch in einem Einzelfall und innerhalb der Grenzen ihrer sachlichen Zuständigkeit ersuchen. Die EUStA erfüllt die von diesen Behörden möglicherweise festgelegten Bedingungen für die Verwendung der von ihnen auf dieser Grundlage bereitgestellten Informationen.

(6) Vorbehaltlich der anderen Bestimmungen dieser Verordnung kann die EUStA den zuständigen Behörden von Drittländern oder internationalen Organisationen auf Ersuchen Informationen oder Beweismittel, die sich bereits im Besitz der EUStA befinden, für Ermittlungszwecke oder für die Verwendung als Beweismittel bei strafrechtlichen Ermittlungen bereitstellen. Nach Konsultation der Ständigen Kammer entscheidet der betraute Delegierte Europäische Staatsanwalt über jede derartige Übermittlung von Informationen oder Beweismitteln nach dem nationalen Recht seines Mitgliedstaats und nach dieser Verordnung.

(7) Wenn es notwendig ist, um Auslieferung einer Person zu ersuchen, kann der betraute Delegierte Europäische Staatsanwalt die zuständige Behörde seines Mitgliedstaats um Stellung eines Auslieferungsersuchens im Einklang mit den anwendbaren Verträgen und/oder dem nationalen Recht ersuchen.

Artikel 105
Beziehungen zu den Mitgliedstaaten der Europäischen Union, die nicht an der Verstärkten Zusammenarbeit zur Errichtung der EUStA teilnehmen

(1) Die in Artikel 99 Absatz 3 genannten Arbeitsvereinbarungen mit Behörden von Mitgliedstaaten der Europäischen Union, die nicht an der Verstärkten Zusammenarbeit zur Errichtung der EUStA teilnehmen, können insbesondere den Austausch strategischer Informationen und die Entsendung von Verbindungsbeamten zur EUStA betreffen.

(2) Zur Erleichterung der Zusammenarbeit entsprechend ihrem Bedarf kann die EUStA im Einvernehmen mit den zuständigen betroffenen Behörden Kontaktstellen in den Mitgliedstaaten der Europäischen Union benennen, die nicht an der Verstärkten Zusammenarbeit zur Errichtung der EUStA teilnehmen.

(3) Besteht kein Rechtsinstrument für die Zusammenarbeit in Strafsachen und Übergabeverfahren zwischen der EUStA und den zuständigen Behörden der Mitgliedstaaten der Europäischen Union, die nicht an der Verstärkten Zusammenarbeit zur Errichtung der EUStA teilnehmen, so notifizieren die Mtgliedstaaten die EUStA als zuständige Behörde für die Zwecke der Umsetzung der geltenden Rechtsakte der Union im Bereich der justiziellen Zusammenarbeit in Strafsachen in Fällen, die in die Zuständigkeit der EUStA fallen, in ihren Beziehungen zu den Mitgliedstaaten der Europäischen Union, die nicht an der Verstärkten Zusammenarbeit zur Errichtung der EUStA teilnehmen.

KAPITEL XI
ALLGEMEINE BESTIMMUNGEN

Artikel 106
Rechtsstellung und Arbeitsbedingungen

(1) Die EUStA besitzt in jedem Mitgliedstaat die Rechts- und Geschäftsfähigkeit, die juristischen Personen nach nationalem Recht zuerkannt wird.

(2) Die notwendigen Regelungen über die Unterbringung der EUStA in Luxemburg und über die Einrichtungen, die von Luxemburg zur Verfügung zu stellen sind, sowie die besonderen Vorschriften, die in diesem Mitgliedstaat für die Mitglieder des Kollegiums, den Verwaltungsdirektor und das Personal der EUStA sowie deren Familienangehörige gelten, werden in einem Sitzabkommen festgelegt, das zwischen der EUStA und Luxemburg bis zu dem Zeitpunkt zu schließen ist, zu dem die EUStA ihre Ermittlungs- und Strafverfolgungsaufgaben gemäß Artikel 120 Absatz 2 übernimmt.

Artikel 107
Sprachenregelung

(1) Die Verordnung (EWG) Nr. 1/58 des Rates[1)] gilt für die in den Artikeln 21 und 114 der vorliegenden Verordnung genannten Regelungen.

(2) Das Kollegium entscheidet mit einer Mehrheit von zwei Dritteln seiner Mitglieder über die interne Sprachenregelung der EUStA.

(3) Die für die Verwaltungsarbeit der EUStA auf zentraler Ebene erforderlichen Übersetzungsdienste werden vom Übersetzungszentrum für die Einrichtungen der Europäischen Union erbracht, es sei denn, aufgrund der Dringlichkeit ist eine andere Lösung geboten. Die Delegierten Europäischen Staatsanwälte entscheiden gemäß dem anwendbaren nationalen Recht über die Modalitäten der Übersetzung für Zwecke der Ermittlungen.

Artikel 108
Vertraulichkeit und Berufsgeheimnis

(1) Die Mitglieder des Kollegiums, der Verwaltungsdirektor und das Personal der EUStA, die abgeordneten nationalen Sachverständigen und sonstige Personen, die der EUStA zur Verfügung gestellt, aber nicht bei ihr beschäftigt sind, sowie die Delegierten Europäischen Staatsanwälte unterliegen gemäß den Unionsvorschriften der Geheimhaltungspflicht in Bezug auf alle Informationen, über die die EUStA verfügt.

(2) Sonstige Personen, die auf nationaler Ebene an der Wahrnehmung der Aufgaben der EUStA mitwirken oder Unterstützung dafür leisten, unterliegen der Geheimhaltungspflicht nach Maßgabe des anwendbaren nationalen Rechts.

(3) Die Geheimhaltungspflicht besteht für die in den Absätzen 1 und 2 genannten Personen auch nach dem Ausscheiden aus dem Amt oder Dienstverhältnis und nach der Beendigung der Tätigkeit weiter.

(4) Die Geheimhaltungspflicht gilt gemäß dem geltenden nationalen Recht oder dem Unionsrecht für alle Informationen, die die EUStA erhält, es sei denn, die betreffenden Informationen sind bereits rechtmäßig bekannt gegeben worden.

(5) Die unter der Aufsicht der EUStA durchgeführten Ermittlungen sind durch die geltenden Unionsvorschriften über das Berufsgeheimnis geschützt. Personen, die auf nationaler Ebene an der Wahrnehmung der Aufgaben der EUStA mitwirken oder Unterstützung dafür leisten, sind zur Wahrung des Berufsgeheimnisses nach Maßgabe des geltenden nationalen Rechts verpflichtet.

Artikel 109
Transparenz

(1) Die Verordnung (EG) Nr. 1049/2001 des Europäischen Parlaments und des Rates[1)] gilt für andere Dokumente als die gemäß Artikel 45 dieser Verordnung geführten Verfahrensakten und deren elektronische Abbildungen.

(2) Der Europäische Generalstaatsanwalt arbeitet binnen sechs Monaten nach seiner Ernennung einen Vorschlag mit detaillierten Vorschriften für die Anwendung dieses Artikels aus. Dieser Vorschlag wird vom Kollegium angenommen.

(3) Gegen Entscheidungen der EUStA nach Artikel 8 der Verordnung (EG) Nr. 1049/2001 kann nach Maßgabe des Artikels 228 bzw. 263 AEUV Beschwerde beim Europäischen Bürgerbeauftragten oder Klage beim Gerichtshof erhoben werden.

Artikel 110
OLAF und der Rechnungshof

(1) Zur Erleichterung der Bekämpfung von Betrug, Korruption und sonstigen rechtswidrigen Handlungen nach der Verordnung (EU, Euratom) Nr. 883/2013 tritt die EUStA spätestens sechs Monate nach dem Tag der von der Kommission gemäß Artikel 120 Absatz 2 festzulegen ist, der Interinstitutionellen Vereinbarung vom 25. Mai 1999 über interne Untersuchungen des Europäischen Amtes für Betrugsbekämpfung (OLAF)[1)] bei und verabschiedet nach dem Muster in der Anlage zu der genannten Vereinbarung die entsprechenden Bestimmungen, die für den Europä-

Sicherheit/Recht
EU-Türk./EuStA

[1)] Verordnung (EWG) Nr. 1/58 des Rates zur Regelung der Sprachenfrage für die Europäische Wirtschaftsgemeinschaft (ABl. 17 vom 6.10.1958, S. 385).

[1)] Verordnung (EG) Nr. 1049/2001 des Europäischen Parlaments und des Rates vom 30. Mai 2001 über den Zugang der Öffentlichkeit zu Dokumenten des Europäischen Parlaments, des Rates und der Kommission (ABl. L 145 vom 31.5.2001, S. 43).

[1)] Interinstitutionelle Vereinbarung vom 25. Mai 1999 zwischen dem Europäischen Parlament, dem Rat der Europäischen Union und der Kommission der Europäischen Gemeinschaften über die internen Untersuchungen des Europäischen Amtes für Betrugsbekämpfung (OLAF) (ABl. L 136 vom 31.5.1999, S. 15).

ischen Generalstaatsanwalt, die Europäischen Staatsanwälte, den Verwaltungsdirektor und das Personal der EUStA, die abgeordneten nationalen Sachverständigen und sonstige Personen, die der EUStA zur Verfügung stehen, aber nicht bei ihr beschäftigt sind, sowie die Delegierten Europäischen Staatsanwälte gelten.

(2) Der Rechnungshof ist befugt, bei allen Auftragnehmern und Unterauftragnehmern, die Unionsgelder von der EUStA erhalten haben, Rechnungsprüfungen anhand von Unterlagen sowie vor Ort durchzuführen.

(3) Das OLAF kann gemäß den Bestimmungen und Verfahren der Verordnung (EU, Euratom) Nr. 883/2013 und der Verordnung (Euratom, EG) Nr. 2185/96 des Rates[2] Untersuchungen einschließlich Kontrollen und Überprüfungen vor Ort durchführen, um festzustellen, ob im Zusammenhang mit von der EUStA finanzierten Ausgaben Unregelmäßigkeiten zum Nachteil der finanziellen Interessen der Union vorliegen.

(4) Unbeschadet der Absätze 1, 2 und 3 enthalten Arbeitsvereinbarungen mit Einrichtungen der Union, Behörden von Drittländern und internationalen Organisationen sowie Verträge der EUStA Bestimmungen, die den Rechnungshof und das OLAF ausdrücklich ermächtigen, solche Rechnungsprüfungen und Untersuchungen im Rahmen ihrer jeweiligen Zuständigkeiten durchzuführen.

Artikel 111
Vorschriften für den Schutz von nicht als Verschlusssache eingestuften sensiblen Informationen und von Verschlusssachen

(1) Die EUStA legt interne Vorschriften für den Schutz von nicht als Verschlusssache eingestuften sensiblen Informationen fest, unter anderem auch für die Erstellung und Verarbeitung solcher Informationen bei der EUStA.

(2) Die EUStA legt interne Vorschriften für den Schutz von EU-Verschlusssachen fest, die mit dem Beschluss 2013/488/EU des Rates[1] im Einklang stehen, damit ein entsprechender Schutz dieser Informationen gewährleistet wird.

[2] Verordnung (Euratom, EG) Nr. 2185/96 des Rates vom 11. November 1996 betreffend die Kontrollen und Überprüfungen vor Ort durch die Kommission zum Schutz der finanziellen Interessen der Europäischen Gemeinschaften vor Betrug und anderen Unregelmäßigkeiten (ABl. L 292 vom 15.11.1996, S. 2).

[1] Beschluss 2013/488/EU des Rates vom 23. September 2013 über die Sicherheitsvorschriften für den Schutz von EU-Verschlusssachen (ABl. L 274 vom 15.10.2013, S. 1).

Artikel 112
Verwaltungsuntersuchungen

Die Verwaltungstätigkeit der EUStA wird vom Europäischen Bürgerbeauftragten gemäß Artikel 228 AEUV kontrolliert.

Artikel 113
Allgemeine Haftungsregelung

(1) Die vertragliche Haftung der EUStA bestimmt sich nach dem Recht, das auf den betreffenden Vertrag anzuwenden ist.

(2) Für Entscheidungen aufgrund einer Schiedsklausel in einem von der EUStA geschlossenen Vertrag ist der Gerichtshof zuständig.

(3) Im Bereich der außervertraglichen Haftung ersetzt die EUStA nach den allgemeinen Rechtsgrundsätzen, die den Rechtsordnungen der Mitgliedstaaten der Europäischen Union gemeinsam sind, jeden von der EUStA oder ihrem Personal in Ausübung ihres Amtes verursachten Schaden, soweit er diesen zuzurechnen ist.

(4) Absatz 3 gilt auch für einen Schaden, der durch Verschulden eines Delegierten Europäischen Staatsanwalts in Ausübung seines Amtes verursacht wird.

(5) Für Streitfälle über den Schadenersatz nach Absatz 3 ist der Gerichtshof zuständig.

(6) Die nationalen Gerichte der Mitgliedstaaten der Europäischen Union mit Zuständigkeit für Streitigkeiten, die die vertragliche Haftung der EUStA nach diesem Artikel betreffen, werden unter Bezugnahme auf die Verordnung (EU) Nr. 1215/2012 des Europäischen Parlaments und des Rates[1] bestimmt.

(7) Die persönliche Haftung des Personals der EUStA bestimmt sich nach den geltenden Vorschriften des Statuts der Beamten und der Beschäftigungsbedingungen.

Artikel 114
Durchführungsvorschriften und Programmdokumente

Das Kollegium verabschiedet auf Vorschlag des Europäischen Generalstaatsanwalts insbesondere

a) jährlich das Programmdokument mit der Jahres- und der Mehrjahresprogrammplanung der EUStA;

b) eine Strategie zur Betrugsbekämpfung, die in einem angemessenen Verhältnis zu den Betrugs-

[1] Verordnung (EU) Nr. 1215/2012 des Europäischen Parlaments und des Rates vom 12. Dezember 2012 über die gerichtliche Zuständigkeit und die Anerkennung und Vollstreckung von Entscheidungen in Zivil- und Handelssachen (ABl. L 351 vom 20.12.2012, S. 1).

risiken steht und das Kosten-Nutzen-Verhältnis der durchzuführenden Maßnahmen berücksichtigt;

c) Vorschriften zu Beschäftigungsbedingungen, Leistungskriterien, fachlicher Unzulänglichkeit, Rechten und Pflichten der Delegierten Europäischen Staatsanwälte, einschließlich Vorschriften zur Vermeidung und Beilegung von Interessenkonflikten;

d) genaue Vorschriften für die Anwendung der Verordnung (EG) Nr. 1049/2001 bei der Tätigkeit der EUStA;

e) Durchführungsvorschriften gemäß Artikel 24 Absatz 8 der Verordnung (EG) Nr. 45/2001.

Artikel 115

Ausübung der Befugnisübertragung

(1) Die Befugnis zum Erlass delegierter Rechtsakte wird der Kommission unter den in diesem Artikel festgelegten Bedingungen übertragen.

(2) Die Befugnis zum Erlass delegierter Rechtsakte gemäß Artikel 49 Absatz 3 wird der Kommission auf unbestimmte Zeit ab dem 20. November 2017 übertragen.

(3) Die Befugnisübertragung gemäß Artikel 49 Absatz 3 kann vom Europäischen Parlament oder vom Rat jederzeit widerrufen werden. Der Beschluss über den Widerruf beendet die Übertragung der in diesem Beschluss angegebenen Befugnis. Er wird am Tag nach seiner Veröffentlichung im *Amtsblatt der Europäischen Union* oder zu einem im Beschluss über den Widerruf angegebenen späteren Zeitpunkt wirksam. Die Gültigkeit von delegierten Rechtsakten, die bereits in Kraft sind, wird von dem Beschluss über den Widerruf nicht berührt.

(4) Vor dem Erlass eines delegierten Rechtsakts konsultiert die Kommission die von den einzelnen Mitgliedstaaten benannten Sachverständigen im Einklang mit den in der Interinstitutionellen Vereinbarung über bessere Rechtsetzung vom 13. April 2016 enthaltenen Grundsätzen.

(5) Sobald die Kommission einen delegierten Rechtsakt erlässt, übermittelt sie ihn gleichzeitig dem Europäischen Parlament und dem Rat.

(6) Ein delegierter Rechtsakt, der gemäß Artikel 49 Absatz 3 erlassen wurde, tritt nur in Kraft, wenn weder das Europäische Parlament noch der Rat innerhalb einer Frist von zwei Monaten nach Übermittlung dieses Rechtsakts an das Europäische Parlament und den Rat Einwände erhoben haben oder wenn vor Ablauf dieser Frist das Europäische Parlament und der Rat beide der Kommission mitgeteilt haben, dass sie keine Einwände erheben werden. Auf Initiative des Europäischen Parlaments oder des Rates wird diese Frist um zwei Monate verlängert.

Artikel 116

Dringlichkeitsverfahren

(1) Delegierte Rechtsakte, die nach diesem Artikel erlassen werden, treten umgehend in Kraft und sind anwendbar, solange keine Einwände gemäß Absatz 2 erhoben werden. Bei der Übermittlung eines delegierten Rechtsakts an das Europäische Parlament und den Rat werden die Gründe für die Anwendung des Dringlichkeitsverfahrens angegeben.

(2) Das Europäische Parlament oder der Rat können gemäß dem Verfahren des Artikels 115 Absatz 6 Einwände gegen einen delegierten Rechtsakt erheben. In diesem Fall hebt die Kommission den Rechtsakt umgehend nach der Übermittlung des Beschlusses des Europäischen Parlaments oder des Rates, Einwände zu erheben, auf.

Artikel 117

Mitteilungen

Jeder Mitgliedstaat benennt die für die Durchführung dieser Verordnung zuständigen Behörden. Die Angaben zu den benannten Behörden sowie etwaige spätere Änderungen werden gleichzeitig dem Europäischen Generalstaatsanwalt, dem Rat und der Kommission mitgeteilt. Die Mitgliedstaaten übermitteln der EUStA ferner eine ausführliche Liste der nationalen Bestimmungen zum materiellen Strafrecht, die für die in der Richtlinie (EU) 2017/1371 definierten Straftaten gelten, und weiterer einschlägiger nationaler Vorschriften. Die EUStA stellt sicher, dass die in diesen Listen enthaltenen Informationen öffentlich bekannt gemacht werden. Darüber hinaus übermitteln die Mitgliedstaaten, die im Einklang mit Artikel 30 Absatz 3 die Absicht haben, die Anwendung von Artikel 30 Absatz 1 Buchstaben e und f auf bestimmte schwere Straftaten zu beschränken, der EUStA eine Liste dieser Straftaten.

Artikel 118

Überprüfung der Regeln, die den Schutz natürlicher Personen bei der Verarbeitung personenbezogener Daten durch die EUStA betreffen

Im Rahmen der Anpassung der Verordnung (EG) Nr. 45/2001 gemäß Artikel 2 Absatz 3 und Artikel 98 der Verordnung (EU) 2016/679 überprüft die Kommission die in der vorliegenden Verordnung festgelegten Bestimmungen, die den Schutz natürlicher Personen bei der Verarbeitung personenbezogener Daten durch die EUStA betreffen. Die Kommission legt gegebenenfalls einen Gesetzgebungsvorschlag zur Änderung oder Aufhebung dieser Bestimmungen vor.

Artikel 119
Überprüfungsklausel

(1) Spätestens fünf Jahre nach dem von der Kommission gemäß Artikel 120 Absatz 2 festzulegenden Zeitpunkt und ab dann alle fünf Jahre gibt die Kommission eine Bewertung der Durchführung und Wirkung dieser Verordnung sowie der Effektivität und Effizienz der EUStA und ihrer Arbeitsweise in Auftrag und legt dazu einen Bewertungsbericht vor. Die Kommission übermittelt den Bewertungsbericht zusammen mit ihren Schlussfolgerungen dem Europäischen Parlament und dem Rat sowie den nationalen Parlamenten. Die Ergebnisse der Bewertung werden öffentlich bekannt gemacht.

(2) Die Kommission legt dem Europäischen Parlament und dem Rat Gesetzgebungsvorschläge vor, wenn sie zu dem Schluss gelangt, dass zusätzliche oder ausführlichere Vorschriften über die Errichtung der EUStA, ihre Aufgaben oder das für ihre Tätigkeit einschließlich ihrer grenzüberschreitenden Ermittlungen geltende Verfahren erforderlich sind.

Artikel 120
Inkrafttreten

(1) Diese Verordnung tritt am zwanzigsten Tag nach ihrer Veröffentlichung im *Amtsblatt der Europäischen Union* in Kraft.

(2) Die EUStA übt ihre Zuständigkeit in Bezug auf alle in ihre Zuständigkeit fallenden Straftaten aus, die nach dem Zeitpunkt des Inkrafttretens dieser Verordnung begangen wurden.

Die EUStA übernimmt die ihr durch diese Verordnung übertragenen Ermittlungs- und Strafverfolgungsaufgaben zu einem Zeitpunkt, der durch einen Beschluss der Kommission auf Vorschlag des Europäischen Generalstaatsanwalts nach Errichtung der EUStA festzulegen ist. Der Beschluss der Kommission wird im *Amtsblatt der Europäischen Union* veröffentlicht.

Der von der Kommission festzulegende Zeitpunkt liegt nicht früher als drei Jahre nach dem Tag des Inkrafttretens dieser Verordnung.

Für diejenigen Mitgliedstaaten, die sich aufgrund eines nach Artikel 331 Absatz 1 Unterabsatz 2 oder Unterabsatz 3 AEUV angenommenen Beschlusses der Verstärkten Zusammenarbeit anschließen, gilt diese Verordnung ab dem in dem betreffenden Beschluss angegebenen Tag.

Diese Verordnung ist in allen ihren Teilen verbindlich und gilt gemäß den Verträgen unmittelbar in den Mitgliedstaaten.

Geschehen zu Luxemburg am 12. Oktober 2017.

Im Namen des Rates

Der Präsident

U. REINSALU

ANHANG

ANHANG

In Artikel 49 Absatz 3 genannte Kategorien betroffener Personen und Kategorien operativer personenbezogener Daten

A. Kategorien betroffener Personen, deren operative personenbezogene Daten im Index verarbeitet werden dürfen:

a) Verdächtige oder Beschuldigte in einem Strafverfahren der EUStA;

b) im Anschluss an ein Strafverfahren der EUStA verurteilte Personen;

c) natürliche Personen, die Straftaten gemeldet haben oder Opfer von Straftaten sind, die in die Zuständigkeit der EUStA fallen;

d) Personen, die mit den unter den Buchstaben a und b genannten Personen in Kontakt oder in Verbindung stehen.

B. Kategorien operativer personenbezogener Daten der in Abschnitt A Buchstaben a und b genannten Kategorien betroffener Personen, die im Index verarbeitet werden dürfen:

a) Name, Geburtsname, Vornamen und gegebenenfalls Aliasnamen oder angenommene Namen;

b) Geburtsdatum und -ort;

c) Staatsangehörigkeit;

d) Geschlecht;

e) Wohnort, Beruf und Aufenthaltsort der betreffenden Person;

f) Sozialversicherungsnummern, ID-Codes, Fahrerlaubnisse, Ausweispapiere, Passdaten, Zoll- und Steuer-Identifikationsnummern;

g) Beschreibung und Art der zur Last gelegten Straftaten, Tatzeitpunkt und strafrechtliche Würdigung der Taten;

h) Informationen über juristische Personen, die bestimmte oder bestimmbare natürliche Personen betreffen, gegen die die Europäische Staatsanwaltschaft ermittelt;

i) Verdacht der Zugehörigkeit zu einer kriminellen Organisation;

j) Angaben zu Konten bei Banken oder anderen Finanzinstitutionen;

k) Telefonnummern, SIM-Kartennummern, E-Mail-Adressen, IP-Adressen sowie Konto- und Benutzernamen, die auf Online-Plattformen verwendet werden;

l) Fahrzeugregisterdaten;

m) identifizierbare Vermögenswerte, die im Eigentum der Person stehen oder von ihr genutzt werden, wie Kryptoanlagen und Immobilien.

C. Kategorien operativer personenbezogener Daten der in Abschnitt A Buchstabe c genannten Kategorien betroffener Personen, die im Index in einem Maß verarbeitet werden dürfen, das im Hinblick auf die Untersuchungs- und Strafverfolgungsaufgaben der EUStA auf das Notwendige beschränkt und verhältnismäßig ist:

a) Name, Geburtsname, Vornamen und gegebenenfalls Aliasnamen oder angenommene Namen;

b) Geburtsdatum und -ort;

c) Staatsangehörigkeit;

d) Geschlecht;

e) Wohnort, Beruf und Aufenthaltsort der betreffenden Person;

f) ID-Codes, Ausweispapiere und Passdaten;

g) Beschreibung und Art der Straftaten, an denen die betreffende Person beteiligt ist oder die von ihr gemeldet wurden, Tatzeitpunkt und strafrechtliche Würdigung der Taten.

D. Kategorien operativer personenbezogener Daten der in Abschnitt A Buchstabe d genannten Kategorien betroffener Personen, die im Index in einem Maß verarbeitet werden dürfen, das im Hinblick auf die Untersuchungs- und Strafverfolgungsaufgaben der EUStA auf das Notwendige beschränkt und verhältnismäßig ist:

a) Name, Geburtsname, Vornamen und gegebenenfalls Aliasnamen oder angenommene Namen;

b) Geburtsdatum und -ort;

c) Staatsangehörigkeit;

d) Geschlecht;

e) Wohnort, Beruf und Aufenthaltsort der betreffenden Person;

f) ID-Codes, Ausweispapiere und Passdaten.

KODEX
DES ÖSTERREICHISCHEN RECHTS
HERAUSGEBER: UNIV.-PROF. DR. WERNER DORALT
VERFASSUNGS-RECHT
LexisNexis
1 B-VG
1a ÜG, B-VGNov
2a StGG
2b EMRK
3a BVG
3b VfBest in BG
6 StbG
11 BGBlG
12 BMG
13a F-VG, FAG 2008
14 RHG
15 BVwGG VwGVG
16 VwGG
17 VfGG
18 VolksanwG
19 AHG, OrgHG
20 AuskPfl
21 EUV, AEUV EU-GRC
Anh IA 1295/A BlgNR 25. GP

KODEX
DES ÖSTERREICHISCHEN RECHTS
HERAUSGEBER: UNIV.-PROF. DR. WERNER DORALT
VÖLKER-RECHT
LexisNexis
1 UN
2 WVK
3 Österreich
4 Immunität
5 Dipl. Verkehr
6 Streitbeileg.
7 Gewaltverbot
8 Humanitäres VR
9 Seerecht
10 Polarrecht
11 LuftfahrtR
12 WeltraumR
13 WirtschaftsR
14 UmweltR
15 Menschenrechte
16 Strafrecht
17 Verantwortlk.

KODEX
DES ÖSTERREICHISCHEN RECHTS
HERAUSGEBER: UNIV.-PROF. DR. WERNER DORALT
UNTERNEHMENS-RECHT
LexisNexis
1 UGB
2 ABGB
3 E-Commerce-G
4 FBG
6 KSchG
7 UN-KaufR
8 GmbHG
9 AktG
10 SE (EU-Ges) SE-Gesetz
11 GenG
12 SCE (EU-Gen) SCEG
13 VerG
14 EWIVG
15 PSG
16 ArbVG
17 StellenbesG
18 GesAusG
19 KapBG
20 EKEG
21 URG
22 UmwG
23 SpaltG
24 EU-VerschG
25 UmgrStG
26 KMG
27 ScheckG
28 WechselG
29 KEG
30 AÖSp
31 CMR
32 UWG
33 KartG
34 WettbG
35 UrhG
36 MarkSchG
37 MuSchG
38 PatG
Anhang Entwurf Europäische Einmann-GmbH

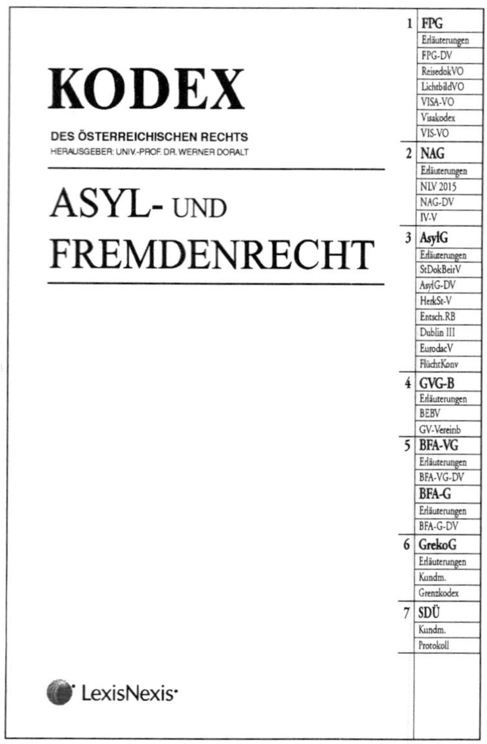
KODEX
DES ÖSTERREICHISCHEN RECHTS
HERAUSGEBER: UNIV.-PROF. DR. WERNER DORALT
ASYL- UND FREMDENRECHT
LexisNexis
1 FPG
Erläuterungen
FPG-DV
ReisedokVO
LichtbildVO
VISA-VO
Visakodex
VIS-VO
2 NAG
Erläuterungen
NLV 2015
NAG-DV
IV-V
3 AsylG
Erläuterungen
StDokBeirV
AsylG-DV
HerkSt-V
Entsch.RB
Dublin III
EurodacV
FlüchtKonv
4 GVG-B
Erläuterungen
BEBV
GV-Vereinb
5 BFA-VG
Erläuterungen
BFA-VG-DV
BFA-G
Erläuterungen
BFA-G-DV
6 GrekoG
Erläuterungen
Kundm.
Grenzkodex
7 SDÜ
Kundm.
Protokoll

Europäisches Parlament

Direktwahl Beschluss

ABl 1976 L 278, 1

Beschluss 76/787/EGKS, EWG, EURATOM der im Rat versammelten Vertreter der Mitgliedstaaten vom 20. September 1976 über den Akt zur Einführung allgemeiner unmittelbarer Wahlen der Abgeordneten der Versammlung

DER RAT —

in der Zusammensetzung der Vertreter der Mitgliedstaaten und mit Einstimmigkeit,

gestützt auf Artikel 21 Absatz 3 des Vertrages über die Gründung der Europäischen Gemeinschaft für Kohle und Stahl ,

gestützt auf Artikel 138 Absatz 3 des Vertrages zur Gründung der Europäischen Wirtschaftsgemeinschaft,

gestützt auf Artikel 108 Absatz 3 des Vertrages zur Gründung der Europäischen Atomgemeinschaft,

nach Kenntnisnahme des Entwurfs der Versammlung,

in der Absicht, die Schlußfolgerungen des Europäischen Rates vom 1. und 2. Dezember 1975 in Rom in die Tat umzusetzen, damit die Wahl zur Versammlung zu einem einheitlichen Zeitpunkt in den Monaten Mai-Juni 1978 abgehalten wird —

hat die diesem Beschluß beigefügten Bestimmungen erlassen, deren Annahme nach ihren jeweiligen verfassungsrechtlichen Vorschriften er den Mitgliedstaaten empfiehlt.

Dieser Beschluß und die ihm beigefügten Bestimmungen werden im *Amtsblatt der Europäischen Gemeinschaften* veröffentlicht.

Die Mitgliedstaaten teilen dem Generalsekretär des Rates der Europäischen Gemeinschaften unverzüglich den Abschluß der Verfahren mit, die nach ihren jeweiligen verfassungsrechtlichen Vorschriften für die Annahme der diesem Beschluß beigefügten Bestimmungen erforderlich sind.

Dieser Beschluß tritt am Tag der Veröffentlichung im *Amtsblatt der Europäischen Gemeinschaften* in Kraft.

Direktwahlakt*)

Dem Beschluss 76/787/EGKS, EWG, Euratom des Rates vom 20. September 1976 beigefügter Akt zur Einführung allgemeiner unmittelbarer Wahlen der Mitglieder des Europäischen Parlaments

ABl 1976 L 278, 5 idF

1 ABl 1979 L 291, 17
2 ABl 1985 L 302, 23
3 ABl 1993 L 33, 15
4 ABl 1994 C 241, 21
5 ABl 2002 L 283, 1

*) Hinweis : Der Beschluss (EU, Euratom) 2018/994 des Rates vom 13. Juli 2018 zur Änderung des dem Beschluss 76/787/EGKS, EWG, Euratom des Rates vom 20. September 1976 beigefügten Akts zur Einführung allgemeiner unmittelbarer Wahlen der Mitglieder des Europäischen Parlaments (ABl 2018 L 178, 1) sieht eine Reihe von Änderungen insbes zur Erhöhung der Transparenz und Sicherheit der Wahl zum Europäischen Parlament vor. Dieser Beschluss bedarf allerdings der Ratifikation durch die Mitgliedstaaten und ist noch nicht in Kraft getreten.

Artikel 1

(1) In jedem Mitgliedstaat werden die Mitglieder des Europäischen Parlaments nach dem Verhältniswahlsystem auf der Grundlage von Listen oder von übertragbaren Einzelstimmen gewählt.

(2) Die Mitgliedstaaten können Vorzugsstimmen auf der Grundlage von Listen nach den von ihnen festgelegten Modalitäten zulassen.

(3) Die Wahl erfolgt allgemein, unmittelbar, frei und geheim.

Artikel 2

Entsprechend ihren nationalen Besonderheiten können die Mitgliedstaaten für die Wahl des Europäischen Parlaments Wahlkreise einrichten oder ihre Wahlgebiete auf andere Weise unterteilen, ohne das Verhältniswahlsystem insgesamt in Frage zu stellen.

Artikel 3

Für die Sitzvergabe können die Mitgliedstaaten eine Mindestschwelle festlegen. Diese Schwelle darf jedoch landesweit nicht mehr als 5 % der abgegebenen Stimmen betragen.

Artikel 4

Jeder Mitgliedstaat kann eine Obergrenze für die Wahlkampfkosten der Wahlbewerber festlegen.

Artikel 5

(1) Der Fünfjahreszeitraum, für den die Mitglieder des Europäischen Parlaments gewählt werden, beginnt mit der Eröffnung der ersten Sitzung nach jeder Wahl.
Sie wird nach Maßgabe von Artikel 11 Absatz 2 Unterabsatz 2 verlängert oder verkürzt.

(2) Das Mandat eines Mitglieds beginnt und endet zu gleicher Zeit wie der in Absatz 1 genannte Zeitraum.

Artikel 6

(1) Die Mitglieder des Europäischen Parlaments geben ihre Stimmen einzeln und persönlich ab. Sie sind weder an Aufträge noch an Weisungen gebunden.

(2) Die Mitglieder des Europäischen Parlaments genießen die Vorrechte und Befreiungen, die nach dem Protokoll vom 8. April 1965 über die Vorrechte und Befreiungen der Europäischen Gemeinschaften für sie gelten.

Artikel 7

(1) Die Mitgliedschaft im Europäischen Parlament ist unvereinbar mit der Eigenschaft als

- Mitglied der Regierung eines Mitgliedstaats;
- Mitglied der Kommission der Europäischen Gemeinschaften;
- Richter, Generalanwalt oder Kanzler des Gerichtshofs der Europäischen Gemeinschaften oder des Gerichts erster Instanz;
- Mitglied des Direktoriums der Europäischen Zentralbank;
- Mitglied des Rechnungshofs der Europäischen Gemeinschaften;
- Bürgerbeauftragter der Europäischen Gemeinschaften;
- Mitglied des Wirtschafts- und Sozialausschusses der Europäischen Wirtschaftsgemeinschaft und der Europäischen Atomgemeinschaft;
- Mitglied des Ausschusses der Regionen;
- Mitglied von Ausschüssen und Gremien, die auf Grund der Verträge zur Gründung der Europäischen Wirtschaftsgemeinschaft und

der Europäischen Atomgemeinschaft Mittel der Gemeinschaften verwalten oder eine dauernde unmittelbare Verwaltungsaufgabe wahrnehmen;
– Mitglied des Verwaltungsrats oder des Direktoriums oder Bediensteter der Europäischen Investitionsbank;
– im aktiven Dienst stehender Beamter oder Bediensteter der Organe der Europäischen Gemeinschaften oder der ihnen angegliederten Einrichtungen, Ämter, Agenturen und Gremien, oder der Europäischen Zentralbank.

(2) Ab der Wahl zum Europäischen Parlament im Jahre 2004 ist die Mitgliedschaft im Europäischen Parlament unvereinbar mit der Eigenschaft als Abgeordneter eines nationalen Parlaments.

Abweichend von dieser Regel und unbeschadet des Absatzes 3
– können die Abgeordneten des nationalen irischen Parlaments, die in einer folgenden Wahl in das Europäische Parlament gewählt werden, bis zur nächsten Wahl zum nationalen irischen Parlament ein Doppelmandat ausüben; ab diesem Zeitpunkt ist Unterabsatz 1 anwendbar.
– können die Abgeordneten des nationalen Parlaments des Vereinigten Königreichs, die während des Fünfjahreszeitraums vor der Wahl zum Europäischen Parlament im Jahre 2004 auch Abgeordnete des Europäischen Parlaments sind, bis zu den Wahlen zum Europäischen Parlament im Jahre 2009 ein Doppelmandat ausüben; ab diesem Zeitpunkt ist Unterabsatz 1 anwendbar.

(3) Ferner kann jeder Mitgliedstaat nach Artikel 8 innerstaatlich geltende Unvereinbarkeiten ausweiten.

(4) Die Mitglieder des Europäischen Parlaments, auf die im Laufe der in Artikel 5 festgelegten fünfjährigen Wahlperiode die Absätze 1, 2 und 3 Anwendung finden, werden nach Artikel 13 ersetzt.

Artikel 8

Vorbehaltlich der Vorschriften dieses Akts bestimmt sich das Wahlverfahren in jedem Mitgliedstaat nach den innerstaatlichen Vorschriften.

Diese innerstaatlichen Vorschriften, die gegebenenfalls den Besonderheiten in den Mitgliedstaaten Rechnung tragen können, dürfen das Verhältniswahlsystem insgesamt nicht in Frage stellen.

Artikel 9

Bei der Wahl der Mitglieder des Europäischen Parlaments kann jeder Wähler nur einmal wählen.

Artikel 10

(1) Die Wahl zum Europäischen Parlament findet zu dem von jedem Mitgliedstaat festgelegten Termin und zu den von ihm festgelegten Uhrzeiten statt, wobei der Termin in einen für alle Mitgliedstaaten gleichen Zeitraum von Donnerstagmorgen bis zu dem unmittelbar nachfolgenden Sonntag fällt.

(2) Ein Mitgliedstaat darf das ihn betreffende Wahlergebnis erst dann amtlich bekannt geben, wenn die Wahl in dem Mitgliedstaat, dessen Wähler innerhalb des in Absatz 1 genannten Zeitraums als letzte wählen, abgeschlossen ist.

Artikel 11

(1) Der Zeitraum, in dem die Wahlen stattfinden, wird für die erste Wahl vom Rat nach Anhörung der Versammlung einstimmig näher bestimmt.

(2) Die folgenden Wahlen finden in dem entsprechenden Zeitraum des letzten Jahres der in Artikel 5 genannten fünfjährigen Wahlperiode statt.

Erweist es sich als unmöglich, die Wahlen während dieses Zeitraums in der Gemeinschaft abzuhalten, so setzt der Rat mindestens ein Jahr vor Ablauf des in Artikel 3 genannten Fünfjahreszeitraums nach Anhörung des Europäischen Parlaments einstimmig einen anderen Zeitraum fest, der frühestens zwei Monate vor und spätestens einen Monat nach dem sich aus vorstehendem Unterabsatz ergebenden Zeitraum liegen darf.

(3) Unbeschadet des Artikels 139 *(196)* des Vertrages zur Gründung der Europäischen Gemeinschaft und des Artikels 109 des Vertrages zur Gründung der Europäischen Atomgemeinschaft tritt das Europäische Parlament, ohne daß es einer Einberufung bedarf, am ersten Dienstag nach Ablauf eines Monats ab dem Ende des Zeitraums, in dem die Wahlen stattgefunden haben, zusammen.

(4) Die Befugnisse des scheidenden Europäischen Parlaments enden mit der ersten Sitzung des neuen Europäischen Parlaments.

Artikel 12

Das Europäische Parlament prüft die Mandate seiner Mitglieder. Zu diesem Zweck nimmt das Europäische Parlament die von den Mitgliedstaaten amtlich bekanntgegebenen Wahlergebnisse zur Kenntnis und befindet über die Anfechtungen, die gegebenenfalls aufgrund der Vorschriften dieses Akts – mit Ausnahme der innerstaatlichen Vorschriften, auf die darin verwiesen wird – vorgebracht werden könnten.

Artikel 13

(1) Ein Sitz wird frei, wenn das Mandat eines Mitglieds des Europäischen Parlaments im Falle eines Rücktritts oder seines Todes oder des Entzugs erlischt.

(2) Vorbehaltlich der sonstigen Vorschriften dieses Akts legt jeder Mitliedstaat für den Fall des Freiwerdens eines Sitzes die geeigneten Verfahren fest, um diesen Sitz für den Rest des in Artikel 5 genannten Fünfjahreszeitraums zu besetzen.

(3) Ist in den Rechtsvorschriften eines Mitgliedstaates ausdrücklich der Entzug des Mandats eines Mitglieds des Europäischen Parlaments vorgesehen, so erlischt sein Mandat entsprechend diesen Rechtsvorschriften. Die zuständigen einzelstaatlichen Behörden setzen das Europäische Parlament davon in Kenntnis.

(4) Wird ein Sitz durch Rücktritt oder Tod frei, so setzt der Präsident des Europäischen Parlaments die zuständigen Behörden des betreffenden Mitgliedstaates unverzüglich davon in Kenntnis.

Artikel 14

Sollte es sich als erforderlich erweisen, Maßnahmen zur Durchführung dieses Akts zu treffen, so trifft der Rat diese Maßnahmen einstimmig auf Vorschlag des Europäischen Parlaments und nach Anhörung der Kommission, nachdem er sich in einem Konzertierungsausschuß, dem der Rat sowie Mitglieder des Europäischen Parlaments angehören, um ein Einvernehmen mit dem Europäischen Parlament bemüht hat.

Artikel 15

Dieser Akt ist in dänischer, deutscher, englischer, finnischer, französischer, griechischer, irischer, italienischer, niederländischer, portugiesischer, schwedischer und spanischer Sprache abgefasst, wobei jeder Wortlaut gleichermaßen verbindlich ist.

Die Anhänge I und II sind Bestandteile dieses Akts.

Artikel 16

Die Bestimmungen dieses Akts treten an dem ersten Tag des Monats in Kraft, der auf den Erhalt der letzten in dem Beschluß genannten Mitteilungen folgt.

ANHANG I

ANHANG I

Das Vereinigte Königreich wird die Vorschriften dieses Akts nur auf das Vereinigte Königreich anwenden.

ANHANG II

ANHANG II

Erklärung zu Artikel 13 In bezug auf das Verfahren, das im Konzertierungsausschuß anzuwenden ist, wird vereinbart, die Nummern 5, 6 und 7 des Verfahrens heranzuziehen, das durch die gemeinsame Erklärung des Europäischen Parlaments, des Rates und der Kommission vom 4. März 1975[1]) festgelegt worden ist.

[1]) ABl Nr. C 89 vom 22. 4. 1975, S. 1. **[*10/2.]**

Beschluss des Rates

ABl 2002 L 283, 1

(2002/772/EG, Euratom)

Beschluss des Rates vom 25. Juni 2002 und 23. September 2002 zur Änderung des Akts zur Einführung allgemeiner unmittelbarer Wahlen der Abgeordneten des Europäischen Parlaments im Anhang zum Beschluss 76/787/EGKS, EWG, Euratom

DER RAT DER EUROPÄISCHEN UNION –

GESTÜTZT auf den Vertrag zur Gründung der Europäischen Gemeinschaft, insbesondere Artikel 190 Absatz 4,

GESTÜTZT auf den Vertrag zur Gründung der Europäischen Atomgemeinschaft, insbesondere auf Artikel 108 Absatz 3 und 4,

NACH KENNTNISNAHME des Entwurfs des Europäischen Parlaments[1],

NACH ZUSTIMMUNG des Europäischen Parlaments[2],

In Erwägung nachstehender Gründe:

(1) Der Akt zur Einführung allgemeiner unmittelbarer Wahlen der Abgeordneten des Europäischen Parlaments sollte geändert werden, damit allgemeine unmittelbare Wahlen gemäß den allen Mitgliedstaaten gemeinsamen Grundsätzen stattfinden können, die Mitgliedstaaten zugleich aber die Möglichkeit erhalten, für die Aspekte, die nicht durch diesen Beschluss geregelt sind, ihre jeweiligen nationalen Vorschriften anzuwenden.

(2) Im Interesse einer besseren Lesbarkeit des Aktes in der geänderten Fassung dieses Beschlusses sollten seine Bestimmungen neu nummeriert werden, damit eine übersichtlichere Konsolidierung erfolgen kann -

HAT FOLGENDE BESTIMMUNGEN ERLASSEN, deren Annahme nach ihren jeweiligen verfassungsrechtlichen Vorschriften er den Mitgliedstaaten empfiehlt:

Artikel 1

Der Akt zur Einführung allgemeiner unmittelbarer Wahlen der Abgeordneten des Europäischen Parlaments im Anhang zum Beschluss 76/787/EGKS, EWG, Euratom des Rates[3] (nachstehend „Akt von 1976“) wird gemäß diesem Artikel wie folgt geändert:

(eingearbeitet)

Artikel 2

(1) Die Artikel des Akts von 1976 und dessen Anhänge in der mit diesem Beschluss geänderten Fassung werden gemäß der Übereinstimmungstabelle im Anhang dieses Beschlusses, der Bestandteil dieses Beschlusses ist, umnummeriert.

(2) Die Querverweisungen auf die Artikel und die Anhänge des Akts von 1976 werden entsprechend angepasst. Dasselbe gilt für die Bezugnahmen auf diese Artikel und ihre Untergliederungen in den Gemeinschaftsverträgen.

(3) Die in anderen Rechtsinstrumenten enthaltenen Verweisungen auf die Artikel des Akts von 1976 gelten als Bezugnahmen auf die Artikel des Akts von 1976 in der gemäß Absatz 1 umnummerierten Fassung beziehungsweise auf die mit diesem Beschluss umnummerierten Absätze jener Artikel.

Artikel 3

(1) Die Änderungen nach Maßgabe der Artikel 1 und 2 treten am ersten Tag des Monats in Kraft, der auf den Tag folgt, an dem die Mitgliedstaaten die Bestimmungen dieses Beschlusses nach ihren jeweiligen verfassungsrechtlichen Vorschriften angenommen haben.

(2) Die Mitgliedstaaten teilen dem Generalsekretariat des Rates den Abschluss ihrer einzelstaatlichen Verfahren mit.

Artikel 4

Dieser Beschluss wird im *Amtsblatt der Europäischen Gemeinschaften* veröffentlicht.

Geschehen zu Luxemburg am 25. Juni 2002.
Geschehen zu Brüssel am 23. September 2002.

[1] ABl. C 292 vom 21.9.1998, S. 66.

[2] Stellungnahme vom 12. Juni 2002 (noch nicht im Amtsblatt veröffentlicht).

[3] ABl. L 278 vom 8.10.1976, S. 1.

Addendum zum Beschluss des Rates der Europäischen Union vom 25. Juni 2002 und 23. September 2002, 2002/772/EG, Euratom, zur Änderung des Akts zur Einführung allgemeiner unmittelbarer Wahlen der Abgeordneten des Europäischen Parlaments im Anhang zum Beschluss 76/787/EGKS, EWG, Euratom

ERKLÄRUNGEN, DIE BEI DER ANNAHME DES BESCHLUSSES IN DAS RATSPROTOKOLL AUFGENOMMEN WURDEN

1. RATSPROTOKOLLERKLÄRUNG DES RATES

Der Rat hält es für geboten, dass die Bestimmungen des vorliegenden Aktes vor den zweiten Wahlen zum, Europäischen Parlament nach Inkrafttreten der Änderungen des Aktes von 1976, die Gegenstand dieses Beschlusses sind, überprüft werden.

2. PROTOKOLLERKLÄRUNG DES VEREINIGTEN KÖNIGREICHES

Unter Hinweis auf Artikel 6 Absatz 2 des Vertrags über die Europäische Union, wonach

„die Union die Grundrechte achtet, wie sie in der am 4.November 1950 in Rom unterzeichneten Europäischen Konvention zum Schutz der Menschenrechte und Grundfreiheiten gewährleistet sind und wie sie sich aus den gemeinsamen Verfassungsüberlieferungen der Mitgliedstaaten als allgemeine Grundsätze des Gemeinschaftsrechts ergeben“,

wird das Vereinigte Königreich sicherstellen, dass die erforderlichen Änderungen vorgenommen werden, damit die Wähler in Gibraltar als Teil der Wählerschaft eines im Vereinigten Königreich bestehenden Wahlbezirks und unter den selben Bedingungen wie diese an den Wahlen zum Europäischen Parlament teilnehmen, können, um zu gewährleisten, dass das Vereinigte Königreich seiner Verpflichtung nachkommt, dem Urteil des Europäischen Gerichtshofs für Menschenrechte in der Sache Matthews gegen das Vereinigte Königreich zu entsprechen, und zwar in Übereinstimmung mit dem EU-Recht.

3. PROTOKOLLERKLÄRUNG DES RATES/DER KOMMISSION

Der Rat und die Kommission nehmen Kenntnis von der Erklärung des Vereinigten Königreichs, wonach das Vereinigte königreich – in dem Bestreben, seiner Verpflichtung nachzukommen, dem Urteil des Europäischen Gerichtshofs für Menschenrechte in der Sache Matthews gegen das Vereinigte Königreich zu entsprechen – sicherstellen wird, dass die erforderlichen Änderungen vorgenommen werden, damit die Wähler in Gibraltar als Teil der Wählerschaft eines im Vereinigten Königreich bestehenden Wahlbezirks und unter denselben Bedingungen wie dies an den Wahlen zum Europäischen Parlament teilnehmen können, und zwar in Übereinstimmung mit dem EU-Recht.

Untersuchungsrecht des Europäischen Parlaments

ABl 1995 L 113, 1

Beschluss des Europäischen Parlaments, des Rates und der Kommission vom 19. April 1995 über Einzelheiten der Ausübung des Untersuchungsrechts des Europäischen Parlaments (95/167/EG, Euratom, EGKS)

DAS EUROPÄISCHE PARLAMENT, DER RAT UND DIE KOMMISSION –

gestützt auf den Vertrag zur Gründung der Europäischen Gemeinschaft für Kohle und Stahl, insbesondere auf Artikel 20b,

gestützt auf den Vertrag zur Gründung der Europäischen Gemeinschaft, insbesondere auf Artikel 138c *(193)*,

gestützt auf den Vertrag zur Gründung der Europäischen Atomgemeinschaft, insbesondere auf Artikel 107b,

in Erwägung nachstehendet Gründe:

Die Einzelheiten der Ausübung des Untersuchungsrechts des Europäischen Parlaments sind unter Einhaltung der Bestimmungen der Verträge zur Gründung der Europäischen Gemeinschaften festzulegen.

Die nichtständigen Untersuchungsausschüsse müssen über die zur Erfüllung ihrer Aufgaben notwendigen Mittel verfügen. Deshalb müssen die Mitgliedstaaten sowie die Organe und Institutionen der Europäischen Gemeinschaften alle erforderlichen Maßnahmen treffen, um die Erfüllung der Aufgaben der nichtständigen Untersuchungsausschüsse zu erleichtern.

Die Geheimhaltung und die Vertraulichkeit der Arbeiten der nichtständigen Untersuchungsausschüsse müssen gewährleistet sein.

Auf Antrag eines der drei betroffenen Organe können die Einzelheiten der Ausübung des Untersuchungsrechts nach Abschluß der laufenden Wahlperiode des Europäischen Parlaments im Lichte der gesammelten Erfahrungen geändert werden –

HABEN EINVERNEHMLICH FOLGENDEN BESCHLUSS ANGENOMMEN:

Artikel 1. Die Einzelheiten der Ausübung des Untersuchungsrechts des Europäischen Parlaments werden gemäß Artikel 20b des EGKS-Vertrags, Artikel 138c *(193)* des EG-Vertrags und Artikel 107b des EAG-Vertrags durch diesen Beschluß festgelegt.

Artikel 2. (1) Das Europäische Parlament kann nach Maßgabe und in den Grenzen der in Artikel 1 genannten Verträge bei der Erfüllung seiner Aufgaben auf Antrag eines Viertels seiner Mitglieder die Einsetzung eines nichtständigen Untersuchungsausschusses beschließen, der behauptete Verstöße gegen das Gemeinschaftsrecht oder Mißstände bei der Anwendung desselben prüft, welche einem Organ oder einer Institution der Europäischen Gemeinschaften, einer öffentlichen Verwaltung eines Mitgliedstaats oder Personen, die durch das Gemeinschaftsrecht mit dessen Anwendung beauftragt wurden, zur Last gelegt werden.

Die Zusammensetzung und die Arbeitsweise der nichtständigen Untersuchungsausschüsse werden vom Europäischen Parlament geregelt.

Der Beschluß zur Einsetzung eines nichtständigen Untersuchungsausschusses, in dem insbesondere dessen Zweck sowie die Frist für die Vorlage seines Berichts anzugeben sind, wird im *Amtsblatt der Europäischen Gemeinschaften* veröffentlicht.

(2) Der nichständige Untersuchungsausschuß erfüllt seine Aufgaben unter Beachtung der Befugnisse, die den Organen und Institutionen der Europäischen Gemeinschaften durch die Verträge übertragen sind.

Die Mitglieder des nichtständigen Untersuchungsausschusses sowie alle anderen Personen, die im Rahmen ihrer Amtstätigkeit Mitteilungen über Sachverhalte, Informationen, Kenntnisse, Dokumente oder Gegenstände, die gemäß den von einem Mitgliedstaat oder einem Gemeinschaftsorgan erlassenen Vorschriften unter die Geheimhaltung fallen, entgegengenommen oder erhalten haben, sind auch nach Beendigung ihrer Amtstätigkeit verpflichtet, diese gegenüber Unbefugten sowie gegenüber der Öffentlichkeit geheimzuhalten.

Die Anhörungen und Aussagen finden in öffentlicher Sitzung statt. Auf Antrag eines Viertels der Mitglieder des Untersuchungsausschusses oder der gemeinschaftlichen oder nationalen Behörden oder wenn der nichständige Untersuchungsausschuß mit Informationen befaßt wird, die der Geheimhaltung unterliegen, wird die Öffentlichkeit ausgeschlossen. Jeder Zeuge und jeder Sachverständige hat das Recht, unter Ausschluß der Öffentlichkeit auszusagen.

(3) Ein nichtständiger Untersuchungsausschuß kann Sachverhalte, mit denen ein nationales oder gemeinschaftliches Gericht befaßt ist, nicht prüfen, solange das Gerichtsverfahren nicht abgeschlossen ist.

Binnen einer Frist von zwei Monaten entweder nach der Veröffentlichung gemäß Absatz 1 oder nach dem Zeitpunkt, zu dem die Kommission davon Kenntnis erlangt hat, daß bei einem nichtsständigen Untersuchungsausschuß einem Mitgliedstaat ein Verstoß gegen das Gemeinschaftsrecht zur Last gelegt worden ist, kann die Kommission dem Europäischen Parlament mitteilen, daß ein einen nichtständigen Untersuchungsausschuß betreffender Sachverhalt Gegenstand eines vorgerichtlichen Gemeinschaftsverfahrens ist; in diesem Fall ergreift der nichtständige Untersuchungsausschuß alle erforderlichen Maßnahmen, die es der Kommission ermöglichen, ihre Zuständigkeiten gemäß den Verträgen in vollem Umfang wahrzunehmen.

(4) Das Bestehen eines nichtständigen Untersuchungsausschusses endet mit der Vorlage seines Berichts innerhalb der bei seiner Einsetzung festgelegten Frist oder spätestens nach Ablauf von höchstens zwölf Monaten ab dem Zeitpunkt seiner Einsetzung, auf jeden Fall aber mit Ende der Wahlperiode.

Das Europäische Parlament kann die Frist von zwölf Monaten durch einen mit Gründen versehenen Beschluß zweimal um jeweils drei Monate verlängern. Dieser Beschluß wird im *Amtsblatt der Europäischen Gemeinschaften* veröffentlicht.

(5) Zu einem Sachverhalt, der bereits Gegenstand einer Untersuchung durch einen nichtständigen Untersuchungsausschuß war, kann ein nichtständiger Untersuchungsausschuß nur dann eingesetzt oder erneut eingesetzt werden, wenn seit der Vorlage des betreffenden Untersuchungsberichts oder seit dem Ende des betreffenden Untersuchungsauftrags mindestens zwölf Monate vergangen sind und neue Tatsachen zutage getreten sind.

Artikel 3. (1) Der nichtständige Untersuchungsausschuß führt die Untersuchungen, die zur Prüfung der behaupteten Verstöße gegen das Gemeinschaftsrecht oder Mißstände bei der Anwendung desselben erforderlich sind, unter den nachstehend aufgeführten Bedingungen durch.

(2) Der nichständige Untersuchungsausschuß kann an ein Organ oder eine Institution der Europäischen Gemeinschaften oder an die Regierung eines Mitgliedstaats ein Ersuchen richten, eines ihrer Mitglieder für die Teilnahme an den Arbeiten des Ausschusses zu bestimmen.

(3) Auf begründeten Antrag des nichtständigen Untersuchungsausschusses bestimmen die betroffenen Mitgliedstaaten und die Organe oder Institutionen der Europäischen Gemeinschaften den Beamten oder sonstigen Bediensteten, den sie ermächtigen, vor dem nichtständigen Untersuchungsausschuß aufzutreten, sofern dem nicht – aufgrund nationaler oder gemeinschaftlicher Rechtsvorschriften – Gründe der Geheimhaltung oder der öffentlichen oder nationalen Sicherheit entgegenstehen.

Die Beamten oder sonstigen Bediensteten äußern sich im Namen und entsprechend den Weisungen ihrer Regierung oder ihres Organs. Sie bleiben an die Verpflichtungen aufgrund ihres jeweiligen Dienstrechts gebunden.

(4) Die Beghörden der Mitgliedstaaten und die Organe oder Institutionen der Europäischen Gemeinschaften legen einem nichständigen Untersuchungsausschuß auf dessen Ersuchen oder von sich aus die für die Erfüllung seiner Aufgaben erforderlichen Dokumente vor, sofern dem nicht – aufgrund nationaler oder gemeinschaftlicher Rechtsvorschriften oder Regelungen – Gründe der Geheimhaltung oder der öffentlichen oder nationalen Sicherheit entgegenstehen.

(5) Die Absätze 3 und 4 berühren nicht sonstige in den Mitgliedstaaten geltende Bestimmungen, die einem Erscheinen von Beamten oder der Übermittlung von Dokumenten entgegenstehen.

Ein sich aus Gründen der Geheimhaltung oder der öffentlichen oder nationalen Sicherheit oder aus den im Unterabsatz 1 genannten Bestimmungen ergebendes Hindernis wird dem Europäischen Parlament von einem Vertreter notifiziert, der befugt ist, für die Regierung des betreffenden Mitgliedstaats oder das Organ verbindlich zu handeln.

(6) Die Organe oder Institutionen der Europäischen Gemeinschaften stellen dem nichständigen Untersuchungsausschuß die aus einem Mitgliedstaat stammenden Dokumente erst nach Unterrichtung dieses Staates zur Verfügung.

Sie übermitteln ihm die Dokumente, für die Absatz 5 gilt, erst nach Zustimmung des betreffenden Mitgliedstaats.

(7) Die Absätze 3, 4 und 5 gelten auch für natürliche oder juristische Personen, die durch das Gemeinschaftsrecht mit dessen Anwendung beauftragt wurden.

(8) Soweit dies für die Erfüllung seiner Aufgaben erforderlich ist, kann der nichständige Untersuchungsausschuß jede andere Person auffordern, als Zeuge auszusagen. Kann eine Person durch ihre Nennung in einer laufenden Untersuchung Nachteile erleiden, so wird sie vom nichtständigen Untersuchungsausschuß hierüber unterrichtet; er hört die betreffende Person auf deren Antrag an.

Artikel 4. (1) Die von dem nichständigen Untersuchungsausschuß eingeholten Informationen sind ausschließlich für die Erfüllung seiner Aufgaben bestimmt. Sie dürfen nicht öffentlich bekanntgegeben werden, wenn sie Fakten enthalten, die der Geheimhaltung oder der Vertraulichkeit unterliegen, oder wenn Betroffene namentlich erwähnt werden.

Das Europäische Parlament erläßt die erforderlichen Verwaltungs- und Geschäftsordnungsbestimmungen, um die Geheimhaltung und Vertraulichkeit der Arbeiten der nichtständigen Untersuchungsausschüsse zu gewährleisten.

(2) Der Bericht des nichtständigen Untersuchungsausschusses wird dem Europäischen Parlament vorgelegt, das unter Einhaltung der Bestimmungen des Absatzes 1 seine öffentliche Bekanntgabe beschließen kann.

(3) Das Europäische Parlament kann den Organen oder Institutionen der Europäischen Gemeinschaften oder den Mitgliedstaaten Empfehlungen übermitteln, die es gegebenenfalls aufgrund des Berichts des nichtständigen Untersuchungsausschusses angenommen hat. Diese ziehen daraus die Schlußfolgerungen, die sie für angebracht halten.

Artikel 5. Jede Mitteilung, die zum Zwecke der Anwendung dieses Beschlusses an die nationalen Behörden der Mitgliedstaatten gerichtet wird, wird über deren Ständige Vertretungen bei der Europäischen Union übermittelt.

Artikel 6. Auf Antrag des Europäischen Parlaments, des Rates oder der Kommission können die vorstehenden Einzelheiten nach Abschluß der laufenden Wahlperiode des Europäischen Parlaments im Lichte der gesammelten Erfahrungen geändert werden.

Artikel 7. Dieser Beschluß tritt am Tag seiner Veröffentlichung im *Amtsblatt der Europäischen Gemeinschaften* in Kraft.

Geschehen zu Brüssel am 19. April 1995.

Statut und Finanzierung europäischer politischer Parteien und europäischer politischer Stiftungen*)

*) Die Durchführungsbestimmungen hierzu finden sich im Beschluss des Präsidiums des Europäischen Parlaments vom 1. Juli 2019 mit Durchführungsbestimmungen zu der Verordnung (EU, Euratom) Nr. 1141/2014 des Europäischen Parlaments und des Rates über das Statut und die Finanzierung europäischer politischer Parteien und europäischer politischer Stiftungen (ABl 2019 C 249, 2).

ABl 2014 L 317, 1 idF

1 ABl 2016 L 131, 91
2 ABl 2018 L 114 I, 1
3 ABl 2019 L 85 I, 7

Verordnung (EU, EURATOM)) Nr. 1141/2014 des Europäischen Parlaments und des Rates vom 22. Oktober 2014 über das Statut und die Finanzierung europäischer politischer Parteien und europäischer politischer Stiftungen

DAS EUROPÄISCHE PARLAMENT UND DER RAT DER EUROPÄISCHEN UNION –

gestützt auf den Vertrag über die Arbeitsweise der Europäischen Union, insbesondere auf Artikel 224,

gestützt auf den Vertrag zur Gründung der Europäischen Atomgemeinschaft, insbesondere auf Artikel 106a,

auf Vorschlag der Europäischen Kommission,

nach Zuleitung des Entwurfs des Gesetzgebungsakts an die nationalen Parlamente,

nach Stellungnahme des Europäischen Wirtschafts- und Sozialausschusses[1],

nach Stellungnahme des Ausschusses der Regionen[2],

nach Stellungnahme des Rechnungshofs[3],

gemäß dem ordentlichen Gesetzgebungsverfahren[4],

in Erwägung nachstehender Gründe:

(1) Laut Artikel 10 Absatz 4 des Vertrags über die Europäische Union (EUV) und Artikel 12 Absatz 2 der Charta der Grundrechte der Europäischen Union (Charta) tragen politische Parteien auf europäischer Ebene zur Herausbildung eines europäischen politischen Bewusstseins und zum Ausdruck des Willens der Bürgerinnen und Bürger der Union bei.

[1] ABl. C 133 vom 9.5.2013, S. 90.
[2] ABl. C 62 vom 2.3.2013, S. 77.
[3] ABl. C 67 vom 7.3.2013, S. 1.
[4] Standpunkt des Europäischen Parlaments vom 16. April 2014 (noch nicht im Amtsblatt veröffentlicht) und Beschluss des Rates vom 29. September 2014.

(2) In Artikel 11 und 12 der Charta heißt es, dass das Recht auf Vereinigungsfreiheit auf allen Ebenen, beispielsweise im politischen und zivilgesellschaftlichen Bereich, und das Recht auf freie Meinungsäußerung, einschließlich der Meinungsfreiheit und der Freiheit Informationen und Ideen ohne behördliche Eingriffe und ohne Rücksicht auf Staatsgrenzen zu empfangen und weiterzugeben, zu den Grundrechten jedes Unionsbürgers gehören.

(3) Die Unionsbürger sollten diese Rechte nutzen können, um uneingeschränkt am demokratischen Leben der Union teilnehmen zu können.

(4) Wahrlich transnational angelegten europäischen politischen Parteien und den ihnen angeschlossenen europäischen politischen Stiftungen kommt bei Artikulierung der Bürgermeinungen auf europäischer Ebene und damit bei der Überbrückung der Kluft zwischen der Politik auf nationaler Ebene und der auf Unionsebene eine Schlüsselrolle zu.

(5) Europäische politische Parteien und die ihnen angeschlossenen europäischen politischen Stiftungen sollten in ihren Bemühungen unterstützt und bestärkt werden, eine enge Verbindung zwischen der europäischen Zivilgesellschaft und den Unionsorganen, insbesondere dem Europäischen Parlament, herzustellen.

(6) Die Erfahrung der europäischen politischen Parteien und der ihnen angeschlossenen europäischen politischen Stiftungen mit der Anwendung der Verordnung (EG) Nr. 2004/2003 des Europäischen Parlaments und des Rates[5] zusammen mit der Entschließung des Europäischen Parlaments vom 6. April 2011 über die Anwendung der Ver-

[5] Verordnung (EG) Nr. 2004/2003 des Europäischen Parlaments und des Rates vom 4. November 2003 über die Regelungen für die politischen Parteien auf europäischer Ebene und ihre Finanzierung (ABl. L 297 vom 15.11.2003, S. 1).

ordnung (EG) Nr. 2004/2003[6] zeigt die Notwendigkeit auf, den rechtlichen und finanziellen Rahmen für europäische politische Parteien und die ihnen angeschlossenen europäischen Stiftungen zu verbessern, damit sie im vielschichtigen politischen System der Union zu sichtbareren und effizienteren Akteuren werden können.

(7) In Anerkennung der Aufgabe, die den europäischen politischen Parteien im EUV zugewiesen wurde, und zur Erleichterung ihrer Arbeit sollte für europäische politische Parteien und die ihnen angeschlossenen europäischen politischen Stiftungen ein spezifischer europäischer Rechtsstatus eingerichtet werden.

(8) Eine Behörde für europäische politische Parteien und Stiftungen (im Folgenden „die Behörde") sollte zum Zweck der Eintragung, Kontrolle und Sanktionierung von europäischen politischen Parteien und europäischen politischen Stiftungen eingerichtet werden. Die Eintragung sollte notwendig sein, um einen europäischen Rechtsstatus zu erhalten, mit dem eine Reihe von Rechten und Pflichten verbunden sind. Um mögliche Interessenkonflikte zu verhindern, sollte die Behörde unabhängig sein.

(9) Die Verfahren, die europäische politische Parteien und die ihnen angeschlossenen europäischen politischen Stiftungen zu befolgen haben, um nach dieser Verordnung europäischen Rechtsstatus zu erhalten, sollten ebenso wie die Verfahren und Kriterien festgelegt werden, die bei der Entscheidung über die Gewährung eines solchen europäischen Rechtsstatus zu beachten sind. Auch für die Fälle, in denen eine europäische politische Partei oder europäische politische Stiftung diesen Rechtsstatus verliert oder aufgibt, müssen Verfahren festgelegt werden.

(10) Zur Erleichterung der Aufsicht über Rechtspersonen, für die sowohl Unionsrecht als auch nationales Recht gilt, sollte der Kommission die Befugnis übertragen werden, gemäß Artikel 290 des Vertrags über die Arbeitsweise der Europäischen Union (AEUV) Rechtsakte zu erlassen hinsichtlich der Funktionsweise eines Registers für europäische politische Parteien und Stiftungen, das von der Behörde für europäische politische Parteien und Stiftungen verwaltet wird (im Folgenden „Register"), insbesondere in Bezug auf die im Register aufbewahrten Informationen und Belege. Es ist von besonderer Bedeutung, dass die Kommission im Zuge ihrer Vorbereitungsarbeit angemessene Konsultationen, auch auf der Ebene von Sachverständigen, durchführt. Bei der Vorbereitung und Ausarbeitung delegierter Rechtsakte sollte die Kommission gewährleisten, dass die einschlägigen Dokumente dem Europäischen Parlament und dem Rat gleichzeitig, rechtzeitig und auf angemessene Weise übermittelt werden.

(11) Zur Gewährleistung einheitlicher Bedingungen für die Durchführung dieser Verordnung sollten der Kommission Durchführungsbefugnisse in Bezug auf Vorschriften über das Registrierungsnummersystem und in Bezug darauf, wie Dritten auf Antrag Standardauszüge des Registers durch die Behörde zur Verfügung zu stellen sind, übertragen werden. Diese Befugnisse sollten im Einklang mit der Verordnung (EU) Nr. 182/2011 des Europäischen Parlaments und des Rates[7] ausgeübt werden.

(12) Europäische politische Parteien und die ihnen angeschlossenen europäischen politischen Stiftungen, die durch den europäischen Rechtsstatus als solche auf Unionsebene anerkannt werden wollen und öffentliche Finanzmittel aus dem Gesamthaushaltsplan der Europäischen Union erhalten wollen, sollten bestimmte Grundsätze beachten und bestimmte Voraussetzungen erfüllen. Insbesondere ist es erforderlich, dass europäische politische Parteien und die ihnen angeschlossenen europäischen politischen Stiftungen insbesondere in ihrem Programm und bei ihren Tätigkeiten die Werte achten, auf die sich die Union gemäß Artikel 2 EUV gründet, und zwar Achtung der Menschenwürde, Freiheit, Demokratie, Gleichheit, Rechtsstaatlichkeit und Achtung der Menschenrechte, einschließlich der Rechte von Personen, die Minderheiten angehören.

(ABl 2018 L 114 I, 1)

(13) Entscheidungen, die Eintragung einer europäischen politischen Partei oder einer europäischen politischen Stiftung wegen Nichtbeachtung der Werte, auf die sich die Union gemäß Artikel 2 EUV gründet, aus dem Register zu löschen, sollten nur im Falle eines offensichtlichen und schwerwiegenden Verstoßes gegen diese Werte getroffen werden. Wenn die Behörde entscheidet, eine Eintragung aus dem Register zu löschen, sollte sie dabei die Charta in vollem Maße achten.

(14) Die Satzung einer europäischen politischen Partei oder einer europäischen politischen Stiftung sollte einige grundlegende Bestimmungen umfassen. Den Mitgliedstaaten sollte gestattet

[6] ABl. C 296 E vom 2.102012, S. 46.

[7] Verordnung (EU) Nr. 182/2011 des Europäischen Parlaments und des Rates vom 16. Februar 2011 zur Festlegung der allgemeinen Regeln und Grundsätze, nach denen die Mitgliedstaaten die Wahrnehmung der Durchführungsbefugnisse durch die Kommission kontrollieren (ABl. L 55 vom 28.2.2011, S. 13).

sein, zusätzliche Anforderungen an die Satzung europäischer politischer Parteien und europäischer politischer Stiftungen zu stellen, die ihren Sitz in ihrem jeweiligen Hoheitsgebiet haben, sofern diese zusätzlichen Anforderungen im Einklang mit dieser Verordnung stehen.

(15) Die Behörde sollte regelmäßig überprüfen, dass die Voraussetzungen und Anforderungen in Bezug auf die Eintragung europäischer politischer Parteien und europäischer politischer Stiftungen weiterhin eingehalten werden. Entscheidungen in Bezug auf die Werte, auf die sich die Union gemäß Artikel 2 EUV gründet, sollten nur gemäß einem eigens dafür eingerichteten Verfahren nach der Anhörung eines Ausschusses unabhängiger Persönlichkeiten getroffen werden.

(16) Die Behörde ist eine Einrichtung der Union im Sinne von Artikel 263 AEUV.

(17) Die Unabhängigkeit und Transparenz des Ausschusses unabhängiger Persönlichkeiten sollte sichergestellt werden.

(18) Der den europäischen politischen Parteien und den ihnen angeschlossenen Stiftungen verliehene europäische Rechtsstatus sollte ihnen die Rechtsfähigkeit und Anerkennung in allen Mitgliedstaaten verschaffen. Diese Rechtsfähigkeit und Anerkennung erlaubt es ihnen nicht, Kandidaten in nationalen Wahlen oder Wahlen zum Europäischen Parlament zu nominieren oder sich an Kampagnen für Referenden zu beteiligen. Eine solche oder ähnliche Befugnis verbleibt in der Zuständigkeit der Mitgliedstaaten.

(19) Die Tätigkeiten europäischer politischer Parteien und europäischer politischer Stiftungen sollten durch diese Verordnung geregelt werden, und Sachverhalte, die nicht durch diese Verordnung geregelt werden, sollten durch einschlägige nationale Rechtsvorschriften der Mitgliedstaaten geregelt werden. Der Rechtsstatus einer europäischen politischen Partei und einer europäischen politischen Stiftung sollte durch die vorliegende Verordnung und die anzuwendenden nationalen Rechtsvorschriften des Mitgliedstaates, in dem sich der Sitz befindet (im Folgenden „Sitzmitgliedstaat"), geregelt werden. Dieser Mitgliedstaat sollte vorab das anzuwendende Gesetz festlegen können oder den europäischen politischen Parteien und europäischen politischen Stiftungen eine Option einräumen können. Er sollte zudem andere oder zusätzliche Anforderungen als die in dieser Verordnung festgelegten Anforderungen vorschreiben können, darunter Vorschriften über die Eintragung und Eingliederung europäischer politischer Parteien und europäischer politischer Stiftungen in nationale Verwaltungs- und Kontrollsysteme sowie über deren Organisation und Satzung einschließlich der Haftung, sofern diese Vorschriften im Einklang mit dieser Verordnung stehen.

(20) Als wesentlichen Bestandteil des europäischen Rechtsstatus sollten europäische politische Parteien und europäische politische Stiftungen über eine europäische Rechtspersönlichkeit verfügen. Der Erwerb einer europäischen Rechtspersönlichkeit sollte Anforderungen und Verfahren zum Schutz der Interessen des Sitzmitgliedstaats, des Antragstellers auf europäischen Rechtsstatus (im Folgenden „der Antragsteller") und jeglicher betroffener Dritter unterliegen. Insbesondere sollte eine vorher bestehende nationale Rechtspersönlichkeit in eine europäische Rechtspersönlichkeit umgewandelt werden, und alle individuellen Rechte und Verpflichtungen der bisherigen nationalen Rechtsperson sollten auf die neue europäische Rechtsperson übertragen werden. Außerdem sollten zwecks Erleichterung der Fortführung der Tätigkeit Schutzvorkehrungen getroffen werden, um zu verhindern, dass der betreffende Mitgliedstaat prohibitive Voraussetzungen bei einer solchen Umwandlung anwendet. Der Sitzmitgliedstaat sollte bestimmen können, welche Arten nationaler juristischer Personen in europäische juristische Personen umgewandelt werden können, und sollte sein Einverständnis mit dem Erwerb der europäischen Rechtspersönlichkeit gemäß dieser Verordnung so lange zurückhalten können, bis angemessene Garantien geschaffen werden, insbesondere, was die Rechtmäßigkeit der Satzung des Antragstellers gemäß den Rechtsvorschriften dieses Mitgliedstaats oder den Schutz von Gläubigern oder Inhabern anderer Rechte in Bezug auf eine zuvor bestehende nationale Rechtspersönlichkeit anbelangt.

(21) Die Beendigung einer europäischen Rechtspersönlichkeit sollte Anforderungen und Verfahren zum Schutz der Interessen der Europäischen Union, des Sitzmitgliedstaats der europäischen politischen Partei oder europäischen politischen Stiftung und von sonstigen betroffenen Dritten unterliegen. Insbesondere sollte im Falle, dass eine europäische politische Partei oder europäische politische Stiftung Rechtspersönlichkeit gemäß den Rechtsvorschriften des Sitzmitgliedstaats erwerben, dies als eine Umwandlung der europäischen Rechtspersönlichkeit betrachtet werden, und alle individuellen Rechte und Verpflichtungen der bisherigen europäischen Rechtsperson sollten auf die neue nationale Rechtsperson übertragen werden. Außerdem sollten zwecks Erleichterung der Fortführung der Tätigkeit Schutzvorkehrungen getroffen werden, um zu verhindern, dass der betreffende Mitgliedstaat nicht erfüllbare Voraussetzungen bei einer solchen Umwandlung anwendet. Wenn die euro-

päische politische Partei oder europäische politische Stiftung keine Rechtspersönlichkeit im Sitzmitgliedstaat erwirbt, sollte sie gemäß den Rechtsvorschriften des Mitgliedstaates und unter Einhaltung der Bedingung, dass sie keine Gewinnzwecke verfolgen darf, abgewickelt werden. Die Behörde und der Anweisungsbefugte des Europäischen Parlaments sollten sich mit dem betreffenden Mitgliedstaat auf Modalitäten der Beendigung der europäischen Rechtspersönlichkeit verständigen können, insbesondere, um die Wiedereinziehung von Finanzmitteln aus dem Gesamthaushaltsplan der Europäischen Union und die Zahlung von finanziellen Sanktionen sicherzustellen.

(22) Wenn eine europäische politische Partei oder europäische politische Stiftung einschlägige nationale Rechtsvorschriften auf schwerwiegende Weise nicht beachtet und wenn davon die Achtung der Werte, auf die sich die Union gemäß Artikel 2 EUV gründet, betroffen ist, sollte die Behörde auf Antrag des betreffenden Mitgliedstaats entscheiden, die Verfahren dieser Verordnung anzuwenden. Außerdem sollte die Behörde auf Antrag des Sitzmitgliedstaats entscheiden, eine europäische politische Partei oder europäische politische Stiftung, die in schwerwiegender Weise gegen einschlägige nationale Rechtsvorschriften in Bezug auf andere Sachverhalte verstoßen hat, aus dem Register zu löschen.

(23) Für eine Finanzierung aus dem Gesamthaushaltsplan der Europäischen Union sollten nur die europäischen politischen Parteien und die ihnen angeschlossenen europäischen politischen Stiftungen in Betracht kommen, die als solche anerkannt sind und den europäischen Rechtsstatus erhalten haben. Es ist von entscheidender Bedeutung, dass die Anforderungen, die an eine europäische politische Partei gestellt werden, nicht zu hoch sind, sondern ohne Weiteres von organisierten, seriösen transnationalen Bündnissen politischer Parteien oder natürlicher Personen oder beiden erfüllt werden können; gleichzeitig gilt es, für die Verteilung der begrenzten Mittel aus dem Gesamthaushaltsplan der Europäischen Union angemessene Kriterien festzulegen, die das europäische Engagement und die wirkliche Unterstützung der Wähler einer europäischen politischen Partei oder ihrer Mitglieder objektiv widerspiegeln. Am besten eignet sich hierzu das Ergebnis der Wahl zum Europäischen Parlament, an der europäische politische Parteien nach dieser Verordnung teilnehmen müssen, denn es gibt genauen Aufschluss darüber, welche Anerkennung eine europäische politische Partei beim Wähler genießt. Die Kriterien sollten die Rolle des Europäischen Parlaments als direkte Vertretung der Unionsbürgerinnen und -bürger gemäß Artikel 10 Absatz 2 EUV sowie das Ziel europäischer politischer Parteien, in vollem Umfang am demokratischen Leben der Europäischen Union mitzuwirken und Europas repräsentative Demokratie aktiv mitzugestalten, um die Sichtweisen, Meinungen und den politischen Willen der Bürger effektiv zum Ausdruck zu bringen, verdeutlichen. Eine Finanzierung aus dem Gesamthaushaltsplan der Europäischen Union sollte daher europäischen politischen Parteien vorbehalten sein, die mit mindestens einem ihrer Mitglieder im Europäischen Parlament vertreten sind, und europäischen politischen Stiftungen, die die Finanzmittel über eine mit mindestens einem ihrer Mitglieder im Europäischen Parlament vertretene europäische politische Partei beantragen.

(24) Um die Transparenz der Finanzierung europäischer politischer Parteien zu erhöhen und dem Missbrauch der Finanzierungsvorschriften vorzubeugen, sollte ein Mitglied des Europäischen Parlaments nur für die Zwecke der Finanzierung als Mitglied einer einzigen europäischen politischen Partei angesehen werden, die gegebenenfalls diejenige sein sollte, der seine nationale oder regionale politische Partei am Stichtag für die Einreichung der Finanzierungsanträge angeschlossen ist.

(25) Die von den europäischen politischen Parteien und den ihnen angeschlossenen europäischen politischen Stiftungen bei Beantragung einer Finanzierung aus dem Gesamthaushaltsplan der Europäischen Union zu befolgenden Verfahren sollten ebenso wie die Verfahren, Kriterien und Vorschriften festgelegt werden, die bei der Entscheidung über die Gewährung einer solchen Finanzierung zu beachten sind.

(26) Zur Stärkung der Unabhängigkeit, Rechenschaftspflicht und Verantwortung der europäischen politischen Parteien und europäischen politischen Stiftungen sollten bestimmte Arten von Spenden und Zuwendungen aus anderen Quellen als dem Gesamthaushaltsplan der Europäischen Union untersagt werden oder Beschränkungen unterliegen. Eine Begrenzung des freien Kapitalverkehrs, die mit solchen Beschränkungen einhergehen könnte, ist aus Gründen der öffentlichen Ordnung gerechtfertigt und ist zum Erreichen dieser Ziele absolut notwendig.

(27) Europäische politische Parteien sollten bei Wahlen zum Europäischen Parlament Kampagnen finanzieren können, wobei für die Finanzierung und Begrenzung der Wahlausgaben von Parteien und Kandidaten bei derartigen Wahlen die Bestimmungen der jeweiligen Mitgliedstaaten gelten sollten.

(28) Europäische politische Parteien sollten andere politische Parteien und vor allem nationale

Parteien oder Kandidaten weder unmittelbar noch mittelbar finanzieren. Europäische politische Stiftungen sollten weder unmittelbar noch mittelbar politische Parteien oder Kandidaten auf europäischer oder auf nationaler Ebene finanzieren. Außerdem sollten europäische politische Parteien und die ihnen angeschlossenen europäischen politischen Stiftungen keine Kampagnen für Volksabstimmungen finanzieren. Diese Grundsätze stehen im Einklang mit der Erklärung Nr. 11 zu Artikel 191 des Vertrags zur Gründung der Europäischen Gemeinschaft, die der Schlussakte des Vertrags von Nizza beigefügt ist.

(29) Für die Zuweisung der jährlich im Gesamthaushaltsplan der Europäischen Union verfügbaren Mittel sollten spezifische Bestimmungen und Verfahren festgelegt werden, die vorsehen, dass zum einen die Zahl der Begünstigten und zum anderen der Anteil an gewählten Mitgliedern des Europäischen Parlaments, den jede begünstigte europäische politische Partei beziehungsweise ihre jeweilige ihr angeschlossene europäische politische Stiftung besitzt, zugrunde gelegt werden. Diese Bestimmungen sollten strikte Regeln für die Transparenz, Rechnungslegung, Rechnungsprüfung und Finanzkontrolle der europäischen politischen Parteien und der ihnen angeschlossenen europäischen politischen Stiftungen und angemessene Sanktionen unter anderem für den Fall vorsehen, dass eine europäische politische Partei oder europäische politische Stiftung gegen die Werte verstößt, auf die sich die Union gemäß Artikel 2 EUV gründet.

(30) Um die Erfüllung der Verpflichtungen dieser Verordnung in Bezug auf die Finanzierung und Ausgaben von europäischen politischen Parteien und europäischen politischen Stiftungen und andere Sachverhalte sicherzustellen, bedarf es wirksamer Kontrollmechanismen. Zu diesem Zweck sollten die Behörde, der Anweisungsbefugte des Europäischen Parlaments und die Mitgliedstaaten miteinander kooperieren und alle notwendigen Informationen untereinander austauschen. Die Zusammenarbeit zwischen den Behörden der Mitgliedstaaten sollte auch gefördert werden, um für eine wirksame und effiziente Kontrolle der Verpflichtungen zu sorgen, die sich aus maßgeblichen nationalen Rechtsvorschriften ergeben.

(30a) Gemäß den Bestimmungen und Verfahren der Verordnung (EU) 2017/1939 des Rates*) hat die Europäische Staatsanwaltschaft (EUStA) die Aufgabe, mutmaßliche Straftaten mit Auswirkungen auf die finanziellen Interessen der Union im Rahmen der Finanzierung europäischer politischer Parteien und europäischer politischer Stiftungen im Sinne der Richtlinie (EU) 2017/1371 des Europäischen Parlaments und des Rates**) strafrechtlich zu untersuchen. Die Verpflichtung nach Artikel 24 der Verordnung (EU) 2017/1939 gilt für die Behörde.

(ABl 2018 L 114 I, 1)

(31) Es ist notwendig, ein klares, robustes und abschreckendes System von Sanktionen einzuführen, um die wirksame, verhältnismäßige und einheitliche Erfüllung der Verpflichtungen in Bezug auf die Tätigkeiten europäischer politischer Parteien und europäischer politischer Stiftungen zu gewährleisten. Solch ein System sollte auch den Grundsatz „ne bis in idem" achten, wonach eine Straftat nicht zweimal mit Sanktionen belegt werden darf. Es ist auch erforderlich, die entsprechenden Aufgaben der Behörde und des Anweisungsbefugten des Europäischen Parlaments in Bezug auf die Kontrolle und Überprüfung der Einhaltung dieser Verordnung sowie die Mechanismen für die Zusammenarbeit zwischen ihnen und den Behörden der Mitgliedstaaten festzulegen.

(32) Zur stärkeren Sensibilisierung der Bürger für europapolitische Fragen und zur Förderung der Transparenz des europäischen Wahlverfahrens können die europäischen politischen Parteien die Bürger bei der Wahl zum Europäischen Parlament über die Verbindungen informieren, die zwischen ihnen und den nationalen politischen Parteien, die ihnen angeschlossen sind, sowie deren Kandidaten bestehen.

(33) Aus Transparenzgründen und um die Überprüfung europäischer politischer Parteien und europäischer politischer Stiftungen sowie deren demokratische Rechenschaftspflicht zu stärken, sollten als von substanziellem öffentlichen Interesse anzusehende Informationen, insbesondere über die Satzung, Mitglieder, Jahresabschlüsse, Spender und Spenden, Beiträge und Finanzhilfen aus dem Gesamthaushaltsplan der Europäischen Union sowie Informationen in Bezug auf Entscheidungen der Behörde und des Anweisungsbefugten des Europäischen Parlaments über Eintragung, Finanzierung und Sanktionen veröffentlicht werden. Die Aufstellung eines Regelwerks, das sicherstellt, dass diese Infor-

*) Verordnung (EU) 2017/1939 des Rates vom 12. Oktober 2017 zur Durchführung einer Verstärkten Zusammenarbeit zur Errichtung der Europäischen Staatsanwaltschaft (EUStA) (ABl. L 283 vom 31.10.2017, S. 1).

**) Richtlinie (EU) 2017/1371 des Europäischen Parlaments und des Rates vom 5. Juli 2017 über die strafrechtliche Bekämpfung von gegen die finanziellen Interessen der Union gerichtetem Betrug (ABl. L 198 vom 28.7.2017, S. 29).

mationen öffentlich verfügbar sind, ist der wirksamste Weg zur Schaffung gleicher Ausgangsbedingungen und zu einem fairen Wettbewerb zwischen politischen Kräften sowie zur Aufrechterhaltung offener, transparenter und demokratischer Verfahren bei Gesetzgebung und Wahlen; dadurch wird das Vertrauen von Bürgern und Wählern in die europäische repräsentative Demokratie gestärkt und allgemein Korruption und Machtmissbrauch vorgebeugt.

(34) Gemäß dem Grundsatz der Verhältnismäßigkeit sollte die Verpflichtung zur Veröffentlichung der Identität von Spendern, die natürliche Personen sind, nicht für Spenden gelten, deren Wert 1 500 EUR pro Jahr und Spender nicht überschreitet. Darüber hinaus sollte eine solche Veröffentlichung nicht für Spenden von mehr als 1 500 EUR und nicht mehr als 3 000 EUR gelten, sofern der Spender vorab keine schriftliche Genehmigung zur Veröffentlichung erteilt hat. Diese Grenzwerte stellen einen angemessenen Ausgleich zwischen dem Grundrecht auf den Schutz personenbezogener Daten einerseits und dem legitimen öffentlichen Interesse an einer transparenten Finanzierung von europäischen politischen Parteien und Stiftungen andererseits her, wie es in internationalen Empfehlungen zur Verhinderung von Korruption in Zusammenhang mit der Finanzierung von europäischen politischen Parteien und Stiftungen zum Ausdruck gebracht wurde. Die Offenlegung von Spenden in Höhe von mehr als 3 000 EUR pro Jahr und Spender sollte eine wirksame Überprüfung und Kontrolle der Beziehungen zwischen Spendern und europäischen politischen Parteien durch die Öffentlichkeit ermöglichen. Ebenfalls gemäß dem Verhältnismäßigkeitsgrundsatz sollten Informationen über Spenden jährlich veröffentlicht werden, außer während Kampagnen für die Wahl zum Europäischen Parlament und bei Spenden von mehr als 12 000 EUR, die umgehend veröffentlicht werden sollten.

(35) Diese Verordnung wahrt die Grundrechte und beachtet die Grundsätze, die in der Charta verankert sind, insbesondere in den Artikeln 7 und 8, denen zufolge jede Person das Recht auf Achtung ihres Privatlebens und auf Schutz der sie betreffenden personenbezogenen Daten hat, und muss unter uneingeschränkter Achtung dieser Rechte und Grundsätze angewandt werden.

(36) Die Verordnung (EG) Nr. 45/2001 des Europäischen Parlaments und des Rates[8] findet Anwendung auf die gemäß dieser Verordnung durchgeführte Verarbeitung personenbezogener Daten durch die Behörde, das Europäische Parlament und den Ausschuss unabhängiger Persönlichkeiten.

(37) Für die Verarbeitung personenbezogener Daten gemäß dieser Verordnung gilt die Richtlinie 95/46/EG des Europäischen Parlaments und des Rates[9].

(38) Aus Gründen der Rechtssicherheit ist klarzustellen, dass die für die Verarbeitung Verantwortlichen im Sinne der Verordnung (EG) Nr. 45/2001 oder der Richtlinie 95/46/EG die Behörde, das Europäische Parlament, die europäischen politischen Parteien und europäischen politischen Stiftungen, die für die Kontrolle bestimmter Aspekte der Finanzierung europäischer politischer Parteien und europäischer politischer Stiftungen zuständigen nationalen Behörden und andere beteiligte Dritte sind, auf die in dieser Verordnung Bezug genommen wird oder die in dieser Verordnung vorgesehen sind. Ferner ist zu präzisieren, wie lange die personenbezogenen Daten aufbewahrt werden können, die zum Zwecke der Gewährleistung von Rechtmäßigkeit, Ordnungsmäßigkeit und Transparenz der Finanzierung europäischer politischer Parteien und europäischer politischer Stiftungen sowie der Mitgliedschaft europäischer politischer Parteien erfasst wurden. In ihrer Eigenschaft als für die Verarbeitung Verantwortliche müssen die Behörde, das Europäische Parlament, die europäischen politischen Parteien und europäischen politischen Stiftungen, die zuständigen nationalen Behörden und die beteiligten Dritten alle geeigneten Maßnahmen treffen, um den Vorgaben der Verordnung (EG) Nr. 45/2001 und der Richtlinie 95/46/EG insbesondere in Bezug auf die Rechtmäßigkeit und die Sicherheit der Verarbeitung, die Bereitstellung von Informationen und die Rechte der betroffenen Personen auf Auskunft über ihre personenbezogenen Daten sowie auf Berichtigung und Löschung ihrer personenbezogenen Daten nachzukommen.

(39) Die Bestimmungen von Kapitel III der Richtlinie 95/46/EG über Rechtsbehelfe, Haftung und Sanktionen finden Anwendung auf die gemäß dieser Verordnung durchgeführte Datenverarbeitung. Die zuständigen nationalen Behörden oder beteiligten Dritten sollten gemäß den geltenden nationalen Rechtsvorschriften für alle von ihnen

[8] Verordnung (EG) Nr. 45/2001 des Europäischen Parlaments und des Rates vom 18. Dezember 2000 zum Schutz natürlicher Personen bei der Verarbeitung personenbezogener Daten durch die Organe und Einrichtungen der Gemeinschaft und zum freien Datenverkehr (ABl. L 8 vom 12.1.2001, S. 1).

[9] Richtlinie 95/46/EG des Europäischen Parlaments und des Rates vom 24. Oktober 1995 zum Schutz natürlicher Personen bei der Verarbeitung personenbezogener Daten und zum freien Datenverkehr (ABl. L 281 vom 23.11.1995, S. 31).

verursachten Schäden haften. Die Mitgliedstaaten sollten ferner sicherstellen, dass gegen zuständige nationale Behörden oder beteiligte Dritte, die gegen diese Verordnung verstoßen, geeignete Sanktionen verhängt werden können.

(40) Technische Unterstützung für europäische politische Parteien vonseiten des Europäischen Parlaments sollte gemäß dem Grundsatz der Gleichbehandlung erfolgen, gegen Rechnung und Entgelt geleistet werden und Gegenstand eines regelmäßig vorgelegten öffentlichen Berichts sein.

(41) Grundlegende Informationen über die Anwendung dieser Verordnung sollten der Öffentlichkeit auf einer speziellen Website zur Verfügung gestellt werden.

(42) Die gerichtliche Kontrolle durch den Gerichtshof der Europäischen Union wird zur ordnungsgemäßen Anwendung dieser Verordnung beitragen. Auch sollte man europäischen politischen Parteien oder europäischen politischen Stiftungen rechtliches Gehör gewähren und es ihnen ermöglichen Abhilfemaßnahmen zu treffen, bevor eine Sanktion gegen sie verhängt wird.

(43) Die Mitgliedstaaten sollten für nationale Bestimmungen sorgen, die einer wirksamen Anwendung dieser Verordnung förderlich sind.

(44) Den Mitgliedstaaten sollte genügend Zeit zur Einführung nationaler Bestimmungen eingeräumt werden, mit denen eine reibungslose und wirksame Anwendung dieser Verordnung gewährleistet wird. Es sollte daher ein Übergangszeitraum zwischen dem Inkrafttreten dieser Verordnung und ihrer Anwendung vorgesehen werden.

(45) Der Europäische Datenschutzbeauftragte wurde angehört und hat eine Stellungnahme abgegeben[10)].

(46) Da die derzeit für politische Parteien und politische Stiftungen auf europäischer Ebene geltenden Bestimmungen und Verfahren erheblich geändert und ergänzt werden müssen, sollte die Verordnung (EG) Nr. 2004/2003 aufgehoben werden –

HABEN FOLGENDE VERORDNUNG ERLASSEN:

[10)] ABl. C 253 vom 3.9.2013, S. 12.

KAPITEL I
ALLGEMEINE BESTIMMUNGEN

Artikel 1
Gegenstand

In dieser Verordnung werden das Statut und die Finanzierung politischer Parteien auf europäischer Ebene („europäische politische Parteien") und politischer Stiftungen auf europäischer Ebene („europäische politische Stiftungen") geregelt.

Artikel 2
Begriffsbestimmungen

Im Sinne dieser Verordnung bezeichnet der Ausdruck

1. „politische Partei" eine Vereinigung von Bürgern:
   – die politische Ziele verfolgt und
   – die nach der Rechtsordnung mindestens eines Mitgliedstaats anerkannt ist oder in Übereinstimmung mit dieser Rechtsordnung gegründet wurde;

2. „politisches Bündnis" eine strukturierte Zusammenarbeit zwischen politischen Parteien und/oder Bürgern;

3. „europäische politische Partei" ein politisches Bündnis, das politische Ziele verfolgt und gemäß den in dieser Verordnung festgelegten Bedingungen und Verfahren bei der in Artikel 6 eingerichteten Behörde für europäische politische Parteien und europäische politische Stiftungen eingetragen ist;

4. „europäische politische Stiftung" eine Einrichtung, die einer europäischen politischen Partei förmlich angeschlossen ist, die gemäß den in dieser Verordnung festgelegten Bedingungen und Verfahren bei der Behörde eingetragen ist und die durch ihre Tätigkeit im Rahmen der von der Union verfolgten Ziele und Grundwerte die Ziele der europäischen politischen Partei unterstützt und ergänzt, indem sie eine oder mehrere der nachstehenden Aufgaben erfüllt:

a) Beobachtung, Analyse und Bereicherung von Debatten über europapolitische Themen und den Prozess der europäischen Integration,

b) Entwicklung von Tätigkeiten in Verbindung mit europapolitischen Themen wie die Durchführung bzw. die Unterstützung von Seminaren, Fortbildungsmaßnahmen, Konferenzen und Studien zu diesen Themen unter Mitwirkung einschlägiger Akteure, einschließlich Jugendorganisationen und sonstiger Vertreter der Zivilgesellschaft,

c) Ausbau der Zusammenarbeit zur Förderung der Demokratie, einschließlich in Drittländern,

d) Schaffung einer Plattform für die Zusammenarbeit auf europäischer Ebene von nationalen politischen Stiftungen, Wissenschaftlern und anderen einschlägigen Akteuren;

5. „regionales Parlament" oder „regionale Versammlung" ein Gremium, dessen Mitglieder über ein regionales Wahlmandat verfügen oder einer gewählten Versammlung politisch Rechenschaft schulden;

6. „Finanzierung aus dem Gesamthaushaltsplan der Europäischen Union" eine gemäß Teil 1 Titel VI der Verordnung (EU, Euratom) Nr. 966/2012 des Europäischen Parlaments und des Rates[11] („Haushaltsordnung") gewährte Finanzhilfe oder einen gemäß Teil 2 Titel VIII jener Verordnung gewährten Beitrag;

7. „Spende" Bargeld- und Sachgeschenke jeglicher Art, die Bereitstellung von Gütern, Dienstleistungen (einschließlich Darlehen) sowie Arbeiten unter Marktwert und/oder alle anderen Transaktionen, die für die betreffende europäische politische Partei oder europäische politische Stiftung einen wirtschaftlichen Vorteil darstellen, mit Ausnahme von Zuwendungen von Mitgliedern und gewöhnlichen politischen Tätigkeiten von Einzelnen auf ehrenamtlicher Basis;

8. „Zuwendungen von Mitgliedern" Bargeldzahlungen, darunter Mitgliedsbeiträge, Sachzuwendungen, die Bereitstellung von Gütern, Dienstleistungen (einschließlich Darlehen) oder Arbeiten unter Marktwert und/oder alle anderen Transaktionen, die für die betreffende europäische politische Partei oder europäische politische Stiftung einen wirtschaftlichen Vorteil darstellen, wenn die europäische politische Partei oder europäische politische Stiftung sie von einem ihrer Mitglieder erhält, mit Ausnahme von gewöhnlichen politischen Tätigkeiten von Einzelnen auf ehrenamtlicher Basis;

9. „Jahresbudget" für den Zweck von Artikel 20 und 27 die Gesamtausgaben in einem Jahr, wie sie in den Jahresabschlüssen der betreffenden europäischen politischen Partei oder der betreffenden europäischen politischen Stiftung angegeben sind;

10. „nationale Kontaktstelle" jede Person, die von den zuständigen Stellen der Mitgliedstaaten eigens für den Zweck des Austauschs von Informationen bei der Anwendung der vorliegenden Verordnung bestimmt wird. *(ABl 2018 L 114 I, 1)*

11. „Sitz" der Ort, an dem die europäische politische Partei oder die europäische politische Stiftung ihre Hauptverwaltung hat;

12. „konkurrierende Verstöße" zwei oder mehr Verstöße, die als Bestandteil derselben rechtswidrigen Handlung begangen werden;

13. „wiederholter Verstoß" einen Verstoß, der innerhalb von fünf Jahren nach der Verhängung einer aufgrund derselben Art von Verstoß gegen seinen Verursacher verhängten Sanktion begangen worden ist.

KAPITEL II

STATUT DER EUROPÄISCHEN POLITISCHEN PARTEIEN UND EUROPÄISCHEN POLITISCHEN STIFTUNGEN

Artikel 3
Voraussetzungen für die Eintragung

(1) Ein politisches Bündnis kann die Eintragung als europäische politische Partei beantragen, wenn es folgende Voraussetzungen erfüllt:

a) Es hat seinen Sitz in einem Mitgliedstaat, wie in seiner Satzung angegeben;

b) seine Mitgliedsparteien sind in mindestens einem Viertel der Mitgliedstaaten durch Mitglieder des Europäischen Parlaments, von nationalen oder regionalen Parlamenten oder von regionalen Versammlungen vertreten, oder *(ABl 2018 L 114 I, 1)*

es oder seine Mitglieder sind in mindestens einem Viertel der Mitgliedstaaten durch Mitglieder des Europäischen Parlaments, von nationalen oder regionalen Parlamenten oder regionalen Versammlungen vertreten, oder es oder seine Mitgliedsparteien haben in mindestens einem Viertel der Mitgliedstaaten bei der letzten Wahl zum Europäischen Parlament mindestens drei Prozent der abgegebenen Stimmen in jedem dieser Mitgliedstaaten erhalten;

ba) seine Mitgliedsparteien sind nicht Mitglieder einer anderen europäischen politischen Partei; *(ABl 2018 L 114 I, 1)*

c) insbesondere sein Programm und seine Tätigkeiten stehen im Einklang mit den Werten, auf die sich die Union gemäß Artikel 2 EUV gründet, und zwar Achtung der Menschenwürde, Freiheit, Demokratie, Gleichheit, Rechtsstaatlichkeit und Wahrung der Menschenrechte, einschließlich der Rechte von Personen, die Minderheiten angehören;

d) es oder seine Mitglieder haben an der Wahl zum Europäischen Parlament teilgenommen oder öffentlich die Absicht bekundet, an der nächsten Wahl zum Europäischen Parlament teilnehmen zu wollen; und

e) es verfolgt keine Gewinnzwecke.

(2) Ein Antragsteller kann die Eintragung als europäische politische Stiftung beantragen, wenn er folgende Voraussetzungen erfüllt:

[11] Verordnung (EU, Euratom) Nr. 966/2012 des Europäischen Parlaments und des Rates vom 25. Oktober 2012 über die Haushaltsordnung für den Gesamthaushaltsplan der Union und zur Aufhebung der Verordnung (EG, Euratom) Nr. 1605/2002 des Rates (ABl. L 298 vom 26.10.2012, S. 1).

a) Er muss einer europäischen politischen Partei angeschlossen sein, die im Einklang mit den in dieser Verordnung festgelegten Bedingungen und Verfahren eingetragen ist;

b) er hat seinen Sitz in einem Mitgliedstaat, wie in seiner Satzung angegeben;

c) insbesondere sein Programm und seine Tätigkeiten stehen im Einklang mit den Werten, auf die sich die Union gemäß Artikel 2 EUV gründet, und zwar Achtung der Menschenwürde, Freiheit, Demokratie, Gleichheit, Rechtsstaatlichkeit und Wahrung der Menschenrechte, einschließlich der Rechte von Personen, die Minderheiten angehören;

d) seine Ziele ergänzen die Ziele der europäischen politischen Partei, der er förmlich angeschlossen ist;

e) seinem Leitungsorgan müssen Mitglieder aus mindestens einem Viertel der Mitgliedstaaten angehören; und

f) er verfolgt keine Gewinnzwecke.

(3) Eine europäische politische Partei kann nur eine förmlich angeschlossene europäische politische Stiftung haben. Jede europäische politische Partei und die ihr angeschlossene europäische politische Stiftung gewährleisten die Trennung zwischen ihren jeweiligen laufenden Geschäften, Leitungsstrukturen und ihrer jeweiligen Rechnungslegung.

Artikel 4
Entscheidungsstrukturen europäischer politischer Parteien

(1) Die Satzung einer europäischen politischen Partei entspricht den geltenden Rechtsvorschriften des Mitgliedstaats, in dem sie ihren Sitz hat, und umfasst Bestimmungen, die mindestens Folgendes abdecken:

a) ihren Name und ihr Logo, die deutlich von denen anderer bestehender europäischer politischer Parteien oder europäischer politischer Stiftungen zu unterscheiden sein müssen;

b) die Anschrift ihres Sitzes;

c) ein politisches Programm, das ihren Zweck und ihre Ziele darlegt;

d) eine Erklärung im Einklang mit Artikel 3 Absatz 1 Buchstabe e, dass sie keine Gewinnzwecke verfolgt;

e) gegebenenfalls den Namen der ihr angeschlossenen politischen Stiftung und eine Beschreibung ihrer förmlichen Beziehung;

f) ihre administrative und finanzielle Organisation und Verfahren, insbesondere ihre Organe und Ämter mit administrativen, finanziellen und rechtlichen Vertretungsbefugnissen und die Bestimmungen über die Erstellung, Genehmigung und Überprüfung von Jahresabschlüssen; und

g) das interne Verfahren für den Fall ihrer freiwilligen Auflösung als europäische politische Partei.

(2) Die Satzung einer europäischen politischen Partei enthält Bestimmungen zur internen Organisation als Partei, die mindestens Folgendes regeln:

a) die Modalitäten der Aufnahme, des Austritts und des Ausschlusses ihrer Mitglieder, wobei die Liste ihrer Mitgliedsparteien im Anhang der Satzung beigefügt wird;

b) die mit jeder Art der Mitgliedschaft verbundenen Rechte und Pflichten und die einschlägigen Stimmrechte;

c) die Befugnisse, Zuständigkeiten und Zusammensetzung der Leitungsorgane mit Angaben über die Kriterien für die Auswahl von Kandidaten und die Modalitäten für ihre Ernennung und Entlassung;

d) ihre internen Beschlussfassungsprozesse, insbesondere Wahlverfahren und Bestimmungen über die Beschlussfähigkeit;

e) ihr Transparenzkonzept, insbesondere in Bezug auf Buchführung, Konten und Spenden, Privatsphäre und den Schutz personenbezogener Daten; und

f) das interne Verfahren zur Änderung ihrer Satzung.

(3) Der Sitzmitgliedstaat kann zusätzliche Anforderungen an die Satzung festlegen, sofern diese zusätzlichen Anforderungen nicht gegen diese Verordnung verstoßen.

Artikel 5
Entscheidungsstrukturen europäischer politischer Stiftungen

(1) Die Satzung einer europäischen politischen Stiftung entspricht den geltenden Rechtsvorschriften des Mitgliedstaats, in dem sie ihren Sitz hat, und umfasst Bestimmungen, die mindestens Folgendes abdecken:

a) ihren Name und ihr Logo, die deutlich von denen anderer bestehender europäischer politischer Parteien oder europäischer politischer Stiftungen zu unterscheiden sein müssen;

b) die Anschrift ihres Sitzes;

c) eine Beschreibung ihres Zwecks und ihrer Ziele, die mit den in Artikel 2 Nummer 4 aufgeführten Aufgaben vereinbar sein müssen;

d) eine Erklärung im Einklang mit Artikel 3 Absatz 2 Buchstabe f, dass sie keine Gewinnzwecke verfolgt;

e) den Namen der europäischen politischen Partei, der sie unmittelbar angeschlossen ist, und eine Beschreibung ihrer förmlichen Beziehung;

f) eine Liste ihrer Organe mit Angabe ihrer jeweiligen Befugnisse, Zuständigkeiten und ihrer Zusammensetzung einschließlich der Modalitäten für die Ernennung und Entlassung der Mitglieder und Leiter solcher Organe;

g) ihre administrative und finanzielle Organisation und Verfahren, insbesondere ihre Organe und Ämter mit administrativen, finanziellen und rechtlichen Vertretungsbefugnissen und die Bestimmungen über die Erstellung, Genehmigung und Überprüfung von Jahresabschlüssen;

h) das interne Verfahren zur Änderung ihrer Satzung; und

i) das interne Verfahren für den Fall ihrer freiwilligen Auflösung als europäische politische Stiftung.

(2) Der Sitzmitgliedstaat, kann zusätzliche Anforderungen an die Satzung festlegen, sofern diese zusätzlichen Anforderungen nicht gegen diese Verordnung verstoßen.

Artikel 6
Behörde für europäische politische Parteien und europäische politische Stiftungen

(1) Eine Behörde für europäische politische Parteien und europäische politische Stiftungen (die „Behörde") wird hiermit zum Zweck der Eintragung, Kontrolle und Sanktionierung von europäischen politischen Parteien und europäischen politischen Stiftungen im Einklang mit dieser Verordnung eingerichtet.

(2) Die Behörde besitzt Rechtspersönlichkeit. Sie ist unabhängig und führt ihre Aufgaben im Einklang mit dieser Verordnung aus.

Die Behörde entscheidet über die Eintragung und Löschung von europäischen politischen Parteien und europäischen politischen Stiftungen in das bzw. aus dem Register gemäß den in dieser Verordnung festgelegten Verfahren und Bedingungen. Außerdem überprüft die Behörde regelmäßig, ob die eingetragenen europäischen politischen Parteien und europäischen politischen Stiftungen weiterhin die Eintragungsvoraussetzungen gemäß Artikel 3 und die Bestimmungen über die innere Ordnung gemäß Artikel 4 Absatz 1 Buchstaben a, b und d bis f und Artikel 5 Absatz 1 Buchstaben a bis e und g einhalten.

Bei ihren Entscheidungen berücksichtigt die Behörde in vollem Maße das Grundrecht auf Vereinigungsfreiheit und die Notwendigkeit, einen Parteienpluralismus in Europa zu gewährleisten.

Die Behörde wird durch ihren Direktor vertreten, der alle Entscheidungen im Namen der Behörde trifft.

(3) Der Direktor der Behörde wird nach einer offenen Aufforderung zur Einreichung von Bewerbungen auf der Grundlage von Vorschlägen eines Auswahlausschusses, der sich aus den Generalsekretären des Europäischen Parlaments, des Rates und der Kommission (im Folgenden gemeinsam „Anstellungsbehörde") zusammensetzt, von den drei Organen einvernehmlich für eine fünfjährige, nicht verlängerbare Amtszeit ernannt.

Der Direktor wird auf der Grundlage seiner persönlichen und beruflichen Eignung ausgewählt. Der Direktor darf kein Mitglied des Europäischen Parlaments, gewählter Mandatsträger oder gegenwärtiger oder ehemaliger Angestellter einer europäischen politischen Partei oder europäischen politischen Stiftung sein. Der ausgewählte Direktor darf keinem Interessenkonflikt zwischen seinem Amt als Direktor der Behörde und seinen sonstigen dienstlichen Aufgaben, insbesondere in Verbindung mit der Anwendung der Bestimmungen dieser Verordnung, unterliegen.

Eine freie Stelle infolge von Rücktritt, Ruhestand, Entlassung oder Tod wird gemäß demselben Verfahren besetzt.

Im Falle einer normalen Neubesetzung oder eines freiwilligen Rücktritts nimmt der Direktor seine Aufgaben wahr, bis ein Nachfolger das Amt angetreten hat.

Erfüllt der Direktor der Behörde nicht mehr die Voraussetzungen für die Erfüllung seiner Aufgaben, kann er durch einvernehmliche Entscheidung von mindestens zwei der drei in Unterabsatz 1 genannten Organe und auf der Grundlage eines vom in Unterabsatz 1 genannten Auswahlausschuss auf eigene Initiative oder auf Aufforderung eines der drei Organe erstellten Berichts entlassen werden.

Der Direktor der Behörde ist bei der Wahrnehmung seiner Pflichten unabhängig. Wenn der Direktor im Namen der Behörde handelt, so darf er Weisungen von einem Organ, einer Regierung oder einer anderen Einrichtung oder sonstigen Stelle weder anfordern noch entgegennehmen. Der Direktor der Behörde enthält sich jeder Handlung, die mit dem Wesen seiner Pflichten unvereinbar ist.

Das Europäische Parlament, der Rat und die Kommission führen in Bezug auf den Direktor die der Anstellungsbehörde gemäß dem durch die Verordnung (EWG, Euratom, EGKS) Nr. 259/68 des Rates[13] festgelegten Statut der Beamten (und der Beschäftigungsbedingungen für die sonstigen Bediensteten der Union) übertragenen Befugnisse gemeinsam aus. Unbeschadet der Entscheidungen über die Ernennung und Entlassung können die drei Organe eines von ihnen mit der Ausführung von einigen oder allen der sonstigen, der Anstellungsbehörde übertragenen Befugnisse betrauen.

Die Anstellungsbehörde kann den Direktor mit anderen Aufgaben betrauen, sofern diese Aufga-

---

[13] Verordnung (EWG, Euratom, EGKS) Nr. 259/ 68 des Rates vom 29. Februar 1968 zur Festlegung des Statuts der Beamten der Europäischen Gemeinschaften und der Beschäftigungsbedingungen für die sonstigen Bediensteten dieser Gemeinschaften sowie zur Einführung von Sondermaßnahmen, die vorübergehend auf die Beamten der Kommission anwendbar sind (Statut der Beamten) (ABl. L 56 vom 4.3.1968, S. 1).

ben mit der Arbeitsbelastung, die sich aus seinen Aufgaben als Direktor der Behörde ergeben, vereinbar sind, und sie zu keinem Interessenkonflikt führen oder die volle Unabhängigkeit des Direktors gefährden können.

(4) Die Behörde befindet sich in den Räumlichkeiten des Europäischen Parlaments, das die Behörde mit den erforderlichen Büroräumen und unterstützenden Verwaltungseinrichtungen ausstattet.

(5) Der Direktor der Behörde wird von Mitarbeitern unterstützt, in Bezug auf die er die Befugnisse ausübt, die der Anstellungsbehörde durch das Statut der Beamten der Europäischen Union übertragen wurden, und in Bezug auf die er die Befugnisse ausübt, die der Behörde, die zum Abschluss von Dienstverträgen mit sonstigen Bediensteten ermächtigt ist, durch die Beschäftigungsbedingungen für die sonstigen Bediensteten der Union gemäß der Verordnung des Rates (EWG, Euratom, EGKS) Nr. 259/68 (‚Befugnisse der Anstellungsbehörde‘) übertragen wurden. Die Behörde kann in allen Bereichen ihrer Arbeit zusätzlich abgeordnete nationale Sachverständige oder sonstiges nicht bei der Behörde beschäftigtes Personal einsetzen.

Für das Personal der Behörde gelten das Statut und die Beschäftigungsbedingungen für die sonstigen Bediensteten sowie die von den Organen der Union im gegenseitigen Einvernehmen erlassenen Vorschriften zur Durchführung des genannten Statuts und der Beschäftigungsbedingungen für die sonstigen Bediensteten.

Die Auswahl der Mitarbeiter darf nicht zu einem potenziellen Interessenkonflikt zwischen ihren Pflichten für die Behörde und anderen Amtspflichten führen, und die Mitarbeiter enthalten sich jeglicher Handlungen, die mit dem Wesen ihrer Pflichten unvereinbar sind.
(ABl 2019 L 85 I, 7)

(6) Die Behörde trifft Vereinbarungen mit dem Europäischen Parlament und gegebenenfalls mit anderen Organen über administrative Vorkehrungen, die erforderlich sind, um ihr die Erfüllung ihrer Aufgaben zu ermöglichen, insbesondere Vereinbarungen über die Mitarbeiter, die Dienstleistungen und die Unterstützung, die gemäß den Absätzen 4, 5 und 8 zur Verfügung gestellt wurde bzw. wurden.

(7) Die Mittel für die Ausgaben der Behörde werden unter einem separaten Titel im Einzelplan für das Europäische Parlament des Gesamthaushaltsplans der Europäischen Union zur Verfügung gestellt. Die Mittel müssen ausreichend sein, um den vollständigen und unabhängigen Betrieb der Behörde zu gewährleisten. Der Direktor legt dem Europäischen Parlament einen Haushaltsplanentwurf der Behörde vor; dieser wird veröffentlicht. Das Europäische Parlament delegiert die Pflichten des Anweisungsbefugten in Bezug auf diese Mittel an den Direktor der Behörde.

(8) Für die Behörde gilt die Verordnung Nr. 1 des Rates[14].

Die für die Arbeit der Behörde und des Registers erforderlichen Übersetzungen werden vom Übersetzungszentrum für die Einrichtungen der Europäischen Union angefertigt.

(9) Die Behörde und der Anweisungsbefugte des Europäischen Parlaments tauschen alle für die Ausführung ihrer jeweiligen Aufgaben gemäß dieser Verordnung notwendigen Informationen untereinander aus.

(10) Der Direktor legt dem Europäischen Parlament, dem Rat und der Europäischen Kommission jährlich einen Bericht über die Tätigkeiten der Behörde vor.

(11) Der Gerichtshof der Europäischen Union überprüft die Rechtmäßigkeit der Entscheidungen der Behörde im Einklang mit Artikel 263 AEUV und ist für Rechtsstreitigkeiten in Bezug auf von der Behörde zu leistenden Schadensersatz gemäß Artikel 268 und 340 AEUV zuständig. Trifft die Behörde keine Entscheidung, wenn eine Entscheidung gemäß dieser Verordnung vorgeschrieben ist, kann vor dem Gerichtshof der Europäischen Union eine Untätigkeitsklage gemäß Artikel 265 AEUV erhoben werden.

Artikel 7
Register europäischer politischer Parteien und europäischer politischer Stiftungen

(1) Die Behörde richtet ein Register europäischer politischer Parteien und europäischer politischer Stiftungen ein und verwaltet dieses. Informationen aus diesem Register sind gemäß Artikel 32 online zugänglich.

(2) Um ein ordnungsgemäßes Funktionieren des Registers zu gewährleisten, wird der Kommission die Befugnis übertragen, gemäß Artikel 36 und im Rahmen des Geltungsbereichs der einschlägigen Bestimmungen dieser Verordnung delegierte Rechtsakte in Bezug auf Folgendes zu erlassen:

a) die von der Behörde verwahrten Informationen und Belege, für die das Register der vorgesehene Aufbewahrungsort ist, darunter die Satzung einer europäischen politischen Partei oder europäischen politischen Stiftung, weitere Unterlagen, die als Teil eines Antrags auf Eintragung gemäß Artikel 8 Absatz 2 vorgelegt wurden, von den Sitzmitgliedstaaten erhaltene Unterlagen gemäß Artikel 15 Absatz 2 sowie Informationen über die Identität der Personen, die Mitglieder von Organen sind oder Ämter innehaben, die gemäß Arti-

[14] Verordnung Nr. 1 des Rates vom 15. April 1958 zur Regelung der Sprachenfrage für die Europäische Wirtschaftsgemeinschaft (ABl. 17 vom 6.10.1958, S. 385/58).

kel 4 Absatz 1 Buchstabe f und Artikel 5 Absatz 1 Buchstabe g mit administrativen, finanziellen oder rechtlichen Vertretungsbefugnissen ausgestattet sind;

b) in Buchstabe a dieses Absatzes genanntes Material des Registers, für welches das Register dafür zuständig ist, die von der Behörde gemäß ihren Zuständigkeiten nach dieser Verordnung festgestellte Rechtmäßigkeit zu bescheinigen. Die Behörde ist nicht dafür zuständig, zu überprüfen, ob eine europäische politische Partei oder europäische politische Stiftung eine Verpflichtung oder Anforderung einhält, die der Partei oder der Stiftung von dem Sitzmitgliedstaat gemäß Artikel 4 und 5 und Artikel 14 Absatz 2 zusätzlich zu den Verpflichtungen und Anforderungen gemäß dieser Verordnung auferlegt wurde.

(3) Die Kommission legt durch Durchführungsrechtsakte das für das Register anzuwendende Registrierungsnummersystem und Standardauszüge aus dem Register fest, die Dritten auf Antrag zur Verfügung gestellt werden, darunter der Inhalt von Schreiben und Unterlagen. Diese Auszüge dürfen keine personenbezogenen Daten enthalten, mit Ausnahme von Daten über die Identität von Personen, die Mitglieder von Organen sind oder Ämter innehaben, die gemäß Artikel 4 Absatz 1 Buchstabe f und Artikel 5 Absatz 1 Buchstabe g mit administrativen, finanziellen oder rechtlichen Vertretungsbefugnissen ausgestattet sind. Diese Durchführungsrechtsakte werden gemäß dem in Artikel 37 genannten Prüfverfahren erlassen.

Artikel 8
Antrag auf Eintragung

(1) Ein Antrag auf Eintragung wird an die Behörde gestellt. Ein Antrag auf Eintragung als europäische politische Stiftung wird nur durch die europäische politische Partei gestellt, der der Antragsteller formell angeschlossen ist.

(2) Dem Antrag wird Folgendes beigefügt:

a) Unterlagen, die bescheinigen, dass der Antragsteller die in Artikel 3 genannten Voraussetzungen erfüllt, darunter eine formelle Standarderklärung in der Form, wie sie im Anhang festgelegt ist;

b) die Satzung der Partei oder der Stiftung, die die gemäß den Artikeln 4 und 5 erforderlichen Bestimmungen enthält, darunter die einschlägigen Anhänge und gegebenenfalls die Erklärung des Sitzmitgliedstaats gemäß Artikel 15 Absatz 2.

(3) Der Kommission wird die Befugnis übertragen, gemäß Artikel 36 und im Rahmen des Geltungsbereichs der einschlägigen Bestimmungen dieser Verordnung delegierte Rechtsakte zu erlassen, um

a) zusätzliche Informationen oder Belege in Bezug auf Absatz 2 zu bestimmen, die erforderlich sind, damit die Behörde ihre Aufgaben gemäß dieser Verordnung in Bezug auf den Betrieb des Registers in vollem Maße erfüllen kann;

b) die formalen Standarderklärungen im Anhang zu ergänzen, was die Angaben anbelangt, die vom Antragsteller zu machen sind, sofern dies erforderlich ist, um sicherzustellen, dass ausreichende Informationen in Bezug auf den Unterzeichner, sein Mandat und die europäische politische Partei oder europäische politische Stiftung, welche er zum Zweck der Erklärung vertreten darf, vorliegen.

(4) Die als Teil des Antrags an die Behörde übermittelte Dokumentation wird umgehend auf der in Artikel 32 genannten Website veröffentlicht.

Artikel 9
Prüfung des Antrags und Entscheidung der Behörde

(1) Der Antrag wird von der Behörde geprüft, um festzustellen, ob der Antragsteller die Voraussetzungen für die Eintragung gemäß Artikel 3 erfüllt und ob die Satzung die gemäß Artikel 4 und 5 erforderlichen Bestimmungen enthält.

(2) Die Behörde entscheidet, den Antragsteller einzutragen, es sei denn, sie stellt fest, dass der Antragsteller die Voraussetzungen für die Eintragung gemäß Artikel 3 nicht erfüllt oder dass die Satzung die gemäß Artikel 4 und 5 erforderlichen Bestimmungen nicht enthält.

Die Behörde veröffentlicht ihre Entscheidung über die Eintragung des Antragstellers innerhalb eines Monats nach Eingang des Antrags auf Eintragung oder im Falle, dass die in Artikel 15 Absatz 4 festgelegten Verfahren anzuwenden sind, innerhalb von vier Monaten nach Eingang des Antrags auf Eintragung.

Ist der Antrag unvollständig, fordert die Behörde den Antragsteller unverzüglich auf, die zusätzlichen erforderlichen Informationen einzureichen. Die in Unterabsatz 2 festgelegte Frist beginnt erst dann zu laufen, wenn bei der Behörde der vollständige Antrag eingegangen ist.

(3) Die in Artikel 8 Absatz 2 Buchstabe a genannte formale Standarderklärung wird von der Behörde als ausreichend betrachtet, um festzustellen, dass der Antragsteller die Anforderungen gemäß Artikel 3 Absatz 1 Buchstabe c bzw. Artikel 3 Absatz 2 Buchstabe c erfüllt.

(4) Eine Entscheidung der Behörde, einen Antragsteller einzutragen, wird im Amtsblatt der Europäischen Union zusammen mit der Satzung der betreffenden Partei oder Stiftung veröffentlicht. Eine Entscheidung der Behörde, einen Antragsteller nicht einzutragen, wird im Amtsblatt der Europäischen Union zusammen mit der genauen Angabe der Gründe für die Ablehnung veröffentlicht.

(5) Änderungen an den Unterlagen oder an der Satzung, die zusammen mit dem Antrag auf Eintragung gemäß Artikel 8 Absatz 2 eingereicht wurden, sind der Behörde mitzuteilen, welche die Eintragung unter entsprechender Anwendung der in Artikel 15 Absatz 2 und 4 festgelegten Verfahren aktualisiert.

(6) Die aktualisierte Liste der Mitgliedsparteien einer europäischen politischen Partei, die gemäß Artikel 4 Absatz 2 ihrer Satzung als Anhang beigefügt ist, wird der Behörde jedes Jahr übermittelt. Änderungen, die dazu führen können, dass eine europäische politische Partei nicht mehr die Eintragungsvoraussetzung gemäß Artikel 3 Absatz 1 Buchstabe b erfüllt, sind der Behörde innerhalb von vier Wochen nach einer solchen Änderung zu übermitteln.

Artikel 10
Überprüfung der Erfüllung der Eintragungsvoraussetzungen und -anforderungen

(1) Unbeschadet des in Absatz 3 festgelegten Verfahrens prüft die Behörde regelmäßig, ob die eingetragenen europäischen politischen Parteien und europäischen politischen Stiftungen die Eintragungsvoraussetzungen gemäß Artikel 3 und die Bestimmungen über die Entscheidungsstrukturen gemäß Artikel 4 Absatz 1 Buchstaben a, b und d bis f und Artikel 5 Absatz 1 Buchstabe a bis e und g weiterhin erfüllen.

(2) Stellt die Behörde fest, dass die in Absatz 1 genannten Eintragungsvoraussetzungen oder die Bestimmungen über die Entscheidungsstrukturen – mit Ausnahme der Voraussetzungen gemäß Artikel 3 Absatz 1 Buchstabe c und Artikel 3 Absatz 2 Buchstabe c – nicht mehr erfüllt werden, teilt sie dies der betreffenden europäischen politischen Partei oder Stiftung mit.

(3) Das Europäische Parlament kann aus eigener Initiative oder auf den — gemäß den einschlägigen Bestimmungen seiner Geschäftsordnung unterbreiteten — begründeten Antrag einer Gruppe von Bürgern hin, oder der Rat oder die Kommission können die Behörde auffordern zu prüfen, ob eine bestimmte europäische politische Partei oder europäische politische Stiftung die Voraussetzungen des Artikel 3 Absatz 1 Buchstabe c und des Artikels 3 Absatz 2 Buchstabe c erfüllt. In diesen Fällen und in den in Artikel 16 Absatz 3 Buchstabe a genannten Fällen ersucht die Behörde den mit Artikel 11 eingerichteten Ausschuss unabhängiger Persönlichkeiten um eine Stellungnahme dazu. Der Ausschuss gibt seine Stellungnahme innerhalb von zwei Monaten ab. *(ABl 2018 L 114 I, 1)*

Werden der Behörde Tatsachen bekannt, die Zweifel daran aufkommen lassen, dass eine bestimmte europäische politische Partei oder europäische politische Stiftung die Voraussetzungen gemäß Artikel 3 Absatz 1 Buchstabe c und Artikel 3 Absatz 2 Buchstabe c erfüllt, unterrichtet sie das Europäische Parlament, den Rat und die Kommission darüber, damit jedes dieser Organe die Behörde auffordern kann, die in Unterabsatz 1 genannte Prüfung vorzunehmen. Unbeschadet von Unterabsatz 1 geben das Europäische Parlament, der Rat und die Kommission innerhalb von zwei Monaten nach Eingang der Informationen ihre Absicht bekannt.

Die in Unterabsatz 1 und 2 vorgesehenen Verfahren dürfen im Zeitraum von zwei Monaten vor der Wahl zum Europäischen Parlament nicht eingeleitet werden. In Bezug auf das in Artikel 10a festgelegte Verfahren gilt diese Frist nicht. *(ABl 2019 L 85 I, 7)*

Unter Berücksichtigung der Stellungnahme des Ausschusses entscheidet die Behörde, ob sie die betreffende europäische politische Partei oder europäische politische Stiftung aus dem Register löscht. Die Entscheidung der Behörde wird hinreichend begründet.

Eine Entscheidung der Behörde, eine Löschung aus dem Register wegen der Nichterfüllung der Voraussetzungen gemäß Artikel 3 Absatz 1 Buchstabe c und Artikel 3 Absatz 2 Buchstabe c vorzunehmen, darf nur im Falle eines offensichtlichen und schwerwiegenden Verstoßes gegen diese Voraussetzungen getroffen werden. Bei der Entscheidung ist das Verfahren gemäß Absatz 4 anzuwenden.
(ABl 2016 L 131, 91)

(4) Eine Entscheidung der Behörde, eine europäische politische Partei oder Stiftung wegen eines offensichtlichen und schwerwiegenden Verstoßes gegen die Voraussetzungen gemäß Artikel 3 Absatz 1 Buchstabe c oder Artikel 3 Absatz 2 Buchstabe c aus dem Register zu löschen, wird dem Europäischen Parlament und dem Rat übermittelt. Die Entscheidung tritt nur in Kraft, wenn innerhalb von drei Monaten nach Übermittlung dieser Entscheidung an das Europäische Parlament und den Rat weder das Europäische Parlament noch der Rat Einwände erhoben haben oder wenn vor Ablauf dieser Frist sowohl das Europäische Parlament als auch der Rat der Behörde mitgeteilt haben, dass sie keine Einwände erheben werden. Im Falle eines Einwands des Rates und des Europäischen Parlaments bleibt die europäische politische Partei oder Stiftung eingetragen.

Das Europäische Parlament und der Rat dürfen nur aus Gründen in Zusammenhang mit der Beurteilung der Erfüllung der Eintragungsvoraussetzungen gemäß Artikel 3 Absatz 1 Buchstabe c und Artikel 3 Absatz 2 Buchstabe c Einwände erheben.

Die betreffende europäische politische Partei oder europäische politische Stiftung wird darüber unterrichtet, dass Einwände gegen die Entscheidung der Behörde, sie aus dem Register zu löschen, erhoben wurden.

Das Europäische Parlament und der Rat legen gemäß ihren jeweiligen Regeln der Entscheidungsfindung, wie sie im Einklang mit den Verträgen festgelegt wurden, ihren Standpunkt fest. Einwände werden hinreichend begründet und veröffentlicht.

(5) Eine Entscheidung der Behörde, eine europäische politische Partei oder europäische politische Stiftung aus dem Register zu löschen, gegen die keine Einwände im Rahmen des in Absatz 4 festgelegten Verfahrens erhoben wurden, wird im Amtsblatt der Europäischen Union zusammen mit den ausführlichen Angaben über die Gründe für die Löschung veröffentlicht und tritt drei Monate nach der Veröffentlichung in Kraft.

(6) Eine europäische politische Stiftung verliert automatisch ihren europäischen Rechtsstatus als solches, wenn die europäische politische Partei, der sie angeschlossen ist, aus dem Register gelöscht wird.

Artikel 10a
Überprüfungsverfahren im Zusammenhang mit Verstößen gegen die Vorschriften zum Schutz personenbezogener Daten

(1) Keine europäische politische Partei oder europäische politische Stiftung darf bewusst auf das Ergebnis der Wahlen zum Europäischen Parlament Einfluss nehmen oder Einfluss zu nehmen versuchen, indem sie einen Verstoß von einer natürlichen oder juristischen Person gegen die geltenden Vorschriften zum Schutz personenbezogener Daten ausnutzt.

(2) Wird die Behörde über eine Entscheidung einer nationalen Aufsichtsbehörde im Sinne von Artikel 4 Nummer 21 der Verordnung (EU) 2016/679 des Europäischen Parlaments und des Rates*) informiert, mit der festgestellt wird, dass eine natürliche oder juristische Person gegen geltende Vorschriften zum Schutz personenbezogener Daten verstoßen hat, und folgt aus dieser Entscheidung oder ist aus anderen Gründen davon auszugehen, dass der Verstoß mit politischen Tätigkeiten einer europäischen politischen Partei oder europäischen politischen Stiftung im Rahmen einer Wahl zum Europäischen Parlament zusammenhängt, befasst die Behörde den gemäß Artikel 11 der vorliegenden Verordnung eingerichteten Ausschuss unabhängiger Persönlichkeiten mit dieser Angelegenheit. Die Behörde kann erforderlichenfalls mit der betreffenden nationalen Aufsichtsbehörde zusammenarbeiten.

(3) Der in Absatz 2 genannte Ausschuss nimmt zu der Frage Stellung, ob die betreffende europäische politische Partei oder europäische politische Stiftung bewusst auf das Ergebnis der Wahl zum Europäischen Parlament Einfluss genommen oder Einfluss zu nehmen versucht hat, indem sie diesen Verstoß ausnutzte. Die Behörde ersucht um die Stellungnahme unverzüglich und spätestens einen Monat, nachdem sie über die Entscheidung der nationalen Aufsichtsbehörde informiert wurde. Die Behörde setzt eine kurze und angemessene Frist, innerhalb deren der Ausschuss seine Stellungnahme abgeben muss. Der Ausschuss muss diese Frist einhalten.

(4) Unter Berücksichtigung der Stellungnahme des Ausschusses entscheidet die Behörde gemäß Artikel 27 Absatz 2 Buchstabe a Ziffer vii, ob sie gegen die betreffende europäische politische Partei oder europäische politische Stiftung finanzielle Sanktionen verhängt. Die Entscheidung der Behörde ist hinreichend zu begründen, insbesondere im Hinblick auf die Stellungnahme des Ausschusses, und ist unverzüglich zu veröffentlichen.

(5) Das in Artikel 10 festgelegte Verfahren bleibt von dem im vorliegenden Artikel festgelegten Verfahren unberührt.

(ABl 2019 L 85 I, 7)

Artikel 11
Ausschuss unabhängiger Persönlichkeiten

(1) Hiermit wird ein Ausschuss unabhängiger Persönlichkeiten eingerichtet. Er besteht aus sechs Mitgliedern, wobei das Europäische Parlament, der Rat und die Kommission jeweils zwei Mitglieder benennen. Die Mitglieder des Ausschusses werden auf der Grundlage ihrer persönlichen und beruflichen Eignung ausgewählt. Sie dürfen weder Mitglieder des Europäischen Parlaments, des Rates oder der Kommission, noch gewählte Mandatsträger, Beamte oder sonstige Bedienstete der Europäischen Union oder gegenwärtige oder ehemalige Angestellte einer europäischen politischen Partei oder einer europäischen politischen Stiftung sein.

Die Mitglieder des Ausschusses sind bei der Wahrnehmung ihrer Pflichten unabhängig. Sie dürfen Weisungen von einem Organ, einer Regierung oder einer anderen Einrichtung oder sonstigen Stelle weder anfordern noch entgegennehmen; sie enthalten sich jeder Handlung, die mit dem Wesen ihrer Pflichten unvereinbar ist.

Die Neubenennung eines Ausschusses erfolgt innerhalb von sechs Monaten nach dem Ende der ersten Plenarsitzung des Europäischen Parlaments im Anschluss an die Wahl zum Europäischen

*) Verordnung (EU) 2016/679 des Europäischen Parlaments und des Rates vom 27. April 2016 zum Schutz natürlicher Personen bei der Verarbeitung personenbezogener Daten, zum freien Datenverkehr und zur Aufhebung der Richtlinie 95/46/EG (Datenschutz-Grundverordnung) (ABl. L 119 vom 4.5.2016, S. 1.).

Parlament. Das Mandat der Mitglieder kann nicht verlängert werden.

(2) Der Ausschuss gibt sich interne Verfahrensregeln. Der Vorsitz des Ausschusses wird von den Mitgliedern aus ihren Reihen gemäß seinen internen Verfahrensregeln gewählt. Die Sekretariatsgeschäfte und die Finanzierung des Ausschusses übernimmt das Europäische Parlament. Das Sekretariat des Ausschusses ist ausschließlich dem Ausschuss unterstellt.

(3) Auf Ersuchen der Behörde gibt der Ausschuss eine Stellungnahme über mögliche offensichtliche und schwerwiegende Verstöße einer europäischen politischen Partei oder einer europäischen politischen Stiftung gegen die Werte ab, auf die sich die Europäische Union gründet, wie in Artikel 3 Absatz 1 Buchstabe c und Artikel 3 Absatz 2 Buchstabe c erwähnt. Zu diesem Zweck kann der Ausschuss alle maßgeblichen Unterlagen und Belege von der Behörde, dem Europäischen Parlament, der betreffenden europäischen politischen Partei oder europäischen politischen Stiftung, anderen politischen Parteien, politischen Stiftungen oder anderen Interessenträgern anfordern und verlangen, deren Vertreter anzuhören.

Bei ihren Stellungnahmen berücksichtigt der Ausschuss in vollem Maße das Grundrecht auf Vereinigungsfreiheit und die Notwendigkeit, einen Parteienpluralismus in Europa zu gewährleisten.

Auf Ersuchen der Behörde nimmt der Ausschuss Stellung zu

a) möglichen offensichtlichen und schwerwiegenden Verstößen einer europäischen politischen Partei oder einer europäischen politischen Stiftung gegen die Werte, auf die sich die Europäische Union gründet, auf die in Artikel 3 Absatz 1 Buchstabe c und Artikel 3 Absatz 2 Buchstabe c Bezug genommen wird;

b) der Frage, ob eine europäische politische Partei oder eine europäische politische Stiftung bewusst auf das Ergebnis der Wahl zum Europäischen Parlament Einfluss genommen oder Einfluss zu nehmen versucht hat, indem sie einen Verstoß gegen die geltenden Vorschriften zum Schutz personenbezogener Daten ausnutzte.

In den in Unterabsatz 1 unter Buchstabe a und b genannten Fällen kann der Ausschuss alle relevanten Unterlagen oder Belege von der Behörde, dem Europäischen Parlament, der betreffenden europäischen politischen Partei oder europäischen politischen Stiftung, anderen politischen Parteien, politischen Stiftungen oder anderen Interessenträgern anfordern und verlangen, deren Vertreter anzuhören. In dem in Unterabsatz 1 unter Buchstabe b genannten Fall arbeitet die in Artikel 10a genannte nationale Aufsichtsbehörde gemäß den geltenden Rechtsvorschriften mit dem Ausschuss zusammen. *(ABl 2019 L 85 I, 7)*

KAPITEL III
RECHTSSTATUS EUROPÄISCHER POLITISCHER PARTEIEN UND EUROPÄISCHER POLITISCHER STIFTUNGEN

Artikel 12
Rechtspersönlichkeit

Europäische politische Parteien und europäische politische Stiftungen haben europäische Rechtspersönlichkeit.

Artikel 13
Rechtliche Anerkennung und Handlungsfähigkeit

Europäische politische Parteien und europäische politische Stiftungen genießen in allen Mitgliedstaaten rechtliche Anerkennung und Handlungsfähigkeit.

Artikel 14
Anwendbares Recht

(1) Für europäische politische Parteien und europäische politische Stiftungen ist diese Verordnung maßgebend.

(2) In Bezug auf Angelegenheiten, die in dieser Verordnung nicht oder nur teilweise geregelt sind, unterliegen europäische politische Parteien und europäische politische Stiftungen in Bezug auf die nicht von dieser Verordnung erfassten Aspekte den in ihrem Sitzmitgliedstaat geltenden nationalen Rechtsvorschriften.

Tätigkeiten europäischer politischer Parteien und europäischer politischen Stiftungen in anderen Mitgliedstaaten unterliegen den einschlägigen nationalen Rechtsvorschriften dieser Mitgliedstaaten.

(3) In Bezug auf Angelegenheiten, die in dieser Verordnung oder in den gemäß Absatz 2 anwendbaren Bestimmungen nicht oder nur teilweise geregelt sind, unterliegen europäische politische Parteien und europäische politische Stiftungen in Bezug auf die nicht erfassten Aspekte den Bestimmungen ihrer jeweiligen Satzung.

Artikel 15
Erwerb einer europäischen Rechtspersönlichkeit

(1) Eine europäische politische Partei oder europäische politische Stiftung erwirbt europäische Rechtspersönlichkeit am Tag der Veröffentlichung der Entscheidung der Behörde über die Eintragung gemäß Artikel 9 im Amtsblatt der Europäischen Union.

(2) Wenn der Mitgliedstaat, in dem der Antragsteller eines Antrags auf Eintragung als europäi-

sche politische Partei oder europäische politische Stiftung seinen Sitz hat, dies vorschreibt, so wird dem gemäß Artikel 8 eingereichten Antrag eine Erklärung dieses Mitgliedstaats beigefügt, mit der bescheinigt wird, dass der Antragsteller alle maßgeblichen nationalen Anforderungen für einen Antrag erfüllt hat und dass seine Satzung im Einklang mit dem in Artikel 14 Absatz 2 Unterabsatz 1 genannten anwendbaren Recht steht.

(3) Besitzt der Antragsteller nach dem Gesetz eines Mitgliedstaates Rechtspersönlichkeit, so wird der Erwerb der europäischen Rechtspersönlichkeit von diesem Mitgliedstaat als eine Umwandlung der nationalen Rechtspersönlichkeit in eine diese ablösende europäische Rechtspersönlichkeit betrachtet. Die europäische Rechtspersönlichkeit behält die zuvor bestehenden Rechte und Verpflichtungen der früheren nationalen Rechtsperson, die nicht mehr als solche fortbesteht. Der betreffende Mitgliedstaat wendet im Rahmen dieser Umwandlung keine prohibitiven Bedingungen an. Der Antragsteller behält seinen Sitz in dem betreffenden Mitgliedstaat, bis eine Entscheidung gemäß Artikel 9 veröffentlicht wurde.

(4) Wenn der Mitgliedstaat, in dem der Antragsteller seinen Sitz hat, dies vorschreibt, legt die Behörde das Datum der in Absatz 1 genannten Veröffentlichung erst nach Anhörung dieses Mitgliedstaats fest.

Artikel 16
Beendigung der europäischen Rechtspersönlichkeit

(1) Eine europäische politische Partei oder europäische politische Stiftung verliert ihre europäische Rechtspersönlichkeit mit Inkrafttreten einer Entscheidung der Behörde, sie aus dem Register zu löschen, wie sie im Amtsblatt der Europäischen Union veröffentlicht wird. Die Entscheidung tritt drei Monate nach einer solchen Veröffentlichung in Kraft, es sei denn, die betreffende europäische politische Partei oder europäische politische Stiftung ersucht um einen kürzeren Zeitraum.

(2) Eine europäische politische Partei oder europäische politische Stiftung wird durch eine Entscheidung der Behörde aus folgenden Gründen aus dem Register gelöscht:

a) als Konsequenz einer gemäß Artikel 10 Absätze 2 bis 5 getroffenen Entscheidung;

b) aufgrund der Umstände gemäß Artikel 10 Absatz 6;

c) auf Ersuchen der betreffenden europäischen politischen Partei oder europäischen politischen Stiftung; oder

d) in den in Absatz 3 Unterabsatz 1 Buchstabe b dieses Artikels genannten Fällen.

(3) Hat eine europäische politische Partei oder europäische politische Stiftung in schwerwiegender Weise maßgebliche Verpflichtungen nach nationalen Rechtsvorschriften gemäß Artikel 14 Absatz 2 Unterabsatz 1 nicht erfüllt, kann der Sitzmitgliedstaat ein hinreichend begründetes Gesuch an die Behörde auf Löschung aus dem Register stellen, in dem die rechtswidrigen Handlungen und die spezifischen nationalen Anforderungen, die nicht erfüllt wurden, genau und ausführlich aufgeführt sind. In solchen Fällen handelt die Behörde wie folgt:

a) in Angelegenheiten, die sich ausschließlich oder vornehmlich auf Sachverhalte beziehen, bei denen die Werte, auf die sich die Union gemäß Artikel 2 EUV gründet, betroffen sind, leitet sie ein Überprüfungsverfahren gemäß Artikel 10 Absatz 3 ein. Artikel 10 Absätze 4, 5 und 6 finden ebenfalls Anwendung;

b) in allen anderen Fällen und wenn in dem begründeten Gesuch des betreffenden Mitgliedstaats bestätigt wird, dass alle nationalen Behelfe ausgeschöpft wurden, entscheidet sie, die betreffende europäische politische Partei oder europäische politische Stiftung aus dem Register zu löschen.

Hat eine europäische politische Partei oder eine europäische politische Stiftung in schwerwiegender Weise maßgebliche Verpflichtungen nach nationalen Rechtsvorschriften gemäß Artikel 14 Absatz 2 Unterabsatz 2 nicht erfüllt und bezieht sich die Angelegenheit ausschließlich oder vornehmlich auf Sachverhalte, bei denen die Werte, auf die sich die Union gemäß Artikel 2 EUV gründet, betroffen sind, kann der betreffende Mitgliedstaat ein Gesuch an die Behörde gemäß den Bestimmungen von Unterabsatz 1 dieses Absatzes stellen. Die Behörde verfährt gemäß Unterabsatz 1 Buchstabe a dieses Absatzes.

In allen Fällen handelt die Behörde unverzüglich. Die Behörde unterrichtet den betreffenden Mitgliedstaat und die betreffende europäische politische Partei oder europäische politische Stiftung über die Weiterbehandlung des begründeten Gesuchs auf Löschung aus dem Register.

(4) Die Behörde legt das in Absatz 1 erwähnte Datum der Veröffentlichung nach Anhörung des Mitgliedstaats, in dem die europäische politische Partei oder europäische politische Stiftung ihren Sitz hat, fest.

(5) Erwirbt die betreffende europäische politische Partei oder europäische politische Stiftung Rechtspersönlichkeit gemäß den Rechtsvorschriften des Sitzmitgliedstaats, so wird dieser Erwerb von diesem Mitgliedstaat als eine Umwandlung der europäischen Rechtspersönlichkeit in eine nationale Rechtspersönlichkeit betrachtet, welche die zuvor bestehenden Rechte und Verpflichtungen der früheren europäischen Rechtsperson behält. Der betreffende Mitgliedstaat wendet im Rahmen dieser Umwandlung keine prohibitiven Bedingungen an.

(6) Erwirbt eine europäische politische Partei oder europäische politische Stiftung keine europäische Rechtspersönlichkeit gemäß den Rechtsvorschriften des Sitzmitgliedstaats, so wird sie gemäß den anwendbaren Rechtsvorschriften dieses Mitgliedstaats abgewickelt. Der betreffende Mitgliedstaat kann vorschreiben, dass die betreffende Partei oder Stiftung vor der Abwicklung nationale Rechtspersönlichkeit gemäß Absatz 5 erwirbt.

(7) In allen in Absatz 5 und 6 aufgeführten Fällen stellt der betreffende Mitgliedstaat sicher, dass die Voraussetzung der Gemeinnützigkeit gemäß Artikel 3 in vollem Maße eingehalten wird. Die Behörde und der Anweisungsbefugte des Europäischen Parlaments können sich mit dem betreffenden Mitgliedstaat auf Modalitäten für die Beendigung der europäischen Rechtspersönlichkeit verständigen, insbesondere, um die Wiedereinziehung von Finanzmitteln aus dem Gesamthaushaltsplan der Europäischen Union und die Zahlung finanzieller Sanktionen, die gemäß Artikel 27 verhängt wurden, sicherzustellen.

KAPITEL IV
FINANZIERUNG

Artikel 17
Finanzierungsbedingungen

(1) Eine gemäß den in dieser Verordnung festgelegten Bedingungen und Verfahren eingetragene europäische politische Partei, die mit mindestens einem Mitglied im Europäischen Parlament vertreten ist und auf die keiner der Ausschlussgründe gemäß Artikel 106 Absatz 1 der Haushaltsordnung zutrifft, kann nach Maßgabe der vom Anweisungsbefugten des Europäischen Parlaments veröffentlichten Aufforderung zur Beantragung von Beiträgen einen Antrag auf Finanzierung aus dem Gesamthaushaltsplan der Europäischen Union stellen.

(2) Eine gemäß den in dieser Verordnung festgelegten Bedingungen und Verfahren eingetragene europäische politische Stiftung, die einer gemäß Absatz 1 antragsberechtigten europäischen politischen Partei angeschlossen ist und auf die keiner der Ausschlussgründe gemäß Artikel 106 Absatz 1 der Haushaltsordnung zutrifft, kann nach Maßgabe der vom Anweisungsbefugten des Europäischen Parlaments veröffentlichten Aufforderung zur Einreichung von Vorschlägen einen Antrag auf Finanzierung aus dem Gesamthaushaltsplan der Europäischen Union stellen.

(3) Zur Feststellung der Anspruchsvoraussetzungen für eine Finanzierung aus dem Gesamthaushaltsplan der Europäischen Union gemäß Absatz 1 dieses Artikels und Artikel 3 Absatz 1 Buchstabe b sowie zur Anwendung des Artikels 19 Absatz 1 gilt ein Mitglied des Europäischen Parlaments als Mitglied nur einer einzigen europäischen politischen Partei, die, soweit einschlägig, die Partei ist, der seine nationale oder regionale politische Partei am Stichtag für die Stellung von Anträgen auf Finanzierung angeschlossen ist.

(4) Finanzbeiträge oder Finanzhilfen aus dem Gesamthaushaltsplan der Europäischen Union dürfen 90 % der im Haushalt einer europäischen politischen Partei ausgewiesenen jährlichen erstattungsfähigen Ausgaben und 95 % der förderfähigen Kosten einer europäischen politischen Stiftung nicht überschreiten. Europäische politische Parteien dürfen nicht verwendete Mittel aus dem Unionsbeitrag innerhalb des auf seine Vergabe folgenden Haushaltsjahres für erstattungsfähige Ausgaben verwenden. Die nach Ablauf dieses Haushaltsjahres nicht verwendeten Mittel werden nach Maßgabe der Haushaltsordnung eingezogen. *(ABl 2018 L 114 I, 1)*

(5) In den Grenzen von Artikel 21 und 22 gehören zu den Ausgaben, die im Rahmen eines Finanzbeitrag erstattungsfähig sind, Verwaltungsausgaben und Ausgaben in Zusammenhang mit technischer Unterstützung, Treffen, Forschung, grenzübergreifenden Veranstaltungen, Studien, Informationen und Veröffentlichungen sowie Ausgaben in Zusammenhang mit Wahlkämpfen.

Artikel 18
Antrag auf Finanzierung

(1) Um eine Finanzierung aus dem Gesamthaushaltsplan der Europäischen Union zu erhalten, muss eine europäische politische Partei oder europäische politische Stiftung, die die Bedingungen des Artikels 17 Absatz 1 oder Absatz 2 erfüllt, nach einer Aufforderung zur Beantragung von Beiträgen oder zur Einreichung von Vorschlägen einen Antrag beim Europäischen Parlament stellen.

(2) Die europäische politische Partei oder europäische politische Stiftung muss zum Zeitpunkt ihrer Antragstellung ihre Pflichten aus Artikel 23 erfüllen; sie muss ab dem Zeitpunkt der Antragstellung bis zum Ende des Haushaltsjahrs oder der Maßnahme, für das bzw. die der Beitrag oder die Finanzhilfe gewährt wird, im Register eingetragen bleiben und darf nicht Gegenstand einer Sanktion gemäß Artikel 27 Absatz 1 und Artikel 27 Absatz 2 Buchstabe a Ziffer v, vi und vii sein. *(ABl 2019 L 85 I, 7)*

(2a) Eine europäische politische Partei muss in ihrem Antrag belegen, dass ihre EU-Mitgliedsparteien während der letzten 12 Monate vor dem Stichtag für die Stellung von Anträgen in der Regel auf ihren Internetseiten das politische Programm und das Logo der europäischen politischen Partei auf deutlich sichtbare und benutzerfreundliche Weise veröffentlicht haben. *(ABl 2018 L 114 I, 1)*

(3) Eine europäische politische Stiftung muss ihrem Antrag ihr Jahresarbeitsprogramm oder ihren Aktionsplan beifügen.

(4) Der Anweisungsbefugte des Europäischen Parlaments beschließt innerhalb von drei Monaten nach Abschluss der Aufforderung zur Beantragung von Beiträgen oder der Aufforderung zur Einreichung von Vorschlägen und bewilligt und verwaltet die entsprechenden Mittel nach Maßgabe der Haushaltsordnung.

(5) Eine europäische politische Stiftung kann nur über die europäische politische Partei, der sie angeschlossen ist, einen Antrag auf Finanzierung aus dem Gesamthaushaltsplan der Europäischen Union stellen.

Artikel 19
Vergabekriterien und Aufteilung der Finanzmittel

(1) Die verfügbaren Mittel für diejenigen europäischen politischen Parteien und europäischen politischen Stiftungen, die Beiträge oder Finanzhilfen gemäß Artikel 18 erhalten, werden jährlich nach folgendem Verteilungsschlüssel verteilt:

- 10 % werden unter den begünstigten europäischen politischen Parteien zu gleichen Teilen aufgeteilt;
- 90 % werden im Verhältnis zum Anteil der begünstigten europäischen politischen Parteien an den gewählten Mitgliedern des Europäischen Parlaments aufgeteilt.

Derselbe Verteilungsschlüssel wird für die Finanzierung der europäischen politischen Stiftungen aufgrund ihrer Zugehörigkeit zu einer europäischen politischen Partei verwendet.
(ABl 2018 L 114 I, 1)

(2) Die Aufteilung gemäß Absatz 1 erfolgt anhand der Zahl der gewählten Mitglieder des Europäischen Parlaments, die am Stichtag für die Antragstellung unter Berücksichtigung des Artikels 17 Absatz 3 Mitglied der antragstellenden europäischen politischen Partei sind.

Ändert sich die Zahl nach diesem Datum, hat dies keine Auswirkungen auf den jeweiligen Finanzierungsanteil der europäischen politischen Parteien oder europäischen politischen Stiftungen. Dies gilt unbeschadet der Vorschrift in Artikel 17 Absatz 1, wonach eine europäische politische Partei im Europäischen Parlament mit mindestens einem Mitglied vertreten sein muss.

Artikel 20
Spenden und Zuwendungen

(1) Europäische politische Parteien und europäische politische Stiftungen können Spenden von natürlichen oder juristischen Personen bis zu einem Wert von 18 000 EUR pro Jahr und Spender annehmen.

(2) Europäische politische Parteien und europäische politische Stiftungen legen zusammen mit ihren Jahresabschlüssen gemäß Artikel 23 eine Aufstellung aller Spender mit ihren Spenden und mit Angabe der Art und des Werts jeder Spende vor. Dieser Absatz gilt auch für Zuwendungen von Mitgliedsparteien von europäischen politischen Parteien und Mitgliedsorganisationen von europäischen politischen Stiftungen.

Bei Spenden von natürlichen Personen mit einem Wert von mehr als 1 500 EUR und nicht mehr als 3 000 EUR gibt die betreffende europäische politische Partei oder europäische politische Stiftung an, ob die betreffenden Spender die Veröffentlichung gemäß Artikel 32 Absatz 1 Buchstabe e vorab schriftlich genehmigt haben.

(3) Spenden, die europäische politische Parteien oder europäische politische Stiftungen innerhalb von sechs Monaten vor den Wahlen zum Europäischen Parlament erhalten, werden der Behörde wöchentlich schriftlich nach Maßgabe des Absatzes 2 gemeldet.

(4) Einzelspenden im Wert von mehr als 12 000 EUR, die von europäischen politischen Parteien oder europäischen politischen Stiftungen angenommen wurden, werden der Behörde umgehend schriftlich nach Maßgabe des Absatzes 2 gemeldet.

(5) Europäische politische Parteien und europäische politische Stiftungen dürfen Folgendes nicht annehmen:

a) anonyme Spenden oder Zuwendungen;

b) Spenden aus dem Budget einer Fraktion des Europäischen Parlaments;

c) Spenden von einer öffentlichen Behörde eines Mitgliedstaats oder eines Drittstaats oder von einem Unternehmen, über das eine öffentliche Behörde aufgrund seiner Eigentumsverhältnisse, seiner finanziellen Beteiligung oder der für das Unternehmen geltenden Vorschriften unmittelbar oder mittelbar einen beherrschenden Einfluss ausüben kann; oder

d) Spenden privater Einrichtungen mit Sitz in einem Drittstaat oder von Einzelpersonen aus einem Drittstaat, die nicht an den Wahlen zum Europäischen Parlament teilnehmen dürfen.

(6) Eine Spende, die nach dieser Verordnung nicht zulässig ist, muss innerhalb von 30 Tagen nach ihrem Eingang bei einer europäischen politischen Partei oder europäischen politischen Stiftung

a) an den Spender oder an eine in seinem Namen handelnde Person zurückgegeben werden oder

b) wenn dies nicht möglich ist, der Behörde und dem Europäischen Parlament gemeldet werden. Der Anweisungsbefugte des Europäischen Parlaments setzt die Forderung fest und ordnet die Einziehung gemäß Artikel 78 und 79 der Haushaltsordnung an. Die eingezogenen Beträge werden als allgemeine Einnahmen im Einzelplan „Europäisches Parlament" des Gesamthaushaltsplans der Europäischen Union ausgewiesen.

(7) Zuwendungen an eine europäische politische Partei von ihren Mitgliedern sind zulässig. Der Wert dieser Beiträge darf 40 % des Jahresbudgets dieser europäischen politischen Partei nicht übersteigen.

(8) Zuwendungen an eine europäische politische Stiftung von ihren Mitgliedern und von der europäischen politischen Partei, der sie angeschlossen ist, sind zulässig. Der Wert dieser Zuwendungen darf 40 % des Jahresbudgets dieser europäischen politischen Stiftung nicht übersteigen und sie dürfen nicht aus Finanzmitteln stammen, die eine europäische politische Partei nach Maßgabe dieser Verordnung aus dem Gesamthaushaltsplan der Europäischen Union erhalten hat.

Die Beweislast trägt die betreffende europäische politische Partei, die die Herkunft der Finanzmittel, die zur Finanzierung ihrer angeschlossenen europäischen politischen Stiftung verwendet wurden, in ihren Büchern eindeutig auszuweisen hat.

(9) Unbeschadet der Absätze 7 und 8 dürfen europäische politische Parteien und europäische politische Stiftungen Zuwendungen von Bürgern, die ihre Mitglieder sind, bis zu einem Wert von 18 000 EUR pro Jahr und Mitglied annehmen, wenn diese Zuwendungen von dem betreffenden Mitglied in eigenem Namen geleistet werden.

Der Grenzwert gemäß Unterabsatz 1 gilt nicht, wenn das betreffende Mitglied außerdem ein Mitglied des Europäischen Parlaments, eines nationalen Parlaments oder eines regionalen Parlaments bzw. einer regionalen Versammlung ist.

(10) Alle Zuwendungen, die gemäß dieser Verordnung nicht zulässig sind, werden gemäß Absatz 6 zurückgegeben.

Artikel 21
Wahlkampffinanzierung im Zusammenhang mit den Wahlen zum Europäischen Parlament

(1) Vorbehaltlich des Unterabsatzes 2 können die Finanzmittel, die europäische politische Parteien aus dem Gesamthaushaltsplan der Europäischen Union oder aus anderen Quellen erhalten, zur Finanzierung ihres Wahlkampfs im Zusammenhang mit den Wahlen zum Europäischen Parlament, an denen sie oder ihre Mitglieder gemäß Artikel 3 Absatz 1 Buchstabe d teilnehmen müssen, verwendet werden.

Gemäß Artikel 8 des Akts zur Einführung allgemeiner unmittelbarer Wahlen der Mitglieder des Europäischen Parlaments[15] wird die Finanzierung und die mögliche Beschränkung von Wahlausgaben für alle politischen Parteien, Kandidaten und Dritte für die Wahlen zum Europäischen Parlament, zusätzlich zu ihrer Teilnahme an den Wahlen, in jedem Mitgliedstaat durch nationale Bestimmungen geregelt.

(2) Ausgaben in Verbindung mit den in Absatz 1 erwähnten Wahlkämpfen sind von den europäischen politischen Parteien in ihren Jahresabschlüssen eindeutig als solche auszuweisen.

Artikel 22
Finanzierungsverbot

(1) Ungeachtet des Artikels 21 Absatz 1 dürfen die Finanzmittel, die europäische politische Parteien aus dem Gesamthaushaltsplan der Europäischen Union oder aus anderen Quellen erhalten, nicht der unmittelbaren oder mittelbaren Finanzierung anderer politischer Parteien und insbesondere nicht nationaler Parteien oder Kandidaten dienen. Auf diese nationalen politischen Parteien und Kandidaten finden weiterhin die nationalen Regelungen Anwendung.

(2) Die Finanzmittel, die europäische politische Stiftungen aus dem Gesamthaushaltsplan der Europäischen Union oder aus anderen Quellen erhalten, dürfen nur zur Finanzierung ihrer in Artikel 2 Nummer 4 aufgeführten Aufgaben und zur Finanzierung von unmittelbar mit ihren Satzungszielen gemäß Artikel 5 verbundenen Ausgaben verwendet werden. Sie dürfen insbesondere nicht zur unmittelbaren oder mittelbaren Finanzierung von Wahlen, politischen Parteien, Kandidaten oder anderen Stiftungen verwendet werden.

(3) Die Finanzmittel, die europäische politische Parteien und europäische politische Stiftungen aus dem Gesamthaushaltsplan der Europäischen Union oder aus anderen Quellen erhalten, dürfen nicht zur Finanzierung von Kampagnen für Referenden verwendet werden.

KAPITEL V
KONTROLLE UND SANKTIONEN

Artikel 23
Rechnungslegung, Berichts- und Rechnungsprüfungspflichten

(1) Spätestens innerhalb von sechs Monaten nach Abschluss des Haushaltsjahrs legen die europäischen politischen Parteien und die europäischen politischen Stiftungen der Behörde mit einer Kopie an den Anweisungsbefugten des Europäischen Parlaments und an die zuständige nationale Kontaktstelle des Sitzmitgliedstaats folgende Unterlagen vor:

[15] ABl. L 278 vom 8.10.1976, S. 5.

a) ihre Jahresabschlüsse und Begleitunterlagen, aus denen die Einnahmen, Ausgaben sowie die Aktiva und Passiva zu Beginn und am Ende des Haushaltsjahrs nach den geltenden Rechtvorschriften des Sitzmitgliedstaats hervorgehen, und ihre Jahresabschlüsse auf der Grundlage der internationalen Rechnungslegungsstandards, wie sie in Artikel 2 der Verordnung (EG) Nr. 1606/2002 des Europäischen Parlaments und des Rates[16] definiert sind;

b) einen externen Prüfbericht über die Jahresabschlüsse, der sowohl die Zuverlässigkeit dieser Abschlüsse als auch die Rechtmäßigkeit und Ordnungsmäßigkeit der Einnahmen und Ausgaben bescheinigt und von einer unabhängigen Einrichtung oder einem unabhängigen Sachverständigen erstellt worden ist; und

c) eine Aufstellung der Spender und Zuwendungsleistenden mit ihren Spenden oder Zuwendungen gemäß Artikel 20 Absätze 2, 3 und 4.

(2) Realisieren europäische politische Parteien gemeinsam mit nationalen politischen Parteien oder europäische politische Stiftungen gemeinsam mit nationalen politischen Stiftungen oder mit anderen Organisationen Ausgaben, so sind den Jahresabschlüssen gemäß Absatz 1 Belege für die Ausgaben beizufügen, die von den europäischen politischen Parteien oder von den europäischen politischen Stiftungen unmittelbar oder über solche Dritte getätigt worden sind.

(3) Die in Absatz 1 Buchstabe b genannten unabhängigen Einrichtungen oder Sachverständigen werden vom Europäischen Parlament ausgewählt, beauftragt und bezahlt. Sie werden ordnungsgemäß ermächtigt, eine Rechnungsprüfung auf der Grundlage der geltenden Rechtsvorschriften in dem Mitgliedstaat, in dem sich ihr Sitz oder ihre Niederlassung befindet, vorzunehmen.

(4) Europäische politische Parteien und europäische politische Stiftungen stellen alle von den unabhängigen Einrichtungen oder Sachverständigen zum Zweck ihrer Rechnungsprüfung angeforderten Informationen zur Verfügung.

(5) Die unabhängigen Einrichtungen oder Sachverständigen unterrichten die Behörde und den Anweisungsbefugten des Europäischen Parlaments über alle mutmaßlichen illegalen Aktivitäten und Fälle von Betrug oder Korruption, die die finanziellen Interessen der Union schädigen können. Die Behörde und der Anweisungsbefugte des Europäischen Parlaments unterrichten die betreffenden nationalen Kontaktstellen darüber.

Artikel 24

Allgemeine Regeln zur Kontrolle

(1) Die Kontrolle, ob die europäischen politischen Parteien und europäischen politischen Stiftungen ihre Verpflichtungen gemäß dieser Verordnung erfüllen, erfolgt durch die Behörde, den Anweisungsbefugten des Europäischen Parlaments und die zuständigen Mitgliedstaaten in Zusammenarbeit.

(2) Die Behörde kontrolliert, ob die europäischen politischen Parteien und europäischen politischen Stiftungen ihre Verpflichtungen gemäß dieser Verordnung erfüllen, insbesondere bezüglich Artikel 3, Artikel 4 Absatz 1 Buchstaben a und b sowie d bis f, Artikel 5 Absatz 1 Buchstaben a bis e und g, Artikel 9 Absatz 5 und 6 sowie Artikel 20, 21 und 22.

Der Anweisungsbefugte des Europäischen Parlaments kontrolliert, ob die europäischen politischen Parteien und europäischen politischen Stiftungen die Verpflichtungen gemäß dieser Verordnung in Bezug auf die Unionsmittel im Einklang mit der Haushaltsordnung erfüllen. Bei der Durchführung dieser Kontrollen ergreift das Europäische Parlament die notwendigen Maßnahmen im Bereich der Prävention und der Bekämpfung von Betrug, der sich auf die finanziellen Interessen der Union auswirkt.

(3) Die in Absatz 2 genannte Kontrolle durch die Behörde und den Anweisungsbefugten des Europäischen Parlaments erstreckt sich nicht auf die Frage, ob die europäischen politischen Parteien und europäischen politischen Stiftungen ihre Verpflichtungen gemäß den in Artikel 14 genannten geltenden nationalen Rechtsvorschriften einhalten.

(4) Europäische politische Parteien und europäische politische Stiftungen stellen alle von der Behörde, dem Anweisungsbefugten des Europäischen Parlaments, dem Rechnungshof, dem Europäischen Amt für Betrugsbekämpfung (OLAF) oder von Mitgliedstaaten angeforderten Informationen zur Verfügung, die für die Durchführung der Kontrollen, für die sie gemäß dieser Verordnung verantwortlich sind, erforderlich sind.

Europäische politische Parteien und europäische politische Stiftungen stellen auf Anfrage und für den Zweck der Kontrolle der Einhaltung von Artikel 20 der Behörde Informationen über die Zuwendungen von Einzelmitgliedern und über deren Identität zur Verfügung. Darüber hinaus kann die Behörde gegebenenfalls vorschreiben, dass europäische politische Parteien unterzeichnete Bestätigungen von Mitgliedern, die gewählte Mandatsträger sind, zum Zweck der Kontrolle der Erfüllung der Voraussetzung gemäß Artikel 3 Absatz 1 Buchstabe b Unterabsatz 1 vorlegen.

[16] Verordnung (EG) Nr. 1606/2002 des Europäischen Parlaments und des Rates vom 19. Juli 2002 betreffend die Anwendung internationaler Rechnungslegungsstandards (ABl. L 243 vom 11.9.2002, S. 1).

Artikel 25
Ausführung und Kontrolle in Bezug auf Unionsmittel

(1) Die Mittel zur Finanzierung europäischer politischer Parteien und europäischer politischer Stiftungen werden im Rahmen des jährlichen Haushaltsverfahrens festgelegt und nach Maßgabe dieser Verordnung und der Haushaltsordnung ausgeführt.

Die Bedingungen für die Vergabe von Beiträgen und Finanzhilfen werden vom Anweisungsbefugten des Europäischen Parlaments in der Aufforderung zur Beantragung von Beiträgen und in der Aufforderung zur Einreichung von Vorschlägen festgelegt.

(2) Die Finanzierung aus dem Gesamthaushaltsplan der Europäischen Union und die Verwendung dieser Finanzmittel werden nach Maßgabe der Haushaltsordnung kontrolliert.

Darüber hinaus erfolgt die Kontrolle auf der Grundlage der jährlichen Prüfbescheinigung eines externen, unabhängigen Rechnungsprüfers gemäß Artikel 23 Absatz 1.

(3) Der Rechnungshof übt seine Rechnungsprüfungsbefugnisse gemäß Artikel 287 AEUV aus.

(4) Die europäischen politischen Parteien und die europäischen politischen Stiftungen, die Finanzmittel auf der Grundlage dieser Verordnung erhalten, übermitteln dem Rechnungshof auf seine Anfrage hin alle Unterlagen und Informationen, um ihm die Erfüllung seiner Aufgaben zu ermöglichen.

(5) In den Entscheidungen über einen Beitrag oder in den Finanzhilfevereinbarungen wird ausdrücklich bestimmt, dass das Europäische Parlament und der Rechnungshof bei europäischen politischen Parteien oder europäischen politischen Stiftungen, die einen Beitrag beziehungsweise eine Finanzhilfe aus dem Gesamthaushaltsplan der Europäischen Union erhalten haben, Prüfungen anhand der Rechnungsunterlagen und vor Ort durchführen.

(6) Der Rechnungshof und der Anweisungsbefugte des Europäischen Parlaments oder eine andere vom Anweisungsbefugten des Europäischen Parlaments bevollmächtigte externe Einrichtung können die erforderlichen Kontrollen und Überprüfungen vor Ort vornehmen, um die Rechtmäßigkeit der Ausgaben und die ordnungsgemäße Anwendung der Entscheidungen über einen Beitrag oder der Finanzhilfevereinbarungen sowie bei europäischen politischen Stiftungen die ordnungsgemäße Umsetzung ihres Arbeitsprogramms oder ihrer Maßnahme nachzuprüfen. Die betreffende europäische politische Partei oder europäische politische Stiftung legt alle zur Durchführung dieser Aufgabe erforderlichen Unterlagen oder Informationen vor.

(7) OLAF kann gemäß den Bestimmungen und Verfahren der Verordnung (EU, Euratom) Nr. 883/2013 des Europäischen Parlaments und des Rates[17] und der Verordnung (Euratom, EG) Nr. 2185/96 des Rates[18] Ermittlungen, einschließlich Kontrollen und Überprüfungen vor Ort, durchführen, um festzustellen, ob im Zusammenhang mit Beiträgen oder Finanzhilfen nach dieser Verordnung ein Betrugs- oder Korruptionsdelikt oder eine sonstige rechtswidrige Handlung zum Nachteil der finanziellen Interessen der Union vorliegt. Der Anweisungsbefugte des Europäischen Parlaments kann auf der Grundlage der Untersuchungsergebnisse gegebenenfalls eine Einziehung anordnen.

Artikel 26
Technische Unterstützung

Jede Art von technischer Unterstützung, die europäische politische Parteien vom Europäischen Parlament erhalten, erfolgt nach dem Grundsatz der Gleichbehandlung. Sie wird zu Bedingungen gewährt, die nicht ungünstiger sind als diejenigen, die sonstigen externen Organisationen und Vereinigungen eingeräumt werden, denen ähnliche Erleichterungen gewährt werden können; die Gewährung erfolgt auf Rechnung und entgeltlich.

Artikel 27
Sanktionen

(1) Im Einklang mit Artikel 16 beschließt die Behörde, eine europäische politische Partei oder europäische politische Stiftung in jedem der folgenden Fälle zur Sanktionierung aus dem Register zu löschen:

a) wenn die betreffende Partei oder Stiftung rechtskräftig verurteilt wurde, rechtswidrige gegen die finanziellen Interessen der Union gerichtete Handlungen im Sinne des Artikels 106 Absatz 1 der Haushaltsordnung begangen zu haben;

b) wenn gemäß den in Artikel 10 Absätze 2 bis 5 festgelegten Verfahren festgestellt wurde, dass sie eine oder mehrere Voraussetzungen des Artikels 3 Absatz 1 oder Absatz 2 nicht mehr erfüllt; *(ABl 2018 L 114 I, 1)*

---

[17] Verordnung (EU, Euratom) Nr. 883/2013 des Europäischen Parlaments und des Rates vom 11. September 2013 über die Untersuchungen des Europäischen Amtes für Betrugsbekämpfung (OLAF) und zur Aufhebung der Verordnung (EG) Nr. 1073/1999 des Europäischen Parlaments und des Rates und der Verordnung (Euratom) Nr. 1074/1999 des Rates (ABl. L 248 vom 18.9.2013, S. 1).

[18] Verordnung (Euratom, EG) Nr. 2185/96 des Rates vom 11. November 1996 betreffend die Kontrollen und Überprüfungen vor Ort durch die Kommission zum Schutz der finanziellen Interessen der Europäischen Gemeinschaften vor Betrug und anderen Unregelmäßigkeiten (ABl. L 292 vom 15.11.1996, S. 2).

ba) wenn die Entscheidung zur Eintragung der jeweiligen Partei oder Stiftung auf unrichtige oder irreführenden Angaben beruht, für die die Antragstellerin verantwortlich ist, oder wenn die Entscheidung durch Täuschung erwirkt wurde; oder *(ABl 2018 L 114 I, 1)*

c) wenn das Gesuch eines Mitgliedstaats zur Löschung aufgrund schwerwiegender Nichterfüllung der Verpflichtungen gemäß nationaler Rechtsvorschriften die Anforderungen gemäß Artikel 16 Absatz 3 Buchstabe b erfüllt;

(2) Die Behörde verhängt in den folgenden Fällen finanzielle Sanktionen:

a) nicht quantifizierbare Verstöße:

i) bei Nichterfüllung der Anforderungen gemäß Artikel 9 Absätze 5 oder 6:

ii) bei Nichterfüllung der von einer europäischen politischen Partei oder europäischen politischen Stiftung eingegangenen Verpflichtungen und der von ihr zur Verfügung gestellten Informationen gemäß Artikel 4 Absatz 1 Buchstaben a, b und d bis f und Artikel 5 Absatz 1 Buchstaben a, b, d und e;

iii) bei nicht erfolgter Übermittlung der Aufstellung der Spender mit ihren Spenden gemäß Artikel 20 Absatz 2 oder bei nicht erfolgter Meldung von Spenden gemäß Artikel 20 Absätze 3 und 4;

iv) wenn eine europäische politische Partei oder europäische politische Stiftung gegen die Verpflichtungen gemäß Artikel 23 Absatz 1 oder Artikel 24 Absatz 4 verstoßen hat;

v) wenn eine europäische politische Partei oder europäische politische Stiftung rechtskräftig wegen rechtswidriger gegen die finanziellen Interessen der Union gerichteter Handlungen im Sinne des Artikels 106 Absatz 1 der Haushaltsordnung verurteilt worden ist;

vi) wenn die betreffende europäische politische Partei oder europäische politische Stiftung zu irgendeinem Zeitpunkt vorsätzlich Informationen vorenthalten oder vorsätzlich falsche oder irreführende Informationen zur Verfügung gestellt hat oder wenn eine Einrichtung, die nach dieser Verordnung befugt ist, Rechnungsprüfungen oder Kontrollen bei Empfängern von Finanzmitteln aus dem Gesamthaushaltsplan der Europäischen Union vorzunehmen, Unstimmigkeiten in den Jahresabschlüssen entdeckt, die als wesentliche Auslassungen oder Falschangaben von Haushaltsposten gemäß den in Artikel 2 der Verordnung (EG) Nr. 1606/ 2002 definierten internationalen Rechnungslegungsstandards anzusehen sind;

vii) wenn nach dem in Artikel 10a vorgesehenen Überprüfungsverfahren festgestellt wird, dass eine europäische politische Partei oder eine europäische politische Stiftung bewusst auf das Ergebnis der Wahl zum Europäischen Parlament Einfluss genommen oder Einfluss zu nehmen versucht hat, indem sie einen Verstoß gegen die geltenden Vorschriften zum Schutz personenbezogener Daten ausnutzte. *(ABl 2019 L 85 I, 7)*

b) quantifizierbare Verstöße:

i) wenn eine europäische politische Partei oder europäische politische Stiftung unzulässige Spenden und Zuwendungen im Sinne des Artikels 20 Absatz 1 oder 5 angenommen hat, es sei denn, die Voraussetzungen gemäß Artikel 20 Absatz 6 sind erfüllt;

ii) bei Nichterfüllung der Anforderungen gemäß Artikel 21 und 22.

(3) Wenn festgestellt wurde, dass eine europäische politische Partei oder europäische politische Stiftung die in Absatz 2 Buchstabe a Ziffern v und vi aufgeführten Verstöße begangen hat, kann der Anweisungsbefugte des Europäischen Parlaments sie von weiterer finanzieller Unterstützung der Union für bis zu fünf Jahre ausschließen, beziehungsweise für bis zu zehn Jahre in Fällen eines wiederholten Verstoßes innerhalb eines Zeitraums von fünf Jahren. Dies gilt unbeschadet der Befugnisse des Anweisungsbefugten des Europäischen Parlaments gemäß Artikel 204n der Haushaltsordnung.

(4) Für die Zwecke der Anwendung der Absätze 2 und 3 werden gegen eine europäische politische Partei oder europäische politische Stiftung folgende finanzielle Sanktionen verhängt:

a) bei nicht quantifizierbaren Verstößen ein fester Prozentsatz des Jahresbudgets der betreffenden europäischen politischen Partei oder europäischen politischen Stiftung:

- 5 %; oder
- 7,5 %, wenn konkurrierende Verstöße vorliegen; oder
- 20 %, wenn es sich um einen wiederholten Verstoß handelt; oder
- ein Drittel der oben genannten Prozentsätze, wenn die betreffende europäische politische Partei oder europäische politische Stiftung den Verstoß freiwillig angezeigt hat, bevor die Behörde offiziell eine Untersuchung eingeleitet hat, und dies selbst im Falle eines konkurrierenden oder eines wiederholten Verstoßes, und wenn die betreffende Partei oder Stiftung angemessene Abhilfemaßnahmen ergriffen hat;
- 50 % des Jahresbudgets der betreffenden europäischen politischen Partei oder europäischen politischen Stiftung für das Vorjahr, wenn sie rechtskräftig wegen rechtswidriger gegen die finanziellen Interessen der Union gerichteter Handlungen im Sinne des Artikels 106 Absatz 1 der Haushaltsordnung verurteilt worden ist;

b) bei quantifizierbaren Verstößen ein fester Prozentsatz des Betrags der erhaltenen oder nicht angegebenen irregulären Summen gemäß der folgenden Einteilung mit einer Höchstgrenze von 10 % des Jahresbudgets der betreffenden europäischen politischen Partei oder europäischen politischen Stiftung:

- 100 % der erhaltenen oder nicht angegebenen irregulären Summen, wenn sie nicht mehr als 50 000 EUR betragen, oder
- 150 % der erhaltenen oder nicht angegebenen irregulären Summen, wenn sie mehr als 500 000 EUR, aber nicht mehr als 100 000 EUR betragen, oder
- 200 % der erhaltenen oder nicht angegebenen irregulären Summen, wenn sie mehr als 100 000 EUR, aber nicht mehr als 150 000 EUR betragen, oder
- 250 % der erhaltenen oder nicht angegebenen irregulären Summen, wenn sie mehr als 150 000 EUR, aber nicht mehr als 200 000 EUR betragen, oder
- 300 % der erhaltenen oder nicht angegebenen irregulären Summen, wenn sie mehr als 200 000 EUR betragen, oder
- ein Drittel der oben genannten Prozentsätze, wenn die betreffende europäische politische Partei oder europäische politische Stiftung den Verstoß freiwillig angezeigt hat, bevor die Behörde und/oder der Anweisungsbefugte des Europäischen Parlaments offiziell eine Untersuchung eingeleitet hat und wenn die betreffende Partei oder Stiftung angemessene Abhilfemaßnahmen ergriffen hat.

Bei der Anwendung der oben aufgeführten Prozentsätze wird jede Spende und jede Zuwendung separat betrachtet.

(5) Wenn eine europäische politische Partei oder europäische politische Stiftung konkurrierende Verstöße gegen diese Verordnung begangen hat, wird nur die für den schwerwiegendsten Verstoß vorgesehene Sanktion verhängt, sofern in Absatz 4 Buchstabe a nichts anderes bestimmt ist.

(6) Die in dieser Verordnung festgelegten Sanktionen unterliegen einer Verjährungsfrist von fünf Jahren ab dem Tag begrenzt, an dem der betreffende Verstoß begangen wurde, oder im Falle von fortlaufenden oder wiederholten Verstößen ab dem Datum, an dem die Verstöße beendet wurden.

(7) Wurde eine Entscheidung der nationalen Aufsichtsbehörde gemäß Artikel 10a aufgehoben oder ein Rechtsbehelf gegen eine solche Entscheidung zugelassen, so überprüft die Behörde sofern alle nationalen Rechtsbehelfe ausgeschöpft wurden auf Antrag der betreffenden europäischen politischen Partei oder europäischen politischen Stiftung die gemäß Absatz 2 Buchstabe a Ziffer vii verhängten Sanktionen. *(ABl 2019 L 85 I, 7)*

Artikel 27a

Verantwortung natürlicher Personen

Wenn die Behörde in den Fällen des Artikels 27 Absatz 2 Buchstabe a Ziffer v oder vi eine finanzielle Sanktion verhängt, kann sie für die Zwecke der Einziehung nach Artikel 30 Absatz 2 in den folgenden Fällen festlegen, dass eine natürliche Person, die Mitglied des Verwaltungs-, Leitungs- oder Aufsichtsorgans der europäischen politischen Partei oder der europäischen politischen Stiftung ist, oder die über eine Vertretungs-, Entscheidungs- oder Kontrollbefugnis für die europäische politische Partei oder die europäische politische Stiftung verfügt, für den Verstoß mitverantwortlich ist:

a) In Fällen des Artikels 27 Absatz 2 Buchstabe a Ziffer v, wenn das in dieser Bestimmung genannte Urteil besagt, dass die natürliche Person für die betreffenden rechtswidrigen Handlungen mitverantwortlich ist;

b) In Fällen des Artikels 27 Absatz 2 Buchstabe a Ziffer vi, wenn die natürliche Person für das betreffende Verhalten oder die betreffenden Unstimmigkeiten mitverantwortlich ist.

(ABl 2018 L 114 I, 1)

Artikel 28

Zusammenarbeit zwischen der Behörde, dem Anweisungsbefugten des Europäischen Parlaments und den Mitgliedstaaten

(1) Die Behörde, der Anweisungsbefugte des Europäischen Parlaments und die Mitgliedstaaten tauschen über die nationalen Kontaktstellen Informationen aus und unterrichten einander regelmäßig über Angelegenheiten in Zusammenhang mit Finanzierungsbestimmungen sowie entsprechenden Kontrollen und Sanktionen.

(2) Sie einigen sich ferner über praktische Vorkehrungen hinsichtlich dieses Informationsaustausches, einschließlich der Regeln bezüglich der Veröffentlichung von vertraulichen Informationen oder Beweismitteln und der Zusammenarbeit der Mitgliedstaaten.

(3) Der Anweisungsbefugte des Europäischen Parlaments unterrichtet die Behörde über alle Erkenntnisse, die die Verhängung von Sanktionen gemäß Artikel 27 Absätze 2 bis 4 nach sich ziehen könnten, damit die Behörde angemessene Maßnahmen ergreifen kann.

(4) Die Behörde unterrichtet den Anweisungsbefugten des Europäischen Parlaments über alle Entscheidungen, die sie in Bezug auf Sanktionen getroffen hat, damit der Anweisungsbefugte die entsprechenden Konsequenzen gemäß der Haushaltsordnung daraus ziehen kann.

Artikel 29
Abhilfemaßnahmen und Grundsätze einer guten Verwaltung

(1) Bevor sie abschließend über eine der in Artikel 27 genannten Sanktionen entscheiden, geben die Behörde oder der Anweisungsbefugte des Europäischen Parlaments der betreffenden europäischen politischen Partei oder der europäischen politischen Stiftung Gelegenheit, die erforderlichen Maßnahmen zu ergreifen, um innerhalb einer angemessenen Frist, die normalerweise höchstens einen Monat beträgt, Abhilfe zu schaffen. Die Behörde oder der Anweisungsbefugte des Europäischen Parlaments räumen insbesondere die Möglichkeit ein, Schreib- und Rechenfehler zu berichtigen, erforderlichenfalls zusätzliche Unterlagen oder Informationen zur Verfügung zu stellen sowie kleinere Fehler zu berichtigen.

(2) Wenn eine europäische politische Partei oder europäische politische Stiftung innerhalb der Frist gemäß Absatz 1 keine Abhilfemaßnahmen ergriffen hat, wird eine Entscheidung über die angemessene Sanktionierung nach Artikel 27 getroffen.

(3) Die Absätze 1 und 2 gelten nicht in Bezug auf die in Artikel 3 Absatz 1 Buchstaben b bis d sowie in Artikel 3 Absatz 2 Buchstabe c festgelegten Voraussetzungen.

Artikel 30
Wiedereinziehung

(1) Auf der Grundlage einer Entscheidung der Behörde, eine europäische politische Partei oder europäische politische Stiftung aus dem Register zu löschen, nimmt der Anweisungsbefugte des Europäischen Parlaments einen laufenden Beschluss oder eine Vereinbarung über die Finanzierung durch die Union zurück oder kündigt diese auf, außer in den in Artikel 16 Absatz 2 Buchstabe c und Artikel 3 Absatz 1 Buchstaben b und d vorgesehenen Fällen. Er zieht außerdem alle Unionsmittel ein, einschließlich aller nicht ausgegebenen Unionsmittel aus den Vorjahren.

(2) Eine europäische politische Partei oder eine europäische politische Stiftung, gegen die wegen eines Verstoßes im Sinne des Artikels 27 Absatz 1 und Artikel 27 Absatz 2 Buchstabe a Ziffern v und vi eine Sanktion verhängt worden ist, erfüllt aus diesem Grund nicht mehr die Anforderungen des Artikels 18 Absatz 2. Der Anweisungsbefugte des Europäischen Parlaments beendet daraufhin die betreffende Beitrags- oder Finanzhilfevereinbarung beziehungsweise hebt den betreffenden Beschluss über die gemäß dieser Verordnung vergebenen Unionsmittel auf und zieht die gemäß der Beitrags- oder Finanzhilfevereinbarung oder dem Beschluss zu Unrecht gezahlten Beträge, einschließlich der nicht ausgegebenen Unionsmittel aus den Vorjahren, ein. Der Anweisungsbefugte des Europäischen Parlaments zieht Beträge, die unrechtmäßig im Rahmen von Beitrags- oder Finanzhilfevereinbarungen bzw. -beschlüssen gezahlt wurden, auch von einer natürlichen Person ein, gegenüber der eine Entscheidung gemäß Artikel 27a getroffen wurde, wobei gegebenenfalls die außergewöhnlichen Umstände, die diese natürliche Person betreffen, zu berücksichtigen sind. *(ABl 2018 L 114 I, 1)*

Im Falle einer solchen Beendigung sind die Zahlungen des Anweisungsbefugten des Europäischen Parlaments auf die erstattungsfähigen Ausgaben, die von der europäischen politischen Partei bzw. die förderfähigen Kosten, die von der europäischen politischen Stiftung bis zum Termin des Inkrafttretens der Entscheidung über die Beendigung tatsächlich getätigt wurden, begrenzt. *(ABl 2018 L 114 I, 1)*

Dieser Absatz gilt auch für die in Artikel 16 Absatz 2 Buchstabe c und Artikel 3 Absatz 1 Buchstabe b und d genannten Fälle.

KAPITEL VI
SCHLUSSBESTIMMUNGEN

Artikel 31
Unterrichtung der Bürger

Vorbehaltlich der Artikel 21 und 22 und ihrer eigenen Satzung und internen Prozesse können die europäischen politischen Parteien im Zusammenhang mit den Wahlen zum Europäischen Parlament alle geeigneten Maßnahmen ergreifen, um Unionsbürger über die Verbindungen zwischen nationalen politischen Parteien und Kandidaten und den betreffenden europäischen politischen Parteien zu informieren.

Artikel 32
Transparenz

(1) Das Europäische Parlament veröffentlicht unter der Verantwortung seines Anweisungsbefugten oder der Behörde auf der hierzu eingerichteten Website folgende Angaben:

a) die Namen und Satzungen aller eingetragenen europäischen politischen Parteien und europäischen politischen Stiftungen sowie die Unterlagen, die als Teil ihrer Anträge auf Eintragung gemäß Artikel 8 eingereicht wurden, spätestens vier Wochen nach der Entscheidung der Behörde und danach alle der Behörde gemäß Artikel 9 Absätze 5 und 6 mitgeteilten Änderungen;

b) eine Liste der abgelehnten Anträge mit den Unterlagen, die als deren Teil mit dem Antrag auf Eintragung gemäß Artikel 8 eingereicht wurden, und den Ablehnungsgründen, spätestens vier Wochen nach der Entscheidung der Behörde;

c) einen jährlichen Bericht mit einer Übersicht der jeder europäischen politischen Partei und europäischen politischen Stiftung gezahlten Beträge für jedes Haushaltsjahr, in dem Beiträge und Finanzhilfen aus dem Gesamthaushaltsplan der Europäischen Union gewährt wurden;

d) die Jahresabschlüsse und externen Prüfberichte nach Artikel 23 Absatz 1 sowie für europäische politische Stiftungen die Schlussberichte über die Umsetzung der Arbeitsprogramme oder Maßnahmen;

e) die Namen der Spender mit ihren Spenden entsprechend den Angaben der europäischen politischen Parteien und europäischen politischen Stiftungen gemäß Artikel 20 Absätze 2, 3 und 4 mit Ausnahme der Spenden von natürlichen Personen, deren Wert 1 500 EUR pro Jahr und Spender nicht überschreitet; diese werden als „geringfügige Spenden" gemeldet. Spenden von natürlichen Personen mit einem jährlichen Wert von mehr als 1 500 EUR und nicht mehr als 3 000 EUR werden ohne vorab vom jeweiligen Spender erteilte schriftliche Genehmigung der Veröffentlichung nicht veröffentlicht. Wurde vorab keine Genehmigung erteilt, werden diese Spenden als „geringfügige Spenden" aufgeführt. Der Gesamtbetrag der geringfügigen Spenden und die Zahl der Spender pro Kalenderjahr wird ebenfalls veröffentlicht;

f) die Zuwendungen gemäß Artikel 20 Absätze 7 und 8, die von den europäischen politischen Parteien und europäischen politischen Stiftungen gemäß Artikel 20 Absatz 2 gemeldet werden, unter Angabe der Mitgliedsparteien oder -organisationen, von denen die Zuwendungen stammen;

g) die Einzelheiten der und Gründe für die von der Behörde gemäß Artikel 27 getroffenen endgültigen Entscheidungen einschließlich, soweit einschlägig, jegliche Stellungnahmen des Ausschusses unabhängiger Persönlichkeiten gemäß Artikel 10 und 11 unter gebührender Beachtung der Verordnung (EG) Nr. 45/2001;

h) die Einzelheiten der und Gründe für die vom Anweisungsbefugten des Europäischen Parlaments gemäß Artikel 27 getroffenen endgültigen Entscheidungen;

i) eine Beschreibung der den europäischen politischen Parteien geleisteten technischen Unterstützung; *(ABl 2018 L 114 I, 1)*

j) den Bewertungsbericht des Europäischen Parlaments über die Anwendung dieser Verordnung und über die finanzierten Tätigkeiten gemäß Artikel 38; und *(ABl 2018 L 114 I, 1)*

k) eine aktuelle Liste der Mitglieder des Europäischen Parlaments, die Mitglieder einer europäischen politischen Partei sind. *(ABl 2018 L 114 I, 1)*

(2) Das Europäische Parlament veröffentlicht die gemäß Artikel 4 Absatz 2 der Parteisatzung beigefügte und gemäß Artikel 9 Absatz 6 aktualisierte Liste der juristischen Personen, die Mitglieder einer europäischen politischen Partei sind, sowie die Gesamtzahl der Einzelmitglieder.

(3) Personenbezogene Daten werden von der Veröffentlichung auf der in Absatz 1 genannten Website ausgenommen, es sei denn, diese personenbezogenen Daten werden gemäß Absatz 1 Buchstabe a, e oder g veröffentlicht.

(4) Europäische politische Parteien und europäische politische Stiftungen stellen potenziellen Mitgliedern und Spendern in einer öffentlich zugänglichen Datenschutzerklärung die in Artikel 10 der Richtlinie 95/46/EG vorgeschriebenen Informationen bereit und weisen darauf hin, dass ihre personenbezogenen Daten für Rechnungsprüfungs- und Kontrollzwecke vom Europäischen Parlament, von der Behörde, von OLAF, vom Rechnungshof, von den Mitgliedstaaten oder von diesen bevollmächtigten externen Einrichtungen oder Sachverständigen verarbeitet werden und unterrichten sie darüber, dass ihre personenbezogenen Daten auf der in Absatz 1 genannten Website unter den in diesem Artikel festgelegten Bedingungen veröffentlicht werden. Der Anweisungsbefugte des Europäischen Parlaments nimmt diese Informationen nach Maßgabe des Artikels 11 der Verordnung (EG) Nr. 45/ 2001 in die Aufforderungen zur Beantragung von Beiträgen oder zur Einreichung von Vorschlägen gemäß Artikel 18 Absatz 1 dieser Verordnung auf.

Artikel 33

Schutz personenbezogener Daten

(1) Die Behörde, das Europäische Parlament und der durch Artikel 11 eingerichtete Ausschuss unabhängiger Persönlichkeiten befolgen bei der Verarbeitung personenbezogener Daten auf der Grundlage dieser Verordnung die Bestimmungen der Verordnung (EG) Nr. 45/2001. Sie gelten für die Zwecke der Verarbeitung personenbezogener Daten als für die Verarbeitung Verantwortliche im Sinne des Artikels 2 Buchstabe d jener Verordnung.

(2) Bei der Verarbeitung personenbezogener Daten auf der Grundlage dieser Verordnung befolgen europäische politische Parteien und europäische politische Stiftungen sowie die Mitgliedstaaten bei der Ausübung der Kontrolle über Aspekte der Finanzierung europäischer politischer Parteien und europäischer politischer Stiftungen gemäß Artikel 24 und die zur Rechnungsprüfung befugten unabhängigen Einrichtungen oder Sachverständigen gemäß Artikel 23 Absatz 1 die Richtlinie 95/46/EG und die auf dieser Grundlage erlassenen nationalen Regelungen. Sie gelten für die Zwecke der Verarbeitung personenbezogener Daten als für die Verarbeitung Verantwortliche im Sinne des Artikels 2 Buchstabe d jener Richtlinie.

(3) Die Behörde, das Europäische Parlament und der durch Artikel 11 eingerichtete Ausschuss unabhängiger Persönlichkeiten stellen sicher, dass die von ihnen auf der Grundlage dieser Verordnung erhobenen personenbezogenen Daten nicht für andere Zwecke als zur Gewährleistung der Rechtmäßigkeit, Ordnungsmäßigkeit und Transparenz der Finanzierung europäischer politischer Parteien und europäischer politischer Stiftungen und der Mitgliedschaft europäischer politischer Parteien verwendet werden. Sie löschen alle zu diesem Zweck gesammelten personenbezogenen Daten spätestens 24 Monate nach Veröffentlichung der relevanten Angaben gemäß Artikel 32.

(4) Die Mitgliedstaaten und die zur Rechnungsprüfung befugten unabhängigen Einrichtungen oder Sachverständigen verwenden die personenbezogenen Daten, die sie erhalten, nur zur Kontrolle der Finanzierung der europäischen politischen Parteien und der europäischen politischen Stiftungen. Nach der Übermittlung gemäß Artikel 28 löschen sie diese personenbezogenen Daten nach Maßgabe der geltenden nationalen Rechtsvorschriften.

(5) Personenbezogene Daten können über die in Absatz 3 festgelegte Frist hinaus oder über die Frist nach Maßgabe der geltenden nationalen Rechtsvorschriften gemäß Absatz 4 hinaus aufbewahrt werden, wenn solch eine Aufbewahrung für Gerichts- oder Verwaltungsverfahren im Zusammenhang mit der Finanzierung einer europäischen politischen Partei oder einer europäischen politischen Stiftung oder der Mitgliedschaft in einer europäischen politischen Partei notwendig ist. Diese personenbezogenen Daten werden spätestens eine Woche nach Abschluss der betreffenden Verfahren durch eine endgültige Entscheidung oder nach Erledigung der Rechnungsprüfung, des Rechtsbehelfs, des Rechtsstreits oder der Forderung gelöscht.

(6) Die für die Verarbeitung Verantwortlichen gemäß den Absätzen 1 und 2 führen die geeigneten technischen und organisatorischen Maßnahmen durch, die für den Schutz der personenbezogenen Daten gegen die zufällige oder unrechtmäßige Vernichtung, den zufälligen Verlust, die Änderung oder die unberechtigte Weitergabe oder den unberechtigten Zugang – insbesondere wenn im Rahmen der Verarbeitung solche Daten in einem Netz übertragen werden – und gegen jede andere Form der unrechtmäßigen Verarbeitung personenbezogener Daten erforderlich sind.

(7) Der Europäische Datenschutzbeauftragte überwacht die Datenverarbeitung und stellt sicher, dass die Behörde, das Europäische Parlament und der durch Artikel 11 eingerichtete Ausschuss unabhängiger Persönlichkeiten die Grundrechte und Grundfreiheiten natürlicher Personen bei der Verarbeitung personenbezogener Daten auf der Grundlage dieser Verordnung achten und schützen. Unbeschadet der Einlegung eines Rechtsbehelfs bei Gericht kann jede betroffene Person beim Europäischen Datenschutzbeauftragten eine Beschwerde einreichen, wenn sie der Ansicht ist, dass ihr Recht auf Schutz ihrer personenbezogenen Daten infolge der Verarbeitung dieser Daten durch die Behörde, das Europäische Parlament oder den Ausschuss verletzt wurde.

(8) Europäische politische Parteien und europäische politische Stiftungen, die Mitgliedstaaten und die zur Rechnungsprüfung auf der Grundlage dieser Verordnung befugten unabhängigen Einrichtungen oder Sachverständigen haften nach Maßgabe der geltenden nationalen Rechtsvorschriften für jeden Schaden, den sie bei der Verarbeitung personenbezogener Daten auf der Grundlage dieser Verordnung verursachen. Die Mitgliedstaaten stellen sicher, dass Verstöße gegen diese Verordnung, gegen die Richtlinie 95/46/EG und gegen die auf dieser Grundlage erlassenen nationalen Regelungen, insbesondere die missbräuchliche Verwendung personenbezogener Daten, mit wirksamen, verhältnismäßigen und abschreckenden Sanktionen geahndet werden.

Artikel 34
Anspruch auf rechtliches Gehör

Bevor die Behörde oder der Anweisungsbefugte des Europäischen Parlaments eine Entscheidung trifft, die sich negativ auf die Rechte einer europäischen politischen Partei, einer europäischen Stiftung, eines in Artikel 8 genannten Antragstellers oder einer in Artikel 27a genannten natürlichen Person auswirken kann, hört sie/er die Vertreter der betroffenen europäischen politischen Partei, der betroffenen europäischen politischen Stiftung, des betroffenen Antragstellers oder die betroffene natürliche Person an. Die Behörde oder das Europäische Parlament geben ordnungsgemäß die Gründe für ihre Entscheidung an.

(ABl 2018 L 114 I, 1)

Artikel 35
Rechtsbehelf

Auf der Grundlage dieser Verordnung getroffene Entscheidungen können nach Maßgabe der einschlägigen Vorschriften des AEUV Gegenstand von Gerichtsverfahren vor dem Gerichtshof der Europäischen Union sein.

Artikel 36
Ausübung der Befugnisübertragung

(1) Die Befugnis zum Erlass delegierter Rechtsakte wird der Kommission unter den in diesem Artikel festgelegten Bedingungen übertragen.

(2) Die Befugnis zum Erlass delegierter Rechtsakte gemäß Artikel 7 Absatz 2 und Artikel 8 Absatz 3 wird der Kommission für einen Zeitraum von fünf Jahren ab dem 24. November 2014 übertragen. Die Kommission erstellt spätestens neun Monate vor Ablauf des Zeitraums von fünf Jahren einen Bericht über die Befugnisübertragung. Die Befugnisübertragung verlängert sich stillschweigend um Zeiträume gleicher Länge, es sei denn, das Europäische Parlament oder der Rat widersprechen einer solchen Verlängerung spätestens drei Monate vor Ablauf des jeweiligen Zeitraums.

(3) Die Befugnisübertragung gemäß Artikel 7 Absatz 2 und Artikel 8 Absatz 3 kann vom Europäischen Parlament oder vom Rat jederzeit widerrufen werden. Der Beschluss über den Widerruf beendet die Übertragung der in diesem Beschluss angegebenen Befugnis. Er wird am Tag nach seiner Veröffentlichung im Amtsblatt der Europäischen Union oder zu einem im Beschluss über den Widerruf angegebenen späteren Zeitpunkt wirksam. Die Gültigkeit von delegierten Rechtsakten, die bereits in Kraft sind, wird von dem Beschluss über den Widerruf nicht berührt.

(4) Sobald die Kommission einen delegierten Rechtsakt erlässt, übermittelt sie ihn gleichzeitig dem Europäischen Parlament und dem Rat.

(5) Ein delegierter Rechtsakt, der gemäß Artikel 7 Absatz 2 und Artikel 8 Absatz 3 erlassen wurde, tritt nur in Kraft, wenn weder das Europäische Parlament noch der Rat innerhalb einer Frist von zwei Monaten nach Übermittlung dieses Rechtsakts an das Europäische Parlament und den Rat Einwände erhoben haben oder wenn vor Ablauf dieser Frist das Europäische Parlament und der Rat beide der Kommission mitgeteilt haben, dass sie keine Einwände erheben werden. Auf Initiative des Europäischen Parlaments oder des Rates wird diese Frist um zwei Monate verlängert.

Artikel 37
Ausschussverfahren

(1) Die Kommission wird von einem Ausschuss unterstützt. Dieser Ausschuss ist ein Ausschuss im Sinne der Verordnung (EU) Nr. 182/2011.

(2) Wird auf diesen Absatz Bezug genommen, so gilt Artikel 5 der Verordnung (EU) Nr. 182/2011.

Artikel 38
Bewertung

Das Europäische Parlament veröffentlicht nach Anhörung der Behörde bis zum 31. Dezember 2021 und danach alle fünf Jahre einen Bericht über die Anwendung dieser Verordnung sowie über die finanzierten Tätigkeiten. In dem Bericht wird gegebenenfalls auf etwaige Änderungen hingewiesen, die am Statut und an den Finanzierungssystemen vorzunehmen sind.

Spätestens sechs Monate nach Veröffentlichung des Berichts des Europäischen Parlaments legt die Kommission einen Bericht über die Anwendung dieser Verordnung vor, in dem insbesondere den Auswirkungen auf die Situation kleiner europäischer politischer Parteien und europäischer politischer Stiftungen Rechnung getragen wird. Gegebenenfalls wird dem Bericht ein Gesetzgebungsvorschlag zur Änderung dieser Verordnung beigefügt.

(ABl 2018 L 114 I, 1)

Artikel 39
Wirksame Anwendung

Die Mitgliedstaaten treffen alle geeigneten Vorkehrungen, um die wirksame Anwendung dieser Verordnung zu gewährleisten.

Artikel 40
Aufhebung

Die Verordnung (EG) Nr. 2004/2003 wird mit Inkrafttreten der vorliegenden Verordnung aufgehoben. Sie gilt jedoch weiterhin, was Rechtsakte und Verpflichtungen in Bezug auf die Finanzierung politischer Parteien und politischer Stiftungen auf europäischer Ebene für die Haushaltsjahre 2014, 2015, 2016 und 2017 anbelangt.

Artikel 40a
Übergangsbestimmung

(1) Die Bestimmungen dieser Verordnung, die vor dem 4. Mai 2018 anwendbar waren, bleiben auf Handlungen und Zusagen im Zusammenhang mit der Finanzierung europäischer politischer Parteien und europäischer politischer Stiftungen auf europäischer Ebene für das Haushaltsjahr 2018 anwendbar.

(2) Abweichend von Artikel 18 Absatz 2a fordert der Anweisungsbefugte des Europäischen Parlaments, bevor er über einen Finanzierungsantrag für das Haushaltsjahr 2019 entscheidet, die in Artikel 18 Absatz 2a genannten Belege nur für einen Zeitraum ab dem 5. Juli 2018 an.

(3) Europäische politische Parteien, die vor dem 4. Mai 2018 eingetragen wurden, müssen spätestens bis zum 5. Juli 2018 Dokumente vorlegen, die nachweisen, dass sie die Anforderungen des Artikels 3 Absatz 1 Buchstaben b und ba erfüllen.

(4) Die Behörde löscht eine europäische politische Partei und die ihr angeschlossene europäische politische Stiftung aus dem Register, wenn die betreffende Partei nicht innerhalb der Frist

nach Absatz 3 nachweist, dass sie die Anforderungen des Artikels 3 Absatz 1 Buchstaben b und ba erfüllt.

(ABl 2018 L 114 I, 1)

Artikel 41

Inkrafttreten und Anwendung

Diese Verordnung tritt am zwanzigsten Tag nach ihrer Veröffentlichung im Amtsblatt der Europäischen Union in Kraft.

Die Kommission nimmt spätestens am 1. Juli 2015 die in Artikel 7 Absatz 2 und Artikel 8 Absatz 3 Buchstabe a genannten delegierten Rechtsakte an.

Diese Verordnung gilt ab dem 1. Januar 2017. Die in Artikel 6 genannte Behörde wird jedoch bis zum 1. September 2016 eingerichtet. Nach dem 1. Januar 2017 eingetragene europäische politische Parteien und europäische politische Stiftungen können Finanzierung nach dieser Verordnung lediglich für Tätigkeiten beantragen, die im Haushaltsjahr 2018 oder danach beginnen.

Diese Verordnung ist in allen ihren Teilen verbindlich und gilt unmittelbar in jedem Mitgliedstaat.

Geschehen zu Straßburg am 22. Oktober 2014.

Im Namen des Europäischen Parlaments
Der Präsident
M. SCHULZ

Im Namen des Rates
Der Präsident
B. DELLA VEDOVA

ANLAGE

ANLAGE

Von jedem Antragsteller auszufüllende Standarderklärung

Der von der [Name der europäischen politischen Partei oder europäischen politischen Stiftung] uneingeschränkt bevollmächtigte Unterzeichner bescheinigt hiermit, dass

[Name der europäischen politischen Partei oder europäischen politischen Stiftung] sich verpflichtet, die Bedingungen für die Eintragung gemäß Artikel 3 Absatz 1 Buchstabe c oder Artikel 3 Absatz 2 Buchstabe c der Verordnung (EU, Euratom) Nr. 1141/2014 zu erfüllen, d. h. insbesondere im Programm und in den Aktivitäten dieser Partei oder Stiftung die Werte, auf die sich die Europäische Union gemäß Artikel 2 des Vertrags über die Europäische Union gründet zu achten, und zwar die Menschenwürde, Freiheit, Demokratie, Gleichheit, Rechtsstaatlichkeit und die Wahrung der Menschenrechte, einschließlich der Rechte von Personen, die Minderheiten angehören.

Autorisierter Unterzeichnender:

Titel (Frau, Herr, …), Nachname und Vorname:	
Funktion in der Organisation, die eine Eintragung als eine europäische politische Partei/europäische politische Stiftung beantragt:	
Ort/Datum:	
Unterschrift:	

Inhalt und Funktionsweise des Registers europäischer politischer Parteien und Stiftungen

(ABl 2015 L 333, 50)
Delegierte Verordnung (EU, Euratom) 2015/2401 der Kommission vom 2. Oktober 2015

DIE EUROPÄISCHE KOMMISSION –

gestützt auf den Vertrag über die Arbeitsweise der Europäischen Union,

gestützt auf den Vertrag zur Gründung der Europäischen Atomgemeinschaft,

gestützt auf die Verordnung (EU, Euratom) Nr. 1141/2014 des Europäischen Parlaments und des Rates vom 22. Oktober 2014 über das Statut und die Finanzierung europäischer politischer Parteien und europäischer politischer Stiftungen[1], insbesondere auf Artikel 7 Absatz 2 und Artikel 8 Absatz 3 Buchstabe a,

in Erwägung nachstehender Gründe:

(1) In der Verordnung (EU, Euratom) Nr. 1141/2014 wird festgelegt, dass die Behörde für europäische politische Parteien und europäische politische Stiftungen („die Behörde") ein Register europäischer politischer Parteien und Stiftungen einrichtet und verwaltet („das Register").

(2) Das Register soll als ein Aufbewahrungsort von Daten, Angaben und Dokumenten dienen, die im Rahmen von Anträgen auf Eintragung als eine europäische politische Partei oder eine europäische politische Stiftung eingereicht wurden, sowie für alle nachfolgend von einer europäischen politischen Partei oder einer europäischen politischen Stiftung im Einklang mit dieser Verordnung vorgelegten Daten, Angaben und Dokumente.

(3) Der Behörde sind die Informationen und Belege zu übermitteln, die erforderlich sind, damit sie ihre Aufgaben in Bezug auf das Register in vollem Maße erfüllen kann.

(4) Das Register soll eine öffentliche Dienstleistung im Interesse der Transparenz, Rechenschaftspflicht und Rechtssicherheit erbringen. Aus diesem Grunde sollte die Behörde das Register auf eine Weise betreiben, mit der ein angemessener Registerzugang sowie eine Zertifizierung der darin enthaltenen Informationen gewährleistet werden und gleichzeitig ihre Verpflichtungen in Bezug auf den Schutz personenbezogener Daten gemäß Artikel 33 der Verordnung (EU, Euratom) Nr. 1141/2014, einschließlich ihrer mit der Verordnung (EG) Nr. 45/2001 des Europäischen Parlaments und des Rates[2] definierten Rolle als für die Datenverarbeitung verantwortliche Stelle eingehalten werden.

[1] ABl. L 317 vom 4.11.2014, S. 1.

(5) Die Behörde stellt einen Standardauszug aus dem Register zur Verfügung, in dem Informationen nach Maßgabe der von der Kommission gemäß Artikel 7 Absatz 3 der Verordnung | (EU, Euratom) Nr. 1141/2014 erlassenen Durchführungsverordnung enthalten sind.

(6) Die operativen Modalitäten werden von der Behörde festgelegt, wobei der Grundsatz der Verhältnismäßigkeit zu wahren ist.

(7) Das Register sollte nicht identisch mit der vom Europäischen Parlament im Einklang mit Artikel 32 der Verordnung (EG, Euratom) Nr. 1141/2014 eingerichteten Website sein, nichtsdestotrotz sollten einige der im Register aufbewahrten Dokumente auf dieser Website öffentlich zugänglich gemacht werden –

HAT FOLGENDE VERORDNUNG ERLASSEN:

Artikel 1. Inhalt des Registers

(1) In Bezug auf europäische politische Parteien und europäische politische Stiftungen enthält das Register folgende Dokumente, gegebenenfalls einschließlich ihrer Aktualisierungen:

a) die Satzungen, einschließlich aller im Einklang mit den Artikeln 4 und 5 der Verordnung (EU, Euratom) Nr. 1141/2014 erforderlichen Elemente und ihrer Änderungen;

b) die als Anhang der Verordnung (EU, Euratom) Nr. 1141/2014 beigefügte Standarderklärung, ordnungsgemäß ausgefüllt und unterschrieben;

c) soweit zusätzlich zu den Satzungen erforderlich, eine detaillierte Beschreibung der Finanz-, Führungs- und Verwaltungsstruktur der europäi-

[2] Verordnung (EG) Nr. 45/2001 des Europäischen Parlaments und des Rates vom 18. Dezember 2000 zum Schutz natürlicher Personen bei der Verarbeitung personenbezogener Daten durch die Organe und Einrichtungen der Gemeinschaft und zum freien Datenverkehr, (ABl. L 8 vom 12.1.2001, S. 1).

schen politischen Partei und gegebenenfalls der ihr angeschlossenen Stiftung, aus der eine eindeutige Trennung der beiden Rechtsträger hervorgeht;

d) soweit dies von dem Mitgliedstaat, in dem der Antragssteller seinen Sitz hat, gefordert wird, eine Erklärung des Mitgliedstaats, in der bescheinigt wird, dass der Antragssteller alle maßgeblichen nationalen Anforderungen für einen Antrag erfüllt hat und dass die Satzungen im Einklang mit allen anwendbaren Bestimmungen der nationalen Rechtsvorschriften stehen;

e) alle Dokumente und Schriftstücke der Behörden der Mitgliedstaaten mit Bezug zu den Dokumenten und Informationen im Sinne dieses Artikels.

(2) In Bezug auf europäische politische Parteien enthält das Register zusätzlich zu den in Absatz 1 genannten Dokumenten folgende Dokumente:

a) den schriftlichen Antrag auf Eintragung als eine europäische politische Partei, ordnungsgemäß vom Vorstand oder Vorsitzenden des antragstellenden Rechtsträgers unterzeichnet;

b) eine Kopie der amtlichen Ergebnisse der letzten Wahl zum Europäischen Parlament zum Zeitpunkt der Antragsstellung auf Eintragung sowie, nach der erfolgten Eintragung, eine Kopie der amtlichen Ergebnisse nach jeder Wahl zum Europäischen Parlament;

c) für natürliche Personen, die eine europäische politische Partei bilden, eine unterzeichnete Erklärung von mindestens sieben verschiedenen Personen aus verschiedenen Mitgliedstaaten, die gewählte Mandatsträger im Europäischen Parlament oder in nationalen oder regionalen Parlamenten oder Versammlungen sind, mit der sie ihre geplante Mitgliedschaft in der betreffenden europäischen politischen Partei bestätigen; etwaige Änderungen infolge der Wahlen zum Europäischen Parlament, der nationalen oder regionalen Wahlen oder infolge von Änderungen der Mitgliedschaft oder beides sind ebenfalls zu erfassen;

d) bei antragstellenden politischen Parteien, die noch nicht an der Wahl zum Europäischen Parlament teilgenommen haben, einen schriftlichen Beleg über die öffentliche Absichtserklärung bezüglich einer Kandidatur bei der nächsten Wahl zum Europäischen Parlament mit einer Angabe zu angeschlossenen nationalen oder regionalen Parteien, oder beiden, die Kandidaten für die Wahlen aufstellen wollen;

e) die aktuelle Liste der Mitgliedsparteien, als Anhang zu den Satzungen, wobei für jede Mitgliedspartei die vollständige Bezeichnung, das Akronym, die Art der Mitgliedschaft und der Mitgliedstaat, in dem die Partei ihren Sitz hat, anzugeben sind.

(3) In Bezug auf europäische politische Stiftungen enthält das Register zusätzlich zu den in Absatz 1 genannten Dokumenten folgende Dokumente:

a) den schriftlichen Antrag auf Eintragung als eine europäische politische Stiftung, ordnungsgemäß vom Vorstand oder Vorsitzenden des antragstellenden Rechtsträgers und vom Vorstand oder Vorsitzenden der europäischen politischen Partei unterzeichnet, an die die politische Stiftung angeschlossen ist;

b) die Liste der Mitglieder des Leitungsgremiums mit Angabe der Staatsangehörigkeit für jedes Mitglied;

c) die aktuelle Liste der Mitgliedsorganisationen, wobei für jede Mitgliedsorganisation die vollständige Bezeichnung, das Akronym, die Art der Mitgliedschaft und der Mitgliedstaat, in dem die Organisation ihren Sitz hat, anzugeben sind.

(4) Die folgenden Informationen zu jeder eingetragenen europäischen politischen Partei und europäischen politischen Stiftung werden im Register stets auf dem aktuellen Stand gehalten:

a) die Art des Rechtsträgers (europäische politische Partei oder europäische politische Stiftung);

b) die von der Behörde vergebene Eintragungsnummer im Einklang mit der auf das Register für europäische politische Parteien und europäische politische Stiftungen anwendbaren Durchführungsverordnung der Kommission in Bezug auf detaillierte Vorschriften über das Registrierungsnummersystem und Informationen aus Standardauszügen aus dem Register;

c) die vollständige Bezeichnung, das Akronym und das Logo;

d) Angabe des Mitgliedstaats, in dem die europäische politische Partei oder europäische politische Stiftung ihren Sitz hat;

e) in den Fällen, in denen der Mitgliedstaat des Sitzes eine Paralleleintragung festlegt, die Bezeichnung, Anschrift und gegebenenfalls die Website der einschlägigen Eintragungsbehörde;

f) die Anschrift des Sitzes, falls abweichend davon, die Postanschrift, die E-Mail-Adresse und Angaben zur Website;

g) das Datum der Eintragung als eine europäische politische Partei oder europäische politische Stiftung und gegebenenfalls das Datum der Löschung der Eintragung;

h) wenn die europäische politische Partei oder europäische politische Stiftung als Folge einer Umwandlung eines in einem Mitgliedstaat eingetragenen Rechtsträgers eingerichtet wurde, die vollständige Bezeichnung und der Rechtsstatus des betreffenden Rechtsträgers, einschließlich einer nationalen Eintragungsnummer;

i) das Datum der Annahme und eventueller Änderungen der Satzungen;

j) die Anzahl der Mitglieder der europäischen politischen Partei oder gegebenenfalls ihrer Mitgliedsparteien, die Abgeordnete des Europäischen Parlaments sind;

k) gegebenenfalls die Bezeichnung und Eintragungsnummer der der europäischen politischen Partei verbundenen europäischen politischen Stiftung;

l) für europäische politische Stiftungen die Bezeichnung und die Eintragungsnummer der verbundenen europäischen politischen Partei;

m) die Personenangaben, einschließlich des Namens, des Geburtsdatums, der Staatsangehörigkeit und des Wohnsitzes, für Personen, die Mitglieder von Organen sind bzw. Ämter innehaben, die mit administrativen, finanziellen und rechtlichen Vertretungsbefugnissen verbunden sind, wobei eindeutige Angaben zu ihren Fähigkeiten und Kompetenzen, den Rechtsträger individuell oder kollektiv gegenüber Drittparteien und bei Gerichtsverfahren zu vertreten, vorzulegen sind.

(5) In dem Register werden alle in den Absätzen 1 bis 4 genannten Dokumente und Informationen ohne zeitliche Befristung aufbewahrt.

Artikel 2. Ergänzende Informationen und Belege

Antragsteller und bereits eingetragene europäische politische Parteien und europäische politische Stiftungen stellen der Behörde über die gemäß Artikel 8 Absatz 2 der Verordnung (EU, Euratom) Nr. 1141/2014 erforderlichen Angaben hinaus die in Artikel 1 genannten Dokumente und Informationen einschließlich ihrer Aktualisierungen zur Verfügung.

Die Behörde kann von den europäischen politischen Parteien und europäischen politischen Stiftungen verlangen, alle unvollständigen oder veralteten vorgelegten Dokumente und Informationen zu berichtigen.

Artikel 3. Dienstleistungen im Zusammenhang mit dem Register

(1) Die Behörde erstellt Standardauszüge aus dem Register. Die Behörde stellt den Standardauszug innerhalb von zehn Tagen nach Erhalt des entsprechenden Antrags allen natürlichen oder juristischen Personen zur Verfügung.

(2) Ist die Behörde mit einer entsprechenden Befugnis im Sinne der Verordnung (EU, Euratom) Nr. 1141/2014 ausgestattet, bescheinigt die Behörde auf Antrag, dass die im Rahmen des Standardauszugs bereitgestellten Informationen korrekt und aktuell sind und den maßgeblichen Rechtsvorschriften der Union entsprechen.

Ist die Behörde nicht mit einer entsprechenden Befugnis im Sinne der Verordnung (EU, Euratom) Nr. 1141/2014 ausgestattet, bescheinigt die Behörde auf Antrag, dass es sich bei den im Rahmen des Standardauszugs bereitgestellten Informationen nach Durchführung aller angemessenen Kontrollen jeweils um die umfassendste, aktuellste und korrekteste Version handelt, die der Behörde zur Verfügung steht. Diese Kontrollen umfassen das Ersuchen um Bestätigung der Informationen seitens der Behörden der betreffenden Mitgliedstaaten, sofern die betreffenden Behörden nach den maßgeblichen nationalen Rechtsvorschriften dazu befugt sind. Die in Absatz 1 festgelegte Frist gilt nicht für die in diesem Unterabsatz behandelten Anträge.

In der in diesem Unterabsatz behandelten Bestätigung gibt die Behörde eindeutig an, ob sie über eine entsprechende Befugnis im Sinne der Verordnung (EU, Euratom) Nr. 1141/2014 verfügt.

(3) Die Behörde stellt die in Absatz 2 genannte Bescheinigung auf Antrag für Organe und Einrichtungen der Gemeinschaft und für Behörden und Gerichte der Mitgliedstaaten zur Verfügung. Darüber hinaus stellt die Behörde eine solche Bescheinigung auf Antrag für europäische politische Parteien und europäische politische Stiftungen bezüglich ihres eigenen Status aus.

Die Behörde kann ebenfalls, nach Vorlage eines angemessen begründeten Antrags, eine solche Bescheinigung für alle anderen natürlichen oder juristischen Personen ausstellen, wenn dies für rechtliche oder administrative Verfahren erforderlich ist.

(4) Die Behörde legt detailliert das Verfahren bezüglich der Beantragung und Bereitstellung von Standardauszügen sowie für die Bescheinigungen fest, einschließlich der Verwendung elektronischer Mittel zur Erbringung dieser Dienste.

Artikel 4. Inkrafttreten

Diese Verordnung tritt am zwanzigsten Tag nach ihrer Veröffentlichung im *Amtsblatt der Europäischen Union* in Kraft.

Diese Verordnung ist in allen ihren Teilen verbindlich und gilt unmittelbar in jedem Mitgliedstaat.

Brüssel, den 2. Oktober 2015

Für die Kommission

Der Präsident

Jean-Claude JUNCKER

Zusammensetzung des Europäischen Parlaments 2019 – 2024

ABl 2018 L 165 I, 1

Beschluss des Europäischen Rates vom 28. Juni 2018 über die Zusammensetzung des Europäischen Parlaments

DER EUROPÄISCHE RAT –

gestützt auf den Vertrag über die Europäische Union, insbesondere auf Artikel 14 Absatz 2,

auf Initiative des Europäischen Parlaments[1],

nach Zustimmung des Europäischen Parlaments[2],

in Erwägung nachstehender Gründe:

(1) Artikel 14 Absatz 2 Unterabsatz 1 des Vertrags über die Europäische Union (EUV) legt die Kriterien für die Zusammensetzung des Europäischen Parlaments fest, nämlich dass die Anzahl der Vertreter der Unionsbürgerinnen und Unionsbürger 750 zuzüglich des Präsidenten nicht überschreiten darf, dass die Bürgerinnen und Bürger degressiv proportional, mindestens jedoch mit sechs Mitgliedern je Mitgliedstaat vertreten werden und dass kein Mitgliedstaat mehr als 96 Sitze erhält.

(2) Artikel 10 TEU sieht unter anderem vor, dass die Arbeitsweise der Union auf der repräsentativen Demokratie beruht, wobei die Bürgerinnen und Bürger auf Unionsebene unmittelbar im Europäischen Parlament vertreten und die Mitgliedstaaten im Rat von ihrer jeweiligen Regierung vertreten werden, welche ihrerseits in demokratischer Weise gegenüber ihrem nationalen Parlament oder gegenüber ihren Bürgerinnen und Bürgern Rechenschaft ablegen müssen.

(3) Artikel 14 Absatz 2 EUV über die Zusammensetzung des Europäischen Parlaments findet daher im Zusammenhang mit den im Vertrag festgelegten weiteren institutionellen Regelungen, die auch die Bestimmungen über die Beschlussfassung im Rat umfassen, Anwendung.

HAT FOLGENDEN BESCHLUSS ERLASSEN:

Artikel 1.

Bei der Anwendung von Artikel 14 Absatz 2 EUV sind folgende Grundsätze zu beachten:

– Bei der Zuweisung von Sitzen im Europäischen Parlament sind die im EUV für jeden Mitgliedstaat festgesetzten Mindest- und Höchstzahlen uneingeschränkt auszuschöpfen, damit die Größe der jeweiligen Bevölkerung der Mitgliedstaaten so genau wie möglich widergespiegelt wird.
– Der Begriff der „degressiven Proportionalität“ ist wie folgt zu definieren: Das Verhältnis zwischen der Bevölkerung und der Zahl von Sitzen jedes Mitgliedstaats muss vor Auf- oder Abrunden auf ganze Zahlen in Abhängigkeit von seiner jeweiligen Bevölkerung variieren, sodass jedes Mitglied des Europäischen Parlaments aus einem bevölkerungsreicheren Mitgliedstaat mehr Bürger vertritt als jedes Mitglied des Europäischen Parlaments aus einem bevölkerungsärmeren Mitgliedstaat, und umgekehrt, dass je bevölkerungsreicher ein Mitgliedstaat ist, desto höher sein Anspruch auf eine große Zahl von Sitzen im Europäischen Parlament ist.
– Die Zuweisung der Sitze im Europäischen Parlament muss den demografischen Entwicklungen in den Mitgliedstaaten Rechnung tragen.

Artikel 2.

Die Gesamtzahl der Einwohner der Mitgliedstaaten wird von der Kommission (Eurostat) auf der Grundlage der aktuellsten von den Mitgliedstaaten zur Verfügung gestellten Daten entsprechend einer Methode berechnet, die in der Verordnung (EU) Nr. 1260/2013 des Europäischen Parlaments und des Rates[3] festgelegt ist.

Artikel 3.

(1) Die Zahl der in jedem Mitgliedstaat gewählten Vertreter im Europäischen Parlament für die Wahlperiode 2019-2024 wird wie folgt festgesetzt:

Belgien	21
Bulgarien	17

[1] Am 7. Februar 2018 angenommene Initiative (noch nicht im Amtsblatt veröffentlicht).

[2] Zustimmung vom 13. Juni 2018 (noch nicht im Amtsblatt veröffentlicht).

[3] Verordnung (EU) Nr. 1260/2013 des Europäischen Parlaments und des Rates vom 20. November 2013 über europäische demografische Statistiken (ABl. L 330 vom 10.12.2013, S. 39).

Tschechische Republik	21
Dänemark	14
Deutschland	96
Estland	7
Irland	13
Griechenland	21
Spanien	59
Frankreich	79
Kroatien	12
Italien	76
Zypern	6
Lettland	8
Litauen	11
Luxemburg	6
Ungarn	21
Malta	6
Niederlande	29
Österreich	19
Polen	52
Portugal	21
Rumänien	33
Slowenien	8
Slowakei	14
Finnland	14
Schweden	21

(2) Sollte jedoch das Vereinigte Königreich zu Beginn der Wahlperiode 2019-2024 noch zu den Mitgliedstaaten der Union zählen, richtet sich die Zahl der Vertreter im Europäischen Parlament je Mitgliedstaat, die ihr Mandat antreten, nach Artikel 3 des Beschlusses 2013/312/EU des Europäischen Rates (2), bis der Austritt des Vereinigten Königreichs aus der Union rechtswirksam wird.

Sobald der Austritt des Vereinigten Königreichs aus der Union rechtswirksam ist, richtet sich die Zahl der Vertreter der einzelnen Mitgliedstaaten im Europäischen Parlament nach Absatz 1 des vorliegenden Artikels.

Alle Vertreter im Europäischen Parlament, die die zusätzlichen Sitze einnehmen, die sich aus der Differenz der nach Unterabsatz 1 und 2 zugewiesenen Anzahl von Sitzen ergeben, treten ihr Mandat im Europäischen Parlament zum gleichen Zeitpunkt an.

Artikel 4.

Mit ausreichendem Vorlauf vor dem Beginn der Wahlperiode 2024-2029 legt das Europäische Parlament dem Europäischen Rat gemäß Artikel 14 Absatz 2 EUV einen Vorschlag für eine aktualisierte Zuweisung der Sitze im Europäischen Parlament vor.

Artikel 5.

Dieser Beschluss tritt am Tag nach seiner Veröffentlichung im *Amtsblatt der Europäischen Union* in Kraft.

Geschehen zu Brüssel am 28. Juni 2018.

Im Namen des Europäischen Rates
Der Präsident
D. TUSK

Europäischer Rat

Beschluss des Europäischen Rates

vom 1. Dezember 2009

zur Festlegung seiner Geschäftsordnung

(2009/882/EU)

(ABl 2009 L 315, 51)

DER EUROPÄISCHE RAT –

gestützt auf den Vertrag über die Arbeitsweise der Europäischen Union, insbesondere auf Artikel 235 Absatz 3,

in Erwägung nachstehender Gründe:

(1) Mit dem Vertrag von Lissabon erhält der Europäische Rat den Status eines Organs der Europäischen Union.

(2) Der Europäische Rat sollte daher seine Geschäftsordnung festlegen.

(3) Damit die Geschäftsordnung unmittelbar am Tag des Inkrafttretens des Vertrags von Lissabon festgelegt werden kann, sollte in diesem Beschluss vorgesehen werden, dass der Europäische Rat für die Festlegung seiner Geschäftsordnung das schriftliche Verfahren gemäß Artikel 7 der Geschäftsordnung anwenden kann –

HAT FOLGENDEN BESCHLUSS ERLASSEN:

Artikel 1

(1) Der Europäische Rat legt seine Geschäftsordnung in der im Anhang enthaltenen Fassung fest.

(2) Für die Festlegung seiner Geschäftsordnung kann der Europäische Rat das schriftliche Verfahren gemäß Artikel 7 der Geschäftsordnung anwenden.

Artikel 2

Dieser Beschluss wird am Tag seiner Annahme wirksam. Er wird im *Amtsblatt der Europäischen Union* veröffentlicht.

Geschehen zu Brüssel am 1. Dezember 2009.

Im Namen des Europäischen Rates
Der Präsident
H. VAN ROMPUY

ANHANG

GESCHÄFTSORDNUNG DES EUROPÄISCHEN RATES

Artikel 1

Einberufung und Tagungsorte

(1) Der Europäische Rat tritt zweimal pro Halbjahr zusammen; er wird von seinem Präsidenten einberufen[1]).

Der Präsident des Europäischen Rates gibt spätestens ein Jahr vor Beginn jedes Halbjahres und in enger Zusammenarbeit mit dem Mitgliedstaat, der während des betreffenden Halbjahres den Vorsitz wahrnehmen wird, die geplanten Termine für die Tagungen des Europäischen Rates in diesem Halbjahr bekannt.

Wenn es die Lage erfordert, beruft der Präsident eine außerordentliche Tagung des Europäischen Rates ein[2]).

(2) Der Europäische Rat tritt in Brüssel zusammen.

Unter außergewöhnlichen Umständen kann der Präsident des Europäischen Rates mit Zustimmung des Rates „Allgemeine Angelegenheiten“ oder des Ausschusses der Ständigen Vertreter, die einstimmig beschließen, entscheiden, dass eine Tagung des Europäischen Rates an einem anderen Ort abgehalten wird.

Artikel 2

Vor- und Nachbereitung der Arbeiten des Europäischen Rates

(1) Der Präsident des Europäischen Rates gewährleistet in Zusammenarbeit mit dem

[1]) Dieser Unterabsatz stimmt mit Artikel 15 Absatz 3 Satz 1 des Vertrags über die Europäische Union (nachstehend „EUV“) überein.

[2]) Dieser Unterabsatz stimmt mit Artikel 15 Absatz 3 letzter Satz des EUV überein.

Präsidenten der Kommission auf der Grundlage der Arbeiten des Rates „Allgemeine Angelegenheiten" die Vorbereitung und Kontinuität der Arbeiten des Europäischen Rates[3]).

(2) Der Rat „Allgemeine Angelegenheiten" bereitet in Verbindung mit dem Präsidenten des Europäischen Rates und mit der Kommission die Tagungen des Europäischen Rates vor und sorgt für das weitere Vorgehen[4]).

(3) Der Präsident sorgt insbesondere durch regelmäßige Treffen für eine enge Zusammenarbeit und Abstimmung mit dem Vorsitz des Rates und dem Präsidenten der Kommission.

(4) Bei krankheitsbedingter Verhinderung, im Fall des Todes oder bei Entbindung von seinem Amt gemäß Artikel 15 Absatz 5 des Vertrags über die Europäische Union wird der Präsident des Europäischen Rates gegebenenfalls bis zur Wahl seines Nachfolgers von dem Mitglied des Europäischen Rates vertreten, das den Mitgliedstaat vertritt, der den halbjährlichen Vorsitz des Rates wahrnimmt.

Artikel 3

Tagesordnung und Vorbereitung

(1) Zur Vorbereitung nach Artikel 2 Absatz 2 legt der Präsident in enger Zusammenarbeit mit dem Mitglied des Europäischen Rates, das den Mitgliedstaat vertritt, der den halbjährlichen Vorsitz des Rates wahrnimmt, und mit dem Präsidenten der Kommission dem Rat „Allgemeine Angelegenheiten" mindestens vier Wochen vor jeder ordentlichen Tagung des Europäischen Rates im Sinne des Artikels 1 Absatz 1 einen Entwurf einer erläuterten Tagesordnung vor.

Die Beiträge der anderen Ratsformationen zu den Beratungen des Europäischen Rates werden dem Rat „Allgemeine Angelegenheiten" spätestens zwei Wochen vor der Tagung des Europäischen Rates übermittelt.

Der Präsident des Europäischen Rates erstellt in enger Zusammenarbeit im Sinne des Unterabsatzes 1 einen Entwurf von Leitlinien für die Schlussfolgerungen des Europäischen Rates und gegebenenfalls die Entwürfe von Schlussfolgerungen und die Entwürfe von Beschlüssen des Europäischen Rates; diese Entwürfe sind Gegenstand einer Aussprache des Rates „Allgemeine Angelegenheiten".

Der Rat „Allgemeine Angelegenheiten" tritt innerhalb der letzten fünf Tage vor der Tagung des Europäischen Rates zu einer letzten Tagung zusammen. Der Präsident des Europäischen Rates erstellt die vorläufige Tagesordnung auf der Grundlage dieser letzten Aussprache.

(2) Außer aus zwingendem und unvorhergesehenem Anlass, z. B. im Zusammenhang mit dem internationalen Tagesgeschehen, darf keine andere Ratsformation und kein anderes Vorbereitungsgremium zwischen der Tagung des Rates „Allgemeine Angelegenheiten", auf der die vorläufige Tagesordnung des Europäischen Rates erstellt wird, und der Tagung des Europäischen Rates ein Thema erörtern, das dem Europäischen Rat unterbreitet wird.

(3) Der Europäische Rat setzt seine Tagesordnung zu Beginn seiner Tagung fest.

In der Regel sollten die auf die Tagesordnung gesetzten Themen zuvor gemäß diesem Artikel geprüft worden sein.

Artikel 4

Zusammensetzung des Europäischen Rates, Delegationen und Ablauf der Arbeiten

(1) Jede ordentliche Tagung des Europäischen Rates erstreckt sich über höchstens zwei Tage, sofern der Europäische Rat oder der Rat „Allgemeine Angelegenheiten" nicht auf Veranlassung des Präsidenten des Europäischen Rates etwas anderes beschließt.

Das Mitglied des Europäischen Rates, das den Mitgliedstaat vertritt, der den Vorsitz des Rates wahrnimmt, erstattet dem Europäischen Rat im Benehmen mit dessen Präsidenten Bericht über die Arbeiten des Rates.

(2) Der Präsident des Europäischen Parlaments kann vom Europäischen Rat gehört werden[5]). Dieser Gedankenaustausch findet zu Beginn der Tagung des Europäischen Rates statt, sofern der Europäische Rat nicht einstimmig etwas anderes beschließt.

Treffen mit Vertretern von Drittstaaten oder von internationalen Organisationen oder anderen Persönlichkeiten am Rande der Tagung des Europäischen Rates dürfen nur in Ausnahmefällen und nach vorheriger Zustimmung des Europäischen Rates, der einstimmig auf Veranlassung des Präsidenten des Europäischen Rates beschließt, erfolgen.

---

[3]) Dieser Absatz stimmt mit Artikel 15 Absatz 6 Buchstabe b des EUV überein.

[4]) Dieser Absatz stimmt mit Artikel 16 Absatz 6 Unterabsatz 2 Satz 2 des EUV überein.

[5]) Dieser Absatz stimmt mit Artikel 235 Absatz 2 des Vertrags über die Arbeitsweise der Europäischen Union (nachstehend „AEUV") überein.

(3) Die Tagungen des Europäischen Rates sind nicht öffentlich.

(4) Der Europäische Rat setzt sich zusammen aus den Staats- und Regierungschefs der Mitgliedstaaten sowie dem Präsidenten des Europäischen Rates und dem Präsidenten der Kommission. Der Hohe Vertreter der Union für Außen- und Sicherheitspolitik nimmt an seinen Arbeiten teil[6]).

Erfordert es die Tagesordnung, so können die Mitglieder des Europäischen Rates beschließen, sich jeweils von einem Minister oder – im Fall des Präsidenten der Kommission – von einem Mitglied der Kommission unterstützen zu lassen[7]).

Die Gesamtgröße der Delegationen, die Zugang zu dem Gebäude erhalten, in dem die Tagung des Europäischen Rates stattfindet, wird auf zwanzig Personen für jeden Mitgliedstaat und für die Kommission und auf fünf für den Hohen Vertreter der Union für Außen- und Sicherheitspolitik begrenzt. Hierin nicht eingerechnet ist das technische Personal, das mit spezifischen sicherheitsrelevanten Aufgaben oder mit der logistischen Unterstützung betraut ist. Name und Dienststellung der Mitglieder der Delegationen werden dem Generalsekretariat des Rates zuvor mitgeteilt.

Der Präsident sorgt für die Anwendung dieser Geschäftsordnung und den ordnungsgemäßen Ablauf der Arbeiten.

Artikel 5
Vertretung vor dem Europäischen Parlament

Der Europäische Rat wird vor dem Europäischen Parlament vom Präsidenten des Europäischen Rates vertreten.

Der Präsident des Europäischen Rates legt dem Europäischen Parlament im Anschluss an jede Tagung des Europäischen Rates einen Bericht vor[8]).

Das Mitglied des Europäischen Rates, das den Mitgliedstaat vertritt, der den Vorsitz des Rates wahrnimmt, legt dem Europäischen Parlament die Prioritäten seines Vorsitzes und die während des betreffenden Halbjahres erzielten Ergebnisse vor.

[6]) Dieser Unterabsatz stimmt mit Artikel 15 Absatz 2 des EUV überein.

[7]) Dieser Absatz stimmt mit Artikel 15 Absatz 3 Satz 2 des EUV überein.

[8]) Dieser Satz stimmt mit Artikel 15 Absatz 6 Buchstabe d des EUV überein.

Artikel 6
Stellungnahmen, Beschlüsse und Beschlussfähigkeit

(1) Soweit in den Verträgen nichts anderes festgelegt ist, entscheidet der Europäische Rat im Konsens[9]).

(2) In den Fällen, in denen der Europäische Rat im Einklang mit den Verträgen einen Beschluss im Rahmen einer Abstimmung annimmt, erfolgt die Abstimmung auf Veranlassung seines Präsidenten.

Der Präsident ist ferner verpflichtet, auf Veranlassung eines Mitglieds des Europäischen Rates ein Abstimmungsverfahren einzuleiten, sofern sich die Mehrheit der Mitglieder des Europäischen Rates dafür ausspricht.

(3) Für eine Abstimmung im Europäischen Rat ist die Anwesenheit von zwei Dritteln der Mitglieder des Europäischen Rates erforderlich. Bei der Abstimmung vergewissert sich der Präsident, dass die Beschlussfähigkeit gegeben ist. Der Präsident des Europäischen Rates und der Präsident der Kommission werden bei der Bestimmung der Beschlussfähigkeit nicht mit eingerechnet.

(4) Jedes Mitglied des Europäischen Rates kann sich das Stimmrecht höchstens eines anderen Mitglieds übertragen lassen[10]).

An Abstimmungen im Europäischen Rat nehmen dessen Präsident und der Präsident der Kommission nicht teil[11]).

(5) Über Verfahrensfragen nach Maßgabe dieser Geschäftsordnung beschließt der Europäische Rat mit einfacher Mehrheit[12]).

Artikel 7
Schriftliches Verfahren

Beschlüsse des Europäischen Rates über eine dringende Angelegenheit können durch schriftliche Abstimmung angenommen werden, wenn der Präsident des Europäischen Rates die Anwendung dieses Verfahrens vorschlägt. Die schriftliche Abstimmung kann erfolgen, wenn sich alle Mitglieder des Europäischen Rates mit Stimmrecht mit diesem Verfahren einverstanden erklären.

[9]) Dieser Absatz stimmt mit Artikel 15 Absatz 4 des EUV überein.

[10]) Dieser Unterabsatz stimmt mit Artikel 235 Absatz 1 Unterabsatz 1 des AEUV überein.

[11]) Dieser Unterabsatz stimmt mit Artikel 235 Absatz 1 Unterabsatz 2 Satz 2 des AEUV überein.

[12]) Dieser Absatz ist an Artikel 235 Absatz 3 des AEUV angelehnt.

Das Generalsekretariat des Rates erstellt regelmäßig ein Verzeichnis der im schriftlichen Verfahren erlassenen Rechtsakte.

Artikel 8
Protokoll

Über jede Tagung wird ein Protokoll angefertigt; der Entwurf dieses Protokolls wird vom Generalsekretariat des Rates binnen 15 Tagen erstellt. Der Entwurf wird dem Europäischen Rat zur Genehmigung vorgelegt und anschließend vom Generalsekretär des Rates unterzeichnet.

Im Protokoll wird Folgendes verzeichnet:

- die dem Europäischen Rat vorgelegten Schriftstücke;
- die gebilligten Schlussfolgerungen;
- die gefassten Beschlüsse;
- die vom Europäischen Rat abgegebenen Erklärungen und die Erklärungen, deren Aufnahme von einem Mitglied des Europäischen Rates beantragt worden ist.

Artikel 9
Beratungen und Beschlüsse auf der Grundlage von Schriftstücken und Entwürfen in den in der geltenden Sprachenregelung vorgesehenen Sprachen

(1) Der Europäische Rat berät und beschließt nur auf der Grundlage von Schriftstücken und Entwürfen, die in den in der geltenden Sprachenregelung vorgesehenen Sprachen vorliegen, es sei denn, dass er aus Dringlichkeitsgründen einstimmig anders entscheidet.

(2) Jedes Mitglied des Europäischen Rates kann gegen die Beratung Einspruch erheben, wenn der Wortlaut etwaiger Änderungsvorschläge nicht in denjenigen der in Absatz 1 genannten Sprachen abgefasst ist, die von ihm bezeichnet werden.DE L 315/54 Amtsblatt der Europäischen Union 2.12.2009

Artikel 10
Öffentlichkeit der Abstimmungen, Erklärungen zur Stimmabgabe und Protokolle sowie Zugang zu Dokumenten

(1) Wenn der Europäische Rat gemäß den Verträgen einen Beschluss annimmt, kann er im Einklang mit dem für die Annahme des betreffenden Beschlusses geltenden Abstimmungsverfahren beschließen, dass die Abstimmungsergebnisse sowie die in sein Protokoll aufgenommenen Erklärungen und diejenigen Punkte des Protokolls, die die Annahme dieses Beschlusses betreffen, öffentlich zugänglich gemacht werden.

In den Fällen, in denen die Abstimmungsergebnisse öffentlich zugänglich gemacht werden, werden auf Antrag des betreffenden Mitglieds des Europäischen Rates auch die bei der Abstimmung abgegebenen Erklärungen zur Stimmabgabe im Einklang mit dieser Geschäftsordnung und unter Wahrung der Rechtssicherheit und der Interessen des Europäischen Rates veröffentlicht.

(2) Die Bestimmungen über den Zugang der Öffentlichkeit zu Dokumenten des Rates in Anhang II zur Geschäftsordnung des Rates gelten sinngemäß auch für Dokumente des Europäischen Rates.

Artikel 11
Geheimhaltungspflicht und Vorlage von Dokumenten vor Gericht

Unbeschadet der Bestimmungen über den Zugang der Öffentlichkeit zu Dokumenten unterliegen die Beratungen des Europäischen Rates der Geheimhaltungspflicht, es sei denn, dass der Europäische Rat anders entscheidet.

Der Europäische Rat kann die Vorlage einer Kopie oder eines Auszugs der Dokumente des Europäischen Rates vor Gericht genehmigen, wenn diese nicht gemäß Artikel 10 der Öffentlichkeit zugänglich gemacht wurden.

Artikel 12
Beschlüsse des Europäischen Rates

(1) Die vom Europäischen Rat angenommenen Beschlüsse werden von seinem Präsidenten und vom Generalsekretär des Rates unterzeichnet. Sind sie an keinen bestimmten Adressaten gerichtet, so werden sie im *Amtsblatt der Europäischen Union* veröffentlicht. Sind sie an einen bestimmten Adressaten gerichtet, so werden sie diesem vom Generalsekretär des Rates notifiziert.

(2) Die Bestimmungen über die Form der Rechtsakte in Anhang VI zur Geschäftsordnung des Rates gelten sinngemäß auch für die Beschlüsse des Europäischen Rates.

Artikel 13
Sekretariat, Haushaltsplan und Sicherheit

(1) Der Europäische Rat und sein Präsident werden vom Generalsekretariat des Rates un-

ter der Aufsicht seines Generalsekretärs unterstützt.

(2) Der Generalsekretär des Rates nimmt an den Tagungen des Europäischen Rates teil. Er trifft alle erforderlichen Maßnahmen für die Organisation der Arbeiten.

(3) Der Generalsekretär des Rates hat die uneingeschränkte Verantwortung für die Verwaltung der in Einzelplan II – Europäischer Rat und Rat – des Haushaltsplans aufgenommenen Mittel und ergreift alle erforderlichen Maßnahmen für deren einwandfreie Verwaltung. Er verwendet diese Mittel gemäß der für den Haushalt der Union geltenden Haushaltsordnung.

(4) Die Sicherheitsvorschriften des Rates gelten sinngemäß auch für den Europäischen Rat.

Artikel 14

Für den Europäischen Rat bestimmte Schreiben

Die für den Europäischen Rat bestimmten Schreiben werden an seinen Präsidenten gerichtet; die Anschrift lautet:

Europäischer Rat
Rue de la Loi/Wetstraat 175
B-1048 Brüssel

KODEX

DES ÖSTERREICHISCHEN RECHTS
HERAUSGEBER: UNIV.-PROF. DR. WERNER DORALT

LEBENSMITTEL-RECHT

1	LMSVG
2	Kenn-zeichnung
3	Lebens-mittel
4	Diätetische Lebensmittel
5	Wasser
6	Zusatz-stoffe
7	Rückstände in Lebens-mitteln
8	Gebrauchs-gegen-stände
9	Kosmetika
10	Hygiene
11	Amtl Kontrolle
12	EG-Basis-verordnung
13	EG-Hygiene-Verordnungen
14	EG-KontrollV
15	EG-ClaimsV
16	EG-An-reicherungsV

LexisNexis

KODEX

DES ÖSTERREICHISCHEN RECHTS
SAMMLUNG DER ÖSTERREICHISCHEN BUNDESGESETZE

GESUNDHEITS-BERUFE

BAND I

1	GuKG
2	GuK-AV
3	GuK-TAV
4	GuK-SV
5	GuK-LFV
6	Pflh-AV
7	GuK-WV
8	GuK-BAV
9	GuK-AusweisV 2006
10	GuK-EWRV 2004
11	Art. 15a-B-VG-V SozbetrB

LexisNexis

KODEX

DES ÖSTERREICHISCHEN RECHTS
SAMMLUNG DER ÖSTERREICHISCHEN BUNDESGESETZE

GESUNDHEITS-BERUFE

BAND II

1	HebG Heb-AV FH-Heb-AV HebAV Heb-EWRV 2002 HebGSV Heb-GWO
2	KTG KT-AV
3	MMHmG MMHm-AV MMHm-ZFV Hm-Berufs-ausweisV
4	MTD-G MTD-AV FH-MTD-AV V-RFS-MTD MTD-AusweisV
5	MTF-SHD-G APO-MTF V-AP-SHD
6	Psycho-logenG EWR-Psycho-logenG EWR-Psycho-logenV Psycho-therapieG EWR-Psycho-therapieG EWR-Psycho-therapieV
7	SanG San-AV SanAFV

LexisNexis

KODEX

DES ÖSTERREICHISCHEN RECHTS
HERAUSGEBER: UNIV.-PROF. DR. WERNER DORALT

BESONDERES VERWALTUNGSRECHT

1	BVergG 2006
2	DSG
3	UG 2002 + Auszüge UOG 1993 u. UniStG
4	DMSG
5	KAKuG
6	GTG
7	SPG
8	PStG
9	MeldeG
10	StbG
11	PassG
12	VereinsG
13	VersammlG
14	ZDG
15	FPG
16	NAG
17	AsylG 2005
18	GVG-B 2005
19	WaffG
20	GrekoG
21	ForstG
22	WRG
23	AWG
24	IG-L
25	EG-K + Auszüge LRG-K
26	OzonG
27	UVP-G
28	UMG
29	UFG
30	StVO
31	KFG
32	FSG
33	GewO
34	GütbefG
35	GelverkG
36	ÖffnungsZG
37	AuslBG
38	PreisG
39	PrAG
40	PreisTrG
41	VerssG
42	Erdöl-BMG
43	EnLG
44	ElWOG
45	GWG

LexisNexis

Rat

Geschäftsordnung des Rates

ABl 2009 L 325, 35 idF

1 ABl 2010 L 55, 83
2 ABl 2015 L 332, 133
3 ABl 2016 L 348, 27
4 ABl 2017 L 348, 36
5 ABl 2018 L 331, 218
6 ABl 2019 L 332, 152
7 ABl 2020 L 419, 24

Beschluss des Rates vom 1. Dezember 2009 zur Annahme seiner Geschäftsordnung

DER RAT DER EUROPÄISCHEN UNION –

gestützt auf den Vertrag über die Europäische Union,

gestützt auf den Vertrag über die Arbeitsweise der Europäischen Union,

gestützt auf Artikel 2 Absatz 2 des Anhangs III der Geschäftsordnung des Rates[1],

in Erwägung nachstehender Gründe:

(1) Artikel 3 Absatz 3 Unterabsätze 1 und 4 des den Verträgen beigefügten Protokolls (Nr. 36) über die Übergangsbestimmungen sieht vor, dass bis zum 31. Oktober 2014, sofern ein Rechtsakt des Rates mit qualifizierter Mehrheit erlassen wird, auf Antrag eines Mitglieds des Rates überprüft wird, ob die Mitgliedstaaten, die diese qualifizierte Mehrheit bilden, mindestens 62 % der Gesamtbevölkerung der Union repräsentieren.

(2) Dieser Prozentsatz wird gemäß den Bevölkerungszahlen in Anhang III Artikel 1 der Geschäftsordnung des Rates (im Folgenden „Geschäftsordnung") berechnet.

(3) Artikel 2 Absatz 2 des Anhangs III der Geschäftsordnung sieht vor, dass der Rat mit Wirkung vom 1. Januar jedes Jahres die in Artikel 1 jenes Anhangs genannten Zahlen auf der Grundlage der zum 30. September des Vorjahres beim Statistischen Amt der Europäischen Union verfügbaren Daten aktualisiert.

(4) Die Geschäftsordnung sollte daher für das Jahr 2013 entsprechend angepasst werden –

HAT FOLGENDEN BESCHLUSS ERLASSEN:

[1] Beschluss 2009/937/EU des Rates vom 1. Dezember 2009 zur Annahme seiner Geschäftsordnung (ABl. L 325 vom 11.12.2009, S. 35).

Artikel 1

Die Geschäftsordnung des Rates vom 15. September 2006 erhält die Fassung des Textes im Anhang.

Abweichend von Anhang II Artikel 2 Absatz 2 der Geschäftsordnung des Rates sind die durch den vorliegenden Beschluss in Artikel 1 jenes Anhangs eingefügten Bevölkerungszahlen für den Zeitraum vom 1. Dezember 2009 bis 31. Dezember 2010 anwendbar.

Artikel 2

Gemäß dem Protokoll über die Rolle der nationalen Parlamente in der Europäischen Union gilt Artikel 3 Absatz 3 der Geschäftsordnung des Rates in der durch den vorliegenden Beschluss erlassenen Fassung für Entwürfe von Legislativakten, die ab dem Tag des Inkrafttretens des Vertrags von Lissabon angenommen und übermittelt wurden.

Artikel 3

Dieser Beschluss wird am Tag seiner Annahme wirksam.

Er wird im *Amtsblatt der Europäischen Union* veröffentlicht.

Geschehen zu Brüssel am 1. Dezember 2009.

Im Namen des Rates
Die Präsidentin
B. ASK

ANHANG

GESCHÄFTSORDNUNG DES RATES

Artikel 1
Allgemeine Bestimmungen, Einberufung und Tagungsorte

(1) Der Rat wird von seinem Präsidenten aus eigenem Entschluss oder auf Antrag eines seiner Mitglieder oder der Kommission einberufen[2].

[2] Dieser Absatz stimmt mit Artikel 237 des Vertrags über die Arbeitsweise der Europäischen Union (nachstehend „AEUV" genannt) überein.

(2) Der Vorsitz teilt nach den entsprechenden Konsultationen sieben Monate vor dem Beginn des betreffenden Halbjahres für alle Zusammensetzungen des Rates die Termine mit, die er für die Tagungen vorsieht, zu denen der Rat zusammentreten muss, um seine Aufgabe als Gesetzgeber zu erfüllen oder operative Entscheidungen zu treffen. Diese Termine werden in einem einheitlichen Dokument zusammengefasst, das für alle Zusammensetzungen des Rates gilt.

(3) Der Rat hat seinen Sitz in Brüssel. In den Monaten April, Juni und Oktober hält der Rat seine Tagungen in Luxemburg ab[3].

Unter außergewöhnlichen Umständen und in hinreichend begründeten Fällen kann der Rat oder der Ausschuss der Ständigen Vertreter der Regierungen der Mitgliedstaaten (nachstehend „AStV" genannt) einstimmig beschließen, dass eine Tagung des Rates an einem anderen Ort abgehalten wird.

(4)[4] Der Vorsitz im Rat, außer in der Zusammensetzung „Auswärtige Angelegenheiten", wird von zuvor festgelegten Gruppen von drei Mitgliedstaaten für einen Zeitraum von 18 Monaten wahrgenommen. Diese Gruppen werden in gleichberechtigter Rotation der Mitgliedstaaten unter Berücksichtigung ihrer Verschiedenheit und des geografischen Gleichgewichts innerhalb der Union zusammengestellt.

Jedes Mitglied der Gruppe nimmt den Vorsitz in allen Zusammensetzungen des Rates außer in der Zusammensetzung „Auswärtige Angelegenheiten" im Wechsel für einen Zeitraum von sechs Monaten wahr. Die anderen Mitglieder der Gruppe unterstützen den Vorsitz auf der Grundlage eines gemeinsamen Programms bei all seinen Aufgaben. Die Mitglieder der Gruppe können untereinander alternative Regelungen beschließen.

(5) Die Beschlüsse, die der Rat oder der AStV auf der Grundlage dieser Geschäftsordnung fasst, werden mit einfacher Mehrheit angenommen, es sei denn, die Geschäftsordnung sieht andere Abstimmungsmodalitäten vor.

Sofern nichts anderes angegeben ist, gelten in dieser Geschäftsordnung die Bezugnahmen auf den Vorsitz oder auf den Präsidenten für jede Person, die den Vorsitz in einer der Zusammensetzungen des Rates oder gegebenenfalls in einem der Vorbereitungsgremien des Rates wahrnimmt.

Artikel 2
Zusammensetzungen des Rates, Rolle der Zusammensetzung „Allgemeine Angelegenheiten" und der Zusammensetzung „Auswärtige Angelegenheiten" und Arbeitsplanung

(1) Der Rat tagt – je nach behandeltem Sachgebiet – in verschiedenen Zusammensetzungen. Die Liste der Zusammensetzungen des Rates, mit Ausnahme des Rates „Allgemeine Angelegenheiten" und des Rates „Auswärtige Angelegenheiten", wird vom Europäischen Rat mit qualifizierter Mehrheit angenommen[5]. Die Liste der Zusammensetzungen des Rates ist in Anhang I enthalten.

(2) Der Rat „Allgemeine Angelegenheiten" stellt die Kohärenz der Arbeiten des Rates in seinen verschiedenen Zusammensetzungen sicher. In Verbindung mit dem Präsidenten des Europäischen Rates und mit der Kommission bereitet er die Tagungen des Europäischen Rates vor und sorgt für das weitere Vorgehen[6]. Er ist verantwortlich für die Gesamtkoordinierung der Politiken, für institutionelle und administrative Fragen, für Querschnittsthemen mit Bezug zu mehreren Politikbereichen der Europäischen Union, wie den mehrjährigen Finanzrahmen und die Erweiterung, sowie für alle sonstigen Themen, mit denen er vom Europäischen Rat befasst wurde, unter Berücksichtigung der Verfahrensregeln der Wirtschafts- und Währungsunion.

(3) Die Modalitäten für die Vorbereitung der Tagungen des Europäischen Rates sind in Artikel 3 der Geschäftsordnung des Europäischen Rates niedergelegt.

a) Zur Vorbereitung nach Artikel 2 Absatz 2 der Geschäftsordnung des Europäischen Rates legt der Präsident in enger Zusammenarbeit mit dem Mitglied des Europäischen Rates, das den Mitgliedstaat vertritt, der den halbjährlichen Vorsitz des Rates wahrnimmt, und mit dem Präsidenten der Kommission dem Rat „Allgemeine Angelegenheiten" mindestens vier Wochen vor jeder ordentlichen Tagung des Europäischen Rates im Sinne des Artikels 1 Absatz 1 der Geschäftsordnung des Europäischen Rates einen Entwurf einer erläuterten Tagesordnung vor.

Die Beiträge der anderen Ratsformationen zu den Beratungen des Europäischen Rates werden dem Rat „Allgemeine Angelegenheiten" spätestens zwei Wochen vor der Tagung des Europäischen Rates übermittelt.

---

[3] Dieser Absatz stimmt mit Buchstabe b des einzigen Artikels des Protokolls über die Festlegung der Sitze der Organe und bestimmter Einrichtungen, sonstiger Stellen und Dienststellen der Europäischen Union überein.

[4] Dieser Absatz stimmt mit Artikel 1 des Beschlusses des Europäischen Rates vom 1. Dezember 2009 über die Ausübung des Vorsitzes im Rat überein (ABl. L 315 vom 2.12.2009, S. 50).

[5] Diese beiden Sätze stimmen – mit angepasstem Wortlaut – mit Artikel 16 Absatz 6 Unterabsatz 1 des Vertrags über die Europäische Union (nachstehend „EUV" genannt) und Artikel 236 Buchstabe a des AEUV überein.

[6] Diese beiden Sätze stimmen mit Artikel 16 Absatz 6 Unterabsatz 2 des EUV überein.

Der Präsident des Europäischen Rates erstellt in enger Zusammenarbeit im Sinne des Unterabsatzes 1 einen Entwurf von Leitlinien für die Schlussfolgerungen des Europäischen Rates und gegebenenfalls die Entwürfe von Schlussfolgerungen und die Entwürfe von Beschlüssen des Europäischen Rates; diese Entwürfe sind Gegenstand einer Aussprache des Rates „Allgemeine Angelegenheiten".

Der Rat „Allgemeine Angelegenheiten" tritt innerhalb der letzten fünf Tage vor der Tagung des Europäischen Rates zu einer letzten Tagung zusammen. Der Präsident des Europäischen Rates erstellt die vorläufige Tagesordnung auf der Grundlage dieser letzten Aussprache.

b) Außer aus zwingendem und unvorhergesehenem Anlass, z. B. im Zusammenhang mit dem internationalen Tagesgeschehen, darf keine andere Ratsformation und kein anderes Vorbereitungsgremium zwischen der Tagung des Rates „Allgemeine Angelegenheiten", auf der die vorläufige Tagesordnung des Europäischen Rates erstellt wird, und der Tagung des Europäischen Rates ein Thema erörtern, das dem Europäischen Rat unterbreitet wird.

c) Der Europäische Rat setzt seine Tagesordnung zu Beginn seiner Tagung fest.

In der Regel sollten die auf die Tagesordnung gesetzten Themen zuvor gemäß diesem Absatz geprüft worden sein.

(4) Der Rat „Allgemeine Angelegenheiten" sorgt im Rahmen einer Mehrjahresplanung gemäß Absatz 6 in Zusammenarbeit mit der Kommission für die Kohärenz und die Kontinuität der Arbeiten des Rates in seinen verschiedenen Zusammensetzungen[7].

(5) Der Rat „Auswärtige Angelegenheiten" gestaltet das auswärtige Handeln der Union entsprechend den strategischen Vorgaben des Europäischen Rates und sorgt für die Kohärenz des Handelns der Union[8]. Er ist verantwortlich für die Durchführung sämtlichen auswärtigen Handelns der Europäischen Union, nämlich der Gemeinsamen Außen- und Sicherheitspolitik, der Gemeinsamen Sicherheits- und Verteidigungspolitik, der gemeinsamen Handelspolitik sowie der Entwicklungszusammenarbeit und der humanitären Hilfe.

Den Vorsitz im Rat „Auswärtige Angelegenheiten" führt der Hohe Vertreter der Union für Außen- und Sicherheitspolitik, der sich erforderlichenfalls von dem Mitglied dieser Zusammensetzung des Rates vertreten lassen kann, das den Mitgliedstaat vertritt, der den halbjährlichen Vorsitz des Rates wahrnimmt[9].

(6) Die zuvor festgelegte Gruppe von drei Mitgliedstaaten im Sinne des Artikels 1 Absatz 4, die den Vorsitz des Rates während eines Zeitraums von 18 Monaten wahrnehmen, erstellt jeweils einen Entwurf eines Programms für die Tätigkeiten des Rates in diesem Zeitraum. Für die Tätigkeiten des Rates „Auswärtige Angelegenheiten" in diesem Zeitraum wird der Entwurf zusammen mit dem Präsidenten dieser Zusammensetzung des Rates erstellt. Der Programmentwurf wird in enger Zusammenarbeit mit der Kommission und dem Präsidenten des Europäischen Rates und nach entsprechenden Konsultationen erstellt. Er wird spätestens einen Monat vor dem betreffenden Zeitraum in einem einheitlichen Dokument vorgelegt, das vom Rat „Allgemeine Angelegenheiten" gebilligt wird[10].

(7) Der in dem betreffenden Zeitraum amtierende Vorsitz erstellt für jede Zusammensetzung des Rates und nach entsprechenden Konsultationen indikative Tagesordnungsentwürfe für die im kommenden Halbjahr vorgesehenen Tagungen des Rates unter Angabe der geplanten Rechtsetzungsschritte und operativen Entscheidungen. Diese Entwürfe werden spätestens eine Woche vor dem Beginn des betreffenden Halbjahres auf der Grundlage des Achtzehnmonatsprogramms des Rates und in Absprache mit der Kommission erstellt. Sie werden in einem einheitlichen Dokument zusammengefasst, das für alle Zusammensetzungen des Rates gilt. Erforderlichenfalls können über die zuvor geplanten Tagungen des Rates hinaus zusätzliche Tagungen des Rates vorgesehen werden.

Erweist sich während einer Halbjahresperiode eine für diese Zeit geplante Tagung als nicht länger gerechtfertigt, so beruft der Vorsitz sie nicht ein.

7) Dieser Absatz stimmt mit Artikel 3 Satz 1 des Beschlusses des Europäischen Rates vom 1. Dezember 2009 über die Ausübung des Vorsitzes im Rat überein.

8) Dieser Satz stimmt mit Artikel 16 Absatz 6 Unterabsatz 3 des EUV überein.

9) Siehe nachstehende Erklärung a: a) Zu Artikel 2 Absatz 5 Unterabsatz 2: „Im Falle der Einberufung des Rates ‚Auswärtige Angelegenheiten' im Zusammenhang mit Fragen der gemeinsamen Handelspolitik lässt sich sein Präsident vom halbjährlichen Vorsitz vertreten, wie in Artikel 2 Absatz 5 Unterabsatz 2 vorgesehen."

10) Siehe nachstehende Erklärung b: b) Zu Artikel 2 Absatz 6: „Das Achtzehnmonatsprogramm umfasst eine allgemeine Einleitung, in der das Programm in den Kontext der langfristigen strategischen Leitlinien der Union gestellt wird. Im Rahmen der ‚entsprechenden Konsultationen' gemäß Absatz 6 Satz 3 konsultieren die drei für die Erstellung des Entwurfs des Achtzehnmonatsprogramms zuständigen Vorsitze dazu die drei nachfolgenden Vorsitze. Der Entwurf des Achtzehnmonatsprogramms berücksichtigt unter anderem auch die einschlägigen Ergebnisse des Dialogs über die für das jeweilige Jahr geltenden politischen Prioritäten, der auf Initiative der Kommission stattfindet."

Artikel 3[11]
Tagesordnung

(1) Unter Berücksichtigung des Achtzehnmonatsprogramms des Rates stellt der Präsident die vorläufige Tagesordnung jeder Tagung auf. Diese wird den anderen Ratsmitgliedern und der Kommission spätestens 14 Tage vor Beginn der Tagung übersandt. Sie wird gleichzeitig den nationalen Parlamenten der Mitgliedstaaten zugeleitet.

(2) Die vorläufige Tagesordnung enthält die Punkte, für die der Aufnahmeantrag eines Ratsmitglieds oder der Kommission und gegebenenfalls die hierauf bezüglichen Unterlagen dem Generalsekretariat spätestens 16 Tage vor Beginn der betreffenden Tagung zugegangen sind. In der vorläufigen Tagesordnung ist ferner durch ein Sternchen vermerkt, über welche Punkte der Vorsitz, ein Ratsmitglied oder die Kommission eine Abstimmung verlangen können. Ein solcher Vermerk erfolgt, wenn alle Verfahrensvorschriften der Verträge erfüllt sind.

(3) Ist die in dem Protokoll über die Rolle der nationalen Parlamente in der Europäischen Union und in dem Protokoll über die Anwendung der Grundsätze der Subsidiarität und der Verhältnismäßigkeit vorgesehene Frist von acht Wochen anwendbar, so werden die Punkte, die die Annahme eines Gesetzgebungsakts oder eines Standpunkts in erster Lesung im Rahmen des ordentlichen Gesetzgebungsverfahrens betreffen, erst dann im Hinblick auf einen Beschluss auf die vorläufige Tagesordnung gesetzt, wenn die Achtwochenfrist abgelaufen ist.

Der Rat kann von der Achtwochenfrist nach Unterabsatz 1 abweichen, wenn die Aufnahme eines Tagesordnungspunktes ein dringender Ausnahmefall im Sinne des Artikels 4 des Protokolls über die Rolle der nationalen Parlamente in der Europäischen Union ist. Der Rat beschließt gemäß den für den Erlass des betreffenden Gesetzgebungsakts oder die Festlegung des betreffenden Standpunkts geltenden Abstimmungsmodalitäten.

Außer in ordnungsgemäß begründeten dringenden Fällen müssen zwischen der Aufnahme des Entwurfs eines Gesetzgebungsakts in die vorläufige Tagesordnung für die Tagung des Rates und der Festlegung eines Standpunkts zehn Tage liegen[12].

(4) In die vorläufige Tagesordnung können nur die Punkte aufgenommen werden, für die die Unterlagen den Ratsmitgliedern und der Kommission spätestens am Tag der Übersendung dieser Tagesordnung übermittelt werden.

(5) Das Generalsekretariat übermittelt den Ratsmitgliedern und der Kommission die Aufnahmeanträge und die hierauf bezüglichen Unterlagen, für die die vorstehend vorgeschriebenen Fristen nicht eingehalten worden sind.

Sofern nicht aus Dringlichkeitsgründen etwas anderes erforderlich ist und unbeschadet des Absatzes 3 werden Punkte, die Entwürfe von Gesetzgebungsakten betreffen und deren Prüfung durch den AStV bis zum Ende der Woche, die der Woche vor der Tagung des Rates vorangeht, nicht abgeschlossen ist, vom Vorsitz von der vorläufigen Tagesordnung abgesetzt.

(6) Die vorläufige Tagesordnung besteht aus zwei Teilen, von denen der eine den Beratungen über die Gesetzgebungsakte und der andere den nicht die Gesetzgebung betreffenden Tätigkeiten gewidmet ist. Der erste Teil trägt den Titel „Beratungen über Gesetzgebungsakte", der zweite Teil den Titel „Nicht die Gesetzgebung betreffende Tätigkeiten".

Die Punkte in beiden Teilen der vorläufigen Tagesordnung sind jeweils in A-Punkte und B-Punkte gegliedert. Als A-Punkte werden die Punkte aufgenommen, die der Rat ohne Aussprache annehmen kann; dies schließt nicht aus, dass ein Ratsmitglied oder die Kommission bei der Annahme dieser Punkte Meinungen äußert und Erklärungen in das Ratsprotokoll aufnehmen lässt.

(7) Der Rat setzt die Tagesordnung zu Beginn jeder Tagung fest. Für die Aufnahme von Punkten, die nicht auf der vorläufigen Tagesordnung stehen, ist Einstimmigkeit im Rat erforderlich. Zu den dieserart aufgenommenen Punkten kann eine Abstimmung erfolgen, wenn alle Verfahrensvorschriften der Verträge erfüllt sind.

(8) Könnte eine Stellungnahme zu einem A-Punkt jedoch zu einer erneuten Aussprache führen oder stellt ein Ratsmitglied oder die Kommission einen entsprechenden Antrag, so wird der Punkt von der Tagesordnung abgesetzt, es sei denn, dass der Rat anders entscheidet.

(9) Bei jedem Antrag auf Aufnahme eines Punktes unter „Sonstiges" ist ein erläuterndes Dokument vorzulegen.

---

[11] Siehe nachstehende Erklärungen c und d: c) Zu Artikel 3 Absätze 1 und 2: „Der Präsident bemüht sich, dafür zu sorgen, dass die Mitglieder des Rates die vorläufige Tagesordnung für jede Tagung des Rates über die Durchführung der Bestimmungen des Titels des AEUV über den Raum der Freiheit, der Sicherheit und des Rechts sowie die Unterlagen über die auf der Tagesordnung stehenden Punkte grundsätzlich mindestens 21 Tage vor Beginn dieser Tagung erhalten." d) Zu den Artikeln 1 und 3: „Unbeschadet des Artikels 30 Absatz 2 des EUV, wonach in den Fällen, in denen eine rasche Entscheidung notwendig ist, in kürzester Zeit eine außerordentliche Tagung des Rates einberufen werden kann, ist sich der Rat der Notwendigkeit bewusst, Fragen der Gemeinsamen Außen- und Sicherheitspolitik zügig und wirksam zu behandeln. Die Bestimmungen des Artikels 3 stehen dem nicht entgegen, dass dieser Notwendigkeit Rechnung getragen wird."

[12] Dieser Satz stimmt mit Artikel 4 letzter Satz des Protokolls über die Rolle der nationalen Parlamente in der Europäischen Union überein.

Artikel 4
Vertretung eines Ratsmitglieds

Vorbehaltlich der Bestimmungen über die Übertragung des Stimmrechts gemäß Artikel 11 kann ein Ratsmitglied sich vertreten lassen, wenn es verhindert ist, an einer Tagung teilzunehmen.

Artikel 5
Tagungen

(1) Der Rat tagt öffentlich, wenn er über Entwürfe zu Gesetzgebungsakten berät und abstimmt[13]. In allen anderen Fällen, außer in den in Artikel 8 genannten Fällen, sind die Tagungen des Rates nicht öffentlich.

(2) Die Kommission ist zur Teilnahme an den Tagungen des Rates eingeladen. Dies gilt auch für die Europäische Zentralbank in den Fällen, in denen diese ihr Initiativrecht wahrnimmt. Der Rat kann jedoch beschließen, in Abwesenheit der Kommission oder der Europäischen Zentralbank zu beraten.

(3) Die Mitglieder des Rates und der Kommission können zu ihrer Unterstützung Beamte hinzuziehen. Name und Dienststellung dieser Beamten werden dem Generalsekretariat zuvor mitgeteilt. Der Rat kann eine Höchstzahl von Personen je Delegation festlegen, die einschließlich der Ratsmitglieder gleichzeitig im Sitzungssaal des Rates anwesend sein dürfen.

(4) Für den Zugang zu den Tagungen des Rates ist die Vorlage eines vom Generalsekretariat ausgestellten Einlassscheins erforderlich.

Artikel 6
Geheimhaltungspflicht und Vorlage von Dokumenten vor Gericht

(1) Unbeschadet der Artikel 7, 8 und 9 sowie der Bestimmungen über den Zugang der Öffentlichkeit zu Dokumenten unterliegen die Beratungen des Rates der Geheimhaltungspflicht, es sei denn, dass der Rat anders entscheidet.

(2) Der Rat oder der AStV kann die Vorlage einer Kopie oder eines Auszugs der Ratsdokumente vor Gericht genehmigen, wenn diese nicht gemäß den Bestimmungen über den Zugang der Öffentlichkeit zu Dokumenten der Öffentlichkeit zugänglich gemacht wurden.

Artikel 7
Gesetzgebungsverfahren und Öffentlichkeit

(1) Der Rat tagt öffentlich, wenn er über Entwürfe zu Gesetzgebungsakten berät und abstimmt. Zu diesem Zweck enthält seine Tagesordnung einen Teil mit dem Titel „Beratungen über Gesetzgebungsakte".

(2) Die dem Rat vorgelegten Dokumente, die unter einem Punkt im Teil „Beratungen über Gesetzgebungsakte" seiner Tagesordnung aufgeführt sind, sowie die Abschnitte des Ratsprotokolls, die diesen Teil der Tagesordnung betreffen, werden veröffentlicht.

(3) Die Öffentlichkeit der Tagungen des Rates betreffend den Teil „Beratungen über Gesetzgebungsakte" seiner Tagesordnung wird durch eine öffentliche audiovisuelle Übertragung sichergestellt, insbesondere in einen „Mithörsaal" und durch die Übertragung in allen Amtssprachen der Organe der Europäischen Union per Video-Stream. Eine Aufzeichnung verbleibt mindestens einen Monat lang auf der Website des Rates. Die Abstimmungsergebnisse werden visuell angezeigt.

Das Generalsekretariat informiert die Öffentlichkeit im Voraus über den Tag und die voraussichtliche Uhrzeit der audiovisuellen Übertragung und trifft die praktischen Vorkehrungen zur korrekten Anwendung dieses Artikels.

(4) Die Abstimmungsergebnisse und die Erklärungen zur Stimmabgabe der Ratsmitglieder oder ihrer Vertreter in dem nach dem ordentlichen Gesetzgebungsverfahren vorgesehenen Vermittlungsausschuss sowie die Erklärungen für das Ratsprotokoll und die im Ratsprotokoll enthaltenen und die Sitzung des Vermittlungsausschusses betreffenden Punkte werden veröffentlicht.

(5) Werden dem Rat Gesetzgebungsvorschläge oder -initiativen unterbreitet, so nimmt der Rat davon Abstand, Akte anzunehmen, die in den Verträgen nicht vorgesehen sind, beispielsweise Entschließungen, Schlussfolgerungen oder andere Erklärungen als diejenigen, die bei der Annahme des Aktes abgegeben wurden und in das Ratsprotokoll aufzunehmen sind.

Artikel 8
Sonstige öffentliche Beratungen und öffentliche Aussprachen des Rates

(1) Wird der Rat mit einem Vorschlag für einen Rechtsakt ohne Gesetzescharakter betreffend den Erlass von Vorschriften, die in den Mitgliedstaaten oder für die Mitgliedstaaten rechtlich bindend sind, befasst, wobei er auf der Grundlage der einschlägigen Bestimmungen der Verträge im Wege von Verordnungen, Richtlinien oder Beschlüssen tätig wird, so sind die ersten Beratungen des Rates über wichtige neue Vorschläge öffentlich; ausgenommen sind hierbei interne Maßnahmen, Verwaltungsakte oder Haushaltsmaßnahmen, Rechtsakte betreffend die interinstitutionellen oder die internationalen Beziehungen oder nicht bindende Rechtsakte wie Schlussfolgerungen, Empfehlungen oder Entschließungen. Der Vorsitz legt fest, welche neuen Vorschläge

[13] Dieser Satz stimmt mit Artikel 16 Absatz 8 Satz 1 des EUV überein.

wichtig sind; der Rat oder der AStV können gegebenenfalls etwas anderes beschließen.

Der Vorsitz kann fallweise entscheiden, dass die anschließenden Beratungen des Rates über einen der Vorschläge im Sinne des Unterabsatzes 1 für die Öffentlichkeit zugänglich sein sollen, sofern der Rat oder der AStV nicht etwas anderes beschließt.

(2) Auf einen mit qualifizierter Mehrheit gefassten Beschluss des Rates oder des AStV führt der Rat öffentliche Aussprachen über wichtige Fragen, die die Interessen der Europäischen Union und ihrer Bürger berühren.

Es obliegt dem Vorsitz, den Ratsmitgliedern oder der Kommission, spezifische Fragen oder Themen für solche Aussprachen vorzuschlagen, wobei sie berücksichtigen, welche Bedeutung der Beratungsgegenstand hat und von welchem Interesse er für die Bürger ist.

(3) Der Rat „Allgemeine Angelegenheiten" führt eine öffentliche Orientierungsaussprache über das Achtzehnmonatsprogramm des Rates. Orientierungsaussprachen in anderen Zusammensetzungen des Rates über ihre Prioritäten sind ebenfalls öffentlich. Die Vorstellung des Fünfjahresprogramms der Kommission, ihres Jahresarbeitsprogramms und ihrer jährlichen Strategieplanung sowie die daran anschließende Aussprache sind öffentlich.

(4) Sobald die vorläufige Tagesordnung gemäß Artikel 3 übersandt worden ist,

a) werden die Punkte auf der Tagesordnung des Rates, die gemäß Absatz 1 der Öffentlichkeit zugänglich sind, mit den Worten „öffentliche Beratung" gekennzeichnet;

b) werden die Punkte auf der Tagesordnung des Rates, die gemäß den Absätzen 2 und 3 der Öffentlichkeit zugänglich sind, mit den Worten „öffentliche Aussprache" gekennzeichnet.

Die Öffentlichkeit der Beratungen und öffentlichen Aussprachen des Rates im Sinne dieses Artikels wird durch eine öffentliche Übertragung gemäß Artikel 7 Absatz 3 sichergestellt.

Artikel 9
Öffentlichkeit der Abstimmungen, Erklärungen zur Stimmabgabe und Protokolle in den anderen Fällen

(1) Erlässt der Rat Rechtsakte ohne Gesetzescharakter im Sinne des Artikels 8 Absatz 1, so werden die Abstimmungsergebnisse und die Erklärungen der Ratsmitglieder zur Stimmabgabe sowie die Erklärungen für das Ratsprotokoll und die im Ratsprotokoll enthaltenen und die Verabschiedung solcher Akte betreffenden Punkte öffentlich zugänglich gemacht.

(2) Die Abstimmungsergebnisse werden ferner öffentlich zugänglich gemacht,

a) wenn der Rat im Rahmen des Titels V des EUV handelt, nach einstimmigem Beschluss des Rates oder des AStV auf Antrag eines ihrer Mitglieder;

b) in den anderen Fällen nach Beschluss des Rates oder des AStV auf Antrag eines ihrer Mitglieder.

In den Fällen, in denen die Abstimmungsergebnisse des Rates gemäß Unterabsatz 1 Buchstaben a und b öffentlich zugänglich gemacht werden, können auf Antrag der betroffenen Ratsmitglieder auch die bei der Abstimmung abgegebenen Erklärungen zur Stimmabgabe im Einklang mit dieser Geschäftsordnung und unter Wahrung der Rechtssicherheit und der Interessen des Rates veröffentlicht werden.

Die in das Ratsprotokoll aufgenommenen Erklärungen und diejenigen Punkte dieses Protokolls, die die Annahme der Rechtsakte gemäß Unterabsatz 1 Buchstaben a und b betreffen, werden durch Beschluss des Rates oder des AStV auf Antrag eines ihrer Mitglieder veröffentlicht.

(3) Außer in den Fällen, in denen die Beratungen des Rates gemäß den Artikeln 7 und 8 öffentlich sind, werden die Abstimmungsergebnisse bei Entscheidungsprozessen, die zu Probeabstimmungen oder zur Annahme vorbereitender Rechtsakte führen, nicht öffentlich zugänglich gemacht.

Artikel 10
Zugang der Öffentlichkeit zu den Dokumenten des Rates

Die besonderen Bestimmungen für den Zugang der Öffentlichkeit zu den Dokumenten des Rates sind in Anhang II festgelegt.

Artikel 11
Modalitäten der Abstimmung und Beschlussfähigkeit

(1) Die Abstimmung im Rat erfolgt auf Veranlassung seines Präsidenten.

Der Präsident ist ferner verpflichtet, auf Veranlassung eines Ratsmitglieds oder der Kommission ein Abstimmungsverfahren einzuleiten, sofern sich die Mehrheit der dem Rat angehörenden Mitglieder dafür ausspricht.

(2) Die Ratsmitglieder stimmen in der gemäß der Liste der aufeinanderfolgenden Vorsitze festgelegten Reihenfolge der Mitgliedstaaten ab, beginnend mit dem Mitglied, das nach dieser Reihenfolge auf das den Vorsitz führende Mitglied folgt.

(3) Jedes Mitglied kann sich das Stimmrecht höchstens eines anderen Mitglieds übertragen lassen[14].

(4) Für eine Abstimmung im Rat ist die Anwesenheit der Mehrheit der gemäß den Verträgen stimmberechtigten Ratsmitglieder erforderlich. Bei der Abstimmung vergewissert sich der Präsident mit Unterstützung des Generalsekretariats, dass die Beschlussfähigkeit gegeben ist.

(5) Ist ein Beschluss des Rates mit qualifizierter Mehrheit zu fassen, so werden 65 % der Bevölkerung der Union oder – wenn sich nicht alle Mitgliedstaaten an der Abstimmung beteiligen – der Bevölkerung der beteiligten Mitgliedstaaten und die Mindestzahl von Mitgliedern des Rates, die zusammen mehr als 35 % der Bevölkerung der beteiligten Mitgliedstaaten vertreten, gemäß den Bevölkerungszahlen in Anhang III berechnet. Diese Zahlen finden auch im Zeitraum vom 1. November 2014 bis zum 31. März 2017 Anwendung, wenn gemäß Artikel 3 Absatz 2 des dem Vertrag über die Europäische Union, dem Vertrag über die Arbeitsweise der Europäischen Union und dem Vertrag zur Gründung der Europäischen Atomgemeinschaft beigefügten Protokolls Nr. 36 über die Übergangsmaßnahmen ein Mitglied des Rates beantragt, dass die Beschlussfassung mit der qualifizierten Mehrheit nach Absatz 3 des genannten Artikels erfolgt und ein Mitglied des Rates beantragt, dass überprüft wird, ob die Mitgliedstaaten, die diese qualifizierte Mehrheit bilden, mindestens 62 % der Gesamtbevölkerung der Union ausmachen.

(6) Der Rat aktualisiert mit Wirkung vom 1. Januar jedes Jahres die in Anhang III genannten Zahlen auf der Grundlage der zum 30. September des Vorjahres beim Statistischen Amt der Europäischen Union verfügbaren Daten. Dieser Beschluss wird im Amtsblatt der Europäischen Union veröffentlicht.

Artikel 12
Gewöhnliches schriftliches Verfahren und Verfahren der stillschweigenden Zustimmung

(1) Rechtsakte des Rates über eine dringende Angelegenheit können durch schriftliche Abstimmung angenommen werden, wenn der Rat oder der AStV die Anwendung dieses Verfahrens einstimmig beschließt. Der Präsident kann unter besonderen Umständen ebenfalls vorschlagen, dieses Verfahren anzuwenden; in diesem Fall kann die schriftliche Abstimmung erfolgen, wenn sich alle Mitgliedstaaten mit diesem Verfahren einverstanden erklären.

Die Zustimmung der Kommission zum schriftlichen Verfahren ist erforderlich, wenn die schriftliche Abstimmung einen Gegenstand betrifft, mit dem die Kommission den Rat befasst hat.

Das Generalsekretariat erstellt allmonatlich ein Verzeichnis der im schriftlichen Verfahren erlassenen Rechtsakte. Dieses Verzeichnis enthält die abgegebenen Erklärungen für das Ratsprotokoll. Die Teile dieses Verzeichnisses, die den Erlass von Gesetzgebungsakten betreffen, werden veröffentlicht.

(2) Auf Veranlassung des Vorsitzes kann der Rat in folgenden Fällen im Wege des vereinfachten schriftlichen Verfahrens („Verfahren der stillschweigenden Zustimmung") tätig werden:

a) zur Annahme einer Antwort auf eine schriftliche Anfrage oder gegebenenfalls auf eine mündliche Anfrage, die dem Rat von einem Mitglied des Europäischen Parlaments gestellt wurde, nach Prüfung des Antwortentwurfs durch den AStV[15];

b) zur Ernennung von Mitgliedern des Wirtschafts- und Sozialausschusses und von Mitgliedern und stellvertretenden Mitgliedern des Ausschusses der Regionen, nach Prüfung des Beschlussentwurfs durch den AStV;

c) bei Beschlüssen, andere Organe, Einrichtungen oder sonstige Stellen zu konsultieren, wenn die Verträge eine solche Konsultation vorsehen;

d) zur Durchführung der gemeinsamen Außen- und Sicherheitspolitik über das „COREU"-Netz („COREU-Verfahren der stillschweigenden Zustimmung")[16].

In diesem Fall gilt der betreffende Text nach Ablauf der vom Vorsitz entsprechend der Dringlichkeit der Angelegenheit festgesetzten Frist als angenommen, wenn kein Ratsmitglied einen Einwand erhebt.

(3) Das Generalsekretariat stellt den Abschluss der schriftlichen Verfahren fest.

Artikel 13
Protokoll

(1) Über jede Tagung wird ein Protokoll angefertigt; dieses wird, nachdem es gebilligt ist, vom Generalsekretär unterzeichnet. Dieser kann seine Unterzeichnungsbefugnis an die Generaldirektoren des Generalsekretariats delegieren.

Im Protokoll wird in der Regel zu jedem Punkt der Tagesordnung Folgendes verzeichnet:

[14] Dieser Absatz stimmt mit Artikel 239 des AEUV überein.

[15] Siehe nachstehende Erklärung e: e) Zu Artikel 12 Absatz 2 Buchstaben a, b und c: „Gemäß der üblichen Praxis des Rates beträgt die Frist normalerweise drei Arbeitstage."

[16] Siehe nachstehende Erklärung f: f) Zu Artikel 12 Absatz 2 Buchstabe d: „Der Rat erinnert daran, dass das COREU-Netz gemäß den Schlussfolgerungen des Rates vom 12. Juni 1995 (Dok. 7896/95) zu den Arbeitsmethoden des Rates verwendet werden muss."

– die dem Rat vorgelegten Schriftstücke;
– die gefassten Beschlüsse oder die Schlussfolgerungen, zu denen der Rat gelangt ist;
– die vom Rat abgegebenen Erklärungen und die Erklärungen, deren Aufnahme von einem Ratsmitglied oder von der Kommission beantragt worden ist.

(2) Der Entwurf des Protokolls wird vom Generalsekretariat binnen fünfzehn Tagen erstellt und dem Rat oder dem AStV zur Genehmigung vorgelegt.

(3) Jedes Ratsmitglied oder die Kommission kann vor der Genehmigung des Protokolls beantragen, dass darin ein bestimmter Punkt der Tagesordnung ausführlicher behandelt wird. Dahingehende Anträge können im AStV gestellt werden.

(4) Die Protokolle über den Teil „Beratungen über Gesetzgebungsakte" der Tagungen des Rates werden nach ihrer Genehmigung gleichzeitig mit der Übermittlung an die Regierungen der Mitgliedstaaten den nationalen Parlamenten direkt zugeleitet.

Artikel 14
Beratungen und Beschlüsse auf der Grundlage von Schriftstücken und Entwürfen in den in der geltenden Sprachenregelung vorgesehenen Sprachen

(1) Der Rat berät und beschließt nur auf der Grundlage von Schriftstücken und Entwürfen, die in den in der geltenden Sprachenregelung vorgesehenen Sprachen vorliegen, es sei denn, dass er aus Dringlichkeitsgründen einstimmig anders entscheidet.

(2) Jedes Ratsmitglied kann gegen die Beratung Einspruch erheben, wenn der Wortlaut etwaiger Änderungsvorschläge nicht in denjenigen der in Absatz 1 genannten Sprachen abgefasst ist, die von ihm bezeichnet werden.

Artikel 15
Unterzeichnung der Rechtsakte

Der Wortlaut der vom Europäischen Parlament und vom Rat nach dem ordentlichen Gesetzgebungsverfahren angenommenen sowie der vom Rat angenommenen Rechtsakte wird von dem zum Zeitpunkt ihrer Annahme amtierenden Präsidenten und vom Generalsekretär unterzeichnet. Der Generalsekretär kann seine Unterzeichnungsbefugnis an Generaldirektoren des Generalsekretariats delegieren.

Artikel 16[17)]
Mangelnde Abstimmungsbefugnis

Bei der Anwendung dieser Geschäftsordnung sind unter Berücksichtigung des Anhangs IV die Fälle gebührend zu berücksichtigen, in denen ein oder mehrere Ratsmitglieder gemäß den Verträgen nicht an der Abstimmung teilnehmen können.

Artikel 17
Veröffentlichung der Rechtsakte im Amtsblatt

(1) Im *Amtsblatt der Europäischen Union* (nachstehend „Amtsblatt" genannt) wird auf Veranlassung des Generalsekretärs Folgendes veröffentlicht:

a) Rechtsakte im Sinne des Artikels 297 Absatz 1 und Absatz 2 Unterabsatz 2 des AEUV;

b) Standpunkte in erster Lesung, die der Rat nach dem ordentlichen Gesetzgebungsverfahren festgelegt hat, einschließlich ihrer Begründung;

c) dem Rat vorgelegte Initiativen gemäß Artikel 76 des AEUV für den Erlass eines Gesetzgebungsakts;

d) von der Union geschlossene internationale Übereinkünfte.

Das Inkrafttreten dieser Übereinkünfte wird im Amtsblatt bekanntgegeben;

e) von der Union geschlossene Übereinkünfte im Bereich der gemeinsamen Außen- und Sicherheitspolitik, sofern der Rat nicht aufgrund der Artikel 4 und 9 der Verordnung (EG) Nr. 1049/2001 des Europäischen Parlaments und des Rates vom 30. Mai 2001 über den Zugang der Öffentlichkeit zu den Dokumenten des Europäischen Parlaments, des Rates und der Kommission[18)] etwas anderes beschließt.

Das Inkrafttreten der im Amtsblatt veröffentlichten Übereinkünfte wird im Amtsblatt bekanntgegeben.

(2) Sofern der Rat oder der AStV nichts anderes beschließt, wird Folgendes auf Veranlassung des Generalsekretärs im Amtsblatt veröffentlicht:

a) dem Rat vorgelegte Initiativen gemäß Artikel 76 des AEUV in anderen als den in Absatz 1 Buchstabe c genannten Fällen;

[17)] Siehe nachstehende Erklärung g: g) Zu Artikel 16 und Anhang IV „Der Rat kommt überein, dass die Bestimmungen von Artikel 16 und Anhang IV für die Rechtsakte gelten, für deren Annahme bestimmte Mitglieder des Rates gemäß den Verträgen nicht stimmberechtigt sind. Der Fall, in dem Artikel 7 des EUV Anwendung findet, fällt jedoch nicht unter diese Bestimmungen. Was den ersten Fall der Anwendung der Bestimmungen über die verstärkte Zusammenarbeit anbelangt, so wird der Rat im Lichte der in anderen Bereichen gesammelten Erfahrungen prüfen, ob Artikel 16 und Anhang IV der Geschäftsordnung angepasst werden müssen."

[18)] ABl. L 145 vom 31.5.2001, S. 43.

b) Richtlinien und Beschlüsse im Sinne des Artikels 297 Absatz 2 Unterabsatz 3 des AEUV, sowie Empfehlungen und Stellungnahmen, mit Ausnahme der Beschlüsse im Sinne des Absatzes 3 des vorliegenden Artikels.

(3) Der Rat oder der AStV entscheidet von Fall zu Fall einstimmig, ob auf Veranlassung des Generalsekretärs Beschlüsse im Sinne des Artikels 25 des EUV im Amtsblatt zu veröffentlichen sind.

(4) Der Rat oder der AStV entscheidet von Fall zu Fall unter Berücksichtigung der etwaigen Veröffentlichung des Basisrechtsakts, ob Folgendes auf Veranlassung des Generalsekretärs im Amtsblatt zu veröffentlichen ist:

a) Beschlüsse zur Durchführung der Beschlüsse im Sinne des Artikels 25 des EUV;

b) Beschlüsse, die gemäß Artikel 31 Absatz 2 erster und zweiter Gedankenstrich des EUV erlassen wurden;

c) sonstige Rechtsakte des Rates wie Schlussfolgerungen oder Entschließungen.

(5) Wird im Rahmen eines zwischen der Union oder der Europäischen Atomgemeinschaft und einem oder mehreren Staaten oder internationalen Organisationen geschlossenen Abkommens ein Organ mit Beschlussfassungsbefugnis eingesetzt, so entscheidet der Rat zum Zeitpunkt des Abschlusses dieses Abkommens, ob die Beschlüsse dieses Organs im Amtsblatt zu veröffentlichen sind.

Artikel 18
Notifikation der Rechtsakte

(1) Richtlinien und Beschlüsse im Sinne des Artikels 297 Absatz 2 Unterabsatz 3 des AEUV werden denjenigen, für die sie bestimmt sind, vom Generalsekretär oder einem in seinem Namen handelnden Generaldirektor notifiziert.

(2) Folgende Rechtsakte werden, wenn sie nicht im Amtsblatt veröffentlicht werden, denjenigen, für die sie bestimmt sind, vom Generalsekretär oder einem in seinem Namen handelnden Generaldirektor notifiziert:

a) Empfehlungen;

b) Beschlüsse im Sinne des Artikels 25 des EUV;

(3) Der Generalsekretär oder ein in seinem Namen handelnder Generaldirektor übermittelt den Regierungen der Mitgliedstaaten und der Kommission beglaubigte Kopien der Richtlinien und der Beschlüsse des Rates im Sinne des Artikels 297 Absatz 2 Unterabsatz 3 des AEUV, sowie Empfehlungen des Rates.

Artikel 19[19]
AStV, Ausschüsse und Arbeitsgruppen

(1) Der AStV ist verantwortlich für die Vorbereitung der Arbeiten aller Tagungen des Rates und für die Ausführung der ihm vom Rat übertragenen Aufgaben. Er achtet in jedem Falle[20] auf die Kohärenz der Politiken und Maßnahmen der Europäischen Union wie auch darauf, dass Folgendes beachtet wird:

a) die Grundsätze der Legalität, der Subsidiarität, der Verhältnismäßigkeit und der Begründungspflicht bei Rechtsakten;

b) die Vorschriften über die Befugnisse der Organe, Einrichtungen und sonstigen Stellen der Union;

c) die Haushaltsbestimmungen;

d) Verfahrensregeln, Transparenz und redaktionelle Qualität.

(2) Alle Punkte auf der Tagesordnung einer Ratstagung werden vom AStV, sofern dieser nichts anderes beschließt, einer vorherigen Prüfung unterzogen. Der AStV bemüht sich, auf seiner Ebene Einvernehmen zu erzielen, so dass er den betreffenden Text dem Rat zur Annahme unterbreiten kann. Er sorgt dafür, dass die Dossiers dem Rat in angemessener Form vorgelegt werden, und legt dem Rat gegebenenfalls Leitlinien, Optionen oder Lösungsvorschläge vor. Im Falle der Dringlichkeit kann der Rat einstimmig beschließen, dass er ohne diese vorherige Prüfung berät.

(3) Vom AStV oder mit Zustimmung des AStV können Ausschüsse oder Arbeitsgruppen eingesetzt werden, um zuvor bestimmte vorbereitende Arbeiten oder Untersuchungen durchzuführen.

Das Generalsekretariat bringt das Verzeichnis der Vorbereitungsgremien auf den neuesten Stand und macht es öffentlich zugänglich. Nur die in diesem Verzeichnis aufgeführten Ausschüsse und Arbeitsgruppen dürfen als Vorbereitungsgremien des Rates zusammentreten.

(4) Den Vorsitz im AStV führt nach Maßgabe der Punkte, die auf seiner Tagesordnung stehen, der Ständige Vertreter oder der Stellvertreter des Ständigen Vertreters desjenigen Mitgliedstaats, der den Vorsitz im Rat „Allgemeine Angelegenheiten" wahrnimmt.

[19] Diese Bestimmungen berühren nicht die Rolle des Wirtschafts- und Finanzausschusses gemäß Artikel 134 des AEUV und den bereits vorliegenden einschlägigen Beschlüssen des Rates (ABl. L 358 vom 31.12.1998, S. 109, und ABl. L 5 vom 9.1.1999, S. 71).

[20] Siehe nachstehende Erklärung h: h) Zu Artikel 19 Absatz 1 „Der AStV achtet auf die Kohärenz und die Einhaltung der in Absatz 1 genannten Grundsätze, insbesondere bei Dossiers, zu denen umfangreiche Vorbereitungsarbeiten in anderen Gremien im Gange sind."

Der Vorsitz im Politischen und Sicherheitspolitischen Komitee wird von einem Vertreter des Hohen Vertreters der Union für Außen- und Sicherheitspolitik wahrgenommen.

Den Vorsitz in den anderen Vorbereitungsgremien des Rates in seinen verschiedenen Zusammensetzungen, außer in der Zusammensetzung „Auswärtige Angelegenheiten", führt ein Delegierter des Mitgliedstaats, der den Vorsitz der betreffenden Zusammensetzung wahrnimmt, sofern der Rat nicht mit qualifizierter Mehrheit etwas anderes beschließt. In dem Verzeichnis nach Absatz 3 Unterabsatz 2 sind auch die Vorbereitungsgremien aufgeführt, für die der Rat gemäß Artikel 4 des Beschlusses des Europäischen Rates über die Ausübung des Vorsitzes im Rat eine andere Art des Vorsitzes beschlossen hat.

(5) Bei der Vorbereitung der Tagungen des Rates in den Zusammensetzungen, in denen er einmal je Halbjahr im ersten Quartal zusammentritt, wird der Vorsitz in den Ausschüssen, mit Ausnahme des AStV, und in den Arbeitsgruppen, die im Halbjahr davor zusammentreten, von einem Delegierten des Mitgliedstaats geführt, der den Vorsitz auf den genannten Tagungen des Rates wahrzunehmen hat.

(6) Vorbehaltlich der Fälle, in denen eine andere Art des Vorsitzes anwendbar ist, gilt Folgendes: Soll ein Dossier im Wesentlichen innerhalb eines bestimmten Halbjahres behandelt werden, so kann ein Delegierter des Mitgliedstaats, der in diesem Halbjahr den Vorsitz führen wird, bereits im vorausgehenden Halbjahr in Sitzungen von anderen Ausschüssen als dem AStV und in Sitzungen von Arbeitsgruppen den Vorsitz führen, wenn sie dieses Dossier erörtern. Über die praktische Durchführung dieses Absatzes treffen die beiden betreffenden Vorsitze eine Vereinbarung.

In dem besonderen Falle der Prüfung des Haushalts der Union für ein bestimmtes Haushaltsjahr führt ein Delegierter des Mitgliedstaats, der im Rat den Vorsitz während des dem betreffenden Haushaltsjahr vorangehenden Halbjahres wahrnehmen wird, in Sitzungen von anderen Vorbereitungsgremien des Rates als dem AStV, die die Tagesordnungspunkte des Rates im Zusammenhang mit der Prüfung des Haushaltsplans vorzubereiten haben, den Vorsitz. Dasselbe gilt mit Zustimmung des anderen Vorsitzes für den Vorsitz auf Tagungen des Rates zur Behandlung der betreffenden Haushaltsfragen. Die betreffenden Vorsitze setzen sich über die praktischen Vorkehrungen miteinander ins Benehmen.

(7) Im Einklang mit den einschlägigen nachstehenden Bestimmungen kann der AStV folgende Verfahrensbeschlüsse annehmen, sofern die entsprechenden Punkte mindestens drei Arbeitstage vor der jeweiligen Tagung auf seine Tagesordnung gesetzt wurden. Von dieser Frist kann der AStV nur einstimmig abweichen[21)].

a) Beschluss, dass eine Tagung des Rates an einem anderen Ort als Brüssel oder Luxemburg abgehalten wird (Artikel 1 Absatz 3);

b) Genehmigung zur Vorlage einer Abschrift oder eines Auszugs eines Ratsdokuments vor Gericht (Artikel 6 Absatz 2);

c) Beschluss, dass eine öffentliche Aussprache des Rates abgehalten wird oder eine bestimmte Beratung des Rates nicht öffentlich stattfindet (Artikel 8 Absätze 1, 2 und 3);

d) Beschluss, dass das Abstimmungsergebnis und die in das Ratsprotokoll aufgenommenen Erklärungen in den in Artikel 9 Absatz 2 vorgesehenen Fällen öffentlich gemacht werden;

e) Beschluss zur Anwendung des schriftlichen Verfahrens (Artikel 12 Absatz 1);

f) Genehmigung oder Änderung des Ratsprotokolls (Artikel 13 Absätze 2 und 3);

g) Beschluss, einen Text oder einen Rechtsakt im Amtsblatt zu veröffentlichen oder nicht zu veröffentlichen (Artikel 17 Absätze 2, 3 und 4);

h) Beschluss, ein Organ oder eine Einrichtung zu hören, wenn eine solche Anhörung nicht in den Verträgen vorgesehen ist;

i) Beschluss, eine Frist für die Anhörung eines Organs oder einer Einrichtung festzusetzen oder zu verlängern;

j) Beschluss, die in Artikel 294 Absatz 14 des AEUV genannten Fristen zu verlängern;

k) Genehmigung des Wortlauts eines Schreibens an ein Organ oder eine Einrichtung.

Artikel 20
Vorsitz und ordnungsgemäßer Ablauf der Beratungen

(1) Der Vorsitz sorgt für die Anwendung dieser Geschäftsordnung und den ordnungsgemäßen Ablauf der Aussprachen. Insbesondere beachtet der Vorsitz die Bestimmungen des Anhangs V zu den Arbeitsmethoden des Rates und sorgt für ihre Einhaltung.

Um den ordnungsgemäßen Ablauf der Aussprachen sicherzustellen, kann er darüber hinaus, sofern der Rat nicht etwas anderes beschließt, jede geeignete Maßnahme treffen, um sicherzustellen, dass die verfügbare Zeit während der Sitzungen optimal genutzt wird, und insbesondere

---

[21)] Siehe nachstehende Erklärung i: i) Zu Artikel 19 Absatz 7 „Ist ein Ratsmitglied der Auffassung, dass ein Verfahrensbeschlussentwurf, der dem AStV gemäß Artikel 19 Absatz 7 zur Billigung vorgelegt worden ist, eine Frage zum Inhalt aufwirft, so wird der Beschlussentwurf dem Rat unterbreitet."

a) für die Behandlung eines bestimmten Punktes die Zahl der während der Sitzung im Sitzungssaal anwesenden Delegationsmitglieder beschränken und entscheiden, ob ein Mithörsaal geöffnet werden darf oder nicht;

b) die Reihenfolge der zu behandelnden Punkte bestimmen und die Zeit für deren Erörterung festlegen;

c) die für die Erörterung eines bestimmten Punktes vorgesehene Zeit strukturieren und insbesondere zu diesem Zweck die Redezeit der einzelnen Teilnehmer begrenzen und die Reihenfolge festlegen, in der sie das Wort ergreifen können;

d) die Delegationen bitten, ihre Änderungsvorschläge zu dem zur Beratung vorliegenden Text bis zu einem bestimmten Zeitpunkt schriftlich vorzulegen, gegebenenfalls mit einer kurzen Erläuterung;

e) die Delegationen, die zu einem bestimmten Punkt, Text oder Textteil eine übereinstimmende oder ähnliche Position haben, bitten, eine dieser Delegationen zu bestimmen, die in der Sitzung oder im Voraus schriftlich in ihrem Namen den Standpunkt darlegt, den diese Delegationen teilen.

(2) Unbeschadet der Bestimmungen des Artikels 19 Absätze 4 bis 6 sowie unbeschadet seiner Befugnisse und seiner politischen Gesamtverantwortung wird der halbjährliche Vorsitz bei all seinen Aufgaben von den anderen Mitgliedstaaten der zuvor festgelegten Gruppe von drei Mitgliedstaaten im Sinne des Artikels 1 Absatz 1 auf der Grundlage des Achtzehnmonatsprogramms oder anderer zwischen den Mitgliedstaaten vereinbarter Regelungen unterstützt. Er wird darüber hinaus gegebenenfalls von dem Vertreter des Mitgliedstaats unterstützt, der den nächsten Vorsitz wahrnehmen wird. Dieser oder ein Mitglied der genannten Gruppe handelt auf Ersuchen und auf Weisung des Vorsitzes, vertritt ihn im Bedarfsfall, nimmt ihm erforderlichenfalls gewisse Aufgaben ab und sorgt für die Kontinuität der Arbeit des Rates.

Artikel 21[22)][23)]
Berichte der Ausschüsse und Arbeitsgruppen

Unbeschadet der übrigen Bestimmungen dieser Geschäftsordnung organisiert der Vorsitz die Sitzungen der verschiedenen Ausschüsse und Arbeitsgruppen so, dass ihre Berichte vor der Tagung des AStV vorliegen, auf der sie geprüft werden.

Sofern nicht aus Dringlichkeitsgründen etwas anderes erforderlich ist, werden die Punkte, die Gesetzgebungsakte betreffen und zu denen der Ausschuss bzw. die Arbeitsgruppe seine bzw. ihre Arbeiten nicht spätestens fünf Arbeitstage vor der Tagung des AStV abgeschlossen hat, vom Vorsitz bis zu einer späteren Tagung des AStV zurückgestellt.

Artikel 22
Redaktionelle Qualität[24)]

Um den Rat bei seiner Aufgabe zu unterstützen, für die redaktionelle Qualität der von ihm erlassenen Rechtsakte Sorge zu tragen, hat der Juristische Dienst die Aufgabe, gemäß der Interinstitutionellen Vereinbarung vom 22. Dezember 1998 „Gemeinsame Leitlinien für die redaktionelle Qualität der gemeinschaftlichen Rechtsvorschriften"[25)] rechtzeitig die redaktionelle Qualität der Vorschläge und Entwürfe von Rechtsakten zu überprüfen und dem Rat und seinen Gremien redaktionelle Vorschläge zu unterbreiten.

Während des gesamten Gesetzgebungsverfahrens achten diejenigen, die im Rahmen der Arbeiten des Rates Texte unterbreiten, besonders auf deren redaktionelle Qualität.

Artikel 23
Der Generalsekretär und das Generalsekretariat

(1) Der Rat wird von einem Generalsekretariat unterstützt, das einem Generalsekretär untersteht, der vom Rat mit qualifizierter Mehrheit ernannt wird.

(2) Der Rat beschließt über die Organisation des Generalsekretariats[26)].

22) Diese Bestimmungen berühren nicht die Rolle des Wirtschafts- und Finanzausschusses gemäß Artikel 134 des AEUV und den bereits vorliegenden einschlägigen Beschlüssen des Rates (ABl. L 358 vom 31.12.1998, S. 109, und ABl. L 5 vom 9.1.1999, S. 71).

23) Siehe nachstehende Erklärung j: j) Zu Artikel 21 „Die Berichte der Arbeitsgruppen und die übrigen Unterlagen, die den Beratungen des AStV als Grundlage dienen, sollten den Delegationen so zeitig übermittelt werden, dass diese sie prüfen können."

24) Siehe nachstehende Erklärung k: k) Zu Artikel 22 „Der Juristische Dienst des Rates hat ferner die Aufgabe, die Mitgliedstaaten, von denen eine Initiative im Sinne des Artikels 76 Buchstabe b des AEUV ausgeht, zu unterstützen, um insbesondere die redaktionelle Qualität dieser Initiativen zu überprüfen, falls eine solche Unterstützung von dem betroffenen Mitgliedstaat beantragt wird." Siehe nachstehende Erklärung l: l) Zu Artikel 22 „Die Mitglieder des Rates bringen ihre Bemerkungen zu den Vorschlägen für eine amtliche Kodifizierung von Rechtsetzungstexten binnen 30 Tagen nach der Verteilung dieser Vorschläge durch das Generalsekretariat vor. Die Mitglieder des Rates tragen dafür Sorge, dass die Prüfung derjenigen Bestimmungen eines Vorschlags für eine Neufassung von Rechtsetzungstexten, die aus dem vorangegangenen Rechtsetzungsakt ohne inhaltliche Änderung übernommen wurden, nach dem für die Prüfung von Kodifizierungsvorschlägen angewandten Verfahren vorgenommen wird."

25) ABl. C 73 vom 17.3.1999, S. 1.

26) Absatz 1 und Absatz 2 Unterabsatz 1 stimmen mit Artikel 240 Absatz 2 des AEUV überein.

Unter der Aufsicht des Rates trifft der Generalsekretär alle erforderlichen Maßnahmen für das reibungslose Arbeiten des Generalsekretariats.

(3) Der Generalsekretär wird an der Gestaltung, der Koordinierung und der Überwachung der Kohärenz der Arbeiten des Rates und der Durchführung seines Achtzehnmonatsprogramms ständig eng beteiligt. Unter Verantwortung und Federführung des Vorsitzes unterstützt er diesen bei der Suche nach Lösungen.

(4) Der Generalsekretär legt dem Rat den Entwurf eines Haushaltsvoranschlags für die Ausgaben des Rates so frühzeitig vor, dass die in den Finanzvorschriften festgesetzten Fristen gewahrt werden können.

(5) Der Generalsekretär hat die uneingeschränkte Verantwortung für die Verwaltung der in Einzelplan II – Europäischer Rat und Rat – des Haushaltsplans aufgenommenen Mittel und ergreift alle erforderlichen Maßnahmen für deren einwandfreie Verwaltung. Er verwendet diese Mittel gemäß der für den Haushalt der Union geltenden Haushaltsordnung.

Artikel 24
Sicherheit

Die Regeln über die Sicherheit werden vom Rat mit qualifizierter Mehrheit angenommen.

Artikel 25
Aufgaben des Verwahrers von Abkommen

Wird der Generalsekretär für ein zwischen der Union oder der Europäischen Atomgemeinschaft und einem oder mehreren Staaten oder internationalen Organisationen geschlossenes Abkommen als Verwahrer benannt, so werden die Ratifikations-, Annahme- bzw. Genehmigungsurkunden zu diesen Abkommen am Sitz des Rates hinterlegt.

In diesen Fällen nimmt der Generalsekretär die Aufgaben des Verwahrers wahr und trägt außerdem dafür

Sorge, dass der Zeitpunkt des Inkrafttretens der betreffenden Abkommen im Amtsblatt veröffentlicht wird.

Artikel 26
Vertretung vor dem Europäischen Parlament

Der Rat wird vor dem Europäischen Parlament oder einem seiner Ausschüsse vom Vorsitz oder mit Zustimmung des Vorsitzes von einem Mitglied der zuvor festgelegten Gruppe von drei Mitgliedstaaten im Sinne des Artikels 1 Absatz 4, vom nächsten Vorsitz oder vom Generalsekretär vertreten. Im Auftrag des Vorsitzes kann sich der Rat vor den Ausschüssen des Europäischen Parlaments auch von hohen Beamten des Generalsekretariats vertreten lassen.

Was den Rat „Auswärtige Angelegenheiten" betrifft, so wird der Rat vor dem Europäischen Parlament und seinen Ausschüssen von seinem Präsidenten vertreten. Er kann sich erforderlichenfalls von demjenigen Mitglied dieser Ratsformation vertreten lassen, das den Mitgliedstaat vertritt, der den halbjährlichen Vorsitz des Rates wahrnimmt. Im Auftrag seines Präsidenten kann sich der Rat „Auswärtige Angelegenheiten" vor den Ausschüssen des Europäischen Parlaments auch von hohen Beamten des Europäischen Auswärtigen Dienstes oder gegebenenfalls des Generalsekretariats vertreten lassen.

Der Rat kann dem Europäischen Parlament seine Ansichten auch schriftlich mitteilen.

Artikel 27
Bestimmungen über die Form der Rechtsakte

Die Bestimmungen über die Form der Rechtsakte sind in Anhang VI enthalten.

Artikel 28
Für den Rat bestimmte Schreiben

Die für den Rat bestimmten Schreiben werden an den Präsidenten am Sitz des Rates gerichtet; die Anschrift lautet:

Rat der Europäischen Union
Rue de la Loi/Wetstraat 175
B-1048 Brüssel

Anhang I

ANHANG I
Liste der Ratsformationen

1. Allgemeine Angelegenheiten[27];
2. Auswärtige Angelegenheiten[28];
3. Wirtschaft und Finanzen[29];
4. Justiz und Inneres[30];
5. Beschäftigung, Sozialpolitik, Gesundheit und Verbraucherschutz;
6. Wettbewerbsfähigkeit (Binnenmarkt, Industrie, Forschung und Raumfahrt)[31];
7. Verkehr, Telekommunikation und Energie;
8. Landwirtschaft und Fischerei;

---

27) Diese Formation wird durch Artikel 16 Absatz 6 Unterabsatz 2 eingerichtet.

28) Diese Formation wird durch Artikel 16 Absatz 6 Unterabsatz 3 eingerichtet.

29) Einschließlich Haushalt.

30) Einschließlich Katastrophenschutz.

31) Einschließlich Tourismus.

9. Umwelt;

10. Bildung, Jugend, Kultur und Sport[32)].

Jeder Mitgliedstaat entscheidet selbst darüber, auf welche Weise er sich gemäß Artikel 16 Absatz 2 des EUV vertreten lässt.

An derselben Ratsformation können mehrere Minister als Amtsinhaber teilnehmen, wobei die Tagesordnung und der Ablauf der Beratungen angepasst werden[33)].

Anhang II

ANHANG II

Sonderbestimmungen für den Zugang der Öffentlichkeit zu Dokumenten des Rates

Artikel 1
Anwendungsbereich

Jeder natürlichen oder juristischen Person wird vorbehaltlich der in der Verordnung (EG) Nr. 1049/2001 festgelegten Grundsätze, Bedingungen und Einschränkungen und der in diesem Anhang festgelegten Sonderbestimmungen Zugang zu Dokumenten des Rates gewährt.

Artikel 2
Konsultation bezüglich Dokumenten Dritter

(1) In Anwendung des Artikels 4 Absatz 5 und des Artikels 9 Absatz 3 der Verordnung (EG) Nr. 1049/2001 ist – abgesehen von den Fällen, in denen nach Prüfung des Dokuments im Lichte des Artikels 4 Absätze 1, 2 und 3 der Verordnung (EG) Nr. 1049/2001 feststeht, dass das Dokument nicht verbreitet wird – der betreffende Dritte zu konsultieren, wenn

a) das Dokument ein sensibles Dokument gemäß Artikel 9 Absatz 1 der Verordnung (EG) Nr. 1049/2001 ist;

b) das Dokument aus einem Mitgliedstaat stammt und

- dem Rat vor dem 3. Dezember 2001 vorgelegt wurde, oder
- der betreffende Mitgliedstaat darum gebeten hat, es nicht ohne seine vorherige Zustimmung zu verbreiten.

(2) In allen anderen Fällen, in denen dem Rat ein Antrag auf Zugang zu einem in seinem Besitz befindlichen Dokument zugeht, das von Dritten erstellt wurde, konsultiert das Generalsekretariat in Anwendung des Artikels 4 Absatz 4 der Verordnung (EG) Nr. 1049/2001 den betreffenden Dritten, es sei denn, dass nach Prüfung des Dokuments in Anbetracht des Artikels 4 Absätze 1, 2 und 3 der Verordnung (EG) Nr. 1049/2001 feststeht, dass das Dokument verbreitet wird bzw. dass es nicht verbreitet wird.

(3) Der Dritte wird schriftlich (einschließlich über E-Mail) konsultiert und erhält eine angemessene Antwortfrist unter Berücksichtigung der Frist nach Artikel 7 der Verordnung (EG) Nr. 1049/2001. In den Fällen nach Absatz 1 wird der Dritte gebeten, schriftlich Stellung zu nehmen.

(4) Fällt das Dokument nicht unter Absatz 1 Buchstabe a oder b und ist das Generalsekretariat aufgrund der ablehnenden Stellungnahme des Dritten nicht davon überzeugt, dass Artikel 4 Absatz 1 oder 2 der Verordnung (EG) Nr. 1049/2001 anzuwenden ist, so wird der Rat mit der Angelegenheit befasst.

Erwägt der Rat die Freigabe des Dokuments, so wird der Dritte unverzüglich schriftlich über die Absicht des Rates unterrichtet, das Dokument nach einem Zeitraum von mindestens zehn Arbeitstagen freizugeben. Gleichzeitig wird der Dritte auf Artikel 279 des AEUV hingewiesen.

Artikel 3

Konsultationsersuchen anderer Organe oder von Mitgliedstaaten

Konsultationsersuchen eines anderen Organs oder eines Mitgliedstaats zu einem ein Ratsdokument betreffenden Antrag sind per E-Mail an access@consilium.europa.eu oder per Telefax unter der Nummer +32(0)2 281 63 61 an den Rat zu richten.

Das Generalsekretariat gibt seine Stellungnahme im Namen des Rates unverzüglich unter Berücksichtigung einer im Hinblick auf eine Entscheidung des betreffenden Organs oder Mitgliedstaats einzuhaltenden Frist, spätestens aber binnen fünf Arbeitstagen ab.

Artikel 4

Aus den Mitgliedstaaten stammende Dokumente

Ein Antrag eines Mitgliedstaats nach Artikel 4 Absatz 5 der Verordnung (EG) Nr. 1049/ 2001 muss beim Generalsekretariat schriftlich eingereicht werden.

[32)] Einschließlich audiovisueller Bereich.

[33)] Siehe nachstehende Erklärung m: m) zu Anhang I Absatz 2: „Der Vorsitz wird Tagesordnungen für die Ratstagungen so gestalten, dass Tagesordnungspunkte, die miteinander im Zusammenhang stehen, derart zusammengefasst werden, dass den zuständigen nationalen Vertretern die Teilnahme erleichtert wird, insbesondere dann, wenn sich eine bestimmte Ratsformation mit deutlich voneinander unterscheidbaren Themenkomplexen befassen muss."

Artikel 5
Weiterleitung von Anträgen durch Mitgliedstaaten

Leitet ein Mitgliedstaat einen Antrag an den Rat weiter, so wird dieser Antrag gemäß den Artikeln 7 und 8 der Verordnung (EG) Nr. 1049/2001 und den einschlägigen Bestimmungen dieses Anhangs bearbeitet. Wird der Zugang ganz oder teilweise verweigert, so wird dem Antragsteller mitgeteilt, dass ein etwaiger Zweitantrag unmittelbar an den Rat zu richten ist.

Artikel 6
Anschrift für die Einreichung von Anträgen

Anträge auf Zugang zu Dokumenten sind schriftlich zu richten an den Generalsekretär des Rates, Rue de la Loi/Wetstraat 175, B-1048 Brüssel oder per E-Mail an access@consilium.europa.eu oder per Telefax unter der Nummer +32(0)2 281 63 61.

Artikel 7
Behandlung von Erstanträgen

Vorbehaltlich des Artikels 9 Absätze 2 und 3 der Verordnung (EG) Nr. 1049/2001 werden Anträge auf Zugang zu einem Ratsdokument vom Generalsekretariat bearbeitet.

Artikel 8
Behandlung von Zweitanträgen

Vorbehaltlich des Artikels 9 Absätze 2 und 3 der Verordnung (EG) Nr. 1049/2001 wird über Zweitanträge vom Rat entschieden.

Artikel 9
Gebühren

Die Gebühren für die Anfertigung und Übersendung von Kopien von Ratsdokumenten werden vom Generalsekretär festgesetzt.

Artikel 10
Öffentliches Register der Ratsdokumente

(1) Das Generalsekretariat ist dafür verantwortlich, das Register der Ratsdokumente öffentlich zugänglich zu machen.

(2) Zusätzlich zu den Verweisen auf Dokumente wird in dem Register vermerkt, welche nach dem 1. Juli 2000 erstellten Dokumente bereits freigegeben wurden. Vorbehaltlich der Verordnung (EG) Nr. 45/2001 des Europäischen Parlaments und des Rates vom 18. Dezember 2000 zum Schutz natürlicher Personen bei der Verarbeitung personenbezogener Daten durch die Organe und Einrichtungen der Gemeinschaft und zum freien Datenverkehr[34] und des Artikels 16 der Verordnung (EG) Nr. 1049/2001 wird ihr Inhalt über das Internet zugänglich gemacht.

Artikel 11
Direkt öffentlich zugängliche Dokumente

(1) Dieser Artikel gilt für alle Dokumente des Rates, sofern sie nicht als Verschlusssache eingestuft sind und unbeschadet der Möglichkeit, einen schriftlichen Antrag gemäß Artikel 6 der Verordnung (EG) Nr. 1049/2001 zu stellen.

(2) Im Sinne dieses Artikels bezeichnet der Ausdruck

- „Verteilung" die Weitergabe der endgültigen Fassung eines Dokuments an die Mitglieder des Rates, ihre Vertreter oder Beauftragten;
- „legislative Dokumente" Dokumente, die im Laufe der Verfahren zur Annahme von Gesetzgebungsakten erstellt worden oder eingegangen sind.

(3) Das Generalsekretariat macht folgende Dokumente umgehend nach ihrer Verteilung der Öffentlichkeit zugänglich:

a) weder vom Rat noch von einem Mitgliedstaat verfasste Dokumente, die von ihrem Verfasser oder mit dessen Zustimmung veröffentlicht wurden;

b) vorläufige Tagesordnungen für Tagungen des Rates in seinen verschiedenen Zusammensetzungen;

c) alle Texte, die vom Rat angenommen worden sind und die im Amtsblatt veröffentlicht werden sollen.

(4) Das Generalsekretariat kann ferner folgende Dokumente umgehend nach ihrer Verteilung der Öffentlichkeit zugänglich machen, vorausgesetzt, dass sie eindeutig nicht unter eine der Ausnahmen gemäß Artikel 4 der Verordnung (EG) Nr. 1049/2001 fallen:

a) vorläufige Tagesordnungen für Ausschussoder Arbeitsgruppensitzungen;

b) andere Dokumente wie z. B. informatorische Vermerke, Berichte, Zwischenberichte und Berichte über den Stand der Beratungen im Rat oder in einem seiner Vorbereitungsgremien, in denen keine Standpunkte einzelner Delegationen wiedergegeben sind, mit Ausnahme von Gutachten und Beiträgen des Juristischen Dienstes.

(5) Zusätzlich zu den in den Absätzen 3 und 4 aufgeführten Dokumenten macht das Generalsekretariat folgende legislative Dokumente und andere Dokumente umgehend nach ihrer Verteilung der Öffentlichkeit zugänglich:

[34] ABl. L 8 vom 12.1.2001, S. 1.

a) die Gesetzgebungsakte und in Artikel 8 Absatz 1 der Geschäftsordnung aufgeführte Dokumente betreffenden Übermittlungsvermerke und Kopien von an den Rat gerichteten Schreiben anderer Organe oder Einrichtungen der Europäischen Union oder – vorbehaltlich des Artikels 4 Absatz 5 der Verordnung (EG) Nr. 1049/2001 – eines Mitgliedstaats;

b) dem Rat vorgelegte Dokumente, die unter einem Tagesordnungspunkt aufgeführt sind, der im Teil „Beratungen über Gesetzgebungsakte" enthalten oder nach Artikel 8 der Geschäftsordnung mit den Worten „öffentliche Beratung" oder „öffentliche Aussprache" gekennzeichnet ist;

c) dem AStV und/oder dem Rat vorgelegte Annahmevermerke (I/A- und A-Punkt-Vermerke), die Entwürfe von Gesetzgebungsakten und von in Artikel 8 Absatz 1 der Geschäftsordnung aufgeführten Dokumenten betreffen, sowie die Entwürfe von Gesetzgebungsakten und von in Artikel 8 Absatz 1 der Geschäftsordnung aufgeführten Dokumenten, auf die sie sich beziehen;

d) vom Rat im Laufe eines ordentlichen oder besonderen Gesetzgebungsverfahrens angenommene Gesetzgebungsakte und vom Vermittlungsausschuss im Rahmen des ordentlichen Gesetzgebungsverfahrens gebilligte gemeinsame Entwürfe.

(6) Nach Annahme eines der in Absatz 5 Buchstabe d aufgeführten Akte oder der endgültigen Annahme des betreffenden Akts macht das Generalsekretariat alle mit diesem Akt zusammenhängenden Dokumente, die vor dem betreffenden Akt verfasst wurden und die nicht unter eine der Ausnahmen nach Artikel 4 Absätze 1 und 2 und Absatz 3 Unterabsatz 2 der Verordnung (EG) Nr. 1049/2001 fallen, wie informatorische Vermerke, Berichte, Zwischenberichte und Berichte über den Stand der Beratungen im Rat oder in einem seiner Vorbereitungsgremien („Beratungsergebnisse"), mit Ausnahme von Gutachten und Beiträgen des Juristischen Dienstes, der Öffentlichkeit zugänglich.

Auf Verlangen eines Mitgliedstaats werden Dokumente, die unter Unterabsatz 1 fallen und den individuellen Standpunkt der Delegation dieses Mitgliedstaats im Rat wiedergeben, nicht der Öffentlichkeit zugänglich gemacht.

Anhang III

ANHANG III

Zahlenangaben zur Bevölkerung der Union und zur Bevölkerung jedes Mitgliedstaats zur Umsetzung der Bestimmungen über die Abstimmung im Rat mit qualifizierter Mehrheit

Mitgliedstaat	Bevölkerung	Prozentualer Anteil an der Bevölkerung der Union (%)
Deutschland	83 100 961	18,54
Frankreich	67 098 824	14,97
Italien	60 897 891	13,58
Spanien	47 329 981	10,56
Polen	37 958 138	8,47
Rumänien	19 317 984	4,31
Niederlande	17 549 457	3,91
Belgien	11 549 888	2,58
Griechenland	10 709 739	2,39
Tschechien	10 557 001	2,35
Schweden	10 330 000	2,30
Portugal	10 295 909	2,30
Ungarn	9 769 526	2,18
Österreich	8 897 000	1,98
Bulgarien	6 951 482	1,55
Dänemark	5 816 443	1,30
Finnland	5 521 292	1,23
Slowakei	5 457 873	1,22
Irland	4 964 440	1,11
Kroatien	4 058 165	0,91
Litauen	2 794 090	0,62
Slowenien	2 095 861	0,47
Lettland	1 907 675	0,43
Estland	1 328 976	0,30
Zypern	888 005	0,20
Luxemburg	623 962	0,14
Malta	514 564	0,11
EU-27	448 285 127	
Schwelle (65 %)	291 385 333	

(ABl 2020 L 419, 24)

Anhang IV

ANHANG IV

Gemäß Artikel 16

(1) Bei der Anwendung der nachstehenden Bestimmungen der Geschäftsordnung werden im Falle von Beschlüssen, hinsichtlich deren ein Mitglied oder bestimmte Mitglieder des Rates oder des AStV gemäß den Verträgen nicht an der Abstimmung teilnehmen können, die Stimmen dieser Mitglieder nicht berücksichtigt:

a) Artikel 1 Absatz 3 Unterabsatz 2 (Tagung an einem anderen Ort als Brüssel oder Luxemburg);

b) Artikel 3 Absatz 7 (Aufnahme von Punkten in die Tagesordnung, die nicht auf der vorläufigen Tagesordnung stehen);

c) Artikel 3 Absatz 8 (Beibehaltung eines A-Punkts, der andernfalls von der Tagesordnung hätte abgesetzt werden müssen, als B-Punkt);

d) Artikel 5 Absatz 2 betreffend die Anwesenheit der Europäischen Zentralbank (Beratung in Abwesenheit der Europäischen Zentralbank);

e) Artikel 9 Absatz 2 Unterabsatz 1 Buchstabe b sowie Unterabsätze 2 und 3 (Veröffentlichung der Abstimmungsergebnisse, der Erklärungen zur Stimmabgabe, der in das Ratsprotokoll aufgenommenen Erklärungen und der Punkte des Ratsprotokolls, die andere als die in Absatz 1 genannten Fälle betreffen);

f) Artikel 11 Absatz 1 Unterabsatz 2 (Einleitung eines Abstimmungsverfahrens);

g) Artikel 12 Absatz 1 (Anwendung des schriftlichen Verfahrens);

h) Artikel 14 Absatz 1 (Beschluss, ausnahmsweise auf der Grundlage von Schriftstücken und Entwürfen zu beraten und zu beschließen, die nicht in allen Sprachen vorliegen)[35];

i) Artikel 17 Absatz 2 Buchstabe a (Nichtveröffentlichung im Amtsblatt einer von einem Mitgliedstaat gemäß Artikel 76 des AEUV unterbreiteten Initiative);

j) Artikel 17 Absatz 2 Buchstabe b (Nichtveröffentlichung im Amtsblatt bestimmter Richtlinien, Beschlüsse, Empfehlungen und Stellungnahmen);

k) Artikel 17 Absatz 5 (Veröffentlichung oder Nichtveröffentlichung im Amtsblatt von Beschlüssen eines durch ein internationales Abkommen eingesetzten Organs).

(2) Ein Mitglied des Rates oder des AStV kann die folgenden Bestimmungen der Geschäftsordnung nicht im Zusammenhang mit Beschlüssen geltend machen, hinsichtlich deren es gemäß den Verträgen nicht an der Abstimmung teilnehmen kann:

a) Artikel 3 Absatz 8 (einem Mitglied des Rates offenstehende Möglichkeit zu beantragen, dass ein A-Punkt von der Tagesordnung abgesetzt wird);

b) Artikel 11 Absatz 1 Unterabsatz 2 (einem Mitglied des Rates offenstehende Möglichkeit, die Einleitung eines Abstimmungsverfahrens zu beantragen);

c) Artikel 11 Absatz 3 (einem Mitglied des Rates offenstehende Möglichkeit, sich Stimmrechte übertragen zu lassen);

d) Artikel 14 Absatz 2 (jedem Mitglied des Rates offenstehende Möglichkeit, gegen eine Beratung Einspruch zu erheben, wenn der Wortlaut etwaiger Änderungsvorschläge nicht in der von ihm bezeichneten Sprache abgefasst ist).

Anhang V

ANHANG V

Arbeitsmethoden des Rates

Vorbereitung der Tagungen

1. Der Vorsitz gewährleistet, dass ein Dossier nur dann von einer Gruppe oder von einem Aus-schuss an den AStV überwiesen wird, wenn hinreichende Aussicht besteht, dass auf dieser Ebene Fortschritte erzielt oder die Positionen geklärt werden. Umgekehrt werden Dossiers nur dann an eine Gruppe oder einen Ausschuss zurückverwiesen, wenn dies erforderlich ist, und auf jeden Fall nur mit dem Auftrag, genau umschriebene Probleme zu lösen.
2. Der Vorsitz ergreift die erforderlichen Maßnahmen, um die Arbeit in der Zeit zwischen den Tagungen voranzubringen. Mit Zustimmung der Gruppe bzw. des Ausschusses kann er z. B. auf möglichst effiziente Weise die erforderlichen Konsultationen zu speziellen Problemen führen, um dann der entsprechenden Gruppe bzw. dem entsprechenden Ausschuss eventuelle Lösungsmöglichkeiten zu unterbreiten. Er kann auch schriftliche Konsultationen führen, indem er die Delegationen ersucht, vor der nächsten Sitzung der Gruppe oder des Ausschusses schriftlich auf einen Vorschlag zu reagieren.
3. Die Delegationen legen die Positionen, die sie auf einer bevorstehenden Tagung voraussichtlich vertreten werden, gegebenenfalls vor der Tagung schriftlich vor. Umfassen diese Positionen Vorschläge zur Änderung

[35] Siehe die nachstehende Erklärung n: n) zu Anhang IV Nummer 1 Buchstabe h: „Der Rat bestätigt, dass die derzeitige Praxis, wonach die Texte, auf die sich seine Beratungen stützen, in allen Sprachen erstellt werden, weiterhin Anwendung findet."

von Texten, so schlagen sie einen bestimmten Wortlaut vor. So weit wie möglich legen Delegationen, die dieselbe Position vertreten, gemeinsam schriftliche Beiträge vor.

4. Der AStV vermeidet es, sich erneut mit Angelegenheiten zu befassen, die bereits im Rahmen der Vorbereitung seiner Tagung abschließend erörtert worden sind. Dies gilt insbesondere für I-Punkte, Informationen über die Organisation und die Reihenfolge der behandelten Punkte sowie Informationen über die Tagesordnung und die Organisation künftiger Tagungen des Rates. So weit wie möglich bringen die Delegationen Punkte unter „Sonstiges" im Rahmen der Vorbereitung der AStV-Tagungen und nicht im AStV selbst vor.

5. Der Vorsitz übermittelt den Delegationen im Rahmen der Vorbereitung der AStV-Tagungen so rasch wie möglich alle Informationen, die für eine eingehende Vorbereitung dieser Tagungen erforderlich sind, einschließlich Informationen darüber, welches Ziel der Vorsitz am Ende der Erörterung der einzelnen Tagesordnungspunkte zu erreichen gedenkt. Andererseits fordert der Vorsitz gegebenenfalls die Delegationen auf, die anderen Delegationen im Rahmen der Vorbereitung der AStV-Tagungen über die Positionen zu informieren, die sie auf der AStV-Tagung zu vertreten gedenken. Auf dieser Grundlage stellt der Vorsitz die Tagesordnung des AStV endgültig auf. Wenn die Umstände dies erfordern, kann der Vorsitz die an den Arbeiten zur Vorbereitung der AStV-Tagungen beteiligten Gruppen häufiger einberufen.

Durchführung der Tagungen

6. Es werden keine Punkte in die Tagesordnung des Rates aufgenommen, bei denen es lediglich um Erläuterungen durch die Kommission oder Mitglieder des Rates geht, außer wenn neue größere Initiativen erörtert werden sollen.

7. Der Vorsitz vermeidet es, reine Informationspunkte auf die Tagesordnung des AStV zu setzen. Die entsprechenden Informationen (z. B. über die Ergebnisse der Beratungen in anderen Gremien oder mit einem Drittstaat oder einem anderen Organ, über verfahrenstechnische oder organisatorische Fragen u. a.) sollten den Delegationen im Rahmen der Vorbereitung der AStV-Tagungen möglichst in schriftlicher Form übermittelt und auf den AStV-Tagungen nicht noch einmal gegeben werden.

8. Zu Beginn einer Tagung erteilt der Vorsitz alle notwendigen weiteren Informationen über den Ablauf der Tagung und gibt insbesondere an, wie viel Zeit er jedem einzelnen Punkt zu widmen beabsichtigt. Er vermeidet lange Einleitungen und die Wiederholung von Informationen, die den Delegationen bereits bekannt sind.

9. Zu Beginn der Erörterung einer inhaltlichen Frage teilt der Vorsitz den Delegationen mit, wie lange sie sich – abhängig von der Art der erforderlichen Erörterung – maximal hierzu äußern dürfen. In den meisten Fällen sollten die Wortbeiträge nicht länger als zwei Minuten dauern.

10. Vollständige Tischumfragen sind grundsätzlich nicht zulässig; auf sie sollte nur unter besonderen Umständen und bei speziellen Fragen zurückgegriffen werden, wobei der Vorsitz eine Höchstzeit für die Wortbeiträge festlegt.

11. Der Vorsitz lenkt so weit wie möglich die Erörterungen, indem er insbesondere die Delegationen ersucht, auf Kompromisstexte oder spezielle Vorschläge zu reagieren.

12. Der Vorsitz gibt während und am Ende der Tagung bzw. Sitzung keine langen Zusammenfassungen der Erörterungen und beschränkt sich darauf, kurz die erzielten Ergebnisse (in Bezug auf den Inhalt und/oder das Verfahren) festzuhalten.

13. Die Delegationen tragen bereits von Vorrednern gemachte Ausführungen nicht noch einmal vor. Wortbeiträge sollen kurz und aufs Wesentliche beschränkt sein und den Kern einer Frage betreffen.

14. Delegationen, die dieselbe Auffassung vertreten, werden ersucht, sich abzusprechen, so dass ein einziger Redner ihre gemeinsame Position zu einem bestimmten Punkt vorträgt.

15. Bei der Erörterung von Texten legen die Delegationen schriftlich konkrete Formulierungsvorschläge vor und beschränken sich nicht darauf, ihre Ablehnung eines bestimmten Vorschlags zum Ausdruck zu bringen.

16. Wenn der Vorsitz nichts anderes angegeben hat, ergreifen die Delegationen nicht das Wort, um ihre Zustimmung zu einem bestimmten Vorschlag zum Ausdruck zu bringen; Stillschweigen gilt als grundsätzliche Zustimmung.

Anhang VI

ANHANG VI

Bestimmungen über die Form der Rechtsakte

A. Form der Verordnungen

1. Die gemeinsam vom Europäischen Parlament und vom Rat angenommenen Verordnungen sowie die Verordnungen des Rates enthalten
   a) in der Überschrift die Bezeichnung „Verordnung", eine Ordnungsnummer, den Zeitpunkt der Annahme und die Bezeichnung des Gegenstands. Durchführungsverordnungen, die vom Rat gemäß Artikel 291 Absatz 2 des AEUV angenommen werden, tragen in der Überschrift die Bezeichnung „Durchführungsverordnung";
   b) die Formel „Das Europäische Parlament und der Rat der Europäischen Union" bzw. „Der Rat der Europäischen Union";
   c) die Angabe der Bestimmungen, aufgrund deren die Verordnung angenommen wird; voranzustellen sind die Worte „gestützt auf;
   d) den Hinweis auf die erfolgten Vorschläge sowie auf Stellungnahmen und Konsultationen;
   e) die Begründung der Verordnung; voranzustellen sind die Worte „in Erwägung nachstehender Gründe: "; die Erwägungsgründe werden nummeriert;
   f) die Formel „haben folgende Verordnung erlassen" bzw. die Formel „hat folgende Verordnung erlassen", an die sich der Wortlaut der Verordnung anschließt.
2. Die Verordnungen werden in Artikel eingeteilt, die gegebenenfalls zu Kapiteln oder Abschnitten zusammengefasst sind.
3. Der letzte Artikel einer Verordnung bestimmt den Zeitpunkt des Inkrafttretens, falls dieser vor oder nach dem zwanzigsten auf die Veröffentlichung folgenden Tag liegt.
4. Nach dem letzten Artikel einer Verordnung folgen
   a) i) die Formel „Diese Verordnung ist in allen ihren Teilen verbindlich und gilt unmittelbar in jedem Mitgliedstaat"

      oder

      ii) für die Fälle, in denen ein Rechtsakt nicht für alle und in allen Mitgliedstaaten gilt, die Formel „Diese Verordnung ist in allen ihren Teilen verbindlich und gilt gemäß den Verträgen unmittelbar in den Mitgliedstaaten"[36];
   b) die Formel „Geschehen zu... am... "; als Datum ist der Zeitpunkt einzusetzen, zu dem die Verordnung erlassen worden ist,

      und
   c) im Falle
      i) einer gemeinsam vom Europäischen Parlament und vom Rat erlassenen Verordnung die Formel

         „Im Namen des Europäischen Parlaments
         Der Präsident"
         „Im Namen des Rates
         Der Präsident";

         es folgen der Name des Präsidenten des Europäischen Parlaments und der Name des bei Annahme der Verordnung amtierenden Präsidenten des Rates;
      ii) einer Verordnung des Rates die Formel

         „Im Namen des Rates
         Der Präsident";

         es folgt der Name des bei Annahme der Verordnung amtierenden Präsidenten des Rates.

B. Form der Richtlinien, Beschlüsse, Empfehlungen und Stellungnahmen

1. Die gemeinsam vom Europäischen Parlament und vom Rat erlassenen Richtlinien und Beschlüsse sowie die Richtlinien und Beschlüsse des Rates tragen die Überschrift „Richtlinie" bzw. „Beschluss".

   Durchführungsrichtlinien oder -beschlüsse, die vom Rat gemäß Artikel 291 Absatz 2 des AEUV angenommen werden, enthalten in der Überschrift die Bezeichnung „Durchführungsrichtlinie" bzw. „Durchführungsbeschluss".
2. Die Empfehlungen und Stellungnahmen des Rates tragen die Überschrift „Empfehlung" bzw. „Stellungnahme".
3. Die unter Buchstabe A vorgesehenen Bestimmungen über die Verordnungen finden vorbehaltlich der anwendbaren Bestimmungen der Verträge sinngemäß auf die Richtlinien und Beschlüsse Anwendung.

C. Form der Beschlüsse nach Artikel 25 des EUV

Die Beschlüsse im Sinne des Artikels 25 des EUV tragen als Überschrift diese Bezeichnung „Beschluss des Rates", eine Ordnungsnummer (Jahr/Nummer/GASP), den Zeitpunkt der Annahme und die Bezeichnung des Gegenstands.

---

[36] Siehe die nachstehende Erklärung o:o) zu Anhang VI Abschnitt A Nummer 4 Buchstabe a Ziffer ii: „Der Rat erinnert daran, dass in den in den Verträgen vorgesehenen Fällen, in denen ein Rechtsakt nicht auf alle oder in allen Mitgliedstaaten anwendbar ist, der räumliche Anwendungsbereich in der Begründung und im Inhaltsteil des Rechtsakts deutlich hervorzuheben ist."

Bezeichnung als Rat der Europäischen Union

ABl 1993 L 281, 18 idF

1 ABl 1993 L 285, 41

Beschluss des Rates vom 8. November 1993 über seine Bezeichnung im Anschluss an das Inkrafttreten des Vertrags über die Europäische Union
(93/591/EU, Euratom, EGKS, EG)

Der Rat wird nunmehr „Rat der Europäischen Union" genannt und als solcher insbesondere in den von ihm erlassenen Rechtsakten, einschließlich derjenigen im Rahmen der Titel V und VI des Vertrags über die Europäische Union, bezeichnet; desgleichen werden die politischen Erklärungen, die der Rat im Rahmen der Gemeinsamen Außen- und Sicherheitspolitik annimmt, im Namen der „Europäischen Union" abgegeben.

Geschehen zu Brüssel am 8. November 1993.

Vorsitzausübung/Reihenfolge im Rat I

Beschluss des Rates
vom 1. Januar 2007
zur Festlegung der Reihenfolge für die Wahrnehmung des Vorsitzes im Rat
(2007/5/EG, Euratom)
(ABl 2007 L 1, 11)

DER RAT DER EUROPÄISCHEN UNION –

gestützt auf den Vertrag zur Gründung der Europäischen Gemeinschaft, insbesondere auf Artikel 203 Absatz 2,

gestützt auf den Vertrag zur Gründung der Europäischen Atomgemeinschaft, insbesondere auf Artikel 116 Absatz 2,

gestützt auf den Vertrag über die Europäische Union, insbesondere auf die Artikel 28 Absatz 1 und Artikel 41 Absatz 1,

in Erwägung nachstehender Gründe:

(1) Mit dem Beschluss 2005/902/EG, Euratom[1]) hat der Rat die Reihenfolge für die Wahrnehmung des Vorsitzes im Rat für die Mitgliedstaaten der Europäischen Union zum Zeitpunkt des 1. Januar 2006 festgelegt.

(2) Die Europäische Union wird am 1. Januar 2007 um zwei neue Mitgliedstaaten erweitert.

(3) Die Reihenfolge für die Wahrnehmung des Vorsitzes im Rat sollte unter Einbeziehung der neuen Mitgliedstaaten festgelegt werden, und es sollte ein neuer Beschluss angenommen werden, der den Beschluss 2005/902/EG, Euratom ersetzt –

[1]) ABl. L 328 vom 12.12.2005, S. 60.

BESCHLIESST:

Artikel 1

(1) Die Reihenfolge, in der die Mitgliedstaaten ab dem 1. Januar 2007 den Vorsitz im Rat wahrnehmen, ist im Anhang festgelegt.

(2) Der Rat kann auf Vorschlag der betreffenden Mitgliedstaaten einstimmig beschließen, dass ein Mitgliedstaat den Vorsitz zu einem anderen Zeitraum als dem Zeitraum ausübt, der sich aus der im Anhang festgelegten Reihenfolge ergibt.

Artikel 2

Dieser Beschluss wird am 1. Januar 2007 wirksam.

Der Beschluss 2005/902/EG, Euratom wird aufgehoben.

Artikel 3

Dieser Beschluss wird im Amtsblatt der Europäischen Union veröffentlicht.

Geschehen zu Brüssel am 1. Januar 2007.

Im Namen des Rates
Der Präsident
F.-W. Steinmeier

Rat | Geo | qualifiz Mehrh | Sicherheitsbest

ANHANG *)

Deutschland	Januar–Juni	2007
Portugal	Juli–Dezember	2007
Slowenien	Januar–Juni	2008
Frankreich	Juli–Dezember	2008
Tschechische Republik	Januar–Juni	2009
Schweden	Juli–Dezember	2009
Spanien	Januar–Juni	2010
Belgien	Juli–Dezember	2010
Ungarn	Januar–Juni	2011
Polen	Juli–Dezember	2011
Dänemark	Januar–Juni	2012
Zypern	Juli–Dezember	2012
Irland	Januar–Juni	2013
Litauen	Juli–Dezember	2013
Griechenland	Januar–Juni	2014
Italien	Juli–Dezember	2014
Lettland	Januar–Juni	2015
Luxemburg	Juli–Dezember	2015
Niederlande	Januar–Juni	2016
Slowakei	Juli–Dezember	2016
Malta	Januar–Juni	2017
Vereinigtes Königreich	Juli–Dezember	2017
Estland	Januar–Juni	2018
Bulgarien	Juli–Dezember	2018
Österreich	Januar–Juni	2019
Rumänien	Juli–Dezember	2019
Finnland	Januar–Juni	2020

*) Siehe hiezu auch 9/3c.

Vorsitzausübung/Reihenfolge im Rat II

Beschluss des Europäischen Rates
vom 1. Dezember 2009
über die Ausübung des Vorsitzes im Rat
(2009/881/EU)
(ABl 2009 L 315, 50)

DER EUROPÄISCHE RAT

gestützt auf den Vertrag über die Europäische Union, insbesondere Artikel 16 Absatz 9,

gestützt auf den Vertrag über die Arbeitsweise der Europäischen Union, insbesondere auf Artikel 236 Buchstabe b,

in Erwägung nachstehender Gründe:

(1) In der Erklärung Nr. 9 im Anhang zur Schlussakte der Regierungskonferenz, auf der der Vertrag von Lissabon angenommen wurde, ist vorgesehen, dass der Europäische Rat am Tag des Inkrafttretens des Vertrags von Lissabon einen Beschluss annimmt, dessen Wortlaut in der genannten Erklärung wiedergegeben ist.

(2) Daher sollte dieser Beschluss angenommen werden –

HAT FOLGENDEN BESCHLUSS ERLASSEN:

Artikel 1

(1) Der Vorsitz im Rat außer in der Zusammensetzung „Auswärtige Angelegenheiten" wird von zuvor festgelegten Gruppen von drei Mitgliedstaaten für einen Zeitraum von 18 Monaten wahrgenommen. Diese Gruppen werden in gleichberechtigter Rotation der Mitgliedstaaten unter Berücksichtigung ihrer Verschiedenheit und des geografischen Gleichgewichts innerhalb der Union zusammengestellt.

(2) Jedes Mitglied der Gruppe nimmt den Vorsitz in allen Zusammensetzungen des Rates außer in der Zusammensetzung „Auswärtige Angelegenheiten" im Wechsel für einen Zeitraum von sechs Monaten wahr. Die anderen Mitglieder der Gruppe unterstützen den Vorsitz auf der Grundlage eines gemeinsamen Programms bei all seinen Aufgaben. Die Mitglieder der Gruppe können untereinander alternative Regelungen beschließen.

Artikel 2

Der Vorsitz im Ausschuss der Ständigen Vertreter der Regierungen der Mitgliedstaaten wird von einem Vertreter des wahrgenommen, der den Vorsitz im Rat in der Zusammensetzung „Allgemeine Angelegenheiten" innehat.

Der Vorsitz im Politischen und Sicherheitspolitischen Komitee wird von einem Vertreter des Hohen Vertreters der Union für Außen- und Sicherheitspolitik wahrgenommen.

Der Vorsitz in den vorbereitenden Gremien des Rates in seinen verschiedenen Zusammensetzungen außer in der Zusammensetzung „Auswärtige Angelegenheiten" wird von dem Mitglied der Gruppe wahrgenommen, das den Vorsitz in der entsprechenden Zusammensetzung des Rates führt, sofern nach Artikel 4 nichts anderes beschlossen wird.

Artikel 3

Der Rat in der Zusammensetzung „Allgemeine Angelegenheiten" sorgt im Rahmen einer Mehrjahresplanung in Zusammenarbeit mit der Kommission für die Kohärenz und die Kontinuität der Arbeiten des Rates in seinen verschiedenen Zusammensetzungen. Die den Vorsitz wahrnehmenden Mitgliedstaaten treffen mit Unterstützung des Generalsekretariats des Rates alle für die Organisation und den reibungslosen Ablauf der Arbeiten des Rates erforderlichen Vorkehrungen.

Artikel 4

Der Rat erlässt einen Beschluss mit Bestimmungen zur Anwendung dieses Beschlusses.

Artikel 5

Dieser Beschluss tritt am Tag seiner Annahme in Kraft.

Er wird im *Amtsblatt der Europäischen Union* veröffentlicht.

Geschehen zu Brüssel am 1. Dezember 2009.

Im Namen des Europäischen Rates
Der Präsident
H. VAN ROMPUY

Durchführung des Beschlusses des Europäischen Rates über die Ausübung des Vorsitzes im Rat und über den Vorsitz in den Vorbereitungsgremien des Rates

ABl 2009 L 322, 28 idF

1 ABl 2009 L 344, 56 **2** ABl 2016 L 208, 42

(2009/908/EU)

Beschluss des Rates vom 1. Dezember 2009 zur Festlegung von Maßnahmen für die Durchführung des Beschlusses des Europäischen Rates über die Ausübung des Vorsitzes im Rat und über den Vorsitz in den Vorbereitungsgremien des Rates

DER RAT DER EUROPÄISCHEN UNION –

gestützt auf den Vertrag über die Europäische Union

gestützt auf den Beschluss 2009/881/EU des Europäischen Rates vom 1. Dezember 2009 über die Ausübung des Vorsitzes im Rat[1)], insbesondere Artikel 4,

in Erwägung nachstehender Gründe:

(1) Mit dem Beschluss 2009/908/EU[2)] hat der Rat die Reihenfolge, in der die Mitgliedstaaten der Europäischen Union den Vorsitz im Rat vom 1. Januar 2007 bis zum 30. Juni 2020 wahrnehmen, und die Einteilung dieser Reihenfolge der Vorsitze in Gruppen von drei Mitgliedstaaten festgelegt.

(2) Die Europäische Union wurde am 1. Juli 2013 um Kroatien als neuen Mitgliedstaat erweitert.

(3) Obwohl noch keine Mitteilung nach Artikel 50 EUV seitens seiner Regierung vorliegt, hat ein Mitgliedstaat öffentlich bekannt gegeben, dass er aus der Union austreten wird. Unbeschadet der Rechte und Pflichten jenes Mitgliedstaats sollte die Reihenfolge der Vorsitze im Rat geändert werden, um diesem Umstand Rechnung zu tragen.

(4) Der Rat sollte die Reihenfolge festlegen, in der der Vorsitz im Rat in naher Zukunft wahrgenommen wird. Diese Reihenfolge sollte gemäß den in den Verträgen und in dem Beschluss 2009/881/EU des Europäischen Rates niedergelegten Kriterien bestimmt werden. Der Beschluss 2009/908/EU sollte entsprechend geändert werden —

HAT FOLGENDEN BESCHLUSS ERLASSEN:

Artikel 1

Die Reihenfolge, in der die Mitgliedstaaten den Vorsitz im Rat vom 1. Juli 2017 bis zum 31. Dezember 2030 wahrnehmen, sowie die Einteilung dieser Reihenfolge der Vorsitze in Gruppen von drei Mitgliedstaaten ist in Anhang I festgelegt.

(ABl 2009 L 344, 56)

Artikel 2

(1) Jedes Mitglied einer Gruppe nach Artikel 1 Absatz 1 nimmt den Vorsitz in allen Zusammensetzungen des Rates außer in der Zusammensetzung „Auswärtige Angelegenheiten" im Wechsel für einen Zeitraum von sechs Monaten wahr. Die anderen Mitglieder der Gruppe unterstützen den Vorsitz auf der Grundlage des Achtzehnmonatsprogramms des Rates bei all seinen Aufgaben.

(2) Die Mitglieder einer Gruppe nach Artikel 1 können untereinander alternative Regelungen beschließen.

(3) In den nach den Absätzen 1 und 2 vorgesehenen Fällen legen die Mitgliedstaaten innerhalb einer jeden Gruppe einvernehmlich die praktischen Modalitäten für ihre Zusammenarbeit fest.

Artikel 3

Der Rat beschließt vor dem 31. Dezember 2029 über die Reihenfolge, in der die Mitgliedstaaten den Vorsitz des Rates ab dem 1. Januar 2031 wahrnehmen werden.

(ABl 2009 L 344, 56)

Artikel 4

Der Vorsitz in den Vorbereitungsgremien des Rates (Auswärtige Angelegenheiten) wird nach den Vorschriften in Anhang II wahrgenommen.

[1)] ABl. L 315 vom 2.12.2009, S. 50.

[2)] Beschluss 2009/908/EU des Rates vom 1. Dezember 2009 zur Festlegung von Maßnahmen für die Durchführung des Beschlusses des Europäischen Rates über die Ausübung des Vorsitzes im Rat und über den Vorsitz in den Vorbereitungsgremien des Rates (ABl. L 322 vom 9.12.2009, S. 28).

Artikel 5

Der Vorsitz in den in Anhang III aufgeführten Vorbereitungsgremien des Rates wird von den in jenem Anhang aufgeführten festen Vorsitzen wahrgenommen.

Artikel 6

Dieser Beschluss tritt am Tag seiner Annahme in Kraft.
Er gilt ab dem 1. Juli 2017.
Er wird im *Amtsblatt der Europäischen Union* veröffentlicht.

Geschehen zu Brüssel am 26. Juli 2016.

ANHANG I

ANHANG I
Entwurf der Tabelle der Vorsitze im Rat[2)]

Niederlande[3)]	Januar-Juni	2016
Slowakei[3)]	Juli-Dezember	2016
Malta[3)]	Januar-Juni	2017
Estland	Juli-Dezember	2017
Bulgarien	Januar-Juni	2018
Österreich	Juli-Dezember	2018
Rumänien	Januar-Juni	2019
Finnland	Juli-Dezember	2019
Kroatien	Januar-Juni	2020
Deutschland	Juli-Dezember	2020
Portugal	Januar-Juni	2021
Slowenien	Juli-Dezember	2021
Frankreich	Januar-Juni	2022
Tschechische Republik	Juli-Dezember	2022
Schweden	Januar-Juni	2023
Spanien	Juli-Dezember	2023
Belgien	Januar-Juni	2024
Ungarn	Juli-Dezember	2024
Polen	Januar-Juni	2025
Dänemark	Juli-Dezember	2025
Zypern	Januar-Juni	2026
Irland	Juli-Dezember	2026
Litauen	Januar-Juni	2027
Griechenland	Juli-Dezember	2027
Italien	Januar-Juni	2028
Lettland	Juli-Dezember	2028
Luxemburg	Januar-Juni	2029
Niederlande	Januar-Juni	2029
Slowakei	Juli-Dezember	2030
Malta	Januar-Juni	2030

(ABl 2016 L 208, 42)

2) Unbeschadet der Rechte und Pflichten des Vereinigten Königreichs als Mitgliedstaat.
3) Der derzeitige Dreiervorsitz wurde zu Informationszwecken aufgenommen.

ANHANG II

ANHANG II
VORSITZ DER VORBEREITUNGSGREMIEN DES RATES (AUSWÄRTIGE ANGELEGENHEITEN)[4)]

Der Vorsitz der in den Kategorien 1 bis 4 der nachstehenden Tabelle genannten Vorbereitungsgremien des Rates (Auswärtige Angelegenheiten) wird wie folgt organisiert:

1) Kategorie 1 (Vorbereitungsgremien für die Bereiche Handel und Entwicklung)

Der Vorsitz in den Vorbereitungsgremien wird vom halbjährlichen Vorsitz wahrgenommen.

2) Kategorie 2 (geografische Vorbereitungsgremien)

Der Vorsitz in den Vorbereitungsgremien wird von einem Vertreter des Hohen Vertreters wahrgenommen.

3) Kategorie 3 (horizontale Vorbereitungsgremien, überwiegend GASP-Themen)

Der Vorsitz in den Vorbereitungsgremien wird von einem Vertreter des Hohen Vertreters wahrgenommen, mit Ausnahme der folgenden Vorbereitungsgremien, in denen der Vorsitz vom halbjährlichen Vorsitz wahrgenommen wird:

- Gruppe der Referenten für Außenbeziehungen (RELEX);
- Gruppe „Terrorismus (Internationale Aspekte)" (COTER);
- Gruppe Anwendung spezifischer Maßnahmen zur Bekämpfung des Terrorismus" (COCOP);
- Gruppe „Konsularische Angelegenheiten" (COCON);
- Gruppe „Völkerrecht" (COJUR); und
- Gruppe „Seerecht" (COMAR).

4) Kategorie 4 (Vorbereitungsgremien für GSVP-Themen)

Der Vorsitz in den Vorbereitungsgremien für GSVP-Themen wird von einem Vertreter des Hohen Vertreters wahrgenommen[5)].

Der Hohe Vertreter und der halbjährliche Vorsitz arbeiten eng zusammen, um Kohärenz zwischen allen Vorbereitungsgremien des Rates (Auswärtige Angelegenheiten) zu gewährleisten.

Was die Kategorien 3 und 4 betrifft, so wird der Vorsitz in diesen Vorbereitungsgremien nach dem Erlass des Beschlusses des Rates über die Organisation und die Arbeitsweise des Europäischen Auswärtigen Dienstes (EAD) noch während einer Übergangszeit von bis zu sechs Monaten vom halbjährlichen Vorsitz wahrgenommen. Für die Kategorie 2 beträgt diese Übergangszeit bis zu 12 Monate.

Modalitäten für die Ernennung der Vorsitzenden:

In den Fällen, in denen nach dem Beschluss des Europäischen Rates oder nach diesem Beschluss der Vorsitz in einem Vorbereitungsgremium (PSK und die betreffenden Arbeitsgruppen) von einem Vertreter des Hohen Vertreters wahrgenommen wird, obliegt es dem Hohen Vertreter, diesen Vorsitzenden zu ernennen. Diese Ernennungen erfolgen aufgrund der Befähigung, wobei auf hinreichende geografische Ausgewogenheit und auf Transparenz zu achten ist. Der Hohe Vertreter trägt dafür Sorge, dass die Person, deren Ernennung zum Vorsitzenden er beabsichtigt, das Vertrauen der Mitgliedstaaten genießt. Die betreffende Person wird im Einklang mit den Einstellungsverfahren des Europäischen Auswärtigen Dienstes (EAD) mit ihrer Ernennung zumindest für die Dauer ihrer Amtszeit Mitglied des EAD, sofern sie diesem noch nicht angehört. Eine Bewertung dieser Regelung wird im Rahmen des für 2012 vorgesehenen Sachstandsberichts über den EAD vorgenommen.

---

4) Nach dem 1. Dezember 2009 sollte rasch eine Überprüfung des Geltungsbereichs und der Organisation der Arbeitsstrukturen im Bereich der auswärtigen Angelegenheiten vorgenommen werden, insbesondere im Bereich der Entwicklungs-politik. Die Regelungen für den Vorsitz der überprüften Arbeitsgruppen sollten erforderlichenfalls entsprechend den allgemeinen Grundsätzen in diesem Anhang angepasst werden.

5) Der Vorsitz im EU-Militärausschuss (EUMC) und in der Arbeitsgruppe des EU-Militärausschusses (EUMCWG) wird weiterhin – wie vor dem Inkrafttreten dieses Beschlusses – von einem gewählten Vorsitzenden wahrgenommen.

ANHANG II

1. Vorbereitimgsgremien für die Bereiche Handel und Entwicklung	Ausschuss „Artikel 207"
	Gruppe „AKP"
	Gruppe „Entwicklungs Zusammenarbeit" (DEVGEN)
	Gruppe „EFTA"
	Gruppe „Güter mit doppeltem Verwendungszweck"
	Gruppe „Handelsfragen"
	Gruppe „Grundstoffe"
	Gruppe „Allgemeines Präferenzsystem"
	Gruppe „Vorbereitung internationaler Entwicklungskonferenzen"/UNCCD Wüstenbildung/UNCTAD
	Gruppe „Humanitäre Hilfe und Nahrungsmittelhilfe"
	Arbeitskreis „Ausfuhrkredite"
2. Geografische Vorbereitungsgremien	Gruppe „Maschrik/Maghreb" (COMAG/MaMa)
	Gruppe „Osteuropa und Zentralasien" (COEST)
	Gruppe „Westliche Balkan Staaten" (COWEB)
	Gruppe „Naher Osten/Golfstaaten" (COMEM/MOG)
	Gruppe „Asien – Ozeanien" (COASI)
	Gruppe „Lateinamerika" (COLAT)
	Gruppe „Transatlantische Beziehungen" (COTRA)
	Gruppe „Afrika" (COAFR)
3. Horizontale Vorbereitungsgremien (überwiegend GASP-Themen)	Gruppe der Referenten für Außenbeziehungen (RELEX)
	Nicolaidis-Gruppe
	Gruppe „Globale Abrüstung und Rüstungskontrolle" (CODUN)
	Gruppe „Nichtverbreitung" (CONOP)
	Gruppe „Ausfuhr konventioneller Waffen" (COARM)
	Gruppe „Menschenrechte" (COHOM)
	Gruppe „Terrorismus (Internationale Aspekte)" (COTER) ([1])
	Gruppe „Anwendung spezifischer Maßnahmen zur Bekämpfung des Terrorismus" (COCOP) ([1])
	Gruppe „OSZE und Europarat" (COSCE)
	Gruppe „Vereinte Nationen" (CONUN)
	Ad-hoc-Gruppe „Nahost-Friedensprozess" (COMEP)
	Gruppe „Völkerrecht" (COJUR, COJUR-ICC)
	Gruppe „Seerecht" (COMAR)
	Gruppe „Konsularische Angelegenheiten" (COCON)
	Gruppe „GASP-Verwaltungsangelegenheiten und Protokoll" (COADM)
4. Vorbereitungsgremien für GSVP-Themen	Militärausschuss (EUMC)
	Arbeitsgruppe des EU-Militärausschusses (EUMCWG)
	Gruppe „Politisch-militärische Angelegenheiten" (PMG)
	Ausschuss für die zivilen Aspekte der Krisenbewältigung (CIVCOM)
	Gruppe „Europäische Rüstungspolitik"

([1]) Die Frage der Gruppe „Terrorismus (Internationale Aspekte)" (COTER) und der Gruppe „Anwendung spezifischer Maßnahmen zur Bekämpfung des Terrorismus" (COCOP) wird auch im Rahmen der Beratungen über die Arbeitsstrukturen im JI-Bereich erörtert werden.

ANHANG III

ANHANG III

VORSITZENDE DER VORBEREITUNGSGREMIEN DES RATES MIT FESTEM VORSITZ

Gewählter Vorsitzender

Wirtschafts- und Finanzausschuss

Beschäftigungsausschuss

Ausschuss für Sozialschutz

Militärausschuss[6)]

Ausschuss für Wirtschaftspolitik

Ausschuss für Finanzdienstleistungen

Arbeitsgruppe des EU-Militäraus Schusses [6)]

Gruppe „Verhaltenskodex (Unternehmensbesteuerung)"

Vorsitz vom Generalsekretariat des Rates wahrgenommen

Sicherheitsausschuss

Gruppe „Information"

Gruppe „Rechtsinformatik"

Gruppe „Elektronische Kommunikation"

Gruppe „Kodifizierung"

Gruppe der Rechts- und Sprachsachverständigen

Gruppe „Neue Gebäude"

[6)] Siehe auch Anhang II.

Zusammensetzungen des Rates

Beschluss des Rates (Allgemeine Angelegenheiten)

vom 1. Dezember 2009 zur Festsetzung der Liste der Zusammensetzungen des Rates, die zu den in Artikel 16 Absatz 6 Unterabsätze 2 und 3 des Vertrags über die Europäische Union genannten Zusammensetzungen hinzukommen

(2009/878/EU)

(ABl 2009 L 315, 46, geändert durch ABl 2010 L 263, 12)

DER RAT DER EUROPÄISCHEN UNION –

gestützt auf das Protokoll über die Übergangsbestimmungen, insbesondere auf Artikel 4,

in Erwägung nachstehender Gründe:

(1) In Artikel 4 des Protokolls über die Übergangsbestimmungen ist vorgesehen, dass bis zum Inkrafttreten des Beschlusses des Europäischen Rates nach Artikel 16 Absatz 6 Unterabsatz 1 des Vertrags über die Europäische Union betreffend die Liste der Zusammensetzungen des Rates die Liste dieser Zusammensetzungen, die zu den Zusammensetzungen „Allgemeine Angelegenheiten" und „Auswärtige Angelegenheiten" hinzukommen, vom Rat in seiner Zusammensetzung „Allgemeine Angelegenheiten" festgesetzt werden sollte, der mit einfacher Mehrheit beschließt.

(2) Die Liste der Zusammensetzungen des Rates wurde vom Rat (Allgemeine Angelegenheiten) am 22. Juli 2002 als Teil des Anhangs I der Geschäftsordnung des Rates und entsprechend der vom Europäischen Rat auf seiner Tagung vom 21. und 22. Juni 2002 in Sevilla vereinbarten Liste festgelegt.

(3) Zur Erfüllung der Bestimmungen der Verträge sollte diese Liste angepasst werden, die in die Geschäftsordnung des Rates aufzunehmen ist –

HAT FOLGENDEN BESCHLUSS ERLASSEN:

Artikel 1

Die Liste der Zusammensetzungen des Rates nach Artikel 4 des Protokolls über die Übergangsbestimmungen ist im Anhang enthalten.

Artikel 2

Dieser Beschluss tritt am Tag seiner Annahme in Kraft. Er wird im *Amtsblatt der Europäischen Union* veröffentlicht.

Geschehen zu Brüssel am 1. Dezember 2009.

Im Namen des Rates
Der Präsident
C. BILDT

ANHANG

LISTE DER ZUSAMMENSETZUNGEN DES RATES

1. Allgemeine Angelegenheiten[1]);
2. Auswärtige Angelegenheiten[2]);
3. Wirtschaft und Finanzen[3]);
4. Justiz und Inneres[4]);
5. Beschäftigung, Sozialpolitik, Gesundheit und Verbraucherschutz;
6. Wettbewerbsfähigkeit (Binnenmarkt, Industrie, Forschung und Raumfahrt)[5]);
7. Verkehr, Telekommunikation und Energie;
8. Landwirtschaft und Fischerei;
9. Umwelt;
10. Bildung, Jugend, Kultur und Sport[6]).

---

[1]) Diese Zusammensetzung wird durch Artikel 16 Absatz 6 Unterabsatz 2 des Vertrags über die Europäische Union festgelegt.

[2]) Diese Zusammensetzung wird durch Artikel 16 Absatz 6 Unterabsatz 3 des Vertrags über die Europäische Union festgelegt.

[3]) Einschließlich Haushalt.

[4]) Einschließlich Katastrophenschutz.

[5]) Einschließlich Tourismus.

[6]) Einschließlich audiovisueller Bereich.

Beschlussfassung mit qualifizierter Mehrheit

Beschluss des Rates
vom 13. Dezember 2007
über die Anwendung des Artikels 9c Absatz 4 des Vertrages über die Europäische Union und des Artikels 205 Absatz 2 des Vertrags über die Arbeitsweise der Europäischen Union zwischen dem 1. November 2014 und dem 31. März 2017 einerseits und ab dem 1. April 2017 andererseits*)

(2009/857/EG)

(ABl 2009 L 314, 73)

DER RAT DER EUROPÄISCHEN UNION –

in Erwägung nachstehender Gründe:

(1) Es sollten Bestimmungen erlassen werden, die einen reibungslosen Übergang von der Regelung für die Beschlussfassung des Rates mit qualifizierter Mehrheit, die in Artikel 3 Absatz 3 des Protokolls über die Übergangsbestimmungen festgelegt ist und die bis zum 31. Oktober 2014 weiterhin gelten wird, zu der in Artikel 9c Absatz 4 des Vertrags über die Europäische Union und Artikel 205 Absatz 2 des Vertrags über die Arbeitsweise der Europäischen Union vorgesehenen Abstimmungsregelung gewährleisten, die ab dem 1. November 2014 gelten wird, einschließlich – während eines Übergangszeitraums bis zum 31. März 2017 – der besonderen Bestimmungen gemäß Artikel 3 Absatz 2 des genannten Protokolls.

(2) Der Rat wird auch in Zukunft alles daran setzen, die demokratische Legitimierung der mit qualifizierter Mehrheit angenommenen Rechtsakte zu erhöhen –

BESCHLIESST:

ABSCHNITT 1
FÜR DIE ZEIT VOM 1. NOVEMBER 2014 BIS ZUM 31. MÄRZ 2017 ANWENDBARE BESTIMMUNGEN

Artikel 1

Für die Zeit vom 1. November 2014 bis zum 31. März 2017 gilt Folgendes: Wenn Mitglieder des Rates, die

a) mindestens drei Viertel der Bevölkerung oder

b) mindestens drei Viertel der Anzahl der Mitgliedstaaten

vertreten, die für die Bildung einer Sperrminorität erforderlich sind, wie sie sich aus der Anwendung von Artikel 9c Absatz 4 Unterabsatz 1 des Vertrags über die Europäische Union oder Artikel 205 Absatz 2 des Vertrags über die Arbeitsweise der Europäischen Union ergibt, erklären, dass sie die Annahme eines Rechtsakts durch den Rat mit qualifizierter Mehrheit ablehnen, so wird die Frage vom Rat erörtert.

Artikel 2

Der Rat wird im Verlauf dieser Erörterungen alles in seiner Macht Stehende tun, um innerhalb einer angemessenen Zeit und unbeschadet der durch das Unionsrecht vorgeschriebenen zwingenden Fristen eine zufriedenstellende Lösung für die von den Mitgliedern des Rates nach Artikel 1 vorgebrachten Anliegen zu finden.

Artikel 3

Zu diesem Zweck unternimmt der Präsident des Rates mit Unterstützung der Kommission unter Einhaltung der Geschäftsordnung des Rates alle erforderlichen Schritte, um im Rat eine breitere Einigungsgrundlage zu ermöglichen. Die Mitglieder des Rates unterstützen ihn hierbei.

ABSCHNITT 2
AB DEM 1. APRIL 2017 ANWENDBARE BESTIMMUNGEN

Artikel 4

Ab dem 1. April 2017 gilt Folgendes: Wenn Mitglieder des Rates, die

*) Die Regelung bezieht sich noch auf die Nummerierung im Vertrag von Lissabon; nach neuer Nummerierung der Verträge gemäß der Übereinstimmungstabelle nach Artikel 5 des Vertrages von Lissabon bezieht sich dieser Beschluss somit auf die Anwendung des Artikels 16 Absatz 4 des Vertrages über die Europäische Union und des Artikels 238 Absatz 2 des Vertrages über die Arbeitsweise der Europäischen Union. Siehe dazu die 7. Erklärung unter 1/5. Erklärungen.

a) mindestens 55 % der Bevölkerung oder
b) mindestens 55 % der Anzahl der Mitgliedstaaten

vertreten, die für die Bildung einer Sperrminorität erforderlich sind, wie sie sich aus der Anwendung von Artikel 9c Absatz 4 Unterabsatz 1 des Vertrags über die Europäische Union oder Artikel 205 Absatz 2 des Vertrags über die Arbeitsweise der Europäischen Union ergibt, erklären, dass sie die Annahme eines Rechtsakts durch den Rat mit qualifizierter Mehrheit ablehnen, so wird die Frage vom Rat erörtert.

Artikel 5

Der Rat wird im Verlauf dieser Erörterungen alles in seiner Macht Stehende tun, um innerhalb einer angemessenen Zeit und unbeschadet der durch das Unionsrecht vorgeschriebenen zwingenden Fristen eine zufrieden stellende Lösung für die von den Mitgliedern des Rates nach Artikel 4 vorgebrachten Anliegen zu finden.

Artikel 6

Zu diesem Zweck unternimmt der Präsident des Rates mit Unterstützung der Kommission unter Einhaltung der Geschäftsordnung des Rates alle erforderlichen Schritte, um im Rat eine breitere Einigungsgrundlage zu ermöglichen. Die Mitglieder des Rates unterstützen ihn hierbei.

ABSCHNITT 3
INKRAFTTRETEN DES BESCHLUSSES

Artikel 7

Dieser Beschluss tritt am Tag des Inkrafttretens des Vertrags von Lissabon in Kraft.

Geschehen zu Brüssel am 13. Dezember 2007.

Im Namen des Rates
Der Präsident
L. AMADO

Kommission

Geschäftsordnung der Kommission

ABl 2000 L 308, 26 idF

1 ABl 2011 L 296, 58 **2** ABl 2020 L 127 I, 1

(K(2000) 3614)

ARTIKELÜBERSICHT

DIE KOMMISSION DER EUROPÄISCHEN GEMEINSCHAFTEN –

gestützt auf den Vertrag über die Gründung der Europäischen Gemeinschaft für Kohle und Stahl, insbesondere auf Artikel 16, gestützt auf den Vertrag zur Gründung der Europäischen Gemeinschaft, insbesondere auf Artikel 218 Absatz 2,

gestützt auf den Vertrag zur Gründung der Europäischen Atomgemeinschaft, insbesondere auf Artikel 131, gestützt auf den Vertrag über die Europäische Union, insbesondere auf die Artikel 28 Absatz 1 und 41 Absatz 1 –

GIBT SICH FOLGENDE GESCHÄFTSORDNUNG:

KAPITEL I
DIE KOMMISSION

Artikel 1. Das Kollegialprinzip

Die Kommission handelt als Kollegium nach Maßgabe dieser Geschäftsordnung sowie unter Beachtung der Prioritäten, die sie im Rahmen der vom Präsidenten nach Artikel 17 Absatz 6 des Vertrags über die Europäische Union (EUV) festgelegten politischen Leitlinien formuliert hat.

Artikel 2. Die politischen Leitlinien, die Prioritäten, das Arbeitsprogramm und der Haushalt

Unter Beachtung der vom Präsidenten festgelegten politischen Leitlinien formuliert die Kommission ihre Prioritäten und setzt diese im Arbeitsprogramm sowie im Entwurf des jährlich verabschiedeten Haushaltsplans um.

Artikel 3. Der Präsident

(1) Der Präsident legt die politischen Leitlinien fest, nach denen die Kommission ihre Aufgaben ausübt[1]. Er lenkt die Arbeiten der Kommission, um ihre Durchführung sicherzustellen.

(2) Der Präsident beschließt über die interne Organisation der Kommission, um die Kohärenz, die Effizienz und das Kollegialitätsprinzip im Rahmen ihrer Tätigkeit sicherzustellen[2].

Unbeschadet des Artikels 18 Absatz 4 EUV kann der Präsident den Mitgliedern der Kommission spezielle Aufgabenbereiche zuweisen, in denen sie für die vorbereitenden Arbeiten der Kommission und die Durchführung ihrer Beschlüsse in besonderem Maße verantwortlich sind[3].

Der Präsident kann die Kommissionsmitglieder bitten, besondere Maßnahmen durchzuführen, um die Umsetzung der von ihm festgelegten politischen Leitlinien und der von der Kommission formulierten Prioritäten zu gewährleisten.

Er kann die Zuständigkeitsverteilung jederzeit ändern[4].

Die Mitglieder der Kommission üben die ihnen vom Präsidenten übertragenen Aufgaben unter dessen Leitung aus[5].

(3) Der Präsident ernennt, mit Ausnahme des Hohen Vertreters der Union für Außen- und Sicherheitspolitik, die Vizepräsidenten aus dem Kreis der Mitglieder der Kommission[6] und legt die Rangfolge innerhalb der Kommission fest.

(4) Der Präsident kann unter den Mitgliedern der Kommission Gruppen bilden, deren Vorsitzende er benennt, deren Auftrag und Arbeitsweise er bestimmt, und deren Zusammensetzung und Bestandsdauer er festlegt.

(5) Der Präsident nimmt die Vertretung der Kommission wahr. Er benennt die Mitglieder der Kommission, die ihn bei dieser Aufgabe unterstützen.

(6) Unbeschadet des Artikels 18 Absatz 1 EUV legt ein Mitglied der Kommission sein Amt nieder, wenn es vom Präsidenten dazu aufgefordert wird[7].

Artikel 4. Beschlussverfahren

Die Kommission fasst ihre Beschlüsse

a) in gemeinschaftlicher Sitzung im Wege des mündlichen Verfahrens gemäß Artikel 8 der Geschäftsordnung oder

b) im schriftlichen Verfahren gemäß Artikel 12 der Geschäftsordnung oder

c) im Ermächtigungsverfahren gemäß Artikel 13 der Geschäftsordnung oder

d) im Verfahren der Delegation gemäß Artikel 14 der Geschäftsordnung.

ABSCHNITT 1
Sitzungen der Kommission

Artikel 5. Einberufung

(1) Die Kommission wird vom Präsidenten zu den Sitzungen einberufen.

(2) Die Kommission tritt in der Regel mindestens einmal wöchentlich zusammen. Sie tagt ferner, wenn dies erforderlich ist.

Sind einige oder alle Mitglieder der Kommission verhindert, persönlich an einer Sitzung der Kommission teilzunehmen, kann der Präsident sie in Ausnahmefällen zur Teilnahme über Telekommunikationssysteme, die ihre Identifizierung und wirksame Beteiligung ermöglichen, auffordern.
(ABl 2020 L 127 I, 1)

---

[1] Vertrag über die Europäische Union, Artikel 17 Absatz 6 Buchstabe a.

[2] Vertrag über die Europäische Union, Artikel 17 Absatz 6 Buchstabe b.

[3] Vertrag über die Arbeitsweise der Europäischen Union, Artikel 248.

[4] Siehe Fußnote 3.

[5] Siehe Fußnote 3.

[6] Vertrag über die Europäische Union, Artikel 17 Absatz 6 Buchstabe c.

[7] Vertrag über die Europäische Union, Artikel 17 Absatz 6 Unterabsatz 2.

(3) Die Mitglieder der Kommission sind verpflichtet, an allen Sitzungen teilzunehmen. Bei einer Verhinderung unterrichten sie den Präsidenten rechtzeitig über die Gründe ihrer Abwesenheit. Der Präsident beurteilt, ob eine Situation vorliegt, die sie von dieser Pflicht entbinden könnte.

Artikel 6. Tagesordnung der Kommissionssitzungen

(1) Der Präsident legt für jede Sitzung der Kommission eine Tagesordnung fest.

(2) Unbeschadet der Befugnis des Präsidenten zur Festlegung der Tagesordnung sind mit größeren Ausgaben verbundene Vorschläge im Einvernehmen mit dem für Haushalt zuständigen Kommissionsmitglied vorzulegen.

(3) Punkte, deren Aufnahme in die Tagesordnung von einem Mitglied der Kommission vorgeschlagen wird, müssen dem Präsidenten nach den Bedingungen zugeleitet werden, die die Kommission entsprechend den in Artikel 28 dieser Geschäftsordnung vorgesehenen Durchführungsbestimmungen (‚die Durchführungsbestimmungen') festgelegt hat.

(4) Die Tagesordnung und die notwendigen Unterlagen sind den Kommissionsmitgliedern unter den entsprechend den Durchführungsbestimmungen festgelegten Bedingungen zu übermitteln.

(5) Die Kommission kann auf Vorschlag des Präsidenten beschließen, über einen Punkt zu beraten, der in der Tagesordnung nicht enthalten war oder zu dem die erforderlichen Unterlagen verspätet verteilt worden sind.

Artikel 7. Beschlussfähigkeit

Die Kommission ist beschlussfähig, wenn die Mehrheit der im Vertrag vorgesehenen Zahl ihrer Mitglieder anwesend ist.

Macht der Präsident von Artikel 5 Absatz 2 Unterabsatz 2 Gebrauch, gelten die Mitglieder der Kommission, die mittels der dort genannten Telekommunikationssysteme an den Beratungen teilnehmen, für die Zwecke der Beschlussfähigkeit als anwesend.
(ABl 2020 L 127 I, 1)

Artikel 8.*) Beschlussfassung

(1) Die Kommission beschließt auf Vorschlag eines oder mehrerer ihrer Mitglieder.

(2) Die Kommission nimmt auf Antrag eines ihrer Mitglieder eine Abstimmung vor. Gegenstand der Abstimmung ist der ursprüngliche oder der von dem (oder den) für die betreffende Initiative verantwortlichen Mitglieder(n) oder dem Präsidenten abgeänderte Entwurf.

(3) Die Beschlüsse der Kommission werden mit der Mehrheit der im Vertrag vorgesehenen Zahl der Mitglieder gefasst.

(4) Das Ergebnis der Beratungen wird vom Präsidenten festgestellt und in das Protokoll der Kommissionssitzung gemäß Artikel 11 der Geschäftsordnung aufgenommen.

Artikel 9. Vertraulichkeit

Die Sitzungen der Kommission sind nicht öffentlich. Ihre Beratungen sind vertraulich.

Artikel 10. Anwesenheit von Beamten und anderen Personen

(1) Sofern die Kommission nichts anderes beschließt, nehmen der Generalsekretär und der Kabinettchef des Präsidenten an den Sitzungen teil. In den Durchführungsbestimmungen wird festgelegt, unter welchen Voraussetzungen andere Personen an den Sitzungen teilnehmen dürfen.

(2) Ist ein Mitglied der Kommission abwesend, so kann sein Kabinettschef an der Sitzung teilnehmen und auf Aufforderung des Präsidenten die Meinung des abwesenden Mitglieds vortragen.

(3) Die Kommission kann beschließen, jede andere Person in der Sitzung zu hören.

(4) Macht der Präsident von Artikel 5 Absatz 2 Unterabsatz 2 Gebrauch, können die in den Absätzen 1 bis 3 genannten Personen mittels der in dem betreffenden Unterabsatz genannten Telekommunikationssysteme an den Sitzungen teilnehmen. *(ABl 2020 L 127 I, 1)*

Artikel 11. Sitzungsprotokolle

(1) Über jede Sitzung der Kommission wird ein Protokoll angefertigt.

(2) Der Protokollentwurf wird der Kommission in einer späteren Sitzung zur Genehmigung vorgelegt. Das genehmigte Protokoll wird durch die Unterschrift des Präsidenten und des Generalsekretärs festgestellt.

ABSCHNITT 2

Sonstige Beschlussfassungsverfahren

Artikel 12.*) Beschlüsse im schriftlichen Verfahren

(1) Die Zustimmung der Kommission zu einer Vorlage, die von einem oder mehreren ihrer Mit-

*) Beschluss des Präsidenten der Europäischen Kommission vom 2. Dezember 2009 über die Unterzeichnung von Verordnungen, Richtlinien und Beschlüssen der Kommission, die an keinen bestimmten Adressaten gerichtet sind, ABl 2009 L 332, 78

glieder unterbreitet wurde, kann im schriftlichen Verfahren festgestellt werden, sofern der Juristische Dienst zuvor eine befürwortende Stellungnahme zu der Vorlage abgegeben hat, und die Dienste, die gemäß Artikel 23 der Geschäftsordnung gehört werden müssen, der Vorlage zugestimmt haben.

Diese befürwortende Stellungnahme bzw. diese Zustimmung kann durch die einvernehmliche Zustimmung der Kommissionsmitglieder ersetzt werden, wenn das Kollegium auf Vorschlag des Präsidenten die Einleitung eines in den Durchführungsbestimmungen festgelegten schriftlichen Finalisierungsverfahrens beschließt.

(2) Zu diesem Zweck wird der Wortlaut der Vorlage allen Mitgliedern der Kommission nach den Bedingungen zugeleitet, die die Kommission entsprechend den Durchführungsbestimmungen festgelegt hat, wobei eine Frist gesetzt wird, vor deren Ablauf die Vorbehalte oder Änderungsanträge mitzuteilen sind, zu denen die Vorlage Anlass geben kann.

(3) Jedes Mitglied der Kommission kann während des schriftlichen Verfahrens beantragen, dass die Vorlage in der Sitzung erörtert wird. Dazu stellt es einen mit Gründen versehenen Antrag an den Präsidenten.

(4) Eine Vorlage, zu der kein Mitglied der Kommission bis zum Ablauf der für das schriftliche Verfahren gesetzten Frist einen Antrag auf Aussetzung vorgelegt oder aufrechterhalten hat, gilt als angenommen.

(5) Jedes Mitglied der Kommission, das die Aussetzung eines schriftlichen Verfahrens im Bereich der Koordinierung und der Überwachung der Wirtschafts- und Haushaltspolitik der Mitgliedstaaten – insbesondere im Euro-Währungsgebiet – beantragen möchte, stellt einen mit Gründen versehenen Antrag an den Präsidenten; in dem Antrag sind auf der Grundlage einer unparteiischen und objektiven Bewertung des Zeitpunkts, der Struktur, der Erwägungen oder des Ergebnisses des vorgeschlagenen Beschlusses die betreffenden Aspekte explizit zu nennen.

Hat diese Begründung nach Ansicht des Präsidenten keinen Bestand und wird der Antrag auf Aussetzung aufrechterhalten, kann der Präsident die Aussetzung ablehnen und die Fortsetzung des schriftlichen Verfahrens beschließen; in diesem Fall holt der Generalsekretär die Stellungnahme der anderen Mitglieder der Kommission ein, um sich zu vergewissern, dass die in Artikel 250 des Vertrags über die Arbeitsweise der Europäischen Union festgelegte Mehrheit gewahrt ist. Der Präsident kann die Angelegenheit auch zur Beschlussfassung auf die Tagesordnung der nächsten Kommissionssitzung setzen.

Artikel 13.*) Beschlüsse im Ermächtigungsverfahren

(1) Die Kommission kann – unter der Voraussetzung, dass der Grundsatz der kollegialen Verantwortlichkeit voll gewahrt bleibt – eines oder mehrere ihrer Mitglieder ermächtigen, in ihrem Namen innerhalb der Grenzen und gemäß den Bedingungen, die sie festlegt, Maßnahmen der Geschäftsführung und der Verwaltung zu treffen.

(2) Sie kann auch eines oder mehrere ihrer Mitglieder beauftragen, den Wortlaut eines Beschlusses oder eines den übrigen Organen vorzulegenden Vorschlags, dessen wesentlichen Inhalt sie bereits in ihren Beratungen festgelegt hat, im Einvernehmen mit dem Präsidenten endgültig anzunehmen.

(3) Die so zugewiesenen Befugnisse können durch Subdelegation auf die Generaldirektoren und Dienststellenleiter weiterübertragen werden, soweit die Ermächtigungsentscheidung dies nicht ausdrücklich untersagt.

(4) Die Bestimmungen der Absätze 1, 2 und 3 gelten unbeschadet der Regeln über die Delegation in Finanzangele genheiten und der Befugnisse der Anstellungsbehörde sowie der zum Abschluss von Einstellungsverträgen ermächtigten Behörde.

Artikel 14.*) Beschlüsse im Verfahren der Befugnisübertragung (Delegation)

Die Kommission kann – unter der Voraussetzung, dass der Grundsatz der kollegialen Verantwortung voll gewahrt bleibt – den Generaldirektoren und Dienststellenleitern die Befugnis übertragen, in ihrem Namen innerhalb der Grenzen und gemäß den Bedingungen, die sie festlegt, Maßnahmen der Geschäftsführung und der Verwaltung zu treffen.

Artikel 15.*) Weiterübertragung der Befugnisse für Einzelentscheidungen über die Gewährung von Finanzhilfen und die Vergabe von Aufträgen

Der Generaldirektor oder Dienststellenleiter, dem im Wege der Delegation oder der Subdelegation gemäß den Artikeln 13 und 14 Befugnisse zur Annahme von Finanzierungsbeschlüssen übertragen oder weiterübertragen wurden, kann beschließen, innerhalb der Grenzen und unter Einhaltung der Bedingungen, die in den Durchführungsbestimmungen festgelegt sind, die Befugnis zur Annahme bestimmter Entscheidungen betreffend die Auswahl von Projekten sowie bestimmter Einzelentscheidungen über die Gewährung von Finanzhilfen und die Vergabe öffentlicher Aufträge im Wege der Subdelegation auf den zuständigen Direktor, bzw., im Einvernehmen mit dem verantwortlichen Mitglied der Kommission, auf den zuständigen Referatsleiter zu übertragen.

Artikel 16. Unterrichtung über gefasste Beschlüsse

Die im schriftlichen Verfahren, im Verfahren der Ermächtigung und im Verfahren der Delegation gefassten Beschlüsse werden in einem Tages- oder Wochenvermerk aufgeführt, auf den im Protokoll der nächsten Kommissionssitzung Bezug genommen wird.

ABSCHNITT 3

Gemeinsame Bestimmungen für Beschlussverfahren

Artikel 17. Feststellung der von der Kommission angenommenen Akte

(1) Die von der Kommission in einer Sitzung gefassten Beschlüsse sind in der Sprache oder in den Sprachen, in denen sie verbindlich sind, untrennbar mit der Zusammenfassung verbunden, die bei der Kommissionssitzung, in der sie angenommen wurden, erstellt wird. Diese Akte werden durch die Unterschrift des Präsidenten und des Generalsekretärs auf der letzten Seite der Zusammenfassung festgestellt.

Macht der Präsident von Artikel 5 Absatz 2 Unterabsatz 2 Gebrauch und verhindern die Umstände die Unterzeichnung der Zusammenfassung, kann die ausdrückliche schriftliche Zustimmung des Präsidenten und des Generalsekretärs der Kommission deren jeweilige Unterschrift ausnahmsweise ersetzen und wird mit der Zusammenfassung verbunden.
(ABl 2020 L 127 I, 1)

(2) Die in Artikel 297 Absatz 2 des Vertrags über die Arbeitsweise der Europäischen Union (AEUV) genannten und im schriftlichen Verfahren von der Kommission erlassenen Rechtsakte ohne Gesetzescharakter werden durch die Unterschrift des Präsidenten und des Generalsekretärs auf der letzten Seite der im vorstehenden Absatz genannten Zusammenfassung festgestellt, es sei denn, diese Akte erfordern eine Veröffentlichung und ein Datum des Inkrafttretens, die nicht bis zur nächsten Sitzung der Kommission aufgeschoben werden können. Zum Zwecke dieser Feststellung ist eine Kopie der in Artikel 16 der Geschäftsordnung erwähnten Tagesvermerke untrennbar mit der im vorstehenden Absatz genannten Zusammenfassung verbunden.

Die übrigen im schriftlichen Verfahren und die gemäß Artikel 12 sowie Artikel 13 Absätze 1 und 2 der Geschäftsordnung im Ermächtigungsverfahren gefassten Beschlüsse sind in der Sprache oder in den Sprachen, in denen sie verbindlich sind, untrennbar mit dem in Artikel 16 der Geschäftsordnung genannten Tagesvermerk verbunden. Diese Akte werden durch die Unterschrift des Generalsekretärs auf der letzten Seite des Tagesvermerks festgestellt.

(3) Die im Verfahren der Delegation oder durch Subdelegation gefassten Beschlüsse sind mittels der hierfür vorgesehenen EDV-Anwendung in der Sprache oder in den Sprachen, in denen sie verbindlich sind, untrennbar mit dem in Artikel 16 der Geschäftsordnung genannten Tagesvermerk verbunden. Diese Beschlüsse werden durch eine Selbstbescheinigungserklärung festgestellt, die gemäß Artikel 13 Absatz 3 sowie gemäß den Artikeln 14 und 15 der Geschäftsordnung der nachgeordnet befugte bzw. befugte Beamte unterzeichnet.

(4) Im Sinne dieser Geschäftsordnung bezeichnet der Begriff ‚Beschluss' die in Artikel 288 AEUV genannten Rechtsakte.

(5) Im Sinne dieser Geschäftsordnung bezeichnet der Begriff verbindliche Sprachen' unbeschadet der Anwendung der Verordnung (EG) Nr. 920/2005 des Rates[8)] alle Amtssprachen der Europäischen Union, sofern es sich um Rechtsakte mit allgemeiner Geltung handelt; andernfalls bezeichnet er die Sprache(n) der Adressaten.

ABSCHNITT 4

Vorbereitung und Durchführung der Kommissionsbeschlüsse

Artikel 18. Gruppen der Kommissionsmitglieder

Die Gruppen der Kommissionsmitglieder tragen nach Maßgabe der vom Präsidenten festgelegten politischen Leitlinien und Aufgaben zur Koordinierung und Vorbereitung der Kommissionsarbeiten bei.

Artikel 19. Kabinette und Beziehungen zu den Diensten

(1) Die Kommissionsmitglieder verfügen über einen eigenen Mitarbeiterstab (‚Kabinett'), der sie bei der Wahrnehmung ihrer Aufgaben und der Vorbereitung der Kommissionsbeschlüsse unterstützt. Die Regeln für die Zusammensetzung und die Arbeitsweise der Kabinette werden vom Präsidenten erlassen.

(2) Unter Wahrung der vom Präsidenten festgelegten Grundsätze bestätigt das Kommissionsmitglied die Modalitäten für die Arbeit mit den seiner Verantwortung unterstehenden Dienststellen. Diese Modalitäten regeln insbesondere die Art und Weise, wie das Kommissionsmitglied den beteiligten Dienststellen, die ihm regelmäßig alle seinen Tätigkeitsbereich betreffenden und für die

8) ABl. L 156 vom 18. 6. 2005, S. 3.

Wahrnehmung seiner Verantwortung erforderlichen Informationen übermitteln, Anweisung erteilt.

Stand der internen und interinstitutionellen Verfahren.

Artikel 20. Der Generalsekretär

(1) Der Generalsekretär unterstützt den Präsidenten, damit die Kommission die Prioritäten, die sich gesetzt hat, im Rahmen der vom Präsidenten vorgegebenen politischen Leitlinien verwirklichen kann.

(2) Der Generalsekretär trägt zur Gewährleistung der politischen Kohärenz bei, indem er gemäß Artikel 23 der Geschäftsordnung für die bei den vorbereitenden Arbeiten notwendige Koordinierung zwischen den Dienststellen sorgt.

Er trägt dafür Sorge, dass bei den Dokumenten, die der Kommission vorgelegt werden, die inhaltliche Qualität gesichert ist und die Formerfordernisse beachtet werden, und gewährleistet hierdurch, dass sie den Grundsätzen der Subsidiarität und der Verhältnismäßigkeit, externen Anforderungen, interinstitutionellen Erwägungen und der Kommunikationsstrategie der Kommission entsprechen.

(3) Der Generalsekretär unterstützt den Präsidenten bei der Vorbereitung der Arbeiten und bei der Abhaltung der Sitzungen der Kommission.

Er unterstützt auch die Vorsitzenden der gemäß Artikel 3 Absatz 4 der Geschäftsordnung gebildeten Gruppen bei der Vorbereitung und Abhaltung der Gruppensitzungen. Er nimmt die Sekretariatsaufgaben dieser Gruppen wahr.

(4) Der Generalsekretär gewährleistet die Anwendung der Beschlussfassungsverfahren und sorgt für den Vollzug der Beschlüsse gemäß Artikel 4 der Geschäftsordnung.

Außer in Sonderfällen trifft er insbesondere die erforderlichen Maßnahmen für die amtliche Bekanntgabe und die Veröffentlichung der Kommissionsbeschlüsse im Amtsblatt der Europäischen Union sowie für die Übermittlung der Dokumente der Kommission und ihrer Dienste an die anderen Organe der Europäischen Union und an die Parlamente der Mitgliedstaaten.

Er sorgt für die Verteilung der Unterlagen, die die Mitglieder der Kommission ihren Kollegen zukommen lassen möchten.

(5) Der Generalsekretär unterhält die offiziellen Beziehungen zu den anderen Organen der Europäischen Union vorbehaltlich der Zuständigkeiten, die die Kommission selbst auszuüben beschließt oder die sie einem ihrer Mitglieder oder ihrer Verwaltung überträgt.

In diesem Zusammenhang sorgt er durch eine Koordinierung zwischen den Dienststellen dafür, dass die allgemeine Kohärenz während der Arbeiten der anderen Organe gewährleistet ist.

(6) Der Generalsekretär sorgt für eine angemessene Unterrichtung der Kommission über den Stand der internen und interinstitutionellen Verfahren.

KAPITEL II
DIENSTSTELLEN DER KOMMISSION

Artikel 21. Struktur der Dienststellen

Die Kommission richtet zur Vorbereitung und zur Durchführung ihrer Amtstätigkeit und zur Verwirklichung der vom Präsidenten festgelegten Prioritäten und politischen Leitlinien eine Reihe von Dienststellen ein, die in Generaldirektionen und gleichgestellte Dienste gegliedert sind.

In der Regel sind die Generaldirektionen und die gleichgestellten Dienste in Direktionen, die Direktionen in Referate gegliedert.

Artikel 22. Einrichtung besonderer Funktionen und Strukturen

Um speziellen Anforderungen gerecht zu werden, kann der Präsident besondere Funktionen und Verwaltungsstrukturen einrichten, denen er genau umschriebene Aufgaben überträgt und deren Befugnisse und Arbeitsbedingungen er festlegt.

Artikel 23. Zusammenarbeit und Koordinierung der Dienststellen

(1) Um die Effizienz der Amtstätigkeit der Kommission sicherzustellen, arbeiten die Dienstellen, die an der Ausarbeitung oder Durchführung von Beschlüssen mitwirken, bereits mit Beginn der jeweiligen Arbeiten so eng wie möglich zusammen.

(2) Die für die Vorbereitung einer Initiative federführende Dienststelle trägt bereits mit Beginn der Vorarbeiten dafür Sorge, dass eine wirkungsvolle Koordinierung zwischen allen Dienststellen gewährleistet ist, die nach den Zuständigkeitsbereichen und Befugnissen oder nach der Natur der Sache ein berechtigtes Interesse an dieser Initiative haben.

(3) Bevor der Kommission eine Vorlage unterbreitet wird, hat die federführende Dienststelle die Dienststellen, die ein berechtigtes Interesse an der betreffenden Vorlage haben, nach Maßgabe der Durchführungsbestimmungen rechtzeitig zu hören.

(4) Der Juristische Dienst ist zu allen Entwürfen von Beschlüssen und Vorschlägen von Rechtsakten sowie zu allen Vorlagen, die rechtliche Wirkungen haben können, zu hören.

Der Juristische Dienst muss ebenfalls gehört werden bei der Einleitung der Beschlussfassungsverfahren gemäß den Artikeln 12, 13 und 14 der Geschäftsordnung, ausgenommen Beschlüsse über Standardrechtsakte, die zuvor die Zustimmung des Juristischen Dienstes erhalten haben (Rechtsakte mit Wiederholungscharakter). Für die in Artikel 15 der Geschäftsordnung genannten Entscheidungen ist die Anhörung des Juristischen Dienstes nicht erforderlich.

(5) Das Generalsekretariat muss bei allen Initiativen gehört werden, die

- im mündlichen Verfahren genehmigt werden müssen (hiervon unberührt bleiben individuelle Personalfragen) oder
- von politischer Bedeutung sind oder
- im Jahresarbeitsprogramm der Kommission sowie im geltenden Programmierungsinstrument der Kommission aufgeführt sind oder
- institutionelle Aspekte betreffen oder
- einer Folgenabschätzung oder öffentlichen Konsultation unterzogen werden

sowie bei allen Stellungnahmen oder gemeinsame Initiativen, die die Kommission gegenüber anderen Organen oder Einrichtungen verpflichten können.

(5a) Die für Wirtschaft und Finanzen zuständige Generaldirektion muss zu allen Initiativen konsultiert werden, die das Wachstum, die Wettbewerbsfähigkeit oder die wirtschaftliche Stabilität in der Europäischen Union oder im Euro-Währungsgebiet betreffen oder sich darauf auswirken können.

(6) Die mit dem Haushalt sowie mit den Humanressourcen und der Sicherheit befassten Generaldirektionen sind zu allen Vorlagen, mit Ausnahme der Rechtsakte gemäß Artikel 15 der Geschäftsordnung, zu hören, die Auswirkungen auf den Haushaltsplan, die Finanzen, das Personal und die Verwaltung haben können. Gleiches gilt, soweit erforderlich, auch für den mit der Betrugsbekämpfung befassten Dienst.

(7) Die federführende Dienststelle ist bemüht, einen Vorschlag zu erarbeiten, der die Zustimmung der gehörten Dienststellen findet. Unbeschadet des Artikels 12 der Geschäftsordnung hat sie – falls es zu keiner Einigung kommt – abweichende Stellungnahmen dieser Dienststellen in ihrem Vorschlag zu erwähnen.

KAPITEL III

VERTRETUNG

Artikel 24. Die Kontinuität des Dienstes

Die Mitglieder der Kommission und die Dienststellen treffen alle zweckdienlichen Maßnahmen, um die Kontinuität des Dienstes unter Beachtung der hierfür von der Kommission oder vom Präsidenten erlassenen Bestimmungen sicherzustellen.

Artikel 25. Vertretung des Präsidenten

Die Aufgaben des Präsidenten werden im Fall seiner Verhinderung von einem Vizepräsidenten oder einem Mitglied in der vom Präsidenten festgelegten Reihenfolge wahrgenommen.

Artikel 26. Vertretung des Generalsekretärs

Die Aufgaben des Generalsekretärs werden, falls dieser verhindert ist oder die Stelle des Generalsekretärs nicht besetzt ist, von dem in der höchsten Besoldungsgruppe anwesenden stellvertretenden Generalsekretär und, bei gleicher Besoldungsgruppe, von dem in seiner Besoldungsgruppe dienstältesten anwesenden stellvertretenden Generalsekretär und, bei gleichem Dienstalter, vom ältesten anwesenden stellvertretenden Generalsekretär oder von einem von der Kommission bestimmten Beamten wahrgenommen.

Ist kein stellvertretender Generalsekretär anwesend oder hat die Kommission keinen Beamten zur Vertretung bestimmt, wird diese von dem anwesenden Untergebenen in der höchsten Funktionsgruppe und innerhalb dieser der höchsten Besoldungsgruppe und, bei gleicher Besoldungsgruppe, von dem in seiner Besoldungsgruppe dienstältesten anwesenden Untergebenen und, bei gleichem Dienstalter, vom ältesten anwesenden Untergebenen wahrgenommen.

Artikel 27. Vertretung der Dienstvorgesetzten

(1) Der Generaldirektor wird, falls er verhindert ist oder die Stelle des Generaldirektors nicht besetzt ist, von dem in der höchsten Besoldungsgruppe anwesenden stellvertretenden Generaldirektor und, bei gleicher Besoldungsgruppe, von dem in seiner Besoldungsgruppe dienstältesten anwesenden stellvertretenden Generaldirektor und, bei gleichem Dienstalter, vom ältesten anwesenden stellvertretenden Generaldirektor oder von einem von der Kommission bestimmten Beamten wahrgenommen.

Ist kein stellvertretender Generaldirektor anwesend oder hat die Kommission keinen Beamten zur Vertretung bestimmt, wird diese von dem anwesenden Untergebenen in der höchsten Funktionsgruppe und innerhalb dieser der höchsten Besoldungsgruppe und, bei gleicher Besoldungsgruppe, von dem in seiner Besoldungsgruppe dienstältesten anwesenden Untergebenen und, bei gleichem Dienstalter, vom ältesten anwesenden Untergebenen wahrgenommen.

(2) Der Referatsleiter wird, falls er verhindert ist oder die Stelle des Referatsleiters nicht besetzt ist, vom stellvertretenden Referatsleiter oder von einem vom Generaldirektor bestimmten Beamten vertreten.

Ist kein stellvertretender Referatsleiter anwesend oder hat der Generaldirektor keinen Beamten zur Vertretung bestimmt, wird diese von dem anwesenden Untergebenen in der höchsten Funktionsgruppe und innerhalb dieser der höchsten Besoldungsgruppe und, bei gleicher Besoldungsgruppe, von dem in seiner Besoldungsgruppe dienstältesten anwesenden Untergebenen und, bei gleichem Dienstalter, vom ältesten anwesenden Untergebenen wahrgenommen.

(3) Jeder andere Dienstvorgesetzte wird im Fall seiner Verhinderung oder wenn die Stelle nicht besetzt ist, von einem vom Generaldirektor im Einvernehmen mit dem zuständigen Kommissionsmitglied bestimmten Beamten vertreten. Hat der Generaldirektor keinen Beamten zur Vertretung bestimmt, wird diese von dem anwesenden Untergebenen in der höchsten Funktionsgruppe und innerhalb dieser der höchsten Besoldungsgruppe und, bei gleicher Besoldungsgruppe, von dem in seiner Besoldungsgruppe dienstältesten anwesenden Untergebenen und, bei gleichem Dienstalter, vom ältesten anwesenden Untergebenen wahrgenommen.

KAPITEL IV

SCHLUSSBESTIMMUNGEN

Artikel 28. Die Kommission erlässt, soweit erforderlich, Durchführungsbestimmungen zu dieser Geschäftsordnung.

Die Kommission kann in Bezug auf ihre Arbeitsweise und auf die ihrer Dienstellen weitere Maßnahmen ergreifen.

Artikel 29. Diese Geschäftsordnung tritt am Tag nach ihrer Veröffentlichung im Amtsblatt der Europäischen Union in Kraft.

ANHANG I

ANHANG I

KODEX FÜR GUTE VERWALTUNGSPRAXIS IN DEN BEZIEHUNGEN DER BEDIENSTETEN DER EUROPÄISCHEN KOMMISSION ZUR ÖFFENTLICHKEIT

Dienst von hoher Qualität

Die Kommission und ihre Bediensteten haben die Pflicht, dem Interesse der Gemeinschaft und hierdurch auch dem öffentlichen Interesse zu dienen.

Die Öffentlichkeit erwartet zu Recht eine offene, zugängliche Verwaltung, die effizient geführt wird und Dienste von hoher Qualität erbringt.

Hohe Qualität setzt voraus, dass sich die Kommission und ihre Bediensteten höflich, sachlich und unparteiisch verhalten.

Zweck

Um die Kommission in die Lage zu versetzen, ihrer Verpflichtung zu einer guten Verwaltungspraxis nachzukommen – insbesondere in Hinblick auf die Beziehungen der Kommission mit der Öffentlichkeit –, verpflichtet sich die Kommission, die in diesem Kodex niedergelegten Leitlinien einer guten Verwaltungspraxis zu beachten und sich durch sie in ihrer täglichen Arbeit leiten zu lassen.

Geltungsbereich

Der Kodex ist für das gesamte Personal verbindlich, auf welches das Statut der Beamten der Europäischen Gemeinschaften und die Beschäftigungsbedingungen für die sonstigen Bediensteten dieser Gemeinschaften (das Statut) oder andere Vorschriften zur Beziehung zwischen der Kommission und ihrem Personal, die sich auf Beamte bzw. sonstige Bedienstete der Europäischen Gemeinschaften beziehen, Anwendung finden. Personen mit privatrechtlichem Arbeitsvertrag, abgeordnete nationale Sachverständige oder Praktikanten, die für die Kommission arbeiten, sollten sich jedoch ebenfalls in ihrer täglichen Arbeit durch den Kodex leiten lassen.

Die Beziehungen der Kommission zu ihren Bediensteten werden ausschließlich durch das Statut geregelt.

1. **ALLGEMEINE GRUNDSÄTZE GUTER VERWALTUNGSPRAXIS**

Die Kommission beachtet in ihren Beziehungen zur Öffentlichkeit die folgenden Grundsätze:

Rechtmäßigkeit

Die Kommission richtet sich in ihrem Handeln nach dem Recht und wendet die gemeinschaftsrechtlichen Vorschriften und Verfahren an.

Diskriminierungsverbot und Gleichbehandlung

Die Kommission befolgt den Grundsatz der Nichtdiskriminierung und garantiert insbesondere die Gleichbehandlung der Bürger unabhängig von ihrer Nationalität, Geschlechtszugehörigkeit, Rasse oder ethnischen Zugehörigkeit, Religion oder Weltanschauung, Behinderung, Alter oder sexuellen Ausrichtung. Somit muss jedwede Ungleichbehandlung ähnlicher Fälle durch die Umstände des Einzelfalls sachlich begründet sein.

Verhältnismäßigkeit

Die Kommission achtet darauf, dass die

Maßnahmen in einem angemessenen Verhältnis zu den angestrebten Zielen stehen. Insbesondere wird sie stets dafür Sorge tragen, dass bei der Anwendung dieses Kodexes der angestrebte Nutzen im konkreten Einzelfall nicht mit einem unvertretbaren Verwaltungsaufwand verbunden ist.

Kohärenz

Die Kommission achtet auf eine kohärente Verwaltungspraxis und wendet die gängigen Verwaltungsverfahren an. Abweichungen hiervon sind entsprechend sachlich zu begründen.

2. LEITLINIEN FÜR GUTE VERWALTUNGSPRAXIS

Objektivität und Unparteilichkeit

Bedienstete handeln stets objektiv und unparteiisch sowie im Interesse der Gemeinschaft und zum Wohl der Allgemeinheit. Innerhalb des von der Kommission festgelegten politischen Rahmens entscheiden sie in voller Unabhängigkeit, ohne sich von persönlichen oder nationalen Interessen leiten zu lassen oder politischem Druck nachzugeben.

Informationen über Verwaltungsverfahren

Ersuchen Bürger um Auskünfte über Verwaltungsverfahren der Kommission, so stellen die Bediensteten sicher, dass diese Auskünfte innerhalb der im jeweiligen Verfahren festgelegten Fristen erteilt werden.

3. ERTEILUNG VON INFORMATIONEN ÜBER DIE RECHTE DER BETEILIGTEN

Anhörung aller unmittelbar Beteiligten

Sieht das Gemeinschaftsrecht die Anhörung Beteiligter vor, so sorgen die Bediensteten dafür, dass ihnen die Möglichkeit zur Äußerung gegeben wird.

Begründungspflicht

Entscheidungen der Kommission sind zu begründen und den Betroffenen mitzuteilen.

Im Allgemeinen sollte eine vollständige Begründung erteilt werden. Soweit es nicht möglich ist, eine detaillierte Angabe der Entscheidungsgründe im Einzelfall vorzunehmen, zum Beispiel weil der Kreis derer, die von gleichartigen Entscheidungen betroffen sind, zu groß ist, dürfen Standardantworten erteilt werden. Diese Standardantworten sollten die wesentlichen Gründe enthalten, auf denen die Entscheidung basiert. Darüber hinaus ist Beteiligten auf ausdrückliches Ersuchen eine detaillierte Begründung zu übermitteln.

Informationspflicht über Rechtsbehelfe

Soweit das Gemeinschaftsrecht dies vorsieht, enthalten bekannt gegebene Entscheidungen Angaben zu deren Anfechtbarkeit; ebenso ist anzugeben, wie die Anfechtung vorgenommen werden kann (Name und Büroanschrift der Person, bzw. der Dienststelle, bei der dieser Rechtsbehelf eingelegt werden kann) und welche Frist zu beachten ist. Gegebenenfalls weisen Entscheidungen auf die Möglichkeit der Einleitung eines Gerichtsverfahrens und/oder zur Anrufung des Europäischen Bürgerbeauftragten gemäß Artikel 230 bzw. 195 EG-Vertrag hin.

4. BEHANDLUNG VON ANFRAGEN

Die Kommission verpflichtet sich, Anfragen von Bürgern in angemessener Weise und so schnell wie möglich zu beantworten.

Anforderung von Dokumenten

Ist das angeforderte Dokument bereits veröffentlicht, so ist auf die Verkaufsstellen des Amtes für amtliche Veröffentlichungen der Europäischen Gemeinschaften sowie die Dokumentations- und Informationsstellen („Infopoints", Europäische Dokumentationszentren, usw.) zu verweisen. Viele Dokumente sind auch elektronisch verfügbar. Der Zugang zu Dokumenten der Kommission wird durch einschlägige Bestimmungen geregelt.

Schriftverkehr

Gemäß Artikel 21 EG-Vertrag sind Schreiben an die Kommission in der Sprache zu beantworten, in der sie verfasst wurden, sofern es sich um eine Amtssprache der Gemeinschaft handelt.

Die Antwort auf ein an die Kommission gerichtetes Schreiben ist innerhalb einer Frist von fünfzehn Arbeitstagen ab dem Tag des Eingangs bei der zuständigen Dienststelle abzusenden. Im Antwortschreiben ist der Name des zuständigen Bediensteten anzugeben. Ebenfalls ist anzugeben, wie dieser Bedienstete erreicht werden kann.

Kann ein Schreiben nicht innerhalb von fünfzehn Arbeitstagen beantwortet werden, so gibt der Bedienstete in einem vorläufigen Schreiben einen Zeitpunkt an, an dem mit einer Antwort zu rechnen ist; dies gilt auch für alle Fälle, in denen eine Kontaktaufnahme mit anderen Dienststellen erforderlich ist oder Übersetzungen vorzunehmen sind. Der Zeitpunkt für die endgültige Beantwortung bestimmt sich nach der relativen Dringlichkeit der Anfrage und der Komplexität der Materie. Erfolgt die Beantwortung durch eine andere als die ursprünglich als Adressat bezeichnete Dienststelle, sind der Name und die Büroadresse des Bediensteten, an den die Anfrage weitergeleitet wurde, anzugeben. Diese Bestimmungen gelten nicht bei Missbrauch, d. h. wenn immer wieder gleichlautende Schreiben mit beleidigendem Inhalt bzw. Äußerungen ohne erkennbaren Sinn und Zweck eingehen. In diesen Fällen behält sich die Kommission somit das Recht vor, den Schriftwechsel einzustellen.

Telefon

Bei der Annahme eines Telefongesprächs hat sich der Bedienstete mit seinem Namen oder der Angabe seiner Dienststelle zu melden. Rückrufe sind so rasch wie möglich vorzunehmen.

Auskunftsersuchen zu Fragen, die seinen unmittelbaren Zuständigkeitsbereich betreffen, beantwortet der Bedienstete selbst; ansonsten sollte er den Gesprächspartner an die zuständige Stelle verweisen. Falls erforderlich, verweist der Bedienstete seinen Gesprächspartner an seinen Vorgesetzten oder nimmt mit diesem Rücksprache, bevor er das Auskunftsersuchen beantwortet.

Fällt eine Anfrage in den unmittelbaren Zuständigkeitsbereich des Bediensteten, so holt er Auskünfte über die Person des Informationssuchenden ein und prüft vor der Weitergabe der Information, ob sie der Öffentlichkeit bereits zugänglich gemacht wurde. Wenn nicht, so kann der Bedienstete davon ausgehen, dass die Information im Interesse der Gemeinschaft nicht verbreitet werden darf. In diesen Fällen sollte er die Gründe hierfür erläutern und gegebenenfalls auf die ihm nach Artikel 17 des Beamtenstatuts auferlegte Schweigepflicht verweisen.

Der Bedienstete ersucht den Informationssuchenden gegebenenfalls, die telefonische Anfrage schriftlich zu bestätigen.

Elektronische Post

Der Bedienstete beantwortet elektronische Post unverzüglich unter Berücksichtigung der Leitlinien für Telefongespräche.

Sollte eine Anfrage durch elektronische Post aufgrund ihrer Komplexität einer schriftlichen Anfrage gleichzusetzen sein, so gelten jedoch die Leitlinien für den Schriftverkehr einschließlich der entsprechenden Fristen.

Anfragen der Medien

Der Presse- und Informationsdienst ist für die Beziehungen zu den Medien zuständig. Die Beantwortung fachspezifischer Fragen der Medien zu seinem eigenen Zuständigkeitsbereich kann jedoch der Bedienstete übernehmen.

5. **SCHUTZ PERSÖNLICHER DATEN UND GEHEIMER INFORMATIONEN**

Die Kommission und ihre Bediensteten beachten insbesondere:

– die Vorschriften über den Schutz der Privatsphäre und personenbezogener Daten;
– die Verpflichtungen gemäß Artikel 287 EG-Vertrag, insbesondere diejenige betreffend das Berufsgeheimnis;
– die Geheimhaltungsvorschriften im Zusammenhang mit strafrechtlichen Untersuchungen;
– die Geheimhaltungspflicht in Angelegenheiten, die im Rahmen der in Artikel 9 und der Anhänge II und III zum Statut vorgesehenen verschiedenen Ausschüsse behandelt werden.

6. **BESCHWERDEN**

Europäische Kommission

Verstößt ein Bediensteter gegen die in diesem Kodex festgeschriebenen Verhaltensregeln, kann beim Generalsekretariat[1] der Europäischen Kommission Beschwerde dagegen eingelegt werden.

Der Generaldirektor bzw. der Leiter der Dienststelle unterrichtet den Beschwerdeführer binnen zwei Monaten schriftlich darüber, welche Maßnahmen zur weiteren Behandlung der Beschwerde getroffen wurden. Der Beschwerdeführer kann sich daraufhin binnen eines Monats an den Generalsekretär der Europäischen Kommission wenden und ihn bitten, das Ergebnis des Beschwerdeverfahrens zu überprüfen. Der Generalsekretär beantwortet dieses Überprüfungsersuchen innerhalb eines Monats.

Europäischer Bürgerbeauftragter

Beschwerden können nach Artikel 195 EG-Vertrag und dem Statut des Europäischen Bürgerbeauftragten auch an letzteren gerichtet werden.

SICHERHEITSVORSCHRIFTEN DER KOMMISSION

In Erwägung nachstehender Gründe:

(1) Für die Ausweitung der Tätigkeiten der Kommission in Bereichen, die ein bestimmtes Maß an Geheimhaltung erfordern, sollte ein umfassendes Sicherheitssystem geschaffen werden, das die Kommission, die anderen Organe, Einrichtungen, Ämter und Agenturen, die durch den EG-Vertrag oder den Vertrag über die Europäische Union oder auf deren Grundlage geschaffen wurden, die Mitgliedstaaten sowie jeden anderen Empfänger von EU-Verschlusssachen, hiernach „EU-Verschlusssachen" genannt, einbezieht.

[1] Postanschrift: Generalsekretariat der Europäischen Kommission, Referat SG/B/2 „Transparenz, Zugang zu Dokumenten und Beziehungen zur Zivilgesellschaft", Rue de la Loi/Wetstraat 200, B-1049 Brüssel (Fax: (32-2)-296 72 42). *Elektronische Adresse:* SG-Code-de-bonne-conduite@cec.eu.int.

(2) Um die Effizienz des durch diese Vorschriften geschaffenen Sicherheitssystems zu gewährleisten, gibt die Kommission EU-Verschlusssachen nur an die externen Einrichtungen weiter, die garantieren, alle erforderlichen Maßnahmen getroffen zu haben, um Bestimmungen einzuhalten, die diesen Vorschriften absolut gleichwertig sind.

(3) Diese Vorschriften lassen die Verordnung Euratom Nr. 3 des EAG-Rates vom 31. Juli 1958 zur Anwendung des Artikels 24 des EAG-Vertrags[1)], die Verordnung des Rates Nr. 1588/90 vom 11. Juni 1990 über die Übermittlung von unter die Geheimhaltungspflicht fallenden Informationen an das Statistische Amt der Europäischen Gemeinschaften[2)] und den Beschluss C (95) 1510 endg. der Kommission vom 23. November 1995 über den Schutz der Informationssysteme unberührt.

(4) Um einen reibungslosen Ablauf des Beschlussfassungsprozesses in der Union sicherzustellen, beruht das Sicherheitssystem der Kommission auf den Grundsätzen, die der Rat in seinem Beschluss 2001/264/EG vom 19. März 2001 über die Annahme der Sicherheitsvorschriften des Rates[3)] ausgeführt hat.

(5) Die Kommission weist darauf hin, dass es wichtig ist, gegebenenfalls die anderen Organe der Europäischen Union an den Geheimhaltungsregeln und -normen, die zum Schutz der Interessen der Union und ihrer Mitgliedstaaten erforderlich sind, zu beteiligen.

(6) Die Kommission stellt fest, dass sie ein eigenes Sicherheitskonzept einführen muss, das allen Aspekten der Sicherheit und dem spezifischen Charakter der Kommission als Organ Rechnung trägt.

(7) Diese Vorschriften lassen Artikel 255 des Vertrags und die Verordnung (EG) Nr. 1049/2001 des Europäischen Parlaments und des Rates vom 30. Mai 2001 über den Zugang der Öffentlichkeit zu Dokumenten des Europäischen Parlaments, des Rates und der Kommission[4)] unberührt.

Artikel 1. Die Sicherheitsvorschriften sind im Anhang aufgeführt.

Artikel 2. (1) Das für Sicherheitsfragen zuständige Kommissionsmitglied trifft geeignete Maßnahmen, um dafür zu sorgen, dass die Bestimmungen nach Artikel 1 beim Umgang mit EU-Verschlusssachen in der Kommission von deren Beamten und sonstigen Bediensteten und von an die Kommission abgeordnetem Personal eingehalten werden und ihre Einhaltung an allen Dienstorten der Kommission einschließlich der-Vertretungen und Büros in der Europäischen Union und in den Delegationen in Drittländern sowie von Seiten externer Vertragspartner der Kommission gesichert ist.

Beinhaltet ein Vertrag oder eine Finanzhilfevereinbarung zwischen der Kommission und einem externen Auftragnehmer oder Begünstigten die Verarbeitung von EU-Verschlusssachen in den Räumlichkeiten des Auftragnehmers oder Begünstigten, so sind die vom externen Auftragnehmer oder Begünstigten zu ergreifenden angemessenen Maßnahmen, mit denen gewährleistet wird, dass die in Artikel 1 genannten Vorschriften bei der Verarbeitung von EU-Verschlusssachen eingehalten werden, fester Bestandteil des Vertrags oder der Finanzhilfevereinbarung.

(2) Die Mitgliedstaaten sowie andere durch die Verträge oder auf deren Grundlage eingerichtete Organe, Einrichtungen, Ämter und Agenturen erhalten EU-Verschlusssachen unter der Voraussetzung, dass sie beim Umgang mit EU-Verschlusssachen in ihren Dienststellen und Gebäuden für die Einhaltung von Bestimmungen sorgen, die den Bestimmungen nach Artikel 1 absolut gleichwertig sind. Das gilt insbesondere für

a) die Mitglieder der Ständigen Vertretungen der Mitgliedstaaten bei der Europäischen Union sowie die Mitglieder der nationalen Delegationen, die an Sitzungen der Kommission oder ihrer Gremien teilnehmen bzw. in sonstige Tätigkeiten der Kommission einbezogen sind;

b) sonstige Mitglieder der nationalen Verwaltungen der Mitgliedstaaten, die mit EU-Verschlusssachen zu tun haben, unabhängig davon, ob sie im Hoheitsgebiet der Mitgliedstaaten oder außerhalb Dienst tun;

c) externe Vertragspartner und abgeordnetes Personal, die mit EU-Verschlusssachen zu tun haben.

Artikel 3. Drittländer, internationale Organisationen und andere Einrichtungen erhalten EU-Verschlusssachen unter der Voraussetzung, dass sie beim Umgang damit für die Einhaltung von Bestimmungen sorgen, die den Bestimmungen nach Artikel 1 absolut gleichwertig sind.

Artikel 4. Das für Sicherheitsfragen zuständige Mitglied der Kommission kann unter Beachtung der in Teil I des Anhangs enthaltenen Grundprinzipien und Mindeststandards für die Sicherheit Maßnahmen nach Teil II des Anhangs treffen.

[1)] ABl. 17 vom 6.10.1958, S. 406.
[2)] ABl. L 151 vom 15.6.1990, S. 1.
[3)] ABl. L 101 vom11.4.2001, S. 1.
[4)] ABl.L145 vom 31.5.2001, S. 43.

Artikel 5. Die vorliegenden Vorschriften ersetzen ab dem Tag ihrer Anwendung

a) den Beschluss C (94) 3282 vom 30. November 1994 betreffend die Schutzmaßnahmen für die als Verschlusssachen eingestuften Informationen, die im Rahmen der Tätigkeiten der Europäischen Union ausgearbeitet oder ausgetauscht werden;

b) den Beschluss C (99) 423 vom 25. Februar 1999 über das Verfahren zur Ermächtigung der Beamten und sonstigen Bediensteten der Europäischen Kommission zum Zugang zu von der Kommission verwahrten Verschlusssachen;

Artikel 6. Ab dem Tag der Anwendung dieser Vorschriften werden alle von der Kommission bis zu diesem Datum verwahrten Verschlusssachen, ausgenommen die Euratom-Verschlusssachen,

a) die von der Kommission erstellt worden sind, automatisch als „RESTREINT UE" eingestuft, sofern der Urheber nicht spätestens bis zum 31. Januar 2002 eine andere Einstufung beschließt oder die Geheimhaltung aufhebt; in diesem Fall setzt er alle Empfänger des betreffenden Dokuments in Kenntnis;

b) die von Urhebern außerhalb der Kommission erstellt worden sind, unter der ursprünglichen Einstufung weitergeführt und damit als EU-Verschlusssache der entsprechenden Stufe behandelt, sofern der Urheber nicht der Aufhebung der Geheimhaltung oder der Herabstufung der Verschlusssache zustimmt.

ANHANG II

ANHANG II

SICHERHEITSVORSCHRIFTEN DER EUROPÄISCHEN KOMMISSION*)

Inhalt

*) Gemäß Artikel 1 6. des Beschlusses der Kommission vom 31. Januar 2006 zur Änderung des Beschlusses 2001/844/EG, EGKS, Euratom zur Änderung ihrer Geschäftsordnung (ABl. 2006 L 34, 32) sind im gesamten Wortlaut der Sicherheitsvorschriften und der Anlagen zum einen „Sicherheitsbüro der Kommission" und „Sicherheitsdienst der Kommission" durch „Direktion Sicherheit der Kommission" und zum anderen „Leiter des Sicherheitsbüros der Kommission" durch „Direktor der Direktion Sicherheit der Kommission" zu ersetzen. Die übrigen Änderungen wurden im Text eingearbeitet. Weitere Einarbeitungen entsprechen den Änderungen gemäß ABl 2006 L 215, 38.

Kom | Geo | Betrugsbekämpfung | Krisenmanag | Eigenmittel: Kontrolle

(*Hinweis:* Text nicht abgedruckt)

ANLAGE 1: **VERGLEICHSTABELLE DER NATIONALEN SICHERHEITSEINSTUFUNGEN**

ANLAGE 2: **LEITFADEN FÜR DIE EINSTUFUNGSPRAXIS**

ANLAGE 3: **LEITLINIEN FÜR DIE WEITERGABE VON EU-VERSCHLUSSSACHEN AN DRITTSTAATEN ODER INTERNATIONALE ORGANISATIONEN: KOOPERATIONSSTUFE 1**

ANLAGE 4: **LEITLINIEN FÜR DIE WEITERGABE VON EU-VERSCHLUSSSACHEN AN DRITTSTAATEN ODER INTERNATIONALE ORGANISATIONEN: KOOPERATIONSSTUFE 2**

ANLAGE 5: **LEITLINIEN FÜR DIE WEITERGABE VON EU-VERSCHLUSSSACHEN AN DRITTSTAATEN ODER INTERNATIONALE ORGANISATIONEN: KOOPERATIONSSTUFE 3**

ANLAGE 6: **ABKÜRZUNGSVERZEICHNIS**

TEIL I:

GRUNDPRINZIPIEN UND MINDESTSTANDARDS FÜR DIE SICHERHEIT

1.

EINLEITUNG

Die vorliegenden Bestimmungen enthalten die Grundprinzipien und Mindeststandards für die Sicherheit, die von der Kommission an sämtlichen Dienstorten sowie von allen Empfängern von EU-Verschlusssachen in angemessener Weise einzuhalten sind, damit die Sicherheit gewährleistet ist und darauf vertraut werden kann, dass ein gemeinsamer Sicherheitsstandard herrscht.

2.

ALLGEMEINE GRUNDSÄTZE

Die Sicherheitspolitik der Kommission ist Bestandteil ihres Gesamtkonzepts für das interne Management und unterliegt damit den Grundsätzen ihrer allgemeinen Politik.

Zu diesen Grundsätzen zählen Legalität, Transparenz, Rechenschaftspflicht und Subsidiarität (Verhältnismäßigkeit).

Legalität bezeichnet das Erfordernis, bei der Ausführung von Sicherheitsfunktionen voll und ganz innerhalb des rechtlichen Rahmens zu bleiben und die Rechtsvorschriften einzuhalten. Es bedeutet auch, dass die Verantwortlichkeiten im Sicherheitsbereich auf angemessenen Rechtsvorschriften beruhen müssen. Das Beamtenstatut ist voll und ganz anwendbar, insbesondere Artikel 17 betreffend die Verpflichtung des Personals, in Bezug auf Informationen der Kommission Stillschweigen zu bewahren sowie Titel VI über Disziplinarmaßnahmen. Des weiteren bedeutet dieser Grundsatz, dass im Verantwortungsbereich der Kommission liegende Sicherheitsverstöße im Einklang mit ihrem Konzept für Disziplinarmaßnahmen und ihrem Konzept für die Zusammenarbeit mit den Mitgliedstaaten im Bereich des Strafrechts behandelt werden müssen.

Transparenz bezeichnet das Erfordernis der Klarheit in Bezug auf alle Sicherheitsvorschriften und -bestimmungen für die einzelnen Dienste und Bereiche (materielle Sicherheit/Schutz von Verschlusssachen usw.) und die Notwendigkeit eines in sich schlüssigen und strukturierten Konzepts für das Sicherheitsbewusstsein. In diesem Zusammenhang sind auch klare schriftliche Leitlinien für die Durchführung von Sicherheitsmaßnahmen erforderlich.

Rechenschaftspflicht bedeutet, dass die Verantwortlichkeiten im Sicherheitsbereich eindeutig festgelegt werden. Des weiteren fällt unter diesen Begriff die Notwendigkeit, in regelmäßigen Abständen festzustellen, ob die Verantwortlichkeiten ordnungsgemäß wahrgenommen worden sind.

Subsidiarität oder Verhältnismäßigkeit bedeutet, dass die Sicherheit auf der niedrigstmöglichen Ebene und möglichst nahe bei den einzelnen Generaldirektionen und Diensten der Kommission organisiert wird. Dieser Grundsatz bedeutet auch, dass Sicherheitsmaßnahmen auf die Bereiche beschränkt werden, in denen sie wirklich erforderlich sind. Schließlich müssen Sicherheitsmaßnahmen auch im richtigen Verhältnis zu den zu schützenden Interessen und zu der tatsächlichen oder potenziellen Bedrohung dieser Interessen stehen und einen Schutz ermöglichen, der zu möglichst geringen Beeinträchtigungen führt.

3.

GRUNDLAGEN FÜR DIE SICHERHEIT

Die Grundlagen für die Schaffung einer soliden Sicherheitslage sind

a) in jedem Mitgliedstaat eine nationale Sicherheitsorganisation, die dafür zuständig ist,

1. Erkenntnisse über Spionage, Sabotage, Terrorismus und andere subversive Tätigkeiten zu sammeln und zu speichern sowie

2. ihre jeweilige Regierung und – über sie – die Kommission über Art und Umfang von Bedro-

hungen der Sicherheit und entsprechende Schutzmaßnahmen zu informieren und zu beraten;

b) in jedem Mitgliedstaat und in der Kommission eine technische INFOSEC-Stelle, die dafür zuständig ist, in Zusammenarbeit mit der betreffenden Sicherheitsbehörde Informationen und Beratung über technische Bedrohungen der Sicherheit und entsprechende Schutzmaßnahmen zu liefern;

c) eine regelmäßige Zusammenarbeit von Regierungsstellen und den entsprechenden Dienststellen der europäischen Organe, um erforderlichenfalls

1. die schutzbedürftigen Personen, Informationen und Ressourcen sowie

2. gemeinsame Schutzstandards

zu bestimmen und entsprechende Empfehlungen abzugeben.

d) eine enge Zusammenarbeit zwischen dem Sicherheitsbüro der Kommission und den Sicherheitsdiensten der anderen europäischen Organe sowie dem Sicherheitsbüro der NATO (NOS).

4.
GRUNDSÄTZE FÜR DIE SICHERHEIT VON VERSCHLUSSSACHEN

4.1.
Ziele

Die Hauptziele im Bereich der Sicherheit von Verschlusssachen sind:

a) Schutz von EU-Verschlusssachen vor Spionage, Kenntnisnahme durch Unbefugte oder unerlaubter Weitergabe;

b) Schutz von EU-Informationen, die in Kommunikations- und Informationssystemen und -netzen behandelt werden, vor der Gefährdung ihrer Vertraulichkeit, Integrität und Verfügbarkeit;

c) Schutz von Gebäuden der Kommission, in denen EU-Informationen aufbewahrt werden, vor Sabotage und vorsätzlicher Beschädigung;

d) im Falle eines Versagens der Sicherheitsvorkehrungen Bewertung des entstandenen Schadens, Begrenzung seiner Folgen und Durchführung der erforderlichen Maßnahmen zu seiner Behebung.

4.2.
Begriffsbestimmungen

In diesen Vorschriften bedeutet

a) „EU-Verschlusssache". Alle Informationen und Materialien, deren unerlaubte Weitergabe den Interessen der EU oder eines oder mehrerer ihrer Mitgliedstaaten in unterschiedlichem Maße Schaden zufügen könnte, unabhängig davon, ob es sich um ursprüngliche EU-Verschlusssachen handelt oder um Verschlusssachen, die von Mitgliedstaaten, Drittländern oder internationalen Organisationen stammen.

b) „Dokument". Jede Form von Schreiben, Aufzeichnung, Protokoll, Bericht, Memorandum, Signal/Botschaft, Skizze, Photo, Dia, Film, Karte, Schaubild, Plan, Notizbuch, Matrize, Kohlepapier, Schreibmaschinen- oder Druckerfarbband, Magnetband, Kassette, Computer-Diskette, CD-ROM oder anderer materieller Träger, auf denen Informationen gespeichert sind.

c) „Material". Dasselbe wie „Dokument" gemäß der Definition unter Buchstabe b) sowie jeder Ausrüstungsgegenstand, der bereits hergestellt oder noch in Herstellung befindlich ist.

d) „Kenntnis notwendig". Der Beamte oder Bedienstete muss Zugang zu EU-Verschlusssachen haben, um eine Funktion auszuüben oder eine Aufgabe zu erledigen.

e) „Zugangsermächtigung". Eine Verfügung des Direktors der Direktion Sicherheit der Kommission, einer Person Zugang zu EU-Verschlusssachen bis zu einem bestimmten Geheimhaltungsgrad zu gewähren auf der Grundlage einer von einer nationalen Sicherheitsbehörde nach einzelstaatlichem Recht durchgeführten Sicherheitsüberprüfung, die zu einem positiven Ergebnis geführt hat.

f) „Geheimhaltungsgrad". Zuerkennung einer geeigneten Sicherheitsstufe für Informationen, deren unerlaubte Weitergabe die Interessen der Kommission oder der Mitgliedstaaten in gewissem Maße beeinträchtigen könnte.

g) „Herabstufung". Einstufung in einen niedrigeren Geheimhaltungsgrad.

h) „Aufhebung des Geheimhaltungsgrades". Löschung jeder Geheimhaltungskennzeichnung.

i) „Urheber". Ordnungsgemäß ermächtigter Verfasser eines als Verschlusssache eingestuften Dokuments. In der Kommission können die Leiter von Dienststellen ihr Personal ermächtigen, EU-Verschlusssachen zu erstellen.

j) „Kommissionsdienststellen". Dienststellen und Dienste der Kommission, einschließlich der Kabinette, an allen Dienstorten, eingeschlossen die Gemeinsame Forschungsstelle, die Vertretungen und Büros in der Europäischen Union und die Delegationen in Drittländern.

4.3.
Einstufung in Geheimhaltungsgrade

a) Im Bereich der Geheimhaltung muss bei der Auswahl der schutzbedürftigen Informationen und Materialien und bei der Bewertung des Ausmaßes des erforderlichen Schutzes mit Sorgfalt vorgegangen und auf Erfahrungen zurückgegriffen werden. Es ist von entscheidender Bedeutung, dass das Ausmaß des Schutzes der Sicherheitsrelevanz der zu schützenden Informationen und Materialien entspricht. Im Interesse eines reibungslosen Informationsflusses muss dafür gesorgt werden, dass eine zu hohe oder zu niedrige Einstufung von Verschlusssachen vermieden wird.

b) Das Einstufungssystem ist das Instrument, mit dem diesen Grundsätzen Wirkung verliehen wird; ein entsprechendes Einstufungssystem sollte bei der Planung und Organisierung von Maßnahmen zur Bekämpfung von Spionage, Sabotage, Terrorismus und anderen Arten der Bedrohung angewandt werden, so dass die wichtigsten Gebäude, in denen Verschlusssachen aufbewahrt werden, und die sensibelsten Punkte innerhalb dieser Gebäude auch den größten Schutz erhalten.

c) Die Verantwortung für die Festlegung des Geheimhaltungsgrades einer Information liegt allein bei deren Urheber.

d) Der Geheimhaltungsgrad hängt allein vom Inhalt dieser Information ab.

e) Sind verschiedene Informationen zu einem Ganzen zusammengestellt, gilt als Geheimhaltungsgrad für das gesamte Dokument der Geheimhaltungsgrad des am höchsten eingestuften Bestandteils. Eine Zusammenstellung von Informationen kann indessen höher eingestuft werden als ihre einzelnen Bestandteile.

f) Eine Einstufung als Verschlusssache erfolgt nur dann, wenn dies erforderlich ist und so lange dieses Erfordernis besteht.

4.4.
Ziele von Sicherheitsmaßnahmen

Die Sicherheitsmaßnahmen sollen

a) alle Personen, die Zugang zu Verschlusssachen haben, die Träger von Verschlusssachen und alle Gebäude umfassen, in denen sich derartige Verschlusssachen und wichtige Einrichtungen befinden;

b) so ausgelegt sein, dass Personen, die aufgrund ihrer Stellung die Sicherheit von Verschlusssachen und wichtigen Einrichtungen, in denen Verschlusssachen aufbewahrt werden, gefährden könnten, erkannt und vom Zugang ausgeschlossen oder fern gehalten werden;

c) verhindern, dass unbefugte Personen Zugang zu Verschlusssachen oder zu Einrichtungen, in denen Verschlusssachen aufbewahrt werden, erhalten;

d) dafür sorgen, dass Verschlusssachen nur unter Beachtung des für alle Aspekte der Sicherheit grundlegenden Prinzips der Kenntnis nur wenn dies auch nötig ist verbreitet werden;

e) die Integrität (d. h. Verhinderung von Verfälschungen, unbefugten Änderungen oder unbefugten Löschungen) und die Verfügbarkeit (d. h. keine Verweigerung des Zugangs für Personen, die ihn benötigen und dazu befugt sind) aller Informationen, ob sie als Verschlusssachen eingestuft sind oder nicht, und insbesondere der in elektromagnetischer Form gespeicherten, verarbeiteten oder übermittelten Informationen, gewährleisten.

5.
ORGANISATION DER SICHERHEIT

5.1.
Gemeinsame Mindeststandards

Die Kommission sorgt dafür, dass gemeinsame Mindeststandards für die Sicherheit von allen Empfängern von EU-Verschlusssachen innerhalb des Organs und in seinem Zuständigkeitsbereich eingehalten werden, u. a. von allen Dienststellen und Vertragspartnern, so dass bei der Weitergabe von EU-Verschlusssachen darauf vertraut werden kann, dass diese mit derselben Sorgfalt behandelt werden. Zu diesen Mindeststandards gehören Kriterien für die Sicherheitsüberprüfung des Personals und Verfahren zum Schutz von EU-Verschlusssachen.

Die Kommission gewährt externen Stellen nur dann Zugang zu EU-Verschlusssachen, wenn diese gewährleisten, dass für den Umgang damit Bestimmungen eingehalten werden, die wenigstens diesen Mindeststandards entsprechen.

Solche Mindestnormen gelten auch, wenn die Kommission industrielle oder andere Stellen vertraglich oder durch eine Finanzhilfevereinbarung mit Aufgaben betraut, bei denen EU-Verschlusssachen herangezogen werden, gebraucht werden und/oder mit eingeschlossen sind. Diese gemeinsamen Mindestnormen sind in Teil II Abschnitt 27 enthalten.

5.2.
Organisation

In der Kommission ist die Sicherheit auf zwei Ebenen organisiert:

a) Auf der Ebene der Kommission als Ganzes gibt es ein Sicherheitsbüro der Kommission mit einer Akkreditierungsstelle für Sicherheit, die auch als Kryptographische Stelle (CrA) und als TEMPEST-Stelle fungiert sowie mit einer INFOSEC-Stelle (für Informationssicherheit) und einer oder mehreren Zentralen Registraturen für EU-Verschlusssachen, von denen jede über einen Kontrollbeauftragten oder mehrere Kontrollbeauftragte für die Registratur (RCO) verfügt.

b) Auf der Ebene der einzelnen Dienststellen sind für die Sicherheit einer oder mehrere Lokale Sicherheitsbeauftragte (LSO), einer oder mehrere Sicherheitsbeauftragte für die zentrale IT (CISO), Beauftragte für die lokale IT-Sicherheit (LISO) und Lokale Registraturen für EU-Verschlusssachen mit einem oder mehreren Registraturkontrollbeauftragten zuständig.

c) Die zentralen Sicherheitsstellen geben den lokalen Sicherheitsstellen praktische Leitlinien an die Hand.

6.

SICHERHEIT DES PERSONALS

6.1.

Sicherheitsüberprüfung

Alle Personen, die Zugang zu Informationen erhalten wollen, die als „CONFIDENTIEL UE" oder höher eingestuft sind, werden einer Sicherheitsüberprüfung unterzogen, bevor sie eine Zugangsermächtigung erhalten. Eine entsprechende Sicherheitsüberprüfung wird auch im Falle von Personen vorgenommen, zu deren Aufgaben der technische Betrieb oder die Wartung von Kommunikations- und Informationssystemen gehört, die Verschlusssachen enthalten. Bei der Sicherheitsüberprüfung soll festgestellt werden, ob die genannten Personen

a) von unzweifelhafter Loyalität sind;

b) die charakterlichen Merkmale und die Diskretionsfähigkeit besitzen, die ihre Integrität beim Umgang mit Verschlusssachen außer Zweifel stellt;

c) eventuell aus dem Ausland oder von anderer Seite her leicht unter Druck gesetzt werden können. Besonders gründlich ist die Sicherheitsüberprüfung bei Personen vorzunehmen, die

d) Zugang zu Informationen des Geheimhaltungsgrades „TRES SECRET UE/EU TOP SECRET" erhalten sollen;

e) Stellen bekleiden, bei denen sie regelmäßig mit einer beträchtlichen Menge an Informationen des Geheimhaltungsgrades „SECRET UE" zu tun haben;

f) aufgrund ihres Aufgabenbereichs besonderen Zugang zu gesicherten Kommunikationsoder Informationssystemen und somit Gelegenheit haben, sich unbefugt Zugang zu einer größeren Menge von EU-Verschlusssachen zu verschaffen oder in dem betreffenden Aufgabenbereich durch technische Sabotageakte schweren Schaden zu verursachen.

In den unter den Buchstaben d), e) und f) genannten Fällen soll soweit als nur möglich auf die Methode der Umfeldermittlung zurückgegriffen werden.

Werden Personen, für die die Notwendigkeit einer Kenntnis von Verschlusssachen nicht klar erwiesen ist, unter Umständen beschäftigt, unter denen sie Zugang zu EU-Verschlusssachen erhalten könnten (z. B. Boten, Sicherheitsbedienstete, Wartungs- und Reinigungspersonal usw.), so sind sie zuerst einer Sicherheitsüberprüfung zu unterziehen.

6.2.

Verzeichnis der Zugangsermächtigungen

Alle Kommissionsdienststellen, die mit EU-Verschlusssachen zu tun haben oder gesicherte Kommunikations- oder Informationssysteme verwalten, führen ein Verzeichnis der Zugangsermächtigungen des bei ihnen arbeitenden Personals. Jede Zugangsermächtigung ist erforderlichenfalls zu überprüfen, um sicherzustellen, dass sie der derzeitigen Tätigkeit der betreffenden Person entspricht; sie ist vorrangig zu überprüfen, wenn neue Informationen eingehen, denen zufolge eine weitere Beschäftigung dieser Person mit Verschlusssachen nicht länger mit den

Sicherheitsinteressen vereinbar ist. Der Lokale Sicherheitsbeauftragte der Kommissionsdienststelle führt ein Verzeichnis der Zugangsermächtigungen in seinem Zuständigkeitsbereich.

6.3.

Sicherheitsanweisungen für das Personal

Alle Angehörigen des Personals, die Stellen bekleiden, an denen sie Zugang zu Verschlusssachen erhalten könnten, sind bei Aufnahme ihrer Tätigkeit und danach in regelmäßigen Abständen eingehend über die Notwendigkeit von Sicherheitsbestimmungen und über die Verfahren zu ihrer Durchführung zu unterrichten. Von diesen Mitarbeiterinnen und Mitarbeitern ist eine schriftliche Bestätigung zu verlangen, dass sie die vorliegenden Sicherheitsbestimmungen gelesen haben und in vollem Umfang verstehen.

6.4.
Verantwortung der Führungskräfte

Führungskräfte haben die Pflicht, sich Kenntnis darüber zu verschaffen, welche ihrer Mitarbeiter mit Verschlusssachen zu tun haben oder über einen Zugang zu gesicherten Kommunikations- oder Informationssystemen verfügen, sowie alle Vorfälle oder offensichtlichen Schwachpunkte, die sicherheitsrelevant sein könnten, festzuhalten und zu melden.

6.5.
Sicherheitsstatus des Personals

Es sind Verfahren vorzusehen, um dafür zu sorgen, dass bei Bekanntwerden nachteiliger Informationen über eine Person festgestellt wird, ob diese Person mit Verschlusssachen zu tun hat oder über einen Zugang zu gesicherten Kommunikations- oder Informationssystemen verfügt, und das Sicherheitsbüro der Kommission in Kenntnis zu setzen. Ist klar erwiesen, dass die fragliche Person ein Sicherheitsrisiko darstellt, ist sie von Aufgaben, bei denen sie die Sicherheit gefährden könnte, auszuschließen oder fern zu halten.

7.
MATERIELLE SICHERHEIT

7.1.
Schutzbedarf

Das Ausmaß der anzuwendenden Maßnahmen des materiellen Geheimschutzes zur Gewährleistung des Schutzes von EU-Verschlusssachen muss in angemessenem Verhältnis zum Geheimhaltungsgrad, zum Umfang und zur Bedrohung der entsprechenden Informationen und Materialien stehen. Alle Personen, die EU-Verschlusssachen verwahren, haben einheitliche Praktiken bei der Einstufung der Informationen anzuwenden und gemeinsame Schutzstandards für die Verwahrung, Übermittlung und Vernichtung schutzbedürftiger Informationen und Materialien zu beachten.

7.2.
Kontrolle

Personen, die Bereiche, in denen sich ihnen anvertraute EU-Verschlusssachen befinden, unbeaufsichtigt lassen, müssen dafür sorgen, dass die Verschlusssachen sicher aufbewahrt und alle Sicherungsvorkehrungen (Schlösser, Alarm usw.) aktiviert worden sind. Weitere hiervon unabhängige Kontrollen sind nach den Dienststunden durchzuführen.

7.3.
Gebäudesicherheit

Gebäude, in denen sich EU-Verschlusssachen oder gesicherte Kommunikations- und Informationssysteme befinden, sind gegen unerlaubten Zutritt zu schützen. Die Art der Schutzmaßnahmen für EU-Verschlusssachen (z. B. Vergitterung von Fenstern, Schlösser an Türen, Wachen am Eingang, automatische Zugangskontrollsysteme, Sicherheitskontrollen und Rundgänge, Alarmsysteme, Einbruchmeldesysteme undWachhunde) hängt von folgenden Faktoren ab:

a) Geheimhaltungsgrad und Umfang der zu schützenden Informationen und Materialien sowie Ort ihrer Unterbringung im Gebäude;

b) Qualität der Sicherheitsbehältnisse, in denen sich die Informationsträger und Materialien befinden, und

c) Beschaffenheit und Lage des Gebäudes.

Die Art der Schutzmaßnahmen für Kommunikations- und Informationssysteme hängt in ähnlicher Weise von folgenden Faktoren ab: Einschätzung des Wertes der betreffenden Objekte und der Höhe des im Falle einer Kenntnisnahme durch Unbefugte eventuell entstehenden Schadens; Beschaffenheit und Lage des Gebäudes, in dem das System untergebracht ist sowie Ort der Unterbringung im Gebäude.

7.4.
Notfallpläne

Es sind detaillierte Pläne auszuarbeiten, um im Falle eines örtlichen oder nationalen Notstands auf den Schutz vonVerschlusssachen vorbereitet zu sein.

8.
INFORMATIONSSICHERHEIT

Informationssicherheit (INFOSEC) betrifft die Festlegung und Anwendung von Sicherheitsmaßnahmen, mit denen in Kommunikations-, Informations- und sonstigen elektronischen Systemen bearbeitete, gespeicherte oder übermittelte Verschlusssachen davor geschützt werden sollen, versehentlich oder absichtlich in die Hände von Unbefugten zu gelangen bzw. ihre Integrität oder -Verfügbarkeit zu verlieren. Es sind geeignete Gegenmaßnahmen zu ergreifen, um zu verhindern, dass unbefugte Nutzer Zugang zu EU-Verschlusssachen erhalten, befugten Nutzern der Zugang zu EU-Verschlusssachen verweigert wird oder es zu einer Verfälschung, unbefugten Änderung oder Löschung von EU-Verschlusssachen kommt.

9.

MASSNAHMEN GEGEN SABOTAGE UND ANDERE FORMEN VORSÄTZLICHER BESCHÄDIGUNG

Vorsichtsmaßnahmen im Bereich des Objektschutzes zum Schutz wichtiger Einrichtungen, in denen Verschlusssachen untergebracht sind, sind die besten Sicherheitsgarantien gegen Sabotage und vorsätzliche Beschädigungen; eine Sicherheitsüberprüfung des Personals allein ist kein wirklicher Ersatz. Die zuständige einzelstaatliche Stelle wird gebeten, Erkenntnisse über Spionage, Sabotage, Terrorismus und andere subversive Tätigkeiten zusammenzutragen.

10.

WEITERGABE VON VERSCHLUSSSACHEN AN DRITTSTAATEN ODER INTERNATIONALE ORGANISATIONEN

Der Beschluss, von der Kommission stammende EU-Verschlusssachen an einen Drittstaat oder eine internationale Organisation weiterzugeben, wird von der als Kollegium handelnden Kommission gefasst. Stammen die Verschlusssachen, um deren Weitergabe ersucht wird, nicht von der Kommission, so hat diese zunächst die Zustimmung des Urhebers der Verschlusssachen einzuholen. Kann dieser Urheber nicht ermittelt werden, so trifft die Kommission an seiner Stelle die Entscheidung.

Erhält die Kommission Verschlusssachen von Drittstaaten, internationalen Organisationen oder sonstigen Dritten, so werden sie in einer ihrem Geheimhaltungsgrad angemessenen Weise nach Maßgabe der für EU-Verschlusssachen geltenden Standards dieser Vorschriften oder aber höherer Standards, falls diese von der die Verschlusssachen weitergebenden dritten Seite gefordert werden, geschützt. Gegenseitige Kontrollen können vereinbart werden.

Die vorstehend dargelegten Grundprinzipien werden gemäß den detaillierten Vorschriften des Teils II Abschnitt 26 und der Anhänge 3, 4 und 5 verwirklicht.

TEIL II:
DIE ORGANISATION DER SICHERHEIT IN DER KOMMISSION

11.

DAS FÜR SICHERHEITSFRAGEN ZUSTÄNDIGE MITGLIED DER KOMMISSION

Das für Sicherheitsfragen zuständige Mitglied der Kommission

a) führt das Sicherheitskonzept der Kommission durch;

b) befasst sich mit Sicherheitsproblemen, die die Kommission oder ihre zuständigen Gremien ihm vorlegen;

c) prüft in enger Abstimmung mit den nationalen Sicherheitsbehörden (oder sonstigen geeigneten Behörden) der Mitgliedstaaten Fragen, die eine Änderung des Sicherheitskonzepts der Kommission erforderlich machen.

Das für Sicherheitsfragen zuständige Mitglied der Kommission ist insbesondere für Folgendes zuständig:

a) es koordiniert alle die Tätigkeiten der Kommission betreffenden Sicherheitsfragen;

b) es richtet an die hierfür benannten Behörden der Mitgliedstaaten Anträge auf Sicherheitsüberprüfung in der Kommission beschäftigter Personen durch die jeweilige nationale Sicherheitsbehörde im Einklang mit Abschnitt 20;

c) es ermittelt oder ordnet Ermittlungen an, wenn EU-Verschlusssachen Unbefugten zur Kenntnis gelangt sind und die Ursache hierfür dem ersten Anschein nach in der Kommission zu suchen ist;

d) es ersucht die entsprechenden Sicherheitsbehörden um die Einleitung von Ermittlungen, wenn eine Kenntnisnahme von EU-Verschlusssachen durch Unbefugte außerhalb der Kommission erfolgt zu sein scheint, und koordiniert die Ermittlungen in den Fällen, in denen mehr als eine Sicherheitsbehörde beteiligt ist;

e) es überprüft regelmäßig die Sicherheitsvorkehrungen für den Schutz von EU-Verschlusssachen;

f) es unterhält enge Verbindungen zu allen betroffenen Sicherheitsbehörden, um für eine Gesamtkoordinierung der Sicherheitsmaßnahmen zu sorgen;

g) es behält ständig das Sicherheitskonzept und die Sicherheitsverfahren der Kommission im Auge und arbeitet gegebenenfalls entsprechende

Empfehlungen aus. In diesem Zusammenhang legt es der Kommission den von ihrem Sicherheitsdienst erstellten jährlichen Inspektionsplan vor.

12.
DIE BERATENDE GRUPPE FÜR DAS SICHERHEITSKONZEPT DER KOMMISSION

Es wird eine Beratende Gruppe für das Sicherheitskonzept der Kommission eingesetzt. Sie besteht aus dem für Sicherheitsfragen zuständigen Mitglied der Kommission und dessen Stellvertreter, das bzw. der denVorsitz führt, und Vertretern der nationalen Sicherheitsbehörden jedes Mitgliedstaates. Vertreter anderer europäischen Organe können ebenfalls eingeladen werden. Vertreter dezentraler EU-Einrichtungen können eingeladen werden, wenn sie betreffende Fragen erörtert werden.

Die Beratende Gruppe für das Sicherheitskonzept der Kommission tritt auf Antrag des Vorsitzenden oder eines ihrer Mitglieder zusammen. Sie prüft und bewertet alle relevanten Sicherheitsfragen und legt der Kommission gegebenenfalls Empfehlungen vor.

13.
DER SICHERHEITSRAT DER KOMMISSION

Es wird ein Sicherheitsrat der Kommission eingesetzt. Er besteht aus dem Generaldirektor für Personal und Verwaltung, der den Vorsitz führt, einem Mitglied des Kabinetts des für Sicherheitsfragen zuständigen Kommissionsmitglieds, einem Mitglied des Kabinetts des Präsidenten, dem Stellvertretenden Generalsekretär, der der Gruppe für Krisenmanagement der Kommission vorsitzt, den Generaldirektoren des Juristischen Dienstes, der Generaldirektion Außenbeziehungen, der Generaldirektion Justiz, Freiheit und Sicherheit, der Gemeinsamen Forschungsstelle, der Generaldirektion Informatik und des Internen Auditdienstes sowie dem Direktor der Direktion Sicherheit der Kommission oder deren Vertreter. Andere Kommissionsbeamte können eingeladen werden. Der Sicherheitsrat beurteilt die Sicherheitsmaßnahmen innerhalb der Kommission und legt dem für Sicherheitsfragen zuständigen Kommissionsmitglied gegebenenfalls Empfehlungen in diesem Bereich vor.

14.
DAS SICHERHEITSBÜRO DER KOMMISSION

Dem für Sicherheitsfragen zuständigen Mitglied der Kommission steht für die Wahrnehmung seiner in Abschnitt 11 genannten Aufgaben das Sicherheitsbüro der Kommission für die Koordinierung, Überwachung und Durchführung von Sicherheitsmaßnahmen zur Verfügung.

Der Leiter des Sicherheitsbüros der Kommission ist der wichtigste Berater des für Sicherheitsfragen zuständigen Mitglieds der Kommission und zugleich Sekretär der Beratenden Gruppe für das Sicherheitskonzept der Kommission. In dieser Hinsicht leitet er die Aktualisierung der Sicherheitsvorschriften und koordiniert die Sicherheitsmaßnahmen mit den zuständigen Behörden der Mitgliedstaaten und gegebenenfalls mit internationalen Organisationen, die Sicherheitsabkommen mit der Kommission geschlossen haben. Er hat hierbei die Rolle einer Verbindungsstelle.

Der Leiter des Sicherheitsbüros der Kommission ist für die Zulassung von IT-Systemen und -netzen in der Kommission zuständig. Er entscheidet im Einvernehmen mit den zuständigen nationalen Sicherheitsbehörden über die Zulassung von IT-Systemen und -netzen, die die Kommission und alle anderen Empfänger von EU-Verschlusssachen umfassen.

15.
SICHERHEITSINSPEKTIONEN

Das Sicherheitsbüro der Kommission führt regelmäßige Inspektionen der Sicherheitsvorkehrungen zum Schutz von EU-Verschlusssachen durch.

Das Sicherheitsbüro der Kommission kann sich bei der Ausführung dieser Aufgabe von den Sicherheitsdiensten anderer EU-Organe, die EU-Verschlusssachen verwahren oder von den nationalen Sicherheitsbehörden der Mitgliedstaaten unterstützen lassen[1)]

Auf Ersuchen eines Mitgliedstaates kann dessen nationale Sicherheitsbehörde in der Kommission gemeinsam mit dem Sicherheitsdienst der Kommission und in gegenseitigem Einvernehmen eine Inspektion von EU-Verschlusssachen durchführen.

[1)] Unbeschadet des Wiener Übereinkommens von 1961 über diplomatische Beziehungen und des Protokolls über die Vorrechte und Befreiungen der Europäischen Gemeinschaften vom 8. April 1965

16. GEHEIMHALTUNGSGRADE, SICHERHEITSKENNUNGEN UND KENNZEICHNUNGEN

16.1. Geheimhaltungsgrade

Verschlusssachen werden wie folgt eingestuft (siehe auch Anhang 2):

„TRES SECRET UE/EU TOP SECRET". Dieser Geheimhaltungsgrad findet nur auf Informationen und Material Anwendung, deren unbefugte Weitergabe den wesentlichen Interessen der Europäischen Union oder eines oder mehrerer ihrer Mitgliedstaaten einen äußerst schweren Schaden zufügen könnte.

„SECRET UE". Dieser Geheimhaltungsgrad findet nur auf Informationen und Material Anwendung, deren unbefugte Weitergabe den wesentlichen Interessen der Europäischen Union oder eines oder mehrerer ihrer Mitgliedstaaten schweren Schaden zufügen könnte.

„CONFIDENTIEL UE". Dieser Geheimhaltungsgrad findet auf Informationen und Material Anwendung, deren unbefugte Weitergabe den wesentlichen Interessen der Europäischen Union oder eines oder mehrerer ihrer Mitgliedstaaten schaden könnte.

„RESTREINT UE". Dieser Geheimhaltungsgrad findet auf Informationen und Material Anwendung, deren unbefugte Weitergabe für die Interessen der Europäischen Union oder eines oder mehrerer ihrer Mitgliedstaaten nachteilig sein könnte.

Andere Geheimhaltungsgrade sind nicht zulässig.

16.2. Sicherheitskennungen

Um die Geltungsdauer eines Geheimhaltungsgrades zu begrenzen (bei Verschlusssachen automatische Herabstufung oder Aufhebung des Geheimhaltungsgrades) kann einvernehmlich eine Sicherheitskennung verwendet werden, die lautet „BIS …(Uhrzeit/Datum)" oder „BIS …(Ereignis)".

Zusätzliche Kennzeichnungen wie z. B. „CRYPTO" oder eine andere von der EU anerkannte Sonderkennung werden verwendet, wenn zusätzlich zu der Behandlung, die sich durch die VS-Einstufung ergibt, eine begrenzte Verteilung und eine besondere Abwicklung erforderlich sind.

Sicherheitskennungen sind nur in Verbindung mit einem Geheimhaltungsgrad zu verwenden.

16.3. Kennzeichnungen

Kennzeichnungen können benutzt werden, um den von einem Dokument abgedeckten Bereich, eine besondere Verteilung gemäß dem Grundsatz Kenntnis notwendig" oder (bei Dokumenten, die nicht als Verschlusssache eingestuft sind) den Ablauf eines Sperrvermerks anzugeben.
„

Eine Kennzeichnung ist keine Einstufung und darf nicht anstelle einer solchen verwendet werden.

Die Kennzeichnung „ESVP" ist auf Dokumenten und Kopien von Dokumenten anzubringen, die die Sicherheit und Verteidigung der Union oder eines oder mehrerer ihrer Mitgliedstaaten, oder die militärische oder nichtmilitärische Krisenbewältigung betreffen.

16.4. Anbringung des Hinweises auf den Geheimhaltungsgrad

Der Hinweis auf den Geheimhaltungsgrad wird wie folgt angebracht:

a) bei Dokumenten, die als „RESTREINT UE" eingestuft werden, mit mechanischen oder elektronischen Mitteln;

b) bei Dokumenten, die als „CONFIDENTIEL UE" eingestuft werden, mit mechanischen Mitteln, von Hand oder durch Druck auf vorgestempeltem, registriertem Papier;

c) auf Dokumenten, die als „SECRET UE" oder „TRES SECRET UE/EU TOP SECRET" eingestuft werden, mit mechanischen Mitteln oder von Hand.

16.5. Anbringen von Sicherheitskennungen

Sicherheitskennungen werden unmittelbar unter dem Hinweis auf den Geheimhaltungsgrad angebracht; dabei sind die selben Mittel zu verwenden wie bei der Anbringung des Hinweises auf den Geheimhaltungsgrad.

17.
REGELN FÜR DIE EINSTUFUNG ALS VERSCHLUSSSACHE

17.1.
Allgemeines

Informationen sind nur dann als Verschlusssachen einzustufen, wenn dies nötig ist. Der Geheimhaltungsgrad ist klar und korrekt anzugeben und nur so lange beizubehalten, wie die Informationen geschützt werden müssen.

Die Verantwortung für die Festlegung des Geheimhaltungsgrades einer Information und für jede anschließende Herabstufung oder Aufhebung liegt allein beim Urheber der Information.

Einstufungen, Herabstufungen oder Aufhebungen des Geheimhaltungsgrades von Verschlusssachen werden von den Beamten und sonstigen Bediensteten der Kommission auf Anweisung ihres Dienststellenleiters oder mit dessen Zustimmung vorgenommen.

Die detaillierten Verfahren für die Behandlung von Verschlusssachen sind so ausgelegt, dass gewährleistet ist, dass die betreffenden Dokumente den ihrem Inhalt entsprechenden Schutz erhalten.

Die Zahl der Personen, die dazu ermächtigt sind, Dokumente des Geheimhaltungsgrades „TRES SECRET UE/EU TOP SECRET" in Umlauf zu bringen, ist möglichst klein zu halten, und ihre Namen sind in einer Liste zu verzeichnen, die vom Sicherheitsbüro der Kommission geführt wird.

17.2.
Anwendung der Geheimhaltungsgrade

Bei der Festlegung des Geheimhaltungsgrades eines Dokuments wird das Ausmaß der Schutzbedürftigkeit seines Inhalts entsprechend der Definition in Abschnitt 16 zugrunde gelegt. Es ist wichtig, dass die Einstufung korrekt vorgenommen wird und nur bei wirklichem Bedarf erfolgt. Dies gilt insbesondere für eine Einstufung als „TRES SECRET UE/EU TOP SECRET".

Der Urheber eines Dokuments, das als Verschlusssache eingestuft werden soll, sollte sich der vorstehend genannten Vorschriften bewusst sein und eine zu hohe oder zu niedrige Einstufung vermeiden.

Anhang 2 enthält einen praktischen Leitfaden für die Einstufung.

Einzelne Seiten, Abschnitte, Teile, Anhänge oder sonstige Anlagen eines Dokuments können eine unterschiedliche Einstufung erforderlich machen und sind entsprechend zu kennzeichnen. Als Geheimhaltungsgrad des Gesamtdokuments gilt der Geheimhaltungsgrad seines am höchsten eingestuften Teils.

Ein Begleitschreiben oder ein Übermittlungsvermerk ist so hoch einzustufen wie die am höchsten eingestufte Anlage. Der Urheber sollte klar angeben, welcher Geheimhaltungsgrad für das Begleitschreiben bzw. den Übermittlungsvermerk gilt, wenn ihm seine Anlagen nicht beigefügt sind.

Für den Zugang der Öffentlichkeit ist weiterhin die Verordnung (EG) Nr. 1049/2001 maßgeblich.

17.3.
Herabstufung und Aufhebung des Geheimhaltungsgrades

EU-Verschlusssachen dürfen nur mit Genehmigung des Urhebers und erforderlichenfalls nach Erörterung mit den übrigen beteiligten Parteien herabgestuft werden; das Gleiche gilt für die Aufhebung des Geheimhaltungsgrades. Die Herabstufung oder die Aufhebung des Geheimhaltungsgrades ist schriftlich zu bestätigen. Dem Urheber obliegt es, die Empfänger des Dokuments über die Änderung der Einstufung zu informieren, wobei letztere wiederum die weiteren Empfänger, denen sie das Original oder eine Kopie des Dokuments zugeleitet haben, davon zu unterrichten haben.

Soweit möglich gibt der Urheber auf dem als-Verschlusssache eingestuften Dokument den Zeitpunkt, eine Frist oder ein Ereignis an, ab dem die in dem Dokument enthaltenen Informationen herabgestuft werden können oder deren Geheimhaltungsgrad aufgehoben werden kann. Andernfalls überprüft er die Dokumente spätestens alle fünf Jahre, um sicherzustellen, dass die ursprüngliche Einstufung nach wie vor erforderlich ist.

18.
MATERIELLER GEHEIMSCHUTZ

18.1.
Allgemeines

Mit den Maßnahmen des materiellen Geheimschutzes soll in erster Linie verhindert werden, dass Unbefugte Zugang zu EU-Verschlusssachen und/oder -material erhalten, dass Diebstahl und eine Beschädigung von Material und anderem Eigentum eintritt und dass Beamte oder sonstige Bedienstete sowie Besucher bedrängt oder auf eine andereWeise unter Druck gesetzt werden.

18.2.

Sicherheitsanforderungen

Alle Gebäude, Bereiche, Büros, Räume, Kommunikations- und Informationssysteme usw., in denen als EU-Verschlusssache eingestufte Informationen und Material aufbewahrt werden und/oder in denen damit gearbeitet wird, sind durch geeignete Maßnahmen des materiellen Geheimschutzes zu sichern.

Bei der Festlegung des erforderlichen materiellen Geheimschutzniveaus ist allen relevanten Faktoren Rechnung zu tragen, wie beispielsweise

a) der Einstufung der Informationen und/oder des Materials;

b) der Menge und der Form (z. B. Papier, EDV-Datenträger) der verwahrten Informationen;

c) der örtlichen Einschätzung der geheimdienstlichen Bedrohung, die gegen die EU, die Mitgliedstaaten und/oder andere Institutionen oder Dritte gerichtet ist, die EU-Verschlusssachen verwahren, sowie der Bedrohung insbesondere durch Sabotage, Terrorismus und andere subversive und/oder kriminelle Handlungen.

Die Maßnahmen des materiellen Geheimschutzes zielen darauf ab,

a) das heimliche oder gewaltsame Eindringen unbefugter Personen von außen zu verhindern;

b) von Tätigkeiten illoyaler Angehöriger des Personals (Spionage von innen) abzuschrecken beziehungsweise diese zu verhindern und aufzudecken;

c) zu verhindern, dass Personen, die die betreffenden Kenntnisse nicht benötigen, Zugang zu EU-Verschlusssachen haben.

18.3.

Maßnahmen des materiellen Geheimschutzes

18.3.1.

Sicherheitsbereiche

Die Bereiche, in denen mit als „CONFIDENTIEL UE" oder höher eingestuften Verschlusssachen gearbeitet wird oder in denen diese aufbewahrt werden, sind so zu gestalten und auszustatten, dass sie einer der nachstehenden Kategorien entsprechen:

a) Sicherheitsbereich der Kategorie I: Bereich, in dem mit als „CONFIDENTIEL UE" oder höher eingestuften Verschlusssachen gearbeitet wird oder in dem diese aufbewahrt werden, wobei das Betreten des Bereichs für alle praktischen Zwecke den Zugang zu den Verschlusssachen ermöglicht. Ein derartiger Bereich erfordert

i) einen klar abgegrenzten und geschützten Raum mit vollständiger Ein- und Ausgangskontrolle;

ii) ein Zutrittskontrollsystem, mit dem dafür gesorgt wird, dass nur die gehörig überprüften und eigens ermächtigten Personen den Bereich betreten können;

iii) eine genaue Festlegung der Einstufung der Verschlusssachen, die in der Regel in dem Bereich verwahrt werden, d. h. der Informationen, die durch das Betreten des Bereichs zugänglich werden.

b) Sicherheitsbereich der Kategorie II: Bereich, in dem mit als „CONFIDENTIEL UE" oder höher eingestuften Verschlusssachen gearbeitet wird oder in dem diese aufbewahrt werden, wobei durch interne Kontrollen ein Schutz vor dem Zugang Unbefugter ermöglicht wird, beispielsweise Gebäude mit Büros, in denen regelmäßig mit als „CONFIDENTIEL UE" eingestuften Verschlusssachen gearbeitet wird und in denen diese aufbewahrt werden. Ein derartiger Bereich erfordert

i) einen klar abgegrenzten und geschützten Raum mit vollständiger Ein- und Ausgangskontrolle;

ii) ein Zutrittskontrollsystem, mit dem dafür gesorgt wird, dass nur die gehörig überprüften und eigens ermächtigten Personen den Bereich unbegleitet betreten können. Bei allen anderen Personen ist eine Begleitung oder eine gleichwertige Kontrolle sicherzustellen, damit der Zugang Unbefugter zu EU-Verschlusssachen sowie ein unkontrolliertes Betreten von Bereichen, die technischen Sicherheitskontrollen unterliegen, verhindert werden.

Die Bereiche, die nicht rund um die Uhr von Dienst tuendem Personal besetzt sind, sind unmittelbar nach den üblichen Arbeitszeiten zu inspizieren, um sicherzustellen, dass die EU-Verschlusssachen ordnungsgemäß gesichert sind.

18.3.2.

Verwaltungsbereich

Um die Sicherheitsbereiche der Kategorien I und II herum oder im Zugangsbereich zu ihnen kann ein Verwaltungsbereich mit geringerem Sicherheitsgrad vorgesehen werden. Ein derartiger Bereich erfordert einen deutlich abgegrenzten Raum, der die Kontrolle von Personal und Fahrzeugen ermöglicht. In den Verwaltungsbereichen darf nur mit Verschlusssachen gearbeitet werden, die als „RESTREINT UE" eingestuft sind, und es dürfen auch nur diese Verschlusssachen dort aufbewahrt werden.

18.3.3.

Eingangs- und Ausgangskontrollen

Das Betreten und Verlassen der Sicherheitsbereiche der Kategorien I und II wird mittels eines Berechtigungsausweises oder eines Systems zur persönlichen Identifizierung des ständigen Personals kontrolliert. Ferner wird ein Kontrollsystem für Besucher eingerichtet, damit der Zugang Unbefugter zu EU-Verschlusssachen verhindert werden kann. Eine Regelung mit Berechtigungsausweisen kann durch eine automatisierte Erkennung unterstützt werden, die als Ergänzung zum Einsatz des Personals des Sicherheitsdienstes zu verstehen ist, diesen aber nicht vollständig ersetzen kann. Eine Änderung in der Einschätzung der Bedrohungslage kann eine Verschärfung der Ein- und Ausgangskontrollmaßnahmen zur Folge haben, beispielsweise anlässlich des Besuchs hochrangiger Persönlichkeiten.

18.3.4.

Kontrollgänge

In Sicherheitsbereichen der Kategorien I und II sind außerhalb der normalen Arbeitszeiten Kontrollgänge durchzuführen, um das Eigentum der EU vor Kenntnisnahme durch Unbefugte, Beschädigung oder Verluste zu schützen. Die Häufigkeit der Kontrollgänge richtet sich nach den örtlichen Gegebenheiten, sie sollten aber in der Regel alle zwei Stunden stattfinden.

18.3.5.

Sicherheitsbehältnisse und Tresorräume

Zur Aufbewahrung von EU-Verschlusssachen werden drei Arten von Behältnissen verwendet:

– Typ A: Behältnisse, die zur Aufbewahrung von als „TRES SECRET UE/EU TOP SECRET" eingestuften Verschlusssachen in Sicherheitsbereichen der Kategorie I oder II auf nationaler Ebene zugelassen sind;
– Typ B: Behältnisse, die zur Aufbewahrung von als „SECRET UE" und „CONFIDENTIEL UE" eingestuften Verschlusssachen in Sicherheitsbereichen der Kategorie I oder II auf nationaler Ebene zugelassen sind;
– Typ C: Büromöbel, die ausschließlich für die Aufbewahrung von als „RESTREINT UE" eingestuftenVerschlusssachen geeignet sind.

In den in einem Sicherheitsbereich der Kategorie I oder II eingebauten Tresorräumen und in allen Sicherheitsbereichen der Kategorie I, wo als „CONFIDENTIEL UE" und höher eingestufte Verschlusssachen in offenen Regalen aufbewahrt werden oder auf Karten, Plänen usw. sichtbar sind, werden Wände, Böden und Decken, Türen einschließlich der Schlösser von der Akkreditierungsstelle für Sicherheit geprüft, um festzustellen, dass sie einen Schutz bieten, der dem Typ des Sicherheitsbehältnisses entspricht, der für die Aufbewahrung von Verschlusssachen desselben Geheimhaltungsgrades zugelassen ist.

18.3.6.

Schlösser

Die Schlösser der Sicherheitsbehältnisse und Tresorräume, in denen EU-Verschlusssachen aufbewahrt werden, müssen folgende Anforderungen erfüllen:

– Gruppe A: sie müssen auf nationaler Ebene für Behältnisse vom Typ A zugelassen sein;
– Gruppe B: sie müssen auf nationaler Ebene für Behältnisse vom Typ B zugelassen sein;
– Gruppe C: sie müssen ausschließlich für Büromöbel vom Typ C geeignet sein.

18.3.7.

Kontrolle der Schlüssel und Kombinationen

Die Schlüssel von Sicherheitsbehältnissen dürfen nicht aus den Gebäuden der Kommission entfernt werden. Die Kombinationen für Sicherheitsbehältnisse sind von den Personen, die sie kennen müssen, auswendig zu lernen. Damit sie im Notfall benutzt werden können, ist der Lokale Sicherheitsbeauftragte der betreffenden Kommissionsdienststelle für die Aufbewahrung der Ersatzschlüssel und die schriftliche Registrierung aller Kombinationen verantwortlich; letztere sind einzeln in versiegelten, undurchsichtigen Umschlägen aufzubewahren. Die Arbeitsschlüssel, die Ersatzschlüssel und die Kombinationen sind in gesonderten Sicherheitsbehältnissen aufzubewahren. Für diese Schlüssel und Kombinationen ist kein geringerer Sicherheitsschutz vorzusehen als für das Material, zu dem sie den Zugang ermöglichen.

Der Kreis der Personen, die die Kombinationen der Sicherheitsbehältnisse kennen, ist so weitgehend wie möglich zu begrenzen. Die Kombinationen sind zu ändern

a) bei Entgegennahme eines neuen Behälters;

b) bei jedem Benutzerwechsel;

c) bei tatsächlicher oder vermuteter Kenntnisnahme durch Unbefugte;

d) vorzugsweise alle sechs Monate und mindestens alle zwölf Monate.

18.3.8.

Intrusionsmeldeanlagen

Kommen zum Schutz von EU-Verschlusssachen Alarmanlagen, hauseigene Fernsehsysteme und andere elektrische Vorrichtungen zum Einsatz, so ist eine Notstromversorgung vorzusehen, um bei Ausfall der Hauptstromversorgung den ununterbrochenen Betrieb der Anlagen sicherzustellen. Ein weiteres grundlegendes Erfordernis ist das Auslösen eines für das Überwachungspersonal bestimmten Alarmsignals oder anderen verlässlichen Signals bei Funktionsstörungen dieser Anlagen oder Manipulationen an ihnen.

18.3.9.

Zugelassene Ausrüstung

Das Sicherheitsbüro der Kommission unterhält aktualisierte, nach Typ und Modell gegliederte Verzeichnisse der Sicherheitsausrüstung, die es für den unmittelbaren oder mittelbaren Schutz von Verschlusssachen unter verschiedenen genau bezeichneten Voraussetzungen und Bedingungen zugelassen hat. Das Sicherheitsbüro der Kommission unterhält diese Verzeichnisse unter anderem auf der Grundlage der von den nationalen Sicherheitsbehörden mitgeteilten Informationen.

18.3.10.

Materieller Geheimschutz für Kopier- und Faxgeräte

Für Kopier- und Faxgeräte ist im erforderlichen Maß durch Maßnahmen des materiellen Geheimschutzes dafür zu sorgen, dass sie lediglich von befugten Personen verwendet werden können und dass alle Verschlusssachen einer ordnungsgemäßen Überwachung unterliegen.

18.4.

SICHT- UND ABHÖRSCHUTZ

18.4.1.

Sichtschutz

Es sind alle geeigneten Maßnahmen zu treffen, damit bei Tag und bei Nacht gewährleistet ist, dass EU-Verschlusssachen nicht – auch nicht versehentlich – von Unbefugten eingesehen werden können.

18.4.2.

Abhörschutz

Die Büroräume oder Bereiche, in denen regelmäßig über als „SECRET UE" und höher eingestufte Verschlusssachen gesprochen wird, sind bei entsprechendem Risiko gegen Ab- und Mithören zu schützen. Für die Einschätzung des Risikos ist das Sicherheitsbüro der Kommission

zuständig, das erforderlichenfalls zuvor die betreffenden nationalen Sicherheitsbehörden zurate zieht.

18.4.3.

Einbringen elektronischer Geräte und von Aufzeichnungsgeräten

Es ist nicht gestattet, Mobiltelefone, PCs, Tonaufnahmegeräte, Kameras und andere elektronische Geräte oder Aufzeichnungsgeräte ohne vorherige Genehmigung durch den zuständigen Lokalen Sicherheitsbeauftragten in Sicherheitsbereiche oder Hochsicherheitszonen zu bringen.

Zur Festlegung der Schutzmaßnahmen für mithörgefährdete Bereiche (beispielsweise Schalldämmung von Wänden, Türen, Böden und Decken, Lautstärkemessung) in Bezug auf Mitbzw. Abhörgefahr bzw. abhörgefährdete Bereiche (beispielsweise Suche nach Mikrofonen), kann das Sicherheitsbüro der Kommission die nationalen Sicherheitsbehörden um Unterstützung durch Sachverständige ersuchen.

Ebenso können für die technische Sicherheit zuständige Sachverständige der nationalen Sicherheitsbehörden erforderlichenfalls die Telekommunikationseinrichtungen und die elektrischen oder elektronischen Büromaschinen aller Art, die in den Sitzungen des Geheimhaltungsgrades „SECRET UE" und höher verwendet werden, auf Ersuchen des Leiters des Sicherheitsbüros der Kommission überprüfen.

18.5.

HOCHSICHERHEITSZONEN

Bestimmte Bereiche können als Hochsicherheitszonen ausgewiesen werden. Hier findet eine besondere Zutrittskontrolle statt. Diese Zonen bleiben nach einem zugelassenen Verfahren verschlossen, wenn sie nicht besetzt sind, und alle Schlüssel sind als Sicherheitsschlüssel zu behandeln. Diese Zonen unterliegen regelmäßigen Objektschutzkontrollen, die auch durchgeführt werden, wenn festgestellt oder vermutet wird, dass die Zonen ohne Genehmigung betreten wurden.

Es wird eine detaillierte Bestandsaufnahme der Geräte und Möbel vorgenommen, um deren Platzveränderungen zu überwachen. Kein Möbelstück oder Gerät wird in eine dieser Zonen verbracht, bevor es nicht durch Sicherheitspersonal, das für das Aufspüren von Abhörvorrichtungen besonders geschult ist, sorgfältig kontrolliert worden ist. In der Regel dürfen in Hochsicherheitszonen keine Telekommunikationsverbindungen ohne vorherige Genehmigung durch die zuständige Stelle installiert werden.

19.
ALLGEMEINE BESTIMMUNGEN ZU DEM GRUNDSATZ

19.1.
Allgemeines

Der Zugang zu EU-Verschlusssachen wird nur Personen gestattet, die Kenntnis von ihnen haben müssen, um die ihnen übertragenen Aufgaben oder Aufträge erfüllen zu können. Der Zugang zu als „TRES SECRET UE/EU TOP SECRET", „SECRET UE" und „CONFIDENTIEL UE" eingestuften Verschlusssachen wird nur Personen gestattet, die der entsprechenden Sicherheitsüberprüfung unterzogen worden sind.

Für die Entscheidung darüber, wer Kenntnis haben muss, ist die Dienststelle zuständig, in der die betreffende Person eingesetzt werden soll.

Die Sicherheitsüberprüfung ist von der betreffenden Dienststelle zu beantragen.

Am Ende des Verfahrens wird eine „EU-Sicherheitsunbedenklichkeitsbescheinigung für Personen" ausgestellt, in dem der Geheimhaltungsgrad der Verschlusssachen, zu denen die überprüfte Person Zugang erhalten kann, und das Ende der Gültigkeitsdauer der Bescheinigung angegeben werden.

Eine Sicherheitsunbedenklichkeitsbescheinigung für einen bestimmten Geheimhaltungsgrad kann den Inhaber zum Zugang zu Informationen eines niedrigeren Geheimhaltungsgrades berechtigen.

Andere Personen als Beamte oder sonstige Bedienstete, z. B. externe Vertragspartner, Sachverständige oder Berater, mit denen möglicherweise EU-Verschlusssachen erörtert werden müssen oder die möglicherweise Einblick in solche Verschlusssachen erhalten müssen, sind einer EU-Sicherheitsüberprüfung für EU-Verschlusssachen zu unterziehen und über ihre Sicherheitsverantwortung zu belehren.

Für den Zugang der Öffentlichkeit ist weiterhin die Verordnung (EG) Nr. 1049/2001 maßgeblich.

19.2.
Besondere Vorschriften für den Zugang zu als

Alle Personen, die Zugang zu als „TRES SECRET UE/EU TOP SECRET" eingestuften Verschlusssachen benötigen, müssen zunächst einer Sicherheitsüberprüfung in Bezug auf den Zugang zu den betreffenden Verschlusssachen unterzogen werden.

Alle Personen, die Zugang zu als „TRES SECRET UE/EU TOP SECRET" eingestuften Verschlusssachen benötigen, sind von dem für Sicherheitsfragen zuständigen Mitglied der Kommission zu benennen, und ihre Namen sind in das einschlägige „TRES SECRET UE/EU TOP SECRET" Register einzutragen. Dieses Register wird vom Sicherheitsbüro der Kommission angelegt und geführt.

Bevor diesen Personen der Zugang zu als „TRES SECRET UE/EU TOP SECRET" eingestuften Verschlusssachen gewährt wird, müssen sie eine Bestätigung unterzeichnen, dass sie über die Sicherheitsverfahren der Kommission belehrt worden und sich ihrer besonderen Verantwortung für den Schutz von als „TRES SECRET UE/EU TOP SECRET" eingestuften Verschlusssachen und der Folgen vollständig bewusst sind, die die EU-Vorschriften und die einzelstaatlichen Rechts- und Verwaltungsvorschriften für den Fall vorsehen, dass Verschlusssachen durch Vorsatz oder durch Fahrlässigkeit in die Hände Unbefugter gelangen.

Wenn Personen in Sitzungen usw. Zugang zu als „TRES SECRET UE/EU TOP SECRET" eingestuften Verschlusssachen erhalten, so teilt der Kontrollbeauftragte der Dienststelle oder des Gremiums, bei der bzw. dem die Betreffenden beschäftigt sind, der die Sitzung veranstaltenden Stelle mit, dass die betreffenden Personen die entsprechende Ermächtigung besitzen.

Die Namen aller Personen, die nicht mehr für Aufgaben eingesetzt werden, bei denen sie über den Zugang zu als „TRES SECRET UE/EU TOP SECRET" eingestuften Verschlusssachen verfügen müssen, werden aus dem „TRES SECRET UE/EU TOP SECRET"-Verzeichnis gestrichen. Ferner werden alle betreffenden Personen erneut auf ihre besondere Verantwortung für den Schutz von als „TRES SECRET UE/EU TOP SECRET" eingestuften Verschlusssachen belehrt. Sie haben ferner eine Erklärung zu unterzeichnen, wonach sie ihre Kenntnisse über als „TRES SECRET UE/EU TOP SECRET" eingestufte Verschlusssachen weder verwenden noch weitergeben werden.

19.3.
Besondere Vorschriften für den Zugang zu als

Alle Personen, die Zugang zu als „SECRET UE" oder „CONFIDENTIEL UE" eingestuften Verschlusssachen benötigen, müssen zunächst einer Sicherheitsüberprüfung in Bezug auf den geeigneten Geheimhaltungsgrad unterzogen werden.

Alle Personen, die Zugang zu als „SECRET UE" oder „CONFIDENTIEL UE" eingestuften Verschlusssachen benötigen, müssen über die entsprechenden Sicherheitsvorschriftenregelungen unterrichtet werden und sich der Folgen fahrlässigen Handelns bewusst sein.

Wenn Personen in Sitzungen Zugang zu als „SECRET UE" oder „CONFIDENTIEL UE" eingestuften Verschlusssachen erhalten, so teilt der Kontrollbeauftragte der Dienststelle oder des Gremiums, bei der bzw. dem die Betreffenden beschäftigt sind, der die Sitzung veranstaltenden Stelle mit, dass die betreffenden Personen die entsprechende Ermächtigung besitzen.

19.4.

BesondereVorschriften für den Zugang zu als

Alle Personen, die Zugang zu als „RESTREINT UE" eingestuften Verschlusssachen haben, werden auf diese Sicherheitsvorschriften und die Folgen fahrlässigen Handelns aufmerksam gemacht.

19.5.

WEITERGABE

Wird ein Angehöriger des Personals von einem Dienstposten, der mit der Arbeit mit EU-Verschlusssachen verbunden ist, wegversetzt, so achtet die Registratur darauf, dass die betreffenden Verschlusssachen ordnungsgemäß von dem ausscheidenden an den eintretenden Beamten weitergegeben werden.

Wird ein Angehöriger des Personals auf einen anderen Dienstposten versetzt, der mit der Arbeit mit EU-Verschlusssachen verbunden ist, wird er von dem Lokalen Sicherheitsbeauftragten entsprechend belehrt.

19.6.

BESONDERE ANWEISUNGEN

Personen, die mit EU-Verschlusssachen arbeiten müssen, sollten bei Aufnahme ihrer Tätigkeit und danach in regelmäßigen Abständen auf Folgendes hingewiesen werden:

a) die mögliche Gefährdung der Sicherheit durch indiskrete Gespräche;

b) die in den Beziehungen zur Presse und zu Vertretern besonderer Interessengruppen zu treffenden Vorsichtsmaßnahmen;

c) die Bedrohung für EU-Verschlusssachen und -tätigkeiten durch die gegen die EU und ihre Mitgliedstaaten gerichteten nachrichtendienstlichen Tätigkeiten;

d) die Verpflichtung, die zuständigen Sicherheitsbehörden unverzüglich über jeden Annäherungsversuch oder jede Handlungsweise, bei denen einVerdacht auf Spionage entsteht, sowie über alle ungewöhnlichen Umstände in Bezug auf die Sicherheit zu unterrichten.

Alle Personen, die gewöhnlich häufige Kontakte mit Vertretern von Ländern haben, deren Nachrichtendienste in Bezug auf EU-Verschlusssachen und Tätigkeiten gegen die EU und ihre Mitgliedstaaten arbeiten, sind über die Techniken zu belehren, von denen bekannt ist, dass sich die einzelnen Nachrichtendienste ihrer bedienen.

Es bestehen keine Sicherheitsvorschriften der Kommission für private Reisen der zum Zugang zu EU-Verschlusssachen ermächtigten Personen nach irgendeinem Zielland. Das Sicherheitsbüro der Kommission wird jedoch die Beamten und sonstigen Bediensteten, für die es zuständig ist, über Reiseregelungen unterrichten, denen sie möglicherweise unterliegen.

20.

VERFAHREN FÜR DIE SICHERHEITSÜBERPRÜFUNG VON BEAMTEN UND SONSTIGEN BEDIENSTETEN DER KOMMISSION

a) Nur Beamte und sonstige Bedienstete der Kommission oder andere bei der Kommission tätige Personen, die aufgrund ihrer Aufgabenbereiche und dienstlicher Erfordernisse von den von der Kommission verwahrten Verschlusssachen Kenntnis nehmen müssen, oder sie zu bearbeiten haben, erhalten Zugang zu diesen Verschlusssachen.

b) Um Zugang zu den als „TRES SECRET UE/EU TOP SECRET", „SECRET UE" und „CONFIDENTIEL UE" eingestuften Verschlusssachen zu erhalten, müssen die in Buchstabe !a) genannten Personen hierzu nach dem Verfahren der Buchstaben c) und d) ermächtigt worden sein.

c) Die Ermächtigung wird nur den Personen erteilt, die durch die zuständigen nationalen Behörden der Mitgliedstaaten (nationale Sicherheitsbehörden) einer Sicherheitsüberprüfung nach dem in den Buchstaben i) bis n) beschriebenen Verfahren unterzogen worden sind.

d) Die Erteilung der Ermächtigungen gemäß den Buchstaben a), b) und c) obliegt dem Leiter des Sicherheitsbüros der Kommission.

e) Der Leiter des Sicherheitsbüros erteilt die Ermächtigung nach Einholung der Stellungnahme der zuständigen nationalen Behörden der Mitgliedstaaten auf der Grundlage der gemäß den Buchstaben i) bis n) durchgeführten Sicherheitsüberprüfung.

f) Das Sicherheitsbüro der Kommission führt ein ständig aktualisiertes Verzeichnis aller sensitiven Posten, die ihm von den betreffenden Kommissionsdienststellen gemeldet werden und von allen Personen, die eine (befristete) Ermächtigung erhalten haben.

g) Die Ermächtigung, die eine Geltungsdauer von fünf Jahren hat, erlischt, wenn die betreffende Person die Aufgaben, die die Erteilung der Ermächtigung gerechtfertigt haben, nicht mehr wahrnimmt. Sie kann nach dem Verfahren des Buchstabens e) erneuert werden.

h) Die Ermächtigung wird vom Leiter des Sicherheitsbüros der Kommission entzogen, wenn seiner Ansicht nach hierzu Grund besteht. Die Entzugsverfügung wird der betreffenden Person, die beantragen kann, vom Leiter des Sicherheitsbüros der Kommission gehört zu werden, sowie der zuständigen nationalen Behörde mitgeteilt.

i) Die Sicherheitsüberprüfung wird unter Mitwirkung der betreffenden Person auf Ersuchen des Leiters des Sicherheitsbüros der Kommission von der zuständigen nationalen Behörde desjenigen Mitgliedstaats vorgenommen, dessen Staatsangehörigkeit die zu ermächtigende Person besitzt. Besitzt die betreffende Person nicht die Staatsangehörigkeit eines der Mitgliedstaaten der EU, so ersucht der Leiter des Sicherheitsbüros der Kommission den EU-Mitgliedstaat, in dem die Person ihren Wohnsitz oder gewöhnlichen Aufenthalt hat, um eine Sicherheitsüberprüfung.

j) Die betreffende Person hat im Hinblick auf die Sicherheitsüberprüfung einen Fragebogen auszufüllen.

k) Der Leiter des Sicherheitsbüros der Kommission benennt in seinem Ersuchen die Art und den Geheimhaltungsgrad der Informationen, zu denen die betreffende Person Zugang erhalten soll, damit die zuständigen nationalen Behörden das Sicherheitsüberprüfungsverfahren durchführen und zu der der betreffenden Person zu erteilenden Ermächtigungsstufe Stellung nehmen können.

l) Für den gesamten Ablauf und die Ergebnisse des Sicherheitsüberprüfungsverfahrens gelten die einschlägigen Vorschriften und Regelungen des betreffenden Mitgliedstaats, einschließlich der Vorschriften und Regelungen für etwaige Rechtsbehelfe.

m) Bei befürwortender Stellungnahme der zuständigen nationalen Behörden der Mitgliedstaaten kann der Leiter des Sicherheitsbüros der betreffenden Person die Ermächtigung erteilen.

n) Bei ablehnender Stellungnahme der zuständigen nationalen Behörden wird diese Ablehnung der betreffenden Person mitgeteilt, die beantragen kann, von dem Leiter des Sicherheitsbüros der Kommission gehört zu werden. Der Leiter des Sicherheitsbüros der Kommission kann, wenn er dies für erforderlich hält, bei den zuständigen nationalen Behörden um weitere Auskünfte, die diese zu geben vermögen, nachsuchen. Bei Bestätigung der ablehnenden Stellungnahme kann die Ermächtigung nicht erteilt werden.

o) Jede ermächtigte Person im Sinne der Buchstaben d) und e) erhält zum Zeitpunkt der Ermächtigung und danach in regelmäßigen Abständen die gebotenen Anweisungen zum Schutz der Verschlusssachen und zu den Verfahren zur Sicherstellung dieses Schutzes. Sie unterzeichnet eine Erklärung, mit der sie den Erhalt dieser Anweisungen bestätigt und sich zu ihrer Einhaltung verpflichtet.

p) Der Leiter des Sicherheitsbüros der Kommission ergreift alle erforderlichen Maßnahmen für die Durchführung dieses Abschnitts, insbesondere hinsichtlich der Vorschriften für den Zugang zum Verzeichnis der ermächtigten Personen.

q) Ausnahmsweise kann der Leiter des Sicherheitsbüros der Kommission aufgrund dienstlicher Erfordernisse, nachdem er die zuständigen nationalen Behörden hiervon im Voraus unterrichtet hat und diese binnen einem Monat nicht dazu Stellung genommen haben, auch eine einstweilige Ermächtigung für höchstens sechs Monate erteilen, bis ihm die Ergebnisse der Sicherheitsüberprüfung nach Buchstabe i) vorliegen.

r) Die so erteilten vorläufigen und einstweiligen Ermächtigungen berechtigen nicht zum Zugang zu als „TRES SECRET UE/EU TOP SECRET" eingestuften Verschlusssachen; der Zugang wird auf die Beamten beschränkt, bei denen tatsächlich eine Sicherheitsüberprüfung gemäß Buchstabe i) mit befürwortender Stellungnahme abgeschlossen worden ist. Bis die Ergebnisse der Sicherheitsüberprüfung vorliegen, können die Beamten, die die Ermächtigungsstufe „TRES SECRET UE/EU TOP SECRET" erhalten sollen, vorläufig und befristet zum Zugang zu als „SECRET UE" oder niedriger eingestuften Verschlusssachen ermächtigt werden.

21.

HERSTELLUNG, VERTEILUNG UND ÜBERMITTLUNG VON EU-VERSCHLUSSSACHEN, SICHERHEIT DER KURIERE, ZUSÄTZLICHE KOPIEN ODER ÜBERSETZUNGEN SOWIE AUSZÜGE

21.1.

Herstellung

1. Die EU-Geheimhaltungsgrade sind in der in Abschnitt 16 angegebenen Weise im Falle von als „CONFIDENTIEL UE" oder höher eingestuften Verschlusssachen oben und unten in der Mitte jeder Seite anzubringen, wobei jede Seite zu nummerieren ist. Auf jeder EU-Verschlusssache sind ein Aktenzeichen und ein Datum anzugeben. Im Falle von Dokumenten der Geheimhaltungsgrade „TRES SECRET UE/EU TOP SECRET" und „SECRET UE" muss das Aktenzeichen auf jeder Seite erscheinen. Werden die Dokumente in mehreren Ausfertigungen verteilt, so erhält jede Ausfertigung eine eigene Nummer, die auf der ersten Seite zusammen mit der Gesamtzahl der Seiten anzugeben ist. Alle Anhänge und Anlagen sind auf der ersten Seite von Dokumenten aufzulisten, die als „CONFIDENTIEL UE" oder höher eingestuft werden.

2. Dokumente, die als „CONFIDENTIEL UE" oder höher eingestuft werden, dürfen nur von Personen maschinegeschrieben, übersetzt, archiviert, fotokopiert und auf Magnetband oder Mikrofiche gespeichert werden, die eine zumindest dem Geheimhaltungsgrad des betreffenden Dokuments entsprechende Zugangsermächtigung zu EU-Verschlusssachen haben.

3. Abschnitt 25 enthält die Vorschriften für die Erstellung von Verschlusssachen mit Hilfe eines Computers.

21.2.

Verteilung

1. EU-Verschlusssachen dürfen nur an Personen verteilt werden, für die deren Kenntnis nötig ist und die in entsprechender Weise sicherheitsüberprüft worden sind. Der Urheber bestimmt die Empfänger der erstmaligen Verteilung.

2. Dokumente des Geheimhaltungsgrades „TRES SECRET UE/EU TOP SECRET" werden über Registraturen verteilt, die den Vermerk „TRES SECRET UE/EU TOP SECRET" tragen (siehe Abschnitt 22.2). Im Falle von Mitteilungen, die als „TRES SECRET UE/EU TOP SECRET" eingestuft sind, kann die zuständige Registratur dem Leiter des Kommunikationszentrums gestatten, die in der Liste der Empfänger angegebene Anzahl von Ausfertigungen zu erstellen.

3. Als „SECRET UE" oder niedriger eingestufte Dokumente können vom Erstempfänger an weitere Empfänger, für die deren Kenntnis nötig ist, weitergegeben werden. Die Stellen, von denen die Verschlusssachen stammen, können allerdings von ihnen gewünschte Einschränkungen bei der Verteilung mitteilen. In diesem Fall dürfen die Empfänger die Dokumente nur mit der Genehmigung der Stellen, von denen sie stammen, weitergeben.

4. Ein- und Ausgang jedes als „CONFIDENTIEL UE" oder höher eingestuften Dokuments sind in der jeweiligen Generaldirektion bzw. dem jeweiligen Dienst von der lokalen Registratur für EU-Verschlusssachen zu erfassen. Die Angaben, die hierbei zu erfassen sind (Aktenzeichen, Datum und gegebenenfalls Nummer der Ausfertigung) müssen eine Identifizierung des Dokuments ermöglichen und sind in einem Dienstbuch oder in einem besonders geschützten Computermedium festzuhalten (siehe Abschnitt 22.1).

21.3.

Übermittlung von EU-Verschlusssachen

21.3.1.

Vorkehrungen für den Versand, Empfangsbestätigung

1. Als „CONFIDENTIEL UE" oder höher eingestufte Dokumente sind in einem doppelten, widerstandsfähigen und undurchsichtigen Umschlag zu übermitteln. Auf dem inneren Umschlag sind der entsprechende EU-Geheimhaltungsgrad sowie möglichst die vollständige Amtsbezeichnung und Anschrift des Empfängers anzugeben.

2. Nur der Registraturkontrollbeamte (siehe Abschnitt 22.1) oder sein Stellvertreter darf den inneren Umschlag öffnen und den Empfang der übermittelten Verschlusssachen bestätigen, es sei denn, der Umschlag ist ausdrücklich an einen bestimmten Empfänger gerichtet. In diesem Fall vermerkt die zuständige Registratur (siehe Abschnitt 22.1) den Eingang des Umschlags und nur der genannte Empfänger darf den inneren Umschlag öffnen und den Empfang der darin enthaltenen Verschlusssachen bestätigen.

3. In dem inneren Umschlag ist eine Empfangsbestätigung beizulegen. In dieser Bestätigung, die nicht als Verschlusssache eingestuft wird, sind Aktenzeichen, Datum und die Nummer der Ausfertigung der Verschlusssache, niemals jedoch deren Betreff, anzugeben.

4. Der innere Umschlag wird in einen Außenumschlag gelegt, der für Empfangszwecke eine

Versandnummer erhält. Der Geheimhaltungsgrad darf unter keinen Umständen auf dem Außenumschlag erscheinen.

5. Bei als „CONFIDENTIEL UE" oder höher eingestuften Dokumenten ist Kurieren und Boten eine Empfangsbestätigung auszustellen, auf der die Versandnummern der übermittelten Versandstücke angegeben sind.

21.3.2. Übermittlung innerhalb eines Gebäudes oder Gebäudekomplexes

Innerhalb eines bestimmten Gebäudes oder Gebäudekomplexes dürfen als Verschlusssachen eingestufte Dokumente in einem versiegelten Umschlag, der nur den Namen des Empfängers trägt, befördert werden, sofern die Beförderung durch eine für den betreffenden Geheimhaltungsgrad ermächtigte Person erfolgt.

21.3.3.

Übermittlung innerhalb ein und desselben Landes

1. Innerhalb ein und desselben Landes sollten Dokumente mit der Einstufung „TRES SECRET UE/EU TOP SECRET" nur unter Zuhilfenahme offizieller Kurierdienste oder durch Personen übermittelt werden, die eine Zugangsermächtigung zu als „TRES SECRET UE/EU TOP SECRET" eingestuften Verschlusssachen haben.

2. Wird zur Übermittlung eines als „TRES SECRET UE/EU TOP SECRET" eingestuften Dokuments an einen Empfänger außerhalb desselben Gebäudes oder Gebäudekomplexes ein Kurierdienst verwendet, so sind die Bestimmungen über den Versand und die Empfangsbestätigung in diesem Kapitel einzuhalten. Die Zustelldienste sind personell so auszustatten, dass gewährleistet ist, dass sich Versandstücke mit als TRES SECRET UE/EU TOP SECRET eingestuften Dokumenten jederzeit unter der direkten Aufsicht eines verantwortlichen Beamten befinden.

3. In Ausnahmefällen können Beamte, die nicht Boten sind, als „TRES SECRET UE/EU TOP SECRET" eingestufte Dokumente außerhalb des Gebäudes oder Gebäudekomplexes zur Benutzung vor Ort anlässlich von Sitzungen oder Erörterungen mitnehmen, vorausgesetzt, dass

a) der betreffende Beamte zum Zugang zu diesen als „TRES SECRET UE/EU TOP SECRET" eingestuften Dokumenten ermächtigt ist;

b) die Form der Beförderung den Vorschriften für die Übermittlung von Dokumenten des Geheimhaltungsgrades „TRES SECRET UE/EU TOP SECRET" entspricht;

c) der Beamte die Dokumente des Geheimhaltungsgrades „TRES SECRET UE/EU TOP SECRET" unter keinen Umständen unbeaufsichtigt lässt;

d) Vorkehrungen getroffen werden, damit die Liste der Dokumente, die mitgenommen werden, in der „TRES SECRET UE/EU TOP SECRET"-Registratur verwahrt, in einem Dienstbuch vermerkt und bei Rückkehr anhand dieses Eintrags kontrolliert wird.

4. Innerhalb ein und desselben Landes dürfen als „SECRET UE" oder „CONFIDENTIEL UE" eingestufte Dokumente entweder mit der Post, wenn eine derartige Übermittlung nach den einzelstaatlichen Regelungen gestattet ist und mit den einschlägigen Vorschriften in Einklang steht, oder über einen Kurierdienst oder durch Personen übermittelt werden, die zum Zugang zu EU-Verschlusssachen ermächtigt sind.

5. Das Sicherheitsbüro der Kommission arbeitet für das Personal, das EU-Verschlusssachen befördert, auf diesen Vorschriften beruhende Weisungen aus. Es ist vorzusehen, dass Personen, die Verschlusssachen befördern, diese Weisungen lesen und unterzeichnen. In den Weisungen sollte insbesondere deutlich gemacht werden, dass Dokumente unter keinen Umständen

a) von der sie befördernden Person aus den Händen gegeben werden dürfen, es sei denn, sie seien entsprechend den Bestimmungen in Abschnitt 18 in sicherem Gewahrsam;

b) in öffentlichen Transportmitteln oder Privatfahrzeugen oder an Orten wie Restaurants oder Hotels unbeaufsichtigt bleiben dürfen. Sie dürfen nicht in Hotelsafes verwahrt werden oder unbeaufsichtigt in Hotelzimmern zurückbleiben;

c) in der Öffentlichkeit (beispielsweise in Flugzeugen oder Zügen) gelesen werden dürfen.

21.3.4.

Beförderung von einem Staat in einen anderen

1. Als „CONFIDENTIEL UE" oder höher eingestuftes Material ist durch diplomatische oder militärische Kurierdienste zu befördern.

2. Eine persönliche Beförderung von als „SECRET UE" oder „CONFIDENTIEL UE" eingestuftem Material kann jedoch gestattet werden, wenn durch die für die Beförderung geltenden Vorschriften gewährleistet wird, dass das Material nicht in die Hände Unbefugter fallen kann.

3. Das für Sicherheitsfragen zuständige Mitglied der Kommission kann eine persönliche Beförderung gestatten, wenn keine diplomatischen oder militärischen Kuriere zur Verfügung stehen oder der Rückgriff auf derartige Kuriere zu einer

Verzögerung führen würde, die sich nachteilig auf Maßnahmen der EU auswirken könnte, und wenn das Material vom Empfänger dringend benötigt wird. Das Sicherheitsbüro der Kommission arbeitet Anweisungen über die zwischenstaatliche persönliche Beförderung von Material des Geheimhaltungsgrades „SECRET UE" oder geringer durch Personen, die keine diplomatischen oder militärischen Kuriere sind, aus. In diesen Anweisungen ist vorzusehen, dass

a) die Person, die das Material mit sich führt, über die entsprechende Zugangsermächtigung verfügt;

b) sämtliches auf diese Weise beförderte Material in der zuständigen Dienststelle oder Registratur verzeichnet sein muss;

c) Versandstücke oder Taschen, die EU-Material enthalten, mit einem Dienstsiegel zu versehen sind, um Zollkontrollen zu vermeiden oder diesen vorzubeugen, sowie mit Etiketten zu ihrer Erkennung und mit Weisungen für den Finder;

d) die Person, die das Material mit sich führt, einen Kurierausweis und/oder einen Dienstreiseauftrag mitführen muss, die von allen EU-Mitgliedstaaten anerkannt sind und ihn ermächtigen, das betreffende Versandstück in der beschriebenen Weise zu befördern;

e) bei Überlandreisen die Grenze keines Staates, der nicht EU-Mitglied ist, überschritten oder dieser Staat durchfahren werden darf, es sei denn, dass der Staat, von dem die Beförderung ausgeht, über eine besondere Garantie seitens des erstgenannten Staates verfügt;

f) die Reiseplanung der Person, die das Material mit sich führt, im Hinblick auf Bestimmungsorte, Fahrtrouten und Beförderungsmittel mit den EU-Vorschriften oder mit einzelstaatlichen Vorschriften, falls diese in dieser Hinsicht strenger sind, in Einklang stehen muss;

g) das Material von der Person, die es mit sich führt, nicht aus der Hand gegeben werden darf, außer wenn es nach den Bestimmungen des Abschnitts 18 über sicheren Gewahrsam verwahrt ist;

h) das Material nicht in öffentlichen Transportmitteln oder Privatfahrzeugen oder an Orten wie Restaurants oder Hotels unbeaufsichtigt bleiben darf. Es darf nicht in Hotelsafes verwahrt werden oder unbeaufsichtigt in Hotelzimmern zurückbleiben;

i) Dokumente, falls solche Bestandteil des beförderten Materials sind, nicht in der Öffentlichkeit (beispielsweise in Flugzeugen, Zügen usw.) gelesen werden dürfen.

4. Die mit der Beförderung der Verschlusssachen beauftragte Person muss eine Geheimschutzunterweisung lesen und unterzeichnen, die mindestens die vorstehenden Weisungen sowie Verfahren enthält, die im Notfall oder für den Fall zu beachten sind, dass das Versandstück mit den Verschlusssachen von Zollbeamten oder Sicherheitsbeamten auf einem Flughafen kontrolliert werden soll.

21.3.5.

Übermittlung von Verschlusssachen mit der Einstufung

Für die Beförderung von als „RESTREINT UE" eingestuften Dokumenten werden keine besonderen Vorschriften eingeführt; bei ihrer Beförderung ist allerdings sicherzustellen, dass sie nicht in die Hände Unbefugter geraten können.

21.4.

SICHERHEIT DER KURIERE

Alle Kuriere und Boten, die mit der Beförderung von Dokumenten beauftragt werden, die als „SECRET UE" und „CONFIDENTIEL UE" eingestuft sind, müssen entsprechend sicherheitsermächtigt sein.

21.5.

Elektronische und andere technische Übermittlungswege

1. Mit den Maßnahmen für die Kommunikationssicherheit soll die sichere Übermittlung von EU-Verschlusssachen gewährleistet werden. Die für die Übermittlung dieser EU-Verschlusssachen geltenden Vorschriften sind in Abschnitt 25 dargelegt.

2. Als „CONFIDENTIEL UE" oder „SECRET UE" eingestufte Informationen dürfen nur von zugelassenen Kommunikationszentren und -netzen und/oder Terminals bzw. über entsprechende Systeme übermittelt werden.

21.6.

Zusätzliche Kopien und Übersetzungen von beziehungsweise Auszüge aus EU-Verschlusssachen

1. Das Kopieren oder die Übersetzung von „TRES SECRET UE/EU TOP SECRET"-Dokumenten kann ausschließlich der Urheber gestatten.

2. Fordern Personen, die nicht über eine „TRES SECRET UE/EU TOP SECRET"-Sicherheitsermächtigung verfügen, Informationen an, die zwar in einem „TRES SECRET UE/EU TOP SECRET"-Dokument enthalten, aber nicht als solche

eingestuft sind, so kann der Leiter der „TRES SECRET UE/EU TOP SECRET"-Registratur (siehe Abschnitt 22.2) ermächtigt werden, die notwendige Anzahl von Auszügen aus diesem Dokument auszuhändigen. Gleichzeitig ergreift er die erforderlichen Maßnahmen, um sicherzustellen, dass diese Auszüge einen angemessenen Geheimhaltungsgrad erhalten.

3. Als „SECRET UE" und niedriger eingestufte Dokumente können vom Empfänger unter Einhaltung der Sicherheitsvorschriften und strikter Befolgung des Grundsatzes „Kenntnis notwendig" vervielfältigt und übersetzt werden. Die für das Originaldokument geltenden Sicherheitsvorschriften finden auch auf Vervielfältigungen und/oder Übersetzungen dieses Dokuments Anwendung.

22. REGISTER FÜR EU-VERSCHLUSSSACHEN, BESTANDSAUFNAHME, PRÜFUNG, ARCHIVIERUNG UND VERNICHTUNG VON EUVERSCHLUSSSACHEN

22.1. Lokale Registraturen für EU-Verschlusssachen

1. In jeder Dienststelle der Kommission sind erforderlichenfalls eine oder mehrere Lokale Registraturen für EU-Verschlusssachen für die Registrierung, die Vervielfältigung, den Versand und die Vernichtung von Dokumenten zuständig, die als „SECRET UE" und „CONFIDENTIEL UE" eingestuft sind.

2. Dienststellen, die über keine Lokale Registratur für EU-Verschlusssachen verfügen, nehmen die Registratur des Generalsekretariats in Anspruch.

3. Die Lokalen Registraturen für EU-Verschlusssachen erstatten dem Leiter der Dienststelle Bericht, von dem sie ihre Anweisungen erhalten. Geleitet werden die Registraturen von dem Registraturkontrollbeauftragten (RCO).

4. Im Hinblick auf die Anwendung der Bestimmungen für die Handhabung von EU-Verschlusssachen und die Einhaltung der entsprechenden Sicherheitsvorschriften stehen sie unter der Aufsicht des Lokalen Sicherheitsbeauftragten.

5. Den Lokalen Registraturen für EU-Verschlusssachen zugewiesene Beamte haben gemäß Abschnitt 20 Zugang zu EU-Verschlusssachen.

6. Die Lokalen Registraturen für EU-Verschlusssachen nehmen unter der Verantwortung des betreffenden Dienststellenleiters folgende Aufgaben wahr:

a) Verwaltung der Registrierung, Vervielfältigung, Übersetzung, Weiterleitung, Versendung und Vernichtung der Informationen;

b) Führung des Verschlusssachenregisters;

c) regelmäßige Anfragen bei den Urhebern, ob die Einstufung der betreffenden Informationen aufrechtzuerhalten ist;

7. Die Lokalen Registraturen für EU-Verschlusssachen führen ein Register mit folgenden Angaben:

a) Datum der Erstellung der Verschlusssache,

b) Geheimhaltungsgrad,

c) Sperrfrist,

d) Name und Dienststelle des Urhebers,

e) der oder die Empfänger mit laufender Nummer,

f) Gegenstand,

g) Nummer,

h) Zahl der verbreiteten Exemplare,

i) Erstellung von Bestandsverzeichnissen der der Dienststelle unterbreiteten Verschlusssachen,

j) Register betreffend die Aufhebung des Geheimhaltungsgrades und die Herabstufung von Verschlusssachen.

8. Für die Lokalen Registraturen für EU-Verschlusssachen gelten die allgemeinen Vorschriften des Abschnitts 21, soweit sie nicht durch die spezifischen Vorschriften dieses Abschnitts geändert werden.

22.2. Die

22.2.1. Allgemeines

1. Durch eine „TRES SECRET UE/EU TOP SECRET"-Zentralregistratur wird die Registrierung, Handhabung und Verteilung von „TRES SECRET UE/EU TOP SECRET"-Dokumenten gemäß den Sicherheitsvorschriften gewährleistet. Die „TRES SECRET UE/EU TOP SECRET"-Registratur wird von dem Kontrollbeauftragten für die „TRES SECRET UE/EU TOPS-ECRET" -Registratur geleitet.

2. Die „TRES SECRET UE/EU TOP SECRET"-Zentralregistratur ist die hauptsächliche Empfangs- und Versandbehörde in der Kommission gegenüber anderen EU-Organen, den Mitgliedstaaten, internationalen Organisationen und

Drittstaaten, mit denen die Kommission Abkommen über Sicherheitsverfahren für den Austausch von Verschlusssachen geschlossen hat.

3. Erforderlichenfalls werden Unterregistraturen eingerichtet, die für die interne Verwaltung von „TRES SECRET UE/EU TOP SECRET"-Dokumenten zuständig sind; sie führen ein Register der von ihnen aufbewahrten Dokumente, das stets auf dem neuesten Stand gehalten wird.

4. „TRES SECRET UE/EU TOP SECRET"-Unterregistraturen werden nach Maßgabe des Abschnitts 22.2.3 eingerichtet, damit längerfristigen Notwendigkeiten entsprochen werden kann; sie werden einer zentralen „TRES SECRET UE/EU TOP SECRET"-Registratur zugeordnet. Müssen „TRES SECRET UE/EU TOP SECRET"-Dokumente nur zeitweilig und gelegentlich konsultiert werden, so können sie ohne Einrichtung einer „TRES SECRET UE/EU TOP SECRET"-Unterregistratur weitergeleitet werden, sofern Vorschriften festgelegt wurden, die gewährleisten, dass diese Dokumente unter der Kontrolle der entsprechenden „TRES SECRET UE/EU TOP SECRET"-Registratur verbleiben und alle materiellen und personenbezogenen Sicherheitsmaßnahmen eingehalten werden.

5. Unterregistraturen ist es nicht gestattet, ohne ausdrückliche Zustimmung ihrer „TRES SECRET UE/EU TOP SECRET"-Zentralregistratur „TRES SECRET UE/EU TOP SECRET"-Dokumente unmittelbar an andere Unterregistraturen derselben Zentralregistratur zu übermitteln.

6. Der Austausch von „TRES SECRET UE/EU TOP SECRET"-Dokumenten zwischen Unterregistraturen, die nicht derselben Zentralregistratur zugeordnet sind, muss über die „TRES SECRET UE/EU TOP SECRET"-Zentralregistraturen abgewickelt werden.

22.2.2.

Die

In seiner Eigenschaft als Kontrollbeauftragter ist der Leiter der „TRES SECRET UE/EU TOP SECRET"-Zentralregistratur zuständig für

a) die Übermittlung von „TRES SECRET UE/EU TOP SECRET"-Dokumenten gemäß den in Abschnitt 21.3 festgelegtenVorschriften;

b) die Führung einer Liste aller ihm unterstehenden „TRES SECRET UE/ EU TOP SECRET"-Unterregistraturen mit Name und Unterschrift der ernannten Kontrollbeauftragten und ihrer bevollmächtigten Stellvertreter;

c) die Aufbewahrung der Empfangsbescheinigungen der Registraturen für alle von der Zentralregistratur verteilten „TRES SECRET UE/ EU TOP SECRET"-Dokumente;

d) die Führung eines Registers aller aufbewahrten und verteilten „TRES SECRET UE/EU TOP SECRET"-Dokumente;

e) die Führung einer aktuellen Liste aller „TRES SECRET UE/EU TOP SECRET"-Zentralregistraturen, mit denen er üblicherweise korrespondiert, mit Name und Unterschrift der ernannten Kontrollbeauftragten und ihrer bevollmächtigten Stellvertreter;

f) den materiellen Schutz aller in der Registratur aufbewahrten „TRES SECRET UE/EU TOP SECRET"-Dokumente gemäß den Vorschriften des Abschnitts 18.

22.2.3.

TRES SECRET UE/EUTOP SECRET

In seiner Eigenschaft als Kontrollbeauftragter ist der Leiter einer „TRES SECRET UE/EU TOP SECRET"-Unterregistratur zuständig für

a) die Übermittlung von „TRES SECRET UE/EU TOP SECRET"-Dokumenten gemäß den in Abschnitt 21.3 festgelegtenVorschriften;

b) die Führung einer aktuellen Liste aller Personen, die befugt sind, Zugang zu den „TRES SECRET UE/EU TOP SECRET"-Informationen zu erhalten, welche seiner Aufsicht unterliegen;

c) die Verteilung von „TRES SECRET UE/EU TOP SECRET"-Dokumenten gemäß den Vorschriften des Urhebers oder nach dem Grundsatz „Kenntnis notwendig", nach vorheriger Prüfung, ob der Empfänger die erforderliche Sicherheitsermächtigung besitzt;

d) die Führung eines auf neuestem Stand zu haltenden Registers aller aufbewahrten oder in Umlauf befindlichen „TRES SECRET UE/EU TOP SECRET"-Dokumente, die seiner Aufsicht unterliegen oder die an andere „TRES SECRET UE/EU TOP SECRET"-Registraturen weitergeleitet wurden, und Aufbewahrung aller entsprechenden Empfangsbescheinigungen;

e) die Führung einer aktuellen Liste der „TRES SECRET UE/EU TOP SECRET"-Registraturen, mit denen er „TRES SECRET UE/EU TOP SECRET"-Dokumente austauschen darf, mit Name und Unterschrift ihrer Kontrollbeauftragten und bevollmächtigten Stellvertreter;

f) den materiellen Schutz aller in der Unterregistratur aufbewahrten „TRES SECRET UE/EU TOP SECRET"-Dokumente gemäß den Vorschriften des Abschnitts 18.

22.3.
Bestandsaufnahme und Prüfung von EU-Verschlusssachen

1. Alljährlich führt jede „TRES SECRET UE/EU TOP SECRET"-Registratur im Sinne dieses Abschnitts eine detaillierte Bestandsaufnahme der „TRES SECRET UE/EU TOP SECRET"-Dokumente durch. Als nachgewiesen gilt jedes Dokument, das in der Registratur materiell vorhanden ist oder für das die Empfangsbescheinigung einer „TRES SECRET UE/EU TOP SECRET"-Registratur, der das Dokument übermittelt wurde, bzw. eine Vernichtungsbescheinigung oder aber eine Anweisung zur Herabstufung dieses Dokuments oder der Aufhebung seines Geheimhaltungsgrades vorliegt. Die Ergebnisse der jährlichen Bestandsaufnahmen werden bis spätestens 1. April jeden Jahres dem für Sicherheitsfragen zuständigen Mitglied der Kommission übermittelt.

2. Die „TRES SECRET UE/EU TOP SECRET"-Unterregistraturen übermitteln die Ergebnisse ihrer jährlichen Bestandsaufnahme der Zentralregistratur, der sie unterstehen, zu einem von dieser festgelegten Datum.

3. EU-Verschlusssachen mit einer niedrigeren Einstufung als „TRES SECRET UE/EU TOP SECRET" werden den Anweisungen des für Sicherheitsfragen zuständigen Mitglieds der Kommission entsprechend einer internen Überprüfung unterzogen.

4. Hierbei soll ermittelt werden, ob nach Auffassung der Verwahrer

a) bestimmte Dokumente heruntergestuft oder der Geheimhaltungsgrad aufgehoben werden kann,

b) Dokumente vernichtet werden sollten.

22.4.
Archivierung von EU-Verschlusssachen

1. EU-Verschlusssachen werden unter Bedingungen archiviert, die allen in Abschnitt genannten Anforderungen entsprechen.

2. Um Archivierungsprobleme möglichst gering zu halten, ist es den Kontrollbeauftragten aller Registraturen gestattet, „TRES SECRET UE/EU TOP SECRET", „SECRET UE" und „CONFIDENTIEL UE"-Dokumente auf Mikrofilm aufzunehmen oder auf andere Weise auf magnetischen oder optischen Datenträgern zu Archivzwecken zu speichern, vorausgesetzt

a) das Verfahren zur Aufnahme auf Mikrofilm oder zur sonstigen Speicherung wird von Personen durchgeführt, die über eine Sicherheitsermächtigung für den dem Dokument entsprechenden Geheimhaltungsgrad verfügen;

b) für den Mikrofilm/Datenträger wird die gleiche Sicherheit gewährleistet wie für die Originaldokumente;

c) das Mikrofilmen/die Speicherung eines „TRES SECRET UE/EU TOP SECRET"-Dokuments wird dem Urheber mitgeteilt;

d) die Filmrollen oder sonstigen Träger enthalten nur Dokumente der gleichen „TRES SECRET UE/EU TOP SECRET", „SECRET UE" oder „CONFIDENTIEL UE"-Einstufung;

e) das Mikrofilmen/die Speicherung eines „TRES SECRET UE/EU TOP SECRET" oder „SECRET UE"-Dokuments wird in dem für die jährliche Bestandsaufnahme verwendeten Register deutlich kenntlich gemacht;

f) die Originaldokumente, die auf Mikrofilm aufgenommen oder in anderer Weise gespeichert sind, werden gemäß den Vorschriften des Abschnitts 22.5 vernichtet.

3. Diese Vorschriften gelten auch für alle anderen zugelassenen Speichermedien wie elektromagnetische Träger und optische Speicherplatten.

22.5.
Vernichtung von EU-Verschlusssachen

1. Um eine unnötige Anhäufung von EU-Verschlusssachen zu vermeiden, werden die nach

Auffassung des Leiters der aufbewahrenden Stelle inhaltlich überholten oder überzähligen Dokumente so bald wie praktisch möglich auf folgende Weise vernichtet:

a) „TRES SECRET UE/EU TOP SECRET"-Dokumente werden nur von der für diese Dokumente zuständigen Zentralregistratur vernichtet. Jedes der Vernichtung zugeführte Dokument wird auf einer Vernichtungsbescheinigung eingetragen, die vom „TRES SECRET UE/EU TOP SECRET"-Kontrollbeauftragten und von dem der Vernichtung als Zeuge beiwohnenden Beamten, der über die betreffende Sicherheitsermächtigung verfügt, zu unterzeichnen ist. Der Vorgang wird im Dienstbuch festgehalten.

b) Die Registratur bewahrt die Vernichtungsbescheinigungen zusammen mit den Verteilungsunterlagen zehn Jahre lang auf. Dem Urheber oder der zuständigen Zentralregistratur werden Kopien nur zugesandt, wenn dies ausdrücklich verlangt wird.

c) „TRES SECRET UE/EU TOP SECRET"-Dokumente einschließlich des bei ihrer Herstellung angefallenen und als Verschlusssache zu behandelnden Abfalls oder Zwischenmaterials wie fehlerhafte Kopien, Arbeitsvorlagen, maschinegeschriebene Aufzeichnungen und Disketten werden unter der Aufsicht eines „TRES SECRET UE/EU TOP SECRET"-Kontrollbeauftragten durch Verbrennen, Einstampfen, Zerkleinern oder andere geeignete Verfahren so vernichtet, dass der Inhalt weder erkennbar ist noch erkennbar gemacht werden kann.

2. „SECRET UE"-Dokumente werden mittels eines der in Nummer 1 Buchstabe c) genannten Verfahren unter der Aufsicht einer Person, die über die betreffende Sicherheitsermächtigung verfügt, von der für diese Dokumente zuständigen Registratur vernichtet. Vernichtete „SECRET UE"-Dokumente werden auf einer unterzeichneten Vernichtungsbescheinigung eingetragen, die von der Registratur zusammen mit den Verteilungsunterlagen mindestens drei Jahre lang aufbewahrt wird.

3. „CONFIDENTIEL UE"-Dokumente werden mittels eines der in Nummer 1 Buchstabe c) genannten Verfahren unter der Aufsicht einer Person, die über die betreffende Sicherheitsermächtigung verfügt, von der für diese Dokumente zuständigen Registratur vernichtet. Ihre Vernichtung wird gemäß den Anweisungen des für Sicherheitsfragen zuständigen Mitglieds der Kommission registriert.

4. „RESTREINT UE"-Dokumente werden gemäß den Anweisungen des für Sicherheitsfragen zuständigen Mitglieds der Kommission von der für diese Dokumente zuständigen Registratur oder vom Nutzer vernichtet.

22.6.

VERNICHTUNG IM NOTFALL

1. Die Kommissionsdienststellen arbeiten unter Berücksichtigung der örtlichen Gegebenheiten Pläne zum Schutz von EU-Verschlusssachen im Krisenfall aus, die, falls erforderlich, auch Pläne für eine Vernichtung oder Auslagerung der EU-Verschlusssachen im Notfall umfassen; sie erteilen die Anweisungen, die sie für notwendig erachten, damit EU-Verschlusssachen nicht in unbefugte Hände gelangen.

2. Vorschriften zum Schutz und/oder zur Vernichtung von „SECRET UE"- und „CONFIDENTIEL UE"-Unterlagen im Krisenfall dürfen auf keinen Fall den Schutz oder die Vernichtung von „TRES SECRET UE/EU TOP SECRET"-Materialien, einschließlich der Verschlüsselungseinrichtungen, beeinträchtigen, die Vorrang vor allen anderen Aufgaben haben.

3. Die für den Schutz und die Vernichtung der Verschlüsselungseinrichtungen vorzusehenden Maßnahmen sind durch Ad-hoc-Anweisungen zu regeln.

4. Die Anweisungen sind an Ort und Stelle in einem versiegelten Umschlag zu hinterlegen. Es müssen Vorrichtungen/Werkzeuge für die Vernichtung vorhanden sein.

23.

SICHERHEITSMASSNAHMEN BEI BESONDEREN SITZUNGEN AUSSERHALB DER KOMMISSIONSGEBÄUDE, BEI DENEN VERSCHLUSSSACHEN BENÖTIGT WERDEN

23.1.

Allgemeines

Finden außerhalb der Kommissionsgebäude Sitzungen der Kommission oder andere wichtige Sitzungen statt und ist es durch die besonderen Sicherheitsanforderungen aufgrund der hohen Empfindlichkeit der behandelten Fragen oder Informationen gerechtfertigt, so werden die nachstehend beschriebenen Sicherheitsmaßnahmen ergriffen. Diese Maßnahmen betreffen lediglich den Schutz von EU-Verschlusssachen; möglicherweise sind weitere Sicherheitsmaßnahmen vorzusehen.

23.2.

Zuständigkeiten

23.2.1.

Sicherheitsbüro der Kommission

Das Sicherheitsbüro der Kommission arbeitet mit den zuständigen Behörden des Mitgliedstaates zusammen, auf dessen Hoheitsgebiet die Sitzung stattfindet (gastgebender Mitgliedstaat), um die Sicherheit der Kommissionssitzung oder anderer wichtiger Sitzungen und die Sicherheit der Delegierten und ihrer Mitarbeiter zu gewährleisten. In Bezug auf den Sicherheitsschutz sollte es insbesondere gewährleisten, dass

a) Pläne für den Umgang mit Sicherheitsrisiken und sicherheitsrelevanten Zwischenfällen aufgestellt werden, wobei die betreffenden Maßnahmen insbesondere auf die sichere Verwahrung von EU-Verschlusssachen in Büroräumen abzielen;

b) Maßnahmen getroffen werden, um den etwaigen Zugang zum Kommunikationssystem der Kommission für den Empfang und die Versendung von als Verschlusssache eingestuften EU-Mitteilungen bereitzustellen. Der gastgebende Mitgliedstaat wird gebeten, erforderlichenfalls den Zugang zu sicheren Telefonsystemenzu ermöglichen.

Das Sicherheitsbüro der Kommission fungiert als Sicherheitsberatungsstelle für die Vorbereitung der Sitzung; es sollte auf der Sitzung vertreten sein, um erforderlichenfalls den Sicherheitsbeauftragten für die Sitzung und die Delegationen zu unterstützen und zu beraten.

Jede an der Sitzung teilnehmende Delegation wird gebeten, einen Sicherheitsbeauftragten zu benennen, der für die Behandlung von Sicherheitsfragen in seiner Delegation zuständig ist und die Verbindung zu dem Sicherheitsbeauftragten für die Sitzung sowie mit dem Vertreter des Sicherheitsbüros der Kommission aufrechterhält.

23.2.2.

Sicherheitsbeauftragter für die Sitzung

Es wird ein Sicherheitsbeauftragter ernannt, der für die allgemeine Vorbereitung und Überwachung der allgemeinen internen Sicherheitsmaßnahmen und für die Koordinierung mit den anderen betroffenen Sicherheitsbehörden verantwortlich ist. Die von ihm getroffenen Maßnahmen erstrecken sich im Allgemeinen auf Folgendes:

a) Schutzmaßnahmen am Sitzungsort, mit denen sichergestellt wird, dass es auf der Sitzung zu keinem Zwischenfall kommt, der die Sicherheit einer dort verwendeten EU-Verschlusssache gefährden könnte;

b) Überprüfung des Personals, das den Sitzungsort, die Bereiche der Delegationen und die Konferenzräume betreten darf, sowie sämtlicher Ausrüstungsgegenstände;

c) ständige Abstimmung mit den zuständigen Behörden des gastgebenden Mitgliedstaats und dem Sicherheitsbüro der Kommission;

d) Einfügung von Sicherheitsanweisungen in das Sitzungsdossier unter gebührender Berücksichtigung der Erfordernisse, die in diesen Sicherheitsvorschriften und anderen für erforderlich erachteten Sicherheitsanweisungen enthalten sind.

23.3.

Sicherheitsmaßnahmen

23.3.1.

Sicherheitsbereiche

Es werden folgende Sicherheitsbereiche angelegt:

a) ein Sicherheitsbereich der Kategorie II, der nach Maßgabe der Erfordernisse einen Redaktionsraum, die Büroräume der Kommission und die Vervielfältigungsausrüstung sowie Büroräume der Delegationen umfasst;

b) ein Sicherheitsbereich der Kategorie I, der den Konferenzraum sowie die Dolmetschkabinen und die Kabinen für die Tontechnik umfasst;

c) einen Verwaltungsbereich, der aus dem Pressebereich und den für Verwaltung, Verpflegung und Unterkunft genutzten Bereichen des Sitzungsortes sowie aus dem sich unmittelbar an das Pressezentrum und den Sitzungsort anschließenden Bereich besteht.

23.3.2.

Berechtigungsausweise

Der Sicherheitsbeauftragte für die Sitzung gibt entsprechend dem von den Delegationen gemeldeten Bedarf geeignete Berechtigungsausweise aus. Erforderlichenfalls kann eine Abstufung der Zugangsberechtigung für die verschiedenen Sicherheitsbereiche vorgesehen werden.

Mit den Sicherheitsanweisungen für die Sitzung werden alle Betroffenen verpflichtet, am Sitzungsort ihre Berechtigungsausweise stets gut sichtbar mit sich zu führen, so dass sie erforderlichenfalls vom Sicherheitspersonal überprüft werden können.

Abgesehen von den mit einem Berechtigungsausweis versehenen Sitzungsteilnehmern sollten so wenige Personen wie möglich Zugang zum Sitzungsort erhalten. Der Sicherheitsbeauftragte für die Sitzung erteilt einzelstaatlichen Delegationen nur auf Antrag die Genehmigung, während der Sitzung Besucher zu empfangen.

Die Besucher sollten einen Besucherausweis erhalten. Der Name des Besuchers und der besuchten Person wird auf einem Besucherschein eingetragen. Besucher sind stets von einem Angehörigen des Sicherheitspersonals oder von der besuchten Person zu begleiten. Der Besucherschein wird von der Begleitperson mitgeführt und von dieser zusammen mit dem Besucherausweis dem Sicherheitspersonal zurückgegeben, sobald der Besucher den Sitzungsort verlässt.

23.3.3.

Kontrolle von fotografischen Ausrüstungen und Tonaufzeichnungsgeräten

Bild- oder Tonaufzeichnungsgeräte dürfen nicht in einen Sicherheitsbereich der Kategorie I gebracht werden, sofern es sich nicht um die Ausrüstung von Fotografen und Tontechnikern handelt, die vom Sicherheitsbeauftragten für die Sitzung vorschriftsgemäß zugelassen worden sind.

23.3.4.
Überprüfung von Aktentaschen, tragbaren Computern und Paketen

Inhaber von Berechtigungsausweisen, denen der Zugang zu einem Sicherheitsbereich gestattet ist, dürfen in der Regel ihre Aktentaschen und tragbaren Computer (nur mit eigener Stromversorgung) mitbringen, ohne dass diese überprüft werden. Bei für die Delegationen bestimmten Paketen dürfen die Delegationen die Lieferung in Empfang nehmen; diese wird entweder vom Sicherheitsbeauftragten der Delegation überprüft, mit Spezialgeräten kontrolliert oder aber vom Sicherheitspersonal zur Überprüfung geöffnet. Wenn der Sicherheitsbeauftragte für die Sitzung es für erforderlich hält, können strengere Maßnahmen für die Überprüfung von Aktentaschen und Paketen festgelegt werden.

23.3.5.
Technische Sicherheit

Der Sitzungsraum kann von einem für die technische Sicherheit zuständigen Team technisch gesichert werden; dieses Team kann ferner während der Sitzung eine elektronische Überwachung vornehmen.

23.3.6.
Dokumente der Delegationen

Die Delegationen sind für die Beförderung von EU-Verschlusssachen zu und von Sitzungen verantwortlich. Sie sind auch für die Überprüfung und Sicherheit der betreffenden Unterlagen bei der Verwendung in den ihnen zugewiesenen Räumlichkeiten verantwortlich. Der gastgebende Mitgliedstaat kann für die Beförderung der Verschlusssachen zum und vom Sitzungsort um Hilfe ersucht werden.

23.3.7.
Sichere Aufbewahrung der Dokumente

Sind die Kommission oder die Delegationen nicht in der Lage, ihre Verschlusssachen gemäß den anerkannten Standards aufzubewahren, so können sie diese Unterlagen in einem versiegelten Umschlag beim Sicherheitsbeauftragten für die Sitzung gegen Empfangsbescheinigung hinterlegen, so dass dieser für eine den genannten Standards entsprechenden Aufbewahrung Sorge tragen kann.

23.3.8.
Überprüfung der Büroräume

Der Sicherheitsbeauftragte für die Sitzung sorgt dafür, dass die Büroräume der Kommission und der Delegationen am Ende jedes Arbeitstages überprüft werden, damit sichergestellt ist, dass alle EU-Verschlusssachen an einem sicheren Ort aufbewahrt werden; andernfalls trifft er die erforderlichen Abhilfemaßnahmen.

23.3.9.
Abfallbeseitigung bei EU-Verschlusssachen

Sämtliche Abfälle sind als EU-Verschlusssachen zu behandeln, und die Kommission und die Delegationen sollten zur Entsorgung Papierkörbe oder Abfallsäcke erhalten. Vor Verlassen der ihnen zugewiesenen Räumlichkeiten bringen die Kommission und die Delegationen die Abfälle zum Sicherheitsbeauftragten für die Sitzung, der ihre vorschriftsmäßige Vernichtung veranlasst.

Am Ende der Sitzung werden alle Dokumente, die die Kommission oder die Delegationen in ihrem Besitz hatten, aber nicht behalten wollen, als Abfall behandelt. Es wird eine umfassende Inspektion der Räumlichkeiten der Kommission und der Delegationen durchgeführt, bevor die für die Sitzung getroffenen Sicherheitsmaßnahmen aufgehoben werden. Dokumente, für die eine Empfangsbescheinigung unterzeichnet wurde, werden soweit möglich gemäß den Vorschriften des Abschnitts 22.5 vernichtet.

24.
VERLETZUNG DER SICHERHEIT UND KENNTNISNAHME VON EU-VERSCHLUSSSACHEN DURCH UNBEFUGTE

24.1.
Begriffsbestimmungen

Eine Verletzung der Sicherheit liegt vor, wenn durch eine Handlung oder durch eine Unterlassung, die den Sicherheitsvorschriften der Kommission zuwiderläuft, EU-Verschlusssachen in Gefahr geraten oder Unbefugten zur Kenntnis gelangen könnten.

Eine Kenntnisnahme von EU-Verschlusssachen durch Unbefugte liegt vor, wenn die Verschlusssache ganz oder teilweise in die Hände unbefugter Personen (d. h. von Personen, die nicht die erforderliche Zugangsermächtigung haben oder deren Kenntnis der Verschlusssachen nicht nötig ist) gelangt ist oder es wahrscheinlich ist, dass eine derartige Kenntnisnahme stattgefunden hat.

Die Kenntnisnahme von EU-Verschlusssachen durch Unbefugte kann die Folge von Nachlässigkeit, Fahrlässigkeit oder Indiskretion, aber auch der Tätigkeit von Diensten, die in der EU oder ihren Mitgliedstaaten Kenntnis von EU-Verschlusssachen und geheimen Tätigkeiten erlangen wollen, oder von subversiven Organisationen sein.

24.2.

Meldung von Verstößen gegen die Sicherheit

Alle Personen, die mit EU-Verschlusssachen umgehen müssen, werden eingehend über ihre Verantwortung in diesem Bereich unterrichtet. Sie melden unverzüglich jede Verletzung der Sicherheit, von der sie Kenntnis erhalten.

Wenn ein Lokaler Sicherheitsbeauftragter oder ein Sicherheitsbeauftragter für eine Sitzung eine Verletzung der Sicherheit betreffend EU-Verschlusssachen oder den Verlust bzw. das Verschwinden von als EU-Verschlusssache eingestuftem Material entdeckt oder hiervon unterrichtet wird, trifft er rasch Maßnahmen, um

a) Beweise zu sichern;

b) den Sachverhalt zu klären;

c) den entstandenen Schaden zu bewerten und möglichst klein zu halten;

d) zu verhindern, dass sich ein derartiger Vorfall wiederholt;

e) die zuständigen Behörden von den Folgen der Verletzung der Sicherheit zu unterrichten.

In diesem Zusammenhang sind folgende Angaben zu machen:

i) eine Beschreibung der entsprechenden Verschlusssache unter Angabe ihres Geheimhaltungsgrades, ihres Aktenzeichens und der Ausfertigungsnummer, des Datums, des Urhebers, des Themas und des Umfangs;

ii) eine kurze Beschreibung der Umstände, unter denen die Verletzung der Sicherheit erfolgt ist, unter Angabe des Datums und des Zeitraums, während dessen die Verschlusssache Unbefugten zur Kenntnis gelangen konnte;

iii) eine Erklärung darüber, ob der Urheber informiert worden ist.

Jede Sicherheitsbehörde hat die Pflicht, unmittelbar nach ihrer Unterrichtung von einer möglichen Verletzung der Sicherheit das Sicherheitsbüro der Kommission zu benachrichtigen.

Fälle, in denen es um als „RESTREINT UE" eingestufte Verschlusssachen geht, müssen nur dann gemeldet werden, wenn sie ungewöhnlicher Art sind.

Wird das für Sicherheitsfragen zuständige Mitglied der Kommission von einer Verletzung der Sicherheit unterrichtet, so

a) unterrichtet es die Stelle, von der die entsprechende Verschlusssache stammt;

b) bittet es die zuständigen Sicherheitsbehörden um die Einleitung von Ermittlungen;

c) koordiniert es die Ermittlungen, falls mehr als eine Sicherheitsbehörde betroffen ist;

d) lässt es einen Bericht erstellen über die Umstände der Verletzung der Sicherheit, das Datum oder den Zeitraum, an dem bzw. während dessen die Verletzung erfolgt ist und der Verstoß entdeckt wurde; der Bericht umfasst eine detaillierte Beschreibung des Inhalts und des Geheimhaltungsgrades des betreffenden Materials. Es ist auch zu berichten, welcher Schaden den Interessen der EU oder eines oder mehrerer ihrer Mitgliedstaaten entstanden ist und welche Maßnahmen ergriffen worden sind, um eine Wiederholung des Vorfalls zu verhindern.

Die Stelle, von der die Verschlusssache stammt, unterrichtet die Empfänger des Dokuments und gibt ihnen entsprechende Anweisungen.

24.3.

Rechtliche Schritte

Gegen jede für die Kenntnisnahme von EU-Verschlusssachen durch Unbefugte verantwortliche Person können nach den geltenden Vorschriften und Regelungen, insbesondere nach Titel VI des Statuts Disziplinarmaßnahmen ergriffen werden. Diese Maßnahmen lassen ein etwaiges gerichtliches Vorgehen unberührt.

In geeigneten Fällen leitet das für Sicherheitsfragen zuständige Mitglied der Kommission auf der Grundlage des Berichts nach Abschnitt 24.2 alle erforderlichen Schritte ein, um den zuständigen einzelstaatlichen Behörden die Einleitung von Strafverfahren zu ermöglichen.

25.
SCHUTZ VON EU-VERSCHLUSSSACHEN IN INFORMATIONSTECHNISCHEN SYSTEMEN UND KOMMUNIKATIONSSYSTEMEN

25.1.
Einleitung

25.1.1.
Allgemeines

Das Sicherheitskonzept und die Sicherheitsanforderungen gelten für alle Kommunikationsund Informationssysteme und -netze (nachstehend als „Systeme" bezeichnet), in denen Informationen des Geheimhaltungsgrades „CONFIDENTIEL UE" oder höher verarbeitet werden. Sie gelten ergänzend zum Beschluss der Kommission C(95) 1510 endg. der Kommission vom 23. November 1995 über den Schutz der Informatiksysteme.

Auch bei Systemen, in denen als „RESTREINT UE" eingestufte Informationen verarbeitet werden, sind Sicherheitsmaßnahmen zum Schutz der Vertraulichkeit dieser Informationen erforderlich. Bei allen Systemen sind Sicherheitsmaßnahmen zum Schutz der Integrität und der Verfügbarkeit dieser Systeme und der darin enthaltenen Informationen erforderlich.

Das von der Kommission angewandte IT-Sicherheitskonzept stützt sich auf folgende Grundsätze:

- Es ist Bestandteil der Sicherheit im Allgemeinen und ergänzt alle Teilaspekte der Datensicherheit der personalbezogenen Sicherheit und der materiellen Sicherheit;
- Aufteilung der Zuständigkeiten auf Eigentümer der technischen Systeme, Eigentümer von EU-Verschlusssachen, die in technischen Systemen gespeichert oder verarbeitet werden, IT-Sicherheitsexperten und Nutzer;
- Beschreibung der Sicherheitsgrundsätze und Anforderungen jedes IT-Systems;
- Genehmigung dieser Grundsätze und Anforderungen durch eine dafür bestimmte Stelle;
- Berücksichtigung der spezifischen Bedrohungen und Schwachstellen in der IT-Umgebung.

25.1.2.
Bedrohungen und Schwachstellen von Systemen

Eine Bedrohung kann als Möglichkeit einer unabsichtlichen oder absichtlichen Beeinträchtigung der Sicherheit definiert werden. Bei Systemen ist dies mit dem Verlust einer oder mehrerer der Eigenschaften Vertraulichkeit, Integrität und Verfügbarkeit verbunden. Eine Schwachstelle kann als unzureichende oder fehlende Kontrolle definiert werden, die die Bedrohung eines bestimmten Objekts oder Ziels erleichtern oder ermöglichen könnte.

EU-Verschlusssachen und sonstige Informationen, die in Systemen in einer zur raschen Abfrage, Übermittlung und Nutzung konzipierten konzentrierten Form vorliegen, sind in vielerlei Hinsicht gefährdet. So könnten z. B. Unbefugte auf die Informationen zugreifen oder Befugten könnte der Zugriff verweigert werden. Ferner besteht das Risiko einer unerlaubten Verbreitung, einer Verfälschung, Änderung oder Löschung der Informationen. Außerdem sind die komplexen und manchmal empfindlichen Geräte teuer in der Anschaffung, und es ist häufig schwierig, sie rasch zu reparieren oder zu ersetzen.

25.1.3.
Hauptzweck von Sicherheitsmaßnahmen

Die in diesem Abschnitt festgelegten Sicherheitsmaßnahmen dienen in erster Linie dem Schutz von EU-Verschlusssachen vor unerlaubter Preisgabe (Verlust der Vertraulichkeit) sowie dem Schutz vor dem Verlust der Integrität und der Verfügbarkeit von Informationen. Um ein System, in dem EU-Verschlusssachen verarbeitet werden, angemessen zu schützen, sind die einschlägigen konventionellen Sicherheitsstandards vom Sicherheitsbüro der Kommission festzulegen, zu denen geeignete, auf das jeweilige System zugeschnittene spezielle Sicherheitsverfahren und -techniken hinzukommen.

25.1.4.
Aufstellung der systemspezifischen Sicherheitsanforderungen (SSRS)

Für alle Systeme, in denen als „CONFIDENTIEL UE" oder höher eingestufte Informationen verarbeitet werden, ist eine Aufstellung der systemspezifischen Sicherheitsanforderungen SSRS) erforderlich, die vom Eigentümer des technischen Systems (TSO) (siehe Abschnitt 25.3.4) und dem Eigentümer der Information (siehe Abschnitt 25.3.5) gegebenenfalls mit Beiträgen und Unterstützung des Projektpersonals und des Sicherheitsbüros der Kommission (als INFOSEC-Stelle (IA) siehe Abschnitt 25.3.3) erstellt und von der Akkreditierungsstelle für IT-Sicherheit (SAA, siehe Abschnitt 25.3.2) genehmigt werden.

Eine SSRS ist auch dann erforderlich, wenn die Verfügbarkeit und Integrität von als „RESTREINT UE" eingestuften Informationen oder von Informationen ohne VS-Einstufung von der

Akkreditierungsstelle für IT-Sicherheit (SAA) als sicherheitskritisch angesehen wird.

Die SSRS wird im frühesten Stadium der Konzeption eines Projekts formuliert und parallel zum Projektverlauf weiterentwickelt und verbessert; sie erfüllt unterschiedliche Aufgaben in verschiedenen Stadien des Projekts und des Lebenszyklus des Systems.

25.1.5.

Sicherheitsmodus

Alle Systeme, in denen als „CONFIDENTIEL UE" oder höher eingestufte Informationen verarbeitet werden, werden für den Betrieb in einem einzigen Sicherheitsmodus oder – aufgrund zeitlich unterschiedlicher Anforderungen – in mehreren der folgenden sicherheitsbezogenen Betriebsarten (oder deren einzelstaatlichen Entsprechungen) freigegeben:

a) Dedicated,

b) System high,

c) Multi-level.

25.2.

Begriffsbestimmungen

„Akkreditierung" bezeichnet die Abnahme und Zulassung eines SYSTEMS zur Verarbeitung von EU-Verschlusssachen in seinem betrieblichen Umfeld.

Anmerkung:

Die Akkreditierung sollte erfolgen, nachdem alle einschlägigen sicherheitsrelevanten Verfahren durchgeführt worden sind und der Schutz der Systemressourcen in ausreichendem Maße sichergestellt worden ist. Die Akkreditierung sollte in der Regel auf der Grundlage der SSRS erfolgen und Folgendes umfassen:

a) Festlegung der Zielvorgaben der Akkreditierung dieses System, insbesondere welche Geheimhaltungsgrade verarbeitet werden sollen und welcher Sicherheitsmodus für das System oder Netz vorgeschlagen wird;

b) Bestandsaufnahme des Risikomanagements, in der Bedrohungen und Schwachstellen benannt und entsprechende Gegenmaßnahmen dargelegt werden;

c) sicherheitsbezogene Betriebsverfahren (SecOP) mit einer detaillierten Beschreibung der vorgesehenen Abläufe (z. B. Betriebsarten und Funktionen) und mit einer Beschreibung der Sicherheitseigenschaften des Systems, die die Grundlage für die Akkreditierung bildet;

d) Plan für die Implementierung und Aufrechterhaltung der Sicherheitseigenschaften;

e) Plan für die erstmalige und nachfolgende Prüfung, Evaluation und Zertifizierung der System- oder Netzsicherheit;

f) gegebenenfalls Zertifizierung zusammen mit anderen Teilaspekten der Akkreditierung.

Der „Beauftragte für die zentrale IT-Sicherheit" (CISO) ist der Beamte in einer zentralen IT-Dienststelle, der Sicherheitsmaßnahmen für zentral organisierte Systeme koordiniert und überwacht.

„Zertifizierung" bezeichnet eine – durch eine unabhängige Überprüfung der Durchführung und der Ergebnisse einer Evaluation gestützte – förmliche Bescheinigung darüber, inwieweit ein System die Sicherheitsanforderungen erfüllt oder inwieweit ein Computersicherheitsprodukt vorgegebene Sicherheitsleistungen erbringt.

„Kommunikationssicherheit" (COMSEC) bezeichnet die Anwendung von Sicherheitsmaßnahmen auf den Telekommunikationsverkehr, um zu verhindern, dass Unbefugte in den Besitz wertvoller Informationen gelangen, die aus dem Zugriff auf den Telekommunikationsverkehr und dessen Auswertung gewonnen werden könnten, oder um die Authentizität des Telekommunikationsverkehrs sicherzustellen.

Anmerkung:

Diese Maßnahmen umfassen die kryptografische Sicherheit, die Sicherheit der Übermittlung und die Sicherheit vor Abstrahlung und ferner die verfahrens-, objekt- und personenbezogene Sicherheit sowie die Dokumenten- und Computersicherheit.

„Computersicherheit" (COMPUSEC) bezeichnet den Einsatz der Sicherheitseigenschaften von Hardware, Firmware und Software eines Computersystems zum Schutz vor unerlaubter Preisgabe, Manipulation, Änderung bzw. Löschung von Informationen sowie vor einem Systemausfall (Denial of Service).

„Computersicherheitsprodukt" ist ein allgemeines, der Computersicherheit dienendes Produkt, das zur Integration in ein IT-System und zur Verbesserung bzw. Gewährleistung der Vertraulichkeit, Integrität oder Verfügbarkeit der verarbeiteten Informationen bestimmt ist.

Der „Sicherheitsmodus ‚DEDICATED'!!! Unknown FG !!!" bezeichnet eine Betriebsart, bei der ALLE Personen, die Zugang zum SYSTEM haben, zum Zugriff auf den höchsten im System verarbeiteten Geheimhaltungsgrad berechtigt sind und generell einen berechtigten Informationsbedarf in Bezug auf ALLE im System verarbeiteten Informationen haben.

Anmerkungen:

(1) Da alle Nutzer einen berechtigten Informationsbedarf haben, muss sicherheitstechnisch nicht unbedingt zwischen unterschiedlichen Informationen innerhalb des Systems unterschieden werden.

(2) Andere Sicherheitseigenschaften (z. B. objekt-, personen- und verfahrensbezogene Funktionen) müssen den Anforderungen für den höchsten Geheimhaltungsgrad und für alle Kategorien von Informationen, die im System verarbeitet werden, entsprechen.

„EVALUATION" bezeichnet die eingehende technische Prüfung der Sicherheitsaspekte eines SYSTEMS oder eines Produkts für kryptografische Sicherheit oder Computersicherheit durch eine zuständige Stelle.

Anmerkungen:

(1) Bei der Evaluation wird geprüft, ob die verlangten Sicherheitsfunktionen tatsächlich vorhanden sind und ob sie negative Nebeneffekte haben, und es wird bewertet, inwieweit diese Funktionen verfälscht werden könnten.

(2) Bei der Evaluation wird ferner bestimmt, inwieweit die für ein System geltenden Sicherheitsanforderungen erfüllt bzw. die geltend gemachten Sicherheitsleistungen eines Computersicherheitsprodukts erbracht werden, und es wird die Vertrauenswürdigkeitsstufe des Systems oder des Produkts für kryptografische Sicherheit oder Computersicherheit bestimmt.

Eigentümer der Information (IO) ist die Stelle (Dienststellenleiter), die für die Schaffung, Verarbeitung und Nutzung von Informationen verantwortlich ist, einschließlich der Entscheidung, wem der Zugriff auf diese Informationen gewährt werden soll.

„Informationssicherheit" (INFOSEC) bezeichnet die Anwendung von Sicherheitsmaßnahmen zum Schutz von Informationen, die in Kommunikations- und Informationssystemen und anderen elektronischen Systemen verarbeitet, gespeichert oder übermittelt werden, vor dem unabsichtlichen oder absichtlichen Verlust der Vertraulichkeit, Integrität oder Verfügbarkeit, sowie zur Vermeidung des Verlustes der Integrität und Verfügbarkeit der Systeme selbst.

„INFOSEC-Maßnahmen" erstrecken sich auf die Sicherheit von Computern, die Sicherheit der Übertragung, die Sicherheit vor Abstrahlung und die kryptografische Sicherheit sowie die Aufdeckung, Dokumentation und Bekämpfung von Bedrohungen für Informationen und Systeme.

„IT-Umgebung" bezeichnet einen Bereich, in dem sich ein oder mehrere Computer, deren lokale Peripheriegeräte und Speichereinheiten, Steuereinheiten sowie ihnen fest zugeordnete Netz- und Kommunikationseinrichtungen befinden.

Anmerkung:

Nicht eingeschlossen sind davon abgetrennte Bereiche, in denen sich dezentrale Peripheriegeräte oder Terminals bzw. Datenstationen befinden, auch wenn diese an Geräte innerhalb der IT-Umgebung angeschlossen sind.

„IT-Netz" bezeichnet eine Gesamtheit von geografisch verteilten IT-Systemen, die für den Datenaustausch miteinander verbunden sind; darin eingeschlossen sind die Bestandteile der vernetzten IT-Systeme sowie deren Schnittstelle mit den zugrunde liegenden Daten- oder Kommunikationsnetzen.

Anmerkungen:

(1) Ein IT-Netz kann die Funktionen eines oder mehrerer Kommunikationsnetze zum Datenaustausch nutzen; mehrere IT-Netze können die Funktionen eines gemeinsamen Kommunikationsnetzes nutzen.

(2) Ein IT-Netz wird als „lokal" bezeichnet, wenn es mehrere am selben Standort befindliche Computer miteinander verbindet.

Die „Sicherheitseigenschaften eines IT-Netzes" umfassen die Sicherheitseigenschaften der einzelnen IT-Systeme, aus denen das Netz besteht, sowie jene zusätzlichen Bestandteile und Eigenschaften, die mit dem Netz als solchem verbunden sind (z. B. Kommunikation im Netz, Mechanismen und Verfahren zur Sicherheitsidentifikation und zur Kennzeichnung, Zugriffskontrollen, Programme und automatische Ereignisprotokolle), und die erforderlich sind, um einen angemessenen Schutz der Verschlusssachen sicherzustellen.

„IT-System" bezeichnet eine Gesamtheit von Betriebsmitteln, Methoden und Verfahren sowie gegebenenfalls Personal, die zusammenwirken, um Aufgaben der Informationsverarbeitung zu erfüllen.

Anmerkungen:

(1) Darunter wird eine Gesamtheit von Einrichtungen verstanden, die zur Verarbeitung von Informationen innerhalb des Systems konfiguriert sind.

(2) Diese Systeme können der Abfrage, der Steuerung, der Kontrolle, der Kommunikation und wissenschaftlichen oder administrativen An-

wendungen einschließlich der Textverarbeitung dienen.

(3) Die Grenzen eines Systems werden im Allgemeinen in Bezug auf die Bestandteile definiert, die der Kontrolle eines einzigen TSO) unterliegen.

(4) Ein IT-System kann Teilsysteme enthalten, von denen einige selbst wiederum IT-Systeme sind.

Die „Sicherheitseigenschaften eines IT-Systems" umfassen alle Funktionen, Merkmale und Eigenschaften der Hardware, Firmware und Software; dazu gehören die Betriebsverfahren, die Nachvollziehbarkeit, die Zugangs- und Zugriffskontrollen, die IT-Umgebung, die Umgebung dezentraler Terminals bzw. Datenstationen, der vorgegebene Managementrahmen, die physischen Strukturen und Geräte sowie Personal- und Kommunikationskontrollen, die erforderlich sind, um einen annehmbaren Schutz der Verschlusssachen sicherzustellen, die in einem IT-System verarbeitet werden sollen.

Der „Beauftragte für die lokale IT-Sicherheit" (LISO) ist der Beamte in einer Dienststelle der Kommission, der für die Koordinierung und Überwachung von Sicherheitsmaßnahmen in seinem Bereich zuständig ist.

Der „Sicherheitsmodus ‚Multi-level'!!! Unknown FG !!!" bezeichnet eine Betriebsart, bei der NICHT ALLE Personen, die Zugang zum System haben, zum Zugriff auf den höchsten Geheimhaltungsgrad im System berechtigt sind und bei der NICHT ALLE Personen, die Zugang zum System haben, generell einen berechtigten Informationsbedarf in Bezug auf die im System verarbeiteten Informationen haben.

Anmerkungen:

(1) In dieser Betriebsart ist derzeit die Verarbeitung von Informationen unterschiedlicher Geheimhaltungsgrade und verschiedener Kategorien von Informationen möglich.

(2) Da nicht alle Personen zum Zugriff auf die höchsten Geheimhaltungsgrade berechtigt sind und da nicht alle Personen generell einen berechtigten Informationsbedarf in Bezug auf die im System verarbeiteten Informationen haben, muss die sicherheitstechnische Ausgestaltung einen selektiven Zugriff auf Informationen und eine Trennung von Informationen innerhalb des Systems gewährleisten.

„Umgebung von dezentralen Terminals bzw. Datenstationen" bezeichnet einen Bereich außerhalb einer IT-Umgebung, in dem sich Computer, deren lokale Peripheriegeräte oder Terminals bzw. Datenstationen und alle zugehörigen Kommunikationseinrichtungen befinden.

Die „sicherheitsbezogenen Betriebsverfahren" sind die vom Eigentümer des technischen Systems aufgestellten Verfahren zur Festlegung der in Sicherheitsfragen geltenden Grundsätze, der einzuhaltenden Betriebsverfahren sowie der Zuständigkeiten des Personals.

Der „Sicherheitsmodus ‚SYSTEM-HIGH'!!! Unknown FG !!!" bezeichnet eine Betriebsart, bei der ALLE Personen, die Zugang zum System haben, zum Zugriff auf den höchsten im System verarbeiteten Geheimhaltungsgrad berechtigt sind, bei der aber NICHT ALLE Personen, die Zugang zum System haben, generell einen berechtigten Informationsbedarf in Bezug auf die im System verarbeiteten Informationen haben.

Anmerkungen:

(1) Da nicht alle Nutzer generell einen berechtigten Informationsbedarf haben, muss die sicherheitstechnische Ausgestaltung einen selektiven Zugriff auf Informationen und eine Trennung von Informationen innerhalb des Systems gewährleisten.

(2) Andere Sicherheitseigenschaften (z. B. objekt-, personen- und verfahrensbezogene Funktionen) müssen den Anforderungen für den höchsten Geheimhaltungsgrad und für alle Kategorien von Informationen, die im System verarbeitet werden, entsprechen.

(3) Bei dieser Betriebsart werden alle im System verarbeiteten oder für das System verfügbaren Informationen sowie die entsprechenden Ausgaben – solange nichts anderes festgelegt wurde – so geschützt, als würden sie unter die jeweilige Kategorie von Informationen und den höchsten verarbeiteten Geheimhaltungsgrad fallen, es sei denn, eine vorhandene Kennzeichnungsfunktion ist in ausreichendem Maße vertrauenswürdig.

Die „Aufstellung der systemspezifischen Sicherheitsanforderungen" (SSRS) ist eine vollständige und ausführliche Festlegung der einzuhaltenden Sicherheitsgrundsätze und der zu erfüllenden detaillierten Sicherheitsanforderungen. Sie beruht auf dem Sicherheitskonzept und der Risikobewertung der Kommission bzw. wird von Faktoren des betrieblichen Umfelds bestimmt, vom niedrigsten Berechtigungsstatus des Personals, dem höchsten Geheimhaltungsgrad der verarbeiteten Informationen, vom jeweiligen Sicherheitsmodus oder den Benutzeranforderungen. Die SSRS ist Bestandteil der Projektdokumentation, die den zuständigen Stellen zur Billigung der technischen, haushaltsbezogenen und sicherheitsrelevanten Aspekte unterbreitet wird. In ihrer endgültigen Fassung ist die SSRS eine vollständige Beschreibung der Voraussetzungen, die gegeben sein müssen, damit ein bestimmtes System sicher ist.

Der „Eigentümer des technischen Systems" (TSO) ist die für Einrichtung, Wartung, Betrieb und Abschaltung eines Systems zuständige Stelle.

„Tempest"-Schutzmaßnahmen (Transient Electromagnetic Pulse Emanation Standard) bezeichnen Sicherheitsmaßnahmen zum Schutz von Geräten und Kommunikationsinfrastruktur gegen die Preisgabe von Verschlusssachen durch unabsichtliche elektromagnetische Abstrahlung oder durch Leitfähigkeit.

25.3.

Zuständigkeiten im Sicherheitsbereich

25.3.1.

Allgemeines

Die beratenden Aufgaben der gemäß Abschnitt 12 eingesetzten Beratenden Gruppe für das Sicherheitskonzept der Kommission umfassen auch INFOSEC-Fragen. Die Gruppe organisiert ihre Tätigkeit so, dass sie zu den vorstehenden Punkten sachverständigen Rat geben kann.

Das Sicherheitsbüro der Kommission ist dafür zuständig, auf der Grundlage der Bestimmungen dieses Kapitels ausführliche INFOSEC-Bestimmungen aufzustellen.

Im Falle von Sicherheitsproblemen (Zwischenfälle, Verstoß gegen Vorschriften usw.) wird das Sicherheitsbüro der Kommission sofort tätig.

Das Sicherheitsbüro der Kommission hat ein INFOSEC-Referat.

25.3.2.

Akkreditierungsstelle für IT-Sicherheit (SAA)

Der Leiter des Sicherheitsbüros der Kommission ist die Akkreditierungsstelle für IT-Sicherheit (SAA) für die Kommission. Die SAA ist zuständig im allgemeinen Sicherheitsbereich und in den Sonderbereichen INFOSEC, Kommunikationssicherheit, kryptografische Sicherheit und Tempest-Sicherheit.

Die SAA hat sicherzustellen, dass die Systeme dem Sicherheitskonzept der Kommission entsprechen. Sie hat unter anderem die Aufgabe, die Verarbeitung von EU-Verschlusssachen bis zu einem bestimmten Geheimhaltungsgrad mit dem betreffenden SYSTEM in seinem betrieblichen Umfeld zu genehmigen.

Die Zuständigkeit der SAA der Kommission erstreckt sich auf alle Systeme, die innerhalb der Räumlichkeiten der Kommission betrieben werden. Wenn unterschiedliche Bestandteile eines Systems in die Zuständigkeit der SAA der Kommission und anderer SAA fallen, können alle Parteien ein gemeinsames Akkreditierungsgremium einsetzen, dessen Koordinierung die SAA der Kommission übernimmt.

25.3.3.

INFOSEC-Stelle (IA)

Der Leiter des INFOSEC-Referats des Sicherheitsbüros der Kommission ist die INFOSEC-Stelle für die Kommission. Die INFOSEC-Stelle ist für Folgendes verantwortlich:

– technische Beratung und Unterstützung der SAA,
– Unterstützung bei der Entwicklung der SSRS,
– Überprüfung der SSRS im Hinblick auf deren Konsistenz mit diesen Sicherheitsvorschriften und den Dokumenten betreffend die INFOSEC-Politik und Architektur,
– gegebenenfalls Teilnahme an den Sitzungen der Akkreditierungsgremien bzw. -ausschüsse und Erstellung von INFOSEC-Empfehlungen für die SAA betreffend Akkreditierung,
– Unterstützung bei Schulungs- und Ausbildungsmaßnahmen im INFOSEC-Bereich,
– technische Beratung bei der Untersuchung von Zwischenfällen im INFOSEC-Bereich,
– Erstellung technischer strategischer Leitlinien, um sicherzustellen, dass nur zugelassene Software verwendet wird.

25.3.4.

Eigentümer des technischen Systems (TSO)

Für die Implementierung und Kontrolle spezieller Sicherheitseigenschaften eines Systems ist der Eigentümer des betreffenden Systems, d. h. der Eigentümer des technischen Systems (TSO) zuständig. Bei zentral organisierten Systemen ist ein Beauftragter für die zentrale IT-Sicherheit (CISO) zu benennen. Jede Dienststelle benennt gegebenenfalls einen Beauftragten für die lokale IT-Sicherheit (LISO). Die Zuständigkeit eines TSO umfasst auch die Festlegung von sicherheitsbezogenen Betriebsverfahren (SecOPs) und erstreckt sich über die gesamte Lebensdauer eines Systems von der Konzeption des Projekts bis zur endgültigen Entsorgung.

Der TSO legt die Sicherheitsstandards und -verfahren fest, die vom Lieferanten des Systems eingehalten werden müssen.

Der TSO kann gegebenenfalls einen Teil seiner Zuständigkeiten an einen Beauftragten für die lokale IT-Sicherheit delegieren. Die verschiedenen INFOSEC-Aufgaben können von einer einzigen Person wahrgenommen werden.

25.3.5.
Eigentümer der Informationen (IO)

Der Eigentümer der Informationen (IO) ist für EU-Verschlusssachen (und andere Daten), die in technische Systeme eingebracht bzw. in technischen Systemen verarbeitet und erstellt werden sollen, verantwortlich. Er legt die Anforderungen für den Zugang zu diesen Daten in Systemen fest. Er kann diese Zuständigkeit an einen Informationsmanager oder an einen Datenbankverwalter in seinem Bereich delegieren.

25.3.6.
Nutzer

Alle Nutzer müssen sicherstellen, dass ihr Handeln die Sicherheit des von ihnen verwendeten Systems nicht beeinträchtigt.

25.3.7.
INFOSEC-Schulung

INFOSEC-Ausbildung und -schulung wird allen Mitarbeitern geboten, die sie benötigen.

25.4.
Nichttechnische Sicherheitsmaßnahmen

25.4.1.
Personalbezogene Sicherheit

Nutzer des Systems müssen sich erfolgreich einer Sicherheitsüberprüfung unterzogen haben, die dem Geheimhaltungsgrad der in ihrem bestimmten System verarbeiteten Informationen entspricht, und sie müssen einen entsprechenden berechtigten Informationsbedarf haben. Der Zugang zu bestimmten Einrichtungen oder Informationen, die für die Systeme sicherheitsrelevant sind, erfordert eine besondere Ermächtigung, die gemäß den Verfahren der Kommission erteilt wird.

Die SAA benennt alle sicherheitskritischen Arbeitsplätze und legt fest, welcher Sicherheitsüberprüfung und Überwachung sich alle Personen an diesen Arbeitsplätzen unterziehen müssen.

Systeme werden so spezifiziert und konzipiert, dass die Zuweisung von Aufgaben und Zuständigkeiten erleichtert wird und dass vermieden wird, dass eine einzige Person umfassende Kenntnis oder Kontrolle über die für die Systemsicherheit entscheidenden Punkte erhält.

IT-Umgebungen und Umgebungen von dezentralen Terminals bzw. Datenstationen, in denen die Sicherheit des Systems beeinflusst werden kann, dürfen nicht mit nur einem befugten Beamten oder sonstigen Bediensteten besetzt werden.

Die Sicherheitseinstellungen eines Systems dürfen nur in Zusammenarbeit von mindestens zwei befugte Personen geändert werden.

25.4.2.
Materielle Sicherheit

IT-Umgebungen und Umgebungen von dezentralen Terminals bzw. Datenstationen (gemäß Abschnitt 25.2), in denen als „CONFIDENTIEL UE" und höher eingestufte Informationen mit informationstechnischen Mitteln verarbeitet werden oder in denen der Zugriff auf solche Informationen potenziell möglich ist, werden je nach Sachlage als EU-Sicherheitsbereiche der Kategorie I oder II eingestuft.

25.4.3.
Kontrolle des Zugangs zu einem System

Alle Informationen und jegliches Material, das die Kontrolle des Zugangs zu einem System ermöglicht, werden durch Vorkehrungen geschützt, die dem höchsten Geheimhaltungsgrad und der Kategorie von Informationen, zu denen sie Zugang gewähren könnten, entsprechen.

Informationen und Material zur Zugangskontrolle werden gemäß Abschnitt 25.5.4 vernichtet, wenn sie nicht mehr zu diesem Zweck verwendet werden.

25.5.
Technische Sicherheitsmaßnahmen

25.5.1.
Informationssicherheit

Der Urheber einer Information hat die Aufgabe, alle informationstragenden Dokumente zu identifizieren und ihnen einen Geheimhaltungsgrad zuzuordnen, unabhängig davon, ob sie als Papierausdruck oder auf einem elektronischen Datenträger vorliegen. Auf jeder Seite eines Papierausdrucks wird oben und unten der Geheimhaltungsgrad vermerkt. Jeder Ausgabe, ob als Papierausdruck oder auf einem elektronischen Datenträger, wird der höchste Geheimhaltungsgrad der zu ihrer Erstellung verarbeiteten Informationen zugeordnet. Die Betriebsart eines Systems kann den Geheimhaltungsgrad für Ausgaben dieses Systems ebenfalls beeinflussen.

Die Kommissionsdienststellen und ihre Informationsträger müssen sich mit der Problematik der Zusammenstellung einzelner Informationsbestandteile und den Schlussfolgerungen, die aus den miteinander verknüpften Bestandteilen gewonnen werden können, auseinander setzen und entscheiden, ob die Gesamtheit der Informationen höher eingestuft werden muss oder nicht.

Die Tatsache, dass die Information in einer Kurzform, als Übertragungscode oder in einer beliebigen binären Darstellung vorliegt, bietet keinen Schutz und sollte deshalb die Einstufung der Information nicht beeinflussen.

Wenn Informationen von einem System zu einem anderen übertragen werden, werden diese Informationen bei der Übertragung und im Empfängersystem entsprechend dem ursprünglichen Geheimhaltungsgrad und der ursprünglichen Kategorie geschützt.

Die Behandlung aller elektronischen Datenträger muss dem höchsten Geheimhaltungsgrad der gespeicherten Informationen bzw. der Datenträger-Kennzeichnung entsprechen; elektronische Datenträger müssen jederzeit angemessen geschützt werden.

Wieder verwendbare elektronische Datenträger, die zur Speicherung von EU-Verschlusssachen verwendet werden, behalten den höchsten Geheimhaltungsgrad bei, für den sie jemals verwendet wurden, bis diese Informationen ordnungsgemäß herabgestuft worden sind oder der Geheimhaltungsgrad aufgehoben wurde und der Datenträger entsprechend neu eingestuft beziehungsweise der Geheimhaltungsgrad aufgehoben oder durch ein von der SAA zugelassenes Verfahren vernichtet wurde (siehe 25.5.4).

25.5.2.

Kontrolle und Nachvollziehbarkeit in Bezug auf Informationen

Der Zugriff auf Informationen, die als „SECRET UE" und höher eingestuft sind, wird automatisch („audit trails") oder manuell protokolliert und dokumentiert. Die Protokolle werden im Einklang mit diesen Sicherheitsvorschriften aufbewahrt.

EU-Verschlusssachen, die als Ausgaben innerhalb der IT-Umgebung vorliegen, können als eine einzige Verschlusssache behandelt werden und brauchen nicht registriert zu werden, sofern sie in geeigneter Weise identifiziert, mit dem Geheimhaltungsgrad gekennzeichnet und angemessen kontrolliert werden.

Für die Fälle, in denen ein System, in dem EU-Verschlusssachen verarbeitet werden, Ausgaben erstellt und diese Ausgaben aus einer IT-Umgebung in die Umgebung von dezentralen Terminals bzw. Datenstationen übermittelt werden, werden – von der SAA genehmigte – Verfahren festgelegt, um die Ausgabe zu kontrollieren und aufzuzeichnen. Für Informationen, die als „SECRET UE" oder höher eingestuft sind, beinhalten diese Verfahren besondere Anweisungen für die Nachvollziehbarkeit in Bezug auf diese Informationen.

25.5.3.

Behandlung und Kontrolle von austauschbaren elektronischen Datenträgern

Alle austauschbaren elektronischen Datenträger, die als „CONFIDENTIEL UE" und höher eingestuft sind, werden als Material angesehen und unterliegen den allgemeinen Regeln. Die Identifizierung und Kennzeichnung des Geheimhaltungsgrades muss an das besondere physische Erscheinungsbild der Datenträger angepasst werden, so dass diese eindeutig erkannt werden können.

Die Nutzer sind dafür verantwortlich, dass EU-Verschlusssachen auf Datenträgern gespeichert werden, die korrekt mit dem Geheimhaltungsgrad gekennzeichnet sind und angemessen geschützt werden. Um sicherzustellen, dass die Speicherung von Informationen auf elektronischen Datenträgern für alle EU-Geheimhaltungsgrade im Einklang mit diesen Sicherheitsvorschriften erfolgt, werden entsprechende Verfahren festgelegt.

25.5.4.

Freigabe und Vernichtung von elektronischen Datenträgern

Elektronische Datenträger, die zur Speicherung von EU-Verschlusssachen verwendet werden, können herabgestuft werden oder ihr Geheimhaltungsgrad kann aufgehoben werden, sofern Verfahren angewandt werden, die von der SAA zugelassen sind.

Elektronische Datenträger, die Informationen des Geheimhaltungsgrades „TRES SECRET UE/EU TOP SECRET" oder Informationen spezieller Kategorien enthalten haben, werden nicht freigegeben oder wiederverwendet.

Wenn elektronische Datenträger nicht freigegeben werden können oder nicht wiederverwendbar sind, werden sie nach dem obengenannten Verfahren vernichtet.

25.5.5.

Kommunikationssicherheit

Der Leiter des Sicherheitsbüros der Kommission ist die Kryptografische Stelle.

Wenn EU-Verschlusssachen elektromagnetisch übermittelt werden, werden besondere Maßnahmen zum Schutz von Vertraulichkeit, Integrität und Verfügbarkeit solcher Übermittlungsvorgänge ergriffen. Die SAA legt die Anforderungen an den Schutz von Übermittlungsvorgängen vor Aufdeckungs- und Abhörmaßnahmen fest. Der Schutz von Informationen, die in einem Kommunikationssystem übermittelt werden, richtet sich nach den Anforderungen an die Vertraulichkeit, Integrität und Verfügbarkeit.

Wenn zum Schutz von Vertraulichkeit, Integrität und Verfügbarkeit kryptografische Methoden erforderlich sind, werden diese Methoden und die damit verbundenen Produkte speziell zu diesem Zweck von der SAA in ihrer Funktion als Kryptografische Stelle zugelassen.

Während der Übermittlung wird die Vertraulichkeit von als „SECRET UE" und höher eingestuften Informationen durch kryptografische Methoden oder Produkte geschützt, die das für Sicherheitsfragen zuständige Mitglied der Kommission nach Konsultation der Beratenden Gruppe für das Sicherheitskonzept der Kommission zugelassen hat. Während der Übermittlung wird die Vertraulichkeit von als „CONFIDENTIEL UE" oder „RESTREINT UE " eingestuften Informationen durch kryptografische Methoden oder Produkte geschützt, die die Kryptografische Stelle der Kommission nach Konsultation der Beratenden Gruppe für das Sicherheitskonzept der Kommission zugelassen hat.

Detaillierte Regeln für die Übermittlung von EU-Verschlusssachen werden in besonderen Sicherheitsanweisungen festgelegt, die das Sicherheitsbüro der Kommission nach Konsultation der Beratenden Gruppe für das Sicherheitskonzept der Kommission erlässt.

Unter außergewöhnlichen Betriebsbedingungen können Informationen der Geheimhaltungsgrade „RESTREINT UE", „CONFIDENTIEL UE" und „SECRET UE" als Klartext übermittelt werden, sofern dies in jedem einzelnen Fall vom Eigentümer der Informationen ausdrücklich genehmigt und ordnungsgemäß registriert wird. Solche außergewöhnlichen Bedingungen sind gegeben

a) während einer drohenden oder aktuellen Krisen-, Konflikt- oder Kriegssituation und

b) wenn die Schnelligkeit der Zustellung von vordringlicher Bedeutung ist und keine Verschlüsselungsmittel verfügbar sind und wenn davon ausgegangen wird, dass die übermittelte Information nicht rechtzeitig dazu missbraucht werden kann, Vorgänge negativ zu beeinflussen.

Ein System muss in der Lage sein, bei Bedarf den Zugriff auf EU-Verschlusssachen an einzelnen oder allen seiner dezentralen Datenstationen bzw. Terminals zu verweigern, und zwar entweder durch eine physische Abschaltung oder durch spezielle, von der SAA genehmigte Softwarefunktionen.

25.5.6.

Sicherheit der Installation und Sicherheit vor Abstrahlung

Die Erstinstallation von Systemen und nachfolgende größere Änderungen werden so geregelt, dass die Arbeiten von sicherheitsüberprüften Personen durchgeführt und ständig durch technisch qualifiziertes Personal überwacht werden, das zum Zugang zu EU-Verschlusssachen des höchsten im System voraussichtlich gespeicherten und verarbeiteten Geheimhaltungsgrades ermächtigt ist.

Systeme, in denen als „CONFIDENTIEL UE" und höher eingestufte Informationen verarbeitet werden, werden so geschützt, dass ihre Sicherheit nicht durch kompromittierende Abstrahlung oder Leitfähigkeit bedroht werden kann, wobei entsprechende Analyse- und Kontrollmaßnahmen als „TEMPEST" bezeichnet werden.

Tempest-Schutzmaßnahmen werden von der Tempest-Stelle (siehe Abschnitt 25.3.2) überprüft und genehmigt.

25.6.

Sicherheit bei der Verarbeitung

25.6.1.

Sicherheitsbezogene Betriebsverfahren (SecOPs)

In den sicherheitsbezogenen Betriebsverfahren (SecOPs) werden die in Sicherheitsfragen geltenden Grundsätze, die einzuhaltenden Betriebsverfahren sowie die Zuständigkeiten des Personals festgelegt. Für die Erstellung der sicherheitsbezogenen Betriebsverfahren ist der Eigentümer des technischen Systems (TSO) verantwortlich.

25.6.2.

Softwareschutz und Konfigurationsmanagement

Der Schutz von Anwendungsprogrammen wird auf der Grundlage einer Bewertung der Sicherheitseinstufung des Programms selbst festgelegt, und nicht aufgrund der Einstufung der zu verarbeitenden Informationen. Die benutzten Software-Versionen sollten in regelmäßigen Abständen überprüft werden, um ihre Integrität und korrekte Funktion sicherzustellen.

Neue oder geänderte Versionen einer Software sollten erst für die Verarbeitung von EU-Verschlusssachen benutzt werden, wenn sie vom TSO geprüft worden sind.

25.6.3.

Prüfung auf das Vorhandensein von Programmen mit Schadensfunktionen und von Computerviren

Die Prüfung auf das Vorhandensein von Programmen mit Schadensfunktionen und von Computerviren wird regelmäßig und im Einklang mit den Anforderungen der SAA durchgeführt.

Alle elektronischen Datenträger, die bei der Kommission eingehen, sind auf das Vorhandensein von Programmen mit Schadensfunktionen und von Computerviren zu überprüfen, bevor sie in ein System eingebracht werden.

25.6.4.

Wartung

In Verträgen und Verfahrensanweisungen für die planmäßige und außerplanmäßige Wartung von Systemen, für die eine SSRS erstellt worden ist, werden Anforderungen und Vorkehrungen für den Zutritt von Wartungspersonal zu einer IT-Umgebung und für die zugehörige Wartungsausrüstung festgelegt.

Die Anforderungen werden in der SSRS und die Verfahren in den SecOPs präzise festgelegt. Wartungsarbeiten durch einen Auftragnehmer, die Diagnoseverfahren mit Fernzugriff erfordern, sind nur unter außergewöhnlichen Umständen und unter strenger Sicherheitskontrolle und nur nach Genehmigung durch die SAA zulässig.

25.7.

Beschaffungswesen

25.7.1.

Allgemeines

Jedes zu beschaffende Sicherheitsprodukt, das zusammen mit dem System verwendet werden soll, sollte auf der Grundlage international anerkannter Kriterien (wie z. B. Common Criteria for InformationTechnology Security Evaluation, ISO 15408) entweder bereits evaluiert und zertifiziert sein oder sich in der Phase der Evaluation und Zertifizierung durch eine geeignete Evaluations- und Zertifizierungsstelle eines der Mitgliedstaaten befinden. Für besondere Verfahren ist die Genehmigung des Vergabebeirats einzuholen.

Bei der Überlegung, ob Ausrüstung, insbesondere elektronische Speichermedien, eher geleast als gekauft werden soll, ist zu berücksichtigen, dass diese Ausrüstung, sobald sie zur Verarbeitung von EU-Verschlusssachen verwendet wurde, nicht mehr aus einem angemessen sicheren Umfeld herausgegeben werden kann, ohne dass sie zuvor mit Zustimmung der SAA freigegeben worden ist, und dass diese Zustimmung eventuell nicht immer gegeben werden kann.

25.7.2.

Akkreditierung

Alle Systeme, für die eine SSRS erstellt werden muss, müssen von der SAA akkreditiert werden, bevor EU-Verschlusssachen damit verarbeitet werden, und zwar auf der Grundlage der Angaben in der SSRS, in den SecOPs und in anderer relevanter Dokumentation. Teilsysteme und dezentrale Terminals bzw. Datenstationen werden als Teil aller Systeme akkreditiert, mit denen sie verbunden sind. Wenn ein System sowohl von der Kommission als auch von anderen Organisationen genutzt wird, nehmen die Kommission und die relevanten Sicherheitsstellen die Akkreditierung einvernehmlich vor.

Die Akkreditierung kann gemäß einer für das jeweilige System geeigneten und von der SAA definierten Akkreditierungsstrategie durchgeführt werden.

25.7.3.

Evaluation und Zertifizierung

Vor der Akkreditierung werden in bestimmten Fällen die Sicherheitseigenschaften der Hardware, Firmware und Software eines Systems evaluiert und daraufhin zertifiziert, dass sie in der Lage sind, Informationen des beabsichtigten Geheimhaltungsgrades zu schützen.

Die Anforderungen für Evaluation und Zertifizierung werden in die Systemplanung einbezogen und in der SSRS präzise festgelegt.

Die Evaluation und Zertifizierung wird gemäß genehmigter Leitlinien und von technisch qualifiziertem und ausreichend sicherheitsüberprüftem Personal durchgeführt, das im Auftrag des TSO tätig wird.

Das betreffende Personal kann von einer benannten Evaluations- und Zertifizierungsstelle eines Mitgliedstaates oder dessen benannten Vertretern, z. B. einem fachkundigen und ermächtigten Vertragspartner, bereitgestellt werden.

Wenn die Systeme auf bestehenden, einzelstaatlich evaluierten und zertifizierten Computersicherheitsprodukten beruhen, kann die Evaluation und die Zertifizierung vereinfacht werden (z. B. durch Beschränkung auf Integrationsaspekte).

25.7.4.

Regelmäßige Überprüfung von Sicherheitseigenschaften zur Aufrechterhaltung der Akkreditierung

Der TSO legt Verfahren für eine regelmäßige Kontrolle fest, durch die garantiert wird, dass alle Sicherheitseigenschaften des Systems noch ordnungsgemäß vorhanden sind.

Welche Änderungen eine neue Akkreditierung bzw. die vorherige Genehmigung durch die SAA erfordern, wird in der SSRS präzise festgelegt. Nach jeder Änderung, Instandsetzung oder Störung, die sich auf die Sicherheitseigenschaften des Systems ausgewirkt haben könnte, sorgt der TSO dafür, dass eine Überprüfung durchgeführt wird, um die korrekte Funktion der Sicherheitseigenschaften sicherzustellen. Eine Aufrechterhaltung der Akkreditierung des Systems hängt normalerweise vom zufrieden stellenden Ergebnis dieser Überprüfung ab.

Alle Systeme, die Sicherheitseigenschaften aufweisen, werden regelmäßig von der SAA kontrolliert oder überprüft. Bei Systemen, die Informationen des Geheimhaltungsgrades „TRES SECRET UE/EU TOP SECRET" verarbeiten, werden die Kontrollen mindestens einmal jährlich durchgeführt.

25.8.

Zeitlich befristete oder gelegentliche Nutzung

25.8.1.

Sicherheit von Mikrocomputern bzw. PCs

Mikrocomputer bzw. PCs mit eingebauten Speicherplatten (oder anderen nichtflüchtigen Datenträgern), die als Einzelrechner oder in einem Netz betrieben werden, sowie tragbare Computer (z. B. tragbare PCs und Notebook-Computer) mit eingebauten Festplatten werden im selben Sinne wie Disketten oder andere austauschbare elektronische Datenträger als Speichermedium für Informationen eingestuft.

Der Schutz dieser Geräte muss in Bezug auf Zugang, Verarbeitung, Speicherung und Transport dem höchsten Geheimhaltungsgrad der jemals gespeicherten oder verarbeiteten Informationen entsprechen (bis zur Herabstufung oder Aufhebung des Geheimhaltungsgrades gemäß genehmigter Verfahren).

25.8.2.

Nutzung von privater IT-Ausrüstung für dienstliche Zwecke der Kommission

Die Nutzung von privaten austauschbaren elektronischen Datenträgern, privater Software und IT-Hardware mit Speichermöglichkeit (z. B. PCs und tragbare Computer) zur Verarbeitung von EU-Verschlusssachen ist untersagt.

Private Hardware, Software und Speichermedien dürfen in Bereiche der Kategorien I oder II, in denen EU-Verschlusssachen verarbeitet werden, nur mit schriftlicher Genehmigung des Leiters des Sicherheitsbüros der Kommission verbracht werden. Diese Genehmigung kann nur ausnahmsweise aus technischen Gründen erteilt werden.

25.8.3.

Nutzung von IT-Ausrüstung eines Auftragnehmers oder eines Mitgliedstaats für dienstliche Zwecke der Kommission

Die Nutzung von IT-Ausrüstung und Software eines Auftragnehmers für dienstliche Zwecke der Kommission kann vom Leiter des Sicherheitsbüros der Kommission erlaubt werden. Die Verwendung der IT-Ausrüstung und Software eines Mitgliedstaats kann ebenfalls erlaubt werden; in diesem Fall unterliegt die IT-Ausrüstung der jeweiligen Bestandskontrolle der Kommission. Wenn die IT-Ausrüstung zur Verarbeitung von EU-Verschlusssachen verwendet werden soll, wird in jedem Fall die SAA konsultiert, damit die INFOSEC-Aspekte, die auf die Nutzung dieser Ausrüstung anwendbar sind, angemessen berücksichtigt und umgesetzt werden.

26.

WEITERGABE VON EU-VERSCHLUSSSACHEN AN DRITTSTAATEN ODER INTERNATIONALE ORGANISATIONEN

26.1.1.

Grundsätze für die Weitergabe von EU-Verschlusssachen

Über die Weitergabe von EU-Verschlusssachen an Drittstaaten oder internationale Organisationen beschließt die Kommission als Kollegium nach Maßgabe

- von Art und Inhalt dieser Verschlusssachen;
- des Grundsatzes „Kenntnis notwendig";
- der Vorteile für die EU.

Der Urheber der EU-Verschlusssache, die weitergegeben werden soll, wird um Zustimmung ersucht.

Einschlägige Beschlüsse werden von Fall zu Fall gefasst und richten sich nach

– dem gewünschten Maß an Zusammenarbeit mit den betreffenden Drittstaaten oder internationalen Organisationen;
– deren Vertrauenswürdigkeit, die nach dem Geheimhaltungsgrad, der für die diesen Staaten oder Organisationen anvertrauten Verschlusssachen vorgesehen würde, und nach der Vereinbarkeit der dort geltenden Sicherheitsvorschriften mit den Sicherheitsvorschriften der EU zu bemessen ist; die Beratende Gruppe für das Sicherheitskonzept der Kommission gibt dazu für die Kommission ein technisches Gutachten ab.

Durch die Annahme von EU-Verschlusssachen verpflichten sich die betreffenden Drittstaaten oder internationalen Organisationen, die übermittelten Informationen nur zu den Zwecken zu verwenden, für die die Weitergabe oder der Austausch von Informationen beantragt worden ist, und den von der Kommission verlangten Schutz zu bieten.

26.1.2.

Kooperationsstufen

Hat die Kommission beschlossen, die Weitergabe oder den Austausch von Verschlusssachen im Falle eines bestimmten Staates oder einer internationalen Organisation zu gestatten, so legt sie außerdem fest, wie weit diese Zusammenarbeit gehen kann. Dies hängt insbesondere von dem Sicherheitskonzept und den Sicherheitsvorschriften dieses Staates oder dieser Organisation ab. Es gibt drei Kooperationsstufen: Stufe 1

Zusammenarbeit mit Drittstaaten oder internationalen Organisationen, deren Sicherheitskonzept und -vorschriften sehr weitgehend mit denen der EU übereinstimmen; Stufe 2

Zusammenarbeit mit Drittstaaten oder internationalen Organisationen, deren Sicherheitskonzept und -vorschriften deutlich von denen der EU abweichen; Stufe 3

Gelegentliche Zusammenarbeit mit Drittstaaten oder internationalen Organisationen, deren Sicherheitskonzept und -vorschriften nicht eingeschätzt werden können.

Die in den Anhängen 3, 4 und 5 erläuterten Verfahren und Sicherheitsbestimmungen richten sich nach der jeweiligen Kooperationsstufe.

26.1.3.

Abkommen

Beschließt die Kommission, dass ein ständiger oder langfristiger Austausch von Verschlusssachen zwischen der EU und Drittstaaten oder anderen internationalen Organisationen erforderlich ist, so arbeitet sie mit diesen „Abkommen über die Sicherheitsverfahren für den Austausch von Verschlusssachen" aus, die das Ziel der Zusammenarbeit und die gegenseitigen Vorschriften für den Schutz der ausgetauschten Informationen festlegen.

Für den Fall einer gelegentlichen Zusammenarbeit im Rahmen der Stufe 3, die per Definition zeitlich und sachlich begrenzt ist, kann eine einfache Vereinbarung, die die Art der auszutauschenden Verschlusssache und die gegenseitigen Verpflichtungen festlegt, an die Stelle des „Abkommens über die Sicherheitsverfahren für den Austausch von Verschlusssachen" treten, sofern die Verschlusssache nicht höher als „RESTREINT UE" eingestuft ist.

Die Entwürfe für Abkommen über die Sicherheitsverfahren oder für Vereinbarungen werden von der Beratenden Gruppe für das Sicherheitskonzept der Kommission erörtert, bevor sie der Kommission zur Entscheidung vorgelegt werden.

Das für Sicherheitsfragen zuständige Mitglied der Kommission ersucht die nationalen Sicherheitsbehörden der Mitgliedstaaten um die erforderliche Unterstützung, damit sichergestellt ist, dass die Informationen, die weitergegeben werden sollen, gemäß den Bestimmungen der Abkommen über die Sicherheitsverfahren oder der betreffenden Vereinbarungen genutzt und geschützt werden.

27.

GEMEINSAME MINDESTNORMEN FÜR INDUSTRIELLE SICHERHEIT

(Text nicht abgedruckt; Fundstelle in ABl 2006 L 215, 38:
Beschluss der Kommission vom 2. August 2006 zur Änderung des Beschlusses 2001/844/EG, EGKS, Euratom)

Anlage 1

GEGENÜBERSTELLUNG DER NATIONALEN GEHEIMHALTUNGSSTUFEN

EU-Einstufung	**TRES SECRET UE/EU TOP SECRET**	**SECRET UE**	**CONFIDENTIEL UE**	**RESTREINT UE**
WEU-Einstufüng	FOCAL TOP SECRET	WEU SECRET	WEU CONFIDENTIAL	WEU RESTRICTED
Euratom-Einstufung	EURA TOP SECRET	EURA SECRET	EURA CONFIDENTIAL	EURA RESTRICTED
NATO-Einstufung	COSMIC TOP SECRET	NATO SECRET	NATO CONFIDENTIAL	NATO RESTRICTED
Belgien	Très Secret	Secret	Confidentiel	Diffusion restreinte
	Zeer Geheim	Geheim	Vertrouwelijk	Beperkte Verspreiding
Tschechische Republik	Přísn tajné	Tajné	Důvěrné	Vyhrazené
Dänemark	Yderst hemmeligt	Hemmeligt	Fortroligt	Til tjenestebrug
Deutschland	Streng geheim	Geheim	VS(1) – Vertraulich	VS — Nur für den Dienstgebrauch
Estland	Täiesti salajane	Salajane	Konfidentsiaalne	Piiratud
Griechenland	*Ἄκρως Απόρρητο*	*Απόρρητο*	Εμπιστευτικό	*Περιορισμένης Χρήσης*
	Abr: ΑΑΠ	Abr: (ΑΠ)	Abr: (ΕΜ)	Abr: (ΠΧ)
Spanien	Secreto	Reservado	Confidencial	Difusión Limitada
Frankreich	Très Secret Défense(2)	Secret Défense	Confidentiel Defense	
Irland	Top Secret	Secret	Confidential	Restricted
Italien	Segretissimo	Segreto	Riservatissimo	Riservato
Zypern	*Ἄκρως Απόρρητο*	*Απόρρητο*	Εμπιστευτικό	*Περιορισμένης Χρήσης*
Lettland	Sevišķi slepeni	Slepeni	Konfidenciāli	Dienesta vajadzībām
Litauen	Visiškai slaptai	Slaptai	Konfidencialiai	Riboto naudojimo
Luxemburg	Très Secret	Secret	Confidentiel	Diffusion restreinte
Ungarn	Szigorúan titkos !	Titkos !	Bizalmas !	Korlátozott terjesztésű !
Malta	L-Ghola Segretezza	Sigriet	Kunfidenzjali	Ristrett

(1) VS = Verschlusssache.
(2) Die Einstufung Très Secret Défense, die sich auf wichtigste staatliche Angelegenheiten bezieht, kann nur mit Genehmigung des Premierministers geändert werden.

Anlage 1

EU-Einstufung	TRES SECRET UE/EU TOP SECRET	SECRET UE	CONFIDENTIEL UE	RESTREINT UE
Niederlande	Stg(3). Zeer Geheim	Stg. Geheim	Stg. Confidentieel	Departementaalvertrouwelijk
Österreich	Streng Geheim	Geheim	Vertraulich	Eingeschränkt
Polen	Ściśle Tajne	Tajne	Poufne	Zastrzeżone
Portugal	Muito Secreto	Secreto	Confidencial	Reservado
Slowenien	Strogo tajno	Tajno	Zaupno	SVN Interno
Slowakei	Prísne tajné	Tajné	Dôverné	Vyhradené
Finnland	Erittäin salainen	Erittäin salainen	Salainen	Luottamuksellinen
Schweden	Kvalificerat hemlig	Hemlig	Hemlig	Hemlig
Vereinigtes Königreich	Top Secret	Secret	Confidential	Restricted

(3) Stg = staatsgeheim.

Anlage 2

LEITFADEN FÜR DIE EINSTUFUNGSPRAXIS

Dieser Leitfaden hat lediglich Hinweischarakter und darf nicht im Sinne einer Änderung der Kernvorschriften der Abschnitte 16, 17, 20 und 21 ausgelegt werden.

Einstufung	Wann	Wer	Anbringung	Herabstufung/Aufhebung des Geheimhaltungsgrades/Vernichtung	
				Wer	Wann
TRES SECRET UE/EU TOP SECRET Diese Einstufung ist nur bei Informationen und Materialien vorzunehmen, deren unbefugte Weitergabe den wesentlichen Interessen der Europäischen Union oder eines oder mehrerer ihrer Mitgliedstaaten außerordentlich schweren Schaden zufügen könnte [16.1].	Eine Kenntnisnahme durch Unbefugte würde bei Gegenständen mit der Einstufung „TRES SECRET UE/EU TOP SECRET C" wahrscheinlich Folgendes bewirken: – unmittelbare Gefährdung der inneren Stabilität der EU oder eines ihrer Mitgliedstaaten oder befreundeter Länder, – außerordentlich schwerwiegende Schädigung der Beziehungen zu befreundeten Regierungen, – unmittelbarer Verlust zahlreicher Menschenleben,	Förmlich dazu befugte Personen (Urheber), Generaldirektoren, Leiter von Diensten [17.1] Die Urheber bestimmen ein Datum, einen Zeitraum oder ein Ereignis, nach dessen Ablauf Inhalte herabgestuft oder deren Geheimhaltungsgrade aufgehoben werden können [16.2]. Andernfalls überprüfen sie spätestens alle fünf Jahre die betreffenden Dokumente, um sicherzustellen, dass die ursprüngliche Einstufung nach wie vor erforderlich ist [17.3].	Die Einstufung „TRES SECRET UE/EU TOP SECRET C" ist auf Dokumenten dieser Kategorie, gegebenenfalls mit einer Sicherheitskennung und/oder mit dem Zusatz „ESVP" bei Verteidigungssachen, mit mechanischen Mitteln oder von Hand anzubringen [16.4, 16.5, 16.3]. Die EU-Einstufungen und sonstigen Sicherheitskennungen müssen am oberen und am unteren Rand in der Mitte jeder Seite erscheinen, und jede Seite ist zu nummerieren. Jedes Dokument trägt ein Aktenzeichen und ein Datum; das Aktenzeichen wird auf jeder Seite angegeben.	Eine Aufhebung des Geheimhaltungsgrades oder Herabstufung erfolgt ausschließlich durch den Urheber, der alle nachgeordneten Empfänger, denen das Original oder eine Kopie des Dokuments zugeleitet wurde, über die Änderung unterrichtet [17.3].	Überzählige Exemplare und nicht länger benötigte Dokumente sind zu vernichten [22.5]. „TRES SECRET UE/EU TOP SECRET"-Dokumente einschließlich des bei ihrer Herstellung angefallenen und als Verschlusssache einzustufenden Zwischenmaterials, wie fehlerhafte Kopien, Arbeitsentwürfe, maschinenschriftliche Aufzeichnungen und Kohlepapier, sind unter der Aufsicht eines „TRES SECRET UE/EU TOP SECRET"-ermächtigten Beamten durch Verbrennen, Einstampfen, Zerkleinern oder andere geeignete Verfahren so zu vernichten, dass der Inhalt weder erkennbar ist noch erkennbar gemacht werden kann [22.5].

Anlage 2

Einstufung	Wann	Wer	Anbringung	Herabstufung/Aufhebung des Geheimhaltungsgrades/Vernichtung	
				Wer	Wann
	– außerordentlich schwerwiegende Schädigung der Einsatzfähigkeit oder der Sicherheit von Streitkräften der Mitgliedstaaten oder anderer Partner bzw. der andauernden Wirksamkeit äußerst wertvoller Sicherheits- oder Intelligence-Operationen, – schwere und langfristige Schädigung der Wirtschaft der EU oder ihrer Mitgliedstaaten.		Soll eine Verteilung in mehreren Kopien erfolgen, so ist jede Kopie mit einer laufenden Nummer zu versehen, die auf der ersten Seite zusammen mit der Gesamtseitenzahl angegeben wird. Alle Anhänge und Beilagen sind auf der ersten Seite aufzuführen [21.1].	„TRES SECRET UE/EU TOP SECRET C"-Dokumente werden durch die Zentralregistratur oder die für diese Dokumente zuständige Unterregistratur vernichtet. Jedes der Vernichtung zugeführte Dokument ist in einer Vernichtungsbescheinigung aufzuführen, die von dem für die Überwachung der „TRES SECRET UE/EU TOP SECRET"-Dokumente zuständigen Beamten und dem der Vernichtung als Zeuge beiwohnenden Beamten, der einer Sicherheitsüberprüfung für „TRES SECRET UE/EU TOP SECRET"-Dokumente unterzogen wurde, zu unterzeichnen ist. Der Vorgang ist im Dienstbuch festzuhalten. Die Vernichtungsbescheinigungen sind zusammen mit dem Verteilungsnachweis durch die Registratur zehn Jahre lang aufzubewahren [22.5].	

Anlage 2

Einstufung	Wann	Wer	Anbringung	Herabstufung/Aufhebung des Geheimhaltungsgrades/Vernichtung	
				Wer	Wann
SECRET UE: Diese Einstufung ist nur bei Informationen und Materialien vorzunehmen, deren unbefugte Weitergabe den wesentlichen Interessen der Europäischen Union oder eines oder mehrerer ihrer Mitgliedstaaten schweren Schaden zufügen könnte [16.1].	Eine Kenntnisnahme durch Unbefugte würde bei Gegenständen mit der Kennzeichnung „SECRET UE” wahrscheinlich Folgendes bewirken: – Hervorrufen internationaler Spannungen, – schwerwiegende Schädigung der Beziehungen zu befreundeten Regierungen, – unmittelbare Bedrohung von Leben oder schwerwiegende Beeinträchtigung der öffentlichen Ordnung oder der individuellen Sicherheit oder Freiheit,	Befugte Personen (Urheber), Generaldirektoren, Leiter von Diensten [17.1]. Die Urheber bestimmen ein Datum oder einen Zeitraum, nach dessen Ablauf, Inhalte herabgestuft oder deren Geheimhaltungsgrade aufgehoben werden können [16.2]. Andernfalls überprüfen sie spätestens alle fünf Jahre die betreffenden Dokumente, um sicherzustellen, dass die ursprüngliche Einstufung weiterhin erforderlich ist [17.3].	Die Einstufung „SECRET UE” ist auf Dokumenten dieser Kategorie, gegebenenfalls mit einer Sicherheitskennung und/oder mit dem Zusatz „-ESVP” bei Verteidigungssachen, mit mechanischen Mitteln oder von Hand anzubringen [16.4, 16.5, 16.3].	Eine Aufhebung des Geheimhaltungsgrades oder Herabstufung erfolgt ausschließlich durch den Urheber, der alle nachgeordneten Empfänger, denen das Original oder eine Kopie des Dokuments zugeleitet wurde, über die Änderung unterrichtet [17.3].	Überzählige Exemplare und nicht länger benötigte Dokumente sind zu vernichten [22.5].

Anlage 2

Einstufung	Wann	Wer	Anbringung	Herabstufung/Aufhebung des Geheimhaltungsgrades/Vernichtung	
				Wer	Wann
	– schwerwiegende Schädigung der Einsatzfähigkeit oder der Sicherheit von Streitkräften der Mitgliedstaaten oder anderer Partner bzw. der andauernden Wirksamkeit sehr wertvoller Sicherheits- oder Intelligence-Operationen, – erhebliche materielle Schädigung der finanziellen, monetären, wirtschaftlichen und handelspolitischen Interessen der EU oder eines ihrer Mitgliedstaaten.		Die EU-Einstufungen und sonstigen Sicherheitskennungen müssen am oberen und am unteren Rand in der Mitte jeder Seite erscheinen, und jede Seite ist zu nummerieren. Jedes Dokument trägt ein Aktenzeichen und ein Datum; das Aktenzeichen wird auf jeder Seite angegeben. Soll eine Verteilung in mehreren Kopien erfolgen, so ist jede Kopie mit einer laufenden Nummer zu versehen, die auf der ersten Seite zusammen mit der Gesamtseitenzahl angegeben wird. Alle Anhänge und Beilagen sind auf der ersten Seite aufzuführen [21.1].	„SECRET UE"-Dokumente werden von der für diese Dokumente zuständigen Registratur unter der Aufsicht einer sicherheitsüberprüften Person vernichtet. „SECRET UE"-Dokumente, die vernichtet werden, sind auf Vernichtungsbescheinigungen aufzuführen, die zu unterzeichnen und zusammen mit dem Verteilungsnachweis durch die Registratur mindestens drei Jahre lang aufzubewahren sind [22.5].	„SECRET UE"-Dokumente einschließlich des bei ihrer Herstellung angefallenen und als Verschlusssache einzustufenden Zwischenmaterials, wie fehlerhafte Kopien, Arbeitsentwürfe, maschinenschriftliche Aufzeichnungen und Kohlepapier, sind durch Verbrennen, Einstampfen, Zerkleinern oder andere geeignete Verfahren so zu vernichten, dass der Inhalt weder erkennbar ist noch erkennbar gemacht werden kann [22.5].

Anlage 2

Einstufung	Wann	Wer	Anbringung	Herabstufung/Aufhebung des Geheimhaltungsgrades/Vernichtung	
				Wer	Wann
CONFIDENTIEL UE: Diese Einstufung ist bei Informationen und Materialien vorzunehmen, deren unbefugte Weitergabe den wesentlichen Interessen der Europäischen Union oder eines oder mehrerer ihrer Mitgliedstaaten abträglich wäre [16.1].	Eine Kenntnisnahme durch Unbefugte würde bei Gegenständen mit der Kennzeichnung „CONFIDENTIEL UE" wahrscheinlich Folgendes bewirken: – konkrete Schädigung diplomatischer Beziehungen in dem Sinne, dass förmliche Proteste oder andere Sanktionen hervorgerufen werden, – Beeinträchtigung individueller Sicherheit oder Freiheit, – Schädigung der Einsatzfähigkeit oder der Sicherheit von Streitkräften der Mitgliedstaaten oder anderer Partner bzw. der Wirksamkeit wertvoller Sicherheits- oder Intelligence-Operationen,	Befugte Personen (Urheber), Generaldirektoren, Leiter von Diensten [17.1]. Die Urheber bestimmen ein Datum oder einen Zeitraum, nach dessen Ablauf Inhalte herabgestuft oder deren Geheimhaltungsgrade aufgehoben werden können. Andernfalls überprüfen sie spätestens alle fünf Jahre die betreffenden Dokumente, um sicherzustellen, dass die ursprüngliche Einstufung weiterhin erforderlich ist [17.3].	Die Einstufung „CONFIDENTIEL UE" ist auf Dokumenten dieser Kategorie, gegebenenfalls mit einer Sicherheitskennung und/oder mit dem Zusatz „ESVP" bei Verteidigungssachen, mit mechanischen Mitteln oder von Hand anzubringen [16.4, 16.5, 16.3]. Die EU-Einstufungen müssen am oberen und am unteren Rand in der Mitte jeder Seite erscheinen, und jede Seite ist zu nummerieren. Jedes Dokument trägt ein Aktenzeichen und ein Datum. Alle Anhänge und Beilagen sind auf der ersten Seite aufzuführen [21.1].	Eine Aufhebung des Geheimhaltungsgrades oder Herabstufung erfolgt ausschließlich durch den Urheber, der alle nachgeordneten Empfänger, denen das Original oder eine Kopie des Dokuments zugeleitet wurde, über die Änderung unterrichtet [17.3].	Überzählige Exemplare und nicht länger benötigte Dokumente sind zu vernichten [22.5].

Anlage 2

Einstufung	Wann	Wer	Anbringung	Herabstufung/Aufhebung des Geheimhaltungsgrades/Vernichtung	
				Wer	Wann
	– wesentliche Beeinträchtigung der finanziellen Tragfähigkeit wichtiger Organisationen, – Behinderung der Ermittlungstätigkeit oder Erleichterung des Begehens schwerer Straftaten, – wesentliche Beeinträchtigung der finanziellen, monetären, wirtschaftlichen und handelspolitischen Interessen der EU oder ihrer Mitgliedstaaten, – ernstliche Behinderung der Ausarbeitung oder Durchführung wichtiger EU-Politiken, – Abbruch oder erhebliche Unterbrechung wichtiger EU-Aktivitäten.			„CONFIDENTIEL UE"-Dokumente werden von der für diese Dokumente zuständigen Registratur unter der Aufsicht einer sicherheitsüberprüften Person vernichtet. Die Vernichtung der Dokumente ist gemäß den einzelstaatlichen Vorschriften bzw., im Falle der Kommission oder dezentraler EU-Einrichtungen, gemäß den Anweisungen des Präsidenten zu dokumentieren [22.5].	„CONFIDENTIEL UE"-Dokumente einschließlich des bei ihrer Herstellung angefallenen und als Verschlusssache einzustufenden Zwischenmaterials, wie fehlerhafte Kopien, Arbeitsentwürfe, maschinenschriftliche Aufzeichnungen und Kohlepapier, sind durch Verbrennen, Einstampfen, Zerkleinern oder andere geeignete Verfahren so zu vernichten, dass der Inhalt weder erkennbar ist noch erkennbar gemacht werden kann [22.5].

Anlage 2

Einstufung	Wann	Wer	Anbringung	Herabstufung/Aufhebung des Geheimhaltungsgrades/Vernichtung	
				Wer	Wann
RESTREINT UE: Diese Einstufung ist bei Informationen und Materialien vorzunehmen, deren unbefugte Weitergabe sich auf die wesentlichen Interessen der Europäischen Union oder eines oder mehrerer ihrer Mitgliedstaaten nachteilig auswirken könnte [16.1].	Eine Kenntnisnahme durch Unbefugte würde bei Gegenständen mit der Kennzeichnung „RESTREINT UE" wahrscheinlich Folgendes bewirken: – Belastung diplomatischer Beziehungen, – erhebliche Unannehmlichkeiten für Einzelpersonen, – Erschwerung der Wahrung der Einsatzfähigkeit oder der Sicherheit von Streitkräften der Mitgliedstaaten oder anderer Partner, – finanzielle Verluste oder die Ermöglichung ungerechtfertigter Gewinne oder Vorteile für Einzelpersonen oder Unternehmen,	Befugte Personen (Urheber), Generaldirektoren, Leiter von Diensten [17.1]. Die Urheber bestimmen ein Datum, einen Zeitraum oder ein Ereignis, nach dessen Ablauf Inhalte herabgestuft oder deren Geheimhaltungsgrade aufgehoben werden können [16.2] Andernfalls überprüfen sie spätestens alle fünf Jahre die betreffenden Dokumente, um sicherzustellen, dass die ursprüngliche Einstufung nach wie vor erforderlich ist [17.3].	Die Einstufung „RESTREINT UE" ist auf Dokumenten dieser Kategorie, gegebenenfalls mit einer Sicherheitskennung und/oder mit dem Zusatz „-ESVP" bei Verteidigungssachen, mit mechanischen oder elektronischen Mitteln anzubringen [16.4, 16.5, 16.3]. Die EU-Einstufungen müssen am oberen und am unteren Rand in der Mitte jeder Seite erscheinen, und jede Seite ist zu nummerieren. Jedes Dokument trägt ein Aktenzeichen und ein Datum [21.1].	Eine Aufhebung des Geheimhaltungsgrades erfolgt ausschließlich durch den Urheber, der alle nachgeordneten Empfänger, denen das Original oder eine Kopie des Dokuments zugeleitet wurde, über die Änderung unterrichtet [17.3]. „RESTREINT UE"-Dokumente werden von der für diese Dokumente zuständigen Registratur gemäß den Weisungen des für Sicherheitsfragen zuständigen Kommissionsmitglieds [22.5].	Überzählige Exemplare und nicht länger benötigte Dokumente sind zu vernichten [22.5].

Anlage 2

Einstufung	Wann	Wer	Anbringung	Herabstufung/Aufhebung des Geheimhaltungsgrades/Vernichtung	
				Wer	Wann
	– Bruch eigener Verpflichtungen zur Wahrung der Vertraulichkeit von Informationen, die von dritter Seite erteilt wurden, – Verstoß gegen gesetzlich begründete Einschränkungen der Weitergabe von Informationen, – Beeinträchtigung der Ermittlungstätigkeit oder Erleichterung des Begehens schwerer Straftaten, – Benachteiligung der EU oder ihrer Mitgliedstaaten bei Verhandlungen mit Dritten über handelspolitische oder allgemein politische Fragen, – Behinderung der wirksamen Ausarbeitung oder Durchführung von EU-Politiken, – Gefährdung einer sachgerechten Verwaltung der EU und ihrer Tätigkeiten.				

ANHANG II

Anlage 3

LEITLINIEN FÜR DIE WEITERGABE VON EU-VERSCHLUSSSACHEN AN DRITTSTAATEN ODER INTERNATIONALE ORGANISATIONEN: KOOPERATIONSSTUFE 1

VERFAHREN

1. Für die Weitergabe von EU-Verschlusssachen an Länder, die nicht Mitglied der Europäischen Union sind, oder an andere internationale Organisationen, deren Sicherheitskonzept und -vorschriften mit denen der EU vergleichbar sind, ist die Kommission als Kollegium zuständig.

2. Bis zum Abschluss eines Geheimschutzabkommens sind Anträge auf Weitergabe von EU-Verschlusssachen durch das für Sicherheitsfragen zuständige Mitglied der Kommission zu prüfen.

3. Das Mitglied der Kommission

– holt die Stellungnahme der Urheber der EU-Verschlusssache ein, welche weitergegeben werden soll;
– knüpft die nötigen Kontakte zu den Sicherheitsbehörden der als Empfänger vorgesehenen Länder oder internationalen Organisationen, um zu prüfen, ob deren Sicherheitskonzept und -vorschriften gewährleisten können, dass die weitergegebenen Verschlusssachen gemäß diesen Sicherheitsvorschriften geschützt werden;
– fordert ein Gutachten der Beratenden Gruppe für das Sicherheitskonzept der Kommission hinsichtlich der Vertrauenswürdigkeit der als Empfänger vorgesehenen Länder oder internationalen Stellen an.

4. Das für Sicherheitsfragen zuständige Mitglied der Kommission legt der Beratenden Gruppe für das Sicherheitskonzept der Kommission den Antrag zur Entscheidung vor.

VON DEN EMPFÄNGERN EINZUHALTENDE SICHERHEITSVORSCHRIFTEN

5. Das für Sicherheitsfragen zuständige Mitglied der Kommission stellt den als Empfänger vorgesehenen Ländern oder internationalen Organisationen den Beschluss der Kommission zur Genehmigung der Weitergabe von EU-Verschlusssachen zu.

6. Der Weitergabebeschluss tritt nur dann in Kraft, wenn die Empfänger sich schriftlich verpflichten,

– die Informationen nur zu den vereinbarten Zwecken zu nutzen;
– die Informationen gemäß diesen Sicherheitsvorschriften und insbesondere unter Einhaltung der nachfolgenden speziellen Bestimmungen zu schützen.

7. Personal

a) Die Zahl der Bediensteten, die Zugang zu EU-Verschlusssachen erhalten, beschränkt sich nach dem Grundsatz „Kenntnis notwendig" strikt auf die Personen, deren Aufgabenstellung diesen Zugang erfordert.

b) Alle Bediensteten oder Staatsangehörigen, denen der Zugang zu Informationen des Geheimhaltungsgrades „CONFIDENTIEL UE" oder darüber gestattet wird, müssen Inhaber einer für die betreffende Stufe gültigen Sicherheitsunbedenklichkeitsbescheinigung oder einer entsprechenden Sicherheitsermächtigung sein, wobei diese Sicherheitsunbedenklichkeitsbescheinigung oder die Ermächtigung von der Regierung ihres eigenen Staates ausgestellt beziehungsweise erteilt wird.

8. Übermittlung von Dokumenten

a) Die praktischen Verfahren für die Übermittlung von Dokumenten werden durch ein Abkommen festgelegt. Bis zum Abschluss dieses Abkommens gelten die Bestimmungen des Abschnitts 21. Darin wird insbesondere die Registratur angeführt, an die EU-Verschlusssachen weitergegeben werden sollen.

b) Umfassen die Verschlusssachen, deren Weitergabe von der Kommission genehmigt wird, Informationen der Stufe „TRES SECRET UE/EU TOP SECRET", so richtet der Empfänger ein EU-Zentralregister und gegebenenfalls EU-Unterregister ein. Für diese Register gelten die Bestimmungen des Abschnitts 22 dieser Sicherheitsvorschriften.

9. Registrierung

Sobald eine Registratur ein als „CONFIDENTIEL UE" oder höher eingestuftes EU-Dokument erhält, trägt sie dieses Dokument in einem eigens dafür angelegten Register ihrer Organisation ein; dieses Register umfasst Spalten, in denen das Eingangsdatum, die Bestimmungsmerkmale des Dokuments (Datum, Aktenzeichen und Nummer des Exemplars), sein Geheimhaltungsgrad, sein Titel, der Name oder Titel des Empfängers, das Rücksendedatum der Empfangsbestätigung und das Datum, zu dem das Dokument an den EU-Urheber zurückgesandt oder vernichtet wird, zu verzeichnen sind.

10. Vernichtung

a) EU-Verschlusssachen sind gemäß den Anweisungen des Abschnitts 22 dieser Sicherheitsvorschriften zu vernichten. Bei Dokumenten der Stufen „SECRET UE" und „TRES SECRET UE/EU TOP SECRET" sind Kopien der Vernichtungsbescheinigungen an die EU-Registratur zu senden, von der die Dokumente übermittelt wurden.

b) EU-Verschlusssachen sind in die Notfall-Vernichtungspläne einzubeziehen, die die zuständigen Stellen des Empfängers für ihre eigenen Verschlusssachen aufgestellt haben.

11. Schutz der Dokumente

Es sind alle erforderlichen Maßnahmen zu ergreifen, damit Unbefugte keinen Zugang zu EU-Verschlusssachen erhalten.

12. Kopien, Übersetzungen und Auszüge Fotokopien, Übersetzungen oder Auszüge

eines als „CONFIDENTIEL UE" oder „SECRET UE" eingestuften Dokuments dürfen nur mit Genehmigung des Leiters des betreffenden Sicherheitsorgans angefertigt werden, der diese Kopien, Übersetzungen oder Auszüge registriert und prüft und nötigenfalls mit einem Stempel versieht.

Die Vervielfältigung oder Übersetzung eines Dokuments der Stufe „TRES SECRET UE/EU TOP SECRET" kann nur von der Behörde genehmigt werden, von der das Dokument stammt; sie legt die Anzahl der zulässigen Exemplare fest; kann die Behörde, von der das Dokument stammt, nicht ermittelt werden, so ist der Antrag an den Sicherheitsdienst der Kommission zu richten.

13. Verstöße gegen die Sicherheitsvorschriften

Bei Verstößen gegen die Sicherheitsvorschriften im Zusammenhang mit einer EU-Verschlusssache oder bei einem entsprechenden Verdacht sollten vorbehaltlich des Abschlusses eines Geheimschutzabkommens unverzüglich folgende Schritte unternommen werden:

a) Einleitung einer Untersuchung zur Klärung der Umstände des Verstoßes gegen die Sicherheitsvorschriften;

b) Benachrichtigung des Sicherheitsdienstes der Kommission und der zuständigen nationalen Sicherheitsbehörde sowie der Behörde, von der die Informationen stammen, oder aber gegebenenfalls eindeutige Mitteilung, dass die letztgenannte Behörde nicht benachrichtigt wurde;

c) Ergreifen von Maßnahmen, damit die Folgen eines Verstoßes gegen die Sicherheitsvorschriften so weit wie möglich eingeschränkt werden;

d) erneute Prüfung und Durchführung von Maßnahmen, damit sich der Vorfall nicht wiederholt;

e) Durchführung der vom Sicherheitsbüro der Kommission empfohlenen Maßnahmen, damit sich derVorfall nicht wiederholt.

14. Inspektionen

Der Sicherheitsdienst der Kommission kann im Benehmen mit den betreffenden Staaten oder internationalen Organisationen eine Bewertung der Effizienz der Maßnahmen zum Schutz der weitergegebenen EU-Verschlusssachen vornehmen.

15. Berichterstattung

Solange Staaten oder internationale Organisationen EU-Verschlusssachen aufbewahren, erstellen sie vorbehaltlich des Abschlusses eines Geheimschutzabkommens jährlich zu dem Datum, das in der Genehmigung zur Informationsweitergabe angegeben ist, einen Bericht, mit dem bestätigt wird, dass diese Sicherheitsvorschriften eingehalten wurden.

Anlage 4

LEITLINIEN FÜR DIE WEITERGABE VON EU-VERSCHLUSSSACHEN AN DRITTSTAATEN ODER

INTERNATIONALE ORGANISATIONEN: KOOPERATIONSSTUFE 2

VERFAHREN

1. Für die Weitergabe von EU-Verschlusssachen an Drittstaaten oder internationale Organisationen, deren Sicherheitskonzept und -vorschriften deutlich von denen der EU abweichen, ist der Urheber zuständig. Für die Weitergabe von EU-Verschlusssachen, die von der Kommission stammen, ist die Kommission als Kollegium zuständig.

2. Prinzipiell ist dieWeitergabe auf Informationen bis einschließlich des Geheimhaltungsgrades „SECRET UE" beschränkt; ausgenommen sind Verschlusssachen, die durch besondere Sicherheitskennungen oder -zusätze geschützt sind.

3. Bis zum Abschluss eines Geheimschutzabkommens sind Anträge auf Weitergabe von EU-Verschlusssachen durch das für Sicherheitsfragen zuständige Mitglied der Kommission zu prüfen.

4. Das Mitglied der Kommission:

– holt die Stellungnahme der Urheber der EU-Verschlusssache ein, welche weitergegeben werden soll;

– knüpft die erforderlichen Kontakte zu den Sicherheitsbehörden der als Empfänger vorgesehenen Länder oder internationalen Organisation, um Informationen über deren Sicherheitskonzept und -vorschriften einzuholen, und insbesondere eine Vergleichstabelle der in der EU und in den betreffenden Staaten oder Organisationen geltenden Geheimhaltungsgrade zu erstellen;
– beruft eine Sitzung der Beratenden Gruppe für das Sicherheitskonzept der Kommission ein oder ersucht, falls erforderlich im Wege des vereinfachten schriftlichen Verfahrens, die nationalen Sicherheitsbehörden der Mitgliedstaaten um Prüfung im Hinblick auf ein Gutachten der Beratenden Gruppe für das Sicherheitskonzept der Kommission.

5. In dem Gutachten äußert sich die Beratende Gruppe für das Sicherheitskonzept der Kommission zu folgenden Aspekten:
– Vertrauenswürdigkeit der als Empfänger vorgesehenen Staaten oder internationalen Organisationen im Hinblick auf eine Bewertung der für die EU oder deren Mitgliedstaaten bestehenden Sicherheitsrisiken;
– Bewertung der Fähigkeit des Empfängers, von der EU weitergegebene Verschlusssachen zu schützen;
– Vorschläge für die praktische Behandlung der EU-Verschlusssachen (beispielsweise Übermittlung bearbeiteter Textfassungen) und der übermittelten Dokumente (Beibehaltung oder Streichung von EU-Einstufungsvermerken, besonderen Kennzeichnungen usw.);
– Herabstufung oder Aufhebung des Geheimhaltungsgrades, bevor die Informationen an die als Empfänger vorgesehenen Länder oder internationalen Organisationen weitergegeben werden.

6. Das für Sicherheitsfragen zuständige Mitglied der Kommission legt der Kommission den Antrag sowie das Gutachten der Beratenden Gruppe für das Sicherheitskonzept der Kommission zur Entscheidung vor.

VON DEN EMPFÄNGERN EINZUHALTENDE SICHERHEITSVORSCHRIFTEN

7. Das für Sicherheitsfragen zuständige Mitglied der Kommission unterrichtet die als Empfänger vorgesehenen Länder oder internationalen Organisationen über den Beschluss der Kommission zur Genehmigung der Weitergabe von EU-Verschlusssachen und die entsprechenden Einschränkungen.

8. Der Weitergabebeschluss tritt nur dann in Kraft, wenn die Empfänger sich schriftlich verpflichten,
– die Informationen nur zu den vereinbarten Zwecken zu nutzen;
– die Informationen gemäß den Sicherheitsvorschriften der Kommission zu schützen.

9. Es werden folgende Schutzvorschriften festgelegt, sofern nicht die Kommission nach Einholung des technischen Gutachtens der Beratenden Gruppe für das Sicherheitskonzept der Kommission ein besonderes Verfahren (Streichung des Einstufungsvermerks, der besonderen Kennzeichnung usw.) für die Behandlung von EU-Verschlusssachen vorsieht.

10. Personal

a) Die Zahl der Bediensteten, die Zugang zu EU-Verschlusssachen erhalten, beschränkt sich nach dem Grundsatz „Kenntnis notwendig" strikt auf die Personen, deren Aufgabenstellung diesen Zugang erfordert.

b) Alle Bediensteten oder Staatsangehörigen, denen der Zugang zu von der Kommission weitergegebenen Verschlusssachen gestattet wird, müssen Inhaber einer nationalen Sicherheitsunbedenklichkeitsbescheinigung oder einer Zugangsermächtigung für den Fall nationaler Verschlusssachen, auf einer entsprechenden und der EU-Einstufung gemäß der Vergleichstabelle gleichwertigen Stufe sein.

c) Diese nationalen Sicherheitsunbedenklichkeitsbescheinigungen oder Zugangsermächtigungen werden vom Direktor der Direktion Sicherheit der Kommission zur Information mitgeteilt.

11. Übermittlung von Dokumenten

Die praktischen Verfahren für die Übermittlung von Dokumenten werden durch ein Abkommen festgelegt. Bis zum Abschluss dieses Abkommens gelten die Bestimmungen des Abschnitts 21. Darin wird insbesondere die Registratur angeführt, an die EU-Verschlusssachen weitergegeben werden sollen, sowie die genaue Anschrift, an die die Dokumente zuzustellen sind, und der Kurier- oder Postdienst, der für die Übermittlung von EU-Verschlusssachen eingesetzt wird.

12. Registrierung am Bestimmungsort

Die nationale Sicherheitsbehörde des Empfängerstaats, die ihr gleichzusetzende Stelle, die in diesem Staat im Auftrag ihrer Regierung die von der Kommission weitergegebene Verschlusssache in Empfang nimmt, oder das Sicherheitsbüro der als Empfänger vorgesehenen internationalen Organisation legt ein spezielles Register für EU-Verschlusssachen an und registriert diese, sobald sie dort eingehen. Dieses Register umfasst Spalten, in denen das Eingangsdatum, die Bestimmungsmerkmale des Dokuments (Datum, Aktenzeichen und Nummer des Exemplars), sein Geheimhaltungsgrad, sein Titel, der Name oder -Titel des Empfängers, das Rücksendedatum der Empfangsbescheinigung und das Datum, zu dem das Dokument an die EU zurückgesandt oder vernichtet wird, zu verzeichnen sind.

13. Rücksendung von Dokumenten

Bei Rücksendung einer Verschlusssache durch den Empfänger an die Kommission ist das unter der Rubrik „Übermittlung von Dokumenten" beschriebene Verfahren zu befolgen.

14. Schutz der Dokumente

a) Nicht benutzte Dokumente sind in einem Sicherheitsbehältnis aufzubewahren, das für die Aufbewahrung nationaler Verschlusssachen desselben Geheimhaltungsgrades zugelassen ist. Das Behältnis darf keine Angaben tragen, die Aufschluss über seinen Inhalt geben könnten; dieser Inhalt ist nur den Personen zugänglich, die zur Behandlung von EU-Verschlusssachen ermächtigt sind. Wenn Kombinationsschlösser verwendet werden, so darf die Kombination nur den Bediensteten des Staates oder der Organisation bekannt sein, denen der Zugang zu der in dem Behältnis aufbewahrten EU-Verschlusssache gestattet ist; die Kombination ist alle sechs Monate oder – bei Versetzung eines Bediensteten, bei Entzug der Sicherheitsermächtigung für einen der Bediensteten, denen die Kombination bekannt ist, oder bei Gefahr der Verletzung des Kombinationsgeheimnisses – früher zu ändern.

b) EU-Verschlusssachen dürfen aus dem Sicherheitsbehältnis nur von Bediensteten entnommen werden, die aufgrund einer Sicherheitsüberprüfung zum Zugang zu EU-Verschlusssachen ermächtigt sind und eine Kenntnisnahme benötigen. Solange die Dokumente in ihrem Besitz sind, tragen die Bediensteten die Verantwortung für deren sichere Aufbewahrung und insbesondere dafür, dass Unbefugte keinen Zugang zu den Dokumenten erhalten. Sie sorgen außerdem dafür, dass die Dokumente nach erfolgter Einsichtnahme sowie außerhalb der Arbeitszeiten in einem Sicherheitsbehältnis aufbewahrt werden.

c) Fotokopien von bzw. Auszüge aus als „CONFIDENTIEL UE" oder darüber eingestuften Dokumenten dürfen nur mit Genehmigung des Sicherheitsbüros der Kommission angefertigt werden.

d) Das Verfahren zur raschen und vollständigen Vernichtung der Dokumente im Notfall sollte im Benehmen mit dem Sicherheitsbüro der Kommission festgelegt und bestätigt werden.

15. MATERIELLE SICHERHEIT

a) Nicht benutzte Sicherheitsbehältnisse, die zur Aufbewahrung von EU-Verschlusssachen dienen, sind stets verschlossen zu halten.

b) Wartungs- oder Reinigungspersonal, das einen Raum betritt, in dem solche Sicherheitsbehältnisse untergebracht sind, oder dort arbeitet, muss stets von einem Angehörigen des Sicherheitsdienstes des Staates oder der Organisation oder von dem Bediensteten begleitet werden, der speziell für die Sicherheitsaufsicht über diesen Raum verantwortlich ist.

c) Außerhalb der normalen Arbeitszeiten (nachts, an Wochenenden oder Feiertagen) sind die Sicherheitsbehältnisse, die EU-Verschlusssachen enthalten, entweder durch einen Wachbeamten oder durch ein automatisches Alarmsystem zu sichern.

16. Verstöße gegen die Sicherheitsvorschriften

Bei Verstößen gegen die Sicherheitsvorschriften im Zusammenhang mit einer EU-Verschlusssache oder bei einem entsprechenden Verdacht, sollten unverzüglich folgende Schritte unternommen werden:

a) sofortige Übermittlung eines Berichts an das Sicherheitsbüro der Kommission oder an die nationale Sicherheitsbehörde des Mitgliedstaats, der die Initiative zur Übermittlung von Dokumenten ergriffen hat (mit einer Abschrift an das Sicherheitsbüro der Kommission);

b) Einleitung einer Untersuchung und nach deren Abschluss Übermittlung eines umfassenden Berichts an die Sicherheitsstelle (siehe Buchstabe a)). Anschließend sollten die nötigen Maßnahmen ergriffen werden, um Abhilfe zu schaffen.

17. Inspektionen

Das Sicherheitsbüro der Kommission kann im Benehmen mit den betreffenden Staaten oder internationalen Organisationen eine Bewertung der Effizienz der Maßnahmen zum Schutz der weitergegebenen EU-Verschlusssachen vornehmen.

18. Berichterstattung

Solange Staaten oder internationale Organisationen EU-Verschlusssachen aufbewahren, erstellen sie vorbehaltlich des Abschlusses eines Geheimschutzabkommens jährlich zu dem Datum, das in der Genehmigung zur Informationsweitergabe angegeben ist, einen Bericht, mit dem bestätigt wird, dass diese Sicherheitsvorschriften eingehalten wurden.

Anlage 5

LEITLINIEN FÜR DIE WEITERGABE VON EU-VERSCHLUSSSACHEN AN DRITTSTAATEN ODER INTERNATIONALE ORGANISATIONEN: KOOPERATIONSSTUFE 3

VERFAHREN

1. Es kann gelegentlich vorkommen, dass die Kommission unter bestimmten Umständen mit Staaten oder Organisationen zusammenarbeiten möchte, die die von diesen Sicherheitsvorschriften verlangten Garantien nicht bieten können; eine solche Zusammenarbeit kann jedoch die

Weitergabe von EU-Verschlusssachen erforderlich machen.

2. Für die Weitergabe von EU-Verschlusssachen an Drittstaaten oder internationale Organisationen, deren Sicherheitskonzept und -vorschriften deutlich von denen der EU abweichen, ist der Urheber zuständig. Für die Weitergabe von EU-Verschlusssachen, die von der Kommission stammen, ist die Kommission als Kollegium zuständig.

Prinzipiell ist die Weitergabe auf Informationen bis einschließlich des Geheimhaltungsgrades „SECRET UE" beschränkt; ausgenommen sind Verschlusssachen, die durch besondere Sicherheitskennungen oder zusätze geschützt sind.

3. Die Kommission prüft die Ratsamkeit einer Weitergabe von Verschlusssachen, bewertet, inwieweit der Empfänger Kenntnis von diesen Informationen haben muss, und beschließt, welche Kategorien von Verschlusssachen übermittelt werden können.

4. Spricht sich die Kommission für eine Weitergabe von Informationen aus, so unternimmt das für Sicherheitsfragen zuständige Mitglied der Kommission Folgendes. Es

- holt die Stellungnahme der Urheber der EU-Verschlusssache ein, welche weitergegeben werden soll;
- beruft eine Sitzung der Beratenden Gruppe für das Sicherheitskonzept der Kommission ein oder ersucht, falls erforderlich im Wege des vereinfachten schriftlichen Verfahrens, die nationalen Sicherheitsbehörden der Mitgliedstaaten um Prüfung im Hinblick auf ein Gutachten der Beratenden Gruppe für das Sicherheitskonzept der Kommission.

5. In ihrem Gutachten äußert sich die Beratende Gruppe für das Sicherheitskonzept der Kommission zu folgenden Aspekten:

a) Einschätzung der für die EU oder ihre Mitgliedstaaten bestehenden Sicherheitsrisiken;

b) Geheimhaltungsgrad der Informationen, die weitergegeben werden können;

c) Herabstufung oder Aufhebung des Geheimhaltungsgrads, bevor die Informationen weitergegeben werden;

d) Behandlung der Dokumente, die weitergegeben werden sollen (s. unten);

e) mögliche Übermittlungswege (mit dem öffentlichen Postdienst, über öffentliche oder sichere Telekommunikationssysteme, mit Diplomatenpost, sicherheitsüberprüften Kurieren, usw.).

6. Dokumente, die an Staaten oder Organisationen weitergegeben werden, die unter diesen Anhang fallen, werden prinzipiell ohne Bezugnahme auf die Quelle oder eine EU-Einstufung erstellt. Die Beratende Gruppe für das Sicherheitskonzept der Kommission kann empfehlen,

- eine besondere Kennzeichnung oder einen Codenamen zu verwenden;
- ein spezielles Einstufungssystem zu verwenden, bei dem die Sensibilität der Informationen im Zusammenhang mit den Kontrollmaßnahmen gesehen wird, die aufgrund der vom Empfänger befolgten Methoden für die Übermittlung von Dokumenten erforderlich werden.

7. Das für Sicherheitsfragen zuständige Kommissionsmitglied legt der Kommission das Gutachten der Beratenden Gruppe für das Sicherheitskonzept der Kommission zur Entscheidung vor.

8. Hat die Kommission die Weitergabe von EU-Verschlusssachen beschlossen und die praktischen Durchführungsverfahren festgelegt, knüpft das Sicherheitsbüro der Kommission die nötigen Kontakte mit der Sicherheitsbehörde der betreffenden Staaten oder Organisationen, um die Anwendung der geplanten Sicherheitsmaßnahmen zu erleichtern.

9. Das für Sicherheitsfragen zuständige Mitglied der Kommission unterrichtet die Mitgliedstaaten über Art und Einstufung der Informationen sowie über die Organisationen und Länder, an welche die Informationen gemäß dem Beschluss der Kommission weitergegeben werden können.

10. Das Sicherheitsbüro der Kommission trifft alle erforderlichen Maßnahmen, um eine Bewertung späteren Schadens und eine Überarbeitung der Verfahren zu erleichtern.

Wenn sich die Bedingungen für eine Zusammenarbeit ändern, wird sich die Kommission erneut mit diesem Thema befassen.

VON DEN EMPFÄNGERN EINZUHALTENDE SICHERHEITSVORSCHRIFTEN

11. Das für Sicherheitsfragen zuständige Mitglied der Kommission stellt den als Empfänger vorgesehenen Ländern oder internationalen Organisationen den Beschluss der Kommission zur Genehmigung der Weitergabe von EU-Verschlusssachen zusammen mit den von der Beratenden Gruppe für das Sicherheitskonzept der Kommission vorgeschlagenen und von der Kommission angenommenen Schutzvorschriften zu.

12. Der Weitergabebeschluss tritt nur dann in Kraft, wenn die Empfänger sich schriftlich verpflichten,

- die Informationen nur zum Zweck der von der Kommission beschlossenen Zusammenarbeit zu nutzen;
- den Informationen den von der Kommission verlangten Schutz zu gewähren.

13. Übermittlung von Dokumenten

a) Die praktischen Verfahren für die Übermittlung von Dokumenten werden vom Sicherheitsbüro der Kommission und den Sicherheitsbehörden der als Empfänger vorgesehenen Staaten oder internationalen Organisationen vereinbart. Sie regeln insbesondere die genaue Anschrift, an die die Dokumente zuzustellen sind.

b) Verschlusssachen des Geheimhaltungsgrades „CONFIDENTIEL UE" und darüber werden in doppeltem Umschlag zugestellt. Der innere Umschlag trägt einen eigenen Stempel oder den festgelegten Codenamen und einen Vermerk der für dieses Dokument genehmigten speziellen Einstufung. Für jede Verschlusssache wird eine Empfangsbescheinigung beigelegt. In der Empfangsbescheinigung, die als solche nicht eingestuft ist, werden nur die Bestimmungsmerkmale

des Dokuments (sein Aktenzeichen, das Datum, die Nummer des Exemplars) und dessen Sprachfassung, nicht aber der Titel, aufgeführt.

c) Der innere Umschlag wird in den äußeren Umschlag geschoben, der zu Empfangszwecken eine Paketnummer trägt. Auf dem äußeren Umschlag wird kein Geheimhaltungsgrad angegeben.

d) Den Kurieren wird stets eine Empfangsbescheinigung mit der Paketnummer ausgehändigt.

14. Registrierung am Bestimmungsort

Die nationale Sicherheitsbehörde des Empfängerstaates, die ihr gleichzusetzende Stelle, die in diesem Staat im Auftrag ihrer Regierung die von der Kommission weitergegebene Verschlusssache in Empfang nimmt, oder das Sicherheitsbüro der als Empfänger vorgesehenen internationalen Organisation legt ein spezielles Register für EU-Verschlusssachen an und registriert diese, sobald sie dort eingehen. Dieses Register umfasst Spalten, in denen das Eingangsdatum, die Bestimmungsmerkmale des Dokuments (Datum, Aktenzeichen und Nummer des Exemplars), sein Geheimhaltungsgrad, sein Titel, der Name oder Titel des Empfängers, das Rücksendedatum der Empfangsbescheinigung und das Datum, zu dem das Dokument an die EU zurückgesandt oder vernichtet wird, zu verzeichnen sind.

15. Verwendung und Schutz von ausgetauschten Verschlusssachen

a) Der Umgang mit Verschlusssachen des Geheimhaltungsgrades „SECRET UE" ist auf eigens dafür bestimmte Bedienstete zu beschränken, die über eine Zugangsermächtigung für Informationen dieser Stufe verfügen. Die Informationen werden in Panzerschränken von guter Qualität aufbewahrt, die nur von den Personen geöffnet werden können, die zum Zugang zu den darin befindlichen Informationen berechtigt sind. Die Bereiche, in denen diese Panzerschränke untergebracht sind, werden ständig bewacht, und es wird ein Überprüfungssystem eingerichtet, damit sichergestellt ist, dass nur ordnungsmäßig ermächtigten Personen der Zugang gestattet wird. Informationen des Geheimhaltungsgrades „SECRET UE" werden mit Diplomatenpost, sicheren Postdiensten und sicheren Telekommunikationsmitteln übermittelt. Ein „SECRET UE"-Dokument darf nur mit schriftlicher Genehmigung der herausgebenden Stelle kopiert werden. Alle Kopien werden registriert, und ihre Verteilung wird überwacht. Für alle Verrichtungen mit SECRET UE-Dokumenten werden Empfangsbescheinigungen ausgestellt.

b) Der Umgang mit Verschlusssachen des Geheimhaltungsgrades „CONFIDENTIEL UE" ist auf Bedienstete zu beschränken, die ordnungsgemäß ermächtigt sind, über das Thema informiert zu werden. Die Dokumente werden in verschlossenen Panzerschränken in überwachten Bereichen aufbewahrt.

Verschlusssachen des Geheimhaltungsgrades „CONFIDENTIEL UE" werden mit Diplomatenpost, dem militärischen Postdienst und sicheren Telekommunikationsmitteln übermittelt. Die empfangende Stelle kann Kopien anfertigen, deren Anzahl und Verteilung in speziellen Registern zu verzeichnen sind.

c) Der Umgang mit Verschlusssachen des Geheimhaltungsgrades „RESTREINT UE" ist auf Räume zu beschränken, die Unbefugten nicht zugänglich sind; die Dokumente sind in verschlossenen Behältnissen aufzubewahren. Die Dokumente können mit dem öffentlichen Postdienst als Einschreiben in doppeltem Umschlag und im Zuge von Operationen in Notfällen auch über nicht gesicherte öffentliche Telekommunikationssysteme übermittelt werden. Die Empfänger können Kopien anfertigen.

d) Nicht eingestufte Informationen erfordern keine speziellen Schutzmaßnahmen und können auf dem Postweg und über öffentliche Telekommunikationssysteme übermittelt werden. Die Empfänger können Kopien anfertigen.

16. Vernichtung

Dokumente, für die keine Verwendung mehr besteht, werden vernichtet. Für Verschlusssachen des Geheimhaltungsgrades „RESTREINT UE" und „CONFIDENTIEL UE" wird ein entsprechender Vermerk in die speziellen Register aufgenommen. Für „SECRET UE" Verschlusssachen sind Vernichtungsbescheinigungen auszustellen, die von zwei Personen unterzeichnet werden, die der Vernichtung als Zeuge bewohnen.

17. Verstöße gegen die Sicherheitsvorschriften

Wurde bei einer Verschlusssache der Geheimhaltungsgrade „CONFIDENTIEL UE" oder „SECRET UE" die Geheimschutzvorschrift verletzt oder besteht ein entsprechender Verdacht, so leitet die nationale Sicherheitsbehörde des Staates oder der Sicherheitsverantwortliche der Organisation eine Untersuchung der Umstände ein. Das Sicherheitsbüro der Kommission wird über die Ergebnisse unterrichtet. Es werden die nötigen Maßnahmen getroffen, um bei ungeeigneten Verfahren oder Aufbewahrungsmethoden, die zu derVerletzung geführt haben, für Abhilfe zu sorgen.

Anlage 6

ABKÜRZUNGSVERZEICHNIS

CrA	Kryptographische Stelle
CAM	Vergabebeirat
CISO	Sicherheitsbeauftragter für die zentrale IT
COMPUSEC	Computersicherheit
COMSEC	Kommunikationssicherheit
CSO	Sicherheitsbüro der Kommission
ESVP	Europäische Sicherheits- und Verteidigungspolitik
INFOSEC	Informationssicherheit
IO	Eigentümer der Information
ISO	Internationale Organisation für Normung
IT	Informationstechnologie
LISO	Beauftragter für die lokale IT-Sicherheit
LSO	Lokaler Sicherheitsbeauftragter
MSO	Sicherheitsbeauftragter für die Sitzung
NSA	Nationale Sicherheitsbehörde
PC	Personalcomputer
RCO	Kontrollbeauftragter für die Registratur
SAA	Akkreditierungsstelle für Sicherheit
SecOP	Sicherheitsbezogene Betriebsverfahren
SSRS	Systemspezifische Sicherheitsanforderungen
TA	TEMPEST-Stelle
TSO	Eigentümer des technischen Systems
DSA:	Designated Security Authority = Beauftragte Sicherheitsbehörde
FSC:	Facility Security Clearance = Sicherheitsbescheid für Einrichtungen
FSO:	Facility Security Officer = Sicherheitsbeauftragter
PSC:	Personnel Security Clearance = Sicherheitsüberprüfung
SAL:	Security Aspects Letter = Geheimschutzklausel
SCG:	Security Classification Guide = Einstufungsleitfaden für Verschlusssachen

ANHANG III

ANHANG III

DURCHFÜHRUNGSBESTIMMUNGEN ZUR VERORDNUNG (EG) Nr. 1049/2001 DES EUROPÄISCHEN PARLAMENTS UND DES RATES ÜBER DEN ZUGANG DER ÖFFENTLICHKEIT ZU DOKUMENTEN DES EUROPÄISCHEN PARLAMENTS, DES RATES UND DER KOMMISSION

In Erwägung nachstehender Gründe:

(1) Gemäß Artikel 255 Absatz 2 EG-Vertrag haben das Europäische Parlament und der Rat die Verordnung (EG) Nr. 1049/2001[1)] über den Zugang der Öffentlichkeit zu Dokumenten des Europäischen Parlaments, des Rates und der Kommission angenommen,

(2) Gemäß Artikel 255 Absatz 3 EG-Vertrag legt diese Verordnung die allgemeinen Grundsätze und Beschränkungen dieses Zugangsrechts fest und sieht in Artikel 18 vor, dass jedes Organ seine Geschäftsordnung an die Bestimmungen dieser Verordnung anpasst.

[1)] ABl. L 145 vom 31.5.2001, S. 43.

Artikel 1. Zugangsberechtigte

Unionsbürger und natürliche oder juristische Personen mit Wohnsitz oder Sitz in einem Mitgliedstaat üben ihr Recht auf Zugang zu den Dokumenten der Kommission nach Artikel 255 Absatz 1 EG-Vertrag und Artikel 2 Absatz 1 der Verordnung (EG) Nr. 1049/2001 gemäß den in den nachfolgenden Bestimmungen genannten Verfahren aus. Dieses Zugangsrecht umfasst die Dokumente der Kommission, das heißt Dokumente die von ihr erstellt wurden oder bei ihr eingegangen sind und sich in ihrem Besitz befinden.

Gemäß Artikel 2 Absatz 2 der Verordnung (EG) Nr. 1049/2001 kann allen natürlichen oder juristischen Personen, die keinen Wohnsitz oder Sitz in einem Mitgliedstaat haben, Zugang zu den Dokumenten der Kommission unter den gleichen Voraussetzungen wie den in Artikel 255 Absatz 1 EG-Vertrag genannten Zugangsberechtigten gewährt werden.

Gemäß Artikel 195 Absatz 1 EG-Vertrag haben diese Personen jedoch nicht die Möglichkeit, eine Beschwerde beim Europäischen Bürgerbeauftragten einzureichen. Verweigert die Kommission allerdings nach einem Zweitantrag ganz oder teilweise den Zugang, können sie entsprechend den Bestimmungen von Artikel 230 Absatz 4 EG-Vertrag vor dem Gericht erster Instanz der Europäischen Gemeinschaften Klage erheben.

Artikel 2. Anträge auf Zugang zu einem Dokument

Anträge auf Zugang zu einem Dokument sind per Post, Fax oder elektronische Post an das Generalsekretariat der Kommission, die zuständige Generaldirektion oder den zuständigen Dienst zu richten. Die entsprechenden Anschriften werden in dem in Artikel 8 dieser Bestimmungen genannten Leitfaden veröffentlicht.

Die Kommission beantwortet die Erst- und Zweitanträge auf Zugang zu einem Dokument innerhalb von fünfzehn Werktagen ab dem Datum der Registrierung des Antrags. Bei komplexen oder umfangreichen Anträgen kann diese Frist um fünfzehn Werktage verlängert werden. Jede Fristverlängerung muss begründet sein und dem Antragsteller vorher mitgeteilt werden.

Bei einem Antrag, der, wie in Artikel 6 Absatz 2 der Verordnung (EG) Nr. 1049/2001 beschrieben, unpräzise formuliert ist, fordert die Kommission den Antragsteller auf, zusätzliche Informationen beizubringen, um die beantragten Schriftstücke ausfindig machen zu können; die Beantwortungsfrist beginnt erst zu dem Zeitpunkt, zu dem das Organ über diese Angaben verfügt.

Jeder, selbfst teilweise, ablehnende Bescheid enthält eine Begründung der Ablehnung auf der Grundlage einer der in Artikel 4 der Verordnung (EG) Nr. 1049/2001 genannten Ausnahmen und unterrichtet den Antragsteller über die ihm zur Verfügung stehenden Rechtsmittel.

Artikel 3. Behandlung von Erstanträgen

Unbeschadet von Artikel 9 dieser Bestimmungen erhält der Antragsteller, sobald sein Antrag registriert wurde, eine Eingangsbestätigung, es sei denn, der Bescheid erging postwendend.

Die Eingangsbestätigung und der Bescheid werden schriftlich, eventuell per elektronische Post, versandt.

Der Antragsteller wird vom Generaldirektor oder dem Leiter des für den Antrag zuständigen Dienstes oder von einem zu diesem Zweck innerhalb des Generalsekretariats benannten Direktor bzw. von einem innerhalb des OLAF benannten Direktor, sofern sich der Antrag auf Dokumente im Zusammenhang mit in Artikel 2 Absätze 1 und 2 des Beschlusses 1999/352/EG, EGKS, Euratom der Kommission[2)] zur Errichtung des OLAF vorgesehenen, von OLAF durchgeführten Maßnahmen bezieht, oder aber von dem Beamten, der zu diesem Zweck bestimmt wurde, darüber unterrichtet, wie sein Antrag beschieden wurde.

In jedem, selbst teilweise, ablehnenden Bescheid wird der Antragsteller über sein Recht informiert, innerhalb von 15 Werktagen nach Eingang des Bescheides einen Zweitantrag beim Generalsekretariat der Kommission oder beim Direktor des OLAF, sofern der Zweitantrag Dokumente im Zusammenhang mit in Artikel 2 Absätze 1 und 2 des Beschlusses 1999/352/EG, EGKS, Euratom vorgesehenen, von dem OLAF durchgeführten Maßnahmen betrifft, zu stellen.

Artikel 4. Behandlung von Zweitanträgen

Gemäß Artikel 14 der Geschäftsordnung der Kommission wird die Entscheidungsbefugnis über Zweitanträge dem Generalsekretär übertragen. Betrifft der Zweitantrag allerdings Dokumente im Zusammenhang mit in Artikel 2 Absätze 1 und 2 des Beschlusses 1999/352/EG, EGKS, Euratom vorgesehenen, von dem OLAF durchgeführten Maßnahmen, wird die Entscheidungsbefugnis dem Direktor des OLAF übertragen.

Die Generaldirektion oder der Dienst unterstützen das Generalsekretariat bei der Erarbeitung der Entscheidung.

Die Entscheidung wird durch den Generalsekretär oder den Direktor des OLAF nach Zustimmung des Juristischen Dienstes getroffen.

Der Bescheid wird dem Antragsteller schriftlich, gegebenenfalls in elektronischer Form, übermittelt und weist ihn auf sein Recht hin, beim Gericht erster Instanz Klage zu erheben oder beim Europäischen Bürgerbeauftragten Beschwerde einzulegen.

---

2) ABl. L 136 vom 31.5.1999, S. 20.

Artikel 5. Konsultationen

(1) Erhält die Kommission einen Antrag auf Zugang zu einem Dokument, in dessen Besitz sie zwar ist, das aber von einem Dritten stammt, prüft die Generaldirektion oder der Dienst, bei der bzw. dem sich das Dokument befindet, die Anwendbarkeit einer der in Artikel 4 der Verordnung (EG)Nr. 1049/2001 vorgesehenen Ausnahmen. Handelt es sich bei dem beantragten Dokument um eine Verschlusssache gemäß den Schutzvorschriften der Kommission, ist Artikel 6 dieser Bestimmungen anzuwenden.

(2) Gelangt die Generaldirektion oder der Dienst, bei der bzw. dem sich das Dokument befindet, nach dieser Prüfung zu der Auffassung, dass der Zugang zu dem beantragten Dokument entsprechend einer der in Artikel 4 der Verordnung (EG)
Nr. 1049/2001 vorgesehenen Ausnahmen zu verweigern ist, wird die Ablehnung dem Antragsteller ohne Konsultation des Dritten zugestellt.

(3) Die Generaldirektion oder der Dienst, bei der bzw. dem sich das Dokument befindet, erteilt einen positiven Bescheid, ohne den externen Verfasser zu konsultieren, wenn:

a) das beantragte Dokument entweder durch seinen Verfasser bzw. aufgrund der Verordnung oder entsprechender Bestimmungen bereits verbreitet wurde;

b) die, möglicherweise auch teilweise Verbreitung seines Inhalts nicht wesentlich gegen eines der in Artikel 4 der Verordnung (EG) Nr. 1049/2001 vorgesehenen Interessen verstößt.

(4) In allen anderen Fällen wird der Urheber außerhalb der Organe konsultiert. Insbesondere in Fällen, in denen der Antrag auf Zugang zu einem Dokument eines Mitgliedstaates gestellt wird, konsultiert die Generaldirektion oder der Dienst, bei der bzw. dem sich das Dokument befindet, die Heimatbehörde, wenn:

a) das Dokument der Kommission vor dem Inkrafttreten der Verordnung (EG) Nr. 1049/ 2001 übermittelt wurde;

b) der Mitgliedstaat die Kommission ersucht hat, das Dokument gemäß den Bestimmungen von Artikel 4 Absatz 5 der Verordnung (EG) Nr. 1049/2001 nicht ohne seine vorherige Zustimmung zu verbreiten.

(5) Der konsultierte Dritte verfügt über eine Beantwortungsfrist, die mindestens fünf Werktage beträgt und es gleichzeitig der Kommission ermöglichen muss, ihre eigenen Beantwortungsfristen zu wahren. Geht innerhalb der festgesetzten Frist keine Antwort ein, oder ist der Dritte nicht auffindbar bzw. nicht feststellbar, entscheidet die Kommission entsprechend der Ausnahmeregelung von Artikel 4 der Verordnung (EG) Nr. 1049/2001 unter Berücksichtigung der berechtigten Interessen des Dritten auf der Grundlage der Angaben, über die sie verfügt.

(6) Sofern die Kommission beabsichtigt, gegen den ausdrücklichen Wunsch seines Verfassers den Zugang zu einem Dokument zu gewähren, unterrichtet sie den Verfasser über ihre Absicht, das Dokument nach einer Frist von zehn Werktagen freizugeben und verweist ihn auf die Rechtsmittel, die ihm zur Verfügung stehen, um diese Freigabe zu verhindern.

(7) Erhält ein Mitgliedstaat einen Antrag auf Zugang zu einem Dokument, das von der Kommission stammt, kann er sich zu Konsultationszwecken an das Generalsekretariat wenden, das die für das Dokument innerhalb der Kommission zuständige Generaldirektion oder den zuständigen Dienst benennt. Die Generaldirektion oder der Dienst, die bzw. der das Dokument verfasst hat, bearbeitet diesen Antrag nach Konsultation des Generalsekretariats.

Artikel 6. Behandlung der Anträge auf Zugang zu Verschlusssachen

Betrifft der Antrag auf Zugang zu einem Dokument ein sensibles Dokument entsprechend der Definition in Artikel 9, Absatz 1 der Verordnung (EG) Nr. 1049/2001 oder eine andere Verschlusssache gemäß den Schutzvorschriften der Kommission, wird er von Beamten geprüft, die befugt sind, dieses Dokument einzusehen.

Wird der Antrag auf Zugang zu einer Verschlusssache ganz oder teilweise abschlägig beschieden, so ist dies auf der Grundlage der in Artikel 4 der Verordnung (EG) Nr. 1049/2001 genannten Ausnahmeregelungen zu begründen. Stellt sich heraus, dass der Zugang zu dem beantragten Dokument auf der Grundlage dieser Ausnahmeregelungen nicht abgelehnt werden kann, sorgt der Beamte, der diesen Antrag prüft, für die Freigabe des Dokumentes, bevor es dem Antragsteller übermittelt wird.

In jedem Fall ist für den Zugang zu einem sensiblen Dokument das Einverständnis der Heimatbehörde erforderlich.

Artikel 7. Ausübung des Zugangsrechts

Die Dokumente werden je nach Art des Antrags schriftlich, per Fax oder gegebenenfalls per E-Mail versandt. Bei umfangreichen oder schwer handzuhabenden Dokumenten kann der Antragsteller gebeten werden, die Dokumente vor Ort einzusehen. Diese Einsichtnahme ist kostenlos.

Ist das Dokument veröffentlicht worden, so sind in dem Bescheid Hinweise zur Veröffentlichung bzw. zu der Stelle zu geben, wo das Dokument verfügbar ist, sowie gegebenenfalls die Internet-Adresse des Dokumentes auf dem Server EUROPA.

Überschreitet der Umfang des beantragten Dokumentes 20 Seiten, kann dem Antragsteller eine Gebühr von 0,10 EUR je Seite zuzüglich Versandkosten in Rechnung gestellt werden. Über die Kosten im Zusammenhang mit anderen Hilfsmitteln wird von Fall zu Fall entschieden, ohne dass diese über einen angemessenen Betrag hinausgehen dürfen.

Artikel 8. Maßnahmen zur Erleichterung des Zugangs zu den Dokumenten

(1) Der Umfang des in Artikel 11 der Verordnung (EG) Nr. 1049/2001 vorgesehenen Registers wird schrittweise erweitert und auf der Startseite der EUROPA-Webseite angegeben.

Das Register enthält den Titel des Dokumentes (in den Sprachen, in denen es verfügbar ist), die Signatur und andere nützliche Hinweise, eine Angabe zu seinem Verfasser und das Datum seiner Erstellung oder seiner Verabschiedung.

Eine Hilfsseite (in allen Amtssprachen) unterrichtet die Öffentlichkeit darüber, wie das Dokument erhältlich ist. Handelt es sich um ein veröffentlichtes Dokument, erfolgt ein Verweis auf den Gesamttext.

(2) Die Kommission erarbeitet einen Leitfaden, der die Öffentlichkeit über ihre Rechte aufgrund der Verordnung (EG) Nr. 1049/2001 informiert. Dieser Leitfaden wird in allen Amtssprachen auf der EUROPA-Webseite sowie als Broschüre veröffentlicht.

Artikel 9. Unmittelbar öffentlich zugängliche Dokumente

(1) Die Bestimmungen dieses Artikels finden nur auf solche Dokumente Anwendung, die nach Inkrafttreten der Verordnung (EG) Nr. 1049/ 2001 erstellt oder erhalten wurden.

(2) Folgende Dokumente werden auf Anfrage automatisch zur Verfügung gestellt und, soweit möglich, unmittelbar in elektronischer Form zugänglich gemacht:

a) Tagesordnungen der Kommissionssitzungen;

b) gewöhnliche Protokolle der Kommissionssitzungen nach ihrer Genehmigung;

c) von der Kommission verabschiedete Texte, die zur Veröffentlichung im Amtsblatt der Europäischen Gemeinschaften bestimmt sind;

d) Dokumente Dritter, die bereits vom Verfasser oder mit seiner Zustimmung veröffentlicht worden sind;

e) Dokumente, die bereits im Zusammenhang mit einem früheren Antrag veröffentlicht wurden.

(3) Sofern eindeutig feststeht, dass keine der in Artikel 4 der Verordnung (EG) Nr. 1049/2001 vorgesehenen Ausnahmen auf sie Anwendung findet, können folgende Dokumente, soweit möglich in elektronischer Form, verbreitet werden, vorausgesetzt, sie geben keine persönlichen Meinungen oder Stellungnahmen wieder:

a) nach Verabschiedung eines Vorschlags für einen Rechtsakt des Rates bzw. des Europäischen Parlaments und des Rates die vorbereitenden Dokumente zu diesen Vorschlägen, die dem Kollegium während des Verfahrens der Annahme vorgelegt wurden;

b) nach Verabschiedung eines Rechtsakts der Kommission aufgrund der ihr verliehenen Ausführungsbefugnisse die vorbereitenden Dokumente zu diesen Rechtsakten, die dem Kollegium während des Verfahrens der Annahme vorgelegt wurden;

c) nach Verabschiedung eines Rechtsakts aufgrund ihrer eigenen Befugnisse, einer Mitteilung, eines Berichts oder eines Arbeitsdokumentes durch die Kommission, die vorbereitenden Dokumente zu diesen Dokumenten, die dem Kollegium während des Verfahrens der Annahme vorgelegt wurden.

Artikel 10. Interne Organisation

Die Generaldirektoren und Leiter der Dienste entscheiden über die Erstanträge. Zu diesem Zweck benennen sie einen Beamten, der die Anträge auf Zugang zu einem Dokument prüft und die Stellungnahme seiner Generaldirektion oder seines Dienstes koordiniert.

Dem Generalsekretariat wird zur Kenntnisnahme mitgeteilt, wie die Erstanträge beschieden wurden.

Der für den Erstantrag verantwortlichen Generaldirektion oder dem hierfür verantwortlichen Dienst wird mitgeteilt, dass ein Zweitantrag gestellt wurde.

Das Generalsekretariat sorgt für die reibungslose Koordinierung und einheitliche Anwendung dieser Vorschriften durch die Generaldirektionen und Kommissionsdienste. Hierzu stellt es alle notwendigen Leitlinien und Verhaltensmaßregeln zur Verfügung.

ANHANG IV

ANHANG IV

KODEX FÜR GUTE VERWALTUNGSPRAXIS IN DEN BEZIEHUNGEN DER BEDIENSTETEN DER EUROPÄISCHEN KOMMISSION ZUR ÖFFENTLICHKEIT

In Erwägung nachstehender Gründe:

(1) Die Maßnahmen und Beschlüsse der Kommission in den Bereichen Politik, Gesetzgebung, Technik, Finanzen und Verwaltung führen alle irgendwann zur Erstellung von Dokumenten.

(2) Diese Dokumente müssen gemäß den für alle Generaldirektionen und gleichgestellten Dienste geltenden Vorschriften verwaltet werden, da sie gleichzeitig eine direkte Verbindung zu den laufenden Maßnahmen und ein Abbild der abgeschlossenen Maßnahmen der Kommission in ihrer doppelten Funktion als europäisches Organ und europäische öffentliche Verwaltung darstellen.

(3) Diese einheitlichen Vorschriften müssen gewährleisten, dass die Kommission jederzeit Rechenschaft über das ablegen kann, dessen sie rechenschaftspflichtig ist. Deshalb müssen die Dokumente und Akten, die sich bei einer Generaldirektion bzw. einem gleichgestellten Dienst befinden, die Arbeit des Organs nachvollziehbar machen, den Informationsaustausch erleichtern, erfolgte Tätigkeiten belegen und den rechtlichen Verpflichtungen, denen die Dienste unterliegen, entsprechen.

(4) Die Umsetzung der zuvor genannten Vorschriften erfordert die Einrichtung einer adäquaten und soliden Organisationsstruktur sowohl auf Ebene der einzelnen Generaldirektionen bzw. gleichgestellten Dienste, als auch dienstübergreifend und auf Ebene der Kommission.

(5) Die Erstellung und Einführung eines Aktenplans, gestützt auf eine Nomenklatur, die allen Kommissionsdiensten im Rahmen des maßnahmenbezogenen Managements (MBM) des Organs gemeinsam sein wird, ermöglichen eine Strukturierung der Dokumente in Akten und erleichtern den Zugang dazu sowie die Transparenz.

(6) Eine effiziente Verwaltung der Dokumente ist für eine effiziente Politik des öffentlichen Zugangs zu den Dokumenten der Kommission unerlässlich; die Ausübung dieses Zugangsrechts durch den Bürger wird erleichtert durch die Einrichtung von Registern mit Verweisen auf die Dokumente, die von der Kommission erstellt wurden oder bei ihr eingegangen sind.

Artikel 1. Begriffsbestimmungen

Im Sinne dieser Bestimmungen bedeutet:

– *Dokument*: Inhalte, die von der Europäischen Kommission erstellt wurden oder bei ihr eingegangen sind, und die einen Sachverhalt im Zusammenhang mit den Politiken, Maßnahmen und Entscheidungen aus dem Zuständigkeitsbereich des Organs im Rahmen seines offiziellen Auftrags betreffen, unabhängig von der Form des Datenträgers (auf Papier oder in elektronischer Form, Ton-, Bild- oder audiovisuelles Material)
– *Akte*: der Kern, um den die Dokumente entsprechend der Geschäftstätigkeit des Organs zu Nachweis-, Rechtfertigungs- oder Informationszwecken sowie zur Gewährleistung der Arbeitseffizienz organisiert werden.

Artikel 2. Gegenstand

Diese Bestimmungen legen die Grundsätze der Verwaltung von Dokumenten fest.

Die Verwaltung von Dokumenten muss Folgendes gewährleisten:

– die Erstellung, den Empfang und die Aufbewahrung der Dokumente in vorschriftsmäßiger Form;
– die Kennzeichnung jedes Dokuments mit Hilfe angemessener Kennzeichen, die seine einfache Zuordnung und Suche sowie Verweise auf dasselbe ermöglichen;
– die Bewahrung des Gedächtnisses des Organs, die Erhaltung der Nachweise über durchgeführte Maßnahmen und die Beachtung der rechtlichen Verpflichtungen, denen die Dienste unterliegen;
– den einfachen Informationsaustausch;
– die Beachtung der Verpflichtung zur Transparenz des Organs.

Artikel 3. Einheitliche Vorschriften

Dokumente unterliegen folgenden Arbeitsgängen:

– Registrierung,
– Ablage,
– Aufbewahrung,
– Abgabe der Akten an das Historische Archiv.

Diese Arbeitsgänge werden im Rahmen der für alle Generaldirektionen und gleichgestellten Dienste der Kommission einheitlichen Vorschriften durchgeführt.

Artikel 4. Registrierung

Vom Zeitpunkt seines Eingangs oder seiner formalen Erstellung durch einen Dienst unterliegt ein Dokument, unabhängig von der Form des Datenträgers, einer Analyse, die das weitere Verfahren bestimmt, welches dem Dokument vorbehalten ist, mithin die Verpflichtung, es zu registrieren oder nicht.

Ein Dokument, das von einem Kommissionsdienst erstellt wurde oder bei diesem eingegangen ist, muss registriert werden, wenn es wichtige dauerhafte Informationen enthält und/oder zu einem Tätigwerden oder zu Folgemaßnahmen der Kommission bzw. einem ihrer Dienste führen kann. Handelt es sich um ein erstelltes Dokument, erfolgt die Registrierung durch den ausfertigenden Dienst in dem System, dem es entstammt. Handelt es sich um ein eingegangenes Dokument, wird die Registrierung von dem Dienst vorgenommen, an den es gerichtet wurde. Bei jeder weiteren Bearbeitung dieses auf diese Weise registrierten Dokuments muss auf die ursprüngliche Registrierung verwiesen werden.

Die Registrierung muss die deutliche und sichere Identifikation der von der Kommission oder einem ihrer Dienste erstellten oder bei diesen eingegangenen Dokumente erlauben, in einer Weise, die die Rückverfolgbarkeit der betreffenden Dokumente während ihres vollständigen Lebenszyklus gewährleistet.

Die Registrierung gibt Anlass zur Anlegung von Registern die Angaben zu den Dokumenten enthalten.

Artikel 5. Ablage

Die Generaldirektionen und gleichgestellten Dienste erstellen einen Aktenplan, der ihren spezifischen Erfordernissen entspricht.

Dieser Aktenplan, der mit Mitteln der Informationstechnik zugänglich sein wird, ist auf eine vom Generalsekretariat für alle Kommissionsdienste definierte gemeinsame Nomenklatur gestützt. Diese Nomenklatur fügt sich in den Rahmen des maßnahmenbezogenen Managements (MBM) der Kommission ein.

Die registrierten Dokumente werden in Akten organisiert. Für jeden Vorgang, der in die Zuständigkeit der Generaldirektion oder des gleichgestellten Dienstes fallt, wird eine einzige offizielle Akte angelegt. Jede offizielle Akte muss vollständig sein und der Geschäftstätigkeit des jeweiligen Dienstes in Bezug auf den Vorgang entsprechen.

Das Anlegen einer Akte und ihre Eingliederung in den Aktenplan einer Generaldirektion oder eines gleichgestellten Dienstes obliegt dem für den jeweiligen Bereich zuständigen Dienst entsprechend den anzuwendenden Modalitäten, die in den einzelnen Generaldirektionen oder gleichgestellten Diensten festzulegen sind.

Artikel 6. Aufbewahrung

Jede Generaldirektion bzw. gleichgestellter Dienst stellt den materiellen Schutz der Dokumente, die sich in deren Zuständigkeit befinden sowie den kurz- und mittelfristigen Zugang zu diesen Dokumenten sicher. Sie müssen ferner in der Lage sein, die dazugehörigen Akten bereitzustellen oder zu rekonstruieren.

Die Verwaltungsvorschriften und die rechtlichen Verpflichtungen bestimmen die Mindestaufbewahrungsdauer eines Dokuments.

Jede Generaldirektion bzw. gleichgestellter Dienst legt ihre interne Organisationsstruktur im Hinblick auf die Aufbewahrung ihrer Akten fest. Die Mindestaufbewahrungsdauer innerhalb ihrer Dienste richtet sich nach einer gemeinsamen Liste, die entsprechend den in Artikel 12 genannten Anwendungsmodalitäten erstellt wurde und für die gesamte Kommission gilt.

Artikel 7. Vorauswahl und Abgabe an das Historische Archiv

Unbeschadet der in Artikel 6 genannten Mindestaufbewahrungsfristen treffen die in Artikel 9 genannten Registraturen in regelmäßigen Abständen gemeinsam mit den für die Akten zuständigen Diensten eine Vorauswahl der Dokumente und Akten im Hinblick auf ihre Archivwürdigkeit und eine mögliche Abgabe an das Historische Archiv der Kommission. Nach Prüfung der Vorschläge kann das Historische Archiv die Abgabe ablehnen. Jede ablehnende Entscheidung wird begründet und den betreffenden Diensten mitgeteilt.

Akten und Dokumente, deren Aufbewahrung durch die Dienste sich als nicht mehr notwendig erweist, werden spätestens fünfzehn Jahre nach ihrer Erstellung über die Registraturen und unter der Verantwortung des Generaldirektors an das Historische Archiv der Kommission abgegeben. Danach werden diese Akten und Dokumente einer Bewertung entsprechend den Regeln, die in den in Artikel 12 genannten Anwendungsmodalitäten festgelegt sind, unterzogen. Diese Bewertung dient dazu, diejenigen Akten und Dokumente, die aufbewahrt werden müssen, von denen zu trennen, die weder von administrativem noch von historischem Interesse sind.

Das Historische Archiv verfügt über besondere Magazine für die Aufbewahrung dieser übernommenen Akten und Dokumente. Auf Anfrage werden sie für die Generaldirektion bzw. gleichgestellten Dienst, aus der sie stammen, bereitgestellt.

Artikel 8. Verschlusssachen

Als Verschlusssache eingestufte Dokumente werden entsprechend den geltenden Schutzvorschriften behandelt.

Artikel 9. Registraturen

Jede Generaldirektion bzw. gleichgestellter Dienst richtet unter Berücksichtigung ihrer Struktur und ihrer Sachzwänge eine oder mehrere Registraturen ein.

Die Registraturen haben zu gewährleisten, dass die in ihrer Generaldirektion bzw. Dienst erstellten oder dort eingegangenen Dokumente entsprechend den festgelegten Vorschriften verwaltet werden.

Artikel 10. Beauftragte für die Verwaltung von Dokumenten

Jeder Generaldirektor oder Dienstleiter benennt einen Beauftragten für die Verwaltung von Dokumenten.

Im Zuge der Einrichtung eines modernen und leistungsfähigen Verwaltungs- und Archivierungssystems der Dokumente kontrolliert dieser Beauftragte folgende Aufgaben:

- Identifizierung der verschiedenen für die Aufgabenfelder seiner Generaldirektion oder seines gleichgestellten Dienstes spezifischen Arten von Dokumenten und Akten;
- Erstellung eines Inventars der bestehenden Datenbanken und Informationssysteme sowie dessen Aktualisierung;
- Erstellung des Aktenplans seiner Generaldirektion bzw. gleichgestellten Dienstes;
- Festlegung besonderer Vorschriften und Verfahren seiner Generaldirektion oder seines gleichgestellten Dienstes für die Verwaltung der Dokumente und Akten sowie Kontrolle ihrer Anwendung;
- Organisation von Schulungen der Mitarbeiter, die mit der Durchführung, der Überwachung und den Folgemaßnahmen der in diesen Bestimmungen festgelegten Verwaltungsvorschriften in seiner Generaldirektion oder seinem gleichgestellten Dienst betraut sind.

Der Beauftragte gewährleistet die horizontale Koordinierung zwischen der oder den Registraturen und den übrigen beteiligten Dienststellen.

Artikel 11. Dienstübergreifende Gruppe von Beauftragten für die Verwaltung von Dokumenten

Es wird eine dienstübergreifende Gruppe von Beauftragten für die Verwaltung von Dokumenten unter Vorsitz des Generalsekretariats eingerichtet, die folgende Aufgaben wahrnimmt:

- Kontrolle der korrekten und einheitlichen Anwendung dieser Bestimmungen in den Dienststellen;
- Behandlung eventueller Fragen bei der Anwendung derselben;
- Beteiligung an der Erarbeitung der in Artikel 12 genannten Anwendungsmodalitäten;
- Weiterleitung des Schulungsbedarfs sowie des Bedarfs an Unterstützungsmaßnahmen der Generaldirektionen und gleichgestellten Dienste.

Die Gruppe wird von ihrem Vorsitzenden auf dessen Initiative oder auf Anfrage einer Generaldirektion bzw. eines gleichgestellten Dienstes einberufen.

Artikel 12. Anwendungsmodalitäten

Die Anwendungsmodalitäten dieser Bestimmungen werden vom Generalsekretär im Einvernehmen mit dem Generaldirektor für Personal und Verwaltung auf Vorschlag der dienstübergreifenden Gruppe von Beauftragten für die Verwaltung von Dokumenten erlassen und regelmäßig aktualisiert.

Bei der Aktualisierung sind insbesondere folgende Aspekte zu berücksichtigen:

- Entwicklung neuer Technologien im Bereich der Information und Kommunikation;
- Weiterentwicklung der Dokumentationswissenschaften sowie Forschungsergebnisse auf Gemeinschafts- und internationaler Ebene einschließlich der Entwicklung von Normen in diesem Bereich;
- Verpflichtungen der Kommission im Hinblick auf Transparenz und öffentlichen Zugang zu den Dokumenten und zu den Dokumentenregistern;
- Entwicklungen im Hinblick auf Standardisierung und formalen Aufbau der Dokumente der Kommission und ihrer Dienste;
- Definition der anzuwendenden Vorschriften im Hinblick auf den Beweiswert elektronischer Dokumente.

Artikel 13. Umsetzung innerhalb der Dienste

Jeder Generaldirektor bzw. Dienstleiter schafft die organisatorischen, administrativen, materiellen und personellen Voraussetzungen für die praktische Umsetzung dieser Bestimmungen und ihrer Anwendungsmodalitäten durch seine Dienststellen.

Artikel 14. Information, Schulung und Unterstützung

Das Generalsekretariat und die Generaldirektion für Personal und Verwaltung stellen Informations-, Schulungs- und Unterstützungsmaßnahmen bereit, die für die erfolgreiche Umsetzung und Durchführung dieser Bestimmungen in den Generaldirektionen und gleichgestellten Diensten notwendig sind.

Bei der Festlegung der Schulungsmaßnahmen berücksichtigen sie sorgfältig den von der dienstübergreifenden Gruppe von Beauftragten für die Verwaltung von Dokumenten festgestellten Schulungs- und Unterstützungsbedarf der Generaldirektionen und gleichgestellten Dienste.

Artikel 15. Durchführung der Bestimmungen

Das Generalsekretariat sorgt in Absprache mit den Generaldirektoren und Dienstleitern für die Durchführung der vorliegenden Bestimmungen.

ANHANG V

ANHANG V

VORSCHRIFTEN DER KOMMISSION ÜBER OPERATIONELLE VERFAHREN FÜR DAS KRISENMANAGEMENT

(aufgehoben)

STANDARDSICHERHEITSMASSNAHMEN UND ALARMSTUFEN

siehe 9/1a.

ANHANG VI

ANHANG VI

BESTIMMUNGEN DER KOMMISSION ÜBER ELEKTRONISCHE UND NUMMERISIERTE DOKUMENTE

In Erwägung nachstehender Gründe:

(1) Die allgemeine Verwendung der neuen Informations- und Kommunikationstechnologien durch die Kommission für ihre interne Tätigkeit und beim Austausch von Dokumenten mit externen Stellen, insbesondere den gemeinschaftlichen Verwaltungen einschließlich den Einrichtungen, die für die Durchführung bestimmter Gemeinschaftspolitiken zuständig sind, und den nationalen Verwaltungen hat zur Folge, dass das Dokumentationssystem der Kommission immer mehr elektronische und nummerisierte Dokumente enthält.

(2) Entsprechend dem Weißbuch über die Reform der Kommission[1], dessen Maßnahmen 7, 8 und 9 den Übergang zur elektronischen Kommission sicherstellen sollen, und der Mitteilung „Auf dem Weg zur elektronischen Kommission: Umsetzungsstrategie 2001 – 2005 (Maßnahmen 7, 8 und 9 des Reformweißbuches)"[2] hat die Kommission im Rahmen ihrer internen Tätigkeit und der Beziehungen zwischen den Dienststellen die Entwicklung von Informatiksystemen für die elektronische Verwaltung von Dokumenten und elektronische Verfahren verstärkt.

[1] K(2000) 200.

[2] SEK(2001) 924.

(3) Mit Beschluss 2002/47/EG, EGKS, Euratom[3] hat die Kommission Bestimmungen zur Verwaltung von Dokumenten im Anhang zu ihrer Geschäftsordnung angefügt, damit sie insbesondere jederzeit Rechenschaft über Handlungen ablegen kann, für die sie rechenschaftspflichtig ist. Die Kommission hat sich in ihrer Mitteilung über die Vereinfachung und Modernisierung der Verwaltung ihrer Dokumente[4] mittelfristig das Ziel gesetzt, eine auf gemeinsamen Bestimmungen und Verfahren beruhende, für alle Dienststellen geltende elektronische Archivierung von Dokumenten einzurichten.

(4) Die Verwaltung von Dokumenten muss unter Einhaltung der für die Kommission gebotenen Sicherheitsregeln insbesondere im Bereich der Klassifizierung von Dokumenten gemäß dem Beschluss 2001/844/EG, EGKS, Euratom[5], des Schutzes von Informationssystemen gemäß dem Beschluss K(95) 1510 und des Schutzes personenbezogener Daten gemäß der Verordnung (EG) Nr. 45/2001 des Europäischen Parlaments und des Rates[6] erfolgen. Der Dokumentationsraum der Kommission muss so gestaltet sein, dass die Informationssysteme sowie die Übertragungsnetze und -mittel, die ihn speisen, durch geeignete Sicherheitsmaßnahmen geschützt sind. (5) Es ist erforderlich, Bestimmungen über die Bedingungen für die Gültigkeit elektronischer und nummerisierter oder auf elektronischem Wege übermittelter Dokumente in Bezug auf die Kommission anzunehmen, sofern diese Bedingungen nicht bereits anderweitig festgelegt sind, sowie auch Bedingungen für die Aufbewahrung der Dokumente anzunehmen, die die Unverfälschtheit und Lesbarkeit dieser Dokumente und der begleitenden Metadaten im Laufe der Zeit für die gesamte geforderte Aufbewahrungsdauer garantieren –

BESCHLIESST:

Artikel 1. Zweck

Diese Bestimmungen legen die Bedingungen für die Gültigkeit elektronischer und nummerisierter Dokumente in Bezug auf die Kommission fest. Sie stellen ebenfalls darauf ab, die Echtheit, Unverfälschtheit und Lesbarkeit dieser Dokumente und der begleitenden Metadaten im Laufe der Zeit zu garantieren.

Artikel 2. Anwendungsbereich

Diese Bestimmungen gelten für elektronische und nummerisierte Dokumente, die von der

[3] ABl. L 21 vom 24.1.2002, S. 23.

[4] K(2002) 99 endg.

[5] ABl. L 317 vom 3.12.2001, S. 1.

[6] ABl. L 8 vom 12.1.2001, S. 1.

Kommission erstellt wurden oder bei ihr eingegangen sind und sich in ihrem Besitz befinden.

Sie können im Wege einer Vereinbarung auf elektronische und nummerisierte Dokumente im Besitz anderer Stellen, die für die Durchführung bestimmter Gemeinschaftspolitiken zuständig sind, oder auf Dokumente erweitert werden, die im Rahmen von Telematiknetzen, an denen die Kommission teilnimmt, zwischen Verwaltungen ausgetauscht werden.

Artikel 3. Begriffsbestimmungen

Im Sinne dieser Bestimmung bedeutet:

1. **„Dokument".** ein Dokument im Sinne von Artikel 3 Buchstabe a) der Verordnung (EG) Nr. 1049/2001 des Europäischen Parlaments und des Rates[7] und Artikel 1 der Bestimmungen zur Verwaltung von Dokumenten im Anhang zur Geschäftsordnung der Kommission, nachstehend als „Bestimmungen zur Verwaltung von Dokumenten" bezeichnet;

2. **„elektronisches Dokument",** ein Datensatz, der auf jedwedem Träger durch ein Informatiksystem oder ein ähnliches Mittel erfasst oder aufbewahrt wird und von Personen oder solchen Systemen oder Mitteln gelesen oder wahrgenommen werden kann, sowie Aufzeichnung und Ausgang dieser Daten in Druckform oder auf andere Weise;

3. **„Nummerisierung von Dokumenten",** das Verfahren, mit dem Papierdokumente oder andere traditionelle Träger in elektronische Bilder umgewandelt werden. Die Nummerisierung betrifft alle Dokumentenarten und kann ausgehend von verschiedenen Trägern wie Papier, Fax, Mikroformen (Mikrofiche, Mikrofilm), Fotos, Video- oder Audiokassetten und Filmen erfolgen;

4. **„Lebensdauer eines Dokuments",** sämtliche Abschnitte oder Perioden des Bestehens eines Dokuments vom Zeitpunkt seines Eingangs oder seiner formalen Erstellung im Sinne von Artikel 4 der Bestimmungen zur Verwaltung von Dokumenten bis zu seiner Abgabe an das Historische Archiv der Kommission und seiner Öffnung für die Bürger oder seiner Zerstörung im Sinne von Artikel 7 dieser Bestimmungen;

5. **„Dokumentationssystem der Kommission".** alle Dokumente, Akten und Metadaten, die von der Kommission erstellt, empfangen, registriert, zugeordnet und aufbewahrt werden;

6. **„Unverfälschtheit",** die Tatsache, dass die in dem Dokument enthaltenen Informationen und die begleitenden Metadaten vollständig (alle Daten sind vorhanden) und richtig (alle Daten sind unverändert) sind;

7. **„Lesbarkeit im Laufe der Zeit",** die Tatsache, dass die in den Dokumenten enthaltenen Informationen und die begleitenden Metadaten für alle Personen, die dazu Zugang haben müssen oder können, während der gesamten Lebensdauer dieser Dokumente ab ihrer formalen Erstellung oder ihrem Eingang bis zu ihrer Abgabe an das Historische Archiv der Kommission und ihrer Öffnung für die Bürger oder ihrer genehmigten Zerstörung nach Maßgabe der geforderten Aufbewahrungsdauer leicht lesbar bleiben;

8. **„Metadaten".** Daten, die den Zusammenhang, Inhalt und Aufbau der Dokumente sowie ihre Verwaltung im Laufe der Zeit beschreiben, wie sie in den Anwendungsmodalitäten der Bestimmungen zur Verwaltung von Dokumenten festgelegt sind und durch Anwendungsmodalitäten dieser Bestimmungen ergänzt werden;

9. **„elektronische Signatur",** die elektronische Signatur im Sinne von Artikel 2 Nummer 1 der Richtlinie 1999/93/EG des Europäischen Parlaments und des Rates[8];

10. **„fortgeschrittene elektronische Signatur".** die elektronische Signatur im Sinne von Artikel 2 Nummer 2 der Richtlinie 1999/93/ EG.

Artikel 4. Gültigkeit elektronischer Dokumente

(1) Verlangt eine anwendbare gemeinschaftsrechtliche oder nationale Bestimmung das unterzeichnete Original eines Dokuments, so erfüllt ein elektronisches Dokument, das von der Kommission erstellt wurde oder bei ihr eingegangen ist, dieses Erfordernis, wenn das betreffende Dokument eine fortgeschrittene elektronische Signatur, die auf einem qualifizierten Zertifikat beruht und von einer sicheren Signaturerstellungseinheit erstellt worden ist, oder eine elektronische Signatur enthält, die gleichwertige Garantien in Bezug auf die einer Signatur zugewiesen Funktionen bietet.

(2) Verlangt eine anwendbare gemeinschaftsrechtliche oder nationale Bestimmung die schriftliche Erstellung eines Dokuments, nicht aber das unterzeichnete Original, so erfüllt ein elektronisches Dokument, das von der Kommission erstellt wurde oder bei ihr eingegangen ist, dieses Erfordernis, wenn die Person, von der es stammt, hinreichend identifiziert ist und das Dokument unter Bedingungen erstellt wird, die die Unverfälschtheit seines Inhalts und der begleitenden Metadaten garantieren und es unter den in Artikel 7 dargelegten Bedingungen aufbewahrt wird.

(3) Dieser Artikel ist ab dem auf die Annahme der Anwendungsmodalitäten nach Artikel 9 folgenden Tag anwendbar.

[7] ABl. L 145 vom 31.5.2001, S. 43.

[8] ABl. L 13 vom 19.1.2000, S. 12.

Artikel 5. Gültigkeit elektronischer Verfahren

(1) Ist nach einem internen Verfahren der Kommission die Signatur einer ermächtigten Person oder die Zustimmung einer Person zu einem oder mehreren Abschnitten dieses Verfahrens erforderlich, so kann es rechnergestützt verwaltet werden, sofern alle Personen sicher und eindeutig identifiziert werden und das betreffende System Garantien für die Unveränderbarkeit des Inhalts sowie auch der Verfahrensschritte bietet.

(2) Umfasst ein Verfahren die Kommission und andere Stellen und ist die Signatur einer ermächtigten Person oder die Zustimmung einer Person zu einem oder mehreren Abschnitten dieses Verfahrens erforderlich, so kann es rechnergestützt verwaltet werden, wobei die Bedingungen und technischen Garantien in einer Vereinbarung geregelt werden.

Artikel 6. Elektronische Übermittlung

(1) Die Übermittlung von Dokumenten durch die Kommission an einen internen oder externen Empfänger kann über die für den betreffenden Fall geeignetsten Kommunikationsmittel erfolgen.

(2) Die Übermittlung von Dokumenten an die Kommission kann über alle Kommunikationsmittel, einschließlich auf elektronischem Weg mittels Kopie, E-Mail, elektronischem Formular oder Internet erfolgen.

(3) Die Absätze 1 und 2 finden keine Anwendung, wenn eine gemäß einem Abkommen oder einer Vereinbarung zwischen den Parteien anwendbare gemeinschaftsrechtliche oder nationale Bestimmung besondere Übermittlungsarten oder besondere Förmlichkeiten in Bezug auf die Übermittlung vorschreibt.

Artikel 7. Aufbewahrung

(1) Die Aufbewahrung elektronischer und nummerisierter Dokumente durch die Kommission muss während der gesamten erforderlichen Dauer unter folgenden Bedingungen sichergestellt werden:

a) Das Dokument wird in der Form aufbewahrt, in der es erstellt, abgesandt oder empfangen wurde bzw. in einer Form, die die Unverfälschtheit des Inhalts des Dokuments sowie der begleitenden Metadaten wahrt.

b) Der Inhalt des Dokuments und der begleitenden Metadaten ist während der gesamten Aufbewahrungsdauer von allen lesbar, die zugangsberechtigt sind.

c) Bei einem auf elektronischem Weg abgesandten oder empfangenen Dokument gehören jene Informationen, die die Feststellung seiner Herkunft und Bestimmung ermöglichen, sowie das Datum und die Uhrzeit der Absendung oder des Empfangs zu den Metadaten, die jedenfalls aufbewahrt werden müssen.

d) Bei elektronischen Verfahren, die von Informatiksystemen gestützt werden, müssen die Angaben über die förmlichen Abschnitte des Verfahrens in einer Weise aufbewahrt werden, dass diese Abschnitte sowie der Urheber und Beteiligte erkennbar sind.

(2) Für die Zwecke von Absatz 1 richtet die Kommission ein elektronisches Aufbewahrungssystem ein, das die gesamte Lebensdauer der elektronischen und nummerisierten Dokumente umfasst.

Die technischen Erfordernisse des elektronischen Aufbewahrungssystems werden in den Anwendungsmodalitäten nach Artikel 9 geregelt.

Artikel 8. Sicherheit

Die Verwaltung der elektronischen und nummerisierten Dokumente erfolgt unter Einhaltung der für die Kommission gebotenen Sicherheitsregeln. Dazu werden die Informationssysteme sowie die Übertragungsnetze und -mittel, die das Dokumentationssystem der Kommission speisen, durch geeignete Sicherheitsmaßnahmen im Bereich der Zuordnung von Dokumenten, des Schutzes von Informationssystemen und des Schutzes personenbezogener Daten geschützt.

Artikel 9. Anwendungsmodalitäten

Die Anwendungsmodalitäten dieser Bestimmungen werden in Absprache mit den Generaldirektionen und gleichgestellten Diensten erstellt und vom Generalsekretär der Kommission im Einvernehmen mit dem auf Ebene der Kommission für Informatik zuständigen Generaldirektor erlassen.

Sie werden nach Maßgabe der Entwicklung neuer Technologien im Bereich der Information und Kommunikation und neuer Verpflichtungen, die sich für die Kommission ergeben könnten, regelmäßig aktualisiert.

Artikel 10. Durchführung in den Dienststellen

Die Generaldirektoren bzw. Dienstleiter ergreifen die erforderlichen Maßnahmen, damit die Dokumente, Verfahren und elektronischen Systeme, für die sie verantwortlich sind, den Erfordernissen dieser Bestimmungen und ihrer Anwendungsmodalitäten entsprechen.

Artikel 11. Durchführung der Bestimmungen

Das Generalsekretariat sorgt in Absprache mit den Generaldirektionen und gleichgestellten Diensten, insbesondere mit der in der Kommission für Informatik zuständigen Generaldirektion, für die Durchführung dieser Bestimmungen.

ANHANG VII

ANHANG VII

KOMMISSIONSBESTIMMUNGEN ZUR EINRICHTUNG DES ALLGEMEINEN FRÜHWARNSYSTEMS ARGUS

In Erwägung nachstehender Gründe:

(1) Um auf Krisen gleich welcher Ursache, die mehrere Sektoren und Politikbereiche betreffen und Maßnahmen auf Gemeinschaftsebene erfordern, in ihren Zuständigkeitsbereichen rascher, wirksamer und koordinierter reagieren zu können, sollte die Kommission ein allgemeines Frühwarnsystem („ARGUS") einrichten.

(2) Das System sollte sich zunächst auf ein internes Kommunikationsnetz gründen, über das die Generaldirektionen und Dienste der Kommission im Krisenfall Informationen austauschen können.

(3) Das System sollte im Lichte der gewonnenen Erfahrungen und des technologischen Fortschritts überprüft werden, um die Verknüpfung und die Koordinierung der bestehenden spezialisierten Netze sicherzustellen.

(4) Es ist erforderlich, ein geeignetes Koordinierungsverfahren für die Beschlussfassung und eine rasche, koordinierte und kohärente Reaktion der Kommission auf schwere, mehrere Sektoren betreffende Krisen festzulegen. Dieses Verfahren muss flexibel gestaltet werden und auf die besonderen Anforderungen und Umstände einer gegebenen Krise zugeschnitten werden können. Dabei ist den bestehenden politischen Instrumenten für die Bewältigung spezifischer Krisensituationen Rechnung zu tragen.

(5) Das System sollte die spezifischen Eigenheiten, Fachkenntnisse, Verfahrensvorschriften und Zuständigkeitsbereiche der bestehenden sektorspezifischen Frühwarnsysteme der Kommission, welche die Kommissionsdienststellen in die Lage versetzen, auf spezifische Krisen in verschiedenen Tätigkeitsbereichen der Gemeinschaft zu reagieren, ebenso berücksichtigen wie den Subsidiaritätsgrundsatz.

(6) Da die Kommunikation von zentraler Bedeutung für die Krisenbewältigung ist, sollte besonderes Gewicht auf die Information der Öffentlichkeit und die wirksame Kommunikation mit den Bürgern über die Presse und verschiedene Kommunikationsmittel und -stellen der Kommission in Brüssel und/oder an geeigneter Stelle gelegt werden.

Artikel 1. Das ARGUS-System

(1) Damit die Kommission auf Krisen gleich welcher Ursache, die mehrere Sektoren und Politikbereiche betreffen und Maßnahmen auf Gemeinschaftsebene erfordern, in ihren Zuständigkeitsbereichen rascher, wirksamer und kohärenter reagieren kann, wird ein allgemeines System zur Frühwarnung und raschen Reaktion („ARGUS") eingerichtet.

(2) ARGUS umfasst

a) ein internes Kommunikationsnetz;

b) ein spezifisches Koordinierungsverfahren, das im Fall einer schweren Krise, die mehrere Sektoren betrifft, eingeleitet wird.

(3) Diese Bestimmungen lassen den Beschluss 2003/246/EG der Kommission über operationelle Verfahren für die Bewältigung von Krisensituationen unberührt.

Artikel 2. Das ARGUS-Informationsnetz

(1) Das interne Kommunikationsnetz wird als ein ständig verfügbares Instrument eingerichtet, das den Generaldirektionen und Diensten der Kommission den zeitnahen Austausch von sachdienlichen Informationen über entstandene, mehrere Sektoren betreffende Krisen oder absehbare bzw. unmittelbar bevorstehende derartige Bedrohungen und die Koordinierung einer geeigneten Reaktion in den Zuständigkeitsbereichen der Kommission ermöglicht.

(2) Den Kern des Netzes bilden folgende Dienststellen: Generalsekretariat, GD Presse und Information einschließlich Dienst des Sprechers, GD Umwelt, GD Gesundheit und Verbraucherschutz, GD Justiz, Freiheit und Sicherheit, GD Außenbeziehungen, GD Humanitäre Hilfe, GD Personal und Verwaltung, GD Handel, GD Informatik, GD Steuern und Zollunion, Gemeinsame Forschungsstelle und Juristischer Dienst.

(3) Weitere Generaldirektionen oder Dienste der Kommission können auf Antrag in das Netz eingebunden werden, wenn sie die in Absatz 4 genannten Mindestanforderungen erfüllen.

(4) Die in dem Netz mitwirkenden Generaldirektionen und Dienste ernennen einen ARGUS-Korrespondenten und führen eine geeignete Bereitschaftsregelung ein, damit sie im Fall einer ihr Eingreifen erforderlich machenden Krise jederzeit erreichbar sind und rasch tätig werden können. Das System wird so gestaltet, dass dies mit dem vorhandenen Personal möglich ist.

Artikel 3. Koordinierungsverfahren bei schweren Krisen

(1) Im Fall einer schweren, mehrere Sektoren betreffenden Krise oder einer absehbaren bzw. unmittelbar bevorstehenden derartigen Bedrohung kann der Präsident von sich aus nach einer Warnung oder auf Ersuchen eines Mitglieds der Kommission beschließen, ein spezifisches Koordinierungsverfahren in die Wege zu leiten. Der Präsident entscheidet zudem über die Zuweisung der politischen Verantwortung für die Krisenbewältigungsmaßnahmen der Kommission. Er kann die Verantwortung selbst übernehmen oder sie einem Mitglied der Kommission übertragen.

(2) Die Verantwortung erstreckt sich auf die Leitung und Koordinierung der Krisenbewältigungsmaßnahmen, die Vertretung der Kommission gegenüber den anderen Organen und Einrichtungen und die Kommunikation mit der Öffentlichkeit. Die bestehende Aufgaben- und Kompetenzverteilung in der Kommission bleibt davon unberührt.

(3) Das Generalsekretariat ruft im Auftrag des Präsidenten bzw. des Kommissionsmitglieds, dem die Verantwortung übertragen wurde, das in Artikel 4 beschriebene, spezifische operative Krisenbewältigungsgremium („Krisenkoordinierungsausschuss") zusammen.

Artikel 4. Krisenkoordinierungsausschuss

(1) Der Krisenkoordinierungsausschuss ist ein spezifisches operatives Krisenbewältigungsgremium, das zur Leitung und Koordinierung der Krisenbewältigungsmaßnahmen eingesetzt wird und sich aus Vertretern aller zuständigen Generaldirektionen und Dienste der Kommission zusammensetzt. In der Regel sind im Krisenkoordinierungsausschuss die in Artikel 2 Absatz 2 genannten Generaldirektionen und Dienste sowie weitere, durch die spezifische Krise betroffene Generaldirektionen und Dienste vertreten. Der Krisenkoordinierungsausschuss greift auf die vorhandenen Ressourcen und Mittel der Dienste zurück.

(2) Den Vorsitz im Krisenkoordinierungsausschuss führt der für die politische Koordinierung zuständige stellvertretende Generalsekretär.

(3) Der Krisenkoordinierungsausschuss hat insbesondere die Aufgabe, die Entwicklung der Krisensituation zu überwachen und zu bewerten, Fragen sowie Entscheidungs- und Vorgehensmöglichkeiten zu prüfen und dafür zu sorgen, dass Beschlüsse und Maßnahmen umgesetzt werden und die Krisenbewältigungsmaßnahmen kohärent und konsequent sind.

(4) Die Annahme der im Krisenkoordinierungsausschuss vereinbarten Maßnahmen erfolgt auf dem Wege der normalen Beschlussfassungsverfahren der Kommission; die Umsetzung erfolgt durch die Generaldirektionen und über die Frühwarnsysteme.

(5) Die Kommissionsdienste tragen dafür Sorge, dass die in ihre Zuständigkeit fallenden Aufgaben im Zusammenhang mit der Krisenbewältigung ordnungsgemäß erfüllt werden.

Artikel 5. Verfahrenshandbuch

Es wird ein Verfahrenshandbuch mit ausführlichen Bestimmungen zur Durchführung dieses Beschlusses erstellt.

Artikel 6. Die Kommission überprüft diesen Beschluss spätestens ein Jahr nach seinem Inkrafttreten im Lichte der gewonnenen Erfahrungen und des technologischen Fortschritts und erlässt erforderlichenfalls weitere Maßnahmen in Bezug auf die Funktionsweise des ARGUS-Systems.

ANHANG VIII

ANHANG VIII
DURCHFÜHRUNGSBESTIMMUNGEN ZUR VERORDNUNG (EG) NR. 1367/2006 DES EUROPÄISCHEN PARLAMENTS UND DES RATES ÜBER DIE ANWENDUNG DER BESTIMMUNGEN DES ÜBEREINKOMMENS VON ÅRHUS ÜBER DEN ZUGANG ZU INFORMATIONEN, DIE ÖFFENTLICHKEITSBETEILIGUNG AN ENTSCHEIDUNGSVERFAHREN UND DEN ZUGANG ZU GERICHTEN IN UMWELTANGELEGENHEITEN AUF ORGANE UND EINRICHTUNGEN DER GEMEINSCHAFT

Artikel 1. Zugang zu Umweltinformationen

Die Frist von 15 Werktagen nach Artikel 7 der Verordnung (EG) Nr. 1367/2006 beginnt am Tag der Registrierung des Antrags durch die zuständige Dienststelle in der Kommission.

Artikel 2. Öffentlichkeitsbeteiligung

Zur Durchführung des Artikels 9 Absatz 1 der Verordnung (EG) Nr. 1367/2006 sorgt die Kommission für eine Beteiligung der Öffentlichkeit gemäß der Mitteilung „Allgemeine Grundsätze und Mindeststandards für die Konsultation betroffener Parteien"[1)].

[1)] KOM(2002) 704 endg.

Artikel 3. Anträge auf interne Überprüfung

Anträge auf interne Überprüfung eines Verwaltungsakts oder einer Unterlassung sind auf dem Postweg, per Fax oder per E-Mail an die Dienststelle zu richten, die für die Anwendung der Bestimmung, auf deren Grundlage der Verwaltungsakt erlassen wurde oder bezüglich deren die Unterlassung behauptet wird, zuständig ist.

Die entsprechenden Kontaktadressen werden der Öffentlichkeit durch alle geeigneten Mittel bekannt gegeben.

Richtet sich der Antrag an eine andere als die für die Überprüfung zuständige Dienststelle, so wird er von der erstgenannten an die zuständige Dienststelle weitergeleitet.

Handelt es sich bei der für die Überprüfung zuständigen Dienststelle nicht um die Generaldirektion „Umwelt", so ist Letztere über den Antrag zu unterrichten.

Artikel 4. Entscheidungen über die Zulässigkeit von Anträgen auf interne Überprüfung

(1) Nach der Registrierung des Antrags auf interne Überprüfung wird umgehend – gegebenenfalls auf elektronischem Weg – eine Empfangsbestätigung an die Nichtregierungsorganisation gesandt, die den Antrag gestellt hat.

(2) Die betreffende Kommissionsdienststelle stellt fest, ob die Nichtregierungsorganisation befugt ist, einen Antrag auf interne Überprüfung nach dem Beschluss 2008/50/EG der Kommission[2] zu stellen.

(3) Die Befugnis, über die Zulässigkeit eines Antrags auf interne Überprüfung zu entscheiden, wird gemäß Artikel 14 der Geschäftsordnung an den betreffenden Generaldirektor oder Dienststellenleiter übertragen.

Entscheidungen über die Zulässigkeit des Antrags umfassen alle Entscheidungen über die Befugnis der den Antrag stellenden Nichtregierungsorganisation gemäß Absatz 2, den fristgerechten Eingang des Antrags nach Artikel 10 Absatz 1 Unterabsatz 2 der Verordnung (EG) Nr. 1367/2006 und bezüglich der genannten, näher ausgeführten Gründe für den Antrag nach Artikel 1 Absätze 2 und 3 der Entscheidung 2008/50/EG.

(4) Kommt der Generaldirektor oder Dienststellenleiter nach Absatz 3 zu dem Ergebnis, dass der Antrag auf interne Überprüfung ganz oder teilweise unzulässig ist, wird die den Antrag stellende Nichtregierungsorganisation schriftlich – gegebenenfalls auf elektronischem Weg – unter Angabe von Gründen darüber unterrichtet.

Artikel 5. Entscheidungen über den Sachverhalt von Anträgen auf interne Überprüfung

(1) Die Kommission entscheidet, ob der zu überprüfende Verwaltungsakt oder die behauptete Unterlassung gegen das Umweltrecht verstoßen.

(2) Das Mitglied der Kommission, das für die Anwendung der Bestimmungen zuständig ist, auf deren Grundlage der betreffende Verwaltungsakt angenommen wurde oder auf die sich die behauptete Unterlassung bezieht, ist gemäß Artikel 13 der Geschäftsordnung befugt, zu entscheiden, dass der Verwaltungsakt, dessen Überprüfung beantragt wurde, oder die behauptete Unterlassung nicht gegen das Umweltrecht verstößt.

Eine Weiterübertragung von nach Absatz 1 übertragenen Befugnissen ist unzulässig.

(3) Die Nichtregierungsorganisation, die den Antrag gestellt hat, wird – gegebenenfalls auf elektronischem Weg – schriftlich über das Ergebnis der Überprüfung und dessen Gründe unterrichtet.

Artikel 6. Rechtsbehelfe

Gegen eine Antwort, in der der Nichtregierungsorganisation mitgeteilt wird, dass ihr Antrag ganz oder teilweise unzulässig ist oder dass der Verwaltungsakt, dessen Überprüfung beantragt wird oder die behauptete Unterlassung nicht gegen das Umweltrecht verstoßen, kann die Nichtregierungsorganisation unter den Bedingungen der Artikel 230 und 195 des EG-Vertrags die ihr offen stehenden Rechtsbehelfe – Klage gegen die Kommission, Beschwerde beim Bürgerbeauftragten oder beides – einlegen.

Artikel 7. Unterrichtung der Öffentlichkeit

Die Öffentlichkeit wird in einem Leitfaden über ihre Rechte nach der Verordnung (EG) Nr. 1367/2006 unterrichtet.

---

[2] ABl. L 13 vom 16.1.2008, S. 24.

Errichtung des Europäischen Amtes für Betrugsbekämpfung (OLAF)

(1999/352/EG, EGKS, Euratom)
(ABl 1999 L 136, 20, zuletzt geändert durch ABl 2015 L 333, 148)

Beschluss der Kommission vom 28. April 1999 zur Errichtung des Europäischen Amtes für Betrugsbekämpfung (OLAF)

DIE KOMMISSION DER EUROPÄISCHEN GEMEINSCHAFTEN –

gestützt auf den Vertrag zur Gründung der Europäischen Gemeinschaft, insbesondere auf Artikel 162 *(218)*,

gestützt auf den Vertrag über die Gründung der Europäischen Gemeinschaft für Kohle und Stahl, insbesondere auf Artikel 16,

gestützt auf den Vertrag zur Gründung der Europäischen Atomgemeinschaft, insbesondere auf Artikel 131,

in Erwägung nachstehender Gründe:

(1) Die Organe und die Mitgliedstaaten messen dem Schutz der finanziellen Interessen der Gemeinschaften und der Bekämpfung von Betrug und sonstigen rechtswidrigen Handlungen zum Nachteil der finanziellen Interessen der Gemeinschaften große Bedeutung bei, was durch Artikel 209a *(280)* EG-Vertrag, Artikel 78i EGKS-Vertrag und Artikel 183a Euratom-Vertrag und durch Artikel 280 EG-Vertrag, wie er sich aus dem Vertrag von Amsterdam ergibt, bestätigt wird.

(2) Die Verwirklichung dieser Ziele erfordert den Einsatz aller verfügbaren Instrumente, insbesondere im Hinblick auf die Untersuchungsaufgaben der Gemeinschaft, wobei das derzeitige Gleichgewicht und die derzeitige Aufteilung der Zuständigkeiten zwischen einzelstaatlicher und gemeinschaftlicher Ebene nicht angetastet werden sollten.

(3) Die Aufgabe, Verwaltungsuntersuchungen zum Schutz der finanziellen Interessen der Gemeinschaften durchzuführen, lag bisher bei der Taskforce „Koordinierung der Maßnahmen zur Betrugsbekämpfung" als Nachfolgerin der Dienststelle für die Koordinierung der Betrugsbekämpfung (UCLAF).

(4) Eine effizientere Bekämpfung von Betrug und sonstigen rechtswidrigen Handlungen zum Nachteil der finanziellen Interessen der Gemeinschaften setzt voraus, daß ein Europäisches Amt für Betrugsbekämpfung (OLAF, im folgenden als „Amt" bezeichnet) geschaffen wird, das seine Untersuchungsbefugnisse in voller Unabhängigkeit ausübt.

(5) Die in diesem Beschluß sowie in den Verordnungen (EG) und (Euratom) über die Untersuchungen des Europäischen Amtes für Betrugsbekämpfung festgelegte Unabhängigkeit des Direktors des Amtes sowie die dort für den Begleitausschuß vorgesehene Rolle haben den Zweck, eine ordnungsgemäße Durchführung der Untersuchungen des Amtes zu gewährleisten, ohne die Ausführung der sonstigen dem Amt übertragenen Aufgaben oder die Wahrnehmung der der Kommission übertragenen Prärogativen insbesondere im Bereich der Gesetzgebung zu beeinträchtigen.

(6) Die Zuständigkeit des Amtes für Betrugsbekämpfung muß sich über den Schutz der finanziellen Interessen hinaus auf alle Tätigkeiten im Zusammenhang mit der Wahrung der gemeinschaftlichen Interessen gegenüber rechtswidrigen Handlungen, die verwaltungs- oder strafrechtlich geahndet werden könnten, erstrecken.

(7) Die Definition der Aufgaben des Amtes muß sämtliche bisher von der Task-force „Koordinierung der Maßnahmen zur Betrugsbekämpfung" wahrgenommenen Aufgaben umfassen, insbesondere die Vorbereitung der Rechts- und Verwaltungsvorschriften im Tätigkeitsbereich des Amtes, einschließlich der Instrumente gemäß Titel VI des Vertrags über die Europäische Union –

BESCHLIESST:

Errichtung des Amtes

Artikel 1. Es wird ein Europäisches Amt für Betrugsbekämpfung (OLAF, im folgenden als „Amt" bezeichnet) errichtet.

Aufgaben

Artikel 2. (1) Das Amt übt die Befugnisse der Kommission zur Durchführung externer Verwaltungsuntersuchungen aus, welche dazu dienen, die Bekämpfung von Betrug, Korruption und allen anderen rechtswidrigen Handlungen zum Nachteil der finanziellen Interessen der Union zu verstärken, sowie die Befugnisse zur Betrugsbekämpfung bei allen sonstigen Tatsachen oder Handlungen, welche Verstöße gegen Gemeinschaftsbestimmungen darstellen.

Das Amt wird mit der Durchführung interner Verwaltungsuntersuchungen beauftragt. Diese Untersuchungen dienen dazu,

a) Betrug, Korruption und sonstige rechtswidrige Handlungen zum Nachteil der finanziellen Interessen der Europäischen Union zu bekämpfen;

b) schwerwiegende Handlungen im Zusammenhang mit der Ausübung der beruflichen Tätigkeiten aufzudecken, die eine Verletzung der Verpflichtungen der Beamten und Bediensteten der Union, die disziplinarrechtlich und gegebenenfalls strafrechtlich geahndet werden kann, oder eine Verletzung der analogen Verpflichtungen der Mitglieder der Organe und Einrichtungen, der Leiter der Ämter und Agenturen und der Mitglieder des Personals der Organe, Einrichtungen sowie Ämter und Agenturen, die nicht dem Statut der Beamten der Europäischen Union oder den Beschäftigungsbedingungen für die sonstigen Bediensteten der Europäischen Union unterliegen, darstellen können.

Das Amt nimmt die diesbezüglichen Zuständigkeiten der Kommission gemäß den Bestimmungen wahr, welche auf der Grundlage der Verträge und gemäß den dort festgelegten Voraussetzungen und Grenzen ergangen sind.

Die Kommission und die übrigen Organe, Einrichtungen sowie Ämter und Agenturen können das Amt mit Untersuchungen in anderen Bereichen beauftragen.

(2) Das Amt hat den Auftrag, zur Zusammenarbeit der Kommission mit den Mitgliedstaaten im Bereich der Betrugsbekämpfung beizutragen.

(3) Das Amt hat den Auftrag, Konzepte zur Betrugsbekämpfung wie in Absatz 1 beschrieben zu erarbeiten. Insbesondere im Hinblick auf den Austausch bewährter Praktiken könnte das Amt diesbezüglich an den Tätigkeiten von auf die Betrugs- und Korruptionsbekämpfung spezialisierten internationalen Organen und Einrichtungen teilnehmen.

(4) Das Amt hat den Auftrag, die Gesetzgebungsinitiativen der Kommission im Hinblick auf die in Absatz 1 aufgeführten Ziele der Betrugsbekämpfung vorzubereiten.

(5) Das Amt nimmt alle sonstigen operationellen Aufgaben der Kommission in Sachen der Betrugsbekämpfung wie in Absatz 1 beschrieben wahr und ist vor allem damit beauftragt

a) die erforderlichen Strukturen zu entwickeln;

b) die Informationssammlung und -auswertung zu sichern;

c) den übrigen Organen, Einrichtungen sowie Ämtern und Agenturen sowie den zuständigen Behörden der Mitgliedstaaten technische Unterstützung insbesondere in Fragen der Fortbildung zu leisten.

(6) Das Amt ist direkter Ansprechpartner der Polizei- und Justizbehörden.

(7) Das Amt nimmt auf Dienststellenebene die Vertretung der Kommission in den betreffenden Gremien wahr, soweit es die in diesem Artikel aufgeführten Bereiche betrifft.

Unabhängigkeit bei der Ausübung der Untersuchungsbefugnisse

Artikel 3. Das Amt übt die Untersuchungsbefugnisse gemäß Artikel 2 Absatz 1 in voller Unabhängigkeit aus. Der Generaldirektor des Amtes darf bei der Ausübung dieser Befugnisse keine Anweisungen der Kommission, einer Regierung, eines anderen Organs, einer Einrichtung, eines Amtes oder anderer Agenturen erbitten oder entgegennehmen.

Überwachungsausschuß

Artikel 4. Es wird hiermit ein Überwachungsausschuß eingesetzt, dessen Zusammensetzung und Zuständigkeiten der Unionsgesetzgeber festlegt. Dieser Ausschuß kontrolliert regelmäßig die Wahrnehmung der Untersuchungsbefugnisse des Amtes.

Generaldirektor

Artikel 5. (1) Das Amt wird von einem Generaldirektor geleitet, der von der Kommission gemäß dem in Absatz 2 genannten Verfahren bestellt wird. Die Amtszeit des Generaldirektors beträgt sieben Jahre und ist nicht erneuerbar.

Die Untersuchungen des Amtes werden unter der Verantwortung des Generaldirektors durchgeführt.

(2) Für die Ernennung eines neuen Generaldirektors veröffentlicht die Kommission im *Amtsblatt der Europäischen Union* eine Aufforderung zur Bewerbung. Eine solche Veröffentlichung erfolgt spätestens sechs Monate vor Ablauf der Amtszeit des amtierenden Generaldirektors. Nachdem der Überwachungsausschuss eine befürwortende Stellungnahme zu dem von der Kommission angewandten Auswahlverfahren abgegeben hat, erstellt die Kommission eine Liste der Bewerber, die die erforderlichen Qualifikationen besitzen. Nach Abstimmung mit dem Europäischen Parlament und dem Rat ernennt die Kommission den Generaldirektor.

(3) Anstellungsbehörde für den Generaldirektor ist die Kommission. Jeder Beschluss zur Einleitung eines Disziplinarverfahrens gegen den Generaldirektor gemäß Anhang IX Artikel 3 Absatz 1 Buchstabe c des Statuts wird im Wege eines mit Gründen versehenen Beschlusses der Kommission

nach Konsultation des Überwachungsausschusses gefasst. Der Beschluss wird dem Europäischen Parlament, dem Rat und dem Überwachungsausschuss zur Information übermittelt.

Funktionsweise

Artikel 6. (1) Der Generaldirektor übt in Bezug auf das Personal des Amtes die Befugnisse der Anstellungsbehörde und der zum Abschluss von Dienstverträgen ermächtigten Behörde aus, die ihm übertragen wurden. Er kann diese Befugnisse weiterübertragen. In Übereinstimmung mit den Bestimmungen der Beschäftigungsbedingungen für die sonstigen Bediensteten legt der Generaldirektor die Einstellungsvoraussetzungen und -modalitäten, insbesondere hinsichtlich Vertragsdauer und Vertragsverlängerung, fest.

(2) Nach Anhörung des Überwachungsausschusses leitet der Generaldirektor dem Generaldirektor für Haushalt einen Vorentwurf eines Haushalts für das Amt zu, der in den das Amt betreffenden Anhang zum Einzelplan ‚Kommission‘ des Gesamthaushaltsplans der Europäischen Union eingestellt wird.

(3) Außer für die Mittel im Zusammenhang mit den Mitgliedern des Überwachungsausschusses ist der Generaldirektor bevollmächtigter Anweisungsbefugter für die Ausführung der Mittel, die im das Amt betreffenden Anhang zum Einzelplan ‚Kommission‘ des Gesamthaushaltsplans der Europäischen Union ausgewiesen sind, sowie für die die Betrugsbekämpfung betreffenden Haushaltslinien, für die er gemäß den Internen Vorschriften für die Ausführung des Gesamthaushaltsplans bevollmächtigter Anweisungsbefugter ist. Er kann seine Befugnisse gemäß diesen Internen Vorschriften auf Bedienstete weiterübertragen, auf die das Statut der Beamten bzw. die Beschäftigungsbedingungen für die sonstigen Bediensteten der Union Anwendung finden. *(ABl 2015 L 333, 149)*

(4) Die Beschlüsse der Kommission über ihre interne Organisation finden auf das Amt insoweit Anwendung, als sie mit den vom Unionsgesetzgeber in Bezug auf das Amt erlassenen Bestimmungen sowie mit diesem Beschluss vereinbar sind.

Wirksamwerden

Artikel 7. Dieser Beschluß wird am Tag des Inkrafttretens der Verordnung (EG) des Europäischen Parlaments und des Rates über die Untersuchungen des Europäischen Amtes für Betrugsbekämpfung wirksam.

Untersuchungen des Europäischen Amtes für Betrugsbekämpfung (OLAF)

ABl 2013 L 248, 1 idF

1 ABl 2016 L 317, 1 **2** ABl 2020 L 437, 49

Verordnung (EU, EURATOM) Nr. 883/2013 des Europäischen Parlaments und des Rates vom 11. September 2013 über die Untersuchungen des Europäischen Amtes für Betrugsbekämpfung (OLAF) und zur Aufhebung der Verordnung (EG) Nr. 1073/1999 des Europäischen Parlaments und des Rates und der Verordnung (Euratom) Nr. 1074/1999 des Rates[*)]

DAS EUROPÄISCHE PARLAMENT UND DER RAT DER EUROPÄISCHEN UNION –

gestützt auf den Vertrag über die Arbeitsweise der Europäischen Union, insbesondere auf Artikel 325, in Verbindung mit dem Vertrag zur Gründung der Europäischen Atomgemeinschaft, insbesondere mit Artikel 106a,

auf Vorschlag der Europäischen Kommission,

nach Zuleitung des Entwurfs des Gesetzgebungsakts an die nationalen Parlamente,

nach Stellungnahme des Rechnungshofes[1)]

gemäß dem ordentlichen Gesetzgebungsverfahren[2)],

in Erwägung nachstehender Gründe:

(1) Die Organe der Union und die Mitgliedstaaten messen dem Schutz der finanziellen Interessen der Union sowie der Bekämpfung von Betrug, Korruption und sonstigen rechtswidrigen Handlungen zum Nachteil der finanziellen Interessen der Union große Bedeutung bei. Die diesbezügliche Zuständigkeit der Kommission hängt eng mit ihrer Aufgabe der Ausführung des Haushaltsplans gemäß Artikel 317 des Vertrags über die Arbeitsweise der Europäischen Union (AEUV) zusammen; die Bedeutung entsprechender Maßnahmen wird durch Artikel 325 AEUV bestätigt.

(2) Zur Verwirklichung dieser Ziele sollten alle verfügbaren Instrumente eingesetzt werden, insbesondere im Hinblick auf die Untersuchungsaufgaben der Union, wobei das derzeitige Gleichgewicht und die derzeitige Aufteilung der Zuständigkeiten zwischen der Union und den Mitgliedstaaten beibehalten werden sollte.

(3) Zur Verstärkung des für die Betrugsbekämpfung verfügbaren Instrumentariums hat die Kommission unter Wahrung des Grundsatzes der internen Organisationsautonomie jedes Organs mit dem Beschluss 1999/352/EG, EGKS, Euratom[3)] innerhalb ihrer Verwaltungsstruktur das Europäische Amt für Betrugsbekämpfung (im Folgenden „Amt“) errichtet, das den Auftrag hat, administrative Untersuchungen zur Bekämpfung von Betrug durchzuführen. Die Kommission hat dem Amt volle Unabhängigkeit bei seiner Untersuchungstätigkeit gewährt. Gemäß dem Beschluss 1999/352/ EG, EGKS, Euratom übt das Amt bei der Durchführung von Untersuchungen die durch das Unionsrecht übertragenen Befugnisse aus.

(4) Die Verordnung (EG) Nr. 1073/1999 des Europäischen Parlaments und des Rates[4)] wurde zur Regelung der vom Amt durchgeführten Untersuchungen erlassen. Im Hinblick auf eine größere Wirksamkeit der Untersuchungstätigkeiten des Amtes und im Lichte der Evaluierung seiner Tätigkeit durch die Unionsorgane, insbesondere des Evaluierungsberichts der Kommission vom April 2003 und der Sonderberichte Nr. 1/2005[5)] und Nr. 2/2011 [6)] des Rechnungshofes zur Verwaltung des Amtes, ist eine Überarbeitung des derzeitigen Rechtsrahmens erforderlich.

(5) Das Mandat des Amtes sollte die Durchführung von Untersuchungen innerhalb der durch

Kom
Geo
Betrugsbekämpfung
Krisenmanag
Eigenmittel: Kontrolle

*) ***Hinweis:*** Beschluss (EU) 2016/456 der Europäischen Zentralbank vom 4. 3. 2016 über die Bedingungen und Modalitäten der Untersuchungen des Europäischen Amtes für Betrugsbekämpfung in der Europäischen Zentralbank zur Bekämpfung von Betrug, Korruption und sonstigen gegen die finanziellen Interessen der Union gerichteten rechtswidrigen Handlungen (ABl 2016 L 79, 34)

1) ABl. C 254 vom 30.8.2011, S. 1.

2) Standpunkt des Europäischen Parlaments vom 20. November 2008 (ABl. C 16 E vom 22.1.2010, S. 201) und Standpunkt des Rates in erster Lesung vom 25. Februar 2013 (ABl. C 89 E vom 27.3.2013, S. 1). Standpunkt des Europäischen Parlaments vom 3. Juli 2013 (noch nicht im Amtsblatt veröffentlicht).

3) Beschluss 1999/352/EG, EGKS, Euratom der Kommission vom 28. April 1999 zur Errichtung des Europäischen Amtes für Betrugsbekämpfung (OLAF) (ABl. L 136 vom 31.5.1999, S. 20).

4) Verordnung (EG) Nr. 1073/1999 des Europäischen Parlaments und des Rates vom 25. Mai 1999 über die Untersuchungen des Europäischen Amtes für Betrugsbekämpfung (OLAF) (ABl. L 136 vom 31.5.1999, S. 1).

5) ABl. C 202 vom 18.8.2005, S. 1.

6) ABl. C 124 vom 27.4.2011, S. 9.

die Verträge oder auf deren Grundlage geschaffenen Organe, Einrichtungen und sonstigen Stellen (im Folgenden „Organe, Einrichtungen und sonstige Stellen“) sowie die Ausübung der der Kommission durch die einschlägigen Unionsrechtsakte übertragenen Untersuchungsbefugnisse umfassen und die Unterstützung der Mitgliedstaaten seitens der Kommission bei der Organisation einer engen, regelmäßigen Zusammenarbeit zwischen ihren zuständigen Behörden sichern. Das Amt sollte ferner auf der Grundlage seiner operativen Praxis in diesem Bereich zur Planung und Entwicklung der Methoden zur Vorbeugung und Bekämpfung von Betrug, Korruption und sonstigen rechtswidrigen Handlungen zum Nachteil der finanziellen Interessen der Union beitragen.

(6) Die Zuständigkeit des Amtes, wie von der Kommission eingerichtet, erstreckt sich über den Schutz der finanziellen Interessen hinaus auch auf alle Tätigkeiten im Zusammenhang mit der Wahrung der Interessen der Union gegenüber rechtswidrigen Handlungen, die verwaltungs- oder strafrechtlich geahndet werden könnten.

(7) Diese Verordnung sollte unbeschadet eines etwaigen umfassenderen Schutzes gelten, wie er sich aus den Bestimmungen der Verträge ergeben kann.

(8) Angesichts der Notwendigkeit eines schärferen Vorgehens gegen Betrug, Korruption und sonstige rechtswidrige Handlungen zum Nachteil der finanziellen Interessen der Union sollte das Amt interne Untersuchungen in allen Organen, Einrichtungen und sonstigen Stellen durchführen können.

(9) Im Zusammenhang mit externen Untersuchungen sollte das Amt mit der Ausübung der Befugnisse beauftragt werden, die der Kommission durch die Verordnung (Euratom, EG) Nr. 2185/96 des Rates vom 11. November 1996 betreffend die Kontrollen und Überprüfungen vor Ort durch die Kommission zum Schutz der finanziellen Interessen der Europäischen Gemeinschaften vor Betrug und anderen Unregelmäßigkeiten[7] übertragen worden sind. Weiter sollte das Amt ermächtigt werden, auch die sonstigen Befugnisse auszuüben, die der Kommission im Hinblick auf die Kontrollen und Überprüfungen vor Ort in den Mitgliedstaaten übertragen worden sind, um insbesondere gemäß Artikel 9 der Verordnung (EG, Euratom) Nr. 2988/95 des Rates vom 18. Dezember 1995 über den Schutz der finanziellen Interessen der Europäischen Gemeinschaften[8] Unregelmäßigkeiten aufzudecken.

(10) Die operative Effizienz des Amtes hängt in starkem Maße von der Zusammenarbeit mit den Mitgliedstaaten ab. Es ist erforderlich, dass die Mitgliedstaaten die zuständigen Behörden benennen, die dem Amt die erforderliche Unterstützung bei der Erfüllung seiner Aufgaben leisten können. Mitgliedstaaten, die auf nationaler Ebene noch keine Fachdienststelle zur Koordinierung des Schutzes der finanziellen Interessen der Union und zur Betrugsbekämpfung eingerichtet haben, sollten eine Dienststelle (im Folgenden „Koordinierungsstelle für die Betrugsbekämpfung“) benennen, die eine wirksame Zusammenarbeit und einen effizienten Informationsaustausch mit dem Amt erleichtert.

(11) Das Amt sollte bei externen Untersuchungen Zugang zu sämtlichen relevanten Informationen der Organe, Einrichtungen und sonstigen Stellen der Union haben.

(12) Untersuchungen sollten im Einklang mit den Verträgen und insbesondere mit dem Protokoll Nr. 7 über die Vorrechte und Befreiungen der Europäischen Union und unter Einhaltung des in der Verordnung (EWG, Euratom, EGKS) Nr. 259/68 des Rates[9] festgelegten Statuts der Beamten und der Beschäftigungsbedingungen für die sonstigen Bediensteten der Europäischen Union (im Folgenden „Statut“) sowie des Statuts der Abgeordneten des Europäischen Parlaments durchgeführt werden, wobei die Menschenrechte und die Grundfreiheiten in vollem Umfang gewahrt bleiben müssen; dies gilt insbesondere für den Billigkeitsgrundsatz, das Recht der Beteiligten, zu den sie betreffenden Sachverhalten Stellung zu nehmen, und den Grundsatz, dass sich die Schlussfolgerungen aus einer Untersuchung nur auf beweiskräftige Tatsachen gründen dürfen. Zu diesem Zweck sollten die Organe, Einrichtungen und sonstigen Stellen die Bedingungen und Modalitäten für die Durchführung der internen Untersuchungen festlegen.

(13) Interne Untersuchungen können nur durchgeführt werden, wenn dem Amt Zugang zu sämtlichen Räumlichkeiten, Informationen und Dokumenten der Organe, Einrichtungen und sonstigen Stellen gewährt wird.

(14) Es sollte unverzüglich nachgeprüft werden, ob die dem Amt im Rahmen seines Mandats übermittelten Informationen richtig sind. Zu diesem Zweck sollte das Amt vor der Einleitung einer Untersuchung Zugang zu sämtlichen relevanten Informationen in Datenbanken der Organe, Einrichtungen und sonstigen Stellen haben, wenn dies für die Überprüfung der sachlichen Richtigkeit der Behauptungen unverzichtbar ist.

(15) Es ist erforderlich, genau festzulegen, wie das Amt die Organe, Einrichtungen und sonstigen Stellen über laufende Untersuchungen zu unter-

[7] ABl. L 292 vom 15.11.1996, S. 2.
[8] ABl. L 312 vom 23.12.1995, S. 1.
[9] ABl. L 56 vom 4.3.1968, S. 1.

richten hat, wenn ein Beamter oder sonstiger Bediensteter, Mitglied eines der Organe oder Einrichtungen, ein Leiter einer sonstigen Stelle oder ein Bediensteter von dem untersuchten Sachverhalt betroffen ist oder wenn Sicherungsmaßnahmen erforderlich sein sollten, um die finanziellen Interessen der Union zu schützen.

(16) Es sollten klare Regeln festgelegt werden, durch die sowohl die vorrangige Zuständigkeit des Amtes für interne Untersuchungen zu die finanziellen Interessen der Union berührenden Sachverhalten bestätigt wird als auch den Organen, Einrichtungen und sonstigen Stellen ermöglicht wird, rasch die Untersuchung von Fällen aufzunehmen, bei denen das Amt beschließt, nicht tätig zu werden.

(17) Um die Unabhängigkeit des Amtes bei der Ausübung der ihm durch diese Verordnung übertragenen Aufgaben zu gewährleisten, sollte sein Generaldirektor Untersuchungen aus eigener Initiative einleiten können. Die betroffenen Organe, Einrichtungen und sonstigen Stellen sollten nicht parallel zu einer Untersuchung des Amtes eine Untersuchung zu demselben Sachverhalt durchführen, soweit mit dem Amt nichts Gegenteiliges vereinbart wurde.

(18) Die Untersuchungen sollten unter der Leitung des Generaldirektors in voller Unabhängigkeit von den Organen, Einrichtungen und sonstigen Stellen und vom Überwachungsausschuss durchgeführt werden. Zu diesem Zweck sollte der Generaldirektor für die Bediensteten des Amtes Leitlinien zu den Untersuchungsverfahren festlegen können. Hierdurch sollten den Bediensteten des Amtes praktische Anleitungen im Hinblick auf die Durchführung der Untersuchungen und auf die Verfahrensgarantien sowie die Rechte der Betroffenen und der Zeugen sowie Einzelheiten zu den einzuhaltenden internen Beratungs- und Kontrollverfahren einschließlich einer Rechtmäßigkeitskontrolle an die Hand gegeben werden. Im Interesse einer größeren Transparenz bei der Durchführung der Untersuchungen sollten diese Leitlinien auf der Website des Amtes der Öffentlichkeit zugänglich sein. Durch die Leitlinien sollten weder die aufgrund dieser Verordnung bestehenden Rechte und Pflichten geändert noch Rechte oder Pflichten geschaffen werden.

(19) Im Einklang mit Artikel 21 des Statuts sollten die Bediensteten des Amtes die Untersuchungen gemäß den Leitlinien zu den Untersuchungsverfahren und auf der Grundlage der vom Generaldirektor im Einzelfall erteilten individuellen Anweisungen durchführen.

(20) Im Einklang mit dem Statut sollten die Bediensteten des Amtes ihre Untersuchungsaufgaben in voller Unabhängigkeit wahrnehmen und Interessenskonflikte vermeiden. Betrifft eine Untersuchung einen Sachverhalt, an dem die Bediensteten des Amtes ein persönliches Interesse haben, durch das ihre Unabhängigkeit beeinträchtigt wird oder als beeinträchtigt erscheinen kann, insbesondere wenn sie in einer anderen Eigenschaft an dem untersuchten Sachverhalt beteiligt sind oder beteiligt waren, so sollten sie den Generaldirektor unverzüglich hiervon in Kenntnis setzen.

(21) Für externe und interne Untersuchungen des Amtes gelten zum Teil unterschiedliche Bestimmungen. Das Amt sollte jedoch erforderlichenfalls in einer einzigen Untersuchung externe und interne Aspekte kombinieren dürfen, ohne zwei getrennte Untersuchungen einleiten zu müssen.

(22) Im Interesse der Rechtssicherheit ist es erforderlich, die für die Untersuchungen des Amtes geltenden Verfahrensgarantien – unter Berücksichtigung des administrativen Charakters dieser Untersuchungen – näher festzulegen.

(23) Die Achtung der Verfahrensgarantien und der Grundrechte der Betroffenen und der Zeugen sollte jederzeit und in allen Stadien sowohl der externen als auch der internen Untersuchungen ohne Diskriminierung sichergestellt werden; dies gilt insbesondere, wenn Informationen über laufende Untersuchungen zur Verfügung gestellt werden. Die Weitergabe von Informationen über Untersuchungen des Amtes an das Europäische Parlament, den Rat, die Kommission oder den Rechnungshof – direkt oder im Rahmen eines vorgesehenen Meinungsaustausches – sollte unter Achtung der Vertraulichkeit der Untersuchungen, der legitimen Rechte der betroffenen Personen und gegebenenfalls der nationalen Vorschriften, die auf Gerichtsverfahren anwendbar sind, erfolgen. Während einer Untersuchung weitergeleitete oder erhaltene Informationen sollten nach Maßgabe der Datenschutzvorschriften der Union behandelt werden. Der Informationsaustausch sollte nach dem Verhältnismäßigkeitsprinzip und nach dem Grundsatz erfolgen, dass die Informationen nur Personen mitgeteilt werden dürfen, die aufgrund ihres Amtes davon Kenntnis erhalten müssen.

(24) Um die Rechte der von einer Untersuchung betroffenen Personen zu stärken, sollten im Endstadium einer Untersuchung keine sich namentlich auf einen Betroffenen beziehenden Schlussfolgerungen gezogen werden, ohne dass dem Betroffenen Gelegenheit gegeben wurde, sich zu dem ihn betreffenden Sachverhalt zu äußern.

(25) Der Generaldirektor sollte sicherstellen, dass alle der Öffentlichkeit zur Verfügung gestell-

ten Informationen im Einklang mit den legitimen Rechten der Betroffenen stehen.

(26) Das Amt und die an einer Untersuchung beteiligten Organe, Einrichtungen und sonstigen Stellen sollten die freie Meinungsäußerung gemäß der Charta der Grundrechte der Europäischen Union sowie journalistische Quellen schützen.

(27) Es sollte dem Generaldirektor obliegen, über den Schutz der personenbezogenen Daten und die Vertraulichkeit der im Laufe der Untersuchungen eingeholten Informationen zu wachen. Außerdem sollte sichergestellt werden, dass die Beamten und die sonstigen Bediensteten der Union einen dem rechtlichen Schutz gemäß dem Statut entsprechenden Schutz genießen.

(28) Um sicherzustellen, dass den Ergebnissen der von dem Amt durchgeführten Untersuchungen Rechnung getragen wird und die erforderlichen Folgemaßnahmen ergriffen werden, sollten die Untersuchungsberichte in Verwaltungs- oder Gerichtsverfahren zulässige Beweismittel darstellen. Diese Untersuchungsberichte sollten daher unter Berücksichtigung der für die Ausarbeitung von Verwaltungsberichten in den Mitgliedstaaten geltenden Vorschriften erstellt werden.

(29) Wird festgestellt, dass im Abschlussbericht einer internen Untersuchung aufgedeckte Sachverhalte ein Strafverfahren nach sich ziehen könnten, so sollte dies den nationalen Justizbehörden des betroffenen Mitgliedstaats mitgeteilt werden. In den dem abschließenden Untersuchungsbericht beigefügten Empfehlungen sollte der Generaldirektor angeben, ob angesichts der Art des Sachverhalts und des Umfangs der finanziellen Auswirkungen interne Maßnahmen seitens des betroffenen Organs, der betroffenen Einrichtung oder der betroffenen sonstigen Stelle ein geeigneteres Vorgehen ermöglichen würden.

(30) Übermittelt der Generaldirektor den Justizbehörden des betroffenen Mitgliedstaats Informationen, die das Amt im Zuge interner Untersuchungen erlangt hat, so sollte diese Übermittlung unbeschadet der späteren rechtlichen Bewertung durch die betreffende nationale Justizbehörde hinsichtlich der Frage, ob Ermittlungsverfahren erforderlich sind, erfolgen.

(31) Es obliegt den zuständigen Behörden der Mitgliedstaaten sowie gegebenenfalls den Organen, Einrichtungen und sonstigen Stellen, auf der Grundlage des von dem Amt erstellten abschließenden Untersuchungsberichts Folgemaßnahmen zu den abgeschlossenen Untersuchungen zu beschließen.

(32) Damit das Amt seine Effizienz verbessern kann, sollte es Kenntnis davon haben, welche Folgemaßnahmen zu den Ergebnissen seiner Untersuchungen ergriffen worden sind. Die Organe, Einrichtungen und sonstigen Stellen der Union sowie gegebenenfalls die zuständigen Behörden der Mitgliedstaaten sollten dem Amt auf dessen Ersuchen hin über etwaige Maßnahmen Bericht erstatten, die sie auf der Grundlage der ihnen seitens des Amtes übermittelten Informationen ergriffen haben.

(33) In Anbetracht der großen Vorteile einer engeren Zusammenarbeit des Amtes mit Eurojust, Europol und den zuständigen Behörden der Mitgliedstaaten sollte das Amt mit diesen Stellen Verwaltungsvereinbarungen schließen können, deren Ziel insbesondere die Erleichterung der praktischen Zusammenarbeit und des Informationsaustauschs über technische und operative Fragen sein könnte, ohne dass jedoch hierdurch zusätzliche rechtliche Verpflichtungen geschaffen werden.

(34) Um die Zusammenarbeit zwischen dem Amt, Eurojust und den zuständigen Behörden der Mitgliedstaaten im Zusammenhang mit Sachverhalten zu verstärken, die Gegenstand einer strafrechtlichen Ermittlung sein könnten, sollte das Amt Eurojust insbesondere über Fälle in Kenntnis setzen, die Betrug, Korruption oder andere rechtswidrige Handlungen zum Nachteil der finanziellen Interessen der Union vermuten lassen und die eine schwerwiegende Form der Kriminalität darstellen. Die Unterrichtung der zuständigen Behörden der betroffenen Mitgliedstaaten sollte gegebenenfalls erfolgen, bevor das Amt die von ihnen übermittelten Informationen an Eurojust oder Europol weiterleitet, wenn dies mit einer Aufforderung einhergeht, spezifische strafrechtliche Ermittlungsmaßnahmen einzuleiten.

(35) Für eine erfolgreiche Zusammenarbeit zwischen dem Amt, den betroffenen Organen, Einrichtungen und sonstigen Stellen der Union, den zuständigen Behörden der Mitgliedstaaten, den zuständigen Behörden von Drittstaaten und internationalen Organisationen sollte ein gegenseitiger Informationsaustausch in die Wege geleitet werden. Bei dem Informationsaustausch sollte die Achtung der Grundsätze der Vertraulichkeit und der Datenschutzbestimmungen gemäß der Verordnung (EG) Nr. 45/2001 des Europäischen Parlaments und des Rates vom 18. Dezember 2000 zum Schutz natürlicher Personen bei der Verarbeitung personenbezogener Daten durch die Organe und Einrichtungen der Gemeinschaft und zum freien Datenverkehr[10] gewährleistet werden. Insbesondere sollte das Amt prüfen, dass der Empfänger die erforderliche Zuständigkeit besitzt und dass die Übermittlung der Informationen notwendig ist. Der Informationsaustausch mit Eurojust sollte durch dessen Mandat gedeckt sein,

---

10) ABl. L 8 vom 12.1.2001, S. 1.

das eine Koordinierung in grenzübergreifenden Fällen schwerer Kriminalität mit einschließt.

(36) Angesichts des Volumens der Unionsmittel, die im Rahmen der Außenhilfe vergeben werden, der Zahl der Untersuchungen des Amtes in diesem Bereich sowie der internationalen Zusammenarbeit für die Zwecke der Untersuchung sollte das Amt in der Lage sein, gegebenenfalls in Abstimmung mit anderen zuständigen Dienststellen, bei der Wahrnehmung seiner Aufgaben die zuständigen Behörden in Drittstaaten und internationale Organisationen im Rahmen von Verwaltungsvereinbarungen um praktische Unterstützung zu ersuchen, ohne dass jedoch hierdurch zusätzliche rechtliche Verpflichtungen geschaffen werden.

(37) Das Amt sollte bei der Wahrnehmung seiner Aufgaben unabhängig sein. Zur Verstärkung dieser Unabhängigkeit sollte seine Untersuchungstätigkeit der regelmäßigen Kontrolle durch einen Überwachungsausschuss aus unabhängigen externen Personen unterliegen, die in den Zuständigkeitsbereichen des Amtes über besondere Qualifikationen verfügen. Der Überwachungsausschuss sollte nicht in den Ablauf der laufenden Untersuchungen eingreifen. Zu seinen Aufgaben sollte es auch gehören, den Generaldirektor bei der Wahrnehmung seiner Aufgaben zu unterstützen.

(38) Es ist angebracht, die Kriterien und das Verfahren für die Ernennung der Mitglieder des Überwachungsausschusses festzulegen und die aus dem Mandat des Überwachungsausschusses erwachsenden Aufgaben näher zu spezifizieren.

(39) Es sollte eine Reserveliste von Kandidaten erstellt werden, die im Falle, dass eines oder mehrere der Mitglieder des Überwachungsausschusses zurücktreten, sterben oder aufgrund anderer Umstände nicht mehr in der Lage sind, ihre Aufgaben wahrzunehmen, diese für die verbleibende Amtszeit ersetzen können.

(40) Damit der Überwachungsausschuss seinem Auftrag wirksam nachkommen kann, sollte das Amt sicherstellen, dass das Sekretariat des Überwachungsausschusses unabhängig arbeiten kann.

(41) Zwischen dem Europäischen Parlament, dem Rat und der Kommission sollte einmal jährlich ein Meinungsaustausch erfolgen. Der Meinungsaustausch sollten unter anderem die vorrangigen strategischen Ziele der Untersuchungspolitik und die Wirksamkeit der Tätigkeit des Amtes hinsichtlich der Ausübung seines Mandats umfassen, ohne dass in irgendeiner Form die Unabhängigkeit des Amtes bei der Durchführung seiner Untersuchungen beeinträchtigt wird. Der Meinungsaustausch sollte auf fachlicher Ebene vorbereitet werden, was – soweit erforderlich – auch ein vorbereitendes Treffen zwischen den zuständigen Dienststellen der betroffenen Organe mit einschließen sollte. Bei den Beratungen über die Wirksamkeit der Tätigkeit des Amtes hinsichtlich der Ausübung seines Mandats sollten die an dem Austausch beteiligten Organe in der Lage sein, statistische Angaben zu den Folgemaßnahmen zu den Untersuchungen des Amtes und den durch das Amt übermittelten Informationen zu erörtern.

(42) Um die volle Unabhängigkeit bei der Leitung des Amtes sicherzustellen, sollte sein Generaldirektor für eine nicht verlängerbare Amtszeit von sieben Jahren ernannt werden.

(43) Das Amt des Generaldirektors des Amtes ist auch für das Europäische Parlament und den Rat von besonderer Wichtigkeit. Der zum Generaldirektor ernannten Person sollte die größtmögliche Unterstützung und Anerkennung seitens des Europäischen Parlaments, des Rates und der Kommission zuteilwerden. Die Kommission sollte daher anstreben, im Rahmen des Konsultationsverfahrens zu einem Einvernehmen mit dem Europäischen Parlament und dem Rat zu gelangen.

(44) Spätestens sechs Monate vor Ablauf der Amtszeit des amtierenden Generaldirektors sollte eine Aufforderung zur Einreichung von Bewerbungen für die Stelle des Generaldirektors im *Amtsblatt der Europäischen Union* veröffentlicht werden. Diese Aufforderung sollte von der Kommission auf der Grundlage des Ergebnisses enger Beratungen mit dem Europäischen Parlament und dem Rat ausgearbeitet werden. Darin sollten die Auswahlkriterien einschließlich der Voraussetzungen, die die Kandidaten zu erfüllen haben, um für die Stelle in Frage zu kommen, aufgeführt werden.

(45) Der Generaldirektor sollte den Überwachungsausschuss regelmäßig über diejenigen Fälle, in denen den Justizbehörden der Mitgliedstaaten Informationen übermittelt worden sind, sowie über die Gesamtzahl der Fälle des Amtes unterrichten, in denen dieselben Justizbehörden des betreffenden Mitgliedstaats im Anschluss an eine durch das Amt durchgeführte Untersuchung Folgemaßnahmen durchgeführt haben.

(46) Die Praxis zeigt, dass es sinnvoll wäre, den Generaldirektor zu ermächtigen, bestimmte ihm obliegende Aufgaben an einen oder mehrere Bedienstete des Amtes zu delegieren.

(47) Der Generaldirektor sollte ein internes Beratungs- und Kontrollverfahren einschließlich einer Rechtmäßigkeitsprüfung einrichten, und zwar insbesondere im Hinblick auf die Verpflichtung, die Verfahrensgarantien und die Grundrechte der betroffenen Personen zu achten sowie die nationalen Rechtsvorschriften der betroffenen Mitgliedstaaten einzuhalten.

(48) Um die Unabhängigkeit des Amtes sicherzustellen, sollte die Kommission eine zweckmäßige Übertragung von Befugnissen der Anstellungsbehörde auf den Generaldirektor beschließen.

(49) Diese Verordnung beschneidet in keiner Weise die Befugnisse und Zuständigkeiten der Mitgliedstaaten auf dem Gebiet der Bekämpfung von Betrug, Korruption und sonstigen rechtswidrigen Handlungen zum Nachteil der finanziellen Interessen der Union. Die Ermächtigung eines unabhängigen Amtes zur Durchführung externer administrativer Untersuchungen in diesem Bereich steht daher voll und ganz mit dem Subsidiaritätsprinzip gemäß Artikel 5 des Vertrags über die Europäische Union im Einklang. Gemäß dem in diesem Artikel niedergelegten Grundsatz der Verhältnismäßigkeit geht die Verordnung nicht über das für ein wirksameres Vorgehen gegen Betrug, Korruption und sonstige rechtswidrige Handlungen zum Nachteil der finanziellen Interessen der Union erforderliche Maß hinaus.

(50) Im Falle der Einrichtung einer Europäischen Staatsanwaltschaft sollte die Kommission prüfen, ob eine Überarbeitung dieser Verordnung erforderlich ist.

(51) Diese Verordnung steht im Einklang mit den Grundrechten und achtet insbesondere die Grundsätze, die mit der Charta der Grundrechte der Europäischen Union anerkannt wurden.

(52) Der Europäische Datenschutzbeauftragte wurde gemäß Artikel 28 Absatz 2 der Verordnung (EG) Nr. 45/2001 konsultiert und hat am 1. Juni 2011 eine Stellungnahme abgegeben[11)].

(53) Angesichts der erheblichen Zahl der erforderlichen Änderungen sollte die Verordnung (EG) Nr. 1073/1999 aufgehoben und durch die vorliegende Verordnung ersetzt werden.

(54) Gemäß Artikel 106a Absatz 1 des Vertrags zur Gründung der Europäischen Atomgemeinschaft (EAG-Vertrag), durch den die Anwendung von Artikel 325 AEUV auf die Europäische Atomgemeinschaft (Euratom) ausgeweitet wurde, sollten die für die Union geltenden Vorschriften über die Untersuchungen des Amtes auch für Euratom gelten. Gemäß Artikel 106a Absatz 2 des EAG-Vertrags sind die Bezugnahmen auf die Union in Artikel 325 AEUV als Bezugnahmen auf Euratom zu verstehen, so dass Bezugnahmen auf die Union in dieser Verordnung Bezugnahmen auf Euratom mit einschließen, wenn der Zusammenhang dies erfordert. Die Verordnung (Euratom) Nr. 1074/1999 des Rates vom 25. Mai 1999 über die Untersuchungen des Europäischen Amtes für Betrugsbekämpfung (OLAF)[12)] sollte daher aufgehoben werden –

[11)] ABl. C \279 vom 23.9.2011, S. 11.

HABEN FOLGENDE VERORDNUNG ERLASSEN:

Artikel 1
Ziele und Aufgaben

(1) Zur intensiveren Bekämpfung von Betrug, Korruption und sonstigen rechtswidrigen Handlungen zum Nachteil der finanziellen Interessen der Europäischen Union und der Europäischen Atomgemeinschaft (im Folgenden gegebenenfalls zusammen „Union“) nimmt das mit dem Beschluss 1999/352/EG, EGKS, Euratom errichtete Europäische Amt für Betrugsbekämpfung (im Folgenden „Amt“) die Untersuchungsbefugnisse wahr, die der Kommission übertragen wurden durch

a) die einschlägigen Rechtsakte der Union und

b) die von der Union mit Drittstaaten und internationalen Organisationen geschlossenen einschlägigen Abkommen über Zusammenarbeit und gegenseitige Unterstützung.

(2) Das Amt sichert seitens der Kommission die Unterstützung der Mitgliedstaaten bei der Organisation einer engen, regelmäßigen Zusammenarbeit zwischen ihren zuständigen Behörden, um ihre Tätigkeit zum Schutz der finanziellen Interessen der Union vor Betrug zu koordinieren. Das Amt trägt zur Planung und Entwicklung der Methoden zur Vorbeugung und Bekämpfung von Betrug, Korruption und sonstigen rechtswidrigen Handlungen zum Nachteil der finanziellen Interessen der Union bei. Das Amt fördert und koordiniert mit und unter den Mitgliedstaaten den Austausch von operativen Erfahrungen und bewährten Verfahrensweisen im Bereich des Schutzes der finanziellen Interessen der Union und unterstützt gemeinsame Betrugsbekämpfungsmaßnahmen, die die Mitgliedstaaten auf freiwilliger Basis durchführen.

(3) Diese Verordnung gilt unbeschadet folgender Bestimmungen:

a) des dem Vertrag über die Europäische Union und dem Vertrag über die Arbeitsweise der Europäischen Union beigefügten Protokolls Nr. 7 über die Vorrechte und Befreiungen der Europäischen Union,

b) des Statuts der Abgeordneten des Europäischen Parlaments,

c) des Statuts,

d) der Verordnung (EU) 2016/679 des Europäischen Parlaments und des Rates[1)], *(ABl 2020 L 437, 49)*

[12)] ABl. L 136 vom 31.5.1999, S. 8.

[1)] Verordnung (EU) 2016/679 des Europäischen Parlaments und des Rates vom 27. April 2016 zum Schutz natürlicher Personen bei der Verarbeitung personenbezogener Daten, zum freien Datenverkehr und zur Aufhebung der

e) der Verordnung (EU) 2018/1725 des Europäischen Parlaments und des Rates[2]. *(ABl 2020 L 437, 49)*

(4) Das Amt führt in den durch die Verträge oder auf deren Grundlage geschaffenen Organen, Einrichtungen und sonstigen Stellen (im Folgenden „Organe, Einrichtungen und sonstige Stellen“) administrative Untersuchungen durch, die dazu dienen, Betrug, Korruption und sonstige rechtswidrige Handlungen zum Nachteil der finanziellen Interessen der Union zu bekämpfen. Zu diesem Zweck untersucht das Amt schwerwiegende Handlungen im Zusammenhang mit der Ausübung der beruflichen Tätigkeit, die eine Verletzung der Verpflichtungen der Beamten und sonstigen Bediensteten der Union darstellen und die disziplinarisch und gegebenenfalls strafrechtlich geahndet werden können, oder eine Verletzung der entsprechenden Verpflichtungen der Mitglieder der Organe und Einrichtungen, der Leiter der sonstigen Stellen und der Mitglieder des Personals der Organe, Einrichtungen und sonstigen Stellen, die nicht dem Statut unterliegen (im Folgenden zusammen „Beamte oder sonstige Bedienstete, Mitglieder eines der Organe oder Einrichtungen, Leiter einer sonstigen Stelle oder Bedienstete“).

(4a) Das Amt baut enge Beziehungen zur Europäischen Staatsanwaltschaft (EUStA) auf, die im Zuge der Verstärkten Zusammenarbeit gemäß der Verordnung (EU) 2017/1939 des Rates[3] errichtet wurde, und pflegt diese Beziehungen. Diese Beziehungen gründen auf gegenseitige Zusammenarbeit, den Austausch von Informationen, Komplementarität und die Vermeidung von Doppelarbeit. Sie verfolgen insbesondere den Zweck, dass alle verfügbaren Mittel genutzt werden, um die finanziellen Interessen der Union durch die Komplementarität ihrer jeweiligen Mandate und durch die vom Amt geleistete Unterstützung für die EUStA zu schützen. *(ABl 2020 L 437, 49)*

(5) Zur Anwendung dieser Verordnung können die zuständigen Behörden der Mitgliedstaaten sowie die Organe, Einrichtungen und sonstigen Stellen Verwaltungsvereinbarungen mit dem Amt schließen. Diese Verwaltungsvereinbarungen können insbesondere die Weitergabe von Informationen, die Durchführung von Untersuchungen und alle erforderlichen Folgemaßnahmen betreffen. *(ABl 2020 L 437, 49)*

Artikel 2
Begriffsbestimmungen

Für die Zwecke dieser Verordnung gelten folgende Begriffsbestimmungen:

1. „finanzielle Interessen der Union“ sind Einnahmen, Ausgaben und Vermögensgegenstände, die im Haushaltsplan der Europäischen Union oder in den Haushaltsplänen der Organe, Einrichtungen und sonstigen Stellen und den von diesen verwalteten und überwachten Haushaltsplänen erfasst sind;

2. „Unregelmäßigkeit“ ist eine „Unregelmäßigkeit“ im Sinne des Artikels 1 Absatz 2 der Verordnung (EG, Euratom) Nr. 2988/95;

3. Der Begriff „Betrug, Korruption und sonstige rechtswidrige Handlungen zum Nachteil der finanziellen Interessen der Union“ hat die Bedeutung, die in den einschlägigen Rechtsakten der Union auf diese Begriffe angewandt wird, und der Begriff „sonstige rechtswidrige Handlungen“ schließt Unregelmäßigkeit im Sinne von Artikel 1 Absatz 2 der Verordnung (EG, Euratom) Nr. 2988/95 ein; *(ABl 2020 L 437, 49)*

4. „Verwaltungsuntersuchungen“ (im Folgenden „Untersuchungen“) sind Kontrollen, Überprüfungen und sonstige Maßnahmen, die das Amt gemäß Artikel 3 und 4 durchführt, um die in Artikel 1 festgelegten Ziele zu erreichen und gegebenenfalls den Beweis für Unregelmäßigkeiten bei den von ihm untersuchten Handlungen zu erbringen; diese Untersuchungen berühren nicht die Befugnisse der EUStA oder der zuständigen Behörden der Mitgliedstaaten zur Einleitung und Durchführung eines Strafverfahrens; *(ABl 2020 L 437, 49)*

5. „Betroffener“ ist jede Person oder jeder Wirtschaftsteilnehmer, die bzw. der im Verdacht steht, Betrug, Korruption oder sonstige rechtswidrige Handlungen zum Nachteil der finanziellen Interessen der Union begangen zu haben, und daher Gegenstand einer Untersuchung des Amtes ist;

6. „Wirtschaftsteilnehmer“ wird in derselben Bedeutung wie in der Verordnung (EG, Euratom) Nr. 2988/95 und der Verordnung (Euratom, EG) Nr. 2185/96 verwendet;

7. „Verwaltungsvereinbarungen“ sind vom Amt geschlossene Vereinbarungen technischer und/oder operativer Art, deren Ziel insbesondere die Erleichterung der Zusammenarbeit und des Informationsaustauschs zwischen den Parteien sein kann, durch die jedoch keine zusätzlichen rechtlichen Verpflichtungen geschaffen werden;

Richtlinie 95/46/EG (Datenschutz-Grundverordnung) (ABl. L 119 vom 4.5.2016, S. 1).

[2] Verordnung (EU) 2018/1725 des Europäischen Parlaments und des Rates vom 23. Oktober 2018 zum Schutz natürlicher Personen bei der Verarbeitung personenbezogener Daten durch die Organe, Einrichtungen und sonstigen Stellen der Union, zum freien Datenverkehr und zur Aufhebung der Verordnung (EG) Nr. 45/2001 und des Beschlusses Nr. 1247/2002/EG (ABl. L 295 vom 21.11.2018, S. 39).

[3] Verordnung (EU) 2017/1939 des Rates vom 12. Oktober 2017 zur Durchführung einer Verstärkten Zusammenarbeit zur Errichtung der Europäischen Staatsanwaltschaft (EUStA) (ABl. L 283 vom 31.10.2017, S. 1).

8. „Mitglied eines Organs" bezeichnet ein Mitglied des Europäischen Parlaments, ein Mitglied des Europäischen Rates, einen Vertreter eines Mitgliedstaats auf Ministerebene im Rat, ein Mitglied der Kommission, ein Mitglied des Gerichtshofs der Europäischen Union (EuGH), ein Mitglied des Rates der Europäischen Zentralbank oder ein Mitglied des Rechnungshofs im Hinblick auf die Pflichten, die ihnen durch das Unionsrecht im Zusammenhang mit den in dieser Eigenschaft wahrgenommenen Aufgaben auferlegt werden. *(ABl 2020 L 437, 49)*

Artikel 3
Externe Untersuchungen

(1) In den in Artikel 1 genannten Bereichen führt das Amt Kontrollen und Überprüfungen vor Ort in den Mitgliedstaaten und, gemäß den geltenden Vereinbarungen über Zusammenarbeit und gegenseitige Unterstützung und sonstigen geltenden Rechtsinstrumenten, in Drittstaaten und in den Räumlichkeiten internationaler Organisationen durch.

(2) Das Amt führt Kontrollen und Überprüfungen vor Ort nach Maßgabe dieser Verordnung und bei etwaigen nicht durch diese Verordnung erfassten Sachverhalten nach Maßgabe der Verordnung (Euratom, EG) Nr. 2185/96 durch.

(3) Wirtschaftsteilnehmer sind verpflichtet, mit dem Amt bei dessen Untersuchungen zusammenzuarbeiten. Das Amt kann von Wirtschaftsteilnehmern schriftliche und mündliche Informationen, einschließlich im Rahmen von Befragungen verlangen.

(4) Kooperiert gemäß Absatz 3 dieses Artikels ein betroffener Wirtschaftsteilnehmer bei nach Maßgabe dieser Verordnung genehmigten Kontrollen und Überprüfungen vor Ort, so sind Artikel 2 Absatz 4 der Verordnung (EG, Euratom) Nr. 2988/95, Artikel 6 Absatz 1 Unterabsatz 3 der Verordnung (Euratom, EG) Nr. 2185/96 und Artikel 7 Absatz 1 der Verordnung (Euratom, EG) Nr. 2185/96 nicht anwendbar, insoweit sie die Einhaltung nationaler Rechtsvorschriften vorschreiben und in der Lage sind, den Zugang des Amtes zu Informationen und Unterlagen auf die für die Kontrolleure der nationalen Verwaltungen geltenden Bedingungen einzuschränken.

(5) Auf Ersuchen des Amtes leistet die zuständige Behörde des betroffenen Mitgliedstaats den Bediensteten des Amtes ohne unangemessene Verzögerung die notwendige Unterstützung, um ihnen die wirksame Durchführung ihrer Aufgaben entsprechend der schriftlichen Ermächtigung nach Artikel 7 Absatz 2 zu ermöglichen.

Der betroffene Mitgliedstaat stellt im Einklang mit der Verordnung (Euratom, EG) Nr. 2185/96 sicher, dass die Bediensteten des Amtes Zugang zu sämtlichen mit dem untersuchten Sachverhalt zusammenhängenden Informationen, Schriftstücken und Daten haben, die für eine wirksame und effiziente Durchführung der Kontrollen und Überprüfungen vor Ort erforderlich sind, und dass die Bediensteten diese Schriftstücke und Daten gegebenenfalls sicherstellen können, um zu gewährleisten, dass keine Gefahr besteht, dass sie verschwinden. Werden private Geräte für dienstliche Zwecke genutzt, so sind diese Geräte Gegenstand der Überprüfung des Amtes. Das Amt unterzieht diese Geräte jedoch nur unter den gleichen Bedingungen und in dem gleichen Umfang, in dem die nationalen Kontrollbehörden berechtigt sind, private Geräte zu untersuchen, und dann, wenn das Amt vernünftige Gründe für die Annahme hat, dass ihr Inhalt für die Untersuchung sachdienlich sein könnte, einer Überprüfung.

(6) Stellen die Bediensteten des Amtes fest, dass sich ein Wirtschaftsteilnehmer einer in Übereinstimmung mit dieser Verordnung genehmigten Kontrolle und Überprüfung vor Ort widersetzt, nämlich wenn ein Wirtschaftsteilnehmer dem Amt nicht den erforderlichen Zugang zu Räumlichkeiten oder sonstigen gewerblich genutzten Örtlichkeiten gewährt, Informationen vorenthält oder die Ausübung einer Tätigkeit, die das Amt im Rahmen einer Kontrolle und Überprüfung durchführen muss, verhindert, so leisten die zuständigen Behörden, gegebenenfalls einschließlich der Strafverfolgungsbehörden des betroffenen Mitgliedstaats, den Bediensteten des Amtes die notwendige Unterstützung, damit das Amt seine Kontrolle und Überprüfung vor Ort wirksam und ohne unangemessene Verzögerung durchführen kann.

Bei der im Einklang mit diesem Absatz oder mit Absatz 5 geleisteten Unterstützung verfahren die zuständigen Behörden der Mitgliedstaaten nach Maßgabe des für die betroffene zuständige Behörde geltenden nationalen Verfahrensrechts. Erfordert diese Unterstützung gemäß den nationalen Rechtsvorschriften die Genehmigung einer Justizbehörde, so ist diese Genehmigung zu beantragen.

(7) Das Amt führt seine Kontrollen und Überprüfungen vor Ort nach Vorlage einer schriftlichen Ermächtigung gemäß Artikel 7 Absatz 2 durch. Es informiert den betroffenen Wirtschaftsteilnehmer spätestens zu Beginn der Kontrolle und Überprüfung vor Ort über das für die Kontrolle und Überprüfung geltende Verfahren, einschließlich der geltenden Verfahrensgarantien, sowie über die Pflicht des betroffenen Wirtschaftsteilnehmers zur Zusammenarbeit.

(8) Bei der Ausübung der ihm übertragenen Befugnisse hält das Amt die in dieser Verordnung und in der Verordnung (Euratom, EG) Nr. 2185/96 vorgesehenen Verfahrensgarantien ein. Bei Kontrollen und Überprüfungen vor Ort haben die betroffenen Wirtschaftsteilnehmer das Recht, sich nicht selbst zu belasten und sich von einer Person ihrer Wahl vertreten zu lassen. Die

Wirtschaftsteilnehmer können etwaige Erklärungen bei Kontrollen und Überprüfungen vor Ort in einer beliebigen Amtssprache des Mitgliedstaats, in dem sie ansässig sind, abgeben. Das Recht, sich von einer Person seiner Wahl vertreten zu lassen, darf den Zugang des Amtes zu den Räumlichkeiten des Wirtschaftsteilnehmers nicht verhindern und den Beginn der Kontrollen und Überprüfungen vor Ort nicht ungebührlich verzögern.

(9) Falls ein Mitgliedstaat nicht im Einklang mit den Absätzen 5 und 6 mit dem Amt zusammenarbeitet, kann die Kommission die einschlägigen Bestimmungen des Unionsrechts anwenden, um die Mittel im Zusammenhang mit der betreffenden Kontrolle und Überprüfung vor Ort einzuziehen.

(10) Im Rahmen seiner Untersuchungsbefugnisse führt das Amt Kontrollen und Überprüfungen gemäß Artikel 9 Absatz 1 der Verordnung (EG, Euratom) Nr. 2988/95 und gemäß den sektorbezogenen Regelungen nach Artikel 9 Absatz 2 der genannten Verordnung in Mitgliedstaaten sowie, gemäß den geltenden Vereinbarungen über Zusammenarbeit und gegenseitige Unterstützung und sonstigen geltenden Rechtsinstrumenten, in Drittstaaten und in den Räumlichkeiten internationaler Organisationen durch.

(11) Im Laufe einer externen Untersuchung erhält das Amt Zugang zu sachdienlichen, im Besitz der Organe, Einrichtungen und sonstigen Stellen befindlichen Informationen und auf gleich welchem Medium gespeicherten Daten zu dem untersuchten Sachverhalt, soweit dies zur Feststellung des Vorliegens von Betrug, Korruption oder jeglicher sonstigen rechtswidrigen Handlung zum Nachteil der finanziellen Interessen der Union erforderlich ist. Hierbei finden Artikel 4 Absätze 2 und 4 Anwendung.

(12) Unbeschadet von Artikel 12c Absatz 1 kann das Amt die zuständigen Behörden der betroffenen Mitgliedstaaten und erforderlichenfalls die betroffenen Organe, Einrichtungen und sonstigen Stellen in Kenntnis setzen, wenn ihm vor einer Entscheidung über die Einleitung einer etwaigen externen Untersuchung Informationen vorliegen, die den Schluss nahelegen, dass Betrug, Korruption oder eine sonstige rechtswidrige Handlung zum Nachteil der finanziellen Interessen der Union begangen wurde.

Die zuständigen Behörden der betroffenen Mitgliedstaaten stellen unbeschadet der in Artikel 9 Absatz 2 der Verordnung (EG, Euratom) Nr. 2988/95 aufgeführten sektorbezogenen Regelungen sicher, dass nach Maßgabe des nationalen Rechts geeignete Maßnahmen getroffen werden, an denen sich das Amt beteiligen kann. Auf Anfrage setzen die zuständigen Behörden der betroffenen Mitgliedstaaten das Amt über die aufgrund der Informationen nach Unterabsatz 1 getroffenen Maßnahmen und deren Ergebnisse in Kenntnis.

(ABl 2020 L 437, 49)

Artikel 4
Interne Untersuchungen

(1) In den in Artikel 1 genannten Bereichen werden innerhalb der Organe, Einrichtungen und sonstigen Stellen Untersuchungen gemäß dieser Verordnung und den Beschlüssen der einschlägigen Organe, Einrichtungen und sonstigen Stellen durchgeführt (im Folgenden „interne Untersuchungen"). *(ABl 2020 L 437, 49)*

(2) Im Laufe interner Untersuchungen

a) erhält das Amt unverzüglich und ohne Voranmeldung Zugang zu sämtlichen relevanten mit dem untersuchten Sachverhalt zusammenhängenden Informationen und auf gleich welcher Art von Medium gespeicherten Daten, die sich im Besitz der Organe, Einrichtungen und sonstigen Stellen befinden, und zu deren Räumlichkeiten. Werden private Geräte für dienstliche Zwecke genutzt, so können diese Geräte Gegenstand der Überprüfung des Amtes sein. Das Amt unterzieht diese Geräte jedoch nur in dem Umfang, in dem die Geräte für dienstliche Zwecke genutzt werden, und unter den Bedingungen, die in den Beschlüssen der einschlägigen Organe, Einrichtungen und sonstigen Stellen festgelegt sind, und dann, wenn das Amt vernünftige Gründe für die Annahme hat, dass ihr Inhalt für die Untersuchung sachdienlich sein könnte einer Überprüfung.

Das Amt ist ermächtigt, die Rechnungsführung der Organe, Einrichtungen und sonstigen Stellen einzusehen. Es kann Kopien aller Schriftstücke und des Inhalts aller Datenträger, die sich im Besitz der Organe, Einrichtungen und sonstigen Stellen befinden, anfertigen oder Auszüge davon erhalten und diese Schriftstücke und Daten erforderlichenfalls sicherstellen, um zu gewährleisten, dass keine Gefahr besteht, dass sie verschwinden.

b) Das Amt kann von den Beamten oder sonstigen Bediensteten, den Mitgliedern der Organe oder Einrichtungen, den Leitern sonstiger Stellen oder Mitarbeitern mündliche Informationen, einschließlich im Rahmen von Befragungen, und schriftliche Informationen verlangen, was gemäß den Rechtsvorschriften der Union über die Vertraulichkeit und den Datenschutz sorgfältig zu dokumentieren ist.
(ABl 2020 L 437, 49)

(3) Das Amt kann nach den gleichen Regelungen und Bedingungen, wie sie in Artikel 3 vorgesehen sind, Kontrollen und Überprüfungen vor Ort in den Räumlichkeiten von Wirtschaftsteilnehmern vornehmen, um Zugang zu Informationen über den untersuchten Sachverhalt innerhalb der Organe, Einrichtungen und sonstigen Stellen zu erhalten. *(ABl 2020 L 437, 49)*

(4) Die Organe, Einrichtungen und sonstigen Stellen werden in Kenntnis gesetzt, wenn die Bediensteten des Amtes eine interne Untersuchung in ihren Räumlichkeiten durchführen oder Schriftstücke oder Daten einsehen oder Informationen anfordern, die sich in ihrem Besitz befinden. Unbeschadet der Artikel 10 und 11 kann das Amt den betroffenen Organen, Einrichtungen und sonstigen Stellen jederzeit die Informationen übermitteln, die es im Laufe interner Untersuchungen erlangt hat. *(ABl 2020 L 437, 49)*

(5) Um sicherzustellen, dass die Vertraulichkeit der internen Untersuchungen zu jedem Zeitpunkt gewahrt bleibt, führen die Organe, Einrichtungen und sonstigen Stellen geeignete Verfahren ein und ergreifen die erforderlichen Maßnahmen.

(6) Falls die internen Untersuchungen offenbaren, dass es sich bei einem Beamten oder sonstigen Bediensteten, einem Mitglied eines der Organe oder Einrichtungen, einem Leiter einer sonstigen Stelle oder einem Bediensteten möglicherweise um einen Betroffenen handelt, wird das Organ, die Einrichtung oder sonstige Stelle, dem bzw. der der Betreffende angehört, davon in Kenntnis gesetzt.

In Fällen, in denen die Vertraulichkeit der internen Untersuchung bei Nutzung der üblichen Kommunikationskanäle nicht gewährleistet werden kann, greift das Amt für die Informationsübermittlung auf geeignete alternative Kanäle zurück.

In Ausnahmefällen können diese Informationen aufgrund eines begründeten Beschlusses des Generaldirektors, der dem Überwachungsausschuss nach Abschluss der Untersuchung zu übermitteln ist, zu einem späteren Zeitpunkt erteilt werden.

(7) Der in Absatz 1 vorgesehene, von den einzelnen Organen, Einrichtungen und sonstigen Stellen zu fassende Beschluss umfasst insbesondere eine Vorschrift zur Pflicht der Beamten oder sonstigen Bediensteten, der Mitglieder eines der Organe oder Einrichtungen, eines Leiters einer sonstigen Stelle oder eines Bediensteten, mit dem Amt zusammenzuarbeiten und ihm Auskunft zu erteilen, wobei die Vertraulichkeit der internen Untersuchung zu gewährleisten ist.

(8) Unbeschadet von Artikel 12c Absatz 1 kann das Amt das betroffene Organ, die betroffene Einrichtung oder die betroffene sonstige Stelle in Kenntnis setzen, wenn ihm vor einer Entscheidung über die Einleitung einer etwaigen internen Untersuchung Informationen vorliegen, die den Schluss nahelegen, dass Betrug, Korruption oder eine sonstige rechtswidrige Handlung zum Nachteil der finanziellen Interessen der Union begangen wurde. Auf Anfrage teilt dieses Organ, diese Einrichtung oder diese sonstige Stelle dem Amt die aufgrund dieser Unterrichtung getroffenen Maßnahmen und deren Ergebnisse mit.

Erforderlichenfalls informiert das Amt auch die zuständigen Behörden des betroffenen Mitgliedstaats. In diesem Fall gelten die in Artikel 9 Absatz 4 Unterabsätze 2 und 3 festgelegten Verfahrenserfordernisse. Beschließen die zuständigen Behörden, auf der Grundlage der ihnen übermittelten Informationen gemäß den nationalen Rechtsvorschriften Maßnahmen zu ergreifen, so setzen sie das Amt auf Anfrage hiervon in Kenntnis.
(ABl 2020 L 437, 49)

Artikel 5

Einleitung der Untersuchungen

(1) Der Generaldirektor kann unbeschadet von Artikel 12d eine Untersuchung einleiten, wenn – gegebenenfalls aufgrund von Informationen von dritter Seite oder aufgrund anonymer Hinweise – hinreichender Verdacht auf Betrug, Korruption oder sonstige rechtswidrige Handlungen zum Nachteil der finanziellen Interessen der Union besteht. Der Beschluss zur Einleitung der Untersuchung kann zudem der Notwendigkeit einer effizienten Verwendung der Ressourcen des Amtes und eines angemessenen Mitteleinsatzes Rechnung tragen. Bei internen Untersuchungen ist besonders der Frage Rechnung zu tragen, welches Organ, welche Einrichtung oder welche sonstige Stelle am besten für die Durchführung der betreffenden Untersuchung geeignet ist, wobei insbesondere der Sachverhalt, das Ausmaß der tatsächlichen oder der möglichen finanziellen Auswirkungen des Falls und die Wahrscheinlichkeit justizieller Folgemaßnahmen zu berücksichtigen sind. *(ABl 2020 L 437, 49)*

(2) Die Einleitung von Untersuchungen wird vom Generaldirektor von sich aus oder auf Ersuchen eines Organs, einer Einrichtung oder sonstigen Stelle oder auf Ersuchen eines Mitgliedstaats beschlossen. *(ABl 2020 L 437, 49)*

(3) Solange der Generaldirektor prüft, ob infolge eines Ersuchens nach Absatz 2 eine interne Untersuchung eingeleitet werden soll, oder solange das Amt eine interne Untersuchung durchführt, leiten die betroffenen Organe, Einrichtungen und sonstigen Stellen keine parallele Untersuchung zu demselben Sachverhalt ein, soweit mit dem Amt nichts Gegenteiliges vereinbart wurde.

Dieser Absatz gilt nicht für von der EUStA gemäß der Verordnung (EU) 2017/1939 durchgeführte Ermittlungen.
(ABl 2020 L 437, 49)

(4) Binnen zwei Monaten nach Eingang des in Absatz 2 genannten Ersuchens beim Amt wird ein Beschluss darüber gefasst, ob eine Untersuchung eingeleitet wird. Der Beschluss wird dem ersuchenden Mitgliedstaat bzw. dem Organ, der Einrichtung oder sonstigen Stelle unverzüglich mitgeteilt. Jeder Beschluss, keine Untersuchung einzuleiten, ist zu begründen. Hat das Amt nach Ablauf der Zweimonatsfrist keinen Beschluss

gefasst, so gilt dies als Beschluss des Amtes, keine Untersuchung einzuleiten.

Übermittelt ein Beamter oder sonstiger Bediensteter, ein Mitglied eines der Organe oder Einrichtungen, ein Leiter einer sonstigen Stelle oder ein Bediensteter dem Amt gemäß Artikel 22a des Statuts Informationen bezüglich eines vermuteten Betrugs oder einer vermuteten Unregelmäßigkeit, so setzt das Amt den Betreffenden von seinem Beschluss über die Einleitung beziehungsweise Nichteinleitung einer diesbezüglichen Untersuchung in Kenntnis.

(5) Beschließt der Generaldirektor, keine Untersuchung einzuleiten, so kann er gegebenenfalls alle relevanten Informationen unverzüglich den zuständigen Behörden des betroffenen Mitgliedstaats übermitteln, damit die erforderlichen Maßnahmen gemäß dem Unionsrecht und dem nationalem Recht getroffen werden können, oder diese dem betroffenen Organ, der betroffenen Einrichtung oder der betroffenen sonstigen Stelle zuleiten, damit die erforderlichen Maßnahmen gemäß den für das Organ, die Einrichtung oder die sonstige Stelle geltenden Bestimmungen getroffen werden können. Gegebenenfalls vereinbart das Amt mit dem Organ, der Einrichtung oder der sonstigen Stelle geeignete Maßnahmen zur Wahrung der Vertraulichkeit der Informationsquelle und ersucht erforderlichenfalls um Unterrichtung über die ergriffenen Maßnahmen. *(ABl 2020 L 437, 49)*

(6) Beschließt der Generaldirektor, keine Untersuchung einzuleiten, obwohl hinreichender Verdacht auf Betrug, Korruption oder eine sonstige rechtswidrige Handlung zum Nachteil der finanziellen Interessen der Union besteht, so übermittelt er unverzüglich die Informationen nach Absatz 5. *(ABl 2020 L 437, 49)*

Artikel 6
Zugang zu Informationen in Datenbanken vor Einleitung einer Untersuchung

(1) Vor der Einleitung einer Untersuchung hat das Amt das Recht auf Zugang zu sämtlichen sachdienlichen Informationen in den Datenbanken der Organe, Einrichtungen und sonstigen Stellen, wenn dies für die Überprüfung der sachlichen Richtigkeit der Behauptungen unverzichtbar ist. Dieses Zugangsrecht ist innerhalb der für eine zügige Bewertung der Behauptungen erforderlichen Frist auszuüben, die vom Amt festzusetzen ist. Bei der Ausübung des Zugangsrechts wahrt das Amt die Grundsätze der Erforderlichkeit und der Verhältnismäßigkeit.

(2) Die betroffenen Organe, Einrichtungen und sonstigen Stellen kooperieren loyal, indem sie es dem Amt ermöglichen, unter den Bedingungen, die in den Beschlüssen nach Artikel 4 Absatz 1 festgelegt sind, sämtliche relevanten Informationen zu erlangen.

Artikel 7
Durchführung der Untersuchungen

(1) Der Generaldirektor leitet – gegebenenfalls auf der Grundlage schriftlicher Anweisungen – die Untersuchungen. Die Untersuchungen werden unter seiner Leitung von den von ihm benannten Bediensteten des Amtes durchgeführt. Der Generaldirektor führt keine konkreten Untersuchungsmaßnahmen persönlich durch. *(ABl 2020 L 437, 49)*

(2) Die Bediensteten des Amtes nehmen ihre Aufgaben unter Vorlage einer schriftlichen Ermächtigung wahr, die über ihre Person und ihre Dienststellung Auskunft gibt. Der Generaldirektor stellt diese Ermächtigung aus; aus ihr müssen der Gegenstand und der Zweck der Untersuchung, die Rechtsgrundlagen für die Durchführung der Untersuchung und die sich daraus ergebenden Untersuchungsbefugnisse hervorgehen.

(3) Die zuständigen Behörden der Mitgliedstaaten leisten die erforderliche Unterstützung, damit die Bediensteten des Amtes ihren Aufgaben nach dieser Verordnung wirksam und ohne unangemessene Verzögerung nachkommen können. Wenn eine solche Unterstützung geleistet wird, verfahren die zuständigen Behörden der Mitgliedstaaten in Übereinstimmung mit dem für sie geltenden nationalen Verfahrensrecht. *(ABl 2020 L 437, 49)*

(3a) Auf ein schriftlich zu erläuterndes Ersuchen des Amtes bezüglich der untersuchten Sachverhalte übermitteln die zuständigen Behörden der Mitgliedstaaten – unter den gleichen Bedingungen, wie sie für die nationalen zuständigen Behörden gelten – folgende Informationen an das Amt:

a) die in den zentralen automatisierten Mechanismen verfügbaren und in Artikel 32a Absatz 3 der Richtlinie (EU) 2015/849 des Europäischen Parlaments und des Rates[1] genannten Informationen;

b) die Transaktionsaufzeichnungen, wenn diese für die Zwecke der Untersuchung unbedingt notwendig sind.

Das Ersuchen des Amtes umfasst eine Begründung der Angemessenheit und Verhältnismäßigkeit der Maßnahme im Hinblick auf Art und Schwere der untersuchten Sachverhalte. Ein solches Ersuchen kann sich nur auf die unter Unterabsatz 1 Buchstaben a und b genannten Informationen beziehen.

[1] Richtlinie (EU) 2015/849 des Europäischen Parlaments und des Rates vom 20. Mai 2015 zur Verhinderung der Nutzung des Finanzsystems zum Zwecke der Geldwäsche und der Terrorismusfinanzierung, zur Änderung der Verordnung (EU) Nr. 648/2012 des Europäischen Parlaments und des Rates und zur Aufhebung der Richtlinie 2005/60/EG des Europäischen Parlaments und des Rates und der Richtlinie 2006/70/EG der Kommission (ABl. L 141 vom 5.6.2015, S. 73).

Die Mitgliedstaaten teilen der Kommission die für die Zwecke in Unterabsatz 1 Buchstaben a und b zuständigen Behörden mit.
(ABl 2020 L 437, 49)

(3b) Die Organe, Einrichtungen und sonstigen Stellen sorgen dafür, dass ihre Beamten, sonstigen Bediensteten, Mitglieder, Leiter und Mitarbeiter den Bediensteten des Amtes die zur wirksamen und ohne unangemessene Verzögerung erfolgende Wahrnehmung ihrer Aufgaben erforderliche Unterstützung zukommen lassen. *(ABl 2020 L 437, 49)*

(4) Beinhaltet eine Untersuchung externe sowie interne Elemente, so kommt Artikel 3 beziehungsweise Artikel 4 zur Anwendung.

(5) Die Untersuchungen sind ohne Unterbrechung durchzuführen; ihre Dauer muss den Umständen und der Komplexität des betreffenden Falles angemessen sein.

(6) Erweist sich bei einer Untersuchung, dass es sinnvoll sein könnte, administrative Sicherungsmaßnahmen zum Schutz der finanziellen Interessen der Union zu ergreifen, so setzt das Amt unverzüglich das betroffene Organ, die betroffene Einrichtung oder die betroffene sonstige Stelle über die laufende Untersuchung in Kenntnis. Dabei werden folgende Informationen mitgeteilt:

a) die Namen der betroffenen Beamten oder sonstigen Bediensteten, Mitglieder eines der Organe oder Einrichtungen, Leiter einer sonstigen Stelle oder Bediensteten sowie eine Zusammenfassung des betreffenden Sachverhalts,

b) jedwede sonstige Information, die dem betroffenen Organ, der betroffenen Einrichtung oder der betroffenen Stelle bei der Entscheidung dienlich sein kann, welche verwaltungsrechtliche Sicherungsmaßnahmen zum Schutz der finanziellen Interessen der Union zu treffen sind, *(ABl 2020 L 437, 49)*

c) etwaige besondere empfohlene Maßnahmen zur Wahrung der Vertraulichkeit, insbesondere in Fällen, in denen ein Rückgriff auf nach Maßgabe der nationalen Untersuchungsvorschriften in die Zuständigkeit einer nationalen Justizbehörde, sowie, bei externen Untersuchungen, in die Zuständigkeit einer nationalen Behörde fallende Untersuchungsmaßnahmen erforderlich ist.

Die betroffenen Organe, Einrichtungen und sonstigen Stellen können das Amt jederzeit konsultieren, um gegebenenfalls zu beschließen, in enger Zusammenarbeit mit ihm geeignete Sicherungsmaßnahmen, einschließlich Maßnahmen zur Beweissicherung, zu treffen. Die betroffenen Organe, Einrichtungen und sonstigen Stellen setzen das Amt unverzüglich von jeglicher getroffenen Sicherungsmaßnahme in Kenntnis. *(ABl 2020 L 437, 49)*

(7) Erforderlichenfalls obliegt es den zuständigen Behörden der Mitgliedstaaten, auf Ersuchen des Amtes gemäß ihren nationalen Rechtsvorschriften geeignete Sicherungsmaßnahmen zu ergreifen, insbesondere Maßnahmen zur Beweissicherung.

(8) Kann eine Untersuchung nicht binnen 12 Monaten nach ihrer Einleitung abgeschlossen werden, so erstattet der Generaldirektor dem Überwachungsausschuss bei Ablauf der Zwölfmonatsfrist und danach alle sechs Monate Bericht und nennt die Gründe dafür sowie gegebenenfalls die geplanten Abhilfemaßnahmen, mit denen die Untersuchung beschleunigt werden soll. *(ABl 2020 L 437, 49)*

Artikel 8

Pflicht zur Unterrichtung des Amtes

(1) In den in Artikel 1 genannten Bereichen übermitteln die Organe, Einrichtungen und sonstigen Stellen dem Amt unverzüglich alle Informationen über etwaige Fälle von Betrug, Korruption oder sonstigen rechtswidrigen Handlungen zum Nachteil der finanziellen Interessen der Union.

Die Organe, Einrichtungen und sonstigen Stellen der Union können im Zuge ihrer Berichterstattung an die EUStA nach Artikel 24 der Verordnung (EU) 2017/1939 der in Unterabsatz 1 des vorliegenden Absatzes festgelegten Verpflichtung nachkommen, indem sie dem Amt eine Kopie des der EUStA übermittelten Berichts übersenden.

(2) Die Organe, Einrichtungen und sonstigen Stellen sowie – soweit dies den nationalen Rechtsvorschriften nicht entgegensteht – die zuständigen Behörden der Mitgliedstaaten übermitteln dem Amt auf dessen Ersuchen oder von sich aus unverzüglich alle in ihrem Besitz befindlichen, im Zusammenhang mit einer laufenden Untersuchung des Amtes stehenden Schriftstücke und Informationen.

Vor der Einleitung einer Untersuchung übermitteln sie dem Amt auf dessen schriftlich zu erläuterndes Ersuchen alle in ihrem Besitz befindlichen Schriftstücke und Informationen, die für die Bewertung der erhobenen Behauptungen oder für die Anwendung der Kriterien für die Untersuchungseinleitung gemäß Artikel 5 Absatz 1 notwendig sind.

(3) Die Organe, Einrichtungen und sonstigen Stellen sowie – soweit dies den nationalen Rechtsvorschriften nicht entgegensteht – die zuständigen Behörden der Mitgliedstaaten übermitteln dem Amt auf dessen Ersuchen oder von sich aus unverzüglich alle sonstigen in ihrem Besitz befindlichen und als sachdienlich angesehenen Informationen, Schriftstücke und Daten im Zusammenhang mit der Bekämpfung von Betrug, Korruption und sonstigen rechtswidrigen Handlungen zum Nachteil der finanziellen Interessen der Union.

(4) In Bezug auf die Straftaten, bezüglichen deren die EUStA ihre Befugnisse nach Kapitel IV der Verordnung (EU) 2017/1939 ausüben könnte, gilt dieser Artikel nicht für die EUStA.

Die Möglichkeit der EUStA, dem Amt gemäß Artikel 34 Absatz 8, Artikel 36 Absatz 6, Artikel 39 Absatz 4 und Artikel 101 Absätze 3 und 4 der Verordnung (EU) 2017/1939 sachdienliche Informationen zu Fällen mitzuteilen, bleibt davon unberührt.

(5) Die Bestimmungen zur Übermittlung von Informationen gemäß der Verordnung (EU) Nr. 904/2010[1] des Rates bleiben unberührt.

(ABl 2020 L 437, 49)

Artikel 9
Verfahrensgarantien

(1) Die Untersuchungen des Amtes dienen der Ermittlung sowohl der belastenden als auch der entlastenden Fakten in Bezug auf die betroffene Person. Sie werden objektiv und unparteiisch sowie unter Einhaltung der Unschuldsvermutung und der in diesem Artikel genannten Verfahrensgarantien durchgeführt.

(2) Das Amt kann einen Betroffenen oder einen Zeugen zu jedem Zeitpunkt während einer Untersuchung befragen. Jeder Befragte hat das Recht, keine Angaben zu machen, die ihn belasten können.

Die Ladung zu einem Gespräch wird einem Betroffenen mindestens zehn Arbeitstage im Voraus übermittelt. Diese Frist kann verkürzt werden, wenn der Betroffene dem ausdrücklich zustimmt oder wenn dies aufgrund der hinreichend begründeten Dringlichkeit der Untersuchung geboten ist. In letzterem Fall darf die Frist nicht weniger als 24 Stunden betragen. Die Einladung enthält auch eine Auflistung der Rechte des Betroffenen; insbesondere wird auf sein Recht hingewiesen, sich von einer Person seiner Wahl unterstützen zu lassen.

Zeugen wird die Einladung zu einem Gespräch mindestens 24 Stunden im Voraus übermittelt. Diese Frist kann verkürzt werden, wenn der Zeuge dem ausdrücklich zustimmt oder wenn dies aufgrund der hinreichend begründeten Dringlichkeit der Untersuchung geboten ist.

Die Anforderungen nach den Unterabsätzen 2 und 3 gelten nicht für die Aufnahme von Erklärungen im Zusammenhang mit Kontrollen und Überprüfungen vor Ort. Für den Betroffenen gelten die Verfahrensgarantien im Sinne von Artikel 3 Absätze 7 und 8, insbesondere das Recht, sich von einer Person seiner Wahl vertreten zu lassen.

Ergeben sich im Laufe eines Gesprächs Hinweise darauf, dass es sich bei einem Zeugen möglicherweise um einen Betroffenen handelt, so ist das Gespräch zu beenden. Die in dem vorliegenden Absatz und in den Absätzen 3 und 4 vorgesehenen Verfahrensvorschriften kommen unverzüglich zur Anwendung. Der Zeuge wird umgehend über seine Rechte als Betroffener informiert; auf Wunsch erhält er eine Kopie des Protokolls etwaiger Erklärungen, die er zu einem früheren Zeitpunkt abgegeben hat. Das Amt darf frühere Erklärungen dieser Person nicht gegen sie verwenden, ohne ihr zunächst die Möglichkeit gegeben zu haben, zu diesen Erklärungen Stellung zu nehmen.

Das Amt erstellt ein Gesprächsprotokoll und gewährt der gehörten Person Zugang zu dem Protokoll, damit sie dem Protokoll ihre Zustimmung erteilen oder Anmerkungen hinzufügen kann. Das Amt händigt dem Betroffenen eine Kopie des Gesprächsprotokolls aus.

(ABl 2020 L 437, 49)

(3) Sobald es sich bei einer Untersuchung herausstellt, dass es sich bei einem Beamten oder sonstigem Bediensteten, einem Mitglied eines der Organe oder Einrichtungen, einem Leiter einer sonstigen Stelle oder einem Bediensteten möglicherweise um einen Betroffenen handelt, wird dieser Beamte oder sonstige Bedienstete, dieses Mitglied eines der Organe oder Einrichtungen, dieser Leiter einer sonstigen Stelle oder Bedienstete hiervon in Kenntnis gesetzt, sofern dadurch nicht die Durchführung der Untersuchung oder eines in die Zuständigkeit einer nationalen Justizbehörde fallenden Untersuchungsverfahrens beeinträchtigt wird.

(4) Unbeschadet von Artikel 4 Absatz 6 und Artikel 7 Absatz 6 ist nach Abschluss der Untersuchung und bevor sich namentlich auf eine Person beziehende Schlussfolgerungen gezogen werden, dieser Person Gelegenheit zu geben, sich zu den sie betreffenden Sachverhalten zu äußern.

Zu diesem Zweck übermittelt das Amt dem Betroffenen eine Aufforderung, schriftlich oder während eines Gesprächs mit den dazu bestimmten Bediensteten des Amtes Stellung zu nehmen. Diese Aufforderung enthält eine Zusammenfassung der sich auf den Betroffenen beziehenden Tatsachen und die nach Artikel 15 und 16 der Verordnung (EU) 2018/1725 erforderlichen Informationen; es wird eine Frist für die Übermittlung der Stellungnahme angegeben, die nicht weniger als zehn Arbeitstage ab Erhalt der Aufforderung zur Stellungnahme beträgt. Diese Frist kann verkürzt werden, wenn der Betroffene dem ausdrücklich zustimmt oder wenn dies aufgrund der hinreichend begründeten Dringlichkeit der Untersuchung geboten ist. Der abschließende Untersuchungsbericht nimmt Bezug auf etwaige Stellungnahmen.

In hinreichend begründeten Fällen, in denen die Vertraulichkeit der Untersuchung oder einer

---

[1] Verordnung (EU) Nr. 904/2010 des Rates vom 7. Oktober 2010 über die Zusammenarbeit der Verwaltungsbehörden und die Betrugsbekämpfung auf dem Gebiet der Mehrwertsteuer (ABl. L 268 vom 12.10.2010, S. 1).

laufenden oder künftigen strafrechtlichen Ermittlung durch die EUStA oder eine nationale Justizbehörde gewahrt werden muss, kann der Generaldirektor – gegebenenfalls nach Absprache mit der EUStA oder der betroffenen nationalen Justizbehörde – beschließen, dass der Pflicht, dem Betroffenen Gelegenheit zur Stellungnahme zu geben, erst zu einem späteren Zeitpunkt nachgekommen wird.

Erteilt das Organ, die Einrichtung oder die sonstige Stelle in den in Anhang IX Artikel 1 Absatz 2 des Statuts genannten Fällen innerhalb eines Monats keine Antwort auf das Ersuchen des Generaldirektors, der Pflicht, dem Betroffenen Gelegenheit zur Stellungnahme zu geben, erst zu einem späteren Zeitpunkt nachzukommen, so gilt dies als Zustimmung.
(ABl 2020 L 437, 49)

(5) Jede gehörte Person hat das Recht, sich in jeglicher Amtssprache der Organe der Union zu äußern. Beamte und sonstige Bedienstete der Union können jedoch aufgefordert werden, sich in einer Amtssprache der Organe der Union zu äußern, die sie gründlich beherrschen.

Artikel 9a
Der Beauftragte für die Kontrolle der Verfahrensgarantien

(1) Die Kommission ernennt nach dem in Absatz 2 angegebenen Verfahren einen Beauftragten bzw. eine Beauftragte für die Kontrolle der Verfahrensgarantien (im Folgenden „Kontrollbeauftragter“) für eine nicht verlängerbare Amtszeit von fünf Jahren. Nach Ablauf dieser Amtszeit bleibt der Kontrollbeauftragte so lange im Amt, bis er ersetzt wird.

(2) Der Kontrollbeauftragte ist administrativ dem Überwachungsausschuss zugeordnet. Das Sekretariat des Überwachungsausschusses leistet dem Kontrollbeauftragten jegliche notwendige administrative und rechtliche Unterstützung.

(3) Dem Überwachungsausschuss werden von der Kommission aus ihrem genehmigten Haushalt personelle und finanzielle Mittel für den Kontrollbeauftragten zugewiesen.

(4) Im Anschluss an die im *Amtsblatt der Europäischen Union* veröffentlichte Aufforderung zur Einreichung von Bewerbungen erstellt die Kommission eine Liste der für das Amt des Kontrollbeauftragten geeigneten Bewerber. Nach Konsultation des Europäischen Parlaments und des Rates ernennt die Kommission den Kontrollbeauftragten.

(5) Der Kontrollbeauftragte muss die erforderlichen Qualifikationen und Erfahrungen im Bereich Verfahrensgarantien aufweisen.

(6) Der Kontrollbeauftragte nimmt seine Aufgaben in völliger Unabhängigkeit – einschließlich von dem Amt und dem Überwachungsausschuss – wahr und darf bei der Erfüllung seiner Pflichten Weisungen weder anfordern noch entgegennehmen.

(7) Erfüllt der Kontrollbeauftragte die Voraussetzungen für die Ausübung seines Amtes nicht mehr oder wird er eines schweren Fehlverhaltens für schuldig befunden, so können ihn das Europäische Parlament, der Rat und die Kommission im gegenseitigen Einvernehmen seines Amtes entheben.

(8) Gemäß dem in Artikel 9b genannten Verfahren überwacht der Kontrollbeauftragte die Einhaltung durch das Amt der in Artikel 9 festgelegten Verfahrensgarantien sowie der für die Untersuchungen des Amtes geltenden Bestimmungen. Er ist für die Bearbeitung von Beschwerden nach Artikel 9b zuständig.

(9) Der Kontrollbeauftragte erstattet dem Europäischen Parlament, dem Rat, der Kommission, dem Überwachungsausschuss und dem Amt jährlich Bericht über die Ausübung seines Amtes. Er darf dabei nicht auf einzelne laufende Untersuchungen Bezug nehmen und muss dafür Sorge tragen, dass die Vertraulichkeit der Untersuchungen auch nach deren Abschluss gewahrt bleibt. Der Kontrollbeauftragte erstattet dem Überwachungsausschuss Bericht über alle systemischen Probleme, die sich aus seinen Empfehlungen ergeben.

(ABl 2020 L 437, 49)

Artikel 9b
Beschwerdeverfahren

(1) Ein Betroffener hat das Recht, bei dem Kontrollbeauftragten Beschwerde wegen Missachtung der in Artikel 9 festgelegten Verfahrensgarantien durch das Amt sowie wegen eines Verstoßes gegen die für die Untersuchungen des Amtes geltenden Bestimmungen, insbesondere wegen Verstößen gegen Verfahrensanforderungen und Grundrechte, einzulegen. Das Einlegen einer Beschwerde hat keine aufschiebende Wirkung, was die Durchführung der laufenden Untersuchung, die Gegenstand der Beschwerde ist, betrifft.

(2) Beschwerden sind binnen eines Monats, nachdem der Beschwerdeführer Kenntnis von den einschlägigen Umständen erlangt hat, die einen Verstoß gegen die Verfahrensgarantien oder die in Absatz 1 des vorliegenden Artikels genannten Bestimmungen darstellen könnten, einzulegen. In jedem Fall sind sie nicht später als einen Monat nach Abschluss der Untersuchung einzulegen.

Beschwerden im Zusammenhang mit den in Artikel 9 Absätze 2 und 4 genannten Fristen sind jedoch vor Ablauf der in diesen Bestimmungen genannten Zehntagesfrist einzulegen.

(3) Nach Eingang einer Beschwerde unterrichtet der Kontrollbeauftragte umgehend den Generaldirektor.

Der Kontrollbeauftragte prüft innerhalb von zehn Arbeitstagen ab dem Tag des Eingangs der Beschwerde, ob die Voraussetzungen der Absätze 1 und 2 erfüllt sind.

Sind die Voraussetzungen der Absätze 1 und 2 erfüllt, fordert der Kontrollbeauftragte das Amt auf, binnen 15 Werktagen tätig zu werden, um der Beschwerde abzuhelfen und den Kontrollbeauftragten entsprechend zu informieren.

Sind die Voraussetzungen des Absatzes 1 oder 2 nicht erfüllt, schließt der Kontrollbeauftragte das Dossier und setzt den Betroffenen unverzüglich darüber in Kenntnis.

(4) Unbeschadet des Artikels 10 übermittelt das Amt dem Kontrollbeauftragten alle Informationen, die er benötigt, um zu prüfen, ob die Beschwerde gerechtfertigt ist, sowie Informationen, um der Beschwerde abzuhelfen und es dem Kontrollbeauftragten zu ermöglichen, eine Empfehlung abzugeben.

(5) Der Kontrollbeauftragte gibt unverzüglich und in jedem Fall innerhalb von zwei Monaten, nachdem das Amt ihn von der Abhilfemaßnahme gegen die Beschwerde in Kenntnis setzt, oder nach Ablauf der in Absatz 2 genannten Frist eine Empfehlung dazu ab, wie der Beschwerde abgeholfen werden kann. Gehen innerhalb der in Absatz 3 Unterabsatz 3 genannten Frist von 15 Tagen keine Informationen ein, gibt der Kontrollbeauftragte eine Empfehlung binnen zwei Monaten ab Ablauf dieser Frist ab.

In Ausnahmefällen kann der Kontrollbeauftragte beschließen, die Frist zur Abgabe einer Empfehlung um weitere 15 Kalendertage zu verlängern. Der Kontrollbeauftragte unterrichtet den Generaldirektor schriftlich über die Gründe einer solchen Fristverlängerung.

Der Kontrollbeauftragte kann dem Amt empfehlen, seine Empfehlungen oder Berichte wegen eines Verstoßes gegen die in Artikel 9 genannten Verfahrensgarantien oder gegen die für die Untersuchungen des Amtes geltenden Bestimmungen, insbesondere wegen Verstößen gegen Verfahrensvorschriften und Grundrechte, zu ändern oder aufzuheben.

Vor der Abgabe einer Empfehlung holt der Kontrollbeauftragte die Stellungnahme des Überwachungsausschusses ein.

Der Kontrollbeauftragte übermittelt die Empfehlung dem Amt und informiert den Beschwerdeführer entsprechend.

Übermittelt der Kontrollbeauftragte binnen der in diesem Absatz genannten Fristen keine Empfehlung, so gilt dies als Abweisung der Beschwerde ohne Empfehlung.

(6) Der Kontrollbeauftragte prüft die Beschwerde in einem kontradiktorischen Verfahren, ohne in die laufende Untersuchung einzugreifen.

Der Kontrollbeauftragte kann ferner Zeugen um schriftliche oder mündliche Erläuterungen bitten, die er zur Feststellung des Sachverhalts für sachdienlich hält. Zeugen können sich weigern, solche Erläuterungen zu machen.

(7) Der Generaldirektor trifft geeignete Maßnahmen, die durch die Empfehlung gerechtfertigt sind. Beschließt der Generaldirektor von der Empfehlung des Kontrollbeauftragten abzuweichen, so teilt er dem Beschwerdeführer und dem Kontrollbeauftragten die Hauptgründe dieser Entscheidung mit, es sei denn, eine solche Mitteilung würde die laufende Untersuchung beeinträchtigen. In einem Vermerk, der dem abschließenden Untersuchungsbericht hinzugefügt wird, nennt er die Gründe, warum er der Empfehlung des Kontrollbeauftragten nicht gefolgt ist.

(8) Das Beschwerdeverfahren nach diesem Artikel berührt nicht die in den Verträgen vorgesehenen Rechtsbehelfe, einschließlich Klagen auf Ersatz des Schadens.

(9) Der Generaldirektor kann zu allen Angelegenheiten in Bezug auf die Verfahrensgarantien oder Grundrechte, die in das Mandat des Kontrollbeauftragten fallen, dessen Stellungnahme anfordern; dies umfasst auch einen Beschluss, die in Artikel 9 Absatz 3 genannten Betroffenen erst zu einem späteren Zeitpunkt in Kenntnis zu setzen. Der Generaldirektor gibt in einem solchen Antrag die Frist an, bis zu deren Ablauf der Kontrollbeauftragte antworten muss.

(10) Hat ein Beamter oder sonstiger Bediensteter der Union gemäß Artikel 90 des Statuts Beschwerde beim Generaldirektor und in derselben Sache Beschwerde bei dem Kontrollbeauftragten eingelegt, so wartet der Generaldirektor unbeschadet der in Artikel 90a des Statuts vorgesehenen Fristen die Empfehlung des Kontrollbeauftragten ab, bevor er auf die Beschwerde reagiert.

(11) Nach Konsultation des Überwachungsausschusses nimmt der Kontrollbeauftragte Durchführungsvorschriften für die Bearbeitung der Beschwerden an.

Diese Durchführungsvorschriften legen insbesondere detaillierte Vorschriften fest:

a) für das Einlegen einer Beschwerde;

b) für den Austausch von Informationen zwischen dem Überwachungsausschuss, dem Kontrollbeauftragten und dem Generaldirektor;

c) das Verfahren für Abhilfemaßnahmen gegen die in einer Beschwerde aufgeworfenen Probleme durch das Amt;

d) für die Prüfung einer Beschwerde in einem kontradiktorischen Verfahren gemäß Absatz 6 Unterabsatz 1;

e) für Abgabe und Übermittlung der Empfehlung des Kontrollbeauftragten;

f) für hinreichend begründete Fälle, in denen der Generaldirektor von der Empfehlung des Kontrollbeauftragten abweichen kann, und das Verfahren, das in diesen Fällen einzuhalten ist.

(ABl 2020 L 437, 49)

Artikel 10
Vertraulichkeit und Datenschutz

(1) Informationen, die im Rahmen externer Untersuchungen übermittelt oder erlangt werden, sind, unabhängig davon, in welcher Form sie vorliegen, durch die einschlägigen Bestimmungen geschützt.

(2) Informationen, die im Rahmen interner Untersuchungen übermittelt oder erlangt werden, fallen – unabhängig davon, in welcher Form sie vorliegen – unter das Berufsgeheimnis und genießen den Schutz, der durch die für die Organe der Union geltenden einschlägigen Bestimmungen gewährleistet ist.

(3) Die betroffenen Organe, Einrichtungen und sonstigen Stellen stellen sicher, dass die Vertraulichkeit der durch das Amt durchgeführten Untersuchungen und die legitimen Rechte der Betroffenen gewahrt und im Fall von Gerichtsverfahren die einschlägigen nationalen Bestimmungen eingehalten werden.

(3a) Für die Meldung von Betrug, Korruption und sonstigen rechtswidrigen Handlungen zum Nachteil der finanziellen Interessen der Union und für den Schutz der Personen, die solche Verstöße melden, gilt die Richtlinie (EU) 2019/1937 des Europäischen Parlaments und des Rates[1].
(ABl 2020 L 437, 49)

(3b) Wenn das Amt justizielle Folgemaßnahmen empfiehlt – unbeschadet des Rechts auf Vertraulichkeit der Personen, die Hinweise geben bzw. Missstände melden, und gemäß den geltenden Rechtsvorschriften über Vertraulichkeit und Datenschutz – kann der Betroffene beim Amt die Bereitstellung des gemäß Artikel 11 erstellten Berichts beantragen, soweit dieser im Zusammenhang mit dem Betroffenen steht. Das Amt unterrichtet alle Empfänger dieses Berichts unverzüglich über diesen Antrag und gewährt Zugang nur mit der ausdrücklichen Zustimmung der Empfänger. Die Empfänger übermitteln ihre Antwort innerhalb eines Zeitraums von 12 Monaten ab dem Tag des Erhalts des Antrags. Wird innerhalb dieses Zeitraums kein Einwand erhoben, so gewährt das Amt den Zugang.

Die zuständige Behörde kann dem Amt auch die Genehmigung erteilen, vor Ablauf dieses Zeitraums Zugang zu gewähren.
(ABl 2020 L 437, 49)

(4) Das Amt benennt einen Datenschutzbeauftragten gemäß Artikel 43 der Verordnung (EU) 2018/1725.

Der Datenschutzbeauftragte ist für die Datenverarbeitung durch das Amt und durch das Sekretariat des Überwachungsausschusses zuständig.
(ABl 2016 L 317, 1; ABl 2020 L 437, 49)

(5) Der Generaldirektor stellt sicher, dass jede Weitergabe von Informationen an die Öffentlichkeit auf neutrale und unparteiische Weise erfolgt und dass die Offenlegung die Vertraulichkeit der Untersuchungen wahrt und die in diesem Artikel und in Artikel 9 Absatz 1 festgelegten Grundsätze einhält.

Gemäß dem Statut enthalten sich die Bediensteten des Amtes und die Mitarbeiter des Sekretariats des Überwachungsausschusses jeder nicht genehmigten Offenlegung von Informationen, von denen sie bei der Wahrnehmung ihrer Aufgaben Kenntnis erhalten, es sei denn, diese Informationen wurden bereits rechtmäßig veröffentlicht oder sind der Öffentlichkeit zugänglich; diese Verpflichtung besteht für sie auch nach ihrem Ausscheiden aus dem Dienst.

Die Mitglieder des Überwachungsausschusses unterliegen bei der Wahrnehmung ihrer Aufgaben in gleicher Weise der beruflichen Schweigepflicht; diese Verpflichtung besteht für sie auch nach Ablauf ihrer Amtszeit.
(ABl 2016 L 317, 1)

Artikel 11
Untersuchungsberichte und Folgemaßnahmen

(1) Nach Abschluss einer vom Amt durchgeführten Untersuchung wird unter der verantwortlichen Leitung des Generaldirektors ein Bericht erstellt. Dieser Bericht gibt Aufschluss über die Rechtsgrundlage der Untersuchung, die durchgeführten Verfahrensschritte, den festgestellten Sachverhalt und seine vorläufige rechtliche Bewertung, die geschätzten finanziellen Auswirkungen des Sachverhalts, die Einhaltung der Verfahrensgarantien nach Artikel 9 sowie die Schlussfolgerungen der Untersuchung.

Dem Bericht werden gegebenenfalls Empfehlungen des Generaldirektors für Folgemaßnahmen beigefügt. In diesen Empfehlungen werden gegebenenfalls disziplinarische, verwaltungsrechtliche, finanzielle oder justizielle Maßnahmen der Organe, Einrichtungen und sonstigen Stellen sowie der zuständigen Behörden des betroffenen Mitgliedstaats genannt, wobei insbesondere Angaben zur geschätzten Höhe der wieder einzuziehenden Beträge sowie zur vorläufigen rechtlichen Bewertung des Sachverhalts gemacht werden.
(ABl 2020 L 437, 49)

(2) Bei der Erstellung dieser in Absatz 1 genannten Berichte und Empfehlungen werden die einschlägigen Vorschriften des Unionsrechts und, sofern anwendbar, des nationalen Rechts des betroffenen Mitgliedstaats berücksichtigt.

Auf der Grundlage von Absatz 1 erstellte Berichte, einschließlich sämtlicher diesen Berichten

[1] Richtlinie (EU) 2019/1937 des Europäischen Parlaments und des Rates vom 23. Oktober 2019 zum Schutz von Personen, die Verstöße gegen das Unionsrecht melden (ABl. L 305 vom 26.11.2019, S. 17).

zugrunde liegenden und beigefügten Beweismittel, stellen in folgenden Fällen zulässige Beweismittel dar:

a) in Gerichtsverfahren nicht strafrechtlicher Art vor nationalen Gerichten sowie in Verwaltungsverfahren in den Mitgliedstaaten;

b) in der gleichen Weise und unter denselben Bedingungen wie die Verwaltungsberichte der Kontrolleure der nationalen Verwaltungen in den Strafverfahren des Mitgliedstaats, in dem sich ihre Verwendung als erforderlich erweist, und diese Berichte werden nach denselben Maßstäben beurteilt wie die Verwaltungsberichte der Kontrolleure der nationalen Verwaltungen und haben dieselbe Beweiskraft;

c) in Gerichtsverfahren vor dem EuGH und in Verwaltungsverfahren der Organe, Einrichtungen und sonstigen Stellen.

Die Mitgliedstaaten teilen dem Amt alle für die in Unterabsatz 2 Buchstabe b genannten Zwecke relevanten Bestimmungen ihres nationalen Rechts mit.

Im Hinblick auf Unterabsatz 2 Buchstabe b, übermitteln die Mitgliedstaaten dem Amt auf dessen Ersuchen die endgültige Entscheidung der nationalen Gerichte, sobald die betreffenden Gerichtsverfahren abgeschlossen und die endgültige Gerichtsentscheidung öffentlich geworden ist.

Die Befugnis des EuGH und der nationalen Gerichte sowie der für Verwaltungs- und Strafverfahren zuständigen Stellen zur Beurteilung der Beweiskraft der vom Amt erstellten Berichte bleibt von dieser Verordnung unberührt.
(ABl 2020 L 437, 49)

(2a) Das Amt trifft geeignete Maßnahmen, um für die gleichbleibende Qualität der in Absatz 1 genannten Berichte und der Empfehlungen Sorge zu tragen. *(ABl 2020 L 437, 49)*

(3) Die nach Abschluss einer externen Untersuchung erstellten Berichte und Empfehlungen werden zusammen mit allen sachdienlichen Schriftstücken gemäß den für externe Untersuchungen geltenden Regelungen den zuständigen Behörden der betroffenen Mitgliedstaaten sowie erforderlichenfalls dem betroffenen Organ, der betroffenen Einrichtung oder der betroffenen sonstigen Stelle übermittelt. Die zuständigen Behörden des betroffenen Mitgliedstaats und, gegebenenfalls, das Organ, die Einrichtung oder die sonstige Stelle treffen die gemäß den Ergebnissen der externen Untersuchung erforderlichen Folgemaßnahmen und unterrichten das Amt innerhalb der Frist, die in den dem Bericht beigefügten Empfehlungen gesetzt wurde, und zusätzlich auf Ersuchen des Amtes über die Folgemaßnahmen der Untersuchungen. Die Mitgliedstaaten können dem Amt die nationalen Behörden mitteilen, die für die Bearbeitung dieser Berichte, Empfehlungen und Schriftstücke zuständig sind. *(ABl 2020 L 437, 49)*

(4) Die nach Abschluss einer internen Untersuchung erstellten Berichte und Empfehlungen werden zusammen mit allen sachdienlichen Schriftstücken dem betroffenen Organ, der betroffenen Einrichtung oder der betroffenen sonstigen Stelle übermittelt. Das Organ, die Einrichtung oder die sonstige Stelle ergreift die gemäß den Ergebnissen der internen Untersuchung erforderlichen Folgemaßnahmen insbesondere disziplinarrechtlicher und justizieller Art und unterrichtet das Amt innerhalb der Frist, die in den dem Bericht beigefügten Empfehlungen gesetzt wurde, und zusätzlich auf Ersuchen des Amtes über die Folgemaßnahmen der Untersuchungen.

(5) Werden in dem nach Abschluss einer internen Untersuchung erstellten Bericht Sachverhalte festgestellt, die eine strafrechtliche Verfolgung nach sich ziehen können, so wird dies – zusammen mit den Empfehlungen – den Justizbehörden des betroffenen Mitgliedstaats unverzüglich mitgeteilt; die Artikel 12c und 12d werden davon nicht berührt.

Nachdem das Amt Informationen gemäß Unterabsatz 1 dieses Absatzes übermittelt hat, unterrichten die zuständigen Behörden der betroffenen Mitgliedstaaten das Amt auf dessen Ersuchen innerhalb der in den Empfehlungen festgesetzten Frist über etwaige getroffene Maßnahmen und gegebenenfalls über die Gründe für die nicht erfolgte Umsetzung der Empfehlungen.
(ABl 2020 L 437, 49)

(6) *(entfällt, ABl 2020 L 437, 49)*

(7) Werden bis zum Ende einer Untersuchung keine Beweise gegen den Betroffenen gefunden, so schließt der Generaldirektor die Untersuchung hinsichtlich dieses Betroffenen unbeschadet des Absatzes 4 ab und setzt den Betroffenen binnen zehn Arbeitstagen hiervon in Kenntnis.

(8) Hat ein Hinweisgeber dem Amt Informationen übermittelt, die zu der Untersuchung geführt haben, so wird er vom Amt über den Abschluss der Untersuchung unterrichtet, es sei denn, dieses ist der Auffassung, dass die Informationen das berechtigte Interesse des Betroffenen verletzen und die Wirksamkeit der Untersuchung und ihrer Folgemaßnahmen beeinträchtigen oder gegen etwaige Vertraulichkeitsanforderungen verstoßen können. *(ABl 2020 L 437, 49)*

Artikel 12

Informationsaustausch zwischen dem Amt und den zuständigen Behörden der Mitgliedstaaten

(1) Unbeschadet der Artikel 10 und 11 der vorliegenden Verordnung sowie der Bestimmungen der Verordnung (Euratom, EG) Nr. 2185/96 kann das Amt innerhalb einer angemessenen Frist den zuständigen Behörden der betroffenen Mitgliedstaaten die im Laufe externer Untersuchungen erlangten Informationen übermitteln, damit sie geeignete Maßnahmen gemäß ihren nationalen

Rechtsvorschriften ergreifen können. Zudem kann das Amt dem betroffenem Organ bzw. der betroffenen Einrichtung oder sonstigen Stelle diese Informationen übermitteln. *(ABl 2020 L 437, 49)*

(2) Unbeschadet der Artikel 10 und 11 übermittelt der Generaldirektor den Justizbehörden des betroffenen Mitgliedstaats die im Laufe interner Untersuchungen vom Amt erlangten Informationen über Sachverhalte, die in die Zuständigkeit einer nationalen Justizbehörde fallen.

Gemäß Artikel 4 und unbeschadet des Artikels 10 übermittelt der Generaldirektor auch den betroffenen Organen, Einrichtungen und sonstigen Stellen die Informationen nach Unterabsatz 1 einschließlich der Identität des Betroffenen, einer Zusammenfassung der festgestellten Sachverhalte, ihrer vorläufigen rechtliche Bewertung und der geschätzten Auswirkung auf die finanziellen Interessen der Union.

Es gilt Artikel 9 Absatz 4.

(3) Sofern ihre nationalen Rechtsvorschriften dem nicht entgegenstehen, teilen die zuständigen Behörden des betroffenen Mitgliedstaats dem Amt unverzüglich, in jedem Fall jedoch innerhalb von 12 Monaten ab Erhalt der nach diesem Artikel übermittelten Informationen mit, welche Folgemaßnahmen aufgrund dieser Informationen getroffen wurden. *(ABl 2020 L 437, 49)*

(4) Das Amt kann in nationalen Gerichtsverfahren in Übereinstimmung mit dem nationalen Recht und dem Statut Beweise vorlegen.

(5) Das Amt kann dem durch die Verordnung (EU) Nr. 904/2010 eingerichteten Eurofisc-Netzwerk sachdienliche Informationen bereitstellen. Eurofisc-Arbeitsbereichkoordinatoren können dem Amt unter den in der Verordnung (EU) Nr. 904/2010 festgelegten Bedingungen sachdienliche Informationen des Eurofisc-Netzwerks übermitteln. *(ABl 2020 L 437, 49)*

Artikel 12a
Koordinierungsstellen für die Betrugsbekämpfung

(1) Für die Zwecke dieser Verordnung benennt jeder Mitgliedstaat eine Dienststelle (im Folgenden „Koordinierungsstelle für die Betrugsbekämpfung"), die die wirksame Zusammenarbeit und den wirksamen Austausch von Informationen, einschließlich Informationen operativer Art, mit dem Amt erleichtert. Die Koordinierungsstelle für die Betrugsbekämpfung kann im Einklang mit den nationalen Rechtsvorschriften gegebenenfalls als zuständige Behörde für die Zwecke dieser Verordnung betrachtet werden.

(2) Auf Ersuchen des Amtes leisten die Koordinierungsstellen für die Betrugsbekämpfung vor der Entscheidung über die etwaige Einleitung einer Untersuchung sowie während oder nach einer Untersuchung die notwendige Unterstützung oder koordinieren sie, damit das Amt seinen Aufgaben wirksam nachkommen kann. Dies schließt insbesondere Unterstützung vonseiten der zuständigen Behörden der Mitgliedstaaten gemäß Artikel 3 Absätze 5 und 6, Artikel 7 Absatz 3 sowie Artikel 8 Absätze 2 und 3 ein.

(3) Die Koordinierungsstellen für die Betrugsbekämpfung können dem Amt auf dessen Ersuchen Unterstützung leisten, damit das Amt Koordinierungstätigkeiten nach Artikel 12b durchführen kann; diese schließt gegebenenfalls eine horizontale Zusammenarbeit und den Informationsaustausch zwischen Koordinierungsstellen für die Betrugsbekämpfung ein.

(ABl 2020 L 437, 49)

Artikel 12b
Koordinierungstätigkeiten

(1) Das Amt kann gemäß Artikel 1 Absatz 2 die Zusammenarbeit zwischen den zuständigen Behörden der Mitgliedstaaten, Organen, Einrichtungen und sonstigen Stellen der Union sowie – gemäß den geltenden Vereinbarungen über Zusammenarbeit und gegenseitige Unterstützung und sonstigen geltenden Rechtsinstrumenten – Behörden in Drittstaaten und internationalen Organisationen organisieren und erleichtern. Zum Schutz der finanziellen Interessen der Union können die teilnehmenden Behörden und das Amt Informationen – auch operativer Art – sammeln, analysieren und miteinander austauschen. Auf Ersuchen der zuständigen Behörden können die Bediensteten des Amtes die Bediensteten dieser Behörden bei deren Untersuchungstätigkeiten begleiten. Dabei finden Artikel 6, Artikel 7 Absätze 6 und 7, Artikel 8 Absatz 3 und Artikel 10 Anwendung.

(2) Das Amt wird gegebenenfalls einen Bericht über die durchgeführten Koordinierungstätigkeiten erstellen und ihn den betroffenen Behörden der Mitgliedsaaten und den betroffenen Organen, Einrichtungen und sonstigen Stellen übermitteln.

(3) Dieser Artikel berührt nicht die durch das Amt erfolgende Ausübung von Befugnissen, die der Kommission durch spezifische Bestimmungen über die gegenseitige Amtshilfe zwischen Verwaltungsbehörden der Mitgliedstaaten und die Zusammenarbeit dieser Behörden mit der Kommission übertragen wurden.

(4) Das Amt kann sich an nach dem geltenden Unionsrecht eingesetzten gemeinsamen Ermittlungsgruppen beteiligen und in diesem Rahmen nach Maßgabe dieser Verordnung eingeholte operative Informationen austauschen.

(ABl 2020 L 437, 49)

Artikel 12c
Meldung von Straftaten an die EUStA

(1) Das Amt übermittelt der EUStA ohne unangemessene Verzögerung einen Bericht über alle

Straftaten, bezüglich deren die EUStA ihre Zuständigkeiten nach Kapitel IV der Verordnung (EU) 2017/1939 wahrnehmen könnte. Der Bericht ist ohne unangemessene Verzögerung vor oder während einer Untersuchung des Amtes zu übermitteln.

(2) Der Bericht gemäß Absatz 1 enthält mindestens eine Beschreibung des Sachverhalts einschließlich einer Bewertung des entstandenen oder voraussichtlichen Schadens, die mögliche rechtliche Würdigung und alle verfügbaren Informationen über mögliche Opfer, Verdächtige oder andere Beteiligte.

(3) Das Amt braucht der EUStA keine Behauptungen zu melden, die offensichtlich nicht substantiiert sind.

(4) Falls die beim Amt eingegangenen Informationen nicht die in Absatz 2 dieses Artikels genannten Elemente enthalten und keine laufende Untersuchung des Amtes besteht, kann das Amt eine erste Bewertung der erhobenen Behauptungen vornehmen. Die Bewertung erfolgt unverzüglich und in jedem Fall binnen zwei Monaten nach Eingang der Informationen. Während dieser Bewertung finden Artikel 6 und Artikel 8 Absatz 2 Anwendung. Nach dieser ersten Bewertung meldet das Amt der EUStA etwaige Straftaten gemäß Absatz 1 dieses Artikels.

(5) Falls im Laufe einer Untersuchung des Amtes Straftaten nach Absatz 1 dieses Artikels aufgedeckt werden und die EUStA im Anschluss an den in jenem Absatz 1 genannten Bericht des Amtes eine Ermittlung zu demselben Sachverhalt einleitet, setzt das Amt seine Untersuchung außer in Fällen nach Artikel 12e oder 12f nicht fort.

Zur Anwendung von Unterabsatz 1 dieses Artikels überprüft das Amt gemäß Artikel 12g Absatz 2 im Fallbearbeitungssystem der EUStA, ob bereits eine einschlägige Ermittlung der EUStA im Gange ist. Das Amt kann die EUStA um weitere Informationen ersuchen. Die EUStA beantwortet ein solches Ersuchen innerhalb einer gemäß Artikel 12g festzusetzenden Frist.

(6) Die Organe, Einrichtungen und sonstigen Stellen können das Amt ersuchen, eine erste Bewertung ihnen gemeldeter Behauptungen vorzunehmen. Für die Zwecke dieser Ersuchen finden die Absätze 1 bis 4 entsprechend Anwendung. Das Amt informiert das betroffene Organ, die betroffene Einrichtung oder die betroffene sonstige Stelle über die Ergebnisse der ersten Bewertung, es sei denn, durch die Übermittlung derartiger Informationen könnte eine Untersuchung durch das Amt oder eine Ermittlung der EUStA gefährdet werden.

(7) Falls das Amt nach Übermittlung seines Berichts an die EUStA gemäß diesem Artikel seine Untersuchung abschließt, finden Artikel 9 Absatz 4 und Artikel 11 keine Anwendung.

(ABl 2020 L 437, 49)

Artikel 12d
Vermeidung von Doppeluntersuchungen

(1) Unbeschadet von Artikel 12e und 12 f, stellt der Generaldirektor eine laufende Untersuchung ein und leitet keine neue Untersuchung nach Artikel 5 ein, wenn die EUStA bereits eine Ermittlung zu demselben Sachverhalt durchführt. Der Generaldirektor informiert die EUStA über jede aus diesem Grund getroffene Entscheidung über die Einstellung einer Untersuchung.

Zur Anwendung von Unterabsatz 1 dieses Absatzes überprüft das Amt gemäß Artikel 12g Absatz 2 im Fallbearbeitungssystem der EUStA, ob bereits eine einschlägige Ermittlung der EUStA im Gange ist. Das Amt kann die EUStA um weitere Informationen ersuchen. Die EUStA beantwortet ein solches Ersuchen innerhalb einer gemäß Artikel 12g festzusetzenden Frist.

Stellt das Amt seine Untersuchung gemäß Unterabsatz 1 dieses Absatzes ein, so finden Artikel 9 Absatz 4 und Artikel 11 keine Anwendung.

(2) Die EUStA kann, wenn sie beschlossen hat, keine Ermittlung durchzuführen, oder das Verfahren eingestellt hat, dem Amt sachdienliche Informationen bereitstellen, damit es im Einklang mit seinem Mandat erwägen kann, angemessene verwaltungsrechtliche Maßnahmen einzuleiten. Werden dem Amt neue Tatsachen bekannt, die der EUStA zum Zeitpunkt des Beschlusses über die Einstellung des Verfahrens gemäß Artikel 39 Absatz 1 der Verordnung (EU) 2017/1939 nicht bekannt waren, so kann der Generaldirektor die EUStA gemäß Artikel 39 Absatz 2 jener Verordnung (EU) 2017/1939 ersuchen, eine Untersuchung wieder aufzunehmen.

(ABl 2020 L 437, 49)

Artikel 12e
Unterstützung der EUStA durch das Amt

(1) Im Verlauf einer Ermittlung der EUStA und auf Ersuchen der EUStA nach Artikel 101 Absatz 3 der Verordnung (EU) 2017/1939 unterstützt oder ergänzt das Amt gemäß seinem Mandat die Tätigkeit der EUStA insbesondere durch folgende Maßnahmen:

a) Bereitstellung von Informationen, Analysen (einschließlich forensischer Analysen), Fachwissen und operativer Unterstützung;

b) Erleichterung der Koordinierung konkreter Maßnahmen der zuständigen nationalen Verwaltungsbehörden und Einrichtungen der Union;

c) Durchführung von verwaltungsrechtlichen Untersuchungen.

Wenn es Unterstützung für die EUStA leistet, sieht das Amt davon ab, bestimmte Handlungen oder Maßnahmen durchzuführen, durch die eine Ermittlung oder Strafverfolgung gefährdet werden könnte.

(2) Ein Ersuchen nach Absatz 1 wird schriftlich übermittelt und enthält mindestens folgende Angaben:

a) alle für die Zwecke des Ersuchens sachdienlichen Informationen zu der betreffenden Ermittlung der EUStA;

b) die Maßnahmen, um deren Durchführung die EUStA das Amt ersucht;

c) gegebenenfalls den vorgesehenen Zeitplan, um das Ersuchen zu bearbeiten.

Das Amt kann erforderlichenfalls zusätzliche Informationen anfordern.

(3) Um die Zulässigkeit von Beweismitteln sowie die Grundrechte und Verfahrensgarantien zu schützen, stellen die EUStA und das Amt in enger Zusammenarbeit sicher, dass die geltenden Verfahrensgarantien nach Kapitel VI der Verordnung (EU) 2017/1939 eingehalten werden, wenn das Amt im Rahmen seines Mandats unterstützende Maßnahmen auf Ersuchen der EUStA gemäß diesem Artikel durchführt.

(ABl 2020 L 437, 49)

Artikel 12f
Ergänzende Untersuchungen

(1) Wenn die EUStA eine Ermittlung durchführt und der Generaldirektor in hinreichend begründeten Fällen der Auffassung ist, dass auch eine Untersuchung des Amtes im Einklang mit dessen Mandat eingeleitet werden sollte, um den Erlass von Sicherungsmaßnahmen oder finanziellen, disziplinarischen oder verwaltungsrechtlichen Maßnahmen zu erleichtern, setzt das Amt die EUStA in schriftlicher Form und unter Angabe von Art und Zweck der Untersuchung davon in Kenntnis.

Nach Erhalt dieser Informationen kann die EUStA innerhalb einer nach Artikel 12g festzulegenden Frist Einwände gegen die Einleitung einer Untersuchung oder gegen bestimmte Untersuchungsmaßnahmen erheben. Falls die EUStA Einwände gegen die Einleitung einer Untersuchung oder gegen bestimmte Untersuchungsmaßnahmen erhebt, setzt sie das Amt ohne unangemessene Verzögerung in Kenntnis, sobald die Gründe für ihre Einwände nicht mehr gelten.

Falls die EUStA binnen der gemäß Artikel 12g festgelegten Frist keine Einwände erhebt, kann das Amt eine Untersuchung einleiten, welche unter fortlaufender Konsultation der EUStA durchgeführt wird. Falls die EUStA später Einwände erhebt, setzt das Amt seine Untersuchung aus oder stellt diese ein oder verzichtet auf bestimmte Untersuchungsmaßnahmen.

(2) Falls die EUStA dem Amt auf ein Auskunftsersuchen des Amtes nach Artikel 12d antwortet, dass sie derzeit keine Ermittlungen zu dem betreffenden Sachverhalt durchführt, dann aber im weiteren Verlauf eine Ermittlung zu diesem Sachverhalt einleitet, setzt sie das Amt unverzüglich in Kenntnis. Falls der Generaldirektor des Amtes es nach Erhalt dieser Mitteilung für erforderlich hält, die vom Amt eingeleitete Untersuchung fortzuführen, um die Annahme von Sicherungsmaßnahmen oder finanziellen, disziplinarischen oder verwaltungsrechtlichen Maßnahmen zu erleichtern, gelangt Absatz 1 dieses Artikels zur Anwendung.

(ABl 2020 L 437, 49)

Artikel 12g
Arbeitsvereinbarungen und Informationsaustausch mit der EUStA

(1) Das Amt schließt mit der EUStA Arbeitsvereinbarungen. Derartige Arbeitsvereinbarungen sollen unter anderem praktische Modalitäten für den gegenseitigen Informationsaustausch einschließlich des Austausches von personenbezogenen Daten, von operativen, strategischen oder technischen Informationen sowie von Verschlusssachen und ergänzende Untersuchungen regeln.

Die Arbeitsvereinbarungen enthalten ausführliche Bestimmungen über den kontinuierlichen Informationsaustausch beim Eingang und bei der Überprüfung gemeldeter Verdachtsfälle zum Zwecke der Feststellung der Zuständigkeit in Bezug auf die Untersuchungen. Sie enthalten zudem Bestimmungen über die Übermittlung von Informationen zwischen dem Amt und der EUStA, wenn das Amt Maßnahmen der EUStA unterstützt oder ergänzt. Sie sehen Fristen für die gegenseitige Beantwortung ihrer Ersuchen vor.

Das Amt und die EUStA vereinbaren die Fristen und ausführlichen Bestimmungen in Bezug auf Artikel 12c Absatz 5, Artikel 12d Absatz 1 und Artikel 12f Absatz 1 dieser Verordnung. Bis zur Annahme dieser Vereinbarung beantwortet die EUStA die Ersuchen des Amtes unverzüglich; in jedem Fall aber antwortet sie auf ein Ersuchen gemäß Artikel 12c Absatz 5 und Artikel 12d Absatz 1 innerhalb von zehn Arbeitstagen und auf ein Auskunftsersuchen gemäß Artikel 12f Absatz 1 Unterabsatz 1 innerhalb von 20 Arbeitstagen.

Vor der Annahme der Arbeitsvereinbarungen mit der EUStA übermittelt der Generaldirektor dem Überwachungsausschuss, dem Europäischen Parlament und dem Rat den Entwurf zur Information. Der Überwachungsausschuss nimmt hierzu unverzüglich Stellung.

(2) Das Amt hat indirekten Zugang zu Informationen im Fallbearbeitungssystem der EUStA nach dem Treffer/Kein-Treffer-Verfahren.

Wird eine Übereinstimmung zwischen vom Amt in das Fallbearbeitungssystem eingegebenen Daten und von im Besitz der EUStA befindlichen Daten festgestellt, so wird dies sowohl dem Amt als auch der EUStA mitgeteilt. Das Amt trifft geeignete Maßnahmen, um der EUStA Zugang zu Informationen in seinem Fallbearbeitungssystem nach dem Treffer/Kein-Treffer-Verfahren zu ermöglichen.

Die technischen und sicherheitsbezogenen Aspekte des gegenseitigen Zugangs zu den Fallbearbeitungssystemen, einschließlich interner Verfahren, mit denen sichergestellt wird, dass jeder Zugang für die Wahrnehmung ihrer Aufgaben hinreichend begründet und dokumentiert ist, werden in den Arbeitsvereinbarungen festgelegt.

(3) Der Generaldirektor und der Europäische Generalstaatsanwalt treffen mindestens einmal pro Jahr zusammen, um Angelegenheiten von gemeinsamem Interesse zu erörtern.

(ABl 2020 L 437, 49)

Artikel 13
Zusammenarbeit des Amtes mit Eurojust und Europol

(1) Im Rahmen seines Auftrags, die finanziellen Interessen der Union zu schützen, arbeitet das Amt gegebenenfalls mit der Agentur der Europäischen Union für justizielle Zusammenarbeit in Strafsachen (Eurojust) und mit der Agentur der Europäischen Union für die Zusammenarbeit auf dem Gebiet der Strafverfolgung (Europol) zusammen. Soweit dies erforderlich ist, um die Zusammenarbeit zu erleichtern, schließt das Amt Verwaltungsvereinbarungen mit Eurojust und Europol. Derartige Arbeitsvereinbarungen können sich auf den Austausch operativer, strategischer oder technischer Informationen, darunter auch personenbezogene Daten und Verschlusssachen sowie – auf Antrag – Sachstandsberichte, erstrecken.

Kann es der Koordinierung und der Zusammenarbeit zwischen nationalen Untersuchungs- und Strafverfolgungsbehörden dienlich oder förderlich sein oder hat das Amt den zuständigen Behörden der Mitgliedstaaten Informationen übermittelt, die vermuten lassen, dass Betrug oder Korruption oder eine sonstige rechtswidrige Handlung zum Nachteil der finanziellen Interessen der Union begangen wurde, so übermittelt das Amt die betreffenden Informationen an Eurojust im Rahmen dessen Mandats.
(ABl 2020 L 437, 49)

(2) Die zuständigen Behörden der betroffenen Mitgliedstaaten werden in Fällen, in denen das Amt die von ihnen übermittelten Informationen an Eurojust oder Europol weiterleitet, rechtzeitig durch das Amt hiervon unterrichtet.

Artikel 14
Zusammenarbeit mit Drittstaaten und internationalen Organisationen

(1) Erforderlichenfalls kann das Amt auch Verwaltungsvereinbarungen mit zuständigen Behörden in Drittstaaten und mit internationalen Organisationen schließen. Das Amt stimmt sein Vorgehen gegebenenfalls mit den zuständigen Dienststellen der Kommission und mit dem Europäischen Auswärtigen Dienst ab, insbesondere bevor es derartige Vereinbarungen schließt. Diese können den Austausch operativer, strategischer oder technischer Informationen, darunter auf Antrag auch Sachstandsberichte, betreffen.

(2) Das Amt unterrichtet die zuständigen Behörden der betroffenen Mitgliedstaaten, bevor es die von diesen übermittelten Informationen an die zuständigen Behörden in Drittstaaten oder an internationale Organisationen weiterleitet.

Das Amt protokolliert gemäß der Verordnung (EG) Nr. 45/2001 sämtliche Übermittlungen personenbezogener Daten einschließlich der Gründe für die Übermittlung.

Artikel 15
Überwachungsausschuss

(1) Der Überwachungsausschuss kontrolliert regelmäßig die Untersuchungstätigkeit des Amtes, um dessen Unabhängigkeit bei der ordnungsgemäßen Ausübung der Zuständigkeiten, die ihm durch diese Verordnung übertragen wurden, zu stärken.

Insbesondere überwacht der Überwachungsausschuss die Entwicklungen in Bezug auf die Anwendung von Verfahrensgarantien und die Dauer der Untersuchungen.

Der Überwachungsausschuss richtet Stellungnahmen – gegebenenfalls zusammen mit Empfehlungen – an den Generaldirektor, unter anderem zu den für die Ausübung der Untersuchungstätigkeit des Amtes erforderlichen Mitteln, den Prioritäten seiner Untersuchungstätigkeit und der Dauer der Untersuchungen. Er kann diese Stellungnahmen von sich aus, auf Ersuchen des Generaldirektors oder auf Ersuchen eines Organs, einer Einrichtung oder einer sonstigen Stelle abgeben, ohne jedoch in die Durchführung laufender Untersuchungen einzugreifen.

Das Amt veröffentlicht auf seiner Website seine Antworten auf die Stellungnahmen des Überwachungsausschusses.

Die Organe, Einrichtungen und sonstigen Stellen erhalten eine Kopie der gemäß Unterabsatz 3 abgegebenen Stellungnahmen.

Der Überwachungsausschuss erhält Zugang zu sämtlichen Informationen und Schriftstücken, die er für notwendig erachtet, um seine Aufgaben wahrzunehmen, wozu auch Berichte und Empfehlungen zu abgeschlossenen Untersuchungen und abgewiesenen Fällen zählen, ohne jedoch in die Durchführung laufender Untersuchungen einzugreifen sowie unter gebührender Berücksichtigung der Erfordernisse der Vertraulichkeit und des Datenschutzes.
(ABl 2020 L 437, 49)

(2) Der Überwachungsausschuss setzt sich aus fünf unabhängigen Mitgliedern zusammen, die

Erfahrung als ranghohe Juristen oder Ermittler oder in vergleichbarer Position in einem mit dem Tätigkeitsbereich des Amtes verwandten Bereich haben. Sie werden vom Europäischen Parlament, dem Rat und der Kommission im gegenseitigen Einvernehmen ernannt.

Der Beschluss zur Ernennung der Mitglieder des Überwachungsausschusses enthält für den Fall des Rücktritts, des Todes oder der dauerhaften Amtsunfähigkeit eines oder mehrerer dieser Mitglieder auch eine Reserveliste potenzieller Nachfolger für die jeweils verbleibende Amtszeit.

(3) Die Amtszeit der Mitglieder des Überwachungsausschusses beträgt fünf Jahre; eine Wiederernennung ist nicht zulässig. Damit die Sachkenntnis innerhalb des Ausschusses erhalten bleibt, werden abwechselnd drei beziehungsweise zwei Mitglieder ersetzt.

(4) Nach Ablauf ihrer Amtszeit bleiben die Mitglieder des Überwachungsausschusses so lange im Amt, bis sie ersetzt werden.

(5) Erfüllt ein Mitglied des Überwachungsausschusses die Voraussetzungen für die Ausübung seines Amtes nicht mehr oder wird es eines schweren Fehlverhaltens für schuldig befunden, so können das Europäische Parlament, der Rat und die Kommission dieses Mitglied im gegenseitigen Einvernehmen seines Amtes entheben.

(6) Gemäß der geltenden Regelung der Kommission erhalten die Mitglieder des Überwachungsausschusses ein Tagegeld; außerdem werden ihnen die Kosten erstattet, die ihnen bei der Erfüllung ihrer Aufgaben entstehen.

(7) Bei der Erfüllung ihrer Aufgaben fordern die Mitglieder des Überwachungsausschusses weder Weisungen von einer Regierung, einem Organ, einer Einrichtung oder einer sonstigen Stelle an, noch nehmen sie Weisungen von diesen entgegen.

(8) Der Überwachungsausschuss ernennt seinen Vorsitzenden. Er gibt sich eine Geschäftsordnung, die vor ihrer Annahme dem Europäischen Parlament, dem Rat, der Kommission und dem Europäischen Datenschutzbeauftragten zur Information vorgelegt wird. Die Sitzungen des Überwachungsausschusses werden auf Initiative seines Vorsitzenden oder des Generaldirektors einberufen. Der Überwachungsausschuss hält mindestens zehn Sitzungen pro Jahr ab. Der Überwachungsausschuss trifft seine Beschlüsse mit der Mehrheit seiner Mitglieder. Sein Sekretariat wird von der Kommission in enger Zusammenarbeit mit dem Überwachungsausschuss gestellt. Vor der Ernennung jedes Mitarbeiters des Sekretariats wird der Überwachungsausschuss gehört und sein Standpunkt berücksichtigt. Das Sekretariat handelt auf Weisung des Überwachungsausschusses und unabhängig von der Kommission. Die Kommission greift unbeschadet ihrer Kontrolle über den Haushalt des Überwachungsausschusses und seines Sekretariats nicht in die Kontrolltätigkeit des Überwachungsausschusses ein.

Die im Sekretariat des Überwachungsausschusses tätigen Beamten dürfen, was die Wahrnehmung der Kontrollaufgaben des Überwachungsausschusses betrifft, Weisungen von Regierungen, Organen, Einrichtungen oder sonstigen Stellen weder einholen noch entgegennehmen.
(ABl 2016 L 317, 1; ABl 2020 L 437, 49)

(9) Der Überwachungsausschuss nimmt mindestens einen Tätigkeitsbericht pro Jahr an, der sich insbesondere mit der Bewertung der Unabhängigkeit des Amtes, der Anwendung der Verfahrensgarantien und der Dauer der Untersuchungen befasst. Die Berichte werden dem Europäischen Parlament, dem Rat, der Kommission und dem Rechnungshof übermittelt.

Der Überwachungsausschuss kann dem Europäischen Parlament, dem Rat, der Kommission und dem Rechnungshof Berichte über die Ergebnisse der vom Amt durchgeführten Untersuchungen und über die aufgrund der Ergebnisse ergriffenen Folgemaßnahmen vorlegen.

Artikel 16
Meinungsaustausch mit den Organen

(1) Das Europäische Parlament, der Rat und die Kommission treffen einmal jährlich mit dem Generaldirektor zu einem Meinungsaustausch auf politischer Ebene zusammen, um die Politik des Amtes im Hinblick auf die Methoden zur Vorbeugung und Bekämpfung von Betrug, Korruption und sonstigen rechtswidrigen Handlungen zum Nachteil der finanziellen Interessen der Union zu erörtern. Der Überwachungsausschuss beteiligt sich an dem Meinungsaustausch. Der Europäische Generalstaatsanwalt wird zur Teilnahme an dem Meinungsaustausch eingeladen. Vertreter des Rechnungshofs, der EUStA sowie von Eurojust und Europol können auf Ersuchen des Europäischen Parlaments, des Rates, der Kommission, des Generaldirektors oder des Überwachungsausschusses ad hoc zu diesen Zusammenkünften eingeladen werden. *(ABl 2020 L 437, 49)*

(2) Im Rahmen des in Absatz 1 genannten Ziels kann jedes Thema, auf das sich das Europäische Parlament, der Rat und die Kommission einigen, Gegenstand des Meinungsaustausches sein. Insbesondere können folgende Themen Gegenstand des Meinungsaustausches sein:

a) die vorrangigen strategischen Ziele der Untersuchungspolitik des Amtes;

b) die gemäß Artikel 15 vorgelegten Stellungnahmen und Tätigkeitsberichte des Überwachungsausschusses;

c) die gemäß Artikel 17 Absatz 4 vorgelegten Berichte des Generaldirektors sowie gegebenenfalls sonstige Berichte der Organe bezüglich des Mandats des Amtes;

d) der Rahmen der Beziehungen zwischen dem Amt und den Organen, Einrichtungen und sonstigen Stellen, insbesondere der EUStA, einschließlich etwaiger bereichsübergreifender und systemischer Fragen, die bei der Weiterverfolgung der abschließenden Untersuchungsberichte des Amtes auftreten;

e) der Rahmen der Beziehungen zwischen dem Amt und den zuständigen Behörden der Mitgliedstaaten, einschließlich etwaiger bereichsübergreifender und systemischer Fragen, die bei der Weiterverfolgung der abschließenden Untersuchungsberichte des Amtes auftreten.

f) die Beziehungen zwischen dem Amt und den zuständigen Behörden von Drittstaaten sowie internationalen Organisationen im Rahmen der Vereinbarungen im Sinne dieser Verordnung;

g) die Wirksamkeit der Tätigkeit des Amtes mit Blick auf die Erfüllung seines Mandats.
(ABl 2020 L 437, 49)

(3) Alle an dem Meinungsaustausch beteiligten Organe stellen sicher, dass durch diesen nicht in die Durchführung der laufenden Untersuchungen eingegriffen wird.

(4) Die an dem Meinungsaustausch beteiligten Organe tragen bei ihrer Tätigkeit den während dieses Austauschs geäußerten Standpunkten Rechnung. Der Generaldirektor nimmt in die Berichte gemäß Artikel 17 Absatz 4 Informationen über etwaige von dem Amt ergriffene Maßnahmen auf.

Artikel 17
Generaldirektor

(1) Das Amt wird von einem Generaldirektor geleitet. Dieser wird von der Kommission gemäß dem in Absatz 2 beschriebenen Verfahren ernannt. Die Amtszeit des Generaldirektors beträgt sieben Jahre; eine Wiederernennung ist nicht zulässig.

(2) Für die Ernennung eines neuen Generaldirektors veröffentlicht die Kommission im *Amtsblatt der Europäischen Union* eine Aufforderung zur Einreichung von Bewerbungen. Diese Veröffentlichung erfolgt spätestens sechs Monate vor Ablauf der Amtszeit des amtierenden Generaldirektors. Die Kommission erstellt eine Liste der entsprechend qualifizierten Bewerber. Nachdem der Überwachungsausschuss eine befürwortende Stellungnahme zu dem von der Kommission angewandten Auswahlverfahren abgegeben hat, einigen sich das Europäische Parlament und der Rat rechtzeitig über eine Auswahl von drei Bewerbern von der von der Kommission erstellten Liste der entsprechend qualifizierten Bewerber. Aus dieser Auswahl ernennt die Kommission den Generaldirektor. *(ABl 2020 L 437, 49)*

(3) Bei der Erfüllung seiner Pflichten im Zusammenhang mit der Einleitung und Durchführung von externen und internen Untersuchungen, der Durchführung von Koordinierungstätigkeiten sowie der Erstellung der Berichte im Anschluss an derartige Untersuchungen oder Koordinierungstätigkeiten fordert der Generaldirektor keine Weisungen von Regierungen, Organen, Einrichtungen oder sonstigen Stellen an und nimmt auch keine Weisungen von diesen entgegen. Ist der Generaldirektor der Auffassung, dass eine von der Kommission getroffene Maßnahme seine Unabhängigkeit antastet, so unterrichtet er unverzüglich den Überwachungsausschuss und entscheidet, ob gegen die Kommission Klage beim EuGH einzureichen ist. *(ABl 2020 L 437, 49)*

(4) Der Generaldirektor erstattet dem Europäischen Parlament, dem Rat, der Kommission und dem Rechnungshof regelmäßig, mindestens jedoch einmal jährlich, und unter Wahrung der Vertraulichkeit der Untersuchungen, der legitimen Rechte der betroffenen Personen und der Hinweisgeber und gegebenenfalls der nationalen Prozessvorschriften Bericht über die Ergebnisse der vom Amt durchgeführten Untersuchungen, die getroffenen Folgemaßnahmen und etwaige aufgetretene Schwierigkeiten. Diese Berichte enthalten auch eine Bewertung der Maßnahmen, die die zuständigen Behörden der Mitgliedstaaten und die Organe, Einrichtungen und sonstigen Stellen auf der Grundlage von Berichten und Empfehlungen des Amtes getroffen haben. *(ABl 2020 L 437, 49)*

(4a) Auf Ersuchen des Europäischen Parlaments oder des Rates im Rahmen ihrer Haushaltskontrollbefugnisse kann der Generaldirektor unter Wahrung der Vertraulichkeit der Untersuchungen und der Folgemaßnahmen Informationen über die Tätigkeit des Amtes erteilen. Das Europäische Parlament und der Rat gewährleisten die Vertraulichkeit der gemäß diesem Absatz bereitgestellten Informationen. *(ABl 2020 L 437, 49)*

(5) Der Generaldirektor unterrichtet den Überwachungsausschuss regelmäßig über die Tätigkeiten des Amtes, dessen Wahrnehmung seiner Untersuchungsbefugnisse und die im Anschluss an die Untersuchungen ergriffenen Folgemaßnahmen.

Der Generaldirektor unterrichtet den Überwachungsausschuss regelmäßig über

a) die Fälle, in denen den Empfehlungen des Generaldirektors nicht Folge geleistet wurde;

b) die Fälle, in denen den Justizbehörden der Mitgliedstaaten oder der EUStA Informationen übermittelt wurden;

c) die Fälle, in denen keine Untersuchung eingeleitet wurde und abgewiesene Fälle;

d) die Dauer der Untersuchungen gemäß Artikel 7 Absatz 8.
(ABl 2020 L 437, 49)

(6) Der Generaldirektor kann die Ausübung bestimmter ihm nach Artikel 5, Artikel 7 Absatz 2, Artikel 11 Absatz 7 und Artikel 12 Ab-

satz 2 obliegender Aufgaben schriftlich an einen oder mehrere Bedienstete des Amtes delegieren; dabei gibt er die Bedingungen und Grenzen dieser Delegation an.

(7) Der Generaldirektor richtet ein internes Beratungs- und Kontrollverfahren einschließlich einer Rechtmäßigkeitsprüfung ein, mit dem unter anderem der Achtung der Verfahrensgarantien und der Grundrechte der betroffenen Personen sowie der Einhaltung der nationalen Rechtsvorschriften der betroffenen Mitgliedstaaten unter besonderer Bezugnahme auf Artikel 11 Absatz 2 Rechnung getragen wird. Die Rechtmäßigkeitsprüfung wird von amtsinternen Sachverständigen in den Bereichen Recht und Untersuchungsverfahren durchgeführt. Ihre Stellungnahme wird dem abschließenden Untersuchungsbericht als Anhang beigefügt. *(ABl 2020 L 437, 49)*

(8) Der Generaldirektor erlässt für die Bediensteten des Amtes Leitlinien zu den Untersuchungsverfahren. Diese Leitlinien stehen mit dieser Verordnung im Einklang und decken unter anderem folgende Bereiche ab:

a) die Verfahren, die bei der Umsetzung des Mandats des Amtes zu befolgen sind; *(ABl 2020 L 437, 49)*

b) die Detailvorschriften zu den Untersuchungsverfahren; *(ABl 2020 L 437, 49)*

c) die Verfahrensgarantien; *(ABl 2020 L 437, 49)*

d) die Einzelheiten zu den internen Beratungs- und Kontrollverfahren einschließlich der Rechtmäßigkeitsprüfung; *(ABl 2020 L 437, 49)*

e) den Datenschutz und die Strategien für die Kommunikation und den Zugang zu Schriftstücken gemäß Artikel 10 Absatz 3b; *(ABl 2020 L 437, 49)*

f) die Beziehungen zur EUStA. *(ABl 2020 L 437, 49)*

Diese Leitlinien und etwaige Änderungen hierzu werden erlassen, nachdem dem Überwachungsausschuss Gelegenheit zur Stellungnahme gegeben wurde; sie werden dann informationshalber dem Europäischen Parlament, dem Rat und der Kommission übermittelt und zu Informationszwecken in den Amtssprachen der Organe der Union auf der Website des Amtes veröffentlicht.

(9) Vor der Verhängung etwaiger disziplinarischer Maßnahmen gegen den Generaldirektor oder der Aufhebung seiner Immunität hört die Kommission den Überwachungsausschuss an.

Die Verhängung von Disziplinarmaßnahmen gegen den Generaldirektor ist Gegenstand eines mit Gründen versehenen Beschlusses, der informationshalber dem Europäischen Parlament, dem Rat und dem Überwachungsausschuss übermittelt wird.
(ABl 2020 L 437, 49)

(10) Jede Bezugnahme auf den Direktor des Amtes in Rechtstexten ist als Bezugnahme auf den Generaldirektor zu verstehen.

Artikel 18
Finanzierung

Die dem Amt zur Verfügung gestellten Gesamtmittel werden in eine besondere Haushaltslinie des Einzelplans „Kommission" des Gesamthaushaltsplans der Europäischen Union eingestellt und in einem Anhang dieses Einzelplans aufgeschlüsselt. Die Mittel für den Überwachungsausschuss und sein Sekretariat werden in den Einzelplan„Kommission" des Gesamthaushaltsplans der Europäischen Union eingestellt.

Der Stellenplan des Amtes wird dem Stellenplan der Kommission als Anlage beigefügt. Der Stellenplan der Kommission schließt das Sekretariat des Überwachungsausschusses mit ein.

(ABl 2016 L 317, 1)

Artikel 19
Evaluierungsbericht und mögliche Überprüfung

(1) Die Kommission legt dem Europäischen Parlament und dem Rat spätestens fünf Jahre nach dem in Artikel 120 Absatz 2 Unterabsatz 2 der Verordnung (EU) 2017/1939 festgelegten Datum einen Evaluierungsbericht über die Anwendung und die Auswirkungen dieser Verordnung vor, insbesondere in Bezug auf die Wirksamkeit und die Effizienz der Zusammenarbeit zwischen dem Amt und der EUStA. Diesem Bericht wird eine Stellungnahme des Überwachungsausschusses beigefügt.

(2) Spätestens zwei Jahre nach der Vorlage des Evaluierungsberichts gemäß Absatz 1 legt die Kommission, soweit erforderlich, dem Europäischen Parlament und dem Rat einen Gesetzgebungsvorschlag zur Modernisierung des für das Amt geltenden Regelungsrahmens vor, einschließlich zusätzlicher oder ausführlicherer Vorschriften zur Organisation des Amtes, zu dessen Aufgaben oder zu den für seine Tätigkeit geltenden Verfahren, insbesondere im Hinblick auf seine Zusammenarbeit mit der EUStA, grenzüberschreitende Untersuchungen und Untersuchungen in Mitgliedstaaten, die sich nicht an der EUStA beteiligen.

(ABl 2020 L 437, 49)

Artikel 20
Aufhebung

Die Verordnung (EG) Nr. 1073/1999 und die Verordnung (Euratom) Nr. 1074/1999 werden aufgehoben.

Verweise auf die aufgehobenen Verordnungen gelten als Verweise auf diese Verordnung und sind gemäß der Entsprechungstabelle in Anhang II zu lesen.

Artikel 21
Inkrafttreten und Übergangsbestimmungen

(1) Diese Verordnung tritt am ersten Tag des Monats nach ihrer Veröffentlichung im *Amtsblatt der Europäischen Union* in Kraft.

(2) Artikel 15 Absatz 3 gilt auch für die Dauer des Mandats der Mitglieder des zum Zeitpunkt des Inkrafttretens dieser Verordnung amtierenden Überwachungsausschusses. Unmittelbar nach dem Inkrafttreten dieser Verordnung bestimmt der Präsident des Europäischen Parlaments per Losentscheid unter den Mitgliedern des Überwachungsausschusses zwei Mitglieder, deren Pflichten in Abweichung von Artikel 15 Absatz 3 Satz 1 mit Ablauf der ersten 36 Monate ihres Mandats enden. Auf der Grundlage des Artikels 1 Absatz 2 des Beschlusses 2012/45/EU, Euratom des Europäischen Parlaments, des Rates und der Kommission vom 23. Januar 2012 zur Ernennung der Mitglieder des Überwachungsausschusses des Europäischen Amtes für Betrugsbekämpfung (OLAF)[1] und in der Reihenfolge der darin genannten Liste werden als Nachfolger der ausscheidenden Mitglieder automatisch zwei neue Mitglieder für eine Amtszeit von fünf Jahren ernannt. Diese neuen Mitglieder sind die ersten beiden Personen, deren Namen in dieser Liste erscheinen.

(3) Artikel 17 Absatz 1 Satz 3 gilt auch für die Dauer der Amtszeit des zum Zeitpunkt des Inkrafttretens dieser Verordnung amtierenden Generaldirektors.

[1] ABl. L 26 vom 28.1.2012, S. 30.

Diese Verordnung ist in allen ihren Teilen verbindlich und gilt unmittelbar in jedem Mitgliedstaat.[2]

Geschehen zu Straßburg am 11. September 2013.

Erklärung der Kommission

Die Kommission bestätigt, dass das OLAF erklärt hat, jederzeit im Einklang mit dem Protokoll Nr. 7 über die Vorrechte und Befreiungen der Europäischen Union und dem Statut der Abgeordneten des Europäischen Parlaments zu handeln, wobei die Freiheit und die Unabhängigkeit der Abgeordneten gemäß Artikel 2 des Statuts in vollem Umfang gewahrt werden.

Erklärung der Kommission

Die Kommission beabsichtigt, die derzeitigen Befugnisse des Generaldirektors des Europäischen Amtes für Betrugsbekämpfung beizubehalten, die es ihm erlauben, die Voraussetzungen und Modalitäten von Einstellungen des Amtes festzulegen, insbesondere hinsichtlich Vertragsdauer und -verlängerung.

Erklärung des Europäischen Parlaments, des Rates und der Kommission

Jedes Mal wenn das Europäische Parlament, der Rat und die Kommission neue Mitglieder des neuen Überwachungsausschusses ernennen, sollten sie auch diejenigen Mitglieder ernennen, die bei der nächsten teilweisen Ersetzung ihr Amt antreten.

[2] Entsprechungstabelle zu den aufgehobenen Verordnungen Nr. 1073/1999 und Nr. 1074/1999 siehe ABl 2013 L 248, 18 ff.

EU-Eigenmittelsystem: Kontrolle

Verordnung (EU, EURATOM) Nr. 608/2014 des Rates

vom 26. Mai 2014

zur Festlegung von Durchführungsbestimmungen für das Eigenmittelsystem der Europäischen Union

(ABl 2014 L 168, 29)

DER RAT DER EUROPÄISCHEN UNION –

gestützt auf den Vertrag über die Arbeitsweise der Europäischen Union, insbesondere auf Artikel 311 Absatz 4,

gestützt auf den Vertrag zur Gründung der Europäischen Atomgemeinschaft, insbesondere auf Artikel 106a,

gestützt auf den Beschluss 2014/335/EU, Euratom des Rates vom 26. Mai 2014 über das Eigenmittelsystem der Europäischen Union[1]), insbesondere auf Artikel 9,

auf Vorschlag der Europäischen Kommission,

nach Zuleitung des Entwurfs des Gesetzgebungsakts an die nationalen Parlamente,

nach Zustimmung des Europäischen Parlaments,

gemäß einem besonderen Gesetzgebungsverfahren,

in Erwägung nachstehender Gründe:

(1) Die Transparenz des Eigenmittelsystems der Union sollte gewährleistet werden, indem der Haushaltsbehörde angemessene Informationen zur Verfügung gestellt werden. Daher sollten die Mitgliedstaaten für die Kommission die Unterlagen und Angaben, die diese für die Ausübung der ihr in Bezug auf die Eigenmittel übertragenen Befugnisse benötigt, bereithalten und ihr diese gegebenenfalls übermitteln.

(2) Die Modalitäten für die Unterrichtung der Kommission durch die für die Erhebung zuständigen Mitgliedstaaten sollten der Kommission die Überwachung von deren Maßnahmen zur Einziehung der Eigenmittel ermöglichen; dies gilt insbesondere bei Betrugsfällen und bei Unregelmäßigkeiten.

(3) Um einen ausgeglichenen Haushalt zu gewährleisten, sollten am Ende des Haushaltsjahres verbleibende Einnahmenüberschüsse auf das nächste Haushaltsjahr übertragen werden. Hierzu muss der zu übertragende Saldo bestimmt werden.

(4) Die Mitgliedstaaten sollten Prüfungen und Nachforschungen in Bezug auf die Feststellung und Bereitstellung der Eigenmittel der Union durchführen. Um die Anwendung der Finanzvorschriften über die Eigenmittel zu erleichtern, ist es erforderlich, die Kooperation zwischen den Mitgliedstaaten und der Kommission zu gewährleisten.

(5) Aus Gründen der Kohärenz und Klarheit sollten unter Berücksichtigung der Besonderheit der verschiedenen Arten von Eigenmitteln der Union die für die Kontrollbeauftragten der Kommission geltenden Rechte und Pflichten festgelegt werden. Es sollten die Bedingungen festgelegt werden, unter denen die Kontrollbeauftragten ihren Aufgaben nachzukommen haben, und insbesondere Regeln aufgestellt werden, die von allen Beamten und Bediensteten der Union sowie von den abgeordneten nationalen Sachverständigen in Bezug auf die Wahrung des Berufsgeheimnisses und den Schutz personenbezogener Daten einzuhalten sind. Es ist erforderlich, den Status der abgeordneten nationalen Sachverständigen festzulegen und zu regeln, dass der betroffene Mitgliedstaat die Möglichkeit hat, gegen die Anwesenheit eines Beamten eines anderen Mitgliedstaats bei einer Kontrolle Einwände zu erheben.

(6) Aus Kohärenzgründen sollten bestimmte Vorschriften der Verordnung (EG, Euratom) Nr. 1150/2000 des Rates[2]) in die vorliegende Verordnung aufgenommen werden. Diese Bestimmungen betreffen die Berechnung und Budgetierung des Haushaltssaldos, die Kontrolle und Überwachung der Eigenmittel und die entsprechenden Mitteilungspflichten sowie den Beratenden Ausschuss für Eigenmittel.

---

[1]) Siehe Seite 105 dieses Amtsblatts.

[2]) Verordnung (EG, Euratom) Nr. 1150/2000 des Rates vom 22. Mai 2000 zur Durchführung des Beschlusses 94/728/EG, Euratom über das System der Eigenmittel der Europäischen Gemeinschaften (ABl. L 130 vom 31.5.2000, S. 1).

(7) Zur Gewährleistung einheitlicher Bedingungen für die Durchführung der vorliegenden Verordnung sollten der Kommission Durchführungsbefugnisse übertragen werden. Diese Befugnisse sollten im Einklang mit der Verordnung (EU) Nr. 182/2011 des Europäischen Parlaments und des Rates[3]) ausgeübt werden.

(8) In Anbetracht des technischen Charakters der für die Festlegung der Mitteilungspflichten erforderlichen Durchführungsrechtsakte sollte für den Erlass von Durchführungsrechtsakten zur Festlegung detaillierter Vorschriften für die Mitteilung von Betrugsfällen und Unregelmäßigkeiten, die Ansprüche auf traditionelle Eigenmittel betreffen, und für die Jahresberichte der Mitgliedstaaten über ihre Kontrollen das Beratungsverfahren angewendet werden.

(9) Bei allgemeinen Bestimmungen, die für alle Arten von Eigenmitteln gelten und auch die Kontrolle und Überwachung der Einnahmen einschließlich entsprechender Mitteilungspflichten erfassen, ist eine angemessene parlamentarische Kontrolle – wie in den Verträgen vorgesehen – erforderlich.

(10) Die Verordnung (EG, Euratom) Nr. 1026/1999 des Rates[4]) sollte aufgehoben werden.

(11) Der Europäische Rechnungshof und der Europäische Wirtschafts- und Sozialausschuss wurden angehört und haben Stellungnahmen[5]) abgegeben.

(12) Aus Gründen der Kohärenz und unter Berücksichtigung von Artikel 11 des Beschlusses 2014/335/EU, Euratom sollte diese Verordnung am selben Tag in Kraft treten wie der genannte Beschluss und ab 1. Januar 2014 gelten –

[3]) Verordnung (EU) Nr. 182/2011 des Europäischen Parlaments und des Rates vom 16. Februar 2011 zur Festlegung der allgemeinen Regeln und Grundsätze, nach denen die Mitgliedstaaten die Wahrnehmung der Durchführungsbefugnisse durch die Kommission kontrollieren (ABl. L 55 vom 28.2.2011, S. 13).

[4]) Verordnung (EG, Euratom) Nr. 1026/1999 des Rates vom 10. Mai 1999 zur Festlegung der Rechte und Pflichten der von der Kommission mit der Kontrolle der Eigenmittel der Gemeinschaft beauftragten Bediensteten (ABl. L 126 vom 20.5.1999, S. 1).

[5]) Stellungnahme Nr. 2/2012 des Europäischen Rechnungshofs vom 20. März 2012 (ABl. C 112 vom 18.4.2012, S. 1) undStellungnahme des Europäischen Wirtschafts- und Sozialausschusses vom 29. März 2012 (ABl. C 181 vom 21.6.2012, S. 45).

HAT FOLGENDE VERORDNUNG ERLASSEN:

KAPITEL I
ERMITTLUNG DER EIGENMITTEL

Artikel 1
Berechnung und Budgetierung des Haushaltssaldos

(1) Für die Anwendung von Artikel 7 des Beschlusses 2014/335/EU, Euratom entspricht der Saldo eines Haushaltsjahres der Differenz zwischen dem Gesamtbetrag der Einnahmen des betreffenden Haushaltsjahres und dem Betrag der aus den Mitteln dieses Haushaltsjahres zu buchenden Zahlungen zuzüglich der Mittel desselben Haushaltsjahres, die gemäß Artikel 13 der Verordnung (EU, Euratom) Nr. 966/2012 des Europäischen Parlaments und des Rates[6]) (im Folgenden „Haushaltsordnung“) übertragen wurden.

Dieser Differenzbetrag wird um den Nettobetrag erhöht oder vermindert, der sich aus dem Verfall der Mittelübertragungen aus früheren Haushaltsjahren ergibt. Abweichend von Artikel 8 Absatz 1 der Haushaltsordnung wird der Differenzbetrag außerdem um die folgenden Beträge erhöht bzw. vermindert:

a) die Überschreitungen, die infolge der Schwankungen des Euro-Kurses bei den Zahlungen zu Lasten der nichtgetrennten Mittel entstanden sind, die gemäß Artikel 13 Absätze 1 und 4 der Haushaltsordnung vom vorangegangenen Haushaltsjahr übertragen worden sind,

b) den Saldo, der sich aus den Kursgewinnen und -verlusten während des Haushaltsjahres ergeben hat.

(2) Vor Ende Oktober jedes Haushaltsjahres schätzt die Kommission anhand der ihr zu diesem Zeitpunkt vorliegenden Angaben die Höhe der für das ganze Jahr vereinnahmten Eigenmittel. Treten im Vergleich zu den ursprünglichen Voranschlägen spürbare Unterschiede auf, so kann ein Berichtigungsschreiben zum Entwurf des Haushaltsplans für das folgende Haushaltsjahr oder ein Berichtigungshaushaltsplan für das laufende Haushaltsjahr erstellt werden.

[6]) Verordnung (EU, Euratom) Nr. 966/2012 des Europäischen Parlaments und des Rates vom 25. Oktober 2012 über die Haushaltsordnung für den Gesamthaushaltsplan der Union und zur Aufhebung der Verordnung (EG, Euratom) Nr. 1605/2002 des Rates (ABl. L 298 vom 26.10.2012, S. 1).

KAPITEL II
KONTROLLE UND ÜBERWACHUNG DER EINNAHMEN SOWIE ENTSPRECHENDE MITTEILUNGSPFLICHTEN

Artikel 2
Kontrolle und Überwachung

(1) Die Eigenmittel nach Artikel 2 Absatz 1 des Beschlusses 2014/335/EU, Euratom werden unbeschadet der Verordnung (EWG, Euratom) Nr. 1553/89 des Rates[7]) und der Verordnung (EG, Euratom) Nr. 1287/2003 des Rates[8]) nach Maßgabe der vorliegenden Verordnung kontrolliert.

(2) Die Mitgliedstaaten treffen alle erforderlichen Maßnahmen, um sicherzustellen, dass die Eigenmittel gemäß Artikel 2 Absatz 1 des Beschlusses 2014/335/EU, Euratom der Kommission zur Verfügung gestellt werden.

(3) Betreffen Kontrolle und Überwachung die traditionellen Eigenmittel nach Artikel 2 Absatz 1 Buchstabe a des Beschlusses 2014/335/EU, Euratom, so gilt Folgendes:

a) Die Mitgliedstaaten führen in Bezug auf die Feststellung und Bereitstellung dieser Eigenmittel Prüfungen und Nachforschungen durch.

b) Die Mitgliedstaaten führen auf Antrag der Kommission zusätzliche Kontrollen durch. Die Kommission gibt in ihrem Antrag die Gründe für eine zusätzliche Kontrolle an. Die Kommission kann auch die Übermittlung bestimmter Unterlagen verlangen.

c) Die Mitgliedstaaten ziehen die Kommission auf deren Antrag zu den von ihnen durchgeführten Kontrollen hinzu. Wird die Kommission zu einer Kontrolle hinzugezogen, so hat sie – soweit es für die Anwendung dieser Verordnung erforderlich ist – Zugang zu den Unterlagen über die Feststellung und Bereitstellung der Eigenmittel und zu allen anderen sachdienlichen Schriftstücken, die mit diesen Unterlagen zusammenhängen.

d) Die Kommission kann selbst Kontrollen vor Ort vornehmen. Die von der Kommission mit diesen Kontrollen beauftragten Bediensteten haben den gleichen Zugang zu Unterlagen, wie er für die Kontrollen nach Buchstabe c vorgesehen ist. Die Mitgliedstaaten erleichtern diese Kontrollen.

e) Unberührt von den Kontrollen nach den Buchstaben a bis d bleiben:

   i) die von den Mitgliedstaaten nach ihren nationalen Rechts- und Verwaltungsvorschriften durchgeführten Kontrollen;

   ii) die Maßnahmen gemäß den Artikeln 287 und 319 des Vertrags über die Arbeitsweise der Europäischen Union (AEUV);

   iii) die Kontrollen gemäß Artikel 322 Absatz 1 Buchstabe b AEUV.

(4) Betreffen Kontrolle und Überwachung die Eigenmittel auf der Grundlage der Mehrwertsteuer (MwSt.) nach Artikel 2 Absatz 1 Buchstabe b des Beschlusses 2014/335/EU, Euratom, so werden sie nach Maßgabe von Artikel 11 der Verordnung (EWG, Euratom) Nr. 1553/89 durchgeführt.

(5) Betreffen Kontrolle und Überwachung die Eigenmittel auf der Grundlage des Bruttonationaleinkommens (BNE) nach Artikel 2 Absatz 1 Buchstabe c des Beschlusses 2014/335/EU, Euratom, so gilt Folgendes:

a) Die Kommission prüft jährlich gemeinsam mit dem betreffenden Mitgliedstaat die übermittelten Aggregate auf Fehlerfassung, insbesondere in Fällen, die durch den gemäß der Verordnung (EG, Euratom) Nr. 1287/2003 geschaffenen BNE-Ausschuss aufgezeigt werden. Dabei kann sie im Einzelfall auch Berechnungen und statistische Grundlagen – mit Ausnahme der Angaben über bestimmte juristische oder natürliche Personen – einsehen, wenn andernfalls eine sachgerechte Beurteilung nicht möglich sein sollte.

b) Die Kommission erhält Zugang zu den Unterlagen betreffend die in Artikel 3 der Verordnung (EG, Euratom) Nr. 1287/2003 genannten statistischen Verfahren und Basisdaten.

(6) Die Kommission kann für die Zwecke der Kontrolle und Überwachung nach den Absätzen 3, 4 und 5 dieses Artikels von den Mitgliedstaaten verlangen, dass sie ihr die einschlägigen Unterlagen oder Berichte über die Systeme zur Erhebung der Eigenmittel oder zu deren Bereitstellung für die Kommission übermitteln.

---

[7]) Verordnung (EWG, Euratom) Nr. 1553/89 des Rates vom 29. Mai 1989 über die endgültige einheitliche Regelung für die Erhebung der Mehrwertsteuereigenmittel (ABl. L 155 vom 7.6.1989, S. 9).

[8]) Verordnung (EG, Euratom) Nr. 1287/2003 des Rates vom 15. Juli 2003 zur Harmonisierung des Bruttonationaleinkommens zu Marktpreisen („BNE-Verordnung") (ABl. L 181 vom 19.7.2003, S. 1).

Artikel 3

Rechte und Pflichten der Kontrollbeauftragten der Kommission

(1) Die Kommission beauftragt eigens zur Durchführung der in Artikel 2 genannten Kontrollen Beamte oder sonstige Bedienstete (im Folgenden „Kontrollbeauftragte“).

Die Kontrollbeauftragten erhalten von der Kommission für jede Kontrolle einen schriftlichen Auftrag, der über ihre Person und ihre Dienststellung Auskunft gibt.

An den Kontrollen können Personen teilnehmen, die von den Mitgliedstaaten als nationale Sachverständige zur Kommission abgestellt wurden.

Mit ausdrücklicher vorheriger Zustimmung des betreffenden Mitgliedstaats kann die Kommission Bedienstete anderer Mitgliedstaaten als Beobachter heranziehen. Die Kommission stellt sicher, dass diese Bediensteten die in Absatz 3 dieses Artikels genannten Vorschriften einhalten.

(2) Bei den Kontrollen der traditionellen Eigenmittel und der MwSt.-basierten Eigenmittel gemäß Artikel 2 Absätze 3 bzw. 4 beachten die Kontrollbeauftragten die für die Beamten des betreffenden Mitgliedstaats geltenden Vorschriften. Sie haben das Berufsgeheimnis nach Maßgabe von Absatz 3 dieses Artikels zu wahren.

Für die Zwecke der Kontrollen der BNE-Eigenmittel nach Artikel 2 Absatz 5 hat die Kommission die innerstaatlichen Rechtsvorschriften über die statistische Geheimhaltung zu beachten.

Ein Kontrollbeauftragter darf sich erforderlichenfalls mit den Abgabepflichtigen in Verbindung setzen, allerdings nur im Rahmen der Kontrollen der traditionellen Eigenmittel und nur über die zuständigen Behörden, deren Verfahren für die Erhebung der Eigenmittel Gegenstand der Kontrolle sind.

(3) Für die Informationen, die gemäß dieser Verordnung – in welcher Form auch immer – erteilt oder erlangt werden, gelten das Berufsgeheimnis und der Schutz der entsprechenden Informationen gemäß dem innerstaatlichen Recht des Mitgliedstaats, in dem sie eingeholt wurden, und gemäß den entsprechenden Vorschriften, die auf die Organe der Union Anwendung finden.

Diese Informationen dürfen anderen Personen als denjenigen, die aufgrund ihrer Aufgaben in den Organen der Union oder in den Mitgliedstaaten von ihnen Kenntnis erhalten müssen, weder mitgeteilt noch zu anderen Zwecken als in dieser Verordnung vorgesehen verwendet werden, es sei denn, der Mitgliedstaat, in dem die Informationen eingeholt wurden, hat zuvor seine Zustimmung hierzu erteilt.

Die Unterabsätze 1 und 2 gelten für Beamte und sonstige Bedienstete der Union sowie für abgeordnete nationale Sachverständige.

(4) Die Kommission trägt dafür Sorge, dass die Kontrollbeauftragten und sonstigen Personen, die unter ihrer Aufsicht tätig sind, die Richtlinie 95/46/EG des Europäischen Parlaments und des Rates[9]), die Verordnung (EG) Nr. 45/2001 des Europäischen Parlaments und des Rates[10]) sowie sonstige Bestimmungen der Union und der Mitgliedstaaten über den Schutz personenbezogener Daten beachten.

Artikel 4

Vorbereitung und Durchführung von Kontrollen

(1) Die Kommission benachrichtigt den Mitgliedstaat, in dem die Kontrolle stattfinden soll, rechtzeitig über die geplante Durchführung einer Kontrolle und teilt die Gründe hierfür mit. Zu der Kontrolle können Bedienstete des betroffenen Mitgliedstaats hinzugezogen werden.

(2) Bei Kontrollen der traditionellen Eigenmittel, zu denen die Kommission gemäß Artikel 2 Absatz 3 hinzugezogen wird, und bei Kontrollen der MwSt.-basierten Eigenmittel gemäß Artikel 2 Absatz 4 ist die vom betreffenden Mitgliedstaat bestimmte Dienststelle für die Arbeitsorganisation und die Beziehungen zu den von der Kontrolle betroffenen Dienststellen zuständig.

(3) Vor-Ort-Kontrollen der traditionellen Eigenmittel gemäß Artikel 2 Absatz 3 Buchstabe d werden von den Kontrollbeauftragten durchgeführt. Für die Arbeitsorganisation und die Beziehungen zu den in die Prüfung involvierten Dienststellen bzw. Abgabepflichtigen

[9]) Richtlinie 95/46/EG des Europäischen Parlaments und des Rates vom 24. Oktober 1995 zum Schutz natürlicher Personen bei der Verarbeitung personenbezogener Daten und zum freien Datenverkehr (ABl. L 281 vom 23.11.1995, S. 31).

[10]) Verordnung (EG) Nr. 45/2001 des Europäischen Parlaments und des Rates vom 18. Dezember 2000 zum Schutz natürlicher Personen bei der Verarbeitung personenbezogener Daten durch die Organe und Einrichtungen der Gemeinschaft und zum freien Datenverkehr (ABl. L 8 vom 12.1.2001, S. 1).

stellen die Kontrollbeauftragten vor jeglicher Vor-Ort-Kontrolle geeignete Kontakte zu den vom betreffenden Mitgliedstaat benannten Beamten her. Bei dieser Art der Kontrolle ist dem schriftlichen Auftrag ein Dokument beizufügen, aus dem Ziel und Zweck der Kontrolle hervorgehen.

(4) Kontrollen der BNE-Eigenmittel gemäß Artikel 2 Absatz 5 werden von den Kontrollbeauftragten durchgeführt. Für die Arbeitsorganisation stellen diese Beauftragten die geeigneten Kontakte zu den zuständigen Behörden der Mitgliedstaaten her.

(5) Die Mitgliedstaaten stellen sicher, dass die für die Feststellung, Erhebung und Bereitstellung der Eigenmittel verantwortlichen Dienststellen oder Einrichtungen sowie die von ihnen mit der Durchführung der Kontrolle beauftragten Behörden den Kontrollbeauftragten die für die Erfüllung ihrer Aufgabe erforderliche Unterstützung gewähren.

Für die Zwecke der Vor-Ort-Kontrollen der traditionellen Eigenmittel gemäß Artikel 2 Absatz 3 Buchstabe d teilen die betreffenden Mitgliedstaaten der Kommission rechtzeitig Namen und Dienststellung der Personen mit, die an den Kontrollen teilnehmen und den Kontrollbeauftragten die für die Erfüllung ihrer Aufgabe erforderliche Unterstützung gewähren sollen.

(6) Die Ergebnisse der Kontrollen nach Artikel 2, mit Ausnahme der Kontrollen der von den Mitgliedstaaten nach Maßgabe des Artikels 2 Absatz 3 Buchstaben a und b durchgeführten Kontrollen, werden dem betreffenden Mitgliedstaat binnen drei Monaten auf geeignetem Wege mitgeteilt. Der Mitgliedstaat nimmt hierzu binnen drei Monaten nach Erhalt des Berichts Stellung. Die Kommission kann den Mitgliedstaat jedoch durch hinreichend begründeten Antrag auffordern, zu einzelnen Punkten innerhalb eines Monats nach Erhalt des Berichts Stellung zu nehmen. Der betreffende Mitgliedstaat muss diesem Antrag nicht entsprechen; er muss in diesem Falle jedoch in einer Mitteilung begründen, warum er der Aufforderung der Kommission nicht nachkommt.

Im Anschluss daran werden die Ergebnisse und Stellungnahmen nach Unterabsatz 1 samt dem zusammenfassenden Bericht, der im Zusammenhang mit den Kontrollen der MwSt.-basierten Eigenmittel erstellt wird, allen Mitgliedstaaten zur Kenntnis gebracht.

Wird bei den Vor-Ort-Kontrollen oder den gemeinsamen Kontrollen der traditionellen Eigenmittel festgestellt, dass die Angaben der an die Kommission übermittelten Eigenmittel-Übersichten oder -Erklärungen geändert oder korrigiert werden müssen und die entsprechenden Korrekturen in einer aktuellen Übersicht oder Erklärung auszuweisen sind, so sind die relevanten Änderungen darin durch geeignete Anmerkungen zu kennzeichnen.

Artikel 5
Mitteilung von Betrugsfällen und Unregelmäßigkeiten, die Ansprüche auf traditionelle Eigenmittel betreffen

(1) Für die traditionellen Eigenmittel gemäß Artikel 2 Absatz 1 Buchstabe a des Beschlusses 2014/335/EU, Euratom übermitteln die Mitgliedstaaten der Kommission binnen zwei Monaten nach Ablauf eines jeden Vierteljahres eine Beschreibung der aufgedeckten Betrugsfälle und Unregelmäßigkeiten, die Ansprüche von über 10 000 EUR betreffen.

Die Mitgliedstaaten übermitteln innerhalb der in Unterabsatz 1 genannten Frist eine Übersicht über den Stand der Betrugsfälle und Unregelmäßigkeiten, die der Kommission bereits mitgeteilt wurden und für die zuvor noch kein Vermerk betreffend Einziehung, Annullierung oder Nichteinziehung existierte.

(2) Die Kommission legt die Einzelheiten für die in Absatz 1 genannten Beschreibungen in Durchführungsrechtsakten fest. Diese Durchführungsrechtsakte werden gemäß dem in Artikel 7 Absatz 2 genannten Beratungsverfahren erlassen.

(3) Die Kommission nimmt eine Zusammenfassung der Beschreibungen nach Absatz 1 dieses Artikels in ihren Bericht gemäß Artikel 325 Absatz 5 AEUV auf.

Artikel 6
Mitteilung der Mitgliedstaaten über die von ihnen durchgeführten Kontrollen der traditionellen Eigenmittel

(1) Die Mitgliedstaaten übermitteln der Kommission einen detaillierten Jahresbericht über ihre Kontrollen in Bezug auf traditionelle Eigenmittel, in dem sie die jeweiligen Ergebnisse, allgemeinen Angaben und Grundsatzfragen zu den wichtigsten Problemen mitteilen, die – insbesondere durch strittige Fälle – bei der Anwendung der einschlägigen Bestimmungen zur Durchführung des Beschlusses 2014/335/EU, Euratom aufgeworfen werden. Diese Berichte werden der Kommission bis

zum 1. März des Jahres, das auf das betreffende Haushaltsjahr folgt, übermittelt. Die Kommission verfasst auf Grundlage dieser Berichte einen zusammenfassenden Bericht, der allen Mitgliedstaaten zur Kenntnis gebracht wird.

(2) Die Kommission erlässt Durchführungsrechtsakte zur Festlegung der Form der in Absatz 1 dieses Artikels genannten Jahresberichte der Mitgliedstaaten. Diese Durchführungsrechtsakte werden gemäß dem in Artikel 7 Absatz 2 genannten Beratungsverfahren erlassen.

(3) Die Kommission berichtet dem Europäischen Parlament und dem Rat alle drei Jahre über das Funktionieren des in Artikel 3 genannten Kontrollsystems für traditionelle Eigenmittel gemäß Artikel 2 Absatz 3.

KAPITEL III
AUSSCHUSS UND SCHLUSSBESTIMMUNGEN

Artikel 7
Ausschussverfahren

(1) Die Kommission wird von dem Beratenden Ausschuss für Eigenmittel (BAEM) unterstützt. Dieser Ausschuss ist ein Ausschuss im Sinne der Verordnung (EU) Nr. 182/2011.

(2) Wird auf diesen Absatz Bezug genommen, so gilt Artikel 4 der Verordnung (EU) Nr. 182/2011.

Artikel 8
Schlussbestimmungen

Die Verordnung (EG, Euratom) Nr. 1026/1999 wird aufgehoben.

Verweise auf die aufgehobene Verordnung und auf die Bestimmungen der Verordnung (EG, Euratom) Nr. 1150/2000, aufgehoben durch die Verordnung (EU, Euratom) Nr. 609/2014 des Rates[11]), gelten als Verweise auf die vorliegende Verordnung nach der Entsprechungstabelle im Anhang zu dieser Verordnung.

Artikel 9
Inkrafttreten

Diese Verordnung tritt am Tag des Inkrafttretens des Beschlusses 2014/335/EU, Euratom in Kraft.

Sie gilt ab dem 1. Januar 2014.

Diese Verordnung ist in allen ihren Teilen verbindlich und gilt unmittelbar in jedem Mitgliedstaat.

Geschehen zu Brüssel am 26. Mai 2014.

---

[11]) Verordnung (EU, Euratom) Nr. 609/2014 des Rates vom 26. Mai 2014 zur Festlegung der Methoden und Verfahren für die Bereitstellung der traditionellen, der MwSt.- und der BNE-Eigenmittel sowie der Maßnahmen zur Bereitstellung der erforderlichen Kassenmittel (siehe Seite 39 dieses Amtsblatts).

ANHANG

ENTSPRECHUNGSTABELLE

Verordnung (EG, Euratom) Nr. 1026/1999	Verordnung (EG, Euratom) Nr. 1150/2000	Diese Verordnung
	Artikel 1 bis Artikel 6 Absatz 4	–
	Artikel 6 Absatz 5	Artikel 5 Absatz 1
	Artikel 7 bis 12	–
	Artikel 15	Artikel 1 Absatz 1
	Artikel 16 Absätze 1 und 2	Artikel 1 Absatz 2
	Artikel 16 Absatz 3	–
	Artikel 17 Absätze 1 bis 4	–
–	–	Artikel 2 Absatz 1
–	–	Artikel 2 Absatz 2
	Artikel 17 Absatz 5 Sätze 1, 2 und 4	Artikel 6 Absatz 1
	Artikel 17 Absatz 5 Satz 3	Artikel 5 Absatz 3
	Artikel 18 Absatz 1	Artikel 2 Absatz 3 Buchstabe a
	Artikel 18 Absatz 2 Unterabsatz 1 Buchstabe a	Artikel 2 Absatz 3 Buchstabe b Sätze 1 und 2
	Artikel 18 Absatz 2 Unterabsatz 1 Buchstabe b	Artikel 2 Absatz 3 Buchstabe c Satz 1
	Artikel 18 Absatz 2 Unterabsatz 2 Satz 1	Artikel 2 Absatz 3 Buchstabe d Satz 3
	Artikel 18 Absatz 2 Unterabsatz 2 Satz 2	Artikel 2 Absatz 3 Buchstabe c Satz 2
	Artikel 18 Absatz 2 Unterabsatz 3 Buchstabe a	Artikel 2 Absatz 3 Buchstabe b Satz 3
	Artikel 18 Absatz 2 Unterabsatz 3 Buchstabe b	Artikel 4 Absatz 6 Unterabsatz 3
	Artikel 18 Absatz 3 Satz 1	Artikel 2 Absatz 3 Buchstabe d Satz 1
	Artikel 18 Absatz 3 Satz 2	Artikel 2 Absatz 3 Buchstabe d Satz 2
	Artikel 18 Absatz 3 Sätze 3 und 4	Artikel 4 Absatz 1
–	–	Artikel 2 Absatz 3 Buchstabe d Satz 2

	Artikel 18 Absatz 4	Artikel 2 Absatz 3 Buchstabe e
	Artikel 18 Absatz 5	Artikel 6 Absatz 3
–	–	Artikel 2 Absatz 4
	Artikel 19 Sätze 1 und 2	Artikel 2 Absatz 5 Buchstabe a
–	–	Artikel 2 Absatz 5 Buchstabe b
–	–	Artikel 2 Absatz 6
Artikel 1 Absatz 1		Artikel 3 Absatz 1 Unterabsatz 1
Artikel 1 Absatz 2		Artikel 3 Absatz 1 Unterabsatz 3
Artikel 1 Absatz 3		Artikel 3 Absatz 1 Unterabsatz 4
Artikel 2 Absätze 1 und 2		–
Artikel 2 Absatz 3 Satz 1		Artikel 3 Absatz 1 Unterabsatz 2
Artikel 2 Absatz 3 Satz 2		Artikel 4 Absatz 3 Satz 3
Artikel 3 Absatz 1 Buchstaben a und b		Artikel 3 Absatz 2 Unterabsatz 1
	Artikel 19 Satz 3	Artikel 3 Absatz 2 Unterabsatz 2
Artikel 3 Absatz 1 Buchstabe c		Artikel 3 Absatz 2 Unterabsatz 3
Artikel 3 Absatz 2 Buchstabe a		Artikel 4 Absatz 2
Artikel 3 Absatz 2 Buchstabe b		Artikel 4 Absatz 3 Sätze 1 und 2
Artikel 3 Absatz 2 Buchstabe c		Artikel 4 Absatz 4
Artikel 4		Artikel 4 Absatz 5
Artikel 5 Absätze 1 und 2		Artikel 3 Absatz 3
Artikel 5 Absatz 3		Artikel 3 Absatz 4
Artikel 6		Artikel 4 Absatz 6 Unterabsätze 1 und 2
Artikel 7		–
Artikel 8		–
	Artikel 20 bis 23	–
–	–	Artikel 5 Absatz 2
–	–	Artikel 6 Absatz 2
	–	Artikel 7
–	–	Artikel 8
–	–	Artikel 9

Übereinkommen zwischen den im Rat vereinigten Mitgliedstaaten der Europäischen Union über den Schutz von Verschlusssachen, die im Interesse der Europäischen Union ausgetauscht werden

ABl 2011 C 202, 13 idF

1 ABl 2019 C 87, 1 **2** ABl 2020 C 29, 1

DIE IM RAT VEREINIGTEN VERTRETER DER REGIERUNGEN DER MITGLIEDSTAATEN DER EUROPÄISCHEN UNION –

in Erwägung nachstehender Gründe:

(1) Die Mitgliedstaaten der Europäischen Union (nachstehend die „Parteien" genannt) erkennen an, dass eine umfassende und wirksame Konsultation und Zusammenarbeit den Austausch von Verschlusssachen zwischen ihnen im Interesse der Europäischen Union sowie zwischen ihnen und den Organen der Europäischen Union oder den von diesen geschaffenen Agenturen, Ämtern, oder Einrichtungen erfordern kann.

(2) Die Parteien wollen gemeinsam dazu beitragen, einen kohärenten und umfassenden allgemeinen Rahmen für den Schutz von Verschlusssachen festzulegen, die in den Parteien im Interesse der Europäischen Union, in den Organen der Europäischen Union oder in den von ihnen geschaffenen Agenturen, Ämtern oder Einrichtungen erstellt oder von Drittstaaten oder internationalen Organisationen in diesem Zusammenhang übermittelt werden.

(3) Die Parteien sind sich bewusst, dass der Zugang zu diesen Verschlusssachen und deren Austausch geeignete Sicherheitsmaßnahmen zu ihrem Schutz notwendig machen –

SIND WIE FOLGT ÜBEREINGEKOMMEN:

Artikel 1

Zweck dieses Übereinkommens ist es, den Schutz folgender Verschlusssachen durch die Parteien zu gewährleisten:

a) Verschlusssachen, die in den Organen der EuropäischenUnion oder in den von ihnen geschaffenen Agenturen, Ämtern oder Einrichtungen erstellt und für die Parteien bereitgestellt oder mit ihnen ausgetauscht werden;

b) Verschlusssachen, die von den Parteien erstellt oder für die Organe der Europäischen Union oder die von ihnen geschaffenen Agenturen, Ämter oder Einrichtungen bereitgestellt oder mit ihnen ausgetauscht werden;

c) Verschlusssachen, die von den Parteien erstellt werden, um im Interesse der Europäischen Union bereitgestellt oder zwischen den Parteien ausgetauscht zu werden, und mit dem Hinweis versehen werden, dass sie unter dieses Übereinkommen fallen;

d) Verschlusssachen, die den Organen der Europäischen Union oder den von ihnen geschaffenen Agenturen, Ämtern oder Einrichtungen von Drittstaaten oder internationalen Organisationen übermittelt und für die Parteien bereitgestellt oder mit ihnen ausgetauscht werden.

Artikel 2

Im Sinne dieses Übereinkommens bezeichnet der Ausdruck „Verschlusssachen" alle Informationen oder Materialien gleich welcher Form, deren unbefugte Weitergabe den Interessen der EU oder eines oder mehrerer ihrer Mitgliedstaaten in unterschiedlichem Maße schaden könnte und die eine der folgenden EU-Einstufungskennzeichnungen oder eine entsprechende, im Anhang aufgeführte Kennzeichnung aufweisen:

– „TRES SECRET UE/EU TOP SECRET": Diese Kennzeichnung erhalten Informationen und Materialien, deren unbefugte Weitergabe den wesentlichen Interessen der Europäischen Union oder eines oder mehrerer ihrer Mitgliedstaaten einen äußerst schweren Schaden zufügen könnte.

– „SECRET UE/EU SECRET": Diese Kennzeichnung erhalten Informationen und Materialien, deren unbefugte Weitergabe den wesentlichen Interessen der Europäischen Union oder eines oder mehrerer ihrer Mitgliedstaaten schweren Schaden zufügen könnte.

– „CONFIDENTIEL UE/EU CONFIDENTIAL": Diese Kennzeichnung erhalten Informationen und Materialien, deren unbefugte Weitergabe den wesentlichen Interessen der Europäischen Union oder eines oder mehrerer ihrer Mitgliedstaaten schaden könnte.

– „RESTREINT UE/EU RESTRICTED": Diese Kennzeichnung erhalten Informationen und Materialien, deren unbefugte Weitergabe für die Interessen der Europäischen Union oder eines oder mehrerer ihrer Mitgliedstaaten nachteilig sein könnte.

Artikel 3

(1) Die Parteien ergreifen im Einklang mit ihren jeweiligen innerstaatlichen Rechtsvorschriften alle geeigneten Maßnahmen, um zu gewährleisten, dass die unter dieses Übereinkommen fallenden Verschlusssachen einen Schutz erhalten, der demjenigen entspricht, der durch die Sicherheitsvorschriften des Rates der Europäischen Union für den Schutz von EU-Verschlusssachen mit einer entsprechenden, im Anhang aufgeführten Einstufungskennzeichnung gewährt wird.

(2) Dieses Übereinkommen lässt die einzelstaatlichen Rechtsvorschriften der Mitgliedstaaten über den Zugang der Öffentlichkeit zu Dokumenten, den Schutz personenbezogener Daten oder den Schutz von Verschlusssachen unberührt.

(3) Die Parteien notifizieren dem Verwahrer dieses Übereinkommens jede Änderung der im Anhang aufgeführten Sicherheitseinstufungen. Artikel 11 findet auf diese Notifizierungen keine Anwendung.

Artikel 4

(1) Jede Partei stellt sicher, dass Verschlusssachen, die im Rahmen dieses Übereinkommens bereitgestellt oder ausgetauscht werden,

a) nicht ohne vorherige schriftliche Zustimmung des Herausgebers herabgestuft werden; das Gleiche gilt für die Aufhebung des Geheimhaltungsgrades;

b) nicht für andere als die vom Herausgeber festgelegten Zwecke verwendet werden;

c) nur dann an einen Drittstaat oder eine internationale Organisation weitergegeben werden, wenn der Herausgeber dem schriftlich zugestimmt hat und eine entsprechende Übereinkunft oder Vereinbarung über den Schutz von Verschlusssachen mit dem betreffenden Drittstaat oder der betreffenden internationalen Organisation besteht.

(2) Der Grundsatz der Herausgeberzustimmung wird von jeder Partei im Einklang mit ihren verfassungsrechtlichen Vorschriften und ihren innerstaatlichen Rechtsvorschriften beachtet.

Artikel 5

(1) Jede Partei stellt sicher, dass der Zugang zu Verschlusssachen unter Beachtung des Prinzips „Kenntnis nur, wenn nötig" gewährt wird.

(2) Die Parteien gewährleisten, dass der Zugang zu Verschlusssachen, die als „CONFIDENTIEL UE/EU CONFIDENTIAL" oder höher eingestuft sind oder eine entsprechende, im Anhang aufgeführte Einstufungskennzeichnung aufweisen, nur den Personen gewährt wird, die eine entsprechende Verschlusssachen-Ermächtigung besitzen oder gemäß den innerstaatlichen Rechtsvorschriften aufgrund ihrer Aufgaben hierzu anderweitig ordnungsgemäß befugt sind.

(3) Jede Partei stellt sicher, dass alle Personen, die Zugang zu Verschlusssachen erhalten, über ihre Verantwortung für den Schutz dieser Informationen gemäß den entsprechenden Sicherheitsvorschriften unterrichtet werden.

(4) Auf entsprechenden Antrag hin leisten die Parteien einander gemäß ihren jeweiligen innerstaatlichen Rechtsvorschriften Unterstützung bei der Durchführung von Sicherheitsüberprüfungen im Zusammenhang mit Verschlusssachen-Ermächtigungen.

(5) Jede Partei stellt gemäß ihren innerstaatlichen Rechtsvorschriften sicher, dass alle ihrer Rechtshoheit unterliegenden Einrichtungen, die Verschlusssachen erhalten oder erstellen dürfen, einer entsprechenden Sicherheitsüberprüfung unterzogen wurden und einen angemessenen Schutz gemäß Artikel 3 Absatz 1 entsprechend dem jeweiligen Geheimhaltungsgrad gewährleisten können.

(6) Innerhalb des Geltungsbereichs dieses Übereinkommens kann jede Partei die von einer anderen Partei ausgestellten Sicherheitsunbedenklichkeitsbescheinigungen für Personen und Einrichtungen anerkennen.

Artikel 6

Die Parteien stellen sicher, dass alle Verschlusssachen, die sie innerhalb des Geltungsbereichs dieses Übereinkommens intern oder untereinander übermitteln, austauschen oder weitergeben, gemäß Artikel 3 Absatz 1 angemessen geschützt werden.

Artikel 7

Jede Partei stellt sicher, dass geeignete Maßnahmen ergriffen werden, um Verschlusssachen, die in Kommunikations- und Informationssystemen verarbeitet, gespeichert oder übermittelt werden, gemäß Artikel 3 Absatz 1 zu schützen. Diese Maßnahmen gewährleisten die Vertraulichkeit, Integrität und Verfügbarkeit der Verschlusssachen sowie gegebenenfalls die Nichtabstreitbarkeit ihres Versands bzw. Empfangs und ihre Authentizität sowie auch eine ausreichende Rechenschaftspflicht und Rückverfolgbarkeit bei den Vorgängen bezüglich dieser Verschlusssachen.

Artikel 8

Auf Antrag liefern die Parteien einander einschlägige Informationen über ihre jeweiligen Sicherheitsvorschriften und -regelungen.

Artikel 9

(1) Die Parteien ergreifen im Einklang mit ihren jeweiligen innerstaatlichen Rechtsvorschriften alle geeigneten Maßnahmen, um Fälle zu untersuchen, in denen bekannt wird oder berechtigter Grund zu der Annahme besteht, dass Verschlusssachen im Geltungsbereich dieses Übereinkommens unbefugten Personen oder Stellen zur Kenntnis gelangt oder verloren gegangen sind.

(2) Eine Partei, die eine Kenntnisnahme durch unbefugte Personen oder Stellen oder einen Verlust feststellt, unterrichtet unverzüglich über geeignete Kanäle den Herausgeber über diesen Vorfall und unterrichtet anschließend den Herausgeber über die abschließenden Ergebnisse der Ermittlungen und über die zur Verhütung einer Wiederholung eines solchen Vorfalls getroffenen Abhilfemaßnahmen. Jede andere relevante Partei kann die Ermittlungen unterstützen, wenn sie darum ersucht wird.

Artikel 10

(1) Dieses Übereinkommen berührt nicht bestehende Übereinkünfte oder Vereinbarungen über den Schutz oder den Austausch von Verschlusssachen, die von einer Vertragspartei geschlossen wurden.

(2) Dieses Übereinkommen hindert die Parteien nicht, andere Übereinkünfte oder Vereinbarungen im Zusammenhang mit dem Schutz und dem Austausch der von ihnen erstellten Verschlusssachen zu schließen, sofern derartige Übereinkünfte oder Vereinbarungen nicht im Widerspruch zu diesem Übereinkommen stehen.

Artikel 11

Dieses Übereinkommen kann im gegenseitigen schriftlichen Einvernehmen der Parteien geändert werden. Jede Änderung tritt nach der Notifizierung gemäß Artikel 13 Absatz 2 in Kraft.

Artikel 12

Etwaige Streitigkeiten zwischen zwei oder mehreren Parteien über die Auslegung oder Anwendung dieses Übereinkommens werden durch Konsultationen zwischen den betroffenen Parteien beigelegt.

Artikel 13

(1) Die Parteien notifizieren dem Generalsekretär des Rates der Europäischen Union den Abschluss der für das Inkrafttreten dieses Übereinkommens erforderlichen innerstaatlichen Verfahren.

(2) Dieses Übereinkommen tritt am ersten Tag des zweiten Monats in Kraft, der auf den Monat folgt, in dem die letzte Partei dem Generalsekretär des Rates der Europäischen Union notifiziert hat, dass sie die für das Inkrafttreten dieses Übereinkommens erforderlichen innerstaatlichen Verfahren abgeschlossen hat.

(3) Verwahrer dieses Übereinkommens, das im *Amtsblatt der Europäischen Union* veröffentlicht wird, ist der Generalsekretär des Rates der Europäischen Union.

Artikel 14

Dieses Übereinkommen ist in einer einzigen Urschrift in bulgarischer, dänischer, deutscher, englischer, estnischer, finnischer, französischer, griechischer, irischer, italienischer, lettischer, litauischer, maltesischer, niederländischer, polnischer, portugiesischer, rumänischer, schwedischer, slowakischer, slowenischer, spanischer, tschechischer und ungarischer Sprache abgefasst, wobei der Wortlaut in jeder dieser 23 Sprachen gleichermaßen verbindlich ist.

ZU URKUND DESSEN haben die unterzeichneten, im Rat vereinigten Vertreter der Regierungen der Mitgliedstaaten ihre Unterschrift unter dieses Übereinkommen gesetzt.

Geschehen zu Brüssel am fünfundzwanzigsten Mai zweitausendelf.

(ABl 2019 C 87, 1)

ANLAGE

ANLAGE
Gleichwertigkeit der Sicherheitseinstufungen

EU	TRÈS SECRET UE/EU TOP SECRET	SECRET UE/EU SECRET	CONFIDENTIEL UE/EU CONFIDENTIAL	RESTREINT UE/EU RESTRICTED
Belgien	Très Secret (Gesetz vom 11.12.1998). Zeer Geheim (Gesetz vom 11.12.1998).	Secret (Gesetz vom 11.12.1998). Geheim (Gesetz vom 11.12.1998).	Confidentiel (Gesetz vom 11.12.1998). Vertrouwelijk (Gesetz vom 11.12.1998).	siehe Fußnote ([1])
Bulgarien	Строго секретно	Секретно	Поверително	За служебно ползване
Tschechien	Přísně tajné	Tajné	Důvěrné	Vyhrazené
Dänemark	YDERST HEMMELIGT	HEMMELIGT	FORTROLIGT	TIL TJENESTEBRUG
Deutschland	STRENG GEHEIM	GEHEIM	VS ([2])— VERTRAULICH	VS — NUR FÜR DEN DIENSTGEBRAUCH
Estland	Täiesti salajane	Salajane	Konfidentsiaalne	Piiratud
Irland	Top Secret	Secret	Confidential	Restricted
Griechenland	Άκρως Απόρρητο Abk.: ΑΑΠ	Απόρρητο Abk.: (ΑΠ)	Εμπιστευτικό Abk.: (ΕΜ)	Περιορισμένης Χρήσης Abk.: (ΠΧ)
Spanien	SECRETO	RESERVADO	CONFIDENCIAL	DIFUSIÓN LIMITADA
Frankreich	Très Secret Défense	Secret Défense	Confidentiel Défense	siehe Fußnote ([3])
Kroatien	VRLO TAJNO	TAJNO	POVJERLJIVO	OGRANIČENO
Italien	Segretissimo	Segreto	Riservatissimo	Riservato
Zypern	Άκρως Απόρρητο Abk.: (ΑΑΠ)	Απόρρητο Abk.: (ΑΠ)	Εμπιστευτικό Abk.: (ΕΜ)	Περιορισμένης Χρήσης Abk.: (ΠΧ)
Lettland	Sevišķi slepeni	Slepeni	Konfidenciāli	Dienesta vajadzībām

ANLAGE

EU	TRÈS SECRET UE/EU TOP SECRET	SECRET UE/EU SECRET	CONFIDENTIEL UE/EU CONFIDENTIAL	RESTREINT UE/EU RESTRICTED
Litauen	Visiškai slaptai	Slaptai	Konfidencialiai	Riboto naudojimo
Luxemburg	Très Secret Lux	Secret Lux	Confidentiel Lux	Restreint Lux
Ungarn	Szigorúan titkos!	Titkos!	Bizalmas!	Korlátozott terjesztésű!
Malta	L-Ogħla Segretezza Top Secret	Sigriet Secret	Kunfidenzjali Confidential	Ristrett Restricted (4)
Niederlande	Stg. ZEER GEHEIM	Stg. GEHEIM	Stg. CONFIDENTIEEL	Dep. VERTROUWELIJK
Österreich	Streng Geheim	Geheim	Vertraulich	Eingeschränkt
Polen	Ściśle Tajne	Tajne	Poufne	Zastrzeżone
Portugal	Muito Secreto	Secreto	Confidencial	Reservado
Rumänien	Strict secret de importanţă deosebită	Strict secret	Secret	Secret de serviciu
Slowenien	STROGO TAJNO	TAJNO	ZAUPNO	INTERNO
Slowakei	Prísne tajné	Tajné	Dôverné	Vyhradené
Finnland	ERITTÄIN SALAINEN YTTERST HEMLIG	SALAINEN HEMLIG	LUOTTAMUKSELLINEN KONFIDENTIELL	KÄYTTÖ RAJOITETTU BEGRÄNSAD TILLGÅNG
Schweden	Kvaliciferat hemlig	Hemlig	Konfidentiell	Begränsat hemlig
Vereinigtes Königreich	UK TOP SECRET	UK SECRET	siehe Fußnote (5)	UK OFFICIAL SENSITIVE

(1) ‚Diffusion restreinte'/‚Beperkte Verspreiding' ist kein in Belgien verwendeter Geheimhaltungsgrad. Belgien behandelt und schützt die als ‚RESTREINT UE/EU RESTRICTED' eingestuften Informationen in einer Weise, bei der die in den Sicherheitsvorschriften des Rates der Europäischen Union beschriebenen Standards und Verfahren nicht unterschritten werden.

(2) Deutschland: VS = Verschlusssache.

(3) Frankreich verwendet in seinem nationalen System nicht den Geheimhaltungsgrad ‚RESTREINT'. Frankreich behandelt und schützt die als ‚RESTREINT UE/EU RESTRICTED' eingestuften Informationen in einer Weise, bei der die in den Sicherheitsvorschriften des Rates der Europäischen Union beschriebenen Standards und Verfahren nicht unterschritten werden.

(4) Für Malta sind die maltesischen und englischen Kennzeichnungen austauschbar.

(5) Das Vereinigte Königreich verwendet den Geheimhaltungsgrad ‚UK CONFIDENTIAL' in seinem nationalen System nicht mehr. Das Vereinigte Königreich behandelt und schützt die als ‚CONFIDENTIEL UE/EU CONFIDENTIAL' eingestuften Informationen gemäß den Anforderungen der Sicherheitsvorschriften für den Geheimhaltungsgrad ‚UK SECRET'."

(ABl 2020 C 29, 1)

Beschluss des Europäischen Rates vom 22. Mai 2013 über die Anzahl der Mitglieder der Europäischen Kommission

(2013/272/EU) (ABl 2013 L 165, 98)

DER EUROPÄISCHE RAT –

gestützt auf den Vertrag über die Europäische Union, insbesondere auf Artikel 17 Absatz 5,

in Erwägung nachstehender Gründe:

(1) Der Europäische Rat hat auf seinen Tagungen vom 11. und 12. Dezember 2008 und vom 18. und 19. Juni 2009 die Anliegen der irischen Bevölkerung in Bezug auf den Vertrag von Lissabon zur Kenntnis genommen und deshalb vereinbart, dass – sofern der Vertrag von Lissabon in Kraft tritt – im Einklang mit den erforderlichen rechtlichen Verfahren ein Beschluss gefasst wird, dass weiterhin ein Staatsangehöriger jedes Mitgliedstaats der Kommission angehört.

(2) Der Beschluss über die Anzahl der Mitglieder der Kommission sollte rechtzeitig vor Ernennung der Kommission, die ihr Amt am 1. November 2014 antreten soll, erlassen werden.

(3) Die Auswirkungen dieses Beschlusses sollten fortlaufend überprüft werden –

HAT FOLGENDEN BESCHLUSS ERLASSEN:

Artikel 1

Die Kommission besteht einschließlich ihres Präsidenten und des Hohen Vertreters der Union für Außen- und Sicherheitspolitik aus einer Anzahl von Mitgliedern, die der Zahl der Mitgliedstaaten entspricht.

Artikel 2

Der Europäische Rat überprüft diesen Beschluss in Anbetracht seiner Auswirkung auf die Arbeit der Kommission; diese Überprüfung erfolgt rechtzeitig entweder vor Ernennung der ersten Kommission nach dem Beitritt des dreißigsten Mitgliedstaats oder vor Ernennung der Kommission, die der Kommission, die ihr Amt am 1. November 2014 antreten soll, nachfolgt, je nachdem, welches dieser Ereignisse eher eintritt.

Artikel 3

Dieser Beschluss tritt am Tag nach seiner Veröffentlichung im *Amtsblatt der Europäischen Union* in Kraft.

Er gilt ab dem 1. November 2014.

Regeln und Grundsätze, nach denen die Mitgliedstaaten die Wahrnehmung der Durchführungsbefugnisse durch die Kommission kontrollieren

ABl 2011 L 55, 13

Verordnung (EU) Nr. 182/2011 des Europäischen Parlaments und des Rates vom 16. Februar 2011 zur Festlegung der allgemeinen Regeln und Grundsätze, nach denen die Mitgliedstaaten die Wahrnehmung der Durchführungsbefugnisse durch die Kommission kontrollieren

DAS EUROPÄISCHE PARLAMENT UND DER RAT DER EUROPÄISCHEN UNION –

gestützt auf den Vertrag über die Arbeitsweise der Europäischen Union, insbesondere auf Artikel 291 Absatz 3,

auf Vorschlag der Europäischen Kommission,

nach Zuleitung des Entwurfs des Gesetzgebungsakts an die nationalen Parlamente,

nach dem ordentlichen Gesetzgebungsverfahren[1],

in Erwägung nachstehender Gründe:

(1) Bedarf es einheitlicher Bedingungen für die Durchführung der verbindlichen Rechtsakte der Union, so werden mit diesen Rechtsakten (nachstehend „Basisrechtsakte" genannt) der Kommission oder, in entsprechend begründeten Sonderfällen und den in den Artikeln 24 und 26 des Vertrags über die Europäische Union vorgesehenen Fällen, dem Rat Durchführungsbefugnisse übertragen.

(2) Es ist Sache des Gesetzgebers, unter Beachtung aller im Vertrag über die Arbeitsweise der Europäischen Union („AEUV") festgelegten Kriterien im Hinblick auf den jeweiligen Basisrechtsakt zu entscheiden, ob der Kommission Durchführungsbefugnisse gemäß Artikel 291 Absatz 2 AEUV übertragen werden.

(3) Bisher wurde die Ausübung der Durchführungsbefugnisse durch die Kommission durch den Beschluss 1999/468/EG des Rates[2] geregelt.

(4) Gemäß dem AEUV sind nunmehr das Europäische Parlament und der Rat gehalten, allgemeine Regeln und Grundsätze festzulegen, nach denen die Mitgliedstaaten die Wahrnehmung der Durchführungsbefugnisse durch die Kommission kontrollieren.

(5) Es muss sichergestellt werden, dass die Verfahren für eine solche Kontrolle transparent, wirksam und der Art der Durchführungsrechtsakte angemessen sind und dass sie die institutionellen Anforderungen des AEUV sowie die bisherigen Erfahrungen und die gängige Praxis bei der Durchführung des Beschlusses 1999/468/EG widerspiegeln.

(6) Für jene Basisrechtsakte, bei denen die Kontrolle der Mitgliedstaaten Bedingung für den Erlass von Durchführungsrechtsakten durch die Kommission ist, sollten zum Zwecke dieser Kontrolle Ausschüsse eingerichtet werden, die sich aus Vertretern der Mitgliedstaaten zusammensetzen und in denen die Kommission den Vorsitz führt.

(7) Gegebenenfalls sollte der Kontrollmechanismus die Befassung eines Berufungsausschusses einschließen, der auf der geeigneten Ebene zusammentreten sollte.

(8) Im Interesse einer Vereinfachung sollte die Kommission die Durchführungsbefugnisse nur nach einem von zwei Verfahren wahrnehmen: dem Beratungsverfahren oder dem Prüfverfahren.

(9) Zur weiteren Vereinfachung sollten für die Ausschüsse einheitliche Verfahrensregeln gelten, einschließlich der wichtigsten Bestimmungen über ihre Funktionsweise und die Möglichkeit, eine Stellungnahme im schriftlichen Verfahren abzugeben.

(10) Es sollten Kriterien festgelegt werden, nach denen das Verfahren für den Erlass von Durchführungsrechtsakten durch die Kommission bestimmt wird. Im Hinblick auf eine stärkere Kohärenz sollten die verfahrensrechtlichen Anforderungen in einem angemessenen Verhältnis zur Art und zu den Auswirkungen der zu erlassenden Durchführungsrechtsakte stehen.

[1] Standpunkt des Europäischen Parlaments vom 16. Dezember 2010 (noch nicht im Amtsblatt veröffentlicht) und Beschluss des Rates vom 14. Februar 2011.

[2] ABl. L 184 vom 17.7.1999, S. 23.

(11) Das Prüfverfahren sollte insbesondere beim Erlass von Rechtsakten von allgemeiner Tragweite zur Umsetzung von Basisrechtsakten und von spezifischen Durchführungsrechtsakten mit potenziell bedeutenden Auswirkungen zur Anwendung kommen. Dieses Verfahren sollte sicherstellen, dass die Kommission keine Durchführungsrechtsakte erlassen kann, die nicht im Einklang mit der Stellungnahme des Ausschusses stehen, es sei denn, es liegen sehr außergewöhnliche Umstände vor; dann sollten sie für einen begrenzten Zeitraum gelten. Das Verfahren sollte auch sicherstellen, dass die Kommission die Möglichkeit hat, den Entwurf des Durchführungsrechtsakts unter Berücksichtigung der im Ausschuss vorgetragenen Standpunkte zu überarbeiten, wenn der Ausschuss keine Stellungnahme abgibt.

(12) Sofern der Basisrechtsakt der Kommission Durchführungsbefugnisse in Bezug auf Programme überträgt, die erhebliche Auswirkungen auf den Haushalt haben oder sich an Drittländer richten, sollte das Prüfverfahren zur Anwendung gelangen.

(13) Der Vorsitz eines Ausschusses sollte sich um Lösungen bemühen, die im Ausschuss bzw. Berufungsausschuss eine möglichst breite Unterstützung finden, und sollte erläutern, inwieweit die Beratungen und die vorgeschlagenen Änderungen berücksichtigt wurden. Hierfür sollte die Kommission den im Ausschuss bzw. Berufungsausschuss vorgetragenen Standpunkten hinsichtlich von Entwürfen für endgültige Antidumping- oder Ausgleichsmaßnahmen besondere Aufmerksamkeit schenken.

(14) Erwägt die Kommission die Annahme von Entwürfen von anderen Durchführungsrechtsakten in besonders sensiblen Bereichen, insbesondere Besteuerung, Gesundheit der Verbraucher, Nahrungsmittelsicherheit und Umweltschutz, wird sie es im Bemühen um eine ausgewogene Lösung so weit wie möglich vermeiden, sich einem gegebenenfalls im Berufungsausschuss vorherrschenden Standpunkt, dass der Durchführungsrechtsakt nicht angemessen sei, entgegenzustellen.

(15) Das Beratungsverfahren sollte grundsätzlich in allen anderen Fällen, oder wann immer dies für zweckmäßiger erachtet wird, zur Anwendung gelangen.

(16) Sofern dies im Basisrechtsakt vorgesehen ist, sollte es möglich sein, in Fällen äußerster Dringlichkeit sofort geltende Durchführungsrechtsakte zu erlassen.

(17) Das Europäische Parlament und der Rat sollten rasch und regelmäßig über die Ausschussverfahren informiert werden.

(18) Angesichts ihrer Rechte im Zusammenhang mit der Überprüfung der Rechtmäßigkeit von Rechtsakten der Union sollten das Europäische Parlament oder der Rat die Kommission jederzeit darauf hinweisen können, dass der Entwurf eines Durchführungsrechtsakts ihres Erachtens die im Basisrechtsakt vorgesehenen Durchführungsbefugnisse überschreitet.

(19) Der Zugang der Öffentlichkeit zu Informationen über die Ausschussverfahren sollte im Einklang mit der Verordnung (EG) Nr. 1049/2001 des Europäischen Parlaments und des Rates vom 30. Mai 2001 über den Zugang der Öffentlichkeit zu Dokumenten des Europäischen Parlaments, des Rates und der Kommission[3)] sichergestellt werden.

(20) Die Kommission sollte ein Register führen, das Informationen über Ausschussverfahren enthält. Folglich sollten die für die Kommission geltenden Vorschriften zum Schutz von als vertraulich eingestuften Dokumenten auch für die Benutzung des Registers gelten.

(21) Der Beschluss 1999/468/EG sollte aufgehoben werden. Um den Übergang von der Regelung gemäß Beschluss 1999/468/EG auf die Regelung gemäß der vorliegenden Verordnung sicherzustellen, sollte jede Bezugnahme in bestehenden Vorschriften auf in dem Beschluss vorgesehene Verfahren, mit Ausnahme des Regelungsverfahrens mit Kontrolle im Sinne von Artikel 5a jenes Beschlusses, als Bezugnahme auf die entsprechenden Verfahren dieser Verordnung gelten. Artikel 5a des Beschlusses 1999/468/EG sollte für die Zwecke bestehender Basisrechtsakte, in denen auf jenen Artikel verwiesen wird, vorläufig weiterhin seine Wirkung entfalten.

(22) Diese Verordnung berührt nicht die im AEUV niedergelegten Befugnisse der Kommission zur Durchführung der Wettbewerbsvorschriften –

HABEN FOLGENDE VERORDNUNG ERLASSEN:

Artikel 1
Gegenstand

Diese Verordnung legt die allgemeinen Regeln und Grundsätze fest, die anzuwenden sind, wenn

---

3) ABl. L 145 vom 31.5.2001, S. 43.

ein verbindlicher Rechtsakt der Union (nachstehend „Basisrechtsakt" genannt) die Notwendigkeit einheitlicher Durchführungsbedingungen feststellt und vorschreibt, dass Durchführungsrechtsakte von der Kommission vorbehaltlich einer Kontrolle durch die Mitgliedstaaten erlassen werden.

Artikel 2
Wahl des Verfahrens

(1) Ein Basisrechtsakt kann die Anwendung des Beratungsverfahrens oder des Prüfverfahrens vorsehen, wobei die Art oder die Auswirkungen des erforderlichen Durchführungsrechtsakts berücksichtigt werden.

(2) Das Prüfverfahren wird insbesondere angewendet zum Erlass von:

a) Durchführungsrechtsakten von allgemeiner Tragweite;

b) sonstigen Durchführungsrechtsakten in Bezug auf:

i) Programme mit wesentlichen Auswirkungen;

ii) die gemeinsame Agrarpolitik und die gemeinsame Fischereipolitik;

iii) die Umwelt, Sicherheit oder den Schutz der Gesundheit oder der Sicherheit von Menschen, Tieren und Pflanzen;

iv) die gemeinsame Handelspolitik;

v) die Besteuerung.

(3) Das Beratungsverfahren wird grundsätzlich zum Erlass von Durchführungsrechtsakten angewendet, die nicht in den Anwendungsbereich des Absatzes 2 fallen. Das Beratungsverfahren kann jedoch in hinreichend begründeten Fällen zum Erlass von in Absatz 2 genannten Durchführungsrechtsakten angewendet werden.

Artikel 3
Gemeinsame Bestimmungen

(1) Die in diesem Artikel genannten gemeinsamen Bestimmungen werden auf alle in den Artikeln 4 bis 8 genannten Verfahren angewendet.

(2) Die Kommission wird von einem Ausschuss unterstützt, der sich aus Vertretern der Mitgliedstaaten zusammensetzt. Den Vorsitz führt ein Vertreter der Kommission. Der Vorsitz nimmt nicht an den Abstimmungen im Ausschuss teil.

(3) Der Vorsitz unterbreitet dem Ausschuss den Entwurf des von der Kommission zu erlassenden Durchführungsrechtsakts.

Außer in hinreichend begründeten Fällen setzt der Vorsitz eine Sitzung frühestens 14 Tage, nachdem der Entwurf des Durchführungsrechtsakts und der Entwurf der Tagesordnung dem Ausschuss vorgelegt wurden, an. Der Ausschuss gibt seine Stellungnahme zu dem Entwurf des Durchführungsrechtsakts innerhalb einer Frist ab, die der Vorsitz entsprechend der Dringlichkeit der betreffenden Sache festsetzen kann. Die Frist muss angemessen sein und den Ausschussmitgliedern frühzeitig und effektiv die Möglichkeit geben, den Entwurf des Durchführungsrechtsakts zu prüfen und dazu Stellung zu nehmen.

(4) Bis der Ausschuss eine Stellungnahme abgibt, kann jedes Ausschussmitglied Änderungen vorschlagen und der Vorsitz kann geänderte Fassungen des Entwurfs des Durchführungsrechtsakts vorlegen.

Der Vorsitz bemüht sich um Lösungen, die im Ausschuss eine möglichst breite Unterstützung finden. Der Vorsitz unterrichtet den Ausschuss darüber, in welcher Form die Beratungen und die vorgeschlagenen Änderungen berücksichtigt wurden, insbesondere was diejenigen Vorschläge angeht, die im Ausschuss breite Unterstützung gefunden haben.

(5) Der Vorsitz kann in hinreichend begründeten Fällen die Stellungnahme des Ausschusses im schriftlichen Verfahren einholen. Hierzu übermittelt der Vorsitz den Ausschussmitgliedern den Entwurf des Durchführungsrechtsakts und setzt entsprechend der Dringlichkeit der betreffenden Sache eine Frist für die Stellungnahme fest. Wenn ein Ausschussmitglied den Entwurf des Durchführungsrechtsakts nicht innerhalb der festgesetzten Frist ablehnt oder sich nicht ausdrücklich innerhalb der festgesetzten Frist der Stimme enthält, so gilt dies als stillschweigende Zustimmung zum Entwurf des Durchführungsrechtsakts.

Sofern im Basisrechtsakt nichts anderes vorgesehen ist, wird das schriftliche Verfahren ohne Ergebnis abgeschlossen, wenn der Vorsitz dies innerhalb der in Unterabsatz 1 genannten Frist beschließt oder ein Ausschussmitglied dies innerhalb der in Unterabsatz 1 genannten Frist verlangt. In einem solchen Fall beruft der Vorsitz innerhalb einer angemessenen Frist eine Ausschusssitzung ein.

(6) Die Stellungnahme des Ausschusses wird im Protokoll vermerkt. Jedes Ausschussmitglied kann verlangen, dass sein Standpunkt im Protokoll festgehalten wird. Der Vorsitz übermittelt das Protokoll unverzüglich den Ausschussmitgliedern.

(7) Gegebenenfalls schließt der Kontrollmechanismus die Befassung eines Berufungsausschusses ein.

Der Berufungsausschuss gibt sich auf Vorschlag der Kommission mit einfacher Mehrheit seiner Mitglieder eine Geschäftsordnung.

Wird der Berufungsausschuss befasst, so tritt er – außer in hinreichend begründeten Fällen – frühestens 14 Tage und spätestens sechs Wochen nach dem Zeitpunkt der Befassung zusammen. Unbeschadet des Absatzes 3 gibt der Berufungsausschuss seine Stellungnahme innerhalb von zwei Monaten nach dem Zeitpunkt der Befassung ab.

Den Vorsitz im Berufungsausschuss führt ein Vertreter der Kommission.

Der Vorsitz legt in enger Zusammenarbeit mit den Ausschussmitgliedern den Zeitpunkt für die Sitzung des Berufungsausschusses fest, damit die Mitgliedstaaten und die Kommission für eine Vertretung auf angemessener Ebene sorgen können. Die Kommission beruft bis zum 1. April 2011 die erste Sitzung des Berufungsausschusses zur Annahme seiner Geschäftsordnung ein.

Artikel 4
Beratungsverfahren

(1) Findet das Beratungsverfahren Anwendung, so gibt der Ausschuss – erforderlichenfalls auf der Grundlage einer Abstimmung – seine Stellungnahme ab. Im Falle einer Abstimmung gibt der Ausschuss seine Stellungnahme mit der einfachen Mehrheit seiner Mitglieder ab.

(2) Die Kommission beschließt über den zu erlassenden Entwurf des Durchführungsrechtsakts; wobei sie soweit wie möglich das Ergebnis der Beratungen im Ausschuss und die abgegebene Stellungnahme berücksichtigt.

Artikel 5
Prüfverfahren

(1) Findet das Prüfverfahren Anwendung, so gibt der Ausschuss seine Stellungnahme mit der Mehrheit nach Artikel 16 Absätze 4 und 5 des Vertrags über die Europäische Union und gegebenenfalls nach Artikel 238 Absatz 3 AEUV bei Rechtsakten, die auf Vorschlag der Kommission zu erlassen sind, ab. Die Stimmen der Vertreter der Mitgliedstaaten im Ausschuss werden gemäß den vorgenannten Artikeln gewichtet.

(2) Gibt der Ausschuss eine befürwortende Stellungnahme ab, so erlässt die Kommission den im Entwurf vorgesehenen Durchführungsrechtsakt.

(3) Unbeschadet des Artikels 7 erlässt die Kommission den im Entwurf vorgesehenen Durchführungsrechtsakt nicht, wenn der Ausschuss eine ablehnende Stellungnahme abgibt. Wird ein Durchführungsrechtsakt für erforderlich erachtet, so kann der Vorsitz entweder demselben Ausschuss innerhalb von zwei Monaten nach Abgabe der ablehnenden Stellungnahme eine geänderte Fassung des Entwurfs des Durchführungsrechtsakts unterbreiten oder den Entwurf des Durchführungsrechtsakts innerhalb eines Monats nach Abgabe der ablehnenden Stellungnahme dem Berufungsausschuss zur weiteren Beratung vorlegen.

(4) Wird keine Stellungnahme abgegeben, so kann die Kommission außer in den in Unterabsatz 2 vorgesehenen Fällen den im Entwurf vorgesehenen Durchführungsrechtsakt erlassen. Erlässt die Kommission den im Entwurf vorgesehenen Durchführungsrechtsakt nicht, so kann der Vorsitz dem Ausschuss eine geänderte Fassung des Entwurfs des Durchführungsrechtsakts unterbreiten.

Unbeschadet des Artikels 7 erlässt die Kommission den im Entwurf vorgesehenen Durchführungsrechtsakt nicht,

a) wenn dieser Rechtsakt die Besteuerung, Finanzdienstleistungen, den Schutz der Gesundheit oder der Sicherheit von Menschen, Tieren oder Pflanzen oder endgültige multilaterale Schutzmaßnahmen betrifft,

b) wenn im Basisrechtsakt vorgesehen ist, dass der im Entwurf vorgesehene Durchführungsrechtsakt ohne Stellungnahme nicht erlassen werden darf, oder

c) wenn die Mitglieder des Ausschusses ihn mit einfacher Mehrheit ablehnen.

In allen in Unterabsatz 2 genannten Fällen kann der Vorsitz, wenn ein Durchführungsrechtsakt für erforderlich erachtet wird, entweder dem selben Ausschuss innerhalb von zwei Monaten nach der Abstimmung eine geänderte Fassung des Entwurfs des Durchführungsrechtsakts unterbreiten oder den Entwurf des Durchführungsrechtsakts innerhalb eines Monats nach der Abstimmung dem Berufungsausschuss zur weiteren Beratung vorlegen.

(5) Abweichend von Absatz 4 gilt das folgende Verfahren für die Annahme von Entwürfen für endgültige Antidumping- oder Ausgleichsmaßnahmen, wenn keine Stellungnahme im Ausschuss abgegeben wird und die Mitglieder des Ausschusses den Entwurf des Durchführungsrechtsakts mit einfacher Mehrheit ablehnen.

Die Kommission führt Konsultationen mit den Mitgliedstaaten durch. Frühestens 14 Tage und spätestens einen Monat nach der Sitzung des Ausschusses unterrichtet die Kommission die Ausschussmitglieder über die Ergebnisse dieser Konsultationen und legt dem Berufungsausschuss den Entwurf eines Durchführungsrechtsakts vor. Abweichend von Artikel 3 Absatz 7 tritt der Berufungsausschuss frühestens 14 Tage und spätestens einen Monat nach der Vorlage des Entwurfs des Durchführungsrechtsakts zusammen. Der Berufungsausschuss gibt seine Stellungnahme gemäß Artikel 6 ab. Die in diesem Absatz festgelegten Fristen lassen die Notwendigkeit, die Einhaltung der in dem betreffenden Basisrechtsakt festgelegten Fristen zu wahren, unberührt.

Artikel 6
Befassung des Berufungsausschusses

(1) Der Berufungsausschuss gibt seine Stellungnahme mit der in Artikel 5 Absatz 1 vorgesehenen Mehrheit ab.

(2) Bis zur Abgabe einer Stellungnahme kann jedes Mitglied des Berufungsausschusses Änderungen am Entwurf des Durchführungsrechtsakts vorschlagen und der Vorsitz kann beschließen, ihn zu ändern bzw. nicht zu ändern.

Der Vorsitz bemüht sich um Lösungen, die im Berufungsausschuss möglichst breite Unterstützung finden.

Der Vorsitz unterrichtet den Berufungsausschuss darüber, in welcher Form die Beratungen und die vorgeschlagenen Änderungen berücksichtigt wurden, insbesondere was Änderungsvorschläge angeht, die im Berufungsausschuss breite Unterstützung gefunden haben.

(3) Gibt der Berufungsausschuss eine befürwortende Stellungnahme ab, so erlässt die Kommission den im Entwurf vorgesehenen Durchführungsrechtsakt.

Wird keine Stellungnahme abgegeben, so kann die Kommission den im Entwurf vorgesehenen Durchführungsrechtsakt erlassen.

Gibt der Berufungsausschuss eine ablehnende Stellungnahme ab, so erlässt die Kommission den im Entwurf vorgesehenen Durchführungsrechtsakt nicht.

(4) Abweichend von Absatz 3 erlässt die Kommission bei der Annahme endgültiger multilateraler Schutzmaßnahmen die im Entwurf vorgesehenen Maßnahmen nicht, wenn keine befürwortende Stellungnahme vorliegt, die mit der in Artikel 5 Absatz 1 genannten Mehrheit angenommen wurde.

(5) Abweichend von Absatz 1 gibt der Berufungsausschuss bis zum 1. September 2012 seine Stellungnahme zu Entwürfen für endgültige Antidumping- oder Ausgleichsmaßnahmen mit der einfachen Mehrheit seiner Mitglieder ab.

Artikel 7
Erlass von Durchführungsrechtsakten in Ausnahmefällen

Abweichend von Artikel 5 Absatz 3 und Artikel 5 Absatz 4 Unterabsatz 2 kann die Kommission den im Entwurf vorgesehenen Durchführungsrechtsakt erlassen, wenn er unverzüglich erlassen werden muss, um eine erhebliche Störung der Agrarmärkte oder eine Gefährdung der finanziellen Interessen der Union im Sinne des Artikels 325 AEUV abzuwenden.

In diesem Fall legt die Kommission den erlassenen Durchführungsrechtsakt unverzüglich dem Berufungsausschuss vor. Gibt der Berufungsausschuss eine ablehnende Stellungnahme zu dem erlassenen Durchführungsrechtsakt ab, so hebt die Kommission diesen Rechtsakt unverzüglich auf. Gibt der Berufungsausschuss eine befürwortende Stellungnahme oder keine Stellungnahme ab, so bleibt der Durchführungsrechtsakt in Kraft.

Artikel 8
Sofort geltende Durchführungsrechtsakte

(1) Abweichend von den Artikeln 4 und 5 kann ein Basisrechtsrecht vorsehen, dass in hinreichend begründeten Fällen äußerster Dringlichkeit dieser Artikel anzuwenden ist.

(2) Die Kommission erlässt einen Durchführungsrechtsakt, der sofort gilt, ohne dass er vorher einem Ausschuss unterbreitet wurde, und für einen Zeitraum von höchstens sechs Monaten in Kraft bleibt, sofern im Basisrechtsakt nicht etwas anderes bestimmt ist.

(3) Der Vorsitz legt den in Absatz 2 genannten Rechtsakt spätestens 14 Tage nach seinem Erlass dem zuständigen Ausschuss zur Stellungnahme vor.

(4) Findet das Prüfverfahren Anwendung und gibt der Ausschuss eine ablehnende Stellungnahme ab, so hebt die Kommission den gemäß Absatz 2 erlassenen Durchführungsrechtsakt unverzüglich auf.

(5) Nimmt die Kommission vorläufige Antidumping- oder Ausgleichsmaßnahmen an, so findet das in diesem Artikel vorgesehene Verfahren Anwendung. Die Kommission ergreift solche Maßnahmen nach Konsultation oder – bei äußerster Dringlichkeit – nach Unterrichtung der Mitgliedstaaten. In letzterem Fall finden spätestens zehn Tage, nachdem die von der Kommission ergriffenen Maßnahmen den Mitgliedstaaten mitgeteilt wurden, Konsultationen statt.

Artikel 9
Geschäftsordnung

(1) Jeder Ausschuss gibt sich mit der einfachen Mehrheit seiner Mitglieder auf Vorschlag seines Vorsitzes sowie auf der Grundlage der von der Kommission nach Konsultation mit den Mitgliedstaaten festzulegenden Standardgeschäftsordnung eine Geschäftsordnung. Die Standardgeschäftsordnung wird von der Kommission im *Amtsblatt der Europäischen Union* veröffentlicht.

Soweit erforderlich passen bestehende Ausschüsse ihre Geschäftsordnung an die Standardgeschäftsordnung an.

(2) Die für die Kommission geltenden Grundsätze und Bedingungen für den Zugang der Öffentlichkeit zu Dokumenten und die für sie geltenden Datenschutzvorschriften gelten auch für die Ausschüsse.

Artikel 10
Information über Ausschussverfahren

(1) Die Kommission führt ein Register der Ausschussverfahren, das Folgendes enthält:

a) eine Liste der Ausschüsse,

b) die Tagesordnungen der Ausschusssitzungen,

c) die Kurzniederschriften sowie Listen der Behörden und Stellen, denen die Personen angehören, die die Mitgliedstaaten in deren Auftrag vertreten,

d) die Entwürfe der Durchführungsrechtsakte, zu denen die Ausschüsse um eine Stellungnahme ersucht werden,

e) die Abstimmungsergebnisse,

f) die endgültigen Entwürfe der Durchführungsrechtsakte nach Abgabe der Stellungnahme der Ausschüsse,

g) Angaben zum Erlass der im endgültigen Entwurf vorgesehenen Durchführungsrechtsakte durch die Kommission sowie

h) statistische Angaben zur Arbeit der Ausschüsse.

(2) Die Kommission veröffentlicht darüber hinaus einen jährlichen Bericht über die Arbeit der Ausschüsse.

(3) Das Europäische Parlament und der Rat haben im Einklang mit den geltenden Vorschriften Zugriff auf die in Absatz 1 genannten Angaben.

(4) Die Kommission stellt die in Absatz 1 Buchstaben b, d und f genannten Dokumente dem Europäischen Parlament und dem Rat zur gleichen Zeit, zu der sie den Ausschussmitgliedern übermittelt werden, zur Verfügung und unterrichtet sie über die Verfügbarkeit dieser Dokumente.

(5) Die Fundstellen der in Absatz 1 Buchstaben a bis g genannten Dokumente sowie die in Absatz 1 Buchstabe h genannten Angaben werden in dem Register öffentlich zugänglich gemacht.

Artikel 11
Kontrollrecht des Europäischen Parlaments und des Rates

Wurde der Basisrechtsakt nach dem ordentlichen Gesetzgebungsverfahren erlassen, so können das Europäische Parlament oder der Rat die Kommission jederzeit darauf hinweisen, dass der Entwurf eines Durchführungsrechtsakts ihres Erachtens die im Basisrechtsakt vorgesehenen Durchführungsbefugnisse überschreitet. In diesem Fall überprüft die Kommission den Entwurf des Durchführungsrechtsakts unter Berücksichtigung der vorgetragenen Standpunkte und unterrichtet das Europäische Parlament und den Rat darüber, ob sie beabsichtigt, den Entwurf des Durchführungsrechtsakts beizubehalten, abzuändern oder zurückzuziehen.

Artikel 12
Aufhebung des Beschlusses 1999/468/EG

Der Beschluss 1999/468/EG wird aufgehoben.

Artikel 5a des Beschlusses 1999/468/EG[*)] behält bei bestehenden Basisrechtsakten, in denen darauf verwiesen wird, weiterhin seine Wirkung.

[*)] **Artikel 5a Regelungsverfahren mit Kontrolle** (1) Die Kommission wird von einem Regelungskontrollausschuss unterstützt, der sich aus Vertretern der Mitgliedstaaten zusammensetzt und in dem der Vertreter der Kommission den Vorsitz führt. (2) Der Vertreter der Kommission unterbreitet dem Ausschuss einen Entwurf der zu ergreifenden Maßnahmen. Der Ausschuss gibt seine Stellungnahme zu diesem Entwurf innerhalb einer Frist ab, die der Vorsitzende unter Berücksichtigung der Dringlichkeit der betreffenden Frage festsetzen kann. Die Stellungnahme wird mit der Mehrheit abgegeben, die in Artikel 205 Absätze 2 und 4 des Vertrags für die Annahme der vom Rat auf Vorschlag der Kommission zu fassenden Beschlüsse vorgesehen ist. Bei der Abstimmung im Ausschuss werden die Stimmen der Vertreter der Mitgliedstaaten gemäß dem vorgenannten Artikel gewogen. Der Vorsitzende nimmt an der Abstimmung nicht teil. (3) Stehen die von der Kommission beabsichtigten Maßnahmen mit der Stellungnahme des Ausschusses im Einklang, so findet folgendes Verfahren Anwendung: a) Die Kommission unterbreitet dem Europäischen Parlament und dem Rat unverzüglich den Entwurf von Maßnahmen zur Kontrolle. b) Der Erlass dieses Entwurfs durch die Kommission kann vom Europäischen Parlament mit der Mehrheit seiner Mitglieder oder vom Rat mit qualifizierter Mehrheit abgelehnt werden, wobei diese Ablehnung darin begründet sein muss, dass der von der Kommission vorgelegte Entwurf von Maßnahmen über die im Basisrechtsakt vorgesehenen Durchführungsbefugnisse hinausgeht oder dass dieser Entwurf mit dem Ziel oder dem Inhalt des Basisrechtsakts unvereinbar ist oder gegen die Grundsätze der Subsidiarität oder Verhältnismäßigkeit verstößt. c) Spricht sich das Europäische Parlament oder der Rat innerhalb von drei Monaten nach seiner Befassung gegen den Entwurf von Maßnahmen aus, so werden diese nicht von der Kommission erlassen. In diesem Fall kann die Kommission dem Ausschuss einen geänderten Entwurf von Maßnahmen unterbreiten oder einen Vorschlag für einen Rechtsakt auf der Grundlage des Vertrags vorlegen. d) Hat sich nach Ablauf dieser Frist weder das Europäische Parlament noch der Rat gegen den Entwurf von Maßnahmen ausgesprochen, so werden sie von der Kommission erlassen. (4) Stehen die von der Kommission beabsichtigten Maßnahmen nicht mit der Stellungnahme des Ausschusses im Einklang oder liegt keine Stellungnahme vor, so findet folgendes Verfahren Anwendung: a) Die Kommission unterbreitet dem Rat unverzüglich einen Vorschlag für die zu ergreifenden Maßnahmen und übermittelt diesen Vorschlag gleichzeitig dem Europäischen Parlament. b) Der Rat befindet innerhalb von zwei Monaten nach seiner Befassung mit qualifizierter Mehrheit über diesen Vorschlag. c) Spricht sich der Rat innerhalb dieser Frist mit qualifizierter Mehrheit gegen die vorgeschlagenen Maßnahmen aus, so werden diese nicht erlassen. In diesem Fall kann die Kommission dem Rat einen geänderten Vorschlag unterbreiten oder einen Vorschlag für einen Rechtsakt auf der Grundlage des Vertrags vorlegen. d) Beabsichtigt der Rat den Erlass der vorgeschlagenen Maßnahmen, so unterbreitet er diese unverzüglich dem Europäischen Parlament. Befindet der Rat nicht innerhalb der genannten Frist von zwei Monaten, so unterbreitet die Kommission dem Europäischen Parlament unverzüglich

Artikel 13
Übergangsbestimmungen: Anpassung bestehender Basisrechtsakte

(1) Wenn vor Inkrafttreten dieser Verordnung erlassene Basisrechtsakte die Wahrnehmung von Durchführungsbefugnissen durch die Kommission gemäß dem Beschluss 1999/468/EG vorsehen, gelten folgende Regeln:

a) Wird im Basisrechtsakt auf Artikel 3 des Beschlusses 1999/468/EG Bezug genommen, so findet das in Artikel 4 der vorliegenden Verordnung genannte Beratungsverfahren Anwendung;

b) wird im Basisrechtsakt auf Artikel 4 des Beschlusses 1999/468/EG Bezug genommen, so findet das in Artikel 5 der vorliegenden Verordnung genannte Prüfverfahren Anwendung, mit Ausnahme von Artikel 5 Absatz 4 Unterabsätze 2 und 3;

c) wird im Basisrechtsakt auf Artikel 5 des Beschlusses 1999/468/EG Bezug genommen, so findet das in Artikel 5 der vorliegenden Verordnung genannte Prüfverfahren Anwendung und es wird davon ausgegangen, dass der Basisrechtsakt vorsieht, dass die Kommission, wie in Artikel 5 Absatz 4 Unterabsatz 2 Buchstabe b vorgesehen, den im Entwurf vorgesehenen Durchführungsrechtsakt ohne Stellungnahme nicht erlassen darf;

d) wird im Basisrechtsakt auf Artikel 6 des Beschlusses 1999/468/EG Bezug genommen, so findet Artikel 8 der vorliegenden Verordnung Anwendung;

e) wird im Basisrechtsakt auf die Artikel 7 und 8 des Beschlusses 1999/468/EG Bezug genommen, so finden die Artikel 10 und 11 der vorliegenden Verordnung Anwendung.

(2) Die Artikel 3 und 9 dieser Verordnung gelten für die Zwecke von Absatz 1 für alle bestehenden Ausschüsse.

(3) Artikel 7 dieser Verordnung gilt nur für bestehende Verfahren, in denen auf Artikel 4 des Beschlusses 1999/468/EG Bezug genommen wird.

(4) Die Übergangsbestimmungen nach diesem Artikel greifen der Art der betreffenden Rechtsakte nicht vor.

Artikel 14

Übergangsregelung

Laufende Verfahren, in denen ein Ausschuss bereits eine Stellungnahme gemäß dem Beschluss 1999/468/EG abgegeben hat, bleiben von dieser Verordnung unberührt.

Artikel 15

Überprüfung

Die Kommission legt dem Europäischen Parlament und dem Rat bis zum 1. März 2016 einen Bericht über die Durchführung dieser Verordnung vor, dem erforderlichenfalls geeignete Gesetzgebungsvorschläge beigefügt werden.

---

die Maßnahmen. e) Der Erlass dieser Maßnahmen kann vom Europäischen Parlament innerhalb einer Frist von vier Monaten ab Übermittlung des Vorschlags gemäß Buchstabe a mit der Mehrheit seiner Mitglieder abgelehnt werden, wobei diese Ablehnung darin begründet sein muss, dass die vorgeschlagenen Maßnahmen über die im Basisrechtsakt vorgesehenen Durchführungsbefugnisse hinausgehen oder dass diese Maßnahmen mit dem Ziel oder dem Inhalt des Basisrechtsakts unvereinbar sind oder gegen die Grundsätze der Subsidiarität oder Verhältnismäßigkeit verstoßen. f) Spricht sich das Europäische Parlament innerhalb dieser Frist gegen die vorgeschlagenen Maßnahmen aus, so werden diese nicht erlassen. In diesem Fall kann die Kommission dem Ausschuss einen geänderten Entwurf von Maßnahmen unterbreiten oder einen Vorschlag für einen Rechtsakt auf der Grundlage des Vertrags vorlegen. g) Hat sich das Europäische Parlament nach Ablauf der genannten Frist nicht gegen die vorgeschlagenen Maßnahmen ausgesprochen, so werden sie je nach Fall vom Rat oder von der Kommission erlassen. (5) Abweichend von den Absätzen 3 und 4 kann ein Basisrechtsakt in wohlbegründeten Ausnahmefällen vorsehen, a) dass die in Absatz 3 Buchstabe c sowie in Absatz 4 Buchstaben b und e vorgesehenen Fristen um einen weiteren Monat verlängert werden, wenn die Komplexität der Maßnahmen dies rechtfertigt; oder b) dass die in Absatz 3 Buchstabe c sowie in Absatz 4 Buchstaben b und e vorgesehenen Fristen verkürzt werden, wenn dies aus Gründen der Effizienz erforderlich ist. (6) Ein Basisrechtsakt kann vorsehen, dass in Fällen äußerster Dringlichkeit, in denen die in den Absätzen 3, 4 und 5 vorgesehenen Fristen für das Regelungsverfahren mit Kontrolle nicht eingehalten werden können, folgendes Verfahren Anwendung findet: a) Stehen die von der Kommission beabsichtigten Maßnahmen mit der Stellungnahme des Ausschusses im Einklang, so erlässt die Kommission diese Maßnahmen, die unmittelbar durchgeführt werden. Sie teilt diese Maßnahmen unverzüglich dem Europäischen Parlament und dem Rat mit. b) Innerhalb einer Frist von einem Monat ab dieser Mitteilung können die von der Kommission erlassenen Maßnahmen vom Europäischen Parlament mit der Mehrheit seiner Mitglieder oder vom Rat mit qualifizierter Mehrheit abgelehnt werden, wobei diese Ablehnung darin begründet sein muss, dass die Maßnahmen über die im Basisrechtsakt vorgesehenen Durchführungsbefugnisse hinausgehen oder dass die Maßnahmen mit dem Ziel oder dem Inhalt des Basisrechtsakts unvereinbar sind oder aber gegen die Grundsätze der Subsidiarität oder Verhältnismäßigkeit verstoßen. c) Im Falle der Ablehnung der Maßnahmen durch das Europäische Parlament oder durch den Rat, hebt die Kommission die Maßnahmen auf. Sie kann die Maßnahmen jedoch vorläufig aufrecht erhalten, wenn dies aus Gründen des Schutzes der Gesundheit, der Sicherheit oder des Umweltschutzes gerechtfertigt ist. In diesem Fall legt die Kommission dem Ausschuss unverzüglich einen geänderten Entwurf von Maßnahmen oder einen Vorschlag für einen Rechtsakt auf der Grundlage des Vertrags vor. Die vorläufigen Maßnahmen bleiben in Kraft, bis sie durch einen endgültigen Rechtsakt ersetzt werden.

Artikel 16
Inkrafttreten

Diese Verordnung tritt am 1. März 2011 in Kraft.

Diese Verordnung ist in allen ihren Teilen verbindlich und gilt unmittelbar in jedem Mitgliedstaat.

Geschehen zu Straßburg am 16. Februar 2011.

Im Namen des Europäischen Parlaments
Der Präsident
J. BUZEK
Im Namen des Rates
Der Präsident
MARTONYI J.

Gerichtshof der Europäischen Union

Hinweise: Der Beschluss des Rates vom 25. 2. 2010 über die Arbeitsweise des in *Artikel 255 AEUV vorgesehenen Ausschusses* findet sich in ABl 2010 L 50, S. 18. Der Ausschuss gibt eine Stellungnahme zur Eignung der Bewerber für das Amt eines Richters oder Generalanwalts beim Gerichtshof oder beim Gericht ab, bevor die Ernennung erfolgt.

Beschluss (EU) 2016/2386 des Gerichtshofs vom 20. September 2016 über die *Sicherheitsvorschriften für Auskünfte oder Unterlagen*, die nach Artikel 105 der Verfahrensordnung des Gerichts vor diesem vorgelegt werden (ABl 2016 L 355, 5).

[*)] Die EDV-Anwendung namens *e-Curia* ist den *Gerichten*, aus denen sich der Gerichtshof zusammensetzt, gemeinsam.

Satzung des Gerichtshofs der Europäischen Union

ABl 2012 C 326, 210 idF

1 ABl 2012 L 112, 21
2 ABl 2015 L 341, 14
3 ABl 2016 L 200, 137
4 ABl 2019 L 111, 1

Protokoll (Nr. 3) über die Satzung des Gerichtshofs der Europäischen Union

Der vorliegende Text enthält die konsolidierte Fassung des den Verträgen beigefügten Protokolls (Nr. 3) über die Satzung des Gerichtshofs der Europäischen Union in der durch die Verordnung (EU, Euratom) Nr. 741/2012 des Europäischen Parlaments und des Rates vom 11. August 2012 (ABl. L 228 vom 23. August 2012, S. 1), durch Artikel 9 der Akte über die Bedingungen des Beitritts der Republik Kroatien und die Anpassungen des Vertrags über die Europäische Union, des Vertrags über die Arbeitsweise der Europäischen Union und des Vertrags zur Gründung der Europäischen Atomgemeinschaft (ABl. L 112 vom 24. April 2012, S. 21), durch die Verordnung (EU, Euratom) 2015/2422 des Europäischen Parlaments und des Rates vom 16. Dezember 2015 (ABl. L 341 vom 24. Dezember 2015, S. 14), durch die Verordnung (EU, Euratom) 2016/1192 des Europäischen Parlaments und des Rates vom 6. Juli 2016 über die Übertragung der Zuständigkeit für die Entscheidung im ersten Rechtszug über die Rechtsstreitigkeiten zwischen der Europäischen Union und ihren Bediensteten auf das Gericht (ABl. L 200 vom 26. Juli 2016, S. 137) und durch die Verordnung (EU, Euratom) 2019/629 des Europäischen Parlaments und des Rates vom 17. April 2019 (ABl. L 111 vom 25. April 2019, S. 1) geänderten Fassung. Diese Textausgabe dient lediglich Informationszwecken; ihre Veröffentlichung erfolgt ohne Gewähr.

DIE HOHEN VERTRAGSPARTEIEN –

IN DEM WUNSCH, die in Artikel 281 des Vertrags über die Arbeitsweise der Europäischen Union (AEUV) vorgesehene Satzung des Gerichtshofs der Europäischen Union festzulegen –

SIND über folgende Bestimmungen ÜBEREINGEKOMMEN, die dem Vertrag über die Europäische Union, dem Vertrag über die Arbeitsweise der Europäischen Union und dem Vertrag zur Gründung der Europäischen Atomgemeinschaft beigefügt sind:

Artikel 1

Für die Errichtung und die Tätigkeit des Gerichtshofs der Europäischen Union gelten die Bestimmungen der Verträge, des Vertrags zur Gründung der Europäischen Atomgemeinschaft (EAG-Vertrag) und dieser Satzung.

TITEL I

DIE RICHTER UND DIE GENERALANWÄLTE

Artikel 2

Jeder Richter leistet vor Aufnahme seiner Amtstätigkeit vor dem in öffentlicher Sitzung tagenden Gerichtshof den Eid, sein Amt unparteiisch und gewissenhaft auszuüben und das Beratungsgeheimnis zu wahren.

Artikel 3

Die Richter sind keiner Gerichtsbarkeit unterworfen. Hinsichtlich ihrer in amtlicher Eigenschaft vorgenommenen Handlungen, einschließlich ihrer mündlichen und schriftlichen Äußerungen, steht ihnen diese Befreiung auch nach Abschluss ihrer Amtstätigkeit zu.

Der Gerichtshof kann die Befreiung durch Plenarentscheidung aufheben. Betrifft die Entscheidung ein Mitglied des Gerichts oder eines Fachgerichts, so entscheidet der Gerichtshof nach Anhörung des betreffenden Gerichts.

Wird nach Aufhebung der Befreiung ein Strafverfahren gegen einen Richter eingeleitet, so darf dieser in jedem Mitgliedstaat nur vor ein Gericht gestellt werden, das für Verfahren gegen Richter der höchsten Gerichte dieses Mitgliedstaats zuständig ist.

Die Artikel 11 bis 14 und Artikel 17 des Protokolls über die Vorrechte und Befreiungen der Europäischen Union finden auf die Richter, die Generalanwälte, den Kanzler und die Hilfsberichterstatter des Gerichtshofs der Europäischen Union Anwendung; die Bestimmungen der Absätze 1 bis 3 betreffend die Befreiung der Richter von der Gerichtsbarkeit bleiben hiervon unberührt.

Artikel 4

Die Richter dürfen weder ein politisches Amt noch ein Amt in der Verwaltung ausüben.

Sie dürfen keine entgeltliche oder unentgeltliche Berufstätigkeit ausüben, es sei denn, dass der Rat mit einfacher Mehrheit ausnahmsweise von dieser Vorschrift Befreiung erteilt.

Bei der Aufnahme ihrer Tätigkeit übernehmen sie die feierliche Verpflichtung, während der

Ausübung und nach Ablauf ihrer Amtstätigkeit die sich aus ihrem Amt ergebenden Pflichten zu erfüllen, insbesondere die Pflicht, bei der Annahme bestimmter Tätigkeiten oder Vorteile nach Ablauf dieser Tätigkeit ehrenhaft und zurückhaltend zu sein.

Im Zweifelsfalle entscheidet der Gerichtshof. Betrifft die Entscheidung ein Mitglied des Gerichts oder eines Fachgerichts, so entscheidet der Gerichtshof nach Anhörung des betreffenden Gerichts.

Artikel 5

Abgesehen von den regelmäßigen Neubesetzungen und von Todesfällen endet das Amt eines Richters durch Rücktritt.

Bei Rücktritt eines Richters ist das Rücktrittsschreiben an den Präsidenten des Gerichtshofs zur Weiterleitung an den Präsidenten des Rates zu richten. Mit der Benachrichtigung des Letzteren wird der Sitz frei.

Mit Ausnahme der Fälle, in denen Artikel 6 Anwendung findet, bleibt jeder Richter bis zum Amtsantritt seines Nachfolgers im Amt.

Artikel 6

Ein Richter kann nur dann seines Amtes enthoben oder seiner Ruhegehaltsansprüche oder anderer an ihrer Stelle gewährter Vergünstigungen für verlustig erklärt werden, wenn er nach einstimmigem Urteil der Richter und Generalanwälte des Gerichtshofs nicht mehr die erforderlichen Voraussetzungen erfüllt oder den sich aus seinem Amt ergebenden Verpflichtungen nicht mehr nachkommt. Der Betroffene wirkt bei der Beschlussfassung nicht mit. Ist der Betroffene ein Mitglied des Gerichts oder eines Fachgerichts, so entscheidet der Gerichtshof nach Anhörung des betreffenden Gerichts.

Der Kanzler bringt den Präsidenten des Europäischen Parlaments und der Kommission die Entscheidung des Gerichtshofs zur Kenntnis und übermittelt sie dem Präsidenten des Rates.

Wird durch eine solche Entscheidung ein Richter seines Amtes enthoben, so wird sein Sitz mit der Benachrichtigung des Präsidenten des Rates frei.

Artikel 7

Endet das Amt eines Richters vor Ablauf seiner Amtszeit, so wird es für die verbleibende Amtszeit neu besetzt.

Artikel 8

Die Artikel 2 bis 7 finden auf die Generalanwälte Anwendung.

TITEL II

ORGANISATION DES GERICHTSHOFS

Artikel 9

Bei der alle drei Jahre stattfindenden teilweisen Neubesetzung der Richterstellen wird die Hälfte der Richterstellen neu besetzt. Ist die Zahl der Richterstellen ungerade, so ist die Zahl der neu zu besetzenden Richterstellen abwechselnd die Zahl, die direkt über bzw. direkt unter der Hälfte der Anzahl der Richterstellen liegt.

Absatz 1 gilt auch für die alle drei Jahre stattfindende teilweise Neubesetzung der Stellen der Generalanwälte.

Artikel 9a

Die Richter wählen aus ihrer Mitte den Präsidenten und den Vizepräsidenten des Gerichtshofs für die Dauer von drei Jahren. Die Wiederwahl ist zulässig.

Der Vizepräsident unterstützt den Präsidenten nach Maßgabe der Verfahrensordnung. Er vertritt den Präsidenten, wenn dieser verhindert oder sein Amt unbesetzt ist.

Artikel 10

Der Kanzler leistet vor dem Gerichtshof den Eid, sein Amt unparteiisch und gewissenhaft auszuüben und das Beratungsgeheimnis zu wahren.

Artikel 11

Der Gerichtshof regelt die Vertretung des Kanzlers für den Fall seiner Verhinderung.

Artikel 12

Dem Gerichtshof werden Beamte und sonstige Bedienstete beigegeben, um ihm die Erfüllung seiner Aufgaben zu ermöglichen. Sie unterstehen dem Kanzler unter Aufsicht des Präsidenten.

Artikel 13

Das Europäische Parlament und der Rat können gemäß dem ordentlichen Gesetzgebungsverfahren auf Antrag des Gerichtshofs die Ernennung von Hilfsberichterstattern vorsehen und ihre Stellung bestimmen. Die Hilfsberichterstatter können nach Maßgabe der Verfahrensordnung berufen werden, an der Bearbeitung der beim Gerichtshof anhängigen Sachen teilzunehmen und mit dem Berichterstatter zusammenzuarbeiten.

Zu Hilfsberichterstattern sind Persönlichkeiten auszuwählen, die jede Gewähr für Unabhängigkeit bieten und die erforderlichen juristischen Befähigungsnachweise erbringen; sie werden vom Rat mit einfacher Mehrheit ernannt. Sie leisten vor dem Gerichtshof den Eid, ihr Amt unparteiisch und gewissenhaft auszuüben und das Beratungsgeheimnis zu wahren.

Artikel 14

Die Richter, die Generalanwälte und der Kanzler sind verpflichtet, am Sitz des Gerichtshofs zu wohnen.

Artikel 15

Der Gerichtshof übt seine Tätigkeit ständig aus. Die Dauer der Gerichtsferien wird vom Gerichtshof unter Berücksichtigung der dienstlichen Erfordernisse festgesetzt.

Artikel 16

Der Gerichtshof bildet aus seiner Mitte Kammern mit drei und mit fünf Richtern. Die Richter wählen aus ihrer Mitte die Präsidenten der Kammern. Die Präsidenten der Kammern mit fünf Richtern werden für drei Jahre gewählt. Einmalige Wiederwahl ist zulässig.

Die Große Kammer ist mit fünfzehn Richtern besetzt. Den Vorsitz führt der Präsident des Gerichtshofs. Der Großen Kammer gehören außerdem der Vizepräsident des Gerichtshofs sowie nach Maßgabe der Verfahrensordnung drei der Präsidenten der Kammern mit fünf Richtern und weitere Richter an.

Der Gerichtshof tagt als Große Kammer, wenn ein am Verfahren beteiligter Mitgliedstaat oder ein am Verfahren beteiligtes Unionsorgan dies beantragt.

Der Gerichtshof tagt als Plenum, wenn er gemäß Artikel 228 Absatz 2, Artikel 245 Absatz 2, Artikel 247 oder Artikel 286 Absatz 6 AEUV befasst wird.

Außerdem kann der Gerichtshof, wenn er zu der Auffassung gelangt, dass eine Rechtssache, mit der er befasst ist, von außergewöhnlicher Bedeutung ist, nach Anhörung des Generalanwalts entscheiden, diese Rechtssache an das Plenum zu verweisen.

Artikel 17

Der Gerichtshof kann nur in der Besetzung mit einer ungeraden Zahl von Richtern rechtswirksam entscheiden.

Die Entscheidungen der Kammern mit drei oder fünf Richtern sind nur dann gültig, wenn sie von drei Richtern getroffen werden.

Die Entscheidungen der Großen Kammer sind nur dann gültig, wenn elf Richter anwesend sind.

Die vom Plenum getroffenen Entscheidungen des Gerichtshofs sind nur dann gültig, wenn siebzehn Richter anwesend sind.

Bei Verhinderung eines Richters einer Kammer kann nach Maßgabe der Verfahrensordnung ein Richter einer anderen Kammer herangezogen werden.

Artikel 18

Die Richter und Generalanwälte dürfen nicht an der Erledigung einer Sache teilnehmen, in der sie vorher als Bevollmächtigte, Beistände oder Anwälte einer der Parteien tätig gewesen sind oder über die zu befinden sie als Mitglied eines Gerichts, eines Untersuchungsausschusses oder in anderer Eigenschaft berufen waren.

Glaubt ein Richter oder Generalanwalt, bei der Entscheidung oder Untersuchung einer bestimmten Sache aus einem besonderen Grund nicht mitwirken zu können, so macht er davon dem Präsidenten Mitteilung. Hält der Präsident die Teilnahme eines Richters oder Generalanwalts an der Verhandlung oder Entscheidung einer bestimmten Sache aus einem besonderen Grund für unangebracht, so setzt er diesen hiervon in Kenntnis.

Ergibt sich bei der Anwendung dieses Artikels eine Schwierigkeit, so entscheidet der Gerichtshof.

Eine Partei kann den Antrag auf Änderung der Zusammensetzung des Gerichtshofs oder einer seiner Kammern weder mit der Staatsangehörigkeit eines Richters noch damit begründen, dass dem Gerichtshof oder einer seiner Kammern kein Richter ihrer Staatsangehörigkeit angehört.

TITEL III

VERFAHREN VOR DEM GERICHTSHOF

Artikel 19

Die Mitgliedstaaten sowie die Unionsorgane werden vor dem Gerichtshof durch einen Bevollmächtigten vertreten, der für jede Sache bestellt wird; der Bevollmächtigte kann sich der Hilfe eines Beistands oder eines Anwalts bedienen.

Die Vertragsstaaten des Abkommens über den Europäischen Wirtschaftsraum, die nicht Mitgliedstaaten sind, und die in jenem Abkommen genannte EFTA-Überwachungsbehörde werden in der gleichen Weise vertreten.

Die anderen Parteien müssen durch einen Anwalt vertreten sein.

Nur ein Anwalt, der berechtigt ist, vor einem Gericht eines Mitgliedstaats oder eines anderen Vertragsstaats des Abkommens über den Europäischen Wirtschaftsraum aufzutreten, kann vor dem Gerichtshof als Vertreter oder Beistand einer Partei auftreten.

Die vor dem Gerichtshof auftretenden Bevollmächtigten, Beistände und Anwälte genießen nach Maßgabe der Verfahrensordnung die zur unabhängigen Ausübung ihrer Aufgaben erforderlichen Rechte und Sicherheiten.

Der Gerichtshof hat nach Maßgabe der Verfahrensordnung gegenüber den vor ihm auftretenden Beiständen und Anwälten die den Gerichten üblicherweise zuerkannten Befugnisse.

Hochschullehrer, die Angehörige von Mitgliedstaaten sind, deren Rechtsordnung ihnen gestattet, vor Gericht als Vertreter einer Partei aufzutreten, haben vor dem Gerichtshof die durch diesen Artikel den Anwälten eingeräumte Rechtsstellung.

Artikel 20

Das Verfahren vor dem Gerichtshof gliedert sich in ein schriftliches und ein mündliches Verfahren.

Das schriftliche Verfahren umfasst die Übermittlung der Klageschriften, Schriftsätze, Klagebeantwortungen und Erklärungen und gegebenenfalls der Repliken sowie aller zur Unterstützung vorgelegten Belegstücke und Urkunden oder ihrer beglaubigten Abschriften an die Parteien sowie an diejenigen Unionsorgane, deren Entscheidungen Gegenstand des Verfahrens sind.

Die Übermittlung obliegt dem Kanzler in der Reihenfolge und innerhalb der Fristen, die die Verfahrensordnung bestimmt.

Das mündliche Verfahren umfasst die Anhörung der Bevollmächtigten, Beistände und Anwälte und der Schlussanträge des Generalanwalts durch den Gerichtshof sowie gegebenenfalls die Vernehmung von Zeugen und Sachverständigen.

Ist der Gerichtshof der Auffassung, dass eine Rechtssache keine neue Rechtsfrage aufwirft, so kann er nach Anhörung des Generalanwalts beschließen, dass ohne Schlussanträge des Generalanwalts über die Sache entschieden wird.

Artikel 21

Die Klageerhebung bei dem Gerichtshof erfolgt durch Einreichung einer an den Kanzler zu richtenden Klageschrift. Die Klageschrift muss Namen und Wohnsitz des Klägers, die Stellung des Unterzeichnenden, die Partei oder die Parteien, gegen die die Klage erhoben wird, und den Streitgegenstand angeben sowie die Anträge und eine kurze Darstellung der Klagegründe enthalten.

Ihr ist gegebenenfalls der Rechtsakt beizufügen, dessen Nichtigerklärung beantragt wird, oder in dem in Artikel 265 AEUV geregelten Fall eine Unterlage, aus der sich der Zeitpunkt der in dem genannten Artikel vorgesehenen Aufforderung ergibt. Sind der Klageschrift diese Unterlagen nicht beigefügt, so fordert der Kanzler den Kläger auf, sie innerhalb einer angemessenen Frist beizubringen; die Klage kann nicht deshalb zurückgewiesen werden, weil die Beibringung erst nach Ablauf der für die Klageerhebung vorgeschriebenen Frist erfolgt.

Artikel 22

In den Fällen nach Artikel 18 des EAG-Vertrags erfolgt die Klageerhebung bei dem Gerichtshof durch Einreichung einer an den Kanzler zu richtenden Klageschrift. Die Klageschrift muss Namen und Wohnsitz des Klägers, die Stellung des Unterzeichnenden, die Entscheidung, gegen die Klage erhoben wird, die Gegenparteien und den Streitgegenstand angeben sowie die Anträge und eine kurze Darstellung der Klagegründe enthalten.

Eine beglaubigte Abschrift der angefochtenen Entscheidung des Schiedsausschusses ist beizufügen.

Weist der Gerichtshof die Klage ab, so wird die Entscheidung des Schiedsausschusses rechtskräftig.

Hebt der Gerichtshof die Entscheidung des Schiedsausschusses auf, so kann das Verfahren gegebenenfalls auf Betreiben einer Prozesspartei vor dem Schiedsausschuss wieder aufgenommen werden. Dieser ist an die vom Gerichtshof gegebene rechtliche Beurteilung gebunden.

Artikel 23

In den Fällen nach Artikel 267 AEUV obliegt es dem Gericht des Mitgliedstaats, das ein Verfahren aussetzt und den Gerichtshof anruft, diese Entscheidung dem Gerichtshof zu übermitteln. Der Kanzler des Gerichtshofs stellt diese Entscheidung den beteiligten Parteien, den Mitgliedstaaten und der Kommission zu und außerdem den Organen, Einrichtungen oder sonstigen Stellen der Union, von denen die Handlung, deren Gültigkeit oder Auslegung streitig ist, ausgegangen ist.

Binnen zwei Monaten nach dieser Zustellung können die Parteien, die Mitgliedstaaten, die Kommission und gegebenenfalls die Organe, Einrichtungen oder sonstigen Stellen der Union, von denen die Handlung, deren Gültigkeit oder Auslegung streitig ist, ausgegangen ist, beim Gerichtshof Schriftsätze einreichen oder schriftliche Erklärungen abgeben.

In den Fällen nach Artikel 267 AEUV stellt der Kanzler des Gerichtshofs die Entscheidung des Gerichts des Mitgliedstaats darüber hinaus den Vertragsstaaten des Abkommens über den Europäischen Wirtschaftsraum, die nicht Mitgliedstaaten sind, und der in jenem Abkommen genannten EFTA-Überwachungsbehörde zu, die binnen zwei Monaten nach der Zustellung beim Gerichtshof Schriftsätze einreichen oder schriftliche Erklärungen abgeben können, wenn einer der Anwendungsbereiche des Abkommens betroffen ist.

Sieht ein vom Rat mit einem oder mehreren Drittstaaten über einen bestimmten Bereich geschlossenes Abkommen vor, dass diese Staaten Schriftsätze einreichen oder schriftliche Erklärungen abgeben können, wenn ein Gericht eines Mitgliedstaats dem Gerichtshof eine in den Anwendungsbereich des Abkommens fallende Frage zur Vorabentscheidung vorgelegt hat, so wird die Entscheidung des Gerichts des Mitgliedstaats, die eine solche Frage enthält, auch den betreffenden Drittstaaten zugestellt, die binnen zwei Monaten nach der Zustellung beim Gerichtshof Schriftsätze einreichen oder schriftliche Erklärungen abgeben können.

Artikel 23a

In der Verfahrensordnung können ein beschleunigtes Verfahren und für Vorabentscheidungsersuchen zum Raum der Freiheit, der Sicherheit und des Rechts ein Eilverfahren vorgesehen werden.

Diese Verfahren können vorsehen, dass für die Einreichung von Schriftsätzen oder schriftlichen Erklärungen eine kürzere Frist als die des Artikels 23 gilt und dass abweichend von Artikel 20 Absatz 4 keine Schlussanträge des Generalanwalts gestellt werden.

Das Eilverfahren kann außerdem eine Beschränkung der in Artikel 23 bezeichneten Parteien und sonstigen Beteiligten, die Schriftsätze einreichen oder schriftliche Erklärungen abgeben können, und in Fällen äußerster Dringlichkeit das Entfallen des schriftlichen Verfahrens vorsehen.

Artikel 24

Der Gerichtshof kann von den Parteien die Vorlage aller Urkunden und die Erteilung aller Auskünfte verlangen, die er für wünschenswert hält. Im Falle einer Weigerung stellt der Gerichtshof diese ausdrücklich fest.

Der Gerichtshof kann ferner von den Mitgliedstaaten und den Organen, Einrichtungen oder sonstigen Stellen, die nicht Parteien in einem Rechtsstreit sind, alle Auskünfte verlangen, die er zur Regelung dieses Rechtsstreits für erforderlich erachtet.

Artikel 25

Der Gerichtshof kann jederzeit Personen, Personengemeinschaften, Dienststellen, Ausschüsse oder Einrichtungen seiner Wahl mit der Abgabe von Gutachten betrauen.

Artikel 26

Zeugen können nach Maßgabe der Verfahrensordnung vernommen werden.

Artikel 27

Nach Maßgabe der Verfahrensordnung kann der Gerichtshof gegenüber ausbleibenden Zeugen die den Gerichten allgemein zuerkannten Befugnisse ausüben und Geldbußen verhängen.

Artikel 28

Zeugen und Sachverständige können unter Benutzung der in der Verfahrensordnung vorgeschriebenen Eidesformel oder in der in der Rechtsordnung ihres Landes vorgesehenen Weise eidlich vernommen werden.

Artikel 29

Der Gerichtshof kann anordnen, dass ein Zeuge oder Sachverständiger von dem Gericht seines Wohnsitzes vernommen wird.

Diese Anordnung ist gemäß den Bestimmungen der Verfahrensordnung zur Ausführung an das zuständige Gericht zu richten. Die in Ausführung des Rechtshilfeersuchens abgefassten Schriftstücke werden dem Gerichtshof nach denselben Bestimmungen übermittelt.

Der Gerichtshof übernimmt die anfallenden Auslagen; er erlegt sie gegebenenfalls den Parteien auf.

Artikel 30

Jeder Mitgliedstaat behandelt die Eidesverletzung eines Zeugen oder Sachverständigen wie eine vor seinen eigenen in Zivilsachen zuständigen Gerichten begangene Straftat. Auf Anzeige des Gerichtshofs verfolgt er den Täter vor seinen zuständigen Gerichten.

Artikel 31

Die Verhandlung ist öffentlich, es sei denn, dass der Gerichtshof von Amts wegen oder auf Antrag der Parteien aus wichtigen Gründen anders beschließt.

Artikel 32

Der Gerichtshof kann während der Verhandlung Sachverständige, Zeugen sowie die Parteien selbst vernehmen. Für die Letzteren können jedoch nur ihre bevollmächtigten Vertreter mündlich verhandeln.

Artikel 33

Über jede mündliche Verhandlung ist ein vom Präsidenten und vom Kanzler zu unterschreibendes Protokoll aufzunehmen.

Artikel 34

Die Terminliste wird vom Präsidenten festgelegt.

Artikel 35

Die Beratungen des Gerichtshofs sind und bleiben geheim.

Artikel 36

Die Urteile sind mit Gründen zu versehen. Sie enthalten die Namen der Richter, die bei der Entscheidung mitgewirkt haben.

Artikel 37

Die Urteile sind vom Präsidenten und vom Kanzler zu unterschreiben. Sie werden in öffentlicher Sitzung verlesen.

Artikel 38

Der Gerichtshof entscheidet über die Kosten.

Artikel 39

Der Präsident des Gerichtshofs kann in einem abgekürzten Verfahren, das erforderlichenfalls von einzelnen Bestimmungen dieser Satzung abweichen kann und in der Verfahrensordnung geregelt ist, über Anträge auf Aussetzung gemäß Artikel 278 AEUV und Artikel 157 EAG-Vertrag, auf Erlass einstweiliger Anordnungen gemäß Artikel 279 AEUV oder auf Aussetzung der Zwangsvollstreckung gemäß Artikel 299 Absatz 4 AEUV oder Artikel 164 Absatz 3 EAG-Vertrag entscheiden.

Die in Absatz 1 genannten Befugnisse können nach Maßgabe der Verfahrensordnung vom Vizepräsidenten des Gerichtshofs ausgeübt werden.

Bei Verhinderung des Präsidenten und des Vizepräsidenten werden diese durch einen anderen Richter nach Maßgabe der Verfahrensordnung vertreten.

Die von dem Präsidenten oder seinem Vertreter getroffene Anordnung stellt eine einstweilige Regelung dar und greift der Entscheidung des Gerichtshofs in der Hauptsache nicht vor.

Artikel 40

Die Mitgliedstaaten und die Unionsorgane können einem bei dem Gerichtshof anhängigen Rechtsstreit beitreten.

Dasselbe gilt für die Einrichtungen und sonstigen Stellen der Union sowie alle anderen Personen, sofern sie ein berechtigtes Interesse am Ausgang eines bei dem Gerichtshof anhängigen Rechtsstreits glaubhaft machen können. Natürliche oder juristische Personen können Rechtssachen zwischen Mitgliedstaaten, zwischen Organen der Union oder zwischen Mitgliedstaaten und Organen der Union nicht beitreten.

Unbeschadet des Absatzes 2 können die Vertragsstaaten des Abkommens über den Europäischen Wirtschaftsraum, die nicht Mitgliedstaaten sind, und die in jenem Abkommen genannte EFTA-Überwachungsbehörde einem bei dem Gerichtshof anhängigen Rechtsstreit beitreten, wenn dieser einen der Anwendungsbereiche jenes Abkommens betrifft.

Mit den aufgrund des Beitritts gestellten Anträgen können nur die Anträge einer Partei unterstützt werden.

Artikel 41

Stellt der ordnungsmäßig geladene Beklagte keine schriftlichen Anträge, so ergeht gegen ihn Versäumnisurteil. Gegen dieses Urteil kann binnen einem Monat nach Zustellung Einspruch eingelegt werden. Der Einspruch hat keine Aussetzung der Vollstreckung aus dem Versäumnisurteil zur Folge, es sei denn, dass der Gerichtshof anders beschließt.

Artikel 42

Mitgliedstaaten, Organe, Einrichtungen oder sonstige Stellen der Union und alle sonstigen natürlichen und juristischen Personen können nach Maßgabe der Verfahrensordnung in den dort genannten Fällen Drittwiderspruch gegen ein Urteil erheben, wenn dieses Urteil ihre Rechte beeinträchtigt und in einem Rechtsstreit erlassen worden ist, an dem sie nicht teilgenommen haben.

Artikel 43

Bestehen Zweifel über Sinn und Tragweite eines Urteils, so ist der Gerichtshof zuständig, dieses Urteil auf Antrag einer Partei oder eines Unionsorgans auszulegen, wenn diese ein berechtigtes Interesse hieran glaubhaft machen.

Artikel 44

Die Wiederaufnahme des Verfahrens kann beim Gerichtshof nur dann beantragt werden, wenn eine Tatsache von entscheidender Bedeutung bekannt wird, die vor Verkündung des Urteils dem Gerichtshof und der die Wiederaufnahme beantragenden Partei unbekannt war.

Das Wiederaufnahmeverfahren wird durch eine Entscheidung des Gerichtshofs eröffnet, die das Vorliegen der neuen Tatsache ausdrücklich feststellt, ihr die für die Eröffnung des Wiederaufnahmeverfahrens erforderlichen Merkmale zuerkennt und deshalb den Antrag für zulässig erklärt.

Nach Ablauf von zehn Jahren nach Erlass des Urteils kann kein Wiederaufnahmeantrag mehr gestellt werden.

Artikel 45

In der Verfahrensordnung sind besondere, den Entfernungen Rechnung tragende Fristen festzulegen.

Der Ablauf von Fristen hat keinen Rechtsnachteil zur Folge, wenn der Betroffene nachweist, dass ein Zufall oder ein Fall höherer Gewalt vorliegt.

Artikel 46

Die aus außervertraglicher Haftung der Union hergeleiteten Ansprüche verjähren in fünf Jahren nach Eintritt des Ereignisses, das ihnen zugrunde liegt. Die Verjährung wird durch Einreichung der Klageschrift beim Gerichtshof oder dadurch unterbrochen, dass der Geschädigte seinen Anspruch vorher gegenüber dem zuständigen Unionsorgan geltend macht. In letzterem Fall muss die Klage innerhalb der in Artikel 263 AEUV vorgesehenen Frist von zwei Monaten erhoben werden; gegebenenfalls findet Artikel 265 Absatz 2 AEUV Anwendung.

Dieser Artikel gilt auch für Ansprüche, die aus außervertraglicher Haftung der Europäischen Zentralbank hergeleitet werden.

TITEL IV
DAS GERICHT

Artikel 47

Artikel 9 Absatz 1, Artikel 9a, Artikel 14 und 15, Artikel 17 Absätze 1, 2, 4 und 5 sowie Artikel 18 finden auf das Gericht und dessen Mitglieder Anwendung.

Artikel 3 Absatz 4 sowie die Artikel 10, 11 und 14 finden auf den Kanzler des Gerichts entsprechende Anwendung.

Artikel 48

Das Gericht besteht

a) ab dem 25. Dezember 2015 aus 40 Mitgliedern,

b) ab dem 1. September 2016 aus 47 Mitgliedern,

c) ab dem 1. September 2019 aus zwei Mitgliedern je Mitgliedstaat.

Artikel 49

Die Mitglieder des Gerichts können dazu bestellt werden, die Tätigkeit eines Generalanwalts auszuüben.

Der Generalanwalt hat in völliger Unparteilichkeit und Unabhängigkeit begründete Schlussanträge zu bestimmten dem Gericht unterbreiteten Rechtssachen öffentlich zu stellen, um das Gericht bei der Erfüllung seiner Aufgaben zu unterstützen.

Die Kriterien für die Bestimmung solcher Rechtssachen sowie die Einzelheiten für die Bestellung der Generalanwälte werden in der Verfahrensordnung des Gerichts festgelegt.

Ein in einer Rechtssache zum Generalanwalt bestelltes Mitglied darf bei der Entscheidung dieser Rechtssache nicht mitwirken.

Artikel 50

Das Gericht tagt in Kammern mit drei oder mit fünf Richtern. Die Richter wählen aus ihrer Mitte die Präsidenten der Kammern. Die Präsidenten der Kammern mit fünf Richtern werden für drei Jahre gewählt. Einmalige Wiederwahl ist zulässig.

Die Besetzung der Kammern und die Zuweisung der Rechtssachen an sie richten sich nach der Verfahrensordnung. In bestimmten in der Verfahrensordnung festgelegten Fällen kann das Gericht als Plenum oder als Einzelrichter tagen.

Die Verfahrensordnung kann auch vorsehen, dass das Gericht in den Fällen und unter den Bedingungen, die in der Verfahrensordnung festgelegt sind, als Große Kammer tagt.

Artikel 50a

Das Gericht ist für die Entscheidung im ersten Rechtszug über Rechtsstreitigkeiten zwischen der Union und deren Bediensteten gemäß Artikel 270 des Vertrags über die Arbeitsweise der Europäischen Union zuständig, einschließlich der Rechtsstreitigkeiten zwischen den Organen, Einrichtungen und sonstigen Stellen einerseits und deren Bediensteten andererseits, für die der Gerichtshof der Europäischen Union zuständig ist.

Das Gericht kann in jedem Verfahrensstadium, auch bereits ab der Einreichung der Klageschrift, die Möglichkeiten für eine gütliche Beilegung des Rechtsstreits prüfen und versuchen, eine solche Beilegung zu erleichtern.

Artikel 51

Abweichend von der in Artikel 256 Absatz 1 AEUV vorgesehenen Regelung sind dem Gerichtshof vorbehalten:

a) die Klagen gemäß den Artikeln 263 und 265 AEUV, die von einem Mitgliedstaat erhoben werden

i) gegen einen Gesetzgebungsakt, eine Handlung des Europäischen Parlaments, des Europäischen Rates oder des Rates oder wegen unterlassener Beschlussfassung eines oder mehrerer dieser Organe, mit Ausnahme

– der Beschlüsse des Rates gemäß Artikel 108 Absatz 2 Unterabsatz 3 AEUV;

– der Rechtsakte, die der Rat aufgrund einer Verordnung des Rates über handelspolitische

Schutzmaßnahmen im Sinne von Artikel 207 AEUV erlässt;

– der Handlungen des Rates, mit denen dieser gemäß Artikel 291 Absatz 2 AEUV Durchführungsbefugnisse ausübt;

ii) gegen eine Handlung oder wegen unterlassener Beschlussfassung der Kommission gemäß Artikel 331 Absatz 1 AEUV;

b) die Klagen gemäß den Artikeln 263 und 265 AEUV, die von einem Unionsorgan gegen einen Gesetzgebungsakt, eine Handlung des Europäischen Parlaments, des Europäischen Rates, des Rates, der Kommission oder der Europäischen Zentralbank oder wegen unterlassener Beschlussfassung eines oder mehrerer dieser Organe erhoben werden;

c) die Klagen gemäß Artikel 263 AEUV, die von einem Mitgliedstaat erhoben werden und die gegen eine Handlung der Kommission wegen einer fehlenden Durchführung eines Urteils gerichtet sind, das der Gerichtshof gemäß Artikel 260 Absatz 2 Unterabsatz 2 oder Absatz 3 Unterabsatz 2 AEUV erlassen hat.

(ABl 2019 L 111, 1)

Artikel 52

Der Präsident des Gerichtshofs und der Präsident des Gerichts legen einvernehmlich fest, in welcher Weise Beamte und sonstige Bedienstete, die dem Gerichtshof beigegeben sind, dem Gericht Dienste leisten, um ihm die Erfüllung seiner Aufgaben zu ermöglichen. Einzelne Beamte oder sonstige Bedienstete unterstehen dem Kanzler des Gerichts unter Aufsicht des Präsidenten des Gerichts.

Artikel 53

Das Verfahren vor dem Gericht bestimmt sich nach Titel III.

Das Verfahren vor dem Gericht wird, soweit dies erforderlich ist, durch seine Verfahrensordnung im Einzelnen geregelt und ergänzt. Die Verfahrensordnung kann von Artikel 40 Absatz 4 und Artikel 41 abweichen, um den Besonderheiten der Rechtsstreitigkeiten auf dem Gebiet des geistigen Eigentums Rechnung zu tragen.

Abweichend von Artikel 20 Absatz 4 kann der Generalanwalt seine begründeten Schlussanträge schriftlich stellen.

Artikel 54

Wird eine Klageschrift oder ein anderer Schriftsatz, die an das Gericht gerichtet sind, irrtümlich beim Kanzler des Gerichtshofs eingereicht, so übermittelt dieser sie unverzüglich an den Kanzler des Gerichts; wird eine Klageschrift oder ein anderer Schriftsatz, die an den Gerichtshof gerichtet sind, irrtümlich beim Kanzler des Gerichts eingereicht, so übermittelt dieser sie unverzüglich an den Kanzler des Gerichtshofs.

Stellt das Gericht fest, dass es für eine Klage nicht zuständig ist, die in die Zuständigkeit des Gerichtshofs fällt, so verweist es den Rechtsstreit an den Gerichtshof; stellt der Gerichtshof fest, dass eine Klage in die Zuständigkeit des Gerichts fällt, so verweist er den Rechtsstreit an das Gericht, das sich dann nicht für unzuständig erklären kann.

Sind bei dem Gerichtshof und dem Gericht Rechtssachen anhängig, die den gleichen Gegenstand haben, die gleiche Auslegungsfrage aufwerfen oder die Gültigkeit desselben Rechtsaktes betreffen, so kann das Gericht nach Anhörung der Parteien das Verfahren bis zum Erlass des Urteils des Gerichtshofs aussetzen, oder, wenn es sich um Klagen gemäß Artikel 263 AEUV handelt, sich für nicht zuständig erklären, damit der Gerichtshof über diese Klagen entscheidet. Unter den gleichen Voraussetzungen kann auch der Gerichtshof die Aussetzung des bei ihm anhängigen Verfahrens beschließen; in diesem Fall wird das Verfahren vor dem Gericht fortgeführt.

Fechten ein Mitgliedstaat und ein Unionsorgan denselben Rechtsakt an, so erklärt sich das Gericht für nicht zuständig, damit der Gerichtshof über diese Klagen entscheidet.

Artikel 55

Der Kanzler des Gerichts übermittelt jeder Partei sowie allen Mitgliedstaaten und den Unionsorganen, auch wenn diese vor dem Gericht der Rechtssache nicht als Streithelfer beigetreten sind, die Endentscheidungen des Gerichts und die Entscheidungen, die über einen Teil des Streitgegenstands ergangen sind oder die einen Zwischenstreit beenden, der eine Einrede wegen Unzuständigkeit oder Unzulässigkeit zum Gegenstand hat.

Artikel 56

Gegen die Endentscheidungen des Gerichts und gegen die Entscheidungen, die über einen Teil des Streitgegenstands ergangen sind oder die einen Zwischenstreit beenden, der eine Einrede der Unzuständigkeit oder Unzulässigkeit zum Gegenstand hat, kann ein Rechtsmittel beim Gerichtshof eingelegt werden; die Rechtsmittelfrist beträgt zwei Monate und beginnt mit der Zustellung der angefochtenen Entscheidung.

Dieses Rechtsmittel kann von einer Partei eingelegt werden, die mit ihren Anträgen ganz oder teilweise unterlegen ist. Andere Streithelfer als Mitgliedstaaten oder Unionsorgane können dieses Rechtsmittel jedoch nur dann einlegen, wenn die Entscheidung des Gerichts sie unmittelbar berührt.

Mit Ausnahme von Fällen, die sich auf Streitsachen zwischen der Union und ihren Bediensteten beziehen, kann dieses Rechtsmittel auch von den Mitgliedstaaten und den Unionsorganen eingelegt werden, die dem Rechtsstreit vor dem Gericht nicht beigetreten sind. In diesem Fall befinden sie sich in derselben Stellung wie Mitgliedstaaten und Organe, die dem Rechtsstreit im ersten Rechtszug beigetreten sind.

Artikel 57

Wird ein Antrag auf Zulassung als Streithelfer von dem Gericht abgelehnt, so kann der Antragsteller binnen zwei Wochen nach Zustellung der ablehnenden Entscheidung ein Rechtsmittel beim Gerichtshof einlegen.

Gegen die aufgrund des Artikels 278, des Artikels 279 oder des Artikels 299 Absatz 4 AEUV oder aufgrund des Artikels 157 oder des Artikels 164 Absatz 3 EAG-Vertrag ergangenen Entscheidungen des Gerichts können die Parteien des Verfahrens binnen zwei Monaten nach Zustellung ein Rechtsmittel beim Gerichtshof einlegen.

Die Entscheidung über gemäß den Absätzen 1 und 2 eingelegte Rechtsmittel ergeht nach Maßgabe des Artikels 39.

Artikel 58

Das beim Gerichtshof eingelegte Rechtsmittel ist auf Rechtsfragen beschränkt. Es kann nur auf die Unzuständigkeit des Gerichts, auf einen Verfahrensfehler, durch den die Interessen des Rechtsmittelführers beeinträchtigt werden, sowie auf eine Verletzung des Unionsrechts durch das Gericht gestützt werden.

Ein Rechtsmittel nur gegen die Kostenentscheidung oder gegen die Kostenfestsetzung ist unzulässig.

Artikel 58a

Werden gegen eine Entscheidung des Gerichts, die eine Entscheidung einer unabhängigen Beschwerdekammer einer der folgenden sonstigen Stellen der Union betrifft, Rechtsmittel eingelegt, so entscheidet der Gerichtshof vorab über deren Zulassung:

a) Amt der Europäischen Union für geistiges Eigentum;

b) Gemeinschaftliches Sortenamt;

c) Europäische Chemikalienagentur;

d) Agentur der Europäischen Union für Flugsicherheit.

Das in Absatz 1 genannte Verfahren gilt auch für Rechtsmittel gegen Entscheidungen des Gerichts, die eine Entscheidung einer unabhängigen Beschwerdekammer betreffen, die nach dem 1. Mai 2019 innerhalb einer sonstigen Stelle der Union eingerichtet wurde und die anzurufen ist, bevor eine Klage vor dem Gericht eingereicht werden kann.

Ein Rechtsmittel wird nach den in der Verfahrensordnung im Einzelnen festgelegten Modalitäten ganz oder in Teilen nur dann zugelassen, wenn damit eine für die Einheit, die Kohärenz oder die Entwicklung des Unionsrechts bedeutsame Frage aufgeworfen wird.

Der Beschluss über die Zulassung oder Nichtzulassung des Rechtsmittels ist mit Gründen zu versehen und zu veröffentlichen.

(ABl 2019 L 111, 1)

Artikel 59

Wird gegen eine Entscheidung des Gerichts ein Rechtsmittel eingelegt, so besteht das Verfahren vor dem Gerichtshof aus einem schriftlichen und einem mündlichen Verfahren. Unter den in der Verfahrensordnung festgelegten Voraussetzungen kann der Gerichtshof nach Anhörung des Generalanwalts und der Parteien ohne mündliches Verfahren entscheiden.

Artikel 60

Unbeschadet der Artikel 278 und 279 AEUV oder des Artikels 157 EAG-Vertrag haben Rechtsmittel keine aufschiebende Wirkung.

Abweichend von Artikel 280 AEUV werden die Entscheidungen des Gerichts, in denen eine Verordnung für nichtig erklärt wird, erst nach Ablauf der in Artikel 56 Absatz 1 dieser Satzung vorgesehenen Frist oder, wenn innerhalb dieser Frist ein Rechtsmittel eingelegt worden ist, nach dessen Zurückweisung wirksam; ein Beteiligter kann jedoch gemäß den Artikeln 278 und 279 AEUV oder dem Artikel 157 EAG-Vertrag beim Gerichtshof die Aussetzung der Wirkungen der für nichtig erklärten Verordnung oder sonstige einstweilige Anordnungen beantragen.

Artikel 61

Ist das Rechtsmittel begründet, so hebt der Gerichtshof die Entscheidung des Gerichts auf. Er kann sodann den Rechtsstreit selbst endgültig entscheiden, wenn dieser zur Entscheidung reif ist, oder die Sache zur Entscheidung an das Gericht zurückverweisen.

Im Falle der Zurückverweisung ist das Gericht an die rechtliche Beurteilung in der Entscheidung des Gerichtshofs gebunden.

Ist das von einem Mitgliedstaat oder einem Unionsorgan, die dem Rechtsstreit vor dem Gericht nicht beigetreten sind, eingelegte Rechtsmittel begründet, so kann der Gerichtshof, falls er dies für notwendig hält, diejenigen Wirkungen der aufgehobenen Entscheidung des Gerichts bezeichnen, die für die Parteien des Rechtsstreits als fortgeltend zu betrachten sind.

Artikel 62

Wenn in Fällen nach Artikel 256 Absätze 2 und 3 AEUV der Erste Generalanwalt der Auffassung ist, dass die ernste Gefahr einer Beeinträchtigung der Einheit oder der Kohärenz des Unionsrechts besteht, so kann er dem Gerichtshof vorschlagen, die Entscheidung des Gerichts zu überprüfen.

Der Vorschlag muss innerhalb eines Monats nach Verkündung der Entscheidung des Gerichts erfolgen. Der Gerichtshof entscheidet innerhalb eines Monats nach Vorlage des Vorschlags durch den Ersten Generalanwalt, ob die Entscheidung zu überprüfen ist oder nicht.

Artikel 62a

Der Gerichtshof entscheidet über die Fragen, die Gegenstand der Überprüfung sind, im Wege eines Eilverfahrens auf der Grundlage der ihm vom Gericht übermittelten Akten.

Die in Artikel 23 dieses Statuts bezeichneten Beteiligten sowie – in den Fällen des Artikels 256 Absatz 2 AEUV – die Parteien des Verfahrens vor dem Gericht können zu den Fragen, die Gegenstand der Überprüfung sind, beim Gerichtshof innerhalb einer hierfür bestimmten Frist Schriftsätze einreichen oder schriftliche Erklärungen abgeben.

Der Gerichtshof kann beschließen, vor einer Entscheidung das mündliche Verfahren zu eröffnen.

Artikel 62b

In den Fällen des Artikels 256 Absatz 2 AEUV haben unbeschadet der Artikel 278 und 279 AEUV der Vorschlag einer Überprüfung und die Entscheidung, das Überprüfungsverfahren zu eröffnen, keine aufschiebende Wirkung. Stellt der Gerichtshof fest, dass die Entscheidung des Gerichts die Einheit oder die Kohärenz des Unionsrechts beeinträchtigt, verweist er die Sache an das Gericht zurück, das an die rechtliche Beurteilung durch den Gerichtshof gebunden ist; der Gerichtshof kann die Wirkungen der Entscheidung des Gerichts bezeichnen, die für die Parteien des Rechtsstreits als endgültig zu betrachten sind. Ergibt sich jedoch der Ausgang des Rechtsstreits unter Berücksichtigung des Ergebnisses der Überprüfung aus den Tatsachenfeststellungen, auf denen die Entscheidung des Gerichts beruht, so entscheidet der Gerichtshof endgültig.

In den Fällen des Artikels 256 Absatz 3 AEUV werden, sofern ein Überprüfungsvorschlag oder eine Entscheidung zur Eröffnung des Überprüfungsverfahrens nicht vorliegt, die Antwort oder die Antworten des Gerichts auf die ihm unterbreiteten Fragen nach Ablauf der hierzu in Artikel 62 Absatz 2 vorgesehenen Fristen wirksam. Im Fall der Eröffnung eines Überprüfungsverfahrens werden die Antwort oder die Antworten, die Gegenstand der Überprüfung sind, am Ende dieses Verfahrens wirksam, es sei denn, dass der Gerichtshof anders beschließt. Stellt der Gerichtshof fest, dass die Entscheidung des Gerichts die Einheit oder die Kohärenz des Unionsrechts beeinträchtigt, so ersetzt die Antwort des Gerichtshofs auf die Fragen, die Gegenstand der Überprüfung waren, die Antwort des Gerichts.

TITEL IVa

DIE FACHGERICHTE

Artikel 62c

Die Bestimmungen über die Zuständigkeiten, die Zusammensetzung, die Organisation und das Verfahren von gemäß Artikel 257 des Vertrags über die Arbeitsweise der Europäischen Union errichteten Fachgerichten werden in einem Anhang dieser Satzung aufgeführt.

TITEL V

SCHLUSSBESTIMMUNGEN

Artikel 63

Die Verfahrensordnungen des Gerichtshofs und des Gerichts enthalten alle Bestimmungen, die für die Anwendung dieser Satzung und erforderlichenfalls für ihre Ergänzung notwendig sind.

Artikel 64

Die Vorschriften über die Regelung der Sprachenfrage für den Gerichtshof der Europäischen Union werden in einer vom Rat einstimmig erlassenen Verordnung festgelegt. Diese Verordnung wird entweder auf Antrag des Gerichtshofs nach Anhörung der Kommission und des Europäischen Parlaments oder auf Vorschlag der Kommission nach Anhörung des Gerichtshofs und des Europäischen Parlaments erlassen.

Bis zum Erlass dieser Vorschriften gelten die Bestimmungen der Verfahrensordnung des Gerichtshofs und der Verfahrensordnung des Gerichts, die die Regelung der Sprachenfrage betreffen, fort. Abweichend von den Artikeln 253 und 254 AEUV bedürfen Änderungen der genannten Bestimmungen oder deren Aufhebung der einstimmigen Genehmigung durch den Rat.

ANHANG I

ANHANG I[*)]

DAS GERICHT FÜR DEN ÖFFENTLICHEN DIENST DER EUROPÄISCHEN UNION

Dieser Anhang wurde durch die Verordnung (EU, Euratom) 2016/1192 des Europäischen Parlaments und des Rates vom 6. Juli 2016 aufgehoben. Nach Artikel 4 dieser Verordnung gelten jedoch die Artikel 9 bis 12 des Anhangs I des Protokolls Nr. 3 für Rechtsmittel gegen Entscheidungen des Gerichts für den öffentlichen Dienst, mit denen das Gericht am 31. August 2016 befasst ist oder die nach diesem Zeitpunkt eingelegt werden, weiter.

…

Artikel 9

Gegen die Endentscheidungen des Gerichts für den öffentlichen Dienst und gegen die Entscheidungen, die über einen Teil des Streitgegenstands ergangen sind oder die einen Zwischenstreit beenden, der eine Einrede der Unzuständigkeit oder Unzulässigkeit zum Gegenstand hat, kann ein Rechtsmittel beim Gericht eingelegt werden; die Rechtsmittelfrist beträgt zwei Monate und beginnt mit der Zustellung der angefochtenen Entscheidung.

Dieses Rechtsmittel kann von jeder Partei eingelegt werden, die mit ihren Anträgen ganz oder teilweise unterlegen ist. Andere Streithelfer als Mitgliedstaaten oder Unionsorgane können dieses Rechtsmittel jedoch nur dann einlegen, wenn die Entscheidung des Gerichts für den öffentlichen Dienst sie unmittelbar berührt.

Artikel 10

(1) Wird ein Antrag auf Zulassung als Streithelfer vom Gericht für den öffentlichen Dienst abgelehnt, so kann jede Person, deren Antrag abgewiesen wurde, binnen zwei Wochen nach Zustellung der ablehnenden Entscheidung ein Rechtsmittel beim Gericht einlegen.

(2) Gegen die aufgrund des Artikels 278, des Artikels 279 oder des Artikels 299 Absatz 4 AEUV oder aufgrund des Artikels 157 oder des Artikels 164 Absatz 3 EAG-Vertrag ergangenen Entscheidungen des Gerichts für den öffentlichen Dienst können die Parteien des Verfahrens binnen zwei Monaten nach Zustellung ein Rechtsmittel beim Gericht einlegen.

(3) Der Präsident des Gerichts kann über die Rechtsmittel der Absätze 1 und 2 in einem abgekürzten Verfahren entscheiden, das, falls erforderlich, von einzelnen Bestimmungen dieses Anhangs abweichen kann und in der Verfahrensordnung des Gerichts geregelt ist.

Artikel 11

(1) Das beim Gericht eingelegte Rechtsmittel ist auf Rechtsfragen beschränkt. Es kann nur auf die Unzuständigkeit des Gerichts für den öffentlichen Dienst, auf einen Verfahrensfehler vor diesem Gericht, durch den die Interessen des Rechtsmittelführers beeinträchtigt werden, sowie auf eine Verletzung des Unionsrechts durch das Gericht für den öffentlichen Dienst gestützt werden.

(2) Ein Rechtsmittel, das sich nur gegen die Kostenentscheidung oder gegen die Kostenfestsetzung wendet, ist unzulässig.

Artikel 12

(1) Unbeschadet der Artikel 278 und 279 AEUV sowie des Artikels 157 EAG-Vertrag haben Rechtsmittel beim Gericht keine aufschiebende Wirkung.

(2) Wird gegen eine Entscheidung des Gerichts für den öffentlichen Dienst ein Rechtsmittel eingelegt, so besteht das Verfahren vor dem Gericht aus einem schriftlichen und einem mündlichen Verfahren. Unter den in der Verfahrensordnung festgelegten Voraussetzungen kann das Gericht nach Anhörung der Parteien ohne mündliches Verfahren entscheiden.

…

[*)] Siehe auch 14

ANHANG II

Erklärung des Europäischen Parlaments und des Rates betreffend die Verordnung (EU, Euratom) 2015/2422 des Europäischen Parlaments und des Rates vom 16. Dezember 2015 zur Änderung des Protokolls Nr. 3 über die Satzung des Gerichtshofs der Europäischen Union[1)]

(2015/C 436/01)

Am Ende des Reformprozesses wird das Gericht aus zwei Richtern je Mitgliedstaat bestehen. Um die Gleichstellung von Frauen und Männern zu erreichen, die nach Artikel 3 EUV ein Ziel der Europäischen Union ist, sollten die Regierungen der Mitgliedstaaten daher bei der Benennung der Kandidaten für die Richterstellen am Gericht gemäß Artikel 254 AEUV so weit wie möglich dafür sorgen, dass Frauen und Männer gleichermaßen vertreten sind.

[1)] ABl. L 341 vom 24.12.2015, S. 14.

Verfahrensordnung des Gerichtshofs

ABl 2012 L 265, 1 idF

1 ABl 2013 L 173, 65
2 ABl 2016 L 217, 69
3 ABl 2019 L 111, 73
4 ABl 2019 L 316, 103

Inhaltsverzeichnis

	EUV in seiner vor Inkrafttreten des Vertrags von Lissabon geltenden Fassung
Artikel 206	Anträge im Sinne von Artikel 269 AEUV

SCHLUSSBESTIMMUNGEN

Artikel 207	Zusätzliche Verfahrensordnung
Artikel 208	Durchführungsbestimmungen
Artikel 209	Aufhebung
Artikel 210	Veröffentlichung und Inkrafttreten der vorliegenden Verfahrensordnung

Anlage – Beschluss über die gesetzlichen Feiertage

DER GERICHTSHOF –

aufgrund des Vertrags über die Europäische Union, insbesondere seines Artikels 19,

aufgrund des Vertrags über die Arbeitsweise der Europäischen Union, insbesondere seines Artikels 253 Absatz 6,

aufgrund des Vertrags zur Gründung der Europäischen Atomgemeinschaft, insbesondere seines Artikels 106a Absatz 1,

aufgrund des Protokolls über die Satzung des Gerichtshofs der Europäischen Union, insbesondere seiner Artikel 63 und 64 Absatz 2,

in Erwägung nachstehender Gründe:

(1) Obwohl die Verfahrensordnung des Gerichtshofs im Lauf der Jahre mehrfach geändert wurde, hat sich ihre Struktur seit ihrem ursprünglichen Erlass am 4. März 1953 nicht grundlegend verändert. Die derzeit geltende Verfahrensordnung vom 19. Juni 1991 spiegelt immer noch das anfängliche Überwiegen der Klageverfahren wider, während in Wirklichkeit heute das Gericht für die meisten Klageverfahren zuständig ist und die Vorabentscheidungsersuchen der Gerichte der Mitgliedstaaten quantitativ die Hauptkategorie der Rechtssachen beim Gerichtshof ausmachen. Dieser Wirklichkeit ist Rechnung zu tragen, so dass Struktur und Inhalt der Verfahrensordnung des Gerichtshofs der Entwicklung der von ihr geregelten Streitsachen anzupassen sind.

(2) Außer dass den Vorlagen zur Vorabentscheidung in der Verfahrensordnung der ihnen zukommende Platz eingeräumt wird, ist in dieser auch klarer zwischen den für alle Verfahrensarten geltenden Vorschriften und den spezifischen Bestimmungen für jede einzelne Verfahrensart zu unterscheiden, indem diese Bereiche in separaten Titeln geregelt werden. Der Klarheit halber sind deshalb in einem vorangestellten Titel die allgemeinen Verfahrensbestimmungen für alle Verfahren beim Gerichtshof zusammenzuziehen.

(3) Im Licht der Erfahrungen mit der Durchführung der verschiedenen Verfahren erscheint es zudem geboten, die jeweils für sie geltenden Vorschriften zu vervollständigen oder für den Einzelnen wie für die nationalen Gerichte klarer zu gestalten. Diese Vorschriften betreffen insbesondere die Begriffe der Partei des Ausgangsrechtsstreits, der Streithilfepartei und der Partei des Verfahrens vor dem Gericht oder, in Vorlagesachen, die Vorschriften über die Befassung des Gerichtshofs und über den Inhalt der Vorlageentscheidung. Hinsichtlich der Rechtsmittel gegen die Entscheidungen des Gerichts ist zudem klarer zwischen Rechtsmitteln und nach deren Zustellung eingelegten Anschlussrechtsmitteln zu unterscheiden.

(4) Umgekehrt hat die Durchführung mancher Verfahren wie des Überprüfungsverfahrens gezeigt, dass diese zu komplex sind. Sie sind deshalb zu vereinfachen, indem u. a. vorgesehen wird, dass für die Dauer eines Jahres eine Kammer mit fünf Richtern für die Entscheidung sowohl über den Überprüfungsvorschlag des Ersten Generalanwalts als auch über die Fragen, die Gegenstand der Überprüfung sind, bestimmt wird.

(5) In der gleichen Perspektive sind die Verfahrensmodalitäten für die Behandlung der Gutachten zu entschlacken, indem sie den für die übrigen Sachen geltenden Verfahrensmodalitäten angepasst werden und folglich vorgesehen wird, dass nur ein Generalanwalt an der Behandlung des Antrags auf Gutachten beteiligt ist. Der besseren Lesbarkeit halber sind ferner alle besonderen Verfahrensarten, die zurzeit über mehrere verschiedene Titel und Kapitel der Verfahrensordnung verstreut sind, in einem einzigen Titel zusammenzuführen.

(6) Zur Wahrung der Fähigkeit des mit immer mehr Rechtssachen konfrontierten Gerichtshofs, die Sachen, mit denen er befasst wird, in einem angemessenen Zeitraum zu erledigen, müssen außerdem die Bemühungen um eine Verkürzung der Dauer der vor ihm geführten Verfahren fortgesetzt werden, insbesondere durch die Ausweitung der Möglichkeiten für den Gerichtshof, durch mit Gründen versehenen Beschluss zu entscheiden, durch die Vereinfachung der Vorschriften über den Streitbeitritt der in Artikel 40 Absätze 1 und 3 der Satzung bezeichneten Staaten und Organe und dadurch, dass für den Gerichtshof

die Möglichkeit vorgesehen wird, ohne mündliche Verhandlung zu entscheiden, wenn er sich durch den gesamten in einer Rechtssache eingegangenen Schriftverkehr für ausreichend unterrichtet hält.

(7) Zur besseren Lesbarkeit der vom Gerichtshof angewandten Regeln ist es schließlich erforderlich, bestimmte obsolete oder nicht angewandte Vorschriften abzuschaffen, alle Absätze der Artikel dieser Verfahrensordnung zu nummerieren, alle Artikel mit einem eigenen Titel, der summarisch ihren Inhalt beschreibt, zu versehen und eine sprachliche Harmonisierung vorzunehmen;

mit Genehmigung des Rates, die am 24. September 2012 erteilt worden ist –

ERLÄSST FOLGENDE VERFAHRENSORDNUNG:

EINGANGSBESTIMMUNGEN

Artikel 1
Definitionen

(1) In dieser Verfahrensordnung werden bezeichnet:

a) die Bestimmungen des Vertrags über die Europäische Union (EU-Vertrag) mit der Nummer des betreffenden Artikels dieses Vertrags, gefolgt von dem Kürzel „EUV";

b) die Bestimmungen des Vertrags über die Arbeitsweise der Europäischen Union (AEU-Vertrag) mit der Nummer des betreffenden Artikels dieses Vertrags, gefolgt von dem Kürzel „AEUV";

c) die Bestimmungen des Vertrags zur Gründung der Europäischen Atomgemeinschaft (EAG-Vertrag) mit der Nummer des betreffenden Artikels dieses Vertrags, gefolgt von dem Kürzel „EAGV";

d) das Protokoll über die Satzung des Gerichtshofs der Europäischen Union als „Satzung";

e) das Abkommen über den Europäischen Wirtschaftsraum[1] als „EWR-Abkommen";

f) die Verordnung Nr. 1 des Rates vom 15. April 1958 zur Regelung der Sprachenfrage für die Europäische Wirtschaftsgemeinschaft[2] als „Verordnung Nr. 1 des Rates".

(2) In dieser Verfahrensordnung bezeichnet:

a) der Ausdruck „Organe" die in Artikel 13 Absatz 1 EUV genannten Organe der Union und die Einrichtungen oder sonstigen Stellen, die durch die Verträge oder einen zu deren Durchführung erlassenen Rechtsakt geschaffen worden sind und die in Verfahren vor dem Gerichtshof Partei sein können;

b) der Ausdruck „EFTA-Überwachungsbehörde" die im EWR-Abkommen genannte Überwachungsbehörde;

c) die Wendung „in Artikel 23 der Satzung bezeichnete Beteiligte" alle Parteien, Staaten, Organe, Einrichtungen und Stellen, die nach jenem Artikel berechtigt sind, im Rahmen eines Vorlageverfahrens Schriftsätze einzureichen oder Erklärungen abzugeben.

Artikel 2
Regelungszweck der Verfahrensordnung

Mit den Bestimmungen dieser Verfahrensordnung werden die einschlägigen Bestimmungen des EU-Vertrags, des AEU-Vertrags und des EAG-Vertrags sowie der Satzung umgesetzt und, soweit erforderlich, ergänzt.

ERSTER TITEL
ORGANISATION DES GERICHTSHOFS

Erstes Kapitel
RICHTER UND GENERALANWÄLTE

Artikel 3
Beginn der Amtszeit der Richter und der Generalanwälte

Die Amtszeit eines Richters oder eines Generalanwalts beginnt mit dem im Ernennungsakt dafür bestimmten Tag. Wird in diesem Akt der Tag des Beginns der Amtszeit nicht bestimmt, so beginnt die Amtszeit mit dem Tag der Veröffentlichung des Ernennungsakts im *Amtsblatt der Europäischen Union.*

Artikel 4
Eidesleistung

Die Richter und die Generalanwälte leisten vor Aufnahme ihrer Amtstätigkeit in der ersten öffentlichen Sitzung des Gerichtshofs, an der sie nach ihrer Ernennung teilnehmen, folgenden Eid gemäß Artikel 2 der Satzung:

„Ich schwöre, dass ich mein Amt unparteiisch und gewissenhaft ausüben und das Beratungsgeheimnis wahren werde."

Artikel 5
Feierliche Verpflichtung

Unmittelbar nach der Eidesleistung unterzeichnen die Richter und die Generalanwälte eine Erklärung, in der sie die in Artikel 4 Absatz 3 der Satzung vorgesehene feierliche Verpflichtung übernehmen.

---
[1] ABl. L 1 vom 3.1.1994, S. 27.
[2] ABl. 17 vom 6.10.1958, S. 385.

Artikel 6
Amtsenthebung eines Richters oder Generalanwalts

(1) Hat der Gerichtshof nach Artikel 6 der Satzung darüber zu entscheiden, ob ein Richter oder Generalanwalt die erforderlichen Voraussetzungen nicht mehr erfüllt oder den sich aus seinem Amt ergebenden Verpflichtungen nicht mehr nachkommt, so fordert der Präsident den Betroffenen auf, sich hierzu zu äußern.

(2) Bei der Entscheidung des Gerichtshofs ist der Kanzler nicht zugegen.

Artikel 7
Dienstaltersrang

(1) Das Dienstalter der Richter und der Generalanwälte wird ohne Unterschied beginnend mit der Aufnahme ihrer Amtstätigkeit berechnet.

(2) Bei gleichem Dienstalter bestimmt sich der Dienstaltersrang nach dem Lebensalter.

(3) Richter und Generalanwälte, die wiederernannt werden, behalten ihren bisherigen Rang.

Zweites Kapitel
PRÄSIDENTSCHAFT DES GERICHTSHOFS, BILDUNG DER KAMMERN UND WAHL DES ERSTEN GENERALANWALTS

Artikel 8
Wahl des Präsidenten und des Vizepräsidenten des Gerichtshofs

(1) Die Richter wählen sogleich nach der teilweisen Neubesetzung von Richterstellen gemäß Artikel 253 Absatz 2 AEUV aus ihrer Mitte den Präsidenten des Gerichtshofs für die Dauer von drei Jahren.

(2) Endet die Amtszeit des Präsidenten des Gerichtshofs vor ihrem regelmäßigen Ablauf, so wird das Amt für die verbleibende Zeit neu besetzt.

(3) Die in diesem Artikel vorgesehenen Wahlen sind geheim. Gewählt ist der Richter, der die Stimmen von mehr als der Hälfte der Richter des Gerichtshofs erhält. Erreicht keiner der Richter diese Mehrheit, so finden weitere Wahlgänge statt, bis sie erreicht wird.

(4) Die Richter wählen sodann gemäß dem Verfahren des Absatzes 3 aus ihrer Mitte den Vizepräsidenten des Gerichtshofs für die Dauer von drei Jahren. Endet dessen Amtszeit vor ihrem regelmäßigen Ablauf, so findet Absatz 2 Anwendung.

(5) Die Namen des Präsidenten und des Vizepräsidenten, die gemäß diesem Artikel gewählt worden sind, werden im *Amtsblatt der Europäischen Union* veröffentlicht.

Artikel 9
Zuständigkeit des Präsidenten des Gerichtshofs

(1) Der Präsident vertritt den Gerichtshof.

(2) Der Präsident leitet die Tätigkeit des Gerichtshofs. Er führt den Vorsitz in den Sitzungen der Generalversammlung der Mitglieder des Gerichtshofs sowie in den mündlichen Verhandlungen und bei den Beratungen des Plenums und der Großen Kammer.

(3) Der Präsident sorgt für einen ordnungsgemäßen Arbeitsgang der Dienststellen des Organs.

Artikel 10[3)]
Zuständigkeit des Vizepräsidenten des Gerichtshofs

(1) Der Vizepräsident steht dem Präsidenten des Gerichtshofs bei der Erfüllung seiner Aufga-

---

[3)] Beschluss des Gerichtshofs vom 23. Oktober 2012 über die richterlichen Aufgaben des Vizepräsidenten des Gerichtshofs (ABl 2012 L 300, 47).

DER GERICHTSHOF –

...

in Erwägung nachstehender Gründe:
(1) Nach Artikel 39 Absatz 2 des Protokolls über die Satzung des Gerichtshofs der Europäischen Union können die in Absatz 1 dieses Artikels genannten Befugnisse nach Maßgabe der Verfahrensordnung vom Vizepräsidenten des Gerichtshofs ausgeübt werden.
(2) Nach Artikel 10 Absatz 3 seiner Verfahrensordnung legt der Gerichtshof durch Beschluss die Voraussetzungen fest, unter denen der Vizepräsident den Präsidenten des Gerichtshofs bei der Erfüllung seiner richterlichen Aufgaben vertritt.
(3) Die Verfahrensordnung des Gerichtshofs vom 25. September 2012 tritt am 1. November 2012 in Kraft.
(4) Der Beschluss über die Voraussetzungen, unter denen der Vizepräsident den Präsidenten des Gerichtshofs bei der Erfüllung seiner richterlichen Aufgaben vertritt, sollte am selben Tag in Kraft treten –

NIMMT FOLGENDEN BESCHLUSS AN:
Artikel 1
Der Vizepräsident des Gerichtshofs vertritt den Präsidenten des Gerichtshofs bei der Erfüllung der in den Artikeln 39 Absatz 1 und 57 des Protokolls über die Satzung des Gerichtshofs der Europäischen Union sowie in den Artikeln 160 bis 166 der Verfahrensordnung des Gerichtshofs vorgesehenen richterlichen Aufgaben.
Ist der Vizepräsident verhindert, so werden die im vorstehenden Absatz bezeichneten Aufgaben gemäß der in Artikel 7 der Verfahrensordnung festgelegten Rangordnung von einem der Präsidenten der Kammern mit fünf Richtern oder in Ermangelung dessen von einem der Präsidenten der Kammern mit drei Richtern oder in Ermangelung dessen von einem der übrigen Richter ausgeübt.
Artikel 2
Dieser Beschluss tritt am 1. November 2012 in Kraft.
...

ben zur Seite und vertritt ihn, wenn dieser verhindert ist.

(2) Er vertritt ihn auf dessen Aufforderung bei der Erfüllung der Aufgaben gemäß Artikel 9 Absätze 1 und 3.

(3) Der Gerichtshof legt durch Beschluss die Voraussetzungen fest, unter denen der Vizepräsident den Präsidenten des Gerichtshofs bei der Erfüllung seiner richterlichen Aufgaben vertritt. Der Beschluss wird im *Amtsblatt der Europäischen Union* veröffentlicht.

Artikel 11
Bildung der Kammern

(1) Der Gerichtshof bildet aus seiner Mitte gemäß Artikel 16 der Satzung Kammern mit fünf und mit drei Richtern und teilt ihnen die Richter zu.

(2) Der Gerichtshof bestimmt die Kammern mit fünf Richtern, die für die Dauer eines Jahres mit den in Artikel 107 sowie in den Artikeln 193 und 194 genannten Rechtssachen betraut sind.

(3) Für die Rechtssachen, die gemäß Artikel 60 an einen Spruchkörper verwiesen worden sind, bezeichnet der Ausdruck „Gerichtshof" in dieser Verfahrensordnung diesen Spruchkörper.

(4) In den Rechtssachen, die an eine Kammer mit fünf oder mit drei Richtern verwiesen worden sind, übt der Kammerpräsident die Befugnisse des Präsidenten des Gerichtshofs aus.

(5) Die Zuteilung der Richter zu den Kammern und die Bestimmung der Kammern, die mit den in Artikel 107 sowie in den Artikeln 193 und 194 genannten Rechtssachen betraut sind, werden im *Amtsblatt der Europäischen Union* veröffentlicht.

Artikel 12
Wahl der Kammerpräsidenten

(1) Die Richter wählen sogleich nach der Wahl des Präsidenten und des Vizepräsidenten des Gerichtshofs die Präsidenten der Kammern mit fünf Richtern für die Dauer von drei Jahren.

(2) Die Richter wählen sodann für die Dauer eines Jahres die Präsidenten der Kammern mit drei Richtern.

(3) Artikel 8 Absätze 2 und 3 findet Anwendung.

(4) Die Namen der Kammerpräsidenten, die gemäß diesem Artikel gewählt worden sind, werden im *Amtsblatt der Europäischen Union* veröffentlicht.

Artikel 13
Verhinderung des Präsidenten und des Vizepräsidenten des Gerichtshofs

Sind der Präsident und der Vizepräsident des Gerichtshofs verhindert, so wird das Amt des Präsidenten gemäß der in Artikel 7 festgelegten Rangordnung von einem der Präsidenten der Kammern mit fünf Richtern oder in Ermangelung dessen von einem der Präsidenten der Kammern mit drei Richtern oder in Ermangelung dessen von einem der übrigen Richter wahrgenommen.

Artikel 14
Wahl des Ersten Generalanwalts

(1) Die Generalanwälte wählen sogleich nach der teilweisen Neubesetzung der Stellen der Generalanwälte gemäß Artikel 253 Absatz 2 AEUV aus ihrer Mitte den Ersten Generalanwalt für die Dauer von drei Jahren.

(2) Endet die Amtszeit des Ersten Generalanwalts vor ihrem regelmäßigen Ablauf, so wird das Amt für die verbleibende Zeit neu besetzt.

(3) Die in diesem Artikel vorgesehenen Wahlen sind geheim. Gewählt ist der Generalanwalt, der die Stimmen von mehr als der Hälfte der Generalanwälte des Gerichtshofs erhält. Erreicht keiner der Generalanwälte diese Mehrheit, so finden weitere Wahlgänge statt, bis sie erreicht wird.

(4) Der Name des gemäß diesem Artikel gewählten Ersten Generalanwalts wird im *Amtsblatt der Europäischen Union* veröffentlicht.

(ABl 2019 L 316, 103)

Drittes Kapitel

ZUWEISUNG DER RECHTSSACHEN AN DIE BERICHTERSTATTER UND DIE GENERALANWÄLTE

Artikel 15
Bestimmung des Berichterstatters

(1) Der Präsident des Gerichtshofs bestimmt nach Eingang des verfahrenseinleitenden Schriftstücks so bald wie möglich den Berichterstatter für die Rechtssache.

(2) Der Berichterstatter für die in Artikel 107 sowie in den Artikeln 193 und 194 genannten Rechtssachen wird unter den Richtern der nach Artikel 11 Absatz 2 bestimmten Kammer auf Vorschlag des Präsidenten dieser Kammer ausgewählt. Entscheidet die Kammer gemäß Artikel 109, die Vorlage nicht dem Eilverfahren zu unterwerfen, kann der Präsident des Gerichtshofs die Rechtssache einem einer anderen Kammer zugeteilten Berichterstatter neu zuweisen.

(3) Der Präsident des Gerichtshofs trifft bei Verhinderung eines Berichterstatters die erforderlichen Maßnahmen.

Artikel 16
Bestimmung des Generalanwalts

(1) Der Erste Generalanwalt entscheidet über die Zuweisung der Rechtssachen an die Generalanwälte.

(2) Der Erste Generalanwalt trifft bei Verhinderung eines Generalanwalts die erforderlichen Maßnahmen.

Viertes Kapitel
HILFSBERICHTERSTATTER

Artikel 17
Hilfsberichterstatter

(1) Der Gerichtshof schlägt gemäß Artikel 13 der Satzung die Ernennung von Hilfsberichterstattern vor, wenn er dies für die Bearbeitung und Untersuchung der bei ihm anhängigen Rechtssachen für erforderlich hält.

(2) Die Hilfsberichterstatter werden insbesondere damit beauftragt,

a) den Präsidenten des Gerichtshofs im Verfahren des vorläufigen Rechtsschutzes zu unterstützen,

b) die Berichterstatter bei der Erfüllung ihrer Aufgaben zu unterstützen.

(3) Die Hilfsberichterstatter unterstehen bei der Ausübung ihres Amtes dem Präsidenten des Gerichtshofs, dem Präsidenten einer Kammer oder einem Berichterstatter.

(4) Vor Aufnahme ihrer Amtstätigkeit leisten die Hilfsberichterstatter vor dem Gerichtshof den in Artikel 4 vorgesehenen Eid.

Fünftes Kapitel
KANZLEI

Artikel 18
Ernennung des Kanzlers

(1) Der Gerichtshof ernennt den Kanzler.

(2) Ist die Stelle des Kanzlers unbesetzt, wird eine Anzeige im *Amtsblatt der Europäischen Union* veröffentlicht. Interessenten werden aufgefordert, innerhalb einer Frist von mindestens drei Wochen ihre Bewerbung einzureichen, die genaue Angaben über ihre Staatsangehörigkeit, akademischen Grade, Sprachkenntnisse, gegenwärtige und frühere Tätigkeit und etwaigen gerichtlichen und internationalen Erfahrungen enthalten muss.

(3) Die Abstimmung, an der die Richter und die Generalanwälte teilnehmen, erfolgt nach dem Verfahren des Artikels 8 Absatz 3.

(4) Der Kanzler wird für die Dauer von sechs Jahren ernannt. Wiederernennung ist zulässig. Der Gerichtshof kann entscheiden, die Amtszeit des amtierenden Kanzlers zu verlängern, ohne von dem in Absatz 2 vorgesehenen Verfahren Gebrauch zu machen.

(5) Der Kanzler leistet den in Artikel 4 vorgesehenen Eid und unterzeichnet die in Artikel 5 vorgesehene Erklärung.

(6) Der Kanzler kann seines Amtes nur enthoben werden, wenn er die erforderlichen Voraussetzungen nicht mehr erfüllt oder den sich aus seinem Amt ergebenden Verpflichtungen nicht mehr nachkommt. Der Gerichtshof entscheidet, nachdem er dem Kanzler Gelegenheit zur Äußerung gegeben hat.

(7) Endet die Amtszeit des Kanzlers vor ihrem regelmäßigen Ablauf, so ernennt der Gerichtshof einen neuen Kanzler für die Dauer von sechs Jahren.

(8) Der Name des gemäß diesem Artikel gewählten Kanzlers wird im *Amtsblatt der Europäischen Union* veröffentlicht.

Artikel 19
Beigeordneter Kanzler

Der Gerichtshof kann nach dem für die Ernennung des Kanzlers geltenden Verfahren einen Beigeordneten Kanzler ernennen, der den Kanzler unterstützt und ihn bei Verhinderung vertritt.

Artikel 20
Zuständigkeit des Kanzlers

(1) Der Kanzler ist unter der Aufsicht des Präsidenten des Gerichtshofs mit der Entgegennahme, Übermittlung und Aufbewahrung aller Schriftstücke sowie mit den Zustellungen, die mit der Anwendung dieser Verfahrensordnung verbunden sind, beauftragt.

(2) Der Kanzler steht den Mitgliedern des Gerichtshofs bei allen Amtshandlungen zur Seite.

(3) Der Kanzler verwahrt die Siegel und ist für das Archiv verantwortlich. Er sorgt für die Veröffentlichungen des Gerichtshofs, insbesondere der Sammlung der Rechtsprechung.

(4) Der Kanzler leitet unter der Aufsicht des Präsidenten des Gerichtshofs die Dienststellen des Organs. Er ist für die Leitung des Personals und der Verwaltung sowie für die Vorbereitung und Ausführung des Haushaltsplans verantwortlich.

Artikel 21
Registerführung

(1) Die Kanzlei führt unter der Verantwortung des Kanzlers ein Register, in das fortlaufend und

in der Reihenfolge ihres Eingangs alle Verfahrensschriftstücke sowie die zur Unterstützung eingereichten Belegstücke und Unterlagen einzutragen sind.

(2) Der Kanzler vermerkt die Eintragung in das Register auf dem Original und, auf Antrag der Parteien, auf den von ihnen zu diesem Zweck vorgelegten Kopien.

(3) Die Eintragung in das Register und die im vorstehenden Absatz vorgesehenen Vermerke stellen öffentliche Urkunden dar.

(4) Im *Amtsblatt der Europäischen Union* wird eine Mitteilung veröffentlicht, die den Tag der Eintragung des verfahrenseinleitenden Schriftsatzes, die Namen der Parteien oder gegebenenfalls die diese Namen ersetzenden Initialen, die Anträge und die Angabe der geltend gemachten Gründe und wesentlichen Argumente enthält. *(ABl 2019 L 316, 103)*

(5) In den Fällen des Dritten Titels enthält die im Amtsblatt der Europäischen Union veröffentlichte Mitteilung den Tag des Eingangs des Vorabentscheidungsersuchens, die Angabe des vorlegenden Gerichts, die Namen der Parteien des Ausgangsrechtsstreits oder gegebenenfalls die diese Namen ersetzenden Initialen und die dem Gerichtshof unterbreiteten Vorlagefragen. *(ABl 2019 L 316, 103)*

Artikel 22
Konsultation des Registers, der Urteile und der Beschlüsse

(1) Jeder kann das Register bei der Kanzlei einsehen und nach Maßgabe der vom Gerichtshof auf Vorschlag des Kanzlers erlassenen Gebührenordnung der Kanzlei Kopien oder Auszüge daraus erhalten.

(2) Jede Partei kann nach Maßgabe der Gebührenordnung der Kanzlei Ausfertigungen der Verfahrensschriftstücke erhalten.

(3) Außerdem kann jeder nach Maßgabe der Gebührenordnung der Kanzlei Ausfertigungen der Urteile und der Beschlüsse erhalten.

Sechstes Kapitel
GESCHÄFTSGANG DES GERICHTSHOFS

Artikel 23
Ort der Sitzungen des Gerichtshofs

Der Gerichtshof kann einzelne Sitzungen an einem anderen Ort als seinem Sitz abhalten.

Artikel 24
Arbeitskalender des Gerichtshofs

(1) Das Gerichtsjahr beginnt am 7. Oktober des Kalenderjahrs und endet am 6. Oktober des darauffolgenden Jahres.

(2) Die Gerichtsferien werden vom Gerichtshof festgesetzt.

(3) Während der Gerichtsferien kann der Präsident die Richter und die Generalanwälte in dringenden Fällen einberufen.

(4) Der Gerichtshof hält die am Ort seines Sitzes geltenden gesetzlichen Feiertage ein.

(5) Der Gerichtshof kann den Richtern und den Generalanwälten in begründeten Fällen Urlaub gewähren.

(6) Die Daten der Gerichtsferien und das Verzeichnis der gesetzlichen Feiertage werden jährlich im *Amtsblatt der Europäischen Union* veröffentlicht.

Artikel 25
Generalversammlung

Die Entscheidungen über Verwaltungsfragen oder über die Vorschläge, die in dem Vorbericht gemäß Artikel 59 enthalten sind, werden vom Gerichtshof in der Generalversammlung getroffen, an der alle Richter und Generalanwälte mit beschließender Stimme teilnehmen. Der Kanzler ist zugegen, sofern der Gerichtshof nichts anderes bestimmt.

Artikel 26
Protokollaufnahme

Tagt der Gerichtshof in Abwesenheit des Kanzlers, so beauftragt er den im Sinne des Artikels 7 dienstjüngsten Richter mit der Aufnahme eines etwa erforderlichen Protokolls, das vom Präsidenten und von dem genannten Richter unterzeichnet wird.

Siebtes Kapitel
SPRUCHKÖRPER

Erster Abschnitt
Besetzung der Spruchkörper

Artikel 27
Besetzung der Großen Kammer

(1) Die Große Kammer ist für jede Rechtssache mit dem Präsidenten und dem Vizepräsidenten des Gerichtshofs, drei Präsidenten einer Kammer mit fünf Richtern, dem Berichterstatter und der für die Erreichung der Zahl fünfzehn erforderlichen Zahl von Richtern besetzt. Letztere und die drei Präsidenten einer Kammer mit fünf Richtern

werden anhand der in den Absätzen 3 und 4 genannten Listen in der dort festgelegten Reihenfolge bestimmt. Ausgangspunkt auf jeder dieser Listen ist für jede an die Große Kammer verwiesene Rechtssache der Name des Richters, der unmittelbar auf den Richter folgt, der für die zuvor an diesen Spruchkörper verwiesene Rechtssache als Letzter anhand der betreffenden Liste bestimmt worden ist.

(2) Nach der Wahl des Präsidenten und des Vizepräsidenten des Gerichtshofs sowie danach der Präsidenten der Kammern mit fünf Richtern werden im Hinblick auf die Besetzung der Großen Kammer eine Liste der Präsidenten der Kammern mit fünf Richtern und eine Liste der übrigen Richter erstellt.

(3) Die Liste der Präsidenten der Kammern mit fünf Richtern wird gemäß der in Artikel 7 festgelegten Rangordnung erstellt.

(4) Die Liste der übrigen Richter wird erstellt, indem abwechselnd der in Artikel 7 festgelegten Rangordnung und deren Umkehrung gefolgt wird: Der erste Richter in dieser Liste ist der erste nach der in Artikel 7 festgelegten Rangordnung, der zweite Richter in der Liste ist der letzte nach dieser Rangordnung, der dritte Richter ist der zweite nach dieser Rangordnung, der vierte Richter ist der vorletzte nach dieser Rangordnung und so fort.

(5) Die in den Absätzen 3 und 4 genannten Listen werden im *Amtsblatt der Europäischen Union* veröffentlicht.

(6) In Rechtssachen, die vom Beginn eines Kalenderjahrs, in dem eine teilweise Neubesetzung der Richterstellen stattfindet, bis zur tatsächlichen Neubesetzung an die Große Kammer verwiesen werden, können zwei Ergänzungsrichter bestimmt werden, um den Spruchkörper zu ergänzen, solange Ungewissheit über das Erreichen der gemäß Artikel 17 Absatz 3 der Satzung für die Beschlussfähigkeit erforderlichen Zahl von Richtern besteht. Als Ergänzungsrichter fungieren die beiden Richter, die auf der in Absatz 4 genannten Liste unmittelbar nach dem Richter geführt werden, der als Letzter für die Besetzung der Großen Kammer in der Rechtssache bestimmt worden ist.

(7) Die Ergänzungsrichter ersetzen in der Reihenfolge der in Absatz 4 genannten Liste die Richter, die gegebenenfalls nicht an der Entscheidung der Rechtssache mitwirken können.

Artikel 28
Besetzung der Kammern mit fünf und mit drei Richtern

(1) Die Kammern mit fünf und mit drei Richtern sind für jede Rechtssache mit dem Kammerpräsidenten, dem Berichterstatter und der für die Erreichung der Zahl von fünf oder drei Richtern erforderlichen Zahl von Richtern besetzt. Letztere werden anhand der in den Absätzen 2 und 3 genannten Listen in der dort festgelegten Reihenfolge bestimmt. Ausgangspunkt auf diesen Listen ist für jede an eine Kammer verwiesene Rechtssache der Name des Richters, der unmittelbar auf den Richter folgt, der für die zuvor an diese Kammer verwiesene Rechtssache als Letzter anhand der Liste bestimmt worden ist.

(2) Für die Besetzung der Kammern mit fünf Richtern werden nach der Wahl der Präsidenten dieser Kammern Listen erstellt, in denen sämtliche Richter, die der jeweiligen Kammer zugeteilt sind, mit Ausnahme des Kammerpräsidenten aufgeführt sind. Die Listen werden in derselben Weise erstellt wie die in Artikel 27 Absatz 4 genannte Liste.

(3) Für die Besetzung der Kammern mit drei Richtern werden nach der Wahl der Präsidenten dieser Kammern Listen erstellt, in denen sämtliche Richter, die der jeweiligen Kammer zugeteilt sind, mit Ausnahme des Kammerpräsidenten aufgeführt sind. Die Listen werden gemäß der in Artikel 7 festgelegten Rangordnung erstellt.

(4) Die in den Absätzen 2 und 3 genannten Listen werden im *Amtsblatt der Europäischen Union* veröffentlicht.

Artikel 29
Besetzung der Kammern bei Zusammenhang oder Abgabe

(1) Ist der Gerichtshof der Auffassung, dass mehrere Rechtssachen zusammen von demselben Spruchkörper zu entscheiden sind, so entspricht dessen Besetzung derjenigen, die für die Rechtssache festgelegt wurde, deren Vorbericht zuerst geprüft wurde.

(2) Regt eine Kammer, an die eine Rechtssache verwiesen worden ist, beim Gerichtshof an, die Rechtssache nach Artikel 60 Absatz 3 an einen größeren Spruchkörper zu verweisen, so umfasst dieser Spruchkörper die Mitglieder der abgebenden Kammer.

Artikel 30
Verhinderung eines Kammerpräsidenten

(1) Ist der Präsident einer Kammer mit fünf Richtern verhindert, so werden die Aufgaben des Kammerpräsidenten von einem Präsidenten einer Kammer mit drei Richtern wahrgenommen, gegebenenfalls gemäß der in Artikel 7 festgelegten Rangordnung, oder, wenn kein Präsident einer Kammer mit drei Richtern dem Spruchkörper angehört, von einem der übrigen Richter gemäß der in Artikel 7 festgelegten Rangordnung.

(2) Ist der Präsident einer Kammer mit drei Richtern verhindert, so werden die Aufgaben des Kammerpräsidenten von einem Richter des

Spruchkörpers gemäß der in Artikel 7 festgelegten Rangordnung wahrgenommen.

Artikel 31
Verhinderung eines Mitglieds des Spruchkörpers

(1) Ist ein Mitglied der Großen Kammer verhindert, so wird es durch einen anderen Richter in der Reihenfolge ersetzt, die in der Liste nach Artikel 27 Absatz 4 festgelegt ist.

(2) Ist ein Mitglied einer Kammer mit fünf Richtern verhindert, so wird es durch einen anderen Richter derselben Kammer in der Reihenfolge ersetzt, die in der Liste nach Artikel 28 Absatz 2 festgelegt ist. Ist eine Ersetzung des verhinderten Richters durch einen Richter derselben Kammer nicht möglich, so benachrichtigt der Kammerpräsident den Präsidenten des Gerichtshofs, der einen anderen Richter bestimmen kann, durch den die Kammer ergänzt wird.

(3) Ist ein Mitglied einer Kammer mit drei Richtern verhindert, so wird es durch einen anderen Richter derselben Kammer in der Reihenfolge ersetzt, die in der Liste nach Artikel 28 Absatz 3 festgelegt ist. Ist eine Ersetzung des verhinderten Richters durch einen Richter derselben Kammer nicht möglich, so benachrichtigt der Kammerpräsident den Präsidenten des Gerichtshofs, der einen anderen Richter bestimmen kann, durch den die Kammer ergänzt wird.

Zweiter Abschnitt

Beratungen

Artikel 32
Beratungsmodalitäten

(1) Die Beratungen des Gerichtshofs sind und bleiben geheim.

(2) Hat eine mündliche Verhandlung stattgefunden, nehmen an der Beratung nur die an der Verhandlung beteiligten Richter und gegebenenfalls der Hilfsberichterstatter für die Rechtssache teil.

(3) Jeder Richter, der an der Beratung teilnimmt, trägt seine Auffassung vor und begründet sie.

(4) Das Ergebnis, auf das sich die Mehrheit der Richter nach der abschließenden Erörterung geeinigt hat, ist für die Entscheidung des Gerichtshofs maßgebend.

Artikel 33
Zahl der an der Beratung teilnehmenden Richter

Ergibt sich infolge Verhinderung eine gerade Zahl von Richtern, so nimmt der im Sinne des Artikels 7 dienstjüngste Richter an der Beratung nicht teil, es sei denn, er ist Berichterstatter. Im letzten Fall nimmt der Richter mit dem nächstniedrigen Dienstaltersrang an der Beratung nicht teil.

Artikel 34
Beschlussfähigkeit der Großen Kammer

(1) Kann für eine an die Große Kammer verwiesene Rechtssache die gemäß Artikel 17 Absatz 3 der Satzung für die Beschlussfähigkeit erforderliche Zahl von Richtern nicht erreicht werden, so bestimmt der Präsident des Gerichtshofs einen oder mehrere andere Richter in der Reihenfolge, die in der Liste nach Artikel 27 Absatz 4 festgelegt ist.

(2) Hat eine mündliche Verhandlung stattgefunden, bevor der oder die anderen Richter bestimmt werden, so werden die Parteien mit ihren mündlichen Ausführungen und der Generalanwalt mit seinen Schlussanträgen erneut gehört.

Artikel 35
Beschlussfähigkeit der Kammern mit fünf und mit drei Richtern

(1) Ist für eine an eine Kammer mit fünf oder mit drei Richtern verwiesene Rechtssache ein Erreichen der gemäß Artikel 17 Absatz 2 der Satzung für die Beschlussfähigkeit erforderlichen Zahl von Richtern nicht möglich, bestimmt der Präsident des Gerichtshofs einen oder mehrere andere Richter in der Reihenfolge, die in den Listen nach Artikel 28 Absätze 2 und 3 festgelegt ist. Ist eine Ersetzung des verhinderten Richters durch einen Richter derselben Kammer nicht möglich, so benachrichtigt der Kammerpräsident sogleich den Präsidenten des Gerichtshofs, der einen anderen Richter bestimmt, durch den die Kammer ergänzt wird.

(2) Artikel 34 Absatz 2 findet auf die Kammern mit fünf und mit drei Richtern entsprechende Anwendung.

Achtes Kapitel

SPRACHENREGELUNG

Artikel 36
Verfahrenssprachen

Die Verfahrenssprachen sind Bulgarisch, Dänisch, Deutsch, Englisch, Estnisch, Finnisch, Französisch, Griechisch, Irisch, Italienisch, Kroatisch, Lettisch, Litauisch, Maltesisch, Niederländisch, Polnisch, Portugiesisch, Rumänisch, Schwedisch, Slowakisch, Slowenisch, Spanisch, Tschechisch und Ungarisch.

Artikel 37
Bestimmung der Verfahrenssprache

(1) In Klageverfahren wählt der Kläger vorbehaltlich der nachstehenden Bestimmungen die Verfahrenssprache:

a) Ist die Klage gegen einen Mitgliedstaat gerichtet, so ist die Amtssprache dieses Staates Verfahrenssprache; gibt es mehrere Amtssprachen, so ist der Kläger berechtigt, eine von ihnen zu wählen.

b) Auf gemeinsamen Antrag der Parteien kann eine andere der in Artikel 36 genannten Sprachen ganz oder teilweise zugelassen werden.

c) Auf Antrag einer Partei kann nach Anhörung der Gegenpartei und des Generalanwalts abweichend von den Buchstaben a und b eine andere der in Artikel 36 genannten Sprachen ganz oder teilweise als Verfahrenssprache zugelassen werden; dieser Antrag kann nicht von einem der Organe der Europäischen Union gestellt werden.

(2) Unbeschadet des vorstehenden Absatzes Buchstaben b und c sowie des Artikels 38 Absätze 4 und 5

a) ist bei Rechtsmitteln gegen die Entscheidungen des Gerichts nach den Artikeln 56 und 57 der Satzung Verfahrenssprache diejenige Sprache, die für die mit dem Rechtsmittel angefochtene Entscheidung des Gerichts Verfahrenssprache war;

b) ist bei Entscheidungen des Gerichtshofs gemäß Artikel 62 Absatz 2 der Satzung, eine Entscheidung des Gerichts zu überprüfen, Verfahrenssprache diejenige Sprache, die für die Entscheidung des Gerichts, die Gegenstand der Überprüfung ist, Verfahrenssprache war;

c) ist bei Streitigkeiten über die erstattungsfähigen Kosten, Einsprüchen gegen Versäumnisurteile, Drittwidersprüchen und Anträgen auf Auslegung, auf Wiederaufnahme oder auf Abhilfe gegen Unterlassen einer Entscheidung Verfahrenssprache diejenige Sprache, die für die Entscheidung, auf die sich diese Anträge oder Streitigkeiten beziehen, Verfahrenssprache war.

(3) In Vorabentscheidungsverfahren ist die Sprache des vorlegenden Gerichts Verfahrenssprache. Auf gebührend begründeten Antrag einer Partei des Ausgangsrechtsstreits kann nach Anhörung der Gegenpartei des Ausgangsrechtsstreits und des Generalanwalts eine andere der in Artikel 36 genannten Sprachen für das mündliche Verfahren zugelassen werden. Wird die Zulassung dieser anderen Sprache erteilt, so gilt sie für alle in Artikel 23 der Satzung bezeichneten Beteiligten. *(ABl 2019 L 316, 103)*

(4) Die Entscheidung über die vorgenannten Anträge kann vom Präsidenten gefasst werden; dieser kann die Entscheidung dem Gerichtshof übertragen; will er den Anträgen ohne Einverständnis aller Parteien stattgeben, so muss er sie dem Gerichtshof übertragen.

Artikel 38
Verwendung der Verfahrenssprache

(1) Die Verfahrenssprache ist insbesondere in den Schriftsätzen und bei den mündlichen Ausführungen der Parteien, einschließlich der vorgelegten oder beigefügten Belegstücke und Unterlagen, sowie in den Protokollen und Entscheidungen des Gerichtshofs zu verwenden.

(2) Vorgelegten oder beigefügten Belegstücken und Unterlagen, die in einer anderen Sprache abgefasst sind, ist eine Übersetzung in der Verfahrenssprache beizugeben.

(3) Bei umfangreichen Belegstücken und Unterlagen können jedoch auszugsweise Übersetzungen vorgelegt werden. Der Gerichtshof kann jederzeit von Amts wegen oder auf Antrag einer Partei eine ausführlichere oder vollständige Übersetzung verlangen.

(4) Abweichend von den vorstehenden Bestimmungen können sich die Mitgliedstaaten ihrer eigenen Amtssprache bedienen, wenn sie sich an einem Vorabentscheidungsverfahren beteiligen, einem beim Gerichtshof anhängigen Rechtsstreit als Streithelfer beitreten oder den Gerichtshof nach Artikel 259 AEUV anrufen. Dies gilt sowohl für Schriftstücke als auch für mündliche Erklärungen. Der Kanzler veranlasst in jedem Fall die Übersetzung in die Verfahrenssprache.

(5) Den Vertragsstaaten des EWR-Abkommens, die nicht Mitgliedstaaten sind, und der EFTA- Überwachungsbehörde ist es gestattet, sich statt der Verfahrenssprache einer anderen der in Artikel 36 genannten Sprachen zu bedienen, wenn sie sich an einem Vorabentscheidungsverfahren beteiligen oder einem beim Gerichtshof anhängigen Rechtsstreit als Streithelfer beitreten. Dies gilt sowohl für Schriftstücke als auch für mündliche Erklärungen. Der Kanzler veranlasst in jedem Fall die Übersetzung in die Verfahrenssprache. *(ABl 2019 L 316, 103)*

(6) Den Drittstaaten, die sich gemäß Artikel 23 Absatz 4 der Satzung an einem Vorabentscheidungsverfahren beteiligen, ist es gestattet, sich statt der Verfahrenssprache einer anderen der in Artikel 36 genannten Sprachen zu bedienen. Dies gilt sowohl für Schriftstücke als auch für mündliche Erklärungen. Der Kanzler veranlasst in jedem Fall die Übersetzung in die Verfahrenssprache. *(ABl 2019 L 316, 103)*

(7) Erklären Zeugen oder Sachverständige, dass sie sich nicht hinlänglich in einer der in Artikel 36 genannten Sprachen ausdrücken können, so kann ihnen der Gerichtshof gestatten, ihre Erklärungen in einer anderen Sprache abzugeben. Der Kanzler veranlasst die Übersetzung in die Verfahrenssprache.

(8) Der Präsident und der Vizepräsident des Gerichtshofs sowie die Kammerpräsidenten können sich bei der Leitung der Verhandlung statt der Verfahrenssprache einer anderen der in Artikel 36 genannten Sprachen bedienen; die gleiche Befugnis haben die Richter und die Generalanwälte für ihre Fragen und die Generalanwälte für ihre Schlussanträge. Der Kanzler veranlasst die Übersetzung in die Verfahrenssprache.

Artikel 39
Verantwortlichkeit des Kanzlers in sprachlichen Angelegenheiten

(1) Der Kanzler veranlasst die Übersetzung der während des schriftlichen Verfahrens eingereichten Verfahrensschriftstücke in die Verfahrenssprache und gegebenenfalls in eine andere in Artikel 36 genannte Sprache.

(2) Der Kanzler sorgt auch dafür, dass die Verdolmetschung der in der mündlichen Verhandlung getätigten Äußerungen in die Verfahrenssprache sowie in die anderen in Artikel 36 genannten Sprachen gewährleistet ist, deren sich die in der mündlichen Verhandlung anwesenden Parteien bedienen oder die als für den ordnungsgemäßen Ablauf der mündlichen Verhandlung erforderlich erachtet werden.

(ABl 2019 L 316, 103)

Artikel 40
Sprachenregelung für die Veröffentlichungen des Gerichtshofs

Die Veröffentlichungen des Gerichtshofs erscheinen in den in Artikel 1 der Verordnung Nr. 1 des Rates genannten Sprachen.

Artikel 41
Verbindliche Fassungen

Verbindlich ist die Fassung in der Verfahrenssprache oder, falls der Gerichtshof gemäß den Artikeln 37 oder 38 eine andere Sprache zugelassen hat, die Fassung in dieser Sprache.

Artikel 42
Sprachendienst des Gerichtshofs

Der Gerichtshof richtet einen Sprachendienst ein, dessen Angehörige eine angemessene juristische Ausbildung und gründliche Kenntnisse in mehreren Amtssprachen der Union aufweisen müssen.

ZWEITER TITEL
ALLGEMEINE VERFAHRENSBESTIMMUNGEN

Erstes Kapitel
RECHTE UND PFLICHTEN DER BEVOLLMÄCHTIGTEN, BEISTÄNDE UND ANWÄLTE

Artikel 43
Vorrechte, Befreiungen und Erleichterungen

(1) Die Bevollmächtigten, Beistände und Anwälte, die vor dem Gerichtshof oder vor einem von diesem um Rechtshilfe ersuchten Gericht erscheinen, können wegen mündlicher und schriftlicher Äußerungen, die sich auf die Sache oder auf die Parteien beziehen, nicht gerichtlich verfolgt werden.

(2) Die Bevollmächtigten, Beistände und Anwälte genießen ferner folgende Vorrechte und Erleichterungen:

a) Schriftstücke und Urkunden, die sich auf das Verfahren beziehen, dürfen weder durchsucht noch beschlagnahmt werden. Im Streitfall können die Zoll- oder Polizeibeamten die betreffenden Schriftstücke und Urkunden versiegeln, die dann dem Gerichtshof zum Zwecke der Untersuchung im Beisein des Kanzlers und des Beteiligten umgehend übermittelt werden.

b) Die Bevollmächtigten, Beistände und Anwälte genießen die zur Erfüllung ihrer Aufgaben erforderliche Reisefreiheit.

Artikel 44
Vertretereigenschaft

(1) Um die im vorstehenden Artikel genannten Vorrechte, Befreiungen und Erleichterungen in Anspruch nehmen zu können, weisen zuvor ihre Eigenschaft nach

a) die Bevollmächtigten durch eine von ihrem Vollmachtgeber ausgestellte amtliche Urkunde, die Letzterer dem Kanzler umgehend in Kopie übermittelt;

b) die Anwälte durch einen Ausweis, mit dem ihre Berechtigung, vor einem Gericht eines Mitgliedstaats oder eines anderen Vertragsstaats des EWR-Abkommens aufzutreten, bescheinigt wird, und, wenn die von ihnen vertretene Partei eine juristische Person des Privatrechts ist, durch eine Vollmacht dieser Partei;

c) die Beistände durch eine Vollmacht der Partei, der sie beistehen.

(2) Der Kanzler des Gerichtshofs stellt ihnen erforderlichenfalls ein Berechtigungspapier aus. Dessen Gültigkeit ist auf eine bestimmte Zeit begrenzt; sie kann je nach der Dauer des Verfahrens verlängert oder verkürzt werden.

Artikel 45
Aufhebung der Befreiung von gerichtlicher Verfolgung

(1) Die in Artikel 43 genannten Vorrechte, Befreiungen und Erleichterungen werden ausschließlich im Interesse des Verfahrens gewährt.

(2) Der Gerichtshof kann die Befreiung von gerichtlicher Verfolgung aufheben, wenn dies nach seiner Auffassung dem Interesse des Verfahrens nicht zuwiderläuft.

Artikel 46
Ausschluss vom Verfahren

(1) Ist der Gerichtshof der Auffassung, dass das Verhalten eines Bevollmächtigten, Beistands oder Anwalts gegenüber dem Gerichtshof mit der Würde des Gerichtshofs oder mit den Erfordernissen einer geordneten Rechtspflege unvereinbar ist oder dass ein Bevollmächtigter, Beistand oder Anwalt seine Befugnisse missbraucht, so unterrichtet er den Betroffenen davon. Unterrichtet der Gerichtshof die zuständigen Stellen, denen der Betroffene untersteht, davon, so wird Letzterem eine Kopie des an diese Stellen gerichteten Schreibens übermittelt.

(2) Aus denselben Gründen kann der Gerichtshof nach Anhörung des Betroffenen und des Generalanwalts jederzeit durch mit Gründen versehenen Beschluss entscheiden, einen Bevollmächtigten, Beistand oder Anwalt vom Verfahren auszuschließen. Der Beschluss ist sofort vollziehbar.

(3) Wird ein Bevollmächtigter, Beistand oder Anwalt vom Verfahren ausgeschlossen, so wird das Verfahren bis zum Ablauf einer Frist ausgesetzt, die der Präsident der betroffenen Partei zur Bestimmung eines anderen Bevollmächtigten, Beistands oder Anwalts setzt.

(4) Die gemäß diesem Artikel getroffenen Entscheidungen können wieder aufgehoben werden.

Artikel 47
Hochschullehrer und Parteien des Ausgangsrechtsstreits

(1) Die Bestimmungen dieses Kapitels finden Anwendung auf Hochschullehrer, die gemäß Artikel 19 der Satzung das Recht haben, vor dem Gerichtshof aufzutreten.

(2) In Vorlageverfahren finden sie auch Anwendung auf die Parteien des Ausgangsrechtsstreits, wenn diese nach den anwendbaren nationalen Verfahrensvorschriften berechtigt sind, ohne den Beistand eines Anwalts vor Gericht aufzutreten, sowie auf die Personen, die nach diesen Vorschriften zu ihrer Vertretung berechtigt sind.

Zweites Kapitel
ZUSTELLUNGEN

Artikel 48
Zustellungsarten

(1) Der Kanzler veranlasst die in dieser Verfahrensordnung vorgesehenen Zustellungen an die Zustellungsanschrift des Adressaten durch Übersendung einer Kopie des zuzustellenden Schriftstücks per Einschreiben mit Rückschein oder durch Übergabe der Kopie gegen Empfangsbestätigung. Die Kopien des zuzustellenden Originals werden vom Kanzler ausgefertigt und beglaubigt, es sei denn, dass sie gemäß Artikel 57 Absatz 2 von den Parteien eingereicht werden.

(2) Hat sich der Adressat damit einverstanden erklärt, dass Zustellungen an ihn mittels Telefax oder sonstiger technischer Kommunikationsmittel erfolgen, so kann jedes Verfahrensschriftstück einschließlich der Urteile und Beschlüsse des Gerichtshofs durch Übermittlung einer Kopie auf diesem Wege zugestellt werden.

(3) Ist eine solche Übermittlung aus technischen Gründen oder wegen der Art oder des Umfangs des Schriftstücks nicht möglich, so wird dieses dem Adressaten, wenn er keine Zustellungsanschrift angegeben hat, gemäß dem Verfahren des Absatzes 1 an seine Anschrift zugestellt. Der Adressat wird davon mittels Telefax oder sonstiger technischer Kommunikationsmittel benachrichtigt. Ein Einschreiben gilt dann am zehnten Tag nach der Aufgabe zur Post am Ort des Sitzes des Gerichtshofs als dem Adressaten übergeben, sofern nicht durch den Rückschein nachgewiesen wird, dass der Zugang zu einem anderen Zeitpunkt erfolgt ist, oder der Adressat den Kanzler innerhalb von drei Wochen nach der Benachrichtigung mittels Telefax oder sonstiger technischer Kommunikationsmittel davon unterrichtet, dass ihm das zuzustellende Schriftstück nicht zugegangen ist.

(4) Der Gerichtshof kann durch Beschluss die Voraussetzungen festlegen, unter denen ein Verfahrensschriftstück elektronisch zugestellt werden kann. Der Beschluss wird im *Amtsblatt der Europäischen Union* veröffentlicht.

Drittes Kapitel
FRISTEN

Artikel 49
Fristberechnung

(1) Die in den Verträgen, in der Satzung und in dieser Verfahrensordnung vorgesehenen Verfahrensfristen werden wie folgt berechnet:

a) Ist eine nach Tagen, Wochen, Monaten oder Jahren bemessene Frist von dem Zeitpunkt an zu berechnen, zu dem ein Ereignis eintritt oder eine

Handlung vorgenommen wird, so wird der Tag, an dem das Ereignis eintritt oder die Handlung vorgenommen wird, nicht mitgerechnet.

b) Eine nach Wochen, Monaten oder Jahren bemessene Frist endet mit Ablauf des Tages, der in der letzten Woche, im letzten Monat oder im letzten Jahr dieselbe Bezeichnung oder dieselbe Zahl wie der Tag trägt, an dem das Ereignis eingetreten oder die Handlung vorgenommen worden ist, von denen an die Frist zu berechnen ist. Fehlt bei einer nach Monaten oder Jahren bemessenen Frist im letzten Monat der für ihren Ablauf maßgebende Tag, so endet die Frist mit Ablauf des letzten Tages dieses Monats.

c) Ist eine Frist nach Monaten und nach Tagen bemessen, so werden zunächst die vollen Monate und dann die Tage berücksichtigt.

d) Die Fristen umfassen die Samstage, die Sonntage und die gesetzlichen Feiertage im Sinne des Artikels 24 Absatz 6.

e) Der Fristlauf wird durch die Gerichtsferien nicht gehemmt.

(2) Fällt das Fristende auf einen Samstag, Sonntag oder gesetzlichen Feiertag, so endet die Frist mit dem Ablauf des nächstfolgenden Werktags.

Artikel 50
Klage gegen eine Handlung eines Organs

Beginnt eine Frist für die Erhebung einer Klage gegen eine Handlung eines Organs mit der Veröffentlichung der Handlung, so ist diese Frist im Sinne von Artikel 49 Absatz 1 Buchstabe a vom Ablauf des vierzehnten Tages nach der Veröffentlichung der Handlung im *Amtsblatt der Europäischen Union* an zu berechnen.

Artikel 51
Entfernungsfrist

Die Verfahrensfristen werden um eine pauschale Entfernungsfrist von zehn Tagen verlängert.

Artikel 52
Fristsetzung und Fristverlängerung

(1) Die vom Gerichtshof gemäß dieser Verfahrensordnung gesetzten Fristen können verlängert werden.

(2) Der Präsident und die Kammerpräsidenten können dem Kanzler die Zeichnungsbefugnis übertragen, bestimmte Fristen, die sie aufgrund dieser Verfahrensordnung anzuordnen haben, festzusetzen oder deren Verlängerung zu gewähren.

Viertes Kapitel
DIE VERSCHIEDENEN ARTEN DER BEHANDLUNG DER RECHTSSACHEN

Artikel 53
Arten der Behandlung der Rechtssachen

(1) Unbeschadet besonderer Bestimmungen der Satzung oder dieser Verfahrensordnung umfasst das Verfahren vor dem Gerichtshof ein schriftliches und ein mündliches Verfahren.

(2) Ist der Gerichtshof für die Entscheidung über eine Rechtssache offensichtlich unzuständig oder ist ein Ersuchen oder eine Klage offensichtlich unzulässig, so kann er nach Anhörung des Generalanwalts jederzeit die Entscheidung treffen, durch mit Gründen versehenen Beschluss zu entscheiden, ohne das Verfahren fortzusetzen.

(3) Der Präsident kann in Anbetracht besonderer Umstände entscheiden, dass eine Rechtssache mit Vorrang entschieden wird.

(4) Eine Rechtssache kann unter den in dieser Verfahrensordnung vorgesehenen Voraussetzungen einem beschleunigten Verfahren unterworfen werden.

(5) Eine Vorlage zur Vorabentscheidung kann unter den in dieser Verfahrensordnung vorgesehenen Voraussetzungen einem Eilverfahren unterworfen werden.

Artikel 54
Verbindung

(1) Mehrere gleichartige Rechtssachen, die den gleichen Gegenstand haben, können jederzeit wegen Zusammenhangs zu gemeinsamem schriftlichen oder mündlichen Verfahren oder zu gemeinsamem Endurteil verbunden werden.

(2) Die Verbindung wird vom Präsidenten nach Anhörung des Berichterstatters und des Generalanwalts, falls die betreffende Rechtssache bereits zugewiesen worden ist, und – außer in Vorlageverfahren – nach Anhörung auch der Parteien beschlossen. Der Präsident kann die Entscheidung hierüber dem Gerichtshof übertragen.

(3) Die Verbindung von Rechtssachen kann nach Maßgabe des Absatzes 2 wieder aufgehoben werden.

Artikel 55
Aussetzung des Verfahrens

(1) Das Verfahren kann ausgesetzt werden:

a) in den in Artikel 54 Absatz 3 der Satzung vorgesehenen Fällen durch Beschluss des Gerichtshofs nach Anhörung des Generalanwalts;

b) in allen übrigen Fällen durch Entscheidung des Präsidenten nach Anhörung des Berichterstatters und des Generalanwalts sowie – außer in Vorlageverfahren – der Parteien.

(2) Die Fortsetzung des Verfahrens kann nach demselben Verfahren beschlossen oder entschieden werden.

(3) Die in den vorstehenden Absätzen vorgesehenen Beschlüsse oder Entscheidungen werden den Parteien oder in Artikel 23 der Satzung bezeichneten Beteiligten zugestellt.

(4) Die Aussetzung des Verfahrens wird zu dem in dem Aussetzungsbeschluss oder der Aussetzungsentscheidung angegebenen Zeitpunkt oder, wenn ein solcher nicht angegeben ist, zu dem Zeitpunkt dieses Beschlusses oder dieser Entscheidung wirksam.

(5) Während der Aussetzung läuft keine Verfahrensfrist gegenüber den Parteien oder in Artikel 23 der Satzung bezeichneten Beteiligten ab.

(6) Ist in dem Aussetzungsbeschluss oder der Aussetzungsentscheidung das Ende der Aussetzung nicht festgelegt, so endet die Aussetzung zu dem in dem Beschluss oder der Entscheidung über die Fortsetzung des Verfahrens angegebenen Zeitpunkt oder, wenn ein solcher nicht angegeben ist, zu dem Zeitpunkt des Beschlusses oder der Entscheidung über die Fortsetzung.

(7) An die Stelle der unterbrochenen Verfahrensfristen treten ab dem Zeitpunkt der Fortsetzung des Verfahrens nach einer Aussetzung neue Fristen, die zu dem Zeitpunkt der Fortsetzung zu laufen beginnen.

Artikel 56
Zurückstellung der Entscheidung einer Rechtssache

Der Präsident kann nach Anhörung des Berichterstatters, des Generalanwalts und der Parteien in Anbetracht besonderer Umstände von Amts wegen oder auf Antrag einer Partei entscheiden, dass eine Rechtssache zu späterer Entscheidung zurückgestellt wird.

Fünftes Kapitel
SCHRIFTLICHES VERFAHREN

Artikel 57
Einreichung der Verfahrensschriftstücke

(1) Das Original jedes Verfahrensschriftstücks muss von dem Bevollmächtigten oder Anwalt der Partei oder, wenn es sich um im Rahmen eines Vorabentscheidungsverfahrens eingereichte Erklärungen handelt und die für den Ausgangsrechtsstreit geltenden nationalen Verfahrensvorschriften es zulassen, von der Partei des Ausgangsrechtsstreits oder ihrem Vertreter handschriftlich unterzeichnet sein.

(2) Mit diesem Schriftstück und allen darin erwähnten Anlagen sind fünf Kopien für den Gerichtshof und, wenn es sich um andere Verfahren als Vorabentscheidungsverfahren handelt, je eine Kopie für jede andere am Rechtsstreit beteiligte Partei einzureichen. Die Kopien sind von der Partei, die sie einreicht, zu beglaubigen.

(3) Die Organe haben außerdem innerhalb der vom Gerichtshof festgesetzten Fristen von jedem Verfahrensschriftstück Übersetzungen in den anderen in Artikel 1 der Verordnung Nr. 1 des Rates genannten Sprachen vorzulegen. Der vorstehende Absatz findet Anwendung.

(4) Den Verfahrensschriftstücken ist ein Aktenstück beizufügen, das die zur Unterstützung herangezogenen Belegstücke und Unterlagen zusammen mit einem Verzeichnis dieser Belegstücke und Unterlagen enthält.

(5) Werden dem Schriftstück von einem Belegstück oder einer Unterlage mit Rücksicht auf deren Umfang nur Auszüge beigefügt, so ist das gesamte Belegstück, die gesamte Unterlage oder eine vollständige Kopie bei der Kanzlei einzureichen.

(6) Jedes Verfahrensschriftstück ist mit Datum zu versehen. Für die Berechnung der Verfahrensfristen sind allein der Tag und die Uhrzeit des Eingangs des Originals bei der Kanzlei maßgebend.

(7) Unbeschadet der Absätze 1 bis 6 sind für die Wahrung der Verfahrensfristen der Tag und die Uhrzeit des Eingangs einer Kopie des unterzeichneten Originals eines Verfahrensschriftstücks einschließlich des in Absatz 4 genannten Verzeichnisses der Belegstücke und Unterlagen mittels Telefax oder sonstiger beim Gerichtshof vorhandener technischer Kommunikationsmittel bei der Kanzlei maßgebend, sofern das unterzeichnete Original des Schriftstücks zusammen mit den in Absatz 2 genannten Anlagen und Kopien spätestens zehn Tage danach bei der Kanzlei eingereicht wird. Artikel 51 findet auf die letztgenannte Frist keine Anwendung. *(ABl 2019 L 316, 103)*

(8) Unbeschadet der Absätze 3 bis 6 kann der Gerichtshof durch Beschluss die Voraussetzungen festlegen, unter denen ein der Kanzlei elektronisch übermitteltes Verfahrensschriftstück als Original dieses Schriftstücks gilt. Der Beschluss wird im *Amtsblatt der Europäischen Union* veröffentlicht.

Artikel 58
Länge der Verfahrensschriftstücke

Unbeschadet besonderer Bestimmungen dieser Verfahrensordnung kann der Gerichtshof durch Beschluss die maximale Länge der Schriftsätze oder Erklärungen festlegen, die bei ihm eingereicht werden. Der Beschluss wird im *Amtsblatt der Europäischen Union* veröffentlicht.

Sechstes Kapitel

VORBERICHT UND VERWEISUNG AN DIE SPRUCHKÖRPER

Artikel 59
Vorbericht

(1) Wenn das schriftliche Verfahren abgeschlossen ist, bestimmt der Präsident den Zeitpunkt, zu dem der Berichterstatter der Generalversammlung des Gerichtshofs einen Vorbericht vorzulegen hat.

(2) Der Vorbericht enthält Vorschläge zu der Frage, ob besondere prozessleitende Maßnahmen, eine Beweisaufnahme oder gegebenenfalls ein Klarstellungsersuchen an das vorlegende Gericht erforderlich sind, sowie dazu, an welchen Spruchkörper die Rechtssache verwiesen werden sollte. Der Vorbericht enthält ferner den Vorschlag des Berichterstatters zu einem etwaigen Absehen von der mündlichen Verhandlung und zu einem etwaigen Absehen von Schlussanträgen des Generalanwalts gemäß Artikel 20 Absatz 5 der Satzung.

(3) Der Gerichtshof entscheidet nach Anhörung des Generalanwalts über die Vorschläge des Berichterstatters.

Artikel 60
Verweisung an die Spruchkörper

(1) Der Gerichtshof verweist alle bei ihm anhängigen Rechtssachen an die Kammern mit fünf oder mit drei Richtern, sofern nicht die Schwierigkeit oder die Bedeutung der Rechtssache oder besondere Umstände eine Verweisung an die Große Kammer erfordern, es sei denn, eine solche Verweisung ist gemäß Artikel 16 Absatz 3 der Satzung von einem am Verfahren beteiligten Mitgliedstaat oder Unionsorgan beantragt worden.

(2) Der Gerichtshof tagt als Plenum, wenn er gemäß Artikel 16 Absatz 4 der Satzung befasst wird. Er kann eine Rechtssache an das Plenum verweisen, wenn er gemäß Artikel 16 Absatz 5 der Satzung zu der Auffassung gelangt, dass die Rechtssache von außergewöhnlicher Bedeutung ist.

(3) Der Spruchkörper, an den eine Rechtssache verwiesen worden ist, kann in jedem Verfahrensstadium beim Gerichtshof anregen, die Rechtssache an einen größeren Spruchkörper zu verweisen.

(4) Wird das mündliche Verfahren ohne Beweisaufnahme eröffnet, so bestimmt der Präsident des Spruchkörpers den Termin dafür.

Siebtes Kapitel

PROZESSLEITENDE MASSNAHMEN UND BEWEISAUFNAHME

Erster Abschnitt

Prozessleitende Maßnahmen

Artikel 61
Vom Gerichtshof beschlossene prozessleitende Maßnahmen

(1) Außer den Maßnahmen, die gemäß Artikel 24 der Satzung beschlossen werden können, kann der Gerichtshof die Parteien oder die in Artikel 23 der Satzung bezeichneten Beteiligten zur schriftlichen Beantwortung bestimmter Fragen innerhalb der von ihm gesetzten Frist oder zu deren Beantwortung in der mündlichen Verhandlung auffordern. Die schriftlichen Antworten werden den anderen Parteien oder den in Artikel 23 der Satzung bezeichneten Beteiligten übermittelt.

(2) Wenn eine mündliche Verhandlung durchgeführt wird, fordert der Gerichtshof, wann immer möglich, die Teilnehmer an dieser Verhandlung auf, ihre mündlichen Ausführungen auf eine oder mehrere festgelegte Fragen zu konzentrieren.

Artikel 62
Vom Berichterstatter oder vom Generalanwalt beschlossene prozessleitende Maßnahmen

(1) Der Berichterstatter oder der Generalanwalt können die Parteien oder die in Artikel 23 der Satzung bezeichneten Beteiligten auffordern, innerhalb einer bestimmten Frist von ihnen für relevant erachtete Auskünfte zum Sachverhalt, Schriftstücke oder sonstige Angaben zu übermitteln. Die erhaltenen Antworten und Schriftstücke werden den anderen Parteien oder den in Artikel 23 der Satzung bezeichneten Beteiligten übermittelt.

(2) Der Berichterstatter oder der Generalanwalt können den Parteien oder den in Artikel 23 der Satzung bezeichneten Beteiligten ferner Fragen zur Beantwortung in der mündlichen Verhandlung übermitteln lassen.

Zweiter Abschnitt

Beweisaufnahme

Artikel 63
Entscheidung über die Beweisaufnahme

(1) Der Gerichtshof entscheidet in Generalversammlung, ob eine Beweisaufnahme durchzuführen ist.

(2) Ist die Rechtssache bereits an einen Spruchkörper verwiesen worden, so entscheidet dieser.

Artikel 64
Festlegung der Beweisaufnahme

(1) Der Gerichtshof bestimmt nach Anhörung des Generalanwalts die Beweismittel durch Beschluss, der die zu beweisenden Tatsachen bezeichnet.

(2) Unbeschadet der Artikel 24 und 25 der Satzung sind folgende Beweismittel zulässig:

a) persönliches Erscheinen der Parteien;

b) Einholung von Auskünften und Aufforderung zur Vorlage von Urkunden;

c) Zeugenbeweis;

d) Sachverständigengutachten;

e) Einnahme des Augenscheins.

(3) Gegenbeweis und Erweiterung der Beweisangebote bleiben vorbehalten.

Artikel 65
Teilnahme an der Beweisaufnahme

(1) Führt der Spruchkörper die Beweisaufnahme nicht selbst durch, so beauftragt er den Berichterstatter damit.

(2) Der Generalanwalt nimmt an der Beweisaufnahme teil.

(3) Die Parteien können der Beweisaufnahme beiwohnen.

Artikel 66
Zeugenbeweis

(1) Der Gerichtshof beschließt die Vernehmung von Zeugen über bestimmte Tatsachen nach Anhörung des Generalanwalts von Amts wegen oder auf Antrag einer Partei.

(2) In dem Antrag einer Partei auf Vernehmung eines Zeugen sind die Tatsachen, über die der Zeuge vernommen werden soll, und die Gründe, die dessen Vernehmung rechtfertigen, genau zu bezeichnen.

(3) Über einen Antrag im Sinne des vorstehenden Absatzes entscheidet der Gerichtshof durch mit Gründen versehenen Beschluss. Wird dem Antrag stattgegeben, sind in dem Beschluss die Tatsachen zu bezeichnen, über die Beweis zu erheben ist, und die Zeugen zu benennen, die zu den einzelnen Tatsachen vernommen werden sollen.

(4) Die Zeugen werden vom Gerichtshof geladen, gegebenenfalls nach Hinterlegung des Vorschusses gemäß Artikel 73 Absatz 1.

Artikel 67
Zeugenvernehmung

(1) Der Präsident weist die Zeugen nach Feststellung ihrer Identität darauf hin, dass sie die Richtigkeit ihrer Aussagen nach den Bestimmungen dieser Verfahrensordnung zu versichern haben.

(2) Die Zeugen werden vom Gerichtshof vernommen; die Parteien werden hierzu geladen. Der Präsident kann nach Beendigung der Aussage auf Antrag einer Partei oder von Amts wegen Fragen an die Zeugen richten.

(3) Die gleiche Befugnis steht den einzelnen Richtern und dem Generalanwalt zu.

(4) Die Vertreter der Parteien können unter der Aufsicht des Präsidenten Fragen an die Zeugen richten.

Artikel 68
Beeidigung der Zeugen

(1) Der Zeuge leistet nach Beendigung seiner Aussage folgenden Eid:

„Ich schwöre, dass ich die Wahrheit, die ganze Wahrheit und nichts als die Wahrheit gesagt habe."

(2) Der Gerichtshof kann nach Anhörung der Parteien auf die Beeidigung des Zeugen verzichten.

Artikel 69
Geldbußen

(1) Zeugen, die ordnungsgemäß geladen sind, haben der Ladung Folge zu leisten und in der mündlichen Verhandlung zu erscheinen.

(2) Erscheint ein ordnungsgemäß geladener Zeuge ohne berechtigten Grund nicht vor dem Gerichtshof, so kann dieser eine Geldbuße von bis zu 5 000 Euro gegen ihn verhängen und die erneute Ladung des Zeugen auf dessen Kosten beschließen.

(3) Die gleiche Sanktion kann gegen einen Zeugen verhängt werden, der ohne berechtigten Grund die Aussage oder die Eidesleistung verweigert.

Artikel 70
Sachverständigengutachten

(1) Der Gerichtshof kann die Einholung eines Sachverständigengutachtens beschließen. In dem Beschluss, der den Sachverständigen ernennt, ist dessen Auftrag genau zu umschreiben und eine Frist für die Abgabe des Gutachtens zu bestimmen.

(2) Nach Abgabe des Gutachtens und seiner Zustellung an die Parteien kann der Gerichtshof die Anhörung des Sachverständigen beschließen; die Parteien werden hierzu geladen. Der Präsident kann auf Antrag einer Partei oder von Amts wegen Fragen an den Sachverständigen richten.

(3) Die gleiche Befugnis steht den einzelnen Richtern und dem Generalanwalt zu.

(4) Die Vertreter der Parteien können unter der Aufsicht des Präsidenten Fragen an den Sachverständigen richten.

Artikel 71
Beeidigung des Sachverständigen

(1) Der Sachverständige leistet nach Abgabe des Gutachtens folgenden Eid:
„Ich schwöre, dass ich meinen Auftrag nach bestem Wissen und Gewissen und unparteiisch erfüllt habe."

(2) Der Gerichtshof kann nach Anhörung der Parteien auf die Beeidigung des Sachverständigen verzichten.

Artikel 72
Ablehnung von Zeugen oder Sachverständigen

(1) Lehnt eine Partei einen Zeugen oder Sachverständigen wegen Unfähigkeit, Unwürdigkeit oder aus sonstigen Gründen ab oder verweigert ein Zeuge oder Sachverständiger die Aussage, die Erstattung des Gutachtens oder die Eidesleistung, so entscheidet der Gerichtshof.

(2) Die Ablehnung eines Zeugen oder Sachverständigen ist innerhalb von zwei Wochen nach Zustellung des Beschlusses, durch den der Zeuge geladen oder der Sachverständige ernannt worden ist, mit Schriftsatz zu erklären, der die Ablehnungsgründe und die Beweisangebote enthalten muss.

Artikel 73
Kosten der Zeugen und der Sachverständigen

(1) Beschließt der Gerichtshof die Vernehmung von Zeugen oder die Einholung eines Sachverständigengutachtens, so kann er von den Parteien oder von einer Partei die Hinterlegung eines Vorschusses zur Deckung der Kosten der Zeugen und der Sachverständigen verlangen.

(2) Zeugen und Sachverständige haben Anspruch auf Erstattung ihrer Reise- und Aufenthaltskosten. Die Kasse des Gerichtshofs kann ihnen einen Vorschuss auf diese Kosten gewähren.

(3) Zeugen haben Anspruch auf Entschädigung für Verdienstausfall, Sachverständige auf Vergütung ihrer Tätigkeit. Diese Leistungen werden den Zeugen und Sachverständigen von der Kasse des Gerichtshofs nach Erfüllung ihrer Pflicht oder ihres Auftrags gezahlt.

Artikel 74
Protokoll der Beweistermine

(1) Der Kanzler nimmt über jeden Beweistermin ein Protokoll auf. Das Protokoll wird vom Präsidenten und vom Kanzler unterzeichnet. Es stellt eine öffentliche Urkunde dar.

(2) Handelt es sich um einen Termin zur Vernehmung von Zeugen oder Anhörung von Sachverständigen, wird das Protokoll vom Präsidenten oder von dem mit der Vernehmung oder Anhörung beauftragten Berichterstatter sowie vom Kanzler unterzeichnet. Vor dieser Unterzeichnung ist dem Zeugen oder Sachverständigen Gelegenheit zu geben, den Inhalt des Protokolls zu überprüfen und es zu unterzeichnen.

(3) Das Protokoll wird den Parteien zugestellt.

Artikel 75
Eröffnung des mündlichen Verfahrens nach Beweisaufnahme

(1) Nach Abschluss der Beweisaufnahme bestimmt der Präsident den Termin für die Eröffnung des mündlichen Verfahrens, es sei denn, der Gerichtshof entscheidet, den Parteien eine Frist zur schriftlichen Stellungnahme zu setzen.

(2) Ist eine Frist zur schriftlichen Stellungnahme gesetzt, so bestimmt der Präsident den Termin für die Eröffnung des mündlichen Verfahrens nach Ablauf dieser Frist.

Achtes Kapitel
MÜNDLICHES VERFAHREN

Artikel 76
Mündliche Verhandlung

(1) Etwaige mit Gründen versehene Anträge auf mündliche Verhandlung sind innerhalb von drei Wochen, nachdem die Bekanntgabe des Abschlusses des schriftlichen Verfahrens an die Parteien oder die in Artikel 23 der Satzung bezeichneten Beteiligten erfolgt ist, zu stellen. Diese Frist kann vom Präsidenten verlängert werden.

(2) Der Gerichtshof kann auf Vorschlag des Berichterstatters und nach Anhörung des Generalanwalts entscheiden, keine mündliche Verhandlung abzuhalten, wenn er sich durch die im schriftlichen Verfahren eingereichten Schriftsätze oder Erklärungen für ausreichend unterrichtet hält, um eine Entscheidung zu erlassen.

(3) Der vorstehende Absatz findet keine Anwendung, wenn ein mit Gründen versehener Antrag auf mündliche Verhandlung von einem in Artikel 23 der Satzung bezeichneten Beteiligten, der nicht am schriftlichen Verfahren teilgenommen hat, gestellt worden ist.

Artikel 77
Gemeinsame mündliche Verhandlung

Wenn die zwischen mehreren gleichartigen Rechtssachen bestehenden Gemeinsamkeiten es zulassen, kann der Gerichtshof entscheiden, eine gemeinsame mündliche Verhandlung für diese Rechtssachen durchzuführen.

Artikel 78
Leitung der Verhandlung

Der Präsident eröffnet und leitet die Verhandlung; ihm obliegt die Aufrechterhaltung der Ordnung in der Sitzung.

Artikel 79
Ausschluss der Öffentlichkeit

(1) Der Gerichtshof kann aus wichtigen Gründen, insbesondere solchen der Sicherheit der Mitgliedstaaten oder des Schutzes Minderjähriger, die Öffentlichkeit ausschließen.

(2) Mit der Entscheidung über den Ausschluss der Öffentlichkeit geht das Verbot einer Veröffentlichung der Verhandlung einher.

Artikel 80
Fragen

Die Mitglieder des Spruchkörpers und der Generalanwalt können in der mündlichen Verhandlung Fragen an die Bevollmächtigten, Beistände oder Anwälte der Parteien und unter den Umständen des Artikels 47 Absatz 2 an die Parteien des Ausgangsrechtsstreits oder deren Vertreter richten.

Artikel 81
Schließung der mündlichen Verhandlung

Der Präsident erklärt nach Anhörung der mündlichen Ausführungen der Parteien oder der in Artikel 23 der Satzung bezeichneten Beteiligten die mündliche Verhandlung für geschlossen.

Artikel 82
Stellung der Schlussanträge des Generalanwalts

(1) Findet eine mündliche Verhandlung statt, so werden die Schlussanträge des Generalanwalts nach deren Schließung gestellt.

(2) Der Präsident erklärt nach der Stellung der Schlussanträge des Generalanwalts das mündliche Verfahren für abgeschlossen.

Artikel 83
Eröffnung oder Wiedereröffnung des mündlichen Verfahrens

Der Gerichtshof kann jederzeit nach Anhörung des Generalanwalts die Eröffnung oder Wiedereröffnung des mündlichen Verfahrens beschließen, insbesondere wenn er sich für unzureichend unterrichtet hält, wenn eine Partei nach Abschluss des mündlichen Verfahrens eine neue Tatsache unterbreitet hat, die von entscheidender Bedeutung für die Entscheidung des Gerichtshofs ist, oder wenn ein zwischen den Parteien oder den in Artikel 23 der Satzung bezeichneten Beteiligten nicht erörtertes Vorbringen entscheidungserheblich ist.

Artikel 84
Protokoll der mündlichen Verhandlungen

(1) Der Kanzler nimmt über jede mündliche Verhandlung ein Protokoll auf. Das Protokoll wird vom Präsidenten und vom Kanzler unterzeichnet. Es stellt eine öffentliche Urkunde dar.

(2) Die Parteien und die in Artikel 23 der Satzung bezeichneten Beteiligten können die Protokolle bei der Kanzlei einsehen und Kopien davon erhalten.

Artikel 85
Aufzeichnung der mündlichen Verhandlung

Der Präsident kann den Parteien oder den in Artikel 23 der Satzung bezeichneten Beteiligten, die am schriftlichen oder mündlichen Verfahren teilgenommen haben, auf gebührend begründeten Antrag gestatten, die Tonaufzeichnung der mündlichen Verhandlung in der vom Vortragenden in der Verhandlung verwendeten Sprache in den Räumen des Gerichtshofs anzuhören.

Neuntes Kapitel
URTEILE UND BESCHLÜSSE

Artikel 86
Termin der Urteilsverkündung

Die Parteien oder die in Artikel 23 der Satzung bezeichneten Beteiligten werden vom Termin der Urteilsverkündung benachrichtigt.

Artikel 87
Inhalt der Urteile

Das Urteil enthält:

a) die Angabe, dass es vom Gerichtshof erlassen ist;

b) die Bezeichnung des Spruchkörpers;

c) das Datum der Verkündung;

d) die Namen des Präsidenten und der Richter, die bei der Beratung mitgewirkt haben, unter Bezeichnung des Berichterstatters;

e) den Namen des Generalanwalts;

f) den Namen des Kanzlers;

g) die Bezeichnung der Parteien oder der in Artikel 23 der Satzung bezeichneten Beteiligten, die am Verfahren teilgenommen haben;

h) die Namen ihrer Vertreter;

i) in Klage- und in Rechtsmittelverfahren die Anträge der Parteien;

j) gegebenenfalls das Datum der mündlichen Verhandlung;

k) den Hinweis, dass der Generalanwalt gehört worden ist, und gegebenenfalls das Datum seiner Schlussanträge;

l) eine kurze Darstellung des Sachverhalts;

m) die Entscheidungsgründe;

n) die Urteilsformel, gegebenenfalls einschließlich der Entscheidung über die Kosten.

Artikel 88
Verkündung und Zustellung der Urteile

(1) Das Urteil wird in öffentlicher Sitzung verkündet.

(2) Der Präsident, die Richter, die an der Beratung mitgewirkt haben, und der Kanzler unterzeichnen die Urschrift des Urteils, die sodann mit einem Siegel versehen und in der Kanzlei hinterlegt wird; den Parteien und gegebenenfalls dem vorlegenden Gericht, den in Artikel 23 der Satzung bezeichneten Beteiligten und dem Gericht wird eine Ausfertigung der Urschrift zugestellt.

Artikel 89
Inhalt der Beschlüsse

(1) Der Beschluss enthält:

a) die Angabe, dass er vom Gerichtshof erlassen ist;

b) die Bezeichnung des Spruchkörpers;

c) das Datum des Erlasses;

d) die Angabe der Rechtsgrundlage, auf der er beruht;

e) den Namen des Präsidenten und gegebenenfalls die Namen der Richter, die bei der Beratung mitgewirkt haben, unter Bezeichnung des Berichterstatters;

f) den Namen des Generalanwalts;

g) den Namen des Kanzlers;

h) die Bezeichnung der Parteien oder der in Artikel 23 der Satzung bezeichneten Beteiligten, die am Verfahren teilgenommen haben; *(ABl 2019 L 316, 103)*

i) die Namen ihrer Vertreter;

j) den Hinweis, dass der Generalanwalt gehört worden ist;

k) die Beschlussformel, gegebenenfalls einschließlich der Entscheidung über die Kosten.

(2) Ist ein Beschluss nach dieser Verfahrensordnung mit Gründen zu versehen, so enthält er ferner:

a) in Klage- und in Rechtsmittelverfahren die Anträge der Parteien;

b) eine kurze Darstellung des Sachverhalts;

c) die Entscheidungsgründe.

Artikel 90
Unterzeichnung und Zustellung der Beschlüsse

Der Präsident und der Kanzler unterzeichnen die Urschrift des Beschlusses, die sodann mit einem Siegel versehen und in der Kanzlei hinterlegt wird; den Parteien und gegebenenfalls dem vorlegenden Gericht, den in Artikel 23 der Satzung bezeichneten Beteiligten und dem Gericht wird eine Ausfertigung der Urschrift zugestellt.

Artikel 91
Rechtskraft der Urteile und der Beschlüsse

(1) Das Urteil wird mit dem Tag seiner Verkündung rechtskräftig.

(2) Der Beschluss wird mit dem Tag seiner Zustellung rechtskräftig.

Artikel 92
Veröffentlichung im Amtsblatt der Europäischen Union

Eine Mitteilung, die das Datum und die Urteils- oder Beschlussformel der Endurteile und der das Verfahren beendenden Beschlüsse des Gerichtshofs enthält, wird im *Amtsblatt der Europäischen Union* veröffentlicht.

DRITTER TITEL
VORLAGEN ZUR VORABENTSCHEIDUNG

Erstes Kapitel
ALLGEMEINE BESTIMMUNGEN

Artikel 93
Anwendungsbereich

Die Bestimmungen dieses Titels gelten für das Verfahren

a) in den in Artikel 23 der Satzung genannten Fällen;

b) im Fall von Vorlagen, die in Abkommen vorgesehen werden können, bei denen die Union oder Mitgliedstaaten Vertragsparteien sind.

Artikel 94
Inhalt des Vorabentscheidungsersuchens

Das Vorabentscheidungsersuchen muss außer den dem Gerichtshof zur Vorabentscheidung vorgelegten Fragen enthalten:

a) eine kurze Darstellung des Streitgegenstands und des maßgeblichen Sachverhalts, wie er vom vorlegenden Gericht festgestellt worden ist, oder zumindest eine Darstellung der tatsächlichen Umstände, auf denen die Fragen beruhen;

b) den Wortlaut der möglicherweise auf den Fall anwendbaren nationalen Vorschriften und gegebenenfalls die einschlägige nationale Rechtsprechung;

c) eine Darstellung der Gründe, aus denen das vorlegende Gericht Zweifel bezüglich der Auslegung oder der Gültigkeit bestimmter Vorschriften des Unionsrechts hat, und den Zusammenhang, den es zwischen diesen Vorschriften und dem auf den Ausgangsrechtsstreit anwendbaren nationalen Recht herstellt.

Artikel 95

Anonymität

(1) Ist vom vorlegenden Gericht Anonymität gewährt worden, so wahrt der Gerichtshof diese Anonymität in dem bei ihm anhängigen Verfahren.

(2) Der Gerichtshof kann außerdem auf Ersuchen des vorlegenden Gerichts, auf Antrag einer Partei des Ausgangsrechtsstreits oder von Amts wegen eine oder mehrere Personen oder Einrichtungen, die von dem Rechtsstreit betroffen sind, anonymisieren. *(ABl 2019 L 316, 103)*

Artikel 96

Beteiligung am Vorabentscheidungsverfahren

(1) Gemäß Artikel 23 der Satzung können vor dem Gerichtshof Erklärungen abgeben

a) die Parteien des Ausgangsrechtsstreits;

b) die Mitgliedstaaten;

c) die Europäische Kommission;

d) das Organ, von dem die Handlung, deren Gültigkeit oder Auslegung streitig ist, ausgegangen ist;

e) die Vertragsstaaten des EWR-Abkommens, die nicht Mitgliedstaaten sind, und die EFTA-Überwachungsbehörde, wenn dem Gerichtshof eine Frage zur Vorabentscheidung vorgelegt wird, die einen der Anwendungsbereiche des genannten Abkommens betrifft;

f) Drittstaaten, die Vertragsstaaten eines vom Rat über einen bestimmten Bereich geschlossenen Abkommens sind, wenn dieses Abkommen die Möglichkeit der Abgabe von Erklärungen vorsieht und wenn ein Gericht eines Mitgliedstaats dem Gerichtshof eine Frage zur Vorabentscheidung vorlegt, die in den Anwendungsbereich des betreffenden Abkommens fällt.

(2) Die Nichtteilnahme am schriftlichen Verfahren hindert nicht an der Teilnahme am mündlichen Verfahren.

Artikel 97

Parteien des Ausgangsrechtsstreits

(1) Parteien des Ausgangsrechtsstreits sind diejenigen, die vom vorlegenden Gericht gemäß den nationalen Verfahrensvorschriften als solche bezeichnet werden.

(2) Unterrichtet das vorlegende Gericht den Gerichtshof von der Zulassung einer neuen Partei im Ausgangsrechtsstreit, während das Verfahren vor dem Gerichtshof bereits anhängig ist, so muss diese Partei das Verfahren in der Lage annehmen, in der es sich zum Zeitpunkt der Unterrichtung befindet. Der Partei werden alle den in Artikel 23 der Satzung bezeichneten Beteiligten bereits zugestellten Verfahrensschriftstücke übermittelt.

(3) Hinsichtlich der Vertretung und des persönlichen Erscheinens der Parteien des Ausgangsrechtsstreits trägt der Gerichtshof den vor dem vorlegenden Gericht geltenden Verfahrensvorschriften Rechnung. Bestehen Zweifel, ob eine Person eine Partei des Ausgangsrechtsstreits nach dem nationalen Recht vertreten kann, so kann sich der Gerichtshof beim vorlegenden Gericht über die anwendbaren Verfahrensvorschriften kundig machen.

Artikel 98

Übersetzung und Zustellung des Vorabentscheidungsersuchens

(1) Die Vorabentscheidungsersuchen im Sinne dieses Titels werden den Mitgliedstaaten in der Originalfassung zusammen mit einer Übersetzung in der Amtssprache des Empfängerstaats zugestellt. Sofern dies aufgrund der Länge des Ersuchens angebracht ist, wird diese Übersetzung durch die Übersetzung einer Zusammenfassung des Ersuchens in der Amtssprache des Empfängerstaats ersetzt, die dann als Grundlage für die Stellungnahme dieses Staates dient. Die Zusammenfassung enthält den vollständigen Wortlaut der zur Vorabentscheidung vorgelegten Frage(n). Sie umfasst insbesondere, soweit das Vorabentscheidungsersuchen diese Angaben enthält, den Gegenstand des Ausgangsrechtsstreits, die wesentlichen Argumente der Parteien des Ausgangsrechtsstreits, eine kurze Darstellung der Begründung der Vorlage sowie die angeführte Rechtsprechung und die angeführten Vorschriften des nationalen Rechts und des Unionsrechts.

(2) In den in Artikel 23 Absatz 3 der Satzung bezeichneten Fällen werden die Vorabentscheidungsersuchen den Vertragsstaaten des EWR-Abkommens, die nicht Mitgliedstaaten sind, und der EFTA-Überwachungsbehörde in der Originalfassung zusammen mit einer Übersetzung des Ersuchens, gegebenenfalls einer Zusammenfassung, in einer der in Artikel 36 genannten Sprachen zugestellt, die vom Empfänger zu wählen ist.

(3) Kann sich ein Drittstaat gemäß Artikel 23 Absatz 4 der Satzung an einem Vorabentscheidungsverfahren beteiligen, so wird ihm das Vorabentscheidungsersuchen in der Originalfassung zusammen mit einer Übersetzung des Ersuchens, gegebenenfalls einer Zusammenfassung, in einer der in Artikel 36 genannten Sprachen zugestellt, die von dem betreffenden Drittstaat zu wählen ist.

Artikel 99
Antwort durch mit Gründen versehenen Beschluss

Wenn eine zur Vorabentscheidung vorgelegte Frage mit einer Frage übereinstimmt, über die der Gerichtshof bereits entschieden hat, wenn die Antwort auf eine solche Frage klar aus der Rechtsprechung abgeleitet werden kann oder wenn die Beantwortung der zur Vorabentscheidung vorgelegten Frage keinen Raum für vernünftige Zweifel lässt, kann der Gerichtshof auf Vorschlag des Berichterstatters und nach Anhörung des Generalanwalts jederzeit die Entscheidung treffen, durch mit Gründen versehenen Beschluss zu entscheiden.

Artikel 100
Befassung des Gerichtshofs

(1) Der Gerichtshof bleibt mit einem Vorabentscheidungsersuchen befasst, solange das vorlegende Gericht es nicht zurückgenommen hat. Die Rücknahme eines Ersuchens kann bis zur Bekanntgabe des Termins der Urteilsverkündung an die in Artikel 23 der Satzung bezeichneten Beteiligten berücksichtigt werden.

(2) Der Gerichtshof kann jedoch jederzeit feststellen, dass die Voraussetzungen für seine Zuständigkeit nicht mehr erfüllt sind.

Artikel 101
Ersuchen um Klarstellung

(1) Unbeschadet der in dieser Verfahrensordnung vorgesehenen prozessleitenden Maßnahmen und Beweisaufnahme kann der Gerichtshof nach Anhörung des Generalanwalts das vorlegende Gericht um Klarstellungen innerhalb einer von ihm festgesetzten Frist ersuchen.

(2) Die Antwort des vorlegenden Gerichts auf ein solches Ersuchen wird den in Artikel 23 der Satzung bezeichneten Beteiligten zugestellt.

Artikel 102
Kosten des Vorabentscheidungsverfahrens

Die Entscheidung über die Kosten des Vorabentscheidungsverfahrens ist Sache des vorlegenden Gerichts.

Artikel 103
Berichtigung von Urteilen und Beschlüssen

(1) Schreib- oder Rechenfehler und offenbare Unrichtigkeiten in Urteilen und Beschlüssen können vom Gerichtshof von Amts wegen oder auf Antrag eines in Artikel 23 der Satzung bezeichneten Beteiligten, vorausgesetzt, ein solcher wird innerhalb von zwei Wochen nach Verkündung des Urteils oder Zustellung des Beschlusses gestellt, berichtigt werden.

(2) Der Gerichtshof entscheidet nach Anhörung des Generalanwalts.

(3) Die Urschrift des Beschlusses, der die Berichtigung ausspricht, wird mit der Urschrift der berichtigten Entscheidung verbunden. Ein Hinweis auf den Beschluss ist am Rande der Urschrift der berichtigten Entscheidung anzubringen.

Artikel 104
Auslegung von Vorabentscheidungen

(1) Artikel 158 über die Auslegung von Urteilen und Beschlüssen findet keine Anwendung auf Entscheidungen, die in Beantwortung eines Vorabentscheidungsersuchens ergehen.

(2) Es ist Sache der nationalen Gerichte, zu beurteilen, ob sie sich durch eine Vorabentscheidung für hinreichend unterrichtet halten oder ob es ihnen erforderlich erscheint, den Gerichtshof erneut anzurufen.

Zweites Kapitel
BESCHLEUNIGTES VORABENTSCHEIDUNGSVERFAHREN

Artikel 105
Beschleunigtes Verfahren

(1) Der Präsident des Gerichtshofs kann auf Antrag des vorlegenden Gerichts oder ausnahmsweise von Amts wegen, nach Anhörung des Berichterstatters und des Generalanwalts, entscheiden, eine Vorlage zur Vorabentscheidung einem beschleunigten Verfahren unter Abweichung von den Bestimmungen dieser Verfahrensordnung zu unterwerfen, wenn die Art der Rechtssache ihre rasche Erledigung erfordert.

(2) In diesem Fall bestimmt der Präsident umgehend den Termin für die mündliche Verhandlung, der den in Artikel 23 der Satzung bezeichneten Beteiligten mit der Zustellung des Vorabentscheidungsersuchens mitgeteilt wird.

(3) Die im vorstehenden Absatz genannten Beteiligten können innerhalb einer vom Präsidenten gesetzten Frist von mindestens 15 Tagen Schriftsätze oder schriftliche Erklärungen einreichen. Der Präsident kann diese Beteiligten auffordern, ihre Schriftsätze oder schriftlichen Erklärungen auf die wesentlichen mit dem Vorabentschei-

dungsersuchen aufgeworfenen Rechtsfragen zu beschränken.

(4) Die etwaigen Schriftsätze oder schriftlichen Erklärungen werden allen in Artikel 23 der Satzung bezeichneten Beteiligten vor der mündlichen Verhandlung übermittelt.

(5) Der Gerichtshof entscheidet nach Anhörung des Generalanwalts.

Artikel 106
Übermittlung der Verfahrensschriftstücke

(1) Die im vorstehenden Artikel vorgesehenen Verfahrensschriftstücke gelten mit der Übermittlung einer Kopie des unterzeichneten Originals sowie der zur Unterstützung herangezogenen Belegstücke und Unterlagen mit dem in Artikel 57 Absatz 4 genannten Verzeichnis mittels Telefax oder sonstiger beim Gerichtshof vorhandener technischer Kommunikationsmittel an die Kanzlei als eingereicht. Das Original des Schriftstücks und die vorstehend genannten Anlagen sind der Kanzlei umgehend zu übermitteln.

(2) Die im vorstehenden Artikel vorgesehenen Zustellungen und Übermittlungen können durch Übersendung einer Kopie des Schriftstücks mittels Telefax oder sonstiger beim Gerichtshof und beim Empfänger vorhandener technischer Kommunikationsmittel bewirkt werden.

Drittes Kapitel

EILVORABENTSCHEIDUNGSVERFAHREN

Artikel 107
Anwendungsbereich des Eilvorabentscheidungsverfahrens

(1) Eine Vorlage zur Vorabentscheidung, die eine oder mehrere Fragen zu den von Titel V des Dritten Teils des AEU-Vertrags erfassten Bereichen aufwirft, kann auf Antrag des vorlegenden Gerichts oder ausnahmsweise von Amts wegen einem Eilverfahren unter Abweichung von den Bestimmungen dieser Verfahrensordnung unterworfen werden.

(2) Das vorlegende Gericht stellt die rechtlichen und tatsächlichen Umstände dar, aus denen sich die Dringlichkeit ergibt und die die Anwendung dieses abweichenden Verfahrens rechtfertigen, und gibt, soweit möglich, an, welche Antwort es auf die zur Vorabentscheidung vorgelegten Fragen vorschlägt.

(3) Hat das vorlegende Gericht keinen Antrag auf Durchführung des Eilverfahrens gestellt, so kann der Präsident des Gerichtshofs, wenn die Anwendung dieses Verfahrens dem ersten Anschein nach geboten ist, die in Artikel 108 bezeichnete Kammer zur Prüfung der Frage auffordern, ob es erforderlich ist, die Vorlage dem Eilverfahren zu unterwerfen.

Artikel 108
Entscheidung über die Dringlichkeit

(1) Die Entscheidung, eine Vorlage dem Eilverfahren zu unterwerfen, wird von der für Eilverfahren bestimmten Kammer auf Vorschlag des Berichterstatters und nach Anhörung des Generalanwalts getroffen. Die Besetzung der Kammer wird, wenn die Anwendung des Eilverfahrens vom vorlegenden Gericht beantragt wird, am Tag der Zuweisung der Rechtssache an den Berichterstatter oder, wenn die Anwendung dieses Verfahrens auf Aufforderung durch den Präsidenten des Gerichtshofs geprüft wird, am Tag des Ergehens dieser Aufforderung gemäß Artikel 28 Absatz 2 bestimmt.

(2) Weist die Rechtssache einen Zusammenhang mit einer anhängigen Rechtssache auf, die einem Berichterstatter zugewiesen ist, der nicht der für Eilverfahren bestimmten Kammer angehört, so kann diese Kammer dem Präsidenten des Gerichtshofs vorschlagen, die Rechtssache jenem Berichterstatter zuzuweisen. Im Fall einer Neuzuweisung der Rechtssache an diesen Berichterstatter nimmt die Kammer mit fünf Richtern, der er angehört, für diese Rechtssache die Aufgaben der für Eilverfahren bestimmten Kammer wahr. Artikel 29 Absatz 1 findet Anwendung.

Artikel 109
Schriftlicher Abschnitt des Eilverfahrens

(1) Wenn das vorlegende Gericht die Anwendung des Eilverfahrens beantragt hat oder der Präsident die für Eilverfahren bestimmte Kammer zur Prüfung der Frage aufgefordert hat, ob es erforderlich ist, die Vorlage dem Eilverfahren zu unterwerfen, so veranlasst der Kanzler sogleich die Zustellung des Vorabentscheidungsersuchens an die Parteien des Ausgangsrechtsstreits, den Mitgliedstaat des vorlegenden Gerichts, die Europäische Kommission und das Organ, von dem die Handlung, deren Gültigkeit oder Auslegung streitig ist, ausgegangen ist.

(2) Die Entscheidung, die Vorlage zur Vorabentscheidung dem Eilverfahren zu unterwerfen oder nicht zu unterwerfen, wird dem vorlegenden Gericht sowie den im vorstehenden Absatz bezeichneten Parteien, dem dort genannten Mitgliedstaat und den dort angeführten Organen umgehend zugestellt. In der Entscheidung, die Vorlage dem Eilverfahren zu unterwerfen, wird die Frist festgesetzt, innerhalb deren sie Schriftsätze oder schriftliche Erklärungen einreichen können. In der Entscheidung kann festgelegt werden, auf welche Rechtsfragen sich die Schriftsätze und schriftlichen Erklärungen beziehen sollen und welche Länge sie höchstens haben dürfen.

(3) Nimmt ein Vorabentscheidungsersuchen Bezug auf ein in einem anderen Mitgliedstaat als dem des vorlegenden Gerichts geführtes Verwal-

tungs- oder Gerichtsverfahren, so kann der Gerichtshof diesen Mitgliedstaat auffordern, schriftlich oder in der mündlichen Verhandlung alle sachdienlichen Angaben zu machen.

(4) Sogleich nach der in Absatz 1 genannten Zustellung wird das Vorabentscheidungsersuchen außerdem den in Artikel 23 der Satzung bezeichneten Beteiligten, die nicht Adressaten dieser Zustellung sind, übermittelt, und die Entscheidung, die Vorlage dem Eilverfahren zu unterwerfen oder nicht zu unterwerfen, wird diesen Beteiligten sogleich nach der in Absatz 2 genannten Zustellung übermittelt.

(5) Die in Artikel 23 der Satzung bezeichneten Beteiligten werden so bald wie möglich vom voraussichtlichen Termin der mündlichen Verhandlung benachrichtigt.

(6) Wird die Vorlage nicht dem Eilverfahren unterworfen, bestimmt sich das Verfahren nach Artikel 23 der Satzung und den anwendbaren Vorschriften dieser Verfahrensordnung.

Artikel 110
Zustellungen und Mitteilungen nach Abschluss des schriftlichen Verfahrens

(1) Wird eine Vorlage zur Vorabentscheidung dem Eilverfahren unterworfen, so werden das Vorabentscheidungsersuchen und die eingereichten Schriftsätze oder schriftlichen Erklärungen den in Artikel 23 der Satzung bezeichneten Beteiligten, die nicht zu den in Artikel 109 Absatz 1 genannten Parteien und Beteiligten zählen, zugestellt. Dem Vorabentscheidungsersuchen wird eine Übersetzung, gegebenenfalls nach Maßgabe des Artikels 98 eine Zusammenfassung, beigefügt.

(2) Die eingereichten Schriftsätze oder schriftlichen Erklärungen werden außerdem den in Artikel 109 Absatz 1 genannten Parteien und sonstigen Beteiligten zugestellt.

(3) Der Termin für die mündliche Verhandlung wird den in Artikel 23 der Satzung bezeichneten Beteiligten mit den Zustellungen nach den vorstehenden Absätzen mitgeteilt.

Artikel 111
Absehen vom schriftlichen Verfahren

Die für Eilverfahren bestimmte Kammer kann in Fällen äußerster Dringlichkeit entscheiden, von dem in Artikel 109 Absatz 2 vorgesehenen schriftlichen Verfahren abzusehen.

Artikel 112
Entscheidung in der Sache

Die für Eilverfahren bestimmte Kammer entscheidet nach Anhörung des Generalanwalts.

Artikel 113
Spruchkörper

(1) Die für Eilverfahren bestimmte Kammer kann entscheiden, mit drei Richtern zu tagen. Sie ist in diesem Fall mit dem Kammerpräsidenten, dem Berichterstatter und dem ersten oder gegebenenfalls den ersten beiden Richtern besetzt, die bei der Besetzung dieser Kammer nach Artikel 108 Absatz 1 anhand der in Artikel 28 Absatz 2 genannten Liste bestimmt werden.

(2) Die für Eilverfahren bestimmte Kammer kann auch beim Gerichtshof anregen, die Rechtssache an einen größeren Spruchkörper zu verweisen. Das Eilverfahren wird vor dem neuen Spruchkörper fortgeführt, gegebenenfalls nach Wiedereröffnung des mündlichen Verfahrens.

Artikel 114
Übermittlung der Verfahrensschriftstücke

Die Übermittlung der Verfahrensschriftstücke erfolgt entsprechend Artikel 106.

Viertes Kapitel
PROZESSKOSTENHILFE

Artikel 115
Antrag auf Bewilligung von Prozesskostenhilfe

(1) Ist eine Partei des Ausgangsrechtsstreits außerstande, die Kosten des Verfahrens ganz oder teilweise zu bestreiten, so kann sie jederzeit die Bewilligung von Prozesskostenhilfe beantragen.

(2) Dem Antrag sind alle Auskünfte und Belege beizufügen, die eine Beurteilung der wirtschaftlichen Lage des Antragstellers ermöglichen, wie etwa eine Bescheinigung einer zuständigen nationalen Stelle über die wirtschaftliche Lage.

(3) Hat der Antragsteller bereits Prozesskostenhilfe vor dem vorlegenden Gericht bezogen, so hat er den Beschluss dieses Gerichts vorzulegen und genau anzugeben, was von den bereits bewilligten Beträgen gedeckt ist.

Artikel 116
Entscheidung über die Bewilligung von Prozesskostenhilfe

(1) Der Präsident weist den Antrag auf Bewilligung von Prozesskostenhilfe sogleich nach dessen Einreichung dem Berichterstatter für die Rechtssache zu, in der der Antrag gestellt worden ist.

(2) Die Kammer mit drei Richtern, der der Berichterstatter zugeteilt ist, entscheidet auf dessen Vorschlag und nach Anhörung des Generalanwalts, ob die Prozesskostenhilfe ganz oder teilweise bewilligt oder ob sie versagt wird. Der Spruchkörper ist in diesem Fall mit dem Kammer-

präsidenten, dem Berichterstatter und dem ersten oder gegebenenfalls den ersten beiden Richtern besetzt, die anhand der in Artikel 28 Absatz 3 genannten Liste zu dem Zeitpunkt bestimmt werden, zu dem die Kammer vom Berichterstatter mit dem Antrag auf Bewilligung von Prozesskostenhilfe befasst wird.

(3) Gehört der Berichterstatter keiner Kammer mit drei Richtern an, so entscheidet die Kammer mit fünf Richtern, der er zugeteilt ist, unter denselben Voraussetzungen. Der Spruchkörper ist neben dem Berichterstatter mit vier Richtern besetzt, die anhand der in Artikel 28 Absatz 2 genannten Liste zu dem Zeitpunkt bestimmt werden, zu dem die Kammer vom Berichterstatter mit dem Antrag auf Bewilligung von Prozesskostenhilfe befasst wird.

(4) Der Spruchkörper entscheidet durch Beschluss. Wird die Bewilligung von Prozesskostenhilfe ganz oder teilweise versagt, so ist die Versagung in dem Beschluss zu begründen.

Artikel 117
Im Rahmen der Prozesskostenhilfe zu zahlende Beträge

Wird die Prozesskostenhilfe bewilligt, so trägt die Kasse des Gerichtshofs – gegebenenfalls in den vom Spruchkörper festgesetzten Grenzen – die Kosten der Unterstützung und der Vertretung des Antragstellers vor dem Gerichtshof. Auf Antrag des Antragstellers oder seines Vertreters kann ein Vorschuss auf diese Kosten ausbezahlt werden.

Artikel 118
Entziehung der Prozesskostenhilfe

Der Spruchkörper, der über den Antrag auf Bewilligung von Prozesskostenhilfe entschieden hat, kann diese jederzeit von Amts wegen oder auf Antrag entziehen, wenn sich die Voraussetzungen, unter denen sie bewilligt wurde, im Laufe des Verfahrens ändern.

VIERTER TITEL
KLAGEVERFAHREN

Erstes Kapitel
VERTRETUNG DER PARTEIEN

Artikel 119
Vertretungszwang

(1) Die Parteien können nur durch ihren Bevollmächtigten oder Anwalt vertreten werden.

(2) Die Bevollmächtigten und Anwälte haben bei der Kanzlei eine amtliche Urkunde oder eine Vollmacht der Partei, die sie vertreten, zu hinterlegen.

(3) Anwälte, die als Beistand oder Vertreter einer Partei auftreten, haben bei der Kanzlei außerdem einen Ausweis zu hinterlegen, mit dem ihre Berechtigung, vor einem Gericht eines Mitgliedstaats oder eines anderen Vertragsstaats des EWR-Abkommens aufzutreten, bescheinigt wird.

(4) Werden diese Papiere nicht hinterlegt, so setzt der Kanzler der betroffenen Partei eine angemessene Frist zur Beibringung der Papiere. In Ermangelung einer fristgemäßen Beibringung entscheidet der Präsident nach Anhörung des Berichterstatters und des Generalanwalts, ob die Nichtbeachtung dieser Förmlichkeit die formale Unzulässigkeit der Klageschrift oder des Schriftsatzes zur Folge hat. Der Präsident kann die Entscheidung, wenn er dies für erforderlich erachtet, dem Gerichtshof übertragen. *(ABl 2019 L 316, 103)*

Zweites Kapitel
SCHRIFTLICHES VERFAHREN

Artikel 120
Inhalt der Klageschrift

Die Klageschrift im Sinne von Artikel 21 der Satzung muss enthalten:

a) Namen und Wohnsitz des Klägers;

b) die Bezeichnung des Beklagten;

c) den Streitgegenstand, die geltend gemachten Klagegründe und Argumente sowie eine kurze Darstellung der Klagegründe;

d) die Anträge des Klägers;

e) gegebenenfalls die Beweise und Beweisangebote.

Artikel 121
Angaben für Zustellungen

(1) Die Klageschrift muss für die Zwecke des Verfahrens eine Zustellungsanschrift enthalten. Dazu ist der Name einer Person anzugeben, die ermächtigt ist und sich bereit erklärt hat, die Zustellungen entgegenzunehmen.

(2) Zusätzlich zu oder statt der in Absatz 1 genannten Zustellungsanschrift kann in der Klageschrift angegeben werden, dass sich der Anwalt oder Bevollmächtigte damit einverstanden erklärt, dass Zustellungen an ihn mittels Telefax oder sonstiger technischer Kommunikationsmittel bewirkt werden.

(3) Entspricht die Klageschrift nicht den Voraussetzungen des Absatzes 1 oder 2, so erfolgen bis zur Behebung dieses Mangels alle Zustellungen an die betreffende Partei für die Zwecke des Verfahrens durch Einschreiben an den Bevollmächtigten oder Anwalt der Partei. Abweichend

von Artikel 48 gilt dann die ordnungsgemäße Zustellung mit der Aufgabe des Einschreibens zur Post am Ort des Sitzes des Gerichtshofs als bewirkt.

Artikel 122
Anlagen zur Klageschrift

(1) Der Klageschrift sind gegebenenfalls die in Artikel 21 Absatz 2 der Satzung bezeichneten Unterlagen beizufügen.

(2) Bei Klagen gemäß Artikel 273 AEUV ist der Klageschrift eine Ausfertigung des zwischen den beteiligten Mitgliedstaaten abgeschlossenen Schiedsvertrags beizufügen.

(3) Entspricht die Klageschrift nicht den in Absatz 1 oder 2 genannten Voraussetzungen, so setzt der Kanzler dem Kläger eine angemessene Frist zur Beibringung der vorstehend genannten Unterlagen. Bei Ausbleiben dieser Mängelbehebung entscheidet der Präsident nach Anhörung des Berichterstatters und des Generalanwalts, ob die Nichtbeachtung dieser Voraussetzungen die formale Unzulässigkeit der Klageschrift zur Folge hat. Der Präsident kann die Entscheidung, wenn er dies für erforderlich erachtet, dem Gerichtshof übertragen. *(ABl 2019 L 316, 103)*

Artikel 123
Zustellung der Klageschrift

Die Klageschrift wird dem Beklagten zugestellt. In den Fällen der Artikel 119 Absatz 4 und 122 Absatz 3 erfolgt die Zustellung sogleich nach der Mängelbehebung oder nachdem der Präsident oder der Gerichtshof in Anbetracht der in diesen beiden Artikeln aufgeführten Voraussetzungen die Zulässigkeit bejaht hat.

(ABl 2019 L 316, 103)

Artikel 124
Inhalt der Klagebeantwortung

(1) Innerhalb von zwei Monaten nach Zustellung der Klageschrift hat der Beklagte eine Klagebeantwortung einzureichen. Diese muss enthalten:

a) Namen und Wohnsitz des Beklagten;

b) die geltend gemachten Verteidigungsgründe und -argumente;

c) die Anträge des Beklagten;

d) gegebenenfalls die Beweise und Beweisangebote.

(2) Artikel 121 findet auf die Klagebeantwortung Anwendung.

(3) Der Präsident kann die in Absatz 1 vorgesehene Frist auf gebührend begründeten Antrag des Beklagten ausnahmsweise verlängern.

Artikel 125
Übermittlung von Schriftsätzen

Sind das Europäische Parlament, der Rat oder die Europäische Kommission nicht Partei einer Rechtssache, so übermittelt ihnen der Gerichtshof eine Kopie der Klageschrift und der Klagebeantwortung mit Ausnahme der diesen Schriftsätzen beigefügten Anlagen, damit sie feststellen können, ob im Sinne des Artikels 277 AEUV die Unanwendbarkeit eines ihrer Rechtsakte geltend gemacht wird.

Artikel 126
Erwiderung und Gegenerwiderung

(1) Die Klageschrift und die Klagebeantwortung können durch eine Erwiderung des Klägers und eine Gegenerwiderung des Beklagten ergänzt werden.

(2) Der Präsident bestimmt die Fristen für die Einreichung dieser Verfahrensschriftstücke. Er kann festlegen, auf welche Punkte sich die Erwiderung und die Gegenerwiderung beziehen sollten.

Drittes Kapitel

KLAGE- UND VERTEIDIGUNGSGRÜNDE, BEWEISE

Artikel 127
Neue Klage- und Verteidigungsgründe

(1) Das Vorbringen neuer Klage- und Verteidigungsgründe im Laufe des Verfahrens ist unzulässig, es sei denn, dass sie auf rechtliche oder tatsächliche Gesichtspunkte gestützt werden, die erst während des Verfahrens zutage getreten sind.

(2) Unbeschadet der späteren Entscheidung über die Zulässigkeit des Klage- oder Verteidigungsgrundes kann der Präsident der Gegenpartei auf Vorschlag des Berichterstatters und nach Anhörung des Generalanwalts eine Frist zur Erwiderung auf diesen Klage- oder Verteidigungsgrund setzen.

Artikel 128
Beweise und Beweisangebote

(1) Die Parteien können für ihr Vorbringen noch in der Erwiderung oder in der Gegenerwiderung Beweise oder Beweisangebote vorlegen. Sie haben die Verspätung der Vorlage zu begründen.

(2) Ausnahmsweise können die Parteien noch nach Abschluss des schriftlichen Verfahrens Beweise oder Beweisangebote vorlegen. Sie haben die Verspätung der Vorlage zu begründen. Der Präsident kann der Gegenpartei auf Vorschlag des Berichterstatters und nach Anhörung des Ge-

neralanwalts eine Frist zur Stellungnahme zu diesen Beweisen oder Beweisangeboten setzen.

Viertes Kapitel
STREITHILFE

Artikel 129
Gegenstand und Wirkungen der Streithilfe

(1) Die Streithilfe kann nur die völlige oder teilweise Unterstützung der Anträge einer Partei zum Gegenstand haben. Sie verleiht nicht die gleichen Verfahrensrechte, wie sie den Parteien zustehen, und insbesondere nicht das Recht, eine mündliche Verhandlung zu beantragen.

(2) Die Streithilfe ist akzessorisch zum Rechtsstreit zwischen den Hauptparteien. Sie wird gegenstandslos, wenn die Rechtssache im Register des Gerichtshofs nach Klagerücknahme oder nach einer Vereinbarung zwischen diesen Parteien gestrichen wird oder wenn die Klage für unzulässig erklärt wird.

(3) Der Streithelfer muss den Rechtsstreit in der Lage annehmen, in der dieser sich zum Zeitpunkt des Streitbeitritts befindet.

(4) Ein Antrag auf Zulassung zur Streithilfe, der nach Ablauf der in Artikel 130 bezeichneten Frist, aber vor der in Artikel 60 Absatz 4 vorgesehenen Entscheidung über die Eröffnung des mündlichen Verfahrens gestellt wird, kann berücksichtigt werden. In diesem Fall kann der Streithelfer, wenn der Präsident die Streithilfe zulässt, in der mündlichen Verhandlung Stellung nehmen, wenn eine solche stattfindet.

Artikel 130
Antrag auf Zulassung zur Streithilfe

(1) Anträge auf Zulassung zur Streithilfe müssen innerhalb von sechs Wochen nach der Veröffentlichung im Sinne des Artikels 21 Absatz 4 gestellt werden.

(2) Der Antrag auf Zulassung zur Streithilfe muss enthalten:

a) die Bezeichnung der Rechtssache;

b) die Bezeichnung der Hauptparteien;

c) Namen und Wohnsitz des Antragstellers;

d) die Anträge, zu deren Unterstützung der Antragsteller beitreten möchte;

e) die Darstellung der Umstände, aus denen sich das Recht zum Streitbeitritt ergibt, wenn der Antrag gemäß Artikel 40 Absatz 2 oder 3 der Satzung gestellt wird.

(3) Der Streithelfer muss gemäß Artikel 19 der Satzung vertreten werden.

(4) Die Artikel 119, 121 und 122 finden Anwendung.

Artikel 131
Entscheidung über den Antrag auf Zulassung zur Streithilfe

(1) Der Antrag auf Zulassung zur Streithilfe wird den Parteien zugestellt, um ihre etwaige schriftliche oder mündliche Stellungnahme zu diesem Antrag einzuholen.

(2) Wird der Antrag gemäß Artikel 40 Absatz 1 der Satzung gestellt, so wird die Streithilfe durch Entscheidung des Präsidenten zugelassen und dem Streithelfer sind alle den Parteien zugestellten Verfahrensschriftstücke zu übermitteln, es sei denn, die Parteien haben innerhalb von zehn Tagen nach der Zustellung im Sinne von Absatz 1 geheime oder vertrauliche Belegstücke oder Unterlagen, deren Übermittlung an den Streithelfer ihnen zum Nachteil gereichen kann, bezeichnet. In diesem Fall entscheidet der Präsident über den Antrag auf Zulassung zur Streithilfe nach Anhörung des Berichterstatters und des Generalanwalts durch Beschluss, und dem Streithelfer sind alle den Parteien zugestellten Verfahrensschriftstücke zu übermitteln, mit Ausnahme gegebenenfalls der geheimen oder vertraulichen Belegstücke oder Dokumente, die von der Übermittlung ausgenommen sind.

(3) Wird der Antrag gemäß Artikel 40 Absatz 2 der Satzung gestellt, so entscheidet der Präsident über den Antrag auf Zulassung zur Streithilfe nach Anhörung des Berichterstatters und des Generalanwalts durch Beschluss oder überträgt die Entscheidung dem Gerichtshof. Wird dem Antrag auf Zulassung zur Streithilfe stattgegeben, so sind dem Streithelfer alle den Parteien zugestellten Verfahrensschriftstücke zu übermitteln, mit Ausnahme gegebenenfalls der geheimen oder vertraulichen Belegstücke oder Dokumente, die von der Übermittlung ausgenommen sind.

(4) Wird der Antrag gemäß Artikel 40 Absatz 3 der Satzung gestellt, so wird die Streithilfe durch Entscheidung des Präsidenten zugelassen und dem Streithelfer sind alle den Parteien zugestellten Verfahrensschriftstücke zu übermitteln, es sei denn, die Parteien haben innerhalb von zehn Tagen nach der Zustellung im Sinne von Absatz 1 zu dem Antrag auf Zulassung zur Streithilfe Stellung genommen oder innerhalb derselben Frist geheime oder vertrauliche Belegstücke oder Unterlagen, deren Übermittlung an den Streithelfer ihnen zum Nachteil gereichen kann, bezeichnet. In diesem Fall entscheidet der Präsident über den Antrag auf Zulassung zur Streithilfe nach Anhörung des Berichterstatters und des Generalanwalts durch Beschluss, und dem Streithelfer sind alle den Parteien zugestellten Verfahrensschriftstücke zu übermitteln, mit Ausnahme gegebenenfalls der geheimen oder vertraulichen Belegstücke

oder Dokumente, die von der Übermittlung ausgenommen sind.

(ABl 2019 L 316, 103)

Artikel 132
Einreichung der Schriftsätze

(1) Der Streithelfer kann innerhalb eines Monats nach Übermittlung der im vorstehenden Artikel bezeichneten Verfahrensschriftstücke einen Streithilfeschriftsatz einreichen. Diese Frist kann vom Präsidenten auf gebührend begründeten Antrag des Streithelfers verlängert werden.

(2) Der Streithilfeschriftsatz muss enthalten:

a) die Anträge des Streithelfers, die der vollständigen oder teilweisen Unterstützung der Anträge einer Partei zu dienen bestimmt sind;

b) die vom Streithelfer geltend gemachten Gründe und Argumente;

c) gegebenenfalls die Beweise und Beweisangebote.

(3) Nach Einreichung des Streithilfeschriftsatzes setzt der Präsident den Parteien gegebenenfalls eine Frist, innerhalb deren sie sich zu diesem Schriftsatz äußern können.

Fünftes Kapitel

BESCHLEUNIGTES VERFAHREN

Artikel 133
Entscheidung über das beschleunigte Verfahren

(1) Der Präsident des Gerichtshofs kann auf Antrag des Klägers oder des Beklagten und nach Anhörung der Gegenpartei, des Berichterstatters und des Generalanwalts entscheiden, eine Rechtssache einem beschleunigten Verfahren unter Abweichung von den Bestimmungen dieser Verfahrensordnung zu unterwerfen, wenn die Art der Rechtssache ihre rasche Erledigung erfordert.

(2) Der Antrag, eine Rechtssache dem beschleunigten Verfahren zu unterwerfen, ist mit gesondertem Schriftsatz gleichzeitig mit der Klageschrift oder der Klagebeantwortung einzureichen.

(3) Der Präsident kann eine solche Entscheidung ausnahmsweise auch von Amts wegen nach Anhörung der Parteien, des Berichterstatters und des Generalanwalts treffen.

Artikel 134
Schriftliches Verfahren

(1) Wird ein beschleunigtes Verfahren durchgeführt, so können die Klageschrift und die Klagebeantwortung nur dann durch eine Erwiderung und eine Gegenerwiderung ergänzt werden, wenn der Präsident dies nach Anhörung des Berichterstatters und des Generalanwalts für erforderlich hält.

(2) Streithelfer können einen Streithilfeschriftsatz nur dann einreichen, wenn der Präsident dies nach Anhörung des Berichterstatters und des Generalanwalts für erforderlich hält.

Artikel 135
Mündliches Verfahren

(1) Der Präsident bestimmt sogleich nach Eingang der Klagebeantwortung oder, wenn die Entscheidung, die Rechtssache einem beschleunigten Verfahren zu unterwerfen, erst nach Eingang dieses Schriftsatzes ergeht, sogleich nach dieser Entscheidung den Termin für die mündliche Verhandlung, der umgehend den Parteien mitgeteilt wird. Er kann den Termin für die mündliche Verhandlung verschieben, wenn eine Beweisaufnahme durchzuführen ist oder prozessleitende Maßnahmen es gebieten.

(2) Unbeschadet der Artikel 127 und 128 können die Parteien im mündlichen Verfahren ihr Vorbringen ergänzen und Beweise oder Beweisangebote vorlegen. Sie haben die Verspätung des Vorbringens oder der Vorlage zu begründen.

Artikel 136
Entscheidung in der Sache

Der Gerichtshof entscheidet nach Anhörung des Generalanwalts.

Sechstes Kapitel

KOSTEN

Artikel 137
Entscheidung über die Kosten

Über die Kosten wird im Endurteil oder in dem das Verfahren beendenden Beschluss entschieden.

Artikel 138
Allgemeine Kostentragungsregeln

(1) Die unterliegende Partei ist auf Antrag zur Tragung der Kosten zu verurteilen.

(2) Unterliegen mehrere Parteien, so entscheidet der Gerichtshof über die Verteilung der Kosten.

(3) Wenn jede Partei teils obsiegt, teils unterliegt, trägt jede Partei ihre eigenen Kosten. Der Gerichtshof kann jedoch entscheiden, dass eine Partei außer ihren eigenen Kosten einen Teil der Kosten der Gegenpartei trägt, wenn dies in Anbetracht der Umstände des Einzelfalls gerechtfertigt erscheint.

Artikel 139
Ohne angemessenen Grund oder böswillig verursachte Kosten

Der Gerichtshof kann auch der obsiegenden Partei die Kosten auferlegen, die sie der Gegenpartei ohne angemessenen Grund oder böswillig verursacht hat.

Artikel 140
Kosten der Streithelfer

(1) Die Mitgliedstaaten und die Organe, die dem Rechtsstreit als Streithelfer beigetreten sind, tragen ihre eigenen Kosten.

(2) Die Vertragsstaaten des EWR-Abkommens, die nicht Mitgliedstaaten sind, und die EFTA-Überwachungsbehörde tragen ebenfalls ihre eigenen Kosten, wenn sie dem Rechtsstreit als Streithelfer beigetreten sind.

(3) Der Gerichtshof kann entscheiden, dass ein anderer Streithelfer als die in den vorstehenden Absätzen genannten seine eigenen Kosten trägt.

Artikel 141
Kosten bei Klage- oder Antragsrücknahme

(1) Nimmt eine Partei die Klage oder einen Antrag zurück, so wird sie zur Tragung der Kosten verurteilt, wenn die Gegenpartei dies in ihrer Stellungnahme zu der Rücknahme beantragt.

(2) Die Kosten werden jedoch auf Antrag der Partei, die die Rücknahme erklärt, der Gegenpartei auferlegt, wenn dies wegen des Verhaltens dieser Partei gerechtfertigt erscheint.

(3) Einigen sich die Parteien über die Kosten, so wird gemäß der Vereinbarung entschieden.

(4) Werden keine Kostenanträge gestellt, so trägt jede Partei ihre eigenen Kosten.

Artikel 142
Kosten bei Erledigung der Hauptsache

Erklärt der Gerichtshof die Hauptsache für erledigt, so entscheidet er über die Kosten nach freiem Ermessen.

Artikel 143
Verfahrenskosten

Das Verfahren vor dem Gerichtshof ist vorbehaltlich der nachstehenden Bestimmungen kostenfrei:

a) Der Gerichtshof kann nach Anhörung des Generalanwalts Kosten, die vermeidbar gewesen wären, der Partei auferlegen, die sie veranlasst hat.

b) Kosten für Schreib- und Übersetzungsarbeiten, die nach Ansicht des Kanzlers das gewöhnliche Maß überschreiten, hat die Partei, die diese Arbeiten beantragt hat, nach Maßgabe der in Artikel 22 bezeichneten Gebührenordnung der Kanzlei zu erstatten.

Artikel 144
Erstattungsfähige Kosten

Unbeschadet des vorstehenden Artikels gelten als erstattungsfähige Kosten:

a) Leistungen an Zeugen und Sachverständige gemäß Artikel 73;

b) Aufwendungen der Parteien, die für das Verfahren notwendig waren, insbesondere Reise- und Aufenthaltskosten sowie die Vergütung der Bevollmächtigten, Beistände oder Anwälte.

Artikel 145
Streitigkeiten über die erstattungsfähigen Kosten

(1) Bei Streitigkeiten über die erstattungsfähigen Kosten entscheidet die Kammer mit drei Richtern, der der für die Rechtssache zuständige Berichterstatter zugeteilt ist, auf Antrag einer Partei und nach Anhörung der Gegenpartei sowie des Generalanwalts durch Beschluss. Der Spruchkörper ist in diesem Fall mit dem Kammerpräsidenten, dem Berichterstatter und dem ersten oder gegebenenfalls den ersten beiden Richtern besetzt, die anhand der in Artikel 28 Absatz 3 genannten Liste zu dem Zeitpunkt bestimmt werden, zu dem die Kammer vom Berichterstatter mit der Streitigkeit befasst wird.

(2) Gehört der Berichterstatter keiner Kammer mit drei Richtern an, so entscheidet die Kammer mit fünf Richtern, der er zugeteilt ist, unter denselben Voraussetzungen. Der Spruchkörper ist neben dem Berichterstatter mit vier Richtern besetzt, die anhand der in Artikel 28 Absatz 2 genannten Liste zu dem Zeitpunkt bestimmt werden, zu dem die Kammer vom Berichterstatter mit der Streitigkeit befasst wird.

(3) Die Parteien können eine Ausfertigung des Beschlusses zum Zweck der Vollstreckung beantragen.

Artikel 146
Zahlungsmodalitäten

(1) Die Kasse des Gerichtshofs und dessen Schuldner leisten ihre Zahlungen in Euro.

(2) Sind die zu erstattenden Auslagen in einer anderen Währung als dem Euro entstanden oder sind die Handlungen, deretwegen die Zahlung geschuldet wird, in einem Land vorgenommen worden, dessen Währung nicht der Euro ist, so ist der Umrechnung der am Zahlungstag geltende Referenzwechselkurs der Europäischen Zentralbank zugrunde zu legen.

Siebtes Kapitel
GÜTLICHE EINIGUNG, KLAGERÜCKNAHME, ERLEDIGUNG DER HAUPTSACHE UND ZWISCHENSTREIT

Artikel 147
Gütliche Einigung

(1) Einigen sich die Parteien auf eine Lösung zur Beilegung des Rechtsstreits, bevor der Gerichtshof entschieden hat, und erklären sie gegenüber dem Gerichtshof, dass sie auf die Geltendmachung ihrer Ansprüche verzichten, so beschließt der Präsident durch Beschluss die Streichung der Rechtssache im Register und entscheidet gemäß Artikel 141 über die Kosten, gegebenenfalls unter Berücksichtigung der insoweit von den Parteien gemachten Vorschläge.

(2) Absatz 1 findet keine Anwendung auf Klagen im Sinne der Artikel 263 AEUV und 265 AEUV.

Artikel 148
Klagerücknahme

Erklärt der Kläger gegenüber dem Gerichtshof schriftlich oder in der mündlichen Verhandlung die Rücknahme der Klage, so beschließt der Präsident die Streichung der Rechtssache im Register und entscheidet gemäß Artikel 141 über die Kosten.

Artikel 149
Erledigung der Hauptsache

Stellt der Gerichtshof fest, dass die Klage gegenstandslos geworden und die Hauptsache erledigt ist, so kann er auf Vorschlag des Berichterstatters und nach Anhörung der Parteien und des Generalanwalts jederzeit von Amts wegen die Entscheidung treffen, durch mit Gründen versehenen Beschluss zu entscheiden. Er entscheidet über die Kosten.

Artikel 150
Unverzichtbare Prozessvoraussetzungen

Der Gerichtshof kann auf Vorschlag des Berichterstatters und nach Anhörung der Parteien und des Generalanwalts jederzeit von Amts wegen die Entscheidung treffen, durch mit Gründen versehenen Beschluss darüber zu entscheiden, ob unverzichtbare Prozessvoraussetzungen fehlen.

Artikel 151
Prozesshindernde Einreden und Zwischenstreit

(1) Will eine Partei vorab eine Entscheidung des Gerichtshofs über eine prozesshindernde Einrede oder einen Zwischenstreit herbeiführen, so hat sie dies mit gesondertem Schriftsatz zu beantragen.

(2) Die Antragsschrift muss eine Darstellung der sie tragenden Gründe und Argumente, die Anträge und als Anlage die zur Unterstützung herangezogenen Belegstücke und Unterlagen enthalten.

(3) Sogleich nach Eingang der Antragsschrift setzt der Präsident der Gegenpartei eine Schriftsatzfrist zur Einreichung ihrer Gründe und Anträge.

(4) Über den Antrag wird mündlich verhandelt, sofern der Gerichtshof nichts anderes bestimmt.

(5) Nach Anhörung des Generalanwalts entscheidet der Gerichtshof so bald wie möglich über den Antrag oder behält die Entscheidung dem Endurteil vor, wenn besondere Umstände dies rechtfertigen.

(6) Weist der Gerichtshof den Antrag zurück oder behält er die Entscheidung dem Endurteil vor, so bestimmt der Präsident neue Fristen für die Fortsetzung des Verfahrens.

Achtes Kapitel
VERSÄUMNISURTEIL

Artikel 152
Versäumnisurteil

(1) Reicht der Beklagte, gegen den ordnungsgemäß Klage erhoben ist, seine Klagebeantwortung nicht form- und fristgerecht ein, so kann der Kläger beim Gerichtshof Versäumnisurteil beantragen.

(2) Der Antrag wird dem Beklagten zugestellt. Der Gerichtshof kann entscheiden, das mündliche Verfahren über den Antrag zu eröffnen.

(3) Vor Erlass eines Versäumnisurteils prüft der Gerichtshof nach Anhörung des Generalanwalts, ob die Klage zulässig ist, ob die Formerfordernisse ordnungsgemäß erfüllt worden sind und ob die Anträge des Klägers begründet erscheinen. Er kann prozessleitende Maßnahmen ergreifen oder eine Beweisaufnahme beschließen.

(4) Das Versäumnisurteil ist vollstreckbar. Der Gerichtshof kann jedoch die Vollstreckung aussetzen, bis er über einen gemäß Artikel 156 eingelegten Einspruch entschieden hat, oder sie von der Leistung einer Sicherheit abhängig machen, deren Höhe und Art nach Maßgabe der Umstände festzusetzen sind; wird kein Einspruch eingelegt oder wird der Einspruch zurückgewiesen, so ist die Sicherheit freizugeben.

Neuntes Kapitel
ANTRÄGE UND RECHTSBEHELFE IN BEZUG AUF URTEILE UND BESCHLÜSSE

Artikel 153
Zuständiger Spruchkörper

(1) Anträge und Rechtsbehelfe im Sinne dieses Kapitels mit Ausnahme der Anträge gemäß Artikel 159 werden dem Berichterstatter für die Rechtssache, auf die sich der Antrag oder Rechtsbehelf bezieht, zugewiesen und an den Spruchkörper verwiesen, der in dieser Rechtssache entschieden hat.

(2) Bei Verhinderung des Berichterstatters weist der Präsident des Gerichtshofs den Antrag oder Rechtsbehelf im Sinne dieses Kapitels einem Richter zu, der dem Spruchkörper angehörte, der in der von dem Antrag oder Rechtsbehelf betroffenen Rechtssache entschieden hat.

(3) Ist ein Erreichen der gemäß Artikel 17 der Satzung für die Beschlussfähigkeit erforderlichen Zahl von Richtern nicht mehr möglich, so wird der Antrag oder Rechtsbehelf vom Gerichtshof auf Vorschlag des Berichterstatters und nach Anhörung des Generalanwalts an einen neuen Spruchkörper verwiesen.

Artikel 154
Berichtigung

(1) Unbeschadet der Bestimmungen über die Auslegung von Urteilen und Beschlüssen können Schreib- oder Rechenfehler und offenbare Unrichtigkeiten vom Gerichtshof von Amts wegen oder auf Antrag einer Partei, vorausgesetzt, ein solcher wird innerhalb von zwei Wochen nach Verkündung des Urteils oder Zustellung des Beschlusses gestellt, berichtigt werden.

(2) Bezieht sich ein Berichtigungsantrag auf die Entscheidungsformel oder einen sie tragenden Entscheidungsgrund, so können die Parteien, die vom Kanzler ordnungsgemäß benachrichtigt werden, innerhalb einer vom Präsidenten gesetzten Frist schriftlich Stellung nehmen.

(3) Der Gerichtshof entscheidet nach Anhörung des Generalanwalts.

(4) Die Urschrift des Beschlusses, der die Berichtigung ausspricht, wird mit der Urschrift der berichtigten Entscheidung verbunden. Ein Hinweis auf den Beschluss ist am Rande der Urschrift der berichtigten Entscheidung anzubringen.

Artikel 155
Unterlassen einer Entscheidung

(1) Hat der Gerichtshof eine Entscheidung über einen einzelnen Punkt der Anträge oder die Kostenentscheidung unterlassen, so hat die Partei, die dies geltend machen möchte, ihn innerhalb eines Monats nach Zustellung der Entscheidung durch Antragsschrift anzurufen.

(2) Die Antragsschrift wird der Gegenpartei zugestellt, der vom Präsidenten eine Frist zur schriftlichen Stellungnahme gesetzt wird.

(3) Nach Eingang dieser Stellungnahme entscheidet der Gerichtshof nach Anhörung des Generalanwalts zugleich über die Zulässigkeit und die Begründetheit des Antrags.

Artikel 156
Einspruch

(1) Gegen das Versäumnisurteil kann gemäß Artikel 41 der Satzung Einspruch eingelegt werden.

(2) Der Einspruch ist innerhalb eines Monats nach Zustellung des Urteils einzulegen; für ihn gelten die Formvorschriften der Artikel 120 bis 122.

(3) Nach der Zustellung des Einspruchs setzt der Präsident der Gegenpartei eine Frist zur schriftlichen Stellungnahme.

(4) Auf das weitere Verfahren finden die Artikel 59 bis 92 Anwendung.

(5) Der Gerichtshof entscheidet durch Urteil, gegen das weiterer Einspruch nicht zulässig ist.

(6) Die Urschrift dieses Urteils wird mit der Urschrift des Versäumnisurteils verbunden. Ein Hinweis auf das Urteil über den Einspruch ist am Rande der Urschrift des Versäumnisurteils anzubringen.

Artikel 157
Drittwiderspruch

(1) Auf den Drittwiderspruch nach Artikel 42 der Satzung finden die Artikel 120 bis 122 Anwendung; er muss ferner enthalten:

a) die Bezeichnung des angefochtenen Urteils oder Beschlusses;

b) die Angabe, in welchen Punkten die angefochtene Entscheidung die Rechte des Dritten beeinträchtigt;

c) die Gründe, aus denen der Dritte nicht in der Lage war, sich an dem Rechtsstreit zu beteiligen.

(2) Der Drittwiderspruch ist gegen sämtliche Parteien des Rechtsstreits zu richten.

(3) Der Drittwiderspruch muss innerhalb von zwei Monaten nach der Veröffentlichung der Entscheidung im *Amtsblatt der Europäischen Union* eingelegt werden.

(4) Auf Antrag des Dritten kann die Aussetzung der Vollstreckung der angefochtenen Entscheidung beschlossen werden. Die Bestimmungen des Zehnten Kapitels dieses Titels finden Anwendung.

(5) Die angefochtene Entscheidung wird insoweit geändert, als dem Drittwiderspruch stattgegeben wird.

(6) Die Urschrift des Urteils über den Drittwiderspruch wird mit der Urschrift der angefochtenen Entscheidung verbunden. Ein Hinweis auf das Urteil über den Drittwiderspruch ist am Rande der Urschrift der angefochtenen Entscheidung anzubringen.

Artikel 158
Auslegung

(1) Der Gerichtshof ist nach Artikel 43 der Satzung bei Zweifeln über Sinn und Tragweite eines Urteils oder Beschlusses zuständig, das Urteil oder den Beschluss auf Antrag einer Partei oder eines Organs der Union auszulegen, wenn die Partei oder das Organ ein Interesse hieran glaubhaft macht.

(2) Der Auslegungsantrag ist innerhalb von zwei Jahren nach dem Tag der Verkündung des Urteils oder der Zustellung des Beschlusses zu stellen.

(3) Auf den Auslegungsantrag finden die Artikel 120 bis 122 Anwendung. Er muss ferner bezeichnen:

a) die auszulegende Entscheidung;

b) die Stellen, deren Auslegung beantragt wird.

(4) Er ist gegen sämtliche Parteien des Rechtsstreits zu richten, in dem die Entscheidung, deren Auslegung beantragt wird, ergangen ist.

(5) Der Gerichtshof entscheidet, nachdem er den Parteien Gelegenheit zur Stellungnahme gegeben hat, nach Anhörung des Generalanwalts.

(6) Die Urschrift der auslegenden Entscheidung wird mit der Urschrift der ausgelegten Entscheidung verbunden. Ein Hinweis auf die auslegende Entscheidung ist am Rande der Urschrift der ausgelegten Entscheidung anzubringen.

Artikel 159
Wiederaufnahme

(1) Die Wiederaufnahme des Verfahrens kann nach Artikel 44 der Satzung beim Gerichtshof nur beantragt werden, wenn eine Tatsache von entscheidender Bedeutung bekannt wird, die vor Verkündung des Urteils oder Zustellung des Beschlusses dem Gerichtshof und der die Wiederaufnahme beantragenden Partei unbekannt war.

(2) Unbeschadet der in Artikel 44 Absatz 3 der Satzung vorgesehenen Frist von zehn Jahren ist die Wiederaufnahme innerhalb von drei Monaten nach dem Tag zu beantragen, an dem der Antragsteller Kenntnis von der Tatsache erhalten hat, auf die er seinen Wiederaufnahmeantrag stützt.

(3) Auf den Wiederaufnahmeantrag finden die Artikel 120 bis 122 Anwendung. Er muss ferner enthalten:

a) die Bezeichnung des angefochtenen Urteils oder Beschlusses;

b) die Angabe der Punkte, in denen die Entscheidung angefochten wird;

c) die Bezeichnung der Tatsachen, auf die der Antrag gestützt wird;

d) die Benennung der Beweismittel für das Vorliegen der Tatsachen, die die Wiederaufnahme rechtfertigen, und für die Wahrung der in Absatz 2 genannten Fristen.

(4) Der Wiederaufnahmeantrag ist gegen sämtliche Parteien des Verfahrens zu richten, dessen Wiederaufnahme beantragt wird.

(5) Der Gerichtshof entscheidet nach Anhörung des Generalanwalts in Ansehung der schriftlichen Stellungnahmen der Parteien durch Beschluss über die Zulässigkeit des Antrags, ohne der Entscheidung in der Sache vorzugreifen.

(6) Erklärt der Gerichtshof den Antrag für zulässig, so fährt er mit der Prüfung in der Sache fort und entscheidet durch Urteil gemäß den Bestimmungen dieser Verfahrensordnung.

(7) Die Urschrift des abändernden Urteils wird mit der Urschrift der abgeänderten Entscheidung verbunden. Ein Hinweis auf das abändernde Urteil ist am Rande der Urschrift der abgeänderten Entscheidung anzubringen.

Offensichtlich unzulässige oder offensichtlich unbegründete Anträge und Rechtsbehelfe

Artikel 159a

ein Antrag oder ein Rechtsbehelf im Sinne dieses Kapitels ganz oder teilweise offensichtlich unzulässig oder offensichtlich unbegründet, so kann der Gerichtshof ihn jederzeit nach Anhörung des Berichterstatters und des Generalanwalts ganz oder teilweise durch mit Gründen versehenen Beschluss zurückweisen.

(ABl 2019 L 316, 103)

Zehntes Kapitel
VORLÄUFIGER RECHTSSCHUTZ: AUSSETZUNG UND SONSTIGE EINSTWEILIGE ANORDNUNGEN

Artikel 160
Anträge auf Aussetzung oder einstweilige Anordnungen

(1) Anträge auf Aussetzung der Vollziehung von Handlungen eines Organs im Sinne der Artikel 278 AEUV und 157 EAGV sind nur zulässig, wenn der Antragsteller die betreffende Handlung durch Klage beim Gerichtshof angefochten hat.

(2) Anträge auf sonstige einstweilige Anordnungen im Sinne des Artikels 279 AEUV sind nur zulässig, wenn sie von einer Partei eines beim Gerichtshof anhängigen Rechtsstreits gestellt werden und sich auf diesen beziehen.

(3) Die in den vorstehenden Absätzen genannten Anträge müssen den Streitgegenstand bezeichnen und die Umstände, aus denen sich die Dringlichkeit ergibt, sowie die den Erlass der beantragten einstweiligen Anordnung dem ersten Anschein nach rechtfertigenden Sach- und Rechtsgründe anführen.

(4) Der Antrag ist mit gesondertem Schriftsatz und nach Maßgabe der Artikel 120 bis 122 einzureichen.

(5) Die Antragsschrift wird der Gegenpartei zugestellt, der vom Präsidenten eine kurze Frist zur schriftlichen oder mündlichen Stellungnahme gesetzt wird.

(6) Der Präsident beurteilt, ob es angebracht ist, eine Beweisaufnahme zu beschließen.

(7) Der Präsident kann dem Antrag stattgeben, bevor die Stellungnahme der Gegenpartei eingeht. Die betreffende Anordnung kann später, auch von Amts wegen, abgeändert oder wieder aufgehoben werden.

Artikel 161
Entscheidung über den Antrag

(1) Der Präsident entscheidet selbst oder überträgt die Entscheidung umgehend dem Gerichtshof.

(2) Bei Verhinderung des Präsidenten finden die Artikel 10 und 13 Anwendung.

(3) Wird die Entscheidung dem Gerichtshof übertragen, so entscheidet dieser, nach Anhörung des Generalanwalts, umgehend.

Artikel 162
Beschluss über die Aussetzung der Vollziehung oder über einstweilige Anordnungen

(1) Die Entscheidung über den Antrag ergeht durch mit Gründen versehenen und unanfechtbaren Beschluss. Der Beschluss wird den Parteien umgehend zugestellt.

(2) Die Vollstreckung des Beschlusses kann von der Leistung einer Sicherheit durch den Antragsteller abhängig gemacht werden, deren Höhe und Art nach Maßgabe der Umstände festzusetzen sind.

(3) In dem Beschluss kann ein Zeitpunkt festgesetzt werden, zu dem die Anordnung außer Kraft tritt. Geschieht dies nicht, tritt die Anordnung mit der Verkündung des Endurteils außer Kraft.

(4) Der Beschluss ist nur einstweiliger Natur und greift der Entscheidung des Gerichtshofs zur Hauptsache nicht vor.

Artikel 163
Änderung der Umstände

Auf Antrag einer Partei kann der Beschluss jederzeit infolge einer Änderung der Umstände abgeändert oder wieder aufgehoben werden.

Artikel 164
Neuer Antrag

Die Zurückweisung eines Antrags auf einstweilige Anordnung hindert den Antragsteller nicht, einen weiteren, auf neue Tatsachen gestützten Antrag zu stellen.

Artikel 165
Anträge gemäß den Artikeln 280 AEUV und 299 AEUV sowie 164 EAGV

(1) Für Anträge gemäß den Artikeln 280 AEUV und 299 AEUV sowie 164 EAGV auf Aussetzung der Zwangsvollstreckung von Entscheidungen des Gerichtshofs oder von Rechtsakten des Rates, der Kommission oder der Europäischen Zentralbank gelten die Bestimmungen dieses Kapitels.

(2) In dem Beschluss, mit dem dem Antrag stattgegeben wird, wird gegebenenfalls der Zeitpunkt festgesetzt, zu dem die einstweilige Anordnung außer Kraft tritt.

Artikel 166
Anträge gemäß Artikel 81 EAGV

(1) Der Antrag im Sinne des Artikels 81 Absätze 3 und 4 EAGV muss enthalten:

a) Namen und Wohnsitz bzw. Sitz der Personen oder Unternehmen, die der Überwachungsmaßnahme unterworfen werden sollen;

b) die Angabe von Gegenstand und Zweck der Überwachungsmaßnahme.

(2) Der Präsident entscheidet durch Beschluss. Artikel 162 findet Anwendung.

(3) Bei Verhinderung des Präsidenten finden die Artikel 10 und 13 Anwendung.

FÜNFTER TITEL
RECHTSMITTEL GEGEN ENTSCHEIDUNGEN DES GERICHTS

Erstes Kapitel
FORM DES RECHTSMITTELS, INHALT UND ANTRÄGE DER RECHTSMITTELSCHRIFT

Artikel 167
Einreichung der Rechtsmittelschrift

(1) Das Rechtsmittel wird durch Einreichung einer Rechtsmittelschrift bei der Kanzlei des Gerichtshofs oder des Gerichts eingelegt. Wird die Rechtsmittelschrift bei der Kanzlei des Gerichts eingereicht, so wird sie sogleich der Kanzlei des Gerichtshofs übermittelt.

(2) Sogleich nach ihrer Unterrichtung vom Vorliegen eines Rechtsmittels übermittelt die Kanzlei des Gerichts der Kanzlei des Gerichtshofs die erstinstanzlichen Akten und gegebenenfalls die Verfahrensakten der Beschwerdekammer, die dem Gericht gemäß den Bestimmungen von dessen Verfahrensordnung über die Rechtsstreitigkeiten betreffend die Rechte des geistigen Eigentums übermittelt worden sind.

(ABl 2019 L 316, 103)

Artikel 168
Inhalt der Rechtsmittelschrift

(1) Die Rechtsmittelschrift muss enthalten:

a) Namen und Wohnsitz des Rechtsmittelführers;

b) die Bezeichnung der angefochtenen Entscheidung des Gerichts;

c) die Bezeichnung der anderen Parteien der betreffenden Rechtssache vor dem Gericht;

d) die geltend gemachten Rechtsgründe und -argumente sowie eine kurze Darstellung dieser Gründe;

e) die Anträge des Rechtsmittelführers.

(2) Die Artikel 119, 121 und 122 Absatz 1 finden auf die Rechtsmittelschrift Anwendung.

(3) Es ist zu vermerken, an welchem Tag die angefochtene Entscheidung dem Rechtsmittelführer zugestellt worden ist.

(4) Entspricht die Rechtsmittelschrift nicht den Absätzen 1 bis 3, so setzt der Kanzler dem Rechtsmittelführer eine angemessene Frist zur Mängelbehebung. In Ermangelung einer fristgemäßen Mängelbehebung entscheidet der Präsident nach Anhörung des Berichterstatters und des Generalanwalts, ob die Nichtbeachtung dieser Förmlichkeit die formale Unzulässigkeit der Rechtsmittelschrift zur Folge hat. Der Präsident kann die Entscheidung, wenn er dies für erforderlich erachtet, dem Gerichtshof übertragen. *(ABl 2019 L 316, 103)*

Artikel 169
Rechtsmittelanträge, -gründe und -argumente

(1) Die Rechtsmittelanträge müssen auf die vollständige oder teilweise Aufhebung der Entscheidung des Gerichts in der Gestalt der Entscheidungsformel gerichtet sein.

(2) Die geltend gemachten Rechtsgründe und -argumente müssen die beanstandeten Punkte der Begründung der Entscheidung des Gerichts genau bezeichnen.

Artikel 170
Anträge für den Fall der Stattgabe des Rechtsmittels

(1) Die Rechtsmittelanträge müssen für den Fall, dass das Rechtsmittel für begründet erklärt werden sollte, darauf gerichtet sein, dass den erstinstanzlichen Anträgen vollständig oder teilweise stattgegeben wird; neue Anträge sind nicht zulässig. Das Rechtsmittel kann den vor dem Gericht verhandelten Streitgegenstand nicht verändern.

(2) Beantragt der Rechtsmittelführer für den Fall der Aufhebung der angefochtenen Entscheidung, dass die Rechtssache an das Gericht zurückverwiesen wird, so hat er die Gründe darzulegen, aus denen der Rechtsstreit nicht zur Entscheidung durch den Gerichtshof reif ist.

Kapitel 1a
VORHERIGE ZULASSUNG VON RECHTSMITTELN GEMÄSS ARTIKEL 58A DER SATZUNG

Artikel 170a
Antrag auf Zulassung des Rechtsmittels

(1) In den Fällen des Artikels 58a Absätze 1 und 2 der Satzung hat der Rechtsmittelführer seiner Rechtsmittelschrift einen Antrag auf Zulassung des Rechtsmittels als Anlage beizufügen, in dem er die für die Einheit, die Kohärenz oder die Entwicklung des Unionsrechts bedeutsame Frage darlegt, die mit dem Rechtsmittel aufgeworfen wird, und der sämtliche Angaben enthalten muss, die erforderlich sind, um es dem Gerichtshof zu ermöglichen, über diesen Antrag zu entscheiden. Fehlt es an einem solchen Antrag, so erklärt der Vizepräsident des Gerichtshofs das Rechtsmittel für unzulässig.

(2) Der Antrag auf Zulassung des Rechtsmittels darf sieben Seiten nicht überschreiten, die unter Berücksichtigung sämtlicher formeller Vorschriften der Praktischen Anweisungen für die Parteien in den Rechtssachen vor dem Gerichtshof, die auf

der Grundlage dieser Verfahrensordnung erlassen worden sind, abzufassen sind.

(3) Entspricht der Antrag auf Zulassung des Rechtsmittels nicht den im vorstehenden Absatz genannten Anforderungen, so setzt der Kanzler dem Rechtsmittelführer eine kurze Frist zur Mängelbehebung. In Ermangelung einer fristgemäßen Mängelbehebung entscheidet der Vizepräsident des Gerichtshofs auf Vorschlag des Berichterstatters nach Anhörung des Generalanwalts, ob die Nichtbeachtung dieser Förmlichkeit die formale Unzulässigkeit des Rechtsmittels zur Folge hat.

(ABl 2019 L 111, 73)

Artikel 170b
Entscheidung über den Antrag auf Zulassung des Rechtsmittels

(1) Der Gerichtshof entscheidet über den Antrag auf Zulassung des Rechtsmittels so rasch wie möglich.

(2) Die Entscheidung über den Antrag wird auf Vorschlag des Berichterstatters nach Anhörung des Generalanwalts durch eine speziell zu diesem Zweck eingerichtete Kammer getroffen, deren Präsident der Vizepräsident des Gerichtshofs ist und die darüber hinaus den Berichterstatter und den Präsidenten der Kammer mit drei Richtern umfasst, der der Berichterstatter zum Zeitpunkt der Antragstellung zugeteilt ist.

(3) Über den Antrag auf Zulassung des Rechtsmittels ist durch mit Gründen versehenen Beschluss zu entscheiden.

(4) Wird das Rechtsmittel im Hinblick auf die in Artikel 58a Absatz 3 der Satzung angeführten Kriterien ganz oder teilweise zugelassen, so wird das Verfahren gemäß den Artikeln 171 bis 190a fortgesetzt. Der Beschluss gemäß vorstehendem Absatz wird den Parteien der betreffenden Rechtssache vor dem Gericht mit der Rechtsmittelschrift zugestellt; wird das Rechtsmittel teilweise zugelassen, so sind in diesem Beschluss die Gründe oder Teile des Rechtsmittels anzuführen, auf die sich die Rechtsmittelbeantwortung beziehen muss.

(5) Der Kanzler benachrichtigt sogleich das Gericht und, sofern sie nicht Partei der betreffenden Rechtssache vor dem Gericht waren, die Mitgliedstaaten, das Europäische Parlament, den Rat und die Europäische Kommission von der Entscheidung, das Rechtsmittel zuzulassen.

(ABl 2019 L 111, 73)

Zweites Kapitel
RECHTSMITTELBEANTWORTUNG, ERWIDERUNG UND GEGENERWIDERUNG

Artikel 171
Zustellung der Rechtsmittelschrift

(1) Die Rechtsmittelschrift wird den anderen Parteien der betreffenden Rechtssache vor dem Gericht zugestellt.

(2) Im Fall des Artikels 168 Absatz 4 erfolgt die Zustellung sogleich nach der Mängelbehebung oder nachdem der Präsident oder der Gerichtshof in Anbetracht der in dem genannten Artikel bezeichneten formalen Voraussetzungen die Zulässigkeit bejaht hat. *(ABl 2019 L 316, 103)*

Artikel 172
Parteien, die eine Rechtsmittelbeantwortung einreichen können

Jede Partei der betreffenden Rechtssache vor dem Gericht, die ein Interesse an der Stattgabe oder der Zurückweisung des Rechtsmittels hat, kann innerhalb von zwei Monaten nach Zustellung der Rechtsmittelschrift eine Rechtsmittelbeantwortung einreichen. Eine Verlängerung der Beantwortungsfrist ist nicht möglich.

Artikel 173
Inhalt der Rechtsmittelbeantwortung

(1) Die Rechtsmittelbeantwortung muss enthalten:

a) Namen und Wohnsitz der Partei, die sie einreicht;

b) das Datum, an dem dieser die Rechtsmittelschrift zugestellt worden ist;

c) die geltend gemachten Rechtsgründe und -argumente;

d) die Anträge.

(2) Die Artikel 119 und 121 finden auf die Rechtsmittelbeantwortung Anwendung.

Artikel 174
Anträge der Rechtsmittelbeantwortung

Die Anträge der Rechtsmittelbeantwortung müssen auf die vollständige oder teilweise Stattgabe oder Zurückweisung des Rechtsmittels gerichtet sein.

Artikel 175
Erwiderung und Gegenerwiderung

(1) Die Rechtsmittelschrift und die Rechtsmittelbeantwortung können nur dann durch eine Erwiderung und eine Gegenerwiderung ergänzt

werden, wenn der Präsident dies auf einen entsprechenden, innerhalb von sieben Tagen nach Zustellung der Rechtsmittelbeantwortung gestellten und gebührend begründeten Antrag des Rechtsmittelführers nach Anhörung des Berichterstatters und des Generalanwalts für erforderlich hält, insbesondere damit der Rechtsmittelführer zu einer Unzulässigkeitseinrede oder zu in der Rechtsmittelbeantwortung geltend gemachten neuen Gesichtspunkten Stellung nehmen kann.

(2) Der Präsident bestimmt die Frist für die Einreichung der Erwiderung und anlässlich der Zustellung dieses Schriftsatzes die Frist für die Einreichung der Gegenerwiderung. Er kann die Seitenzahl und den Gegenstand der Schriftsätze begrenzen.

Drittes Kapitel
FORM DES ANSCHLUSSRECHTSMITTELS, INHALT UND ANTRÄGE DER ANSCHLUSSRECHTSMITTELSCHRIFT

Artikel 176
Anschlussrechtsmittel

(1) Die in Artikel 172 bezeichneten Parteien können innerhalb der gleichen Frist, wie sie für die Einreichung der Rechtsmittelbeantwortung gilt, Anschlussrechtsmittel einlegen.

(2) Das Anschlussrechtsmittel ist mit gesondertem, von der Rechtsmittelbeantwortung getrenntem Schriftsatz einzulegen.

Artikel 177
Inhalt der Anschlussrechtsmittelschrift

(1) Die Anschlussrechtsmittelschrift muss enthalten:

a) Namen und Wohnsitz der Partei, die das Anschlussrechtsmittel einlegt;

b) das Datum, an dem dieser die Rechtsmittelschrift zugestellt worden ist;

c) die geltend gemachten Rechtsgründe und -argumente;

d) die Anträge.

(2) Die Artikel 119, 121 und 122 Absätze 1 und 3 finden auf die Anschlussrechtsmittelschrift Anwendung.

Artikel 178
Anschlussrechtsmittelanträge, -gründe und -argumente

(1) Die Anschlussrechtsmittelanträge müssen auf die vollständige oder teilweise Aufhebung der Entscheidung des Gerichts gerichtet sein.

(2) Sie können auch auf die Aufhebung einer ausdrücklichen oder stillschweigenden Entscheidung über die Zulässigkeit der Klage vor dem Gericht gerichtet sein.

(3) Die geltend gemachten Rechtsgründe und -argumente müssen die beanstandeten Punkte der Begründung der Entscheidung des Gerichts genau bezeichnen. Sie müssen sich von den in der Rechtsmittelbeantwortung geltend gemachten Gründen und Argumenten unterscheiden.

Viertes Kapitel
AUF DAS ANSCHLUSSRECHTSMITTEL FOLGENDE SCHRIFTSÄTZE

Artikel 179
Anschlussrechtsmittelbeantwortung

Wird Anschlussrechtsmittel eingelegt, so kann der Rechtsmittelführer oder jede andere Partei der betreffenden Rechtssache vor dem Gericht, die ein Interesse an der Stattgabe oder der Zurückweisung des Anschlussrechtsmittels hat, innerhalb von zwei Monaten nach Zustellung der Anschlussrechtsmittelschrift eine Beantwortung einreichen, deren Gegenstand auf die mit dem Anschlussrechtsmittel geltend gemachten Gründe zu begrenzen ist. Eine Verlängerung der Frist ist nicht möglich.

Artikel 180
Erwiderung und Gegenerwiderung nach Anschlussrechtsmittel

(1) Die Anschlussrechtsmittelschrift und ihre Beantwortung können nur dann durch eine Erwiderung und eine Gegenerwiderung ergänzt werden, wenn der Präsident dies auf einen entsprechenden, innerhalb von sieben Tagen nach Zustellung der Anschlussrechtsmittelbeantwortung gestellten und gebührend begründeten Antrag des Anschlussrechtsmittelführers nach Anhörung des Berichterstatters und des Generalanwalts für erforderlich hält, insbesondere damit der Anschlussrechtsmittelführer zu einer Unzulässigkeitseinrede oder zu in der Anschlussrechtsmittelbeantwortung geltend gemachten neuen Gesichtspunkten Stellung nehmen kann.

(2) Der Präsident bestimmt die Frist für die Einreichung der Erwiderung und anlässlich der Zustellung dieses Schriftsatzes die Frist für die Einreichung der Gegenerwiderung. Er kann die Seitenzahl und den Gegenstand der Schriftsätze begrenzen.

Fünftes Kapitel
DURCH BESCHLUSS ERLEDIGTE RECHTSMITTEL

Artikel 181
Offensichtlich unzulässiges oder offensichtlich unbegründetes Rechtsmittel oder Anschlussrechtsmittel

Ist das Rechtsmittel oder Anschlussrechtsmittel ganz oder teilweise offensichtlich unzulässig oder offensichtlich unbegründet, so kann der Gerichtshof es jederzeit auf Vorschlag des Berichterstatters und nach Anhörung des Generalanwalts ganz oder teilweise durch mit Gründen versehenen Beschluss zurückweisen.

Artikel 182
Offensichtlich begründetes Rechtsmittel oder Anschlussrechtsmittel

Hat der Gerichtshof bereits über eine oder mehrere Rechtsfragen entschieden, die mit den durch die Rechtsmittel- oder Anschlussrechtsmittelgründe aufgeworfenen übereinstimmen, und hält er das Rechtsmittel oder Anschlussrechtsmittel für offensichtlich begründet, so kann er es auf Vorschlag des Berichterstatters und nach Anhörung der Parteien und des Generalanwalts durch mit Gründen versehenen Beschluss, der einen Verweis auf die einschlägige Rechtsprechung enthält, für offensichtlich begründet erklären.

Sechstes Kapitel
FOLGEN DER STREICHUNG DES RECHTSMITTELS FÜR DAS ANSCHLUSSRECHTSMITTEL

Artikel 183
Folgen einer Rücknahme oder offensichtlichen Unzulässigkeit des Rechtsmittels für das Anschlussrechtsmittel

Das Anschlussrechtsmittel gilt als gegenstandslos,

a) wenn der Rechtsmittelführer sein Rechtsmittel zurücknimmt;

b) wenn das Rechtsmittel wegen Nichteinhaltung der Rechtsmittelfrist für offensichtlich unzulässig erklärt wird;

c) wenn das Rechtsmittel allein deshalb für offensichtlich unzulässig erklärt wird, weil es nicht gegen eine Endentscheidung des Gerichts oder gegen eine Entscheidung im Sinne des Artikels 56 Absatz 1 der Satzung gerichtet ist, die über einen Teil des Streitgegenstands ergangen ist oder die einen Zwischenstreit über eine Einrede der Unzuständigkeit oder Unzulässigkeit beendet.

Siebtes Kapitel
KOSTEN UND PROZESSKOSTENHILFE IN RECHTSMITTELVERFAHREN

Artikel 184
Kostenentscheidung in Rechtsmittelverfahren

(1) Vorbehaltlich der nachstehenden Bestimmungen finden die Artikel 137 bis 146 auf das Verfahren vor dem Gerichtshof, das ein Rechtsmittel gegen eine Entscheidung des Gerichts zum Gegenstand hat, entsprechende Anwendung.

(2) Wenn das Rechtsmittel unbegründet ist oder wenn das Rechtsmittel begründet ist und der Gerichtshof den Rechtsstreit selbst endgültig entscheidet, so entscheidet er über die Kosten.

(3) Ist ein Rechtsmittel eines dem Rechtsstreit vor dem Gericht nicht beigetretenen Mitgliedstaats oder Organs der Union begründet, so kann der Gerichtshof die Kosten zwischen den Parteien teilen oder dem obsiegenden Rechtsmittelführer die Kosten auferlegen, die das Rechtsmittel einer unterliegenden Partei verursacht hat.

(4) Hat eine erstinstanzliche Streithilfepartei das Rechtsmittel nicht selbst eingelegt, so können ihr im Rechtsmittelverfahren Kosten nur dann auferlegt werden, wenn sie am schriftlichen oder mündlichen Verfahren vor dem Gerichtshof teilgenommen hat. Nimmt eine solche Partei am Verfahren teil, so kann der Gerichtshof ihr ihre eigenen Kosten auferlegen.

Artikel 185
Prozesskostenhilfe in Rechtsmittelverfahren

(1) Ist eine Partei außerstande, die Kosten des Verfahrens ganz oder teilweise zu bestreiten, so kann sie jederzeit die Bewilligung von Prozesskostenhilfe beantragen.

(2) Dem Antrag sind alle Auskünfte und Belege beizufügen, die eine Beurteilung der wirtschaftlichen Lage des Antragstellers ermöglichen, wie eine Bescheinigung einer zuständigen nationalen Stelle über die wirtschaftliche Lage.

Artikel 186
Vorabantrag auf Bewilligung von Prozesskostenhilfe

(1) Wird der Antrag vor dem vom Antragsteller beabsichtigten Rechtsmittel eingereicht, so ist darin der Gegenstand des Rechtsmittels kurz darzustellen.

(2) Der Antrag unterliegt nicht dem Anwaltszwang.

(3) Die Einreichung eines Antrags auf Bewilligung von Prozesskostenhilfe hemmt für den Antragsteller den Lauf der Rechtsmittelfrist bis zum Zeitpunkt der Zustellung des Beschlusses, mit dem über diesen Antrag entschieden wird.

(4) Der Präsident weist den Antrag sogleich nach Eingang einem Berichterstatter zu, der rasch einen Vorschlag für eine Entscheidung über den Antrag vorlegt.

Artikel 187
Entscheidung über die Bewilligung von Prozesskostenhilfe

(1) Die Kammer mit drei Richtern, der der Berichterstatter zugeteilt ist, entscheidet auf dessen Vorschlag und nach Anhörung des Generalanwalts, ob die Prozesskostenhilfe ganz oder teilweise bewilligt oder ob sie versagt wird. Der Spruchkörper ist in diesem Fall mit dem Kammerpräsidenten, dem Berichterstatter und dem ersten oder gegebenenfalls den ersten beiden Richtern besetzt, die anhand der in Artikel 28 Absatz 3 genannten Liste zu dem Zeitpunkt bestimmt werden, zu dem die Kammer vom Berichterstatter mit dem Antrag auf Bewilligung von Prozesskostenhilfe befasst wird. Gegebenenfalls prüft sie, ob das Rechtsmittel nicht offensichtlich unbegründet erscheint.

(2) Gehört der Berichterstatter keiner Kammer mit drei Richtern an, so entscheidet die Kammer mit fünf Richtern, der er zugeteilt ist, unter denselben Voraussetzungen. Der Spruchkörper ist neben dem Berichterstatter mit vier Richtern besetzt, die anhand der in Artikel 28 Absatz 2 genannten Liste zu dem Zeitpunkt bestimmt werden, zu dem die Kammer vom Berichterstatter mit dem Antrag auf Bewilligung von Prozesskostenhilfe befasst wird.

(3) Der Spruchkörper entscheidet durch Beschluss. Wird die Bewilligung von Prozesskostenhilfe ganz oder teilweise versagt, so ist die Versagung in dem Beschluss zu begründen.

Artikel 188
Im Rahmen der Prozesskostenhilfe zu zahlende Beträge

(1) Wird die Prozesskostenhilfe bewilligt, so trägt die Kasse des Gerichtshofs – gegebenenfalls in den vom Spruchkörper festgesetzten Grenzen – die Kosten der Unterstützung und der Vertretung des Antragstellers vor dem Gerichtshof. Auf Antrag des Antragstellers oder seines Vertreters kann ein Vorschuss auf diese Kosten ausbezahlt werden.

(2) In der Kostenentscheidung kann die Einziehung der als Prozesskostenhilfe gezahlten Beträge zugunsten der Kasse des Gerichtshofs ausgesprochen werden.

(3) Der Kanzler veranlasst die Einziehung dieser Beträge von der Partei, die zu ihrer Erstattung verurteilt worden ist.

Artikel 189
Entziehung der Prozesskostenhilfe

Der Spruchkörper, der über den Antrag auf Bewilligung von Prozesskostenhilfe entschieden hat, kann diese jederzeit von Amts wegen oder auf Antrag entziehen, wenn sich die Voraussetzungen, unter denen sie bewilligt wurde, im Laufe des Verfahrens ändern.

Achtes Kapitel
SONSTIGE IN RECHTSMITTELVERFAHREN ANWENDBARE VORSCHRIFTEN

Artikel 190
Sonstige in Rechtsmittelverfahren anwendbare Vorschriften

(1) Die Artikel 127, 129 bis 136, 147 bis 150, 153 bis 155 und 157 bis 166 finden auf das Verfahren vor dem Gerichtshof, das ein Rechtsmittel gegen eine Entscheidung des Gerichts zum Gegenstand hat, Anwendung.

(2) Abweichend von Artikel 130 Absatz 1 müssen Anträge auf Zulassung zur Streithilfe jedoch innerhalb eines Monats nach der Veröffentlichung im Sinne des Artikels 21 Absatz 4 gestellt werden.

(3) Artikel 95 findet auf das Verfahren vor dem Gerichtshof, das ein Rechtsmittel gegen eine Entscheidung des Gerichts zum Gegenstand hat, entsprechende Anwendung.

Artikel 190a
Behandlung der vor dem Gericht nach Artikel 105 seiner Verfahrensordnung vorgelegten Auskünfte oder Unterlagen

(1) Wird gegen eine Entscheidung des Gerichts, die im Rahmen eines Verfahrens erlassen worden ist, in dem von einer Hauptpartei nach Artikel 105 der Verfahrensordnung des Gerichts Auskünfte oder Unterlagen vorgelegt und der anderen Hauptpartei nicht bekannt gegeben wurden, ein Rechtsmittel eingelegt, so stellt die Kanzlei des Gerichts diese Auskünfte oder Unterlagen dem Gerichtshof nach Maßgabe des in Absatz 11 dieser Vorschrift genannten Beschlusses zur Verfügung.

(2) Die Auskünfte oder Unterlagen nach Absatz 1 werden den Parteien des Verfahrens vor dem Gerichtshof nicht bekannt gegeben.

(3) Der Gerichtshof stellt sicher, dass die in den Auskünften oder Unterlagen nach Absatz 1 enthaltenen vertraulichen Informationen weder in der das Verfahren beendenden Entscheidung noch, gegebenenfalls, in den Schlussanträgen des Generalanwalts offengelegt werden.

(4) Die Auskünfte oder Unterlagen nach Absatz 1 werden der Partei, die sie dem Gericht vorgelegt hat, sogleich nach der Zustellung der das Verfahren vor dem Gerichtshof beendenden Entscheidung zurückgegeben, es sei denn, die Sache wird an das Gericht zurückverwiesen. Im letztgenannten Fall werden die betreffenden Auskünfte oder Unterlagen nach Maßgabe des in Absatz 5 genannten Beschlusses wieder dem Gericht zur Verfügung gestellt.

(5) Der Gerichtshof erlässt durch Beschluss die Sicherheitsvorschriften zum Schutz der Auskünfte oder Unterlagen nach Absatz 1. Der Beschluss wird im Amtsblatt der Europäischen Union veröffentlicht.

(ABl 2016 L 217, 69)

SECHSTER TITEL
ÜBERPRÜFUNG VON ENTSCHEIDUNGEN DES GERICHTS

Artikel 191
Überprüfungskammer

Für die Entscheidung nach Maßgabe der Artikel 193 und 194, ob eine Entscheidung des Gerichts gemäß Artikel 62 der Satzung zu überprüfen ist, wird eine Kammer mit fünf Richtern für die Dauer eines Jahres bestimmt.

Artikel 192
Anzeige und Übermittlung der Entscheidungen, die Gegenstand einer Überprüfung sein können

(1) Sobald der Termin für die Verkündung oder Unterzeichnung einer Entscheidung im Sinne des Artikels 256 Absatz 2 oder 3 AEUV bestimmt ist, zeigt die Kanzlei des Gerichts dies der Kanzlei des Gerichtshofs an.

(2) Sie übermittelt ihr die Entscheidung sogleich nach deren Verkündung oder Unterzeichnung sowie die Verfahrensakten, die sogleich dem Ersten Generalanwalt zur Verfügung gestellt werden.

Artikel 193
Überprüfung von Rechtsmittelentscheidungen

(1) Der Vorschlag des Ersten Generalanwalts, eine Entscheidung des Gerichts im Sinne des Artikels 256 Absatz 2 AEUV zu überprüfen, wird dem Präsidenten des Gerichtshofs und dem Präsidenten der Überprüfungskammer übermittelt. Gleichzeitig wird der Kanzler von der Übermittlung unterrichtet.

(2) Sogleich nach seiner Unterrichtung vom Vorliegen eines Vorschlags übermittelt der Kanzler den Mitgliedern der Überprüfungskammer die Akten des Verfahrens vor dem Gericht.

(3) Der Präsident des Gerichtshofs bestimmt unter den Richtern der Überprüfungskammer auf Vorschlag des Präsidenten dieser Kammer sogleich nach Erhalt des Überprüfungsvorschlags den Berichterstatter. Die Besetzung des Spruchkörpers wird am Tag der Zuweisung der Rechtssache an den Berichterstatter gemäß Artikel 28 Absatz 2 bestimmt.

(4) Diese Kammer entscheidet auf Vorschlag des Berichterstatters, ob die Entscheidung des Gerichts zu überprüfen ist. In der Entscheidung, die Entscheidung des Gerichts zu überprüfen, sind nur die Fragen anzugeben, die Gegenstand der Überprüfung sind.

(5) Der Kanzler benachrichtigt sogleich das Gericht, die Parteien des Verfahrens vor dem Gericht und die sonstigen in Artikel 62a Absatz 2 der Satzung bezeichneten Beteiligten von der Entscheidung des Gerichtshofs, die Entscheidung des Gerichts zu überprüfen.

(6) Eine Mitteilung, die das Datum der Entscheidung, die Entscheidung des Gerichts zu überprüfen, und die Fragen, die Gegenstand der Überprüfung sind, enthält, wird im *Amtsblatt der Europäischen Union* veröffentlicht.

Artikel 194
Überprüfung von Vorabentscheidungen

(1) Der Vorschlag des Ersten Generalanwalts, eine Entscheidung des Gerichts im Sinne des Artikels 256 Absatz 3 AEUV zu überprüfen, wird dem Präsidenten des Gerichtshofs und dem Präsidenten der Überprüfungskammer übermittelt. Gleichzeitig wird der Kanzler von der Übermittlung unterrichtet.

(2) Sogleich nach seiner Unterrichtung vom Vorliegen eines Vorschlags übermittelt der Kanzler den Mitgliedern der Überprüfungskammer die Akten des Verfahrens vor dem Gericht.

(3) Der Kanzler benachrichtigt auch das Gericht, das vorlegende Gericht, die Parteien des Ausgangsrechtsstreits und die sonstigen in Artikel 62a Absatz 2 der Satzung bezeichneten Beteiligten vom Vorliegen eines Überprüfungsvorschlags.

(4) Der Präsident des Gerichtshofs bestimmt unter den Richtern der Überprüfungskammer auf Vorschlag des Präsidenten dieser Kammer sogleich nach Erhalt des Überprüfungsvorschlags den Berichterstatter. Die Besetzung des Spruchkörpers wird am Tag der Zuweisung der Rechtssache an den Berichterstatter gemäß Artikel 28 Absatz 2 bestimmt.

(5) Diese Kammer entscheidet auf Vorschlag des Berichterstatters, ob die Entscheidung des Gerichts zu überprüfen ist. In der Entscheidung, die Entscheidung des Gerichts zu überprüfen, sind nur die Fragen anzugeben, die Gegenstand der Überprüfung sind.

(6) Der Kanzler benachrichtigt sogleich das Gericht und das vorlegende Gericht, die Parteien des Ausgangsrechtsstreits und die sonstigen in Artikel 62a Absatz 2 der Satzung bezeichneten Beteiligten von der Entscheidung des Gerichtshofs, die Entscheidung des Gerichts zu überprüfen oder nicht zu überprüfen.

(7) Eine Mitteilung, die das Datum der Entscheidung, die Entscheidung des Gerichts zu überprüfen, und die Fragen, die Gegenstand der Überprüfung sind, enthält, wird im *Amtsblatt der Europäischen Union* veröffentlicht.

Artikel 195
Urteil in der Sache nach Überprüfungsentscheidung

(1) Die Entscheidung, eine Entscheidung des Gerichts zu überprüfen, wird den Parteien und den sonstigen in Artikel 62a Absatz 2 der Satzung bezeichneten Beteiligten zugestellt. Die Zustellung an die Mitgliedstaaten, an die Vertragsstaaten des EWR-Abkommens, die nicht Mitgliedstaaten sind, und an die EFTA-Überwachungsbehörde erfolgt unter Beifügung einer Übersetzung der Entscheidung des Gerichtshofs nach Maßgabe des Artikels 98. Die Entscheidung des Gerichtshofs wird außerdem dem Gericht und gegebenenfalls dem vorlegenden Gericht übermittelt.

(2) Innerhalb eines Monats nach der Zustellung im Sinne von Absatz 1 können die Parteien und die sonstigen Beteiligten, denen die Entscheidung des Gerichtshofs zugestellt worden ist, Schriftsätze oder schriftliche Erklärungen zu den Fragen einreichen, die Gegenstand der Überprüfung sind.

(3) Sogleich nach der Entscheidung, eine Entscheidung des Gerichts zu überprüfen, weist der Erste Generalanwalt die Überprüfung einem Generalanwalt zu.

(4) Nach Anhörung des Generalanwalts entscheidet die Überprüfungskammer in der Sache.

(5) Sie kann jedoch beim Gerichtshof anregen, die Rechtssache an einen größeren Spruchkörper zu verweisen.

(6) Ist die Entscheidung des Gerichts, die Gegenstand der Überprüfung ist, nach Artikel 256 Absatz 2 AEUV ergangen, entscheidet der Gerichtshof über die Kosten.

SIEBTER TITEL

GUTACHTENANTRÄGE

Artikel 196
Schriftliches Verfahren

(1) Ein Antrag auf Gutachten kann gemäß Artikel 218 Absatz 11 AEUV von einem Mitgliedstaat, dem Europäischen Parlament, dem Rat oder der Europäischen Kommission gestellt werden.

(2) Der Antrag auf Gutachten kann sich sowohl auf die Vereinbarkeit der beabsichtigten Übereinkunft mit den Verträgen als auch auf die Zuständigkeit der Union oder eines ihrer Organe für den Abschluss der Übereinkunft beziehen.

(3) Er wird den Mitgliedstaaten und den in Absatz 1 bezeichneten Organen zugestellt, denen vom Präsidenten eine Frist zur schriftlichen Stellungnahme gesetzt wird.

Artikel 197
Bestimmung des Berichterstatters und des Generalanwalts

Sogleich nach Eingang des Antrags auf Gutachten bestimmt der Präsident den Berichterstatter und weist der Erste Generalanwalt die Sache einem Generalanwalt zu.

Artikel 198
Mündliche Verhandlung

Der Gerichtshof kann entscheiden, dass das Verfahren vor ihm auch eine mündliche Verhandlung umfasst.

Artikel 199
Zeitraum, innerhalb dessen das Gutachten erstattet wird

Der Gerichtshof erstattet sein Gutachten, nach Anhörung des Generalanwalts, so rasch wie möglich.

Artikel 200

(1) Das Gutachten wird vom Präsidenten, den Richtern, die an der Beratung mitgewirkt haben, und dem Kanzler unterzeichnet und in öffentlicher Sitzung bekannt gegeben.

(2) Es wird allen Mitgliedstaaten und den in Artikel 196 Absatz 1 bezeichneten Organen zugestellt.

(ABl 2019 L 316, 103)

ACHTER TITEL

BESONDERE VERFAHRENSARTEN

Artikel 201
Rechtsmittel gegen Entscheidungen des Schiedsausschusses

(1) Der Schriftsatz, mit dem das in Artikel 18 Absatz 2 EAGV bezeichnete Rechtsmittel eingelegt wird, muss enthalten:

a) Namen und Wohnsitz des Rechtsmittelführers;

b) die Stellung des Unterzeichneten;

c) die Bezeichnung der angefochtenen Entscheidung des Schiedsausschusses;

d) die Bezeichnung der Gegenparteien;

e) eine kurze Darstellung des Sachverhalts;

f) die geltend gemachten Gründe und Argumente sowie eine kurze Darstellung der Gründe;

g) die Anträge des Rechtsmittelführers.

(2) Die Artikel 119 und 121 finden auf dieses Rechtsmittel Anwendung.

(3) Der Rechtsmittelschrift ist außerdem eine beglaubigte Kopie der angefochtenen Entscheidung beizufügen.

(4) Der Kanzler des Gerichtshofs ersucht sogleich nach Eingang der Rechtsmittelschrift die Kanzlei des Schiedsausschusses um Übermittlung der Akten der Sache an den Gerichtshof.

(5) Auf das weitere Verfahren finden die Artikel 123 und 124 Anwendung. Der Gerichtshof kann entscheiden, dass das Verfahren vor ihm auch eine mündliche Verhandlung umfasst.

(5) Der Gerichtshof entscheidet durch Urteil. Hebt er die Entscheidung des Ausschusses auf, so verweist er die Sache gegebenenfalls an den Ausschuss zurück.

Artikel 202
Verfahren im Sinne des Artikels 103 EAGV

(1) In dem in Artikel 103 Absatz 3 EAGV bezeichneten Fall ist die Antragsschrift in vier Ausfertigungen einzureichen. Ihr sind der Entwurf des betreffenden Abkommens oder der in Rede stehenden Vereinbarung, die Einwendungen der Europäischen Kommission gegenüber dem betroffenen Staat und alle sonstigen Belegunterlagen beizufügen.

(2) Die Antragsschrift und ihre Anlagen werden der Europäischen Kommission zugestellt, die nach Zustellung über eine Frist von zehn Tagen zur schriftlichen Stellungnahme verfügt. Die Frist kann vom Präsidenten nach Anhörung des betroffenen Staates verlängert werden.

(3) Nach Eingang dieser Stellungnahme, die dem betroffenen Staat zugestellt wird, entscheidet der Gerichtshof rasch nach Anhörung des Generalanwalts und, falls beantragt, des betroffenen Staates und der Europäischen Kommission.

Artikel 203
Verfahren im Sinne der Artikel 104 EAGV und 105 EAGV

Für Anträge im Sinne von Artikel 104 Absatz 3 EAGV und Artikel 105 Absatz 2 EAGV gelten die Bestimmungen der Titel II und IV. Sie werden auch dem Staat zugestellt, dem die Personen oder Unternehmen, gegen die der Antrag gerichtet ist, angehören.

Artikel 204
Verfahren gemäß Artikel 111 Absatz 3 EWR-Abkommen

(1) In dem in Artikel 111 Absatz 3 EWR-Abkommen bezeichneten Fall wird der Gerichtshof durch ein Ersuchen der an dem Streit beteiligten Vertragsparteien angerufen. Das Ersuchen wird den anderen Vertragsparteien, der Europäischen Kommission, der EFTA-Überwachungsbehörde und gegebenenfalls den anderen Beteiligten zugestellt, denen ein Vorabentscheidungsersuchen, das die gleiche Frage nach der Auslegung des Unionsrechts aufwirft, zugestellt würde.

(2) Der Präsident setzt den Vertragsparteien und den anderen Beteiligten, denen das Ersuchen zugestellt wird, eine Frist zur schriftlichen Stellungnahme.

(3) Das Ersuchen ist in einer der in Artikel 36 genannten Sprachen einzureichen. Artikel 38 findet Anwendung. Artikel 98 findet entsprechende Anwendung.

(4) Sogleich nach Eingang des Ersuchens im Sinne von Absatz 1 bestimmt der Präsident den Berichterstatter. Der Erste Generalanwalt weist das Ersuchen sogleich danach einem Generalanwalt zu.

(5) Der Gerichtshof erlässt nach Anhörung des Generalanwalts eine mit Gründen versehene Entscheidung über das Ersuchen.

(6) Die Entscheidung des Gerichtshofs wird vom Präsidenten, den Richtern, die an der Beratung mitgewirkt haben, und dem Kanzler unterzeichnet und den Vertragsparteien sowie den sonstigen in den Absätzen 1 und 2 bezeichneten Beteiligten zugestellt.

Artikel 205

(aufgehoben, ABl 2019 L 316, S 103)

Artikel 206
Anträge im Sinne von Artikel 269 AEUV

(1) In dem in Artikel 269 AEUV bezeichneten Fall ist die Antragsschrift in vier Ausfertigungen einzureichen. Ihr sind alle einschlägigen Unterlagen und insbesondere gegebenenfalls die gemäß Artikel 7 EUV abgegebenen Stellungnahmen und Empfehlungen beizufügen.

(2) Die Antragsschrift und ihre Anlagen werden je nach Lage des Falles dem Europäischen Rat oder dem Rat zugestellt, der nach Zustellung über eine nicht verlängerbare Frist von zehn Tagen zur schriftlichen Stellungnahme verfügt. Artikel 51 findet auf diese Frist keine Anwendung. *(ABl 2019 L 316, 103)*

(3) Die Antragsschrift und ihre Anlagen werden auch den anderen Mitgliedstaaten als dem betroffenen Staat sowie dem Europäischen Parla-

ment und der Europäischen Kommission übermittelt.

(4) Nach Eingang der in Absatz 2 bezeichneten Stellungnahme, die dem betroffenen Mitgliedstaat sowie den in Absatz 3 bezeichneten Staaten und Organen zugestellt wird, entscheidet der Gerichtshof nach Anhörung des Generalanwalts innerhalb eines Monats nach Eingang der Antragsschrift. Der Gerichtshof kann auf Antrag des betroffenen Mitgliedstaats, des Europäischen Rates oder des Rates oder von Amts wegen entscheiden, dass das Verfahren vor ihm auch eine mündliche Verhandlung umfasst, zu der alle in diesem Artikel bezeichneten Staaten und Organe geladen werden.

SCHLUSSBESTIMMUNGEN

Artikel 207
Zusätzliche Verfahrensordnung

Vorbehaltlich des Artikels 253 AEUV erlässt der Gerichtshof im Benehmen mit den beteiligten Regierungen für sich eine zusätzliche Verfahrensordnung mit Vorschriften über

a) Rechtshilfeersuchen;

b) Prozesskostenhilfe;

c) Anzeigen des Gerichtshofs wegen Eidesverletzungen von Zeugen und Sachverständigen gemäß Artikel 30 der Satzung.

Artikel 208
Durchführungsbestimmungen

Der Gerichtshof kann durch gesonderten Rechtsakt praktische Durchführungsbestimmungen zu dieser Verfahrensordnung erlassen.

Artikel 209
Aufhebung

Diese Verfahrensordnung tritt an die Stelle der Verfahrensordnung des Gerichtshofs der Europäischen Gemeinschaften vom 19. Juni 1991 in ihrer zuletzt am 24. Mai 2011 geänderten Fassung (*Amtsblatt der Europäischen Union*, L 162 vom 22. Juni 2011, Seite 17).

Artikel 210
Veröffentlichung und Inkrafttreten der vorliegenden Verfahrensordnung

Diese in den in Artikel 36 genannten Sprachen verbindliche Verfahrensordnung wird im *Amtsblatt der Europäischen Union* veröffentlicht und tritt am ersten Tag des zweiten Monats nach ihrer Veröffentlichung in Kraft.

Geschehen zu Luxemburg am 25. September 2012.

Anlage

(ABl 2012 C 389, 2)

Beschluss des Gerichtshofs vom 20. November 2012 über die gesetzlichen Feiertage und die Gerichtsferien

DER GERICHTSHOF –

aufgrund des Artikels 24 Absätze 2, 4 und 6 der Verfahrensordnung,

in der Erwägung, dass nach dem Inkrafttreten der Verfahrensordnung des Gerichtshofs am 1. November 2012 das Verzeichnis der gesetzlichen Feiertage zu erstellen ist und die Daten der Gerichtsferien festzusetzen sind –

ERLÄSST FOLGENDEN BESCHLUSS:

Artikel 1

Gesetzliche Feiertage im Sinne des Artikels 24 Absätze 4 und 6 der Verfahrensordnung sind:

– der Neujahrstag,
– der Ostermontag,
– der 1. Mai,
– Christi Himmelfahrt,
– der Pfingstmontag,
– der 23. Juni,
– der 15. August,
– der 1. November,
– der 25. Dezember,
– der 26. Dezember.

Artikel 2

Für die Zeit vom 1. November 2012 bis zum 31. Oktober 2013 werden die Daten der Gerichtsferien im Sinne des Artikels 24 Absätze 2 und 6 der Verfahrensordnung wie folgt festgesetzt:

– Weihnachten 2012: Montag, 17. Dezember 2012, bis Sonntag, 6. Januar 2013,
– Ostern 2013: Montag, 25. März 2013, bis Sonntag, 7. April 2013,
– Sommer 2013: Montag, 15. Juli 2013, bis Sonntag, 1. September 2013.

Artikel 3

Dieser Beschluss tritt am Tag seiner Veröffentlichung im *Amtsblatt der Europäischen Union* in Kraft.

Geschehen zu Luxemburg, den 20. November 2012.

Zusätzliche Verfahrensordnung des Gerichtshofs

(ABl 2014 L 32, 37)

INHALT

DER GERICHTSHOF –

aufgrund des Artikels 207 der Verfahrensordnung[1]),

aufgrund des Artikels 46 Absatz 3 der Akte über die Bedingungen des Beitritts der Republik Bulgarien und Rumäniens und die Anpassungen der Verträge, auf denen die Europäische Union beruht[2]),

aufgrund des Artikels 45 der Akte über die Bedingungen des Beitritts der Republik Kroatien und die Anpassungen des Vertrags über die Europäische Union, des Vertrags über die Arbeitsweise der Europäischen Union und des Vertrags zur Gründung der Europäischen Atomgemeinschaft[3]),

in Erwägung nachstehender Gründe:

(1) Der Gerichtshof hat am 25. September 2012 eine neue Verfahrensordnung erlassen, die mehrere inhaltliche und redaktionelle Änderungen gegenüber der von ihr aufgehobenen vorherigen Verfahrensordnung enthält. Diese Änderungen betreffen u. a. die in der neuen Verfahrensordnung verwendete Terminologie und das Verfahren zur Bewilligung von Prozesskostenhilfe. Sie sollten daher in den Text der Zusätzlichen Verfahrensordnung übernommen werden.

(2) Nach der Benennung neuer für die Behandlung der in den Artikeln 2, 4 und 6 der Zusätzlichen Verfahrensordnung geregelten Angelegenheiten zuständiger Stellen durch mehrere Mitgliedstaaten und dem Beitritt zur Europäischen Union der Republik Bulgarien und Rumäniens am 1. Januar 2007 sowie der Republik Kroatien am 1. Juli 2013 ist außerdem eine Aktualisierung der in den drei Anlagen zur Zusätzlichen Verfahrensordnung enthaltenen Listen erforderlich;

mit Genehmigung des Rates, die am 17. Dezember 2013 erteilt worden ist –

ERLÄSST FOLGENDE ZUSÄTZLICHE VERFAHRENSORDNUNG:

KAPITEL I
Rechtshilfeersuchen

Artikel 1

(1) Das Rechtshilfeersuchen ergeht durch Beschluss; dieser Beschluss muss enthalten: Namen, Vornamen, Stellung und Anschrift der Zeugen oder Sachverständigen, die Bezeichnung der Tatsachen, über die die Zeugen oder Sachverständigen zu vernehmen sind, die Bezeichnung der Parteien, ihrer Bevollmächtigten, Anwälte oder Beistände und ihrer Zustellungsanschrift sowie eine kurze Darstellung des Streitgegenstands.

(2) Der Kanzler stellt den Beschluss den Parteien zu.

Artikel 2

(1) Der Kanzler übermittelt den Beschluss der in Anlage I genannten zuständigen Stelle desjenigen Mitgliedstaats, in dessen Gebiet die Vernehmung der Zeugen oder Sachverständigen stattfinden soll. Er fügt dem Rechtshilfeersuchen gegebenenfalls eine Übersetzung in die Sprache oder die Sprachen dieses Mitgliedstaats bei.

(2) Die in Absatz 1 bezeichnete Stelle leitet den Beschluss an das nach innerstaatlichem Recht zuständige Gericht weiter.

(3) Das Gericht erledigt das Rechtshilfeersuchen nach den Vorschriften seines innerstaatlichen Rechts. Nach Erledigung des Rechtshilfeer-

[1]) ABl. L 265 vom 29.9.2012, S. 1, in der Fassung vom 18. Juni 2013 (ABl. L 173 vom 26.6.2013, S. 65).

[2]) ABl. L 157 vom 21.6.2005, S. 203.

[3]) ABl. L 112 vom 24.4.2012, S. 21.

suchens gibt das ersuchte Gericht das Rechtshilfeersuchen und die im Zuge der Erledigung angefallenen Vorgänge mit einer Aufstellung der entstandenen Kosten an die in Absatz 1 bezeichnete Stelle zurück. Diese Unterlagen werden dem Kanzler des Gerichtshofs übermittelt.

(4) Der Kanzler veranlasst die Übersetzung der betreffenden Schriftstücke in die Verfahrenssprache.

Artikel 3

Der Gerichtshof übernimmt die durch die Rechtshilfe anfallenden Kosten; er kann sie gegebenenfalls den Parteien auferlegen.

KAPITEL II
Prozesskostenhilfe

Artikel 4

(1) Der Gerichtshof bestimmt in dem Beschluss, mit dem er die Prozesskostenhilfe bewilligt, dass dem Antragsteller ein Anwalt beizuordnen ist.

(2) Schlägt der Antragsteller nicht selbst einen Anwalt vor oder hält es der Gerichtshof für untunlich, dem Vorschlag des Antragstellers zu folgen, so übermittelt der Kanzler eine Ausfertigung des Beschlusses und eine Kopie des Antrags auf Bewilligung von Prozesskostenhilfe der zuständigen Stelle des betroffenen Staates, die in Anlage II genannt ist.

(3) Unter Berücksichtigung der von dieser Stelle übermittelten Vorschläge bestimmt der Gerichtshof von Amts wegen den Anwalt, der dem Antragsteller beizuordnen ist.

Artikel 5

Der Gerichtshof setzt die Kosten und Vergütung des Anwalts fest; auf Antrag kann ein Vorschuss auf diese Kosten und Vergütung ausbezahlt werden.

KAPITEL III
Anzeigen wegen Eidesverletzungen von Zeugen und Sachverständigen

Artikel 6

Hat ein Zeuge oder Sachverständiger vor dem Gerichtshof unter Eid falsch ausgesagt, so kann der Gerichtshof nach Anhörung des Generalanwalts beschließen, dies der in Anlage III genannten zuständigen Stelle des Mitgliedstaats anzuzeigen, dessen Gerichte für eine Strafverfolgung zuständig sind.

Artikel 7

Der Kanzler veranlasst die Zustellung des Beschlusses des Gerichtshofs. In diesem Beschluss sind die Tatsachen und Umstände anzugeben, auf denen die Anzeige beruht.

Schlussbestimmungen

Artikel 8

Diese Zusätzliche Verfahrensordnung tritt an die Stelle der Zusätzlichen Verfahrensordnung vom 4. Dezember 1974 (ABl. L 350 vom 28.12.1974, S. 29) in ihrer zuletzt am 21. Februar 2006 geänderten Fassung (ABl. L 72 vom 11.3.2006, S. 1).

Artikel 9

(1) Diese Zusätzliche Verfahrensordnung ist in den in Artikel 36 der Verfahrensordnung genannten Sprachen verbindlich. Sie wird im Amtsblatt der Europäischen Union veröffentlicht.

(2) Sie tritt mit dem Tag ihrer Veröffentlichung in Kraft.

Anlage I

Liste gemäß Artikel 2 Absatz 1

Belgien
Service public fédéral Justice – Federale Overheidsdienst Justitie

Bulgarien
Министър на правосъдието

Tschechische Republik
Ministr spravedlnosti

Dänemark
Justitsministeriet

Deutschland
Bundesministerium der Justiz

Estland
Justiitsministeerium

Irland
Minister for Justice and Equality

Griechenland
Υπουργείο Δικαιοσύνης, Διαφάνειας και Ανθρωπίνων Δικαιωμάτων

Spanien
Ministerio de Justicia

Frankreich
Ministère de la justice

Kroatien
Ministarstvo pravosuda

Italien
Ministero della Giustizia

Zypern
Υπουργός Δικαιοσύνης και Δημόσιας Τάξεως

Lettland
Latvijas Republikas Tieslietu ministrija

Litauen
Lietuvos Respublikos teisingumo ministerija

Luxemburg
Parquet général

Ungarn
Közigazgatási és Igazságügyi Minisztérium

Malta
Avukat Ġenerali

Niederlande
Minister van Veiligheid en Justitie

Österreich
Bundesministerium für Justiz

Polen
Ministerstwo Sprawiedliwości

Portugal
Ministro da Justiça

Rumänien
Ministerul Justiției

Slowenien
Ministrstvo za pravosodje

Slowakei
Minister spravodlivosti

Finnland
Oikeusministeriö

Schweden
Regeringskansliet Justitiedepartementet

Vereinigtes Königreich
Secretary of State for the Home Department

Anlage II

Liste gemäß Artikel 4 Absatz 2

Belgien
Service public fédéral Justice – Federale Overheidsdienst Justitie

Bulgarien
Министър на правосъдието

Tschechische Republik
Česká advokátní komora

Dänemark
Justitsministeriet

Deutschland
Bundesrechtsanwaltskammer

Estland
Justiitsministeerium

Irland
Minister for Justice and Equality

Griechenland
Υπουργείο Δικαιοσύνης, Διαφάνειας και Ανθρωπίνων Δικαιωμάτων

Spanien
Consejo General de la Abogacía Española

Frankreich
Ministère de la justice

Kroatien
Ministarstvo pravosuda

Italien
Ministero della Giustizia

Zypern
Υπουργός Δικαιοσύνης και Δημόσιας Τάξεως

Lettland
Latvijas Republikas Tieslietu ministrija

Litauen
Lietuvos Respublikos teisingumo ministerija

Luxemburg
Ministère de la justice

Ungarn
Közigazgatási és Igazságügyi Minisztérium

Malta
Segretarju Parlamentari ghall-Gustizzja

Niederlande
Algemene Raad van de Nederlandse Orde van Advocaten

Österreich
Bundesministerium für Justiz

Polen
Ministerstwo Sprawiedliwości

Portugal
Ministro da Justiça

Rumänien
Uniunea Națională a Barourilor din România

Slowenien
Ministrstvo za pravosodje

Slowakei
Slovenská advokátska komora

Finnland
Oikeusministeriö

Schweden
Sveriges advokatsamfund

Vereinigtes Königreich
The Law Society, London (for applicants residing in England or Wales)
The Law Society of Scotland, Edinburgh (for applicants residing in Scotland)
The Law Society of Northern Ireland, Belfast (for applicants residing in Northern Ireland)

Anlage III

Liste gemäß Artikel 6

Belgien
Service public fédéral Justice – Federale Overheidsdienst Justitie

Bulgarien
Върховна касационна прокуратура на Република България

Tschechische Republik
Nejvyšší státní zastupitelství

Dänemark
Justitsministeriet

Deutschland
Bundesministerium der Justiz

Estland
Riigiprokuratuur

Irland
The Office of the Attorney General

Griechenland
Υπουργείο Δικαιοσύνης, Διαφάνειας και Ανθρωπίνων Δικαωμάτων

Spanien
Consejo General del Poder Judicial

Frankreich
Ministère de la justice

Kroatien
Zamjenik Glavnog državnog odvjetnika

Italien
Ministero della Giustizia

Zypern
Γενικός Εισαγγελέας της Δημοκρατίας

Lettland
Latvijas Republikas Ģenerālprokuratūra

Litauen
Lietuvos Respublikos generalinė prokuratūra

Luxemburg
Parquet général

Ungarn
Közigazgatási és Igazságügyi Minisztérium

Malta
Avukat Ġenerali

Niederlande
Minister van Veiligheid en Justitie

Österreich
Bundesministerium für Justiz

Polen
Ministerstwo Sprawiedliwości

Portugal
Ministro da Justiça

Rumänien
Parchetul de pe lângă Înalta Curte de Casație și Justiție

Slowenien
Ministrstvo za pravosodje

Slowakei
Minister spravodlivosti

Finnland
Keskusrikospoliisi

Schweden
Åklagarmyndigheten

Vereinigtes Königreich
Her Majesty's Attorney General (for witnesses or experts residing in England or Wales)
Her Majesty's Advocate General (for witnesses or experts residing in Scotland)
Her Majesty's Attorney General (for witnesses or experts residing in Northern Ireland)

Dienstanweisung für den Kanzler des Gerichtshofes

(ABl 1974 L 350, 33 idF ABl 1986 C 286, 4)
(ABl 1982 C 39, 1 (kodif. Fassung))

INHALT

DER GERICHTSHOF DER EUROPÄISCHEN GEMEINSCHAFTEN ERLÄSST –

auf Grund der Artikel 15, 16 § 5 und 72 der Verfahrensordnung,

auf Vorschlag des Präsidenten des Gerichtshofes,

auf Vorschlag des Kanzlers, soweit es sich um den Kanzleitarif handelt,

die vorliegende

Dienstanweisung für den Kanzler:

Erster Abschnitt
Aufgabenbereich der Kanzlei

Artikel 1

§ 1. Die Kanzlei ist außer an den in der Anlage I der Verfahrensordnung aufgeführten Feiertagen montags bis freitags von 10.00 – 12.00 Uhr und von 15.00 – 18.00 Uhr – freitags bis 17.00 Uhr – für das Publikum geöffnet.

Außerhalb der Öffnungszeiten der Kanzlei können Schriftstücke beim diensthabenden Pförtner des Gerichtshofes rechtswirksam eingereicht werden. Dieser vermerkt Tag und Stunde der Einreichung.

§ 2. Findet eine öffentliche Sitzung des Gerichtshofes oder einer Kammer statt, so wird die Kanzlei in jedem Fall eine halbe Stunde vor Beginn der Sitzung für das Publikum geöffnet.

Artikel 2

Der Kanzler ist für die Führung der Akten der anhängigen Rechtssachen und für ihre laufende Ergänzung auf den neuesten Stand verantwortlich.

Artikel 3

§ 1. Der Kanzler ist für die Ausfertigung der Urschriften der Urteile, Beschlüsse und sonstigen Entscheidungen verantwortlich. Er legt sie den zuständigen Richtern zur Unterschrift vor.

§ 2. Der Kanzler sorgt dafür, daß die Zustellungen, Bekanntgaben und Mitteilungen, wie sie in den Verträgen und Satzungen der EGKS, der E(W)G und der EAG*), in allen sonstigen Rechtsakten, durch die dem Gerichtshof Befugnisse übertragen werden, sowie in der Verfahrensordnung vorgesehen sind, im Einklang mit den Bestimmungen der Verfahrensordnung erfolgen. Der Abschrift des zuzustellenden, bekanntzugebenden oder zu übermittelnden Vorgangs fügt er ein von ihm unterzeichnetes eingeschriebenes Begleitschreiben bei, in dem das Aktenzeichen der Rechtssache, die Registernummer und eine kurze Bezeichnung des Schriftstücks angegeben sind. Eine Abschrift dieses Schreibens wird an den Originalvorgang angeheftet.

§ 3. Die Schriftsätze sowie die sonstigen das Verfahren betreffenden Urkunden werden den Parteien zugestellt.

*) Es wäre nunmehr auf den EG- und den EAG-Vertrag sowie auf die Satzung des Gerichtshofes Bezug zu nehmen.

Werden sehr umfangreiche Urkunden in einem einzigen Exemplar bei der Kanzlei eingereicht, so unterrichtet der Kanzler nach Rücksprache mit dem Berichterstatter die Parteien mit eingeschriebenem Brief davon, daß sie diese in der Kanzlei einsehen können.

§ 4. Wird in den Anträgen der Klageschrift die Rechtswidrigkeit einer Handlung eines nicht am Rechtsstreit beteiligten Organs der Gemeinschaften geltend gemacht, so stellt der Kanzler diesem Organ gemäß den Artikeln 18 Absatz 2 der E(W)G- und der EAG-Satzung sowie 21 Absatz 2 der EGKS-Satzung*) eine Abschrift der Klageschrift zu.

Die übrigen im schriftlichen Verfahren gewechselten Schriftsätze stellt der Kanzler diesem Organ nur zu, wenn es nach Artikel 93 § 3 der Verfahrensordnung als Streithelfer zugelassen worden ist.

Artikel 4

§ 1. Auf Antrag der betroffenen Partei wird in der Kanzlei für jedes eingereichte Schriftstück eine Empfangsbescheinigung ausgestellt.

§ 2. Der Kanzler verweigert die Annahme von in der Verfahrensordnung nicht vorgesehenen oder nicht in der Verfahrenssprache abgefaßten Schriftstücken oder sendet sie gegebenenfalls unverzüglich durch Einschreiben zurück, es sei denn, daß der Präsident oder der Gerichtshof ausdrücklich ein abweichendes Verfahren genehmigt.

§ 3. Stimmen der Tag der Einreichung eines Schriftstücks bei der Kanzlei und der Tag seiner Eintragung in das Register nicht überein, so wird auf dem Schriftstück ein diesbezüglicher Vermerk angebracht.

Artikel 5

§ 1. Der Kanzler trifft nach Rücksprache mit dem Präsidenten und dem Berichterstatter alle zur Anwendung von Artikel 38 § 7 der Verfahrensordnung erforderlichen Maßnahmen.

Er bestimmt die in dem genannten Artikel vorgesehene Frist und setzt den Betroffenen durch Einschreiben mit Rückschein hiervon in Kenntnis. Kommt der Betroffene der Aufforderung des Kanzlers nicht nach, so legt dieser die Angelegenheit dem Präsidenten des Gerichtshofes vor.

§ 2. Die in Artikel 101 § 3 der Verfahrensordnung vorgesehene Anforderung der Akten bei der Kanzlei des Schiedsausschusses erfolgt durch Einschreiben mit Rückschein.

Nach Verkündung des Urteils des Gerichtshofes oder nach Streichung der Rechtssache im Register des Gerichtshofes werden die Akten an die Kanzlei des Schiedsausschusses zurückgesandt.

Artikel 6

§ 1. Über die Verkündung des Urteils oder Beschlusses in öffentlicher Sitzung wird am Ende der Urschrift ein Vermerk angebracht; dieser Vermerk enthält in der Verfahrenssprache die Worte:

„Verkündet in öffentlicher Sitzung in … am …

Der Kanzler	Der Präsident
(Unterschrift)“	(Unterschrift)“

§ 2. Die in Artikel 66 § 4, 94 § 6, 97 § 3, 100 § 3 und 102 § 2 der Verfahrensordnung genannten Hinweise am Rande der Urteile werden in der Verfahrenssprache angebracht; sie werden vom Präsidenten und vom Kanzler abgezeichnet.

Artikel 7

§ 1. Vor Beginn jeder öffentlichen Sitzung des Gerichtshofes oder einer Kammer stellt der Kanzler in der Verfahrenssprache eine Terminliste auf.

Diese Liste enthält:

- Tag, Stunde und Ort der Sitzung,
- Bezeichnung der zur Verhandlung gelangenden Rechtssachen,
- Namen der Parteien,
- Namen und Stand der Bevollmächtigten, Beistände und Anwälte der Parteien.

Die Terminliste wird am Eingang des Sitzungssaales angeschlagen.

§ 2. Der Kanzler fertigt von jeder öffentlichen Sitzung ein Protokoll in der Verfahrenssprache an.

Dieses Protokoll enthält:

- Tag und Ort der Sitzung,

---

*) Die Bezugnahme auf die drei Satzungen wäre durch eine Bezugnahme auf die Satzung des Gerichtshofes (Art. 20 Abs. 2) zu ersetzen.

- Namen der anwesenden Richter und Generalanwälte sowie des amtierenden Kanzlers,
- Bezeichnung der Rechtssache,
- Namen der Parteien,
- Namen und Stand der Bevollmächtigten, Beistände und Anwälte der Parteien,
- Namen, Vornamen, Stand und Wohnsitz der gehörten Zeugen oder Sachverständigen,
- die Angabe der in der Sitzung erhobenen Beweise,
- die Angabe der von den Parteien im Verlauf der Sitzung vorgelegten Urkunden,
- die in der Sitzung erlassenen Entscheidungen des Gerichtshofes, der Kammer, des Präsidenten des Gerichtshofes oder des Kammerpräsidenten.

Erstreckt sich die mündliche Verhandlung in einer Rechtssache über mehrere aufeinanderfolgende Sitzungen, so kann hierüber ein einziges Protokoll angefertigt werden.

Artikel 8

Der Kanzler vergewissert sich, daß die gemäß Artikel 49 der Verfahrensordnung mit einer Untersuchung oder der Erstattung eines Gutachtens beauftragten Personen oder Organe über die zur Erfüllung ihrer Aufgabe erforderlichen Hilfsmittel verfügen.

Artikel 9

Der in Artikel 33 Buchstabe b) der Verfahrensordnung vorgesehene Ausweis wird dem Beistand oder Anwalt auf Antrag ausgehändigt, wenn dies für den geordneten Ablauf des Verfahrens erforderlich ist.

Der Ausweis wird vom Kanzler ausgestellt.

Artikel 10

Im Hinblick auf die Bestimmungen von Artikel 32 der Verfahrensordnung wird dem Außenminister des Staates, in dem der Gerichtshof tagt, im voraus ein Auszug aus der Terminliste übermittelt.

Zweiter Abschnitt
Führung des Registers

Artikel 11

Der Kanzler hat das Register der beim Gerichtshof anhängigen Rechtssachen auf dem neuesten Stand zu halten.

Artikel 12

Jede Rechtssache erhält bei der Eintragung der Klageschrift eine Nummer, der die Angabe des Jahres sowie die Benennung des Klägers oder ein Hinweis auf den Gegenstand der Klage beigefügt werden. Die Rechtssachen werden nach diesem Aktenzeichen benannt.

Ein Verfahren wegen Erlasses einer einstweiligen Anordnung trägt das gleiche Aktenzeichen wie die Hauptsache sowie zusätzlich den Buchstaben „R“.

Artikel 13

Die Seiten des Registers sind vornumeriert.

Es wird vom Präsidenten und vom Kanzler in regelmäßigen Zeitabständen am Rande der zuletzt erfolgten Eintragungen mit einem Sichtvermerk versehen und abgezeichnet.

Artikel 14

In das Register werden die Schriftstücke der beim Gerichtshof anhängigen Rechtssachen, insbesondere die von den Parteien zu den Akten gegebenen Schriftstücke sowie die durch den Kanzler vorgenommenen Zustellungen, eingetragen.

Anlagen zu den Schriftstücken werden nur eingetragen, wenn sie nicht gleichzeitig mit dem Hauptvorgang eingereicht werden.

Artikel 15

§ 1. Die Eintragungen erfolgen fortlaufend in der Reihenfolge des Eingangs der einzutragenden Vorgänge.

Sie werden mit einer Nummer versehen, die an die Nummer der letzten Eintragung anschließt.

§ 2. Die Eintragung erfolgt unmittelbar nach Eingang des Schriftstücks in der Kanzlei.

Handelt es sich um ein Schriftstück des Gerichtshofes, so erfolgt die Eintragung an dessen Ausstellungstag.

§ 3. Die Eintragung enthält die zur Kennzeichnung des Schriftstücks erforderlichen Angaben, insbesondere

- den Tag der Eintragung,
- die Bezeichnung der Rechtssache,
- die Art des Schriftstücks,
- das Datum des Schriftstücks.

Die Eintragung erfolgt in der Verfahrenssprache; Zahlen werden in Ziffern geschrieben, übliche Abkürzungen sind erlaubt.

§ 4. Ergibt sich die Notwendigkeit, Berichtigungen vorzunehmen, so ist ein diesbezüglich vom Kanzler abgezeichneter Hinweis am Rande des Registers anzubringen.

Artikel 16

Die Nummer der Eintragung wird bei allen vom Gerichtshof ausgestellten Schriftstücken auf der ersten Seite angegeben.

Auf der Urschrift aller von den Parteien eingereichten Schriftstücke wird mit Hilfe eines Stempels ein Vermerk über die Eintragung im Register angebracht; dieser Stempel hat in der jeweiligen Verfahrenssprache folgenden Wortlaut:

„Eingetragen in das Register des Gerichtshofes unter Nr. ...

Luxemburg, den ..."

Dieser Vermerk wird vom Kanzler unterzeichnet.

Dritter Abschnitt
Kanzlei- und Gerichtskostentarif

Artikel 17

Es dürfen nur die in diesem Abschnitt genannten Kanzleigebühren erhoben werden.

Artikel 18

Die Zahlung der Kanzleigebühren erfolgt entweder in bar an die Kasse des Gerichtshofes oder durch Überweisung auf das Konto des Gerichtshofes bei der auf der Zahlungsaufforderung bezeichneten Bank.

Artikel 19

Ist der zur Zahlung von Kanzleigebühren verpflichteten Partei das Armenrecht bewilligt worden, so finden die Bestimmungen von Artikel 76 § 5 der Verfahrensordnung Anwendung.

Artikel 20

Es werden folgende Kanzleigebühren erhoben:

a) Ausfertigung eines Urteils oder eines Beschlusses, beglaubigte Abschrift eines Verfahrensvorgangs oder eines Protokolls, Auszug aus dem Register des Gerichtshofes, beglaubigte Abschrift aus dem Register des Gerichtshofes, beglaubigte Abschrift gemäß Artikel 72 Buchstabe b) der Verfahrensordnung: 60 LFR*) pro Seite.

b) Übersetzung gemäß Artikel 72 Buchstabe b) der Verfahrensordnung: 500 LFR*) pro Seite.

Eine Seite hat im Höchstfall 40 Zeilen.

Dieser Tarif gilt für eine maschinengeschriebene Originalseite; für jede vollständige oder angefangene Durchschlagseite beträgt die Gebühr 50 LFR*) pro Seite.

Die in diesem Artikel genannten Tarife erhöhen sich nach dem 1. Januar 1975 jeweils um 10 v.H., wenn der von der Regierung des Großherzogtums Luxemburg veröffentlichte Lebenshaltungskostenindex um 10 v.H. gestiegen ist.

Artikel 21

§ 1. Wird auf Grund von Artikel 47 § 3, 51 § 1 und 76 § 5 bei der Kasse des Gerichtshofes ein Vorschuß beantragt, so veranlaßt der Kanzler die Einreichung einer Einzelaufstellung der Kosten, für die ein Vorschuß gewünscht wird.

Er fordert von den Zeugen einen Beleg über ihren Verdienstausfall und von den Sachverständigen eine Rechnung über die Vergütung ihrer Tätigkeit an.

§ 2. Der Kanzler weist die Kasse des Gerichtshofes an, die gemäß § 1 geschuldeten Beträge gegen Quittung oder Überweisungsbeleg auszuzahlen.

Hält er den verlangten Betrag für zu hoch, so kann er ihn von Amts wegen herabsetzen oder eine Auszahlung in Raten anordnen.

§ 3. Der Kanzler weist die Kasse des Gerichtshofes an, die gemäß Artikel 3 der Zusätzlichen Verfahrensordnung zu übernehmenden Auslagen für das Rechtshilfeverfahren der Behörde, die durch die in Artikel 2 der Zusätzlichen Verfahrensordnung genannte zuständige Stelle bezeichnet wird, in der Währung des beteiligten Staates gegen Überweisungsbeleg zu erstatten.

§ 4. Der Kanzler weist die Kasse des Gerichtshofes an, den in Artikel 5 Absatz 2 der Zusätzlichen Verfahrensordnung bezeichneten Vorschuß auszuzahlen; die Vorschrift des § 2 Absatz 2 findet Anwendung.

---

*) *Bemerkung:* Wäre durch Euro-Beträge zu ersetzen.

Artikel 22

§ 1. Sind Beträge zurückzuerstatten, die auf Grund der Bewilligung der Prozeßkostenhilfe gemäß Artikel 76 § 5 der Verfahrensordnung ausgezahlt wurden, so werden sie durch einen vom Kanzler unterzeichneten eingeschriebenen Brief eingefordert. In diesen Schreiben sind neben der Höhe der zu erstattenden Beträge auch Zahlungsweise und Frist anzugeben.

Das gleiche gilt im Fall einer Anwendung von Artikel 72 Buchstabe a) der Verfahrensordnung und von Artikel 21 §§ 1, 3 und 4 der vorliegenden Dienstanweisung.

§ 2. Werden die eingeforderten Summen innerhalb der vom Kanzler festgesetzten Frist nicht gezahlt, so ersucht dieser den Gerichtshof, einen vollstreckbaren Beschluß zu erlassen und gemäß den Artikeln 44 und 92 EGKS-Vertrag*), 187 *(244)* und 192 *(256)* E(W)G-Vertrag sowie 159 und 164 EAG-Vertrag dessen Zwangsvollstreckung zu veranlassen.

Wird eine Partei durch Urteil oder sonstige Entscheidung verurteilt, an die Kasse des Gerichtshofes Kosten zu entrichten, so beantragt der Kanzler bei nicht fristgerechter Zahlung, diese Kosten im Wege der Zwangsvollstreckung einzutreiben.

Vierter Abschnitt
Veröffentlichungen des Gerichtshofes

Artikel 23

Die Veröffentlichungen des Gerichtshofes erscheinen unter der Verantwortung des Kanzlers.

Artikel 24

In den in Artikel 1 der Verordnung Nr. 1 des Rates genannten Sprachen wird eine Sammlung der Rechtsprechung des Gerichtshofes veröffentlicht; falls nichts Gegenteiliges bestimmt wird, umfaßt sie die während eines Kalenderjahres ergangenen Urteile des Gerichtshofes nebst den Schlußanträgen der Generalanwälte sowie die Stellungnahmen und einstweiligen Anordnungen.

Artikel 25

Der Kanzler sorgt dafür, daß im *Amtsblatt der Europäischen Gemeinschaften* veröffentlicht werden:

a) Mitteilungen über den Eingang von Klagen gemäß Artikel 16 § 6 der Verfahrensordnung,

b) Mitteilungen über die Streichung einer Rechtssache im Register,

c) der Wortlaut des Tenors aller Urteile und einstweiligen Anordnungen, falls der Gerichtshof nichts anderes bestimmt,

d) die Zusammensetzung der Kammern,

e) die Wahl des Präsidenten des Gerichtshofes,

f) die Ernennung des Kanzlers,

g) die Ernennung des Hilfskanzlers und des Verwalters.

Schlußbestimmungen

Artikel 26

Die vorliegende Dienstanweisung tritt an die Stelle der vom Gerichtshof der Europäischen Gemeinschaften am 23. Juni 1960 erlassenen Dienstanweisung (ABl. Nr. 72 vom 18. 11. 1960, S. 1417/60), die durch Beschlüsse des Gerichtshofes vom 6. April 1962 (ABl. Nr. 34 vom 5. 5. 1962, S. 1115/62) und vom 13. Juli 1965 (ABl. Nr. 141 vom 3. 8. 1965, S. 2413/65) abgeändert worden ist.

Artikel 27

Die vorliegende Dienstanweisung ist in den in Artikel 29 § 1 der Verfahrensordnung genannten Sprachen verbindlich. Sie wird im *Amtsblatt der Europäischen Gemeinschaften* veröffentlicht.

*) Die Bezugnahme auf den EGKS-Vertrag wäre zu streichen, siehe 1/4.

Praktische Anweisungen für die Parteien in den Rechtssachen vor dem Gerichtshof

ABl 2020 L 42/I 1

INHALTSVERZEICHNIS

(Die angegebenen Zahlen verweisen auf die Absatznummern)

DER GERICHTSHOF –

gestützt auf die Verfahrensordnung, insbesondere Art. 208,

in Erwägung nachstehender Gründe:

(1) Am 25. November 2013 hat der Gerichtshof auf der Grundlage von Art. 208 seiner Verfahrensordnung neue Praktische Anweisungen für die Parteien in den Rechtssachen vor dem Gerichtshof[1] erlassen. Diese Anweisungen sollten den Parteien und ihren Vertretern konkrete Anweisungen an die Hand geben, die auf die neue Verfahrensordnung vom 25. September 2012[2] gestützt waren, und insbesondere die Erfahrungen berück-

[1] ABl. L 31 vom 31.1.2014, S. 1.

[2] ABl. L 265 vom 29.9.2012, S. 1, in der zuletzt am 26. November 2019 (ABl. L 316 vom 6.12.2019, S. 103) geänderten Fassung.

sichtigen, die im ersten Jahr der Umsetzung dieser Verfahrensordnung erworben wurden.

(2) Seit dem Inkrafttreten dieser Anweisungen am 1. Februar 2014 hat es jedoch einige wichtige Entwicklungen gegeben, und zwar sowohl in technischer Hinsicht als auch im Bereich der Rechtsetzung.

(3) Zum einen nutzen die Parteien zunehmend elektronische Kommunikationsmittel für die Übermittlung ihrer Verfahrensschriftstücke, was zu einer zügigeren Bearbeitung der Rechtssachen beiträgt, zugleich aber voraussetzt, dass zuvor näher geregelt wird, wie eine solche Übermittlung erfolgt, und welche Maßnahmen zu ergreifen sind, um die Behandlung und die Übersetzung des eingereichten Schriftstücks zu erleichtern und gegebenenfalls die Vertraulichkeit der darin enthaltenen Informationen zu wahren.

(4) Zum anderen ist die Verfahrensordnung des Gerichtshofs seit 2012 mehrfach geändert worden, um Einzelheiten von Handlungen der Parteien vor dem Rechtsprechungsorgan zu klären und zu präzisieren sowie die Änderungen widerzuspiegeln, die der Unionsgesetzgeber in Bereichen wie dem Schutz personenbezogener Daten oder der Behandlung von Rechtsmitteln im Sinne von Art. 58a des Protokolls über die Satzung des Gerichtshofs der Europäischen Union vorgenommen hat.

(5) Im Interesse einer geordneten Rechtspflege und der besseren Lesbarkeit halber sind daher neue Praktische Anweisungen zu erlassen, die den genannten Entwicklungen Rechnung tragen.

(6) Diese neuen Anweisungen, die für alle beim Gerichtshof anhängigen Kategorien von Rechtssachen gelten, sollen die einschlägigen Bestimmungen der Satzung und der Verfahrensordnung nicht ersetzen. Sie sollen es den Parteien und ihren Vertretern ermöglichen, die Tragweite dieser Bestimmungen besser zu verstehen und den Ablauf des Verfahrens vor dem Gerichtshof genauer zu erfassen, insbesondere die Zwänge, denen der Gerichtshof vor allem hinsichtlich der Behandlung und Übersetzung der Verfahrensschriftstücke oder der Simultanverdolmetschung der in den mündlichen Verhandlungen abgegebenen Erklärungen unterliegt. Die Beachtung und Berücksichtigung dieser Anweisungen stellen sowohl für die Parteien als auch für den Gerichtshof die beste Garantie für eine optimale Behandlung der Rechtssachen durch das Rechtsprechungsorgan dar –

ERLÄSST FOLGENDE PRAKTISCHE ANWEISUNGEN:

I. ALLGEMEINE BESTIMMUNGEN

Abschnitte des Verfahrens vor dem Gerichtshof und ihre wesentlichen Merkmale

1. Vorbehaltlich besonderer Bestimmungen des Protokolls über die Satzung des Gerichtshofs der Europäischen Union (im Folgenden: Satzung) oder der Verfahrensordnung umfasst das Verfahren vor dem Gerichtshof in der Regel ein schriftliches und ein mündliches Verfahren. Das schriftliche Verfahren dient dem Zweck, dem Gerichtshof die Rügen, die Klage- und Verteidigungsgründe oder Argumente der Parteien des Verfahrens oder, in Vorlagesachen, die Erklärungen darzulegen, die die in Art. 23 der Satzung bezeichneten Beteiligten zu den von den Gerichten der Mitgliedstaaten der Union gestellten Fragen abgeben möchten. Das darauf folgende mündliche Verfahren soll es dem Gerichtshof ermöglichen, seine Kenntnis der Rechtssache durch eine etwaige Anhörung der Parteien oder Beteiligten in einer mündlichen Verhandlung und gegebenenfalls durch die Anhörung der Schlussanträge des Generalanwalts zu vervollständigen.

Vertretung der Parteien vor dem Gerichtshof

2. Gemäß Art. 19 der Satzung müssen die Parteien im Verfahren vor dem Gerichtshof zwingend durch eine insoweit ordnungsgemäß ermächtigte Person vertreten sein. Anders als die Mitgliedstaaten, die anderen Vertragsstaaten des Abkommens des Europäischen Wirtschaftsraums (im Folgenden: EWR-Abkommen), die Überwachungsbehörde der Europäischen Freihandelsassoziation (im Folgenden: EFTA) sowie die Unionsorgane, die in der Regel durch einen Bevollmächtigten vertreten werden, der für jede Sache bestellt wird, werden die anderen Parteien des Verfahrens durch einen Anwalt vertreten, der berechtigt ist, vor einem Gericht eines Mitgliedstaats oder eines anderen Vertragsstaats des EWR-Abkommens aufzutreten. Der entsprechende Nachweis muss auf Verlangen in jedem Verfahrensstadium erbracht werden können. Den Anwälten gleichgestellt sind nach Art. 19 Abs. 7 der Satzung Hochschullehrer, die Angehörige von Mitgliedstaaten sind, deren Rechtsordnung ihnen gestattet, vor Gericht als Vertreter einer Partei aufzutreten.

3. In Vorabentscheidungsverfahren trägt der Gerichtshof hinsichtlich der Vertretung der Parteien des Ausgangsrechtsstreits jedoch den vor dem vorlegenden Gericht geltenden Verfahrensvorschriften Rechnung. Jede Person, die vor diesem Gericht befugt ist, eine Partei zu vertreten, kann sie daher auch vor dem Gerichtshof vertreten. Lassen die nationalen Verfahrensvorschriften dies zu, können die Parteien des Ausgangsrechtsstreits selbst schriftliche und mündliche Ausfüh-

rungen machen. Bestehen insoweit Zweifel, kann der Gerichtshof jederzeit Auskünfte von diesen Parteien, ihren Vertretern oder dem vorlegenden Gericht einholen.

Kosten des Verfahrens vor dem Gerichtshof und Prozesskostenhilfe

4. Vorbehaltlich Art. 143 der Verfahrensordnung ist das Verfahren vor dem Gerichtshof kostenfrei; für die Erhebung einer Klage oder die Einreichung eines Verfahrensschriftstücks fallen dem Gerichtshof gegenüber keinerlei Gebühren oder sonstige Abgaben an. Die in den Art. 137 ff. der Verfahrensordnung genannten Kosten umfassen ausschließlich die sogenannten „erstattungsfähigen" Kosten, d. h. etwaige Leistungen an Zeugen und Sachverständige sowie die für das Verfahren vor dem Gerichtshof notwendigen Aufwendungen der Parteien im Zusammenhang mit der Vergütung ihres Vertreters und dessen Aufwendungen für die Reise und den Aufenthalt in Luxemburg, wenn eine mündliche Verhandlung durchgeführt wird. Der Gerichtshof entscheidet im Endurteil oder in dem das Verfahren beendenden Beschluss über die Kosten und setzt diese fest, während es in Vorlagesachen dem vorlegenden Gericht obliegt, über die Kosten des Verfahrens zu entscheiden.

5. Ist eine Partei oder, in Vorlagesachen, eine Partei des Ausgangsrechtsstreits außerstande, die Kosten des Verfahrens ganz oder teilweise zu bestreiten, so kann sie jederzeit unter den Voraussetzungen der Art. 115 bis 118 und 185 bis 189 der Verfahrensordnung die Bewilligung von Prozesskostenhilfe beantragen. Ein solcher Antrag kann jedoch nur berücksichtigt werden, wenn ihm alle notwendigen Auskünfte und Belege beigefügt sind, die dem Gerichtshof eine Beurteilung der tatsächlichen wirtschaftlichen Lage des Antragstellers ermöglichen. Da der Gerichtshof in Vorlagesachen auf Ersuchen eines Gerichts eines Mitgliedstaats entscheidet, müssen die Parteien des Ausgangsrechtsstreits Prozesskostenhilfe vorrangig bei diesem Gericht oder den zuständigen Stellen des betreffenden Mitgliedstaats beantragen; die vom Gerichtshof gewährte Hilfe ist gegenüber der auf nationaler Ebene gewährten Hilfe nachrangig.

6. Gibt der Gerichtshof einem Antrag auf Bewilligung von Prozesskostenhilfe statt, trägt er ausschließlich – gegebenenfalls in den vom Spruchkörper festgesetzten Grenzen – die Kosten der Unterstützung und der Vertretung des Antragstellers vor dem Gerichtshof. Nach den Bestimmungen der Verfahrensordnung können diese Kosten später mit der Entscheidung, mit der das Verfahren beendet und über die Kosten entschieden wird, vom Gerichtshof wieder zurückgefordert werden. Der Spruchkörper, der über den Antrag auf Bewilligung von Prozesskostenhilfe entschieden hat, kann diese außerdem jederzeit entziehen, wenn sich die Voraussetzungen, unter denen sie bewilligt wurde, im Lauf des Verfahrens ändern.

Schutz personenbezogener Daten

7. In dem Bestreben, einen bestmöglichen Schutz personenbezogener Daten, insbesondere im Rahmen der Veröffent lichungen, die der Gerichtshof hinsichtlich der bei ihm anhängig gemachten Rechtssachen vornimmt, zu erreichen, behandelt er die Vorlagesachen in der Regel in anonymisierter Form. Dies bedeutet in der Praxis, dass der Gerichtshof, sofern nicht besondere Umstände vorliegen, Namen und Vornamen der im Vorabentscheidungsersuchen genannten natürlichen Personen sowie gegebenenfalls weitere Angaben, die eine Wiedererkennung ermöglichen könnten, weglässt, falls das vorlegende Gericht dies nicht schon vor dem Versenden seines Ersuchens getan hat. Sämtliche in Art. 23 der Satzung bezeichneten Beteiligten sind aufgefordert, in ihren schriftlichen oder mündlichen Erklärungen die so gewährte Anonymität zu wahren.

8. Dasselbe gilt für Rechtsmittel. Sofern nicht besondere Umstände vorliegen, wahrt der Gerichtshof die vom Gericht gewährte Anonymität, und die Parteien des Verfahrens sind aufgefordert, diese Anonymität im Rahmen des Verfahrens vor dem Gerichtshof ebenfalls zu wahren.

9. Wünscht eine Partei eines Verfahrens vor dem Gerichtshof, dass ihre Identität oder bestimmte sie betreffende Angaben im Rahmen einer beim Gerichtshof anhängigen Rechtssache vertraulich behandelt werden – oder umgekehrt, dass ihre Identität oder diese Angaben im Rahmen dieser Rechtssache nicht vertraulich behandelt werden –, kann sie sich an den Gerichtshof wenden, damit dieser entscheidet, ob eine vollständige oder teilweise Anonymisierung der fraglichen Rechtssache vorzunehmen bzw. die bereits gewährte Anonymität beizubehalten ist. Ein solches Ersuchen muss allerdings, um wirksam zu sein, so rasch wie möglich gestellt werden. Wegen der zunehmenden Nutzung der neuen Informations- und Kommunikationstechnologien ist es nämlich sehr viel schwieriger, eine Anonymisierung durchzuführen, wenn die Mitteilung zur betreffenden Rechtssache bereits im *Amtsblatt der Europäischen Union* veröffentlicht oder, in Vorlagesachen, das Vorabentscheidungsersuchen – ungefähr einen Monat nach seiner Einreichung beim Gerichtshof – bereits an die in Art. 23 der Satzung bezeichneten Beteiligten zugestellt worden ist.

II. SCHRIFTLICHES VERFAHREN

Zweck des schriftlichen Verfahrens

10. Das schriftliche Verfahren spielt eine wesentliche Rolle bei der Befassung des Gerichtshofs mit der Rechtssache. Dieser Verfahrensabschnitt muss es ihm ermöglichen, sich durch die eingereichten Schriftsätze oder Erklärungen eine genaue Vorstellung vom Gegenstand der bei ihm anhängigen Rechtssache und deren Bedeutung zu machen. Auch wenn dies für alle beim Gerichtshof anhängigen Rechtssachen gilt, sind Ablauf und Konturen des schriftlichen Verfahrens bei den verschiedenen Verfahrensarten jedoch unterschiedlich. Während die Parteien in Klage- und Rechtsmittelverfahren aufgefordert sind, zu den von den anderen Parteien des Verfahrens eingereichten Schriftsätzen Stellung zu nehmen, ist das schriftliche Verfahren bei Vorlagen zur Vorabentscheidung nicht kontradiktorisch, da die in Art. 23 der Satzung bezeichneten Beteiligten lediglich aufgefordert sind, ihre etwaigen Erklärungen zu den Vorlagefragen eines nationalen Gerichts einzureichen, ohne grundsätzlich Kenntnis davon zu haben, wie sich die anderen Beteiligten zu diesen Fragen verhalten. Daraus ergeben sich andere Anforderungen sowohl hinsichtlich der Form und des Inhalts dieser Erklärungen als auch bezüglich des weiteren Ablaufs des Verfahrens. Zu beachten ist jedoch, dass die Mehrzahl der im schriftlichen Verfahren eingereichten Schriftsätze oder Erklärungen übersetzt werden müssen. Daher sind kurze und einfache Sätze vorzuziehen, und die Argumentation der Parteien muss in dem Schriftsatz oder den Erklärungen und nicht in den eventuell beigefügten Anlagen, die in der Regel nicht übersetzt werden, enthalten sein.

Das schriftliche Verfahren bei Vorlagen zur Vorabentscheidung

11. Da das Vorabentscheidungsverfahren kein streitiges Verfahren ist, unterliegt die Einreichung der schriftlichen Erklärungen durch die in Art. 23 der Satzung bezeichneten Beteiligten keinen besonderen Formerfordernissen. Wird ihnen durch den Gerichtshof ein Vorabentscheidungsersuchen zugestellt, können sie daher, wenn sie es wünschen, einen Schriftsatz einreichen, in dem sie zum Ersuchen des vorlegenden Gerichts Stellung nehmen. Der Zweck dieses Schriftsatzes – der innerhalb einer nicht verlängerbaren Frist von zwei Monaten (zuzüglich einer pauschalen Entfernungsfrist von zehn Tagen) ab Zustellung des Vorabentscheidungsersuchens einzureichen ist – liegt darin, dem Gerichtshof Aufschluss über die Tragweite dieses Ersuchens und insbesondere darüber zu verschaffen, wie die vom vorlegenden Gericht gestellten Fragen zu beantworten sind.

12. Diese Stellungnahme sollte zwar vollständig sein und vor allem die Argumentation enthalten, die die Antwort des Gerichtshofs auf die Vorlagefragen stützen kann, es ist jedoch nicht erforderlich, den in der Vorlageentscheidung dargelegten rechtlichen oder tatsächlichen Rahmen des Rechtsstreits noch einmal aufzugreifen, es sei denn, er gibt Anlass zu ergänzenden Bemerkungen. Vorbehaltlich besonderer Umstände oder spezieller Bestimmungen der Verfahrensordnung, in denen wegen der Dringlichkeit der Rechtssache eine Beschränkung der Länge der Schriftsätze vorgesehen ist, sollten die in einem Vorabentscheidungsverfahren eingereichten schriftlichen Erklärungen 20 Seiten nicht überschreiten.

Das schriftliche Verfahren in Klageverfahren

Klageschrift

13. Da das Klageverfahren ein streitiges Verfahren ist, unterliegt sein schriftliches Verfahren strengeren Regeln. Diese sind in den Art. 119 ff. (Vierter Titel) der Verfahrensordnung niedergelegt und betreffen sowohl die Vorgabe, dass die Parteien durch einen Bevollmächtigten oder Anwalt vertreten sein müssen, als auch die formellen Anforderungen an den Inhalt und die Vorlage von Schriftsätzen. Insbesondere ergibt sich aus Art. 120 der Verfahrensordnung, dass in der Klageschrift neben Namen und Wohnsitz des Klägers und der Bezeichnung des Beklagten der Streitgegenstand, die geltend gemachten Klagegründe und Argumente, gegebenenfalls durch Beweise oder Beweisangebote untermauert, sowie die Anträge des Klägers genau anzugeben sind. Die Nichteinhaltung dieser Vorgaben führt zur Unzulässigkeit der Klageschrift, die, sofern keine besonderen Umstände vorliegen, 30 Seiten nicht überschreiten sollte.

14. Nach Art. 120 Buchst. c der Verfahrensordnung ist der Klageschrift außerdem zwingend eine kurze Darstellung der Klagegründe beizufügen. Diese Darstellung – die nicht länger sein sollte als zwei Seiten – soll die Abfassung der Mitteilung zu jeder beim Gerichtshof anhängig gemachten Rechtssache erleichtern, die nach Art. 21 Abs. 4 der Verfahrensordnung im *Amtsblatt der Europäischen Union* zu veröffentlichen ist.

Klagebeantwortung

15. Für die in Art. 124 der Verfahrensordnung geregelte Klagebeantwortung gelten grundsätzlich dieselben Formerfor dernisse wie für die Klageschrift. Sie ist binnen zwei Monaten nach Zustellung der Klageschrift einzureichen. Diese Frist – zu der die pauschale Entfernungsfrist von zehn Tagen hinzukommt – kann nur ausnahmsweise verlängert werden; hierfür muss rechtzeitig ein

gebührend begründeter Antrag gestellt werden, in dem die Umstände dargelegt sind, die eine solche Verlängerung rechtfertigen können.

16. Da der rechtliche Rahmen des Verfahrens durch die Klageschrift festgelegt wird, ist das Vorbringen in der Klagebeantwortung so weit wie möglich anhand der in der Klageschrift geltend gemachten Klagegründe oder Rügen zu gliedern. Das Vorbringen neuer Klage- und Verteidigungsgründe im Lauf des Verfahrens ist unzulässig, es sei denn, dass sie auf rechtliche oder tatsächliche Gesichtspunkte gestützt werden, die erst während des Verfahrens zutage getreten sind. Darüber hinaus ist der rechtliche und tatsächliche Rahmen des Rechtsstreits in der Klagebeantwortung nur insoweit vorzutragen, als seine Darstellung in der Klageschrift bestritten wird oder weiterer Angaben bedarf. Wie die Klageschrift sollte auch die Klagebeantwortung, sofern keine besonderen Umstände vorliegen, 30 Seiten nicht überschreiten.

Erwiderung und Gegenerwiderung

17. Wenn sie es für erforderlich halten, können Kläger und Beklagter ihr Vorbringen ergänzen, und zwar der Kläger durch eine Erwiderung und der Beklagte durch eine Gegenerwiderung. Für diese Schriftsätze gelten dieselben Formerfordernisse wie für die Klageschrift und die Klagebeantwortung, sie müssen aufgrund ihres fakultativen und ergänzenden Charakters jedoch zwangsläufig kürzer sein als diese. Da der Rahmen des Rechtsstreits und die in Rede stehenden Klage- und Verteidigungsgründe oder Rügen in der Klageschrift und der Klagebeantwortung eingehend dargelegt (bzw. bestritten) wurden, liegt der Zweck der Erwiderung und der Gegenerwiderung allein darin, es dem Kläger und dem Beklagten zu ermöglichen, ihre Auffassung zu erläutern oder ihr Vorbringen zu einer wichtigen Frage zu präzisieren, wobei der Präsident im Übrigen gemäß Art. 126 der Verfahrensordnung selbst auch festlegen kann, auf welche Punkte sich die Erwiderung und die Gegenerwiderung beziehen sollten. Sofern keine besonderen Umstände vorliegen, sollten Erwiderung und Gegenerwiderung daher nicht länger sein als etwa zehn Seiten. Sie sind innerhalb der vom Gerichtshof bestimmten Fristen bei der Kanzlei einzureichen; eine Verlängerung wird vom Präsidenten nur ausnahmsweise und auf gebührend begründeten Antrag gewährt.

Antrag auf beschleunigtes Verfahren

18. Erfordert die Art der Rechtssache ihre rasche Erledigung, kann der Kläger oder der Beklagte beantragen, die Rechtssache einem von den Bestimmungen der Verfahrensordnung abweichenden beschleunigten Verfahren zu unterwerfen. Diese in Art. 133 der Verfahrensordnung vorgesehene Möglichkeit besteht jedoch nur, wenn mit gesondertem Schriftsatz ein entsprechender Antrag eingereicht wird, in dem ausführlich die Gründe dargelegt werden, die die Durchführung eines solchen Verfahrens rechtfertigen können. Wird dem Antrag stattgegeben, kommt es zu einer Anpassung des schriftlichen Verfahrens. Die üblichen Fristen für die Einreichung von Schriftsätzen werden nämlich verkürzt, wie auch deren zulässige Länge gekürzt wird, und eine Erwiderung, eine Gegenerwiderung oder ein Streithilfeschriftsatz kann gemäß Art. 134 der Verfahrensordnung nur dann eingereicht werden, wenn der Präsident dies für erforderlich hält.

Anträge auf Aussetzung der Vollziehung oder auf einstweilige Anordnungen (Verfahren des vorläufigen Rechtsschutzes)

19. Mit einer Klage kann auch ein Antrag auf Aussetzung der Vollziehung der angefochtenen Handlung oder ein Antrag auf einstweilige Anordnungen nach den Art. 278 bzw. 279 des Vertrags über die Arbeitsweise der Europäischen Union (im Folgenden: AEUV) verbunden werden. Gemäß Art. 160 der Verfahrensordnung ist ein solcher Antrag jedoch nur dann zulässig, wenn er von dem Antragsteller, der die betreffende Handlung beim Gerichtshof angefochten hat, oder von einer Partei des beim Gerichtshof anhängigen Rechtsstreits gestellt wird. Der Antrag ist mit gesondertem Schriftsatz einzureichen und muss sowohl den Streitgegenstand bezeichnen und die Umstände, aus denen sich die Dringlichkeit einer Entscheidung ergibt, als auch die den Erlass der beantragten Anordnung dem ersten Anschein nach rechtfertigenden Sach- und Rechtsgründe anführen. In der Regel wird die Antragsschrift dann der anderen Partei des Verfahrens zugestellt, der vom Präsidenten eine kurze Frist zur schriftlichen oder mündlichen Stellungnahme gesetzt wird. Bei besonderer Dringlichkeit kann der Präsident dem Antrag auch schon vor einer solchen Stellungnahme vorläufig stattgeben. In diesem Fall kann die Entscheidung, mit der das Verfahren des vorläufigen Rechtsschutzes abgeschlossen wird, jedoch erst nach Anhörung dieser anderen Partei erlassen werden.

Das schriftliche Verfahren im Rechtsmittelverfahren

20. Das schriftliche Verfahren im Rechtsmittelverfahren weist zahlreiche Ähnlichkeiten mit dem schriftlichen Verfahren in Klageverfahren auf. Die einschlägigen Vorschriften finden sich in den Art. 167 ff. (Fünfter Titel) der Verfahrensordnung, die auch den notwendigen Inhalt einer Rechtsmittelschrift und einer Rechtsmittelbeant-

wortung sowie die Tragweite der darin enthaltenen Anträge regeln.

Rechtsmittelschrift

21. Wie sich aus den Art. 168 und 169 der Verfahrensordnung – die insoweit die Art. 56 bis 58 der Satzung ergänzen – ergibt, kann sich ein Rechtsmittel nicht gegen eine Handlung eines Organs, einer Einrichtung oder einer sonstigen Stelle der Union richten, sondern muss gegen die Entscheidung des Gerichts gerichtet sein, mit dem dieses in erster Instanz über die Klage gegen diese Handlung entschieden hat. Daraus folgt, dass die Rechtsmittelanträge zwingend auf die vollständige oder teilweise Aufhebung der Entscheidung des Gerichts in der Gestalt der Entscheidungsformel gerichtet sein müssen und sich nicht auf die Nichtigerklärung der vor dem Gericht angefochtenen Handlung richten dürfen. Ferner müssen die in der Rechtsmittelschrift – die, sofern keine besonderen Umstände vorliegen, 25 Seiten nicht überschreiten sollte – geltend gemachten Rechtsgründe und -argumente die beanstandeten Punkte der Begründung dieser Entscheidung genau bezeichnen und substantiiert die Gründe darlegen, aus denen diese rechtsfehlerhaft sein soll; andernfalls ist das Rechtsmittel unzulässig.

22. Um die Abfassung der Mitteilung zu erleichtern, die nach Art. 21 Abs. 4 der Verfahrensordnung im *Amtsblatt der Europäischen Union* veröffentlicht wird, muss der Rechtsmittelführer der Rechtsmittelschrift außerdem eine kurze Darstellung der Rechtsmittelgründe von höchstens zwei Seiten Länge beifügen und die Belegstücke und Unterlagen bei der Kanzlei hinterlegen, die die Einhaltung der in Art. 19 der Satzung festgelegten und in Art. 119 der Verfahrensordnung übernommenen Anforderungen bescheinigen.

23. In den Fällen des Art. 58a der Satzung muss der Kläger seiner Rechtsmittelschrift außerdem einen Antrag auf Zulassung des Rechtsmittels von höchstens sieben Seiten Länge als Anlage beifügen, der sämtliche Angaben enthalten muss, die erforderlich sind, um es dem Gerichtshof zu ermöglichen, über die Zulassung des Rechtsmittels zu entscheiden und, sollte dieses teilweise zugelassen werden, die Rechtsmittelgründe zu bestimmen, auf die sich die Rechtsmittelbeantwortung beziehen muss.

24. Der Antrag auf Zulassung des Rechtsmittels muss in jedem Fall klar und genau die Gründe angeben, auf die das Rechtsmittel gestützt wird, ebenso genau und klar die mit jedem Rechtsmittelgrund aufgeworfene Rechtsfrage benennen, und darlegen, warum diese Frage für die Einheit, die Kohärenz oder die Entwicklung des Unionsrechts bedeutsam ist.

25. Nach Art. 170a Abs. 1 der Verfahrensordnung führt das Fehlen eines solchen Antrags dazu, dass das Rechtsmittel insgesamt unzulässig ist.

Rechtsmittelbeantwortung

26. Innerhalb einer nicht verlängerbaren Frist von zwei Monaten ab Zustellung der Rechtsmittelschrift – zu der die pauschale Entfernungsfrist von zehn Tagen hinzukommt – kann jede Partei der betreffenden Rechtssache vor dem Gericht eine Rechtsmittelbeantwortung einreichen. Deren Inhalt unterliegt den Anforderungen des Art. 173 der Verfahrensordnung, und die Anträge müssen nach Art. 174 der Verfahrensordnung auf die vollständige oder teilweise Stattgabe oder Zurückweisung des Rechtsmittels gerichtet sein. Die Rechtsausführungen in der Rechtsmittelbe antwortung sollten so weit wie möglich anhand der vom Rechtsmittelführer geltend gemachten Rechtsmittelgründe gegliedert sein. Es ist jedoch nicht erforderlich, darin den tatsächlichen und rechtlichen Rahmen des Rechtsstreits wiederzugeben, es sei denn, seine Darstellung in der Rechtsmittelschrift wird bestritten oder gibt Anlass zu weiteren Erläuterungen. Dagegen muss eine vollständige oder teilweise Unzulässigkeit des Rechtsmittels in der Rechtsmittelbe antwortung selbst gerügt werden, da die – in Art. 151 der Verfahrensordnung vorgesehene – Möglichkeit, mit gesondertem Schriftsatz eine Einrede der Unzulässigkeit der Klage zu erheben, bei Rechtsmitteln nicht besteht. Wie die Rechtsmittelschrift sollte auch die Rechtsmittelbeantwortung, sofern keine besonderen Umstände vorliegen, 25 Seiten nicht überschreiten.

Anschlussrechtsmittel

27. Will eine Partei der betreffenden Rechtssache vor dem Gericht, der die Rechtsmittelschrift zugestellt worden ist, die Entscheidung des Gerichts in einem Aspekt beanstanden, der in der Rechtsmittelschrift nicht aufgegriffen worden ist, muss sie ein Anschlussrechtsmittel gegen die Entscheidung des Gerichts einlegen. Dieses Rechtsmittel ist mit gesondertem Schriftsatz innerhalb derselben, nicht verlängerbaren Frist, wie sie für die Einreichung der Rechtsmittelbe antwortung gilt, einzulegen und muss den Anforderungen der Art. 177 und 178 der Verfahrensordnung entsprechen. Die geltend gemachten Rechtsgründe und -argumente müssen sich von den in der Rechtsmittelbeantwortung geltend gemachten unterscheiden.

Anschlussrechtsmittelbeantwortung

28. Wird ein solches Anschlussrechtsmittel eingelegt, kann der Rechtsmittelführer ebenso wie jede andere Partei der betreffenden Rechtssache vor dem Gericht, die ein Interesse an der Stattgabe oder der Zurückweisung des Anschluss rechtsmittels hat, eine Beantwortung einreichen, deren Gegenstand auf die mit dem Anschlussrechtsmittel geltend gemachten Gründe zu begrenzen ist. Nach Art. 179 der Verfahrensordnung ist diese Anschlussrechtsmittelbe antwortung innerhalb einer nicht verlängerbaren Frist von zwei Monaten nach Zustellung der Anschlussrechtsmit telschrift (zuzüglich der pauschalen Entfernungsfrist von zehn Tagen) einzureichen.

Erwiderung und Gegenerwiderung

29. Die Rechtsmittelschrift und ihre Beantwortung sowie die Anschlussrechtsmittelschrift und ihre Beantwortung können durch eine Erwiderung und eine Gegenerwiderung ergänzt werden, insbesondere damit die Parteien zu einer Unzulässigkeitseinrede oder zu in der Beantwortung geltend gemachten neuen Gesichtspunkten Stellung nehmen können. Im Unterschied zur Regelung bei den Klageverfahren setzt dies jedoch eine ausdrückliche Genehmigung durch den Präsidenten des Gerichtshofs voraus. Zu diesem Zweck muss der (Anschluss-)Rechtsmittelführer innerhalb von sieben Tagen (zuzüglich der pauschalen Entfernungsfrist von zehn Tagen) nach Zustellung der (Anschluss-) Rechtsmittelbeantwortung einen gebührend begründeten Antrag stellen, in dem er die Gründe darlegt, aus denen er eine Erwiderung für erforderlich hält. Dieser Antrag – der drei Seiten nicht überschreiten sollte – muss aus sich heraus verständlich sein, ohne dass es einer Heranziehung der (Anschluss-)Rechtsmittelschrift oder ihrer Beantwortung bedarf.

30. Aufgrund der Besonderheit der Rechtsmittel, die auf die Prüfung von Rechtsfragen beschränkt sind, kann der Präsident außerdem, wenn er dem Antrag auf Erwiderung stattgibt, den Gegenstand und die Seitenzahl dieses Schriftsatzes sowie der darauf folgenden Gegenerwiderung begrenzen. Die Einhaltung dieser Vorgaben ist wesentliche Voraussetzung für den ordnungsgemäßen Ablauf des Verfahrens. Das Überschreiten der zulässigen Seitenzahl oder das Aufwerfen anderer Fragen in der Erwiderung oder Gegenerwiderung führt dazu, dass der Schriftsatz seinem Verfasser zurückgesandt wird.

Rechtsmittel gemäß Art. 57 der Satzung

31. Die in den Nrn. 20 bis 30 dieser Anweisungen angeführten Regeln gelten allerdings nicht uneingeschränkt für die Rechtsmittel gegen Entscheidungen des Gerichts, mit denen ein Antrag auf Zulassung zur Streithilfe abgelehnt wird, oder solche, die auf einen Antrag auf vorläufigen Rechtsschutz nach den Art. 278 oder 279 AEUV ergehen. Gemäß Art. 57 Abs. 3 der Satzung unterliegen solche Rechtsmittel nämlich demselben Verfahren wie ein unmittelbar beim Gerichtshof gestellter Antrag auf Erlass einstweiliger Anordnungen. Den Parteien wird daher eine kurze Frist für die Einreichung etwaiger Stellungnahmen zum Rechtsmittel gesetzt, und der Gerichtshof entscheidet über dieses ohne zusätzliches schriftliches Verfahren und ohne mündliches Verfahren.

Vertraulichkeit in Rechtsmittelverfahren

32. Wie sich aus den vorstehenden Bestimmungen ergibt, werden die Rechtsmittelschrift und die in der Folge eingereichten Schriftsätze sämtlichen Parteien der betreffenden Rechtssache vor dem Gericht zugestellt, und zwar unabhängig von der verfahrensrechtlichen Stellung, die sie vor dem Gericht hatten (Hauptpartei oder Streithelfer). Da Rechtsmittel nach Art. 58 der Satzung auf Rechtsfragen beschränkt sind, dürften die Parteien in ihren Schriftsätzen grundsätzlich keine geheimen oder vertraulichen Angaben machen. Sollte dies ausnahmsweise doch der Fall sein, ist die Partei, die sich auf die Vertraulichkeit bestimmter Angaben in ihrem Schriftsatz beruft, aufgefordert, mit gesondertem Schriftsatz einen gebührend begründeten Antrag auf vertrauliche Behandlung (in dem präzisiert wird, welche Angaben der Vertraulichkeit unterliegen sollen und welche Parteien von diesem Antrag betroffen sind) und eine nicht vertrauliche Fassung ihres Schriftsatzes vorzulegen, der diesen anderen Parteien zugestellt werden kann. Falls diesem Antrag auf vertrauliche Behandlung – die jedenfalls nicht über die vertrauliche Behandlung hinausgehen kann, die das Gericht bereits gegenüber einem Streithelfer gewährt hat – teilweise stattgegeben wird, ist die Partei, der diese Vertraulichkeit gewährt wird, aufgefordert, unverzüglich eine neue, nicht vertrauliche Fassung ihres Schriftsatzes zu erstellen, der den anderen Parteien des Verfahrens zugestellt werden kann.

Streithilfe in Klage- und Rechtsmittelverfahren

Antrag auf Zulassung zur Streithilfe

33. Gemäß Art. 40 der Satzung können zum einen die Mitgliedstaaten und die Unionsorgane und zum anderen, unter den Voraussetzungen der Abs. 2 und 3 dieses Artikels, dritte Vertragsstaaten des EWR-Abkommens, die EFTA-Überwachungsbehörde, Einrichtungen und sonstige Stellen der Union sowie alle anderen natürlichen oder juristischen Personen einem beim Gerichtshof anhängigen Rechtsstreit beitreten, um die Anträge

einer Partei in vollem Umfang oder teilweise zu unterstützen. Ein Antrag auf Zulassung zur Streithilfe kann nur berücksichtigt werden, wenn er innerhalb der Frist des Art. 130 Abs. 1 (Klageverfahren) oder des Art. 190 Abs. 2 (Rechtsmittelverfahren) der Verfahrensordnung gestellt wird und den Anforderungen des Art. 130 Abs. 2 bis 4 der Verfahrensordnung entspricht.

Streithilfeschriftsatz

34. Wird dem Antrag auf Zulassung zur Streithilfe stattgegeben, werden dem Streithelfer alle den Parteien zugestellten Verfahrensschriftstücke übermittelt, mit Ausnahme gegebenenfalls der geheimen oder vertraulichen Belegstücke oder Dokumente. Der Streithelfer verfügt über einen Monat nach Erhalt dieser Schriftstücke, um einen Streithilfeschriftsatz einzureichen. Dieser Schriftsatz muss den Anforderungen des Art. 132 Abs. 2 der Verfahrensordnung genügen, dabei aber inhaltlich knapper gefasst sein als der Schriftsatz der unterstützten Partei; er sollte nicht länger als zehn Seiten sein. Da die Streithilfe akzessorisch zum Rechtsstreit zwischen den Hauptparteien ist, hat sich der Streithelfer einer Wiederholung der in den Schriftsätzen der von ihm unterstützten Partei enthaltenen Gründe oder Argumente in seinem Schriftsatz zu enthalten und darf nur zusätzliche Gründe oder Argumente darlegen, die die Auffassung dieser Partei bestätigen. Eine Wiedergabe des rechtlichen und tatsächlichen Rahmens des Rechtsstreits ist überflüssig, es sei denn, seine Darstellung in den Schriftsätzen der Hauptparteien wird bestritten oder bedarf zusätzlicher Angaben.

Stellungnahme zum Streithilfeschriftsatz

35. Nach Einreichung des Streithilfeschriftsatzes kann der Präsident, wenn er es für erforderlich erachtet, eine Frist für die Einreichung einer kurzen Stellungnahme zu diesem Schriftsatz setzen. Die Einreichung dieser Stellungnahme, deren Länge fünf Seiten nicht überschreiten sollte, ist jedoch fakultativ. Eine solche Stellungnahme dient allein dazu, es den Hauptparteien zu ermöglichen, auf bestimmte Behauptungen des Streithelfers einzugehen oder sich zu neuen Gründen oder Argumenten zu äußern, die der Streithelfer vorgebracht hat. Sind solche Gesichtspunkte nicht gegeben, sollte von einer Einreichung einer Stellungnahme abgesehen werden, um das schriftliche Verfahren nicht unnötig zu verlängern.

Verspätete Anträge auf Zulassung zur Streithilfe

36. Soweit er den Anforderungen des Art. 130 Abs. 2 bis 4 der Verfahrensordnung entspricht, kann auch ein Antrag auf Zulassung zur Streithilfe berücksichtigt werden, der nach Ablauf der in Art. 130 Abs. 1 oder Art. 190 Abs. 2 der Verfahrensordnung bezeichneten Frist gestellt wird, vorausgesetzt er geht vor der in Art. 60 Abs. 4 der Verfahrensordnung vorgesehenen Entscheidung über die Eröffnung des mündlichen Verfahrens beim Gerichtshof ein. In diesem Fall kann der Streithelfer in der mündlichen Verhandlung Stellung nehmen, wenn eine solche stattfindet.

Streithilfe im Rahmen eines Antrags auf vorläufigen Rechtsschutz oder eines beschleunigten Verfahrens

37. Das Gleiche gilt grundsätzlich im Rahmen eines Antrags auf vorläufigen Rechtsschutz oder bei Durchführung eines beschleunigten Verfahrens. Außer bei besonderen Umständen, die die Einreichung schriftlicher Stellungnahmen rechtfertigen, kann sich die in einem solchen Verfahren zur Streithilfe zugelassene Person oder Stelle nur mündlich äußern, falls eine mündliche Verhandlung durchgeführt wird.

Ausschluss der Streithilfe in Vorabentscheidungssachen

38. Die vorstehenden Regeln zur Streithilfe gelten dagegen nicht für Vorlagen zur Vorabentscheidung. Da es sich bei dieser Kategorie von Rechtssachen nicht um streitige Verfahren handelt und der Gerichtshof, wenn er sich im Wege der Vorabentscheidung zur Auslegung oder zur Gültigkeit des Unionsrechts äußert, eine besondere Funktion ausübt, können nur die in Art. 23 der Satzung bezeichneten Beteiligten – und gegebenenfalls die nach Art. 24 Abs. 2 der Satzung ersuchten Organe, Einrichtungen oder sonstigen Stellen der Union – schriftliche oder mündliche Erklärungen zu den dem Gerichtshof von den Gerichten der Mitgliedstaaten vorgelegten Fragen abgeben.

Form und Struktur der Verfahrensschriftstücke

39. Abgesehen vom Vorstehenden und den Vorgaben zum Inhalt von Verfahrensschriftstücken, die sich aus der Satzung und der Verfahrensordnung ergeben, müssen die beim Gerichtshof eingereichten Schriftsätze und schriftlichen Erklärungen bestimmten zusätzlichen Anforderungen genügen, um dem Gerichtshof ihre Lektüre und Behandlung, insbesondere auf elektronischem Weg, zu erleichtern. Diese Anforderungen betreffen sowohl die Form und Einreichung der Verfahrensschriftstücke als auch ihre Struktur und Länge.

40. Zunächst ist es im Hinblick auf die Form unerlässlich, dass die Schriftsätze und schriftlichen Erklärungen so eingereicht werden, dass sie

vom Gerichtshof elektronisch verwaltet, insbesondere gescannt und mit Texterkennungsprogrammen bearbeitet werden können. In diesem Zusammenhang sollte deshalb Folgendes beachtet werden:

- der Schriftsatz oder die Erklärungen sind auf weißem unliniertem Papier in DIN-A4-Format abgefasst, das nur einseitig (also nicht auf Vorder- und Rückseite) beschrieben wird;
- es ist eine gängige Schrifttype (z. B. Times New Roman, Courier oder Arial) mit einer Schriftgröße von mindestens 12 pt im Haupttext und 10 pt in den Fußnoten zu verwenden, bei einem Zeilenabstand von 1,5 sowie einem Abstand von mindestens 2,5 cm (zum linken und rechten sowie zum oberen und unteren Rand);
- sämtliche Absätze des Schriftsatzes oder der Erklärungen sind fortlaufend zu nummerieren;
- dies gilt auch für die Seiten des Schriftsatzes oder der Erklärungen, einschließlich ihrer etwaigen Anlagen und des Anlagenverzeichnisses, die in der rechten oberen Ecke fortlaufend zu nummerieren sind;
- die Seiten des Schriftsatzes oder der Erklärungen umfassen jeweils höchstens 1 500 Zeichen, Leerzeichen nicht mitgezählt;
- die Seiten des Schriftsatzes oder der Erklärungen sind, wenn sie dem Gerichtshof nicht auf elektronischem Weg zugesandt werden, so miteinander zu verbinden, dass die Verbindung leicht entfernt werden kann, d. h., sie sollen nicht z. B. mit Klebstoff oder Heftklammern fest zusammengefügt werden.

41. Über diese formalen Anforderungen hinaus sind die beim Gerichtshof eingereichten Verfahrensschriftstücke so abzufassen, dass ihre Struktur und Tragweite von den ersten Seiten an verstanden werden können. Nachdem auf der ersten Seite die Bezeichnung des Schriftstücks, die Nummer der Rechtssache (sofern von der Kanzlei bereits mitgeteilt) und die von ihr betroffenen Parteien oder ihre Initialen (wenn die Rechtssache anonymisiert ist) angegeben worden sind, beginnen der Schriftsatz oder die schriftlichen Erklärungen mit einer kurzen Darstellung der vom Verfasser gewählten Gliederung oder mit einem Inhaltsverzeichnis. Der Schriftsatz oder die Erklärungen enden zwingend mit den Anträgen des Verfassers oder, in Vorlagesachen, mit den Antworten, die er auf die vom vorlegenden Gericht gestellten Fragen zu geben vorschlägt.

42. Die dem Gerichtshof übermittelten Schriftstücke unterliegen zwar – mit Ausnahme der sich aus der Satzung oder der Verfahrensordnung ergebenden – keinen weiteren inhaltlichen Vorgaben, es ist jedoch zu beachten, dass sie die Grundlage für das Aktenstudium durch den Gerichtshof bilden und dass sie in der Regel vom Gerichtshof oder vom Organ, von dem sie stammen, übersetzt werden müssen. Im Interesse eines ordnungsgemäßen Verfahrensablaufs und im eigenen Interesse der Parteien sind *die Schriftsätze oder schriftlichen Erklärungen daher in einfacher und klarer Sprache* ohne Verwendung von Fachbegriffen eines nationalen Rechtssystems abzufassen. Wiederholungen sind zu vermeiden, und kurze Sätze sind langen und komplexen Sätzen mit Einschüben und Nebensätzen möglichst vorzuziehen.

43. Berufen sich die Parteien in ihren Schriftsätzen oder Erklärungen auf eine bestimmte Vorschrift oder Regelung des nationalen oder des Unionsrechts, *ist die entsprechende Fundstelle genau anzugeben*, sowohl bezüglich des Zeitpunkts ihres Erlasses und, wenn möglich, ihrer Veröffentlichung als auch hinsichtlich ihrer zeitlichen Anwendbarkeit. Wird aus einer Gerichtsentscheidung oder Schlussanträgen eines Generalanwalts zitiert, sind sowohl die Bezeichnung und die Nummer der betreffenden Rechtssache als auch die ECLI („European Case Law Identifier")-Nummer der Entscheidung oder Schlussanträge und die genaue Fundstelle des fraglichen Auszugs oder der fraglichen Passage anzugeben.

44. Schließlich ist darauf hinzuweisen, dass die *rechtliche Argumentation der Parteien oder der in Art. 23 der Satzung bezeichneten Beteiligten in den Schriftsätzen oder schriftlichen Erklärungen und nicht in den eventuell beigefügten Anlagen*, die in der Regel nicht übersetzt werden, *enthalten sein muss*. Nur die Unterlagen, die im Text des Schriftsatzes oder der Erklärungen erwähnt werden und erforderlich sind, um den Inhalt zu verdeutlichen oder zu stützen, sind dem Schriftsatz oder den Erklärungen als Anlagen beizufügen. Gemäß Art. 57 Abs. 4 der Verfahrensordnung werden Anlagen nur entgegengenommen, wenn sie mit einem Anlagenverzeichnis eingereicht werden. Dieses Verzeichnis muss für jedes beigefügte Schriftstück folgende Angaben enthalten: die Nummer der Anlage, eine kurze Angabe ihrer Art sowie die Angabe, auf welcher Seite oder in welchem Absatz des Schriftsatzes oder der Erklärungen das Schriftstück angeführt wird, wodurch seine Einreichung gerechtfertigt ist.

45. Weicht ein Verfahrensschriftstück offensichtlich von den vorstehenden Vorgaben, insbesondere denjenigen, die seine Länge betreffen, ab, kann der Kanzler den Verfasser auffordern, die Mängel des eingereichten Schriftstücks innerhalb einer kurzen Frist zu beheben.

Einreichung und Übermittlung der Verfahrensschriftstücke

46. Nur die in den Verfahrensvorschriften ausdrücklich vorgesehenen Schriftstücke können bei der Kanzlei eingereicht werden. Sie sind innerhalb der gesetzten Fristen unter Einhaltung der Anforderungen des Art. 57 der Verfahrensordnung einzureichen.

47. Die vom Gerichtshof empfohlene Art, ein Verfahrensschriftstück einzureichen, ist die Einreichung im Wege der *Anwendung e-Curia*. Sie ermöglicht es, Verfahrensschriftstücke auf ausschließlich elektronischem Weg einzureichen und zuzustellen, ohne dass es einer Erstellung beglaubigter Kopien des dem Gerichtshof übermittelten Schriftstücks oder dessen zusätzlicher Übersendung auf dem Postweg bedarf. Die Modalitäten des Zugangs zur Anwendung e-Curia und die Voraussetzungen für ihre Nutzung sind im Beschluss des Gerichtshofs vom 16. Oktober 2018 über die Einreichung und die Zustellung von Verfahrensschriftstücken im Wege der Anwendung e-Curia sowie in den Voraussetzungen für die Nutzung, auf die der Beschluss verweist, genau beschrieben. Diese Dokumente sind auf der Website des Unionsorgans (https://curia.europa.eu/jcms/jcms/P_78957/de/) verfügbar.

48. Wird ein Verfahrensschriftstück dem Gerichtshof nicht über diese Anwendung übermittelt, kann es auch *auf dem Postweg* an den Gerichtshof gerichtet werden. Die das Schriftstück enthaltende Sendung ist an die Kanzlei des Gerichtshofs, Rue du Fort Niedergrünewald – L-2925 Luxemburg, zu richten. In diesem Zusammenhang ist darauf hinzuweisen, dass nach Art. 57 Abs. 7 der Verfahrensordnung für die Berechnung der Verfahrensfristen allein Tag und Uhrzeit des Eingangs des Originals bei der Kanzlei maßgebend sind. Um eine Verfristung zu vermeiden, wird daher nachdrücklich empfohlen, die fragliche Sendung einige Tage vor Ablauf der für die Einreichung des Schriftstücks gesetzten Frist per Einschreiben oder per Eilbrief zu versenden oder aber das fragliche Schriftstück in der Kanzlei des Gerichtshofs oder, außerhalb ihrer Öffnungszeiten, an der Rezeption der Gebäude des Gerichtshofs (rue du Fort Niedergrünewald) abzugeben, wo der diensthabende Pförtner den Empfang des Schriftstücks bestätigt und darauf Tag und Uhrzeit der Einreichung vermerkt.

49. Derzeit ist es auch möglich, der Kanzlei die Kopie des unterzeichneten Originals eines Verfahrensschriftstücks als Anlage zu einer *E-Mail* (ecj.registry@curia.europa.eu) oder *per Telefax* [(+352) 43 37 66] zu übermitteln. Da diese Arten der Übermittlung allerdings technischen Grenzen unterliegen, ist zu beachten, dass die Einreichung eines Verfahrensschriftstücks per E-Mail oder Telefax für die Wahrung der Verfahrensfristen nur dann maßgebend ist, wenn das unterzeichnete Original des Schriftstücks mit den in Art. 57 Abs. 2 der Verfahrensordnung genannten Anlagen und Kopien spätestens zehn Tage nach Übermittlung der Kopie des unterzeichneten Originals per Fax oder E-Mail bei der Kanzlei eingeht. Das Original ist daher unverzüglich, unmittelbar nach der Übermittlung der Kopie abzuschicken oder abzugeben, ohne dass an ihm irgendwelche Korrekturen oder Änderungen, seien sie auch noch so unbedeutend, vorgenommen werden. Bei Abweichungen zwischen dem unterzeichneten Original und der zuvor übermittelten Kopie wird nur der Tag des Eingangs des unterzeichneten Originals berücksichtigt.

50. Um die Behandlung der eingereichten Schriftstücke und Erklärungen und insbesondere deren Übersetzung in eine oder mehrere Amtssprachen der Union zu erleichtern, werden die Parteien gebeten, zusätzlich zum fristgerechten Versand der Originalfassung ihres Schriftstücks oder ihrer Erklärungen, die allein maßgebend ist, eine editierbare Fassung (Textverarbeitungssoftware wie „Word", „OpenOffice" oder „LibreOffice") des Schriftstücks oder der Erklärungen an folgende Adresse zu übermitteln: editable-versions@curia.europa.eu.

III. MÜNDLICHES VERFAHREN

51. Wie sich aus Art. 20 Abs. 4 der Satzung ergibt, umfasst die mündliche Verhandlung im Wesentlichen zwei getrennte Abschnitte: die Anhörung der Parteien oder der in Art. 23 der Satzung bezeichneten Beteiligten und die Stellung der Schlussanträge des Generalanwalts. Nach Art. 20 Abs. 5 der Satzung kann der Gerichtshof, wenn er der Auffassung ist, dass die Rechtssache keine neue Rechtsfrage aufwirft, jedoch beschließen, ohne Schlussanträge des Generalanwalts über die Sache zu entscheiden. Eine mündliche Verhandlung wird nicht systematisch durchgeführt.

Zweck der mündlichen Verhandlung

52. In Anbetracht der Bedeutung, die dem schriftlichen Verfahren im Rahmen der beim Gerichtshof anhängigen Rechtssachen zukommt, ist vorbehaltlich der Anwendung von Art. 76 Abs. 3 der Verfahrensordnung für die Frage, ob eine mündliche Verhandlung durchgeführt wird, in Vorabentscheidungsverfahren nicht entscheidend darauf abzustellen, ob ein entsprechender Antrag gestellt worden ist, sondern darauf, wie der Gerichtshof den Mehrwert dieser Verhandlung und ihren möglichen Beitrag zur Entscheidung des Rechtsstreits oder zur Ermittlung der Antwor-

ten beurteilt, die er auf die von einem mitgliedstaatlichen Gericht gestellten Fragen geben könnte. *Eine mündliche Verhandlung wird vom Gerichtshof daher stets dann durchgeführt, wenn sie zu einem besseren Verständnis der Rechtssache und deren Bedeutung beitragen kann, unabhängig davon, ob die Parteien oder die in Art. 23 der Satzung bezeichneten Beteiligten einen entsprechenden Antrag gestellt haben.*

Antrag auf Durchführung einer mündlichen Verhandlung

53. Halten die Parteien oder Beteiligten die Durchführung einer mündlichen Verhandlung in einer Rechtssache für erforderlich, müssen sie, nachdem sie über den Abschluss des schriftlichen Verfahrens unterrichtet worden sind, *dem Gerichtshof* jedenfalls *schriftlich die genauen Gründe mitteilen, aus denen sie von ihm gehört werden möchten.* Diese Begründung – die nicht mit einem Schriftsatz oder schriftlichen Erklärungen zu verwechseln ist und drei Seiten nicht überschreiten darf – muss sich aus einer konkreten Beurteilung der Zweckmäßigkeit einer mündlichen Verhandlung für die betreffende Partei ergeben, und es ist anzugeben, in Bezug auf welche Aktenbestandteile oder Ausführungen diese Partei eine eingehendere Darlegung oder Widerlegung in einer mündlichen Verhandlung für erforderlich hält. Eine allgemeine Begründung unter Bezugnahme auf die Bedeutung der Rechtssache oder der vom Gerichtshof zu behandelnden Fragen genügt als solche nicht.

Ladung zur mündlichen Verhandlung und Notwendigkeit einer raschen Beantwortung dieser Ladung

54. Beschließt der Gerichtshof, in einer bestimmten Rechtssache eine mündliche Verhandlung durchzuführen, setzt er hierfür den genauen Tag und die genaue Uhrzeit fest. Die Parteien oder die in Art. 23 der Satzung bezeichneten Beteiligten werden umgehend von der Kanzlei geladen, die sie auch über die Besetzung des Spruchkörpers, an den die Rechtssache verwiesen wurde, über vom Gerichtshof beschlossene prozessleitende Maßnahmen und gegebenenfalls über das Unterbleiben von Schlussanträgen des Generalanwalts unterrichtet. Damit der Gerichtshof die mündliche Verhandlung unter den bestmöglichen Bedingungen durchführen kann, *werden die Parteien oder die Beteiligten gebeten, das Schreiben der Kanzlei rasch zu beantworten* und dabei insbesondere mitzuteilen, ob sie beabsichtigen, an der Sitzung tatsächlich teilzunehmen, sowie den Namen des Anwalts oder Bevollmächtigten anzugeben, der sie in der Sitzung vertreten wird. Eine späte Antwort auf die Ladungen der Kanzlei gefährdet die ordnungsgemäße Durchführung der Sitzung sowohl hinsichtlich der Redezeit, die der Gerichtshof der betreffenden Partei gewährt, als auch hinsichtlich der Erfordernisse, die sich aus der Verwaltung des Dolmetscherdienstes ergeben.

Vorkehrungen im Hinblick auf die mündliche Verhandlung

55. Unabhängig von ihrem Titel und ihrer Eigenschaft müssen die vor dem Gerichtshof auftretenden Personen eine Robe tragen. Die an einer mündlichen Verhandlung teilnehmenden Bevollmächtigten und Anwälte sollten daher ihre eigene Robe mitbringen. Der Gerichtshof hält einige Roben für Parteien oder Vertreter vor, die nicht über eine solche verfügen. Da diese Roben jedoch nach Zahl und Größe nur begrenzt verfügbar sind, werden die betroffenen Parteien und Vertreter gebeten, den Gerichtshof in ihrer Antwort auf die Ladung zur mündlichen Verhandlung im Vorhinein entsprechend zu informieren.

56. In dieser Antwort sollten die Parteien und ihre Vertreter, damit eine bestmögliche Durchführung der mündlichen Verhandlung gewährleistet ist, dem Gerichtshof auch mitteilen, ob besondere Maßnahmen zu ergreifen sind, um ihre tatsächliche Teilnahme an der Verhandlung, insbesondere im Fall einer Behinderung oder eingeschränkter Mobilität, zu ermöglichen.

57. Sowohl aufgrund der bisweilen schwierigen Verkehrsverhältnisse in Luxemburg als auch wegen der für den Zugang zu den Gebäuden des Gerichtshofs geltenden Sicherheitsmaßnahmen wird empfohlen, die nötigen Vorkehrungen zu treffen, um sich am betreffenden Tag einige Zeit vor der für die Eröffnung der Sitzung festgelegten Uhrzeit im Sitzungssaal einzufinden. Vor Beginn der Sitzung bitten die Mitglieder des Spruchkörpers nämlich üblicherweise die Parteien oder die in Art. 23 der Satzung bezeichneten Beteiligten zu einer kurzen Unterredung über die Gestaltung der Sitzung. Der Berichterstatter und der Generalanwalt können die Parteien oder Beteiligten bei dieser Gelegenheit auffordern, in der Sitzung zusätzliche Erläuterungen zu bestimmten Fragen abzugeben oder den einen oder anderen besonderen Aspekt der fraglichen Rechtssache zu vertiefen.

Üblicher Ablauf einer mündlichen Verhandlung

58. Auch wenn ihr Ablauf je nach den besonderen Umständen des Einzelfalls verschieden sein kann, umfasst eine mündliche Verhandlung vor dem Gerichtshof in der Regel drei getrennte Teile: die eigentlichen mündlichen Ausführungen, Fragen von Mitgliedern des Gerichtshofs und Erwiderungen.

Erster Abschnitt der mündlichen Verhandlung: mündliche Ausführungen

Zweck der mündlichen Ausführungen

59. Sofern keine besonderen Umstände vorliegen, beginnt die Sitzung üblicherweise mit den mündlichen Ausführungen der Parteien oder der in Art. 23 der Satzung bezeichneten Beteiligten. In Anbetracht der Kenntnis, die der Gerichtshof am Ende des schriftlichen Verfahrens bereits von der Rechtssache hat, dienen diese Ausführungen nicht dazu, den Inhalt der eingereichten Schriftsätze oder schriftlichen Erklärungen zu wiederholen. Sie sollen den Parteien oder Beteiligten ermöglichen, etwaigen Aufforderungen zur Konzentration der mündlichen Ausführungen nachzukommen oder Fragen zu beantworten, die der Gerichtshof vor der Sitzung an sie gerichtet hat. Teilnehmer an der mündlichen Verhandlung, die die gleiche Auffassung vertreten oder den gleichen Standpunkt einnehmen, sollten sich so weit wie möglich vor der Sitzung absprechen, um unnötige Wiederholungen zu vermeiden.

Redezeit und deren etwaige Verlängerung

60. Die Redezeit wird vom Präsidenten des Spruchkörpers nach Anhörung des Berichterstatters und gegebenenfalls des für die Rechtssache bestimmten Generalanwalts festgelegt. In der Regel beträgt die Redezeit unabhängig davon, an welchen Spruchkörper die Rechtssache verwiesen wurde, 15 Minuten; sie kann jedoch je nach Art oder besonderer Komplexität der Rechtssache, der Zahl und der Verfahrensstellung der Teilnehmer an der mündlichen Verhandlung sowie etwaiger prozessleitender Maßnahmen verlängert oder verkürzt werden. Der Präsident des Spruchkörpers kann ausnahmsweise auf gebührend begründeten Antrag einer Partei oder eines in Art. 23 der Satzung bezeichneten Beteiligten eine längere Redezeit gewähren. Ein solcher Antrag kann jedoch nur berücksichtigt werden, wenn er von der Partei oder dem Beteiligten in der Antwort auf die Ladung zur mündlichen Verhandlung gestellt wird und jedenfalls spätestens zwei Wochen vor dem Sitzungstermin beim Gerichtshof eingeht.

Zahl der Vortragenden

61. Aus Gründen des ordnungsgemäßen Ablaufs der Sitzung darf für die in der Sitzung auftretenden Parteien oder Beteiligten jeweils nur eine Person mündlich vortragen. Ausnahmsweise kann gleichwohl eine zweite Person zum Vortrag zugelassen werden, wenn die Art oder die besondere Komplexität der Rechtssache dies rechtfertigt und ein entsprechender, gebührend begründeter Antrag in der Antwort der Partei oder des Beteiligten auf die Ladung zur mündlichen Verhandlung jedenfalls spätestens zwei Wochen vor dem Sitzungstermin gestellt wird. Die Zulassung einer zweiten Person bedeutet jedoch keine Verlängerung der Redezeit; die beiden Vortragenden müssen sich vielmehr die der betreffenden Partei eingeräumte Redezeit teilen.

Sprache der mündlichen Ausführungen

62. Unbeschadet der Möglichkeit für die Mitgliedstaaten, sich ihrer eigenen Amtssprache zu bedienen, wenn sie an einer mündlichen Verhandlung teilnehmen, und der Möglichkeit für Drittstaaten, sich einer der in Art. 36 der Verfahrensordnung genannten Sprachen zu bedienen, wenn sie sich an einem Vorabentscheidungsverfahren beteiligen oder einem beim Gerichtshof anhängigen Rechtsstreit beitreten, müssen sich die anderen Parteien des Verfahrens bei ihren mündlichen Ausführungen der Verfahrenssprache bedienen, die nach den in Art. 37 der Verfahrensordnung genannten Regeln bestimmt wurde.

63. In Vorabentscheidungsverfahren können die Parteien des Ausgangsrechtsstreits ausnahmsweise beim Gerichtshof beantragen, sich im mündlichen Verfahren einer anderen als der Sprache des vorlegenden Gerichts bedienen zu dürfen. Dieser Antrag – der in der Antwort der betreffenden Partei auf die Ladung zur mündlichen Verhandlung zu stellen ist – muss gebührend begründet sein und erläutern, warum die Verwendung einer anderen Sprache beantragt wird und was für diese andere Sprache unter den in Art. 36 der Verfahrensordnung genannten Sprachen spricht. Über diesen Antrag entscheidet nach Art. 37 Abs. 4 der Verfahrensordnung je nach Fall der Präsident des Spruchkörpers, an den die Rechtssache verwiesen wurde, oder der Gerichtshof nach Anhörung der anderen Partei(en) des Ausgangsrechtsstreits und des Generalanwalts. Wird dem Antrag stattgegeben, kann die beantragte Sprache von allen in Art. 23 der Satzung bezeichneten Beteiligten verwendet werden.

64. Die in der vorstehenden Nummer genannte Ausnahme gilt allerdings nur für Vorabentscheidungsverfahren. Liegt keiner der in Nr. 62 dieser Anweisungen genannten Fälle vor, müssen sich die Parteien des Verfahrens in einem Klage- oder Rechtsmittelverfahren, wenn sie ihre mündlichen Ausführungen machen, erwidern oder etwaige Fragen des Gerichtshofs beantworten, der Verfahrenssprache bedienen[3].

[3] Bei Vertragsverletzungsverfahren darf sich der beklagte Mitgliedstaat im mündlichen Verfahren einer anderen Sprache als der im schriftlichen Verfahren verwendeten bedienen, sofern diese andere Sprache eine der Amtssprachen dieses Staates ist und rechtzeitig – möglichst in der Antwort auf die Ladung zur mündlichen Verhandlung –

Zweiter Abschnitt der mündlichen Verhandlung: Fragen der Mitglieder des Gerichtshofs

65. Unabhängig von den Fragen, die die Mitglieder des Gerichtshofs vor oder in der mündlichen Verhandlung stellen können, können die Vortragenden nach ihren mündlichen Ausführungen aufgefordert werden, zusätzliche Fragen der Mitglieder des Gerichtshofs zu beantworten. Diese Fragen dienen dazu, die Aktenkenntnis der Mitglieder des Gerichtshofs zu vervollständigen, und ermöglichen es den Vortragenden, bestimmte Punkte zu erläutern oder zu vertiefen, die nach dem schriftlichen Verfahren und den mündlichen Ausführungen gegebenenfalls noch zusätzlicher Erläuterungen bedürfen.

Dritter Abschnitt der mündlichen Verhandlung: Erwiderungen

66. Nach diesem Austausch haben die Parteien oder die in Art. 23 der Satzung bezeichneten Beteiligten schließlich die Möglichkeit, eine kurze Erwiderung abzugeben, wenn sie es für erforderlich halten. *Diese Erwiderungen* von jeweils höchstens fünf Minuten Dauer stellen keine zweite Runde mündlicher Ausführungen dar. Sie dienen allein dazu, es den Vortragenden zu ermöglichen, kurz auf die von den anderen Teilnehmern an der mündlichen Verhandlung oder den Mitgliedern des Gerichtshofs in der Sitzung abgegebenen Stellungnahmen oder gestellten Fragen einzugehen. Sind für eine Partei zwei Vortragende zugelassen worden, darf nur einer von ihnen erwidern.

Bedeutung und Erfordernisse des Simultandolmetschens

67. Unabhängig davon, ob es sich um die mündlichen Ausführungen, die Erwiderungen oder die Beantwortung von Fragen handelt, müssen sich die Vortragenden bewusst sein, dass die Mitglieder des Spruchkörpers, der Generalanwalt und die in Art. 23 der Satzung bezeichneten Beteiligten ihren Ausführungen häufig in einer simultan gedolmetschten Fassung folgen. Im Interesse eines ordnungsgemäßen Ablaufs der Sitzung und zur Gewährleistung der Qualität des Dolmetschens sollten die Vertreter der Parteien oder der in Art. 23 der Satzung bezeichneten Beteiligten daher, wenn sie über einen – auch kurzen – Text, Notizen oder eine Gliederung für ihre Ausführungen verfügen, diese(n) möglichst frühzeitig vor der Sitzung per E-Mail (Interpretation@curia.europa.eu) oder Fax ([+352] 43 03 36 97) der Direktion Dolmetschen übermitteln. Dieser Text bzw. diese Notizen sind ausschließlich für die Dolmetscher bestimmt und werden nach der Sitzung vernichtet. Sie werden weder an die Mitglieder des Spruchkörpers oder den für die Rechtssache bestimmten Generalanwalt weitergeleitet noch zu den Akten der Rechtssache genommen.

68. Um das Dolmetschen und damit das Verständnis der mündlichen Ausführungen seitens der Mitglieder des Spruchkörpers, des für die Rechtssache zuständigen Generalanwalts und der anderen an der mündlichen Verhandlung teilnehmenden Parteien zu erleichtern, ist es unerlässlich, dass in der Sitzung in einem natürlichen Rhythmus, ruhig und nicht zu schnell in das Mikrofon gesprochen wird. Das Dolmetschen wird erleichtert, wenn der Vortragende vorab die Gliederung seiner Ausführungen angibt und kurze und einfache Sätze verwendet. Wenn er in seinen Ausführungen auf eine Entscheidung des Gerichtshofs oder des Gerichts Bezug nimmt, sollte er das Datum der Entscheidung sowie die Nummer und die Bezeichnung der betreffenden Rechtssache angeben.

Nach Schluss der mündlichen Verhandlung

69. Die aktive Teilnahme der Parteien oder der in Art. 23 der Satzung bezeichneten Beteiligten endet nach Schluss der mündlichen Verhandlung. Vorbehaltlich des außergewöhnlichen Falles einer Wiedereröffnung des mündlichen Verfahrens gemäß Art. 83 der Verfahrensordnung können die Parteien oder Beteiligten keine schriftlichen oder mündlichen Erklärungen insbesondere in Reaktion auf die Schlussanträge des Generalanwalts mehr abgeben, wenn der Präsident des Spruchkörpers die mündliche Verhandlung für geschlossen erklärt hat.

IV. SCHLUSSBESTIMMUNGEN

70. Die Praktischen Anweisungen für die Parteien in den Rechtssachen vor dem Gerichtshof vom 25. November 2013 werden durch diese Praktischen Anweisungen aufgehoben und ersetzt.

71. Diese Praktischen Anweisungen werden im *Amtsblatt der Europäischen Union* veröffentlicht. Sie treten am ersten Tag des Monats, der auf den Monat ihrer Veröffentlichung folgt, in Kraft.

Geschehen zu Luxemburg, den 10. Dezember 2019.

Empfehlungen an die nationalen Gerichte bezüglich der Vorlage von Vorabentscheidungsersuchen

ABl 2019 C 380, 1

Inhalt

Die vorliegenden Empfehlungen, die sich an die Gerichte der Mitgliedstaaten der Union richten, beziehen sich auf die Bestimmungen des dritten Titels der Verfahrensordnung des Gerichtshofs[1]. Sie zeigen die wesentlichen Merkmale des Vorabentscheidungsverfahrens und die Aspekte auf, die die nationalen Gerichte berücksichtigen müssen, bevor sie den Gerichtshof anrufen; zugleich werden diesen Gerichten praktische Hinweise zur Form und zum Inhalt von Vorabentscheidungsersuchen gegeben. Da solche Ersuchen nach erfolgter Übersetzung allen Beteiligten im Sinne des Art. 23 des Protokolls über die Satzung des Gerichtshofs der Europäischen Union zugestellt werden sollen und die das Verfahren beendenden Entscheidungen des Gerichtshofs grundsätzlich in allen Amtssprachen der Europäischen Union veröffentlicht werden sollen, ist der Abfassung von Vorabentscheidungsersuchen und insbesondere dem Schutz der darin enthaltenen personenbezogenen Daten hohe Aufmerksamkeit zu widmen.

EINLEITUNG

1. Die nach Art. 19 Abs. 3 Buchst. b des Vertrags über die Europäische Union (im Folgenden: EUV) und Art. 267 des Vertrags über die Arbeitsweise der Europäischen Union (im Folgenden: AEUV) vorgesehene Vorlage zur Vorabentscheidung ist ein wichtiger Mechanismus des Rechts der Europäischen Union. Das Vorabentscheidungsverfahren soll die einheitliche Auslegung und Anwendung dieses Rechts in der Union gewährleisten, indem es den Gerichten der Mitgliedstaaten ein Instrument an die Hand gibt, das es ihnen ermöglicht, dem Gerichtshof der Europäischen Union (im Folgenden: Gerichtshof) Fragen nach der Auslegung des Unionsrechts oder zur Gültigkeit von Handlungen der Organe, Einrichtungen und sonstigen Stellen der Union zur Vorabentscheidung vorzulegen.

2. Das Vorabentscheidungsverfahren beruht auf einer engen Zusammenarbeit zwischen dem Gerichtshof und den Gerichten der Mitgliedstaaten. Um die volle Wirksamkeit dieses Verfahrens

[1] ABl. L 265 vom 29.9.2012, S. 1.

zu gewährleisten, erscheint es erforderlich, auf seine wesentlichen Merkmale hinzuweisen und einige nähere Erläuterungen zu den Bestimmungen der Verfahrensordnung zu geben, u. a. betreffend den Urheber, den Gegenstand und die Tragweite des Vorabentscheidungsersuchens sowie Form und Inhalt eines solchen Ersuchens. Diese Erläuterungen – die für alle Vorabentscheidungsersuchen gelten (I) – werden ergänzt durch Bestimmungen über die besonders eilbedürftigen Vorabentscheidungsersuchen (II) sowie durch einen Anhang, in dem sämtliche Elemente, die ein Vorabentscheidungsersuchen enthalten muss, nochmals zusammenfassend dargestellt sind.

I. FÜR ALLE VORABENTSCHEIDUNGSERSUCHEN GELTENDE BESTIMMUNGEN

Urheber des Vorabentscheidungsersuchens

3. Der Gerichtshof übt seine Befugnis, im Wege der Vorabentscheidung über die Auslegung oder die Gültigkeit des Unionsrechts zu entscheiden, ausschließlich auf Initiative der nationalen Gerichte aus, und zwar unabhängig davon, ob die Parteien des Ausgangsrechtsstreits eine Anrufung des Gerichtshofs angeregt haben. Da das mit einem Rechtsstreit befasste nationale Gericht die Verantwortung für die zu erlassende gerichtliche Entscheidung zu tragen hat, ist es nämlich Sache dieses Gerichts – und allein dieses Gerichts –, im Hinblick auf die Besonderheiten der jeweiligen Rechtssache sowohl zu beurteilen, ob ein Vorabentscheidungsersuchen für den Erlass seiner Entscheidung erforderlich ist, als auch die Erheblichkeit der Fragen zu beurteilen, die es dem Gerichtshof vorlegt.

4. Der Gerichtshof legt den Begriff „Gericht" als eigenständigen Begriff des Unionsrechts aus. Dabei stellt er auf eine Reihe von Faktoren ab, wie die gesetzliche Grundlage der ersuchenden Einrichtung, ihren ständigen Charakter, den obligatorischen Charakter ihrer Gerichtsbarkeit, ein streitiges Verfahren, die Anwendung von Rechtsnormen durch diese Einrichtung sowie deren Unabhängigkeit.

5. Die Gerichte der Mitgliedstaaten können den Gerichtshof mit einer Frage nach der Auslegung oder zur Gültigkeit des Unionsrechts befassen, wenn sie der Auffassung sind, dass für den Erlass ihrer Entscheidung eine Entscheidung des Gerichtshofs über diese Frage erforderlich ist (vgl. Art. 267 Abs. 2 AEUV). Eine Vorlage zur Vorabentscheidung kann sich namentlich dann als besonders nützlich erweisen, wenn vor dem nationalen Gericht eine neue Auslegungsfrage aufgeworfen wird, die von allgemeiner Bedeutung für die einheitliche Anwendung des Unionsrechts ist, oder wenn die vorhandene Rechtsprechung nicht die Klärung zu bringen scheint, die in einem bisher noch nicht vorgekommenen rechtlichen oder tatsächlichen Rahmen erforderlich ist.

6. Wird eine Frage im Rahmen eines Verfahrens vor einem Gericht gestellt, dessen Entscheidungen selbst nicht mehr mit Rechtsmitteln des innerstaatlichen Rechts angefochten werden können, ist dieses Gericht jedoch verpflichtet, dem Gerichtshof ein Vorabentscheidungsersuchen vorzulegen (vgl. Art. 267 Abs. 3 AEUV), es sei denn, es liegt insoweit bereits eine gefestigte Rechtsprechung vor oder es bleibt kein Raum für vernünftige Zweifel hinsichtlich der richtigen Auslegung der fraglichen Rechtsnorm.

7. Des Weiteren ergibt sich aus der ständigen Rechtsprechung, dass die nationalen Gerichte zwar die Möglichkeit haben, die vor ihnen gegen einen Rechtsakt eines Organs, einer Einrichtung oder einer sonstigen Stelle der Union geltend gemachten Ungültigkeitsgründe zurückzuweisen. Allein der Gerichtshof ist jedoch befugt, einen solchen Rechtsakt für ungültig zu erklären. Hat ein Gericht eines Mitgliedstaats Zweifel an der Gültigkeit eines solchen Rechtsakts, muss es sich daher unter Angabe der Gründe für seine Zweifel an den Gerichtshof wenden.

Gegenstand und Tragweite des Vorabentscheidungsersuchens

8. Das Vorabentscheidungsersuchen muss sich auf die Auslegung oder die Gültigkeit des Unionsrechts beziehen; es darf sich nicht auf die Auslegung von Vorschriften des nationalen Rechts oder auf Tatsachenfragen beziehen, die im Rahmen des Ausgangsrechtsstreits aufgeworfen werden.

9. *Der Gerichtshof kann über das Vorabentscheidungsersuchen nur entscheiden, wenn das Unionsrecht auf den Fall, um den es im Ausgangsverfahren geht, anwendbar ist.* Insoweit ist es unerlässlich, dass das vorlegende Gericht alle tatsächlichen und rechtlichen Gesichtspunkte darlegt, aufgrund deren es zu der Annahme gelangt ist, dass im konkreten Fall Vorschriften des Unionsrechts anwendbar sind.

10. Zu Vorabentscheidungsersuchen, die sich auf die Auslegung der Charta der Grundrechte der Europäischen Union beziehen, ist darauf hinzuweisen, dass die Bestimmungen dieser Charta nach ihrem Art. 51 Abs. 1 für die Mitgliedstaaten ausschließlich bei der Durchführung des Unionsrechts gelten. Die Fälle einer solchen Durchführung können zwar vielfältig sein. Gleichwohl muss sich aus dem Vorabentscheidungsersuchen

klar und eindeutig ergeben, dass eine von der Charta verschiedene Vorschrift des Unionsrechts auf den Fall anwendbar ist, um den es im Ausgangsverfahren geht. Da der Gerichtshof nicht für die Entscheidung über ein Vorabentscheidungsersuchen zuständig ist, wenn eine rechtliche Situation nicht in den Anwendungsbereich des Unionsrechts fällt, *können* die möglicherweise vom vorlegenden Gericht angeführten *Bestimmungen der Charta für sich genommen keine entsprechende Zuständigkeit begründen*.

11. Schließlich berücksichtigt der Gerichtshof zwar bei seiner Entscheidung zwangsläufig den rechtlichen und tatsächlichen Rahmen des Ausgangsrechtsstreits, wie ihn das vorlegende Gericht in seinem Vorabentscheidungsersuchen dargelegt hat, jedoch wendet er das Unionsrecht nicht selbst auf diesen Rechtsstreit an. Wenn der Gerichtshof über die Auslegung oder die Gültigkeit des Unionsrechts entscheidet, bemüht er sich, eine der Entscheidung des Ausgangsrechtsstreits dienliche Antwort zu geben. Die konkreten Konsequenzen aus dieser Antwort hat jedoch das vorlegende Gericht zu ziehen, indem es die für mit dem Unionsrecht unvereinbar erklärte nationale Bestimmung erforderlichenfalls unangewendet lässt.

Geeigneter Zeitpunkt für eine Vorlage zur Vorabentscheidung

12. Ein nationales Gericht kann ein Vorabentscheidungsersuchen an den Gerichtshof richten, sobald es feststellt, dass es für die Entscheidung des Rechtsstreits auf die Auslegung oder die Gültigkeit des Unionsrechts ankommt. In welchem Stadium des nationalen Verfahrens das Ersuchen zu stellen ist, kann das betreffende Gericht selbst am besten beurteilen.

13. Allerdings bildet dieses Ersuchen die Grundlage des Verfahrens vor dem Gerichtshof, der über sämtliche Informationen verfügen muss, die es ihm ermöglichen, sowohl seine Zuständigkeit für die Beantwortung der vorgelegten Fragen zu prüfen als auch, wenn diese bejaht wird, dem vorlegenden Gericht eine sachdienliche Antwort auf diese Fragen zu geben. Daher ist es erforderlich, dass die Entscheidung über eine Vorlage zur Vorabentscheidung erst in einem Verfahrensstadium getroffen wird, in dem das vorlegende Gericht in der Lage ist, *den tatsächlichen und rechtlichen Rahmen des Ausgangsrechtsstreits und die rechtlichen Fragen, die dieser aufwirft, mit hinreichender Genauigkeit zu bestimmen*. Im Interesse einer geordneten Rechtspflege kann es außerdem angezeigt sein, dass die Vorlage erst nach streitiger Verhandlung erfolgt.

Form und Inhalt des Vorabentscheidungsersuchens

14. Die Form des Vorabentscheidungsersuchens richtet sich nach den Verfahrensregeln des nationalen Rechts. Dabei ist jedoch zu berücksichtigen, dass dieses Ersuchen die Grundlage des Verfahrens vor dem Gerichtshof bildet und allen Beteiligten im Sinne des Art. 23 des Protokolls über die Satzung des Gerichtshofs der Europäischen Union (im Folgenden: Satzung), insbesondere allen Mitgliedstaaten, übermittelt wird, um ihre etwaigen Stellungnahmen einzuholen. Aufgrund der damit verbundenen Notwendigkeit, das Vorabentscheidungsersuchen in alle Amtssprachen der Europäischen Union zu übersetzen, sollte das vorlegende Gericht das Ersuchen einfach, klar und präzise sowie ohne überflüssige Elemente abfassen. Die Erfahrung zeigt, dass ungefähr zehn Seiten oftmals ausreichen, um den tatsächlichen und rechtlichen Rahmen eines Vorabentscheidungsersuchens sowie die Gründe für die Anrufung des Gerichtshofs angemessen darzustellen.

15. Die inhaltlichen Vorgaben für das Vorabentscheidungsersuchen sind in Art. 94 der Verfahrensordnung des Gerichtshofs normiert und im Anhang des vorliegenden Dokuments nochmals zusammenfassend dargestellt. Außer den dem Gerichtshof zur Vorabentscheidung vorgelegten Fragen *muss das Vorabentscheidungsersuchen Folgendes enthalten*:

- eine kurze Darstellung des Gegenstands des Ausgangsrechtsstreits und des maßgeblichen Sachverhalts, wie er vom vorlegenden Gericht festgestellt worden ist, oder zumindest eine Darstellung der tatsächlichen Umstände, auf denen die Vorlagefragen beruhen;
- den Inhalt der möglicherweise auf den Fall anwendbaren nationalen Vorschriften und gegebenenfalls die einschlägige nationale Rechtsprechung;
- eine Darstellung der Gründe, aus denen das vorlegende Gericht Zweifel bezüglich der Auslegung oder der Gültigkeit bestimmter Vorschriften des Unionsrechts hat, und den Zusammenhang, den es zwischen diesen Vorschriften und dem auf den Ausgangsrechtsstreit anwendbaren nationalen Recht herstellt.

Fehlt eines oder mehrere der vorstehend aufgeführten Elemente, so ist es möglich, dass der Gerichtshof sich – insbesondere nach Art. 53 Abs. 2 der Verfahrensordnung – für unzuständig erklärt, über die zur Vorabentscheidung vorgelegten Fragen zu entscheiden, oder das Vorabentscheidungsersuchen als unzulässig zurückweist.

16. Das vorlegende Gericht hat in seinem Vorabentscheidungsersuchen *genaue Angaben zu den auf den Sachverhalt des Ausgangsrechtsstreits anwendbaren Vorschriften und zu den Vorschriften des Unionsrechts*, deren Auslegung begehrt oder deren Gültigkeit in Frage gestellt wird, zu machen. Soweit möglich umfassen diese Angaben sowohl den genauen Titel und das Datum des Erlasses der Rechtsakte, in denen die betreffenden Vorschriften enthalten sind, als auch die Angaben zur Veröffentlichung dieser Rechtsakte. Zudem wird das vorlegende Gericht gebeten, bei Rechtsprechungshinweisen die ECLI-Nummer (European Case Law Identifier) der betreffenden Entscheidung anzugeben.

17. Wenn es seiner Auffassung nach für das Verständnis der Rechtssache erforderlich ist, kann das vorlegende Gericht die *Hauptargumente der Parteien des Ausgangsrechtsstreits* anführen. In diesem Zusammenhang ist darauf hinzuweisen, dass nur das Vorabentscheidungsersuchen übersetzt wird, nicht aber eventuelle Anlagen zu dem Ersuchen.

18. Das vorlegende Gericht kann auch knapp darlegen, *wie die zur Vorabentscheidung vorgelegten Fragen seines Erachtens beantwortet werden sollten*. Dies kann sich für den Gerichtshof insbesondere dann als nützlich erweisen, wenn er im beschleunigten Verfahren oder im Eilverfahren über das Ersuchen entscheiden soll.

19. Schließlich müssen die dem Gerichtshof zur Vorabentscheidung *vorgelegten Fragen in einem gesonderten und klar kenntlich gemachten Teil der Vorlageentscheidung*, vorzugsweise an deren Anfang oder Ende, aufgeführt sein. Sie müssen aus sich heraus verständlich sein, ohne dass eine Bezugnahme auf die Begründung des Ersuchens erforderlich ist.

20. Um die Lektüre des Vorabentscheidungsersuchens zu erleichtern, ist es unbedingt erforderlich, dass es maschinengeschrieben beim Gerichtshof eingeht und dass die einzelnen Seiten und Absätze der Vorlageentscheidung nummeriert sind. Handschriftlich abgefasste Vorabentscheidungsersuchen werden vom Gerichtshof nicht bearbeitet.

Schutz personenbezogener Daten und Anonymisierung des Vorabentscheidungsersuchens

21. Zur Gewährleistung eines optimalen Schutzes personenbezogener Daten im Rahmen der Behandlung der Rechtssache durch den Gerichtshof, der Zustellung des Vorabentscheidungsersuchens an die Beteiligten im Sinne des Art. 23 der Satzung und der späteren Verbreitung der das Verfahren beendenden Entscheidung in allen Amtssprachen der Europäischen Union *wird das vorlegende Gericht* – das allein vollständige Kenntnis von den dem Gerichtshof vorgelegten Akten hat – *gebeten, die Rechtssache zu anonymisieren, indem es die Namen der* in dem Ersuchen genannten *natürlichen Personen beispielsweise durch Initialen oder eine Buchstabenkombination ersetzt und die Angaben, die die Identifizierung dieser Personen ermöglichen könnten, unkenntlich macht*. Aufgrund der zunehmenden Nutzung neuer Informationstechnologien, insbesondere der Verwendung von Suchmaschinen, kann sich eine Anonymisierung, die nach der Zustellung des Vorabentscheidungsersuchens an die Beteiligten im Sinne des Art. 23 der Satzung und der Veröffentlichung der Mitteilung zur betreffenden Rechtssache im *Amtsblatt der Europäischen Union* erfolgt, nämlich als weniger wirksam erweisen.

22. Verfügt das vorlegende Gericht über eine namentliche Fassung des Vorabentscheidungsersuchens, in der die Namen und vollständigen Kontaktdaten der Parteien des Ausgangsrechtsstreits angegeben sind, und eine anonymisierte Fassung dieses Ersuchens, wird es gebeten, dem Gerichtshof beide Fassungen zu übermitteln, um die Behandlung der Rechtssache durch den Gerichtshof zu erleichtern.

Übermittlung des Vorabentscheidungsersuchens und der Akten des nationalen Verfahrens an den Gerichtshof

23. Das Vorabentscheidungsersuchen ist zu datieren und zu unterzeichnen und sodann der Kanzlei des Gerichtshofs auf elektronischem Weg oder per Post (Kanzlei des Gerichtshofs, Rue du Fort Niedergrünewald, L-2925 Luxemburg) zu übermitteln. Aufgrund u. a. der Notwendigkeit, eine zügige Bearbeitung der Rechtssache und eine optimale Kommunikation mit dem Gericht zu gewährleisten, das ihn angerufen hat, empfiehlt der Gerichtshof, dass dieses Gericht die Anwendung e-Curia nutzt. Die Modalitäten für den Zugang zu dieser Anwendung, die die Einreichung und Zustellung von Verfahrensschriftstücken auf elektronischem Weg ermöglicht, sowie die Voraussetzungen für die Nutzung dieser Anwendung sind auf der Website des Gerichtshofs abrufbar (https://curia.europa.eu/jcms/jcms/P_78957/de/). Um die Behandlung von Vorabentscheidungsersuchen durch den Gerichtshof und insbesondere deren Übersetzung in alle Amtssprachen der Europäischen Union zu erleichtern, werden die nationalen Gerichte gebeten, zusätzlich zum über e-Curia erfolgenden Versand der Originalfassung des Vorabentscheidungsersuchens eine editierbare Fassung (Textverarbeitungssoftware wie „Word",

„OpenOffice" oder „LibreOffice") dieses Ersuchens an folgende Adresse zu übermitteln: DDP-GreffeCour@curia.europa.eu.

24. Das Vorabentscheidungsersuchen muss bei der Kanzlei mit allen relevanten und der Behandlung der Rechtssache durch den Gerichtshof dienlichen Unterlagen sowie insbesondere den genauen Kontaktdaten der Parteien des Ausgangsrechtsstreits und von deren etwaigen Vertretern sowie den Akten des Ausgangsverfahrens oder Kopien davon eingehen. Diese Akten (bzw. die Kopien davon) – die auf elektronischem Weg oder per Post übermittelt werden können – werden während der gesamten Dauer des Verfahrens vor dem Gerichtshof bei der Kanzlei aufbewahrt, wo sie vorbehaltlich anderslautender Anweisungen des vorlegenden Gerichts von den in Art. 23 der Satzung genannten Beteiligten eingesehen werden können.

Zusammenspiel zwischen Vorlage zur Vorabentscheidung und nationalem Verfahren

25. Das vorlegende Gericht bleibt zwar, insbesondere im Rahmen eines Ersuchens um Prüfung der Gültigkeit, zuständig, einstweilige Maßnahmen zu erlassen; die Einreichung eines Vorabentscheidungsersuchens führt jedoch dazu, dass das nationale Verfahren bis zur Entscheidung des Gerichtshofs ausgesetzt wird.

26. Der Gerichtshof bleibt mit einem Vorabentscheidungsersuchen zwar grundsätzlich so lange befasst, wie dieses nicht vom vorlegenden Gericht zurückgenommen worden ist. Jedoch ist insoweit die Rolle des Gerichtshofs im Rahmen des Vorabentscheidungsverfahrens zu beachten, die darin besteht, einen Beitrag zur effektiven Rechtspflege in den Mitgliedstaaten zu leisten, und nicht darin, Gutachten zu allgemeinen oder hypothetischen Fragen abzugeben. Da das Vorabentscheidungsverfahren voraussetzt, dass beim vorlegenden Gericht ein Rechtsstreit tatsächlich anhängig ist, ist dieses Gericht gehalten, den Gerichtshof über alle Verfahrensereignisse zu unterrichten, die sich auf die Vorlage auswirken können, insbesondere über eine Klage- oder Antragsrücknahme oder eine gütliche Beilegung des Ausgangsrechtsstreits sowie jedes andere Ereignis, das die Erledigung des Verfahrens zur Folge hat. Das vorlegende Gericht hat den Gerichtshof außerdem über den etwaigen Erlass einer Entscheidung zu informieren, die im Rahmen eines Rechtsbehelfs ergeht, der gegen die Vorlageentscheidung gerichtet ist, sowie über die Folgen, die diese Entscheidung für das Vorabentscheidungsersuchen hat. Im Interesse eines reibungslosen Ablaufs des Vorabentscheidungsverfahrens vor dem Gerichtshof, insbesondere, um zu vermeiden, dass der Gerichtshof Zeit und Ressourcen für eine Rechtssache verwendet, die möglicherweise zurückgenommen wird oder gegenstandslos ist, ist es erforderlich, dass diese Informationen dem Gerichtshof innerhalb kürzester Zeit mitgeteilt werden.

27. Die nationalen Gerichte sollten außerdem beachten, dass die Rücknahme eines Vorabentscheidungsersuchens sich auf die Bearbeitung ähnlicher Rechtssachen durch das vorlegende Gericht auswirken kann. Hängt der Ausgang mehrerer beim vorlegenden Gericht anhängiger Rechtssachen von der Beantwortung der vorgelegten Fragen durch den Gerichtshof ab, so ist es angezeigt, dass das vorlegende Gericht diese Rechtssachen miteinander verbindet, bevor es dem Gerichtshof sein Vorabentscheidungsersuchen vorlegt, um es dem Gerichtshof zu ermöglichen, die vorgelegten Fragen trotz der etwaigen Rücknahme bezüglich einer oder mehrerer Rechtssachen zu beantworten.

Kosten und Prozesskostenhilfe

28. Das Vorabentscheidungsverfahren vor dem Gerichtshof ist gerichtskostenfrei. Der Gerichtshof entscheidet nicht über die Kosten der Parteien des beim vorlegenden Gericht anhängigen Rechtsstreits. Diese Entscheidung ist Sache des vorlegenden Gerichts.

29. Verfügt eine Partei des Ausgangsrechtsstreits nicht über ausreichende Mittel, so kann ihr der Gerichtshof Prozesskostenhilfe für die im Verfahren vor dem Gerichtshof entstehenden Kosten, insbesondere die Kosten der Vertretung, bewilligen. Diese Prozesskostenhilfe kann jedoch nur bewilligt werden, wenn die Partei nicht bereits auf nationaler Ebene Hilfe erhält oder diese die im Verfahren vor dem Gerichtshof entstehenden Kosten nicht – oder nur teilweise – abdeckt. Die Partei, auf die dies zutrifft, wird gebeten, dem Gerichtshof in jedem Fall sämtliche Auskünfte und Belege zu übermitteln, die eine Beurteilung ihrer tatsächlichen wirtschaftlichen Lage ermöglichen.

Ablauf des Verfahrens vor dem Gerichtshof und Umsetzung seiner Entscheidung durch das vorlegende Gericht

30. Die Kanzlei des Gerichtshofs bleibt während der gesamten Dauer des Verfahrens mit dem vorlegenden Gericht in Verbindung und übermittelt ihm Kopien von allen Verfahrensunterlagen sowie gegebenenfalls die Ersuchen um Klarstellung oder Erläuterung, die für erforderlich erachtet werden, um die von diesem Gericht vorgelegten Fragen sachdienlich zu beantworten.

31. Am Schluss des Verfahrens, das grundsätzlich ein schriftliches und ein mündliches Verfahren umfasst, entscheidet der Gerichtshof durch Urteil über die vom vorlegenden Gericht gestellten Fragen. In bestimmten Fällen kann der Gerichtshof jedoch veranlasst sein, ohne mündliches Verfahren und sogar ohne Aufforderung an die in Art. 23 der Satzung genannten Beteiligten, schriftliche Erklärungen einzureichen, über diese Fragen zu entscheiden. Dies ist namentlich dann der Fall, wenn die zur Vorabentscheidung vorgelegte Frage mit einer Frage übereinstimmt, über die der Gerichtshof bereits entschieden hat, oder wenn die Antwort auf eine solche Frage klar aus der Rechtsprechung abgeleitet werden kann oder keinen Raum für vernünftige Zweifel lässt. In diesen Fällen entscheidet der Gerichtshof über die vorgelegte Frage zügig gemäß Art. 99 seiner Verfahrensordnung durch mit Gründen versehenen Beschluss, der dieselbe Tragweite und dieselbe Verbindlichkeit hat wie ein Urteil.

32. Nach Verkündung des das Verfahren beendenden Urteils bzw. nach Unterzeichnung des das Verfahren beendenden Beschlusses übermittelt die Kanzlei dem vorlegenden Gericht die Entscheidung des Gerichtshofs mit der Bitte, den Gerichtshof darüber zu informieren, welche Folgen diese Entscheidung im Ausgangsverfahren haben wird. Die Endentscheidung des vorlegenden Gerichts ist unter ausdrücklicher Angabe der Nummer der Rechtssache beim Gerichtshof an folgende Adresse zu übermitteln: Follow-up-DDP@curia.europa.eu.

II. FÜR BESONDERS EILBEDÜRFTIGE VORABENTSCHEIDUNGSERSUCHEN GELTENDE BESTIMMUNGEN

33. Unter den in Art. 23a der Satzung und den Art. 105 bis 114 der Verfahrensordnung genannten Voraussetzungen kann eine Vorlage zur Vorabentscheidung unter bestimmten Umständen einem beschleunigten Verfahren oder einem Eilverfahren unterworfen werden. Die Entscheidung, diese Verfahren durchzuführen, trifft der Gerichtshof auf gesonderten, gebührend begründeten Antrag des vorlegenden Gerichts, in dem die rechtlichen und tatsächlichen Umstände darzulegen sind, die die Anwendung dieses Verfahrens bzw. dieser Verfahren rechtfertigen, oder, ausnahmsweise, von Amts wegen, wenn die Art oder die Umstände der Rechtssache dies zu erfordern scheinen.

Voraussetzungen für die Anwendung des beschleunigten Verfahrens und des Eilverfahrens

34. Nach Art. 105 der Verfahrensordnung kann eine Vorlage zur Vorabentscheidung *einem beschleunigten Verfahren* unter Abweichung von den Bestimmungen der Verfahrensordnung unterworfen werden, wenn die Art der Rechtssache ihre zügige Erledigung erfordert. Da dieses Verfahren alle Verfahrensbeteiligten, insbesondere die Mitgliedstaaten, die ihre schriftlichen oder mündlichen Erklärungen in erheblich kürzeren als den üblichen Fristen abgeben müssen, erheblichen Zwängen unterwirft, darf seine Anwendung nur dann beantragt werden, wenn besondere Umstände eine Dringlichkeitssituation begründen, die es rechtfertigt, dass der Gerichtshof zügig über die Vorlagefragen entscheidet. Dies kann beispielsweise der Fall sein bei großen, unmittelbaren Gefahren für die öffentliche Gesundheit oder die Umwelt, zu deren Abwendung eine zügige Entscheidung des Gerichtshofs beitragen kann, oder dann, wenn besondere Umstände es gebieten, innerhalb kürzester Frist Ungewissheiten auszuräumen, die grundlegende Fragen des nationalen Verfassungsrechts oder des Unionsrechts betreffen. Hingegen stellen nach ständiger Rechtsprechung eine große Zahl von Personen oder Rechtsverhältnissen, die von der Entscheidung, die das vorlegende Gericht erlassen muss, nachdem es den Gerichtshof mit einem Vorabentscheidungsersuchen befasst hat, potenziell betroffen sind, erhebliche wirtschaftliche Auswirkungen oder eine Pflicht des vorlegenden Gerichts, zügig zu entscheiden, für sich genommen keine außergewöhnlichen Umstände dar, die die Anwendung des beschleunigten Verfahrens rechtfertigen könnten.

35. Dies gilt erst recht für *das Eilvorabentscheidungsverfahren* nach Art. 107 der Verfahrensordnung. Dieses Verfahren, das nur in den Bereichen statthaft ist, die von Titel V des Dritten Teils des AEUV über den Raum der Freiheit, der Sicherheit und des Rechts erfasst sind, erlegt den daran Beteiligten nämlich noch größere Zwänge auf, da die Zahl der Beteiligten, die schriftliche Erklärungen einreichen dürfen, begrenzt wird und bei äußerster Dringlichkeit vom schriftlichen Verfahren vor dem Gerichtshof ganz abgesehen werden kann. Dieses Verfahren darf daher nur beantragt werden, wenn es nach den Umständen absolut erforderlich ist, dass der Gerichtshof die Fragen des vorlegenden Gerichts in kürzester Zeit beantwortet.

36. Insbesondere wegen der Vielfalt und des evolutiven Charakters der Vorschriften des Unionsrechts über den Raum der Freiheit, der Sicherheit und des Rechts können diese Umstände hier nicht erschöpfend aufgezählt werden. Ein nationales Gericht kann einen Antrag auf Eilvorabentscheidungsverfahren beispielsweise in folgenden Fällen in Betracht ziehen: in dem in Art. 267 Abs. 4 AEUV vorgesehenen Fall des Freiheitsentzugs oder der Freiheitsbeschränkung, wenn die aufgeworfene Frage für die Beurteilung der

Rechtsstellung des Betroffenen entscheidend ist, oder in einem Rechtsstreit über das elterliche Erziehungs- und Sorgerecht für Kleinkinder, insbesondere, wenn die Entscheidung des Ausgangsrechtsstreits von der Antwort auf die Vorlagefrage abhängt und das gewöhnliche Verfahren die Beziehung zwischen einem Kind und seinen Eltern oder einem Elternteil oder aber seine Entwicklung sowie seine Integration in sein familiäres und soziales Umfeld ernsthaft oder sogar irreparabel schädigen kann. Hingegen stellen wirtschaftliche Interessen, so bedeutend und legitim sie auch sein mögen, eine die Situation der Parteien des Ausgangsverfahrens oder anderer Parteien vergleichbarer Rechtsstreitigkeiten beeinträchtigende Rechtsunsicherheit, eine große Zahl von Personen oder Rechtsverhältnissen, die von der Entscheidung, die das vorlegende Gericht erlassen muss, nachdem es den Gerichtshof mit einem Vorabentscheidungsersuchen befasst hat, potenziell betroffen sind, oder eine große Zahl von Rechtssachen, die von der Entscheidung des Gerichtshofs betroffen sein können, für sich genommen keine Umstände dar, die die Anwendung des Eilvorabentscheidungsverfahrens rechtfertigen könnten.

Antrag auf Anwendung des beschleunigten Verfahrens oder des Eilverfahrens

37. Damit der Gerichtshof schnell entscheiden kann, ob das beschleunigte Verfahren oder das Eilvorabentscheidungsverfahren durchzuführen ist, muss der Antrag *die rechtlichen und tatsächlichen Umstände, aus denen sich die Dringlichkeit ergibt*, und insbesondere die Gefahren *genau darlegen*, die bei Anwendung des gewöhnlichen Verfahrens drohen. Soweit möglich, hat das vorlegende Gericht knapp anzugeben, wie die Vorlagefragen beantwortet werden sollten. Dies erleichtert nämlich die Stellungnahme der Parteien des Ausgangsrechtsstreits und der sonstigen Verfahrensbeteiligten und trägt damit zur Verfahrensbeschleunigung bei.

38. In jedem Fall ist der Antrag auf Anwendung des beschleunigten Verfahrens oder des Eilverfahrens in einer unmissverständlichen Form einzureichen, die es der Kanzlei ermöglicht, unmittelbar festzustellen, dass die Angelegenheit eine spezifische Behandlung erfordert. Zu diesem Zweck wird das vorlegende Gericht gebeten, anzugeben, welches der beiden Verfahren im konkreten Fall erforderlich ist, und in seinem Ersuchen auf den einschlägigen Artikel der Verfahrensordnung (Art. 105 über das beschleunigte Verfahren oder Art. 107 über das Eilverfahren) Bezug zu nehmen. Diese Angabe hat in seiner Vorlageentscheidung an herausgehobener Stelle zu stehen oder muss in einem gesonderten Schreiben des vorlegenden Gerichts enthalten sein.

39. Zur Vorlageentscheidung selbst wird darauf hingewiesen, dass es bei Vorliegen von Dringlichkeit umso wichtiger ist, dass sie knapp gefasst ist, als dies zur Schnelligkeit des Verfahrens beiträgt.

Schriftverkehr zwischen dem Gerichtshof, dem vorlegenden Gericht und den Parteien des Ausgangsrechtsstreits

40. Das Gericht, das die Anwendung des beschleunigten Verfahrens oder des Eilverfahrens beantragt, wird gebeten, diesen Antrag sowie die Vorlageentscheidung – zusammen mit dem Text dieser Entscheidung in einem editierbaren Format (Textverarbeitungssoftware wie „Word", „Open Office" oder „LibreOffice") – über die Anwendung e-Curia oder per E-Mail (DDP-GreffeCour@curia.europa.eu) zu übermitteln.

41. Um die spätere Kommunikation des Gerichtshofs sowohl mit dem vorlegenden Gericht als auch mit den Parteien des Ausgangsrechtsstreits zu erleichtern, wird das vorlegende Gericht außerdem gebeten, seine E-Mail-Adresse und gegebenenfalls die Fax-Nummer, die der Gerichtshof verwenden kann, sowie die E-Mail-Adressen und gegebenenfalls die Fax-Nummern der Vertreter der Parteien des Ausgangsrechtsstreits anzugeben.

Anhang 1

ANHANG

Die wesentlichen Elemente eines Vorabentscheidungsersuchens

Dieser Anhang zeigt zusammenfassend nochmals die wesentlichen Elemente auf, die ein Vorabentscheidungsersuchen enthalten muss. Der Darstellung dieser Elemente folgt jeweils ein Hinweis auf die Nummer(n) der vorliegenden Empfehlungen, in der bzw. denen das jeweilige Element näher erläutert ist.

Das Vorabentscheidungsersuchen muss in jedem Fall, unabhängig davon, ob es auf elektronischem Weg oder per Post übermittelt wird, die folgenden Angaben enthalten:

1. die Bezeichnung des vorlegenden Gerichts und, gegebenenfalls, des zuständigen Spruchkörpers (siehe dazu Nrn. 3 bis 7),
2. die genaue Bezeichnung der Parteien des Ausgangsrechtsstreits und, gegebenenfalls, der diese vor dem vorlegenden Gericht vertretenden Personen (bezüglich der Parteien des Ausgangsrechtsstreits siehe jedoch Nrn. 21 und 22 der vorliegenden Empfehlungen betreffend den Schutz personenbezogener Daten),
3. den Gegenstand des Ausgangsrechtsstreits und den maßgeblichen Sachverhalt (siehe Nr. 15),
4. die einschlägigen Vorschriften des nationalen Rechts und des Unionsrechts (siehe Nrn. 15 und 16),
5. die Gründe, auf denen die Zweifel des vorlegenden Gerichts hinsichtlich der Auslegung oder der Gültigkeit des Unionsrechts beruhen (siehe Nrn. 8 bis 11 und 15 bis 18),
6. die Vorlagefragen (siehe Nr. 19) sowie, gegebenenfalls,
7. das etwaige Erfordernis einer spezifischen Behandlung des Ersuchens beispielsweise hinsichtlich des Erfordernisses, die Anonymität von natürlichen Personen zu wahren, die vom Ausgangsrechtsstreit betroffen sind, oder der besonderen Eile, die für die Behandlung des Ersuchens durch den Gerichtshof geboten ist (siehe Nrn. 33 ff.).

In formaler Hinsicht müssen Vorabentscheidungsersuchen maschinengeschrieben abgefasst, datiert und unterzeichnet sein und sind bei der Kanzlei des Gerichtshofs vorzugsweise auf elektronischem Weg zusammen mit sämtlichen Unterlagen einzureichen, die für die Behandlung der Rechtssache sachdienlich und relevant sind (siehe dazu Nrn. 20 bis 24 der vorliegenden Empfehlungen sowie, was Ersuchen anbelangt, die besonders eilbedürftig sind, Nrn. 40 und 41).

Vom Gerichtshof empfohlene Übermittlungskanäle

Zur Gewährleistung einer optimalen Kommunikation mit den Gerichten, die Vorabentscheidungsersuchen bei ihm einreichen, empfiehlt der Gerichtshof die Nutzung folgender Übermittlungskanäle:

1) Einreichung des Vorabentscheidungsersuchens (bzw. der übrigen mit diesem Ersuchen in Zusammenhang stehenden relevanten Unterlagen):
   - unterzeichnetes Original des Vorabentscheidungsersuchens (bzw. der übrigen mit dem Ersuchen in Zusammenhang stehenden Unterlagen): Versand über die Anwendung e-Curia. Die Modalitäten des Zugangs zu dieser kostenfreien und gesicherten Anwendung sowie die Voraussetzungen für ihre Nutzung sind unter folgender Adresse abrufbar: https://curia.europa.eu/jcms/jcms/P_78957/de/
   - editierbare Fassung des Vorabentscheidungsersuchens (bzw. der übrigen mit dem Ersuchen in Zusammenhang stehenden Unterlagen): DDP-GreffeCour@curia.europa.eu
2) Versand der Endentscheidung des vorlegenden Gerichts (anonymisiert, falls – beispielsweise für die Online-Veröffentlichung – erforderlich), die auf die Entscheidung des Gerichtshofs über das Vorabentscheidungsersuchen hin ergeht: Follow-up-DDP@curia.europa.eu

e-Curia (Gerichtshof)

ABl 2018 L 293, 36

Beschluss des Gerichtshofs vom 16. Oktober 2018 über die Einreichung und die Zustellung von Verfahrensschriftstücken im Wege der Anwendung e-Curia

DER GERICHTSHOF –

gestützt auf die Verfahrensordnung, insbesondere Artikel 48 Absatz 4 und Artikel 57 Absatz 8,

in Erwägung nachstehender Gründe:

(1) Um der Entwicklung der Kommunikationstechnologien Rechnung zu tragen, ist eine Informatikanwendung geschaffen worden, die es ermöglicht, Verfahrensschriftstücke auf elektronischem Weg einzureichen und zuzustellen.

(2) Diese Anwendung, die auf einer elektronischen Authentifizierung unter Rückgriff auf eine persönliche Benutzerkennung in Verbindung mit einem persönlichen Passwort beruht, entspricht den Anforderungen an die Authentizität, Unversehrtheit und Vertraulichkeit der ausgetauschten Dokumente.

(3) In Anbetracht des Erfolgs, den diese Anwendung erfahren hat, und der Vorteile, die sie insbesondere im Hinblick auf die Schnelligkeit des auf diesem Wege erfolgenden Austauschs bietet, ist der Kreis der Anwender zu erweitern und im Rahmen der Bearbeitung der Vorabentscheidungsersuchen durch den Gerichtshof den Gerichten der Mitgliedstaaten die Möglichkeit einzuräumen, Verfahrensschriftstücke auf diese Weise einzureichen und zu erhalten.

(4) Im Interesse einer geordneten Rechtspflege — und ausschließlich für Zwecke der Bearbeitung von Vorabentscheidungssachen — ist diese Möglichkeit auch Personen einzuräumen, die nicht Bevollmächtigter oder Anwalt sind, aber nach den nationalen Verfahrensvorschriften berechtigt sind, eine Partei vor dem Gericht eines Mitgliedstaats zu vertreten —

BESCHLIESST:

Artikel 1
Begriffsbestimmung

Eine Informatikanwendung mit der Bezeichnung „e-Curia", die den Gerichten, aus denen sich der Gerichtshof der Europäischen Union zusammensetzt, gemeinsam ist, ermöglicht es, Verfahrensschriftstücke unter den in diesem Beschluss vorgesehenen Voraussetzungen auf elektronischem Weg einzureichen und zuzustellen.

Artikel 2
Zugang zur Anwendung

Die Nutzung dieser Anwendung setzt die Eröffnung eines Zugangskontos voraus und erfordert den Rückgriff auf eine persönliche Benutzerkennung und ein persönliches Passwort.

Artikel 3
Einreichung eines Verfahrensschriftstücks

Ein über e-Curia eingereichtes Verfahrensschriftstück gilt als dessen Urschrift im Sinne von Artikel 57 Absatz 1 der Verfahrensordnung, wenn bei der Einreichung die persönliche Benutzerkennung und das persönliche Passwort des Vertreters einer Partei oder einer Person, die für ein Gericht eines Mitgliedstaats handelt, verwendet worden sind. Die Verwendung dieser Benutzerkennung und dieses Passworts gilt als Unterzeichnung des betreffenden Schriftstücks.

Artikel 4
Anlagen und Kopien

Dem über e-Curia eingereichten Verfahrensschriftstück sind die darin erwähnten Anlagen und deren Verzeichnis beizufügen.

Die Einreichung beglaubigter Abschriften des über e-Curia eingereichten Schriftstücks und seiner etwaigen Anlagen ist nicht erforderlich.

Artikel 5
Datum und Uhrzeit der Einreichung

Ein Verfahrensschriftstück gilt zu dem Zeitpunkt als eingegangen im Sinne von Artikel 57 Absatz 7 der Verfahrensordnung, zu dem die Einreichung dieses Schriftstücks durch den Vertreter der Partei oder die Person, die für das betreffende Gericht handelt, validiert wird.

Maßgebend ist die Ortszeit des Großherzogtums Luxemburg.

Artikel 6
Zustellung von Verfahrensschriftstücken

Die Verfahrensschriftstücke einschließlich der Urteile und Beschlüsse werden den Inhabern eines e-Curia-Kontos, die in einem Verfahren eine Partei vertreten oder für ein Gericht eines Mitgliedstaats handeln, sowie ihren etwaigen Assistenten über e-Curia zugestellt.

Die Verfahrensschriftstücke werden über e-Curia auch den Mitgliedstaaten, den übrigen Vertragsstaaten des Abkommens über den Europäischen Wirtschaftsraum und den Organen, Einrichtungen oder sonstigen Stellen der Union zugestellt, die sich mit dieser Form der Zustellung einverstanden erklärt haben.

Die Verfahrensschriftstücke können auch auf eine andere in der Verfahrensordnung vorgesehene Übermittlungsart zugestellt werden, wenn dies aufgrund des Umfangs oder der Art des Schriftstücks geboten ist oder wenn sich die Nutzung von e-Curia als technisch unmöglich erweist.

Artikel 7
Datum und Uhrzeit der Zustellung

Die Empfänger der im vorstehenden Artikel genannten Zustellungen werden per E-Mail von jeder Zustellung benachrichtigt, die über e-Curia an sie gerichtet wird.

Das Verfahrensschriftstück ist zu dem Zeitpunkt zugestellt, zu dem der Empfänger auf dieses Schriftstück zugreift. Wird nicht auf das Schriftstück zugegriffen, gilt es mit Ablauf des siebten Tages nach Übersendung der Benachrichtigungs-E- Mail als zugestellt.

Wird eine Partei von mehreren Personen vertreten oder sind mehrere Personen berechtigt, für ein Gericht eines Mitgliedstaats zu handeln, wird für die Berechnung der Fristen auf den Zeitpunkt des ersten Zugriffs abgestellt.

Maßgebend ist die Ortszeit des Großherzogtums Luxemburg.

Artikel 8
Voraussetzungen für die Nutzung der Anwendung

Der Kanzler legt die Voraussetzungen für die Nutzung von e-Curia fest und wacht über ihre Einhaltung. Eine mit diesen Voraussetzungen nicht im Einklang stehende Nutzung von e-Curia kann zur Deaktivierung des betreffenden Zugangskontos führen.

Der Gerichtshof trifft die zum Schutz von e-Curia vor Missbrauch oder böswilliger Benutzung erforderlichen Maßnahmen.

Der Benutzer wird per E-Mail von jeder aufgrund dieses Artikels getroffenen Maßnahme benachrichtigt, die ihn an der Nutzung seines Zugangskontos hindert.

Artikel 9
Aufhebung

Mit diesem Beschluss wird der Beschluss des Gerichtshofs vom 13. September 2011 über die Einreichung und die Zustellung von Verfahrensschriftstücken im Wege der Anwendung e-Curia[1] aufgehoben und ersetzt.

Artikel 10
Inkrafttreten

Dieser Beschluss tritt am ersten Tag des auf seine Veröffentlichung im Amtsblatt der Europäischen Union folgenden Monats in Kraft.

Luxemburg, den 16. Oktober 2018

Der Kanzler
A. CALOT ESCOBAR
Der Präsident
K. LENAERTS

[1] ABl. C 289 vom 1.10.2011, S. 7.

Gericht der Europäischen Union

Hinweis: Beschluss (EU) 2016/2387 des Gerichts vom 14. September 2016 über die *Sicherheitsvorschriften für Auskünfte oder Unterlagen*, die nach Artikel 105 Absatz 1 oder Absatz 2 der Verfahrensordnung vorgelegt werden (ABl 2016 L 355, 18).

Verfahrensordnung des Gerichts*)

ABl 2015 L 105, 1 idF

1 ABl 2016 L 217, 71ff
2 ABl 2016 L 217, 72
3 ABl 2016 L 217, 73
4 ABl 2018 L 240, 67
5 ABl 2018 L 240, 68

Inhaltsverzeichnis

*) *VfO des Gerichts – Konkordanztabelle: ABl 2015 C 215, 6.*

DAS GERICHT –

aufgrund des Vertrags über die Europäische Union, insbesondere seines Artikels 19,

aufgrund des Vertrags über die Arbeitsweise der Europäischen Union, insbesondere seines Artikels 254 Absatz 5, aufgrund des Vertrags zur Gründung der Europäischen Atomgemeinschaft, insbesondere seines Artikels 106a Absatz 1, aufgrund des Protokolls über die Satzung des Gerichtshofs der Europäischen Union, insbesondere seines Artikels 19 Absatz 6, seines Artikels 63 und seines Artikels 64 Absatz 2,

in Erwägung nachstehender Gründe:

(1) Die Verfahrensordnung vom 2. Mai 1991 ist wiederholt geändert worden, um dem Gericht schrittweise Vorschriften an die Hand zu geben, die es ihm ermöglichen, Rechtssachen unterschiedlicher Art aus Bereichen mit einer immer größer werdenden Vielfalt unter den bestmöglichen Voraussetzungen zu bearbeiten.

(2) Eine vollständige Überarbeitung der Verfahrensordnung ist notwendig, um dieser Gesamtheit von Vorschriften eine neue Kohärenz zu geben, die Einheitlichkeit des verfahrensrechtlichen Instrumentariums zu fördern, mit dem die Streitsachen geregelt werden, die vor die Gerichte der Europäischen Union gebracht werden, die Fähigkeit des Gerichts zu erhalten, innerhalb eines angemessenen Zeitraums zu entscheiden, die den Parteien zuerkannten Rechte zu klären, die Erwartungen des Gerichts gegenüber den Vertretern der Parteien näher darzulegen und eine Reihe von Bestimmungen anzupassen, um bestimmten, auch technischen, Entwicklungen Rechnung zu tragen, was die Einreichung und die Zustellung von Verfahrensschriftstücken und Schwierigkeiten betrifft, die bei ihrer Anwendung zutage getreten sind.

(3) Für die auf dem Gebiet des geistigen Eigentums erhobenen Klagen und die gegen die Entscheidungen des Gerichts für den öffentlichen Dienst der Europäischen Union eingelegten Rechtsmittel müssen aufgrund ihrer spezifischen Besonderheiten spezielle, in besondere Titel aufzunehmende Verfahrensvorschriften, darüber hinaus jedoch die für Klageverfahren vorgesehenen Verfahrensbestimmungen, gelten. Somit bilden die Vorschriften für Klageverfahren, für Klagen auf dem Gebiet des geistigen Eigentums und für Rechtsmittel das Gerüst dieser Verfahrensordnung.

(4) Im Licht der Erfahrungen erscheint es zudem geboten, die jeweils für diese Verfahren geltenden Vorschriften zu vervollständigen oder für den Einzelnen klarer zu gestalten. Diese Vorschriften betreffen u. a. den Umfang der den Hauptparteien eingeräumten Rechte und den Umfang der den Streithelfern zuerkannten Rechte bzw., bei den Rechtssachen des geistigen Eigentums, den Erwerb der Eigenschaft als Streithelfer und den Umfang der diesem zustehenden Rechte. Die Achtung des Grundsatzes des kontradiktorischen Verfahrens und die Notwendigkeit, in bestimmten Situationen die Vertraulichkeit sensibler Informationen zu wahren, die für die Entscheidung des Rechtsstreits von Bedeutung sind, sind Gegenstand spezieller Bestimmungen. Was die Rechtsmittel gegen die Entscheidungen des Gerichts für den öffentlichen Dienst betrifft, ist zudem klarer zwischen Rechtsmitteln und nach deren Zustellung eingelegten Anschlussrechtsmitteln zu unterscheiden. Desgleichen ist bei Rechtssachen auf dem Gebiet des geistigen Eigentums zwischen Klage und vom Streithelfer nach Zustellung der das Verfahren einleitenden Klageschrift erhobener Anschlussklage zu unterscheiden.

(5) Die Durchführung mancher Verfahren hat gezeigt, dass diese zu komplex sind. Sie sind deshalb zu vereinfachen. Insoweit stellen die Vorschriften zur Bestimmung der Verfahrenssprache in den Rechtssachen des geistigen Eigentums sicher, dass die Betroffenen die Situationen besser einschätzen können und die Bearbeitung durch das Gericht vereinfacht wird. Die Vorschriften über das Versäumnisverfahren sollen eine raschere Erledigung der Rechtssache im Interesse des Klägers ermöglichen, der, wenn er obsiegt, dem Risiko eines Einspruchs des unterlegenen Beklagten ausgesetzt ist.

(6) Der besseren Lesbarkeit halber sind ferner alle Anträge, die sich auf Urteile oder Beschlüsse beziehen und gegenwärtig über mehrere verschiedene Titel und Kapitel der Verfahrensordnung verstreut sind, im Titel über Klageverfahren zusammenzuführen. Um die Lesbarkeit des Textes zu erhöhen, werden auch die Verfahren nach einer Zurückverweisung durch den Gerichtshof – sei es nach einer Aufhebung, sei es nach einer Überprüfung – in einem einzigen Titel dargestellt.

(7) Obgleich das Gericht immer mehr Streitsachen zu bewältigen hat, muss es seine Entscheidungen weiterhin in angemessener Zeit erlassen. Es ist daher wesentlich, die Bemühungen um eine Verkürzung der Dauer der vor ihm geführten Verfahren fortzusetzen, indem insbesondere das schriftliche Verfahren in den Rechtssachen des geistigen Eigentums auf einen einzigen Schriftsatzwechsel beschränkt wird, indem ein Rahmen für Anträge auf Anpassung der Anträge in der Klageschrift geschaffen wird, indem bestimmte gesetzliche Fristen verkürzt werden, indem die für die Streithilfe geltende Regelung dadurch vereinfacht wird, dass die Möglichkeit der Zulassung zur Streithilfe nach Ablauf der gesetzlichen Frist nach der Veröffentlichung im Amtsblatt der Europäischen Union beseitigt wird, indem das Gericht die Möglichkeit erhält, in Klageverfahren ohne mündliches Verfahren zu entscheiden, wenn

keine der Hauptparteien die Durchführung einer mündlichen Verhandlung beantragt und es sich durch die Aktenstücke der Rechtssache für ausreichend unterrichtet hält, sowie die Möglichkeit, über ein Rechtsmittel ohne ein mündliches Verfahren zu entscheiden, indem die Entscheidungsbefugnisse der Kammerpräsidenten erweitert werden, und schließlich, indem die Zahl der Fälle erhöht wird, in denen durch einfachen Beschluss entschieden wird.

(8) Aus diesem Grund wurde auch der Titel über die Organisation des Gerichts um Vorschriften erweitert, mit denen u. a. die Fälle, in denen eine Rechtssache neu zugewiesen werden kann, genau bezeichnet werden und die eine Erweiterung der Zuständigkeit des Einzelrichters bezwecken, um ihm die Entscheidung in Rechtssachen des geistigen Eigentums zu ermöglichen.

(9) Die Durchführung des Verfahrens unter Achtung des Grundsatzes des kontradiktorischen Verfahrens wird dadurch bekräftigt, dass diesem Grundsatz ein eigener Artikel gewidmet ist und dass die Fälle, in denen die Wahrung der Vertraulichkeit bestimmter, von einer Hauptpartei erteilter Informationen, die für die Entscheidung über den Rechtsstreit unerlässlich sind, es rechtfertigt, diese Informationen ausnahmsweise nicht der anderen Hauptpartei bekannt zu geben, in einen engen rechtlichen Rahmen eingefasst werden. Neue Bestimmungen geben dem Gericht auch einen formalen Rahmen für die Fälle der Selbstablehnung eines Richters oder dessen Entbindung an die Hand. Außerdem soll die Reform Vorschriften auf die Ebene der Verfahrensordnung anheben, die zuvor in den Praktischen Anweisungen für die Parteien enthalten waren, wie diejenige zur Länge der Schriftsätze, oder in der Dienstanweisung für den Kanzler des Gerichts, wie diejenige zur Anonymität und diejenige, mit der die Voraussetzungen näher geregelt werden, unter denen ein Dritter die Akten der Rechtssache einsehen darf.

(10) Schließlich wird die Lesbarkeit des Textes dadurch erleichtert, dass bestimmte obsolete oder nicht angewandte Vorschriften entfallen, alle Absätze der Artikel dieser Verfahrensordnung nummeriert werden, jedem Artikel eine Überschrift gegeben wird und Begriffe vereinheitlicht werden.

im Einvernehmen mit dem Gerichtshof,

mit Genehmigung des Rates, die am 10. Februar 2015 erteilt worden ist –

ERLÄSST FOLGENDE VERFAHRENSORDNUNG:

EINGANGSBESTIMMUNGEN

Artikel 1
Definitionen

(1) In dieser Verfahrensordnung werden bezeichnet:

a) die Bestimmungen des Vertrags über die Europäische Union (EU-Vertrag) mit der Nummer des betreffenden Artikels dieses Vertrags, gefolgt von dem Kürzel „EUV";

b) die Bestimmungen des Vertrags über die Arbeitsweise der Europäischen Union (AEU-Vertrag) mit der Nummer des betreffenden Artikels dieses Vertrags, gefolgt von dem Kürzel „AEUV";

c) die Bestimmungen des Vertrags zur Gründung der Europäischen Atomgemeinschaft (EAG-Vertrag) mit der Nummer des betreffenden Artikels dieses Vertrags, gefolgt von dem Kürzel „EAGV";

d) das Protokoll über die Satzung des Gerichtshofs der Europäischen Union als „Satzung";

e) das Abkommen über den Europäischen Wirtschaftsraum[1)] als „EWR-Abkommen";

f) die Verordnung Nr. 1 des Rates vom 15. April 1958 zur Regelung der Sprachenfrage für die Europäische Wirtschaftsgemeinschaft[2)] als „Verordnung Nr. 1 des Rates".

(2) In dieser Verfahrensordnung bezeichnen:

a) der Begriff „Gericht" bei den Rechtssachen, die einer Kammer zugewiesen oder an diese verwiesen worden sind, diese Kammer und bei Rechtssachen, die dem Einzelrichter übertragen oder zugewiesen worden sind, den Einzelrichter;

b) der Begriff „Präsident" ohne weitere Angabe

- bei Rechtssachen, die noch keinem Spruchkörper zugewiesen worden sind, den Präsidenten des Gerichts;
- bei Rechtssachen, die Kammern zugewiesen worden sind, den Präsidenten der Kammer, der die Rechtssache zugewiesen worden ist;
- bei Rechtssachen, die dem Einzelrichter übertragen oder zugewiesen worden sind, den Einzelrichter;

c) die Begriffe „Partei" und „Parteien" ohne weitere Angabe jeden am Verfahren Beteiligten, einschließlich der Streithelfer;

d) die Begriffe „Hauptpartei" und „Hauptparteien" je nach Fall den Kläger oder den Beklagten oder beide bzw. den Rechtsmittelführer oder den Rechtsmittelgegner oder beide;

e) der Ausdruck „Vertreter der Parteien" Anwälte und Bevollmächtigte – Letztere gegebenen-

---

1) ABl. L 1 vom 3.1.1994, S. 3.

2) ABl. 17 vom 6.10.1958, S. 385/58.

falls unterstützt von einem Beistand oder einem Anwalt –, die die Parteien gemäß Artikel 19 der Satzung vor dem das Gericht vertreten;

f) die Begriffe „Organ" und „Organe" die in Artikel 13 Absatz 1 EUV genannten Organe der Union und die Einrichtungen oder sonstigen Stellen, die durch die Verträge oder einen zu deren Durchführung erlassenen Rechtsakt geschaffen worden sind und die in Verfahren vor dem Gericht Partei sein können;

g) der Begriff „Amt" je nach Fall das Amt der Europäischen Union für geistiges Eigentum oder das Sortenamt der Gemeinschaft; *(ABl 2016 L 217, 71ff)*

h) der Ausdruck „EFTA-Überwachungsbehörde" die im EWR-Abkommen genannte Überwachungsbehörde der Europäischen Freihandelsassoziation;

i) der Begriff „Klageverfahren" Klagen auf der Grundlage der Artikel 263 AEUV, 265 AEUV, 268 AEUV, 270 AEUV und 272 AEUV; *(ABl 2016 L 217, 71ff)*

j) der Begriff „Beamtenstatut" die Verordnung zur Festlegung des Statuts der Beamten der Europäischen Union und der Beschäftigungsbedingungen für die sonstigen Bediensteten der Union. *(ABl 2016 L 217, 71ff)*

k) der Begriff „e-Curia" die Informatikanwendung des Gerichtshofs der Europäischen Union, die die Einreichung und Zustellung von Verfahrensschriftstücken auf elektronischem Weg ermöglicht. *(ABl 2018 L 240, 68)*

Artikel 2
Regelungszweck der Verfahrensordnung

Mit den Bestimmungen dieser Verfahrensordnung werden die einschlägigen Bestimmungen des EU-Vertrags, des AEU-Vertrags und des EAG-Vertrags sowie der Satzung umgesetzt und, soweit erforderlich, ergänzt.

ERSTER TITEL
ORGANISATION DES GERICHTS

Erstes Kapitel
MITGLIEDER DES GERICHTS

Artikel 3
Tätigkeit als Richter und Tätigkeit als Generalanwalt

(1) Jedes Mitglied des Gerichts übt grundsätzlich die Tätigkeit eines Richters aus.

(2) Die Mitglieder des Gerichts werden im Folgenden „Richter" genannt.

(3) Mit Ausnahme des Präsidenten und der Kammerpräsidenten des Gerichts kann jeder Richter in einer bestimmten Rechtssache nach Maßgabe der Artikel 30 und 31 die Tätigkeit eines Generalanwalts ausüben. *(ABl 2018 L 240, 67)*

(4) Die Bezugnahmen auf den Generalanwalt in dieser Verfahrensordnung gelten nur für die Fälle, in denen ein Richter zum Generalanwalt bestellt worden ist.

Artikel 4
Beginn der Amtszeit der Richter

Die Amtszeit eines Richters beginnt mit dem im Ernennungsakt dafür bestimmten Tag. Wird in diesem Akt der Tag des Beginns der Amtszeit nicht bestimmt, so beginnt die Amtszeit mit dem Tag der Veröffentlichung des Ernennungsakts im *Amtsblatt der Europäischen Union.*

Artikel 5
Eidesleistung

Die Richter leisten vor Aufnahme ihrer Amtstätigkeit vor dem Gerichtshof folgenden Eid gemäß Artikel 2 der Satzung:

„Ich schwöre, dass ich mein Amt unparteiisch und gewissenhaft ausüben und das Beratungsgeheimnis wahren werde."

Artikel 6
Feierliche Verpflichtung

Unmittelbar nach der Eidesleistung unterzeichnen die Richter eine Erklärung, in der sie die in Artikel 4 Absatz 3 der Satzung vorgesehene feierliche Verpflichtung übernehmen.

Artikel 7
Amtsenthebung eines Richters

(1) Hat der Gerichtshof nach Artikel 6 der Satzung nach Stellungnahme des Gerichts darüber zu entscheiden, ob ein Richter die erforderlichen Voraussetzungen nicht mehr erfüllt oder den sich aus seinem Amt ergebenden Verpflichtungen nicht mehr nachkommt, so fordert der Präsident des Gerichts den Betroffenen auf, sich hierzu zu äußern; dabei ist der Kanzler nicht zugegen.

(2) Die Stellungnahme des Gerichts ist mit Gründen zu versehen.

(3) Für eine Stellungnahme, durch die festgestellt wird, dass ein Richter nicht mehr die für sein Amt erforderlichen Voraussetzungen erfüllt oder den sich aus diesem Amt ergebenden Verpflichtungen nicht mehr nachkommt, sind mindestens die Stimmen der Mehrheit der Richter erforderlich, aus denen das Gericht nach Artikel 48 der Satzung besteht. In diesem Fall ist das zahlenmäßige Abstimmungsergebnis dem Gerichtshof mitzuteilen.

(4) Die Abstimmung, bei der der Kanzler nicht zugegen ist, ist geheim; der Betroffene wirkt bei der Beschlussfassung nicht mit.

Artikel 8
Dienstaltersrang

(1) Das Dienstalter der Richter wird beginnend mit der Aufnahme ihrer Amtstätigkeit berechnet.

(2) Bei gleichem Dienstalter bestimmt sich der Dienstaltersrang nach dem Lebensalter.

(3) Richter, die wiederernannt werden, behalten ihren bisherigen Dienstaltersrang.

Zweites Kapitel
PRÄSIDENTSCHAFT DES GERICHTS

Artikel 9
Wahl des Präsidenten und des Vizepräsidenten des Gerichts

(1) Die Richter wählen sogleich nach der teilweisen Neubesetzung von Richterstellen gemäß Artikel 254 Absatz 2 AEUV aus ihrer Mitte den Präsidenten des Gerichts für die Dauer von drei Jahren.

(2) Endet die Amtszeit des Präsidenten des Gerichts vor ihrem regelmäßigen Ablauf, so wird das Amt für die verbleibende Zeit neu besetzt.

(3) Die in diesem Artikel vorgesehenen Wahlen sind geheim. Gewählt ist der Richter, der die Stimmen von mehr als der Hälfte der Richter erhält, die gemäß Artikel 48 der Satzung das Gericht bilden. Erreicht keiner der Richter diese Mehrheit, so finden weitere Wahlgänge statt, bis sie erreicht wird.

(4) Die Richter wählen sodann gemäß dem Verfahren des Absatzes 3 aus ihrer Mitte den Vizepräsidenten des Gerichts für die Dauer von drei Jahren. Endet dessen Amtszeit vor ihrem regelmäßigen Ablauf, so findet Absatz 2 Anwendung

(5) Die Namen des Präsidenten und des Vizepräsidenten des Gerichts, die gemäß diesem Artikel gewählt worden sind, werden im *Amtsblatt der Europäischen Union* veröffentlicht.

Artikel 10
Zuständigkeit des Präsidenten des Gerichts

(1) Der Präsident des Gerichts vertritt das Gericht.

(2) Der Präsident des Gerichts leitet die Tätigkeit und die Dienststellen des Gerichts.

(3) Der Präsident des Gerichts führt den Vorsitz in der Vollversammlung nach Artikel 42.

(4) Der Präsident des Gerichts führt den Vorsitz in der Großen Kammer. In diesem Fall findet Artikel 19 Anwendung.

(5) Ist der Präsident des Gerichts einer Kammer zugeteilt, so führt er den Vorsitz in dieser Kammer. In diesem Fall findet Artikel 19 Anwendung.

(6) In den Rechtssachen, die noch keinem Spruchkörper zugewiesen worden sind, kann der Präsident des Gerichts prozessleitende Maßnahmen gemäß Artikel 89 treffen.

Artikel 11
Zuständigkeit des Vizepräsidenten des Gerichts

(1) Der Vizepräsident des Gerichts steht dem Präsidenten des Gerichts bei der Erfüllung seiner Aufgaben zur Seite und vertritt ihn, wenn dieser verhindert ist.

(2) Er vertritt ihn auf dessen Aufforderung bei der Erfüllung der Aufgaben gemäß Artikel 10 Absätze 1 und 2.

(3) Das Gericht legt durch Beschluss die Voraussetzungen fest, unter denen der Vizepräsident des Gerichts den Präsidenten des Gerichts bei der Erfüllung seiner richterlichen Aufgaben vertritt. Der Beschluss wird im *Amtsblatt der Europäischen Union* veröffentlicht.

(4) Ist der Vizepräsident des Gerichts einer Kammer zugeteilt, so führt er vorbehaltlich des Artikels 10 Absatz 5 den Vorsitz in dieser Kammer. In diesem Fall findet Artikel 19 Anwendung.

Artikel 12
Verhinderung des Präsidenten und des Vizepräsidenten des Gerichts

Sind der Präsident und der Vizepräsident des Gerichts gleichzeitig verhindert, so wird das Amt des Präsidenten gemäß der in Artikel 8 festgelegten Rangordnung von einem der Kammerpräsidenten oder in Ermangelung dessen von einem der übrigen Richter wahrgenommen.

Drittes Kapitel
KAMMERN UND SPRUCHKÖRPER

Abschnitt 1

Bildung der Kammern und Besetzung der Spruchkörper

Artikel 13
Bildung der Kammern

(1) Das Gericht bildet aus seiner Mitte Kammern, die mit drei Richtern und mit fünf Richtern tagen.

(2) Das Gericht beschließt auf Vorschlag des Präsidenten des Gerichts über die Zuteilung der Richter zu den Kammern.

(3) Die gemäß diesem Artikel getroffenen Beschlüsse werden im *Amtsblatt der Europäischen Union* veröffentlicht.

Artikel 14
Zuständiger Spruchkörper

(1) Die Rechtssachen, mit denen das Gericht befasst ist, werden von den gemäß Artikel 13 mit drei Richtern oder mit fünf Richtern tagenden Kammern entschieden.

(2) Die Rechtssachen können nach Maßgabe des Artikels 28 von der Großen Kammer entschieden werden.

(3) Die Rechtssachen können vom Einzelrichter entschieden werden, wenn sie ihm nach Maßgabe des Artikels 29 zugewiesen worden sind.

Artikel 15
Besetzung der Großen Kammer

(1) Die Große Kammer ist mit 15 Richtern besetzt.

(2) Das Gericht beschließt, auf welche Weise die Richter bestimmt werden, mit denen die Große Kammer besetzt wird. Der Beschluss wird im *Amtsblatt der Europäischen Union* veröffentlicht.

Artikel 16
Selbstablehnung eines Richters und Entbindung

(1) Glaubt ein Richter, gemäß Artikel 18 Absätze 1 und 2 der Satzung bei der Erledigung einer Rechtssache nicht mitwirken zu können, so teilt er dies dem Präsidenten mit, der ihn von der Mitwirkung freistellt.

(2) Ist der Präsident des Gerichts der Ansicht, dass ein Richter gemäß Artikel 18 Absätze 1 und 2 der Satzung bei der Erledigung einer Rechtssache nicht mitwirken kann, so teilt er dies dem betroffenen Richter mit und gibt ihm Gelegenheit zur Stellungnahme, bevor er eine Entscheidung trifft.

(3) Ergibt sich bei der Anwendung dieses Artikels eine Schwierigkeit gemäß Artikel 18 Absatz 3 der Satzung, so überträgt der Präsident des Gerichts die Entscheidungen nach den Absätzen 1 und 2 der Vollversammlung. In diesem Fall findet eine geheime Abstimmung statt, nachdem dem betroffenen Richter, der an der Beschlussfassung nicht mitwirkt, Gelegenheit zur Stellungnahme gegeben wurde; der Kanzler ist bei der Abstimmung nicht zugegen.

Artikel 17
Verhinderung eines Mitglieds des Spruchkörpers

(1) Wird in der Großen Kammer infolge einer vor der Eröffnung der mündlichen Verhandlung oder der Beratung eingetretenen Verhinderung eines Richters die in Artikel 15 vorgesehene Zahl von Richtern nicht erreicht, so wird diese Kammer zur Wiederherstellung der vorgesehenen Richterzahl durch einen vom Präsidenten des Gerichts bestimmten Richter ergänzt.

(2) Wird in einer mit drei Richtern oder mit fünf Richtern tagenden Kammer infolge einer vor der Eröffnung der mündlichen Verhandlung oder der Beratung eingetretenen Verhinderung eines Richters die vorgesehene Zahl von Richtern nicht erreicht, so bestimmt der Präsident dieser Kammer einen anderen Richter derselben Kammer, um den verhinderten Richter zu ersetzen. Ist eine Ersetzung des verhinderten Richters durch einen Richter derselben Kammer nicht möglich, so benachrichtigt der Präsident der betreffenden Kammer den Präsidenten des Gerichts, der zur Wiederherstellung der vorgesehenen Richterzahl nach den vom Gericht beschlossenen Kriterien einen anderen Richter bestimmt. Der Beschluss über diese Kriterien wird im *Amtsblatt der Europäischen Union* veröffentlicht.

(3) Ist der Richter, dem die Rechtssache als Einzelrichter übertragen oder zugewiesen worden ist, verhindert, so bestimmt der Präsident des Gerichts einen anderen Richter, der ihn ersetzt.

Abschnitt 2
Kammerpräsidenten

Artikel 18
Wahl der Kammerpräsidenten

(1) Die Richter wählen aus ihrer Mitte gemäß Artikel 9 Absatz 3 die Präsidenten der mit drei Richtern und der mit fünf Richtern tagenden Kammern.

(2) Die Präsidenten der mit fünf Richtern tagenden Kammern werden jeweils für drei Jahre gewählt. Einmalige Wiederwahl ist zulässig.

(3) Die Präsidenten der mit drei Richtern tagenden Kammern werden für einen bestimmten Zeitraum gewählt.

(4) Die Präsidenten der mit fünf Richtern tagenden Kammern werden sogleich nach der gemäß Artikel 9 erfolgten Wahl des Vizepräsidenten des Gerichts gewählt.

(5) Endet die Amtszeit eines Kammerpräsidenten vor ihrem regelmäßigen Ablauf, so wird das Amt für die verbleibende Zeit neu besetzt.

(6) Die Namen der Kammerpräsidenten, die gemäß diesem Artikel gewählt worden sind,

werden im *Amtsblatt der Europäischen Union* veröffentlicht.

Artikel 19

Befugnisse des Kammerpräsidenten

(1) Der Kammerpräsident übt die ihm durch diese Verfahrensordnung übertragenen Befugnisse nach Anhörung des Berichterstatters aus.

(2) Der Kammerpräsident kann jede in seine Zuständigkeit fallende Entscheidung auf die Kammer übertragen.

Artikel 20

Verhinderung des Kammerpräsidenten

Ist der Kammerpräsident verhindert, so werden seine Aufgaben unbeschadet des Artikels 10 Absatz 5 und des Artikels 11 Absatz 4 von einem Richter des Spruchkörpers gemäß der in Artikel 8 festgelegten Rangordnung wahrgenommen.

Abschnitt 3

Beratungen

Artikel 21

Beratungsmodalitäten

(1) Die Beratungen des Gerichts sind und bleiben geheim.

(2) Hat eine mündliche Verhandlung stattgefunden, nehmen an der Beratung nur die an der Verhandlung beteiligten Richter teil.

(3) Jeder Richter, der an der Beratung teilnimmt, trägt seine Auffassung vor und begründet sie.

(4) Das Ergebnis, auf das sich die Mehrheit der Richter nach der abschließenden Erörterung geeinigt hat, ist für die Entscheidung des Gerichts maßgebend. Die Richter stimmen in der umgekehrten Reihenfolge der in Artikel 8 festgelegten Rangordnung ab, mit Ausnahme des Berichterstatters, der seine Stimme als Erster abgibt, und des Präsidenten, der seine Stimme zuletzt abgibt.

Artikel 22

Zahl der an der Beratung teilnehmenden Richter

Ergibt sich infolge einer Verhinderung eine gerade Zahl von Richtern, so nimmt der im Sinne des Artikels 8 dienstjüngste Richter an der Beratung nicht teil, es sei denn, dieser Richter ist Präsident oder Berichterstatter. Im letzten Fall nimmt der Richter mit dem nächstniedrigen Dienstaltersrang an der Beratung nicht teil.

Artikel 23

Beschlussfähigkeit der Großen Kammer

(1) Die Entscheidungen der Großen Kammer sind nur dann gültig, wenn elf Richter anwesend sind.

(2) Wird diese für die Beschlussfähigkeit erforderliche Zahl von Richtern infolge einer Verhinderung nicht erreicht, so bestimmt der Präsident des Gerichts einen anderen Richter, mit dem die für die Beschlussfähigkeit der Großen Kammer erforderliche Zahl von Richtern erreicht wird.

(3) Wird die für die Beschlussfähigkeit erforderliche Zahl von Richtern nicht mehr erreicht, nachdem die mündliche Verhandlung stattgefunden hat, so erfolgt eine Ersetzung nach Maßgabe des Absatzes 2; auf Antrag einer Hauptpartei ist eine erneute mündliche Verhandlung durchzuführen. Das Gericht kann eine erneute mündliche Verhandlung auch von Amts wegen durchführen. Eine erneute mündliche Verhandlung ist zwingend durchzuführen, wenn eine Beweisaufnahme nach Artikel 91 Buchstaben a und d sowie nach Artikel 96 Absatz 2 durchgeführt worden ist. Wird keine erneute mündliche Verhandlung durchgeführt, so findet Artikel 21 Absatz 2 keine Anwendung.

Artikel 24

Beschlussfähigkeit der mit drei Richtern oder mit fünf Richtern tagenden Kammern

(1) Die Entscheidungen der mit drei Richtern oder mit fünf Richtern tagenden Kammern sind nur dann gültig, wenn drei Richter anwesend sind.

(2) Wird in einer der mit drei Richtern oder mit fünf Richtern tagenden Kammern die für die Beschlussfähigkeit erforderliche Zahl von Richtern infolge einer Verhinderung nicht erreicht, so bestimmt der Präsident dieser Kammer einen anderen Richter derselben Kammer, um den verhinderten Richter zu ersetzen. Ist eine Ersetzung des verhinderten Richters durch einen Richter derselben Kammer nicht möglich, so benachrichtigt der Präsident der betreffenden Kammer den Präsidenten des Gerichts, der nach den vom Gericht beschlossenen Kriterien einen anderen Richter bestimmt, damit die für die Beschlussfähigkeit der Kammer erforderliche Zahl von Richtern erreicht wird. Der Beschluss über diese Kriterien wird im *Amtsblatt der Europäischen Union* veröffentlicht.

(3) Wird die für die Beschlussfähigkeit erforderliche Zahl von Richtern nicht mehr erreicht, nachdem die mündliche Verhandlung stattgefunden hat, so erfolgt eine Ersetzung nach Maßgabe des Absatzes 2; auf Antrag einer Hauptpartei ist eine erneute mündliche Verhandlung durchzuführen. Das Gericht kann eine erneute mündliche Verhandlung auch von Amts wegen durchführen. Eine erneute mündliche Verhandlung ist zwin-

gend durchzuführen, wenn eine Beweisaufnahme nach Artikel 91 Buchstaben a und d sowie nach Artikel 96 Absatz 2 durchgeführt worden ist. Eine erneute mündliche Verhandlung ist zwingend durchzuführen, wenn die Verhinderung mehr als einen an der ursprünglichen mündlichen Verhandlung beteiligten Richter betrifft. Wird keine erneute mündliche Verhandlung durchgeführt, so findet Artikel 21 Absatz 2 keine Anwendung.

Viertes Kapitel
ZUWEISUNG UND NEUZUWEISUNG DER RECHTSSACHEN, BESTIMMUNG DER BERICHTERSTATTER, VERWEISUNG AN DIE SPRUCHKAMMERN UND ÜBERTRAGUNG AUF DEN EINZELRICHTER

Artikel 25
Kriterien für die Zuweisung

(1) Das Gericht legt die Kriterien fest, nach denen sich die Verteilung der Rechtssachen auf die Kammern richtet. Das Gericht kann eine oder mehrere Kammern mit der Entscheidung von Rechtssachen in speziellen Sachgebieten beauftragen.

(2) Der Beschluss wird im *Amtsblatt der Europäischen Union* veröffentlicht.

Artikel 26
Zuweisung einer Rechtssache nach Eingang und Bestimmung des Berichterstatters

(1) Der Präsident des Gerichts weist die Rechtssache nach Eingang des verfahrenseinleitenden Schriftstücks so bald wie möglich gemäß den vom Gericht nach Artikel 25 festgelegten Kriterien einer Kammer zu.

(2) Der Kammerpräsident schlägt dem Präsidenten des Gerichts für jede der Kammer zugewiesene Rechtssache die Bestimmung eines Berichterstatters vor. Der Präsident des Gerichts entscheidet.

(3) Sind einer mit drei Richtern oder mit fünf Richtern tagenden Kammer mehr als drei oder fünf Richter zugeteilt, so bestimmt der Kammerpräsident die Richter, die an der Entscheidung der Rechtssache mitwirken sollen.

Artikel 27
Bestimmung eines neuen Berichterstatters und Neuzuweisung einer Rechtssache

(1) Bei Verhinderung des Berichterstatters benachrichtigt der Präsident des zuständigen Spruchkörpers den Präsidenten des Gerichts, der einen neuen Berichterstatter bestimmt. Ist dieser nicht der Kammer zugeteilt, der die Rechtssache ursprünglich zugewiesen war, so wird die Rechtssache von der Kammer entschieden, der der neue Berichterstatter angehört.

(2) Um dem Sachzusammenhang zwischen bestimmten Rechtssachen Rechnung zu tragen, kann der Präsident des Gerichts durch mit Gründen versehene Entscheidung und nach Anhörung der betroffenen Berichterstatter Rechtssachen neu zuweisen, um die Vorbereitung aller betroffenen Rechtssachen durch denselben Berichterstatter zu ermöglichen. Ist der Berichterstatter, dem die Rechtssachen neu zugewiesen werden, nicht der Kammer zugeteilt, der die Rechtssachen ursprünglich zugewiesen waren, so werden die Rechtssachen von der Kammer entschieden, der der neue Berichterstatter angehört.

(3) Im Interesse einer geordneten Rechtspflege kann der Präsident des Gerichts ausnahmsweise vor der Vorlage des Vorberichts gemäß Artikel 87 durch eine mit Gründen versehene Entscheidung und nach Anhörung der betroffenen Richter einen anderen Berichterstatter bestimmen. Ist dieser nicht der Kammer zugeteilt, der die Rechtssache ursprünglich zugewiesen war, so wird die Rechtssache von der Kammer entschieden, der der neue Berichterstatter angehört.

(4) Bevor der Präsident des Gerichts die Bestimmungen nach den Absätzen 1 bis 3 trifft, holt er die Stellungnahmen der betroffenen Kammerpräsidenten ein.

(5) Bei einer Neubesetzung der Kammern infolge eines Beschlusses des Gerichts über die Zuteilung der Richter an die Kammern wird die Rechtssache von der Kammer entschieden, der der Berichterstatter aufgrund dieser Entscheidung angehört, sofern nicht bereits über die Rechtssache beraten wird oder das mündliche Verfahren eröffnet wurde.

Artikel 28
Verweisung an eine mit einer anderen Richterzahl tagende Kammer

(1) Sofern die rechtliche Schwierigkeit oder die Bedeutung der Rechtssache oder besondere Umstände es rechtfertigen, kann eine Rechtssache an die Große Kammer oder an eine mit einer anderen Richterzahl tagende Kammer verwiesen werden.

(2) Die mit der Rechtssache befasste Kammer, der Vizepräsident oder der Präsident des Gerichts kann der Vollversammlung in jedem Verfahrensstadium von Amts wegen oder auf Antrag einer Hauptpartei eine Verweisung nach Absatz 1 vorschlagen. *(ABl 2018 L 240, 67)*

(3) Über die Verweisung einer Rechtssache an eine mit einer höheren Richterzahl tagende Kammer entscheidet die Vollversammlung.

(4) Über die Verweisung einer Rechtssache an eine mit einer geringeren Richterzahl tagende

Kammer entscheidet die Vollversammlung nach Anhörung der Hauptparteien.

(5) Die Rechtssache wird von einer mit mindestens fünf Richtern tagenden Kammer entschieden, wenn ein Mitgliedstaat oder ein Organ der Union als Partei dies beantragt.

Artikel 29
Übertragung auf den Einzelrichter

(1) Die nachstehend bezeichneten Rechtssachen, die einer mit drei Richtern tagenden Kammer zugewiesen sind, können vom Berichterstatter als Einzelrichter entschieden werden, wenn sie sich wegen fehlender Schwierigkeit der aufgeworfenen Tatsachen- und Rechtsfragen, begrenzter Bedeutung der Rechtssache und des Fehlens anderer besonderer Umstände dazu eignen und nach Maßgabe dieses Artikels übertragen worden sind:

a) die in Artikel 171 bezeichneten Rechtssachen;

b) Rechtssachen, die aufgrund des Artikels 263 Absatz 4 AEUV, des Artikels 265 Absatz 3 AEUV, des Artikels 268 AEUV und des Artikels 270 AEUV anhängig gemacht worden sind und die ausschließlich Fragen aufwerfen, die bereits durch eine gesicherte Rechtsprechung geklärt sind, oder zu einer Reihe von Rechtssachen gehören, die den gleichen Gegenstand haben und von denen eine bereits rechtskräftig entschieden ist; *(ABl 2016 L 217, 71ff)*

c) Rechtssachen, die aufgrund des Artikels 272 AEUV anhängig gemacht worden sind.

(2) Die Übertragung auf den Einzelrichter ist ausgeschlossen

a) bei Nichtigkeitsklagen gegen Handlungen mit allgemeiner Geltung oder bei Rechtssachen, in denen ausdrücklich eine Einrede der Rechtswidrigkeit gegen eine Handlung mit allgemeiner Geltung erhoben worden ist;

b) bei Klagen gemäß Artikel 270 AEUV, in denen ausdrücklich eine Einrede der Rechtswidrigkeit gegen einen Rechtsakt mit allgemeiner Geltung erhoben worden ist, es sei denn, über die mit dieser Einrede aufgeworfenen Fragen ist vom Gerichtshof oder vom Gericht bereits entschieden worden; *(ABl 2016 L 217, 71ff)*

c) bei Klagen gemäß Artikel 270 AEUV, in denen ausdrücklich eine Einrede der Rechtswidrigkeit gegen einen Rechtsakt mit allgemeiner Geltung erhoben worden ist, es sei denn, über die mit dieser Einrede aufgeworfenen Fragen ist vom Gerichtshof oder vom Gericht bereits entschieden worden;

– der Wettbewerbsregeln oder der Vorschriften über die Kontrolle von Unternehmenszusammenschlüssen,
– der Vorschriften über staatliche Beihilfen,
– der Vorschriften über handelspolitische Schutzmaßnahmen,
– der Vorschriften über die gemeinsame Organisation der Agrarmärkte mit Ausnahme von Rechtssachen, die zu einer Reihe von Rechtssachen gehören, die den gleichen Gegenstand haben und von denen eine bereits rechtskräftig entschieden ist.

(ABl 2016 L 217, 71ff)

(3) Die Entscheidung über die Übertragung einer Rechtssache auf den Einzelrichter trifft die mit drei Richtern tagende Kammer, bei der die Rechtssache anhängig ist, nach Anhörung der Hauptparteien. Widerspricht ein Mitgliedstaat oder ein Organ der Union als Partei der Entscheidung der Rechtssache durch den Einzelrichter, so bleibt die Kammer, der der Berichterstatter angehört, mit der Rechtssache befasst.

(4) Der Einzelrichter verweist die Rechtssache an die Kammer zurück, wenn er feststellt, dass die Voraussetzungen für die Übertragung nicht mehr erfüllt sind.

Fünftes Kapitel

BESTELLUNG DER GENERALANWÄLTE

Artikel 30
Bestellung eines Generalanwalts

Das Gericht kann von einem Generalanwalt unterstützt werden, wenn die rechtliche Schwierigkeit oder die Komplexität des Sachverhalts der Rechtssache dies nach Ansicht des Gerichts gebietet.

Artikel 31
Modalitäten der Bestellung eines Generalanwalts

(1) Die Entscheidung über die Bestellung eines Generalanwalts für eine bestimmte Rechtssache wird auf Antrag der Kammer, der die Rechtssache zugewiesen oder an die diese verwiesen worden ist, von der Vollversammlung getroffen.

(2) Der Präsident des Gerichts bestimmt den Richter, der in dieser Rechtssache die Tätigkeit eines Generalanwalts ausübt.

(3) Ist diese Bestimmung erfolgt, so wird der Generalanwalt gehört, bevor die Entscheidungen nach den Artikeln 16, 28, 45, 68, 70, 83, 87, 90, 92, 98, 103, 105, 106, 113, 126 bis 132, 144, 151, 165, 168, 169 und 207 bis 209 ergehen.

Sechstes Kapitel
KANZLEI

Abschnitt 1
Kanzler

Artikel 32
Ernennung des Kanzlers

(1) Das Gericht ernennt den Kanzler.

(2) Ist die Stelle des Kanzlers unbesetzt, wird eine Anzeige im *Amtsblatt der Europäischen Union* veröffentlicht. Interessenten werden aufgefordert, innerhalb einer Frist von mindestens drei Wochen ihre Bewerbung einzureichen, die genaue Angaben über ihre Staatsangehörigkeit, akademischen Grade, Sprachkenntnisse, gegenwärtige und frühere berufliche Tätigkeit und etwaigen gerichtlichen und internationalen Erfahrungen enthalten muss.

(3) Die Abstimmung erfolgt nach dem Verfahren des Artikels 9 Absatz 3.

(4) Der Kanzler wird für die Dauer von sechs Jahren ernannt. Wiederernennung ist zulässig. Das Gericht kann entscheiden, die Amtszeit des amtierenden Kanzlers zu verlängern, ohne von dem in Absatz 2 vorgesehenen Verfahren Gebrauch zu machen. In diesem Fall findet Absatz 3 Anwendung.

(5) Der Kanzler leistet den in Artikel 5 vorgesehenen Eid und unterzeichnet die in Artikel 6 vorgesehene Erklärung.

(6) Der Kanzler kann seines Amtes nur enthoben werden, wenn er die erforderlichen Voraussetzungen nicht mehr erfüllt oder den sich aus seinem Amt ergebenden Verpflichtungen nicht mehr nachkommt. Das Gericht entscheidet, ohne dass der Kanzler dabei zugegen ist, nachdem es diesem Gelegenheit zur Äußerung gegeben hat.

(7) Endet die Amtszeit des Kanzlers vor ihrem regelmäßigen Ablauf, so ernennt das Gericht einen neuen Kanzler für die Dauer von sechs Jahren.

(8) Der Name des gemäß diesem Artikel gewählten Kanzlers wird im *Amtsblatt der Europäischen Union* veröffentlicht.

Artikel 33
Beigeordneter Kanzler

Das Gericht kann nach dem für die Ernennung des Kanzlers geltenden Verfahren einen oder mehrere Beigeordnete Kanzler ernennen, die den Kanzler unterstützen und ihn bei Verhinderung vertreten.

Artikel 34
Verhinderung des Kanzlers und des Beigeordneten Kanzlers

Sind der Kanzler und gegebenenfalls der Beigeordnete Kanzler verhindert, so beauftragt der Präsident des Gerichts Beamte oder sonstige Bedienstete mit der Wahrnehmung der Geschäfte des Kanzlers.

Artikel 35
Zuständigkeit des Kanzlers

(1) Der Kanzler ist unter der Aufsicht des Präsidenten des Gerichts mit der Entgegennahme, Übermittlung und Aufbewahrung aller Schriftstücke sowie mit den Zustellungen, die mit der Anwendung dieser Verfahrensordnung verbunden sind, beauftragt.

(2) Der Kanzler steht den Mitgliedern des Gerichts bei allen Amtshandlungen zur Seite.

(3) Der Kanzler verwahrt die Siegel und ist für das Archiv verantwortlich. Er sorgt für die Veröffentlichungen des Gerichts, insbesondere der Sammlung der Rechtsprechung, und die Verbreitung der das Gericht betreffenden Dokumente über das Internet.

(4) Der Kanzler nimmt die Aufgaben der Verwaltung, der Finanzverwaltung und der Buchführung unter der Aufsicht des Präsidenten des Gerichts wahr; dabei stehen ihm die Dienststellen des Gerichtshofs der Europäischen Union zur Seite.

(5) Soweit in dieser Verfahrensordnung nichts anderes bestimmt ist, ist der Kanzler bei allen Sitzungen des Gerichts zugegen.

Artikel 36
Registerführung

(1) Die Kanzlei führt unter der Verantwortung des Kanzlers ein Register, in das fortlaufend und in der Reihenfolge ihres Eingangs alle Verfahrensschriftstücke einzutragen sind.

(2) Der Kanzler vermerkt die Eintragung in das Register auf den zu den Akten der Rechtssache gegebenen Verfahrensschriftstücken und, auf Antrag der Parteien, auf den von ihnen zu diesem Zweck vorgelegten Kopien. *(ABl 2018 L 240, 68)*

(3) Die Eintragung in das Register und die in Absatz 2 vorgesehenen Vermerke stellen öffentliche Urkunden dar.

Artikel 37
Einsichtnahme in das Register

Jeder kann das Register bei der Kanzlei einsehen und nach Maßgabe der vom Gericht auf Vorschlag des Kanzlers erlassenen Gebührenordnung der Kanzlei Kopien oder Auszüge daraus erhalten.

Artikel 38
Einsichtnahme in die Akten der Rechtssache

(1) Vorbehaltlich des Artikels 68 Absatz 4, der Artikel 103 bis 105 und des Artikels 144 Absatz 7 kann jede Partei Einsicht in die Akten der Rechtssache erhalten und gemäß der in Artikel 37 genannten Gebührenordnung der Kanzlei Kopien der Verfahrensschriftstücke sowie Ausfertigungen von Beschlüssen und Urteilen erhalten.

(2) Kein Dritter, sei es mit privatrechtlichem oder öffentlich-rechtlichem Status, kann ohne ausdrückliche, nach Anhörung der Parteien vom Präsidenten des Gerichts erteilte Genehmigung Einsicht in die Akten einer Rechtssache erhalten. Diese Genehmigung kann, umfassend oder eingeschränkt, nur auf schriftlichen Antrag erteilt werden, dem eine eingehende Begründung für das berechtigte Interesse an der Einsichtnahme in die betreffenden Akten beizufügen ist.

Abschnitt 2
Dienststellen

Artikel 39
Beamte und sonstige Bedienstete

(1) Die Beamten und die sonstigen Bediensteten, die den Präsidenten, die Richter und den Kanzler unmittelbar unterstützen, werden nach Maßgabe des Beamtenstatuts ernannt. Sie unterstehen dem Kanzler unter der Aufsicht des Präsidenten des Gerichts. *(ABl 2016 L 217, 71ff)*

(2) Sie leisten vor dem Präsidenten des Gerichts in Gegenwart des Kanzlers einen der beiden folgenden Eide:
„Ich schwöre, dass ich das mir vom Gericht anvertraute Amt pflichtgetreu, verschwiegen und gewissenhaft ausüben werde"
oder
„Ich verspreche feierlich, dass ich das mir vom Gericht anvertraute Amt pflichtgetreu, verschwiegen und gewissenhaft ausüben werde."

Siebtes Kapitel
GESCHÄFTSGANG DES GERICHTS

Artikel 40
Ort der Sitzungen des Gerichts

Das Gericht kann einzelne Sitzungen an einem anderen Ort als seinem Sitz abhalten.

Artikel 41
Arbeitskalender des Gerichts

(1) Das Gerichtsjahr beginnt am 1. September des Kalenderjahrs und endet am 31. August des darauffolgenden Jahres.

(2) Die Gerichtsferien werden vom Gericht festgesetzt.

(3) Während der Gerichtsferien können der Präsident des Gerichts und die Kammerpräsidenten in dringenden Fällen die Richter und gegebenenfalls den Generalanwalt einberufen.

(4) Das Gericht hält die am Ort seines Sitzes geltenden gesetzlichen Feiertage ein.

(5) Das Gericht kann den Richtern in begründeten Fällen Urlaub gewähren.

(6) Die Daten der Gerichtsferien werden jährlich im *Amtsblatt der Europäischen Union* veröffentlicht.

Artikel 42
Vollversammlung

(1) Die Entscheidungen über Verwaltungsfragen sowie die in den Artikeln 7, 9, 11, 13, 15, 16, 18, 25, 28, 31 bis 33, 41, 56a und 224 genannten Entscheidungen werden vom Gericht in der Vollversammlung getroffen, an der alle Richter mit beschließender Stimme teilnehmen, soweit in dieser Verfahrensordnung nichts anderes bestimmt ist. Der Kanzler ist zugegen, sofern das Gericht nichts anderes bestimmt. *(ABl 2018 L 240, 68)*

(2) Erweist es sich nach Einberufung der Vollversammlung, dass die in Artikel 17 Absatz 4 der Satzung genannte Zahl von Richtern, die für die Beschlussfähigkeit erforderlich ist, nicht erreicht wird, so vertagt der Präsident des Gerichts die Sitzung bis zu dem Zeitpunkt, zu dem diese Richterzahl erreicht ist.

Artikel 43
Protokollaufnahme

(1) Tagt das Gericht in Anwesenheit des Kanzlers, so nimmt dieser ein etwa erforderliches Protokoll auf, das je nach Fall vom Präsidenten des Gerichts oder vom Kammerpräsidenten und vom Kanzler unterzeichnet wird.

(2) Tagt das Gericht in Abwesenheit des Kanzlers, so beauftragt es den im Sinne des Artikels 8 dienstjüngsten Richter mit der Aufnahme eines etwa erforderlichen Protokolls, das je nach Fall vom Präsidenten des Gerichts oder vom Kammerpräsidenten und von dem genannten Richter unterzeichnet wird.

ZWEITER TITEL
SPRACHENREGELUNG

Artikel 44
Verfahrenssprachen

Die Verfahrenssprachen sind Bulgarisch, Dänisch, Deutsch, Englisch, Estnisch, Finnisch, Französisch, Griechisch, Irisch, Italienisch, Kroatisch, Lettisch, Litauisch, Maltesisch, Niederländisch, Polnisch, Portugiesisch, Rumänisch, Schwedisch, Slowakisch, Slowenisch, Spanisch, Tschechisch und Ungarisch.

Artikel 45
Bestimmung der Verfahrenssprache

(1) Bei Klageverfahren im Sinne des Artikels 1 wählt der Kläger vorbehaltlich der nachstehenden Bestimmungen die Verfahrenssprache:

a) Ist die Klage gegen einen Mitgliedstaat oder gegen eine natürliche oder juristische Person gerichtet, die einem Mitgliedstaat angehört, so ist die Amtssprache dieses Staates Verfahrenssprache; gibt es mehrere Amtssprachen, so ist der Kläger berechtigt, eine von ihnen zu wählen.

b) Auf gemeinsamen Antrag der Hauptparteien kann eine andere der in Artikel 44 genannten Sprachen ganz oder teilweise zugelassen werden.

c) Auf Antrag einer Partei kann nach Anhörung der anderen Parteien abweichend von Buchstabe b eine andere der in Artikel 44 genannten Sprachen ganz oder teilweise als Verfahrenssprache zugelassen werden; dieser Antrag kann nicht von einem der Organe gestellt werden.

(2) Die Entscheidung über die vorgenannten Anträge wird vom Präsidenten getroffen; dieser muss, will er den Anträgen ohne Einverständnis aller Parteien stattgeben, die Entscheidung dem Gericht übertragen.

(3) Unbeschadet des Absatzes 1 Buchstaben b und c

a) ist bei Rechtsmitteln gegen die Entscheidungen des Gerichts für den öffentlichen Dienst nach den Artikeln 9 und 10 des Anhangs I der Satzung Verfahrenssprache diejenige Sprache, die für die mit dem Rechtsmittel angefochtene Entscheidung des Gerichts für den öffentlichen Dienst Verfahrenssprache war;

b) ist bei Berichtigungsanträgen, Anträgen auf Abhilfe gegen das Unterlassen einer Entscheidung, Einsprüchen gegen Versäumnisurteile, Drittwidersprüchen sowie bei Anträgen auf Auslegung und auf Wiederaufnahme oder bei Streitigkeiten über die erstattungsfähigen Kosten Verfahrenssprache diejenige Sprache, die für die Entscheidung, auf die sich diese Anträge oder Streitigkeiten beziehen, Verfahrenssprache war.

(4) Unbeschadet des Absatzes 1 Buchstaben b und c gilt bei Klagen gegen die Entscheidungen der Beschwerdekammern des in Artikel 1 bezeichneten Amtes, die die Anwendung der Vorschriften im Rahmen einer Regelung über das geistige Eigentum betreffen:

a) Der Kläger wählt die Verfahrenssprache, wenn er einziger Beteiligter im Verfahren vor der Beschwerdekammer des Amtes war.

b) Die vom Kläger aus den in Artikel 44 genannten Sprachen mit der Klageschrift gewählte Sprache wird Verfahrenssprache, wenn kein anderer im Verfahren vor der Beschwerdekammer des Amtes Beteiligter innerhalb der vom Kanzler nach Eingang der Klageschrift hierfür gesetzten Frist widerspricht.

c) Im Fall des Widerspruchs eines anderen im Verfahren vor der Beschwerdekammer des Amtes Beteiligten als des Klägers gegen die Sprache der Klageschrift wird die Sprache der beim Gericht angefochtenen Entscheidung Verfahrenssprache; in diesem Fall veranlasst der Kanzler die Übersetzung der Klageschrift in die Verfahrenssprache.

Artikel 46
Verwendung der Verfahrenssprache

(1) Die Verfahrenssprache ist insbesondere in den Schriftsätzen und bei den mündlichen Ausführungen der Parteien, einschließlich der beigefügten Unterlagen, sowie in den Protokollen und Entscheidungen des Gerichts zu verwenden.

(2) Vorgelegten oder beigefügten Unterlagen, die in einer anderen Sprache abgefasst sind, ist eine Übersetzung in der Verfahrenssprache beizugeben.

(3) Bei umfangreichen Unterlagen können jedoch auszugsweise Übersetzungen vorgelegt werden. Der Präsident kann jederzeit von Amts wegen oder auf Antrag einer Partei eine ausführlichere oder vollständige Übersetzung verlangen.

(4) Abweichend von den vorstehenden Bestimmungen können sich die Mitgliedstaaten ihrer eigenen Amtssprache bedienen, wenn sie einem beim Gericht anhängigen Rechtsstreit als Streithelfer beitreten. Dies gilt sowohl für Schriftstücke als auch für mündliche Erklärungen. Der Kanzler veranlasst jeweils die Übersetzung in die Verfahrenssprache.

(5) Den Vertragsstaaten des EWR-Abkommens, die nicht Mitgliedstaaten sind, und der EFTA-Überwachungsbehörde kann gestattet werden, sich statt der Verfahrenssprache einer anderen der in Artikel 44 genannten Sprachen zu bedienen, wenn sie einem beim Gericht anhängigen Rechtsstreit als Streithelfer beitreten. Dies gilt sowohl für Schriftstücke als auch für mündliche Erklärungen. Der Kanzler veranlasst jeweils die Übersetzung in die Verfahrenssprache.

(6) Erklären Zeugen oder Sachverständige, dass sie sich nicht hinlänglich in einer der in Artikel 44 genannten Sprachen ausdrücken können, so kann ihnen der Präsident gestatten, ihre Erklärungen in einer anderen Sprache abzugeben. Der Kanzler veranlasst die Übersetzung in die Verfahrenssprache.

(7) Der Präsident kann sich bei der Leitung der Verhandlung statt der Verfahrenssprache einer anderen der in Artikel 44 genannten Sprachen bedienen; die gleiche Befugnis haben die Richter und gegebenenfalls der Generalanwalt für ihre Fragen und der Generalanwalt für seine Schlussanträge. Der Kanzler veranlasst die Übersetzung in die Verfahrenssprache.

Artikel 47
Verantwortlichkeit des Kanzlers in sprachlichen Angelegenheiten

Auf Ersuchen eines Richters oder des Generalanwalts oder auf Antrag einer Partei veranlasst der Kanzler die Übersetzung der mündlichen oder schriftlichen Äußerungen im Verfahren vor dem Gericht in die in Artikel 44 genannten Sprachen, die gewünscht werden.

Artikel 48
Sprachenregelung für die Veröffentlichungen des Gerichts

Die Veröffentlichungen des Gerichts erscheinen in den in Artikel 1 der Verordnung Nr. 1 des Rates genannten Sprachen.

Artikel 49
Verbindliche Fassungen

Verbindlich ist die Fassung in der Verfahrenssprache oder, falls das Gericht gemäß den Artikeln 45 und 46 eine andere Sprache zugelassen hat, die Fassung in dieser Sprache.

DRITTER TITEL
KLAGEVERFAHREN

Artikel 50
Anwendungsbereich

Die Bestimmungen dieses Titels finden auf Klageverfahren im Sinne des Artikels 1 Anwendung.

Erstes Kapitel
ALLGEMEINE BESTIMMUNGEN

Abschnitt 1
Vertretung der Parteien

Artikel 51
Vertretungszwang

(1) Die Parteien müssen nach Maßgabe des Artikels 19 der Satzung durch einen Bevollmächtigten oder einen Anwalt vertreten sein.

(2) Anwälte, die als Vertreter oder Beistand einer Partei auftreten, haben bei der Kanzlei einen Ausweis zu hinterlegen, mit dem ihre Berechtigung, vor einem Gericht eines Mitgliedstaats oder eines anderen Vertragsstaats des EWR-Abkommens aufzutreten, bescheinigt wird.

(3) Anwälte, die eine juristische Person des Privatrechts als Partei vertreten, haben bei der Kanzlei eine Vollmacht dieser Partei zu hinterlegen.

(4) Werden die in den Absätzen 2 und 3 genannten Papiere nicht hinterlegt, so setzt der Kanzler der betroffenen Partei eine angemessene Frist zur Beibringung der Papiere. Bei Ausbleiben einer fristgemäßen Beibringung entscheidet das Gericht, ob die Nichtbeachtung dieser Förmlichkeit die formale Unzulässigkeit der Klageschrift oder des Schriftsatzes zur Folge hat.

Abschnitt 2
Rechte und Pflichten der Parteivertreter

Artikel 52
Vorrechte, Befreiungen und Erleichterungen

(1) Die Bevollmächtigten, Beistände und Anwälte, die vor dem Gericht oder vor einem von diesem um Rechtshilfe ersuchten Gericht erscheinen, können wegen mündlicher und schriftlicher Äußerungen, die sich auf die Sache oder auf die Parteien beziehen, nicht gerichtlich verfolgt werden.

(2) Die Bevollmächtigten, Beistände und Anwälte genießen ferner folgende Vorrechte und Erleichterungen:

a) Schriftstücke und Urkunden, die sich auf das Verfahren beziehen, dürfen weder durchsucht noch beschlagnahmt werden. Im Streitfall können die Zoll- oder Polizeibeamten die betreffenden Schriftstücke und Urkunden versiegeln, die dann dem Gericht zum Zwecke der Untersuchung im Beisein des Kanzlers und des Beteiligten umgehend übermittelt werden.

b) Die Bevollmächtigten, Beistände und Anwälte genießen die zur Erfüllung ihrer Aufgaben erforderliche Reisefreiheit.

Artikel 53
Vertretereigenschaft

(1) Um die in Artikel 52 genannten Vorrechte, Befreiungen und Erleichterungen in Anspruch nehmen zu können, weisen zuvor ihre Eigenschaft nach

a) die Bevollmächtigten durch eine von ihrem Vollmachtgeber ausgestellte amtliche Urkunde, die Letzterer dem Kanzler umgehend in Kopie übermittelt;

b) die Anwälte durch einen Ausweis, mit dem ihre Berechtigung, vor einem Gericht eines Mitgliedstaats oder eines anderen Vertragsstaats des EWR-Abkommens aufzutreten, bescheinigt wird, und, wenn die von ihnen vertretene Partei eine juristische Person des Privatrechts ist, durch eine Vollmacht dieser Partei;

c) die Beistände durch eine Vollmacht der Partei, der sie beistehen.

(2) Der Kanzler stellt ihnen erforderlichenfalls ein Berechtigungspapier aus. Dessen Gültigkeit ist auf eine bestimmte Zeit begrenzt. Sie kann je nach der Dauer des Verfahrens verlängert oder verkürzt werden.

Artikel 54
Aufhebung der Befreiung von gerichtlicher Verfolgung

(1) Die in Artikel 52 genannten Vorrechte, Befreiungen und Erleichterungen werden ausschließlich im Interesse des Verfahrens gewährt.

(2) Das Gericht kann die Befreiung von gerichtlicher Verfolgung aufheben, wenn dies nach seiner Auffassung dem Interesse des Verfahrens nicht zuwiderläuft.

Artikel 55
Ausschluss vom Verfahren

(1) Ist das Gericht der Auffassung, dass das Verhalten eines Bevollmächtigten, Beistands oder Anwalts gegenüber dem Gericht, dem Präsidenten, einem Richter oder dem Kanzler mit der Würde des Gerichts oder mit den Erfordernissen einer geordneten Rechtspflege unvereinbar ist oder dass ein Bevollmächtigter, Beistand oder Anwalt seine Befugnisse missbraucht, so unterrichtet es den Betroffenen davon. Das Gericht kann die zuständigen Stellen, denen der Betroffene untersteht, davon unterrichten. Letzterem wird eine Kopie des an diese Stellen gerichteten Schreibens übermittelt.

(2) Aus denselben Gründen kann das Gericht nach Anhörung des Betroffenen jederzeit durch mit Gründen versehenen Beschluss entscheiden, einen Bevollmächtigten, Beistand oder Anwalt vom Verfahren auszuschließen. Der Beschluss ist sofort vollziehbar.

(3) Wird ein Bevollmächtigter, Beistand oder Anwalt vom Verfahren ausgeschlossen, so wird das Verfahren bis zum Ablauf einer Frist ausgesetzt, die der Präsident der betroffenen Partei zur Bestimmung eines anderen Bevollmächtigten, Beistands oder Anwalts setzt.

(4) Die gemäß diesem Artikel getroffenen Entscheidungen können wieder aufgehoben werden.

Artikel 56
Hochschullehrer

Die Bestimmungen dieses Abschnitts finden Anwendung auf die in Artikel 19 Absatz 7 der Satzung bezeichneten Hochschullehrer.

Abschnitt 2a

Kommunikation mit den Vertretern der Parteien mittels e-Curia

Artikel 56a
e-Curia

(1) Unbeschadet der in Artikel 57 Absatz 2, Artikel 72 Absatz 4, Artikel 80 Absatz 1, Artikel 105 Absätze 1 und 2, Artikel 147 Absatz 6, Artikel 148 Absatz 9 und Artikel 178 Absätze 2 und 3 genannten Fälle ist jedes Verfahrensschriftstück mittels e-Curia einzureichen und hat jede Zustellung mittels e-Curia zu erfolgen.

(2) Die Voraussetzungen für die Einreichung und die Zustellung eines Verfahrensschriftstücks mittels e-Curia werden in einem vom Gericht zu erlassenden Beschluss im Einzelnen festgelegt. Der Beschluss wird im *Amtsblatt der Europäischen Union* veröffentlicht.

(3) Voraussetzung für die Nutzung von e-Curia ist die Eröffnung eines Zugangskontos gemäß den in dem Beschluss nach Absatz 2 genannten Voraussetzungen.

(4) Wird ein Verfahrensschriftstück mittels e-Curia eingereicht, bevor die für die Validierung des Zugangskontos erforderlichen Belege vorgelegt wurden, so müssen diese Belege in Papierform innerhalb einer Frist von zehn Tagen nach der Einreichung des Verfahrensschriftstücks bei der Kanzlei des Gerichts eingehen. Diese Frist kann nicht verlängert werden; Artikel 60 findet keine Anwendung. Bei nicht fristgemäßem Eingang der Belege erklärt das Gericht das mittels e-Curia eingereichte Verfahrensschriftstück für unzulässig.

(5) Erweist sich die Verwendung von e-Curia als technisch unmöglich, so kann ein Verfahrensschriftstück auf jede geeignete, verfügbare Art und Weise eingereicht oder zugestellt werden; Artikel 45 Absatz 2 der Satzung bleibt unberührt. Die in einem solchen Fall zu befolgenden Schritte

werden in dem Beschluss nach Absatz 2 im Einzelnen festgelegt.

(ABl 2018 L 240, 68)

Abschnitt 3

Zustellungen

Artikel 57
Zustellungsarten

(1) Unbeschadet des Artikels 80 Absatz 1, des Artikels 148 Absatz 9 und des Artikels 178 Absätze 2 und 3 veranlasst der Kanzler die in der Satzung und in dieser Verfahrensordnung vorgesehenen Zustellungen mittels e- Curia. *(ABl 2018 L 240, 68)*

(2) Ist eine Zustellung gemäß Absatz 1 wegen der Art des Schriftstücks nicht möglich, so erfolgt die Zustellung an die Anschrift des Vertreters der betroffenen Partei durch Übersendung einer Kopie des zuzustellenden Schriftstücks per Einschreiben mit Rückschein oder durch Übergabe der Kopie gegen Empfangsbestätigung. Der Adressat wird davon mittels e-Curia benachrichtigt. Ein Einschreiben gilt dann am zehnten Tag nach der Aufgabe zur Post am Ort des Sitzes des Gerichts als dem Adressaten übergeben, sofern nicht durch den Rückschein nachgewiesen wird, dass der Zugang zu einem anderen Zeitpunkt erfolgt ist, oder der Adressat den Kanzler innerhalb von drei Wochen nach der mittels e-Curia erfolgten Benachrichtigung davon unterrichtet, dass ihm das zuzustellende Schriftstück nicht zugegangen ist. *(ABl 2018 L 240, 68)*

(3) Die Kopien des gemäß Absatz 2 zuzustellenden Originals werden vom Kanzler unbeschadet des Artikels 72 Absatz 4 ausgefertigt und beglaubigt. *(ABl 2018 L 240, 68)*

(4) *(entfällt, ABl 2018 L 240, 68)*

Abschnitt 4

Fristen

Artikel 58
Fristberechnung

(1) Die in den Verträgen, in der Satzung und in dieser Verfahrensordnung vorgesehenen Verfahrensfristen werden wie folgt berechnet:

a) Ist eine nach Tagen, Wochen, Monaten oder Jahren bemessene Frist von dem Zeitpunkt an zu berechnen, zu dem ein Ereignis eintritt oder eine Handlung vorgenommen wird, so wird der Tag, an dem das Ereignis eintritt oder die Handlung vorgenommen wird, nicht mitgerechnet.

b) Eine nach Wochen, Monaten oder Jahren bemessene Frist endet mit Ablauf des Tages, der in der letzten Woche, im letzten Monat oder im letzten Jahr dieselbe Bezeichnung oder dieselbe Zahl wie der Tag trägt, an dem das Ereignis eingetreten oder die Handlung vorgenommen worden ist, von denen an die Frist zu berechnen ist. Fehlt bei einer nach Monaten oder Jahren bemessenen Frist im letzten Monat der für ihren Ablauf maßgebende Tag, so endet die Frist mit Ablauf des letzten Tages dieses Monats.

c) Ist eine Frist nach Monaten und nach Tagen bemessen, so werden zunächst die vollen Monate und dann die Tage berücksichtigt.

d) Die Fristen umfassen die Samstage, die Sonntage und die gesetzlichen Feiertage.

e) Der Fristlauf wird durch die Gerichtsferien nicht gehemmt.

(2) Fällt das Fristende auf einen Samstag, Sonntag oder gesetzlichen Feiertag, so endet die Frist mit dem Ablauf des nächstfolgenden Werktags.

(3) Das vom Gerichtshof aufgestellte und im *Amtsblatt der Europäischen Union* veröffentlichte Verzeichnis der gesetzlichen Feiertage gilt auch für das Gericht.

Artikel 59
Klage gegen eine im *Amtsblatt der Europäischen Union* veröffentlichte Handlung eines Organs

Beginnt eine Frist für die Erhebung einer Klage gegen eine Handlung eines Organs mit der Veröffentlichung der Handlung im *Amtsblatt der Europäischen Union*, so ist diese Frist im Sinne von Artikel 58 Absatz 1 Buchstabe a vom Ablauf des vierzehnten Tages nach dieser Veröffentlichung an zu berechnen.

Artikel 60
Entfernungsfrist

Die Verfahrensfristen werden um eine pauschale Entfernungsfrist von zehn Tagen verlängert.

Artikel 61
Fristsetzung und Fristverlängerung

(1) Aufgrund dieser Verfahrensordnung festgesetzte Fristen können von der fristsetzenden Stelle verlängert werden.

(2) Der Präsident kann dem Kanzler die Zeichnungsbefugnis übertragen, bestimmte Fristen, die er aufgrund dieser Verfahrensordnung anzuordnen hat, festzusetzen oder deren Verlängerung zu gewähren.

Artikel 62
Nicht fristgemäß eingereichte Verfahrensschriftstücke

Ein Verfahrensschriftstück, das bei der Kanzlei nach Ablauf der vom Präsidenten oder vom Kanzler gemäß dieser Verfahrensordnung gesetzten Frist eingeht, kann nur aufgrund einer entsprechenden Entscheidung des Präsidenten berücksichtigt werden.

Abschnitt 5
Verfahrensablauf und Behandlung der Rechtssachen

Artikel 63
Verfahrensablauf

Unbeschadet besonderer Bestimmungen der Satzung oder dieser Verfahrensordnung umfasst das Verfahren vor dem Gericht ein schriftliches und ein mündliches Verfahren.

Artikel 64
Kontradiktorisches Verfahren

Vorbehaltlich des Artikels 68 Absatz 4, des Artikels 104, des Artikels 105 Absatz 8 und des Artikels 144 Absatz 7 berücksichtigt das Gericht nur Verfahrensschriftstücke und Unterlagen, von denen die Vertreter der Parteien Kenntnis nehmen konnten und zu denen sie Stellung nehmen konnten.

Artikel 65
Zustellung der Verfahrensschriftstücke und der im Laufe des Verfahrens getroffenen Entscheidungen

(1) Vorbehaltlich des Artikels 68 Absatz 4, der Artikel 103 bis 105 und des Artikels 144 Absatz 7 werden zu den Akten der Rechtssache gegebene Verfahrensschriftstücke und Unterlagen den Parteien zugestellt.

(2) Entscheidungen, die im Laufe des Verfahrens getroffen und zu den Akten der Rechtssache gegeben werden, werden den Parteien auf Veranlassung des Kanzlers bekannt gegeben.

Artikel 66
Anonymität und Weglassen bestimmter Angaben gegenüber der Öffentlichkeit

Das Gericht kann auf mit gesondertem Schriftsatz gestellten begründeten Antrag einer Partei oder von Amts wegen den Namen einer Partei des Rechtsstreits oder sonstiger im Rahmen des Verfahrens erwähnter Personen sowie bestimmte Angaben in öffentlich zugänglichen Unterlagen der Rechtssache weglassen, wenn berechtigte Gründe es rechtfertigen, dass die Identität einer Person oder der Inhalt dieser Angaben vertraulich behandelt wird.

Artikel 67
Reihenfolge der Behandlung der Rechtssachen

(1) Das Gericht erledigt die bei ihm anhängigen Rechtssachen in der Reihenfolge, in der sie zur Entscheidung reif sind.

(2) Der Präsident kann in Anbetracht besonderer Umstände entscheiden, dass eine Rechtssache mit Vorrang entschieden wird.

Artikel 68
Verbindung

(1) Mehrere Rechtssachen, die den gleichen Gegenstand haben, können jederzeit von Amts wegen oder auf Antrag einer Hauptpartei wegen Zusammenhangs alternativ oder kumulativ zu gemeinsamem schriftlichen oder mündlichen Verfahren oder zu gemeinsamer das Verfahren beendender Entscheidung verbunden werden.

(2) Über die Verbindung entscheidet der Präsident. Vor dieser Entscheidung setzt der Präsident den Hauptparteien eine Frist zur Stellungnahme zu einer möglichen Verbindung, sofern sie sich hierzu nicht bereits geäußert haben.

(3) Die Verbindung von Rechtssachen kann nach Maßgabe des Absatzes 2 aufgehoben werden.

(4) Die zu den Akten der verbundenen Rechtssachen gegebenen Verfahrensschriftstücke werden den Parteien auf Antrag mittels e-Curia zugestellt. Der Präsident kann jedoch auf Antrag einer Partei durch Beschluss bestimmte Angaben in den Akten der Rechtssache, deren vertraulicher Charakter geltend gemacht wurde, von der Zustellung ausnehmen. *(ABl 2018 L 240, 68)*

(5) *(entfällt, ABl 2018 L 240, 68)*

Artikel 69
Fälle der Aussetzung

Unbeschadet des Artikels 163 kann ein anhängiges Verfahren ausgesetzt werden:

a) in den in Artikel 54 Absatz 3 der Satzung vorgesehenen Fällen;

b) wenn beim Gerichtshof ein Rechtsmittel gegen eine Entscheidung des Gerichts eingelegt wird, die über einen Teil des Streitgegenstands ergangen ist, die einen Zwischenstreit über eine Einrede der Unzuständigkeit oder Unzulässigkeit beendet oder mit der ein Streitbeitritt abgelehnt wird;

c) auf Antrag einer Hauptpartei mit der Zustimmung der anderen Hauptpartei;

d) in sonstigen besonderen Fällen, wenn eine geordnete Rechtspflege es erfordert.

Artikel 70
Aussetzungsentscheidung und Entscheidung über die Fortsetzung des Verfahrens

(1) Die Entscheidung über die Aussetzung des Verfahrens trifft der Präsident. Vor dieser Entscheidung setzt der Präsident den Hauptparteien eine Frist zur Stellungnahme zu einer möglichen Aussetzung des Verfahrens, sofern sie sich hierzu nicht bereits geäußert haben.

(2) Die Entscheidung über die Fortsetzung des Verfahrens vor dem Ende der Aussetzung oder gemäß Artikel 71 Absatz 3 wird nach Maßgabe des Absatzes 1 getroffen.

Artikel 71
Dauer und Wirkungen der Aussetzung

(1) Die Aussetzung des Verfahrens wird zu dem in der Aussetzungsentscheidung angegebenen Zeitpunkt oder, wenn ein solcher nicht angegeben ist, zum Zeitpunkt dieser Entscheidung wirksam.

(2) Die Aussetzung unterbricht alle Verfahrensfristen; dies gilt nicht für die in Artikel 143 Absatz 1 vorgesehene Streithilfefrist.

(3) Ist in der Aussetzungsentscheidung das Ende der Aussetzung nicht festgelegt, so endet die Aussetzung zu dem in der Entscheidung über die Fortsetzung des Verfahrens angegebenen Zeitpunkt oder, wenn ein solcher nicht angegeben ist, zum Zeitpunkt der Entscheidung über die Fortsetzung.

(4) An die Stelle der unterbrochenen Verfahrensfristen treten ab dem Zeitpunkt der Fortsetzung des Verfahrens nach einer Aussetzung neue Fristen, die zu dem Zeitpunkt der Fortsetzung zu laufen beginnen.

Zweites Kapitel
VERFAHRENSSCHRIFTSTÜCKE

Artikel 72
Gemeinsame Regeln für die Einreichung von Verfahrensschriftstücken mittels e-Curia

(1) Mit Ausnahme der Einreichungen nach Artikel 105 Absätze 1 und 2 und Artikel 147 Absatz 6 ist jedes Verfahrensschriftstück bei der Kanzlei mittels e-Curia einzureichen. *(ABl 2018 L 240, 68)*

(2) Jedes Verfahrensschriftstück ist mit Datum zu versehen. Für die Berechnung der Verfahrensfristen sind ausschließlich Tag und Uhrzeit des Eingangs bei der Kanzlei nach der im Großherzogtum Luxemburg geltenden Zeit maßgebend.

(3) Den Verfahrensschriftstücken sind die zur Unterstützung herangezogenen Unterlagen und ein Verzeichnis dieser Unterlagen beizufügen.

(4) Kann eine Anlage zu einem Verfahrensschriftstück ihrer Art nach nicht mittels e-Curia eingereicht werden, so ist die betreffende Anlage getrennt über den Postweg zu übermitteln oder der Kanzlei zu übergeben. Von dieser Anlage sind ein Exemplar für das Gericht und je ein Exemplar für jede andere am Rechtsstreit beteiligte Partei einzureichen. Die Übereinstimmung dieser Exemplare mit dem Original ist von der Partei, die sie einreicht, zu bestätigen. *(ABl 2018 L 240, 68)*

(5) Werden dem Verfahrensschriftstück von einer Unterlage mit Rücksicht auf deren Umfang nur Auszüge beigefügt, so ist die gesamte Unterlage oder eine vollständige Kopie bei der Kanzlei einzureichen. *(ABl 2018 L 240, 68)*

(6) Die Organe haben innerhalb der vom Präsidenten festgesetzten Fristen Übersetzungen sämtlicher Verfahrensschriftstücke in den anderen in Artikel 1 der Verordnung Nr. 1 genannten Sprachen vorzulegen. *(ABl 2018 L 240, 68)*

Artikel 73 und 74 *(entfällt, ABl 2018 L 240, 68)*

Artikel 75
Länge der Schriftsätze

(1) Das Gericht legt gemäß Artikel 224 die maximale Länge der Schriftsätze fest, die im Rahmen dieses Titels eingereicht werden.

(2) Eine Überschreitung der maximalen Länge der Schriftsätze kann der Präsident nur in Fällen genehmigen, die in rechtlicher oder tatsächlicher Hinsicht besonders komplex sind.

Drittes Kapitel
SCHRIFTLICHES VERFAHREN

Artikel 76
Inhalt der Klageschrift

Die Klageschrift im Sinne von Artikel 21 der Satzung muss enthalten:

a) Namen und Wohnsitz des Klägers;

b) die Angabe der Stellung und der Anschrift des Vertreters des Klägers;

c) die Bezeichnung der Hauptpartei, gegen die sich die Klage richtet;

d) den Streitgegenstand, die geltend gemachten Klagegründe und Argumente sowie eine kurze Darstellung der Klagegründe;

e) die Anträge des Klägers;

f) gegebenenfalls die Beweise und Beweisangebote.

Artikel 77 *(entfällt, ABl 2018 L 240, 68)*

Artikel 78
Anlagen zur Klageschrift

(1) Der Klageschrift sind gegebenenfalls die in Artikel 21 Absatz 2 der Satzung bezeichneten Unterlagen beizufügen.

(2) Klagen gemäß Artikel 270 AEUV ist gegebenenfalls die Beschwerde im Sinne von Artikel 90 Absatz 2 des Beamtenstatuts und die Entscheidung über die Beschwerde mit Angabe des Datums der Einreichung der Beschwerde und der Mitteilung der Entscheidung beizufügen. *(ABl 2016 L 217, 71ff)*

(3) Wird gemäß Artikel 272 AEUV eine Klage aufgrund einer Schiedsklausel erhoben, die in einem von der Union oder für ihre Rechnung abgeschlossenen öffentlich-rechtlichen oder privatrechtlichen Vertrag enthalten ist, so ist mit der Klageschrift eine Ausfertigung des diese Klausel enthaltenden Vertrags einzureichen. *(ABl 2016 L 217, 71ff)*

(4) Ist der Kläger eine juristische Person des Privatrechts, so hat er mit der Klageschrift einen Nachweis jüngeren Datums für seine Rechtspersönlichkeit einzureichen (Handelsregisterauszug, Vereinsregisterauszug oder eine andere amtliche Urkunde). *(ABl 2016 L 217, 71ff)*

(5) Der Klageschrift sind die in Artikel 51 Absätze 2 und 3 genannten Papiere beizufügen. *(ABl 2016 L 217, 71ff)*

(6) Entspricht die Klageschrift nicht den in den Absätzen 1 bis 5 genannten Voraussetzungen, so setzt der Kanzler dem Kläger eine angemessene Frist zur Beibringung der vorstehend genannten Unterlagen. Bei Ausbleiben einer fristgemäßen Mängelbehebung entscheidet das Gericht, ob die Nichtbeachtung dieser Voraussetzungen die formale Unzulässigkeit der Klageschrift zur Folge hat. *(ABl 2016 L 217, 71ff)*

Artikel 79
Mitteilung im *Amtsblatt der Europäischen Union*

Im *Amtsblatt der Europäischen Union* wird eine Mitteilung veröffentlicht, die den Tag des Eingangs des verfahrenseinleitenden Schriftsatzes, die Namen der Hauptparteien, die Anträge und die Angabe der geltend gemachten Gründe und wesentlichen Argumente enthält.

Artikel 80
Zustellung der Klageschrift

(1) Die Klageschrift wird dem Beklagten mittels e-Curia zugestellt, wenn er über ein Zugangskonto zu e-Curia verfügt. Andernfalls wird die Klageschrift dem Beklagten durch Übersendung einer beglaubigten Kopie der Klageschrift per Einschreiben mit Rückschein oder durch Übergabe der Kopie gegen Empfangsbestätigung zugestellt. *(ABl 2018 L 240, 68)*

(2) In den Fällen des Artikels 78 Absatz 6 erfolgt die Zustellung sogleich nach der Mängelbehebung oder nachdem das Gericht in Anbetracht der in dem genannten Artikel aufgeführten Voraussetzungen die Zulässigkeit bejaht hat. *(ABl 2016 L 217, 71ff)*

Artikel 81
Klagebeantwortung

(1) Innerhalb von zwei Monaten nach Zustellung der Klageschrift hat der Beklagte eine Klagebeantwortung einzureichen. Diese muss enthalten:

a) Namen und Wohnsitz des Beklagten;

b) Angabe der Stellung und der Anschrift des Vertreters des Beklagten;

c) die geltend gemachten Verteidigungsgründe und -argumente;

d) die Anträge des Beklagten;

e) gegebenenfalls die Beweise und Beweisangebote.

(2) Artikel 78 Absätze 4 bis 6 findet auf die Klagebeantwortung Anwendung. *(ABl 2018 L 240, 68)*

(3) Der Präsident kann die in Absatz 1 vorgesehene Frist bei Vorliegen außergewöhnlicher Umstände auf begründeten Antrag des Beklagten verlängern.

Artikel 82
Übermittlung von Schriftsätzen

Sind das Europäische Parlament, der Rat oder die Europäische Kommission nicht Partei einer Rechtssache, so übermittelt ihnen das Gericht eine Kopie der Klageschrift und der Klagebeantwortung mit Ausnahme der diesen Schriftsätzen beigefügten Anlagen, damit sie feststellen können, ob im Sinne des Artikels 277 AEUV die Unanwendbarkeit eines ihrer Rechtsakte geltend gemacht wird.

Artikel 83
Erwiderung und Gegenerwiderung

(1) Klageschrift und Klagebeantwortung können durch eine Erwiderung des Klägers und eine Gegenerwiderung des Beklagten ergänzt werden, es sei denn, das Gericht entscheidet, dass ein zweiter Schriftsatzwechsel nicht erforderlich ist, weil der Inhalt der Akten der Rechtssache hinreichend vollständig ist.

(2) Entscheidet das Gericht, dass ein zweiter Schriftsatzwechsel nicht erforderlich ist, so kann es den Hauptparteien noch gestatten, die Akten der Rechtssache zu ergänzen, wenn der Kläger innerhalb von zwei Wochen nach Zustellung dieser Entscheidung einen dahin gehenden begründeten Antrag stellt.

(3) Der Präsident bestimmt die Fristen für die Einreichung dieser Verfahrensschriftstücke. Er kann festlegen, auf welche Punkte sich die Erwiderung und die Gegenerwiderung beziehen sollten.

Viertes Kapitel

KLAGE- UND VERTEIDIGUNGSGRÜNDE, BEWEISE UND ANPASSUNG DER KLAGESCHRIFT

Artikel 84
Neue Klage- und Verteidigungsgründe

(1) Das Vorbringen neuer Klage- und Verteidigungsgründe im Laufe des Verfahrens ist unzulässig, es sei denn, dass sie auf rechtliche oder tatsächliche Gesichtspunkte gestützt werden, die erst während des Verfahrens zutage getreten sind.

(2) Neue Klage- und Verteidigungsgründe sind gegebenenfalls im zweiten Schriftsatzwechsel vorzubringen und als solche kenntlich zu machen. Werden die rechtlichen oder tatsächlichen Gesichtspunkte, die ein Vorbringen neuer Klage- und Verteidigungsgründe rechtfertigen, nach dem zweiten Schriftsatzwechsel oder nachdem entschieden wurde, dass ein solcher Schriftsatzwechsel nicht zugelassen wird, bekannt, so hat die betreffende Hauptpartei die neuen Klage- und Verteidigungsgründe vorzubringen, sobald sie von diesen Gesichtspunkten Kenntnis erlangt.

(3) Unbeschadet der späteren Entscheidung des Gerichts über die Zulässigkeit der neuen Klage- oder Verteidigungsgründe gibt der Präsident den anderen Parteien Gelegenheit, zu diesen Klage- oder Verteidigungsgründen Stellung zu nehmen.

Artikel 85
Beweise und Beweisangebote

(1) Beweise und Beweisangebote sind im Rahmen des ersten Schriftsatzwechsels vorzulegen.

(2) Die Hauptparteien können für ihr Vorbringen noch in der Erwiderung oder in der Gegenerwiderung Beweise oder Beweisangebote vorlegen, sofern die Verspätung der Vorlage gerechtfertigt ist.

(3) Sofern die Verspätung der Vorlage gerechtfertigt ist, können die Hauptparteien ausnahmsweise noch vor Abschluss des mündlichen Verfahrens oder vor einer Entscheidung des Gerichts, ohne mündliches Verfahren zu entscheiden, Beweise oder Beweisangebote vorlegen.

(4) Unbeschadet der späteren Entscheidung des Gerichts über die Zulässigkeit der gemäß den Absätzen 2 und 3 vorgebrachten Beweise oder Beweisangebote gibt der Präsident den anderen Parteien Gelegenheit, hierzu Stellung zu nehmen.

Artikel 86
Anpassung der Klageschrift

(1) Wird ein Rechtsakt, dessen Nichtigerklärung beantragt wird, durch einen anderen Rechtsakt mit demselben Gegenstand ersetzt oder geändert, so kann der Kläger vor Abschluss des mündlichen Verfahrens oder vor der Entscheidung des Gerichts, ohne mündliches Verfahren zu entscheiden, die Klageschrift anpassen, um diesem neuen Umstand Rechnung zu tragen.

(2) Die Anpassung der Klageschrift muss mit gesondertem Schriftsatz und innerhalb der in Artikel 263 Absatz 6 AEUV vorgesehenen Frist erfolgen, innerhalb deren die Nichtigerklärung des die Anpassung der Klageschrift rechtfertigenden Rechtsakts beantragt werden kann.

(3) Bei Rechtssachen, die aufgrund des Artikels 270 AEUV anhängig gemacht worden sind, muss die Anpassung der Klageschrift mit gesondertem Schriftsatz und, abweichend von Absatz 2, innerhalb der in Artikel 91 Absatz 3 des Beamtenstatuts vorgesehenen Frist erfolgen, innerhalb deren die Nichtigerklärung des die Anpassung der Klageschrift rechtfertigenden Rechtsakts beantragt werden kann. *(ABl 2016 L 217, 71ff)*

(4) Der Anpassungsschriftsatz muss enthalten:

a) die angepassten Anträge;

b) erforderlichenfalls die angepassten Klagegründe und Argumente;

c) erforderlichenfalls die mit der Anpassung der Anträge in Zusammenhang stehenden Beweise und Beweisangebote.
(ABl 2016 L 217, 71ff)

(5) Dem Anpassungsschriftsatz ist der die Anpassung der Klageschrift rechtfertigende Rechtsakt beizufügen. Wird dieser Rechtsakt nicht vorgelegt, so setzt der Kanzler dem Kläger eine angemessene Frist zur Vorlage. Bei Ausbleiben einer fristgemäßen Mängelbehebung entscheidet das Gericht, ob die Nichtbeachtung dieses Erfordernisses die Unzulässigkeit des Schriftsatzes zur Anpassung der Klageschrift zur Folge hat. *(ABl 2016 L 217, 71ff)*

(6) Unbeschadet der späteren Entscheidung des Gerichts über die Zulässigkeit des Schriftsatzes zur Anpassung der Klageschrift setzt der Präsident dem Beklagten eine Frist zur Erwiderung auf den Anpassungsschriftsatz. *(ABl 2016 L 217, 71ff)*

(7) Der Präsident setzt gegebenenfalls den Streithelfern eine Frist zur Ergänzung ihrer

Streithilfeschriftsätze im Licht des Schriftsatzes zur Anpassung der Klageschrift und des Erwiderungsschriftsatzes. Zu diesem Zweck werden diese Schriftsätze den Streithelfern gleichzeitig zugestellt. *(ABl 2016 L 217, 71ff)*

Fünftes Kapitel
VORBERICHT

Artikel 87
Vorbericht

(1) Wenn das schriftliche Verfahren abgeschlossen ist, bestimmt der Präsident den Zeitpunkt, zu dem der Berichterstatter dem Gericht einen Vorbericht vorzulegen hat.

(2) Der Vorbericht enthält eine Prüfung der relevanten Tatsachen- und Rechtsfragen, die die Klage aufwirft, sowie Vorschläge zu der Frage, ob prozessleitende Maßnahmen oder eine Beweisaufnahme erforderlich sind, zur Durchführung des mündlichen Verfahrens sowie zu einer etwaigen Verweisung der Rechtssache an die Große Kammer oder an eine mit einer anderen Richterzahl tagende Kammer und zu einer möglichen Übertragung der Rechtssache auf den Einzelrichter.

(3) Das Gericht entscheidet über die Vorschläge des Berichterstatters und gegebenenfalls über die Eröffnung des mündlichen Verfahrens.

Sechstes Kapitel
PROZESSLEITENDE MASSNAHMEN UND BEWEISAUFNAHME

Artikel 88
Allgemeines

(1) Prozessleitende Maßnahmen und Maßnahmen der Beweisaufnahme können in jedem Verfahrensstadium von Amts wegen oder auf Antrag einer Hauptpartei getroffen oder abgeändert werden.

(2) In dem Antrag nach Absatz 1 sind der Gegenstand der beantragten Maßnahmen und die sie rechtfertigenden Gründe genau zu bezeichnen. Wird der Antrag nach dem ersten Schriftsatzwechsel gestellt, so hat die antragstellende Partei die Gründe darzulegen, aus denen ihr eine frühere Antragstellung unmöglich war.

(3) Bei einem Antrag auf prozessleitende Maßnahmen oder Maßnahmen der Beweisaufnahme gibt der Präsident den anderen Parteien Gelegenheit, hierzu Stellung zu nehmen.

Abschnitt 1
Prozessleitende Maßnahmen

Artikel 89
Gegenstand

(1) Prozessleitende Maßnahmen sollen die Vorbereitung der Entscheidungen, den Ablauf der Verfahren und die Beilegung der Rechtsstreitigkeiten unter den bestmöglichen Bedingungen gewährleisten.

(2) Prozessleitende Maßnahmen haben insbesondere zum Ziel,

a) den ordnungsgemäßen Ablauf des schriftlichen oder des mündlichen Verfahrens zu gewährleisten und die Beweiserhebung zu erleichtern;

b) die Punkte zu bestimmen, zu denen die Parteien ihr Vorbringen ergänzen sollen oder die eine Beweisaufnahme erfordern;

c) die Tragweite der Anträge sowie der Gründe und Argumente der Parteien zu verdeutlichen und die zwischen den Parteien streitigen Punkte zu klären;

d) die gütliche Beilegung der Rechtsstreitigkeiten zu erleichtern.

(3) Zu den prozessleitenden Maßnahmen, die beschlossen werden können, gehören unter anderem:

a) Fragen an die Parteien;

b) die Aufforderung an die Parteien, schriftlich oder mündlich zu bestimmten Aspekten des Rechtsstreits Stellung zu nehmen;

c) Auskunftsverlangen an die Parteien oder Dritte gemäß Artikel 24 Absatz 2 der Satzung;

d) die Aufforderung an die Parteien, mit der Rechtssache im Zusammenhang stehende Unterlagen vorzulegen;

e) die Ladung der Parteien zu Sitzungen.

(4) Wenn eine mündliche Verhandlung durchgeführt wird, fordert das Gericht, wann immer möglich, die Parteien auf, ihre mündlichen Ausführungen auf eine oder mehrere festgelegte Fragen zu konzentrieren.

Artikel 90
Verfahren

(1) Prozessleitende Maßnahmen werden vom Gericht beschlossen.

(2) Beschließt das Gericht prozessleitende Maßnahmen, die es nicht selbst durchführt, so beauftragt es den Berichterstatter mit ihrer Durchführung.

Abschnitt 2
Beweisaufnahme

Artikel 91
Gegenstand

Unbeschadet der Artikel 24 und 25 der Satzung sind folgende Beweismittel zulässig:

a) persönliches Erscheinen der Parteien;

b) die Einholung von Auskünften bei einer Partei oder die Aufforderung an eine Partei, mit der Rechtssache im Zusammenhang stehende Unterlagen vorzulegen;

c) die Aufforderung zur Vorlage von Schriftstücken, in die ein Organ die Einsicht verweigert hat, in einem Verfahren zur Prüfung der Rechtmäßigkeit dieser Verweigerung;

d) Zeugenbeweis;

e) Sachverständigengutachten;

f) Einnahme des Augenscheins.

Artikel 92
Verfahren

(1) Das Gericht bestimmt die Beweismittel durch Beschluss, der die zu beweisenden Tatsachen bezeichnet.

(2) Bevor das Gericht die Beweiserhebungen nach Artikel 91 Buchstaben d bis f beschließt, werden die Parteien gehört.

(3) Eine Beweiserhebung nach Artikel 91 Buchstabe b kann erst beschlossen werden, wenn die von der Beweiserhebung betroffene Partei einer zuvor zu diesem Zweck erlassenen prozessleitenden Maßnahme nicht nachgekommen ist oder wenn die von der Beweiserhebung betroffene Partei eine solche Beweiserhebung ausdrücklich beantragt, wobei sie nachzuweisen hat, dass für diese Beweiserhebung ein Beweisbeschluss erforderlich ist. Der Beweisbeschluss kann vorsehen, dass die Vertreter der Parteien die Auskünfte und Unterlagen, die das Gericht aufgrund dieses Beschlusses erhält, ausschließlich bei der Kanzlei einsehen dürfen und dass keine Kopien angefertigt werden dürfen.

(4) Beschließt das Gericht eine Beweisaufnahme, die nicht vor ihm selbst stattfinden soll, so beauftragt es den Berichterstatter mit ihrer Durchführung.

(5) Der Generalanwalt nimmt an der Beweisaufnahme teil.

(6) Die Parteien können der Beweisaufnahme beiwohnen.

(7) Gegenbeweis und Erweiterung der Beweisangebote bleiben vorbehalten.

Artikel 93
Ladung von Zeugen

(1) Zeugen, deren Vernehmung für erforderlich erachtet wird, werden aufgrund eines Beschlusses nach Artikel 92 Absatz 1 geladen; der Beschluss muss enthalten:

a) Namen, Stellung und Anschrift der Zeugen;

b) Termin und Ort der Vernehmung;

c) die Benennung der Tatsachen, über die Beweis zu erheben ist, und der Zeugen, die zu den einzelnen Tatsachen vernommen werden sollen.

(2) Die Zeugen werden vom Gericht geladen, gegebenenfalls nach Hinterlegung des Vorschusses gemäß Artikel 100 Absatz 1.

Artikel 94
Zeugenvernehmung

(1) Der Präsident weist die Zeugen nach Feststellung ihrer Identität darauf hin, dass sie die Richtigkeit ihrer Aussagen nach den Bestimmungen des Absatzes 5 und des Artikels 97 zu versichern haben.

(2) Die Zeugen werden vom Gericht vernommen; die Parteien sind hierzu zu laden. Der Präsident kann nach Beendigung der Aussage auf Antrag der Parteien oder von Amts wegen Fragen an die Zeugen richten.

(3) Die gleiche Befugnis steht den einzelnen Richtern und dem Generalanwalt zu.

(4) Die Vertreter der Parteien können unter der Aufsicht des Präsidenten Fragen an die Zeugen richten.

(5) Vorbehaltlich des Artikels 97 leistet der Zeuge nach Beendigung seiner Aussage folgenden Eid: „Ich schwöre, dass ich die Wahrheit, die ganze Wahrheit und nichts als die Wahrheit gesagt habe."

(6) Das Gericht kann nach Anhörung der Hauptparteien auf die Beeidigung des Zeugen verzichten.

Artikel 95
Pflichten der Zeugen

(1) Zeugen, die ordnungsgemäß geladen sind, haben der Ladung Folge zu leisten und zur Vernehmung zu erscheinen.

(2) Erscheint ein ordnungsgemäß geladener Zeuge ohne berechtigten Grund nicht vor dem Gericht, so kann dieses eine Geldbuße von bis zu 5 000 Euro gegen ihn verhängen und die erneute Ladung des Zeugen auf dessen Kosten beschließen.

(3) Die gleiche Sanktion kann gegen einen Zeugen verhängt werden, der ohne berechtigten Grund die Aussage oder die Eidesleistung verweigert.

Artikel 96
Sachverständigengutachten

(1) In dem Beschluss, der den Sachverständigen ernennt, ist dessen Auftrag genau zu umschreiben und eine Frist für die Abgabe des Gutachtens zu bestimmen.

(2) Nach Abgabe des Gutachtens und seiner Zustellung an die Parteien kann das Gericht die Anhörung des Sachverständigen beschließen; die Parteien werden hierzu geladen. Der Präsident kann auf Antrag einer Partei oder von Amts wegen Fragen an den Sachverständigen richten.

(3) Die gleiche Befugnis steht den einzelnen Richtern und dem Generalanwalt zu.

(4) Die Vertreter der Parteien können unter der Aufsicht des Präsidenten Fragen an den Sachverständigen richten.

(5) Vorbehaltlich des Artikels 97 leistet der Sachverständige nach Abgabe des Gutachtens folgenden Eid: „Ich schwöre, dass ich meinen Auftrag nach bestem Wissen und Gewissen und unparteiisch erfüllt habe."

(6) Das Gericht kann nach Anhörung der Hauptparteien auf die Beeidigung des Sachverständigen verzichten.

Artikel 97
Eidesleistung von Zeugen und Sachverständigen

(1) Wer als Zeuge oder Sachverständiger vor dem Gericht zur Eidesleistung aufgefordert wird, wird vom Präsidenten ermahnt, seine Aussage wahrheitsgemäß zu machen bzw. seinen Auftrag nach bestem Wissen und Gewissen und unparteiisch zu erfüllen, und wird von ihm über die nach dem Recht seines Heimatstaats vorgesehenen strafrechtlichen Folgen einer Verletzung dieser Pflicht belehrt.

(2) Zeugen und Sachverständige leisten den Eid entweder gemäß Artikel 94 Absatz 5 bzw. Artikel 96 Absatz 5 oder in den nach dem Recht ihres Heimatstaats vorgesehenen Formen.

Artikel 98
Eidesverletzung durch Zeugen und Sachverständige

(1) Hat ein Zeuge oder Sachverständiger vor dem Gericht unter Eid falsch ausgesagt, so kann das Gericht entscheiden, dies der in der Zusätzlichen Verfahrensordnung des Gerichtshofs genannten zuständigen Stelle des Mitgliedstaats anzuzeigen, dessen Gerichte für eine Strafverfolgung zuständig sind.

(2) Der Kanzler veranlasst die Zustellung der Entscheidung des Gerichts. In dieser Entscheidung sind die Tatsachen und Umstände anzugeben, auf denen die Anzeige beruht.

Artikel 99
Ablehnung von Zeugen oder Sachverständigen

(1) Lehnt eine Partei einen Zeugen oder Sachverständigen wegen Unfähigkeit, Unwürdigkeit oder aus sonstigen Gründen ab oder verweigert ein Zeuge oder Sachverständiger die Aussage, die Erstattung des Gutachtens oder die Eidesleistung, so entscheidet das Gericht.

(2) Die Ablehnung eines Zeugen oder Sachverständigen ist innerhalb von zwei Wochen nach Zustellung des Beschlusses, durch den der Zeuge geladen oder der Sachverständige ernannt worden ist, mit Schriftsatz zu erklären, der die Ablehnungsgründe und die Beweisangebote enthalten muss.

Artikel 100
Kosten der Zeugen und Sachverständigen

(1) Beschließt das Gericht die Vernehmung von Zeugen oder die Einholung eines Sachverständigengutachtens, so kann es von den Hauptparteien oder von einer Hauptpartei die Hinterlegung eines Vorschusses zur Deckung der Kosten der Zeugen und der Sachverständigen verlangen.

(2) Zeugen und Sachverständige haben Anspruch auf Erstattung ihrer Reise- und Aufenthaltskosten. Die Kasse des Gerichts kann ihnen einen Vorschuss auf diese Kosten gewähren.

(3) Zeugen haben Anspruch auf Entschädigung für Verdienstausfall, Sachverständige auf Vergütung ihrer Tätigkeit. Diese Leistungen werden den Zeugen und Sachverständigen von der Kasse des Gerichts nach Erfüllung ihrer Pflicht oder ihres Auftrags gezahlt.

Artikel 101
Rechtshilfeersuchen

(1) Das Gericht kann auf Antrag der Hauptparteien oder von Amts wegen Rechtshilfeersuchen zur Vernehmung von Zeugen oder Sachverständigen stellen.

(2) Das Rechtshilfeersuchen ergeht durch Beschluss. Dieser Beschluss muss enthalten: Namen, Stellung und Anschrift der Zeugen oder Sachverständigen, die Bezeichnung der Tatsachen, über die die Zeugen oder Sachverständigen zu vernehmen sind, die Bezeichnung der Parteien, ihrer Vertreter und ihrer Anschrift sowie eine kurze Darstellung des Streitgegenstands.

(3) Der Kanzler übermittelt den Beschluss der in der Zusätzlichen Verfahrensordnung des Gerichtshofs genannten zuständigen Stelle desjenigen Mitgliedstaats, in dessen Gebiet die Vernehmung der Zeugen oder Sachverständigen stattfinden soll. Er fügt dem Rechtshilfeersuchen gegebenenfalls eine Übersetzung in die Amtssprache oder -sprachen dieses Mitgliedstaats bei.

(4) Die in Absatz 3 bezeichnete Stelle leitet den Beschluss an das nach innerstaatlichem Recht zuständige Gericht weiter.

(5) Das ersuchte Gericht erledigt das Rechtshilfeersuchen nach den Vorschriften seines innerstaatlichen Rechts. Nach Erledigung des Rechtshilfeersuchens gibt das ersuchte Gericht das Rechtshilfeersuchen und die im Zuge der Erledigung angefallenen Vorgänge mit einer Aufstellung der entstandenen Kosten an die in Absatz 3 bezeichnete Stelle zurück. Diese Unterlagen werden dem Kanzler übermittelt.

(6) Der Kanzler veranlasst die Übersetzung der betreffenden Unterlagen in die Verfahrenssprache.

(7) Das Gericht übernimmt die anfallenden Auslagen; es erlegt sie gegebenenfalls den Hauptparteien auf.

Artikel 102
Protokoll der Beweistermine

(1) Der Kanzler nimmt über jeden Beweistermin ein Protokoll auf. Das Protokoll wird vom Präsidenten und vom Kanzler unterzeichnet. Es stellt eine öffentliche Urkunde dar.

(2) Handelt es sich um einen Termin zur Vernehmung von Zeugen oder Anhörung von Sachverständigen, wird das Protokoll vom Präsidenten oder von dem mit der Vernehmung oder Anhörung beauftragten Berichterstatter sowie vom Kanzler unterzeichnet. Vor dieser Unterzeichnung ist dem Zeugen oder Sachverständigen Gelegenheit zu geben, den Inhalt des Protokolls zu überprüfen und es zu unterzeichnen.

(3) Das Protokoll wird den Parteien zugestellt.

Abschnitt 3
Behandlung vertraulicher Auskünfte, Belegstücke und Unterlagen, die im Rahmen der Beweisaufnahme erteilt und vorgelegt werden

Artikel 103
Behandlung vertraulicher Auskünfte und Unterlagen

(1) Hat das Gericht auf der Grundlage rechtlicher und tatsächlicher Gesichtspunkte, die von einer Hauptpartei geltend gemacht werden, den gegenüber der anderen Hauptpartei vertraulichen Charakter bestimmter Auskünfte oder Unterlagen, die ihm im Rahmen einer Beweiserhebung nach Artikel 91 Buchstabe b vorgelegt worden sind und die für die Entscheidung über den Rechtsstreit erheblich sein können, zu prüfen, so werden diese Auskünfte oder Unterlagen dieser anderen Partei in der Phase dieser Prüfung nicht bekannt gegeben.

(2) Gelangt das Gericht bei der Prüfung nach Absatz 1 zu dem Ergebnis, dass bestimmte ihm vorgelegte Auskünfte oder Unterlagen für die Entscheidung über den Rechtsstreit erheblich sind und gegenüber der anderen Hauptpartei vertraulich zu behandeln sind, so wägt es den vertraulichen Charakter und die Erfordernisse, die mit dem Recht auf effektiven gerichtlichen Rechtsschutz, insbesondere der Einhaltung des Grundsatzes des kontradiktorischen Verfahrens, verbunden sind, gegeneinander ab.

(3) Nach der Abwägung gemäß Absatz 2 kann das Gericht entscheiden, der anderen Hauptpartei die vertraulichen Auskünfte oder Unterlagen zur Kenntnis zu bringen, gegebenenfalls, indem es deren Offenlegung von der Unterzeichnung besonderer Verpflichtungen abhängig macht, oder entscheiden, sie nicht bekannt zu geben und durch mit Gründen versehenen Beschluss die Modalitäten klarzustellen, die es dieser anderen Hauptpartei ermöglichen, so weitgehend wie möglich Stellung zu nehmen, indem insbesondere die Vorlage einer nichtvertraulichen Fassung oder einer nichtvertraulichen Zusammenfassung der Auskünfte oder Unterlagen, die deren wesentlichen Inhalt wiedergibt, angeordnet wird.

(4) Die in diesem Artikel enthaltene Verfahrensregelung findet auf die in Artikel 105 bezeichneten Fälle keine Anwendung.

Artikel 104
Schriftstücke, in die ein Organ die Einsicht verweigert hat

Ist ein Schriftstück, in das ein Organ die Einsicht verweigert hat, dem Gericht infolge einer Beweiserhebung nach Artikel 91 Buchstabe c in einem Verfahren zur Prüfung der Rechtmäßigkeit dieser Verweigerung vorgelegt worden, so wird es den übrigen Parteien nicht bekannt gegeben.

Siebtes Kapitel
AUSKÜNFTE ODER UNTERLAGEN, DIE DIE SICHERHEIT DER UNION ODER EINES ODER MEHRERER IHRER MITGLIEDSTAATEN ODER DIE GESTALTUNG IHRER INTERNATIONALEN BEZIEHUNGEN BERÜHREN

Artikel 105
Behandlung von Auskünften oder Unterlagen, die die Sicherheit der Union oder eines oder mehrerer ihrer Mitgliedstaaten oder die Gestaltung ihrer internationalen Beziehungen berühren

(1) Möchte eine Hauptpartei ihre Ansprüche entgegen dem in Artikel 64 genannten Grundsatz des kontradiktorischen Verfahrens, aus dem sich

ergibt, dass sämtliche Auskünfte und Unterlagen den Parteien in vollem Umfang bekannt zu geben sind, auf bestimmte Auskünfte oder Unterlagen stützen, bezüglich deren sie geltend macht, dass ihre Bekanntgabe die Sicherheit der Union oder eines oder mehrerer ihrer Mitgliedstaaten oder die Gestaltung ihrer internationalen Beziehungen verletzen würde, so legt sie diese Auskünfte oder Unterlagen mit gesondertem Schriftsatz vor. Mit dieser Vorlage ist ein Antrag auf vertrauliche Behandlung dieser Auskünfte oder Unterlagen einzureichen, in dem die zwingenden Gründe angeführt werden, die in dem Umfang, den die Situation unbedingt erfordert, die Wahrung ihres vertraulichen Charakters rechtfertigen und der Bekanntgabe an die andere Hauptpartei entgegenstehen. Der Antrag auf vertrauliche Behandlung ist ebenfalls mit gesondertem Schriftsatz einzureichen und darf keine vertraulichen Angaben enthalten. Wurden die Auskünfte oder Unterlagen, deren vertrauliche Behandlung beantragt wird, der Hauptpartei von einem oder von mehreren Mitgliedstaaten übermittelt, so können die von der Hauptpartei zur Rechtfertigung ihrer vertraulichen Behandlung vorgetragenen zwingenden Gründe die von dem oder den betreffenden Mitgliedstaaten vorgebrachten zwingenden Gründe einschließen.

(2) Das Gericht kann die Vorlage von Auskünften oder Unterlagen, deren vertraulicher Charakter auf die in Absatz 1 genannten Erwägungen gestützt wird, durch eine Maßnahme der Beweisaufnahme verlangen. Im Fall einer Weigerung stellt das Gericht diese ausdrücklich fest. Abweichend von Artikel 103 gilt für diese infolge einer Maßnahme der Beweisaufnahme vorgelegten Auskünfte oder Unterlagen die Verfahrensregelung dieses Artikels.

(3) Im Stadium der Prüfung, ob die von einer Hauptpartei gemäß den Absätzen 1 oder 2 vorgelegten Auskünfte oder Unterlagen für die Entscheidung über den Rechtsstreit erheblich sind und ob sie vertraulichen Charakter gegenüber der anderen Hauptpartei haben, werden diese Auskünfte oder Unterlagen der anderen Hauptpartei nicht bekannt gegeben.

(4) Entscheidet das Gericht nach der Prüfung gemäß Absatz 3, dass die ihm vorgelegten Auskünfte oder Unterlagen für die Entscheidung über den Rechtsstreit erheblich sind und für das Verfahren vor dem Gericht keinen vertraulichen Charakter aufweisen, so ersucht es die betroffene Partei um die Genehmigung zur Bekanntgabe dieser Auskünfte oder Unterlagen an die andere Hauptpartei. Widerspricht die Partei innerhalb einer vom Präsidenten gesetzten Frist der Bekanntgabe oder antwortet sie bis zum Ende dieser Frist nicht, so werden diese Auskünfte oder Unterlagen bei der Entscheidung über die Rechtssache nicht berücksichtigt und an sie zurückgegeben.

(5) Entscheidet das Gericht nach der Prüfung gemäß Absatz 3, dass die ihm vorgelegten Auskünfte oder Unterlagen für die Entscheidung über den Rechtsstreit erheblich sind und gegenüber der anderen Hauptpartei einen vertraulichen Charakter aufweisen, so gibt es sie dieser Hauptpartei nicht bekannt. Sodann wägt es die Erfordernisse, die mit dem Recht auf effektiven gerichtlichen Rechtsschutz, insbesondere der Einhaltung des Grundsatzes des kontradiktorischen Verfahrens, verbunden sind, und die Erfordernisse der Sicherheit der Union oder eines oder mehrerer ihrer Mitgliedstaaten oder der Gestaltung ihrer internationalen Beziehungen gegeneinander ab.

(6) Nach der Abwägung gemäß Absatz 5 erlässt das Gericht einen mit Gründen versehenen Beschluss, in dem die Modalitäten eindeutig bezeichnet werden, nach denen die in Absatz 5 bezeichneten Erfordernisse miteinander in Einklang gebracht werden können, wie die Vorlage einer nichtvertraulichen Fassung oder einer nichtvertraulichen Zusammenfassung der Auskünfte oder Unterlagen – die deren wesentlichen Inhalt wiedergibt und es der anderen Hauptpartei ermöglicht, so weitgehend wie möglich Stellung zu nehmen – durch die betroffene Partei zur späteren Bekanntgabe an die andere Hauptpartei.

(7) Die Auskünfte oder Unterlagen, die gegenüber der anderen Hauptpartei einen vertraulichen Charakter aufweisen, können von der Hauptpartei, die sie nach den Absätzen 1 oder 2 vorgelegt hat, innerhalb von zwei Wochen nach Zustellung der Entscheidung nach Absatz 5 ganz oder teilweise zurückgezogen werden. Die zurückgezogenen Auskünfte oder Unterlagen werden bei der Entscheidung über die Rechtssache nicht berücksichtigt und an die betreffende Hauptpartei zurückgegeben.

(8) Hält das Gericht die Auskünfte oder Unterlagen, die aufgrund ihres vertraulichen Charakters der anderen Hauptpartei nicht gemäß den in Absatz 6 bezeichneten Modalitäten bekannt gegeben worden sind, für die Entscheidung über den Rechtsstreit für unerlässlich, so kann es abweichend von Artikel 64 und unter Beschränkung auf das unbedingt Erforderliche seine Entscheidung auf diese Auskünfte oder Unterlagen stützen. Bei der Würdigung dieser Auskünfte oder Unterlagen trägt das Gericht dem Umstand Rechnung, dass eine Hauptpartei zu diesen Auskünften oder Unterlagen nicht hat Stellung nehmen können.

(9) Das Gericht stellt sicher, dass die in den von einer Hauptpartei nach den Absätzen 1 oder 2 vorgelegten Auskünften oder Unterlagen enthaltenen vertraulichen Informationen, die der anderen Hauptpartei nicht bekannt gegeben wurden, weder in dem nach Absatz 6 erlassenen Beschluss noch in der das Verfahren beendenden Entscheidung offengelegt werden.

(10) Die Auskünfte oder Unterlagen im Sinne von Absatz 5, die von der Hauptpartei, die sie vorgelegt hat, nicht nach Absatz 7 zurückgezogen worden sind, werden der betroffenen Partei sogleich nach Ablauf der in Artikel 56 Absatz 1 der Satzung genannten Frist zurückgegeben, es sei denn, innerhalb dieser Frist wurde ein Rechtsmittel gegen die Entscheidung des Gerichts eingelegt. Wurde ein Rechtsmittel eingelegt, so werden diese Auskünfte oder Unterlagen dem Gerichtshof nach Maßgabe des in Absatz 11 genannten Beschlusses zur Verfügung gestellt. *(ABl 2016 L 217, 71ff)*

(11) Das Gericht legt durch Beschluss die Sicherheitsvorschriften für die Zwecke des Schutzes der je nach Fall gemäß Absatz 1 oder Absatz 2 vorgelegten Auskünfte oder Unterlagen fest. Der Beschluss wird im *Amtsblatt der Europäischen Union* veröffentlicht.

Achtes Kapitel

MÜNDLICHES VERFAHREN

Artikel 106
Mündliches Verfahren

(1) Das Verfahren vor dem Gericht umfasst im Rahmen des mündlichen Verfahrens eine mündliche Verhandlung, die entweder von Amts wegen oder auf Antrag einer Hauptpartei durchgeführt wird.

(2) In dem von einer Hauptpartei gestellten Antrag auf mündliche Verhandlung sind die Gründe anzugeben, aus denen diese Hauptpartei gehört werden möchte. Der Antrag ist innerhalb von drei Wochen, nachdem die Bekanntgabe des Abschlusses des schriftlichen Verfahrens an die Parteien erfolgt ist, zu stellen. Diese Frist kann vom Präsidenten verlängert werden.

(3) Wird kein Antrag nach Absatz 2 gestellt, so kann das Gericht, wenn es sich für durch die Aktenstücke der Rechtssache hinreichend unterrichtet hält, beschließen, über die Klage ohne mündliches Verfahren zu entscheiden. In diesem Fall kann es gleichwohl später beschließen, das mündliche Verfahren zu eröffnen.

Artikel 107
Termin der mündlichen Verhandlung

(1) Beschließt das Gericht die Eröffnung des mündlichen Verfahrens, so bestimmt der Präsident den Termin für die mündliche Verhandlung.

(2) Bei Vorliegen außergewöhnlicher Umstände kann der Präsident von Amts wegen oder auf begründeten Antrag einer Hauptpartei den Termin für die mündliche Verhandlung verschieben.

Artikel 108
Nichterscheinen der Parteien in der mündlichen Verhandlung

(1) Teilt eine Partei dem Gericht mit, dass sie an der mündlichen Verhandlung nicht teilnehmen werde, oder stellt das Gericht in der mündlichen Verhandlung das ungerechtfertigte Nichterscheinen einer ordnungsgemäß geladenen Partei fest, so wird die mündliche Verhandlung in Abwesenheit der betreffenden Partei durchgeführt.

(2) Teilen die Hauptparteien dem Gericht mit, dass sie an der mündlichen Verhandlung nicht teilnehmen werden, so entscheidet der Präsident, ob das mündliche Verfahren geschlossen werden kann.

Artikel 109
Ausschluss der Öffentlichkeit

(1) Nach Anhörung der Parteien kann das Gericht gemäß Artikel 31 der Satzung die Öffentlichkeit ausschließen.

(2) Ein von einer Partei eingereichter Antrag auf Ausschluss der Öffentlichkeit muss die Gründe angeben, auf die er gestützt wird, und die Angabe enthalten, ob er sich auf die Verhandlung insgesamt oder auf einen Teil derselben bezieht.

(3) Mit der Entscheidung über den Ausschluss der Öffentlichkeit geht das Verbot einer Veröffentlichung der Verhandlung einher.

Artikel 110
Ablauf der mündlichen Verhandlung

(1) Der Präsident eröffnet und leitet die Verhandlung; ihm obliegt die Aufrechterhaltung der Ordnung in der Sitzung.

(2) Die Parteien können nur durch ihren Vertreter verhandeln.

(3) Die Mitglieder des Spruchkörpers und der Generalanwalt können in der mündlichen Verhandlung Fragen an die Vertreter der Parteien richten.

(4) Bei Rechtssachen, die aufgrund des Artikels 270 AEUV anhängig gemacht worden sind, können die Mitglieder des Spruchkörpers und der Generalanwalt in der mündlichen Verhandlung die Parteien selbst auffordern, zu bestimmten Aspekten des Rechtsstreits Stellung zu nehmen. *(ABl 2016 L 217, 71ff)*

Artikel 111
Schließung des mündlichen Verfahrens

Ist in einer Rechtssache kein Generalanwalt bestellt worden, so erklärt der Präsident am Ende der Verhandlung das mündliche Verfahren für abgeschlossen.

Artikel 112
Stellung der Schlussanträge des Generalanwalts

(1) Ist in einer Rechtssache ein Generalanwalt bestellt worden und stellt er seine Schlussanträge schriftlich, so übergibt er sie der Kanzlei, die sie den Parteien übermittelt.

(2) Der Präsident erklärt nach dem Vortrag oder dem Eingang der Schlussanträge des Generalanwalts das mündliche Verfahren für abgeschlossen.

Artikel 113
Wiedereröffnung des mündlichen Verfahrens

(1) Das Gericht beschließt die Wiedereröffnung des mündlichen Verfahrens, wenn die in Artikel 23 Absatz 3 oder in Artikel 24 Absatz 3 genannten Voraussetzungen vorliegen.

(2) Das Gericht kann die Wiedereröffnung des mündlichen Verfahrens beschließen,

a) wenn es sich für unzureichend unterrichtet hält;

b) wenn ein zwischen den Parteien nicht erörtertes Vorbringen entscheidungserheblich ist;

c) wenn eine Hauptpartei dies beantragt und sich dabei auf Tatsachen stützt, die für die Entscheidung des Gerichts von maßgeblicher Bedeutung sind und die sie vor Abschluss des mündlichen Verfahrens nicht geltend machen konnte.

Artikel 114
Protokoll der mündlichen Verhandlung

(1) Der Kanzler nimmt über jede mündliche Verhandlung ein Protokoll auf. Das Protokoll wird vom Präsidenten und vom Kanzler unterzeichnet. Es stellt eine öffentliche Urkunde dar.

(2) Das Protokoll wird den Parteien zugestellt.

Artikel 115
Aufzeichnung der mündlichen Verhandlung

Der Präsident des Gerichts kann den Parteien, die am schriftlichen oder mündlichen Verfahren teilgenommen haben, auf gebührend begründeten Antrag gestatten, die Tonaufzeichnung der mündlichen Verhandlung in der von den Vortragenden in der Verhandlung verwendeten Sprache in den Räumen des Gerichts anzuhören.

Neuntes Kapitel
URTEILE UND BESCHLÜSSE

Artikel 116
Termin der Urteilsverkündung

Die Parteien werden vom Termin der Urteilsverkündung benachrichtigt.

Artikel 117
Inhalt der Urteile

Das Urteil enthält

a) die Angabe, dass es vom Gericht erlassen ist;

b) die Bezeichnung des Spruchkörpers;

c) das Datum der Verkündung;

d) die Namen des Präsidenten und der Richter, die bei der Beratung mitgewirkt haben, unter Bezeichnung des Berichterstatters;

e) gegebenenfalls den Namen des Generalanwalts;

f) den Namen des Kanzlers;

g) die Bezeichnung der Parteien;

h) die Namen ihrer Vertreter;

i) die Anträge der Parteien;

j) gegebenenfalls das Datum der mündlichen Verhandlung;

k) erforderlichenfalls den Hinweis, dass der Generalanwalt gehört worden ist, und gegebenenfalls das Datum seiner Schlussanträge;

l) eine kurze Darstellung des Sachverhalts;

m) die Entscheidungsgründe;

n) die Urteilsformel einschließlich der Entscheidung über die Kosten.

Artikel 118
Verkündung und Zustellung der Urteile

(1) Das Urteil wird in öffentlicher Sitzung verkündet.

(2) Der Präsident, die Richter, die an der Beratung mitgewirkt haben, und der Kanzler unterzeichnen die Urschrift des Urteils, die sodann mit einem Siegel versehen und in der Kanzlei hinterlegt wird. Den Parteien wird eine Kopie zugestellt.

Artikel 119
Inhalt der Beschlüsse

Jeder Beschluss, der mit einem Rechtsmittel nach Artikel 56 oder Artikel 57 der Satzung angefochten werden kann, enthält

a) die Angabe, dass er, je nach Fall, vom Gericht, vom Präsidenten oder von dem für die Gewährung vorläufigen Rechtsschutzes zuständigen Richter erlassen ist;

b) gegebenenfalls die Bezeichnung des Spruchkörpers;

c) das Datum des Erlasses;

d) die Angabe der Rechtsgrundlage, auf der er beruht;

e) den Namen des Präsidenten und gegebenenfalls die Namen der Richter, die bei der Beratung mitgewirkt haben, unter Bezeichnung des Berichterstatters;

f) gegebenenfalls den Namen des Generalanwalts;

g) den Namen des Kanzlers;

h) die Bezeichnung der Parteien;

i) die Namen ihrer Vertreter;

j) die Anträge der Parteien;

k) erforderlichenfalls den Hinweis, dass der Generalanwalt gehört worden ist;

l) eine kurze Darstellung des Sachverhalts;

m) die Entscheidungsgründe;

n) die Beschlussformel einschließlich der Entscheidung über die Kosten.

Artikel 120
Unterzeichnung und Zustellung der Beschlüsse

Der Präsident und der Kanzler unterzeichnen die Urschrift jedes Beschlusses, die sodann mit einem Siegel versehen und in der Kanzlei hinterlegt wird. Den Parteien und gegebenenfalls dem Gerichtshof wird eine Kopie zugestellt. *(ABl 2016 L 217, 71ff)*

Artikel 121
Wirksamwerden der Urteile und der Beschlüsse

(1) Urteile werden vorbehaltlich des Artikels 60 der Satzung mit dem Tag ihrer Verkündung wirksam.

(2) Beschlüsse werden vorbehaltlich des Artikels 60 der Satzung mit dem Tag ihrer Zustellung wirksam.

Artikel 122
Veröffentlichung im *Amtsblatt der Europäischen Union*

Eine Mitteilung, die das Datum und die Urteils- oder Beschlussformel der Endurteile und der das Verfahren beendenden Beschlüsse des Gerichts enthält, wird im *Amtsblatt der Europäischen Union* veröffentlicht; dies gilt nicht in den Fällen, in denen die Entscheidung vor Zustellung der Klageschrift an den Beklagten erlassen wird.

Zehntes Kapitel
VERSÄUMNISURTEIL

Artikel 123
Versäumnisurteil

(1) Stellt das Gericht fest, dass der Beklagte, gegen den ordnungsgemäß Klage erhoben ist, seine Klagebeantwortung nicht gemäß der in Artikel 81 vorgeschriebenen Form und Frist eingereicht hat, so kann der Kläger innerhalb einer vom Präsidenten gesetzten Frist beim Gericht Versäumnisurteil beantragen; Artikel 45 Absatz 2 der Satzung bleibt unberührt.

(2) Der säumige Beklagte ist am Versäumnisverfahren nicht beteiligt, und mit Ausnahme der das Verfahren beendenden Entscheidung werden ihm keine Verfahrensschriftstücke zugestellt.

(3) Das Gericht gibt den Anträgen des Klägers mit einem Versäumnisurteil statt, es sei denn, es ist für die Entscheidung über die Klage offensichtlich unzuständig oder die Klage ist offensichtlich unzulässig oder ihr fehlt offensichtlich jede rechtliche Grundlage.

(4) Das Versäumnisurteil ist vollstreckbar. Das Gericht kann jedoch die Vollstreckung aussetzen, bis es über einen gemäß Artikel 166 eingelegten Einspruch entschieden hat, oder sie von der Leistung einer Sicherheit abhängig machen, deren Höhe und Art nach Maßgabe der Umstände festzusetzen sind. Wird kein Einspruch eingelegt oder wird der Einspruch zurückgewiesen, so ist die Sicherheit freizugeben.

Elftes Kapitel
GÜTLICHE EINIGUNG UND KLAGERÜCKNAHME

Artikel 124
Gütliche Einigung

(1) Einigen sich die Hauptparteien außergerichtlich auf eine Lösung zur Beilegung des Rechtsstreits, bevor das Gericht entschieden hat, und erklären sie gegenüber dem Gericht, dass sie auf die Geltendmachung ihrer Ansprüche verzichten, so beschließt der Präsident die Streichung der Rechtssache im Register und entscheidet gemäß den Artikeln 136 und 138 über die Kosten, gegebenenfalls unter Berücksichtigung der insoweit von den Parteien gemachten Vorschläge. *(ABl 2016 L 217, 71ff)*

(2) Absatz 1 findet keine Anwendung auf Klagen im Sinne der Artikel 263 AEUV und 265 AEUV.

Artikel 125
Klagerücknahme

Erklärt der Kläger gegenüber dem Gericht schriftlich oder in der mündlichen Verhandlung die Rücknahme der Klage, so beschließt der Präsident die Streichung der Rechtssache im Register und entscheidet gemäß den Artikeln 136 und 138 über die Kosten.

Elftes Kapitel a

VOM GERICHT IN RECHTSSACHEN, DIE AUFGRUND VON ARTIKEL 270 AEUV ANHÄNGIG GEMACHT WORDEN SIND, INITIIERTES VERFAHREN ZUR GÜTLICHEN BEILEGUNG

Artikel 125a
Modalitäten

(1) Das Gericht kann in jedem Verfahrensstadium die Möglichkeiten für eine gütliche, auch teilweise Beilegung des Streites zwischen den Hauptparteien prüfen.

(2) Das Gericht beauftragt den Berichterstatter, sich um die gütliche Beilegung des Rechtsstreits zu bemühen, wobei ihm der Kanzler zur Seite steht.

(3) Der Berichterstatter kann eine oder mehrere Lösungen zur Beendigung des Rechtsstreits vorschlagen, die Maßnahmen treffen, die geeignet sind, seine gütliche Beilegung zu erleichtern, und die Maßnahmen durchführen, die er zu diesem Zweck beschlossen hat. Er kann insbesondere

a) die Hauptparteien auffordern, Informationen oder Auskünfte zu erteilen;

b) die Hauptparteien auffordern, Unterlagen vorzulegen;

c) die Vertreter der Hauptparteien, die Hauptparteien selbst oder Beamte oder Bedienstete des Organs, die zur Aushandlung einer etwaigen Vereinbarung ermächtigt sind, zu Güteverhandlungen laden;

d) anlässlich der in Buchstabe c genannten Güteverhandlungen mit jeder Hauptpartei getrennt in Kontakt treten, sofern die Hauptparteien damit einverstanden sind.

(4) Die Absätze 1 bis 3 finden auch im Rahmen von Verfahren des vorläufigen Rechtsschutzes Anwendung.

(ABl 2016 L 217, 71ff)

Artikel 125b
Wirkung der Einigung zwischen den Hauptparteien

(1) Einigen sich die Hauptparteien vor dem Berichterstatter auf eine Lösung zur Beendigung des Rechtsstreits, können sie verlangen, dass der Inhalt dieser Einigung in einer Urkunde festgehalten wird, die vom Berichterstatter sowie vom Kanzler unterzeichnet wird. Diese Urkunde wird den Hauptparteien zugestellt und stellt eine öffentliche Urkunde dar.

(2) Die Streichung der Rechtssache im Register erfolgt durch mit Gründen versehenen Beschluss des Präsidenten. Der Inhalt der Einigung, zu der die Hauptparteien gelangt sind, wird auf Antrag einer Hauptpartei mit Zustimmung der anderen Hauptpartei im Streichungsbeschluss schriftlich niedergelegt.

(3) Der Präsident entscheidet über die Kosten nach Maßgabe der Einigung oder, in Ermangelung einer Einigung, nach freiem Ermessen. Gegebenenfalls entscheidet er gemäß Artikel 138 über die Kosten des Streithelfers.

(ABl 2016 L 217, 71ff)

Artikel 125c
Gesondertes Register und gesonderte Akte

(1) Die im Rahmen des Verfahrens zur gütlichen Beilegung im Sinne von Artikel 125a vorgelegten Unterlagen

- werden in ein gesondertes Register eingetragen, das nicht der Regelung der Artikel 36 und 37 unterliegt;
- werden in einer von der Akte der Rechtssache gesonderten Akte abgelegt.

(2) Die im Rahmen des Verfahrens zur gütlichen Beilegung im Sinne von Artikel 125a vorgelegten Unterlagen werden den Hauptparteien bekannt gegeben, mit Ausnahme der Unterlagen, die eine von ihnen dem Berichterstatter anlässlich eines getrennten Kontakts nach Artikel 125a Absatz 3 Buchstabe d übermittelt hat.

(3) Die Hauptparteien erhalten Zugang zu den Unterlagen in der von der Akte der Rechtssache gesonderten Akte im Sinne von Absatz 1, mit Ausnahme der Unterlagen, die eine von ihnen dem Berichterstatter anlässlich eines getrennten Kontakts nach Artikel 125a Absatz 3 Buchstabe d übermittelt hat.

(4) Der Streithelfer erhält keinen Zugang zu den Unterlagen in der von der Akte der Rechtssache gesonderten Akte im Sinne von Absatz 1.

(5) Die Parteien können das gesonderte Register im Sinne von Absatz 1 bei der Kanzlei einsehen.

(ABl 2016 L 217, 71ff)

Artikel 125d
Gütliche Beilegung und gerichtliches Verfahren

Das Gericht und die Hauptparteien dürfen die Ansichten, Vorschläge, Angebote, Zugeständnisse oder Unterlagen, die für die Zwecke der gütlichen Beilegung geäußert, gemacht oder erstellt worden sind, im gerichtlichen Verfahren nicht verwerten.

(ABl 2016 L 217, 71ff)

Zwölftes Kapitel
KLAGEN UND VERFAHRENSRELEVANTE VORKOMMNISSE, ÜBER DIE DURCH BESCHLUSS ENTSCHIEDEN WIRD

Artikel 126
Offensichtlich abzuweisende Klage

Ist das Gericht für die Entscheidung über eine Klage offensichtlich unzuständig oder ist eine Klage offensichtlich unzulässig oder fehlt ihr offensichtlich jede rechtliche Grundlage, so kann es auf Vorschlag des Berichterstatters jederzeit die Entscheidung treffen, durch mit Gründen versehenen Beschluss zu entscheiden, ohne das Verfahren fortzusetzen.

Artikel 127
Verweisung einer Rechtssache an den Gerichtshof

Über eine Verweisung nach Artikel 54 Absatz 2 der Satzung entscheidet das Gericht auf Vorschlag des Berichterstatters durch mit Gründen versehenen Beschluss. *(ABl 2016 L 217, 71ff)*

Artikel 128
Abgabe

Abgabeentscheidungen gemäß Artikel 54 Absatz 3 der Satzung erlässt das Gericht auf Vorschlag des Berichterstatters durch mit Gründen versehenen Beschluss.

Artikel 129
Unverzichtbare Prozessvoraussetzungen

Das Gericht kann auf Vorschlag des Berichterstatters und nach Anhörung der Hauptparteien jederzeit von Amts wegen die Entscheidung treffen, durch mit Gründen versehenen Beschluss darüber zu entscheiden, ob unverzichtbare Prozessvoraussetzungen fehlen.

Artikel 130
Prozesshindernde Einreden und Zwischenstreit

(1) Will der Beklagte vorab eine Entscheidung des Gerichts über die Unzulässigkeit oder die Unzuständigkeit herbeiführen, so hat er dies mit gesondertem Schriftsatz innerhalb der in Artikel 81 genannten Frist zu beantragen.

(2) Der Antrag einer Partei auf Feststellung durch das Gericht, dass die Klage gegenstandslos geworden und die Hauptsache erledigt ist oder auf eine Entscheidung des Gerichts über einen anderen Zwischenstreit ist mit gesondertem Schriftsatz zu stellen.

(3) Die Antragsschriften nach den Absätzen 1 und 2 müssen eine Darstellung der sie tragenden Argumente, die Anträge und als Anlage die zur Unterstützung herangezogenen Unterlagen enthalten.

(4) Sogleich nach Eingang der Antragsschrift nach Absatz 1 setzt der Präsident dem Kläger eine Frist zur schriftlichen Einreichung seiner Gründe und Anträge.

(5) Sogleich nach Eingang der Antragsschrift nach Absatz 2 setzt der Präsident den anderen Parteien eine Frist für eine schriftliche Stellungnahme zu diesem Antrag.

(6) Das Gericht kann beschließen, das mündliche Verfahren über die Anträge nach den Absätzen 1 und 2 zu eröffnen. Artikel 106 findet keine Anwendung.

(7) Das Gericht entscheidet so bald wie möglich über den Antrag oder behält die Entscheidung dem Endurteil vor, wenn besondere Umstände dies rechtfertigen. Es verweist die Rechtssache an den Gerichtshof, wenn sie in dessen Zuständigkeit fällt. *(ABl 2016 L 217, 71ff)*

(8) Weist das Gericht den Antrag zurück oder behält es die Entscheidung dem Endurteil vor, so bestimmt der Präsident neue Fristen für die Fortsetzung des Verfahrens.

Artikel 131
Feststellung der Erledigung der Hauptsache von Amts wegen

(1) Stellt das Gericht fest, dass die Klage gegenstandslos geworden und die Hauptsache erledigt ist, so kann es auf Vorschlag des Berichterstatters und nach Anhörung der Parteien jederzeit von Amts wegen die Entscheidung treffen, durch mit Gründen versehenen Beschluss zu entscheiden.

(2) Das Gericht kann, wenn der Kläger auf seine Ersuchen nicht mehr reagiert, auf Vorschlag des Berichterstatters nach Anhörung der Parteien von Amts wegen die Erledigung der Hauptsache feststellen.

Artikel 132
Offensichtlich begründete Klage

Hat der Gerichtshof oder das Gericht bereits über eine oder mehrere Rechtsfragen entschieden, die mit den durch die Klagegründe aufgeworfenen übereinstimmen, und stellt das Gericht fest, dass der Sachverhalt erwiesen ist, so kann es die Klage nach Abschluss des schriftlichen Verfahrens auf Vorschlag des Berichterstatters und nach Anhörung der Parteien durch mit Gründen versehenen Beschluss, der einen Verweis auf die einschlägige Rechtsprechung enthält, für offensichtlich begründet erklären.

Dreizehntes Kapitel
PARTEIKOSTEN UND VERFAHRENSKOSTEN

Artikel 133
Entscheidung über die Kosten

Über die Kosten wird im Endurteil oder in dem das Verfahren beendenden Beschluss entschieden.

Artikel 134
Allgemeine Kostentragungsregeln

(1) Die unterliegende Partei ist auf Antrag zur Tragung der Kosten zu verurteilen.

(2) Unterliegen mehrere Parteien, so entscheidet das Gericht über die Verteilung der Kosten.

(3) Wenn jede Partei teils obsiegt, teils unterliegt, trägt jede Partei ihre eigenen Kosten. Das Gericht kann jedoch entscheiden, dass eine Partei außer ihren eigenen Kosten einen Teil der Kosten der Gegenpartei trägt, wenn dies in Anbetracht der Umstände des Einzelfalls gerechtfertigt erscheint.

Artikel 135
Billigkeit und ohne angemessenen Grund oder böswillig verursachte Kosten

(1) Das Gericht kann aus Gründen der Billigkeit entscheiden, dass eine unterliegende Partei neben ihren eigenen Kosten nur einen Teil der Kosten der Gegenpartei trägt oder gar nicht zur Tragung dieser Kosten zu verurteilen ist. *(ABl 2016 L 217, 71ff)*

(2) Das Gericht kann auch eine obsiegende Partei zur Tragung eines Teils der Kosten oder sämtlicher Kosten verurteilen, wenn dies wegen ihres Verhaltens, auch vor Klageerhebung, gerechtfertigt erscheint; dies gilt insbesondere für Kosten, die sie der Gegenpartei nach Ansicht des Gerichts ohne angemessenen Grund oder böswillig verursacht hat.

Artikel 136
Kosten bei Klage- oder Antragsrücknahme

(1) Nimmt eine Partei die Klage oder einen Antrag zurück, so wird sie zur Tragung der Kosten verurteilt, wenn die Gegenpartei dies in ihrer Stellungnahme zu der Rücknahme beantragt.

(2) Die Kosten werden jedoch auf Antrag der Partei, die die Rücknahme erklärt, der Gegenpartei auferlegt, wenn dies wegen des Verhaltens dieser Partei gerechtfertigt erscheint.

(3) Einigen sich die Parteien über die Kosten, so wird gemäß der Vereinbarung entschieden.

(4) Werden keine Kostenanträge gestellt, so trägt jede Partei ihre eigenen Kosten.

Artikel 137
Kosten bei Erledigung der Hauptsache

Erklärt das Gericht die Hauptsache für erledigt, so entscheidet es über die Kosten nach freiem Ermessen.

Artikel 138
Kosten der Streithelfer

(1) Die Mitgliedstaaten und die Organe, die dem Rechtsstreit als Streithelfer beigetreten sind, tragen ihre eigenen Kosten.

(2) Die Vertragsstaaten des EWR-Abkommens, die nicht Mitgliedstaaten sind, und die EFTA-Überwachungsbehörde tragen ebenfalls ihre eigenen Kosten, wenn sie dem Rechtsstreit als Streithelfer beigetreten sind.

(3) Das Gericht kann entscheiden, dass ein anderer Streithelfer als die in den Absätzen 1 und 2 genannten seine eigenen Kosten trägt.

Artikel 139
Verfahrenskosten

Das Verfahren vor dem Gericht ist vorbehaltlich der nachstehenden Bestimmungen kostenfrei:

a) Das Gericht kann Kosten, die vermeidbar gewesen wären, insbesondere im Fall einer offensichtlich missbräuchlichen Klage, der Partei auferlegen, die sie veranlasst hat.

b) Kosten für Schreib- und Übersetzungsarbeiten, die nach Ansicht des Kanzlers das gewöhnliche Maß überschreiten, hat die Partei, die diese Arbeiten beantragt hat, nach Maßgabe der in Artikel 37 bezeichneten Gebührenordnung der Kanzlei zu erstatten.

c) Bei wiederholten, eine Aufforderung zur Mängelbehebung erfordernden Verstößen gegen die Bestimmungen dieser Verfahrensordnung oder der praktischen Durchführungsbestimmungen nach Artikel 224 sind die mit der erforderlichen Bearbeitung durch das Gericht verbundenen Kosten auf Verlangen des Kanzlers von der betreffenden Partei nach Maßgabe der in Artikel 37 bezeichneten Gebührenordnung der Kanzlei zu erstatten.

Artikel 140
Erstattungsfähige Kosten

Unbeschadet des Artikels 139 gelten als erstattungsfähige Kosten:

a) Leistungen an Zeugen und Sachverständige gemäß Artikel 100;

b) Aufwendungen der Parteien, die für das Verfahren notwendig waren, insbesondere Reise- und Aufenthaltskosten sowie die Vergütung der Bevollmächtigten, Beistände oder Anwälte.

Artikel 141
Zahlungsmodalitäten

(1) Die Kasse des Gerichts und dessen Schuldner leisten ihre Zahlungen in Euro.

(2) Sind die zu erstattenden Auslagen in einer anderen Währung als dem Euro entstanden oder sind die Handlungen, derentwegen die Zahlung geschuldet wird, in einem Land vorgenommen worden, dessen Währung nicht der Euro ist, so ist der Umrechnung der am Zahlungstag geltende Referenzwechselkurs der Europäischen Zentralbank zugrunde zu legen.

Vierzehntes Kapitel
STREITHILFE

Artikel 142
Gegenstand und Wirkungen der Streithilfe

(1) Die Streithilfe kann nur die völlige oder teilweise Unterstützung der Anträge einer Hauptpartei zum Gegenstand haben. Sie verleiht nicht die gleichen Verfahrensrechte, wie sie den Hauptparteien zustehen, und insbesondere nicht das Recht, eine mündliche Verhandlung zu beantragen.

(2) Die Streithilfe ist akzessorisch zum Rechtsstreit zwischen den Hauptparteien. Sie wird gegenstandslos, wenn die Rechtssache im Register des Gerichts nach Klagerücknahme oder nach einer Vereinbarung zwischen diesen Hauptparteien gestrichen wird oder wenn die Klage für unzulässig erklärt wird.

(3) Der Streithelfer muss den Rechtsstreit in der Lage annehmen, in der dieser sich zum Zeitpunkt des Streitbeitritts befindet.

Artikel 143
Antrag auf Zulassung zur Streithilfe

(1) Anträge auf Zulassung zur Streithilfe müssen innerhalb von sechs Wochen nach der Veröffentlichung im Sinne des Artikels 79 gestellt werden.

(2) Der Antrag auf Zulassung zur Streithilfe muss enthalten:

a) die Bezeichnung der Rechtssache;

b) die Bezeichnung der Hauptparteien;

c) Namen und Wohnsitz des Antragstellers;

d) die Angabe der Stellung und der Anschrift des Vertreters des Antragstellers;

e) die Anträge, zu deren Unterstützung der Antragsteller beitreten möchte;

f) die Darstellung der Umstände, aus denen sich das Recht zum Streitbeitritt ergibt, wenn der Antrag gemäß Artikel 40 Absatz 2 oder 3 der Satzung gestellt wird.

(3) Der Antragsteller muss gemäß Artikel 19 der Satzung vertreten werden.

(4) Artikel 78 Absätze 4 bis 6 und Artikel 139 finden auf den Antrag auf Zulassung zur Streithilfe Anwendung. *(ABl 2018 L 240, 68)*

Artikel 144
Entscheidung über den Antrag auf Zulassung zur Streithilfe

(1) Der Antrag auf Zulassung zur Streithilfe wird den Hauptparteien zugestellt.

(2) Der Präsident gibt den Hauptparteien Gelegenheit, zu dem Antrag auf Zulassung zur Streithilfe schriftlich oder mündlich Stellung zu nehmen und erforderlichenfalls zu beantragen, dass bestimmte, in den Akten der Rechtssache enthaltene Angaben, die vertraulich sind, von der Übermittlung an einen Streithelfer ausgenommen sind.

(3) Erhebt der Beklagte nach Artikel 130 Absatz 1 eine Einrede der Unzulässigkeit oder der Unzuständigkeit, so wird über den Antrag auf Zulassung zur Streithilfe erst entschieden, nachdem die Einrede zurückgewiesen wurde oder die Entscheidung darüber dem Endurteil vorbehalten wurde.

(4) Wird der Antrag gemäß Artikel 40 Absatz 1 der Satzung gestellt und haben die Hauptparteien keine in den Akten der Rechtssache enthaltenen vertraulichen Angaben bezeichnet, deren Übermittlung an den Streithelfer ihnen zum Nachteil gereichen kann, so wird die Streithilfe durch Entscheidung des Präsidenten zugelassen.

(5) In den übrigen Fällen entscheidet der Präsident so bald wie möglich durch Beschluss über den Antrag auf Zulassung zur Streithilfe und gegebenenfalls über die Übermittlung der Angaben, deren vertraulicher Charakter geltend gemacht wurde, an den Streithelfer.

(6) Wird der Antrag auf Zulassung zur Streithilfe zurückgewiesen, so ist der Beschluss nach Absatz 5 mit Gründen zu versehen und muss eine Entscheidung gemäß den Artikeln 134 und 135 über die im Zusammenhang mit dem Antrag auf Zulassung zur Streithilfe entstandenen Kosten,

einschließlich der Kosten des Antragstellers, enthalten.

(7) Wird dem Antrag auf Zulassung zur Streithilfe stattgegeben, so sind dem Streithelfer alle den Hauptparteien zugestellten Verfahrensschriftstücke zu übermitteln, gegebenenfalls mit Ausnahme der vertraulichen Angaben, die nach Absatz 5 von der Übermittlung ausgenommen sind.

(8) Wird der Antrag auf Zulassung zur Streithilfe zurückgenommen, so beschließt der Präsident die Streichung des Antragstellers bezüglich der Rechtssache und entscheidet gemäß Artikel 136 über die Kosten, einschließlich der Kosten des Antragstellers.

(9) Wird der Streitbeitritt zurückgenommen, so beschließt der Präsident die Streichung des Streithelfers bezüglich der Rechtssache und entscheidet gemäß den Artikeln 136 und 138 über die Kosten.

(10) Wird das Verfahren in der Hauptsache beendet, bevor über den Antrag auf Zulassung zur Streithilfe entschieden wurde, so tragen der Antragsteller und die Hauptparteien jeweils ihre eigenen im Zusammenhang mit dem Antrag auf Zulassung zur Streithilfe entstandenen Kosten. Dem Antragsteller wird eine Kopie des das Verfahren beendenden Beschlusses übermittelt.

Artikel 145
Einreichung der Schriftsätze

(1) Der Streithelfer kann innerhalb der vom Präsidenten festgesetzten Frist einen Streithilfeschriftsatz einreichen.

(2) Der Streithilfeschriftsatz muss enthalten:

a) die Anträge des Streithelfers, die der vollständigen oder teilweisen Unterstützung der Anträge einer Hauptpartei zu dienen bestimmt sind;

b) die vom Streithelfer geltend gemachten Gründe und Argumente;

c) gegebenenfalls die Beweise und Beweisangebote.

(3) Nach Einreichung des Streithilfeschriftsatzes setzt der Präsident den Hauptparteien eine Frist, innerhalb deren sie sich zu diesem Schriftsatz äußern können.

Fünfzehntes Kapitel
PROZESSKOSTENHILFE

Artikel 146
Allgemeines

(1) Personen, die aufgrund ihrer wirtschaftlichen Lage vollständig oder teilweise außerstande sind, die Kosten des Verfahrens zu tragen, haben Anspruch auf Prozesskostenhilfe.

(2) Die Bewilligung von Prozesskostenhilfe wird abgelehnt, wenn das Gericht für die Rechtsverfolgung, für die sie beantragt ist, offensichtlich unzuständig ist oder wenn diese Rechtsverfolgung offensichtlich unzulässig oder offensichtlich jeder rechtlichen Grundlage entbehrend erscheint.

Artikel 147
Antrag auf Bewilligung von Prozesskostenhilfe

(1) Die Bewilligung von Prozesskostenhilfe kann vor Erhebung der Klage beantragt werden oder solange diese anhängig ist.

(2) Der Antrag auf Bewilligung von Prozesskostenhilfe ist mittels eines im *Amtsblatt der Europäischen Union* veröffentlichten Formulars zu stellen, das auf der Internetseite des Gerichtshofs der Europäischen Union abrufbar ist. Ein nicht mittels dieses Formulars gestellter Antrag auf Bewilligung von Prozesskostenhilfe wird nicht berücksichtigt. *(ABl 2018 L 240, 68)*

(3) Dem Antrag auf Bewilligung von Prozesskostenhilfe sind alle Auskünfte und Belege beizufügen, die eine Beurteilung der wirtschaftlichen Lage des Antragstellers ermöglichen, wie etwa eine Bescheinigung einer zuständigen nationalen Stelle über die wirtschaftliche Lage.

(4) Wird der Antrag auf Bewilligung von Prozesskostenhilfe vor Klageerhebung eingereicht, so hat der Antragsteller den Gegenstand der beabsichtigten Klage, den Sachverhalt und das Vorbringen zur Stützung der Klage kurz darzulegen. Mit dem Antrag sind entsprechende Belege einzureichen.

(5) Dem Antrag auf Bewilligung von Prozesskostenhilfe sind erforderlichenfalls die in Artikel 51 Absätze 2 und 3 und Artikel 78 Absatz 4 bezeichneten Unterlagen beizufügen. In diesem Fall finden Artikel 51 Absatz 4 und Artikel 78 Absatz 6 Anwendung. *(ABl 2016 L 217, 71ff)*

(6) Ist der Antragsteller nicht anwaltlich vertreten, so ist das Original des Antrags auf Bewilligung von Prozesskostenhilfe bei der Kanzlei in Papierform einzureichen. Das Original des Antrags muss vom Antragsteller handschriftlich unterzeichnet sein. *(ABl 2018 L 240, 68)*

(7) Die Einreichung eines Antrags auf Bewilligung von Prozesskostenhilfe hemmt für den Antragsteller den Lauf der Klagefrist bis zu dem Zeitpunkt, zu dem der Beschluss, mit dem über diesen Antrag entschieden wird, oder, in den Fällen des Artikels 148 Absatz 6, der Beschluss, in dem der mit der Vertretung des Antragstellers beauftragte Anwalt bestimmt wird, zugestellt wird.

Artikel 148
Entscheidung über die Bewilligung von Prozesskostenhilfe

(1) Bevor das Gericht über den Antrag auf Bewilligung von Prozesskostenhilfe entscheidet,

setzt der Präsident der anderen Hauptpartei eine Frist zur schriftlichen Stellungnahme, sofern nicht bereits aus den gemachten Angaben hervorgeht, dass die Voraussetzungen nach Artikel 146 Absatz 1 nicht erfüllt oder die Voraussetzungen nach Artikel 146 Absatz 2 erfüllt sind.

(2) Der Präsident entscheidet durch Beschluss über den Antrag auf Bewilligung von Prozesskostenhilfe.

(3) Der Beschluss, mit dem die Bewilligung von Prozesskostenhilfe abgelehnt wird, ist mit Gründen zu versehen.

(4) In dem Beschluss, mit dem die Prozesskostenhilfe bewilligt wird, kann ein Anwalt zur Vertretung des Antragstellers bestimmt werden, wenn dieser Anwalt vom Antragsteller in seinem Antrag auf Bewilligung von Prozesskostenhilfe vorgeschlagen wurde und zugestimmt hat, den Antragsteller vor dem Gericht zu vertreten.

(5) Hat der Antragsteller in seinem Antrag auf Bewilligung von Prozesskostenhilfe oder infolge des Beschlusses, mit dem die Prozesskostenhilfe bewilligt wird, nicht selbst einen Anwalt vorgeschlagen oder ist es untunlich, seinem Vorschlag zu folgen, so übermittelt der Kanzler der in der Zusätzlichen Verfahrensordnung des Gerichtshofs bezeichneten zuständigen Stelle des betroffenen Staates den Beschluss, mit dem die Prozesskostenhilfe bewilligt wird, und eine Kopie des Antrags. Hat der Antragsteller keinen Wohnsitz oder Sitz in der Union, so übermittelt der Kanzler den Beschluss, mit dem die Prozesskostenhilfe bewilligt wird, der zuständigen Stelle des Staates, in dem der Gerichtshof der Europäischen Union seinen Sitz hat.

(6) Unbeschadet des Absatzes 4 wird der mit der Vertretung des Antragstellers beauftragte Anwalt durch Beschluss bestimmt, je nach Fall unter Berücksichtigung der Vorschläge des Antragstellers oder der Vorschläge der in Absatz 5 bezeichneten Stelle.

(7) In dem Beschluss, mit dem die Prozesskostenhilfe bewilligt wird, kann ein Betrag festgesetzt werden, der dem mit der Vertretung des Antragstellers beauftragten Anwalt zu zahlen ist, oder eine Obergrenze festgelegt werden, die die Auslagen und Gebühren des Anwalts grundsätzlich nicht überschreiten dürfen. Der Beschluss kann eine Beteiligung des Antragstellers an den in Artikel 149 Absatz 1 genannten Kosten unter Berücksichtigung seiner wirtschaftlichen Lage vorsehen.

(8) Die nach diesem Artikel erlassenen Beschlüsse sind unanfechtbar.

(9) Ist der Antragsteller nicht anwaltlich vertreten, so erfolgen Zustellungen an ihn durch Übersendung einer beglaubigten Kopie des zuzustellenden Schriftstücks per Einschreiben mit Rückschein oder durch Übergabe der Kopie gegen Empfangsbestätigung. Zustellungen an die anderen Parteien erfolgen auf die in Artikel 80 Absatz 1 vorgesehene Weise. *(ABl 2018 L 240, 68)*

Artikel 149
Vorschüsse und Tragung der Kosten

(1) Wird die Prozesskostenhilfe bewilligt, so trägt die Kasse des Gerichts – gegebenenfalls in den festgesetzten Grenzen – die Kosten der Unterstützung und der Vertretung des Antragstellers vor dem Gericht. Der Präsident kann auf Antrag des gemäß Artikel 148 bestimmten Anwalts entscheiden, dass diesem ein Vorschuss gewährt wird.

(2) Hat der Empfänger der Prozesskostenhilfe aufgrund der das Verfahren beendenden Entscheidung seine eigenen Kosten zu tragen, so setzt der Präsident durch mit Gründen versehenen, unanfechtbaren Beschluss diejenigen Auslagen und Gebühren des Anwalts fest, die von der Kasse des Gerichts getragen werden.

(3) Hat das Gericht in der das Verfahren beendenden Entscheidung die Kosten des Empfängers der Prozesskostenhilfe einer anderen Partei auferlegt, so hat diese andere Partei der Kasse des Gerichts die als Prozesskostenhilfe vorgestreckten Beträge zu erstatten.

(4) Der Kanzler veranlasst die Einziehung der in Absatz 3 genannten Beträge von der Partei, die zu ihrer Erstattung verurteilt worden ist.

(5) Unterliegt der Empfänger der Prozesskostenhilfe, so kann das Gericht in der das Verfahren beendenden Entscheidung im Rahmen der Kostenentscheidung aus Gründen der Billigkeit entscheiden, dass eine oder mehrere andere Parteien ihre eigenen Kosten tragen oder dass diese vollständig oder zum Teil von der Kasse des Gerichts als Prozesskostenhilfe getragen werden.

Artikel 150
Entziehung der Prozesskostenhilfe

(1) Ändern sich die Voraussetzungen, unter denen die Prozesskostenhilfe bewilligt wurde, im Laufe des Verfahrens, so kann der Präsident von Amts wegen oder auf Antrag nach Anhörung des Betroffenen die Prozesskostenhilfe entziehen.

(2) Der Beschluss, mit dem die Prozesskostenhilfe entzogen wird, ist mit Gründen zu versehen und ist unanfechtbar.

Sechzehntes Kapitel
EILVERFAHREN

Abschnitt 1
Beschleunigtes Verfahren

Artikel 151
Entscheidung über das beschleunigte Verfahren

(1) Das Gericht kann in Anbetracht der besonderen Dringlichkeit und der Umstände der Rechtssache auf Antrag des Klägers oder des Beklagten nach Anhörung der anderen Hauptpartei beschließen, im beschleunigten Verfahren zu entscheiden. Der Beschluss ergeht so bald wie möglich.

(2) Auf Vorschlag des Berichterstatters kann das Gericht bei Vorliegen außergewöhnlicher Umstände nach Anhörung der Hauptparteien von Amts wegen beschließen, im beschleunigten Verfahren zu entscheiden.

(3) Der Beschluss des Gerichts, im beschleunigten Verfahren zu entscheiden, kann mit Bedingungen hinsichtlich des Umfangs und der Präsentation der Schriftsätze der Hauptparteien, des weiteren Verfahrensablaufs oder der dem Gericht zur Entscheidung unterbreiteten Gründe und Argumente verbunden werden.

(4) Erfüllt eine der Hauptparteien eine der in Absatz 3 genannten Bedingungen nicht, so kann der Beschluss, im beschleunigten Verfahren zu entscheiden, aufgehoben werden. Das Verfahren wird dann als gewöhnliches Verfahren fortgesetzt.

Artikel 152
Antrag auf Durchführung des beschleunigten Verfahrens

(1) Der Antrag auf Durchführung des beschleunigten Verfahrens ist mit gesondertem Schriftsatz gleichzeitig mit der Klageschrift oder der Klagebeantwortung einzureichen und muss eine Begründung enthalten, in der die besondere Dringlichkeit der Rechtssache und die sonstigen relevanten Umstände dargelegt werden.

(2) In dem Antrag auf Durchführung des beschleunigten Verfahrens kann angegeben werden, dass bestimmte Gründe oder Argumente oder bestimmte Abschnitte der Klageschrift oder Klagebeantwortung nur für den Fall vorgetragen werden, dass nicht im beschleunigten Verfahren entschieden wird, insbesondere, indem dem Antrag eine Kurzfassung der Klageschrift sowie ein Verzeichnis der Anlagen und die Anlagen beigefügt werden, die bei der Entscheidung im beschleunigten Verfahren allein zu berücksichtigen sind.

Artikel 153
Vorrangige Behandlung

Abweichend von Artikel 67 Absatz 1 werden Rechtssachen, in denen das Gericht eine Entscheidung im beschleunigten Verfahren beschlossen hat, mit Vorrang entschieden.

Artikel 154
Schriftliches Verfahren

(1) Hat der Kläger beantragt, im beschleunigten Verfahren zu entscheiden, so beträgt die Frist für die Einreichung der Klagebeantwortung abweichend von Artikel 81 Absatz 1 einen Monat. Diese Frist kann nach Artikel 81 Absatz 3 verlängert werden.

(2) Beschließt das Gericht, einem Antrag auf Durchführung des beschleunigten Verfahrens nicht stattzugeben, so wird dem Beklagten eine zusätzliche Frist von einem Monat für die Einreichung oder gegebenenfalls Ergänzung der Klagebeantwortung gewährt.

(3) Im beschleunigten Verfahren können die in den Artikeln 83 Absatz 1 und 145 Absätze 1 und 3 genannten Schriftsätze nur eingereicht werden, wenn das Gericht dies im Rahmen prozessleitender Maßnahmen gemäß den Artikeln 88 bis 90 gestattet.

(4) Im beschleunigten Verfahren berücksichtigt der Präsident bei der Festsetzung der in dieser Verfahrensordnung vorgesehenen Fristen die besondere Dringlichkeit der Entscheidung über die Klage.

Artikel 155
Mündliches Verfahren

(1) Wurde die Durchführung des beschleunigten Verfahrens beschlossen, so entscheidet das Gericht nach Abgabe des Vorberichts durch den Berichterstatter so bald wie möglich über die Eröffnung des mündlichen Verfahrens. Das Gericht kann jedoch beschließen, ohne mündliches Verfahren zu entscheiden, wenn die Hauptparteien auf eine Teilnahme an der mündlichen Verhandlung verzichten und das Gericht sich für durch die Aktenstücke der Rechtssache hinreichend unterrichtet hält.

(2) Unbeschadet der Artikel 84 und 85 können die Hauptparteien ihr Vorbringen im mündlichen Verfahren ergänzen und Beweisangebote vorlegen, sofern die verspätete Vorlage dieser Beweisangebote gerechtfertigt ist.

Abschnitt 2
Vorläufiger Rechtsschutz: Aussetzung und sonstige einstweilige Anordnungen

Artikel 156
Anträge auf Aussetzung oder sonstige einstweilige Anordnungen

(1) Anträge auf Aussetzung der Vollziehung von Handlungen eines Organs im Sinne der Artikel 278 AEUV und 157 EAGV sind nur zulässig, wenn der Antragsteller die betreffende Handlung durch Klage beim Gericht angefochten hat.

(2) Anträge auf sonstige einstweilige Anordnungen im Sinne des Artikels 279 AEUV sind nur zulässig, wenn sie von einer Hauptpartei eines beim Gericht anhängigen Rechtsstreits gestellt werden und sich auf diesen beziehen.

(3) Bei Rechtssachen, die aufgrund des Artikels 270 AEUV anhängig gemacht worden sind, können die in den Absätzen 1 und 2 genannten Anträge ab Einreichung der Beschwerde nach Artikel 90 Absatz 2 des Beamtenstatuts unter den in Artikel 91 Absatz 4 des Beamtenstatuts festgelegten Voraussetzungen gestellt werden. *(ABl 2016 L 217, 71ff)*

(4) Die in den Absätzen 1 und 2 genannten Anträge müssen den Streitgegenstand bezeichnen und die Umstände, aus denen sich die Dringlichkeit ergibt, sowie die den Erlass der beantragten einstweiligen Anordnung dem ersten Anschein nach rechtfertigenden Sach- und Rechtsgründe anführen. Sie müssen sämtliche verfügbaren Beweise und Beweisangebote enthalten, die dazu bestimmt sind, den Erlass dieser einstweiligen Anordnungen zu rechtfertigen. *(ABl 2016 L 217, 71ff)*

(5) Der Antrag ist mit gesondertem Schriftsatz und nach Maßgabe der Artikel 76 und 78 einzureichen. *(ABl 2016 L 217, 71ff; ABl 2018 L 240, 68)*

Artikel 157
Verfahren

(1) Die Antragsschrift wird der Gegenpartei zugestellt, der vom Präsidenten des Gerichts eine kurze Frist zur schriftlichen oder mündlichen Stellungnahme gesetzt wird.

(2) Der Präsident des Gerichts kann dem Antrag stattgeben, bevor die Stellungnahme der Gegenpartei eingeht. Die betreffende Anordnung kann später, auch von Amts wegen, abgeändert oder wieder aufgehoben werden.

(3) Der Präsident des Gerichts entscheidet gegebenenfalls über prozessleitende Maßnahmen und Maßnahmen der Beweisaufnahme.

(4) Ist der Präsident des Gerichts verhindert, so finden die Artikel 11 und 12 Anwendung.

Artikel 158
Entscheidung über den Antrag

(1) Der Präsident des Gerichts entscheidet über den Antrag durch mit Gründen versehenen Beschluss. Der Beschluss wird den Parteien umgehend zugestellt.

(2) Die Vollstreckung des Beschlusses kann von der Leistung einer Sicherheit durch den Antragsteller abhängig gemacht werden, deren Höhe und Art nach Maßgabe der Umstände festzusetzen sind.

(3) In dem Beschluss kann ein Zeitpunkt festgesetzt werden, zu dem die Anordnung außer Kraft tritt. Geschieht dies nicht, tritt die Anordnung mit der Verkündung des Endurteils außer Kraft.

(4) Der Beschluss ist nur einstweiliger Natur und greift der Entscheidung des Gerichts zur Hauptsache nicht vor.

(5) In dem Beschluss, der das Verfahren der einstweiligen Anordnung beendet, wird bestimmt, dass die Kostenentscheidung der Entscheidung des Gerichts zur Hauptsache vorbehalten bleibt. Erscheint es jedoch in Anbetracht der Umstände des Einzelfalls gerechtfertigt, so wird in dem Beschluss gemäß den Artikeln 134 bis 138 über die Kosten des Verfahrens des vorläufigen Rechtsschutzes entschieden.

Artikel 159
Änderung der Umstände

Auf Antrag einer Partei kann der Beschluss jederzeit infolge einer Änderung der Umstände abgeändert oder wieder aufgehoben werden.

Artikel 160
Neuer Antrag

Die Zurückweisung eines Antrags auf einstweilige Anordnung hindert die antragstellende Hauptpartei nicht, einen weiteren, auf neue Tatsachen gestützten Antrag zu stellen.

Artikel 161
Anträge gemäß den Artikeln 280 AEUV, 299 AEUV und 164 EAGV

(1) Für Anträge gemäß den Artikeln 280 AEUV, 299 AEUV und 164 EAGV auf Aussetzung der Zwangsvollstreckung von Entscheidungen des Gerichts oder von Rechtsakten des Rates, der Kommission oder der Europäischen Zentralbank gelten die Bestimmungen dieses Abschnitts.

(2) In dem Beschluss, mit dem dem Antrag stattgegeben wird, wird gegebenenfalls der Zeitpunkt festgesetzt, zu dem die einstweilige Anordnung außer Kraft tritt.

Siebzehntes Kapitel
ANTRÄGE IN BEZUG AUF URTEILE UND BESCHLÜSSE

Artikel 162
Zuweisung der Anträge

(1) Anträge nach diesem Kapitel werden dem Spruchkörper zugewiesen, der die Entscheidung erlassen hat, auf die sich der Antrag bezieht.

(2) Ist ein Erreichen der gemäß den Artikeln 23 und 24 für die Beschlussfähigkeit erforderlichen Zahl von Richtern nicht mehr möglich, so wird der Antrag einem anderen, mit derselben Richterzahl tagenden Spruchkörper zugewiesen. Wurde die Entscheidung von einem Richter als Einzelrichter erlassen und ist dieser Richter verhindert, so wird der Antrag einem anderen Richter zugewiesen.

Artikel 163
Aussetzung des Verfahrens

Beziehen sich ein Rechtsmittel vor dem Gerichtshof und einer der in diesem Kapitel bezeichneten Anträge, mit Ausnahme der in den Artikeln 164 und 165 bezeichneten Anträge, auf dieselbe Entscheidung des Gerichts, so kann der Präsident nach Anhörung der Parteien beschließen, das Verfahren auszusetzen, bis der Gerichtshof über das Rechtsmittel entschieden hat.

Artikel 164
Berichtigung von Urteilen und Beschlüssen

(1) Unbeschadet der Bestimmungen über die Auslegung von Urteilen und Beschlüssen können Schreib- oder Rechenfehler und offenbare Unrichtigkeiten vom Gericht von Amts wegen oder auf Antrag einer Partei berichtigt werden.

(2) Der Berichtigungsantrag ist innerhalb von zwei Wochen nach Verkündung des Urteils oder Zustellung des Beschlusses zu stellen.

(3) Bezieht sich die Berichtigung auf die Entscheidungsformel oder einen sie tragenden Entscheidungsgrund, so können die Parteien innerhalb der vom Präsidenten festgesetzten Frist schriftlich Stellung nehmen.

(4) Das Gericht entscheidet durch Beschluss.

(5) Die Urschrift des Beschlusses, der die Berichtigung ausspricht, wird mit der Urschrift der berichtigten Entscheidung verbunden. Ein Hinweis auf den Beschluss ist am Rande der Urschrift der berichtigten Entscheidung anzubringen.

Artikel 165
Unterlassen einer Entscheidung

(1) Hat das Gericht eine Entscheidung über einen einzelnen Punkt der Anträge oder die Kostenentscheidung unterlassen, so hat die Partei, die dies geltend machen möchte, das Gericht durch Antragsschrift anzurufen.

(2) Der Antrag ist innerhalb eines Monats nach der Verkündung des Urteils oder der Zustellung des Beschlusses zu stellen.

(3) Der Antrag wird den anderen Parteien zugestellt, die innerhalb der vom Präsidenten festgesetzten Frist schriftlich Stellung nehmen können.

(4) Nachdem den Parteien Gelegenheit zur Stellungnahme gegeben wurde, entscheidet das Gericht durch Beschluss zugleich über die Zulässigkeit und die Begründetheit des Antrags.

Artikel 166
Einspruch gegen ein Versäumnisurteil

(1) Gegen das Versäumnisurteil kann gemäß Artikel 41 der Satzung Einspruch eingelegt werden.

(2) Der unterliegende Beklagte hat den Einspruch innerhalb eines Monats nach Zustellung des Versäumnisurteils einzulegen. Für den Einspruch gelten die Formvorschriften der Artikel 76 und 78. *(ABl 2018 L 240, 68)*

(3) Nach der Zustellung des Einspruchs setzt der Präsident der Gegenpartei eine Frist zur schriftlichen Stellungnahme.

(4) Auf das weitere Verfahren finden, je nach Fall, die Bestimmungen des Dritten Titels oder des Vierten Titels Anwendung.

(5) Das Gericht entscheidet durch Urteil, gegen das weiterer Einspruch nicht zulässig ist.

(6) Die Urschrift dieses Urteils wird mit der Urschrift des Versäumnisurteils verbunden. Ein Hinweis auf das Urteil über den Einspruch ist am Rande der Urschrift des Versäumnisurteils anzubringen.

Artikel 167
Drittwiderspruch

(1) Auf den Drittwiderspruch nach Artikel 42 der Satzung finden die Artikel 76 und 78 Anwendung; er muss ferner enthalten:

a) die Bezeichnung des angefochtenen Urteils oder Beschlusses;

b) die Angabe, in welchen Punkten das angefochtene Urteil oder der angefochtene Beschluss die Rechte des Dritten beeinträchtigt;

c) die Gründe, aus denen der Dritte nicht in der Lage war, sich an dem Rechtsstreit vor dem Gericht zu beteiligen.

(ABl 2018 L 240, 68)

(2) Der Drittwiderspruch muss innerhalb von zwei Monaten nach der in Artikel 122 genannten Veröffentlichung eingelegt werden.

(3) Auf Antrag des Dritten kann die Aussetzung der Vollstreckung des angefochtenen Urteils oder Beschlusses beschlossen werden. Die Artikel 156 bis 161 finden Anwendung.

(4) Die Drittwiderspruchsschrift wird den Parteien zugestellt, die innerhalb der vom Präsidenten festgesetzten Frist schriftlich Stellung nehmen können.

(5) Nachdem den Parteien Gelegenheit zur Stellungnahme gegeben wurde, entscheidet das Gericht.

(6) Das angefochtene Urteil oder der angefochtene Beschluss wird insoweit geändert, als dem Drittwiderspruch stattgegeben wird.

(7) Die Urschrift der Entscheidung über den Drittwiderspruch wird mit der Urschrift des angefochtenen Urteils oder Beschlusses verbunden. Ein Hinweis auf die Entscheidung über den Drittwiderspruch ist am Rande der Urschrift des angefochtenen Urteils oder Beschlusses anzubringen.

Artikel 168
Auslegung von Urteilen und Beschlüssen

(1) Das Gericht ist nach Artikel 43 der Satzung bei Zweifeln über Sinn und Tragweite eines Urteils oder Beschlusses zuständig, das Urteil oder den Beschluss auf Antrag einer Partei oder eines Organs der Union auszulegen, wenn die Partei oder das Organ ein Interesse hieran glaubhaft macht.

(2) Der Auslegungsantrag ist innerhalb von zwei Jahren nach dem Tag der Verkündung des Urteils oder der Zustellung des Beschlusses zu stellen.

(3) Für den Auslegungsantrag gelten die Formvorschriften der Artikel 76 und 78. Er muss ferner bezeichnen:

a) das auszulegende Urteil oder den auszulegenden Beschluss;

b) die Stellen, deren Auslegung beantragt wird.
(ABl 2018 L 240, 68)

(4) Der Auslegungsantrag wird den anderen Parteien zugestellt, die innerhalb der vom Präsidenten festgesetzten Frist schriftlich Stellung nehmen können.

(5) Nachdem den Parteien Gelegenheit zur Stellungnahme gegeben wurde, entscheidet das Gericht.

(6) Die Urschrift der auslegenden Entscheidung wird mit der Urschrift der ausgelegten Entscheidung verbunden. Ein Hinweis auf die auslegende Entscheidung ist am Rande der Urschrift der ausgelegten Entscheidung anzubringen.

Artikel 169
Wiederaufnahme

(1) Die Wiederaufnahme des Verfahrens kann nach Artikel 44 der Satzung beim Gericht nur beantragt werden, wenn eine Tatsache von entscheidender Bedeutung bekannt wird, die vor Verkündung des Urteils oder Zustellung des Beschlusses dem Gericht und der die Wiederaufnahme beantragenden Partei unbekannt war.

(2) Unbeschadet der in Artikel 44 Absatz 3 der Satzung vorgesehenen Frist von zehn Jahren ist die Wiederaufnahme innerhalb von drei Monaten nach dem Tag zu beantragen, an dem der Antragsteller Kenntnis von der Tatsache erhalten hat, auf die er seinen Wiederaufnahmeantrag stützt.

(3) Auf den Wiederaufnahmeantrag finden die Artikel 76 und 78 Anwendung; er muss ferner enthalten:

a) die Bezeichnung des angefochtenen Urteils oder Beschlusses;

b) die Angabe der Punkte, in denen das Urteil oder der Beschluss angefochten wird;

c) die Bezeichnung der Tatsachen, auf die der Antrag gestützt wird;

d) die Benennung der Beweismittel für das Vorliegen der Tatsachen, die die Wiederaufnahme rechtfertigen, und für die Wahrung der in Absatz 2 genannten Fristen.
(ABl 2018 L 240, 68)

(4) Der Wiederaufnahmeantrag wird den anderen Parteien zugestellt, die innerhalb der vom Präsidenten festgesetzten Frist schriftlich Stellung nehmen können.

(5) Nachdem den Parteien Gelegenheit zur Stellungnahme gegeben wurde, entscheidet das Gericht durch Beschluss über die Zulässigkeit des Antrags, ohne der Entscheidung in der Sache vorzugreifen.

(6) Erklärt das Gericht den Antrag für zulässig, so entscheidet es in der Sache gemäß den Bestimmungen dieser Verfahrensordnung.

(7) Die Urschrift der abändernden Entscheidung wird mit der Urschrift der abgeänderten Entscheidung verbunden. Ein Hinweis auf die abändernde Entscheidung ist am Rande der Urschrift der abgeänderten Entscheidung anzubringen.

Artikel 170
Streitigkeiten über die erstattungsfähigen Kosten

(1) Bei Streitigkeiten über die erstattungsfähigen Kosten stellt die betroffene Partei beim Gericht einen Antrag. Für diesen Antrag gelten die Formvorschriften der Artikel 76 und 78. *(ABl 2018 L 240, 68)*

(2) Der Antrag wird der Partei, die von diesem Antrag betroffen ist, zugestellt, die innerhalb der vom Präsidenten festgesetzten Frist schriftlich Stellung nehmen kann.

(3) Nachdem der von dem Antrag betroffenen Partei Gelegenheit zur Stellungnahme gegeben wurde, entscheidet das Gericht durch unanfechtbaren Beschluss.

(4) Die Parteien können eine Ausfertigung des Beschlusses zum Zweck der Vollstreckung beantragen.

VIERTER TITEL
RECHTSSTREITIGKEITEN BETREFFEND DIE RECHTE DES GEISTIGEN EIGENTUMS

Artikel 171
Anwendungsbereich

Die Bestimmungen dieses Titels gelten für Klagen gegen die Entscheidungen der Beschwerdekammern des in Artikel 1 bezeichneten Amtes, die die Anwendung der Vorschriften im Rahmen einer Regelung über das geistige Eigentum betreffen.

Erstes Kapitel
PARTEIEN DES VERFAHRENS

Artikel 172
Beklagter

Die Klage wird gegen das Amt als Beklagten erhoben, zu dem die Beschwerdekammer gehört, die die angefochtene Entscheidung erlassen hat.

Artikel 173
Stellung der anderen im Verfahren vor der Beschwerdekammer Beteiligten vor dem Gericht

(1) Ein Beteiligter im Verfahren vor der Beschwerdekammer mit Ausnahme des Klägers kann sich als Streithelfer am Verfahren vor dem Gericht beteiligen, indem er form- und fristgerecht eine Klagebeantwortung einreicht.

(2) Ein Beteiligter im Verfahren vor der Beschwerdekammer mit Ausnahme des Klägers wird vor Ablauf der für die Einreichung der Klagebeantwortung vorgesehenen Frist mit der Einreichung eines Verfahrensschriftstücks als Streithelfer Partei des Verfahrens vor dem Gericht. Er verliert seine Stellung als Streithelfer vor dem Gericht, wenn er nicht form- und fristgerecht eine Klagebeantwortung einreicht. In diesem Fall trägt der Streithelfer seine eigenen, mit den von ihm eingereichten Verfahrensschriftstücken in Zusammenhang stehenden Kosten.

(3) Der in den Absätzen 1 und 2 bezeichnete Streithelfer verfügt über dieselben prozessualen Rechte wie die Hauptparteien. Er kann die Anträge einer Hauptpartei unterstützen sowie Anträge stellen und Gründe vorbringen, die gegenüber denen der Hauptparteien eigenständig sind.

(4) Ein Beteiligter im Verfahren vor der Beschwerdekammer – mit Ausnahme des Klägers –, der nach den Absätzen 1 und 2 die Eigenschaft als Partei vor dem Gericht erlangt, muss gemäß Artikel 19 der Satzung vertreten werden.

(5) Artikel 78 Absätze 4 bis 6 findet auf die in Absatz 2 bezeichneten Verfahrensschriftstücke Anwendung. *(ABl 2018 L 240, 68)*

(6) Abweichend von Artikel 123 gelten die Bestimmungen über das Versäumnisverfahren nicht, wenn ein in den Absätzen 1 und 2 bezeichneter Streithelfer die Klageschrift form- und fristgerecht beantwortet hat.

Artikel 174
Ersetzung einer Partei

Ist das von dem Rechtsstreit betroffene Recht des geistigen Eigentums von einem im Verfahren vor der Beschwerdekammer des Amtes Beteiligten auf einen Dritten übertragen worden, so kann der Rechtsnachfolger beantragen, an die Stelle der ursprünglichen Partei im Verfahren vor dem Gericht zu treten.

Artikel 175
Ersetzungsantrag

(1) Der Ersetzungsantrag ist mit gesondertem Schriftsatz einzureichen. Er kann in jedem Verfahrensstadium gestellt werden.

(2) Der Antrag muss enthalten:

a) die Bezeichnung der Rechtssache;

b) die Bezeichnung der Parteien der Rechtssache und der Partei, an deren Stelle der Antragsteller treten möchte;

c) Namen und Wohnsitz des Antragstellers;

d) die Angabe der Stellung und der Anschrift des Vertreters des Antragstellers;

e) die Darstellung der die Ersetzung rechtfertigenden Umstände unter Beifügung von Nachweisen.

(3) Der Antragsteller muss gemäß Artikel 19 der Satzung vertreten werden.

(4) Artikel 78 Absätze 4 bis 6 und Artikel 139 finden auf den Ersetzungsantrag Anwendung. *(ABl 2018 L 240, 68)*

Artikel 176
Entscheidung über den Ersetzungsantrag

(1) Der Ersetzungsantrag wird den Parteien zugestellt.

(2) Der Präsident gibt den Parteien Gelegenheit, schriftlich oder mündlich zu dem Ersetzungsantrag Stellung zu nehmen.

(3) Die Entscheidung über den Ersetzungsantrag ergeht durch mit Gründen versehenen Beschluss des Präsidenten oder in der das Verfahren beendenden Entscheidung.

(4) Wird der Ersetzungsantrag zurückgewiesen, so ist gemäß den Artikeln 134 und 135 über die im Zusammenhang mit dem Antrag entstandenen Kosten einschließlich der Kosten des Antragstellers zu entscheiden.

(5) Wird dem Ersetzungsantrag stattgegeben, so muss der Rechtsnachfolger den Rechtsstreit in der Lage annehmen, in der dieser sich zum Zeitpunkt der Ersetzung befindet. Er ist an die Verfahrensschriftstücke gebunden, die von der Partei eingereicht wurden, an deren Stelle er tritt.

Zweites Kapitel
KLAGESCHRIFT UND KLAGEBEANTWORTUNGEN

Artikel 177
Klageschrift

(1) Die Klageschrift muss enthalten:

a) Namen und Wohnsitz des Klägers;

b) die Angabe der Stellung und der Anschrift des Vertreters des Klägers;

c) die Bezeichnung des Amtes, gegen das die Klage erhoben wird;

d) den Streitgegenstand, die geltend gemachten Klagegründe und Argumente sowie eine kurze Darstellung der Klagegründe;

e) die Anträge des Klägers.

(2) War der Kläger nicht der einzige Beteiligte im Verfahren vor der Beschwerdekammer des Amtes, so muss die Klageschrift außerdem die Namen aller Beteiligten dieses Verfahrens und die Anschriften enthalten, die diese Beteiligten für Zustellungszwecke angegeben haben.

(3) Die angefochtene Entscheidung der Beschwerdekammer ist der Klageschrift beizufügen. Das Datum der Zustellung dieser Entscheidung an den Kläger ist anzugeben.

(4) Ist der Kläger eine juristische Person des Privatrechts, so hat er mit der Klageschrift einen Nachweis jüngeren Datums für seine Rechtspersönlichkeit einzureichen (Handelsregisterauszug, Vereinsregisterauszug oder eine andere amtliche Urkunde).

(5) Der Klageschrift sind die in Artikel 51 Absätze 2 und 3 genannten Schriftstücke beizufügen.

(6) Entspricht die Klageschrift nicht den Absätzen 2 bis 5, so setzt der Kanzler dem Kläger eine angemessene Frist zur Behebung des Mangels. Bei Ausbleiben einer fristgemäßen Mängelbehebung entscheidet das Gericht, ob die Nichtbeachtung dieser Förmlichkeit die formale Unzulässigkeit der Klageschrift zur Folge hat. *(ABl 2018 L 240, 68)*

Artikel 178
Zustellung der Klageschrift

(1) Der Kanzler benachrichtigt den Beklagten und alle im Verfahren vor der Beschwerdekammer Beteiligten in der in Artikel 80 Absatz 1 vorgesehenen Art und Weise von der Einreichung der Klageschrift. Nach Bestimmung der Verfahrenssprache gemäß Artikel 45 Absatz 4 stellt er die Klageschrift und gegebenenfalls die Übersetzung der Klageschrift in die Verfahrenssprache zu.

(2) Die Klageschrift wird dem Beklagten mittels e-Curia zugestellt, wenn er über ein Zugangskonto zu e-Curia verfügt. Andernfalls wird die Klageschrift dem Beklagten durch Übersendung einer beglaubigten Kopie der Klageschrift per Einschreiben mit Rückschein oder durch Übergabe der Kopie gegen Empfangsbestätigung zugestellt. *(ABl 2018 L 240, 68)*

(3) Die Zustellung der Klageschrift an einen im Verfahren vor der Beschwerdekammer Beteiligten erfolgt mittels e-Curia, wenn er gemäß Artikel 173 Absatz 2 Partei des Verfahrens vor dem Gericht geworden ist. Handelt es sich bei dem im Verfahren vor der Beschwerdekammer Beteiligten um ein Organ, das über ein Zugangskonto zu e-Curia verfügt, so erfolgt die Zustellung der Klageschrift mittels e-Curia. Andernfalls wird die Klageschrift durch Übersendung eines Einschreibens mit Rückschein an die Anschrift zugestellt, die der betroffene Beteiligte für die Zwecke der im Verfahren vor der Beschwerdekammer vorzunehmenden Zustellungen angegeben hat. *(ABl 2018 L 240, 68)*

(4) In den Fällen des Artikels 177 Absatz 6 erfolgt die Zustellung sogleich nach der Mängelbehebung oder nachdem das Gericht in Anbetracht der in dem genannten Artikel aufgeführten Voraussetzungen die Zulässigkeit bejaht hat. *(ABl 2018 L 240, 68)*

(5) Unmittelbar nach Zustellung der Klageschrift übermittelt der Beklagte dem Gericht die Akten des Verfahrens vor der Beschwerdekammer.

Artikel 179
Parteien, die eine Klagebeantwortung einreichen können

Der Beklagte und die Beteiligten im Verfahren vor der Beschwerdekammer mit Ausnahme des Klägers reichen innerhalb einer Frist von zwei Monaten nach Zustellung der Klageschrift Klagebeantwortungen ein. Der Präsident kann diese Frist bei Vorliegen außergewöhnlicher Umstände auf begründeten Antrag der betreffenden Partei verlängern.

Artikel 180
Klagebeantwortung

(1) Die Klagebeantwortung muss enthalten:

a) Namen und Wohnsitz der Partei, die die Klagebeantwortung einreicht;

b) Angabe der Stellung und der Anschrift des Vertreters der Partei;

c) die geltend gemachten Verteidigungsgründe und -argumente;

d) die Anträge der Partei, die die Klagebeantwortung einreicht.

(2) Artikel 177 Absätze 4 bis 6 findet auf die Klagebeantwortung Anwendung. *(ABl 2018 L 240, 68)*

Artikel 181
Abschluss des schriftlichen Verfahrens

Unbeschadet der Bestimmungen des Dritten Kapitels wird das schriftliche Verfahren nach der Einreichung der Klagebeantwortung des Beklagten und, gegebenenfalls, des Streithelfers im Sinne des Artikels 173 abgeschlossen.

Drittes Kapitel

ANSCHLUSSKLAGE

Artikel 182
Anschlussklage

(1) Die Beteiligten im Verfahren vor der Beschwerdekammer mit Ausnahme des Klägers können innerhalb der gleichen Frist, wie sie für die Einreichung der Klagebeantwortung gilt, Anschlussklage erheben.

(2) Die Anschlussklage ist mit gesondertem, von der Klagebeantwortung getrenntem Schriftsatz zu erheben.

Artikel 183
Inhalt der Anschlussklageschrift

Die Anschlussklageschrift muss enthalten:

a) Namen und Wohnsitz der Partei, die die Anschlussklage erhebt;

b) Angabe der Stellung und der Anschrift des Vertreters der Partei;

c) die geltend gemachten Klagegründe und -argumente;

d) die Anträge.

Artikel 184
Anschlussklageanträge, -gründe und -argumente

(1) Die Anschlussklageanträge müssen auf Aufhebung oder Abänderung der Entscheidung der Beschwerdekammer in einem in der Klageschrift nicht geltend gemachten Punkt gerichtet sein.

(2) Die geltend gemachten Gründe und Argumente müssen die beanstandeten Punkte der Begründung der angefochtenen Entscheidung genau bezeichnen.

Artikel 185
Anschlussklagebeantwortung

Wird eine Anschlussklage erhoben, so können die anderen Parteien innerhalb von zwei Monaten nach Zustellung der Anschlussklageschrift einen Schriftsatz einreichen, der auf die Beantwortung der mit der Anschlussklage geltend gemachten Anträge, Gründe und Argumente zu begrenzen ist. Der Präsident kann diese Frist bei Vorliegen außergewöhnlicher Umstände auf begründeten Antrag der betreffenden Partei verlängern.

Artikel 186
Abschluss des schriftlichen Verfahrens

Wurde Anschlussklage erhoben, so wird das schriftliche Verfahren nach der Einreichung der letzten Klagebeantwortung zu dieser Anschlussklage abgeschlossen.

Artikel 187
Verhältnis zwischen Klage und Anschlussklage

Die Anschlussklage gilt als gegenstandslos,

a) wenn der Kläger seine Klage zurücknimmt;

b) wenn die Klage für offensichtlich unzulässig erklärt wird.

Viertes Kapitel

ANDERE ASPEKTE DES VERFAHRENS

Artikel 188
Gegenstand des Rechtsstreits vor dem Gericht

Die im Rahmen des Verfahrens vor dem Gericht eingereichten Schriftsätze der Parteien können den vor der Beschwerdekammer verhandelten Streitgegenstand nicht ändern.

Artikel 189
Länge der Schriftsätze

(1) Das Gericht legt gemäß Artikel 224 die maximale Länge der Schriftsätze fest, die im Rahmen dieses Titels eingereicht werden.

(2) Eine Überschreitung der maximalen Länge der Schriftsätze kann der Präsident nur in Fällen genehmigen, die in rechtlicher oder tatsächlicher Hinsicht besonders komplex sind.

Artikel 190
Kostenentscheidung

(1) Wird einer Klage gegen eine Entscheidung einer Beschwerdekammer stattgegeben, so kann das Gericht beschließen, dass der Beklagte nur seine eigenen Kosten trägt.

(2) Die Aufwendungen der Parteien, die für das Verfahren vor der Beschwerdekammer notwendig waren, gelten als erstattungsfähige Kosten.

Artikel 191
Sonstige anwendbare Vorschriften

Vorbehaltlich der besonderen Vorschriften dieses Titels finden auf die von diesem Titel erfassten Verfahren die Vorschriften des Dritten Titels Anwendung.

FÜNFTER TITEL

RECHTSMITTEL GEGEN DIE ENTSCHEIDUNGEN DES GERICHTS FÜR DEN ÖFFENTLICHEN DIENST

Artikel 192
Anwendungsbereich

Die Bestimmungen dieses Titels finden auf die in den Artikeln 9 und 10 des Anhangs I der Satzung bezeichneten Rechtsmittel gegen die Entscheidungen des Gerichts für den öffentlichen Dienst Anwendung.

Erstes Kapitel

RECHTSMITTELSCHRIFT

Artikel 193
Einreichung der Rechtsmittelschrift

Das Rechtsmittel wird durch Einreichung einer Rechtsmittelschrift bei der Kanzlei des Gerichts eingelegt. *(ABl 2016 L 217, 71ff)*

Artikel 194
Inhalt der Rechtsmittelschrift

(1) Die Rechtsmittelschrift muss enthalten:

a) Namen und Wohnsitz des Rechtsmittelführers;

b) Stellung und Anschrift des Vertreters des Rechtsmittelführers;

c) die Bezeichnung der angefochtenen Entscheidung des Gerichts für den öffentlichen Dienst;

d) die Bezeichnung der anderen Parteien der betreffenden Rechtssache vor dem Gericht für den öffentlichen Dienst;

e) die geltend gemachten Rechtsgründe und -argumente sowie eine kurze Darstellung dieser Gründe;

f) die Anträge des Rechtsmittelführers.

(2) Es ist zu vermerken, an welchem Tag die angefochtene Entscheidung dem Rechtsmittelführer zugestellt worden ist.

(3) Ist der Rechtsmittelführer eine juristische Person des Privatrechts, so hat er mit der Rechtsmittelschrift einen Nachweis jüngeren Datums für seine Rechtspersönlichkeit einzureichen (Handelsregisterauszug, Vereinsregisterauszug oder eine andere amtliche Urkunde).

(4) Der Rechtsmittelschrift sind die in Artikel 51 Absätze 2 und 3 genannten Schriftstücke beizufügen.

(5) Entspricht die Rechtsmittelschrift nicht den Absätzen 2 bis 4, so setzt der Kanzler dem Rechtsmittelführer eine angemessene Frist zur Mängelbehebung. Bei Ausbleiben einer fristgemäßen Mängelbehebung entscheidet das Gericht, ob die Nichtbeachtung dieser Förmlichkeit die formale Unzulässigkeit der Rechtsmittelschrift zur Folge hat. *(ABl 2018 L 240, 68)*

Artikel 195
Rechtsmittelanträge, -gründe und -argumente

(1) Die Rechtsmittelanträge müssen auf die vollständige oder teilweise Aufhebung der Entscheidung des Gerichts für den öffentlichen Dienst in der Gestalt der Entscheidungsformel gerichtet sein.

(2) Die geltend gemachten Rechtsgründe und -argumente müssen die beanstandeten Punkte der Begründung der Entscheidung des Gerichts für den öffentlichen Dienst genau bezeichnen.

Artikel 196
Anträge für den Fall der Stattgabe des Rechtsmittels

(1) Die Rechtsmittelanträge müssen für den Fall, dass das Rechtsmittel für begründet erklärt werden sollte, darauf gerichtet sein, dass den erstinstanzlichen Anträgen vollständig oder teilweise stattgegeben wird; neue Anträge sind nicht zulässig. Das Rechtsmittel kann den vor dem Gericht für den öffentlichen Dienst verhandelten Streitgegenstand nicht verändern.

(2) Beantragt der Rechtsmittelführer für den Fall der Aufhebung der angefochtenen Entscheidung, dass die Rechtssache an das Gericht als erstinstanzliches Gericht zurückverwiesen wird, so hat er die Gründe darzulegen, aus denen der Rechtsstreit nicht zur Entscheidung durch das Gericht als Rechtsmittelgericht reif ist. *(ABl 2016 L 217, 71ff)*

Zweites Kapitel
RECHTSMITTELBEANTWORTUNG, ERWIDERUNG UND GEGENERWIDERUNG

Artikel 197
Zustellung der Rechtsmittelschrift

(1) Die Rechtsmittelschrift wird den anderen Parteien der betreffenden Rechtssache vor dem Gericht für den öffentlichen Dienst zugestellt. Artikel 80 Absatz 1 findet Anwendung.

(2) Im Fall des Artikels 194 Absatz 5 erfolgt die Zustellung sogleich nach der Mängelbehebung oder nachdem das Gericht in Anbetracht der in dem genannten Artikel bezeichneten formalen Voraussetzungen die Zulässigkeit bejaht hat. *(ABl 2018 L 240, 68)*

Artikel 198
Parteien, die eine Rechtsmittelbeantwortung einreichen können

Jede Partei der betreffenden Rechtssache vor dem Gericht für den öffentlichen Dienst, die ein Interesse an der Stattgabe oder der Zurückweisung des Rechtsmittels hat, kann innerhalb von zwei Monaten nach Zustellung der Rechtsmittelschrift eine Rechtsmittelbeantwortung einreichen. Eine Verlängerung der Beantwortungsfrist ist nicht möglich.

Artikel 199
Inhalt der Rechtsmittelbeantwortung

(1) Die Rechtsmittelbeantwortung muss enthalten:

a) Namen und Wohnsitz der Partei, die sie einreicht;

b) Stellung und Anschrift des Vertreters der Partei;

c) das Datum, an dem der Partei die Rechtsmittelschrift zugestellt worden ist;

d) die geltend gemachten Rechtsgründe und -argumente;

e) die Anträge.

(2) Artikel 194 Absätze 3 bis 5 findet auf die Rechtsmittelbeantwortung Anwendung. *(ABl 2018 L 240, 68)*

Artikel 200
Anträge der Rechtsmittelbeantwortung

Die Anträge der Rechtsmittelbeantwortung müssen auf die vollständige oder teilweise Stattgabe oder Zurückweisung des Rechtsmittels gerichtet sein.

Artikel 201
Erwiderung und Gegenerwiderung

(1) Die Rechtsmittelschrift und die Rechtsmittelbeantwortung können nur dann durch eine Erwiderung und eine Gegenerwiderung ergänzt werden, wenn der Präsident dies auf einen entsprechenden, innerhalb von sieben Tagen nach Zustellung der Rechtsmittelbeantwortung gestellten begründeten Antrag des Rechtsmittelführers für erforderlich hält, insbesondere damit der Rechtsmittelführer zu einer Unzulässigkeitseinrede oder zu in der Rechtsmittelbeantwortung geltend gemachten neuen Gesichtspunkten Stellung nehmen kann.

(2) Der Präsident bestimmt die Frist für die Einreichung der Erwiderung und anlässlich der Zustellung dieses Schriftsatzes die Frist für die Einreichung der Gegenerwiderung. Er kann die Seitenzahl und den Gegenstand der Schriftsätze begrenzen.

Drittes Kapitel
ANSCHLUSSRECHTSMITTEL

Artikel 202
Anschlussrechtsmittel

(1) Die in Artikel 198 bezeichneten Parteien können innerhalb der gleichen Frist, wie sie für die Einreichung der Rechtsmittelbeantwortung gilt, Anschlussrechtsmittel einlegen.

(2) Das Anschlussrechtsmittel ist mit gesondertem, von der Rechtsmittelbeantwortung getrenntem Schriftsatz einzulegen.

Artikel 203
Inhalt der Anschlussrechtsmittelschrift

Die Anschlussrechtsmittelschrift muss enthalten:

a) Namen und Wohnsitz der Partei, die das Anschlussrechtsmittel einlegt;

b) Stellung und Anschrift des Vertreters der Partei;

c) das Datum, an dem der Partei die Rechtsmittelschrift zugestellt worden ist;

d) die geltend gemachten Rechtsgründe und -argumente;

e) die Anträge.

Artikel 204
Anschlussrechtsmittelanträge, -gründe und -argumente

(1) Die Anschlussrechtsmittelanträge müssen auf die vollständige oder teilweise Aufhebung der Entscheidung des Gerichts für den öffentlichen Dienst gerichtet sein.

(2) Sie können auch auf die Aufhebung einer ausdrücklichen oder stillschweigenden Entscheidung über die Zulässigkeit der Klage vor dem Gericht für den öffentlichen Dienst gerichtet sein.

(3) Die geltend gemachten Rechtsgründe und -argumente müssen die beanstandeten Punkte der Begründung der Entscheidung des Gerichts für den öffentlichen Dienst genau bezeichnen. Sie müssen sich von den in der Rechtsmittelbeantwortung geltend gemachten Gründen und Argumenten unterscheiden.

Viertes Kapitel
AUF DAS ANSCHLUSSRECHTSMITTEL FOLGENDE SCHRIFTSÄTZE

Artikel 205
Anschlussrechtsmittelbeantwortung

Wird Anschlussrechtsmittel eingelegt, so kann der Rechtsmittelführer oder jede andere Partei der betreffenden Rechtssache vor dem Gericht für den öffentlichen Dienst, die ein Interesse an der Stattgabe oder der Zurückweisung des Anschlussrechtsmittels hat, innerhalb von zwei Monaten nach Zustellung der Anschlussrechtsmittelschrift eine Beantwortung einreichen, deren Gegenstand auf die mit dem Anschlussrechtsmittel geltend gemachten Gründe zu begrenzen ist. Eine Verlängerung der Frist ist nicht möglich.

Artikel 206
Erwiderung und Gegenerwiderung nach Anschlussrechtsmittel

(1) Die Anschlussrechtsmittelschrift und ihre Beantwortung können nur dann durch eine Erwiderung und eine Gegenerwiderung ergänzt werden, wenn der Präsident dies auf einen entsprechenden, innerhalb von sieben Tagen nach Zustellung der Anschlussrechtsmittelbeantwortung gestellten begründeten Antrag des Anschlussrechtsmittelführers für erforderlich hält, insbesondere damit der Anschlussrechtsmittelführer zu einer Unzulässigkeitseinrede oder zu in der Anschlussrechtsmittelbeantwortung geltend gemachten neuen Gesichtspunkten Stellung nehmen kann.

(2) Der Präsident bestimmt die Frist für die Einreichung der Erwiderung und anlässlich der Zustellung dieses Schriftsatzes die Frist für die Einreichung der Gegenerwiderung. Er kann die Seitenzahl und den Gegenstand der Schriftsätze begrenzen.

Fünftes Kapitel
MÜNDLICHES VERFAHREN

Artikel 207
Mündliches Verfahren

(1) Die Parteien des Rechtsmittelverfahrens können beantragen, im Rahmen einer mündlichen Verhandlung gehört zu werden. Der Antrag ist zu begründen und innerhalb von drei Wochen, nachdem die Bekanntgabe des Abschlusses des schriftlichen Verfahrens an die Parteien erfolgt ist, zu stellen. Diese Frist kann vom Präsidenten verlängert werden.

(2) Auf Vorschlag des Berichterstatters kann das Gericht, wenn es sich für durch die Aktenstücke der Rechtssache hinreichend unterrichtet hält, beschließen, über das Rechtsmittel ohne mündliches Verfahren zu entscheiden. Gleichwohl kann es später beschließen, das mündliche Verfahren zu eröffnen.

Sechstes Kapitel
DURCH BESCHLUSS ERLEDIGTE RECHTSMITTEL

Artikel 208
Offensichtlich unzulässiges oder offensichtlich unbegründetes Rechtsmittel oder Anschlussrechtsmittel

Ist das Rechtsmittel oder Anschlussrechtsmittel ganz oder teilweise offensichtlich unzulässig oder offensichtlich unbegründet, so kann das Gericht es jederzeit auf Vorschlag des Berichterstatters ganz oder teilweise durch mit Gründen versehenen Beschluss zurückweisen.

Artikel 209
Offensichtlich begründetes Rechtsmittel oder Anschlussrechtsmittel

Hat der Gerichtshof oder das Gericht bereits über eine oder mehrere Rechtsfragen entschieden, die mit den durch die Rechtsmittel- oder Anschlussrechtsmittelgründe aufgeworfenen übereinstimmen, und hält das Gericht das Rechtsmittel oder Anschlussrechtsmittel für offensichtlich begründet, so kann er es auf Vorschlag des Berichterstatters und nach Anhörung der Parteien durch mit Gründen versehenen Beschluss, der einen Verweis auf die einschlägige Rechtsprechung enthält, für offensichtlich begründet erklären.

Siebtes Kapitel

FOLGEN DER STREICHUNG DES RECHTSMITTELS FÜR DAS ANSCHLUSSRECHTSMITTEL

Artikel 210

Folgen einer Rücknahme oder offensichtlichen Unzulässigkeit des Rechtsmittels für das Anschlussrechtsmittel

Das Anschlussrechtsmittel gilt als gegenstandslos,

a) wenn der Rechtsmittelführer sein Rechtsmittel zurücknimmt;

b) wenn das Rechtsmittel wegen Nichteinhaltung der Rechtsmittelfrist für offensichtlich unzulässig erklärt wird;

c) wenn das Rechtsmittel allein deshalb für offensichtlich unzulässig erklärt wird, weil es nicht gegen eine Endentscheidung des Gerichts für den öffentlichen Dienst oder gegen eine Entscheidung im Sinne des Artikels 9 Absatz 1 des Anhangs I der Satzung gerichtet ist, die über einen Teil des Streitgegenstands ergangen ist oder die einen Zwischenstreit über eine Einrede der Unzuständigkeit oder Unzulässigkeit beendet.

Achtes Kapitel

PARTEIKOSTEN UND VERFAHRENSKOSTEN IN RECHTSMITTELVERFAHREN

Artikel 211

Kostenentscheidung in Rechtsmittelverfahren

(1) Vorbehaltlich der nachstehenden Bestimmungen finden die Artikel 133 bis 141 auf das Verfahren vor dem Gericht, das ein Rechtsmittel gegen eine Entscheidung des Gerichts für den öffentlichen Dienst zum Gegenstand hat, entsprechende Anwendung.

(2) Wenn das Rechtsmittel unbegründet ist oder wenn das Rechtsmittel begründet ist und das Gericht den Rechtsstreit selbst entscheidet, so entscheidet es über die Kosten.

(3) Legt ein Organ Rechtsmittel ein, so trägt es die ihm entstehenden Kosten unbeschadet der Bestimmungen des Artikels 135 Absatz 2 selbst.

(4) Abweichend von Artikel 134 Absätze 1 und 2 kann das Gericht bei Rechtsmitteln, die von Beamten oder sonstigen Bediensteten eines Organs eingelegt werden, die Kosten zwischen den Parteien teilen, sofern dies aus Gründen der Billigkeit geboten ist.

(5) Hat ein erstinstanzlicher Streithelfer das Rechtsmittel nicht selbst eingelegt, so können ihm im Rechtsmittelverfahren Kosten nur dann auferlegt werden, wenn er am schriftlichen oder mündlichen Verfahren vor dem Gericht teilgenommen hat. Nimmt eine solche Partei am Verfahren teil, so kann das Gericht ihr ihre eigenen Kosten auferlegen.

Neuntes Kapitel

SONSTIGE IN RECHTSMITTELVERFAHREN ANWENDBARE VORSCHRIFTEN

Artikel 212

Länge der Schriftsätze

(1) Das Gericht legt gemäß Artikel 224 die maximale Länge der Schriftsätze fest, die im Rahmen dieses Titels eingereicht werden können.

(2) Eine Überschreitung der maximalen Länge der Schriftsätze kann der Präsident nur in Fällen genehmigen, die besonders komplex sind.

Artikel 213

Sonstige in Rechtsmittelverfahren anwendbare Vorschriften

(1) Die Artikel 51 bis 58, 60 bis 72, 79, 84, 87, 89, 90, 107 bis 122, 124, 125, 129, 131, 142 bis 162, 164, 165 und 167 bis 170 finden auf das Verfahren vor dem Gericht, das ein Rechtsmittel gegen eine Entscheidung des Gerichts für den öffentlichen Dienst zum Gegenstand hat, Anwendung. *(ABl 2018 L 240, 68)*

(2) Abweichend von Artikel 143 Absatz 1 müssen Anträge auf Zulassung zur Streithilfe innerhalb eines Monats nach der Veröffentlichung im Sinne des Artikels 79 gestellt werden.

(3) Entscheidungen nach Artikel 256 Absatz 2 AEUV werden dem Gerichtshof bekannt gegeben. *(ABl 2016 L 217, 71ff)*

Zehntes Kapitel

RECHTSMITTEL GEGEN ENTSCHEIDUNGEN, MIT DENEN EIN ANTRAG AUF ZULASSUNG ZUR STREITHILFE ZURÜCKGEWIESEN WURDE, UND GEGEN ENTSCHEIDUNGEN IM WEGE DES VORLÄUFIGEN RECHTSSCHUTZES

Artikel 214

Rechtsmittel gegen Entscheidungen, mit denen ein Antrag auf Zulassung zur Streithilfe zurückgewiesen wurde, und gegen Entscheidungen im Wege des vorläufigen Rechtsschutzes

Abweichend von den Bestimmungen dieses Titels entscheidet der Präsident des Gerichts über die in Artikel 10 Absätze 1 und 2 des Anhangs I der Satzung bezeichneten Rechtsmittel gemäß dem in Artikel 157 Absätze 1 und 3 und in Artikel 158 Absatz 1 vorgesehenen Verfahren.

SECHSTER TITEL
VERFAHREN NACH ZURÜCKVERWEISUNG

Erstes Kapitel
ENTSCHEIDUNGEN DES GERICHTS NACH AUFHEBUNG UND ZURÜCKVERWEISUNG

Artikel 215
Aufhebung und Zurückverweisung durch den Gerichtshof

Hebt der Gerichtshof ein Urteil oder einen Beschluss des Gerichts auf und verweist er die Sache zur Entscheidung an das Gericht zurück, so wird die Sache durch die zurückverweisende Entscheidung beim Gericht anhängig.

Artikel 216
Zuweisung der Rechtssache

(1) Hebt der Gerichtshof ein Urteil oder einen Beschluss einer Kammer auf, so kann der Präsident des Gerichts die Sache einer anderen, mit der gleichen Richterzahl tagenden Kammer zuweisen.

(2) Hebt der Gerichtshof ein Urteil oder einen Beschluss der Großen Kammer des Gerichts auf, so wird die Sache diesem Spruchkörper zugewiesen.

(3) Hebt der Gerichtshof ein Urteil oder einen Beschluss eines Richters auf, der als Einzelrichter entschieden hat, so kann der Präsident des Gerichts die Sache dem Einzelrichter zuweisen; diesem bleibt es unbenommen, die Sache an die Kammer zu verweisen, der er angehört.

Artikel 217
Ablauf des Verfahrens

(1) Ist die später vom Gerichtshof aufgehobene Entscheidung ergangen, nachdem das schriftliche Verfahren zur Sache vor dem Gericht bereits abgeschlossen war, so können die am Verfahren vor dem Gericht beteiligten Parteien innerhalb einer Frist von zwei Monaten nach Zustellung der Entscheidung des Gerichtshofs schriftlich Stellung dazu nehmen, welche Schlussfolgerungen aus der Entscheidung des Gerichtshofs für die Entscheidung des Rechtsstreits zu ziehen sind. Diese Frist kann nicht verlängert werden.

(2) Ist die später vom Gerichtshof aufgehobene Entscheidung ergangen, als das schriftliche Verfahren zur Sache vor dem Gericht noch nicht abgeschlossen war, so wird es in dem Stadium fortgesetzt, in dem es sich befand.

(3) Wenn die Umstände es rechtfertigen, kann der Präsident die Einreichung zusätzlicher Schriftsätze gestatten.

Artikel 218
Anwendbare Verfahrensbestimmungen

Vorbehaltlich des Artikels 217 finden auf das Verfahren, je nach Fall, die Bestimmungen des Dritten Titels oder des Vierten Titels Anwendung.

Artikel 219
Kosten

Das Gericht entscheidet über die Kosten des Rechtsstreits vor dem Gericht und über die Kosten des Rechtsmittelverfahrens vor dem Gerichtshof.

Zweites Kapitel
ENTSCHEIDUNGEN DES GERICHTS NACH ÜBERPRÜFUNG UND ZURÜCKVERWEISUNG

Artikel 220
Überprüfung und Zurückverweisung durch den Gerichtshof

Überprüft der Gerichtshof ein Urteil oder einen Beschluss des Gerichts und verweist er die Sache zur Entscheidung an das Gericht zurück, so wird die Sache durch das zurückverweisende Urteil beim Gericht anhängig.

Artikel 221
Zuweisung der Rechtssache

(1) Verweist der Gerichtshof eine Sache zurück, die ursprünglich von einer Kammer entschieden worden ist, so kann der Präsident des Gerichts die Sache einer anderen, mit der gleichen Richterzahl tagenden Kammer zuweisen.

(2) Verweist der Gerichtshof eine Sache zurück, die ursprünglich von der Großen Kammer des Gerichts entschieden worden ist, so wird die Sache diesem Spruchkörper zugewiesen.

Artikel 222
Ablauf des Verfahrens

(1) Die am Verfahren vor dem Gericht beteiligten Parteien können innerhalb einer Frist von einem Monat nach Zustellung des Urteils des Gerichtshofs schriftlich Stellung dazu nehmen, welche Schlussfolgerungen aus diesem Urteil für die Entscheidung des Rechtsstreits zu ziehen sind. Diese Frist kann nicht verlängert werden.

(2) Das Gericht kann im Rahmen prozessleitender Maßnahmen die am Verfahren vor ihm betei-

ligten Parteien zur Einreichung von Schriftsätzen auffordern und kann entscheiden, sie in einer mündlichen Verhandlung anzuhören.

Artikel 223
Kosten

Das Gericht entscheidet über die Kosten des nach der Überprüfung bei ihm anhängig gewordenen Rechtsstreits.

SCHLUSSBESTIMMUNGEN

Artikel 224
Durchführungsbestimmungen

Das Gericht erlässt durch gesonderten Rechtsakt praktische Durchführungsbestimmungen zu dieser Verfahrensordnung.

Artikel 225
Zwangsvollstreckung

Auf die Zwangsvollstreckung der nach dieser Verfahrensordnung verhängten Sanktionen oder sonstigen Maßnahmen finden die Artikel 280 AEUV, 299 AEUV und 164 EAGV entsprechende Anwendung.

Artikel 226
Aufhebung

Diese Verfahrensordnung tritt an die Stelle der Verfahrensordnung des Gerichts vom 2. Mai 1991 in ihrer zuletzt am 19. Juni 2013 geänderten Fassung.

Artikel 227
Veröffentlichung und Inkrafttreten dieser Verfahrensordnung

(1) Diese in den in Artikel 44 genannten Sprachen verbindliche Verfahrensordnung wird im *Amtsblatt der Europäischen Union* veröffentlicht.

(2) Diese Verfahrensordnung tritt am ersten Tag des dritten Monats nach ihrer Veröffentlichung in Kraft.

(3) Artikel 105 findet erst Anwendung, wenn der Beschluss nach Artikel 105 Absatz 11 in Kraft getreten ist.

(4) Artikel 45 Absatz 4, Artikel 139 Buchstabe c und Artikel 181 finden nur auf nach dem Inkrafttreten dieser Verfahrensordnung beim Gericht eingereichte Klagen Anwendung.

(5) Die Artikel 106 und 207 finden nur auf Rechtssachen Anwendung, in denen das schriftliche Verfahren im Zeitpunkt des Inkrafttretens dieser Verfahrensordnung noch nicht abgeschlossen ist.

(6) Artikel 115 Absatz 1, Artikel 116 Absatz 6, Artikel 131 und Artikel 135 Absatz 2 der Verfahrensordnung des Gerichts vom 2. Mai 1991 in ihrer zuletzt am 19. Juni 2013 geänderten Fassung finden auf vor dem Inkrafttreten dieser Verfahrensordnung beim Gericht eingereichte Klagen weiterhin Anwendung.

(7) Die Artikel 135a und 146 der Verfahrensordnung des Gerichts vom 2. Mai 1991 in ihrer zuletzt am 19. Juni 2013 geänderten Fassung finden auf beim Gericht anhängige Klagen, bei denen das schriftliche Verfahren vor dem Inkrafttreten dieser Verfahrensordnung abgeschlossen wurde, weiterhin Anwendung.

Geschehen zu Luxemburg am 4. März 2015.

Der Kanzler
E. COULON
Der Präsident
M. JAEGER

Praktische Durchführungsbestimmungen zur Verfahrensordnung des Gerichts

ABl 2015 L 152, 1 idF

1 ABl 2016 L 217, 78
2 ABl 2018 L 294, 23
3 ABl 2018 L 296, 40 (Berichtigung)

(KONSOLIDIERTE FASSUNG[1])

---

[1] Diese Fassung führt die Praktischen Durchführungsbestimmungen zur Verfahrensordnung des Gerichts, die das Gericht am 20. Mai 2015 erlassen hat (ABl. 2015, L 152, S. 1), mit den am 13. Juli 2016 (ABl. 2016, L 217, S. 78) und am 17. Oktober 2018 (ABl. 2018, L 294, S. 23, Berichtigung ABl. 2018, L 296, S. 40) erlassenen Änderungen zusammen.

DAS GERICHT –

gestützt auf Art. 224 seiner Verfahrensordnung (ABl. 2015, L 105, S. 1),

in Erwägung nachstehender Gründe:

Im Hinblick auf Transparenz, Rechtssicherheit und eine ordnungsgemäße Durchführung der Verfahrensordnung sind für die Zuständigkeit des Kanzlers, insbesondere was die Führung des Registers und der Akten der Rechtssachen, die Behebung von Mängeln der Verfahrensschriftstücke und Unterlagen, deren Zustellung sowie die Gebührenordnung der Kanzlei betrifft, Durchführungsbestimmungen festzulegen.

Gemäß Art. 37 der Verfahrensordnung ist die Gebührenordnung der Kanzlei zu erlassen.

Im Interesse einer geordneten Rechtspflege sind den Vertretern der Parteien, seien es Anwälte oder Bevollmächtigte im Sinne von Art. 19 des Protokolls über die Satzung des Gerichtshofs der Europäischen Union (im Folgenden: Satzung), praktische Anweisungen darüber zu erteilen, in welcher Weise sie die Verfahrensschriftstücke und Unterlagen einreichen und die mündliche Verhandlung vor dem Gericht bestmöglich vorbereiten sollen.

Diese Praktischen Durchführungsbestimmungen erläutern, präzisieren und ergänzen bestimmte Vorschriften der Verfahrensordnung und sollen es den Vertretern der Parteien ermöglichen, vom Gericht zu berücksichtigenden Aspekten Rechnung zu tragen, insbesondere solchen bezüglich der Einreichung von Verfahrensschriftstücken und Unterlagen, deren Gestaltung und Übersetzung sowie dem Dolmetschen in mündlichen Verhandlungen.

Im Zusammenhang mit der vertraulichen Behandlung der Verfahrensschriftstücke und Unterlagen ergeben sich spezifische Fragen.

Der Kanzler hat darauf zu achten, dass die zu den Akten der Rechtssache gegebenen Verfahrensschriftstücke und Unterlagen den Bestimmungen der Satzung, der Verfahrensordnung und diesen Praktischen Durchführungsbestimmungen entsprechen.

Die Einreichung von Verfahrensschriftstücken und Unterlagen, die nicht den Bestimmungen der Satzung, der Verfahrensordnung und diesen Praktischen Durchführungsbestimmungen entsprechen, bewirken eine zum Teil erhebliche Verlängerung der Verfahrensdauer und eine Erhöhung der Verfahrenskosten.

Mit der Einhaltung dieser Praktischen Durchführungsbestimmungen tragen die Vertreter der Parteien in ihrer Eigenschaft als Hilfsorgane der Rechtspflege durch ihre prozessuale Redlichkeit zur Wirksamkeit der Justiz bei, indem sie es dem Gericht ermöglichen, die von ihnen eingereichten Verfahrensschriftstücke und Unterlagen sachgerecht zu bearbeiten, und setzen sich hinsichtlich der in diesen Praktischen Durchführungsbestimmungen behandelten Punkte nicht der Anwendung von Art. 139 Buchst. a der Verfahrensordnung aus.

Wiederholte, eine Aufforderung zur Mängelbehebung erfordernde Verstöße gegen die Bestimmungen der Verfahrensordnung oder diese Praktischen Durchführungsbestimmungen können die Pflicht zur Erstattung der mit der erforderlichen Bearbeitung durch das Gericht verbundenen Kosten gemäß Art. 139 Buchst. c der Verfahrensordnung zur Folge haben.

Die Behandlung der nach Art. 105 Abs. 1 oder 2 der Verfahrensordnung vorgelegten Auskünfte oder Unterlagen wird durch den vom Gericht auf der Grundlage von Art. 105 Abs. 11 der Verfahrensordnung erlassenen Beschluss[1] geregelt.

[1] Beschluss (EU) 2016/2387 des Gerichts vom 14. September 2016 über die Sicherheitsvorschriften für Auskünfte oder Unterlagen, die nach Artikel 105 Absatz 1 oder Absatz 2 der Verfahrensordnung vorgelegt werden (ABl. 2016, L 355, S. 18) (im Folgenden: Beschluss des Gerichts vom 14. September 2016).

Die Bestimmungen zur Einreichung und Zustellung von Verfahrensschriftstücken im Wege der Anwendung e-Curia sind in dem vom Gericht auf der Grundlage von Art. 56a Abs. 2 der Verfahrensordnung erlassenen Beschluss[2)] festgelegt –

nach Anhörung der Bevollmächtigten der Mitgliedstaaten, der den Verfahren vor dem Gericht beitretenden Organe, des Harmonisierungsamts für den Binnenmarkt (Marken, Muster und Modelle) (HABM), jetzt Amt der Europäischen Union für geistiges Eigentum (EUIPO), sowie des Rates der Europäischen Anwaltschaften (CCBE),

ERLÄSST FOLGENDE PRAKTISCHE DURCHFÜHRUNGSBESTIMMUNGEN:

I. KANZLEI

A. Aufgaben des Kanzlers

1. Der Kanzler ist für die Führung des Registers des Gerichts und der Akten der anhängigen Rechtssachen, für die Entgegennahme, Weiterleitung, Zustellung und Aufbewahrung der Schriftstücke, für den Schriftverkehr mit den Parteien und den Antragstellern bei Anträgen auf Zulassung zur Streithilfe und auf Bewilligung von Prozesskostenhilfe sowie für die Verwahrung der Siegel des Gerichts verantwortlich. Er sorgt für die Erhebung der Gebühren der Kanzlei und für die Eintreibung der der Kasse des Gerichts geschuldeten Beträge. Er besorgt die Veröffentlichungen des Gerichts und die Veröffentlichung von das Gericht betreffenden Dokumenten auf der Internetseite des Gerichtshofs der Europäischen Union.

2. Der Kanzler wird in den in vorstehender Nr. 1 bezeichneten Aufgaben von einem oder mehreren Beigeordneten Kanzlern unterstützt. Ist der Kanzler verhindert, so trägt einer der Beigeordneten Kanzler – in der Reihenfolge des Dienstalters – die Verantwortung für die Wahrnehmung dieser Aufgaben und trifft die Entscheidungen, die dem Kanzler aufgrund der Verfahrensordnung des Gerichts und dieser Praktischen Durchführungsbestimmungen sowie aufgrund der ihm in deren Anwendung übertragenen Befugnisse obliegen.

[2)] Beschluss des Gerichts vom 11. Juli 2018 über die Einreichung und die Zustellung von Verfahrensschriftstücken im Wege der Anwendung e-Curia (ABl. 2018, L 240, S. 72) (im Folgenden: Beschluss des Gerichts vom 11. Juli 2018).

B. Öffnungszeiten der Kanzlei

3. Die Kanzlei ist an allen Werktagen geöffnet. Als Werktage gelten alle Tage außer den Samstagen, den Sonntagen und den gesetzlichen Feiertagen, die in dem in Art. 58 Abs. 3 der Verfahrensordnung vorgesehenen Verzeichnis aufgeführt sind.

4. Ist ein Werktag im Sinne der vorstehenden Nr. 3 für die Beamten und sonstigen Bediensteten des Organs ein Feiertag, wird durch einen Bereitschaftsdienst die Möglichkeit gewährleistet, sich während der Öffnungszeiten mit der Kanzlei in Verbindung zu setzen.

5. Die Kanzlei ist zu folgenden Zeiten geöffnet:
   - am Vormittag: montags bis freitags von 9.30 Uhr bis 12.00 Uhr,
   - am Nachmittag: montags bis donnerstags von 14.30 Uhr bis 17.30 Uhr und freitags von 14.30 Uhr bis 16.30 Uhr.

6. Die Kanzlei ist eine halbe Stunde vor Beginn jeder mündlichen Verhandlung für die Vertreter der zu dieser Verhandlung geladenen Parteien zugänglich.

7. Außerhalb der Öffnungszeiten der Kanzlei können die in Art. 72 Abs. 4 der Verfahrensordnung bezeichnete Anlage und das in Art. 147 Abs. 6 der Verfahrensordnung bezeichnete Verfahrensschriftstück zu jeder Tages- und Nachtzeit beim diensthabenden Pförtner an den Eingängen der Gebäude des Gerichtshofs der Europäischen Union rechtswirksam eingereicht werden. Dieser vermerkt mit verbindlicher Wirkung Tag und Uhrzeit der Einreichung und stellt auf Verlangen eine Empfangsbestätigung aus.

C. Register

8. In das Register werden alle in den beim Gericht anhängigen Rechtssachen zu den Akten gegebenen Schriftstücke eingetragen.

9. In das Register werden auch die gemäß Art. 105 Abs. 1 oder 2 der Verfahrensordnung vorgelegten Auskünfte oder Unterlagen eingetragen, deren Behandlung durch den Beschluss des Gerichts vom 14. September 2016 geregelt wird.

10. Die Eintragungen in das Register werden in aufsteigender Folge mit einer Nummer versehen, die unmittelbar an die Nummer der letzten Eintragung anschließt. Sie erfolgen in der Verfahrenssprache und enthalten die zur Kennzeichnung des Schriftstücks erforderlichen Angaben, insbesondere die Daten der Einreichung und der Eintragung, die Rechtssachennummer und die Art des Schriftstücks.

11. Das in elektronischer Form geführte Register ist so gestaltet, dass keine Registrierung gelöscht werden kann und dass jede spätere Änderung einer Eintragung erkennbar ist.

12. Die Ordnungsnummer der Eintragung in das Register wird bei allen vom Gericht ausgestellten Schriftstücken auf der ersten Seite angegeben.

13. Auf dem zu den Akten der Rechtssache gegebenen Verfahrensschriftstück sowie auf jeder den Parteien zugestellten Kopie wird ein Vermerk über die Eintragung im Register mit Angabe der Ordnungsnummer, des Datums der Einreichung und des Datums der Eintragung in das Register angebracht. Dieser Vermerk erfolgt in der Verfahrenssprache.

14. Das in vorstehender Nr. 13 genannte Datum der Einreichung ist – je nach Fall – das in Art. 5 des Beschlusses des Gerichts vom 11. Juli 2018 bezeichnete Datum, das Datum, an dem das Schriftstück von der Kanzlei entgegengenommen worden ist, das oben in Nr. 7 bezeichnete Datum oder das in Art. 3 zweiter Gedankenstrich des Beschlusses des Gerichts vom 14. September 2016 bezeichnete Datum. In den in Art. 54 Abs. 1 der Satzung genannten Fällen ist das Datum der Einreichung im Sinne der vorstehenden Nr. 13 das Datum der Einreichung des Verfahrensschriftstücks über e-Curia beim Kanzler des Gerichtshofs oder, wenn es sich um eine Einreichung nach Art. 147 Abs. 6 der Verfahrensordnung handelt, das Datum der Einreichung des Schriftstücks beim Kanzler des Gerichtshofs.

15. Gemäß Art. 125c der Verfahrensordnung werden die im Rahmen des Verfahrens zur gütlichen Beilegung im Sinne der Art. 125a bis 125d der Verfahrensordnung vorgelegten Unterlagen in ein spezielles Register eingetragen, das nicht der Regelung der Art. 36 und 37 der Verfahrensordnung unterliegt.

D. Rechtssachennummer

16. Jede Rechtssache erhält bei der Eintragung der Klageschrift in das Register eine Ordnungsnummer mit einem vorangestellten „T-" und nachgestellter Jahresangabe.

17. Anträge auf vorläufigen Rechtsschutz, Anträge auf Zulassung zur Streithilfe, Anträge auf Berichtigung oder Auslegung, Anträge auf Abhilfe gegen das Unterlassen einer Entscheidung, Wiederaufnahmeanträge, Einsprüche gegen Versäumnisurteile oder Drittwidersprüche, Kostenfestsetzungsanträge und Anträge auf Bewilligung von Prozesskostenhilfe in Bezug auf anhängige Klagen erhalten dieselbe Ordnungsnummer wie die Hauptsache mit einem nachgestellten Hinweis, der anzeigt, dass es sich um getrennte besondere Verfahren handelt.

18. Ein Antrag auf Prozesskostenhilfe, der im Hinblick auf eine Klage gestellt wird, erhält eine Ordnungsnummer mit einem vorangestellten „T-" und nachgestellter Jahresangabe sowie einem speziellen Zusatz.

19. Eine Klage, vor deren Einreichung ein sich auf sie beziehender Antrag auf Bewilligung von Prozesskostenhilfe gestellt worden ist, erhält dieselbe Rechtssachennummer wie der Antrag.

20. Eine Rechtssache, die vom Gerichtshof nach einer Aufhebung oder einer Überprüfung zurückverwiesen worden ist, erhält die Nummer, die sie zuvor beim Gericht erhalten hatte, mit einem nachgestellten speziellen Zusatz.

21. Die Ordnungsnummer der Rechtssache mit Angabe der Parteien wird bei den Verfahrensschriftstücken, beim Schriftverkehr in Bezug auf die Rechtssache sowie – unbeschadet des Art. 66 der Verfahrensordnung – bei den Veröffentlichungen des Gerichts und in den Dokumenten des Gerichts angegeben, die auf der Internetseite des Gerichtshofs der Europäischen Union veröffentlicht werden.

E. Akten der Rechtssache und Einsicht in die Akten der Rechtssache

E.1. Führung der Akten der Rechtssache

22. Die Akten der Rechtssache enthalten: die Verfahrensschriftstücke – gegebenenfalls mit ihren Anlagen –, die bei der Entscheidung über die Rechtssache berücksichtigt werden, versehen mit dem oben in Nr. 13 genannten, vom Kanzler unterzeichneten Vermerk; den Schriftverkehr mit den Parteien; gegebenenfalls das Protokoll über die Zusammenkunft mit den Parteien, den Sitzungsbericht, das Protokoll über die mündliche Verhandlung und das Protokoll über den Beweistermin sowie die in dieser Rechtssache erlassenen Entscheidungen.

23. Die zu den Akten der Rechtssache genommenen Schriftstücke werden fortlaufend nummeriert.

24. Die vertraulichen und die nicht vertraulichen Fassungen der Verfahrensschriftstücke mit ihren Anlagen werden in den Akten der Rechtssache getrennt abgelegt.

25. Schriftstücke in Bezug auf die besonderen, oben in Nr. 17 genannten Verfahren werden in den Akten der Rechtssache getrennt abgelegt.

26. Die im Rahmen eines Verfahrens zur gütlichen Beilegung im Sinne von Art. 125a der Verfahrensordnung vorgelegten Unterlagen werden in einer von der Akte der Rechtssache gesonderten Akte abgelegt.

27. Verfahrensschriftstücke nebst Anlagen, die in einer Rechtssache eingereicht und zu den Akten dieser Rechtssache genommen worden sind, können nicht bei der Vorbereitung der Entscheidung in einer anderen Rechtssache berücksichtigt werden.

28. Nach dem Abschluss des Verfahrens vor dem Gericht sorgt die Kanzlei für die Schließung und die Archivierung der Akten der Rechtssache und der in Art. 125c Abs. 1 der Verfahrensordnung bezeichneten Akte. Die geschlossenen Akten enthalten ein Verzeichnis aller zu den Akten der Rechtssache gegebenen Schriftstücke mit der Angabe ihrer Nummer sowie ein Vorsatzblatt, auf dem die Ordnungsnummer der Rechtssache, die Parteien und das Datum der Schließung der Akten der Rechtssache vermerkt sind.

29. Die Behandlung der nach Art. 105 Abs. 1 oder 2 der Verfahrensordnung vorgelegten Auskünfte oder Unterlagen wird durch den Beschluss des Gerichts vom 14. September 2016 geregelt.

E.2. Einsicht in die Akten der Rechtssache

30. Die Vertreter der Hauptparteien einer Rechtssache vor dem Gericht können die Akten der Rechtssache einschließlich der dem Gericht vorgelegten Verwaltungsakten in den Diensträumen der Kanzlei einsehen und Kopien der Verfahrensschriftstücke oder Auszüge aus den Akten der Rechtssache und des Registers verlangen.

31. Die Vertreter der nach Art. 144 der Verfahrensordnung zur Streithilfe zugelassenen Parteien haben vorbehaltlich des Art. 144 Abs. 5 und 7 der Verfahrensordnung das gleiche Recht auf Einsicht in die Akten der Rechtssache wie die Hauptparteien.

32. In verbundenen Rechtssachen haben die Vertreter aller Parteien vorbehaltlich des Art. 68 Abs. 4 der Verfahrensordnung das Recht auf Einsicht in die Akten der von der Verbindung betroffenen Rechtssachen.

33. Personen, die ohne Mitwirkung eines Anwalts einen Antrag auf Bewilligung von Prozesskostenhilfe nach Art. 147 der Verfahrensordnung gestellt haben, haben das Recht auf Einsicht in die die Prozesskostenhilfe betreffenden Akten.

34. Die Einsichtnahme in die vertrauliche Fassung der Verfahrensschriftstücke und gegebenenfalls deren Anlagen wird nur den Parteien gewährt, denen gegenüber keine vertrauliche Behandlung angeordnet worden ist.

35. Betreffend die gemäß Art. 105 Abs. 1 oder 2 der Verfahrensordnung vorgelegten Auskünfte oder Unterlagen wird auf Nr. 29 verwiesen.

36. Die Bestimmungen der vorstehenden Nrn. 30 bis 35 betreffen nicht den Zugang zu der in Art. 125c Abs. 1 der Verfahrensordnung bezeichneten Akte. Der Zugang zu dieser speziellen Akte wird durch Art. 125c der Verfahrensordnung geregelt.

F. Urschriften von Urteilen und Beschlüssen

37. Die Urschriften der Urteile und Beschlüsse des Gerichts werden in chronologischer Reihenfolge im Archiv der Kanzlei aufbewahrt. Eine beglaubigte Kopie wird zu den Akten der Rechtssache genommen.

38. Der Kanzler erteilt den Parteien auf ihren Antrag eine Kopie der Urschrift des Urteils oder des Beschlusses, gegebenenfalls in einer nicht vertraulichen Fassung.

39. Der Kanzler kann Dritten auf ihren Antrag eine einfache Kopie der Urteile oder Beschlüsse erteilen, jedoch nur insoweit, als diese Entscheidungen nicht bereits öffentlich zugänglich sind und keine vertraulichen Angaben enthalten.

40. Auf Beschlüsse, durch die ein Urteil oder ein Beschluss berichtigt wird, auf Urteile oder Beschlüsse, durch die ein Urteil oder ein Beschluss ausgelegt wird, auf Urteile, die auf Einspruch gegen ein Versäumnisurteil ergehen, auf Urteile und Beschlüsse, die auf Drittwiderspruch oder einen Wiederaufnahmeantrag ergehen, sowie auf Urteile oder Beschlüsse, die der Gerichtshof auf ein Rechtsmittel oder eine Überprüfung erlässt, ist am Rand des betreffenden Urteils oder Beschlusses hinzuweisen; die Urschrift oder eine beglaubigte Kopie dieser Entscheidungen ist mit der Urschrift des Urteils oder Beschlusses zu verbinden.

G. Übersetzungen

41. Der Kanzler veranlasst, dass gemäß Art. 47 der Verfahrensordnung alle während des Verfahrens abgegebenen mündlichen oder schriftlichen Äußerungen auf Ersuchen eines Richters oder eines Generalanwalts oder auf Antrag einer Partei in die Verfahrenssprache oder gegebenenfalls in eine andere, in Art. 45 Abs. 1 der Verfahrensordnung genannte Sprache übersetzt werden. Der Kanzler veranlasst ferner die Übersetzung in eine andere, in Art. 44 der Verfahrensordnung vorgesehe-

ne Sprache, soweit dies für den ordnungsgemäßen Ablauf des Verfahrens erforderlich ist.

H. Zeugen und Sachverständige

42. Der Kanzler trifft die zur Durchführung der Beschlüsse über die Erstattung von Sachverständigengutachten oder die Vernehmung von Zeugen erforderlichen Maßnahmen.

43. Der Kanzler lässt sich von den Zeugen einen Beleg über ihre Auslagen und ihren Verdienstausfall und von den Sachverständigen eine Rechnung über ihre Vergütung mit einem Nachweis ihrer Tätigkeit und ihrer Auslagen aushändigen.

44. Der Kanzler veranlasst, dass die Kasse des Gerichts die den Zeugen und Sachverständigen gemäß der Verfahrensordnung geschuldeten Beträge auszahlt. Besteht Streit über diese Beträge, so legt der Kanzler die Angelegenheit dem Präsidenten zur Entscheidung vor.

I. Gebührenordnung der Kanzlei

45. Wird gemäß Art. 37 der Verfahrensordnung ein Auszug aus den Akten erteilt, so erhebt der Kanzler eine Kanzleigebühr, die für beglaubigte Kopien 3,50 Euro je Seite und für einfache Kopien 2,50 Euro je Seite beträgt.

46. Wird einer Partei auf ihren Antrag gemäß Art. 38 Abs. 1 der Verfahrensordnung eine Kopie eines Verfahrensschriftstücks oder ein Auszug aus den Akten der Rechtssache auf Papier erteilt, so erhebt der Kanzler eine Kanzleigebühr, die für beglaubigte Kopien 3,50 Euro je Seite und für einfache Kopien 2,50 Euro je Seite beträgt.

47. Wird einer Partei auf ihren Antrag gemäß Art. 38 Abs. 1 oder Art. 170 der Verfahrensordnung eine Ausfertigung eines Beschlusses oder eines Urteils zum Zweck der Vollstreckung erteilt, so erhebt der Kanzler eine Kanzleigebühr, die 3,50 Euro je Seite beträgt.

48. Wird einem Dritten auf seinen Antrag gemäß Nr. 39 eine einfache Kopie eines Beschlusses oder eines Urteils erteilt, so erhebt der Kanzler eine Kanzleigebühr, die 2,50 Euro je Seite beträgt.

49. Lässt der Kanzler auf Antrag einer Partei eine Übersetzung eines Verfahrensschriftstücks oder eines Auszugs aus den Akten der Rechtssache anfertigen, deren Umfang als im Sinne von Art. 139 Buchst. b der Verfahrensordnung das gewöhnliche Maß überschreitend anzusehen ist, so wird eine Kanzleigebühr erhoben, die 1,25 Euro je Zeile beträgt.

50. Hat eine Partei oder ein Antragsteller eines Antrags auf Zulassung zur Streithilfe wiederholt gegen die Verfahrensordnung oder diese Praktischen Durchführungsbestimmungen verstoßen, so erhebt der Kanzler gemäß Art. 139 Buchst. c der Verfahrensordnung eine Kanzleigebühr, die den Betrag von 7 000 Euro (2 000-mal die oben in den Nrn. 45 bis 47 genannte Gebühr von 3,50 Euro) nicht übersteigen darf.

J. Erstattung von Beträgen

51. Sind der Kasse des Gerichts Beträge, die als Prozesskostenhilfe ausgezahlt oder an Zeugen oder Sachverständige gezahlt worden sind, oder im Sinne von Art. 139 Buchst. a der Verfahrensordnung vermeidbare, vom Gericht verauslagte Kosten zu erstatten, so fordert der Kanzler diese Beträge von der Partei ein, die sie zu tragen hat.

52. Erfolgt innerhalb der vom Kanzler festgesetzten Frist keine Zahlung der in vorstehender Nr. 51 genannten Beträge, so kann der Kanzler das Gericht ersuchen, einen vollstreckbaren Beschluss zu erlassen, und gegebenenfalls dessen Zwangsvollstreckung veranlassen.

53. Sind der Kasse des Gerichts Kanzleigebühren zu erstatten, so fordert der Kanzler diese Beträge bei der Partei oder dem Dritten ein, die bzw. der sie zu tragen hat.

54. Erfolgt innerhalb der vom Kanzler festgesetzten Frist keine Zahlung der in vorstehender Nr. 53 genannten Beträge, so kann der Kanzler auf der Grundlage von Art. 35 Abs. 4 der Verfahrensordnung eine vollstreckbare Entscheidung erlassen und gegebenenfalls deren Zwangsvollstreckung veranlassen.

K. Veröffentlichungen und Einstellen von Dokumenten in das Internet

55. Der Kanzler veranlasst, dass die Namen des Präsidenten und des Vizepräsidenten des Gerichts sowie der vom Gericht gewählten Kammerpräsidenten, die Besetzung der Kammern und die für die Zuweisung der Rechtssachen an die Kammern festgelegten Kriterien, die Kriterien, die festgelegt worden sind, um bei Verhinderung eines Mitglieds des Spruchkörpers – je nach Fall – den Spruchkörper zu ergänzen oder die für die Beschlussfähigkeit erforderliche Zahl von Richtern zu erreichen, der Name des Kanzlers und gegebenenfalls des oder der vom Gericht gewählten Beigeordneten Kanzler sowie die Daten der Gerichtsferien im *Amtsblatt der Europäischen Union* veröffentlicht werden.

56. Der Kanzler veranlasst, dass die Beschlüsse nach Art. 11 Abs. 3, Art. 56a Abs. 2 und Art. 105 Abs. 11 der Verfahrensordnung im *Amtsblatt der Europäischen Union* veröffentlicht werden.

57. Der Kanzler veranlasst, dass das Prozesskostenhilfeformular im *Amtsblatt der Europäischen Union* veröffentlicht wird.

58. Der Kanzler veranlasst, dass die Mitteilungen über die eingereichten Klagen und die verfahrensbeendenden Entscheidungen im *Amtsblatt der Europäischen Union* veröffentlicht werden; dies gilt nicht in den Fällen, in denen die verfahrensbeendende Entscheidung vor Zustellung der Klageschrift an den Beklagten erlassen wird.

59. Der Kanzler sorgt für die Bekanntmachung der Rechtsprechung des Gerichts gemäß den von diesem beschlossenen Modalitäten. Diese Modalitäten sind auf der Internetseite des Gerichtshofs der Europäischen Union verfügbar.

II. ALLGEMEINE BESTIMMUNGEN ZUR BEHANDLUNG DER RECHTSSACHEN

A. Zustellungen

60. Die Zustellungen werden von der Kanzlei gemäß Art. 57 der Verfahrensordnung vorgenommen.

61. Die Kopie des zuzustellenden Schriftstücks wird von einem Schreiben begleitet, in dem die Rechtssachennummer, die Registernummer und eine kurze Bezeichnung der Art des Schriftstücks angegeben sind.

62. Im Fall der Zustellung eines Schriftstücks gemäß Art. 57 Abs. 2 der Verfahrensordnung wird der Adressat durch Übermittlung einer Kopie des Begleitschreibens der Zustellung unter Hinweis auf Art. 57 Abs. 2 der Verfahrensordnung über die Anwendung e-Curia von dieser Zustellung benachrichtigt.

63. Der Nachweis über die Zustellung wird in den Akten der Rechtssache aufbewahrt.

64. Ist erfolglos versucht worden, dem Beklagten die Klageschrift zuzustellen, setzt der Kanzler dem Kläger – je nach Fall – eine Frist zur Mitteilung zusätzlicher Angaben oder fordert ihn unter Setzung einer Frist auf, mitzuteilen, ob er einwilligt, auf seine Kosten einen Gerichtsvollzieher zu beauftragen, um einen erneuten Zustellungsversuch zu unternehmen.

B. Fristen

65. Was Art. 58 Abs. 1 Buchst. a und b der Verfahrensordnung betrifft, endet eine nach Wochen, Monaten oder Jahren bemessene Frist mit Ablauf des Tages, der in der letzten Woche, im letzten Monat oder im letzten Jahr dieselbe Bezeichnung oder dieselbe Zahl wie der Tag trägt, an dem die Frist in Lauf gesetzt wurde, d. h. der Tag, an dem das Ereignis eingetreten oder die Handlung vorgenommen worden ist, das bzw. die die Frist in Lauf gesetzt hat, und nicht der folgende Tag.

66. Art. 58 Abs. 2 der Verfahrensordnung, wonach die Frist, wenn das Fristende auf einen Samstag, Sonntag oder gesetzlichen Feiertag fällt, mit dem Ablauf des nächstfolgenden Werktags endet, findet nur dann Anwendung, wenn das Ende der gesamten Frist einschließlich der Entfernungsfrist auf einen Samstag, Sonntag oder gesetzlichen Feiertag fällt.

67. Der Kanzler setzt die in der Verfahrensordnung vorgesehenen Fristen gemäß den ihm vom Präsidenten übertragenen Befugnissen fest.

68. Gemäß Art. 62 der Verfahrensordnung können Verfahrensschriftstücke oder Unterlagen, die nach Ablauf der für ihre Einreichung festgesetzten Frist bei der Kanzlei eingehen, nur mit Genehmigung des Präsidenten angenommen werden.

69. Der Kanzler kann die festgesetzten Fristen im Rahmen der ihm vom Präsidenten übertragenen Befugnisse verlängern; gegebenenfalls unterbreitet er dem Präsidenten Vorschläge für die Verlängerung der Fristen. Anträge auf Fristverlängerung sind gebührend zu begründen und rechtzeitig vor Ablauf der festgesetzten Frist zu stellen.

70. Eine Frist kann nur aus außergewöhnlichen Gründen mehr als einmal verlängert werden.

C. Anonymität

71. Hält eine Partei es für erforderlich, dass ihre Identität oder bestimmte sie betreffende Angaben im Rahmen einer beim Gericht anhängigen Rechtssache vertraulich behandelt werden, so hat sie sich gemäß Art. 66 der Verfahrensordnung an das Gericht zu wenden, damit dieses die betreffende Rechtssache gegebenenfalls vollständig oder teilweise anonymisiert.

72. Der Antrag auf Anonymität ist mit gesondertem Schriftsatz und mit einer angemessenen Begründung versehen einzureichen.

73. Um die Wirksamkeit der Anonymität zu wahren, ist es wichtig, den Antrag gleich zu Beginn des Verfahrens zu stellen. Wegen der Verbreitung der die Rechtssache betreffenden Informationen im Internet ist die praktische Wirksamkeit der Anonymisierung gefährdet, wenn die betreffende Rechtssache in der

Liste der beim Gericht anhängig gemachten Rechtssachen, die auf der Internetseite des Gerichtshofs der Europäischen Union zugänglich ist, aufgeführt wurde oder wenn die Mitteilung zur betreffenden Rechtssache bereits im *Amtsblatt der Europäischen Union* veröffentlicht worden ist.

D. Weglassen von Angaben gegenüber der Öffentlichkeit

74. Unter den in Art. 66 der Verfahrensordnung genannten Voraussetzungen kann eine Partei beantragen, Angaben zur Identität von im Rahmen des Verfahrens erwähnten Dritten oder bestimmte vertrauliche Angaben in öffentlich zugänglichen Schriftstücken der Rechtssache wegzulassen.

75. Der Antrag auf Weglassen ist mit gesondertem Schriftsatz einzureichen. Er muss die betreffenden Angaben genau bezeichnen und eine Begründung für die Vertraulichkeit jeder dieser Angaben enthalten.

76. Um die Wirksamkeit des Weglassens von Angaben gegenüber der Öffentlichkeit zu wahren, wird empfohlen, den Antrag – je nach Fall – gleich zu Beginn des Verfahrens, bei der Einreichung des Verfahrensschriftstücks, das die betreffenden Angaben enthält, oder unmittelbar nach Kenntniserlangung von diesem Schriftstück zu stellen. Wegen der Verbreitung der die Rechtssache betreffenden Informationen im Internet ist das Weglassen von Angaben gegenüber der Öffentlichkeit sehr schwierig, wenn die Mitteilung zur betreffenden Rechtssache bereits im *Amtsblatt der Europäischen Union* veröffentlicht worden ist oder wenn die im Laufe des Verfahrens ergangene oder das Verfahren beendende Entscheidung des Gerichts auf der Internetseite des Gerichtshofs der Europäischen Union zugänglich gemacht worden ist.

III. VERFAHRENSSCHRIFTSTÜCKE UND ZUGEHÖRIGE ANLAGEN

A. Einreichung von Verfahrensschriftstücken und zugehörigen Anlagen über e-Curia

77. Jedes Verfahrensschriftstück ist, vorbehaltlich der in den Nrn. 89 bis 91 genannten Fälle, bei der Kanzlei des Gerichts auf ausschließlich elektronischem Weg unter Nutzung der Anwendung e-Curia (https://curia.europa.eu/e-Curia) einzureichen, wobei der Beschluss des Gerichts vom 11. Juli 2018 und die Voraussetzungen für die Nutzung der Anwendung e-Curia zu beachten sind. Diese Dokumente sind auf der Internetseite des Gerichtshofs der Europäischen Union verfügbar.

78. Der Vertreter, der die Einreichung über e-Curia vornimmt, muss sämtliche Anforderungen nach Art. 19 der Satzung erfüllen und, wenn es sich um einen Anwalt handelt, über die erforderliche Unabhängigkeit gegenüber der Partei verfügen, die er vertritt.

79. Die Verwendung der Benutzerkennung und des persönlichen Passworts des Vertreters gilt nach Art. 3 des Beschlusses des Gerichts vom 11. Juli 2018 als Unterzeichnung des eingereichten Verfahrensschriftstücks und soll die Echtheit dieses Schriftstücks gewährleisten. Durch die Verwendung seiner Benutzerkennung und seines persönlichen Passworts übernimmt der Vertreter die Verantwortung für den Inhalt des eingereichten Schriftstücks.

B. Gestaltung der Verfahrensschriftstücke und zugehöriger Anlagen

B.1. Verfahrensschriftstücke

80. Die erste Seite eines jeden Verfahrensschriftstücks enthält folgende Angaben:
   a) die Rechtssachennummer (T-…/…), sofern von der Kanzlei bereits mitgeteilt;
   b) die Bezeichnung des Verfahrensschriftstücks (Klageschrift, Rechtsmittelschrift, Klagebeantwortung, Rechtsmittelbeantwortung, Erwiderung, Gegenerwiderung, Antrag auf Zulassung zur Streithilfe, Streithilfeschriftsatz, Einrede der Unzulässigkeit, Stellungnahme zu …, Antworten auf Fragen usw.);
   c) den Namen des Klägers oder Rechtsmittelführers, des Beklagten oder Rechtsmittelgegners, gegebenenfalls des Streithelfers sowie aller anderen Parteien des Verfahrens in das geistige Eigentum betreffenden Rechtssachen;
   d) den Namen der Partei, für die das Verfahrensschriftstück eingereicht wird.

81. Zur Vereinfachung der elektronischen Einsichtnahme müssen die Verfahrensschriftstücke folgende Formerfordernisse erfüllen:
   a) A4-Format;
   b) gängige Schrifttype (z. B. Times New Roman, Courier oder Arial) mit einer Schriftgröße von mindestens 12 pt im Haupttext und mindestens 10 pt in den Fußnoten zu verwenden, bei einem Zeilenabstand von 1 sowie einem Abstand von mindestens 2,5 cm zum linken und rechten sowie zum oberen und unteren Rand;

c) fortlaufende, aufsteigende Nummerierung aller Absätze;

d) fortlaufende, aufsteigende Nummerierung aller Seiten.

B.2. Anlagenverzeichnis

82. Das Anlagenverzeichnis muss sich am Schluss des Verfahrensschriftstücks befinden. Anlagen, die nicht im Anlagenverzeichnis aufgeführt sind, werden nicht angenommen.

83. Das Anlagenverzeichnis muss für jede Anlage enthalten:

a) die Nummer der Anlage (die Unterlagen sind mit einem Buchstaben für das Verfahrensschriftstück, dem sie beigefügt sind, zu bezeichnen und zu nummerieren: z. B. Anlage A.1, A.2, … für Anlagen zur Klageschrift; B.1, B.2, … für Anlagen zur Klagebeantwortung; C.1, C.2, … für Anlagen zur Erwiderung; D.1, D.2, … für Anlagen zur Gegenerwiderung);

b) eine kurze Beschreibung der Anlage mit Angabe ihrer Art (z. B. „Schreiben" mit Angabe des Datums, des Verfassers, des Adressaten und der Zahl der Seiten dieser Anlage);

c) die Angabe des Beginns und des Schlusses jeder Anlage gemäß der fortlaufenden Paginierung der Anlagen (z. B.: S. 43 bis 49 der Anlagen);

d) die Angabe der Nummer des Absatzes, in dem das Schriftstück erstmals erwähnt ist und der dessen Einreichung rechtfertigt.

84. Zur Optimierung der Bearbeitung durch die Kanzlei ist es erforderlich, Anlagen mit Farbdruck im Anlagenverzeichnis als solche kenntlich zu machen.

B.3. Anlagen

85. Einem Verfahrensschriftstück dürfen nur die darin erwähnten und im Anlagenverzeichnis aufgeführten Unterlagen, die zum Beweis oder zur Erläuterung des Inhalts des Verfahrensschriftstücks erforderlich sind, als Anlage beigefügt werden.

86. Die Anlagen zu einem Verfahrensschriftstück sind so einzureichen, dass die elektronische Einsichtnahme in diese durch das Gericht erleichtert wird und dass jede Möglichkeit einer Verwechslung ausgeschlossen ist. Daher sind folgende Anforderungen zu beachten:

a) Jede Anlage ist entsprechend Nr. 83 Buchst. a mit einer Nummer zu versehen;

b) es wird empfohlen, die Anlagen jeweils durch ein besonderes Vorblatt anzukündigen;

c) Anlagen, die ihrerseits Anlagen enthalten, sind so zu nummerieren und zu gestalten, dass jede Möglichkeit einer Verwechslung ausgeschlossen ist;

d) die einem Verfahrensschriftstück beigefügten Anlagen sind in der oberen rechten Ecke in aufsteigender Folge zu paginieren. Die Anlagen sind fortlaufend, aber getrennt von dem Verfahrensschriftstück, dem sie beigefügt sind, zu paginieren;

e) die Anlagen müssen gut lesbar sein.

87. Bei Bezugnahmen auf eingereichte Unterlagen sind die Nummer der betreffenden Anlage, wie sie im Anlagenverzeichnis aufgeführt ist, und das Verfahrensschriftstück, mit dem die Anlage eingereicht wird, anzugeben (z. B. Anlage A.1 zur Klageschrift).

C. Gestaltung der über die Anwendung e-Curia eingereichten Dateien

88. Die über die Anwendung e-Curia eingereichten Verfahrensschriftstücke und deren Anlagen haben die Form von Dateien. Um ihre Bearbeitung durch die Kanzlei zu erleichtern, wird empfohlen, die praktischen Ratschläge im Benutzerhandbuch e-Curia zu befolgen, das auf der Internetseite des Gerichtshofs der Europäischen Union verfügbar ist. Sie lauten:

- Die Dateien müssen Namen tragen, aus denen die Art des Verfahrensschriftstücks hervorgeht (Schriftsatz, Anlagen Teil 1, Anlagen Teil 2, Begleitschreiben usw.).
- Der mit der Textverarbeitungssoftware erstellte Text kann direkt im PDF-Format gespeichert werden, ohne dass ein Einscannen erforderlich ist.
- Der Schriftsatz muss ein Anlagenverzeichnis enthalten.
- Dateien mit Anlagen müssen von der das Verfahrensschriftstück enthaltenden Datei getrennt sein. Eine Datei darf mehrere Anlagen enthalten. Es muss nicht zwingend für jede Anlage eine eigene Datei erstellt werden. Es wird empfohlen, die Anlagen bei der Einreichung in aufsteigender Reihenfolge beizufügen und sie hinreichend genau zu benennen (z. B.: Anlagen 1 bis 3, Anlagen 4 bis 6 usw.).

D. Einreichung auf andere Weise als über e-Curia

89. Die Grundregel, wonach jedes Verfahrensschriftstück bei der Kanzlei über e-Curia

einzureichen ist, gilt unbeschadet der in Art. 105 Abs. 1 und 2 sowie Art. 147 Abs. 6 der Verfahrensordnung bezeichneten Fälle.

90. Darüber hinaus können Anlagen zu einem Verfahrensschriftstück, die in dem Schriftstück erwähnt werden und ihrer Art nach nicht über e-Curia eingereicht werden können, in Anwendung von Art. 72 Abs. 4 der Verfahrensordnung gesondert auf dem Postweg übermittelt oder der Kanzlei übergeben werden, sofern sie im Anlagenverzeichnis des über e-Curia eingereichten Schriftstücks aufgeführt sind. Im Anlagenverzeichnis ist anzugeben, welche Anlagen gesondert eingereicht werden. Diese Anlagen müssen spätestens zehn Tage nach der Einreichung des Verfahrensschriftstücks über e-Curia bei der Kanzlei eingehen. Die Einreichung muss an folgende Adresse erfolgen:

Kanzlei des Gerichts der Europäischen Union

Rue du Fort Niedergrünewald

L-2925 Luxemburg

91. Erweist sich die Einreichung eines Verfahrensschriftstücks über e-Curia als technisch unmöglich, so hat der Vertreter die in Art. 7 des Beschlusses des Gerichts vom 11. Juli 2018 vorgesehenen Schritte zu befolgen. Die Kopie eines Schriftstücks, das nach Art. 7 Abs. 2 des Beschlusses des Gerichts vom 11. Juli 2018 in einer anderen Weise als über e-Curia eingereicht wird, muss das Anlagenverzeichnis sowie alle darin bezeichneten Anlagen enthalten. Eine handschriftliche Unterzeichnung der Kopie des so eingereichten Verfahrensschriftstücks ist nicht erforderlich.

E. Zurückweisung von Verfahrensschriftstücken und Unterlagen

92. Der Kanzler verweigert die Eintragung von Verfahrensschriftstücken – und gegebenenfalls Unterlagen –, die in der Verfahrensordnung nicht vorgesehen sind, in das Register und ihre Aufnahme in die Akten der Rechtssache. In Zweifelsfällen legt er die Angelegenheit dem Präsidenten zur Entscheidung vor.

93. Außer in den in der Verfahrensordnung ausdrücklich vorgesehenen Fällen und vorbehaltlich der folgenden Nrn. 99 und 100 verweigert der Kanzler die Eintragung von Verfahrensschriftstücken oder Unterlagen, die in einer anderen Sprache als der Verfahrenssprache abgefasst sind, in das Register und ihre Aufnahme in die Akten der Rechtssache.

94. Erhebt eine Partei Einwendungen gegen die Weigerung des Kanzlers, ein Verfahrensschriftstück oder Unterlagen in das Register einzutragen und zu den Akten der Rechtssache zu nehmen, so legt dieser die Angelegenheit dem Präsidenten zur Entscheidung über die Annahme des fraglichen Verfahrensschriftstücks oder der fraglichen Unterlagen vor.

F. Behebung von Mängeln der Verfahrensschriftstücke und der zugehörigen Anlagen

F.1. Allgemeines

95. Der Kanzler achtet darauf, dass die zu den Akten der Rechtssache gegebenen Verfahrensschriftstücke und deren Anlagen den Bestimmungen der Satzung und der Verfahrensordnung sowie diesen Praktischen Durchführungsbestimmungen entsprechen.

96. Gegebenenfalls setzt er den Parteien eine Frist für die Behebung formaler Mängel der eingereichten Verfahrensschriftstücke.

97. Bei wiederholten, eine Aufforderung zur Mängelbehebung erfordernden Verstößen gegen die Bestimmungen der Verfahrensordnung oder diese Praktischen Durchführungsbestimmungen verlangt der Kanzler gemäß Art. 139 Buchst. c der Verfahrensordnung von der Partei oder dem Antragsteller eines Antrags auf Zulassung zur Streithilfe Erstattung der mit der erforderlichen Bearbeitung durch das Gericht verbundenen Kosten.

98. Entsprechen die Anlagen trotz ergangener Aufforderungen zur Mängelbehebung noch immer nicht den Bestimmungen der Verfahrensordnung oder diesen Praktischen Durchführungsbestimmungen, legt der Kanzler die Angelegenheit dem Präsidenten vor, damit dieser entscheidet, ob die Anlagen zurückzuweisen sind.

99. Liegt Anlagen zu einem Verfahrensschriftstück keine Übersetzung in die Verfahrenssprache bei, fordert der Kanzler die betreffende Partei auf, diesen Mangel zu beheben, wenn diese Übersetzung für den ordnungsgemäßen Ablauf des Verfahrens erforderlich erscheint. Wird der Mangel nicht behoben, werden die Anlagen aus den Akten der Rechtssache entfernt.

100. Ist ein von einem Dritten, der kein Mitgliedstaat ist, gestellter Antrag auf Zulassung zur Streithilfe nicht in der Verfahrenssprache abgefasst, so verlangt der Kanzler die Behebung dieses Mangels, bevor er den Antrag den Parteien zustellt. Wird eine in der Verfahrenssprache erstellte Fassung dieses Antrags innerhalb der vom Kanzler hierfür

festgesetzten Frist eingereicht, gilt das Datum der Einreichung der ersten Fassung in einer anderen Sprache als Datum der Einreichung des Verfahrensschriftstücks.

F.2. Behebung von Mängeln der Klageschrift

101. Entspricht eine Klageschrift nicht den in Anhang 1 dieser Praktischen Durchführungsbestimmungen genannten Voraussetzungen, so wird sie von der Kanzlei nicht zugestellt, und es wird eine angemessene Frist zur Behebung des Mangels festgesetzt. Wird der Mangel nicht behoben, kann dies die Abweisung der Klage wegen Unzulässigkeit nach Art. 78 Abs. 6, Art. 177 Abs. 6 und Art. 194 Abs. 5 der Verfahrensordnung zur Folge haben.
102. Entspricht eine Klageschrift nicht den in Anhang 2 dieser Praktischen Durchführungsbestimmungen genannten Formvorschriften, so verzögert sich ihre Zustellung, und es wird eine angemessene Frist zur Behebung des Mangels festgesetzt.
103. Entspricht eine Klageschrift nicht den in Anhang 3 dieser Praktischen Durchführungsbestimmungen genannten Formvorschriften, so wird die Klageschrift zugestellt, und es wird eine angemessene Frist zur Behebung des Mangels festgesetzt.

F.3. Behebung von Mängeln bei anderen Verfahrensschriftstücken

104. Die Nrn. 101 bis 103 finden erforderlichenfalls auf die Behebung von Mängeln anderer Verfahrensschriftstücke als der Klageschrift Anwendung.

IV. SCHRIFTLICHES VERFAHREN

A. Länge der Schriftsätze

A.1. Klageverfahren

105. In Klageverfahren im Sinne des Art. 1 der Verfahrensordnung gelten für die Länge der Schriftsätze[1] die folgenden Obergrenzen.

In Klageverfahren, die nicht nach Art. 270 AEUV anhängig gemacht worden sind:

- 50 Seiten für die Klageschrift und die Klagebeantwortung;
- 25 Seiten für die Erwiderung und die Gegenerwiderung;
- 20 Seiten für einen Schriftsatz, mit dem eine Einrede der Unzulässigkeit erhoben wird, und für die Stellungnahme zu dieser Einrede;
- 20 Seiten für einen Streithilfeschriftsatz und 15 Seiten für die Stellungnahme zu diesem Schriftsatz.
- In Klageverfahren, die nach 270 AEUV anhängig gemacht worden sind:
- 30 Seiten für die Klageschrift und die Klagebeantwortung;
- 15 Seiten für die Erwiderung und die Gegenerwiderung;
- zehn Seiten für einen Schriftsatz, mit dem eine Einrede der Unzulässigkeit erhoben wird, und für die Stellungnahme zu dieser Einrede;
- zehn Seiten für einen Streithilfeschriftsatz und fünf Seiten für die Stellungnahme zu diesem Schriftsatz.

106. Eine Überschreitung dieser Obergrenzen wird nur in Fällen genehmigt, die in rechtlicher oder tatsächlicher Hinsicht besonders komplex sind.

A.2. Rechtssachen des geistigen Eigentums

107. In Rechtssachen des geistigen Eigentums gelten für die Länge der Schriftsätze[2] folgende Obergrenzen:
    - 20 Seiten für die Klageschrift und die Klagebeantwortungen;
    - 15 Seiten für die Anschlussklage und für die Klagebeantwortungen auf diese Anschlussklage;
    - zehn Seiten für einen Schriftsatz, mit dem eine Einrede der Unzulässigkeit erhoben wird, und für die Stellungnahme zu dieser Einrede;
    - zehn Seiten für einen Streithilfeschriftsatz und fünf Seiten für die Stellungnahme zu diesem Schriftsatz.
108. Eine Überschreitung dieser Obergrenzen wird nur in Fällen genehmigt, die in rechtlicher oder tatsächlicher Hinsicht besonders komplex sind.

[1] Der Text muss den in Nr. 81 Buchst. b dieser Praktischen Durchführungsbestimmungen enthaltenen Vorgaben entsprechen.

[2] Der Text muss den in Nr. 81 Buchst. b dieser Praktischen Durchführungsbestimmungen enthaltenen Vorgaben entsprechen.

A.3. Behebung des Mangels übermäßig langer Schriftsätze

109. Ein Schriftsatz, dessen Seitenzahl die – je nach Fall – in den Nrn. 105 und 107 vorgeschriebene Obergrenze um 40 % übersteigt, führt zu einer Mängelrüge, sofern der Präsident nichts anderes verfügt.

110. Ein Schriftsatz, dessen Seitenzahl die – je nach Fall – in den Nrn. 105 und 107 vorgeschriebene Obergrenze um weniger als 40 % übersteigt, kann auf entsprechende Verfügung des Präsidenten zu einer Mängelrüge führen.

111. Wird eine Partei zur Behebung des Mangels eines übermäßig langen Schriftsatzes aufgefordert, so verzögert sich die Zustellung des Schriftsatzes, dessen Umfang die Mängelrüge begründet.

B. Aufbau und Inhalt der Schriftsätze

B.1. Klagen

1) Klageschrift

112. Die Angaben, die in der Klageschrift zwingend enthalten sein müssen, sind in Art. 76 der Verfahrensordnung aufgeführt.

113. Auf den einleitenden Teil der Klageschrift sollte eine kurze Darstellung des dem Rechtsstreit zugrunde liegenden Sachverhalts folgen.

114. Die Klageanträge sind am Anfang oder am Ende der Klageschrift genau anzugeben.

115. Die Rechtsausführungen sollten nach den geltend gemachten Klagegründen gegliedert sein. Im Allgemeinen ist es zweckdienlich, eine Gliederung dieser Klagegründe voranzustellen. Außerdem empfiehlt es sich sehr, jedem der geltend gemachten Klagegründe eine Überschrift zuzuordnen, um sie leichter identifizierbar zu machen.

116. Mit der Klageschrift sind die in Art. 51 Abs. 2 und 3 sowie Art. 78 der Verfahrensordnung genannten Dokumente einzureichen.

117. Für die Vorlage des in Art. 51 Abs. 2 der Verfahrensordnung vorgesehenen Ausweises, aus dem hervorgeht, dass der Anwalt, der eine Partei vertritt oder ihren Bevollmächtigten unterstützt, in einem Mitgliedstaat als Anwalt zugelassen ist, kann auf ein bereits im Rahmen einer Rechtssache vor dem Gericht hinterlegtes Schriftstück verwiesen werden.

118. Der Klageschrift ist eine Zusammenfassung der Klagegründe und wesentlichen Argumente beizufügen, die dazu dient, die Abfassung der gemäß Art. 79 der Verfahrensordnung im *Amtsblatt der Europäischen Union* zu veröffentlichenden Mitteilung zu erleichtern.

119. Um dem Gericht die Behandlung der Zusammenfassung der Klagegründe und wesentlichen Argumente zu erleichtern, wird um Einhaltung der folgenden Voraussetzungen gebeten:

- Die Zusammenfassung ist getrennt von der Klageschrift und den darin erwähnten Anlagen einzureichen;
- sie soll zwei Seiten nicht überschreiten;
- sie ist entsprechend dem Muster auf der Internetseite des Gerichtshofs der Europäischen Union in der Verfahrenssprache zu erstellen;
- sie ist als einfache, mit einem Textverarbeitungsprogramm erstellte elektronische Datei unter Angabe der Rechtssache, auf die sie sich bezieht, per E-Mail an die Adresse GC.Registry@curia.europa.eu zu übermitteln.

120. Wird die Klage nach Stellung eines Antrags auf Bewilligung von Prozesskostenhilfe erhoben, der gemäß Art. 147 Abs. 7 der Verfahrensordnung den Lauf der Klagefrist hemmt, ist dies am Anfang der Klageschrift anzugeben.

121. Wird die Klageschrift nach Zustellung des Beschlusses eingereicht, mit dem über den Antrag auf Bewilligung von Prozesskostenhilfe entschieden wird, oder, wenn in diesem Beschluss kein Anwalt zur Vertretung des Antragstellers bestimmt wird, nach Zustellung des Beschlusses, in dem der mit der Vertretung des Antragstellers beauftragte Anwalt bestimmt wird, so ist in der Klageschrift auch anzugeben, wann der Beschluss dem Kläger zugestellt worden ist.

122. Die Vertreter der Parteien werden ersucht, zur Erleichterung der Vorbereitung der Klageschrift in formeller Hinsicht das Dokument „Merkliste – Klageschrift" heranzuziehen, das auf der Internetseite des Gerichtshofs der Europäischen Union verfügbar ist.

2) Klagebeantwortung

123. Die Angaben, die in der Klagebeantwortung zwingend enthalten sein müssen, sind in Art. 81 Abs. 1 der Verfahrensordnung aufgeführt.

124. Die Anträge des Beklagten sind am Anfang oder am Ende der Klagebeantwortung genau anzugeben.

125. Das Bestreiten von Tatsachen, die vom Kläger behauptet werden, hat ausdrücklich

und unter genauer Angabe der betreffenden Tatsachen zu erfolgen.

126. Da der rechtliche Rahmen des Verfahrens durch die Klageschrift festgelegt wird, ist das Vorbringen in der Klagebeantwortung so weit wie möglich anhand der in der Klageschrift geltend gemachten Klagegründe oder Rügen zu gliedern.

127. Die Nrn. 116 und 117 finden auf die Klagebeantwortung Anwendung.

128. Bei Rechtssachen, die nach Art. 270 AEUV anhängig gemacht worden sind, ist es wünschenswert, dass die Organe der Klagebeantwortung die von ihnen angeführten und nicht im *Amtsblatt der Europäischen Union* veröffentlichten Rechtsakte mit allgemeiner Geltung mit Angabe des Datums ihres Erlasses, ihres Inkrafttretens und gegebenenfalls ihrer Aufhebung beifügen.

3) Erwiderung und Gegenerwiderung

129. Erfolgt ein zweiter Schriftsatzwechsel, so können die Hauptparteien ihr Vorbringen durch eine Erwiderung bzw. eine Gegenerwiderung ergänzen.

130. Da der Rahmen des Rechtsstreits und die in Rede stehenden Klage- und Verteidigungsgründe oder Rügen in der Klageschrift und der Klagebeantwortung eingehend dargelegt (bzw. bestritten) wurden, liegt der Zweck der Erwiderung und der Gegenerwiderung darin, es dem Kläger und dem Beklagten zu ermöglichen, ihre Auffassung zu erläutern oder ihr Vorbringen zu einer wichtigen Frage zu präzisieren und auf Gesichtspunkte zu antworten, die in der Klagebeantwortung und der Erwiderung erstmals vorgebracht wurden. Der Präsident kann im Übrigen gemäß Art. 83 Abs. 3 der Verfahrensordnung selbst festlegen, auf welche Punkte sich diese Verfahrensschriftstücke beziehen sollten.

B.2. Rechtssachen des geistigen Eigentums

1) Klageschrift

131. Die Angaben, die in der Klageschrift zwingend enthalten sein müssen, sind in Art. 177 Abs. 1 der Verfahrensordnung aufgeführt.

132. Die Klageschrift muss außerdem die Angaben nach Art. 177 Abs. 2 und 3 der Verfahrensordnung enthalten.

133. Mit der Klageschrift sind die in Art. 177 Abs. 3 bis 5 der Verfahrensordnung genannten Dokumente einzureichen.

134. Die Nrn. 113 bis 115, 117 und 120 bis 122 finden auf die Klageschriften in Rechtssachen des geistigen Eigentums Anwendung.

2) Klagebeantwortung

135. Die Angaben, die in der Klagebeantwortung zwingend enthalten sein müssen, sind in Art. 180 Abs. 1 der Verfahrensordnung aufgeführt.

136. Die Anträge des Beklagten oder des Streithelfers sind am Anfang oder am Ende der Klagebeantwortung genau anzugeben.

137. Mit der vom Streithelfer eingereichten Klagebeantwortung sind auch die in Art. 177 Abs. 4 und 5 der Verfahrensordnung genannten Dokumente einzureichen, sofern diese Dokumente nicht bereits früher gemäß Art. 173 Abs. 5 der Verfahrensordnung eingereicht worden sind.

138. Die Nrn. 117, 125 und 126 finden auf die Klagebeantwortung Anwendung.

3) Anschlussklage und Anschlussklagebeantwortung

139. Will ein anderer Beteiligter im Verfahren vor der Beschwerdekammer – dem die Klageschrift zugestellt worden ist – als der Kläger die angefochtene Entscheidung in einem Aspekt beanstanden, der in der Klageschrift nicht vorgebracht worden ist, so muss er neben der Einreichung seiner Klagebeantwortung eine Anschlussklage erheben. Die Anschlussklage ist mit gesondertem Schriftsatz zu erheben und muss den Anforderungen der Art. 183 und 184 der Verfahrensordnung entsprechen.

140. Wird eine solche Anschlussklage erhoben, so können die anderen Parteien des Verfahrens eine Beantwortung einreichen, deren Gegenstand auf die mit der Anschlussklage geltend gemachten Anträge, Gründe und Argumente zu begrenzen ist.

V. MÜNDLICHES VERFAHREN

A. Anträge auf Durchführung einer mündlichen Verhandlung

141. Wie sich aus Art. 106 der Verfahrensordnung ergibt, führt das Gericht eine mündliche Verhandlung entweder von Amts wegen oder auf Antrag einer Hauptpartei durch.

142. Eine Hauptpartei, die in einer mündlichen Verhandlung gehört werden möchte, hat innerhalb von drei Wochen, nachdem die Parteien über den Abschluss des schriftli-

chen Verfahrens unterrichtet worden sind, einen dahin gehenden begründeten Antrag zu stellen. Diese Begründung – die nicht mit einem Schriftsatz oder einer schriftlichen Stellungnahme zu verwechseln ist und drei Seiten nicht überschreiten sollte – muss sich aus einer konkreten Beurteilung der Zweckmäßigkeit einer mündlichen Verhandlung für die betreffende Partei ergeben, und es ist anzugeben, in Bezug auf welche Bestandteile der Akten der Rechtssache oder welche Ausführungen diese Partei eine eingehendere Darlegung oder Widerlegung in einer mündlichen Verhandlung für erforderlich hält. Im Hinblick auf eine einfachere Verhandlungsführung in der mündlichen Verhandlung sollte die Begründung nicht allgemein gehalten werden, indem sie sich beispielsweise auf eine Bezugnahme auf die Bedeutung der Rechtssache beschränkt.

143. Reicht keine der Hauptparteien fristgemäß einen begründeten Antrag ein, kann das Gericht beschließen, über die Klage ohne mündliches Verfahren zu entscheiden.

B. Vorbereitung der mündlichen Verhandlung

144. Die Parteien werden auf Veranlassung der Kanzlei mindestens einen Monat vor Durchführung der mündlichen Verhandlung zu dieser geladen; hiervon unberührt bleiben die Fälle, in denen die Umstände eine Ladung der Parteien mit einer kürzeren Frist rechtfertigen.

145. Gemäß Art. 107 Abs. 2 der Verfahrensordnung wird Anträgen auf Verschiebung des Termins für die mündliche Verhandlung nur bei Vorliegen außergewöhnlicher Umstände stattgegeben. Ein solcher Antrag kann nur von einer Hauptpartei gestellt werden; er ist gebührend zu begründen, mit geeigneten Belegen zu versehen und dem Gericht so rasch wie möglich nach der Ladung zu übermitteln.

146. Beabsichtigt der Vertreter einer Partei, an der mündlichen Verhandlung nicht teilzunehmen, so soll er dies dem Gericht so rasch wie möglich nach der Ladung mitteilen.

147. Das Gericht ist bestrebt, den Vertretern der Parteien drei Wochen vor der Verhandlung einen summarischen Sitzungsbericht zukommen zu lassen. Der Sitzungsbericht dient der Vorbereitung der mündlichen Verhandlung.

148. Der vom Berichterstatter verfasste summarische Sitzungsbericht beschränkt sich auf die Darstellung der Klagegründe und eine kurze Zusammenfassung des Vorbringens der Parteien.

149. Etwaige Bemerkungen zum summarischen Sitzungsbericht können die Parteien in der mündlichen Verhandlung vorbringen. In diesem Fall werden diese Bemerkungen im Verhandlungsprotokoll vermerkt.

150. Der summarische Sitzungsbericht wird am Tag der mündlichen Verhandlung vor dem Sitzungssaal öffentlich zugänglich gemacht, soweit nicht die Öffentlichkeit von der Verhandlung insgesamt ausgeschlossen ist.

151. Vor Beginn jeder öffentlichen Verhandlung lässt der Kanzler die folgenden Informationen in der Verfahrenssprache vor dem Sitzungssaal aushängen: Tag und Uhrzeit der mündlichen Verhandlung, zuständiger Spruchkörper, die zur Verhandlung gelangende(n) Rechtssache(n) und die Namen der Parteien.

152. Ein Antrag auf Verwendung bestimmter technischer Mittel zum Zweck einer Präsentation muss mindestens zwei Wochen vor dem Tag der mündlichen Verhandlung gestellt werden. Gibt der Präsident dem Antrag statt, so sind die Modalitäten der Verwendung solcher Mittel mit der Kanzlei abzusprechen, um etwaigen technischen oder praktischen Bedürfnissen Rechnung tragen zu können. Der Zweck der Präsentation darf allein darin bestehen, die in den Akten der Rechtssache enthaltenen Angaben zu veranschaulichen; die Präsentation darf somit keine neuen Angriffs- oder Verteidigungsmittel und keine neuen Beweise enthalten. Die Trägermedien dieser Präsentationen werden nicht zu den Akten der Rechtssache gegeben und werden den anderen Parteien folglich nicht zugestellt, es sei denn, der Präsident entscheidet anders.

153. In Anbetracht der für den Zutritt zu den Gebäuden des Gerichtshofs der Europäischen Union geltenden Sicherheitsmaßnahmen wird den Vertretern der Parteien empfohlen, die notwendigen Vorkehrungen zu treffen, um mindestens 15 Minuten vor Beginn der mündlichen Verhandlung im Sitzungssaal anwesend sein zu können, da die Mitglieder des Spruchkörpers üblicherweise die Gestaltung der mündlichen Verhandlung mit ihnen besprechen.

154. Die Vertreter der Parteien werden ersucht, zur Vorbereitung der Teilnahme an einer mündlichen Verhandlung das Dokument „Merkliste – Mündliche Verhandlung" heranzuziehen, das auf der Internetseite des Gerichtshofs der Europäischen Union verfügbar ist.

C. Ablauf der mündlichen Verhandlung

155. Für die Vertreter der Parteien besteht Robenpflicht.

156. Die mündliche Verhandlung dient dazu,

- gegebenenfalls den eingenommenen Standpunkt unter Hervorhebung der wesentlichen schriftlich vorgetragenen Gesichtspunkte ganz knapp zusammenzufassen;
- soweit erforderlich, bestimmte im schriftlichen Verfahren vorgetragene Argumente zu verdeutlichen und eventuell neue Gesichtspunkte vorzutragen, die sich aus Ereignissen ergeben, die nach Abschluss des schriftlichen Verfahrens eingetreten sind und daher nicht in den Schriftsätzen dargelegt werden konnten;
- Fragen des Gerichts zu beantworten.

157. Es ist Sache jeder Partei, unter Berücksichtigung des in Nr. 156 umschriebenen Zwecks der mündlichen Verhandlung zu prüfen, ob mündliche Ausführungen wirklich sachdienlich sind oder ob nicht eine bloße Bezugnahme auf das schriftliche Vorbringen ausreicht. Die mündliche Verhandlung kann dann auf die Beantwortung von Fragen des Gerichts konzentriert werden. Hält ein Vertreter es für erforderlich, das Wort zu ergreifen, so wird empfohlen, sich auf die Darlegung bestimmter Gesichtspunkte zu beschränken und im Übrigen auf die Schriftsätze Bezug zu nehmen.

158. Fordert das Gericht die Parteien vor der mündlichen Verhandlung nach Art. 89 Abs. 4 der Verfahrensordnung auf, ihre mündlichen Ausführungen auf eine oder mehrere festgelegte Fragen zu konzentrieren, so sind diese Fragen bei den mündlichen Ausführungen vorrangig zu behandeln.

159. Der Verzicht einer Partei auf mündliche Ausführungen gilt nicht als Zustimmung zu mündlichen Ausführungen einer anderen Partei, wenn das betreffende Vorbringen bereits schriftlich zurückgewiesen wurde. Ein solcher Verzicht hindert die Partei nicht daran, auf mündliche Ausführungen der anderen Partei zu erwidern.

160. Im Interesse der Klarheit und um den Mitgliedern des Gerichts das Verständnis der mündlichen Ausführungen zu erleichtern, ist ein freier Vortrag anhand von Notizen im Allgemeinen dem Verlesen eines Textes vorzuziehen. Die Vertreter der Parteien werden zudem gebeten, ihre Darstellung der Rechtssache so weit wie möglich zu vereinfachen und sich vorzugsweise in kurzen Sätzen zu äußern. Das Gericht würde es zudem begrüßen, wenn die Vertreter der Parteien ihre mündlichen Ausführungen strukturieren und mit einer kurzen Gliederung einleiten würden.

161. Um zu ermöglichen, dass das Gericht über bestimmte technische Fragen unterrichtet wird, kann der Präsident des Spruchkörpers den Vertretern der Parteien gestatten, Personen das Wort zu erteilen, die zwar nicht die Eigenschaft als Vertreter besitzen, aber besser zu einer Stellungnahme in der Lage sind. Diese Personen treten nur in Anwesenheit und unter der Verantwortung des Vertreters der betreffenden Partei auf. Bevor diese Personen das Wort ergreifen, haben sie ihre Identität bekannt zu geben.

162. Die Dauer der mündlichen Ausführungen hängt vom Schwierigkeitsgrad der Rechtssache und davon ab, ob neue tatsächliche oder rechtliche Gesichtspunkte vorliegen oder nicht. Jeder Hauptpartei stehen für ihre mündlichen Ausführungen 15 Minuten und jedem Streithelfer zehn Minuten zur Verfügung (in verbundenen Rechtssachen stehen jeder Partei 15 Minuten für die jeweilige Rechtssache und jedem Streithelfer zehn Minuten für die jeweilige Rechtssache zur Verfügung), es sei denn, sie hätten von der Kanzlei insoweit einen anderen Hinweis erhalten. Diese Begrenzung betrifft nur die eigentlichen Plädoyers und schließt nicht die Zeit ein, die für die Beantwortung von Fragen in der mündlichen Verhandlung oder für die abschließenden Erwiderungen erforderlich ist.

163. Falls die Umstände es erfordern, kann bei der Kanzlei spätestens zwei Wochen vor der mündlichen Verhandlung (unter außergewöhnlichen Umständen, deren Vorliegen gebührend zu begründen ist, auch später) eine Ausnahme von dieser Regeldauer beantragt werden; der Antrag ist gebührend zu begründen, und es ist anzugeben, wie viel Redezeit für erforderlich gehalten wird. Den Vertretern der Parteien wird mitgeteilt, wie viel Zeit ihnen auf einen solchen Antrag hin für ihre mündlichen Ausführungen zur Verfügung steht.

164. Werden für eine Partei mehrere Vertreter tätig, so können grundsätzlich nur zwei von ihnen mündliche Ausführungen machen; die Gesamtlänge ihrer mündlichen Ausführungen darf die in Nr. 162 genannten Redezeiten nicht überschreiten. Auf Fragen des Gerichts und Schlussausführungen können jedoch auch andere Vertreter antworten bzw. erwidern als die, die mündliche Ausführungen gemacht haben.

165. Vertreten mehrere Parteien vor dem Gericht dieselbe Auffassung (was namentlich im Fall der Streithilfe und in verbundenen

Rechtssachen vorkommt), werden ihre Vertreter gebeten, sich vor der mündlichen Verhandlung abzustimmen, um Wiederholungen zu vermeiden.

166. Die Vertreter der Parteien werden gebeten, bei der Anführung von Entscheidungen des Gerichtshofs, des Gerichts oder des Gerichts für den öffentlichen Dienst die übliche Bezeichnung der Entscheidung, die Rechtssachennummer und gegebenenfalls die einschlägige(n) Randnummer(n) anzugeben.

167. Gemäß Art. 85 Abs. 3 der Verfahrensordnung können die Hauptparteien ausnahmsweise noch während der mündlichen Verhandlung Beweise vorlegen. In diesem Fall werden die anderen Parteien zu deren Zulässigkeit und Inhalt gehört. Gegebenenfalls ist es ratsam, eine ausreichende Zahl an Exemplaren bereitzuhalten.

D. Dolmetschen

168. Um das Dolmetschen zu erleichtern, werden die Vertreter der Parteien gebeten, gegebenenfalls den Text oder die schriftliche Grundlage ihrer Ausführungen vorab der Direktion Dolmetschen per E-Mail (interpret@curia.europa.eu) zu übermitteln.

169. Die Vertraulichkeit der übermittelten schriftlichen Fassung der mündlichen Ausführungen ist gewährleistet. Um jegliches Missverständnis zu vermeiden, ist der Name der Partei anzugeben. Die schriftliche Fassung der mündlichen Ausführungen wird nicht zu den Akten der Rechtssache genommen.

170. Die Vertreter der Parteien werden darauf hingewiesen, dass – je nach Fall – nur einige Mitglieder des Gerichts den mündlichen Ausführungen in der Sprache des Vortrags folgen, während die übrigen auf die Vermittlung durch die Simultandolmetscher angewiesen sind. Den Vertretern der Parteien wird dringend empfohlen, im Interesse des bestmöglichen Ablaufs der mündlichen Verhandlung und der Gewährleistung des Qualitätsstandards des Simultandolmetschens langsam und in das Mikrofon zu sprechen.

171. Beabsichtigen die Vertreter der Parteien, Passagen bestimmter Texte oder Dokumente, insbesondere solche, die nicht in den Akten der Rechtssache erwähnt sind, wörtlich zu zitieren, ist es zweckmäßig, dies den Dolmetschern vor der Verhandlung anzuzeigen. Ebenso kann es zweckmäßig sein, die Dolmetscher auf möglicherweise schwer zu übersetzende Begriffe hinzuweisen.

E. Protokoll der mündlichen Verhandlung

172. Der Kanzler erstellt von jeder mündlichen Verhandlung ein Protokoll in der Verfahrenssprache mit folgendem Inhalt: Bezeichnung der Rechtssache; Tag, Uhrzeit und Ort der Verhandlung; gegebenenfalls die Angabe, dass die Verhandlung nicht öffentlich ist; die Namen der anwesenden Richter und des anwesenden Kanzlers; Namen und Eigenschaft der anwesenden Vertreter der Parteien; gegebenenfalls Stellungnahmen zum summarischen Sitzungsbericht; Namen, Vornamen, Stellung und Wohnsitz gegebenenfalls gehörter Zeugen oder Sachverständigen; gegebenenfalls Angabe der in der Verhandlung vorgelegten Verfahrensschriftstücke oder Unterlagen; soweit erforderlich, die in der Verhandlung abgegebenen Erklärungen sowie die in der Verhandlung erlassenen Entscheidungen des Gerichts oder des Präsidenten.

VI. VERTRAULICHE BEHANDLUNG

A. Allgemeines

173. Nach Art. 64 und vorbehaltlich Art. 68 Abs. 4, Art. 104, Art. 105 Abs. 8 und Art. 144 Abs. 7 der Verfahrensordnung berücksichtigt das Gericht nur Verfahrensschriftstücke und Unterlagen, von denen die Vertreter der Parteien Kenntnis nehmen und zu denen sie Stellung nehmen konnten.

174. Daraus folgt, dass ein Antrag des Klägers auf vertrauliche Behandlung bestimmter Angaben in den Akten der Rechtssache gegenüber dem Beklagten unbeschadet der Art. 103 bis 105 der Verfahrensordnung nicht berücksichtigt werden kann. Ebenso wenig kann ein solcher Antrag des Beklagten auf vertrauliche Behandlung gegenüber dem Kläger berücksichtigt werden.

175. Eine Hauptpartei kann jedoch nach Art. 144 Abs. 7 der Verfahrensordnung beantragen, bestimmte in den Akten der Rechtssache enthaltene Angaben, die vertraulich sind, von der Übermittlung an einen Streithelfer auszunehmen.

176. Jede Partei kann auch beantragen, dass eine Partei verbundener Rechtssachen zu bestimmten Angaben in den von der Verbindung betroffenen Akten wegen deren geltend gemachter Vertraulichkeit nach Art. 68 Abs. 4 der Verfahrensordnung keinen Zugang erhält.

B. Vertrauliche Behandlung im Fall eines Antrags auf Zulassung zur Streithilfe

177. Wird in einer Rechtssache ein Antrag auf Zulassung zur Streithilfe gestellt, werden die Hauptparteien aufgefordert, binnen der vom Kanzler gesetzten Frist anzugeben, ob sie die vertrauliche Behandlung bestimmter Angaben in den bereits zu den Akten der Rechtssache gereichten Verfahrensschriftstücken oder Unterlagen beantragen.

178. Die Hauptparteien müssen für alle später eingereichten Verfahrensschriftstücke und Unterlagen gleichzeitig mit der Einreichung gegebenenfalls einen Antrag auf vertrauliche Behandlung stellen. Wird ein solcher Antrag nicht gestellt, werden die eingereichten Verfahrensschriftstücke und Unterlagen dem Streithelfer übermittelt.

179. Der Antrag auf vertrauliche Behandlung ist mit gesondertem Schriftsatz zu stellen. Er kann nicht in vertraulicher Fassung eingereicht werden und darf folglich keine vertraulichen Angaben enthalten.

180. In dem Antrag auf vertrauliche Behandlung ist anzugeben, gegenüber welcher Partei die vertrauliche Behandlung beantragt wird.

181. Der Antrag auf vertrauliche Behandlung ist auf das unbedingt Erforderliche zu beschränken und darf sich keinesfalls auf ein gesamtes Verfahrensschriftstück und nur ausnahmsweise auf eine gesamte Anlage beziehen. In der Regel kann eine nicht vertrauliche Fassung von Verfahrensschriftstücken oder von Unterlagen, in denen bestimmte Abschnitte, Wörter oder Zahlen entfernt wurden, übermittelt werden, ohne die betreffenden Interessen zu beeinträchtigen.

182. In dem Antrag auf vertrauliche Behandlung sind die betreffenden Angaben oder Abschnitte genau zu bezeichnen, und er muss für jede dieser Angaben oder Abschnitte eine Begründung ihres vertraulichen Charakters enthalten. Fehlt es daran, kann dies die Zurückweisung des Antrags durch das Gericht rechtfertigen.

183. Mit dem Antrag auf vertrauliche Behandlung eines oder mehrerer Verfahrensschriftstücke ist eine vollständige nicht vertrauliche Fassung des oder der betreffenden Verfahrensschriftstücke bzw. Unterlagen einzureichen, worin die Angaben oder Abschnitte, auf die sich der Antrag bezieht, entfernt sind.

184. Entspricht der Antrag auf vertrauliche Behandlung nicht den Vorgaben der Nrn. 179, 180 und 183, so fordert der Kanzler die betreffende Partei zur Behebung des Mangels auf. Wird der Antrag auf vertrauliche Behandlung trotz dieser Aufforderung nicht mit diesen Praktischen Durchführungsbestimmungen in Einklang gebracht, ist seine sachgerechte Behandlung nicht möglich, so dass dem Streithelfer sämtliche betreffende Verfahrensschriftstücke und Unterlagen übermittelt werden.

C. Vertrauliche Behandlung im Fall der Verbindung von Rechtssachen

185. Wird die Verbindung mehrerer Rechtssachen in Betracht gezogen, so werden die Parteien aufgefordert, binnen der vom Kanzler gesetzten Frist anzugeben, ob sie die vertrauliche Behandlung bestimmter Angaben in den bereits zu den Akten der von der Verbindung betroffenen Rechtssachen gereichten Verfahrensschriftstücken und Unterlagen beantragen.

186. Die Parteien haben für alle später eingereichten Verfahrensschriftstücke und Unterlagen gleichzeitig mit der Einreichung gegebenenfalls einen Antrag auf vertrauliche Behandlung zu stellen. Wird ein solcher Antrag nicht gestellt, so werden die eingereichten Verfahrensschriftstücke und Unterlagen den anderen Parteien der verbundenen Rechtssachen zugänglich gemacht.

187. Die Nrn. 179 bis 184 finden Anwendung auf Anträge auf vertrauliche Behandlung, die im Fall der Verbindung von Rechtssachen gestellt werden.

D. Vertrauliche Behandlung im Rahmen des Art. 103 der Verfahrensordnung

188. Das Gericht kann gegenüber einer Partei im Wege der Beweisaufnahme nach Art. 91 der Verfahrensordnung durch Beschluss anordnen, auf die Rechtssache bezogene Auskünfte zu erteilen oder Unterlagen vorzulegen. Nach Art. 92 Abs. 3 der Verfahrensordnung kann dies erst angeordnet werden, wenn die betreffende Partei einer zuvor zu diesem Zweck erlassenen prozessleitenden Maßnahme nicht nachgekommen ist oder wenn die von der Beweiserhebung betroffene Partei eine solche Beweiserhebung ausdrücklich beantragt, wobei sie nachzuweisen hat, dass für diese Beweiserhebung ein Beweisbeschluss erforderlich ist.

189. Macht eine Hauptpartei den vertraulichen Charakter von Auskünften oder Unterlagen geltend, um deren Übermittlung in ihrer Antwort auf einen Antrag auf eine prozessleitende Maßnahme zu verweigern oder um eine Beweisaufnahme anzuregen, so ordnet das Gericht, wenn es der Ansicht ist, dass diese Auskünfte oder Unterlagen für die Entscheidung über den Rechtsstreit erheblich

sein können, ihre Erteilung bzw. Vorlage durch einen Beweisbeschluss nach Art. 91 Buchst. b der Verfahrensordnung an. Die Behandlung der vertraulichen Auskünfte oder Unterlagen, die daraufhin erteilt bzw. vorgelegt werden, wird durch Art. 103 der Verfahrensordnung geregelt. Die betreffende Regelung sieht keine Abweichung vom Grundsatz des kontradiktorischen Verfahrens vor, legt aber Modalitäten für die Umsetzung dieses Grundsatzes fest.

190. Gemäß dieser Vorschrift prüft das Gericht die Erheblichkeit der Auskünfte oder Unterlagen für die Entscheidung des Rechtsstreits und überprüft ihren vertraulichen Charakter. Ist das Gericht der Ansicht, dass die betreffenden Informationen sowohl für die Entscheidung des Rechtsstreits erheblich als auch vertraulich sind, so wägt es den vertraulichen Charakter und die Erfordernisse, die mit dem Recht auf effektiven gerichtlichen Rechtsschutz, insbesondere der Einhaltung des Grundsatzes des kontradiktorischen Verfahrens, verbunden sind, gegeneinander ab; nach dieser Abwägung stehen dem Gericht zwei Möglichkeiten offen.

191. Das Gericht kann entscheiden, dass die Auskunft oder die Unterlagen trotz ihres vertraulichen Charakters der anderen Hauptpartei zur Kenntnis zu bringen sind. Insoweit kann das Gericht die Vertreter der anderen Parteien als der, die die vertraulichen Angaben eingereicht hat, durch eine prozessleitende Maßnahme auffordern, eine Erklärung über die Verpflichtung zu unterzeichnen, die Vertraulichkeit des Schriftstücks oder der Unterlagen zu wahren und die Angaben, von denen sie Kenntnis erlangen, nicht ihren jeweiligen Mandanten oder Dritten mitzuteilen. Jeder Verstoß gegen diese Verpflichtung kann die Anwendung von Art. 55 der Verfahrensordnung zur Folge haben.

192. Alternativ kann das Gericht entscheiden, die vertraulichen Angaben nicht bekannt zu geben, der anderen Hauptpartei aber nicht vertrauliche Angaben zur Verfügung zu stellen, damit sie unter Wahrung des Grundsatzes des kontradiktorischen Verfahrens so weitgehend wie möglich Stellung nehmen kann. Das Gericht ordnet dann durch Beschluss gegenüber der Hauptpartei, die die vertraulichen Angaben vorgelegt hat, an, bestimmte Informationen in einer Weise bekannt zu geben, die es ermöglicht, die Wahrung der Vertraulichkeit der Angaben und das kontradiktorische Verfahren miteinander in Einklang zu bringen. Die Information kann beispielsweise in Form einer Zusammenfassung übermittelt werden. Ist das Gericht der Ansicht, dass die andere Hauptpartei ihre Verteidigungsrechte nicht sachgerecht ausüben kann, so kann es einen oder mehrere Beschlüsse erlassen, bis es der Auffassung ist, dass das Verfahren tatsächlich kontradiktorisch fortgesetzt werden kann.

193. Ist das Gericht der Ansicht, dass die – nach den in dem Beschluss gemäß Art. 103 Abs. 3 der Verfahrensordnung vorgesehenen Modalitäten erfolgte – Übermittlung der Information an die andere Hauptpartei es dieser Partei ermöglicht hat, sachgerecht Stellung zu nehmen, werden die vertraulichen Auskünfte oder Unterlagen, die dieser Partei nicht zur Kenntnis gebracht wurden, vom Gericht nicht berücksichtigt. Die vertraulichen Auskünfte oder Unterlagen werden aus den Akten entfernt; die Parteien werden darüber in Kenntnis gesetzt.

E. Vertrauliche Behandlung im Rahmen des Art. 104 der Verfahrensordnung

194. Das Gericht kann im Rahmen seiner Kontrolle der Rechtmäßigkeit einer Handlung eines Organs, mit der die Einsicht in ein Schriftstück verweigert wird, im Wege einer Beweiserhebung nach Art. 91 Buchst. c der Verfahrensordnung durch Beschluss die Vorlage dieses Schriftstücks anordnen.

195. Das von dem Organ vorgelegte Schriftstück wird den übrigen Parteien nicht bekannt gegeben, es sei denn, dem Rechtsstreit würde dadurch sein Gegenstand entzogen.

F. Vertrauliche Behandlung im Rahmen des Art. 105 der Verfahrensordnung

196. Nach Art. 105 Abs. 1 und 2 der Verfahrensordnung kann eine Hauptpartei des Rechtsstreits spontan oder auf eine vom Gericht getroffene Maßnahme der Beweisaufnahme hin Auskünfte oder Unterlagen vorlegen, die die Sicherheit der Europäischen Union oder eines oder mehrerer ihrer Mitgliedstaaten oder die Gestaltung ihrer internationalen Beziehungen berühren. Art. 105 Abs. 3 bis 10 der Verfahrensordnung enthält die für solche Auskünfte und Unterlagen geltende Verfahrensregelung.

197. In Anbetracht der Sensibilität und Vertraulichkeit von Auskünften oder Unterlagen, die die Sicherheit der Union oder eines oder mehrerer ihrer Mitgliedstaaten oder die Gestaltung ihrer internationalen Beziehungen berühren, erfordert die Durchführung der mit Art. 105 der Verfahrensordnung geschaffenen Regelung die Errichtung einer geeigneten Sicherheitseinrichtung, die einen ho-

hen Grad des Schutzes dieser Auskünfte oder Unterlagen gewährleistet. Diese Einrichtung wird im Beschluss des Gerichts vom 14. September 2016 festgelegt.

VII. PROZESSKOSTENHILFE

198. Gemäß Art. 147 Abs. 2 der Verfahrensordnung ist für den Antrag auf Bewilligung von Prozesskostenhilfe ein Formular zu verwenden. Dieses Formular ist auf der Internetseite des Gerichtshofs der Europäischen Union verfügbar.

199. Der Antragsteller, der bei der Einreichung des Prozesskostenhilfeformulars nicht anwaltlich vertreten ist, kann nach Art. 147 Abs. 6 der Verfahrensordnung das ordnungsgemäß ausgefüllte und unterzeichnete Formular bei der Kanzlei in Papierform auf dem Postweg oder durch physische Übergabe an der in Nr. 90 angegeben Anschrift einreichen. Ein Formular, das nicht handschriftlich unterzeichnet ist, wird nicht bearbeitet.

200. Ist der Antragsteller bei der Einreichung des Prozesskostenhilfeformulars anwaltlich vertreten, so findet für die Einreichung Art. 72 Abs. 1 der Verfahrensordnung unter Berücksichtigung der Bestimmungen Nrn. 77 bis 79 Anwendung.

201. Das Prozesskostenhilfeformular soll dem Gericht die Angaben gemäß Art. 147 Abs. 3 und 4 der Verfahrensordnung an die Hand geben, die erforderlich sind, um sachgerecht über den Antrag entscheiden zu können. Dabei handelt es sich um

- Angaben zur wirtschaftlichen Lage des Antragstellers

  und,

- sofern die Klage noch nicht erhoben worden ist, Angaben zu ihrem Gegenstand, zum Sachverhalt und zum Klagevorbringen.

202. Der Antragsteller hat mit dem Prozesskostenhilfeformular Unterlagen einzureichen, die die in Nr. 201 angeführten Angaben belegen.

203. Mit dem Prozesskostenhilfeformular sind gegebenenfalls die in Art. 51 Abs. 2 und 3 sowie Art. 78 Abs. 4 der Verfahrensordnung genannten Schriftstücke einzureichen.

204. Das ordnungsgemäß ausgefüllte Prozesskostenhilfeformular und die Belege müssen aus sich heraus verständlich sein.

205. Unbeschadet der Möglichkeit für das Gericht, nach den Art. 89 und 90 der Verfahrensordnung Informationen oder die Vorlage weiterer Unterlagen zu verlangen, kann der Antrag auf Bewilligung von Prozesskostenhilfe nicht durch die spätere Einreichung von Nachträgen ergänzt werden. Nachträge, die eingereicht werden, ohne vom Gericht angefordert worden zu sein, werden zurückgewiesen. In Ausnahmefällen können Belege zum Nachweis der Bedürftigkeit des Antragstellers gleichwohl später entgegengenommen werden, sofern ihre verspätete Einreichung angemessen erläutert wird.

206. Nach Art. 147 Abs. 7 der Verfahrensordnung hemmt die Einreichung eines Antrags auf Bewilligung von Prozesskostenhilfe den Lauf der für die Erhebung der Klage, auf die sich der Antrag bezieht, vorgesehenen Frist bis zum Zeitpunkt der Zustellung des Beschlusses, mit dem über den Antrag entschieden wird, oder, wenn in diesem Beschluss kein Anwalt zur Vertretung des Antragstellers bestimmt wird, des Beschlusses, in dem ein Anwalt zur Vertretung des Antragstellers bestimmt wird.

207. Da die Einreichung des Antrags auf Bewilligung von Prozesskostenhilfe die Klagefrist bis zur Zustellung des in Nr. 206 genannten Beschlusses hemmt, kann die für die Einreichung der Klageschrift verbleibende Klagefrist extrem kurz sein. Dem ordnungsgemäß anwaltlich vertretenen Prozesskostenhilfeempfänger wird daher empfohlen, besonderes Augenmerk auf die Einhaltung der gesetzlichen Frist zu legen.

VIII. EILVERFAHREN

A. Beschleunigtes Verfahren

A.1. Antrag auf Durchführung des beschleunigten Verfahrens

208. Gemäß Art. 152 Abs. 1 der Verfahrensordnung ist der Antrag auf Durchführung des beschleunigten Verfahrens mit gesondertem Schriftsatz gleichzeitig – je nach Fall – mit der Klageschrift oder der Klagebeantwortung einzureichen und muss eine Begründung enthalten, in der die besondere Dringlichkeit der Rechtssache und die sonstigen relevanten Umstände dargelegt werden.

209. Zur Erleichterung der sofortigen Behandlung durch die Kanzlei muss die erste Seite des Antrags auf Durchführung des beschleunigten Verfahrens die Angabe enthalten, dass der Antrag auf der Grundlage der Art. 151 und 152 der Verfahrensordnung eingereicht wird.

210. Eine Klageschrift, in Bezug auf die eine Entscheidung im beschleunigten Verfahren beantragt wird, darf grundsätzlich nicht län-

ger als 25 Seiten sein. Sie muss den Vorgaben der Nrn. 112 bis 121 entsprechen.

211. Es wird empfohlen, dass die Partei, die eine Entscheidung im beschleunigten Verfahren beantragt, in ihrem Antrag die Gründe, Argumente oder Abschnitte des betreffenden Schriftsatzes (Klageschrift oder Klagebeantwortung) angibt, die nur für den Fall vorgetragen werden, dass nicht im beschleunigten Verfahren entschieden wird. Diese Angaben nach Art. 152 Abs. 2 der Verfahrensordnung sind im Antrag genau und unter Nennung der Nummern der betreffenden Absätze zu machen.

A.2. Gekürzte Fassung

212. Es wird empfohlen, dem Antrag auf Entscheidung im beschleunigten Verfahren mit den in Nr. 211 genannten Angaben die gekürzte Fassung des betreffenden Schriftsatzes als Anlage beizufügen.

213. Wird eine gekürzte Fassung beigefügt, muss sie folgenden Anweisungen entsprechen:

a) Die gekürzte Fassung hat die Form der ursprünglichen Fassung des betreffenden Schriftsatzes; die Auslassungen sind durch das in eckige Klammern gesetzte Wort „omissis" gekennzeichnet.

b) Die auch in der gekürzten Fassung enthaltenen Absätze behalten die Nummern, die sie in der ursprünglichen Fassung des betreffenden Schriftsatzes hatten.

c) Das der gekürzten Fassung beigefügte Anlagenverzeichnis enthält, wenn diese Fassung nicht auf sämtliche Anlagen der ursprünglichen Fassung des betreffenden Schriftsatzes verweist, den Vermerk „omissis" zur Kenntlichmachung jeder weggefallenen Anlage.

d) Die auch in der gekürzten Fassung enthaltenen Anlagen behalten die Nummern, die sie im Anlagenverzeichnis der ursprünglichen Fassung des betreffenden Schriftsatzes hatten.

e) Die im Anlagenverzeichnis der gekürzten Fassung aufgeführten Anlagen sind dieser Fassung beizufügen.

214. Für eine zügige Behandlung muss die gekürzte Fassung den vorstehenden Anweisungen entsprechen.

215. Verlangt das Gericht nach Art. 151 Abs. 3 der Verfahrensordnung die Einreichung einer gekürzten Fassung des Schriftsatzes, ist diese nach den vorstehenden Anweisungen zu erstellen, soweit keine anderen Vorgaben gemacht werden.

A.3. Klagebeantwortung

216. Hat der Kläger in seinem Antrag nicht die Gründe, Argumente oder Abschnitte seiner Klageschrift bezeichnet, die nur für den Fall vorgetragen werden, dass nicht im beschleunigten Verfahren entschieden wird, so muss der Beklagte innerhalb einer Frist von einem Monat auf die Klageschrift antworten.

217. Hat der Kläger in seinem Antrag die Gründe, Argumente oder Abschnitte seiner Klageschrift angegeben, die nur für den Fall vorgetragen werden, dass nicht im beschleunigten Verfahren entschieden wird, so muss der Beklagte innerhalb einer Frist von einem Monat auf die Klagegründe und das Vorbringen in der Klageschrift – wie sie im Licht der Angaben im Antrag auf Entscheidung im beschleunigten Verfahren zu verstehen ist – antworten.

218. Hat der Kläger seinem Antrag eine gekürzte Fassung der Klageschrift beigefügt, so muss der Beklagte innerhalb einer Frist von einem Monat auf die Klagegründe und das Vorbringen in dieser gekürzten Fassung der Klageschrift antworten.

219. Beschließt das Gericht, den Antrag auf Entscheidung im beschleunigten Verfahren zurückzuweisen, bevor der Beklagte seine Klagebeantwortung eingereicht hat, so wird die in Art. 154 Abs. 1 der Verfahrensordnung für die Einreichung dieses Schriftsatzes vorgesehene Frist von einem Monat um einen weiteren Monat verlängert.

220. Beschließt das Gericht, den Antrag auf Entscheidung im beschleunigten Verfahren zurückzuweisen, nachdem der Beklagte seine Klagebeantwortung innerhalb der Monatsfrist des Art. 154 Abs. 1 der Verfahrensordnung eingereicht hat, so wird ihm eine neue Frist von einem Monat nach Zustellung der Entscheidung über die Zurückweisung des Antrags auf Entscheidung im beschleunigten Verfahren gewährt, damit er seine Klagebeantwortung ergänzen kann.

A.4. Mündliches Verfahren

221. Da im beschleunigten Verfahren das schriftliche Verfahren grundsätzlich auf einen Schriftsatzwechsel beschränkt ist, liegt ein Schwerpunkt auf dem mündlichen Verfahren, und es wird innerhalb kurzer Frist nach Abschluss des schriftlichen Verfahrens eine mündliche Verhandlung durchgeführt. Das Gericht kann jedoch beschließen, ohne mündliches Verfahren zu entscheiden, wenn die Hauptparteien innerhalb einer vom Präsidenten gesetzten Frist anzeigen, dass sie auf eine Teilnahme an der mündlichen Ver-

handlung verzichten und das Gericht sich durch die Aktenstücke der Rechtssache für hinreichend unterrichtet hält.

222. Hat das Gericht die Einreichung eines Streithilfeschriftsatzes nicht gestattet, kann der Streithelfer nur mündlich Stellung nehmen, wenn eine mündliche Verhandlung durchgeführt wird.

B. Vorläufiger Rechtsschutz: Aussetzung und sonstige einstweilige Anordnungen

223. Nach Art. 156 Abs. 5 der Verfahrensordnung ist der Antrag auf Aussetzung der Vollziehung oder sonstige einstweilige Anordnungen mit gesondertem Schriftsatz einzureichen. Er muss aus sich selbst heraus und ohne Bezugnahme auf die Klageschrift, einschließlich der Anlagen zu dieser, verständlich sein.

224. Zur Erleichterung der sofortigen Behandlung durch die Kanzlei muss die erste Seite des Antrags auf Aussetzung der Vollziehung oder auf Erlass sonstiger einstweiliger Anordnungen die Angabe enthalten, dass der Antrag auf der Grundlage von Art. 156 der Verfahrensordnung eingereicht wird und, gegebenenfalls, dass er einen auf Art. 157 Abs. 2 der Verfahrensordnung gestützten Antrag enthält.

225. Im Antrag auf Aussetzung der Vollziehung oder sonstige einstweilige Anordnungen sind in äußerst knapper und gedrängter Form der Streitgegenstand, die Sach- und Rechtsgründe, auf die die Klage gestützt wird und die dem ersten Anschein nach auf dessen Begründetheit schließen lassen (*fumus boni iuris*), sowie die Umstände anzuführen, aus denen sich die Dringlichkeit ergibt. Die beantragten Anordnungen sind in dem Antrag genau zu bezeichnen. Außerdem muss der Antrag sämtliche verfügbaren Beweise und Beweisangebote enthalten, die dazu bestimmt sind, den Erlass dieser einstweiligen Anordnungen zu rechtfertigen.

226. Da der Antrag auf vorläufigen Rechtsschutz eine Beurteilung des *fumus boni iuris* in einem summarischen Verfahren ermöglichen soll, darf der Wortlaut der Klageschrift nicht vollständig wiederholt werden.

227. Um eine beschleunigte Bearbeitung des Antrags auf vorläufigen Rechtsschutz zu ermöglichen, darf er je nach dem Gegenstand und den Umständen der Rechtssache die Obergrenze von 25 Seiten grundsätzlich nicht überschreiten.

IX. INKRAFTTRETEN DIESER PRAKTISCHEN DURCHFÜHRUNGSBESTIMMUNGEN

228. Durch diese Praktischen Durchführungsbestimmungen werden die Dienstanweisung für den Kanzler vom 5. Juli 2007 (ABl. L 232, S. 1) in der am 17. Mai 2010 (ABl. L 170, S. 53) und am 24. Januar 2012 (ABl. L 68, S. 20) geänderten Fassung sowie die Praktischen Anweisungen für die Parteien vor dem Gericht vom 24. Januar 2012 (ABl. L 68, S. 23) aufgehoben und ersetzt.

229. Diese Praktischen Durchführungsbestimmungen werden im *Amtsblatt der Europäischen Union* veröffentlicht. Sie treten am ersten Tag des auf ihre Veröffentlichung folgenden Monats in Kraft.

ANHÄNGE

ANHÄNGE

Anhang 1: Voraussetzungen, bei deren Nichtbeachtung die Klageschrift nicht zugestellt wird (Nr. 101 dieser Praktischen Durchführungsbestimmungen)

Unterbleibt eine Mängelbehebung bezüglich der folgenden Punkte, so kann dies die Abweisung der Klage wegen Unzulässigkeit gemäß Art. 78 Abs. 6, Art. 177 Abs. 6 und Art. 194 Abs. 5 der Verfahrensordnung zur Folge haben.

	Klageverfahren	Rechtssachen des geistigen Eigentums
a)	Einreichung der Bescheinigung über die Zulassung als Anwalt (Art. 51 Abs. 2 der Verfahrensordnung)	Einreichung der Bescheinigung über die Zulassung als Anwalt (Art. 51 Abs. 2 der Verfahrensordnung)
b)	Einreichung eines Nachweises jüngeren Datums der Rechtspersönlichkeit der juristischen Person des Privatrechts (Art. 78 Abs. 4 der Verfahrensordnung)	Einreichung eines Nachweises jüngeren Datums der Rechtspersönlichkeit der juristischen Person des Privatrechts (Art. 177 Abs. 4 der Verfahrensordnung)
c)	Einreichung der Vollmacht, wenn die vertretene Partei eine juristische Person des Privatrechts ist (Art. 51 Abs. 3 der Verfahrensordnung)	Einreichung der Vollmacht, wenn die vertretene Partei eine juristische Person des Privatrechts ist (Art. 51 Abs. 3 der Verfahrensordnung)

	Klageverfahren	Rechtssachen des geistigen Eigentums
d)	Einreichung des angefochtenen Rechtsakts (Nichtigkeitsklage) oder der Unterlage, aus der sich der Zeitpunkt der Aufforderung zum Handeln ergibt (Untätigkeitsklage) (Art. 21 Abs. 2 der Satzung; Art. 78 Abs. 1 der Verfahrensordnung)	Einreichung der angefochtenen Entscheidung der Beschwerdekammer (Art. 177 Abs. 3 der Verfahrensordnung)
e)	Einreichung der Beschwerde im Sinne des Art. 90 Abs. 2 des Beamtenstatuts und der Entscheidung über die Beschwerde (Art. 78 Abs. 2 der Verfahrensordnung)	
f)	Einreichung einer Ausfertigung des Vertrags, der die Schiedsklausel enthält (Art. 78 Abs. 3 der Verfahrensordnung)	
g)		Angabe der Namen sämtlicher Beteiligter des Verfahrens vor der Beschwerdekammer und der von diesen für die Zwecke der Zustellungen angegebenen Anschriften (Art. 177 Abs. 2 der Verfahrensordnung)
h)	Angabe des Datums der Einreichung der Beschwerde im Sinne des Art. 90 Abs. 2 des Beamtenstatuts und der Mitteilung der Entscheidung über die Beschwerde (Art. 78 Abs. 2 der Verfahrensordnung)	Angabe des Datums der Zustellung der Entscheidung der Beschwerdekammer (Art. 177 Abs. 3 der Verfahrensordnung)

Anhang 2: Formvorschriften, bei deren Nichtbeachtung sich die Zustellung verzögert (Nr. 102 dieser Praktischen Durchführungsbestimmungen)

a)	Angabe des Wohnsitzes des Klägers bzw. Rechtsmittelführers (Art. 21 Abs. 1 der Satzung; Art. 76 Buchst. a, Art. 177 Abs. 1 Buchst. a und Art. 194 Abs. 1 Buchst. a der Verfahrensordnung)
b)	Angabe der Anschrift des Vertreters des Klägers bzw. Rechtsmittelführers (Art. 76 Buchst. b, Art. 177 Abs. 1 Buchst. b und Art. 194 Abs. 1 Buchst. b der Verfahrensordnung)
c)	Neues Original der gekürzten Klageschrift (Nrn. 109 und 110 dieser Praktischen Durchführungsbestimmungen)
d)	Neues Original der Klageschrift mit identischem Inhalt mit Nummerierung der Absätze (Nr. 81 Buchst. c dieser Praktischen Durchführungsbestimmungen)
e)	Neues, paginiertes Original der Klageschrift mit identischem Inhalt (Nr. 81 Buchst. d dieser Praktischen Durchführungsbestimmungen)
f)	Einreichung des Anlagenverzeichnis mit den Pflichtangaben (Art. 72 Abs. 3 der Verfahrensordnung; Nr. 83 dieser Praktischen Durchführungsbestimmungen)
g)	Einreichung der in der Klageschrift aufgeführten, jedoch nicht eingereichten Anlagen (Art. 72 Abs. 3 der Verfahrensordnung)
h)	Einreichung der paginierten Anlagen (Nr. 86 Buchst. d dieser Praktischen Durchführungsbestimmungen)
i)	Einreichung der mit einer Nummer versehenen Anlagen (Nr. 86 Buchst. a dieser Praktischen Durchführungsbestimmungen)

Anhang 3: Formvorschriften, deren Nichtbeachtung die Zustellung nicht hindert (Nr. 103 dieser Praktischen Durchführungsbestimmungen)

a)	Einreichung der Bescheinigung für etwaige weitere Anwälte (Art. 51 Abs. 2 der Verfahrensordnung)
b)	In anderen Rechtssachen als denen des geistigen Eigentums: Einreichung der Zusammenfassung der Klagegründe und wesentlichen Argumente (Nrn. 118 und 119 dieser Praktischen Durchführungsbestimmungen)
c)	Einreichung der Übersetzung eines in einer anderen Sprache abgefassten Schriftstücks in die Verfahrenssprache (Art. 46 Abs. 2 der Verfahrensordnung; Nr. 99 dieser Praktischen Durchführungsbestimmungen)

e-Curia (Gericht)

ABl 2018 L 240, 72

Beschluss des Gerichts vom 11. Juli 2018 über die Einreichung und die Zustellung von Verfahrensschriftstücken im Wege der Anwendung e-Curia

DAS GERICHT –

gestützt auf die Verfahrensordnung, insbesondere Artikel 56a Absätze 1, 2 und 5,

in Erwägung nachstehender Gründe:

(1) Um der Entwicklung der Kommunikationstechnologien Rechnung zu tragen, ist eine Informatikanwendung geschaffen worden, die es ermöglicht, Verfahrensschriftstücke auf elektronischem Weg einzureichen und zuzustellen.

(2) Diese Anwendung, die auf einer elektronischen Authentifizierung unter Rückgriff auf eine Benutzerkennung in Verbindung mit einem Passwort beruht, entspricht den Anforderungen an die Authentizität, Unversehrtheit und Vertraulichkeit der ausgetauschten Dokumente.

(3) In Anbetracht der Vorteile, die sich aus der Unmittelbarkeit der durch diese Anwendung ermöglichten papierlosen Kommunikation ergeben, wurde ihre Verwendung für die Einreichung und die Zustellung von Verfahrensschriftstücken in den Verfahren vor dem Gericht verbindlich gemacht —

BESCHLIESST:

Artikel 1

Eine EDV-Anwendung mit der Bezeichnung „e-Curia", die den Gerichten, aus denen sich der Gerichtshof der Europäischen Union zusammensetzt, gemeinsam ist, ermöglicht es, Verfahrensschriftstücke unter den in diesem Beschluss vorgesehenen Voraussetzungen auf elektronischem Weg einzureichen und zuzustellen.

Artikel 2

Die Nutzung dieser Anwendung setzt die Eröffnung eines Zugangskontos voraus und erfordert den Rückgriff auf eine persönliche Benutzerkennung und ein persönliches Passwort.

Artikel 3

Ein Verfahrensschriftstück ist über e-Curia eingereicht, wenn für die Vornahme der Einreichung die Benutzerkennung und das Passwort des Vertreters verwendet worden sind. Die Verwendung der Benutzerkennung und des persönlichen Passworts des Vertreters für die Einreichung eines Verfahrensschriftstücks gilt als Unterzeichnung dieses Schriftstücks.

Artikel 4

Dem über e-Curia eingereichten Verfahrensschriftstück sind die darin erwähnten Anlagen und deren Verzeichnis beizufügen.

Artikel 5

Verfahrensschriftstück gilt zu dem Zeitpunkt als eingegangen im Sinne von Artikel 72 Absatz 2 der Verfahrensordnung, zu dem die Einreichung dieses Schriftstücks durch den Vertreter validiert wird.

Maßgebend ist die Ortszeit des Großherzogtums Luxemburg.

Artikel 6

Die Verfahrensschriftstücke einschließlich der Urteile und Beschlüsse werden den Inhabern eines Zugangskontos in den sie betreffenden Rechtssachen über e-Curia zugestellt.

Die Empfänger der im vorstehenden Absatz genannten Zustellungen werden per E-Mail von jeder Zustellung benachrichtigt, die über e-Curia an sie gerichtet wird.

Das Verfahrensschriftstück ist zu dem Zeitpunkt zugestellt, zu dem der Empfänger (Vertreter oder Assistent) auf dieses Schriftstück zugreift. Wird nicht auf das Schriftstück zugegriffen, gilt es mit Ablauf des siebten Tages nach Übersendung der Benachrichtigungs-E-Mail als zugestellt.

Wird eine Partei von mehreren Bevollmächtigten oder Rechtsanwälten vertreten, wird für die Berechnung der Fristen auf den Zeitpunkt des ersten Zugriffs abgestellt.

Maßgebend ist die Ortszeit des Großherzogtums Luxemburg.

Artikel 7

Erweist sich die Einreichung eines Verfahrensschriftstücks über e-Curia als technisch unmöglich, so hat der Benutzer umgehend die Kanzlei des Gerichts per E-Mail (GC.Registry@curia.europa.eu) oder per Telefax ([+ 352] 43 03 21 00) darüber zu informieren und dabei anzugeben:

- die Art des Schriftstücks, dessen Einreichung erfolgen soll;
- gegebenenfalls die für die Einreichung dieses Schriftstücks bestimmte Frist;
- die Art der festgestellten technischen Unmöglichkeit, damit die Dienststellen des Organs prüfen können, ob sie auf einer Nichtverfügbarkeit von e-Curia beruht.

Ist der Vertreter an eine Frist gebunden, so übermittelt er der Kanzlei des Gerichts in geeigneter Weise (Einreichung einer Papierfassung oder Übermittlung per Post, per E-Mail oder per Telefax) eine Kopie des Schriftstücks. Dieser Übermittlung muss die Einreichung des Schriftstücks über e-Curia folgen, sobald die Nutzung der Anwendung technisch wieder möglich ist.

Je nach Fall entscheidet das Gericht oder der Präsident über die Annahme des nach Ablauf der bestimmten Frist über e-Curia eingereichten Schriftstücks unter Berücksichtigung der Gesichtspunkte, die der Einreicher vorbringt, um darzutun, dass es technisch unmöglich war, dieses Schriftstück innerhalb dieser Frist einzureichen.

Erweist sich die Verwendung von e-Curia als technisch unmöglich und ist es aus Gründen der Dringlichkeit geboten, so übermittelt der Kanzler die Verfahrensschriftstücke in geeigneter Weise. Dieser Übermittlung muss eine Zustellung über e-Curia folgen, sobald die Nutzung der Anwendung technisch wieder möglich ist.

Artikel 8

Der Kanzler legt die Voraussetzungen für die Nutzung von e-Curia fest und wacht über ihre Einhaltung. Eine mit diesen Voraussetzungen nicht im Einklang stehende Nutzung von e-Curia kann zur Deaktivierung des betreffenden Zugangskontos führen.

Das Gericht trifft die zum Schutz von e-Curia vor Missbrauch oder böswilliger Benutzung erforderlichen Maßnahmen.

Der Benutzer wird per E-Mail von jeder aufgrund dieses Artikels getroffenen Maßnahme benachrichtigt, die ihn an der Nutzung seines Zugangskontos hindert.

Artikel 9

Dieser Beschluss ersetzt den Beschluss des Gerichts vom 14. September 2011 über die Einreichung und die Zustellung von Verfahrensschriftstücken im Wege der Anwendung e-Curia[1].

Artikel 10

Dieser Beschluss tritt am Tag nach seiner Veröffentlichung im *Amtsblatt der Europäischen Union* in Kraft.

Geschehen zu Luxemburg am
11. Juli 2018.

Der Kanzler
E. COULON
Der Präsident
M. JAEGER

[1] ABl. C 289 vom 1.10.2011, S. 9.

Zuständigkeitsübertragung für Rechtsstreitigkeiten zwischen der Europäischen Union und ihren Bediensteten

ABl 2016 L 200, 137

Verordnung (EU, Euratom) 2016/1192 des Europäischen Parlaments und des Rates vom 6. Juli 2016 über die Übertragung der Zuständigkeit für die Entscheidung im ersten Rechtszug über die Rechtsstreitigkeiten zwischen der Europäischen Union und ihren Bediensteten auf das Gericht

DAS EUROPÄISCHE PARLAMENT UND DER RAT DER EUROPÄISCHEN UNION –

gestützt auf den Vertrag über die Arbeitsweise der Europäischen Union, insbesondere Artikel 256 Absatz 1, Artikel 257 Absätze 1 und 2 sowie Artikel 281 Absatz 2,

gestützt auf den Vertrag zur Gründung der Europäischen Atomgemeinschaft, insbesondere Artikel 106a Absatz 1,

auf Antrag des Gerichtshofs,

nach Zuleitung des Entwurfs des Gesetzgebungsakts an die nationalen Parlamente,

nach Stellungnahme der Europäischen Kommission[1],

gemäß dem ordentlichen Gesetzgebungsverfahren[2],

in Erwägung nachstehender Gründe:

(1) Artikel 48 des Protokolls Nr. 3 über die Satzung des Gerichtshofs der Europäischen Union in der durch die Verordnung (EU, Euratom) 2015/2422 des Europäischen Parlaments und des Rates[3] geänderten Fassung sieht vor, dass das Gericht, das sich seit dem 25. Dezember 2015 aus 40 Mitgliedern zusammensetzt, ab dem 1. September 2016 aus 47 Mitgliedern und ab dem 1. September 2019 aus zwei Mitgliedern je Mitgliedstaat bestehen wird.

(2) Wie in Erwägungsgrund 9 der Verordnung (EU, Euratom) 2015/2422 angegeben, sollte gleichzeitig mit der Erhöhung der Zahl der Richter des Gerichts um sieben am 1. September 2016 dem Gericht die Zuständigkeit für die Entscheidung im ersten Rechtszug über die Streitsachen zwischen der Union und ihren Bediensteten nach Artikel 270 des Vertrags über die Arbeitsweise der Europäischen Union (AEUV) übertragen werden. Diese Zuständigkeitsübertragung setzt gemäß Artikel 256 Absatz 1 AEUV voraus, dass das Gericht für den öffentlichen Dienst der Europäischen Union („Gericht für den öffentlichen Dienst") aufgelöst wird.

(3) Dementsprechend sollte die Zuständigkeit für die Entscheidung im ersten Rechtszug über die Rechtsstreitigkeiten zwischen allen Organen, Einrichtungen und sonstigen Stellen einerseits und deren Bediensteten andererseits, für die der Gerichtshof der Europäischen Union zuständig ist, dem Gericht übertragen werden.

(4) Daher müssen der Beschluss 2004/752/EG, Euratom des Rates[4] und die Verordnung (EU, Euratom) Nr. 979/2012 des Europäischen Parlaments und des Rates[5] aufgehoben sowie das Protokoll Nr. 3 geändert werden.

(5) Das Gericht sollte seine Entscheidungen über Rechtsstreitigkeiten, die den öffentlichen Dienst der Europäischen Union betreffen, unter Berücksichtigung der Besonderheiten der Streitsachen in diesem Bereich treffen, u. a. indem es in jedem Verfahrensstadium die Möglichkeiten für eine gütliche Beilegung prüft.

(6) Um den ordnungsgemäßen Ablauf des Verfahrens in den Rechtssachen zu gewährleisten, die zum Zeitpunkt der Übertragung beim Gericht für den öffentlichen Dienst anhängig sind, und eine Regelung für Rechtsmittel gegen Entschei-

[1] Stellungnahme vom 22. Februar 2016 (noch nicht im Amtsblatt veröffentlicht).

[2] Standpunkt des Europäischen Parlaments vom 9. Juni 2016 (noch nicht im Amtsblatt veröffentlicht) und Beschluss des Rates vom 24. Juni 2016.

[3] Verordnung (EU, Euratom) 2015/2422 des Europäischen Parlaments und des Rates vom 16. Dezember 2015 zur Änderung des Protokolls Nr. 3 über die Satzung des Gerichtshofs der Europäischen Union (ABl. L 341 vom 24.12.2015, S. 14).

[4] Beschluss 2004/752/EG, Euratom des Rates vom 2. November 2004 zur Errichtung des Gerichts für den öffentlichen Dienst der Europäischen Union (ABl. L 333 vom 9. 11.2004, S. 7).

[5] Verordnung (EU, Euratom) Nr. 979/2012 des Europäischen Parlaments und des Rates vom 25. Oktober 2012 über Richter ad interim des Gerichts für den öffentlichen Dienst der Europäischen Union (ABl. L 303 vom 31.10.2012, S. 83).

dungen dieses Gerichts festzulegen, die sich zu diesem Zeitpunkt in der Prüfung befinden oder später eingelegt werden, sollten außerdem geeignete Übergangsregelungen für die Übertragung von Streitsachen betreffend den öffentlichen Dienst der Europäischen Union auf das Gericht getroffen werden –

HABEN FOLGENDE VERORDNUNG ERLASSEN:

Artikel 1

Der Beschluss 2004/752/EG, Euratom und die Verordnung (EU, Euratom) Nr. 979/2012 werden aufgehoben.

Artikel 2

Das Protokoll Nr. 3 wird wie folgt geändert:*)

1. Folgender Artikel wird eingefügt:

„Artikel 50a

(1) Das Gericht ist für die Entscheidung im ersten Rechtszug über Rechtsstreitigkeiten zwischen der Union und deren Bediensteten gemäß Artikel 270 des Vertrags über die Arbeitsweise der Europäischen Union zuständig, einschließlich der Rechtsstreitigkeiten zwischen den Organen, Einrichtungen und sonstigen Stellen einerseits und deren Bediensteten andererseits, für die der Gerichtshof der Europäischen Union zuständig ist.

(2) Das Gericht kann in jedem Verfahrensstadium, auch bereits ab der Einreichung der Klageschrift, die Möglichkeiten für eine gütliche Beilegung des Rechtsstreits prüfen und versuchen, eine solche Beilegung zu erleichtern."

2. Artikel 62c erhält folgende Fassung:

„Artikel 62c

Die Bestimmungen über die Zuständigkeiten, die Zusammensetzung, die Organisation und das Verfahren von gemäß Artikel 257 des Vertrags über die Arbeitsweise der Europäischen Union errichteten Fachgerichten werden in einem Anhang dieser Satzung aufgeführt."

3. Anhang I wird aufgehoben.

Artikel 3

Rechtssachen, die am 31. August 2016 beim Gericht für den öffentlichen Dienst anhängig sind, werden auf das Gericht übertragen. Sie werden vom Gericht in dem Stadium, in dem sie sich zu diesem Zeitpunkt befinden, und gemäß seiner Verfahrensordnung weiterbearbeitet. Wird eine Rechtssache nach Abschluss des mündlichen Verfahrens an das Gericht übertragen, so wird das mündliche Verfahren wiedereröffnet.

Artikel 4

Ungeachtet des Artikels 2 Nummer 3 dieser Verordnung gelten die Artikel 9 bis 12 des Anhangs I des Protokolls Nr. 3 für Rechtsmittel gegen Entscheidungen des Gerichts für den öffentlichen Dienst, mit denen das Gericht am 31. August 2016 befasst ist oder die nach diesem Zeitpunkt eingelegt werden, weiter. Hebt das Gericht eine Entscheidung des Gerichts für den öffentlichen Dienst auf und stellt es zugleich fest, dass der Rechtsstreit nicht zur Entscheidung reif ist, so weist es die Rechtssache einer anderen Kammer als derjenigen zu, die über das Rechtsmittel entschieden hat.

Diese Verordnung tritt am ersten Tag des Monats nach ihrer Veröffentlichung im *Amtsblatt der Europäischen Union* in Kraft.

Sie gilt ab dem 1. September 2016.

Diese Verordnung ist in allen ihren Teilen verbindlich und gilt unmittelbar in jedem Mitgliedstaat.

Geschehen zu Straßburg am 6. Juli 2016.

Im Namen des Europäischen Parlaments	*Im Namen des Rates*
Der Präsident	*Der Präsident*
M. SCHULZ	I. KORČOK

*) Diese Änderungen wurden bereits eingearbeitet, siehe 12/1.

Beschwerderecht und Bürgerbeteiligung

Ausübung der Aufgaben des Bürgerbeauftragten*)

ABl 1994 L 113, 15 idF

1 ABl L 2002 L 92, 13 **2** ABl 2008 L 189, 25

(94/262/EKS, EG, Euratom)

Beschluss des Europäischen Parlaments vom 9. März 1994 über die Regelungen und allgemeinen Bedingungen für die Ausübung der Aufgaben des Bürgerbeauftragten

DAS EUROPÄISCHE PARLAMENT –

gestützt auf die Verträge zur Gründung der Europäischen Gemeinschaften, insbesondere auf Artikel 138e *(195)* Absatz 4 des Vertrages zur Gründung der Europäischen Gemeinschaft und Artikel 107d Absatz 4 des Vertrages zur Gründung der Europäischen Atomgemeinschaft,

nach Stellungnahme der Kommission,

nach Zustimmung des Rates,

in Erwägung nachstehender Gründe:

Die Regelungen und allgemeinen Bedingungen für die Ausübung der Aufgaben des Bürgerbeauftragten sind unter Beachtung der in den Verträgen zur Gründung der Europäischen Gemeinschaften vorgesehenen Bestimmungen festzulegen.

Hierbei ist es erforderlich, die Voraussetzungen, unter denen der Bürgerbeauftragte mit einer Beschwerde befaßt werden kann, sowie die Beziehungen zwischen der Ausübung der Aufgaben des Bürgerbeauftragten und den Gerichts- oder Verwaltungsverfahren festzulegen.

Der Bürgerbeauftragte, der auch auf eigene Initiative tätig werden kann, muss über alle für die Erfüllung seiner Aufgaben notwendigen Mittel verfügen. Im Hinblick darauf sind die Organe und Institutionen der Gemeinschaft verpflichtet, dem Bürgerbeauftragten auf Anfrage die von ihm erbetenen Auskünfte zu erteilen unbeschadet der Auflage für den Bürgerbeauftragten, diese Auskünfte nicht zu verbreiten. Der Zugang zu Verschlusssachen, insbesondere zu sensiblen Dokumenten im Sinne des Artikels 9 der Verordnung (EG) Nr. 1049/2001[1], sollte nur gewährt werden, wenn die Sicherheitsvorschriften des betreffenden Organs oder der betreffenden Institution der Gemeinschaft eingehalten werden. Die Organe oder Institutionen, die die in Artikel 3 Absatz 2 Unterabsatz 1 genannten Verschlusssachen zur Verfügung stellen, sollten den Bürgerbeauftragten darauf hinweisen, dass es sich um Verschlusssachen handelt. Zur Umsetzung der in Artikel 3 Absatz 2 Unterabsatz 1 vorgesehenen Regelungen sollte der Bürgerbeauftragte im Voraus mit dem betreffenden Organ oder der betreffenden Institution die Bedingungen für die Behandlung von Verschlusssachen und anderen unter das Dienstgeheimnis fallenden Informationen vereinbaren. Wenn der Bürgerbeauftragte die gewünschte Unterstützung nicht erhält, setzt er das Europäische Parlament hiervon in Kenntnis, dem es obliegt, geeignete Schritte zu unternehmen.

Es sind Verfahren für den Fall vorzusehen, daß als Ergebnis der Untersuchungen des Bürgerbeauftragten Mißstände auf Verwaltungsebene festgestellt werden; ferner ist vorzusehen, daß der Bürgerbeauftragte dem Europäischen Parlament am Ende jeder jährlichen Sitzungsperiode einen umfassenden Bericht vorlegt.

Der Bürgerbeauftragte und sein Personal sind hinsichtlich der Informationen, von denen sie bei Erfüllung ihrer Aufgaben Kenntnis erhalten haben, zur Zurückhaltung verpflichtet. Der Bürgerbeauftragte ist andererseits verpflichtet, die zuständigen Behörden über die Sachverhalte, die seines Erachtens unter das Strafrecht fallen und von denen er im Rahmen einer Untersuchung Kenntnis erhält, zu unterrichten.

Unter Wahrung des geltenden einzelstaatlichen Rechts ist eine Möglichkeit der Zusammenarbeit zwischen dem Bürgerbeauftragten und den in bestimmten Mitgliedstaaten bestehenden Stellen gleicher Art vorzusehen.

Es obliegt dem Europäischen Parlament, den Bürgerbeauftragten zu Beginn jeder Wahlperiode und für deren Dauer zu ernennen; er wird unter den Persönlichkeiten ausgewählt, die Unionsbürger sind und die jede Gewähr für Unabhängigkeit bieten und über die erforderliche Befähigung verfügen.

Es sind die Voraussetzungen festzulegen, unter denen das Amt des Bürgerbeauftragten endet.

Der Bürgerbeauftragte übt sein Amt, für das er bei seinem Amtsantritt vor dem Gerichtshof eine feierliche Verpflichtung ablegt, in völliger Unabhängigkeit aus; es ist festzulegen, welche Tätigkeiten oder Handlungsweisen mit dem Amt des Bürgerbeauftragten unvereinbar sind; sodann sind

*) Internetseite des Europäischen Bürgerbeauftragten unter http://www.ombudsmann.europa.eu

[1] ABl. L 145 vom 31. 5. 2001, S. 43.

sein Gehalt und die ihm gewährten Vorrechte und Befreiungen festzulegen.

Es sind Regelungen für die Beamten und Bediensteten des Sekretariats, das den Bürgerbeauftragten unterstützt, sowie für dessen Haushaltsplan vorzusehen; Sitz des Bürgerbeauftragten ist der Sitz des Europäischen Parlaments.

Es ist Sache des Bürgerbeauftragten, die Durchführungsbestimmungen zu diesem Beschluß festzulegen. Im übrigen sind einige Übergangsbestimmungen für den ersten Bürgerbeauftragten zu erlassen, der nach dem Inkrafttreten des Vertrages über die Europäische Union ernannt wird –

BESCHLIESST:

Artikel 1

(1) Dieser Beschluß legt die Regelungen und allgemeinen Bedingungen für die Ausübung der Aufgaben des Bürgerbeauftragten gemäß Artikel 138e *(195)* Absatz 4 des Vertrages zur Gründung der Europäischen Gemeinschaft und Artikel 107d Absatz 4 des Vertrages zur Gründung der Europäischen Atomgemeinschaft fest.

(2) Der Bürgerbeauftragte erfüllt seine Aufgaben unter Beachtung der Befugnisse, die den Organen und Institutionen der Gemeinschaft durch die Verträge zugewiesen sind.

(3) Der Bürgerbeauftragte darf nicht in ein schwebendes Gerichtsverfahren eingreifen oder die Rechtmäßigkeit einer gerichtlichen Entscheidung in Frage stellen.

Artikel 2

(1) Der Bürgerbeauftragte trägt im Rahmen und unter den Bedingungen der obengenannten Verträge dazu bei, Mißstände bei der Tätigkeit der Organe und Institutionen der Gemeinschaft – mit Ausnahme des Gerichtshofs und des Gerichts erster Instanz in Ausübung ihrer Rechtsprechungsbefugnisse – aufzudecken und Empfehlungen im Hinblick auf ihre Abstellung zu geben. Handlungen anderer Behörden oder Personen können nicht Gegenstand von Beschwerden beim Bürgerbeauftragten sein.

(2) Jeder Bürger der Union oder jede natürliche oder juristische Person mit Wohnort oder satzungsmäßigem Sitz in einem Mitgliedstaat der Union kann den Bürgerbeauftragten unmittelbar oder über ein Mitglied des Europäischen Parlaments mit einer Beschwerde über einen Mißstand bei der Tätigkeit der Organe oder Institutionen der Gemeinschaft – mit Ausnahme des Gerichtshofs und des Gerichts erster Instanz in Ausübung ihrer Rechtsprechungsbefugnisse – befassen. Der Bürgerbeauftragte unterrichtet das betroffene Organ oder die betroffene Institution, sobald er mit einer Beschwerde befaßt worden ist.

(3) Die Beschwerde muß den Gegenstand der Beschwerde sowie die Person des Beschwerdeführers erkennen lassen; diese Person kann beantragen, daß die Beschwerde vertraulich behandelt wird.

(4) Die Beschwerde muß innerhalb von zwei Jahren ab dem Zeitpunkt, zu dem der Beschwerdeführer Kenntnis von den seiner Beschwerde zugrundeliegenden Sachverhalten erhalten hat, eingelegt werden. Ihr müssen die geeigneten administrativen Schritte bei dem betroffenen Organ oder der betroffenen Institution vorausgegangen sein.

(5) Der Bürgerbeauftragte kann dem Beschwerdeführer empfehlen, sich an eine andere Stelle zu wenden.

(6) Durch Beschwerden beim Bürgerbeauftragten werden die Fristen für gerichtliche oder verwaltungsrechtliche Verfahren nicht unterbrochen.

(7) Wenn der Bürgerbeauftragte aufgrund eines anhängigen oder abgeschlossenen Gerichtsverfahrens über die behaupteten Sachverhalte eine Beschwerde für unzulässig erklären oder ihre Prüfung beenden muß, sind die Ergebnisse der Untersuchungen, die er bis dahin möglicherweise durchgeführt hat, zu den Akten zu legen.

(8) Der Bürgerbeauftragte kann mit einer Beschwerde, die das Arbeitsverhältnis zwischen den Organen und Institutionen der Gemeinschaft und ihren Beamten und sonstigen Bediensteten betrifft, nur dann befaßt werden, wenn die internen Möglichkeiten zur Einreichung von Anträgen und Beschwerden, insbesondere gemäß Artikel 90 Absätze 1 und 2 des Statuts der Beamten, von dem Betreffenden genutzt wurden und nachdem die Beantwortungsfrist der so befaßten Behörde abgelaufen ist.

(9) Der Bürgerbeauftragte unterrichtet den Beschwerdeführer so rasch wie möglich über die Weiterbehandlung seiner Beschwerde.

Artikel 3

(1) Der Bürgerbeauftragte führt von sich aus oder aufgrund einer Beschwerde alle Untersuchungen durch, die er zur Klärung eines vermuteten Mißstands bei der Tätigkeit der Organe und Institutionen der Gemeinschaft für gerechtfertigt hält. Er unterrichtet das betreffende Organ oder die betreffende Institution darüber; das Organ oder die Institution kann ihm zweckdienliche Bemerkungen übermitteln.

(2) Die Organe und Institutionen der Gemeinschaft sind verpflichtet, dem Bürgerbeauftragten die von ihm erbetenen Auskünfte zu erteilen, und gewähren ihm Zugang zu den betreffenden Unterlagen. Der Zugang zu Verschlusssachen, insbesondere zu sensiblen Dokumenten im Sinne des

Artikels 9 der Verordnung (EG) Nr. 1049/2001, wird nur gewährt, wenn die Sicherheitsvorschriften des betreffenden Organs oder der betreffenden Institution der Gemeinschaft eingehalten werden

Die Organe oder Institutionen, die die in Unterabsatz 1 genannten Verschlusssachen zur Verfügung stellen, weisen den Bürgerbeauftragten darauf hin, dass es sich um Verschlusssachen handelt.

Zur Umsetzung der in Unterabsatz 1 vorgesehenen Regelungen vereinbart der Bürgerbeauftragte im Voraus mit dem betreffenden Organ oder der betreffenden Institution die Bedingungen für die Behandlung von Verschlusssachen und anderen unter das Dienstgeheimnis fallenden Informationen.

Zu Dokumenten eines Mitgliedstaats, die aufgrund von Rechts- oder Verwaltungsvorschriften der Geheimhaltung unterliegen, gewähren die betreffenden Organe oder Institutionen erst nach vorheriger Zustimmung dieses Mitgliedstaats Zugang.

Zu den anderen Dokumenten eines Mitgliedstaats gewähren sie Zugang, nachdem sie den Mitgliedstaat benachrichtigt haben.

In beiden Fällen und gemäß Artikel 4 darf der Bürgerbeauftragte den Inhalt dieser Dokumente nicht verbreiten.

Die Beamten und sonstigen Bediensteten der Organe und Institutionen der Gemeinschaften unterliegen der Zeugnispflicht gegenüber dem Bürgerbeauftragten; sie bleiben an die einschlägigen Bestimmungen des Statuts, insbesondere an die Pflicht zur Wahrung des Dienstgeheimnisses gebunden.

(3) Die Behörden der Mitgliedstaaten sind verpflichtet, dem Bürgerbeauftragten auf Anfrage über die Ständigen Vertretungen der Mitgliedstaaten bei den Europäischen Gemeinschaften alle Informationen zur Verfügung zu stellen, die zur Klärung von Mißständen bei den Organen oder Institutionen der Gemeinschaft beitragen können, es sei denn, diese Informationen unterliegen Rechts- oder Verwaltungsvorschriften betreffend die Geheimhaltung oder der Veröffentlichung entgegenstehenden Bestimmungen. In dem zuletztgenannten Fall kann der betreffende Mitgliedstaat dem Bürgerbeauftragten diese Informationen zur Kenntnis bringen, sofern sich der Bürgerbeauftragte verpflichtet, deren Inhalt nicht preiszugeben.

(4) Wird die gewünschte Unterstützung nicht geleistet, so setzt der Bürgerbeauftragte das Europäische Parlament davon in Kenntnis; dieses unternimmt die geeigneten Schritte.

(5) Der Bürgerbeauftragte bemüht sich zusammen mit dem betreffenden Organ oder der betreffenden Institution soweit wie möglich um eine Lösung, durch die der Mißstand beseitigt und der eingereichten Beschwerde stattgegeben werden kann.

(6) Deckt der Bürgerbeauftragte einen Mißstand auf, so befaßt er das betreffende Organ oder die betreffende Institution und unterbreitet gegebenenfalls Entwürfe für Empfehlungen. Das befaßte Organ bzw. die befaßte Institution übermittelt ihm binnen drei Monaten eine begründete Stellungnahme.

(7) Der Bürgerbeauftragte legt anschließend dem Europäischen Parlament und dem betreffenden Organ oder der betreffenden Institution einen Bericht vor. Er kann darin Empfehlungen geben. Der Beschwerdeführer wird von dem Bürgerbeauftragten über das Ergebnis der Untersuchung, über die Stellungnahme des betreffenden Organs oder der betreffenden Institution sowie über etwaige Empfehlungen des Bürgerbeauftragten unterrichtet.

(8) Am Ende jeder jährlichen Sitzungsperiode legt der Bürgerbeauftragte dem Europäischen Parlament einen Bericht über die Ergebnisse seiner Untersuchungen vor.

Artikel 4

(1) Der Bürgerbeauftragte und sein Personal – auf die Artikel 287 des Vertrags zur Gründung der Europäischen Gemeinschaft und Artikel 194 des Vertrags zur Gründung der Europäischen Atomgemeinschaft Anwendung finden – sind verpflichtet, Auskünfte und Dokumente, von denen sie im Rahmen ihrer Untersuchungen Kenntnis erhalten haben, nicht preiszugeben. Sie sind unbeschadet des Absatzes 2 insbesondere verpflichtet, keine Verschlusssachen oder dem Bürgerbeauftragten zur Verfügung gestellten Dokumente, bei denen es sich um sensible Dokumente im Sinne des Artikels 9 der Verordnung (EG) Nr. 1049/2001 oder um Dokumente handelt, die unter den Geltungsbereich der gemeinschaftlichen Rechtsvorschriften über den Schutz personenbezogener Daten fallen, und keine Informationen, die dem Beschwerdeführer oder anderen betroffenen Personen schaden könnten, zu verbreiten.

(2) Erhält der Bürgerbeauftragte im Rahmen einer Untersuchung Kenntnis von Sachverhalten, die seines Erachtens unter das Strafrecht fallen, so unterrichtet er hiervon unverzüglich die zuständigen nationalen Behörden, indem er die Ständigen Vertretungen der Mitgliedstaaten bei den Europäischen Gemeinschaften und, sofern der Fall in die jeweilige Zuständigkeit fällt, das zuständige Organ, die zuständige Institution oder die für Betrugsbekämpfung zuständige Dienststelle der Gemeinschaft einschaltet; gegebenenfalls schaltet der Bürgerbeauftragte auch das Organ oder die Institution der Gemeinschaft ein, dem/der der betreffende Beamte oder Bedienstete angehört und das/die gegebenenfalls Artikel 18 Absatz 2 des Protokolls über die Vorrechte und Befreiungen der Europäischen Gemeinschaft anwenden kann. Der Bürgerbeauftragte kann außerdem das

betreffende Organ oder die betreffende Institution der Gemeinschaft über Sachverhalte unterrichten, die auf ein disziplinarrechtlich relevantes Verhalten eines seiner/ihrer Beamten oder Bediensteten hindeuten.

Artikel 4a

Der Bürgerbeauftragte und sein Personal befassen sich im Rahmen der in der Verordnung (EG) Nr. 1049/2001 vorgesehenen Bedingungen und Beschränkungen mit Anträgen auf Zugang der Öffentlichkeit zu anderen als den in Artikel 4 Absatz 1 genannten Dokumenten.

Artikel 5

(1) Sofern es dazu beitragen kann, die Wirksamkeit seiner Untersuchungen zu verstärken und den Schutz der Rechte und Interessen der Personen, die Beschwerden bei ihm einreichen, zu verbessern, kann der Bürgerbeauftragte mit den in bestimmten Mitgliedstaaten bestehenden Stellen gleicher Art unter Wahrung des geltenden nationalen Rechts zusammenarbeiten. Der Bürgerbeauftragte darf auf diesem Wege keine Dokumente anfordern, zu denen Artikel 3 keinen Zugang gewährt.

(2) Im Rahmen seiner Aufgaben nach Artikel 195 des Vertrags zur Gründung der Europäischen Gemeinschaft und nach Artikel 107d des Vertrags zur Gründung der Europäischen Atomgemeinschaft kann der Bürgerbeauftragte unter denselben Voraussetzungen mit anderen Stellen zur Förderung und zum Schutz der Grundrechte zusammenarbeiten, wobei Überschneidungen mit der Arbeit anderer Organe oder Institutionen zu vermeiden ist.

Artikel 6

(1) Der Bürgerbeauftragte wird vom Europäischen Parlament nach jeder Wahl des Europäischen Parlaments für die Dauer der Wahlperiode ernannt. Wiederernennung ist zulässig.

(2) Der Bürgerbeauftragte wird unter Persönlichkeiten ausgewählt, die Unionsbürger sind, die bürgerlichen Ehrenrechte besitzen, jede Gewähr für Unabhängigkeit bieten und in ihrem Staat die für die höchsten richterlichen Ämter erforderlichen Voraussetzungen erfüllen oder anerkanntermaßen über die Erfahrung und Befähigung zur Wahrnehmung der Aufgaben eines Bürgerbeauftragten verfügen.

Artikel 7

(1) Das Amt des Bürgerbeauftragten endet entweder mit Ablauf von dessen Mandat oder durch Rücktritt oder Amtsenthebung.

(2) Außer im Falle der Amtsenthebung bleibt der Bürgerbeauftragte bis zur Neubesetzung des Amtes im Amt.

(3) Im Falle des vorzeitigen Ausscheidens des Bürgerbeauftragten wird binnen drei Monaten nach dem Freiwerden des Amtes ein Nachfolger für die verbleibende Amtszeit bis zum Ende der Wahlperiode ernannt.

Artikel 8

Ein Bürgerbeauftragter, der die Voraussetzungen für die Ausübung seines Amtes nicht mehr erfüllt oder eine schwere Verfehlung begangen hat, kann auf Antrag des Europäischen Parlaments vom Gerichtshof seines Amtes enthoben werden.

Artikel 9

(1) Der Bürgerbeauftragte übt sein Amt in völliger Unabhängigkeit zum allgemeinen Wohl der Gemeinschaften und der Bürger der Union aus. Er darf bei der Erfüllung seiner Pflichten von keiner Regierung und keiner Stelle Anweisungen anfordern oder entgegennehmen. Er hat jede Handlung zu unterlassen, die mit seinen Aufgaben unvereinbar ist.

(2) Bei seinem Amtsantritt übernimmt der Bürgerbeauftragte vor dem Gerichtshof der Europäischen Gemeinschaften die feierliche Verpflichtung, seine Aufgaben in völliger Unabhängigkeit und Unparteilichkeit wahrzunehmen und während der Ausübung sowie nach Ablauf seiner Amtstätigkeit die sich aus seinem Amt ergebenden Pflichten zu erfüllen, insbesondere die Pflicht, bei der Übernahme bestimmter Tätigkeiten oder der Annahme gewisser Vorteile nach Ablauf seiner Amtstätigkeit ehrenhaft und zurückhaltend zu sein.

Artikel 10

(1) Der Bürgerbeauftragte darf während seiner Amtszeit keine anderen politischen oder administrativen Ämter und keine entgeltliche oder unentgeltliche Berufstätigkeit ausüben.

(2) Der Bürgerbeauftragte ist hinsichtlich seiner Bezüge, seiner Zulagen und seines Ruhegehalts einem Richter am Gerichtshof der Europäischen Gemeinschaften gleichgestellt.

(3) Die Artikel 12 bis 15 und Artikel 18 des Protokolls über die Vorrechte und Befreiungen der Europäischen Gemeinschaften sind auf den Bürgerbeauftragten und die Beamten und Bediensteten seines Sekretariats anwendbar.

Artikel 11

(1) Der Bürgerbeauftragte wird von einem Sekretariat unterstützt; er ernennt den Hauptverantwortlichen dieses Sekretariats.

(2) Die Beamten und Bediensteten des Sekretariats des Bürgerbeauftragten unterliegen den Verordnungen und Regelungen für die Beamten und sonstigen Bediensteten der Europäischen Gemeinschaften. Ihre Zahl wird jährlich im Rahmen des Haushaltsverfahrens festgelegt[2].

(3) Die in das Sekretariat des Bürgerbeauftragten berufenen Beamten der Europäischen Gemeinschaften und der Mitgliedstaaten werden im dienstlichen Interesse abgeordnet und haben die Gewähr, daß sie in ihre ursprüngliche Institution automatisch wieder eingewiesen werden.

(4) In Angelegenheiten seines Personals ist der Bürgerbeauftragte den Organen im Sinne des Artikels 1 des Statuts der Beamten der Europäischen Gemeinschaften gleichgestellt.

Artikel 12

gestrichen

[2] In einer gemeinsamen Erklärung der drei Organe werden die Leitlinien in bezug auf die Zahl der Bediensteten des Sekretariats des Bürgerbeauftragten sowie die Dienststellung der mit Untersuchungen beauftragten Personen als Bedienstete auf Zeit oder als auf Vertrag eingestellte Bedienstete festgelegt.

Artikel 13

Sitz des Bürgerbeauftragten ist der Sitz des Europäischen Parlaments[3].

Artikel 14

Der Bürgerbeauftragte erläßt die Durchführungsbestimmungen zu diesem Beschluß.

Artikel 15

Die Amtszeit des ersten nach Inkrafttreten des Vertrages über die Europäische Union ernannten Bürgerbeauftragten endet mit Ablauf der Wahlperiode.

Artikel 16

gestrichen

Artikel 17

Dieser Beschluß wird im *Amtsblatt der Europäischen Gemeinschaften* veröffentlicht. Er tritt am Tag seiner Veröffentlichung in Kraft.

[3] Vgl. im gegenseitigen Einvernehmen gefaßter Beschluß der Vertreter der Regierungen der Mitgliedstaaten über die Festlegung der Sitze der Organe und bestimmter Einrichtungen und Dienststellen der Europäischen Gemeinschaften, ABl 1992 C 341, 1 (unter 3/1.).

Beschwerde an den Europäischen Bürgerbeauftragten

Europäisches Parlament: Wie man eine Beschwerde an den Europäischen Bürgerbeauftragten richtet[*)]

Beschwerdeanleitung

Beschwerden können bei dem Europäischen Bürgerbeauftragten **online**, per **Post** oder per **Fax** eingereicht werden.

Beschwerde online einreichen

Für Online-Beschwerden sind nur zwei Schritte nötig:

1. **Prüfung der Kriterien**
Gehen Sie unsere **Checkliste für die Einreichung von Beschwerden** durch und vergewissern Sie sich, dass der Europäische Bürgerbeauftragte für Ihre Beschwerde zuständig ist.

2. **Konto einrichten**
Nachdem Sie ein Konto eingerichtet haben, können Sie Beschwerden einreichen, eine noch nicht abgeschickte Beschwerde weiter bearbeiten oder den aktuellen Stand einer eingereichten Beschwerde überprüfen.

Bitte einloggen oder anmelden

Der Übergangszeitraum nach dem Austritt des Vereinigten Königreichs aus der Europäischen Union ist ab dem 1. Februar 2020 in Kraft. Während dieses Zeitraums können sich alle Bürger des Vereinigten Königreichs, Gebietsansässigen und eingetragenen Organisationen weiterhin an den Europäischen Bürgerbeauftragten wenden, wenn sie Probleme mit der Verwaltungstätigkeit der Organe, Einrichtungen und sonstigen Stellen der EU haben.

Beschwerde per Post

Sie können der Europäischen Bürgerbeauftragten auch eine Beschwerde per Post zukommen lassen.

Ein Schreiben an die Europäische Bürgerbeauftragte muss Folgendes enthalten:

- Informationen zu Ihrer Beschwerde mit Angaben über die EU-Einrichtung, über die Sie sich beschweren möchten
- Kopien des relevanten Schriftwechsels

PDF-Version des Beschwerdeformulars herunterladen

Beschwerdeformular

Bitte beachten Sie, dass es Beschwerden gibt, die wir leider nicht bearbeiten können.

Wir raten Ihnen, die **Checkliste für die Beschwerdeeinlegung** durchzugehen, bevor Sie Ihre Beschwerde absenden.

Ausgefülltes Formular an die Europäische Bürgerbeauftragte absenden

Médiateur européen

1 avenue du Président Robert Schuman

CS 30403

F-67001 Strasbourg Cedex

[*)] ***Hinweis:*** Auszug aus den Hinweisen zur Einreichung einer Beschwerde auf der Internetseite des Europäischen Bürgerbeauftragten, abrufbar über https://www.ombudsman.europa.eu/de/make-a-complaint

Standardformular zwecks Einreichung einer Beschwerde bei der Kommission der Europäischen Gemeinschaften*)

(ABl 1999 C 119, 5)

BESCHWERDE[1] AN DIE KOMMISSION DER EUROPÄISCHEN GEMEINSCHAFTEN WEGEN NICHTBEACHTUNG DES GEMEINSCHAFTSRECHTS

1. Name und Vorname des Beschwerdeführers:
2. Gegebenenfalls vertreten durch:
3. Staatsangehörigkeit:
4. Anschrift oder Geschäftssitz[2]:
5. Telefon/Fax/E-Mail:
6. Tätigkeitsbereich und -ort(e):
7. Mitgliedstaat oder öffentliche Einrichtung, die nach Ansicht des Beschwerdeführers das Gemeinschaftsrecht nicht beachtet hat:
8. Möglichst genaue Darstellung des Beschwerdegegenstands:
9. Möglichst genaue Angabe der Bestimmung(en) des Gemeinschaftsrechts (Verträge, Verordnungen, Richtlinien, Entscheidungen usw.), gegen die der Mitgliedstaat nach Ansicht des Beschwerdeführers verstoßen hat:
10. Geben Sie gegebenenfalls (möglichst mit Angabe der Referenzen) an, ob der betreffende Mitgliedstaat im Zusammenhang mit dem Beschwerdegegenstand eine finanzielle Unterstützung der Gemeinschaft erhalten hat oder erhalten könnte:
11. Etwaige bereits unternommene Schritte bei den Kommissionsdienststellen (fügen Sie bitte nach Möglichkeit eine Kopie des Schriftwechsels bei):
12. Etwaige bereits unternommene Schritte bei den anderen Organen oder Einrichtungen der Gemeinschaft (z. B. beim Petitionsausschuß des Europäischen Parlaments, beim Europäischen Bürgerbeauftragten). Geben Sie möglichst das Aktenzeichen an, mit dem Ihr Vorgang versehen wurde:
13. Bereits unternommene Schritte bei den einzelstaatlichen Behörden – auf zentraler, regionaler oder lokaler Ebene – (fügen Sie nach Möglichkeit eine Kopie des Schriftwechsels bei):

    13.1. Administrative Schritte (z. B. Beschwerde bei der zuständigen einzelstaatlichen Verwaltungsbehörde – auf zentraler, regionaler oder lokaler Ebene – und/oder beim Bürgerbeauftragten des Landes oder der Region):

---

*) ***Hinweise:***
Beschwerde bei der Kommission der Europäischen Gemeinschaften wegen Nichteinhaltung der Rechtsvorschriften der Gemeinschaft, ABl 1989 C 26, 6.
Mitteilung der Kommission an das Europäische Parlament und den Europäischen Bürgerbeauftragten über die Beziehungen zum Beschwerdeführer bei Verstößen gegen das Gemeinschaftsrecht, ABl 2002 C 244, 5.
Im Wettbewerbsbereich siehe auch Verordnung (EG) Nr. 773/2004 der Kommission über die Durchführung von Verfahren auf der Grundlage der Artikel 81 und 82 EG-Vertrag durch die Kommission, ABl 2004 L 123, 18, sowie unter http://europa.eu.int/comm/competition/general_info/recommendations/ recommendations_at_fr.pdf

[1] Die Verwendung dieses Beschwerdeformulars ist nicht verbindlich. Eine Beschwerde kann auch mit einfachem Schreiben bei der Kommission erhoben werden. Es ist allerdings im Interesse des Beschwerdeführers, möglichst viele sachlich relevante Informationen beizufügen. Das Formular kann auf dem normalen Postweg an folgende Anschrift gerichtet werden:
Kommission der Europäischen Gemeinschaften
(z. H. des Generalsekretärs)
Rue de la Loi/Wetstraat 200
B-1049 Brüssel
Das Formular kann auch bei einer Vertretung der Kommission in den Mitgliedstaaten abgegeben werden. Eine elektronische Fassung des Formulars kann vom Internet-Server der Europäischen Union abgerufen werden: http://ec.europa.eu/eu_law/your_rights/your_rights_forms_de.htm
Eine Beschwerde ist nur dann zulässig, wenn sie die Verletzung des Gemeinschaftsrechts durch einen Mitgliedstaat betrifft.

[2] Der Beschwerdeführer wird gebeten, der Kommission jede Änderung der Anschrift sowie alle Vorgänge mitzuteilen, die für die Bearbeitung der Beschwerde relevant sein könnten.

13.2. Schritte bei den Gerichten und ähnlichen Einrichtungen (z. B. Schiedsgericht oder Schlichtungsstelle). (Geben Sie bitte an, ob bereits eine Entscheidung oder ein Schiedsspruch ergangen ist, und fügen Sie den Wortlaut der Entscheidung oder des Schiedsspruchs gegebenenfalls als Anlage bei):

14. Geben Sie etwaige Belege und Beweismittel an, auf die Sie Ihre Beschwerde stützen können, einschließlich der betreffenden innerstaatlichen Rechtsvorschriften (fügen Sie die Beweismittel gegebenenfalls als Anlage bei):

15. Vertraulichkeit (kreuzen Sie das zutreffende Feld an)[3]:

- □ „Ich ermächtige hiermit die Kommission, bei ihren Kontakten mit den Behörden des Mitgliedstaats, gegen den die Beschwerde gerichtet ist, meine Identität zu offenbaren."
- □ „Ich bitte hiermit die Kommission, bei ihren Kontakten mit den Behörden des Mitgliedstaats, gegen den die Beschwerde gerichtet ist, meine Identität nicht zu offenbaren."

16. Ort, Datum und Unterschrift des Beschwerdeführers/Vertreters:

(Erläuterungen auf der Rückseite des Formulars)

Jeder Mitgliedstaat ist für die fristgemäße, gemeinschaftskonforme Umsetzung des Gemeinschaftsrechts in innerstaatliches Recht und für dessen ordnungsgemäße Anwendung verantwortlich. Die Kommission der Europäischen Gemeinschaften wacht nach Maßgabe der Verträge über die ordnungsgemäße Anwendung des Gemeinschaftsrechts. Kommt ein Mitgliedstaat diesem Recht nicht nach, verfügt die Kommission über eigene Befugnisse (Vertragsverletzungsklage), um diese Zuwiderhandlung abzustellen. Gegebenenfalls ruft sie den Gerichtshof der Europäischen Gemeinschaften an. Die Kommission wird entweder auf der Grundlage einer Beschwerde oder aufgrund von Verdachtsmomenten, die sie selbst aufdeckt, tätig und leitet die ihr gerechtfertigt erscheinenden Schritte ein.

Eine Vertragsverletzung liegt dann vor, wenn ein Mitgliedstaat durch ein Tun oder Unterlassen gegen seine Pflichten aus dem Gemeinschaftsrecht verstößt. Dabei ist es unerheblich, welche Behörde des betreffenden Mitgliedstaats – auf zentraler, regionaler oder lokaler Ebene – für die Vertragsverletzung verantwortlich ist.

Jeder, der der Ansicht ist, daß eine innerstaatliche Regelung (Rechts- oder Verwaltungsvorschrift) oder Verwaltungspraxis einen Verstoß gegen eine Bestimmung oder einen Grundsatz des Gemeinschaftsrechts darstellt, kann bei der Kommission eine Beschwerde gegen den betreffenden Mitgliedstaat erheben. Der Beschwerdeführer braucht weder nachzuweisen, daß Handlungsbedarf besteht, noch, daß er selbst von der beanstandeten Zuwiderhandlung hauptsächlich und unmittelbar betroffen ist. Die Beschwerde ist nur dann zulässig, wenn sie die Verletzung des Gemeinschaftsrechts durch einen Mitgliedstaat betrifft. Die Dienststellen der Kommission können anhand der Regeln und Prioritäten für die Aufnahme und Durchführung eines Vertragsverletzungsverfahrens entscheiden, ob eine Beschwerde weiterverfolgt wird oder nicht.

Jeder, der der Ansicht ist, daß eine Regelung (Rechts- oder Verwaltungsvorschrift) oder Verwaltungspraxis gegen das Gemeinschaftsrecht verstößt, wird aufgefordert, sich vor oder bei Erhebung einer Beschwerde bei der Kommission an die nationalen Verwaltungs- oder Rechtsinstanzen (einschließlich des nationalen oder regionalen Bürgerbeauftragten) und/oder die Schiedsgerichte oder Schlichtungsstellen zu wenden. Die Kommission empfiehlt, vor Erhebung der Beschwerde zunächst die im innerstaatlichen Recht bestehenden Rechtsschutzmöglichkeiten wegen der damit verbundenen Vorteile für den Beschwerdeführer auszuschöpfen.

Die Inanspruchnahme des verfügbaren nationalen Rechtsschutzes dürfte es dem Beschwerdeführer im allgemeinen ermöglichen, seine Rechte direkter und eher seinen persönlichen Bedürfnissen entsprechend geltend zu machen (Erwirken einer Verfügung gegenüber der Verwaltung, Nichtigerklärung einer Entscheidung, Schadenersatz) als im Wege eines von der Kommission erfolgreich betriebenen Vertragsverletzungsverfahrens, bei dem mitunter eine gewisse Zeit verstreicht, bis das Ergebnis vorliegt. Dies liegt unter anderem daran, daß die Kommission, bevor sie den Europäischen Gerichtshof anrufen kann, mit dem betreffenden Mitgliedstaat Kontakt aufnehmen und versuchen muß, die Abstellung der Zuwiderhandlung zu erlangen.

Darüber hinaus wirkt sich das Urteil des Europäischen Gerichtshofs, in dem die Vertragsverletzung festgestellt wird, nicht auf die Rechte des Beschwerdeführers aus, da es nicht auf die Regelung

---

[3] Der Beschwerdeführer wird darauf hingewiesen, daß die Offenbarung seiner Identität durch die Kommissionsdienststellen in manchen Fällen für die Bearbeitung der Beschwerde unerläßlich ist.

eines Einzelfalls gerichtet ist. Das Urteil gibt dem Mitgliedstaat lediglich auf, dem Gemeinschaftsrecht nachzukommen. Schadenersatzforderungen beispielsweise muß der Beschwerdeführer vor einem nationalen Gericht geltend machen.

Zugunsten des Beschwerdeführers sind folgende Verfahrensgarantien vorgesehen:

a) Nach Eintragung der Beschwerde beim Generalsekretariat der Kommission wird jeder für zulässig befundenen Beschwerde ein Aktenzeichen zugeteilt. Der Beschwerdeführer erhält danach umgehend eine Empfangsbestätigung mit diesem Aktenzeichen, das er in jedem Schriftwechsel angeben sollte. Die Zuteilung eines solchen Aktenzeichens besagt noch nicht, daß ein Vertragsverletzungsverfahren gegen den betreffenden Mitgliedstaat eingeleitet wird.

b) Soweit die Kommissionsdienststellen bei den Behörden des Mitgliedstaats, gegen den die Beschwerde gerichtet ist, vorstellig werden, geschieht dies unter Beachtung der vom Beschwerdeführer unter Nr. 15 dieses Formulars getroffenen Wahl.

c) Die Kommission bemüht sich darum, binnen zwölf Monaten nach Eintragung der Beschwerde beim Generalsekretariat in der Sache zu entscheiden (Einleitung eines Vertragsverletzungsverfahrens oder Einstellung der Untersuchung).

d) Der Beschwerdeführer wird von der zuständigen Dienststelle informiert, wenn diese beabsichtigt, der Kommission die Einstellung des Beschwerdeverfahrens vorzuschlagen. Er wird außerdem bei Einleitung des Vertragsverletzungsverfahrens über den Stand des Verfahrens auf dem laufenden gehalten.

Einreichen einer Petition beim Europäischen Parlament

(Auszug aus den “FAQ” des Petitionsportals des Europäischen Parlaments, abrufbar über https://www.europarl.europa.eu/petitions/de/faq/pdf)

I.

Voraussetzungen und Anforderungen

1.

Gründe für das Einreichen einer Petition beim Europäischen Parlament

Das Petitionsrecht beim Europäischen Parlament ist in Artikel 227 des Vertrags über die Arbeitsweise der Europäischen Union und in Artikel 44 der Charta der Grundrechte der Europäischen Union niedergelegt. Es besagt, dass jeder Bürger der Union sowie jede Person mit Wohnort in einem Mitgliedstaat der Europäischen Union jederzeit allein oder zusammen mit anderen Bürgern oder Personen in Angelegenheiten, die in die Tätigkeitsbereiche der Union fallen und die ihn oder sie unmittelbar betreffen, eine Petition an das Europäische Parlament richten kann. Das Petitionsrecht kann auch von jeder juristischen Person (beispielsweise einem Unternehmen, einer Organisation, einem Verband oder einer Vereinigung) mit satzungsmäßigem Sitz in der Europäischen Union ausgeübt werden.

Eine Petition kann in Form einer Beschwerde, eines Ersuchens oder einer Bemerkung in Bezug auf Probleme bei der Anwendung von EU-Rechtsvorschriften oder aber einer Aufforderung an das Europäische Parlament, zu einer Angelegenheit Stellung zu nehmen, eingereicht werden. Daher kann eine Petition dem Europäischen Parlament die Gelegenheit bieten, auf einen Verstoß gegen die Rechte eines EU-Bürgers aufmerksam zu machen, der von einem Mitgliedstaat, kommunalen Stellen oder anderen Einrichtungen begangen wurde.

2.

Wer kann eine Petition einreichen?

Zur Einreichung einer Petition befugt sind

- alle Bürgerinnen und Bürger der Europäischen Union
- alle natürlichen Personen mit Wohnort in einem Mitgliedstaat der Europäischen Union
- alle juristischen Personen mit satzungsmäßigem Sitz in einem Mitgliedstaat der Europäischen Union

Petitionen können allein oder zusammen mit anderen Bürgerinnen und Bürgern oder Personen eingereicht werden.

Wird die Petition von mehreren natürlichen oder juristischen Personen unterzeichnet, so können die Unterzeichner einen Vertreter und/oder Stellvertreter des Vertreters als Petenten benennen. Wurden keine Vertreter benannt, so gelten für das Europäische Parlament der erste Unterzeichner oder eine andere geeignete Person als Petent.

3.

Zu welchen Themen kann eine Petition eingereicht werden?

Das Thema der Petition muss sich auf eine Angelegenheit beziehen, die in die Tätigkeitsbereiche der Union fallen. Beispiele sind:

- Ihre Rechte als Unionsbürger gemäß den Verträgen
- Umweltangelegenheiten
- der Verbraucherschutz
- der freie Personen-, Waren- und Dienstleistungsverkehr
- der Binnenmarkt
- die Beschäftigungs- und Sozialpolitik
- die Anerkennung beruflicher Qualifikationen
- sonstige Probleme im Zusammenhang mit der Durchführung oder Umsetzung des EU-Rechts

4.

Wie verfasse ich eine Petition?

Die Petition sollte umfassende Informationen und alle relevanten Fakten zu Ihrem Anliegen enthalten, ohne dabei zu sehr ins Detail zu gehen. Sie sollte klar und leserlich geschrieben sein, da sie andernfalls für unzulässig erklärt wird. In einer Petition dürfen keine beleidigenden oder obszönen Äußerungen getätigt werden.

5.

Kann ich beim Europäischen Parlament Widerspruch gegen eine Gerichtsentscheidung einlegen?

Das Europäische Parlament ist nicht befugt, sich über Entscheidungen der zuständigen Instanzen in den Mitgliedstaaten hinwegzusetzen. Es ist keine Justizbehörde und daher nicht befugt, rechtliche Ermittlungen durchzuführen, Urteile zu erlassen oder von Gerichten der Mitgliedstaaten erlassene Urteile aufzuheben.

6.

Wie erhalte ich Informationen vom Petitionsausschuss?

Ersuchen um Auskünfte oder allgemeine Kommentare zur Politik der EU werden vom Petitionsausschuss des Europäischen Parlaments nicht behandelt. Wenn Sie mehr über die Tätigkeiten, Zuständigkeiten und Strukturen des Europäischen Parlaments erfahren möchten, können Sie sich an das Referat Bürgeranfragen (Ask EP) wenden.

7.

Wo können Beschwerden über Missstände im Verwaltungshandeln der Organe, Einrichtungen oder sonstigen Stellen der Union oder eines Mitgliedstaats eingereicht werden?

Das Europäische Parlament ist nicht befugt, Beschwerden über Organe, Einrichtungen oder sonstige Stellen der Union zu prüfen. Gemäß Artikel 228 des Vertrags über die Arbeitsweise der Europäischen Union sind Beschwerden über Missstände bei der Tätigkeit der Organe, Einrichtungen oder sonstigen Stellen der Union an den Europäischen Bürgerbeauftragten zu richten.

Beschwerden über nationale, regionale oder kommunale Verwaltungen der Mitgliedstaaten können weder vom Europäischen Parlament noch vom Europäischen Bürgerbeauftragten geprüft werden, selbst wenn die Beschwerden EU-Angelegenheiten betreffen. Viele dieser Beschwerden könnten an nationale oder regionale Bürgerbeauftragte oder an Petitionsausschüsse in nationalen oder regionalen Parlamenten gerichtet werden. Die Anschriften aller nationalen und regionalen Bürgerbeauftragten und Petitionsausschüsse in der EU finden Sie auf der Website des Europäischen Bürgerbeauftragten.

8.

In welcher Sprache kann eine Petition eingereicht werden?

Eine Petition muss in einer der Amtssprachen der Europäischen Union abgefasst sein.

9.

Wie wird eine Petition eingereicht?

Für das Einreichen einer Petition gibt es zwei Möglichkeiten.

a. elektronisch über das Petitionsportal:

Wenn Sie über das Petitionsportal eine Petition einreichen möchten, müssen Sie die Anweisungen im Abschnitt „Wie wird eine Petition über das Petitionsportal eingereicht?" genau befolgen und können dann das Online-Formular ausfüllen.

b. auf dem Postweg an die folgende Adresse:

Europäisches Parlament

Vorsitz des Petitionsausschusses

c/o PETI Secretariat

Rue Wiertz / Wiertzstraat 60

1047 Brussels

BELGIEN

Wenn Sie in Papierform eine Petition einreichen möchten, gibt es weder ein Formular, das Sie ausfüllen müssen, noch ein bestimmtes Format, das Sie zu befolgen haben.

Ihre Petition muss jedoch

- Ihren Namen, Ihre Nationalität und Ihren ständigen Wohnsitz enthalten (im Fall einer Gruppenpetition muss sie den Namen, die Nationalität und den ständigen Wohnsitz der Person, die die Petition einreicht, oder zumindest des ersten Unterzeichners enthalten) und
- unterschrieben sein.

Sie können Ihrer Petition Anlagen beifügen, einschließlich Kopien von Nachweisen zur Verdeutlichung Ihres Anliegens.

WICHTIG:

Vom Europäischen Parlament **nicht bearbeitet** werden

- per Fax eingereichte Petitionen

- per E-Mail eingereichte Petitionen
- Petitionen, die mit anderen Kommunikationsmitteln als über das Petitionsportal oder per Post eingereicht wurden
- schriftlich eingereichte Petitionen, in denen die erforderlichen Angaben fehlen
- Petitionen, die nicht unterschrieben sind

Verfahren und Bedingungen für eine Bürgerinitiative

ABl 2019 L 130, 55 idF

1 ABl 2019 L 257, 1
2 ABl 2019 L 334, 168 (Berichtigung)
3 ABl 2020 L 424, 60 (Berichtigung)

Verordnung (EU) 2019/788 des Europäischen Parlaments und des Rates vom 17. April 2019 über die Europäische Bürgerinitiative

KAPITEL I
ALLGEMEINE BESTIMMUNGEN

Artikel 1
Gegenstand

Mit dieser Verordnung werden die Verfahren und Bedingungen für eine Initiative festgelegt, mit der die Kommission aufgefordert wird, im Rahmen ihrer Befugnisse geeignete Vorschläge zu Themen zu unterbreiten, zu denen es nach Ansicht von Bürgern eines Rechtsakts der Union bedarf, um die Verträge umzusetzen (im Folgenden „Europäische Bürgerinitiative" oder „Initiative").

Artikel 2
Recht auf Unterstützung einer Europäischen Bürgerinitiative

(1) Jeder Bürger, der das zur Ausübung des aktiven Wahlrechts bei Wahlen zum Europäischen Parlament erforderliche Mindestalter erreicht hat, hat das Recht, eine Initiative durch Unterzeichnung einer Unterstützungsbekundung gemäß der vorliegenden Verordnung zu unterstützen.

Die Mitgliedstaaten können gemäß ihren einzelstaatlichen Rechtsvorschriften das Mindestalter für die Unterstützung einer Initiative auf 16 Jahre festsetzen; in diesem Fall unterrichten sie die Kommission entsprechend.

(2) Die Mitgliedstaaten und die Kommission stellen gemäß dem geltenden Recht sicher, dass Personen mit Behinderungen ihr Recht auf Unterstützung von Initiativen wahrnehmen können und in gleicher Weise wie andere Bürger Zugang zu allen einschlägigen Quellen von Informationen über Initiativen haben.

Artikel 3
Erforderliche Anzahl von Unterzeichnern

(1) Eine Initiative ist gültig, wenn

a) sie die Unterstützung von mindestens einer Million Bürger im Sinne von Artikel 2 Absatz 1 (im Folgenden „Unterzeichner") aus mindestens einem Viertel der Mitgliedstaaten erhalten hat und

b) in mindestens einem Viertel der Mitgliedstaaten die Anzahl der Unterzeichner zum Zeitpunkt der Registrierung der Initiative mindestens der in Anhang I genannten Mindestzahl, d. h. der Anzahl der in jedem Mitgliedstaat gewählten Mitglieder des Europäischen Parlaments, multipliziert mit der Gesamtzahl der Mitglieder des Europäischen Parlaments, entspricht.

(2) Für die Zwecke des Absatzes 1 wird ein Unterzeichner, ungeachtet des Orts der Unterzeichnung der Unterstützungsbekundung durch den Unterzeichner, in dem Mitgliedstaat gezählt, dessen Staatsangehörigkeit er besitzt.

Artikel 4
Information und Unterstützung durch die Kommission und die Mitgliedstaaten

(1) Die Kommission stellt Bürgern und Organisatorengruppen leicht zugängliche und umfassende Informationen über die Europäische Bürgerinitiative bereit und leistet ihnen dabei Unterstützung, indem sie sie unter anderem zu den einschlägigen Quellen der Information und Unterstützung weiterleitet.

Die Kommission veröffentlicht einen Leitfaden zur Europäischen Bürgerinitiative sowohl online als auch auf Papier und in allen Amtssprachen der Organe der Union.

(2) Die Kommission stellt kostenlos eine Online-Kooperationsplattform für die Europäische Bürgerinitiative zur Verfügung.

Die Plattform bietet praktische und rechtliche Beratung und ein Forum für die Diskussion über die Europäische Bürgerinitiative, damit Bürger, Organisatorengruppen, Interessenträger, nichtstaatliche Organisationen, Sachverständige und andere Organe und Einrichtungen der Union, die daran teilnehmen möchten, Informationen und bewährte Verfahren austauschen können.

Die Plattform muss für Personen mit Behinderungen zugänglich sein.

Die Kosten für den Betrieb und die Pflege der Plattform gehen zulasten des Gesamthaushaltsplans der Europäischen Union.

(3) Die Kommission stellt ein Online-Register zur Verfügung, das es den Organisatorengruppen ermöglicht, ihre Initiativen während des gesamten Verfahrens zu verwalten.

Das Register umfasst eine öffentlich zugängliche Internetseite, auf der Informationen sowohl über die Europäische Bürgerinitiative im Allgemeinen als auch über einzelne Initiativen und ihren jeweiligen Status bereitgestellt werden.

Die Kommission aktualisiert das Register regelmäßig und stellt in diesem Zusammenhang die von der Organisatorengruppe übermittelten Informationen bereit.

(4) Nachdem die Kommission eine Initiative gemäß Artikel 6 registriert hat, veranlasst sie die Übersetzung des Inhalts der Initiative, einschließlich ihres Anhangs, in alle Amtssprachen der Organe der Union in dem in Anhang II vorgegebenen Rahmen zur Veröffentlichung im Register und Nutzung zur Sammlung von Unterstützungsbekundungen gemäß dieser Verordnung.

Die Organisatorengruppe kann überdies Übersetzungen zusätzlicher Informationen über die Initiative und erforderlichenfalls auch eines in Anhang II genannten und gemäß Artikel 6 Absatz 2 vorgelegten Entwurfs eines Rechtsakts in alle Amtssprachen der Organe der Union zur Verfügung stellen. Für diese Übersetzungen ist die Organisatorengruppe verantwortlich. Inhaltlich müssen die von der Organisatorengruppe bereitgestellten Übersetzungen der von der Organisatorengruppe gemäß Artikel 6 Absatz 2 vorgelegten Initiative entsprechen.

Die Kommission stellt sicher, dass die gemäß Artikel 6 Absatz 2 übermittelten Informationen und die gemäß dem vorliegenden Absatz vorgelegten Übersetzungen im Register und auf der öffentlich zugänglichen Internetseite über die Europäische Bürgerinitiative veröffentlicht werden.

(5) Die Kommission entwickelt ein Datenaustauschsystem für die Übermittlung von Unterstützungsbekundungen an die zuständigen Behörden der Mitgliedstaaten gemäß Artikel 12 und macht es den Organisatorengruppen kostenlos zugänglich.

(6) Jeder Mitgliedstaat richtet eine oder mehrere Kontaktstellen ein, die die Organisatorengruppen gemäß dem geltenden Unionsrecht und dem geltenden einzelstaatlichen Recht bei der Einleitung einer Europäischen Bürgerinitiative durch Informationen und sonstige Hilfestellung kostenlos unterstützen.

KAPITEL II

VERFAHRENSBESTIMMUNGEN

Artikel 5
Organisatorengruppe

(1) Eine Initiative wird von einer Gruppe von mindestens sieben natürlichen Personen (im Folgenden „Organisatorengruppe") vorbereitet und verwaltet. Mitglieder des Europäischen Parlaments werden für die Zwecke dieser Mindestzahl nicht mitgerechnet.

(2) Bei den Mitgliedern der Organisatorengruppe muss es sich um Bürger handeln, die zum Zeitpunkt der Registrierung der Initiative das zur Ausübung des aktiven Wahlrechts bei Wahlen zum Europäischen Parlament erforderliche Mindestalter erreicht haben; die Mitglieder der Gruppe müssen in mindestens sieben verschiedenen Mitgliedstaaten ansässig sein.

Für jede Initiative veröffentlicht die Kommission die Namen aller Mitglieder der Organisatorengruppe im Register gemäß der Verordnung (EU) 2018/1725.

(3) Die Organisatorengruppe ernennt zwei ihrer Mitglieder als Vertreter bzw. Stellvertreter, die während des gesamten Verfahrens als Bindeglieder zwischen der Organisatorengruppe und den Organen der Europäischen Union dienen und dazu ermächtigt werden, im Namen der Organisatorengruppe zu handeln (im Folgenden „Kontaktpersonen").

Die Organisatorengruppe kann außerdem höchstens zwei weitere natürliche Personen aus der Mitte ihrer Mitglieder ernennen, die bevollmächtigt sind, während des gesamten Verfahrens im Namen der Kontaktpersonen zu handeln, um Kontakt mit den Organen der Union zu halten.

(4) Während des gesamten Verfahrens teilt die Organisatorengruppe der Kommission jede Änderung ihrer Zusammensetzung mit und legt geeignete Nachweise dafür vor, dass die in den Absätzen 1 und 2 niedergelegten Anforderungen erfüllt sind. Änderungen in der Zusammensetzung der Organisatorengruppe spiegeln sich in den Formularen für Unterstützungsbekundungen wider, und die Namen der Mitglieder und der ehemaligen Mitglieder der Organisatorengruppe bleiben während des gesamten Verfahrens im Register verfügbar.

(5) Unbeschadet der Haftung des Vertreters der Organisatorengruppe als für die Verarbeitung Verantwortlicher im Sinne von Artikel 82 Absatz 2 der Verordnung (EU) 2016/679 haften die Mitglieder einer Organisatorengruppe gemäß dem geltenden einzelstaatlichen Recht gesamtschuldnerisch für Schäden, die bei der Organisation einer Initiative durch rechtswidrige Handlungen entstehen, die vorsätzlich oder grob fahrlässig begangen wurden.

(6) Unbeschadet der Sanktionen nach Artikel 84 der Verordnung (EU) 2016/679 stellen die Mitgliedstaaten sicher, dass gegen die Mitglieder einer Organisatorengruppe gemäß dem einzelstaatlichen Recht wirksame, verhältnismäßige und abschreckende Sanktionen für Verstöße gegen die vorliegende Verordnung verhängt werden, insbesondere für:

a) falsche Erklärungen,

b) Datenmissbrauch.

(7) Wurde eine juristische Person gemäß dem einzelstaatlichen Recht eines Mitgliedstaats speziell zur Verwaltung einer bestimmten Initiative geschaffen, so gilt diese juristische Person je nach Anwendbarkeit für die Zwecke der Absätze 5 und 6 des vorliegenden Artikels, des Artikels 6 Absatz 2 und Absätze 4 bis 7, der Artikel 7 bis 19 sowie der Anhänge II bis VII als die Organisatorengruppe bzw. als die Mitglieder der Organisatorengruppe, sofern das als ihr Vertreter benannte Mitglied der Organisatorengruppe dazu ermächtigt wird, im Namen der juristischen Person zu handeln.

Artikel 6
Registrierung

(1) Mit der Sammlung von Unterstützungsbekundungen für eine Initiative kann erst nach der Registrierung der Initiative durch die Kommission begonnen werden.

(2) Die Organisatorengruppe reicht den Antrag auf Registrierung über das Register bei der Kommission ein.

Bei der Einreichung des Antrags unternimmt die Organisatorengruppe ebenfalls folgende Schritte:

a) Sie übermittelt die Informationen gemäß Anhang II in einer der Amtssprachen der Organe der Union.

b) Sie nennt, sofern eine solche Gruppe aus mehr als sieben Mitgliedern besteht, die sieben Mitglieder, die für die Zwecke von Artikel 5 Absätze 1 und 2 zu berücksichtigen sind.

c) Sie gibt gegebenenfalls an, dass eine juristische Person im Sinne von Artikel 5 Absatz 7 geschaffen wurde.

Unbeschadet des Absatzes 4 des vorliegenden Artikels entscheidet die Kommission über den Antrag auf Registrierung innerhalb von zwei Monaten nach seiner Einreichung.

(3) Die Kommission registriert die Initiative, sofern

a) die Organisatorengruppe geeignete Nachweise dafür vorgelegt hat, dass sie die Anforderungen des Artikels 5 Absätze 1 und 2 erfüllt und die Kontaktpersonen gemäß Artikel 5 Absatz 3 Unterabsatz 1 benannt hat,

b) in den Fällen des Artikels 5 Absatz 7 eine juristische Person speziell zum Zweck der Verwaltung der Initiative geschaffen wurde und das als Vertreter der Organisatorengruppe benannte Mitglied ermächtigt ist, im Namen der juristischen Person zu handeln,

c) kein Teil der Initiative offenkundig außerhalb des Rahmens liegt, in dem die Kommission befugt ist, einen Vorschlag für einen Rechtsakt der Union vorzulegen, um die Verträge umzusetzen,

d) die Initiative nicht offenkundig missbräuchlich, unseriös oder schikanös ist,

e) die Initiative nicht offenkundig gegen die Werte der Union, wie sie in Artikel 2 EUV festgeschrieben sind, oder gegen die in der Charta der Grundrechte der Europäischen Union verankerten Rechte verstößt.

Zur Beurteilung, ob die Anforderungen der Buchstaben a bis e des vorliegenden Absatzes erfüllt sind, bewertet die Kommission die von der Organisatorengruppe gemäß Absatz 2 vorgelegten Informationen.

Sind eine oder mehrere der Anforderungen des vorliegenden Absatzes, Unterabsatz 1 Buchstaben a bis e nicht erfüllt, so lehnt die Kommission unbeschadet des Absatzes 4 die Registrierung der Initiative ab.

(4) Ist die Kommission der Ansicht, dass die Anforderungen des Absatzes 3 Unterabsatz 1 Buchstaben a, b, d und e erfüllt sind, die Anforderung des Absatzes 3 Unterabsatz 1 Buchstabe c jedoch nicht, so unterrichtet sie die Organisatorengruppe über ihre Bewertung und die Gründe dafür innerhalb eines Monats nach Einreichung des Antrags.

In einem solchen Fall kann die Organisatorengruppe entweder die Initiative ändern, um der Bewertung der Kommission Rechnung zu tragen und zu gewährleisten, dass die Initiative die Anforderung des Absatzes 3 Unterabsatz 1 Buchstabe c erfüllt, oder die ursprüngliche Initiative beibehalten oder zurückziehen. Die Organisatorengruppe teilt der Kommission ihre Entscheidung innerhalb von zwei Monaten nach Erhalt der mit Gründen versehenen Bewertung der Kommission mit und legt gegebenenfalls Änderungen, der ursprünglichen Fassung der Initiative vor.

Wenn die Organisatorengruppe ihre ursprüngliche Initiative gemäß Unterabsatz 2 dieses Absatzes ändert oder beibehält, so geht die Kommission wie folgt vor:

a) Sie registriert die Initiative, wenn diese die Anforderungen des Absatzes 3 Unterabsatz 1 Buchstabe c erfüllt.

b) Sie registriert die Initiative teilweise, wenn ein Teil der Initiative, einschließlich der wichtigsten Ziele, nicht offenkundig außerhalb des Rahmens liegt, in dem die Kommission befugt ist, einen Vorschlag für einen Rechtsakt der Union vorzulegen, um die Verträge umzusetzen.

c) In allen anderen Fällen lehnt sie die Initiative ab.

Die Kommission entscheidet über den Antrag innerhalb eines Monats nach Erhalt der in Unterabsatz 2 dieses Absatzes genannten Informationen von der Organisatorengruppe.

(5) Eine Initiative, die registriert worden ist, wird im Register veröffentlicht.

Wird eine Initiative von der Kommission teilweise registriert, so veröffentlicht sie Informationen über den Umfang der Registrierung der Initiative im Register.

In einem solchen Fall stellt die Organisatorengruppe sicher, dass potenzielle Unterzeichner über den Umfang der Registrierung der Initiative und auch darüber informiert werden, dass Unterstützungsbekundungen nur entsprechend dem Umfang der Registrierung gesammelt werden.

(6) Die Kommission registriert eine Initiative unter einer einheitlichen Registrierungsnummer und setzt die Organisatorengruppe davon in Kenntnis.

(7) Lehnt die Kommission eine Initiative ab oder registriert sie eine Initiative gemäß Absatz 4 nur teilweise, führt sie Gründe für ihre Entscheidung an und unterrichtet die Organisatorengruppe. Ferner unterrichtet sie die Organisatorengruppe über alle möglichen gerichtlichen und außergerichtlichen Rechtsbehelfe, die der Organisatorengruppe zur Verfügung stehen.

Die Kommission veröffentlicht alle Beschlüsse über Anträge auf Registrierung, die sie gemäß diesem Artikel annimmt, im Register und auf der öffentlich zugänglichen Internetseite über die Europäische Bürgerinitiative.

(8) Die Kommission unterrichtet das Europäische Parlament, den Rat, den Europäischen Wirtschafts- und Sozialausschuss und den Ausschuss der Regionen über die Registrierung einer Initiative.

Artikel 7
Rücknahme einer Initiative

Die Organisatorengruppe kann eine gemäß Artikel 6 registrierte Initiative jederzeit zurückziehen, bevor sie eine Initiative bei der Kommission gemäß Artikel 13 einreicht. Die Rücknahme wird im Register öffentlich bekannt gemacht.

Artikel 8
Sammlungsfrist

(1) Alle Unterstützungsbekundungen werden unbeschadet des Artikels 11 Absatz 6 innerhalb einer Frist von höchstens zwölf Monaten ab dem von der Organisatorengruppe gewählten Tag (im Folgenden „Sammlungsfrist") gesammelt. Dieser Tag darf höchstens sechs Monate nach dem Tag der Registrierung der Initiative gemäß Artikel 6 liegen.

Die Organisatorengruppe teilt der Kommission den gewählten Tag spätestens zehn Arbeitstage vor diesem Tag mit.

Will die Organisatorengruppe während des Sammlungszeitraums die Sammlung von Unterstützungsbekundungen vor Ablauf der Sammlungsfrist beenden, so setzt sie die Kommission spätestens zehn Arbeitstage vor dem neuen Tag, der für den Ablauf der Sammlungsfrist ausgewählt wurde, von dieser Absicht in Kenntnis.

Die Kommission teilt den Mitgliedstaaten den in Unterabsatz 1 genannten Tag mit.

(2) Die Kommission gibt das Datum des Beginns und des Endes der Sammlungsfrist im Register an.

(3) Die Kommission stellt den Betrieb des zentralen Online-Sammelsystems gemäß Artikel 10 und die Organisatorengruppe den Betrieb des individuellen Online-Sammelsystems gemäß Artikel 11 an dem Tag ein, an dem die Sammlungsfrist endet.

Artikel 9
Verfahren zur Sammlung von Unterstützungsbekundungen

(1) Unterstützungsbekundungen können in Papierform oder online unterzeichnet werden.

(2) Nur Formulare, die den Mustern in Anhang III entsprechen, dürfen zur Sammlung von Unterstützungsbekundungen verwendet werden.

Die Organisatorengruppe füllt die in Anhang III bestimmten Formulare aus, bevor sie mit der Sammlung von Unterstützungsbekundungen beginnt. Die in den Formularen angegebenen Informationen müssen den im Register enthaltenen Informationen entsprechen.

Entscheidet sich die Organisatorengruppe dafür, die Unterstützungsbekundungen online über das zentrale Online-Sammelsystem gemäß Artikel 10 zu sammeln, so ist die Kommission für die Bereitstellung der entsprechenden Formulare gemäß Anhang III zuständig.

Wurde eine Initiative gemäß Artikel 6 Absatz 4 teilweise registriert, so tragen die Formulare in Anhang III bzw. das zentrale Online-Sammelsystem bzw. jedes individuelle Online-Sammelsystem der Organisatorengruppe dem Umfang der Registrierung der Initiative Rechnung. Die Formulare für Unterstützungsbekundungen können zum Zwecke der Online-Sammlung oder der Sammlung in Papierform angepasst werden.

Annex III findet keine Anwendung in den Fällen, in denen Bürger eine Initiative über das in Artikel 10 genannte zentrale Online-Sammelsystem mithilfe ihrer in Artikel 10 Absatz 4 dieser Verordnung genannten notifizierten elektronischen Identifizierungsmittel im Sinne der Verordnung (EU) Nr. 910/2014 unterstützen. Bürger geben ihre Staatsangehörigkeit an, und die Mitgliedstaaten akzeptieren den Mindestdatensatz einer natürlichen Person gemäß der Durchführungsverordnung (EU) 2015/1501 der Kommission[1].

---

[1] Durchführungsverordnung (EU) 2015/1501 der Kommission vom 8. September 2015 über den Interoperabilitätsrahmen gemäß Artikel 12 Absatz 8 der Verordnung

(3) Von einer Person, die eine Unterstützungsbekundung unterzeichnet, wird lediglich verlangt, die personenbezogenen Daten gemäß Anhang III bereitzustellen.

(4) Die Mitgliedstaaten teilen der Kommission bis zum 30. Juni 2019 mit, ob sie in Anhang III Teil A oder Teil B aufgenommen werden wollen. Die Mitgliedstaaten, die in Anhang III Teil B aufgenommen werden wollen, nennen die darin genannte(n) Art(en) der persönlichen Identifikationsnummer bzw. der Nummer eines persönlichen Ausweispapiers.

Die Kommission veröffentlicht bis zum 1. Januar 2020 die Formulare gemäß Anhang III dieser Verordnung im Register.

Ein Mitgliedstaat, der in einen der Teile des Anhangs III aufgenommen wurde, kann bei der Kommission beantragen, in den jeweils anderen Teil des Anhangs III aufgenommen zu werden. Er setzt die Kommission mindestens sechs Monate vor dem Tag, ab dem die neuen Formulare gelten, davon in Kenntnis.

(5) Die Organisatorengruppe ist für die Sammlung der in Papierform unterzeichneten Unterstützungsbekundungen zuständig.

(6) Eine Person darf eine Unterstützungsbekundung für eine bestimmte Initiative nur einmal unterzeichnen.

(7) Während der Sammlungsfrist teilt die Organisatorengruppe der Kommission mindestens alle zwei Monate die Anzahl der in jedem Mitgliedstaat gesammelten Unterstützungsbekundungen mit; die endgültige Anzahl teilt sie innerhalb von drei Monaten nach Ablauf der Sammlungsfrist zur Veröffentlichung im Register mit.

Wird die erforderliche Anzahl von Unterstützungsbekundungen nicht erreicht, oder erhält die Kommission keine Mitteilung der Organisatorengruppe innerhalb von drei Monaten nach Ablauf der Sammlungsfrist, so schließt die Kommission die Initiative und veröffentlicht eine Bekanntmachung darüber im Register.

Artikel 10
Zentrales Online-Sammelsystem

(1) Zum Zwecke der Online-Sammlung von Unterstützungsbekundungen richtet die Kommission bis zum 1. Januar 2020 ein zentrales Online-Sammelsystem gemäß dem Beschluss (EU, Euratom) 2017/46 ein und nimmt es zu diesem Zeitpunkt in Betrieb.

Die Kosten für die Einrichtung und den Betrieb des Online-Sammelsystems gehen zulasten des Gesamthaushaltsplans der Europäischen Union.

Die Nutzung des zentralen Online-Sammelsystems ist kostenlos.

Das zentrale Online-Sammelsystem muss für Personen mit Behinderungen zugänglich sein.

Die über das zentrale Online-Sammelsystem erfassten Daten werden auf Servern gespeichert, die von der Kommission zu diesem Zweck zur Verfügung gestellt werden.

Das zentrale Online-Sammelsystem ermöglicht das Hochladen von in Papierform gesammelten Unterstützungsbekundungen.

(2) Für jede Initiative stellt die Kommission sicher, dass Unterstützungsbekundungen während der gesamten Sammlungsfrist gemäß Artikel 8 über das zentrale Sammelsystem gesammelt werden können.

(3) Spätestens zehn Arbeitstage vor Beginn der Sammlungsfrist setzt die Organisatorengruppe die Kommission davon in Kenntnis, ob sie die Absicht hat, das zentrale Online-Sammelsystem zu nutzen und in Papierform gesammelte Unterstützungsbekundungen hochzuladen.

Beabsichtigt eine Organisatorengruppe das Hochladen von in Papierform gesammelten Unterstützungsbekundungen, so lädt sie sämtliche in Papierform gesammelten Unterstützungsbekundungen spätestens zwei Monate nach Ablauf der Sammlungsfrist hoch und setzt die Kommission davon in Kenntnis.

(4) Die Mitgliedstaaten stellen sicher, dass

a) Bürger die Möglichkeit haben, Initiativen online mittels Unterstützungsbekundungen durch Nutzung notifizierter elektronischer Identifizierungsmittel oder durch die Unterzeichnung einer Unterstützungsbekundung mit einer elektronischen Signatur im Sinne der Verordnung (EU) Nr. 910/2014 zu unterstützen,

b) der im Rahmen der Verordnung (EU) Nr. 910/2014 und der Durchführungsverordnung (EU) 2015/1501 entwickelte e-IDAS-Knotenpunkt der Kommission anerkannt ist.

(5) Die Kommission konsultiert die Interessenträger zu weiteren Entwicklungen und Verbesserungen des zentralen Online-Sammelsystems und trägt ihren Vorschlägen und Bedenken Rechnung.

Artikel 11
Individuelle Online-Sammelsysteme

(1) Macht eine Organisatorengruppe vom zentralen Online-Sammelsystem keinen Gebrauch, so kann sie über ein anderes individuelles Online-Sammelsystem (im Folgenden „individuelles Online-Sammelsystem") Unterstützungsbekundungen in mehreren oder allen Mitgliedstaaten online sammeln.

Die über ein individuelles Online-Sammelsystem erfassten Daten werden im Hoheitsgebiet eines Mitgliedstaats gespeichert.

(EU) Nr. 910/2014 des Europäischen Parlaments und des Rates über elektronische Identifizierung und Vertrauensdienste für elektronische Transaktionen im Binnenmarkt (ABl. L 235 vom 9.9.2015, S. 1).

(2) Die Organisatorengruppe stellt sicher, dass das individuelle Online-Sammelsystem während der gesamten Sammlungsfrist die Anforderungen gemäß Absatz 4 des vorliegenden Artikels und gemäß Artikel 18 Absatz 3 erfüllt.

(3) Nach der Registrierung der Initiative und vor Beginn der Sammlungsfrist sowie unbeschadet der Befugnisse der nationalen Aufsichtsbehörden gemäß Kapitel VI der Verordnung (EU) 2016/679 beantragt die Organisatorengruppe bei der zuständigen Behörde des Mitgliedstaats, in dem die über das individuelle Online-Sammelsystem erfassten Daten gespeichert werden sollen, eine Bescheinigung, dass dieses System die Anforderungen des Absatzes 4 des vorliegenden Artikels erfüllt.

Erfüllt ein individuelles Online-Sammelsystem die Anforderungen des Absatzes 4 des vorliegenden Artikels, so stellt die zuständige Behörde eine entsprechende Bescheinigung nach dem Muster in Anhang IV innerhalb eines Monats nach dem Antrag aus. Die Organisatorengruppe veröffentlicht eine Kopie dieser Bescheinigung auf der für das individuelle Online-Sammelsystem genutzten Internetseite.

Die Mitgliedstaaten erkennen die von den zuständigen Behörden anderer Mitgliedstaaten ausgestellten Bescheinigungen an.

(4) Individuelle Online-Sammelsysteme müssen über hinreichende Sicherheits- und sonstige technische Merkmale verfügen, um zu gewährleisten, dass während der gesamten Sammlungsfrist

a) nur natürliche Personen in der Lage sind, eine Unterstützungsbekundung zu unterzeichnen,

b) die bereitgestellten Informationen über die Initiative mit den im Register veröffentlichten Informationen übereinstimmen,

c) die Daten von Unterzeichnern gemäß Anhang III erfasst werden und

d) die von den Unterzeichnern bereitgestellten Daten sicher gesammelt und gespeichert werden.

(5) Die Kommission erlässt bis zum 1. Januar 2020 Durchführungsrechtsakte, die die technischen Spezifikationen für die Umsetzung von Absatz 4 des vorliegenden Artikels festlegen. Diese Durchführungsrechtsakte werden gemäß dem Ausschussverfahren gemäß Artikel 22 erlassen.

Die Kommission kann sich bei der Entwicklung der in Unterabsatz 1 genannten technischen Spezifikationen von der Agentur der Europäischen Union für Netz- und Informationssicherheit (ENISA) beraten lassen.

(6) Werden Unterstützungsbekundungen über ein individuelles Online-Sammelsystem gesammelt, so darf die Sammlungsfrist erst beginnen, nachdem für dieses System eine Bescheinigung gemäß Absatz 3 ausgestellt wurde.

(7) Der vorliegende Artikel gilt nur für Initiativen, die gemäß Artikel 6 bis zum 31. Dezember 2022 registriert werden.

Artikel 12
Überprüfung und Bescheinigung von Unterstützungsbekundungen durch die Mitgliedstaaten

(1) Jeder Mitgliedstaat überprüft die von seinen Staatsangehörigen unterzeichneten Unterstützungsbekundungen und bescheinigt, dass sie den Bestimmungen dieser Verordnung entsprechen (im Folgenden „zuständiger Mitgliedstaat").

(2) Innerhalb von drei Monaten nach Ablauf der Sammlungsfrist legt die Organisatorengruppe unbeschadet des Absatzes 3 des vorliegenden Artikels die in Papierform oder online gesammelten Unterstützungsbekundungen den in Artikel 20 Absatz 2 genannten zuständigen Behörden des zuständigen Mitgliedstaats vor.

Die Organisatorengruppe legt den zuständigen Behörden die Unterstützungsbekundungen nur dann vor, wenn die Mindestzahl der Unterzeichner gemäß Artikel 3 erreicht wurde.

Die Unterstützungsbekundungen werden jeder zuständigen Behörde im zuständigen Mitgliedstaat nur einmal unter Verwendung des Formulars in Anhang V vorgelegt.

Online gesammelte Unterstützungsbekundungen werden in einem elektronischen Format vorgelegt, das von der Kommission öffentlich zugänglich gemacht wird.

Unterstützungsbekundungen, die in Papierform und solche, die über ein individuelles Online-Sammelsystem gesammelt wurden, werden gesondert vorgelegt.

(3) Die Kommission übermittelt sowohl die online über das zentrale Online-Sammelsystem gesammelten als auch die in Papierform gesammelten und gemäß Artikel 10 Absatz 3 hochgeladenen Unterstützungsbekundungen an die zuständige Behörde des zuständigen Mitgliedstaats, sobald die Organisatorengruppe das Formular in Anhang V der zuständigen Behörde des zuständigen Mitgliedstaats gemäß Absatz 2 des vorliegenden Artikels vorgelegt hat.

Hat eine Organisatorengruppe Unterstützungsbekundungen über ein individuelles Online-Sammelsystem gesammelt, so kann sie die Kommission ersuchen, diese Unterstützungsbekundungen der zuständigen Behörde des zuständigen Mitgliedstaats zu übermitteln.

Die Kommission übermittelt die Unterstützungsbekundungen gemäß Absatz 2 Unterabsätze 2 bis 4 des vorliegenden Artikels unter Nutzung des Datenaustauschsystems gemäß Artikel 4 Absatz 5.

(4) Binnen drei Monaten nach Eingang der Unterstützungsbekundungen überprüfen die zu-

ständigen Behörden diese auf angemessene Weise, gegebenenfalls anhand von Stichproben, gemäß den einzelstaatlichen Rechtsvorschriften und der einzelstaatlichen Praxis.

Werden online und in Papierform gesammelte Unterstützungsbekundungen getrennt übermittelt, so beginnt diese Frist nach Eingang aller Unterstützungsbekundungen bei der zuständigen Behörde.

Eine Authentifizierung der Unterschriften ist für die Zwecke der Überprüfung der in Papierform gesammelten Unterstützungsbekundungen nicht erforderlich.

(5) Auf der Grundlage der durchgeführten Überprüfungen bescheinigt die zuständige Behörde die Anzahl der gültigen Unterstützungsbekundungen für den jeweiligen Mitgliedstaat. Diese Bescheinigung wird der Organisatorengruppe kostenlos unter Verwendung des Musters in Anhang VI übermittelt.

In der Bescheinigung wird die Anzahl der gültigen in Papierform und online gesammelten Unterstützungsbekundungen, einschließlich jener, die in Papierform gesammelt und gemäß Artikel 10 Absatz 3 Unterabsatz 2 hochgeladen wurden, angegeben.

Artikel 13
Einreichung bei der Kommission

Innerhalb von drei Monaten nach Erhalt der letzten in Artikel 12 Absatz 5 genannten Bescheinigung reicht die Organisatorengruppe die Initiative bei der Kommission ein.

Die Organisatorengruppe füllt das Formular in Anhang VII aus und reicht es zusammen mit Kopien – in Papierform oder in elektronischer Form – der in Artikel 12 Absatz 5 genannten Bescheinigungen ein.

Das Formular in Anhang VII wird von der Kommission im Register öffentlich zugänglich gemacht.

Artikel 14
Veröffentlichung und öffentliche Anhörung

(1) Erhält die Kommission eine gültige Initiative, bei der die Unterstützungsbekundungen gemäß den Artikeln 8 bis 12 gesammelt und bescheinigt wurden, so veröffentlicht sie unverzüglich eine Mitteilung darüber im Register und übermittelt die Initiative an das Europäische Parlament, den Rat, den Europäischen Wirtschafts- und Sozialausschuss, den Ausschuss der Regionen und die nationalen Parlamente.

(2) Innerhalb von drei Monaten nach Einreichung der Initiative erhält die Organisatorengruppe die Möglichkeit, die Initiative in einer vom Europäischen Parlament veranstalteten öffentlichen Anhörung vorzustellen.

Das Europäische Parlament richtet die öffentliche Anhörung in seinen Räumlichkeiten aus.

Die Kommission wird bei der Anhörung auf geeigneter Ebene vertreten.

Der Rat, Vertreter anderer Organe und beratender Gremien der Union, der nationalen Parlamente und der Zivilgesellschaft erhalten Gelegenheit, an der Anhörung teilzunehmen.

Das Europäische Parlament sorgt für eine ausgewogene Vertretung der einschlägigen öffentlichen und privaten Interessen.

(3) Nach der Anhörung bewertet das Europäische Parlament, inwieweit die Initiative politisch unterstützt wird.

Artikel 15
Prüfung durch die Kommission

(1) Innerhalb eines Monats nach der Einreichung der Initiative gemäß Artikel 13 empfängt die Kommission die Organisatorengruppe auf geeigneter Ebene, damit die Organisatorengruppe die Ziele der Initiative im Einzelnen erläutern kann.

(2) Binnen sechs Monaten nach der Veröffentlichung der Initiative gemäß Artikel 14 Absatz 1 und nach der öffentlichen Anhörung gemäß Artikel 14 Absatz 2 legt die Kommission in einer Mitteilung ihre rechtlichen und politischen Schlussfolgerungen zu der Initiative sowie ihr weiteres Vorgehen bzw. den Verzicht auf ein weiteres Vorgehen und die jeweiligen Gründe hierfür dar.

Beabsichtigt die Kommission, auf die Initiative hin tätig zu werden, gegebenenfalls einschließlich der Annahme eines Vorschlages oder mehrerer Vorschläge für einen Rechtsakt der Union, so wird in der Mitteilung auch der für diese Maßnahmen vorgesehene Zeitplan festgelegt.

Die Mitteilung wird der Organisatorengruppe sowie dem Europäischen Parlament, dem Rat, dem Europäischen Wirtschafts- und Sozialausschuss und dem Ausschuss der Regionen übermittelt und veröffentlicht.

(3) Die Kommission und die Organisatorengruppe unterrichten die Unterzeichner über die Reaktion auf die Initiative gemäß Artikel 18 Absätze 2 und 3.

Die Kommission stellt im Register und auf der öffentlich zugänglichen Internetseite über die Europäische Bürgerinitiative aktuelle Informationen über die Umsetzung der Maßnahmen zur Verfügung, die in der als Reaktion auf die Initiative erlassenen Mitteilung genannt werden.

Artikel 16
Weiterbehandlung erfolgreicher Bürgerinitiativen durch das Europäische Parlament

Das Europäische Parlament bewertet die Maßnahmen, die die Kommission infolge ihrer Mitteilung gemäß Artikel 15 Absatz 2 ergreift.

KAPITEL III
SONSTIGE BESTIMMUNGEN

Artikel 17
Transparenz

(1) Die Organisatorengruppe stellt zur Veröffentlichung im Register und gegebenenfalls auf ihrer Internetseite klare, präzise und umfassende Informationen über die Quellen der Finanzierung der Initiative bereit, deren Umfang 500 EUR pro Sponsor überschreitet.

Die angegebenen Quellen der Finanzierung und Unterstützung, einschließlich der Sponsoren, und die entsprechenden Beträge müssen eindeutig erkennbar sein.

Die Organisatorengruppe legt außerdem die Bezeichnungen der Organisationen vor, von denen sie ehrenamtlich unterstützt wird, sofern diese Unterstützung wirtschaftlich nicht messbar ist.

Diese Informationen werden ab dem Tag der Eintragung in das Register bis zu dem Tag, an dem die Initiative bei der Kommission gemäß Artikel 13 eingereicht wird, mindestens alle zwei Monate aktualisiert. Sie werden von der Kommission in klarer und verständlicher Form im Register und auf der öffentlich zugänglichen Internetseite über die Europäische Bürgerinitiative veröffentlicht.

(2) Die Kommission ist befugt, von den Organisatorengruppen zusätzliche Informationen und Erläuterungen zu den gemäß dieser Verordnung angegebenen Quellen der Finanzierung und Unterstützung anzufordern.

(3) Die Kommission eröffnet Bürgern die Möglichkeit, Beschwerde über die Vollständigkeit und Richtigkeit der von den Organisatorengruppen angegebenen Quellen der Finanzierung und Unterstützung einzulegen, und veröffentlicht zu diesem Zweck ein Kontaktformular im Rahmen des Registers und auf der öffentlich zugänglichen Internetseite über die Europäische Bürgerinitiative.

Die Kommission kann von der Organisatorengruppe alle zusätzlichen Informationen in Zusammenhang mit Beschwerden, die gemäß diesem Absatz eingegangen sind, anfordern und gegebenenfalls im Register die Informationen über die angegebenen Quellen der Finanzierung und Unterstützung aktualisieren.

Artikel 18
Öffentlichkeitsarbeit

(1) Die Kommission sensibilisiert durch Kommunikationsmaßnahmen und Informationskampagnen die Öffentlichkeit für die Europäische Bürgerinitiative sowie für deren Ziele und Funktionsweise und fördert so die aktive Teilnahme der Bürger am politischen Leben in der Union.

Das Europäische Parlament trägt zu den Kommunikationsmaßnahmen der Kommission bei.

(2) Für Kommunikations- und Informationszwecke im Zusammenhang mit der betreffenden Initiative und vorbehaltlich der ausdrücklichen Zustimmung der Unterzeichner, können deren E-Mail-Adressen von einer Organisatorengruppe oder von der Kommission erfasst werden.

Potenzielle Unterzeichner sind davon in Kenntnis zu setzen, dass ihr Recht auf Unterstützung einer Initiative nicht von ihrer Zustimmung zur Erfassung ihrer E-Mail-Adressen abhängt.

(3) E-Mail-Adressen dürfen nicht in den Formularen für Unterstützungsbekundungen erfasst werden. Sie können jedoch gleichzeitig mit den Unterstützungsbekundungen erfasst werden, sofern sie getrennt verarbeitet werden.

Artikel 19
Schutz personenbezogener Daten

(1) Der Vertreter der Organisatorengruppe ist für die Verarbeitung personenbezogener Daten bei der Sammlung von Unterstützungsbekundungen und der Erfassung von E-Mail-Adressen und Informationen über die Sponsoren der Initiative der für die Datenverarbeitung Verantwortliche im Sinne der Verordnung (EU) 2016/679. Wird die in Artikel 5 Absatz 7 der vorliegenden Verordnung genannte juristische Person geschaffen, so ist diese für die Verarbeitung der Daten verantwortlich.

(2) Die gemäß Artikel 20 Absatz 2 der vorliegenden Verordnung benannten zuständigen Behörden sind für die Verarbeitung personenbezogener Daten zur Überprüfung und Bescheinigung von Unterstützungsbekundungen die für die Datenverarbeitung Verantwortlichen im Sinne der Verordnung (EU) 2016/679.

(3) Die Kommission ist für die Verarbeitung personenbezogener Daten im Register, auf der Online-Kooperationsplattform, im zentralen Online-Sammelsystem gemäß Artikel 10 der vorliegenden Verordnung und bei der Erfassung von E-Mail-Adressen die für die Datenverarbeitung Verantwortliche im Sinne der Verordnung (EU) 2018/1725.

(4) Die personenbezogenen Daten in den Formularen für Unterstützungsbekundungen werden für die Zwecke der Maßnahmen erfasst, die für eine sichere Datenerfassung und -speicherung

nach den Artikeln 9 bis 11, für die Übermittlung an die Mitgliedstaaten, für die Überprüfung und Bescheinigung nach Artikel 12 und für die erforderlichen Qualitätsprüfungen und statistischen Analysen erforderlich sind.

(5) Die Organisatorengruppe und gegebenenfalls die Kommission vernichten alle Unterstützungsbekundungen für eine Initiative und alle Kopien davon spätestens einen Monat nach Einreichung dieser Initiative bei der Kommission gemäß Artikel 13 bzw. spätestens 21 Monate nach dem Beginn der Sammlungsfrist, je nachdem, welcher Zeitpunkt früher liegt. Wird eine Initiative nach dem Beginn der Sammlungsfrist zurückgezogen, so werden alle Unterstützungsbekundungen sowie etwaige Kopien davon spätestens einen Monat nach der Rücknahme gemäß Artikel 7 vernichtet.

(6) Die zuständige Behörde vernichtet alle Unterstützungsbekundungen sowie etwaige Kopien davon spätestens drei Monate nach Ausstellung der Bescheinigung nach Artikel 12 Absatz 5.

(7) Unterstützungsbekundungen für eine bestimmte Initiative und Kopien davon dürfen über die in den Absätzen 5 und 6 genannten Fristen hinaus aufbewahrt werden, wenn das für die Zwecke der rechtlichen oder verwaltungstechnischen Vorgänge im Zusammenhang mit der betreffenden Initiative notwendig ist. Sie werden spätestens einen Monat nach Abschluss der genannten Verfahren durch eine endgültige Beschlussfassung vernichtet.

(8) Die Kommission und die Organisatorengruppe vernichten die Aufzeichnungen der gemäß Artikel 18 Absatz 2 erfassten E-Mail-Adressen jeweils spätestens einen Monat nach der Rücknahme einer Initiative oder zwölf Monate nach dem Ablauf der Sammlungsfrist oder der Einreichung der Initiative bei der Kommission. Legt die Kommission in einer Mitteilung die Maßnahmen dar, die sie gemäß Artikel 15 Absatz 2 zu ergreifen beabsichtigt, werden die Aufzeichnungen der E-Mail-Adressen spätestens drei Jahre nach der Veröffentlichung der Mitteilung vernichtet.

(9) Unbeschadet ihrer Rechte gemäß der Verordnung (EU) 2018/1725 haben die Mitglieder der Organisatorengruppe das Recht, nach Ablauf von zwei Jahren ab dem Tag der Registrierung der jeweiligen Initiative die Löschung ihrer personenbezogenen Daten aus dem Register zu verlangen.

Artikel 20
Zuständige Behörden in den Mitgliedstaaten

(1) Für die Zwecke des Artikels 11 benennen die Mitgliedstaaten eine oder mehrere Behörden, die für die Ausstellung der Bescheinigung nach Artikel 11 Absatz 3 zuständig sind.

(2) Für die Zwecke des Artikels 12 benennt jeder Mitgliedstaat eine zuständige Behörde, die für die Koordinierung der Überprüfung der Unterstützungsbekundungen sowie für die Ausstellung der Bescheinigungen nach Artikel 12 Absatz 5 zuständig ist.

(3) Bis zum 1. Januar 2020 übermitteln die Mitgliedstaaten der Kommission die Bezeichnungen und Anschriften der gemäß den Absätzen 1 und 2 benannten zuständigen Behörden. Sie unterrichten die Kommission über jede Änderung dieser Angaben.

Die Kommission veröffentlicht die Bezeichnungen und Anschriften der gemäß den Absätzen 1 und 2 benannten Behörden im Register.

Artikel 21
Mitteilung von einzelstaatlichen Vorschriften

(1) Bis zum 1. Januar 2020 teilt jeder Mitgliedstaat der Kommission die besonderen Bestimmungen mit, die er zur Umsetzung dieser Verordnung erlassen hat.

(2) Diese Bestimmungen werden von der Kommission in der jeweiligen Sprache der Mitteilung der Mitgliedstaaten nach Absatz 1 im Register veröffentlicht.

KAPITEL IV
DELEGIERTE RECHTSAKTE UND DURCHFÜHRUNGSRECHTSAKTE

Artikel 22
Ausschussverfahren

(1) Für die Zwecke der Umsetzung von Artikel 11 Absatz 5 dieser Verordnung wird die Kommission von einem Ausschuss unterstützt. Dieser Ausschuss ist ein Ausschuss im Sinne der Verordnung (EU) Nr. 182/2011.

(2) Wird auf diesen Absatz Bezug genommen, so gilt Artikel 5 der Verordnung (EU) Nr. 182/2011.

Artikel 23
Übertragene Befugnisse

Die Kommission ist befugt, im Rahmen der für die Anhänge dieser Verordnung relevanten Bestimmungen dieser Verordnung delegierte Rechtsakte gemäß Artikel 24 zur Änderung dieser Anhänge zu erlassen.

Artikel 24
Ausübung der Befugnisübertragung

(1) Die Befugnis zum Erlass delegierter Rechtsakte wird der Kommission unter den in diesem Artikel festgelegten Bedingungen übertragen.

(2) Die Befugnis zum Erlass delegierter Rechtsakte gemäß Artikel 23 wird der Kommission für einen Zeitraum von fünf Jahren ab dem 6. Juni 2019 übertragen.

(3) Die Befugnisübertragung gemäß Artikel 23 kann vom Europäischen Parlament oder vom Rat jederzeit widerrufen werden. Der Beschluss über den Widerruf beendet die Übertragung der in diesem Beschluss angegebenen Befugnis. Er wird am Tag nach seiner Veröffentlichung im *Amtsblatt der Europäischen Union* oder zu einem im Beschluss über den Widerruf angegebenen späteren Zeitpunkt wirksam. Die Gültigkeit von delegierten Rechtsakten, die bereits in Kraft sind, wird von dem Beschluss über den Widerruf nicht berührt.

(4) Vor dem Erlass eines delegierten Rechtsakts konsultiert die Kommission die von den einzelnen Mitgliedstaaten benannten Sachverständigen im Einklang mit den in der Interinstitutionellen Vereinbarung vom 13. April 2016 über bessere Rechtsetzung enthaltenen Grundsätzen.

(5) Sobald die Kommission einen delegierten Rechtsakt erlässt, übermittelt sie ihn gleichzeitig dem Europäischen Parlament und dem Rat.

(6) Ein delegierter Rechtsakt, der gemäß Artikel 23 erlassen wurde, tritt nur in Kraft, wenn weder das Europäische Parlament noch der Rat innerhalb einer Frist von zwei Monaten nach Übermittlung dieses Rechtsakts an das Europäische Parlament und den Rat Einwände erhoben haben oder wenn vor Ablauf dieser Frist das Europäische Parlament und der Rat beide der Kommission mitgeteilt haben, dass sie keine Einwände erheben werden. Auf Initiative des Europäischen Parlaments oder des Rates wird diese Frist um zwei Monate verlängert.

KAPITEL V

SCHLUSSBESTIMMUNGEN

Artikel 25
Überprüfung

Die Kommission überprüft regelmäßig das Funktionieren der Europäischen Bürgerinitiative und legt dem Europäischen Parlament und dem Rat spätestens am 1. Januar 2024 und anschließend alle vier Jahre einen Bericht über die Anwendung dieser Verordnung vor. Diese Berichte thematisieren auch das für die Unterstützung Europäischer Bürgerinitiativen in den Mitgliedstaaten festgelegte Mindestalter. Die Berichte werden veröffentlicht.

Artikel 26
Aufhebung

Die Verordnung (EU) Nr. 211/2011 wird mit Wirkung vom 1. Januar 2020 aufgehoben.

Bezugnahmen auf die aufgehobene Verordnung gelten als Bezugnahmen auf die vorliegende Verordnung.

Artikel 27
Übergangsbestimmungen

Die Artikel 5 bis 9 der Verordnung (EU) Nr. 211/2011 gelten auch nach dem 1. Januar 2020 für Europäische Bürgerinitiativen, die vor dem 1. Januar 2020 registriert wurden.

Artikel 28
Inkrafttreten und Geltung

Diese Verordnung tritt am zwanzigsten Tag nach ihrer Veröffentlichung im *Amtsblatt der Europäischen Union* in Kraft.

Sie gilt ab dem 1. Januar 2020.

Artikel 9 Absatz 4, Artikel 10, Artikel 11 Absatz 5 und die Artikel 20 bis 24 gelten jedoch bereits ab dem Inkrafttreten dieser Verordnung.

Diese Verordnung ist in allen ihren Teilen verbindlich und gilt unmittelbar in jedem Mitgliedstaat.

Anhang 1

ANHANG I

MINDESTZAHL DER UNTERZEICHNER JE MITGLIEDSTAAT

Belgien	14 805
Bulgarien	11 985
Tschechien	14 805
Dänemark	9 870
Deutschland	67 680

Estland	4 935
Irland	9 165
Griechenland	14 805
Spanien	41 595
Frankreich	55 695
Kroatien	8 460
Italien	53 580
Zypern	4 230
Lettland	5 640
Litauen	7 755
Luxemburg	4 230
Ungarn	14 805
Malta	4 230
Niederlande	20 445
Österreich	13 395
Polen	36 660
Portugal	14 805
Rumänien	23 265
Slowenien	5 640
Slowakei	9 870
Finnland	9 870
Schweden	14 805

Anhang 2

ANHANG II

FÜR DIE REGISTRIERUNG EINER INITIATIVE ERFORDERLICHE INFORMATIONEN

1. Bezeichnung der Initiative in höchstens 100 Zeichen;*);

   *) Die Kommission veranlasst die Übersetzung dieser Elemente in alle Amtssprachen der Organe der Union, und zwar für alle registrierten Initiativen.

2. Ziele der Initiative, in deren Zusammenhang die Kommission zum Tätigwerden aufgefordert wird, in höchstens 1 100 Zeichen (Leerzeichen nicht eingerechnet); (bereinigter Mittelwert pro Sprache*));

   die Organisatorengruppe kann Informationen zu dem Gegenstand, den Zielen und dem Hintergrund der Initiative in einem Anhang mit höchstens 5 000 Zeichen (Leerzeichen nicht eingerechnet) zur Verfügung stellen; (bereinigter Mittelwert pro Sprache*));

   die Organisatorengruppe kann zusätzliche Informationen zu dem Gegenstand, den Zielen und dem Hintergrund der Initiative zur Verfügung stellen. Sie kann, sofern sie es wünscht, ebenfalls einen Entwurf für einen Rechtsakt unterbreiten.

3. Vertragsvorschriften, die von der Organisatorengruppe als für die geplante Initiative relevant erachtet werden;

4. vollständige Namen, Postanschriften, Staatsangehörigkeiten und Geburtsdaten der sieben Mitglieder der Gruppe der in sieben verschiedenen Mitgliedstaaten wohnhaften Organisatoren, wobei insbesondere der Vertreter und dessen Stellvertreter der Gruppe anzugeben sind, sowie deren E-Mail-Adressen und Telefonnummern[1]);

   [1]) Im Register der Kommission werden nur die vollständigen Namen der Mitglieder der Organisatorengruppe, das Land des Wohnsitzes des Vertreters oder gegebenenfalls Name und Land des Sitzes der Rechtsperson, die E-Mail-Adressen der Kontaktpersonen sowie Angaben zu den Quellen der Unterstützung und Finanzierung veröffentlicht. Die betroffenen Personen haben das Recht, gegen die Veröffentlichung ihrer personenbezogenen Daten aus zwingenden berechtigten Gründen, die sich aus ihrer persönlichen Situation ergeben, Widerspruch einzulegen.

befinden sich der Vertreter und/oder Stellvertreter nicht unter den sieben in Unterabsatz 1 genannten Mitgliedern, sind ihre vollständigen Namen, Postanschriften, Staatsangehörigkeiten und Geburtsdaten sowie E-Mail-Adressen und Telefonnummern anzugeben.

5. Belege über die vollständigen Namen, Postanschriften, Staatsangehörigkeiten und Geburtsdaten der sieben Mitglieder gemäß Punkt 4 sowie des Vertreters und Stellvertreters, sofern sich diese nicht unter den genannten sieben Mitgliedern befinden;
6. die Namen der übrigen Mitglieder der Organisatorengruppe;
7. in dem in Artikel 5 Absatz 7 der Verordnung (EU) 2019/788 genannten Fall gegebenenfalls die Belege darüber, dass eine Rechtsperson gemäß dem nationalen Recht eines Mitgliedstaats speziell für die Verwaltung einer bestimmten Initiative gegründet wurde und das als Vertreter der Organisatorengruppe ernannte Mitglied ermächtigt ist, im Namen der Rechtsperson zu handeln;
8. alle Quellen der Unterstützung und Finanzierung für die Initiative zum Zeitpunkt der Registrierung.

Anhang 3

ANHANG III

FORMULAR FÜR DIE UNTERSTÜTZUNGSBEKUNDUNG – Teil A[1)] (für Mitgliedstaaten, in denen die Angabe einer persönlichen Identifikationsnummer/Nummer eines persönlichen Ausweispapiers nicht vorgeschrieben ist)

[1)] Das Formular ist auf einem Blatt auszudrucken. Die Organisatoren gruppe kann ein zweiseitig bedrucktes Blatt verwenden. Um die in Papierform gesammelten Unterstützungsbekundungen in das zentrale Online-Sammelsystem hochzuladen, ist ein Code erforderlich, der von der Europäischen Kommission bereitgestellt wird.

Alle Felder dieses Formulars müssen ausgefüllt werden.

VON DER ORGANISATORENGRUPPE VORAUSZUFÜLLEN:

1. Die auf diesem Formular angegebenen Unterzeichner sind Staatsangehörige von:	

Bitte je Liste nur einen Mitgliedstaat angeben.

2. Registriernummer der Europäischen Kommission:	
3. Beginn und Ende des Sammlungszeitraums:	
4. Internetadresse der Initiative im Register der Europäischen Kommission:	
5. Bezeichnung der Initiative:	
6. Ziele der Initiative:	
7. Namen und E-Mail-Adressen der registrierten Kontaktpersonen:	
[in dem in Artikel 5 Absatz 7 der Verordnung (EU) 2019/788 genannten Fall gegebenenfalls zusätzlich: Name und Land des Sitzes der Rechtsperson]:	
8. Internetseite dieser Initiative (sofern vorhanden):	

VON DEN UNTERZEICHNERN IN GROSSBUCHSTABEN AUSZUFÜLLEN:

„Hiermit bestätige ich, dass die in diesem Formular gemachten Angaben zutreffend sind und ich diese Initiative bisher noch nicht unterstützt habe.”

VOLLSTÄNDIGE VORNAMEN	FAMILIENNAMEN	WOHNSITZ[1)] (Straße, Hausnummer, Postleitzahl, Ort, Land	GEBURTSDATUM	DATUM	UNTERSCHRIFT[2)]

[1)] Deutsche Staatsangehörige mit Wohnsitz außerhalb ihres Landes, nur wenn sie ihren derzeitigen ständigen Wohnsitz bei der zuständigen diplomatischen Auslandsvertretung Deutschlands angemeldet haben.
[2)] Das Formular braucht nicht unterschrieben zu werden, sofern es mithilfe eines zentralen Online-Sammelsystems gemäß Artikel 10 der Verordnung (EU) 2019/788 + bzw. einzelner Online-Sammelsysteme gemäß Artikel 11 der genannten Verordnung elektronisch eingereicht wird.

Datenschutzerklärung[2)] für die in Papierform oder über einzelne Online-Sammelsysteme gesammelten Unterstützungsbekundungen:
Gemäß der Verordnung (EU) 2016/679 (Datenschutz-Grundverordnung) werden Ihre personenbezogenen Daten in diesem Formular nur für die Unterstützung der Initiative verwendet und den zuständigen nationalen Behörden für die Zwecke der Überprüfung und Bescheinigung zur Verfügung gestellt. Sie haben das Recht, von der Organisatorengruppe dieser Initiative Zugang zu Ihren personenbezogenen Daten, deren Berichtigung, Löschung und die Einschränkung ihrer Verarbeitung zu verlangen.
Ihre Daten werden von der Organisatorengruppe für eine maximale Speicherfrist von einem Monat nach Einreichung der Initiative bei der Europäischen Kommission oder 21 Monate nach Beginn des Erfassungszeitraums gespeichert, je nachdem, welcher Zeitpunkt früher liegt. Im Fall von rechtlichen oder verwaltungstechnischen Verfahren können die Daten über diese Fristen hinaus für einen Zeitraum von höchstens einem Monat nach Abschluss der jeweiligen Verfahren gespeichert werden.
Unbeschadet jedes anderweitigen verwaltungstechnischen oder gerichtlichen Rechtsbehelfs haben Sie das Recht, jederzeit und insbesondere in dem Mitgliedstaat Ihres gewöhnlichen Aufenthalts, Ihres Arbeitsorts oder des Orts des mutmaßlichen Verstoßes Beschwerde bei einer Datenschutzbehörde zu erheben, wenn Sie meinen, dass Ihre Daten unrechtmäßig verarbeitet worden sind.
Der Vertreter der Organisatorengruppe der Initiative oder gegebenenfalls die von der Gruppe geschaffene juristische Person ist der für die Verarbeitung Verantwortliche im Sinne der Datenschutz-Grundverordnung und kann anhand der Angaben auf diesem Formular kontaktiert werden.
Die Kontaktdaten des Datenschutzbeauftragten (sofern vorhanden) sind über die in Nummer 4 dieses Formulars angegebene Internetadresse dieser Initiative im Register der Europäischen Kommission abrufbar.
Die Kontaktdaten der nationalen Behörde, die Ihre personenbezogenen Daten annimmt und bearbeitet, und die Kontaktdaten der nationalen Datenschutzbehörden sind abrufbar unter: http://ec.europa.eu/citizens-initiative/public/data-protectionhttp://ec.europa.eu/citizens-initiative/public/data-protection.
Datenschutzerklärung für die über das zentrale Online-Sammelsystem elektronisch gesammelten Unterstützungsbekundungen:
Gemäß der Verordnung (EU) 2018/1725 und der Verordnung (EU) 2016/679 (Datenschutz-Grundverordnung) werden Ihre personenbezogenen Daten in diesem Formular nur für die Unterstützung der Initiative verwendet und den zuständigen nationalen Behörden für die Zwecke der Überprüfung und Bescheinigung zur Verfügung gestellt. Sie haben das Recht, von der Europäischen Kommission und von der Organisatorengruppe der Initiative oder gegebenenfalls der von der Gruppe geschaffenen juristischen Person Zugang zu Ihren personenbezogenen Daten, deren Berichtigung, Löschung und die Einschränkung ihrer Verarbeitung zu verlangen.
Ihre Daten werden von der Kommission für eine maximale Speicherfrist von einem Monat nach Einreichung der Initiative bei der Kommission oder 21 Monaten nach Beginn des Erfassungszeitraums gespeichert, je nachdem, welcher Zeitpunkt früher liegt. Im Fall von rechtlichen oder verwaltungstechnischen Verfahren können die Daten über diese Fristen hinaus für einen Zeitraum von höchstens einem Monat nach Abschluss der jeweiligen Verfahren gespeichert werden.
Unbeschadet jedes anderweitigen verwaltungstechnischen oder gerichtlichen Rechtsbehelfs haben Sie das Recht, jederzeit Beschwerde bei dem Europäischen Datenschutzbeauftragten oder bei einer Datenschutzbehörde, insbesondere in dem Mitgliedstaat Ihres gewöhnlichen Aufenthalts, Ihres

Arbeitsorts oder des Orts des mutmaßlichen Verstoßes zu erheben, wenn Sie meinen, dass Ihre Daten unrechtmäßig verarbeitet worden sind. Die Europäische Kommission und der Vertreter der Organisatorengruppe der Initiative oder gegebenenfalls die von der Gruppe geschaffene juristische Person sind die für die Datenver arbeitung gemeinsam Verantwortlichen im Sinne der Verordnung (EU) 2018/1725 und der Datenschutz-Grundverordnung und können anhand der Angaben in diesem Formular kontaktiert werden. Die Kontaktdaten des Datenschutzbeauftragten der Organisatorengruppe (sofern vorhanden) sind über die Internetadresse dieser Initiative im Register der Europäischen Kommission, angegeben in Nummer 4 dieses Formulars, abrufbar. Die Kontaktdaten des Datenschutzbeauftragten der Europäischen Kommission, der nationalen Behörde, die Ihre personenbezogenen Daten annimmt und bearbeitet, des Europäischen Datenschutzbeauftragten und der nationalen Datenschutzbehörden sind abrufbar unter: http://ec.europa.eu/citizens-initiative/public/data-protectionhttp://ec.europa.eu/citizens-initiative/public/data-protection.

[2] Nur eine der beiden vorgeschlagenen Fassungen der Datenschutzerklärungen wird verwendet, je nach der Form, in der die Unterstützungsbekundungen gesammelt wurden.

FORMULAR FÜR DIE UNTERSTÜTZUNGSBEKUNDUNG – Teil B[3]
(für Mitgliedstaaten, in denen die Angabe einer persönlichen Identifikationsnummer/Nummer eines persönlichen Ausweispapiers vorgeschrieben ist)

[3] Das Formular ist auf einem Blatt auszudrucken. Die Organisatorengruppe kann ein zweiseitig bedrucktes Blatt verwenden. Um die in Papierform gesammelten Unterstützungsbekundungen in das zentrale Online- Sammelsystem hochzuladen, ist ein Code erforderlich, der von der Europäischen Kommission bereitgestellt wird.

Alle Felder dieses Formulars müssen ausgefüllt werden.

VON DER ORGANISATORENGRUPPE VORAUSZUFÜLLEN:

1. Die auf diesem Formular angegebenen Unterzeichner sind Staatsangehörige von: [ ]

   Bitte je Liste nur einen Mitgliedstaat angeben.

   Zu den persönlichen Identifikationsnummern/Nummern eines persönlichen Ausweispapiers, von denen mindestens eine anzugeben ist – siehe Internetseite der Europäischen Kommission über die Europäische Bürgerinitiative.
2. Registriernummer der Europäischen Kommission: [ ]
3. Beginn und Ende des Sammlungszeitraums: [ ]
4. Internetadresse der Initiative im Register der Europäischen Kommission: [ ]
5. Bezeichnung der Initiative: [ ]
6. Ziele der Initiative: [ ]
7. Namen und E-Mail-Adressen der registrierten Kontaktpersonen: [ ]

   [in dem in Artikel 5 Absatz 7 der Verordnung (EU) 2019/788 genannten Fall gegebenenfalls zusätzlich: Name und Land des Sitzes der Rechtsperson]: [ ]
8. Internetseite dieser Initiative (sofern vorhanden): [ ]

VON DEN UNTERZEICHNERN IN GROSSBUCHSTABEN AUSZUFÜLLEN:

„Hiermit bestätige ich, dass die in diesem Formular gemachten Angaben zutreffend sind und ich diese Initiative bisher noch nicht unterstützt habe."

VOLLSTÄNDIGE VORNAMEN	FAMILIENNAMEN	PERSÖNLICHE IDENTIFIKATIONSNUMMER/NUMMER DES PERSÖNLICHEN AUSWEISPAPIERS	Art der persönlichen Identifikationsnummer oder des Ausweispapiers	DATUM	UNTERSCHRIFT[1)]

[1)] Das Formular braucht nicht unterschrieben zu werden, sofern es mithilfe eines zentralen Online-Sammelsystems gemäß Artikel 10 der Verordnung (EU) 2019/788 + bzw. einzelner Online-Sammelsysteme gemäß Artikel 11 der genannten Verordnung elektronisch eingereicht wird.

Datenschutzerklärung[4)] für die in Papierform oder über einzelne Online-Sammelsysteme gesammelten Unterstützungsbekundungen:
Gemäß der Verordnung (EU) 2016/679 (Datenschutz-Grundverordnung) werden Ihre personenbezogenen Daten in diesem Formular nur für die Unterstützung der Initiative verwendet und den zuständigen nationalen Behörden für die Zwecke der Überprüfung und Bescheinigung zur Verfügung gestellt. Sie haben das Recht, von der Organisatorengruppe dieser Initiative Zugang zu Ihren personenbezogenen Daten, deren Berichtigung, Löschung und die Einschränkung ihrer Verarbeitung zu verlangen.
Ihre Daten werden von der Organisatorengruppe für eine maximale Speicherfrist von einem Monat nach Einreichung der Initiative bei der Europäischen Kommission oder 21 Monaten nach Beginn des Erfassungszeitraums gespeichert, je nachdem, welcher Zeitpunkt früher liegt. Im Fall von rechtlichen oder verwaltungstechnischen Verfahren können die Daten über diese Fristen hinaus für einen Zeitraum von höchstens einem Monat nach Abschluss der jeweiligen Verfahren gespeichert werden.
Unbeschadet jedes anderweitigen verwaltungstechnischen oder gerichtlichen Rechtsbehelfs haben Sie das Recht, jederzeit und insbesondere in dem Mitgliedstaat Ihres gewöhnlichen Aufenthalts, Ihres Arbeitsorts oder des Orts des mutmaßlichen Verstoßes Beschwerde bei einer Datenschutzbehörde zu erheben, wenn Sie meinen, dass Ihre Daten unrechtmäßig verarbeitet worden sind.
Der Vertreter der Organisatorengruppe der Initiative oder gegebenenfalls die von ihnen geschaffene juristische Person ist der für die Verarbeitung Verantwortliche im Sinne der Datenschutz-Grundverordnung und kann anhand der Angaben auf diesem Formular kontaktiert werden.
Die Kontaktdaten des Datenschutzbeauftragten (sofern vorhanden) sind über die in Nummer 4 dieses Formulars angegebene Internetadresse dieser Initiative im Register der Europäischen Kommission abrufbar.
Die Kontaktdaten der nationalen Behörde, die Ihre personenbezogenen Daten annimmt und bearbeitet, und die Kontaktdaten der nationalen Datenschutzbehörden sind abrufbar unter: http://ec.europa.eu/citizens-initiative/public/data-protectionhttp://ec.europa.eu/citizens-initiative/public/data-protection.
Datenschutzerklärung für die über das zentrale Online-Sammelsystem elektronisch gesammelten Unterstützungsbekundungen:
Gemäß der Verordnung (EU) 2018/1725 und der Verordnung (EU) 2016/679 (Datenschutz-Grundverordnung) werden Ihre personenbezogenen Daten in diesem Formular nur für die Unterstützung der Initiative verwendet und den zuständigen nationalen Behörden für die Zwecke der Überprüfung und Bescheinigung zur Verfügung gestellt. Sie haben das Recht, von der Europäischen Kommission und von der Organisatorengruppe der Initiative oder gegebenenfalls der von der Gruppe geschaffenen juristischen Person Zugang zu Ihren personenbezogenen Daten, deren Berichtigung, Löschung und die Einschränkung ihrer Verarbeitung zu verlangen.
Ihre Daten werden von der Kommission für eine maximale Speicherfrist von einem Monat nach Einreichung der Initiative bei der Kommission oder 21 Monaten nach Beginn des Erfassungszeitraums gespeichert, je nachdem, welcher Zeitpunkt früher liegt. Im Fall von rechtlichen oder verwal-

tungstechnischen Verfahren können die Daten über diese Fristen hinaus für einen Zeitraum von höchstens einem Monat nach Abschluss der jeweiligen Verfahren gespeichert werden.
Unbeschadet jedes anderweitigen verwaltungstechnischen oder gerichtlichen Rechtsbehelfs haben Sie das Recht, jederzeit Beschwerde bei dem Europäischen Datenschutzbeauftragten oder bei einer Datenschutzbehörde, insbesondere in dem Mitgliedstaat Ihres gewöhnlichen Aufenthalts, Ihres Arbeitsorts oder des Orts des mutmaßlichen Verstoßes zu erheben, wenn Sie meinen, dass Ihre Daten unrechtmäßig verarbeitet worden sind.
Die Europäische Kommission und der Vertreter der Organisatorengruppe der Initiative oder gegebenenfalls die von der Gruppe geschaffene juristische Person sind die für die Datenver arbeitung gemeinsam Verantwortlichen im Sinne der Verordnung (EU) 2018/1725 und der Datenschutz-Grundverordnung und können anhand der Angaben in diesem Formular kontaktiert werden.
Die Kontaktdaten des Datenschutzbeauftragten der Organisatorengruppe (sofern vorhanden) sind über die Internetadresse dieser Initiative im Register der Europäischen Kommission, angegeben in Nummer 4 dieses Formulars, abrufbar.
Die Kontaktdaten des Datenschutzbeauftragten der Europäischen Kommission, der nationalen Behörde, die Ihre personenbezogenen Daten annimmt und bearbeitet, des Europäischen Datenschutzbeauftragten und der nationalen Datenschutzbehörden sind abrufbar unter: http://ec.europa.eu/citizens-initiative/public/data-protectionhttp://ec.europa.eu/citizens-initiative/public/data-protection.

[4)] Nur eine der beiden vorgeschlagenen Fassungen der Datenschutzerklärungen wird verwendet, je nach der Form, in der die Unterstützungsbekundungen gesammelt wurden.

(ABl 2020 L 424, 60)

Anhang 4

ANHANG IV

BESCHEINIGUNG ÜBER DIE ÜBEREINSTIMMUNG EINES ONLINE-SAMMELSYSTEMS MIT DER VERORDNUNG (EU) 2019/788 DES EUROPÄISCHEN PARLAMENTS UND DES RATES VOM 17. APRIL 2019 ÜBER DIE EUROPÄISCHE BÜRGERINITIATIVE

… (Bezeichnung der zuständigen Behörde) aus … (Name des Mitgliedstaats) bestätigt hiermit, dass das Online-Sammelsystem … (Internetadresse) zur Sammlung von Unterstützungsbekundungen für … (Bezeichnung der Initiative) mit den einschlägigen Vorschriften der Verordnung (EU) 2019/788 des Europäischen Parlaments und des Rates vom 17. April 2019 ... über die Europäische Bürgerinitiative übereinstimmt.

Datum, Unterschrift und Dienststempel der zuständigen Behörde:

Anhang 5

ANHANG V

FORMULAR FÜR DIE ÜBERMITTLUNG VON UNTERSTÜTZUNGSBEKUNDUNGEN AN DIE ZUSTÄNDIGEN BEHÖRDEN DER MITGLIEDSTAATEN

1. Vollständige Namen, Postanschriften und E-Mail-Adressen der Kontaktpersonen (Vertreter und Stellvertreter der Organisatorengruppe) oder der für die Verwaltung der Initiative zuständigen Rechtsperson und ihres Vertreters:
2. Bezeichnung der Initiative:
3. Registriernummer der Kommission:
4. Datum der Registrierung:
5. Anzahl der Unterzeichner, die Staatsangehörige von (Name des Mitgliedstaats) sind:
6. Gesamtzahl der gesammelten Unterstützungsbekundungen:
7. Zahl der Mitgliedstaaten, in denen die Mindestzahl der Unterzeichner erreicht ist:
8. Anhänge:

   (Beizufügen sind alle Unterstützungsbekundungen von Unterzeichnern, die Staatsangehörige des betreffenden Mitgliedstaats sind.

Gegebenenfalls sind die entsprechenden Bescheinigungen über die Übereinstimmung des individuellen Online-Sammelsystems mit der Verordnung (EU) 2019/788 des Europäischen Parlaments und des Rates vom 17. April 2019 über die Europäische Bürgerinitiative beizufügen.)

9. Hiermit erkläre ich, dass die Angaben in diesem Formular zutreffend sind und dass die Sammlung der Unterstützungsbekundungen gemäß Artikel 9 der Verordnung (EU) 2019/788 des Europäischen Parlaments und des Rates vom 17. April 2019 über die Europäische Bürgerinitiative erfolgt ist.

10. Datum und Unterschrift einer der Kontaktpersonen (Vertreter/Stellvertreter[1)]) oder des Vertreters der Rechtsperson:

[1)] Nichtzutreffendes streichen.

Anhang 6

ANHANG VI

BESCHEINIGUNG DER ZAHL DER IN ... (NAME DES MITGLIEDSTAATS) GESAMMELTEN GÜLTIGEN UNTERSTÜTZUNGSBEKUNDUNGEN

... (Bezeichnung der zuständigen Behörde) aus ... (Name des Mitgliedstaats), bestätigt nach Durchführung der notwendigen Prüfungen gemäß Artikel 12 der Verordnung (EU) 2019/788 des Europäischen Parlaments und des Rates vom 17. April 2019 über die Europäische Bürgerinitiative, dass … (Anzahl der gültigen Unterstützungsbekundungen) Unterstützungsbekundungen für die Initiative mit der Registriernummer ... (Registriernummer der Initiative) gemäß den Bestimmungen dieser Verordnung gültig sind.

Datum, Unterschrift und Dienststempel

Anhang 7

ANHANG VII

FORMULAR ZUR EINREICHUNG EINER INITIATIVE BEI DER EUROPÄISCHEN KOMMISSION

1. Bezeichnung der Initiative:
2. Registriernummer der Kommission:
3. Datum der Registrierung:
4. Anzahl der eingegangenen gültigen Unterstützungsbekundungen (mindestens eine Million):
5. Anzahl der von den Mitgliedstaaten bestätigten Unterzeichner:

	BE	BG	CZ	DK	DE	EE	IE	EL	ES	FR	HR	IT	CY	LV	LT	LU
Anzahl der Unterzeichner																
	HU	MT	NL	AT	PL	PT	RO	SI	SK	FI	SE	UK	GESAMT			
Anzahl der Unterzeichner																

6. Vollständige Namen, Postanschriften und E-Mail-Adressen der Kontaktpersonen (Vertreter und Stellvertreter der Organisatorengruppe)[1)] oder der für die Verwaltung der Initiative zuständigen Rechtsperson und ihres Vertreters.

[1)] Im Register der Kommission werden nur die vollständigen Namen der Mitglieder der Organisatorengruppe, das Land des Wohnsitzes des Vertreters oder gegebenenfalls Name und Land des Sitzes der Rechtsperson, die E-Mail-Adressen der Kontaktpersonen und Angaben zu den Quellen der Unterstützung und Finanzierung veröffentlicht. Die betroffenen Personen haben das Recht, gegen die Veröffentlichung ihrer personenbezogenen Daten aus zwingenden berechtigten Gründen, die sich aus ihrer persönlichen Situation ergeben, Widerspruch einzulegen.

7. Alle Quellen der Unterstützung und Finanzierung für die Initiative einschließlich der Höhe der finanziellen Unterstützung zum Zeitpunkt der Einreichung sind anzugeben.

8. Hiermit erkläre ich, dass die Angaben in diesem Formular zutreffend sind und dass alle in der Verordnung (EU) 2019/788 des Europäischen Parlaments und des Rates vom 17. April 2019 über die Europäische Bürgerinitiative festgelegten einschlägigen Verfahren und Bedingungen eingehalten wurden.

   Datum und Unterschrift einer der Kontaktpersonen (Vertreter/Stellvertreter[2)]) oder des Vertreters der Rechtsperson:

   [2)] Nichtzutreffendes streichen.

9. Anhänge: (Alle Bescheinigungen sind beizufügen.)

Spezifikationen für individuelle Online-Sammelsysteme für Bürgerinitiativen

ABl 2019 L 274, 3

Durchführungsverordnung (EU) 2019/1799 der Kommission vom 22. Oktober 2019 zur Festlegung der technischen Spezifikationen für individuelle Online-Sammelsysteme gemäß der Verordnung (EU) 2019/788 des Europäischen Parlaments und des Rates über die Europäische Bürgerinitiative

DIE EUROPÄISCHE KOMMISSION –

gestützt auf den Vertrag über die Arbeitsweise der Europäischen Union,

gestützt auf die Verordnung (EU) 2019/788 des Europäischen Parlaments und des Rates vom 17. April 2019 über die Europäische Bürgerinitiative[1], insbesondere auf Artikel 11 Absatz 5,

in Erwägung nachstehender Gründe:

(1) Die Verordnung (EU) 2019/788 enthält überarbeitete Vorschriften für die Europäische Bürgerinitiative und hebt die Verordnung (EU) Nr. 211/2011 des Europäischen Parlaments und des Rates[2] auf.

(2) Gemäß der Verordnung (EU) 2019/788 müssen Organisatoren bei der Online-Sammlung von Unterstützungsbekundungen für registrierte Bürgerinitiativen das zentrale Online-Sammelsystem nutzen, das von der Kommission eingerichtet und betrieben wird. Um jedoch die Übergangsphase für die Initiativen zu erleichtern, die noch vor Ende 2022 gemäß der Verordnung (EU) 2019/788 registriert werden, können sich die Organisatoren entscheiden, ihr eigenes individuelles Online-Sammelsystem zu nutzen.

(3) Nach der Verordnung (EU) 2019/788 sollte ein individuelles System, das für die Online-Sammlung von Unterstützungsbekundungen genutzt wird, über hinreichende Sicherheits- und sonstige technische Merkmale verfügen, um zu gewährleisten, dass die Daten während der gesamten Sammlungsfrist sicher gesammelt, gespeichert und übermittelt werden. Die Kommission sollte gemeinsam mit den Mitgliedstaaten die technischen Spezifikationen für die Umsetzung der Anforderungen an individuelle Online-Sammelsysteme festlegen.

(4) Die Bestimmungen dieser Verordnung ersetzen die in der Durchführungsverordnung (EU) Nr. 1179/2011 der Kommission[3] festgelegten Regeln, die daher hinfällig werden.

(5) Die durchzuführenden technischen und organisatorischen Maßnahmen sollten sowohl zum Zeitpunkt der Systementwicklung als auch während der gesamten Sammlungsfrist jede unbefugte Verarbeitung personenbezogener Daten verhindern und sie gegen die zufällige oder unrechtmäßige Vernichtung, den zufälligen Verlust, die Änderung, die unberechtigte Weitergabe oder den unberechtigten Zugang schützen.

(6) Zu diesem Zweck sollten die Organisatoren angemessene Risikomanagementverfahren anwenden, um die Risiken für ihre Systeme zu ermitteln und geeignete und verhältnismäßige Gegenmaßnahmen festzulegen, um diese Risiken auf ein vertretbares Maß zu reduzieren. Die Organisatoren sollten die ermittelten Risiken für die Sicherheit und den Datenschutz sowie die Maßnahmen zur Vermeidung dieser Risiken unter Berücksichtigung der von der Bescheinigungsbehörde angewandten Sicherheitsanforderungen und -vorschriften ordnungsgemäß dokumentieren. Die Sicherheitsanforderungen und -vorschriften sollten mit der Verordnung (EU) 2019/788 in Einklang stehen und auf Anfrage von der Bescheinigungsbehörde bereitgestellt werden.

(7) Die Umsetzung der in dieser Verordnung festgelegten technischen Spezifikationen sollte unbeschadet der Verpflichtung der Organisatoren gelten, die gemäß der Verordnung (EU) 2016/679 des Europäischen Parlaments und des Rates[4] geltenden Datenschutzanforderungen zu erfüllen,

[1] ABl. L 130 vom 17.5.2019, S. 55.

[2] Verordnung (EU) Nr. 211/2011 des Europäischen Parlaments und des Rates vom 16. Februar 2011 über die Bürgerinitiative (ABl. L 65 vom 11.3.2011, S. 1).

[3] Durchführungsverordnung (EU) Nr. 1179/2011 der Kommission vom 17. November 2011 zur Festlegung der technischen Spezifikationen für Online-Sammelsysteme gemäß der Verordnung (EU) Nr. 211/2011 des Europäischen Parlaments und des Rates über die Bürgerinitiative (ABl. L 301 vom 18.11.2011, S. 3).

[4] Verordnung (EU) 2016/679 des Europäischen Parlaments und des Rates vom 27. April 2016 zum Schutz natürlicher Personen bei der Verarbeitung personenbezogener Daten, zum freien Datenverkehr und zur Aufhebung der Richtlinie 95/46/EG (Datenschutz-Grundverordnung) (ABl. L 119 vom 4.5.2016, S. 1).

einschließlich der etwaigen Notwendigkeit einer Datenschutz-Folgenabschätzung.

(8) Der Vertreter einer Organisatorengruppe oder gegebenenfalls einer juristischen Person im Sinne von Artikel 5 Absatz 7 der Verordnung (EU) 2019/788 gilt in Bezug auf die Verarbeitung personenbezogener Daten in einem individuellen Online-Sammelsystem als für die Verarbeitung Verantwortlicher im Sinne der Verordnung (EU) 2016/679.

(9) Organisatoren, die Änderungen ihres individuellen Online-Sammelsystems nach der Zertifizierung des Systems vornehmen, sollten die jeweilige Bescheinigungsbehörde unverzüglich darüber in Kenntnis setzen, wenn die Änderung die der Zertifizierung zugrunde liegende Bewertung beeinflussen könnte. Vorher können die Organisatoren die Stellungnahme der Bescheinigungsbehörde einholen, um zu überprüfen, ob die Änderung solche Auswirkungen haben kann und daher gemeldet werden sollte.

(10) Der Europäische Datenschutzbeauftragte wurde gemäß Artikel 42 der Verordnung (EU) 2018/1725 des Europäischen Parlaments und des Rates[5] angehört und hat am 16. September 2019 eine Stellungnahme abgegeben. Die Europäische Agentur für Netz- und Informationssicherheit wurde konsultiert und übermittelte ihre Anmerkungen am 18. Juli 2019.

(11) Die in dieser Verordnung vorgesehenen Maßnahmen entsprechen der Stellungnahme des nach Artikel 22 der Verordnung (EU) 2019/788 eingesetzten Ausschusses –

HAT FOLGENDE VERORDNUNG ERLASSEN:

Artikel 1

Die in Artikel 11 Absatz 5 der Verordnung (EU) 2019/788 genannten technischen Spezifikationen sind im Anhang der vorliegenden Verordnung festgelegt.

Artikel 2

(1) Die Organisatoren stellen sicher, dass ihr individuelles Online-Sammelsystem während der gesamten Sammlungsfrist die im Anhang aufgeführten technischen Spezifikationen erfüllt.

(2) Die Organisatoren setzen die nach Artikel 11 Absatz 3 der Verordnung (EU) 2019/788 zuständige Behörde des Mitgliedstaats unverzüglich über Änderungen, die nach der Zertifizierung des Systems durch diese bescheinigende Behörde im System oder in den unterstützenden organisatorischen Maßnahmen vorgenommen wurden, in Kenntnis, wenn diese Änderungen die der Zertifizierung zugrunde liegende Bewertung beeinflussen könnten. Vorher können die Organisatoren die Stellungnahme der zuständigen Behörde einholen, um zu überprüfen, ob die Änderung solche Auswirkungen haben kann.

Artikel 3

Diese Verordnung tritt am zwanzigsten Tag nach ihrer Veröffentlichung im *Amtsblatt der Europäischen Union* in Kraft.

Sie gilt ab dem 1. Januar 2020.

Diese Verordnung ist in allen ihren Teilen verbindlich und gilt unmittelbar in jedem Mitgliedstaat.

Brüssel, den 22. Oktober 2019

Für die Kommission
Der Präsident
Jean-Claude JUNCKER

[5] Verordnung (EU) 2018/1725 des Europäischen Parlaments und des Rates vom 23. Oktober 2018 zum Schutz natürlicher Personen bei der Verarbeitung personenbezogener Daten durch die Organe, Einrichtungen und sonstigen Stellen der Union, zum freien Datenverkehr und zur Aufhebung der Verordnung (EG) Nr. 45/2001 und des Beschlusses Nr. 1247/2002/EG (ABl. L 295 vom 21.11.2018, S. 39).

Anhang 1

ANHANG

1. **TECHNISCHE SPEZIFIKATIONEN FÜR DIE UMSETZUNG VON ARTIKEL 11 ABSATZ 4 BUCHSTABE A DER VERORDNUNG (EU) 2019/788**

   Das System umfasst technische Maßnahmen, die sicherstellen, dass nur natürliche Personen Unterstützungsbekundungen abgeben können. Mit den technischen Maßnahmen dürfen nicht mehr personenbezogene Daten gesammelt und gespeichert werden als die in Anhang III zur Verordnung (EU) 2019/788 aufgeführten.

2. **TECHNISCHE SPEZIFIKATIONEN FÜR DIE UMSETZUNG VON ARTIKEL 11 ABSATZ 4 BUCHSTABE B DER VERORDNUNG (EU) 2019/788**

Die Organisatoren treffen angemessene und wirksame technische und organisatorische Maßnahmen zur Eindämmung der Risiken für die Sicherheit der von ihnen eingesetzten Netz- und Informationssysteme, um sicherzustellen, dass die Informationen über die Initiative, die im Online-Sammelsystem bereitgestellt und der Öffentlichkeit im Internet zugänglich gemacht werden, den im Register nach Artikel 6 Absatz 5 der Verordnung (EU) 2019/788 veröffentlichten Informationen über die Initiative entsprechen.

Die Organisatoren stellen sicher, dass

a) die Informationen, die im Online-Sammelsystem über die Initiative bereitgestellt werden, den im Register veröffentlichten Informationen entsprechen;

b) das System die im Register veröffentlichten Informationen über die Initiative anzeigt, bevor die Bürger die Unterstützungsbekundungen abgeben;

c) Sicherheitsmaßnahmen eingeführt wurden, die gewährleisten, dass die Dateneingabefelder in den Unterstützungsbekundungen zusammen mit den Informationen über die betreffende Initiative angezeigt werden, damit das Risiko vermieden wird, dass Unterstützungsbekundungen durch eine falsche Darstellung der Initiative für eine andere Initiative abgegeben werden;

d) das System die Daten nach der Abgabe der Unterstützungsbekundung zusammen mit den Informationen über die Initiative speichert;

e) Sicherheitsmaßnahmen dafür sorgen, dass an den im Online-Sammelsystem bereitgestellten Informationen über die Initiative keine unbefugten Änderungen vorgenommen werden können.

3. TECHNISCHE SPEZIFIKATIONEN FÜR DIE UMSETZUNG VON ARTIKEL 11 ABSATZ 4 BUCHSTABE C DER VERORDNUNG (EU) 2019/788

Mit dem System wird gewährleistet, dass die Unterstützungsbekundungen in Übereinstimmung mit den in Anhang III der Verordnung (EU) 2019/788 vorgesehenen Datenfeldern abgegeben werden.

Mit dem System wird gewährleistet, dass eine Person eine Unterstützungsbekundung nur dann abgeben kann, wenn sie bestätigt hat, dass sie die in Anhang III der Verordnung (EU) 2019/788 festgelegte Datenschutzerklärung gelesen hat.

4. TECHNISCHE SPEZIFIKATIONEN FÜR DIE UMSETZUNG VON ARTIKEL 11 ABSATZ 4 BUCHSTABE D DER VERORDNUNG (EU) 2019/788

4.1. Verwaltung

4.1.1. Die Organisatorengruppe ernennt einen Sicherheitsbeauftragten, der für die Sicherheit des Systems und die sichere Übermittlung der gesammelten Unterstützungsbekundungen an die zuständige Behörde des verantwortlichen Mitgliedstaats verantwortlich ist. Der Sicherheitsbeauftragte überwacht die Informationssicherung sowie die technischen und organisatorischen Sicherheitsmaßnahmen für die sichere Sammlung, Speicherung und Übermittlung der von den Unterzeichnern bereitgestellten Daten.

4.1.2. Die Organisatoren können die nationale zuständige Behörde nach Artikel 11 Absatz 3 der Verordnung (EU) 2019/788 auffordern, die für die Zertifizierung individueller Online-Sammelsysteme anwendbaren Sicherheitsvorschriften und -anforderungen bereitzustellen. Die zuständige Behörde stellt die Sicherheitsvorschriften und -anforderungen in der Regel innerhalb eines Monats nach Eingang des Antrags bereit. Die anwendbaren Sicherheitsvorschriften und -anforderungen müssen mit den einschlägigen nationalen oder internationalen Sicherheitsstandards in Einklang stehen.

4.1.3. In den für die Zertifizierung des Systems anwendbaren Sicherheitsvorschriften und -anforderungen werden die in Abschnitt 4.2 definierten Risiken und die Spezifikationen in Abschnitt 4.3 berücksichtigt.

4.2. Informationssicherung

4.2.1. Die Organisatoren wenden Risikomanagementverfahren an, um die Risiken im Zusammenhang mit der Nutzung ihrer Systeme, einschließlich in Bezug auf die Rechte und Freiheiten der Unterzeichner, zu ermitteln und geeignete und verhältnismäßige Maßnahmen festzulegen, um Vorfälle, die die Sicherheit der von ihnen verwendeten Netze und Informationssysteme beeinträchtigen könnten, zu verhindern bzw. deren Auswirkungen abzumildern.

Das Risikomanagementverfahren konzentriert sich insbesondere auf die Risiken im Zusammenhang mit der Vertraulichkeit und Integrität der Informationen im System. Diese Risiken können das Ergebnis von Bedrohungen sein wie

a) Benutzerfehler
b) Fehler der System-/Sicherheitsadministratoren
c) Konfigurationsfehler
d) Infektionen durch Malware
e) unbeabsichtigte Veränderung von Informationen
f) Offenlegung oder Weitergabe von Informationen
g) Softwareschwachstellen
h) unberechtigter Zugang
i) Abfangen oder Abhören der Datenströme
j) Datenschutzrisiken.

4.2.2. Die Organisatoren legen Unterlagen vor, aus denen hervorgeht, dass sie:

a) die Risiken des Systems bewertet haben;
b) geeignete Maßnahmen getroffen haben, um Vorfälle, die die Sicherheit des Systems beeinträchtigen könnten, zu verhindern bzw. deren Auswirkungen abzumildern;
c) die Restrisiken ermittelt haben;
d) die Maßnahmen umgesetzt und ihre Umsetzung überprüft haben;
e) die organisatorischen Voraussetzungen für den Erhalt von Informationen zu neuen Bedrohungen und zu Verbesserungen im Bereich der Informationssicherheit geschaffen haben;
f) die Zertifizierungsanforderungen gemäß Artikel 11 Absatz 4 der Verordnung (EU) 2019/788, einschließlich der dafür erforderlichen Verfahren, während des gesamten Sammlungsprozesses erfüllen.

4.2.3. Die Maßnahmen zur Verhinderung von Vorfällen, die die Sicherheit des Systems beeinträchtigen könnten, bzw. zur Abmilderung deren Auswirkungen umfassen folgende Bereiche:

a) Personalsicherheit
b) Zugangskontrolle
c) kryptografische Kontrollen
d) physische Sicherheit und umgebungsbezogene Sicherheit
e) Betriebssicherheit
f) Kommunikationssicherheit
g) Anschaffung, Entwicklung und Instandhaltung der Systeme
h) Handhabung von Informationssicherheitsvorfällen
i) Compliance.

Die Anwendung dieser Sicherheitsmaßnahmen kann auf die Teile der Organisation beschränkt werden, die für das Online-Sammelsystem relevant sind. Die Personalsicherheit beispielsweise kann auf die Mitarbeiter begrenzt werden, die physischen oder logischen Zugang zum Online-Sammelsystem haben. Der Aspekt der physischen und umgebungsbezogenen Sicherheit wiederum kann auf die Gebäude beschränkt sein, in denen die systemrelevante Hard- und Software untergebracht ist.

4.2.4. Übertragen die Organisatoren die Entwicklung oder Bereitstellung von Online-Sammelsystemen oder Teilen davon einem Auftragsverarbeiter, so legen sie Unterlagen vor, anhand derer die Bescheinigungsbehörde feststellen kann, ob die erforderlichen Sicherheitskontrollen vorhanden sind.

4.3. Datenverschlüsselung

Das System sieht folgende Verschlüsselung von Daten vor:

a) Personenbezogene Daten in elektronischer Form werden bei der Speicherung oder der Übermittlung an die zuständigen Behörden in den Mitgliedstaaten gemäß der

Verordnung (EU) 2019/788 verschlüsselt; die hierfür verwendeten Schlüssel werden in einem separaten System gesichert und verwaltet.

b) Es werden geeignete Standardalgorithmen und geeignete Schlüssel gemäß internationalen Standards (wie der ETSI-Norm) verwendet. Eine Schlüsselverwaltung ist vorhanden.

c) Alle Schlüssel und Kennwörter sind vor unberechtigtem Zugriff geschützt.

Zugang zu Dokumenten und Transparenz

Hinweise:

Verordnung (EWG, Euratom) Nr. 354/83 des Rates vom 1. Februar 1983 über die Freigabe der historischen Archive der Europäischen Wirtschaftsgemeinschaft und der Europäischen Atomgemeinschaft (ABl 1983, L 43, 1, zuletzt geändert durch ABl 2015 L 79,1).

Beschluß der Kommission vom 3. März 1989 zur Festlegung bestimmter Modalitäten für die Herabstufung von Schriftstücken, die unter das Berufs- oder Betriebsgeheimnis fallen (89/196/EWG, Euratom, EGKS) (ABl 1989 L 73, 52, geändert durch ABl 1990 L 340, 24).

Zur *Interinstitutionellen Vereinbarung* vom 20. 11. 2002 zwischen dem *Europäischen Parlament und dem Rat* über den Zugang des Europäischen Parlaments zu sensiblen Informationen des Rates im Bereich der Sicherheits- und Verteidigungspolitik sowie zum Durchführungsbeschluss dazu siehe 18/5. und 18/6.

Der Beschluss Nr. 64/2003 vom 11. 2. 2003 über den Zugang der Öffentlichkeit zu den Dokumenten des *Ausschusses der Regionen* findet sich in ABl 2003 L 160, 96; der Beschluss vom 1. 7. 2003 über den Zugang der Öffentlichkeit zu den Dokumenten des *Europäischen Wirtschafts- und Sozialausschusses* in ABl 2003 L 205, 19.

Der Zugang der Öffentlichkeit zu Dokumenten, die vom *Gerichtshof der Europäischen Union* in Wahrnehmung seiner Verwaltungsaufgaben verwahrt werden, ist im entsprechenden Beschluss des Gerichtshofs der Europäischen Union vom 26. November 2019 geregelt (ABl 2020 C 45, 2).

Verordnung (EU) 2018/1725 des Europäischen Parlaments und des Rates vom 23. Oktober 2018 zum Schutz natürlicher Personen bei der Verarbeitung personenbezogener Daten durch die Organe, Einrichtungen und sonstigen Stellen der Union, zum freien Datenverkehr und zur Aufhebung der Verordnung (EG) Nr. 45/2001 und des Beschlusses Nr. 1247/2002/EG (ABl 2018 L 295, 39) ist im entsprechenden Beschluss des Gerichtshofs der Europäischen Union vom 26. November 2019 geregelt (ABl 2020 C 45, 2).

Beschluss Nr. 18/2020 des Ausschusses der Regionen über den Zugang der Öffentlichkeit zu den Dokumenten des Ausschusses der Regionen (ABl 2020 L 391, 3).

Zugang zu Dokumenten des Europäischen Parlaments, des Rates und der Kommission*)

ABl 2001 L 145, 43

Verordnung (EG) Nr. 1049/2001 des Europäischen Parlaments und des Rates vom 30. Mai 2001 über den Zugang der Öffentlichkeit zu Dokumenten des Europäischen Parlaments, des Rates und der Kommission

DAS EUROPÄISCHE PARLAMENT UND DER RAT DER EUROPÄISCHEN UNION –

gestützt auf den Vertrag zur Gründung der Europäischen Gemeinschaft, insbesondere auf Artikel 255 Absatz 2,

auf Vorschlag der Kommission[1],

gemäß dem Verfahren des Artikels 251 des Vertrags[2],

in Erwägung nachstehender Gründe:

(1) In Artikel 1 Absatz 2 des Vertrags über die Europäische Union, wonach der Vertrag eine neue Stufe bei der Verwirklichung einer immer engeren Union der Völker Europas darstellt, in der die Entscheidungen möglichst offen und möglichst bürgernah getroffen werden, ist das Prinzip der Transparenz verankert.

(2) Transparenz ermöglicht eine bessere Beteiligung der Bürger am Entscheidungsprozess und gewährleistet eine größere Legitimität, Effizienz und Verantwortung der Verwaltung gegenüber dem Bürger in einem demokratischen System. Transparenz trägt zur Stärkung der Grundsätze der Demokratie und der Achtung der Grundrechte bei, die in Artikel 6 des EU-Vertrags und in der Charta der Grundrechte der Europäischen Union verankert sind.

(3) In den Schlussfolgerungen des Europäischen Rates von Birmingham, Edinburgh und Kopenhagen wurde die Notwendigkeit betont, die Arbeit der Organe der Union transparenter zu machen. Diese Verordnung konsolidiert die Initiativen, die die Organe bereits ergriffen haben, um die Transparenz des Entscheidungsprozesses zu verbessern.

(4) Diese Verordnung soll dem Recht auf Zugang der Öffentlichkeit zu Dokumenten größtmögliche Wirksamkeit verschaffen und gemäß Artikel 255 Absatz 2 des EG-Vertrags die allgemeinen Grundsätze und Einschränkungen dafür festlegen.

(5) Da der Zugang zu Dokumenten im Vertrag über die Gründung der Europäischen Gemeinschaft für Kohle und Stahl und im Vertrag zur Gründung der Europäischen Atomgemeinschaft nicht geregelt ist, sollten sich das Europäische Parlament, der Rat und die Kommission gemäß der Erklärung Nr. 41 zur Schlussakte des Vertrags von Amsterdam bei Dokumenten im Zusammenhang mit Tätigkeiten, die sich aus diesen beiden Verträgen ergeben, von dieser Verordnung leiten lassen.

(6) Ein umfassenderer Zugang zu Dokumenten sollte in den Fällen gewährt werden, in denen die Organe, auch im Rahmen übertragener Befugnisse, als Gesetzgeber tätig sind, wobei gleichzeitig die Wirksamkeit ihrer Entscheidungsprozesse zu wahren ist. Derartige Dokumente sollten in größtmöglichem Umfang direkt zugänglich gemacht werden.

(7) Gemäß Artikel 28 Absatz 1 und Artikel 41 Absatz 1 des EU-Vertrags gilt das Zugangsrecht auch für Dokumente aus den Bereichen der Gemeinsamen Außen- und Sicherheitspolitik sowie der polizeilichen und justiziellen Zusammenarbeit in Strafsachen. Jedes Organ sollte seine Sicherheitsbestimmungen beachten.

(8) Um die vollständige Anwendung dieser Verordnung auf alle Tätigkeiten der Union zu gewährleisten, sollten alle von den Organen geschaffenen Einrichtungen die in dieser Verordnung festgelegten Grundsätze anwenden.

(9) Bestimmte Dokumente sollten aufgrund ihres hochsensiblen Inhalts einer besonderen Behandlung unterliegen. Regelungen zur Unterrichtung des Europäischen Parlaments über den Inhalt derartiger Dokumente sollten durch interinstitutionelle Vereinbarung getroffen werden.

*) Durchführungsbestimmungen der Kommission zur Verordnung (EG) Nr. 1049/2001 im Anhang zur Geschäftsordnung der Kommission, ABl 2001 L 345, 94 (unter 9/1.).

1) ABl. C 177 E vom 27. 6. 2000, S. 70.

2) Stellungnahme des Europäischen Parlaments vom 3. Mai 2001 und Beschluss des Rates vom 28. Mai 2001.

(10) Um die Arbeit der Organe transparenter zu gestalten, sollten das Europäische Parlament, der Rat und die Kommission Zugang nicht nur zu Dokumenten gewähren, die von den Organen erstellt wurden, sondern auch zu Dokumenten, die bei ihnen eingegangen sind. In diesem Zusammenhang wird daran erinnert, dass ein Mitgliedstaat gemäß der Erklärung Nr. 35 zur Schlussakte des Vertrags von Amsterdam die Kommission oder den Rat ersuchen kann, ein aus dem betreffenden Mitgliedstaat stammendes Dokument nicht ohne seine vorherige Zustimmung an Dritte weiterzuleiten.

(11) Grundsätzlich sollten alle Dokumente der Organe für die Öffentlichkeit zugänglich sein. Der Schutz bestimmter öffentlicher und privater Interessen sollte jedoch durch Ausnahmen gewährleistet werden. Es sollte den Organen gestattet werden, ihre internen Konsultationen und Beratungen zu schützen, wo dies zur Wahrung ihrer Fähigkeit, ihre Aufgaben zu erfüllen, erforderlich ist. Bei der Beurteilung der Ausnahmen sollten die Organe in allen Tätigkeitsbereichen der Union die in den Rechtsvorschriften der Gemeinschaft verankerten Grundsätze über den Schutz personenbezogener Daten berücksichtigen.

(12) Alle Bestimmungen über den Zugang zu Dokumenten der Organe sollten mit dieser Verordnung in Einklang stehen.

(13) Um die uneingeschränkte Wahrung des Rechts auf Zugang zu gewährleisten, sollte ein Verwaltungsverfahren in zwei Phasen zur Anwendung kommen, mit der zusätzlichen Möglichkeit, den Rechtsweg zu beschreiten oder Beschwerde beim Bürgerbeauftragten einzulegen.

(14) Jedes Organ sollte die notwendigen Maßnahmen ergreifen, um die Öffentlichkeit über die neuen geltenden Rechtsvorschriften zu informieren und sein Personal entsprechend auszubilden und so die Bürger bei der Ausübung der ihnen durch diese Verordnung gewährten Rechte zu unterstützen. Um den Bürgern die Ausübung dieser Rechte zu erleichtern, sollte jedes Organ ein Dokumentenregister zugänglich machen.

(15) Diese Verordnung zielt weder auf eine Änderung des Rechts der Mitgliedstaaten über den Zugang zu Dokumenten ab, noch bewirkt sie eine solche Änderung; es versteht sich jedoch von selbst, dass die Mitgliedstaaten aufgrund des Prinzips der loyalen Zusammenarbeit, das für die Beziehungen zwischen den Organen und den Mitgliedstaaten gilt, dafür sorgen sollten, dass sie die ordnungsgemäße Anwendung dieser Verordnung nicht beeinträchtigen, und dass sie die Sicherheitsbestimmungen der Organe beachten sollten.

(16) Bestehende Rechte der Mitgliedsstaaten sowie der Justiz- oder Ermittlungsbehörden auf Zugang zu Dokumenten werden von dieser Verordnung nicht berührt.

(17) Gemäß Artikel 255 Absatz 3 des EG-Vertrags legt jedes Organ in seiner Geschäftsordnung Sonderbestimmungen hinsichtlich des Zugangs zu seinen Dokumenten fest. Der Beschluss 93/731/EG des Rates vom 20. Dezember 1993 über den Zugang der Öffentlichkeit zu den Ratsdokumenten[3], der Beschluss 94/90/EGKS, EG, Euratom der Kommission vom 8. Februar 1994 über den Zugang der Öffentlichkeit zu den der Kommission vorliegenden Dokumenten[4], der Beschluss 97/632/ EG, EGKS, Euratom des Europäischen Parlaments vom 10. Juli 1997 über den Zugang der Öffentlichkeit zu den Dokumenten des Europäischen Parlaments[5] sowie die Bestimmungen über die vertrauliche Behandlung von Schengen-Dokumenten sollten daher nötigenfalls geändert oder aufgehoben werden –

HABEN FOLGENDE VERORDNUNG ERLASSEN:

Artikel 1
Zweck

Zweck dieser Verordnung ist es:

a) die Grundsätze und Bedingungen sowie die aufgrund öffentlicher oder privater Interessen geltenden Einschränkungen für die Ausübung des in Artikel 255 des EG-Vertrags niedergelegten Rechts auf Zugang zu Dokumenten des Europäischen Parlaments, des Rates und der Kommission (nachstehend „Organe" genannt) so festzulegen, dass ein größtmöglicher Zugang zu Dokumenten gewährleistet ist,

b) Regeln zur Sicherstellung einer möglichst einfachen Ausübung dieses Rechts aufzustellen, und

c) eine gute Verwaltungspraxis im Hinblick auf den Zugang zu Dokumenten zu fördern.

---

[3] ABl. L 340 vom 31. 12. 1993, S. 43. Beschluss zuletzt geändert durch den Beschluss 2000/527/EG (ABl. L 212 vom 23. 8. 2000, S. 9); ***Hinweis:****aufgehoben* durch Beschluss des Rates vom 29. 11. 2001 zur Änderung der Geschäftsordnung des Rates, ABl 2001 L 313, 40.

[4] ABl. L 46 vom 18. 2. 1994, S. 58. Beschluss geändert durch den Beschluss 96/567/EG, EGKS, Euratom (ABl. L 247 vom 28. 9. 1996, S. 45); ***Hinweis:****aufgehoben* durch Beschluss der Kommission vom 5. 12. 2001 zur Änderung ihrer Geschäftsordnung, ABl 2001 L 345, 94.

[5] ABl. L 263 vom 25. 9. 1997, S. 27; ***Hinweis:****aufgehoben* durch Beschluss des Präsidiums des Europäischen Parlaments vom 13. 11. 2001 (unter 14/5.).

Artikel 2
Zugangsberechtigte und Anwendungsbereich

(1) Jeder Unionsbürger sowie jede natürliche oder juristische Person mit Wohnsitz oder Sitz in einem Mitgliedstaat hat vorbehaltlich der in dieser Verordnung festgelegten Grundsätze, Bedingungen und Einschränkungen ein Recht auf Zugang zu Dokumenten der Organe.

(2) Die Organe können vorbehaltlich der gleichen Grundsätze, Bedingungen und Einschränkungen allen natürlichen oder juristischen Personen, die keinen Wohnsitz oder Sitz in einem Mitgliedstaat haben, Zugang zu Dokumenten gewähren.

(3) Diese Verordnung gilt für alle Dokumente eines Organs, das heißt Dokumente aus allen Tätigkeitsbereichen der Union, die von dem Organ erstellt wurden oder bei ihm eingegangen sind und sich in seinem Besitz befinden.

(4) Unbeschadet der Artikel 4 und 9 werden Dokumente der Öffentlichkeit entweder auf schriftlichen Antrag oder direkt in elektronischer Form oder über ein Register zugänglich gemacht. Insbesondere werden Dokumente, die im Rahmen eines Gesetzgebungsverfahrens erstellt wurden oder eingegangen sind, gemäß Artikel 12 direkt zugänglich gemacht.

(5) Sensible Dokumente im Sinne von Artikel 9 Absatz 1 unterliegen der besonderen Behandlung gemäß jenem Artikel.

(6) Diese Verordnung berührt nicht das etwaige Recht auf Zugang der Öffentlichkeit zu Dokumenten im Besitz der Organe, das sich aus internationalen Übereinkünften oder aus Rechtsakten der Organe zu deren Durchführung ergibt.

Artikel 3
Begriffsbestimmungen

Im Sinne dieser Verordnung bedeutet:

a) „Dokument": Inhalte unabhängig von der Form des Datenträgers (auf Papier oder in elektronischer Form, Ton-, Bild- oder audiovisuelles Material), die einen Sachverhalt im Zusammenhang mit den Politiken, Maßnahmen oder Entscheidungen aus dem Zuständigkeitsbereich des Organs betreffen;

b) „Dritte": alle natürlichen und juristischen Personen und Einrichtungen außerhalb des betreffenden Organs, einschließlich der Mitgliedstaaten, der anderen Gemeinschafts- oder Nicht-Gemeinschaftsorgane und -einrichtungen und der Drittländer.

Artikel 4
Ausnahmeregelung

(1) Die Organe verweigern den Zugang zu einem Dokument, durch dessen Verbreitung Folgendes beeinträchtigt würde:

a) der Schutz des öffentlichen Interesses im Hinblick auf:

– die öffentliche Sicherheit,
– die Verteidigung und militärische Belange,
– die internationalen Beziehungen,
– die Finanz-, Währungs- oder Wirtschaftspolitik der Gemeinschaft oder eines Mitgliedstaats;

b) der Schutz der Privatsphäre und der Integrität des Einzelnen, insbesondere gemäß den Rechtsvorschriften der Gemeinschaft über den Schutz personenbezogener Daten.

(2) Die Organe verweigern den Zugang zu einem Dokument, durch dessen Verbreitung Folgendes beeinträchtigt würde:

– der Schutz der geschäftlichen Interessen einer natürlichen oder juristischen Person, einschließlich des geistigen Eigentums,
– der Schutz von Gerichtsverfahren und der Rechtsberatung,
– der Schutz des Zwecks von Inspektions-, Untersuchungs- und Audittätigkeiten,

es sei denn, es besteht ein überwiegendes öffentliches Interesse an der Verbreitung.

(3) Der Zugang zu einem Dokument, das von einem Organ für den internen Gebrauch erstellt wurde oder bei ihm eingegangen ist und das sich auf eine Angelegenheit bezieht, in der das Organ noch keinen Beschluss gefasst hat, wird verweigert, wenn eine Verbreitung des Dokuments den Entscheidungsprozess des Organs ernstlich beeinträchtigen würde, es sei denn, es besteht ein überwiegendes öffentliches Interesse an der Verbreitung. Der Zugang zu einem Dokument mit Stellungnahmen zum internen Gebrauch im Rahmen von Beratungen und Vorgesprächen innerhalb des betreffenden Organs wird auch dann, wenn der Beschluss gefasst worden ist, verweigert, wenn die Verbreitung des Dokuments den Entscheidungsprozess des Organs ernstlich beeinträchtigen würde, es sei denn, es besteht ein überwiegendes öffentliches Interesse an der Verbreitung.

(4) Bezüglich Dokumente Dritter konsultiert das Organ diese, um zu beurteilen, ob eine der Ausnahmeregelungen der Absätze 1 oder 2 anwendbar ist, es sei denn, es ist klar, dass das Dokument verbreitet werden muss bzw. nicht verbreitet werden darf.

(5) Ein Mitgliedstaat kann das Organ ersuchen, ein aus diesem Mitgliedstaat stammendes Dokument nicht ohne seine vorherige Zustimmung zu verbreiten.

(6) Wenn nur Teile des angeforderten Dokuments einer der Ausnahmen unterliegen, werden die übrigen Teile des Dokuments freigegeben.

(7) Die Ausnahmen gemäß den Absätzen 1 bis 3 gelten nur für den Zeitraum, in dem der Schutz aufgrund des Inhalts des Dokuments gerechtfertigt ist. Die Ausnahmen gelten höchstens für einen Zeitraum von 30 Jahren. Im Falle von Dokumenten, die unter die Ausnahmeregelungen bezüglich der Privatsphäre oder der geschäftlichen Interessen fallen, und im Falle von sensiblen Dokumenten können die Ausnahmen erforderlichenfalls nach Ablauf dieses Zeitraums weiter Anwendung finden.

Artikel 5
Dokumente in den Mitgliedstaaten

Geht einem Mitgliedstaat ein Antrag auf ein in seinem Besitz befindliches Dokument zu, das von einem Organ stammt, so konsultiert der Mitgliedstaat – es sei denn, es ist klar, dass das Dokument verbreitet werden muss bzw. nicht verbreitet werden darf – das betreffende Organ, um eine Entscheidung zu treffen, die die Verwirklichung der Ziele dieser Verordnung nicht beeinträchtigt. Der Mitgliedstaat kann den Antrag stattdessen an das Organ weiterleiten.

Artikel 6
Anträge

(1) Anträge auf Zugang zu einem Dokument sind in schriftlicher, einschließlich elektronischer, Form in einer der in Artikel 314 des EG-Vertrags aufgeführten Sprachen zu stellen und müssen so präzise formuliert sein, dass das Organ das betreffende Dokument ermitteln kann. Der Antragsteller ist nicht verpflichtet, Gründe für seinen Antrag anzugeben.

(2) Ist ein Antrag nicht hinreichend präzise, fordert das Organ den Antragsteller auf, den Antrag zu präzisieren, und leistet ihm dabei Hilfe, beispielsweise durch Informationen über die Nutzung der öffentlichen Dokumentenregister.

(3) Betrifft eine Antrag ein sehr umfangreiches Dokument oder eine sehr große Zahl von Dokumenten, so kann sich das Organ mit dem Antragsteller informell beraten, um eine angemessene Lösung zu finden.

(4) Die Organe informieren die Bürger darüber, wie und wo Anträge auf Zugang zu Dokumenten gestellt werden können, und leisten ihnen dabei Hilfe.

Artikel 7
Behandlung von Erstanträgen

(1) Ein Antrag auf Zugang zu einem Dokument wird unverzüglich bearbeitet. Dem Antragsteller wird eine Empfangsbescheinigung zugesandt. Binnen fünfzehn Arbeitstagen nach Registrierung des Antrags gewährt das Organ entweder Zugang zu dem angeforderten Dokument und macht es innerhalb dieses Zeitraums gemäß Artikel 10 zugänglich oder informiert den Antragsteller schriftlich über die Gründe für die vollständige oder teilweise Ablehnung und über dessen Recht, gemäß Absatz 2 dieses Artikels einen Zweitantrag zu stellen.

(2) Im Fall einer vollständigen oder teilweisen Ablehnung kann der Antragsteller binnen fünfzehn Arbeitstagen nach Eingang des Antwortschreibens des Organs einen Zweitantrag an das Organ richten und es um eine Überprüfung seines Standpunkts ersuchen.

(3) In Ausnahmefällen, beispielsweise bei einem Antrag auf Zugang zu einem sehr umfangreichen Dokument oder zu einer sehr großen Zahl von Dokumenten, kann die in Absatz 1 vorgesehene Frist um fünfzehn Arbeitstage verlängert werden, sofern der Antragsteller vorab informiert wird und eine ausführliche Begründung erhält.

(4) Antwortet das Organ nicht innerhalb der vorgeschriebenen Frist, so hat der Antragsteller das Recht, einen Zweitantrag einzureichen.

Artikel 8

Behandlung von Zweitanträgen

(1) Ein Zweitantrag ist unverzüglich zu bearbeiten. Binnen fünfzehn Arbeitstagen nach Registrierung eines solchen Antrags gewährt das Organ entweder Zugang zu dem angeforderten Dokument und macht es innerhalb dieses Zeitraums gemäß Artikel 10 zugänglich oder teilt schriftlich die Gründe für die vollständige oder teilweise Ablehnung mit. Verweigert das Organ den Zugang vollständig oder teilweise, so unterrichtet es den Antragsteller über mögliche Rechtsbehelfe, das heißt, Erhebung einer Klage gegen das Organ und/oder Einlegen einer Beschwerde beim Bürgerbeauftragten nach Maßgabe der Artikel 230 bzw. 195 des EG-Vertrags.

(2) In Ausnahmefällen, beispielsweise bei einem Antrag auf Zugang zu einem sehr umfangreichen Dokument oder zu einer sehr großen Zahl von Dokumenten, kann die in Absatz 1 vorgesehene Frist um fünfzehn Arbeitstage verlängert werden, sofern der Antragsteller vorab informiert wird und eine ausführliche Begründung erhält.

(3) Antwortet das Organ nicht innerhalb der vorgeschriebenen Frist, gilt dies als abschlägiger Bescheid und berechtigt den Antragsteller, nach Maßgabe der einschlägigen Bestimmungen des EG-Vertrags Klage gegen das Organ zu erheben und/oder Beschwerde beim Bürgerbeauftragten einzulegen.

Artikel 9
Behandlung sensibler Dokumente

(1) Sensible Dokumente sind Dokumente, die von den Organen, den von diesen geschaffenen Einrichtungen, von den Mitgliedstaaten, Drittländern oder internationalen Organisationen stammen und gemäß den Bestimmungen der betreffenden Organe zum Schutz grundlegender Interessen der Europäischen Union oder eines oder mehrerer Mitgliedstaaten in den in Artikel 4 Absatz 1 Buchstabe a) genannten Bereichen, insbesondere öffentliche Sicherheit, Verteidigung und militärische Belange, als „TRÈS SECRET/TOP SECRET", „SECRET" oder „CONFIDENTIEL" eingestuft sind.

(2) Anträge auf Zugang zu sensiblen Dokumenten im Rahmen der Verfahren der Artikel 7 und 8 werden ausschließlich von Personen bearbeitet, die berechtigt sind, Einblick in diese Dokumente zu nehmen. Unbeschadet des Artikels 11 Absatz 2 entscheiden diese Personen außerdem darüber, welche Hinweise auf sensible Dokumente in das öffentliche Register aufgenommen werden können.

(3) Sensible Dokumente werden nur mit Zustimmung des Urhebers im Register aufgeführt oder freigegeben.

(4) Die Entscheidung eines Organs über die Verweigerung des Zugangs zu einem sensiblen Dokument ist so zu begründen, dass die durch Artikel 4 geschützten Interessen nicht beeinträchtigt werden.

(5) Die Mitgliedstaaten ergreifen geeignete Maßnahmen, um zu gewährleisten, dass bei der Bearbeitung von Anträgen auf Zugang zu sensiblen Dokumenten die in diesem Artikel und in Artikel 4 vorgesehenen Grundsätze beachtet werden.

(6) Die Bestimmungen der Organe über sensible Dokumente werden öffentlich gemacht.

(7) Die Kommission und der Rat unterrichten das Europäische Parlament hinsichtlich sensibler Dokumente gemäß den zwischen den Organen vereinbarten Regelungen.

Artikel 10
Zugang im Anschluss an einen Antrag

(1) Der Zugang zu den Dokumenten erfolgt je nach Wunsch des Antragstellers entweder durch Einsichtnahme vor Ort oder durch Bereitstellung einer Kopie, gegebenenfalls in elektronischer Form. Die Kosten für die Anfertigung und Übersendung von Kopien können dem Antragsteller in Rechnung gestellt werden. Diese Kosten dürfen die tatsächlichen Kosten für die Anfertigung und Übersendung der Kopien nicht überschreiten. Die Einsichtnahme vor Ort, Kopien von weniger als 20 DIN-A4-Seiten und der direkte Zugang in elektronischer Form oder über das Register sind kostenlos.

(2) Ist ein Dokument bereits von dem betreffenden Organ freigegeben worden und für den Antragsteller problemlos zugänglich, kann das Organ seiner Verpflichtung zur Gewährung des Zugangs zu Dokumenten nachkommen, indem es den Antragsteller darüber informiert, wie er das angeforderte Dokument erhalten kann.

(3) Die Dokumente werden in einer vorliegenden Fassung und Form (einschließlich einer elektronischen oder anderen Form, beispielsweise Braille-Schrift, Großdruck oder Bandaufnahme) zur Verfügung gestellt, wobei die Wünsche des Antragstellers vollständig berücksichtigt werden.

Artikel 11
Register

(1) Im Hinblick auf die wirksame Ausübung der Rechte aus dieser Verordnung durch die Bürger macht jedes Organ ein Dokumentenregister öffentlich zugänglich. Der Zugang zum Register sollte in elektronischer Form gewährt werden. Hinweise auf Dokumente werden unverzüglich in das Register aufgenommen.

(2) Das Register enthält für jedes Dokument eine Bezugsnummer (gegebenenfalls einschließlich der interinstitutionellen Bezugsnummer), den Gegenstand und/oder eine kurze Beschreibung des Inhalts des Dokuments sowie das Datum des Eingangs oder der Erstellung und der Aufnahme in das Register. Die Hinweise sind so abzufassen, dass der Schutz der in Artikel 4 aufgeführten Interessen nicht beeinträchtigt wird.

(3) Die Organe ergreifen unverzüglich die erforderlichen Maßnahmen zur Einrichtung eines Registers, das spätestens zum 3. Juni 2002 funktionsfähig ist.

Artikel 12
Direkter Zugang in elektronischer Form oder über ein Register

(1) Die Organe machen, soweit möglich, die Dokumente direkt in elektronischer Form oder über ein Register gemäß den Bestimmungen des betreffenden Organs öffentlich zugänglich.

(2) Insbesondere legislative Dokumente, d. h. Dokumente, die im Laufe der Verfahren zur Annahme von Rechtsakten, die in den oder für die Mitgliedstaaten rechtlich bindend sind, erstellt wurden oder eingegangen sind, sollten vorbehaltlich der Artikel 4 und 9 direkt zugänglich gemacht werden.

(3) Andere Dokumente, insbesondere Dokumente in Verbindung mit der Entwicklung von Politiken oder Strategien, sollten soweit möglich direkt zugänglich gemacht werden.

(4) Wird der direkte Zugang nicht über das Register gewährt, wird im Register möglichst genau angegeben, wo das Dokument aufzufinden ist.

Artikel 13
Veröffentlichung von Dokumenten im Amtsblatt

(1) Neben den Rechtsakten, auf die in Artikel 254 Absätze 1 und 2 des EG-Vertrags und Artikel 163 Absatz 1 des Euratom-Vertrags Bezug genommen wird, werden vorbehaltlich der Artikel 4 und 9 der vorliegenden Verordnung folgende Dokumente im Amtsblatt veröffentlicht:

a) Vorschläge der Kommission;

b) Gemeinsame Standpunkte des Rates gemäß den in den Artikeln 251 und 252 des EG-Vertrags genannten Verfahren und ihre Begründung sowie die Standpunkte des Europäischen Parlaments in diesen Verfahren;

c) Rahmenbeschlüsse und Beschlüsse im Sinne des Artikels 34 Absatz 2 des EU-Vertrags;

d) vom Rat aufgrund des Artikels 34 Absatz 2 des EU-Vertrags erstellte Übereinkommen;

e) zwischen den Mitgliedstaaten gemäß Artikel 293 des EG-Vertrags unterzeichnete Übereinkommen;

f) von der Gemeinschaft oder gemäß Artikel 24 des EU-Vertrags geschlossene internationale Übereinkünfte.

(2) Folgende Dokumente werden, soweit möglich, im Amtsblatt veröffentlicht:

a) dem Rat von einem Mitgliedstaat gemäß Artikel 67 Absatz 1 des EG-Vertrags oder Artikel 34 Absatz 2 des EU-Vertrags unterbreitete Initiativen;

b) Gemeinsame Standpunkte im Sinne des Artikels 34 Absatz 2 des EU-Vertrags;

c) Richtlinien, die nicht unter Artikel 254 Absätze 1 und 2 des EG-Vertrags fallen, Entscheidungen, die nicht unter Artikel 254 Absatz 1 des EG-Vertrags fallen, sowie Empfehlungen und Stellungnahmen.

(3) Jedes Organ kann in seiner Geschäftsordnung festlegen, welche weiteren Dokumente im Amtsblatt veröffentlicht werden.

Artikel 14
Information

(1) Jedes Organ ergreift die notwendigen Maßnahmen, um die Öffentlichkeit über die Rechte zu informieren, die sie gemäß dieser Verordnung hat.

(2) Die Mitgliedstaaten arbeiten mit den Organen bei der Bereitstellung von Informationen für die Bürger zusammen.

Artikel 15
Verwaltungspraxis in den Organen

(1) Die Organe entwickeln eine gute Verwaltungspraxis, um die Ausübung des durch diese Verordnung gewährleisteten Rechts auf Zugang zu Dokumenten zu erleichtern.

(2) Die Organe errichten einen interinstitutionellen Ausschuss, der bewährte Praktiken prüft, mögliche Konflikte behandelt und künftige Entwicklungen im Bereich des Zugangs der Öffentlichkeit zu Dokumenten erörtert.

Artikel 16
Vervielfältigung von Dokumenten

Diese Verordnung gilt unbeschadet geltender Urheberrechtsvorschriften, die das Recht Dritter auf Vervielfältigung oder Nutzung der freigegebenen Dokumente einschränken.

Artikel 17
Berichte

(1) Jedes Organ legt jährlich einen Bericht über das Vorjahr vor, in dem die Zahl der Fälle aufgeführt ist, in denen das Organ den Zugang zu Dokumenten verweigert hat, sowie die Gründe für diese Verweigerungen und die Zahl der sensiblen Dokumente, die nicht in das Register aufgenommen wurden.

(2) Spätestens zum 31. Januar 2004 veröffentlicht die Kommission einen Bericht über die Anwendung der Grundsätze dieser Verordnung und legt Empfehlungen vor, gegebenenfalls mit Vorschlägen für die Überprüfung dieser Verordnung und für ein Aktionsprogramm für die von den Organen zu ergreifenden Maßnahmen.

Artikel 18
Durchführungsmaßnahmen

(1) Jedes Organ passt seine Geschäftsordnung an die Bestimmungen dieser Verordnung an. Diese Anpassungen werden am 3. Dezember 2001 wirksam.

(2) Innerhalb von sechs Monaten nach Inkrafttreten dieser Verordnung prüft die Kommission die Vereinbarkeit der Verordnung (EWG, Euratom) Nr. 354/83 des Rates vom 1. Februar 1983 über die Freigabe der historischen Archive der Europäischen Wirtschaftsgemeinschaft und der Europäischen Atomgemeinschaft[6] mit dieser Verordnung, um zu gewährleisten, dass die Dokumente so umfassend wie möglich aufbewahrt und archiviert werden.

(3) Innerhalb von sechs Monaten nach Inkrafttreten dieser Verordnung prüft die Kommission

[6] ABl. L 43 vom 15. 2. 1983, S. 1. Siehe hiezu 16/1.

die Vereinbarkeit der geltenden Vorschriften über den Zugang zu Dokumenten mit dieser Verordnung.

Artikel 19
Inkrafttreten

Diese Verordnung tritt am dritten Tag nach ihrer Veröffentlichung im *Amtsblatt der Europäischen Gemeinschaften* in Kraft.

Sie gilt ab dem 3. Dezember 2001.

Diese Verordnung ist in allen ihren Teilen verbindlich und gilt unmittelbar in jedem Mitgliedstaat.

Gemeinsame Erklärung des Europäischen Parlaments und des Rates über den Zugang zu Dokumenten

ABl L 173 vom 27. 6. 2001, S 5

Gemeinsame Erklärung zu der Verordnung (EG) Nr. 1049/2001 des Europäischen Parlaments und des Rates vom 30. Mai 2001 über den öffentlichen Zugang zu Dokumenten des Europäischen Parlaments, des Rates und der Kommission

1. Das Europäische Parlament, der Rat und die Kommission vertreten übereinstimmend die Auffassung, dass die Agenturen und ähnliche vom Gesetzgeber geschaffenen Einrichtungen über Vorschriften über den Zugang zu ihren Dokumenten verfügen sollten, die mit den Bestimmungen dieser Verordnung in Einklang stehen. Im Hinblick darauf begrüßen das Europäische Parlament und der Rat die Absicht der Kommission, möglichst bald Änderungen der Rechtsakte zur Errichtung der bestehenden Agenturen und Einrichtungen vorzuschlagen und entsprechende Bestimmungen in künftige Vorschläge betreffend die Schaffung solcher Agenturen und Einrichtungen aufzunehmen. Sie verpflichten sich, die notwendigen Rechtsakte rasch zu verabschieden.

2. Das Europäische Parlament, der Rat und die Kommission fordern die Organe und Einrichtungen, die nicht unter die Bestimmungen von Nummer 1 fallen, auf, interne Regelungen über den Zugang der Öffentlichkeit zu Dokumenten zu beschließen, die den Grundsätzen und Einschränkungen in dieser Verordnung Rechnung tragen.

Politik des offenen Datenzugangs des Rates und Weiterverwendung von Ratsdokumenten

ABl 2017 L 262, 1

(2011/C 216/07)

Beschluss (EU) 2017/1842 des Rates vom 9. Oktober 2017 über die Politik des offenen Datenzugangs des Rates und die Weiterverwendung von Ratsdokumenten

DER RAT DER EUROPÄISCHEN UNION —

gestützt auf den Vertrag über die Arbeitsweise der Europäischen Union, insbesondere auf Artikel 240,

in Erwägung nachstehender Gründe:

(1) Neue Informations- und Kommunikationstechnologien haben ungeahnte Möglichkeiten geschaffen, Inhalte aus verschiedenen Quellen zusammenzuführen und miteinander zu kombinieren. Die Entwicklung hin zu einer Informations- und Wissensgesellschaft beeinflusst das Leben aller Bürger in der gesamten Union, indem ihnen neue Möglichkeiten für den Zugang zu und den Erwerb von Kenntnissen erschlossen werden.

(2) Informationen des öffentlichen Sektors sind eine wichtige Quelle von Wissen und Innovation für den Privatsektor und unterstützen die Schaffung von besseren digitalen Diensten für Bürgerinnen und Bürger sowie Unternehmen in ganz Europa.

(3) Der Rat und die anderen EU-Organe erfassen, erstellen und verbreiten ein breites Spektrum von Informationen im Zusammenhang mit den Politiken und Tätigkeitsbereichen der Union. Die EU-Organe sind im Besitz von Dokumenten, die in digitalen Produkten und Diensten weiterverwendet werden könnten und die für Bürgerinnen und Bürger und Unternehmen gleichermaßen eine nützliche Inhaltsquelle darstellen könnten.

(4) Die Richtlinie 2003/98/EG des Europäischen Parlaments und des Rates[1] enthält Mindestvorschriften für die Weiterverwendung von Informationen des öffentlichen Sektors in den Mitgliedstaaten und fordert die Mitgliedstaaten auf, über diese Mindestvorschriften hinauszugehen und Maßnahmen zur Förderung des offenen Datenzugangs anzunehmen.

(5) Nach Annahme des Beschlusses 2011/833/EU der Kommission[2] richtete die Europäische Kommission 2012 ein offenes Datenportal der Europäischen Union (im Folgenden „offenes Datenportal der EU") ein, das als zentraler Zugangspunkt zu Daten der EU-Organe und anderer Einrichtungen der Union dienen soll.

(6) Im Juni 2013 billigte die Union die Open-Data-Charta der G8 und verpflichtete sich zur Umsetzung einer Reihe von Maßnahmen für den offenen Datenzugang, die im Gemeinsamen Aktionsplan der G8 im Rahmen der Charta festgelegt sind.

(7) In den Schlussfolgerungen vom 24. und 25. Oktober 2013 stellte der Europäische Rat fest, dass Open Data eine noch ungenutzte Quelle mit enormem Potenzial für den Aufbau stärkerer, enger vernetzter Gesellschaften ist, die den Bedürfnissen ihrer Bürger besser gerecht werden, und forderte die aktive Förderung der Weiterverwendung von Informationen im öffentlichen Sektor.

(8) In den Schlussfolgerungen vom 2. März 2015 hob der Rat hervor, dass eine umfassende und effiziente Nutzung von Instrumenten und Diensten wie Open Data eine höhere Produktivität und bessere Dienste bewirken kann und gefördert werden sollte. Außerdem empfahl der Rat in den Schlussfolgerungen vom 29. Mai 2015 die Entwicklung eines datenfreundlichen Politikumfelds in der Union, in dem die Interoperabilität, Nutzung und Weiterverwendung staatlicher Daten für Forschungs- und Innovationszwecke gefördert und gleichzeitig der erforderliche Datenschutz gewährleistet wird.

(9) Das offene Datenportal der EU umfasst derzeit eine große Anzahl von Datensätzen und Links zu Open-Data- Portalen der Mitgliedstaaten. Der Rat beteiligt sich seit 2015 mit den drei folgenden Datensätze am offenen Datenportal der EU: Metadaten des öffentlichen Registers des Rates, Metadaten der Anträge auf Zugang der

[1] Richtlinie 2003/98/EG des Europäischen Parlaments und des Rates vom 17. November 2003 über die Weiterverwendung von Informationen des öffentlichen Sektors (ABl. L 345 vom 31.12.2003, S. 90).

[2] Beschluss 2011/833/EU der Kommission vom 12. Dezember 2011 über die Weiterverwendung von Kommissionsdokumenten (ABl. L 330 vom 14.12.2011, S. 39).

Öffentlichkeit zu Ratsdokumenten und Abstimmungen des Rates über Gesetzgebungsakte.

(10) Bisher hat sich der Rat im Rahmen von Pilotprojekten am offenen Datenportal der EU beteiligt. Da solche Pilotprojekte erfolgreich waren, sollte eine Politik des offenen Datenzugangs für Ratsdokumente festgelegt werden, um die bislang gesammelten Erfahrungen gewinnbringend und optimal zu nutzen und dem Rat die Festlegung der Bedingungen für die Veröffentlichung und Weiterverwendung seiner Dokumente zu ermöglichen.

(11) Eine Politik des offenen Datenzugangs für Ratsdokumente würde den Informationsfluss zwischen dem Rat und der breiten Öffentlichkeit verbessern; sie würde zur umfassenderen Nutzung und Verbreitung von Informationen über die Union führen; sie würde das Ansehen des Rates im Hinblick auf Offenheit und Transparenz steigern; und sie würde die Rechenschaftspflicht des Rates als öffentliche Einrichtung ausbauen.

(12) Die Politik des offenen Datenzugangs für Ratsdokumente sollte die Entwicklung von Tools und Anwendungen fördern, die dem Nutzer bei der Suche und Identifizierung von Dokumenten für eine Weiterverwendung helfen.

(13) Dieser Beschluss sollte nicht für Dokumente gelten, deren Weiterverwendung der Rat nicht gestatten kann, weil sie geistiges Eigentum Dritter sind oder Zugangsregelungen der Mitgliedstaaten unterliegen.

(14) Das Recht auf Zugang zu Ratsdokumenten wird nach wie vor durch die Verordnung (EG) Nr. 1049/2001 des Europäischen Parlaments und des Rates[3] geregelt.

(15) Dieser Beschluss sollte unbeschadet der Vorschriften zum Schutz natürlicher Personen bei der Verarbeitung personenbezogener Daten und der Sicherheitsvorschriften für den Schutz von EU-Verschlusssachen gelten und diese sollten bei der Umsetzung und Anwendung dieses Beschlusses beachtet werden —

HAT FOLGENDEN BESCHLUSS ERLASSEN:

[3] Verordnung (EG) Nr. 1049/2001 des Europäischen Parlaments und des Rates vom 30. Mai 2001 über den Zugang der Öffentlichkeit zu Dokumenten des Europäischen Parlaments, des Rates und der Kommission (ABl. L 145 vom 31.5.2001, S. 43).

Artikel 1
Gegenstand und Ziel

(1) Mit diesem Beschluss wird eine Politik des offenen Datenzugangs des Rates (im Folgenden „Politik des offenen Datenzugangs") eingeführt, indem die Grundsätze, Bedingungen und Einschränkungen für die Weiterverwendung und die praktischen Mittel zur Erleichterung der Weiterverwendung von Dokumenten nach Artikel 2 Absatz 1, die sich im Besitz des Rates befinden und von ihm erstellt wurden, festgelegt werden.

(2) Mit der Politik des offenen Datenzugangs werden folgende Ziele verfolgt:

a) Verbesserung des Informationsflusses zwischen dem Rat und der breiten Öffentlichkeit und

b) Erleichterung der umfassenden Weiterverwendung von Informationen.

Artikel 2
Geltungsbereich

(1) Dieser Beschluss gilt für Dokumente, die sich im Besitz des Rates befinden und von ihm erstellt wurden, sofern diese vom Rat veröffentlicht wurden.

(2) Dieser Beschluss gilt nicht für Dokumente, die sich im Besitz des Rates befinden und von ihm erstellt wurden, deren Weiterverwendung der Rat nicht gestatten kann, weil sie

a) geistiges Eigentum Dritter sind oder

b) Zugangsregelungen der Mitgliedstaaten unterliegen.

(3) Dieser Beschluss wird unbeschadet und unter Beachtung folgender Vorschriften umgesetzt und angewandt:

a) der Vorschriften für den Schutz natürlicher Personen bei der Verarbeitung personenbezogener Daten und insbesondere der Verordnung (EG) Nr. 45/2001 des Europäischen Parlaments und des Rates[4],

b) der Vorschriften für den Zugang der Öffentlichkeit zu Ratsdokumenten und insbesondere der Verordnung (EG) Nr. 1049/2001 und

c) der Sicherheitsvorschriften für den Schutz von EU-Verschlusssachen und insbesondere des Beschlusses 2013/488/EU des Rates[5].

[4] Verordnung (EG) Nr. 45/2001 des Europäischen Parlaments und des Rates vom 18. Dezember 2000 zum Schutz natürlicher Personen bei der Verarbeitung personenbezogener Daten durch die Organe und Einrichtungen der Gemeinschaft und zum freien Datenverkehr (ABl. L 8 vom 12.1.2001, S. 1).

[5] Beschluss 2013/488/EU des Rates vom 23. September 2013 über die Sicherheitsvorschriften für den Schutz von EU-Verschlusssachen (ABl. L 274 vom 15.10.2013, S. 1).

Artikel 3
Begriffsbestimmungen

Für die Zwecke dieses Beschlusses bezeichnet der Ausdruck

1. „Dokument“

a) jeden Inhalt, unabhängig von der Form des Datenträgers (auf Papier oder in elektronischer Form oder als Ton-, Bild- oder audiovisuelles Material), der einen Sachverhalt im Zusammenhang mit den Politiken, Maßnahmen und Entscheidungen aus dem institutionellen Zuständigkeitsbereich des Rates betrifft;

b) einen beliebigen Teil eines solchen Inhalts;

2. „Weiterverwendung“ die Nutzung von Dokumenten durch natürliche oder juristische Personen für kommerzielle oder nichtkommerzielle Zwecke, die sich von den ursprünglichen Zwecken, für die das Dokument erstellt wurde, unterscheiden;

3. „personenbezogene Daten“ Daten im Sinne von Artikel 2 Buchstabe a der Verordnung (EG) Nr. 45/2001;

4. „offenes Format“ ein Dateiformat, das plattformunabhängig ist und der Öffentlichkeit ohne Einschränkungen, die der Weiterverwendung von Dokumenten hinderlich wären, zugänglich gemacht wird;

5. „maschinenlesbares Format“ ein Format, das so strukturiert ist, dass Softwareanwendungen einzelne Tatsachendarstellungen und deren interne Struktur zuverlässig identifizieren können.

Artikel 4
Allgemeine Grundsätze

Das Generalsekretariat des Rates (im Folgenden „Generalsekretariat“) sorgt dafür, dass Dokumente wie folgt zur Weiterverwendung bereitgestellt werden:

a) für alle,

b) ohne dass dies jeweils beantragt werden muss,

c) unentgeltlich und

d) zu kommerziellen und nichtkommerziellen Zwecken.

Artikel 5
Nichtdiskriminierung und ausschließliche Rechte

(1) Die Bedingungen für die Weiterverwendung von Dokumenten müssen für vergleichbare Kategorien der Weiterverwendung nichtdiskriminierend sein.

(2) Die Weiterverwendung von Dokumenten steht allen potenziellen Marktteilnehmern offen. Ausschließliche Rechte werden nicht gewährt.

Artikel 6
Bedingungen für die Weiterverwendung

(1) Dokumente werden unter den folgenden Bedingungen zur Weiterverwendung bereitgestellt:

a) Verpflichtung des Nutzers, die Quelle des Dokuments anzugeben,

b) Verpflichtung, die ursprüngliche Bedeutung oder Botschaft des Dokuments nicht verzerrt darzustellen,

c) Haftungsausschluss des Rates für jegliche Folgen der Weiterverwendung.

(2) Erforderlichenfalls kann das Generalsekretariat andere Bedingungen für eine bestimmte Art von Dokumenten anwenden.

(3) Das Generalsekretariat trifft angemessene Maßnahmen zum Schutz der Rechte, der Interessen und des öffentlichen Ansehens des Rates in allen geeigneten Foren.

Artikel 7
Verfügbare Formate

(1) Das Generalsekretariat stellt die Dokumente wie folgt zur Verfügung:

a) in allen vorhandenen Formaten oder Sprachfassungen, die sich im Besitz des Rates befinden,

b) im Internet und

c) — soweit möglich und sinnvoll — in einem offenen und maschinenlesbaren Format.

(2) Das Generalsekretariat ist nicht dazu verpflichtet,

a) Dokumente neu zu erstellen, anzupassen oder zu aktualisieren,

b) Auszüge aus Dokumenten zur Verfügung zu stellen, wenn dies mit einem unverhältnismäßig hohen Aufwand verbunden wäre, der über eine einfache Bearbeitung hinausgeht,

c) Dokumente in andere als die bereits verfügbaren amtlichen Sprachfassungen zu übersetzen oder

d) weiterhin bestimmte Arten von Dokumenten zu erstellen oder die Dokumente im Hinblick auf deren Weiterverwendung in einem bestimmten Format aufzubewahren.

Artikel 8
Bericht

Bis zum 10. Oktober 2022 legt das Generalsekretariat dem Rat einen Bericht über die Anwendung dieses Beschlusses vor, einschließlich der Durchführungsmaßnahmen, die das Generalsekretariat erlassen hat, um Dokumente in offenen und maschinenlesbaren Formaten zur Weiterverwendung zur Verfügung zu stellen.

Artikel 9
Inkrafttreten

Dieser Beschluss tritt am Tag seiner Veröffentlichung im *Amtsblatt der Europäischen Union* in Kraft.

Geschehen zu Luxemburg am 9. Oktober 2017.

Im Namen des Rates
Der Präsident
S. KIISLER

Zugang zu den Dokumenten des Europäischen Parlaments[1)2)3)4)]

ABl 2011 C 216, 19

(2011/C 2016/07)

Regelung über den Zugang der Öffentlichkeit zu den Dokumenten des Europäischen Parlaments
Beschluss des Präsidiums vom 28. November 2011

DAS PRÄSIDIUM –

gestützt auf Artikel 15 Absatz 3 AEUV,

gestützt auf die Verordnung (EG) Nr. 1049/ 2001 des Europäischen Parlaments und des Rates vom 30. Mai 2001 über den Zugang der Öffentlichkeit zu Dokumenten des Europäischen Parlaments, des Rates und der Kommission, insbesondere die Artikel 11, 12 und 18,

gestützt auf Artikel 23 Absätze 2 und 12, Artikel 103 Absatz 1 und Artikel 104 der Geschäftsordnung,

in der Erwägung, dass die allgemeinen Grundsätze für den Zugang zu den Dokumenten gemäß Artikel 15 Absatz 3 AEUV in der Verordnung (EG) Nr. 1049/2001 des Europäischen Parlaments und des Rates vom 30. Mai 2001 festgelegt wurden,

in der Erwägung, dass das Europäische Parlament mit Beschluss vom 13. November 2001 seine Geschäftsordnung gemäß dem vorherigen Artikel 255 Absatz 3 des EG-Vertrags und Artikel 18 Absatz 1 der Verordnung (EG) Nr. 1049/2001 angepasst hatte,

in der Erwägung, dass gemäß Artikel 104 Absätze 2, 3 und 4 der Geschäftsordnung des Parlaments das Präsidium die Aufgabe hat, die Bestimmungen zur Einrichtung des Registers der Dokumente zu erlassen, die Modalitäten des Zugangs festzulegen und die Gremien zu bestimmen, die für die Behandlung von Anträgen auf Zugang zuständig sind,

in der Erwägung, dass die Maßnahmen im Zusammenhang mit der Gebührenregelung für die Übermittlung von Dokumenten an die Bestimmungen von Artikel 10 der Verordnung (EG) Nr. 1049/2001 vom 30. Mai 2001 anzupassen sind, um deutlich zu machen, welche zusätzlichen Kosten dem Antragsteller bei der Übermittlung umfangreicher Dokumente entstehen,

in der Erwägung, dass es zweckmäßig erscheint, die Maßnahmen betreffend die Funktionsweise des Registers der Dokumente des Europäischen Parlaments in einem einzigen Beschluss zusammenzufassen, um die Transparenz gegenüber den Bürgern zu verbessern,

in der Erwägung, dass nach Maßgabe der Verordnung (EG) Nr. 1049/2001 die Eigenschaft des Antragstellers nicht berücksichtigt werden kann und dass die aufgrund dieser Verordnung getroffenen Entscheidungen einen Ergaomnes-Effekt bewirken, sowie in der Erwägung, dass die Mitglieder des Europäischen Parlaments und die Bediensteten der Organe über privilegierte Rechte auf Zugang verfügen, die in der Geschäftsordnung des Parlaments, der Haushaltsordnung, der Verordnung (EG) Nr. 45/2001 und dem Beamtenstatut festgelegt sind und die sie wahrnehmen können, anstatt die Verordnung (EG) Nr. 1049/2001 zu nutzen,

in der Erwägung, dass die Verordnung (EG) Nr. 1049/2001 und dieser Beschluss auch nicht den Zugang und die Übermittlung von Dokumenten zwischen den Organen regeln, die Gegenstand interinstitutioneller Vereinbarungen sind,

in der Erwägung, dass sich die Verordnung (EG) Nr. 1049/2001 auf den Zugang zu vorhandenen Dokumenten bezieht und dass Anträge auf Auskunft auf der Grundlage anderer Bestimmungen zu behandeln sind,

in der Erwägung, dass das Präsidium in seinem Beschluss vom 8. März 2010 ein neues Verzeichnis angenommen hat, in dem Kategorien unmittelbar zugänglicher Dokumente des Europäischen Parlaments aufgeführt sind,

in der Erwägung, dass technische Änderungen in Anbetracht der innerhalb des Organs gemachten Erfahrungen der vorangegangenen Jahre und der Entwicklung der Website des Parlaments vorzunehmen sind –

BESCHLIESST:

---

1) ABl. C 374 vom 29.12.2001, S. 1.

2) Vom Präsidium mit Datum vom 3. Mai 2004 konsolidiert.

3) Vom Präsidium am 26. September 2005 geändert und im ABl. C 289 vom 22.11.2005, S. 6 veröffentlicht.

4) Vom Präsidium am 22. Juni 2011 geändert und im ABl. C 216 vom 22.7.2011, S. 19 veröffentlicht.

TITEL I
ELEKTRONISCHES BEZUGSREGISTER (EBR)

Artikel 1
Einrichtung

(1) Für die Dokumente des Europäischen Parlaments wird ein elektronisches Bezugsregister (EBR) eingerichtet.

(2) Das so eingerichtete Bezugsregister enthält die Verweise auf die Dokumente, die vom Organ ab dem Zeitpunkt des Beginns der Anwendung der Verordnung (EG) Nr. 1049/2001 (vorbehaltlich des folgenden Absatzes) erstellt wurden oder bei ihm eingegangen sind[5)].

(3) Auf der Grundlage von Artikel 10 Absatz 2 der Verordnung (EG) Nr. 1049/2001 ist es nicht erforderlich, im EBR Dokumente anderer Organe zur Verfügung zu stellen, die das Europäische Parlament erhalten hat und die bereits im elektronischen Register des betreffenden Organs leicht zugänglich sind. Im EBR wird ein Verweis auf das Register des betreffenden Organs angelegt.

(4) Diese Verweise bilden den „Dokumentenausweis", der nicht nur die in Artikel 11 Absatz 2 der Verordnung (EG) Nr. 1049/2001 vorgeschriebenen Angaben enthält, sondern so weit wie möglich auch die Angaben, die die Identifizierung des Urhebers jedes einzelnen Dokuments, der verfügbaren Sprachen, des Status und der Kategorie des Dokuments sowie des Ortes, an dem das Dokument aufbewahrt wird, gestatten.

Artikel 2
Ziele

Das EBR ist so strukturiert, dass es Folgendes ermöglicht:

– die Identifizierung der Dokumente durch ein einheitliches System von Verweisen,
– den direkten Zugang zu den Dokumenten, insbesondere legislativen Dokumenten,
– die Übermittlung von Informationen für den Fall, dass die Dokumente nicht unmittelbar in elektronischer Form zugänglich sind, unter Anwendung der Artikel 4 und 9 der Verordnung (EG) Nr. 1049/2001.

Artikel 3
Funktionsweise

Die Dienststelle „Transparenz – Zugang der Öffentlichkeit zu den Dokumenten und Beziehungen zu den Interessenvertretern" (nachstehend „die zuständige Dienststelle") nimmt die folgenden Aufgaben wahr:

– Kontrolle der Registrierung der Dokumente, die vom Europäischen Parlament erstellt werden oder bei ihm eingegangen sind, in das EBR,
– Entgegennahme und Behandlung der Anträge auf Zugang in schriftlicher oder elektronischer Form innerhalb einer Frist von fünfzehn Arbeitstagen, die gegebenenfalls verlängert wird,
– Übermittlung einer Empfangsbescheinigung,
– Unterstützung des Antragstellers im Hinblick auf die Präzisierung des Inhalts seines Antrags und Beratung mit dem Antragsteller im Falle von Anträgen auf Zugang zu sehr umfangreichen oder komplexen Dokumenten,
– Erleichterung des Zugangs des Antragstellers zu den bereits veröffentlichten Dokumenten,
– Koordinierung der Beantwortung mit der Dienststelle, die das Dokument verfasst hat oder besitzt, oder mit der befugten Person, wenn der Antrag ein nicht im Register enthaltenes Dokument betrifft oder wenn er ein Dokument betrifft, für das die in den Artikeln 4 und 9 der Verordnung (EG) Nr. 1049/2001 vorgesehenen Einschränkungen gelten,
– die Konsultation Dritter gemäß Artikel 4 Absatz 4 der Verordnung (EG) Nr. 1049/2001.

Artikel 4
Aufnahme von Dokumenten in das EBR

(1) Die Verweise auf Dokumente werden gemäß den vom Generalsekretär beschlossenen Anweisungen, mit denen die Rückverfolgbarkeit der Dokumente gewährleistet wird, in das EBR aufgenommen. Der Umfang des EBR wird schrittweise erweitert. Er wird auf der Website Europarl auf der Leitseite des EBR angezeigt.

(2) Hierzu werden die in Artikel 104 Absatz 2 der Geschäftsordnung genannten Dokumente des Europäischen Parlaments unter der Verantwortung des Gremiums oder der Dienststelle, das bzw. die das Dokument verfasst hat, in das EBR aufgenommen.

(3) Die im Rahmen des Legislativverfahrens oder der parlamentarischen Tätigkeit erstellten Dokumente werden in das EBR aufgenommen, sobald sie eingereicht oder veröffentlicht werden.

(4) Die übrigen Dokumente, die in die Zuralsekretariats des Europäischen Parlaments fallen, werden, so weit wie möglich, gemäß den Anweisungen des Generalsekretärs in das EBR aufgenommen.

[5)] 3. Dezember 2001

(5) Verweise auf Dokumente Dritter im Sinne des Artikels 3 der Verordnung (EG) Nr. 1049/2001 werden durch die Dienststelle, die die Dokumente erhält, in das EBR aufgenommen.

Artikel 5
Direkt zugängliche Dokumente

(1) Alle Dokumente, die vom Europäischen Parlament im Rahmen des Legislativverfahrens erstellt wurden oder bei ihm eingegangen sind, müssen vorbehaltlich der in den Artikeln 4 und 9 der Verordnung (EG) Nr. 1049/2001 vorgesehenen Einschränkungen für die Bürger in elektronischer Form zugänglich sein.

(2) Das Europäische Parlament macht alle Legislativdokumente im Sinne des Artikels 12 Absatz 2 der Verordnung (EG) Nr. 1049/2001 auf elektronischem Wege über das EBR oder die Website Europarl zugänglich.

(3) Die Kategorien von direkt zugänglichen Dokumenten werden in einem vom Präsidium angenommenen und auf der Website Europarl veröffentlichten Verzeichnis aufgeführt. Dieses Verzeichnis schränkt nicht das Recht auf Zugang zu Dokumenten ein, die nicht unter die genannten Kategorien fallen und auf schriftlichen Antrag zugänglich gemacht werden können.

Artikel 6
Auf Antrag zugängliche Dokumente

(1) Die Dokumente, die vom Europäischen Parlament außerhalb des Legislativverfahrens erstellt werden oder bei ihm eingegangen sind, sind im Rahmen des Möglichen und vorbehaltlich der in den Artikeln 4 und 9 der Verordnung (EG) Nr. 1049/2001 vorgesehenen Einschränkungen für die Bürger über das EBR direkt zugänglich.

(2) Wenn die Aufnahme eines Dokuments in das EBR den direkten Zugang zum vollständigen Text nicht gestattet, entweder, weil das Dokument elektronisch nicht verfügbar ist, oder aufgrund der in den Artikeln 4 und 9 der Verordnung (EG) Nr. 1049/2001 vorgesehenen Einschränkungen, kann der Zugang zu dem Dokument schriftlich oder unter Verwendung des über die Website Europarl auf der Leitseite des EBR verfügbaren elektronischen Formulars beantragt werden.

(3) Die Dokumente, die vom Europäischen Parlament vor dem Inkrafttreten der Verordnung (EG) Nr. 1049/2001 erstellt wurden oder bei ihm eingegangen sind und auf die daher nicht aus dem EBR verwiesen wird, sind auf schriftlichen oder elektronischen Antrag, vorbehaltlich der in den Artikeln 4 und 9 der oben erwähnten Verordnung vorgesehenen Einschränkungen, verfügbar.

(4) Das Parlament stellt den Bürgern eine Online-Hilfe dazu bereit, wie und wo Anträge auf Zugang zu Dokumenten gestellt werden können.

TITEL II
ERSTANTRAG

Artikel 7
Unter diese Regelung fallende Anträge

Diese Regelung gilt für jeden Antrag auf Zugang zu einem Dokument des Europäischen Parlaments, der über das auf der Leitseite des EBR bereitgestellte Formular gestellt wurde oder sich explizit auf das Recht auf Zugang zu Dokumenten bezieht, wie es in der Verordnung (EG) Nr. 1049/2001 festgelegt ist. Nicht unter diese Regelung fallen jedoch Anträge, die sich auf ein besonderes Recht auf Zugang stützen, wie es insbesondere in der Geschäftsordnung des Parlaments, der Haushaltsordnung, der Verordnung (EG) Nr. 45/2001 zum Schutz personenbezogener Daten und dem Beamtenstatut festgelegt ist.

Artikel 8
Einreichung des Antrags auf Zugang

(1) Der Antrag auf Zugang zu einem Dokument des Europäischen Parlaments ist schriftlich, per Fax oder in elektronischer Form in einer der in Artikel 342 des Vertrags über die Arbeitsweise der Europäischen Union aufgeführten Sprachen einzureichen.

(2) Anträge in elektronischer Form werden, so weit wie möglich, über das auf der Leitseite des EBR oder die Online-Hilfe bereitgestellte elektronische Formular eingereicht.

(3) Der Antrag muss hinreichend präzise formuliert sein und muss insbesondere die Angaben, mit denen das angeforderte Dokument bzw. die angeforderten Dokumente ermittelt werden können, sowie den Namen und die Anschrift des Antragstellers enthalten.

(4) Ist ein Antrag nicht hinreichend präzise, fordert das Organ den Antragsteller gemäß Artikel 6 Absatz 2 der Verordnung (EG) Nr. 1049/2001 auf, den Antrag zu präzisieren, und leistet ihm dabei Hilfe.

Artikel 9
Behandlung des Erstantrags

(1) Alle Anträge auf Zugang zu einem im Europäischen Parlament vorhandenen Dokument werden am Tage ihrer Registrierung an die zuständige Dienststelle weitergeleitet, die ihren Empfang bestätigen, die Antwort abfassen und das Dokument innerhalb der vorgesehenen Frist zur Verfügung stellen muss.

(2) Betrifft der Antrag ein vom Europäischen Parlament erstelltes Dokument, für das eine der in Artikel 4 der Verordnung (EG) Nr. 1049/2001 vorgesehenen Ausnahmen gilt, oder muss das angeforderte Dokument identifiziert und ausfindig

gemacht werden, so wendet sich die zuständige Dienststelle an die Dienststelle oder das Gremium, die bzw. das das Dokument erstellt hat und die/das dann innerhalb einer Frist von fünf Arbeitstagen einen Vorschlag für die weitere Bearbeitung des Antrags vorlegt.

Artikel 10
Konsultation Dritter

(1) Wenn der Antrag Dokumente Dritter betrifft, überprüft die zuständige Dienststelle – gegebenenfalls in Zusammenarbeit mit der Dienststelle, die im Besitz der Dokumente, auf die sich der Antrag bezieht, ist –, ob eine Ausnahme nach den Artikeln 4 oder 9 der Verordnung (EG) Nr. 1049/2001 anwendbar ist.

(2) Wird nach Abschluss dieser Überprüfung festgestellt, dass der Zugang zu den Dokumenten, auf die sich der Antrag bezieht, aufgrund einer Ausnahme nach den Artikeln 4 oder 9 der Verordnung (EG) Nr. 1049/2001 zu verweigern ist, so wird die abschlägige Antwort dem Antragsteller zugestellt, ohne den Dritten, der das Dokument verfasst hat, zu konsultieren.

(3) Die zuständige Dienststelle genehmigt einen Antrag, ohne den Dritten, der das Dokument verfasst hat, zu konsultieren, wenn

– das angeforderte Dokument bereits von seinem Verfasser gemäß der Verordnung (EG) Nr. 1049/2001 oder analoger Bestimmungen veröffentlicht worden ist;
– die – gegebenenfalls auszugsweise – Veröffentlichung des Inhalts den in den Artikeln 4 und 9 der Verordnung (EG) Nr. 1049/2001 genannten Interessen keinen offensichtlichen Schaden zufügt.

(4) In allen anderen Fällen werden die Dritten konsultiert, und ihnen wird eine Frist von fünf Arbeitstagen für die Beantwortung eingeräumt, um dann festzulegen, ob eine Ausnahme nach den Artikeln 4 oder 9 der Verordnung (EG) Nr. 1049/2001 anwendbar ist.

(5) Sofern innerhalb der festgelegten Frist keine Antwort übermittelt wird oder wenn der Dritte nicht auffindbar ist oder nicht identifiziert werden kann, entscheidet das Europäische Parlament gemäß den Ausnahmen des Artikels 4 der Verordnung (EG) Nr. 1049/2001 und trägt dabei den legitimen Interessen des Dritten auf der Grundlage der ihm vorliegenden Angaben Rechnung.

Artikel 11
Frist für die Beantwortung

(1) In den Fällen einer Gewährung des Zugangs stellt die zuständige Dienststelle die angeforderten Dokumente binnen fünfzehn Arbeitstagen nach Registrierung des Antrags bereit.

(2) Ist das Europäische Parlament außerstande, Zugang zu den angeforderten Dokumenten zu gewähren, unterrichtet es den Antragsteller schriftlich über die Gründe für die vollständige oder teilweise Ablehnung und über sein Recht, einen Zweitantrag einzureichen.

(3) In diesem Fall kann der Antragsteller binnen fünfzehn Arbeitstagen nach Eingang der Antwort einen Zweitantrag stellen.

(4) In Ausnahmefällen, beispielsweise bei einem Antrag auf Zugang zu einem sehr umfangreichen Dokument oder zu einer sehr großen Zahl von Dokumenten, kann die in Absatz 1 dieses Artikels vorgesehene Frist um fünfzehn Arbeitstage verlängert werden, sofern der Antragsteller vorab informiert wird und eine ausführliche Begründung erhält.

(5) Antwortet das Organ nicht innerhalb der vorgeschriebenen Frist, so hat der Antragsteller das Recht, einen Zweitantrag zu stellen.

Artikel 12
Zuständige Stelle

(1) Die an das Europäische Parlament gerichteten Erstanträge werden vom Generalsekretär auf Weisung des für die Aufsicht über die Behandlung von Anträgen auf Zugang zu den Dokumenten zuständigen Vizepräsidenten gemäß Artikel 104 Absatz 4 und 6 der Geschäftsordnung behandelt.

(2) Die positiven Antworten auf die Erstanträge werden dem Antragsteller vom Generalsekretär selbst oder von der zuständigen Dienststelle auf Weisung des Generalsekretärs übermittelt.

(3) Die ordnungsgemäß begründete Ablehnung eines Erstantrags wird vom Generalsekretär auf Vorschlag der zuständigen Dienststelle und nach Konsultation des Autors des Dokuments beschlossen. Jeder ablehnende Beschluss wird zur Information an den zuständigen Vizepräsidenten weitergeleitet.

(4) Der Generalsekretär oder die zuständige Dienststelle können im Zusammenhang mit einer Entscheidung über einen Antrag auf Zugang jederzeit den Juristischen Dienst und/oder den Datenschutzbeauftragten befassen.

TITEL III
ZWEITANTRAG

Artikel 13
Einreichung

(1) Der Zweitantrag muss entweder innerhalb einer Frist von fünfzehn Arbeitstagen ab dem Erhalt der Antwort, mit der der Zugang zu dem angeforderten Dokument vollständig oder teilweise verweigert wird, oder im Falle einer nicht ge-

gebenen Antwort auf den Erstantrag nach Ablauf der Beantwortungsfrist gestellt werden.

(2) Der Zweitantrag muss den gemäß den in Artikel 8 dieses Beschlusses für den Erstantrag vorgesehenen formellen Bestimmungen genügen.

Artikel 14
Behandlung und Konsultationen

(1) Die Registrierung von Zweitanträgen und mögliche Konsultationen erfolgen nach den in den Artikeln 9 und 10 dieses Beschlusses vorgesehenen Modalitäten.

(2) Innerhalb einer Frist von fünfzehn Arbeitstagen ab der Registrierung des Antrags gewährt das Europäische Parlament entweder Zugang zu dem angeforderten Dokument oder teilt schriftlich oder auf elektronischem Wege die Gründe für die vollständige oder teilweise Ablehnung mit.

(3) Wenn der Antrag ein sehr umfangreiches Dokument oder eine große Zahl von Dokumenten betrifft, kann die im vorhergehenden Absatz vorgesehene Frist, mit vorheriger Unterrichtung des Antragstellers und genauer Begründung, ausnahmsweise um fünfzehn Arbeitstage verlängert werden.

Artikel 15
Zuständige Stelle

(1) Für die Beantwortung der Zweitanträge ist das Präsidium des Europäischen Parlaments zuständig. Der für die Behandlung von Anträgen auf Zugang zu Dokumenten zuständige Vizepräsident beschließt im Namen des Präsidiums und unter dessen Aufsicht über die Zweitanträge.

(2) Der Vizepräsident ist gehalten, das Präsidium in dessen erster Sitzung nach der Beschlussfassung und der Unterrichtung des Antragstellers über seinen Beschluss zu unterrichten. Wenn er es für notwendig hält, kann der Vizepräsident innerhalb der vorgegebenen Fristen das Präsidium mit dem Entwurf eines Beschlusses befassen, insbesondere dann, wenn die Antwort grundsätzliche Fragen im Hinblick auf die vom Europäischen Parlament verfolgte Politik der Transparenz aufwerfen würde. Der Vizepräsident ist in seiner Antwort an den Antragsteller an den Beschluss des Präsidiums gebunden.

(3) Der Vizepräsident und das Präsidium beschließen auf der Grundlage des Vorschlags, der von der zuständigen Dienststelle Kraft einer Vollmacht des Generalsekretärs ausgearbeitet worden ist. Diese Dienststelle ist befugt, die Stellungnahme des Datenschutzbeauftragten anzufordern, der seine Stellungnahme innerhalb einer Frist von drei Arbeitstagen abgeben muss.

(4) Der Entwurf der Antwort wird vorab vom Juristischen Dienst geprüft, der seine Stellungnahme innerhalb einer Frist von drei Arbeitstagen abgeben muss.

Artikel 16
Rechtsbehelfe

(1) Verweigert das Europäische Parlament den beantragten Zugang vollständig oder teilweise, so unterrichtet das Organ den Antragsteller über mögliche Rechtsbehelfe, d. h. Erhebung einer Klage gegen das Organ oder Einreichen einer Beschwerde beim Bürgerbeauftragten nach Maßgabe der Artikel 263 bzw. 228 AEUV.

(2) Antwortet das Organ nicht innerhalb der vorgeschriebenen Frist, gilt dies als abschlägiger Bescheid und berechtigt den Antragsteller nach Maßgabe der im vorangehenden Absatz vorgesehenen Bedingungen, Klage zu erheben oder Beschwerde einzulegen.

TITEL IV

AUFNAHME IN DAS EBR UND ZUGANG ZU SENSIBLEN DOKUMENTEN

Artikel 17
Aufnahme sensibler Dokumente in das EBR

(1) Sensible Dokumente gemäß Artikel 9 der Verordnung (EG) Nr. 1049/2001 werden in das EBR aufgenommen, wenn sich der Urheber damit einverstanden erklärt. Die Personen oder Gremien des Europäischen Parlaments, die ein sensibles Dokument von einem Dritten erhalten, entscheiden, welche Verweise in das EBR aufgenommen werden können. Diese Personen oder Gremien lassen sich von dem für die Behandlung von Anträgen auf Zugang zu Dokumenten zuständigen Vizepräsidenten, dem Generalsekretär oder gegebenenfalls dem Vorsitzenden des betroffenen parlamentarischen Ausschusses beraten.

(2) Ein vom Europäischen Parlament erstelltes Dokument, das sich auf ein sensibles Dokument bezieht, wird nur mit Genehmigung des für die Behandlung von Anträgen auf Zugang zu Dokumenten zuständigen Vizepräsidenten in das EBR aufgenommen. Die Verweise auf ein derartiges Dokument werden unter denselben Bedingungen erstellt wie im vorherigen Absatz vorgesehen.

Artikel 18
Behandlung des Antrags auf Zugang

Der Generalsekretär leitet den Antrag auf Zugang zu einem sensiblen Dokument an den für die Behandlung von Anträgen auf Zugang zu Dokumenten zuständigen Vizepräsidenten weiter, dem auch die Antwort auf einen Erstantrag obliegt. Für die Antwort auf einen Zweitantrag ist das Präsidium zuständig, das diese Aufgabe an den Präsidenten übertragen kann. Der zuständige

Vizepräsident und das Präsidium oder der Präsident lassen sich vom Generalsekretär oder gegebenenfalls dem Vorsitzenden des betroffenen parlamentarischen Ausschusses beraten. Die Bedingungen für die Registrierung und die Fristen sind mit denen für die anderen Anträge auf Zugang identisch.

Artikel 19
Befugte Personen

Die Personen, die befugt sind, bei der Behandlung von Anträgen auf Zugang zu sensiblen Dokumenten Kenntnis von diesen Dokumenten zu erhalten, sind: der Präsident des Europäischen Parlaments, der für die Behandlung von Anträgen auf Zugang zu den Dokumenten zuständige Vizepräsident, der Vorsitzende des unmittelbar betroffenen parlamentarischen Ausschusses, der Generalsekretär und die Mitarbeiter der dazu befugten zuständigen Dienststelle, sofern nicht Vereinbarungen mit anderen Organen eine besondere Befugnis vorsehen.

Artikel 20
Schutz sensibler Dokumente

Sensible Dokumente unterliegen strengen Sicherheitsregeln, um die vertrauliche Behandlung innerhalb des Organs zu gewährleisten. Diesbezüglich wird interinstitutionellen Vereinbarungen in den Regeln Rechnung getragen.

TITEL V
BEREITSTELLUNG DER DOKUMENTE

Artikel 21
Kosten für die Beantwortung

(1) Ergänzend zu Artikel 10 Absatz 1 der Verordnung (EG) Nr. 1049/2001 kann dem Antragsteller eine Gebühr in Höhe von 0,10 EUR pro Seite zuzüglich der Portokosten in Rechnung gestellt werden, wenn die beantragten Dokumente länger als zwanzig Seiten sind. Über die Kosten für andere Datenträger wird von Fall zu Fall entschieden, sofern sie einen angemessenen Betrag nicht überschreiten.

(2) Die veröffentlichten Dokumente sind von diesem Beschluss nicht betroffen; für sie gelten weiterhin ihre eigenen Preisregelungen.

TITEL VI
ANWENDUNG

Artikel 22
Anwendung

Dieser Beschluss gilt unter Einhaltung und unbeschadet der Bestimmungen der Verordnung (EG) Nr. 1049/2001 sowie der Geschäftsordnung des Europäischen Parlaments.

Artikel 23
Überprüfung

Dieser Beschluss ist mindestens bei jeder Überarbeitung der Verordnung (EG) Nr. 1049/2001 Gegenstand einer erneuten Prüfung.

Artikel 24
Inkrafttreten

Dieser Beschluss tritt am Tag seiner Veröffentlichung im *Amtsblatt der Europäischen Union* in Kraft[6)].

[6)] 29. Dezember 2001, 22. November 2005 und 22. Juli 2011.

Weiterverwendung von Kommissionsdokumenten

ABl 2011 L 330, 39

(2011/833/EU)

Beschluss der Kommission vom 12. Dezember 2011 über die Weiterverwendung von Kommissionsdokumenten

DIE EUROPÄISCHE KOMMISSION –

gestützt auf den Vertrag über die Arbeitsweise der Europäischen Union, insbesondere auf Artikel 249,

in Erwägung nachstehender Gründe:

(1) In der Strategie Europa 2020 wird eine Vision für die europäische soziale Marktwirtschaft des 21. Jahrhunderts entwickelt. Einer der vorrangigen Themenbereiche in diesem Zusammenhang lautet: „Intelligentes Wachstum – Entwicklung einer auf Wissen und Innovation gestützten Wirtschaft".

(2) Die neuen Informations- und Kommunikationstechnologien haben ungeahnte Möglichkeiten geschaffen, Inhalte aus verschiedenen Quellen zusammenzuführen und miteinander zu verknüpfen.

(3) Die Informationen des öffentlichen Sektors sind in Form von Mehrwert-Produkten und -dienstleistungen eine wichtige potenzielle Wachstumsquelle für innovative Online-Dienste. Die Regierungen können die Märkte für Inhalte fördern, indem sie Informationen des öffentlichen Sektors unter transparenten, effektiven und nichtdiskriminierenden Bedingungen bereitstellen. Aus diesem Grund wurde in der Digitalen Agenda für Europa [1] die Weiterverwendung von Informationen des öffentlichen Sektors als einer der Schlüsselbereiche hervorgehoben.

(4) Die Kommission und die anderen Organe sind selbst im Besitz vieler Dokumente aller Art, die in Mehrwert-Informationsprodukten und -dienstleistungen weiterverwendet werden und nützliche Inhalte für Unternehmen und Bürger darstellen könnten.

(5) Das Recht auf Zugang zu den Dokumenten der Kommission wird durch die Verordnung (EG) Nr. 1049/2001 des Europäischen Parlaments und des Rates vom 30. Mai 2001 über den Zugang der Öffentlichkeit zu Dokumenten des Europäischen Parlaments, des Rates und der Kommission [2] geregelt.

(6) In der Richtlinie 2003/98/EG des Europäischen Parlaments und des Rates [3] sind die in der gesamten Europäischen Union geltenden Mindestvorschriften für die Weiterverwendung von Informationen des öffentlichen Sektors festgelegt. In den Erwägungsgründen der Richtlinie werden die Mitgliedstaaten aufgefordert, über diese Mindestvorschriften hinauszugehen und eine Politik für offene Daten zu betreiben, durch die eine breite Nutzung der im Besitz öffentlicher Einrichtungen befindlichen Dokumente ermöglicht werden soll.

(7) Die Kommission hat ihre Statistiken, Veröffentlichungen und die gesamten Vorschriften des EU-Rechts online frei zugänglich gemacht und dient somit als Vorbild für öffentliche Verwaltungen. Das ist eine gute Grundlage für weitere Fortschritte im Bereich der Verfügbarkeit und Weiterverwendung der Daten, die sich im Besitz dieses Organs befinden.

(8) Der Beschluss 2006/291/EG, Euratom der Kommission vom 7. April 2006 über die Weiterverwendung von Informationen der Kommission [4] regelt die Bedingungen für die Weiterverwendung von Kommissionsdokumenten.

(9) Für eine wirksamere Regelung der Weiterverwendung von Kommissionsdokumenten sollten die Vorschriften für die Weiterverwendung dieser Dokumente angepasst werden, um eine breitere Weiterverwendung zu ermöglichen.

(10) Es sollte ein Datenportal als zentraler Zugangspunkt zu den Dokumenten, die zur Weiterverwendung verfügbar sind, eingerichtet werden. Außerdem sollten in diese zur Weiterverwendung verfügbaren Dokumente die Forschungsdaten der Gemeinsamen Forschungsstelle einbezogen werden. Ferner sollte eine Bestimmung angenommen werden, in der der Umstellung auf maschinenlesbare Formate Rechnung getragen wird. Ein bedeutender Fortschritt im Hinblick auf den Beschluss 2006/291/EG, Euratom wäre es, die Dokumente der Kommission ohne Einzelbeantragungen im

[1] KOM(2010) 245.

[2] ABl. L 145 vom 31.5.2001, S. 43.

[3] ABl. L 345 vom 31.12.2003, S. 90.

[4] ABl. L 107 vom 20.4.2006, S. 38.

Rahmen von offenen Weiterverwendungslizenzen oder einfachen Haftungsausschlüssen allgemein zur Weiterverwendung verfügbar zu machen.

(11) Der Beschluss 2006/291/EG, Euratom sollte daher durch den vorliegenden Beschluss ersetzt werden.

(12) Durch eine offene Weiterverwendungspolitik der Kommission werden nicht nur neue Wirtschaftstätigkeiten gefördert, eine größere Nutzung und Verbreitung von Informationen der Europäischen Union erreicht und das öffentliche Erscheinungsbild offener und transparenter EU-Organe verbessert, sondern auch unnötige Verwaltungslasten sowohl für die Nutzer als auch die Dienststellen der Kommission vermieden. Die Kommission beabsichtigt, 2012 zusammen mit anderen Organen und wichtigen Agenturen der Europäischen Union zu prüfen, inwieweit ihre eigenen Vorschriften in Bezug auf die Weiterverwendung angepasst werden können.

(13) Dieser Beschluss sollte unter uneingeschränkter Beachtung der Grundsätze des Schutzes personenbezogener Daten gemäß der Verordnung (EG) Nr. 45/2001 des Europäischen Parlaments und des Rates vom 18. Dezember 2000 zum Schutz natürlicher Personen bei der Verarbeitung personenbezogener Daten durch die Organe und Einrichtungen der Gemeinschaft und zum freien Datenverkehr [5] umgesetzt und angewandt werden.

(14) Dieser Beschluss gilt nicht für Dokumente, deren Weiterverwendung die Kommission nicht gestatten kann, weil sie beispielsweise geistiges Eigentum Dritter sind oder von den anderen Organen übermittelt wurden –

HAT FOLGENDEN BESCHLUSS ERLASSEN:

Artikel 1
Gegenstand

Dieser Beschluss legt die Bedingungen fest, unter denen Dokumente, die im Besitz der Kommission oder in ihrem Namen im Besitz des Amtes für Veröffentlichungen der Europäischen Union (Amt für Veröffentlichungen) sind, weiterverwendet werden dürfen, um eine breitere Weiterverwendung der Informationen zu erleichtern, das Erscheinungsbild einer offenen Kommission zu stärken und unnötige Verwaltungslasten für die Nutzer und die Dienststellen der Kommission zu vermeiden.

[5] ABl. L 8 vom 12.1.2001, S. 1.

Artikel 2
Geltungsbereich

(1) Dieser Beschluss gilt für öffentliche Dokumente, die von der Kommission oder von öffentlichen und privaten Stellen in ihrem Namen erstellt werden und die

a) von der Kommission oder in ihrem Namen vom Amt für Veröffentlichungen durch Publikation, Websites oder Verbreitungswege veröffentlicht worden sind oder

b) aus wirtschaftlichen oder praktischen Gründen nicht veröffentlicht worden sind, beispielsweise Studien, Berichte und andere Daten.

(2) Dieser Beschluss gilt nicht für:

a) Software oder Dokumente, die gewerblichen Schutzrechten wie Patenten, Warenzeichen und Marken sowie Rechten an eingetragenen Mustern, Logos und Namen unterliegen;

b) Dokumente, deren Weiterverwendung die Kommission nicht gestatten kann, weil sie geistiges Eigentum Dritter sind;

c) Dokumente, die gemäß der Verordnung (EG) Nr. 1049/2001 nicht zugänglich sind oder Dritten nur unter besonderen Bedingungen für einen bevorrechtigten Dokumentenzugang zur Verfügung gestellt werden;

d) vertrauliche Daten, wie sie in der Verordnung (EG) Nr. 223/2009 des Europäischen Parlaments und des Rates [6] definiert sind;

e) Dokumente, die das Ergebnis laufender durch Kommissionspersonal durchgeführter Forschungsprojekte sind, die weder veröffentlicht wurden noch in einer zugänglich gemachten Datenbank verfügbar sind und deren Weiterverwendung Auswirkungen auf die Validierung vorläufiger Forschungsergebnisse hätte oder einen Grund für die Verweigerung der Eintragung von gewerblichen Schutzrechten zum Vorteil der Kommission darstellen würde.

(3) Dieser Beschluss gilt unbeschadet der Verordnung (EG) Nr. 1049/2001 und lässt deren Bestimmungen unberührt.

(4) Keine Bestimmung dieses Beschlusses gestattet die Weiterverwendung von Dokumenten zu Zwecken der Täuschung oder des Betrugs. Die Kommission ergreift angemessene Maßnahmen, um die Interessen und das öffentliche Erscheinungsbild der EU in Einklang mit den geltenden Vorschriften zu schützen.

Artikel 3
Begriffsbestimmungen

Für die Zwecke dieses Beschlusses bezeichnet der Begriff

[6] ABl. L 87 vom 31.3.2009, S. 164.

1. „Dokument":

a) jeden Inhalt unabhängig von der Form des Datenträgers (auf Papier oder in elektronischer Form, Ton-, Bild- oder audiovisuelles Material);

b) einen beliebigen Teil eines solchen Inhalts;

2. „Weiterverwendung": die Nutzung von Dokumenten durch natürliche oder juristische Personen für kommerzielle oder nichtkommerzielle Zwecke, die sich von den ursprünglichen Zwecken, für die die Dokumente erstellt wurden, unterscheiden. Der Austausch von Dokumenten zwischen der Kommission und anderen öffentlichen Stellen, die diese Dokumente ausschließlich im Rahmen der Erfüllung ihres öffentlichen Auftrags nutzen, stellt keine Weiterverwendung dar;

3. „personenbezogene Daten": Daten im Sinne von Artikel 2 Buchstabe a der Verordnung (EG) Nr. 45/2001;

4. „Lizenz": die Erteilung einer Genehmigung zur Weiterverwendung von Dokumenten unter bestimmten Bedingungen; „offene Lizenz": eine Lizenz, die die Weiterverwendung von Dokumenten für alle in einer einseitigen Erklärung des Rechteinhabers festgelegten Zwecke gestattet;

5. „maschinenlesbar": digitale Dokumente, die ausreichend strukturiert sind, so dass Softwareanwendungen einzelne Tatsachendarstellungen sowie deren interne Struktur zuverlässig erkennen können;

6. „strukturierte Daten": Daten, die auf eine Weise organisiert sind, die eine zuverlässige Erkennung von einzelnen Tatsachendarstellungen und allen ihren Bestandteilen ermöglicht, z. B. in Datenbanken und Tabellen;

7. „Portal": einen zentralen Zugangspunkt zu Daten aus verschiedenen Internetquellen. Die Quellen erstellen sowohl die Daten als auch die entsprechenden Metadaten. Die für die Indizierung erforderlichen Metadaten werden vom Portal automatisch gesammelt und in dem Umfang integriert, der für die Unterstützung allgemeiner Funktionen, wie Suche und Verknüpfung, erforderlich ist. Das Portal kann auch Daten von den Quellen in den Cache-Speicher aufnehmen, um die Leistung zu verbessern oder zusätzliche Funktionen anzubieten.

Artikel 4
Allgemeiner Grundsatz

Alle Dokumente stehen zur Weiterverwendung zur Verfügung:

a) für kommerzielle oder nichtkommerzielle Zwecke unter den in Artikel 6 festgelegten Bedingungen;

b) gebührenfrei gemäß den in Artikel 9 festgelegten Bedingungen;

c) ohne Einzelbeantragung, sofern in Artikel 7 nichts anderes bestimmt ist.

Dieser Beschluss wird unter uneingeschränkter Beachtung der Grundsätze des Schutzes personenbezogener Daten und insbesondere der Verordnung (EG) Nr. 45/2001 umgesetzt.

Artikel 5
Datenportal

Die Kommission richtet ein Datenportal als zentralen Zugangspunkt zu ihren strukturierten Daten ein, um die Verknüpfung und Weiterverwendung für kommerzielle oder nichtkommerzielle Zwecke zu erleichtern.

Die Kommissionsdienststellen ermitteln geeignete Daten, die sich in ihrem Besitz befinden, und stellen diese schrittweise zur Verfügung. Das Datenportal kann den Zugang zu Daten anderer Organe, Einrichtungen, Stellen und Agenturen der Europäischen Union auf deren Antrag ermöglichen.

Artikel 6
Bedingungen für die Weiterverwendung von Dokumenten

(1) Dokumente werden, sofern nichts anderes bestimmt ist, uneingeschränkt und ohne Beantragung zur Weiterverwendung bereitgestellt oder gegebenenfalls im Rahmen einer offenen Lizenz oder einer Haftungsausschlusserklärung, in der die Bedingungen und Rechte der Nutzer festgelegt sind.

(2) Diese Bedingungen, durch die die Möglichkeiten der Weiterverwendung nicht unnötig eingeschränkt werden dürfen, können Folgendes enthalten:

a) die Verpflichtung des Nutzers, die Quelle des Dokuments anzugeben;

b) die Verpflichtung, die ursprüngliche Bedeutung oder Botschaft des Dokuments nicht verzerrt darzustellen;

c) den Haftungsausschluss der Kommission für jegliche Folgen der Weiterverwendung.

Sollten für eine bestimmte Dokumentenkategorie andere Bedingungen erforderlich sein, wird die in Artikel 12 genannte dienststellenübergreifende Arbeitsgruppe konsultiert.

Artikel 7
Einzelbeantragungen für die Weiterverwendung von Dokumenten

(1) Sollte eine Einzelbeantragung für die Weiterverwendung erforderlich sein, weisen die Dienststellen der Kommission in dem entsprechenden Dokument oder Verweis zu diesem eindeutig darauf hin und geben die Adresse an, an die die Beantragung zu übermitteln ist.

(2) Einzelbeantragungen für die Weiterverwendung werden von den zuständigen Dienststellen der Kommission unverzüglich bearbeitet. Dem Antragsteller wird eine Empfangsbescheinigung übermittelt. Binnen 15 Arbeitstagen nach Eingang eines solchen Antrags genehmigt die Dienststelle der Kommission oder das Amt für Veröffentlichungen entweder die Weiterverwendung des betreffenden Dokuments und stellt erforderlichenfalls eine Kopie des Dokuments bereit oder teilt schriftlich die vollständige oder teilweise Ablehnung des Antrags unter Angabe der Gründe mit.

(3) Bei einer Beantragung für die Weiterverwendung eines sehr umfangreichen Dokuments oder einer sehr großen Zahl von Dokumenten oder wenn die Beantragung übersetzt werden muss, kann die in Absatz 2 vorgesehene Frist um 15 Arbeitstage verlängert werden, sofern der Antragsteller vorab informiert wird und eine ausführliche Begründung für die Verlängerung erhält.

(4) Wird eine Beantragung für die Weiterverwendung eines Dokuments abgelehnt, klärt die Dienststelle der Kommission bzw. das Amt für Veröffentlichungen den Antragsteller über sein Recht auf, Klage beim Gerichtshof der Europäischen Union zu erheben oder Beschwerde beim Europäischen Bürgerbeauftragten nach Maßgabe der Artikel 263 und 228 des Vertrags über die Arbeitsweise der Europäischen Union einzureichen.

(5) Beruht eine Ablehnung auf Artikel 2 Absatz 2 Buchstabe b des vorliegenden Beschlusses, so wird der Antragsteller im Ablehnungsschreiben an die natürliche oder juristische Person – soweit bekannt – verwiesen, die Inhaber der Rechte ist, oder an den Lizenzgeber, von dem die Kommission das betreffende Material erhalten hat.

Artikel 8
Formate der zur Weiterverwendung verfügbaren Dokumente

(1) Die Dokumente werden in jeder vorhandenen Format- oder Sprachversion und – soweit möglich und sinnvoll – in maschinenlesbarem Format zur Verfügung gestellt.

(2) Es besteht jedoch keine Verpflichtung, Dokumente neu zu erstellen, anzupassen oder zu aktualisieren, um dem Antrag nachkommen zu können, noch Auszüge aus Dokumenten zur Verfügung zu stellen, wenn dies mit einem unverhältnismäßigen Aufwand verbunden ist, der über eine einfache Bearbeitung hinausgeht.

(3) Die Kommission ist durch diesen Beschluss nicht verpflichtet, die betreffenden Dokumente in andere Amtssprachen zu übersetzen, für die zum Zeitpunkt der Beantragung keine Sprachfassungen vorliegen.

(4) Die Kommission oder das Amt für Veröffentlichungen können nicht verpflichtet werden, weiterhin bestimmte Arten von Dokumenten herzustellen oder diese in einem bestimmten Format aufzubewahren, damit sie von einer natürlichen oder juristischen Person weiterverwendet werden können.

Artikel 9
Gebührenregelungen

(1) Die Weiterverwendung der Dokumente ist grundsätzlich gebührenfrei.

(2) In Ausnahmefällen können die durch die Vervielfältigung und Weiterverbreitung von Dokumenten verursachten Zusatzkosten in Rechnung gestellt werden.

(3) Nimmt die Kommission an einem Dokument Anpassungen für eine bestimmte Anwendung vor, kann sie dem Antragsteller die damit verbundenen Kosten in Rechnung stellen. Bei der Entscheidung über die Erhebung solcher Gebühren wird berücksichtigt, welcher Aufwand mit der Anpassung verbunden ist und welche möglichen Vorteile die Europäische Union von dieser Weiterverwendung hat, beispielsweise im Hinblick auf die Verbreitung von Informationen über die Funktionsweise der Europäischen Union oder die Stärkung des öffentlichen Erscheinungsbilds der Kommission.

Artikel 10
Transparenz

(1) Die Bedingungen und Standardgebühren für die zur Weiterverwendung verfügbaren Dokumente werden im Voraus festgelegt und veröffentlicht, soweit möglich und sinnvoll in elektronischer Form.

(2) Die Suche nach Dokumenten wird durch praktische Vorkehrungen wie Bestandslisten der wichtigsten, zur Weiterverwendung verfügbaren Dokumente erleichtert.

Artikel 11
Nichtdiskriminierung und ausschließliche Rechte

(1) Die Bedingungen für die Weiterverwendung von Dokumenten müssen für vergleichbare Kategorien der Weiterverwendung nichtdiskriminierend sein.

(2) Die Weiterverwendung von Dokumenten steht allen potenziellen Marktteilnehmern offen. Ausschließliche Rechte werden nicht gewährt.

(3) Ist dennoch die Gewährung eines ausschließlichen Rechts zur Bereitstellung eines Dienstes im öffentlichen Interesse erforderlich, wird der Grund für dessen Gewährung regelmäßig, mindestens jedoch alle drei Jahre, überprüft. Ausschließ-

lichkeitsvereinbarungen müssen transparent sein und öffentlich bekannt gemacht werden.

(4) Ausschließliche Rechte können Verlegern von wissenschaftlichen Zeitschriften für einen begrenzten Zeitraum für Artikel gewährt werden, die auf Arbeiten der Kommissionsbediensteten aufbauen.

Artikel 12
Dienststellenübergreifende Arbeitsgruppe

(1) Eine dienststellenübergreifende Arbeitsgruppe wird unter dem Vorsitz des für diesen Beschluss zuständigen Generaldirektors oder seines Vertreters eingerichtet. Sie besteht aus Vertretern der Generaldirektion oder der Dienststellen. Sie erörtert Themen von allgemeiner Bedeutung und erstellt alle 12 Monate einen Bericht über die Umsetzung dieses Beschlusses.

(2) Ein Lenkungsausschuss unter dem Vorsitz des Amtes für Veröffentlichungen und mit Beteiligung des Generalsekretariats, der Generaldirektion Kommunikation, der Generaldirektion Informationsgesellschaft und Medien, der Generaldirektion Informatik sowie mehrerer anderer Generaldirektionen, die die Datenbereitsteller vertreten, wird das Projekt zur Einrichtung des Datenportals beaufsichtigen. Zu einem späteren Zeitpunkt werden gegebenenfalls andere Organe zur Teilnahme an dem Ausschuss aufgefordert.

(3) Die Bedingungen für die in Artikel 6 genannte offene Lizenz werden im Rahmen einer Vereinbarung von dem Generaldirektor bestimmt, der für diesen Beschluss und die verwaltungstechnische Durchführung von Beschlüssen im Zusammenhang mit Rechten des geistigen Eigentums in der Kommission zuständig ist, nach Konsultation der in Absatz 1 genannten dienststellenübergreifenden Arbeitsgruppe.

Artikel 13
Überprüfung

Dieser Beschluss wird drei Jahre nach seinem Inkrafttreten überprüft.

Artikel 14
Aufhebung

Der Beschluss 2006/291/EG, Euratom wird aufgehoben.

Zugang zu Dokumenten der Europäischen Zentralbank[*]

ABl 2004 L 80, 42 idF

1 ABl 2011 L 158, 37 **2** ABl 2015 L 84, 64

(EZB/2004/3)
(2004/258/EG)

Beschluss der Europäischen Zentralbank vom 4. März 2004 über den Zugang der Öffentlichkeit zu Dokumenten der Europäischen Zentralbank

DER EZB-RAT –

gestützt auf die Satzung des Europäischen Systems der Zentralbanken und der Europäischen Zentralbank, insbesondere auf Artikel 12.3,

gestützt auf die Geschäftsordnung der Europäischen Zentralbank[1)], insbesondere auf Artikel 23, in Erwägung nachstehender Gründe:

(1) In Artikel 1 Absatz 2 des Vertrags über die Europäische Union, wonach der Vertrag eine neue Stufe bei der Verwirklichung einer immer engeren Union der Völker Europas darstellt, in der die Entscheidungen möglichst offen und möglichst bürgernah getroffen werden, ist das Prinzip der Transparenz verankert. Transparenz erhöht die Legitimität, Effizienz und Verantwortung der Verwaltung und stärkt auf diese Weise die Grundsätze der Demokratie.

(2) In der Gemeinsamen Erklärung[2)] zu der Verordnung (EG) Nr. 1049/2001 des Europäischen Parlaments und des Rates vom 30. Mai 2001 über den Zugang der Öffentlichkeit zu Dokumenten des Europäischen Parlaments, des Rates und der Kommission[3)] fordern das Europäische Parlament, der Rat und die Kommission die anderen Organe und Einrichtungen der Union auf, interne Regelungen über den Zugang der Öffentlichkeit zu Dokumenten zu beschließen, die den in der Verordnung festgelegten Grundsätzen und Einschränkungen Rechnung tragen. Die Regeln über den Zugang der Öffentlichkeit zu Dokumenten der EZB, die im Beschluss EZB/1998/12 vom 3. November 1998 über den Zugang der Öffentlichkeit zur Dokumentation und zu den Archiven der Europäischen Zentralbank[4)] festgelegt sind, sollten entsprechend überarbeitet werden.

(3) Es sollte ein umfassender Zugang zu den Dokumenten der EZB gewährt werden, wobei gleichzeitig die in Artikel 108 des Vertrags und Artikel 7 der Satzung festgelegte Unabhängigkeit der EZB und der nationalen Zentralbanken (NZBen) sowie die Vertraulichkeit bestimmter Angelegenheiten, die speziell die Erfüllung der Aufgaben der EZB betreffen, geschützt werden sollte. Zur Wahrung der Wirksamkeit der Entscheidungsprozesse, einschließlich der internen Beratungen und Vorbereitungen, sind die Aussprachen in den Sitzungen der Beschlussorgane der EZB vertraulich, es sei denn, das jeweilige Organ beschließt, das Ergebnis der Beratungen zu veröffentlichen.

(4) Der Schutz bestimmter öffentlicher und privater Interessen sollte jedoch durch Ausnahmen gewährleistet werden. Darüber hinaus muss die EZB die Integrität der Euro-Banknoten als Zahlungsmittel, darunter sämtliche Sicherheitsmerkmale gegen Fälschung, sämtliche technischen Herstellungsmerkmale, die physische Sicherheit der Bestände und den Transport der Euro-Banknoten, schützen.

(5) Wenn die NZBen Anträge auf in ihrem Besitz befindliche Dokumente der EZB bearbeiten, sollten sie die EZB konsultieren, um die umfassende Anwendung dieses Beschlusses zu gewährleisten, es sei denn, es ist klar, dass das Dokument verbreitet werden kann bzw. nicht verbreitet werden darf.

(6) Um eine größere Transparenz zu erreichen, sollte die EZB nicht nur Zugang zu Dokumenten gewähren, die von ihr selbst erstellt wurden, sondern auch zu Dokumenten, die bei ihr eingegangen sind, wobei das Recht der jeweils betroffenen Dritten gewahrt bleibt, ihren Standpunkt hinsichtlich des Zugangs zu den von ihnen stammenden Dokumenten darzulegen.

[*] Beschluss EZB/2007/1 betreffend den Datenschutz bei der EZB, ABl 2007 L 116, 64. Siehe auch 2/13. Anhang.

[1)] Beschluss EZB/2004/2 vom 19. Februar 2004 zur Verabschiedung der Geschäftsordnung der Europäischen Zentralbank.

[2)] ABl. L 173 vom 27.6.2001, S. 5.

[3)] ABl. L 145 vom 31.5.2001, S. 43.

[4)] ABl. L 110 vom 28.4.1999, S. 30.

(7) Um sicherzustellen, dass eine gute Verwaltungspraxis gewahrt wird, sollte die EZB ein Verfahren in zwei Phasen anwenden –

HAT FOLGENDEN BESCHLUSS GEFASST:

Artikel 1
Zweck

Zweck dieses Beschlusses ist es, die Bedingungen und Einschränkungen festzulegen, gemäß derer die EZB der Öffentlichkeit Zugang zu Dokumenten der EZB gewährt, sowie eine gute Verwaltungspraxis im Hinblick auf den Zugang der Öffentlichkeit zu diesen Dokumenten zu fördern.

Artikel 2
Zugangsberechtigte und Anwendungsbereich

(1) Jeder Unionsbürger sowie jede natürliche oder juristische Person mit Wohnsitz oder Sitz in einem Mitgliedstaat hat vorbehaltlich der in diesem Beschluss festgelegten Bedingungen und Einschränkungen ein Recht auf Zugang zu Dokumenten der EZB.

(2) Die EZB kann vorbehaltlich der gleichen Bedingungen und Einschränkungen allen natürlichen oder juristischen Personen, die keinen Wohnsitz oder Sitz in einem Mitgliedstaat haben, Zugang zu Dokumenten der EZB gewähren.

(3) Dieser Beschluss berührt nicht das etwaige Recht auf Zugang der Öffentlichkeit zu Dokumenten der EZB, das sich aus internationalen Übereinkünften oder aus Rechtsakten zu deren Durchführung ergibt.

Artikel 3
Begriffsbestimmungen

Im Sinne dieses Beschlusses bedeutet:

a) „Dokument" und „Dokument der EZB": Inhalte unabhängig von der Form des Datenträgers (auf Papier oder in elektronischer Form, Ton-, Bild- oder audiovisuelles Material), die von der EZB erstellt wurden oder sich in ihrem Besitz befinden und im Zusammenhang mit ihren Politiken, Maßnahmen oder Entscheidungen stehen, sowie Dokumente, die vom Europäischen Währungsinstitut (EWI) und vom Ausschuss der Präsidenten der Zentralbanken der Mitgliedstaaten der Europäischen Wirtschaftsgemeinschaft (nachfolgend als „Ausschuss der Präsidenten der Zentralbanken" bezeichnet) stammen;

b) „Dritte": alle natürlichen und juristischen Personen und Einrichtungen außerhalb der EZB.

c) „nationale zuständige Behörde" und „nationale benannte Behörde": eine nationale zuständige Behörde bzw. eine nationale benannte Behörde im Sinne der Verordnung (EU) Nr. 1024/ 2013 des Rates[5];

d) „andere relevante Behörden und Einrichtungen": relevante nationale Behörden und Einrichtungen sowie Organe, Einrichtungen, Ämter und Agenturen der Union, relevante internationale Organisationen, Aufsichtsbehörden und Verwaltungen von Drittländern.

Artikel 4
Ausnahmeregelung

(1) Die EZB verweigert den Zugang zu einem Dokument, durch dessen Verbreitung Folgendes beeinträchtigt würde:

a) der Schutz des öffentlichen Interesses im Hinblick auf:

- die Vertraulichkeit der Aussprachen der Beschlussorgane der EZB, des Aufsichtsgremiums und sonstiger gemäß der Verordnung (EU) Nr. 1024/2013 errichteter Einrichtungen
- die Finanz-, Währungs- oder Wirtschaftspolitik der Union oder eines Mitgliedstaats,
- die internen Finanzen der EZB oder der NZBen,
- den Schutz der Integrität der Euro-Banknoten,
- die öffentliche Sicherheit,
- die internationalen Finanz-, Währungsoder Wirtschaftsbeziehungen;
- die Stabilität des Finanzsystems in der Union oder in einem Mitgliedstaat;
- die Politik der Union oder eines Mitgliedstaats auf dem Gebiet der Beaufsichtigung von Kreditinstituten und sonstigen Finanzinstituten,
- den Zweck aufsichtlicher Prüfungen,
- die Solidität und Sicherheit von Finanzmarktinfrastrukturen, Zahlungsverkehrssystemen und Zahlungsdiensteanbietern.

b) der Schutz der Privatsphäre und der Integrität des Einzelnen, insbesondere gemäß den Rechtsvorschriften der Gemeinschaft über den Schutz personenbezogener Daten;

c) der Schutz der Vertraulichkeit von Informationen, die als vertrauliche Informationen durch das Unionsrecht geschützt werden.

(2) Die EZB verweigert den Zugang zu einem Dokument, durch dessen Verbreitung Folgendes beeinträchtigt würde:

---

[5] Verordnung (EU) Nr. 1024/2013 des Rates vom 15. Oktober 2013 zur Übertragung besonderer Aufgaben im Zusammenhang mit der Aufsicht über Kreditinstitute auf die Europäische Zentralbank (ABl. L 287 vom 29.10.2013, S. 63).

- der Schutz der geschäftlichen Interessen einer natürlichen oder juristischen Person, einschließlich des geistigen Eigentums,
- der Schutz von Gerichtsverfahren und der Rechtsberatung,
- der Schutz des Zwecks von Inspektions-, Untersuchungs- und Audittätigkeiten,

es sei denn, es besteht ein überwiegendes öffentliches Interesse an der Verbreitung.

(3) Der Zugang zu einem Dokument, das die EZB zum internen Gebrauch im Rahmen von Beratungen und Vorgesprächen innerhalb der EZB oder im Rahmen des Meinungsaustauschs zwischen der EZB und den NZBen, nationalen zuständigen Behörden und nationalen benannten Behörden erstellt oder erhalten hat, wird auch dann, wenn der Beschluss gefasst worden ist, verweigert, es sei denn, es besteht ein überwiegendes öffentliches Interesse an der Verbreitung.

Der Zugang zu Dokumenten, die den Meinungsaustausch zwischen der EZB und anderen relevanten Behörden und Einrichtungen wiedergeben, wird auch dann, wenn der Beschluss gefasst worden ist, verweigert, falls die Verbreitung der betreffenden Dokumente ein wirksames Vorgehen der EZB bei der Wahrnehmung ihrer Aufgaben schwerwiegend beeinträchtigen würde, es sei denn, es besteht ein überwiegendes öffentliches Interesse an der Verbreitung.

(4) Bezüglich Dokumente Dritter konsultiert die EZB den betroffenen Dritten, um zu beurteilen, ob eine der Ausnahmeregelungen dieses Artikels anwendbar ist, es sei denn, es ist klar, dass das Dokument verbreitet werden muss bzw. nicht verbreitet werden darf.

Auf Anträge auf Zugang zu Dokumenten des Europäischen Ausschusses für Systemrisiken findet der Beschluss ESRB/2011/5 des Europäischen Ausschusses für Systemrisiken vom 3. Juni 2011 über den Zugang der Öffentlichkeit zu Dokumenten des Europäischen Ausschusses für Systemrisiken (ABl. C 176 vom 16.6.2011, S. 3) Anwendung, der auf der Grundlage von Artikel 7 der Verordnung (EU) Nr. 1096/2010 des Rates vom 17. November 2010 zur Betrauung der Europäischen Zentralbank mit besonderen Aufgaben bezüglich der Arbeitsweise des Europäischen Ausschusses für Systemrisiken (ABl. L 331 vom 15.12.2010, S. 162) verabschiedet wurde.

(5) Wenn nur Teile des angeforderten Dokuments einer der Ausnahmen unterliegen, werden die übrigen Teile des Dokuments freigegeben.

(6) Die Ausnahmen gemäß diesem Artikel gelten nur für den Zeitraum, in dem der Schutz aufgrund des Inhalts des Dokuments gerechtfertigt ist. Die Ausnahmen gelten höchstens für einen Zeitraum von 30 Jahren, es sei denn, der EZB-Rat bestimmt ausdrücklich etwas anderes. Im Falle von Dokumenten, die unter die Ausnahmeregelungen bezüglich der Privatsphäre oder der geschäftlichen Interessen fallen, können die Ausnahmen nach Ablauf dieses Zeitraums weiter Anwendung finden.

Artikel 5
Dokumente bei den NZBen

Im Besitz einer NZB befindliche Dokumente, die von der EZB erstellt wurden, sowie Dokumente, die vom EWI oder vom Ausschuss der Präsidenten der Zentralbanken stammen, dürfen von der NZB nur nach vorheriger Konsultation der EZB über den Umfang des Zugangs verbreitet werden, es sei denn, es ist klar, dass das Dokument verbreitet werden muss bzw. nicht verbreitet werden darf.

Die NZB kann den Antrag stattdessen an die EZB weiterleiten.

Artikel 6
Anträge

(1) Anträge auf Zugang zu einem Dokument sind bei der EZB[6] in schriftlicher, einschließlich elektronischer, Form in einer der Amtssprachen der Union zu stellen und müssen so präzise formuliert sein, dass die EZB das betreffende Dokument ermitteln kann. Der Antragsteller ist nicht verpflichtet, Gründe für seinen Antrag anzugeben.

(2) Ist ein Antrag nicht hinreichend präzise, fordert die EZB den Antragsteller auf, den Antrag zu präzisieren, und leistet ihm dabei Hilfe.

(3) Betrifft ein Antrag ein sehr umfangreiches Dokument oder eine sehr große Zahl von Dokumenten, so kann sich die EZB mit dem Antragsteller informell beraten, um eine angemessene Lösung zu finden.

Artikel 7
Behandlung von Erstanträgen

(1) Ein Antrag auf Zugang zu einem Dokument wird unverzüglich bearbeitet. Dem Antragsteller wird eine Empfangsbescheinigung zugesandt. Binnen 20 Arbeitstagen nach Eingang des Antrags oder nach Eingang der gemäß Artikel 6 Absatz 2 geforderten Präzisierungen gewährt der Generaldirektor Sekretariat der EZB entweder Zugang zu dem angeforderten Dokument und macht es gemäß Artikel 9 zugänglich oder informiert den Antragsteller schriftlich über die Gründe für die vollständige oder teilweise Ablehnung und über dessen Recht, gemäß Absatz 2 einen Zweitantrag zu stellen.

(2) Im Falle einer vollständigen oder teilweisen Ablehnung kann der Antragsteller binnen 20 Ar-

[6] Anschrift: Europäische Zentralbank, Abteilung Sekretariat, Kaiserstraße 29, D-60311 Frankfurt am Main. Fax: + 49 (69) 1344 6170. E-Mail: ecb.secretariat@ecb.int.

beitstagen nach Eingang des Antwortschreibens der EZB einen Zweitantrag an das Direktorium der EZB richten und es um eine Überprüfung des Standpunkts der EZB ersuchen. Antwortet darüber hinaus die EZB nicht innerhalb der vorgeschriebenen Frist von 20 Arbeitstagen für die Bearbeitung des Erstantrags, so hat der Antragsteller das Recht, einen Zweitantrag zu stellen.

(3) In Ausnahmefällen, beispielsweise bei einem Antrag auf Zugang zu einem sehr umfangreichen Dokument, zu einer sehr großen Zahl von Dokumenten oder bei erforderlicher Konsultation eines Dritten, kann die EZB die in Absatz 1 vorgesehene Frist um 20 Arbeitstage verlängern, sofern der Antragsteller vorab informiert wird und eine ausführliche Begründung erhält.

(4) Absatz 1 findet auf exzessive sowie unzumutbare und insbesondere auf wiederholt gestellte Anträge keine Anwendung.

Artikel 8
Behandlung von Zweitanträgen

(1) Ein Zweitantrag wird unverzüglich bearbeitet. Binnen 20 Arbeitstagen nach Eingang eines solchen Antrags gewährt das Direktorium entweder Zugang zu dem angeforderten Dokument und macht es gemäß Artikel 9 zugänglich oder teilt schriftlich die Gründe für die vollständige oder teilweise Ablehnung mit. Verweigert die EZB den Zugang vollständig oder teilweise, so unterrichtet sie den Antragsteller über mögliche Rechtsbehelfe gemäß Artikel 263 und 228 des Vertrags.

(2) In Ausnahmefällen, beispielsweise bei einem Antrag auf Zugang zu einem sehr umfangreichen Dokument oder zu einer sehr großen Zahl von Dokumenten, kann die EZB die in Absatz 1 vorgesehene Frist um 20 Arbeitstage verlängern, sofern der Antragsteller vorab informiert wird und eine ausführliche Begründung erhält.

(3) Antwortet die EZB nicht innerhalb der vorgeschriebenen Frist, gilt dies als abschlägiger Bescheid und berechtigt den Antragsteller, gemäß Artikel 263 bzw. 228 des Vertrags Klage zu erheben und/oder Beschwerde beim Europäischen Bürgerbeauftragten einzulegen.

Artikel 9
Zugang im Anschluss an einen Antrag

(1) Die Einsichtnahme der Antragsteller in Dokumente, zu denen die EZB Zugang gewährt hat, erfolgt entweder in den Räumlichkeiten der EZB oder durch Bereitstellung einer Kopie, gegebenenfalls in elektronischer Form. Die Kosten für die Anfertigung und Übersendung von Kopien können dem Antragsteller in Rechnung gestellt werden. Diese Kosten dürfen die tatsächlichen Kosten für die Anfertigung und Übersendung der Kopien nicht überschreiten. Die Einsichtnahme vor Ort, Kopien von weniger als 20 DIN-A4-Seiten und der direkte Zugang in elektronischer Form sind kostenlos.

(2) Ist ein Dokument bereits von der EZB freigegeben worden und problemlos zugänglich, kann die EZB ihrer Verpflichtung zur Gewährung des Zugangs zu dem Dokument nachkommen, indem sie den Antragsteller darüber informiert, wie er das angeforderte Dokument erhalten kann.

(3) Die Dokumente werden in einer vorliegenden Fassung und Form (einschließlich einer elektronischen oder anderen Form) gemäß dem Antrag des Antragstellers zur Verfügung gestellt.

Artikel 10
Vervielfältigung von Dokumenten

(1) Dokumente, die gemäß diesem Beschluss freigegeben wurden, dürfen nicht ohne vorherige spezielle Genehmigung der EZB vervielfältigt oder zu kommerziellen Zwecken genutzt werden. Die EZB kann diese Genehmigung ohne Angabe von Gründen verweigern.

(2) Dieser Beschluss gilt unbeschadet geltender Urheberrechtsvorschriften, die das Recht Dritter auf Vervielfältigung oder Nutzung der freigegebenen Dokumente einschränken.

Artikel 11
Schlussbestimmungen

Dieser Beschluss tritt am Tag nach seiner Veröffentlichung im *Amtsblatt der Europäischen Union* in Kraft.

Der Beschluss EZB/1998/12 wird aufgehoben.

Zugang zu Dokumenten der Europäischen Investitionsbank*)

ABl 2002 C 292, 10

(2002/C 292/08)

Europäische Investitionsbank: Bestimmungen über den Zugang der Öffentlichkeit zu Dokumenten der Bank

Um der Öffentlichkeit hochwertige Informationen über ihre Strategie, ihre Politik, ihre Tätigkeit und ihre Verfahren zugänglich zu machen, ist die Europäische Investitionsbank einer aktiven Informationspolitik verpflichtet und wird ihre Aktivitäten in diesem Bereich intensivieren.

Bestimmungen über den Zugang der Öffentlichkeit zu Dokumenten der Bank

In Erwägung nachstehender Gründe:

(1) In Artikel 1 Absatz 2 des Vertrags über die Europäische Union, wonach der Vertrag „eine neue Stufe bei der Verwirklichung einer immer engeren Union der Völker Europas dar[stellt], in der die Entscheidungen möglichst offen und möglichst bürgernah getroffen werden", ist das Prinzip der Transparenz verankert.

(2) In Artikel 255 des Vertrags zur Gründung der Europäischen Gemeinschaft (nachstehend „Vertrag") ist das Recht auf Zugang zu Dokumenten des Europäischen Parlaments, des Rates und der Kommission niedergelegt.

(3) Das Europäische Parlament und der Rat haben die Verordnung (EG) Nr. 1049/2001 über den Zugang der Öffentlichkeit zu Dokumenten des Europäischen Parlaments, des Rates und der Kommission angenommen, die dem Recht der Öffentlichkeit auf Zugang zu Dokumenten größtmögliche Wirksamkeit verschaffen soll und gemäß Artikel 255 Absatz 2 EG-Vertrag die allgemeinen Grundsätze und Einschränkungen dafür festlegt.

(4) Das Europäische Parlament, der Rat und die Kommission haben durch eine gemeinsame Erklärung zu der Verordnung (EG) Nr. 1049/2001 des Europäischen Parlaments und des Rates vom 30. Mai 2001 über den öffentlichen Zugang zu Dokumenten des Europäischen Parlaments, des Rates und der Kommission die Organe und Einrichtungen der Europäischen Union aufgefordert, interne Regelungen über den Zugang der Öffentlichkeit zu Dokumenten zu beschließen, die den Grundsätzen und Einschränkungen in der Verordnung (EG) Nr. 1049/2001 Rechnung tragen.

(5) Die Europäische Investitionsbank (nachstehend „Bank") hat gemäß Artikel 267 des Vertrags die Aufgabe, „zu einer ausgewogenen und reibungslosen Entwicklung des Gemeinsamen Marktes im Interesse der Gemeinschaft beizutragen; hierbei bedient sie sich des Kapitalmarkts sowie ihrer eigenen Mittel. In diesem Sinne erleichtert sie ohne Verfolgung eines Erwerbszwecks durch Gewährung von Darlehen und Bürgschaften die Finanzierung" [von Investitionsvorhaben] „in allen Wirtschaftszweigen".

(6) Artikel 255 des Vertrags, aufgrund dessen die Verordnung (EG) Nr. 1049/2001 angenommen wurde, bezieht sich lediglich auf das Europäische Parlament, den Rat und die Kommission. Die EIB wünscht jedoch ebenfalls, dass die Dokumente in Einklang mit den für die gemeinschaftlichen Organe und Einrichtungen sowie auch für die Bank geltenden Regeln für gute Verwaltungspraxis der Öffentlichkeit in größtmöglichem Umfang zugänglich gemacht werden. Im Jahr 1997 hatte die EIB bereits Bestimmungen über den Zugang der Öffentlichkeit zu Dokumenten der Bank[1] verabschiedet, die durch diese Bestimmungen ersetzt werden.

(7) Die Bank hat beschlossen, ihre Bestimmungen über den Zugang der Öffentlichkeit zu Dokumenten zu überarbeiten, um den Grundsätzen und Einschränkungen in der oben genannten Verordnung (EG) Nr. 1049/ 2001 in dem Maße Rechnung zu tragen, wie dies die Erfüllung ihrer Aufgabe als Finanzierungsinstitution im Sinne des Vertrags in keiner Weise beeinträchtigt.

(8) Um die Beziehungen der Mitarbeiter der Bank zur Öffentlichkeit durch einen allgemeinen Rahmen zu regeln, hat die Bank den „Kodex für gute Verwaltungspraxis in den Beziehungen der Mitarbeiter der Europäischen Investitionsbank zur Öffentlichkeit"[2] (nachstehend „Kodex für gute Verwaltungspraxis") verabschiedet.

*) ***Hinweis:*** Bestimmungen über historische Archive der Bank, ABl 2005 C 289, 12.

[1] ABl. C 243 vom 9.8.1997.

[2] ABl. C 17 vom 19.1.2001.

(9) Artikel 287 des Vertrags untersagt die Preisgabe von Informationen, die ihrem Wesen nach unter das Berufsgeheimnis fallen; dies gilt insbesondere für Auskünfte über Unternehmen sowie deren Geschäftsbeziehungen oder Kostenelemente. Bei der Erfüllung ihrer Aufgabe muss die Bank daher gewährleisten, dass sich Projektträger, Darlehensnehmer und potenzielle Darlehensnehmer sowie Dritte, die in die Durchführung oder Finanzierung von Projekten einbezogen sind, auf die Vertraulichkeit ihrer Beziehungen zur Bank verlassen können.

(10) Die Bank muss in ihren Beziehungen zu anderen Organen und Einrichtungen innerhalb und außerhalb des Rahmens der Gemeinschaft den vertraulichen Charakter der zwischen ihr und letzteren ausgetauschten Dokumente wahren, soweit dies für die Erreichung der verfolgten Ziele notwendig ist.

(11) Innerhalb der EIB muss ein freier und uneingeschränkter Meinungsaustausch im Rahmen der internen Prozesse der Vorbereitung, Beratung und Entscheidungsfindung gewährleistet sein, um einen reibungslosen Ablauf ihrer Tätigkeit zu ermöglichen. Die Bank muss zudem sicherstellen, dass persönliche Daten in Einklang mit den Gemeinschaftsbestimmungen geschützt werden.

(12) Vor dem Hintergrund der obigen Ausführungen ist die EIB einer aktiven Informationspolitik verpflichtet und wird ihr Bestreben, der Öffentlichkeit Informationen über ihre Strategie, ihre Politik, ihre Tätigkeit und ihre Verfahren zugänglich zu machen, fortsetzen und intensivieren. Sie wird weiterhin im Einvernehmen mit ihren Vertragspartnern auch grundlegende Informationen über abgeschlossene Einzeloperationen veröffentlichen, soweit dies sinnvoll ist.

Das Direktorium der Bank hat die folgenden Bestimmungen, die an die Dienststellen der EIB gerichtet und zur Veröffentlichung bestimmt sind, verabschiedet:

Artikel 1
Anwendungsbereich

1. Die Öffentlichkeit hat in Einklang mit den Grundsätzen und unter bzw. mit den in diesem Beschluss festgelegten Bedingungen bzw. Einschränkungen Zugang zu den Dokumenten der Bank.

2. Als „Öffentlichkeit" gelten alle Bürger der Union und alle natürlichen bzw. juristischen Personen, die ihren Wohnsitz bzw. ihren eingetragenen Sitz in einem Mitgliedstaat der Europäischen Union oder in einem Staat, in dem die Bank tätig ist, haben.

3. Als „Dokument" gelten Inhalte, die von der Bank erstellt worden oder bei ihr eingegangen sind und einen Sachverhalt im Zusammenhang mit der Politik, den Tätigkeiten oder Entscheidungen aus ihrem Zuständigkeitsbereich betreffen.

4. Als „Dritte" gelten alle natürlichen und juristischen Personen und Einrichtungen außerhalb der Bank, einschließlich der Mitgliedstaaten, der anderen Gemeinschafts- oder Nicht-Gemeinschaftsorgane und -einrichtungen und der Drittländer.

Artikel 2
Anträge

1. Dokumente sind in schriftlicher, einschließlich elektronischer, Form anzufordern. Die Anträge sind an folgende Anschrift zu richten:

Generalsekretariat
Hauptabteilung Information und Kommunikation
Europäische Investitionsbank
L-2950 Luxemburg
oder an:
infopol@eib.org
bzw. infopol@bei.org

2. Anträge auf Zugang zu Informationen werden entsprechend den Bedingungen und Fristen des Kodexes für gute Verwaltungspraxis bearbeitet.

3. Der Antragsteller ist nicht verpflichtet, Gründe für seinen Antrag anzugeben. Ist ein Antrag nicht hinreichend präzise oder erlaubt nicht die Ermittlung des angeforderten Dokuments bzw. der gewünschten Informationen, fordert die Bank den Antragsteller auf, seinen Antrag zu präzisieren.

4. Die Bank behält sich jedoch die Ablehnung von Anträgen vor, die ungerechtfertigt oder eindeutig unverhältnismäßig sind.

Artikel 3
Dokumente Dritter

Wird bei der Bank ein Dokument angefordert, das sich in ihrem Besitz befindet und ihr von Dritten übermittelt wurde, konsultiert sie die Betreffenden, um ihr Einverständnis einzuholen, es sei denn, aus der im Lichte dieses Beschlusses vorgenommenen Prüfung des Dokuments geht eindeutig hervor, dass dieses zur Verbreitung bestimmt ist bzw. nicht verbreitet werden darf.

Artikel 4
Ausnahmeregelung

1. Der Zugang zu einem Dokument oder zu Teilen eines Dokuments wird abgelehnt, wenn

durch dessen Verbreitung Folgendes beeinträchtigt würde:

i) der Schutz des öffentlichen Interesses im Hinblick auf die internationalen Beziehungen sowie die Finanz-, Währungs- oder Wirtschaftspolitik der Gemeinschaft, ihrer Organe und Einrichtungen oder eines Mitgliedstaats;

ii) der Schutz der Privatsphäre und der Integrität des Einzelnen, insbesondere gemäß den Rechtsvorschriften der Gemeinschaft über den Schutz personenbezogener Daten;

iii) der Schutz von Gerichtsverfahren;

iv) der Schutz der Rechtsberatung;

v) der Schutz des Zwecks von Inspektions-, Untersuchungs- und Audittätigkeiten;

vi) der Schutz der geschäftlichen Interessen einer natürlichen oder juristischen Person, einschließlich des geistigen Eigentums;

vii) der Schutz des Berufsgeheimnisses, wenn eine solche Verbreitung den standesüblichen Normen und den in Bank- und Finanzkreisen geltenden Regeln und Gepflogenheiten widersprechen würde;

viii) der Schutz des berechtigten Interesses der Bank, ihre interne Verwaltung insbesondere im Bereich der Humanressourcen zu organisieren.

2. Der Zugang zu einem Dokument oder zu Teilen eines Dokuments, das von der Bank für den internen Gebrauch erstellt wurde oder bei ihr eingegangen ist und sich auf eine Angelegenheit bezieht, in der die Bank noch keinen Beschluss gefasst hat, wird abgelehnt, wenn dessen Verbreitung den Entscheidungsprozess der Bank beeinträchtigen würde. Der Zugang zu einem Dokument mit Stellungnahmen für interne Zwecke im Rahmen von Beratungen und Vorgesprächen innerhalb der Bank wird auch dann, wenn der Beschluss gefasst worden ist, abgelehnt, wenn die Verbreitung des Dokuments den Entscheidungsprozess der Bank beeinträchtigen würde.

3. Dokumente oder Teile von Dokumenten, die Informationen über Dritte enthalten, werden nicht zugänglich gemacht, wenn die betreffenden Informationen der Bank gegenüber als vertraulich bezeichnet worden sind, wenn sich die Bank verpflichtet hat, sie vertraulich zu behandeln, oder wenn die betreffenden Informationen in anderer Hinsicht so beschaffen sind, dass sie unter die Verpflichtung der Bank fallen, Dritten gegenüber die Vertraulichkeit von Informationen zu wahren.

4. Eine Abweichung von den Bestimmungen im vorstehenden Absatz ist mit schriftlicher Genehmigung der Person oder der Einrichtung, die durch die Vertraulichkeit der betreffenden Informationen geschützt wird, möglich.

5. Die Ausnahmen gemäß den oben stehenden Absätzen gelten nur für den Zeitraum, in dem der Schutz aufgrund des Inhalts des Dokuments gerechtfertigt ist. Die Ausnahmen gelten in der Regel höchstens für einen Zeitraum von 30 Jahren. Im Falle von Dokumenten, die unter die Ausnahmeregelungen bezüglich der Privatsphäre, der geschäftlichen Interessen oder der Möglichkeiten im Rahmen der internen Verwaltung fallen, können die Ausnahmen erforderlichenfalls auch nach Ablauf dieses Zeitraums weiter Anwendung finden.

Artikel 5
Zugang im Anschluss an einen Antrag

1. Der Zugang zu den Dokumenten erfolgt entweder durch Einsichtnahme vor Ort oder durch Bereitstellung einer Kopie, gegebenenfalls auch in elektronischer Form.

2. Die Dokumente werden in einer vorliegenden Fassung und Form zur Verfügung gestellt.

3. Ist ein Dokument bereits von der Bank oder von Dritten freigegeben worden, beantwortet die Bank den Antrag auf Zugang, indem sie den Antragsteller darüber informiert, wie er das angeforderte Dokument erhalten kann.

Artikel 6
Vervielfältigung

Dieser Beschluss gilt unbeschadet geltender Vorschriften über Urheberrechte – einschließlich der Urheberrechte der Bank –, die das Recht Dritter auf Vervielfältigung oder Nutzung der freigegebenen Dokumente einschränken können.

Artikel 7
Kosten

Vom Antragsteller kann eine Gebühr zur Deckung der Kosten erhoben werden, die durch die Bereitstellung der angeforderten Dokumente entstehen.

Artikel 8
Rechtsbehelf

Antwortet die Bank nicht innerhalb der in Artikel 13 des Kodexes für gute Verwaltungspraxis vorgeschriebenen Frist oder wird ein Antrag nach einer Beschwerde vollständig oder teilweise abgelehnt, ist der Antragsteller berechtigt, sich gemäß Artikel 195 des Vertrags an den Europäischen Bürgerbeauftragten zu wenden.

Artikel 9
Schlussbestimmungen

Diese Bestimmungen ändern und ersetzen den am 26. März 1997 angenommenen Beschluss des Direktoriums. Sie werden durch die Bestimmungen des Kodexes für gute Verwaltungspraxis ergänzt. Der Generalsekretär der Bank kann die Modalitäten für die Umsetzung dieser Bestimmungen in Absprache mit den betroffenen Dienststellen festlegen.

Zugang zu Dokumenten des Rechnungshofs

ABl 2009 C 67, 1

(2009/C 67/01)

Beschluss Nr. 12/2005[1] des Rechnungshofs der Europäischen Gemeinschaften vom 10. März 2005 über den Zugang der Öffentlichkeit zu den Dokumenten des Hofes

DER RECHNUNGSHOF DER EUROPÄISCHEN GEMEINSCHAFTEN –

gestützt auf seine Geschäftsordnung[2], insbesondere auf Artikel 30,

gestützt auf die Verordnung (EG, Euratom) Nr. 1605/2002 des Rates über die Haushaltsordnung für den Gesamthaushaltsplan der Europäischen Gemeinschaften[3], insbesondere auf Artikel 143 Absatz 2 und auf Artikel 144 Absatz 1,

in Erwägung nachstehender Gründe:

In Artikel 1 Absatz 2 des Vertrags über die Europäische Union, wonach der Vertrag eine neue Stufe bei der Verwirklichung einer immer engeren Union der Völker Europas darstellt, in der die Entscheidungen möglichst offen und möglichst bürgernah getroffen werden, ist das Prinzip der Transparenz verankert.

In der Gemeinsamen Erklärung[4] zu der Verordnung (EG) Nr. 1049/2001 des Europäischen Parlaments und des Rates vom 30. Mai 2001 über den Zugang der Öffentlichkeit zu Dokumenten des Europäischen Parlaments, des Rates und der Kommission[5] fordern das Europäische Parlament, der Rat und die Kommission die anderen Organe und Einrichtungen auf, interne Regelungen über den Zugang der Öffentlichkeit zu Dokumenten zu beschließen, die den Grundsätzen und Einschränkungen in dieser Verordnung Rechnung tragen.

Der Beschluss Nr. 18/97 des Rechnungshofs über interne Vorschriften zur Bearbeitung von Anträgen auf Zugang zu den im Besitz des Hofes befindlichen Dokumenten[6] existierte vor der Verordnung (EG) Nr. 1049/2001 und sollte im Lichte dieser Verordnung sowie der Rechtsprechung des Europäischen Gerichtshofs und des Gerichts erster Instanz überarbeitet werden.

Transparenz gewährleistet eine größere Legitimität, Effizienz und Verantwortung der Verwaltung gegenüber dem Bürger und trägt so zur Stärkung der Grundsätze der Demokratie bei. Zu diesem Zweck ist eine gute Verwaltungspraxis im Hinblick auf den Zugang zu Dokumenten zu fördern.

Der Schutz bestimmter öffentlicher und privater Interessen sollte jedoch durch Ausnahmen bezüglich des Grundsatzes des Zugangs der Öffentlichkeit zu den Dokumenten gewährleistet werden. Dabei sind die internationalen Prüfungsnormen über die Vertraulichkeit von Prüfungsinformationen in vollem Umfang einzuhalten –

BESCHLIESST:

Artikel 1
Zweck

Zweck dieses Beschlusses ist es, die Bedingungen, Einschränkungen und Verfahren festzulegen, auf deren Grundlage der Rechnungshof (nachstehend „Hof") öffentlichen Zugang zu den in seinem Besitz befindlichen Dokumenten gewährt.

Artikel 2
Zugangsberechtigte und Anwendungsbereich

(1) Vorbehaltlich der in diesem Beschluss festgelegten Grundsätze, Bedingungen und Einschränkungen haben jeder Unionsbürger sowie jede natürliche oder juristische Person mit Wohnsitz oder Sitz in einem Mitgliedstaat im Rahmen der in diesem Beschluss festgelegten Bestimmungen und der internationalen Normen über die Vertraulichkeit von Prüfungsinformationen ein Recht auf Zugang zu den Dokumenten des Hofes.

(2) Vorbehaltlich derselben Grundsätze, Bedingungen und Einschränkungen kann der Hof allen natürlichen oder juristischen Personen, die keinen Wohnsitz oder Sitz in einem Mitgliedstaat haben, Zugang zu den Dokumenten gewähren.

(3) Dieser Beschluss gilt für alle Dokumente des Hofes, d. h. Dokumente, die von ihm erstellt wurden oder bei ihm eingegangen sind und sich in seinem Besitz befinden.

(4) Dieser Beschluss berührt nicht das etwaige Recht auf Zugang der Öffentlichkeit zu Dokumenten im Besitz des Hofes, das sich aus internatio-

[1] In der vom Hof mit Beschluss Nr. 14/2009 in seiner Sitzung vom 5. Februar 2009 geänderten Fassung.
[2] ABl. L 18 vom 20.1.2005, S. 1.
[3] ABl. L 248 vom 16.9.2002, S. 1.
[4] ABl. L 173 vom 27.6.2001, S. 5.
[5] ABl. L 145 vom 31.5.2001, S. 43.
[6] ABl. C 295 vom 23.9.1998, S. 1.

nalen Übereinkünften oder aus Rechtsakten der Gemeinschaft zu deren Durchführung ergibt.

Artikel 3
Begriffsbestimmungen

Im Sinne dieses Beschlusses bedeutet

a) „Dokument" Inhalte unabhängig von der Form des Datenträgers (auf Papier oder in elektronischer Form, Ton-, Bild- oder audiovisuelles Material);

b) „Dritte" alle natürlichen und juristischen Personen und Einrichtungen außerhalb des Hofes, einschließlich der Mitgliedstaaten, der anderen Gemeinschafts- oder Nichtgemeinschaftsorgane und -einrichtungen und der Drittländer.

Artikel 4
Ausnahmeregelung

(1) Der Hof verweigert den Zugang zu einem Dokument, durch dessen Verbreitung Folgendes beeinträchtigt würde:

a) der Schutz des öffentlichen Interesses u. a. im Hinblick auf

- die öffentliche Sicherheit,
- die Verteidigung und militärische Belange,
- die internationalen Beziehungen,
- die Finanz-, Währungs- oder Wirtschaftspolitik der Gemeinschaft oder eines Mitgliedstaats;

b) der Schutz der Privatsphäre und der Integrität des Einzelnen, insbesondere gemäß den Rechtsvorschriften der Gemeinschaft über den Schutz personenbezogener Daten.

(2) Im Einklang mit den Bestimmungen über die Vertraulichkeit, wie sie in Artikel 143 Absatz 2 und Artikel 144 Absatz 1 der Verordnung (EG, Euratom) Nr. 1605/2002 des Rates über die Haushaltsordnung für den Gesamthaushaltsplan der Europäischen Gemeinschaften und in entsprechenden Bestimmungen in anderen Instrumenten des Gemeinschaftsrechts festgelegt sind, gewährt der Hof keinen Zugang zu seinen Prüfungsbemerkungen. Ferner kann er den Zugang zu Dokumenten verweigern, die zur Vorbereitung der Prüfungsbemerkungen dienen.

(3) Der Hof verweigert den Zugang zu einem Dokument, durch dessen Verbreitung Folgendes beeinträchtigt würde:

- der Schutz der geschäftlichen Interessen einer natürlichen oder juristischen Person, einschließlich des geistigen Eigentums,
- der Schutz von Gerichtsverfahren und der Rechtsberatung,
- der Schutz von Kontroll-, Untersuchungs- und Prüfungstätigkeiten.

(4) Der Zugang zu einem Dokument, das vom Hof für den internen Gebrauch erstellt wurde oder bei ihm eingegangen ist und das sich auf eine Angelegenheit bezieht, in der der Hof noch keinen Beschluss gefasst hat, wird verweigert, wenn eine Verbreitung des Dokuments den Entscheidungsprozess des Hofes beeinträchtigen würde.

Der Zugang zu einem Dokument mit Stellungnahmen zum internen Gebrauch im Rahmen von Beratungen und Vorgesprächen innerhalb des Hofes wird auch nach der Beschlussfassung verweigert, wenn die Verbreitung des Dokuments den Entscheidungsprozess des Hofes beeinträchtigen würde.

(5) Betrifft der Antrag ein im Besitz des Hofes befindliches Dokument, das nicht von ihm verfasst wurde, bestätigt der Hof den Eingang des Antrags und nennt die Person, das Organ oder die Einrichtung, an die bzw. das der Antrag zu richten ist.

(6) Unterliegen nur Teile des angeforderten Dokuments einer der in diesem Artikel aufgeführten Ausnahmen, werden die übrigen Teile des Dokuments freigegeben.

(7) Die Anwendung der in diesem Artikel aufgeführten Ausnahmen berührt nicht die Bestimmungen der Verordnung (EWG, Euratom) Nr. 354/83 des Rates[7)] über den Zugang der Öffentlichkeit zu den historischen Archiven der Gemeinschaft.

(8) Ungeachtet der in diesem Artikel aufgeführten Ausnahmen kann der Hof beschließen, den Zugang zu einem Dokument vollständig oder teilweise zu gewähren, wenn ein überwiegendes öffentliches Interesse an der Verbreitung besteht.

Artikel 5
Anträge

Anträge auf Zugang zu einem Dokument sind in schriftlicher Form[8)], entweder auf Papier oder in elektronischer Form, in einer der in Artikel 314 des EG-Vertrags aufgeführten Sprachen[9)] zu stellen und müssen so präzise formuliert sein, dass der Hof das betreffende Dokument ermitteln kann. Der Antragsteller ist nicht verpflichtet, Gründe für seinen Antrag anzugeben.

[7)] Verordnung (EWG, Euratom) Nr. 354/83 des Rates, geändert durch die Verordnung (EG, Euratom) Nr. 1700/2003 des Rates (ABl. L 243 vom 27.9.2003, S. 1).

[8)] Gerichtet an den Europäischen Rechnungshof, Direktor für Prüfungsunterstützung und Kommunikation, Rue Alcide De Gasperi 12, L-1615 Luxemburg, Fax: (+352) 43 93 42, E-Mail: euraud@eca.europa.eu

[9)] Gegenwärtig sind dies: Bulgarisch, Dänisch, Deutsch, Englisch, Estnisch, Finnisch, Französisch, Griechisch, Irisch, Italienisch, Lettisch, Litauisch, Maltesisch, Niederländisch, Polnisch, Portugiesisch, Rumänisch, Schwedisch, Slowakisch, Slowenisch, Spanisch, Tschechisch und Ungarisch.

Artikel 6
Behandlung von Erstanträgen

(1) Die beim Hof eingehenden Anträge werden dem Direktor für Prüfungsunterstützung und Kommunikation zugeleitet. Dieser übersendet dem Antragsteller eine Empfangsbescheinigung, prüft den Antrag und entscheidet, welche Maßnahmen zu treffen sind.

(2) In Abhängigkeit vom Gegenstand des Antrags informiert der Direktor für Prüfungsunterstützung und Kommunikation vor der Entscheidung über die Freigabe des angeforderten Dokuments das zuständige Mitglied, den Generalsekretär, den Juristischen Dienst oder den Datenschutzbeauftragten und konsultiert diese, falls erforderlich.

(3) Ein Antrag auf Zugang zu einem Dokument wird unverzüglich bearbeitet. Binnen 15 Arbeitstagen nach Registrierung des Antrags gewährt der Hof entweder Zugang zu dem angeforderten Dokument gemäß Artikel 9 oder informiert den Antragsteller schriftlich über die Gründe für die vollständige oder teilweise Ablehnung und über dessen Recht, gemäß Artikel 7 einen Antrag auf Überprüfung seines Standpunkts an den Hof zu richten.

(4) Bei einem Antrag auf Zugang zu einem sehr umfangreichen Dokument oder zu einer sehr großen Anzahl von Dokumenten kann sich der Hof informell mit dem Antragsteller ins Benehmen setzen in dem Bestreben, eine angemessene Lösung herbeizuführen. In diesen Fällen kann die in Absatz 3 vorgesehene Frist um 15 Arbeitstage verlängert werden, sofern der Antragsteller vorab informiert wird und eine ausführliche Begründung erhält.

Artikel 7
Überprüfung des Standpunkts

(1) Im Fall einer vollständigen oder teilweisen Ablehnung kann der Antragsteller binnen 15 Arbeitstagen nach Eingang des Antwortschreibens des Hofes beim Hof einen Antrag auf Überprüfung des Standpunkts einreichen.

(2) Antwortet der Hof nicht innerhalb der vorgeschriebenen Frist, so hat der Antragsteller ebenfalls das Recht, beim Hof einen Antrag auf Überprüfung des Standpunkts einzureichen.

Artikel 8
Behandlung von Anträgen auf Überprüfung des Standpunkts

(1) Anträge auf Überprüfung des Standpunkts werden dem Präsidenten des Hofes zugeleitet. In Abhängigkeit vom Gegenstand des Antrags konsultiert der Präsident des Hofes vor der Entscheidung über die Freigabe des Dokuments das zuständige Mitglied oder den Generalsekretär und, falls erforderlich, den Juristischen Dienst oder den Datenschutzbeauftragten.

(2) Ein Antrag auf Überprüfung des Standpunkts ist unverzüglich zu bearbeiten. Binnen 15 Arbeitstagen nach Registrierung eines solchen Antrags gewährt der Hof entweder Zugang zu dem angeforderten Dokument und macht es innerhalb dieses Zeitraums gemäß Artikel 9 zugänglich oder teilt schriftlich die Gründe für die vollständige oder teilweise Ablehnung mit. Verweigert der Hof den Zugang vollständig oder teilweise, so unterrichtet er den Antragsteller über mögliche Rechtsbehelfe, d. h. Erhebung einer Klage gegen den Hof und/oder Einlegung einer Beschwerde beim Bürgerbeauftragten nach Maßgabe von Artikel 230 bzw. Artikel 195 des EG-Vertrags.

(3) In Ausnahmefällen, beispielsweise bei einem Antrag auf Zugang zu einem sehr umfangreichen Dokument oder zu einer sehr großen Anzahl von Dokumenten, kann die in Absatz 2 vorgesehene Frist um 15 Arbeitstage verlängert werden, sofern der Antragsteller vorab informiert wird und eine ausführliche Begründung erhält.

(4) Antwortet der Hof nicht innerhalb der vorgeschriebenen Frist, gilt dies als abschlägiger Bescheid und berechtigt den Antragsteller zur Inanspruchnahme der in Absatz 2 genannten Rechtsbehelfe.

Artikel 9
Zugang im Anschluss an einen Antrag

(1) Der Zugang zu den Dokumenten, zu denen der Hof den Zugang gewährt hat, erfolgt entweder durch Einsichtnahme vor Ort in den Räumlichkeiten des Hofes in Luxemburg oder durch Bereitstellung einer Kopie, gegebenenfalls in elektronischer Form. Im ersten Fall verständigen sich der Antragsteller und der Direktor für Prüfungsunterstützung und Kommunikation über Datum und Uhrzeit der Einsichtnahme.

(2) Die Kosten für die Anfertigung und Übersendung von Kopien können dem Antragsteller in Rechnung gestellt werden. Diese Kosten dürfen die tatsächlichen Kosten für die Anfertigung und Übersendung der Kopien nicht überschreiten. Die Einsichtnahme vor Ort, Kopien von bis zu 20 DIN-A4-Seiten und der direkte Zugang in elektronischer Form sind kostenlos.

(3) Ist ein Dokument öffentlich zugänglich, kann der Hof seiner Verpflichtung zur Gewährung des Zugangs zu dem angeforderten Dokument nachkommen, indem er den Antragsteller darüber informiert, wie er dieses erhalten kann.

(4) Die Dokumente werden in der vorliegenden Fassung und Form (einschließlich einer elektronischen oder anderen Form) zur Verfügung gestellt, wobei die Wünsche des Antragstellers berücksichtigt werden. Der Hof ist nicht verpflichtet, auf

Verlangen des Antragstellers ein neues Dokument anzufertigen oder Informationen zusammenzustellen

Artikel 10
Vervielfältigung von Dokumenten

(1) Dokumente, die im Einklang mit diesem Beschluss freigegeben wurden, dürfen nicht ohne vorherige schriftliche Genehmigung des Hofes für kommerzielle Zwecke vervielfältigt oder genutzt werden.

(2) Dieser Beschluss gilt unbeschadet geltender Urheberrechtsvorschriften, die das Recht Dritter auf Vervielfältigung oder Nutzung der freigegebenen Dokumente einschränken.

Artikel 11
Schlussbestimmungen

(1) Der Beschluss Nr. 18/97 des Rechnungshofs vom 20. Februar 1997 wird aufgehoben.

(2) Dieser Beschluss wird im *Amtsblatt der Europäischen Union* veröffentlicht.

(3) Er tritt am ersten Tag des Monats in Kraft, der auf seine Annahme folgt.

Geschehen zu Luxemburg am 10. März 2005.

Transparenz-Register für Organisationen und Einzelpersonen

ABl 2014 L 277, 11

Vereinbarung zwischen dem Europäischen Parlament und der Europäischen Kommission über das Transparenz-Register für Organisationen und selbstständige Einzelpersonen, die sich mit der Gestaltung und Umsetzung von EU-Politik befassen

DAS EUROPÄISCHE PARLAMENT UND DIE EUROPÄISCHE KOMMISSION („die Parteien") –

gestützt auf den Vertrag über die Europäische Union, insbesondere dessen Artikel 11 Absätze 1 und 2, den Vertrag über die Arbeitsweise der Europäischen Union, insbesondere dessen Artikel 295, sowie den Vertrag zur Gründung der Europäischen Atomgemeinschaft (gemeinsam im Folgenden „die Verträge"),

in der Erwägung, dass die politischen Entscheidungsträger in Europa nicht isoliert von der Zivilgesellschaft tätig sind, sondern einen offenen, transparenten und regelmäßigen Dialog mit den repräsentativen Verbänden und der Zivilgesellschaft pflegen; in der Erwägung, dass die Parteien das Transparenz-Register (im Folgenden „das Register"), das mit der Vereinbarung zwischen dem Europäischen Parlament und der Europäischen Kommission vom 23. Juni 2011 über die Einrichtung eines Transparenz-Registers für Organisationen und selbstständige Einzelpersonen, die sich mit der Gestaltung und Umsetzung von EU-Politik befassen[1], eingerichtet wurde, gemäß Nummer 30 dieser Vereinbarung überprüft haben –

VEREINBAREN FOLGENDES:

I.
GRUNDSÄTZE DES REGISTERS

1. Die Einrichtung und der Betrieb des Registers haben weder Auswirkungen auf die Ziele des Europäischen Parlaments, wie sie in seiner Entschließung vom 8. Mai 2008 zu dem Aufbau des Regelungsrahmens für die Tätigkeit von Interessenvertretern (Lobbyisten) bei den Organen der Europäischen Union[2] und in seinem Beschluss vom 11. Mai 2011 zu dem Abschluss einer Vereinbarung zwischen dem Europäischen Parlament und der Kommission über ein gemeinsames Transparenz-Register[3] zum Ausdruck kommen, noch greifen sie diesen vor.
2. Beim Betrieb des Registers werden die allgemeinen Grundsätze des Unionsrechts, einschließlich der Grundsätze der Verhältnismäßigkeit und der Nichtdiskriminierung, geachtet.
3. Beim Betrieb des Registers werden die Rechte der Mitglieder des Europäischen Parlaments im Hinblick auf die uneingeschränkte Ausübung ihres parlamentarischen Mandats geachtet.
4. Der Betrieb des Registers wirkt sich nicht nachteilig auf die Zuständigkeiten oder Vorrechte der Parteien oder auf deren jeweilige Organisationsgewalt aus.
5. Die Parteien streben an, alle vergleichbare Tätigkeiten ausübenden Vertreter in vergleichbarer Weise zu behandeln und einheitliche Bedingungen für die Registrierung von Organisationen und selbstständigen Einzelpersonen, die sich mit der Gestaltung und Umsetzung von EU-Politik befassen, zu schaffen.

II.
STRUKTUR DES REGISTERS

6. Das Register besitzt folgende Struktur:
   a) Bestimmungen über den Anwendungsbereich des Registers, in den Anwendungsbereich des Registers fallende Tätigkeiten, Definitionen, Anreize und Ausnahmen;
   b) Kategorien für eine Registrierung (Anhang I);
   c) Informationen, die von sich registrierenden Organisationen und Einzelpersonen verlangt werden, einschließlich der finanziellen Offenlegungspflichten (Anhang II);
   d) Verhaltenskodex (Anhang III);
   e) Meldemechanismen und Beschwerdeverfahren sowie Maßnahmen, die im Falle der Nichteinhaltung des Verhaltenskodex anzuwenden sind, einschließlich der Verfahren für Meldungen sowie für die Untersuchung und Bearbeitung von Beschwerden (Anhang IV);

[1] ABl. L 191 vom 22.7.2011, S. 29.
[2] ABl. C 271 E vom 12.11.2009, S. 48.
[3] ABl. C 377 E vom 7.12.2012, S. 176.

f) Leitlinien für die Umsetzung mit praktischen Informationen für sich registrierende Organisationen und Einzelpersonen.

III.
ANWENDUNGSBEREICH DES REGISTERS

Abgedeckte Tätigkeiten

7. In den Anwendungsbereich des Registers fallen alle nicht in den Nummern 10 bis 12 genannten Tätigkeiten zum Zweck der unmittelbaren oder mittelbaren Einflussnahme auf die Politikgestaltung oder -umsetzung und die Beschlussfassungsprozesse der EU-Organe, unabhängig vom Ort, an dem die Tätigkeiten ausgeführt werden, sowie vom verwendeten Kommunikationskanal oder -medium, wie etwa Outsourcing, Medien, Verträge mit professionellen Mittlern, Denkfabriken, Plattformen, Foren, Kampagnen oder Basisinitiativen. Im Sinne dieser Vereinbarung sind unter „unmittelbarer Einflussnahme" Einflussnahme durch einen unmittelbareren Kontakt zu bzw. eine unmittelbare Kommunikation mit den EU-Organen und andere Folgemaßnahmen zu solchen Tätigkeiten zu verstehen, während „mittelbare Einflussnahme" eine Einflussnahme unter Nutzung von Intermediären wie Medien, der öffentlichen Meinung, Konferenzen oder gesellschaftlichen Veranstaltungen, mit denen die EU-Organe erreicht werden sollen, bezeichnet. Insbesondere umfassen diese Tätigkeiten
   - die Kontaktaufnahme zu Mitgliedern und deren Assistenten, Beamten oder sonstigen Bediensteten der EU-Organe;
   - die Vorbereitung, Verbreitung und Übermittlung von Schreiben, Informationsmaterial und Diskussions- und Positionspapieren;
   - die Organisation von Veranstaltungen, Treffen, Werbemaßnahmen, Konferenzen oder gesellschaftlichen Veranstaltungen, für die Einladungen an Mitglieder und deren Assistenten, Beamte oder sonstige Bedienstete der EU-Organe versendet wurden, und
   - freiwillige Beiträge zu und die freiwillige Beteiligung an formalen Konsultationen oder Anhörungen zu geplanten Gesetzgebungsakten und sonstigen Rechtsakten der EU sowie anderen offenen Konsultationen.

8. Von allen Organisationen und selbstständigen Einzelpersonen – unabhängig von ihrem Rechtsstatus –, deren laufende oder in Vorbereitung befindliche Tätigkeiten in den Anwendungsbereich des Registers fallen, wird erwartet, dass sie sich registrieren lassen.

   Bei allen Tätigkeiten, die in den Anwendungsbereich des Registers fallen und die von einem Mittler, der Rechtsberatung und sonstige fachliche Beratung leistet, im Auftrag durchgeführt werden, kommen sowohl der Mittler als auch sein Mandant für eine Registrierung infrage. Diese Mittler geben alle Mandanten im Rahmen solcher Aufträge sowie die mit den Mandanten für Repräsentationstätigkeiten jeweils erzielten Umsätze gemäß Anhang II Teil II Abschnitt C Nummer 2 Buchstabe b an. Diese Bestimmung stellt die Mandanten nicht davon frei, sich registrieren zu lassen und die Kosten der Tätigkeiten, mit denen sie Mittler beauftragt haben, in ihre eigene Kostenschätzung aufzunehmen.

Nicht abgedeckte Tätigkeiten

9. Eine Organisation kommt für eine Aufnahme in das Register nur dann infrage, wenn sie vom Register abgedeckte Tätigkeiten ausübt, die mittel- oder unmittelbar Kommunikation mit den EU-Organen zur Folge hatten. Eine nicht infrage kommende Organisation kann aus dem Register entfernt werden.

10. Tätigkeiten im Zusammenhang mit Rechtsberatung und sonstiger fachlicher Beratung fallen nicht in den Anwendungsbereich des Registers, sofern
    - es sich bei ihnen um Beratungstätigkeiten und Kontakte mit öffentlichen Stellen handelt, die dazu bestimmt sind, Mandanten über die allgemeine Rechtslage oder ihre spezifische Rechtsstellung aufzuklären oder sie darüber zu beraten, ob bestimmte rechtliche oder verwaltungstechnische Schritte nach geltendem Recht und den rechtlichen Rahmenbedingungen geeignet oder zulässig sind;
    - es sich bei ihnen um die Beratung von Mandanten handelt, um unterstützend darauf hinzuwirken, dass die Mandanten bei ihren Tätigkeiten die einschlägigen Gesetze einhalten;
    - es sich bei ihnen um die Erstellung von Analysen und Studien für Mandanten zu den möglichen Auswirkungen von Änderungen der Rechts- und Verwaltungsvorschriften auf ihre Rechtslage oder ihr Tätigkeitsgebiet handelt;
    - es sich bei ihnen um eine Vertretung im Rahmen von Schlichtungs- oder Mediationsverfahren zur Vermeidung eines Gerichts- oder Verwaltungsverfahrens handelt; oder
    - sie mit der Ausübung des Grundrechts eines Mandanten auf ein faires Verfahren einschließlich des Rechts auf Verteidigung

in Verwaltungsverfahren verbunden sind, wie beispielsweise die Tätigkeiten von Rechtsanwälten oder Angehörigen anderer einschlägiger Berufsgruppen.

Sofern ein Unternehmen und seine Berater als Partei an einer bestimmten Rechtssache oder einem bestimmten Verwaltungsverfahren beteiligt sind, fällt jede direkt darauf bezogene Tätigkeit, die nicht an sich auf eine Änderung des bestehenden Rechtsrahmens abzielt, nicht in den Anwendungsbereich des Registers. Dies gilt für alle Unternehmensbereiche in der Europäischen Union.

Die folgenden Tätigkeiten im Zusammenhang mit Rechtsberatung und sonstiger fachlicher Beratung fallen jedoch in den Anwendungsbereich des Registers, wenn mit ihnen eine Einflussnahme auf EU-Organe, ihre Mitglieder und deren Assistenten oder ihre Beamten oder anderen Bediensteten beabsichtigt ist:

- die Bereitstellung von Unterstützung mittels Vertretung bzw. Mediation und von Beratungsmaterial einschließlich Argumentations- und Formulierungshilfen und
- die Bereitstellung taktischer oder strategischer Beratung einschließlich des Ansprechens von Fragen, deren Gegenstand und Zeitpunkt der Mitteilung darauf ausgelegt sind, auf die EU-Organe, ihre Mitglieder und deren Assistenten sowie auf ihre Beamten oder anderen Bediensteten Einfluss zu nehmen.

11. Tätigkeiten der Sozialpartner als Teilnehmer am sozialen Dialog (Gewerkschaften, Arbeitgeberverbände usw.) fallen nicht in den Anwendungsbereich des Registers, wenn diese Sozialpartner die ihnen in den Verträgen zugedachte Rolle wahrnehmen. Dies gilt entsprechend für jede Organisation, der gemäß den Verträgen eine institutionelle Rolle zukommt.

12. Tätigkeiten aufgrund direkter und individueller Ersuchen von EU-Organen oder Mitgliedern des Europäischen Parlaments, wie ad hoc oder regelmäßig ergehende Ersuchen um Sachinformationen, Daten oder Fachwissen, fallen nicht in den Anwendungsbereich des Registers.

Besondere Bestimmungen

13. Das Register gilt nicht für Kirchen und Religionsgemeinschaften. Jedoch wird von den Vertretungen und Körperschaften, Büros und Netzwerken, die geschaffen wurden, um Kirchen und Religionsgemeinschaften beim Umgang mit den EU-Organen zu repräsentieren, sowie von ihren Verbänden erwartet, dass sie sich registrieren lassen.

14. Das Register gilt nicht für politische Parteien. Jedoch wird von jeder Organisation, die von politischen Parteien geschaffen oder unterstützt wird und deren Tätigkeitsbereich in den Anwendungsbereich des Registers fällt, erwartet, dass sie sich registrieren lässt.

15. Das Register gilt nicht für staatliche Stellen der Mitgliedstaaten, Regierungen von Drittstaaten, internationale zwischenstaatliche Organisationen und deren diplomatische Vertretungen.

16. Von regionalen Behörden und ihren Vertretungen wird nicht erwartet, sich registrieren zu lassen, sie können dies jedoch auf Wunsch tun. Von Vereinigungen oder Netzwerken, die eingerichtet wurden, um Regionen kollektiv zu vertreten, wird erwartet, dass sie sich registrieren lassen.

17. Von allen Behörden auf subnationaler Ebene – mit Ausnahme der in Nummer 16 genannten – wie beispielsweise lokalen und kommunalen Behörden oder Städten bzw. deren Vertretungsbüros, Verbänden oder Netzwerken wird erwartet, dass sie sich registrieren lassen.

18. Von Netzwerken, Plattformen und anderen Formen kollektiver Tätigkeiten, die keinen Rechtsstatus und keine Rechtspersönlichkeit besitzen, die aber de facto eine Quelle organisierter Einflussnahme darstellen und deren Tätigkeitsbereich in den Anwendungsbereich des Registers fällt, wird erwartet, dass sie sich registrieren lassen. Mitglieder dieser Formen kollektiver Tätigkeiten bestimmen einen Vertreter, der als verantwortlicher Ansprechpartner für die Beziehungen mit dem gemeinsamen Transparenz-Registersekretariat fungiert.

19. Für die Bewertung der Möglichkeit der Aufnahme in das Register werden jene Tätigkeiten berücksichtigt, die (unmittelbar oder mittelbar) auf die EU-Organe, –Agenturen und –Einrichtungen sowie ihre Mitglieder und deren Assistenten, Beamten und sonstigen Bediensteten abzielen. Tätigkeiten, die sich an die Mitgliedstaaten und insbesondere an deren Ständige Vertretungen bei der Europäischen Union richten, zählen nicht dazu.

20. Europäische Netzwerke, Vereinigungen, Verbände und Plattformen sind aufgefordert, gemeinsame transparente Leitlinien für ihre Mitglieder zu erstellen, in denen die in den Anwendungsbereich des Registers fallenden Tätigkeiten benannt werden. Es wird erwartet, dass sie diese Leitlinien veröffentlichen.

IV.

AUF SICH REGISTRIERENDE ORGANISATIONEN UND EINZELPERSONEN ANWENDBARE BESTIMMUNGEN

21. Mit der Registrierung erklären die betreffenden Organisationen und Einzelpersonen, dass:
   - sie zustimmen, dass die von ihnen für die Aufnahme in das Register beigebrachten Informationen öffentlich gemacht werden;
   - sie sich bereit erklären, in Einklang mit dem Verhaltenskodex gemäß Anhang III zu handeln und gegebenenfalls den Wortlaut eines berufsständischen Verhaltenskodex, an den sie gebunden sind, beizubringen[4)];
   - sie die Korrektheit der für die Aufnahme in das Register beigebrachten Informationen gewährleisten und sich bei Verwaltungsanträgen auf ergänzende Informationen und Aktualisierungen zur Zusammenarbeit bereit erklären;
   - sie akzeptieren, dass Meldungen oder Beschwerden, die sie betreffen, auf der Grundlage der Bestimmungen des Verhaltenskodex gemäß Anhang III behandelt werden;
   - sie sich allen im Falle eines Verstoßes gegen den Verhaltenskodex gemäß Anhang III anzuwendenden Maßnahmen unterwerfen und anerkennen, dass im Falle des Nichteinhaltens des Kodex die in Anhang IV vorgesehenen Maßnahmen auf sie Anwendung finden können;
   - sie zur Kenntnis nehmen, dass die Parteien gegebenenfalls auf Antrag und gemäß den Bestimmungen der Verordnung (EG) Nr. 1049/2001 des Europäischen Parlaments und des Rates[5)] Korrespondenz und sonstige Dokumente betreffend die Tätigkeit registrierter Organisationen und Einzelpersonen offenzulegen haben.

V.

UMSETZUNG

22. Die Generalsekretäre des Europäischen Parlaments und der Europäischen Kommission sind für die Überwachung des Systems und für alle wesentlichen operationellen Aspekte verantwortlich und ergreifen im gegenseitigen Einvernehmen alle zur Umsetzung dieser Vereinbarung erforderlichen Maßnahmen.

23. Obwohl es sich um ein gemeinsam betriebenes System handelt, steht es den Parteien frei, das Register in unabhängiger Weise für ihre eigenen spezifischen Zwecke zu verwenden.

24. Um das System umzusetzen, unterhalten die Dienststellen des Europäischen Parlaments und der Europäischen Kommission eine gemeinsame Verwaltungsstruktur mit der Bezeichnung „gemeinsames Transparenz-Registersekretariat". Das gemeinsame Transparenz-Registersekretariat besteht aus einer Gruppe von Beamten des Europäischen Parlaments und der Europäischen Kommission auf der Grundlage einer Vereinbarung zwischen den zuständigen Dienststellen. Es wird von einem Referatsleiter im Generalsekretariat der Europäischen Kommission koordiniert. Zu den Aufgaben des gemeinsamen Transparenz-Registersekretariats gehören die Ausarbeitung von Leitlinien für die Umsetzung innerhalb der durch diese Vereinbarung gesetzten Grenzen, um eine einheitliche Auslegung der Regeln durch die registrierten Organisationen und Einzelpersonen zu ermöglichen, sowie die Überwachung der inhaltlichen Qualität des Registers. Das gemeinsame Transparenz-Registersekretariat prüft anhand der verfügbaren Verwaltungsressourcen die inhaltliche Qualität des Registers, wobei jedoch letztlich die registrierten Organisationen und Einzelpersonen für die von ihnen bereitgestellten Informationen verantwortlich sind.

25. Die Parteien sorgen für angemessene Schulungen und Projekte zur internen Kommunikation, um ihre Mitglieder und Bediensteten auf das Register sowie auf die Meldemechanismen und Beschwerdeverfahren aufmerksam zu machen.

26. Die Parteien ergreifen angemessene externe Maßnahmen, um auf das Register aufmerksam zu machen und seine Verwendung zu fördern.

27. Eine Reihe grundlegender Statistiken aus der Datenbank des Registers wird regelmäßig auf der Europa-Website des Transparenz-Registers veröffentlicht und wird über eine nutzerfreundliche Suchmaschine zugänglich gemacht. Der öffentlich zugängliche Inhalt dieser Datenbank wird in elektronischen,

[4)] Der berufsständische Verhaltenskodex, an den eine sich registrierende Organisation oder Einzelperson gebunden ist, kann Verpflichtungen umfassen, die über die Anforderungen des in Anhang III festgelegten Kodex hinausgehen.

[5)] Verordnung (EG) Nr. 1049/2001 des Europäischen Parlaments und des Rates vom 30. Mai 2001 über den Zugang der Öffentlichkeit zu Dokumenten des Europäischen Parlaments, des Rates und der Kommission (ABl. L 145 vom 31.5.2001, S. 43).

maschinenlesbaren Formaten zugänglich gemacht.

28. Die Generalsekretäre des Europäischen Parlaments und der Europäischen Kommission legen dem zuständigen Vizepräsidenten des Europäischen Parlaments und dem zuständigen Vizepräsidenten der Europäischen Kommission einen jährlichen Bericht über den Betrieb des Registers vor. Der jährliche Bericht enthält Sachinformationen über das Register, seinen Inhalt sowie seine Weiterentwicklung und wird jedes Jahr für das vorangegangene Kalenderjahr veröffentlicht.

VI.

MASSNAHMEN FÜR REGISTRIERTE UND IM EINKLANG MIT DEN VORSCHRIFTEN HANDELNDE ORGANISATIONEN UND EINZELPERSONEN

29. Zugangsausweise für die Gebäude des Europäischen Parlaments werden nur dann an Einzelpersonen ausgegeben, die Organisationen, die in den Anwendungsbereich des Registers fallen, vertreten bzw. für diese arbeiten, wenn diese Organisationen oder Einzelpersonen registriert sind. Die Registrierung berechtigt jedoch nicht automatisch zur Ausstellung eines solchen Zugangsausweises. Die Ausgabe und Kontrolle der Ausweise für den langfristigen Zugang zu den Gebäuden des Europäischen Parlaments erfolgt auch weiterhin im Rahmen eines internen Verfahrens und unter Verantwortung des Parlaments.

30. Die Parteien bieten im Rahmen ihrer Verwaltungsbefugnisse Anreize, um eine Registrierung innerhalb der mit dieser Vereinbarung geschaffenen Rahmenbedingungen zu fördern. Die den registrierten Organisationen und Einzelpersonen vom Europäischen Parlament gebotenen Anreize können Folgendes umfassen:
    - den erleichterten Zugang zu seinen Gebäuden, seinen Mitgliedern und deren Assistenten sowie seinen Beamten und anderen Bediensteten;
    - die Genehmigung, in seinen Räumlichkeiten Veranstaltungen zu organisieren oder als deren Mitveranstalter zu fungieren;
    - die erleichterte Übermittlung von Informationen, einschließlich bestimmter Adressenverzeichnisse; – die Teilnahme als Redner an Anhörungen der Ausschüsse;
    - die Übernahme von Schirmherrschaften durch das Europäische Parlament.

    Die den registrierten Organisationen und Einzelpersonen von der Europäischen Kommission gebotenen Anreize können Folgendes umfassen:
    - Maßnahmen hinsichtlich der Übermittlung von Informationen an die registrierten Organisationen und Einzelpersonen bei der Einleitung von öffentlichen Konsultationen;
    - Maßnahmen hinsichtlich Sachverständigengruppen und anderer Beratungsgremien;
    - besondere Adressenverzeichnisse;
    - die Übernahme von Schirmherrschaften durch die Europäische Kommission.

    Die registrierten Organisationen und Einzelpersonen werden von den Parteien über die ihnen zur Verfügung stehenden spezifischen Anreize informiert.

VII.

MASSNAHMEN IM FALLE DER NICHTEINHALTUNG DES VERHALTENSKODEX

31. Im Falle etwaiger Verstöße gegen den Verhaltenskodex gemäß Anhang III kann jede Person unter Rückgriff auf das auf der Website des Registers zur Verfügung stehende Standard-Kontaktformular Meldungen machen und Beschwerden vorbringen. Meldungen und Beschwerden werden nach den in Anhang IV genannten Verfahren bearbeitet.

32. Ein Meldemechanismus ist ein Instrument zur Ergänzung der vom gemeinsamen Transparenz-Registersekretariat gemäß Nummer 24 durchgeführten Qualitätsprüfungen. Jede Person kann sachliche Fehler bei den von den registrierten Organisationen oder Einzelpersonen bereitgestellten Informationen melden. Auch Registrierungen von nicht infrage kommenden Organisationen oder Einzelpersonen können gemeldet werden.

33. Im Falle mutmaßlicher Verstöße registrierter Organisationen oder Einzelpersonen gegen den Verhaltenskodex – außer bei sachlichen Fehlern – kann jede Person eine formelle Beschwerde einreichen. Beschwerden über eine vermutete Nichteinhaltung des Kodex müssen durch konkrete Fakten untermauert werden. Das gemeinsame Transparenz-Registersekretariat geht dem mutmaßlichen Verstoß unter gebührender Berücksichtigung der Grundsätze der Verhältnismäßigkeit und der guten Verwaltungspraxis nach. Die vorsätzliche Nichteinhaltung des Verhaltenskodex durch registrierte Organisationen oder Einzelpersonen oder ihre Vertreter führt zur Anwendung der in Anhang IV genannten Maßnahmen.

34. Stellt das gemeinsame Transparenz-Registersekretariat im Rahmen der Verfahren gemäß den Nummern 31 bis 33 fest, dass es wiederholt zur Verweigerung der Zusammenarbeit, zu wiederholtem unangemessenen Verhalten oder zu schwerwiegenden Verstößen gegen den Verhaltenskodex gekommen ist, wird die betreffende registrierte Organisation oder Einzelperson für einen Zeitraum von einem oder zwei Jahren aus dem Register ausgeschlossen und diese Maßnahme gemäß Anhang IV im Register veröffentlicht.

VIII.

EINBEZIEHUNG ANDERER ORGANE UND EINRICHTUNGEN

35. Der Europäische Rat und der Rat sind eingeladen, sich dem Register anzuschließen. Andere Organe, Einrichtungen und Stellen der Europäischen Union sind aufgefordert, den mit dieser Vereinbarung geschaffenen Rahmen als Referenzinstrument für ihre eigene Zusammenarbeit mit Organisationen und selbstständigen Einzelpersonen, die sich mit der Gestaltung und Umsetzung von EU-Politik befassen, zu nutzen.

IX.

SCHLUSSBESTIMMUNGEN

36. Diese Vereinbarung ersetzt die Vereinbarung zwischen dem Europäischen Parlament und der Europäischen Kommission vom 23. Juni 2011, die mit dem Zeitpunkt der Anwendbarkeit dieser Vereinbarung ihre Gültigkeit verliert.

37. Das Register wird 2017 überarbeitet.

38. Diese Vereinbarung tritt am zwanzigsten Tag nach dem Tag ihrer Veröffentlichung im Amtsblatt der Europäischen Union in Kraft. Sie gilt ab dem 1. Januar 2015.

Organisationen oder Einzelpersonen, die zum Geltungsbeginn dieser Vereinbarung bereits registriert sind, ändern ihre Registrierung innerhalb von drei Monaten nach dem Geltungsbeginn dahin gehend, dass sie den neuen Anforderungen dieser Vereinbarung genügt.

Geschehen zu Straßburg, am 16. April 2014.

Im Namen des Europäischen Parlaments
Der Präsident
M. SCHULZ
Für die Europäische Kommission
Der Vizepräsident
M. ŠEFČOVIČ

ANHANG I

ANHANG I

„Transparenz-Register” Organisationen und selbstständige Einzelpersonen, die sich mit der Gestaltung und Umsetzung von EU-Politik befassen

Kategorien		Merkmale/Anmerkungen
I – Beratungsfirmen/Anwaltskanzleien/selbstständige Berater		
Subkategorie	Beratungsfirmen	Firmen, die im Namen von Mandanten Tätigkeiten in den Bereichen Beratung und Vertretung, Lobbying, Interessenvertretung, öffentliche Angelegenheiten und Behördenkontakte ausüben
Subkategorie	Anwaltskanzleien	Anwaltskanzleien, die im Namen von Mandanten Tätigkeiten in den Bereichen Beratung und Vertretung, Lobbying, Interessenvertretung, öffentliche Angelegenheiten und Behördenkontakte ausüben
Subkategorie	Selbstständige Berater	Selbstständige Berater oder Anwälte, die im Namen von Mandanten Tätigkeiten in den Bereichen Beratung und Vertretung, Lobbying, Interessenvertretung, öffentliche Angelegenheiten und Behördenkontakte ausüben Diese Sub-

Dok-Zugang Transparenz

ANHANG I

Kategorien		Merkmale/Anmerkungen
		kategorie richtet sich an Rechtssubjekte, bei denen nur eine Person mitwirkt.
II – In-House-Lobbyisten und Gewerbe-, Wirtschafts- und Berufsverbähde		
Subkategorie	Unternehmen und Untemehmensgruppen	Unternehmen oder Untemehmensgruppen (mit oder ohne Rechtspersönlichkeit), die in-house auf eigene Rechnung Tätigkeiten in den Bereichen Beratung und Vertretung, Lobbying, Interessenvertretung, öffentliche Angelegenheiten und Behördenkontakte ausüben
Subkategorie	Gewerbe- und Wirtschaftsverbände	Gewinnorientierte oder gemeinnützige Organisationen, die gewinnorientierte Unternehmen oder gemischte Gruppen und Plattformen vertreten
Subkategorie	Gewerkschaften und Berufsverbände	Vertretung der Interessen von Arbeitnehmern, Angestellten, Branchen oder Berufsgruppen
Subkategorie	Andere Organisationen, darunter – gewinnorientierte oder gemeinnützige Rechtssubjekte, die Veranstaltungen organisieren; – interessenbezogene Medien oder forschungsorientierte Rechtssubjekte, die Verbindungen zu privaten gewinnorientierten Interessen haben; – Ad-hoc-Zusammenschlüsse und vorübergehende Strukturen (mit profitorientierten Mitgliedern)	
III – Nichtstaatliche Organisationen		
Subkategorie	Nichtstaatliche Organisationen, Plattformen, Netzwerke, Ad-hoc-Zusammenschlüsse, vorübergehende Strukturen und andere ähnliche Organisationen	Gemeinnützige Organisationen (mit oder ohne Rechtspersönlichkeit), die unabhängig von Behörden oder gewerblichen Organisationen tätig sind, einschließlich Stiftungen, Wohltätigkeitsorganisationen usw. Alle solchen Rechtssubjekte mit gewinnorientierten Elementen unter ihren Mitgliedern müssen sich in Kategorie II registrieren lassen
IV – Denkfabriken, Forschungs- und Hochschuleinrichtungen		
Subkategorie	Denkfabriken und Forschungseinrichtungen	Spezialisierte Denkfabriken und Forschungseinrichtungen, die sich mit den Tätigkeiten und der Politik der Europäischen Union beschäftigen
Subkategorie	Hochschuleinrichtungen	Einrichtungen mit einem Bildungsauftrag als Hauptzweck, die sich jedoch mit den Tätigkeiten und der Politik der Europäischen Union beschäftigen
V – Organisationen, die Kirchen und Religionsgemeinschaften vertreten		
Subkategorie	Organisationen, die Kirchen und Religionsgemeinschaften vertreten	Körperschaften, Büros, Netzwerke oder Verbände, die als Vertretung dienen

Kategorien		Merkmale/Anmerkungen
VI – Organisationen, die lokale, regionale und kommunale Behörden, andere öffentliche oder gemischte Einrichtungen usw. vertreten		
Subkategorie	Regionale Strukturen	Regionen und ihre Vertretungen sind nicht verpflichtet, sich registrieren zu lassen, können dies jedoch auf Wunsch tun. Von nationalen Verbänden oder Netzwerken, die eingerichtet wurden, um Regionen kollektiv zu vertreten, wird erwartet, dass sie sich registrieren lassen.
Subkategorie	Andere Behörden auf subnationaler Ebene	Von allen anderen Behörden auf subnationaler Ebene wie beispielsweise Städten, lokalen und kommunalen Behörden, ihren Vertretungen, nationalen Zusammenschlüssen oder Netzwerken wird erwartet, dass sie sich registrieren lassen.
Subkategorie	Transnationale Zusammenschlüsse und Netzwerke regionaler oder anderer subnationaler Behörden	
Subkategorie	Andere aufgrund von Rechtsvorschriften geschaffene öffentliche oder gemischte Rechtssubjekte, die im öffentlichen Interesse handeln sollen	Deckt andere öffentliche oder gemischte (öffentliche/private) Organisationen ab

ANHANG II

ANHANG II

VON DEN SICH REGISTRIERENDEN ORGANISATIONEN UND EINZELPERSONEN BEREITZUSTELLENDE INFORMATIONEN

I. ALLGEMEINE UND GRUNDLEGENDE INFORMATIONEN

a) Name(n) der Organisation, Anschrift des Hauptsitzes und gegebenenfalls Anschrift in Brüssel, Luxemburg oder Straßburg, Telefonnummer, E-Mail-Adresse, Website;

b) Namen der rechtlich für die Organisation verantwortlichen Person und des Direktors oder des geschäftsführenden Gesellschafters der Organisation oder gegebenenfalls der wichtigsten Kontaktperson in Bezug auf die in den Anwendungsbereich des Registers fallenden Tätigkeiten (d. h. der für EU-Angelegenheiten verantwortlichen Person); Namen der Personen mit Zugangsberechtigung zu den Gebäuden des Europäischen Parlaments[6)];

c) Zahl der Personen (Mitglieder, Mitarbeiter usw.), die an den in den Anwendungsbereich des Registers fallenden Tätigkeiten beteiligt sind, Zahl der Personen, die über einen Zugangsausweis für die Gebäude des Europäischen Parlaments verfügen, sowie Zeit, die jede Person diesen Tätigkeiten widmet (angegeben als Anteil an einer Vollzeittätigkeit – 25 %, 50 %, 75 % oder 100 %);

d) Zweck/Aufgabe – Interessengebiete – Tätigkeiten – Länder, in denen Tätigkeiten ausgeübt werden – Netzwerkzugehörigkeiten – allgemeine Informationen, die in den Anwendungsbereich des Registers fallen;

6) Die sich registrierenden Organisationen oder Einzelpersonen können mit Abschluss des Registrierungsverfahrens die Genehmigung für den Zugang zu den Gebäuden des Europäischen Parlaments beantragen. Die Namen der Einzelpersonen, denen Ausweise für den Zugang zu den Gebäuden des Europäischen Parlaments ausgestellt werden, werden in das Register eingetragen. Aus der Registrierung ergibt sich kein automatischer Anspruch auf einen solchen Zugangsausweis.

e) Mitgliedschaft und, falls zutreffend, Zahl der Mitglieder (Einzelpersonen und Organisationen).

II. SPEZIFISCHE INFORMATIONEN

A. In den Anwendungsbereich des Registers fallende Tätigkeiten

Zu den wichtigsten Legislativvorschlägen oder Politikbereichen, auf die die in den Anwendungsbereich des Registers fallenden Tätigkeiten der sich registrierenden Organisation oder Einzelperson abzielen, werden spezifische Einzelheiten bereitgestellt. Dabei kann auf andere spezifische Tätigkeiten wie Veranstaltungen oder Veröffentlichungen verwiesen werden.

B. Verbindungen zu EU-Organen

a) Mitgliedschaft in hochrangigen Arbeitsgruppen, beratenden Ausschüssen, Sachverständigengruppen, sonstigen von der EU unterstützten Strukturen und Plattformen usw.

b) Mitgliedschaft in oder Beteiligung an interfraktionellen Arbeitsgruppen des Europäischen Parlaments oder Branchenforen usw.

C. Finanzielle Auskünfte in Bezug auf in den Geltungsbereich des Registers fallende Tätigkeiten

1. **Jede sich registrierende Organisation oder Einzelperson macht die folgenden Angaben:**
   a) Eine Schätzung der jährlichen Kosten im Zusammenhang mit den in den Geltungsbereich des Registers fallenden Tätigkeiten. Die finanziellen Angaben umfassen ein vollständiges Geschäftsjahr und beziehen sich auf das letzte seit der Registrierung oder der jährlichen Aktualisierung der Angaben zur Registrierung abgeschlossene Geschäftsjahr.
   b) Betrag und Quelle der Finanzmittel, die von EU-Organen im letzten seit der Registrierung oder der jährlichen Aktualisierung der Angaben zur Registrierung abgeschlossenen Geschäftsjahr ausbezahlt wurden. Diese Angaben müssen dem vom europäischen Finanztransparenzsystem übermittelten Betrag entsprechen[7].
2. **Beratungsfirmen/Anwaltskanzleien/selbstständige Berater (Kategorie I des Anhangs I) legen zusätzlich Folgendes vor:**
   a) Den Umsatz, der auf die in den Anwendungsbereich des Registers fallenden Tätigkeiten entfällt, nach folgender Tabelle:

Jährlicher Umsatz für Repräsentationstätigkeiten in EUR
0-99 999
100 000-499 999
500 000-1 000 000
> 1 000 000

   b) Eine Auflistung aller Mandanten, in deren Namen in den Anwendungsbereich des Registers fallende Tätigkeiten ausgeübt werden. Der mit den Mandanten für Repräsentationstätigkeiten erzielte Umsatz wird nach folgender Tabelle aufgeführt:

Größenklasse der Repräsentationstätigkeit pro Mandant und Jahr in EUR
0-9 999
10 000-24 999
25 000-49 999
50 000-99 999
100 000-199 999
200 000-299 999
300 000-399 999
400 000-499 999
500 000-599 999
600 000-699 999

[7] http://ec.europa.eu/budget/fts/index_de.htm

700 000-799 999
800 000-899 999
900 000-1 000 000
> 1 000 000

c) Auch von Mandanten wird erwartet, dass sie sich registrieren lassen. Die von Beratungsfirmen/Anwaltskanzleien/selbstständigen Beratern abgegebene, ihre Mandanten betreffende Erklärung der finanziellen Interessen (Verzeichnis und Tabelle) befreit die Mandanten nicht von der Verpflichtung, die als Unteraufträge vergebenen Tätigkeiten in ihre eigenen Erklärungen aufnehmen, damit die erklärten Finanzaufwendungen nicht zu gering angesetzt werden.

3. **In-House-Lobbyisten, Gewerbe-, Wirtschafts- und Berufsverbände (Kategorie II des Anhangs 1) legen zusätzlich Folgendes vor:**

Den Umsatz, der auf die in den Anwendungsbereich des Registers fallenden Tätigkeiten entfällt, auch wenn er sich auf weniger als 10 000 EUR beläuft.

4. **Nichtstaatliche Organisationen – Denkfabriken, Forschungs- und Hochschuleinrichtungen – Organisationen, die Kirchen und Religionsgemeinschaften vertreten – Organisationen, die lokale, regionale und kommunale Behörden, andere öffentliche oder gemischte Einrichtungen usw. vertreten (Kategorien III bis VI des Anhangs I), legen zusätzlich Folgendes vor:**

a) das Gesamtbudget der Organisation;

b) eine Aufschlüsselung der wichtigsten Beträge und Finanzquellen.

ANHANG III

ANHANG III

VERHALTENSKODEX

Die Parteien sind der Auffassung, dass alle mit ihnen interagierenden Interessenvertreter diesen Verhaltenskodex einhalten sollten, unabhängig davon, ob sie registriert sind und ob es sich bei ihnen um eine einmalige oder eine häufigere Vertretung handelt.

In ihren Beziehungen zu den EU-Organen und deren Mitgliedern, Beamten und sonstigen Bediensteten befolgen die Interessenvertreter folgende Regeln:

a) Sie geben stets ihren Namen und ihre Registrierungsnummer sowie gegebenenfalls den Namen des Rechtssubjekts oder der Rechtssubjekte an, für die sie tätig sind oder die sie vertreten; sie geben an, welche Interessen, Ziele oder Zwecke sie verfolgen und gegebenenfalls, welche Mandanten oder Mitglieder sie vertreten;

b) sie beschaffen sich nicht auf unlautere Weise oder durch Ausübung unstatthaften Drucks oder durch unangemessenes Verhalten Informationen oder erwirken auf unlautere Weise oder durch Ausübung unstatthaften Drucks oder durch unangemessenes Verhalten Entscheidungen und unternehmen keine diesbezüglichen Versuche;

c) sie geben in ihrem Umgang mit Dritten weder vor, in irgendeiner formellen Beziehung zur Europäischen Union oder zu einem ihrer Organe zu stehen, noch stellen sie die Tatsache ihrer Registrierung in einer Weise dar, die Dritte oder Beamte oder sonstige Bedienstete der EU irreführen soll; ebenso wenig verwenden sie die Logos der EU-Organe ohne ausdrückliche Genehmigung;

d) sie stellen sicher, dass die von ihnen bei der Registrierung und danach im Rahmen ihrer in den Anwendungsbereich des Registers fallenden Tätigkeiten bereitgestellten Informationen nach ihrem besten Wissen vollständig, aktuell und nicht irreführend sind; sie akzeptieren, dass sämtliche vorgelegten Informationen überprüft werden, und erklären sich zur Zusammenarbeit bei von der Verwaltung ausgehenden Anforderungen ergänzender Informationen und Aktualisierungen bereit;

e) sie verkaufen keine Kopien von Dokumenten, die sie von einem EU-Organ erhalten haben, an Dritte;

f) sie verpflichten sich grundsätzlich dazu, die Umsetzung und Anwendung der von den EU-Organen festgelegten Regeln, Kodizes und guten Verwaltungsverfahren zu achten und nicht zu behindern;

g) sie verleiten Mitglieder der EU-Organe, Beamte oder sonstige Bedienstete der Europäischen Union oder Assistenten oder Praktikanten dieser Mitglieder nicht dazu, gegen die für sie geltenden Regeln und Verhaltensnormen zu verstoßen;

h) falls sie ehemalige Beamte oder sonstige Bedienstete der Europäischen Union oder Assistenten oder Praktikanten von Mitgliedern der EU-Organe beschäftigen, achten sie deren Verpflichtung, die für sie geltenden Regeln und Geheimhaltungsauflagen einzuhalten;

i) bevor sie eine Vertragsbeziehung mit Personen aus dem Mitarbeiterstab eines Mitglieds oder mehrerer Mitglieder des Europäischen Parlaments eingehen oder diese beschäftigen, holen sie die Zustimmung des jeweiligen Mitglieds oder der Mitglieder ein;

j) sie beachten sämtliche Bestimmungen über die Rechte und Pflichten ehemaliger Mitglieder des Europäischen Parlaments und der Europäischen Kommission;

k) sie unterrichten die von ihnen vertretenen Parteien über ihre Verpflichtungen gegenüber den EU-Organen.

Einzelpersonen, die sich beim Europäischen Parlament zum Zweck der Ausstellung eines persönlichen, nicht übertragbaren Zugangsausweises für die Gebäude des Europäischen Parlaments registriert haben, befolgen folgende Regeln:

l) sie stellen sicher, dass sie den Zugangsausweis in den Gebäuden des Europäischen Parlaments stets sichtbar tragen;

m) sie befolgen konsequent die einschlägigen Bestimmungen der Geschäftsordnung des Europäischen Parlaments;

n) sie akzeptieren, dass der Beschluss über die Gewährung eines Zugangs zu den Gebäuden des Europäischen Parlaments das alleinige Vorrecht des Parlaments ist und dass sich aus der Registrierung nicht automatisch ein Anspruch auf einen Zugangsausweis ergibt.

ANHANG IV

ANHANG IV

VERFAHREN FÜR MELDUNGEN UND FÜR DIE UNTERSUCHUNG UND BEARBEITUNG VON BESCHWERDEN

I. Meldungen

Meldungen bezüglich der im Register enthaltenen Angaben oder bezüglich unzulässiger Registrierungen können von jeder Person über das Standard-Kontaktformular auf der Website des Registers an das gemeinsame Transparenz-Registersekretariat gemacht werden.

Bei Meldungen bezüglich Angaben im Register wird von einem mutmaßlichen Verstoß gegen den Buchstaben d des Verhaltenskodex gemäß Anhang III ausgegangen[8]. Die betreffende registrierte Organisation oder Einzelperson wird aufgefordert, die Angaben zu aktualisieren oder vor dem gemeinsamen Transparenz-Registersekretariat die Gründe auszuführen, aus denen keine Aktualisierung der Angaben erforderlich ist. Ist die betreffende registrierte Organisation oder Einzelperson nicht zur Zusammenarbeit bereit, können die in den Zeilen 2-4 der nachstehenden Tabelle der Maßnahmen genannten Maßnahmen angewandt werden.

II. Beschwerden

Phase 1: Einreichung einer Beschwerde

1. Beschwerden können von jeder Person über ein Standardformular auf der Website des Registers an das gemeinsame Transparenz-Registersekretariat übermittelt werden. In dem Formular wird Folgendes angegeben:

[8] Buchstabe d verpflichtet Interessenvertreter, im Hinblick auf ihre Beziehungen zu den EU-Organen und ihren Mitgliedern, Beamten und sonstigen Bediensteten sicherzustellen, „dass die von ihnen bei der Registrierung und danach im Rahmen ihrer in den Anwendungsbereich des Registers fallenden Tätigkeiten bereitgestellten Informationen nach ihrem besten Wissen vollständig, aktuell und nicht irreführend sind", und zu „akzeptieren, dass sämtliche vorgelegten Informationen überprüft werden, und [...] sich zur Zusammenarbeit bei von der Verwaltung ausgehenden Anforderungen ergänzender Informationen und Aktualisierungen [bereitzuerklären]".

a) die registrierte Organisation oder Einzelperson, die Gegenstand der Beschwerde ist;

b) der Name und die Kontaktdaten des Beschwerdeführers;

c) Einzelheiten über den mutmaßlichen Verstoß gegen den Verhaltenskodex, einschließlich etwaiger Unterlagen oder sonstiger Materialien, die die Beschwerde untermauern, sowie Angaben darüber, ob der Beschwerdeführer geschädigt wurde, und Angaben über die Gründe für den Verdacht auf einen vorsätzlichen Verstoß.

Anonymen Beschwerden wird nicht nachgegangen.

2. In der Beschwerde werden die Regeln des Verhaltenskodex angegeben, gegen die nach Ansicht des Beschwerdeführers verstoßen wurde. Beschwerden über Verstöße, bei denen das gemeinsame Transparenz-Registersekretariat gleich zu Beginn zu der Auffassung kommt, dass eindeutig keine Absicht vorlag, können vom gemeinsamen Transparenz-Registersekretariat als Meldung eingestuft werden.

3. Der Verhaltenskodex gilt ausschließlich für die Beziehungen zwischen Interessenvertretern und den EU-Organen und kann nicht dazu verwendet werden, Beziehungen zwischen Dritten oder zwischen registrierten Organisationen oder Einzelpersonen zu regeln.

Phase 2: Zulässigkeit

4. Bei Eingang der Beschwerde geht das gemeinsame Transparenz-Registersekretariat folgendermaßen vor:

a) Es bestätigt dem Beschwerdeführer innerhalb von fünf Werktagen den Eingang der Beschwerde;

b) es stellt fest, ob die Beschwerde gemäß dem in Anhang III festgelegten Verhaltenskodex und gemäß Phase 1 (siehe oben) in den Anwendungsbereich des Registers fällt;

c) es prüft die Beweise, die in Form von Dokumenten, anderen Materialien oder persönlichen Aussagen zur Untermauerung der Beschwerde erbracht wurden; grundsätzlich sollten alle materiellen Beweismittel von der von der Beschwerde betroffenen registrierten Organisation oder Einzelperson beschafft werden oder einem Dokument, das von einem Dritten erstellt wurde, bzw. öffentlich verfügbaren Quellen entnommen sein. Reine Werturteile seitens des Beschwerdeführers werden als Beweismittel nicht berücksichtigt;

d) es entscheidet auf der Grundlage der gemäß den Buchstaben b und c vorgenommenen Prüfungen über die Zulässigkeit der Beschwerde.

5. Wird die Beschwerde als unzulässig erachtet, setzt das gemeinsame Transparenz-Registersekretariat den Beschwerdeführer schriftlich darüber in Kenntnis, wobei die Gründe für die Entscheidung erläutert werden.

6. Wird die Beschwerde als zulässig erachtet, werden sowohl der Beschwerdeführer als auch die betreffende registrierte Organisation oder Einzelperson vom gemeinsamen Transparenz-Registersekretariat über die Entscheidung und das anzuwendende Verfahren informiert, das nachstehend beschrieben wird.

Phase 3: Bearbeitung einer zulässigen Beschwerde – Prüfung und vorläufige Maßnahmen

7. Die betreffende registrierte Organisation oder Einzelperson wird vom gemeinsamen Transparenz-Registersekretariat über den Inhalt der Beschwerde und die mutmaßlich missachtete Regel oder die mutmaßlich missachteten Regeln informiert und gleichzeitig dazu aufgefordert, innerhalb von 20 Werktagen schriftlich Stellung zu der Beschwerde zu beziehen. Zur Unterstützung dieser Stellungnahme kann die registrierte Organisation oder Einzelperson innerhalb derselben Frist zusätzlich ein von einem repräsentativen Berufsverband erstelltes Memorandum einreichen. Dies gilt insbesondere für reglementierte Berufsgruppen oder Organisationen, die an einen berufsständischen Verhaltenskodex gebunden sind.

8. Wird die in Nummer 7 genannte Frist nicht eingehalten, führt dies dazu, dass die betreffende registrierte Organisation oder Einzelperson bis zur Wiederaufnahme der Zusammenarbeit vorübergehend aus dem Register ausgeschlossen wird.

9. Alle im Rahmen der Ermittlungen zusammengetragenen Informationen werden vom gemeinsamen Transparenz-Registersekretariat überprüft, das beschließen kann, die betreffende registrierte Organisation oder Einzelperson, den Beschwerdeführer oder beide Seiten anzuhören.

10. Ergibt die Überprüfung des bereitgestellten Materials, dass die Beschwerde unbegründet ist, setzt das gemeinsame Transparenz-Registersekretariat sowohl die betreffende registrierte Orga-

nisation oder Einzelperson als auch den Beschwerdeführer von der Entscheidung in Kenntnis und begründet sie.

11. Wird die Beschwerde aufrechterhalten, wird die betreffende registrierte Organisation oder Einzelperson vorübergehend aus dem Register ausgeschlossen, bis Maßnahmen zur Klärung der Angelegenheit ergriffen werden (siehe nachstehend Phase 4). Zudem muss sie – insbesondere, wenn sie die Zusammenarbeit verweigert – mit weiteren Sanktionen rechnen, einschließlich des Ausschlusses aus dem Register und gegebenenfalls des Entzugs jeglicher Zugangsberechtigungen zu den Gebäuden des Europäischen Parlaments gemäß den internen Verfahren dieses Organs (siehe Phase 5 und Zeilen 2-4 der nachstehenden Tabelle der Maßnahmen).

Phase 4: Bearbeitung einer zulässigen Beschwerde – Lösung

12. Wird die Beschwerde aufrechterhalten und werden Probleme ermittelt, ergreift das gemeinsame Transparenz-Registersekretariat gemeinsam mit der betreffenden registrierten Organisation oder Einzelperson alle erforderlichen Maßnahmen, um die Angelegenheit aufzuklären.

13. Erklärt sich die betreffende registrierte Organisation oder Einzelperson zur Zusammenarbeit bereit, gewährt das gemeinsame Transparenz-Registersekretariat eine dem jeweiligen Fall angemessene Zeitspanne für die Lösung.

14. Wird eine mögliche Lösung des Problems ermittelt und erklärt sich die betreffende registrierte Organisation oder Einzelperson zur Zusammenarbeit bei der Umsetzung dieser Lösung bereit, wird ihre Registrierung reaktiviert und die Beschwerde geschlossen. Das gemeinsame Transparenz-Registersekretariat unterrichtet sowohl die betreffende registrierte Organisation oder Einzelperson als auch den Beschwerdeführer über die Entscheidung und die entsprechenden Beweggründe.

15. Wird eine mögliche Lösung des Problems ermittelt und die betreffende registrierte Organisation oder Einzelperson ist nicht zur Zusammenarbeit bei der Umsetzung dieser Lösung bereit, wird ihre Registrierung gelöscht (siehe Zeilen 2 und 3 der nachstehenden Tabelle der Maßnahmen). Das gemeinsame Transparenz-Registersekretariat unterrichtet sowohl die betreffende registrierte Organisation oder Einzelperson als auch den Beschwerdeführer über die Entscheidung und die entsprechenden Beweggründe.

16. Bedarf eine mögliche Lösung des Problems der Entscheidung eines Dritten oder einer einzelstaatlichen Behörde eines Mitgliedstaats, wird die endgültige Entscheidung des gemeinsamen Transparenz-Registersekretariats ausgesetzt, bis dieser Schritt erfolgt ist.

17. Erklärt sich die registrierte Organisation oder Einzelperson innerhalb von 40 Tagen ab dem Datum der Mitteilung der Beschwerde gemäß Nummer 7 nicht zur Zusammenarbeit bereit, werden für Verstöße vorgesehene Maßnahmen ergriffen (siehe Phase 5, Nummern 19 bis 22, und Zeilen 2-4 der nachstehenden Tabelle der Maßnahmen).

Phase 5: Bearbeitung einer zulässigen Beschwerde – Maßnahmen, die im Falle der Nichteinhaltung des Verhaltenskodex angewandt werden

18. Ergreift die betreffende registrierte Organisation oder Einzelperson unmittelbar Korrekturmaßnahmen, übermittelt das gemeinsame Transparenz-Registersekretariat sowohl dem Beschwerdeführer als auch der betreffenden Organisation oder Einzelperson eine schriftliche Bestätigung der Tatsachen und ihrer Korrektur (siehe Zeile 1 der nachstehenden Tabelle der Maßnahmen).

19. Reagiert die betreffende registrierte Organisation oder Einzelperson nicht innerhalb der in Nummer 17 genannten Frist von 40 Tagen, führt dies zum Ausschluss aus dem Register (siehe Zeile 2 der nachstehenden Tabelle der Maßnahmen) und zum Verlust des Zugangs zu allen mit der Registrierung verbundenen Anreizen.

20. Wird unangemessenes Verhalten festgestellt, so wird die betreffende registrierte Organisation oder Einzelperson aus dem Register ausgeschlossen (siehe Zeile 3 der nachstehenden Tabelle der Maßnahmen) und verliert den Zugang zu allen mit der Registrierung verbundenen Anreizen.

21. In den in den Nummern 19 und 20 genannten Fällen kann sich die betreffende registrierte Organisation oder Einzelperson erneut registrieren lassen, wenn die Gründe, die zu dem Ausschluss führten, ausgeräumt wurden.

22. Wird festgestellt, dass es offenbar wiederholt und vorsätzlich zur Verweigerung der Zusammenarbeit oder zu unangemessenem Verhalten gekommen ist oder dass ein schwerwiegender Verstoß vorliegt (siehe Zeile 4 der nachstehenden Tabelle der Maßnahmen), beschließt das gemeinsame

Transparenz-Registersekretariat, die Wiederaufnahme in das Register für einen Zeitraum von einem oder zwei Jahren (je nach Schwere des Falls) zu untersagen.

23. Das gemeinsame Transparenz-Registersekretariat unterrichtet sowohl die betreffende registrierte Organisation oder Einzelperson als auch den Beschwerdeführer über jede gemäß den Nummern 18 bis 22 oder den Zeilen 1-4 der nachstehenden Tabelle der Maßnahmen ergriffene Maßnahme.

24. Sofern eine vom gemeinsamen Transparenz-Registersekretariat beschlossene Maßnahme zu einem langfristigen Ausschluss aus dem Register führt (siehe Zeile 4 der nachstehenden Tabelle der Maßnahmen), kann die betreffende registrierte Organisation oder Einzelperson innerhalb von 20 Werktagen ab dem Datum der Mitteilung der Maßnahme bei den Generalsekretären des Europäischen Parlaments und der Europäischen Kommission einen begründeten Antrag auf erneute Prüfung dieser Maßnahme einreichen.

25. Der zuständige Vizepräsident des Europäischen Parlaments und der zuständige Vizepräsident der Europäischen Kommission werden nach dem Auslaufen der Frist von 20 Tagen oder im Anschluss an den endgültigen Beschluss der Generalsekretäre unterrichtet, und die Maßnahme wird im Register veröffentlicht.

26. Wird im Rahmen eines Beschlusses über ein vorübergehendes Verbot einer erneuten Registrierung auch beschlossen, das Anrecht auf Beantragung einer Zugangsberechtigung als Interessenvertreter zu den Gebäuden des Europäischen Parlaments auszusetzen, wird dem Kollegium der Quästoren ein Vorschlag des Generalsekretärs des Europäischen Parlaments übermittelt, in dem es aufgefordert wird, den Entzug von entsprechenden Zugangsberechtigungen der betreffenden Einzelperson oder Einzelpersonen für den fraglichen Zeitraum zu genehmigen.

27. Das gemeinsame Transparenz-Registersekretariat fasst seine Beschlüsse über die gemäß diesem Anhang anzuwendenden Maßnahmen unter gebührender Berücksichtigung der Grundsätze der Verhältnismäßigkeit und der guten Verwaltungspraxis. Es wird von einem Referatsleiter im Generalsekretariat der Europäischen Kommission koordiniert und ist den Generalsekretären des Europäischen Parlaments und der Europäischen Kommission unterstellt, die es ordnungsgemäß auf dem Laufenden hält.

Tabelle der Maßnahmen, die im Falle der Nichteinhaltung des Verhaltenskodex zur Verfügung stehen

	Art der Nichteinhaltung (mit den Ziffern wird auf die vorstehenden Nummern verwiesen)	Maßnahme	Erwähnung der Maßnahme im Register	Formeller Beschluss über den Entzug der Zugangsberechtigung zu den Gebäuden des Europäischen Parlaments
1	Nichteinhaltung, die sofort korrigiert wird (18)	Schriftliche Benachrichtigung mit Bestätigung der Tatsachen und ihrer Korrektur	Nein	Nein
2	Verweigerung der Zusammenarbeit mit dem gemeinsamen Transparenz-Registersekretariat (19 und 21)	Ausschluss aus dem Register, Deaktivierung der Zugangsberechtigung zu den Gebäuden des Europäischen Parlaments, Verlust anderer Anreize	Nein	Nein
3	Unangemessenes Verhalten (20 und 21)	Ausschluss aus dem Register, Deaktivierung der Zugangsberechtigung zu den Gebäuden des Europäischen Parlaments, Verlust anderer Anreize	Nein	Nein
4	Wiederholte und vorsätzliche Verweigerung der Zusammenarbeit oder	a) Ausschluss aus dem Register für ein Jahr und formeller Entzug der Zu-	Ja, durch Beschluss der	Ja, durch Beschluss des

Dok-Zugang Transparenz

	Art der Nichteinhaltung (mit den Ziffern wird auf die vorstehenden Nummern verwiesen)	Maßnahme	Erwähnung der Maßnahme im Register	Formeller Beschluss über den Entzug der Zugangsberechtigung zu den Gebäuden des Europäischen Parlaments
	wiederholtes unangemessenes Verhalten (22) und/oder schwerwiegender Verstoß	gangsberechtigung zu den Gebäuden des Europäischen Parlaments (als akkreditierter Vertreter einer Interessengruppe); b) Ausschluss aus dem Register für zwei Jahre und formeller Entzug der Zugangsberechtigung zu den Gebäuden des Europäischen Parlaments (als akkreditierter Vertreter einer Interessengruppe)	Generalsekretäre des Europäischen Parlaments und der Europäischen Kommission	Kollegiums der Quästoren

Europäische Menschenrechtskonvention

Hinweise:

Protokoll Nr. 12 zur EMRK von Österreich am 4. 11. 2000 unterzeichnet, aber noch nicht ratifiziert;
Protokoll Nr. 15 von Österreich am 19. 10. 2017 ratifiziert, aber noch nicht in Kraft;
Protokoll Nr. 16 von Österreich bisher weder unterzeichnet noch ratifiziert.

Der aktuelle Stand der Unterzeichnungen und Ratifizierungen der EMRK samt Protokollen abrufbar über: https://www.coe.int/de/web/conventions/.

Auf das Gutachten 2/13 des EuGH vom 18. Dezember 2014 zur Frage des Beitritts der Union zur EMRK wird hingewiesen.

17/1.
Konvention zum Schutz der Menschenrechte und Grundfreiheiten*)

(in der Fassung der Protokolle Nr. 11 und 14)

(German version/version allemande
Übersetzung)

Der vorliegende Text der Konvention enthält sämtliche Änderungen, welche das am 1. Juni 2010 in Kraft getretene Protokoll 14 (SEV Nr. 194) vorsieht.

Kanzlei des Europäischen Gerichtshofs für Menschenrechte
Juni 2010

In Erwägung der Allgemeinen Erklärung der Menschenrechte, die von der Generalversammlung der Vereinten Nationen am 10. Dezember 1948 verkündet wurde;

in der Erwägung, dass diese Erklärung bezweckt, die allgemeine und wirksame Anerkennung und Einhaltung der darin erklärten Rechte zu gewährleisten;

in der Erwägung, dass das Ziel des Europarates die Herbeiführung einer größeren Einigkeit unter seinen Mitgliedern ist und da eines der Mittel zur Erreichung dieses Zieles in der Wahrung und in der Entwicklung der Menschenrechte und Grundfreiheiten besteht;

unter erneuter Bekräftigung ihres tiefen Glaubens an diese Grundfreiheiten, welche die Grundlage der Gerechtigkeit und des Friedens in der Welt bilden, und deren Aufrechterhaltung wesentlich auf einem wahrhaft demokratischen politischen Regime einerseits und auf einer gemeinsamen Auffassung und Achtung der Menschenrechte andererseits beruht, von denen sie sich herleiten;

entschlossen, als Regierungen europäischer Staaten, die vom gleichen Geiste beseelt sind und ein gemeinsames Erbe an geistigen Gütern, politischen Überlieferungen, Achtung der Freiheit und Vorherrschaft des Gesetzes besitzen, die ersten Schritte auf dem Wege zu einer kollektiven Garantie gewisser in der Allgemeinen Erklärung verkündeter Rechte zu unternehmen;

---

*) Die Konvention steht gemäß Art II Z 7 des BVG, BGBl. 1964/59, mit dem Tag ihres Inkrafttretens für Österreich (3. September 1958) im *Verfassungsrang* (zB VfSlg 4706/1964, 5100/1965).

BGBl 1958/210, geändert durch BGBl 1970/330, 1972/84, 1990/64, 1994/593, BGBl III 1998/30.

Da eine Veröffentlichung der EMRK mit Einarbeitung des im Juni 2010 in Kraft getretenen 14. Zusatzprotokolls im BGBl zur Zeit nicht vorliegt, wird in dieser Auflage die konsolidierte Fassung der Kanzlei der deutschen Übersetzung verwendet. Eine konsolidierte deutsche Fassung ist auch im Rechtsinformationssystem/RIS der Republik Österreich abrufbar.

vereinbaren die unterzeichneten Regierungen, die Mitglieder des Europarates sind, folgendes:

Artikel 1
Verpflichtung zur Achtung der Menschenrechte

Die Hohen Vertragschließenden Teile sichern allen ihrer Jurisdiktion unterstehenden Personen die in Abschnitt I dieser Konvention niedergelegten Rechte und Freiheiten zu:

Abschnitt I
RECHTE UND FREIHEITEN

Artikel 2
Recht auf Leben

(1) Das Recht jedes Menschen auf das Leben wird gesetzlich geschützt. Abgesehen von der Vollstreckung eines Todesurteils, das von einem Gericht im Falle eines durch Gesetz mit der Todesstrafe bedrohten Verbrechens ausgesprochen worden ist, darf eine absichtliche Tötung nicht vorgenommen werden.

(2) Die Tötung wird nicht als Verletzung dieses Artikels betrachtet, wenn sie sich aus einer unbedingt erforderlichen Gewaltanwendung ergibt:

a) um die Verteidigung eines Menschen gegenüber rechtswidriger Gewaltanwendung sicherzustellen;
b) um eine ordnungsgemäße Festnahme durchzuführen oder das Entkommen einer ordnungsgemäß festgehaltenen Person zu verhindern;
c) um im Rahmen der Gesetze einen Aufruhr oder einen Aufstand zu unterdrücken.

Artikel 3
Verbot der Folter

Niemand darf der Folter oder unmenschlicher oder erniedrigender Strafe oder Behandlung unterworfen werden.

Artikel 4
Verbot der Sklaverei und der Zwangsarbeit

(1) Niemand darf in Sklaverei oder Leibeigenschaft gehalten werden.

(2) Niemand darf gezwungen werden, Zwangs- oder Pflichtarbeit zu verrichten.

(3) Als „Zwangs- oder Pflichtarbeit" im Sinne dieses Artikels gilt nicht:

a) jede Arbeit, die normalerweise von einer Person verlangt wird, die unter den von Artikel 5 der vorliegenden Konvention vorgesehenen Bedingungen in Haft gehalten oder bedingt freigelassen worden ist;
b) jede Dienstleistung militärischen Charakters, oder im Falle der Verweigerung aus Gewissensgründen in Ländern, wo diese als berechtigt anerkannt ist, eine sonstige an Stelle der militärischen Dienstpflicht tretende Dienstleistung;
c) jede Dienstleistung im Falle von Notständen und Katastrophen, die das Leben oder das Wohl der Gemeinschaft bedrohen;
d) jede Arbeit oder Dienstleistung, die zu den normalen Bürgerpflichten gehört.

Artikel 5
Recht auf Freiheit und Sicherheit

(1) Jedermann hat ein Recht auf Freiheit und Sicherheit. Die Freiheit darf einem Menschen nur in den folgenden Fällen und nur auf die gesetzlich vorgeschriebene Weise entzogen werden:

a) wenn er rechtmäßig nach Verurteilung durch ein zuständiges Gericht in Haft gehalten wird;
b) wenn er rechtmäßig festgenommen worden ist oder in Haft gehalten wird wegen Nichtbefolgung eines rechtmäßigen Gerichtsbeschlusses oder zur Erzwingung der Erfüllung einer durch das Gesetz vorgeschriebenen Verpflichtung;
c) wenn er rechtmäßig festgenommen worden ist oder in Haft gehalten wird zum Zwecke seiner Vorführung vor die zuständige Gerichtsbehörde, sofern hinreichender Verdacht dafür besteht, dass der Betreffende eine strafbare Handlung begangen hat, oder begründeter Anlass zu der Annahme besteht, dass es notwendig ist, den Betreffenden an der Begehung einer strafbaren Handlung oder an der Flucht nach Begehung einer solchen zu hindern;
d) wenn es sich um die rechtmäßige Haft eines Minderjährigen handelt, die zum Zwecke überwachter Erziehung angeordnet ist, oder um die rechtmäßige Haft eines solchen, die zum Zwecke seiner Vorführung vor die zuständige Behörde verhängt ist;
e) wenn er sich in rechtmäßiger Haft befindet, weil er eine Gefahrenquelle für die Ausbreitung ansteckender Krankheiten bildet, oder weil er geisteskrank, Alkoholiker, rauschgiftsüchtig oder Landstreicher ist;
f) wenn er rechtmäßig festgenommen worden ist oder in Haft gehalten wird, um ihn daran zu hindern, unberechtigt in das Staatsgebiet einzudringen oder weil er von einem gegen

ihn schwebenden Ausweisungs- oder Auslieferungsverfahren betroffen ist.

(2) Jeder Festgenommene muss in möglichst kurzer Frist und in einer ihm verständlichen Sprache über die Gründe seiner Festnahme und über die gegen ihn erhobenen Beschuldigungen unterrichtet werden.

(3) Jede nach der Vorschrift des Absatzes 1 (c) dieses Artikels festgenommene oder in Haft gehaltene Person muss unverzüglich einem Richter oder einem anderen, gesetzlich zur Ausübung richterlicher Funktionen ermächtigten Beamten vorgeführt werden. Er hat Anspruch auf Aburteilung innerhalb einer angemessenen Frist oder auf Haftentlassung während des Verfahrens. Die Freilassung kann von der Leistung einer Sicherheit für das Erscheinen vor Gericht abhängig gemacht werden.

(4) Jedermann, dem seine Freiheit durch Festnahme oder Haft entzogen wird, hat das Recht, ein Verfahren zu beantragen, in dem von einem Gericht ehetunlich über die Rechtmäßigkeit der Haft entschieden wird und im Falle der Widerrechtlichkeit seine Entlassung angeordnet wird.

(5) Jeder, der entgegen den Bestimmungen dieses Artikels von Festnahme oder Haft betroffen worden ist, hat Anspruch auf Schadenersatz.

Artikel 6

Recht auf ein faires Verfahren

(1) Jedermann hat Anspruch darauf, dass seine Sache in billiger Weise öffentlich und innerhalb einer angemessenen Frist gehört wird, und zwar von einem unabhängigen und unparteiischen, auf Gesetz beruhenden Gericht, das über zivilrechtliche Ansprüche und Verpflichtungen oder über die Stichhaltigkeit der gegen ihn erhobenen strafrechtlichen Anklage zu entscheiden hat. Das Urteil muss öffentlich verkündet werden, jedoch kann die Presse und die Öffentlichkeit während der gesamten Verhandlung oder eines Teiles derselben im Interesse der Sittlichkeit, der öffentlichen Ordnung oder der nationalen Sicherheit in einem demokratischen Staat ausgeschlossen werden, oder wenn die Interessen von Jugendlichen oder der Schutz des Privatlebens der Prozessparteien es verlangen, oder, und zwar unter besonderen Umständen, wenn die öffentliche Verhandlung die Interessen der Rechtspflege beeinträchtigen würde, in diesem Fall jedoch nur in dem nach Auffassung des Gerichts erforderlichen Umfang.

(2) Bis zum gesetzlichen Nachweis seiner Schuld wird vermutet, dass der wegen einer strafbaren Handlung Angeklagte unschuldig ist.

(3) Jeder Angeklagte hat mindestens (englischer Text) insbesondere (französischer Text) die folgenden Rechte:

a) in möglichst kurzer Frist in einer für ihn verständlichen Sprache in allen Einzelheiten über die Art und den Grund der gegen ihn erhobenen Beschuldigung in Kenntnis gesetzt zu werden;

b) über ausreichende Zeit und Gelegenheit zur Vorbereitung seiner Verteidigung zu verfügen;

c) sich selbst zu verteidigen oder den Beistand eines Verteidigers seiner Wahl zu erhalten und, falls er nicht über die Mittel zur Bezahlung eines Verteidigers verfügt, unentgeltlich den Beistand eines Pflichtverteidigers zu erhalten, wenn dies im Interesse der Rechtspflege erforderlich ist;

d) Fragen an die Belastungszeugen zu stellen oder stellen zu lassen und die Ladung und Vernehmung der Entlastungszeugen unter denselben Bedingungen wie die der Belastungszeugen zu erwirken;

e) die unentgeltliche Beiziehung eines Dolmetschers zu verlangen, wenn der Angeklagte die Verhandlungssprache des Gerichts nicht versteht oder sich nicht darin ausdrücken kann.

Artikel 7

Keine Strafe ohne Gesetz

(1) Niemand kann wegen einer Handlung oder Unterlassung verurteilt werden, die zur Zeit ihrer Begehung nach inländischem oder internationalem Recht nicht strafbar war. Ebenso darf keine höhere Strafe als die im Zeitpunkt der Begehung der strafbaren Handlung angedrohte Strafe verhängt werden.

(2) Durch diesen Artikel darf die Verurteilung oder Bestrafung einer Person nicht ausgeschlossen werden, die sich einer Handlung oder Unterlassung schuldig gemacht hat, welche im Zeitpunkt ihrer Begehung nach den von den zivilisierten Völkern allgemein anerkannten Rechtsgrundsätzen strafbar war.

Artikel 8

Recht auf Achtung des Privat- und Familienlebens

(1) Jedermann hat Anspruch auf Achtung seines Privat- und Familienlebens, seiner Wohnung und seines Briefverkehrs.

(2) Der Eingriff einer öffentlichen Behörde in die Ausübung dieses Rechts ist nur statt-

haft, insoweit dieser Eingriff gesetzlich vorgesehen ist und eine Maßnahme darstellt, die in einer demokratischen Gesellschaft für die nationale Sicherheit, die öffentliche Ruhe und Ordnung, das wirtschaftliche Wohl des Landes, die Verteidigung der Ordnung und zur Verhinderung von strafbaren Handlungen, zum Schutz der Gesundheit und der Moral oder zum Schutz der Rechte und Freiheiten anderer notwendig ist.

Artikel 9
Gedanken-, Gewissens- und Religionsfreiheit

(1) Jedermann hat Anspruch auf Gedanken-, Gewissens- und Religionsfreiheit; dieses Recht umfasst die Freiheit des einzelnen zum Wechsel der Religion oder der Weltanschauung sowie die Freiheit, seine Religion oder Weltanschauung einzeln oder in Gemeinschaft mit anderen öffentlich oder privat, durch Gottesdienst, Unterricht, Andachten und Beachtung religiöser Gebräuche auszuüben.

(2) Die Religions- und Bekenntnisfreiheit darf nicht Gegenstand anderer als vom Gesetz vorgesehener Beschränkungen sein, die in einer demokratischen Gesellschaft notwendigen Maßnahmen im Interesse der öffentlichen Sicherheit, der öffentlichen Ordnung, Gesundheit und Moral oder für den Schutz der Rechte und Freiheiten anderer sind.

Artikel 10
Freiheit der Meinungsäußerung

(1) Jedermann hat Anspruch auf freie Meinungsäußerung. Dieses Recht schließt die Freiheit der Meinung und die Freiheit zum Empfang und zur Mitteilung von Nachrichten oder Ideen ohne Eingriffe öffentlicher Behörden und ohne Rücksicht auf Landesgrenzen ein. Dieser Artikel schließt nicht aus, dass die Staaten Rundfunk-, Lichtspiel- oder Fernsehunternehmen einem Genehmigungsverfahren unterwerfen.

(2) Da die Ausübung dieser Freiheiten Pflichten und Verantwortung mit sich bringt, kann sie bestimmten, vom Gesetz vorgesehenen Formvorschriften, Bedingungen, Einschränkungen oder Strafdrohungen unterworfen werden, wie sie vom Gesetz vorgeschrieben und in einer demokratischen Gesellschaft im Interesse der nationalen Sicherheit, der territorialen Unversehrtheit oder der öffentlichen Sicherheit, der Aufrechterhaltung der Ordnung und der Verbrechensverhütung, des Schutzes der Gesundheit und der Moral, des Schutzes des guten Rufes oder der Rechte anderer, um die Verbreitung von vertraulichen Nachrichten zu verhindern oder das Ansehen und die Unparteilichkeit der Rechtsprechung zu gewährleisten, unentbehrlich sind.

Artikel 11
Versammlungs- und Vereinigungsfreiheit

(1) Alle Menschen haben das Recht, sich friedlich zu versammeln und sich frei mit anderen zusammenzuschließen, einschließlich des Rechts, zum Schutze ihrer Interessen Gewerkschaften zu bilden und diesen beizutreten.

(2) Die Ausübung dieser Rechte darf keinen anderen Einschränkungen unterworfen werden als den vom Gesetz vorgesehenen, die in einer demokratischen Gesellschaft im Interesse der nationalen und öffentlichen Sicherheit, der Aufrechterhaltung der Ordnung und der Verbrechensverhütung, des Schutzes der Gesundheit und der Moral oder des Schutzes der Rechte und Freiheiten anderer notwendig sind. Dieser Artikel verbietet nicht, dass die Ausübung dieser Rechte durch Mitglieder der Streitkräfte, der Polizei oder der Staatsverwaltung gesetzlichen Einschränkungen unterworfen wird.

Artikel 12
Recht auf Eheschließung

Mit Erreichung des heiratsfähigen Alters haben Männer und Frauen gemäß den einschlägigen nationalen Gesetzen das Recht, eine Ehe einzugehen und eine Familie zu gründen.

Artikel 13
Recht auf wirksame Beschwerde

Sind die in der vorliegenden Konvention festgelegten Rechte und Freiheiten verletzt worden, so hat der Verletzte das Recht, eine wirksame Beschwerde bei einer nationalen Instanz einzulegen, selbst wenn die Verletzung von Personen begangen worden ist, die in amtlicher Eigenschaft gehandelt haben.

Artikel 14
Verbot der Benachteiligung

Der Genuss der in der vorliegenden Konvention festgelegten Rechte und Freiheiten ist ohne Benachteiligung zu gewährleisten, die insbesondere im Geschlecht, in der Rasse, Hautfarbe, Sprache, Religion, in den politischen oder sonstigen Anschauungen, in nationaler oder sozialer Herkunft, in der Zugehörigkeit zu einer nationalen Minderheit, im Vermögen, in der Geburt oder im sonstigen Status begründet ist.

Artikel 15

Außerkraftsetzen im Notstandsfall

(1) Im Falle eines Krieges oder eines anderen öffentlichen Notstandes, der das Leben der Nation bedroht, kann jeder der Hohen Vertragschließenden Teile Maßnahmen ergreifen, welche die in dieser Konvention vorgesehenen Verpflichtungen in dem Umfang, den die Lage unbedingt erfordert, und unter der Bedingung außer Kraft setzen, dass diese Maßnahmen nicht in Widerspruch zu den sonstigen völkerrechtlichen Verpflichtungen stehen.

(2) Die vorstehende Bestimmung gestattet kein Außerkraftsetzen des Artikels 2 außer bei Todesfällen, die auf rechtmäßige Kriegshandlungen zurückzuführen sind, oder der Artikel 3, 4 Absatz 1 und 7.

(3) Jeder Hohe Vertragschließende Teil, der dieses Recht der Außerkraftsetzung ausübt, hat den Generalsekretär des Europarates eingehend über die getroffenen Maßnahmen und deren Gründe zu unterrichten. Er muss den Generalsekretär des Europarates auch über den Zeitpunkt in Kenntnis setzen, in dem diese Maßnahmen außer Kraft getreten sind und die Vorschriften der Konvention wieder volle Anwendung finden.

Artikel 16

Beschränkungen der politischen Tätigkeit von Ausländern

Keine der Bestimmungen der Artikel 10, 11 und 14 darf so ausgelegt werden, dass sie den Hohen Vertragschließenden Parteien verbietet, die politische Tätigkeit von Ausländern Beschränkungen zu unterwerfen.

Artikel 17

Verbot des Missbrauchs der Rechte

Keine Bestimmung dieser Konvention darf dahin ausgelegt werden, dass sie für einen Staat, eine Gruppe oder eine Person das Recht begründet, eine Tätigkeit auszuüben oder eine Handlung zu begehen, die auf die Abschaffung der in der vorliegenden Konvention festgelegten Rechte und Freiheiten oder auf weitergehende Beschränkungen dieser Rechte und Freiheiten, als in der Konvention vorgesehen, hinzielt.

Artikel 18

Begrenzung der Rechtseinschränkungen

Die nach der vorliegenden Konvention gestatteten Einschränkungen dieser Rechte und Freiheiten dürfen nicht für andere Zwecke als die vorgesehenen angewendet werden.

Abschnitt II

EUROPÄISCHER GERICHTSHOF FÜR MENSCHENRECHTE

Artikel 19

Errichtung des Gerichtshofs

Um die Einhaltung der Verpflichtungen sicherzustellen, welche die Hohen Vertragschließenden Teile in dieser Konvention und den Protokollen dazu übernommen haben, wird ein Europäischer Gerichtshof für Menschenrechte, im folgenden als „Gerichtshof" bezeichnet, errichtet. Er nimmt seine Aufgaben als ständiger Gerichtshof wahr.

Artikel 20

Zahl der Richter

Die Zahl der Richter des Gerichtshofs entspricht derjenigen der Hohen Vertragschließenden Teile.

Artikel 21

Voraussetzungen für das Amt

(1) Die Richter müssen hohes sittliches Ansehen genießen und entweder die für die Ausübung hoher richterlicher Ämter erforderlichen Voraussetzungen erfüllen oder Rechtsgelehrte von anerkanntem Ruf sein.

(2) Die Richter gehören dem Gerichtshof in ihrer persönlichen Eigenschaft an.

(3) Während ihrer Amtszeit dürfen die Richter keine Tätigkeit ausüben, die mit ihrer Unabhängigkeit, ihrer Unparteilichkeit oder mit den Erfordernissen der Vollzeitbeschäftigung in diesem Amt unvereinbar ist; alle Fragen, die sich aus der Anwendung dieses Absatzes ergeben, werden vom Gerichtshof entschieden.

Artikel 22

Wahl der Richter

Die Richter werden von der Parlamentarischen Versammlung für jeden Hohen Vertragschließenden Teil mit Stimmenmehrheit aus einer Liste von drei Kandidaten gewählt, die von dem Hohen Vertragschließenden Teil vorgeschlagen werden.

Artikel 23
Amtszeit und Entlassung

(1) Die Richter werden für neun Jahre gewählt. Ihre Wiederwahl ist nicht zulässig.

(2) Die Amtszeit der Richter endet mit Vollendung des 70. Lebensjahrs.

(3) Die Richter bleiben bis zum Amtsantritt ihrer Nachfolger im Amt. Sie bleiben jedoch in den Rechtssachen tätig, mit denen sie bereits befasst sind.

(4) Ein Richter kann nur entlassen werden, wenn die anderen Richter mit Zweidrittelmehrheit entscheiden, dass er die erforderlichen Voraussetzungen nicht mehr erfüllt.

Artikel 24
Kanzlei und Berichterstatter

(1) Der Gerichtshof hat eine Kanzlei, deren Aufgaben und Organisation in der Verfahrensordnung des Gerichtshofs festgelegt werden.

(2) Wenn der Gerichtshof in Einzelrichterbesetzung tagt, wird er von Berichterstattern unterstützt, die ihre Aufgaben unter der Aufsicht des Präsidenten des Gerichtshofs ausüben. Sie gehören der Kanzlei des Gerichtshofs an.

Artikel 25
Plenum des Gerichtshofs

Das Plenum des Gerichtshofs

a) wählt seinen Präsidenten und einen oder zwei Vizepräsidenten für drei Jahre; ihre Wiederwahl ist zulässig;
b) bildet Kammern für einen bestimmten Zeitraum;
c) wählt die Präsidenten der Kammern des Gerichtshofs; ihre Wiederwahl ist zulässig;
d) beschließt die Verfahrensordnung des Gerichtshofs;
e) wählt den Kanzler und einen oder mehrere stellvertretende Kanzler;
f) stellt Anträge nach Artikel 26 Absatz 2.

Artikel 26
Einzelrichterbesetzung, Ausschüsse, Kammern und Grosse Kammer

(1) Zur Prüfung der Rechtssachen, die bei ihm anhängig gemacht werden, tagt der Gerichtshof in Einzelrichterbesetzung, in Ausschüssen mit drei Richtern, in Kammern mit sieben Richtern und in einer Grossen Kammer mit siebzehn Richtern. Die Kammern des Gerichtshofs bilden die Ausschüsse für einen bestimmten Zeitraum.

(2) Auf Antrag des Plenums des Gerichtshofs kann die Anzahl Richter je Kammer für einen bestimmten Zeitraum durch einstimmigen Beschluss des Ministerkomitees auf fünf herabgesetzt werden.

(3) Ein Richter, der als Einzelrichter tagt, prüft keine Beschwerde gegen die Hohe Vertragspartei, für die er gewählt worden ist.

(4) Der Kammer und der Grossen Kammer gehört von Amts wegen der für eine als Partei beteiligte Hohe Vertragspartei gewählte Richter an. Wenn ein solcher nicht vorhanden ist oder er an den Sitzungen nicht teilnehmen kann, nimmt eine Person in der Eigenschaft eines Richters an den Sitzungen teil, die der Präsident des Gerichtshofs aus einer Liste auswählt, welche ihm die betreffende Vertragspartei vorab unterbreitet hat.

(5) Der Grossen Kammer gehören ferner der Präsident des Gerichtshofs, die Vizepräsidenten, die Präsidenten der Kammern und andere nach der Verfahrensordnung des Gerichtshofs ausgewählte Richter an. Wird eine Rechtssache nach Artikel 43 an die Grosse Kammer verwiesen, so dürfen Richter der Kammer, die das Urteil gefällt hat, der Grossen Kammer nicht angehören; das gilt nicht für den Präsidenten der Kammer und den Richter, welcher in der Kammer für die als Partei beteiligte Hohe Vertragspartei mitgewirkt hat.

Artikel 27
Befugnisse des Einzelrichters

(1) Ein Einzelrichter kann eine nach Artikel 34 erhobene Beschwerde für unzulässig erklären oder im Register streichen, wenn eine solche Entscheidung ohne weitere Prüfung getroffen werden kann.

(2) Die Entscheidung ist endgültig.

(3) Erklärt der Einzelrichter eine Beschwerde nicht für unzulässig und streicht er sie auch nicht im Register des Gerichtshofs, so übermittelt er sie zur weiteren Prüfung an einen Ausschuss oder eine Kammer.

Artikel 28
Befugnisse der Ausschüsse

(1) Ein Ausschuss, der mit einer nach Artikel 34 erhobenen Beschwerde befasst wird, kann diese durch einstimmigen Beschluss

a) für unzulässig erklären oder im Register streichen, wenn eine solche Entscheidung ohne weitere Prüfung getroffen werden kann; oder
b) für zulässig erklären und zugleich ein Urteil über die Begründetheit fällen, sofern die der Rechtssache zugrunde liegende Frage der Auslegung oder Anwendung dieser Konvention oder der Protokolle dazu Gegenstand einer gefestigten Rechtsprechung des Gerichtshofs ist.

(2) Die Entscheidungen und Urteile nach Absatz 1 sind endgültig.

(3) Ist der für die als Partei beteiligte Hohe Vertragspartei gewählte Richter nicht Mitglied des Ausschusses, so kann er von Letzterem jederzeit während des Verfahrens eingeladen werden, den Sitz eines Mitglieds im Ausschuss einzunehmen; der Ausschuss hat dabei alle erheblichen Umstände einschliesslich der Frage, ob diese Vertragspartei der Anwendung des Verfahrens nach Absatz 1 Buchstabe b entgegengetreten ist, zu berücksichtigen.

Artikel 29
Entscheidungen der Kammern über die Zulässigkeit und Begründetheit

(1) Ergeht weder eine Entscheidung nach Artikel 27 oder 28 noch ein Urteil nach Artikel 28, so entscheidet eine Kammer über die Zulässigkeit und Begründetheit der nach Artikel 34 erhobenen Beschwerden. Die Entscheidung über die Zulässigkeit kann gesondert ergehen.

(2) Eine Kammer entscheidet über die Zulässigkeit und Begründetheit der nach Artikel 33 erhobenen Staatenbeschwerden. Die Entscheidung über die Zulässigkeit ergeht gesondert, sofern der Gerichtshof in Ausnahmefällen nicht anders entscheidet.

Artikel 30
Abgabe der Rechtssache an die Grosse Kammer

Wirft eine bei einer Kammer anhängige Rechtssache eine schwerwiegende Frage der Auslegung dieser Konvention oder der Protokolle dazu auf oder kann die Entscheidung einer ihr vorliegenden Frage zu einer Abweichung von einem früheren Urteil des Gerichtshofs führen, so kann die Kammer diese Sache jederzeit, bevor sie ihr Urteil gefällt hat, an die Grosse Kammer abgeben, sofern nicht eine Partei widerspricht.

Artikel 31
Befugnisse der Grossen Kammer

Die Grosse Kammer
a) entscheidet über nach Artikel 33 oder Artikel 34 erhobene Beschwerden, wenn eine Kammer die Rechtssache nach Artikel 30 an sie abgegeben hat oder wenn die Sache nach Artikel 43 an sie verwiesen worden ist;
b) entscheidet über Fragen, mit denen der Gerichtshof durch das Ministerkomitee nach Artikel 46 Absatz 4 befasst wird; und
c) behandelt Anträge nach Artikel 47 auf Erstattung von Gutachten.

Artikel 32
Zuständigkeit des Gerichtshofs

(1) Die Zuständigkeit des Gerichtshofs umfasst alle die Auslegung und Anwendung dieser Konvention und der Protokolle dazu betreffenden Angelegenheiten, mit denen er nach den Artikeln 33, 34, 46 und 47 befasst wird.

(2) Besteht Streit über die Zuständigkeit des Gerichtshofs, so entscheidet der Gerichtshof.

Artikel 33
Staatenbeschwerden

Jeder Hohe Vertragschließende Teil kann den Gerichtshof wegen jeder behaupteten Verletzung dieser Konvention und der Protokolle dazu durch einen anderen Hohen Vertragschließenden Teil anrufen.

Artikel 34
Individualbeschwerden

Der Gerichtshof kann von jeder natürlichen Person, nichtstaatlichen Organisation oder Personengruppe, die behauptet, durch einen der Hohen Vertragschließenden Teile in einem der in dieser Konvention oder den Protokollen dazu anerkannten Rechte verletzt zu sein, mit einer Beschwerde befasst werden. Die Hohen Vertragschließenden Teile verpflichten sich, die wirksame Ausübung dieses Rechts nicht zu behindern.

Artikel 35
Zulässigkeitsvoraussetzungen

(1) Der Gerichtshof kann sich mit einer Angelegenheit erst nach Erschöpfung aller innerstaatlichen Rechtsbehelfe in Übereinstimmung mit den allgemein anerkannten Grundsätzen des Völkerrechts und nur innerhalb einer Frist

von sechs Monaten nach der endgültigen innerstaatlichen Entscheidung befassen.

(2) Der Gerichtshof befasst sich nicht mit einer nach Artikel 34 erhobenen Individualbeschwerde, die

a) anonym ist; oder
b) im Wesentlichen mit einer schon vorher vom Gerichtshof geprüften Beschwerde übereinstimmt oder schon einer anderen internationalen Untersuchungs- oder Vergleichsinstanz unterbreitet worden ist und keine neuen Tatsachen enthält.

(3) Der Gerichtshof erklärt eine nach Artikel 34 erhobene Individualbeschwerde für unzulässig,

a) wenn er sie für unvereinbar mit dieser Konvention oder den Protokollen dazu, für offensichtlich unbegründet oder für missbräuchlich hält; oder
b) wenn er der Ansicht ist, dass dem Beschwerdeführer kein erheblicher Nachteil entstanden ist, es sei denn, die Achtung der Menschenrechte, wie sie in dieser Konvention und den Protokollen dazu anerkannt sind, erfordert eine Prüfung der Begründetheit der Beschwerde, und vorausgesetzt, es wird aus diesem Grund nicht eine Rechtssache zurückgewiesen, die noch von keinem innerstaatlichen Gericht gebührend geprüft worden ist.

(4) Der Gerichtshof weist eine Beschwerde zurück, die er nach diesem Artikel für unzulässig hält. Er kann dies in jedem Stadium des Verfahrens tun.

Artikel 36
Beteiligung Dritter

(1) In allen bei einer Kammer oder der Grossen Kammer anhängigen Rechtssachen ist der Hohe Vertragschließende Teil, dessen Staatsangehörigkeit der Beschwerdeführer besitzt, berechtigt, schriftliche Stellungnahmen abzugeben und an den mündlichen Verhandlungen teilzunehmen.

(2) Im Interesse der Rechtspflege kann der Präsident des Gerichtshofs jedem Hohen Vertragschließenden Teil, der in dem Verfahren nicht Partei ist, oder jeder betroffenen Person, die nicht Beschwerdeführer ist, Gelegenheit geben, schriftlich Stellung zu nehmen oder an den mündlichen Verhandlungen teilzunehmen.

(3) In allen bei einer Kammer oder der Grossen Kammer anhängigen Rechtssachen kann der Kommissar für Menschenrechte des Europarats schriftliche Stellungnahmen abgeben und an den mündlichen Verhandlungen teilnehmen.

Artikel 37
Streichung von Beschwerden

(1) Der Gerichtshof kann jederzeit während des Verfahrens entscheiden, eine Beschwerde in seinem Register zu streichen, wenn die Umstände Grund zur Annahme geben, dass

a) der Beschwerdeführer seine Beschwerde nicht weiterzuverfolgen beabsichtigt;
b) die Streitigkeit einer Lösung zugeführt worden ist; oder
c) eine weitere Prüfung der Beschwerde aus anderen vom Gerichtshof festgestellten Gründen nicht gerechtfertigt ist.

Der Gerichtshof setzt jedoch die Prüfung der Beschwerde fort, wenn die Achtung der Menschenrechte, wie sie in dieser Konvention und den Protokollen dazu anerkannt sind, dies erfordert.

(2) Der Gerichtshof kann die Wiedereintragung einer Beschwerde in sein Register anordnen, wenn er dies den Umständen nach für gerechtfertigt hält.

Artikel 38
Prüfung der Rechtssache

Der Gerichtshof prüft die Rechtssache mit den Vertretern der Parteien und nimmt, falls erforderlich, Ermittlungen vor; die betreffenden Hohen Vertragsparteien haben alle zur wirksamen Durchführung der Ermittlungen erforderlichen Erleichterungen zu gewähren.

Artikel 39
Gütliche Einigung

(1) Der Gerichtshof kann sich jederzeit während des Verfahrens zur Verfügung der Parteien halten mit dem Ziel, eine gütliche Einigung auf der Grundlage der Achtung der Menschenrechte, wie sie in dieser Konvention und den Protokollen dazu anerkannt sind, zu erreichen.

(2) Das Verfahren nach Absatz 1 ist vertraulich.

(3) Im Fall einer gütlichen Einigung streicht der Gerichtshof durch eine Entscheidung, die sich auf eine kurze Angabe des Sachverhalts und der erzielten Lösung beschränkt, die Rechtssache in seinem Register.

(4) Diese Entscheidung ist dem Ministerkomitee zuzuleiten; dieses überwacht die Durchführung der gütlichen Einigung, wie sie in der Entscheidung festgehalten wird.

Artikel 40
Öffentliche Verhandlung und Akteneinsicht

(1) Die Verhandlung ist öffentlich, soweit nicht der Gerichtshof auf Grund besonderer Umstände anders entscheidet.

(2) Die beim Kanzler verwahrten Schriftstücke sind der Öffentlichkeit zugänglich, soweit nicht der Präsident des Gerichtshofs anders entscheidet.

Artikel 41
Gerechte Entschädigung

Stellt der Gerichtshof fest, dass diese Konvention oder die Protokolle dazu verletzt worden sind, und gestattet das innerstaatliche Recht des beteiligten Hohen Vertragschließenden Teiles nur eine unvollkommene Wiedergutmachung für die Folgen dieser Verletzung, so spricht der Gerichtshof der verletzten Partei eine gerechte Entschädigung zu, wenn dies notwendig ist.

Artikel 42
Urteile der Kammern

Urteile der Kammern werden nach Maßgabe des Artikels 44 Absatz 2 endgültig.

Artikel 43
Verweisung an die Grosse Kammer

(1) Innerhalb von drei Monaten nach dem Datum des Urteils der Kammer kann jede Partei in Ausnahmefällen die Verweisung der Rechtssache an die Grosse Kammer beantragen.

(2) Ein Ausschuss von fünf Richtern der Grossen Kammer nimmt den Antrag an, wenn die Rechtssache eine schwerwiegende Frage der Auslegung oder Anwendung dieser Konvention oder der Protokolle dazu oder eine schwerwiegende Frage von allgemeiner Bedeutung aufwirft.

(3) Nimmt der Ausschuss den Antrag an, so entscheidet die Grosse Kammer die Sache durch Urteil.

Artikel 44
Endgültige Urteile

(1) Das Urteil der Grossen Kammer ist endgültig.

(2) Das Urteil einer Kammer wird endgültig,

a) wenn die Parteien erklären, dass sie die Verweisung der Rechtssache an die Grosse Kammer nicht beantragen werden;

b) drei Monate nach dem Datum des Urteils, wenn nicht die Verweisung der Rechtssache an die Grosse Kammer beantragt worden ist; oder

c) wenn der Ausschuss der Grossen Kammer den Antrag auf Verweisung nach Artikel 43 abgelehnt hat.

(3) Das endgültige Urteil wird veröffentlicht.

Artikel 45
Begründung der Urteile und Entscheidungen

(1) Urteile sowie Entscheidungen, mit denen Beschwerden für zulässig oder für unzulässig erklärt werden, werden begründet.

(2) Bringt ein Urteil ganz oder teilweise nicht die übereinstimmende Meinung der Richter zum Ausdruck, so ist jeder Richter berechtigt, seine abweichende Meinung darzulegen.

Artikel 46
Verbindlichkeit und Vollzug der Urteile

(1) Die Hohen Vertragsparteien verpflichten sich, in allen Rechtssachen, in denen sie Partei sind, das endgültige Urteil des Gerichtshofs zu befolgen.

(2) Das endgültige Urteil des Gerichtshofs ist dem Ministerkomitee zuzuleiten; dieses überwacht seinen Vollzug.

(3) Wird die Überwachung des Vollzugs eines endgültigen Urteils nach Auffassung des Ministerkomitees durch eine Frage betreffend die Auslegung dieses Urteils behindert, so kann das Ministerkomitee den Gerichtshof anrufen, damit er über diese Auslegungsfrage entscheidet. Der Beschluss des Ministerkomitees, den Gerichtshof anzurufen, bedarf der Zweidrittelmehrheit der Stimmen der zur Teilnahme an den Sitzungen des Komitees berechtigten Mitglieder.

(4) Weigert sich eine Hohe Vertragspartei nach Auffassung des Ministerkomitees, in einer Rechtssache, in der sie Partei ist, ein endgültiges Urteil des Gerichtshofs zu befolgen, so kann das Ministerkomitee, nachdem es die betreffende Partei gemahnt hat, durch einen mit Zweidrittelmehrheit der Stimmen der zur Teilnahme an den Sitzungen des Komitees berechtigten Mitglieder gefassten Beschluss den Gerichtshof mit der Frage befassen, ob diese Partei ihrer Verpflichtung nach Absatz 1 nachgekommen ist.

(5) Stellt der Gerichtshof eine Verletzung des Absatzes 1 fest, so weist er die Rechtssa-

che zur Prüfung der zu treffenden Massnahmen an das Ministerkomitee zurück. Stellt der Gerichtshof fest, dass keine Verletzung des Absatzes 1 vorliegt, so weist er die Rechtssache an das Ministerkomitee zurück; dieses beschliesst die Einstellung seiner Prüfung.

Artikel 47

Gutachten

(1) Der Gerichtshof kann auf Antrag des Ministerkomitees Gutachten über Rechtsfragen erstatten, welche die Auslegung dieser Konvention und der Protokolle dazu betreffen.

(2) Diese Gutachten dürfen keine Fragen zum Gegenstand haben, die sich auf den Inhalt oder das Ausmaß der in Abschnitt I dieser Konvention und in den Protokollen dazu anerkannten Rechte und Freiheiten beziehen, noch andere Fragen, über die der Gerichtshof oder das Ministerkomitee auf Grund eines nach dieser Konvention eingeleiteten Verfahrens zu entscheiden haben könnte.

(3) Der Beschluss des Ministerkomitees, ein Gutachten beim Gerichtshof zu beantragen, bedarf der Stimmenmehrheit der zur Teilnahme an den Sitzungen des Komitees berechtigten Mitglieder.

Artikel 48

Gutachterliche Zuständigkeit des Gerichtshofs

Der Gerichtshof entscheidet, ob ein vom Ministerkomitee gestellter Antrag auf Erstattung eines Gutachtens in seine Zuständigkeit nach Artikel 47 fällt.

Artikel 49

Begründung der Gutachten

(1) Die Gutachten des Gerichtshofs werden begründet.

(2) Bringt das Gutachten ganz oder teilweise nicht die übereinstimmende Meinung der Richter zum Ausdruck, so ist jeder Richter berechtigt, seine abweichende Meinung darzulegen.

(3) Die Gutachten des Gerichtshofs werden dem Ministerkomitee übermittelt.

Artikel 50

Kosten des Gerichtshofs

Die Kosten des Gerichtshofs werden vom Europarat getragen.

Artikel 51

Privilegien und Immunitäten der Richter

Die Richter genießen bei der Ausübung ihres Amtes die Vorrechte und Immunitäten, die in Artikel 40 der Satzung des Europarats und den auf Grund jenes Artikels geschlossenen Übereinkünften vorgesehen sind.

Abschnitt III
VERSCHIEDENE BESTIMMUNGEN

Artikel 52

Anfragen des Generalsekretärs

Nach Empfang einer entsprechenden Aufforderung durch den Generalsekretär des Europarates hat jeder Hohe Vertragschließende Teil die erforderlichen Erklärungen abzugeben, in welcher Weise sein internes Recht die wirksame Anwendung aller Bestimmungen dieser Konvention gewährleistet.

Artikel 53

Wahrung anerkannter Menschenrechte

Keine Bestimmung dieser Konvention darf als Beschränkung oder Minderung eines der Menschenrechte und Grundfreiheiten ausgelegt werden, die in den Gesetzen eines Hohen Vertragschließenden Teils oder einer anderen Vereinbarung, an der er beteiligt ist, festgelegt sind.

Artikel 54

Befugnisse des Ministerkomitees

Keine Bestimmung dieser Konvention beschränkt die durch die Satzung des Europarates dem Ministerkomitee übertragenen Vollmachten.

Artikel 55

Ausschluss anderer Verfahren zur Streitbeilegung

Die Hohen Vertragschließenden Teile kommen überein, dass sie, es sei denn auf Grund besonderer Vereinbarungen, keinen Gebrauch von zwischen ihnen geltenden Verträgen, Übereinkommen oder Erklärungen machen werden, um von sich aus einen Streit um die Auslegung oder Anwendung dieser Konvention einem anderen Verfahren zu unterwerfen als in der Konvention vorgesehen ist.

Artikel 56

Räumlicher Geltungsbereich

(1) Jeder Staat kann im Zeitpunkt der Ratifizierung oder in der Folge zu jedem anderen Zeitpunkt durch eine an den Generalsekretär des Europarates gerichtete Mitteilung erklären, dass diese Konvention vorbehaltlich des Absatzes 4 auf alle oder einzelne Gebiete Anwendung findet, für deren internationale Beziehungen er verantwortlich ist.

(2) Die Konvention findet auf das oder die in der Erklärung bezeichnenden Gebieten vom dreißigsten Tage an Anwendung, gerechnet vom Eingang der Erklärung beim Generalsekretär des Europarates.

(3) In den genannten Gebieten werden die Bestimmungen dieser Konvention unter Berücksichtigung der örtlichen Notwendigkeiten angewendet.

(4) Jeder Staat, der eine Erklärung gemäß Absatz 1 dieses Artikels abgegeben hat, kann zu jedem späteren Zeitpunkt für ein oder mehrere der in einer solchen Erklärung bezeichneten Gebiete erklären, dass er die Zuständigkeit des Gerichtshofs für die Entgegennahme von Beschwerden von natürlichen Personen, nichtstaatlichen Organisationen oder Personengruppen gemäß Artikel 34 annimmt.

Artikel 57

Vorbehalte

(1) Jeder Staat kann bei Unterzeichnung dieser Konvention oder bei Hinterlegung seiner Ratifikationsurkunde bezüglich bestimmter Vorschriften der Konvention einen Vorbehalt machen, soweit ein zu dieser Zeit in seinem Gebiet geltendes Gesetz nicht mit der betreffenden Vorschrift übereinstimmt. Vorbehalte allgemeiner Art sind nach diesem Artikel nicht zulässig.

(2) Jeder nach diesem Artikel gemachte Vorbehalt muss mit einer kurzen Inhaltsangabe des betreffenden Gesetzes verbunden sein.

Artikel 58

Kündigung

(1) Ein Hoher Vertragschließender Teil kann diese Konvention nicht vor Ablauf von fünf Jahren nach dem Tage, an dem die Konvention für ihn wirksam wird, und nur nach einer sechs Monate vorher an den Generalsekretär des Europarates gerichteten Mitteilung kündigen; der Generalsekretär hat den anderen Hohen Vertragschließenden Teilen von der Kündigung Kenntnis zu geben.

(2) Eine derartige Kündigung bewirkt nicht, dass der betreffende Hohe Vertragschließende Teil in Bezug auf irgendeine Handlung, welche eine Verletzung dieser Verpflichtungen darstellen könnte, und von dem Hohen Vertragschließenden Teil vor dem Datum seines rechtswirksamen Ausscheidens vorgenommen wurde, vor seinen Verpflichtungen nach dieser Konvention befreit wird.

(3) Unter dem gleichen Vorbehalt scheidet ein Vertragschließender Teil aus dieser Konvention aus, der aus dem Europarat ausscheidet.

(4) Entsprechend den Bestimmungen der vorstehenden Absätze kann die Konvention auch für ein Gebiet gekündigt werden, auf das sie nach Artikel 56 ausgedehnt worden ist.

Artikel 59

Unterzeichnung und Ratifikation

(1) Diese Konvention steht den Mitgliedern des Europarates zur Unterzeichnung offen; sie bedarf der Ratifikation. Die Ratifikationsurkunden sind beim Generalsekretär des Europarates zu hinterlegen.

(2) Die Europäische Union kann dieser Konvention beitreten.

(3) Diese Konvention tritt nach der Hinterlegung von zehn Ratifikationsurkunden in Kraft.

(4) Für jeden Unterzeichnerstaat, dessen Ratifikation später erfolgt, tritt die Konvention am Tage der Hinterlegung seiner Ratifikationsurkunde in Kraft.

(5) Der Generalsekretär des Europarates hat allen Mitgliedern des Europarates das Inkrafttreten der Konvention, die Namen der Hohen Vertragschließenden Teile, die sie ratifiziert haben, sowie die Hinterlegung jeder später eingehenden Ratifikationsurkunde mitzuteilen.

Geschehen zu Rom, am 4. November 1950, in englischer und französischer Sprache, wobei die beiden Texte in gleicher Weise authentisch sind, in einer einzigen Ausfertigung, die in den Archiven des Europarates hinterlegt wird. Der Generalsekretär wird allen Signatarstaaten beglaubigte Abschriften übermitteln.

17/2.

1. Zusatzprotokoll zur Konvention zum Schutz der Menschenrechte und Grundfreiheiten[14])

(BGBl 1958/210, geändert durch BGBl III 1998/30)

(Übersetzung)

Entschlossen, Maßnahmen zur kollektiven Sicherung gewisser Rechte und Freiheiten außer denjenigen zu treffen, die bereits im Abschnitt I der am 4. November 1950 in Rom unterzeichneten Konvention zum Schutze der Menschenrechte und Grundfreiheiten (nachstehend als »Konvention« bezeichnet) berücksichtigt sind,

vereinbaren die unterzeichneten Regierungen, die Mitglieder des Europarates sind, folgendes:

Artikel 1 – Schutz des Eigentums[15])[16])

(1) Jede natürliche oder juristische Person hat ein Recht auf Achtung ihres Eigentums. Niemandem darf sein Eigentum entzogen werden, es sei denn, daß das öffentliche Interesse es verlangt, und nur unter den durch Gesetz und durch die allgemeinen Grundsätze des Völkerrechts vorgesehenen Bedingungen.

(2) Die vorstehenden Bestimmungen beeinträchtigen jedoch in keiner Weise das Recht des Staates, diejenigen Gesetze anzuwenden, die er für die Regelung der Benutzung des Eigentums in Übereinstimmung mit dem Allgemeininteresse oder zur Sicherung der Zahlung der Steuern, sonstiger Abgaben oder von Geldstrafen für erforderlich hält.

Artikel 2 – Recht auf Bildung[17])[18])

Das Recht auf Bildung darf niemandem verwehrt werden. Der Staat hat bei Ausübung der von ihm auf dem Gebiete der Erziehung und des Unterrichts übernommenen Aufgaben das Recht der Eltern zu achten, die Erziehung und den Unterricht entsprechend ihren eigenen religiösen und weltanschaulichen Überzeugungen sicherzustellen.

Artikel 3 – Recht auf freie Wahlen[19])

Die Hohen Vertragschließenden Teile verpflichten sich, in angemessenen Zeitabständen freie und geheime Wahlen unter Bedingungen abzuhalten, die die freie Äußerung der Meinung des Volkes bei der Wahl der gesetzgebenden Organe gewährleisten.

Artikel 4 – Räumlicher Geltungsbereich

(1) Jeder der Hohen Vertragschließenden Teile kann im Zeitpunkt der Unterzeichnung oder Ratifikation oder in der Folge zu jedem anderen Zeitpunkt an den Generalsekretär des Europarates eine Erklärung darüber richten, in welchem Umfang er sich zur Anwendung der Bestimmungen dieses Protokolls auf die in dieser Erklärung angegebenen Gebiete, für deren internationale Beziehungen er verantwortlich ist, verpflichtet.

(2) Jeder der Hohen Vertragschließenden Teile, der eine Erklärung gemäß dem vorstehenden Absatz abgegeben hat, kann von Zeit zu Zeit eine weitere Erklärung abgeben, die den Inhalt einer früheren Erklärung ändert oder die Anwendung der Bestimmungen dieses Protokolls auf irgendeinem Gebiet beendet.

(3) Eine im Einklang mit diesem Artikel abgegebene Erklärung gilt als eine gemäß Artikel 56 Abs. 1 der Konvention abgegebene Erklärung.

---

14) Das 1. ZProtEMRK steht gemäß Art II Z 7 des BVG BGBl. 1964/59 mit dem Tag seines Inkrafttretens für Österreich (3. September 1958) im Verfassungsrang (zB VfSlg 4706/1964, 5100/1965). Um die Zitierung zu erleichtern, wurden den (unbezeichneten) Absätzen Absatzbezeichnungen vorangestellt.

15) **Vorbehalt Österreich:** Der Bundespräsident erklärte, »von dem Wunsch geleitet, jede Unsicherheit betreffend die Anwendung des Artikels 1 des Zusatzprotokolls im Zusammenhang mit dem Staatsvertrag betreffend die Wiederherstellung eines unabhängigen und demokratischen Österreich vom 15. Mai 1955 zu vermeiden, das Zusatzprotokoll mit dem Vorbehalt« für ratifiziert, »daß die Bestimmungen des Teiles IV ›Aus dem Krieg herrührende Ansprüche‹ und des Teiles V ›Eigentum, Rechte und Interessen‹ des zitierten Staatsvertrages unberührt bleiben«.

16) Beachte Art 5 StGG

17) Beachte Art 18 StGG

18) **Vorbehalt Deutschland:** Die Bundesrepublik Deutschland macht sich die Auffassung zu eigen, daß Artikel 2 Satz 2 des Zusatzprotokolls keine Verpflichtung des Staates begründet, Schulen religiösen oder weltanschaulichen Charakters zu finanzieren oder sich an ihrer Finanzierung zu beteiligen, da diese Frage nach der übereinstimmenden Erklärung des Rechtsausschusses der Beratenden Versammlung und des Generalsekretärs des Europarates außerhalb des Rahmens der Konvention über Menschenrechte und Grundfreiheiten sowie des Zusatzprotokolls liegt. (dBGBl. 1957 II 226)

19) Beachte Art 26 und Art 95 B-VG und Art 8 StV Wien.

Artikel 5 – Verhältnis zur Konvention

Die Hohen Vertragschließenden Teile betrachten die Bestimmungen der Artikel 1, 2, 3 und 4 dieses Protokolls als Zusatzartikel zur Konvention; alle Vorschriften der Konvention sind dementsprechend anzuwenden.

Artikel 6 – Unterzeichnung und Ratifikation

(1) Dieses Protokoll steht den Mitgliedern des Europarates, die die Konvention unterzeichnet haben, zur Unterzeichnung offen; es wird gleichzeitig mit der Konvention oder zu einem späteren Zeitpunkt ratifiziert. Es tritt nach der Hinterlegung von zehn Ratifikationsurkunden in Kraft. Für jeden Unterzeichnerstaat, dessen Ratifikation später erfolgt, tritt das Protokoll am Tage der Hinterlegung seiner Ratifikationsurkunde in Kraft.[20])

(2) Die Ratifikationsurkunden werden beim Generalsekretär des Europarates hinterlegt, der allen Mitgliedern die Namen der Staaten, die das Protokoll ratifiziert haben, mitteilt.

Geschehen zu Paris am 20. März 1952 in englischer und französischer Sprache, wobei die beiden Texte in gleicher Weise authentisch sind, in einer einzigen Ausfertigung, die in den Archiven des Europarates hinterlegt wird. Der Generalsekretär wird allen Signatarstaaten beglaubigte Abschriften übermitteln.

17/3.

Protokoll Nr. 4 zur Konvention zum Schutz der Menschenrechte und Grundfreiheiten, durch das gewisse Rechte und Freiheiten gewährleistet werden, die nicht bereits in der Konvention oder im ersten Zusatzprotokoll enthalten sind[21])

(BGBl 1969/434, geändert durch BGBl III 1998/30)

(Übersetzung)

Die unterzeichneten Regierungen, die Mitglieder des Europarats sind –

entschlossen, Maßnahmen zur kollektiven Gewährleistung gewisser Rechte und Freiheiten zu treffen, die in Abschnitt I der am 4. November 1950 in Rom unterzeichneten Konvention zum Schutze der Menschenrechte und Grundfreiheiten (im folgenden als »Konvention« bezeichnet) und in den Artikeln 1 bis 3 des am 20. März 1952 in Paris unterzeichneten ersten Zusatzprotokolls zur Konvention noch nicht enthalten sind –

haben folgendes vereinbart:

Artikel 1 – Verbot der Freiheitsentziehung wegen Schulden

Niemandem darf die Freiheit allein deshalb entzogen werden, weil er nicht in der Lage ist, eine vertragliche Verpflichtung zu erfüllen.

Artikel 2 – Freizügigkeit[22])

(1)[23]) Jedermann, der sich rechtmäßig im Hoheitsgebiet eines Staates aufhält, hat das Recht, sich dort frei zu bewegen und seinen Wohnsitz frei zu wählen.

(2)[24]) Jedermann steht es frei, jedes Land einschließlich seines eigenen zu verlassen.

(3) Die Ausübung dieser Rechte darf keinen anderen Einschränkungen unterworfen werden als denen, die gesetzlich vorgesehen und in einer demokratischen Gesellschaft im Interesse der nationalen oder der öffentlichen Sicherheit, der Aufrechterhaltung des »ordre public«, der Verhütung von Straftaten, des Schutzes der Gesundheit oder der Moral oder des Schutzes der Rechte und Freiheiten anderer notwendig sind.

(4) Die in Absatz 1 anerkannten Rechte können ferner für den Bereich bestimmter Gebiete Einschränkungen unterworfen werden, die gesetzlich vorgesehen und in einer demokratischen Gesellschaft durch das öffentliche Interesse gerechtfertigt sind.

---

[20]) Für Österreich in Kraft getreten am 3. September 1958 (BGBl 1958/210, 1957).

[21]) Vom Nationalrat als »verfassungsergänzen und verfassungsändernd« genehmigt.

[22]) *Recht auf Freizügigkeit* einschließlich der *Wohnsitzfreiheit.*

[23]) Beachte für österreichische Staatsbürger Art 4 Abs 1 und Art 6 Abs 1 StGG; vgl auch den (gegenstandslosen?) § 13 Abs 1 ÜG 1920

[24]) *Recht auf Ausreise.* Beachte für österreichische Staatsbürger Art 4 Abs 3 und 4 StGG.

Artikel 3 – Verbot der Ausweisung eigener Staatsangehöriger[25])[26])

(1) Niemand darf aus dem Hoheitsgebiet des Staates, dessen Staatsangehöriger er ist, durch eine Einzel- oder eine Kollektivmaßnahme ausgewiesen werden.

(2)[27]) Niemandem darf das Recht entzogen werden, in das Hoheitsgebiet des Staates einzureisen, dessen Staatsangehöriger er ist.

Artikel 4 – Verbot der Kollektivausweisung von Ausländern[28])

Kollektivausweisungen von Fremden sind nicht zulässig.

Artikel 5 – Räumlicher Geltungsbereich

(1) Jede Hohe Vertragschließende Partei kann im Zeitpunkt der Unterzeichnung oder Ratifikation dieses Protokolls oder zu jedem späteren Zeitpunkt an den Generalsekretär des Europarates eine Erklärung darüber richten, in welchem Umfang sie sich zur Anwendung der Bestimmungen dieses Protokolls auf die in der Erklärung angegebenen Hoheitsgebiete, für deren internationale Beziehungen sie verantwortlich ist, verpflichtet.

(2) Jede Hohe Vertragschließende Partei, die eine Erklärung gemäß Absatz 1 abgegeben hat, kann jederzeit eine weitere Erklärung abgeben, die den Inhalt einer früheren Erklärung ändert oder die Anwendung der Bestimmungen dieses Protokolls auf irgendein Hoheitsgebiet beendet.

(3) Eine gemäß diesem Artikel abgegebene Erklärung gilt als eine Erklärung im Sinne des Artikels 56 Absatz 1 der Konvention.

(4) Das Hoheitsgebiet eines Staates, auf das dieses Protokoll auf Grund der Ratifikation oder Annahme durch diesen Staat Anwendung findet, und jedes Hoheitsgebiet, auf das das Protokoll auf Grund einer von diesem Staat nach diesem Artikel abgegebenen Erklärung Anwendung findet, werden als getrennte Hoheitsgebiete betrachtet, soweit die Artikel 2 und 3 auf das Hoheitsgebiet eines Staates Bezug nehmen.

(5) Jeder Staat, der eine Erklärung nach Absatz 1 oder 2 abgegeben hat, kann jederzeit danach für eines oder mehrere der in der Erklärung bezeichneten Hoheitsgebiete erklären, daß der die Zuständigkeit des Gerichtshofs, Beschwerden von natürlichen Personen, nichtstaatlichen Organisationen oder Personengruppen nach Artikel 34 der Konvention entgegenzunehmen, für die Artikel 1 bis 4 dieses Protokolls insgesamt oder für einzelne dieser Artikel annimmt.

Artikel 6 – Verhältnis zur Konvention

(1) Die Hohen Vertragschließenden Parteien betrachten die Artikel 1 bis 5 dieses Protokolls als Zusatzartikel zur Konvention; alle Bestimmungen der Konvention sind dementsprechend anzuwenden.

Artikel 7 – Unterzeichnung und Ratifikation

(1) Dieses Protokoll steht den Mitgliedern des Europarates, die Unterzeichner der Konvention sind, zur Unterzeichnung offen; es wird gleichzeitig mit der Konvention oder nach deren Ratifizierung ratifiziert. Es tritt nach der Hinterlegung von fünf Ratifikationsurkunden in Kraft. Für jeden Unterzeichner, der nachträglich ratifiziert, tritt das Protokoll zum Zeitpunkt der Hinterlegung der Ratifikationsurkunde in Kraft.[29])

---

[25]) **Vorbehalt Österreich:** Das Protokoll Nr. 4 wurde mit dem Vorbehalt unterzeichnet, »daß durch Artikel 3 des Protokolls das Gesetz vom 3. April 1919, StGBl. Nr. 209, betreffend die Landesverweisung und die Übernahme des Vermögens des Hauses Habsburg-Lothringen in der Fassung des Gesetzes vom 30. Oktober 1919, StGBl. Nr. 501, des Bundesverfassungsgesetzes vom 30. Juli 1925, BGBl. Nr. 292, und des Bundesverfassungsgesetzes vom 26. Jänner 1928, BGBl. Nr. 30, sowie unter Bedachtnahme auf das Bundesverfassungsgesetz vom 4. Juli 1963, BGBl. Nr. 172, nicht berührt wird«, und vom BPräs mit diesem Vorbehalt für ratifiziert erklärt.

[26]) Beachte für österreichische Staatsbürger Art 6 Abs 1 StGG.

Zum *Schutz* von österreichischen Staatsbürgern vor *Auslieferung (Durchlieferung)* beachte die §§ 12 und 44 ARHG und § 5 des BG über die Zusammenarbeit mit den internationalen Gerichten.

[27]) *Recht auf Einreise (idR: Rückkehr) in den Heimatstaat.*

[28]) Zur *Einzelausweisung* von Fremden beachte die Verfahrensgarantien des Art 1 7. ZProtEMRK sowie gegebenenfalls Art 3 und Art 8 EMRK und Art 1 6. ZProtEMRK.

Zum Schutz von Fremden vor *Auslieferung* beachte gegebenfalls Art 3 und Art 8 EMRK und Art 1 6. ZProtEMRK

[29]) Für Österreich in Kraft getreten am 18. September 1969 (BGBl. 1969/434, 3162).

(2) Die Ratifikationsurkunden werden beim Generalsekretär des Europarates hinterlegt, der allen Mitgliedern die Namen jener mitteilen wird, die ratifiziert haben.

Zu Urkund dessen haben die hierzu gehörig befugten Unterzeichneten dieses Protokoll unterzeichnet.

Geschehen zu Straßburg am 16. September 1963 in englischer und französischer Sprache, wobei jeder Wortlaut gleichermaßen verbindlich ist, in einer Urschrift, die im Archiv des Europarates hinterlegt wird. Der Generalsekretär übermittelt allen Unterzeichnerstaaten beglaubigte Abschriften.

17/4. Protokoll Nr. 6 zur Konvention zum Schutz der Menschenrechte und Grundfreiheiten über die Abschaffung der Todesstrafe[30][31]

(BGBl 1985/138, geändert durch BGBl III 1998/30)

(Übersetzung)

Die Mitgliedstaaten des Europarates, die dieses Protokoll zu der in Rom am 4. November 1950 unterzeichneten Konvention zum Schutze der Menschenrechte und Grundfreiheiten (im folgenden als »Konvention« bezeichnet) unterzeichnen in der Erwägung, daß die in verschiedenen Mitgliedstaaten des Europarates eingetretene Entwicklung eine allgemeine Tendenz zu Gunsten der Abschaffung der Todesstrafe zum Ausdruck bringt, haben folgendes vereinbart:

Artikel 1 – Abschaffung der Todesstrafe[32]

Die Todesstrafe ist abgeschafft. Niemand darf zu dieser Strafe verurteilt oder hingerichtet werden.

Artikel 2 – Todesstrafe in Kriegszeiten[33]

Ein Staat kann durch Gesetz die Todesstrafe für Taten vorsehen, welche in Kriegszeiten oder bei unmittelbarer Kriegsgefahr begangen werden; diese Strafe darf nur in den Fällen, die im Gesetz vorgesehen sind, und in Übereinstimmung mit dessen Bestimmungen angewendet werden. Der Staat übermittelt dem Generalsekretär des Europarates die einschlägigen Rechtsvorschriften.

Artikel 3 – Verbot des Außerkraftsetzens

Die Bestimmungen dieses Protokolls dürfen nicht nach Art. 15 der Konvention außer Kraft gesetzt werden.

Artikel 4 – Verbot von Vorbehalten

Vorbehalte nach Art. 57 der Konvention zu Bestimmungen dieses Protokolls sind nicht zulässig.

Artikel 5 – Räumlicher Geltungsbereich

1. Jeder Staat kann bei der Unterzeichnung oder bei der Hinterlegung der Ratifikations-, Annahme- oder Genehmigungsurkunde einzelne oder mehrere Hoheitsgebiete bezeichnen, auf die dieses Protokoll Anwendung findet.

2. Jeder Staat kann jederzeit danach durch eine an den Generalsekretär des Europarates gerichtete Erklärung dieses Protokoll auf jedes weitere in der Erklärung bezeichnete Hoheitsgebiet erstrecken. Das Protokoll tritt für dieses Hoheitsgebiet am ersten Tag des Monats in Kraft, der dem Eingang der Erklärung durch den Generalsekretär folgt.

3. Jede gemäß den zwei vorangegangenen Absätzen abgegebene Erklärung kann durch eine Notifikation an den Generalsekretär hinsichtlich jenes Hoheitsgebietes, das in einer solchen Erklärung bezeichnet ist, zurückgenommen werden. Die Zurücknahme wird mit dem ersten Tag des dem Eingang einer sol-

[30]) Vom Nationalrat als »verfassungsergänzend« genehmigt; vgl jedch Art 50 Abs 3 B-VG, wonach (auch) verfassungs*ergänzende* Staatsverträge ausdrücklich als »verfassungs*ändernd*« zu bezeichnen sind.

[31]) **Vorbehalt Deutschland:** Bei Hinterlegung der Ratifikationsurkunde hat die Bundesrepublik Deutschland erklärt, »daß sich nach ihrer Auffassung die Verpflichtungen aus dem Protokoll Nr. 6 in der Abschaffung der Todesstrafe im Geltungsbereich des jeweiligen Staates erschöpfen und nichtstrafrechtliche innerstaatliche Rechtsvorschriften unberührt bleiben. Die Bundesrepublik Deutschland hat ihren Verpflichtungen aus dem Protokoll bereits durch Artikel 102 Grundgesetz genügt.« (dBGBl. 1989 II 814)

[32]) Vgl Art 2 EMRK, beachte Art 85 B-VG.

[33]) Vgl jedoch für Österreich Art 85 B-VG iVm Art 60 EMRK.

chen Notifikation beim Generalsekretär folgenden Monates wirksam.

Artikel 6 – Verhältnis zur Konvention

Die Vertragsstaaten betrachten die Art. 1 bis 5 dieses Protokolles als Zusatzartikel zur Konvention; alle Bestimmungen der Konvention sind dementsprechend anzuwenden.

Artikel 7 – Unterzeichnung und Ratifikation

Dieses Protokoll liegt für die Mitgliedstaaten des Europarates, die die Konvention unterzeichnet haben, zur Unterzeichnung auf. Es bedarf der Ratifikation, Annahme oder Genehmigung. Ein Mitgliedstaat des Europarates kann dieses Protokoll nur ratifizieren, annehmen oder genehmigen, wenn gleichzeitig oder früher die Konvention ratifiziert wurde. Die Ratifikations-, Annahme- oder Genehmigungsurkunden werden beim Generalsekretär des Europarates hinterlegt.

Artikel 8 – Inkrafttreten

1. Dieses Protokoll tritt am ersten Tag des Monats in Kraft, der auf den Tag folgt, an dem fünf Mitgliedstaaten des Europarates nach Art. 7 ihre Zustimmung ausgedrückt haben, durch das Protokoll gebunden zu sein.[34])

2. Jedem Mitgliedstaat, der später seine Zustimmung ausdrückt, durch das Protokoll gebunden zu sein, tritt es am ersten Tag des Monats in Kraft, der auf die Hinterlegung der Ratifikations-, Annahme- oder Genehmigungsurkunde folgt.

Artikel 9 – Aufgaben des Verwahrers

Der Generalsekretär des Europarates notifiziert den Mitgliedstaaten des Europarates

a) jede Unterzeichnung;

b) jede Hinterlegung einer Ratifikations-, Annahme- oder Genehmigungsurkunde;

c) jeden Zeitpunkt des Inkrafttretens dieses Protokolls nach Art. 5 und 8;

d) jeden anderen Rechtsakt, jede Notifikation oder Mitteilung, die sich auf dieses Protokoll bezieht.

Zu Urkund dessen haben die hiezu gehörig befugten Unterzeichneten dieses Protokoll unterschrieben.

Geschehen zu Straßburg am 28. April 1983 in englischer und französischer Sprache, wobei jeder Wortlaut gleichermaßen authentisch ist, in einer Urschrift, die in den Archiven des Europarates hinterlegt wird. Der Generalsekretär des Europarates übermittelt allen Mitgliedstaaten des Europarates beglaubigte Abschriften.

17/5.
Protokoll Nr. 7 zur Konvention zum Schutz der Menschenrechte und Grundfreiheiten[35])

(BGBl 1988/628, geändert durch BGBl III 1998/30)

(Übersetzung)

Die Mitgliedstaaten des Europarates, die dieses Protokoll unterzeichnen,

entschlossen, weitere Maßnahmen zur kollektiven Gewährleistung gewisser Rechte und Freiheiten durch die am 4. November 1950 in Rom unterzeichnete Konvention zum Schutze der Menschenrechte und Grundfreiheiten (im folgenden als »Konvention« bezeichnet) zu treffen,

haben folgendes vereinbart:

Artikel 1 – Verfahrensrechtliche Schutzvorschriften in bezug auf die Ausweisung von Ausländern

1. Ein Ausländer, der seinen rechtmäßigen Aufenthalt im Hoheitsgebiet eines Staates hat, darf aus diesem nur auf Grund einer rechtmäßig ergangenen Entscheidung ausgewiesen werden; ihm muß gestattet werden,

a) Gründe vorzubringen, die gegen seine Ausweisung sprechen,

b) seinen Fall prüfen zu lassen und

c) sich zu diesem Zweck vor der zuständigen Behörde oder vor einer oder mehreren von dieser Behörde bestimmten Personen vertreten zu lassen.

2. Ein Ausländer kann vor Ausübung der im Abs. 1 lit. a, b und c genannten Rechte

---

34) Für Österreich in Kraft getreten am 1. März 1985 (BGBl. 1985/138, 1206).

35) Vom Nationalrat als »verfassungsändernd« genehmigt.

ausgewiesen werden, wenn *die Ausweisung*[36]) im Interesse der öffentlichen Ordnung erforderlich ist oder aus Gründen der nationalen Sicherheit erfolgt.

Artikel 2 – Rechtsmittel in Strafsachen

1. Wer von einem Gericht wegen einer strafbaren Handlung verurteilt worden ist, hat das Recht, das Urteil von einem übergeordneten Gericht nachprüfen zu lassen.[37]) Die Ausübung dieses Rechts, einschließlich der Gründe, aus denen es ausgeübt werden kann, richtet sich nach dem Gesetz.

2. Ausnahmen von diesem Recht sind für strafbare Handlungen geringfügiger Art, wie sie durch Gesetz näher bestimmt sind, oder in Fällen möglich, in denen das Verfahren gegen eine Person in erster Instanz vor dem obersten Gericht stattgefunden hat oder in denen sie nach einem gegen ihren Freispruch eingelegten Rechtsmittel verurteilt worden ist.

Artikel 3 – Recht auf Entschädigung bei Fehlurteilen[38])

Ist jemand wegen einer strafbaren Handlung rechtskräftig verurteilt und ist das Urteil später aufgehoben oder der Verurteilte begnadigt worden, weil eine neue oder eine neu bekannt gewordene Tatsache schlüssig beweist, daß ein Fehlurteil vorlag, so ist derjenige, der auf Grund eines solchen Urteils eine Strafe verbüßt hat, entsprechend dem Gesetz oder der Übung des betreffenden Staates zu entschädigen, sofern nicht nachgewiesen wird, daß das nicht rechtzeitige Bekanntwerden der betreffenden Tatsache ganz oder teilweise ihm zuzuschreiben ist.

[36]) Übersetzungsfehler; richtig: *»eine solche Ausweisung«*. Die vorzeitige Vollstreckung und nich die Ausweisung als solche muß also im Interesse der öffentlichen Ordnung erforderlich sein bzw aus Gründen der nationalen Sicherheit erfolgen (*Rosenmayr,* Aufenthaltsverbot, Schubhaft und Abschiebung, ZfV 1988, 1 [8]).

[37]) **Vorbehalt Österreich:** Als übergeordnete Gerichte im Sinne des Art. 2 Abs. 1 sind auch der Verwaltungsgerichtshof und der Verfassungsgerichtshof anzusehen.

[38]) **Vorbehalt Österreich:** Die Art. 3 und 4 beziehen sich nur auf Strafverfahren im Sinne der österreichischen Strafprozeßordnung.

Artikel 4 – Recht, wegen derselben Sache nicht zweimal vor Gericht gestellt oder bestraft zu werden[39])

1. Niemand darf wegen einer strafbaren Handlung, wegen der er bereits nach dem Gesetz und dem Strafverfahrensrecht eines Staates rechtskräftig verurteilt oder freigesprochen worden ist, in einem Strafverfahren desselben Staates erneut vor Gericht gestellt oder bestraft werden.

2. Abs. 1 schließt die Wiederaufnahme des Verfahrens nach dem Gesetz und dem Strafverfahrensrecht des betreffenden Staates nicht aus, falls neue oder neu bekannt gewordene Tatsachen vorliegen oder das vorausgegangene Verfahren schwere, den Ausgang des Verfahrens berührende Mängel aufweist.

3. Dieser Artikel darf nicht nach Art. 15 der Konvention außer Kraft gesetzt werden.

Artikel 5 – Gleichberechtigung der Ehegatten

Ehegatten haben untereinander und in ihren Beziehungen zu ihren Kindern gleiche Rechte und Pflichten privatrechtlicher Art hinsichtlich der Eheschließung, während der Ehe und bei Auflösung der Ehe. Dieser Artikel verwehrt es den Staaten nicht, die im Interesse der Kinder notwendigen Maßnahmen zu treffen.

Artikel 6 – Räumlicher Geltungsbereich

1. Jeder Staat kann bei der Unterzeichnung oder bei der Hinterlegung seiner Ratifikations-, Annahme- oder Genehmigungsurkunde einzelne oder mehrere Hoheitsgebiete bezeichnen, auf die dieses Protokoll Anwendung findet, und erklären, in welchem Umfang er sich zur Anwendung dieses Protokolls auf diese Hoheitsgebiete verpflichtet.

2. Jeder Staat kann jederzeit danach durch eine an den Generalsekretär des Europarates gerichtete Erklärung die Anwendung dieses Protokolls auf jedes weitere in der Erklärung bezeichnete Hoheitsgebiet erstrecken. Das Protokoll tritt für dieses Hoheitsgebiet am ersten Tag des Monates in Kraft, der auf einen Zeitabschnitt von zwei Monaten nach Eingang der Erklärung beim Generalsekretär folgt.

[39]) **Vorbehalt Österreich:** Die Art. 3 und 4 beziehen sich nur auf Strafverfahren im Sinne der österreichischen Strafprozeßordnung.

3. Jede nach den Abs. 1 und 2 abgegebene Erklärung kann in bezug auf jedes darin bezeichnete Hoheitsgebiet durch eine an den Generalsekretär gerichtete Notifikation zurückgenommen oder geändert werden. Die Rücknahme oder Änderung wird am ersten Tag des Monates wirksam, der auf einen Zeitabschnitt von zwei Monaten nach Eingang der Notifikation beim Generalsekretär folgt.

4. Eine nach diesem Artikel abgegebene Erklärung gilt als eine Erklärung im Sinne des Art. 56 Abs. 1 der Konvention.

5. Das Hoheitsgebiet eines Staates, auf das dieses Protokoll auf Grund der Ratifikation, Annahme oder Genehmigung durch diesen Staat Anwendung findet, und jedes Hoheitsgebiet, auf welches das Protokoll auf Grund einer von diesem Staat nach diesem Artikel abgegebenen Erklärung Anwendung findet, können als getrennte Hoheitsgebiete betrachtet werden, soweit Art. 1 auf das Hoheitsgebiet eines Staates Bezug nimmt.

6. Jeder Staat, der eine Erklärung nach Absatz 1 oder 2 abgegeben hat, kann jederzeit danach für eines oder mehrere der in der Erklärung bezeichneten Hoheitsgebiete erklären, daß der die Zuständigkeit des Gerichtshofs, Beschwerden von natürlichen Personen, nichtstaatlichen Organisationen oder Personengruppen nach Artikel 34 der Konvention entgegenzunehmen, für die Artikel 1 bis 5 dieses Protokolls annimmt.

Artikel 7 – Verhältnis zur Konvention

1. Die Vertragsstaaten betrachten die Art. 1 bis 6 dieses Protokolls als Zusatzartikel zur Konvention; alle Bestimmungen der Konvention sind dementsprechend anzuwenden.

Artikel 8 – Unterzeichnung und Ratifikation

Dieses Protokoll liegt für die Mitgliedstaaten des Europarates, welche die Konvention unterzeichnet haben, zur Unterzeichnung auf. Es bedarf der Ratifikation, Annahme oder Genehmigung. Ein Mitgliedstaat des Europarates kann dieses Protokoll nicht ratifizieren, annehmen oder genehmigen, ohne die Konvention früher ratifiziert zu haben oder sie gleichzeitig zu ratifizieren. Die Ratifikations-, Annahme- oder Genehmigungsurkunden werden beim Generalsekretär des Europarates hinterlegt.

Artikel 9 – Inkrafttreten

1. Dieses Protokoll tritt am ersten Tag des Monates in Kraft, der auf einen Zeitabschnitt von zwei Monaten nach dem Tag folgt, an dem sieben Mitgliedstaaten des Europarates nach Art. 8 ihre Zustimmung ausgedrückt haben, durch das Protokoll gebunden zu sein.[40])

2. Für jeden Mitgliedstaat, der später seine Zustimmung ausdrückt, durch das Protokoll gebunden zu sein, tritt es am ersten Tag des Monates in Kraft, der auf einen Zeitabschnitt von zwei Monaten nach Hinterlegung der Ratifikations-, Annahme- oder Genehmigungsurkunde folgt.

Artikel 10 – Aufgaben des Verwahrers

Der Generalsekretär des Europarates notifiziert allen Mitgliedstaaten des Europarates

a) jede Unterzeichnung;

b) jede Hinterlegung einer Ratifikations-, Annahme- oder Genehmigungsurkunde;

c) jeden Zeitpunkt des Inkrafttretens dieses Protokolls nach den Art. 6 und 9;

d) jede andere Handlung, Notifikation oder Erklärung im Zusammenhang mit diesem Protokoll.

Zu Urkund dessen haben die hiezu gehörig befugten Unterzeichneten dieses Protokoll unterschrieben.

Geschehen zu Straßburg am 22. November 1984 in englischer und französischer Sprache, wobei jeder Wortlaut gleichermaßen verbindlich ist, in einer Urschrift, die im Archiv des Europarates hinterlegt wird. Der Generalsekretär des Europarates übermittelt allen Mitgliedstaaten des Europarates beglaubigte Abschriften.

---

[40]) In Kraft getreten am 1. November 1988 (BGBl. 1988/628, 4286).

17/6.

Protokoll Nr. 11 zur Konvention zum Schutz der Menschenrechte und Grundfreiheiten über die Umgestaltung des durch die Konvention eingeführten Kontrollmechanismus

(BGBl III 1998/30)

(Übersetzung)

Die Mitgliedstaaten des Europarats, die dieses Protokoll zu der am 4. November 1950 in Rom unterzeichneten Konvention zum Schutze der Menschenrechte und Grundfreiheiten[1]) (im folgenden als „Konvention" bezeichnet) unterzeichnen –

in der Erwägung, daß es dringend erforderlich ist, den durch die Konvention eingeführten Kontrollmechanismus umzugestalten, um die Wirksamkeit des Schutzes der Menschenrechte und Grundfreiheiten durch die Konvention insbesondere in Anbetracht der Zunahme der Beschwerden und der wachsenden Zahl der Europaratsmitglieder zu wahren und zu verbessern –

in der Erwägung, daß es daher wünschenswert ist, einige Bestimmungen der Konvention zu ändern, um insbesondere die bestehende Europäische Kommission für Menschenrechte und den bestehenden Europäischen Gerichtshof für Menschenrechte durch einen neuen ständigen Gerichtshof zu ersetzen –

im Hinblick auf die Entschließung Nr. 1, die auf der in Wien am 19. und 20. März 1985 abgehaltenen Europäischen Ministerkonferenz über Menschenrechte angenommen wurde –

im Hinblick auf die Empfehlung 1194 (1992) der Parlamentarischen Versammlung des Europarats vom 6. Oktober 1992 –

im Hinblick auf die von den Staats- und Regierungschefs der Mitgliedstaaten des Europarats in der Wiener Erklärung vom 9. Oktober 1993 gefaßten Beschlüsse über die Reform des Kontrollmechanismus der Konvention –

haben folgendes vereinbart:

Artikel 1

Der bisherige Wortlaut der Abschnitte II bis IV der Konvention (Artikel 19 bis 56) und das Protokoll Nr. 2[2]), durch das dem Europäischen Gerichtshof für Menschenrechte die Zuständigkeit zur Erstattung von Gutachten übertragen wird, werden durch den folgenden Abschnitt II der Konvention (Artikel 19 bis 51) ersetzt:*)

„ABSCHNITT II – EUROPÄISCHER GERICHTSHOF FÜR MENSCHENRECHTE

Artikel 19 – Errichtung des Gerichtshofs

Um die Einhaltung der Verpflichtungen sicherzustellen, welche die Hohen Vertragschließenden Teile in dieser Konvention und den Protokollen dazu übernommen haben, wird ein Europäischer Gerichtshof für Menschenrechte, im folgenden als „Gerichtshof" bezeichnet, errichtet. Er nimmt seine Aufgaben als ständiger Gerichtshof wahr.

Artikel 20 – Zahl der Richter

Die Zahl der Richter des Gerichtshofs entspricht derjenigen der Hohen Vertragschließenden Teile.

Artikel 21 – Voraussetzungen für das Amt

(1) Die Richter müssen hohes sittliches Ansehen genießen und entweder die für die Ausübung hoher richterlicher Ämter erforderlichen Voraussetzungen erfüllen oder Rechtsgelehrte von anerkanntem Ruf sein.

(2) Die Richter gehören dem Gerichtshof in ihrer persönlichen Eigenschaft an.

(3) Während ihrer Amtszeit dürfen die Richter keine Tätigkeit ausüben, die mit ihrer Unabhängigkeit, ihrer Unparteilichkeit oder mit den Erfordernissen der Vollzeitbeschäftigung in diesem Amt unvereinbar ist; alle Fragen, die sich aus der Anwendung dieses Absatzes ergeben, werden vom Gerichtshof entschieden.

Artikel 22 – Wahl der Richter

(1) Die Richter werden von der Parlamentarischen Versammlung für jeden Hohen Vertragschließenden Teil mit Stimmenmehrheit aus einer Liste von drei Kandidaten gewählt, die von dem Hohen Vertragschließenden Teil vorgeschlagen werden.

(2) Dasselbe Verfahren wird angewendet, um den Gerichtshof im Fall des Beitritts neuer Hoher Vertragschließender Teile zu ergänzen und um freigewordene Sitze zu besetzen.

[1]) BGBl. 1958/210 idF 1970/330, 1972/84, 1990/64.

[2]) BGBl. 1970/329.

*) *Eingearbeitet, aber aus Gründen der Textvollständigkeit belassen.*

Artikel 23 – Amtszeit

(1) Die Richter werden für sechs Jahre gewählt. Ihre Wiederwahl ist zulässig. Jedoch endet die Amtszeit der Hälfte der bei der ersten Wahl gewählten Richter nach drei Jahren.

(2) Die Richter, deren Amtszeit nach drei Jahren endet, werden unmittelbar nach ihrer Wahl vom Generalsekretär des Europarats durch das Los bestimmt.

(3) Um soweit wie möglich sicherzustellen, daß die Hälfte der Richter alle drei Jahre neu gewählt wird, kann die Parlamentarische Versammlung vor jeder späteren Wahl beschließen, daß die Amtszeit eines oder mehrerer der zu wählenden Richter nicht sechs Jahre betragen soll, wobei diese Amtszeit weder länger als neun noch kürzer als drei Jahre sein darf.

(4) Sind mehrere Ämter zu besetzen und wendet die Parlamentarische Versammlung Absatz 3 an, so wird die Zuteilung der Amtszeiten vom Generalsekretär des Europarats unmittelbar nach der Wahl durch das Los bestimmt.

(5) Ein Richter, der anstelle eines Richters gewählt wird, dessen Amtszeit noch nicht abgelaufen ist, übt sein Amt für die restliche Amtszeit seines Vorgängers aus.

(6) Die Amtszeit der Richter endet mit Vollendung des 70. Lebensjahrs.

(7) Die Richter bleiben bis zum Amtsantritt ihrer Nachfolger im Amt. Sie bleiben jedoch in den Rechtssachen tätig, mit denen sie bereits befaßt sind.

Artikel 24 – Entlassung

Ein Richter kann nur entlassen werden, wenn die anderen Richter mit Zweidrittelmehrheit entscheiden, daß er die erforderlichen Voraussetzungen nicht mehr erfüllt.

Artikel 25 – Kanzlei und wissenschaftliche Mitarbeiter

Der Gerichtshof hat eine Kanzlei, deren Aufgaben und Organisation in der Verfahrensordnung des Gerichtshofs festgelegt werden. Der Gerichtshof wird durch wissenschaftliche Mitarbeiter unterstützt.

Artikel 26 – Plenum des Gerichtshofs

Das Plenum des Gerichtshofs

a) wählt seinen Präsidenten und einen oder zwei Vizepräsidenten für drei Jahre; ihre Wiederwahl ist zulässig;
b) bildet Kammern für einen bestimmten Zeitraum;
c) wählt die Präsidenten der Kammern des Gerichtshofs; ihre Wiederwahl ist zulässig;
d) beschließt die Verfahrensordnung des Gerichtshofs und
e) wählt den Kanzler und einen oder mehrere stellvertretende Kanzler.

Artikel 27 – Ausschüsse, Kammern und Große Kammer

(1) Zur Prüfung der Rechtssachen, die bei ihm anhängig gemacht werden, tagt der Gerichtshof in Ausschüssen mit drei Richtern, in Kammern mit sieben Richtern und in einer Großen Kammer mit siebzehn Richtern. Die Kammern des Gerichtshofs bilden die Ausschüsse für einen bestimmten Zeitraum.

(2) Der Kammer und der Großen Kammer gehört von Amts wegen der für den als Partei beteiligten Staat gewählte Richter oder, wenn ein solcher nicht vorhanden ist oder er an den Sitzungen nicht teilnehmen kann, eine von diesem Staat benannte Person an, die in der Eigenschaft eines Richters an den Sitzungen teilnimmt.

(3) Der Großen Kammer gehören ferner der Präsident des Gerichtshofs, die Vizepräsidenten, die Präsidenten der Kammern und andere nach der Verfahrensordnung des Gerichtshofs ausgewählte Richter an. Wird eine Rechtssache nach Artikel 43 an die Große Kammer verwiesen, so dürfen Richter der Kammer, die das Urteil gefällt hat, der Großen Kammer nicht angehören; das gilt nicht für den Präsidenten der Kammer und den Richter, welcher in der Kammer für den als Partei beteiligten Staat mitgewirkt hat.

Artikel 28 – Unzulässigkeitserklärungen der Ausschüsse

Ein Ausschuß kann durch einstimmigen Beschluß eine nach Artikel 34 erhobene Individualbeschwerde für unzulässig erklären oder im Register streichen, wenn eine solche Entscheidung ohne weitere Prüfung getroffen werden kann. Die Entscheidung ist endgültig.

Artikel 29 – Entscheidungen der Kammern über die Zulässigkeit und Begründetheit

(1) Ergeht keine Entscheidung nach Artikel 28, so entscheidet eine Kammer über die

Zulässigkeit und Begründetheit der nach Artikel 34 erhobenen Individualbeschwerden.

(2) Eine Kammer entscheidet über die Zulässigkeit und Begründetheit der nach Artikel 33 erhobenen Staatenbeschwerden.

(3) Die Entscheidung über die Zulässigkeit ergeht gesondert, sofern nicht der Gerichtshof in Ausnahmefällen anders entscheidet.

Artikel 30 – Abgabe der Rechtssache an die Große Kammer

Wirft eine bei einer Kammer anhängige Rechtssache eine schwerwiegende Frage der Auslegung dieser Konvention oder der Protokolle dazu auf oder kann die Entscheidung einer ihr vorliegenden Frage zu einer Abweichung von einem früheren Urteil des Gerichtshofs führen, so kann die Kammer diese Sache jederzeit, bevor sie ihr Urteil gefällt hat, an die Große Kammer abgeben, sofern nicht eine Partei widerspricht.

Artikel 31 – Befugnisse der Großen Kammer

Die Große Kammer

a) entscheidet über nach Artikel 33 oder Artikel 34 erhobene Beschwerden, wenn eine Kammer die Rechtssache nach Artikel 30 an sie abgegeben hat oder wenn die Sache nach Artikel 43 an sie verwiesen worden ist, und

b) behandelt Anträge nach Artikel 47 auf Erstattung von Gutachten.

Artikel 32 – Zuständigkeit des Gerichtshofs

(1) Die Zuständigkeit des Gerichtshofs umfaßt alle die Auslegung und Anwendung dieser Konvention und der Protokolle dazu betreffenden Angelegenheiten, mit denen er nach den Artikeln 33, 34 und 47 befaßt wird.

(2) Besteht Streit über die Zuständigkeit des Gerichtshofs, so entscheidet der Gerichtshof.

Artikel 33 – Staatenbeschwerden

Jeder Hohe Vertragschließende Teil kann den Gerichtshof wegen jeder behaupteten Verletzung dieser Konvention und der Protokolle dazu durch einen anderen Hohen Vertragschließenden Teil anrufen.

Artikel 34 – Individualbeschwerden

Der Gerichtshof kann von jeder natürlichen Person, nichtstaatlichen Organisation oder Personengruppe, die behauptet, durch einen der Hohen Vertragschließenden Teile in einem der in dieser Konvention oder den Protokollen dazu anerkannten Rechte verletzt zu sein, mit einer Beschwerde befaßt werden. Die Hohen Vertragschließenden Teile verpflichten sich, die wirksame Ausübung dieses Rechts nicht zu behindern.

Artikel 35 – Zulässigkeitsvoraussetzungen

(1) Der Gerichtshof kann sich mit einer Angelegenheit erst nach Erschöpfung aller innerstaatlichen Rechtsbehelfe in Übereinstimmung mit den allgemein anerkannten Grundsätzen des Völkerrechts und nur innerhalb einer Frist von sechs Monaten nach der endgültigen innerstaatlichen Entscheidung befassen.

(2) Der Gerichtshof befaßt sich nicht mit einer nach Artikel 34 erhobenen Individualbeschwerde, die

a) anonym ist oder

b) im wesentlichen mit einer schon vorher vom Gerichtshof geprüften Beschwerde übereinstimmt oder schon einer anderen internationalen Untersuchungs- oder Vergleichsinstanz unterbreitet worden ist und keine neuen Tatsachen enthält.

(3) Der Gerichtshof erklärt eine nach Artikel 34 erhobene Individualbeschwerde für unzulässig, wenn er sie für unvereinbar mit dieser Konvention oder den Protokollen dazu, für offensichtlich unbegründet oder für einen Mißbrauch des Beschwerderechts hält.

(4) Der Gerichtshof weist eine Beschwerde zurück, die er nach diesem Artikel für unzulässig hält. Er kann dies in jedem Stadium des Verfahrens tun.

Artikel 36 – Beteiligung Dritter

(1) In allen bei einer Kammer oder der Großen Kammer anhängigen Rechtssachen ist der Hohe Vertragschließende Teil, dessen Staatsangehörigkeit der Beschwerdeführer besitzt, berechtigt, schriftliche Stellungnahmen abzugeben und an den mündlichen Verhandlungen teilzunehmen.

(2) Im Interesse der Rechtspflege kann der Präsident des Gerichtshofs jedem Hohen Vertragschließenden Teil, der in dem Verfahren nicht Partei ist, oder jeder betroffenen Person, die nicht Beschwerdeführer ist, Gelegenheit geben, schriftlich Stellung zu nehmen oder an den mündlichen Verhandlungen teilzunehmen.

Artikel 37 – Streichung von Beschwerden

(1) Der Gerichtshof kann jederzeit während des Verfahrens entscheiden, eine Beschwerde in seinem Register zu streichen, wenn die Umstände Grund zur Annahme geben, daß

a) der Beschwerdeführer seine Beschwerde nicht weiterzuverfolgen beabsichtigt,

b) die Streitigkeit einer Lösung zugeführt worden ist oder

c) eine weitere Prüfung der Beschwerde aus anderen vom Gerichtshof festgestellten Gründen nicht gerechtfertigt ist.

Der Gerichtshof setzt jedoch die Prüfung der Beschwerde fort, wenn die Achtung der Menschenrechte, wie sie in dieser Konvention und den Protokollen dazu anerkannt sind, dies erfordert.

(2) Der Gerichtshof kann die Wiedereintragung einer Beschwerde in sein Register anordnen, wenn er dies den Umständen nach für gerechtfertigt hält.

Artikel 38 – Prüfung der Rechtssache und gütliche Einigung

(1) Erklärt der Gerichtshof die Beschwerde für zulässig, so

a) setzt er mit den Vertretern der Parteien die Prüfung der Rechtssache fort und nimmt, falls erforderlich, Ermittlungen vor; die betreffenden Staaten haben alle zur wirksamen Durchführung der Ermittlungen erforderlichen Erleichterungen zu gewähren;

b) hält er sich zur Verfügung der Parteien mit dem Ziel, eine gütliche Einigung auf der Grundlage der Achtung der Menschenrechte, wie sie in dieser Konvention und den Protokollen dazu anerkannt sind, zu erreichen.

(2) Das Verfahren nach Absatz 1 Buchstabe b ist vertraulich.

Artikel 39 – Gütliche Einigung

Im Fall einer gütlichen Einigung streicht der Gerichtshof durch eine Entscheidung, die sich auf eine kurze Angabe des Sachverhalts und der erzielten Lösung beschränkt, die Rechtssache in seinem Register.

Artikel 40 – Öffentliche Verhandlung und Akteneinsicht

(1) Die Verhandlung ist öffentlich, soweit nicht der Gerichtshof auf Grund besonderer Umstände anders entscheidet.

(2) Die beim Kanzler verwahrten Schriftstücke sind der Öffentlichkeit zugänglich, soweit nicht der Präsident des Gerichtshofs anders entscheidet.

Artikel 41 – Gerechte Entschädigung

Stellt der Gerichtshof fest, daß diese Konvention oder die Protokolle dazu verletzt worden sind, und gestattet das innerstaatliche Recht des beteiligten Hohen Vertragschließenden Teiles nur eine unvollkommene Wiedergutmachung für die Folgen dieser Verletzung, so spricht der Gerichtshof der verletzten Partei eine gerechte Entschädigung zu, wenn dies notwendig ist.

Artikel 42 – Urteile der Kammern

Urteile der Kammern werden nach Maßgabe des Artikels 44 Absatz 2 endgültig.

Artikel 43 – Verweisung an die Große Kammer

(1) Innerhalb von drei Monaten nach dem Datum des Urteils der Kammer kann jede Partei in Ausnahmefällen die Verweisung der Rechtssache an die Große Kammer beantragen.

(2) Ein Ausschuß von fünf Richtern der Großen Kammer nimmt den Antrag an, wenn die Rechtssache eine schwerwiegende Frage der Auslegung oder Anwendung dieser Konvention oder der Protokolle dazu oder eine schwerwiegende Frage von allgemeiner Bedeutung aufwirft.

(3) Nimmt der Ausschuß den Antrag an, so entscheidet die Große Kammer die Sache durch Urteil.

Artikel 44 – Endgültige Urteile

(1) Das Urteil der Großen Kammer ist endgültig.

(2) Das Urteil einer Kammer wird endgültig,

a) wenn die Parteien erklären, daß sie die Verweisung der Rechtssache an die Große Kammer nicht beantragen werden,

b) drei Monate nach dem Datum des Urteils, wenn nicht die Verweisung der Rechtssache an die Große Kammer beantragt worden ist, oder

c) wenn der Ausschuß der Großen Kammer den Antrag auf Verweisung nach Artikel 43 abgelehnt hat.

(3) Das endgültige Urteil wird veröffentlicht.

Artikel 45 – Begründung der Urteile und Entscheidungen

(1) Urteile sowie Entscheidungen, mit denen Beschwerden für zulässig oder für unzulässig erklärt werden, werden begründet.

(2) Bringt ein Urteil ganz oder teilweise nicht die übereinstimmende Meinung der Richter zum Ausdruck, so ist jeder Richter berechtigt, seine abweichende Meinung darzulegen.

Artikel 46 – Verbindlichkeit und Durchführung der Urteile

(1) Die Hohen Vertragschließenden Teile verpflichten sich, in allen Rechtssachen, in denen sie Partei sind, das endgültige Urteil des Gerichtshofs zu befolgen.

(2) Das endgültige Urteil des Gerichtshofs ist dem Ministerkomitee zuzuleiten; dieses überwacht seine Durchführung.

Artikel 47 – Gutachten

(1) Der Gerichtshof kann auf Antrag des Ministerkomitees Gutachten über Rechtsfragen erstatten, welche die Auslegung dieser Konvention und der Protokolle dazu betreffen.

(2) Diese Gutachten dürfen keine Fragen zum Gegenstand haben, die sich auf den Inhalt oder das Ausmaß der in Abschnitt I dieser Konvention und in den Protokollen dazu anerkannten Rechte und Freiheiten beziehen, noch andere Fragen, über die der Gerichtshof oder das Ministerkomitee auf Grund eines nach dieser Konvention eingeleiteten Verfahrens zu entscheiden haben könnte.

(3) Der Beschluß des Ministerkomitees, ein Gutachten beim Gerichtshof zu beantragen, bedarf der Stimmenmehrheit der zur Teilnahme an den Sitzungen des Komitees berechtigten Mitglieder.

Artikel 48 – Gutachterliche Zuständigkeit des Gerichtshofs

Der Gerichtshof entscheidet, ob ein vom Ministerkomitee gestellter Antrag auf Erstattung eines Gutachtens in seine Zuständigkeit nach Artikel 47 fällt.

Artikel 49 – Begründung der Gutachten

(1) Die Gutachten des Gerichtshofs werden begründet.

(2) Bringt das Gutachten ganz oder teilweise nicht die übereinstimmende Meinung der Richter zum Ausdruck, so ist jeder Richter berechtigt, seine abweichende Meinung darzulegen.

(3) Die Gutachten des Gerichtshofs werden dem Ministerkomitee übermittelt.

Artikel 50 – Kosten des Gerichtshofs

Die Kosten des Gerichtshofs werden vom Europarat getragen.

Artikel 51 – Privilegien und Immunitäten der Richter

(1) Die Richter genießen bei der Ausübung ihres Amtes die Vorrechte und Immunitäten, die in Artikel 40 der Satzung des Europarats und den auf Grund jenes Artikels geschlossenen Übereinkünften vorgesehen sind.“

Artikel 2*)

(1) Abschnitt V der Konvention wird Abschnitt III der Konvention; Artikel 57 der Konvention wird Artikel 52 der Konvention; die Artikel 58 und 59 der Konvention werden gestrichen, und die Artikel 60 bis 66 der Konvention werden Artikel 53 bis 59 der Konvention.

(2) Abschnitt I der Konvention erhält die Überschrift „Rechte und Freiheiten“, und der neue Abschnitt III der Konvention erhält die Überschrift „Verschiedene Bestimmungen“. Die Artikel 1 bis 18 und die neuen Artikel 52 bis 59 der Konvention erhalten die im Anhang zu diesem Protokoll aufgeführten Überschriften.

(3) Im neuen Artikel 56 werden in Absatz 1 nach dem Wort „Konvention“ die Worte „vorbehaltlich des Absatzes 4“ eingefügt; in Absatz 4 werden die Worte „der Kommission für die Behandlung der Gesuche“ und „gemäß Artikel 25 dieser Konvention“ jeweils durch die Worte „des Gerichtshofs für die Entgegennahme von Beschwerden“ und „gemäß Artikel 34“ ersetzt. Im neuen Artikel 58 Absatz 4 werden die Worte „nach Artikel 63“ durch die Worte „nach Artikel 56“ ersetzt.

(4) Das Zusatzprotokoll[3]) zur Konvention wird wie folgt geändert:

---

*) *Eingearbeitet, aber aus Gründen der Textvollständigkeit belassen.*

[3]) BGBl. 1958/210.

a) Die Artikel erhalten die im Anhang zu diesem Protokoll aufgeführten Überschriften, und

b) in Artikel 4 Absatz 3 werden die Worte „gemäß Artikel 63“ durch die Worte „gemäß Artikel 56“ ersetzt.

(5) Protokoll Nr. 4[4]) wird wie folgt geändert:

a) Die Artikel erhalten die im Anhang zu diesem Protokoll aufgeführten Überschriften;

b) in Artikel 5 Absatz 3 werden die Worte „des Artikels 63“ durch die Worte „des Artikels 56“ ersetzt; es wird folgender neuer Absatz 5 angefügt:

„Jeder Staat, der eine Erklärung nach Absatz 1 oder 2 abgegeben hat, kann jederzeit danach für eines oder mehrere der in der Erklärung bezeichneten Hoheitsgebiete erklären, daß er die Zuständigkeit des Gerichtshofs, Beschwerden von natürlichen Personen, nichtstaatlichen Organisationen oder Personengruppen nach Artikel 34 der Konvention entgegenzunehmen, für die Artikel 1 bis 4 dieses Protokolls insgesamt oder für einzelne dieser Artikel annimmt.“;

c) Artikel 6 Absatz 2 wird gestrichen.

(6) Protokoll Nr. 6[5]) wird wie folgt geändert:

a) Die Artikel erhalten die im Anhang zu diesem Protokoll aufgeführten Überschriften, und

b) in Artikel 4 werden die Worte „nach Artikel 64“ durch die Worte „nach Artikel 57“ ersetzt.

(7) Protokoll Nr. 7[6]) wird wie folgt geändert:

a) Die Artikel erhalten die im Anhang zu diesem Protokoll aufgeführten Überschriften;

b) in Artikel 6 Absatz 4 werden die Worte „des Artikels 63“ durch die Worte „des Artikels 56“ ersetzt; es wird folgender neuer Absatz 6 angefügt:

„Jeder Staat, der eine Erklärung nach Absatz 1 oder 2 abgegeben hat, kann jederzeit danach für eines oder mehrere der in der Erklärung bezeichneten Hoheitsgebiete erklären, daß er die Zuständigkeit des Gerichtshofs, Beschwerden von natürlichen Personen, nichtstaatlichen Organisationen oder Personengruppen nach Artikel 34 der Konvention entgegenzunehmen, für die Artikel 1 bis 5 dieses Protokolls annimmt.“;

c) Artikel 7 Absatz 2 wird gestrichen.

(8) Protokoll Nr. 9[7]) wird aufgehoben.

Artikel 3

(1) Dieses Protokoll liegt für die Mitgliedstaaten des Europarats, welche die Konvention unterzeichnet haben, zur Unterzeichnung auf; sie können ihre Zustimmung, gebunden zu sein, ausdrücken,

a) indem sie es ohne Vorbehalt der Ratifikation, Annahme oder Genehmigung unterzeichnen oder

b) indem sie es vorbehaltlich der Ratifikation, Annahme oder Genehmigung unterzeichnen und später ratifizieren, annehmen oder genehmigen.

(2) Die Ratifikations-, Annahme- oder Genehmigungsurkunden werden beim Generalsekretär des Europarats hinterlegt.

Artikel 4

Dieses Protokoll tritt am ersten Tag des Monats in Kraft, der auf einen Zeitabschnitt von einem Jahr nach dem Tag folgt, an dem alle Vertragsparteien der Konvention nach Artikel 3 ihre Zustimmung ausgedrückt haben, durch das Protokoll gebunden zu sein. Von dem Tag an, an dem alle Vertragsparteien der Konvention ihre Zustimmung ausgedrückt haben, durch das Protokoll gebunden zu sein, können nach Maßgabe des Protokolls die neuen Richter gewählt und alle weiteren zur Errichtung des neuen Gerichtshofs erforderlichen Maßnahmen getroffen werden.

Artikel 5

(1) Unbeschadet der Absätze 3 und 4 endet die Amtszeit der Richter, der Kommissionsmitglieder, des Kanzlers und des stellvertretenden Kanzlers am Tag des Inkrafttretens dieses Protokolls.

(2) Bei der Kommission anhängige Beschwerden, die bis zum Tag des Inkrafttretens dieses Protokolls noch nicht für zulässig erklärt worden sind, werden vom Gerichtshof nach Maßgabe dieses Protokolls geprüft.

(3) Beschwerden, die bis zum Tag des Inkrafttretens dieses Protokolls für zulässig erklärt worden sind, werden innerhalb eines Jahres von den Mitgliedern der Kommission

---

[4]) BGBl. 1969/434.

[5]) BGBl. 1985/138.

[6]) BGBl. 1988/628.

[7]) BGBl. 1994/593.

weiter bearbeitet. Beschwerden, deren Prüfung von der Kommission innerhalb des genannten Zeitraums nicht abgeschlossen worden ist, werden dem Gerichtshof zugeleitet; dieser prüft sie nach Maßgabe dieses Protokolls als zulässige Beschwerden.

(4) Bei Beschwerden, zu denen die Kommission nach Inkrafttreten dieses Protokolls nach dem bisherigen Artikel 31 der Konvention einen Bericht angenommen hat, wird der Bericht den Parteien übermittelt, die nicht das Recht haben, ihn zu veröffentlichen. Die Rechtssache kann nach den vor Inkrafttreten dieses Protokolls geltenden Bestimmungen dem Gerichtshof vorgelegt werden. Der Ausschuß der Großen Kammer bestimmt, ob eine der Kammern oder die Große Kammer die Sache entscheidet. Wird die Sache von einer Kammer entschieden, so ist ihre Entscheidung endgültig. Sachen, die nicht dem Gerichtshof vorgelegt werden, behandelt das Ministerkomitee nach dem bisherigen Artikel 32 der Konvention.

(5) Beim Gerichtshof anhängige Rechtssachen, die bis zum Tag des Inkrafttretens dieses Protokolls noch nicht entschieden sind, werden der Großen Kammer des Gerichtshofs vorgelegt; diese prüft sie nach Maßgabe dieses Protokolls.

(6) Beim Ministerkomitee anhängige Rechtssachen, die bis zum Tag des Inkrafttretens dieses Protokolls noch nicht nach dem bisherigen Artikel 32 der Konvention entschieden sind, werden vom Ministerkomitee nach jenem Artikel abgeschlossen.

Artikel 6

Hat ein Hoher Vertragschließender Teil eine Erklärung abgegeben, mit der er nach den bisherigen Artikeln 25 oder 46 der Konvention die Zuständigkeit der Kommission oder die Gerichtsbarkeit des Gerichtshofs nur für Angelegenheiten anerkennt, die sich nach dieser Erklärung ergeben oder auf Sachverhalten beruhen, die nach dieser Erklärung eintreten, so bleibt diese Beschränkung für die Gerichtsbarkeit des Gerichtshofs nach diesem Protokoll gültig.

Artikel 7

Der Generalsekretär des Europarats notifiziert den Mitgliedstaaten des Rates

a) jede Unterzeichnung;

b) jede Hinterlegung einer Ratifikations-, Annahme- oder Genehmigungsurkunde;

c) den Zeitpunkt des Inkrafttretens dieses Protokolls oder einzelner seiner Bestimmungen nach Artikel 4;

d) jede andere Handlung, Notifikation oder Mitteilung im Zusammenhang mit diesem Protokoll.

Zu Urkund dessen haben die hierzu gehörig befugten Unterzeichneten dieses Protokoll unterschrieben.

Geschehen zu Straßburg am 11. Mai 1994 in englischer und französischer Sprache, wobei jeder Wortlaut gleichermaßen verbindlich ist, in einer Urschrift, die im Archiv des Europarats hinterlegt wird. Der Generalsekretär des Europarats übermittelt allen Mitgliedstaaten des Europarats beglaubigte Abschriften.

Anhang

ARTIKELÜBERSCHRIFTEN, DIE IN DIE KONVENTION ZUM SCHUTZE DER MENSCHENRECHTE UND GRUNDFREIHEITEN UND DIE PROTOKOLLE *) DAZU EINZUFÜGEN SIND

Artikel 1 – Verpflichtung zur Achtung der Menschenrechte

Artikel 2 – Recht auf Leben

Artikel 3 – Verbot der Folter

Artikel 4 – Verbot der Sklaverei und der Zwangsarbeit

Artikel 5 – Recht auf Freiheit und Sicherheit

Artikel 6 – Recht auf ein faires Verfahren

Artikel 7 – Keine Strafe ohne Gesetz

Artikel 8 – Recht auf Achtung des Privat- und Familienlebens

Artikel 9 – Gedanken-, Gewissens- und Religionsfreiheit

Artikel 10 – Freiheit der Meinungsäußerung

Artikel 11 – Versammlungs- und Vereinigungsfreiheit

Artikel 12 – Recht auf Eheschließung

Artikel 13 – Recht auf wirksame Beschwerde

Artikel 14 – Verbot der Benachteiligung

Artikel 15 – Außerkraftsetzen im Notstandsfall

Artikel 16 – Beschränkungen der politischen Tätigkeit von Ausländern

---

*) *Die Überschriften der neuen Artikel 19 bis 51 der Konvention sind in diesem Protokoll bereits enthalten.*

Artikel 17 – Verbot des Mißbrauchs der Rechte
Artikel 18 – Begrenzung der Rechtseinschränkungen
[. . .]
Artikel 52 – Anfragen des Generalsekretärs
Artikel 53 – Wahrung anerkannter Menschenrechte
Artikel 54 – Befugnisse des Ministerkomitees
Artikel 55 – Ausschluß anderer Verfahren zur Streitbeilegung
Artikel 56 – Räumlicher Geltungsbereich
Artikel 57 – Vorbehalte
Artikel 58 – Kündigung
Artikel 59 – Unterzeichnung und Ratifikation

Zusatzprotokoll

Artikel 1 – Schutz des Eigentums
Artikel 2 – Recht auf Bildung
Artikel 3 – Recht auf freie Wahlen
Artikel 4 – Räumlicher Geltungsbereich
Artikel 5 – Verhältnis zur Konvention
Artikel 6 – Unterzeichnung und Ratifikation

Protokoll Nr. 4

Artikel 1 – Verbot der Freiheitsentziehung wegen Schulden
Artikel 2 – Freizügigkeit
Artikel 3 – Verbot der Ausweisung eigener Staatsangehöriger
Artikel 4 – Verbot der Kollektivausweisung von Ausländern
Artikel 5 – Räumlicher Geltungsbereich
Artikel 6 – Verhältnis zur Konvention
Artikel 7 – Unterzeichnung und Ratifikation

Protokoll Nr. 6

Artikel 1 – Abschaffung der Todesstrafe
Artikel 2 – Todesstrafe in Kriegszeiten
Artikel 3 – Verbot des Außerkraftsetzens
Artikel 4 – Verbot von Vorbehalten
Artikel 5 – Räumlicher Geltungsbereich
Artikel 6 – Verhältnis zur Konvention
Artikel 7 – Unterzeichnung und Ratifikation
Artikel 8 – Inkrafttreten
Artikel 9 – Aufgaben des Verwahrers

Protokoll Nr. 7

Artikel 1 – Verfahrensrechtliche Schutzvorschriften in bezug auf die Ausweisung von Ausländern
Artikel 2 – Rechtsmittel in Strafsachen
Artikel 3 – Recht auf Entschädigung bei Fehlurteilen
Artikel 4 – Recht, wegen derselben Sache nicht zweimal vor Gericht gestellt oder bestraft zu werden
Artikel 5 – Gleichberechtigung der Ehegatten
Artikel 6 – Räumlicher Geltungsbereich
Artikel 7 – Verhältnis zur Konvention
Artikel 8 – Unterzeichnung und Ratifikation
Artikel 9 – Inkrafttreten
Artikel 10 – Aufgaben des Verwahrers

Die vom Bundespräsidenten unterzeichnete und vom Bundeskanzler gegengezeichnete Ratifikationsurkunde wurde am 3. August 1995 beim Generalsekretär des Europarats hinterlegt; das Protokoll tritt gemäß seinem Art. 7 mit 1. November 1998 in Kraft.

Nach Mitteilungen des Generalsekretärs haben folgende weitere Staaten das Protokoll ratifiziert bzw. angenommen:

Albanien, Andorra, Belgien, Bulgarien, Dänemark, Deutschland, Estland, Finnland, Frankreich, Griechenland, Irland, Island, Italien, Kroatien, Lettland, Liechtenstein, Litauen, Luxemburg, Malta, die ehemalige jugoslawische Republik Mazedonien, Moldova, Niederlande (einschließlich Niederländische Antillen und Aruba), Norwegen, Polen, Portugal, Rumänien, San Marino, Schweden, Schweiz, Slowakei, Slowenien, Spanien, Tschechische Republik, Türkei, Ukraine, Ungarn, Vereinigtes Königreich (einschließlich Guernsey, Insel Man und Jersey), Zypern.

17/7.

Protokoll Nr. 13 zur Konvention zum Schutz der Menschenrechte und Grundfreiheiten über die vollständige Abschaffung der Todesstrafe

(BGBl. III Nr. 22/2005)

(Übersetzung)

Die Mitgliedstaaten des Europarats, die dieses Protokoll unterzeichnen,

in der Überzeugung, dass in einer demokratischen Gesellschaft das Recht jedes Menschen auf Leben einen Grundwert darstellt und die Abschaffung der Todesstrafe für den Schutz dieses Rechts und für die volle Anerkennung der allen Menschen innewohnenden Würde von wesentlicher Bedeutung ist;

in dem Wunsch, den Schutz des Rechts auf Leben, der durch die am 4. November 1950 in Rom unterzeichnete Konvention zum Schutz der Menschenrechte und Grundfreiheiten (im Folgenden als „Konvention" bezeichnet) gewährleistet wird, zu stärken;

in Anbetracht dessen, dass das Protokoll Nr. 6 zur Konvention über die Abschaffung der Todesstrafe, das am 28. April 1983 in Straßburg unterzeichnet wurde, die Todesstrafe nicht für Taten ausschließt, die in Kriegszeiten oder bei unmittelbarer Kriegsgefahr begangen werden;

entschlossen, den letzten Schritt zu tun, um die Todesstrafe vollständig abzuschaffen,

haben Folgendes vereinbart:

Artikel 1
Abschaffung der Todesstrafe

Die Todesstrafe ist abgeschafft. Niemand darf zu dieser Strafe verurteilt oder hingerichtet werden.

Artikel 2
Verbot des Abweichens

Von diesem Protokoll darf nicht nach Artikel 15 der Konvention abgewichen werden.

Artikel 3
Verbot von Vorbehalten

Vorbehalte nach Artikel 57 der Konvention zu diesem Protokoll sind nicht zulässig.

Artikel 4
Räumlicher Geltungsbereich

(1) Jeder Staat kann bei der Unterzeichnung oder bei der Hinterlegung der Ratifikation-, Annahme- oder Genehmigungsurkunde einzelne oder mehrere Hoheitsgebiete bezeichnen, auf die dieses Protokoll Anwendung findet.

(2) Jeder Staat kann jederzeit danach durch eine an den Generalsekretär des Europarats gerichtete Erklärung die Anwendung dieses Protokolls auf jedes weitere in der Erklärung bezeichnete Hoheitsgebiet erstrecken. Das Protokoll tritt für dieses Hoheitsgebiet am ersten Tag des Monats in Kraft, der auf einen Zeitabschnitt von drei Monaten nach Eingang der Erklärung beim Generalsekretär folgt.

(3) Jede nach den Absätzen 1 und 2 abgegebene Erklärung kann in Bezug auf jedes darin bezeichnete Hoheitsgebiet durch eine an den Generalsekretär gerichtete Notifikation zurückgenommen oder geändert werden. Die Rücknahme oder Änderung wird am ersten Tag des Monats wirksam, der auf einen Zeitabschnitt von drei Monaten nach Eingang der Notifikation beim Generalsekretär folgt.

Artikel 5
Verhältnis zur Konvention

Die Vertragsstaaten betrachten die Artikel 1 bis 4 dieses Protokolls als Zusatzartikel zur Konvention; alle Bestimmungen der Konvention sind dementsprechend anzuwenden.

Artikel 6
Unterzeichnung und Ratifikation

Dieses Protokoll liegt für die Mitgliedstaaten des Europarates, welche die Konvention unterzeichnet haben, zur Unterzeichnung auf. Es bedarf der Ratifikation, Annahme oder Genehmigung. Ein Mitgliedstaat des Europarats kann dieses Protokoll nur ratifizieren, annehmen oder genehmigten, wenn er die Konvention gleichzeitig ratifiziert oder bereits zu einem früheren Zeitpunkt ratifiziert hat. Die Ratifikations-, Annahme- oder Genehmigungsurkunden werden beim Generalsekretär des Europarats hinterlegt.

Artikel 7
Inkrafttreten

(1) Dieses Protokoll tritt am ersten Tag des Monats in Kraft, der auf einen Zeitabschnitt von drei Monaten nach dem Tag folgt, an dem zehn Mitgliedstaaten des Europarats nach Artikel 6 ihre Zustimmung ausgedrückt haben, durch das Protokoll gebunden zu sein.

(2) Für jeden Mitgliedstaat, der später seine Zustimmung ausdrückt, durch dieses Protokoll gebunden zu sein, tritt es am ersten Tag des Monats in Kraft, der auf einen Zeitabschnitt von drei

Monaten nach der Hinterlegung der Ratifikations-, Annahme- oder Genehmigungsurkunde folgt.

Artikel 8
Aufgaben des Verwahrers

Der Generalsekretär des Europarats notifiziert allen Mitgliedstaaten des Europarats

a) jede Unterzeichnung;

b) jede Hinterlegung einer Ratifikations-, Annahme- oder Genehmigungsurkunde;

c) jeden Zeitpunkt des Inkrafttretens dieses Protokolls nach Artikel 4 und 7;

d) jede andere Handlung, Notifikation oder Mitteilung im Zusammenhang mit diesem Protokoll.

Zu Urkund dessen haben die hierzu gehörig befugten Unterzeichneten dieses Protokoll unterschrieben.

Geschehen zu Wilna am 3. Mai 2002 in englischer und französischer Sprache, wobei jeder Wortlaut gleichermaßen authentisch ist, in einer Urschrift, die im Archiv des Europarats hinterlegt wird. Der Generalsekretär des Europarats übermittelt allen Mitgliedstaaten des Europarats beglaubigte Abschriften.

17/8.
Protokoll Nr. 14 zur Konvention zum Schutze der Menschenrechte und Grundfreiheiten über die Änderung des Kontrollsystems der Konvention

(BGBl III Nr. 47/2010)

(Übersetzung)

Präambel

Die Mitgliedstaaten des Europarats, die dieses Protokoll zu der am 4. November 1950 in Rom unterzeichneten Konvention zum Schutze der Menschenrechte und Grundfreiheiten (im Folgenden als «Konvention» bezeichnet) unterzeichnen –

im Hinblick auf die Entschließung Nr. 1 und die Erklärung, die auf der in Rom am 3. und 4. November 2000 abgehaltenen Europäischen Ministerkonferenz über Menschenrechte angenommen wurden;

im Hinblick auf die Erklärungen, welche das Ministerkomitee am 8. November 2001, 7. November 2002 und 15. Mai 2003 auf seiner 109., 111. und 112. Tagung angenommen hat;

im Hinblick auf die Stellungnahme Nr. 251 (2004) der Parlamentarischen Versammlung des Europarats vom 28. April 2004;

in der Erwägung, dass es dringend erforderlich ist, einzelne Bestimmungen der Konvention zu ergänzen, um insbesondere in Anbetracht der stetigen Zunahme der Arbeitslast des Europäischen Gerichtshofs für Menschenrechte und des Ministerkomitees des Europarats die langfristige Wirksamkeit des Kontrollsystems zu wahren und zu verbessern;

insbesondere in der Erwägung, dass es notwendig ist zu gewährleisten, dass der Gerichtshof weiterhin seine herausragende Rolle beim Schutz der Menschenrechte in Europa spielen kann –

haben folgendes vereinbart:

Artikel 1

Artikel 22 Absatz 2 der Konvention wird aufgehoben.

Artikel 2

Artikel 23 der Konvention erhält folgende Fassung:

«Artikel 23 – Amtszeit und Entlassung

(1) Die Richter werden für neun Jahre gewählt. Ihre Wiederwahl ist nicht zulässig.

(2) Die Amtszeit der Richter endet mit Vollendung des 70. Lebensjahrs.

(3) Die Richter bleiben bis zum Amtsantritt ihrer Nachfolger im Amt. Sie bleiben jedoch in den Rechtssachen tätig, mit denen sie bereits befasst sind.

(4) Ein Richter kann nur entlassen werden, wenn die anderen Richter mit Zweidrittelmehrheit entscheiden, dass er die erforderlichen Voraussetzungen nicht mehr erfüllt. »

Artikel 3

Artikel 24 der Konvention wird aufgehoben.

Artikel 4

Artikel 25 der Konvention wird Artikel 24 und erhält folgende Fassung:

«Artikel 24 – Kanzlei und Berichterstatter

(1) Der Gerichtshof hat eine Kanzlei, deren Aufgaben und Organisation in der Verfahrensordnung des Gerichtshofs festgelegt werden.

(2) Wenn der Gerichtshof in Einzelrichterbesetzung tagt, wird er von Berichterstattern unterstützt, die ihre Aufgaben unter der Aufsicht des Präsidenten des Gerichtshofs ausüben. Sie gehören der Kanzlei des Gerichtshofs an.»

Artikel 5

Artikel 26 der Konvention wird Artikel 25 ("Plenum") und sein Wortlaut wird wie folgt geändert:

1. Am Ende des Buchstabens d wird das Wort „und“ durch ein Semikolon ersetzt.
2. Am Ende des Buchstabens e wird der Punkt durch ein Semikolon ersetzt.
3. Es wird folgender neuer Buchstabe f angefügt:
«f) stellt Anträge nach Artikel 26 Absatz 2.»

Artikel 6

Artikel 27 der Konvention wird Artikel 26 und erhält folgende Fassung:

«Artikel 26 – Einzelrichterbesetzung, Ausschüsse, Kammern und Grosse Kammer

(1) Zur Prüfung der Rechtssachen, die bei ihm anhängig gemacht werden, tagt der Gerichtshof in Einzelrichterbesetzung, in Ausschüssen mit drei Richtern, in Kammern mit sieben Richtern und in einer Grossen Kammer mit siebzehn Richtern. Die Kammern des Gerichtshofs bilden die Ausschüsse für einen bestimmten Zeitraum.

(2) Auf Antrag des Plenums des Gerichtshofs kann die Anzahl Richter je Kammer für einen bestimmten Zeitraum durch einstimmigen Beschluss des Ministerkomitees auf fünf herabgesetzt werden.

(3) Ein Richter, der als Einzelrichter tagt, prüft keine Beschwerde gegen die Hohe Vertragspartei, für die er gewählt worden ist.

(4) Der Kammer und der Grossen Kammer gehört von Amts wegen der für eine als Partei beteiligte Hohe Vertragspartei gewählte Richter an. Wenn ein solcher nicht vorhanden ist oder er an den Sitzungen nicht teilnehmen kann, nimmt eine Person in der Eigenschaft eines Richters an den Sitzungen teil, die der Präsident des Gerichtshofs aus einer Liste auswählt, welche ihm die betreffende Vertragspartei vorab unterbreitet hat.

(5) Der Grossen Kammer gehören ferner der Präsident des Gerichtshofs, die Vizepräsidenten, die Präsidenten der Kammern und andere nach der Verfahrensordnung des Gerichtshofs ausgewählte Richter an. Wird eine Rechtssache nach Artikel 43 an die Grosse Kammer verwiesen, so dürfen Richter der Kammer, die das Urteil gefällt hat, der Grossen Kammer nicht angehören; das gilt nicht für den Präsidenten der Kammer und den Richter, welcher in der Kammer für die als Partei beteiligte Hohe Vertragspartei mitgewirkt hat. »

Artikel 7

Nach dem neuen Artikel 26 wird folgender neuer Artikel 27 in die Konvention eingefügt:

«Artikel 27 –Befugnisse des Einzelrichters

(1) Ein Einzelrichter kann eine nach Artikel 34 erhobene Beschwerde für unzulässig erklären oder im Register streichen, wenn eine solche Entscheidung ohne weitere Prüfung getroffen werden kann.

(2) Die Entscheidung ist endgültig.

(3) Erklärt der Einzelrichter eine Beschwerde nicht für unzulässig und streicht er sie auch nicht im Register des Gerichtshofs, so übermittelt er sie zur weiteren Prüfung an einen Ausschuss oder eine Kammer.»

Artikel 8

Artikel 28 der Konvention erhält folgende Fassung:

«Artikel 28 – Befugnisse der Ausschüsse

(1) Ein Ausschuss, der mit einer nach Artikel 34 erhobenen Beschwerde befasst wird, kann diese durch einstimmigen Beschluss

a) für unzulässig erklären oder im Register streichen, wenn eine solche Entscheidung ohne weitere Prüfung getroffen werden kann, oder

b) für zulässig erklären und zugleich ein Urteil über die Begründetheit fällen, sofern die der Rechtssache zugrunde liegende Frage der Auslegung oder Anwendung dieser Konvention oder der Protokolle dazu Gegenstand einer gefestigten Rechtsprechung des Gerichtshofs ist.

(2) Die Entscheidungen und Urteile nach Absatz 1 sind endgültig.

(3) Ist der für die als Partei beteiligte Hohe Vertragspartei gewählte Richter nicht Mitglied des Ausschusses, so kann er von Letzterem jederzeit während des Verfahrens eingeladen werden, den Sitz eines Mitglieds im Ausschuss einzunehmen; der Ausschuss hat dabei alle erheblichen Umstände einschliesslich der Frage, ob diese Vertragspartei der Anwendung des Verfahrens nach Absatz 1 Buchstabe b entgegengetreten ist, zu berücksichtigen.»

Artikel 9

Artikel 29 der Konvention wird wie folgt geändert:

1. Absatz 1 erhält folgende Fassung: «Ergeht weder eine Entscheidung nach Artikel 27 oder 28 noch ein Urteil nach Artikel 28, so entscheidet eine Kammer über die Zulässigkeit und Begründetheit der nach Artikel 34 erhobenen Beschwerden. Die Entscheidung über die Zulässigkeit kann gesondert ergehen.»
2. Am Ende des Absatzes 2 wird folgender neuer Satz angefügt: «Die Entscheidung über die Zulässigkeit ergeht gesondert, sofern der Gerichtshof in Ausnahmefällen nicht anders entscheidet.»
3. Absatz 3 wird aufgehoben.

Artikel 10

Artikel 31 der Konvention wird wie folgt geändert:

1. Am Ende des Buchstabens a wird das Wort „und" gestrichen.
2. Buchstabe b wird Buchstabe c, und folgender neuer Buchstabe b wird eingefügt:

«b) entscheidet über Fragen, mit denen der Gerichtshof durch das Ministerkomitee nach Artikel 46 Absatz 4 befasst wird, und».

Artikel 11

Artikel 32 der Konvention wird wie folgt geändert:

Am Ende des Absatzes 1 werden nach der Zahl 34 ein Komma und die Zahl 46 eingefügt.

Artikel 12

Artikel 35 Absatz 3 der Konvention erhält folgende Fassung:

«(3) Der Gerichtshof erklärt eine nach Artikel 34 erhobene Individualbeschwerde für unzulässig,

a) wenn er sie für unvereinbar mit dieser Konvention oder den Protokollen dazu, für offensichtlich unbegründet oder für missbräuchlich hält oder

b) wenn er der Ansicht ist, dass dem Beschwerdeführer kein erheblicher Nachteil entstanden ist, es sei denn, die Achtung der Menschenrechte, wie sie in dieser Konvention und den Protokollen dazu anerkannt sind, erfordert eine Prüfung der Begründetheit der Beschwerde, und vorausgesetzt, es wird aus diesem Grund nicht eine Rechtssache zurückgewiesen, die noch von keinem innerstaatlichen Gericht gebührend geprüft worden ist.»

Artikel 13

Am Ende des Artikels 36 wird folgender neuer Absatz 3 angefügt:

«(3) In allen bei einer Kammer oder der Grossen Kammer anhängigen Rechtssachen kann der Kommissar für Menschenrechte des Europarats schriftliche Stellungnahmen abgeben und an den mündlichen Verhandlungen teilnehmen.»

Artikel 14

Artikel 38 der Konvention erhält folgende Fassung:

«Artikel 38 – Prüfung der Rechtssache

Der Gerichtshof prüft die Rechtssache mit den Vertretern der Parteien und nimmt, falls erforderlich, Ermittlungen vor; die betreffenden Hohen Vertragsparteien haben alle zur wirksamen Durchführung der Ermittlungen erforderlichen Erleichterungen zu gewähren.»

Artikel 15

Artikel 39 der Konvention erhält folgende Fassung:

«Artikel 39 – Gütliche Einigung

(1) Der Gerichtshof kann sich jederzeit während des Verfahrens zur Verfügung der Parteien halten mit dem Ziel, eine gütliche Einigung auf der Grundlage der Achtung der Menschenrechte, wie sie in dieser Konvention und den Protokollen dazu anerkannt sind, zu erreichen.

(2) Das Verfahren nach Absatz 1 ist vertraulich.

(3) Im Fall einer gütlichen Einigung streicht der Gerichtshof durch eine Entscheidung, die sich auf eine kurze Angabe des Sachverhalts und der erzielten Lösung beschränkt, die Rechtssache in seinem Register.

(4) Diese Entscheidung ist dem Ministerkomitee zuzuleiten; dieses überwacht die Durchführung der gütlichen Einigung, wie sie in der Entscheidung festgehalten wird.»

Artikel 16

Artikel 46 der Konvention erhält folgende Fassung:

«Artikel 46 – Verbindlichkeit und Durchführung der Urteile

(1) Die Hohen Vertragsparteien verpflichten sich, in allen Rechtssachen, in denen sie Partei sind, das endgültige Urteil des Gerichtshofs zu befolgen.

(2) Das endgültige Urteil des Gerichtshofs ist dem Ministerkomitee zuzuleiten; dieses überwacht seine Durchführung.

(3) Wird die Überwachung der Durchführung eines endgültigen Urteils nach Auffassung des Ministerkomitees durch eine Frage betreffend die Auslegung dieses Urteils behindert, so kann das Ministerkomitee den Gerichtshof anrufen, damit er über diese Auslegungsfrage entscheidet. Der Beschluss des Ministerkomitees, den Gerichtshof anzurufen, bedarf der Zweidrittelmehrheit der Stimmen der zur Teilnahme an den Sitzungen des Komitees berechtigten Mitglieder.

(4) Weigert sich eine Hohe Vertragspartei nach Auffassung des Ministerkomitees, in einer Rechtssache, in der sie Partei ist, ein endgültiges Urteil des Gerichtshofs zu befolgen, so kann das Ministerkomitee, nachdem es die betreffende Partei gemahnt hat, durch einen mit Zweidrittelmehrheit der Stimmen der zur Teilnahme an den Sitzungen des Komitees berechtigten Mitglieder gefassten Beschluss den Gerichtshof mit der Frage befassen, ob diese Partei ihrer Verpflichtung nach Absatz 1 nachgekommen ist.

(5) Stellt der Gerichtshof eine Verletzung des Absatzes 1 fest, so weist er die Rechtssache zur Prüfung der zu treffenden Massnahmen an das Ministerkomitee zurück. Stellt der Gerichtshof fest, dass keine Verletzung des Absatzes 1 vorliegt, so weist er die Rechtssache an das Ministerkomitee zurück; dieses beschliesst die Einstellung seiner Prüfung.»

Artikel 17

Artikel 59 der Konvention wird wie folgt geändert:

1. Es wird folgender neuer Absatz 2 eingefügt:

«(2) Die Europäische Union kann dieser Konvention beitreten.»

2. Die Absätze 2, 3 und 4 werden die Absätze 3, 4 und 5.

Schluss- und Übergangsbestimmungen

Artikel 18

(1) Dieses Protokoll liegt für die Mitgliedstaaten des Europarats, welche die Konvention unterzeichnet haben, zur Unterzeichnung auf; sie können ihre Zustimmung, gebunden zu sein, ausdrücken,

a) indem sie es ohne Vorbehalt der Ratifikation, Annahme oder Genehmigung unterzeichnen oder

b) indem sie es vorbehaltlich der Ratifikation, Annahme oder Genehmigung unterzeichnen und später ratifizieren, annehmen oder genehmigen.

(2) Die Ratifikations-, Annahme- oder Genehmigungsurkunden werden beim Generalsekretär des Europarats hinterlegt.

Artikel 19

Dieses Protokoll tritt am ersten Tag des Monats in Kraft, der auf einen Zeitabschnitt von drei Monaten nach dem Tag folgt, an dem alle Vertragsparteien der Konvention nach Artikel 18 ihre Zustimmung ausgedrückt haben, durch das Protokoll gebunden zu sein.

Artikel 20

(1) Mit Inkrafttreten dieses Protokolls sind seine Bestimmungen auf alle beim Gerichtshof anhängigen Beschwerden und auf alle Urteile, deren Durchführung das Ministerkomitee überwacht, anzuwenden.

(2) Auf Beschwerden, die vor Inkrafttreten dieses Protokolls für zulässig erklärt worden sind, ist die neue Zulässigkeitsvoraussetzung, die durch Artikel 12 dieses Protokolls in Artikel 35 Absatz 3 Buchstabe b der Konvention eingefügt wird, nicht anzuwenden. In den ersten zwei Jahren nach Inkrafttreten dieses Protokolls darf die neue Zulässigkeitsvoraussetzung nur von Kammern und der Grossen Kammer des Gerichtshofs angewendet werden.

Artikel 21

Mit Inkrafttreten dieses Protokolls verlängert sich die Amtszeit der Richter, deren erste Amtszeit zu jenem Zeitpunkt noch nicht abgelaufen ist, ohne weiteres auf insgesamt neun Jahre. Die übrigen Richter bleiben für ihre restliche Amtszeit, die sich ohne weiteres um zwei Jahre verlängert, im Amt.

Artikel 22

Der Generalsekretär des Europarats notifiziert den Mitgliedstaaten des Europarats

a) jede Unterzeichnung;

b) jede Hinterlegung einer Ratifikations-, Annahme- oder Genehmigungsurkunde;

c) den Zeitpunkt des Inkrafttretens dieses Protokolls nach Artikel 19 und

d) jede andere Handlung, Notifikation oder Mitteilung im Zusammenhang mit diesem Protokoll.

Zu Urkund dessen haben die hierzu gehörig befugten Unterzeichneten dieses Protokoll unterschrieben.

Geschehen zu Strassburg am 13. Mai 2004 in englischer und französischer Sprache, wobei jeder Wortlaut gleichermassen verbindlich ist, in einer Urschrift, die im Archiv des Europarats hinterlegt wird. Der Generalsekretär des Europarats übermittelt allen Mitgliedstaaten des Europarats beglaubigte Abschriften.

Verfahrensordnung des Europäischen Gerichtshofs für Menschenrechte

European Court of Human Rights – Rules of Court[*)] – 1 January 2020 – Registry of the Court

Table of Contents

[*)] Abrufbar über die Website des EGMR: https://www.echr.coe.int/; eine neue konsolidierte deutsche Fassung liegt derzeit nicht vor.

The European Court of Human Rights,

Having regard to the Convention for the Protection of Human Rights and Fundamental Freedoms and the Protocols thereto,

Makes the present Rules:

Rule 1[1] – Definitions

For the purposes of these Rules unless the context otherwise requires:

a) the term „Convention" means the Convention for the Protection of Human Rights and Fundamental Freedoms and the Protocols thereto;

[1] As amended by the Court on 7 July 2003, 13 November 2006 and 19 September 2016.

b) the expression „plenary Court" means the European Court of Human Rights sitting in plenary session;

c) the expression „Grand Chamber" means the Grand Chamber of seventeen judges constituted in pursuance of Article 26 § 1 of the Convention;

d) the term „Section" means a Chamber set up by the plenary Court for a fixed period in pursuance of Article 25 (b) of the Convention and the expression „President of the Section" means the judge elected by the plenary Court in pursuance of Article 25 (c) of the Convention as President of such a Section;

e) the term „Chamber" means any Chamber of seven judges constituted in pursuance of Article 26 § 1 of the Convention and the expression „President of the Chamber" means the judge presiding over such a „Chamber";

f) the term „Committee" means a Committee of three judges set up in pursuance of Article 26 § 1 of the Convention and the expression „President of the Committee" means the judge presiding over such a „Committee";

g) the expression „single-judge formation" means a single judge sitting in accordance with Article 26 § 1 of the Convention;

h) the term „Court" means either the plenary Court, the Grand Chamber, a Section, a Chamber, a Committee, a single judge or the panel of five judges referred to in Article 43 § 2 of the Convention and in Article 2 of Protocol No. 16 thereto;

i) the expression „*ad hoc* judge" means any person chosen in pursuance of Article 26 § 4 of the Convention and in accordance with Rule 29 to sit as a member of the Grand Chamber or as a member of a Chamber;

j) the terms „judge" and „judges" mean the judges elected by the Parliamentary Assembly of the Council of Europe or *ad hoc* judges;

k) the expression „Judge Rapporteur" means a judge appointed to carry out the tasks provided for in Rules 48 and 49;

l) the term „non-judicial rapporteur" means a member of the Registry charged with assisting the single-judge formations provided for in Article 24 § 2 of the Convention;

m) the term „delegate" means a judge who has been appointed to a delegation by the Chamber and the expression „head of the delegation" means the delegate appointed by the Chamber to lead its delegation;

n) the term „delegation" means a body composed of delegates, Registry members and any other person appointed by the Chamber to assist the delegation;

o) the term „Registrar" denotes the Registrar of the Court or the Registrar of a Section according to the context;

p) the terms „party" and „parties" mean
- the applicant or respondent Contracting Parties;
- the applicant (the person, non-governmental organisation or group of individuals) that lodged a complaint under Article 34 of the Convention;

q) the expression „third party" means any Contracting Party or any person concerned or the Council of Europe Commissioner for Human Rights who, as provided for in Article 36 § § 1, 2 and

3 of the Convention and in Article 3 of Protocol No. 16, has exercised the right to submit written comments and take part in a hearing, or has been invited to do so;

r) the terms „hearing" and „hearings" mean oral proceedings held on the admissibility and/or merits of an application or in connection with a request for revision or an advisory opinion, a request for interpretation by a party or by the Committee of Ministers, or a question whether there has been a failure to fulfil an obligation which may be referred to the Court by virtue of Article 46 § 4 of the Convention;

s) the expression „Committee of Ministers" means the Committee of Ministers of the Council of Europe;

t) the terms „former Court" and „Commission" mean respectively the European Court and European Commission of Human Rights set up under former Article 19 of the Convention.

Title I –
Organisation and Working of the Court

Chapter I – Judges

Rule 2[1] – Calculation of term of office

1. Where the seat is vacant on the date of the judge's election, or where the election takes place less than three months before the seat becomes vacant, the term of office shall begin as from the date of taking up office which shall be no later than three months after the date of election.

2. Where the judge's election takes place more than three months before the seat becomes vacant, the term of office shall begin on the date on which the seat becomes vacant.

3. In accordance with Article 23 § 3 of the Convention, an elected judge shall hold office until a successor has taken the oath or made the declaration provided for in Rule 3.

Rule 3 – Oath or solemn declaration

1. Before taking up office, each elected judge shall, at the first sitting of the plenary Court at which the judge is present or, in case of need, before the President of the Court, take the following oath or make the following solemn declaration:
„I swear" – or „I solemnly declare" – „that I will exercise my functions as a judge honourably, independently and impartially and that I will keep secret all deliberations."

2. This act shall be recorded in minutes.

Rule 4[2] – Incompatible activities

1. In accordance with Article 21 § 3 of the Convention, the judges shall not during their term of office engage in any political or administrative activity or any professional activity which is incompatible with their independence or impartiality or with the demands of a full-time office. Each judge shall declare to the President of the Court any additional activity. In the event of a disagreement between the President and the judge concerned, any question arising shall be decided by the plenary Court.

2. A former judge shall not represent a party or third party in any capacity in proceedings before the Court relating to an application lodged before the date on which he or she ceased to hold office. As regards applications lodged subsequently, a former judge may not represent a party or third party

[1] As amended by the Court on 13 November 2006 and 2 April 2012.

[2] As amended by the Court on 29 March 2010.

in any capacity in proceedings before the Court until a period of two years from the date on which he or she ceased to hold office has elapsed.

Rule 5[3] – Precedence

1. Elected judges shall take precedence after the President and Vice-Presidents of the Court and the Presidents of the Sections, according to the date of their taking up office in accordance with Rule 2 § § 1 and 2.

2. Vice-Presidents of the Court elected to office on the same date shall take precedence according to the length of time they have served as judges. If the length of time they have served as judges is the same, they shall take precedence according to age. The same rule shall apply to Presidents of Sections.

3. Judges who have served the same length of time shall take precedence according to age.

4. *Ad hoc* judges shall take precedence after the elected judges according to age.

Rule 6 – Resignation

Resignation of a judge shall be notified to the President of the Court, who shall transmit it to the Secretary General of the Council of Europe. Subject to the provisions of Rules 24 § 4 *in fine* and 26 § 3, resignation shall constitute vacation of office.

Rule 7 – Dismissal from office

No judge may be dismissed from his or her office unless the other judges, meeting in plenary session, decide by a majority of two-thirds of the elected judges in office that he or she has ceased to fulfil the required conditions. He or she must first be heard by the plenary Court. Any judge may set in motion the procedure for dismissal from office.

Chapter II[1] – Presidency of the Court and the role of the Bureau

Rule 8[2] – Election of the President and Vice-Presidents of the Court and the Presidents and Vice-Presidents of the Sections

1. The plenary Court shall elect its President and two Vice-Presidents for a period of three years as well as the Presidents of the Sections for a period of two years, provided that such periods shall not exceed the duration of their terms of office as judges.

2. Each Section shall likewise elect a Vice-President for a period of two years, provided that such period shall not exceed the duration of his or her term of office as judge.

3. A judge elected in accordance with paragraphs 1 or 2 above may be re-elected but only once to the same level of office.

4. The Presidents and Vice-Presidents shall continue to hold office until the election of their successors.

5. The elections referred to in paragraph 1 of this Rule shall be by secret ballot. Only the elected judges who are present shall take part. If no candidate receives an absolute majority of the votes cast, an additional round or rounds shall take place until one candidate has achieved an absolute majority. After each round, any candidate receiving fewer than five votes shall be eliminated; and if more than

[3] As amended by the Court on 14 May 2007.

[1] As amended by the Court on 7 July 2003.

[2] As amended by the Court on 7 November 2005, 20 February 2012, 14 January 2013, 14 April 2014, 1 June 2015 and 19 September 2016.

two candidates have received five votes or more, the one who has received the least number of votes shall also be eliminated. If there is more than one candidate in this position, only the candidate who is lowest in the order of precedence in accordance with Rule 5 shall be eliminated. In the event of a tie between two candidates in the final round, preference shall be given to the judge having precedence in accordance with Rule 5.

6. The rules set out in the preceding paragraph shall apply to the elections referred to in paragraph 2 of this Rule. However, where more than one round of voting is required until one candidate has achieved an absolute majority, only the candidate who has received the least number of votes shall be eliminated after each round.

Rule 9 – Functions of the President of the Court

1. The President of the Court shall direct the work and administration of the Court. The President shall represent the Court and, in particular, be responsible for its relations with the authorities of the Council of Europe.

2. The President shall preside at plenary meetings of the Court, meetings of the Grand Chamber and meetings of the panel of five judges.

3. The President shall not take part in the consideration of cases being heard by Chambers except where he or she is the judge elected in respect of a Contracting Party concerned.

Rule 9A[3] – Role of the Bureau

1. a) The Court shall have a Bureau, composed of the President of the Court, the Vice-Presidents of the Court and the Section Presidents. Where a Vice-President or a Section President is unable to attend a Bureau meeting, he or she shall be replaced by the Section Vice-President or, failing that, by the next most senior member of the Section according to the order of precedence established in Rule 5.

b) The Bureau may request the attendance of any other member of the Court or any other person whose presence it considers necessary.

2. The Bureau shall be assisted by the Registrar and the Deputy Registrars.

3. The Bureau's task shall be to assist the President in carrying out his or her function in directing the work and administration of the Court. To this end the President may submit to the Bureau any administrative or extra-judicial matter which falls within his or her competence.

4. The Bureau shall also facilitate coordination between the Court's Sections.

5. The President may consult the Bureau before issuing practice directions under Rule 32 and before approving general instructions drawn up by the Registrar under Rule 17 § 4.

6. The Bureau may report on any matter to the Plenary. It may also make proposals to the Plenary.

7. A record shall be kept of the Bureau's meetings and distributed to the Judges in both the Court's official languages. The secretary to the Bureau shall be designated by the Registrar in agreement with the President.

Rule 10 – Functions of the Vice-Presidents of the Court

The Vice-Presidents of the Court shall assist the President of the Court. They shall take the place of the President if the latter is unable to carry out his or her duties or the office of President is vacant, or at the request of the President. They shall also act as Presidents of Sections.

[3] Inserted by the Court on 7 July 2003.

Rule 11 – Replacement of the President and the Vice-Presidents of the Court

If the President and the Vice-Presidents of the Court are at the same time unable to carry out their duties or if their offices are at the same time vacant, the office of President of the Court shall be assumed by a President of a Section or, if none is available, by another elected judge, in accordance with the order of precedence provided for in Rule 5.

Rule 12[1] – Presidency of Sections and Chambers

The Presidents of the Sections shall preside at the sittings of the Section and Chambers of which they are members and shall direct the Sections' work. The Vice-Presidents of the Sections shall take their place if they are unable to carry out their duties or if the office of President of the Section concerned is vacant, or at the request of the President of the Section. Failing that, the judges of the Section and the Chambers shall take their place, in the order of precedence provided for in Rule 5.

Rule 13[2] – Inability to preside

Judges of the Court may not preside in cases in which the Contracting Party of which they are nationals or in respect of which they were elected is a party, or in cases where they sit as a judge appointed by virtue of Rule 29 § 1 (a) or Rule 30 § 1.

Rule 14 – Balanced representation of the sexes

In relation to the making of appointments governed by this and the following chapter of the present Rules, the Court shall pursue a policy aimed at securing a balanced representation of the sexes.

Chapter III – The Registry

Rule 15[1] – Election of the Registrar

1. The plenary Court shall elect its Registrar. The candidates shall be of high moral character and must possess the legal, managerial and linguistic knowledge and experience necessary to carry out the functions attaching to the post.

2. The Registrar shall be elected for a term of five years and may be re-elected. The Registrar may not be dismissed from office, unless the judges, meeting in plenary session, decide by a majority of two-thirds of the elected judges in office that the person concerned has ceased to fulfil the required conditions. He or she must first be heard by the plenary Court. Any judge may set in motion the procedure for dismissal from office.

3. The elections referred to in this Rule shall be by secret ballot; only the elected judges who are present shall take part. If no candidate receives an absolute majority of the votes cast, an additional round or rounds of voting shall take place until one candidate has achieved an absolute majority. After each round, any candidate receiving fewer than five votes shall be eliminated; and if more than two candidates have received five votes or more, the one who has received the least number of votes shall also be eliminated. In the event of a tie in an additional round of voting, preference shall be given, firstly, to the female candidate, if any, and, secondly, to the older candidate.

4. Before taking up office, the Registrar shall take the following oath or make the following solemn declaration before the plenary Court or, if need be, before the President of the Court:

„I swear" – or „I solemnly declare" – „that I will exercise loyally, discreetly and conscientiously the functions conferred upon me as Registrar of the European Court of Human Rights."

This act shall be recorded in minutes.

---

[1] As amended by the Court on 17 June and 8 July 2002.

[2] As amended by the Court on 4 July 2005.

[1] As amended by the Court on 14 April 2014.

Rule 16[2] – Election of the Deputy Registrars

1. The plenary Court shall also elect one or more Deputy Registrars on the conditions and in the manner and for the term prescribed in the preceding Rule. The procedure for dismissal from office provided for in respect of the Registrar shall likewise apply. The Court shall first consult the Registrar in both these matters.

2. Before taking up office, a Deputy Registrar shall take an oath or make a solemn declaration before the plenary Court or, if need be, before the President of the Court, in terms similar to those prescribed in respect of the Registrar. This act shall be recorded in minutes.

Rule 17 – Functions of the Registrar

1. The Registrar shall assist the Court in the performance of its functions and shall be responsible for the organisation and activities of the Registry under the authority of the President of the Court.

2. The Registrar shall have the custody of the archives of the Court and shall be the channel for all communications and notifications made by, or addressed to, the Court in connection with the cases brought or to be brought before it.

3. The Registrar shall, subject to the duty of discretion attaching to this office, reply to requests for information concerning the work of the Court, in particular to enquiries from the press.

4. General instructions drawn up by the Registrar, and approved by the President of the Court, shall regulate the working of the Registry.

Rule 18[1] – Organisation of the Registry

1. The Registry shall consist of Section Registries equal to the number of Sections set up by the Court and of the departments necessary to provide the legal and administrative services required by the Court.

2. The Section Registrar shall assist the Section in the performance of its functions and may be assisted by a Deputy Section Registrar.

3. The officials of the Registry shall be appointed by the Registrar under the authority of the President of the Court. The appointment of the Registrar and Deputy Registrars shall be governed by Rules 15 and 16 above.

Rule 18A[2] – Non-judicial rapporteurs

1. When sitting in a single-judge formation, the Court shall be assisted by non-judicial rapporteurs who shall function under the authority of the President of the Court. They shall form part of the Court's Registry.

2. The non-judicial rapporteurs shall be appointed by the President of the Court on a proposal by the Registrar. Section Registrars and Deputy Section Registrars, as referred to in Rule 18 § 2, shall act *ex officio* as non-judicial rapporteurs.

[2] As amended by the Court on 14 April 2014.

[1] As amended by the Court on 13 November 2006 and 2 April 2012.

[2] Inserted by the Court on 13 November 2006 and amended on 14 January 2013.

Rule 18B[3] – Jurisconsult

For the purposes of ensuring the quality and consistency of its case-law, the Court shall be assisted by a Jurisconsult. He or she shall be a member of the Registry. The Jurisconsult shall provide opinions and information, in particular to the judicial formations and the members of the Court.

Chapter IV – The Working of the Court

Rule 19 – Seat of the Court

1. The seat of the Court shall be at the seat of the Council of Europe at Strasbourg. The Court may, however, if it considers it expedient, perform its functions elsewhere in the territories of the member States of the Council of Europe.

2. The Court may decide, at any stage of the examination of an application, that it is necessary that an investigation or any other function be carried out elsewhere by it or one or more of its members.

Rule 20 – Sessions of the plenary Court

1. The plenary sessions of the Court shall be convened by the President of the Court whenever the performance of its functions under the Convention and under these Rules so requires. The President of the Court shall convene a plenary session if at least one-third of the members of the Court so request, and in any event once a year to consider administrative matters.

2. The quorum of the plenary Court shall be two-thirds of the elected judges in office.

3. If there is no quorum, the President shall adjourn the sitting.

Rule 21 – Other sessions of the Court

1. The Grand Chamber, the Chambers and the Committees shall sit full time. On a proposal by the President, however, the Court shall fix session periods each year.

2. Outside those periods the Grand Chamber and the Chambers shall be convened by their Presidents in cases of urgency.

Rule 22 – Deliberations

1. The Court shall deliberate in private. Its deliberations shall remain secret.

2. Only the judges shall take part in the deliberations. The Registrar or the designated substitute, as well as such other officials of the Registry and interpreters whose assistance is deemed necessary, shall be present. No other person may be admitted except by special decision of the Court.

3. Before a vote is taken on any matter in the Court, the President may request the judges to state their opinions on it.

Rule 23 – Votes

1. The decisions of the Court shall be taken by a majority of the judges present. In the event of a tie, a fresh vote shall be taken and, if there is still a tie, the President shall have a casting vote. This paragraph shall apply unless otherwise provided for in these Rules.

2. The decisions and judgments of the Grand Chamber and the Chambers shall be adopted by a majority of the sitting judges. Abstentions shall not be allowed in final votes on the admissibility and merits of cases.

---

[3] Inserted by the Court on 23 June 2014.

3. As a general rule, votes shall be taken by a show of hands. The President may take a roll-call vote, in reverse order of precedence.

4. Any matter that is to be voted upon shall be formulated in precise terms.

Rule 23A[1)] – Decision by tacit agreement

Where it is necessary for the Court to decide a point of procedure or any other question other than at a scheduled meeting of the Court, the President may direct that a draft decision be circulated among the judges and that a deadline be set for their comments on the draft. In the absence of any objection from a judge, the proposal shall be deemed to have been adopted at the expiry of the deadline.

Chapter V – The Composition of the Court

Rule 24[1)] – Composition of the Grand Chamber

1. The Grand Chamber shall be composed of seventeen judges and at least three substitute judges.

2. a) The Grand Chamber shall include the President and the Vice-Presidents of the Court and the Presidents of the Sections. Any Vice-President of the Court or President of a Section who is unable to sit as a member of the Grand Chamber shall be replaced by the Vice-President of the relevant Section.

b) The judge elected in respect of the Contracting Party concerned or, where appropriate, the judge designated by virtue of Rule 29 or Rule 30 shall sit as an *ex officio* member of the Grand Chamber in accordance with Article 26 § § 4 and 5 of the Convention.

c) In cases referred to the Grand Chamber under Article 30 of the Convention, the Grand Chamber shall also include the members of the Chamber which relinquished jurisdiction.

d) In cases referred to it under Article 43 of the Convention, the Grand Chamber shall not include any judge who sat in the Chamber which rendered the judgment in the case so referred, with the exception of the President of that Chamber and the judge who sat in respect of the State Party concerned, or any judge who sat in the Chamber or Chambers which ruled on the admissibility of the application.

e) The judges and substitute judges who are to complete the Grand Chamber in each case referred to it shall be designated from among the remaining judges by a drawing of lots by the President of the Court in the presence of the Registrar. The modalities for the drawing of lots shall be laid down by the Plenary Court, having due regard to the need for a geographically balanced composition reflecting the different legal systems among the Contracting Parties.

f) In examining a request under Article 46 § 4 of the Convention, the Grand Chamber shall include, in addition to the judges referred to in paragraph 2 (a) and (b) of this Rule, the members of the Chamber or Committee which rendered the judgment in the case concerned. If the judgment was rendered by a Grand Chamber, the Grand Chamber shall be constituted as the original Grand Chamber. In all cases, including those where it is not possible to reconstitute the original Grand Chamber, the judges and substitute judges who are to complete the Grand Chamber shall be designated in accordance with paragraph 2 (e) of this Rule.

g) In examining a request for an advisory opinion under Article 47 of the Convention, the Grand Chamber shall be constituted in accordance with the provisions of paragraph 2 (a) and (e) of this Rule.

h) In examining a request for an advisory opinion under Protocol No. 16 to the Convention, the Grand Chamber shall be constituted in accordance with the provision of paragraph 2 (a), (b) and (e) of this Rule.

3. If any judges are prevented from sitting, they shall be replaced by the substitute judges in the order in which the latter were selected under paragraph 2 (e) of this Rule.

[1)] Inserted by the Court on 13 December 2004.

[1)] As amended by the Court on 8 December 2000, 13 December 2004, 4 July and 7 November 2005, 29 May and 13 November 2006, 6 May 2013 and 19 September 2016.

4. The judges and substitute judges designated in accordance with the above provisions shall continue to sit in the Grand Chamber for the consideration of the case until the proceedings have been completed. Even after the end of their terms of office, they shall continue to deal with the case if they have participated in the consideration of the merits. These provisions shall also apply to proceedings relating to advisory opinions.

5. a) The panel of five judges of the Grand Chamber called upon to consider a referral request submitted under Article 43 of the Convention shall be composed of

- the President of the Court. If the President of the Court is prevented from sitting, he or she shall be replaced by the Vice-President of the Court taking precedence;
- two Presidents of Sections designated by rotation. If the Presidents of the Sections so designated are prevented from sitting, they shall be replaced by the Vice-Presidents of their Sections;
- two judges designated by rotation from among the judges elected by the remaining Sections to serve on the panel for a period of six months;
- at least two substitute judges designated in rotation from among the judges elected by the Sections to serve on the panel for a period of six months.

b) When considering a referral request, the panel shall not include any judge who took part in the consideration of the admissibility or merits of the case in question.

c) No judge elected in respect of, or who is a national of, a Contracting Party concerned by a referral request may be a member of the panel when it examines that request. An elected judge appointed pursuant to Rules 29 or 30 shall likewise be excluded from consideration of any such request.

d) Any member of the panel unable to sit, for the reasons set out in (b) or (c) shall be replaced by a substitute judge designated in rotation from among the judges elected by the Sections to serve on the panel for a period of six months.

e) When considering a request for an advisory opinion submitted under Article 1 of Protocol No. 16 to the Convention, the panel shall be composed in accordance with the provisions of Rule 93.

Rule 25 – Setting-up of Sections

1. The Chambers provided for in Article 25 (b) of the Convention (referred to in these Rules as „Sections") shall be set up by the plenary Court, on a proposal by its President, for a period of three years with effect from the election of the presidential office-holders of the Court under Rule 8. There shall be at least four Sections.

2. Each judge shall be a member of a Section. The composition of the Sections shall be geographically and gender balanced and shall reflect the different legal systems among the Contracting Parties.

3. Where a judge ceases to be a member of the Court before the expiry of the period for which the Section has been constituted, the judge's place in the Section shall be taken by his or her successor as a member of the Court.

4. The President of the Court may exceptionally make modifications to the composition of the Sections if circumstances so require.

5. On a proposal by the President, the plenary Court may constitute an additional Section.

Rule 26[1)] – Constitution of Chambers

1. The Chambers of seven judges provided for in Article 26 § 1 of the Convention for the consideration of cases brought before the Court shall be constituted from the Sections as follows.

a) Subject to paragraph 2 of this Rule and to Rule 28 § 4, last sentence, the Chamber shall in each case include the President of the Section and the judge elected in respect of any Contracting Party concerned. If the latter judge is not a member of the Section to which the application has been assigned

1) As amended by the Court on 17 June and 8 July 2002 and 6 May 2013.

under Rules 51 or 52, he or she shall sit as an *ex officio* member of the Chamber in accordance with Article 26 § 4 of the Convention. Rule 29 shall apply if that judge is unable to sit or withdraws.

b) The other members of the Chamber shall be designated by the President of the Section in rotation from among the members of the relevant Section.

c) The members of the Section who are not so designated shall sit in the case as substitute judges.

2. The judge elected in respect of any Contracting Party concerned or, where appropriate, another elected judge or *ad hoc* judge appointed in accordance with Rules 29 and 30 may be dispensed by the President of the Chamber from attending meetings devoted to preparatory or procedural matters. For the purposes of such meetings the first substitute judge shall sit.

3. Even after the end of their terms of office, judges shall continue to deal with cases in which they have participated in the consideration of the merits.

Rule 27[2)] – Committees

1. Committees composed of three judges belonging to the same Section shall be set up under Article 26 § 1 of the Convention. After consulting the Presidents of the Sections, the President of the Court shall decide on the number of Committees to be set up.

2. The Committees shall be constituted for a period of twelve months by rotation among the members of each Section, excepting the President of the Section.

3. The judges of the Section, including the President of the Section, who are not members of a Committee may, as appropriate, be called upon to sit. They may also be called upon to take the place of members who are unable to sit.

4. The President of the Committee shall be the member having precedence in the Section.

Rule 27A[3)] – Single-judge formation

1. A single-judge formation shall be introduced in pursuance of Article 26 § 1 of the Convention. After consulting the Bureau, the President of the Court shall decide on the number of single judges to be appointed and shall appoint them in respect of one or more Contracting Parties.

2. The following shall also sit as single judges

a) the Presidents of the Sections when exercising their competences under Rule 54 § § 2 (b) and 3;

b) Vice-Presidents of Sections appointed to decide on requests for interim measures in accordance with Rule 39 § 4.

3. In accordance with Article 26 § 3 of the Convention, a judge may not examine as a single judge any application against the Contracting Party in respect of which that judge has been elected. In addition, a judge may not examine as a single judge any application against a Contracting Party of which that judge is a national.

4. Single judges shall be appointed for a period of twelve months. They shall continue to carry out their other duties within the Sections of which they are members in accordance with Rule 25 § 2.

5. Pursuant to Article 24 § 2 of the Convention, when deciding, each single judge shall be assisted by a non-judicial rapporteur.

[2)] As amended by the Court on 13 November 2006 and 16 November 2009.

[3)] Inserted by the Court on 13 November 2006 and amended on 14 January 2013 and 9 September 2019.

Rule 28[1)] – Inability to sit, withdrawal or exemption

1. Any judge who is prevented from taking part in sittings which he or she has been called upon to attend shall, as soon as possible, give notice to the President of the Chamber.

2. A judge may not take part in the consideration of any case if

a) he or she has a personal interest in the case, including a spousal, parental or other close family, personal or professional relationship, or a subordinate relationship, with any of the parties;

b) he or she has previously acted in the case, whether as the Agent, advocate or adviser of a party or of a person having an interest in the case, or as a member of another national or international tribunal or commission of inquiry, or in any other capacity;

c) he or she, being an *ad hoc* judge or a former elected judge continuing to sit by virtue of Rule 26 § 3, engages in any political or administrative activity or any professional activity which is incompatible with his or her independence or impartiality;

d) he or she has expressed opinions publicly, through the communications media, in writing, through his or her public actions or otherwise, that are objectively capable of adversely affecting his or her impartiality;

e) for any other reason, his or her independence or impartiality may legitimately be called into doubt.

3. If a judge withdraws for one of the said reasons, he or she shall notify the President of the Chamber, who shall exempt the judge from sitting.

4. In the event of any doubt on the part of the judge concerned or the President as to the existence of one of the grounds referred to in paragraph 2 of this Rule, that issue shall be decided by the Chamber. After hearing the views of the judge concerned, the Chamber shall deliberate and vote, without that judge being present. For the purposes of the Chamber's deliberations and vote on this issue, he or she shall be replaced by the first substitute judge in the Chamber. The same shall apply if the judge sits in respect of any Contracting Party concerned in accordance with Rules 29 and 30.

5. The provisions above shall apply also to a judge's acting as a single judge or participation in a Committee, save that the notice required under paragraphs 1 or 3 of this Rule shall be given to the President of the Section.

Rule 29[1)] – *Ad hoc* judges

1. a) If the judge elected in respect of a Contracting Party concerned is unable to sit in the Chamber, withdraws, or is exempted, or if there is none, the President of the Chamber shall appoint an *ad hoc* judge, who is eligible to take part in the consideration of the case in accordance with Rule 28, from a list submitted in advance by the Contracting Party containing the names of three to five persons whom the Contracting Party has designated as eligible to serve as *ad hoc* judges for a renewable period of four years and as satisfying the conditions set out in paragraph 1 (c) of this Rule.

The list shall include both sexes and shall be accompanied by biographical details of the persons whose names appear on the list. The persons whose names appear on the list may not represent a party or a third party in any capacity in proceedings before the Court.

b) The procedure set out in paragraph 1 (a) of this Rule shall apply if the person so appointed is unable to sit or withdraws.

c) An *ad hoc* judge shall possess the qualifications required by Article 21 § 1 of the Convention and must be in a position to meet the demands of availability and attendance provided for in paragraph 5 of this Rule. For the duration of their appointment, an *ad hoc* judge shall not represent any party or third party in any capacity in proceedings before the Court.

2. The President of the Chamber shall appoint another elected judge to sit as an *ad hoc* judge where

---

[1)] As amended by the Court on 17 June and 8 July 2002, 13 December 2004, 13 November 2006 and 6 May 2013.

[1)] As amended by the Court on 17 June and 8 July 2002, 13 November 2006, 29 March 2010, 6 May 2013, 19 September 2016, 16 April 2018 and 3 June 2019.

a) at the time of notice being given of the application under Rule 54 § 2 (b), the Contracting Party concerned has not supplied the Registrar with a list as described in paragraph 1 (a) of this Rule, or

b) the President of the Chamber finds that less than three of the persons indicated in the list satisfy the conditions laid down in paragraph 1 (c) of this Rule.

3. The President of the Chamber may decide not to appoint an *ad hoc* judge pursuant to paragraph 1 (a) or 2 of this Rule until notice of the application is given to the Contracting Party under Rule 54 § 2 (b). Pending the decision of the President of the Chamber, the first substitute judge shall sit.

4. An *ad hoc* judge shall, at the beginning of the first sitting held to consider the case after the judge has been appointed, take the oath or make the solemn declaration provided for in Rule 3. This act shall be recorded in minutes.

5. *Ad hoc* judges are required to make themselves available to the Court and, subject to Rule 26 § 2, to attend the meetings of the Chamber.

6. The provisions of this Rule shall apply *mutatis mutandis* to proceedings before a panel of the Grand Chamber in connection with a request for an advisory opinion submitted under Article 1 of Protocol No. 16 to the Convention, as well as to proceedings before the Grand Chamber constituted to examine requests accepted by the panel.

Rule 30[2)] – Common interest

1. If two or more applicant or respondent Contracting Parties have a common interest, the President of the Chamber may invite them to agree to appoint a single judge elected in respect of one of the Contracting Parties concerned as common-interest judge who will be called upon to sit *ex officio*. If the Parties are unable to agree, the President shall choose the common-interest judge by lot from the judges proposed by the Parties.

2. The President of the Chamber may decide not to invite the Contracting Parties concerned to make an appointment under paragraph 1 of this Rule until notice of the application has been given under Rule 54 § 2.

3. In the event of a dispute as to the existence of a common interest or as to any related matter, the Chamber shall decide, if necessary after obtaining written submissions from the Contracting Parties concerned.

Title II –
Procedure

Chapter I – General Rules

Rule 31 – Possibility of particular derogations

The provisions of this Title shall not prevent the Court from derogating from them for the consideration of a particular case after having consulted the parties where appropriate.

Rule 32 – Practice directions

The President of the Court may issue practice directions, notably in relation to such matters as appearance at hearings and the filing of pleadings and other documents.

2) As amended by the Court on 7 July 2003.

Rule 33[1] – Public character of documents

1. All documents deposited with the Registry by the parties or by any third party in connection with an application, except those deposited within the framework of friendly-settlement negotiations as provided for in Rule 62, shall be accessible to the public in accordance with arrangements determined by the Registrar, unless the President of the Chamber, for the reasons set out in paragraph 2 of this Rule, decides otherwise, either of his or her own motion or at the request of a party or any other person concerned.

2. Public access to a document or to any part of it may be restricted in the interests of morals, public order or national security in a democratic society, where the interests of juveniles or the protection of the private life of the parties or of any person concerned so require, or to the extent strictly necessary in the opinion of the President of the Chamber in special circumstances where publicity would prejudice the interests of justice.

3. Any request for confidentiality made under paragraph 1 of this Rule must include reasons and specify whether it is requested that all or part of the documents be inaccessible to the public.

Rule 34[2] – Use of languages

1. The official languages of the Court shall be English and French.

2. In connection with applications lodged under Article 34 of the Convention, and for as long as no Contracting Party has been given notice of such an application in accordance with these Rules, all communications with and oral and written submissions by applicants or their representatives, if not in one of the Court's official languages, shall be in one of the official languages of the Contracting Parties. If a Contracting Party is informed or given notice of an application in accordance with these Rules, the application and any accompanying documents shall be communicated to that State in the language in which they were lodged with the Registry by the applicant.

3. a) All communications with and oral and written submissions by applicants or their representatives in respect of a hearing, or after notice of an application has been given to a Contracting Party, shall be in one of the Court's official languages, unless the President of the Chamber grants leave for the continued use of the official language of a Contracting Party.

b) If such leave is granted, the Registrar shall make the necessary arrangements for the interpretation and translation into English or French of the applicant's oral and written submissions respectively, in full or in part, where the President of the Chamber considers it to be in the interests of the proper conduct of the proceedings.

c) Exceptionally the President of the Chamber may make the grant of leave subject to the condition that the applicant bear all or part of the costs of making such arrangements.

d) Unless the President of the Chamber decides otherwise, any decision made under the foregoing provisions of this paragraph shall remain valid in all subsequent proceedings in the case, including those in respect of requests for referral of the case to the Grand Chamber and requests for interpretation or revision of a judgment under Rules 73, 79 and 80 respectively.

4. a) All communications with and oral and written submissions by a Contracting Party which is a party to the case shall be in one of the Court's official languages. The President of the Chamber may grant the Contracting Party concerned leave to use one of its official languages for its oral and written submissions.

b) If such leave is granted, it shall be the responsibility of the requesting Party

i) to file a translation of its written submissions into one of the official languages of the Court within a time-limit to be fixed by the President of the Chamber. Should that Party not file the translation within that time-limit, the Registrar may make the necessary arrangements for such translation, the expenses to be charged to the requesting Party;

---

[1] As amended by the Court on 17 June and 8 July 2002, 7 July 2003, 4 July 2005, 13 November 2006 , 14 May 2007 and 4 November 2019.

[2] As amended by the Court on 13 December 2004 and 19 September 2016.

ii) to bear the expenses of interpreting its oral submissions into English or French. The Registrar shall be responsible for making the necessary arrangements for such interpretation.

c) The President of the Chamber may direct that a Contracting Party which is a party to the case shall, within a specified time, provide a translation into, or a summary in, English or French of all or certain annexes to its written submissions or of any other relevant document, or of extracts therefrom.

d) The preceding sub-paragraphs of this paragraph shall also apply, *mutatis mutandis*, to third-party intervention under Rule 44 and to the use of a non-official language by a third party.

5. The President of the Chamber may invite the respondent Contracting Party to provide a translation of its written submissions in the or an official language of that Party in order to facilitate the applicant's understanding of those submissions.

6. Any witness, expert or other person appearing before the Court may use his or her own language if he or she does not have sufficient knowledge of either of the two official languages. In that event the Registrar shall make the necessary arrangements for interpreting or translation.

7. In respect of a request for an advisory opinion under Article 1 of Protocol No. 16 to the Convention, the requesting court or tribunal may submit the request as referred to in Rule 92 to the Court in the national official language used in the domestic proceedings. Where the language is not an official language of the Court, an English or French translation of the request shall be filed within a time-limit to be fixed by the President of the Court.

Rule 35 – Representation of Contracting Parties

The Contracting Parties shall be represented by Agents, who may have the assistance of advocates or advisers.

Rule 36[1] – Representation of applicants

1. Persons, non-governmental organisations or groups of individuals may initially present applications under Article 34 of the Convention themselves or through a representative.

2. Following notification of the application to the respondent Contracting Party under Rule 54 § 2 (b), the applicant should be represented in accordance with paragraph 4 of this Rule, unless the President of the Chamber decides otherwise.

3. The applicant must be so represented at any hearing decided on by the Chamber, unless the President of the Chamber exceptionally grants leave to the applicant to present his or her own case, subject, if necessary, to being assisted by an advocate or other approved representative.

4 a) The representative acting on behalf of the applicant pursuant to paragraphs 2 and 3 of this Rule shall be an advocate authorised to practise in any of the Contracting Parties and resident in the territory of one of them, or any other person approved by the President of the Chamber.

b) In exceptional circumstances and at any stage of the procedure, the President of the Chamber may, where he or she considers that the circumstances or the conduct of the advocate or other person appointed under the preceding sub-paragraph so warrant, direct that the latter may no longer represent or assist the applicant and that the applicant should seek alternative representation.

5. a) The advocate or other approved representative, or the applicant in person who seeks leave to present his or her own case, must even if leave is granted under the following sub-paragraph have an adequate understanding of one of the Court's official languages.

b) If he or she does not have sufficient proficiency to express himself or herself in one of the Court's official languages, leave to use one of the official languages of the Contracting Parties may be given by the President of the Chamber under Rule 34 § 3.

[1] As amended by the Court on 7 July 2003.

Rule 37[2)] – Communications, notifications and summonses

1. Communications or notifications addressed to the Agents or advocates of the parties shall be deemed to have been addressed to the parties.

2. If, for any communication, notification or summons addressed to persons other than the Agents or advocates of the parties, the Court considers it necessary to have the assistance of the Government of the State on whose territory such communication, notification or summons is to have effect, the President of the Court shall apply directly to that Government in order to obtain the necessary facilities.

Rule 38 – Written pleadings

1. No written observations or other documents may be filed after the time-limit set by the President of the Chamber or the Judge Rapporteur, as the case may be, in accordance with these Rules. No written observations or other documents filed outside that time-limit or contrary to any practice direction issued under Rule 32 shall be included in the case file unless the President of the Chamber decides otherwise.

2. For the purposes of observing the time-limit referred to in paragraph 1 of this Rule, the material date is the certified date of dispatch of the document or, if there is none, the actual date of receipt at the Registry.

Rule 38A[1)] – Examination of matters of procedure

Questions of procedure requiring a decision by the Chamber shall be considered simultaneously with the examination of the case, unless the President of the Chamber decides otherwise.

Rule 39[2)] – Interim measures

1. The Chamber or, where appropriate, the President of the Section or a duty judge appointed pursuant to paragraph 4 of this Rule may, at the request of a party or of any other person concerned, or of their own motion, indicate to the parties any interim measure which they consider should be adopted in the interests of the parties or of the proper conduct of the proceedings.

2. Where it is considered appropriate, immediate notice of the measure adopted in a particular case may be given to the Committee of Ministers.

3. The Chamber or, where appropriate, the President of the Section or a duty judge appointed pursuant to paragraph 4 of this Rule may request information from the parties on any matter connected with the implementation of any interim measure indicated.

4. The President of the Court may appoint Vice-Presidents of Sections as duty judges to decide on requests for interim measures.

Rule 40 – Urgent notification of an application

In any case of urgency the Registrar, with the authorisation of the President of the Chamber, may, without prejudice to the taking of any other procedural steps and by any available means, inform a Contracting Party concerned in an application of the introduction of the application and of a summary of its objects.

[2)] As amended by the Court on 7 July 2003.

[1)] Inserted by the Court on 17 June and 8 July 2002.

[2)] As amended by the Court on 4 July 2005, 16 January 2012 and 14 January 2013.

Rule 41[3)] – Order of dealing with cases

In determining the order in which cases are to be dealt with, the Court shall have regard to the importance and urgency of the issues raised on the basis of criteria fixed by it. The Chamber, or its President, may, however, derogate from these criteria so as to give priority to a particular application.

Rule 42 – Joinder and simultaneous examination of applications (former Rule 43)

1. The Chamber may, either at the request of the parties or of its own motion, order the joinder of two or more applications.

2. The President of the Chamber may, after consulting the parties, order that the proceedings in applications assigned to the same Chamber be conducted simultaneously, without prejudice to the decision of the Chamber on the joinder of the applications.

Rule 43[1)] – Striking out and restoration to the list (former Rule 44)

1. The Court may at any stage of the proceedings decide to strike an application out of its list of cases in accordance with Article 37 of the Convention.

2. When an applicant Contracting Party notifies the Registrar of its intention not to proceed with the case, the Chamber may strike the application out of the Court's list under Article 37 of the Convention if the other Contracting Party or Parties concerned in the case agree to such discontinuance.

3. If a friendly settlement is effected in accordance with Article 39 of the Convention, the application shall be struck out of the Court's list of cases by means of a decision. In accordance with Article 39 § 4 of the Convention, this decision shall be transmitted to the Committee of Ministers, which shall supervise the execution of the terms of the friendly settlement as set out in the decision. In other cases provided for in Article 37 of the Convention, the application shall be struck out by means of a judgment if it has been declared admissible or, if not declared admissible, by means of a decision. Where the application has been struck out by means of a judgment, the President of the Chamber shall forward that judgment, once it has become final, to the Committee of Ministers in order to allow the latter to supervise, in accordance with Article 46 § 2 of the Convention, the execution of any undertakings which may have been attached to the discontinuance or solution of the matter.

4. When an application has been struck out in accordance with Article 37 of the Convention, the costs shall be at the discretion of the Court. If an award of costs is made in a decision striking out an application which has not been declared admissible, the President of the Chamber shall forward the decision to the Committee of Ministers.

5. Where an application has been struck out in accordance with Article 37 of the Convention, the Court may restore it to its list if it considers that exceptional circumstances so justify.

Rule 44[2)] – Third-party intervention

1. a) When notice of an application lodged under Article 33 or 34 of the Convention is given to the respondent Contracting Party under Rules 51 § 1 or 54 § 2 (b), a copy of the application shall at the same time be transmitted by the Registrar to any other Contracting Party one of whose nationals is an applicant in the case. The Registrar shall similarly notify any such Contracting Party of a decision to hold an oral hearing in the case.

b) If a Contracting Party wishes to exercise its right under Article 36 § 1 of the Convention to submit written comments or to take part in a hearing, it shall so advise the Registrar in writing not later than twelve weeks after the transmission or notification referred to in the preceding sub-paragraph. Another time-limit may be fixed by the President of the Chamber for exceptional reasons.

[3)] As amended by the Court on 17 June and 8 July 2002 and 29 June 2009.

[1)] As amended by the Court on 17 June and 8 July 2002, 7 July 2003, 13 November 2006 and 2 April 2012.

[2)] As amended by the Court on 7 July 2003, 13 November 2006 and 19 September 2016.

2. If the Council of Europe Commissioner for Human Rights wishes to exercise the right under Article 36 § 3 of the Convention to submit written observations or take part in a hearing, he or she shall so advise the Registrar in writing not later than twelve weeks after transmission of the application to the respondent Contracting Party or notification to it of the decision to hold an oral hearing. Another time-limit may be fixed by the President of the Chamber for exceptional reasons.

Should the Commissioner for Human Rights be unable to take part in the proceedings before the Court himself, he or she shall indicate the name of the person or persons from his or her Office whom he or she has appointed to represent him. He or she may be assisted by an advocate.

3. a) Once notice of an application has been given to the respondent Contracting Party under Rules 51 § 1 or 54 § 2 (b), the President of the Chamber may, in the interests of the proper administration of justice, as provided in Article 36 § 2 of the Convention, invite, or grant leave to, any Contracting Party which is not a party to the proceedings, or any person concerned who is not the applicant, to submit written comments or, in exceptional cases, to take part in a hearing.

b) Requests for leave for this purpose must be duly reasoned and submitted in writing in one of the official languages as provided in Rule 34 § 4 not later than twelve weeks after notice of the application has been given to the respondent Contracting Party. Another time-limit may be fixed by the President of the Chamber for exceptional reasons.

4. a) In cases to be considered by the Grand Chamber, the periods of time prescribed in the preceding paragraphs shall run from the notification to the parties of the decision of the Chamber under Rule 72 § 1 to relinquish jurisdiction in favour of the Grand Chamber or of the decision of the panel of the Grand Chamber under Rule 73 § 2 to accept a request by a party for referral of the case to the Grand Chamber.

b) The time-limits laid down in this Rule may exceptionally be extended by the President of the Chamber if sufficient cause is shown.

5. Any invitation or grant of leave referred to in paragraph 3 (a) of this Rule shall be subject to any conditions, including time-limits, set by the President of the Chamber. Where such conditions are not complied with, the President may decide not to include the comments in the case file or to limit participation in the hearing to the extent that he or she considers appropriate.

6. Written comments submitted under this Rule shall be drafted in one of the official languages as provided in Rule 34 § 4. They shall be forwarded by the Registrar to the parties to the case, who shall be entitled, subject to any conditions, including time-limits, set by the President of the Chamber, to file written observations in reply or, where appropriate, to reply at the hearing.

7. The provisions of this Rule shall apply *mutatis mutandis* to proceedings before the Grand Chamber constituted to deliver advisory opinions under Article 2 of Protocol No. 16 to the Convention. The President of the Court shall determine the time-limits which apply to third-party interveners.

Rule 44A[1] – Duty to cooperate with the Court

The parties have a duty to cooperate fully in the conduct of the proceedings and, in particular, to take such action within their power as the Court considers necessary for the proper administration of justice. This duty shall also apply to a Contracting Party not party to the proceedings where such cooperation is necessary.

Rule 44B[2] – Failure to comply with an order of the Court

Where a party fails to comply with an order of the Court concerning the conduct of the proceedings, the President of the Chamber may take any steps which he or she considers appropriate.

---

[1] Inserted by the Court on 13 December 2004.

[2] Inserted by the Court on 13 December 2004.

Rule 44C[1) – Failure to participate effectively

1. Where a party fails to adduce evidence or provide information requested by the Court or to divulge relevant information of its own motion or otherwise fails to participate effectively in the proceedings, the Court may draw such inferences as it deems appropriate.

2. Failure or refusal by a respondent Contracting Party to participate effectively in the proceedings shall not, in itself, be a reason for the Chamber to discontinue the examination of the application.

Rule 44D[2) – Inappropriate submissions by a party

If the representative of a party makes abusive, frivolous, vexatious, misleading or prolix submissions, the President of the Chamber may exclude that representative from the proceedings, refuse to accept all or part of the submissions or make any other order which he or she considers it appropriate to make, without prejudice to Article 35 § 3 of the Convention.

Rule 44E[3) – Failure to pursue an application

In accordance with Article 37 § 1 (a) of the Convention, if an applicant Contracting Party or an individual applicant fails to pursue the application, the Chamber may strike the application out of the Court's list under Rule 43.

Chapter II – Institution of Proceedings

Rule 45 – Signatures

1. Any application made under Articles 33 or 34 of the Convention shall be submitted in writing and shall be signed by the applicant or by the applicant's representative.

2. Where an application is made by a non-governmental organisation or by a group of individuals, it shall be signed by those persons competent to represent that organisation or group. The Chamber or Committee concerned shall determine any question as to whether the persons who have signed an application are competent to do so.

3. Where applicants are represented in accordance with Rule 36, a power of attorney or written authority to act shall be supplied by their representative or representatives.

Rule 46 – Contents of an inter-State application

Any Contracting Party or Parties intending to bring a case before the Court under Article 33 of the Convention shall file with the Registry an application setting out

a) the name of the Contracting Party against which the application is made;

b) a statement of the facts;

c) a statement of the alleged violation(s) of the Convention and the relevant arguments;

d) a statement on compliance with the admissibility criteria (exhaustion of domestic remedies and the six-month rule) laid down in Article 35 § 1 of the Convention;

e) the object of the application and a general indication of any claims for just satisfaction made under Article 41 of the Convention on behalf of the alleged injured party or parties; and

Grund-rechte EMRK + Prot VfO EGMR

[1) Inserted by the Court on 13 December 2004.
[2) Inserted by the Court on 13 December 2004.
[3) Inserted by the Court on 13 December 2004.

f) the name and address of the person or persons appointed as Agent; and accompanied by

g) copies of any relevant documents and in particular the decisions, whether judicial or not, relating to the object of the application.

Rule 47[1] – Contents of an individual application

1. An application under Article 34 of the Convention shall be made on the application form provided by the Registry, unless the Court decides otherwise. It shall contain all of the information requested in the relevant parts of the application form and set out

a) the name, date of birth, nationality and address of the applicant and, where the applicant is a legal person, the full name, date of incorporation or registration, the official registration number (if any) and the official address;

b) the name, address, telephone and fax numbers and e-mail address of the representative, if any;

c) where the applicant is represented, the dated and original signature of the applicant on the authority section of the application form; the original signature of the representative showing that he or she has agreed to act for the applicant must also be on the authority section of the application form;

d) the name of the Contracting Party or Parties against which the application is made;

e) a concise and legible statement of the facts;

f) a concise and legible statement of the alleged violation(s) of the Convention and the relevant arguments; and

g) a concise and legible statement confirming the applicant's compliance with the admissibility criteria laid down in Article 35 § 1 of the Convention.

2. a) All of the information referred to in paragraph 1 (e) to (g) above that is set out in the relevant part of the application form should be sufficient to enable the Court to determine the nature and scope of the application without recourse to any other document.

b) The applicant may however supplement the information by appending to the application form further details on the facts, alleged violations of the Convention and the relevant arguments. Such information shall not exceed 20 pages.

3.1. The application form shall be signed by the applicant or the applicant's representative and shall be accompanied by

a) copies of documents relating to the decisions or measures complained of, judicial or otherwise;

b) copies of documents and decisions showing that the applicant has complied with the exhaustion of domestic remedies requirement and the time-limit contained in Article 35 § 1 of the Convention;

c) where appropriate, copies of documents relating to any other procedure of international investigation or settlement;

d) where the applicant is a legal person as referred to in Rule 47 § 1 (a), a document or documents showing that the individual who lodged the application has the standing or authority to represent the applicant.

3.2. Documents submitted in support of the application shall be listed in order by date, numbered consecutively and be identified clearly.

4. Applicants who do not wish their identity to be disclosed to the public shall so indicate and shall submit a statement of the reasons justifying such a departure from the normal rule of public access to information in proceedings before the Court. The Court may authorise anonymity or grant it of its own motion.

5.1. Failure to comply with the requirements set out in paragraphs 1 to 3 of this Rule will result in the application not being examined by the Court, unless

a) the applicant has provided an adequate explanation for the failure to comply;

[1] As amended by the Court on 17 June and 8 July 2002, 11 December 2007, 22 September 2008, 6 May 2013 and 1 June and 5 October 2015.

b) the application concerns a request for an interim measure;

c) the Court otherwise directs of its own motion or at the request of an applicant.

5.2. The Court may in any case request an applicant to provide information or documents in any form or manner which may be appropriate within a fixed time-limit.

6. a) The date of introduction of the application for the purposes of Article 35 § 1 of the Convention shall be the date on which an application form satisfying the requirements of this Rule is sent to the Court. The date of dispatch shall be the date of the postmark.

b) Where it finds it justified, the Court may nevertheless decide that a different date shall be considered to be the date of introduction.

7. Applicants shall keep the Court informed of any change of address and of all circumstances relevant to the application.

Chapter III – Judge Rapporteurs

Rule 48[1] – Inter-State applications

1. Where an application is made under Article 33 of the Convention, the Chamber constituted to consider the case shall designate one or more of its judges as Judge Rapporteur(s), who shall submit a report on admissibility when the written observations of the Contracting Parties concerned have been received.

2. The Judge Rapporteur(s) shall submit such reports, drafts and other documents as may assist the Chamber and its President in carrying out their functions.

Rule 49[2] – Individual applications

1. Where the material submitted by the applicant is on its own sufficient to disclose that the application is inadmissible or should be struck out of the list, the application shall be considered by a single-judge formation unless there is some special reason to the contrary.

2. Where an application is made under Article 34 of the Convention and its examination by a Chamber or a Committee exercising the functions attributed to it under Rule 53 § 2 seems justified, the President of the Section to which the case has been assigned shall designate a judge as Judge Rapporteur, who shall examine the application.

3. In their examination of applications, Judge Rapporteurs

a) may request the parties to submit, within a specified time, any factual information, documents or other material which they consider to be relevant;

b) shall, subject to the President of the Section directing that the case be considered by a Chamber or a Committee, decide whether the application is to be considered by a single-judge formation, by a Committee or by a Chamber;

c) shall submit such reports, drafts and other documents as may assist the Chamber or the Committee or the respective President in carrying out their functions.

Rule 50 – Grand Chamber proceedings

Where a case has been submitted to the Grand Chamber either under Article 30 or under Article 43 of the Convention, the President of the Grand Chamber shall designate as Judge Rapporteur(s) one or, in the case of an inter-State application, one or more of its members.

[1] As amended by the Court on 17 June and 8 July 2002.

[2] As amended by the Court on 17 June and 8 July 2002, 4 July 2005, 13 November 2006 and 14 May 2007.

Chapter IV – Proceedings on Admissibility

Inter-State applications

Rule 51[1] – Assignment of applications and subsequent procedure

1. When an application is made under Article 33 of the Convention, the President of the Court shall immediately give notice of the application to the respondent Contracting Party and shall assign the application to one of the Sections.

2. In accordance with Rule 26 § 1 (a), the judges elected in respect of the applicant and respondent Contracting Parties shall sit as *ex officio* members of the Chamber constituted to consider the case. Rule 30 shall apply if the application has been brought by several Contracting Parties or if applications with the same object brought by several Contracting Parties are being examined jointly under Rule 42.

3. On assignment of the case to a Section, the President of the Section shall constitute the Chamber in accordance with Rule 26 § 1 and shall invite the respondent Contracting Party to submit its observations in writing on the admissibility of the application. The observations so obtained shall be communicated by the Registrar to the applicant Contracting Party, which may submit written observations in reply.

4. Before the ruling on the admissibility of the application is given, the Chamber or its President may decide to invite the Parties to submit further observations in writing.

5. A hearing on the admissibility shall be held if one or more of the Contracting Parties concerned so requests or if the Chamber so decides of its own motion.

6. Before fixing the written and, where appropriate, oral procedure, the President of the Chamber shall consult the Parties.

Individual applications

Rule 52[2] – Assignment of applications to the Sections

1. Any application made under Article 34 of the Convention shall be assigned to a Section by the President of the Court, who in so doing shall endeavour to ensure a fair distribution of cases between the Sections.

2. The Chamber of seven judges provided for in Article 26 § 1 of the Convention shall be constituted by the President of the Section concerned in accordance with Rule 26 § 1.

3. Pending the constitution of a Chamber in accordance with paragraph 2 of this Rule, the President of the Section shall exercise any powers conferred on the President of the Chamber by these Rules.

Rule 52A[3] – Procedure before a single judge

1. In accordance with Article 27 of the Convention, a single judge may declare inadmissible or strike out of the Court's list of cases an application submitted under Article 34, where such a decision can be taken without further examination. The decision shall be final. It shall contain a summary reasoning. It shall be communicated to the applicant.

---

[1] As amended by the Court on 17 June and 8 July 2002.

[2] As amended by the Court on 17 June and 8 July 2002.

[3] Inserted by the Court on 13 November 2006 and amended on 9 September 2019 and 4 November 2019.

2. If the single judge does not take a decision of the kind provided for in the first paragraph of the present Rule, that judge shall forward the application to a Committee or to a Chamber for further examination.

Rule 53[1] – Procedure before a Committee

1. In accordance with Article 28 § 1 (a) of the Convention, the Committee may, by a unanimous vote and at any stage of the proceedings, declare an application inadmissible or strike it out of the Court's list of cases where such a decision can be taken without further examination.

2. If the Committee is satisfied, in the light of the parties' observations received pursuant to Rule 54 § 2 (b), that the case falls to be examined in accordance with the procedure under Article 28 § 1 (b) of the Convention, it shall, by a unanimous vote, adopt a judgment including its decision on admissibility and, as appropriate, on just satisfaction.

3. If the judge elected in respect of the Contracting Party concerned is not a member of the Committee, the Committee may at any stage of the proceedings before it, by a unanimous vote, invite that judge to take the place of one of its members, having regard to all relevant factors, including whether that Party has contested the application of the procedure under Article 28 § 1 (b) of the Convention.

4. Decisions and judgments under Article 28 § 1 of the Convention shall be final. They shall be reasoned. Decisions may contain a summary reasoning when they have been adopted following referral by a single judge pursuant to Rule 52A § 2.

5. The decision of the Committee shall be communicated by the Registrar to the applicant as well as to the Contracting Party or Parties concerned where these have previously been involved in the application in accordance with the present Rules.

6. If no decision or judgment is adopted by the Committee, the application shall be forwarded to the Chamber constituted under Rule 52 § 2 to examine the case.

7. The provisions of Rule 42 § 1 and Rules 79 to 81 shall apply, *mutatis mutandis*, to proceedings before a Committee.

Rule 54[2] – Procedure before a Chamber

1. The Chamber may at once declare the application inadmissible or strike it out of the Court's list of cases. The decision of the Chamber may relate to all or part of the application.

2. Alternatively, the Chamber or the President of the Section may decide to

a) request the parties to submit any factual information, documents or other material considered by the Chamber or its President to be relevant;

b) give notice of the application or part of the application to the respondent Contracting Party and invite that Party to submit written observations thereon and, upon receipt thereof, invite the applicant to submit observations in reply;

c) invite the parties to submit further observations in writing.

3. In the exercise of the competences under paragraph 2 (b) of this Rule, the President of the Section, acting as a single judge, may at once declare part of the application inadmissible or strike part of the application out of the Court's list of cases. The decision shall be final. It shall be summarily reasoned. It shall be communicated to the applicant as well as to the Contracting Party or Parties concerned by a letter containing that reasoning.

[1] As amended by the Court on 17 June and 8 July 2002, 4 July 2005, 14 May 2007, 16 January 2012 and 4 November 2019.

[2] As amended by the Court on 17 June and 8 July 2002 and 14 January 2013.

4. Paragraph 2 of this Rule shall also apply to Vice-Presidents of Sections appointed as duty judges in accordance with Rule 39 § 4 to decide on requests for interim measures. Any decision to declare inadmissible the application shall be summarily reasoned. It shall be communicated to the applicant by a letter containing that reasoning.

5. Before taking a decision on admissibility, the Chamber may decide, either at the request of a party or of its own motion, to hold a hearing if it considers that the discharge of its functions under the Convention so requires. In that event, unless the Chamber shall exceptionally decide otherwise, the parties shall also be invited to address the issues arising in relation to the merits of the application.

Rule 54A[1)] – Joint examination of admissibility and merits

1. When giving notice of the application to the respondent Contracting Party pursuant to Rule 54 § 2 (b), the Chamber may also decide to examine the admissibility and merits at the same time in accordance with Article 29 § 1 of the Convention. The parties shall be invited to include in their observations any submissions concerning just satisfaction and any proposals for a friendly settlement. The conditions laid down in Rules 60 and 62 shall apply, *mutatis mutandis*. The Court may, however, decide at any stage, if necessary, to take a separate decision on admissibility.

2. If no friendly settlement or other solution is reached and the Chamber is satisfied, in the light of the parties' arguments, that the case is admissible and ready for a determination on the merits, it shall immediately adopt a judgment including the Chamber's decision on admissibility, save in cases where it decides to take such a decision separately.

Inter-State and individual applications

Rule 55 – Pleas of inadmissibility

Any plea of inadmissibility must, in so far as its character and the circumstances permit, be raised by the respondent Contracting Party in its written or oral observations on the admissibility of the application submitted as provided in Rule 51 or 54, as the case may be.

Rule 56[2)] – Decision of a Chamber

1. The decision of the Chamber shall state whether it was taken unanimously or by a majority and shall be reasoned.

2. The decision of the Chamber shall be communicated by the Registrar to the applicant. It shall also be communicated to the Contracting Party or Parties concerned and to any third party, including the Council of Europe Commissioner for Human Rights, where these have previously been informed of the application in accordance with the present Rules. If a friendly settlement is effected, the decision to strike an application out of the list of cases shall be forwarded to the Committee of Ministers in accordance with Rule 43 § 3.

Rule 57[1)] – Language of the decision

Unless the Court decides that a decision shall be given in both official languages, all decisions shall be given either in English or in French. Decisions of the Grand Chamber shall, however, be given in both official languages, and both language versions shall be equally authentic.

[1)] Inserted by the Court on 17 June and 8 July 2002 and amended on 13 December 2004 and 13 November 2006.

[2)] As amended by the Court on 17 June, 8 July 2002, 13 November 2006 and 4 November 2019.

[1)] As amended by the Court on 17 June, 8 July 2002 and 4 November 2019.

Chapter V – Proceedings after the Admission of an Application

Rule 58[1] – Inter-State applications

1. Once the Chamber has decided to admit an application made under Article 33 of the Convention, the President of the Chamber shall, after consulting the Contracting Parties concerned, lay down the time-limits for the filing of written observations on the merits and for the production of any further evidence. The President may however, with the agreement of the Contracting Parties concerned, direct that a written procedure is to be dispensed with.

2. A hearing on the merits shall be held if one or more of the Contracting Parties concerned so requests or if the Chamber so decides of its own motion. The President of the Chamber shall fix the oral procedure.

Rule 59[2] – Individual applications

1. Once an application made under Article 34 of the Convention has been declared admissible, the Chamber or its President may invite the parties to submit further evidence and written observations.

2. Unless decided otherwise, the parties shall be allowed the same time for submission of their observations.

3. The Chamber may decide, either at the request of a party or of its own motion, to hold a hearing on the merits if it considers that the discharge of its functions under the Convention so requires.

4. The President of the Chamber shall, where appropriate, fix the written and oral procedure.

Rule 60[3] – Claims for just satisfaction

1. An applicant who wishes to obtain an award of just satisfaction under Article 41 of the Convention in the event of the Court finding a violation of his or her Convention rights must make a specific claim to that effect.

2. The applicant must submit itemised particulars of all claims, together with any relevant supporting documents, within the time-limit fixed for the submission of the applicant's observations on the merits unless the President of the Chamber directs otherwise.

3. If the applicant fails to comply with the requirements set out in the preceding paragraphs the Chamber may reject the claims in whole or in part.

4. The applicant's claims shall be transmitted to the respondent Contracting Party for comment.

Rule 61[4] – Pilot-judgment procedure

1. The Court may initiate a pilot-judgment procedure and adopt a pilot judgment where the facts of an application reveal in the Contracting Party concerned the existence of a structural or systemic problem or other similar dysfunction which has given rise or may give rise to similar applications.

2. a) Before initiating a pilot-judgment procedure, the Court shall first seek the views of the parties on whether the application under examination results from the existence of such a problem or dysfunction in the Contracting Party concerned and on the suitability of processing the application in accordance with that procedure.

[1] As amended by the Court on 17 June and 8 July 2002.
[2] As amended by the Court on 17 June and 8 July 2002.
[3] As amended by the Court on 13 December 2004.
[4] Inserted by the Court on 21 February 2011.

b) A pilot-judgment procedure may be initiated by the Court of its own motion or at the request of one or both parties.

c) Any application selected for pilot-judgment treatment shall be processed as a matter of priority in accordance with Rule 41 of the Rules of Court.

3. The Court shall in its pilot judgment identify both the nature of the structural or systemic problem or other dysfunction as established as well as the type of remedial measures which the Contracting Party concerned is required to take at the domestic level by virtue of the operative provisions of the judgment.

4. The Court may direct in the operative provisions of the pilot judgment that the remedial measures referred to in paragraph 3 above be adopted within a specified time, bearing in mind the nature of the measures required and the speed with which the problem which it has identified can be remedied at the domestic level.

5. When adopting a pilot judgment, the Court may reserve the question of just satisfaction either in whole or in part pending the adoption by the respondent Contracting Party of the individual and general measures specified in the pilot judgment.

6. a) As appropriate, the Court may adjourn the examination of all similar applications pending the adoption of the remedial measures required by virtue of the operative provisions of the pilot judgment.

b) The applicants concerned shall be informed in a suitable manner of the decision to adjourn. They shall be notified as appropriate of all relevant developments affecting their cases.

c) The Court may at any time examine an adjourned application where the interests of the proper administration of justice so require.

7. Where the parties to the pilot case reach a friendly-settlement agreement, such agreement shall comprise a declaration by the respondent Contracting Party on the implementation of the general measures identified in the pilot judgment as well as the redress to be afforded to other actual or potential applicants.

8. Subject to any decision to the contrary, in the event of the failure of the Contracting Party concerned to comply with the operative provisions of a pilot judgment, the Court shall resume its examination of the applications which have been adjourned in accordance with paragraph 6 above.

9. The Committee of Ministers, the Parliamentary Assembly of the Council of Europe, the Secretary General of the Council of Europe, and the Council of Europe Commissioner for Human Rights shall be informed of the adoption of a pilot judgment as well as of any other judgment in which the Court draws attention to the existence of a structural or systemic problem in a Contracting Party.

10. Information about the initiation of pilot-judgment procedures, the adoption of pilot judgments and their execution as well as the closure of such procedures shall be published on the Court's website.

Rule 62[1)] – Friendly settlement

1. Once an application has been declared admissible, the Registrar, acting on the instructions of the Chamber or its President, shall enter into contact with the parties with a view to securing a friendly settlement of the matter in accordance with Article 39 § 1 of the Convention. The Chamber shall take any steps that appear appropriate to facilitate such a settlement.

2. In accordance with Article 39 § 2 of the Convention, the friendly-settlement negotiations shall be confidential and without prejudice to the parties' arguments in the contentious proceedings. No

[1)] As amended by the Court on 17 June and 8 July 2002 and 13 November 2006.

written or oral communication and no offer or concession made in the framework of the attempt to secure a friendly settlement may be referred to or relied on in the contentious proceedings.

3. If the Chamber is informed by the Registrar that the parties have agreed to a friendly settlement, it shall, after verifying that the settlement has been reached on the basis of respect for human rights as defined in the Convention and the Protocols thereto, strike the case out of the Court's list in accordance with Rule 43 § 3.

4. Paragraphs 2 and 3 apply, *mutatis mutandis*, to the procedure under Rule 54A.

Rule 62A[1] – Unilateral declaration

1. a) Where an applicant has refused the terms of a friendly-settlement proposal made pursuant to Rule 62, the Contracting Party concerned may file with the Court a request to strike the application out of the list in accordance with Article 37 § 1 of the Convention.

b) Such request shall be accompanied by a declaration clearly acknowledging that there has been a violation of the Convention in the applicant's case together with an undertaking to provide adequate redress and, as appropriate, to take necessary remedial measures.

c) The filing of a declaration under paragraph 1 (b) of this Rule must be made in public and adversarial proceedings conducted separately from and with due respect for the confidentiality of any friendly-settlement proceedings referred to in Article 39 § 2 of the Convention and Rule 62 § 2.

2. Where exceptional circumstances so justify, a request and accompanying declaration may be filed with the Court even in the absence of a prior attempt to reach a friendly settlement.

3. If it is satisfied that the declaration offers a sufficient basis for finding that respect for human rights as defined in the Convention and the Protocols thereto does not require it to continue its examination of the application, the Court may strike it out of the list, either in whole or in part, even if the applicant wishes the examination of the application to be continued.

4. This Rule applies, *mutatis mutandis*, to the procedure under Rule 54A.

Chapter VI – Hearings

Rule 63[1] – Public character of hearings

1. Hearings shall be public unless, in accordance with paragraph 2 of this Rule, the Chamber in exceptional circumstances decides otherwise, either of its own motion or at the request of a party or any other person concerned.

2. The press and the public may be excluded from all or part of a hearing in the interests of morals, public order or national security in a democratic society, where the interests of juveniles or the protection of the private life of the parties so require, or to the extent strictly necessary in the opinion of the Chamber in special circumstances where publicity would prejudice the interests of justice.

3. Any request for a hearing to be held in camera made under paragraph 1 of this Rule must include reasons and specify whether it concerns all or only part of the hearing.

Rule 64[2] – Conduct of hearings

1. The President of the Chamber shall organise and direct hearings and shall prescribe the order in which those appearing before the Chamber shall be called upon to speak.

[1] Inserted by the Court on 2 April 2012.

[1] As amended by the Court on 7 July 2003.

[2] As amended by the Court on 7 July 2003.

2. Any judge may put questions to any person appearing before the Chamber.

Rule 65[3] – Failure to appear

Where a party or any other person due to appear fails or declines to do so, the Chamber may, provided that it is satisfied that such a course is consistent with the proper administration of justice, nonetheless proceed with the hearing.

Rules 66 to 69 deleted

Rule 70[4] – Verbatim record of a hearing

1. If the President of the Chamber so directs, the Registrar shall be responsible for the making of a verbatim record of the hearing. Any such record shall include:

a) the composition of the Chamber;

b) a list of those appearing before the Chamber;

c) the text of the submissions made, questions put and replies given;

d) the text of any ruling delivered during the hearing.

2. If all or part of the verbatim record is in a non-official language, the Registrar shall arrange for its translation into one of the official languages.

3. The representatives of the parties shall receive a copy of the verbatim record in order that they may, subject to the control of the Registrar or the President of the Chamber, make corrections, but in no case may such corrections affect the sense and bearing of what was said. The Registrar shall lay down, in accordance with the instructions of the President of the Chamber, the time-limits granted for this purpose.

4. The verbatim record, once so corrected, shall be signed by the President of the Chamber and the Registrar and shall then constitute certified matters of record.

Chapter VII – Proceedings before the Grand Chamber

Rule 71[1] – Applicability of procedural provisions

1. Any provisions governing proceedings before the Chambers shall apply, *mutatis mutandis*, to proceedings before the Grand Chamber.

2. The powers conferred on a Chamber by Rules 54 § 5 and 59 § 3 in relation to the holding of a hearing may, in proceedings before the Grand Chamber, also be exercised by the President of the Grand Chamber.

Rule 72[2] – Relinquishment of jurisdiction in favour of the Grand Chamber

1. Where a case pending before a Chamber raises a serious question affecting the interpretation of the Convention or the Protocols thereto, the Chamber may relinquish jurisdiction in favour of the Grand Chamber, unless one of the parties to the case has objected in accordance with paragraph 4 of this Rule.

2. Where the resolution of a question raised in a case before the Chamber might have a result inconsistent with the Court's case-law, the Chamber shall relinquish jurisdiction in favour of the Grand

[3] As amended by the Court on 7 July 2003.

[4] As amended by the Court on 17 June and 8 July 2002.

[1] As amended by the Court on 17 June and 8 July 2002.

[2] As amended by the Court on 6 February 2013.

Chamber, unless one of the parties to the case has objected in accordance with paragraph 4 of this Rule.

3. Reasons need not be given for the decision to relinquish.

4. The Registrar shall notify the parties of the Chamber's intention to relinquish jurisdiction. The parties shall have one month from the date of that notification within which to file at the Registry a duly reasoned objection. An objection which does not fulfil these conditions shall be considered invalid by the Chamber.

Rule 73 – Request by a party for referral of a case to the Grand Chamber

1. In accordance with Article 43 of the Convention, any party to a case may exceptionally, within a period of three months from the date of delivery of the judgment of a Chamber, file in writing at the Registry a request that the case be referred to the Grand Chamber. The party shall specify in its request the serious question affecting the interpretation or application of the Convention or the Protocols thereto, or the serious issue of general importance, which in its view warrants consideration by the Grand Chamber.

2. A panel of five judges of the Grand Chamber constituted in accordance with Rule 24 § 5 shall examine the request solely on the basis of the existing case file. It shall accept the request only if it considers that the case does raise such a question or issue. Reasons need not be given for a refusal of the request.

3. If the panel accepts the request, the Grand Chamber shall decide the case by means of a judgment.

Chapter VIII – Judgments

Rule 74[1)] – Contents of the judgment

1. A judgment as referred to in Articles 28, 42 and 44 of the Convention shall contain

a) the names of the President and the other judges constituting the Chamber or the Committee concerned, and the name of the Registrar or the Deputy Registrar;

b) the dates on which it was adopted and delivered;

c) a description of the parties;

d) the names of the Agents, advocates or advisers of the parties;

e) an account of the procedure followed;

f) the facts of the case;

g) a summary of the submissions of the parties;

h) the reasons in point of law;

i) the operative provisions;

j) the decision, if any, in respect of costs;

k) the number of judges constituting the majority;

l) where appropriate, a statement as to which text is authentic.

2. Any judge who has taken part in the consideration of the case by a Chamber or by the Grand Chamber shall be entitled to annex to the judgment either a separate opinion, concurring with or dissenting from that judgment, or a bare statement of dissent.

Rule 75[2)] – Ruling on just satisfaction

1. Where the Chamber or the Committee finds that there has been a violation of the Convention or the Protocols thereto, it shall give in the same judgment a ruling on the application of Article 41

1) As amended by the Court on 13 November 2006.

2) As amended by the Court on 13 December 2004 and 13 November 2006.

of the Convention if a specific claim has been submitted in accordance with Rule 60 and the question is ready for decision; if the question is not ready for decision, the Chamber or the Committee shall reserve it in whole or in part and shall fix the further procedure.

2. For the purposes of ruling on the application of Article 41 of the Convention, the Chamber or the Committee shall, as far as possible, be composed of those judges who sat to consider the merits of the case. Where it is not possible to constitute the original Chamber or Committee, the President of the Section shall complete or compose the Chamber or Committee by drawing lots.

3. The Chamber or the Committee may, when affording just satisfaction under Article 41 of the Convention, direct that if settlement is not made within a specified time, interest is to be payable on any sums awarded.

4. If the Court is informed that an agreement has been reached between the injured party and the Contracting Party liable, it shall verify the equitable nature of the agreement and, where it finds the agreement to be equitable, strike the case out of the list in accordance with Rule 43 § 3.

Rule 76[1)] – Language of the judgment

Unless the Court decides that a judgment shall be given in both official languages, all judgments shall be given either in English or in French. Judgments of the Grand Chamber shall, however, be given in both official languages, and both language versions shall be equally authentic.

Rule 77[2)] – Signature, delivery and notification of the judgment

1. Judgments shall be signed by the President of the Chamber or the Committee and the Registrar.

2. The judgment adopted by a Chamber may be read out at a public hearing by the President of the Chamber or by another judge delegated by him or her. The Agents and representatives of the parties shall be informed in due time of the date of the hearing. Otherwise, and in respect of judgments adopted by Committees, the notification provided for in paragraph 3 of this Rule shall constitute delivery of the judgment.

3. The judgment shall be transmitted to the Committee of Ministers. The Registrar shall send copies to the parties, to the Secretary General of the Council of Europe, to any third party, including the Council of Europe Commissioner for Human Rights, and to any other person directly concerned. The original copy, duly signed, shall be placed in the archives of the Court.

Rule 78 deleted

Rule 79 – Request for interpretation of a judgment

1. A party may request the interpretation of a judgment within a period of one year following the delivery of that judgment.

2. The request shall be filed with the Registry. It shall state precisely the point or points in the operative provisions of the judgment on which interpretation is required.

3. The original Chamber may decide of its own motion to refuse the request on the ground that there is no reason to warrant considering it. Where it is not possible to constitute the original Chamber, the President of the Court shall complete or compose the Chamber by drawing lots.

4. If the Chamber does not refuse the request, the Registrar shall communicate it to the other party or parties and shall invite them to submit any written comments within a time-limit laid down by the

---

[1)] As amended by the Court on 17 June, 8 July 2002 and 4 November 2019.

[2)] As amended by the Court on 13 November 2006, 1 December 2008 and 1 June 2015.

President of the Chamber. The President of the Chamber shall also fix the date of the hearing should the Chamber decide to hold one. The Chamber shall decide by means of a judgment.

Rule 80 – Request for revision of a judgment

1. A party may, in the event of the discovery of a fact which might by its nature have a decisive influence and which, when a judgment was delivered, was unknown to the Court and could not reasonably have been known to that party, request the Court, within a period of six months after that party acquired knowledge of the fact, to revise that judgment.

2. The request shall mention the judgment of which revision is requested and shall contain the information necessary to show that the conditions laid down in paragraph 1 of this Rule have been complied with. It shall be accompanied by a copy of all supporting documents. The request and supporting documents shall be filed with the Registry.

3. The original Chamber may decide of its own motion to refuse the request on the ground that there is no reason to warrant considering it. Where it is not possible to constitute the original Chamber, the President of the Court shall complete or compose the Chamber by drawing lots.

4. If the Chamber does not refuse the request, the Registrar shall communicate it to the other party or parties and shall invite them to submit any written comments within a time-limit laid down by the President of the Chamber. The President of the Chamber shall also fix the date of the hearing should the Chamber decide to hold one. The Chamber shall decide by means of a judgment.

Rule 81 – Rectification of errors in decisions and judgments

Without prejudice to the provisions on revision of judgments and on restoration to the list of applications, the Court may, of its own motion or at the request of a party made within one month of the delivery of a decision or a judgment, rectify clerical errors, errors in calculation or obvious mistakes.

Chapter IX – Advisory Opinions under Articles 47, 48 and 49 of the Convention[1)]

Rule 82[2)]

In proceedings relating to advisory opinions requested by the Committee of Ministers the Court shall apply, in addition to the provisions of Articles 47, 48 and 49 of the Convention, the provisions which follow. It shall also apply the other provisions of these Rules to the extent to which it considers this to be appropriate.

Rule 83[3)]

The request for an advisory opinion shall be filed with the Registrar. It shall state fully and precisely the question on which the opinion of the Court is sought, and also

a) the date on which the Committee of Ministers adopted the decision referred to in Article 47 § 3 of the Convention;

b) the name and address of the person or persons appointed by the Committee of Ministers to give the Court any explanations which it may require.

The request shall be accompanied by all documents likely to elucidate the question.

1) Inserted by the Court on 19 September 2016.

2) As amended by the Court on 19 September 2016.

3) As amended by the Court on 4 July 2005.

Rule 84[4)]

1. On receipt of a request, the Registrar shall transmit a copy of it and of the accompanying documents to all members of the Court.

2. The Registrar shall inform the Contracting Parties that they may submit written comments on the request.

Rule 85[5)]

1. The President of the Court shall lay down the time-limits for filing written comments or other documents.

2. Written comments or other documents shall be filed with the Registrar. The Registrar shall transmit copies of them to all the members of the Court, to the Committee of Ministers and to each of the Contracting Parties.

Rule 86

After the close of the written procedure, the President of the Court shall decide whether the Contracting Parties which have submitted written comments are to be given an opportunity to develop them at an oral hearing held for the purpose.

Rule 87[1)]

1. A Grand Chamber shall be constituted to consider the request for an advisory opinion.

2. If the Grand Chamber considers that the request is not within its competence as defined in Article 47 of the Convention, it shall so declare in a reasoned decision.

Rule 88[2)]

1. Reasoned decisions and advisory opinions shall be given by a majority vote of the Grand Chamber. They shall mention the number of judges constituting the majority.

1B. Reasoned decisions and advisory opinions shall be given in both official languages of the Court, and both language versions shall be equally authentic.

2. Any judge may, if he or she so desires, attach to the reasoned decision or advisory opinion of the Court either a separate opinion, concurring with or dissenting from the reasoned decision or advisory opinion, or a bare statement of dissent.

Rule 89[3)]

The reasoned decision or advisory opinion may be read out in one of the two official languages by the President of the Grand Chamber, or by another judge delegated by the President, at a public hearing, prior notice having been given to the Committee of Ministers and to each of the Contracting Parties. Otherwise the notification provided for in Rule 90 shall constitute delivery of the opinion or reasoned decision.

---

4) As amended by the Court on 4 July 2005.

5) As amended by the Court on 4 July 2005.

1) As amended by the Court on 4 July 2005.

2) As amended by the Court on 4 July 2005 and 4 November 2019.

3) As amended by the Court on 4 July 2005.

Rule 90[4)]

The advisory opinion or reasoned decision shall be signed by the President of the Grand Chamber and by the Registrar. The original copy, duly signed, shall be placed in the archives of the Court. The Registrar shall send certified copies to the Committee of Ministers, to the Contracting Parties and to the Secretary General of the Council of Europe.

Chapter X[1)] – Advisory opinions under Protocol No. 16 to the Convention

Rule 91 – General

In proceedings relating to advisory opinions requested by courts or tribunals designated by Contracting Parties pursuant to Article 10 of Protocol No. 16 to the Convention, the Court shall apply, in addition to the provisions of that Protocol, the provisions which follow. It shall also apply the other provisions of these Rules to the extent to which it considers this to be appropriate.

Rule 92 – The introduction of a request for an advisory opinion

1. In accordance with Article 1 of Protocol No. 16 to the Convention, a court or tribunal of a Contracting Party to that Protocol may request the Court to give an advisory opinion on questions of principle relating to the interpretation or application of the rights and freedoms defined in the Convention and the Protocols thereto. Any such request shall be filed with the Registrar of the Court.

2.1. The request shall be reasoned and shall set out

a) the subject matter of the domestic case and its relevant legal and factual background;

b) the relevant domestic legal provisions;

c) the relevant Convention issues, in particular the rights or freedoms at stake;

d) if relevant, a summary of the arguments of the parties to the domestic proceedings on the question; and

e) if possible and appropriate, a statement of the requesting court's or tribunal's own views on the question, including any analysis it may itself have made of the question.

2.2. The requesting court or tribunal shall submit any further documents of relevance to the legal and factual background of the pending case.

2.3. The requesting court or tribunal shall notify the Registrar in the event of the withdrawal of its request. On receipt of such a notification the Court shall discontinue the proceedings.

Rule 93 – Examination of a request by the panel

1.1. The request for an advisory opinion shall be examined by a panel of five judges of the Grand Chamber. The panel shall be composed of

a) the President of the Court. If the President of the Court is prevented from sitting, he or she shall be replaced by the Vice-President of the Court taking precedence;

b) two Presidents of Sections designated by rotation. If the Presidents of the Sections so designated are prevented from sitting, they shall be replaced by the Vice-Presidents of their Sections;

c) a judge designated by rotation from among the judges elected by the remaining Sections to serve on the panel for a period of six months;

d) the judge elected in respect of the Contracting Party to which the requesting court or tribunal pertains or, where appropriate, a judge appointed pursuant to Rule 29; and

e) at least two substitute judges designated in rotation from among the judges elected by the Sections to serve on the panel for a period of six months.

4) As amended by the Court on 4 July 2005 and 1 June 2015.

1) Inserted by the Court on 19 September 2016.

1.2. Judges serving on the panel shall continue to serve where they have participated in the examination of a request for an advisory opinion and no final decision has been taken on it at the date of expiry of their period of appointment to the panel.

2. Requests for advisory opinions shall be processed as a matter of priority in accordance with Rule 41.

3. The panel of the Grand Chamber shall accept the request if it considers that it fulfils the requirements of Article 1 of Protocol No. 16 to the Convention.

4. The panel shall give reasons for a refusal of a request.

5. The requesting court or tribunal and the Contracting Party to which it pertains shall be notified of the panel's decision to accept or refuse a request.

Rule 94[1)] – Proceedings following the panel's acceptance of a request

1. Where the panel accepts a request for an advisory opinion in accordance with Rule 93, a Grand Chamber shall be constituted pursuant to Rule 24 § 2 (h) to consider the request and to deliver an advisory opinion.

2. The President of the Grand Chamber may invite the requesting court or tribunal to submit any further information which is considered necessary for clarifying the scope of the request or its own views on the question raised by the request.

3. The President of the Grand Chamber may invite the parties to the domestic proceedings to submit written observations and, if appropriate, to take part in an oral hearing.

4. Written comments or other documents shall be filed with the Registrar in accordance with the time-limits laid down by the President of the Grand Chamber.

5. Copies of any submissions filed in accordance with the provisions of Rule 44 shall be transmitted to the requesting court or tribunal, which shall have the opportunity to comment on those submissions.

6. After the close of the written procedure, the President of the Grand Chamber shall decide whether an oral hearing should be held.

7. Advisory opinions shall be given by a majority vote of the Grand Chamber. They shall mention the number of judges constituting the majority.

7B. Advisory opinions shall be given in both official languages of the Court, and both language versions shall be equally authentic.

8. Any judge may, if he or she so desires, attach to the advisory opinion of the Court either a separate opinion, concurring with or dissenting from the advisory opinion, or a bare statement of dissent.

9. The advisory opinion shall be signed by the President of the Grand Chamber and by the Registrar. The original copy, duly signed, shall be placed in the archives of the Court. The Registrar shall send certified copies to the requesting court or tribunal and to the Contracting Party to which that court or tribunal pertains.

10. Any third party who has intervened in the proceedings in accordance with Article 3 of Protocol No. 16 to the Convention and Rule 44 of the Rules of Court shall also receive a copy of the advisory opinion.

[1)] As amended by the Court on 4 November 2019.

Rule 95 – Costs of the advisory-opinion proceedings and legal aid

1. Where the President of the Grand Chamber has invited a party to the domestic proceedings to intervene in the advisory opinion proceedings pursuant to Rule 44 § 7 and Rule 94 § 3, the reimbursement of that party's costs and expenses shall not be decided by the Court but shall be determined in accordance with the law and practice of the Contracting Party to which the requesting court or tribunal pertains.

2. The provisions of Chapter XII shall apply *mutatis mutandis* where the President of the Grand Chamber has invited pursuant to Rules 44 § 7 and 94 § 3 a party to the domestic proceedings to intervene in the advisory opinion proceedings and that party lacks sufficient means to meet all or part of the costs entailed.

Chapter XI[1)] – Proceedings under Article 46 § § 3, 4 and 5 of the Convention

Proceedings under Article 46 § 3 of the Convention

Rule 96 (former Rule 91)

Any request for interpretation under Article 46 § 3 of the Convention shall be filed with the Registrar. The request shall state fully and precisely the nature and source of the question of interpretation that has hindered execution of the judgment mentioned in the request and shall be accompanied by

a) information about the execution proceedings, if any, before the Committee of Ministers in respect of the judgment;

b) a copy of the decision referred to in Article 46 § 3 of the Convention;

c) the name and address of the person or persons appointed by the Committee of Ministers to give the Court any explanations which it may require.

Rule 97 (former Rule 92)

1. The request shall be examined by the Grand Chamber, Chamber or Committee which rendered the judgment in question.

2. Where it is not possible to constitute the original Grand Chamber, Chamber or Committee, the President of the Court shall complete or compose it by drawing lots.

Rule 98 (former Rule 93)

The decision of the Court on the question of interpretation referred to it by the Committee of Ministers is final. No separate opinion of the judges may be delivered thereto. Copies of the ruling shall be transmitted to the Committee of Ministers and to the parties concerned as well as to any third party, including the Council of Europe Commissioner for Human Rights.

Proceedings under Article 46 § § 4 and 5 of the Convention

Rule 99 (former Rule 94)

In proceedings relating to a referral to the Court of a question whether a Contracting Party has failed to fulfil its obligation under Article 46 § 1 of the Convention the Court shall apply, in addition to the provisions of Article 31 (b) and Article 46 § § 4 and 5 of the Convention, the provisions which follow.

It shall also apply the other provisions of these Rules to the extent to which it considers this to be appropriate.

Grund-rechte EMRK + PH VfO EGMR

[1)] Inserted by the Court on 13 November 2006 and 14 May 2007.

Rule 100 (former Rule 95)

Any request made pursuant to Article 46 § 4 of the Convention shall be reasoned and shall be filed with the Registrar. It shall be accompanied by

a) the judgment concerned;

b) information about the execution proceedings before the Committee of Ministers in respect of the judgment concerned, including, if any, the views expressed in writing by the parties concerned and communications submitted in those proceedings;

c) copies of the formal notice served on the respondent Contracting Party or Parties and the decision referred to in Article 46 § 4 of the Convention;

d) the name and address of the person or persons appointed by the Committee of Ministers to give the Court any explanations which it may require;

e) copies of all other documents likely to elucidate the question.

Rule 101 (former Rule 96)

A Grand Chamber shall be constituted, in accordance with Rule 24 § 2 (g), to consider the question referred to the Court.

Rule 102 (former Rule 97)

The President of the Grand Chamber shall inform the Committee of Ministers and the parties concerned that they may submit written comments on the question referred.

Rule 103 (former Rule 98)

1. The President of the Grand Chamber shall lay down the time-limits for filing written comments or other documents.

2. The Grand Chamber may decide to hold a hearing.

Rule 104 (former Rule 99)

The Grand Chamber shall decide by means of a judgment. Copies of the judgment shall be transmitted to the Committee of Ministers and to the parties concerned as well as to any third party, including the Council of Europe Commissioner for Human Rights.

Chapter XIA[1] – Publication of judgments, decisions and advisory opinions

Rule 104A – Publication on the Court's case-law database

104A. All judgments, all decisions and all advisory opinions shall be published, under the responsibility of the Registrar, on the Court's case-law database, HUDOC. However, this rule shall not apply to single judge decisions as provided by Rule 52A § 1, to decisions taken by a Section President or a Section Vice-President acting as a single judge, as provided by Rule 54 § § 3 and 4, and to committee decisions summarily reasoned, pursuant to Rule 52A § 2; the Court shall periodically make accessible to the public general information about these decisions.

Rule 104B – Key cases

In addition, attention shall be drawn by the Registrar, in an appropriate way, to those judgments, decisions and advisory opinions that have been selected by the Bureau as key cases.

---

[1] Inserted by the Court on 4 November 2019.

Chapter XII – Legal Aid

Rule 105 (former Rule 100)

1. The President of the Chamber may, either at the request of an applicant having lodged an application under Article 34 of the Convention or of his or her own motion, grant free legal aid to the applicant in connection with the presentation of the case from the moment when observations in writing on the admissibility of that application are received from the respondent Contracting Party in accordance with Rule 54 § 2 b, or where the time-limit for their submission has expired.

2. Subject to Rule 110, where the applicant has been granted legal aid in connection with the presentation of his or her case before the Chamber, that grant shall continue in force for the purposes of his or her representation before the Grand Chamber.

Rule 106 (former Rule 101)

Legal aid shall be granted only where the President of the Chamber is satisfied

a) that it is necessary for the proper conduct of the case before the Chamber;

b) that the applicant has insufficient means to meet all or part of the costs entailed.

Rule 107 (former Rule 102)

1. In order to determine whether or not applicants have sufficient means to meet all or part of the costs entailed, they shall be required to complete a form of declaration stating their income, capital assets and any financial commitments in respect of dependants, or any other financial obligations. The declaration shall be certified by the appropriate domestic authority or authorities.

2. The President of the Chamber may invite the Contracting Party concerned to submit its comments in writing.

3. After receiving the information mentioned in paragraph 1 of this Rule, the President of the Chamber shall decide whether or not to grant legal aid. The Registrar shall inform the parties accordingly.

Rule 108 (former Rule 103)

1. Fees shall be payable to the advocates or other persons appointed in accordance with Rule 36 § 4. Fees may, where appropriate, be paid to more than one such representative.

2. Legal aid may be granted to cover not only representatives' fees but also travelling and subsistence expenses and other necessary expenses incurred by the applicant or appointed representative.

Rule 109 (former Rule 104)

On a decision to grant legal aid, the Registrar shall fix

a) the rate of fees to be paid in accordance with the legal-aid scales in force;

b) the level of expenses to be paid.

Rule 110 (former Rule 105)

The President of the Chamber may, if satisfied that the conditions stated in Rule 106 are no longer fulfilled, revoke or vary a grant of legal aid at any time.

Title III –
Transitional Rules

Rule 111 – Relations between the Court and the Commission (former Rule 106)

1. In cases brought before the Court under Article 5 § § 4 and 5 of Protocol No. 11 to the Convention, the Court may invite the Commission to delegate one or more of its members to take part in the consideration of the case before the Court.

2. In cases referred to in paragraph 1 of this Rule, the Court shall take into consideration the report of the Commission adopted pursuant to former Article 31 of the Convention.

3. Unless the President of the Chamber decides otherwise, the said report shall be made available to the public through the Registrar as soon as possible after the case has been brought before the Court.

4. The remainder of the case file of the Commission, including all pleadings, in cases brought before the Court under Article 5 § § 2 to 5 of Protocol No. 11 shall remain confidential unless the President of the Chamber decides otherwise.

5. In cases where the Commission has taken evidence but has been unable to adopt a report in accordance with former Article 31 of the Convention, the Court shall take into consideration the verbatim records, documentation and opinion of the Commission's delegations arising from such investigations.

Rule 112 – Chamber and Grand Chamber proceedings (former Rule 107)

1. In cases referred to the Court under Article 5 § 4 of Protocol No. 11 to the Convention, a panel of the Grand Chamber constituted in accordance with Rule 24 § 5 shall determine, solely on the basis of the existing case file, whether a Chamber or the Grand Chamber is to decide the case.

2. If the case is decided by a Chamber, the judgment of the Chamber shall, in accordance with Article 5 § 4 of Protocol No. 11, be final and Rule 73 shall be inapplicable.

3. Cases transmitted to the Court under Article 5 § 5 of Protocol No. 11 shall be forwarded by the President of the Court to the Grand Chamber.

4. For each case transmitted to the Grand Chamber under Article 5 § 5 of Protocol No. 11, the Grand Chamber shall be completed by judges designated by rotation within one of the groups mentioned in Rule 24 § 3[1)], the cases being allocated to the groups on an alternate basis.

Rule 113 – Grant of legal aid (former Rule 108)

Subject to Rule 101, in cases brought before the Court under Article 5 § § 2 to 5 of Protocol No. 11 to the Convention, a grant of legal aid made to an applicant in the proceedings before the Commission or the former Court shall continue in force for the purposes of his or her representation before the Court.

Rule 114 – Request for revision of a judgment (former Rule 109)

1. Where a party requests revision of a judgment delivered by the former Court, the President of the Court shall assign the request to one of the Sections in accordance with the conditions laid down in Rule 51 or 52, as the case may be.

2. The President of the relevant Section shall, notwithstanding Rule 80 § 3, constitute a new Chamber to consider the request.

[1)] As amended by the Court on 13 December 2004.

3. The Chamber to be constituted shall include as *ex officio* members

a) the President of the Section;

and, whether or not they are members of the relevant Section,

b) the judge elected in respect of any Contracting Party concerned or, if he or she is unable to sit, any judge appointed under Rule 29;

c) any judge of the Court who was a member of the original Chamber that delivered the judgment in the former Court.

4. a) The other members of the Chamber shall be designated by the President of the Section by means of a drawing of lots from among the members of the relevant Section.

b) The members of the Section who are not so designated shall sit in the case as substitute judges.

Title IV –
Final Clauses

Rule 115 – Suspension of a Rule (former Rule 110)

A Rule relating to the internal working of the Court may be suspended upon a motion made without notice, provided that this decision is taken unanimously by the Chamber concerned. The suspension of a Rule shall in this case be limited in its operation to the particular purpose for which it was sought.

Rule 116 – Amendment of a Rule (former Rule 111)

1. Any Rule may be amended upon a motion made after notice where such a motion is carried at the next session of the plenary Court by a majority of all the members of the Court. Notice of such a motion shall be delivered in writing to the Registrar at least one month before the session at which it is to be discussed. On receipt of such a notice of motion, the Registrar shall inform all members of the Court at the earliest possible moment.

2. The Registrar shall inform the Contracting Parties of any proposals by the Court to amend the Rules which directly concern the conduct of proceedings before it and invite them to submit written comments on such proposals. The Registrar shall also invite written comments from organisations with experience in representing applicants before the Court as well as from relevant Bar associations.

Rule 117 – Entry into force of the Rules (former Rule 112[1)])

The present Rules shall enter into force on 1 November 1998.

[1)] The amendments adopted on 8 December 2000 entered into force immediately. The amendments adopted on 17 June 2002 and 8 July 2002 entered into force on 1 October 2002. The amendments adopted on 7 July 2003 entered into force on 1 November 2003. The amendments adopted on 13 December 2004 entered into force on 1 March 2005. The amendments adopted on 4 July 2005 entered into force on 3 October 2005. The amendments adopted on 7 November 2005 entered into force on 1 December 2005. The amendments adopted on 29 May 2006 entered into force on 1 July 2006. The amendments adopted on 14 May 2007 entered into force on 1 July 2007. The amendments adopted on 11 December 2007, 22 September and 1 December 2008 entered into force on 1 January 2009. The amendments adopted on 29 June 2009 entered into force on 1 July 2009. The amendments relating to Protocol No. 14 to the Convention, adopted on 13 November 2006 and 14 May 2007, entered into force on 1 June 2010. The amendments adopted on 21 February 2011 entered into force on 1 April 2011. The amendments adopted on 16 January 2012 entered into force on 1 February 2012. The amendments adopted on 20 February 2012 entered into force on 1 May 2012. The amendments adopted on 2 April 2012 entered into force on 1 September 2012. The amendments adopted on 14 January and 6 February 2013 entered into force on 1 May 2013. The amendments adopted on 6 May 2013 entered into force on 1 July 2013 and 1 January 2014. The amendments adopted on 14 April and 23 June 2014 entered into force on 1 July 2014. Certain amendments adopted on 1 June 2015 entered immediately into force. The amendments to Rule 47 which were adopted on 1 June and 5 October 2015 entered into force on 1 January 2016. The amendments to Rule 8 which were adopted on 19 September 2016 entered into force on the same date. The amendments adopted on 14 November 2016 entered into force on the same date. The amendments to Rule 29 which were adopted on 16 April 2018 entered into force on the same date. The amendments which were adopted on 19 September 2016 entered into force on 1 August 2018. The amendment to Rule 29 § 1 which was adopted on 3 June 2019 entered into force on the same date. The amendments to Rules 27A and 52A which were adopted on 9 September 2019 entered into force on the same date. The amendments adopted on 4 November 2019 entered into force on 1 January 2020.

ANHANG

Annex to the Rules[1] (concerning investigations)

Rule A1 – Investigative measures

1. The Chamber may, at the request of a party or of its own motion, adopt any investigative measure which it considers capable of clarifying the facts of the case. The Chamber may, *inter alia*, invite the parties to produce documentary evidence and decide to hear as a witness or expert or in any other capacity any person whose evidence or statements seem likely to assist it in carrying out its tasks.

2. The Chamber may also ask any person or institution of its choice to express an opinion or make a written report on any matter considered by it to be relevant to the case.

3. After a case has been declared admissible or, exceptionally, before the decision on admissibility, the Chamber may appoint one or more of its members or of the other judges of the Court, as its delegate or delegates, to conduct an inquiry, carry out an on-site investigation or take evidence in some other manner. The Chamber may also appoint any person or institution of its choice to assist the delegation in such manner as it sees fit.

4. The provisions of this Chapter concerning investigative measures by a delegation shall apply, *mutatis mutandis*, to any such proceedings conducted by the Chamber itself.

5. Proceedings forming part of any investigation by a Chamber or its delegation shall be held in camera, save in so far as the President of the Chamber or the head of the delegation decides otherwise.

6. The President of the Chamber may, as he or she considers appropriate, invite, or grant leave to, any third party to participate in an investigative measure. The President shall lay down the conditions of any such participation and may limit that participation if those conditions are not complied with.

Rule A2 – Obligations of the parties as regards investigative measures

1. The applicant and any Contracting Party concerned shall assist the Court as necessary in implementing any investigative measures.

2. The Contracting Party on whose territory on-site proceedings before a delegation take place shall extend to the delegation the facilities and cooperation necessary for the proper conduct of the proceedings. These shall include, to the full extent necessary, freedom of movement within the territory and all adequate security arrangements for the delegation, for the applicant and for all witnesses, experts and others who may be heard by the delegation. It shall be the responsibility of the Contracting Party concerned to take steps to ensure that no adverse consequences are suffered by any person or organisation on account of any evidence given, or of any assistance provided, to the delegation.

Rule A3 – Failure to appear before a delegation

Where a party or any other person due to appear fails or declines to do so, the delegation may, provided that it is satisfied that such a course is consistent with the proper administration of justice, nonetheless continue with the proceedings.

Rule A4 – Conduct of proceedings before a delegation

1. The delegates shall exercise any relevant power conferred on the Chamber by the Convention or these Rules and shall have control of the proceedings before them.

[1] Inserted by the Court on 7 July 2003.

2. The head of the delegation may decide to hold a preparatory meeting with the parties or their representatives prior to any proceedings taking place before the delegation.

Rule A5 – Convocation of witnesses, experts and of other persons to proceedings before a delegation

1. Witnesses, experts and other persons to be heard by the delegation shall be summoned by the Registrar.

2. The summons shall indicate

a) the case in connection with which it has been issued;

b) the object of the inquiry, expert opinion or other investigative measure ordered by the Chamber or the President of the Chamber;

c) any provisions for the payment of sums due to the person summoned.

3. The parties shall provide, in so far as possible, sufficient information to establish the identity and addresses of witnesses, experts or other persons to be summoned.

4. In accordance with Rule 37 § 2, the Contracting Party in whose territory the witness resides shall be responsible for servicing any summons sent to it by the Chamber for service. In the event of such service not being possible, the Contracting Party shall give reasons in writing. The Contracting Party shall further take all reasonable steps to ensure the attendance of persons summoned who are under its authority or control.

5. The head of the delegation may request the attendance of witnesses, experts and other persons during on-site proceedings before a delegation. The Contracting Party on whose territory such proceedings are held shall, if so requested, take all reasonable steps to facilitate that attendance.

6. Where a witness, expert or other person is summoned at the request or on behalf of a Contracting Party, the costs of their appearance shall be borne by that Party unless the Chamber decides otherwise. The costs of the appearance of any such person who is in detention in the Contracting Party on whose territory on-site proceedings before a delegation take place shall be borne by that Party unless the Chamber decides otherwise. In all other cases, the Chamber shall decide whether such costs are to be borne by the Council of Europe or awarded against the applicant or third party at whose request or on whose behalf the person appears. In all cases, such costs shall be taxed by the President of the Chamber.

Rule A6 – Oath or solemn declaration by witnesses and experts heard by a delegation

1. After the establishment of the identity of a witness and before testifying, each witness shall take the oath or make the following solemn declaration:
„I swear" – or „I solemnly declare upon my honour and conscience" – „that I shall speak the truth, the whole truth and nothing but the truth."
This act shall be recorded in minutes.

2. After the establishment of the identity of the expert and before carrying out his or her task for the delegation, every expert shall take the oath or make the following solemn declaration:
„I swear" – or „I solemnly declare" – „that I will discharge my duty as an expert honourably and conscientiously."
This act shall be recorded in minutes.

Rule A7 – Hearing of witnesses, experts and other persons by a delegation

1. Any delegate may put questions to the Agents, advocates or advisers of the parties, to the applicant, witnesses and experts, and to any other persons appearing before the delegation.

2. Witnesses, experts and other persons appearing before the delegation may, subject to the control of the head of the delegation, be examined by the Agents and advocates or advisers of the parties. In the event of an objection to a question put, the head of the delegation shall decide.

3. Save in exceptional circumstances and with the consent of the head of the delegation, witnesses, experts and other persons to be heard by a delegation will not be admitted to the hearing room before they give evidence.

4. The head of the delegation may make special arrangements for witnesses, experts or other persons to be heard in the absence of the parties where that is required for the proper administration of justice.

5. The head of the delegation shall decide in the event of any dispute arising from an objection to a witness or expert. The delegation may hear for information purposes a person who is not qualified to be heard as a witness or expert.

Rule A8 – Verbatim record of proceedings before a delegation

1. A verbatim record shall be prepared by the Registrar of any proceedings concerning an investigative measure by a delegation. The verbatim record shall include:

a) the composition of the delegation;

b) a list of those appearing before the delegation, that is to say Agents, advocates and advisers of the parties taking part;

c) the surname, forenames, description and address of each witness, expert or other person heard;

d) the text of statements made, questions put and replies given;

e) the text of any ruling delivered during the proceedings before the delegation or by the head of the delegation.

2. If all or part of the verbatim record is in a non-official language, the Registrar shall arrange for its translation into one of the official languages.

3. The representatives of the parties shall receive a copy of the verbatim record in order that they may, subject to the control of the Registrar or the head of the delegation, make corrections, but in no case may such corrections affect the sense and bearing of what was said. The Registrar shall lay down, in accordance with the instructions of the head of the delegation, the time-limits granted for this purpose.

4. The verbatim record, once so corrected, shall be signed by the head of the delegation and the Registrar and shall then constitute certified matters of record.

ANHANG

Practice Directions

Requests for interim measures[1] (Rule 39 of the Rules of Court)

By virtue of Rule 39 of the Rules of Court, the Court may issue interim measures which are binding on the State concerned. Interim measures are only applied in exceptional cases.

The Court will only issue an interim measure against a Member State where, having reviewed all the relevant information, it considers that the applicant faces a real risk of serious, irreversible harm if the measure is not applied.

Applicants or their legal representatives[2] who make a request for an interim measure pursuant to Rule 39 of the Rules of Court should comply with the requirements set out below.

---

[1] Practice direction issued by the President of the Court in accordance with Rule 32 of the Rules of Court on 5 March 2003 and amended on 16 October 2009 and on 7 July 2011.

[2] It is essential that full contact details be provided.

I. Accompanying information

Any request lodged with the Court must state reasons. The applicant must in particular specify in detail the grounds on which his or her particular fears are based, the nature of the alleged risks and the Convention provisions alleged to have been violated.

A mere reference to submissions in other documents or domestic proceedings is not sufficient. It is essential that requests be accompanied by all necessary supporting documents, in particular relevant domestic court, tribunal or other decisions, together with any other material which is considered to substantiate the applicant's allegations.

The Court will not necessarily contact applicants whose request for interim measures is incomplete, and requests which do not include the information necessary to make a decision will not normally be submitted for a decision.

Where the case is already pending before the Court, reference should be made to the application number allocated to it.

In cases concerning extradition or deportation, details should be provided of the expected date and time of the removal, the applicant's address or place of detention and his or her official case-reference number. The Court must be notified of any change to those details (date and time of removal, address etc.) as soon as possible.

The Court may decide to take a decision on the admissibility of the case at the same time as considering the request for interim measures.

II. Requests to be made by facsimile or letter[3)]

Requests for interim measures under Rule 39 should be sent by facsimile or by post. The Court will not deal with requests sent by e-mail. The request should, where possible, be in one of the official languages of the Contracting Parties. All requests should be marked as follows in bold on the face of the request:

„Rule 39 – Urgent

Person to contact (name and contact details): …

[*In deportation or extradition cases*]

Date and time of removal and destination: …"

III. Making requests in good time

Requests for interim measures should normally be received as soon as possible after the final domestic decision has been taken, in order to enable the Court and its Registry to have sufficient time to examine the matter. The Court may not be able to deal with requests in removal cases received less than a working day before the planned time of removal[1)].

Where the final domestic decision is imminent and there is a risk of immediate enforcement, especially in extradition or deportation cases, applicants and their representatives should submit the request for interim measures without waiting for that decision, indicating clearly the date on which it will be taken and that the request is subject to the final domestic decision being negative.

IV. Domestic measures with suspensive effect

The Court is not an appeal tribunal from domestic tribunals, and applicants in extradition and expulsion cases should pursue domestic avenues which are capable of suspending removal before applying to the Court for interim measures. Where it remains open to an applicant to pursue domestic remedies which have suspensive effect, the Court will not apply Rule 39 to prevent removal.

[3)] According to the degree of urgency and bearing in mind that requests by letter must not be sent by standard post.

[1)] The list of public and other holidays when the Court's Registry is closed can be consulted on the Court's internet site: www.echr.coe.int/contact.

V. Follow-up

Applicants who apply for an interim measure under Rule 39 should ensure that they reply to correspondence from the Court's Registry. In particular, where a measure has been refused, they should inform the Court whether they wish to pursue the application. Where a measure has been applied, they must keep the Court regularly and promptly informed about the state of any continuing domestic proceedings. Failure to do so may lead to the case being struck out of the Court's list of cases.

Institution of proceedings[1)]

(Individual applications under Article 34 of the Convention)

I. General

1. An application under Article 34 of the Convention must be submitted in writing. No application may be made by telephone. Except as provided otherwise by Rule 47 of the Rules of Court, only a completed application form will interrupt the running of the six-month time-limit set out in Article 35 § 1 of the Convention. An application form is available online from the Court's website[2)]. Applicants are strongly encouraged to download and print the application form instead of contacting the Court for a paper copy to be sent by post. By doing this, applicants will save time and will be in a better position to ensure that their completed application form is submitted within the six-month time-limit. Help with the completion of the various fields is available online.

2. An application must be sent to the following address:
The Registrar
European Court of Human Rights
Council of Europe
F-67075 Strasbourg Cedex

3. Applications sent by fax will not interrupt the running of the six-month time-limit set out in Article 35 § 1 of the Convention. Applicants must also dispatch the signed original by post within the same six-month time-limit.

4. An applicant should be diligent in corresponding with the Court's Registry. A delay in replying or failure to reply may be regarded as a sign that the applicant is no longer interested in pursuing his or her application.

II. Form and contents

5. The submissions in the application form concerning the facts, complaints and compliance with the requirements of exhaustion of domestic remedies and the time-limit set out in Article 35 § 1 of the Convention must respect the conditions set out in Rule 47 of the Rules of Court. Any additional submissions, presented as a separate document, must not exceed 20 pages (see Rule 47 § 2 (b)) and should:

a) be in an A4 page format with a margin of not less than 3.5 cm wide;

b) be wholly legible and, if typed, the text should be at least 12 pt in the body of the document and 10 pt in the footnotes, with one and a half line spacing;

c) have all numbers expressed as figures;

d) have pages numbered consecutively;

e) be divided into numbered paragraphs;

f) be divided into headings corresponding to „Facts", „Complaints or statements of violations" and „Information about the exhaustion of domestic remedies and compliance with the time-limit set out in Article 35 § 1".

---

1) Practice direction issued by the President of the Court in accordance with Rule 32 of the Rules of Court on 1 November 2003 and amended on 22 September 2008, 24 June 2009, 6 November 2013, 5 October 2015 and 27 November 2019. This practice direction supplements Rules 45 and 47.

2) www.echr.coe.int.

6. All applicable fields in the application form must be filled in by use of words. Avoid using symbols, signs or abbreviations. Explain in words, even if the answer is negative or the question does not appear relevant.

7. The applicant must set out the facts of the case, his or her complaints and the explanations as to compliance with the admissibility criteria in the space provided in the application form. The information should be enough to enable the Court to determine the nature and scope of the application and, as such, the completed application form alone should suffice. It is not acceptable merely to annex a statement of facts, complaints and compliance to the application form, with or without the mention „see attached". Filling in this information on the application form is to assist the Court in speedily assessing and allocating incoming cases. Additional explanations may be appended, if necessary, in a separate document up to a maximum of 20 pages: these only develop and cannot replace the statement of facts, complaints and compliance with the admissibility criteria that must be on the application form itself. An application form will not be regarded as compliant with Rule 47 if this information is not found on the form itself.

8. A legal person (which includes a company, non-governmental organisation or association) that applies to the Court must do so through a representative of that legal person who is identified in the relevant section of the application form and who provides contact details and explains his or her capacity or relationship with the legal person. Proof must be supplied with the application form that the representative has authority to act on behalf of the legal person, for example an extract from the Chamber of Commerce register or minutes of the governing body. The representative of the legal person is distinct from the lawyer authorised to act before the Court as legal representative. It may be that a legal person's representative is also a lawyer or legal officer and has the capacity to act additionally as legal representative. Both parts of the application form concerning representation must still be filled in, and requisite documentary proof provided of authority to represent the legal person must be attached.

9. An applicant does not have to have legal representation at the introductory stage of proceedings. If he or she does instruct a lawyer, the authority section on the application form must be filled in. Both the applicant and the representative must sign the authority section. A separate power of attorney is not acceptable at this stage as the Court requires all essential information to be contained in its application form. If it is claimed that it is not possible to obtain the applicant's signature on the authority section in the application form due to insurmountable practical difficulties, this should be explained to the Court with any substantiating elements. The requirement of completing the application form speedily within the six-month time-limit will not be accepted as an adequate explanation.

10. An application form must be accompanied by the relevant documents

a) relating to the decisions or measures complained of;

b) showing that the applicant has complied with the exhaustion of available domestic remedies and the time-limit contained in Article 35 § 1 of the Convention;

c) showing, where applicable, information regarding other international proceedings.

If the applicant is unable to provide a copy of any of these documents, he or she must provide an adequate explanation: merely stating that he or she encountered difficulties (in obtaining the documents) will not suffice if it can be reasonably expected for the explanation to be supported by documentary evidence, such as proof of indigence, a refusal of an authority to furnish a decision or otherwise demonstrating the applicant's inability to access the document. If the explanation is not forthcoming or adequate, the application will not be allocated to a judicial formation.

Where documents are provided by electronic means, they must be in the format required by this practice direction; they must also be arranged and numbered in accordance with the list of documents on the application form.

11. An applicant who has already had a previous application or applications decided by the Court or who has an application or applications pending before the Court must inform the Registry accordingly, stating the application number or numbers.

12. a) Where an applicant does not wish to have his or her identity disclosed, he or she should state the reasons for his or her request in writing, pursuant to Rule 47 § 4.

b) The applicant should also state whether, in the event of anonymity being authorised by the President of the Chamber, he or she wishes to be designated by his or her initials or by a single letter (e.g. „X", „Y" or „Z").

13. The applicant or the designated representative must sign the application form. If represented, both the applicant and the representative must sign the authority section of the application form. Neither the application form nor the authority section can be signed *per procurationem* (p.p.).

III. Grouped applications and multiple applicants

14. Where an applicant or representative lodges complaints on behalf of two or more applicants whose applications are based on different facts, a separate application form should be filled in for each individual giving all the information required. The documents relevant to each applicant should also be annexed to that individual's application form.

15. Where there are more than ten applicants, the representative should provide – in addition to the application forms and documents – a table setting out for each applicant the required personal information; this table may be downloaded from the Court's website[1]. Where the representative is a lawyer, the table should also be provided in electronic form.

16. In cases of large groups of applicants or applications, applicants or their representatives may be directed by the Court to provide the text of their submissions or documents by electronic or other means. Other directions may be given by the Court as to steps required to facilitate the effective and speedy processing of applications.

IV. Failure to comply with requests for information or directions

17. Failure, within the specified time-limit, to provide further information or documents at the Court's request or to comply with the Court's directions as to the form or manner of the lodging of an application – including grouped applications or applications by multiple applicants – may result, depending on the stage reached in the proceedings, in the complaint(s) not being examined by the Court or the application(s) being declared inadmissible or struck out of the Court's list of cases.

Written pleadings[1]

I. Filing of pleadings

General

1. A pleading must be filed with the Registry within the time-limit fixed in accordance with Rule 38 of the Rules of Court and in the manner described in paragraph 2 of that Rule.

2. The date on which a pleading or other document is received at the Court's Registry will be recorded on that document by a receipt stamp.

3. With the exception of pleadings and documents for which a system of electronic filing has been set up (see the relevant practice directions), all other pleadings, as well as all documents annexed thereto, should be submitted to the Court's Registry in three copies sent by post or in one copy by fax[2], followed by three copies sent by post.

4. Pleadings or other documents submitted by electronic mail shall not be accepted.

5. Secret documents should be filed by registered post.

---

[1] www.echr.coe.int.

[1] Practice direction issued by the President of the Court in accordance with Rule 32 of the Rules of Court on 1 November 2003 and amended on 22 September 2008 and 29 September 2014.

[2] Fax no. +33 (0)3 88 41 27 30; other fax numbers can be found on the Court's website (www.echr.coe.int).

6. Unsolicited pleadings shall not be admitted to the case file unless the President of the Chamber decides otherwise (see Rule 38 § 1).

Filing by fax

7. A party may file pleadings or other documents with the Court by sending them by fax.

8. The name of the person signing a pleading must also be printed on it so that he or she can be identified.

Electronic filing

9. The Court may authorise the Government of a Contracting Party or, after the communication of an application, an applicant to file pleadings and other documents electronically. In such cases, the practice direction on written pleadings shall apply in conjunction with the practice directions on electronic filing.

II. Form and contents

Form

10. A pleading should include:

a) the application number and the name of the case;

b) a title indicating the nature of the content (e.g., observations on admissibility [and the merits]; reply to the Government's/the applicant's observations on admissibility [and the merits]; observations on the merits; additional observations on admissibility [and the merits]; memorial etc.).

11. In addition, a pleading should normally:

a) be in an A4 page format having a margin of not less than 3.5 cm wide;

b) be typed and wholly legible, the text appearing in at least 12 pt in the body and 10 pt in the footnotes, with one-and-a-half line spacing;

c) have all numbers expressed as figures;

d) have pages numbered consecutively;

e) be divided into numbered paragraphs;

f) be divided into chapters and/or headings corresponding to the form and style of the Court's decisions and judgments („Facts"/„Domestic law [and practice]"/„Complaints"/„Law"; the latter chapter should be followed by headings entitled „Preliminary objection on ...", „Alleged violation of Article ...", as the case may be);

g) place any answer to a question by the Court or to the other party's arguments under a separate heading;

h) give a reference to every document or piece of evidence mentioned in the pleading and annexed thereto;

i) if sent by post, have its text printed on one side of the page only and pages and attachments placed together in such a way as to enable them to be easily separated (they must not be glued or stapled).

12. If a pleading exceptionally exceeds thirty pages, a short summary should also be filed with it.

13. Where a party produces documents and/or other exhibits together with a pleading, every piece of evidence should be listed in a separate annex.

Contents

14. The parties' pleadings following communication of the application should include:

a) any comments they wish to make on the facts of the case; however,

i) if a party does not contest the facts as set out in the statement of facts prepared by the Registry, it should limit its observations to a brief statement to that effect;

ii) if a party contests only part of the facts as set out by the Registry, or wishes to supplement them, it should limit its observations to those specific points;

iii) if a party objects to the facts or part of the facts as presented by the other party, it should state clearly which facts are uncontested and limit its observations to the points in dispute;

b) legal arguments relating firstly to admissibility and, secondly, to the merits of the case; however,

i) if specific questions on a factual or legal point were put to a party, it should, without prejudice to Rule 55, limit its arguments to such questions;

ii) if a pleading replies to arguments of the other party, submissions should refer to the specific arguments in the order prescribed above.

15. a) The parties' pleadings following the admission of the application should include:

i) a short statement confirming a party's position on the facts of the case as established in the decision on admissibility;

ii) legal arguments relating to the merits of the case;

iii) a reply to any specific questions on a factual or legal point put by the Court.

b) An applicant party submitting claims for just satisfaction at the same time should do so in the manner described in the practice direction on filing just satisfaction claims.

16. In view of the confidentiality of friendly-settlement proceedings (see Article 39 § 2 of the Convention and Rule 62 § 2), all submissions and documents filed as part of the attempt to secure a friendly settlement should be submitted separately from the written pleadings.

17. No reference to offers, concessions or other statements submitted in connection with the friendly settlement may be made in the pleadings filed in the contentious proceedings.

III. Time-limits

General

18. It is the responsibility of each party to ensure that pleadings and any accompanying documents or evidence are delivered to the Court's Registry in time.

Extension of time-limits

19. A time-limit set under Rule 38 may be extended on request from a party.

20. A party seeking an extension of the time allowed for submission of a pleading must make a request as soon as it has become aware of the circumstances justifying such an extension and, in any event, before the expiry of the time-limit. It should state the reason for the delay.

21. If an extension is granted, it shall apply to all parties for which the relevant time-limit is running, including those which have not asked for it.

IV. Failure to comply with requirements for pleadings

22. Where a pleading has not been filed in accordance with the requirements set out in paragraphs 8 to 15 of this practice direction, the President of the Chamber may request the party concerned to resubmit the pleading in compliance with those requirements.

23. A failure to satisfy the conditions listed above may result in the pleading being considered not to have been properly lodged (see Rule 38 § 1).

Just satisfaction claims[1)]

I. Introduction

1. The award of just satisfaction is not an automatic consequence of a finding by the European Court of Human Rights that there has been a violation of a right guaranteed by the European Convention on Human Rights or its Protocols. The wording of Article 41, which provides that the Court shall award just satisfaction only if domestic law does not allow complete reparation to be made, and even then only „if necessary" (*s'il y a lieu* in the French text), makes this clear.

2. Furthermore, the Court will only award such satisfaction as is considered to be „just" (*équitable* in the French text) in the circumstances. Consequently, regard will be had to the particular features of each case. The Court may decide that for some heads of alleged prejudice the finding of violation constitutes in itself sufficient just satisfaction, without there being any call to afford financial compensation. It may also find reasons of equity to award less than the value of the actual damage sustained or the costs and expenses actually incurred, or even not to make any award at all. This may be the case, for example, if the situation complained of, the amount of damage or the level of the costs is due to the applicant's own fault. In setting the amount of an award, the Court may also consider the respective positions of the applicant as the party injured by a violation and the Contracting Party as responsible for the public interest. Finally, the Court will normally take into account the local economic circumstances.

3. When it makes an award under Article 41, the Court may decide to take guidance from domestic standards. It is, however, never bound by them.

4. Claimants are warned that compliance with the formal and substantive requirements deriving from the Convention and the Rules of Court is a condition for the award of just satisfaction.

II. Submitting claims for just satisfaction: formal requirements

5. Time-limits and other formal requirements for submitting claims for just satisfaction are laid down in Rule 60 of the Rules of Court, the relevant part of which provides as follows:

„1. An applicant who wishes to obtain an award of just satisfaction under Article 41 of the Convention in the event of the Court finding a violation of his or her Convention rights must make a specific claim to that effect.

2. The applicant must submit itemised particulars of all claims, together with any relevant supporting documents, within the time-limit fixed for the submission of the applicant's observations on the merits unless the President of the Chamber directs otherwise.

3. If the applicant fails to comply with the requirements set out in the preceding paragraphs, the Chamber may reject the claims in whole or in part.

..."

Thus, the Court requires specific claims supported by appropriate documentary evidence, failing which it may make no award. The Court will also reject claims set out on the application form but not resubmitted at the appropriate stage of the proceedings and claims lodged out of time.

III. Submitting claims for just satisfaction: substantive requirements

6. Just satisfaction may be afforded under Article 41 of the Convention in respect of:

a) pecuniary damage;

b) non-pecuniary damage; and

c) costs and expenses.

Grund-rechte EMRK + ZP VfO EGMR

[1)] Practice direction issued by the President of the Court in accordance with Rule 32 of the Rules of Court on 28 March 2007.

1. Damage in general

7. A clear causal link must be established between the damage claimed and the violation alleged. The Court will not be satisfied by a merely tenuous connection between the alleged violation and the damage, nor by mere speculation as to what might have been.

8. Compensation for damage can be awarded in so far as the damage is the result of a violation found. No award can be made for damage caused by events or situations that have not been found to constitute a violation of the Convention, or for damage related to complaints declared inadmissible at an earlier stage of the proceedings.

9. The purpose of the Court's award in respect of damage is to compensate the applicant for the actual harmful consequences of a violation. It is not intended to punish the Contracting Party responsible. The Court has therefore, until now, considered it inappropriate to accept claims for damages with labels such as „punitive", „aggravated" or „exemplary".

2. Pecuniary damage

10. The principle with regard to pecuniary damage is that the applicant should be placed, as far as possible, in the position in which he or she would have been had the violation found not taken place, in other words, *restitutio in integrum*. This can involve compensation for both loss actually suffered (*damnum emergens*) and loss, or diminished gain, to be expected in the future (*lucrum cessans*).

11. It is for the applicant to show that pecuniary damage has resulted from the violation or violations alleged. The applicant should submit relevant documents to prove, as far as possible, not only the existence but also the amount or value of the damage.

12. Normally, the Court's award will reflect the full calculated amount of the damage. However, if the actual damage cannot be precisely calculated, the Court will make an estimate based on the facts at its disposal. As pointed out in paragraph 2 above, it is also possible that the Court may find reasons in equity to award less than the full amount of the loss.

3. Non-pecuniary damage

13. The Court's award in respect of non-pecuniary damage is intended to provide financial compensation for non-material harm, for example mental or physical suffering.

14. It is in the nature of non-pecuniary damage that it does not lend itself to precise calculation. If the existence of such damage is established, and if the Court considers that a monetary award is necessary, it will make an assessment on an equitable basis, having regard to the standards which emerge from its case-law.

15. Applicants who wish to be compensated for non-pecuniary damage are invited to specify a sum which in their view would be equitable. Applicants who consider themselves victims of more than one violation may claim either a single lump sum covering all alleged violations or a separate sum in respect of each alleged violation.

4. Costs and expenses

16. The Court can order the reimbursement to the applicant of costs and expenses which he or she has incurred – first at the domestic level, and subsequently in the proceedings before the Court itself – in trying to prevent the violation from occurring, or in trying to obtain redress therefor. Such costs and expenses will typically include the cost of legal assistance, court registration fees and suchlike. They may also include travel and subsistence expenses, in particular if these have been incurred by attendance at a hearing of the Court.

17. The Court will uphold claims for costs and expenses only in so far as they are referable to the violations it has found. It will reject them in so far as they relate to complaints that have not led to

the finding of a violation, or to complaints declared inadmissible. This being so, applicants may wish to link separate claim items to particular complaints.

18. Costs and expenses must have been actually incurred. That is, the applicant must have paid them, or be bound to pay them, pursuant to a legal or contractual obligation. Any sums paid or payable by domestic authorities or by the Council of Europe by way of legal aid will be deducted.

19. Costs and expenses must have been necessarily incurred. That is, they must have become unavoidable in order to prevent the violation or obtain redress therefor.

20. They must be reasonable as to quantum. If the Court finds them to be excessive, it will award a sum which, on its own estimate, is reasonable.

21. The Court requires evidence, such as itemised bills and invoices. These must be sufficiently detailed to enable the Court to determine to what extent the above requirements have been met.

5. Payment information

22. Applicants are invited to identify a bank account into which they wish any sums awarded to be paid. If they wish particular amounts, for example the sums awarded in respect of costs and expenses, to be paid separately, for example directly into the bank account of their representative, they should so specify.

IV. The form of the Court's awards

23. The Court's awards, if any, will normally be in the form of a sum of money to be paid by the respondent Contracting Party to the victim or victims of the violations found. Only in extremely rare cases can the Court consider a consequential order aimed at putting an end or remedying the violation in question. The Court may, however, decide at its discretion to offer guidance for the execution of its judgment (Article 46 of the Convention).

24. Any monetary award under Article 41 will normally be in euros (EUR, €) irrespective of the currency in which the applicant expresses his or her claims. If the applicant is to receive payment in a currency other than the euro, the Court will order the sums awarded to be converted into that other currency at the exchange rate applicable on the date of payment. When formulating their claims applicants should, where appropriate, consider the implications of this policy in the light of the effects of converting sums expressed in a different currency into euros or contrariwise.

25. The Court will of its own motion set a time-limit for any payments that may need to be made, which will normally be three months from the date on which its judgment becomes final and binding. The Court will also order default interest to be paid in the event that that time-limit is exceeded, normally at a simple rate equal to the marginal lending rate of the European Central Bank during the default period plus three percentage points.

Secured electronic filing by Governments[1)]

I. Scope of application

1. The Governments of the Contracting Parties that have opted for the Court's system of secured electronic filing shall send all their written communications with the Court by uploading them on the secured website set up for that purpose and shall accept written communications sent to them by the Registry of the Court by downloading them from that site, with the following exceptions:

a) in the event of a dysfunction on the secure site, it is mandatory that the documents concerning a request for the indication of an interim measure under Rule 39 of the Rules of Court be sent by fax or email; in such cases the document must be clearly headed **„Rule 39. Urgent"**;

[1)] Practice direction issued by the President of the Court in accordance with Rule 32 of the Rules of Court on 22 September 2008 and amended on 29 September 2014 and on 5 July 2018.

b) attachments, such as plans, manuals, etc. that may not be comprehensively viewed in an electronic format may be filed by post;

c) the Court's Registry may request that a paper document or attachment be submitted by post.

2. If the Government have filed a document by post or fax, they shall, as soon as possible, file electronically a notice of filing by post or fax, describing the document sent, stating the date of dispatch and setting forth the reasons why electronic filing was not possible.

II. Technical requirements

3. The Government shall possess the necessary technical equipment and follow the user manual sent to them by the Court's Registry.

III. Format and naming convention

4. A document filed electronically shall be in PDF format, preferably in searchable PDF.

5. Unsigned letters and written pleadings shall not be accepted. Signed documents to be filed electronically shall be generated by scanning the original paper copy. The Government shall keep the original paper copy in their files.

6. The name of a document filed electronically shall be prefixed by the application number, followed by the name of the applicant as spelled in Latin script by the Registry of the Court, and contain an indication of the contents of the document[2].

IV. Relevant date with regard to time-limits

7. The date on which the Government have successfully uploaded a document on the secured website shall be considered as the date of dispatch within the meaning of Rule 38 § 2 or the date of filing for the purposes of Rule 73 § 1.

8. To facilitate keeping track of the correspondence exchanged, every day shortly before midnight the secured server generates automatically an electronic mail message listing the documents that have been filed electronically within the past twenty-four hours.

V. Different versions of one and the same document

9. The secured website shall not permit the modification, replacement or deletion of an uploaded document. If the need arises for the Government to modify a document they have uploaded, they shall create a new document named differently (for example, by adding the word „modified" in the document name). This opportunity should only be used where genuinely necessary and should not be used to correct minor errors.

10. Where the Government have filed more than one version of the same document, only the document filed in time shall be taken into consideration. Where more than one version has been filed in time, the latest version shall be taken into consideration, unless the President of the Chamber decides otherwise.

Requests for anonymity[1] (Rules 33 and 47 of the Rules of Court)

General principles

The parties are reminded that, unless a derogation has been obtained pursuant to Rules 33 or 47 of the Rules of Court, documents in proceedings before the Court are public. Thus, all information

---

[2] For example, 65051/01 Karagyozov Observ Adm Merits.

[1] Practice direction issued by the President of the Court in accordance with Rule 32 of the Rules of Court on 14 January 2010.

that is submitted in connection with an application in both written and oral proceedings, including information about the applicant or third parties, will be accessible to the public.

The parties should also be aware that the statement of facts, decisions and judgments of the Court are usually published in HUDOC[2] on the Court's website (Rule 78).

Requests in pending cases

Any request for anonymity should be made when completing the application form or as soon as possible thereafter. In both cases the applicant should provide reasons for the request and specify the impact that publication may have for him or her.

Retroactive requests

If an applicant wishes to request anonymity in respect of a case or cases published on HUDOC before 1 January 2010, he or she should send a letter to the Registry setting out the reasons for the request and specifying the impact that this publication has had or may have for him or her. The applicant should also provide an explanation as to why anonymity was not requested while the case was pending before the Court.

In deciding on the request the President shall take into account the explanations provided by the applicant, the level of publicity that the decision or judgment has already received and whether or not it is appropriate or practical to grant the request.

When the President grants the request, he or she shall also decide on the most appropriate steps to be taken to protect the applicant from being identified. For example, the decision or judgment could, *inter alia*, be removed from the Court's website or the personal data deleted from the published document.

Other measures

The President may also take any other measure he or she considers necessary or desirable in respect of any material published by the Court in order to ensure respect for private life.

Electronic filing by applicants[1]

I. Scope of application

1. After the communication of a case, applicants who have opted to file pleadings electronically shall send all written communications with the Court by using the Court's Electronic Communications Service (eComms) and shall accept written communications sent to them by the Registry of the Court by means of eComms, with the following exceptions:

a) all written communications in relation to a request for interim measures under Rule 39 of the Rules of Court shall be sent only by fax or post;

b) attachments, such as plans, manuals, etc., that may not be comprehensively viewed in an electronic format may be filed by post;

c) the Court's Registry may request that a paper document or attachment be submitted by post.

2. If an applicant has filed a document by post or fax, he or she shall, as soon as possible, file electronically a notice of filing by post or fax, describing the document sent, stating the date of dispatch and setting forth the reasons why electronic filing was not possible.

II. Technical requirements

3. Applicants shall possess the necessary technical equipment and follow the user manual available on the eComms site.

---

[2] http://hudoc.echr.coe.int/

[1] Issued by the President of the Court in accordance with Rule 32 of the Rules of Court on 29 September 2014. This practice direction becomes operational on 6 September 2018.

III. Format and naming convention

4. A document filed electronically shall be in PDF format. The PDF documents must be of the type ‚text searchable PDF' rather than ‚image-based' PDF.

5. Unsigned letters and written pleadings shall not be accepted. Signed documents to be filed electronically shall be generated by scanning the original paper copy. Applicants shall keep the original paper copy in their files.

6. The name of a document filed electronically shall be prefixed by the application number, followed by the name of the applicant as spelled in Latin script by the Registry of the Court, and contain an indication of the contents of the document[2)].

IV. Relevant date with regard to time limits

7. The date on which an applicant has successfully filed the document electronically with the Court shall be considered as the date, based on Strasbourg time, of dispatch within the meaning of Rule 38 § 2 or the date of filing for the purposes of Rule 73 § 1.

8. To facilitate keeping track of the correspondence exchanged and to ensure compliance with the time limits set by the Court, the applicant should regularly check his or her email account and eComms account.

V. Different versions of one and the same document

9. eComms shall not permit the modification, replacement or deletion of a filed document. If the need arises for the applicant to modify a document he or she has filed, they shall create a new document named differently (for example, by adding the word „modified" in the document name). This opportunity should only be used where genuinely necessary and should not be used to correct minor errors.

10. Where an applicant has filed more than one version of the same document, only the document filed in time shall be taken into consideration. Where more than one version has been filed in time, the latest version shall be taken into consideration, unless the President of the Chamber decides otherwise.

[2)] The following is an example: 65051/01 Karagyozov Observ Adm Merits.

GASP

Hinweise:

Beschluss (GASP) 2021/509 des Rates vom 22. März 2021 zur *Einrichtung einer Europäischen Friedensfazilität* und zur Aufhebung des Beschlusses (GASP) 2015/528 (ABl 2021 L 102, 14).

Beschluss (GASP) 2015/1835 des Rates vom 12. Oktober 2015 über die Rechtsstellung, den Sitz und die Funktionsweise der *Europäischen Verteidigungsagentur* (Neufassung) (ABl 2015 L 266, 55).

Beschluss (GASP) 2020/1515 des Rates vom 19. Oktober 2020 zur *Errichtung eines Europäischen Sicherheits- und Verteidigungskollegs* und zur Aufhebung des Beschlusses (GASP) 2016/2382 (ABl 2020 L 348,1)

Beschluss 2014/401/GASP des Rates vom 26. Juni 2014 über das *Satellitenzentrum der Europäischen Union* und zur Aufhebung der Gemeinsamen Aktion 2001/555/CFSP betreffend die Einrichtung eines Satellitenzentrums der Europäischen Union (ABl 2001 L 188, 73, geändert durch ABl 2016 L 327, 78).

Interinstitutionelle Vereinbarung vom 20. November 2002 zwischen dem Europäischen Parlament und dem Rat über den Zugang des Europäischen Parlaments zu sensiblen Informationen des Rates im Bereich der Sicherheits- und Verteidigungspolitik (ABl 2002 C 298, 1).

Beschluss des Europäischen Parlaments vom 23. Oktober 2002 über die Durchführung der Interinstitutionellen Vereinbarung über den Zugang des Europäischen Parlaments zu sensiblen Informationen des Rates im Bereich der Sicherheits- und Verteidigungspolitik (ABl 2002 C 298, 4).

Zur Ständigen Strukturierten Zusammenarbeit (SSZ):

- Beschluss (GASP) 2018/340 des Rates vom 6. März 2018 zur Festlegung der Liste der im Rahmen der SSZ auszuarbeitenden Projekte (ABl 2018 L 65, zuletzt geändert durch ABl 2019 L 293, 113).
- Beschluss (GASP) 2018/909 des Rates vom 25. Juni 2018 zur Festlegung gemeinsamer Vorschriften für die Steuerung von SSZ-Projekten (ABl 2018 L 65, 24, zuletzt geändert durch ABl 2020 L 393, 12).

Politisches und Sicherheitspolitisches Komitee (PSK)

ABl 2001 L 27, 1

(2001/78/GASP)

Beschluss des Rates vom 22. Januar 2001 zur Einsetzung des Politischen und Sicherheitspolitischen Komitees

DER RAT DER EUROPÄISCHEN UNION –

Gestützt auf den Vertrag über die Europäische Union, insbesondere auf Artikel 28 Absatz 1,

gestützt auf den Vertrag zur Gründung der Europäischen Gemeinschaft, insbesondere auf Artikel 207,

unter Bezugnahme auf Artikel 25 des Vertrags über die Europäische Union,

in Erwägung nachstehender Gründe:

(1) Der Europäische Rat hat auf seiner Tagung in Helsinki der Einsetzung eines Politischen und Sicherheitspolitischen Komitees grundsätzlich zugestimmt; auf der Grundlage der Schlussfolgerungen dieser Tagung wurde mit dem Beschluss 2000/143/GASP des Rates[1] ein Politisches und Sicherheitspolitisches Interimskomitee geschaffen.

(2) Der Europäische Rat hat auf seiner Tagung vom 7. bis 11. Dezember 2000 in Nizza Einvernehmen über die Einsetzung des ständigen Politischen und Sicherheitspolitischen Komitees erzielt und dessen Rolle, Modalitäten und Funktionen festgelegt.

[1] Beschluss 2000/143/GASP des Rates vom 14. Februar 2000 zur Schaffung des Politischen und Sicherheitspolitischen Interimskomitees (ABl. L 49 vom 22. 2. 2000, S. 1).

(3) Nach den Leitlinien des Europäischen Rates von Nizza sollte dieses Komitee in die Lage versetzt werden, seine Arbeit aufzunehmen.

(4) Der Grundsatz der einheitlichen Vertretung der Mitgliedstaaten der Union nach außen sollte uneingeschränkt gewahrt werden –

BESCHLIESST:

Artikel 1

Es wird ein Politisches und Sicherheitspolitisches Komitee (PSK) nachstehend „Komitee" genannt, als ständige Konfiguration des Komitees nach Artikel 25 des Vertrags eingesetzt.

Artikel 2

Die Rolle, Modalitäten und Funktionen des Komitees sind im Anhang festgelegt, der der Anlage III des vom Europäischen Rat in Nizza gebilligten Berichts des Vorsitzes entspricht.

Artikel 3

Dieser Beschluss wird am Tag seiner Annahme wirksam.

Artikel 4

Dieser Beschluss wird im Amtsblatt veröffentlicht.

Geschehen zu Brüssel am 22. Januar 2001.

ANHANG

ANHANG

POLITISCHES UND SICHERHEITSPOLITISCHES KOMITEE

Nach dem in Helsinki vereinbarten Konzept soll das Politische und Sicherheitspolitische Komitee als „Motor" der Europäischen Sicherheits- und Verteidigungspolitik (ESVP) und der Gemeinsamen Außen- und Sicherheitspolitik (GASP) fungieren: „Das PSK wird sich … mit allen Aspekten der GASP, einschließlich der GESVP, befassen." Dem PSK kommt unbeschadet des Artikels 207 des Vertrags zur Gründung der Europäischen Gemeinschaft (EGV) eine zentrale Rolle bei der Festlegung der Reaktion der Europäischen Union auf eine Krise und deren Umsetzung zu.

Das PSK befasst sich mit sämtlichen in Artikel 25 des Vertrags über die Europäische Union (EUV) vorgesehenen Aufgaben. Es kann in der Zusammensetzung der Politischen Direktoren zusammentreten. Der Generalsekretär/Hohe Vertreter für die GASP kann nach Konsultation des Vorsitzes unbeschadet des Artikels 18 EUV vor allem im Krisenfall den Vorsitz im PSK übernehmen.

1. Aufgabe des PSK ist es insbesondere,
   a) die internationale Lage in den Bereichen der Gemeinsamen Außen- und Sicherheitspolitik zu verfolgen, auf Ersuchen des Rates oder von sich aus durch an den Rat gerichtete Stellungnahmen zur Festlegung der Politiken beizutragen und die Durchführung vereinbarter Politiken zu überwachen; dies gilt unbeschadet des Artikels 207 EG-Vertrag und der Zuständigkeiten des Vorsitzes und der Kommission;
   b) die Entwürfe für Schlussfolgerungen des Rates (Allgemeine Angelegenheiten) in Bezug auf die in seinen Zuständigkeitsbereich fallenden Fragen zu prüfen;
   c) den anderen Ausschüssen Leitlinien für die in den Bereich der GASP fallenden Fragen vorzugeben;
   d) dem Generalsekretär/Hohen Vertreter und den Sonderbeauftragten als bevorzugter Ansprechpartner zur Verfügung zu stehen;
   e) dem Militärausschuss Leitlinien vorzugeben; Stellungnahmen und Empfehlungen des Militärausschusses entgegenzunehmen. Der Vorsitzende des Militärausschusses (EUMC), der das Bindeglied zum Europäischen Militärstab (EUMS) darstellt, nimmt erforderlichenfalls an den Sitzungen des PSK teil;
   f) Informationen, Empfehlungen und Stellungnahmen des Ausschusses für die nichtmilitärischen Aspekte der Krisenbewältigung entgegenzunehmen und diesem Leitlinien für die in den Bereich der GASP fallenden Fragen vorzugeben;
   g) die die GASP betreffenden Arbeiten der verschiedenen Arbeitsgruppen zu koordinieren, zu überwachen und zu kontrollieren, wobei er diesen Gruppen Leitlinien vorgeben kann und deren Berichte zu prüfen hat;
   h) auf seiner Ebene und in den im Vertrag vorgesehenen Konfigurationen den Politischen Dialog zu führen;
   i) gemäß den in den einschlägigen Dokumenten festgelegten Modalitäten als bevorzugter Dialogpartner für ESVP-Fragen mit den 15 und den 6 sowie mit der NATO zu fungieren;
   j) unter Aufsicht des Rates die Verantwortung für die politische Leitung der Entwicklung der militärischen Fähigkeiten zu übernehmen und dabei der Art der Krisen Rechnung zu tragen, auf die die Union zu reagieren gedenkt. Im Rahmen der Entwicklung der militärischen Fähigkeiten kann sich der PSK auf die Stellungnahme des vom Europäischen Militärstab unterstützten Militärausschusses stützen.
2. Ferner stellt das PSK im Krisenfall das Gremium des Rates dar, das sich mit Krisensituationen befasst und alle denkbaren Optionen für die Reaktion der Union im einheitlichen institutionellen Rahmen und unbeschadet der jeweiligen Beschlussfassungs- und Durchführungsverfahren der einzelnen Säulen prüft. Somit sind allein der Rat, dessen Beratungen vom AStV vorbereitet werden, und die Kommission im Rahmen ihrer jeweiligen Zuständigkeiten nach den in den Verträgen festgelegten Verfahren befugt, rechtlich bindende Beschlüsse zu fassen. Die Kommission nimmt ihre Zuständigkeiten, einschließlich ihres Initiativrechts, gemäß den Verträgen wahr. Der AStV erfüllt die ihm durch Artikel 207 EG-Vertrag und durch Artikel 19 der Geschäftsordnung des Rates übertragenen Aufgaben. Hierzu wird er rechtzeitig vom PSK befasst.

   Im Krisenfall ist eine enge Koordinierung zwischen diesen beiden Gremien besonders notwendig; diese wird insbesondere gewährleistet durch
   a) die gegebenenfalls erforderliche Teilnahme des Vorsitzenden des PSK an den Tagungen des AStV;
   b) die Referenten für Außenbeziehungen, denen es obliegt, für eine wirksame und ständige Koordinierung zwischen den Beratungen im Rahmen der GASP und den Beratungen im Rahmen anderer Säulen zu sorgen (Anlage zu den Schlussfolgerungen des Rates vom 11. Mai 1992).

   Zur Vorbereitung der Reaktion der Union auf eine Krise obliegt es dem PSK, dem Rat die von der Union zu verfolgenden politischen Ziele vorzuschlagen und einen kohärenten Katalog von Optionen zu empfehlen, mit denen zur Beilegung der Krise beigetragen werden soll. Es kann insbesondere eine Stellungnahme ausarbeiten, in der es dem Rat die Annahme einer Gemeinsamen Aktion empfiehlt. Es überwacht unbeschadet der Rolle der Kommission die Umsetzung der beschlossenen Maßnahmen und beurteilt deren Wirkungen. Die Kommission unterrichtet das PSK von den Maßnahmen, die sie getroffen hat oder zu treffen beabsichtigt. Die Mitgliedstaaten informieren das PSK über die Maßnahmen, die sie auf nationaler Ebene getroffen haben oder zu treffen beabsichtigen.

Das PSK nimmt die „politische Kontrolle und strategische Leitung" der militärischen Reaktion der Union auf eine Krise wahr. Hierzu beurteilt es insbesondere auf der Grundlage der Stellungnahmen und Empfehlungen des Militärausschusses die wesentlichen Elemente (militärstrategische Optionen, einschließlich Befehlskette, Operationskonzept, Operationsplan), die dem Rat zu unterbreiten sind.

Dem PSK kommt eine wichtige Funktion bei der Intensivierung der Konsultationen, insbesondere mit der NATO und den betreffenden Drittstaaten, zu.

Der Generalsekretär/Hohe Vertreter gibt auf der Grundlage der Arbeiten des PSK die Richtung für die Arbeiten des Lagezentrums vor. Das Lagezentrum unterstützt das PSK und stellt ihm unter Bedingungen, die der Krisenbewältigung gerecht werden, Informationen bereit.

Damit das PSK die „politische Kontrolle und strategische Leitung" einer militärischen Krisenbewältigungsoperation in vollem Umfang wahrnehmen kann, wird wie folgt verfahren:

a) Im Hinblick auf die Einleitung einer Operation richtet das PSK nach den üblichen Verfahren zur Vorbereitung der Arbeiten des Rates eine Empfehlung an den Rat, die sich auf die Stellungnahmen des Militärausschusses stützt. Auf dieser Grundlage entscheidet der Rat über die Einleitung der Operation im Rahmen einer Gemeinsamen Aktion.

b) In dieser Gemeinsamen Aktion wird insbesondere gemäß den Artikeln 18 und 26 EUV die Rolle des Generalsekretärs/Hohen Vertreters bei der Ausführung der Maßnahmen im Rahmen der vom PSK wahrgenommenen „politischen Kontrolle und strategischen Leitung" bestimmt. Dabei handelt der Generalsekretär/Hohe Vertreter mit Zustimmung des PSK. Falls ein erneuter Beschluss des Rates für angebracht gehalten würde, könnte auf das vereinfachte schriftliche Verfahren zurückgegriffen werden (Artikel 12 Absatz 4 der Geschäftsordnung des Rates).

c) Im Verlauf der Operation ist der Rat anhand von Berichten des PSK, die vom Generalsekretär/Hohen Vertreter als Vorsitzendem des PSK vorgelegt werden, zu unterrichten.

Militärausschuss der Europäischen Union (EUMC)

ABl 2001 L 27, 4

(2001/79/GASP)

Beschluss des Rates vom 22. Januar 2001 zur Einsetzung des Militärausschusses der Europäischen Union

DER RAT DER EUROPÄISCHEN UNION –

Gestützt auf den Vertrag über die Europäische Union, insbesondere auf Artikel 28 Absatz 1,

gestützt auf den Vertrag zur Gründung der Europäischen Gemeinschaft, insbesondere auf Artikel 207,

unter Bezugnahme auf Artikel 25 des Vertrags über die Europäische Union,

in Erwägung nachstehender Gründe:

(1) Im Rahmen der Stärkung der Gemeinsamen Außen- und Sicherheitspolitik (GASP) und insbesondere der in Artikel 17 des Vertrags über die Europäische Union vorgesehenen Gemeinsamen Europäischen Sicherheitsund Verteidigungspolitik hat der Europäische Rat auf seiner Tagung vom 7. bis 11. Dezember 2000 in Nizza Einvernehmen über die Einsetzung des Militärausschusses der Europäischen Union erzielt und dessen Auftrag und Funktionen einschließlich derjenigen seines Vorsitzenden festgelegt.

(2) Nach den Leitlinien des Europäischen Rates sollte dieser Ausschuss in die Lage versetzt werden, seine Arbeit aufzunehmen –

BESCHLIESST:

Artikel 1

Es wird ein Militärausschuss der Europäischen Union (EUMC), nachstehend „Ausschuss„ genannt, eingesetzt, der sich aus den Generalstabschefs der Mitgliedstaaten zusammensetzt, die durch ihre militärischen Delegierten vertreten werden.

Der Ausschuss tritt auf der Ebene der Generalstabchefs zusammen, wann immer dies notwendig ist.

Artikel 2

Der Auftrag und die Funktionen des Ausschusses sind in Anlage IV des vom Europäischen Rat in Nizza gebilligten Berichts des Vorsitzes festgelegt, der diesem Beschluss als Anhang beigefügt ist.

Artikel 3

(1) Der Vorsitzende des Ausschusses (nachstehend „Vorsitzender„ genannt) wird vom Rat auf Empfehlung des auf Ebene der Generalstabchefs zusammentretenden Ausschusses ernannt.

(2) Die Amtszeit des Vorsitzenden beträgt drei Jahre, sofern der Rat nicht etwas anderes beschließt. Sein Auftrag und seine Funktionen sind ebenfalls im oben genannten Anhang festgelegt.

Artikel 4

Dieser Beschluss wird am Tag seiner Annahme wirksam.

Artikel 5

(1) Unbeschadet des Artikels 3 Absatz 1 ist dieser Beschluss ab dem Zeitpunkt der Ernennung der ersten Vorsitzenden, spätestens jedoch ab dem Zeitpunkt des Beginns der Anwendung des Beschlusses über die Einrichtung des Militärstabs der Europäischen Union[1)], grundsätzlich jedoch vor Ende Juni 2001, anwendbar.

(2) Das mit dem Beschluss 2000/144/ GASP[2)] geschaffene Militärische Interimsgremium wird seine Aufgaben bis zu dem Zeitpunkt, zu dem dieser Beschluss zur Anwendung gelangt, weiter wahrnehmen.

Artikel 6

Dieser Beschluss wird im Amtsblatt veröffentlicht.

Geschehen zu Brüssel am 22. Januar 2001.

[1)] Beschluss 2001/80/GASP des Rates (Siehe Seite 7 dieses Amtsblatts).

[2)] Beschluss 2000/144/GASP des Rates vom 14. Februar 2000 zur Schaffung des Militärischen Interimsgremiums (ABl. L 49 vom 22. 2. 2000, S. 2).

ANHANG

ANHANG
MILITÄRAUSSCHUSS DER EUROPÄISCHEN UNION (EUMC)

1. Einleitung

In Helsinki hat der Europäische Rat beschlossen, innerhalb des Rates neue ständige politische und militärische Gremien zu schaffen, um die Europäische Union in die Lage zu versetzen, ihrer Verantwortung im Bereich des gesamten Spektrums der im Vertrag über die Europäische Union definierten Aufgaben der Konfliktverhütung und der Krisenbewältigung, der so genannten Petersberg-Aufgaben, gerecht zu werden.

Wie in dem Bericht von Helsinki vorgesehen, setzt sich der Militärausschuss der Europäischen Union (EUMC), der im Rat eingesetzt wird, aus den Generalstabschefs (CHOD) zusammen, die durch ihre militärischen Delegierten (MILREP) vertreten werden. Der EUMC tritt auf der Ebene der Generalstabschefs zusammen, soweit und wann immer dies erforderlich ist. Er berät das Politische und Sicherheitspolitische Komitee (PSK) militärisch und gibt diesem gegenüber Empfehlungen ab und legt ferner militärische Leitvorgaben für den Militärstab der Europäischen Union (EUMS) fest. Der Vorsitzende des EUMC (CEUMC) nimmt an den Tagungen des Rates teil, wenn Beschlüsse mit verteidigungspolitischen Bezügen zu fassen sind.

Der EUMC ist das höchste militärische Gremium im Rahmen des Rates.

Dementsprechend wird das Mandat des EUMC wie folgt festgelegt:

2. Auftrag

Dem EUMC obliegt es, das PSK in allen militärischen Angelegenheiten im Rahmen der Union militärisch zu beraten und diesem gegenüber einschlägige Empfehlungen abzugeben. Er nimmt die militärische Leitung aller militärischen Aktivitäten im Rahmen der Union wahr.

3. Funktionen

Der EUMC sorgt für eine konsensgestützte militärische Beratung.

Er ist das Forum für die militärische Konsultation und Kooperation zwischen den Mitgliedstaaten der Union im Bereich der Konfliktverhütung und der Krisenbewältigung.

Er nimmt auf Ersuchen des PSK oder von sich aus im Rahmen der vom PSK vorgegebenen Leitlinie die Aufgabe der militärischen Beratung des PSK wahr und gibt diesem gegenüber Empfehlungen ab, insbesondere im Hinblick auf

- die Entwicklung des allgemeinen Krisenbewältigungskonzepts, was dessen militärische Aspekte anbelangt;
- die militärischen Aspekte im Zusammenhang mit der politischen Kontrolle und strategischen Leitung von Krisenbewältigungsoperationen und Krisensituationen;
- die Risikobeurteilung bei potentiellen Krisen;
- die militärische Dimension einer Krisensituation und deren Auswirkungen, insbesondere während der anschließenden Krisenbewältigungsphase; zu diesem Zweck erhält er vom Lagezentrum die Ergebnisse von dessen Arbeiten;
- die Präzisierung, Beurteilung und Überprüfung von Fähigkeitszielen gemäß den vereinbarten Verfahren;
- die militärischen Beziehungen der Union zu den nicht der Union angehörenden europäischen NATO-Mitgliedern, den übrigen Bewerbern um einen Beitritt zur Union, anderen Staaten und anderen Organisationen, einschließlich der NATO;
- die Veranschlagung der Kosten für Operationen und Übungen.

a) Im Krisenfall

Auf Ersuchen des PSK erteilt er dem Generaldirektor des EUMS (DGEUMS) eine Grundsatzweisung, militärische Optionen auszuarbeiten und vorzulegen.

Er nimmt eine Beurteilung der vom EUMS ausgearbeiteten militärstrategischen Optionen vor und leitet diese zusammen mit seiner Beurteilung und seinen militärischen Empfehlungen dem PSK zu.

Auf der Grundlage der militärischen Option, für die sich der Rat entscheidet, genehmigt er eine grundsätzliche Planungsweisung für den Operation Commander.

Auf der Grundlage der vom EUMS vorgenommenen Beurteilung berät er das PSK und gibt diesem gegenüber Empfehlungen ab, und zwar hinsichtlich

- des vom Operation Commander ausgearbeiteten Operationskonzepts (CO-NOPS);
- des vom Operation Commander erstellten Entwurfs eines Operationsplans (OPLAN).

Er berät das PSK in der Frage der Option für die Beendigung einer Operation.

b) Im Verlauf einer Operation

Der EUMC überwacht die ordnungsgemäße Durchführung militärischer Operationen unter der Verantwortung des Operation Commander.

Die Mitglieder des EUMC nehmen an den Sitzungen des Ausschusses der beitragenden Länder teil oder haben einen Vertreter in diesem Ausschuss.

4. Vorsitzender des EUMC (CEUMC)

Der EUMC hat seinen ständigen Vorsitzenden, dessen Aufgaben im Folgenden beschrieben sind.

Bei dem CEUMC handelt es sich um einen ernannten Vier-Sterne-General/Admiral, vorzugsweise um einen ehemaligen Generalstabschef eines Mitgliedstaats der Union.

Dieser wird von den Generalstabschefs der Mitgliedstaaten gemäß den vereinbarten Verfahren bestimmt und vom Rat auf Empfehlung des auf Ebene der Generalstabschefs zusammentretenden EUMC ernannt.

Seine Amtszeit beträgt grundsätzlich drei Jahre, es sei denn, es liegen außergewöhnliche Umstände vor.

Er erhält seine Befugnisse vom EUMC, dem gegenüber er verantwortlich ist, Der CEUMC, der in internationaler Funktion tätig ist, repräsentiert den EUMC gegebenenfalls im PSK und im Rat.

In seiner Eigenschaft als Vorsitzender des EUMC

- nimmt er den Vorsitz in den Sitzungen des Militärausschusses auf Ebene der militärischen Delegierten und der Generalstabchefs wahr;
- tritt er als Sprecher des EUMC auf und nimmt als solcher folgende Aufgaben wahr:
- er nimmt gegebenenfalls an den Sitzungen des PSK teil und darf sich an den Beratungen beteiligen; ferner nimmt er an den Tagungen des Rates teil, wenn Beschlüsse mit verteidigungspolitischen Bezügen zu fassen sind;
- er erfüllt die Aufgabe eines militärischen Beraters des Generalsekretärs/Hohen Vertreters in allen militärischen Angelegenheiten, insbesondere, um für Kohärenz innerhalb der Krisenbewältigungsstruktur der Union zu sorgen;
- leitet er die Arbeiten des EUMC unparteiisch und im Bemühen um Konsens;
- handelt er für den EUMC, wenn er dem Generaldirektor des EUMS Weisungen erteilt und Richtlinien vorgibt;
- fungiert er als vorrangiger Ansprechpartner (POC) für den Operation Commander im Verlauf militärischer Operationen der Union;
- fungiert er als Bindeglied zum Vorsitz im Zusammenhang mit der Aufstellung und Durchführung von dessen Arbeitsprogramm.

Der CEUMC wird von seinem persönlichen Stab sowie vom EUMS unterstützt, speziell was die administrative Unterstützung im Rahmen des Generalsekretariats des Rates anbelangt.

Bei Abwesenheit wird der CEUMC vertreten durch

- den ständigen Stellvertretenden Vorsitzenden des CEUMC (DCEUMC), falls die Schaffung dieses Amtes und dessen Besetzung beschlossen wird;

- den Vertreter des Vorsitzes oder
- den dienstältesten anwesenden Offizier (Dean).

5. Verschiedenes

Die zwischen dem EUMC und den NATO-Militärgremien aufzunehmenden Beziehungen sind Gegenstand des Dokuments über die EU/NATO-Dauervereinbarungen. Die Beziehungen zwischen dem EUMC und den nicht der Union angehörenden europäischen NATO-Mitgliedern und anderen Staaten, die sich um einen Beitritt zur Union bewerben, sind Gegenstand des Dokuments über die Beziehungen der Union zu Drittstaaten.

Der EUMC wird erforderlichenfalls von einer militärischen Arbeitsgruppe (EUMCWG), dem EUMS sowie anderen Abteilungen und Dienststellen unterstützt.

Militärstab der Europäischen Union (EUMS)

ABl 2001 L 27, 7 idF

1 ABl 2005 L 132, 17 **2** ABl 2008 L 102, 25

(2001/80/GASP)

Beschluss des Rates vom 22. Januar 2001 zur Einsetzung des Militärstabs der Europäischen Union

DER RAT DER EUROPÄISCHEN UNION –

Gestützt auf den Vertrag über die Europäische Union, insbesondere auf Artikel 28 Absatz 1,

gestützt auf den Vertrag zur Gründung der Europäischen Gemeinschaft, insbesondere auf Artikel 207 Absatz 2,

in Erwägung nachstehender Gründe:

(1) Im Rahmen der Stärkung der Gemeinsamen Außen- und Sicherheitspolitik (GASP) und insbesondere der in Artikel 17 des Vertrags über die Europäische Union vorgesehenen Gemeinsamen Europäischen Sicherheitsund Verteidigungspolitik hat der Europäische Rat auf seiner Tagung vom 7. bis 11. Dezember 2000 in Nizza Einvernehmen über die Einrichtung des Militärstabs der Europäischen Union erzielt und dessen Auftrag und Funktionen festgelegt.

(2) Nach den Leitlinien des Europäischen Rates sollte der Militärstab in die Lage versetzt werden, seine Arbeit aufzunehmen –

BESCHLIESST:

Artikel 1

(1) Zur Einrichtung des Militärstabs der Europäischen Union (EUMS) wird von den Mitgliedstaaten Militärpersonal in das Generalsekretariat des Rates abgeordnet.

(2) Der Militärstab ist Teil des Generalsekretariats des Rates.

Artikel 2

Das Mandat und die Organisationsstruktur des Militärstabs der Europäischen Union sind im Anhang dieses Beschlusses festgelegt.

Artikel 3

Alle Mitglieder des Militärstabs müssen Staatsangehörige der Mitgliedstaaten der Europäischen Union sein.

Artikel 4

Die Mitglieder des Militärstabs der Europäischen Union unterliegen den Vorschriften des Beschlusses 2007/829/EG des Rates vom 5. Dezember 2007 über die Regelung für zum Generalsekretariat des Rates abgeordnete nationale Sachverständige und Militärexperten.[1].

Artikel 5

Dieser Beschluss wird am Tag seiner Annahme wirksam.

Er ist ab einem vom Generalsekretär/Hohen Vertreter nach Anhörung des PSK und des Militärischen Interimsgremiums/Militärausschusses festzulegenden Zeitpunkt, grundsätzlich jedoch vor Ende Juni 2001, anwendbar.

Bis zum Zeitpunkt des Beginns der Anwendung dieses Beschlusses fungiert der Generaldirektor des Militärstabs (DGEUMS), der sein Amt am 1. März 2001 antreten wird[2], als Vorgesetzter der von den Mitgliedstaaten in das Ratssekretariat abgeordneten Militärsachverständigen[3].

Artikel 6

Dieser Beschluss wird im Amtsblatt veröffentlicht.

Geschehen zu Brüssel am 22. Januar 2001.

[1] ABl. L 327 vom 13. 12. 2007, S. 10.

[2] Beschluss des Rates vom 22. Dezember 2000.

[3] Beschluss 2000/145/GASP des Rates vom 14. Februar 2000 über die Abordnung nationaler Sachverständiger im Militärbereich zum Generalsekretariat des Rates während einer Übergangszeit (ABl. L 49 vom 22. 2. 2000, S. 3).

ANHANG

ANHANG
MANDAT UND ORGANISATION DES MILITÄRSTABS DER EUROPÄISCHEN UNION (EUMS)[4]

1. Einleitung

In Helsinki haben die Mitgliedstaaten der Europäischen Union beschlossen, innerhalb des Rates neue ständige politische und militärische Gremien zu schaffen, um die Europäische Union in die Lage zu versetzen, ihrer Verantwortung für das gesamte Spektrum der im EUV festgelegten Aufgaben der Konfliktverhütung und der Krisenbewältigung gerecht zu werden. Entsprechend dem Bericht von Helsinki wird der EUMS „innerhalb der Ratsstrukturen (...) für die GESVP militärischen Sachverstand und militärische Unterstützung bereitstellen, auch in Bezug auf die Durchführung EUgeführter militärischer Krisenbewältigungsoperationen".

Der Europäische Rat hat auf seiner Tagung vom 12. und 13. Dezember 2003 das Dokument „European Defence: NATO/EU Consultation, Planning and Operations" begrüßt. Auf seiner Tagung vom 16. und 17. Dezember 2004 hat der Rat die detaillierten Vorschläge zur Umsetzung dieses Dokuments gebilligt.

Der Rat hat am 19. November 2007 den vom Rat im Mai 2007 angeforderten Bericht des Generalsekretärs/Hohen Vertreters über die Fähigkeit des Militärstabs der EU, im Falle EU-geführter Operationen die Frühplanung auf der strategischen Ebene durchzuführen, begrüßt und die Empfehlung gebilligt, die darin beschriebenen vier Maßnahmen zusammen mit den im militärischen Ratschlag aufgeführten Aktionen als ein Paket umzusetzen. Das Mandat des EUMS ist wie folgt festgelegt:

2. Auftrag

Der Militärstab hat den Auftrag der Frühwarnung, Lagebeurteilung und strategischen Planung im Hinblick auf die in Artikel 17 Absatz 2 EUV vorgesehenen Missionen und Aufgaben, einschließlich der in der Europäischen Sicherheitsstrategie festgelegten.

Dazu gehört auch die Bestimmung der europäischen nationalen und multinationalen Streitkräfte und die Durchführung von Maßnahmen und Beschlüssen gemäß den Weisungen des EUMC.

3. Rolle

- Der Militärstab dient der Europäischen Union als Quelle militärischer Expertise.
- Er fungiert als Bindeglied zwischen dem EUMC einerseits und den der Europäischen Union zur Verfügung stehenden militärischen Kräften andererseits und stellt den Organen der EU gemäß den Weisungen des EUMC militärische Expertise zur Verfügung.
- Er erfüllt drei wichtige operative Funktionen: Frühwarnung, Lagebeurteilung und strategische Planung.
- Er nimmt eine ausreichend detaillierte Frühplanung vor, um es u. a. den Mitgliedstaaten zu gestatten, ihren potenziellen Truppenbeitrag einzuschätzen, und um selbst während des Beschlussfassungsprozesses geeignete Expertise bereitstellen zu können.
- Er stellt eine Frühwarnfähigkeit zur Verfügung. Er nimmt in Bezug auf das Krisenmanagementkonzept und die allgemeine Militärstrategie Aufgaben der Planung und Beurteilung wahr und gibt entsprechende Empfehlungen ab, und setzt die Beschlüsse und Leitlinien des EUMC um.
- Er unterstützt den EUMC bei der Lagebeurteilung und hinsichtlich der militärischen Aspekte der strategischen Planung[5] im gesamten Spektrum der in Artikel 17 Absatz 2 EUV aufgeführten

---

[4] Zu den Abkürzungen im Text siehe Anlage B.

[5] Begriffsbestimmungen: Strategische Planung: Planungsmaßnahmen, die beginnen, sobald eine potenzielle Krise festgestellt ist oder sobald sich eine Krise abzeichnet, und die enden, wenn die politischen Instanzen der Europäischen Union eine oder mehrere militärstrategische Optionen billigen. Der Prozess der strategischen Planung umfasst die militärische Lagebeurteilung, die Erstellung eines politisch-militärischen Rahmenplans und die Entwicklung militärstrategischer Optionen. Militärstrategische Option: Militärische Vorgehensmöglichkeit zur Erreichung der politisch-militärischen Ziele, laut politisch-militärischem Rahmenplan. Eine militärstrategische Option umreißt die militärische Lösung

Missionen und Aufgaben, einschließlich der in der Europäischen Sicherheitsstrategie festgelegten, und zwar bei allen EU-geführten Operationen, ungeachtet dessen, ob die Europäische Union auf Mittel und Fähigkeiten der NATO zurückgreift oder nicht.

- Er unterstützt (auf Verlangen des Generalsekretärs/Hohen Vertreters oder des PSK) befristete Missionen in Drittländern oder bei internationalen Organisationen, um bei Bedarf Beratung und Unterstützung hinsichtlich der militärischen Aspekte der Konfliktverhütung, der Krisenbewältigung und der Stabilisierung nach Konfliktende zu leisten.
- Er beteiligt sich am Prozess der Entwicklung, Beurteilung und Überprüfung der Fähigkeitsziele, wobei er dem Umstand Rechnung trägt, dass die betroffenen Mitgliedstaaten die Kohärenz mit dem NATO-Verteidigungsplanungsprozess (DPP) und dem Planungs- und Überprüfungsprozess (PARP) der Partnerschaft für den Frieden (PfP) gemäß den vereinbarten Verfahren sicherstellen müssen.
- Er arbeitet eng mit der Europäischen Verteidigungsagentur zusammen.
- Hinsichtlich der Kräfte und Fähigkeiten, die der EU von den Mitgliedstaaten zur Verfügung gestellt werden, ist er verantwortlich für die Überwachung und Beurteilung von Ausbildung, Übungen und Interoperabilität sowie die Abgabe entsprechender Empfehlungen.
- Er gewährleistet die Fähigkeit zur Verstärkung des nationalen Hauptquartiers, das zur Durchführung einer eigenständigen Operation der EU bestimmt wurde.
- Er ist für den Aufwuchs der Fähigkeit zur Planung und Durchführung einer eigenständigen Militäroperation der EU zuständig und gewährleistet innerhalb des EUMS die Fähigkeit, rasch ein Operationszentrum für eine spezifische Operation zu errichten, sobald der Rat eine solche Operation auf der Grundlage des Ratschlags des EUMC beschlossen hat, und zwar vor allem, wenn eine gemeinsame zivil-militärische Reaktion erforderlich ist und kein nationales Hauptquartier bestimmt wurde.

4. Aufgaben

- Er stellt dem Generalsekretär/Hohen Vertreter und den EU-Organen gemäß den Weisungen des EUMC militärische Expertise zur Verfügung.
- Er überwacht potenzielle Krisensituationen, wobei er sich auf einschlägige nationale und multinationale Aufklärungsfähigkeiten stützt.
- Er arbeitet, was den Informationsaustausch anbelangt, gemäß der Vereinbarung über die Single Intelligence Analysis Capacity (SIAC) mit dem Gemeinsamen Lagezentrum zusammen.
- Er führt die militärische Vorausplanung auf der strategischen Ebene durch.
- Er nimmt eine ausreichend detaillierte Frühplanung vor, um es u. a. den Mitgliedstaaten zu gestatten, ihren potenziellen Truppenbeitrag einzuschätzen, und um selbst während des Beschlussfassungsprozesses geeignete Expertise bereitstellen zu können.
- Er bestimmt und erfasst nationale und multinationale europäische Einsatzkräfte für EU-geführte Operationen in Abstimmung mit der NATO.
- Er wirkt mit an der Entwicklung und Vorbereitung (einschließlich Ausbildung und Übungen) der nationalen und multinationalen Streitkräfte, die der Europäischen Union von den Mitgliedstaaten zur Verfügung gestellt werden. Die Einzelheiten der Beziehungen zur NATO sind in den einschlägigen Dokumenten festgelegt.
- Er organisiert und koordiniert die Verfahren mit den nationalen und multinationalen Hauptquartieren, einschließlich der der Europäischen Union zur Verfügung stehenden NATO-Hauptquartiere, wobei er so weit wie möglich die Kompatibilität mit den NATO-Verfahren sicherstellt.
- Er leistet einen Beitrag zu den militärischen Aspekten der ESVP-Dimension der Terrorismusbekämpfung.
- Er wirkt mit an der Entwicklung von Konzepten, Grundsätzen, Plänen und Verfahren für den Einsatz militärischer Mittel und Fähigkeiten bei Operationen zur Bewältigung der Folgen von Katastrophen natürlichen und menschlichen Ursprungs.

---

in groben Zügen, beschreibt die erforderlichen Kräfte und Mittel und die Auflagen und enthält Empfehlungen zur Wahl des Befehlshabers der Operation (OpCdr) und des operativen Hauptquartiers (OHQ).

- Er gewährleistet die Programmierung, Planung, Durchführung und Beurteilung der militärischen Aspekte der Krisenbewältigungsverfahren der EU, wozu auch die Übung der EU/NATO-Verfahren gehört.
- Er beteiligt sich an der Kostenschätzung für Operationen und Übungen.
- Er unterhält Verbindungen zu den nationalen Hauptquartieren und den multinationalen Hauptquartieren der multinationalen Streitkräfte.
- Er stellt gemäß den „EU/NATO-Dauervereinbarungen" ständige Beziehungen zur NATO her.
- Er nimmt ein NATO-Verbindungsteam auf und unterhält im Einklang mit dem vom Rat am 13. Dezember 2004 angenommenen „Bericht des Vorsitzes zur ESVP" eine EU-Zelle beim SHAPE.
- Er stellt geeignete Kontakte her zu bestimmten Ansprechpartnern innerhalb der Vereinten Nationen sowie anderer internationaler Organisationen, einschließlich der OSZE und der AU, sofern diese Organisationen dem zustimmen.
- Er beteiligt sich an der notwendigen umfassenden Erfahrungsauswertung.
- Er sorgt auf Initiative des Generalsekretärs/Hohen Vertreters oder des PSK für die strategische Eventualfallplanung.
- Er wirkt mit an der Entwicklung von Grundsätzen/Konzepten durch die Auswertung zivil-militärischer Operationen und Übungen.
- Er entwickelt Konzepte und Verfahren für das EU-Operationszentrum und stellt sicher, dass das Personal, die Einrichtungen und die Ausrüstung des Operationszentrums für Operationen, Übungen und Ausbildungsmaßnahmen verfügbar und einsatzbereit sind.
- Er wartet, aktualisiert und ersetzt die Ausrüstung des EU-Operationszentrums und hält die Räumlichkeiten in Stand.

a Zusätzliche Aufgaben im Krisenfall

- Er fordert spezifische Informationen von den Nachrichtendiensten und sonstige relevante Informationen aus allen verfügbaren Quellen an und verarbeitet sie.
- Er unterstützt den EUMC bei dessen Beiträgen zu den grundsätzlichen Planungsrichtlinien und Planungsweisungen des PSK.
- Er entwickelt als Grundlage für den militärischen Ratschlag des EUMC an das PSK militärstrategische Optionen und setzt Prioritäten, wobei er
  - erste allgemeine Optionen festlegt;
  - gegebenenfalls auf Planungsunterstützung durch externe Stellen zurückgreift, die diese Optionen genauer analysieren und detaillierter ausarbeiten;
  - die Ergebnisse dieser detaillierteren Arbeit bewertet und bei Bedarf weitere Arbeiten in Auftrag gibt;
  - dem EUMC eine Gesamtbeurteilung vorlegt, die gegebenenfalls Prioritätenangaben und Empfehlungen enthält.
- Er ermittelt in Abstimmung mit den nationalen Planungsstäben und gegebenenfalls der NATO die Streitkräfte, die an eventuellen EU-geführten Operationen teilnehmen könnten.
- Er unterstützt den Befehlshaber der Operation beim technischen Austausch mit Drittländern, die militärische Beiträge zu einer EU-geführten Operation leisten wollen, sowie bei der Vorbereitung der Truppengestellungskonferenz.
- Er führt eine fortlaufende Beobachtung der Krisensituationen durch.
- Auf Ersuchen der GD E an den DGEUMS leistet er Unterstützung bei der unter Verantwortung der GD E vorgenommenen politisch-militärischen Strategieplanung einer Krisenreaktion (Ausarbeitung eines Krisenmanagementkonzepts (CMC), einer gemeinsamen Aktion usw.).
- Auf Ersuchen der GD E an den DGEUMS leistet er Unterstützung bei der unter Verantwortung der GD E vorgenommenen Krisenreaktionsplanung auf strategischer Ebene (Erkundungsmissionen, Krisenmanagementkonzept (CMC).
- Er wirkt mit an der strategischen Krisenreaktionsplanung für gemeinsame zivil-militärische Operationen, wobei er nach Maßgabe der Krisenbewältigungsverfahren strategische Optionen ausarbeitet. Diese Planung fällt unter die direkte Verantwortung des DGEUMS und des Direk-

tors des zivilen Planungs- und Durchführungsstabs (DCPCC) und unterliegt der Gesamtaufsicht des Generalsekretärs/Hohen Vertreters.

- Auf Ersuchen des DCPCC an den DGEUMS leistet er Unterstützung bei der unter Verantwortung des DCPCC vorgenommenen Krisenreaktionsplanung für zivile Missionen auf strategischer und operativer Ebene.

b Zusätzliche Aufgaben im Verlauf der Operationen

- Der EUMS stellt durch die Kapazität zur permanenten Lageüberwachung eine Rund-um-die-Uhr-Überwachung (24/7) aller ESVP-Missionen und -Operationen sicher und gewährleistet damit die systematische Weitergabe aller operationsspezifischen Informationen.
- Der EUMS, der auf Weisung des EUMC tätig wird, überwacht fortlaufend alle militärischen Aspekte der Operationen. Er führt im Benehmen mit dem designierten Befehlshaber der Operation strategische Analysen durch, um den EUMC in seiner beratenden Funktion gegenüber dem für die strategische Leitung zuständigen PSK zu unterstützen.
- Ausgehend von den politischen und operativen Entwicklungen unterbreitet er dem EUMC neue Optionen als Grundlage für den militärischen Ratschlag des EUMC an das PSK.
- Er trägt zum personellen Aufwuchs des Verstärkten Kernstabs des EU-Operationszentrums und bei Bedarf zur weiteren Verstärkung des EU-Operationszentrums bei.
- Er stellt den ständigen Kernstab des EU-Operationszentrums.
- Er beteiligt sich an der Koordinierung ziviler Operationen. Diese Operationen werden unter der Verantwortung des DCPCC geplant und durchgeführt. Er wirkt mit an der Planung, Unterstützung (einschließlich des eventuellen Einsatzes militärischer Mittel) und Durchführung ziviler Operationen (für die strategische Ebene ist weiterhin die GD E IX zuständig).

5. Organisation

- Der EUMS wird auf Weisung des EUMC tätig und erstattet diesem Bericht.
- Der EUMS ist ein unmittelbar dem Generalsekretär/Hohen Vertreter unterstehender Dienst des Ratssekretariats, der eng mit den anderen Diensten des Generalsekretariats des Rates zusammenarbeitet.
- Der EUMS wird von dem DGEUMS, einem 3-Sterne-General/Admiral, geleitet.
- Er setzt sich aus Personal, das gemäß der Regelung für zum Generalsekretariat des Rates abgeordnete nationale Sachverständige und Militärexperten von den Mitgliedstaaten abgeordnet und in internationaler Verwendung tätig ist, sowie aus Bediensteten des Generalsekretariats des Rates und abgeordneten Bediensteten der Kommission zusammen. Um das Auswahlverfahren für den EUMS zu verbessern, sind die Mitgliedstaaten aufgefordert, für jede ausgeschriebene Stelle mehrere Bewerber vorzuschlagen.
- Damit das gesamte Spektrum der Missionen und Aufgaben bewältigt werden kann, erhält der EUMS die in der Anlage „A" dargestellte Organisationsstruktur.
- Im Krisenfall oder bei Krisenmanagementübungen kann der EUMS unter Nutzung seiner eigenen Expertise, seines Personals und seiner Infrastruktur Planungsund Managementteams aufstellen. Darüber hinaus könnte er bei Bedarf über den EUMC Personal aus den EU-Mitgliedstaaten zur vorübergehenden Verstärkung anfordern.
- Der EUMC stellt über den DGEUMS Leitlinien für die militärischen Tätigkeiten des EUMS im Rahmen der zivilen Krisenbewältigung bereit. Die Beiträge des EUMS zu den zivilen Aspekten der Krisenbewältigung unterliegen weiterhin der fachlichen Zuständigkeit der GD E IX für alle Tätigkeiten (Planung, Erkundungsmissionen usw.) bis einschließlich zur Erstellung eines Krisenmanagementkonzepts (CMC) und gegebenenfalls von CSO/PSO. Sobald die Einleitung einer Mission beschlossen wird, geht die fachliche Zuständigkeit auf den DCPCC über. Die Berichterstattung über diese Tätigkeiten an den Ausschuss für die zivilen Aspekte der Krisenbewältigung (CIVCOM) erfolgt nach den festgelegten Verfahren für die zivilen Aspekte der Krisenbewältigung.

6. Beziehungen zu Drittländern

Die Beziehungen zwischen dem EUMS und den nicht der EU angehörenden europäischen NATO-Mitgliedern, sonstigen Drittstaaten und den Ländern, die sich um einen Beitritt zur Europäischen

Union bewerben, sind in den einschlägigen Dokumenten über die Beziehungen der EU zu Drittländern geregelt.

Anlage A

ORGANIGRAMM DES EUMS

ORGANIGRAMM DES EUMS

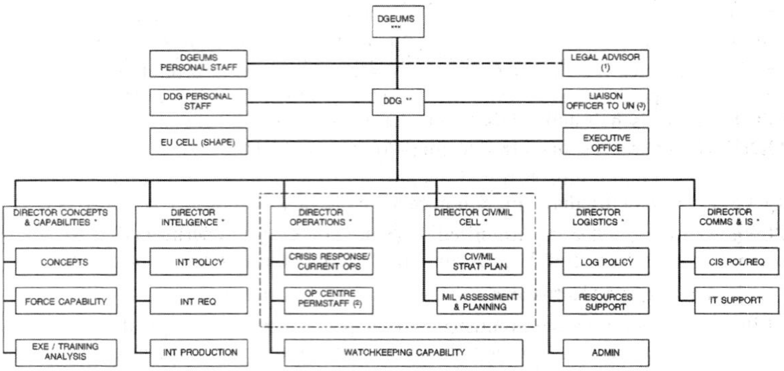

(1) Mitglied des Juristischen Dienstes des Rates.
(2) Unabhängig, wenn aktiviert.
(3) EUMS-Offizier im Verbindungsbüro des Rates bei den Vereinten Nationen in New York.

Anlage B

ABKÜRZUNGEN

A	
ADMIN	Unterabteilung „Verwaltung”
AU	
C	
CEUMC	Vorsitzender des Militärausschusses der Europäischen Union
CPCC	Ziviler Planungs- und Durchführungsstab
CIS	Abteilung „Kommunikations- und Informationssysteme”
CIS POL/REQ	Grundsatzfragen und Bedarfsplanung für „Kommunikations- und Informationssysteme”
CIV/MIL CELL	Zivil-militärische Zelle
CIV/MIL STRAT PLAN	Unterabteilung „Zivil-militärische Strategieplanung”
CIVCOM	Ausschuss für die zivilen Aspekte der Krisenbewältigung
CMC	Krisenbewältigungskonzept
CMC SPT	Unterstützung des Vorsitzenden des Militärausschusses der Europäischen Union
COMMS [amp] IS	„Kommunikations- und Informationssysteme”
CONOPS	Operationskonzept
CRISIS RESP/CURRENT OPS	Unterabteilung „KrisenreaktionsplanungAaufende Operationen”
CSO	Zivilstrategische Option
D	
DDG	Stellvertretender Generaldirektor
DGEUMS	Generaldirektor des Militärstabs der Europäischen Union
DCPCC	Direktor des Zivilen Planungs- und Durchführungsstabs
DPP	Verteidigungsplanungsprozess
E	

ESVP	Europäische Sicherheits- und Verteidigungspolitik
EU CELL (SHAPE)	Zelle der Europäischen Union bei SHAPE
EUMC	Militärausschuss der Europäischen Union
EUMS	Militärstab der Europäischen Union
EUV	Vertrag über die Europäische Union
EX/TRN/ANL	Unterabteilung „Übungen, Schulung und Analyse"
G	
GESVP	Gemeinsame Europäische Sicherheits- und Verteidigungspolitik
I	
INT POLICY	Unterabteilung „Intelligence-Grundsatzfragen"
INT PRODUCTION	Unterabteilung „Intelligence-Produktion"
INT REQ	Unterabteilung „Intelligence-Bedarfsplanung"
IT SUPPORT	Unterabteilung „Informationstechnologie und Sicherheit"
L	
LEGAL	Juristischer Berater
LOG POLICY	Unterabteilung „Logistik"
M	
MAP	Unterabteilung „Militärische Beurteilung und Planung"
O	
OCPS	Ständiges Personal des Operationszentrums
OHQ	operatives Hauptquartier
OP CENTRE PERM STAFF	Ständiges Personal des Operationszentrums
OPLAN	Operationsplan
OPSCEN	Operationszentrum
OSZE	Organisation für Sicherheit und Zusammenarbeit in Europa
P	
PARP	Planungs- und Überprüfungsprozess
PfP	Partnerschaft für den Frieden
POL	Unterabteilung „Grundsatzfragen"
PSK	Politisches und Sicherheitspolitisches Komitee
PSO	Polizeistrategische Option.

Ausschuss für die nichtmilitärischen Aspekte der Krisenbewältigung

ABl 2000 L 127, 1

(2000/354/GASP)

Beschluss des Rates vom 22. Mai 2000 zur Einsetzung eines Ausschusses für die nichtmilitärischen Aspekte der Krisenbewältigung

DER RAT DER EUROPÄISCHEN UNION –

gestützt auf den Vertrag über die Europäische Union, insbesondere auf Artikel 28 Absatz 1,

gestützt auf den Vertrag zur Gründung der Europäischen Gemeinschaft, insbesondere auf Artikel 207,

in Erwägung nachstehender Gründe:

(1) Im Rahmen der Stärkung der Gemeinsamen Außen- und Sicherheitspolitik und insbesondere der in Artikel 17 des Vertrags über die Europäische Union vorgesehenen Gemeinsamen Europäischen Sicherheits- und Verteidigungspolitik hat der Europäische Rat auf seiner Tagung vom 10. und 11. Dezember 1999 in Helsinki den Vorsitz ersucht, zusammen mit dem Generalsekretär/Hohen Vertreter im Rahmen des Rates „Allgemeine Angelegenheiten" die Arbeiten fortzuführen, die alle in dem Bericht des Vorsitzes genannten Aspekte, einschließlich eines Ausschusses für nichtmilitärische Krisenbewältigung, betreffen.

(2) Der Europäische Rat hat auf seiner Tagung vom 23. und 24. März 2000 in Lissabon den Rat ersucht, bis zu der Tagung in Feira bzw. auf dieser Tagung einen Ausschuß für nichtmilitärische Krisenbewältigung einzusetzen.

(3) Die Beschlüsse über Instrumente für die nichtmilitärische Krisenbewältigung nach dem EG-Vertrag werden entsprechend den in diesem Vertrag vorgesehenen Verfahren gefasst.

(4) Auf der Tagung des Europäischen Rates in Helsinki wurde darauf hingewiesen, dass die Union ihre Reaktionsfähigkeit und die Effizienz ihrer Ressourcen und Instrumente wie auch deren Synergie verbessern muß.

(5) Der Austausch von Informationen und die Koordinierung der Instrumente für die nichtmilitärische Krisenbewältigung werden unter anderem die Arbeit des im Generalsekretariat des Rates eingerichteten Koordinierungsmechanismus erleichtern, dessen Errichtung auf der Tagung des Europäischen Rates in Helsinki beschlossen worden ist –

BESCHLIESST:

Artikel 1

Es wird ein aus Vertretern der Mitgliedstaaten bestehender Ausschuß für die nichtmilitärischen Aspekte der Krisenbewältigung eingesetzt.

Artikel 2

Der Ausschuß übt seine Tätigkeit als Arbeitsgruppe des Rates aus und berichtet dem Ausschuß der Ständigen Vertreter. Er stellt in bezug auf die nichtmilitärischen Aspekte der Krisenbewältigung für das Politische und Sicherheitspolitische Interimskomitee und die übrigen zuständigen Ratsgremien entsprechend ihren jeweiligen Befugnissen Informationen bereit, unterbreitet ihnen Empfehlungen und berät sie entsprechend.

Artikel 3

Dieser Beschluß wird am Tag seiner Annahme wirksam.

Artikel 4

Dieser Beschluß wird im Amtsblatt veröffentlicht.

Geschehen zu Brüssel am 22. Mai 2000.

Begründung der Ständigen Strukturierten Zusammenarbeit (SSZ)

ABl 2017 L 331, 57 idF

1 ABl 2018 L 12, 63

(2017/2315/GASP)

DER RAT DER EUROPÄISCHEN UNION –

gestützt auf den Vertrag über die Europäische Union, insbesondere auf Artikel 46 Absatz 2,

gestützt auf das Protokoll Nr. 10 über die Ständige Strukturierte Zusammenarbeit nach Artikel 42 des Vertrags über die Europäische Union, das dem Vertrag über die Europäische Union und dem Vertrag über die Arbeitsweise der Europäischen Union beigefügt ist,

auf Vorschlag der Bundesrepublik Deutschland, des Königreichs Spanien, der Französischen Republik und der Italienischen Republik,

unter Hinweis auf die Stellungnahme der Hohen Vertreterin der Union für Außen- und Sicherheitspolitik (im Folgenden „Hoher Vertreter"),

in Erwägung nachstehender Gründe:

(1) Artikel 42 Absatz 6 des Vertrages über die Europäische Union (EUV) sieht vor, dass die Mitgliedstaaten, die anspruchsvollere Kriterien in Bezug auf die militärischen Fähigkeiten erfüllen und die im Hinblick auf Missionen mit höchsten Anforderungen untereinander weiter gehende Verpflichtungen eingegangen sind, eine Ständige Strukturierte Zusammenarbeit (SSZ) im Rahmen der Union begründen.

(2) Der Rat und die Hohe Vertreterin haben am 13. November 2017 eine gemeinsame Mitteilung gemäß Artikel 46 Absatz 1 EUV von 23 Mitgliedstaaten und am 7. Dezember 2017 von zwei weiteren Mitgliedstaaten erhalten, der zufolge alle diese Mitgliedstaaten beabsichtigen, sich an der SSZ auf der Grundlage zu beteiligen, dass sie die oben genannten Anforderungen erfüllen und die weiter gehenden Verpflichtungen in diesem Bereich nach Maßgabe des Anhangs des vorliegenden Beschlusses untereinander eingegangen sind, und auf Grundlage aller anderen Elemente in der Mitteilung einschließlich der Präambel und der in Anlage I der Mitteilung enthaltenen Grundsätze der SSZ, denen sie in vollem Umfang weiterhin verpflichtet sind, und zudem auf Artikel 42 EUV hinweisen, einschließlich Artikel 42 Absatz 7[1].

(3) Die weiter gehenden Verpflichtungen nach Maßgabe des Anhangs des vorliegenden Beschlusses stehen im Einklang mit der Erreichung der in Artikel 1 des Protokolls Nr. 10 zu den Verträgen genannten Ziele und mit den Verpflichtungen nach Artikel 2 des Protokolls.

(4) Der Beschluss von Mitgliedstaaten, an der SSZ teilzunehmen, ist freiwillig und berührt als solcher nicht die nationale Souveränität oder den besonderen Charakter der Sicherheits- und Verteidigungspolitik bestimmter Mitgliedstaaten. Die teilnehmenden Mitgliedstaaten leisten Beiträge zur Erfüllung der weiter gehenden Verpflichtungen im Rahmen der SSZ im Einklang mit ihren geltenden verfassungsrechtlichen Bestimmungen.

(5) Die vermehrte Durchführung gemeinsamer und kollaborativer Projekte zur Entwicklung der Verteidigungsfähigkeiten zählt zu den bindenden Verpflichtungen im Rahmen der SSZ. Derartige Projekte können unter Wahrung der Verträge und im Einklang mit den einschlägigen Unions-Instrumenten und -Programmen mit Beiträgen aus dem Unions-Haushalt unterstützt werden.

(6) Die teilnehmenden Mitgliedstaaten haben in ihren jeweiligen nationalen Umsetzungsplänen ihre Fähigkeit dargelegt, die weiter gehenden Verpflichtungen, die sie untereinander eingegangen sind, zu erfüllen.

(7) Da die notwendigen Bedingungen erfüllt sind, ist es angebracht, dass der Rat einen Beschluss zur Begründung der SSZ erlässt.

(8) Jeder andere Mitgliedstaat, der sich zu einem späteren Zeitpunkt an der SSZ beteiligen möchte, kann dem Rat und dem Hohen Vertreter seine entsprechende Absicht nach Artikel 46 Absatz 3 EUV mitteilen.

(9) Der Hohe Vertreter wird umfassend an den Arbeiten im Rahmen der SSZ beteiligt.

[1] Die Mitteilung wird zusammen mit diesem Beschluss veröffentlicht (siehe Seite 70 des vorliegenden Amtsblatts).

(10) Die Maßnahmen im Rahmen der SSZ sollten mit den anderen GASP-Maßnahmen und mit den anderen Unionspolitiken im Einklang stehen. Der Rat und – im Rahmen ihrer jeweiligen Zuständigkeitsbereiche – der Hohe Vertreter und die Kommission sollten zusammenarbeiten, um gegebenenfalls möglichst große Synergien zu erzielen.

(11) Gemäß Artikel 5 des dem EUV und dem Vertrag über die Arbeitsweise der Europäischen Union beigefügten Protokolls Nr. 22 über die Position Dänemarks beteiligt sich Dänemark nicht an der Ausarbeitung und der Durchführung von Beschlüssen und Maßnahmen der Union, die verteidigungspolitische Bezüge haben. Deshalb ist der vorliegende Beschluss für Dänemark nicht bindend –

HAT FOLGENDEN BESCHLUSS ERLASSEN:

Artikel 1
Begründung der Ständigen Strukturierten Zusammenarbeit

Zwischen den Mitgliedstaaten, die anspruchsvollere Kriterien in Bezug auf die militärischen Fähigkeiten gemäß Artikel 1 des Protokolls Nr. 10 erfüllen und die, im Hinblick auf Missionen mit höchsten Anforderungen und um zur Erreichung der Zielvorgaben der Union beizutragen, untereinander Verpflichtungen in diesem Bereich gemäß Artikel 2 dieses Protokolls eingegangen sind, wird hiermit die Ständige Strukturierte Zusammenarbeit (SSZ) im Rahmen der Union begründet.

Artikel 2
Teilnehmende Mitgliedstaaten

Die folgenden Mitgliedstaaten beteiligen sich an der SSZ:

– Belgien,
– Bulgarien,
– Tschechische Republik,
– Deutschland,
– Estland,
– Irland,
– Griechenland,
– Spanien,
– Frankreich,
– Kroatien,
– Italien,
– Zypern,
– Lettland,
– Litauen,
– Luxemburg,
– Ungarn,
– die Niederlande,
– Österreich,
– Polen,
– Portugal,
– Rumänien,
– Slowenien,
– die Slowakei,
– Finnland,
– Schweden.

Artikel 3
Weiter gehende Verpflichtungen im Einklang mit Protokoll Nr. 10

(1) Um die in Artikel 1 des Protokolls Nr. 10 genannten Ziele zu erreichen und den in Artikel 2 dieses Protokolls genannten Verpflichtungen nachzukommen, leisten die teilnehmenden Mitgliedstaaten Beiträge, mit denen die weiter gehenden Verpflichtungen nach Maßgabe des Anhangs, die sie untereinander eingegangen sind, erfüllt werden.

(2) Für diesen Zweck überprüfen die teilnehmenden Mitgliedstaaten jährlich und aktualisieren gegebenenfalls ihre nationalen Umsetzungspläne, in denen sie darzulegen haben, wie sie den weiter gehenden Verpflichtungen nachkommen werden, wobei sie genau angeben, wie sie die präziseren Ziele jeder einzelnen Phase erreichen werden. Die aktualisierten nationalen Umsetzungspläne werden jährlich dem Europäischen Auswärtigen Dienst (EAD) und der Europäischen Verteidigungsagentur (EDA) vorgelegt und allen teilnehmenden Mitgliedstaaten zur Verfügung gestellt.

Artikel 4
SSZ-Steuerung

(1) Die Steuerung der SSZ wird wie folgt organisiert:

– auf Ebene des Rates und
– im Rahmen von Projekten, die von Gruppen der teilnehmenden Mitgliedstaaten, die untereinander vereinbart haben, derartige Projekte durchzuführen, umgesetzt werden.

(2) Der Rat erlässt im Einklang mit Artikel 46 Absatz 6 EUV Beschlüsse und Empfehlungen, in denen

a) strategische Vorgaben und Leitlinien für die SSZ festgelegt werden;

b) der Ablauf der Erfüllung der im Anhang festgelegten weiter gehenden Verpflichtungen im Laufe der beiden aufeinanderfolgenden Anfangsphasen (die Jahre 2018 bis 2020 und 2021 bis 2025) gesteuert und am Anfang jeder Phase präzisere Ziele für die Erfüllung der im Anhang festgelegten weiter gehenden Verpflichtungen vorgegeben werden;

c) bei Bedarf die im Anhang festgelegten weiter gehenden Verpflichtungen vor dem Hintergrund der durch die SSZ erzielten Fortschritte aktualisiert und verstärkt werden, um das sich wandelnde Sicherheitsumfeld der Union zu reflektieren. Derartige Beschlüsse werden insbesondere am Ende der in Absatz 2 Buchstabe b genannten Phasen auf der Grundlage eines strategischen Überprüfungsprozesses erlassen, in dessen Rahmen die Erfüllung der SSZ-Verpflichtungen bewertet wird;

d) die Beiträge der teilnehmenden Mitgliedstaaten, mit denen die vereinbarten Verpflichtungen erfüllt werden, nach dem in Artikel 6 beschriebenen Mechanismus bewertet werden;

e) die Liste der Projekte festgelegt wird, die im Rahmen der SSZ ausgearbeitet werden sollen und die sowohl die Unterstützung der Fähigkeitenentwicklung als auch die Bereitstellung im Rahmen ihrer Mittel und Fähigkeiten von substanzieller Unterstützung für Missionen und Operationen im Rahmen der Gemeinsamen Sicherheits- und Verteidigungspolitik widerspiegeln;

f) die gemeinsamen Vorschriften für die Steuerung von Projekten festgelegt werden, welche die teilnehmenden Mitgliedstaaten, die sich an einem bestimmten Projekt beteiligen, anpassen können, falls dies für das Projekt erforderlich ist.

g) zu gegebener Zeit gemäß Artikel 9 Absatz 1 die allgemeinen Bedingungen festgelegt werden, unter denen Drittstaaten in Ausnahmefällen eingeladen werden könnten, sich an bestimmten Projekten zu beteiligen; und im Einklang mit Artikel 9 Absatz 2 festgestellt wird, ob ein bestimmter Drittstaat diese Bedingungen erfüllt; und

h) jegliche weitere Maßnahmen getroffen werden, die für die weitere Umsetzung dieses Beschlusses erforderlich sind.

Artikel 5
SSZ-Projekte

(1) Im Anschluss an Vorschläge der teilnehmenden Mitgliedstaaten, die beabsichtigen, sich an einem bestimmten Projekt zu beteiligen, kann der Hohe Vertreter, in Bezug auf die Auswahl und Bewertung von SSZ-Projekten, auf der Grundlage der nach Artikel 7 durchgeführten Bewertungen eine Empfehlung für Beschlüsse und Empfehlungen des Rates abgeben, die nach Artikel 4 Absatz 2 Buchstabe e unter Berücksichtigung des militärischen Ratschlags des Militärausschusses der Europäischen Union (EUMC) erlassen werden sollen.

(2) Teilnehmende Mitgliedstaaten, die ein bestimmtes Projekt vorschlagen möchten, teilen dies den anderen teilnehmenden Mitgliedstaaten rechtzeitig vor Einreichung ihres Vorschlags mit, um Unterstützung zu finden und ihnen Gelegenheit zu geben, sich einer gemeinsamen Vorlage des Vorschlags anzuschließen.

Die Projektmitglieder sind die teilnehmenden Mitgliedstaaten, die den Vorschlag vorgelegt haben. Die Liste der Projektmitglieder jedes einzelnen Projekts wird dem Beschluss des Rates nach Artikel 4 Absatz 2 Buchstabe e beigefügt.

Die teilnehmenden Mitgliedstaaten, die sich an einem Projekt beteiligen, können untereinander vereinbaren, andere teilnehmende Mitgliedstaaten, die sich später an dem Projekt beteiligen möchten, zuzulassen.

(3) Die teilnehmenden Mitgliedstaaten, die sich an einem Projekt beteiligen, vereinbaren untereinander die Modalitäten sowie den Umfang ihrer Zusammenarbeit und die Ausführung dieses Projekts. Die teilnehmenden Mitgliedstaaten, die sich an einem Projekt beteiligen, unterrichten den Rat regelmäßig in geeigneter Form über die Entwicklung des Projekts.

Artikel 6
Überwachungs-, Bewertungs- und Berichterstattungsmodalitäten

(1) Der Rat gewährleistet im Rahmen von Artikel 46 Absatz 6 EUV die Einheitlichkeit, Kohärenz und Wirksamkeit der SSZ. Der Hohe Vertreter trägt ebenfalls zu diesen Zielen bei.

(2) Der Hohe Vertreter ist gemäß Protokoll Nr. 10 umfassend an den Arbeiten im Rahmen der SSZ beteiligt.

(3) Der Hohe Vertreter legt dem Rat einen jährlichen Bericht über die SSZ vor. Der Bericht stützt sich auf die Beiträge der EDA nach Artikel 7 Absatz 3 Buchstabe a und des EAD nach Artikel 7 Absatz 2 Buchstabe a. Im Bericht des Hohen Vertreters wird der Stand der Durchführung der SSZ, einschließlich der Erfüllung der Verpflichtungen durch jeden teilnehmenden Mitgliedstaat im Einklang mit seinem nationalen Umsetzungsplan, dargelegt.

Der EUMC unterstützt das Politische und Sicherheitspolitische Komitee mit Ratschlägen und Empfehlungen in militärischen Angelegenheiten in Bezug auf das jährliche Bewertungsverfahren der SSZ.

Auf der Grundlage des vom Hohen Vertreter vorgelegten Jahresberichts über die SSZ prüft der Rat einmal jährlich, ob die teilnehmenden Mitgliedstaaten die weiter gehenden Verpflichtungen nach Artikel 3 weiterhin erfüllen.

(4) Jeglicher Beschluss in Bezug auf die Aussetzung der Teilnahme eines Mitgliedstaats wird gemäß Artikel 46 Absatz 4 EUV und erst, nachdem der Mitgliedstaat einen eindeutig festgelegten Zeitrahmen für eine individuelle Konsultation und Reaktionsmaßnahmen erhalten hat, erlassen.

Artikel 7
Unterstützung durch den EAD und die EDA

(1) Unter der Verantwortung des Hohen Vertreters, auch in seiner Eigenschaft als Leiter der EDA, nehmen der EAD, einschließlich des Militärstabs der EU (EUMS), und die EDA gemeinsam die erforderlichen Sekretariatsaufgaben für die SSZ auf einer anderen Ebene als der des Rates wahr und stellen in diesem Zusammenhang eine zentrale Anlaufstelle bereit.

(2) Der EAD, einschließlich des EUMS, unterstützt das Funktionieren der SSZ, insbesondere indem er

a) zu der vom Hohen Vertreter im Rahmen seines jährlichen Berichts über die SSZ nach Artikel 6 vorgenommenen Bewertung der Beiträge der teilnehmenden Mitgliedstaaten zu den operativen Aspekte beiträgt;

b) die Bewertung der Projektvorschläge nach Artikel 5, insbesondere in den Bereichen der Verfügbarkeit, der Interoperabilität, der Flexibilität und der Verlegefähigkeit ihrer Truppen koordiniert. Der EAD, einschließlich des EUMS, bewertet insbesondere, ob vorgeschlagen Projekte den operativen Erfordernissen entsprechen und zu ihnen beitragen.

(3) Die EDA unterstützt die SSZ, insbesondere indem sie

a) zu der vom Hohen Vertreter im Rahmen seines jährlichen Berichts über die SSZ nach Artikel 6 vorgenommenen Bewertung der Beiträge der teilnehmenden Mitgliedstaaten zu den Fähigkeiten, insbesondere der Beiträge im Einklang mit den weiter gehenden Verpflichtungen nach Artikel 3, beiträgt;

b) Projekte für die Fähigkeitenentwicklung, insbesondere durch die Koordinierung der Bewertung der Projektvorschläge nach Artikel 5, insbesondere in den Bereichen der Fähigkeitenentwicklung, erleichtert. Die EDA unterstützt insbesondere die Mitgliedstaaten dabei, sicherzustellen, dass es keine unnötigen Überschneidungen mit bestehenden Initiativen, auch nicht in anderen institutionellen Kontexten, gibt.

Artikel 8
Finanzierung

(1) Die Verwaltungsausgaben, die den Organen der Union und dem EAD aus der Durchführung dieses Beschlusses entstehen, gehen zulasten des Haushalts der Union. Die Verwaltungsausgaben der EDA unterliegen den entsprechenden Finanzierungsregelung des EDA gemäß dem Beschluss (GASP) 2015/1835 des Rates[1].

(2) Die operativen Ausgaben, die aus den im Rahmen der SSZ durchgeführten Projekten entstehen, werden in erster Linie von den teilnehmenden Mitgliedstaaten, die sich an einem bestimmten Projekt beteiligen, getragen. Zu derartigen Projekten können unter Wahrung der Verträge und im Einklang mit den einschlägigen Unions-Instrumenten aus dem Gesamthaushalt der Union Beiträge erfolgen.

Artikel 9
Beteiligung von Drittstaaten an bestimmten Projekten

(1) Die allgemeinen Bedingungen für die Beteiligung von Drittstaaten an bestimmten Projekten werden in einem nach Artikel 4 Absatz 2 erlassenen Beschluss des Rates vorgegeben, in dem auch eine Vorlage für Verwaltungsvereinbarungen mit Drittstaaten enthalten sein kann.

(2) Der Rat beschließt im Einklang mit Artikel 46 Absatz 6 EUV, ob ein Drittstaat, den die teilnehmenden Mitgliedstaaten, die sich an einem Projekt beteiligen, einladen möchten, sich an diesem Projekt zu beteiligen, die in dem Beschluss nach Absatz 1 vorgegebenen Bedingungen erfüllt.

(3) Nach einem positiven Beschluss gemäß Absatz 2 können die teilnehmenden Mitgliedstaaten, die sich an einem Projekt beteiligen, Verwaltungsvereinbarungen mit dem betroffenen Drittstaat zum Zwecke seiner Teilnahme an diesem Projekt schließen. Diese Vereinbarungen wahren die Verfahren und die Beschlussfassungsautonomie der Union.

Artikel 10
Sicherheitsvorschriften

Im Zusammenhang mit SSZ gelten die Vorschriften des Beschlusses 2013/488/EU des Rates[1].

Artikel 11
Inkrafttreten

Dieser Beschluss tritt am Tag seiner Annahme in Kraft.

Geschehen zu Brüssel am 11. Dezember 2017.

Im Namen des Rates
Die Präsidentin
F. MOGHERINI

---

[1] Beschluss (GASP) 2015/1835 des Rates vom 12. Oktober 2015 über die Rechtsstellung, den Sitz und die Funktionsweise der Europäischen Verteidigungsagentur (ABl. L 266 vom 13. Oktober 2015, S. 55).

[1] Beschluss 2013/488/EU des Rates vom 23. September 2013 über die Sicherheitsvorschriften für den Schutz von EU-Verschlusssachen (ABl. L 274 vom 15.10.2013, S. 1).

ANHANG

ANHANG

Liste der ehrgeizigen und weitergehenden gemeinsamen Verpflichtungen, welche die teilnehmenden Mitgliedstaaten in den durch Artikel 2 des Protokolls Nr. 10 festgelegten fünf Bereichen eingehen

„a) einer Zusammenarbeit ab dem Inkrafttreten des Vertrags von Lissabon zur Verwirklichung der vereinbarten Ziele für die Höhe der Investitionsausgaben für Verteidigungsgüter und zur regelmäßigen Überprüfung dieser Ziele im Lichte des Sicherheitsumfelds und der internationalen Verantwortung der Union."

Auf der Grundlage der 2007 festgelegten gemeinsamen Richtwerte stimmen die teilnehmenden Mitgliedstaaten den folgenden Verpflichtungen zu:

1. Regelmäßige reale Erhöhung der Verteidigungshaushalte, um vereinbarte Zielsetzungen zu erreichen
2. Sukzessive mittelfristige Erhöhung der Investitionsausgaben für Verteidigungsgüter auf 20 % der Gesamtverteidigungsausgaben (gemeinsamer Richtwert) zur Schließung strategischer Fähigkeitslücken durch die Teilnahme an Projekten im Bereich Verteidigungsfähigkeiten gemäß dem Fähigkeitenentwicklungsplan (CDP) und der Koordinierten Jährlichen Überprüfung der Verteidigung (CARD)
3. Ausbau gemeinsamer und kooperativer Projekte im Bereich der strategischen Verteidigungsfähigkeiten. Diese gemeinsamen und kooperativen Projekte sollten durch den Europäischen Verteidigungsfonds unterstützt werden, falls notwendig und angemessen.
4. Erhöhung des Ausgabenanteils für Verteidigungsforschung und -technologie mit dem Ziel der Annäherung an 2 % der Gesamtverteidigungsausgaben (gemeinsamer Richtwert)
5. Einrichtung einer regelmäßigen Überprüfung dieser Verpflichtungen (mit dem Ziel der Billigung durch den Rat)

„b) einer möglichst weit gehenden Angleichung ihres Verteidigungsinstrumentariums, indem sie insbesondere die Ermittlung des militärischen Bedarfs harmonisieren, ihre Verteidigungsmittel und -fähigkeiten gemeinsam nutzen und gegebenenfalls spezialisieren sowie die Zusammenarbeit auf den Gebieten Ausbildung und Logistik stärken."

6. Übernahme einer wesentlichen Rolle an der Fähigkeitenentwicklung innerhalb der EU, einschließlich im Rahmen von CARD, um die Verfügbarkeit der erforderlichen Fähigkeiten zur Erreichung der Zielvorgaben in Europa sicherzustellen
7. Verpflichtung zur größtmöglichen Unterstützung von CARD unter Anerkennung des freiwilligen Charakters der Überprüfung und der jeweiligen Einschränkungen der teilnehmenden Mitgliedstaaten
8. Verpflichtung zur intensiven Einbindung eines zukünftigen Europäischen Verteidigungsfonds an multinationalen Beschaffungsvorhaben mit festgestelltem Mehrwert für die EU
9. Verpflichtung zur Aufstellung harmonisierter Vorgaben für alle von teilnehmenden Mitgliedstaaten vereinbarten Projekte im Bereich Fähigkeitenentwicklung
10. Verpflichtung, die gemeinsame Nutzung bestehender Fähigkeiten zur Optimierung verfügbarer Ressourcen und zur Verbesserung ihrer Gesamtwirksamkeit in Erwägung zu ziehen
11. Verpflichtung, vermehrte Anstrengungen bei der Zusammenarbeit im Bereich Cyberverteidigung, u. a. Informationsaustausch, Ausbildung und operative Unterstützung, sicherzustellen

„c) konkreten Maßnahmen zur Stärkung der Verfügbarkeit, der Interoperabilität, der Flexibilität und der Verlegefähigkeit ihrer Truppen insbesondere, indem sie gemeinsame Ziele für die Entsendung von Streitkräften aufstellen und gegebenenfalls ihre nationalen Beschlussfassungsverfahren überprüfen."

12. Hinsichtlich der Verfügbarkeit und Verlegefähigkeit von Streitkräften verpflichten sich die teilnehmenden Mitgliedstaaten zu Folgendem:

   – Bereitstellung von strategisch verlegefähigen Verbänden zur Umsetzung der EU-Zielvorgaben, zusätzlich zur möglichen Entsendung des EU-Gefechtsverbandes. Diese Verpflichtung umfasst weder Verbände mit hohem Bereitschaftsgrad, noch ständige oder sonstige Bereitschaftsverbände.
   – Entwicklung eines soliden Instruments zur Erfassung verfügbarer und schnell verlegefähiger Fähigkeiten (z. B. einer Datenbank), das ausschließlich teilnehmenden Mitgliedstaaten und truppenstellenden Nationen zur Verfügung stehen wird, um den Truppengestellungsprozess zu vereinfachen und zu beschleunigen
   – Streben nach einem beschleunigten politischen Engagement auf nationaler Ebene,

gegebenenfalls durch eine Überprüfung nationaler Beschlussfassungsverfahren

- Bereitstellung substanzieller Unterstützung im Rahmen der verfügbaren Mittel und Fähigkeiten – mit Personal, Material, Ausbildung, Übungsunterstützung, Infrastruktur oder auf anderem Wege – für GSVP-Operationen (z. B. EUFOR) und -Missionen (z. B. EU-Ausbildungsmissionen), die einstimmig vom Rat beschlossen wurden, unbeschadet von Beschlüssen über Beiträge zu GSVP-Operationen und unbeschadet verfassungsrechtlicher Beschränkungen
- Leistung eines wesentlichen Beitrags zu den EU-Gefechtsverbänden durch die Zusage von Beiträgen grundsätzlich mindestens vier Jahre im Voraus mit einer Bereitschaftsphase gemäß dem Konzept der EU- Gefechtsverbände, Verpflichtung zur Durchführung von EU-Gefechtsverbandsübungen für das Streitkräftedispositiv der EU-Gefechtsverbände (Rahmennation) und/oder Teilnahme an diesen Übungen (alle EU- Mitgliedstaaten, die sich an EU-Gefechtsverbänden beteiligen)
- Vereinfachung und Standardisierung grenzüberschreitender Militärtransporte in Europa zur Ermöglichung einer schnellen Verlegung von militärischem Material und Personal

13. Hinsichtlich der Interoperabilität von Streitkräften verpflichten sich die teilnehmenden Mitgliedstaaten zu Folgendem:

- Weiterentwicklung der Interoperabilität ihrer Streitkräfte mittels:
  - Verpflichtung zu einer Einigung auf gemeinsame Kriterien zur Bewertung und Validierung des Streitkräftedispositivs der EU-Gefechtsverbände-, die mit NATO-Normen abgestimmt sind, bei gleichzeitiger Beibehaltung der nationalen Zertifizierung
  - Verpflichtung zu einer Einigung auf gemeinsame technische und operative Standards für Streitkräfte, wobei anerkannt wird, dass die Interoperabilität mit der NATO gewährleistet werden muss
- Optimierung multinationaler Strukturen: Teilnehmende Mitgliedstaaten könnten sich verpflichten, den wesentlichen bestehenden und möglichen zukünftigen Strukturen, die am europäischen auswärtigen Handeln im militärischen Bereich (EUROKORPS, EUROMARFOR, EUROGENDFOR, MCCE/ATARES/SEOS) beteiligt sind, beizutreten und eine aktive Rolle innerhalb dieser zu übernehmen.

14. Teilnehmende Mitgliedstaaten werden sich bei der gemeinsamen Finanzierung militärischer GSVP-Operationen und -Missionen um einen ehrgeizigen Ansatz bemühen, jenseits dessen was als gemeinsame Kosten im Athena- Ratsbeschluss definiert werden wird.

> *„d) einer Zusammenarbeit mit dem Ziel, dass sie die erforderlichen Maßnahmen ergreifen, um unter anderem durch multinationale Konzepte und unbeschadet der sie betreffenden Verpflichtungen im Rahmen der Nordatlantikvertrags-Organisation die im Rahmen des ‚Mechanismus zur Entwicklung der Fähigkeiten' festgestellten Lücken zu schließen."*

15. Hilfe bei der Beseitigung von Fähigkeitslücken, die im Rahmen des Fähigkeitenentwicklungsplans (CDP) und der Koordinierten Jährlichen Überprüfung der Verteidigung (CARD) festgestellt worden sind. Diese Fähigkeitenprojekte werden die strategische Autonomie Europas erhöhen und die europäische verteidigungstechnologische und -industrielle Basis (EDTIB) stärken.
16. Vorrangige Berücksichtigung eines kooperativen europäischen Ansatzes zur Beseitigung von Fähigkeitslücken, die auf nationaler Ebene bestimmt worden sind und, als grundsätzliche Regel, die Anwendung eines rein nationalen Ansatzes nur dann, wenn eine derartige Prüfung bereits durchgeführt worden ist
17. Teilnahme an mindestens einem Projekt im Rahmen der SSZ, das Fähigkeiten, die von den Mitgliedstaaten als strategisch relevant eingestuft worden sind, entweder entwickelt oder bereitstellt,

> *„e) einer eventuellen Mitwirkung an der Entwicklung gemeinsamer oder europäischer Programme für wichtige Güter im Rahmen der Europäischen Verteidigungsagentur."*

18. Verpflichtung zur Nutzung der EDA als europäisches Forum zur gemeinsamen Fähigkeitenentwicklung sowie Berücksichtigung der Gemeinsamen Organisation für Rüstungskooperation (OCCAR) als bevorzugte Verwaltungsorganisation für kooperative Programme
19. Sicherstellung, dass sämtliche fähigkeitsbezogene Projekte, die von teilnehmenden Mitgliedstaaten geleitet werden, die Wettbewerbsfähigkeit der europäischen Verteidigungsindustrie durch eine geeignete Industrie-

politik ohne unnötige Überschneidungen stärken

20. Sicherstellung, dass die Kooperationsprogramme – die ausschließlich Einrichtungen zugutekommen dürfen, die einen nachweislichen Mehrwert auf dem Gebiet der EU erbringen – und die von den teilnehmenden Mitgliedstaaten verfolgten Beschaffungsstrategien sich positiv auf die EDTIB auswirken

ÜBERSETZUNG

Mitteilung zur ständigen strukturierten Zusammenarbeit (SSZ) an den Rat und die Hohe Vertreterin der Union für Außen- und Sicherheitspolitik

Präambel

Die teilnehmenden Mitgliedstaaten –

eingedenk dessen, dass die Union eine Gemeinsame Außen- und Sicherheitspolitik verfolgt, die auf der Erreichung „einer immer stärkeren Konvergenz des Handelns der Mitgliedstaaten" (Artikel 24 Absatz 2 EUV) beruht, und dass die Gemeinsame Sicherheits- und Verteidigungspolitik (GSVP) integraler Bestandteil der Gemeinsamen Außen- und Sicherheitspolitik ist;

in der Erwägung, dass die Gemeinsame Sicherheits- und Verteidigungspolitik der Union eine auf zivile und militärische Mittel gestützte Fähigkeit zu Operationen sichert, und dass die Stärkung der Sicherheits- und Verteidigungspolitik von den Mitgliedstaaten Anstrengungen im Bereich der Fähigkeiten erfordern wird;

ferner eingedenk der Verpflichtung der Europäischen Union und ihrer Mitgliedstaaten zur Förderung einer auf Regeln basierenden Weltordnung, deren Kernprinzip der Multilateralismus ist und bei der die Vereinten Nationen im Mittelpunkt stehen;

eingedenk des Artikels 42 Absatz 6 des Vertrags über die Europäische Union (EUV), in dem vorgesehen ist, dass die „Mitgliedstaaten, die anspruchsvollere Kriterien in Bezug auf die militärischen Fähigkeiten erfüllen und die im Hinblick auf Missionen mit höchsten Anforderungen untereinander weiter gehende Verpflichtungen eingegangen sind, […] eine Ständige Strukturierte Zusammenarbeit im Rahmen der Union [begründen]";

in der Erwägung, dass die SSZ wesentlich dazu beitragen könnte, die Zielvorgaben der EU – unter anderem im Hinblick auf die Missionen und Operationen mit höchsten Anforderungen – zu erfüllen, und dass sie die Entwicklung der Verteidigungsfähigkeit der Mitgliedstaaten durch eine intensive Einbindung in multinationale Beschaffungsprojekte und die intensive Einbindung geeigneter Industrieunternehmen, einschließlich kleiner und mittlerer Unternehmen, erleichtern und die europäische Zusammenarbeit im Verteidigungsbereich stärken könnte, wobei die durch die Verträge gegebenen Möglichkeiten voll auszuschöpfen sind;

unter Berücksichtigung der Ziele der Ständigen Strukturierten Zusammenarbeit und der Maßnahmen der Mitgliedstaaten zu ihrer Verwirklichung gemäß dem Protokoll Nr. 10 über die Ständige Strukturierte Zusammenarbeit sowie gemäß Artikel 46 EUV;

in der Feststellung, dass der Europäische Rat auf seiner Tagung vom 15. Dezember 2016 zu dem Schluss kam, dass die Europäer mehr Verantwortung für ihre Sicherheit übernehmen müssen und dass, – um die Sicherheit und Verteidigung Europas in einem komplizierten geopolitischen Umfeld zu stärken und die Bürgerinnen und Bürger besser zu schützen, – der Europäische Rat frühere diesbezügliche Zusagen bekräftigt und betont hat, dass mehr getan werden muss, wozu auch gehört, dass ausreichende zusätzliche Ressourcen zugesagt werden, wobei nationale Gegebenheiten, rechtliche Verpflichtungen sowie bei den Mitgliedstaaten, die ebenfalls NATO-Mitgliedstaaten sind, die einschlägigen Richtwerte der NATO für Verteidigungsausgaben zu berücksichtigen sind;

zudem unter Hinweis darauf, dass der Europäische Rat gefordert hat, die Zusammenarbeit bei der Entwicklung der erforderlichen Fähigkeiten auszubauen und Zusagen zu geben, solche Fähigkeiten bei Bedarf zur Verfügung zu stellen, und erklärt hat, dass die Europäische Union und ihre Mitgliedstaaten imstande sein müssen, entscheidend zu den kollektiven Anstrengungen beizutragen sowie autonom zu handeln, wann und wo dies erforderlich ist, und mit Partnern zu handeln, wann immer dies möglich ist;

eingedenk dessen, dass der Europäische Rat auf seiner Tagung vom Juni 2017 erklärt hat, dass die gemeinsame Entwicklung der Fähigkeitenprojekte, die von den Mitgliedstaaten gemeinsam vereinbart wurden, um die wichtigsten bestehenden Mängel zu beseitigen und die Technologien der Zukunft zu entwickeln, unerlässlich ist, um die vom Europäischen Rat im Dezember 2016 gebilligten Zielvorgaben der EU zu erfüllen; die Mitteilung der Kommission über einen Europäischen Verteidigungsfonds, der aus einem Forschungsfenster und einem Fähigkeitenfenster besteht, begrüßt hat und die Mitgliedstaaten aufgefordert hat, für den Europäischen Verteidigungsfonds und das Europäische Programm zur industriellen Entwicklung im Verteidigungsbereich geeignete Fähigkeitenprojekte zu ermitteln;

insbesondere eingedenk dessen, dass der Europäische Rat die Hohe Vertreterin ersucht hat, Vorschläge zu Elementen und Optionen für eine alle Seiten einbeziehende Ständige Strukturierte Zusammenarbeit auf der Grundlage eines modularen Ansatzes, bei der mögliche Projekte umrissen werden, vorzulegen;

eingedenk dessen, dass der Rat (Auswärtige Angelegenheiten) am 6. März 2017 übereingekommen ist, dass die Arbeit an einer alle Seiten einbeziehenden Ständigen Strukturierten Zusammenarbeit auf der Grundlage eines modularen Ansatzes, die allen Mitgliedstaaten offensteht, die bereit sind, auf der Grundlage von Artikel 42 Absatz 6 und Artikel 46 EUV sowie des Protokolls Nr. 10 zum Vertrag die erforderlichen Verpflichtungen einzugehen und die Kriterien zu erfüllen, fortgesetzt werden muss;

entschlossen, bei der schrittweisen Festlegung einer gemeinsamen Verteidigungspolitik der Union, die in Artikel 42 Absatz 2 EUV gefordert wird, durch die Begründung einer Ständigen Strukturierten Zusammenarbeit innerhalb des Unionsrahmens eine neue Phase zu erreichen; unter Berücksichtigung des besonderen Charakters der Sicherheits- und Verteidigungspolitik aller Mitgliedstaaten;

eingedenk der Verpflichtung zu gegenseitiger Hilfe und Unterstützung nach Artikel 42 Absatz 7;

eingedenk dessen, dass nach Artikel 42 Absatz 7 des Vertrags über die Europäische Union die Verpflichtungen und die Zusammenarbeit im Bereich der Gemeinsamen Sicherheits- und Verteidigungspolitik „[…] im Einklang mit den im Rahmen der Nordatlantikvertrags-Organisation eingegangenen Verpflichtungen [bleiben], die für die ihr angehörenden Staaten weiterhin das Fundament ihrer kollektiven Verteidigung und das Instrument für deren Verwirklichung ist";

unter Hervorhebung der Tatsache, dass der Europäische Rat am 22./23. Juni 2017 es für notwendig hielt, dass eine inklusive und ehrgeizige Ständige Strukturierte Zusammenarbeit (SSZ) begründet wird, sowie der Tatsache, dass in Erfüllung des vom Europäischen Rat erteilten Mandats innerhalb von drei Monaten „[…] – auch im Hinblick auf Missionen mit höchsten Anforderungen – eine gemeinsame Liste von Kriterien und bindenden Verpflichtungen, die voll und ganz im Einklang mit Artikel 42 Absatz 6 und Artikel 46 EUV sowie dem Protokoll 10 zum Vertrag stehen, mit einem genauen Zeitplan und spezifischen Bewertungsmechanismen" erstellt wird, „damit Mitgliedstaaten, die dazu in der Lage sind, unverzüglich mitteilen können, dass sie sich beteiligen möchten" –

TEILEN HIERMIT dem Rat und der Hohen Vertreterin der Union für Außen- und Sicherheitspolitik MIT, dass sie beabsichtigen, sich an einer Ständigen Strukturierten Zusammenarbeit zu beteiligen;

FORDERN den Rat AUF, einen Beschluss zur Begründung einer Ständigen Strukturierten Zusammenarbeit im Einklang mit den einschlägigen Bestimmungen des Vertrags über die Europäische Union und des Protokolls Nr. 10 zum Vertrag sowie auf der Grundlage der in Anhang I genannten Grundsätze, der in Anhang II genannten gemeinsamen weiter gehenden Verpflichtungen sowie des in Anhang III enthaltenen Vorschlags für die Steuerung anzunehmen;

WERDEN vor der Annahme des Beschlusses zur Begründung einer Ständigen Strukturierten Zusammenarbeit durch den Rat einen nationalen Umsetzungsplan VORLEGEN, aus dem hervorgeht, wie sie die in Anhang II genannten weiter gehenden Verpflichtungen erfüllen können.

Geschehen zu Brüssel am dreizehnten November zweitausendsiebzehn.

Voor het Koninkrijk België

Pour le Royaume de Belgique

Für das Königreich Belgien

За Република България

Za Českou republiku

Für die Bundesrepublik Deutschland

Eesti Vabariigi nimel

Για την Ελληνική Δημοκρατία

Por el Reino de España

Pour la République franç aise

Za Republiku Hrvatsku

Per la Repubblica italiana

Για την Κυπριακή Δημοκρατία

Latvijas Republikas vārdā –

Lietuvos Respublikos vardu

Pour le Grand-Duché de Luxembourg

Magyarország részéről

Voor het Koninkrijk der Nederlanden

Für die Republik Österreich

W imieniu Rzeczypospolitej Polskiej

Pentru România

Za Republiko Slovenijo

Za Slovenskú republiku

Suomen tasavallan puolesta

För Republiken Finland

För Konungariket Sverige

* Irland hat dem Rat und der Hohen Vertreterin am 7. Dezember 2017 mitgeteilt, dass es beabsichtigt, sich an der SSZ zu beteiligen, und hat sich dieser gemeinsamen Mitteilung angeschlossen.

* Die Portugiesische Republik hat dem Rat und der Hohen Vertreterin am 7. Dezember 2017 mitgeteilt, dass sie beabsichtigt, sich an der SSZ zu beteiligen, und hat sich dieser gemeinsamen Mitteilung angeschlossen.

ANLAGE I – GRUNDSÄTZE DER SSZ

Die „Ständige Strukturierte Zusammenarbeit" ist in den Artikeln 42 und 46 des Vertrags über die Europäische Union sowie in Protokoll Nr. 10 zum Vertrag geregelt. Sie kann nur einmal aktiviert werden und wird durch einen Beschluss des Rates begründet, der mit qualifizierter Mehrheit zu erlassen ist und zum Ziel hat, alle bereitwilligen Mitgliedstaaten im Bereich der Verteidigung zusammenzubringen, „die anspruchsvollere Kriterien in Bezug auf die militärischen Fähigkeiten erfüllen und die im Hinblick auf Missionen" und Operationen „mit höchsten Anforderungen [...] weiter gehende Verpflichtungen eingegangen sind".

Die SSZ ist ein ehrgeiziger, verbindlicher und inklusiver europäischer Rechtsrahmen für Investitionen in die Sicherheit und Verteidigung des Gebiets der EU und ihrer Bürgerinnen und Bürger. Die SSZ bietet ferner einen wichtigen politischen Rahmen für alle Mitgliedstaaten, um ihre jeweiligen militärischen Mittel und Verteidigungsfähigkeiten durch aufeinander abgestimmte Initiativen und konkrete Projekte auf der Grundlage von weiter gehenden Verpflichtungen zu verbessern. Bessere Verteidigungsfähigkeiten der EU-Mitgliedstaaten werden auch für die NATO von Nutzen sein. Dadurch wird die europäische Säule innerhalb der Allianz gestärkt und den wiederholten Forderungen nach einer stärkeren transatlantischen Lastenteilung nachgekommen.

Die SSZ ist ein wesentlicher Schritt auf dem Weg zur Stärkung der gemeinsamen Verteidigungspolitik. Sie könnte Bestandteil einer möglichen Entwicklung hin zu einer gemeinsamen Verteidigung sein, sollte der Rat dies einstimmig beschließen (nach Maßgabe des Artikels 42 Absatz 2 EUV). Eine langfristige Vision der SSZ könnte darin bestehen, ein kohärentes vollständiges Streitkräftedispositiv in Komplementarität mit der NATO einzurichten, die auch weiterhin den Eckpfeiler einer kollektiven Verteidigung für ihre Mitglieder darstellen wird.

Wir betrachten eine inklusive SSZ als das wichtigste Instrument zur Förderung der gemeinsamen Sicherheit und Verteidigung in einem Bereich, in dem mehr Kohärenz, Kontinuität, Koordinierung und Kooperation erforderlich sind. Die europäischen Anstrengungen zu diesem Zweck müssen einheitlich, aufeinander abgestimmt und sinnvoll sein und müssen auf gemeinsam vereinbarten politischen Leitlinien beruhen.

Die SSZ bietet einen verlässlichen und verbindlichen Rechtsrahmen innerhalb des institutionellen Rahmens der EU. Die teilnehmenden Mitgliedstaaten kommen den bindenden Verpflichtungen nach, wobei sie bestätigen, dass die Begründung und Durchführung der Ständigen Strukturierten Zusammenarbeit unter vollständiger Einhaltung der Bestimmungen des EUV und der ihm beigefügten Protokolle erfolgt, und dass sie die verfassungsrechtlichen Bestimmungen der Mitgliedstaaten achten.

Die Verbindlichkeit der SSZ-Verpflichtungen wird durch eine regelmäßige jährliche Beurteilung sichergestellt, die vom Hohen Vertreter der Union für Außen- und Sicherheitspolitik, mit Unterstützung der Europäischen Verteidigungsagentur (EDA) – vor allem in Bezug auf Aspekte der Fähigkeitenentwicklung (wie insbesondere in Artikel 3 des Protokolls Nr. 10 beschrieben), und mit Unterstützung des EAD, einschließlich des EUMS und anderer Strukturen der GSVP, in Bezug auf die operativen Aspekte der SSZ, durchgeführt wird. Im Rahmen der SSZ könnte die Union auf ein kohärentes vollständiges Streitkräftedispositiv hinarbeiten, da durch die SSZ die bestehenden oder künftigen „Bottom-up"-Strukturen und -Tätigkeitsbereiche um eine „Top-down"-Koordinierung und -Führung erweitert würden.

Die SSZ würde den Mitgliedstaaten die Möglichkeit geben, ihre Verteidigungsfähigkeiten durch die Beteiligung an aufeinander abgestimmten Initiativen und konkreten gemeinsamen Projekten zu verbessern, wobei bestehende regionale Cluster genutzt werden könnten. Die Teilnahme an der SSZ ist freiwillig und berührt nicht die nationale Souveränität.

Eine inklusive SSZ sendet ein starkes politisches Signal an unsere Bürgerinnen und Bürger und an den Rest der Welt, nämlich dass die Regierungen der EU-Mitgliedstaaten die gemeinsame Sicherheit und Verteidigung ernst nehmen und voranbringen. Für die Menschen in der EU bedeutet das mehr Sicherheit und ein klares Zeichen der Bereitschaft aller Mitgliedstaaten, die gemeinsame Sicherheit und Verteidigung zu verbessern, um die Ziele der Globalen Strategie der EU zu erreichen.

Die SSZ wird ergebnisorientiert sein und sollte greifbare Fortschritte bei der Höhe der Investitionsausgaben für Verteidigungsgüter, den Zielen der gemeinsamen Fähigkeitenentwicklung und der Verfügbarkeit verlegefähiger Verteidigungsfähigkeiten für gemeinsame Missionen und Operationen ermöglichen, wobei dem Grundsatz des „einzigen Kräftedispositivs" Rechnung getragen wird. Die treibende Kraft für die Fähigkeitenentwicklung im Rahmen der SSZ wird die Behebung der Mängel bei den Fähigkeiten im Zusammenhang mit den Zielvorgaben der EU und den Zielen und Prioritäten der Gemeinsamen Sicherheits- und Verteidigungspolitik sein.

Der „alle Seiten einbeziehende" und „modulare" Ansatz der SSZ, wie in den Schlussfolgerungen des Europäischen Rates vom Dezember 2016 beschrieben, darf nicht dazu führen, dass die Zusammenarbeit abgeschwächt wird. Das Ziel einer „ehrgeizigen" SSZ unterstreicht, wie wichtig es ist, dass alle an der SSZ teilnehmenden Mitgliedstaaten eine gemeinsame Liste von Zielen und Verpflichtungen einhalten. Wie in den Schlussfolgerungen des Europäischen Rates vom Juni 2017 erwähnt wird, ist die SSZ „inklusive und ehrgeizig".

Die folgende Liste von Verpflichtungen muss dazu beitragen, dass die Zielvorgaben der EU nach Maßgabe der Schlussfolgerungen des Rates vom 14. November 2016, gestützt durch den Europäischen Rat vom Dezember 2016, verwirklicht werden, und dadurch die strategische Autonomie der Europäer und der EU stärken.

ANLAGE II –LISTE DER EHRGEIZIGEN UND WEITERGEHENDEN GEMEINSAMEN VERPFLICHTUNGEN IN DEN DURCH ARTIKEL 2 DES PROTOKOLLS NR. 10 FESTGELEGTEN FÜNF BEREICHEN

„a) einer Zusammenarbeit ab dem Inkrafttreten des Vertrags von Lissabon zur Verwirklichung der vereinbarten Ziele für die Höhe der Investitionsausgaben für Verteidigungsgüter und zur regelmäßigen Überprüfung dieser Ziele im Lichte des Sicherheitsumfelds und der internationalen Verantwortung der Union."

Auf der Grundlage der 2007 festgelegten gemeinsamen Richtwerte stimmen die teilnehmenden Mitgliedstaaten den folgenden Verpflichtungen zu:

1. Regelmäßige reale Erhöhung der Verteidigungshaushalte, um vereinbarte Zielsetzungen zu erreichen
2. Sukzessive mittelfristige Erhöhung der Investitionsausgaben für Verteidigungsgüter auf 20 % der Gesamtverteidigungsausgaben (gemeinsamer Richtwert) zur Schließung strategischer Fähigkeitslücken durch die Teilnahme an Projekten im Bereich Verteidigungsfähigkeiten gemäß dem Fähigkeitenentwicklungsplan (CDP) und der Koordinierten Jährlichen Überprüfung der Verteidigung (CARD)
3. Ausbau gemeinsamer und kooperativer Projekte im Bereich der strategischen Verteidigungsfähigkeiten. Diese gemeinsamen und kooperativen Projekte sollten durch den Europäischen Verteidigungsfonds unterstützt werden, falls notwendig und angemessen.
4. Erhöhung des Ausgabenanteils für Verteidigungsforschung und -technologie mit dem Ziel der Annäherung an 2 % der Gesamtverteidigungsausgaben (gemeinsamer Richtwert)
5. Einrichtung einer regelmäßigen Überprüfung dieser Verpflichtungen (mit dem Ziel der Billigung durch den Rat)

„b) einer möglichst weit gehenden Angleichung ihres Verteidigungsinstrumentariums, indem sie insbesondere die Ermittlung des militärischen Bedarfs harmonisieren, ihre Verteidigungsmittel und -fähigkeiten gemeinsam nutzen und gegebenenfalls spezialisieren sowie die Zusammenarbeit auf den Gebieten Ausbildung und Logistik stärken."

6. Übernahme einer wesentlichen Rolle an der Fähigkeitenentwicklung innerhalb der EU, einschließlich im Rahmen von CARD, um die Verfügbarkeit der erforderlichen Fähigkeiten zur Erreichung der Zielvorgaben in Europa sicherzustellen
7. Verpflichtung zur größtmöglichen Unterstützung von CARD unter Anerkennung des freiwilligen Charakters der Überprüfung und der jeweiligen Einschränkungen der teilnehmenden Mitgliedstaaten
8. Verpflichtung zur intensiven Einbindung eines zukünftigen Europäischen Verteidigungsfonds an multinationalen Beschaffungsvorhaben mit festgestelltem Mehrwert für die EU
9. Verpflichtung zur Aufstellung harmonisierter Vorgaben für alle von teilnehmenden Mitgliedstaaten vereinbarten Projekte im Bereich Fähigkeitenentwicklung
10. Verpflichtung, die gemeinsame Nutzung bestehender Fähigkeiten zur Optimierung verfügbarer Ressourcen und zur Verbesserung ihrer Gesamtwirksamkeit in Erwägung zu ziehen
11. Verpflichtung, vermehrte Anstrengungen bei der Zusammenarbeit im Bereich Cyberverteidigung, u. a. Informationsaustausch, Ausbildung und operative Unterstützung, sicherzustellen

„c) konkreten Maßnahmen zur Stärkung der Verfügbarkeit, der Interoperabilität, der Flexibilität und der Verlegefähigkeit ihrer Truppen insbesondere, indem sie gemeinsame Ziele für die Entsendung von Streitkräften aufstellen und gegebenenfalls ihre nationalen Beschlussfassungsverfahren überprüfen."

12. Hinsichtlich der Verfügbarkeit und Verlegefähigkeit von Streitkräften verpflichten sich die teilnehmenden Mitgliedstaaten zu Folgendem:

- Bereitstellung von strategisch verlegefähigen Verbänden zur Umsetzung der EU-Zielvorgaben, zusätzlich zur möglichen Entsendung des EU-Gefechtsverbandes. Diese Verpflichtung umfasst weder Verbände mit hohem Bereitschaftsgrad, noch ständige oder sonstige Bereitschaftsverbände.
- Entwicklung eines soliden Instruments zur Erfassung verfügbarer und schnell verlegefähiger Fähigkeiten (z. B. einer Datenbank), das ausschließlich teilnehmenden Mitgliedstaaten und truppenstellenden Nationen zur Verfügung stehen wird, um den Truppengestellungsprozess zu vereinfachen und zu beschleunigen
- Streben nach einem beschleunigten politischen Engagement auf nationaler Ebene, gegebenenfalls durch eine Überprüfung nationaler Beschlussfassungsverfahren
- Bereitstellung substanzieller Unterstützung im Rahmen der verfügbaren Mittel und Fähigkeiten – mit Personal, Material, Ausbildung, Übungsunterstützung, Infrastruktur oder auf anderem Wege – für GSVP-Operationen (z. B. EUFOR) und -Missionen (z. B. EU-Ausbildungsmissionen), die einstimmig vom Rat beschlossen wurden, unbeschadet von Beschlüssen über Beiträge zu GSVP-Operationen und unbeschadet verfassungsrechtlicher Beschränkungen
- Leistung eines wesentlichen Beitrags zu den EU-Gefechtsverbänden durch die Zusage von Beiträgen grundsätzlich mindestens vier Jahre im Voraus mit einer Bereitschaftsphase gemäß dem Konzept der EU- Gefechtsverbände, Verpflichtung zur Durchführung von EU-Gefechtsverbandsübungen für das Streitkräftedispositiv der EU-Gefechtsverbände (Rahmennation) und/oder Teilnahme an diesen Übungen (alle EU- Mitgliedstaaten, die sich an EU-Gefechtsverbänden beteiligen)
- Vereinfachung und Standardisierung grenzüberschreitender Militärtransporte in Europa zur Ermöglichung einer schnellen Verlegung von militärischem Material und Personal

13. Hinsichtlich der Interoperabilität von Streitkräften verpflichten sich die teilnehmenden Mitgliedstaaten zu Folgendem:

- Weiterentwicklung der Interoperabilität ihrer Streitkräfte mittels:
- Verpflichtung zu einer Einigung auf gemeinsame Kriterien zur Bewertung und Validierung des Streitkräftedispositivs der EU-Gefechtsverbände-, die mit NATO-Normen abgestimmt sind, bei gleichzeitiger Beibehaltung der nationalen Zertifizierung
- Verpflichtung zu einer Einigung auf gemeinsame technische und operative Standards für Streitkräfte, wobei anerkannt wird, dass die Interoperabilität mit der NATO gewährleistet werden muss
- Optimierung multinationaler Strukturen: Teilnehmende Mitgliedstaaten könnten sich verpflichten, den wesentlichen bestehenden und möglichen zukünftigen Strukturen, die am europäischen auswärtigen Handeln im militärischen Bereich (EUROKORPS, EUROMARFOR, EUROGENDFOR, MCCE/ATARES/SEOS) beteiligt sind, beizutreten und eine aktive Rolle innerhalb dieser zu übernehmen.

14. Teilnehmende Mitgliedstaaten werden sich bei der gemeinsamen Finanzierung militärischer GSVP-Operationen und -Missionen um einen ehrgeizigen Ansatz bemühen, jenseits dessen was als gemeinsame Kosten im Athena- Ratsbeschluss definiert werden wird.

„d) einer Zusammenarbeit mit dem Ziel, dass sie die erfordeichen Maßnahmen ergreifen, um unter anderem durch multinationale Konzepte und unbeschadet der sie betreffenden Verpflichtungen im Rahmen der Nordatlantikvertrags-Organisation die im Rahmen des ‚Mechanismus zur Entwicklung der Fähigkeiten' festgestellten Lücken zu schließen."

15. Hilfe bei der Beseitigung von Fähigkeitslücken, die im Rahmen des Fähigkeitenentwicklungsplans (CDP) und der Koordinierten Jährlichen Überprüfung der Verteidigung (CARD) festgestellt worden sind. Diese Fähigkeitenprojekte werden die strategische Autonomie Europas erhöhen und die europäische verteidigungstechnologische und -industrielle Basis (EDTIB) stärken.

16. Vorrangige Berücksichtigung eines kooperativen europäischen Ansatzes zur Beseitigung von Fähigkeitslücken, die auf nationaler

GASP inkl. SSZ

Ebene bestimmt worden sind und, als grundsätzliche Regel, die Anwendung eines rein nationalen Ansatzes nur dann, wenn eine derartige Prüfung bereits durchgeführt worden ist

17. Teilnahme an mindestens einem Projekt im Rahmen der SSZ, das Fähigkeiten, die von den Mitgliedstaaten als strategisch relevant eingestuft worden sind, entweder entwickelt oder bereitstellt,

„e) einer eventuellen Mitwirkung an der Entwicklung gemeinsamer oder europäischer Programme für wichtige Güter im Rahmen der Europäischen Verteidigungsagentur."

18. Verpflichtung zur Nutzung der EDA als europäisches Forum zur gemeinsamen Fähigkeitenentwicklung sowie Berücksichtigung der Gemeinsamen Organisation für Rüstungskooperation (OCCAR) als bevorzugte Verwaltungsorganisation für kooperative Programme
19. Sicherstellung, dass sämtliche fähigkeitsbezogene Projekte, die von teilnehmenden Mitgliedstaaten geleitet werden, die Wettbewerbsfähigkeit der europäischen Verteidigungsindustrie durch eine geeignete Industriepolitik ohne unnötige Überschneidungen stärken
20. Sicherstellung, dass die Kooperationsprogramme – die ausschließlich Einrichtungen zugutekommen dürfen, die einen nachweislichen Mehrwert auf dem Gebiet der EU erbringen – und die von den teilnehmenden Mitgliedstaaten verfolgten Beschaffungsstrategien sich positiv auf die EDTIB auswirken

ANLAGE III – STEUERUNG

1. Den teilnehmenden Mitgliedstaaten kommt die zentrale Rolle bei der Entscheidungsfindung zu, sie handeln jedoch in Abstimmung mit dem Hohen Vertreter

Die Hauptakteure der SSZ sind die teilnehmenden Mitgliedstaaten, und sie fällt hauptsächlich in deren Zuständigkeit. Gegenüber den nicht teilnehmenden Mitgliedstaaten der EU wird für Transparenz gesorgt.

Der Hohe Vertreter der Union für Außen- und Sicherheitspolitik ist umfassend an den Arbeiten im Rahmen der SSZ beteiligt, damit sichergestellt ist, dass diese ordnungsgemäß mit der Gemeinsamen Sicherheits- und Verteidigungspolitik (GSVP), deren integraler Bestandteil sie ist, koordiniert wird. Der Hohe Vertreter ist für die Durchführung der vom Europäischen Rat geforderten jährlichen Bewertung, die in Abschnitt 4 näher beschrieben ist, zuständig. Der Europäische Auswärtige Dienst (EAD) einschließlich des Militärstabs der EU (EUMS) und die Europäische Verteidigungsagentur (EDA) nehmen die Sekretariatsaufgaben für die SSZ wahr und stimmen sich hierbei eng mit dem stellvertretenden Generalsekretär des EAD für GSVP und Krisenreaktion ab.

Im Einklang mit Artikel 3 des dem EUV beigefügten Protokolls Nr. 10 und dem Ratsbeschluss über die Einrichtung der Europäischen Verteidigungsagentur unterstützt die EDA den Hohen Vertreter bei den die Entwicklung der Fähigkeiten betreffenden Aspekten der SSZ. Der EAD unterstützt den Hohen Vertreter insbesondere bei den operativen Aspekten der SSZ; diese Unterstützung erfolgt unter anderem auch durch den Militärstab der EU und andere GSVP-Strukturen.

Es sei darauf hingewiesen, dass nach Artikel 41 Absatz 1 EUV „die Verwaltungsausgaben, die den Organen aus der Durchführung dieses Kapitels entstehen, […] zulasten des Haushalts der Union [gehen]."

2. Die Steuerung umfasst zwei Steuerungsebenen, und zwar eine übergeordnete Ebene mit der Aufgabe, die Kohärenz der SSZ und die mit ihr verfolgten Zielsetzungen zu gewährleisten, die ergänzt wird durch spezifische Verfahren zur Steuerung der SSZ-Projekte.

2.1. Die übergeordnete Ebene ist für die Kohärenz und die zuverlässige Durchführung der SSZ zuständig.

Sie baut auf bestehenden Strukturen auf. Die EU-Außen- und Verteidigungsminister kommen (üblicherweise zwei Mal im Jahr) zu gemeinsamen Tagungen in der Ratsformation (Auswärtige Angelegenheiten/Verteidigung) zusammen; dabei könnten sie sich mit den die SSZ betreffenden Angelegenheiten befassen. Tritt der Rat zusammen, um sich mit den die SSZ betreffenden Angelegenheiten zu befassen, so sind nur die Vertreter der teilnehmenden Mitgliedstaaten stimmberechtigt. Bei dieser Gelegenheit könnten die teilnehmenden Mitgliedstaaten neue Projekte mit Einstimmigkeit annehmen (im Einklang mit Artikel 46 Absatz 6 EUV), die Beurteilung der – insbesondere in Abschnitt 3 aufgeführten – Beiträge der teilnehmenden Mitgliedstaaten entgegennehmen und im Einklang mit Artikel 46 Absatz 3 EUV nach Anhörung des Hohen Vertreters mit qualifizierter Mehrheit die Teilnahme eines weiteren Mitgliedstaates bestätigen.

Als letztes Mittel kann der Rat im Einklang mit Artikel 46 Absatz 4 EUV die Teilnahme eines Mitgliedstaates, der die Kriterien nicht mehr erfüllt, aussetzen, nachdem dieser Mitgliedstaat zuvor einen eindeutig festgelegten Zeitrahmen für eine individuelle Konsultation und Reaktionsmaßnahmen erhalten hat; ebenso kann er die

Teilnahme eines Mitgliedstaates aussetzen, der nicht länger in der Lage oder gewillt ist, den im Rahmen der SSZ eingegangenen Verpflichtungen nachzukommen.

Die einschlägigen bestehenden Vorbereitungsgremien des Rates treten im „SSZ-Format" zusammen, was bedeutet, dass alle Mitgliedstaaten der EU an den Sitzungen teilnehmen, jedoch der Tatsache Rechnung getragen wird, dass nur die teilnehmenden Mitgliedstaaten im Rat Stimmrecht haben Das PSK könnte im „SSZ-Format" zusammentreten, um sich mit Angelegenheiten von gemeinsamem Interesse für die teilnehmenden Mitgliedstaaten zu befassen, Projekte zu planen und zu erörtern oder über neue Teilnehmer an der SSZ zu beraten. Das PSK wird in seiner Arbeit durch die Gruppe „Politisch-militärische Angelegenheiten", die im SSZ-Format zusammentritt, unterstützt. Der EU-Militärausschuss wird ebenfalls im SSZ-Format einberufen und insbesondere um militärische Beratung ersucht. Ergänzend können informelle Sitzungen einberufen werden, bei denen lediglich die teilnehmenden Mitgliedstaaten anwesend sind.

2.2. Projektsteuerung

2.2.1. Die Prüfung von Projekten im Rahmen der SSZ stützt sich auf eine Bewertung durch den Hohen Vertreter, der die Einschätzungen des EAD einschließlich des EU-Militärstabs und der EDA zugrunde liegen; für die Projektauswahl ist ein Beschluss des Rates erforderlich.

Es steht den teilnehmenden Mitgliedstaaten frei, alle Projekte vorzuschlagen, die ihnen für die Zwecke der SSZ sinnvoll erscheinen. Sie teilen ihre entsprechende Absicht öffentlich mit, um Unterstützung zu finden, und sie legen dem SSZ-Sekretariat gemeinsam Projekte vor, von denen sie gleichzeitig alle teilnehmenden Mitgliedstaaten in Kenntnis setzen.

Die Projekte sollten dazu beitragen, den Verpflichtungen gemäß Anlage II der Mitteilung nachzukommen; viele dieser Projekte werden die Entwicklung oder die Bereitstellung von Fähigkeiten, die von den Mitgliedstaaten als strategisch relevant eingestuft werden und einen einvernehmlich festgelegten Mehrwert für die EU aufweisen, betreffen, andere werden Ersuchen um substanzielle Unterstützung in Bezug auf Mittel und Fähigkeiten für GSVP-Operationen (EUFOR) und -Missionen (z. B. EU-Ausbildungsmissionen) im Einklang mit Artikel 42 Absatz 6 EUV zum Gegenstand haben.

Damit bei den verschiedenen Projekten im Rahmen der SSZ Kohärenz und Einheitlichkeit gewahrt werden, schlagen wir im Einklang mit den Zielvorgaben der EU eine begrenzte Zahl von Projekten mit Schwerpunkt auf Missionen und Operationen vor. Diese Projekte könnten durch weitere Projekte ergänzt werden, die unterstützend und effizienzsteigernd wirken. Die Projekte sollten entsprechend zusammengefasst werden.

Das SSZ-Sekretariat koordiniert die Bewertung der Projektvorschläge. Bei Projekten zur Fähigkeitenentwicklung sorgt die EDA dafür, dass es nicht zu Überschneidungen mit bestehenden Initiativen, auch nicht in anderen institutionellen Kontexten, kommt. Bei Projekten mit Schwerpunkt auf Operationen und Missionen bewertet der Militärstab der EU, ob diese Projekte mit den operativen Anforderungen der EU und ihrer Mitgliedstaaten vereinbar sind und einen Beitrag dazu leisten. Gestützt auf diese Bewertungen spricht der Hohe Vertreter eine Empfehlung zu den Projektvorschlägen aus, mit denen die ehrgeizigsten Ziele verfolgt werden, die zur Verwirklichung der Zielvorgaben der EU beitragen und die am besten geeignet sind, die strategische Autonomie der EU zu verbessern. Bei dem Projektportfolio ist darauf zu achten, dass Projekte, die überwiegend den Bereich der Fähigkeitenentwicklung betreffen, und Projekte, die überwiegend den Bereich Operationen und Missionen betreffen, sich die Waage halten.

Die Empfehlung des Hohen Vertreters dient dem Rat als Grundlage für die Entscheidung über die Liste der SSZ-Projekte im SSZ-Rahmen; die Beschlussfassung stützt sich außerdem auf militärische Beratung durch den EU-Militärausschuss im SSZ-Format und das PSK im SSZ-Format. Gemäß Artikel 46 Absatz 6 EUV beschließt der Rat einstimmig mit den Stimmen der Vertreter der teilnehmenden Mitgliedstaaten.

Nicht teilnehmende EU-Mitgliedstaaten können zu jeder Zeit ihre Absicht mitteilen, sich an Projekten zu beteiligen, indem sie Zusagen in Bezug auf die Verpflichtungen machen und sich der SSZ anschließen.

Drittstaaten können in Ausnahmefällen von Projektteilnehmern im Einklang mit allgemeinen Regelungen, die zu gegebener Zeit vom Rat gemäß Artikel 46 Absatz 6 EUV zu beschließen sind, eingeladen werden. Dazu müssten diese einen erheblichen Mehrwert für das Projekt bewirken, zur Stärkung der SSZ und der GSVP beitragen und weitere anspruchsvolle Verpflichtungen erfüllen. Damit werden diesen Drittstaaten keine Entscheidungsbefugnisse im Rahmen der Steuerung der SSZ erteilt. Außerdem entscheidet der Rat im SSZ-Format, ob jeder Drittstaat, der von den jeweiligen Projektteilnehmern eingeladen wurde, die Bedingungen der allgemeinen Regelungen erfüllt.

2.2.2. Die Projektsteuerung wird vorrangig von den teilnehmenden Mitgliedstaaten wahrgenommen

Fasst der Rat einen Beschluss über die Liste von SSZ-Projekten, so muss eine Liste der teilnehmenden Mitgliedstaaten, die sich zu den jeweiligen Projekten zusammengeschlossen haben, beigefügt sein. Die an einem Projekt beteiligten Mitgliedstaaten müssen das Projekt vorher gemeinschaftlich vorgelegt haben.

Die teilnehmenden Mitgliedstaaten, die sich zu einem Projekt zusammengeschlossen haben, vereinbaren untereinander einstimmig die Modalitäten und den Umfang ihrer Zusammenarbeit einschließlich des Beitrags, der zu leisten ist, um sich dem Projekt anschließen zu können. Sie vereinbaren Regeln für die Steuerung des Projekts und entscheiden darüber, ob sich während des Projektzyklus weitere teilnehmende Mitgliedstaaten dem Projekt mit Teilnehmer- oder Beobachterstatus anschließen können. Es sollte jedoch ein gemeinsames Regelwerk für die Projektsteuerung ausgearbeitet werden, das an die einzelnen Projekte angepasst werden kann. Hierdurch würde eine gewisse Standardisierung der Steuerung aller Projekte bewirkt, was die Projektinitiierung erleichtert würde. Insbesondere bei Projekten, die die Entwicklung von Fähigkeiten zum Gegenstand haben, liegt die Projektsteuerung (Spezifikationen, Beschaffungsstrategie, Wahl der Durchführungsstelle, Auswahl der Industrieunternehmen usw.) ausschließlich in der Zuständigkeit der teilnehmenden Mitgliedstaaten, die sich zu diesen Projekten zusammengeschlossen haben.

Die teilnehmenden Mitgliedstaaten informieren die nicht teilnehmenden Mitgliedstaaten in geeigneter Weise über die Projekte.

3. Ein präziser, in mehrere Phasen gegliederter Ansatz mit realistischen und verbindlichen Zielen für jede Phase

Die teilnehmenden Mitgliedstaaten kommen den von ihnen eingegangenen Verpflichtungen durch nationale Anstrengungen und durch konkrete Projekte nach.

Ein realistischer, in mehrere Phasen gegliederter Ansatz ist von wesentlicher Bedeutung dafür, die Teilnahme einer Vorreitergruppe von Mitgliedstaaten an der SSZ aufrechtzuerhalten und so die ehrgeizigen Zielsetzungen und die Inklusivität zu wahren. Die teilnehmenden Mitgliedstaaten bemühen sich zwar, allen von ihnen eingegangenen Verpflichtungen nachzukommen, sobald die SSZ offiziell eingeleitet wurde, jedoch kann für die Erfüllung einiger Verpflichtungen mehr Zeit eingeräumt werden als für andere. Deshalb ist zwischen den teilnehmenden Mitgliedstaaten ein in mehrere Phasen gegliederter Ansatz zu vereinbaren.

Diese Phasen berücksichtigen andere bestehende Termine und Vorgaben (wie beispielsweise die Durchführung des Verteidigungs-Aktionsplans (EDAP), die Einleitung des nächsten mehrjährigen Finanzrahmens im Jahr 2021 sowie von den Mitgliedstaaten bereits in anderen Rahmen eingegangene Verpflichtungen). Zwei aufeinanderfolgende Phasen (2018-2021 und 2012-2025) ermöglichen die zeitliche Staffelung der Verpflichtungen. Nach 2025 findet eine Überprüfung statt. Hierzu bewerten die teilnehmenden Mitgliedstaaten die Erfüllung aller im Rahmen der SSZ eingegangenen Verpflichtungen und beschließen neue Verpflichtungen, um eine neue Phase im Hinblick auf die europäische Integration im Bereich der Sicherheit und der Verteidigung einzuleiten.

4. Die SSZ-Steuerung erfordert einen gut konzipierten ehrgeizigen Bewertungsmechanismus, der sich auf die nationalen Umsetzungspläne stützt

Alle teilnehmenden Mitgliedstaaten sagen zu, den eingegangenen Verpflichtungen nachzukommen; der Hohe Vertreter berichtet im Einklang mit dem in Artikel 3 des Protokolls Nr. 10 festgeschriebenen Grundsatz der regelmäßigen Beurteilung über die Erfüllung der Verpflichtungen. Die Verbindlichkeit und die Glaubwürdigkeit der vereinbarten Verpflichtungen wird durch einen zwei Ebenen umfassenden Bewertungsmechanismus gewährleistet:

4.1. „Nationaler Umsetzungsplan"

Zum Nachweis der eigenen Fähigkeit und Bereitschaft, den vereinbarten Verpflichtungen nachzukommen, verpflichtet sich jeder teilnehmende Mitgliedstaat, vor dem Erlass des Ratsbeschlusses zur Begründung der SSZ einen nationalen Umsetzungsplan vorzulegen, aus dem hervorgeht, wie er die verbindlichen Verpflichtungen erfüllen kann. Aus Gründen der Transparenz sind diese Umsetzungspläne allen teilnehmenden Mitgliedstaaten zugänglich.

Die Bewertung der Vorkehrungen, die die teilnehmenden Mitgliedstaaten zur Erfüllung der vereinbarten Verpflichtungen treffen, erfolgt jährlich durch das SSZ-Sekretariat unter der Verantwortung des Hohen Vertreters (mit Unterstützung durch die EDA, was Rüstungsinvestitionen und die Entwicklung von Fähigkeiten betrifft, und durch den EAD, einschließlich des EUMS, was die operativen Aspekte anbelangt); dabei stützt sich das SSZ-Sekretariat auf die nationalen Umsetzungspläne. Unter der Verantwortung des Rates wird diese Bewertung dem PSK (im SSZ-Format) und dem EU-Militärausschuss (im SSZ-Format) zur Stellungnahme übermittelt.

Die Bewertenden konzentrieren sich auf die Glaubwürdigkeit der im Rahmen der SSZ eingegangenen Verpflichtungen, indem sie die nationalen Umsetzungspläne der Mitgliedstaaten sowie die tatsächlichen Vorkehrungen und die konkreten Beiträge zu den Projekten prüfen.

Nach der Begründung der SSZ aktualisieren die teilnehmenden Mitgliedstaaten ihre nationalen Umsetzungspläne in geeigneter Weise entsprechend den Erfordernissen des in mehrere Phasen gegliederten Ansatzes.

Zu Beginn jeder Phase werden die Verpflichtungen detailliert festgelegt, indem die teilnehmenden Mitgliedstaaten genauere Ziele vereinbaren; dies dient der Vereinfachung des Bewertungsverfahrens.

4.2. Eine jährliche Überprüfung sowie eine strategische Überprüfung am Ende jeder Phase

Mindestens einmal jährlich erhält der Rat auf einer Tagung in der Formation Auswärtige Angelegenheiten/Verteidigung einen Bericht des Hohen Vertreters, der auf Beiträgen der EDA (im Einklang mit Artikel 3 des Protokolls Nr. 10) und des EAD, einschließlich des EUMS, beruht. Im diesem Bericht wird der Stand der Durchführung der SSZ, einschließlich der Erfüllung der Verpflichtungen durch jeden teilnehmenden Mitgliedstaat im Einklang mit seinem nationalen Umsetzungsplan, dargelegt. Nach Vorlage der Stellungnahme des EU-Militärausschusses wird der Rat sich bei den von ihm im Einklang mit Artikel 46 EUV anzunehmenden Empfehlungen und Beschlüssen auf diesen Bericht stützen.

Am Ende jeder Phase (2021, 2025) erfolgt eine strategische Überprüfung, bei der bewertet wird, wieweit die Verpflichtungen, denen während des Betrachtungszeitraums nachzukommen war, erfüllt wurden; ferner wird bei dieser Überprüfung die Einleitung der nächsten Phase beschlossen und erforderlichenfalls werden die Verpflichtungen für die nächste Phase aktualisiert.

Fahrplan für die Umsetzung der SSZ

ABl 2018 C 88, 1 idF

1 ABl 2018 C 303, 23 (Berichtigung)

Empfehlung des Rates vom 6. März 2018 zu einem Fahrplan für die Umsetzung der SSZ

DER RAT DER EUROPÄISCHEN UNION —

gestützt auf den Vertrag über die Europäische Union, insbesondere auf Artikel 46 Absatz 6,

gestützt auf das Protokoll Nr. 10 über die Ständige Strukturierte Zusammenarbeit nach Artikel 42 des Vertrags über die Europäische Union, das dem Vertrag über die Europäische Union und dem Vertrag über die Arbeitsweise der Europäischen Union beigefügt ist,

gestützt auf den Beschluss (GASP) 2017/2315 des Rates vom 11. Dezember 2017 über die Begründung der Ständigen Strukturierten Zusammenarbeit (SSZ) und über die Liste der daran teilnehmenden Mitgliedstaaten[1],

auf Vorschlag der Bundesrepublik Deutschland, des Königreichs Spanien, der Französischen Republik und der Italienischen Republik,

in Erwägung nachstehender Gründe:

(1) Der Europäische Rat hat auf seiner Tagung im Juni 2017 erklärt, dass er es im Hinblick auf die Stärkung der Sicherheit und Verteidigung Europas für notwendig hält, dass eine inklusive und ehrgeizige Ständige Strukturierte Zusammenarbeit (SSZ) begründet wird, damit die Union die Zielvorgaben, die sich aus ihrer Globalen Strategie ergeben und in den Schlussfolgerungen des Rates vom 14. November 2016 zur Umsetzung der Globalen Strategie der Europäischen Union im Bereich der Sicherheit und der Verteidigung festgelegt sind, erfüllen kann. Er hat darauf hingewiesen, dass diese Arbeiten mit der nationalen Verteidigungsplanung der Mitgliedstaaten und mit den Verpflichtungen, die die betreffenden Mitgliedstaaten mit der NATO und den VN vereinbart haben, in Einklang stehen müssen.

(2) Der Rat und die Hohe Vertreterin der Union für Außen- und Sicherheitspolitik (im Folgenden „Hoher Vertreter") haben am 13. November 2017 eine von 23 Mitgliedstaaten und am 7. Dezember 2017 eine von zwei weiteren Mitgliedstaaten unterzeichnete gemeinsame Mitteilung gemäß Artikel 46 Absatz 1 des Vertrags über die Europäische Union (EUV) erhalten.

[1] ABl. L 331, vom 14.12.2017, S. 57.

(3) Der Beschluss (GASP) 2017/2315 hat die SSZ begründet und festgelegt, dass die Steuerung der SSZ auf Ebene des Rates und im Rahmen von Projekten organisiert wird, die von Gruppen der teilnehmenden Mitgliedstaaten, die untereinander vereinbart haben, derartige Projekte durchzuführen, umgesetzt werden.

(4) Am 11. Dezember 2017 haben die Mitgliedstaaten, die sich an der SSZ beteiligen, außerdem eine Erklärung abgegeben, in der sie ankündigen, dass sie — in unterschiedlichen Konstellationen — die in der Anlage zu dieser Erklärung genannten ersten gemeinsamen Projekte der SSZ vorbereiten wollen.

(5) Am 14. Dezember 2017 hat der Europäische Rat die Begründung einer ehrgeizigen und inklusiven SSZ begrüßt und betont, wie wichtig es ist, die ersten Projekte zügig umzusetzen; zudem hat er die teilnehmenden Mitgliedstaaten aufgefordert, ihre nationalen Umsetzungspläne zu erfüllen.

(6) Am 6. März 2018 hat der Rat den Beschluss GASP 2018/340[2] zur Festlegung der Liste der im Rahmen der SSZ auszuarbeitenden Projekte angenommen.

(7) Artikel 4 Absatz 2 Buchstabe a des Beschlusses (GASP) 2017/2315 hat bestätigt, dass der Rat im Einklang mit Artikel 46 Absatz 6 EUV Beschlüsse oder Empfehlungen annehmen kann, in denen strategische Vorgaben und Leitlinien für die SSZ festgelegt werden.

(8) Der Rat sollte daher eine Empfehlung mit solchen strategischen Vorgaben und Leitlinien für die Umsetzung der SSZ annehmen —

HAT FOLGENDEN BESCHLUSS ERLASSEN:

I. ZIELE UND GELTUNGSBEREICH

1. Mit dieser Empfehlung sollen strategische Vorgaben und Leitlinien für die Durchführung der SSZ festgelegt werden, um die erforderlichen weiteren Arbeiten zu den Verfahren und zur Steuerung, auch im Hinblick auf die Projekte, zu strukturieren, damit die teilnehmenden Mitglied-

[2] ABl. L 65 vom 8.3.2018, S. 24.

staaten die weiter gehenden Verpflichtungen, die sie untereinander eingegangen sind, nach Maßgabe des Anhangs des Beschlusses (GASP) 2017/2315 erfüllen können.

II. UMSETZUNG

Ablauf der Erfüllung der weiter gehenden Verpflichtungen und Festlegung präziserer Ziele

2. Nach Artikel 4 Absatz 2 Buchstabe b des Beschlusses (GASP) 2017/2315 erlässt der Rat Beschlüsse und Empfehlungen, in denen der Ablauf der Erfüllung der im Anhang dieses Beschlusses festgelegten weiter gehenden Verpflichtungen im Laufe der beiden aufeinanderfolgenden Anfangsphasen (die Jahre 2018 bis 2020 und 2021 bis 2025) gesteuert und am Anfang jeder Phase präzisere Ziele für die Erfüllung der weiter gehenden Verpflichtungen vorgegeben werden.

3. Daher sollte der Rat bis Juni 2018 eine Empfehlung abgeben, in der der Ablauf der Erfüllung der Verpflichtungen für die Phasen 2018 bis 2020 und 2021 bis 2025 gesteuert und präzisere Ziele, einschließlich der Verpflichtungen, die bis 2020 zu erfüllen sind, vorgegeben werden. In dieser Empfehlung sollten auch gemeinsam vereinbarte Indikatoren festgelegt werden, die den teilnehmenden Mitgliedstaaten dabei helfen, die Verpflichtungen zu erfüllen, und der Bewertung der diesbezüglichen Fortschritte dienen.

4. Das SSZ-Sekretariat, dessen Aufgaben nach Artikel 7 des Beschlusses (GASP) 2017/2315 der Europäische Auswärtige Dienst, einschließlich des Militärstabs der EU (EUMS), und die Europäische Verteidigungsagentur gemeinsam wahrnehmen, ist aufgefordert, bis Ende März 2018 eine erste Rückmeldung zur Art, Detailliertheit und Struktur der Informationen zu geben, die die teilnehmenden Mitgliedstaaten im Dezember 2017 in ihren nationalen Umsetzungsplänen mit Blick auf die Erfüllung ihrer Verpflichtungen vorgelegt haben. Diese Rückmeldung sollte bei der Ausarbeitung der Empfehlung zum Ablauf, die der Rat gemäß Artikel 4 Absatz 2 Buchstabe b des Beschlusses (GASP) 2017/2315 abgeben wird, mit herangezogen werden. Das SSZ-Sekretariat könnte zudem den teilnehmenden Mitgliedstaaten auf Anfrage individuelle Hilfe bei der Verbesserung ihrer nationalen Umsetzungspläne leisten.

5. Nach Annahme der Empfehlung zum Ablauf, sollten die Mitgliedstaaten gemäß Artikel 3 Absatz 2 des Beschlusses (GASP) 2017/2315 ihre nationalen Umsetzungspläne überprüfen und gegebenenfalls entsprechend aktualisieren und die aktualisierten Pläne dem SSZ-Sekretariat bis zum 10. Januar 2019 vorlegen. Ab 2020 sollten diese Pläne jährlich bis zum 10. Januar dem SSZ-Sekretariat übermittelt werden, wobei darin die vom Rat — auf Grundlage des letzten jährlichen Berichts des Hohen Vertreters nach Artikel 6 des Beschlusses (GASP) 2017/2315 — vorgenommene Überprüfung der SSZ, der Fähigkeitenentwicklungsplan und die Empfehlungen des zweijährlichen CARD-Berichts zu berücksichtigen sind.

6. Am Ende der ersten Phase wird der Rat nach Artikel 4 Absatz 2 Buchstabe c des Beschlusses (GASP) 2017/2315 die in diesem Beschluss festgelegten weiter gehenden Verpflichtungen vor dem Hintergrund der durch die SSZ erzielten Fortschritte aktualisieren und erweitern, um dem Fähigkeiten- und operativen Bedarf und dem sich wandelnden Sicherheitsumfeld der Union Rechnung zu tragen. Ein entsprechender Beschluss wird auf der Grundlage einer strategischen Überprüfung erlassen, in deren Rahmen die Erfüllung der SSZ-Verpflichtungen bewertet wird.

7. Zu Beginn der nächsten Phase sollte der Rat unter Beachtung von Artikel 4 Absatz 2 Buchstabe c des Beschlusses (GASP) 2017/2315 ein zweites Bündel präziserer Ziele für die Phase 2021 bis 2025 festlegen.

Liste der im Rahmen der SSZ auszuarbeitenden Projekte

8. Sobald der Rat am 6. März 2018 einen Beschluss zur Festlegung der Liste der im Rahmen der SSZ auszuarbeitenden Projekte erlassen hat, sollten die teilnehmenden Mitgliedstaaten erhebliche Anstrengungen unternehmen, um für alle Projekte Ziele und Zeitpläne festzulegen.

9. Der Rat sollte diese Liste bis November 2018 nach dem Verfahren des Artikels 5 des Beschlusses (GASP) 2017/2315 aktualisieren und das nächste Bündel von Projekte der SSZ hinzufügen.

10. Danach sollte das Verfahren zur Bewertung der neuen, von den teilnehmenden Mitgliedstaaten vorgeschlagenen Projekte im Interesse einer stetigen, wirksamen Umsetzung der SSZ grundsätzlich jedes Jahr im November abgeschlossen werden, wobei bis Anfang Mai des betreffenden Jahres ein Aufruf zur Einreichung neuer Projektvorschläge ergehen sollte. Das SSZ-Sekretariat sollte bei der Bewertung der SSZ-Projektvorschläge transparente Kriterien zugrunde legen, mit denen sowohl der Gesichtspunkt der Fähigkeiten als auch der operative Aspekt erfasst werden und die zusammen mit den teilnehmenden Mitgliedstaaten weiterentwickelt werden sollten. Im Einklang mit Artikel 5 des Beschlusses (GASP) 2017/2315 er-

teilt der Militärausschuss der Europäischen Union (EUMC) militärische Ratschläge zur Empfehlung des Hohen Vertreters für die Ermittlung und Bewertung von Projekten der SSZ.

11. Teilnehmende Mitgliedstaaten, die ein bestimmtes Projekt vorschlagen möchten, sollten dies den anderen teilnehmenden Mitgliedstaaten rechtzeitig vor Einreichung ihres Vorschlags mitteilen, um Unterstützung zu finden und ihnen Gelegenheit zu geben, sich einer gemeinsamen Vorlage des Vorschlags anzuschließen. Detaillierte Projektvorschläge mit Umsetzungszeitplänen sollten so rechtzeitig eingereicht werden, dass dem SSZ-Sekretariat ausreichend Zeit bleibt, sie im Hinblick auf eine Empfehlung des Hohen Vertreters an den Rat gemäß Artikel 5 Absatz 1 des Beschlusses (GASP) 2017/2315 zu bewerten. Der Rat fordert das SSZ-Sekretariat auf, ein Formblatt für die Einreichung von Projekten zu erstellen und den teilnehmenden Mitgliedstaaten zu helfen, ihre SSZ-Projektvorschläge an andere Mitgliedstaaten zu verteilen.

Gemeinsame Vorschriften für Projekte

12. Die gemeinsamen Vorschriften für Projekte nach Artikel 4 Absatz 2 Buchstabe f des Beschlusses (GASP) 2017/2315, welche die teilnehmenden Mitgliedstaaten, die sich an einem Projekt beteiligen, anpassen können, falls dies für das Projekt notwendig ist, sollten vom Rat bis Juni 2018 angenommen werden. Sie sollten einen Rahmen bilden, der eine kohärente und einheitliche Umsetzung der Projekte der SSZ sicherstellt und in dem die Modalitäten festgelegt sind, nach denen der Rat im Einklang mit Artikel 5 Absatz 3 des Beschlusses (GASP) 2017/2315 regelmäßig über die Entwicklung der einzelnen Projekte zu unterrichten ist und die erforderliche Aufsicht wahrnimmt. Diesbezüglich sollten die Aufgaben und Verantwortlichkeiten der teilnehmenden Mitgliedstaaten, einschließlich gegebenenfalls unter anderem der Rolle von Beobachtern, und des SSZ-Sekretariats weiter präzisiert werden. Dieser Rahmen sollte zudem den teilnehmenden Mitgliedstaaten als allgemeine Richtschnur dienen, wenn sie gemäß Artikel 5 Absatz 3 des Beschlusses (GASP) 2017/2315 geeignete Modalitäten für die Ausführung ihrer Projekte ausarbeiten. In diesem Zusammenhang wird der Rat bis Juni 2018 auf die Frage der Koordinierungsfunktionen der teilnehmenden Mitgliedstaaten innerhalb der Projekte zurückkommen. *(ABl 2018 C 303, 23)*

Allgemeine Bedingungen für die Teilnahme von Drittstaaten an einzelnen Projekten in Ausnahmefällen

13. Nach Artikel 4 Absatz 2 Buchstabe g und Artikel 9 Absatz 1 des Beschlusses (GASP) 2017/2315 wird der Rat zu gegebener Zeit einen Beschluss erlassen, in dem die allgemeinen Bedingungen festgelegt sind, unter denen Drittstaaten in Ausnahmefällen eingeladen werden könnten, sich an einzelnen Projekten zu beteiligen; zudem wird er im Einklang mit Artikel 9 Absatz 2 des Beschlusses (GASP) 2017/2315 feststellen, ob ein bestimmter Drittstaat diese Bedingungen erfüllt. Die Arbeiten an diesen allgemeinen Bedingungen sollten beginnen, sobald die gemeinsamen Vorschriften für die Projekte und der Ablauf der Erfüllung der Verpflichtungen bis Juni 2018 vorliegen, und ein Beschluss des Rates sollte — vorbehaltlich einer neuerlichen Bewertung durch den Rat -grundsätzlich noch vor Ende 2018 angenommen werden.

Jahresbericht des Hohen Vertreters an den Rat und Bewertungsmechanismus

14. Im Einklang mit Artikel 6 Absatz 3 des Beschlusses (GASP) 2017/2315 legt der Hohe Vertreter dem Rat einen Jahresbericht vor, der sich auf die von den teilnehmenden Mitgliedstaaten übermittelten aktualisierten nationalen Umsetzungspläne stützt und in dem der Stand der Durchführung der SSZ, einschließlich der Erfüllung der Verpflichtungen durch jeden teilnehmenden Mitgliedstaat im Einklang mit seinem nationalen Umsetzungsplan, dargelegt ist. Darin geht er insbesondere auf die konkreten Maßnahmen und Vorkehrungen ein, die die teilnehmenden Mitgliedstaaten getroffen haben, um — auch im Rahmen von Projekten der SSZ — ihren Verpflichtungen auf Grundlage präziserer Ziele und des Ablaufs, die für die beiden aufeinanderfolgenden Anfangsphasen festgelegt wurden, nachzukommen. In diesem Zusammenhang wird das SSZ-Sekretariat aufgefordert, die aktualisierte Vorlage für die nationalen Umsetzungspläne zur Verfügung zu stellen.

Die teilnehmenden Mitgliedstaaten sollten in ihren nationalen Umsetzungsplänen angeben, welche konkreten Maßnahmen und Vorkehrungen sie getroffen haben, um ihren Verpflichtungen nachzukommen, und auch Angaben zu ihren Beiträgen zu Projekten beifügen. Überdies können die Angaben in den Plänen bei informellen Konsultationen näher erläutert werden.

15. Der Hohe Vertreter sollte seinen ersten Jahresbericht im April 2019, spätestens jedoch vor der im ersten Halbjahr stattfindenden Tagung des zuständigen Rates (Auswärtige Angelegenheiten), vorlegen, sodass die von den teilnehmenden Mitgliedstaaten bis zum 10. Januar 2019 vorgelegten aktualisierten Umsetzungspläne darin berücksichtigt werden können. Ab 2020 sollte der Jahresbericht im März oder April vorgelegt werden, wobei die im Januar desselben Jahres eingereichten überarbeiteten und aktualisierten nationa-

len Umsetzungspläne darin zu berücksichtigen sind.

16. Auf Grundlage des Berichts des Hohen Vertreters sollte der EUMC dem Politischen und Sicherheitspolitischen Komitee militärische Ratschläge und Empfehlungen erteilen, damit es jedes Jahr bis Mai die Überprüfung des Rates bezüglich der Frage, ob die teilnehmenden Mitgliedstaaten die weitergehenden Verpflichtungen nach wie vor erfüllen, vorbereiten kann. Dabei sollte der Rat auch prüfen, welche Fortschritte bei der Verwirklichung der Zielvorgaben der Union erzielt wurden, d. h. inwieweit die Fähigkeit der Union, als Bereitsteller von Sicherheit aufzutreten, ihre strategische Autonomie und ihre Fähigkeit zur Zusammenarbeit mit Partnern und zum Schutz ihrer Bürgerinnen und Bürger verstärkt wurden.

Geschehen zu Brüssel am 6. März 2018.

Im Namen des Rates

Der Präsident

F. MOGHERINI

Brexit

Hinweise:

Politische Erklärung zur Festlegung des Rahmens für die künftigen Beziehungen zwischen der Europäischen Union und dem Vereinigten Königreich (ABl 2020 C 34, 1).

Neben dem Handels- und Kooperationsabkommen EU-VK (siehe Kap. 19/2) abgeschlossen:

- Abkommen zwischen der Europäischen Union und dem Vereinigten Königreich von Grossbritannien und Nordirland betreffend Sicherheitsverfahren für den Austausch und den Schutz von Verschlusssachen (ABl 2020 L 444, 1463).
- Abkommen zwischen der Regierung des Vereinigten Königreichs Grossbritannien und Nordirland und der Europäischen Atomgemeinschaft über die Zusammenarbeit auf dem Gebiet der sicheren und friedlichen Nutzung der Kernenergie (ABl 2020 L 445, 5).

Abkommen über den Austritt des Vereinigten Königreichs Großbritannien und Nordirland aus der Europäischen Union und der Europäischen Atomgemeinschaft*)

*) In Kraft getreten am 1. Februar 2020.

ABl 2020 L 29, 7 idF

1 ABl 2020 L 225, 53 **2** ABl 2020 L 443, 3

DER RAT DER EUROPÄISCHEN UNION –

gestützt auf den Vertrag über die Europäische Union, insbesondere auf Artikel 50 Absatz 2,

auf Vorschlag der Europäischen Kommission,

nach Zustimmung des Europäischen Parlaments,

nach Stellungnahme der Europäischen Zentralbank,

in Erwägung nachstehender Gründe:

(1) Am 21. Oktober 2019 hat der Rat den Beschluss (EU) 2019/1750[1] zur Änderung des Beschlusses (EU) 2019/274[2] über die Unterzeichnung des Abkommens über den Austritt des Vereinigten Königreichs Großbritannien und Nordirland aus der Europäischen Union und der Europäischen Atomgemeinschaft (im Folgenden „Abkommen") im Namen der Europäischen Union und der Europäischen Atomgemeinschaft erlassen.

(2) Das Abkommen sollte im Namen der Europäischen Union und der Europäischen Atomgemeinschaft genehmigt werden.

(3) In diesem Beschluss sollten alle Bezugnahmen auf die Union auch als Bezugnahmen auf die Europäische Atomgemeinschaft zu verstehen sein.

(4) Am Tag des Inkrafttretens des Abkommens endet automatisch die Amtszeit der im Zusammenhang mit der Mitgliedschaft des Vereinigten Königreichs in der Union benannten, ernannten oder gewählten Mitglieder der Organe, Einrichtungen und Agenturen der Union.

(5) Es ist angebracht, die Modalitäten der Vertretung der Union in dem Gemeinsamen Ausschuss und in den Fachausschüssen, die durch das Abkommen eingesetzt werden, festzulegen. Es obliegt der Kommission, nach Maßgabe von Artikel 17 Absatz 1 EUV die Union zu vertreten und die vom Rat im Einklang mit den Verträgen festgelegten Standpunkte der Union zum Ausdruck zu bringen. Es obliegt dem Rat, seine Aufgaben der Festlegung der Politik und der Koordinierung nach Maßgabe von Artikel 16 Absatz 1 EUV wahrzunehmen, indem er die Standpunkte, die im Namen der Union in dem Gemeinsamen Ausschuss und in den Fachausschüssen zu vertreten sind, festlegt. Sofern der Gemeinsame Ausschuss aufgefordert wird, rechtswirksame Akte zu erlassen, sind ferner die im Namen der Union im Gemeinsamen Ausschuss zu vertretenden Standpunkte gemäß dem in Artikel 218 Absatz 9 des Vertrags über die Arbeitsweise der Europäischen Union bestimmten Verfahren festzulegen. Sechs Monate bevor Artikel 5 des dem Austrittsabkommen beigefügten Protokolls zu Irland/Nordirland anwendbar wird, werden die Modalitäten für die Teilnahme von Mitgliedstaaten an den Sitzungen des Gemeinsamen Ausschusses oder der Fachausschüsse unter Berücksichtigung der somit entstandenen neuen Situation überarbeitet.

(6) Es wird darauf hingewiesen, dass verschiedene Erklärungen in das Protokoll des Europäischen Rates vom 25. November 2018 aufgenommen wurden. Gemäß der Erklärung bezüglich des Austrittsabkommens und der Politischen Erklärung wird der Rat, wenn es in dem im Gemeinsamen Ausschuss zu vertretenden Standpunkt der Union um die Verlängerung des Übergangszeitraums geht, gemäß den Leitlinien des Europäischen Rates vorgehen, und bei Beschlüssen über

---

[1] Beschluss (EU) 2019/1750 des Rates vom 21. Oktober 2019 zur Änderung des Beschlusses (EU) 2019/274 über die Unterzeichnung des Abkommens über den Austritt des Vereinigten Königreichs Großbritannien und Nordirland aus der Europäischen Union und der Europäischen Atomgemeinschaft im Namen der Europäischen Union und der Europäischen Atomgemeinschaft (ABl. L 274I vom 28.10.2019, S. 1).

[2] Beschluss (EU) 2019/274 des Rates vom 11. Januar 2019 über die Unterzeichnung des Abkommens über den Austritt des Vereinigten Königreichs Großbritannien und Nordirland aus der Europäischen Union und der Europäischen Atomgemeinschaft im Namen der Europäischen Union und der Europäischen Atomgemeinschaft (ABl. L 47I vom 19.2.2019, S. 1).

die Verlängerung des Übergangszeitraums wird der Erfüllung der nach dem Abkommen und seinen Protokollen geltenden Verpflichtungen durch das Vereinigte Königreich in jedem Fall Rechnung getragen. Zwei weitere Erklärungen des Europäischen Rates und der Kommission wurden in das oben genannte Protokoll des Europäischen Rates aufgenommen: eine Auslegungserklärung bezüglich Artikel 184 des Austrittsabkommens und eine Erklärung zum räumlichen Geltungsbereich der künftigen Abkommen.

(7) Hat die Union einen Standpunkt im Gemeinsamen Ausschuss zu vertreten, so müssen der Rat und die Kommission die im Protokoll über die Tagung des Europäischen Rates vom 25. November 2018 enthaltenen Erklärungen einhalten.

(8) Das Europäische Parlament ist gemäß Artikel 218 Absatz 10 AEUV unverzüglich und umfassend zu unterrichten, auf der Grundlage von praktischen Modalitäten der Zusammenarbeit, die es ihm ermöglichen, seine Vorrechte gemäß der Verträge uneingeschränkt wahrzunehmen.

(9) In allen Fällen, in denen die Union tätig werden muss, um den Bestimmungen des Abkommens nachzukommen, sind diese Maßnahmen gemäß der Verträge zu treffen, wobei der Rahmen der den einzelnen Organen übertragenen Zuständigkeiten gewahrt bleiben muss. Es obliegt daher der Kommission, dem Vereinigten Königreich die gemäß dem Abkommen erforderlichen Informationen oder Mitteilungen zu übermitteln, sofern in dem Abkommen nicht auf andere besondere Organe, Einrichtungen oder sonstige Stellen der Union Bezug genommen wird, das Vereinigte Königreich zu spezifischen Fragen zu konsultieren und Vertreter des Vereinigten Königreichs zur Teilnahme an internationalen Konsultations- oder Verhandlungssitzungen als Teil der Unionsdelegation einzuladen. Es obliegt der Kommission ferner, die Union vor dem Schiedspanel zu vertreten, wenn eine Streitigkeit gemäß Artikel 170 des Abkommens Gegenstand eines Schiedsverfahrens geworden ist. Gemäß der Verpflichtung zur loyalen Zusammenarbeit nach Artikel 4 Absatz 3 EUV konsultiert die Kommission den Rat im Vorfeld, etwa indem sie ihm die Grundzüge der Vorlagen der Union, die dem Panel übermittelt werden sollen, übermittelt und den Bemerkungen des Rates dazu Rechnung trägt. Aus demselben Grund sollte es der Kommission obliegen, sich mit dem Vereinigten Königreich auf Verwaltungsvereinbarungen wie die in Artikel 134 des Abkommens genannten zu verständigen.

(10) In ihrer Erklärung für das Protokoll über die Ratstagung vom 29. Januar 2018 wies die Kommission darauf hin, dass sie nach Rücksprache mit dem Rat einen Leitfaden für eine einheitliche Anwendung von Artikel 128 Absatz 5 des Abkommens herausgeben wird.

(11) Gemäß Artikel 129 Absatz 4 des Abkommens kann das Vereinigte Königreich während des Übergangszeitraums internationale Übereinkünfte aushandeln, unterzeichnen und ratifizieren, die es in Bereichen der ausschließlichen Zuständigkeit der Union eigenständig schließt, sofern diese Übereinkünfte nicht während des Übergangszeitraums in Kraft treten oder gelten, es sei denn, die Union hat es dazu ermächtigt. Es ist notwendig, die Bedingungen und das Verfahren für die Erteilung solcher Ermächtigungen festzulegen. Angesichts der politischen Bedeutung von Beschlüssen zur Erteilung solcher Ermächtigungen ist es angebracht, dem Rat die Befugnis zur Annahme solcher Ermächtigungen – im Wege von Durchführungsrechtsakten auf Vorschlag der Kommission – zu übertragen.

(12) Das Abkommen regelt in gesonderten Protokollen die sehr spezifischen Situationen Irlands/Nordirlands, der Hoheitszonen des Vereinigten Königreichs in Zypern und Gibraltars. Da Irland, die Republik Zypern und das Königreich Spanien gegebenenfalls bilaterale Übereinkünfte mit dem Vereinigten Königreich schließen müssen, die für das ordnungsgemäße Funktionieren der Regelungen in jenen spezifischen Protokollen erforderlich sein könnten, ist es notwendig, die Bedingungen und das Verfahren für die Ermächtigung des betreffenden Mitgliedstaats zur Aushandlung und zum Abschluss solcher bilateraler Übereinkünfte festzulegen, wenn diese Bereiche betreffen, die in die ausschließliche Zuständigkeit der Union fallen. Angesichts der politischen Bedeutung von Beschlüssen zur Erteilung solcher Ermächtigungen ist es angebracht, dem Rat die Befugnis zur Annahme solcher Ermächtigungen – im Wege von Durchführungsrechtsakten auf Vorschlag der Kommission – zu übertragen.

(13) Gemäß Artikel 18 Absätze 1 und 4 des Abkommens obliegt es den Aufnahmemitgliedstaaten, Staatsangehörigen des Vereinigten Königreichs, deren jeweiligen Familienangehörigen und sonstigen Personen, die unter Teil Zwei Titel II des Abkommens fallen, ein Dokument zum Nachweis ihres Aufenthaltsstatus gemäß des Abkommens auszustellen. Gemäß Artikel 26 des Abkommens obliegt es dem Mitgliedstaat, in dem Grenzgänger beschäftigt sind, britischen Staatsangehörigen, die im Rahmen des Abkommens Rechte als Grenzgänger haben, ein Dokument auszustellen, mit dem ihr Status als Grenzgänger im Rahmen des Abkommens bescheinigt wird. Zur Gewährleistung unionsweit einheitlicher Bedingungen für die Umsetzung dieser Bestimmungen mit dem Ziel, die Anerkennung solcher Do-

kumente, insbesondere durch Grenzkontrollbehörden, zu erleichtern und Fälschungen und Nachahmungen durch hochwertige Sicherheitsmerkmale vorzubeugen, sollten der Kommission Durchführungsbefugnisse übertragen werden, um die Gültigkeitsdauer, das Format solcher Dokumente und die technischen Spezifikationen solcher Dokumente sowie die gemeinsame Erklärung festzulegen, die die gemäß den Artikeln 18 und 26 des Abkommens ausgestellten Dokumente enthalten müssen, nämlich insbesondere dass sie gemäß dem Abkommen ausgestellt wurden. Diese Befugnisse sollten gemäß der Verordnung (EU) Nr. 182/2011 des Europäischen Parlaments und des Rates[3)] ausgeübt werden. Zu diesem Zweck sollte die Kommission von dem mit Artikel 6 der Verordnung (EG) Nr. 1683/95 des Rates[4)] eingesetzten Ausschuss unterstützt werden. Erforderlichenfalls können solche Durchführungsrechtsakte geeignete Maßnahmen enthalten, die der Nachahmung und Fälschung solcher Dokumente vorbeugen. In diesem Falle sollten sie ausschließlich den von den Mitgliedstaaten für den Druck bestimmten Stellen sowie Personen zugänglich gemacht werden, die von einem Mitgliedstaat oder der Kommission hierzu ordnungsgemäß ermächtigt worden sind. Diese Durchführungsrechtsakte sollten etwaige besondere Vereinbarungen unberührt lassen, die Irland aufgrund des Abkommens mit dem Vereinigten Königreich über die Freizügigkeit von Personen im einheitlichen Reisegebiet treffen kann.

(14) Nach Artikel 106a des Vertrags zur Gründung der Europäischen Atomgemeinschaft gilt Artikel 50 EUV für die Europäische Atomgemeinschaft.

(15) Gemäß Artikel 50 Absatz 4 EUV hat sich das Vereinigte Königreich nicht an den Beratungen des Rates über diesen Beschluss und auch nicht an seiner Annahme beteiligt –

HAT FOLGENDEN BESCHLUSS ERLASSEN:

Artikel 1

Das Abkommen über den Austritt des Vereinigten Königreichs Großbritannien und Nordirland aus der Europäischen Union und der Europäischen Atomgemeinschaft wird im Namen der Union und der Europäischen Atomgemeinschaft genehmigt.

Der Wortlaut des Abkommens ist diesem Beschluss beigefügt.

Alle Bezugnahmen auf die Union in diesem Beschluss sind auch als Bezugnahmen auf die Europäische Atomgemeinschaft zu verstehen.

Artikel 2

(1) Die Kommission vertritt die Union im Gemeinsamen Ausschuss und in den Fachausschüssen gemäß den Artikeln 164 und 165 des Abkommens sowie in allen weiteren Fachausschüssen, die möglicherweise gemäß Artikel 164 Absatz 5 Buchstabe b des Abkommens eingesetzt werden.

Einer oder mehrere Mitgliedstaaten können darum ersuchen, dass der Vertreter der Kommission in einer Sitzung des Gemeinsamen Ausschusses oder eines Fachausschusses von einem Vertreter dieses Mitgliedstaats oder dieser Mitgliedstaaten als Teil der Unionsdelegation begleitet wird, sofern spezielle Fragen, die in dieser Sitzung behandelt werden sollen, von besonderem Interesse für diesen Mitgliedstaat oder diese Mitgliedstaaten sind. Insbesondere Irland, die Republik Zypern und das Königreich Spanien können jeweils darum ersuchen, dass der Vertreter der Kommission begleitet wird:

a) von einem Vertreter Irlands in den Sitzungen des Ausschusses für Fragen der Durchführung des Protokolls zu Irland/Nordirland, sofern diese Fragen speziell für Irland/Nordirland bedeutsam sind;

b) von einem Vertreter der Republik Zypern in den Sitzungen des Ausschusses für Fragen der Durchführung des Protokolls zu den Hoheitszonen auf Zypern;

c) von einem Vertreter des Königreichs Spanien in den Sitzungen des Ausschusses für Fragen der Durchführung des Protokolls zu Gibraltar.

(2) Damit der Rat in der Lage ist, seine Aufgaben der Festlegung der Politik, der Koordinierung und der Beschlussfassung gemäß der Verträge uneingeschränkt wahrzunehmen, indem er insbesondere die Standpunkte, die im Namen der Union in dem Gemeinsamen Ausschuss und in den Fachausschüssen zu vertreten sind, festlegt, stellt die Kommission sicher, dass der Rat alle Informationen und Dokumente, die eine Sitzung des Gemeinsamen Ausschusses, eine Sitzung eines Fachausschusses oder im Wege des schriftlichen Verfahrens anzunehmende Rechtsakte betreffen, rechtzeitig vor der Sitzung oder der Einleitung des schriftlichen Verfahrens erhält.

Der Rat wird zudem zeitnah über die Beratungen und die Ergebnisse der Sitzungen des Gemeinsamen Ausschusses, der Sitzungen der Fachausschüsse und des schriftlichen Verfahrens unterrichtet und erhält die Protokollentwürfe sowie

---

3) Verordnung (EU) Nr. 182/2011 des Europäischen Parlaments und des Rates vom 16. Februar 2011 zur Festlegung der allgemeinen Regeln und Grundsätze, nach denen die Mitgliedstaaten die Wahrnehmung der Durchführungsbefugnisse durch die Kommission kontrollieren (ABl. L 55 vom 28.2.2011, S. 13).

4) Verordnung (EG) Nr. 1683/95 des Rates vom 29. Mai 1995 über eine einheitliche Visagestaltung (ABl. L 164 vom 14.7.1995, S. 1).

alle Dokumente, die diese Sitzungen oder das Verfahren betreffen.

(3) Dem Europäischen Parlament wird ermöglicht, seine institutionellen Vorrechte während des gesamten Prozesses gemäß der Verträge uneingeschränkt wahrzunehmen.

(4) In den ersten fünf Jahren nach dem Inkrafttreten des Abkommens erstattet die Kommission dem Europäischen Parlament und dem Rat jährlich über die Durchführung und die Anwendung des Abkommens, insbesondere seines Teils Zwei, Bericht.

Artikel 3

(1) Der Rat kann das Vereinigte Königreich ermächtigen, eigenständig seine Zustimmung auszudrücken, durch eine internationale Übereinkunft gebunden zu sein, die während des Übergangszeitraums in Kraft treten oder anwendbar werden soll und in einen Bereich der ausschließlichen Zuständigkeit der Union fällt. Eine solche Ermächtigung darf nur erteilt werden, wenn

a) das Vereinigte Königreich ein besonderes Interesse daran dargelegt hat, dass die fragliche internationale Übereinkunft bereits während des Übergangszeitraums in Kraft tritt oder anwendbar wird,

b) die fragliche internationale Übereinkunft mit dem nach Artikel 127 des Abkommens im Vereinigten Königreich und für das Vereinigte Königreich geltenden Unionsrecht und mit den in Artikel 129 Absatz 1 des Abkommens genannten Verpflichtungen vereinbar ist und

c) das Inkrafttreten oder die Anwendung der fraglichen internationalen Übereinkunft während des Übergangszeitraums weder die Verwirklichung eines Ziels des auswärtigen Handelns der Union in dem betreffenden Gebiet gefährden noch den Interessen der Union auf andere Weise Schaden zufügen würden.

(2) Die Erteilung einer Ermächtigung nach Absatz 1 kann davon abhängig gemacht werden, dass in die fragliche Übereinkunft eine Bestimmung aufgenommen oder daraus gestrichen oder dass die Anwendung einer Bestimmung dieser Übereinkunft ausgesetzt wird, sofern dies erforderlich ist, um die Vereinbarkeit mit den in Absatz 1 festgelegten Bedingungen zu gewährleisten.

(3) Das Vereinigte Königreich notifiziert der Kommission seine Absicht, eigenständig seine Zustimmung auszudrücken, durch eine internationale Übereinkunft gebunden zu sein, die während des Übergangszeitraums in Kraft treten oder anwendbar werden soll und in einen Bereich der ausschließlichen Zuständigkeit der Union fällt. Die Kommission unterrichtet den Rat unverzüglich, sobald das Vereinigte Königreich mitgeteilt hat, dass es beabsichtigt, eigenständig seine Zustimmung, durch die fragliche internationale Übereinkunft gebunden zu sein, auszudrücken.

(4) Der Rat erlässt die in Absatz 1 genannten Beschlüsse im Wege von Durchführungsrechtsakten auf Vorschlag der Kommission. Der Vorschlag der Kommission enthält eine Bewertung der Frage, ob die in Absatz 1 genannten Bedingungen erfüllt sind. Reichen die vom Vereinigten Königreich übermittelten Informationen für die Bewertung nicht aus, so kann die Kommission zusätzliche Informationen anfordern.

(5) Der Rat informiert das Europäische Parlament über alle nach Absatz 1 gefassten Beschlüsse.

Artikel 4

(1) Auf ein hinreichend begründetes Ersuchen Irlands, der Republik Zypern oder des Königreichs Spanien hin kann der Rat diese Mitgliedstaaten ermächtigen, in Bereichen der ausschließlichen Zuständigkeit der Union bilaterale Übereinkünfte mit dem Vereinigten Königreich zu schließen. Eine solche Ermächtigung darf nur erteilt werden, wenn

a) der betreffende Mitgliedstaat Informationen vorgelegt hat, aus denen hervorgeht, dass die fragliche Übereinkunft für das ordnungsgemäße Funktionieren der im Protokoll zu Irland/Nordirland, im Protokoll zu den Hoheitszonen des Vereinigten Königreichs Großbritannien und Nordirland auf Zypern beziehungsweise im Protokoll zu Gibraltar niedergelegten Regelungen erforderlich ist und dass die fragliche Übereinkunft den Grundsätzen und Zielen des Abkommens entspricht,

b) auf der Grundlage der von dem Mitgliedstaat vorgelegten Informationen darauf zu schließen ist, dass die geplante Übereinkunft mit den Rechtsvorschriften der Union vereinbar ist, und

c) die geplante Übereinkunft weder die Verwirklichung eines Ziels des auswärtigen Handelns der Union in dem betreffenden Gebiet gefährden noch den Interessen der Union auf andere Weise Schaden zufügen würde.

(2) Die Erteilung einer Ermächtigung nach Absatz 1 kann davon abhängig gemacht werden, dass in die fragliche Übereinkunft eine Bestimmung aufgenommen oder daraus gestrichen oder dass die Anwendung einer Bestimmung dieser Übereinkunft ausgesetzt wird, sofern das erforderlich ist, um die Vereinbarkeit mit den in Absatz 1 festgelegten Bedingungen zu gewährleisten.

(3) Der betreffende Mitgliedstaat notifiziert der Kommission seine Absicht, mit dem Vereinigten Königreich Verhandlungen aufzunehmen. Die Kommission setzt den Rat unverzüglich davon in Kenntnis. Der betreffende Mitgliedstaat übermittelt der Kommission sämtliche Informationen, die zur Bewertung der Frage, ob die in Absatz 1

festgelegten Bedingungen erfüllt sind, benötigt werden.

(4) Die Kommission wird von dem betreffenden Mitgliedstaat eingeladen, die Verhandlungen genau zu verfolgen.

(5) Vor Unterzeichnung der bilateralen Übereinkunft notifiziert der betreffende Mitgliedstaat der Kommission das Ergebnis der Verhandlungen und übermittelt ihr den Wortlaut der künftigen Übereinkunft; die Kommission setzt den Rat unverzüglich davon in Kenntnis. Der betreffende Mitgliedstaat darf seine Zustimmung, durch die fragliche Übereinkunft gebunden zu sein, nur ausdrücken, wenn der Rat ihn dazu ermächtigt hat.

(6) Der Rat erlässt die in den Absätzen 1 und 5 genannten Beschlüsse im Wege von Durchführungsrechtsakten auf Vorschlag der Kommission.

Der Vorschlag der Kommission enthält eine Bewertung der Frage, ob die in Absatz 1 festgelegten und die in Absatz 2 genannten Bedingungen erfüllt sind. Reichen die von dem betreffenden Mitgliedstaat übermittelten Informationen für die Bewertung nicht aus, so kann die Kommission zusätzliche Informationen anfordern.

(7) Erteilt der Rat eine Ermächtigung nach den Absätzen 1 und 5, so notifiziert der betreffende Mitgliedstaat der Kommission das Inkrafttreten der bilateralen Übereinkunft sowie sämtliche nachfolgenden Änderungen des Status dieser Übereinkunft.

(8) Der Rat unterrichtet das Europäische Parlament über alle nach den Absätzen 1 und 5 gefassten Beschlüsse.

Artikel 5

Die Kommission legt im Wege von Durchführungsrechtsakten die Gültigkeitsdauer, das Format und die Sicherheitsmerkmale der Dokumente fest, die die Mitgliedstaaten gemäß Artikel 18 Absätze 1 und 4 sowie Artikel 26 des Abkommens auszustellen haben, sowie die gemeinsame Erklärung, die diese Dokumente zu enthalten haben. Diese Durchführungsrechtsakte werden gemäß dem in Artikel 6 dieses Beschlusses genannten Prüfverfahren erlassen.

Artikel 6

(1) Die Kommission wird unterstützt von dem nach Artikel 6 der Verordnung (EG) Nr. 1683/95 eingesetzten Ausschuss für den Erlass von in Artikel 5 dieses Beschlusses genannten Durchführungsrechtsakten.

Dieser Ausschuss ist ein Ausschuss im Sinne der Verordnung (EU) Nr. 182/2011.

(2) Wird auf diesen Absatz Bezug genommen, so gilt Artikel 5 der Verordnung (EU) Nr. 182/2011.

Artikel 7

Der Präsident des Rates nimmt die in Artikel 185 des Abkommens vorgesehene Notifikation im Namen der Union vor.

Artikel 8

Dieser Beschluss tritt am Tag seiner Annahme in Kraft.

Geschehen zu Brüssel am 30. Januar 2020.

Im Namen des Rates
Die Präsidentin
A. METELKO-ZGOMBIĆ

ABKOMMEN über den Austritt des Vereinigten Königreichs Großbritannien und Nordirland aus der Europäischen Union und der Europäischen Atomgemeinschaft

PRÄAMBEL

DIE EUROPÄISCHE UNION UND DIE EUROPÄISCHE ATOMGEMEINSCHAFT

UND

DAS VEREINIGTE KÖNIGREICH GROẞBRITANNIEN UND NORDIRLAND,

IN DER ERWÄGUNG, dass das Vereinigte Königreich Großbritannien und Nordirland („Vereinigtes Königreich") am 29. März 2017, im Anschluss an den Ausgang eines im Vereinigten Königreich abgehaltenen Referendums und seinen souveränen Beschluss, die Europäische Union („Union") zu verlassen, nach Artikel 50 des Vertrags über die Europäische Union („EUV"), der aufgrund des Artikels 106a des Vertrags zur Gründung der Europäischen Atomgemeinschaft („Euratom-Vertrag") auch für die Europäische Atomgemeinschaft („Euratom") gilt, seine Absicht mitgeteilt hat, aus der Europäischen Union und Euratom auszutreten,

IN DEM WUNSCH, die Einzelheiten des Austritts des Vereinigten Königreichs aus der Union und Euratom festzulegen, wobei der Rahmen für ihre künftigen Beziehungen berücksichtigt wird,

IN ANBETRACHT der Leitlinien des Europäischen Rates vom 29. April und 15. Dezember 2017 und vom 23. März 2018, auf deren Grundlage die Union das Abkommen über die Einzelheiten des Austritts des Vereinigten Königreichs aus der Union und Euratom zu schließen hat,

EINGEDENK dessen, dass nach Artikel 50 AEUV in Verbindung mit Artikel 106a des Euratom-Vertrags und vorbehaltlich der Regelungen in diesem Abkommen das Recht der Union und der Euratom in seiner Gesamtheit ab dem Tag des Inkrafttretens dieses Abkommens auf das Vereinigte Königreich keine Anwendung mehr findet,

UNTER BETONUNG, dass es Ziel dieses Abkommens ist, einen geordneten Austritt des Vereinigten Königreichs aus der Union und Euratom zu gewährleisten,

IN DER ERKENNTNIS, dass es notwendig ist, einen beiderseitigen Schutz für Unionsbürger und britische Staatsangehörige sowie ihre jeweiligen Familienangehörigen vorzusehen, wenn sie vor einem in diesem Abkommen festgesetzten Tag ihre Freizügigkeitsrechte ausgeübt haben, und zu gewährleisten, dass ihre Rechte nach diesem Abkommen durchsetzbar sind und auf dem Grundsatz der Nichtdiskriminierung beruhen; ferner in der Erkenntnis, dass Rechte, die sich aus Sozialversicherungszeiten ergeben, geschützt werden sollten,

ENTSCHLOSSEN, einen geordneten Austritt durch verschiedene Trennungsbestimmungen zu gewährleisten, die darauf abzielen, Störungen vorzubeugen und Rechtssicherheit für Bürger und Wirtschaftsbeteiligte sowie für Justiz- und Verwaltungsbehörden in der Union und im Vereinigten Königreich zu schaffen, ohne jedoch die Möglichkeit auszuschließen, dass einschlägige Trennungsbestimmungen durch das oder die Abkommen über die künftigen Beziehungen ersetzt werden,

IN DER ERWÄGUNG, dass es sowohl im Interesse der Union als auch im Interesse des Vereinigten Königreichs liegt, einen Übergangs- oder Durchführungszeitraum festzulegen, in dem – ungeachtet aller Folgen des Austritts des Vereinigten Königreichs aus der Union für die Beteiligung des Vereinigten Königreichs an den Organen, Einrichtungen und sonstigen Stellen der Union, insbesondere des Endes der Amtszeit der im Zusammenhang mit der Mitgliedschaft des Vereinigten Königreichs in der Union benannten, ernannten oder gewählten Mitglieder der Organe, Einrichtungen und Agenturen der Union am Tag des Inkrafttretens dieses Abkommens – das Unionsrecht, einschließlich der internationalen Übereinkünfte, auf das Vereinigte Königreich und im Vereinigten Königreich und in der Regel mit gleicher Wirkung wie in Bezug auf die Mitgliedstaaten Anwendung finden sollte, um Störungen in dem Zeitraum zu vermeiden, in dem das oder die Abkommen über die künftigen Beziehungen ausgehandelt werden,

IN DER ERKENNTNIS, dass, auch wenn das Unionsrecht im Übergangszeitraum auf das Vereinigte Königreich und im Vereinigten Königreich Anwendung findet, die Besonderheiten des Vereinigten Königreichs als eines aus der Union ausgetretenen Staates bedeuten, dass es für das Vereinigte Königreich wichtig sein wird, Schritte unternehmen zu können, um selbst neue internationale Regelungen, auch in den in die ausschließliche Zuständigkeit der Union fallenden Bereichen, auszuarbeiten und festzulegen, sofern solche Übereinkünfte nicht während dieses Zeitraums in Kraft treten oder gelten, es sei denn, die Union stimmt dem zu,

EINGEDENK dessen, dass die Union und das Vereinigte Königreich vereinbart haben, den gegenseitigen Verpflichtungen, die sie während der Mitgliedschaft des Vereinigten Königreichs in der Union eingegangen sind, im Rahmen einer einheitlichen Finanzregelung nachzukommen,

IN DER ERWÄGUNG, dass es zur Gewährleistung der ordnungsgemäßen Auslegung und Anwendung dieses Abkommens und der Einhaltung der Verpflichtungen aus diesem Abkommen wesentlich ist, Bestimmungen festzulegen, die die allgemeine Governance sicherstellen, insbesondere verbindliche Streitbeilegungs- und Durchsetzungsvorschriften, die die Autonomie der jeweiligen Rechtsordnung der Union und des Vereinigten Königreichs sowie den Status des Vereinigten Königreichs als Drittstaat uneingeschränkt wahren,

IN ANERKENNUNG DESSEN, dass es für einen geordneten Austritt des Vereinigten Königreichs aus der Union erforderlich ist, in gesonderten Protokollen zu diesem Abkommen dauerhafte Regelungen für die sehr spezifischen Situationen im Zusammenhang mit Irland/Nordirland und mit den Hoheitszonen auf Zypern festzulegen,

DES WEITEREN IN ANERKENNUNG DESSEN, dass es für einen geordneten Austritt des Vereinigten Königreichs aus der Union außerdem erforderlich ist, in einem gesonderten Protokoll zu diesem Abkommen die spezifischen, insbesondere während des Übergangszeitraums anzuwendenden Regelungen im Hinblick auf Gibraltar festzulegen,

UNTER BETONUNG, dass dieses Abkommen auf einem insgesamt ausgewogenen Verhältnis zwischen Vorteilen, Rechten und Pflichten für die Union und das Vereinigte Königreich beruht,

IN ANBETRACHT DESSEN, dass die Vertragsparteien parallel zu diesem Abkommen eine Politische Erklärung zur Darlegung des Rahmens der künftigen Beziehungen zwischen der Union und dem Vereinigten Königreich Großbritannien und Nordirland abgegeben haben,

IN DER ERWÄGUNG, dass sowohl für das Vereinigte Königreich als auch für die Union die Notwendigkeit besteht, sämtliche erforderlichen

Schritte einzuleiten, um so rasch wie möglich nach dem Tag des Inkrafttretens dieses Abkommens die förmlichen Verhandlungen über ein oder mehrere Abkommen über ihre künftigen Beziehungen aufzunehmen, um sicherzustellen, dass diese Abkommen soweit möglich ab dem Ende des Übergangszeitraums gelten,

SIND WIE FOLGT ÜBEREINGEKOMMEN:

TEIL EINS
GEMEINSAME BESTIMMUNGEN

Artikel 1
Ziel

Dieses Abkommen enthält die Regelungen für den Austritt des Vereinigten Königreichs Großbritannien und Nordirland („Vereinigtes Königreich") aus der Europäischen Union („Union") und der Europäischen Atomgemeinschaft („Euratom").

Artikel 2
Begriffsbestimmungen

Für die Zwecke dieses Abkommens bezeichnet der Ausdruck

a) „Unionsrecht"

i) den Vertrag über die Europäische Union („EUV"), den Vertrag über die Arbeitsweise der Europäischen Union („AEUV") und den Vertrag zur Gründung der Europäischen Atomgemeinschaft („Euratom-Vertrag") in ihrer geänderten oder ergänzten Fassung sowie die Beitrittsverträge und die Charta der Grundrechte der Europäischen Union, zusammen „Verträge" genannt;

ii) die allgemeinen Grundsätze des Rechts der Union;

iii) die von den Organen, Einrichtungen oder sonstigen Stellen der Union erlassenen Rechtsakte;

iv) die internationalen Übereinkünfte, deren Vertragspartei die Union ist, und die internationalen Übereinkünfte, die von den Mitgliedstaaten im Namen der Union geschlossen wurden;

v) die Vereinbarungen zwischen Mitgliedstaaten, die diese in ihrer Eigenschaft als Mitgliedstaaten der Union geschlossen haben;

vi) Rechtsakte der im Europäischen Rat oder im Rat der Europäischen Union („Rat") vereinigten Vertreter der Regierungen der Mitgliedstaaten;

vii) die Erklärungen, die im Rahmen der Regierungskonferenzen abgegeben wurden, auf denen die Verträge angenommen wurden;

b) „Mitgliedstaaten" das Königreich Belgien, die Republik Bulgarien, die Tschechische Republik, das Königreich Dänemark, die Bundesrepublik Deutschland, die Republik Estland, Irland, die Hellenische Republik, das Königreich Spanien, die Französische Republik, die Republik Kroatien, die Italienische Republik, die Republik Zypern, die Republik Lettland, die Republik Litauen, das Großherzogtum Luxemburg, Ungarn, die Republik Malta, das Königreich der Niederlande, die Republik Österreich, die Republik Polen, die Portugiesische Republik, Rumänien, die Republik Slowenien, die Slowakische Republik, die Republik Finnland und das Königreich Schweden;

c) „Unionsbürger" jede Person, die die Staatsangehörigkeit eines Mitgliedstaats besitzt;

d) „britischer Staatsangehöriger" einen Staatsangehörigen des Vereinigten Königreichs im Sinne der Neuen Erklärung der Regierung des Vereinigten Königreichs Großbritannien und Nordirland vom 31. Dezember 1982 über die Bestimmung des Begriffs „Staatsangehörige"[1] in Verbindung mit der Erklärung Nr. 63[2] im Anhang der Schlussakte der Regierungskonferenz, auf der der Vertrag von Lissabon angenommen wurde;

e) „Übergangszeitraum" den in Artikel 126 vorgesehenen Zeitraum;

f) „Tag" einen Kalendertag, sofern in diesem Abkommen oder in den aufgrund dieses Abkommens anwendbaren Bestimmungen des Unionsrechts nichts anderes bestimmt ist.

Artikel 3
Räumlicher Geltungsbereich

(1) Sofern in diesem Abkommen oder in dem aufgrund dieses Abkommens anwendbaren Unionsrecht nichts anderes bestimmt ist, gelten Bezugnahmen in diesem Abkommen auf das Vereinigte Königreich oder sein Hoheitsgebiet als Bezugnahmen auf

a) das Vereinigte Königreich;

b) Gibraltar, soweit vor dem Tag des Inkrafttretens dieses Abkommens Unionsrecht auf Gibraltar anwendbar war;

c) die Kanalinseln und die Insel Man, soweit vor dem Tag des Inkrafttretens dieses Abkommens Unionsrecht auf sie anwendbar war;

d) die Hoheitszonen Akrotiri und Dhekelia auf Zypern, soweit dies erforderlich ist, um die Durchführung der Regelungen des Protokolls über die Hoheitszonen des Vereinigten Königreichs Großbritannien und Nordirland in Zypern, das der Akte über die Bedingungen des Beitritts der Tschechischen Republik, der Republik Estland, der Republik Zypern, der Republik Lettland, der Republik Litauen, der Republik Ungarn, der Republik Malta, der Republik Polen, der Republik

---

[1] ABl. C 23 vom 28.1.1983, S. 1.
[2] ABl. C 306 vom 17.12.2007, S. 270.

Slowenien und der Slowakischen Republik zur Europäischen Union beigefügt ist, sicherzustellen;

e) die in Anhang II des AEUV aufgeführten überseeischen Länder und Hoheitsgebiete, die besondere Beziehungen zum Vereinigten Königreich unterhalten[3)], wenn sich die Bestimmungen dieses Abkommens auf das besondere System für die Assoziierung der überseeischen Länder und Hoheitsgebiete mit der Union beziehen.

(2) Sofern in diesem Abkommen oder in dem aufgrund dieses Abkommens anwendbaren Unionsrecht nichts anderes bestimmt ist, sind Bezugnahmen in diesem Abkommen auf die Mitgliedstaaten oder ihr Hoheitsgebiet dahin gehend zu verstehen, dass sie sich auf die Hoheitsgebiete der Mitgliedstaaten beziehen, für die nach Artikel 355 AEUV die Verträge gelten.

Artikel 4
Methoden und Grundsätze in Bezug auf die Wirkung, die Durchführung und die Anwendung dieses Abkommens

(1) Die Bestimmungen dieses Abkommens und die aufgrund dieses Abkommens anwendbaren Bestimmungen des Unionsrechts entfalten für das Vereinigte Königreich und im Vereinigten Königreich die gleichen Rechtswirkungen wie innerhalb der Union und ihrer Mitgliedstaaten.

Dementsprechend können juristische oder natürliche Personen sich insbesondere unmittelbar auf die Bestimmungen berufen, die in diesem Abkommen enthalten sind oder auf die dort verwiesen wird, welche die Voraussetzungen für eine unmittelbare Wirkung nach dem Unionsrecht erfüllen.

(2) Das Vereinigte Königreich gewährleistet durch innerstaatliche vorrangige Gesetzgebung die Einhaltung von Absatz 1, einschließlich in Bezug auf die Befugnisse, die erforderlich sind, damit seine Justiz- und Verwaltungsbehörden widersprüchliche oder unvereinbare innerstaatliche Vorschriften nicht anwenden.

(3) Die Bestimmungen dieses Abkommens, die auf Unionsrecht oder Begriffe oder Bestimmungen des Unionsrechts verweisen, werden im Einklang mit den Methoden und allgemeinen Grundsätzen des Unionsrechts ausgelegt und angewandt.

(4) Die Bestimmungen dieses Abkommens, die auf Unionsrecht oder darin enthaltene Begriffe oder Bestimmungen verweisen, werden in ihrer Umsetzung und Anwendung unter Einhaltung der vor dem Ende des Übergangszeitraums ergangenen einschlägigen Rechtsprechung des Gerichtshofs der Europäischen Union ausgelegt.

(5) In der Auslegung und Anwendung dieses Abkommens tragen die Justiz- und Verwaltungsbehörden des Vereinigten Königreichs der nach dem Ende des Übergangszeitraums ergangenen einschlägigen Rechtsprechung des Gerichtshofs der Europäischen Union gebührend Rechnung.

Artikel 5
Treu und Glauben

Die Union und das Vereinigte Königreich unterstützen sich gegenseitig in vollem gegenseitigem Respekt und nach Treu und Glauben bei der Erfüllung der Aufgaben, die sich aus diesem Abkommen ergeben.

Sie treffen alle geeigneten Maßnahmen allgemeiner oder besonderer Art zur Erfüllung der Verpflichtungen, die sich aus diesem Abkommen ergeben, und unterlassen alle Maßnahmen, die die Verwirklichung der Ziele dieses Abkommens gefährden könnten.

Die Anwendung des Unionsrechts nach diesem Abkommen, insbesondere des Grundsatzes der loyalen Zusammenarbeit, bleibt von diesem Artikel unberührt.

Artikel 6
Bezugnahmen auf das Unionsrecht

(1) Sofern in diesem Abkommen nichts anderes bestimmt ist und mit Ausnahme des Teils Vier und des Teils Fünf, gelten in diesem Abkommen alle Bezugnahmen auf das Unionsrecht, als Bezugnahmen auf das Unionsrecht, einschließlich in seiner geänderten oder neuen Fassung, wie es am letzten Tag des Übergangszeitraums anwendbar ist.

(2) Wird in diesem Abkommen auf Unionsrechtsakte oder deren Bestimmungen Bezug genommen, so ist diese Bezugnahme gegebenenfalls dahin gehend zu verstehen, dass sie eine Bezugnahme auf das Unionsrecht oder Bestimmungen des Unionsrechts umfasst, das beziehungsweise die zwar durch den Rechtsakt, auf den Bezug genommen wird, ersetzt oder verdrängt wird beziehungsweise werden, aber gemäß dem genannten Rechtsakt weiter Anwendung findet beziehungsweise finden.

(3) Für die Zwecke dieses Abkommens sind Bezugnahmen auf Bestimmungen des aufgrund dieses Abkommens anwendbaren Unionsrechts dahin gehend zu verstehen, dass sie Bezugnahmen auf die einschlägigen Unionsrechtsakte umfassen, mit denen diese Bestimmungen ergänzt oder umgesetzt werden.

[3)] Anguilla, Bermuda, Britisches Antarktis-Territorium, Britisches Territorium im Indischen Ozean, Britische Jungferninseln, Kaimaninseln, Falklandinseln, Montserrat, Pitcairn, St. Helena, Ascension und Tristan da Cunha, Südgeorgien und die Südlichen Sandwichinseln, Turks- und Caicosinseln.

Artikel 7
Bezugnahmen auf die Union und auf Mitgliedstaaten

(1) Für die Zwecke dieses Abkommens sind alle Bezugnahmen in Bestimmungen des aufgrund dieses Abkommens anwendbaren Unionsrechts auf Mitgliedstaaten und die zuständigen Behörden von Mitgliedstaaten auch als Bezugnahmen auf das Vereinigte Königreich und seine zuständigen Behörden zu verstehen, außer in Bezug auf

a) die Benennung, Ernennung oder Wahl der Mitglieder der Organe, Einrichtungen und sonstigen Stellen der Union sowie die Beteiligung an der Beschlussfassung und die Teilnahme an den Sitzungen der Organe;

b) die Beteiligung an der Beschlussfassung und Leitung der Einrichtungen und sonstigen Stellen der Union;

c) die Teilnahme an den Sitzungen der in Artikel 3 Absatz 2 der Verordnung (EU) Nr. 182/2011 des Europäischen Parlaments und des Rates[4] genannten Ausschüsse, der Sachverständigengruppen der Kommission oder anderer ähnlicher Gremien oder an den Sitzungen der Sachverständigengruppen oder ähnlicher Gremien der Einrichtungen und sonstigen Stellen der Union, sofern in diesem Abkommen nichts anderes bestimmt ist.

(2) Sofern in diesem Abkommen nichts anderes bestimmt ist, sind Bezugnahmen auf die Union auch als Bezugnahmen auf Euratom zu verstehen.

Artikel 8
Zugang zu Netzwerken, Informationssystemen und Datenbanken

Sofern in diesem Abkommen nichts anderes bestimmt ist, verliert das Vereinigte Königreich am Ende des Übergangszeitraums die Zugangsberechtigung für alle Netzwerke, Informationssysteme und Datenbanken, die auf der Grundlage des Unionsrechts eingerichtet wurden. Das Vereinigte Königreich trifft geeignete Maßnahmen, um sicherzustellen, dass es nicht auf Netzwerke, Informationssysteme oder Datenbanken zugreift, für die es keine Zugangsberechtigung mehr besitzt.

TEIL ZWEI
RECHTE DER BÜRGER

TITEL I
ALLGEMEINE BESTIMMUNGEN

Artikel 9
Begriffsbestimmungen

Für die Zwecke dieses Teils und unbeschadet des Titels III bezeichnet der Ausdruck

a) „Familienangehörige" die folgenden Personen ungeachtet ihrer Staatsangehörigkeit, die in den persönlichen Anwendungsbereich nach Artikel 10 dieses Abkommens fallen:

i) Familienangehörige von Unionsbürgern oder Familienangehörige britischer Staatsangehöriger im Sinne des Artikels 2 Nummer 2 der Richtlinie 2004/38/EG des Europäischen Parlaments und des Rates[5];

ii) andere als die in Artikel 3 Absatz 2 der Richtlinie 2004/38/EG genannten Personen, deren Anwesenheit für Unionsbürger oder britische Staatsangehörige notwendig ist, damit diesen Unionsbürgern oder britischen Staatsangehörigen ein in diesem Teil gewährtes Aufenthaltsrecht nicht vorenthalten wird;

b) „Grenzgänger" Unionsbürger oder britische Staatsangehörige, die in einem oder mehreren Staaten, in denen sie nicht wohnen, eine wirtschaftliche Tätigkeit nach Artikel 45 oder 49 AEUV ausüben;

c) „Aufnahmestaat"

i) im Falle von Unionsbürgern und ihren Familienangehörigen das Vereinigte Königreich, wenn sie dort vor Ende des Übergangszeitraums ihr Aufenthaltsrecht im Einklang mit dem Unionsrecht ausgeübt haben und danach weiter dort wohnen;

ii) im Falle von britischen Staatsangehörigen und ihren Familienangehörigen den Mitgliedstaat, in dem sie vor Ende des Übergangszeitraums ihr Aufenthaltsrecht im Einklang mit dem Unionsrecht ausgeübt haben und in dem sie danach weiter wohnen;

d) „Arbeitsstaat"

i) im Falle von Unionsbürgern das Vereinigte Königreich, wenn sie dort vor Ende des Übergangszeitraums eine wirtschaftliche Tätigkeit als

---

[4] Verordnung (EU) Nr. 182/2011 des Europäischen Parlaments und des Rates vom 16. Februar 2011 zur Festlegung der allgemeinen Regeln und Grundsätze, nach denen die Mitgliedstaaten die Wahrnehmung der Durchführungsbefugnisse durch die Kommission kontrollieren (ABl. L 55 vom 28.2.2011, S. 13).

[5] Richtlinie 2004/38/EG des Europäischen Parlaments und des Rates vom 29. April 2004 über das Recht der Unionsbürger und ihrer Familienangehörigen, sich im Hoheitsgebiet der Mitgliedstaaten frei zu bewegen und aufzuhalten, zur Änderung der Verordnung (EWG) Nr. 1612/68 und zur Aufhebung der Richtlinien 64/221/EWG, 68/360/EWG, 72/194/EWG, 73/148/EWG, 75/34/EWG, 75/35/EWG, 90/364/EWG, 90/365/EWG und 93/96/EWG (ABl. L 158 vom 30.4.2004, S. 77).

Grenzgänger ausgeübt haben und danach weiter ausüben;

ii) im Falle von britischen Staatsangehörigen einen Mitgliedstaat, in dem sie vor Ende des Übergangszeitraums eine wirtschaftliche Tätigkeit als Grenzgänger ausgeübt haben und danach weiter ausüben;

e) „Sorgerecht" das Sorgerecht im Sinne des Artikels 2 Nummer 9 der Verordnung (EG) Nr. 2201/2003 des Rates[6], einschließlich des Sorgerechts, das durch Entscheidung oder kraft Gesetzes oder durch eine rechtlich verbindliche Vereinbarung begründet wurde.

Artikel 10
Persönlicher Anwendungsbereich

(1) Dieser Teil gilt unbeschadet des Titels III für die folgenden Personen:

a) Unionsbürger, die ihr Recht auf Aufenthalt im Vereinigten Königreich vor Ende des Übergangszeitraums im Einklang mit dem Unionsrecht ausgeübt haben und danach weiter dort wohnen;

b) britische Staatsangehörige, die ihr Recht auf Aufenthalt in einem Mitgliedstaat vor Ende des Übergangszeitraums im Einklang mit dem Unionsrecht ausgeübt haben und danach weiter dort wohnen;

c) Unionsbürger, die ihr Recht als Grenzgänger im Vereinigten Königreich vor Ende des Übergangszeitraums im Einklang mit dem Unionsrecht ausgeübt haben und danach weiter ausüben;

d) britische Staatsangehörige, die ihr Recht als Grenzgänger in einem oder mehreren Mitgliedstaaten vor Ende des Übergangszeitraums im Einklang mit dem Unionsrecht ausgeübt haben und danach weiter ausüben;

e) Familienangehörige der unter den Buchstaben a bis d genannten Personen, sofern sie eine der folgenden Voraussetzungen erfüllen:

i) vor Ende des Übergangszeitraums haben sie im Einklang mit dem Unionsrecht im Aufnahmestaat gewohnt und wohnen danach weiter dort;

ii) vor Ende des Übergangszeitraums waren sie direkt mit einer unter den Buchstaben a bis d genannten Person verwandt und haben außerhalb des Aufnahmestaats gewohnt, vorausgesetzt, sie erfüllen zu dem Zeitpunkt, zu dem sie nach diesem Teil um Aufenthalt ersuchen, um der unter den Buchstaben a bis d des vorliegenden Absatzes genannten Person nachzuziehen, die Voraussetzungen des Artikels 2 Nummer 2 der Richtlinie 2004/38/EG;

iii) sie wurden nach Ende des Übergangszeitraums innerhalb oder außerhalb des Aufnahmestaats als Kinder von unter den Buchstaben a bis d genannten Personen geboren oder von diesen Personen rechtmäßig adoptiert und erfüllen zu dem Zeitpunkt, zu dem sie nach diesem Teil um Aufenthalt ersuchen, um der unter den Buchstaben a bis d des vorliegenden Absatzes genannten Person nachzuziehen, die Voraussetzungen des Artikels 2 Nummer 2 Buchstabe c der Richtlinie 2004/38/EG sowie eine der folgenden Voraussetzungen:

- beide Eltern sind unter den Buchstaben a bis d genannte Personen,
- der eine Elternteil ist eine unter den Buchstaben a bis d genannte Person, der andere besitzt die Staatsangehörigkeit des Aufnahmestaats, oder
- der eine Elternteil ist eine unter den Buchstaben a bis d genannte Person und hat im Einklang mit den anwendbaren Vorschriften des Familienrechts eines Mitgliedstaats oder des Vereinigten Königreichs, einschließlich der anwendbaren Vorschriften des Internationalen Privatrechts, nach denen das nach dem Recht eines Drittstaats begründete Sorgerecht in dem Mitgliedstaat oder im Vereinigten Königreich insbesondere im Hinblick auf das Kindeswohl anerkannt wird, und unbeschadet der normalen Wirkung dieser anwendbaren Vorschriften des Internationalen Privatrechts[7] das alleinige oder gemeinsame Sorgerecht für das Kind;

f) Familienangehörige, die vor Ende des Übergangszeitraums im Einklang mit den Artikeln 12 und 13, Artikel 16 Absatz 2 und den Artikeln 17 und 18 der Richtlinie 2004/38/EG im Aufnahmestaat gewohnt haben und danach weiter dort wohnen.

(2) Unter Artikel 3 Absatz 2 Buchstaben a und b der Richtlinie 2004/38/EG fallende Personen, deren Aufenthalt vor Ende des Übergangszeitraums vom Aufnahmestaat nach seinen nationalen Rechtsvorschriften im Einklang mit Artikel 3 Absatz 2 der genannten Richtlinie erleichtert wurde, behalten ihr Recht auf Aufenthalt im Aufnahmestaat im Einklang mit diesem Teil, sofern sie danach weiter im Aufnahmestaat wohnen.

(3) Absatz 2 gilt auch für unter Artikel 3 Absatz 2 Buchstaben a und b der Richtlinie 2004/38/EG fallende Personen, die vor Ende des

[6] Verordnung (EG) Nr. 2201/2003 des Rates vom 27. November 2003 über die Zuständigkeit und die Anerkennung und Vollstreckung von Entscheidungen in Ehesachen und in Verfahren betreffend die elterliche Verantwortung und zur Aufhebung der Verordnung (EG) Nr. 1347/2000 (ABl. L 338 vom 23.12.2003, S. 1).

[7] Der Begriff „Sorgerecht" ist im Einklang mit Artikel 2 Nummer 9 der Verordnung (EG) Nr. 2201/2003 auszulegen. Er umfasst daher das Sorgerecht, das durch Entscheidung oder kraft Gesetzes oder durch eine rechtlich verbindliche Vereinbarung begründet wurde.

Übergangszeitraums die Erleichterung der Einreise und des Aufenthalts beantragt haben und deren Aufenthalt danach vom Aufnahmestaat nach seinen nationalen Rechtsvorschriften erleichtert wird.

(4) Unbeschadet eines etwaigen persönlichen Aufenthaltsrechts der betroffenen Personen erleichtert der Aufnahmestaat nach seinen nationalen Rechtsvorschriften im Einklang mit Artikel 3 Absatz 2 Buchstabe b der Richtlinie 2004/38/EG die Einreise und den Aufenthalt des Lebenspartners, mit dem die unter Absatz 1 Buchstaben a bis d des vorliegenden Artikels genannte Person eine ordnungsgemäß bescheinigte dauerhafte Beziehung eingegangen ist, wenn der Lebenspartner vor Ende des Übergangszeitraums außerhalb des Aufnahmestaats gewohnt hat, vorausgesetzt, dass die Beziehung vor Ende des Übergangszeitraums dauerhaft war und zu dem Zeitpunkt, zu dem der Lebenspartner nach diesem Teil um Aufenthalt ersucht, weiter besteht.

(5) In den Fällen der Absätze 3 und 4 führt der Aufnahmemitgliedstaat eine eingehende Untersuchung der persönlichen Umstände der betroffenen Personen durch und begründet eine etwaige Verweigerung der Einreise oder des Aufenthalts dieser Personen.

Artikel 11
Kontinuität des Aufenthalts

Die Kontinuität des Aufenthalts für die Zwecke der Artikel 9 und 10 wird durch die in Artikel 15 Absatz 2 genannten Abwesenheiten nicht berührt.

Ein Recht auf Daueraufenthalt, das vor Ende des Übergangszeitraums nach der Richtlinie 2004/38/EG erworben wurde, wird nicht als durch Abwesenheit vom Aufnahmestaat während eines in Artikel 15 Absatz 3 genannten Zeitraums verloren behandelt.

Artikel 12
Diskriminierungsverbot

Im Anwendungsbereich dieses Teils ist unbeschadet darin enthaltender besonderer Bestimmungen jede Diskriminierung aus Gründen der Staatsangehörigkeit im Sinne des Artikels 18 Absatz 1 AEUV in Bezug auf die in Artikel 10 dieses Abkommens genannten Personen im Aufnahmestaat und im Arbeitsstaat verboten.

TITEL II
RECHTE UND PFLICHTEN

Kapitel 1
RECHTE IM ZUSAMMENHANG MIT AUFENTHALT UND AUFENTHALTSDOKUMENTEN

Artikel 13
Aufenthaltsrechte

(1) Unionsbürger und britische Staatsangehörige haben das Recht, sich mit den Beschränkungen und unter den Bedingungen, die in Artikel 21, 45 oder 49 AEUV sowie in Artikel 6 Absatz 1, Artikel 7 Absatz 1 Buchstabe a, b oder c, Artikel 7 Absatz 3, Artikel 14, Artikel 16 Absatz 1 oder Artikel 17 Absatz 1 der Richtlinie 2004/38/EG vorgesehen sind, im Aufnahmestaat aufzuhalten.

(2) Familienangehörige, die entweder Unionsbürger oder britische Staatsangehörige sind, haben das Recht, sich nach Artikel 21 AEUV sowie Artikel 6 Absatz 1, Artikel 7 Absatz 1 Buchstabe d, Artikel 12 Absatz 1 oder 3, Artikel 13 Absatz 1, Artikel 14, Artikel 16 Absatz 1 oder Artikel 17 Absätze 3 und 4 der Richtlinie 2004/38/EG vorbehaltlich der in diesen Bestimmungen vorgesehenen Beschränkungen und Bedingungen im Aufnahmestaat aufzuhalten.

(3) Familienangehörige, die weder Unionsbürger noch britische Staatsangehörige sind, haben das Recht, sich nach Artikel 21 AEUV sowie Artikel 6 Absatz 2, Artikel 7 Absatz 2, Artikel 12 Absatz 2 oder 3, Artikel 13 Absatz 2, Artikel 14, Artikel 16 Absatz 2, Artikel 17 Absatz 3 oder 4 oder Artikel 18 der Richtlinie 2004/38/EG vorbehaltlich der in diesen Bestimmungen vorgesehenen Beschränkungen und Bedingungen im Aufnahmestaat aufzuhalten.

(4) Der Aufnahmestaat darf den in den Absätzen 1, 2 und 3 genannten Personen nur die in diesem Titel vorgesehenen Beschränkungen oder Bedingungen für die Erlangung, die Aufrechterhaltung oder den Verlust von Aufenthaltsrechten auferlegen. Bei der Anwendung der in diesem Titel vorgesehenen Beschränkungen und Bedingungen darf Ermessen nur zugunsten der betroffenen Person ausgeübt werden.

Artikel 14
Recht auf Ausreise und Einreise

(1) Unionsbürger und britische Staatsangehörige, ihre jeweiligen Familienangehörigen sowie sonstige im Einklang mit den in diesem Titel vorgesehenen Bedingungen im Hoheitsgebiet des Aufnahmestaats wohnende Personen, die – im Falle der Unionsbürger und britischen Staatsangehörigen – einen gültigen nationalen Personalausweis oder Reisepass beziehungsweise – im Falle

ihrer jeweiligen Familienangehörigen und sonstiger Personen, die keine Unionsbürger oder britischen Staatsangehörigen sind – einen gültigen Reisepass mit sich führen, haben nach Artikel 4 Absatz 1 und Artikel 5 Absatz 1 Unterabsatz 1 der Richtlinie 2004/38/EG das Recht, den Aufnahmestaat zu verlassen, und das Recht, wieder in den Aufnahmestaat einzureisen.

Fünf Jahre nach Ende des Übergangszeitraums kann der Aufnahmestaat beschließen, für die Einreise in sein Hoheitsgebiet oder die Ausreise aus seinem Hoheitsgebiet nationale Personalausweise nicht mehr anzuerkennen, wenn diese Personalausweise keinen den geltenden Normen der Internationalen Zivilluftfahrt-Organisation für die biometrische Identifizierung entsprechenden Chip enthalten.

(2) Von Inhabern eines nach Artikel 18 oder 26 ausgestellten gültigen Dokuments wird weder ein Ausreisevisum noch ein Einreisevisum noch eine gleichwertige Formalität verlangt.

(3) Verlangt der Aufnahmestaat von Familienangehörigen, die dem Unionsbürger oder dem britischen Staatsangehörigen nach Ende des Übergangszeitraums nachziehen, ein Einreisevisum, so trifft der Aufnahmestaat alle notwendigen Maßnahmen, um diesen Personen die Beschaffung der erforderlichen Visa zu erleichtern. Diese Visa werden so bald wie möglich nach einem beschleunigten Verfahren unentgeltlich erteilt.

Artikel 15
Recht auf Daueraufenthalt

(1) Unionsbürger und britische Staatsangehörige sowie ihre jeweiligen Familienangehörigen, die sich im Einklang mit dem Unionsrecht fünf Jahre lang oder während des in Artikel 17 der Richtlinie 2004/38/EG genannten Zeitraums ununterbrochen rechtmäßig im Aufnahmestaat aufgehalten haben, haben das Recht, sich unter den Voraussetzungen der Artikel 16, 17 und 18 der Richtlinie 2004/38/EG auf Dauer im Aufnahmestaat aufzuhalten. Bei der Berechnung des für den Erwerb des Rechts auf Daueraufenthalt erforderlichen Zeitraums werden die Zeiten des rechtmäßigen Aufenthalts oder der Erwerbstätigkeit im Einklang mit dem Unionsrecht vor und nach Ende des Übergangszeitraums berücksichtigt.

(2) Die Kontinuität des Aufenthalts für die Zwecke des Erwerbs des Rechts auf Daueraufenthalt wird nach Artikel 16 Absatz 3 und Artikel 21 der Richtlinie 2004/38/EG bestimmt.

(3) Wenn das Recht auf Daueraufenthalt erworben wurde, führt nur die Abwesenheit vom Aufnahmestaat, die fünf aufeinanderfolgende Jahre überschreitet, zu seinem Verlust.

Artikel 16
Kumulierung von Zeiten

Unionsbürger und britische Staatsangehörige sowie ihre jeweiligen Familienangehörigen, die sich vor Ende des Übergangszeitraums im Einklang mit den Voraussetzungen des Artikels 7 der Richtlinie 2004/38/EG weniger als fünf Jahre lang rechtmäßig im Aufnahmestaat aufgehalten haben, haben das Recht, das Recht auf Daueraufenthalt unter den Voraussetzungen des Artikels 15 dieses Abkommens zu erwerben, sobald sie die erforderlichen Aufenthaltszeiten vollendet haben. Bei der Berechnung des für den Erwerb des Rechts auf Daueraufenthalt erforderlichen Zeitraums werden die Zeiten des rechtmäßigen Aufenthalts oder der Erwerbstätigkeit im Einklang mit dem Unionsrecht vor und nach Ende des Übergangszeitraums berücksichtigt.

Artikel 17
Status und Änderungen

(1) Das Recht von Unionsbürgern und britischen Staatsangehörigen sowie ihrer jeweiligen Familienangehörigen, sich unmittelbar auf diesen Teil zu berufen, wird nicht berührt, wenn sich ihr Status, zum Beispiel als Student, Arbeitnehmer, Selbstständiger oder Nichterwerbsperson, ändert. Personen, die am Ende des Übergangszeitraums ein Aufenthaltsrecht als Familienangehörige von Unionsbürgern oder britischen Staatsangehörigen genießen, können nicht Personen im Sinne des Artikels 10 Absatz 1 Buchstaben a bis d werden.

(2) Die in diesem Titel vorgesehenen Rechte für die Familienangehörigen, die vor Ende des Übergangszeitraums Unionsbürgern oder britischen Staatsangehörigen gegenüber unterhaltsberechtigt sind, werden auch nach Ende des Unterhaltsanspruchs aufrechterhalten.

Artikel 18
Ausstellung von Aufenthaltsdokumenten

(1) Der Aufnahmestaat kann von Unionsbürgern oder britischen Staatsangehörigen, ihren jeweiligen Familienangehörigen sowie sonstigen Personen, die sich im Einklang mit den in diesem Titel vorgesehenen Bedingungen in seinem Hoheitsgebiet aufhalten, verlangen, dass sie einen neuen Aufenthaltsstatus, der die Rechte nach diesem Titel verleiht, und ein Dokument zum Nachweis dieses Status, das in digitaler Form ausgegeben werden kann, beantragen.

Die Beantragung dieses Aufenthaltsstatus unterliegt den folgenden Bedingungen:

a) Zweck des Antragsverfahrens ist es, zu prüfen, ob dem Antragsteller die in diesem Titel vorgesehenen Aufenthaltsrechte zustehen. Ist dies der Fall, so hat der Antragsteller Anspruch darauf, dass ihm der Aufenthaltsstatus und das Dokument zum Nachweis dieses Status gewährt werden.

b) Für Personen, die sich vor Ende des Übergangszeitraums im Aufnahmestaat aufhalten, beträgt die Frist für die Stellung des Antrags mindestens 6 Monate nach Ende des Übergangszeitraums.

Für Personen, die nach diesem Titel das Recht haben, nach Ende des Übergangszeitraums einen Aufenthalt im Aufnahmestaat zu beginnen, endet die Frist für die Stellung des Antrags 3 Monate nach ihrer Ankunft oder mit Ablauf der in Unterabsatz 1 genannten Frist, wobei der spätere Zeitpunkt maßgebend ist.

Eine Bescheinigung über die Beantragung des Aufenthaltsstatus wird unverzüglich ausgestellt.

c) Die unter Buchstabe b genannte Frist für die Stellung des Antrags verlängert sich automatisch um ein Jahr, wenn die Union dem Vereinigten Königreich oder das Vereinigte Königreich der Union mitgeteilt hat, dass technische Probleme den Aufnahmestaat daran hindern, den Antrag zu registrieren oder die unter Buchstabe b genannte Bescheinigung über die Beantragung auszustellen. Der Aufnahmestaat veröffentlicht diese Mitteilung und stellt zeitnah geeignete öffentliche Informationen für die betroffenen Personen bereit.

d) Wird die unter Buchstabe b genannte Frist für die Stellung des Antrags von den betroffenen Personen nicht eingehalten, so prüfen die zuständigen Behörden alle Umstände und Gründe, wegen denen die Frist nicht eingehalten wurde, und gestatten diesen Personen, den Antrag innerhalb einer angemessenen zusätzlichen Frist zu stellen, sofern vernünftige Gründe für die Fristüberschreitung vorliegen.

e) Der Aufnahmestaat stellt sicher, dass Verwaltungsverfahren für die Anträge reibungslos funktionieren, transparent und einfach sind und dass unnötiger Verwaltungsaufwand vermieden wird.

f) Die Antragsformulare müssen kurz, einfach, benutzerfreundlich und an den Kontext dieses Abkommens angepasst sein; Anträge, die von Familien gleichzeitig gestellt werden, sind zusammen zu prüfen.

g) Das Dokument zum Nachweis des Status wird unentgeltlich oder gegen Entrichtung eines Betrags ausgestellt, der die Gebühr für die Ausstellung entsprechender Dokumente für Bürger oder Staatsangehörige des Aufnahmestaats nicht übersteigt.

h) Personen, die vor Ende des Übergangszeitraums ein nach Artikel 19 oder 20 der Richtlinie 2004/38/EG ausgestelltes gültiges Daueraufenthaltsdokument besitzen oder ein gültiges inländisches Einwanderungsdokument besitzen, das ein dauerhaftes Recht auf Aufenthalt im Aufnahmestaat verleiht, haben das Recht, dieses Dokument innerhalb des unter Buchstabe b des vorliegenden Absatzes genannten Zeitraums auf Antrag nach einer Überprüfung ihrer Identität, einer Strafregister- und Sicherheitsüberprüfung nach Buchstabe p des vorliegenden Absatzes und der Bestätigung ihres andauernden Aufenthalts gegen ein neues Aufenthaltsdokument umzutauschen; dieses neue Aufenthaltsdokument wird unentgeltlich ausgestellt.

i) Die Identität der Antragsteller wird im Falle von Unionsbürgern und britischen Staatsangehörigen durch Vorlage eines gültigen Reisepasses oder nationalen Personalausweises und im Falle ihrer jeweiligen Familienangehörigen und sonstiger Personen, die keine Unionsbürger oder britischen Staatsangehörigen sind, durch Vorlage eines gültigen Reisepasses überprüft; die Anerkennung dieser Ausweispapiere darf von keinem anderen Kriterium als der Gültigkeit des Ausweispapiers abhängig gemacht werden. Wird das Ausweispapier von den zuständigen Behörden des Aufnahmestaats während der Prüfung des Antrags einbehalten, so gibt der Aufnahmestaat das Ausweispapier auf Antrag unverzüglich zurück, bevor über den Antrag entschieden worden ist.

j) Andere Belege als Ausweispapiere, zum Beispiel Personenstandsurkunden, können in Kopie übermittelt werden. Originalbelege dürfen nur in besonderen Fällen verlangt werden, wenn begründete Zweifel an der Echtheit der übermittelten Belege bestehen.

k) Von Unionsbürgern und britischen Staatsangehörigen darf der Aufnahmestaat zusätzlich zu den unter Buchstabe i des vorliegenden Absatzes genannten Ausweispapieren nur die Vorlage der in Artikel 8 Absatz 3 der Richtlinie 2004/38/ EG genannten folgenden Belege verlangen:

i) wenn sie sich als Arbeitnehmer oder Selbstständige nach Artikel 7 Absatz 1 Buchstabe a der Richtlinie 2004/38/EG im Aufnahmestaat aufhalten: Einstellungsbestätigung des Arbeitgebers oder Beschäftigungsbescheinigung beziehungsweise Nachweis der Selbstständigkeit,

ii) wenn sie sich als Nichterwerbspersonen nach Artikel 7 Absatz 1 Buchstabe b der Richtlinie 2004/38/EG im Aufnahmestaat aufhalten: Nachweis, dass sie für sich und ihre Familienangehörigen über ausreichende Existenzmittel verfügen, sodass sie während ihres Aufenthalts keine Sozialhilfeleistungen des Aufnahmestaats in Anspruch nehmen müssen, und dass sie und ihre Familienangehörigen über einen umfassenden Krankenversicherungsschutz im Aufnahmestaat verfügen, oder

iii) wenn sie sich als Studenten nach Artikel 7 Absatz 1 Buchstabe c der Richtlinie 2004/38/EG im Aufnahmestaat aufhalten: Bescheinigung über die Einschreibung bei einer Einrichtung, die vom Aufnahmestaat aufgrund seiner Rechtsvorschriften oder seiner Verwaltungspraxis anerkannt oder finanziert wird, Bescheinigung über einen umfassenden Krankenversicherungsschutz und Erklärung oder gleichwertiger Nachweis, dass sie für sich und ihre Familienangehörigen über ausreichende Existenzmittel verfügen, sodass sie während ihres Aufenthalts keine Sozialhilfeleistungen des Aufnahmestaats in Anspruch nehmen müssen. Der Aufnahmestaat darf nicht verlangen, dass sich diese Erklärung auf einen bestimmten Existenzmittelbetrag bezieht.

Auf die Voraussetzung ausreichender Existenzmittel findet Artikel 8 Absatz 4 der Richtlinie 2004/38/EG Anwendung.

l) Von Familienangehörigen, die unter Artikel 10 Absatz 1 Buchstabe e Ziffer i oder Artikel 10 Absatz 2 oder 3 dieses Abkommens fallen und die nach Artikel 7 Absatz 1 Buchstabe d oder Artikel 7 Absatz 2 der Richtlinie 2004/38/EG im Aufnahmestaat wohnen, darf der Aufnahmestaat zusätzlich zu den unter Buchstabe i des vorliegenden Absatzes genannten Ausweispapieren nur die Vorlage der in Artikel 8 Absatz 5 oder Artikel 10 Absatz 2 der Richtlinie 2004/38/EG genannten folgenden Belege verlangen:

i) Bescheinigung über das Bestehen einer familiären Beziehung oder eingetragenen Partnerschaft;

ii) Anmeldebescheinigung des Unionsbürgers oder des britischen Staatsangehörigen, bei dem sie wohnen, oder, wenn kein Anmeldesystem besteht, anderer Nachweis, dass der betreffende Unionsbürger oder britische Staatsangehörige sich tatsächlich im Aufnahmestaat aufhält;

iii) im Falle von Verwandten in gerader absteigender Linie, die das 21. Lebensjahr noch nicht vollendet haben oder denen Unterhalt gewährt wird, und von Verwandten in gerader aufsteigender Linie, denen Unterhalt gewährt wird, sowie im Falle solcher Verwandten des Ehegatten oder eingetragenen Partners: urkundlicher Nachweis, dass die Voraussetzungen des Artikels 2 Absatz 2 Buchstabe c oder d der Richtlinie 2004/38/EG erfüllt sind;

iv) im Falle der in Artikel 10 Absatz 2 oder 3 dieses Abkommens genannten Personen: von der zuständigen Behörde im Aufnahmestaat nach Artikel 3 Absatz 2 der Richtlinie 2004/38/EG ausgestelltes Dokument.

Auf die Voraussetzung ausreichender Existenzmittel für Familienangehörige, die selbst Unionsbürger oder britische Staatsangehörige sind, findet Artikel 8 Absatz 4 der Richtlinie 2004/38/EG Anwendung.

m) Von Familienangehörigen, die unter Artikel 10 Absatz 1 Buchstabe e Ziffer ii oder Artikel 10 Absatz 4 dieses Abkommens fallen, darf der Aufnahmestaat zusätzlich zu den unter Buchstabe i des vorliegenden Absatzes genannten Ausweispapieren nur die Vorlage der in Artikel 8 Absatz 5 und Artikel 10 Absatz 2 der Richtlinie 2004/38/EG genannten folgenden Belege verlangen:

i) Bescheinigung über das Bestehen einer familiären Beziehung oder einer eingetragenen Partnerschaft;

ii) Anmeldebescheinigung des Unionsbürgers oder des britischen Staatsangehörigen, dem sie in den Aufnahmestaat nachziehen, oder, wenn kein Anmeldesystem besteht, anderer Nachweis über den Aufenthalt des betreffenden Unionsbürgers oder britischen Staatsangehörigen im Aufnahmestaat;

iii) im Falle von Ehegatten oder eingetragenen Partnern: Bescheinigung über das Bestehen einer familiären Beziehung oder einer eingetragenen Partnerschaft vor Ende des Übergangszeitraums;

iv) im Falle von Verwandten in gerader absteigender Linie, die das 21. Lebensjahr noch nicht vollendet haben oder denen Unterhalt gewährt wird, und von Verwandten in gerader aufsteigender Linie, denen Unterhalt gewährt wird, sowie im Falle solcher Verwandten des Ehegatten oder eingetragenen Partners: urkundlicher Nachweis, dass sie vor Ende des Übergangszeitraums mit Unionsbürgern oder britischen Staatsangehörigen verwandt waren und die Voraussetzungen des Artikels 2 Absatz 2 Buchstabe c oder d der Richtlinie 2004/38/EG in Bezug auf das Alter oder den Unterhaltsanspruch erfüllen;

v) im Falle der in Artikel 10 Absatz 4 dieses Abkommens genannten Personen: Nachweis, dass eine dauerhafte Beziehung mit Unionsbürgern oder britischen Staatsangehörigen vor Ende des Übergangszeitraums bestanden hat und danach weiter besteht.

n) In anderen als den unter den Buchstaben k, l und m vorgesehenen Fällen darf der Aufnahmestaat von den Antragstellern nicht die Vorlage von Belegen verlangen, die über das hinausgehen, was unbedingt erforderlich und verhältnismäßig ist, um nachzuweisen, dass die Voraussetzungen für das Aufenthaltsrecht nach diesem Titel erfüllt sind.

o) Die zuständigen Behörden des Aufnahmestaats helfen den Antragstellern, ihre Berechtigung nachzuweisen und Fehler oder Auslassungen in ihren Anträgen zu vermeiden; sie geben den Antragstellern Gelegenheit, ergänzende Nachweise vorzulegen und Mängel, Fehler oder Auslassungen zu beheben.

p) Eine systematische Strafregister- und Sicherheitsüberprüfung der Antragsteller darf nur vorgenommen werden, um festzustellen, ob die in Artikel 20 dieses Abkommens vorgesehenen Beschränkungen anwendbar sein könnten. Zu diesem Zweck kann von den Antragstellern verlangt werden, strafrechtliche Verurteilungen anzugeben, die nach dem Recht des Urteilsstaats zum Zeitpunkt der Antragstellung in ihrem Strafregisterauszug erscheinen. Der Aufnahmestaat kann, wenn er dies für unerlässlich hält, auf Anfragen an andere Staaten wegen Vorstrafen das in Artikel 27 Absatz 3 der Richtlinie 2004/38/EG vorgesehene Verfahren anwenden.

q) Das neue Aufenthaltsdokument muss eine Erklärung enthalten, dass es im Einklang mit diesem Abkommen ausgestellt wurde.

r) Gegen Entscheidungen, mit denen die Gewährung des Aufenthaltsstatus abgelehnt wird, muss der Antragsteller einen Rechtsbehelf bei einem Gericht oder gegebenenfalls bei einer Behörde im Aufnahmestaat einlegen können. Im Rechtsbehelfsverfahren sind die Rechtmäßigkeit der Entscheidung sowie die Tatsachen und die Umstände, auf denen die Entscheidung beruht, zu überprüfen. Solche Rechtsbehelfsverfahren gewährleisten, dass die Entscheidung nicht unverhältnismäßig ist.

(2) Während des in Absatz 1 Buchstabe b des vorliegenden Artikels genannten Zeitraums und seiner möglichen Verlängerung um ein Jahr nach Buchstabe c des genannten Absatzes wird davon ausgegangen, dass alle in diesem Teil vorgesehenen Rechte für Unionsbürger oder britische Staatsangehörige, ihre jeweiligen Familienangehörigen und sonstige Personen, die sich im Aufnahmestaat aufhalten, unter den Bedingungen und mit den Beschränkungen gelten, die in Artikel 20 vorgesehen sind.

(3) Bis zu einer abschließenden Entscheidung der zuständigen Behörden über einen Antrag nach Absatz 1 und bis zum Erlass eines rechtskräftigen Urteils im Falle eines gerichtlichen Rechtsbehelfs, der gegen die Ablehnung eines solchen Antrags durch die zuständigen Verwaltungsbehörden eingelegt wurde, wird davon ausgegangen, dass alle in diesem Teil vorgesehenen Rechte, auch Artikel 21 über Garantien und Rechtsschutz, für den Antragsteller unter den in Artikel 20 Absatz 4 vorgesehenen Bedingungen gelten.

(4) Hat sich ein Aufnahmestaat dafür entschieden, von Unionsbürgern oder britischen Staatsangehörigen, ihren Familienangehörigen und sonstigen Personen, die sich im Einklang mit den in diesem Titel vorgesehenen Bedingungen in seinem Hoheitsgebiet aufhalten, nicht zu verlangen, den als Voraussetzung für einen rechtmäßigen Aufenthalt in Absatz 1 genannten neuen Aufenthaltsstatus zu beantragen, so haben die für Aufenthaltsrechte nach diesem Titel infrage kommenden Personen das Recht, unter den Voraussetzungen der Richtlinie 2004/38/EG ein Aufenthaltsdokument zu erhalten, das in digitaler Form ausgegeben werden kann und das eine Erklärung enthalten muss, dass es im Einklang mit diesem Abkommen ausgestellt wurde.

Artikel 19
Ausstellung von Aufenthaltsdokumenten während des Übergangszeitraums

(1) Während des Übergangszeitraums kann ein Aufnahmestaat gestatten, dass ab dem Tag des Inkrafttretens dieses Abkommens auf freiwilliger Basis ein Antrag auf einen Aufenthaltsstatus oder ein Aufenthaltsdokument nach Artikel 18 Absätze 1 und 4 gestellt wird.

(2) Die Entscheidung, einem solchen Antrag stattzugeben oder ihn abzulehnen, ergeht nach Artikel 18 Absätze 1 und 4. Entscheidungen nach Artikel 18 Absatz 1 werden erst nach Ende des Übergangszeitraums wirksam.

(3) Wird einem Antrag nach Artikel 18 Absatz 1 vor Ende des Übergangszeitraums stattgegeben, so darf der Aufnahmestaat die Entscheidung zur Zuerkennung des Aufenthaltsstatus vor Ende des Übergangszeitraums nur aus den in Kapitel VI und Artikel 35 der Richtlinie 2004/38/EG genannten Gründen widerrufen.

(4) Wird ein Antrag vor Ende des Übergangszeitraums abgelehnt, so kann der Antragsteller vor Ablauf der in Artikel 18 Absatz 1 Buchstabe b genannten Frist jederzeit einen neuen Antrag stellen.

(5) Unbeschadet des Absatzes 4 stehen die Rechtsbehelfsverfahren nach Artikel 18 Absatz 1 Buchstabe r ab dem Tag der Entscheidung über die Ablehnung eines Antrags nach Absatz 2 des vorliegenden Artikels zur Verfügung.

Artikel 20
Beschränkungen des Aufenthalts- und des Einreiserechts

(1) Das Verhalten von Unionsbürgern oder britischen Staatsangehörigen, ihren Familienangehörigen und sonstigen Personen, die Rechte nach diesem Titel ausüben, wird nach Kapitel VI der Richtlinie 2004/38/EG geprüft, wenn dieses Verhalten vor Ende des Übergangszeitraums stattgefunden hat.

(2) Das Verhalten von Unionsbürgern oder britischen Staatsangehörigen, ihren Familienangehörigen und sonstigen Personen, die Rechte nach diesem Titel ausüben, darf einen Grund für die Beschränkung des Aufenthaltsrechts durch den Aufnahmestaat oder des Einreiserechts durch den Arbeitsstaat nach den nationalen Rechtsvorschriften darstellen, wenn dieses Verhalten nach Ende des Übergangszeitraums stattgefunden hat.

(3) Der Aufnahmestaat oder der Arbeitsstaat kann die Maßnahmen erlassen, die notwendig sind, um die durch diesen Titel verliehenen Rechte im Falle eines Missbrauchs dieser Rechte oder von Betrug wie in Artikel 35 der Richtlinie 2004/38/EG vorgesehen zu verweigern, aufzuheben oder zu widerrufen. Für diese Maßnahmen

gelten die Verfahrensgarantien nach Artikel 21 dieses Abkommens.

(4) Der Aufnahmestaat oder der Arbeitsstaat kann Antragsteller, die von seinem Hoheitsgebiet aus betrügerische oder missbräuchliche Anträge gestellt haben, unter den in der Richtlinie 2004/38/EG und insbesondere ihren Artikeln 31 und 35 vorgesehenen Bedingungen abschieben, auch wenn im Falle eines gerichtlichen Rechtsbehelfs, der gegen die Ablehnung eines solchen Antrags eingelegt wurde, noch kein rechtskräftiges Urteil ergangen ist.

Artikel 21
Garantien und Rechtsschutz

Für Entscheidungen des Aufnahmestaats, durch die die Aufenthaltsrechte der in Artikel 10 dieses Abkommens genannten Personen beschränkt werden, gelten die in Artikel 15 und Kapitel VI der Richtlinie 2004/38/EG vorgesehenen Garantien.

Artikel 22
Verbundene Rechte

Die Familienangehörigen eines Unionsbürgers oder britischen Staatsangehörigen, die das Recht auf Aufenthalt oder das Recht auf Daueraufenthalt im Aufnahmestaat oder im Arbeitsstaat genießen, sind nach Artikel 23 der Richtlinie 2004/38/ EG ungeachtet ihrer Staatsangehörigkeit berechtigt, dort eine Erwerbstätigkeit als Arbeitnehmer oder Selbstständiger aufzunehmen.

Artikel 23
Gleichbehandlung

(1) Vorbehaltlich der besonderen Bestimmungen, die in diesem Titel und den Titeln I und IV dieses Teils vorgesehen sind, genießt jeder Unionsbürger oder britische Staatsangehörige, der sich aufgrund dieses Abkommens im Hoheitsgebiet des Aufnahmestaats aufhält, nach Artikel 24 der Richtlinie 2004/38/EG im Anwendungsbereich dieses Teils die gleiche Behandlung wie die Staatsangehörigen dieses Staates. Das Recht auf Gleichbehandlung erstreckt sich auch auf die Familienangehörigen von Unionsbürgern oder britischen Staatsangehörigen, die das Recht auf Aufenthalt oder das Recht auf Daueraufenthalt genießen.

(2) Abweichend von Absatz 1 ist der Aufnahmestaat nicht verpflichtet, anderen Personen als Arbeitnehmern oder Selbstständigen, Personen, denen dieser Status erhalten bleibt, oder ihren Familienangehörigen während Aufenthaltszeiten auf der Grundlage des Artikels 6 oder des Artikels 14 Absatz 4 Buchstabe b der Richtlinie 2004/38/EG einen Anspruch auf Sozialhilfe oder vor Erwerb des Rechts auf Daueraufenthalt nach Artikel 15 dieses Abkommens Studienbeihilfen, einschließlich Beihilfen zur Berufsausbildung, in Form eines Stipendiums oder Studiendarlehens, zu gewähren.

Kapitel 2
RECHTE VON ARBEITNEHMERN UND SELBSTSTÄNDIGEN

Artikel 24
Rechte von Arbeitnehmern

(1) Vorbehaltlich der in Artikel 45 Absätze 3 und 4 AEUV vorgesehenen Beschränkungen genießen Arbeitnehmer im Aufnahmestaat und abhängig beschäftigte Grenzgänger im Arbeitsstaat oder in den Arbeitsstaaten die durch Artikel 45 AEUV garantierten Rechte sowie die Rechte, die durch die Verordnung (EU) Nr. 492/2011 des Europäischen Parlaments und des Rates[8] gewährt werden. Zu diesen Rechten gehören:

a) das Recht, nicht aus Gründen der Staatsangehörigkeit in Bezug auf Beschäftigung, Entlohnung und sonstige Arbeits- und Beschäftigungsbedingungen diskriminiert zu werden;

b) das Recht, nach den für die Staatsangehörigen des Aufnahmestaats oder des Arbeitsstaats geltenden Vorschriften eine Erwerbstätigkeit aufzunehmen und auszuüben;

c) das Recht auf Hilfe durch die Arbeitsämter des Aufnahmestaats oder des Arbeitsstaats, wie sie dessen eigenen Staatsangehörigen angeboten wird;

d) das Recht auf Gleichbehandlung in Bezug auf die Beschäftigungs- und Arbeitsbedingungen, insbesondere im Hinblick auf Entlohnung, Kündigung und, im Falle von Arbeitslosigkeit, im Hinblick auf berufliche Wiedereingliederung oder Wiedereinstellung;

e) das Recht auf soziale und steuerliche Vergünstigungen;

f) kollektive Rechte;

g) die Rechte und Vergünstigungen, die inländischen Arbeitnehmern hinsichtlich einer Wohnung gewährt werden;

h) das Recht ihrer Kinder, unter den gleichen Bedingungen wie die Staatsangehörigen des Aufnahmestaats oder des Arbeitsstaats am allgemeinen Unterricht sowie an der Lehrlings- und Berufsausbildung teilzunehmen, wenn diese Kinder in dem Hoheitsgebiet wohnen, in dem der Arbeitnehmer arbeitet.

(2) Besucht ein Verwandter in gerader absteigender Linie eines Arbeitnehmers, der den Auf-

[8] Verordnung (EU) Nr. 492/2011 des Europäischen Parlaments und des Rates vom 5. April 2011 über die Freizügigkeit der Arbeitnehmer innerhalb der Union (ABl. L 141 vom 27.5.2011, S. 1).

nahmestaat verlassen hat, in diesem Staat eine Bildungseinrichtung, so hat der Personensorgeberechtigte dieses Verwandten das Recht, in diesem Staat zu wohnen, bis der Verwandte volljährig wird und auch nachdem er volljährig geworden ist, sofern dieser Verwandte weiterhin der Anwesenheit und der Fürsorge des Personensorgeberechtigten bedarf, um seine Ausbildung fortsetzen und abschließen zu können.

(3) Abhängig beschäftigte Grenzgänger haben das Recht, nach Artikel 14 dieses Abkommens in den Arbeitsstaat einzureisen und aus dem Arbeitsstaat auszureisen, und behalten die Rechte, die sie dort als Arbeitnehmer genossen haben, sofern auf sie eine der in Artikel 7 Absatz 3 Buchstaben a, b, c, und d der Richtlinie 2004/38/EG aufgeführten Bedingungen zutrifft, selbst wenn sie ihren Wohnsitz nicht in den Arbeitsstaat verlegen.

Artikel 25

Rechte von Selbstständigen

(1) Vorbehaltlich der in den Artikeln 51 und 52 AEUV vorgesehenen Beschränkungen genießen Selbstständige im Aufnahmestaat und selbstständige Grenzgänger im Arbeitsstaat oder in den Arbeitsstaaten die durch die Artikel 49 und 55 AEUV garantierten Rechte. Zu diesen Rechten gehören:

a) das Recht auf Aufnahme und Ausübung selbstständiger Erwerbstätigkeiten sowie auf Gründung und Leitung von Unternehmen unter den Bedingungen des Aufnahmestaats für seine eigenen Staatsangehörigen nach Artikel 49 AEUV;

b) die in Artikel 24 Absatz 1 Buchstaben c bis h dieses Abkommens aufgeführten Rechte.

(2) Für Verwandte in gerader absteigender Linie von Selbstständigen gilt Artikel 24 Absatz 2.

(3) Für selbstständige Grenzgänger gilt Artikel 24 Absatz 3.

Artikel 26

Ausstellung eines Dokuments zur Feststellung der Rechte von Grenzgängern

Der Arbeitsstaat kann von Unionsbürgern und britischen Staatsangehörigen, die nach diesem Titel Rechte als Grenzgänger haben, verlangen, dass sie ein Dokument beantragen, mit dem bescheinigt wird, dass sie nach diesem Titel solche Rechte haben. Diese Unionsbürger und britischen Staatsangehörigen haben Anspruch darauf, dass ihnen ein solches Dokument ausgestellt wird.

Kapitel 3

BERUFSQUALIFIKATIONEN

Artikel 27

Anerkannte Berufsqualifikationen

(1) Eine vor Ende des Übergangszeitraums erfolgte Anerkennung der von Unionsbürgern oder britischen Staatsangehörigen und ihren Familienangehörigen erworbenen Berufsqualifikationen im Sinne des Artikels 3 Absatz 1 Buchstabe b der Richtlinie 2005/36/EG des Europäischen Parlaments und des Rates[9)] durch den Aufnahmestaat oder den Arbeitsstaat behält in dem betreffenden Staat ihre Wirkungen, einschließlich des Rechts, den Beruf unter denselben Voraussetzungen auszuüben wie Inländer, wenn diese Anerkennung nach einer der folgenden Bestimmungen gewährt wurde:

a) Titel III der Richtlinie 2005/36/EG in Bezug auf die Anerkennung von Berufsqualifikationen im Rahmen der Ausübung der Niederlassungsfreiheit, unabhängig davon, ob die betreffende Anerkennung unter die allgemeine Regelung für die Anerkennung von Ausbildungsnachweisen, die Regelung für die Anerkennung der Berufserfahrung oder die Regelung für die Anerkennung auf der Grundlage der Koordinierung der Mindestanforderungen an die Ausbildung fiel;

b) Artikel 10 Absätze 1 und 3 der Richtlinie 98/5/EG des Europäischen Parlaments und des Rates[10)] in Bezug auf den Zugang zum Rechtsanwaltsberuf im Aufnahmestaat oder Arbeitsstaat;

c) Artikel 14 der Richtlinie 2006/43/EG des Europäischen Parlaments und des Rates[11)] in Bezug auf die Zulassung von Abschlussprüfern aus anderen Mitgliedstaaten;

d) Richtlinie 74/556/EWG des Rates[12)] in Bezug auf die Anerkennung von Nachweisen für die Kenntnisse und Fertigkeiten, die erforderlich sind,

---

9) Richtlinie 2005/36/EG des Europäischen Parlaments und des Rates vom 7. September 2005 über die Anerkennung von Berufsqualifikationen (ABl. L 255 vom 30.9.2005, S. 22).

10) Richtlinie 98/5/EG des Europäischen Parlaments und des Rates vom 16. Februar 1998 zur Erleichterung der ständigen Ausübung des Rechtsanwaltsberufs in einem anderen Mitgliedstaat als dem, in dem die Qualifikation erworben wurde (ABl. L 77 vom 14.3.1998, S. 36).

11) Richtlinie 2006/43/EG des Europäischen Parlaments und des Rates vom 17. Mai 2006 über Abschlussprüfungen von Jahresabschlüssen und konsolidierten Abschlüssen, zur Änderung der Richtlinien 78/660/EWG und 83/349/EWG des Rates und zur Aufhebung der Richtlinie 84/253/EWG des Rates (ABl. L 157 vom 9.6.2006, S. 87).

12) Richtlinie 74/556/EWG des Rates vom 4. Juni 1974 über die Einzelheiten der Übergangsmaßnahmen auf dem Gebiet der Tätigkeiten des Handels mit und der Verteilung von Giftstoffen und der Tätigkeiten, die die berufliche Verwendung dieser Stoffe umfassen, einschließlich der Vermittlertätigkeiten (ABl. L 307 vom 18.11.1974, S. 1).

um selbstständige Tätigkeiten und Vermittlertätigkeiten des Handels mit und der Verteilung von Giftstoffen oder Tätigkeiten, die die gewerbliche Verwendung von Giftstoffen umfassen, aufnehmen oder ausüben zu können.

(2) Zu den Anerkennungen von Berufsqualifikationen für die Zwecke des Absatzes 1 Buchstabe a des vorliegenden Artikels gehören:

a) Anerkennungen von Berufsqualifikationen, für die Artikel 3 Absatz 3 der Richtlinie 2005/36/EG in Anspruch genommen wurde;

b) Entscheidungen, mit denen nach Artikel 4f der Richtlinie 2005/36/EG partieller Zugang zu einer Berufstätigkeit gewährt wird;

c) Anerkennungen von Berufsqualifikationen für Niederlassungszwecke nach Artikel 4d der Richtlinie 2005/36/EG.

Artikel 28
Laufende Verfahren für die Anerkennung von Berufsqualifikationen

Auf die Prüfung von vor Ende des Übergangszeitraums von Unionsbürgern oder britischen Staatsangehörigen gestellten Anträgen auf Anerkennung von Berufsqualifikationen durch eine zuständige Behörde des Aufnahmestaats oder des Arbeitsstaats und auf die Entscheidung über solche Anträge finden Artikel 4, Artikel 4d in Bezug auf Anerkennungen von Berufsqualifikationen für Niederlassungszwecke, Artikel 4f und Titel III der Richtlinie 2005/36/EG, Artikel 10 Absätze 1, 3 und 4 der Richtlinie 98/5/EG, Artikel 14 der Richtlinie 2006/43/EG und die Richtlinie 74/556/EWG Anwendung.

Soweit dies für den Abschluss der Verfahren für die Anerkennung von Berufsqualifikationen für Niederlassungszwecke nach Artikel 4d der Richtlinie 2005/36/EG von Belang ist, finden auch die Artikel 4a, 4b und 4e der genannten Richtlinie Anwendung.

Artikel 29
Verwaltungszusammenarbeit bei der Anerkennung von Berufsqualifikationen

(1) Bei den in Artikel 28 genannten anhängigen Anträgen arbeiten das Vereinigte Königreich und die Mitgliedstaaten zusammen, um die Anwendung des Artikels 28 zu erleichtern. Die Zusammenarbeit kann den Austausch von Informationen umfassen, darunter Informationen über das Vorliegen disziplinarischer oder strafrechtlicher Sanktionen oder über sonstige schwerwiegende, genau bestimmte Sachverhalte, die sich auf die Ausübung der Tätigkeiten auswirken könnten, die in den in Artikel 28 genannten Richtlinien erfasst sind.

(2) Abweichend von Artikel 8 ist das Vereinigte Königreich berechtigt, für einen Zeitraum von höchstens neun Monaten nach Ende des Übergangszeitraums das Binnenmarktinformationssystem für die in Artikel 28 genannten Anträge zu nutzen, soweit sie Verfahren für die Anerkennung von Berufsqualifikationen für Niederlassungszwecke nach Artikel 4d der Richtlinie 2005/36/EG betreffen.

TITEL III

KOORDINIERUNG DER SYSTEME DER SOZIALEN SICHERHEIT

Artikel 30
Erfasste Personen

(1) Dieser Titel gilt für die folgenden Personen:

a) Unionsbürger, die am Ende des Übergangszeitraums den Rechtsvorschriften des Vereinigten Königreichs unterliegen, sowie ihre Familienangehörigen und Hinterbliebenen;

b) britische Staatsangehörige, die am Ende des Übergangszeitraums den Rechtsvorschriften eines Mitgliedstaats unterliegen, sowie ihre Familienangehörigen und Hinterbliebenen;

c) Unionsbürger, die am Ende des Übergangszeitraums im Vereinigten Königreich wohnen und den Rechtsvorschriften eines Mitgliedstaats unterliegen, sowie ihre Familienangehörigen und Hinterbliebenen;

d) britische Staatsangehörige, die am Ende des Übergangszeitraums in einem Mitgliedstaat wohnen und den Rechtsvorschriften des Vereinigten Königreichs unterliegen, sowie ihre Familienangehörigen und Hinterbliebenen;

e) Personen, die nicht unter die Buchstaben a bis d fallen, bei denen es sich aber handelt um:

i) Unionsbürger, die am Ende des Übergangszeitraums im Vereinigten Königreich eine Beschäftigung oder eine selbstständige Erwerbstätigkeit ausüben und die auf der Grundlage des Titels II der Verordnung (EG) Nr. 883/2004 des Europäischen Parlaments und des Rates[13)] den Rechtsvorschriften eines Mitgliedstaats unterliegen, sowie ihre Familienangehörigen und Hinterbliebenen oder

ii) britische Staatsangehörige, die am Ende des Übergangszeitraums in einem oder mehreren Mitgliedstaaten eine Beschäftigung oder eine selbstständige Erwerbstätigkeit ausüben und die auf der Grundlage des Titels II der Verordnung (EG) Nr. 883/2004 des Europäischen Parlaments und des Rates den Rechtsvorschriften des Vereinigten Königreichs unterliegen, sowie ihre Familienangehörigen und Hinterbliebenen;

---

13) Verordnung (EG) Nr. 883/2004 des Europäischen Parlaments und des Rates vom 29. April 2004 zur Koordinierung der Systeme der sozialen Sicherheit (ABl. L 166 vom 30.4.2004, S. 1).

f) Staatenlose und Flüchtlinge, die in einem Mitgliedstaat oder im Vereinigten Königreich wohnen und die sich in einer der unter den Buchstaben a bis e beschriebenen Situationen befinden, sowie ihre Familienangehörigen und Hinterbliebenen;

g) Drittstaatsangehörige sowie ihre Familienangehörigen und Hinterbliebenen, die sich in einer der unter den Buchstaben a bis e beschriebenen Situationen befinden, sofern sie die Voraussetzungen der Verordnung (EG) Nr. 859/2003 des Rates[14] erfüllen.

(2) Die in Absatz 1 genannten Personen sind erfasst, solange sie sich ohne Unterbrechung in einer der in dem genannten Absatz aufgeführten Situationen befinden, die gleichzeitig einen Mitgliedstaat und das Vereinigte Königreich betreffen.

(3) Dieser Titel gilt auch für Personen, die nicht oder nicht mehr unter Absatz 1 Buchstaben a bis e, sondern unter Artikel 10 dieses Abkommens fallen, sowie für ihre Familienangehörigen und Hinterbliebenen.

(4) Die in Absatz 3 genannten Personen sind erfasst, solange sie weiterhin nach Artikel 13 dieses Abkommens ein Recht haben, sich im Aufnahmestaat aufzuhalten, oder das Recht nach Artikel 24 oder Artikel 25 dieses Abkommens haben, in ihrem Arbeitsstaat zu arbeiten.

(5) Wird in diesem Artikel auf Familienangehörige und Hinterbliebene Bezug genommen, so fallen diese Personen nur soweit unter diesen Titel, als sie aus dieser Eigenschaft Rechte und Pflichten nach der Verordnung (EG) Nr. 883/2004 ableiten.

Artikel 31
Vorschriften für die Koordinierung der Systeme der sozialen Sicherheit

(1) Auf die unter diesen Titel fallenden Personen finden die Vorschriften und Ziele des Artikels 48 AEUV, der Verordnung (EG) Nr. 883/2004 und der Verordnung (EG) Nr. 987/2009 des Europäischen Parlaments und des Rates[15] Anwendung.

Die Union und das Vereinigte Königreich berücksichtigen in gebührender Weise die Beschlüsse und Empfehlungen der nach der Verordnung (EG) Nr. 883/2004 bei der Europäischen Kommission eingesetzten Verwaltungskommission für die Koordinierung der Systeme der sozialen Sicherheit („Verwaltungskommission"), die in Teil I des Anhangs I dieses Abkommens aufgeführt sind.

(2) Abweichend von Artikel 9 dieses Abkommens finden für die Zwecke dieses Titels die Begriffsbestimmungen des Artikels 1 der Verordnung (EG) Nr. 883/2004 Anwendung.

(3) In Bezug auf Drittstaatsangehörige, die die Voraussetzungen der Verordnung (EG) Nr. 859/2003 erfüllen, sowie ihre Familienangehörigen oder Hinterbliebenen im Anwendungsbereich dieses Titels gelten die Bezugnahmen in diesem Titel auf die Verordnung (EG) Nr. 883/2004 und die Verordnung (EG) Nr. 987/2009 als Bezugnahmen auf die Verordnung (EWG) Nr. 1408/71 des Rates[16] beziehungsweise die Verordnung (EWG) Nr. 574/72 des Rates[17]. Die Bezugnahmen auf besondere Bestimmungen der Verordnung (EG) Nr. 883/2004 und der Verordnung (EG) Nr. 987/2009 gelten als Bezugnahmen auf die entsprechenden Bestimmungen der Verordnung (EWG) Nr. 1408/71 beziehungsweise der Verordnung (EWG) Nr. 574/72.

Artikel 32
Erfasste Sonderfälle

(1) Die folgenden Vorschriften gelten für die folgenden Fälle in dem in diesem Artikel festgelegten Umfang, soweit sie Personen betreffen, die nicht oder nicht mehr unter Artikel 30 fallen:

a) Für die Zwecke der Geltendmachung und Zusammenrechnung von Versicherungszeiten, Beschäftigungszeiten, Zeiten einer selbstständigen Erwerbstätigkeit oder Wohnzeiten, einschließlich der sich nach der Verordnung (EG) Nr. 883/2004 aus diesen Zeiten ergebenden Rechte und Pflichten, fallen die folgenden Personen unter diesen Titel:

i) Unionsbürger sowie Staatenlose und Flüchtlinge mit Wohnort in einem Mitgliedstaat und Drittstaatsangehörige, die die Voraussetzungen der Verordnung (EG) Nr. 859/2003 erfüllen und

---

[14] Verordnung (EG) Nr. 859/2003 des Rates vom 14. Mai 2003 zur Ausdehnung der Bestimmungen der Verordnung (EWG) Nr. 1408/71 und der Verordnung (EWG) Nr. 574/72 auf Drittstaatsangehörige, die ausschließlich aufgrund ihrer Staatsangehörigkeit nicht bereits unter diese Bestimmungen fallen (ABl. L 124 vom 20.5.2003, S. 1).

[15] Verordnung (EG) Nr. 987/2009 des Europäischen Parlaments und des Rates vom 16. September 2009 zur Festlegung der Modalitäten für die Durchführung der Verordnung (EG) Nr. 883/2004 über die Koordinierung der Systeme der sozialen Sicherheit (ABl. L 284 vom 30.10.2009, S. 1).

[16] Verordnung (EWG) Nr. 1408/71 des Rates vom 14. Juni 1971 zur Anwendung der Systeme der sozialen Sicherheit auf Arbeitnehmer und Selbständige sowie deren Familienangehörige, die innerhalb der Gemeinschaft zu- und abwandern (ABl. L 149 vom 5.7.1971, S. 2).

[17] Verordnung (EWG) Nr. 574/72 des Rates vom 21. März 1972 über die Durchführung der Verordnung (EWG) Nr. 1408/71 zur Anwendung der Systeme der sozialen Sicherheit auf Arbeitnehmer und deren Familien, die innerhalb der Gemeinschaft zu- und abwandern (ABl. L 74 vom 27.3.1972, S. 1).

die vor Ende des Übergangszeitraums den Rechtsvorschriften des Vereinigten Königreichs unterlagen, sowie ihre Familienangehörigen und Hinterbliebenen;

ii) britische Staatsangehörige sowie Staatenlose und Flüchtlinge mit Wohnort im Vereinigten Königreich und Drittstaatsangehörige, die die Voraussetzungen der Verordnung (EG) Nr. 859/2003 erfüllen und die vor Ende des Übergangszeitraums den Rechtsvorschriften eines Mitgliedstaats unterlagen, sowie ihre Familienangehörigen und Hinterbliebenen.

Für die Zwecke der Zusammenrechnung von Zeiten werden die Zeiten, die vor und nach Ende des Übergangszeitraums zurückgelegt wurden, nach der Verordnung (EG) Nr. 883/2004 berücksichtigt.

b) Die Vorschriften der Artikel 20 und 27 der Verordnung (EG) Nr. 883/2004 finden auf Personen, die vor Ende des Übergangszeitraums nach der Verordnung (EG) Nr. 883/2004 die Genehmigung beantragt hatten, eine geplante medizinische Behandlung zu erhalten, bis zum Ende der Behandlung weiter Anwendung. Die entsprechenden Erstattungsverfahren finden auch nach Ende der Behandlung Anwendung. Diese Personen und die Begleitpersonen haben das Recht, nach dem sinngemäß anzuwendenden Artikel 14 in den Behandlungsstaat einzureisen und aus dem Behandlungsstaat auszureisen.

c) Die Vorschriften der Artikel 19 und 27 der Verordnung (EG) Nr. 883/2004 finden auf Personen, die unter die Verordnung (EG) Nr. 883/2004 fallen und die sich am Ende des Übergangszeitraums in einem Mitgliedstaat oder im Vereinigten Königreich aufhalten, bis zum Ende ihres Aufenthalts weiter Anwendung. Die entsprechenden Erstattungsverfahren finden auch nach Ende des Aufenthalts oder der Behandlung Anwendung.

d) Die Vorschriften der Artikel 67, 68 und 69 der Verordnung (EG) Nr. 883/2004 finden, solange die Voraussetzungen erfüllt sind, auf die Gewährung von Familienleistungen, auf die am Ende des Übergangszeitraums Anspruch besteht, für die folgenden Personen weiter Anwendung:

i) Unionsbürger, Staatenlose und Flüchtlinge mit Wohnort in einem Mitgliedstaat sowie Drittstaatsangehörige, die am Ende des Übergangszeitraums die Voraussetzungen der Verordnung (EG) Nr. 859/2003 erfüllen und in einem Mitgliedstaat wohnen, den Rechtsvorschriften eines Mitgliedstaats unterliegen und Familienangehörige mit Wohnort im Vereinigten Königreich haben;

ii) britische Staatsangehörige sowie Staatenlose und Flüchtlinge mit Wohnort im Vereinigten Königreich und Drittstaatsangehörige, die am Ende des Übergangszeitraums die Voraussetzungen der Verordnung (EG) Nr. 859/2003 erfüllen und im Vereinigten Königreich wohnen, den Rechtsvorschriften des Vereinigten Königreichs unterliegen und Familienangehörige mit Wohnort in einem Mitgliedstaat haben;

e) In den unter Buchstabe d Ziffern i und ii des vorliegenden Absatzes aufgeführten Situationen finden auf Personen, die am Ende des Übergangszeitraums Rechte als Familienangehörige nach der Verordnung (EG) Nr. 883/2004 – wie etwa abgeleitete Ansprüche auf Sachleistungen bei Krankheit – haben, die genannte Verordnung und die entsprechenden Bestimmungen der Verordnung (EG) Nr. 987/2009 weiter Anwendung, solange die darin festgelegten Voraussetzungen erfüllt sind.

(2) Auf Personen, die Leistungen nach Absatz 1 Buchstabe a des vorliegenden Artikels erhalten, finden die Bestimmungen des Titels III Kapitel 1 der Verordnung (EG) Nr. 883/2004 in Bezug auf Leistungen bei Krankheit Anwendung.

Auf Familienleistungen auf der Grundlage der Artikel 67, 68 und 69 der Verordnung (EG) Nr. 883/2004 findet dieser Absatz sinngemäß Anwendung.

Artikel 33
Staatsangehörige Islands, Liechtensteins, Norwegens und der Schweiz

(1) Die auf Unionsbürger anwendbaren Bestimmungen dieses Titels finden auf Staatsangehörige Islands, des Fürstentums Liechtenstein, des Königreichs Norwegen und der Schweizerischen Eidgenossenschaft Anwendung, sofern

a) Island, das Fürstentum Liechtenstein, das Königreich Norwegen beziehungsweise die Schweizerische Eidgenossenschaft entsprechende Übereinkünfte, die auf Unionsbürger anwendbar sind, mit dem Vereinigten Königreich geschlossen haben und anwenden und

b) Island, das Fürstentum Liechtenstein, das Königreich Norwegen beziehungsweise die Schweizerische Eidgenossenschaft entsprechende Übereinkünfte, die auf Staatsangehörige des Vereinigten Königreichs anwendbar sind, mit der Union geschlossen haben und anwenden.

(2) Nach Notifikation des Tags des Inkrafttretens der Übereinkünfte nach Absatz 1 durch das Vereinigte Königreich und die Union legt der mit Artikel 164 eingesetzte Gemeinsame Ausschuss („Gemeinsamer Ausschuss") den Tag fest, ab dem die Bestimmungen dieses Titels auf Staatsangehörige Islands, des Fürstentums Liechtenstein, des Königreichs Norwegen beziehungsweise der Schweizerischen Eidgenossenschaft anwendbar sind.

Artikel 34
Verwaltungszusammenarbeit

(1) Abweichend von den Artikeln 7 und 128 Absatz 1 hat das Vereinigte Königreich in der

Verwaltungskommission ab dem Tag des Inkrafttretens dieses Abkommens Beobachterstatus. Es kann, wenn Punkte auf der Tagesordnung mit Bezug auf diesen Titel das Vereinigte Königreich betreffen, einen Vertreter in beratender Funktion zu den Sitzungen der Verwaltungskommission und zu den Sitzungen der in den Artikeln 73 und 74 der Verordnung (EG) Nr. 883/2004 genannten Gremien entsenden, wenn solche Punkte erörtert werden.

(2) Abweichend von Artikel 8 nimmt das Vereinigte Königreich am elektronischen Austausch von Sozialversicherungsdaten (EESSI) teil und trägt die damit verbundenen Kosten.

Artikel 35
Rückerstattung, Beitreibung und Ausgleich

Die Bestimmungen der Verordnungen (EG) Nr. 883/2004 und (EG) Nr. 987/2009 über Rückerstattung, Beitreibung und Ausgleich finden weiter Anwendung auf Ereignisse, soweit sie sich auf Personen beziehen, die nicht unter Artikel 30 fallen, und

a) vor Ende des Übergangszeitraums aufgetreten sind oder

b) nach Ende des Übergangszeitraums aufgetreten sind und sich auf Personen beziehen, die zum Zeitpunkt des Ereignisses unter Artikel 30 oder Artikel 32 fielen.

Artikel 36
Fortentwicklung des Rechts und Anpassungen von Rechtsakten der Union

(1) Werden die Verordnungen (EG) Nr. 883/2004 und (EG) Nr. 987/2009 nach Ende des Übergangszeitraums geändert oder ersetzt, so sind Bezugnahmen in diesem Abkommen auf die genannten Verordnungen als Bezugnahmen auf die genannten Verordnungen in ihrer geänderten Fassung oder in der Fassung, durch die er ersetzt wird, zu verstehen, die sie durch die in Teil II des Anhangs I dieses Abkommens aufgeführten Rechtsakte erhalten haben.

Der Gemeinsame Ausschuss überarbeitet Teil II des Anhangs I dieses Abkommens und passt ihn an Rechtsakte zur Änderung oder Ersetzung der Verordnungen (EG) Nr. 883/2004 und (EG) Nr. 987/2009 an, sobald solche Rechtsakte von der Union erlassen sind. Zu diesem Zweck unterrichtet die Union das Vereinigte Königreich so bald wie möglich nach dem Erlass im Gemeinsamen Ausschuss über Rechtsakte zur Änderung oder Ersetzung dieser Verordnungen.

(2) Abweichend von Absatz 1 Unterabsatz 2 prüft der Gemeinsame Ausschuss die Auswirkungen eines Rechtsakts zur Änderung oder Ersetzung der Verordnungen (EG) Nr. 883/2004 und (EG) Nr. 987/2009, wenn durch den Rechtsakt

a) Angelegenheiten, die unter Artikel 3 der Verordnung (EG) Nr. 883/2004 fallen, geändert oder ersetzt werden oder

b) eine Geldleistung exportierbar wird, wenn diese Geldleistung am Ende des Übergangszeitraums nach der Verordnung (EG) Nr. 883/2004 nicht exportierbar war, oder eine Geldleistung nicht exportierbar wird, wenn diese Geldleistung am Ende des Übergangszeitraums exportierbar war, oder

c) eine Geldleistung zeitlich unbegrenzt exportierbar wird, wenn diese Geldleistung am Ende des Übergangszeitraums nach der Verordnung (EG) Nr. 883/2004 nur für einen begrenzten Zeitraum exportierbar war, oder eine Geldleistung nur für einen begrenzten Zeitraum exportierbar wird, wenn diese Geldleistung am Ende des Übergangszeitraums nach der genannten Verordnung zeitlich unbegrenzt exportierbar war.

Bei seiner Prüfung berücksichtigt der Gemeinsame Ausschuss zum einen nach Treu und Glauben den Umfang der in Unterabsatz 1 des vorliegenden Absatzes genannten Änderungen und zum anderen, wie wichtig es ist, dass die Verordnungen (EG) Nr. 883/2004 und (EG) Nr. 987/2009 im Verhältnis zwischen der Union und dem Vereinigten Königreich weiterhin gut funktionieren und dass es im Anwendungsbereich der Verordnung (EG) Nr. 883/2004 für jede Person einen zuständigen Staat gibt.

Teil II des Anhangs I dieses Abkommens wird nicht an den in Unterabsatz 1 des vorliegenden Absatzes genannten Rechtsakt angepasst, wenn der Gemeinsame Ausschuss dies innerhalb von sechs Monaten nach Eingang der von der Union nach Absatz 1 übermittelten Informationen beschließt.

Für die Zwecke des vorliegenden Absatzes bedeutet der Ausdruck

a) „exportierbar" zahlbar nach der Verordnung (EG) Nr. 883/2004 an oder in Bezug auf eine Person, die in einem Mitgliedstaat oder im Vereinigten Königreich wohnt, sofern der zur Zahlung verpflichtete Träger dort nicht seinen Sitz hat; „nicht exportierbar" ist entsprechend auszulegen; und

b) „zeitlich unbegrenzt exportierbar" exportierbar, solange die Voraussetzungen für die Ansprüche erfüllt sind.

(3) Die Verordnungen (EG) Nr. 883/2004 und (EG) Nr. 987/2009 sind für die Zwecke dieses Abkommens dahin gehend zu verstehen, dass sie die in Teil III des Anhangs I dieses Abkommens aufgeführten Anpassungen umfassen. Das Vereinigte Königreich unterrichtet die Union so bald wie möglich nach der Verabschiedung von Änderungen innerstaatlicher Bestimmungen, die für Teil III des Anhangs I dieses Abkommens von Belang sind, im Gemeinsamen Ausschuss über diese Änderungen.

(4) Die Beschlüsse und Empfehlungen der Verwaltungskommission sind für die Zwecke dieses Abkommens dahin gehend zu verstehen, dass sie die in Teil I des Anhangs I aufgeführten Beschlüsse und Empfehlungen umfassen. Der Gemeinsame Ausschuss ändert Teil I des Anhangs I, um neuen Beschlüssen oder Empfehlungen der Verwaltungskommission Rechnung zu tragen. Zu diesem Zweck unterrichtet die Union das Vereinigte Königreich so bald wie möglich nach dem Erlass von Beschlüssen und Empfehlungen der Verwaltungskommission im Gemeinsamen Ausschuss über diesen Erlass von Beschlüssen und Empfehlungen. Diese Änderungen werden vom Gemeinsamen Ausschuss auf Vorschlag der Union oder des Vereinigten Königreichs vorgenommen.

TITEL IV

SONSTIGE BESTIMMUNGEN

Artikel 37

Verbreitung von Informationen

Die Mitgliedstaaten und das Vereinigte Königreich verbreiten Informationen über die Rechte und Pflichten der unter diesen Teil fallenden Personen, insbesondere durch Sensibilisierungskampagnen über landesweite und lokale Medien und andere geeignete Kommunikationsmittel.

Artikel 38

Günstigere Bestimmungen

(1) Dieser Teil berührt nicht in einem Aufnahmestaat oder einem Arbeitsstaat anwendbare Rechts- und Verwaltungsvorschriften, die für die betroffenen Personen günstiger sind. Dieser Absatz gilt nicht für Titel III.

(2) Artikel 12 und Artikel 23 Absatz 1 lassen die Regelungen über das einheitliche Reisegebiet zwischen dem Vereinigten Königreich und Irland insoweit unberührt, als sich aus diesen Regelungen eine günstigere Behandlung für die betroffenen Personen ergeben könnte.

Artikel 39

Lebenslanger Schutz

Die unter diesen Teil fallenden Personen genießen die in den einschlägigen Titeln dieses Teils vorgesehenen Rechte während ihres gesamten Lebens, es sei denn, sie erfüllen nicht mehr die in den genannten Titeln festgelegten Voraussetzungen.

TEIL DREI

TRENNUNGSBESTIMMUNGEN

TITEL I

IN VERKEHR GEBRACHTE WAREN

Artikel 40

Begriffsbestimmungen

Für die Zwecke dieses Titels bedeutet der Ausdruck

a) „Bereitstellung auf dem Markt" jede entgeltliche oder unentgeltliche Abgabe einer Ware zum Vertrieb, Verbrauch oder zur Verwendung auf dem Markt im Rahmen einer Geschäftstätigkeit;

b) „Inverkehrbringen" die erstmalige Bereitstellung einer Ware auf dem Markt in der Union oder im Vereinigten Königreich

c) „Abgabe einer Ware zum Vertrieb, zum Geoder zum Verbrauch auf dem Markt", dass eine vorhandene und individuell identifizierbare Ware nach Abschluss der Fertigungsstufe Gegenstand eines schriftlichen oder mündlichen Vertrags von mindestens zwei juristischen oder natürlichen Personen über den Übergang des Eigentums, eines anderen Eigentumsrechts oder des Besitzes an der fraglichen Ware oder Gegenstand eines Angebots an eine oder mehrere juristische oder natürliche Personen zum Abschluss eines solchen Vertrags ist;

d) „Inbetriebnahme" die erstmalige bestimmungsgemäße Verwendung einer Ware in der Union oder im Vereinigten Königreich durch den Endnutzer oder im Falle von Schiffsausrüstung die Ausstattung von Schiffen;

e) „Marktüberwachung" die von den Marktüberwachungsbehörden durchgeführten Tätigkeiten und von ihnen getroffenen Maßnahmen, durch die sichergestellt werden soll, dass Waren den geltenden Anforderungen entsprechen und keine Gefährdung für die Gesundheit und Sicherheit oder andere im öffentlichen Interesse schützenswerte Bereiche darstellen;

f) „Marktüberwachungsbehörde" eine Behörde eines Mitgliedstaats oder des Vereinigten Königreichs, die für die Durchführung der Marktüberwachung in dem betreffenden Hoheitsgebiet zuständig ist;

g) „Bedingungen für das Inverkehrbringen von Waren" Anforderungen an die Merkmale von Waren wie Qualitätsstufen, Leistungsfähigkeit, Sicherheit oder Abmessungen einschließlich der Zusammensetzung solcher Waren, oder an die Verwendung von Begriffen, Symbolen, Prüfungen, Prüfmethoden, Verpackungen, Kennzeichnungen, Etikettierungen und Konformitätsbewertungsverfahren in Bezug auf diese Waren; unter diesen Begriff fallen auch Anforderungen an

Herstellungsmethoden und -verfahren, sofern sich diese auf die Merkmale des Produkts auswirken;

h) „Konformitätsbewertungsstelle" eine Stelle, die Konformitätsbewertungstätigkeiten einschließlich Kalibrierungen, Prüfungen, Zertifizierungen und Inspektionen durchführt;

i) „notifizierte Stelle" eine Konformitätsbewertungsstelle, die aufgrund des Unionsrechts zur Harmonisierung der Bedingungen für das Inverkehrbringen von Waren befugt ist, als Drittstelle Konformitätsbewertungsaufgaben wahrzunehmen;

j) „tierische Erzeugnisse" Erzeugnisse tierischen Ursprungs, tierische Nebenprodukte und Folgeprodukte im Sinne von Artikel 4 Nummern 29, 30 bzw. 31 der Verordnung (EU) 2016/429 des Europäischen Parlaments und des Rates[18], Futtermittel tierischen Ursprungs sowie Lebens- und Futtermittel, die Erzeugnisse tierischen Ursprungs enthalten.

Artikel 41
Fortgesetzte Verkehrsfähigkeit von bereits in Verkehr gebrachten Waren

(1) Jede Ware, die vor Ablauf des Übergangszeitraums in der Union oder im Vereinigten Königreich rechtmäßig in Verkehr gebracht wurde, darf:

a) weiterhin auf dem Markt der Union oder des Vereinigten Königreichs angeboten werden und auf beiden Märkten im freien Verkehr verbleiben, bis sie ihren Endverbraucher erreicht;

b) in der Union oder im Vereinigten Königreich in Betrieb genommen werden, sofern das anwendbare Unionsrecht dies vorsieht.

(2) Für die in Absatz 1 genannten Waren gelten die Anforderungen der Artikel 34 und 35 AEUV und des auf die betreffenden Waren anwendbaren einschlägigen Unionsrechts zum Inverkehrbringen von Waren einschließlich der Bedingungen hierfür.

(3) Absatz 1 gilt für alle vorhandenen und individuell identifizierbaren Waren im Sinne des Teils Drei Titel II AEUV mit Ausnahme des Verkehrs folgender Waren zwischen dem Markt der Union und dem Markt des Vereinigten Königreichs bzw. umgekehrt:

a) lebende Tiere und Zuchtmaterial;

b) tierische Erzeugnisse.

(4) Auf die Verbringung von lebenden Tieren oder von Zuchtmaterial aus einem Mitgliedstaat ins Vereinigte Königreich oder umgekehrt finden die in Anhang II aufgeführten Bestimmungen des Unionsrechts Anwendung, sofern die Verbringung vor Ablauf des Übergangszeitraums begonnen hat.

(5) Der vorliegende Artikel lässt die Möglichkeit des Vereinigten Königreichs, eines Mitgliedstaats oder der Union unberührt, Maßnahmen zu ergreifen, um das Anbieten einer in Absatz 1 genannten Ware oder einer Kategorie solcher Waren auf dem eigenen Markt zu verbieten oder einzuschränken, sofern und soweit das Unionsrecht dies erlaubt.

(6) Die Bestimmungen dieses Titels gelten unbeschadet etwaiger anwendbarer Rechtsvorschriften zur Regelung der Verkaufsmodalitäten, des geistigen Eigentums, der Zollverfahren, der Zölle und Steuern.

Artikel 42
Nachweis des Inverkehrbringens

Beruft sich ein Wirtschaftsteilnehmer in Bezug auf eine bestimmte Ware auf Artikel 41 Absatz 1, so trägt er die Beweislast für den Nachweis durch ein einschlägiges Dokument, dass die Ware vor Ablauf des Übergangszeitraums in der Union oder im Vereinigten Königreich in Verkehr gebracht wurde.

Artikel 43
Marktüberwachung

(1) Die Marktüberwachungsbehörden der Mitgliedstaaten und die Marktüberwachungsbehörden des Vereinigten Königreichs tauschen unverzüglich alle einschlägigen Informationen aus, die ihnen im Rahmen ihrer jeweiligen Marktüberwachungstätigkeiten in Bezug auf die in Artikel 41 Absatz 1 genannten Waren bekannt werden. Sie informieren sich gegenseitig und die Europäische Kommission über solche Waren, die ein ernstes Risiko darstellen, sowie über alle Maßnahmen, die in Bezug auf nichtkonforme Waren getroffen wurden; hierzu zählen auch einschlägige Informationen aus Netzwerken, Informationssystemen und Datenbanken, die in Bezug auf diese Waren nach dem Recht der Union oder des Vereinigten Königreichs eingerichtet wurden.

(2) Die Mitgliedstaaten und das Vereinigte Königreich übermitteln jedes Ersuchen der Marktüberwachungsbehörden des Vereinigten Königreichs bzw. eines Mitgliedstaats unverzüglich an die in ihrem Hoheitsgebiet eingerichtete Konformitätsbewertungsstelle, sofern dieses Ersuchen eine Konformitätsbewertung betrifft, die diese Stelle vor Ablauf des Übergangszeitraums in ihrer Eigenschaft als notifizierte Stelle vorgenommen hat. Die Mitgliedstaaten und das Vereinigte Königreich stellen sicher, dass ein derartiges Ersuchen von der Konformitätsbewertungsstelle unverzüglich bearbeitet wird.

---

[18] Verordnung (EU) 2016/429 des Europäischen Parlaments und des Rates vom 9. März 2016 zu Tierseuchen und zur Änderung und Aufhebung einiger Rechtsakte im Bereich der Tiergesundheit („Tiergesundheitsrecht") (ABl. L 84 vom 31.3.2016, S. 1).

Artikel 44
Übermittlung von Akten und Dokumenten zu laufenden Verfahren

Das Vereinigte Königreich übermittelt alle einschlägigen Akten oder Dokumente in Bezug auf Bewertungs-, Genehmigungs- und Zulassungsverfahren, die nach der Verordnung (EU) Nr. 528/2012[19], der Verordnung (EG) Nr. 1107/2009[20], der Richtlinie 2001/83/EG[21] oder der Richtlinie 2001/82/EG[22] am Tag vor dem Inkrafttreten dieses Abkommens unter der Federführung einer zuständigen Behörde des Vereinigten Königreichs laufen, unverzüglich an die zuständige Behörde eines Mitgliedstaats, die im Einklang mit den nach geltendem Unionsrecht vorgesehenen Verfahren bestimmt wurde.

Artikel 45
Bereitstellung von Informationen zu früheren Zulassungsverfahren für Arzneimittel

(1) Auf begründeten Antrag eines Mitgliedstaats oder der Europäischen Arzneimittel-Agentur stellt das Vereinigte Königreich unverzüglich das Zulassungsdossier eines Arzneimittels zur Verfügung, das vor Ablauf des Übergangszeitraums von einer zuständigen Behörde des Vereinigten Königreichs zugelassen wurde, sofern dieses Dossier für die Beurteilung des Zulassungsantrags gemäß den Artikeln 10 und 10a der Richtlinie 2001/83/EG oder der Artikel 13 und 13a der Richtlinie 2001/82/EG benötigt wird.

(2) Auf begründeten Antrag des Vereinigten Königreichs stellt ein Mitgliedstaat unverzüglich das Zulassungsdossier eines Arzneimittels zur Verfügung, das vor Ablauf des Übergangszeitraums von einer zuständigen Behörde dieses Mitgliedstaats zugelassen wurde, wenn dieses Dossier für die Beurteilung eines im Vereinigten Königreich nach dessen rechtlichen Anforderungen gestellten Zulassungsantrags benötigt wird, sofern diese rechtlichen Anforderungen den Tatbestandsmerkmalen der Artikel 10 und 10a der Richtlinie 2001/83/EG oder der Artikel 13 und 13a der Richtlinie 2001/82/EG entsprechen.

Artikel 46
Bereitstellung von Informationen, die den im Vereinigten Königreich oder in einem Mitgliedstaat eingerichteten notifizierten Stellen vorliegen

(1) Das Vereinigte Königreich stellt sicher, dass Informationen, die einer im Vereinigten Königreich eingerichteten Konformitätsbewertungsstelle aufgrund ihrer Tätigkeiten als notifizierte Stelle im Sinne des Unionsrechts vor dem Ablauf des Übergangszeitraums vorliegen, auf Antrag des Zertifikatinhabers unverzüglich einer von diesem angegebenen notifizierten Stelle in einem anderen Mitgliedstaat zur Verfügung gestellt werden.

(2) Die Mitgliedstaaten stellen sicher, dass Informationen, die einer in ihrem Hoheitsgebiet eingerichteten Konformitätsbewertungsstelle aufgrund ihrer Tätigkeiten als notifizierte Stelle im Sinne des Unionsrechts vor dem Ablauf des Übergangszeitraums vorliegen, auf Antrag des Zertifikatsinhabers unverzüglich einer von diesem benannten Konformitätsbewertungsstelle im Vereinigten Königreich zur Verfügung gestellt werden.

Titel II

LAUFENDE ZOLLVERFAHREN

[Artikel 47 bis 50 nicht abgedruckt]

Titel III

LAUFENDE ANGELEGENHEITEN IM BEREICH MEHRWERTSTEUER UND VERBRAUCHSTEUERN

[Artikel 51 bis 53 nicht abgedruckt]

Titel IV

GEISTIGES EIGENTUM

[Artikel 54 bis 61 nicht abgedruckt]

Titel V

LAUFENDE POLIZEILICHE UND JUSTIZIELLE ZUSAMMENARBEIT IN STRAFSACHEN

[Artikel 62 bis 65 nicht abgedruckt]

---

[19] Verordnung (EU) Nr. 528/2012 des Europäischen Parlaments und des Rates vom 22. Mai 2012 über die Bereitstellung auf dem Markt und die Verwendung von Biozidprodukten (ABl. L 167 vom 27.6.2012, S. 1).

[20] Verordnung (EG) Nr. 1107/2009 des Europäischen Parlaments und des Rates vom 21. Oktober 2009 über das Inverkehrbringen von Pflanzenschutzmitteln (ABl. L 309 vom 24.11.2009, S. 1).

[21] Richtlinie 2001/83/EG des Europäischen Parlaments und des Rates vom 6. November 2001 zur Schaffung eines Gemeinschaftskodexes für Humanarzneimittel (ABl. L 311 vom 28.11.2001, S. 67).

[22] Richtlinie 2001/82/EG des Europäischen Parlaments und des Rates vom 6. November 2001 zur Schaffung eines Gemeinschaftskodexes für Tierarzneimittel (ABl. L 311 vom 28.11.2001, S. 1).

Titel VI

LAUFENDE JUSTIZIELLE ZUSAMMENARBEIT IN ZIVIL- UND HANDELSSACHEN

[Artikel 66 bis 69 nicht abgedruckt]

Titel VII

VOR DEM ABLAUF DES ÜBERGANGSZEITRAUMS ODER AUFGRUND DIESES ABKOMMENS VERARBEITETE ODER ERHOBENE DATEN UND INFORMATIONEN

[Artikel 70 bis 74 nicht abgedruckt]

Titel VIII

LAUFENDE VERFAHREN ZUR VERGABE ÖFFENTLICHER AUFTRÄGE

[Artikel 75 bis 78 nicht abgedruckt]

Titel IX

VEURATOM-BEZOGENE FRAGEN

[Artikel 79 bis 85 nicht abgedruckt]

Titel X

GERICHTS- UND VERWALTUNGSVERFAHREN DER UNION

Kapitel 1

GERICHTSVERFAHREN

Artikel 86
Vor dem Gerichtshof der Europäischen Union anhängige Rechtssachen

(1) Der Gerichtshof der Europäischen Union ist weiterhin für Verfahren zuständig, die vor Ende des Übergangszeitraums durch oder gegen das Vereinigte Königreich eingeleitet werden. Diese Zuständigkeit gilt für alle Verfahrensstufen, einschließlich Rechtsmittelverfahren vor dem Gerichtshof und Verfahren vor dem Gericht, wenn ein Verfahren an das Gericht zurückverwiesen wird.

(2) Der Gerichtshof der Europäischen Union ist weiterhin für Vorabentscheidungsersuchen der Gerichte des Vereinigten Königreichs zuständig, die vor Ende des Übergangszeitraums vorgelegt werden.

(3) Für die Zwecke dieses Kapitels gilt ein Verfahren vor dem Gerichtshof der Europäischen Union zu dem Zeitpunkt als eingeleitet und ein Vorabentscheidungsersuchen zu dem Zeitpunkt als vorgelegt, zu dem die Unterlagen zur Einleitung des Verfahrens von der Kanzlei des Gerichtshofs der Europäischen Union registriert wurden.

Artikel 87
Neue Rechtssachen vor dem Gerichtshof

(1) Gelangt die Europäische Kommission zu der Auffassung, dass das Vereinigte Königreich eine Verpflichtung aus den Verträgen oder aus Teil Vier dieses Abkommens vor Ende des Übergangszeitraums nicht erfüllt hat, so kann sie den Gerichtshof der Europäischen Union im Einklang mit den Vorschriften nach Artikel 258 AEUV beziehungsweise Artikel 108 Absatz 2 Unterabsatz 2 AEUV innerhalb von vier Jahren nach Ende des Übergangszeitraums mit der Angelegenheit befassen. In diesen Fällen ist der Gerichtshof der Europäischen Union zuständig.

(2) Setzt das Vereinigte Königreich eine Entscheidung nach Artikel 95 Absatz 1 dieses Abkommens nicht um oder verleiht es einer darin genannten Entscheidung, die sich an eine im Vereinigten Königreich ansässige beziehungsweise niedergelassene natürliche oder juristische Person richtet, in seiner Rechtsordnung keine Rechtswirksamkeit, so kann die Europäische Kommission innerhalb von vier Jahren ab dem Tag der betreffenden Entscheidung den Gerichtshof der Europäischen Union im Einklang mit den Bestimmungen des Artikels 258 AEUV beziehungsweise Artikel 108 Absatz 2 Unterabsatz 2 AEUV mit der Angelegenheit befassen. In diesen Fällen ist der Gerichtshof der Europäischen Union zuständig.

(3) Für Verfahren nach diesem Artikel bringt die Europäische Kommission für das Vereinigte Königreich dieselben Grundsätze zur Anwendung wie für die Mitgliedstaaten.

Artikel 88
Verfahrensordnung

Die Bestimmungen des Unionsrechts für Verfahren vor dem Gerichtshof der Europäischen Union finden auf die in diesem Titel genannten Verfahren und Vorabentscheidungsersuchen Anwendung.

Artikel 89
Rechtsverbindlichkeit und Vollstreckbarkeit von Urteilen und Beschlüssen

(1) Vor Ende des Übergangszeitraums ergehende Urteile und Beschlüsse des Gerichtshofs der Europäischen Union sowie nach Ende des Übergangszeitraums ergehende Urteile und Beschlüsse in Verfahren nach den Artikeln 86 und 87 sind in ihrer Gesamtheit für das Vereinigte Königreich und im Vereinigten Königreich rechtsverbindlich.

(2) Stellt der Gerichtshof der Europäischen Union in einem Urteil nach Absatz 1 fest, dass das Vereinigte Königreich eine Verpflichtung aus den Verträgen oder diesem Abkommen nicht erfüllt hat, so ergreift das Vereinigte Königreich die erforderlichen Maßnahmen, um dem Urteil nachzukommen.

(3) Die Artikel 280 und 299 AEUV gelten im Vereinigten Königreich in Bezug auf die Vollstreckung der in Absatz 1 des vorliegenden Artikels genannten Urteile und Beschlüsse des Gerichtshofs der Europäischen Union.

Artikel 90
Recht auf Beitritt zum Verfahren und Beteiligung am Verfahren

Bis die Urteile und Beschlüsse des Gerichtshofs der Europäischen Union in den Verfahren und Vorabentscheidungsersuchen nach Artikel 86 rechtskräftig geworden sind, kann das Vereinigte Königreich in gleicher Weise wie ein Mitgliedstaat beitreten beziehungsweise sich an Rechtssachen vor dem Gerichtshof der Europäischen Union nach Artikel 267 AEUV in gleicher Weise wie ein Mitgliedstaat am Verfahren vor dem Gerichtshof der Europäischen Union beteiligen. In diesem Zeitraum notifiziert der Kanzler des Gerichtshofs der Europäischen Union dem Vereinigten Königreich zur gleichen Zeit und auf die gleiche Weise wie den Mitgliedstaten jegliche Verfahren, die dem Gerichtshof der Europäischen Union zur Vorabentscheidung durch ein Gericht eines Mitgliedstaats vorgelegt wurden.

Das Vereinigte Königreich kann auch auf dieselbe Weise wie die Mitgliedstaaten dem Verfahren vor dem Gerichtshof der Europäischen Union beitreten beziehungsweise sich daran beteiligen, die Folgendes betreffen:

a) Rechtssachen, die eine Verletzung von Verpflichtungen aus den Verträgen betreffen, wenn das Vereinigte Königreich vor Ende des Übergangszeitraums denselben Verpflichtungen unterlag und wenn der Gerichtshof der Europäischen Union mit diesen Fällen im Einklang mit Artikel 258 AEUV vor Ende des in Artikel 87 Absatz 1 genannten Zeitraums beziehungsweise bis zu dem Zeitpunkt nach Ende dieses Zeitraums befasst wird, zu dem das letzte Urteil oder der letzte Beschluss des Gerichtshofs der Europäischen Union auf der Grundlage von Artikel 87 Absatz 1 rechtskräftig geworden ist,

b) Rechtssachen im Zusammenhang mit Rechtsakten oder Bestimmungen des Unionsrechts, die vor Ende des Übergangszeitraums auf das Vereinigte Königreich und im Vereinigten Königreich Anwendung fanden, und mit denen der Gerichtshof der Europäischen Union im Einklang mit Artikel 267 AEUV vor Ende des in Artikel 87 Absatz 1 genannten Zeitraums beziehungsweise bis zu dem Zeitpunkt nach Ende dieses Zeitraums befasst wird, zu dem das letzte Urteil oder der letzte Beschluss des Gerichtshofs der Europäischen Union auf der Grundlage von Artikel 87 Absatz 1 rechtskräftig geworden ist, und

c) Rechtssachen nach Artikel 95 Absatz 3.

Artikel 91
Vertretung vor Gericht

(1) Unbeschadet des Artikels 88 kann ein Rechtsanwalt, der zur Ausübung seines Berufs vor den Gerichten des Vereinigten Königreichs befugt ist und als Vertreter oder Beistand einer Partei in einem Verfahren vor dem Gerichtshof der Europäischen Union oder im Zusammenhang mit einem Vorabentscheidungsersuchen vor Ende des Übergangszeitraums aufgetreten ist, weiterhin als Vertreter oder Beistand dieser Partei in diesem Verfahren oder im Zusammenhang mit diesem Ersuchen auftreten. Dies gilt für alle Verfahrensstufen, einschließlich Rechtsmittelverfahren vor dem Gerichtshof und Verfahren vor dem Gericht, wenn ein Verfahren an das Gericht zurückverwiesen wird.

(2) Unbeschadet des Artikels 88 kann ein Rechtsanwalt, der zur Ausübung seines Berufs vor den Gerichten des Vereinigten Königreichs befugt ist, als Vertreter oder Beistand einer Partei in Rechtssachen nach Artikel 87 und Artikel 95 Absatz 3 vor dem Gerichtshof der Europäischen Union auftreten. Rechtsanwälte, die zur Ausübung ihres Berufs vor den Gerichten des Vereinigten Königreichs befugt sind, können auch in Verfahren nach Artikel 90, in denen das Vereinigte Königreich beschlossen hat, beizutreten oder sich zu beteiligen als Vertreter oder Beistand des Vereinigten Königreichs auftreten.

(3) Rechtsanwälte, die zur Ausübung ihres Berufs vor den Gerichten des Vereinigten Königreichs befugt sind, sind, wenn sie als Vertreter oder Beistand einer Partei vor dem Gerichtshof der Europäischen Union in Rechtssachen nach den Absätzen 1 und 2 auftreten, in jeder Hinsicht als Rechtsanwälte zu behandeln, die befugt sind, vor den Gerichten der Mitgliedstaaten ihren Beruf auszuüben und als Vertreter oder Beistand einer Partei vor dem Gerichtshof der Europäischen Union auftreten.

Kapitel 2
VERWALTUNGSVERFAHREN

Artikel 92
Laufende Verwaltungsverfahren

(1) Die Organe, Einrichtungen und sonstigen Stellen der Union sind weiterhin für Verwaltungs-

verfahren zuständig, die vor Ende des Übergangszeitraums eingeleitet werden in Bezug auf:

a) die Einhaltung von Unionsrecht durch das Vereinigte Königreich oder durch im Vereinigten Königreich ansässige beziehungsweise niedergelassene natürliche oder juristische Personen oder

b) die Einhaltung des Unionsrechts in Bezug auf den Wettbewerb im Vereinigten Königreich.

(2) Unbeschadet des Absatzes 3 gilt ein Verfahren für die Zwecke dieses Kapitels zu dem Zeitpunkt als eingeleitet, zu dem es durch ein Organ, eine Einrichtung oder sonstige Stelle der Union förmlich registriert wurde.

(3) Für die Zwecke dieses Kapitels gilt

a) ein unter die Verordnung (EU) 2015/1589 des Rates[108)] fallendes Verwaltungsverfahren über staatliche Beihilfen zum Zeitpunkt der Zuweisung einer Fallnummer als eingeleitet;

b) ein Verfahren zur Anwendung der Artikel 101 und 102 AEUV, das von der Europäischen Kommission nach der Verordnung (EG) Nr. 1/2003 des Rates[109)] durchgeführt wird, zu dem Zeitpunkt, zu dem die Europäische Kommission im Einklang mit Artikel 2 Absatz 1 der Verordnung (EG) Nr. 773/2004 der Kommission[110)] die Einleitung eines Verfahrens beschlossen hat, als eingeleitet;

c) ein unter die Verordnung (EG) Nr. 139/2004 des Rates[111)] fallendes Verfahren im Zusammenhang mit der Kontrolle von Unternehmenszusammenschlüssen als zu dem Zeitpunkt eingeleitet, zu dem

i) ein Zusammenschluss von unionsweiter Bedeutung im Einklang mit den Artikeln 1, 3 und 4 der Verordnung (EG) Nr. 139/2004 bei der Europäischen Kommission angemeldet wurde,

ii) die Frist von 15 Arbeitstagen nach Artikel 4 Absatz 5 der Verordnung (EG) Nr. 139/2004 abgelaufen ist, ohne dass ein Mitgliedstaat, der nach seinem nationalen Wettbewerbsrecht für die Prüfung des Zusammenschlusses zuständig ist, die beantragte Verweisung an die Europäische Kommission abgelehnt hat, oder

iii) die Europäische Kommission gemäß Artikel 22 Absatz 3 der Verordnung (EG) Nr. 139/2004 die Prüfung des Zusammenschlusses beschließt beziehungsweise die Prüfung als beschlossen gilt;

d) eine Ermittlung durch die Europäische Wertpapier- und Börsenaufsichtsbehörde bezüglich eines in Anhang III der Verordnung (EG) Nr. 1060/2009 des Europäischen Parlaments und des Rates[112)] oder in Anhang I der Verordnung (EU) Nr. 648/2012 des Europäischen Parlaments und des Rates[113)] genannten mutmaßlichen Verstoßes zu dem Zeitpunkt als eingeleitet, zu dem die Behörde einen unabhängigen Untersuchungsbeauftragten gemäß Artikel 23e Absatz 1 der Verordnung (EG) Nr. 1060/2009 oder Artikel 64 Absatz 1 der Verordnung (EU) Nr. 648/2012 benennt.

(4) Die Union legt dem Vereinigten Königreich innerhalb von drei Monaten nach Ende des Übergangszeitraums eine Liste aller einzelnen laufenden Verwaltungsverfahren vor, die in den Anwendungsbereich des Absatzes 1 fallen. Abweichend von Satz 1 legt die Union dem Vereinigten Königreich bezüglich einzelner laufender Verwaltungsverfahren der Europäischen Bankenaufsichtsbehörde, der Europäische Wertpapier- und Börsenaufsichtsbehörde und der Europäische Aufsichtsbehörde für das Versicherungswesen und die betriebliche Altersversorgung innerhalb eines Monats nach Ende des Übergangszeitraums eine Liste der laufenden Verwaltungsverfahren vor.

(5) In einem unter die Verordnung (EU) 2015/1589 fallenden Verwaltungsverfahren über staatliche Beihilfen ist die Europäische Kommission gegenüber dem Vereinigten Königreich an die geltende Rechtsprechung und bewährte Verfahren gebunden, so als wäre das Vereinigte Königreich nach wie vor ein Mitgliedstaat. Die Europäische Kommission erlässt insbesondere innerhalb einer angemessenen Frist einen der folgenden Beschlüsse:

a) einen Beschluss, in dem festgestellt wird, dass die Maßnahme keine Beihilfe darstellt, nach Artikel 4 Absatz 2 der Verordnung (EU) 2015/1589;

b) einen Beschluss, keine Einwände zu erheben, nach Artikel 4 Absatz 3 der Verordnung (EU) 2015/1589;

---

108) Verordnung (EU) 2015/1589 des Rates vom 13. Juli 2015 über besondere Vorschriften für die Anwendung von Artikel 108 über die Arbeitsweise der Europäischen Union (ABl. L 248 vom 24.9.2015, S. 9).

109) Verordnung (EG) Nr. 1/2003 des Rates vom 16. Dezember 2002 zur Durchführung der in den Artikeln 81 und 82 des Vertrags niedergelegten Wettbewerbsregeln (ABl. L 1 vom 4.1.2003, S. 1).

110) Verordnung (EG) Nr. 773/2004 der Kommission vom 7. April 2004 über die Durchführung von Verfahren auf der Grundlage der Artikel 81 und 82 EG-Vertrag durch die Kommission (ABl. L 123 vom 27.4.2004, S. 18).

111) Verordnung (EG) Nr. 139/2004 des Rates vom 20. Januar 2004 über die Kontrolle von Unternehmenszusammenschlüssen (ABl. L 24 vom 29.1.2004, S. 1).

112) Verordnung (EG) Nr. 1060/2009 des Europäischen Parlaments und des Rates vom 16. September 2009 über Ratingagenturen (ABl. L 302 vom 17.11.2009, S. 1).

113) Verordnung (EU) Nr. 648/2012 des Europäischen Parlaments und des Rates vom 4. Juli 2012 über OTC-Derivate, zentrale Gegenparteien und Transaktionsregister (ABl. L 201 vom 27.7.2012, S. 1).

c) einen Beschluss über die Eröffnung des förmlichen Prüfverfahrens nach Artikel 4 Absatz 4 der Verordnung (EU) 2015/1589.

Artikel 93
Neue staatliche Beihilfen und Verfahren des Europäischen Amts für Betrugsbekämpfung

(1) Die Europäische Kommission hat die Zuständigkeit, innerhalb von vier Jahren nach Endes des Übergangszeitraums unter die Verordnung (EU) 2015/1589 fallende neue Verwaltungsverfahren einzuleiten, die das Vereinigte Königreich betreffen und sich auf staatliche Beihilfen beziehen, die vor Ende des Übergangszeitraums gewährt wurden.

Die Europäische Kommission bleibt nach Ende des Zeitraums von vier Jahren weiterhin zuständig für Verfahren, die vor Ende dieses Zeitraums eingeleitet wurden.

Artikel 92 Absatz 5 dieses Abkommens findet sinngemäß Anwendung.

Die Europäische Kommission unterrichtet das Vereinigte Königreich von allen neuen nach Unterabsatz 1 des vorliegenden Absatzes eingeleiteten Verwaltungsverfahren innerhalb von 3 Monaten nach deren Einleitung.

(2) Unbeschadet der Artikel 136 und 138 dieses Abkommens ist das Europäische Amt für Betrugsbekämpfung (OLAF) für einen Zeitraum von vier Jahren nach Ende des Übergangszeitraums befugt, neue Untersuchungen nach der Verordnung (EU, Euratom) Nr. 883/2013 des Europäischen Parlaments und des Rates[114)] in Bezug auf Folgendes einzuleiten:

a) Sachverhalte, die vor Ende des Übergangszeitraums eintraten, oder

b) eine Zollschuld, die nach Ende des Übergangszeitraums aus Erledigungsverfahren nach Artikel 49 Absatz 1 dieses Abkommens entsteht.

Das OLAF bleibt nach Ende des Zeitraums von vier Jahren weiterhin zuständig für Verfahren, die vor Ende dieses Zeitraums eingeleitet wurden.

Das OLAF unterrichtet das Vereinigten Königreich von allen neuen nach Unterabsatz 1 des vorliegenden Absatzes eingeleiteten Untersuchungen innerhalb von drei Monaten nach deren Einleitung.

[114)] Verordnung (EU, Euratom) Nr. 883/2013 des Europäischen Parlaments und des Rates vom 11. September 2013 über die Untersuchungen des Europäischen Amtes für Betrugsbekämpfung (OLAF) und zur Aufhebung der Verordnung (EG) Nr. 1073/1999 des Europäischen Parlaments und des Rates und der Verordnung (Euratom) Nr. 1074/1999 des Rates (ABl. L 248 vom 18.9.2013, S. 1).

Artikel 94
Ve ahrensordnung

(1) Die Bestim ungen des Unionsrechts für die verschiedenen en der unter dieses Kapitel fallenden Verwaltu verfahren finden auf die in den Artikeln 92, 9 d 96 genannten Verfahren Anwendung.

(2) Rechtsanwälte, zur Ausübung ihres Berufs vor den Gerichte Vereinigten Königreichs befugt sind und a V reter oder Beistand einer Partei im Zusamm nhang mit den in den Artikeln 92 und 93 genan n V waltungsverfahren auftreten, sind in jed Hinsicht als Rechtsanwälte zu behandeln, die gt sind, vor den Gerichten der Mitgliedstaate ren Beruf auszuüben und als Vertreter oder E und einer Partei im Zusammenhang mit diese waltungsverfahren auftreten.

(3) Artikel 128 Absatz t soweit erforderlich nach Ende des Überg eitraums auf die in den Artikeln 92 und 93 nnten Verfahren Anwendung.

Artikel
Rechtsverbindlichkeit un reckbarkeit von Entscheid

(1) Entscheidungen, die des Übergangszeitraums von den Org richtungen und sonstigen Stellen der U in den in den Artikeln 92 und 93 genann hren nach Ende des Übergangszeitraum werden und sich an das Vereinigte K oder an im Vereinigten Königreich ans ehungsweise niedergelassene natürlic istische Personen richten, sind für das V König-reich und im Vereinigten Köni tsver-bindlich.

(2) Sofern die Europäische K die benannte nationale Wettbew und Vereinigten Königreichs nichts a des ren, ist die Europäische Kommi ba-dafür zuständig, eingegangene V hin oder auferlegte Abhilfemaßnahm en chen und durchzusetzen, die im V a-nigreich oder in Zusammenhang n-nigten Königreich in Verbindung der Europäischen Kommission zu der Artikel 101 und 102 AEUV im Verordnung (EG) Nr. 1/2003 oder der Europäischen Kommission im Verordnung (EG) Nr. 139/2004 be Kontrolle von Unternehmenszusamm durchgeführt werden. Sofern die E Kommission und die benannte nationa werbsbehörde des Vereinigten König vereinbaren, delegiert die Europäische sion die Überwachung und Durchsetz Verpflichtungen oder Abhilfemaßna Vereinigten Königreich an die benannte

Wettbewerbsbehörde des Vernigten Königreichs.

(3) Im Einklang mit Art…l 263 AEUV ist ausschließlich der Gerichts… der Europäischen Union für die Überwachu… die Rechtmäßigkeit der in Absatz 1 des vorlie…iden Artikels genannten Entscheidungen zu…dig.

(4) Artikel 299 AE… findet im Vereinigten Königreich auf die V…lstreckung von Entscheidungen nach Absat… des vorliegenden Artikels Anwendung, mit …ne im Vereinigten Königreich ansässigen b…ziehungsweise niedergelassenen natürlichen …der …istischen Personen eine Zahlung auferl…gt w…

…ikel 96

Sonstige la…den Verfahren und Rec…haftspflichten

(1) Technis…üfungen, die von Prüfungsämtern im Ver…n Königreich in Kooperation mit dem Gem…aftlichen Sortenamt nach der Verordnung …r. 2100/94 durchgeführt werden und an… vor dem Inkrafttreten dieses Abkomme… ange sind, werden nach Maßgabe der V…ung abgeschlossen.

(2) Ar… Absätze 2a und 3 und die Artikel 14, … der Richtlinie 2003/87/EG des Europäi… rlaments und des Rates[115] finden auf das… te Königreich und im Vereinigten Königr… Bezug auf die im letzten Jahr des Überg…aums freigesetzten Treibhausgase Anw…

(… …l 19 der Verordnung (EU) … des Europäischen Parlaments und Nr… und die Artikel 26 und 27 der Verde…) Nr. 1005/2009 des Europäischen o…und des Rates[117] finden auf das Ver…greich und im Vereinigten Königreich …f die Berichterstattung für das letzte …bergangszeitraums Anwendung.

…kel 8 Absätze 1, 2, 3 und 7 sowie An…r Verordnung (EG) Nr. 443/2009 des …hen Parlaments und des Rates[118], Artikel 8 Absätze 1, 2, 3, 8 und 10 sowie Anhang II der Verordnung (EU) Nr. 510/2011 des Europäischen Parlaments und des Rates[119] sowie die Artikel 2 bis 5, Artikel 7 und Artikel 8 Absätze 2 und 3 der Verordnung (EU) Nr. 1014/2010 der Kommission und die Artikel 3 bis 6, Artikel 8 und Artikel 9 Absätze 2 und 3 der Durchführungsverordnung (EU) Nr. 293/2012 der Kommission[120] finden auf das Vereinigte Königreich und im Vereinigten Königreich in Bezug auf die Überwachung und Berichterstattung von Kohlendioxidemissionen von Fahrzeugen im letzten Jahr des Übergangszeitraums Anwendung.

(5) Die Artikel 5, 7, 9 und 10, Artikel 11 Absatz 3, Artikel 17 Absatz 1 Buchstaben a und d und die Artikel 19, 22 und 23 der Verordnung (EU) Nr. 525/2013 des Europäischen Parlaments und des Rates[121] und die Artikel 3, 7 und 11 der Entscheidung Nr. 406/2009/EG des Europäischen Parlaments und des Rates[122] finden auf das Vereinigte Königreich und im Vereinigten Königreich in Bezug auf Treibhausgasemissionen der Jahre 2019 und 2020 Anwendung, und Artikel 5 der Verordnung (EU) Nr. 389/2013 der Kommission[123] findet bis zum Ende des zweiten Verpflich-

…htlinie 2003/87/EG des Europäischen Parlaments …ates vom 13. Oktober 2003 über ein System für …del mit Treibhausgasemissionszertifikaten in der …d zur Änderung der Richtlinie 96/61/EG des Rates … 275 vom 25.10.2003, S. 32).

…Verordnung (EU) Nr. 517/2014 des Europäischen …ents und des Rates vom 16. April 2014 über fluo… Treibhausgase und zur Aufhebung der Verordnung Nr. 842/2006 (ABl. L 150 vom 20.5.2014, S. 195).

…) Verordnung (EG) Nr. 1005/2009 des Europäischen …ments und des Rates vom 16. September 2009 über …fe, die zum Abbau der Ozonschicht führen (ABl. L 286 … 31.10.2009, S. 1.)

…18) Verordnung (EG) Nr. 443/2009 des Europäischen …laments und des Rates vom 23. April 2009 zur Festset…ng von Emissionsnormen für neue Personenkraftwagen im Rahmen des Gesamtkonzepts der Gemeinschaft zur Verringerung der CO_2-Emissionen von Personenkraftwagen und leichten Nutzfahrzeugen (ABl. L 140 vom 5.6.2009, S. 1).

119) Verordnung (EU) Nr. 510/2011 des Europäischen Parlaments und des Rates vom 11. Mai 2011 zur Festsetzung von Emissionsnormen für neue leichte Nutzfahrzeuge im Rahmen des Gesamtkonzepts der Union zur Verringerung der CO_2-Emissionen von Personenkraftwagen und leichten Nutzfahrzeugen (ABl. L 145 vom 31.5.2011, S. 1).

120) Durchführungsverordnung (EU) Nr. 293/2012 der Kommission vom 3. April 2012 über die Überwachung der Zulassung neuer leichter Nutzfahrzeuge gemäß der Verordnung (EU) Nr. 510/2011 des Europäischen Parlaments und des Rates (ABl. L 98 vom 4.4.2012, S. 1).

121) Verordnung (EU) Nr. 525/2013 des Europäischen Parlaments und des Rates vom 21. Mai 2013 über ein System für die Überwachung von Treibhausgasemissionen sowie für die Berichterstattung über diese Emissionen und über andere klimaschutzrelevante Informationen auf Ebene der Mitgliedstaaten und der Union und zur Aufhebung der Entscheidung Nr. 280/2004/EG (ABl. L 165 vom 18.6.2013, S. 13).

122) Entscheidung Nr. 406/2009/EG des Europäischen Parlaments und des Rates vom 23. April 2009 über die Anstrengungen der Mitgliedstaaten zur Reduktion ihrer Treibhausgasemissionen mit Blick auf die Erfüllung der Verpflichtungen der Gemeinschaft zur Reduktion der Treibhausgasemissionen bis 2020 (ABl. L 140 vom 5.6.2009, S. 136).

123) Verordnung (EU) Nr. 389/2013 der Kommission vom 2. Mai 2013 zur Festlegung eines Unionsregisters gemäß der Richtlinie 2003/87/EG des Europäischen Parlaments und des Rates und den Entscheidungen Nr. 280/2004/EG und Nr. 406/2009/ EG des Europäischen Parlaments und des Rates sowie zur Aufhebung der Verordnungen (EU) Nr. 920/2010 und (EU) Nr. 1193/2011 der Kommission (ABl. L 122 vom 3.5.2013, S. 1).

tungszeitraums des Kyoto-Protokolls auf das Vereinigte Königreich Anwendung.

(6) Abweichend von Artikel 8 dieses Abkommens

a) haben das Vereinigte Königreich und Betreiber im Vereinigten Königreich, soweit dies notwendig ist, um den Absätzen 2, 4 und 5 des vorliegenden Artikels nachzukommen, Zugang zu:

i) dem Unionsregister und dem Register im Rahmen des Kyoto-Protokolls des Vereinigten Königreichs, die mit der Verordnung (EU) Nr. 389/2013 festgelegt wurden, und

ii) dem zentralen Datenarchiv der Europäischen Umweltagentur nach Maßgabe der Verordnung (EU) Nr. 1014/2010, der Durchführungsverordnung (EU) Nr. 293/2012 und der Durchführungsverordnung (EU) Nr. 749/2014 der Kommission[124];

b) haben das Vereinigte Königreich und Betreiber im Vereinigten Königreich, soweit dies für die Einhaltung von Absatz 3 des vorliegenden Artikels notwendig ist, Zugang zu:

i) dem Datenübermittlungstool, das auf dem Format im Anhang der Durchführungsverordnung (EU) Nr. 1191/2014 der Kommission[125] für die Verwaltung und die Übermittlung von Berichten über fluorierte Treibhausgase beruht, und

ii) dem Geschäftsdatenspeicher, der für die Berichterstattung der Unternehmen nach Artikel 27 der Verordnung (EG) Nr. 1005/2009 verwendet wird.

Auf Antrag des Vereinigten Königreichs übermittelt die Union bis zum Ende des ersten Jahres nach Ende des Übergangszeitraums die für das Vereinigte Königreich erforderlichen Informationen zur

a) Erfüllung seiner Berichterstattungspflichten nach Artikel 7 des Montrealer Protokolls über Stoffe, die zum Abbau der Ozonschicht führen, und

b) Verhängung von Sanktionen in Übereinstimmung mit Artikel 25 der Verordnung (EU) Nr. 517/2014 und Artikel 29 der Verordnung (EG) Nr. 1005/2009.

Artikel 97
Vertretung in laufenden Verfahren vor dem Amt der Europäischen Union für geistiges Eigentum

Wenn eine Person, die im Einklang mit dem Unionsrecht zur Vertretung einer natürlichen oder juristischen Person vor dem Amt der Europäischen Union für geistiges Eigentum befugt ist, eine Partei vor Ende des Übergangszeitraums in einem Verfahren vor diesem Amt vertritt, so darf sie diese Partei in diesem Verfahren weiterhin vertreten. Dies gilt für alle Stufen eines Verfahrens vor diesem Amt.

Die eine Partei vor dem Amt der Europäischen Union für geistiges Eigentum in einem Verfahren nach Unterabsatz 1 vertretende Person ist in jeder Hinsicht als zugelassener Vertreter zu behandeln, der befugt ist, im Einklang mit Unionsrecht eine natürliche oder juristische Person vor dem Amt der Europäischen Union für geistiges Eigentum zu vertreten.

Titel XI
VERFAHREN ZUR VERWALTUNGSZUSAMMENARBEIT ZWISCHEN DEN MITGLIEDSTAATEN UND DEM VEREINIGTEN KÖNIGREICH

Artikel 98
Verwaltungszusammenarbeit in Zollangelegenheiten

(1) Die in Anhang VI festgelegten Verfahren zur Verwaltungszusammenarbeit zwischen einem Mitgliedstaat und dem Vereinigten Königreich, die vor Ende des Übergangszeitraums im Einklang mit Unionsrecht eingeleitet werden, werden von diesem Mitgliedstaat und dem Vereinigten Königreich im Einklang mit den einschlägigen Bestimmungen nach Unionsrecht abgeschlossen.

(2) Die in Anhang VI festgelegten Verfahren zur Verwaltungszusammenarbeit zwischen einem Mitgliedstaat und dem Vereinigten Königreich, die innerhalb von drei Jahren nach Ende des Übergangszeitraums eingeleitet werden, sich jedoch auf Sachverhalte beziehen, die vor Ende des Übergangszeitraums eintraten, werden von diesem Mitgliedstaat und dem Vereinigten Königreich im Einklang mit den einschlägigen Bestimmungen nach Unionsrecht abgeschlossen.

---

[124] Durchführungsverordnung (EU) Nr. 749/2014 der Kommission vom 30. Juni 2014 über die Struktur, das Format, die Verfahren der Vorlage und die Überprüfung der von den Mitgliedstaaten gemäß der Verordnung (EU) Nr. 525/2013 des Europäischen Parlaments und des Rates gemeldeten Informationen (ABl. L 203 vom 11.7.2014, S. 23).

[125] Durchführungsverordnung (EU) Nr. 1191/2014 der Kommission vom 30. Oktober 2014 zur Festlegung von Form und Art der Übermittlung der Berichte gemäß Artikel 19 der Verordnung (EU) Nr. 517/2014 des Europäischen Parlaments und des Rates über fluorierte Treibhausgase (ABl. L 318 vom 5.11.2014, S. 5).

Artikel 99
Zusammenarbeit der Verwaltungsbehörden in Angelegenheiten im Zusammenhang mit indirekten Steuern

(1) Die Verordnung (EU) Nr. 904/2010 des Rates[126)] findet noch vier Jahre nach Ende des Übergangszeitraums Anwendung auf die Zusammenarbeit zwischen den zuständigen Behörden, die für die Anwendung der Mehrwertsteuervorschriften in den Mitgliedstaaten und im Vereinigten Königreich in Bezug auf vor Ende des Übergangszeitraums erfolgte Umsätze und in Bezug auf unter Artikel 51 Absatz 1 dieses Abkommens fallende Umsätze verantwortlich sind.

(2) Die Verordnung (EU) Nr. 389/2012 des Rates[127)] findet noch vier Jahre nach Ende des Übergangszeitraums Anwendung auf die Zusammenarbeit zwischen den zuständigen Behörden, die für die Anwendung der Verbrauchsteuervorschriften in den Mitgliedstaaten und im Vereinigten Königreich in Bezug auf vor Ende des Übergangszeitraums erfolgte Beförderungen verbrauchsteuerpflichtiger Waren und in Bezug auf unter Artikel 52 dieses Abkommens fallende Beförderungen verbrauchsteuerpflichtiger Waren verantwortlich sind.

(3) Abweichend von Artikel 8 hat das Vereinigte Königreich Zugang zu den in Anhang IV aufgeführten Netzen, Informationssystemen und Datenbanken, soweit dies für die Ausübung seiner Rechte und die Einhaltung seiner Pflichten nach dem vorliegenden Artikel unbedingt erforderlich ist. Das Vereinigte Königreich erstattet der Union die Kosten, die der Union infolge der Ermöglichung dieses Zugangs tatsächlich entstehen. Die Union teilt dem Vereinigten Königreich den Betrag dieser Kosten bis 31. März eines jeden Jahres bis zum Ende des in Anhang IV genannten Zeitraums mit. Falls der mitgeteilte Betrag der tatsächlich entstandenen Kosten deutlich von dem besten Schätzbetrag abweicht, der dem Vereinigten Königreich vor Unterzeichnung dieses Abkommens von der Union mitgeteilt worden ist, zahlt das Vereinigte Königreich der Union unverzüglich den besten Schätzbetrag, und der Gemeinsame Ausschuss bestimmt die Art und Weise, wie mit der Differenz zwischen den tatsächlich entstandenen Kosten und dem besten Schätzbetrag zu verfahren ist.

126) Verordnung (EU) Nr. 904/2010 des Rates vom 7. Oktober 2010 über die Zusammenarbeit der Verwaltungsbehörden und die Betrugsbekämpfung auf dem Gebiet der Mehrwertsteuer (ABl. L 268 vom 12.10.2010, S. 1).

127) Verordnung (EU) Nr. 389/2012 des Rates vom 2. Mai 2012 über die Zusammenarbeit der Verwaltungsbehörden auf dem Gebiet der Verbrauchsteuern und zur Aufhebung von Verordnung (EG) Nr. 2073/2004 (ABl. L 121 vom 8.5.2012, S. 1).

Artikel 100
Amtshilfe bei der Beitreibung von Forderungen in Bezug auf bestimmte Steuern, Abgaben und sonstige Maßnahmen

(1) Die Richtlinie 2010/24/EU des Rates[128)] findet noch fünf Jahre nach Ende des Übergangszeitraums Anwendung zwischen den Mitgliedstaaten und dem Vereinigten Königreich auf Forderungen in Bezug auf Beträge, die vor Ende des Übergangszeitraums fällig wurden, auf Forderungen in Bezug auf vor Ende des Übergangszeitraums erfolgte Umsätze, deren Beträge jedoch erst nach diesem Zeitraum fällig wurden, und auf Forderungen in Bezug auf unter Artikel 51 Absatz 1 dieses Abkommens fallende Umsätze oder unter Artikel 52 dieses Abkommens fallende Beförderungen verbrauchsteuerpflichtiger Waren.

(2) Abweichend von Artikel 8 hat das Vereinigte Königreich Zugang zu den in Anhang IV aufgeführten Netzen, Informationssystemen und Datenbanken, soweit dies für die Ausübung seiner Rechte und die Einhaltung seiner Pflichten nach diesem Artikel unbedingt erforderlich ist. Das Vereinigte Königreich erstattet der Union die Kosten, die der Union infolge der Ermöglichung dieses Zugangs tatsächlich entstehen. Die Union teilt dem Vereinigten Königreich den Betrag dieser Kosten bis 31. März eines jeden Jahres bis zum Ende des in Anhang IV genannten Zeitraums mit. Falls der mitgeteilte Betrag der tatsächlich entstandenen Kosten deutlich von dem besten Schätzbetrag abweicht, der dem Vereinigten Königreich vor Unterzeichnung dieses Abkommens von der Union mitgeteilt worden ist, zahlt das Vereinigte Königreich der Union unverzüglich den besten Schätzbetrag, und der Gemeinsame Ausschuss bestimmt die Art und Weise, wie mit der Differenz zwischen den tatsächlich entstandenen Kosten und dem besten Schätzbetrag zu verfahren ist.

Titel XII
VORRECHTE UND IMMUNITÄTEN

[Artikel 101 bis 119 nicht abgedruckt]

Titel XIII
ANDERE ASPEKTE IM ZUSAMMENHANG MIT DER ARBEITSWEISE DER ORGANE, EINRICHTUNGEN UND SONSTIGEN STELLEN DER UNION

[Artikel 120 bis 125 nicht abgedruckt]

128) Richtlinie 2010/24/EU des Rates vom 16. März 2010 über die Amtshilfe bei der Beitreibung von Forderungen in Bezug auf bestimmte Steuern, Abgaben und sonstige Maßnahmen (ABl. L 84 vom 31.3.2010, S. 1).

TEIL VIER
ÜBERGANG

Artikel 126
Übergangszeitraum

Es gibt einen Übergangs- oder Durchführungszeitraum, der am Tag des Inkrafttretens dieses Abkommens beginnt und am 31. Dezember 2020 endet.

Artikel 127
Anwendungsbereich für den Übergang

(1) Sofern in diesem Abkommen nichts anderes bestimmt ist, gilt das Unionsrecht während des Übergangszeitraums für das Vereinigte Königreich sowie im Vereinigten Königreich.

Die nachstehenden Bestimmungen der Verträge und Rechtsakte, die von den Organen, Einrichtungen und sonstigen Stellen der Union erlassen wurden, gelten während des Übergangszeitraums jedoch weder für das Vereinigte Königreich noch im Vereinigten Königreich:

a) Bestimmungen der Verträge und Rechtsakte, die für das Vereinigte Königreich und im Vereinigten Königreich vor dem Tag des Inkrafttretens dieses Abkommens gemäß dem Protokoll (Nr. 15) über einige Bestimmungen betreffend das Vereinigte Königreich Großbritannien und Nordirland, dem Protokoll (Nr. 19) über den in den Rahmen der Europäischen Union einbezogenen Schengen-Besitzstand oder dem Protokoll (Nr. 21) über die Position des Vereinigten Königreichs und Irlands hinsichtlich des Raums der Freiheit, der Sicherheit und des Rechts oder nach den die Verstärkte Zusammenarbeit betreffenden Bestimmungen der Verträge nicht bindend waren, sowie Rechtsakte zur Änderung dieser Rechtsakte;

b) Artikel 11 Absatz 4 EUV, Artikel 20 Absatz 2 Buchstabe b, Artikel 22 und Artikel 24 Absatz 1 AEUV, Artikel 39 und 40 der Charta der Grundrechte der Europäischen Union sowie die auf der Grundlage dieser Bestimmungen erlassenen Rechtsakte.

(2) Falls zwischen der Union und dem Vereinigten Königreich ein Abkommen über ihre künftigen Beziehungen im Bereich der Gemeinsamen Außen- und Sicherheitspolitik und der Gemeinsamen Sicherheits- und Verteidigungspolitik zustande kommt, das während des Übergangszeitraums gültig wird, gelten Titel V Kapitel 2 EUV und die auf der Grundlage dieser Bestimmungen erlassenen Rechtsakte ab dem Tag des Geltungsbeginns jenes Abkommens nicht mehr für das Vereinigte Königreich.

(3) Während des Übergangszeitraums entfaltet das nach Absatz 1 für das Vereinigte Königreich und im Vereinigten Königreich geltende Unionsrecht die gleichen Rechtswirkungen wie innerhalb der Union und ihrer Mitgliedstaaten und wird nach denselben Methoden und allgemeinen Grundsätzen auslegt und angewendet, die auch innerhalb der Union gelten.

(4) Das Vereinigte Königreich nimmt an keiner Verstärkten Zusammenarbeit teil,

a) für welche die Ermächtigung nach dem Tag des Inkrafttretens dieses Abkommens erteilt wurde oder

b) in deren Rahmen vor dem Tag des Inkrafttretens dieses Abkommens keine Rechtsakte erlassen wurden.

(5) Während des Übergangszeitraums gelten in Bezug auf Maßnahmen, die eine nach dem Dritten Teil Titel V AEUV angenommene bestehende, vor dem Tag des Inkrafttretens dieses Abkommens für das Vereinigte Königreich bindende Maßnahme ändern, darauf aufbauen oder sie ersetzen, weiterhin entsprechend Artikel 5 des Protokolls (Nr. 19) über den im Rahmen der Europäischen Union einbezogenen Schengen-Besitzstand und Artikel 4a des Protokolls (Nr. 21) über die Position des Vereinigten Königreichs und Irlands hinsichtlich des Raums der Freiheit, der Sicherheit und des Rechts. Das Vereinigte Königreich hat jedoch nicht das Recht mitzuteilen, dass es sich an der Anwendung neuer Maßnahmen nach dem Dritten Teil Titel V AEUV beteiligen möchte, bei denen es sich nicht um in Artikel 4a des Protokolls (Nr. 21) genannte Maßnahmen handelt.

Zur Förderung der weiteren Zusammenarbeit zwischen der Union und dem Vereinigten Königreich kann die Union unter den in den entsprechenden Maßnahmen festgelegten Bedingungen für die Zusammenarbeit mit Drittländern das Vereinigte Königreich zur Zusammenarbeit bei neuen Maßnahmen, die nach dem Dritten Teil Titel V AEUV angenommen werden, einladen.

(6) Sofern in diesem Abkommen nichts anderes bestimmt ist, schließen während des Übergangszeitraums alle Bezugnahmen auf Mitgliedstaaten in dem nach Absatz 1 geltenden Unionsrecht, einschließlich der Durchführung und Anwendung durch die Mitgliedstaaten, das Vereinigte Königreich ein.

(7) Abweichend von Absatz 6 gilt Folgendes:

a) Für die Zwecke des Artikels 42 Absatz 6 und des Artikels 46 EUV sowie des Protokolls (Nr. 10) über die Ständige Strukturierte Zusammenarbeit nach Artikel 42 EUV sind Bezugnahmen auf Mitgliedstaaten nicht so zu verstehen, dass sie das Vereinigte Königreich einschließen. Dies schließt die Möglichkeit nicht aus, dass das Vereinigte Königreich als Drittland dazu eingeladen wird, in Ausnahmefällen an einzelnen Projekten nach den im Beschluss (GASP) 2017/2315 des Rates[135] festgelegten Bedingungen oder an jeder anderen Form der Zusammenarbeit im zulässigen Umfang und unter den in künftigen Rechtsakten der Union, die auf der Grundlage des Artikels 42 Absatz 6 und des Artikels 46 EUV erlassen werden, festgelegten Bedingungen teilzunehmen;

b) wenn in Rechtsakten der Union vorgesehen ist, dass sich Mitgliedstaaten, Staatsangehörige der Mitgliedstaaten oder natürliche oder juristische Personen, die sich in einem Mitgliedstaat aufhalten oder dort niedergelassen sind, an einem Informationsaustausch, einem Verfahren oder einem Programm beteiligen, der bzw. das nach dem Ende des Übergangszeitraums weiterhin durchgeführt wird oder beginnt, und wenn durch diese Beteiligung sicherheitsbezogene vertrauliche Informationen zugänglich würden, von denen nur Mitgliedstaaten, Staatsangehörige der Mitgliedstaaten oder natürliche oder juristische Personen, die sich in einem Mitgliedstaat aufhalten oder dort niedergelassen sind, Kenntnis haben dürfen, so sind unter derart außergewöhnlichen Umständen die Bezugnahmen auf Mitgliedstaaten in solchen Rechtsakten der Union so zu verstehen, dass sie das Vereinigte Königreich nicht einschließen. Die Union unterrichtet das Vereinigte Königreich über die Anwendung dieser Ausnahme;

c) für die Zwecke der Einstellung von Beamten und sonstigen Bediensteten der Organe, Einrichtungen und sonstigen Stellen der Union sind alle Bezugnahmen auf Mitgliedstaaten in Artikel 27 und in Artikel 28 Buchstabe a sowie in Anhang X Artikel 1 des Statuts der Beamten der Europäischen Union und in Artikel 12, 82 und 128 der Beschäftigungsbedingungen für die sonstigen Bediensteten der Europäischen Union oder in sonstigen einschlägigen Bestimmungen anderer Beschäftigungsbedingungen für diese Organe, Einrichtungen und sonstigen Stellen so zu verstehen, dass sie das Vereinigte Königreich nicht einschließen.

Artikel 128
Institutionelle Regelungen

(1) Unbeschadet des Artikels 127 gilt Artikel 7 während des Übergangszeitraums.

(2) Für die Zwecke der Verträge gilt das Parlament des Vereinigten Königreichs während des Übergangszeitraums nicht als nationales Parlament eines Mitgliedstaats, außer hinsichtlich des Artikels 1 des Protokolls (Nr. 1) über die Rolle der nationalen Parlamente in der Europäischen Union und in Bezug auf öffentlich zugängliche Vorschläge hinsichtlich des Artikels 2 des genannten Protokolls.

(3) Während des Übergangszeitraums sind Bestimmungen der Verträge, die den Mitgliedstaaten institutionelle Rechte einräumen und ihnen die Vorlage von Vorschlägen, Initiativen oder Anträgen bei den Organen ermöglichen, so zu verstehen, dass sie das Vereinigte Königreich nicht einschließen.[136]

(4) Für die Zwecke der Beteiligung an den in Artikel 282 und 283 AEUV und im Protokoll (Nr. 4) über die Satzung des Europäischen Systems der Zentralbanken und der Europäischen Zentralbank, ausgenommen dessen Artikel 21 Absatz 2, festgelegten institutionellen Regelungen gilt die Bank of England während des Übergangszeitraums nicht als nationale Zentralbank eines Mitgliedstaats.

(5) Abweichend von Absatz 1 des vorliegenden Artikels und von Artikel 7 können Vertreter oder Sachverständige des Vereinigten Königreichs oder Sachverständige, die vom Vereinigten Königreich ernannt wurden, auf Einladung ausnahmsweise an Sitzungen oder Teilen von Sitzungen der in Artikel 3 Absatz 2 der Verordnung (EU) Nr. 182/2011 genannten Ausschüsse, an Sitzungen oder Teilen von Sitzungen der Expertengruppen der Kommission, an Sitzungen oder Teilen von Sitzungen sonstiger vergleichbarer Gremien oder an Sitzungen oder Teilen von Sitzungen der Einrichtungen und sonstigen Stellen teilnehmen, an denen Vertreter oder Sachverständige der Mitgliedstaaten oder von den Mitgliedstaaten ernannte Sachverständige teilnehmen, sofern eine der folgenden Bedingungen erfüllt ist:

a) es werden einzelne Rechtsakte erörtert, die während des Übergangszeitraums an das Vereinigte Königreich oder an natürliche oder juristische Personen, die sich im Vereinigten Königreich wohnhaft oder dort niedergelassen sind, gerichtet sind;

b) die Anwesenheit des Vereinigten Königreichs ist erforderlich und liegt im Interesse der Union, insbesondere für die wirksame Umsetzung des Unionsrechts während des Übergangszeitraums.

Während dieser Sitzungen oder Teilen von Sitzungen haben die Vertreter oder Sachverständigen des Vereinigten Königreichs oder vom Vereinigten Königreich ernannten Sachverständigen kein Stimmrecht und ihre Anwesenheit ist auf die

[135] Beschluss (GASP) 2017/2315 des Rates vom 11. Dezember 2017 über die Begründung der Ständigen Strukturierten Zusammenarbeit (PESCO) und über die Liste der daran teilnehmenden Mitgliedstaaten (ABl. L 331 vom 14.12.2017, S. 57).

[136] Das sollte insbesondere Artikel 7, Artikel 30, Artikel 42 Absatz 4, Artikel 48 Absätze 2 bis 6 und Artikel 49 EUV sowie Artikel 25, Artikel 76 Buchstabe b, Artikel 82 Absatz 3, Artikel 83 Absatz 3, Artikel 86 Absatz 1, Artikel 87 Absatz 3, Artikel 135, Artikel 218 Absatz 8, Artikel 223 Absatz 1, Artikel 262, Artikel 311 und Artikel 341 AEUV betreffen.

spezifischen Tagesordnungspunkte beschränkt, bei denen die unter Buchstabe a oder b genannten Bedingungen erfüllt sind.

(6) Während des Übergangszeitraums fungiert das Vereinigte Königreich nicht als maßgebliche Stelle für Risikobewertungen, Untersuchungen, Genehmigungen oder Zulassungen auf der Ebene der Union oder der gemeinsam handelnden Mitgliedstaaten, die in den in Anhang VII aufgeführten Rechtsakten und Vorschriften erwähnt sind.

(7) Wenn während des Übergangszeitraums in Entwürfen für Rechtsakte der Union bestimmte Behörden, Verfahren oder Unterlagen der Mitgliedstaaten genannt werden oder auf sie Bezug genommen wird, konsultiert die Union das Vereinigte Königreich zu solchen Entwürfen, um die ordnungsgemäße Durchführung und Anwendung dieser Rechtsakte durch das Vereinigte Königreich und im Vereinigten Königreich zu gewährleisten.

Artikel 129
Besondere Regelungen über das auswärtige Handeln der Union

(1) Unbeschadet des Artikels 127 Absatz 2 sind Verpflichtungen, die aus internationalen Übereinkünften erwachsen, die von der Union, von den Mitgliedstaaten im Namen der Union oder von der Union und den Mitgliedstaaten gemeinsam geschlossen wurden, so wie dies in Artikel 2 Buchstabe a Ziffer iv ausgeführt wird, während des Übergangszeitraums für das Vereinigte Königreich bindend.[137]

(2) Während des Übergangszeitraums beteiligen sich Vertreter des Vereinigten Königreichs nicht an den Arbeiten von Gremien, die durch internationale Übereinkünfte eingesetzt wurden, welche von der Union, von den Mitgliedstaaten im Namen der Union oder von der Union und den Mitgliedstaaten gemeinsam geschlossen wurden, es sei denn:

a) das Vereinigte Königreich ist ein eigenständiger Teilnehmer oder

b) die Union fordert das Vereinigte Königreich ausnahmsweise auf, als Mitglied der Delegation der Union an Sitzungen oder Teilen von Sitzungen solcher Gremien teilzunehmen, wenn die Union der Ansicht ist, dass die Anwesenheit des Vereinigten Königreichs erforderlich ist und im Interesse der Union liegt, insbesondere für die wirksame Umsetzung dieser Übereinkünfte während des Übergangszeitraums; diese Anwesenheit ist nur gestattet, wenn eine Teilnahme der Mitgliedstaaten durch die geltenden Übereinkünfte gestattet ist.

(3) Im Einklang mit dem Grundsatz der loyalen Zusammenarbeit enthält sich das Vereinigte Königreich während des Übergangszeitraums jeglichen Handelns oder jeder Initiative, das beziehungsweise die den Interessen der Union Schaden zufügen könnte, insbesondere im Rahmen internationaler Organisationen, Agenturen, Konferenzen oder Foren, bei denen das Vereinigte Königreich eine eigenständige Vertragspartei ist.

(4) Unbeschadet des Absatzes 3 kann das Vereinigte Königreich während des Übergangszeitraums internationale Übereinkünfte aushandeln, unterzeichnen und ratifizieren, die es in Bereichen der ausschließlichen Zuständigkeit der Union eigenständig schließt, sofern diese Übereinkünfte nicht während des Übergangszeitraums in Kraft treten oder gelten, es sei denn, die Union hat es dazu ermächtigt.

(5) Unbeschadet des Artikels 127 Absatz 2 kann das Vereinigte Königreich in Einzelfällen konsultiert werden, wenn Koordinierungsbedarf besteht.

(6) Nach einem Beschluss des Rates nach Titel V Kapitel 2 EUV kann das Vereinigte Königreich gegenüber dem Hohen Vertreter der Union für Außen- und Sicherheitspolitik eine förmliche Erklärung abgeben, aus der hervorgeht, dass es aus wesentlichen Gründen der nationalen Politik, die es auch nennen muss, den Beschluss in diesen Ausnahmefällen nicht anwenden wird. Im Geiste gegenseitiger Solidarität unterlässt das Vereinigte Königreich alles, was dem auf diesem Beschluss beruhenden Vorgehen der Union zuwiderlaufen oder es behindern könnte, und die Mitgliedstaaten respektieren den Standpunkt des Vereinigten Königreichs.

(7) Während des Übergangszeitraums stellt das Vereinigte Königreich keine Zivilen Operationskommandeure, Missionsleiter, Befehlshaber der Operation oder Befehlshaber für Missionen oder Operationen, die nach Artikel 42, 43 und 44 EUV durchgeführt werden; es stellt weder das operative Hauptquartier für solche Missionen oder Operationen zur Verfügung noch dient es als Rahmennation für Gefechtsverbände der Union. Während des Übergangszeitraums stellt das Vereinigte Königreich keinen Leiter operativer Vorgehen nach Artikel 28 EUV.

Artikel 130
Besondere Regelungen über Fangmöglichkeiten in der Fischerei

(1) Hinsichtlich der Festsetzung der Fangmöglichkeiten in der Fischerei im Sinne des Artikels 43 Absatz 3 AEUV wird das Vereinigte Königreich für alle in den Übergangszeitraum fallenden Zeiträume zu Fangmöglichkeiten mit Bezug

[137] Die Union wird den anderen Vertragsparteien dieser Übereinkünfte mitteilen, dass das Vereinigte Königreich während des Übergangszeitraums für die Zwecke dieser Übereinkünfte als Mitgliedstaat zu behandeln ist.

zum Vereinigten Königreich, auch im Kontext der Vorbereitung einschlägiger internationaler Konsultationen und Verhandlungen, konsultiert.

(2) Für die Zwecke des Absatzes 1 bietet die Union dem Vereinigten Königreich die Möglichkeit, sich zu der jährlichen Mitteilung der Europäischen Kommission zu den Fangmöglichkeiten, den wissenschaftlichen Gutachten einschlägiger wissenschaftlicher Gremien und den Vorschlägen der Europäischen Kommission für Fangmöglichkeiten für alle in den Übergangszeitraum fallenden Zeiträume zu äußern.

(3) Unbeschadet des Artikels 129 Absatz 2 Buchstabe b kann die Union das Vereinigte Königreich, um ihm die Vorbereitung seiner zukünftigen Mitgliedschaft in einschlägigen internationalen Foren zu ermöglichen, in Ausnahmefällen dazu einladen, als Teil der Delegation der Union den in Absatz 1 genannten internationalen Konsultationen und Verhandlungen in dem für Mitgliedstaaten zulässigen und von dem jeweiligen Forum gestatteten Ausmaß beizuwohnen.

(4) Unbeschadet des Artikels 127 Absatz 1 werden die Verteilerschlüssel für die relative Stabilität für die Aufteilung der in Absatz 1 des vorliegenden Artikels genannten Fangmöglichkeiten in der Fischerei beibehalten.

Artikel 131
Aufsicht und Durchsetzung

Während des Übergangszeitraums verfügen die Organe, Einrichtungen und sonstigen Stellen der Union gegenüber dem Vereinigten Königreich sowie natürlichen und juristischen Personen, die im Vereinigten Königreich wohnhaft oder dort niedergelassen sind, über die ihnen durch das Unionsrecht übertragenen Befugnisse. Insbesondere ist der Gerichtshof der Europäischen Union wie in den Verträgen vorgesehen zuständig.

Absatz 1 gilt während des Übergangszeitraums auch für die Auslegung und Anwendung dieses Abkommens.

Artikel 132
Verlängerung des Übergangszeitraums

(1) Unbeschadet des Artikels 126 kann der Gemeinsame Ausschuss vor dem 1. Juli 2020 einen einzigen Beschluss zur Verlängerung des Übergangszeitraums um höchstens 1 oder 2 Jahre erlassen.[138)]

(2) Falls der Gemeinsame Ausschuss einen Beschluss nach Absatz 1 erlässt, gilt Folgendes:

a) abweichend von Artikel 127 Absatz 6 wird das Vereinigte Königreich für die Zwecke der Durchführung der Unionsprogramme und -tätigkeiten im Rahmen des ab dem Jahr 2021 geltenden mehrjährigen Finanzrahmens als Drittland betrachtet;

b) abweichend von Artikel 127 Absatz 1 und unbeschadet des Teils Fünf dieses Abkommens findet das auf die Eigenmittel der Union anwendbare Unionsrecht für die in den verlängerten Übergangszeitraum fallenden Haushaltsjahre nach dem 31. Dezember 2020 keine Anwendung mehr auf das Vereinigte Königreich;

c) abweichend von Artikel 127 Absatz 1 des vorliegenden Abkommens gelten die Artikel 107, 108 und 109 AEUV nicht für Maßnahmen der Behörden des Vereinigten Königreichs, einschließlich Maßnahmen zur Entwicklung des ländlichen Raums, mit denen die Erzeugung von und der Handel mit landwirtschaftlichen Erzeugnissen im Vereinigten Königreich bis zu einem jährlichen Gesamtförderhöchstbetrag unterstützt werden, der den Gesamtbetrag der im Vereinigten Königreich im Rahmen der Gemeinsamen Agrarpolitik 2019 getätigten Ausgaben nicht übersteigen darf, sofern ein Mindestprozentsatz dieser freigestellten Förderung den Bestimmungen des Anhangs II des WTO-Übereinkommens über die Landwirtschaft entspricht. Dieser Mindestprozentsatz wird auf der Grundlage des letzten verfügbaren Prozentsatzes festgelegt, zu dem die Gesamtausgaben der Gemeinsamen Agrarpolitik in der Union den Bestimmungen des Anhangs II des WTO-Übereinkommens über die Landwirtschaft entsprachen. Beträgt der Zeitraum, um den der Übergangszeitraum verlängert wird, nicht ein Mehrfaches von 12 Monaten, so wird der freigestellte jährliche Gesamtförderhöchstbetrag in dem Jahr, für das der verlängerte Übergangszeitraum weniger als 12 Monate beträgt, anteilsmäßig verringert;

d) für den Zeitraum vom 1. Januar 2021 bis zum Ende des Übergangszeitraums leistet das Vereinigte Königreich einen Beitrag zum Haushalt der Union nach Maßgabe des Absatzes 3;

e) vorbehaltlich des Absatzes 3 Buchstabe d bleibt Teil Fünf dieses Abkommens davon unberührt.

(3) Durch einen Beschluss des Gemeinsamen Ausschusses nach Absatz 1 werden

a) die angemessene Höhe des Beitrags des Vereinigten Königreichs zum Unionshaushalt für den Zeitraum vom 1. Januar 2021 bis zum Ende des Übergangszeitraums unter Berücksichtigung des Status des Vereinigten Königreichs in diesem Zeitraum sowie die Modalitäten für die Zahlung dieses Beitrags festgesetzt;

b) der Höchstbetrag der freigestellten Förderung sowie dessen Mindestprozentsatz, der die in Absatz 2 Buchstabe c genannten Bestimmungen des Anhangs II des WTO-Übereinkommens über die Landwirtschaft erfüllt, festgelegt;

[138)] Im Falle einer Verlängerung unterrichtet die Union die anderen Vertragsparteien internationaler Übereinkünfte darüber.

c) alle sonstigen für die Durchführung des Absatzes 2 erforderlichen Maßnahmen festgelegt;

d) die in den Artikeln 51, 62, 63, 84, 96, 125, 141, 156, 157 und den Anhängen IV und V aufgeführten Daten und Zeiträume angepasst, damit der Verlängerung des Übergangszeitraums Rechnung getragen wird.

TEIL FÜNF

FINANZBESTIMMUNGEN

[Artikel 133 bis 157 nicht abgedruckt]

TEIL SECHS

INSTITUTIONELLE UND SCHLUSSBESTIMMUNGEN

TITEL I

EINHEITLICHE AUSLEGUNG UND ANWENDUNG

Artikel 158

Vorabentscheidungsersuchen an den Gerichtshof der Europäischen Union in Bezug auf Teil Zwei

(1) Wird in einem Verfahren, das in erster Instanz innerhalb von acht Jahren nach Ende des Übergangszeitraums bei einem Gericht im Vereinigten Königreich eingeleitet wurde, eine Frage in Bezug auf die Auslegung des Teils Zwei dieses Abkommens gestellt und hält dieses Gericht eine Entscheidung darüber zum Erlass seines Urteils für erforderlich, so kann es diese Frage dem Gerichtshof der Europäischen Union zur Vorabentscheidung vorlegen.

Wenn jedoch Gegenstand des Verfahrens vor dem Gericht im Vereinigten Königreich eine Entscheidung über einen Antrag nach Artikel 18 Absatz 1 oder 4 oder nach Artikel 19 ist, kann um Vorabentscheidung nur ersucht werden, wenn das Verfahren in erster Instanz innerhalb eines Zeitraums von acht Jahren nach dem Tag des Geltungsbeginns des Artikels 19 eingeleitet wurde.

(2) Der Gerichtshof der Europäischen Union entscheidet im Wege der Vorabentscheidung über Ersuchen nach Absatz 1. Eine solche Vorabentscheidung entfaltet im Vereinigten Königreich dieselben rechtlichen Wirkungen wie eine Vorabentscheidung nach Artikel 267 AEUV in der Union und ihren Mitgliedstaaten.

(3) Falls der Gemeinsame Ausschuss einen Beschluss nach Artikel 132 Absatz 1 fasst, so verlängert sich der Zeitraum von acht Jahren nach Absatz 1 Unterabsatz 2 automatisch um die entsprechende Zahl der Monate, um die der Übergangszeitraum verlängert wurde.

Artikel 159

Überwachung der Durchführung und Anwendung von Teil Zwei

(1) Im Vereinigten Königreich wird die Durchführung und Anwendung von Teil Zwei von einer unabhängigen Behörde („Behörde") überwacht, die über Befugnisse verfügt, die denen der Europäischen Kommission nach den Verträgen entsprechen, um von Amts wegen mutmaßliche Verstöße von Verwaltungsbehörden des Vereinigten Königreichs gegen Teil Zwei zu untersuchen und Beschwerden von Unionsbürgern und ihren Familienangehörigen für die Zwecke derartiger Untersuchungen entgegenzunehmen. Die Behörde ist auch befugt, auf solche Beschwerden hin in einem geeigneten Gerichtsverfahren rechtliche Schritte vor einem zuständigen Gericht im Vereinigten Königreich einzuleiten, um angemessene Abhilfe zu erwirken.

(2) Die Europäische Kommission und die Behörde erstatten jeweils dem in Artikel 165 Absatz 1 Buchstabe a genannten Fachausschuss für Rechte der Bürger jährlich Bericht über die Durchführung und Anwendung von Teil Zwei in der Union beziehungsweise im Vereinigten Königreich. Die bereitgestellten Informationen müssen insbesondere die zur Durchführung oder Einhaltung von Teil Zwei getroffenen Maßnahmen sowie Zahl und Art der eingegangenen Beschwerden betreffen.

(3) Der Gemeinsame Ausschuss prüft frühestens acht Jahre nach Ende des Übergangszeitraums das Funktionieren der Behörde. Im Anschluss an diese Prüfung kann er nach Artikel 164 Absatz 4 Buchstabe f und Artikel 166 nach Treu und Glauben beschließen, dass das Vereinigte Königreich die Behörde auflösen kann.

Artikel 160

Zuständigkeit des Gerichtshofs der Europäischen Union in Bezug auf bestimmte Bestimmungen von Teil Fünf

Unbeschadet des Artikels 87 dieses Abkommens finden auf die Auslegung und Anwendung des nach Artikel 136 und Artikel 138 Absatz 1 oder 2 dieses Abkommens anwendbaren Unionsrechts die Artikel 258, 260 und 267 AEUV Anwendung. Zu diesem Zweck sind Bezugnahmen auf einen Mitgliedstaat in den Artikeln 258, 260 und 267 AEUV auch als Bezugnahmen auf das Vereinigte Königreich zu verstehen.

Artikel 161

Verfahren vor dem Gerichtshof der Europäischen Union

(1) Legt ein Gericht eines Mitgliedstaats dem Gerichtshof der Europäischen Union eine Frage

zur Auslegung dieses Abkommens zur Vorabentscheidung vor, so wird die Entscheidung des nationalen Gerichts, die diese Frage enthält, dem Vereinigten Königreich notifiziert.

(2) Die Bestimmungen des Unionsrechts für Verfahren vor dem Gerichtshof der Europäischen Union nach Artikel 267 AEUV gelten für Ersuchen um eine Entscheidung an den Gerichtshof der Europäischen Union nach Artikel 158 dieses Abkommens entsprechend.

Die Bestimmungen des Unionsrechts für Verfahren vor dem Gerichtshof der Europäischen Union finden Anwendung auf Verfahren vor dem Gerichtshof der Europäischen Union und auf Vorabentscheidungsersuchen nach Artikel 160 dieses Abkommens.

(3) Für Rechtssachen, die gemäß Absatz 1, gemäß Artikel 158 und 160 dieses Abkommens und gemäß Artikel 12 des Protokolls über die Hoheitszonen beim Gerichtshof der Europäischen Union anhängig gemacht wurden, gilt:

a) Das Vereinigte Königreich ist berechtigt, am Verfahren vor dem Gerichtshof der Europäischen Union auf dieselbe Weise teilzunehmen wie ein Mitgliedstaat;

b) Bei den Gerichten des Vereinigten Königreichs zugelassene Rechtsanwälte dürfen als Vertreter oder Beistand einer Partei in Verfahren vor dem Gerichtshof der Europäischen Union auftreten; in diesen Fällen sind diese Rechtsanwälte in jeder Hinsicht wie Rechtsanwälte zu behandeln, die bei Gerichten der Mitgliedstaaten zugelassen sind und als Vertreter oder Beistand einer Partei vor dem Gerichtshof der Europäischen Union auftreten.

Artikel 162
Teilnahme der Europäischen Kommission an im Vereinigten Königreich anhängigen Rechtssachen

Wenn die einheitliche Auslegung und Anwendung dieses Abkommens dies erfordert, kann die Europäische Kommission den Gerichten des Vereinigten Königreichs in anhängigen Rechtssachen, welche die Auslegung dieses Abkommens betreffen, schriftliche Stellungnahmen übermitteln. Die Europäische Kommission kann mit Erlaubnis des betreffenden Gerichts auch mündlich Stellung nehmen. Die Europäische Kommission teilt dem Vereinigten Königreich mit, dass sie beabsichtigt, eine Stellungnahme abzugeben, bevor sie diese förmlich übermittelt.

Artikel 163
Regelmäßiger Dialog und Austausch von Informationen

Zur Erleichterung der einheitlichen Auslegung dieses Abkommens und bei voller Wahrung der Unabhängigkeit der Gerichte führen der Gerichtshof der Europäischen Union und die obersten Gerichte des Vereinigten Königreichs einen regelmäßigen Dialog, der dem Dialog zwischen dem Gerichtshof der Europäischen Union und den obersten Gerichten der Mitgliedstaaten entspricht.

TITEL II
INSTITUTIONELLE BESTIMMUNGEN

Artikel 164
Gemeinsamer Ausschuss

(1) Es wird ein Gemeinsamer Ausschuss aus Vertretern der Union und des Vereinigten Königreichs eingesetzt. Der Vorsitz im Gemeinsamen Ausschuss wird gemeinsam von der Union und dem Vereinigten Königreich geführt.

(2) Der Gemeinsame Ausschuss tritt auf Antrag der Union oder des Vereinigten Königreichs, in jedem Fall aber mindestens einmal jährlich zusammen. Der Gemeinsame Ausschuss legt seinen Sitzungskalender und seine Tagesordnung in gegenseitigem Einvernehmen fest. Die Tätigkeit des Gemeinsamen Ausschusses wird von der in Anhang VIII festgelegten Geschäftsordnung geregelt.

(3) Der Gemeinsame Ausschuss ist für die Durchführung und Anwendung dieses Abkommens verantwortlich. Die Union und das Vereinigte Königreich können jeweils den Gemeinsamen Ausschuss mit Fragen zur Durchführung, Anwendung und Auslegung dieses Abkommens befassen.

(4) Der Gemeinsame Ausschuss

a) überwacht und erleichtert die Durchführung und Anwendung dieses Abkommens,

b) beschließt über die Aufgaben der Fachausschüsse und überwacht deren Arbeit,

c) sucht angemessene Mittel und Wege, um Problemen vorzubeugen, die in den unter dieses Abkommen fallenden Bereichen auftreten könnten, oder um Streitigkeiten beizulegen, die bei der Auslegung und Anwendung dieses Abkommens entstehen können,

d) prüft alle Fragen, die für die unter dieses Abkommen fallenden Bereiche von Interesse sind,

e) fasst Beschlüsse und unterbreitet Empfehlungen nach Artikel 166 und

f) verabschiedet in den in diesem Abkommen vorgesehenen Fällen Änderungen dieses Abkommens.

(5) Der Gemeinsame Ausschuss kann

a) den Fachausschüssen Zuständigkeiten übertragen, ausgenommen die Zuständigkeiten nach Absatz 4 Buchstaben b, e und f,

b) andere als die mit Artikel 165 eingesetzten Fachausschüsse einsetzen, um den Gemeinsamen

Ausschuss bei der Erfüllung seiner Aufgaben zu unterstützen,

c) die den Fachausschüssen übertragenen Aufgaben ändern und diese Ausschüsse auflösen;

d) bis zum Ende des vierten Jahres nach Ende des Übergangszeitraums außer für die Teile Eins, Vier und Sechs Änderungen an diesem Abkommen beschließen, sofern diese notwendig sind, um Fehler zu beheben, Auslassungen oder andere Mängel zu beseitigen oder Fälle abzudecken, die bei Unterzeichnung dieses Abkommens nicht vorhersehbar waren, und sofern die wesentlichen Bestandteile dieses Abkommens durch diese Beschlüsse nicht geändert werden;

e) Änderungen der in Anhang VIII festgelegten Geschäftsordnung annehmen und

f) in Wahrnehmung seiner Aufgaben sonstige Maßnahmen treffen, die von der Union und dem Vereinigten Königreich beschlossen werden.

(6) Der Gemeinsame Ausschuss erstellt einen Jahresbericht über das Funktionieren dieses Abkommens.

Artikel 165
Fachausschüsse

(1) Es werden die folgenden Fachausschüsse eingesetzt:

a) Ausschuss für Rechte der Bürger,

b) Ausschuss für sonstige Trennungsbestimmungen,

c) Ausschuss für Fragen der Durchführung des Protokolls zu Irland/Nordirland,

d) Ausschuss für Fragen der Durchführung des Protokolls zu den Hoheitszonen auf Zypern,

e) Ausschuss für Fragen der Durchführung des Protokolls zu Gibraltar und

f) Ausschuss für Finanzbestimmungen.

Diese Fachausschüsse setzen sich aus Vertretern der Union und Vertretern des Vereinigten Königreichs zusammen.

(2) Die Tätigkeit der Fachausschüsse wird von der in Anhang VIII festgelegten Geschäftsordnung geregelt.

Sofern in diesem Abkommen nichts anderes bestimmt ist und die beiden Vorsitzenden nichts anderes beschließen, treten die Fachausschüsse mindestens einmal jährlich zusammen. Zusätzliche Sitzungen können auf Antrag der Union, des Vereinigten Königreichs oder des Gemeinsamen Ausschusses abgehalten werden. Der Vorsitz in den Sitzungen wird gemeinsam von Vertretern der Union und des Vereinigten Königreichs geführt. Die Fachausschüsse legen ihre Sitzungskalender und Tagesordnungen in gegenseitigem Einvernehmen fest. Die Fachausschüsse können Entwürfe für Beschlüsse und Empfehlungen ausarbeiten und dem Gemeinsamen Ausschuss zur Annahme vorlegen.

(3) Die Union und das Vereinigte Königreich stellen sicher, dass ihre jeweiligen Vertreter in den Fachausschüssen über angemessene Sachkenntnis in Bezug auf die behandelten Fragen verfügen.

(4) Die Fachausschüsse teilen dem Gemeinsamen Ausschuss ihre Sitzungskalender und Tagesordnungen rechtzeitig vor den Sitzungen mit und erstatten dem Gemeinsamen Ausschuss über die Ergebnisse und Schlussfolgerungen jeder ihrer Sitzungen Bericht. Die Einsetzung oder das Bestehen eines Fachausschusses hindert die Union oder das Vereinigte Königreich nicht daran, den Gemeinsamen Ausschuss unmittelbar mit einer Angelegenheit zu befassen.

Artikel 166
Beschlüsse und Empfehlungen

(1) Für die Zwecke dieses Abkommens ist der Gemeinsame Ausschuss befugt, in allen Angelegenheiten, für die dies in diesem Abkommen vorgesehen ist, Beschlüsse zu fassen und der Union und dem Vereinigten Königreich geeignete Empfehlungen zu unterbreiten.

(2) Die Beschlüsse des Gemeinsamen Ausschusses sind für die Union und das Vereinigte Königreich verbindlich und von der Union und dem Vereinigten Königreich durchzuführen. Sie haben dieselbe rechtliche Wirkung wie dieses Abkommen.

(3) Der Gemeinsame Ausschuss fasst seine Beschlüsse und unterbreitet seine Empfehlungen in gegenseitigem Einvernehmen.

TITEL III

STREITBEILEGUNG

Artikel 167
Zusammenarbeit

Die Union und das Vereinigte Königreich bemühen sich stets um eine einvernehmliche Auslegung und Anwendung dieses Abkommens und unternehmen im Wege der Zusammenarbeit und Konsultation alle Anstrengungen, um eine für beide Seiten zufriedenstellende Lösung aller Fragen zu erreichen, die seine Durchführung beeinträchtigen könnten.

Artikel 168
Ausschließlichkeit

Im Falle von Streitigkeiten zwischen der Union und dem Vereinigten Königreich im Zusammenhang mit diesem Abkommen nehmen die Union und das Vereinigte Königreich nur die in diesem Abkommen vorgesehenen Verfahren in Anspruch.

Artikel 169
Konsultationen und Mitteilungen innerhalb des Gemeinsamen Ausschusses

(1) Die Union und das Vereinigte Königreich bemühen sich, Streitigkeiten über die Auslegung und Anwendung der Bestimmungen dieses Abkommens dadurch beizulegen, dass sie nach Treu und Glauben Konsultationen aufnehmen, um zu einer einvernehmlichen Lösung zu gelangen. Möchte eine Vertragspartei Konsultationen aufnehmen, so setzt sie den Gemeinsamen Ausschuss schriftlich davon in Kenntnis.

(2) Mitteilungen oder Bekanntgaben zwischen der Union und dem Vereinigten Königreich nach diesem Titel erfolgen im Gemeinsamen Ausschuss.

Artikel 170
Einleitung des Schiedsverfahrens

(1) Unbeschadet des Artikels 160 kann die Union oder das Vereinigte Königreich um die Einsetzung eines Schiedspanels ersuchen wenn innerhalb von 3 Monaten nach der in Artikel 169 Absatz 1 genannten schriftlichen Mitteilung an den Gemeinsamen Ausschuss keine einvernehmliche Lösung erzielt wurde. Ein entsprechendes Ersuchen ist der anderen Vertragspartei und dem Internationalen Büro des Ständigen Schiedshofs schriftlich zu übermitteln. Darin anzugeben sind der Gegenstand der Streitigkeit, die vor dem Schiedspanel entschieden werden soll, und eine Zusammenfassung der rechtlichen Grundlagen, auf die sich das Ersuchen stützt.

(2) Die Union und das Vereinigte Königreich können übereinkommen, dass die Einsetzung eines Schiedspanels vor Ablauf der in Absatz 1 festgelegten Frist beantragt werden kann.

Artikel 171
Einsetzung des Schiedspanels

(1) Der Gemeinsame Ausschuss erstellt spätestens bis zum Ende des Übergangszeitraums eine Liste mit 25 Personen, die bereit und in der Lage sind, Mitglieder eines Schiedspanels zu werden. Zu diesem Zweck schlagen die Union und das Vereinigte Königreich jeweils zehn Personen vor. Die Union und das Vereinigte Königreich schlagen gemeinsam fünf Personen für den Vorsitz des Schiedspanels vor. Der Gemeinsame Ausschuss stellt sicher, dass die Liste diese Anforderungen jederzeit erfüllt.

(2) Die nach Absatz 1 erstellte Liste umfasst nur Personen, deren Unabhängigkeit außer Frage steht, die in ihrem Staat die für die höchsten richterlichen Ämter erforderlichen Voraussetzungen erfüllen oder anerkannte kompetente Juristen sind und über Fachwissen oder Erfahrung im Bereich des Unionsrechts und des Völkerrechts verfügen. Die Liste enthält keine Mitglieder, Beamten oder andere Bedienstete der Organe der Union, der Regierung eines Mitgliedstaats oder der Regierung des Vereinigten Königreichs.

(3) Ein Schiedspanel setzt sich aus fünf Mitgliedern zusammen.

(4) Das Panel wird gemäß den Absätzen 5 und 6 innerhalb von 15 Tagen nach einem Ersuchen nach Artikel 170 eingesetzt.

(5) Die Union und das Vereinigte Königreich benennen aus dem Kreis der Personen, die auf der nach Absatz 1 erstellten Liste aufgeführt sind, je zwei Mitglieder. Der Vorsitzende wird von den Mitgliedern des Panels einvernehmlich aus dem Kreis der Personen ausgewählt, die gemeinsam von der Union und dem Vereinigten Königreich für den Vorsitz benannt wurden.

Für den Fall, dass sich die Mitglieder des Panels nicht innerhalb der in Absatz 4 festgelegten Frist über die Wahl des Vorsitzenden einigen, können die Union oder das Vereinigte Königreich den Generalsekretär des Ständigen Schiedshofs ersuchen, den Vorsitzenden per Losentscheid aus dem Kreis der gemeinsam von der Union und dem Vereinigten Königreich vorgeschlagenen Personen auszuwählen.

(6) Der Generalsekretär des Ständigen Schiedshofs führt den in Absatz 5 Unterabsatz 2 genannten Losentscheid innerhalb von fünf Tagen nach dem in Absatz 5 genannten Ersuchen durch. Vertreter der Union und des Vereinigten Königreichs dürfen hierbei anwesend sein.

(7) Als Tag der Einsetzung des Schiedspanels gilt der Tag, an dem das Auswahlverfahren abgeschlossen wird.

(8) Für den Fall, dass die in Absatz 1 genannte Liste nicht bis zum Ablauf der in Absatz 4 festgelegten Frist erstellt wurde, ernennen die Union und das Vereinigte Königreich innerhalb von fünf Tagen je zwei Personen zu Mitgliedern des Panels. Wurden nach Absatz 1 Personen vorgeschlagen, werden aus diesem Kreis Personen benannt. Der Vorsitzende wird dann gemäß dem in Absatz 5 festgelegten Verfahren ernannt. Für den Fall, dass die Union und das Vereinigte Königreich innerhalb einer weiteren Frist von 5 Tagen nicht mindestens eine Person gemeinsam für den Vorsitz vorgeschlagen haben, schlägt der Generalsekretär des Ständigen Schiedshofs innerhalb von 5 Tagen und nach Konsultation der Union und des Vereinigten Königreichs eine Person als Vorsitzenden vor, die die Anforderungen des Absatzes 2 erfüllt. Sofern die Union oder das Vereinigte Königreich innerhalb von 5 Tagen keine Einwände gegen diesen Vorschlag erheben, wird die vom Generalsekretär des Ständigen Schiedshofs vorgeschlagene Person ernannt.

(9) Gelingt es nicht, binnen drei Monaten nach dem Tag des nach Artikel 170 gestellten Ersuchens ein Schiedspanel einzusetzen, ernennt der

Generalsekretär des Ständigen Schiedshofs auf Ersuchen der Union oder des Vereinigten Königreichs innerhalb von 15 Tagen nach diesem Ersuchen und nach Konsultation der Union und des Vereinigten Königreichs Personen, die die Anforderungen des Absatzes 2 des vorliegenden Artikels erfüllen, um das Schiedspanel einzusetzen.

Artikel 172
Verfahrensordnung

Die in diesem Titel festgelegten Streitbeilegungsverfahren unterliegen der in Anhang IX Teil A festgelegten Verfahrensordnung („Verfahrensordnung"); der Gemeinsame Ausschuss überprüft die Funktionsweise dieser Streitbeilegungsverfahren fortlaufend und kann die Verfahrensordnung ändern.

Artikel 173
Zeitlicher Rahmen für ein Verfahren vor dem Schiedspanel

(1) Das Schiedspanel teilt der Union, dem Vereinigten Königreich und dem Gemeinsamen Ausschuss seine Entscheidung innerhalb von 12 Monaten nach dem Tag der Einsetzung des Schiedspanels mit. Kann das Schiedspanel diese Frist nach eigener Auffassung nicht einhalten, setzt der Vorsitzende die Union und das Vereinigte Königreich schriftlich unter Angabe der Gründe für die Verzögerung und des Zeitpunkts, zu dem das Panel seine Arbeiten abzuschließen beabsichtigt, in Kenntnis.

(2) Die Union oder das Vereinigte Königreich können binnen zehn Tagen nach Einsetzung des Schiedspanels einen begründeten Antrag auf Dringlichkeit stellen. In einem solchen Fall entscheidet das Schiedspanel innerhalb von 15 Tagen nach Eingang des Antrags über die Dringlichkeit. Hat das Schiedspanel die Dringlichkeit eines Falles festgestellt, so bemüht es sich nach Kräften, der Union und dem Vereinigten Königreich innerhalb von sechs Monaten nach dem Tag seiner Einsetzung seine Entscheidung mitzuteilen.

Artikel 174
Streitigkeiten im Zusammenhang mit Unionsrecht

(1) Wird in einer zur Schlichtung nach diesem Titel vorgelegten Streitigkeit eine Frage zur Auslegung eines Begriffs des Unionsrechts, eine Frage zur Auslegung einer in diesem Abkommen genannten Bestimmung des Unionsrechts oder eine Frage dazu gestellt, ob das Vereinigte Königreich seinen Verpflichtungen nach Artikel 89 Absatz 2 nachgekommen ist, entscheidet das Schiedspanel diese Frage nicht. In diesem Fall ist es verpflichtet, die Frage dem Gerichtshof der Europäischen Union zur Entscheidung vorzulegen. Der Gerichtshof der Europäischen Union hat die Zuständigkeit, eine Entscheidung zu erlassen, die für das Schiedspanel bindend ist.

Das Schiedspanel stellt das in Absatz 1 genannte Ersuchen, nachdem es die Parteien angehört hat.

(2) Wenn die Union oder das Vereinigte Königreich der Auffassung sind, dass eine Frage gemäß Absatz 1 dem Gerichtshof der Europäischen Union vorgelegt werden muss, so kann die Union oder das Vereinigte Königreich unbeschadet des Absatzes 1 Unterabsatz 1 Satz 1 dem Schiedspanel zu diesem Zweck Stellungnahmen vorlegen. In diesem Fall leitet das Schiedspanel die Frage gemäß Absatz 1 weiter, es sei denn, diese betrifft nicht die Auslegung eines Begriffs des Unionsrechts, die Auslegung einer in diesem Abkommen genannten Bestimmung des Unionsrechts oder eine Frage dazu, ob das Vereinigte Königreich seinen Verpflichtungen nach Artikel 89 Absatz 2 nachgekommen ist. Das Schiedspanel muss seine Einschätzung begründen. Binnen zehn Tagen nach dieser Einschätzung kann jede Vertragspartei das Schiedspanel um Überprüfung seiner Einschätzung ersuchen; eine Anhörung findet innerhalb von 15 Tagen nach dem Ersuchen der Vertragsparteien um Anhörung statt. Das Schiedspanel muss seine Einschätzung begründen.

(3) In den in den Absätzen 1 und 2 genannten Fällen wird die in Artikel 173 vorgesehene Frist bis zur Entscheidung des Gerichtshofs der Europäischen Union ausgesetzt. Das Schiedspanel ist nicht verpflichtet, seine Entscheidung innerhalb von 60 Tagen nach dem Tag der Entscheidung des Gerichtshofs der Europäischen Union zu erlassen.

(4) Artikel 161 Absatz 2 Unterabsatz 1 und Artikel 161 Absatz 3 finden auf die Verfahren, mit der Gerichtshof der Europäischen Union gemäß dem vorliegenden Artikel befasst wird, entsprechend Anwendung.

Artikel 175
Umsetzung der Entscheidung des Schiedspanels

Die Union und das Vereinigte Königreich sind an die Entscheidung des Schiedspanels gebunden. Die Union und das Vereinigte Königreich treffen die erforderlichen Maßnahmen, um die Entscheidung des Schiedspanels nach Treu und Glauben umzusetzen und bemühen sich, sich auf eine Frist für die Umsetzung der Entscheidung gemäß dem Verfahren nach Artikel 176 zu einigen.

Artikel 176
Angemessene Frist für die Umsetzung

(1) Entscheidet das Schiedspanel zugunsten des Beschwerdeführers, so teilt der Beschwerde-

gegner diesem spätestens 30 Tage nach Notifikation der Entscheidung des Schiedspanels an die Union und das Vereinigte Königreich mit, wieviel Zeit er seines Erachtens für die Umsetzung („angemessene Frist") benötigt.

(2) Bei Meinungsverschiedenheiten zwischen der Union und dem Vereinigten Königreich über die zur Umsetzung der Entscheidung des Schiedspanels angemessene Frist kann der Beschwerdeführer das Schiedspanel innerhalb von 40 Tagen nach der Notifikation durch den Beschwerdegegner gemäß Absatz 1 schriftlich ersuchen, eine angemessene Frist zu bestimmen. Ein solches Ersuchen ist gleichzeitig dem Beschwerdegegner zu notifizieren. Das Schiedspanel teilt der Union und dem Vereinigten Königreich seine Entscheidung über die Frist zur Umsetzung innerhalb von 40 Tagen nach dem Tag der Übermittlung des Ersuchens mit.

(3) Für den Fall, dass das ursprüngliche Schiedspanel oder einige seiner Mitglieder nicht zusammentreten können, um ein Ersuchen nach Absatz 2 zu prüfen, wird ein neues Schiedspanel nach Artikel 171 eingesetzt. Das neue Schiedspanel teilt seine Entscheidung innerhalb einer Frist von 60 Tagen nach dem Tag seiner Einsetzung mit.

(4) Der Beschwerdegegner unterrichtet den Beschwerdeführer spätestens einen Monat vor Ablauf der angemessenen Frist schriftlich über seine Fortschritte bei der Umsetzung der Entscheidung des Schiedspanels nach Artikel 173.

(5) Die angemessene Frist kann von der Union und dem Vereinigten Königreich in gegenseitigem Einvernehmen verlängert werden.

Artikel 177
Überprüfung der Maßnahmen zur Umsetzung der Entscheidung des Schiedspanels

(1) Der Beschwerdegegner unterrichtet den Beschwerdeführer vor Ablauf der angemessenen Frist über die von ihm im Hinblick auf die Umsetzung der Entscheidung des Schiedspanels getroffenen Maßnahmen.

(2) Gelangt der Beschwerdeführer bei Ablauf der angemessenen Frist zu der Auffassung, dass der Beschwerdegegner der Entscheidung des Schiedspanels nach Artikel 173 nicht nachgekommen ist, kann der Beschwerdeführer das ursprüngliche Schiedspanel schriftlich ersuchen, über die Angelegenheit zu entscheiden. Das Schiedspanel teilt der Union und dem Vereinigten Königreich seine Entscheidung innerhalb von 90 Tagen nach dem Tag der Übermittlung des Ersuchens mit.

(3) Für den Fall, dass das ursprüngliche Schiedspanel oder einige seiner Mitglieder nicht zusammentreten können, um ein Ersuchen nach Absatz 2 zu prüfen, wird ein neues Schiedspanel nach Artikel 171 eingesetzt. Das Schiedspanel teilt seine Entscheidung innerhalb einer Frist von 60 Tagen nach dem Tag seiner Einsetzung mit.

(4) Wird in einem Verfahren vor dem Schiedspanel nach Absatz 2 eine Frage zur Auslegung eines Begriffs des Unionsrechts oder eine Frage zur Auslegung einer Bestimmung des Unionsrechts nach diesem Abkommen gestellt, so gilt Artikel 174 entsprechend.

Artikel 178
Einstweilige Abhilfemaßnahmen bei Nichteinhaltung

(1) Entscheidet das Schiedspanel gemäß Artikel 177 Absatz 2, dass der Beschwerdegegner der Entscheidung des Schiedspanels nach Artikel 173 nicht nachgekommen ist, kann es auf Ersuchen des Beschwerdeführers die Zahlung eines Pauschalbetrags oder eines Zwangsgelds an den Beschwerdeführer verhängen. Das Schiedspanel berücksichtigt bei der Festlegung des Pauschalbetrags oder des Zwangsgelds die Schwere und Dauer der Nichteinhaltung und des zugrundeliegenden Verstoßes.

(2) Wenn der Beschwerdegegner den verhängten Pauschalbetrag oder das verhängte Zwangsgeld nicht binnen eines Monats nach der in Absatz 1 genannten Entscheidung des Schiedspanels gezahlt hat, oder der Beschwerdegegner sechs Monate nach der in Artikel 177 Absatz 2 genannten Entscheidung des Schiedspanels der Entscheidung des Schiedspanels nach Artikel 173 nicht nachgekommen ist, ist der Beschwerdeführer berechtigt, nach Notifikation des Beschwerdegegners die Erfüllung seiner Verpflichtungen auszusetzen, die sich

a) aus den Bestimmungen dieses Abkommens ergeben, mit Ausnahme der Bestimmungen des Teils Zwei, oder

b) aus Teilen jedes anderen Abkommens zwischen der Union und dem Vereinigten Königreich nach Maßgabe der Bedingungen des jeweiligen Abkommens ergeben.

In der Notifikation sind die Bestimmungen anzugeben, die der Beschwerdeführer auszusetzen beabsichtigt. Bevor der Beschwerdeführer entscheidet, Teile eines Abkommens nach Buchstabe b auszusetzen, prüft er zuerst, ob die Aussetzung der Bestimmungen dieses Abkommens gemäß Buchstabe a eine angemessene Reaktion auf den Verstoß darstellt. Eine Aussetzung muss in einem angemessenen Verhältnis zu dem Verstoß der betreffenden Verpflichtung stehen sowie die Schwere des Verstoßes und die betreffenden Rechte berücksichtigen und bei einer Aussetzung auf der Grundlage, dass der Beschwerdegegner der Entscheidung des Schiedspanels nach Artikel 173 nicht nachkommt, zudem dem Umstand Rechnung tragen, ob ein Zwangsgeld gegen den

Beschwerdegegner verhängt und gezahlt wurde oder von diesem noch gezahlt wird.

Der Beschwerdeführer kann die Aussetzung jederzeit, jedoch frühestens zehn Tage nach dem Tag der Notifikation vornehmen, es sei denn der Beschwerdeführer hat ein Schiedsverfahren nach Absatz 3 beantragt.

(3) Ist der Beschwerdegegner der Auffassung, dass der Umfang der in der Notifikation nach Absatz 2 genannten Aussetzung unverhältnismäßig ist, kann er das ursprüngliche Schiedspanel schriftlich um Entscheidung in der Angelegenheit ersuchen. Ein solches Ersuchen ist dem Beschwerdeführer vor Ablauf der in Absatz 2 genannten Frist von zehn Tagen zu notifizieren. Das Schiedspanel notifiziert der Union und dem Vereinigten Königreich seine Entscheidung innerhalb von 60 Tagen nach dem Tag der Übermittlung des Ersuchens. Die Verpflichtungen werden nicht ausgesetzt, bis das Schiedspanel seine Entscheidung notifiziert hat; die Aussetzung muss mit der Entscheidung des Schiedspanels vereinbar sein.

(4) Für den Fall, dass das ursprüngliche Schiedspanel oder einige seiner Mitglieder nicht zusammentreten können, um ein Ersuchen nach Absatz 2 zu prüfen, wird ein neues Schiedspanel nach Artikel 171 eingesetzt. Das Schiedspanel notifiziert seine Entscheidung innerhalb einer Frist von 90 Tagen nach dem Tag der Einsetzung des neuen Schiedspanels.

(5) Die Aussetzung von Verpflichtungen ist vorübergehender Natur und wird nur so lange aufrechterhalten, bis die Maßnahmen, die gegen die in diesem Abkommen genannten Bestimmungen verstoßen, aufgehoben oder so geändert wurden, dass sie mit den Bestimmungen dieses Abkommens in Einklang stehen, oder bis die Union und das Vereinigte Königreich eine anderweitige Einigung über die Beilegung der Streitigkeit erzielt haben.

Artikel 179
Überprüfung von nach zeitlich befristeten Abhilfemaßnahmen getroffenen Maßnahmen

(1) Wenn der Beschwerdeführer seine Verpflichtungen nach Artikel 178 ausgesetzt oder das Schiedspanel nach Artikel 178 Absatz 1 ein Zwangsgeld gegen den Beschwerdegegner verhängt hat, notifiziert der Beschwerdegegner dem Beschwerdeführer die Maßnahmen, die er ergriffen hat, um der Entscheidung des Schiedspanels nachzukommen, und sein Ersuchen um Beendigung der Aussetzung der Verpflichtungen durch den Beschwerdeführer oder die Zahlung des Zwangsgelds.

(2) Wenn die Union und das Vereinigte Königreich binnen 45 Tagen nach der Notifikation keine Einigung darüber erzielen, ob der Beschwerdegegner durch die mitgeteilte Maßnahme die Bestimmungen dieses Abkommens einhält, kann jede Vertragspartei das ursprüngliche Schiedspanel schriftlich um Entscheidung in dieser Angelegenheit ersuchen. Ein solches Ersuchen ist gleichzeitig der anderen Vertragspartei zu notifizieren. Die Entscheidung des Schiedspanels wird der Union, dem Vereinigten Königreich und dem Gemeinsamen Ausschuss innerhalb von 75 Tagen nach dem Tag der Übermittlung des Ersuchens notifiziert.

Entscheidet das Schiedspanel, dass der Beschwerdegegner nunmehr das Abkommen einhält, oder hat der Beschwerdeführer nicht innerhalb von 45 Tagen nach der Übermittlung des Ersuchens nach Absatz 1 darum ersucht, dass das ursprüngliche Schiedspanel die Frage entscheidet, so wird

a) die Aussetzung von Verpflichtungen innerhalb von 15 Tagen nach der Entscheidung des Schiedspanels beziehungsweise nach Ablauf der Frist von 45 Tagen aufgehoben;

b) die Zahlung des Zwangsgelds am Tag nach der Entscheidung des Schiedspanels beziehungsweise nach Ablauf der Frist von 45 Tagen eingestellt;

(3) Für den Fall, dass das ursprüngliche Schiedspanel oder einige seiner Mitglieder nicht zusammentreten können, um ein Ersuchen nach Absatz 2 zu prüfen, wird ein neues Schiedspanel nach Artikel 171 eingesetzt. Das Schiedspanel notifiziert seine Entscheidung innerhalb einer Frist von 90 Tagen nach dem Tag der Einsetzung des neuen Schiedspanels.

(4) Wird in einem Verfahren vor dem Schiedspanel nach Absatz 2 eine Frage zur Auslegung eines Begriffs des Unionsrechts oder eine Frage zur Auslegung einer Bestimmung des Unionsrechts nach diesem Abkommen gestellt, so gilt Artikel 174 entsprechend.

Artikel 180
Beschlüsse und Entscheidungen des Schiedspanels

(1) Das Schiedspanel bemüht sich nach Kräften um einvernehmliche Beschlüsse. Kommt dennoch kein einvernehmlicher Beschluss zustande, so wird die strittige Frage durch Mehrheitsbeschluss entschieden. Abweichende Meinungen einzelner Mitglieder eines Schiedspanels werden jedoch in keinem Fall veröffentlicht.

(2) Die Union und das Vereinigte Königreich sind an die Entscheidung des Schiedspanels gebunden. In der Entscheidung werden der festgestellte Sachverhalt, die Anwendbarkeit der einschlägigen Bestimmungen dieses Abkommens und die Gründe für die Feststellungen und Schlussfolgerungen aufgeführt. Die Union und das Vereinigte Königreich machen den gesamten Wortlaut der Beschlüsse und Entscheidungen des Schiedspanels der Öffentlichkeit zugänglich, so-

fern der Schutz vertraulicher Informationen gewährleistet wird.

Artikel 181
Mitglieder eines Schiedspanels

(1) Die Mitglieder eines Schiedspanels müssen unabhängig sein und in persönlicher Eigenschaft handeln, sie dürfen keine Weisungen von einer Organisation oder Regierung entgegennehmen und sie haben den Verhaltenskodex nach Anhang IX Teil B zu beachten. Der Gemeinsame Ausschuss kann den Verhaltenskodex ändern.

(2) Die Mitglieder eines Schiedspanels genießen in Bezug auf die von ihnen in diesem Schiedspanel vorgenommenen Handlungen ab ihrer Einsetzung gerichtliche Immunität in der Union und dem Vereinigten Königreich.

TITEL IV

SCHLUSSBESTIMMUNGEN

Artikel 182
Protokolle und Anhänge

Das Protokoll zu Irland/Nordirland, das Protokoll zu den Hoheitszonen auf Zypern, das Protokoll zu Gibraltar und die Anhänge I bis IX sind Bestandteil dieses Abkommens.

Artikel 183
Verbindlicher Wortlaut und Verwahrer

Dieses Abkommen ist in einer Urschrift in bulgarischer, dänischer, deutscher, englischer, estnischer, finnischer, französischer, griechischer, irischer, italienischer, kroatischer, lettischer, litauischer, maltesischer, niederländischer, polnischer, portugiesischer, rumänischer, schwedischer, slowakischer, slowenischer, spanischer, tschechischer und ungarischer Sprache abgefasst, wobei der Wortlaut in jeder Sprache gleichermaßen verbindlich ist.

Der Generalsekretär des Rates der Europäischen Union ist Verwahrer dieses Abkommens.

Artikel 184
Verhandlungen über die künftigen Beziehungen

Die Union und das Vereinigte Königreich bemühen sich nach besten Kräften, in gutem Glauben und unter uneingeschränkter Achtung ihrer jeweiligen Rechtsordnung die erforderlichen Schritte einzuleiten, um die in der politischen Erklärung vom 17. Oktober 2019 genannten Abkommen über ihre künftigen Beziehungen rasch auszuhandeln, und die entsprechenden Verfahren zur Ratifizierung oder zum Abschluss dieser Abkommen durchzuführen, um sicherzustellen, dass diese Abkommen, so weit als möglich ab dem Ende des Übergangszeitraums gelten.

Artikel 185
Inkrafttreten und Geltung

Dieses Abkommen tritt am frühesten der nachstehenden Termine in Kraft:

a) dem Tag nach Ablauf der vom Europäischen Rat im Einvernehmen mit dem Vereinigten Königreich verlängerten Frist nach Artikel 50 Absatz 3 EUV, sofern der Verwahrer dieses Abkommens vor diesem Tag die schriftlichen Notifikationen des Abschlusses der erforderlichen internen Verfahren durch die Union und das Vereinigte Königreich erhalten hat;

b) dem ersten Tag des Monats, der auf das Datum des Eingangs der letzten der schriftlichen Notifikationen nach Buchstabe a folgt.

Falls der Verwahrer dieses Abkommens die schriftlichen Notifikationen nach Buchstabe a nicht vor Ablauf der vom Europäischen Rat im Einvernehmen mit dem Vereinigten Königreich verlängerten Frist nach Artikel 50 Absatz 3 EUV erhalten hat, tritt dieses Abkommen nicht in Kraft.

Bei der schriftlichen Notifikation nach Absatz 1 kann die Union für jeden Mitgliedstaat, der Gründe im Zusammenhang mit Grundprinzipien des nationalen Rechts dieses Mitgliedstaats dargelegt hat, erklären, dass die vollstreckenden Justizbehörden dieses Mitgliedstaats neben den Gründen für die Nichtvollstreckung eines Europäischen Haftbefehls nach dem Rahmenbeschluss 2002/584/JI die Auslieferung seiner Staatsangehörigen an das Vereinigte Königreich aufgrund eines Europäischen Haftbefehls im Übergangszeitraum verweigern können. In diesem Fall kann das Vereinigte Königreich spätestens einen Monat nach Erhalt der Erklärung der Union erklären, dass seine vollstreckenden Justizbehörden die Auslieferung seiner Staatsangehörigen an diesen Mitgliedstaat verweigert.

Teil Zwei und Teil Drei mit Ausnahme der Artikel 19, Artikel 34 Absatz 1, Artikel 44 und Artikel 96 Absatz 1 sowie der Teil Sechs Titel I und die Artikel 169 bis 181 finden ab dem Ende des Übergangszeitraums Anwendung.

Das Protokoll zu Irland/Nordirland gilt ab dem Ende des Übergangszeitraums mit Ausnahme der folgenden Bestimmungen des Protokolls, die ab Inkrafttreten dieses Abkommens gelten:

- Artikel 1,
- Artikel 5 Absatz 2 Unterabsatz 3, Unterabsatz 4 und Unterabsatz 6,
- Artikel 5 Absatz 3 Satz 2,
- Artikel 10 Absatz 2 letzter Satz,
- Artikel 12 Absatz 3,
- Artikel 13 Absatz 8,

- Artikel 14,
- Artikel 15 Absätze 1 bis 4 und 6,
- Artikel 19,
- Anhang 6 Absatz 1.

Das Protokoll zu den Hoheitszonen des Vereinigten Königreichs Großbritannien und Nordirland auf Zypern mit Ausnahme von Artikel 11 gilt ab dem Ende des Übergangszeitraums.

Die Gültigkeit des Protokolls zu Gibraltar mit Ausnahme von Artikel 1 endet am Ende des Übergangszeitraums.

[Geschehen zu Brüssel und London am vierundzwanzigsten Januar zweitausendzwanzig]

[Aufzählung der Unterzeichner]

Protokolle

ABl 2020 L 29, 102 idF

1 ABl 2020 L 443, 3

PROTOKOLL ZU IRLAND/NORDIRLAND

Die Union und das Vereinigte Königreich,

IM HINBLICK auf die historischen Bindungen und die dauerhafte Natur der bilateralen Beziehungen zwischen Irland und dem Vereinigten Königreich,

UNTER HINWEIS darauf, dass der Austritt des Vereinigten Königreichs aus der Union eine erhebliche, einzigartige Herausforderung für die Insel Irland darstellt, und bekräftigend, dass die Erfolge, die Vorteile und die Verpflichtungen im Rahmen des Friedensprozesses auch künftig von größter Bedeutung für Frieden, Stabilität und Aussöhnung dort sind,

IN DER ERKENNTNIS, dass den einzigartigen Umständen auf der Insel Irland durch eine einzigartige Lösung Rechnung getragen werden muss, um den geordneten Austritt des Vereinigten Königreichs aus der Union zu gewährleisten,

BESTÄTIGEND, dass das Karfreitagsabkommen beziehungsweise Abkommen von Belfast vom 10. April 1998 zwischen der Regierung des Vereinigten Königreichs, der Regierung Irlands und den anderen an den multilateralen Verhandlungen beteiligten Parteien („Abkommen von 1998"), das dem Britisch-Irischen Abkommen vom selben Tag („Britisch-Irisches Abkommen") beigefügt ist, einschließlich der dazugehörigen späteren Durchführungsübereinkünfte und -regelungen, in allen seinen Teilen geschützt werden sollte,

IN DER ERKENNTNIS, dass die Zusammenarbeit zwischen Nordirland und Irland einen zentralen Bestandteil des Abkommens von 1998 darstellt und für eine erfolgreiche Aussöhnung und die Normalisierung der Beziehungen auf der Insel Irland unerlässlich ist, und unter Hinweis auf die im Abkommen von 1998 festgelegten Rollen und Aufgaben der nordirischen Regierung (Northern Ireland Executive), des nordirischen Parlaments (Northern Ireland Assembly) und des Nord-Süd-Ministerrats (North-South Ministerial Council) sowie die sie betreffenden Garantien (einschließlich der für beide Bevölkerungsgruppen geltenden Bestimmungen),

IN ANBETRACHT der Tatsache, dass das Unionsrecht einen unterstützenden Rahmen für die Bestimmungen des Abkommens von 1998 über Rechte, Garantien und Chancengleichheit bereitgestellt hat,

IN ANERKENNUNG DESSEN, dass irische Staatsangehörige in Nordirland aufgrund ihrer Unionsbürgerschaft auch weiterhin Rechte, Möglichkeiten und Vorteile genießen, wahrnehmen und Zugang zu ihnen haben werden und dass dieses Protokoll die Rechte, die Möglichkeiten und die Identität achten und unberührt lassen sollte, die für die Menschen in Nordirland, die sich dafür entscheiden, ihr Recht auf die irische Staatsangehörigkeit gemäß Anhang 2 der „Declaration on the Provisions of Paragraph (vi) of Article 1 in Relation to Citizenship" (Erklärung zu den Bestimmungen des Artikels 1 Absatz vi in Bezug auf die Staatsangehörigkeit) des Britisch-Irischen Abkommens geltend zu machen, mit der Unionsbürgerschaft einhergehen,

UNTER BETONUNG der Tatsache, dass es zur Gewährleistung der demokratischen Legitimierung in Nordirland ein Verfahren der demokratischen Zustimmung zur Anwendung des Unionsrechts nach diesem Protokoll geben sollte,

UNTER HINWEIS auf das Bekenntnis des Vereinigten Königreichs zum Schutz der Zusammenarbeit zwischen Nord und Süd sowie seiner Garantie für die Vermeidung einer harten Grenze, einschließlich physischer Infrastrukturen und damit zusammenhängender Überprüfungen und Kontrollen,

IN ANBETRACHT der Tatsache, dass dieses Protokoll das Vereinigte Königreich nicht daran hindert, den ungehinderten Marktzugang für Waren zu gewährleisten, die von Nordirland in den übrigen Teil des Binnenmarkts des Vereinigten Königreichs befördert werden,

UNTER BETONUNG des gemeinsamen Ziels der Union und des Vereinigten Königreichs, Kontrollen in den Häfen und Flughäfen Nordirlands zu vermeiden, soweit dies nach den anwendbaren Rechtsvorschriften und unter Berücksichtigung ihrer jeweiligen Regulierungssysteme und deren Umsetzung möglich ist,

UNTER HINWEIS auf die Verpflichtungen der Union und des Vereinigten Königreichs, die in dem gemeinsamen Bericht der Verhandlungsführer der Europäischen Union und der Regierung des Vereinigten Königreichs vom 8. Dezember 2017 über die Fortschritte in der ersten Phase der Verhandlungen nach Artikel 50 EUV über den geordneten Austritt des Vereinigten Königreichs aus der Europäischen Union zum Ausdruck kommen,

UNTER HINWEIS darauf, dass die Union und das Vereinigte Königreich eine Bestandsaufnahme vorgenommen haben, die ergeben hat, dass sich die Zusammenarbeit zwischen Nord und Süd in erheblichem Maße auf den gemeinsamen Rechts- und Politikrahmen der Union stützt,

IN ANBETRACHT der Tatsache, dass der Austritt des Vereinigten Königreichs aus der Union daher die Aufrechterhaltung und Weiterentwicklung der Zusammenarbeit zwischen Nord und Süd vor große Herausforderungen stellt,

UNTER HINWEIS darauf, dass sich das Vereinigte Königreich nach wie vor dazu bekennt, die weitere Zusammenarbeit zwischen Nord und Süd und zwischen Ost und West in jedem politischen, wirtschaftlichen, sicherheitsrelevanten, gesellschaftlichen und landwirtschaftlichen Kontext und in jedem Rahmen für die Zusammenarbeit, einschließlich der weiteren Arbeit der Gremien für die Durchführung der Zusammenarbeit zwischen Nord und Süd, zu schützen und zu unterstützen,

IN ANERKENNUNG der Notwendigkeit, dieses Protokoll so durchzuführen, dass die notwendigen Bedingungen für die weitere Zusammenarbeit zwischen Nord und Süd, einschließlich möglicher neuer Regelungen im Einklang mit dem Abkommen von 1998, aufrechterhalten werden,

UNTER HINWEIS auf das Bekenntnis der Union und des Vereinigten Königreichs zu den Nord-Süd-Finanzierungsprogrammen PEACE und INTERREG im Rahmen des derzeitigen mehrjährigen Finanzrahmens und zur Beibehaltung der derzeitigen Finanzierungsanteile bei dem künftigen Programm,

IN BESTÄTIGUNG der Zusage des Vereinigten Königreichs, die effiziente und zeitnahe Durchfuhr von Waren, die aus Irland in einen anderen Mitgliedstaat oder in ein anderes Drittland und umgekehrt befördert werden, durch sein Hoheitsgebiet zu erleichtern,

ENTSCHLOSSEN, dass sich die Anwendung dieses Protokolls so wenig wie möglich auf das tägliche Leben der Bevölkerungsgruppen in Irland und in Nordirland auswirken sollte,

UNTER BETONUNG ihrer festen Zusage, Zoll- oder sonstige die Einhaltung von Vorschriften betreffende Kontrollen oder Überprüfungen sowie die damit zusammenhängenden physischen Infrastrukturen an der Grenze zwischen Irland und Nordirland zu vermeiden,

UNTER HINWEIS darauf, dass Nordirland Teil des Zollgebiets des Vereinigten Königreichs ist und an der unabhängigen Handelspolitik des Vereinigten Königreichs teilnehmen wird,

IM HINBLICK auf die Notwendigkeit, Nordirland als wesentlichen Bestandteil des Binnenmarkts des Vereinigten Königreichs zu bewahren,

EINGEDENK dessen, dass die Rechte und Pflichten Irlands nach den Vorschriften über den Binnenmarkt der Union und die Zollunion in vollem Umfang gewahrt werden müssen,

SIND über folgende Bestimmungen ÜBEREINGEKOMMEN, die dem Austrittsabkommen beigefügt werden:

Artikel 1
Ziele

(1) Dieses Protokoll berührt nicht die Bestimmungen des Abkommens von 1998 über den verfassungsrechtlichen Status Nordirlands und den Grundsatz der Zustimmung, nach dem Änderungen an diesem Status nur mit Zustimmung der Mehrheit seiner Bevölkerung vorgenommen werden dürfen.

(2) Dieses Protokoll achtet die grundlegenden staatlichen Funktionen und die territoriale Unversehrtheit des Vereinigten Königreichs.

(3) In diesem Protokoll sind die Regelungen festgelegt, die notwendig sind, um den einzigartigen Umständen auf der Insel Irland Rechnung zu tragen, um die notwendigen Bedingungen für die weitere Zusammenarbeit zwischen Nord und Süd aufrechtzuerhalten, um eine harte Grenze zu vermeiden und um das Abkommen von 1998 in jeder Hinsicht zu schützen.

Artikel 2
Rechte von Personen

(1) Das Vereinigte Königreich gewährleistet, dass sein Austritt aus der Union keine Minderung der Rechte, der Garantien und der Chancengleichheit zur Folge hat, wie sie in dem Teil des Abkommens von 1998 mit dem Titel „Rights, Safeguards and Equality of Opportunity" festgelegt sind – einschließlich des Bereichs des Schutzes vor Diskriminierung, der in den in Anhang 1 dieses Protokolls aufgeführten Bestimmungen des Unionsrechts verankert ist –, und führt diesen Absatz mithilfe spezieller Mechanismen durch.

(2) Das Vereinigte Königreich erleichtert weiterhin die entsprechende Arbeit der nach dem Abkommen von 1998 geschaffenen Organe und Einrichtungen, darunter die Nordirische Menschenrechtskommission (Northern Ireland Human Rights Commission), die Gleichstellungskommission für Nordirland (Equality Commission for Northern Ireland) und der Gemeinsame Ausschuss der Vertreter der Menschenrechtskommissionen Nordirlands und Irlands (Joint Committee of representatives of the Human Rights Commissions of Northern Ireland and Ireland), zur Wahrung

der Menschenrechts- und Gleichstellungsstandards.

Artikel 3
Einheitliches Reisegebiet

(1) Das Vereinigte Königreich und Irland können weiterhin untereinander Regelungen über den Personenverkehr zwischen ihren Hoheitsgebieten („einheitliches Reisegebiet") treffen, wobei die durch das Unionsrecht verliehenen Rechte natürlicher Personen in vollem Umfang zu achten sind.

(2) Das Vereinigte Königreich stellt sicher, dass das einheitliche Reisegebiet und die damit verbundenen Rechte und Vorrechte weiterhin Anwendung finden können, ohne die Verpflichtungen Irlands aus dem Unionsrecht zu berühren, insbesondere was den freien Personenverkehr nach, aus und in Irland für Unionsbürger und ihre Familienangehörigen, ungeachtet ihrer Staatsangehörigkeit, anbelangt.

Artikel 4
Zollgebiet des Vereinigten Königreichs

Nordirland ist Teil des Zollgebiets des Vereinigten Königreichs.

Dementsprechend hindert dieses Protokoll das Vereinigte Königreich nicht daran, Nordirland in den räumlichen Geltungsbereich etwaiger Übereinkünfte einzubeziehen, die das Vereinigte Königreich mit Drittländern schließt, sofern diese Übereinkünfte nicht die Anwendung dieses Protokolls berühren.

Dieses Protokoll hindert das Vereinigte Königreich insbesondere nicht daran, Übereinkünfte mit einem Drittland zu schließen, die in Nordirland hergestellten Waren präferenziellen Zugang zu dem Markt des betreffenden Landes zu den gleichen Bedingungen gewähren wie Waren, die in anderen Teilen des Vereinigten Königreichs hergestellt wurden.

Dieses Protokoll hindert das Vereinigte Königreich nicht daran, Nordirland in den räumlichen Geltungsbereich seiner Liste von zolltariflichen Zugeständnissen im Anhang des Allgemeinen Zoll- und Handelsabkommens von 1994 einzubeziehen.

Artikel 5
Zoll, Warenverkehr

(1) Auf eine Ware, die auf direktem Weg aus einem anderen Teil des Vereinigten Königreichs nach Nordirland verbracht wird, fallen ungeachtet des Absatzes 3 keine Zölle an, es sei denn, die Ware könnte anschließend selbst oder nach Veredelung als Teil einer anderen Ware in die Union verbracht werden.

Auf eine Ware, die auf direktem Weg von außerhalb der Union und nicht aus einem anderen Teil des Vereinigten Königreichs nach Nordirland verbracht wird, fallen ungeachtet des Absatzes 3 die im Vereinigten Königreich geltenden Zölle an, es sei denn, die Ware könnte anschließend selbst oder nach Veredelung als Teil einer anderen Ware in die Union verbracht werden.

Im Vereinigten Königreich wohnhafte Personen zahlen aufgrund einer ihnen zu gewährenden Zollbefreiung keine Zölle auf Übersiedlungsgut gemäß der Definition in Artikel 2 Absatz 1 Buchstabe c der Verordnung (EG) Nr. 1186/2009 des Rates[1)], das aus einem anderen Teil des Vereinigten Königreichs nach Nordirland verbracht wird.

(2) Für die Zwecke von Absatz 1 Unterabsatz 1 und Unterabsatz 2 gilt, dass eine Ware, die von außerhalb der Union nach Nordirland verbracht wird, anschließend in die Union verbracht werden könnte, es sei denn, es ist nachgewiesen, dass diese Ware

a) in Nordirland nicht gewerblich veredelt wird und

b) die vom Gemeinsamen Ausschuss im Einklang mit Unterabsatz 4 des vorliegenden Absatzes festgelegten Kriterien erfüllt.

Für die Zwecke des vorliegenden Absatzes bedeutet „Veredelung" die Änderung oder die Umwandlung von Waren auf jegliche Art und Weise und andere Be- oder Verarbeitungen als solche zur Erhaltung ihres Zustands oder zum Anbringen oder Beifügen von Marken, Etiketten, Verschlüssen oder von sonstiger Dokumentation, um die Einhaltung spezifischer Anforderungen zu gewährleisten.

Vor dem Ende des Übergangszeitraums legt der Gemeinsame Ausschuss durch Beschluss die Bedingungen fest, unter denen eine Veredelung nicht unter Unterabsatz 1 Buchstabe a fällt, wobei die Art, der Umfang und das Ergebnis der Veredelung zu berücksichtigen sind.

Vor dem Ende des Übergangszeitraums legt der Gemeinsame Ausschuss durch Beschluss die Kriterien fest, anhand deren festgestellt wird, dass eine Ware, die von außerhalb der Union nach Nordirland verbracht wird, nicht anschließend in die Union verbracht werden könnte. Der Gemeinsame Ausschuss berücksichtigt dabei unter anderem:

a) den Endbestimmungsort und die Verwendung der Ware,

b) die Art und den Wert der Ware,

c) die Art der Beförderung und

[1)] Verordnung (EG) Nr. 1186/2009 des Rates vom 16. November 2009 über das gemeinschaftliche System der Zollbefreiungen (ABl. L 324 vom 10.12.2009, S. 23).

d) den Anreiz für die nicht angemeldete Weiterbeförderung in die Union, insbesondere Anreize, die sich aus den gemäß Absatz 1 anfallenden Zöllen ergeben.

Der Gemeinsame Ausschuss kann seine gemäß dem vorliegenden Absatz gefassten Beschlüsse jederzeit ändern.

Bei der Beschlussfassung gemäß dem vorliegenden Absatz berücksichtigt der Gemeinsame Ausschuss die spezifischen Umstände in Nordirland.

3. Die Vorschriften im Sinne des Artikels 5 Nummer 2 der Verordnung (EU) Nr. 952/2013 gelten für das Vereinigte Königreich und im Vereinigten Königreich in Bezug auf Nordirland (mit Ausnahme der Hoheitsgewässer des Vereinigten Königreichs). Der Gemeinsame Ausschuss legt jedoch, unter anderem in quantitativer Hinsicht, die Bedingungen fest, unter denen bestimmte Erzeugnisse der Fischerei und der Aquakultur gemäß Anhang I der Verordnung (EU) Nr. 1379/2013 des Europäischen Parlaments und des Rates[2)], die von Schiffen unter der Flagge des Vereinigten Königreichs mit Registerhafen in Nordirland in das Zollgebiet der Union im Sinne des Artikels 4 der Verordnung (EU) Nr. 952/2013 verbracht werden, von Abgaben befreit sind.

4. Die in Anhang 2 dieses Protokolls aufgeführten Bestimmungen des Unionsrechts gelten unter den Bedingungen, die in dem genannten Anhang festgelegt sind, auch für das Vereinigte Königreich und im Vereinigten Königreich in Bezug auf Nordirland.

5. Die Artikel 30 und 110 AEUV gelten für das Vereinigte Königreich und im Vereinigten Königreich in Bezug auf Nordirland. Mengenmäßige Ausfuhr- und Einfuhrbeschränkungen sind zwischen der Union und Nordirland verboten.

6. Die gemäß Absatz 3 vom Vereinigten Königreich erhobenen Zölle werden nicht an die Union überwiesen.

Vorbehaltlich des Artikels 10 darf das Vereinigte Königreich insbesondere:

a) Zölle erstatten, die gemäß den aufgrund des Absatzes 3 anwendbaren Bestimmungen des Unionsrechts auf nach Nordirland verbrachte Waren erhoben werden;

b) Regelungen zu Umständen festlegen, unter denen eine Zollschuld, die auf nach Nordirland verbrachte Waren angefallen ist, erlassen wird;

c) Regelungen zu Umständen festlegen, nach denen Zölle auf Waren, die nachgewiesenermaßen nicht in die Union verbracht wurden, erstattet werden, und

d) Unternehmen entschädigen, um die Auswirkungen der Anwendung von Absatz 3 auszugleichen.

Beim Erlass von Beschlüssen gemäß Artikel 10 berücksichtigt die Europäische Kommission die Umstände in Nordirland in angemessener Weise.

7. Auf Sendungen von geringem Wert, auf Sendungen von einer Person an eine andere oder auf Waren, die sich im persönlichen Gepäck von Reisenden befinden, fallen gemäß den Bestimmungen der in Absatz 3 genannten Vorschriften keine Zölle an.

Artikel 6
Schutz des Binnenmarkts des Vereinigten Königreichs

(1) Dieses Protokoll hindert das Vereinigte Königreich nicht daran, den ungehinderten Marktzugang für Waren zu gewährleisten, die von Nordirland in andere Teile des Binnenmarkts des Vereinigten Königreichs befördert werden. Aufgrund dieses Protokolls anwendbare Bestimmungen des Unionsrechts, die die Ausfuhr von Waren verbieten oder beschränken, werden auf den Handel zwischen Nordirland und anderen Teilen des Vereinigten Königreichs nur angewendet, soweit dies aufgrund internationaler Verpflichtungen der Union unbedingt erforderlich ist. Das Vereinigte Königreich gewährleistet den uneingeschränkten Schutz nach den internationalen Anforderungen und Verpflichtungen, die für die nach Unionsrecht bestehenden Verbote und Beschränkungen der Ausfuhr von Waren aus der Union in Drittländer von Belang sind.

(2) Im Hinblick darauf, dass Nordirland wesentlicher Bestandteil des Binnenmarkts des Vereinigten Königreichs ist, bemühen sich die Union und das Vereinigte Königreich nach besten Kräften, den Handel zwischen Nordirland und anderen Teilen des Vereinigten Königreichs nach den anwendbaren Rechtsvorschriften und unter Berücksichtigung ihrer jeweiligen Regulierungssysteme und deren Umsetzung zu erleichtern. Der Gemeinsame Ausschuss überprüft fortlaufend die Anwendung dieses Absatzes und spricht geeignete Empfehlungen aus, um Kontrollen in den Häfen und Flughäfen Nordirlands so weit wie möglich zu vermeiden.

(3) Dieses Protokoll verhindert nicht, dass ein Erzeugnis mit Ursprung in Nordirland in Großbritannien als Ursprungserzeugnis des Vereinigten Königreichs in Verkehr gebracht wird.

(4) Dieses Protokoll berührt nicht die Rechtsvorschriften des Vereinigten Königreichs, mit denen das Inverkehrbringen in anderen Teilen des Vereinigten Königreichs von Waren aus Nordirland geregelt wird, die technischen Vor-

---

2) Verordnung (EU) Nr. 1379/2013 des Europäischen Parlaments und des Rates vom 11. Dezember 2013 über die gemeinsame Marktorganisation für Erzeugnisse der Fischerei und der Aquakultur, zur Änderung der Verordnungen (EG) Nr. 1184/2006 und (EG) Nr. 1224/2009 des Rates und zur Aufhebung der Verordnung (EG) Nr. 104/2000 des Rates (ABl. L 354 vom 28.12.2013, S. 1)

schriften, Bewertungen, Eintragungen, Bescheinigungen, Genehmigungen oder Zulassungen nach in Anhang 2 dieses Protokolls aufgeführten Bestimmungen des Unionsrechts entsprechen oder einen Vorteil daraus ziehen.

Artikel 7
Technische Vorschriften, Bewertungen, Eintragungen, Bescheinigungen, Genehmigungen und Zulassungen

(1) Unbeschadet der in Anhang 2 dieses Protokolls aufgeführten Bestimmungen des Unionsrechts sind für die Rechtmäßigkeit des Inverkehrbringens von Waren in Nordirland das Recht des Vereinigten Königreichs sowie, für aus der Union eingeführte Waren, die Artikel 34 und 36 AEUV maßgebend.

(2) Ist in aufgrund dieses Protokolls anwendbaren Bestimmungen des Unionsrechts die Angabe eines Mitgliedstaats, auch in abgekürzter Form, in Kennzeichnungen, Etikettierungen, Markierungen oder mit anderen Mitteln vorgesehen, so wird das Vereinigte Königreich in Bezug auf Nordirland als „UK(NI)" oder „United Kingdom (Northern Ireland)" angegeben. Ist in aufgrund dieses Protokolls anwendbaren Bestimmungen des Unionsrechts die Angabe in Form eines numerischen Codes vorgesehen, so wird das Vereinigte Königreich in Bezug auf Nordirland mit einem unterscheidbaren numerischen Code angegeben.

(3) Abweichend von Artikel 13 Absatz 1 dieses Protokolls und von Artikel 7 des Austrittsabkommens sind in Bezug auf die in einem Mitgliedstaat erfolgende Anerkennung von technischen Vorschriften, Bewertungen, Eintragungen, Bescheinigungen, Genehmigungen und Zulassungen, die von den Behörden eines anderen Mitgliedstaats oder einer in einem anderen Mitgliedstaat eingerichteten Stelle ausgestellt beziehungsweise vorgenommen wurden, Bezugnahmen auf

Mitgliedstaaten in aufgrund dieses Protokolls anwendbaren Bestimmungen des Unionsrechts hinsichtlich technischer Vorschriften, Bewertungen, Eintragungen, Bescheinigungen, Genehmigungen und Zulassungen, die von den Behörden des Vereinigten Königreichs oder von im Vereinigten Königreich eingerichteten Stellen ausgestellt beziehungsweise vorgenommen wurden, nicht dahin gehend zu verstehen, dass sie das Vereinigte Königreich in Bezug auf Nordirland umfassen.

Unterabsatz 1 gilt nicht für Eintragungen, Bescheinigungen, Genehmigungen und Zulassungen von Standorten, Anlagen oder Räumlichkeiten in Nordirland, die von zuständigen Behörden des Vereinigten Königreichs ausgestellt beziehungsweise vorgenommen wurden, wenn für die Eintragung, Bescheinigung, Genehmigung oder Zulassung eine Besichtigung der Standorte, Anlagen oder Räumlichkeiten erforderlich sein könnte.

Unterabsatz 1 gilt nicht für Veterinärbescheinigungen und amtliche Etiketten für Pflanzenvermehrungsmaterial, die in aufgrund dieses Protokolls anwendbaren Bestimmungen des Unionsrechts vorgeschrieben sind.

Unterabsatz 1 berührt nicht die Gültigkeit von Bewertungen, Eintragungen, Bescheinigungen, Zulassungen und Genehmigungen in Nordirland, die auf der Grundlage von aufgrund dieses Protokolls anwendbaren Bestimmungen des Unionsrechts von den zuständigen Behörden des Vereinigten Königreichs oder von im Vereinigten Königreich eingerichteten Stellen ausgestellt beziehungsweise vorgenommen wurden. Den Konformitätskennzeichnungen, Logos oder ähnlichen Zeichen, die in aufgrund dieses Protokolls anwendbaren Bestimmungen des Unionsrechts vorgeschrieben sind und von Wirtschaftsbeteiligten aufgrund der Bewertung, Eintragung, Bescheinigung, Genehmigung oder Zulassung durch zuständige Behörden des Vereinigten Königreichs oder durch im Vereinigten Königreich eingerichtete Stellen angebracht werden, wird die Angabe „UK(NI)" beigefügt.

Das Vereinigte Königreich darf in Bezug auf Nordirland keine Widerspruchs-, Schutz- oder Schiedsverfahren einleiten, die in aufgrund dieses Protokolls anwendbaren Bestimmungen des Unionsrechts vorgesehen sind, soweit diese Verfahren die technischen Vorschriften, Normen, Bewertungen, Eintragungen, Bescheinigungen, Genehmigungen und Zulassungen betreffen, die von zuständigen Behörden der Mitgliedstaaten oder von in den Mitgliedstaaten eingerichteten Stellen ausgestellt beziehungsweise vorgenommen wurden.

Unterabsatz 1 steht der Prüfung und der Freigabe einer Charge eines nach Nordirland eingeführten oder in Nordirland hergestellten Arzneimittels durch eine sachkundige Person in Nordirland nicht entgegen.

Artikel 8
MwSt und Verbrauchsteuern

Die in Anhang 3 dieses Protokolls aufgeführten Bestimmungen des Unionsrechts, die Waren betreffen, gelten für das Vereinigte Königreich und im Vereinigten Königreich in Bezug auf Nordirland.

In Bezug auf Nordirland ist das Vereinigte Königreich zuständig für die Anwendung und Durchführung der in Anhang 3 dieses Protokolls aufgeführten Bestimmungen, einschließlich der Erhebung der MwSt und von Verbrauchssteuern. Gemäß den in diesen Bestimmungen festgelegten Bedingungen gehen Einnahmen aus in Nordirland steuerbaren Transaktionen nicht an die Union.

Abweichend von Absatz 1 kann das Vereinigte Königreich auf in Nordirland steuerbare Lieferungen von Waren diejenigen MwSt-Befreiungen und -Ermäßigungen anwenden, die gemäß den in Anhang 3 dieses Protokolls aufgeführten Bestimmungen in Irland anwendbar sind.

Der Gemeinsame Ausschuss erörtert regelmäßig die Durchführung dieses Artikels, auch bezüglich der in Absatz 1 genannten Ermäßigungen und Befreiungen, und nimmt gegebenenfalls Maßnahmen für seine ordnungsgemäße Anwendung an, sofern dies erforderlich ist.

Der Gemeinsame Ausschuss kann unter Berücksichtigung des Umstands, dass Nordirland integraler Bestandteil des Vereinigten Königreichs ist, die Anwendung dieses Artikels überprüfen und erforderlichenfalls geeignete Maßnahmen treffen.

Artikel 9
Elektrizitätsbinnenmarkt

Die in Anhang 4 dieses Protokolls aufgeführten Bestimmungen des Unionsrechts, die für die Großhandelsstrommärkte maßgebend sind, gelten unter den Bedingungen, die in dem genannten Anhang festgelegt sind, für das Vereinigte Königreich und im Vereinigten Königreich in Bezug auf Nordirland.

Artikel 10
Staatliche Beihilfen

(1) In Bezug auf Maßnahmen, die den diesem Protokoll unterliegenden Handel zwischen Nordirland und der Union beeinträchtigen, gelten für das Vereinigte Königreich die in Anhang 5 dieses Protokolls aufgeführten Bestimmungen des Unionsrechts, auch hinsichtlich Maßnahmen zur Förderung der Erzeugung von und des Handels mit landwirtschaftlichen Erzeugnissen in Nordirland.

(2) Ungeachtet des Absatzes 1 gelten die Bestimmungen des Unionsrechts, auf die in dem genannten Absatz Bezug genommen wird, bis zu einem festgelegten jährlichen Gesamtförderhöchstbetrag nicht für Maßnahmen der Behörden des Vereinigten Königreichs zur Förderung der Erzeugung von und des Handels mit landwirtschaftlichen Erzeugnissen in Nordirland, sofern ein festgelegter Mindestprozentsatz dieser freigestellten Förderung den Bestimmungen des Anhangs 2 des WTO-Übereinkommens über die Landwirtschaft entspricht. Der freigestellte jährliche Gesamtförderhöchstbetrag und der Mindestprozentsatz werden nach den Verfahren des Anhangs 6 festgelegt.

(3) Prüft die Europäische Kommission Informationen über eine Maßnahme der Behörden des Vereinigten Königreichs, die eine Absatz 1 unterliegende rechtswidrige Beihilfe darstellen könnte, so stellt sie sicher, dass das Vereinigte Königreich umfassend und regelmäßig über den Fortgang und das Ergebnis der Prüfung dieser Maßnahme unterrichtet wird.

Artikel 11
Andere Bereiche der Zusammenarbeit zwischen Nord und Süd

(1) Im Einklang mit den Artikeln 5 bis 10 und unter uneingeschränkter Achtung des Unionsrechts wird dieses Protokoll so durchgeführt und angewendet, dass die notwendigen Bedingungen für die weitere Zusammenarbeit zwischen Nord und Süd aufrechterhalten werden, unter anderem in den Bereichen Umwelt, Gesundheit, Landwirtschaft, Verkehr, Bildung und Tourismus sowie in den Bereichen Energie, Telekommunikation, Rundfunk, Binnenfischerei, Justiz und Sicherheit, Hochschulbildung und Sport.

Unter uneingeschränkter Achtung des Unionsrechts können das Vereinigte Königreich und Irland weiterhin in anderen Bereichen der Zusammenarbeit zwischen Nord und Süd auf der Insel Irland neue Regelungen treffen, die auf den Bestimmungen des Abkommens von 1998 aufbauen.

(2) Der Gemeinsame Ausschuss überprüft fortlaufend, in welchem Umfang bei der Durchführung und Anwendung dieses Protokolls die notwendigen Bedingungen für die Zusammenarbeit zwischen Nord und Süd aufrechterhalten werden. Der Gemeinsame Ausschuss kann diesbezüglich geeignete Empfehlungen an die Union und das Vereinigte Königreich richten, auch auf eine Empfehlung des Fachausschusses.

Artikel 12
Durchführung, Anwendung, Aufsicht und Durchsetzung

(1) Unbeschadet des Absatzes 4 sind die Behörden des Vereinigten Königreichs für die Durchführung und Anwendung der aufgrund dieses Protokolls anwendbaren Bestimmungen des Unionsrechts auf das Vereinigte Königreich und im Vereinigten Königreich in Bezug auf Nordirland zuständig.

(2) Unbeschadet des Absatzes 4 dieses Artikels haben Vertreter der Union das Recht, bei Tätigkeiten von Behörden des Vereinigten Königreichs im Zusammenhang mit der Durchführung und Anwendung von aufgrund dieses Protokolls anwendbaren Bestimmungen des Unionsrechts sowie bei Aktivitäten im Zusammenhang mit der Durchführung und Anwendung von Artikel 5 anwesend zu sein, und das Vereinigte Königreich stellt auf Ersuchen alle einschlägigen Informationen zu diesen Tätigkeiten bereit. Das Vereinigte Königreich erleichtert diese Anwesenheit von Vertretern der Union und stellt ihnen die Informationen, um die ersucht wurde, zur Verfügung. Ersucht der Vertreter der Union die Behörden des Vereinigten Königreichs mit hinreichender Begründung, in Einzelfällen Kontrollmaßnahmen durchzuführen, so führen die Behörden des Ver-

einigten Königreichs diese Kontrollmaßnahmen durch.

Die Union und das Vereinigte Königreich tauschen monatlich Informationen über die Anwendung von Artikel 5 Absätze 1 und 2 aus.

(3) Die praktischen Arbeitsregelungen für die Ausübung der in Absatz 2 genannten Rechte der Vertreter der Union werden vom Gemeinsamen Ausschuss auf Vorschlag des Fachausschusses festgelegt.

(4) Hinsichtlich des Absatzes 2 Unterabsatz 2 dieses Artikels sowie des Artikels 5 und der Artikel 7 bis 10 in Bezug auf Maßnahmen der Mitgliedstaaten haben die Organe, Einrichtungen und sonstigen Stellen der Union in Bezug auf das Vereinigte Königreich und natürliche und juristische Personen mit Wohnsitz beziehungsweise Sitz im Hoheitsgebiet des Vereinigten Königreichs die ihnen durch das Unionsrecht übertragenen Befugnisse. Insbesondere besitzt der Gerichtshof der Europäischen Union diesbezüglich die in den Verträgen vorgesehenen Zuständigkeiten. Artikel 267 Absätze 2 und 3 AEUV gilt diesbezüglich für das Vereinigte Königreich und im Vereinigten Königreich.

(5) Nach Absatz 4 erlassene Rechtsakte der Organe, Einrichtungen und sonstigen Stellen der Union entfalten für das Vereinigte Königreich und im Vereinigten Königreich dieselben Rechtswirkungen wie in der Union und ihren Mitgliedstaaten.

(6) Rechtsanwälte, die zur Ausübung ihres Berufs vor den Gerichten des Vereinigten Königreichs befugt sind und als Vertreter oder Beistand einer Partei im Zusammenhang mit den Verwaltungsverfahren auftreten, die sich aus der Ausübung der Befugnisse der Organe, Einrichtungen und sonstigen Stellen der Union nach Absatz 4 ergeben, sind in jeder Hinsicht als Rechtsanwälte zu behandeln, die befugt sind, vor den Gerichten der Mitgliedstaaten ihren Beruf auszuüben und als Vertreter oder Beistand einer Partei im Zusammenhang mit diesen Verwaltungsverfahren auftreten.

(7) In Rechtssachen, mit denen der Gerichtshof der Europäischen Union nach Absatz 4 befasst wird,

a) kann das Vereinigte Königreich am Verfahren vor dem Gerichtshof der Europäischen Union wie ein Mitgliedstaat teilnehmen;

b) können Rechtsanwälte, die zur Ausübung ihres Berufs vor den Gerichten des Vereinigten Königreichs befugt sind, in solchen Verfahren als Vertreter oder Beistand einer Partei vor dem Gerichtshof der Europäischen Union auftreten und sind in jeder Hinsicht als Rechtsanwälte zu behandeln, die befugt sind, vor den Gerichten der Mitgliedstaaten ihren Beruf auszuüben und als Vertreter oder Beistand einer Partei vor dem Gerichtshof der Europäischen Union auftreten.

Artikel 13

Gemeinsame Bestimmungen

(1) Für die Zwecke dieses Protokolls sind Bezugnahmen in den anwendbaren Bestimmungen des Austrittsabkommens auf das Vereinigte Königreich dahin gehend zu verstehen, dass sie sich auf das Vereinigte Königreich beziehungsweise auf das Vereinigte Königreich in Bezug auf Nordirland beziehen.

Ungeachtet anderer Bestimmungen dieses Protokolls sind Bezugnahmen in den anwendbaren Bestimmungen des Austrittsabkommens und dieses Protokolls sowie in den aufgrund dieses Protokolls auf das Vereinigte Königreich und im Vereinigten Königreich in Bezug auf Nordirland anwendbaren Bestimmungen des Unionsrechts auf das Gebiet im Sinne des Artikels 4 der Verordnung (EU) Nr. 952/2013 auch als Bezugnahmen auf den Teil des Hoheitsgebiets des Vereinigten Königreichs zu verstehen, für den die Verordnung (EU) Nr. 952/2013 aufgrund des Artikels 5 Absatz 3 dieses Protokolls gilt.

Teil Drei Titel I und III und der Teil Sechs des Austrittsabkommens gelten unberührt der Bestimmungen dieses Protokolls.

(2) Ungeachtet des Artikels 4 Absätze 4 und 5 des Austrittsabkommens werden die Bestimmungen dieses Protokolls, in denen auf das Unionsrecht oder auf Begriffe oder Bestimmungen des Unionsrechts Bezug genommen wird, bei ihrer Durchführung und Anwendung im Einklang mit der einschlägigen Rechtsprechung des Gerichtshofs der Europäischen Union ausgelegt.

(3) Ungeachtet des Artikels 6 Absatz 1 des Austrittsabkommens und sofern nichts anderes bestimmt ist, sind Bezugnahmen in diesem Protokoll auf einen Rechtsakt der Union als Bezugnahmen auf diesen Rechtsakt der Union in seiner geänderten Fassung oder in der Fassung, durch die er ersetzt wird, zu verstehen.

(4) Erlässt die Union einen neuen Rechtsakt, der in den Anwendungsbereich dieses Protokolls fällt, ohne jedoch einen in den Anhängen dieses Protokolls aufgeführten Rechtsakt der Union zu ändern oder zu ersetzen, so unterrichtet die Union das Vereinigte Königreich im Gemeinsamen Ausschuss über den Erlass dieses Rechtsakts. Auf Ersuchen der Union oder des Vereinigten Königreichs führt der Gemeinsame Ausschuss innerhalb von sechs Wochen nach dem Ersuchen einen Meinungsaustausch über die Auswirkungen des neu erlassenen Rechtsakts auf das ordnungsgemäße Funktionieren dieses Protokolls durch.

Nachdem die Union das Vereinigte Königreich im Gemeinsamen Ausschuss unterrichtet hat, ist der Gemeinsame Ausschuss verpflichtet, sobald dies bei vernünftiger Betrachtung praktisch möglich ist,

a) einen Beschluss zu fassen, mit dem der neu erlassene Rechtsakt in den einschlägigen Anhang dieses Protokolls aufgenommen wird, oder

b) wenn über die Aufnahme des neu erlassenen Rechtsakts in den einschlägigen Anhang dieses Protokolls keine Einigung erzielt werden kann, alle weiteren Möglichkeiten zu prüfen, um das ordnungsgemäße Funktionieren dieses Protokolls aufrechtzuerhalten, und hierfür erforderliche Beschlüsse zu fassen.

Hat der Gemeinsame Ausschuss innerhalb einer angemessenen Frist keinen Beschluss nach Unterabsatz 2 gefasst, so ist die Union nach Unterrichtung des Vereinigten Königreichs berechtigt, geeignete Abhilfemaßnahmen zu treffen. Diese Maßnahmen werden frühestens sechs Monate nach dem Zeitpunkt wirksam, zu dem die Union das Vereinigte Königreich nach Unterabsatz 1 unterrichtet hat, sie werden jedoch keinesfalls vor dem Tag wirksam, an dem der neu erlassene Rechtsakt in der Union umgesetzt wird.

(5) Abweichend von Absatz 1 dieses Artikels und von Artikel 7 des Austrittsabkommens sind in Bezug auf den Zugang zu Netzwerken, Informationssystemen oder Datenbanken, die auf der Grundlage des Unionsrechts eingerichtet wurden, Bezugnahmen in aufgrund dieses Protokolls anwendbaren Bestimmungen des Unionsrechts auf die Mitgliedstaaten und die zuständigen Behörden der Mitgliedstaaten nicht dahin gehend zu verstehen, dass sie das Vereinigte Königreich beziehungsweise das Vereinigte Königreich in Bezug auf Nordirland umfassen, es sei denn, der vollständige oder teilweise Zugang des Vereinigten Königreichs beziehungsweise des Vereinigten Königreichs in Bezug auf Nordirland ist nach Auffassung der Union unbedingt notwendig, damit das Vereinigte Königreich seinen Verpflichtungen aus diesem Protokoll nachkommen kann, unter anderem, wenn ein solcher Zugang notwendig ist, weil der Zugang zu den einschlägigen Informationen nicht von der in Artikel 15 dieses Protokolls genannten Arbeitsgruppe oder mit anderen praktischen Mitteln erleichtert werden kann.

(6) Behörden des Vereinigten Königreichs werden nicht als federführende Behörde für Risikobewertungen, Prüfungen, Genehmigungen und Zulassungsverfahren tätig, die im aufgrund dieses Protokolls anwendbaren Unionsrecht vorgesehen sind.

(7) Die Artikel 346 und 347 AEUV gelten für dieses Protokoll hinsichtlich Maßnahmen, die von einem Mitgliedstaat oder vom Vereinigten Königreich in Bezug auf Nordirland getroffen werden.

(8) In jedem späteren Abkommen zwischen der Union und dem Vereinigten Königreich werden diejenigen Teile dieses Protokolls angegeben, die durch dieses Abkommen ersetzt werden. Sobald ein späteres Abkommen zwischen der Union und dem Vereinigten Königreich nach dem Inkrafttreten des Austrittsabkommens anwendbar wird, wird gilt dieses Protokoll dann ab dem Tag der Geltung dieses späteren Abkommens und gemäß den Bestimmungen des genannten Abkommens ganz oder teilweise nicht mehr bzw. wird unanwendbar.

Artikel 14
Fachausschuss

Der mit Artikel 165 des Austrittsabkommens eingesetzte Ausschuss für Fragen der Durchführung des Protokolls zu Irland/ Nordirland („Fachausschuss")

a) erleichtert die Durchführung und Anwendung dieses Protokolls,

b) prüft Vorschläge zur Durchführung und Anwendung dieses Protokolls, die vom Nord-Süd-Ministerrat und den nach dem Abkommen von 1998 geschaffenen Gremien für die Durchführung der Zusammenarbeit zwischen Nord und Süd unterbreitet werden,

c) befasst sich mit Angelegenheiten, die für Artikel 2 dieses Protokolls von Belang sind und die ihm von der Nordirischen Menschenrechtskommission (Northern Ireland Human Rights Commission), der Gleichstellungskommission für Nordirland (Equality Commission for Northern Ireland) und dem Gemeinsamen Ausschuss der Vertreter der Menschenrechtskommissionen Nordirlands und Irlands (Joint Committee of representatives of the Human Rights Commissions of Northern Ireland and Ireland) zur Kenntnis gebracht werden,

d) erörtert von der Union oder dem Vereinigten Königreich angesprochene Fragen, die für dieses Protokoll von Belang sind und Schwierigkeiten aufwerfen, und

e) legt dem Gemeinsamen Ausschuss Empfehlungen zum Funktionieren dieses Protokolls vor.

Artikel 15
Gemischte beratende Arbeitsgruppe

(1) Es wird eine gemischte beratende Arbeitsgruppe zur Umsetzung dieses Protokolls („Arbeitsgruppe") eingesetzt. Sie dient als Forum für den Informationsaustausch und die gegenseitige Konsultation.

(2) Die Arbeitsgruppe setzt sich aus Vertretern der Union und des Vereinigten Königreichs zusammen und nimmt ihre Funktionen unter der Aufsicht des Fachausschusses wahr, dem sie Bericht erstattet. Die Arbeitsgruppe hat keine Befugnis, verbindliche Beschlüsse zu treffen, mit Ausnahme der in Absatz 6 genannten Befugnis, sich eine Geschäftsordnung zu geben.

(3) In der Arbeitsgruppe

a) tauschen die Union und das Vereinigte Königreich zeitnah Informationen über geplante, laufende und endgültige einschlägige Durchführungsmaßnahmen in Bezug auf die in den Anhängen dieses Protokolls aufgeführten Rechtsakte der Union aus;

b) unterrichtet die Union das Vereinigte Königreich über geplante Rechtsakte der Union im Anwendungsbereich dieses Protokolls, einschließlich der Rechtsakte der Union, mit denen die in den Anhängen dieses Protokolls aufgeführten Rechtsakte der Union geändert oder ersetzt werden;

c) stellt die Union dem Vereinigten Königreich alle Informationen bereit, die nach Auffassung der Union relevant sind, um dem Vereinigten Königreich zu ermöglichen, seinen Verpflichtungen nach Maßgabe dieses Protokolls vollumfänglich nachzukommen, und

d) stellt das Vereinigte Königreich der Union alle Informationen bereit, die die Mitgliedstaaten einander oder den Organen, Einrichtungen und sonstigen Stellen der Union nach den in den Anhängen dieses Protokolls aufgeführten Rechtsakten der Union bereitzustellen haben.

(4) Der Vorsitz der Arbeitsgruppe wird gemeinsam von der Union und dem Vereinigten Königreich geführt.

(5) Die Arbeitsgruppe tritt mindestens einmal monatlich zusammen, sofern die Union und das Vereinigte Königreich in gegenseitigem Einvernehmen nichts anderes bestimmen. Bei Bedarf können die Union und das Vereinigte Königreich Informationen nach Absatz 3 Buchstaben c und d zwischen Sitzungen austauschen.

(6) Die Arbeitsgruppe gibt sich in gegenseitigem Einvernehmen eine Geschäftsordnung.

(7) Die Union stellt sicher, dass alle vom Vereinigten Königreich in der Arbeitsgruppe vertretenen Standpunkte und alle vom Vereinigten Königreich in der Arbeitsgruppe bereitgestellten Informationen, einschließlich technischer und wissenschaftlicher Daten, unverzüglich den zuständigen Organen, Einrichtungen und sonstigen Stellen der Union übermittelt werden.

Artikel 16
Schutzmaßnahmen

(1) Führt die Anwendung dieses Protokolls zu schwerwiegenden und voraussichtlich anhaltenden wirtschaftlichen, gesellschaftlichen oder ökologischen Schwierigkeiten oder zur Verlagerung von Handelsströmen, können die Union oder das Vereinigte Königreich einseitig geeignete Schutzmaßnahmen ergreifen. Solche Schutzmaßnahmen sind hinsichtlich ihres Umfangs und ihrer Dauer auf das zur Behebung der Situation unbedingt erforderliche Maß zu beschränken. Vorrang ist Maßnahmen zu geben, die das Funktionieren dieses Protokolls möglichst wenig beeinträchtigen.

(2) Entsteht durch eine von der Union oder vom Vereinigten Königreich im Einklang mit Absatz 1 getroffene Schutzmaßnahme je nach Fall ein Ungleichgewicht zwischen den Rechten und Pflichten aus diesem Protokoll, so können die Union oder das Vereinigte Königreich je nach Fall angemessene Ausgleichsmaßnahmen treffen, die für die Behebung des Ungleichgewichts unbedingt erforderlich sind. Vorrang ist Maßnahmen zu geben, die das Funktionieren dieses Protokolls möglichst wenig beeinträchtigen.

(3) Im Einklang mit den Absätzen 1 und 2 getroffene Schutzmaßnahmen und Ausgleichsmaßnahmen unterliegen den Verfahren nach Anhang 7 dieses Protokolls.

Artikel 17
Schutz finanzieller Interessen

Die Union und das Vereinigte Königreich bekämpfen Betrug und sonstige gegen die finanziellen Interessen der Union oder die finanziellen Interessen des Vereinigten Königreichs gerichtete rechtswidrige Handlungen.

Artikel 18
Demokratische Einigung in Nordirland

(1) Binnen zwei Monaten vor dem Ende des anfänglichen Zeitraums und eines etwaigen weiteren Zeitraums bietet das Vereinigte Königreich die Gelegenheit für eine demokratische Einigung in Nordirland über die weitere Anwendbarkeit der Artikel 5 bis 10.

(2) Für die Zwecke von Absatz 1 bemüht sich das Vereinigte Königreich um eine mit dem Abkommen von 1998 vereinbare demokratische Einigung in Nordirland. Eine die demokratische Einigung zum Ausdruck bringende Entscheidung wird unter strikter Einhaltung der einseitigen Erklärung des Vereinigten Königreichs zur Durchführung der Bestimmung zur „Demokratischen Einigung in Nordirland" des Protokolls zu Irland/Nordirland vom 17. Oktober 2019, auch unter Wahrung der Rollen der nordirischen Regierung und der parlamentarischen Versammlung für Nordirland, erzielt.

(3) Das Vereinigte Königreich notifiziert der Union vor dem Ende des einschlägigen, in Absatz 5 genannten Zeitraums den Ausgang des in Absatz 1 genannten Prozesses.

(4) Wurde der in Absatz 1 genannte Prozess durchgeführt und gemäß Absatz 2 eine Entscheidung erzielt und teilt das Vereinigte Königreich der Union mit, dass der Ausgang des in Absatz 1 genannten Prozesses keine Entscheidung ist, der zufolge die in diesem Absatz genannten Artikel dieses Protokolls in Nordirland weiter anwendbar

sein sollen, dann werden diese Artikel und andere Bestimmungen dieses Protokolls insoweit, als diese Bestimmungen für ihre Anwendbarkeit von diesen Artikeln abhängen, 2 Jahre nach dem Ende des einschlägigen, in Absatz 5 genannten Zeitraums unanwendbar. In diesem Fall richtet der Gemeinsame Ausschuss unter Berücksichtigung der Verpflichtungen der Vertragsparteien des Abkommens von 1998 Empfehlungen an die Union und an das Vereinigte Königreich bezüglich der erforderlichen Maßnahmen. Der Gemeinsame Ausschuss kann zuvor eine Stellungnahme von den Institutionen einholen, die durch das Abkommen von 1998 geschaffen wurden.

(5) Für die Zwecke dieses Artikels ist der anfängliche Zeitraum derjenige, der 4 Jahre nach dem Ende des Übergangszeitraums endet. Beruht die in einem bestimmten Zeitraum getroffene Entscheidung auf einer Mehrheit der anwesenden und an der Abstimmung teilnehmenden Mitglieder der parlamentarischen Versammlung für Nordirland, so ist der auf diesen Zeitraum folgende Zeitraum von 4 Jahren solange, wie die Artikel 5 bis 10 fortgelten, der weitere Zeitraum. Wurde die in einem bestimmten Zeitraum getroffene Entscheidung von beiden Gemeinschaften unterstützt, so ist der weitere Zeitraum der Zeitraum solange, wie die Artikel 5 bis 10 fortgelten, der darauffolgende Zeitraum von 8 Jahren.

(6) Für die Zwecke von Absatz 5 bezeichnet der Begriff „Unterstützung von beiden Gemeinschaften"

a) eine Mehrheit der anwesenden und an der Abstimmung teilnehmenden Mitglieder der parlamentarischen Versammlung einschließlich einer Mehrheit der anwesenden und an der Abstimmung teilnehmenden unionistischen und nationalistischen Fraktionen oder

b) eine gewichtete Mehrheit (60 %) der anwesenden und an der Abstimmung teilnehmenden Mitglieder der parlamentarischen Versammlung, einschließlich jeweils mindestens 40 % anwesenden und an der Abstimmung teilnehmenden unionistischen und nationalistischen Fraktionen.

Artikel 19
Anhänge

Die Anhänge 1 bis 7 sind Bestandteil dieses Protokolls.

[Anhänge nicht abgedruckt]

PROTOKOLL ZU DEN HOHEITSZONEN DES VEREINIGTEN KÖNIGREICHS GROSSBRITANNIEN UND NORDIRLAND AUF ZYPERN

[nicht abgedruckt]

PROTOKOLL ZU GIBRALTAR

[nicht abgedruckt]

Anhänge (Hinweis)

Inhalt

[Anhänge nicht abgedruckt]

Erklärung der Europäischen Union gemäß Artikel 185 Absatz 3 des Abkommens über den Austritt des Vereinigten Königreichs Großbritannien und Nordirland aus der Europäischen Union und der Europäischen Atomgemeinschaft

ABl 2020 L 29, 188

Die Europäische Union erklärt, dass die folgenden Mitgliedstaaten der Europäischen Union gemäß Artikel 185 Absatz 3 des Abkommens über den Austritt des Vereinigten Königreichs Großbritannien und Nordirland aus der Europäischen Union und der Europäischen Atomgemeinschaft von der in dem genannten Absatz festgelegten Möglichkeit Gebrauch machen, dass die vollstreckenden Justizbehörden dieser Mitgliedstaaten neben den Gründen für die Nichtvollstreckung eines Europäischen Haftbefehls nach dem Rahmenbeschluss 2002/584/JI die Auslieferung ihrer jeweiligen Staatsangehörigen an das Vereinigte Königreich aufgrund eines Europäischen Haftbefehls im Übergangszeitraum verweigern können:

– die Bundesrepublik Deutschland;
– die Republik Österreich;
– die Republik Slowenien.

Handels- und Kooperationsabkommen zwischen der Europäischen Union und der Europäischen Atomgemeinschaft einerseits und dem Vereinigten Königreich Großbritannien und Nordirland andererseits*)**)

(Auszug)

*) Vorläufige Anwendung seit 1. Januar 2021 (siehe ABl 2021 L 1, 1).
**) TEIL EINS sowie TEIL SECHS Titel I.

ABl 2020 L 444, 14

[Inhaltsverzeichnis des Abkommens (Seite 15 im ABl)**]**

PRÄAMBEL

DIE EUROPÄISCHE UNION UND DIE EUROPÄISCHE ATOMGEMEINSCHAFT

UND

DAS VEREINIGTE KÖNIGREICH GROẞBRITANNIEN UND NORDIRLAND

IN BEKRÄFTIGUNG ihres Bekenntnisses zu demokratischen Grundsätzen, zu Rechtsstaatlichkeit und zu Menschenrechten, zur Bekämpfung der Verbreitung von Massenvernichtungswaffen sowie zur Bekämpfung des Klimawandels, die wesentliche Bestandteile dieses Abkommens sowie etwaiger Zusatzabkommen darstellen,

IN ANERKENNUNG der Bedeutung der globalen Zusammenarbeit in Fragen von gemeinsamem Interesse,

IN ANERKENNUNG der Tatsache, dass Transparenz im internationalen Handels- und Investitionsumfeld von Bedeutung ist und allen Beteiligten zugutekommt,

IN DEM BESTREBEN, klare und beiderseits vorteilhafte Regeln für Handel und Investitionen zwischen den Vertragsparteien aufzustellen,

IN DER ERWÄGUNG, dass es zur Gewährleistung der effizienten Koordinierung und ordnungsgemäßen Auslegung und Anwendung dieses Abkommens sowie etwaiger Zusatzabkommen und der Einhaltung der Verpflichtungen aus diesen Abkommen wesentlich ist, Bestimmungen festzulegen, die die allgemeine Governance sicherstellen, insbesondere Streitbeilegungs- und Durchsetzungsvorschriften, die die Autonomie der jeweiligen Rechtsordnung der Union und des Vereinigten Königreichs sowie den Status des Vereinigten Königreichs als Land außerhalb der Europäischen Union,

AUFBAUEND auf ihren jeweiligen Rechten und Pflichten aus dem Übereinkommen von Marrakesch zur Errichtung der Welthandelsorganisation vom 15. April 1994 und aus anderen multilateralen und bilateralen Instrumenten der Zusammenarbeit,

IN ANERKENNUNG der jeweiligen Autonomie und des jeweiligen Rechts der Vertragsparteien, in ihren jeweiligen Gebieten Regelungen zu erlassen, um legitime Gemeinwohlziele wie Schutz und Förderung der öffentlichen Gesundheit, sozialer Dienstleistungen und des öffentlichen Bildungswesens, Sicherheit, Schutz der Umwelt einschließlich im Hinblick auf Klimaänderungen, Sittlichkeit, Sozial- oder Verbraucherschutz, Tierschutz, Schutz des Persönlichkeitsrechts und personenbezogener Daten sowie Förderung und Schutz der kulturellen Vielfalt zu erreichen und gleichzeitig eine Verbesserung ihres jeweiligen hohen Schutzniveaus anzustreben,

ÜBERZEUGT von den Vorteilen eines berechenbaren Marktumfelds, das Handel und Investitionen zwischen den Vertragsparteien fördert und Handelsverzerrungen und unfaire Wettbewerbsvorteile verhindert und einer wirtschaftlich, sozial und ökologisch nachhaltigen Entwicklung förderlich ist,

IN ANERKENNUNG der jeweiligen Autonomie und des jeweiligen Rechts der Vertragsparteien, in ihren jeweiligen Gebieten Regelungen zu erlassen, um legitime Gemeinwohlziele wie Schutz und Förderung der öffentlichen Gesundheit, sozialer Dienstleistungen und des öffentlichen Bildungswesens, Sicherheit, Schutz der Umwelt einschließlich im Hinblick auf Klimaänderungen, Sittlichkeit, Sozial- oder Verbraucherschutz, Tierschutz, Schutz des Persönlichkeitsrechts und personenbezogener Daten sowie Förderung und Schutz der kulturellen Vielfalt zu erreichen und gleichzeitig eine Verbesserung ihres jeweiligen hohen Schutzniveaus anzustreben,

IN ANERKENNUNG der Notwendigkeit, einen offenen und sicheren Markt für Unternehmen, einschließlich mittlerer Unternehmen, sowie für ihre Waren und Dienstleistungen sicherzustellen,

In ANBETRACHT der Bedeutung, die der Erleichterung neuer Möglichkeiten für Unternehmen und Verbraucher durch den digitalen Handel zukommt und dass ungerechtfertigte Hindernisse für Datenströme und den Handel, die auf elektronischem Wege ermöglicht werden, unter Einhaltung der Datenschutzvorschriften der Vertragsparteien beseitigt werden müssen,

IN DEM WUNSCH, dass dieses Abkommen durch eine Politik, die ein hohes Niveau des Verbraucherschutzes und des wirtschaftlichen Wohlergehens gewährleistet, einen Beitrag zum Verbraucherwohl leistet,

IN ANBETRACHT der Bedeutung der grenzüberschreitenden Luft-, Straßen- und Seeverbindungen für den Passagier- und Güterverkehr und der Notwendigkeit der Gewährleistung hoher Standards bei der Erbringung von Verkehrsdiensten zwischen den Vertragsparteien,

IN ANERKENNUNG der Vorteile des Handels mit und der Investitionen in Energie und Rohstoffe sowie der Bedeutung, die der Förderung einer kosteneffizienten, sauberen und sicheren Energieversorgung der Union und des Vereinigten Königreichs zukommt,

IN ANBETRACHT des Interesses der Vertragsparteien an der Schaffung eines Rahmens zur Erleichterung der technischen Zusammenarbeit und an der Ausarbeitung neuer Regelungen für den Handel über Verbindungsleitungen, die robuste und effiziente Ergebnisse in allen Zeitbereichen ermöglichen,

IN ANBETRACHT dessen, dass die Zusammenarbeit und der Handel zwischen den Vertragsparteien in diesen Bereichen auf einem fairen Wettbewerb auf den Energiemärkten und einem diskriminierungsfreien Netzzugang beruhen sollten,

IN ANERKENNUNG der Vorteile nachhaltiger und erneuerbarer Energien, insbesondere Offshore-Energie in der Nordsee, sowie der Energieeffizienz,

In DEM WUNSCH, die friedliche Nutzung der an ihre Küsten angrenzenden Gewässer und die optimale und gerechte Nutzung der lebenden Meeresschätze in diesen Gewässern, einschließlich der nachhaltigen Bewirtschaftung der gemeinsam genutzten Bestände, zu fördern,

In ANBETRACHT DESSEN, dass sich das Vereinigte Königreich aus der Europäischen Union zurückgezogen hat und dass das Vereinigte Königreich mit Wirkung vom 1. Januar 2021 ein unabhängiger Küstenstaat mit entsprechenden Rechten und Pflichten nach nationalem Recht ist
,

IN BEKRÄFTIGUNG DESSEN, dass die souveränen Rechte der Küstenstaaten, die von den Vertragsparteien zum Zwecke der Erforschung, Ausbeutung, Erhaltung und Bewirtschaftung der lebenden Ressourcen in ihren Gewässern ausgeübt werden, im Einklang mit und im Einklang mit den Grundsätzen des Völkerrechts, einschließlich des Seerechtsübereinkommens der Vereinten Nationen vom 10. Dezember 1982, ausgeübt werden sollten,

IN ANERKENNUNG der Bedeutung der Koordinierung der Sozialversicherungsansprüche von Personen, die sich zu Arbeits-, Aufenthalts- oder Wohnzwecken von einer Vertragspartei in die andere begeben, sowie ihrer Familienangehörigen und Hinterbliebenen,

IN DER ERWÄGUNG, dass die Zusammenarbeit in Bereichen von gemeinsamem Interesse wie Wissenschaft, Forschung und Innovation, Nuklearforschung oder Raumfahrt in Form einer Teilnahme des Vereinigten Königreichs an den entsprechenden Programmen der Union unter fairen und angemessenen Bedingungen beiden Vertragsparteien zugutekommen wird,

IN DER ERWÄGUNG, dass die Zusammenarbeit zwischen dem Vereinigten Königreich und der Union bei der Verhütung, Ermittlung, Aufdeckung oder Verfolgung von Straftaten und der Vollstreckung strafrechtlicher Sanktionen, einschließlich des Schutzes vor und der Abwehr von Gefahren für die öffentliche Sicherheit, eine Stärkung der Sicherheit des Vereinigten Königreichs und der Union ermöglichen wird,

IN DEM WUNSCH, dass ein Abkommen zwischen dem Vereinigten Königreich und der Union geschlossen wird, das eine Rechtsgrundlage für eine derartige Zusammenarbeit bietet,

In ANERKENNUNG DER TATSACHE, dass die Vertragsparteien dieses Abkommen durch andere Übereinkünfte ergänzen können, die Bestandteil ihrer durch dieses Abkommen geregelten allgemeinen bilateralen Beziehungen sind, und dass das Abkommen über Sicherheitsverfahren für den Austausch und den Schutz von Verschlusssachen als ein solches Zusatzabkommen geschlossen wird und den Austausch von Verschlusssachen zwischen den Vertragsparteien im Rahmen dieses Abkommens oder anderer ergänzender Übereinkünfte ermöglicht –

SIND WIE FOLGT ÜBEREINGEKOMMEN:

TEIL EINS:

GEMEINSAME UND INSTITUTIONELLE BESTIMMUNGEN

TITEL I:

ALLGEMEINE BESTIMMUNGEN

Artikel COMPROV.1: Ziel

Mit diesem Abkommen wird die Grundlage für umfassende Beziehungen zwischen den Vertragsparteien in einem Raum des Wohlstands und der guten Nachbarschaft geschaffen, der sich durch enge, friedliche Beziehungen auf der Grundlage der Zusammenarbeit auszeichnet und die Autonomie und Souveränität der Vertragsparteien wahrt.

Artikel COMPROV.2: Zusatzabkommen

(1) Wenn die Union und das Vereinigte Königreich weitere bilaterale Abkommen miteinander schließen, gelten diese Abkommen als Zusatzabkommen zu diesem Abkommen, soweit in diesen Abkommen nichts anderes vereinbart wird. Solche Zusatzabkommen sind ein integraler Bestandteil der diesem Abkommen unterliegenden bilateralen Gesamtbeziehungen und Teil des institutionellen Gesamtrahmens.

(2) Absatz 1 gilt auch für

a) Abkommen zwischen der Union und ihren Mitgliedstaaten einerseits und dem Vereinigten Königreich andererseits, und

b) Abkommen zwischen Euratom einerseits und dem Vereinigten Königreich andererseits

Artikel COMPROV.3: Treu und Glauben

(1) Die Vertragsparteien unterstützen sich gegenseitig in vollem gegenseitigem Respekt und nach Treu und Glauben bei der Erfüllung der Aufgaben, die sich aus diesem Abkommen und allen Zusatzabkommen ergeben.

(2) Sie treffen alle geeigneten Maßnahmen allgemeiner oder besonderer Art zur Erfüllung der Verpflichtungen, die sich aus diesem Abkommen und etwaigen Zusatzabkommen ergeben, und unterlassen alle Maßnahmen, die die Verwirklichung der Ziele dieses Abkommens oder etwaiger Zusatzabkommen gefährden könnten.

TITEL II:

AUSLEGUNGSGRUNDSÄTZE UND BEGRIFFSBESTIMMUNGEN

Artikel COMPROV.13: Völkerrecht

(1) Die Bestimmungen dieses Abkommens und etwaiger Zusatzabkommen sind nach Treu und Glauben in Übereinstimmung mit ihrer gewöhnlichen, ihnen in ihrem jeweiligen Zusammenhang zukommenden Bedeutung und im Lichte des Zieles und Zweckes des Abkommens nach den Auslegungsregeln des Völkerrechts, einschließlich der im Wiener Vertragsrechtsübereinkommen, geschehen zu Wien am 23. Mai 1969 kodifizierten Regeln, auszulegen.

(2) Zur Klarstellung sei angemerkt, dass weder dieses Abkommen noch etwaige Zusatzabkommen eine Verpflichtung begründen, die darin enthaltenen Bestimmungen im Einklang mit dem internen Recht einer der Vertragsparteien auszulegen.

(3) Zur Klarstellung gilt ferner, dass die Auslegung dieses Abkommens oder etwaiger Zusatzabkommen durch die Gerichte einer der Vertragsparteien für die Gerichte der anderen Vertragspartei nicht bindend ist.

Artikel COMPROV.16: Privatrechte

(1) Unbeschadet von Artikel MOBI.SSC.67 [Schutz der Rechte des Einzelnen] und – im Hinblick auf die Union – mit Ausnahme von Teil drei [Zusammenarbeit im Bereich der Strafverfolgung und Justiz] sind die Bestimmungen dieses Abkommens sowie etwaiger Zusatzabkommen weder dahin gehend auszulegen, dass sie andere Rechte oder Pflichten für Personen begründen als die zwischen den Vertragsparteien nach dem Völkerrecht geschaffenen Rechte oder Pflichten, noch dahin gehend, dass sie in den internen Rechtsordnungen der Vertragsparteien unmittelbar geltend gemacht werden können.

(2) Die Vertragsparteien dürfen in ihren internen Rechtsvorschriften kein Klagerecht gegen die jeweils andere Vertragspartei vorsehen, das auf einem Verstoß dieser anderen Vertragspartei gegen dieses Abkommen oder etwaige Zusatzabkommen gründet.

Artikel COMPROV.17: Begriffsbestimmungen

(1) Sofern nichts anderes bestimmt ist, bezeichnet für die Zwecke dieses Abkommens sowie jedes Zusatzabkommens der Ausdruck:

a) „betroffene Person" eine bestimmte oder bestimmbare natürliche Person; als bestimmbar wird eine Person angesehen, die direkt oder indirekt, insbesondere mittels Zuordnung zu einer Kennung wie einem Namen, zu einer Kennnummer, zu Standortdaten, zu einer Online-Kennung oder zu einem oder mehreren besonderen Merkmalen, die Ausdruck der physischen, physiologischen, genetischen, psychischen, wirtschaftlichen, kulturellen oder sozialen Identität dieser natürlichen Person sind, identifiziert werden kann;

b) „Tag" einen Kalendertag;

c) „Mitgliedstaat" einen Mitgliedstaat der Europäischen Union

d) „personenbezogene Daten" alle Informationen, die sich auf eine betroffene Person beziehen;

e) „Staat" je nach Zusammenhang einen Mitgliedstaat oder das Vereinigte Königreich;

f) „Gebiet" einer Vertragspartei die Gebiete, auf die das Abkommen nach Artikel FINPROV.1 [räumlicher Geltungsbereich] Anwendung findet;

g) „Übergangszeitraum" den in Artikel 126 des Austrittsabkommens vorgesehenen Zeitraum und

h) „Austrittsabkommen" das Abkommen über den Austritt des Vereinigten Königreichs Großbritannien und Nordirland aus der Europäischen Union und der Europäischen Atomgemeinschaft, einschließlich der dazugehörigen Protokolle

(2) Jede Bezugnahme auf die „Union", „Vertragspartei" oder „Vertragsparteien" in diesem Abkommen oder in jeder ergänzenden Übereinkunft ist so zu verstehen, dass sie nicht die Europäische Atomgemeinschaft umfasst, sofern nichts anderes bestimmt ist oder der Zusammenhang etwas anderes bestimmt.

TITEL III:

INSTITUTIONELLER RAHMEN

Artikel INST.1: Partnerschaftsrat

1. Es wird ein Partnerschaftsrat eingesetzt. Ihm gehören Vertreter der Union und des Vereinigten Königreichs an. Der Partnerschaftsrat kann in verschiedener Zusammensetzung abhängig von den erörterten Fragen zusammentreten.

2. Der Vorsitz des Partnerschaftsrats wird von einem Mitglied der Europäischen Kommission und einem Vertreter der Regierung des Vereinigten Königreichs auf Ministerebene gemeinsam geführt. Er tritt auf Antrag der Union oder des Vereinigten Königreichs, mindestens jedoch einmal jährlich, zusammen und legt seinen Sitzungskalender und seine Tagesordnung in gegenseitigem Einvernehmen fest.

3. Der Partnerschaftsrat überwacht das Erreichen der Ziele dieses Abkommens und etwaiger Zusatzabkommen. Er überwacht und unterstützt die Umsetzung und Anwendung dieses Abkommens und etwaiger Zusatzabkommen. Jede Vertragspartei kann dem Partnerschaftsrat alle Fragen im Zusammenhang mit der Umsetzung, Anwendung und Auslegung dieses Abkommens oder eines etwaigen Zusatzabkommens vorlegen.

4. Der Partnerschaftsrat ist befugt

a) Beschlüsse in allen Angelegenheiten zu fassen, für die dies in diesem Abkommen oder in etwaigen Zusatzabkommen vorgesehen ist

b) den Vertragsparteien Empfehlungen zur Umsetzung und Anwendung dieses Abkommens oder etwaiger Zusatzabkommen zu unterbreiten

c) Änderungen dieses Abkommens oder etwaiger Zusatzabkommen in den in diesem Abkommen oder in etwaigen Zusatzabkommen vorgesehenen Fällen durch einen Beschluss zu verabschieden

d) bis zum Ende des vierten Jahres nach Inkrafttreten dieses Abkommens Beschlüsse zur Änderung dieses Abkommens – außer in Bezug auf Teil eins [Gemeinsame und institutionelle Bestimmungen] Titel III [Institutioneller Rahmen] – oder etwaiger Zusatzabkommen annehmen, sofern solche Änderungen notwendig sind, um Fehler zu beheben oder Auslassungen oder andere Mängel zu beseitigen

e) alle Fragen im Zusammenhang mit den Bereichen zu erörtern, die unter dieses Abkommen oder etwaige Zusatzabkommen fallen

f) einige seiner Befugnisse dem Handelspartnerschaftsausschuss oder einem Sonderausschuss zu übertragen, mit Ausnahme der in Artikel INST.1 Absatz 4 Buchstabe g [Partnerschaftsrat] genannten Befugnisse und Zuständigkeiten

g) durch einen Beschluss andere als die in Artikel INST.2 Absatz 1 [Ausschüsse] genannten Handelspartnerschaftsausschüsse und Sonderausschüsse einzurichten, Handelspartnerschaftsausschüsse oder Sonderausschüsse aufzulösen oder die ihnen übertragenen Aufgaben zu ändern und

h) Richtet Empfehlungen an die Vertragsparteien in Bezug auf die Übermittlung personenbezogener Daten in bestimmten Bereichen, die unter dieses Abkommen oder etwaige Zusatzabkommen fallen.

5. Die Tätigkeit des Partnerschaftsrats wird von der in ANHANG INST-1 [Geschäftsordnung des Partnerschaftsrats und der Ausschüsse] festgelegten Geschäftsordnung geregelt. Der Partnerschaftsrat kann diesen Anhang ändern.

Artikel INST.2: Ausschüsse

1. Es werden die folgenden Ausschüsse eingesetzt:

a) der Handelspartnerschaftsausschuss, der sich mit Fragen in Zusammenhang mit Teil zwei Teilbereich eins [Handel] Titel I bis VII, Titel VIII Kapitel vier [Energiegüter und Rohstoffe] Titel IX bis XII und Teil zwei Teilbereich sechs [Sonstige Bestimmungen] und Anhang ENER-2 [Subventionen für Energie und Umwelt] befasst:

b) der Handelssonderausschuss für Waren, der Angelegenheiten behandelt, die unter Teil zwei Teilbereich eins Titel I Kapitel 1 und Titel VIII Kapitel vier [Energiegüter und Rohstoffe] fallen

c) der Handelssonderausschuss für Zusammenarbeit im Zollbereich und Ursprungsregeln, der Angelegenheiten behandelt, die unter Teil zwei Teilbereich eins Titel I Kapitel 2 und 5, unter das Protokoll über gegenseitige Amtshilfe im Zollbereich oder unter die Bestimmungen über die Durchsetzung der Rechte geistigen Eigentums durch die Zollbehörden, Gebühren und Abgaben, Zollwertermittlung und ausgebesserte Waren fallen

d) der Handelssonderausschuss für gesundheitspolizeiliche und pflanzenschutzrechtliche Maßnahmen, der Angelegenheiten behandelt, die unter Teil zwei Teilbereich eins Titel I Kapitel 3 fallen

e) der Handelssonderausschuss für technische Handelshemmnisse, der Angelegenheiten behandelt, die unter Teil zwei Teilbereich eins Titel I Kapitel 4 und Titel VIII [Energie] Artikel ENER.25 [Zusammenarbeit bei Normen] fallen

f) der Handelssonderausschuss für Dienstleistungen, Investitionen und digitalen Handel, der Angelegenheiten behandelt, die unter Teil zwei Teilbereich eins Titel II bis IV und Titel VIII Kapitel 4 [Energiegüter und Rohstoffe] fallen

g) der Handelssonderausschuss für geistiges Eigentum, der Angelegenheiten behandelt, die unter Teil zwei Teilbereich eins Titel V fallen

h) der Handelssonderausschuss für das öffentliche Beschaffungswesen, der Angelegenheiten behandelt, die unter Teil zwei Teilbereich eins Titel VI fallen

i) der Handelssonderausschuss für Zusammenarbeit in Regulierungsfragen, der Angelegenheiten behandelt, die unter Teil zwei Teilbereich eins Titel X fallen

j) der Handelssonderausschuss für gleiche Ausgangsbedingungen für einen offenen und fairen Wettbewerb und eine nachhaltige Entwicklung, der Angelegenheiten behandelt, die unter Teil zwei Teilbereich eins Titel XI und Anhang ENER-2, [SUBVENTIONEN FÜR ENERGIE UND UMWELT] fallen

k) der Handelssonderausschuss für Verwaltungszusammenarbeit auf dem Gebiet der Mehrwertsteuer und der Beitreibung von Steuern und Abgaben, der Angelegenheiten behandelt, die unter das Protokoll über die Zusammenarbeit der Verwaltungsbehörden und Betrugsbekämpfung auf dem Gebiet der Mehrwertsteuer und über die gegenseitige Amtshilfe bei der Beitreibung von Forderungen in Bezug auf Steuern und Zölle fallen]

l) der Sonderausschuss für Energie, der

i) Angelegenheiten behandelt, die unter Teil zwei Teilbereich eins Titel VIII mit Ausnahme des Kapitels 4 [Energiegüter und Rohstoffe], Artikel ENER.25 [Zusammenarbeit bei Normen] und des Anhangs ENER-2 [SUBVENTIONEN FÜR ENERGIE UND UMWELT] fallen, und

ii) Fragen im Zusammenhang mit Teil zwei Teilbereich eins Titel VIII Kapitel vier [Energiegüter und Rohstoffe] und Artikel ENER.25 [Zusammenarbeit bei Normen] mit dem zuständigen Handelssonderausschuss erörtern und diesen fachlich beraten kann

m) der Sonderausschuss für Luftverkehr, der Angelegenheiten behandelt, die unter Teil zwei Teilbereich zwei Titel I fallen

n) der Sonderausschuss für Flugsicherheit, der Angelegenheiten behandelt, die unter Teil zwei Teilbereich zwei Titel II fallen

o) der Sonderausschuss für Straßenverkehr, der Angelegenheiten behandelt, die unter Teil zwei Teilbereich drei [Straßenverkehr] fallen

p) der Sonderausschuss für die Koordinierung der Systeme der sozialen Sicherheit, der Angelegenheiten behandelt, die unter Teil zwei Teilbereich vier oder unter das Protokoll über die Koordinierung der sozialen Sicherheit fallen

q) der Sonderausschuss für Fischerei, der Angelegenheiten behandelt, die unter Teil zwei Teilbereich fünf [Fischerei] fallen

r) der Sonderausschuss für Zusammenarbeit im Bereich der Strafverfolgung und Justiz, der Angelegenheiten behandelt, die unter Teil drei [Zusammenarbeit im Bereich der Strafverfolgung und Justiz hinsichtlich Strafsachen] fallen und

s) der Sonderausschuss für die Teilnahme an Programmen der Union, der Angelegenheiten behandelt, die unter Teil fünf [Programme der Union] fallen

2. Im Hinblick auf Fragen in Zusammenhang mit Teil zwei Teilbereich eins [Handel] Titel I bis VII, Titel VIII Kapitel vier [Energiegüter und Rohstoffe] Titel IX bis XII und Teil zwei Teilbereich sechs [Sonstige Bestimmungen] und Anhang ENER-2 [SUBVENTIONEN FÜR ENERGIE UND UMWELT] ist der in Absatz 1 genannte Handelspartnerschaftsausschuss befugt:

a) den Partnerschaftsrat bei der Wahrnehmung seiner Aufgaben zu unterstützen und insbesondere dem Partnerschaftsrat zu berichten und alle Aufgaben zu übernehmen, die ihm dieser überträgt;

b) die Umsetzung dieses Abkommens oder etwaiger Zusatzabkommen zu überwachen

c) in den in diesem Abkommen oder in etwaigen Zusatzabkommen vorgesehenen Fällen oder in den Bereichen, für die ihm die Befugnis vom Partnerschaftsrat übertragen worden ist, Beschlüsse zu fassen und Empfehlungen auszusprechen

d) die in Absatz 1 genannten Tätigkeiten der Handelssonderausschüsse zu überwachen

e) zu ermitteln, auf welche Weise Schwierigkeiten, die sich in Bezug auf die Auslegung und Anwendung dieses Abkommens oder etwaiger Zusatzabkommen ergeben können, unbeschadet von Teil sechs Titel I [Streitbeilegung] am besten verhindert oder gelöst werden können

f) die ihm vom Partnerschaftsrat gemäß Artikel INST.1 [Partnerschaftsrat] Absatz 4 Buchstabe f übertragenen Befugnisse wahrzunehmen

g) andere als die in Absatz 1 genannten Handelssonderausschüsse durch einen Beschluss einzurichten, solche Handelssonderausschüsse aufzulösen oder die ihnen übertragenen Aufgaben zu ändern und

h) Arbeitsgruppen einzurichten, zu überwachen, zu koordinieren und aufzulösen oder ihre Überwachung einem Handelssonderausschuss zu übertragen

3. Die Handelssonderausschüsse sind im Hinblick auf Fragen im Zusammenhang mit ihrem Zuständigkeitsbereich befugt:

a) die Umsetzung dieses Abkommens und etwaiger Zusatzabkommen zu überwachen und zu überprüfen und deren ordnungsgemäßes Funktionieren zu gewährleisten

b) den Handelspartnerschaftsausschuss bei der Wahrnehmung seiner Aufgaben zu unterstützen und insbesondere dem Handelspartnerschaftsausschuss zu berichten und alle Aufgaben zu übernehmen, die ihnen von diesem übertragen werden

c) die zur Unterstützung der Aufgaben des Partnerschaftsrats und des Handelspartnerschaftsausschusses notwendigen vorbereitenden technischen Arbeiten auszuführen, auch wenn diese Gremien Beschlüsse fassen oder Empfehlungen aussprechen müssen

d) Beschlüsse in allen Angelegenheiten zu fassen, für die dies in diesem Abkommen oder in etwaigen Zusatzabkommen vorgesehen ist

e) unbeschadet von Teil sechs Titel I [Streitbeilegung] technische Fragen zu erörtern, die sich aus der Umsetzung dieses Abkommens oder etwaiger Zusatzabkommen ergeben und

f) den Vertragsparteien als Forum für den Austausch von Informationen, die Erörterung bewährter Verfahren und den Austausch über Erfahrungen mit der Durchsetzung zu dienen

4. Die Sonderausschüsse sind im Hinblick auf Fragen im Zusammenhang mit ihrem Zuständigkeitsbereich befugt:

a) die Umsetzung dieses Abkommens und etwaiger Zusatzabkommen zu überwachen und zu überprüfen und deren ordnungsgemäßes Funktionieren zu gewährleisten

b) den Partnerschaftsrat bei der Wahrnehmung seiner Aufgaben zu unterstützen und insbesondere dem Partnerschaftsrat zu berichten und alle Aufgaben zu übernehmen, die ihnen von diesem übertragen werden

c) in allen Angelegenheiten, für die dies in diesem Abkommen oder in etwaigen Zusatzabkommen vorgesehen ist oder für die der Partnerschaftsrat gemäß dem Artikel INST.1 [Partnerschaftsrat] Absatz 4 Buchstabe f seine Befugnisse einem Sonderausschuss übertragen hat, Beschlüsse, einschließlich zur Änderung, zu fassen und Empfehlungen auszusprechen

d) technische Fragen zu erörtern, die sich aus der Umsetzung dieses Abkommens oder etwaiger Zusatzabkommen ergeben

e) den Vertragsparteien als Forum für den Austausch von Informationen, die Erörterung bewährter Verfahren und den Austausch über Erfahrungen mit der Durchsetzung zu dienen

f) Arbeitsgruppen einzurichten, zu überwachen, zu koordinieren und aufzulösen und

g) gemäß Teil sechs Titel I [Streitbeilegung] Artikel INST.13 [Konsultationen] Absatz 7 als Konsultationsforum zu dienen

5. Den Ausschüssen gehören Vertreter beider Vertragsparteien an. Jede Vertragspartei stellt sicher, dass ihre Vertreter in den Ausschüssen über angemessene Sachkenntnis in Bezug auf die behandelten Fragen verfügen.

6. Der Vorsitz des Handelspartnerschaftsausschusses wird von einem hochrangigen Vertreter der Union und einem Vertreter des Vereinigten Königreichs mit Zuständigkeit für handelsbezogene Fragen oder ihren jeweiligen Vertretern gemeinsam geführt. Er tritt auf Antrag der Union oder des Vereinigten Königreichs, mindestens jedoch einmal jährlich, zusammen und legt seinen Sitzungskalender und seine Tagesordnung in gegenseitigem Einvernehmen fest.

7. Der Vorsitz der Handelssonderausschüsse und der Sonderausschüsse wird von einem Vertreter der Union und einem Vertreter des Vereinigten Königreichs gemeinsam geführt. Sofern in diesem Abkommen nichts anderes bestimmt ist und die Vorsitzenden nichts anderes beschließen, treten sie mindestens einmal jährlich zusammen.

8. Die Ausschüsse legen ihre Sitzungskalender und Tagesordnungen in gegenseitigem Einvernehmen fest.

9. Die Tätigkeit der Ausschüsse wird von der in ANHANG INST-X [Geschäftsordnung des Partnerschaftsrates und der Ausschüsse] festgelegten Geschäftsordnung geregelt.

10. Abweichend von Absatz 9 kann ein Ausschuss seine eigene Geschäftsordnung annehmen und anschließend ändern.

Artikel INST.3: Arbeitsgruppen

(1) Es werden die folgenden Ausschüsse eingesetzt:

a) die Arbeitsgruppe „Ökologische Erzeugnisse" unter der Aufsicht des Fachausschusses „Technische Handelshemmnisse";

b) die Arbeitsgruppe „Kraftfahrzeuge und Teile davon" unter der Aufsicht des Fachausschusses „Technische Handelshemmnisse";

c) die Arbeitsgruppe „Arzneimittel" unter der Aufsicht des Fachausschusses für Handelsfragen (Trade Specialised Committee on Technical Barriers to Trade);

d) die Arbeitsgruppe „Koordinierung der Systeme der sozialen Sicherheit" unter der Aufsicht des Fachausschusses für die Koordinierung der Systeme der sozialen Sicherheit;

(2) Die Arbeitsgruppen unterstützen unter Aufsicht der Ausschüsse die Ausschüsse bei der Wahrnehmung ihrer Aufgaben und bereiten insbesondere die Arbeit der Ausschüsse vor und übernehmen alle Aufgaben, die ihnen von diesen übertragen werden.

(3) Die Arbeitsgruppen setzen sich aus Vertretern der Union und Vertretern des Vereinigten Königreichs zusammen, ihr Vorsitz wird von einem Vertreter der Union und einem Vertreter des Vereinigten Königreichs gemeinsam geführt.

(4) Die Arbeitsgruppen legen ihre Geschäftsordnungen, Sitzungskalender und Tagesordnungen in gegenseitigem Einvernehmen fest.

Artikel INST.4: Beschlüsse und Empfehlungen

1. Die vom Partnerschaftsrat oder gegebenenfalls einem Ausschuss gefassten Beschlüsse sind für die Vertragsparteien und alle nach diesem Abkommen und etwaigen Zusatzabkommen eingerichteten Gremien bindend, einschließlich des in Teil sechs Titel I [Streitbeilegung] genannten Schiedsgerichts. Empfehlungen sind nicht bindend.

2. Der Partnerschaftsrat oder gegebenenfalls ein Ausschuss fassen in gegenseitigem Einvernehmen Beschlüsse und sprechen Empfehlungen aus.

Artikel INST.5: Parlamentarische Zusammenarbeit

(1) Das Europäische Parlament und das Parlament des Vereinigten Königreichs können eine Parlamentarische Partnerschaftsversammlung bestehend aus Mitgliedern des Europäischen Parlaments und Mitgliedern des Parlaments des Vereinigten Königreichs als Forum für einen Meinungsaustausch über die Partnerschaft einsetzen.

(2) Nach ihrer Einsetzung kann die Parlamentarische Partnerschaftsversammlung

a) den Partnerschaftsrat um sachdienliche Informationen über die Umsetzung dieses Abkommens und etwaiger Zusatzabkommen ersuchen; dieser übermittelt daraufhin der Versammlung die erbetenen Informationen

b) wird die Parlamentarische Partnerschaftsversammlung über die Beschlüsse und Empfehlungen des Partnerschaftsrats unterrichtet

c) kann die Parlamentarische Partnerschaftsversammlung Empfehlungen an den Partnerschaftsrat richten

Artikel INST.6: Beteiligung der Zivilgesellschaft

Die Vertragsparteien konsultieren die Zivilgesellschaft zur Durchführung dieses Abkommens und etwaiger Zusatzabkommen, insbesondere durch die Interaktion mit den in Artikel INST.7 [Interne Beratungsgruppen] und INST.8 [Zivilgesellschaftliches Forum] genannten internen Beratungsgruppen und dem Zivilgesellschaftlichen Forum.

Artikel INST.7: Interne Beratungsgruppen

(1) Jede Vertragspartei konsultiert zu Fragen, die unter dieses Abkommen und etwaige von ihr neu geschaffene oder bestehende interne Beratungsgruppen fallen und in denen unabhängige Organisationen der Zivilgesellschaft vertreten sind, darunter Nichtregierungsorganisationen, Unternehmens- und Arbeitgeberverbände sowie Gewerkschaften, die in den Bereichen Wirtschaft, nachhaltige Entwicklung, Soziales, Menschenrechte, Umwelt und andere Fragen tätig sind. Jede Vertragspartei kann ihre interne Beratergruppe oder ihre internen Beratungsgruppen in verschiedenen Zusammensetzungen einberufen, um die Durchführung verschiedener Bestimmungen dieses Abkommens oder ergänzender Übereinkünfte zu erörtern.

(2) Jede Vertragspartei berücksichtigt die von ihrer internen Beratungsgruppe oder -gruppen vorgelegten Empfehlungen. Vertreter jeder Vertragspartei bemühen sich, sich mit ihrer jeweiligen internen Beratungsgruppe oder -gruppen mindestens einmal jährlich zu beraten. Die Sitzungen können in virtueller Form abgehalten werden.

(3) Jede Vertragspartei bemüht sich, zur Sensibilisierung der Öffentlichkeit in Bezug auf die internen Beratungsgruppen die Liste der Organisationen, die an ihrer internen Beratungsgruppe(n) teilnehmen, sowie die Kontaktstelle für diese Gruppe(n), zu veröffentlichen.

(4) Die Vertragsparteien fördern die Interaktion zwischen ihren jeweiligen internen Beratungsgruppen, indem sie nach Möglichkeit auch die Kontaktdaten der Mitglieder ihrer internen Beratungsgruppen austauschen.

Artikel INST.8: Zivilgesellschaftliches Forum

1. Die Vertragsparteien ermöglichen die Organisation eines Zivilgesellschaftlichen Forums, um einen Dialog über die Umsetzung von Teil zwei dieses Abkommens zu führen. Der Partnerschaftsrat nimmt operative Leitlinien für die Durchführung des Forums an.

2. Sofern von den Vertragsparteien nichts anderes vereinbart wird, tritt das zivilgesellschaftliche Forum mindestens einmal jährlich zusammen. Die Sitzungen des Zivilgesellschaftlichen Forums können in virtueller Form abgehalten werden.

3. Das Zivilgesellschaftliche Forum steht unabhängigen, im Gebiet der Vertragsparteien niedergelassenen Organisationen der Zivilgesellschaft, einschließlich Mitgliedern der in Artikel INST.7 [Interne Beratungsgruppen] genannten internen Beratungsgruppen zur Teilnahme, offen. Jede Vertragspartei fördert eine ausgewogene Vertretung, einschließlich von nichtstaatlichen Organisationen, Unternehmens- und Arbeitgeberverbänden sowie Gewerkschaften, die in den Bereichen Wirtschaft, nachhaltige Entwicklung, Soziales, Menschenrechte, Umwelt und sonstigen Bereichen tätig sind.

[TEILE ZWEI bis FUENF nicht abgedruckt]

TEIL SECHS: STREITBEILEGUNG UND HORIZONTALE BESTIMMUNGEN

TITEL I: STREITBEILEGUNG

Kapitel 1: Allgemeine Bestimmungen

Artikel INST.9: Ziel

Ziel dieses Titels ist es, einen wirksamen und effizienten Mechanismus für die Vermeidung und Beilegung von Streitigkeiten zwischen den Vertragsparteien über die Auslegung und Anwendung dieses Abkommens und etwaiger ergänzender Abkommen zu schaffen, um nach Möglichkeit zu einer einvernehmlichen Lösung zu gelangen.

Artikel INST.10 Anwendungsbereich

(1) Dieser Titel findet vorbehaltlich der Absätze 2, 3, 4 und 5 auf Streitigkeiten zwischen den Vertragsparteien hinsichtlich der Auslegung und Anwendung der Bestimmungen dieses Abkommens oder eines etwaigen Zusatzabkommens („erfasste Bestimmungen“) Anwendung.

(2) Zu den erfassten Bestimmungen gehören alle Bestimmungen dieses Abkommens und eines etwaigen Zusatzabkommens mit Ausnahme von:

a) Artikel Goods.17 [Handelsabhilfen] Absätze 1 bis 6 und Artikel Goods.21 [Kulturgüter] Titel I Titel I des Zweiten Teils;

b) Anhang TBT-X [Arzneimittel];

c) Titel VII [Kleine und mittlere Unternehmen] der ersten Rubrik des Zweiten Teils;

d) Titel X [Gute Regulierungspraxis und Zusammenarbeit in Regulierungsfragen] des ersten Teils des Zweiten Teils;

e) die Absätze 1, 2 und 4 des Artikels LPFS.1.1 [Grundsätze und Ziele] und Artikel LPFS.3 Absätze 1 und 1.2 [Recht auf Regulierung, Vorsorgeansatz und wissenschaftliche und technische Informationen] Kapitel 1 [Allgemeine Bestimmungen], Kapitel 2 [Wettbewerbspolitik], Artikel LPFS.3.9 [Unabhängige Behörde oder Stelle und Zusammenarbeit] und LPFS.3.10 [Gerichte] von Kapitel 2 [Subsidy control]; und Titel XI [Gleiche Wettbewerbsbedingungen für offenen und fairen Wettbewerb und nachhaltige Entwicklung] Kapitel 5 [Steuerwesen] von Titel XI [Gleiche Wettbewerbsbedingungen für offenen und fairen Wettbewerb und nachhaltige Entwicklung] in Titel XI Kapitel 9 [Horizontale und institutionelle Bestimmungen] Titel XI [Gleiche Wettbewerbsbedingungen für offenen und fairen Wettbewerb und nachhaltige Entwicklung] der Rubrik I von Teil Zwei Abschnitt 4 Absätze bis 9 des Artikels LPFS.9.4 [Neugewichtung];

f) Dritter Teil [Rechtsdurchsetzung und justizielle Zusammenarbeit in Strafsachen], auch wenn es sich um Situationen handelt, die durch andere Bestimmungen dieses Abkommens geregelt sind;

g) Vierter Teil [Thematische Zusammenarbeit];

h) Titel II [Grundlagen für die Zusammenarbeit] des Sechsten Teils [Streitbeilegung und horizontale Bestimmungen];

i) Artikel FINPROV.10A [Übergangsbestimmung für die Übermittlung personenbezogener Daten an das Vereinigte Königreich] von Teil Seven; und

j) das Abkommen über die Sicherheitsverfahren für den Austausch und den Schutz von Verschlusssachen;

(3) Der Partnerschaftsrat kann von einer Vertragspartei im Hinblick auf die Beilegung einer Streitigkeit bezüglich der Verpflichtungen befasst werden, die sich aus den in Absatz 2 genannten Bestimmungen ergeben.

(4) Artikel INST.11 [Ausschließlichkeit] gilt für die in Absatz 2 genannten Bestimmungen.

(5) Ungeachtet der Absätze 1 und 2 ist dieser Titel nicht anwendbar auf Streitigkeiten über die Auslegung und Anwendung der Bestimmungen des Protokolls über die Koordinierung der sozialen Sicherheit und seine Anhänge in Einzelfällen.

Artikel INST.11 Ausschließlichkeit

Die Vertragsparteien verpflichten sich, eine zwischen ihnen bestehende Streitigkeit in Bezug auf die Auslegung oder Anwendung der Bestimmungen dieses Abkommens oder eines etwaigen Zusatzabkommens keinem anderen als dem in diesem Abkommen vorgesehenen Streitbeilegungsmechanismus vorzulegen.

Artikel INST.12 Wahl des Gremiums im Falle einer im Wesentlichen gleichwertigen Verpflichtung aus einem anderen internationalen Übereinkommen

(1) Entsteht eine Streitigkeit über eine Maßnahme, die einen mutmaßlichen Verstoß gegen eine Verpflichtung aus diesem Abkommen oder einem etwaigen Zusatzabkommen und eine im Wesentlichen gleichwertige Verpflichtung aus einem anderen internationalen Übereinkommen darstellt, dem beide Vertragsparteien angehören, einschließlich des WTO-Übereinkommens, so wählt die Beschwerdeführerin das Gremium, in dessen Rahmen die Streitigkeit beigelegt werden soll.

(2) Hat eine Vertragspartei das Gremium ausgewählt und die Streitbeilegungsverfahren nach diesem Titel oder einem anderen internationalen Übereinkommen eingeleitet, so darf sie wegen der in Absatz 1 genannten Maßnahme kein solches Verfahren im Rahmen des anderen internationalen Übereinkommens einleiten, es sei denn, das zuerst gewählte Gremium kann aus verfahrenstechnischen Gründen oder aus Gründen der Zuständigkeit nicht über den Fall befinden.

(3) Für die Zwecke dieses Artikels

a) gelten Streitbeilegungsverfahren nach diesem Titel als eingeleitet, sobald eine Vertragspartei einen Antrag auf Einsetzung eines Schiedsgerichts nach Artikel INST.14 [Schiedsverfahren] gestellt hat;

b) gelten Streitbeilegungsverfahren nach dem WTO-Übereinkommen als zu dem Zeitpunkt eingeleitet, zu dem eine Vertragspartei nach Artikel 6 der WTO-Vereinbarung über Regeln und Verfahren zur Beilegung von Streitigkeiten einen Antrag auf Einsetzung eines Panels gestellt hat; und

c) gelten Streitbeilegungsverfahren im Rahmen etwaiger sonstiger Übereinkommen eingeleitet, wenn sie gemäß den einschlägigen Bestimmungen des betreffenden Übereinkommens eingeleitet wurden.

(4) Unbeschadet von Absatz 2 hindert dieses Abkommen oder etwaige Zusatzabkommen eine Vertragspartei nicht daran, vom WTO-Streitbeilegungsgremium genehmigte oder im Rahmen

der Streitbeilegungsverfahren eines anderen internationalen Übereinkommens, dessen Vertragspartei die Vertragsparteien sind, genehmigte Verpflichtungen auszusetzen. Das WTO-Übereinkommen oder ein anderes internationales Übereinkommen zwischen den Vertragsparteien kann nicht in Anspruch genommen werden, um eine Vertragspartei daran zu hindern, Verpflichtungen nach diesem Titel auszusetzen.

Kapitel 2: Verfahren

Artikel INST.13 Konsultationen

(1) Ist eine Vertragspartei („Beschwerdeführerin") der Auffassung, dass die andere Vertragspartei („Beschwerdegegnerin") gegen eine Verpflichtung aus diesem Abkommen oder einem Zusatzabkommen verstoßen hat, sind die Vertragsparteien bestrebt, die Angelegenheit dadurch beizulegen, dass sie nach Treu und Glauben Konsultationen aufnehmen, um eine einvernehmliche Lösung herbeizuführen.

(2) Zur Aufnahme von Konsultationen übermittelt die Beschwerdeführerin der Beschwerdegegnerin ein schriftliches Ersuchen. Im schriftlichen Ersuchen begründet die Beschwerdeführerin ihren Antrag und nennt die strittigen Maßnahmen und deren rechtliche Grundlage sowie die erfassten Bestimmungen, die ihres Erachtens anwendbar sind.

(3) Die Beschwerdegegnerin beantwortet das Ersuchen unverzüglich, spätestens jedoch 10 Tage nach dem Tag der Übermittlung des Ersuchens. Innerhalb von 30 Tagen nach dem Tag der Übermittlung des Ersuchens werden Konsultationen in direktem persönlichem Kontakt oder mittels beliebiger Konsultationsmittel geführt, auf die sich die Vertragsparteien verständigen. Konsultationen in Form persönlicher Zusammenkünfte finden im Gebiet der ersuchten Vertragspartei statt, sofern die Vertragsparteien nichts anderes vereinbaren.

(4) Die Konsultationen gelten 30 Tage nach dem Tag der Übermittlung des Ersuchens als abgeschlossen, es sei denn, die Vertragsparteien vereinbaren, die Konsultationen fortzusetzen.

(5) Konsultationen in dringenden Fällen, unter anderem solchen, die leicht verderbliche Waren, saisonabhängige Waren oder Dienstleistungen betreffen, werden innerhalb von 20 Tagen nach dem Eingang Ersuchens abgehalten. Die Konsultationen gelten innerhalb dieser 20 Tage als abgeschlossen, es sei denn, die Vertragsparteien vereinbaren, die Konsultationen fortzusetzen.

(6) Jede Vertragspartei legt ausreichende Sachinformationen vor, damit die strittige Maßnahme vollständig geprüft werden kann, und legt insbesondere dar, wie sich diese Maßnahme auf die Anwendung dieses Abkommens oder etwaiger Zusatzabkommen auswirken könnte. Jede Vertragspartei ist bestrebt sicherzustellen, dass an den Konsultationen Bedienstete ihrer zuständigen Behörden teilnehmen, die über Fachwissen in der Angelegenheit verfügen, die Gegenstand der Konsultationen ist.

(7) Bei Streitigkeiten, die einen anderen Bereich als diejenigen in Teil zwei Teilbereich eins Titel I bis VII, Titel VIII Kapitel vier [Energie und Rohstoffe] Titel IX bis XII oder Teilbereich sechs betreffen, werden die Konsultationen nach Absatz 3 auf Ersuchen der Beschwerdeführerin im Rahmen eines Sonderausschusses oder des Partnerschaftsrats geführt. Der Sonderausschuss kann jederzeit beschließen, den Partnerschaftsrat mit der Angelegenheit zu befassen. Der Partnerschaftsrat kann auch selbst die Angelegenheit an sich ziehen. Der Sonderausschuss beziehungsweise der Partnerschaftsrat kann die Streitigkeit im Wege eines Beschlusses beilegen. Die in Absatz 3 dieses Artikels genannten Fristen finden Anwendung. Die Sitzungsorte werden nach den Regeln der Geschäftsordnung des Sonderausschusses bzw. des Partnerschaftsrats festgelegt.

(8) Die Konsultationen, insbesondere alle von den Vertragsparteien während der Konsultationen als vertraulich eingestuften Informationen und abgegebenen Stellungnahmen, sind vertraulich und lassen die Rechte der Vertragsparteien in allen weiteren Verfahren unberührt.

Artikel INST.14 Schiedsverfahren

1. Die Beschwerdeführerin kann die Einsetzung eines Schiedsgerichts beantragen, sofern

a) die Beschwerdegegnerin nicht innerhalb von 10 Tagen nach Eingang des Konsultationsersuchens reagiert,

b) die Konsultation nicht innerhalb der Fristen nach Artikel INST.13 Absätze (3), (4) oder (5) [Konsultationen] erfolgen,

c) sich die Vertragsparteien darauf geeinigt haben, keine Konsultation abzuhalten, oder

d) die Konsultation ohne einvernehmliche Lösung abgeschlossen wurde.

2. Das Ersuchen um Einsetzung des Schiedsgerichts wird der Beschwerdegegnerin schriftlich übermittelt. Die Beschwerdeführerin nennt in ihrem Ersuchen ausdrücklich die strittige Maßnahme und erläutert in einer zur Verdeutlichung der Rechtsgrundlage der Beschwerde ausreichenden

Weise, inwiefern die betreffende Maßnahme gegen die erfassten Bestimmungen verstößt.

Artikel INST.15 Einsetzung des Schiedsgerichts

1. Ein Schiedsgericht setzt sich aus drei Schiedsrichtern zusammen.

2. Spätestens 10 Tage nach dem Tag der Übermittlung des Ersuchens um Einsetzung eines Schiedsgerichts nehmen die Vertragsparteien Konsultationen auf, um eine Einigung über die Zusammensetzung des Schiedsgerichts herbeizuführen.

(3) Einigen sich die Vertragsparteien innerhalb der in Absatz 2 festgelegten Frist nicht über die Zusammensetzung des Schiedsgerichts, so bestimmt jede Vertragspartei spätestens fünf Tage nach Ablauf der in Absatz 2 festgelegten Frist einen Schiedsrichter von der nach Artikel INST.27 [Liste der Schiedsrichter] aufgestellten Teilliste für diese Vertragspartei. Bestimmt eine Vertragspartei innerhalb der genannten Frist keinen Schiedsrichter von ihrer Teilliste, so wählt der von der Beschwerdeführerin gestellte Ko-Vorsitzende des Partnerschaftsrats spätestens fünf Tage nach Ablauf der Frist einen Schiedsrichter per Losentscheid aus der Teilliste der Vertragspartei, die keinen Schiedsrichter bestimmt hat, aus. Der von der Beschwerdeführerin gestellte Ko-Vorsitzende des Partnerschaftsrats kann die per Losentscheid vorzunehmende Auswahl des Schiedsrichters delegieren.

(4) Einigen sich die Vertragsparteien innerhalb der in Absatz 2 festgelegten Frist nicht über den Vorsitz des Schiedsgerichts, so wählt der von der Beschwerdeführerin gestellte Ko-Vorsitzende des Partnerschaftsrats spätestens fünf Tage nach Ablauf dieser Frist den Vorsitzenden des Schiedsgerichts per Losentscheid aus der nach Artikel INST.27 [Liste der Schiedsrichter] erstellten Teilliste der Vorsitzenden aus. Der von der Beschwerdeführerin gestellte Ko-Vorsitzende des Partnerschaftsrats kann die per Losentscheid vorzunehmende Auswahl des Vorsitzenden des Schiedsgerichts delegieren.

(5) Ist eine der in Artikel INST.27 [Liste der Schiedsrichter] vorgesehenen Listen zum Zeitpunkt eines Ersuchens nach Absatz 3 oder Absatz 4 noch nicht aufgestellt oder umfasst sie keine ausreichende Zahl von Personen, so werden die Schiedsrichter unter den Personen, die von einer Vertragspartei oder beiden Vertragsparteien gemäß Anhang INST-X [Verfahrensordnung] förmlich vorgeschlagen wurden, per Losentscheid bestimmt.

(6) Als Tag der Einsetzung des Schiedsgerichts gilt der Tag, an dem der letzte der drei Schiedsrichter den Vertragsparteien gemäß Anhang INST-X [Verfahrensordnung] förmlich mitgeteilt hat, dass er seiner Ernennung zustimmt.

Artikel INST.16 Vorschriften für Schiedsrichter

(16) 1. Für alle Schiedsrichter gilt:

a) nachgewiesene Sachkenntnis in den Bereichen Recht und internationaler Handel, einschließlich in spezifischen Fragen, die unter Titel VIII Titel VIII Titel VIII Titel I bis VII Kapitel 4 [Energie und Rohstoffe], Titel IX bis XII der Rubrik I [Handel] des Zweiten Teils oder Rubrik 6 [Sonstige Bestimmungen] des Zweiten Teils fallen, oder in Rechtsfragen sowie in allen anderen Fragen, die unter dieses Abkommen oder durch ein ergänzendes Abkommen fallen, und im Falle eines Vorsitzenden auch Erfahrung in Streitbeilegungsverfahren besitzen;

b) sie dürfen keiner der Vertragsparteien nahestehen und keine Weisungen von einer der Vertragsparteien entgegennehmen,

c) sie handeln in persönlicher Eigenschaft und dürfen keine Weisungen einer Organisation oder Regierung entgegennehmen, die Angelegenheiten im Zusammenhang mit der Streitigkeit betreffen und

d) sie sind an Anhang INST-X [Verhaltenskodex] gebunden.

(2) Alle Schiedsrichter sind Personen, deren Unabhängigkeit außer Frage steht, die in ihrem Staat die für hohe richterliche Ämter erforderlichen Voraussetzungen erfüllen oder Juristen von anerkannter Befähigung sind.

(3) Die Vertragsparteien können mit Blick auf den Gegenstand einer bestimmten Streitigkeit vereinbaren, von den in Absatz 1 Buchstabe a genannten Vorschriften abzuweichen.

Artikel INST.17 Aufgaben des Schiedsgerichts

Das Schiedsgericht

a) nimmt eine objektive Beurteilung der ihm vorliegenden Angelegenheit vor, einschließlich einer objektiven Beurteilung des Sachverhalts und der Anwendbarkeit der strittigen Maßnahmen sowie deren Vereinbarkeit mit den erfassten Bestimmungen,

b) legt in seinen Entscheidungen und Beschlüssen die tatsächlichen und rechtlichen Feststellungen sowie die Gründe für seine Feststellungen dar, und

c) sollte die Vertragsparteien regelmäßig konsultieren und ihnen ausreichend Gelegenheit zum Herbeiführen einvernehmlicher Lösungen bieten.

Artikel INST.18 Mandat

1. Sofern die Vertragsparteien nicht spätestens fünf Tage nach der Einsetzung des Schiedsgerichts eine andere Vereinbarung treffen, gilt für das Schiedsgericht folgendes Mandat:

„Prüfung der im Ersuchen um Einsetzung des Schiedsgerichts vorgelegten Frage im Lichte der von den Vertragsparteien angeführten einschlägigen erfassten Bestimmungen dieses Abkommens oder eines Zusatzabkommens, Entscheidung zur Vereinbarkeit der strittigen Maßnahme mit den in Artikel INST.10 [Anwendungsbereich] genannten Bestimmungen und Vorlage einer Entscheidung gemäß Artikel INST.20 [Entscheidung des Schiedsgerichts]".

(2) Vereinbaren die Vertragsparteien ein anderes Mandat als das in Absatz 1 genannte, notifizieren sie dem Schiedsgericht das vereinbarte Mandat innerhalb der in Absatz 1 genannten Frist.

Artikel INST.19 Eilverfahren

1. Auf Ersuchen einer Vertragspartei entscheidet das Schiedsgericht spätestens 10 Tage nach dem Tag seiner Einsetzung, ob bei einem Fall Dringlichkeit vorliegt.

2. In dringenden Fällen werden die in Artikel INST.20 [Entscheidung des Schiedsgerichts] genannten Fristen um die Hälfte verkürzt.

Artikel INST.20 Entscheidung des Schiedsgerichts

1. Das Schiedsgericht legt den Vertragsparteien innerhalb von 100 Tagen nach dem Tag seiner Einsetzung einen Zwischenbericht vor. Ist das Schiedsgericht der Auffassung, dass diese Frist nicht eingehalten werden kann, so notifiziert der Vorsitzende des Schiedsgerichts dies schriftlich den Vertragsparteien und teilt ihnen die Gründe für die Verzögerung sowie den Termin mit, zu dem das Schiedsgericht seinen Zwischenbericht vorzulegen beabsichtigt. Das Schiedsgericht legt den Zwischenbericht unter keinen Umständen später als 130 Tage nach dem Tag seiner Einsetzung vor.

(2) Jede Vertragspartei kann das Schiedsgericht innerhalb von 14 Tagen nach der Übermittlung des Zwischenberichts schriftlich um Überprüfung konkreter Aspekte des Zwischenberichts ersuchen. Eine Vertragspartei kann innerhalb von sechs Tagen nach der Übermittlung des Ersuchens Stellungnahmen zu dem Ersuchen der anderen Vertragspartei abgeben.

3. Geht innerhalb der in Absatz 2 genannten Frist kein schriftliches Ersuchen um Überprüfung konkreter Aspekte des Zwischenberichts ein, so gilt der Zwischenbericht als die Entscheidung des Schiedsgerichts.

4. Das Schiedsgericht legt den Vertragsparteien innerhalb von 130 Tagen nach dem Tag seiner Einsetzung seine Entscheidung vor. Ist das Schiedsgericht der Auffassung, dass die Frist nicht eingehalten werden kann, so notifiziert der Vorsitzende dies schriftlich den Vertragsparteien und teilt ihnen die Gründe für die Verzögerung sowie den Termin mit, zu dem das Schiedsgericht seine Entscheidung vorzulegen beabsichtigt. Das Schiedsgericht legt seine Entscheidung unter keinen Umständen später als 160 Tage nach dem Tag seiner Einsetzung vor.

5. Die Entscheidung muss eine Erörterung der schriftlichen Ersuchen der Vertragsparteien zum Zwischenbericht enthalten und eindeutig auf die Anmerkungen der Vertragsparteien eingehen.

6. Zur Klarstellung gilt, dass eine „Entscheidung" oder „Entscheidungen" im Sinne der Artikel INST.17 [Aufgaben des Schiedsgerichts], INST.18 [Satzung], INST.28 [Ersetzung von Schiedsrichtern] und Artikel INST.29 (1), (3), (4) und (6) [Entscheidungen und Entscheidungen des Schiedsgerichts] auch als Bezugnahme auf den Zwischenbericht des Schiedsgerichts zu verstehen sind.

Kapitel 3: Umsetzung

Artikel INST.21 Maßnahmen zur Umsetzung

1. Stellt das Schiedsgericht in seiner Entscheidung nach Artikel INST.20 Absatz 1 [Entscheidung des Schiedsgerichts] fest, dass die Beschwerdegegnerin gegen eine Verpflichtung aus diesem Abkommen oder gegen ein etwaiges Zusatzabkommen verstoßen hat, ergreift diese Vertragspartei die erforderlichen Maßnahmen, um die Entscheidung des Schiedsgerichts umgehend umzusetzen und sich so mit den erfassten Bestimmungen in Einklang zu bringen.

(2) Die Beschwerdegegnerin notifiziert der Beschwerdeführerin spätestens 30 Tage nach der Vorlage der Entscheidung die Maßnahmen, die sie zur Umsetzung getroffen hat oder zu treffen beabsichtigt.

Artikel INST.22 Angemessene Frist

1. Ist eine sofortige Umsetzung nicht möglich, so notifiziert die Beschwerdegegnerin der Beschwerdeführerin spätestens 30 Tage nach der Vorlage der in Artikel INST.20 Absatz 1 [Entscheidung des Schiedsgerichts] genannten Entscheidung die Dauer der angemessenen Frist, die sie für die Umsetzung der in Artikel INST.20 Absatz 1 [Entscheidung des Schiedsgerichts] genannten Entscheidung benötigt. Die Vertragsparteien bemühen sich, eine angemessene Frist für die Umsetzung zu vereinbaren.

(2) Haben die Vertragsparteien keine Einigung über die angemessene Frist erzielt, kann die Beschwerdeführerin frühestens 20 Tage nach der Übermittlung der in Absatz 1 genannten Notifikation das ursprüngliche Schiedsgericht schriftlich ersuchen, die Dauer der angemessenen Frist zu bestimmen. Das Schiedsgericht legt den Vertragsparteien seinen Beschluss innerhalb von 20 Tagen nach dem Tag der Übermittlung des Ersuchens vor.

3. Die Beschwerdegegnerin setzt die Beschwerdeführerin spätestens einen Monat vor Ablauf der angemessenen Frist schriftlich ihre Fortschritte bei der Umsetzung der in Artikel INST.20 Absatz 1 [Entscheidung des Schiedsgerichts] genannten Entscheidung in Kenntnis.

4. Die Vertragsparteien können übereinkommen, die angemessene Frist zu verlängern.

Artikel INST.23 Überprüfung der Umsetzung

1. Die Beschwerdegegnerin notifiziert der Beschwerdeführerin spätestens am Tag des Auslaufens der angemessenen Frist, welche Maßnahmen sie zur Umsetzung der Entscheidung nach Artikel INST.20 Absatz 1 [Entscheidung des Schiedsgerichts] ergriffen hat.

(2) Kommt es zwischen den Vertragsparteien zu Meinungsverschiedenheiten über das Bestehen von Umsetzungsmaßnahmen oder über deren Vereinbarkeit mit den erfassten Bestimmungen, so kann die Beschwerdeführerin das ursprüngliche Schiedsgericht schriftlich ersuchen, diese Frage zu entscheiden. In dem Ersuchen ist die strittige Maßnahme zu nennen und in einer zur Verdeutlichung der Rechtsgrundlage der Beschwerde ausreichenden Weise zu erläutern, inwiefern die betreffende Maßnahme gegen die erfassten Bestimmungen verstößt. Das Schiedsgericht legt den Vertragsparteien seinen Beschluss innerhalb von 45 Tagen nach dem Tag der Übermittlung des Ersuchens vor.

Artikel INST.24 Einstweilige Abhilfemaßnahmen

1. Die Beschwerdegegnerin legt auf Ersuchen der Beschwerdeführerin und nach Konsultationen mit derselben ein Angebot für einen vorübergehenden Ausgleich vor, wenn

a) die Beschwerdegegnerin der Beschwerdeführerin notifiziert, dass es nicht möglich ist, der Entscheidung nach Artikel INST.20 Absatz 1 [Entscheidung des Schiedsgerichts] nachzukommen, oder

b) die Beschwerdegegnerin innerhalb der in Artikel INST.21 [Maßnahmen zur Umsetzung] genannten Frist oder vor Ablauf der angemessenen Frist keine Umsetzungsmaßnahmen notifiziert hat oder

c) das Schiedsgericht feststellt, dass keine Umsetzungsmaßnahme ergriffen wurde oder dass die ergriffene Umsetzungsmaßnahme mit den erfassten Bestimmungen unvereinbar ist.

(2) Bei Vorliegen einer der in Absatz 1 Buchstaben a, b und c genannten Bedingungen kann die Beschwerdeführerin der Beschwerdegegnerin schriftlich ihre Absicht notifizieren, die Anwendung von Verpflichtungen im Rahmen der erfassten Bestimmungen auszusetzen, wenn

a) die Beschwerdeführerin beschließt, kein Ersuchen gemäß Absatz 1 zu stellen, oder

b) die Vertragsparteien in dem Fall, dass ein Ersuchen gemäß Absatz 1 gestellt wird, innerhalb von 20 Tagen nach Ablauf der angemessenen Frist oder der Vorlage des Beschlusses des Schiedsgerichts gemäß Artikel INST.23 [Überprüfung der Umsetzung] keine Einigung über den vorübergehenden Ausgleich erzielen.

In der Notifikation ist anzugeben, in welchem Umfang die Verpflichtungen ausgesetzt werden sollen.

(3) Die Aussetzung von Verpflichtungen unterliegt folgenden Bedingungen:

a) Die Verpflichtungen aus Rubrik 4 [Koordinierung der sozialen Sicherheit und Visa für Kurzaufenthalte] des Zweiten Teils, des Protokolls über die Koordinierung der Systeme der sozialen Sicherheit oder seiner Anhänge oder des Fünften Teils [Unionsprogramme] dürfen nicht nach diesem Artikel ausgesetzt werden;

b) Abweichend von Buchstabe a können Verpflichtungen aus Teil fünf [Unionsprogramme] nur ausgesetzt werden, wenn die Entscheidung nach Artikel INST.20 (1) [Beschluss des Schiedsgerichts] die Auslegung und Durchführung von Teil fünf [Unionsprogrammen] betrifft;

c) Verpflichtungen außerhalb des Fünften [Unionsprogramms] dürfen nicht ausgesetzt werden, wenn die Entscheidung nach Artikel INST.20

(1) [Entscheidung des Schiedsgerichts] die Auslegung und Durchführung von Teil fünf [Unionsprogrammen] betrifft; und

d) Die Verpflichtungen nach Titel II [Dienstleistungen und Investitionen] von Teil Zwei Titel I in Bezug auf Finanzdienstleistungen können nach diesem Artikel nicht ausgesetzt werden, es sei denn, die Entscheidung nach Artikel INST.20 (1) [Beschluss des Schiedsgerichts] betrifft die Auslegung und Anwendung der Verpflichtungen aus Titel II [Dienstleistungen und Investitionen] des ersten Teils des Zweiten Teils in Bezug auf Finanzdienstleistungen.

4. Kommt eine Vertragspartei einer Entscheidung eines Schiedspanels, das aufgrund eines früheren Abkommens zwischen den Vertragsparteien eingesetzt wurde, weiterhin nicht nach, so kann die andere Vertragspartei Verpflichtungen nach den in Artikel INST.10 [Geltungsbereich] genannten Bestimmungen aussetzen. Mit Ausnahme der Regel in Absatz 3 Buchstabe a unterliegen alle Vorschriften über vorübergehende Rechtsbehelfe bei Nichteinhaltung und die Überprüfung solcher Maßnahmen der vorherigen Vereinbarung.

(5) Die Aussetzung von Verpflichtungen darf den Wert der durch den Verstoß zunichtegemachten oder geschmälerten Vorteile nicht übersteigen.

(6) Hat das Schiedsgericht den Verstoß in Teil II Abschnitt eins [Trade] oder Abschnitt Drei [Road] festgestellt, so kann die Aussetzung in einem anderen Titel derselben Rubrik vorgenommen werden, in dem das Gericht den Verstoß festgestellt hat, insbesondere wenn die beschwerdeführende Partei der Auffassung ist, dass die Aussetzung wirksam zur Einhaltung der Vorschriften führt.

7. Wenn das Schiedsgericht den Verstoß in Abschnitt Zwei [Aviation] festgestellt hat:

a) die beschwerdeführende Partei sollte zunächst versuchen, Verpflichtungen in demselben Titel auszusetzen, in dem das Schiedsgericht die Verletzung festgestellt hat;

b) ist die beschwerdeführende Partei der Auffassung, dass es nicht praktikabel oder wirksam ist, Verpflichtungen in Bezug auf denselben Titel wie den, in dem das Gericht den Verstoß festgestellt hat, auszusetzen, so kann sie versuchen, Verpflichtungen aus dem anderen Titel desselben Titels auszusetzen.

(8) Hat das Schiedsgericht den Verstoß in Teil II Abschnitt eins [Trade], Two [Aviation], Drei [Road] oder Fünf [Fischerei] des Zweiten Teils festgestellt und ist die Beschwerdeführerin der Auffassung, dass es nicht praktikabel oder wirksam ist, Verpflichtungen innerhalb derselben Rubrik auszusetzen, unter der das Schiedsgericht den Verstoß festgestellt hat, und die Umstände schwerwiegend genug sind, so kann es versuchen, Verpflichtungen nach anderen erfassten Bestimmungen auszusetzen.

(9) Im Falle des Absatzes 7 Buchstabe b und des Absatzes 8 nennt die Beschwerdeführerin die Gründe für ihre Entscheidung.

(10) Die Beschwerdeführerin kann die Verpflichtungen 10 Tage nach dem Tag der Übermittlung der Notifikation nach Absatz 2 aussetzen, es sei denn, die Beschwerdegegnerin hat ein Ersuchen nach Absatz 11 gestellt.

(11) Ist die Beschwerdegegnerin der Auffassung, dass der notifizierte Umfang der Aussetzung von Verpflichtungen den Wert der durch den Verstoß zunichtegemachten oder geschmälerten Vorteile übersteigt oder dass die in Absatz 7 Buchstabe b, Absatz 8 oder Absatz 9 festgelegten Grundsätze und Verfahren nicht eingehalten wurden, so kann sie das ursprüngliche Schiedsgericht vor Ablauf der in Absatz 10 festgelegten Frist von 10 Tagen schriftlich ersuchen, die Frage zu entscheiden. Das Schiedsgericht legt den Vertragsparteien seinen Beschluss über den Wert der Aussetzung von Verpflichtungen innerhalb von 30 Tagen nach dem Datum des Ersuchens vor. Verpflichtungen werden nicht ausgesetzt, bis das Schiedsgericht seinen Beschluss vorgelegt hat. Die Aussetzung von Verpflichtungen muss mit dem Beschluss im Einklang stehen.

(12) Das nach Absatz 11 handelnde Schiedsgericht prüft nicht die Art der auszusetzenden Verpflichtungen, sondern stellt fest, ob der Umfang dieser Aussetzung den Umfang der durch den Verstoß zunichtegemachten oder geschmälerten Vorteile übersteigt. Enthält die dem Schiedsgericht vorgelegte Angelegenheit jedoch die Behauptung, dass die in Absatz 7 Buchstabe b, Absatz 8 oder Absatz 9 genannten Grundsätze und Verfahren nicht eingehalten worden sind, so prüft das Schiedsgericht den Antrag. Stellt das Schiedsgericht fest, dass diese Grundsätze und Verfahren nicht eingehalten wurden, so wendet die beschwerdeführende Partei sie im Einklang mit Absatz 7 Buchstabe b, Absatz 8 und Absatz 9 an. Die Parteien akzeptieren die Entscheidung des Schiedsgerichts als endgültig und beantragen kein zweites Schiedsverfahren. Dieser Absatz darf den Zeitpunkt, ab dem die Beschwerdeführerin berechtigt ist, die Verpflichtungen aus diesem Artikel auszusetzen, keinesfalls hinauszögern.

(13) Die Aussetzung von Verpflichtungen oder der in diesem Artikel vorgesehene Ausgleich sind

vorübergehende Maßnahmen, die nicht mehr angewandt werden, wenn

a) die Vertragsparteien eine einvernehmliche Lösung nach Artikel INST.31 [Einvernehmliche Lösung] erzielt haben,

b) die Vertragsparteien Einigung darüber erzielt haben, dass sich die Beschwerdegegnerin durch die Umsetzungsmaßnahme mit den erfassten Bestimmungen im Einklang befindet oder

c) die vom Schiedsgericht als mit den erfassten Bestimmungen unvereinbar befundene Umsetzungsmaßnahme aufgehoben oder so geändert worden ist, dass sich die Beschwerdegegnerin mit diesen Bestimmungen im Einklang befindet.

Artikel INST.25 Überprüfung der Umsetzungsmaßnahmen, die nach Einführung einstweiliger Abhilfemaßnahmen ergriffen wurden

1. Die Beschwerdegegnerin notifiziert der Beschwerdeführerin die Umsetzungsmaßnahmen, die sie im Anschluss an die Aussetzung von Verpflichtungen beziehungsweise nach einem vorübergehenden Ausgleich ergriffen hat. Außer in Fällen nach Absatz 2 hebt die Beschwerdeführerin die Aussetzung von Verpflichtungen innerhalb von 30 Tagen nach Übermittlung der Notifikation auf. Sofern ein Ausgleich vorgenommen wurde, darf die Beschwerdegegnerin außer in Fällen nach Absatz 2 innerhalb von 30 Tagen nach der Übermittlung der Notifikation, dass sie die Umsetzung vollzogen hat, den Ausgleich beenden.

(2) Erzielen die Vertragsparteien innerhalb von 30 Tagen nach dem Tag der Übermittlung der Notifikation keine Einigung darüber, ob sich die Beschwerdegegnerin durch die notifizierte Maßnahme mit den erfassten Bestimmungen im Einklang befindet, so ersucht die Beschwerdeführerin das ursprüngliche Schiedsgericht schriftlich, die Frage zu entscheiden. Das Schiedsgericht legt den Vertragsparteien seinen Beschluss innerhalb von 46 Tagen nach dem Tag der Übermittlung des Ersuchens vor. Entscheidet das Schiedsgericht, dass sich die Umsetzungsmaßnahme mit den erfassten Bestimmungen im Einklang befindet, so wird die Aussetzung von Verpflichtungen beziehungsweise der Ausgleich aufgehoben. Gegebenenfalls wird der Umfang der Aussetzung von Verpflichtungen beziehungsweise der Umfang des Ausgleichs im Lichte des Beschlusses des Schiedsgerichts angepasst.

Kapitel 4: Gemeinsame Verfahrensbestimmungen

Artikel INST.26 Entgegennahme von Informationen

1. Auf Ersuchen einer Vertragspartei oder auf eigene Initiative kann das Schiedsgericht von den Vertragsparteien einschlägige Informationen anfordern, die es für nötig und geeignet hält. Jedes Ersuchen des Schiedsgerichts um Übermittlung von Informationen wird von den Vertragsparteien umgehend und vollständig beantwortet.

2. Auf Ersuchen einer Vertragspartei oder auf eigene Initiative kann das Schiedsgericht von jeder beliebigen Quelle Informationen einholen, die es für geeignet hält. Das Schiedsgericht kann auch nach eigenem Ermessen und vorbehaltlich etwaiger von den Vertragsparteien vereinbarter Bedingungen Sachverständigengutachten einholen.

(3) Das Schiedsgericht prüft von natürlichen Personen einer Vertragspartei oder vom im Gebiet einer Vertragspartei niedergelassenen juristischen Personen übermittelte Amicus-curiae-Schriftsätze nach Anhang INST-X [Verfahrensordnung].

(4) Alle im Rahmen dieses Artikels vom Schiedsgericht eingeholten Informationen werden den Vertragsparteien zur Verfügung gestellt; die Vertragsparteien können dem Schiedsgericht Stellungnahmen zu diesen Informationen übermitteln.

Artikel INST.27 Liste der Schiedsrichter

1. Der Partnerschaftsrat erstellt spätestens 180 Tage nach Inkrafttreten dieses Abkommens eine Liste von Personen, die über Sachkenntnis in bestimmten von diesem Abkommen oder den zugehörigen Zusatzabkommen erfassten Bereichen verfügen und die willens und in der Lage sind, Mitglieder eines Schiedsgerichts zu werden. Die Liste umfasst mindestens 15 Personen und setzt sich aus drei Teillisten zusammen:

a) eine Teilliste mit Personen, die auf der Grundlage von Vorschlägen der Union erstellt wird

b) eine Teilliste mit Personen, die auf der Grundlage von Vorschlägen des Vereinigten Königreichs erstellt wird und

c) eine Teilliste mit Personen, die nicht die Staatsangehörigkeit einer der Vertragsparteien innehaben und im Schiedsgericht den Vorsitz führen.

Auf jeder Teilliste sind mindestens fünf Personen aufzuführen. Der Partnerschaftsrat stellt sicher, dass die Liste immer mindestens diese Personenzahl aufweist.

2. Der Partnerschaftsrat kann darüber hinaus zusätzliche Listen mit Personen erstellen, die über Sachkenntnis in bestimmten von diesem Abkommen oder etwaigen Zusatzabkommen erfassten Bereichen verfügen. Vorbehaltlich der Zustimmung der Vertragsparteien können diese zusätzlichen Listen verwendet werden, um das Schiedsgericht nach dem Verfahren des Artikels INST.15 (3) und (5) [Einsetzung eines Schiedsgerichts] zu bilden. Eine zusätzliche Liste setzt sich aus zwei Teillisten zusammen:

a) eine Teilliste mit Personen, die auf der Grundlage von Vorschlägen der Union erstellt wird und

b) eine Teilliste mit Personen, die auf der Grundlage von Vorschlägen des Vereinigten Königreichs erstellt wird.

(3) Die Listen nach Absätzen 1 und 2 enthalten keine Mitglieder, Beamten oder andere Bediensteten der Organe der Union, der Regierung eines Mitgliedstaats oder der Regierung des Vereinigten Königreichs.

Artikel INST.28 Ersetzung von Schiedsrichtern

Ist ein Schiedsrichter nicht in der Lage, an einem nach diesem Titel durchgeführten Streitbeilegungsverfahren teilzunehmen, legt er sein Amt nieder oder muss er ersetzt werden, weil er den Anforderungen des Verhaltenskodex nicht genügt, so findet das Verfahren nach Artikel INST.15 [Einsetzung des Schiedsgerichts] Anwendung. Die Frist für die Vorlage der Entscheidung oder des Beschlusses verlängert sich um die für die Ernennung des neuen Schiedsrichters erforderliche Zeit.

Artikel INST.29 Beschlüsse und Entscheidungen des Schiedsgerichts

1. Die Beratungen des Schiedsgerichts bleiben vertraulich. Das Schiedsgericht bemüht sich nach besten Kräften um einvernehmliche Entscheidungen und Beschlüsse. Ist dies nicht möglich, so entscheidet das Schiedsgericht die Frage durch Mehrheitsbeschluss. Gesonderte Meinungen einzelner Schiedsrichter werden auf keinen Fall veröffentlicht.

2. Die Union und das Vereinigte Königreich sind an die Beschlüsse und Entscheidungen des Schiedsgerichts gebunden. Sie begründen weder Rechte noch Pflichten für natürliche oder juristische Personen.

3. Die Beschlüsse und Entscheidungen des Schiedsgerichts können die in diesem Abkommen oder in etwaigen Zusatzabkommen vorgesehenen Rechte und Pflichten der Vertragsparteien weder ergänzen noch einschränken.

(4) Zur Klarstellung sei angemerkt, dass es nicht in die Zuständigkeit des Schiedsgerichts fällt, die Rechtmäßigkeit einer Maßnahme, die vorgeblich einen Verstoß gegen dieses Abkommen oder gegen ein Zusatzabkommen darstellt, nach dem internen Recht einer Vertragspartei zu beurteilen. Die vom Schiedsgericht bei seinen Entscheidungen über Streitigkeiten zwischen den Vertragsparteien getroffenen Feststellungen sind im Hinblick auf die Auslegung des internen Rechts einer Vertragspartei für die internen Gerichte und Behörden dieser Vertragspartei nicht bindend.

(4a) Zur Klarstellung sei angemerkt, dass die Gerichte beider Vertragsparteien nicht für die Beilegung von Streitigkeiten nach diesem Abkommen zuständig sind.

5. Jede Vertragspartei macht die Entscheidungen und Beschlüsse des Schiedsgerichts der Öffentlichkeit zugänglich, sofern der Schutz vertraulicher Informationen gewährleistet wird.

6. Die Informationen, die die Vertragsparteien dem Schiedsgericht übermitteln, werden nach den in ANHANG INST-X [Verfahrensordnung] festgelegten Vertraulichkeitsregeln behandelt.

Artikel INST.30 Aussetzung und Einstellung von Schiedsverfahren

Auf gemeinsames Ersuchen der Vertragsparteien setzt das Schiedsgericht seine Arbeit jederzeit während eines von den Vertragsparteien vereinbarten Zeitraums von höchstens 12 aufeinanderfolgenden Monaten aus. Das Schiedsgericht nimmt seine Arbeiten vor Ende dieses Aussetzungszeitraums auf schriftliches Ersuchen beider Vertragsparteien oder am Ende dieses Aussetzungszeitraums auf schriftliches Ersuchen einer Vertragspartei wieder auf. Die ersuchende Vertragspartei notifiziert die andere Vertragspartei entsprechend. Ersucht bei Ablauf des Aussetzungszeitraums keine Vertragspartei um die Wiederaufnahme der Arbeiten des Schiedsgerichts, so erlischt die Befugnis des Schiedsgerichts und ist das Streitbeilegungsverfahren beendet. Im Falle einer Aussetzung der Arbeiten des Schiedsgerichts verlängern sich die einschlägigen Fristen um denselben Zeitraum, für den die Arbeiten des Schiedsgerichts ausgesetzt waren.

Artikel INST.31 Einvernehmliche Lösung

5. Die Vertragsparteien können eine Streitigkeit nach Artikel INST.10 [Anwendungsbereich] jederzeit durch eine einvernehmliche Lösung beilegen.

6. Wird im Rahmen von Panelverfahren eine einvernehmliche Lösung erzielt, notifizieren die Vertragsparteien diese gemeinsam dem Vorsitz des Schiedsgerichts. Mit dieser Mitteilung ist das Schiedsverfahren abgeschlossen.

7. Die Lösung kann durch Beschluss des Partnerschaftsrats angenommen werden. Einvernehmliche Lösungen werden der Öffentlichkeit zugänglich gemacht. Die der Öffentlichkeit zugänglich gemachten Fassungen dürfen keine Informationen enthalten, die eine Vertragspartei als vertraulich eingestuft hat.

8. Jede Vertragspartei trifft die Maßnahmen, die notwendig sind, um die einvernehmliche Lösung innerhalb der vereinbarten Frist umzusetzen.

9. Spätestens bis zum Ablauf der vereinbarten Frist unterrichtet die umsetzende Vertragspartei die andere Vertragspartei schriftlich über ihre Maßnahmen zur Umsetzung der einvernehmlichen Lösung.

Artikel INST.32 Fristen

1. Alle in diesem Titel festgelegten Fristen werden in Tagen ab dem Tag berechnet, der auf die Handlungen folgt, auf die sie sich beziehen.

2. Die in diesem Titel genannten Fristen können im gegenseitigen Einvernehmen der Vertragsparteien geändert werden.

3. Das Schiedsgericht kann den Vertragsparteien unter Angabe der Gründe für seinen Vorschlag jederzeit eine Änderung der in diesem Titel genannten Fristen vorschlagen.

Artikel INST.34 Kosten

1. Jede Vertragspartei trägt die Kosten, die ihr aus der Beteiligung am Schiedsverfahren entstehen.

2. Die Kosten für den organisatorischen Aufwand, einschließlich Honorar und Auslagen der Mitglieder des Schiedsgerichts, tragen die Vertragsparteien zu gleichen Teilen. Das Honorar der Schiedsrichter entspricht dem nach Anhang INST-ANNEX-X [Verfahrensordnung] festgelegten Honorar.

Artikel INST.34A Anhänge

(1) Die in diesem Titel festgelegten Streitbeilegungsverfahren unterliegen der in ANHANG INST-X [Verfahrensordnung] festgelegten Verfahrensordnung und werden im Einklang mit ANHANG INST-X [Verhaltenskodex geführt].

(1) Der Partnerschaftsrat kann die Anhänge INST-X [Verfahrensordnung] und INST-X [Verhaltenskodex] ändern.

Kapitel 5: Besondere Regelungen für einseitige Maßnahmen

Artikel INST.34B: Besondere Verfahren für Abhilfemaßnahmen und Neugewichtung

(1) Für die Zwecke von Artikel 3.12 [Abhilfemaßnahmen] Kapitel 3 [Subventionskontrolle] und Artikel 9 Absatz 4 (2) und (3) [Neugewichtung] Kapitel 9 [Institutionelle Bestimmungen] Titel XI [gleiche Wettbewerbsbedingungen für offenen und fairen Wettbewerb und nachhaltige Entwicklung] der Überschrift I des Zweiten Teils gilt dieser Titel mit den in diesem Artikel festgelegten Änderungen.

2. Abweichend von Artikel INST.15 [Einsetzung eines Schiedsgerichts] und Anhang INST-X [Verfahrensordnung für die Beilegung von Streitigkeiten] wählt der Ko-Vorsitzende des Partnerschaftsrates der Beschwerdeführerin spätestens einen Tag nach Ablauf der Zwei-Tage-Frist einen Schiedsrichter per Losentscheid aus der Unterliste jeder Vertragspartei und den Vorsitzenden des Schiedspanels, der nach Artikel 27 der Liste von Personen aufgestellt wird, per Losentscheid aus der Unterliste der Vertragsparteien und dem Vorsitzenden des Schiedsgerichts durch Losentscheid aus der Unterliste von Personen [Artikel] aus. Der von der Beschwerdeführerin gestellte Ko-Vorsitzende des Partnerschaftsrats kann die per Losentscheid vorzunehmende Auswahl des Schiedsrichters oder Vorsitzenden delegieren. Die betreffenden Personen bestätigen beiden Vertragsparteien ihre Verfügbarkeit innerhalb von zwei Tagen ab dem Zeitpunkt des Erhalts ihrer Bestellungsbenachrichtigung. Die in Regel 10 der Anlage INST-X [Verfahrensordnung für die Streitbeilegung] genannte organisatorische Sitzung findet innerhalb von 2 Tagen nach Einsetzung des Schiedsgerichts statt.

3. Abweichend von Regel 11 des Anhangs INST-X [Verfahrensordnung für die Streitbeilegung] reicht die Beschwerdeführerin ihren Schriftsatz spätestens sieben Tage nach dem Tag der Einsetzung des Schiedsgerichts ein. Die erwidernde Vertragspartei legt ihren Schriftsatz spätestens sieben Tage nach Eingang des von der

beschwerdeführenden Vertragspartei übermittelten Schriftsatzes vor. Das Schiedsgericht passt alle anderen relevanten Fristen des Streitbeilegungsverfahrens erforderlichenfalls an, um die rechtzeitige Übermittlung des Berichts zu gewährleisten.

(4) Artikel INST.20 [Entscheidung des Schiedsgerichts] findet keine Anwendung, und Bezugnahmen auf die Entscheidung in diesem Titel sind als Bezugnahmen auf die Entscheidung zu verstehen, auf die in

a) Titel XI Kapitel 3 [Subventionskontrolle] Artikel 3.12 [Abhilfemaßnahmen] Absatz 10 [Gleiche Bedingungen für einen offenen und fairen Wettbewerb und eine nachhaltige Entwicklung]; oder

b) Artikel 9.4 (3) (c) [Neugewichtung].

(5) Abweichend von Artikel INST.23 Absatz 2 [Überprüfung der Umsetzung] legt das Schiedsgericht den Vertragsparteien seinen Beschluss innerhalb von 30 Tagen nach dem Tag der Übermittlung des Ersuchens vor.

Artikel INST.34C: Aussetzung von Verpflichtungen für die Zwecke der Artikel LPFS.3.12 (12), FISH.9 (5) und FISH.14 (7)

(1) Der Umfang der Aussetzung von Verpflichtungen darf nicht über das Maß hinausgehen, das der zunichtegemachten oder geschmälerten Vorteile aus diesem Abkommen oder einer ergänzenden Übereinkunft entspricht, der unmittelbar durch die Abhilfemaßnahmen verursacht wird, und zwar ab dem Tag, an dem die Abhilfemaßnahmen in Kraft treten, bis zu dem Tag, an dem die Schiedsspruch ergangen ist.

(2) Der Umfang der von der Beschwerdeführerin beantragten Aussetzung von Verpflichtungen und die Festlegung des Umfangs der Aussetzung von Verpflichtungen durch das Schiedsgericht beruhen auf Tatsachen, die belegen, dass sich die zunichtegemachten oder geschmälerten Vorteile unmittelbar aus der Anwendung der Abhilfemaßnahme ergeben und bestimmte Waren, Dienstleister, Investoren oder andere Wirtschaftsakteure betreffen, und nicht nur auf Behauptungen, Vermutungen oder entfernte Möglichkeiten.

(3) Höhe der von der beschwerdeführenden Vertragspartei beantragten oder vom Schiedsgericht bestimmten Vorteile, die zunichtegemacht oder beeinträchtigt werden:

a) schließt Strafschadensersatz, Zinsen oder hypothetische entgangene Gewinne oder Geschäftsmöglichkeiten nicht ein;

b) um etwaige frühere Zollerstattungen, Schadensersatzleistungen oder andere Formen des Ausgleichs, die die betreffenden Wirtschaftsbeteiligten oder die betreffende Vertragspartei bereits erhalten haben, herabgesetzt; und

c) nicht eingeschlossen ist der Beitrag zur Zunichtemachung oder Schmälerung durch vorsätzliche oder fahrlässige Handlungen oder Unterlassungen der betroffenen Vertragspartei oder einer Person oder Stelle, gegen die im Rahmen der beabsichtigten Aussetzung von Verpflichtungen Abhilfemaßnahmen beantragt werden.

Artikel INST.34D: Voraussetzungen für die Wiederherstellung von Ungleichgewichten, Abhilfe-, Ausgleichs- und Schutzmaßnahmen

Ergreift eine Vertragspartei eine Maßnahme nach Artikel 3.12 [Abhilfemaßnahmen] von Kapitel drei [Subventionskontrolle] oder Artikel 9.4 [Neugewichtung] von Kapitel neun [Institutionelle Bestimmungen] von Titel XI [gleiche Wettbewerbsbedingungen für offenen und fairen Wettbewerb und nachhaltige Entwicklung] der Rubrik I [Handel], so sind Artikel road.11 [Abhilfemaßnahmen], Artikel 9 [Ausgleichsmaßnahmen im Falle der Aufhebung oder Verringerung des Zugangs] oder Artikel 10 [Abschnitt II] die Bestimmungen des Artikels 14 [Abschnitt 36].

[Titel II u III nicht abgedruckt]

[TEIL SIEBEN: Schlussbestimmungen, sowie Anhänge und Protokolle nicht abgedruckt]

KODEX
DES ÖSTERREICHISCHEN RECHTS
SAMMLUNG DER ÖSTERREICHISCHEN BUNDESGESETZE
VERFASSUNGS-
RECHT
LexisNexis
1 B-VG
1a ÜG, B-VGNov
2a StGG
2b EMRK
2c ReligionsR, ZDG VerG VersammlungsG ORF-G, RGG PrR-G, PrTV-G FERG, KOG PresseFG MinderheitenR
3a BVG
3b VfBest in BG
4 UnabhErkl, V-ÜG R-ÜG, StV Wien
5 BVG Neutralität KMG Int Sanktionen KSE-BVG, TrAufG Staatl Symbole
6 StbG
7 PartG VerbotsG KlubFG, PubFG
8 Wahlen Direkte Demokratie
9 GOG-NR
10 BezR UnvG
11 BGBlG Rechtsbereinigung
12 BMG BVG ÄmterLReg BGemAufsG
13 F-VG, FAG 2005 KonsMech StabPakt 2005
14 RHG
15 UBASG
16 VwGG
17 VfGG
18 VolksanwG
19 AHG, OrgHG
20 AuskPfl
21 EUV/EGV

KODEX
DES ÖSTERREICHISCHEN RECHTS
SAMMLUNG DER ÖSTERREICHISCHEN BUNDESGESETZE
BÜRGERLICHES
RECHT
LexisNexis
1 ABGB mit FamErbRÄG
2 IPRG mit EVÜ
3 TEG
4 EheG
5 PStG
6 NÄG
7 RelKEG
8 UVG mit AuslUG
9 JWG
10 NotwegeG
11 GSGG
12 WWSGG
13 EisbEG
14 WEG
15 MRG RWG HeizKG
16 BauRG
17 LPG
18 KlGG
19 GBG mit GUG
20 UHG mit LiegTG
21 AnerbG
22 KSchG BTVG, TNG FernFinG
23 WucherG
24 UrhG mit ZuKG
25 RHPflG
26 EKHG VerkOG, LFG EU-LFVO ÜberbuchVO
27 AtomHG
28 AHG mit PolBEG
29 OrgHG
30 DHG
31 ASVG/ Haftung
32 PHG mit GTG
33 UN-KaufR
34 AngG
35 NotaktsG
36 ECG
37 SigG
38 RAPG

KODEX
DES ÖSTERREICHISCHEN RECHTS
HERAUSGEBER: UNIV.-PROF. DR. WERNER DORALT
UNTERNEHMENS-
RECHT
LexisNexis
1 UGB HGB A-QSG, SRLG
2 ABGB
3 FBG+VOen
4 HVertrG
5 MaklerG
6 KSchG
7 UN-KaufR
8 GmbHG
9 AktG ÜbG+VO VeröffentlichungsV Corporate Governance
10 SE (EU-Ges) SEG
11 GenG GenRevG, GenRevRÄG GenRevPO GenVerschmG GenKonkVO Euro-GenBeG
12 SCE (EU-Gen) SCEG
13 VerG VereinsDS-VO
14 EWIVG
15 PSG
16 ArbVG+VOeRL
17 StellenbesG+VO
18 GesAusG
19 KapBG
20 EKEG
21 URG
22 UmwG
23 SpaltG
24 EU-VerschG
25 UmgrStG
26 InvFG+VOen
27 ImmoInvFG
28 BeteilFG
29 KMG
30 ScheckG
31 WechselG
32 KEG+VO
33 AÖSp
34 CMR
35 UWG
36 KartG
37 WettbG
38 UrhG
39 MarkSchG
40 MuSchG
41 PatG
Anhang

KODEX
DES ÖSTERREICHISCHEN RECHTS
SAMMLUNG DER ÖSTERREICHISCHEN BUNDESGESETZE
ZIVIL-
GERICHTLICHES
VERFAHREN
LexisNexis
1 JN
2 ZPO
3 ZustellG ZustellV
4 ASGG
5 OGHG
6 ProkG
7 RpflG
8 Winkel-schreiber
9 Ehe- und Abstverf EidesG FeiertRG B-VG, EMRK
10 EO
11 EO-ÜbgB
12 LBG
13 VGebG
14 VVG
15 USchG
16 KO
17 AO
18 IEG Insolvenz-ÜbgB
19 AnfO
20 GenKV
21/1 BWG
21/2 URG
22 IESG
23 EuInsVO
23/1 EuInsVO – Erlass
24 AußStrG
25 GKoärG
26 KEG
27 VerwEinzG
28 UVG
29 AuslUG
30 UbG
31 HeimAufG
Anhang BG-Wien/Graz GOG Elektr Rechtsverk ADV-FormV ZustellFormV TABELLEN LUGANO-Übk Brüsseler Übk Brüssel I-VO Euro BeweisaufnahmeVO Zivilrechts-MediationsG RL Prozesskosten AußStrG aF FamErbRÄG 2004 samt Mat Zivilverfahrensnov 2004 samt Mat

KODEX

DES ÖSTERREICHISCHEN RECHTS

SAMMLUNG DER ÖSTERREICHISCHEN BUNDESGESETZE

SOZIAL-VERSICHERUNG

1 ASVG
2 AlVG
3 KGG/KBGG
4 SUG
5 NSchG
6 BPGG
7 NeuFÖG
8 IVF-Fonds-G
9 AMPFG
10 GSVG
11 BSVG
12 FSVG
13 K-SVFG
14 NVG
15 B-KUVG
16 EU-BSVG
17 ARÜG
18 SV-EG
19 Int. Abk.

LINDE VERLAG

KODEX

DES ÖSTERREICHISCHEN RECHTS

SAMMLUNG DER ÖSTERREICHISCHEN BUNDESGESETZE

VERGABE-GESETZE

1 BVergG
Begl. Best.
ABVV
ÖNORM
ErstreckVO
FormVO
BeschVO
Schw.Werte
2 Bgld VergG
3 Krnt VergG DurchfVO
4 NÖ VergG VergO
5 OÖ VergG
6 Sbg VergG VergO
7 Stmk VergG
8 Tirol VergG
9 Vlbg VergG Vergform
10 Wien VergG

LINDE

KODEX

DES ÖSTERREICHISCHEN RECHTS

SAMMLUNG DER ÖSTERREICHISCHEN BUNDESGESETZE

WIRTSCHAFTS-GESETZE

TEIL I

1 GewO
ÖffnungsZG
Sonn-, FBZG
NahVG
ReisebR
MaklerR
VerbrKV
ProduktSG
GelVG
KraftFLG
GüterbefG
2 BVergG
BB-GmbHG
EU-Recht
DienstL-RL
LieferK-RL
BauA-RL
RechtsM-RL
Sek-RL
SekRM-RL
StandF-RL
3 ElWOG
E-RegBG
EigentEG
ÖkostromG
GWG
PreisTrG
RohrLG
EU-Recht
ElektrBM-RL
ErdgasBM-RL
EnergieT-RL
4 DSG
EU-Recht
DatenS-RL
DatenB-RL
5 PreisG
PreisAG
Preis-BÜG
EU-Recht
PreisA-RL
6 VerssG
EnLG
Erdöl-BMG
LMBG

LINDE VERLAG

KODEX

DES ÖSTERREICHISCHEN RECHTS

SAMMLUNG DER ÖSTERREICHISCHEN BUNDESGESETZE

WIRTSCHAFTS-GESETZE

TEIL II

1 WettbG
KartellG
EU-Recht
EGV
VO Nr. 17
Anhör-VO
Bagatt-Bek
WettbR-VO
GruFr-VO
FusKon-VO
2 PatentG
SchuZG
GebrMG
HalblSG
MarkenSG
MusterSG
ProdPirG
UrhebRG
VerwertG
EU-Recht
MarkenR-RL
Gem-Mark-VO
GemGM-VO
HalbL-RL
CompPr-RL
Verm-Verl-RL
SchutzD-RL
UrhebR-RL
Sat-RL
Biotech-E-RL
FolgeR-RL
ProdPir-VO
3 UWG
EU-Recht
IrrWerb-RL

LINDE VERLAG

KODEX
DES ÖSTERREICHISCHEN RECHTS
SAMMLUNG DER ÖSTERREICHISCHEN BUNDESGESETZE
ARBEITS-
RECHT
LINDE VERLAG
1 AngG
2 GewO
3 ABGB
4 ArbVG
5 ArbAbfG
6 APSG
7 AVRAG
8 AuslBG
9 BEinstG
10 BPG
11 DNHG
12 EFZG
13 GleichbG
14 IESG
15 KautSchG
16 KJBG
17 KoalitG/AntiterrG
18 MSchG/EKUG
19 PatG
20 UrlG
21 BAG
22 BauArb
23 GAngG
24 HausbG
25 HausgG
26 HeimAG
27 JournG
28 SchauspG
29 ASchG
30 AZG/ARG
31 BäckAG
32 FrNachtAG
33 NSchG
34 ArbIG
35 AMFG
36 AÜG
37 VBG/StBG
38 ASGG
39 EO, AO, KO
40 EU-Recht

KODEX
DES ÖSTERREICHISCHEN RECHTS
SAMMLUNG DER ÖSTERREICHISCHEN BUNDESGESETZE
AUSHANGPFLICHTIGE
GESETZE
LINDE VERLAG
ASchG
DOK-VO
Kenn-V
AMZ-VO
STZ-VO
SFK-VO
SVP-VO
1 VGÜ
BS-V
VbA
AStV
AM-VO
ESV
GKV
Bverbote
2 üVO
3 AAV
4 BauV
AZG
5 FahrtbVO
EU-VOen
6 ARG
ARG-VO
7 MSchG
8 FrNArbG
9 KJBG
KJBG-VO
10 KA-AZG
11 BäckAG
12 BEinstG
13 GleichbG

KODEX
DES ÖSTERREICHISCHEN RECHTS
SAMMLUNG DER ÖSTERREICHISCHEN BUNDESGESETZE
PFLEGEGELD-
GESETZE
LINDE VERLAG
1 BPGG
EinstVO
EinbeziehungsVO
RL-VO
2 Bundes- und Ländervereinb
3 Bgld
PGG
EinstVO
4 Krnt
PGG
EinstVO
5 NÖ
PGG
EinstVO
6 OÖ
PGG
EinstVO
7 Sbg
PGG
EinstVO
Stb-NachsVO
8 Stmk
PGG
EinstVO
PG-AnpassG
PG-Öff.BedVO
9 Tirol
PGG
PflegebedVO
10 Vlbg
PGG
PflegebedVO
11 Wien
PGG
EinstVO
ÜbertragungsVO

KODEX
DES ÖSTERREICHISCHEN RECHTS
SAMMLUNG DER ÖSTERREICHISCHEN BUNDESGESETZE
STEUER-
GESETZE
LINDE VERLAG
1 EStG
2 KStG
3 UmgrStG
UmwG
SpaltG
4 UStG
5 BewG
6 GrStG
AbgLuF
BWA
7 GebG
8 ErbStG
9 GrEStG
10 KVG
11 VersSt
FSchSt
12 KfzStG
StraBAG
13 Energie-
abgaben
14 AbgZuw
InvFG
WKG
NoVAG
KGG
Sicherheitsb
KommSt
NeuFöG
WerbeAbg
15 FLAG
KarenzgeldG
KBGG
16 DBA
17 BAO
AVOG
ZustellG
AuskG
18 AbgEO
19 FinStrG
20 HGB
21 BWG
22 Amtshilfe
23 ASVG
24 WTBG

KODEX

DES ÖSTERREICHISCHEN RECHTS

SAMMLUNG DER ÖSTERREICHISCHEN BUNDESGESETZE

DOPPEL-BESTEUERUNGS-ABKOMMEN

1	Deutschland
2	Liechtenstein
3	Schweiz
4	Italien
5	Slowenien
6	Ungarn
7	Slowakei
8	Tschechien
9	CSSR
10	Belgien
11	Bulgarien
12	Dänemark
13	Finnland
14	Frankreich
15	Griechenland
16	Großbritannien
17	Irland
18	Kroatien
19	Luxemburg
20	Malta
21	Moldova
22	Niederlande
23	Norwegen
24	Polen
25	Portugal
26	Rumänien
27	Russland
28	Schweden
29	Spanien
30	Türkei
31	UdSSR
32	Ukraine
33	Weißrussland
34	Zypern
35	USA
36	Kanada
37	Argentinien
38	Brasilien
39	Australien
40	China
41	Japan
42	Armenien
43	Aserbaidschan
44	Georgien
45	Indien
46	Indonesien
47	Israel
48	Korea, Rep.
49	Malaysia
50	Pakistan
51	Philippinen
52	Tadschikistan
53	Thailand
54	Turkmenistan
55	Usbekistan
56	Ägypten
57	Südafrika
58	Tunesien
Anhang	EU-Recht

LINDE VERLAG

KODEX

DES ÖSTERREICHISCHEN RECHTS

SAMMLUNG DER ÖSTERREICHISCHEN BUNDESGESETZE

VERKEHRS-RECHT

1	StVO VO
2	PARKGEBÜHRENGESETZE: Bgld, Kärnten, NÖ, OÖ, Salzburg, Steiermark, Tirol, Vorarlberg, Wien
3	BStG
4	KFG KDV PBStV Kraftstoff-VO FSG + VO
5	GGBG VO
6	GüterbefG VO
7	GelegenheitsVG VO
8	KraftfahrlinienG
9	KHVG 1994 Kfz StG 1992 Nov AG 1991 BStFG 1996 Mautstrecken-VO StraBAG 1994
10	TGSt VO TGEisb
11	EKHG
12	EisenbahnG E-Kr VO SchLV SchlV
13	EBG
14	Transit
15	Ökopunkte - Vereinbarungen
16	EWG-RECHTSAKTE: VO 3820, VO 3821, Einheitsformulare, Verfahrensrichtlinie

LexisNexis

KODEX

DES ÖSTERREICHISCHEN RECHTS

SAMMLUNG DER ÖSTERREICHISCHEN BUNDESGESETZE

WEHR-RECHT

1	WG
2	B-VG NeutralVG SichVertDok NSR EMRK ZDG
3	AuslEins KSE-BVG AuslEG AZHG
4	HGG
5	APSG
6	HVG
7	MilStG
8	HDG
9	MBG
10	SperrGG
11	MunLG
12	MAG VerwMG
13	EZG
14	MilBFG
15	VFüDgrd
16	TrAufG InfoSiG NATO-SOFA NATO-PFP-SOFA

LexisNexis

KODEX

DES ÖSTERREICHISCHEN RECHTS

SAMMLUNG DER ÖSTERREICHISCHEN BUNDESGESETZE

ZOLLRECHT UND VERBRAUCHSTEUERN

1	ZK
2	ZBefrVO
3	ZK-DVO
4	ZollR-DG
5	ZollR-DV
6	KN-VO
7	EGV
8	EUBeitr
9	FristVO
10	AußHR
11	AußHStat
12	AHVO
13	BeitrRL
14	Nachg Waren
15	AusfErst
16	GrekoG
17	StraBAG
18	KfzStG
19	SystemRL
20	BeglDokVO VereinfBeglDokVO FrStellBeschVO
21	VStBefrV VStBeglDokV
22	AlkStG
23	BierStG
24	SchwStG
25	TabStG
26	MinStG
27	€
28	EG-AHG
29	EG-VAHG
30	TabMG
31	ALSaG
32	UStG
33	AVOG
34	FinStrG
35	BetrBek

LexisNexis

KODEX-Bestellformular

Titel	Preis im Abo EUR	Einzelpreis EUR
Verfassungsrecht 2021, inkl. App	32,-	40,-
Europarecht (EU-Verfassungsrecht) 2021, inkl. App	30,-	37,50
Völkerrecht 2020, inkl. App	27,60	34,50
Einführungsgesetze ABGB und B-VG 2020/21, inkl. App		15,-
Bürgerliches Recht 2021, inkl. App	28,80	36,-
Taschen-Kodex ABGB 2021, inkl. App		19,-
Familienrecht 2020, inkl. App	44,-	55,-
Unternehmensrecht 2021, inkl. App	30,-	37,50
Zivilgerichtliches Verfahren 2021, inkl. App	32,-	40,-
Internationales Privatrecht 2021, inkl. App	27,20	34,-
Taschen-Kodex Strafgesetzbuch 2021 inkl. App		15,-
Strafrecht 2021, inkl. App	28,80	36,-
Gerichtsorganisation 2020, inkl. App	60,80	76,-
Anwalts- und Gerichtstarife 5/2020, inkl. App	23,60	29,50
Justizgesetze 2021, inkl. App	23,20	29,-
Wohnungsgesetze 2020, inkl. App	44,80	56,-
Finanzmarktrecht Band Ia+Ib (Bankenaufsicht), inkl. App	76,-	95,-
Finanzmarktrecht Band II (Zahlungsverkehr), inkl. App	64,80	81,-
Finanzmarktrecht Band III (Wertpapierrecht, Börse), inkl. App	64,80	81,-
Finanzmarktrecht Band IV (Kapitalmarkt, Prospektrecht), inkl. App	64,80	81,-
Versicherungsrecht Band I 2020/21, inkl. App	60,-	75,-
Versicherungsrecht Band II 2020/21, inkl. App	47,20	59,-
Compliance für Unternehmen 2020/21, inkl. App	58,40	73,-
Legal Tech, inkl. App	49,60	62,-
Wirtschaftsprivatrecht 2020/21, inkl. App	23,80	29,80
WirtschaftsG I (Öffentliches Wirtschaftsrecht) 2018/19, inkl. App	46,40	58,-
WirtschaftsG II (Wettbewerb, Gew. Rechtsschutz) 2019, inkl. App	52,-	65,-
WirtschaftsG III (UWG) 2019/20, inkl. App	31,20	39,-
WirtschaftsG IV (Telekommunikation) 2019/20	65,60	82,-
WirtschaftsG V (Wettbewerbs- und Kartellrecht) 2019, inkl. App	52,-	65,-
WirtschaftsG VI (Datenschutz) 2020, inkl. App	52,-	65,-
Vergabegesetze 2019, inkl App	42,40	53,-
Arbeitsrecht 2020/21, inkl. App	32,70	41,-
EU-Arbeitsrecht 2020, inkl. App	54,40	68,-
Arbeitnehmerschutz 2020, inkl App	28,-	35,-
Sozialversicherung (Bd. I) 2020/21, inkl. App	32,80	41,-
Sozialversicherung (Bd. II) 2020/21, inkl. App	31,20	39,-
Sozialversicherung (Bd. III) 2020/21 inkl. App	26,40	33,-
Personalverrechnung 2020	31,20	39,-
Steuergesetze 2020/21, inkl. App	31,20	39,-
Steuer-Erlässe (Bd. I) 2019, inkl. App	47,20	59,-
Steuer-Erlässe (Bd. II) 2020, inkl. App	26,40	33,-
Steuer-Erlässe (Bd. III) 2020, inkl. App	47,20	59,-
Steuer-Erlässe (Bd. IV) 2020, inkl. App	48,80	61,-
EStG - Richtlinienkommentar 2019, inkl. App	54,40	68,-
LStG - Richtlinienkommentar 2020	46,40	58,-
KStG - Richtlinienkommentar 2020	39,20	49,-
UmgrStG - Richtlinienkommentar 2018/19	46,40	58,-
UStG - Richtlinienkommentar 2019	40,80	51,-
Doppelbesteuerungsabkommen 2020, inkl. App	52,-	65,-
Zollrecht 2021, inkl. App	92,80	116,-
Finanzpolizei 2020, inkl. App	39,20	49,-
Rechnungslegung- und Prüfung 2020/21, inkl. App	44,-	55,-
Internationale Rechnungslegung IAS/IFRS 2020/21, inkl. App	22,40	28,-
Verkehrsrecht 2020, inkl. App	73,60	92,-
Wehrrecht 2020, inkl. App	44,80	56,-
Ärzterecht 2021, inkl. App	76,-	95,-
Krankenanstaltengesetze 2020	56,80	71,-
Gesundheitsberufe 2019, inkl. App	44,80	56,-
Veterinärrecht 2019/20	76,80	96,-
Umweltrecht 2020/21, inkl. App	84,-	105,-
EU-Umweltrecht 2020, inkl. App	82,40	103,-
Wasserrecht 2020/21, inkl. App	77,60	97,-
Abfallrecht mit ÖKO-Audit 2019/20, inkl. App	83,20	104,-
Chemikalienrecht 2020, inkl. App	34,40	43,-
EU-Chemikalienrecht 2020, inkl. App	76,-	95,-
Lebensmittelrecht 2020, inkl. App	69,60	87,-
Schulgesetze 2020/21	56,80	71,-
Universitätsrecht 2019, inkl. App	47,20	59,-
Besonderes Verwaltungsrecht 2021, inkl. App	55,20	69,-
Innere Verwaltung 2021, inkl. App	79,20	99,-
Asyl- und Fremdenrecht 2021, inkl. App	38,30	48,-
Polizeirecht 2020/21, inkl. App	46,40	58,-
Verwaltungsverfahrensgesetze (AVG) 2021, inkl. App	19,20	24,-
Landesrecht Vorarlberg 2020	92,-	115,-
Landesrecht Tirol 2020	102,40	128,-
IP-/IT-Recht 2020, inkl. App	52,-	65,-

Die Preise beziehen sich auf die angegebene Auflage, zzgl. Porto und Versandspesen. Satz- und Druckfehler vorbehalten.

Für Ihre Bestellung einfach Seite kopieren, gewünschte Anzahl eintragen, Bestellabschnitt ausfüllen und an Ihren Buchhändler oder an den Verlag LexisNexis ARD Orac **faxen: (01) 534 52-141** oder Tel.: (01) 534 52-5555.

Firma: .... Kundennr.: ....

Name: ....

Straße: ....

PLZ/Ort: .... Datum/Unterschrift: ....